中華大典

中華人民共和國國務院批准的重大文化出版工程

國家文化發展規劃綱要的重點出版工程項目

新聞出版總署列爲「十一五」國家重大工程出版規劃之首

國家出版基金重點支持項目

中華大典

法律典

西南師範大學出版社
巴蜀書社

《中華大典》工作委員會

《中華大典》編纂委員會

總主編：任繼愈

副主編：席澤宗　程千帆　戴　逸　吳文俊　柯　俊
傅熹年

編　委：
卞孝萱　任繼愈　李明富　余瀛鰲　林仲湘
郁賢皓　馬繼興　袁世碩　席澤宗　陳美東
黄永年　章培恒　張永言　張晉藩　葛劍雄
董治安　程千帆　傅世垣　曾棗莊　龐　樸
趙振鐸　劉家和　潘吉星　錢伯城　戴　逸
張海鵬　李根蟠　吳文俊　金正耀　戴念祖
柯　俊　金維諾　白化文　汪子春　周少川
孫培青　朱祖延　傅熹年　李　申　郭書春
熊月之　柴劍虹　吳子勇　寧　可　江曉原
王渝生　吳征鎰　尹偉倫　魏明孔

《中華大典》前言

《中華大典》是運用我國歷代漢文古籍編纂的一部大型工具書。其目的是爲學術界及願意瞭解中國古代珍貴文化典籍的人士提供準確詳實、便於檢索的漢文古籍分類資料。

中國是世界文明古國之一，幾千年來纂寫和聚集的文化典籍浩如烟海。我國歷代都有編纂類書的優良傳統，具有代表性的《永樂大典》等大多已佚失，現存《古今圖書集成》編就距今也已數百年。爲了適應今天和以後研究和檢索的需要，一九八八年海内外三百多位專家學者和各古籍出版社同仁倡議，在已有類書的基礎上，用現代科學方法編纂一部新的類書《中華大典》。

國務院在關於編纂《中華大典》問題的批覆中指出，編纂《中華大典》「是我國建國以來最大的一項文化出版工程」。本書所收漢文古籍上起先秦，下迄清末，約三萬種，達七億多字，分爲二十四個典，近百個分典，内容廣博，規模宏大，前所未有。

《中華大典》的編纂工作堅持科學態度和百花齊放、百家争鳴方針。儘量採用古精校精刻本，優先採用我國建國後文獻學和考古學的優秀成果。對傳統文化中重要的不同學派的資料，兼收並蓄。運用現代圖書分類的方法，對收集到的資料，精選、精編，力求便於檢索、準確可信。

這項工作從開始起就受到中共中央、國務院和有關部門的重視和支持。國家主席江澤民、國務院總理李鵬分别爲《中華大典》題詞。江澤民的題詞是：「同心同德群策群力認真編好中華大典爲建設有中國特色的社會主義服務」。李鵬的題詞是：「繼承和弘揚民族優秀傳統文化」。全國政協主席李瑞環、國務委員李鐵映也作了重要指示，要求抓緊辦理。一九九零年五月，國務院批准

《中華大典》爲國家重點古籍整理項目。一九九二年九月，正式成立了《中華大典》工作委員會和《中華大典》編纂委員會，召開了《中華大典》工作、編纂會議。自此，《中華大典》的編纂工作由試點轉入正式啓動，逐步鋪開。

編纂《中華大典》，學術性很强，工作量很大，工程十分艱巨，全賴廣大專家學者和全國各有關高等院校、科研院所、圖書館、出版單位的鼎力支持與積極參與。大家本着弘揚中華民族優秀文化的心願，發揚奉獻精神，克服各種困難，團結協作，給這部巨大類書的出版提供了根本保證。在此謹表示誠摯的謝意。

對本書批評與建議，我們將十分歡迎。

《中華大典》編纂委員會

一九九七年四月

二〇〇六年十一月修訂

《中華大典》編纂通則

一、性質：《中華大典》（以下簡稱《大典》）是對漢文古籍（含已翻譯成漢文的少數民族古籍）進行全面的、系統的、科學的分類整理和彙編總結的新型類書，是在繼承歷代類書優良傳統、攷慮漢文古籍固有特點的基礎上，借鑒和參照近代編纂百科全書的經驗和方法編纂而成。編纂《大典》的目的，是爲學術界及願意瞭解中國古代珍貴文化典籍的人士提供各種分門別類的、準確詳細的古代漢文專題資料。

二、規模和體例：《大典》所收古籍的時限，上自先秦，下迄辛亥革命。全書共收各類漢文古籍三萬餘種，七億多字。全書體例，着重汲取清代《古今圖書集成》所採用的經目和緯目相交織這一統一框架結構的模式，同時參照現代科學的學科、目録分類方法，並根據各類學科内容的實際情況，一般將每一大類學科輯爲一典，也有將幾個相關學科共輯爲一典的。對各典名稱，均以現代學科命名，對於所收入的各種古籍資料，亦儘可能納入現代科學分類體系之中。

三、經目：大典共分二十四個典，即哲學典、宗教典、政治典、軍事典、經濟典、法律典、教育體育典、語言文字典、文學典、藝術典、歷史典、歷史地理典、民俗典、數學典、物理化學典、天文典、地學典、生物學典、醫藥衛生典、農業典、林業典、工業典、交通運輸典、文獻目録典。典以下以分典、總部、部、分部分級，分部之下的標目根據各學科特點由各典自行擬定。

四、緯目：共設置九項緯目，用以包容各級經目的具體内容：

①題解：對有關學科的名稱、概念、涵義、特點等作總體介紹的資料。

②論説：有關理論部分的資料。

③綜述：有關學科或事物的系統性資料，凡有關學科或事物的性狀、制度、範疇、特點及學科地位、發展情況等具體内容均編入此緯目中。

④傳記：有關人物的傳記資料。

⑤紀事：有關學科或事物的具體活動或事例的資料。

⑥著録：重要人物或文獻的有關著作資料，如專集介紹、序跋、藏書題記，以及有關著作的成書經過、版本源流等。

⑦藝文：有關屬於文學欣賞性的散文或韻文。

⑧雜録：凡未收入以上各緯目，而又有較高參攷價值的資料，均入雜録。

⑨圖表：根據有關經目的內容需要，圖與表附於相關專題之下，或集中彙總於某級經目之後。

《大典》以內容分類安排各級緯目，各級緯目的正文，一般以原書爲單位，按時代順序排列。每一條資料前標明出處，包括書名或作者名、篇名或卷次，以利讀者核對原書。

五、書目：每分典後附有該分典所收書之書目，書目包括書名、作者、時（年）代、版本等內容。時代以成書時代爲準，成書時代不詳者，以作者主要活動時代爲準，並遵從歷史習慣。

六、版本：《大典》在選用版本時儘量採用古人的精校精刻本，亦採用學術界通用的近、現代整理圈點本及現代學者校點整理本。

七、校點：爲儘可能保存古籍原貌，《大典》祇對底本中明顯的脱、訛、衍、倒進行勘正。古本中的避諱字一般不作改動，祇對缺筆字補足筆畫。後人刻書時避當朝人諱而改動的字，據古本改回。《大典》採用新式標點法。

一九九六年八月

二〇〇六年十一月修訂

《中華大典·法律典》編纂委員會

主　編：張晉藩　馬建石

副主編：楊育棠　俞榮根　朱　勇

周安平　段志洪　蔣傳光

編　委：（按姓氏筆畫排列）

丁凌華　朱　勇　汪漢卿

周安平　段志洪　侯欣一

俞榮根　郭成偉　馬建石

張大元　張晉藩　楊永華

楊育棠　楊　堪　蔣傳光

錢大群　賴長揚　霍存福

《中華大典·法律典》序

中國是法制文明發達較早的國家之一，而且在四千餘年的發展過程中，從未中斷過，這是世界文明古國中所少有的。因此，中華法制文明的歷史具有發展的連貫性、傳承性和系統性。法文化的底蘊十分豐厚，遺留下的法制資料浩如烟海。

在精蕪雜存的法文化遺産中，不乏超越時空的民主性因素，它是中華民族偉大創造力的體現，也是理想思維的結果。

中國古代農本主義的經濟形態、宗法倫常關係的社會結構、專制主義的政治體制、儒家思想爲統治思想的文化政策，構成了中國古代特有的國情，並進而决定了中國古代法制文明的特點。諸如禮法結合，法、理、情三者的統一；倫理法占有重要的地位，重視人命、法律向社會弱勢群體傾斜的人本主義；法自君出、獄由君斷的專制主義法制環境，德禮爲政教之本，道德規範對法律規範的支撑等等。這些特點構成了獨樹一幟的中華法系，影響了周邊國家達數百年之久。

中國古代自夏商起，已有成文法。歷朝具有代表性的法典，自李悝《法經》至《大清律例》，其編纂體例均爲諸法合體、民刑不分。然就法律體系而言，由於社會關係的複雜性與多樣性，以及法律調整的針對性與適應性，使得中國古代的法律體系也爲對象不同、内容有別的部門法所構成，既有行政法律、刑事法律，也有民經法律、訴訟法律，是諸法並存、民刑有分的。

中國古代雖有極其豐厚的法文化資源，但較爲分散，缺乏必要的整理。爲了使這份寶貴的法文化史料更好地服務於法學研究，同時也爲了弘揚中國法律文化史料中的民主性精華，總結它所蘊藏的豐富的治國理政的經驗，我們在《中華大典》工作委員會和編纂委員會的領導下，根據《中華大典編纂通則》的要求，彙編了《中華大典·法律典》。這是一項系統整理中國法律文化史料的大規模的文化工程。

《中華大典·法律典》分類彙集中國古代法律史料，全面反映各個歷史時期法制情況，上起堯舜，下至晚清，凡有關律令詔敕、典章制度、格式條例、司法判牘、事件案例、鄉約族規、契約文書、思想學説、人物活動等法律史料，均在收録範圍之内。

根據中華古代法律體系諸法並存、民刑有分的實際狀況，《中華大典·法律典》分爲《法律理論分典》、《刑法分典》、《民法分典》、《經濟法分典》、《行政法分典》、《訴訟法分典》等六個分典。由於中國古人並不具備現代的部門法劃分的認識，因此法制史料大多是籠統的、交錯的、界限不清的，對此加以分類，顯然是一項艱難的科學研究性質的工作。但正如爲了觀星而將滿天繁星劃分爲星座一樣，我們把史料按部門法分類歸納，也是爲了查找和使用的方便。同時也借以證明古代中國法律體系内涵的豐富，以及刑法以外的各種部門法律規範的存在和發展狀況。

自一九九四年《法律典》開始正式工作以來，我們在前人的基礎上，廣泛查閲歷代典籍與建國以來的新發現，與此同時，對於史料的真僞、記事的虚實、文字的錯漏，進行了必要的鑒别、攷訂和校勘，力求凸顯《法律典》的珍稀價值和有用性。

「以古爲鑒，可知興替」。今天的中國是歷史中國的發展，今天的法律文化是歷史的法律文化的繼受和光大。編纂和出版《中華大典·法律典》，不僅爲法學、歷史學研究者和世界各國的法學研究者提供豐富可靠的物質資料，從而奠下法學新發展的基礎，它還雄辯地昭示中國悠久法文化所具有的世界地位，這將增强中華民族的自豪感和建設社會主義强國的自信心。

盛世修典，《中華大典·法律典》力爭無愧於盛世，也無愧於後人。

《中華大典·法律典》編纂至今，已歷時十六年，期間人事變動頗多，《行政法分典》原定主編汪漢卿教授業已過世。在《訴訟法分典》、《刑法分典》和《法律理論分典》即將出版之際，《法律典》全體同仁深表悼念之忱。令人欣喜的是，在十六年時間裏，參與大典工作的一代新人，已經崛起，他們不僅是完成大典强有力的後續力量，也是弘揚與發展中華法制文明的中堅力量，我們將在總結前十六年經驗教訓的基礎上，更好地安排力量，開展工作，使各個分典均能早日問世。

從事此項具有開創性的法史類書編纂工作，掛一漏萬之處在所難免，期待讀者提出批評建議，以爲再版時修改參攷。

張晉藩

二〇一〇年七月十八日

《中華大典·法律典》編纂説明

中國法制，萌芽于堯舜時期，濫觴于夏代，源遠流長，内容豐富。反映中國四千多年法制發展變化的史料，浩如烟海，載體形式多種多樣。挖掘整理這份文化遺産，用比較恰當的組織形式編纂起來，以便學術界更好地閲覽使用，是一項十分有意義的工作。

《中華大典·法律典》是分類彙集中國古代法制史料、全面反映各個歷史時期法制情況的一部新型專科類書。上起堯舜，下至清末，凡有關律令詔敕、典章制度、格式條例、司法判牘、事件案例、鄉約族規、契約文書、思想理論、人物活動等法律史料，都在收録範圍之内。

根據中國古代法律體系的實際情況及現代部門法的理論，《法律典》分設法律理論、刑法、民法、經濟法、行政法、訴訟法六個分典。分典之下，一般設總部、部、分部三級經目。緯目主要設在分部之下。大典原設緯目有九，各分典視其史料情況，可權宜處置。有則設之，無則闕如。分典卷首有説明，卷末附引用書目。

史料分類，以其能反映的社會關係進行劃分，判罪量刑可以作為參攷依據。如户籍管理入行政法，賦稅徵收入經濟法，丁男入籍獲得行為能力入民法，官吏貪贓即使未受到刑事處分，仍歸入刑法。

同一史料，見于不同載體者，選録原始文獻（如檔案實録、契約文書）。如無原始文獻，則視其典籍的權威性程度或記載的詳略，從善選擇。甲骨金文、竹簡帛書，係珍稀史料，如有可取者，自當選録。

史料涉及不同内容而又難以分割者，就其主要内容劃分歸類。如一案例，刑法、訴訟法之内容兼而有之，既不能分割，亦不宜删減，按上述原則，側重前者的入刑法，側重後者的入訴訟法。史料的排列順序，按其能反映的年代而定。後人記述前朝之事者，編入前朝。如是後人對前朝事實的評述，則編入後人所在的年代。

根據大典校點通則的要求，對明顯的脱漏、訛誤、增衍等文句的處理，其方法是：脱漏者、缺少者（原文沒有記載，但須補入者，如詔令發佈之時間），查出補入，並括以方括號。錯誤、多餘的字句，一律用圓括號括起，不作删除，補入的正確字句，用方括號括起。史料中删去的内容，用「【略】」標明。

馬建石

二〇一〇年七月三十日

中華大典·法律典

法律理論分典

《中華大典·法律典·法律理論分典》編纂委員會

顧　問：賴長揚

主　編：俞榮根

副主編：龍大軒　楊　玲

各總部負責人：俞　江　周欣宇　梁　健

寧全紅　秦雙星　李維睿

主要編纂人員：（按姓氏筆畫排列）

王　娜　王　娟　何飛龍　吳仕民

李　娟　李維睿　周欣宇　俞　江

俞榮根　段曉彥　洪爲民　徐振華

秦　濤　秦雙星　袁春蘭　張　渝

張　旋　張亞飛　梁　健　陳冰玉

陳鵬飛　喻　成　彭浩晟　黃子華

楊　玲　寧全紅　劉　洲　劉　鄂

龍大軒　瞿　見　魏順光　饒傳平

《中華大典·法律典·法律理論分典》説明

中國古代關於治國理政、社會管理的法律思想、學説、觀點、經驗、箴言等文獻資料，既源遠流長、恢宏博大，又因襲疊加、錯綜複雜。乍接《中華大典·法律典·法律理論分典》編纂任務，深感有兩個問題須先行明確，一為搜集資料的範圍，一為分典編纂的體例。

關於資料搜集範圍。中華民族先賢論治國方略，以「禮樂政刑」為旨歸。這個傳統至少可以尋蹤到周公旦的制禮作樂。繼承周公之道的孔子表彰德禮，不廢政刑。久而久之，德禮政刑成為古人論治之常經，致治之正道。它實在是古代中國的政統，也是中華法系所依據的法統。因此，搜集古代法律理論資料，切不可屈囿於古人論法、律、令、典、刑、罪、罰、辟等名詞的框範之內。誠如嚴又陵先生所言：「蓋於中文，物有是非謂之理，國有禁令謂之法，而西文則通謂之法……西文『法』字，於中文有理、禮、法、制四者之異譯，學者審之。」大典要求對資料「竭澤而漁」。作為「漁夫」，自當以嚴氏所説「理、禮、法、制」為對象，「張密網」而應收盡收。誠然，其中依現今學科分類純屬倫理道德、教育勸導等内容者則可舍而汰之。

關於編纂體例。古今法律之學，話語體系迥然有别。今所謂「法的起源」、「法的本質」、「法的價值」、「法的方法」等，不見于古人言辭。古人論治論法，往往謂「順天道」、「法聖人」、「應人情」云云，其一篇一册，乃至一章句内，大多籠而統之，交錯雜糅，很難以現今法理概念分類劃界。大典編纂原則是尊重歷史，尊重原典。本此，分典的編纂體例，除總部為現時通行法學用語外，下設部、分部的名稱，盡可能地從中國古代法的話語體系中擇善而從。

由是，《法律理論分典》設法哲學、法律學説、法律人物三大總部。「法哲學總部」下轄「天道與法」、「聖人與法」、「人性與法」、「德禮與法」、「治道與法」五部十九分部。「法律學説總部」下設「變法」、「立法、司法、守法」、「律學」、「任人與任法」、「犯罪原因及預防」、「禮制」、「情、理、法」、「清末中西法文化」、「清末憲政和法治」九部三十八分部。「法律人物總部」下分「法律思想人物」、「立法、司法活動突出的政治人物」、「律學人物」、「司法循吏」、「司法酷吏」、「法醫、刑幕」六部三十五分部。總計二十部九十二分部。關於總部和部的兩級方案詳目，一九九三年即按要求報送《中華大典》工作委員會和《法律典》編纂委員會，得到批准。其後的全部資料輯録工作乃謹遵這一體例框架操作。資料基本到位後，經過審核，依據實際情況對個别部作了調整，又一一設置了分部。關於各總部的具體説明，則在各總部「提要」中表達，「提要」也起著某種導讀的作用。

與《法律典》的其他分典一樣，《法律理論分典》的編纂前後長達十七個年頭。二十世紀九十年代中期是以搜集資料為主。當時有統一的分工，各分典負責一至二個朝代，屬於本分典的留下，屬於其他分典的則分别寄送。《法律理論分典》編纂人員承擔先秦時期的資料搜集任務，包括十三經的全部、諸子百家和紀年、别史、雜史及青銅銘文等史部文獻資料，其中大多屬於法律理論内容，約一百五十多萬字，加上其他分典寄來的，總計貳佰萬字左右。這批資料的搜集者們，或已是法律史學界的碩儒前輩，或已成為這一學科的砥柱中梁。遺憾的是，有的學者未等出書已成永訣。翻閲他們辛勤製作的資料，遺篇風標，令人難釋扼腕之嘆；未竟之業，自應擔起無旁貸之責。

二〇〇九年秋冬之季，《法律理論分典》重新啓動。在《中華大典》工作委員會、《法律典》編纂委員會的指導下，經過二十個月的努力，終於殺青定稿。其全過程大致分為資料搜集整理、分類編纂、校改補正三大階段四個步驟：一是重新搜集資料。以西南政法大學青年教師，法史學碩、博士生為主幹，吸收重慶、南京、福州等地高校的法學和史學碩、博士生參加，組成一百三十多人的隊伍，分八個工作組，經半年多努力，彙成一千五百多萬字的資料。二是篩選舊有資料。凡版本不合要求或版本來歷不明、資料欠完整或夾有簡體字等，一概割愛，推翻重做。三是嚴格審核、按類編輯。每做完一部古籍的資料，先小組審，再組與組交換審，最後由副主編等復審，主編終審。資料拆散按經、緯目初編後，又經小組審、交叉審。如此道道把關，最後結稿付排七百餘萬字，佔所收集資料的一半左右。四是認真校改補正。制定嚴格的校改規範，在一校、二校中，又對資料作了查對補正，原來保留的《易》、《書》等舊有資料基本上悉數更換。

按《中華大典》的緯目設計，《法律理論分典》的資料大多歸於論説、綜述、傳記、紀事、雜録等緯目之中，也有少量的納於著録、藝文和圖表之下。不過，「法律人物總部」的特殊性使其難以套用大典統一緯目，反復斟酌，最後以人物代替緯目，果然一目了然。各條資料抬頭標識，在遵奉《中華大典》編纂通則前提下，稍有簡化處理，凡阮刻十三經注疏本、先秦諸子原文以及如《二程集》之類，不出時代和作者信息。因為所有資料的作者、時代、版本等詳盡信息，均可在所附引用書目中查到。甲骨文、金文和簡牘中的法律理論資料十分豐富，向為治法律史學者所重視。本分典曾用心搜尋，一一輯録。此次付梓，遵《中華大典》工作委員會新定規範，悉數斧削。古籍文字不乏一字異體，按照《中華大典》編纂通則，悉遵原著。

根據《中華大典》關於資料編輯排序的基本原則，考慮到古代法律理論資料較多來自經部、子部等實際情況，確定本分典排序方法如下：（一）同一緯目中，遵循經、史、子、集四部順序。（二）經部資料，先按阮刻十三經目次定編；同一經書中，以篇目先後為序；同一篇目中，如無白文資料，則由阮刻十三經版本打頭，其餘各家注疏按時代順序編次。（三）史部資料，由正史領先，編年史、紀事本末、別史、雜史、詔令之屬依次跟進，政書殿後；同一史部資料中，一般依其所記内容的時代定位次，遇到綜述性史料，往往上溯遠古，下及當世，則置於該成書時代。（四）子部資料，依儒、墨、道、法、雜順序排列，如有農、兵、名、陰陽、縱横、小説等家資料，則依次繫於雜家之後；同屬一家的子書，按成書時間或作者年代定先後；同為一部子書，亦以篇目為序，如有不同版本，由《諸子集成》版本在前。《晏子春秋》一書，四庫歸在史部傳記類，《諸子集成》亦收有該書，本分典所輯資料主要為該書中的論説部分，量不是很多，放在史部明顯未諧，故改從《諸子集成》，排在子部雜家類《吕氏春秋》之前。（五）集部資料，概以作者時代為序編存，同一部書再按編目次序排列。（六）歷史上幾個分治時代，悉遵先南朝後北朝、先五代後十國以及先宋、遼再金、西夏的慣例。（七）清末中西法文化和清末憲政、法治資料，不再依四部而按作者時間順序編次。（八）法律人物總部的排序，以分部為單元，分部内依人物活動時代定次序。

《法律理論分典》的編纂工作，得到西南政法大學的大力支持，學校科研處、圖書館、行政法學院等部門和單位以及法律史學科、民族法文化研究中心等教學科研組織，在科研管理、圖書資料、工作場地方面給予種種幫助和方便。貴州省鰼水縣人民政府在盛夏時節將《法律理論分典》編纂人員接到該縣森林公園内，為保障分典的按時交稿提供了良好的工作、生活條件。華中科技大學近代法研究所供給大批近代史圖書資料。湖南省圖書館破例借閲該館珍藏的宋版《白氏六帖》。福州嚴氏後裔嚴以振先生借予家藏臺北版《嚴復合集》。中國社會科學院法學研究所楊一凡教授饋贈他從海内外收集的珍稀法律資料掃描件。重慶浙江商會常務副會長盧志紅先生、儲建根先生慷慨資助。凡此種種，感銘肺腑，謹致謝忱！西南政法大學楊和鈺教授、陳金全教授、曾代偉教授由於工作上和身體上的原因，雖未能參加分典重新啓動後的工作，但一直予以關心和支持。十多年前分典始編時，西南政法大學法律史教研室、校圖書館、校法學研究所的教師、研究人員和研究生們做了大量的資料輯録工作，巴蜀書社給予很多支持和指導，時任四川省重慶市永川市常務副市長馮建先生、重慶建築工程大學青年教師張平先生為我們在暑期做編纂工作提供了周全的後勤保障，令人永存感念。凡參與《法律理論分典》資料收集和編輯的人員，均頒發有關證件和榮譽證書，以誌其功。《法律理論分典》主要編纂人員，都是愛好傳統文化和法律史學的年輕才俊，集中編纂和校稿的一年多時間裹，同心同德，夙興夜作，忘我工作，可欽可嘉。《法律理論分典》重新啓動以來，得到西南師範大學出版社及所屬北京《法律理論分典》編輯部的有力指導與幫助。中國社會科學院歷史研究所賴長揚先生多次莅臨《法律理論分典》編纂現場，決疑克難，指教殷殷。《法律理論分典》編輯部的劉豔強，劉英、左全琴、王仁霞、郭清梅等編輯人員也先後赴重慶幫助編校。他們勤勉敬業，技高業精，對提高本分典的編輯質量功不可沒。

《法律理論分典》的編纂和一校、二校工作，始終是在《中華大典》工作委員會、《法律典》主編的領導和指導下進行的。誠然，遵守這一工作制度，並非為減輕分典主編應負之責。中華古籍浩瀚，學海無涯，歷代法律理論資料遍佈經史子集，非但廣博而且深邃。本人學有未逮，綆短汲長，難免顧此失彼，資料搜集或有遺珠之憾，體例編排難免錯訛之謬。《中華大典》皇皇偉業，繫中華文化復興之任，亦為國家軟實力之載體，厥有錯失，本人擔責事小，影響《中華大典》聲譽事大。每慮及此，如履薄冰，如臨深淵，惶恐萬端。誠祈海内外方家不吝賜教，或可期於再版時改正之。

俞榮根　謹識

二〇一〇年九月十二日編定後初稿

二〇一一年五月二十八日二校修改於重慶

總目

第一册

第二册

立法、司法活動突出的政治人物部
律學人物部
司法循吏部
司法酷吏部
法醫、刑幕部

第一册目録

法哲學總部

提要

法哲學總部主要輯自十三經原文、歷代十三經注疏、諸子百家原著及其歷代集解、集注，旁搜史部、集部文獻之政論、策論、禮志、刑志、考釋、奏議、詔書、序跋、雜説等等。自三代降及晚清，從《易》、《書》至於《仁學》、《大同書》，先賢所論，上律天道，下親民情，張禮法之本，致律令之用，展延幾千年，闊遠宏大，哲理深邃，且一以貫之。其思想、學説所及，與現代法理學關於法的起源、法的本質、法的價值、法的方法，以及法與其他社會規範的關係之理論似類似同，然又不可一一對號入座。在關於順天道、法聖人、重德禮、應民情的論析中，飽含着深切的合法性焦慮，表現出先賢對政治合法性和法律合理性的孜孜追求；在關於治國之道的闡發時，注重德禮政刑的綜合爲用，恪守德主刑輔的政統，提倡德政裕民、德禮導民、禮教化民；在關於折獄理訟的述説中，反復告誡應據法原情、中刑中罰。此外，其關於法的公道、中正、折中權衡的論説等等，均極富中華法系特色。

由是，在法哲學總部下依中華法系固有話語體系將資料編入五個部十九個分部。

天道與法部輯録關於立法司法、治國理政應順天則時，合陰陽之化的思想、學説。除相當於綜論部分歸入天道分部外，其餘關於賞以春夏、刑以秋冬之説編入時令分部，關於災異譴告則收在災異分部，關於祥瑞嘉勉的内容儘管不是很多，仍以祥瑞分部統之。

聖人與法部收編關於後世典憲法制應效法古代聖王、聖賢的思想内容。聖人法天悟道，爲萬代立法，其微言深蘊大義，其舉措儀型萬邦。古代的立法學説、變法學説、法律正義學説、法律批判學説，大多依聖人立論。托古聖而改時制，向爲歷代有識之士百試所不爽。由於這方面資料甚豐，除設綜論分部外，另依所論擘爲法古聖、法三代、法聖賢三個分部。後者主要是以孔子及其思想爲典範的論述。

人性與法部所輯爲古代關於德禮政刑當依人性或爲矯治人性而設的論述。凡對人性有評價的，如性善説、性惡説、性無善無惡説、性可善可惡説、性有善有惡説等等，編入性善惡説分部，其餘綜論人性者，以及無明確評價者歸入性情説分部。

德禮與法部資料豐盈。凡屬禮法論以及論及仁德與法、禮與法、德與刑關係者統攝於是部。除綜論分部外，偏重於論德禮教化者歸入德禮分部，着力於講德主刑輔、先德後刑等德與刑關係者納於德刑分部。鑒於民本思想乃古代政治法律文化之精粹，實爲志士仁人固持的治國理政之方略、法制與法律活動不易之旨，故特辟民本分部而綜羅之。

治道與法部内容最爲繁富。其中，明法、公正、執中、刑賞四個分部各自界限相對明確，所涉内容與今之所謂法的概念、法的本質、法的功能、法的方法等等或有可枘接之處。衆所周知，史、班有六家要旨、九流十家之説，古代史上，曾幾度諸子爭鋒，關於治國之道及法制旨趣，有儒、墨、道、法等各家異説。凡此種種，悉數於綜論分部舉而收之。

天道與法部

天道分部

論說

（魏）王弼注 （唐）孔穎達正義《周易正義·孔穎達序》 夫易者，象也。爻者，效也。聖人有以仰觀俯察，象天地而育羣品，雲行雨施，效四時以生萬物。若用之以順，則兩儀序而百物和；若行之以逆，則六位傾而五行亂。故王者動必則天地之道，不使一物失其性；行必協陰陽之宜，不使一物受其害。故能彌綸宇宙，酬酢神明。宗社所以無窮，風聲所以不朽，非夫道極玄妙，孰能與於此乎？斯乃乾坤之大造，生靈之所益也。

《周易正義·乾》 ䷀乾下乾上。疏：正義曰：乾者，此卦之名。乾：元、亨、利、貞。【略】此乾卦本以象天，天乃積諸陽氣而成天，故此卦六爻皆陽畫成卦也。此既象天，何不謂之天，而謂之乾者？天者定體之名，乾者體用之稱。故《說卦》云：乾，健也。言天之體，以健爲用。聖人作《易》本以教人，欲使人法天之用，不法天之體，故名乾，不名天也。天以健爲用者，運行不息，應化无窮，此天之自然之理，故聖人當法此自然之象而施人事，亦當應物成務，云爲不已，終日乾乾，无時懈倦，所以因天象以教人事。於物象言之，則純陽也，天也。於人事言之，則君也，父也。以其居尊，故在諸卦之首，爲《易》理之初。【略】元、亨、利、貞者，是乾之四德也。《子夏傳》云：元，始也。亨，通也。利，和也。貞，正也。言此卦之德，有純陽之性，自然能以陽氣始生萬物而得元始亨通，能使物性和諧，各有其利，又能使物堅固貞正得終。此卦自然令物有此四種使得其所，故謂之四德：言聖人亦當法此卦而行善道，以長萬物，物得生存而爲元也。又當以嘉美之事，會合萬物，令使開通而爲亨也。又當以義協和萬物，使物各得其理而爲利也。又當以貞固幹事，使物各得其正而爲貞也。是以聖人法乾而行此四德，故曰元、亨、利、貞。【略】

《文言》曰：元者善之長也，亨者嘉之會也，利者義之和也，貞者事之幹也。君子體仁足以長人，嘉會足以合禮，利物足以和義，貞固足以幹事。君子行此四德者，故曰：乾，元、亨、利、貞。疏：《文言》曰至乾元亨利貞。正義曰：【略】此第一節論乾之四德也。元者善之長也，此已下論乾之四德，但乾之爲體，是天之用。凡天地運化，自然而爾，因无而生有也，无爲而自爲。天本无心，豈造元亨利貞之德也？天本无名，豈造元亨利貞之名也？但聖人以人事託之，謂此自然之功，爲天之四德。垂教於下，使後代聖人法天之所爲，故立天四德以設教也。莊氏云：第一節元者善之長者，謂天之體性，生養萬物，善之大者，莫善施生，元爲施生之宗，故言元者善之長也。亨者嘉之會者，嘉，美也。言天能通暢萬物，使物嘉美之會聚，故云嘉之會也。利者義之和者，言天能利益庶物，使物各得其宜而和同也。貞者事之幹者，言天能以中正之氣，成就萬物，使物皆得幹濟。莊氏之意，以此四句明天之德也，而配四時。元是物始，於時配春，春爲發生，故下云體仁，仁則春也。亨是通暢萬物，於時配夏，故下云合禮，禮則夏也。利爲和義，於時配秋，秋既物成，各合其宜。貞爲事幹，於時配冬，冬既收藏，事皆幹了也。於五行之氣，唯少土也。土則分王四季，四氣之行，非土不載，故不言也。君子體仁足以長人者，自此已下，明人法天之行此四德，言君子之人，體包仁道，汎愛施生，足以尊長於人也。仁則善也，謂行仁德，法天之元德也。嘉會足以合禮者，言君子能使萬物嘉美集會，足以配合於禮，謂法天之亨也。利物足以和義者，言君子利益萬物，使物各得其宜，足以和合於義，法天之利也。貞固足以幹事者，言君子能堅固貞正，令物得成，使事皆幹濟，此法天之貞也。施於王事言之，元則仁也，亨則禮也，利則義也，貞則信也。不論智者，行此四事，並須資於知。且《乾鑿度》云：水土二行，兼信與知也。故略而不言也。君子行此四德者，故曰：乾，元亨利貞，以君子之人，當行此四種之德。是以文王作《易》，稱元亨利貞之德，欲使君子法之。但行此四德，則與天同功，非聖人不可。唯云君子者，但易之爲道，廣爲垂法，若限局聖人，恐不逮餘下，故總云君子，使諸侯公卿之等，悉皆行之。但聖人行此四德，能盡其極也。君子行此四德，各量力而爲，多少各有其分。

【略】夫大人者，與天地合其德，與日月合其明，與四時合其序，與鬼神合其吉凶。先天而天弗違，後天而奉天時。天且弗違，而况于人乎？况于鬼神乎？疏：夫大人者至况於鬼神乎。正義曰：此明九五爻辭。但上節明大人與萬物相感，此論大人之德，无所不合，廣言所合之事。與天地合其德者，莊氏云：謂覆載也。與日月合其明者，謂照臨也。與四時合其序者，若賞以春夏，刑以秋冬之類也。與鬼神合其吉凶者，若福善禍淫也。先天而天弗違者，若在天時之先行事，天乃在後不違，是天合大人也。後天而奉天時者，若在天時之後行事，能奉順上天，是大人合天也。天且弗違，而況於人乎，況於鬼神乎者，夫子以天且不違，遂明大人之德，言尊而遠者尚不違，況小而近者可有違乎？況於人乎？況於鬼神乎？

（宋）李衡《周易義海撮要・乾》乾【略】元、亨、利、貞。乾之四德：元，仁也。亨，禮也。利，義也。貞，信也。不論知者，行此四德，正資於知。《乾鑿度》云，水土二行，兼信與知，故略而不言。正義。在天爲春夏秋冬，在人爲仁義禮信。薛溫其。始萬物爲元，遂萬物爲亨，益萬物爲利，不私萬物爲貞。魏徵。以事業言，則元爲樂，亨爲禮，利爲刑，貞爲政。物之既成，以歸於正。陰陽之氣，幹了萬事。聖人法之爲知。不言信者，以信屬土，分王四季。胡。不曰正而曰貞者，正可邪，而貞不可奪也。何維翰。

（清）孫星衍《周易集解・乾》《文言》曰：【略】九五曰：飛龍在天，利見大人。何謂也？子曰：同聲相應。

解：虞翻曰：謂震巽也。庖犧觀變而作八卦。雷風相薄，故相應也。張璠曰：天者，陽也。君者，陽也。雷風者，天之聲。號令者，君之聲。明君與天地相應，合德同化，動靜不違也。

（清）朱駿聲《六十四卦經解・乾》九五，飛龍在天，利見大人。

【略】

天者首事造制，大人造法。造，爲也，作禮樂也。

《周易正義・坤》䷁坤下坤上。坤：元、亨，利牝馬之貞。【略】六二：直方大，不習无不利。居中得正，極於地質，任其自然而物自生，不假修營而功自成，故不習焉而无不利。疏：六二至无不利。正義曰：《文言》云：直其正也。二得其位，極地之質，故亦同地也。俱包三德，生物不邪，謂之直也。地體安靜，是其方也。无物不載，是其大也。既有三德，極地之美，自然而生，不假修營，故云不習无不利。物皆自成，无所不利，以此爻居中得位，極於地體，故盡極地之義。此因自然之性，以明人事，居在此位，亦當如地之所爲。注居中得正。正義曰：居中得正，極於地質者，質謂形質，地之形質直方又大，此六二居中得正，是盡極地之體質也。所以直者，言氣至即生物，由是體正直之性。其運動生物之時，又能任其質性，直而且方，故《象》云：六二之動，直以方也。

（明）來知德《易經集注・坤》六二：直方大，不習无不利直字，即坤，至柔而動也，剛之剛也。方字，即至靜而德，方之方也。大字，即含弘光大之大也。孔子《彖辭》、《文言》、《小象》，皆本于此。前後之言，皆可相証，以本爻論六二得坤道之正，則無私曲，故直。居坤之中，則無偏黨，故方。直者在內，所存之柔順中正也。方者在外，所處之柔順中正也。惟柔順中正在內則爲直，在外則爲方。內而直外而方，此其所以大也。不揉而直，不矩而方，不恢而大，此其所以不習也。若以人事論，直者，內而天理爲之主宰無邪曲也，方者，外而天理爲之裁制無偏倚也。大者，無一念之不直，無一事之不方也。不習無不利者。直者自直，方者自方，大者自大。不思不勉而中道也。利者，利有攸往之利，言不待學習而自然，直方大也。蓋八卦正位，乾在五，坤在二，皆聖人也。故乾，剛健中正，則飛龍在天。坤，柔順中正，則不習無不利。占者有是德，方應是占矣。

又：《文言》曰：【略】陰雖有美，含之或從王事，弗敢成也。地道也，妻道也，臣道也。地道无成而代有終也。

陰雖有美，含之可以時發，而從王事矣。或從王事不敢有其成者，非其才有所不足不能成也，乃其分之之不敢成也。何也？法象莫大于天地，三綱莫重于夫妻君臣。天統乎地，夫統乎妻，君統乎臣。皆尊者唱而卑者和之。故地道也，妻道也，臣道也。皆不敢先自主也，皆如地之無成，惟代天之終耳。蓋天能始物，不能終物。地繼其後而終之。則地之所以有終者，終天之所未終也。地不敢專其成而有其經。故曰无成而代其終也。

《周易正義・需》《象》曰：雲上于天，需，君子以飲食宴樂。童蒙已發，盛德光亨，飲食宴樂，其在茲乎！疏：象曰至飲食宴樂。正義曰：坎既爲險，又爲雨，今不言險雨者，此象不取險難之義也，故不云險也。雨是已下之物，不是須待之義，故不云雨也。不言天上有雲，而言雲上於天者，若是天上有雲，無以見欲雨之義，故云雲上於天。若言雲上於天，是天之欲雨，待時而落，所以明需大惠將施而盛德又亨，故君子於此之時以飲食宴樂。

初九：需于郊，利用恒，无咎。居需之時，最遠於難，能抑其進以遠險待時，雖不應幾，可以保常也。疏：正義曰：但難在於坎，初九去難既遠，故待時在於郊。郊者是境上之地，亦去水遠也。利用恒，无咎者，恒，常也，遠難待時以避其害，故宜利保守其常，所以无咎，猶不能見幾速進，但得无咎而已。《象》曰：需于郊，不犯難行也。利用恒无咎，未失常也。疏：正義曰：不犯難行者，去難既遠，故不犯難而行，未失常者，不敢速進，遠難待時，是未失常也。

（清）朱駿聲《六十四卦經解・師》九二：在師中，吉，无咎，王三錫命。【略】奉行天討，故不言王言天；弔民伐罪，故不言威言懷。

《周易正義・泰》䷊乾下坤上。泰：小往大來，吉亨。疏：正義曰：陰去故小往，陽長故大來，以此吉而亨通。此卦亨通之極，而四德不具者，物既太通，多失其節，故不得以爲元始而利貞也。所以《象》云財成、輔相，故四德不具。

《象》曰：泰，小往大來，吉亨，則是天地交而萬物通也，上下交而其志同也。內陽而外陰，內健而外順，內君子而外小人。君子道長，小人道消也。疏：《象》曰泰小往大來至小人道消也。正義曰：泰，小往大來，吉亨，則是天地交而萬物通者，釋此卦小往大來吉亨名爲泰也。所以得名爲泰者，止由天地氣交而生養萬物，物得大通，故云泰也。上下交而其志同者，此以人事象天地之交。上謂君也，下謂臣也，君臣交好，故志意和同。內陽而外陰，內健而外順，內健則內陽，外順則外陰。內陽外陰據其象，內健外順明其性，此説泰卦之德也。陰陽言爻，健順言卦。此就卦爻釋小往大來吉亨也。內君子而外小人，君子道長，小人道消者，更就人事之中，釋小往大來吉亨也。

《象》曰：天地交，泰。后以財成天地之道，輔相天地之宜，以左右民。泰者，物大通之時也。上下大通，則物失其節，故財成而輔相，以左右民也。疏：象曰天地交泰至以左右民。正義曰：后以財成天地之道者，由物皆通泰，則上下失節。后，君也。於此之時，君當翦財，成就天地之道。輔相天地之宜者，相，助也。當輔助天地所生之宜。以左右民者，左右，助也，以助養其人也。天地之道者，謂四時也，冬寒、夏暑、春生、秋殺之道。若氣相交通，則物失其節。物失其節，則冬温、夏寒、秋生、春殺。君當財節成就，使寒暑得其常，生殺依其節，此天地自然之氣，故云天地之道也。天地之宜者，謂天地所生之物各有其宜。若《大司徒》云其動物植物，及《職方》云揚州其貢宜稻麥，雍州其貢宜黍稷。若天氣大同，則所宜相反。故輔助天地所宜之物，各安其性，得其宜，據物言之，故稱宜也。此卦言后者，以不兼公卿大夫，故不云君子也。兼通諸侯，故不得直言先生，欲見天子諸侯，俱是南面之君，故特言后也。

（宋）張載《横渠易説・上經・否》 否之匪人，不利君子貞，大往小來。《象》曰：否之匪人，不利君子貞，大往小來，則是天地不交而萬物不通也，上下不交而天下无邦也。內陰而外陽，內柔而外剛，內小人而外君子，小人道長，君子道消也。《象》曰：天地不交，否；君子以險德辟難，不可榮以禄。

蓋言上下不交便天下无邦，有邦而與无邦同，以不成國體也。在天下，他國皆无道，只一邦治，亦不可言天下无道，須是都不治然後是天下无道也。於否之時，則天下无邦也。古之人，一邦不治，别之一邦，直至天下皆无邦可之，則止有隱耳。无道而隱，則惟是有朋友之樂而已。子欲居九夷，未敢。必天下之无邦，或夷狄有道，於今海上之國儘有仁厚之治者。

（宋）李衡《周易義海撮要・大有》 大有：元亨。【略】《象》曰：火在天上，大有。君子以遏惡揚善，順天休命。【略】天之昭命，福善禍淫，過惡揚善，是順天休命也。牧。賞善罰惡，天所以命人君也。胡。

（清）朱駿聲《六十四卦經解・大有》 大有：元亨。【略】

夏火王在天，萬生並生，故曰大有。光四方格上下之象，遏絶也，揚舉也。天命有德，天討有罪，慶賞刑威曰君，故曰順。舜有大功，二十而爲天子，亦順也。

（唐）李鼎祚《周易集解・豫》 豫：利建侯行師。【略】《象》曰：【略】而況建侯行師乎？《九家易》曰：震爲建侯，坤爲行師。建侯所以興利，行師所以除害。利興害除，民所逸樂也。天地有生殺，萬物有始終，王者盛衰亦有迭更。猶武王承亂而應天地，建侯行師，奉詞除害。民得豫悦，君得安樂也。

（宋）張載《横渠易説・上經・豫》 豫。利建侯行師。《象》曰：豫，剛應而志行，順以動，豫。豫順以動，故天地如之，而況建侯行師乎！

上順而下不動，非建侯行師之利也。天地以順動，故日月不過而四時不忒，聖人以順動，則刑罰清而民服，豫之時義大矣哉！《象》曰：雷出地奮，豫，先王以作樂崇德，殷薦之上帝以配祖考。

王者之樂，莫大於是。

（宋）張載《横渠易説・上經・蠱》 《象》曰：蠱，剛上而柔下，巽而止，蠱。【略】蠱，元亨而天下治也。利涉大川，往有事也。甲三日，終則有始，天行也。《象》曰：山下有風，蠱。君子以振民育德。後甲三日，成前事之終。先甲三日，善後事之始也。剛上柔下，故可爲之唱。是故先甲三日以蠲其法，後甲三日以重其初。明終而復始，通變不窮也。至於巽之九五，以其上下皆柔，故必无初有終。是故先庚、後庚，不爲物首也。於甲取，應物而動，順乎民心也。

（宋）司馬光《温公易説・觀》 《象》曰：風行地上，觀。先王以省方觀民設教。先王省方，考禮樂，協時日，飭法度，以示人爲觀之象。

（唐）李鼎祚《周易集解・噬嗑》 噬嗑：亨，利用獄。【略】《象》曰：【略】先王以明罰勑法。侯果曰：雷所以動物，電所以照物，雷電震照，則萬物不能懷邪。故先王則之，明罰敕法，以示萬物，欲萬方一心也。

（清）孫星衍《周易集解・噬嗑》 《象》曰：【略】剛柔分動而明，雷電合而章。

解：盧氏曰：此本否卦，乾之九五，分降坤初，坤之初六，分升乾五，是剛柔分也。分則雷動于下，電照于上，合成天威。故曰雷電合而成章也。

注：剛柔分動，不溷乃明。雷電並合，不亂乃章。皆利用獄之義。

（宋）李衡《周易義海撮要・賁》《彖》曰：賁，亨。柔來而文剛，故亨。分剛上而文柔，故小利有攸往，天文也。文明以止，人文也。觀乎天文，以察時變；觀乎人文，以化成天下。【略】父剛子柔，君剛臣柔，夫剛婦柔，朋友者，剛柔之合；長幼者，剛柔之序。五者交錯，粲然成文。天理也，非人爲也。上下內外，尊卑貴賤，其文明而不亂，各當其分而止矣。文明以止，則禍亂不生，災害不作。故日月軌道，五星順序，萬物自遂。天文人文，其理一也。朱。

（宋）張載《橫渠易說・上經・賁》賁：亨，小利有攸往。《彖》曰：賁，亨。柔來而文剛，故亨。分剛上而文柔，故小利有攸往，天文也。文明以止，人文也。觀乎天文，以察時變；觀乎人文，以化成天下。

《象》曰：山下有火，賁；君子以明庶政，无敢折獄。

无敢折獄者，明不兼於下，民未孚也，故止可明政以示民耳。

《周易正義・无妄》䷘震下乾上。无妄：元、亨、利、貞。其匪正有眚，不利有攸往。【略】

《彖》曰：无妄，剛自外來而爲主于內。動而健，【略】剛中而應。謂五也。【略】大亨以正，天之命也。剛自外來，而爲主於內，動而愈健。剛中而應，威剛方正，私欲不行，何可以妄？使有妄之道滅，无妄之道成，非大亨利貞而何？剛自外來，而爲主於內，則柔邪之道消矣。動而愈健，則剛直之道通矣。剛中而應，則齊明之德著矣。故大亨以正也。天之教命，何可犯乎？何可妄乎？是以匪正則有眚，而不利有攸往也。疏：大亨以正，天之命也。正義曰：釋元亨利貞之義。威剛方正，私欲不行，何可以妄？此天之教命也。天道純陽，剛而能健，是乾德相似，故云天之命也。既是天命，豈可犯乎？注剛自外來至不利有攸往也。正義曰：云使有妄之道滅，无妄之道成者，妄，謂虛妄矯詐，不循正理。若无剛中之主，柔弱邪僻，則物皆詐妄，是有妄之道興也。今遇剛中之主，威嚴剛正，在下畏威，不敢詐妄，是有妄之道滅，无妄之道成。其匪正有眚，不利有攸往。无妄之往，何之矣？天命不祐，行矣哉！匪正有眚，不求改以從正，而欲有所往，居不可以妄之時，而欲以不正有所往，將欲何之？天命之所不祐，竟矣哉！疏：其匪正有眚至天命不祐行矣哉。正義曰：其匪正有眚，不利有攸往，无妄之往何之矣者，此釋匪正有眚不利有攸往之義也。无妄之往何之矣，上之是語辭，下之是適也。身既非正，在无妄之世，欲有所往，何所之適矣？故云无妄之往何之矣。天命不祐行矣哉者，身既非正，欲有所往，犯違天命，則天命不祐助也。必竟行矣哉！言終竟行此不祐之事也。注匪正有眚至不祐竟矣哉。正義曰：竟矣哉者，竟謂終竟，言天所不祐，終竟行矣哉！

（唐）李鼎祚《周易集解・无妄》无妄。何妥曰：乾上震下，天威下行，物皆絜齊，不敢虛妄也。【略】《彖》曰：无妄，則剛自外來而爲主於內。蜀才曰：此本遯卦。案：剛自上降，爲主於初，故動而健，剛中而應也。於是乎，邪妄之道消，大通以正矣。无妄大亨，乃天道恒命也。

（宋）朱熹《周易本義・无妄》《彖》曰：无妄，剛自外來而爲主於內，動而健，剛中而應，大亨以正，天之命也。其匪正有眚，不利有攸往，无妄之往，何之矣？天命不祐，行矣哉！

以卦變、卦德、卦體言卦之善如此，故其占當獲大亨而利於正，乃天命之當然也。其有不正，則不利有所往，欲何往哉？蓋其逆天之命而天不祐之，故不可以有行也。

《象》曰：天下雷行，物與无妄；先王以茂對時育萬物。

天下雷行，震動發生，萬物各正其性命，是物物而與之以无妄也。先王法此以對時育物，因其所性，而不爲私焉。

《周易正義・咸》䷞艮下兑上。咸：亨，利貞，取女吉。疏：咸亨至取女吉。正義曰：先儒以《易》之舊題，分自此以上三十卦爲《上經》，已下三十四卦爲《下經》，《序卦》至此又別起端首。先儒皆以《上經》明天道，《下經》明人事，然韓康伯注《序卦》破此義云：夫《易》，六畫成卦，三才必備，錯綜天人，以效變化，豈有天道、人事偏於上下哉！案：《上經》之內，明飲食必有訟，訟必有衆起，是兼於人事，不專天道。既不專天道，則《下經》不專人事，理則然矣。但孔子《序卦》不以咸繫離。《繫辭》云二篇之策，則是六十四卦舊分上下，乾、坤象天地，咸、恒明夫婦。乾坤乃造化之本，夫婦實人倫之原，因而擬之，何爲不可？天地各卦，夫婦共卦者，周氏云：尊天地之道，略於人事，猶如三才，天地爲二，人止爲一也。此必不然。竊謂乾、坤明天地初闢，至屯乃剛柔始交。故以純陽象天，純陰象地，則咸以明人事。人物既生，共相感應。若二氣不交，則不成於相感，自然天地各一，夫婦共卦。此不言可悉，豈宜妄爲異端！咸亨利貞取女吉者，咸，感也。此卦明人倫之始，夫婦之義，必須男女共相感應，方成夫婦。既相感應，乃得亨通。若以邪道相通，則凶害斯及，故利在貞正。既感通以正，即是婚媾之善，故云咸亨利貞取女吉也。

《彖》曰：咸，感也。柔上而剛下，二氣感應以相與。是以亨也。疏：正義曰：柔上而剛下，二氣感應以相與者，此因上下二體，釋咸亨之義也。艮剛而兑柔，若剛自在上，柔自在下，則不相交感，无由得通。今兑柔在上而艮剛在下，是二氣感應以相與，所以爲咸亨也。止而說，故利貞也。疏：正義曰：此因二卦之義釋利貞也。艮止而兑，說也。能自静止則不隨動欲，以上行說，則不爲邪諂。不失其正，所以利貞也。男下女，取女吉也。疏：正義曰：此因二卦象釋取女吉之義。艮爲少男而居於下，兑爲少女而處於上，是男下於女也。婚姻之義，男先求女，親迎之禮，御輪三周，皆是男先下於女，然後女應於男，所以取女得吉者也。是以亨，利貞，取女吉也。天地感而萬物化生，二氣相與，乃化生也。疏：是以至化生。正義曰：是以亨利貞取女吉者，次第釋訖，總舉繇辭以結之。天地感而萬物化生者，以下廣明感之義也。天地二氣，若不感應相與，則萬物无由得應化而生。聖人感人心而天下和平。觀其所感，而天地萬物之情可見矣。天地萬物之情，見於所感也。凡感之爲道，不能感非類者也，故引取女以明同類之義也。同類而不相感應，以其各亢所處也。故女雖應男之物，必下之而後取女乃吉也。疏：聖人至可見矣。正義曰：聖人感人心而天下和平者，聖人設教，感動人心，使變惡從善，然後天下和平。觀其所感而天地萬物之情可見矣者，結歎咸道之廣，大則包天地，小則該萬物。感物而動，謂之情也。天地萬物皆以氣類共相感應，故觀其所感，而天地萬物之情可見矣。

（唐）李鼎祚《周易集解・夬》《彖》曰【略】孚號有厲，其危乃光也。【略】干寶曰：夬九五，則飛龍在天之爻也。應天順民，以發號令，故曰孚號。以柔決剛，以臣伐君，君子危之，故曰有厲。德大即心小，功高而意下，故曰其危乃光也。

（清）孫星衍《周易集解・夬》《彖》曰【略】孚號有厲，其危乃光也。

解：荀爽曰：信其號令於下，衆陽危去上六。陽乃光明也。干寶曰：夫九五，則飛龍在天之爻也。應天順民，以發號令，故曰孚號。以柔決剛，以臣伐君，君子危之，故曰有厲。德大即以心小，功高而意下，故曰其危乃光也。

注：剛正明信，以宣其令，則柔邪者危，故曰其危乃光也。

（宋）李衡《周易義海撮要・姤》《象》曰：天下有風，姤；后以施命誥四方。風行偃草，天之威令。風行天下，无物不遇。故人君法此，施教命誥於四方也。正諸象稱先王者，如建國作樂，省方勅法，閉關育物，享帝之類，皆所以立法制也。后者，后王所爲，財成天地，施命誥四方是也。君子上下之通稱，王公之通稱曰大人。伊。

（宋）張載《横渠易説・下經・豐》《象》曰：雷電皆至，豐；君子以折獄致刑。盛明如天，大之至也。動於上而明於下，故折獄致刑，民不惑矣。

（宋）張載《横渠易説・下經・渙》九五，渙汗其大號，渙王居，无咎。《象》曰：王居无咎，正位也。爲渙之主，使物徧被其澤，正位凝命，可以免咎。不私於應，故能均布其大號也。渙然廓大，以王道自居，乃无咎。

《周易正義・節》䷻兑下坎上。節：亨，苦節不可貞。疏：正義曰：節，卦名也。《象》曰：節以制度。《雜卦》云：節，止也。然則節者制度之名。節，止之義，制事有節，其道乃亨，故曰節，亨。節須得中，爲節過苦，傷於刻薄，物所不堪，不可復正，故曰苦節不可貞也。

《彖》曰：節，亨，剛柔分而剛得中。坎陽而兑陰也。陽上而陰下，剛柔分也。剛柔分而不亂，剛得中而爲制主，節之義也。節之大者，莫若剛柔分，男女别也。疏：正義曰：此就上下二體居二、五剛中，釋所以爲節得亨之義也。坎剛居上，兑柔處下，是剛柔分也。剛柔分，男女别，節之大義也。二、五以剛居中，爲制之主，所以得節，節不違中，所以得亨，故曰節，亨，剛柔分而剛得中也。苦節不可貞，其道窮也。爲節過苦，則物所不能堪也。物不能堪，則不可復正也。疏：正義曰：爲節過苦，不可爲正。若以苦節爲正，則其道困窮，故曰苦節不可貞，其道窮也。説以行險，當位以節，中正以通。然後及亨也。无説而行險，過中而爲節，則道窮也。疏：正義曰：上言苦節不可貞，其道窮者，正由爲節不中，則物所不説，不可復正，其道困窮，故更就二體及四、五當位，重釋行節得亨之義，以明苦節之窮也。行險以説，則爲節得中。當位以節，則可以爲正。良由中而能正，所以得通，故曰：中正以通，此其所以爲亨也。天地節而四時成，節以制度，不傷財，不害民。疏：正義曰：天地節而四時成者，此下就天地與人廣明節義。天地以氣序爲節，使寒暑往來，各以其序，則四時功成之也。王者以制度爲節，使用之有道理，役之有時，則不傷財，不害民也。

《象》曰：澤上有水，節。君子以制數度，議德行。疏：正義曰：澤上有水，節者，水在澤中，乃得其節，故曰澤上有水，節也。君子以制數度，議德行者，數度，謂尊卑禮命之多少。德行，謂人才堪任之優劣。君子象節以制其禮數等差，皆使有度，議人之德行任用，皆使得宜。

（清）惠棟《周易述・象上傳》大觀在上，順而巽，中正以觀天下。

注：陽稱大，九居五，故大觀在上。順，坤也。中正謂五。五以天之神道觀示天下，咸服其化，賓于王庭。

又：聖人以神道設教，而天下服矣。注【略】

疏：【略】不賞而民勸，不怒而民威於鈇鉞，是天下咸服其化。

又：重明以麗乎正，乃化成天下。注：兩象故重明。麗乎正謂旁通坎也。坎上離下，嚮明而治，故乃化成天下，坤爲化也。

柔麗乎中正，故亨。是以畜牝牛吉也。【略】

疏：【略】《説卦》曰：聖人南面而聽天下，嚮明而治。聖人謂坎五。離南方之卦，故南面而聽天下。嚮明而治，謂行明堂月令之法。而天下治，故乃化成天下。

（清）惠棟《周易述・象上傳》 上天下澤，履。君子以辯上下，定民志。注：君子謂乾。天高地下，萬物散殊而禮制行，故以辯上下，定民志。疏：此《樂記》文。乾爲天，兑爲澤，禮以地制澤，又卑於地，故君子法之以制禮。天高地下。禮者，天地之別也，故以辯上下。萬物散殊而未定，禮節民心，故以定民志。《漢書・敘傳》曰：上天下澤，春雷奮作，先王觀象，爰制禮樂。是説君子法履以制禮之事。

（清）惠棟《周易述・象上傳》 風行地上，觀。先王以省方觀民設教。注：先王謂乾，巡守曰省，坤爲方、爲民。以乾照坤，故以省方觀民設教。疏：京房《易積算》曰：《易》含萬象。《象》言明堂禘祭，此又言省方觀民，要而言之則一也。古者聽朔、朝廟、頒政令、朝諸侯皆於明堂。《象》詞觀盥不觀薦，是尊祖以配天之事；《象傳》神道設教，是法天以治民之事。

（清）惠棟《周易述・象下傳》 天下有風，遘。后以施命誥四方。

【略】漢司徒魯恭釋此傳云：言君以夏至之日施命令，止四方行者，所以助微陰也。此言助微陰與《易》例有違，今不用也。尋復《象傳》曰：先王以至日閉關，商旅不行，后不省方；遘，《傳》云：后以施命誥四方。但復陽息之卦，遘陰消之卦，復閉關不省方，所以助微陽之息也；遘施命誥四方，所以布盛陽之德也。其諸《易》之例與。

《周易正義・繫辭上》 天尊地卑，乾坤定矣。乾坤其易之門户，先明天尊地卑，以定乾坤之體。疏：天尊至定矣。正義曰：天以剛陽而尊，地以柔陰而卑，則乾坤之體安定矣。乾健與天陽同，坤順與地陰同，故得乾坤定矣。若天不剛陽，地不柔陰，是乾坤之體不得定也。此經明天地之德也。注先明至之體。正義曰：云先明天尊地卑，以定乾坤之體者，易含萬象，天地最大。若天尊地卑，各得其所，則乾坤之義得定矣。若天之不尊，降在滯溺；地之不卑，進在剛盛，則乾坤之體，何由定矣？案乾坤是天地之用，非天地之體，今云乾坤之體者，是所用之體，乾以健爲體，坤以順爲體，故云乾坤之體。卑高以陳，貴賤位矣。天尊地卑之義既列，則涉乎萬物，貴賤之位明矣。疏：卑高至位矣。正義曰：卑，謂地體卑下；高，謂天體高上。卑高既以陳列，則物之貴賤，得其位矣。若卑不處卑，謂地在上，高不處高，謂天在下。上下既亂，則萬物貴賤不得其位矣。此經明天地之體，此雖明天地之體，亦涉乎萬物之形。此貴賤總兼萬物，不唯天地而已，先云卑者，便文爾。案前經云天尊地卑，天地別陳。此卑高以陳，不更別陳。總云卑高者，上文詳，於此略也。注天尊至明矣。正義曰：天尊地卑之義既列，解經卑高以陳也。云則涉乎萬物貴賤之位明矣，解經貴賤位矣。上經既云天尊地卑，此經又云貴賤者，則貴賤非唯天地，是兼萬物之貴賤。動静有常，剛柔斷矣。剛動而柔止也。動止得其常體，則剛柔之分著矣。疏：正義曰：天陽爲動，地陰爲静，各有常度，則剛柔斷定矣。動而有常則成剛，静而有常則成柔，所以剛柔可斷定矣。若動而无常，則剛道不成；静而无常，則柔道不立。是剛柔雜亂，動静无常，則剛柔不可斷定也。此經論天地之性也。此雖天地動静，亦總兼萬物也。萬物禀於陽氣多而爲動也，禀於陰氣多而爲静也。方以類聚，物以羣分，吉凶生矣。方有類，物有羣，則有同有異，有聚有分也。順其所同，則吉；乖其所趣，則凶，故吉凶生矣。疏：方以類聚至生矣。正義曰：方，謂法術性行，以類共聚，固方者則同聚也。物，謂物色羣黨，共在一處，而與他物相分別。若順其所同，則吉也；若乖其所趣，則凶也，故曰吉凶生矣。此經雖因天地之性，亦廣包萬物之情也。注方有類。正義曰：云方有類者，方，謂法術情性趣舍，故《春秋》云教子以義方，注云：方，道也。是方謂性行法術也。言方雖以類而聚，亦有非類而聚者。若陰之所求者陽，陽之所求者陰，是非類聚也。若以人比禽獸，即是非類，雖男女不同，俱是人例，亦是以類聚也。故云順所同則吉，乖所趣則凶。在天成象，在地成形，變化見矣。象况日月星辰，形况山川草木也。懸象運轉以成昏明，山澤通氣而雲行雨施，故變化見矣。疏：正義曰：象謂懸象，日月星辰也。形謂山川草木也。懸象運轉而成昏明，山澤通氣而雲行雨施，故變化見也。是故剛柔相摩，相切摩也，言陰陽之交感也。疏：正義曰：以變化形見，即陽極變爲陰，陰極變爲陽，陽剛而陰柔，故剛柔共相切摩，更遞變化也。八卦相盪。相推盪也，言運化之推移。疏：正義曰：剛則陽爻也。柔則陰爻也。剛柔兩體，是陰陽二爻，相雜而成八卦，遞相推盪。若十一月一陽生而推去一陰，五月一陰生而推去一陽。雖諸卦遞相推移，本從八卦而來，故云八卦相盪也。鼓之以雷霆，潤之以風雨。日月運行，一寒一暑。乾道成男，坤道成女。乾知大始，坤作成物。乾以易知，坤以簡能。天地之道，不爲而善始，不勞而善成，故曰易簡。疏：鼓之以雷霆至簡能。正義曰：鼓之以雷霆，潤之以風雨，日月運行，一寒一暑者，重明上經變化見矣及剛柔相摩，八卦相盪之事。八卦既相推盪，各有功之所用也。又鼓動之以震雷離電，滋潤之以巽風坎雨，或離日坎月，運動而行，一節爲寒，一節爲暑，直云震、巽、離、坎，不云乾、坤、艮、兑者，乾、坤上下備言，艮、兑非鼓動運行之物，故不言之，其實亦一焉。雷電風雨，亦出山澤也。乾道成男，坤道成女者，道謂自然而生，故乾得自然而爲男，坤得自然而成女。必云成者有故，以乾因陰而得成男，坤因陽而得成女，故云成也。乾知太始者，以乾是天陽之氣，萬物皆始在於氣，故云知其大始也。坤作成物者，坤是地陰之形，坤能造作以成物也。初始無形，未有營作，故但云知也。已成之物，事可營爲，故云作也。乾以易知者，易謂易略，无所造爲，以此爲知，故曰乾以易知也。坤以簡能者，簡謂簡省凝静，不須繁勞，以此爲能，故曰坤以簡能也。若於物艱難，則不可以知，故以易而得知也。若於事繁勞，則不可能也。必簡省而後可能也。注天地之道至易簡。正義曰：云天地之道，不爲而善始者，釋經之乾以易知。不勞而善成者，釋經坤以簡能也。案經乾易坤簡，各自別言，而注合云天地者，若以坤對乾，乾爲易也，坤爲簡也。經之所云者是也。若據乾坤相合皆無爲，自然養物之始也，是自然成物之終也。是乾亦有簡，坤亦有易，故注合而言之也。用使聖人俱行易簡，法无爲之化。易則易知，簡則易從。易知則有親，易從則有功。順萬物之情，故曰有親。通天下之志，故曰有功。疏：正義曰：易則易知者，此覆説上乾以易知也。乾德既能説易，若求而行之，則易可知也。簡則易從者，覆説上坤以簡能也。於事簡省，若求而行之，則易可從也。上乾以易知，坤以簡能，論乾坤之體性也。易則易知，簡則易從者，此論乾坤既有此性，人則易可倣傚也。易知則有親者，性意易知，心无險難，則相和親，故云易知則有親也。易從則有功者，於事易從，不有繁勞，其功易就，故曰易從則有功。此二句，論聖人法此乾坤易簡，則有所益也。有親則可久，有功則可大。有易簡之德，則能成可久可大之功。疏：正義曰：有親則可久者，物既和親，无相殘害，故可久也。有功則可大者，事業有功，則積漸可大。此二句，論人法乾坤，久而益大。可久則賢人之德，可大則賢人之業。天地易簡，萬物各載其形。聖人不爲，羣方各遂其業。德業既成，則入於形器，故以賢人目其德業。疏：可久至之業。正義曰：可久則賢人之德者，使物長久，是賢人之德，能養萬物，故云可久則賢人之德也。可大則賢人之業者，功勞既大，則是賢人事業。行天地之道，總天地之功，唯聖人能。然今云賢人者，聖人則隱迹藏用，事在无境。今云可久可大，則是離无入有，賢人則事在有境。故可久可大，以賢人目之也。注聖人至其業。正義曰：云聖人不爲，羣方各遂其業者，聖人顯仁藏用，唯見生養之功，不見其何以生養，猶若日月見其照臨之力，不知何以照臨，是聖人用无爲以及天下，是聖人不爲也。云德業既成，則入於形器者，初行德業未成之時，不見其所爲，是在於虚无。若德業既成，復被於物，在於有境，是入於形器也。賢人之分，則見其所爲，見其成功始末，皆有德之與業，是所有形器，故以賢人目其德業。然則本其虚无玄象謂之聖，據其成功事業謂之賢也。易簡而天下之理得矣。天下之理，莫不由於易簡而各得順其分位也。疏：易簡至得矣。正義曰：此則贊明聖人能行天地易簡之化，則天下萬事之理，並得其宜矣。注易簡。正義曰：若能行説易簡静，任物自生，則物得其性矣。故《列子》云：不生而物自生，不化而物自化。若不行易簡，法令兹章，則物失其性也。《老子》云：水至清則無魚，人至察則無徒。又莊云：馬翦剔羈絆，所傷多矣。是天下之理未得也。天下之理得，而成位乎其中矣。成位至立象也。極易簡則能通天下之理，通天下之理，故能成象，並乎天地言其中，則並明天地也。疏：正義曰：成位況立象，言聖人極易簡之善，則能通天下之理，故能成立卦象於天地之中，言並天地也。

又：彖者，言乎象者也。彖總一卦之義也。疏：正義曰：《彖》謂卦下之辭，言説乎一卦之象也。爻者，言乎變者也。爻各言其變也。疏：正義曰：謂爻下之辭，言説此爻之象改變也。吉凶者，言乎其失得也。悔吝者，言乎其小疵也。无咎者，善補過也。是故列貴賤者存乎位，爻之所處曰位，六位有貴賤也。疏：正義曰：吉凶者，言乎其失得也者，謂爻卦下辭也。著其吉凶者，言論其卦爻失之與得之義也。前章言據其卦爻之象，故云吉凶者，失得之象。此章據其卦爻之辭，故云吉凶者，言乎其失得也。悔吝者，言乎其小疵也者，辭著悔吝者，言説此卦爻有小疵病也。有小疵病，必預有憂虞，故前章云：悔吝者，憂虞之象。但前章據其象，此章論其辭也。无咎者，善補過也者，辭稱无咎者，即此卦爻能補其過。若不能補過，則有咎也。案《略例》：无咎有二，一者善能補過，故无咎。二者其禍自己招，无所怨咎，故節之六三：不節之嗟，又誰咎也？但如此者少，此據多者言之，故云善補過也。前章舉其大略，故不細言无咎之事，此章備論也。是故列貴賤者存乎位者，以爻者言乎變，以此之故，陳列物之貴賤者在存乎六爻之位，皆上貴而下賤也。齊小大者存乎卦，卦有小大也，齊猶言辨也，即彖者言乎象也。疏：正義曰：以彖者言乎象，象有小大，故齊辨物之小大者存乎卦也。猶若泰則小往大來，吉亨，否則大往小來之類是也。辯吉凶者存乎辭，辭，爻辭也，即爻者言乎變也。言象所以明小大，言變所以明吉凶。故小大之義存乎卦，吉凶之狀見乎爻。至於悔吝无咎，其例一也。吉凶悔吝小疵无咎，皆生乎變，事有小大，故下歷言五者之差也。疏：辯吉至乎辭。正義曰：謂辯明卦之與爻之吉凶，存乎卦爻下之言辭是也。注辭爻至差也。正義曰：云辭，爻辭也者，其實卦之與爻，皆有其辭。知是爻辭者，但卦辭變化少，爻辭變化多，此經辯吉凶者存乎辭，與齊小大者存乎卦，二文相對，上既云卦，故此辭爲爻辭也。云言象所以明小大者，即齊小大者存乎卦是也。云言變化所以明吉凶者，則辯吉凶者存乎辭是也。云故小大之義存乎卦者，覆説言象所以明小大也。云吉凶之狀見乎爻者，覆説言變所以明吉凶也。云悔吝无咎，其例一也者，謂悔吝无咎，體例與吉凶一也，皆是存乎辭。云悔吝小疵无咎，皆生乎變者，謂皆生於爻也。言乎變者，謂皆從爻變而來。云事有小大者，大則爲吉凶，小則爲悔吝无咎也。云故下歷言五者之差者，謂於吉凶下歷次言五者之差別，數五者，謂吉一，凶二，悔三，吝四，无咎五。然諸儒以爲五者，皆數列貴賤者存乎位，是其一也。齊小大者存乎卦，是其二也。辯吉凶者存乎辭，是其三也。憂悔吝者存乎介，是其四也。震无咎者存乎悔，是其五也。於經數之爲便，但於注理則乖，今並存焉，任後賢所釋。憂悔吝者存乎介，介，纖介也。王弼曰：憂悔吝之時，其介不可慢也。即悔吝者言乎小疵也。疏：正義曰：介謂纖介，謂小小疵病。能預憂虞悔吝者，存於細小之疵病也。震无咎者存乎悔。无咎者，善補過也。震，動也。故動而无咎，存乎悔過也。疏：正義曰：震，動也。動而无咎者，存乎能自悔過也。是故卦有小大，辭有險易。其道光明曰大，君子道消曰小；之泰則其辭易，之否則其辭險。疏：正義曰：其道光明謂之大，其道消散謂之小。若之適通泰，其辭則説易，若之適否塞，其辭則難險也。辭也者，各指其所之。《易》與天地準，作《易》以準天地。疏：正義曰：辭也者，各指其所之者，謂爻卦之辭，各斥其爻卦之之適也。若之適於善，則其辭善。若之適於惡，則其辭惡也。《易》與天地準者，自此已上，論卦爻辭理之義；自此已下，廣明《易》道之美。言聖人作《易》，與天地相準。謂準擬天地，則乾健以法天，坤順以法地之類是也。故能彌綸天地之道。仰以觀于天文，俯以察于地理，是故知幽明之故。原始反終，故知死生之説。幽明者，有形无形之象。死生者，終始之數也。疏：正義曰：故能彌綸天地之道者，以《易》與天地相準，爲此之故。聖人用易，能彌綸天地之道，彌謂彌縫補合，綸謂經綸牽引，能補合牽引天地之道，用此易道也。仰以觀於天文，俯以察於地理者，天有懸象而成文章，故稱文也。地有山川原隰，各有條理，故稱理也。是故知幽明之故者，故謂事也。故以用易道，仰觀俯察，知无形之幽，有形之明，義理事故也。原始反終，故知生死之説者，言用易理，原窮事物之初始，反復事物之終末，始終吉凶，皆悉包羅，以此之故，知死生之數也。正謂用易道參其逆順，則禍福可知；用蓍策求其吉凶，則死生可識也。

又：精氣爲物，遊魂爲變，精氣烟煴，聚而成物。聚極則散，而遊魂爲變也。遊魂，言其遊散也。疏：正義曰：云精氣爲物者，謂陰陽精靈之氣，氤氲積聚而爲萬物也。遊魂爲變者，物既積聚，極則分散，將散之時，浮遊精魂，去離物形，而爲改變，則生變爲死，成變爲敗，或未死之間，變爲異類也。是故知鬼神之情狀。盡聚散之理，則能知變化之道，无幽而不通也。疏：是故至情狀。正義曰：能窮易理，盡生死變化，以此之故，能知鬼神之内外情狀也。物既以聚而生，以散而死，皆是鬼神所爲，但極聚散之理，則知鬼神之情狀也。言聖人以易之理而能然也。注知變化之道。正義曰：案下云神无方，韓氏云自此以上皆言神之所爲。則此經情狀是虚无之神。聖人極虚无之神，如變化之道，幽冥悉通，故能知鬼神之情狀。與天地相似，故不違。德合天地，故曰相似。疏：正義曰：天地能知鬼神，任其變化。聖人亦窮神盡性，能知鬼神，是與天地相似，所爲所作，故不違於天地，能與天地合也。知周乎萬物，而道濟天下，故不過。知周萬物，則能以道濟天下也。疏：正義曰：知周乎萬物，而道濟天下者，聖人无物不知，是知周於萬物。天下皆養，是道濟天下也。故不過者，所爲皆得其宜，不有愆過，使物失分也。旁行而不流，應變旁通，而不流淫也。疏：正義曰：言聖人之德，應變旁行，无不被及，而不有流移淫過。若不應變化，非理而動，則爲流淫也。樂天知命，故不憂。順天之化，故曰樂也。疏：正義曰：順天施化，是歡樂於天；識物始終，是自知性命。順天道之常數，知性命之始終，任自然之理，故不憂也。安土敦乎仁，故能愛。安土敦仁者，萬物之情也。物順其情，則仁功贍矣。疏：正義曰：言萬物之性，皆欲安静於土，敦厚於仁。聖人能行此安土敦仁之化，故能愛養萬物也。範圍天地之化而不過。範圍者，擬範天地，而周備其理也。疏：正義曰：範謂模範，圍謂周圍，言聖人所爲所作，模範周圍天地之化養，言法則天地以施其化，而不有過失違天地者也。曲成萬物而不遺。曲成者，乘變以應物，不係一方者也，則物宜得矣。疏：正義曰：言聖人隨變而應，屈曲委細，成就萬物，而不有遺棄細小而不成也。通乎晝夜之道而知。通幽明之故，則无不知也。疏：正義曰：言聖人通曉於晝夜之道，晝則明也，夜則幽也，言通曉於幽明之道，而无事不知也。自此以上，皆神之所爲，聖人能極神之幽隱之德也。故神无方，而易无體。自此以上，皆言神之所爲也。方、體者，皆係於形器者也。神則陰陽不測，易則唯變所適，不可以一方、一體明。疏：故神至无體。正義曰：神則寂然虚无，陰陽深遠，不可求難，是无一方可明也。易則隨物改變，應變而往，无一體可定也。注自此以上。正義曰：自此以上，皆言神之所爲者，謂從神无方以上，至精氣爲物以下，經之所云，皆言神所施爲。神者，微妙玄通，不可測量，故能知鬼神之情狀，與天地相似。知周萬物，樂天知命，安土敦仁，範圍天地，曲成萬物，通乎晝夜，此皆神之功用也。作《易》者因自然之神以垂教，欲使聖人用此神道以被天下，雖是神之所爲，亦是聖人所爲。云方體者，皆係於形器者，方是處所之名，體是形質之稱。凡處所形質，非是虚无，皆係著於器物，故云皆係於形器也。云神則陰陽不測者，既幽微不可測度，不可測，則何有處所，是神无方也。云易則唯變所適者，既是變易，唯變之適，不有定往，何可有體，是易无體也。云不可以一方一體明者，解无方无體也。凡无方无體，各有二義。一者神則不見其處所云爲，是无方也；二則周遊運動，不常在一處，亦是无方也。无體者，一是自然而變，而不知變之所由，是无形體也；二則隨變而往，无定在一體，亦是无體也。一陰一陽之謂道，道者何？无之稱也，无不通也，无不由也，況之曰道。寂然无體，不可爲象。必有之用極，而无之功顯，故至乎神无方，而易无體，而道可見矣。故窮變以盡神，因神以明道，陰陽雖殊，无一以待之。在陰爲无陰，陰以之生；在陽爲无陽，陽以之成，故曰一陰一陽也。疏：一陰至謂道。正義曰：一謂无也，无陰无陽，乃謂之道。一得爲无者，无是虚无，虚无是大虚，不可分別，唯一而已，故以一爲无也。若其有境，則彼此相形，有二有三不得爲一。故在陰之時，而不見爲陰之功；在陽之時，而不見爲陽之力，自然而有陰陽，自然无所營爲，此則道之謂也。故以言之爲道，以數言之謂之一，以體言之謂之无，以物得開通謂之道，以微妙不測謂之神，以應機變化謂之易，總而言之，皆虚无之謂也。聖人以人事名之，隨其義理，立其稱號。注道者至一陽也。正義曰：云道者何？无之稱者，此韓氏自問其道而釋之也。道是虚无之稱，以虚无能開通於物，故稱之曰道。云无不通，无不由者，若處於有，有則爲物礙難，不可當通。道既虚无爲體，則不爲礙難，故无不通也。无不由者，言萬物皆因之而通，由之而有。云况之曰道者，比况道路以爲稱也。寂然无體，不可爲象者，謂寂然幽静而无體，不可以形象求，是不可爲象。至如天覆地載，日照月臨，冬寒夏暑，春生秋殺，萬物運動，皆由道而然，豈見其所營，知其所爲？是寂然无體，不可爲象也。云必有之用極，而无之功顯者，猶若風雨是有之所用，當用之時，以无爲心，風雨既極之後，萬物賴此風雨而得生育，是生育之功，由風雨无心而成。是有之用極，而无之功顯，是神之發作動用，以生萬物，其功成就，乃在於无形。應機變化，雖有功用，本其用之所以，亦在於无也。故至乎神无方，而《易》无體，自然无爲之道，可顯見矣。當其有用之時，道未見也。云故窮變以盡神者，神則杳然不測，千變萬化。聖人則窮此千變萬化，以盡神之妙理，故云窮變化以盡神。云因神以明道者，謂盡神之理，唯在虚无，因此虚无之神，以明道之所在，道亦虚无，故云因神以明道也。陰陽雖殊，无一以待之者，言陰之與陽，雖有兩氣，恒用虚无之一，以擬待之。言在陽之時，亦以爲虚无，無此陽也。在陰之時，亦以爲虚无，无此陰也。云在陰爲无陰，陰以之生者，謂道雖在于陰，而无於陰，言道所生皆无陰也。雖无於陰，陰終由道而生，故言陰以之生也。在陽爲无陽，陽以之成者，謂道雖在陽，陽中必无道也。雖无於陽，陽必由道而成，故言陽以成之也。道雖無於陰陽，然亦不離於陰陽，陰陽雖由道成，即陰陽亦非道，故曰一陰一陽也。繼之者善也，成之者性也。仁者見之謂之仁，知者見之謂之知，仁者資道以見其仁，知者資道以見其知，各盡其分。疏：正義曰：繼之者善也者，道是生物開通，善是順理養物，故繼道之功者，唯善行也。成之者性也者，若能成就此道者，是人之本性。若性仁者成就此道爲仁性，知者成就此道爲知也。故云仁者見之謂之仁，知者見之謂之知。是仁之與知，皆資道而得成仁知也。百姓日用而不知，故君子之道鮮矣。君子體道以爲用也。仁知則滯於所見，百姓則日用而不知。體斯道者，不亦鮮矣？故常无欲，以觀其妙，始可以語至而言極也。疏：百姓至鮮矣。正義曰：百姓日用而不知者，言萬方百姓，恒日日賴用此道而得生，而不知道之功力也。言道冥昧不以功爲功，故百姓日用而不能知也。故君子之道鮮矣者，君子謂聖人也。仁知則各滯於所見，百姓則日用不知，明體道君子，不亦少乎？注君子體道至極也。正義曰：君子體道以爲用者，謂聖人爲君子，體履於至道，法道而施政，則《老子》云爲而不宰，功成不居是也。云仁知則滯於所見者，言仁知雖賢，猶有偏見，仁者觀道謂道爲仁，知者觀道謂道爲知，不能偏曉，是滯於所見也。是道既以爲用，若以仁以知，則滯所見也。至於百姓，但日用通生之道，又不知通生由道而來，故云百姓日用而不知也。云體斯道者，不亦鮮矣者，是聖人君子獨能悟道，故云不亦鮮矣。云故常無欲以觀其妙者，引《老子·道經》之文，以結成此義。無欲謂無心，若能寂然無心無欲，觀其道之妙趣，謂不爲所爲，得道之妙理也。云始可以語至而言極也者，若能無欲觀此道之妙理，無事無爲，如此，可以語説其至理，而言其極趣也。若不如此，不可語至而言極也。

又：聖人有以見天下之賾，而擬諸其形容，象其物宜，乾剛坤柔，各有其體，故曰擬諸形容。疏：正義曰：聖人有以見天下之賾者，賾謂幽深難見，聖人有其神妙，以能見天下深賾之至理也。而擬諸其形容者，以此深賾之理，擬度諸物形容也。見此剛理，則擬諸乾之形容；見此柔理，則擬諸坤之形容也。象其物宜者，聖人又法象其物之所宜。若象陽物，宜於剛也；若象陰物，宜於柔也，是各象其物之所宜。六十四卦，皆擬諸形容，象其物宜也。若泰卦比擬泰之形容，象其泰之物宜；若否卦則比擬否之形容，象其否之物宜也。舉此而言，諸卦可知也。是故謂之象。聖人有以見天下之動，而觀其會通，以行其典禮，典禮，適時之所用。疏：正義曰：是故謂之象者，以是之故，謂之象也，謂六十四卦是也，故前章云卦者言乎象者也。此以上結成卦象之義也。聖人有以見天下之動者，謂聖人有其微妙，以見天下萬物之動也。而觀其會通，以行其典禮者，既知萬物以此變動，觀看其物之會合變通，當此會通之時，以施行其典法禮儀也。繫辭焉以斷其吉凶，是故謂之爻。言天下之至賾不可惡也。言天下之至動而不可亂也。《易》之爲書，不可遠也。惡之則逆於順，錯之則乖於理。疏：正義曰：繫辭焉以斷其吉凶者，既觀其會通而行其典禮，以定爻之通變，而有三百八十四爻。於此爻下繫屬文辭，以斷定其吉凶。若會通典禮得則爲吉，若會通典禮失則爲凶也。是故謂之爻者，以是之故，議此會通之事而爲爻也。夫爻者效也，效諸物之通變，故上章云爻者，言乎變者也。自此已上，結爻義也。言天下之至賾，而不可惡也者，此覆説前文見天下之賾，卦象義也。謂聖人於天下至賾之理，必重慎明之，不可鄙賤輕惡也。若鄙賤輕惡，不有意明之，則逆於順道也。言天下之至動，而不可亂者，覆説上聖人見天下之至動，爻之義也。謂天下至賾變動之理，論説之時，明不可錯亂也。若錯亂，則乖違正理也。若以文勢上下言之，宜云至動而不可亂也。擬之而後言，議之而後動，擬議以成其變化。擬議以動，則盡變化之道。疏：正義曰：擬之而後言者，覆説上天下之至賾不可惡也，聖人欲言之時，必擬度之而後言也。議之而後動者，覆説上天下之至動不可亂也，謂欲動之時，必議論之而後動也。擬議以成其變化者，言則先擬也，動則先議也，則能成盡其變化之道也。鳴鶴在陰，其子和之；我有好爵，吾與爾靡之。鶴鳴則子和，脩誠則物應。我有好爵，與物散之，物亦以善應也。明擬議之道，繼以斯義者，誠以吉凶失得存乎所動。同乎道者，道亦得之；同乎失者，失亦違之。莫不以同相順，以類相應。動之斯來，綏之斯至。鶴鳴于陰，氣同則和。出言户庭，千里或應。出言猶然，況其大者乎；千里或應，況其邇者乎。故夫憂悔吝者，存乎纖介；定失得者，慎於樞機。是以君子擬議以動，慎其微也。疏：正義曰：鳴鶴在陰者，上既明擬議而動，若擬議於善，則善來應之；若擬於惡，則惡亦隨之。故引鳴鶴在陰，取同類相應以證之。此引《中孚》九二爻辭也。鳴鶴在幽陰之處，雖在幽陰而鳴，其子則在遠而和之，以其同類相感召故也。我有好爵者，言我有美好之爵，而在我身。吾與爾靡之者，言我雖有好爵，不自獨有，吾與汝外物共靡散之。謂我既有好爵，能靡散以施於物，物則有感我之恩，亦來歸從於我。是善往則善者來，皆證明擬議之事。我擬議於善以及物，物亦以善而應我也。

又：子曰：知變化之道者，其知神之所爲乎？夫變化之道，不爲而自然。故知變化者，則知神之所爲。疏：正義曰：言易既知變化之道理，不爲而自然也，則能知神化之所爲，言神化亦不爲而自然也。《易》有聖人之道四焉：以言者尚其辭，以動者尚其變，以制器者尚其象，以卜筮者尚其占。此四者存乎器象，可得而用也。疏：《易》有至其占。正義曰：《易》有聖人之道四焉者，言《易》之爲書，有聖人所用之道者凡有四事焉。以言者尚其辭者，謂聖人發言而施政教者，貴尚其爻卦之辭，發其言辭，出言而施政教也。以動者尚其變者，謂聖人有所興動營爲，故法其陰陽變化。變有吉凶，聖人之動，取吉不取凶也。以制器者尚其象者，謂造制形器，法其爻卦之象。若造弧矢，法睽之象，若造杵臼，法小過之象也。以卜筮者尚其占者，策是筮之所用，并言卜者，卜雖龜之見兆，亦有陰陽五行變動之狀。故卜之與筮，尚其爻卦變動之占也。注器象。正義曰：辭是爻辭，爻辭是器象也。變是變化，見其來去，亦是器象也。象是形象，占是占其形狀，竝是有體之物。有體則是物之可用，故云可得而用者也。是以君子將有爲也，將有行也，問焉而以言。其受命也如響，无有遠近幽深，遂知來物。非天下之至精，其孰能與於此？疏：正義曰：是以君子將有爲也，將有行也，問焉而以言者，既易道有四，是以君子將欲有所施爲，將欲有所行，往占問其吉凶，而以言命蓍也。其受命也如響者，謂蓍受人命，報人吉凶，如響之應聲也。无有遠近幽深者，言易之告人吉凶，无問遠之與近，及幽遂深遠之處，悉皆告之也。遂知來物者，物，事也。然易以萬事告人，人因此遂知將來之事也。非天下之至精，其孰能與於此者，言易之功深如此，若非天下萬事之內，至極精妙，誰能參與於此，與易道同也。此已上論易道功深，告人吉凶，使豫知來事，故以此結之也。參伍以變，錯綜其數，通其變，遂成天下之文；極其數，遂定天下之象。非天下之至變，其孰能與於此？疏：正義曰：參伍以變者，參，三也。伍，五也。或三或五，以相參合，以相改變。略舉三五，諸數皆然也。錯綜其數者，錯謂交錯，綜謂總聚，交錯總聚其陰陽之數也。通其變者，由交錯總聚，通極其陰陽相變也。遂成天地之文者，以其相變，故能遂成就天地之文。若青赤相雜，故稱文也。極其數，遂定天下之象者，謂窮極其陰陽之數，以定天下萬物之象。猶若極二百一十六策，以定乾之老陽之象，窮一百四十四策，以定坤之老陰之象，舉此餘可知也。非天下之至變，其孰能與於此者，言此易之理，若非天下萬事至極之變化，誰能與於此者，言皆不能也。此結成易之變化之道，故更言與於此也。前經論易理深，故云非天下之至精。此經論極數變通，故云非天下之至變也。易无思也，无爲也，寂然不動，感而遂通天下之故，非天下之至神，其孰能與於此？夫非忘象者，則无以制象。非遺數者，无以極數。至精者，无籌策而不可亂。至變者，體一而无不周。至神者，寂然而无不應。斯蓋功用之母，象數所由立，故曰非至精至變至神，則不得與於斯也。疏：易无思至於此。正義曰：易无思也，无爲也者，任運自然，不關心慮，是无思也；任運自動，不須營造，是无爲也。寂然不動，感而遂通天下之故者，既无思无爲，故寂然不動。有感必應，萬事皆通，是感而遂通天下之故也。故謂事故，言通天下萬事也。非天下之至神，其孰能與於此者，言易理神功不測，非天下萬事之中，至極神妙，其孰能與於此也。此經明易理神妙不測，故云非天下之至神，若非天下之至神，誰能與於此也。注非忘象。正義曰：云夫非忘象者，則无以制象者，凡自有形象者，不可以制他物之形象，猶若海不能制山之形象，山不能制海之形象。遺忘己象者，乃能制衆物之形象也。非遺數者，无以極數者，若以數數物，則不能極其物數。猶若以萬而數，則不能苞億，以一億而數，則不能苞千億萬億。遺去數名者，則无所不苞。是非遺去其數，无以極盡於數也。言至精者，无籌策而不可亂者，以其心之至精，理在玄通，无不記憶，雖无籌策，而不可亂也。言至變者，體一而无不周者，言至極曉達變理者，能體於淳一之理，其變通无不周徧。言雖萬類之變，同歸於一變也。斯蓋功用之母，象數所由立者，言至精、至變、至神三者，是物之功用之母。物之功用，象之與數，由此至精、至變、至神所由來，故云象數所由立也。言象之所以立有象者，豈由象而來，由太虚自然而有象也；數之所以有數者，豈由數而來，由太虚自然而有數也。是太虚之象，太虚之數，是其至精至變也。由其至精，故能制數；由其至變，故能制象。若非至精、至變、至神，則不得參與妙極之玄理也。夫易，聖人之所以極深而研幾也。唯深也，故能通天下之志。唯幾也，故能成天下之務。極未形之理則曰深，適動微之會則曰幾。疏：正義曰：夫易聖人之所以極深而研幾也者，言易道弘大，故聖人用之，所以窮極幽深，而研覈幾微也。極深者，則前經初一節云君子將有爲，將有行，問焉而以言，其受命如響，无有遠近幽深，是極深也。研幾者，上經次節云參伍以變，錯綜其數，通其變，遂成天地之文；極其數，以定天下之象，是研幾也。唯深也，故能通天下之志者，言聖人用易道以極深，故聖人德深也，故能通天下之志意，即是前經上節問焉而以言，其受命如響，遂知來物，是通天下之志也。唯幾也，故能成天下之務者，聖人用易道以研幾，故聖人知事之幾微，是前經次節參伍以變，錯綜其數，通其變，遂成天地之文是也。幾者離无入有，是有初之微。以能知有初之微。則能興行其事，故能成天下之事務也。唯神也，故不疾而速，不行而至。

子曰：易有聖人之道四焉者，此之謂也。四者由聖道以成，故曰聖人之道。

疏：正義曰：唯神也，故不疾而速，不行而至者，此覆説上經下節易之神功也。以无思无爲，寂然不動，感而遂通，故不須急疾，而事速成；不須行動，而理自至也。案下節云唯深也言通天下之志，唯幾也言成天下之務。今唯神也直云不疾而速，不行而至，不言通天下者，神則至理微妙，不可測知。无象无功，於天下之事，理絶名言，不可論也。故不云成天下之功也。子曰：易有聖人之道四焉者，此之謂也者，章首論聖人之道四焉，章中歷陳其三事，章末結而成之，故曰聖人之道四焉是此之謂也。章首聖人之道有四者，韓氏注云此四者存乎器象，可得而用者，則辭也，變也，象也，占也。是有形之物，形器可知也。若章中所陳則有三事，一是至精，精則唯深也。二是至變，變則唯幾也。三是至神，神則微妙无形，是其无也。神既无形，則章中三事，不得配章首四事。韓氏云四者存乎器象，故知章中三事，不得配章首四事者也。但行此四者，即能致章中三事。故章中歷陳三事，下總以聖人之道四焉結之也。

（唐）李鼎祚《周易集解·繫辭上》 是故法象莫大乎天地。翟玄曰：見象立法，莫過天地也。

（宋）司馬光《温公易説·繫辭上》 形而下者，謂之器。有形可考，在天爲品物，在地爲禮法。

（宋）朱熹《周易本義·繫辭上傳》 與天地相似，故不違；知周乎萬物而道濟天下，故不過；旁行而不流，樂天知命，故不憂；安土敦乎仁，故能愛。此聖人盡性之事也。天地之道，知仁而已。知周萬物者，天也。道濟天下者，地也。知且仁，則知而不過矣。旁行者，行權之知也。不流者，守正之仁也。既樂天理，而又知天命，故能无憂。而其知益深，隨處皆安而无一息之不仁，故能不忘其濟物之心而仁益篤，蓋仁者愛之理，愛者仁之用，故其相爲表裏如此。

（宋）張載《横渠易説·繫辭上》 《易》與天地準，故能彌綸天地之道。《易》與天地準，此言《易》之書也。易行乎其中，造化之謂也。言彌綸範圍，此語必夫子所造。彌者，彌縫補綴之義；綸者，往來經營之義。《易》之爲書，與天地準。《易》即天道，獨入于爻位繫之以辭者，此則歸於人事。蓋卦本天道，三陰三陽一升一降，而變成八卦，錯綜爲六十四，分而有三百八十四爻也。因爻有吉凶動静，故繫之以辭，存乎教誡，使人動則觀其變而玩其占。其出入以度，内外使知懼，又明於憂患與！故无有師保，如臨父母。聖人與人撰出一法律之書，使人知所向避，《易》之義也。

又：是以明於天之道而察於民之故，是興神物以前民用。言天之變遷禍福之道，由民之逆順取舍之故，故作《易》以先之。

又：是故《易》有大極，是生兩儀，兩儀生四象，四象生八卦，八卦定吉凶，吉凶生大業。四象即乾之四德，四時之象，故下文云變通莫大乎四時。盡吉凶之理，則能盡天人之助而成位乎其中矣，故下云崇高莫大乎富貴。有吉凶利害，然後人謀作，大業生；若无施不宜，則何業之有！

天生神物，聖人則之；天生蓍龜，聖人則之以占兆。一云占之以兆。

天地變化，聖人效之；天地變化，聖人作《易》以著效之，故曰聖人效之。

天垂象，見吉凶，聖人象之；作《易》以示人，猶天垂象見吉凶；

河出圖，洛出書，聖人則之。作書契效法，猶地出圖書。

（清）惠棟《周易述·繫辭上傳》 《易》簡而天下之理得矣。天下之理得，而易成位乎其中矣。注【略】天有八卦之象，地有八卦之形，在天爲變，在地爲化，故變化見矣。此天地之别也。疏【略】《樂記》樂禮章引此傳曰：天地之别也，是言尊卑、貴賤、動静、類聚、羣分、在天、在地之别異，先王法之以制禮。故云天地之别也。

（清）惠棟《周易述·繫辭上傳》 制而用之謂之法。注：陽道制命，陰道致用，故制而用之。爻法之謂坤，故謂之法。【略】疏：【略】董子《繁露》文，陽剛故制命。坤爲用，故陰道致用，制而用之。爻法之謂坤，效三才爲六畫，法象莫大乎天地，故謂之法也。

又：是故法象莫大乎天地。注：法象，乾坤也。仰觀象于天，俯觀法于地，故法象莫大乎天地也。變通莫大乎四時。注：變通配四時，故莫大乎四時。唐虞三代建官，法天地四時，順時行令。其政詳於《明堂》《月令》。【略】疏：【略】變通至月令。變通趨時，故配四時。荀氏謂：四時相變，終而復始，故莫大乎四時也。唐虞建官，羲和掌天地，仲叔已下掌四時。四時之官分宅四方，謂之四岳，位在稷、契之上，堯、舜求禪、命官則咨之。《周官》六篇亦分天地四時，《夏書·甘誓》乃召六卿；《曲禮》載殷之官制曰：天子建天官，先六大，次五官，次六府。六大司天，五官司地，六府主四時。故知唐虞三代建官，法天地四時也。順時行令，月令之事，行之明堂，故云其政詳于《明堂》《月令》。此承上吉凶生大業而言，故歷引唐虞、三代之法以明之也。

縣象著明莫大乎日月。注：【略】

日月相推而明生焉。故縣象著明莫大乎日月。王者向明而治，縣大官之象于象魏。重明麗正，化成天下。是其事矣。疏：【略】

明兩作，日月相推而明生，故縣象著明莫大乎日月。此上虞義也。庖犧畫八卦以贊化育，其道在《明堂》《月令》，《説卦》言之詳矣。離爲明堂，故王者向明而治。《周禮·太宰》云：正月之吉始和，布治于邦國，都鄙乃縣治象之法于象魏，使萬民觀治象，浹日而斂之，六官皆縣象，故云六官之象先。鄭司農云：象魏，闕也。坎月離日，二五正中，故重明麗正，成既濟定，天地位，萬物育，故化成天下。是縣象著明取義于日月。故云是其事矣。

（清）孫星衍《周易集解·繫辭上》　是以自天祐之，吉，无不利。

解：虞翻曰：謂乾五變之坤成大有，有天地日月之象。文王則庖犧，亦與天地合德，日月合明。天道助順，人道助信，履信思順，故自天祐之，吉，无不利也。

（清）惠棟《周易述·繫辭下傳》　古者庖犧氏之王天下也。【略】

疏【略】离，南方卦。南面而朝諸侯，天子當陽，請侯用命，故南面而聽天下，嚮明而治也。其後神農因之，遂立《明堂》爲歷世治天下之大法也。

（宋）朱熹《周易本義·説卦傳》　觀變於陰陽而立卦，發揮於剛柔而生爻，和順於道德而理於義，窮理盡性以至於命。和順從容，无所乖逆，統言之也。理，謂隨事得其條理，析言之也。窮天下之理，盡人物之性，而合於天道，此聖人作《易》之極功也。

《周易正義·序卦》　有天地，然後萬物生焉。盈天地之間者唯萬物，故受之以屯，屯者，盈也。屯者，物之始生也。屯剛柔始交，故爲物之始生也。疏：正義曰：王肅云：屯剛柔始交而難生，故爲物始生也。盧氏云：物之始生故屯難。皆以物之始生釋屯難之義。案上言屯者，盈也，釋屯次乾、坤，其言已畢。更言屯者，物之始生者，開説下物，生必蒙，直取始生之意，非重釋屯之名也。故韓康伯直引剛柔始交，以釋物之始生也。物生必蒙，故受之以蒙。蒙者，蒙也，物之穉也。物穉不可不養也，故受之以需。需者，飲食之道也。飲食必有訟，故受之以訟。夫有生則有資，有資則爭興也。訟必有衆起，故受之以師。師者，衆也。衆必有所比，故受之以比。衆起而不比，則争无由息；必相親比，而後得寧也。比者，比也。比必有所畜，故受之以小畜。比非大通之道，則各有所畜以相濟也。由比而畜，故曰小畜而不能大也。物畜然後有禮，故受之以履。履者，禮也。禮所以適用也。故既畜則宜用，有用則須禮也。

（唐）李鼎祚《周易集解·序卦》　有天地，然後萬物生焉。干寶曰：物有先天地而生者矣。今正取始於天地。天地之先，聖人弗之論也。故其所法象，必自天地而還。老子曰：有物混成，先天地生，吾不知其名，彊字之曰道。上繫曰法象莫大乎天地。莊子曰：六合之外，聖人存而不論。《春秋穀梁傳》曰：不求知所不可知者，智也。而今後世浮華之學，彊支離道義之門，求入虛誕之域，以傷政害民，豈非讒説殄行，大舜之所疾者乎。

（漢）孔安國傳　（唐）孔穎達正義《尚書正義·虞書·皋陶謨》　無教逸欲有邦，不爲逸豫貪欲之教，是有國者之常。兢兢業業，一日二日萬幾。兢兢，戒慎。業業，危懼。幾，微也。言當戒懼萬事之微。兢，居凌反。業如字，徐五荅反。幾，徐音機。無曠庶官，天工人其代之。曠，空也。位非其人爲空官。言人代天理官，不可以天官私非其才。天敘有典，勑我五典五惇哉！天次敘人之常性，各有分義，當勑正我五常之敘，使合于五厚，厚天下。有典，馬本作五典。分，扶問反。天秩有禮，自我五禮有庸哉！庸，常。自，用也。天次秩有禮，當我用公、侯、伯、子、男五等之禮以接之，使有常。有庸，馬本作五庸。同寅協恭，和衷哉！衷，善也。以五禮正諸侯，使同敬合恭而和善。衷音中。天命有德，五服五章哉！五服，天子、諸侯、卿、大夫、士之服也。尊卑彩章各異，所以命有德。天討有罪，五刑五用哉！言天以五刑討五罪，用五刑宜必當。政事懋哉！懋哉！言敘典秩禮，命德討罰無非天意者，故人君居天官，聽政治事，不可以不自勉。疏：無教至懋哉正義曰：皋陶既言用人之法，又戒以居官之事：上之所爲，下必效之。無教在下爲逸豫貪欲之事，是有國之常道也。爲人君當兢兢然戒慎，業業然危懼。言當戒慎。一日二日之間而有萬種幾微之事，皆須親自知之，不得自爲逸豫也。萬幾事多，不可獨治，當立官以佐己，無得空廢衆官，使才非其任。此官乃是天官，人其代天治之，不可以天之官而用非其人。又言：典禮德刑皆從天出，天次敘人倫，使有常性，故人君爲政，當勑正我父、母、兄、弟、子五常之教教之，使五者皆惇厚哉！天又次敘爵命，使有禮法，故人君爲政，當奉用我公、侯、伯、子、男五等之禮接之，使五者皆有常哉！接以常禮，當使同敬合恭而和善哉！天又命用有九德，使之居官，當承天意爲五等之服，使五者尊卑彰明哉！天又討治有罪，使之絶惡，當承天意爲五等之刑，使五者輕重用法哉！典禮德刑，無非天意，人君居天官，聽治政事，當須勉之哉！傳不爲至之常。正義曰：毋者禁戒之辭，人君身爲逸欲，下則效之，是以禁人君使不自爲耳。不爲逸豫貪欲之教，是有國者之常也。此文主於天子，天子謂天下爲國，《詩》云生此王國之類是也。傳兢兢至之微。正義曰：《釋訓》云：兢兢，戒也。業業，危也。戒必慎，危必懼，傳言慎，懼以足之。《易・繫辭》云：幾者動之微。故幾爲微也。一日二日之間，微者乃有萬事，言當戒慎萬事之微。微者尚有萬，則大事必多矣。且微者難察，察則勞神，以言不可逸耳。馬、王皆云：一日、二日，猶日日也。傳曠空至其才。正義曰：曠之爲空，常訓也。位非其人，所職不治，是爲空官。天不自治，立君乃治之。君不獨治，爲臣以佐之。下典、禮、德、刑，無非天意者。天意既然，人君當順天，是言人當代天治官。官則天之官，居天之官，代天爲治，苟非其人，不堪此任，人不可以天之官而私非其才。王肅云：天不自下治之，故人代天居之，不可不得其人也。傳天次至天下。正義曰：天敘有典，有此五典，即父義、母慈、兄友、弟恭、子孝是也。五者人之常性，自然而有，但人性有多少耳。天次敘人之常性，使之各有分義。義，宜也。今此義，慈、友、恭、孝各有定分，合於事宜。此皆出天然，是爲天次敘之。天意既然，人君當順天之意，勑正我五常之教，使合於五者皆厚，以教天下之民也。五常之教，人君爲之，故言我也。五教徧於海內，故以天下言之。傳庸常至有常。正義曰：庸，常，《釋詁》文。又云：由，自也。由是用，故自爲用也。天次敘有禮，謂使賤事貴，卑承尊，是天道使之然也。天意既然，人君當順天意，用我公、侯、伯、子、男五等之禮以接之，使之貴賤有常也。此文主於天子，天子至於諸侯，車旗衣服、國家禮儀、饗食燕好、饔餼飧牢，禮各有次秩以接之。上言天敘，此云天秩者，敘謂定其倫次，秩謂制其差等，義亦相通。上云勑我，此言自我者，五等以教下民，須勑戒之；五禮以接諸侯，當用我意，故文不同也。上言五惇，此言五庸者，五典施於近親，欲其恩厚；五禮施于臣下，欲其有常；故文異也。王肅云：五禮謂王、公、卿、大夫、士。鄭玄云：五禮，天子也，諸侯也，卿大夫也，士也，庶民也。此無文可據，各以意説耳。傳衷善至和善。正義曰：衷之爲善，常訓也。故《左傳》云天誘其衷，説者皆以衷爲善。此文承五禮之下，禮尚恭敬，故以五禮正諸侯，使同敬合恭而和善也。鄭玄以爲并上之禮共有此事。五典室家之內，務在相親，非復言以恭敬，恭敬惟爲五禮而已，孔言是也。傳五服至有德。正義曰：《益稷》云：以五采彰施於五色，作服，汝明。是天子、諸侯、卿、大夫、士之服也。其尊卑采章各異，於彼傳具之。天命有德，使之居位，命有貴賤之倫，位有上下之異，不得不立名，以此等之，象物以彰之。先王制爲五服，所以表貴賤也。服有等差，所以别尊卑也。

（清）孫星衍《尚書今古文注疏・皋陶謨》 天敍有典，勑我五典五惇哉。注：馬融有作五，下同。疏：敍者，《釋詁》云：順，敍也。郭注云：謂次序。典者，《釋詁》云：常也。是五典即五常。勑同敕，《説文》云：誡也。云我五典者，《詩・烝民》云：天生烝民，有物有則，言人各有此五常之性也。《白虎通・性情篇》云：五常者何？謂仁、義、禮、智、信也。《中庸篇》云：天命之謂性。鄭注云：木神則仁，金神則義，火神則禮，水神則信，土神則知。知信疑互舛。惇者，《釋詁》云：厚也。馬注見《釋文》。天秩有禮，自我五禮有庸哉。注：鄭康成曰：五禮，天子也，諸侯也，卿大夫也，士也，庶民也。疏：秩者，《釋詁》云：常也。《説文》作豑。云：爵之次弟也。自與循轉相訓。庸者，常也。俱見《釋詁》。云自我者，《禮書》云：聖人緣人情而制禮。又云：禮由人起。五典，據《堯典》惟言典朕三禮，則當爲五等之禮。鄭注見《書》疏。以五禮爲自天子至庶人者，《曲禮》云：天子穆穆，諸侯皇皇，大夫濟濟，士蹌蹌，庶人僬僬。又云：天子之妃曰后，諸侯曰夫人，大夫曰孺人，士曰婦人，庶人曰妻。《王制》殯葬廟祭之禮，皆自天子達於庶人。江氏聲以禮不下庶人，疑鄭説之無本，非也。

（宋）蔡沈《書經集傳・虞書・皋陶謨》 天聰明，自我民聰明。天明畏，自我民明威，達于上下，敬哉有土。威，古文作畏，二字通用。明者，顯其善。畏者，威其惡。天之聰明，非有視聽也，因民之視聽，以爲聰明。天之明畏，非有好惡也，因民之好惡，以爲明畏。上下，上天下民也。敬，心無所慢也。有土，有民社也。言天人一理，通達無間，民心所存，即天理之所在，而吾心之敬。是又合天民而一之者也。有天下者，可不知所以敬之哉？

《尚書正義・夏書・胤征》 今予以爾有衆，奉將天罰。將，行也。奉王命行王誅，謂殺湎淫之身，立其賢子弟。爾衆士同力王室，尚弼予欽承天子威命。以天子威命督其士衆，使用命。火炎崐岡，玉石俱焚。山脊曰岡。崐山出玉，言火逸而害玉。崑音昆。天吏逸德，烈于猛火。逸，過也。天王之吏爲過惡之德，其傷害天下，甚於火之害玉。猛火烈矣，又烈於火。殲厥渠魁，脅從罔治。殲，滅。渠，大。魁，帥也。指謂羲和罪人之身，其脅從距王師者，皆無治。殲，子廉反。魁，苦回反。脅，虚業反。帥，色類反。舊染汙俗，咸與惟新。言其餘人久染汙俗，本無惡心，皆與更新，一無所問。汙，烏故反，汙辱之汙；又音烏，洿泥著物也，一音烏卧反。嗚呼！威克厥愛，允濟。歎能以威勝所愛，則必有成功。愛克厥威，允罔功。以愛勝威，無以濟衆，信無功。其爾衆士，懋戒哉！言當勉以用命，戒以辟戮。懋音茂。辟音避。疏：今予至戒哉。正義曰：羲和所犯如上，故今我用汝所有之衆，奉王命，行天罰。汝等衆士，當同心盡力於王室，庶幾輔我敬承天子之命，使我伐必克之。又恐兵威所及，濫殺無辜，故假喻以戒之：火炎崑山之岡，玉石俱被焚燒。天王之吏爲過惡之德，則酷烈甚於猛火。宜誅惡存善，不得濫殺。滅其爲惡大帥，罪止羲和之身，其被迫脅而從距王師者，皆無治責其罪。久染汙穢之俗，本無惡心，皆與惟德更新，一無所問。又言將軍之法，必有殺戮。嗚呼！重其事，故歎而言之。將軍嚴能勝其愛心，有罪者雖愛必誅，信有成功。若愛心勝其威嚴，親愛者有罪不殺，信無功矣。言我雖愛汝，有罪必殺。其汝衆士宜勉力以戒慎哉！勿違我命以取殺也。傳將行至子弟。正義曰：將之爲行，常訓也。天欲加罪，王者順天之罰，則王誅也。奉王命行王誅，謂殺淫湎之身，羲和之罪，不及其嗣，故知殺其身，立其賢子弟。《楚語》云，重黎之後，世掌天地四時之官，至于夏商。則此不滅其族，故傳言此也。

《尚書正義·商書·湯誓》 王曰：**格爾衆庶，悉聽朕言。**契始封商，湯遂以爲天下號。湯稱王，則比桀於一夫。格，庚白反。**非台小子，敢行稱亂。有夏多罪，天命殛之。**稱，舉也。舉亂，以諸侯伐天子。非我小子敢行此事，桀有昏德，天命誅之，今順天。台，以之反，下事。殛，居力反。**今爾有衆，汝曰：我后不恤我衆，舍我穡事，而割正夏。**汝，汝有衆。我后，桀也。正，政也。言奪民農功而爲割剝之政。恤，荀律反。舍音捨，廢也。**予惟聞汝衆言，**不憂我衆之言。**夏氏有罪，予畏上帝，不敢不正。**不敢不正桀罪誅之。**今汝其曰：夏罪其如台。**今汝其復言桀惡，其亦如我所聞之言。復，扶又反。**夏王率遏衆力，率割夏邑。**言桀君臣相率爲勞役之事以絶衆力，謂廢農功。相率割剝夏之邑居，謂征賦重。遏，於葛反，徐音謁，馬云：止也。**有衆率怠弗協，曰：時日曷喪？予及汝皆亡！**衆下相率爲怠惰，不與上和合。比桀於日，曰：是日何時喪？我與汝俱亡！欲殺身以喪桀。喪，息浪反。惰，徒卧反。**夏德若茲，今朕必往。**凶德如此，我必往誅之。**爾尚輔予一人，致天之罰，予其大賚汝。**賚，與也。汝庶幾輔成我，我大與汝爵賞。罰音伐。賚，力代反，徐音來。**爾無不信，朕不食言。**食盡其言，僞不實。**爾不從誓言，**不用命。**予則孥戮汝，罔有攸赦。**古之用刑，父子兄弟罪不相及，今云孥戮汝，無有所赦，權以脅之，使勿犯。疏：王曰至攸赦。正義曰：商王成湯將與桀戰，呼其將士曰：來，汝在軍之衆庶，悉聽我之誓言。我伐夏者，非我小子輒敢行此以臣伐君，舉爲亂事，乃由有夏君桀多有大罪，上天命我誅之。桀既失君道，我非復桀臣，是以順天誅之，由其多罪故也。桀之罪狀，汝盡知之。今汝桀之所有之衆，即汝輩是也。汝等言曰：我君夏桀，不憂念我等衆人，舍廢我稼穡之事，奪我農功之業，而爲割剝之政於夏邑，斂我貨財。我惟聞汝衆言，夏氏既有此罪，上天命我誅桀，我畏上天之命，不敢不正桀罪而誅之。又質而審之，今汝衆人其必言曰：夏王之罪其實如我所言。夏王非徒如此，又與臣下相率遏絶衆力，使不得事農。又相率爲割剝之政於此夏邑，使不得安居。上下同惡，民困益甚，由是汝等相率怠惰，不與在上和協。比桀於日，曰：是日何時能喪？若其可喪，我與汝皆亡身殺之。寧殺身以亡桀，是其惡之甚。夏王惡德如此，今我必往誅之。汝庶幾輔成我一人，致行天之威罰，我其大賞賜汝。汝無得不信我語，我終不食盡其言，爲虚僞不實。汝若不從我之誓言，我則并殺汝子，以戮汝身，必無有所赦。勸使勉力，勿犯法也。庶亦衆也，古人有此重言，猶云艱難也。傳契始至一夫。正義曰：以湯於此稱王，故本其號商之意，契始封商，湯遂以商爲天下之號。鄭玄之説亦然。惟王肅云：相土居商丘，湯取商爲號。若取商丘爲號，何以不名商丘，而單名商也？若八遷，國名商不改，則此商猶是契商，非相土之商也。若八遷，遷即改名，則相土至湯改名多矣。相土既非始祖，又非受命，何故用其所居之地以爲天下號名？成湯之意，復何取乎？知其必不然也。湯取契封商，以商爲天下之號，周不取后稷封邰爲天下之號者，契後八遷，商名不改，成湯以商受命，故宜以商爲號；后稷之後，隨遷易名，公劉爲豳，大王爲周，文王以周受命，故當以周爲號。二代不同，理則然矣。《泰誓》云：獨夫受。此湯稱爲王，則比桀於一夫；桀既同於一夫，故湯可稱王矣。是言湯於伐桀之時始稱王也。《周書·泰誓》稱王，則亦伐紂之時始稱王也。鄭玄以文王生稱王，亦謬也。傳稱舉至順天。正義曰：稱，舉，《釋言》文。常法以臣伐君，則爲亂逆，故舉亂謂以諸侯伐天子。桀有昏德，宣三年《左傳》文。以有昏德，天命誅之，今乃順天行誅，非復臣伐君也。以此解衆人守常之意也。傳今汝至之言。正義曰：如我者，謂湯之自稱我也。湯謂其衆云：汝言桀之罪，如我誓言所述也。傳言桀至賦重。正義曰：此經與上舍我穡事，而割正夏其意一也。上言夏王之身，此言君臣相率，再言所以積桀之非也。力施於農，財供上賦，故以止絶衆力謂廢農功，割剝夏邑謂征賦重。言以農時勞役，又重斂其財，致使民困而怨深，賦斂重則民不安矣。傳衆下至喪桀。正義曰：上既駁之非道，下亦不供其命，故衆下相率爲怠惰，不與上和合，不肯每事順從也。比桀於日，曰：是日何時喪亡？欲令早喪桀命也。我與汝俱亡者，民相謂之辭，言並欲殺身以喪桀也。所以比桀於日者，以日無喪之理，猶云桀不可喪，言喪之難也。不避其難，與汝俱亡，欲殺身以喪桀，疾之甚也。鄭云：桀見民欲叛，乃自比於日，曰：是日何嘗喪乎？日若喪亡，我與汝亦皆喪亡。引不亡之徵以脅恐下民也。傳食盡至不實。正義曰：《釋詁》云：食，僞也。孫炎曰：食言之僞也。哀二十五年《左傳》云，孟武伯惡郭重，曰：何肥也？公曰：是食言多矣，能無肥乎？然則言而不行如食之消盡，後終不行前言爲僞，故通謂僞言爲食言，故《爾雅》訓食爲僞也。傳古之至勿犯。正義曰：昭二十年《左傳》引《康誥》曰：父子兄弟，罪不相及。是古之用刑如是也。既刑不相及，必不殺其子，權時以迫脅之，使勿犯刑法耳。不於《甘誓》解之者，以夏啓承舜、禹之後，刑罰尚寬，殷、周以後，其罪或相緣坐，恐其實有孥戮，故於此解之。鄭玄云：大罪不止其身，又孥戮其子孫。《周禮》云：其奴男子入于罪隸，女子入於舂槀。鄭意以爲實戮其子，故《周禮》注云：奴謂從坐而没入縣官者也。孔以孥戮爲權脅之辭，則《周禮》所云非從坐也。鄭衆云：謂坐爲盜賊而爲奴者，輸於罪隸。舂人、槀人之官引此孥戮汝。又引《論語》云：箕子爲之奴。或如衆言，别有没入，非緣坐者也。

《尚書正義・商書・湯誥》凡我造邦，無從匪彝，無即慆淫，戒諸侯與之更始。彝，常。慆，慢也。無從非常，無就慢過，禁之。彝，徐音夷。慆，他刀反。各守爾典，以承天休。守其常法，承天美道。爾有善，朕弗敢蔽。罪當朕躬，弗敢自赦，惟簡在上帝之心。所以不蔽善人，不赦己罪，以其簡在天心故也。疏：惟簡在上帝之心。正義曰：鄭玄注《論語》云：簡閲在天心，言天簡閲其善惡也。其爾萬方有罪，在予一人。自責化不至。予一人有罪，無以爾萬方。無用爾萬方，言非所及。嗚呼！尚克時忱，乃亦有終。

《尚書正義・商書・伊訓》曰：嗚呼！古有夏先后，方懋厥德，罔有天災。先君謂禹以下、少康以上賢王。言能以德禳災。少，詩照反。上，時掌反。禳，如羊反。疏：傳先君至禳災。正義曰：有夏先君，摠指桀之上世，有德之王皆是也。傳舉聖賢者言禹已下、少康已上，惟當禹與啓及少康耳。《魯語》云：杼能帥禹者也。杼少康之子，傳蓋以其德衰薄，故斷自少康已上耳。由勉行其德，故無有天災。言能以德禳災也。山川鬼神，亦莫不寧，莫，無也。言皆安之。暨鳥獸魚鼈咸若。雖微物皆順之，明其餘無不順。暨，其器反。鼈，必滅反。疏：山川至咸若。正義曰：山川鬼神謂山川之鬼神也。亦莫不寧者，謂鬼神安人君之政。政善則神安之，神安之則降福人君，無妖孽也。鳥獸魚鼈咸若者，謂人君順禽魚，君政善而順彼性，取之有時，不夭殺也。鳥獸在陸，魚鼈在水，水陸所生微細之物，人君爲政皆順之，明其餘無不順也。于其子孫弗率，皇天降災，假手于我有命，言桀不循其祖道，故天下禍災，借手於我有命商王誅討之。造攻自鳴條，朕哉自亳。造，哉，皆始也。始攻桀伐無道，由我始修德于亳。亳，旁各反，徐扶各反。疏：于其至自亳。正義曰：于其子孫，於有夏先君之子孫，謂桀也。不循其祖之道，天下禍災，謂滅其國而誅其身也。天不能自誅於桀，故借手于我有命之人，謂成湯也。言湯有天命，將爲天子，就湯借手使誅桀也。既受天命誅桀，始攻從鳴條之地而敗之。天所以命我者，由湯始自修德於亳故也。

《尚書・商書・太甲下》伊尹申誥于王曰：嗚呼！惟天無親，克敬惟親。民罔常懷，懷于有仁。鬼神無常享，享于克誠。天位艱哉！德惟治，否德亂。與治同道，罔不興；與亂同事，罔不亡。終始慎厥與，惟明明后。先王惟時懋敬厥德，克配上帝。今王嗣有令緒，尚監茲哉！若升高，必自下；若陟遐，必自邇。無輕民事，惟難。無安厥位，惟危。慎終于始，有言逆于汝心，必求諸道；有言遜于汝志，必求諸非道。嗚呼！弗慮胡獲，弗爲胡成，一人元良，萬邦以貞。君罔以辯言亂舊政，臣罔以寵利居成功，邦其永孚于休。

《尚書正義・商書・説命中》惟天聰明，惟聖時憲，惟臣欽若，惟民從乂。憲，法也。言聖王法天以立教，臣敬順而奉之，民以從上爲治。從，才容反。疏：傳憲法至爲治。正義曰：憲，法，《釋詁》文。人之聞見在於耳目，天無形體，假人事以言之。聽謂無所不聞，明謂無所不見。惟聖人於是法天，言法天以立教，於下無不聞見，除其所惡，納之於善。雖復運有推移，道有升降，其所施爲未嘗不法天也。臣敬順而奉之，奉即上文承也，奉承君命而布之於民。民以從上爲治，不從上命則亂，故從乂也。

惟口起羞，惟甲胄起戎，甲，鎧。胄，兜鍪也。言不可輕教令，易用兵。胄，直又反。鎧，苦代反。兜，丁侯反。鍪，莫侯反。易，以豉反。惟衣裳在笥，惟干戈省厥躬。言服不可加非其人，兵不可任非其才。笥，息嗣反。省，息井反，一本作眚。疏：惟口至厥躬。正義曰：言王者法天施化，其舉止不可不慎。惟口出令不善，以起羞辱；惟甲胄伐非其罪，以起戎兵；言不可輕教令，易用兵也。惟衣裳在篋笥，不可加非其人，觀其能足稱職，然後賜之。惟干戈在府庫，不可任非其才，省其身堪將帥，然後授之。上二句事相類，下二句文不同者，衣裳言在篋笥，干戈不言所在，干戈云省厥躬，衣裳不言視其人，令其互相足也。傳甲鎧至用兵。正義曰：經傳之文無鎧與兜鍪，蓋秦漢已來始有此名，傳以今曉古也。古之甲胄皆用犀兕，未有用鐵者，而鍪、鎧之字皆從金，蓋後世始用鐵耳。口之出言爲教令，甲胄興師乃用之，言不可輕教令，易用兵也。易亦輕也。安危在出令，令之不善，則人違背之，是起羞也。靜亂在用兵，伐之無罪，則人叛違之，是起戎也。傳言服至其才。正義曰：非其人、非其才，義同而互文也。《周禮・大宗伯》：以九儀之命正邦國之位，一命受職，再命受服，三命受位，四命受器，五命賜則，六命賜官，七命賜國，八命作牧，九命作伯。鄭云：一命始見，命爲正吏。受職，治職事也。列國之士一命，王之下士亦一命。再命受服，受玄冕之服。列國之大夫再命，王之中士亦再命。然則再命已上始受衣服，未賜之時在官之篋笥也。甲胄干戈俱是軍器，上言不可輕用兵，此言不可妄委人，雖文重而意異也。

《尚書正義・商書・高宗肜日》乃訓于王。曰：惟天監下民，典厥義。祖己既言，遂以道訓諫王，言天視下民，以義爲常。降年有永有不永，非天夭民，民中絶命。言天之下年與民，有義者長，無義者不長，非天欲夭民，民自不修義以致絶命。中，丁仲反，又如字。民有不若德，不聽罪。天既孚命正厥德。不順德，言無義。不服罪，不改修。天已信命正其德，謂有永有不永。疏：乃訓至厥德。正義曰：祖己既私言其事，乃以道訓諫於王曰：惟天視此下民，常用其義。言以義視下，觀其爲義以否。其下年與民，有長者，有不長者。言與爲義者長，不義者短。短命者非是天欲夭民，民自不修義，使中道絕其性命。但人有爲行不順德義，有過不服聽罪，過而不改，乃致天罰，非天欲夭之也。天既信行賞罰之命，正其馭民之德，欲使有義者長，不義者短，王安得不行義事，求長命也？傳言天至絕命。正義曰：經惟言有永有不永，安知由義者？以上句云惟天監下民，典厥義，天既以義爲常，知命之長短莫不由義，故云天之下年與民，有義者長，無義者不長也。民有五常之性，謂仁義禮智信也，此獨以義爲言者，五常指體則別，理亦相通；義者，宜也，得其事宜；五常之名，皆以適宜爲用，故稱義可以韖之也。民有貴賤貧富愚智好醜，不同多矣，獨以夭壽爲言者，鄭玄云：年命者，惷愚之人尤愒焉，故引以諫王也。愒，貪也。《洪範》五福以壽爲首，六極以短折爲先，是年壽者最是人之所貪，故祖己引此以諫王也。傳不順至不永。正義曰：傳亦顧上經，故不順德，言無義也。聽謂聽從，故以不聽爲不服罪。言既爲罪，過而不肯改修也。天已信命正其德，言天自信命，賞有義，罰無義，此事必信也。天自正其德，福善禍淫，其德必不差也。謂民有永有不永，天隨其善惡而報之。勸王改過修德以求永也。

（宋）蔡沈《書經集傳・商書・高宗肜日》 民有不若德、不聽罪。天既孚命正厥德，乃曰：其如台。不若德，不順於德；不聽罪，不服其罪，謂不改過也。孚命者，以妖孽為符信而譴告之也。言民不順德不服罪，天既以妖孽爲符信而譴告之，欲其恐懼修省以正德。民乃曰：妖孽，其如我何？則天必誅絕之矣。祖己意謂高宗當因雊雉以自省，不可謂適然而自恕。夫數祭豐昵，徼福於神，不若德也，黷於祭祀。《傳》說：嘗以進戒，意或吝改，不聽罪也。雊雉之異，是天既孚命正厥德矣。其可謂妖孽其如我何邪。

《尚書・商書・西伯戡黎》 西伯既戡黎，祖伊恐，奔告于王曰：天子！天既訖我殷命，格人元龜，罔敢知吉。非先王不相我後人，惟王淫戲用自絕。故天棄我，不有康食，不虞天性，不迪率典。今我民罔弗欲喪，曰：天曷不降威？大命不摯，今王其如台？

王曰：嗚呼！我生不有命在天？

《尚書正義・商書・西伯戡黎》 故天棄我，不有康食。不虞天性，不迪率典。以紂自絕於先王，故天亦棄之，宗廟不有安食於天下。而王不度知天性命所在，而所行不蹈循常法。言多罪。度，待洛反。疏：傳以紂至多罪。正義曰：《禮記》稱萬物本於天，人本於祖，則天與先王俱是人君之本。紂既自絕於先王，亦自絕於天。上經言紂自絕先王，此言天棄紂，互明紂自絕，然後天與先王棄絕之。故傳申通其意，以紂自絕先王，故天亦棄之。亦者，亦先王，言先王與天俱棄之也。《孝經》言天子得萬國之歡心，以事其先王，然後祭則鬼享之。今紂既自絕於先王，先王不有安食於天下，言紂雖以天子之尊事宗廟，宗廟之神不得安食也。而王不度知天命所在，不知己之性命當盡也，而所行不蹈循常法，動悉違法。言多罪。今我民罔弗欲喪，曰：天曷不降威？大命不摯？今王其如台。摯，至也。民無不欲王之亡，言：天何不下罪誅之？有大命宜王者，何以不至？王之凶害，其如我所言。摯音至，本又作𡠗。疏：傳摯至也至所言。正義曰：摯、至同音，故摯爲至也。言天何不下罪誅之，恨其久行虐政，欲得早殺之也。有大命宜王者，何以不至，向望大聖之君，欲令早伐紂也。王之凶禍，其如我之所言，以王不信，故審告之也。

王曰：嗚呼！我生不有命在天？言我生有壽命在天，民之所言，豈能害我。遂惡之辭。祖伊反，曰：嗚呼！乃罪多參在上，乃能責命于天？反，報紂也，言汝罪惡衆多，參列於上天，天誅罰汝，汝能責命于天，拒天誅乎？參，七南反，馬云：參字累在上。殷之即喪，指乃功，不無戮于爾邦。言殷之就亡，指汝功事所致，汝不得無死戮於殷國，必將滅亡，立可待。

《尚書・周書・泰誓上》 皇天震怒，命我文考肅將天威，大勳未集。肆予小子發，以爾友邦冢君觀政于商。惟受罔有悛心，乃夷居弗事上帝神祇，遺厥先宗廟弗祀，犧牲粢盛，既于凶盜，乃曰：吾有民有命。罔懲其侮。天佑下民，作之君，作之師，惟其克相上帝，寵綏四方，有罪無罪，予曷敢有越厥志。同力，度德；同德，度義。受有臣億萬，惟億萬心；予有臣三千，惟一心。商罪貫盈，天命誅之。予弗順天，厥罪惟鈞。予小子夙夜祇懼，受命文考，類于上帝，宜于冢土，以爾有衆，底天之罰。天矜于民，民之所欲，天必從之。爾尚弼予一人，永清四海，時哉弗可失。

《尚書正義・周書・泰誓上》 皇天震怒，命我文考，肅將天威，大勳未集。言天怒纣之恶，命文王敬行天罰，功業未成而崩。肆予小子發，以爾友邦冢君，觀政于商。父業未就之故，故我與諸侯觀紂政之善惡。謂十一年自孟津還時。惟受罔有悛心，乃夷居弗事上帝神祇，遺厥先宗廟弗祀。悛，改也，言紂縱惡無改心，平居無故廢天地百神宗廟之祀。慢之甚。悛，七全反。疏：傳悛改至之甚。正義曰：《左傳》稱長惡不悛，悛是退前創改之義，故爲改也。觀政于商，計當恐怖，言紂縱惡無改悔之心，平居無故不事神祇，是紂之大惡。上帝，舉其尊者，謂諸神悉皆不事，故傳言百神以該之。不事亦是不祀，別言遺厥先宗廟弗祀，遺棄祖父，言其慢之甚也。犧牲粢盛，既于凶盜。凶人盡盜食之，而紂不罪。粢音咨，黍稷曰粢。盛音成，在器曰盛。乃曰：吾有民有命。罔懲其侮。紂言：吾所以有兆民，有天命。故羣臣畏罪不争，無能止其慢心。懲，直承反。争，争鬬之争。天佑下民，作之君，作之師，言天佑助下民，爲立君以政之，爲立師以教之。爲，于僞反。

惟其克相上帝，寵綏四方。當能助天寵安天下。相，息亮反。有罪無罪，予曷敢有越厥志？越，遠也。言己志欲爲民除惡，是與否，不敢遠其志。否，方有反。疏：天佑至厥志。正義曰：已上數紂之罪，此言伐紂之意。上天佑助下民，不欲使之遭害，故命我爲之君上，使臨政之；爲之師保，使教誨之。爲人君爲人師者，天意如此，不可違天。我今惟其當能佑助上天，寵安四方之民，使民免於患難。今紂暴虐，無君師之道，故今我往伐之。不知伐罪之事，爲有罪也？爲無罪也？不問有罪無罪，志在必伐，我何敢有遠其本志而不伐之？傳言天至教之。正義曰：衆民不能自治，立君以治之。立君治民，乃是天意，言天佑助下民爲立君也。治民之謂君，教民之謂師，君既治之，師又教之，故言作之君，作之師，師謂君與民爲師，非謂别置師也。傳當能至天下。正義曰：天愛下民，爲立君立師者，當能佑助天意，寵安天下，不奪民之財力，不妄非理刑殺，是助天寵愛民也。傳越遠至其志。正義曰：越者，踰越超遠之義，故爲遠也。武王伐紂，内實爲民除害，外則以臣伐君，故疑其有罪與無罪。言己志欲爲民除害，無問是之與否，不敢遠其志，言己本志欲伐，何敢遠本志，捨而不伐也？

又：商罪貫盈，天命誅之。予弗順天，厥罪惟鈞。紂之爲惡，一以貫之，惡貫已滿，天畢其命。今不誅紂，則爲逆天，與紂同罪。貫，古亂反。疏：傳紂之至同罪。正義曰：紂之爲惡，如物在繩索之貫，一以貫之，其惡貫已滿矣。物極則反，天下欲畢其命，故上天命我誅之。今我不誅紂，則是逆天之命，無恤民之心，是我與紂同罪矣。猶如《律》故縱者與同罪也。

予小子夙夜祗懼，受命文考，類于上帝，宜于冢土，以爾有衆，底天之罰。祭社曰宜。冢土，社也。言我畏天之威，告文王廟，以事類告天祭社，用汝衆致天罰於紂。類，師祭名。冢，中勇反。底，之履反。疏：傳祭社至於紂。正義曰：《釋天》引《詩》云：乃立冢土，戎醜攸行。即云：起大事，動大衆，必先有事乎社而後出，謂之宜。孫炎曰：宜，求見福祐也。是祭社曰宜。冢訓大也，社是土神，故冢土，社也。《毛詩》傳云：冢土，大社也。受命文考是告廟以行，故爲告文王廟也。《毛詩》云：天子將出，類乎上帝，宜乎社，造乎禰。此受命文考即是造乎禰也。《王制》以神尊卑爲次，故先言帝、社，後言禰，此以廟是己親，若言家内私義，然後告天，故先言受命文考，而後言類于上帝。《舜典》類于上帝傳云：告天及五帝。此以事類告天，亦當如彼也。罰紂是天之意，故用汝衆致天罰於紂也。天矜于民，民之所欲，天必從之。矜，憐也。言天除惡樹善與民同。從，才容反。爾尚弼予一人，永清四海。穢惡除，則四海長清。時哉弗可失！言今我伐紂，正是天人合同之時，不可違失。

《尚書·周書·泰誓中》 我聞吉人爲善，惟日不足。凶人爲不善，亦惟日不足。今商王受力行無度，播棄犂老，昵比罪人，淫酗肆虐，臣下化之。朋家作仇，脅權相滅，無辜籲天，穢德彰聞。惟天惠民，惟辟奉天。有夏桀，弗克若天，流毒下國，天乃佑命成湯，降黜夏命。惟受罪浮于桀，剥喪元良，賊虐諫輔，謂己有天命，謂敬不足行，謂祭無益，謂暴無傷。厥監惟不遠，在彼夏王。天其以予乂民，朕夢協朕卜，襲于休祥，戎商必克。受有億兆夷人，離心離德。予有亂臣十人，同心同德。雖有周親，不如仁人。天視自我民視，天聽自我民聽。百姓有過，在予一人。今朕必往。我武惟揚，侵于之疆，取彼凶殘，我伐用張，于湯有光。

（宋）蔡沈《書經集傳·周書·泰誓中》 惟天惠民，惟辟奉天。有夏桀，弗克若天，流毒下國，天乃佑命成湯，降黜夏命。言天惠愛斯民，君當奉承天意。昔桀不能順天，流毒下國，故天命成湯，降黜夏命。惟受罪浮于桀，剥喪元良，賊虐諫輔，謂己有天命，謂敬不足行，謂祭無益，謂暴無傷。厥鑒惟不遠，在彼夏王。天其以予乂民，朕夢協朕卜，襲于休祥，戎商必克。浮，過；剥，落；喪，去也。古者去國爲喪。元良，微子也。諫輔，比干也。謂己有天命，如答祖伊我生不有命在天之類。下三句亦紂所嘗言者。鑒，視也。其所鑒視，初不在遠。有夏多罪，天既命湯黜其命矣。今紂多罪，天其以我乂民乎。襲，重也。言我之夢，協我之卜。重有休祥之應，知伐商而必勝之也。此言天意有必克之理。

《尚書正義·周書·泰誓下》 王曰：嗚呼！我西土君子，天有顯道，厥類惟彰。言天有明道，其義類惟明，言王所宜法則。疏：傳言天至法則。正義曰：《孝經》云：則天之明。昭二十五年《左傳》云：以象天明。是治民之事，皆法天之道。天有尊卑之序，人有上下之節，三正五常，皆在於天，有其明道，此天之明道。其義類惟明，言明白可效，王者所宜法則之。將言商王不法天道，故先標二句於前。其下乃述商王違天之事，言其罪宜誅也。今商王受，狎侮五常，荒怠弗敬。輕狎五常之教，侮慢不行，大爲怠惰，不敬天地神明。惰，徒卧反。疏：傳輕狎至神明。正義曰：鄭玄《論語注》云：狎，慣忽之。言慣見而忽也，意與侮同，傳因文重而分之。五常即五典，謂父義、母慈、兄友、弟恭、子孝，五者人之常行，法天明道爲之。輕狎五常之教，侮慢而不遵行之，是違天顯也。訓荒爲大，大爲怠惰。不敬謂不敬天地神明也。上篇云不事上帝神祇，知此不敬天地神明也。《禮》云：毋不敬。傳舉天地以言，明每事皆不敬也。自絶于天，結怨于民。不敬天，自絶之。酷虐民，結怨之。

《尚書・周書・武成》　惟先王建邦啓土，公劉克篤前烈，至于大王肇基王迹，王季其勤王家，我文考文王克成厥勳，誕膺天命，以撫方夏。大邦畏其力，小邦懷其德。惟九年，大統未集。予小子其承厥志，底商之罪，告于皇天、后土、所過名山、大川，曰：惟有道曾孫周王發將有大正于商，今商王受無道，暴殄天物，害虐烝民，爲天下逋逃主，萃淵藪。予小子既獲仁人，敢祇承上帝以遏亂略。華夏蠻貊，罔不率俾，恭天成命。

（宋）蔡沈《書經集傳・周書・武成》　底商之罪，告于皇天、后土、所過名山、大川，曰：惟有道曾孫周王發，將有大正于商，今商王受無道，暴殄天物，害虐烝民，爲天下逋逃主，萃淵藪。予小子既獲仁人，敢祇承上帝以遏亂略。華夏蠻貊，罔不率俾。底，至也。后土，社也，勾龍爲后土。《周禮・大祝》云：王過大山川，則用事焉。孔氏曰：名山，謂華。大川，謂河。蓋自豐鎬往朝歌，必道華涉河也。曰者，舉武王告神之語。有道，指其父祖而言。周王二字，史臣追增之也。正，即《湯誓》不敢不正之正。萃，聚也。紂殄物害民，爲天下逋逃罪人之主，如魚之聚淵，如獸之聚藪也。仁人，孔氏曰：太公周召之徒。略，謀略也。俾，《廣韻》曰，從也。仁人既得，則可以敬承上帝，而遏絶亂謀。內而華夏，外而蠻貊，無不率從矣。或曰：太公歸周，在文王之世。周召，周之懿親，不可謂之獲，此蓋仁人自商而來者。愚謂獲者，得之云爾。即《泰誓》之所謂仁人，非必自外來也。不然，經傳豈無傳乎？此當在于征伐商之下。

《尚書・周書・洪範》　七、稽疑：擇建立卜筮人，乃命卜筮。曰雨，曰霽，曰蒙，曰驛，曰克，曰貞，曰悔，凡七。卜五，占用二，衍忒。立時人作卜筮，三人占，則從二人之言。汝則有大疑，謀及乃心，謀及卿士，謀及庶人，謀及卜筮。汝則從，龜從，筮從，卿士從，庶民從，是之謂大同；身其康彊，子孫其逢，吉。汝則從，龜從，筮從，卿士逆，庶民逆，吉。卿士從，龜從，筮從，汝則逆，庶民逆，吉。庶民從，龜從，筮從，汝則逆，卿士逆，吉。汝則從，龜從，筮逆，卿士逆，庶民逆，作內，吉；作外，凶。龜筮共違于人，用靜，吉；用作，凶。八、庶徵：曰雨，曰暘，曰燠，曰寒，曰風。曰時五者來備，各以其敘，庶草蕃廡。一極備，凶；一極無，凶。曰休徵：曰肅，時雨若；曰乂，時暘若；曰晢，時燠若；曰謀，時寒若；曰聖，時風若。曰咎徵：曰狂，恒雨若；曰僭，恒暘若；曰豫，恒燠若；曰急，恒寒若；曰蒙，恒風若。曰：王省惟歲，卿士惟月，師尹惟日。歲、月、日時無易，百穀用成，乂用明，俊民用章，家用平康。日、月、歲時既易，百穀用不成，乂用昏不明，俊民用微，家用不寧。庶民惟星，星有好風，星有好雨。日月之行，則有冬有夏。月之從星，則以風雨。九、五福：一曰壽，二曰富，三曰康寧，四曰攸好德，五曰考終命。六極：一曰凶短折，二曰疾，三曰憂，四曰貧，五曰惡，六曰弱。

《尚書正義・周書・洪範》　箕子乃言曰：我聞在昔，鯀陻洪水，汩陳其五行。陻，塞。汩，亂也。治水失道，亂陳其五行。鯀，工本反。陻音因。汩，工忽反。行，户更反。帝乃震怒，不畀洪範九疇，彝倫攸斁。畀，與。斁，敗也。天動怒鯀，不與大法九疇。疇，類也。故常道所以敗。畀，必二反，徐甫至反，注同。斁，多路反，徐同路反，敗也。鯀則殛死，禹乃嗣興，放鯀至死不赦。嗣，繼也。廢父興子，堯舜之道。殛，紀力反，本或作極，音同。天乃錫禹洪範九疇，彝倫攸敘。天與禹洛出書，神龜負文而出，列於背，有數至于九。禹遂因而第之，以成九類，常道所以次敘。錫，星歷反。疏：箕子至攸敘。正義曰：箕子乃言，荅王曰：我聞在昔，鯀障塞洪水，治水失道，是乃亂陳其五行而逆天道也。天帝乃動其威怒，不與鯀大法九類，天之常道所以敗也。鯀則放殛，至死不赦。禹以聖德繼父而興，代治洪水，决道使通，天乃賜禹大法九類，天之常道所以得其次敘。此説其得九類之由也。傳陻塞至五行。正義曰：襄二十五年《左傳》説陳之伐鄭云井陻木刊，謂塞其井，斬其木，是陻爲塞也。汩是亂之意，故爲亂也。水是五行之一，水性下流，鯀反塞之，失水之性，水失其性，則五行皆失矣。是塞洪水爲亂，陳其五行，言五行陳列皆亂也。《大禹謨》帝美禹治水之功云：地平天成。傳云：水土治曰平，五行敘曰成。水既治，五行序，是治水失道，爲亂五行也。傳畀與至以敗。正義曰：畀，與，《釋詁》文。斁，敗，相傳訓也。以禹得而鯀不得，故爲天動威怒鯀，不與大法九疇。疇是輩類之名，故爲類也。言其每事自相類者有九，九者各有一章，故《漢書》謂之爲九章。此謂九類，是天之常道。既不得九類，故常道所以敗也。自古以來得九疇者惟有禹耳，未聞餘人有得之者也。若人皆得之，鯀獨不得，可言天帝怒鯀。餘人皆不得，獨言天怒鯀者，以禹由治水有功，故天賜之，鯀亦治水而天不與，以鯀禹俱是治水，父不得而子得之，所以彰禹之聖當於天心，故舉鯀以彰禹也。傳放鯀至之道。正義曰：傳嫌殛謂被誅殺，故辨之云放鯀至死不赦也。嗣，繼，《釋詁》文。三代以還，父罪子廢，故云廢父興子。堯舜之道。賞罰各從其實，爲天下之至公也。傳天與至次敘。正義曰：《易・繫辭》云：河出圖，洛出書，聖人則之。九類各有文字，即是書也。而云天乃錫禹，知此天與禹者即是《洛書》也。《漢書・五行志》：劉歆以爲伏羲繫天而王，河出圖，則而畫之，八卦是也。禹治洪水，錫《洛書》，法而陳之，《洪範》是也。先達共爲此說，龜負《洛書》，經無其事，《中候》及諸緯多説黄帝堯舜禹湯文武受圖書之事，皆云龍負圖，龜負書。緯候改之書，不知誰作，通人討覈，謂僞起哀平，雖復前漢之末，始有此書，以前學者必相傳此説。故孔以九類是神龜負文而出，列於背，有數從一而至於九。禹見其文，遂因而第之，以成此九類法也。此九類陳而行之，常道所以得次敘也。言禹第之者，以天神言語，必當簡要，不應曲有次第。丁寧若此，故以爲禹次第之。禹既第之，當有成法可傳，應人盡知之，而武王獨問箕子者，《五行志》云：聖人行其道而寶其真，降及於殷，箕子在父師之位而典之。周既克殷，以箕子歸周，武王親虚己而問焉。言箕子典其事，故武王特問之，其義或當然也。若然，大禹既得九類，常道始有次敘。未有《洛書》之前，常道所以不亂者，世有澆淳，教有疏密。三皇已前，無文亦治，何止無《洛書》也。但既得九類以後，聖王法而行之，從之則治，違之則亂，故此説常道攸敘攸斁由《洛書》耳。

（宋）蔡沈《書經集傳・周書・洪範》 初一，曰五行。次二，曰敬用五事。次三，曰農用八政。次四，曰協用五紀。次五，曰建用皇極。次六，曰乂用三德。次七，曰明用稽疑。次八，曰念用庶徵。次九，曰嚮用五福。威用六極。此九疇之綱也。在天惟五行，在人惟五事。以五事參五行，天人合矣。八政者，人之所以因乎天。五紀者，天之所以示乎人。皇極者，君之所以建極也。三德者，治之所以應變也。稽疑者，以人而聽於天也。庶徵者，推天而徵之人也。福極者，人感而天應也。五事曰敬，所以誠身也。八政曰農，所以厚生也。五紀曰協，所以合天也。皇極曰建，所以立極也。三德曰乂，所以治民也。稽疑曰明，所以辨惑也。庶徵曰念，所以省驗也。五福曰嚮，所以勸也。六極曰威，所以懲也。五行不言用，無適而非用也。皇極不言數，非可以數明也。本之以五行，敬之以五事，厚之以八政，協之以五紀，皇極之所以建也。乂之以三德，明之以稽疑，驗之以庶徵，勸懲之以福極，皇極之所以行也。人君治天下之法，是孰有加於此哉？

《尚書・周書・大誥》 已！予惟小子不敢替上帝命。天休于寧王，興我小邦周。寧王惟卜用，克綏受茲命。今天其相民，矧亦惟卜用。嗚呼！天明畏，弼我丕丕基！

王曰：爾惟舊人，爾丕克遠省？爾知寧王若勤哉！天閟毖我成功所，予不敢不極卒寧王圖事。肆予大化誘我友邦君，天棐忱辭，其考我民，予曷其不于前寧人圖功攸終！天亦惟用勤毖我民，若有疾，予曷敢不于前寧人攸受休畢！

王曰：若昔朕其逝，朕言艱日思。若考作室，既底法，厥子乃弗肯堂，矧肯構？厥父菑，厥子乃弗肯播，矧肯穫？厥考翼其肯曰：予有後，弗棄基！肆予曷敢不越卬敉寧王大命！若兄考，乃有友伐厥子，民養其勸弗救？

王曰：嗚呼！肆哉爾庶邦君越爾御事，爽邦由哲，亦惟十人迪知上帝命越天棐忱，爾時罔敢易法；矧今天降戾于周邦，惟大艱人，誕鄰胥伐于厥室，爾亦不知天命不易。

《尚書正義・周書・大誥》 越天棐忱，爾時罔敢易法，矧今天降戾于周邦？於天輔誠，汝天下是知無敢易天法，況今天下罪於周，使四國叛乎？惟大艱人，誕鄰胥伐于厥室，爾亦不知天命不易。惟大爲難之人，謂三叔也。大近相伐於其室家，謂叛逆也。若不早誅汝，天下亦不知天命之不易也。易，以豉反。

疏：王曰嗚至不易。正義曰：既言四國無救之者，王曰，又言歎今伐四國必克之故，告汝衆國君，及於汝治事之臣。所以知必克者，故有明國事、用智道者，亦惟有十人，此人皆蹈知上天之命。謂民獻十夫來佐周家，此人既來，克之必也。於我天輔誠信之故，汝天下是知無敢變易天法者，若易法無信，則上天不輔，故無敢易法也。況今天下罪於周國，使四國叛逆。惟大爲難之人，謂三叔等，大近相伐於其室家，自欲拔本塞源，反害周室，是其爲易天法也。彼變易天法，若不早誅之，汝天下亦不知天命之不可變易也。傳言其至佐周。正義曰：此其必克之故也。爽，明也。由，用也。有明國事、用智道，言其有賢德也。蹈天者，識天命而履行之。此言十人，謂上文民獻十夫來佐周家者。此是賢人，賢人既來，彼無所與，是必克之効也。王肅云：我未伐而知民弗救者，以民十夫用知天命故也。傳於天至叛乎。正義曰：於天輔誠，言天之所輔，必是誠信。汝天下於是觀之，始知無敢變易天法。若易天法，則天不輔之，況今天下罪於周，使四國叛乎？以小况大，易法猶尚不可，况叛逆乎？傳惟大至不易。正義曰：以下句言相伐於其室家，室家自相伐，知惟大爲難之人，謂三叔也。大近相伐於其室家者，三叔爲周室至親，而舉兵作亂，是室家自相伐。爲叛逆之罪，是變易天法之極，若汝諸國不肯誅之，是汝天下亦不知天命之不可變易也。王肅云：惟大爲難之人，謂管蔡也。大近相伐於其室家，明不可不誅也。管蔡犯天誅而汝不欲伐，則亦不知天命之不易也。

予永念曰，天惟喪殷，若穡夫，予曷敢不終朕畝？稼穡之夫，除草養苗。我長念天亡殷惡主，亦猶是矣。我何敢不順天，終竟我壟畝乎？言當滅殷。壟，力勇反。天亦惟休于前寧人，予曷其極卜，敢弗于從？天亦惟美于文王受命，我何其極卜法，敢不於從？言必從也。率寧人有指疆土，矧今卜并吉？循文王所有指意以安疆土則善矣，況今卜并吉乎？言不可不從。肆朕誕以爾東征。天命不僭，卜陳惟若兹。以卜吉之故，大以汝衆東征四國。天命不僭差，卜兆陳列惟若此吉，必克之，不可不勉。疏：予永至若兹。正義曰：所以必當誅四國者，我長思念之曰，天惟喪亡殷國者，若稼穡之夫，務去草也，天意既然，我何敢不終我壟畝也？言穢草盡須除去，殷餘皆當殄滅也。天亦惟美於前寧人文王，我何其極文王卜法，敢不於是從乎？言必從之也。我循彼寧人所有旨意以安疆土，不待卜筮，便即東征，已自善矣，況今卜東征而龜并吉？以吉之故，我大以爾東征四國。天命必不僭差，卜兆陳列惟若此吉，不可不從卜，不可不勉力也。傳天亦至必從。正義曰：天亦惟美於文王受命，言文王德當天心，天每事美之，故得受天命，是文王之德大美也。文王用卜，能受天命，今於我何其窮極文王卜法，敢不從乎？言必從文王卜也。傳循文至不從。正義曰：文王之旨意，欲令天下疆土皆得其宜。有叛逆者，自然須平定之。我直循彼文王所有旨意伐叛，則已善矣，不必須卜筮也，況今卜并吉乎？言不可不從也。王肅云：順文王安人之道，有旨意盡天下疆土使皆得其所，不必須卜筮也，況今卜三龜皆吉，明不可不從也。傳以卜至不勉。正義曰：天命不僭者，天意去惡與善，其事必不僭差，言我善而彼惡也。卜兆陳列惟若此吉，言往必克之，不可不勉力也。

（宋）蔡沈《書經集傳·周書·大誥》　已！予惟小子不敢替上帝命。天休于寧王，興我小邦周。寧王惟卜用，克綏受兹命。今天其相民，矧亦惟卜用。嗚呼！天明畏。弼我丕丕基。卜伐武庚而吉，是上帝命伐之也。上帝之命，其敢廢乎。昔天眷武王，由百里而有天下，亦惟卜用。所謂朕夢協朕卜，襲于休祥，是也。今天相佑斯民，避凶趨吉。況亦惟卜是用。是上而先王，下而小民，莫不用卜，而我獨可廢卜乎？故又歎息言天之明命可畏如此。是蓋輔成我丕丕基業，其可違也？天明，即上文所謂紹天明者。

又：王曰：嗚呼！肆哉！爾庶邦君越爾御事，爽邦由哲，亦惟十人迪知上帝命。越天棐忱，爾時罔敢易法，矧今天降戾于周邦？惟大艱人，誕鄰胥伐于厥室，爾亦不知天命不易。肆，放也，欲其舒放而不畏縮也。爽，明也，爽厥師之爽。桀昏德，湯伐之，故言爽師。受昏德，武王伐之，故言爽邦。言昔武王之明大命於邦，皆由明智之士，亦惟亂臣十人。蹈知天命，及天輔武王之誠，以克商受。爾於是時，不敢違越武王法制，憚於征役。矧今武王死。天降禍於周。首大難之四國，大近相攻於其室。事危勢迫如此，爾乃以爲不可征。爾亦不知天命之不可違越矣。此以今昔互言，責邦君御事之不知天命。按先儒皆以十人爲十夫。然十夫民之賢者爾，恐未可以爲迪知帝命，未可以爲越天棐忱。所謂迪知者，蹈行真知之詞也，越天棐忱，天命已歸之詞也。非亂臣昭武王以受天命者，不足以當之，況君奭之書。周公歷舉虢叔閎夭之徒，亦曰迪知天威；於受殷命，亦曰若天棐忱。詳周公前後所言，則十人之爲亂臣，又何疑哉？

（清）孫星衍《尚書今古文注疏·大誥》　越天棐忱，爾時罔敢易法，矧今天降戾于周邦？

疏：《漢書》作粵天輔誠，爾不得易定。注：師古曰：粵，辭也。天道輔誠，爾不得改易天子之定命。《漢書》又云：況今天降定于漢國。案：越爲粵，聲相近。棐，俌；忱，誠；俱見上疏。時者，《釋言》云：是也。法字古作佱，與定相似，故今文爲定。矧，況，《釋詁》文。戾、定，《釋詁》皆訓爲止。《詩傳》云：戾，定也。言天方輔我之忱，汝是無敢易法，況我周邦有定命乎！

（清）牟庭《同文尚書·周書·康誥》　王曰：嗚呼！肆汝小子封，惟命不于常，汝念哉！無我殄腆享。明乃服命，高乃聽德，用康乂民。

【略】

庭按：周公王歎而言曰：嗚呼！當此大任，第在汝小子封。惟天之所命在于有德惟新，不在于故常富貴，汝宜念之哉！無自云我有國土惟美厚享禄而已。所以尊明汝者，爲汝服行王命，故尊明，非爲汝腆享也。所以貴高汝者，爲汝用德安治民，故貴高，非爲汝腆享也。

《尚書·周書·多士》　惟三月，周公初于新邑洛，用告商王士。

王若曰：爾殷遺多士，弗弔旻天大降喪于殷。我有周佑命，將天明威，致王罰，勑殷命終于帝。肆爾多士，非我小國敢弋殷命。惟天不畀，允罔固亂，弼我；我其敢求位？惟帝不畀。惟我下民秉爲，惟天明畏。

又：自成湯至于帝乙，罔不明德恤祀。亦惟天丕建，保乂有殷。殷王亦罔敢失帝，罔不配天其澤。

在今後嗣王，誕罔顯于天，矧曰其有聽念于先王勤家？誕淫厥泆，罔顧于天顯民祇。惟時上帝不保，降若茲大喪。惟天不畀，不明厥德；凡四方小大邦喪，罔非有辭于罰。

又：王曰：猷告爾多士，予惟時其遷居西爾，非我一人奉德不康寧，時惟天命。無違！朕不敢有後，無我怨。

惟爾知，惟殷先人有册有典，殷革夏命。今爾又曰：夏迪簡在王庭，有服在百僚。予一人惟聽用德，肆予敢求爾于天邑商。予惟率肆矜爾，非予罪，時惟天命。

《尚書正義·周書·多士》 不畀不明厥德，凡四方小大邦喪，罔非有辭于罰。惟天不與不明其德者，故凡四方小大國喪滅，無非有辭於天所罰。言皆有闇亂之辭。疏：自成至于罰。正義曰：既言命湯革夏，又説後世皆賢，至紂始惡，天乃滅之。自成湯至於帝乙，無不顯用有德，憂念祭祀，後世亦賢。非獨成湯以用其行合天意，亦惟天大立安治有殷。殷家諸王皆能明德憂祀，亦無敢失天道者，無不皆配天而布其德澤，以此得天下久爲民主。在今後嗣王紂，大無明於天道，敢行昏虐之政於天。天猶且忽之，況曰其有聽念先王父祖、勤勞國家之事乎？乃復大淫過其泆，無所顧於上天，無能明民爲敬，以此反於先王，違逆天道。惟是上天不安紂之所爲，下若此大喪亡之誅，惟天不與不明其德之人故也。天不與惡，豈獨紂乎？凡四方諸侯小大邦國，其喪滅者，無非皆有惡辭，是以致至於天罰。汝紂以惡而見滅，汝何以不服我也？傳自帝至社稷。正義曰：下篇説中宗、高宗、祖甲三王以外，其後立王，生則逸豫，亦罔或能壽。如彼文，則帝乙以上非無僻王，而此言無不顯用有德，憂念祭祀者，立文之法，辭有抑揚，方説紂之不善，盛言前世皆賢，正以守位不失，故得美而言之。憂念祭祀者，惟有齊肅恭敬，故言憂念齊敬，奉其祭祀。言能保宗廟社稷，爲天下之主，以見紂不恭敬，故喪亡之。傳湯既至德澤。正義曰：帝乙已上諸王，所以長處天位者，皆由湯之聖德延及後人。湯既革夏，亦惟天大立安治於殷者，謂天安治之，故殷家得治理也。殷家諸王自成湯之後，皆能憂念祭祀，無敢失天道者，故得常處王位，無不配天布其德澤於民。爲天之子，是配天也。號令於民，是布德也。傳言紂至亂甚。正義曰：淫、泆俱訓爲過。言紂大過其愆過，無顧於天，言其縱心爲惡，不畏天也。無能明民爲敬，言其多行虐政，不憂民也。不畏於天，不愛於民，言其暴亂甚也。此經顧於天與顯民祇，共蒙上罔文，故傳再言無也。傳惟天至之辭。正義曰：能明其德，天乃與之，惟天不與不明其德者，紂不明其德，故天喪之。因即廣言天意，凡四方小大邦國，謂諸侯有土之君，其爲天所喪滅者，無非皆有惡辭聞於天，乃爲上天所罰。言被天罰者，皆有闇亂之辭，上天不罰無辜，紂有闇亂之辭，故天滅之耳。天既滅不明其德，我有明德，爲天所立，汝等殷士安得不服我乎？以其心仍不服，故以天道責之。

（宋）蔡沈《書經集傳·周書·多士》 王若曰：爾殷遺多士，弗弔旻天大降喪于殷。我有周佑命，將天明威，致王罰，勑殷命終于帝。弗弔，未詳，意其爲歎憫之辭，當時方言爾也。旻天，秋天也，主肅殺而言。歎憫言旻天大降災害而喪殷。我周受眷佑之命，奉將天之明威，致王罰之公，勑正殷命而革之，以終上帝之事。蓋推革命之公以開諭之也。

（清）孫星衍《尚書今古文注疏·多士》 惟時上帝不保，降若茲大喪。惟天不畀不明厥德。凡四方大小邦喪，罔非有辭于罰。

疏：言惟時天不保佑，下如此大喪亡之災。惟天不與不勉其德者，非惟紂也，几四方小大國喪亡，無非有罪狀而天誅罰之。《周書·世俘解》云：武王遂征四方，几憝國九十有九國。《孟子·滕文公篇》云：周公相武王，誅紂伐奄，三年討其君，滅國者五十。

（宋）蔡沈《書經集傳·周書·多士》 爾克敬，天惟畀矜爾。爾不克敬，爾不啻不有爾土，予亦致天之罰于爾躬。敬，則言動無不循理，天之所福，吉祥所集也。不敬，則言動莫不違悖，天之所禍，刑戮所加也。豈特竄徙不有爾土而已哉！身亦有所不能保矣。

（清）孫星衍《尚書今古文注疏·君奭》 我後嗣子孫，大弗克恭上下，遏佚前人光，在家不知天命不易，天難諶，乃其墜命。

注：恭一作共，佚一作失，天難諶一作天應棐諶，其墜，作亡隊。疏《漢書·王莽傳》羣臣奏曰：臣聞周成王幼少，周道未成，成王不能共事天地，修文武之烈。周公權而居攝，周道成，王室安；不居攝，則恐隊失天命。《書》曰：我嗣子孫，大不克共上下，遏失前人光，在家不知命不易，天應棐諶，乃亡隊命。注：師古曰：言我恐後嗣子孫大不能恭承天地，絶失先王光大之道，不知受命之難。天所應輔唯在有誠，所以亡失其命也。案：《漢書》釋後嗣子孫爲成王，大弗克恭上下爲共事天地，《白虎通》以《大誓》上天下地爲上下是也。釋遏佚前人光爲修文武之烈，前人謂文武。烈者，《詩傳》云：光也。遏，止也。佚，同失。釋在家爲不居攝，言退老也。一作，皆今文，即上《王莽傳》所引經。以天應棐諶爲天難諶者，《釋詁》云：諶，信也。《詩·大明》云：天難忱斯，不易維王。《傳》云：忱，信也。天之意難信矣，不可改易者天子也。是天命不易爲不可改易，師古注：不易爲難，非也。經言：在家不知天命有不易之道，委之以天難信，乃其隊失大命也。

《尚書·周書·多方》 王若曰：誥告爾多方，非天庸釋有夏，非天庸釋有殷，乃惟爾辟以爾多方，大淫圖天之命，屑有辭。乃惟有夏圖厥政，不集于享；天降時喪，有邦閒之。乃惟爾商後王，逸厥逸，圖厥政，不蠲烝，天惟降時喪。惟聖罔念，作狂；惟狂克念，作聖。天惟五年須暇之子孫，誕作民主，罔可念聽。天惟求爾多方，大動以威，開厥顧天；惟爾多方，罔堪顧之。惟我周王靈承于旅，克堪用德，惟典神天。天惟式教我用休，簡畀殷命，尹爾多方。

（清）孫星衍《尚書今古文注疏・多方》 天惟時求民主，乃大降顯休命于成湯，刑殄有夏。惟天不畀純，乃惟以爾多方之義民，不克永于多享。惟夏之恭多士，大不克明保享。于民乃胥惟虐于民，至于百爲，大不克開。

疏：顯者，《釋詁》云：代也。刑者，《說文》云：罰辠也。殄者，《釋詁》云：絶也。畀者，《詩傳》云：與也。純者，《方言》云，好也。《樊毅修華嶽碑》云：天惟醇佑萬國。純與醇聲相近。謂天不與以美報也。義民者，江氏聲云：猶民儀，謂賢者。《大誥》民獻，《大傳》作民儀是也。恭同共；明，勉；保，安；見上疏。胥者，《釋詁》云：皆也。言天惟是求民之主，乃大下代受美命于成湯，罰絶夏桀。惟天不與夏以美報矣，乃惟以汝多方之賢民，不克長享禄位。惟夏之共職多士，大不能勉安其享。此當絶句。又言桀于民乃皆惟暴虐于民。至于所爲百事，大不能開釋于麗罪者。言桀不能用賢慎罰也。

《尚書正義・周書・立政》 帝欽罰之，乃伻我有夏，式商受命，奄甸萬姓。天以紂惡，故敬罰之。乃使我周家王有華夏，得用商所受天命，同治萬姓。言皇天無親，佑有德。伻，普耕反，徐敷耕反，又甫耕反。疏：嗚呼至萬姓。正義曰：既言湯以用賢而興，又説紂之失人而滅。周公又歎曰：嗚呼！其在殷王受德，本性大惡自強，惟進用刑罰，與暴德之人同治其國，竝爲威虐。乃惟衆習爲過德之人，與之同共於其政。由其任同惡之人，故上天敬誅罰之，乃使我周家王有華夏，用商所受天命，同治天下萬姓。言周能用賢，天親有德，故得爲天子。傳受德至威虐。正義曰：《泰誓》三篇，惟單言受，而此云受德者，則德本配受，共爲一人，故知受德是紂字也。既受之與德共爲紂字，而經或言受，或言受德者，呼之有單復爾。其人實爲大惡，德字乃爲善名，非是時人呼有德。知是帝乙愛焉，爲作善字，望其爲善，而反爲大惡，以其行反其字，明非時人呼也。《釋詁》云：暋，强也。暋即昬也，故訓爲强，言紂自强爲惡，惟進用刑罰。身既進用刑罰，則愛好暴虐之人，故爲與之同於其國，言竝爲威虐。傳乃惟至任賢。正義曰：暴德言以暴虐爲德，逸德言以過惡爲德。習效爲之衆者，言其所任多也。紂任衆爲過德之人，與之同於其政，言其不任賢也。與暴德同於其國，與惡德同於其政，其事一也，異言之爾。《牧誓》所云四方之多罪逋逃，是信是使，是以爲大夫卿士。俾暴虐於百姓，以姦宄於商邑，是其事也。傳天以至有德。正義曰：言天知其惡，熟詳審下罰，故言敬罰也。商本受天命，周亦受天命，故言用商所受天命，同治萬姓。《釋言》云：弇，同也。同爲天子治萬姓，與商同也。此經之意，言周家有德，皇天親有德也。王肅云：敬罰者，謂須暇五年。

《尚書・周書・康王之誥》 王若曰：庶邦侯、甸、男、衛，惟予一人釗報誥。昔君文武丕平富，不務咎，厎至齊信，用昭明于天下。則亦有熊羆之士，不二心之臣，保乂王家，用端命于上帝。皇天用訓厥道，付畀四方，乃命建侯樹屏，在我後之人。今予一二伯父，尚胥暨顧，綏爾先公之臣服于先王。雖爾身在外，乃心罔不在王室。用奉恤厥若，無遺鞠子羞。群公既皆聽命，相揖趨出。王釋冕，反喪服。

《尚書正義・周書・呂刑》 惟克天德，自作元命，配享在下。凡明於刑之中，無擇言在身，必是惟能天德，自爲大命，配享天意，在於天下。疏：典獄至在下。正義曰：堯時典獄之官，非能止絶於威，有犯必當行威，威刑不可止也。惟能止絶於富，受貨然後得富，無貨富自絶矣。言於時世治，貨賂不行。堯時典獄官皆能敬其職事，忌其過失，無有可擇之言在於其身。天德平均，惟能爲天之德。志性平均，自爲長久大命。配當天意，在於天下。言堯德化之深，於時典獄之官皆能賢也。傳言堯至不行。正義曰：堯時主獄之官，有威嚴，有德行，有恕心。有犯罪必罪之，是有威也。無罪則赦之，是有德也。有威有德有恕心，行之不受貨賂，是恕心也。訖是盡也，故傳以訖爲絶。不可能使民不犯，非絶於威。能使不受貨賂，惟絶於富。言以恕心行之，世治則貨賂不行，故獄無得富者。傳凡明至天下。正義曰：惟克天德，言能效天爲德，當謂天德平均，獄官效天爲平均。凡能明於刑之中正矣，又能使無可擇之言在身者，此人必是惟能爲天平均之德，斷獄必平矣。皇天無親，惟德是輔，若能斷獄平均者，必壽長久大命。大命由己而來，是自爲大命。享訓當也，是此人能配當天命，在於天之下。鄭云：大命謂延期長久也。

王曰：嗟！四方司政典獄，非爾惟作天牧？主政典獄主，謂諸侯也。非汝惟爲天牧民乎？言任重是汝。爲，于僞反。任，而鴆反。重，輕重之重。今爾何監，非時伯夷播刑之迪？言當視是伯夷布刑之道而法之。其今爾何懲？惟時苗民匪察于獄之麗。其今汝何懲戒乎？所懲戒惟是苗民非察於獄之施刑，以取滅亡。麗，力馳反。罔擇吉人，觀于五刑之中，惟時庶威奪貨，言苗民無肯選擇善人，使觀視五刑之中正，惟是衆爲威虐者任之，以奪取人貨，所以爲亂。斷制五刑，以亂無辜。斷制五刑，以亂加無罪。上帝不蠲，降咎于苗。天不潔其所爲，故下咎罪。謂誅之。蠲，吉緣反。咎，其九反。苗民無辭于罰，乃絶厥世。言罪重，無以辭於天罰，故堯絶其世。申言之爲至戒。疏：王曰至厥世。正義曰：王呼諸侯戒之曰：咨嗟！汝四方主政事典獄訟者諸侯之君等，非汝惟爲天牧養民乎？言汝等皆爲天養民，言任重也。受任既重，當觀古成敗，今汝何所監視乎？其所視者，非是伯夷布刑之道也。言當效伯夷善布刑法，受令名也。其今汝何所懲創乎？其所創者惟是苗民非察於獄之施刑乎？言當創苗民施刑不當取滅亡也。彼苗民之爲政也，無肯選擇善人，使觀視於五刑之中正，惟是衆爲威虐者任之，以奪取人之貨賂，任用此人，使斷制五刑，以亂加無罪之人。上天不絜其所爲，故下咎惡於苗民。苗民無以辭於天罰，堯乃絶滅其世。汝等安得不懲創乎！傳言當至法之。正義曰：伯夷典禮，臯陶主刑，刑禮相成以爲治。不使視臯陶而令視伯夷者，欲其先禮而後刑。道之以禮，禮不從乃刑之，則刑亦伯夷之所布，故令視伯夷布刑之道而法之。王肅云：伯夷道之以禮，齊之以刑。傳其今至滅亡。正義曰：上言非時，此言惟時，文異者，非時者言豈非是事也，惟時者言惟當是事也，雖文異而意同。惟是苗民非察於獄之施刑以取滅亡也，言其正謂察於獄之施刑不當於罪以取滅亡。傳苗民至誅之。正義曰：以亂加無罪者，正謂以罪加無罪，是亂也。蠲訓絜也。天不絜其所爲者，鄭玄云：天以苗民所行腥臊不絜，故下禍誅之。

又：永畏惟罰，非天不中，惟人在命。當長畏懼惟爲天所罰，非天道不中，惟人在教命使不中，不中則天罰之。天罰不極，庶民罔有令政在于天下。天道罰不中，令衆民無有善政在於天下，由人主不中，將亦罰之。令，力呈反。疏：王曰至天下。正義曰：王歎而呼諸侯曰：嗚呼！刑罰事重，汝當敬之哉！謂諸侯官之長，此同族異姓等，我言多可戒懼。我敬於刑，當刑命有德者惟典刑事。今上天治民，命人君爲天子，配天在於下，承天之意，爲事甚重。其聽獄訟，當明白清審於獄之單辭。民之所以治者，由獄官無有不用中正聽訟之兩辭。由以中正之故，下民得治。汝獄官無有敢受貨賂，成私家於獄之兩辭。勿於獄之兩家受貨致富，治獄受貨非家寶也，惟是聚罪之事。言汝身多違則不違，虚言戒行急惡，疏非虚論矣。多聚罪則天報汝，以衆人見被尤怨而罰責之。汝當長畏惟天所罰，天罰汝者非是天道不中，惟人在於自作教命，使不中爾。教命不中，則天罰汝。天道罰不中也，若令衆民無有善政在於天下，則是人主不中，天亦將罰人主。諸侯爲民之主，故以天罰懼之。傳敬之至儆之。正義曰：此篇主多戒諸侯百官之長，故知官長即諸侯也。襄十二年《左傳》哭諸侯之例云：異姓臨於外，同族於禰廟。是相對則族爲同姓，姓爲異姓也。告之以我言多可戒懼者，以儆戒之也。下言民無善政，則天罰人主，是儆戒諸侯也。傳我敬至典刑。正義曰：當使有德者惟典刑，言將選有德之人使爲刑官，刑官不用無德之人也。傳今天至言之。正義曰：傳以相爲治，今天治民者，天有意治民，而天不自治，使人治之。人君爲配天在下，當承天意治民，治之當使稱天心也。欲稱天心，聽獄當清審單辭。單辭謂一人獨言，未有與對之人。訟者多直己以曲彼，搆辭以誣人，單辭特難聽，故言之也。孔子美子路云：片言可以折獄者，其由也與。片言即單辭也。子路行直聞於天下，不肯自道己長，妄稱彼短，得其單辭即可以斷獄者，惟子路爾。凡人少能然，故難聽也。傳民之至民治。正義曰：獄之兩辭，謂兩人競理，一虚一實，實者枉屈，虚者得理，則此民之所以不得治也。民之所以得治者，由典獄之官其無不以有中正之心聽獄之兩辭，棄虚從實，實者得理，虚者受刑，虚者不敢更訟，則刑獄清而民治矣。孔子稱必也使無訟乎，謂此也。傳典獄至兩辭。正義曰：典獄知其虚，受其貨，而聽其詐。詐者虚而得理，獄官致富成私家，此民之所以亂也。故戒諸侯無使獄官成私家於獄之兩辭。傳受獄至見罪。正義曰：府，聚也。功，事也。受獄貨非是家之寶也，惟最聚近罪之事爾。罪多必有惡報，其報則以衆人見罪也。衆人見罪者多，天必報以禍罰，故下句戒令畏天罰也。傳當長至罰之。正義曰：衆人見罪者多，天必報以禍罰，汝諸侯等當長畏懼爲天所罰。天之罰人，非天道不得其中，惟人在其教命自使不申，教命不中，則天罰之。諸侯一國之君，施教命於民者也，故戒以施教命中否也。傳天道至罰之。正義曰：天道下罰，罰不中者，令使衆民無有善政在於天下，由人主不中。爲人主不中，故無善政，天將亦罰人主。人主謂諸侯，此言戒諸侯也。

（清）孫星衍《尚書今古文注疏・吕刑》 惟克天德，自作元命。注：鄭康成曰：大命，謂延期長久也。配享在下。疏：克者，《説文》云：肩也。天德，謂五常之德。元者，《易・文言》云：善之長也。命者，《白虎通・壽命篇》云：人之壽也，天命己使生者也。配謂配天，享謂享其禄。言惟能肩任天德，自作善命，則配天命而享天禄于下矣。鄭注見《書》疏。以元爲大者。《易》曰：大哉乾元。《九家易》曰：陽稱大是也。云大命，謂延期長久者，《洪範》建其有極，斂時五福，一曰壽，五曰考終命也。

又：天罰不極，庶民罔有令政在于天下。疏：天罰者，猶《臯陶謨》云天討。王者代天行罰，故云天罰。極者，《詩傳》云：中也。令者，《釋詁》云：善也。《洪範》云：王建其有極。謂王者承天建中。又云：庶民于汝極。馬氏注云：衆民于汝取中正以歸心也。王罰不中，則衆民無有善政在天下矣。

（漢）韓嬰《韓詩外傳》卷二 原天命，治心術，理好惡，適情性，而治道畢矣。原天命則不惑禍福，不惑禍福則動静循理矣。治心術則不妄喜怒。不妄喜怒則賞罰不阿矣。理好惡則不貪無用。不貪無用則不以物害性矣。適情性則欲不過節，欲不過節則養性知足矣。四者不求於外，不假於人，反諸己而存矣。夫人者説人者也，形而爲仁義，動而爲法則。《詩》曰：伐柯伐柯，其則不遠。

又：紂之爲主，戮無辜，勞民力，冤酷之令，加於百姓，憯悽之惡，施於大臣。羣下不信，百姓疾怨，故天下叛而願爲文王臣，紂自取之也。夫貴爲天子，富有天下，及周師至而令不行乎左右，悲夫！當是之時，索爲匹夫，不可得也。《詩》曰：天謂殷適，使不俠四方。

又：夫百姓內不乏食，外不患寒，則可教御以禮義矣。《詩》曰：烝畀祖妣，以洽百禮。百禮洽則百意遂，百意遂則陰陽調，陰陽調則寒暑均，寒暑均則三光清，三光清則風雨時，風雨時則羣生寧。如是而天道得矣。是以不出戶而知天下，不窺牖而見天道。《詩》曰：惟此聖人，瞻言百里。於鑠王師，遵養時晦。言相養之至於晦也。

《禮記·曲禮上》 外事以剛日，內事以柔日。凡卜筮日，旬之外曰遠某日，旬之內曰近某日。喪事先遠日，吉事先近日。曰：爲日，假爾泰龜有常，假爾泰筮有常。卜筮不過三，卜筮不相襲。龜爲卜，筴爲筮。卜筮者，先聖王之所以使民信時日、敬鬼神、畏法令也；所以使民決嫌疑、定猶與也。故曰，疑而筮之，則弗非也；日而行事，則必踐之。

（清）孫希旦《禮記集解·王制》 天子將出，類乎上帝，宜乎社，造乎禰。諸侯將出，宜乎社，造乎禰。鄭氏曰：類、宜、造，皆祭名，其禮亡。孔氏曰：將出，謂巡守初出時也。類乎上帝，謂祭告天也。宜乎社者，巡行方事誅殺封割，應載社主，令誅伐得宜也。社主於地又爲陰，而誅罰亦陰，故於社。《書》云：弗用命，戮于社，是也。造乎禰者，造，至也，謂至父、祖之廟也。此出應歷至七廟，前云：歸格祖、禰，明出亦告祖、禰。今惟云禰者，《白虎通》云：辭從卑，不敢留尊者之命，至禰，不嫌不至祖也。皇氏申之云：行必有主，無則主命載于齊車。今告出，先從卑起，然後至祖，仍取遷主則行。若前至祖，後至禰，是留尊者之命，爲不敬也。若還，則先祖後禰，先應反主祖廟故也。然出告天地、祖、禰，還惟告廟，不告天地者，《白虎通》云：天道無內外，故不復告也。諸侯將出，謂朝王及自相朝、盟會、征伐之事也。不得告天，故從社始，亦載社主也。造乎禰，亦告祖及載主也。陳氏祥道曰：類、造之禮，其詳不可得聞，要之劣於正祭與旅也。觀祀天、旅上帝，而大宗伯掌之，類、造上帝，小宗伯、肆師掌之，則禮之隆殺著矣。愚謂凡禮之類正禮而爲之者，謂之類。類乎上帝，就南郊而告天，類郊祭之正禮而爲之也。宜，求行事得宜也。疏專言誅殺，非是。天子將出爲巡守，則諸侯將出爲朝、會，疏兼言征伐，亦非是。

《禮記正義·禮運》 故政者，君之所以藏身也。於此又遂爲之言政也。藏，謂輝光於外，而形禮不見，若日月星辰之神。輝音暉。見，賢遍反。是故夫政必本於天，殽以降命。降，下也。殽天之氣以下教令，天有運移之期陰陽之節也。命降于社之謂殽地。謂教令由社下者也。社，土地之主也。殽，戶教反。注及下同。《周禮》土會之法，有五地之物生。會，古外反。降于祖廟之謂仁義。謂教令由祖下者，《大傳》曰：自禰率而上至于祖，遠者輕，仁也；自祖率而下至于禰，高者重，義也。上，時掌反。下上配、上生皆同。降於山川之謂興作，謂教令由山川下者也。山川有草木禽獸，可作器物，共國事。共音恭。降於五祀之謂制度。謂教令由五祀下者。五祀有中霤、門、戶、竈、行之神，此始爲宮室制度。此聖人所以藏身之固也。政之行如此，何用城郭溝池之爲？

疏：故政至固也。正義曰：此一節以上文云政之不正，則國亂君危。此則廣言政之大理，本於天地及宗廟山川五祀而來，所來既重，故君用之，得藏身安固也。故政者，君之所以藏身也者，故，因上起下之辭。人君身在於中，施政於外，人但見其政，不見其身。若政之美盛，則君身安靜，故云政者，所以藏身也。鄭云藏謂煇光於外，而形體不見，若日月星辰之神是也。是故夫政必本於天，是故謂政是藏身之固。其事既重，所施教令，必本於天而來。天有運移，若星辰圍遶北極；氣有陰陽，若冬夏之有寒暑。殽以降命者，殽，效也，言人君法效天氣以降下政教之命，效星辰運轉於北極，爲昬媾姻亞，效天之陰陽寒暑爲刑獄賞罰，是殽以降命。命降于社，之謂殽地者。上云政本於天，此論政降於地。上既云必本於天，殽以降命。此亦當云必本於地，殽以降命。但上文既具，故此略而變文，直云命降于社之謂殽地。命者，政令之命，降下於社，謂從社而來以降民也。社即地也。指其神，謂之社；指其形，謂之地。法社以下教令，故云謂殽地。地有五土，生物不同，人君法地亦養物不一也。降于祖廟者，此亦政教之命降于民，由祖廟而來，謂法祖廟以下政令。之謂仁義者，父親，仁也。祖尊，義也。言法此父祖施仁義於民也。上云命降于社之謂殽地，此亦當云命降于祖之謂殽廟。以上文即具，故此又畧而變文，與上不同，自下皆然也。降於山川者，謂所施政令之命下於民者，從山川而來，謂法效山川以爲教令也。之謂興作者，山川有草木鳥獸可作器物，人君法山川以興作其物也。降於五祀者，所施政令降於民者，從五祀而來，謂法此五祀之神，以施政令也。之謂制度者，初造五祀之人既立中霤、門、戶、竈、行，大小形制各有法度，後王所以取爲制度等級也。此聖人所以藏身之固也者。政既法天地，法祖廟山川五祀，所重若此，謹慎行之，所以藏其身而堅固。注殽天至之節。正義曰：案昭二十五年《左傳》云：禮者，天之經，地之義，爲父子兄弟昬媾姻亞以象天明，爲溫慈惠和以效天之生殖長育，爲刑罰威獄以類其震曜殺戮。此注云天有運移之期、陰陽之節，摠包之也，皆法天之所爲，以下教令也。注社土至物生。正義曰：下云社者，神地之道，此云土地之主，主則神也。土會之法，有五地之物生者，此《大司徒》文。五地則山林、川澤、丘陵、墳衍、原隰，各有所生。五地揔生萬物，人君法之施政令，亦揔養萬民也。注《大傳》至義也。正義曰：引此者證祖禰廟有仁義也。云自禰率而上至于祖，遠者輕，仁也者，自，用也。率，循也。言用禰之仁，依循而上，以至於祖，遠者恩愛漸輕，是據仁恩也。自祖率而下至於禰，高者重，義也者，言用祖之義，依循而下，以至于禰，高者尊重，是義事也。祖廟之中，自然有此仁義，人君法之，施此仁義教令，以教下民也。注五祀至制度。正義曰：此五祀，鄭云有中霤、門、戶、竈、行之神，此始爲宮室制度者，如鄭此言，則五祀神者，謂初造五祀之神。此造五祀有其制度，後王法此人之神，更爲制度，此人造五祀，非五祀本神也。其五祀亦自然有其虛無之神，非後王所取法也，故此不言之。注政之至之爲。正義曰：言政之行若能如此法天陰陽，使賞罰得所，法地高下，令尊卑有序，法之祖廟而行仁義，法之山川五祀而爲興作制度，若能如此，則民懷其德，禍害不來，何所防禦？故云何用城郭溝池之爲，言不用城郭溝池也。

又：故人者，天地之心也，五行之端也，食味、別聲、被色而生者也。此言兼氣性之效也。別，彼列反。被，皮義反。徐，法義反。故聖人作則，必以天地爲本，以陰陽爲端，以四時爲柄，以日星爲紀，月以爲量，鬼神以爲徒，五行以爲質，禮義以爲器，人情以爲田，四靈以爲畜。天地以至於五行，其制作所取象也。禮義人情，其政治也。四靈者，其徵報也。此則《春秋》始於元，終於鱗，包之矣。吕氏説《月令》而謂之春秋，事類相近焉。量，猶分也。鬼神謂山川也。山川助地通氣之象也。器，所以操事。田，人所捊治也。禮之位，賓主象天地。介僎象陰陽。四面之位象四時，三賓象三光，夫婦象日月，亦是也。柄，本又作枋，兵命反。量音亮，下同。畜，許六反，下同。治，直吏反。麟，良人反。近，附近之近。操，七刀反。捊，薄侯反。徐音普溝反。介僎，上音界，下音遵。

疏：故人至爲畜。正義曰：此一節以前文論人稟天地五行氣性而生，此下論稟氣性之有效驗，各依文解之。故人者，天地之心也者，天地高遠在上，臨下四方，人居其中央，動靜應天地，天地有人，如人腹內有心，動靜應人也，故云天地之心也。王肅云：人於天地之間，如五藏之有心矣。人乃生之最靈，其心五藏之最聖也。五行之端也者，端，猶首也。萬物悉由五行而生，而人最得其妙氣，明仁義禮智信爲五行之首也。王云：端，始。用五行者也。食味者，人既是天地之心，五行之端，故有此下之事也。五行各有味，人則並食之。別聲者，五行各有聲，人則含之，皆有分別也。被色者，五行各有色，人則被之以生也。被色，謂人含帶五色而生者也。五行有此三種最爲彰著，而人皆稟之以生，故爲五行之端者也。然味言食，聲言別，色言被，各別隨義爲言也。注此兼氣性之効也。正義曰：此並是五行彰著之事，而人氣性有之，故云兼氣性之効也。然前注五行秀氣，亦言兼此氣性純，而此云氣性効者，前明之始此明之末，以末故云効。効，猶驗實也，即五味聲五色，是其効也。故聖至爲畜。故聖人作則必以天地爲本。則，法也。本，根本也。人既是天地之心，又帶五色五行五味，故聖人作法必用天地爲根本也。祭帝於郊，祭社於國，是用天地爲本也。然則自此至四靈以爲畜，凡十句分爲三重，此至五行以爲質七句，明聖人制教所法象也。又自禮義人情二句，明聖人爲治政之時事也。又四靈一句，明徵報之功也。以陰陽爲端者，端，猶首也。用天地爲根本，又自陰陽爲端首也，猶如劒戟以近柄處爲根本，以鋒杪爲端首也。聖人制法左右法陰陽，及賞以春夏，刑以秋冬，是法陰陽爲端首也。以四時爲柄者，春生、夏長、秋斂、冬藏，是法四時爲柄也。劒戟須柄而用之，聖人爲教象，須法四時而通也。以日星爲紀者，紀，綱紀也。日行有次度，星有四方，列宿分部昏明，敬授民時，是法日星爲綱紀也。月以爲量者，量，猶分限也。天之運行每三十日爲一月，而聖人制教，亦隨人之才分，是法月爲教之限量也。鬼神以爲徒者，鬼神謂山川鬼神，助地以通氣，是以爲地之徒屬，聖王象之，樹立羣臣，助己以施教，爲己徒屬也。五行以爲質者，質，體也。五行循廻不停，周而復始，聖人爲教亦循還復始，是法五行爲體也。禮義以爲器者，此以下二句明聖人爲治政時事也。上既有法象爲先，故可執禮義爲器用，如農夫之執耒耜也。人情以爲田者，禮義以爲器，可耕於人情，人情得禮義之耕，如田得耒耜之耕也。四靈以爲畜者，此一句明徵報也。聖人既法象天地，用禮耕人情，故獲天地應以徵報也。四靈並至，聖人畜之如人養牛馬爲畜。然自天地爲本至此凡十句，上四句皆以以字在於事上，從月爲量以下六句，以字置於事下者，上明天道，事遠，故以字在事上，連於天也。後明地道，事近，故以字居下，欲連於人。按前經云，人者，天地之德，陰陽之交，鬼神之會，五行之秀氣，備論四者。此經云天秉陽，覆説天有日星。次經云地秉陰，地有四時，并有月也。次經云五行之動，覆説五行也。於前天地陰陽鬼神五行之中，唯説天地與五行，舉其大者。此經揔覆前事，故云以天地爲本，以陰陽爲端，以四時爲柄，以日星爲紀，月以爲量，鬼神以爲徒，五行以爲質，皆覆説前事，禮義以爲器，覆説上舍禮何以哉。人情以爲田，覆説上人情也，四靈以爲畜一句，論若行以前諸事，施之得所，則四靈報應也。注天地至是也。正義曰：天地以至於五行，制作所取象也者，天地陰陽四時日星月量鬼神五行等皆外物，非人所行，故云所取象也，謂聖人所法象以爲教也。云禮義人情其政治也者，此是人親自行，故云其政治，謂聖人行之爲政，以治天下也。云此則《春秋》始於元，終於麟，包之矣者，言此一經初以天地爲本，終以四靈爲畜，是當《春秋》始於元年，終於獲麟也。包之者，謂《春秋》元年以後獲麟以前，包籠此天地陰陽四時星辰日月之等。按《春秋》書元年、春、王、正月、公即位，爲五始。元者，氣之始，則天地也。春者，四時之始，則四時也。王者，政教之始，則禮義也。正月者，十二月之始，則月以爲量也。公即位者，即一國之始，亦禮義也。熊氏云：《春秋》書郊祭天，是天也。書地震，是地也。書冬無冰，是陽也。書大雨雹，是陰也。書春夏秋冬，是四時也，又四時陰陽也。隱元年，公子益師卒，公不與小斂，故不書日。《春秋》記事皆書日，是日也。莊七年，恒星不見，是星也。春秋記事皆有月，是月也。僖十四年，沙鹿崩；成五年，梁山崩，是鬼神也。桓二年取郜大鼎，是金也。成十六年雨木冰，是木也。桓元年秋，大水，是水也。宣十六年，成周宣榭火，是火也。莊二十九年，城諸及防，是土也。金木水火土即五行也。《春秋》得禮則褒，失禮則貶，是禮義也。桓元年公即位，先君被弑而行即位，安忍其喪，其情惡也。莊元年不書即位，文姜出，不忍行即位之禮，其情善也。此是人情也。哀十四年西狩獲麟，是四靈爲畜也。云吕氏説《月令》而謂之春秋，事類相近焉者，吕氏謂吕不韋也。説十二月之令，謂爲《吕氏春秋》，事之倫類，與孔子所脩《春秋》相附近焉。《月令》亦載天地、陰陽、四時、日月、星辰、五行、禮義之屬，故云相近也。云器所以操事者，操，執也。謂操執所爲之事，若手秉耒耜耕田之事，手操執之。云田人所捊治也者，捊，謂以手捊聚即耕生種耘鋤也，即上汙尊而抔飲之類也。云禮之位至三光，是《鄉飲酒義》文。賓於西比象天，主於東南象地。介是賓副，坐於西南，象天嚴凝之氣，始於西南。僎是主人之觀禮者，坐於東北，象陽氣之始。是介、僎象陰陽。主人在阼階西面，賓在戶西南面，介在西階東面，僎在房戶之間南面，以四者位殊，故爲四面之位象四時。云三賓者，衆賓三人，在正賓西南面，是爲三賓也。《禮器》云君在阼，夫人在房，象日月也。云亦是也者，以禮之取象，其數非一，以無正文，故取此義而明之，故云亦是，言亦是法象之義也。

以天地爲本，故物可舉也。物，天地所養生。以陰陽爲端，故情可睹也。情以陰陽通也。睹，丁古反。以四時爲柄，故事可勸也。事以四時成。以日星爲紀，故事可列也。事以日與星爲候，與作有次第。月以爲量，故功有藝也。藝，猶才也。十二月各有分，猶人之才各有所長也。藝或爲倪。倪，五計反，視也。鬼神以爲徒，故事有守也。山川守職不移。五行以爲質，故事可復也。事下竟，復由上始也。禮義以爲器，故事行有考也。考，成也。器利則事成。人情以爲田，故人以爲奥也。奥，猶主也，田無主則荒。四靈以爲畜，故飲食有由也。由，用也。四靈與羞物爲羣。

疏：以天至由也。正義曰：此一節覆明前經諸事，若行諸事，治理皆應，則萬事得成也。以天地爲本，故萬物可舉也。天地生養萬物，今本天地而爲政教，故萬物可舉而興也。以陰陽爲端，故人情可睹也，人情與陰陽相通，今法陰陽爲教，故人情無隱，所以可睹見也。以四時爲柄，故事可勸也，生長收藏，隨時無失，故民不假督勵，而事自勸成也。以日星爲紀，故事可列也，列，猶次第也。日中星鳥，敬授民時，無失早晚，故民事有次第也。月以爲量，故功有藝也，藝，猶才也。十二月限分，猶人才各有所長，聖人隨人才而教之，則人竭其才之所長而爲功，故云功有藝也。鬼神以爲徒，故事有守也，山川鬼神，各有分職不移，今爲教引鬼神徒屬，則事無失業，故云事有守也。五行以爲質，故事可復也。五行周而復始，運迴無窮，爲教法則此，則事必不絶，故云可復，復，反也。禮義以爲器，故事行有考也，考，成也。工欲善其事，必先利其器。若治國用禮義爲器，是器之利者，故所治之事行必有成也。人情以爲田，故人以爲奥也，上人是民，下人是聖人。奥，主也，田無主則荒廢，故用人爲主。今以人情爲田，用聖人以爲田主。則人情不荒廢也。四靈以爲畜，故飲食有由也。由，用也。靈是衆物之長，長既至爲聖人所畜，則其屬並隨其長而至，得以充庖廚，是飲食有用也。注情以陰陽通也，正義曰：按《易・文言》云：同聲相應，同氣相求，水流濕，火就燥。是萬物之情，因陰陽而通也。注事下竟，復由上始也。正義曰：五行相次，終而復始，凡所營爲之事，亦終而復始，故云事下竟，復由上始也，謂事於下終未竟了，更復從上而始也。注考成至事成。正義曰：考，成也，《釋詁》文。《論語》云：工欲善其事，必先利其器。是器利則事成也。

又：夫禮必本於天，本於大一與天之義。動而之地，後法地也。列而之事，後法五祀，五祀所以本事也。變而從時，後法四時。協於分藝。協，合也。言禮合於月之分，猶人之才也。合於月之分，本或作日月之分。日，衍字。其居人也曰養。養，當爲義字之誤也。下之則爲教令，居人身爲義。《孝經説》曰：義由人出。養音義，出注。其行之以貨力、辭讓、飲食、冠昏、喪祭、射御、朝聘。貨，摯幣庭實也。力，筋骸强者也，不則偃罷。冠，古亂反。摯，本又作贄，音至。罷音皮。疏：夫禮至朝聘。正義曰：此一節論上本説，禮從天地、四時、五行而生也，而教於人。故此以下，論人用之以行刑罰、冠昏、朝聘之等，皆得其宜也。夫禮必本於天，謂本於大一與上天也。謂行至誠大道，是本大一，效天降命，是本於天也。動而之地，祀社於國是也。列而之事，謂五祀，即五祀所以本事是也。變而從時，時，四時也。則四時以爲柄是也。協於分藝，協，合也。是日月之量也。藝，人之才也，言制禮以月爲量，合人才之長短也。其居人也曰養者，養，宜也。言制度以上諸事之禮，居人中身，則人得其宜也。其行至朝聘，此皆居人身曰義之禮也，謂諸禮皆須義行，故云行也。貨，庭實也。力，筋力，拜伏也。辭，賓主三辭三讓。飲食，饗食之屬也。冠，二十成人而冠。昏，三十而取。射，五射，御，五馭。朝，五年朝及諸侯自相朝相見之禮。聘，謂比年一小聘，三年一大聘。言人若有義在身，則能行此諸禮也。注養當至人出。正義曰：知養當爲義者，以上云義之脩，禮之藏，下云聖人陳義以種之，又云義者藝之分，仁之節，故知養當爲義也。按《聖證論》王肅以下云：穫而弗食，食而弗肥，字宜曰養。《家語》曰：其居人曰養。鄭必破爲義者，馬昭云：立人之道曰仁與義。又此云禮義者，人之大端。下每云義，故知養當爲義也。張融謹案：亦從鄭説，云下之則爲教令，居人身爲義者，鄭爲此注，欲明改養爲義之意，言法天地山川，下教於民者，則爲教令；法天地山川，居在人身之中者，則爲義事，是不得爲養也。引《孝經説》曰：義由人出者，證義從人身而出也。

（清）孫希旦《禮記集解・禮運》 故政者，君之所以藏身也。是故夫政必本於天，殽以降命。命降于社之謂殽地，降于祖廟之謂仁義，降於山川之謂興作，降於五祀之謂制度，此聖人所以藏身之固也。

藏，猶託也。藏身，謂身之所託以安也。殽，效也。命，謂政令也。指其神謂之社，指其形體謂之地。命降於社，謂政令之本於地而降者也。下三句放此。五祀，五行之神。《左傳》社稷五祀，是尊是奉，《大宗伯》以血祭五祀，是也。蓋政者，禮而已矣。禮必本於天，殽於地，列於鬼神。鬼神體物不遺，而祖廟之降格，山川之生物，五行之流播，則其性情功效之尤顯者也。自仁率親，自義率祖，故仁義出於祖廟，山川者，人之所取材，故興作出於山川。五行者，見象於天爲五星，分位於地爲五方，行於四時爲五德，稟於人爲五常，播於音律爲五聲，發於文章爲五色，散於飲食爲五味，是天下之制度莫不本之，故制度出於五祀。聖人之爲政，其所效法者如此，此所以政無不治，而所以託其身者安固而不可危也。此下二節，申言聖人承天道之意。

故聖人參於天地，並於鬼神，以治政也。處其所存，禮之序也；玩其所樂，民之治也。故天生時而地生財，人，其父生而師教之，四者君以正用之，故君者立於無過之地也。

參於天地，並於鬼神，猶《中庸》言建諸天地，質諸鬼神之意，言聖人效法於天地鬼神而參擬之，比並之，以求其合也。樂，如《孟子》君子樂之之樂。天地鬼神之道，具於吾身，是聖人之所存也，有以處之，而率履不越，則禮無不序矣。天地鬼神之道，見於政治，是聖人所樂也，有以玩之，而鼓舞不倦，則民無不治矣。天生四時，地生貨財，父生，師教，四者各不相兼，兼是四者而使之各得其正者，君之責也。故君必正身立於無過之地，而與天地合其德，與鬼神合其吉凶，然後禮序而民治也。

《禮記正義・樂記》 樂者，天地之和也。禮者，天地之序也。和，故百物皆化。序，故羣物皆別。化，猶生也。別，謂形體異也。樂由天作，禮以地制。言法天地也。過制則亂，過作則暴。過，猶誤也。暴，失文武之意。明於天地，然後能興禮樂也。

疏：樂者至樂也。正義曰：此一節申明禮樂從天地而來，王者必明於天地，然後能興禮樂。樂者，調暢陰陽，是天地之和也。禮者，天地之序也，禮明貴賤，是天地之序也。樂由天作者，樂生於陽，是法天而作也。禮以地制者，禮主於陰，是法地而制，言法天地也。過制則亂者，過，謂誤也，惟聖人識合天地者，則制禮作樂不誤。若非聖識，則必誤，誤制禮，則尊卑淫亂也，猶地體誤，則亂於高下也。過作暴者，謂違暴失所，若過誤作樂，則樂體違暴，失文武之意，謂文樂武樂雜亂也。

又： 天高地下，萬物散殊，而禮制行矣。禮爲異也。流而不息，合同而化，而樂興焉。樂爲同也。春作夏長，仁也。秋斂冬藏，義也。仁近於樂，義近於禮。言樂法陽而生，禮法陰而成。夏長，上戶嫁反，下丁丈反。下註長養皆同。近，附近之近，又其靳反，下皆同。樂者敦和，率神而從天。禮者別宜，居鬼而從地。敦和，樂貴同也。率，循也。從，順也。別宜，禮尚異也。居鬼，謂居其所爲，亦言循之也。鬼神，謂先聖先賢也。惇音純，本又作敦。故聖人作樂以應天，制禮以配地。禮樂明備，天地官矣。官，猶事也，各得其事。

疏：天高至官矣。正義曰：此一節申明禮樂配於天地，若禮樂備具，則天地之事各得其宜。天高地下，萬物散殊，而禮制行矣者，以天高地下不同，故人倫尊卑有異，其間萬物各散殊塗。禮者，別尊卑，定萬物，是禮之法制行矣。流而不息，合同而化，而樂興焉者，言天地萬物流動不息，合會齊同而變化者也。樂者，調和氣性，合德化育，是樂興也。樂主和同，故云興。禮主異，故云行。此樂興與禮行相對。樂云興，禮加制字，而云禮制行者，禮以裁制爲義，故特加制。樂以興作爲本，故不云制也。仁近於樂，義近於禮者，仁主仁愛，樂主和同，故仁近於樂也。義主斷割，禮爲節限，故義近於禮也。樂者敦和，率神而從天者，率，循也。言樂之爲體，敦重和同，因循聖人之神氣而從於天也。禮者別宜，居鬼而從地者，居，謂居處也。言禮之爲體，殊別萬物所宜，居處鬼之所爲而順地也。樂所以率神者，聖人之魂爲神，樂者調和其氣，故云率神。禮所以居鬼者，賢人之魂爲鬼。禮者裁制形體，故云居鬼。居者，亦率循之義，變文爾。禮樂明備，天地官矣者，官，猶事也，言聖人能使禮樂顯明備具，則天地之事各得其利矣。注敦和至賢也。正義曰：敦和，樂貴同也者，謂敦重於和，由其貴同，故知敦則貴也，和則同也。敦和與別宜相對者，別宜謂分別其所宜，明敦和是敦重其所和也。云別宜，禮尚異也者，樂言敦和，樂貴同也，禮言別宜，是禮尚異也。云居鬼，謂居其所爲，亦言循之也者，居鬼謂居處所爲，居處則依循之義也，故云亦言循之也。與率神不異，故言亦。云鬼神，謂先聖先賢也者，鬼則先賢，神即先聖。聖人魂強，能神通變化，樂者清虛無體，亦能變化，故云率神也。賢人魂弱，但歸處居住有形，上下之禮亦有體，依循鬼之尊卑，故云居鬼也。賀云：以爲居鬼者，居其所爲。謂若五祀之神，各主其所造而受祭，不得越其分，是不變化也。五祀之神造門，故祭於門。造竈，故祭於竈，故云居。義亦通也。

天尊地卑，君臣定矣。卑高已陳，貴賤位矣。動靜有常，小大殊矣。方以類聚，物以羣分，則性命不同矣。在天成象，在地成形。如此，則禮者天地之別也。卑、高，謂山澤也。位矣，尊卑之位，象山澤也。動靜，陰陽用事。大小，萬物也。大者常存，小者隨陽出入。方，謂行蟲也。物，謂殖生者也。性之言生也。命，生之長短也。象，光耀也。形，體貌也。卑如字，又音婢，下同。

疏：天尊至別也。正義曰：自此以下至禮樂云，廣明禮樂之功，包天地之德。各隨文解之。此天尊地卑一經，明禮爲天地之別也。卑高已陳，貴賤位矣者，卑謂澤也，高謂山也。山澤列在天地之中，故云已陳也。貴賤即公卿以下，象山川而有貴賤之位也，所以鄭云位矣。尊卑之位，象山澤，故鄭注《周易》云：君臣尊卑之貴賤，如山澤之有高卑也。動靜有常，小大殊矣者，動靜，謂雷風也。動散有常，故云常也。小大，謂萬物也。小，謂草木春生秋殺，及昆蟲夏生冬伏者。大，謂常存，不隨四時變化。變化不等，故云殊也。鄭注《易》云：動靜，雷風也，而鄭此云陰陽用事者，亦得會通也。方以類聚者，方，謂走蟲禽獸之屬，各以類聚不相雜也。物以羣分者，物，謂殖生，若草木之屬，各有區分，自殊於藪澤者也。鄭注《易》云類聚羣分，謂水火也。而此注云方，謂行蟲，物謂殖生者，言三注不同，各有以也。類聚稱方者，行蟲有性，識道理，故稱方也。羣分稱物者，謂殖生無心靈，但一物而已，故云物也。則性命不同矣者，性，生也。各有嗜好謂之爲性也。命者，長短夭壽也，行殖之物，既稟大小之殊，故性命夭壽不同。萬物各有羣類區分性命之別，故聖人因此制禮，類族緣物，各遂性命也。在天成象者，馬融、王肅注《易》並云：象者，日月星。鄭注《易》云：成象，日月星辰也。注此云：象，光耀也。在地成形者，馬融注《易》云植物、動物也。王肅注《易》云：山川羣物也，鄭注《易》云：謂草木鳥獸也。注此云：形，體貌也。按此三者所注雖異，其意皆同。如此，禮者天地之別也者，合結禮者，天地有別，聖人制禮有殊別，是從天地之分別也。

地氣上齊，天氣下降，陰陽相摩，天地相蕩，鼓之以雷霆，奮之以風雨，動之以四時，煖之以日月，而百化興焉。如此，則樂者，天地之和也。齊讀爲躋，躋，升也。摩，猶迫也。蕩，猶動也。奮，訊也。百化，百物化生也。上齊，時掌反。齊，注讀爲躋，又作隮，子兮反，升也。摩，本又作磨，末河反，迫也。蕩，本或作盪，同，大黨反。霆音廷，又作挺。奮，甫問反，《易》作潤之。煖，徐詩遠反，沈況遠反。迫音伯。訊，本又作迅，音信。

疏：地氣至和也。正義曰：地氣上齊者，齊，升也，謂地氣上升天。天氣下降者，謂降下與地氣交合。積氣從下升，在樂象氣，故先從地始。形以上爲尊，故先禮象形，從天爲初。陰陽相摩者，摩，謂切迫，陰陽二氣相迫切也。天地相蕩者，蕩，動也，言天地之氣相感動。鼓之以雷霆者，雖以氣生而物未發，故用雷霆以鼓動之。奮之以風雨者，萬物得風雨，奮迅而出也。動之以四時者，言萬物生長隨四時而動也。煖之以日月者，萬物之生必須日月煖煦之。自鼓之以雷霆至煖之以日月，皆以天地相蕩之事細別言之耳。而百化興焉者，百化，百物也。興，生也。百物由天地，齊降以下諸事。如此，則樂者天地之和也，此結樂也。言作樂者法象天地之和氣，若作樂和，則天地亦和。前經云禮者，天地之別，言制禮者，法象之也。若制禮得所，亦能使天地別異。此經樂者，樂之不和，則是法天地之和氣，故云樂者，天地之和也。

又：樂著大始，而禮居成物。著之言處也。大始，百物之始主也。著，直畧反，處也。注：著之言同。大音泰，注同。處，昌吕反。著不息者，天也。著不動者，地也。著，猶明白也。息，猶休止也。《易》曰：天行健，君子以自强不息。一動一靜者，天地之間也。間，謂百物也。故聖人曰禮樂云。言禮樂之法天地也，樂靜而禮動，其並用事，則亦天地之間耳。

疏：樂者至樂云。正義曰：樂著大始，而禮居成物者，言樂象於天，天爲生物之始。著，猶處也，是樂處大始。禮法於地，言禮以稟天氣以成於物。故云禮居成物。著與居相對，故注以著爲處也。著不息者，天也，著不動者，地也者，著謂顯著，言顯著明白，運生不息者，是天也。案：《易・乾・象》云：天行健，君子以自强不息也。顯著養物不移動者，地也，故《坤卦・象》云：安貞吉。言樂法於天，動而不息，禮象於地，靜而不動。一動一靜，天地之間也者。動者，或一物飛走蠢動，感天之陽氣也。靜者，或一物安伏而止靜，感地之陰氣也。天地之間也者，言此一動一靜，在天地之間所有百物也。動則《周禮》動物及雷風日月之屬是也，靜則植物山陵之屬是也。故聖人曰禮樂云者，云，言也。謂禮樂所言，法天地也。記者引聖人語證此一章也，言聖人云此一章是禮樂法天地，故言聖人曰禮樂云。注樂靜至間耳。正義曰：言禮樂之法天地也，樂靜而禮動，其並用事，則亦天地之間耳。釋禮樂所以亦是天地之間物義也。若離而言之，則樂靜禮動。若禮樂合用事，則同有動靜，故如天地之間，物有動靜也。

（清）孫希旦《禮記集解・樂記》 是故大人舉禮樂，則天地將爲昭焉。天地訢合，陰陽相得，煦嫗覆育萬物，然後草木茂，區萌達，羽翼奮，角觡生，蟄蟲昭蘇，羽者嫗伏，毛者孕鬻，胎生者不殰，而卵生者不殈，則樂之道歸焉耳。

鄭氏曰：訢讀爲熹，熹猶蒸也。氣曰煦，體曰嫗。屈生曰區，無䚡曰觡。昭，曉也。蟄蟲以發出爲曉，更息曰蘇。孕，任也。鬻，生也。內敗曰殰。殈，裂也，今齊人語有殈者。孔氏曰：天地訢合，言二氣蒸動，天氣下降，地氣上升也。言體謂之天地，言氣謂之陰陽。天地動作，則是陰陽相得也。天以氣煦之，地以形嫗之，天煦覆而地嫗育也。草木據其成體，故云茂。區萌據其新生，故云達。羽翼奮者，謂飛鳥之屬皆得奮動也。角觡生者，謂走獸之屬悉皆生養也。蟄蟲昭蘇者，言蟄伏之蟲皆得昭曉蘇息也。羽者嫗伏，謂飛鳥之屬皆得體伏而生子也。毛者孕鬻，謂走獸之屬以氣孕鬻而繁息也。

胎生者不殰，謂不殰敗也。卵生者不殈，言不殈裂也。所以致此諸物各順其性，由樂道使然，故云樂之道歸焉耳。樂由人心而生，人心調和，故樂音純善，協律吕之體，調陰陽之氣，二氣既調，故萬物得所也。愚謂二氣絪緼而發育萬物者，固造化自然之功用，然非聖人作樂以感召其和氣，則天地之氣且不免於乖沴，而萬物有不得遂其生矣，故以此爲樂之道歸焉。此聖人致中和而位天育物之效也。右第二章，言禮樂之功，非徒可以治人情，而可以徧及乎天地之間也。

又：文侯曰：敢問何如？子夏對曰：夫古者天地順而四時當，民有德而五穀昌，疾疢不作而無妖祥，此之謂大當。然後聖人作爲父子君臣以爲紀綱，紀綱既正，天下大定，天下大定，然後正六律，和五聲，弦歌《詩》、《頌》。此之謂德音，德音之謂樂。《詩》云：莫其德音，其德克明。克明克類，克長克君。王此大邦，克順克俾。俾于文王，其德靡悔。既受帝祉，施于孫子。此之謂也。

鄭氏曰：此有德之音，所謂樂也。德正應和曰莫，照臨四方曰明，勤施無私曰類，教誨不倦曰長，慶賞刑威曰君，慈和徧服曰順。俾當爲比，聲之誤也。擇善從之曰比。施，延也。

孔氏曰：《禮緯・含文嘉》云：三綱，謂君爲臣綱，父爲子綱，夫爲妻綱。六紀，謂諸父有善，諸舅有義，族人有敘，昆弟有親，師長有尊，朋友有舊也。陳氏澔曰：祥亦妖也。《書序》言：亳有祥。愚謂時和年豐，故民無疾疢，物各得其所，故無妖祥。大當，言天地之間無不得其當也。此以上言聖人養民之事也。既養，然後教之。作爲父子君臣以爲紀綱，制禮以教民也。紀以治其條理之詳，綱以總其禮節之大。紀綱既正，天下大定，則禮達於天下矣。禮達然後制樂，周子所謂禮先而樂後也。《詩》，謂《風》、《雅》也。德音，謂德之聲音也。詩自克順克比以上，皆言王季之德也。比于，至于也。至于文王，而其德尤無所悔，故能受上帝之福，而延及孫子也。

（清）孫希旦《禮記集解・經解》天子者，與天地參，故德配天地，兼利萬物，與日月並明，明照四海，而不遺微小。其在朝廷則道仁聖、禮義之序，燕處則聽《雅》、《頌》之音，行步則有環佩之聲，升車則有鸞、和之音。居處有禮，進退有度，百官得其宜，萬事得其序。《詩》云：淑人君子，其儀不忒。其儀不忒，正是四國。此之謂也。

鄭氏曰：環佩，佩環、佩玉也，所以爲行節也。環取其無窮止，玉則比德焉。孔子佩象環五寸。人君之環，其制未聞也。鸞、和，皆鈴也，所以爲車行節也。《韓詩內傳》曰：鸞在衡，和在軾前。升車則馬動，馬動則鸞鳴，鸞鳴則和應。居處，朝廷與燕處也。進退，行步與升車也。孔氏曰：田車鸞在鑣，乘車鸞在衡。吴氏澄曰：聖者，生知之智，無所不通者也。序，謂言之有次第也。愚謂天子之所以德配天地，明並日月，非求之於遠也，亦惟自其一身正之，使外無非禮之動，而內無非僻之干而已，故引《詩》言其儀不忒，正是四國者以明之。

《禮記正義・哀公問》公曰：敢問君子何貴乎天道也？孔子對曰：貴其不已。如日月東西相從而不已也，是天道也。不閉其久，是天道也。無爲而物成，是天道也。已成而明，是天道也。已猶止也。是天道也者，言人君法之，當如是也。日月相從，君臣相朝會也。不閉其久，通其政教，不可以倦。無爲而成，使民不可以煩也。已成而明，照察有功。朝，直遥反。炤音照，本亦作照。

疏：公曰至道也。正義曰：以前經孔子對以成身之事，公更無疑，更改問君子何貴乎天道。孔子又荅以貴天道之事。如日月東西相從而不已也，是天道也者，言天體無形，運行不息，如似日月東西相從而不休已，是天道也。人君設法，當則上天之道，君臣朝會往來不已也。不閉其久，是天道也者，言天開生萬物，不使閉塞，其能久長，是天道也，謂人君施政，當則天道，施爲政教，開通萬物，而能長久不懈倦也，故云是天道也。無爲而物成，是天道也者，言春生夏長，無見天之所爲，而萬物得成，是天道。謂人君當則天道，以德潛化，無所營爲而天下治理，故云是天道也。已成而明，是天道也者，言天之生物已能成就，而功之明著，是天道。人君當則天道，化民治理，而功成大平，故云是天道也。

（清）孫希旦《禮記集解・哀公問》公曰：敢問何謂成身？孔子對曰：不過乎物。

鄭氏曰：物猶事也。朱子曰：《家語》作：夫其行己也不過乎物，謂之成身。不過乎物，是天道也。以上文推之，當從《家語》。周氏諝曰：《詩》云：天生蒸民，有物有則。《孟子》曰：萬物皆備於我矣。則凡在我身者，雖一毫髮之微，莫不具性命之理，則求其所以成身者，其能過此乎？應氏鏞曰：物者，實然之理也。《易》曰言有物，《大學》言格物，蓋性分之內，萬物皆備，卽物而觀，其理尤實。仁人孝子，不過乎物者，卽其身之所履，皆在義理之內，而不過焉，猶《大學》所謂止於仁，止於孝也。違則過之，止則不過矣。夫物有定理，理有定體，雖聖人豈能加毫末於是哉，亦循循然而不過耳。愚謂不過乎物，則於一事一物莫不有以止乎至善之地，而性無不盡，形無不踐矣。天生蒸民，有物有則，故不過乎物者，是乃天道之本然也。

又：公曰：敢問君子何貴乎天道也？孔子對曰：貴其不已。如日月東西相從而不已也，是天道也。不閉其久，是天道也。無爲而物成，是天道也。已成而明，是天道也。

朱子曰：不閉其久，當從《家語》作不閉而能久。方氏慤曰：物成而功可見，故曰已成而明。愚謂孔子言不過乎物，是天道也，故哀公又以天道爲問。天道如此，君子貴之，而其法天也，純亦不已，篤恭而天下平焉。

（清）王聘珍《大戴禮記解詁·哀公問於孔子》 孔子對曰：貴其不已。如日月西東相從而不已也，是天道也。不閉其久也，是天道也。無爲物成，是天道也。已成而明，是天道也。鄭云：已猶止也。是天道也者，言人君法之，當如是也。日月相從，君臣相朝會也。不閉其久，通其政教，不可以倦。無爲而成，使民不可以煩也。已成而明，照察有功。

（清）孫希旦《禮記集解·孔子閒居》 清明在躬，氣志如神。耆欲將至，有開必先。天降時雨，山川出雲。其在《詩》曰：嵩高維嶽，峻極于天。維嶽降神，生甫及申。維申及甫，維周之翰。四國于蕃，四方于宣。此文武之德也。

耆欲，謂所願欲之事也。聖人之所願欲者，德澤之及於民也。人之德本清明，惟其有物欲之累也，故不能無所蔽。聖人無私，故其德之在躬者極其清明，合於神明，而能上格乎天焉。其於所願欲之事，但爲之開其端，而天必先爲生賢臣以輔佐之，猶天之將降雨澤，而山川先爲之出雲也。《詩·大雅·嵩高》之篇。甫，甫侯，穆王時賢臣。申，申伯，宣王時賢臣。此《詩》宣王時尹吉甫送申伯所作，而記者引之，以證文武之事，斷章之義也。

《禮記·中庸》 故至誠無息，不息則久，久則徵，徵則悠遠，悠遠則博厚，博厚則高明。博厚所以載物也，高明所以覆物也，悠久所以成物也。博厚配地，高明配天，悠久無疆，如此者不見而章，不動而變，無爲而成，天地之道可壹言而盡也。其爲物不貳，則其生物不測。天地之道，博也，厚也，高也，明也，悠也，久也。今夫天，斯昭昭之多，及其無窮也，日月星辰繫焉，萬物覆焉。今夫地，一撮土之多，及其廣厚，載華嶽而不重，振河海而不洩，萬物載焉。今夫山，一卷石之多，及其廣大，草木生之，禽獸居之，寶藏興焉。今夫水，一勺之多，及其不測，黿鼉鮫龍魚鼈生焉，貨財殖焉。《詩》曰：惟天之命，於穆不已，蓋曰天之所以爲天也。於乎不顯，文王之德之純，蓋曰文王之所以爲文也，純亦不已。

《禮記正義·中庸》 誠者，天之道也。誠之者，人之道也。誠者，不勉而中，不思而得，從容中道，聖人也。誠之者，擇善而固執之者也。言誠者，天性也。誠之者，學而誠之者也。因誠身說有大至誠。中，丁仲反，又如字，下中道同。從，七容反。

疏：誠者至者也。正義曰：前經欲明事君，先須身有至誠。此經明至誠之道，天之性也，則人當學其至誠之性，是上天之道不爲而誠，不思而得。若天之性有殺，信著四時，是天之道。誠之者人之道也者，言人能勉力學此至誠，是人之道也。不學則不得，故云人之道。誠者不勉而中，不思而得，從容中道，聖人也者，此覆說上文誠者天之道也。唯聖人能然，謂不勉勵而自中當於善，不思慮而自得於善，從容閒暇而自中乎道，以聖人性合於天道自然，故云聖人也。誠之者，擇善而固執之者也，此覆說上文誠之者人之道也，謂由學而致此至誠，謂賢人也。言選擇善事，而堅固執之，行之不已，遂致至誠也。注因誠身說有大至誠。正義曰：以前經云欲事親事君，先須修身，有大至誠，故此說有大至誠。大至誠，則經云誠者，天之道也，聖人是矣。

又：誠者，自成也。而道，自道也。言人能至誠，所以自成也。有道藝所以自道達。自道音導，注自道同。誠者，物之終始，不誠無物。物，萬物也，亦事也。大人無誠，萬物不生，小人無誠，則事不成。是故君子誠之爲貴。言貴至誠。誠者，非自成己而已也，所以成物也。成己，仁也。成物，知也。性之德也，合外內之道也。以至誠成己，則仁道立。以至誠成物，則知彌博。此五性之所以爲德也，外內所須而合也。外內猶上下。知音智，注同。故時措之宜也。時措，言得其時而用也。故至誠無息，不息則久，久則徵，徵則悠遠，悠遠則博厚，博厚則高明。徵，猶效驗也。此言至誠之德既著於四方，其高厚日以廣大也。徵或爲徹。博厚所以載物也，高明所以覆物也，悠久所以成物也。博厚配地，高明配天，悠久無疆。後言悠久者，言至誠之德，既至博厚、高明，配乎天地，又欲其長久行之。疆，居良久。如此者，不見而章，不動而變，無爲而成，天地之道，可壹言而盡也。言其德化與天地相似，可一言而盡，要在至誠。其爲物不貳，則其生物不測。言至誠無貳，乃能生萬物多無數也。不貳，本亦作貮，音二。天地之道，博也，厚也，高也，明也，悠也，久也。此言其著見成功也。

疏：誠者至久也。此經明己有至誠能成就物也。誠者非自成己而已也，所以成物也者，言人有至誠，非但自成就己身而已，又能成就外物。成己仁也，成物知也者，若能成就己身，則仁道興立，故云成己仁也。若能成就外物，則知力廣遠，故云成物知也。性之德也者，言誠者是人五性之德，則仁義禮知信皆猶至誠而爲德，故云性之德也。合外內之道也者，言至誠之行合於外內之道，無問外內皆須至誠。於人事言之，有外有內，於萬物言之，外內猶上下。上謂天，下謂地。天體高明，故爲外；地體博厚閉藏，故爲內也。是至誠合天地之道也。故時措之宜也，措猶用也。言至誠者成萬物之性，合天地之道，故得時而用之，則無往而不宜。故注云時措言得其時而用也。故至誠無息，言至誠之德所用皆宜，無有止息，故能久遠、博厚、高明以配天地也。不息則久者，以其不息故能長久也。久則徵，徵，驗也。以其久行，故有徵驗。徵則悠遠者，悠，長也。若事有欲驗，則可行長遠也。悠遠則博厚，以其德既長遠，無所不周，故博厚也。養物博厚，則功業願著，故博厚則高明也。博厚所以載物也，以其德博厚，所以負載於物。高明所以覆物也，以其功業高明，所以覆蓋於萬物也。悠久所以成物也，以行之長久，能成就於物，此謂至誠之德也。博厚配地，言聖人之德博厚配偶於地，與地同功，能載物也。高明配天，言聖人功業高明，配偶於天，與天同功，能覆物也。悠久無疆，疆，窮也。言聖人之德既能覆載，又不能長久行之，所以無窮。悠久，則上經悠遠。悠久在博厚高明之上，此經悠久在博厚高明之下者，上經欲明積漸先悠久，後能博厚高明。此經既能博厚高明，又須行之悠久，故反覆言之。如此者，不見而章，不動而變，無爲而成者，言聖人之德如此博厚高明悠久，不見所爲而功業章顯，不見動作而萬物改變，無所施爲而道德成就。天地之道，可壹言而盡也者，言聖人之德能同於天地之道，欲尋求所由，可一句之言而能盡其事理，正由於至誠，是壹言而盡也。其爲物不貳，則其生物不測者。言聖人行至誠，接待於物不有差貳，以此之故，能生殖衆物不可測量，故鄭云言多無數也。

（清）孫希旦《禮記集解·表記》殷人尊神，率民以事神，先鬼而後禮，先罰而後賞，尊而不親。其民之敝，蕩而不靜，勝而無恥。

夏忠勝而敝，其失野，救野莫如敬，故殷人承之而尊神，尊神則尚敬也。觀《盤庚》之篇，諄諄於先后之降罰，則可以知殷人之先鬼；觀商之《詩》、《書》，皆駿厲而嚴肅，則可以知殷人之先罰。尚鬼神，則馳心於虛無，故其敝也，心意放蕩而不安靜；畏刑罰，則相競於機變，故其敝也，求勝上以苟免，而無愧恥之心。

又：子曰：唯天子受命于天，士受命于君。故君命順則臣有順命，君命逆則臣有逆命。《詩》曰：鵲之姜姜，鶉之賁賁，人之無良，我以爲君。

吕氏大臨曰：此章重述事君不可使爲亂之義也。天道無私，莫非理義，君所以代天而治者，推天之理義，以治斯人而已。君命合乎理義爲順天命，爲臣者將不令而從；不合則爲逆天命，爲臣者雖令不從矣。此所以有逆命、順命之異，然後知其不可使爲亂也。愚謂唯，發端之辭。天子於天之命，臣於君之命，皆當順而不當逆也。然惟天命無不順，君之命則有順有逆。君命逆則君不順於天，而臣亦將不順乎君矣。上章言終事而退，謂其事雖非己之所欲，而猶無甚害於義理者也。命逆則害於義理，而不可以苟從矣，可諫則諫，不可諫則去之可也。

（清）孫希旦《禮記集解·鄉飲酒義》天地嚴凝之氣，始於西南而盛於西北，此天地之尊嚴氣也，此天地之義氣也。天地温厚之氣，始於東北而盛於東南，此天地之盛德氣也，此天地之仁氣也。主人者尊賓，故坐賓於西北，而坐介於西南以輔賓。賓者，接人以義者也，故坐於西北；主人者，接人以仁、以德厚者也，故坐於東南；而坐僎於東北，以輔主人也。仁義接，賓主有事，俎、豆有數，曰聖。聖立而將之以敬曰禮，禮以體長幼曰德。德也者，得於身也。故曰：古之學術道者，將以得身也。是故聖人務焉。

賓席於牖間，其位在西北；介席於西階上，其位在西南；主人席於阼階上，其位在東南；僎席於賓東，其位在東北。賓能之士，方進身之始，則貴於難進易退，而有介然不苟之意，故其接人也主於義，主於義則其進也必正矣。主人興賢能而獻之君，則貴於愛賢下士，而有藹然相親之情，故其接人也主於仁，主於仁則其好賢也有誠，而其德厚矣。介者賓之次，故坐於西南以輔賓。鄉飲酒之禮，就先生而謀賓、介，則僎乃贊成主人之禮者，故坐於東北以輔主人。仁義相接以下，又兼習射尚齒之禮而言之。蓋賓以不苟進爲義，主人以好賢爲仁，仁義相接者，賓賢能之義也。賓主相與有事，以習禮樂者，習射之義也。六十者三豆，以至九十者六豆，俎、豆有數，以明齒讓者，尚齒之義也。明乎三者之義，則謂之聖，言其有通明之識也。通明之識立，而以敬心奉而行之，則謂之禮。體猶成也，立也。禮行於賓賢，則以體仁義；行於習射，則以體禮樂；行於尚齒，則以體長幼。獨言體長幼者，舉其一，餘從可知也。得於身，言身實有此德也。古之學術道者，非徒明乎其義，必將得之於身，故聖王務於行此三者之禮，欲天下之勉於德也。

《春秋左傳正義·序》以日繫月，以月繫時，以時繫年，所以紀遠近、別同異也。【略】

疏：記事至異也。既辨春秋之名，又言記事之法。繫者，以下綴上、以末連本之辭。言於此日而有此事，故以事繫日；月統日，故以日繫月；時統月，故以月繫時；年統時，故以時繫年：所以紀理年月遠近，分別事之同異也。若隱三年，春，王二月，己巳，日有食之，二年，秋，八月，庚辰，公及戎盟于唐之類，是事之所繫年時月日四者皆具文也。史之所記，皆應具文，而《春秋》之經文多不具，或時而不月，月而不日，亦有日不繫月、月而無時者。史之所記，日必繫月，月必繫時，《春秋》二百四十二年之間，有日無月者十四，有月無時者二，或史文先闕而仲尼不改，或仲尼備文而後人脱誤。四時必具，乃得成年，桓十七年五月，無夏；昭十年十二月，無冬；二者皆有月而無時。既得其月，時則可知，仲尼不應故闕其時，獨書其月，當是仲尼之後寫者脱漏。其日不繫於月，或是史先闕文，若僖二十八年冬下無月，而有壬申、丁丑，計一時之間再有此日，雖欲改正，何以可知？仲尼無以復知，當是本文自闕，不得不因其闕文，使有日而無月。如此之類，蓋是史文先闕，未必後人脱誤。其時而不月、月而不日者，史官立文，亦互自有詳略，何則？案經朝聘、侵伐、執殺大夫、土功之屬，或時或月未有書日者；其要盟、戰敗、崩薨、卒葬之屬，雖不盡書日，而書日者多，是其本有詳略也。計記事之初日月應備，但國史揔集其事，書之於策，簡其精麤，合其同異，量事而制法，率意以約文，史非一人，辭無定式，故日月參差，不可齊等。及仲尼脩故，因魯史成文，史有詳略，日有具否，不得不即因而用之。案經傳書日者，凡六百八十一事：自文公以上，書日者二百四十九；宣公以下亦俱六公，書日者四百三十二。計年數略同，而日數向倍，此則久遠遺落，不與近同；且他國之告有詳有略，若告不以日，魯史無由得其日而書之，如是，則當時之史亦不能使日月皆具。當時已自不具，仲尼從後脩之，舊典參差，日月不等，仲尼安能盡得知其日月皆使齊同？去其日月，則或害事之先後；備其日月，則古史有所不載，自然須舊有日者因而詳之，舊無日者因而略之，亦既自有詳略，不可以爲褒貶，故《春秋》諸事皆不以日月爲例。其以日月爲義例者，唯卿卒、日食二事而已。故隱元年，冬，十有二月，公子益師卒。傳曰：公不與小斂，故不書日。桓十七年，冬，十月，朔，日有食之。傳曰：不書日，官失之也。丘明發傳，唯此二條。明二條以外，皆無義例。既不以日爲例，獨於此二條見義者，君之卿佐，是謂股肱，股肱或虧，何痛如之！病則親問，斂則親與。卿佐之喪，公不與小斂，則知君之恩薄。但是事之小失，不足以貶人君。君自不臣臨臣喪，亦非死者之罪，意欲垂戒於後，無辭可以寄文；而人臣輕賤，死日可略，故特假日以見義也。日食者，天之變。甲乙者，歷之紀。朔是日月之會，其食必在朔日，是故史書日食必記月朔。朔有甲乙，乃可推求，故日有食之，須書朔日。日與不日，唯此而已。月與不月，傳本無義。《公羊》、《穀梁》之書，道聽塗説之學，或日或月，妄生褒貶。先儒溺於二傳，横爲《左氏》造日月褒貶之例，故杜於大夫卒例備詳説之。仲尼刊定日月無褒貶，而此序言史官記事必繫日月時年者，自言記事之體須有所繫，不言繫之具否皆有義例也。

（清）蘇輿《春秋繁露義證》卷六《離合根》　天高其位而下其施，藏其形而見其光。高其位，所以爲尊也，下其施，所以爲仁也；藏其形，所以爲神；見其光，所以爲明。故位尊而施仁，藏神而見光者，天之行也。故爲人主者，法天之行，是故内深藏，所以爲神；外博觀，所以爲明也；任羣賢，所以爲受成；乃不自勞於事，所以爲尊也；汎愛羣生，不以喜怒賞罰，所以爲仁也。故爲人主者，以無爲爲道，以不私爲寶。立無爲之位而乘備具之官，百官備具，因以爲治。足不自動而相者導進，口不自言而擯者贊辭，《淮南・主術訓》：是故心知規而師傅諭導，口能言而行人稱辭，足能行而相者先導，耳能聽而執正進諫。《御覽》七十六引《慎子》云：昔者天子手能衣而宰夫設服，足能行而相者導進，口能言而行人稱辭，故無失言失禮也。凌云：《禮器》：故禮有擯詔，樂有相步。注：擯詔，告道賓主者也。相步，扶工也。心不自慮而羣臣效當，《晉語》注：當，猶任也。《淮南・説林訓》高注：當，猶實也。故莫見其爲之而功成矣。此人主所以法天之行也。爲人臣者法地之道，暴其形，出其情以示人，高下、險易、堅耎、剛柔、肥臞、美惡，累可就財也。盧云：財，與裁同。天啟本注云：一無累字。官本云：他本耎誤作要。故其形宜不宜，可得而財也。爲人臣者比地貴信而悉見其情于主，主亦得而財之，故王道威而不失。爲人臣常竭情悉力而見其短長，《管子・乘馬篇》君舉事，臣不敢誣其所不能。君知臣，臣亦知君知己也，故臣莫敢不竭力。又《君臣篇》云：明主之舉其下，盡知其短長。又云：有道之君執本，相執要，大夫執法，以牧其羣臣。羣臣盡智竭力，以役其上。李斯告二世云：臣主之分定，上下之義明，則天下賢不肖莫敢不盡力竭任，以徇其君矣。是以主獨制於天下，而無所制也。盧云：本一作所長。天啟本注云：短一作所。使主上得而器使之，而猶地之竭竟其情也，故其形宜可得而財也。天啟本注云：一無形字。案：一本是。宜下當依上文有不宜二字。臣之短長可得而財，猶地之宜不宜可得而財也。《荀子・天論篇》：所志于地者，已見其宜之可以息者矣。宜，謂土宜也。

（清）蘇輿《春秋繁露義證》卷六《立元神》　君人者，國之元。元，與本同。發言動作，萬物之樞機。樞機之發，榮辱之端也。天下人心向背，即人君發言之榮辱。《易・繫詞》：言行，君子之樞機，樞機之發，榮辱之主也。失之豪釐，駟不及追。《太史公自序》：故《易》曰：差以豪釐，謬以千里。故爲人君者，謹本詳始，敬小慎微，志如死灰，《莊子》：何居乎，形固可使爲槁木，而心可使爲死灰乎？《淮南・道應訓》：形如槁骸，心如死灰。形如委衣，《呂覽・開春論》：故曰堯之容若委衣裘，以言少事也。《淮南・原道訓》：其縱之也若委衣，其用之也若發機。案：委衣，但陳衣而已。言其無爲。《文選》任彦昇《爲蕭揚州薦士表》注引《列仙傳》：晏子曰：治天下若委裘。用賢，委裘之實。委裘，與委衣義同。安精養神，寂莫無爲。凌本莫作寞。休形無見影，揜聲無出響，數語當出古道家。虚心下士，觀來察往。謀於衆賢，考求衆人，謀賢，所謂謀及卿士。考衆，所謂謀及庶民。《管子・君臣篇》：夫民別而聽之則愚，合而聽之則聖。雖有湯武之德，復合於市人之言。是以明君順人心，安情性，而發於衆心之所聚。是以令出而不稽，刑設而不用。先王善與民爲一體，則是以國守國，以民守民也。然則民不便爲非矣。雖有明君，百步之外，聽而不聞；間之堵墻，窺而不見也。而名爲明君者，君善用其臣，臣善納其忠也。得其心偏見其情，官本云：偏，他本作偏。察其好惡，以參忠佞，考其往行，驗之於今，《大戴禮・文王官人篇》：以其前占其後。《潛夫論・考績篇》：百郡千縣，今因其前，以謀其後。計其蓄積，受於先賢。考其所積，證其受於先賢之道爲淺爲深，或合或否。釋其讎怨，視其所爭，《文王官人篇》：小讓而好大爭，隱於仁賢也。差其黨族，所依爲臬，盧云：臬，本一作宗，宗與爭協韻，疑是。輿案：天啟本注云：一作宗。《論語》：因不失其親，亦可宗也。摛位治人，用何爲名，疑有誤字。何，或當爲言，謂因所言以爲名，而責其實也。《考功名篇》云：擥名責實，不得虚言。《管子・心術篇》：督言正名，故曰聖人。《韓非・二柄篇》：君以其言授之事，專以其事責其功，功當其事、事當其言則賞；功不當其事、事不當其言則罰。故羣臣其言大而功小者則罰，非罰小功也，罰功不當名也。羣臣其言小而功大者亦罰，非不悦於大功也，以爲不當名也，害甚於有大功，故罰。《羣書治要》引《申子・大體篇》云：名自正也，事自定也，是以有道者自名而正之，隨事而定之也。又云：聖人貴名之正也，主處其大，臣處其細，以其名聽之，以其名視之，以其名命之。天啟本注云：何，一作荷。名，一作明。累日積久，何功不成。《對册》云：且古所謂功者，以任官稱職爲差，非所謂積日累久也。故小材雖累日，不離於小官；賢材雖未久，不害爲輔佐。與此義異。説見《考功名篇》。可以内滲外，可以小占大，内外，猶表裏。《大戴禮・文王官人篇》：以其見占其隱，以其小占其大。必知其實，是謂開闔。此開闔之術也。《淮南・主術訓》：上操其名以責其實，臣守其業以效其功。以上言察士官人之法，疑皆古語。君人者，國之本也。《後漢書・酷吏傳》注引無人字。夫爲國，其化莫大於崇本，崇本則君化若神，不崇本則君無以兼人。《後漢書・酷吏傳》注引則下無君字。無以兼人，雖峻刑重誅，而民不從，是所謂驅國而棄之者也，患孰甚焉？何謂本？曰：天地人，萬物之本也。天生之，地養之，人成之。天生之以孝悌，地養之以衣食，人成之以禮樂，三者相爲手足，合以成體，不可一無也。無孝悌則亡其所以生，無衣食則亡其所以養，古人之於民，非不爲之謀生計也。《地官》言教民，而兢兢于山林陵麓之事。《朱子》所謂：也須是教他有飯喫，有衣著是也。無禮樂，則亡其所以成也。三者皆亡，則民如麋鹿，各從其欲，《説苑・修文篇》：傳曰：觸情縱欲，謂之禽獸。家自爲俗。父不能使子，君不能使臣，民生而有欲，聖人範之以禮，爲之立父子兄弟之等以致其嚴，爲之冠昏以厚其別，爲之喪祭以致其哀，所以防其縱而暢其情也。苟從欲之所極，則食色視爲性成，檢閑苦爲多事，違禽獸焉不遠。家無良子弟，君亦安得有良民臣哉？故政教之本，必在家庭；庠序之義，首申孝悌。雖有城郭，名曰虚邑。如此，其君枕塊而僵，凌云：《國語》：野人枕塊以與之。注：塊，墣也。《國策》注：僵，僨也。莫之危而自危，莫之喪而自亡，是謂自然之罰。自然之罰至，裹襲石室，分障險阻，猶不能逃之也。治在重本，故孝悌禮樂，視之與衣食同。如越句踐商君輩專重衣食，淪於無教，雖號稱驟強，究不可終日矣。《淮南子・覽冥篇》：上天之誅也，雖在曠虚幽間，遼遠隱匿，重襲石室，界障險阻，無所逃之亦明矣。語意與此同。此分字疑界之誤。介、界同，隸書介、分相似，傳寫易混，故書傳多分、界互譌。説見王氏《雜志・淮南繆稱篇》。天啟本裹作裏。明主賢君必於其信，是故肅慎三本。郊祀致敬，共事祖禰，舉顯孝悌，表異孝行，所以奉天本也。漢初孝悌與三老力田竝置鄉官，而孝與悌賞賚有別。文帝賜孝者帛人五匹，悌一匹；武帝賜孝者帛人五匹，悌三匹。是其表異之處。秉耒躬耕，採桑親蠶，墾草殖穀，開闢以足衣食；所以奉地本也。開闢，謂墾治荒曠。立辟雍庠序，修孝悌敬讓，明以教化，盧云：明以，他本倒。感以禮樂，禮樂，非強人之具，所以作其善心，起其佚志，故云感。所以奉人本也。凌云：《大戴禮》：禮有三本，天地者性之本也，先祖者類之本也，君師者治之本也。無天地焉生？無先祖焉出？無君師焉治？三者偏亡，無安之人。故禮上事天，下事地，宗祀先祖而寵君師，是禮之三本也。三者皆奉，則民如子弟，不敢自專；邦如父母，不待恩而愛，不須嚴而使。邦，疑君。雖野居露宿，厚於宫室。如是者，其君安枕而卧，莫之助而自強，莫之綏而自安，是謂自然之賞。以天治君，賞罰君者，天也。民視聽即天視聽。自然之賞至，雖退讓委國而去，百姓繦負其子隨而君之，君亦不得離也。故以德爲國者，甘於飴蜜，固於膠漆，是以聖賢勉而崇本而不敢失也。君人者，國之證也，君采衆謀於下，而決機要於上，若爲國之證驗而已。不可先倡，感而後應。故居倡之位而不行倡之勢，不居和之職而以和爲德，常盡其下，常使下竭竟其情。故能爲之上也。《淮南·主術訓》：主道員者運轉而無端，化育如神，虚無因循，常後而不先也。臣道員者運轉而無方，論是而處當，爲事先倡，守職分明，以立成功也。是故君臣異道則治，同道則亂。《慎子》云：君逸樂而臣任勞，臣盡智力以善其事，而君無與焉，仰成而已。

體國之道，天啟本不提行。凌本同。在於尊神。尊者所以奉其政也，神者所以就其化也，故不尊不畏，不神不化。夫欲爲尊者在於任賢，欲爲神者在於同心。賢者備股肱則君尊嚴而國安，同心相承則變化若神，莫見其所爲而功德成，是謂尊神也。君不能自尊自神，任賢同心，則百事舉。

天積衆精以自剛，凌云：《淮南子》：天地之襲精爲陰陽，陰陽之專精爲四時，四時之散精爲萬物。積陽之熱氣生火，火氣之精者爲日；積陰之寒氣爲水，水氣之精者爲月；日月之淫爲精者爲星辰。聖人積衆賢以自強。《吕覽·季夏紀》：凡生非一氣之化也，長非一物之任也，成非一形之功也。故衆正之所積，其福無不及也。衆邪之所積，其禍無不逮也。天序日月星辰以自光，聖人序爵禄以自明。《白虎通·封公侯篇》：天雖至神，必因日月之光。地雖至靈，必有山川之化。聖人雖有萬人之德，必須後賢。《鹽鐵論·相刺篇》：天設三光以照記，天子立公卿以明治。天所以剛者，非一精之力；聖人所以強者，非一賢之德也。《鶡冠子·道端篇》：夫寒温之變，非一精之所化也。天下之事，非一人之所能獨知也。是以明主之治世也，急於求人，不獨爲也。故天道務盛其精，聖人務衆其賢。盛其精而壹其陽，衆其賢而同其心。壹其陽然後可以致其神，同其心然後可以致其功。是以建治之術，貴得賢而同心。隱元年何注：君敬臣則臣自重，君愛臣則臣自盡。爲人君者，其要貴神。神者，不可得而視也，不可得而聽也，《管子·心術篇》：是故有道之君，其處也若無之，其應物也若偶之，靜因之道也。《韓非子·難三》云：術者，藏之於胸中，以偶衆端，而潛御羣臣者也。是故視而不見其形，聽而不聞其聲。聲之不聞，故莫得其響，不見其形，故莫得其影。非無聲形也，以臣言爲聲，臣事爲形，故人君若神耳。莫得其影則無以曲直也，莫得其響則無以清濁也。無以曲直則其功不可得而敗，無以清濁則其名不可得而度也。所謂不見其形者，非不見其進止之形也，言其所以進止不可得而見也。所謂不聞其聲者，非不聞其號令之聲也，言其所以號令不可得而聞也。不見不聞，是謂冥昏。能冥則明，能昏則彰。能冥能昏，是謂神人。君貴居冥而明其位，處陰而向陽。《王道篇》：古者人君立於陰，大夫立於陽。《管子·心術篇》：人主者立於陰，陰者靜，故曰動則失位，陰則能制陽矣，靜則能制動矣。惡人見其情而欲知人之心，是故爲人君者執無源之慮，行無端之事，《管子·九守篇》：人主不周則羣臣下亂，寂乎其無端也。外内不通，安知所怨？關閉不開，善否無原。以不求奪，以不問問。凌云：原注：一作聞。吾以不求奪則我利矣，彼以不出出則彼費矣。官本云：他本上出誤作見。吾以不問問則我神矣，彼以不對對則彼情矣。情，猶實也。黄震疑此數語非儒者之言。故終日問之，彼不知其所對；終日奪之，彼不知其所出。吾則以明而彼不知其所亡。亡，疑作芒，言彼不知吾意之所萌也。《白虎通·五行篇》：芒之爲言萌也。《韓非子·主道篇》：亟掩其跡，匿其端，下不能原。去其智，絶其能，下不能意。《南面篇》：人主欲爲事，不通其端末，而以明其欲。案：不通端末，即彼不知其所芒。以明其欲，即吾則以明。故人臣居陽而爲陰，人君居陰而爲陽。陰道尚形而露情，陽道無端而貴神。《荀子·正論篇》論主道利周一段，與此微異。司馬談《論六家要指》云：儒者則不然。以爲人主天下之儀表也，主倡而臣和，主先而臣隨。如此則主勞而臣逸。此篇頗參道家之旨，然歸之用賢，故是正論。《説苑·君道篇》師曠曰：人君之道，清淨無爲，務在博愛，趨在任賢。即此恉。漢初老學盛行，此二篇疑是蓋公諸人之緒論，而時師有述之者。或董子初亦兼習道家，如賈生本儒術，而所箸書時稱引黄老家言。太史公受道學其父談，終乃歸本於儒者，亦風會使然邪？

（清）蘇輿《春秋繁露義證》卷一一《王道通三》

古之造文者，凌云：《孝經援神契》倉頡文字者，總而爲言，包意以名事也。分而爲義，則文者祖父，字者子孫。

三畫而連其中，謂之王。三畫者，天地與人也，而連其中者，通其道也。《藝文類聚》十一引作連中者，通其道也。取天地與人之中以爲貫而參通之，非王者孰能當是？《尚書大傳》：天地人道備，而三五之運興矣。《尸子》堯問于舜曰：何事？曰：事天。問：何任？曰：任地。問：何務？曰：務人。此亦王者參通天地人之義。蓋上世帝王初起，皆以道德學術過人，故造文如此。秦漢以後，而其局一變矣。《説文》王下引董仲舒曰：古之造文者，三畫而連其中謂之王。三者，天地人也，而參通之者王也。孔子曰：一貫三爲王。《初學記》九作取其天地與人之才而參通之，非王者其孰能若是乎。《藝文類聚》十一引《董子》，作取天地與人之才而參之，非王者其孰能當是乎。是故王者唯天之施，天啟本無是字，凌本同。施其時而成之，法其命而循之諸人，盧云：此句而字舊作如，亦本通。法其數而以起事，治其道而以出法，治其志而歸之於仁。治，疑作法。《天地陰陽篇》：天志仁。仁之美者在於天。天，仁也。本書《俞序》：仁，天心。盧云：舊本作大仁也，又一本作夫仁也，皆誤。天覆育萬物，既化而生之，有養而成之，有、又同。《藝文類聚》十一作故王者必法天，以大仁覆育萬物，既化而生之，又養而成之。事功無已，終而復始，凡舉歸之以奉人。聖人奉天，天奉人，相參相互，以成事功，凡一本木於仁而已。察於天之意，無窮極之仁也。人之受命於天也，取仁於天而仁也。取天之仁以爲仁，故知善由於性生。是故人之受命天之尊，盧云：七字疑衍。下父兄上當有有字。父兄子弟之親，有忠信慈惠之心，有禮義廉讓之行，有是非逆順之治，文理燦然而厚，句。知廣大有而博，盧云：本或有而倒。官本云：他本知作之。輿案：此句尚疑有誤字。唯人道爲可以參天。天常以愛利爲意，官本云：他本意作義。以養長爲事，春秋冬夏皆其用也。王者亦常以愛利天下爲意，以安樂一世爲事，盧云：本或脱一字。好惡喜怒而備用也。而備，疑當作皆其。然而主之好惡喜怒，乃天之春夏秋冬也，而，疑作則。主下各本脱之字，今據下文補。其俱暖清寒暑而以變化成功也。盧云：其俱，疑當作其諸。凌本俱作居。天出此物者，時則歲美，不時則歲惡。物，疑作四。人主出此四者，義則世治，不義則世亂。是故治世與美歲同數，亂世與惡歲同數，以此見人理之副天道也。天有寒有暑。各本此下接上篇土若地，義之至也至此皆天之近陽而遠陰。張惠言云：當接上篇夫喜怒至而人資諸天爲一篇。今從凌本移正，然此間疑尚有脱文。夫喜怒哀樂之發，與清暖寒暑，其實一貫也。盧云：一本貫作類。喜氣爲暖而當春，怒氣爲清而當秋，樂氣爲太陽而當夏，哀氣爲太陰而當冬。四氣者，天與人所同有也，非人所能蓄也，官本云：他本能作當。故可節而不可止也。節之而順，止之而亂。人生於天，而取化於天。喜氣取諸春，樂氣取諸夏，怒氣取諸秋，哀氣取諸冬，四氣之心也。四肢之答各有處，如四時，官本云：他本無答字。輿案：無答字是，因各字形近誤衍。寒暑不可移，若肢體。肢體移易其處，謂之壬人；壬，疑夭之誤，與妖同。《五行志》妖猶夭胎。《續志》引《洪範傳》曰：妖，敗胎也。此云夭人，與敗歲對正合。壬人，爲佞邪，與此無涉。《五行志》：貌之不恭，時則有下體生上之痾。所謂肢體移易也。寒暑移易其處，謂之敗歲；喜怒移易其處，謂之亂世。明王正喜以當春，正怒以當秋，正樂以當夏，正哀以當冬。上下法此，以取天之道。春氣愛，秋氣嚴，夏氣樂，冬氣哀。愛氣以生物，嚴氣以成功，樂氣以養生，哀氣以喪終，天之志也。王者喜怒哀樂之發，即禮樂刑政之用。中庸、中和之效，極之於天地位，萬物育，得此可證其理。是故春氣暖者，天之所以愛而生之；秋氣清者，天之所以嚴而成之；夏氣温者，天之所以樂而養之；冬氣寒者，天之所以哀而藏之。春主生，夏主養，秋主收，冬主藏。天啟本冬主藏句在秋主收上，凌本同。生溉其樂以養，死溉其哀以藏，俞云：溉，讀爲既，盡也。輿案：溉，謂沾濡其氣，即沆瀣義。《史記・司馬相如傳》澎濞沆溉，《索隱》溉，一作瀣，是也。爲人子者也。文有奪誤。故四時之行，父子之道也；天地之志，君臣之義也；陰陽之理，聖人之法也。各本行誤比，道下無也字，理上無之字，人上無聖字，誤不可讀，今從《御覽》十七引補正。陰，刑氣也；陽，德氣也。陰始於秋，陽始於春。春之爲言，猶偆偆也；《白虎通・五行篇》：春之爲言，偆偆動也。偆、蠢通。《御覽》十九引此文注云：音蠢。又癡準反。四百六十七引直作蠢。《禮・鄉飲酒》：春之爲言蠢也。《風俗通・祀典篇》：春者蠢也。蠢蠢搖動。秋之爲言，猶湫湫也。偆偆者喜樂之貌也，湫湫者憂悲之狀也。《禮・鄉飲酒》秋之爲言愁也，鄭注：秋讀爲揫，揫斂也。據此則憂悲正愁義，不必改字。《御覽》引《書傳》云：秋者悲也，萬物愁而入也。《文選・西京賦》注引此四語，作春之爲言猶偆也，偆者喜樂之貌也。秋之爲言猶湫也，湫者悲憂之狀也。又云：偆，充尹切。湫，子由切。是故春喜夏樂，秋憂冬悲，悲死而樂生。以夏養春，以冬藏秋，大人之志也。是故先愛而後嚴，樂生而哀終，天之當也。盧云：當，即下篇所謂當於時也。或疑是常字。而人資諸天。自夫喜怒哀樂之發至此，各本在《陽尊陰卑篇》。天固有此，然而無所之如其身而已矣。無所之三字，疑有誤。如其身者，言天道一同於人身。人主立於生殺之位，與天共持變化之勢，物莫不應天化。《文選》宋玉《九辨》云：秋既先戒以白露兮，冬又申之以嚴霜。收恢炱於孟夏兮，然坎傺而沈藏。王逸注：刑罰刻峻，上無仁恩以養民。夫天制四時，春生夏長，人君則之，以養萬物。秋殺冬藏，亦順其宜而行刑罰。故君賢臣忠，政合大中，則品庶安寧，萬物豐茂。上闇下僞，用德殘虐，則貞良被害，草木枯落。案：宋意亦以天化比治化。又魏丁儀《刑禮論》曰：天垂象，聖人則之。天之爲歲也，先春而後秋；君之爲治也，先禮而後刑。春以生長爲德，秋以殺戮爲功；禮以教訓爲美，刑以威嚴爲用。故先生而後殺，天之爲歲；先教而後罰，君之爲治也。天不以久遠更其春冬，而人也得以古今改其禮刑哉？天地之化如四時。所好之風出，則爲暖氣而有生於俗；所惡之風出，則爲清氣而有殺於俗。喜則爲暑氣而有養長也，怒則爲寒氣而有閉塞也。人主以好惡喜怒變習俗，官本云：他本作俗習。而天以暖清寒暑化草木。喜怒時而當則歲美，不時而妄則歲惡。天地人主一也。然則人主之好惡喜怒，乃天之暖清寒暑也，不可不審其處而出也。當暑而寒，當寒而暑，必爲惡歲矣。官本云：他本矣作也。人主當喜而怒，當怒而喜，必爲亂世矣。是故人主之大守，在於謹藏而禁內，內，與納同。謹藏，謂不輕發。禁內，謂不逆受。使好惡喜怒必當義乃出，若暖清寒暑之必當其時乃發也。人主掌此而無失，使乃好惡喜怒未嘗差也，乃，疑衍字。官本云：他本使上有而字。如春秋冬夏之未嘗過也，可謂參天矣。深藏此四者而勿使妄發，可謂天矣。凌本天作大。

（清）蘇輿《春秋繁露義證》卷一一《陽尊陰卑》

天之大數，畢於十旬。李兆洛云：下兩旬字屬下。旬者，均也。俞云：上旬字衍文。《天地陰陽篇》云：天、地、陰、陽、木、火、土、金、水九，與人而十者，天之數畢也。是天之數非以旬計，安得言十旬乎？下兩旬字乃匌字之誤。匌者，周匝之本字也。《基義篇》同，而畢於十又誤作畢有十。旬天地之間，十而畢舉；旬生長之功，十而畢成。十者，天數之所止也。官本云：他本作之數。古之聖人，因天數之所止，以爲數紀。十如更始，盧云：如，與而同。民世世傳之，而不知省其所起。人生而十指，上古簡樸，紀數以手，故止於十，天數實原於人。知省其所起，則見天數之所始，見天數之所始，則知貴賤逆順所在；天數始終一。天上地下，貴賤判矣。地代天終，順逆見矣。《文選・西征賦》注：列子曰：夫易者，未見氣也，易變而爲一。又曰：一者，形變之始也，輕清者上爲天，重濁者下爲地，中和之氣者爲人。又《遊天台賦》注引老子曰：道生一。王弼曰：一，數之始而物之極也。知貴賤逆順所在，則天地之情著，聖人之寶出矣。寶，疑作實，情亦實也。聖人治天下，莫大於使人懷名分而安秩序。《易》一畫而始《乾》，《春秋》開章變一而書元，胥此意也。而禮由是立矣。盧云：舊本則下有知字，衍。是故陽氣以正月始出於地，生育長養於上。至其功必成也，而積十月。盧云：必，與畢通。輿案：歲十二月，而云十月功成者，十一月十二月皆陽氣萌芽之時，助陽非成物也。官本云：他本也作矣。人亦十月而生，合於天數也。凌云《大戴禮・易本命》天一，地二，人三。三三而九，九九八十一。一主日，日數十，故人十月而生。是故天道十月而成，盧云：天道二字，舊本脱，今補。人亦十月而成，合於天道也。故陽氣出於東北，入於西北，發於孟春，畢於孟冬，而物莫不應是。陽始出，物亦始出；陽方盛，物亦方盛；陽初衰，物亦初衰。物隨陽而出入，數隨陽而終始，三王之正隨陽而更起。《白虎通・五行篇》：九月謂之無射。射者，終也。言萬物隨陽而終，當復隨陰而起，無有終已也。《三正篇》：三微者何謂也？陽氣始施黄泉，動微而未著。《陰陽終始篇》亦有此語，猶言由此觀之。以此見之，貴陽而賤陰也。故數日者，據晝而不據夜；數歲者，據陽而不據陰。陰不得達之義。《對册》云：終陽以成歲爲名。是故《春秋》之於昏禮也，達宋公而不達紀侯之母。紀侯之母宜稱再不達，宋公不宜稱而達，盧云：舊本作達未宋公而不達，宋公不宜稱而達，誤。今案《傳》增正。達陽而不達陰，以天道制之也。丈夫雖賤皆爲陽，丈夫，天啟本作丈人。婦人雖貴皆爲陰。《漢書・杜鄴傳》：元壽元年日食對：臣聞陽尊陰卑，卑者隨尊，尊者兼卑，天之道也。是以男雖賤，各爲其家陽；女雖貴，猶爲其國陰。故禮明三從之義，雖有文母之德，必繫於子。《春秋》不書紀侯之母，陰義殺也。正用董義。《王吉傳》：上疏言：漢家列侯尚公主，諸侯則國人承翁主，使男事女，夫詘於婦，逆陰陽之位，故多女亂。京房《易傳》載湯嫁妹之詞曰：陰從陽，女順夫，天地之義也。《後漢・荀爽傳》：王姬嫁齊，使魯主之，不以天子之尊加於諸侯也。陰之中亦相爲陰，陽之中亦相爲陽。諸在上者皆爲其下陽，諸在下者皆爲其上陰。如父兄在上，子弟在下，然子弟復自爲父兄，是在上者爲其下陽。后夫人居中爲陰，然爲媵妾之長，是爲其上陰。陰猶沈也。《文選》江文通《詣建平王上書》云：天光沈陰，左右無色。注引《月令章句》：陰者，密雲也；沈者，雲之重也。何名何有，皆并一於陽，昌力而辭功。即坤道代終無成之義。董發此義至晰。故出雲起雨，必令從之下，之，當爲天。命之曰天雨。不敢有其所出，上善而下惡。惡者受之，善者不受。各本此下接下篇夫喜怒哀樂之發至而人資諸天。張惠言云：當接上若地至此見天之近陽而遠陰。今從凌本移。土若地，義之至也。官本云：他本至作主。是故《春秋》君不名惡，臣不名善，善皆歸於君，惡皆歸於臣。《白虎通・五行篇》：善稱君，過稱己，何法？法陰陽共敍共生，陽名生，陰名煞。臣有功，歸功於君，何法？法歸明於日也。《墨子・尚賢篇》：賢人唯毋得明君而事之，竭四肢之力，以任君之事，終身不倦。若有美善則歸之上。是以美善在上，而所怨謗在下。寧樂在君，憂感在臣。臣之義比於地，故爲人臣者，視地之事天也。凌云：《文選》注：《墨守》曰：君者，臣之天也。爲人子者，視土之事火也。雖居中央，亦歲七十二日之王，凌云：《家語》天有五行水火金木土，分時化育，以成萬物，注：一歲三百六十日，五行每行各主七十二日，化生長育，一歲之功，萬物莫敢不成。與案：此七十二日專以土言。《晉書·禮志》：高堂隆以爲黄於五行，中央土也。王四季各十八日，土生於火，故用事之末服黄，三季則否。《月令正義》：土每時寄王十八日。是一歲合計得七十二日。傳於火以調和養長，然而弗名者，皆并功於火，火得以盛，不敢與父分功美，孝之至也。是故孝子之行，忠臣之義，皆法於地也。地事天也，猶下之事上也。《白虎通·五行篇》：地之承天，猶妻之事夫、臣之事君也。其位卑，卑者親視事，故自同於一行，尊於天也。又云：子順父，妻順夫，臣順君，何法？法地順天也。地，天之合也，物無合會之義。地雖爲天之合，而不敢不事天，故曰物無合會。句例與陰不得達之義同。是故推天地之精，運陰陽之類，以別順逆之理。安所加以不在？在上下，在大小，在強弱，在賢不肖，在善惡。惡之屬盡爲陰，善之屬盡爲陽。陽爲德，陰爲刑。《後漢·朱穆傳》云：夫善道屬陽，惡道屬陰。凌云：《淮南子》：日冬至則斗北，中繩，陰氣極，陽氣萌，故曰冬至爲德。日夏至則斗南，中繩，陽氣極，陰氣萌，故曰夏至爲刑。《大戴禮》：子曰：有天德，有地德，有人德，此謂三德。三德率行，乃有陰陽。陽爲德，陰爲刑。刑反德而順於德，亦權之類也。凌云：猶權之反於經，然後有善者也。與案：董言治以德爲主，然其對高園便殿火云：視親戚貴屬在諸侯遠正最甚者，忍而誅之。視近臣在國中處旁側及貴而不正者，忍而誅之。此天意也。亦未嘗偏廢刑。所謂反德而順於德，呂步舒以爲大愚，蓋誤以爲與師説悖耳。雖曰權，皆在權成。是故陽行於順，陰行於逆。逆行而順，順行而逆者，陰也。是故天以陰爲權，以陽爲經。陽出而南，陰出而北。經用於盛，權用於末。以此見天之顯經隱權，前德而後刑也。行權出於禮窮，後人當用其顯而慎其隱。故曰：陽天之德，陰天之刑也。陽氣暖而陰氣寒，陽氣予而陰氣奪，陽氣仁而陰氣戾，陽氣寬而陰氣急，陽氣愛而陰氣惡，陽氣生而陰氣殺。是故陽常居實位而行於盛，陰常居空位而行於末。天之好仁而近，惡戾之變而遠，大德而小刑之意也。先經而後權，貴陽而賤陰也。故陰，夏入居下，不得任歲事，冬出居上，置之空處也。《漢書·董仲舒傳》陰常居大冬，而積於空虛不用之處，亦作空虛可證。養長之時伏於下，遠去之，弗使得爲陽也。無事之時起之空處，使之備次陳，守閉塞也。此皆天之近陽而遠陰，大德而小刑也。是故人主近天之所近，遠天之所遠；大天之所大，小天之所小。是故天數右陽而不右陰，務德而不務刑。刑之不可任以成世也，猶陰之不可任以成歲也。爲政而任刑，謂之逆天，非天道也。

（清）蘇輿《春秋繁露義證》卷一二《天道無二》

天之常道，相反之物也，不得兩起，故謂之一。一而不二者，天之行也。陰與陽，相反之物也，故或出或入，或右或左，春俱南，秋俱北，夏交於前，冬交於後，竝行而不同路，交會而各代理，此其文與？天之道，有一出一入，一休一伏，其度一也，然而不同意。《基義篇》云：遠近同度，而不同意。陽之出，常縣於前而任歲事；陰之出，常縣於後而守空虛。陽之休也，功已成於上而伏於下；陰之伏也，不得近義而遠其處也。義，字疑誤。天之任陽不任陰，好德不好刑如是。故陽出而前，陰出而後，尊德而卑刑之心見矣。陽出而積於夏，任德以歲事也；歲上疑有成字，或歲爲成之誤。陰出而積於冬，錯刑於空處也。

（清）蘇輿《春秋繁露義證》卷一二《暖燠常多》

天之道，出陽爲暖以生之，出陰爲清以成之。是故非薰也不能有育，非溧也不能有熟，歲之精也。知心而不省薰與溧孰多者，知心，疑作治心。用之必與天戾。與天戾，雖勞不成。下與字各本作也。今從天啟本、凌本改。是自正月至於十月，而天之功畢。盧云：是，疑衍。計其間，陰與陽各居歲何，官本其作是，間下有者字，云：他本無。陰與，倒。薰與溧其日孰多。官本云：他本其下衍者字。距物之初生，至其畢成，露與霜其下孰倍。故從中春至於秋，氣温柔和調。及季秋九月，陰乃始多於陽，天於是時出溧下霜。凌本天下有乃字。出溧下霜，而天降物固已皆成矣。盧云：天降物，亦作大降物。與案：天啟本作天。故九月者，天之功大究於是月也，十月而悉畢。九究十畢，竝同聲。此以字聲爲訓。故案其跡，數其實，清溧之日少少耳。功已畢成之後，陰乃大出。天之成功也，少陰與而太陰不與，少陰在內而太陰在外。故霜加於物，而雪加於空，凌云：徐整《長曆》，歷北斗，當崑崙，氣運注天下，春夏爲雨露，秋冬爲霜雪。官本云：他本無於字。空者亶地而已，不逮物也。盧云：亶，與但同。功已畢成之後，物未復生之前，太陰之所當出也。天啟本當作常，凌本同。雖曰陰，句。亦以太陽資化其位，而不知所受之。陰受陽之資化而不知。故聖主在上位，天覆地載，風令雨施。雨施者，布德均也；風令者，言令直也。凌云：《後漢·張魯傳》，臣聞風爲號令，動物通氣。注云：《翼氏風角》曰：凡風者，天地之號令，所以譴告人君者也。《詩》云：不識不知，順帝之則。言弗能知識，而效天之所爲云爾。凌云：《大雅・皇矣》箋：其爲人不識古，不知今，順天之法而行之。禹水湯旱，非常經也，適遭世氣之變，而陰陽失平。《白虎通・災變篇》：堯遭洪水，湯遭大旱，亦有譴告乎？堯遭洪水，湯遭大旱，命運時然《御覽》引《文子》云：臣聞爲不善而災報，得其應也。爲善而災至，遭時運之會耳，非政所致也。堯視民如子，民視堯如父母。《尚書》曰：二十有八載，放勳乃殂落，今《孔傳》本作帝乃殂落，據此知今文《尚書》作放勳，《五經異義》、《説文》引《虞書》竝同。勳，或作勛，則字異耳。殂，或作徂。《釋名》：徂落，徂祚也，福祚殞落也。徂亦往也，言在去落也。《爾雅・釋詁正義》引李巡云：殂落，堯死之稱。《説文》歺部引《虞書》無落字，蓋古文。百姓如喪考妣。四海之内，閼密八音三年。此當亦今文《尚書》如此。《白虎通・四時篇》引《尚書》曰：三載遏密八音。殆今文異本。盧云：閼，與遏同。凌云：《釋文》：八音，謂金鐘也，石磬也，絲琴瑟也，竹篪笛也，匏笙也，土塤也，革鼓也，木柷敔也。三年陽氣厭於陰，陰氣大興，此禹所以有水名也。董説《春秋》災異，凡大水皆爲陰。桀，天下之殘賊也；湯，天下之盛德也。天下除殘賊而得盛德大善者再，是重陽也，故湯有旱之名。禹湯以聖君受水旱之名，故以厭陰重陽之説爲解。凌云：《帝王世紀》曰：湯伐桀後，大旱七年，川洛以竭。使人持三足鼎，祝於山川曰：政不節耶？使人急耶？讒夫昌耶？宮室榮耶？女謁行耶？何不雨之疾耶？何注同此。皆適遭之變，非禹湯之過。毋以適遭之變疑平生之常，則所守不失，則正道益明。

（清）蘇輿《春秋繁露義證》卷一二《陰陽義》　天地之常，一陰一陽。陽者天之德也，陰者天之刑也。迹陰陽終歲之行，以觀天之所親而任。成天之功，猶謂之空，空者之實也。故清溧之於歲也，若酸鹹之於味也，僅有而已矣。俞云：清、溧同義，不得以酸鹹爲比。據《煖燠孰多篇》云：非薰也，不能有育，非溧也，不能有熟。又云：薰與溧其日孰多？皆以薰、溧相對爲義。疑此亦當云：故薰溧之於歲也，若酸鹹之於味也。淺人罕見薰溧，故誤改耳。輿案：俞説誤。此言天之用陰氣少也。薰與溧對文，猶陰陽也。不能云僅有酸鹹，亦是於五味偏舉之。《暖燠孰多篇》云：故案其跡，數其實，清溧之日少少耳。正此義。官本云：溧，他本誤作漂。聖人之治，亦從而然。天之少陰用於功，秋以熟物，故曰功。上篇所謂秋成歲功。太陰用於空。人之少陰用於嚴，而太陰用於喪。喪亦空，空亦喪也。空者虚也。天文虚宿在北宫。虚從丘，爲哭泣之事，故以此空、喪互釋。《釋名》霜，喪也，其氣慘毒，物皆喪也。又云：凶，空也，就空亡也。是故天之道以三時成生，以一時喪死。死之者，謂百物枯落也；喪之者，謂陰氣悲哀也。天亦有喜怒之氣、哀樂之心，與人相副。以類合之，天人一也。春，喜氣也，故生；秋，怒氣也，故殺；夏，樂氣也，故養；冬，哀氣也，故藏。四者天人同有之。語亦見《王道通三篇》。天亦有喜怒之氣以下至此，竝見《御覽》一引。其上文則云天有十端云云，至凡十端。《法苑珠林・地動篇》引同。《藝文類聚》一亦引天有十端，至天人一也止，似所見相合。今天有十端數語，在《官制・象天篇》。疑與唐宋本不同。有其理而一用之。與天同者大治，與天異者大亂。故爲人主之道，莫明於在身之與天同者而用之，使喜怒必當義而出，如寒暑之必當其時乃發也。使德之厚於刑也，如陽之多於陰也。是故天之行陰氣也，少取以成秋，其餘以歸之冬。聖人之行陰氣也，少取以立嚴，其餘以歸之喪。凌云無以字。喪亦人之冬氣，故人之太陰，不用於刑而用於喪，刑嚴而已，無取過慘，故法秋不法冬。天之太陰，不用於物而用於空。空亦爲喪，喪亦爲空，其實一也，皆喪死亡之心也。

（清）蘇輿《春秋繁露義證》卷一三《五行相生》　天地之氣，合而爲一，分爲陰陽，判爲四時，列爲五行。《禮運》：夫禮必本於太一，分而爲天地，轉而爲陰陽，變而爲四時，列而爲鬼神。行者行也，其行不同，故謂之五行。義亦見《五行之義篇》。五行者，五官也，比相生而間相勝也。凌云：《春秋運斗樞》：四時王者休，王所勝者死，相所勝者囚。假令春之三月，木王。水生木，水休。木勝土，土死。木王，火相。王所生者相，相所勝者囚。火勝金，春三月，金囚。俞云：比相生若春木生夏火，間相勝若秋金勝春水是也。故爲治，逆之則亂，順之則治。天啟本爲作謂，字同。則治，作則法。

東方者木，農之本。司農尚仁，《漢・魏相傳》：宣帝時，相言：願陛下選明經通知陽陰者四人，各主一時，時至明言所職，以和陰陽。天下幸甚。蓋本此意。進經術之士，董子以經術道其主，故以此爲言。又見《五行順逆篇》。《白虎通・貢士篇》：治國之道，本在得賢。得賢則治，失賢則亂。故《月令》季春二月開府庫，出幣帛，周天下，勉諸侯，聘名士，禮賢者。道之以帝王之路，將順其美，匡捄其惡。《説苑・臣術篇》：一日虚心白意，進善通道，勉主以禮義，喻王以長策，將順其美，匡求其惡，功成事立，歸善於君，不敢獨伐其勞。如此者，良臣也。執規而生，凌云：詩箋：規者，正圓之器也，規君仁也，以恩親正君。《春秋傳》曰：近臣盡規。《孝經援神契》春執規，夏持衡，秋執矩，冬持權。《律曆志》以春智爲權，夏禮爲衡，秋義爲矩，冬仁爲規，中央土信爲繩。《淮南・天文訓》：執規而治春。張晏曰：

春爲仁，仁者生，生者圜，故爲規。輿案：《魏相傳》：東方之神太昊，乘《震》執規司春；南方之神炎帝，乘《離》執衡司夏；西方之神少昊，乘《兑》執矩司秋；北方之神顓頊，乘《坎》執權司冬；中央之神黄帝，乘《坤》、《艮》執繩司下土。茲五帝所司，各有時也。至温潤下，知地形肥磽美惡，立事生則，句。因地之宜，召公是也。親入南畝之中，凌云：《國語》注：夏侍中云：一耦之發廣尺深尺爲畎，百步爲畝。昭謂下曰畎，高曰畝。畝，壟也。《大田》解曰：田事喜陽而惡陰，東南向陽則茂盛，西北傍陰則不實。故《信南山》詩云南東其畝也。按《詩》屢言南畝，鄭注：《遂人》云以南畝圖之是也。觀民墾草發淄，盧云：淄，與菑同。輿案：《淮南・泰族訓》：后稷墾草發菑，糞土樹穀，使五種各得其宜。耕種五穀，積蓄有餘，家給人足，倉庫充實。凌云：《天文集》：廪星主倉。蔡邕《月令章句》：穀藏曰倉。《釋名》：庫，舍也，物所在之舍也。《後漢・百官志》：大司農，卿一人，中二千石。本注：掌諸錢穀金帛諸貨幣。郡國四時上月旦見錢穀簿，其逋未畢，各具別之。邊郡諸官請調度者，皆爲報給，損多益寡，取相給足。司馬實穀。盧本實誤食。司馬，本朝也。本朝者火也，故曰木生火。本朝，猶言朝中。

南方者火也，本朝。也字，疑當在本朝下。司馬尚智，進賢聖之士，凌云：《大戴禮》：賢能失官爵，功勞失賞禄。爵禄失則士卒疾怨，兵弱不用，曰不平也。不平則飭司馬。上知天文，其形兆未見，其萌芽未生，昭然獨見存亡之機，得失之要，治亂之源，豫禁未然之前，《説苑・臣術篇》一六正者，一曰萌芽未動，形兆未見，昭然獨見存亡之幾，得失之要，預禁乎不然之前，使主超然立乎顯榮之處，天下稱孝焉。如此者，聖臣也。凌本獨作動。執矩而長，凌云：《淮南子》：執衡而治夏。此矩字誤。張晏云：火爲禮，禮者齊，齊者平，故爲衡。至忠厚仁，輔翼其君，周公是也。成王幼弱，周公相，誅管叔蔡叔，以定天下。凌云：《史記》：管叔、蔡叔羣弟疑周公，與武庚作亂，畔周。周公奉成王命伐，誅武庚管叔，放蔡叔。天下既寧以安君。官者，司營也。天啟本無也字。司營者土也，故曰火生土。

中央者土，君官也。司營尚信，卑身賤體，夙興夜寐，稱述往古，以厲主意。明見成敗，微諫納善，防滅其惡，絶源塞隟，《説苑》：三曰卑身賤體，夙興夜寐，進賢不解，數稱於往古之德，行事以厲主意，庶幾有益，以安國家、社稷、宗廟。如此者，忠臣也。四曰明察幽，見成敗，早防而救之，引而復之，塞其間，絶其源，轉禍而爲福，使君終以無憂。如此者，智臣也。凌云：隟，音乞，裂也。執繩而制四方，《淮南・天文訓》：規生矩殺，衡長權藏，繩居中央，爲四時根。凌云：《淮南子》執繩而制四方，張晏曰：土爲信，信者誠，誠者直，故爲繩。至忠厚信，以事其君，官本云：他本信以倒，脱事字。據義割恩，太公是也。應天因時之化，威武強禦以成。此下疑有奪文。《史記・齊世家》言：太公佐文王傾商，勸武王伐紂，修周政，與天下更始。所謂據義割恩，應天因時者耶。大理者，司徒也。司徒者金也，故曰土生金。凌云：《周禮・司寇》疏：按上代以來，獄官之名則異，是以《月令》乃命大理。鄭注云：有虞曰士，夏曰大理，周曰大司寇。

西方者金，大理司徒也。司徒尚義，臣死君而衆人死父。親有尊卑，位有上下，各死其事，事不踰矩，執權而伐。凌云：《淮南子》執矩而治秋，此權字誤。張晏云：金爲義者成，成者方，故爲矩。兵不苟克，取不苟得，義而後行，至廉而威，質直剛毅，子骨是也。盧云：骨，卽胥字。舊作咠，訛。官本云：咠，本當作骨，卽胥字。輿案：天啟本作咠，注云：疑是胥字。伐有罪，討不義，是以百姓附親，邊境安寧，寇賊不發，邑無獄訟，則親安。凌本獄訟作訟獄。執法者，司寇也。司寇者，水也。故曰金生水。

北方者水，執法司寇也。《淮南・天文訓》：北方爲司空。司寇尚禮，君臣有位，長幼有序，朝廷有爵，鄉黨以齒，有爵，疑當作以爵。升降揖讓，般伏拜謁，折旋中矩，立而聲折，拱則抱鼓，凌云：《攷工》：柯有半謂之磬折，注：人帶以下四尺五寸，磬折立則上俛。《新書》：顧頤正視，正肩正背，臂如抱鼓，足間二寸，端面攝纓，端股整足，體不搖肘曰經立，因以微磬曰共立，因以磬折曰肅立，因以垂佩曰卑立。立容也。執衡而藏，《文選》五十二、五十五竝引鄭云：稱上曰衡。《鄒陽傳》：懸衡天下，如淳注：衡，稱之衡，懸法度於其上是也。凌云：《淮南子》：執權而治冬，此衡字誤。張晏曰：水爲智，智者謀，謀者重，故爲權。至清廉平，賂遺不受，請謁不聽，凌云：《管子》：人君惟毋聽。請謁任舉，則羣臣皆相爲請。然則請謁得於上，黨與成於鄉，如是則貨財行於國，法制設於官，羣臣務佼而求用。然則無爵而貴，無禄而富，故曰請謁任舉之説勝，則繩墨不正。據法聽訟，無有所阿，孔子是也。爲魯司寇，斷獄屯屯，與衆共之，不敢自專。盧云：屯屯，疑是肫肫。輿案：僖二十八年《傳》：其言畀宋人何？與使聽之也。何注：宋稱人者，明聽訟必師斷，與其師衆共之。《史記・孔子世家》云：孔子在位聽訟，文辭有可與人共者，勿獨有也。《説苑・至公篇》：孔子爲魯司寇，聽獄必司斷，敦敦然皆立。然後君子進曰：某子以爲若何，某子以爲云云。又曰：某子以爲何若，某子曰云云，辯矣。然後君子幾當從某子云云乎？以君子之知，豈必待某子之云云然後得所以斷獄哉？君子之敬讓也。文辭有可與人共之者，君子不獨有也。按師斷，卽衆斷；屯屯，即敦敦。《潛夫論·班禄篇》：是故先王將發號施令，諄諄如也，上下共之，無有私。《曲禮》、《中庸》肫肫其仁，鄭注：肫肫讀爲誨爾忳忳之忳。忳忳，誠懇貌也。《詩》忳忳，一作純純，一作訰訰。屯屯，與諄諄、肫肫、忳忳、純純、訰訰義並同。是死者不恨，生者不怨，百工維時，以成器械。凌云：何注：攻守之器曰械。《大傳》注：器械，禮樂之器及兵甲也。《釋文》：《三倉》云：械，器之總名。《説文》云：有盛爲械。器械既成，以給司農。司農者，田官也。凌云：《廣韻》農，田農也。《説文》：農，耕也。亦官名。《漢書》曰，治粟内史，秦官也，景帝更名大司農。田官者木，故曰水生木。

（清）蘇輿《春秋繁露義證》卷一五《郊義》

郊義，二字標題，他篇所無。錢云：二字真古篇名，餘俱後人所分而爲之名，非本書之舊。《春秋》之法，王者歲一祭天於郊，僖三十一年《傳》天子祭天，何注：郊者，所以祭天也。天子所祭，莫重於郊。四祭於宗廟。桓八年何注：天子四祭四薦，諸侯三祭三薦。宗廟因於四時之易，郊因於新歲之初，聖人有以起之，其以祭不可不親也。以，疑作於。天者，百神之君也，王者之所最尊也。以最尊天之故，故易始歲更紀，始，字疑衍。凌云：《淮南子》：是月也，日窮於次，月窮於紀，星回於天，歲將更始。《玉篇》：歲，思惠切，載名。《説文》曰：木星也。越曆二十八宿，徧陰陽十二月一次。即以其初郊。郊必以正月上辛者，言以所最尊，首一歲之事。此謂王禮也。《郊語》及《郊事對》竝云：天子郊用正月上辛。《禮·郊特牲》：郊之用辛也，周之始郊，日以至。疏云：王肅用董仲舒、劉向之説，以此爲周郊。上云郊之祭，迎長日之至，謂周之郊祭於建子之月，而子郊祭，魯於冬至之月，初始郊祭，示先有事，故云始也。輿謂董意以周魯郊天同在正月，則適用子月，歲首最尊，是亦取陽氣新用事。王用董信矣。成十七年《傳》：然則郊曷用？郊用正月上辛。注：魯郊轉卜春三月，言正月，因見百王正所當用也。三王之郊，一用夏正。言正月者，《春秋》之制也。正月者歲首，上辛猶始新，皆取首先之意。《白虎通·郊祀篇》：五帝三王祭天，一用夏正何？夏正得天之數也。天地交，萬物通，始終之正。故《易乾鑿度》云：三王之郊，一用夏正也。祭日用丁與辛何？先甲三日辛也，後甲三日丁也，皆可以接事昊天之日。故《春秋傳》：郊以正月上辛日。《尚書》曰：丁巳用牲於郊，牛二。《續漢·禮儀志》：上丁祠南郊。是郊日用丁也。案何及《白虎通》言三王之郊一用夏正，是謂周亦用夏正，與董不合。《五經異義》：《春秋公羊》説，禮，郊及日皆不卜，常以正月上丁也。魯於天子並事變禮，今成王命魯使卜從乃郊，不從即已，下天子也。魯以上辛郊，不敢與天子同也。推董意，蓋以天子必以上辛郊，魯異天子，惟郊須先卜。知者，各篇皆言周、言王者、言天子之禮，惟《郊祀篇》引《春秋》言君德，是别言魯明矣。郊天最尊，故歲事用首，今制則首宗廟。每更紀者以郊，郊祭首之，先貴之義，尊天之道也。

（清）蘇輿《春秋繁露義證》卷一七《天地之行》

天地之行美也。盧本下接是故春襲葛至君子察物之異，以求天意，大可見矣一段。盧云：天地之美，下文具言之。然此處或尚有脱字。錢云：首一條乃養生家言，後一條言君臣之道，似非一篇之文。張惠言云：此下當接是以天高至伏節死義，再接難不惜其命至臣之功也。此篇文止此。代四時也是《如天之爲篇》文。輿案：張校是。今從凌本移正。是以天高其位而下其施，天啟本是以云云至伏節死，在臣之功也下。藏其形而見其光，序列星而近至精，近至精，無義，疑有誤。下同。《立元神篇》天積衆精以自剛下云：近至精，所以爲剛也。近至，或積衆之誤。考陰陽而降霜露。高其位所以爲尊也，下其施所以爲仁也，藏其形所以爲神也，見其光所以爲明也，序列星所以相承也，近至精所以爲剛也，考陰陽所以成歲也，降霜露所以生殺也。爲人君者，其法取象於天。官本云：取，他本誤最。案：天啟本有也字，凌本同。故貴爵而臣國，所以爲仁也；盧云：臣國二字之間有脱文，少所以爲尊也一句。輿案：《離合根篇》云：任羣賢以受成，乃不自勞於事，所以爲尊也。汎愛羣生，不以喜怒賞罰，所以爲仁也。深居隱處，不見其體，所以爲神也；任賢使能，觀聽四方，所以爲明也；量能授官，賢愚有差，所以相承也；引賢自近，以備股肱，所以爲剛也；考實事功，凌本作考事實功。次序殿最，所以成世也；有功者進，無功者退，所以賞罰也。是故天執其道爲萬物主，君執其常爲一國主。天不可以不剛，主不可以不堅。天不剛則列星亂其行，主不堅則邪臣亂其官。《困學紀聞》九引《漢書》丁鴻日食封事云：天不可以不剛，不剛則三光不明，王不可以不強，不強則宰牧縱横。其説出於此。星亂則亡其天，臣亂則亡其君。故爲天者務剛其氣，爲君者務堅其政，《後漢書·黄瓊傳》堅作彊。剛堅然後陽道制命。地卑其位而上其氣，暴其形而著其情，受其死而獻其生，成其事而歸其功。卑其位所以事天也，上其氣所以養陽也，暴其形所以爲忠也，著其情所以爲信也，受其死所以藏終也，官本云：死，他本作形。獻其生所以助明也，成其事所以助化也，盧云：化，舊本誤作位，今據下文改正。歸其功所以致義也。爲人臣者，其法取象於地。故朝夕進退，奉職應對，所以事貴也；供設飲食，候視疢疾，所以致養也；天啟本疢作疚。委身致命，事無專制，所以爲忠也；《易緯·

乾鑿度》：上者專制，下者順從。盧云：爲忠，舊本亦作致養，誤，今改正。竭愚寫情，不飾其過，所以爲信也；盧云：爲信，舊本作爲忠，亦誤。今據上文改正。伏節死難，不惜其命，所以救窮也；事之不濟，以死繼之，所以救人事之窮。伏節死下，天啟本接義代四時也云云，至況穢人乎。凌本死下有義字。推進光榮，褒揚其善，所以助明也；天啟本無助字。受命宣恩，輔成君子，所以助化也；子，字疑誤。功成事就，歸德於上，所以致義也。是故地明其理爲萬物母，臣明其職爲一國宰。母不可以不信，宰不可以不忠。母不信則草木傷其根，宰不忠則姦臣危其君。根傷則亡其枝葉，天啟本無其字。君危則亡其國。故爲地者務暴其形，爲臣者務著其情。義亦見《離合根》諸篇。盧云：自難不惜其起至此，共百二十四字，舊本誤在前羣物皆生而之下，一國之君之上，今案文義移正。

一國之君，其猶一體之心也。《禮·緇衣》：民以君爲心，君以民爲體。漢武元狩元年詔：君者心也，民猶支體。支體傷則心憯怛。天啟本不提行，接務著其情下。今後凌本敍次，從盧本提行。隱居深宮，若心之藏於胸，至貴無與敵，若心之神無與雙也。嵇康《養生論》精神之于形骸，猶國之有君也。官本云：敵，他本誤作遍。其官人上士，上，與尚同。高清明而下重濁，若身之貴目而賤足也；任羣臣無所親，因材器使，無所偏愛。若四肢之各有職也；盧云：有職，本或作一職。內有四輔，若心之有肝肺脾腎也；《書·洛誥》：亂爲四輔。《漢書·谷永傳》：永對曰：四輔既備，成王靡有過舉。顔注：四輔，謂左輔、右弼、前疑、後丞。《大戴禮·千乘篇》：四有四輔。輔，卿也，卿設如四體。王莽爲漢設四輔官，自爲太傅，斡四輔之事。《尚書大傳》之四隣，卽此。《書·洛誥》疏云：周公事無不統，故一人爲四輔。據此以肝肺脾腎爲喻，是董主四人分設也。王應麟《小學紺珠》三云：四佐：脾、腎、肝、肺。注云：《周禮》：心有四佐。佐、輔同義。凌云：《春秋元命苞》：目者肝之使，肝者目之精，蒼龍之位也。鼻者肺之使，肺者金之精，制割立斷。耳者心之候，心者火之精，上爲張星，成于五，故人心長五寸。陰者腎之寫，腎者水之精，上爲虛危。口者脾之門戶，脾者土之精，上爲北斗，主變化者也。脾之爲言附著也，如龍蟠虎伏，合附著也。外有百官，若心之有形體孔竅也；親聖近賢，若神明皆聚於心也；上下相承順，若肢體相爲使也；布恩施惠，若元氣之流皮毛腠理也；凌云：《素問》云：西方生燥，燥生金，金生辛，辛生肺，肺生皮毛。《呂氏春秋》：伊尹曰：用新去陳，腠理遂用。高誘曰：腠理，肌脈也。百姓皆得其所，若血氣和平，形體無所苦也；盧云：血氣上舊衍流字，今刪。無爲致太平，若神氣自通於淵也；盧云：自通上舊衍無字，今刪。致黃龍鳳皇，若神明之致玉女芝英也。凌云：《詩含神霧》曰：太華之山，上有明星玉女，主持玉漿，服之成仙。張揖曰：玉女，青要、乘弋等也。《玉符經》：欲清淨潔白，致其芝英，當得芝英。《玉女圖》《玉曆通政經》：芝英者，王者親延耆老，養有道，則生也。君明，臣蒙其功，若心之神，體得以全；神下當有而字。臣賢，君蒙其恩，若形體之靜而心得以安。上亂下被其患，若耳目不聰明而手足爲傷也；臣不忠而君滅亡，若形體妄動而心爲之喪。盧云：舊本脫爲字，趙增。是故君臣之禮，若心之與體，心不可以不堅，君不可以不賢；體不可以不順，臣不可以不忠。心所以全者，體之力也；君所以安者，臣之功也。

（清）黃奭輯《春秋緯·春秋元命苞》王者受命，昭然明於天地之理，故必移居處、再備號、改正朔、易服色，以明天命。聖人之實，質文再而改，窮則相承，周則復始。

正朔三而改，文質再而復。王者一質一文，據天地之道，天質而地文。三王有失，故立三教以相變。夏人之立教以忠，其失野，故救野莫若敬；殷人之立教以敬，其失鬼，救鬼莫若文；周人之立教以文，其失蕩，故救蕩莫若忠。如此循環，周則復始，窮則相承。《禮·表記》正義《古微書》。桉：《白虎通》云：三教所以先忠者，行之本也。忠法人，敬法地，文法天。人道主忠，人以至道教人，忠之至也。人以忠教，故忠爲人教。地道謙卑，天之所生，地敬養之，以敬爲地教也。開天教一段。忠形於悃誠，故失野；敬形於祭祀，故失鬼；文形於飾貌，故失薄。

（清）黃奭輯《春秋緯·春秋保乾圖》王者三百季一蠲法。《後漢書·陳寵傳》、《晉書·刑法志》、《北史·崔仲方傳》。

桉：《陳寵傳》載鉤校律令條法，溢於甫刑者除之，引《保乾圖》三百季一蠲法。時漢興在三百二季，寵所鉤校，未及施行。後陽嘉二季，郎頭又云：漢興以來三百三十九歲，於詩三基，高祖起亥仲二季，今在戌仲十季，來季入季，文帝改法，除肉刑之臯，至今過三百載，宜因斯際，大蠲法令。又引孔子曰：漢三百載計厤改憲。三百四歲爲一德，五德千五百二十歲。五行更用，王者隨天，譬猶自春徂夏，改青服絳者也。自文帝省刑，過三百季，而輕微之禁，漸已殷積。王者之法，譬猶江河，當使易避而難犯也。今季仲竟，來季入季，仲終季始，厤運變改，故可改元，所以順天道也。漢儒深於秘緯，通於政體蓋如此。

（魏）何晏等注（宋）邢昺疏《論語注疏・八佾》　王孫賈問曰：與其媚於奧，寧媚於竈，何謂也？孔曰：王孫賈，衛大夫。奧，內也。以喻近臣。竈，以喻執政。賈，執政者，欲使孔子求昵之，微以世俗之言感動之也。子曰：不然，獲罪於天，無所禱也。孔曰：天以喻君。孔子拒之，曰：如獲罪於天，無所禱於衆神。疏：王孫至禱也。正義曰：此章言夫子守禮，不求媚於人也。王孫賈者，衛執政大夫也。問曰：與其媚奧，寧媚於竈，何謂也者，媚，趣嚮也；奧，內也，謂室內西南隅也，以其隱奧，故尊者居之。其處雖尊，而閒靜無事，以喻近臣雖尊，不執政柄，無益於人也。竈者，飲食之所由，雖處卑褻，為家之急用，以喻國之執政，位雖卑下，而執賞罰之柄，有益於人也。此二句，世俗之言也。言與其趣於閒靜之處，寧若趣於急用之竈，以喻其求於無事之近臣，寧若求於用權之執政。王孫賈時國政，舉此二句，佯若不達其理，問於孔子曰：何謂也？欲使孔子求媚親昵於己，故微以世俗之言感動之也。子曰：不然。獲罪於天，無所禱也者，孔子拒賈之辭也。然，如此也。言我則不如世俗之言也。天，以喻君。獲，猶得也。我道之行否，由於時君，無求於衆臣。如得罪於天，無所禱於衆神。

《論語注疏・季氏》　孔子曰：君子有三畏，畏天命，順吉逆凶，天之命也。畏大人，大人，即聖人，與天地合其德。畏聖人之言。深遠不可易知測，聖人之言也。小人不知天命而不畏也，恢疏，故不知畏。狎大人，直而不肆，故狎之。侮聖人之言。不可小知，故侮之。疏：孔子至之言。正義曰：此章言君子小人敬慢不同也。君子有三畏者，心服曰畏。言君子心所畏服，有三種之事也。畏天命者，謂作善，降之百祥；作不善，降之百殃。順吉逆凶，天之命也，故君子畏之。畏大人者，大人即聖人也，與天地合其德，故君子畏之。畏聖人之言者，聖人之言，深遠不可易知測，故君子畏之也。小人不知天命而不畏也者，言小人與君子相反，天道恢疏，故小人不知畏也。狎大人者，狎，謂慣忽。聖人直而不肆，故小人忽之。侮聖人之言者，侮，謂輕慢。聖人之言，不可小知，小人輕慢之而不行也。注：順吉逆凶，天之命也。正義曰：《虞書・大禹謨》云：惠迪吉，從逆凶，惟影響。孔安國云：順道吉，從逆凶，吉凶之報，若影之隨形，響之應聲，言不虛。道即天命也，天命無不報，故可畏之。注：大人即聖人，與天地合其德。正義曰：《易》云：利見大人，即聖人也。《乾卦・文言》云：夫大人者，與天地合其德。莊氏云：謂覆載也。與日月合其明，謂照臨也。與四時合其序，若賞以春夏，刑以秋冬之類也。與鬼神合其吉凶，若福善禍淫也。此獨舉天地合其德者，舉一隅也。注：恢疏，故不知畏。正義曰：案《老子・德經》云：天網恢恢，疎而不失。言天之網羅，恢恢疎遠，刑淫賞善，不失毫分也。注：直而不肆，故狎之。正義曰：肆，謂放肆。言大人質直而不放肆，故小人輕狎之也。

（宋）朱熹《四書章句集注・孟子集注・梁惠王章句下》　《書》曰：天降下民，作之君，作之師。惟曰其助上帝，寵之四方。有罪無罪，惟我在，天下曷敢有越厥志？一人衡行於天下，武王恥之。此武王之勇也。而武王亦一怒而安天下之民。《書・周書・大誓》之篇也。然所引與今書文小異，今且依此解之。寵之四方，寵異之於四方也。有罪者我得而誅之，無罪者我得而安之。我既在此，則天下何敢有過越其心志而作亂者乎？衡行，謂作亂也。孟子釋《書》意如此，而言武王亦大勇也。

（清）焦循《孟子正義・萬章章句上》　萬章曰：堯以天下與舜，有諸？注：欲知堯實以天下與舜否。

孟子曰：否。注：堯不與之。天之不能以天下與人。注：當與天意合之，非天命者，天子不能違天命也。堯曰咨爾舜，天之曆數在爾躬，是也。疏：注堯曰至是也。正義曰：文見《論語・堯曰篇》。

然則舜有天下也，孰與之？注：萬章言誰與之也。曰：天與之。注：孟子言天與之。

天與之者，諄諄然命之乎？注：萬章言天有聲音命與之乎。【略】

曰：否。天不言，以行與事示之而已矣。注：孟子曰，天不言語，但以其人之所行善惡，又以其事從而示天下也。

曰：以行與事示之者，如之何？注：萬章欲知示之之意。

曰：天子能薦人於天，不能使天與之天下；諸侯能薦人於天子，不能使天子與之諸侯；大夫能薦人於諸侯，不能使諸侯與之大夫。昔者堯薦舜於天而天受之，暴之於民而民受之，故曰天不言，以行與事示之而已矣。注：孟子言下能薦人於上，不能令上必用之。舜，天人所受，故得天下也。

曰：敢問薦之於天而天受之，暴之於民而民受之，如何？注：萬章言天人受之，其事云何。

曰：使之主祭而百神享之，是天受之。使之主事而事治，百姓安之，是民受之也。天與之，人與之，故曰天子不能以天下與人。注：百神享之，祭祀得福也。百姓安之，民皆謳歌其德也。舜相堯二十有八載，非人之所能為也，天也。注：二十八年之久，非人為也，天與之也。堯崩，三年之喪畢，舜避堯之子於南河之南，天下諸侯朝覲者不之堯之子而之舜，訟獄者不之堯之子而之舜，謳歌者不謳歌堯之子而謳歌舜，故曰天也。夫然後之中國，踐天子位焉。而居堯之宮，逼堯之子，是篡也，非天與也。注：南河之南，遠地南夷也。故言然後之中國。堯子，胤子丹朱。訟獄，獄不決其罪，故訟之。謳歌，謳歌舜德也。疏：三年之喪畢，正義曰：趙氏佑《温故録》云：程氏《逸箋》言：《後漢・李固傳》：昔堯殂之後，舜仰慕三年，坐則見堯於牆，食則見堯於羹。此舜居堯喪之實事。而居堯之宮。正義曰：王氏引之《經傳釋詞》云：而，猶如也。《易・明夷象傳》：君子以莅眾，用晦而明，虞注云：而，如也。《詩・君子偕老》曰：胡然而天地，胡然而帝也，毛傳云：尊之如天，審諦如帝。《都人士》曰：垂帶而厲，箋曰：而厲，如鞶厲也。《孟子・萬章篇》而居堯之宮，逼堯之子，而字並與如字同義，故二字可以互用。《詩・都人士》曰：彼都人士，垂帶而厲。彼君子女，卷髮如蠆。《大戴記・衛將軍文子篇》曰：滿而不滿實如虛，過之如不及。《孟子・離婁篇》曰：文王視民如傷，望道而未之見。注南河至中國。正義曰：《史記集解》引劉熙云：南河，九河之最在南者。又云：天子之位，不可曠年，於是遂反格於文祖而當帝位。帝王所都為中，故曰中國。【略】《文選》陸機《答賈長淵詩》云：獄訟違魏，謳歌適晉，注引《孟子・萬章》作天下朝獄訟者。又云：舜曰天也，夫然後歸中國，踐天子之位焉。《史記・五帝本紀》云：獄訟者不之丹朱而之舜，謳歌者不謳歌丹朱而謳歌舜，舜曰天也。與《文選》注所引同。劉熙言：於是遂反，則熙所據之本正作歸中國，故以反釋歸。然則趙本作之中國，與劉異。《周禮・地官・大司徒》云：凡民之不服教而有獄訟者，注云：爭罪曰獄，爭財曰訟。賈氏疏云：《秋官・大司寇》：以兩造禁民訟，以兩劑禁民獄。獄訟相對，故獄為爭罪，訟為爭財。若獄訟不相對，則爭財亦為獄，其義具在《秋官》。按《秋官・大司寇》言諸侯之獄訟，卿大夫之獄訟，庶民之獄訟，《小司寇》聽萬民之獄訟，命夫婦不躬坐獄訟，以五聲聽獄訟，以三刺斷庶民獄訟之中，《士師》察獄訟之辭，《鄉士》、《遂士》聽其獄訟，辨其獄訟。《禮記・月令》孟秋決獄訟，《淮南子・氾論訓》云有獄訟者搖鞀，皆稱獄訟，《文選》注所引，正與之同。趙氏本作訟獄，故解云獄不決其罪，故訟之。是以訟獄為訟此獄。劉熙《釋名・釋宮室》云：獄，确也。言實确人情偽也。獄不決其罪，則不能确人情偽，故爭訟之也。蓋主獄訟自有其官，惟主獄者不能決，乃上就舜而訟之，如後世叩閽擊登聞鼓，此趙氏之義也。《泰誓》曰：天視自我民視，天聽自我民聽。此之謂也。注：《泰誓》，《尚書》篇名。自，從也。言天之視聽，從人所欲也。疏：注泰誓，至欲也。正義曰：《泰誓》，詳見前。此二語，今文《尚書》無之。阮氏元《校勘記》云：宋《九經》本、咸淳衢州本泰作大，廖本、孔本、韓本作太，注同。泰、太皆俗，古衹作大。

（清）焦循《孟子正義・萬章章句上》

萬章問曰：人有言，至於禹而德衰，不傳於賢而傳於子，有諸？注：問禹之德衰，不傳於賢而自傳於子，有之否乎？疏：人有言至於子。正義曰：翟氏灝《考異》云：《新序・節士篇》：禹問伯成子高曰：昔者堯治天下，吾子立為諸侯。堯授舜，吾子猶存焉。及吾在位，子辭諸侯而耕，何故？子高曰：昔堯之治天下，舉天下而傳之他人，至無欲也。擇賢而與之，至公也。舜亦猶然。今君之所懷者私也，百姓知之，貪爭之端自此始矣。德自此衰，刑自此繁矣。吾不忍見，以是野處也。《韓非子・外儲說》：潘壽對燕王曰：禹愛益，而任天下於益，已而以啟人為吏，及老而以啟為不足任天下，故傳天下於益，而勢重盡在啟也。已而啟以友黨攻益，而奪之天下。是禹名傳天下於益，而實令啟自取之也。此禹之不及堯舜明矣。萬章所謂人言，蓋此等言也。故孟子姑援別典之說，明益方避啟，而未嘗貪其位，啟順人心即位而未嘗奪於益，以絕其尤甚之謬妄，而禹德盛衰，不暇更置辨也。

孟子曰：否。不然也。注：否，不也。不如人所言。疏：注否不也不如人所言。正義曰：阮氏元《校勘記》云：岳本、廖本、孔本、韓本、《考文》古本、足利本並有注否不也不如人所言八字，注疏本無之。有者是也。因此可正今本經文之誤。《孟子》經文本作孟子曰否然也三字一句，無不字，故注之云否，不也。不如人所言。之否然，即今人之不然也。他否字皆不注，獨此注者，恐人誤斷其句於否字句絕，則然也不可通矣。天與賢則與賢，天與子則與子。注：言隨天也。昔者舜薦禹於天，十有七年。舜崩，三年之喪畢，禹避之子於陽城，天下之民從之，若堯崩之後不從堯之子而從舜也。禹薦益於天，七年。禹崩，三年之喪畢，益避禹之子於箕山之陰，朝覲訟獄者不之益而之啓，曰：吾君之子也。謳歌者不謳歌益而謳歌啓，曰：吾君之子也。丹朱之不肖，舜之子亦不肖。舜之相堯、禹之相舜也，歷年多，施澤於民久。啓賢，能敬承繼禹之道。益之相禹也，歷年少，施澤於民未久。注：舜薦禹，禹薦益，同也，以啓之賢，故天下歸之，益又未久故也。陽城，箕山之陰，皆嵩山下深谷之中以藏處也。疏：丹朱至亦不肖。正義曰：閻氏若璩《釋地續》云：《漢曆志》引《帝系》曰：陶唐氏讓天下於虞，使子朱處於丹淵為諸侯。丹淵雖有范汪《荊州記》、魏王泰《括地志》各言所在，恐未可據信，蓋世遠也。因思堯在位七十年，放齊曰胤子朱啓明，止曰朱，未有國也。及後三載，薦舜於天，朱始出封丹，故有丹朱之號。其避堯之子，則以朱奔父喪在平陽耳。丹朱，貍姓，在周為傅氏，見《國語》。《燃犀解》引徐自淇云：二子不肖，但不似父之神聖耳。使果大不肖，則且起而與舜禹爭天下，安能成父之志？昔人稱丹朱自托於傲，以成禪讓，真無愧為堯之子。注陽城至處也。正義曰：《史記・夏本紀》云：舜薦禹於天為嗣，十七年而帝舜崩，三年喪畢，禹辭避舜之子商均於陽城。集解引劉熙云：今穎川陽城是也。《本紀》又云：帝禹東巡狩，至於會稽而崩，以天下授益。三年之喪畢，益讓帝禹之子啓，而辟居箕山之陽。【略】舜禹益相去久遠，其子之賢不肖，皆天也，非人之所能為也。莫之為而為者，天也。莫之致而至者，命也。注：莫，無也。人無所欲為而横為之者，天使為也。人無欲致此事而此事自至者，是其命禄也。疏：注莫無至禄也。正義曰：《毛詩·大雅·抑篇》莫捫朕舌，傳云：莫，無也。《荀子·致士篇》云：凡流言、流説、流事、流謀、流譽、流愬，不官而衡至者，君子慎之，注云：流者，無根源之謂。不官，謂無主首也。衡讀為横，横至、横逆而至也。此言横為之，猶《荀子》言衡至。從為順，横為逆。從所欲為而為，順也。無所欲為而為，故為横也。是其命禄也，閩、監、毛三本作是其命而已矣故曰命也。匹夫而有天下者，德必若舜禹，而又有天子薦之者。故仲尼不有天下。繼世以有天下。注：仲尼無天子之薦，故不得有天下。繼世之君，雖無仲尼之德，襲父之位，非匹夫，故得有天下也。疏：繼世以有天下。正義曰：趙氏屬上，近時通解屬下。天之所廢，必若桀、紂者也。故益、伊尹、周公不有天下。注：益值啓之賢，伊尹值太甲能改過，周公值成王有德，不遭桀紂，故以匹夫而不有天下。伊尹相湯以王於天下。湯崩，大丁未位，外丙二年，仲壬四年，大甲顛覆湯之典刑，伊尹放之於桐。三年，大甲悔過，自怨自艾，於桐處仁遷義，三年以聽伊尹之訓也，復歸于亳。注：大丁，湯之大子，未立而薨。外丙立二年，仲壬立四年，皆大丁之弟也。大甲，大丁子也。伊尹以其顛覆典刑，放之於桐邑。處，居也。遷，徙也。居仁徙義，自怨其惡行。艾，治也。治而改過，以聽伊尹之教訓己，故復得歸之於亳，反天子位也。疏：注大丁至子也。正義曰：《史記·殷本紀》云：湯崩，太子太丁未立而卒，於是迺立太丁之弟外丙，是為帝外丙。帝外丙卽位三年崩，立外丙之弟中壬，是為帝中壬。帝中壬卽位四年崩，伊尹迺立太丁之子太甲。太甲，成湯適長孫也，是為帝太甲。趙氏所本也。《書序》云：成湯既没，太甲元年，伊尹《伊訓》、《肆命》、《徂后》。江氏聲《尚書集注音疏》云：成湯之殁久矣，于此言成湯既殁者，蓋三者皆稱述成湯，故推本之耳。《孟子·萬章篇》云：湯崩，太丁未立，外丙二年，仲壬四年，太甲顛覆湯之典型。則成湯之殁，距太甲元年，中隔兩君，歷有年所，非湯殁之後卽為太甲元年也。注伊尹至位也。正義曰：《史記·殷本紀》云：帝太甲既立三年，不明，暴虐，不遵湯法，亂德，於是伊尹放之於桐宫。三年，伊尹攝行政當國，以朝諸侯。帝太甲居桐宫三年，悔過自責反善，於是伊尹迺迎帝太甲而授之政。《書序》云：太甲既立，不明，伊尹放諸桐，三年，復歸於亳，思庸，伊尹作《太甲》三篇。【略】周公之不有天下，猶益之於夏，伊尹之於殷也。孔子曰：唐虞禪，夏后、殷、周繼，其義一也。注：周公與益、伊尹，雖有聖賢之德，不遭者時，然孔子言禪、繼其義一也。疏：孔子至一也。正義曰：義者，宜也。孟子私淑孔子，全得其通變神化之學，故於此明之。《章指》言：篤志於仁，則四海宅心；守正不足，則聖位莫繼：丹朱、商均是也。是以聖人孜孜於仁德也。

（宋）朱熹《四書章句集注·孟子集注·盡心章句下》　君子行法，以俟命而已矣。法者，天理之當然者也。君子行之，而吉凶禍福有所不計，蓋雖未至於自然而已，非有所為而為矣。此反之之事，董子所謂：正其義不謀其利，明其道不計其功，正此意也。程子曰：動容周旋中禮者，盛德之至。行法以俟命者，朝聞道夕死可矣之意也。吕氏曰：法由此立，命由此出，聖人也；行法以俟命，君子也。聖人性之，君子所以復其性也。

（宋）劉恕《資治通鑑外紀》卷四《周紀二·莊王》　劉恕曰：古之長民者，興事動作，必謀於衆。廢置遷徙，悉因人心。愚者難與慮始，黔首信惑靈怪，故聖人設鬼神以懼之，為卜筮以斷之，以神道設教而天下服矣。泥者為之，捨弃人事，專信詭譎。以管仲之知，因齊衆以威諸侯可也，佗人則近於罔矣。蓋明於天地之性，不可惑以神怪。知萬物之情，不可罔以非類也。

（清）馬驌《繹史》卷一七《武丁中興》　《書·高宗肜日》，越有雊雉。祖巳曰：惟先格王，正厥事。乃訓于王，曰：惟天監下民，典厥義。降年有永有不永，非天夭民，民中絶命。民有不若德，不聽罪，天既孚命正厥德。乃曰其如台。嗚呼！王司敬民，罔非天胤，典祀無豐于昵。

（清）馬驌《繹史》卷八六之四《孔子類記》　孔子曰：存亡禍福皆在己而已，天災地妖亦不能殺也。昔者，殷王帝辛之時，爵生烏於城之隅，工人占之曰：凡小以生巨，國家必祉，王名必倍。帝辛喜爵之德，不治國家，亢暴無極，外寇乃至，遂亡。殷國此逆天之時，詭福反為禍。至殷王武丁之時，先王道缺，刑法弛，桑穀俱生於朝，七日而大拱，工人占之曰：桑穀者，野物也。野物生於朝，意朝亡乎。武丁恐駭，側身修行，思昔先王之政，興滅國，繼絶世，舉逸民，明養老之道，三年之後，遠方之君重譯而朝者六國。此迎天時，得禍反為福也。故妖孽者，天所以警天子諸侯也。惡夢者，所以警士大夫也。故妖孽不勝善政；惡夢不勝善行也。至治之極，禍反為福。故太甲曰：天作孽，猶可違，自作孽，不可逭。

（清）馬驌《繹史》卷一五九上《名物訓詁》　《漢書》夫人宵天地之貌，懷五常之性，聰明精粹，有生之最靈者也。爪牙不足以供耆欲，趨走不足以避利害，無毛羽以禦寒暑，必將役物以為養，任智而不恃力，此其所以為貴也。故不仁愛則不能羣，不能羣則不勝物，不勝物則養不足。羣而不足，爭心將作。上聖卓然，先行敬讓博愛之德者，眾心説而從之，從之成羣，是為君矣。歸而往之，是為王矣。《洪範》曰：天子作民父母，為天下王。聖人取類以正名，而謂君為父母，明仁愛德讓，王道之本也。愛待敬而不敗，德須威而久立，故制禮以崇敬，作刑以明威。聖人既躳明悊之性，必通天地之心，制禮作教，立法設刑，動緣民情，而則天象地。故曰：先王立禮，則天之明，因此之性也。刑罰威獄，以類天之震曜殺戮也；温慈惠和，以效天之生殖長育也。《書》云：天秩有禮，天討有罪。故聖人因天秩而制五禮，因天討而作五刑，大刑用甲兵，其次用斧鉞，中刑用刀鋸，其次用鑽鑿，薄刑用鞭扑。大者陳諸原野，小者致之市朝。其所繇來者上矣。

（宋）鄭樵《通志》卷三八《天文略·天文序》　堯命羲和揭星鳥、星火、星虛、星昴之象以示人，使人知二至二分，以行四時。不幸而占候之説起，持吉凶以惑人，紛紛然務為妖妄，是以刑網禁之。

（宋）羅泌《路史》卷二《前紀二·九頭紀·泰皇氏》　有天地則有萬物，有萬物則有男女，有男女則有夫婦，有夫婦則有父子、有君臣，道也。昔者太極泮而渾敦氏職焉。

（宋）羅泌《路史》卷五《前紀五·因提紀·几蘧氏》　几蘧氏之在天下也，不治而不亂，狥耳目，內通而外乎心知。天下之人，惟知其母，不知其父，鶉居鷇飲而不求不譽。晝則旅行，夜乃類處。及其死也，稾昇風化而已。令之曰：知生之民，天下蓋不足治也。

（宋）羅泌《路史》卷六《前紀六·禪通紀·栗陸氏》　上天作令，皇辟迭王穆穆聖倉。四目靈光，受河之圖，仰觀俯察，立我文字，創制垂法，朝廷之上，以正君臣，閭黨之間，以肅尊視，著績別生，升中于岱，文治以興，布祆奚怪。

（宋）羅泌《路史》卷一〇《後紀一·禪通紀·太昊紀上》　六佐職而天地位陰陽得，乃體春穛，明刑政，脩兵仗，以威懷。《太白陰經》云：伏羲以木為兵，神農以石為兵，蚩尤以金。今藤州俗以金石為刀劍。蹇脩為士，以之御敗而下情至，《楚辭》所謂命蹇脩以為理者，王逸五臣洪慶善等皆云伏羲。臣謂為媒理云時理官主婚姻，蓋理士也。士主萬民之判。或以騷經復有簡吾法乎？前脩何博蹇而好脩之語，非必人也。慶善以為宓妃，伏羲之女，故使臣以為理，修脩字異，事五臣作謇。於是蘇率萬民平水土道泉原，因水居方而置城邑。見《三墳》書或以《世本》諸書，皆言鯀置城郭，非也。國土既分，城池斯立，故《史記》言黃帝為五城，《軒轅本紀》言黃帝築城邑，而《汜勝書》記神農之教，雖有石城湯池帶甲百萬，然而無梁，則不能守也。是炎黃已城池矣。石城之制既自神農，則土城之作有不自伏羲乎。往古之事，固有可得言者。黃得襄城小童，不自後世《世本》，蓋因《呂春秋》言鯀以尾為城而誤之。呂氏之説特狀鯀之兇惡爾。百令具舉，乃命蜚龍氏職圖父因尊事以為禮儀，而天下治。

（宋）羅泌《路史》卷三二《發揮一·論遂人改火》　順天者存，逆天者亡，是必然之理也。伊古明王之為治也，顧亦豈能違理哉。因天事不逆焉而已。是故著時令，授人時法，而建官象以作服，凡以順之也。昔者遂人氏作觀乾象，察辰心而出火，作鑽鐩別五木以改火。豈惟惠民哉？以順天也。

（宋）羅泌《路史》卷四三《餘論六·孔子生日》　何惑乎儒學之衰乎？皆儒者之不自尊其道之所致也。夫聖人之禮法行乎天地之間，萬物賴之而相生養者也。一日或息，則日月為之孛蝕，陰陽為之錯繆，山川企走，咸失其所，豈止臣賊其君，子賊其父而已哉！

《汲冢周書》卷一《命訓解》　天生民而成大命。賢愚自然之性命也。命司德正之以禍福。司，主也，以德為主，有德正以福，無德正以禍。立明王以順之，順天作故。曰大命有常小命日成，成則敬，有常則廣。廣以敬命，則度至于極。日成日進也。如有，則其人法度至中正也。夫司德司義，而賜之福禄。福禄在人能無懲乎？若懲而悔過則度至于極。懲，正也，以德居身，深術息其義。夫或司不義，而降之禍；在人能無懲乎？若懲而悔過，則度至于極。夫民生而醜不明，無以明之，能無醜乎？若乎有醜而競行不醜，則度至于極。不謂醜者若道上為君。夫民生而樂，生無以穀之，能無勸乎？若勸之以忠，則度至于極。穀善也，謂忠信也。夫民生而惡死，無以畏之，能無恐乎？若恐而承教，則度至于極。以死亡恐民，使奉上易教也。六極既通，六間具塞，六中之道通，則六間塞矣。通道通天以正人，正人莫如有極，道天莫如無極。道謂言説之也。道天有極則不威，不威則不昭；正人無極則不信，不信則不行。政教不明。明王昭天信人以度，功地以利之，使信人畏天，則度至于極。夫天道三，人道三，言相方以立教。天有命、有禍、有福，人有醜、有紼絻、有斧鉞。以人之醜當天之命，以紼絻當天之福，以斧鉞當天之禍。六方三述，其極一也，不知則不存。一者善之謂也，不行善不知故也。極命則民墮，民墮則曠命，曠命以誡其上，則殆於亂。此下六極謂行之極其道殆近。極福則民祿，民祿則干善，干善則不行。不行善也。極禍則民鬼，民鬼則淫祭，淫祭則罷家。罷弊其財且無禍也。極醜則民叛，民叛則傷人，傷人則不義。民不堪行則叛義也。極賞則民賈其上，賈其上則民無讓，無讓則不順。賈賣以功求其賞也。極罰則民多詐，多詐則不忠，不忠則無報。上遇其禮不報已終。凡此六者，政之始也。明王是故昭命以命之，曰：大命世罰，小命罰身。遺大命則世受罰，犯小命則罰身。福莫大於行義，禍莫大於淫祭，醜莫大於傷人，賞莫大於信義，讓莫大於賈上，罰莫大於貪詐。言此六者最大。古之明王奉此六者以牧萬民，民用而不失。不失其義。撫之以惠，和之以均，斂之以哀，娛之以樂，慎之以禮，教之以藝，震之以政，動之以事，勸之以賞，畏之以罰，臨之以忠，行之以權。以權行之。權不法，忠不忠，罰不服，賞不從勞，事不震，政不成；言行權當有如此時。藝不淫，禮有時，樂不滿，哀不至，均不壹，惠不忍人。凡此，物攘之屬也。物事。惠而不忍人，人不勝害，害不如死。害則死□猶不知□。均一則不和，哀至則匱，樂滿則荒，禮無時則不貴，藝淫則害于才，政成則不長，事震則寡功。不長言近淺也，震而其功寡矣。以賞從勞，勞而不至；以法從中則賞，賞不必中；以權從法則行，行不必以知權，權以知微，微以知始，始以知終。言事勢之相權，物理之相致，如此也。

《汲冢周書》卷五《商誓解》　王若曰：告爾伊舊何父。□□□□幾、耿、肅、勢，乃殷之舊官人序文□□□□，及太史比、小史昔，及百官里居獻民，□□□來尹師之敬諸戒，疾聽朕言，用胥至蠲尹。王曰：嗟，爾衆，予言非敢顧天命，予來致上帝之威命明罰。今惟新誥命爾，敬諸！朕話言自一言至于十話言，其惟明命爾。王曰：在昔后稷，惟上帝之言，克播百穀，登禹之績，凡在天下之庶民，罔不維后稷之元穀用蒸享。在商先哲王，明祀上帝，□□□□亦維我后稷之元穀，用告和、用胥飲食。肆商先哲王維厥，故斯用顯我西土。今在商紂，昏憂天下，弗顯上帝，昏虐百姓，奉天之命，上帝弗顯，乃命朕文考曰：殪商之多罪紂。肆予小子發不敢忘天命。朕考胥翕稷政，肆上帝曰必伐之。予惟甲子，尅致天之大罰。□帝之來，革紂之□，予亦無敢違天命。敬諸，昔在我西土，我其齊言，胥告商之百無罪，其維一夫。予既殛紂承天命，予亦來休命。爾百姓里居君子，其周即命。□□□□□□□□□□□□□□□□□□□□□□□□□□□□爾冢邦君，無敢其有不告見于我有周。其比冢邦君我無攸愛，上帝曰必伐之。今予惟明告爾，予其往追□紂，達趍集之于上帝。天王其有命。爾百姓獻民，其有綴艿。夫自敬其有斯天命，不令爾百姓無告。西土疾勤，其斯有何重？天維用重勤，興起我，罪勤我，無克乃一心。爾多子其人自敬，助天永休于我西土。爾百姓其亦有安處在彼。宜在天命，□及惻興亂，予保奭其介有斯。勿用天命，若朕言在周，曰商百姓無罪，朕命在周。其乃先作，我肆罪疾。予惟以先王之道御復正爾百姓，越則非朕，負亂惟爾。在我王曰：百姓，我聞古商先哲王成湯克辟上帝，保生商民，克用三德，疑商民弗懷。用辟厥辟。今紂棄成湯之典，肆上帝命我小國曰：革商國。肆予明命汝百姓，其斯弗用朕命，其斯爾冢邦君商庶百姓，予則□劉滅之。王曰：靁！予天命維既，咸汝克承天休于我有周，斯小國于有命不易。昔我盟津，帝休辨商，其有何國？命予小子，肆我殷戎，亦辨百度，□□美左右予，予肆劉殷之命。今予維篤祐爾，予史太史違我。史視爾靖疑，胥敬請。其斯一話，敢逸僭，予則上帝之明命。予爾拜拜□百姓越爾庶義、庶刑。子維及西土，我乃其來即刑。乃敬之哉。庶聽朕言，罔胥告。

《史記》卷六《秦始皇本紀》　始皇推終始五德之傳，以爲周得火德，秦代周德，從所不勝。方今水德之始，改年始，朝賀皆自十月朔。衣服旄旌節旗皆上黑。數以六爲紀，符、法冠皆六寸，而輿六尺，六尺爲步，乘六馬。更名河曰德水，以爲水德之始。剛毅戾深，事皆決於法，刻削毋仁恩和義，然後合五德之數。於是急法，久者不赦。

《史記》卷二四《樂書》　天地之道，寒暑不時則疾，風雨不節則饑。

教者，民之寒暑也，教不時則傷世。事者，民之風雨也，事不節則無功。然則先王之爲樂也，以法治也，善則行象德矣。夫豢豕爲酒，非以爲禍也；而獄訟益煩，則酒之流生禍也。是故先王因爲酒禮，一獻之禮，賓主百拜，終日飲酒不得醉焉，此先王之所以備酒禍也。故酒食者，所以合歡也。

《史記》卷二七《天官書》 其一名曰地侯，主歲。歲行十〔二〕〔三〕度百十二分度之五，日行二十八分度之一，二十八歲周天。其所居，五星皆從而聚于一舍，其下之國，可〔以〕重致天下。禮、德、義、殺、刑盡失，而填星乃爲之動搖。

《漢書》卷二一《律曆志》 三統者，天施，地化，人事之紀也。十一月，《乾》之初九，陽氣伏於地下，始著爲一，萬物萌動，鐘於太陰，故黄鐘爲天統，律長九寸。九者，所以究極中和，爲萬物元也。《易》曰：立天之道，曰陰與陽。六月，《坤》初六，陰氣受任於太陽，繼養化柔，萬物生長，楙之於未，令種剛彊大，故林鐘爲地統，律長六寸。六者，所以含陽之施，楙之於六合之内，令剛柔有體也。立地之道，曰柔與剛。《乾》知太始，《坤》作成物。正月，《乾》之九三，萬物棣通，族出於寅，人奉而成之，仁以養之，義以行之，令事物各得其理。寅，木也，爲仁；其聲，商也，爲義。故太族爲人統，律長八寸，象八卦，宓戲氏之所以順天地，通神明，類萬物之情也。立人之道，曰仁與義。在天成象，在地成形。后以裁成天地之道，輔相天地之宜，以左右民。此三律之謂矣，是爲三統。

又： 夫曆《春秋》者，天時也，列人事而〔目〕〔因〕以天時。傳曰：民受天地之中以生，所謂命也。是故有禮誼動作威儀之則以定命也，能者養以之福，不能者敗以取禍。故列十二公二百四十二年之事，以陰陽之中制其禮。故春爲陽中，萬物以生；秋爲陰中，萬物以成。是以事舉其中，禮取其和，曆數以閏正天地之中，以作事厚生，皆所以定命也。《易》金火相革之卦曰湯武革命，順乎天而應乎人，又曰治曆明時，所以和人道也。

《漢書》卷二二《禮樂志》 《六經》之道同歸，而《禮》《樂》之用爲急。治身者斯須忘禮，則暴嫚入之矣；爲國者一朝失禮，則荒亂及之矣。人函天地陰陽之氣，有喜怒哀樂之情。天稟其性而不能節也，聖人能爲之節而不能絶也，故象天地而制禮樂，所以通神明，立人倫，正情性，節萬事者也。

《漢書》卷五六《董仲舒傳》 臣聞天之所大奉使之王者，必有非人力所能致而自至者，此受命之符也。天下之人同心歸之，若歸父母，故天瑞應誠而至。《書》曰白魚入于王舟，有火復于王屋，流爲烏，此蓋受命之符也。周公曰復哉復哉，孔子曰德不孤，必有鄰，皆積善絫德之效也。及至後世，淫佚衰微，不能統理羣生，諸侯背畔，殘賊良民以爭壤土，廢德教而任刑罰。刑罰不中，則生邪氣；邪氣積於下，怨惡畜於上。上下不和，則陰陽繆盭而妖孽生矣。此災異所緣而起也。

又： 臣謹案《春秋》之文，求王道之端，得之於正。正次王，王次春。春者，天之所爲也；正者，王之所爲也。其意曰，上承天之所爲，而下以正其所爲，正王道之端云爾。然則王者欲有所爲，宜求其端於天。天道之大者在陰陽。陽爲德，陰爲刑；刑主殺而德主生。是故陽常居大夏，而以生育養長爲事；陰常居大冬，而積於空虚不用之處。以此見天之任德不任刑也。天使陽出布施於上而主歲功，使陰入伏於下而時出佐陽；陽不得陰之助，亦不能獨成歲。終陽以成歲爲名，此天意也。王者承天意以從事，故任德教而不任刑。刑者不可任以治世，猶陰之不可任以成歲也。爲政而任刑，不順於天，故先王莫之肯爲也。今廢先王德教之官，而獨任執法之吏治民，毋乃任刑之意與！孔子曰：不教而誅謂之虐。虐政用於下，而欲德教之被四海，故難成也。

又： 册曰：善言天者必有徵於人，善言古者必有驗於今。臣聞天者羣物之祖也，故徧覆包函而無所殊，建日月風雨以和之，經陰陽寒暑以成之。故聖人法天而立道，亦溥愛而亡私，布德施仁以厚之，設誼立禮以導之。春者天之所以生也，仁者君之所以愛也；夏者天之所以長也，德者君之所以養也；霜者天之所以殺也，刑者君之所以罰也。繇此言之，天人之徵，古今之道也。孔子作《春秋》，上揆之天道，下質諸人情，參之於古，考之於今。故《春秋》之所譏，災害之所加也；《春秋》之所惡，怪異之所施也。書邦家之過，兼災異之變，以此見人之所爲，其美惡之極，乃與天地流通而往來相應，此亦言天之一端也。古者修教訓之官，務以德善化民，民已大化之後，天下常亡一人之獄矣。今世廢而不脩，亡以化民，民以故棄行誼而死財利，是以犯法而罪多，一歲之獄以萬千數。以此見古之不可不用也，故《春秋》變古則譏之。天令之謂命，命非聖人不行；質樸之謂性，性非教化不成；人欲之謂情，情非度制不節。是故王者上謹於承天意，以順命也；下務明教化民，以成性也；正法度之宜，別上下之序，以防欲也：脩此三者，而大本舉矣。人受命於天，固超然異於羣生，入有父子兄弟之親，出有君臣上下之誼。會聚相遇，則有耆老長幼之施；粲然有文以相接，驩然有恩以相愛，此人之所以貴也。生五穀以食之，桑麻以衣之，六畜以養之，服牛乘馬，圈豹檻虎，是其得天之靈，貴於物也。故孔子曰：天地之性人爲貴。明於天性，知自貴於物；知自貴於物，然後知仁誼；知仁誼，然後重禮節；重禮節，然後安處善；安處善，然後樂循理；樂循理，然後謂之君子。故孔子曰：不知命，亡以爲君子。此之謂也。

《漢書》卷九九中《王莽傳中》 又曰：予前在大麓，至於攝假，深惟漢氏三七之阸，赤德氣盡，思索廣求，所以輔劉延期之（述）〔術〕，靡所不用。以故作金刀之利，幾以濟之。然自孔子作《春秋》以爲後王法，至於哀之十四而一代畢，協之於今，亦哀之十四也。赤世計盡，終不可强濟。皇天明威，黃德當興，隆顯大命，屬予以天下。今百姓咸言皇天革漢而立新，廢劉而興王。夫劉之爲字卯、金、刀也，正月剛卯，金刀之利，皆不得行。博謀卿士，僉曰天人同應，昭然著明。其去剛卯莫以爲佩，除刀錢勿以爲利，承順天心，快百姓意。乃更作小錢，徑六分，重一銖，文曰小錢直一，與前大錢五十者爲二品，並行。欲防民盜鑄，乃禁不得挾銅炭。

《三國志》卷六一《吴志・潘濬傳》 晧徙都武昌，揚土百姓泝流供給，以爲患苦，又政事多謬，黎元窮匱。凱上疏曰：臣聞有道之君，以樂樂民；無道之君，以樂樂身。樂民者，其樂彌長；樂身者，不樂而亡。夫民者，國之根也，誠宜重其食，愛其命。民安則君安，民樂則君樂。自頃年以來，君威傷於桀紂，君明闇於姦雄，君惠閉於羣孽。無災而民命盡，無爲而國財空，辜無罪，賞無功，使君有謬誤之愆，天爲作妖。而諸公卿媚上以求愛，困民以求饒，導君於不義，敗政於淫俗，臣竊爲痛心。今鄰國交好，四邊無事，當務息役養士，實其廩庫，以待天時。而更傾動天心，騷擾萬姓，使民不安，大小呼嗟，此非保國養民之術也。臣聞吉凶在天，猶影之在形，響之在聲也，形動則影動，形止則影止，此分數乃有所繫，非在口之所進退也。昔秦所以亡天下者，但坐賞輕而罰重，政刑錯亂，民力盡於奢侈，目眩於美色，志濁於財寶，邪臣在位，賢哲隱藏，百姓業業，天下苦之，是以遂有覆巢破卵之憂。漢所以彊者，躬行誠信，聽諫納賢，惠及負薪，躬請巖穴，廣采博察，以成其謀。此往事之明證也。臣闇於大理，文不及義，智慧淺劣，無復冀望，竊爲陛下惜天下耳。臣謹奏耳目所聞見，百姓所爲煩苛，刑政所爲錯亂，願陛下息大功，損百役，務寬盪，忽苛政。

《晉書》卷一二《天文志中》 日爲太陽之精，主生養恩德，人君之象也。人君有瑕，必露其慝以告示焉。故日月行有道之國則光明，人君吉昌，百姓安寧。人君乘土而王，其政太平，則日五色無主。日變色，有軍，軍破；無軍，喪侯王。其君無德，其臣亂國，則日赤無光。日失色，所臨之國不昌。日晝昏，行人無影，到暮不止者，上刑急，下不聊生，不出一年有大水。日晝昏，烏鳥羣鳴，國失政。日中烏見，主不明，爲政亂，國有白衣會，將軍出，旌旗舉。日中有黑子、黑氣、黑雲，乍三乍五，臣廢其主。日蝕，陰侵陽，臣掩君之象，有亡國。

月爲太陰之精，以之配日，女主之象；以之比德，刑罰之義；列之朝廷，諸侯大臣之類。故君明，則月行依度；臣執權，則月行失道；大臣用事，兵刑失理，則月行乍南乍北；女主外戚擅權，則或進或退。月變色，將有殃。月晝明，姦邪並作，君臣爭明，女主失行，陰國兵强，中國饑，天下謀僭。數月重見，國以亂亡。

《晉書》卷二七《五行志上》 夫帝王者，配德天地，叶契陰陽，發號施令，動關幽顯，休咎之徵，隨感而作，故《書》曰：惠迪吉，從逆凶，惟影響。昔伏羲氏繼天而主，受《河圖》，則而畫之，八卦是也。禹治洪水，賜《洛書》，法而陳之，《洪範》是也。聖人行其道，寶其真，自天祐之，吉無不利。三五已降，各有司存。爰及殷之箕子，在父師之位，曲斯大範。周既克殷，以箕子歸，武王虚己而問焉。箕子對以禹所得《雒書》，授之以垂訓。然則《河圖》、《雒書》相爲經緯，八卦、九章更爲表裹。殷道絶，文王演《周易》，周道弊，孔子述《春秋》。奉乾坤之陰陽，效《洪範》之休咎，天人之道粲然著矣。

《南齊書》卷一九《五行志》 《貌傳》又曰：上失節而狂，下怠慢而不敬，上下失道，輕法侵制，不顧君上，因以荐飢。貌氣毁，故有雞旤。一曰：水歲雞多死及爲怪，亦是也。上下不相信，大臣姦宄，民爲寇盜，故曰厥極惡。一曰：民多被刑，或形貌醜惡，風俗狂慢，變節易度，則爲輕剽奇怪之服，故曰時則有服妖。

又：金者，西方，萬物既成，殺氣之始也。其於王事，兵戎戰伐之道也。王者興師動衆，建立旗鼓，仗旄把鉞，以誅殘賊，止暴亂，殺伐應義，則金氣從。工冶鑄化，革形成器也。人君樂侵陵，好攻戰，貪城邑，輕百姓之命，人民不安，内外騷動，則金失其性。蓋冶鑄不化，（水）〔冰〕滯固堅，故曰金不從革，又曰維木沴金。

《梁書》卷一《武帝紀上》 永元二年冬，懿被害信至，高祖密召長史王茂、中兵吕僧珍、别駕柳慶遠、功曹史吉士瞻等謀之。既定，以十一月乙巳召僚佐集於廳事，謂曰：昔武王會孟津，皆曰：紂可伐。今昏主惡稔，窮虐極暴，誅戮朝賢，罕有遺育，生民塗炭，天命殛之。卿等同心疾惡，共興義舉，公侯將相，良在兹日，各盡勳効，我不食言。

又：三年二月，南康王爲相國，以高祖爲征東將軍，給鼓吹一部。戊申，高祖發襄陽。留弟偉守襄陽城，總州府事，弟憺守壘城，府司馬莊丘黑守樊城，功曹史吉士詢兼長史，白馬戍主荒黄嗣祖兼司馬，鄀令杜永兼别駕，小府録事郭儼知轉漕。移檄京邑曰：

夫道不常夷，時無永化，險泰相沿，晦明非一，皆屯困而後亨，資多難以啓聖。故昌邑悖德，孝宣聿興，海西亂政，簡文升歷，並拓緒開基，紹隆寶命，理驗前經，事昭往策。

獨夫擾亂天常，毁棄君德，姦回淫縱，歲月滋甚。挻虐於髫翦之年，植險於髫卯之日。猜忌凶毒，觸途而著，暴戾昏荒，與事而發。自大行告漸，喜容前見，梓宫在殯，靦無哀色，歡娱遊宴，有過平常，奇服異衣，更極誇麗。至於選采妃嬪，妹妹無别，招侍巾櫛，姑姪莫辨，掖庭有稗販之名，姬姜被干殳之服。至乃形體宣露，褻衣顛倒，斬斮其間，以爲歡笑。騁肆淫放，驅屏郊邑。老弱波流，士女塗炭。行産盈路，輿尸竟道，母不及抱，子不遑哭。劫掠剽虜，以日繼夜。晝伏宵遊，曾無休息。淫酗醟肆，酣歌壚邸。寵恣愚豎，亂惑妖孽。梅蟲兒、茹法珍臧獲斯小，專制威柄，誅翦忠良，屠滅卿宰。劉鎮軍舅氏之尊，蓋忠奉國；江僕射外戚之重，竭誠事上；蕭領軍葭莩之宗，志存柱石；徐司空、沈僕射搢紳冠冕，人望攸歸。或《渭陽》餘感，或勳庸允穆，或誠著艱難，或劬勞王室，並受遺託，同參顧命，送往事居，俱竭心力。宜其慶溢當年，祚隆後裔；而一朝齏粉，孩稚無遺。人神怨結，行路嗟憤。蕭令君忠公幹伐，誠貫幽顯。往年寇賊遊魂，南鄭危逼，拔刃飛泉，孤城獨振。及中流逆命，憑陵京邑，謀猷禁省，指授羣帥，剋翦鯨鯢，清我王度。崔慧景奇鋒迅駭，兵交象魏，武力喪魂，義夫奪膽，投名送款，比屋交馳，負糧影從，愚智競赴。復誓旅江甸，奮不顧身，獎厲義徒，電掩強敵，剋殲大憝，以固皇基。功出桓、文，勳超伊、吕；而勞謙省己，事昭心迹，功遂身退，不祈榮滿。敦賞未聞，禍酷遄及，預稟精靈，孰不冤痛！而羣孽放命，蜂蠆懷毒，乃遣劉山陽驅扇逋逃，招逼亡命，潛圖密構，規見掩襲。蕭右軍、夏侯征虜忠斷夙舉，義形於色，奇謀宏振，應手梟懸，天道禍淫，罪不容戮。至於悖禮違教，傷化虐人，射天彈路，比之猶善，刳胎斮脛，方之非酷，盡寓縣之竹，未足紀其過，窮山澤之兔，不能書其罪。自草昧以來，圖牒所記，昏君暴后，未有若斯之甚者也。

既人神乏主，宗稷阽危，海内沸騰，氓庶板蕩，百姓懍懍，如崩厥角，蒼生喁喁，投足無地。幕府荷眷前朝，義均休戚，上懷委付之重，下惟在原之痛，豈可卧薪引火，坐觀傾覆！至尊體自高宗，特鍾慈寵，明並日月，粹昭靈神，祥啓元龜，符驗當璧，作鎮陝藩，化流西夏，謳歌攸奉，萬有樂推。右軍蕭穎冑、征虜將軍夏侯詳並同心翼戴，即宫舊楚，三靈再朗，九縣更新，升平之運，此焉復始，康哉之盛，在乎兹日。然帝德雖彰，區宇未定，元惡未黜，天邑猶梗。仰稟宸規，率前啓路。即日遣冠軍、竟陵内史曹景宗等二十軍主，長槊五萬，驤騄爲羣，鶚視爭先，龍驤並驅，步出横江，直指朱雀。長史、冠軍將軍、襄陽太守王茂等三十軍主，戈船七萬，乘流電激，推鋒扼險，斜趣白城。南中郎諮議參軍、軍主蕭偉等三十九軍主，巨艦迅檝，衝波噎水，旗鼓八萬，焱集石頭。南中郎諮議參軍、軍主蕭憺等四十二軍主，熊羆之士，甲楯十萬，沿波馳艓，掩據新亭。益州刺史劉季連、梁州刺史柳惔、司州刺史王僧景、魏興太守裴師仁、上庸太守韋叡、新城太守崔僧季，並肅奉明詔，龔行天罰。蜀、漢果鋭，沿流而下；淮、汝勁勇，望波遄鶩。幕府總率貔貅，驍勇百萬，縉甲燕弧，屯兵冀馬，摐金沸地，鳴鞞聒天，霜鋒曜日，朱旗絳寓，方舟千里，駱驛係進。蕭右軍訏謨上才，兼資文武，英略峻遠，執鈞匡世。擁荆南之衆，督四方之師，宣讚中權，奉衛輿輦。旍麾所指，威稜無外，龍驤虎步，並集建業。黜放愚狡，均禮海昏，廓清神甸，掃定京宇。譬猶崩泰山而壓蟻壤，決懸河而注熛燼，豈有不殄滅者哉！

今資斧所加，止梅蟲兒、茹法珍而已。諸君咸世胄羽儀，書勳國王府，皆俛眉姦黨，受制凶威。若能因變立功，轉禍爲福，並誓河、岳，永紆青紫。若執迷不悟，距逆王師，大衆一臨，刑兹罔赦，所謂火烈高原，芝蘭同泯。勉求多福，無貽後悔。賞罰之科，有如白水。

《北史》卷九《周紀上》 魏恭帝三年十二月丁亥，魏帝詔以岐陽地封帝爲周公。庚子，詔禪位于帝曰：予聞皇天之命不于常，惟歸于德。故堯授舜，舜授禹，時宜也。天厭我魏邦，垂變以告，惟爾罔弗知。予雖不明，敢弗龔天命，格有德哉。今踵唐、虞舊典，禪位于周，庸布告爾焉。使大宗伯趙貴持節奉册書曰：咨爾周公，帝王之位弗常，有德者受命，時乃天道。予式時庸，荒求于唐、虞之彝踵，曰我魏德之終舊矣，我邦小大罔弗知，今其可亢怫于天道而不歸有德歟。時用詢謀，僉曰：公昭考文公，格勳德于天地，丕濟黔黎。洎公，又躬宣重光。故玄象徵見于上，謳訟奔走于下，天之曆數，用實在焉，予安敢弗若。是以欽祗聖典，遜位于公。公其享兹天命，保有萬國，可不慎歟。魏帝臨朝，遣戶部中夫，濟北公元迪致皇帝璽綬。帝固辭，公卿百辟勸進，太史陳祥瑞，乃從之。是日，魏帝遜位于大司馬府。

《新唐書》卷一七八《劉蕡傳》 〔蕡對曰〕伏以聖策有思古先之治，念玄默之化，將欲通天地以濟俗，和陰陽以煦物，見陛下慮道之深也。臣以爲哲王之治，其則不遠，惟致之之道何如耳。伏以聖策有祇荷丕構而不敢荒寧，奉若謨訓而罔有怠忽，見陛下憂勞之至也。若夫任賢惕厲，宵衣旰食，宜黜左右之纖佞，進股肱之大臣。若夫追蹤三五，紹復祖宗，宜鑒前古之興亡，明當代之成敗。心有未達，以下情蔽而不得上通；行有未孚，以上澤壅而不得下浹。欲人之化，在脩己以先之；欲氣之和，在遂性以導之。捄災旱在致精誠，廣播殖在視食力。國廩罕畜，本乎冗食尚繁；吏道多端，本乎選用失當。豪猾踰檢，繇中外之法殊；生徒惰業，繇學校之官廢；列郡干禁，繇授任非人；百工淫巧，繇制度不立。伏以聖策有擇官濟治之心，阜財發號之歎，見陛下教化之本也。且進人以行，則枝葉安有難辨乎？防下以禮，則恥格安有不形乎？念生寡而食衆，可罷斥惰游；念令煩而治鮮，要察其行否。博延羣彦，願陛下必納其言；造廷待問，則小臣安敢愛死？伏以聖策有求賢箴闕之言，審政辨疵之令，見陛下咨訪之勤也。遂小臣斥姦豪之志，則弊革于前；守陛下念康濟之心，則惠敷於下。邪正之道分，而治古可近，禮樂之方著，而和氣克充。至若夷吾之法，非皇王之權；嚴尤所陳，無最上之策；元凱之所先，不若唐堯考績；叔子之所務，不若虞舜舞干。且非大德之中庸、上聖之龜鑒，又何足爲陛下道之哉？或有以繫安危之機、兆存亡之變者，臣請披肝膽爲陛下別白而重言之。

臣前所謂哲王之治，其則不遠者，在陛下慎思之、力行之、始終不懈而已。謹按《春秋》，元者氣之始也，春者歲之元也。《春秋》以元加于歲，以春加于王，明王者當奉若天道，以謹其始也。又舉時以終歲，舉月以終時，《春秋》雖無事，必書首月以存時，明王者當承天之道，以謹其終也。王者動作終始必法於天者，以其運行不息也。陛下能謹其始，又能謹其終，懋而脩之，勤而行之，則執契而居簡，無爲而不宰，廣立本之大業，崇建中之盛德，安有三代循環之弊、百僞滋熾之漸乎？臣故曰：唯致之之道何如耳。

臣前所謂若夫任賢惕厲，宵衣旰食，宜黜左右之纖佞，進股肱之大臣，實以陛下憂勞之至也。臣聞不宜憂而憂者，國必衰；宜憂而不憂者，國必危。陛下不以國家存亡、社稷安危之策而降於清問，臣未知陛下以布衣之臣不足與定大計耶？或萬機之勤有所未至也？不然，何宜憂而不憂乎？臣以爲陛下所先憂者，宫闈將變，社稷將危，天下將傾，四海將亂。此四者，國家已然之兆，故臣謂聖慮宜先及之。夫帝業艱難而成之，固不可容易而守之。太祖肇其基，高祖勤其績，太宗定其業，玄宗繼其明，至於陛下，二百餘載，其間聖明相因，擾亂繼作，未有不用賢士、近正人而能興者。或一日不念，則顛覆大器，宗廟之恥，萬古爲恨。臣謹按《春秋》，人君之道，在體元以居正。昔董仲舒爲漢武帝言之略矣，有未盡者，臣得爲陛下備論之。夫繼故必書即位，所以正其始也；終必書所終之地，所以正其終也。故爲君者，所發必正言，所履必正道，所居必正位，所近必正人。《春秋》：閽弑吳子餘祭。書其名，譏疏遠賢士，昵刑人，有不君之道。伏惟陛下思祖宗開國之勤，念《春秋》繼故之誡。明法度之端，則發正言，履正道；杜篡弑之漸，則居正位，近正人。遠刀鋸之殘，親骨鯁之直。輔相得以顯其任，庶寮得以守其官。奈何以褻近五六人總天下大政，外專陛下之命，內竊陛下之權，威懾朝廷，勢傾海內，羣臣莫敢指其狀，天下不得制其心，禍稔蕭牆，姦生帷幄，臣恐曹節、侯覽復生於今日，此宮闈將變也。臣謹按《春秋》：定公元年春王。不言正月者，《春秋》以爲先君不得正其終，則後君不得正其始，故曰定無正也。今忠賢無腹心之寄，閽寺專廢立之權，陷先帝不得正其終，致陛下不得正其始，況太子未立，郊祀未脩，將相之職不歸，名器之宜不定，此社稷將危也。臣謹按《春秋》：王札子殺召伯、毛伯。《春秋》之義，兩下相殺不書。此書者，重其顓王命也。夫天之所授者在命，君之所存者在令。操其命而失之者，是不君也；侵其命而專之者，是不臣也。君不君，臣不臣，此天下所以將傾也。臣謹按《春秋》，晉趙鞅以晉陽之兵叛入于晉，書其歸者，能逐君側之惡以安其君，故《春秋》善之。今威柄陵夷，藩臣跋扈。有不達人臣大節，而首亂者將以安君爲名；不究《春秋》之微，稱兵者以逐惡爲義。則典刑不繇天子，征伐必自諸侯，此海內之將亂也。故樊噲排闥而雪涕，袁盎當車而抗辭，京房發憤以殞身，竇武不顧而畢命，此皆陛下明知之矣。臣謹按《春秋》，晉狐射姑殺陽處父，書襄公殺之者，以其君漏言也。襄公不能固陰重之機，處父所以及殘賊之禍，故《春秋》非之。夫上漏其情，則下不敢盡意；上泄其事，則下不敢盡言。故《傳》有造膝詭辭之文，《易》有失身害成之戒。今公卿大臣，非不欲爲陛下言之，慮陛下不能用也。忽而不用，必泄其言，臣下既言而不行，必嬰其禍；適足鉗直臣之口，而重姦臣之威。是以欲盡其言則有失身之懼，欲盡其意則有害成之憂，裴回鬱塞，以須陛下感悟，然後盡其啓沃。陛下何不聽朝之餘，時御便殿，召當世賢相老臣，訪持變扶危之謀，求定傾捄亂之術，塞陰邪之路，屏褻狎之臣，制侵陵迫脅之心，復門戶掃除之役，戒其所宜戒，憂其所宜憂。既不得治其前，當治於後；不得正其始，當正其終。則可以虔奉典謨，克承丕構，終任賢之效，無宵旰之憂矣。

臣前所謂追蹤三五，紹復祖宗，宜鑒前古之興亡，明當時之成敗者，臣聞堯、禹之爲君而天下大治者，以能任九官、四岳、十二牧，不失其舉，不貳其業，不侵其職，居官唯其能，左右唯其賢，元凱在下雖微而必舉，四凶在朝雖彊而必誅，考其安危，明其取捨。至秦二世、漢元成，咸願措國如唐、虞，致身如堯、舜，而終敗亡者，以其不見安危之機，不知取捨之道，不任大臣，不辨姦人，不親忠良，不遠讒佞也。伏惟陛下察唐、虞之所以興，而景行於前；鑒秦、漢之所以亡，而戒懼於後。陛下無謂廟堂無賢相，庶官無賢士。今紀綱未絶，典刑猶在，人誰不欲致身爲王臣，致時爲升平？陛下何忽而不用邪？又有居官非其能，左右非其賢，惡如四凶，詐如趙高，姦如恭、顯，陛下何憚而不去邪？神器固有歸，天命固有分，祖宗固有靈，忠臣固有心，陛下其念之哉！昔秦之亡也，失於彊暴；漢之亡也，失於微弱。彊暴則姦臣畏死害上，微弱則彊臣竊權而震主。臣伏見敬宗不虞亡秦之禍，不翦其萌，伏惟陛下深軫亡漢之憂，以杜其漸，則祖宗之洪業可紹，三五之遐軌可追矣。

臣前所謂陛下心有所未達，以下情塞而不能上通，行有所未孚，以上澤壅而不得下浹，且百姓有塗炭之苦，陛下無繇而知，陛下有子惠之心，百姓無繇而信。臣謹按《春秋》書梁亡不書取者，梁自亡也，以其思慮昏而耳目塞，上出惡政，人爲寇盜，皆不知其所以，終自取其滅亡也。臣聞國君之所以尊者，重其社稷也；社稷之所以重者，存其百姓也。苟百姓不存，則雖社稷不得固其重；社稷不重，則人君不得保其尊。故治天下者，不可不知百姓之情。夫百姓者，陛下之赤子，陛下宜令慈仁者視育之，如保傅焉，如乳哺焉，如師之教導焉。故人之於上也，恭之如神明，愛之如父母。今或不然，陛下視親近貴倖，分曹建署，補除卒吏，召致賓客，因其貨賄，假以聲勢，大者統藩方，小者爲守牧，居上無清惠之政而有饕餮之害，居下無忠誠之節而有姦欺之罪。故人之於上也，畏之如豺狠，惡之如讎敵。今海內困窮，處處流散，飢者不得食，寒者不得衣，鰥寡孤獨不得存，老幼疾病不得養，加以國權兵柄顓於左右，貪臣聚斂以固寵，姦吏因緣而弄法，冤痛之聲，上達於九天，下入於九泉，鬼神爲之怨怒，陰陽爲之愆錯。君門萬重，不得告訴，士人無所歸化，百姓無所歸命。官亂人貧，盜賊並起，土崩之勢，憂在旦夕。即不幸因之以病癘，繼之以凶荒，陳勝、吴廣不獨起於秦，赤眉、黄巾不獨生於漢，臣所以爲陛下發憤扼腕，痛心泣血也。如此則百姓有塗炭之苦，陛下何繇而知乎？陛下有子惠之心，百姓安得而信之乎？使陛下行有所未孚，心有所未達，固其然也。臣聞漢元帝即位之初，更制七十餘事，其心甚誠，其稱甚美。然紀綱日紊，國祚日衰，姦宄日彊，黎元日困，繇不能擇賢明而任之，失其操柄也。自陛下即位，憂勤兆庶，屢降德音，四海之内，莫不抗首而長息，自喜復生於死亡之中也。伏惟陛下慎終如始，以塞四方之望。誠能揭國柄以歸于相，持兵柄以歸于將，去貪臣聚斂之政，除姦吏因緣之害，惟忠賢是近，惟正直是用，内寵便僻無所聽焉。選清慎之官，擇仁惠之長，敏之以利，煦之以和，教之以孝慈，導之以德義。去耳目之塞，通上下之情，俾萬國懽康，兆庶蘇息，即心無不達，而行無不孚矣。

臣前所謂欲人之化也，在脩己以先之，臣聞德以脩己，教以導人。脩之也，則人不勸而自立；導之也，則人不教而率從。君子欲政之必行也，故以身先之；欲人之從化也，故以道御之。今陛下先之以身而政未必行，御之以道而人未從化，豈立教之旨未盡其方邪？夫立教之方，在乎君以明制之，臣以忠行之。君以知人爲明，臣以正時爲忠。知人則任賢而去邪，正時則固本而守法。賢不任則重賞不足以勸善，邪不去則嚴刑不足以禁非，本不固則人流，法不守則政散，而欲教之必至，化之必行，不可得也。陛下能斥姦邪而不私其左右，舉賢正而不遺其疏遠，則化浹朝廷矣；愛人而敦本，分職而奉法，脩其身以及其人，始於中而成於外，則化行天下矣。

臣前謂欲氣之和也，在遂其性以導之者，當納人於仁壽也，夫欲人之仁壽也，在立制度，修教化，夫制度立則用省，財用省則賦斂輕，賦斂輕則人富矣。教化脩則爭競息，爭競息則刑罰清，刑罰清則人安矣。既富矣，則仁義興焉；既安矣，則壽考至焉。仁義之心感於下，和平之氣應於上，故災害不作，休祥荐臻，四方底寧，萬物咸遂矣。

臣前所謂捄災旱在乎致精誠者，臣謹按《春秋》，魯僖公一年之中，三書不雨者，以其人君有恤人之志也；文公三年中，一書不雨者，以其人君無閔人之心也，故僖致誠而旱不害物，文無卹閔而變則成災。陛下有閔人之志，則無成災之變矣。

臣前所謂廣播殖在乎視食力者，臣謹按《春秋》：君人者必時視民之所勤。民勤於力則功築罕，民勤於財則貢賦少，民勤於食則百事廢。今財食與力皆勤矣，願陛下廢百事之用，以廣三時之務，則播植不愆矣。

臣前所謂國廩罕蓄，本乎宂食尚繁者，臣謹按《春秋》：臧孫辰告糴於齊。《春秋》譏其無九年之蓄，一年不登而百姓飢，臣願斥游惰之人以篤耕殖，省不急之費以贍黎元，則廩蓄不乏矣。

臣前所謂吏道多端，本乎選用失當者，繇國家取人不盡其材、任人不明其要故也。今陛下之用人也，求其聲而不求其實，故人之趨進也，務其末而不務其本。臣願覈考課之實，定遷序之制，則多端之吏息矣。

臣前所謂豪猾踰檢，繇中外之法殊者，以其官禁不一也。臣謹按《春秋》，齊桓公盟諸侯不日，而葵丘之盟特以日者，美其能宣明天子之禁，率奉王官之法，故《春秋》備而書之，然則官者，五帝、三王之所建也；法者，高祖、太宗之所制也。法宜畫一，官宜正名。今又分外官、中官之員，立南司、北司之局，或犯禁於南則亡命于北，或正刑于外則破律於中，法出多門，人無所措，繇兵農勢異，而中外殊也。臣聞古者因井田以制軍賦，間農事以脩武備，提封約卒乘之數，命將在公卿之列，故兵農一致，而文武同方，以保乂邦家，式遏亂略。太宗置府兵臺省軍衛，文武參掌，閑歲則櫜弓力穡，有事則釋耒荷戈，所以脩復古制，不廢舊物。今則不然。夏官不知兵籍，止於奉朝請；六軍不主武事，止於養階勳。軍容合中官之政，戎律附内臣之職。首一戴武弁，疾文吏如仇讎；足一蹈軍門，視農夫如草芥。謀不足以翦除姦宄，而詐足以抑揚威福；勇不足以鎮衛社稷，而暴足以侵害閭里。羈紲藩臣，干陵宰輔，隳裂王度，汨亂朝經。張武夫之威，上以制君父；假天子之命，下以御英豪。有藏姦觀釁之心，無仗節死難之誼。豈先王經文緯武之邪！臣願陛下貫文武之道，均兵農之功，正貴賤之名，一中外之法，還軍衛之職，脩省署之官，近崇貞觀之風，遠復成周之制，自邦畿以形下國，始天子而達諸侯，可以制猾姦之彊，無踰檢之患矣。

勞神惕慮，然後致治哉！

（唐）杜佑《通典》卷一六三《刑一・刑制》　孔子曰：大罪有五，而殺人爲下。逆天地者，罪及五代；誣鬼神者，罪及四代；逆人倫者，罪及三代；亂教化者，罪及二代；手殺人者，罪止其身。又曰：析言破律，亂名改作，執左道以亂政者，殺；作淫聲，造異服，設怪伎奇器以盪上心者，殺；行僞而固，言僞而辯，學非而博，順非而澤，以惑衆者，殺；假於鬼神、時日、卜筮以疑人者，殺。此四誅者，不待時，不以聽。

《宋史》卷六八《律曆志一》　凡天道運行，皆有常度，曆象之術，古今所同。蓋變法以從天，隨時而推數，故法有疏密，數有繁簡，雖條例稍殊，而綱目一也。

《宋史》卷七一《律曆志四》　道體爲一，天地之元，萬物之祖也。散而爲氣，則有陰有陽；動而爲數，則有奇有偶；凝而爲形，則有剛有柔；發而爲聲，則有清有濁。其著見而爲器，則有律、有呂。凡禮樂、刑法、權衡、度量皆出于是。

《宋史》卷一七三《食貨志上一》　五行，天道也；五事，人道也。天人之道治，而國家之政興焉。是故食貨而下，五卿之職備舉於是矣；宗伯掌邦禮，祀必有食貨而後儀物備，賓必有食貨而後委積豐；司空掌邦土，民必有食貨而後可奠於厥居；司徒掌邦教，民必有食貨而後可興於禮義；司寇掌邦禁，民必有食貨而後可遠於刑罰；司焉掌邦政，兵必有食貨而後可用於征戍。其曰：農用八政，農，食貨之本也。唐杜佑作《通典》，首食貨而先田制，其能推本《洪範》八政之意歟。

《宋史》卷一九九《刑法志一》　夫天有五氣以育萬物，木德以生，金德以殺，亦甚盭矣，而始終之序，相成之道也。先王有刑罰以糾其民，則必温慈惠和以行之。蓋裁之以義，推之以仁，則震懾殺戮之威，非求民之死，所以求其生也。《書》曰：士制百姓于刑之中，以教祗德。言刑以弼教，使之畏威遠罪，導以之善爾。唐、虞之治，固不能廢刑也，惟禮以防之，有弗及，則刑以輔之而已。王道陵遲，禮制隳廢，始專任法以罔其民。於是作爲刑書，欲民無犯，而亂獄滋豐，由其本末無序，不足相成故也。

臣前所謂生徒惰業，繇學校之官廢者，蓋國家貴其禄，賤其能，先其事，後其行，故庶官乏通經之學，諸生無脩業之心矣。

臣前所謂列郡干禁，繇授任非人者，臣以爲刺史之任，治亂之根本繫焉，朝廷之法制在焉，權可以御豪彊，恩可以惠孤寡，彊可以禦姦寇，政可以移風俗。其將校曾更戰陣，及功臣子弟，請隨宜酬賞，苟無治人之術者，不當任此官，即絶干禁之患矣。

臣前所謂百工淫巧，繇制度不立者，臣請以官位禄秩制其器用車服，禁以金銀珠玉，錦繡雕鏤不蓄於私室，則無蕩心之巧矣。

臣前所謂辨枝葉者，繇考言以詢行也；臣前所謂形於恥格者，繇道德而齊禮也。

臣前所謂念生寡而食衆，可罷斥惰游者，已備於前矣。

臣前所謂令煩而治鮮，要察其行否者，臣聞號令者，治國之具也，君審而出之，臣奉而行之，或虧益止留，罪在不赦。今陛下令煩而治鮮，得非持之者有所蔽欺乎？

臣前謂博延羣彦，願陛下必納其言，造廷待問，則小臣其敢愛死者，昔晁錯爲漢削諸侯，非不知禍之將至，忠臣之心，壯夫之節，苟利社稷，死無悔焉。臣非不知言發而禍應，計行而身僇，蓋痛社稷之危，哀生人之悔，豈忍姑息時忌，竊陛下一命之寵哉？昔龍逢死而啓商，比干死而啓周，韓非死而啓漢，陳蕃而啓魏。今臣之來也，有司或不敢薦臣之言，陛下又無以察臣之心，退必戮於權臣之手，臣幸得從四子游於地下，固臣之願也，所不知殺臣者，臣死之后，將孰爲啓之哉！

至如人主之闕，政教之疵，前日之弊，臣既言之矣。若乃流下土之惠，脩近古之治，而致和平者，在陛下行之而已。然上之所陳者，實以臣親承聖問，敢不條對。雖臣之愚，以爲未極教化之大端，皇王之要道。伏惟陛下事天地以教人恭，奉宗廟以教人孝，養高年以教人悌長，字百姓以教人慈幼，調元氣以煦育，扇大和以仁壽，可以消揺無爲，垂拱成化。至若念陶鈞之道，在擇宰相以任之，使權造化之柄；念保定之功，在擇將帥以任之，使脩閫外之寄；念百度之求正，在擇庶官而任之，使顯職業之守；念百姓之怨痛，在擇良吏以任之，使明惠養之術。自然言足以爲天下教，動足以爲天下法，仁足以勸善，義足以禁非，又何必宵衣旰食，

《宋史》卷四二七《道學傳・程頤》　天之生民，必有出類之才起而君長之，治之而爭奪息，導之而生養遂，教之而倫理明，然後人道立，天道成，地道平。二帝而上，聖賢世出，隨時有作，順乎風氣之宜，不先天以開人，各因時而立政。暨乎三王迭興，三重既備，子、丑、寅之建正，忠、質、文之更尚，人道備矣，天運周矣。聖王既不復作，有天下者雖欲倣古之跡，亦私意妄爲而已。事之繆，秦至以建亥爲正；道之悖，漢專以智力持世，豈復知先王之道也。

夫子當周之末，以聖人不復作也，順天應時之治不復有也，於是作《春秋》，爲百王不易之大法。所謂考諸三王而不繆，建諸天地而不悖，質諸鬼神而無疑，百世以俟聖人而不惑者也。先儒之傳，游、夏不能贊一辭，辭不待贊者也，言不能與於斯爾。斯道也，唯顔子嘗聞之矣。行夏之時，乘殷之輅，服周之冕，樂則《韶舞》，此其準的也。後世以史視《春秋》，謂褒善貶惡而已，至於經世之大法，則不知也。

《春秋》大義數十，其義雖大，炳如日星，乃易見也。惟其微辭隱義、時措從宜者，爲難知也。或抑或縱，或予或奪，或進或退，或微或顯，而得乎義理之安，文質之中，寬猛之宜，是非之公，乃制事之權衡，揆道之模範也。夫觀百物然後識化工之神，聚衆材然後知作室之用，於一事一義而欲窺聖人之用心，非上智不能也。故學《春秋》者，必優游涵泳，默識心通，然後能造其微也。後王知《春秋》之義，則雖德非禹、湯，尚可以法三代之治。

自秦而下，其學不傳，予悼夫聖人之志不明於後世也，故作《傳》以明之，俾後之人通其文而求其義，得其意而法其用，則三代可復也。是《傳》也，雖未能極聖人之蘊奥，庶幾學者得其門而入矣。

（宋）李燾《續資治通鑑長編》卷一一一《宋仁宗寶元元年》　直史館葉清臣上疏曰：昔杜欽有言：子爲父陰，臣爲君陰，妻爲夫陰，夷狄爲中國陰。臣以今日之事推之，陛下嗣位十六載，尚虚儲宫，宗室諸幼，無所用事，子之陰不能沴父也。中宫柔順，不姦外朝，戚里族屬，不及以政，妻之陰不能沴夫也。四夷讋服，邊候不聳，夷狄之陰不能沴中國也。獨大臣秉政，專制刑爵，陛下馭臣之術，未合治體，臣謂此正臣之陰爲沴爾。陛下纘御之始，母后臨朝，天資仁孝，推而弗有，天下之人不以爲過，知陛下奉先志而尊母訓也。明道以後，政歸明辟，進退輔弼，廢置閣寺，杜私謁，禁斜封。當此時，天下之人驩然傾心，知陛下晦於昔而顯於今也。然患在持之不久，未能勵精庶政，遂使招權之人，日嘗月伺，乘上寬仁，自用於下。陛下猶臨朝淵默，垂拱仰成，事無大小，有議皆可。使輔相之臣竭忠無私，皆如蕭、曹、房、杜則可，一有不及，才或非倫，則誤陛下事多矣。

臣聞王者之所以横制六合，撫有萬民者，在握刑賞之權，不授人以柄而已。故舉一善，有爵禄之賜；黜一惡，有斧鉞之誅。使人尊如天，親如地，仰其明如日月，畏其威如雷霆。今則不然，有一進拔，則曰宰相某人之親也，舊也，嘗遊其門而善者也；被一抑黜，則曰宰相某人之嫌也、隙也，跡疏而不被其遇者也。爵賞刑罰，陛下所有也，比及於人，則天下之人族談囂然，不曰自陛下出，而曰由宰相得，非臣陰之盛而易天地之序者乎！此非一日之事也，堅冰之漸，其來久矣。京房曰：臣事雖正，專必震。使正而專，猶且震，况專而不正，安得不瀆陰陽之氣而致天地之變乎！此地震之所由至也。

昔祖宗臨御，親覽權綱，進賢退不肖，發在宸斷，孜孜求治，朝夕訪對，孤臣下士，皆得納忠，小大之事無不知，刑賞之行無不當。今陛下昕旦視朝，僅了常務，未嘗講議大政，考求得失，晝日燕居，深處穆清，未嘗延召多士，諮諏未悟，此陛下所以馭臣之闕，而執事得以阿枉，在位得以壅蔽也。臣願陛下用天之高明剛健，法太祖之英武肅果，太宗之神睿聰察，先皇帝之精勤哲明，然後官人以材如周文，以法繩下如漢宣，招諫遷善如唐文皇。若此，何懼災患之不消，福慶之不臻哉！

（宋）李幼武《宋名臣言行録外集》卷一〇《武夷先生文定公》　論曰：人主以天下爲度者也，所好當遵王道，不可以私勞行賞；所惡當遵王路，不可以私怨用刑。其喜怒則當發必中節，和氣絪緼而育萬物也。陛下聖度虚明，天心廣大，固當不以私喜，親近諛佞；亦當不以私怒，疏遠正直。賞而必當，是謂天命。罰而必當，是謂天討。施諸一人而千萬人悦以畏矣。

《明史》卷二五五《黄道周傳》　上疏曰：臣自幼學《易》，以天道爲準。上下載籍二千四百年，考其治亂，百不失一。陛下御極之元年，正當《師》之上九，其爻云大君有命，開國承家，小人勿用。陛下思賢才不遽得，懲小人不易絶，蓋陛下有大君之實，而小人懷干命之心。臣入都以來，所見諸大臣皆無遠猷，動尋苛細。治朝宁者以督責爲要談，治邊疆者以姑息爲上策。序仁義道德，則以爲迂昧而不經；奉刀筆薄書，則以爲通達而知務。一切磨勘，則葛藤終年；一意不調，而株連四起。陛下欲整頓紀綱，斥攘外忠，諸臣用之以滋章法令，摧折縉紳；陛下欲剔弊防奸，懲一警百，諸臣用之以借題修隙，斂怨市權。且外廷諸臣敢誑陛下者，必不在拘攣守文之士，而在權力謬巧之人；内廷諸臣敢誑陛下者，必不在錐刀泉布之微，而在阿柄神叢之大。惟陛下超然省覽，旁稽載籍，自古迄今，决無數米量薪，可成遠大之猷；吹毛數睫，可奏三五之治者。彼小人見事，智每短於事前，言每多於事後。不救凌圍，而謂凌城必不築，不理島民，而謂島衆必不可用。兵逃於久頓，而謂亂生於無兵；餉糜不漏兵戹，而謂功銷於無餉。亂視熒聽，浸淫相欺，馴至極壞，不可復挽，臣竊危之。自二年以來，以察去弊，而弊愈多；以威創頑，而威滋殫。是亦反申、商以歸周、孔，捐苛細以崇惇大之時矣。

（明）何楝如《皇祖四大法》卷三《治法》　吴元年十月乙卯。上謂臺憲官劉基、章溢、周禎等，曰：紀綱法度爲治之本，所以振紀綱、明法度者，則在臺憲。凡揭紀綱法度以示百司，猶射者之有正鵠也。百司庶職操弓矢以學射者於臺憲乎取法，故審己不可以不慎。苟不知其本，察於小物而昧於大體，終非至正之道。爾等執法，上應天象，少有偏曲，則紀綱法度廢壞，而民不得其安，况或深文以爲能，苟察以爲智。若甯成、郅都、周興、來俊臣之徒，巧詆深文，恣爲酷虐，終亦不免。若于公陰德子孫，乃致貴顯。天道昭然，深可畏也。

（明）朱元璋《教民榜文》　鬼神之道，陰陽表裏，人雖無見，冥冥之中，鬼神鑒察，作善作惡，皆有報應。曩者已令鄉村各祭本鄉土穀之神及無祀鬼神。今再申明：民間歲時依法祭祀，使福善禍淫，民知戒懼，不敢爲惡。如此則善良日增，頑惡日消，豈不有補於世道。

如今天下太平，百姓除本分納糧當差之外，别無差遣。各宜用心生理，以足衣食。每戶務要照依號令，如法栽種桑株棗柿綿花，每歲養蠶。所得絲綿，可供衣服，棗柿豐年可以賣鈔使用，遇儉年可當糧食。此事有益爾民，里甲老人，如常提督寘點視，敢有違者，家遷化外。

《皇明弘治六年條例·閏五月·申明私宰耕牛事例》　臣惟爲治以農爲本，輸載以牛爲先，使牛有不足，則田畝憑何耕、輸載憑何運也？所謂牛者，有功於世，有益於人，誠爲農務之根本。私宰耕牛，在律例固有明禁矣。奈何近年以來，無藉之徒冒律違例，不行遵守。殺牛買肉者，京城之内，連坊接市無不屠宰，大街小巷挑擔叫賣。在京如此，在外可知，若不禁止，販賣者愈多，屠宰者益廣，非止民缺其耕載之用，抑且有傷於天地之和。伏乞聖明以重農爲本，垂及物之仁，如蒙乞敕該部在京令五城兵馬，在外聽軍衛有司，嚴加禁約。如有違法，照例問罪。如此，則愚頑知所警懼，天地之和氣不傷等因，具本。

《皇朝通志》卷七九《刑法畧五·刑制》　五年諭：刑名關係民命，死者不可復生。朕於刑名更加慎重。《書》曰：天討有罪，五刑五用哉！必輕重悉當。天理乃爲欽承天道，若應嚴而寬便是逆天，寬且不可而况嚴乎？

（漢）孔鮒《孔叢子》卷上《論書》　孔子曰：此言人事之應乎天也。堯既得舜，歷試諸難，已而納之於尊顯之官，使大録萬機之政。是故陰陽清和，五星來備，烈風雷雨各以其應，不有迷錯愆伏，明舜之行合於天也。

（清）孫星衍《孔子集語》卷四《六藝上》　《周易乾鑿度》孔子曰：君臣不變不能成朝，紂行酷虐，天地反，文王下吕，九尾見。夫婦不變，不能成家，妲己擅寵，殷以之破。大任順季，享國七百，此其變易也。不易也者，其位也。天在上，地在下，君南面，臣北面，父坐子伏，此其不易也。故易者，天地之道也，乾坤之德，萬物之寶。至哉易，一元以爲元紀。

又：《周易乾鑿度》孔子曰：益之六二：或益之十朋之龜，弗克違，永貞吉。王用享於帝，吉。益者，正月之卦也。天氣下施，萬物皆益。言王者之法天地，施政教，而天下被陽德，蒙王化，如美寶，莫能違害，永貞。其道咸受吉化，德施四海，能繼天道也。王用享於帝者，言祭天也。三王之郊一用夏正，天氣三微而成一著，三著而成一體。方知此之時天地交，萬物通，故泰益之卦，皆夏之正也。此四時之正，不易之道也。故三王之郊一用夏正，所以順四時，法天地之道也。

（清）孫星衍《孔子集語》卷六《主德》　《大戴禮·虞戴德》公曰：昔有虞戴德何以？深慮何及？高舉安取？子曰：君以聞之，唯丘無以更也，君之聞如未成也。黄帝慕脩一作循。之。曰：明法于天明，開施教於民，行此以上明于天化也，物必起，是故民命而弗改也。公曰：善哉！以天教于民，可以班乎？子曰：可哉。雖可而弗由，此以上知所以行斧鉞也。父之於子，天也，君之於臣，天也。有子不事父，有臣不事君，是非反天而到行邪？故有子不事父，不順；有臣不事君，必刃。順天作刑，地生庶物，是故聖人之教于民也，率天如祖地，能用民德。是以高舉不過天，深慮不過地，質知而好仁，能用民力，此三常之禮。明而名不蹇，禮失則壞，名失則惽。

（清）孫星衍《孔子集語》卷一二《事譜上》　《説苑·權謀》孔子曰：《詩》云：皇皇上帝，其命不忒，天之與人，必報有德。禍亦如之。夫釐王變文武之制而作元黄宫室，輿馬奢侈，不可振也。故天殃其廟，是以知之。

又：《春秋繁露·五行相勝》火者，司馬也。司馬爲讒，反言易辭以譖愬人，内離骨肉之親，外疏忠臣，賢聖旋亡，讒邪日昌，魯上大夫季孫是也。專權擅勢，薄國威德，反以怠惡譖愬其羣臣，劫惑其君。孔子爲魯司寇，據義行法，季孫自消，墮費郈城，兵甲有差。夫火者，大朝，有讒邪熒惑其君，執法誅之。執法者，水也，故曰水勝火。

《春秋繁露·五行相生》北方者水，執法司寇也，司寇尚禮，君臣有位，長幼有序，朝廷有爵，鄉黨以齒，升降揖讓，般伏拜謁，折旋中矩，立而磬折，拱則抱鼓，執衡而藏，至清廉平，賂遺不受，請謁不聽，據法聽訟，無有所阿，孔子是也。爲魯司寇，斷獄屯，屯與衆共之，不敢自專，是死者不恨，生者不怨。

《子思子全書·誠明》　子思曰：唯天下至聖，爲能聰明睿知，足以有臨也；寬裕温柔，足以有容也；發強剛毅，足以有執也；齊莊中正，足以有敬也；文理密察，足以有別也。溥博淵泉而時出之。溥博如天，淵泉如淵。見而民莫不敬，言而民莫不信，行而民莫不説，是以聲名洋溢乎中國，施及蠻貊。舟車所至，人力所通，天之所覆，地之所載，日月所照，霜露所隊；凡有血氣者，莫不尊親。故曰配天。

（漢）陸賈《新語》卷下《明誡》　堯舜不易日月而興，桀紂不易星辰而亡。天道不改，而人道易也。夫持天地之政，操四海之綱。缺二字。不可以失度，動作不可以離道。謬語出於口，則亂及萬里之外，况刑及無罪於獄，而殺及無辜於市乎？故世衰道亡，非天之所爲也，乃國君者有所取之也。惡政生於惡氣，惡氣生於災異。蝮虫之類，隨氣而生。虹蜺之屬，因政而見。治道失於下，則天文度於上；惡政流於民，則虫災生於地。賢君智則知隨變而改，緣類而試思之於缺三字變。聖人之理，恩及昆虫，澤及草木，乘天氣而生，隨寒暑而動者，莫不延缺四字傾耳而聽化。聖人察物，無所遺失，上及日月星辰，下至鳥獸草木昆虫，缺三字鷁之退飛，治五石之所隕，所以不失纖微。至於鴝鵒來，冬多麋，言鳥獸之類缺三字也。十有二月李梅實，十月殞霜不煞菽，言寒暑之氣，失其節也。鳥獸草木尚欲各得其所，綱之以法，紀之以數，而况於人乎？聖人承天之明，正日月之行，録星辰之度，因天地之利，等高下之宜，設山川之便，平四海，分九州，同好惡，一風俗。《易》曰：天垂象，見吉凶，聖人則之；天出善道，聖人得之。言御占圖曆之變，下衰風化之失，以匡衰盛，紀物定世。後無不可行之政，無不可治之民，故曰：則天之明，因地之利。觀天之化，推演萬事之類。散之於缺二字之間，調之以寒暑之節，養之以四時之氣，同之以風雨之化。故絶國異俗，莫不知缺三字樂則歌，哀則哭。蓋聖人之教，所齊一也。夫善道存於身，無遠而不至，惡行著於缺三字而不去。周公躬行禮義，郊祀后稷，越裳奉貢，重譯而臻，麟鳳草木，緣化而應。殷紂缺二字，微子棄骨肉而亡。行善則鳥獸悦，行惡則臣子恐。是以明者可以致遠，鄙者可以缺一字近。故《春秋》書衛侯之弟鱄出奔晉，書鱄絶骨肉之親，棄大夫之位，越先人之境，附他人之域，窮涉寒飢，織履而食，不明之効也。

（漢）荀悦《申鑒·政體》　立天之道，曰陰與陽；立地之道，曰柔與剛；立人之道，曰仁與義。陰陽以統其精氣，剛柔以品其羣形，仁義以經其事業，是爲道也。故凡政之大經，法教而已矣。教者，陽之化也；法者，陰之符也。仁也者，慈此者也。義也者，宜此者也。禮也者，履此者也。信也者，守此者也。智也者，知此者也。

（宋）黎靖德《朱子語類》卷五《尚書一・皋陶謨》 天命有德，五服五章哉！天討有罪，五刑五用哉！若德之大者，則賞以服之大者；德之小者，則賞以服之小者；罪之大者，則罪以大底刑；罪之小者，則罪以小底刑，盡是天命、天討，聖人未嘗加一毫私意於其間，只是奉行天法而已。天叙有典，勑我五典五惇哉！天秩有禮，自我五禮有庸哉！許多典禮，都是天叙天秩下了，聖人只是因而勑正之，因而用出去而已。凡其所謂冠昏喪祭之禮，與夫典章制度，文物禮東，車輿衣服，無一件是聖人自做底。都是天做下了，聖人只是依傍他天理行將去。如推箇車子，本自轉將去，我這裏只是畧扶助之而已。僩。

（明）丘濬《大學衍義補》卷一《正朝廷・總論朝廷之政》 《易》曰：天地之大德曰生，聖人之大寶曰位。何以守位？曰仁。何以聚人？曰財。理財正辭，禁民為非，曰義。

臣按：人君所居之位，極崇高而至貴重，天下臣民莫不尊戴，譬則至大之寶也。人君居聖人大寶之位，當體天地生生之大德，以育天地所生之人民，使之得所生聚，然後有以保守其莫大之位焉。然人之所以生，必有所以養，而後可以聚之。又在乎生天下之財，使百物足以給其用。有以為聚居衣食之資，而無離散失所之患，則吾大寶之位，可以長保而有之矣。然有財而不能理，則民亦不得而有之。所謂理財者，制其田里，教之樹畜，各有其有，而不相侵奪，各用其用，而無有虧欠，則財得其理而聚矣。所謂正辭者，辨其名實，明其等級，是是非非，而有所分別，上上下下，而無有混殽，則辭得其順而正矣。既理財正辭，而民有趨于利而背于義者，又必憲法令，致刑罰以禁之，使其于財也，彼此有無之間，不得以非義相侵奪。其于辭也，名號稱謂之際，不得以非義相紊亂。與凡貴賤、長幼、多寡、取予之類，莫不各得其宜焉。是則所謂義也。吁，聖人體天地生生之仁，盡教養斯民之義，孰有加于此哉？先儒謂易之事業，盡于此三言者，臣愚以為人君受天地之命，居君師之位，所以體天地而施仁立義，以守其位者，誠不外乎此三者而已。謹載《大易》此言于總論朝廷之政之首，以為大寶之獻。

（明）丘濬《大學衍義補》卷三《正朝廷・公賞罰之施》 《皋陶謨》：天命有德，五服五章哉。五服，五等之服。章，顯也。天討有罪，五刑五用哉。五刑，五等之人。政事懋勉也。哉，懋哉。蔡沈曰：天命有德之人，則五等之服以彰顯之。天討有罪之人，則五等之刑以懲戒之。蓋爵賞刑罰，乃人君之政事。君主之，臣用之，當勉勉而不可怠也。

臣按：先儒謂，人受天地之中以生，能者養之以福，不能者敗以取禍。故全是衷者為德，是不失天之所賦也，故天命之。君必體福善之天，制五等之服，以彰其德。戾是衷者為罪，是失天之所賦也，故天討之。君必體禍淫之天，用五等之刑，以威其罪。爵賞刑罰，乃政事之大者，當勉勉而不可怠也。由是以觀，則知人君之爵賞刑罰，皆承天以從事，非我有之得私也。後世人主，不知出此，往往以己心之喜怒，私意之好惡，輒加賞罰於人，則失天命天討之旨矣。

（清）王夫之《思問録・内篇》 立人之道，曰仁與義，在人之天道也。由仁義行，以人道率天道也。行仁義則待天機之動而後行，非能盡夫人之所以異于禽獸者矣。天道不遺于禽獸，而人道則爲人之獨，由仁義行，大舜存人道聖學也，自然云乎哉！

陰禮陽樂，禮主乎減，樂主乎盈，陰陽之撰可體驗者，莫此爲顯。故曰明則有禮樂，幽則有鬼神。鬼神，陰陽之幾也，禮樂之藴也。幽者明之藏，明者幽之顯也。知此則太極動而生陽，静而生陰，陽有條理，陰有秩敘，非有以生之，則條理不成，秩敘亦無自而設矣。静生秩敘，非幽謐闃寂之爲静可知。嗚呼！静之所生秩敘之實，森森乎其不可數，而孰其見之！

天者道，人者器，人之所知也。天者器，人者道，非知德者其孰能知之！潛雖伏矣，亦孔之昭。相在爾室，尚不媿于屋漏。非視不見，聽不聞，體物而不可遺者乎！天下之器，皆以爲體而不可遺也。人道之流行，以官天府地裁成萬物而不見其迹。故曰天者器，人者道。

（清）唐甄《潛書》上篇上《性才》 心之陽若何？道貴明，明由於静；道貴通，通由於明；道貴變，變由於通；道貴廣，廣由於變。發生不窮，是爲心之陽。古之聖人，萬物爲一，功同天地，所施無不合者，皆在於是。道力雖廣，不於廣徵。雖即次有推，實具於由静得明。静中自足，至明則顯。明非其明，守静乃塞；静得其静，大明乃生。以軸觀静，以受軸之虛觀明，以行觀通，以御觀變，以至觀廣。軸虛相受，徑不二寸，圓轉無滯。九州之遠，道里交錯，不計其數；造車之始，已攝於徑寸之內。性之爲才，視此勿疑。言性必言才者，性居於虛，不見條理，而條理皆由以出。譬諸天道，生物無數，即一微草，取其一葉審視之，膚理筋絡，亦復無數。物有條理，乃見天道。堯舜雖聖，豈能端居恭默，無所張施，使天下之匹夫匹婦，一衣一食，皆得名遂，必命禹治水，稷教農，契明倫，皋陶理刑，后夔典樂，庶職無曠，庶政無闕，乃可以成功。堯舜之盡性如是。后世之爲政者，心不明，則事不達；事不達，則所見多乖，所行多泥，徒抱空性，終於自廢，何以性爲！誠能反求諸性盡其本體，其才自見。

（清）唐甄《潛書》上篇上《自明》　道無小大令，今皆不傳。醫有書，讀其書者不能生人；卜筮有書，讀其書者不能知吉凶；聖人有書，讀其書者不能治天下；道在書而非自得也。是故上世無書而道出，中世書少而道明，下世書多而道亡。心如果，書如土，枝葉出於果，非出於土。不自得而壹於書，是舍其種而求枝葉於土也。惟師亦然。因師而得者，不過繩墨其身，權度其心，爲君子人而止。其可得者在師，其不可得者在我。是故以仲尼爲之父，而伯魚不過爲中材之子。子輿之後也百有餘歲，不及身爲之徒，乃得其學焉而爲聖人。學天地之道，雖知天地，道在天地，於我乎何有！學聖人之道，雖知聖人，道在聖人，於我乎何有！學君臣父子之道，雖知其道，道在君臣父子，於我乎何有！過都市者，見寶而喜，去之不可忘，就之不可取。寶非已有，猶壤芥也，夫豈非寶不可以爲寶！以斯譬道，道非己有，夫豈非道不可以爲道！天生物，道在物而不在天；天生人，道在人而不在天。取諸一物，道在此物而不在彼物；取諸一人，道在我而不在他人。身有目，目有明；身有耳，耳有聰。道在明而不在目，道在聰而不在耳；道在明明而不在明，道在聰聰而不在聰。不知我之言者，以爲止而不及於通也，獨而不及於該也。知我之言者，以爲止所以爲通也，獨所以爲該也。園師伐樹以接樹，非木相貫，生相貫也；鉅人肢痿，非體不相貫，生不相貫也。道散然後見形，道歸不復見形。天地爲首趾，自心爲胡越，身世之故，判於斯矣。

（清）唐甄《潛書》上篇上《居心》　今之人，猶古之人也；今之學，猶古之學也。好學者內省外察，唯恐分杪之不合於聖人，而卒至於相去之遠如是，何哉？曷亦反求諸其心矣！人孰不欲有安宅哉？過朋友之家，語言飲食既畢，則去之矣。假居於人之室，近則月日，久則歲時，則去之矣。之燕趙者，次於旅舍，信宿則去之矣。非已之宅，過而不留焉；是已之宅，終身不離焉。於宅則知我，於心則不知我。以觀宅者觀心，則知心矣；以居宅者居心，則得心矣。然則當何以居心哉？嵩嶽之山，立乎天地之始，並乎天地之終，處於六合之中以爲之位，連乎四極之下以爲之根。斯亦不移之至矣。心之不移也似之。大海之水風乎南北，蕩乎東西，無所表之以識其處，無所維之以得其止。斯亦無定之至矣。心之無定也似之。聖人之心如嶽，衆人之心如海。善居心者，能使海變爲山，則堯孔可幾也。或曰：心既定矣，敢問求道之何從？曰：子欲將心求道乎？曰：然。曰子之將心以求道也，豈不以道爲至神之一物，望之而不見，將竭心思，窮歲月，如結網求魚，操弓彈鳥乎？曰其或然乎！唐子指燈而言曰：吾與子處於暗室之中，目無所見，著火於燈，明照四壁，無所不見，豈非以火乎？然則火自明也，明即火也，非火在是而別有所假以爲明也。心譬則火也，道譬則明也，何見爲二物哉！

（清）唐甄《潛書》上篇上《博觀》　百物皆有精，無精不生。既生既壯，練而聚之，復傳爲形。形非異，即精之成也；精非異，即形之初也。收於實，結於彈，禪代不窮。自有天地，即有是果贏鸛鴿，以至於今。人之所知，限於其目。今年一果贏生，來年一果贏死；今日爲鸛鴿之子者生，來日爲鸛鴿之母者死，何其速化之可哀乎！察其形爲精，精爲形，萬億年之間，雖易其形而爲萬億果贏，實萬億果贏而一蔓也；雖易其形而爲萬億鸛鴿，實萬億鸛鴿而一身也。果鳥其短忽乎，天地其長久乎？果鳥其易形而短忽乎，天地其一形而長久乎？無成乃無毀，有成必有毀。天地之既成也，吾知其必有毀也；知其必有毀也，亦知其必復有成也；知其必復有成，亦知其後成之不異於前成也。其日月星辰，必復如是；其山川百物，必復如是；其君長上下，必復如是；其宮室舟車衣服飲食，必復如是。猶之相此蜩而知彼蜩之羽如是也，相此菌而知彼菌之輪如是也。

又：以之求長生，魂欲上天，魄欲入淵，還魂反魄，合乎自然。是皆逆陰陽之用，竊天地之機，以私其身。於是有人皆死我獨存者。觀傳形者，順乎氣耳，而機不在焉；得長生者，握其機耳，而道不在焉。句滙問於唐子曰：仲尼觀水而歎逝者，其義可得聞乎？唐子曰：善哉問也！時之逝也，日月迭行，晝夜相繼，如馳馬然。世之逝也，自皇以至於帝王，自帝王以至于今茲，如披籍然。人之逝也，少焉而老至，老矣而死至，如過風然。此聖人與衆人同者也。聖人之所以異于衆人者，有形則逝，無形則不逝；順於形者逝，立乎無形者不逝。無古今，無往來，無生死，其斯爲至矣乎！

《墨子·非攻下》　古之仁人有天下者，必反大國之説，一天下之和，總四海之内焉。率天下之百姓，以農臣事上帝山川鬼神。利人多，功故又大，是以天賞之，鬼富之，人譽之，使貴爲天子，富有天下，名參乎天地，至今不廢，此則知者之道也。先王所以有天下者也。今王公大人、天下之諸侯則不然。將必皆差論其爪牙之士，皆列其舟車之卒伍，於此爲堅甲利兵，以往攻伐無罪之國，入其國家邊境，芟刈其禾稼，斬其樹木，墮其城郭，以湮其溝池，攘殺其牲牷，燔潰其祖廟，勁殺其萬民，覆其老弱，遷其重器。卒進而柱乎鬭，曰死命爲上，多殺次之，身傷者爲下。

《墨子·天志上》　子墨子言曰：今天下之士君子知小而不知大。何以知之？以其處家者知之。若處家得罪於家長，猶有鄰家所避逃之。然且親戚兄弟所知識共相儆戒，皆曰：不可不戒矣！不可不慎矣！惡有處家而得罪於家長而可爲也！非獨處家者爲然，雖處國亦然。處國得罪於國君，猶有鄰國所避逃之。然且親戚兄弟所知識共相儆戒，皆曰：不可不戒矣！不可不慎矣！誰亦有處國得罪於國君而可爲也！此有所避逃之者也，相儆戒猶若此其厚，况無所避逃之者，相儆戒豈不愈厚然後可哉！且語言有之曰：焉而晏日焉而得罪，將惡避逃之？曰：無所避逃之。夫天不可爲林谷幽門無人，明必見之。然而天下之士君子之於天也，忽然不知以相儆戒。此我所以知天下士君子知小而不知大也。

然則天亦何欲何惡，天欲義而惡不義。然則率天下之百姓以從事於義，則我乃爲天之所欲也。我爲天之所欲，天亦爲我所欲。然則我何欲何惡？我欲福禄而惡禍祟。然則我率天下之百姓以從事於禍祟中也。然則何以知天之欲義而惡不義？曰：天下有義則生，無義則死；有義則富，無義則貧；有義則治，無義則亂。然則天欲其生而惡其死，欲其富而惡其貧，欲其治而惡其亂。此我所以知天欲義而惡不義也。曰：且夫義者政也，無從下之政上，必從上之政下。是故庶人竭力從事，未得次己而爲政，有士政之；士竭力從事，未得次己而爲政，有將軍大夫政之；將軍大夫竭力從事，未得次己而爲政，有三公諸侯政之；三公諸侯竭力聽治，未得次己而爲政，有天子政之；天子未得次己而爲政，有天政之。天子爲政於三公、諸侯、士、庶人，天下之士君子固明知；天之爲政於天子，天下百姓未得之明知也。故昔三代聖王禹、湯、文、武，欲以天之爲政於天子明説天下之百姓，故莫不犓牛羊，豢犬彘，潔爲粢盛酒醴，以祭祀上帝鬼神，而求祈福於天。我未嘗聞天下之所求祈福於天子者也，我所以知天之爲政於天子者也。故天子者，天下之窮貴也，天下之窮富也，故於富且貴者當天意而不可不順！順天意者，兼相愛，交相利，必得賞；反天意者，别相惡，交相賊，必得罰。然則是誰順天意而得賞者？誰反天意而得罰者？子墨子言曰：昔三代聖王禹、湯、文、武，此順天意而得賞也；昔三代之暴王桀、紂、幽、厲，此反天意而得罰者也。然則禹、湯、文、武，其得賞何以也？子墨子言曰：其事上尊天，中事鬼神，下愛人。故天意曰：此之我所愛，兼而愛之；我所利，兼而利之。愛人者，此爲博焉；利人者，此爲厚焉。故使貴爲天子，富有天下，業萬世子孫，傳稱其善，方施天下，至今稱之，謂之聖王。然則桀、紂、幽、厲得其罰，何以也？子墨子言曰：其事上詬天，中詬鬼，下賊人。故天意曰：此之我所愛，别而惡之；我所利，交而賊之。惡人者，此爲之博也；賤人者此爲之厚也。故使不得終其壽，不歿其世，至今毁之，謂之暴王。然則何以知天之愛天下之百姓？以其兼而明之。何以知其兼而明之？以其兼而有之。何以知其兼而有之？以其兼而食焉。何以知其兼而食焉？曰：四海之内，粒食之民，莫不犓牛羊，豢犬彘，潔爲粢盛酒醴以祭祀於上帝鬼神，天有邑人，何用弗愛也！且吾言：殺一不辜者必有一不祥。殺不辜者誰也？則人也。子之不祥者誰也？則天也。若以天爲不愛天下之百姓，則何故以人與人相殺而天子之不祥？此我所以知天之愛天下之百姓也。順天意者，義政也；反天意者，力政也。然義政將柰何哉？子墨子言曰：處大國不攻小國，處大家不篡小家，強者不劫弱，貴者不傲賤，多詐者不欺愚。此必上利於天，中利於鬼，下利於人。三利，無所不利，故舉天下美名加之，謂之聖王。力政者則與此異。言非此，行反此，猶倖馳也；處大國攻小國，處大家篡小家，強者劫弱，貴者傲賤，多詐欺愚。此上不利於天，中不利於鬼，下不利於人。三不利，無所利，故舉天下惡名加之，謂之暴王。子墨子言曰：我有天志，譬輪人之有規，匠人之有矩。輪匠執其規矩以度天下之方圜，曰：中者是也，不中者非也。今天下之士君子之書不可勝載，言語不可盡計，上說諸侯，下說列士，其於仁義則大相遠也。何以知之？曰：我得天下之明法以度之。

《墨子·天志中》 墨子曰：天之意不欲大國之攻小國也，大家之亂小家也。强之暴寡，詐之謀愚，貴之傲賤，此天之所不欲也，止此而已。欲人之有力相營，有道相教，有財相分也。又欲上之强聽治也，下之强從事也。上强聽治，則國家治矣；下强從事，則財用足矣。若國家治，財用足，則內有以潔爲酒醴粢盛以祭祀天鬼；外有以爲環璧珠玉以聘交四鄰。諸侯之冤不興矣，邊境兵甲不作矣。

《墨子·天志下》 墨子言曰：戒之慎之，必爲天之所欲，而去天之所惡。曰：天之所欲者何也？所惡者何也？天欲義而惡其不義者也。何以知其然也？曰：義者，正也。何以知義之爲正也？天下有義則治，無義則亂，我以此知義之爲正也。然而正者，無自下正上者，必自上正下，是故庶人不得次己而爲正，有士正之；士不得次己而爲正，有大夫正之；大夫不得次己而爲正，有諸侯正之；諸侯不得次己而爲正，有三公正之；三公不得次己而爲正，有天子正之；天子不得次己而爲政，有天正之。今天下之士君子皆明於天子之正天下也，而不明於天正也。是故古者聖人明以此說人曰：天子有善，天能賞之；天子有過，天能罰之。天子賞罰不當，聽獄不中，天下疾病禍福霜露不時，天子必且犓豢其牛羊犬彘潔爲粢盛酒醴，以禱祠祈福於天。我未嘗聞天之禱祈福於天子也，吾以此知天之重且貴於天子也。是故義者不自愚且賤者出，必自貴且知者出。曰：誰爲知？天爲知。然則義果自天出也。

又： 墨子置立天志以爲儀法，若輪人之有規，匠人之有矩也。今輪人以規，匠人以矩，以此方圜之別矣。是故子墨子置立天志以爲儀法。

《墨子·明鬼》 墨子言曰：逮至昔三代聖王既沒，天下失義，諸侯力正。是以存夫爲人君臣上下者之不惠忠也，父子弟兄之不慈孝弟長貞良也，正長之不強於聽治，賤人之不强於從事也。民之爲淫暴寇亂盜賊，以兵刃毒藥水火，退無罪人乎道路率徑，奪人車馬衣裘以自利者，並作由此始，是以天下亂。此其故何以然也？則皆以疑惑鬼神之有與無之别，不明乎鬼神之能賞賢而罰暴也。今若使天下之人，偕若信鬼神之能賞賢而暴罰也，則夫天下豈亂哉。【略】是以賞於祖而僇於社。賞於祖者何也？言分命之均也；僇於社者何也？言聽獄之事也。故古聖王必以鬼神，爲賞賢而罰暴。是故賞必於祖而僇必於社，此吾所以知《夏書》之鬼也。【略】是故子墨子曰：嘗若鬼神之能賞賢如罰暴也，蓋本施之國家，施之萬民，實所以治國家，利萬民之道也。若以爲不然，是以吏治官府之不潔廉，男女爲無別者，鬼神見之。民之爲淫暴寇亂盜賊，以兵刃毒藥水火退無罪人乎道路，奪人車馬衣裘以自利者，有鬼神見之。是以吏治官府不敢不潔廉，見善不敢不賞，見暴不敢不罪，民之爲淫暴寇亂盜賊，以兵刃毒藥水火退無罪人乎道路，奪車馬衣裘以自利者，由此止。

《墨子·非儒下》 墨子曰：有强執有命以說議曰：壽夭貧富，安危治亂，固有天命，不可損益；窮達賞罰幸否有極，人之知力，不能爲焉。羣吏信之，則怠於分職；庶人信之，則怠於從事。吏不治則亂，農事緩則貧，貧且亂政之本。而儒者以爲道教，是賊天下之人者也。

《老子道德經》上篇《一章》 道可道，非常道；名可名，非常名。可道之道，可名之名，指事造形非其常也，故不可道不可名也。無名，天地之始；有名，萬物之母。凡有皆始於無，故未形無名之時，則爲萬物之始，及其有形有名之時，則長之育之亭之毒之爲其母也。言道以無形無名始成萬物，以始以成而不知，其所以元之又元也。

《老子道德經》上篇《十四章》 視之不見名曰夷，聽之不聞名曰希，搏之不得名曰微。此三者不可致詰，故混而爲一。無狀無象，無聲無響，故能無所不通，無所不往，不得而知，更以我耳目體不知爲名，故不可致詰，混而爲一也。其上不皦，其下不昧，繩繩不可名，復歸於無物。是謂無狀之狀，無物之象。欲言無邪，而物由以成；欲言有邪，而不見其形。故曰：無狀之狀，無物之象也。是謂惚恍。不可得而定也。迎之不見其首，隨之不見其後。執古之道，以御今之有，有，有其事。能知古始，是謂道紀。無形無名者，萬物之宗也。雖今古不同時移俗，故莫不由乎此以成其治者也。故可執古之道以御今之有。上古雖遠其道存焉，故雖在今可以知古始也。

《老子道德經》上篇《二十五章》有物混成，先天地生。混然不可得而知，而萬物由之以成，故曰混成也。不知其誰之子，故先天地生。寂兮寥兮！獨立不改，寂寥，無形體也，無物之匹。故曰獨立也。返化終始不失其常，故曰不改也。周行而不殆，可以爲天下母。周行，無所不至，而免始能生全大形也，故可以爲天下母也。吾不知其名，名以定形，混成無形，不可得而定。故曰不知其名也。字之曰道，夫名以定形，字以稱可言，道取於無物而不由也，是混成之中可言之稱最大也。強爲之名曰大。吾所以字之曰道者，取其可言之稱最大也，責其字定之所由，則繫於大。大有繫，則必有分，有分則失其極矣。故曰強爲之名曰大。大曰逝，逝，行也。不守一大體而已。周行無所不至，故曰逝也。逝曰遠，遠曰反。遠，極也。周無所不窮極，不偏於一逝，故曰遠也，不隨於所適，其體獨立，故曰反也。故道大，天大，地大，王亦大，天地之性，人爲貴，而王是人之主也。雖不職大亦復爲大與三匹，故曰王亦大也。域中有四大，四大：道、天、地、王也。凡物有稱有名則非其極也，言道則有所由，有所由然後謂之爲道。然則是道，稱中之大也，不若無稱之大也，無稱不可得而名曰域也，道天地王皆在乎無稱之內。故曰域中有四大者也。而王居其一焉，處人主之大也。人法地，地法天，天法道，道法自然。法，謂法則也。人不違地，乃得全安，法地也；地不違天，乃得全載，法天也；天不違道，乃得全覆，法道也；道不違自然，乃得其性。法自然者，在方而法方，在圓而法圓，於自然無所違也。自然者，無稱之言，窮極之辭也。用智不及無知，而形魄不及精象，精象不及無形，有儀不及無儀，故轉相法也。道順自然，天故資焉。天法於道，地故則焉。地法於天，人故象焉。所以爲主其一之者，主也。

《老子道德經》上篇《三十二章》道常無名，樸雖小，天下莫能臣也。侯王若能守之，萬物將自賓。道無形不繫常，不可名，以無名爲常，故曰道常無名也。樸之爲物，以無爲心也，亦無名，故將得道莫若守樸。夫智者可以能臣也，勇者可以武使也，巧者可以事役也，力者可以重任也。樸之爲物，憒然不偏，近於無有，故曰莫能臣也。抱樸無爲，不以物累其真，不以欲害其神，則物自賓而道自得也。天地相合，以降甘露。民莫之令而自均。言天地相合，則甘露不求而自降；我守其真性無爲，則民不令而自均也。始制有名，名亦既有，夫亦將知止，知止可以不殆。始制，謂樸散始爲官長之時也。始制官長，不可不立名分以定尊卑，故始制有名也。過此以往將爭錐刀之末，故曰名亦既有。夫亦將知止也，遂任名以號物，則失治之母也，故知止所以不殆也。譬道之在天下，猶川谷之於江海。川谷之求江與海，非江海召之，不召不求而自歸者，世行道於天下者，不令而自均，不求而自得，故曰猶川谷之與江海也。

《老子道德經》上篇《三十四章》大道氾兮，其可左右。言道氾濫，無所不適，可左右上下周旋而用，則無所不至也。萬物恃之而生而不辭，功成不名有，衣養萬物而不爲主，常無欲，可名於小；萬物皆由道而生，既生而不知其所由，故天下常無欲之時，萬物各得其所。若道無施於物，故名於小矣。萬物歸焉，而不爲主，可名爲大。萬物皆歸之以生，而力使不知其所由，此不爲小，故復可名於大矣。以其終不自爲大，故能成其大。爲大於其細，圖難於其易。

《老子道德經》上篇《三十七章》道常無爲，順自然也。而無不爲。萬物無不由爲，以治以成之也。侯王若能守之，萬物將自化。化而欲作，吾將鎮之以無名之樸。化而欲作，作欲成也，吾將鎮之無名之樸，不爲主也。無名之樸，夫亦將無欲。無欲競也。不欲以靜，天下將自定。

《老子道德經》下篇《四十二章》道生一，一生二，二生三，三生萬物。萬物負陰而抱陽，沖氣以爲和。人之所惡，唯孤寡不穀，而王公以爲稱。故物或損之而益，或益之而損。萬物萬形，其歸一也，何由致一，由於無也。由無乃一，一可謂無已謂之一，豈得無言乎。有言有一，非二如何，有一有二，遂生乎三，從無之有數盡乎，斯過此以往，非道之流。故萬物之生，吾知其主，雖有萬形，沖氣一焉。百姓有心，異國殊風，而得一者，王侯主焉。以一爲主，一何可舍，愈多愈遠，損則近之，損之至盡，乃得其極。既謂之一，猶乃至三，况本不一而道可近乎。損之而益，豈虚言也。人之所教，我亦教之，我之非强使人從之也，而用夫自然，舉其至理，順之必吉，違之必凶。故人相教，違之自取其凶也，亦如我之教人，勿違之也。强梁者不得其死，吾將以爲教父。强梁則必不得其死，人相教爲强梁，則必如我之教人不當爲强梁也。舉其强梁不得其死以教邪。若云順吾教之必吉也，故得其違教之徒，適可以爲教父也。

《老子道德經》下篇《七十三章》勇於敢則殺，必不得其死也。勇於不敢則活。必齊命也。此兩者或利或害。俱勇而所施者異，利害不同，故曰或利或害也。天之所惡，孰知其故，是以聖人猶難之。孰，誰也。言誰能知天下之所惡，意故邪，其唯聖人。夫聖人之明，猶難於勇敢，况無聖人之明而欲行之也。故曰猶難之也。天之道，不爭而善勝。天唯不爭，故天下莫能與之爭。不言而善應。順則吉，逆則凶，不言而善應也。不召而自來，處下則物自歸。繟然而善謀。垂象而見吉凶，先事而設誠，安而不忘危，未兆而謀之。故曰繟然而善謀也。天網恢恢，疏而不失。

《老子道德經》下篇《七十七章》　天之道，其猶張弓與？高者抑之，下者舉之；有餘者損之，不足者補之。天之道，損有餘而補不足。人之道則不然，與天地合德，乃能包之，如天之道，如人之量，則各有其身，不得相均。如惟無身，無私乎自然，然後乃能與天地合德。損不足以奉有餘。孰能有餘以奉天下，唯有道者。是以聖人爲而不恃，功成而不處，其不欲見賢。言唯能處盈而全虛，損有以補無，和光同塵，蕩而均者，唯其道也，是以聖人不欲示其賢，以均天下。

（元）吴澄《道德真經註》卷四　聖人不輕易殺之，則為惡者皆得漏網，而天網不漏也。天之於惡人非如人之以力與爭，而天定自能勝人。非如人之以口與言，而其應如響應聲。其報應之速，不待召之而自來至。惡有惡報，雖用智計，不可逃免。天雖無心，坦然平易而巧於報應，有非人謀之所能及此。天網恢恢廣大，似若疏而不密，然未嘗失一。惡人無得漏網者，聖人雖不殺之，而天自殺之也。

《列子·天瑞》　《黄帝書》曰：谷神不死，古有此書，今已不存。夫谷虛而宅有，亦如莊子之稱環中，至虛無物，故謂谷神；本自無主，故曰不死。是謂玄牝。毗忍反。《老子》有此一章。王弼注曰無形無影無逆無違，處卑不動，守靜不衰，谷以之成而不見其形，此至也。處卑而不可得名，故謂之玄牝。玄牝之門，是謂天地之根。王弼曰：門，玄牝之所由也。本其所由，與太極同體，故謂天地之根也。綿綿若存，用之不勤。欲言存邪，不見其形；欲言亡邪，萬物以生，故曰綿綿若存。無物不成而不勞也，故曰不勤。故生物者不生，化物者不化。《莊子》亦有此言。向秀注曰：吾之生也，非吾之所生，則生自生耳。生生者豈有物哉？故不生也。吾之化也，非物之所化，則化自化耳。化化者豈有物哉，無物也，故不化焉。若使生物者亦生，化物者亦化，則與物俱化，亦奚異於物？明夫不生不化者，然後能爲生化之本也。自生自化，自形自色，自智自力，自消自息。皆自爾耳，豈有尸而爲之者哉？謂之生化形色智力消息者，非也。若有心於生化形色，則豈能官天地而府萬物，贍羣生而不匱乎？子列子曰，昔者聖人因陰陽以統天地。天地者，舉形而言；陰陽者，明其度數統理。夫有形者生於無形，謂之生者，則不死；無者，則不生。故有無之不相生，理既然矣，則有何由而生，忽爾而自生；忽爾而自生，而不知其所以生；不知所以生生，則本同於無；本同於無，而非無也。此明有形之自形，無形以相形者也。則天地安從生。天地無所從生，而自然生。故曰：有太易，有太初，有太始，有太素。此明物之自微至著，變化之相因襲也。太易者，未見賢遍反，注同。氣也。易者，不窮滯之稱。凝寂於太虛之域，將何所見耶？如易繫之太極，老氏之渾成也。太初者，氣之始也。陰陽未判，即下句所謂渾淪也。太始者，形之始也。陰陽既判，則品物流形也。太素者，質之始也。質，性也。既爲物矣，則方員剛柔，靜躁沈浮，各有其性。氣形質具而未相離。此直論氣形質，不復説太易。太易爲三者宗本，於後句別自明之也。故曰渾音魂。淪。音論，下同。渾淪者，言萬物相渾淪而未相離。力智反，去也。也。雖渾然一氣不相離散，而三才之道實潛兆乎其中。淪，語之助也。視之不見，聽之不聞，循之不得，故曰易也。易無形埒。不知此下一字。《老子》曰：視之不見名曰希，而此曰易，易亦希，簡之別稱也。太易之義，如此而已，故能爲萬化宗主。冥一而不變者也。易變而爲一，所謂易者，窈冥惚恍不可變也。一氣恃之而化，故寄名變耳。一變而爲七，七變而爲九，九變者，究也；究，窮也。一變而爲七九，不以次數者，全舉陽數，領其都會。乃復變而爲一。一者，形變之始也。既涉於有形之域，理數相推，目一之九九，數既終，乃復反而爲一。反而爲一，歸於形變之始。此蓋明變化往復無窮極。清輕者上爲天，濁重者下爲地，天地何邪，直虛實清濁之自分判者耳。此一章全是《周易乾鑿度》也。沖和氣者爲人。故天地含精，萬物化生。推此言之，則陰陽氣徧交會而氣和，氣和而爲人生，人生則有所倚而立也。子列子曰：天地無全功，聖人無全能，萬物無全用。全猶備也。故天職生覆，地職形載，聖職教化，物職所宜。職，主也，生各有性，性各有所宜者也。然則天有所短，地有所長，聖有所否，物有所通。未體適於一方者，造餘塗則閡矣。王弼曰：形必有所分，聲必有所屬，若温也，則不能涼；若宫也，則不能商。何則？生覆者不能形載，形載者不能教化，教化者不能違所宜，順之則通也。宜定者不出所位。皆有素分不可逆也。故天地之道，非陰則陽；聖人之教，非仁則義；萬物之宜，非柔則剛；此皆隨所宜而不能出所位者也。方圓靜躁，理不得兼，然尋形即事，則名分不可相干。任理之通，方圓未必相乖。故二儀之德，聖人之道，燾育羣生，澤周萬物，盡其清寧貞粹而已。則殊塗融通，動靜澄一，蓋由聖人不逆萬物之性，萬物不犯聖人之化。凡滯於一方者，形分之所閡耳。道之所運，常冥通而無待。

《莊子·外篇·駢拇》　且夫待鉤繩規矩而正者，是削其性者也；待繩約膠漆而固者，是侵其德者也；屈折禮樂，呴俞仁義，以慰天下之心者，此失其常然也。天下有常然。常然者，曲者不以鉤，直者不以繩，圓者不以規，方者不以矩，附離不以膠漆，約束不以纆索。故天下誘然皆生而不知其所以生，同焉皆得而不知其所以得。故古今不二，不可虧也。則仁義又奚連連如膠漆纆索而遊乎道德之間爲哉，使天下惑也！

（宋）杜道堅《文子纘義》卷二《精誠篇》 老子曰：昔黄帝之治天下，調日月之行，治陰陽之氣，節四時之度，正律曆之數。别男女，明上下。使强不掩弱，衆不暴寡，民保命而不夭，歲時熟而不凶，百官正而無私，上下調而無尤，法令明而不闇，輔佐公而不阿。田者讓畔，道不拾遺，市不豫賈。故於此時，日月星辰不失其行，風雨時節，五穀豐昌，鳳凰翔於庭，麒麟游於郊。

（宋）杜道堅《文子纘義》卷三《十守篇》 老子曰：山生金，石生玉，反相剥。木生蟲還自食，人生事還自賊。夫好事者，未嘗不中。爭利者，未嘗不窮。善游者溺，善騎者墮。各以所好反自爲禍。得在時，不在爭。治在道，不在聖。土處下不爭高，故安而不危。水流下不爭疾，故去而不遲。是以聖人無執，故無失。無爲，故無敗。

天地人物更相盗爲養。盗得宜則安，盗失宜則害。是故食能養人亦能害人，民能載主亦能悖主。夫主之法，創事以盗民力，初若利之至於末流，未有不自賊者也。知得在時不在爭，治在道不在聖，則無相盗之失矣。

（宋）杜道堅《文子纘義》卷三《九守篇》 老子曰：上聖法天，其次尚賢，其下任臣。任臣者，危亾之道也。尚賢者，癡惑之原也。法天者，治天地之道也。虚靜爲主，虚無不受靜，無不持知，虚靜之道乃能終始。故聖人以靜爲治，以動爲亂。故曰：勿撓勿攖，萬物將自清。勿驚勿駭，萬物將自理。是謂天道也。

（宋）杜道堅《文子纘義》卷一《上義篇》 老子曰：治人之道，其猶造父之御駟馬也。齊輯之乎轡銜，正度之乎胷膺。內得於中心，外合乎馬志。故能取道致遠，氣力有餘，進退還曲，莫不如意。誠得其術也。今夫權勢者，人主之車輿也。大臣者，人主之駟馬也。身不可離車輿之安，手不可失駟馬之心，故駟馬不調，造父不能以取道。君臣不和，聖人不能以爲治也。執道以御之，中才可盡。明分以示之，姦宄可止。物至而觀其變，事來而應其化。近者不亂，即遠者治矣。不用適然之教，而得自然之道，萬舉而不失矣。

天地一馬，萬物一指。聖人格物之至，而以輿譬乎權勢，駟馬譬乎大臣，人主因而乘之，不煩智力，無遠不服，是乃治之方也。安得執御者而與之言乎？

（晉）葛洪《抱朴子》内篇卷三《勤求》 常由此輩莫不使人歎息也。每見此曹欺誑天下以規勢利者，遲速皆受殃罰。天網雖疎，終不漏也。

《太平經》卷三五《興善止惡法》 善哉善哉，何故先示之？夫天將興雨，必先有風雲，使人知之。所以然者，欲樂其收藏也，所以先示者，樂其爲善者日興，爲惡者日止也。今太平氣當至，恐人爲惡亂其治，故先覺之也。爲政當象天。夫天不掩人之短，太古聖人不爲也，名爲暗昧政，反復致凶，不得天地心意，故先示之也。善哉善哉，君何故必居戶內自閉，而使言者居戶外乎哉？然，夫人將聞密言者，必心不自知前也。頭面相近，傍人知之，令爲言者得害矣。夫爲人君長，受人聰明，後使其人得害，名爲中傷忠信，賢良股肱，後無肯復言者也。聰明閉絶，其政亂危者矣。又君者，陽也，居陰中；臣者，陰也，處陽中也。陰陽相得者，使人悦所言，進必盡信也，此天自然之法也。真人寧知之邪？唯唯。行去，勿妄言。此致太平之書也。唯唯。

《太平經》卷四三《大小諫正法》 天道迺祐易教，祐至誠，祐謹順，祐易曉，祐易勑，將要人君厚，故教之，不要其厚者，不肯教之也。其象效，猶若人相與親厚則相教示以事，不相與至厚，不肯教示之也。教而不聽，忿其不以時用其言，故廢而置之，不復重教示之也。於是災變怪便止，不復示勑人也。如是則雖賢聖，聾闇無知也；聰明閉塞，天地神祇不肯復諫正者也。災異日增不除，人日衰亡，失其職矣。【略】故古者聖賢旦夕垂拱，能深思慮，未嘗敢失天心也。故能父事皇天，母事皇地，兄事日，姊事月，正天文，保五行，順四時，觀其進退，以自照正行，以深知天得失也。唯天地自守要道，以天保應圖書爲大命，故所行者悉得應若神，是迺獨深得天意也。比若重現合矩，相對而語也。故神靈爲其動搖也，如逆不肯用其諫正也，迺要天反與地錯，五行四時爲其亂逆，不得其理。故所爲者不中，因而大凶矣，此之謂也。

《太平經》卷四四《案書明刑德法》天將興之者，取象於德；將衰敗者，取法於刑，此之謂也。吾之言，謹與天地陰陽合其規矩，順天地之理，爲天明言，紀用教令以示子也。吾之言，正若鋒矢無異也，順之則日興，反之則令自窮也。天法神哉神哉！是故夫古者神人真人大聖所以能深制法度，爲帝王作規矩者，皆見天文之要，乃獨內明於陰陽之意，乃後隨天地可爲以治，與神明合其心，觀視其可爲也，故其治萬不失一也。

〔附〕爲垂象作法，爲帝王教令，可儀以治。王道將興，取象於德；王道將衰，取象於刑。夫爲帝王制法度，先明天意，內明陰陽之道，即太平至矣。今愚吏人民以爲天法可妄犯也，自恣不以法度，故多亂其君治也，大咎在此也。今子得書，何不詳結心意，丁寧思之，幽室閑處。念天之行，乃可以傳天之教，以示勑愚人，以助帝王爲法度也。將舉刑用之，當深念刑罰之所居，皆見從去，寂然無士衆獨處。故冬刑在四野無人，萬物悉叛之內藏，避之甚。夏刑在內，萬物悉出歸德，地下室內中空，刑寂然獨居，皆隨德到野處。德在外，則萬物歸外；德在幽空則物歸內。天刑其威極盛，幸能厭服人民萬物，何故反不能拘制其士衆，獨不怪斯耶？明刑不可輕妄用，傷一正氣，天氣亂；傷一順氣，地氣逆；傷一儒，衆儒亡；傷一賢，衆賢藏。凡事皆有所動搖。故古者，聖人聖王帝主乃深見是天戒書，故畏之不敢妄爲也；恐不得天心，不能安其身也。上皇天德之人，乃獨深見道德之明效也，不厭固，不畏駭，而士衆歸之附之，故守道以自全，守德不敢失之也。子德吾書誦讀之，而心有疑者，常以此書一卷，自近旦夕常案視之，以爲明戒證效，乃且得天心意也。違此者，已與天反矣。是猶易之乾坤，不可反也；猶六甲之運，不可易也；猶五行固法，不可失也；猶日月之明，不可掩蓋也；猶若君居上，臣在下，故不可亂也。此所以明天地陰陽之治，有好行德者。或有愚人反好刑，宜常觀視此書，以解迷惑，務教人爲善儒，守道與德，思退刑罰，吾書□□正天法度也。夫爲道德易乎？爲刑罰難乎？愛之則日多，威之反日無也。

《太平經》卷六五《興衰由人訣》善哉善哉！是以天性上道德而下刑罰。故東方爲道，南方爲德。道者主生，故物悉生於東方。德者主養，故物悉養於南方。天之格法，凡物悉歸道德，故萬物都出生東南而上行也，天地四方六陽氣俱與生物於辰巳也。子知之耶？唯唯。天之法下刑，故西北少陰，太陰爲刑禍。刑禍者，主傷主殺。故物傷老衰於西，而死於北。天氣戰鬭，六陰無陽，物皆伏藏於內穴中，畏刑興禍，不敢出見。天道惡之下之，故其畜生，悉食惡棄也。是故古者聖人覩天法明，故尚真道善德奇文而下武也，是明效也。今刑禍武生於西北而尚之，名爲以陰乘陽，以賤乘貴，多出戰鬭。令民臣不忠，無益王治，其政難乎？真人寧知之耶？

《太平經》卷九三《國不可勝數訣》然，所以不可比以教者，無道德之國，天所衰會，不能行真道，故但歸有德之國也。今無德之國并歸有道德之國，亦自理矣。善哉善哉！願聞何故正以是百國有德爲法乎？善哉！子之難也，得其意。然，天地人之數也，天數起於一，終於十，天下布施於地而生，數成乃後出，適合爲百。天地人備，天地人三合同心，乃成德也。一事有不和，輒不成道德也。願聞天數何故正一乎？一者，其元氣純純之時也。元氣合無理，若風無理也，故都合名爲一也。一凝成天。天有上下八方，故爲十也。又能五方，各自有陰陽，故數十也。下因地也，一下因地者，數俱於十乃生，故人象天數，至十月乃生也。一者，正是其施和洞洞之時也。已愛施者，反當象天數，十月乃出，故數終於十。故一者乘十。地道者，母也，當禺，故與和并連人。天地人三相得乃成道德，故適百國有德也。故天主生，地主養，人主成。一事失正，俱三邪。是故天爲惡亦凶，地爲惡亦凶，人爲惡亦凶。三共爲惡，天地人滅盡更數也；三共爲善，德洞虛合同。故至於三合而成德，適百國。

《太平經》卷九六《六極六竟孝順忠訣》愚生聞：子不孝，則不能盡力養其親；弟子不順，則不能盡力修明其師道；臣不忠，則不能盡力共敬事其君。爲此三行而不善，罪名不可除也。天地憎之，鬼神害之，人共惡之，死尚有餘責於地下，名爲三行不順善之子也。常以月盡朔旦見對於天，主正理陰陽。是尊卑之神吏，魂魄爲之愁至滅乃已。故自知不精，有過於師不除也。善哉善哉！子於何受此辭語乎？受之於先師也。又愚生瞀覩天師說，受天師之法，見天象，天地乃是四時五行之父母也，四時五行不盡力供養天地所欲生，爲不孝之子，其歲少善物，爲凶年。人亦天地之子也，子不慎力養天地所爲，名爲不孝之子也。故好用刑罰者，其國常亂危而毀也。萬物者，隨四時五行而衰興，而生長自養，是其弟子也。

不能盡力隨其時氣而生長實老，終爲不順之弟子。其年物傷人，反共罪過。其時氣不和，爲時氣得重過。民者，聖人賢者之弟子也。今下愚弟子妄盗彊説，反使聖人賢者有過，名爲共亂逆天道，其罪至重，不可赦除，故愚生過不除也。風雨者，乃是天地之忠臣也。受天命而共行氣，與澤不調均，使天下不平。比若人之受命爲帝王之臣，背上向下，用心意不調均，衆臣共爲不忠信，而共欺其上，使天下恟恟多變諍，國治爲之危亂。比三事者，子不孝，弟子不順，臣不忠，罪皆不與於赦。今天甚疾之，地甚惡之，以爲大事，以爲大咎也。鬼神甚非之，故爲最惡下行也。

《太平經》卷一一六《闕題》　今天上爲法也，樂者順之以樂，苦者順之以苦。天上之爲法如此矣，乃太平氣至。故天上從其樂，以順奉之，大急兵杖而斷刑罰。地上亦然。樂者，陽也，天之經也。兵杖刑罰者，陰也，地之怒也。陰興必傷陽化。今太平氣至，乃天與神兵共治，故斷刑罰兵杖爭訟，令使察察，萬世不復妄也。皆如日月，不可久蔽藏也。元氣自然樂，則合共生天地，悦則陰陽和合，風雨調。風雨調，則共生萬二千物。凡物樂，則奇瑞應俱出，生萬物之應，精上著天，三光更明察察也。三光樂而合，則四時順行。春樂生，夏樂長，秋樂收，冬樂藏。四時樂喜，五行不逆，則人民興。人民興則帝王壽，帝王壽則凡民樂，凡民樂則精物鬼邪伏矣。精邪伏則無夭病死之人，無夭傷人，則太平氣至矣。萬國不戰鬭，盗賊貪猾絶矣。天地六萬神俱樂喜也，天地真仙人出。天地真仙人出，則正氣悉見，而邪氣悉藏。惡人悉坐自思矣，善人行矣，神人筴書盡出，而邪僞文亡矣。人莫不悦樂喜，陰陽和合同心爲一家，傳相生。凡事樂者，無有惡也。凡陰陽樂，則生之始也，萬物所受命而起也，皆與人相似。男女樂則同心共生，無不成也。不樂，則不肯相與歡合也，怒不樂而强歡合，後皆有凶。今吾之文，纔舉其大綱，見其始，以樂化之爲不善，安可勝記也。已知樂之善，未及不樂之禁，復爲開其綱紀，悒慖不樂，不肯并力合心，而共生元氣，著自然也。元氣自然不樂分爭，不能合身和德，而共生天地也。天地不樂，陰陽分爭，不能合氣四時五行，調風雨，而盛生萬二千物。萬二千物不樂爭分，多傷死，其歲大凶。凡事不樂爭分，三光爲之失明，帝王愁苦，萬民流亡也。善氣蔽藏，惡氣行也。正神遠去，鬼物興也。萬物人民夭死，無有年也。萬二千國分爭不樂，刑罰大起，兵革揚也，樂斷廢也，則刑大起六方不和，則日日凶也。天氣不調，正從此起。而人不知其所由，反歸過以罪上，而責帝王。不得其大過，反下責上，盡逆氣，何能致太平。反致凶，故刑氣日興，樂者絶亡。咎在中古以來，師教時時有設者，反開列兵之門，閉其樂戶，故使邪奸得起，不可卒止。大咎在此。故今天上洞平氣至，大縱樂，除刑罰也。地上亦然，吾不能勝記。縱樂之爲善也，縱樂之爲惡也。是故陰陽之道，從天上，盡地下，旁行無窮極。牝牡之屬，相嬉相樂。然後合心，共生成，共爲理，傳天地之統，御無極之術。設使不相嬉，不肯合心爲一，肯共生共成，共爲理，共傳天地之統，御無窮之術；力以刑罰，威而合之，久久猶敗。相背分爭，陰陽相剋賊害，不可禁止也。正使父子母夫婦極親，會相害也，共亂天道，斷無世也。其大過所致如此矣。

《太平經》卷一一七《天咎四人辱道誡》　夫道者，乃大化之根，大化之師長也。故天下莫不象而生者也。今下愚小人欲爲道，反無益於民人，而共淹汙辱天道，甚逆無狀，天上名之爲逆子，大凶之人也，天上不欲見之也。何謂也？愚生心結閉，未及之也。善哉，子之問乎！天使子言，詳開耳目而聽。夫天與道，不好施好生好稱邪，爲之何不卜卦賦藥，有益於民人，而使神治人，病固止也。此三人也，皆得稱師，不利天道，不敢淹汙辱天道。夫天道不欺人也，常當務至誠。天道不欺以欺，即其後久久日凶衰矣。天之爲道也，不樂淹汙辱，不欲利人。天乃無上，道復尚之。道乃天皇之師法也，乃高尚天。是故天與道者主修正，凡事爲其長。故能和陰陽，調風雨，正晝夜，列行伍。天地之間，莫不被恩受命，各得其所者。今下愚爲道，反爲欺慢癡狂，乃共惑亂天之道，毀敗天之化首。反行乞匄求人之物，無益於民間，淹汙辱天道，内利百姓，不可以爲師法。反使後生者相教，每爲道道，令人癡狂慢欺，又行被淹汙辱而乞匄，因以此行而名之，謂爲癡狂乞匄者之道。反使凡人共罵天，共賤正道，斷絶大化，天甚惡之，道甚疾之，天上不欲見其形也。今天上皇洞正氣大至，日月星羅列皆重光，道與天當調風雨，和陰陽，使萬物各得其所，而前人邂逅得道而昇上天，無可仕者也。天上問之悉有過，不可與共事，汝等乃居地上，尚見謂爲癡狂乞匄者。不中帝王之師，安而中天上之師哉？天其惡之，大道衰廢，咎在下古人相學失法度。天病之，大悒悒。天道不通，故遣吾下與真人共談，分別道得失。樂天下人一覺，俱知天上意，改其行，易其心，不復犯天禁，則學者成矣。如修其故行，天不上之也，會當復往，死於五辱之地，付命於五汙之土，絶洞無人癡狂之野，上無三光，下無良土。何也？願聞之，其過何重也？不謫之也。天道爲法，各從其類，下奪之也。如是何以不即殺之，乃到此乎？欲即滅殺之，又其人自言，欲長生而至信；欲中殺之，又反且哭天啼地，自言甚冤，又不自知其過所由出。故天考之徒之，其後投於五辱癡狂之土，使自知也。子欲知其實審，比若明王考人過責，非肯即殺之也。猶當隨其罪大小詣獄，大罪大獄，小罪小獄治之，使其人服，自知乃死，不恨而無言也。如不窮其辭語，會自言冤，懷恨而死。故五霸之君，其民臣多懷恨而死者也。子欲知天上之治刑如此矣真人解邪？可核哉！可核哉！

《太平經》卷一三七《鈔王部》 凡人不能相拘，故自制命。爲不善，天將誅之。故小人得誅於中人，中人得誅於上人，上人得誅於大人。夫小失法，自致危亡。夫神靈大小之誅亦若此。而不能拘制，天當誅之必矣。天畏道，道畏自然。夫天畏道者，天以至行也。道廢不行，則天道亂毁。天道亂毁，則危亡無復法度。故自然使天地之道守，行道不懈，陰陽相傳，相付相生也。道乃主生，道絶萬物不生，萬物不生則無世類，無可相傳，萬物不相生相傳則敗矣。何有天地乎？天地陰陽乃當相傳相生。今絶滅則滅亡，故天畏道絶而危亡。道畏自然者，天道不因自然，則不可成也。故萬物皆因自然乃成，非自然悉難成。如使成，皆爲詐僞，成亦不可久。夫天地雖相去遠闊，其制命無脱者。

（清）戴望《管子校正・版法》 凡將立事，立經國之事。正彼天植，謂順天道以種植，必令得其正。風雨無違，君道不虧，則風雨無違也。遠近高下各得其嗣。高下，猶多少也。謂君之賦稅，因其遠近之別，以多少之差，輕重合宜，故可嗣之以常行。嗣，續也。三經既飭，君乃有國。三經，謂上天植、風雨、高下也。是三者既以飭整，故君可以有國也。正彼天植。俞云：植乃悳字之誤，悳，古之德字。版法解云：天悳者，天心也。鄭注周官曰：在心爲德，觀天心之解，則知作德明矣。各得其嗣。俞云：嗣讀爲司。尹注非。三經既飭，宋本飭作飾。

又： 法天合德，天之資始，無有私德。象法無親。地之資生，無所親私。參於日月，日月無私耀也。佐於四時，賞以春夏，刑以秋冬。悅在施有，將悅於下，在於施無令有。衆在廢私。將欲齊衆，在於廢私。召遠在修近，修近則遠者至。閉禍在除怨，除怨則禍端塞。修長在乎任賢，任賢則國祚長。高安在乎同利，與下同利，則高位安。【略】象法無親，宋本朱本皆作象地。王云：當作象地，象地與法天相對爲文。故尹注曰：地之資生，無所私親。後解正作象地無親。佐於四時，宋本朱本佐作伍。王云：當作伍，字之誤也。參於日月，與日月而三也。伍於四時，與四時而五也。後解正作於伍四時。說在施有，衆在廢私。臧氏庸云：後解作說在愛施，有衆在廢私，而宋本作四說在愛施。其上文云：愛施俱行。則說君臣，說朋友，說兄弟，說父子，此四說之明證也。然則此文實五字爲句。本篇脱四字愛字，後解有愛字而脱四字。合之宋本，而四說之旨乃明。修長在乎任賢高安在乎同利。宋本修作脩，高安作安高，與後解同。王云：脩長當從後解作備長，言備長久之道在乎任賢也。高安當從後解作安高，言安上之道在乎與民同利也。今本備長作脩長，則義不可通。安高作高安，則與上句不對矣。又《八觀篇》宮垣關閉，不可以不脩，脩亦當爲備，下文曰：宮垣不備，雖有良貨，不能守也，是其證。

（清）戴望《管子校正・霸言》 立政出令，用人道。政令須合人心。施爵禄，用地道。地道平而無私。舉大事，用天道。心應天時，然後可以舉大事。立政出令用人道。丁云：人道當作人心。尹注云：政令合人心，尹所見本是心字。舉大事用天道。宋本元本劉本皆作天心，丁云：據尹注云：心應天時，然後可以舉大事，則當作天時，即上文所謂時至而舉兵也。人心，地道，天時，三者竝列，今本皆譌而爲道矣。

（清）戴望《管子校正・版法解》 版法者，法天地之位，象四時之行，以治天下。四時之行，有寒有暑，聖人法之，故有文有武。天地之位，有前有後，有左有右，聖人法之，以建經紀。春生於左，秋殺於右，夏長於前，冬藏於後。生長之事，文也。收藏之事，武也。是故文事在左，武事在右。聖人法之，以行法令，以治事理。凡法事者，操持不可以不正。操持不正，則聽治不公。聽治不公，則治不盡理，事不盡應。治不盡理，則疏遠微賤者無所告訴。事不盡應，則功利不盡舉。功利不盡舉，則國貧。疏遠微賤者無所告訴，則下饒。故曰：凡將立事，正彼天植。

版法者法天地之位，象四時之行。王云：版字，涉上版法解而衍。法天地之位云云。乃釋法字，非釋版法二字，諸解皆不釋篇名，故知版爲衍文也。鈔本《北堂書鈔・刑法部上》、《藝文類聚・刑法部》、《御覽・刑法部四》引此，皆無版字。遠疎微賤者無所告訴，則下饒。洪云，饒當作撓，屈也。

（明）張四維《名公書判清明集》卷七《戶婚門・立繼・雙立母命之子與同宗之子》 照得天地設位，聖人則之，制禮立法，婦人從夫，亦猶臣之事君也。貞女不從二夫，忠臣不事二君，信天地之宏義，人倫之大節也。

（清）王明德《讀律佩觿序》 心者，天之命，世之統也。故明刑必本乎律天，天聽高而體圓，故效見乎圜丘，圓數六，奠極于五，故氣至六而極。律曆之數六，律樂之數六，律刑之數亦以六，六曹、六殺、六臟是也。證災祥于五星，審治忽于五音，而祥五刑，明五聽，簡五辭，服五罰，正五過，何一非極于五而正其失哉。然而歲有僭差，氣有盈縮，節奏有登降，《風》《雅》有正變，世有興替之遞遷，道有汚隆之异制，人有賦性剛柔強弱之不等，俗有淳固浮澆之不一，習有温良悍獷之异齊，則不得不各致其閏，以恰合夫自然之氣，此刑之所以一同夫曆與樂，而功用固毫發其不爽者也。

《六韜・武韜・發啓》 王其脩德以下賢，惠民以觀天道。天道無殃，不可先倡。人道無災，不可先謀。必見天殃又見人災，乃可以謀。必見其陽又見其陰，乃知其心。見其顯者隱者而知其心之昏惑。必見其外，又見其內，乃知其意。見其作外作內而知其意之迷亂。必見其疏，又見其親，乃知其情。見其所疎所親而知其情之乖戾。行其道，道可致也；從其門，門可入也；立其禮，禮可成也；爭其強，強可勝也。全勝不鬬，大兵無創，與鬼神通，微哉微哉。與人同病相救，同情相成，同惡相助，同好相趨。故無甲兵而勝，無衝機而攻，無溝塹而守。大智不智，大謀不謀，大勇不勇，大利不利。利天下者，天下啓之；害天下者，天下閉之。以智謀勇利而利天下者，天下之人自以智謀勇利啓之。若以智謀勇利害天下者，天下之人必閉之而不敵矣。何也？天下者非一人之天下，乃天下之天下也。取天下者若逐野獸，而天下皆有分肉之心。若同舟而濟，濟則皆同其利，敗利皆同其害。然則皆有以啓之，無有以閉之也。無取於民者，取民者也。無取民者民利之，無取國者國利之，無取天下者天下利之。故道在不可見，事在不可聞，勝在不可知，微哉微哉。鷙鳥將擊，卑飛歛翼；猛獸將搏，彌耳俯伏；聖人將動，必有愚色。令彼有商，衆口相惑，紛紛渺渺，好色無極，此亡國之證也。吾觀其野，草菅勝穀；吾觀其衆，邪曲勝直；吾觀其吏，暴虐殘疾；敗法亂刑，上下不覺，此亡國之時也。大明發而萬物皆照，大義發而萬物皆利，大兵發而萬物皆服，大哉聖人之德，獨聞獨見，樂哉。

《司馬法・天子之義》 天子之義，必純取法天地，而觀於先聖。士庶之義，必奉於父母，而正於君長。故雖有明君，士不先教，不可用也。古之教民，必立貴賤之倫經，使不相陵。德義不相踰，材技不相掩，勇力不相犯，故力同而意和也。古者國容不入軍，軍容不入國，故德義不相踰。上貴不伐之士，不伐之士，上之器也。苟不伐則無求，無求則不爭，國中之聽，必得其情；軍旅之聽，必得其宜。故材枝不相掩。從命爲士上賞，犯命爲士上戮，故勇力不相犯。既致教其民，然後謹選而使之。事極修則百官給矣，教極省則民興良矣，習貫成則民體俗矣。教化之至也。

（漢）黄石公《素書・原始章》 夫欲爲人之本，不可無一焉。老子曰：失道而後德，失德而後仁，失仁而後義，失義而後禮。失者散也。道散而爲德，德散而爲仁，仁散而爲義，義散而爲禮。五者未嘗不相爲用，而要其不散者。道妙而已。老子言其體，故曰：禮者，忠信之薄，而亂之首。黄石公言其用，故曰：不可無一焉。賢人君子，明於盛衰之道，通乎成敗之數，審乎治亂之勢，達乎去就之理。註曰：盛衰有道，成敗有數，治亂有勢，去就有理。故潛居抱道，以待其時。道猶舟也，時猶水也，有舟楫之利，而無江河以行之，亦莫見其利涉也。

《慎子・逸文》 古之全大體者，望天地，觀江海，因山谷。日月所照，四時所行，雲布風動。不以智累心，不以私累己，寄治亂於法術，託是非於賞罰，屬輕重於權衡。不逆天理，不傷情性，不吹毛而求小疵，不洗垢而察難知，不引繩之外，不推繩之內，不急法之外，不緩法之內。守成理、因自然，禍福生乎道法，而不出乎愛惡。榮辱之責在乎己，而不在乎人。故至安之世，法如朝露，純樸不欺，心無結怨，口無煩言。故車馬不弊於遠路，旌旗不亂於大澤，萬民不失命於寇戎，豪傑不著名於圖書，不録功於盤盂，記年之牒空虛。故曰，利莫長於簡，福莫久於安。

《鬼谷子・捭闔》 捭之者，開也，言也，陽也；闔之者，閉也，默也，陰也。陰陽其和，終始其義。故言長生、安樂、富貴、尊榮、顯名、愛好、財利、得意、喜欲爲陽，曰始。故言死、憂患、貧賤、苦辱、棄損、亡利、失意、有害、刑戮、誅罰爲陰，曰終。

《吕氏春秋·季春紀·圜道》 五曰：天道圜，地道方，聖王法之，所以立上下。何以説天道之圜也，精氣一上一下，圜周復雜，無所稽留，故曰天道圜。何以説地道之方也。萬物殊類殊形，皆有分職，不能相為，故曰地道方。執圜臣處方，方圜不易，其國乃昌。

又： 居則八虛，八虛甚久則身斃。故唯而聽，唯止。聽而視，聽止；以言説一，一不欲留，留運為敗，圜道也。一也齊至貴，莫知其原，莫知其端，莫知其始，莫知其終，而萬物以為宗。王法之以令其性以定其正，以出號令。令出於主口，官職受而行之，日夜不休，宣通下究，於民心遂於四方，還周復歸，至於主所，圜道也。令圜，則可不可善不善無所擁矣。無所擁者，主道通也。故令者，人主之所以為命也，賢不肖安之危之所定也。人之有形體四枝，其能使之也，為其感而必知也。感而不知，則形體四枝不使矣。人臣亦然，號令不感則不得而使矣。有之而不使，不若無有。主也者，使非有者也。舜禹湯武皆然。

（漢）劉安《淮南子》卷一五《兵略訓》 若日月有晝夜終而復始，明而復晦莫能得其紀，制刑而無刑，故功可成。物物而不物，逵吉按《太平御覽》引作象物而不物。故勝而不屈。刑，兵之極也。至於無刑，可謂極之矣。逵吉按《太平御覽》引無之字。是故大兵無創，與鬼神通，五兵不厲，天下莫之敢當。建鼓不出庫，諸侯莫不慴㥄沮膽其處。故廟戰者帝，神化者王。所謂廟戰者，法天道也，神化者，法四時也。脩政於境內，而遠方慕其德；制勝於未戰，而諸侯服其威。內政治也。

（漢）王充《論衡》卷一《命禄》 春夏囚死，秋冬旺相，非能爲之也。日朝出而暮入，非求之也；天道自然。代王自代入爲文帝，周亞夫以庶子爲條侯；此時代王非太子，亞夫非適嗣，逢時遇會，卓然卒至。命貧以力勤致富，富至而死；命賤以才能取貴，貴至而免。才力而致富貴，命禄不能奉持，猶器之盈量，手之持重也。器受一升，一升則平；受之如過一升，則滿溢也。手舉一鈞，以一鈞則平；舉之過一鈞，則蹎仆矣。前世明是非，歸之於命也；命審然也。信命者，則可幽居俟時，不須勞神苦形求索之也。猶珠玉之在山澤，天命難知，人不耐審，雖有厚命。猶不自信，故必求之也。如自知，雖逃富避貴，終不得離。故曰力勝貧，慎勝禍，勉力勤事以致富，砥才明操以取貴，廢時失務，欲望富貴，不可得也。雖云有命，當須索之。如信命不求，謂當自至，可不假而自得，不作而自成，不行而自至。夫命富之人，筋力自彊；命貴之人，才智自高。若千里之馬，頭目蹄足自相副也；有求而不得者矣，未必不求而得之者也。精學不求貴，貴自至矣；力作不求富，富自到矣。富貴之福，不可求致；貧賤之禍，不可苟除也。由此言之，有富貴之命，不求自得。信命者曰：自知吉，不待求也；天命吉厚，不求自得；天命凶厚，求之無益。夫物不求而自生，則人亦有不求貴而貴者矣。人情有不教而自善者，有教而終不善者矣。天性，猶命也：越王翳逃山中，至誠不願自冀得代。越人燻其穴，遂不得免，彊立為君。而天命當然，雖逃避之，終不得離，故夫不求自得之貴歟。

（漢）王充《論衡》卷一四《譴告》 夫天道，自然也，無爲；如譴告人，是有爲，非自然也。黄老之家，論説天道，得其實矣。且天審能譴告人君，宜變易其氣以覺悟之。用刑非時，刑氣寒而天宜爲温；施賞違節，賞氣温而天宜爲寒；變其政而易其氣，故君得以覺悟知是非。今乃隨寒從温，爲寒爲温以譴告之，意欲令變更之。且太王亶父，以王季之可立，故易名爲歷。歷者，適也。太伯覺悟之，吴越採藥，以避王季。使太王不易季名，而復字之季，太伯豈覺悟以避之哉？今刑賞失法，天欲改易其政，宜爲異氣，若太王之易季名。今乃重爲同氣以譴告之，人君何時將能覺悟，以見刑賞之誤哉？

（漢）王充《論衡》卷一八《自然》 天地合氣，萬物自生，猶夫婦合氣，子自生矣。萬物之生，含血之類，知饑知寒。見五穀可食，取而食之；見絲麻可衣，取而衣之。或説以爲天生五穀以食人，生絲麻以衣人；此謂天爲人作農夫桑女之徒也。不合自然，故其義疑，未可從也。試依道家論之：天者普施氣萬物之中，穀愈饑而絲麻救寒，故人食穀衣絲麻也。夫天之不故生五穀絲麻以衣食人，由其有災變不欲以譴告人也。物自生而人衣食之，氣自變而人畏懼之，以若説論之，厭於人心矣。如天瑞爲故，自然焉在？無爲何居？何以天之自然也。以天無口目也。案有爲者，口目之類也。口欲食而目欲視，有嗜欲於內，發之於外，口目求之，得以爲利欲之爲也。今無口目之欲，於物無所求索，夫何爲乎？何以知天無口目也？以地知之。地以土爲體，土本無口目。天地夫婦也，地體無口目，亦知天無口目也。使天體乎，宜與地同；使天氣乎，氣若雲烟。雲烟之屬，安得口目？

又：儒家說夫婦之道，取法於天地；知夫婦法天地，不知推夫婦之道，以論天地之性，可謂惑矣。夫天覆於上，地偃於下；下氣蒸上，上氣降下，萬物自生其中間矣。當其生也，天不須復與也。由子在母懷中，父不能知也。物自生，子自成，天地父母，何與知哉？及其生也，人道有教訓之義，天道無爲，聽恣其性，故放魚於川，縱獸於山，從其性命之欲也。不驅魚令上陵，不逐獸令入淵者，何哉？拂詭其性，失其所宜也。夫百姓，魚獸之類也，上德治之，若烹小鮮，與天地同操也。商鞅變秦法，欲爲殊異之功，不聽趙良之議，以取車裂之患；德薄多欲，君臣相憎怨也。道家德厚，下當其上，上安其下，純蒙無爲，何復譴告？故曰，政之適也，君臣相忘於治，魚相忘於水，獸相忘於林，人相忘於世，故曰天也。

（漢）班固《白虎通義》卷下《德論下·三正》 王者所以存二王之後，何也？所以尊先王，通天下之三統也。明天下非一家之有，謹敬謙讓之至也。故封之百里，使得服其正色，用其禮樂，永事先祖。《論語》曰：夏禮吾能言之，杞不足徵也。殷禮吾能言之，宋不足徵也。《春秋傳》曰：王者存二王之後，使服其正色，行其禮樂。《詩》曰：厥作裸將，常服黼冔。言微子服殷之冠，助祭於周也。《周頌》曰：有客有客，亦白其馬。此微子朝周也。二王之後，若有聖德受命而王，當因其改之耶。天下之所安得受命也，非其運次者。

（漢）班固《白虎通義》卷下《德論下·三教》 樂稽熠嘉曰：顏回尚三教，變虞夏何如？曰：教者，所以追補敗政，靡弊溷濁，謂之治也。舜之承堯無為易也。或曰：三教改易，夏后氏始。高宗亦承弊，所以不改教何？明子無改父之道也。何言知高宗不改之？以周之教承以文也。三教所以先忠者，行之本也。三教一體而分，不可單行，故王者行之有先後。何以言三教竝施，不可單行也？以忠、敬、文無可去者也。教所以三何？法天地人。內忠，外敬，文飾之，故三而備也。即法天地人各何施？忠法人，敬法地，文法天。人道主忠，人以至道教人，忠之至也，人以忠教，故忠為人教也。地道謙卑，天之所生，地敬養之以，敬為地教也。

（漢）馬融《忠經·天地神明章》 昔在至理，上下一德，以徵天休，忠之道也。忠之爲道乃合於天至理之時，君臣同德，則休氣應也。天之所覆，地之所載，人之所履，莫大乎忠。覆載之間人倫之要履。履之則吉，違之則凶，無有大於忠者。忠者中也，至公無私。不正其心而私於事，則與忠反也。天無私，四時行；地無私，萬物生；人無私，大亨貞。四時廣運，天不私德，萬物亨生；地不私力，人能至公，不私諸己。何徃不可也？忠也者，一其心之謂矣。一則爲忠，二則爲僻。爲國之本，何莫由忠。未有舍忠而成於務。忠能固君臣，安社稷，感天地，動神明，而况於人乎？君臣固其義深也，社稷安其祚長也，天地感其誠達也，神明動其應彰也。忠之爲用其効如此言人之易從也。夫忠興於身，著於家，成於國，其行一焉。身及國家雖有殊名，其爲忠也，則無異行。是故一於其身，忠之始也；一於其家，忠之中也；一於其國，忠之終也。道行自漸，忠之大焉。身一則百禄至，立身履一，富貴之本。家一則六親和，御家不二，自然篤睦。國一則萬人理。天下合心，無不從化。《書》云：惟精惟一，允執厥中。精一守中，忠之義也。

（唐）袁孝政《劉子袁注》卷三《愛民》 天生蒸民，而樹之以君，君者民之天也。天之養物以陰陽爲大，君之化民以政教爲務。故寒暑不時則疾疫，風雨不節則歲饑。刑罰者，民之寒暑也。教令者，民之風雨也。刑罰不時則民傷，教令不節則俗弊。故水濁無掉尾之魚，土塉無葳蕤之木，政煩無逸樂之民。政之於人，猶琴瑟也，大弦急則小弦絶，小弦絶，大弦間矣。夫足寒傷心，民勞傷國。足温而心平，人佚而國寧，是故善爲理者，必以仁愛爲本，不以苛酷爲先。寬宥刑罰以全人命，省徹徭役以休民力，輕約賦斂，不匱人財，不奪農時，以足民用，則家給國富而太平可致也。人之於君猶子之於父母也，未有父母富而子貧，父母貧而子富也，故人饒足者非獨人之足，亦國之足。渴乏者，非獨人之渴乏，亦國之渴乏也。故有若曰：百姓足，君孰與不足？百姓不足，君孰與足？此之謂也。先王之治，上順天時，下養萬物，草木昆蟲，不失其所。獺未祭魚，不施網罟。豺未祭獸，不脩田獵。鷹隼未摯，不張罻羅。霜露未霑，不伐草木。草木有生而無識，鳥獸有識而無知，猶施仁愛以及之，奚況在人而不愛之乎？故君者，其仁如春，其澤如雨。德潤萬物，則人爲之死矣。昔太王居邠，太王，周太王也。古公亶甫也。后稷十五代孫，居邠土。行仁愛於百姓一年成市，二年成邑，三年成都，所以然者，仁愛有餘也，而人隨之，仁愛有餘也。夙沙之君，夙沙，國名也。仁愛不足者，而人背來歸舜，又示舜伐之。沙國之人背君而來舜，未審將何爲先也。而人背之，仁愛不足也。仁愛附人，堅於金石。金石可銷，而人不可離。故君者，壤地；人者，卉木也。未聞壤肥而卉木不茂，君仁而萬民不盛矣。

（明）劉基《郁離子》卷下《天地之盜》 郁離子曰：人，天地之盜也。天地善生，盜之者無禁，惟聖人爲能知盜，執其權，用其力，攘其功，而歸諸己，非徒發其藏，取其物而已也。庶人不知焉，不能執其權，用其力；而遏其機，逆其氣，暴夭其生息，使天地無所施其功。則其出也匱，而盜斯窮矣。故上古之善盜者，莫伏羲、神農氏若也，惇其典，庸其禮，操天地之心以作之君，則既奪其權而執之矣，於是教民以盜其力以爲吾用。春而種，秋而收，逐其時而利其生；高而宮，卑而池，水而舟，風而帆，曲取之無遺焉。而天地之生愈滋，庶民之用愈足。故曰惟聖人爲能知盜，執其權，用其力，非徒取其物，發其藏而已也。惟天地之善生而後能容焉，非聖人之善盜，而各以其所欲取之，則物盡而藏竭，天地亦無如之何矣。是故天地之盜息，而人之盜起，不極不止也。然則，何以制之？曰遏其人盜，而通其爲天地之盜，斯可矣。

（明）葉子奇《草木子》卷二下《鉤玄篇》 五德王天下之説，於運祚修短，本無所損益。或謂水德王則刻深其刑以應之，則害於道矣。

（清）顧炎武《日知録》卷一《己日》 革，己日乃孚。六二，己日乃革之。朱子發讀爲戊己之己。天地之化，過中則變，日中則昃，月盈則食，故易之所貴者中。十干則戊己爲中，至於己則過中，而將變之時矣，故受之以庚。庚者，更也，天下之事當過中而將變之時，然後革而人信之矣。古人有以己爲變改之義者，《儀禮·少牢饋食禮》日用丁己，注內事用柔，日必丁己者，取其令名，自丁寧，自變改，皆爲謹敬。而《漢書·律曆志》亦謂理紀於己，斂更於庚是也。王弼謂即日不孚，己日乃孚，以己爲已事遄往之己，恐未然。

（清）顧炎武《日知録》卷一《繼之者善也成之者性也》 維天之命，於穆不已，繼之者善也。天下雷行，物與无妄，成之者性也。是故天有四時，春秋冬夏，風雨霜露，無非教也。地載神氣，神氣風霆，風霆流形，庶物露生，無非教也。天地絪緼，萬物化醇。善之爲言猶醇也。曰：何以謂之善也。曰：誠者天之道也。豈非善乎。

（清）顧炎武《日知録》卷一《孔子論易》 而《大象》所言，凡其體之於身施之於政者，無非用《易》之事。然辭本乎象，故曰君子居則觀其象而玩其辭。觀之者淺，玩之者深矣。其所以與民同患者，必於辭焉著之，故曰聖人之情見乎辭。若天一地二易有太極二章皆言數之所起，亦贊《易》之所不可遺，而未嘗專以象數教人爲學也。是故出入以度，無有師保，如臨父母，文王、周公、孔子之《易》也。

（清）顧炎武《日知録》卷一《卜筮》 舜曰：官占，惟先蔽志，昆命于元龜。《詩》曰：爰始爰謀，爰契我龜。《洪範》曰：謀及乃心，謀及卿士，謀及庶人，謀及卜筮。孔子之贊《易》也，亦曰人謀鬼謀。夫庶人至賤也，而猶在蓍龜之前，故盡人之明而不能決，然後謀之鬼焉。故古人之於人事也信而有功，於鬼也嚴而不瀆。子之必孝，臣之必忠，此不待卜而可知也。其所當爲，雖凶而不可避也。故曰：欲從靈氛之吉占兮，心猶豫而狐疑。又曰，用君之心，行君之意，龜策誠不能知此事。善哉屈子之言，其聖人之徒歟。《卜居》屈原自作，設爲問答，以見此心，非鬼神吉凶之所得而移耳。王逸序乃曰：心迷意惑，不知所爲，往至太卜之家，決之蓍龜，冀聞異策，以定嫌疑。則與屈子之旨大相背戾矣。洪興祖補注曰：此篇上句皆原所從，下句皆原所去。時之人去其所當從，從其所當去。其所謂吉，乃原所謂凶也。可謂得屈子之心者矣。《禮記·少儀》問卜筮曰，義與？志與？義則可問，志則否。子孝臣忠，義也。違害就利，志也。卜筮者，先王所以教人去利懷仁義也。石駘仲卒，無適子，有庶子六人，卜所以爲後者。曰：沐浴佩玉則兆。五人者皆沐浴佩玉。石祁子曰，孰有執親之喪，而沐浴佩玉者乎。不沐浴佩玉，石祁子兆。衛人以龜爲有知也。南蒯將叛，枚筮之，遇坤之比，曰黃裳元吉。子服惠伯曰，忠信之事則可，不然必敗。外彊內温，忠也。和以率貞，信也。故曰黃裳元吉。黃，中之色也。裳，下之飾也。元，善之長也。中不忠，不得其色。下不共，不得其飾。事不善，不得其極。且夫《易》不可以占險，猶有闕也。筮雖吉，未也。南蒯果敗。是以嚴君平之卜筮也，與人子言依於孝，與人弟言依於順，與人臣言依於忠。

（清）顧炎武《日知録》卷二《彝倫》　彝倫者，天地人之常道，如下所謂五行、五事、八政、五紀、皇極、三德、稽疑、庶徵、五福、六極皆在其中，不止《孟子》之言人倫而已。能盡其性，以至能盡人之性，盡物之性，則可以贊天地之化育，而彝倫敘矣。

（清）顧炎武《日知録》卷二《罔中于行以覆詛盟》　國亂無政，小民有情而不得申，有冤而不見理，於是不得不訴之於神，而詛盟之事起矣。蘇公遇暴公之譖，則出此三物，以詛爾斯。屈原遭子蘭之讒，則告五帝以折中命。咎繇而聽直至於里巷之人，亦莫不然。而鬼神之往來於人間者，亦或著其靈爽，於是賞罰之柄乃移之冥漠之中，而蚩蚩之氓其畏王鈇常不如其畏鬼責矣。乃世之君子猶有所取焉，以輔王政之窮。今日所傳地獄之説，感應之書，皆苗民詛盟之餘習也。明明棐常，鰥寡無蓋，則王政行於上，而人自不復有求於神。故曰，有道之世，其鬼不神。所謂絶地天通者，如此而已矣。

（清）顧炎武《日知録》卷六《鬼神》　王道之大，始於閨門。妻子合、兄弟和而父母順，道之邇也、卑也。效焉而天神假，廟焉而人鬼饗，道之遠也、高也。先王事父孝，故事天明；事母孝，故事地察。脩之爲經，布之爲政，本於天，殽於地，列於鬼神，達於喪祭、射御、冠昏、朝聘，而天下國家可得而正也。若舜，若文、武、周公，所謂庸德之行而人倫之至者也。故曰：君子之道，造端乎夫婦。及其至也，察乎天地。人之有父母也，雞鳴問寢，左右就養無方，何其近也？及其既亡，而其容與聲不可得而接，於是或求之陰，或求之陽，然後僾然必有見乎其位，然後乃憑工祝之傳而致賚於孝孫。生而爲父母，歿而爲鬼神。子曰：爲之宗廟，以鬼享之。此之謂也。洋洋乎如在其上，如在其左右，由順父母而推之也。《記》曰：文王之爲世子，朝於王季，日三。雞初鳴而衣服，至於寢門外，問內豎之御者曰：今日安否，何如？內豎曰：安。文王乃喜。及日中，又至，亦如之。及暮，又至，亦如之。其有不安節，則內豎以告文王。文王色憂，行不能正履。王季復膳，然後亦復初。食上，必推視寒煖之節。食下，問所膳。命膳宰曰：末有原。應曰：諾。然後退。又曰：文王之祭也，事死者如事生，思死者如不欲生。忌日必哀，稱諱如見親，祀之忠也。如見親之所愛，如欲色然，其文王與？《詩》云：明發不寐，有懷二人，文王之詩也。夫惟文王生而事親如此之孝，故歿而祭如此之忠，而如親之或見也。苟其生無養志之誠，則其歿也自必無感通之理，故曰惟孝子爲能饗親。而夫子之告子路亦曰：未能事人，焉能事鬼？是故庸德之行，莫先於父母之順，而郊社之禮，禘嘗之義，緣之以起。明此而天下國家可得而治矣。在上位者能順乎親，而後可以事天享帝。在下位者能順乎親，而後可以獲上治民。程子曰：鬼神，天地之功用，而造化之迹也。張子曰：鬼神者，二氣之良能也。用以解《易》神也者，妙萬物而爲言一章，斯爲切當。如二子之説，則視之而弗見，聽之而弗聞者，鬼神也，其可見可聞者亦鬼神也。今夫子但言弗見弗聞，知其爲祭祀之鬼神也。質諸鬼神而無疑，猶《易·乾·文言》所謂與鬼神合其吉凶。

（清）顧炎武《日知録》卷三〇《人事感天》　《易傳》言：先天後天。考之史書所載，人事動於下而天象變於上，有驗於頃刻之間而不容遲者。宋武帝欲受晉禪，乃集朝臣宴飲，日晚坐散，中書令傅亮叩扉入見，請還都謀禪代之事。及出已夜，見長星竟天，拊髀嘆曰：我常不信天文，今始驗矣。隋文帝立晉王廣爲皇太子，其夜烈風大雪，地震山崩，民舍多壞，壓死者百餘口。唐玄宗爲臨淄王，將誅韋氏，與劉幽求等微服入苑中。向二鼓，天星散落如雪，幽求曰：天道如此，時不可失。文宗以右軍中尉王守澄之言，召鄭注對于浴堂門，是夜彗出東方，長三尺。然則荊軻爲燕太子丹謀刺秦王，而白虹貫日。衛先生爲秦昭王畫長平之事，而太白食昴，固理之所有。《孟子》言氣壹則動志，其此之謂與？

（清）顧炎武《日知録》卷三二《不弔》　古人言不弔者，猶曰不仁。《左傳》成十三年穆爲不弔，襄十三年君子以吳爲不弔，十四年有君不弔，昭七年兄弟之不睦，於是乎不弔，二十六年帥羣不弔之人以行亂于王室，皆是不仁之意。襄二十三年敢告不弔及《詩》之不弔昊天、不弔不祥，《書》之弗弔，天降喪於殷，則以爲哀閔之辭，杜氏註皆以爲不相弔恤，而於羣不弔之人，則曰弔，至也，於義不通。惟成七年中國不振旅，蠻夷入伐，而莫之或恤，無弔者也夫，乃當謂大國無恤隣之義耳。

（宋）李昉等《太平御覽》卷六二二《治道部·治政》　《禮》曰：故政者，君之所以藏身也。藏，謂輝光於外而形體不見，若日月星辰之中。是故夫政必本於天，殽以降命。降，下也。殽天之氣以下教令。天有運移之期，陰陽之節也。命降于社，之謂殽地。教，謂令由社下者也。社，土地之主也。《周禮》土會之法，有五地之物生也。降於祖廟，之謂仁義。謂教令由社下者。《大傳》曰：自禰率而上至于祖遠者，輕仁也。自至率而下至于禰高者，重義也。降於山川，之謂典作。謂教令由山川下者也。山川有草木禽獸可作器物共國事。降於五祀之謂制度。謂教令由五祖下者。五祀有中霤門戶竈行之神，此始爲宮室制度。此聖人所以藏身之固也。政之行，如此何用，城郭溝池之爲。故聖人參於天地並於神鬼，以治政也。

（宋）李昉等《太平御覽》卷六三六《刑法部·敘刑》　《司馬法》曰：先王之治，從天之道，設地之宜，乃作僻五刑，以禁民僻。乃興甲兵以討不義，制瑞節以通使，巡狩省方以會諸侯。考不同、正禮、月正時歷。考不同者，正法度，齊於天子法度也。正禮者，上下之禮也。月正時歷者，月正，朔名也；時歷，時氣正月相應也。名文章車服，名月爵稱文章車服，所以顯有德，異尊卑，使不踰制度也。天子法度，不從命爲亂常法也。比德逆天之時，比，敗德不行也，不順時生殺之敘也。乃徵師於諸侯，征之不會朝，過聘則劉。劉，殺也。諸侯背叛不會朝，過聘則殺之。廢貢職，擅稱兵相侵削，廢天子之命，則黜。不從王者法度，則征其罪而黜之也。改曆史衣服文章，易禮變刑，則放。若奉王法則不之遠方。娶同姓，以妾爲妻，變太子，專罪大夫。擅立閔絶降交，則幽。幽，繫。慢神省哀，奪民之時，重稅粟畜，貨重罰。暴虐自佚，宮室過度，宮婦過數，則削地損爵。

（宋）李昉等《太平御覽》卷六五九《道部·道》　《老子》曰：道可道，非常道。虛極之妙也。無名天地之始，有名萬物之母。無名者妙本也。道沖而用之或似不盈，淵乎似萬物之宗。天地之閒，其由橐籥乎。玄牝之門，是謂天地根。天地所以能長且久者，以其不自生，故能長生。生而不有，爲而不恃，長而不宰，是謂玄德。執古之道，以御今之有，能知古始，是謂道紀。萬物並作，吾以觀其復。功成事遂，百姓皆謂我自然。絶聖弃智，民利百倍。孔德之容，惟道是從。以閱衆甫，吾何以知衆甫之然哉？曲則全，謂曲己以應務則全也。枉則直，謂枉己以伸人則直也。窪則盈，謂執謙則常盈也。弊則新，謂守弊薄則日新也。少則得，謂抱一不離則無失也。多則惑，謂有爲多門則惑亂也。是以聖人抱一爲天下式。希言自然者，謂因言悟道，不滯於言，合自然也。有物混成，先天地生，寂兮寥兮，獨立而不改，周行而不殆，吾不知其名，字之曰道，強爲之名曰大。域中有四大，王居其一。謂王者，人靈之主，萬物繫其興亡也。人法地，地法天，天法道，道法自然。重爲輕根，靜爲躁君，善行無轍迹，謂體了真性行無行相，則必與道宜也。善言無瑕摘，謂遺象求意，理證心忘也。善計不用籌筭，謂一以貫之，不生他見也。善閉無關楗而不可開，謂心無逐境之迷，境無起心之累也。善結無繩約而不可解，謂心與道合，雖無約束，其不可解也。是以聖人常善救人，故無弃人；常善救物，故無弃物。是謂襲明。知其雄，守其雌；知其白，守其黑；知其榮，守其辱；謂含德內融，則復歸於朴；常德聽川，則散而爲器。既涉形器，必有精麤，聖人用之則爲群材之官長矣。故大制不割，謂聖人用道大制群生。萬物不謝，於自然曾不割傷也。道之在天下，猶川谷之與江海。死而不亡者壽，謂死者分理之終，亡者夭折之數，壽者一期之盡。夫知足力行者，得天常也。死而不亡，是一期之盡，可謂壽矣。執大象，天下往。往而不害，安於太平。化而欲作，吾將鎮之無名之朴，謂道也。失道而後德，失德而後仁，失仁而後義，失義而後禮。天下之物生於有，有生於無，明道若昧，進道若退，夷道若類，上德若谷，謂虛淞而容物也。大白若辱，謂能潔而含垢也。廣德若不足，謂大成而執謙也。建德若渝，謂立功而不衒也。體真若渝，謂淳一而和光也。大方無隅，謂不小立圭角也。大器晚成，謂且無近功也。大音希聲，謂不飾小說也。大象無形，謂能應萬類也。道隱無名，謂功用不彰也。道生一，一生二，二生三，三生萬物。萬物負陰而抱陽，沖氣以爲和。爲道日損，損之又損，以至無爲。故塞其兊，閉其門，終身不勤也。謂不縱六根，愛悅則禍患之門閉矣。終身不勤勞也。開其兊，濟其事，終身不救，謂開縱視聽，以成其愛悅之事，故有禍患不救也。無遺自殃，是謂襲常，謂不爲身災，是謂密用真常之道也。

（宋）潘自牧《記纂淵海》卷三《律歷部·正朔》　史。王者易姓受命必慎。始初改正朔，《史・歷書》。夏正以正月，殷正以十二月，周正以十一月。蓋三王之正，若循環，窮則反本。天下有道，則不失紀序；無道，則正朔不行於諸侯。

（宋）潘自牧《記纂淵海》卷四五《性行部・自作不靖》 經。罪自己招，無所怨咎。《易》。自作弗靖。惟汝自生毒，乃敗禍，姦宄以自災于厥身。起穢以自臭。自作孽不可逭。《書》。自求辛螫。下民之孽，匪降自天。噂沓背憎，職競由人。自貽伊慼。《詩》。

（宋）潘自牧《記纂淵海》卷五〇《性行部・有忌憚》 經。不愓予一人，乃罔畏畏，謂已有天命，謂敬不足行，謂祭無益，謂暴無傷。狃于姦宄，敗常亂俗，以蕩陵德，實悖天道。並《書》。小人而無忌憚也。《記》。不愧于天，不畏于人，乘我乘駒，朝食于株，胡不相畏？不畏于天，匪先民是程，匪大猶是經。並《詩》。小人不知天命而不畏也。狎大人侮聖人之言。《語》。

史。殺人不忌爲賊，肆行無度，無所還忌，不思謗讟，不憚鬼神，神怒民痛，無悛於心。單旗劉狄，剝亂天下，帥羣不弔之人，以行亂於王室。侵欲無厭，規求無度，貫瀆鬼神，慢棄刑法，傲狠威儀。並《左》。

（宋）潘自牧《記纂淵海》卷五三《識見部・守正》 經。子曰：素隱行怪，後世有述焉，吾弗爲之矣。《中庸》。子曰：獲罪於天，無所禱也。子曰：敬鬼神而遠之，可謂智矣。子不語怪力亂神。《語》。淫祀無福。《記》。

子。子曰：君子不祈妄福。《文中子》。

史。魯大旱，公欲焚巫尪。臧文仲曰：天欲殺之，則如勿生。若能爲旱，焚之滋甚。《左傳》。狐突曰：神不歆非類，民不祀非族。《左》僖十年。甯武子曰：鬼神非其族類，不歆其祀。《左傳》。

（宋）潘自牧《記纂淵海》卷五五《論議部・無所逃罪》 獲罪於天，無所禱也。《語》。

（宋）王應麟《玉海》卷四九《藝文・政要寶訓》 皇祖之訓，著于《夏書》；文王之謨，述于周命；《商書》立言，陳烈祖之成德。

（明）馮琦《經濟類編》卷七五《天類一・天文》 故古者聖人明以此説人，曰：天子有善，天能賞之；天子有過，天能罰之。天子賞罰不當，聽獄不中，天下疾病禍福，霜露不時。天子必且芻豢其牛羊犬彘，潔爲粢盛酒醴，以禱祠祈福於天。我未嘗聞天之禱祀祈福於天子也。吾以此知天之重且貴於天子也。是故義者不自愚且賤者出，必自貴且知者出。曰誰爲知？天爲知。然則義果自天出也。

（三國魏）曹植《曹子建集》卷一〇《藉田説》 春畊於藉田，郎中令侍寡人焉，顧而謂之曰：昔者神農氏始嘗萬草，教民種植。今寡人之興此田，將欲以擬乎治國，非徒供耳目而已也。夫營疇萬畝，厥田上下。經以大陌，帶以橫阡，此亦寡人之封疆也。日殄没而歸館，晨未昕而即野，此亦寡人之先下也。菽藿特疇，禾黍異田，此亦寡人之理政也。及其息泉涌，庇重陰，懷有虞，撫素琴，此亦寡人之所習樂也。蘭蕙荃蘅，植之近疇，此亦寡人之所親賢也。刺蓁臭蔚，棄之遠疆，此亦寡人之所遠佞也。若年豐歲登，果茂菜滋，則臣仆小大咸取驗焉。又曰：封人有能以輕鑿修鉤去樹之蝎者，樹得以茂繁。中舍人曰：不識天下者，亦有蝎者乎？寡人告之曰：昔三苗、共工、鯀、驩兜非堯之蝎歟？問曰：諸侯之國，亦有蝎乎？寡人告之曰：齊之諸田，晉之六卿，魯之三桓，非諸侯之蝎歟？然三國無輕鑿脩鉤之任，終於齊篡，魯弱，晉國以分，不亦痛乎？曰：不識爲君子者，亦蝎乎？寡人告之曰：固有之也。富而慢，貴而驕，殘仁賊義，甘財悦色，此亦君子之蝎也。天子勤耘以牧一國，大夫勤耘以收世禄，君子勤耘以顯令德。夫農者始於種，終於穫。澤既時矣，苗既美矣，棄而不耘，則改爲荒疇。蓋豐年者，期於必收，譬脩道，亦期於殁身也。

（三國魏）阮籍《阮籍集・通老論》 聖人明於天人之理，達於自然之分，通於治化之體，審於大慎之訓。故君臣垂拱，完太素之樸；百姓熙怡，保性命之和。道者法自然而爲化。侯王能守之，萬物將自化。《易》謂之太極，《春秋》謂之元，老子謂之道。三皇依道，五帝仗德，三王施仁，五霸行義，強國任智，蓋優劣之異，薄厚之降也。

（晉）嵇康《嵇中散集》卷四《答難養生論一首》 人從少至長，降殺好惡有盛衰。或稚年所樂，壯而棄之，始之所薄，終而重之。當其所悦，謂不可奪；値其所醜，謂不可歡。然還成易地，則情變於初。苟嗜欲有變，安知今之所耽，不爲臭腐；曩之所賤，不爲奇美耶。假令厮養暴登卿尹，則監門之類蔑而遺之。由此言之，九所區區，一域之情耳，豈必不易哉。又飢飡者，於將獲所欲，則悦情注心。飽滿之後，釋然疏之，或有厭惡。然則榮華酒色，有可疏之時，蚺蛇珎於越土，中國遇而惡之，黼黻貴於華夏，裸國得而棄之。當其無用，皆中國之蚺蛇，裸國之黼黻也。以大和爲至樂，則榮華不足顧也，以恬澹爲至味，則酒色不足欽也。苟得意有地，俗之所樂，皆糞土耳，何足戀哉。今談者不覩至樂之情，甘減年殘生，以從所願，此則李斯背儒，以殉一朝之欲，主父發憤，思調五鼎之味耳。且鮑肆自玩而賤蘭茝，猶海鳥對太牢而長愁，文侯聞雅樂而塞耳。故以榮華爲生具，謂濟萬世不足以喜耳。此皆無主於內，借外物以樂之，外物雖豐，哀亦備矣。有主於中，以內樂外，雖無鍾鼓，樂已具矣。故得志者，非軒冕也，有至樂者，非充屈也，得失無以累之耳。且父母有疾，在困而瘳，則憂喜並用矣。由此言之，不若無喜可知也。然則樂豈非至樂耶。故順天和以自然，以道德爲師友，玩陰陽之變化，得長生之永久，任自然以託身，並天地而不朽者，孰享之哉。

（晉）嵇康《嵇中散集》卷五《聲無樂論一首》 主人應之曰：夫言移風易俗者，必承衰弊之後也。古之王者，承天理物，必崇簡易之教，御無爲之治，君靜於上，臣順於下，玄化潛通，天人交泰，枯槁之類，浸育靈液，六合之內，沐浴鴻流，蕩滌塵垢，羣生安逸，自求多福，默然從道，懷忠抱義，而不覺其所以然也。和心足於內，和氣見於外，故歌以敘志，儛以宣情。然後文之以采章，照之以風雅，播之以八音，感之以太和，導其神氣，養而就之。迎其情性，致而明之，使心與理相順，和與聲相應，合乎會通，以濟其美。故凱樂之情，見於金石，含弘光大，顯於音聲也。若以往則萬國同風，芳榮齊茂，馥如秋蘭，不期而信，不謀而誠，穆然相愛，猶舒錦綵，而粲炳可觀也。大道之隆，莫盛於兹，太平之業，莫顯於此。故曰：移風易俗，莫善於樂。樂之爲體，以心爲主。故無聲之樂，民之父母也。至八音會諧，人之所悦，亦總謂之樂，然風俗移易，不在此也。夫音聲和比，人情所不能已者也。是以古人知情之不可放故，抑其所遁，知欲之不可絶，故因其所自。爲可奉之禮，制可導之樂，口不盡味，樂不極音。揆終始之宜，度賢愚之中。爲之檢則，使遠近同風，用而不竭，亦所以結忠信，著不遷也。故鄉校庠塾亦隨之變，絲竹與俎豆並存，羽毛與揖讓俱用，正言與和聲同發。使將聽是聲也，必聞此言，將觀是容也，必崇此禮。禮猶賓主升降，然後酬酢行焉。於是言語之節，聲音之度，揖讓之儀，動止之數，進退相須，共爲一體。君臣用之於朝，庶士用之於家，少而習之，長而不怠，心安志固，從善日遷，然後臨之以敬，持之以久而不變，然後化成，此又先王用樂之意也。故朝宴聘享，嘉樂必存。是以國史採風俗之盛衰，寄之樂工，宣之管絃，使言之者無罪，聞之者足以自誡。此又先王用樂之意也。若夫鄭聲，是音聲之至妙。妙音感人，猶美色惑志。耽槃荒酒，易以喪業，自非至人，孰能禦之。先王恐天下流而不反，故具其八音，不瀆其聲，絶其大和，不窮其變，捐窈窕之聲，使樂而不淫，猶大羹不和，不極勺藥之味也。若流俗淺近，則聲不足悦，又非所歡也。若上失其道，國喪其紀，男女奔隨，淫荒無度，則風以此變，俗以好成。尚其所志，則羣能肆之，樂其所習，則何以誅之。託於和聲，配而長之，誠動於言，心感於和，風俗一成，因而名之。然所名之聲，無中於淫邪也。淫之與正同乎心，雅鄭之體，亦足以觀矣。

（明）張溥《漢魏六朝百三名家集》卷六一孫綽《孫綽集·論·喻道論》 夫佛也者，體道者也。道也者，導物者也，應感順通無爲而無不爲者也。無爲故虚寂，自然無不爲。故神化萬物，萬物之求，卑高不同，故訓致之術或精或麤。悟上識則舉其宗本，不順者復殃，放酒者羅刑，婬爲大罰，盗者抵罪。三辟五刑，犯則無赦。此王者之常制，宰牧之所司也。若聖王御世，百司明達則向之罪人，必見穿測，無逃形之地矣。使姦惡者不得容其私，則國無違民。而賢善之流，必見旌敘矣。且君明臣公，世清理治猶能令善惡得所，曲直不濫，況神明所莅無遠近幽深，聰明正直，罰惡祐善者哉。故毫釐之功，錙銖之釁，報應之期，不可得而差矣。歷觀古今，禍福之證，皆有由緣，載籍昭然，豈可掩哉。何者？陰謀之門，子孫不昌，三世之將，道家明忌，斯非兵凶戰危積殺之所致邪。若夫魏顆從治，而致結草之報；子都守信，而受驄驥之錫；齊襄委罪，故有墜車之禍；晉惠棄禮，故有弊韓之困。斯皆死者報生之驗也。至於宣孟愍翳桑之餓，漂母哀淮陰之憊，並以一餐拯其懸餒；而趙蒙倒戈之祐，母荷千金之賞，斯一獲萬報。不踰世故，立德闇昧之中，而慶彰萬物之上，陰行陽曜，自然之勢。譬猶灑粒於土壤，而納百倍之收；地穀無情於人，而自然之利至也。或難曰：報應之事，誠皆有徵，則周孔之教，何不去殺？而少正卯刑，二叔伏誅邪。答曰：客，可謂達教聲而不體教情者也。謂：聖人有殺心乎？曰：無也。答曰：子誠知其無心於殺，殺固百姓之心耳。夫時移世異，物有薄澆。結繩之前，陶然太和。暨於唐虞，禮法始興。爰逮三代，刑網滋彰，刀斧雖嚴，而猶不懲。至於君臣相滅，父子相害，吞噬之甚，過於豺虎。聖人知人情之固於殺，不可一朝而息，故漸抑以求厥中。猶蝮蛇螫足，斬之以全身；癰疽附體，决之以救命。亡一以存十，亦輕重之所權。故刑依秋冬，所以順時殺，春蒐夏苗，所簡胎乳。三驅之禮，禽來則韜弓。聞聲覩生，肉至不食，釣而不綱，弋不射宿。其於蜫蟲，每加隱惻。至於議獄緩死，眚災肆赦，刑疑從輕，寧失有罪。流涕授鉞，哀矜勿喜，生育之恩篤矣，仁愛之道盡矣。所謂爲而不恃，長而不宰，德被而功不在我，日用而萬物不知。舉茲以求，足以悟其歸矣。

（唐）李邕《李北海集》附録《詩・賀赦表六首》 臣某言：伏奉某月日制大赦天下，至德純茂，鴻私普洽。臣聞聖人紹統必建元，良王者郊天是崇嚴配。伏惟寶應元聖文武皇帝陛下嗣守鴻業，光膺駿命，奉先思孝，誠已達於幽明。立嫡以長義仍深，於燕翼。皇猷允塞，墜禮咸甄。俯弘作解之恩，式布惟新之令。若乃滌瑕蕩穢，雷雨之施也；茂時育物，天地之仁也；薄征弛力，政理之源也；録功念舊，敦勸之方也；加以躬儉節用，捐珠棄玉。執喪者俾從達禮，繫獄者咸釋明刑。啓進善之門，開直言之路。德殷虞夏，義掩羲軒。凡在宥刑，孰不欣悦。

（唐）劉禹錫《劉禹錫集》卷五《論上・天論上》 世之言天者二道焉。拘於昭昭者則曰：天與人實影響：禍必以罪降，福必以善來，窮阨而呼必可聞，隱痛而祈必可答，如有物的然以宰者。故陰騭之説勝焉。泥於冥冥者則曰：天與人實刺異：霆震於畜木，未嘗在罪；春滋乎堇荼，未嘗擇善。跖、蹻焉而遂，孔、顔焉而厄，是茫乎無有宰者。故自然之説勝焉。余之友河東解人柳子厚作《天説》以折韓退之之言，文信美矣，蓋有激而云，非所以盡天人之際。故余作《天論》以極其辯云。

大凡入形器者，皆有能有不能。天，有形之大者也；人，動物之尤者也。天之能，人固不能也；人之能，天亦有所不能也。故余曰：天與人交相勝耳。其説曰：天之道在生植，其用在强弱；人之道在法制，其用在是非。陽而阜生，陰而肅殺；水火傷物，木堅金利；壯而武健，老而耗眊；氣雄相君，力雄相長：天之能也。陽而蓺樹，陰而揫斂；防害用濡，禁焚用光；斬材窾堅，液礦硎鋩；義制强訐，禮分長幼；右賢尚功，建極閑邪：人之能也。

人能勝乎天者，法也。法大行，則是爲公是，非爲公非，天下之人蹈道必賞，違之必罰。當其賞，雖三旌之貴，萬鍾之禄，處之咸曰宜。何也？爲善而然也。當其罰，雖族屬之夷，刀鋸之慘，處之咸曰宜。何也？爲惡而然也。故其人曰：天何預乃事邪？唯告虔報本、肆類授時之禮，曰天而已矣。福兮可以善取，禍兮可以惡召，奚預乎天邪？法小弛則是非駁，賞不必盡善，罰不必盡惡。或賢而尊顯，時以不肖參焉。或過而僇辱，時以不辜參焉。故其人曰：彼宜然而信然，理也。彼不當然而固然，豈理邪？天也。福或可以詐取，而過亦可以苟免。人道駁，故天命之説亦駁焉。法大弛，則是非易位，賞恒在佞而罰恒在直，義不足以制其强，刑不足以勝其非，人之能勝天之實盡喪矣。夫實已喪而名徒存，彼昧者方挈挈然提無實之名，欲抗乎言天者，斯數窮矣。

故曰，天之所能者，生萬物也；人之所能者，治萬物也。法大行，則其人曰：天何預人邪？我蹈道而已。法大弛，則其人曰：道竟何爲邪？任人而已。法小弛，則天人之論駁焉。今以一己之窮通而欲質天之有無，惑矣！余曰，天恒執其所能以臨乎下，非有預乎治亂云爾；人恒執其所能以仰乎天，非有預於寒暑云爾。生乎治者人道明，咸知其所自，故德與怨不歸乎天。生乎亂者人道昧，不可知，故由人者舉歸乎天。非天預乎人爾！

（唐）白居易《白居易集》卷六四《策林三・議封建，論郡縣》 問：周制五等，其弊也，王室衰微。秦廢列國，其敗也，天下崩壞。漢封子弟，其失也，侯王僭亂。何則？爲利不同，同歸於弊也。故自古及今，議其是非者多矣。今若建侯開國，恐失隨時之宜；如置守專城，慮乖稽古之義。考其要旨，其誰可從？

又問：封建之制，肇自黄唐；郡縣之規，始於秦漢：或沿或革，以至國朝。今欲子兆人，家四海，建不拔之業，垂無疆之休，大鑒興亡，從長而用，無論今古，擇善而行：侯將守而何先？郡與國而孰愈？具書於策，當舉行之。

臣聞：封建之廢久矣，是非之論多矣。異同之要，歸于三科。或曰：周人制五等，封親賢；其弊也，諸侯擅戰伐，陪臣執國命。故聞蠶食瓜剖，以至於衰滅也。而李斯、周青之議，由是興焉。又曰：秦皇廢列國，棄子弟；其敗也，萬民無定主，九族爲匹夫。故魚爛土崩，以至於覆亡也。而曹冏、士衡之論，由是作焉。又曰：漢氏侯功臣，王同姓；其失也，爵號太尊，土宇太廣。故鴟張瓦解，以至於悖亂也。而晁錯、主父之計，由是行焉。然則秦懲周之弊也，既以亡而易衰；漢鑒秦之亡也，亦矯枉而過正。歷代之說，無出於此焉。以臣所觀，竊謂知其一，未知其二也。何者？臣聞王者將欲家四海，子兆人，垂無疆之休，建不拔之業者，在乎操理柄，立人防，導化源，固邦本而已矣。是故刑行德立，近悦遠安，恩信推於中，惠化流於外：如此，則四夷爲臣妾，況海內乎？雖置守罷侯，亦無害也。若法壞政荒，親離賢棄，王澤竭於上，人心叛於下：如此，則九族爲讎敵，況天下乎？雖廢郡建邦，又何益也？故臣以爲周之衰滅者，上失其道，天厭其德，非爲封建之弊也。秦之覆亡者，君流其毒，人離其心，非唯郡縣之咎也。漢之禍亂者，寵而失教，立不選賢，非獨強大之故也。由是觀之，苟固其本，導其源；雖郡與國，俱可理而安矣。苟踰其防，失其柄；雖侯與守，俱能亂且危矣。伏惟陛下：慮遠憂近，鑒古觀今，以敦睦親族爲先，不以封王爲急；以優勸勞逸爲念，不以建侯爲思；以尊賢寵德爲心，不以開國爲意；以安撫黎元爲事，不以廢郡爲謀：則無疆之休，不拔之業，在於此矣。況國家之制，垂二百年：法著一王，理經十聖；變革之議，非臣敢知。

（唐）柳宗元《柳宗元集》卷三一《書・答劉禹錫天論書》 韓曰：公嘗作《天說》，禹錫以爲未盡，作《天論》以辨之。公反覆以書問辨。觀禹錫《天論》，參以書意，則其義自昭然。餘詳解在禹錫《天論》及公《天說》下。見十六卷。

宗元白：發書得《天論》三篇，以僕所爲《天說》爲未究，欲畢其言。始得之，大喜，謂有以開明吾志慮。及詳讀五六日，求其所以異吾說，卒不可得。其歸要曰：非天預乎人也。凡子之論，乃《天說》傳疏耳，無異道焉。諄諄佐吾言，而曰有以異，不識何以爲異也。

子之所以爲異者，豈不以贊天之能生植也歟？夫天之能生植久矣，不待贊而顯。且子以天之生植也，爲天耶？爲人耶？抑自生而植乎？若以爲爲人，則吾愈不識也。若果以爲自生而植，則彼自生而植耳，何以異夫果蓏之自爲果蓏，韓曰：有核曰果，無核曰蓏。蓏，魯果切。癰痔之自爲癰痔，癰，音邕。痔，文里切。草木之自爲草木耶？是非爲蟲謀明矣，猶天之不謀乎人也。乎，一作於。彼不我謀，而我何爲務勝之耶？子所謂交勝者，若天恒爲惡，若下一有知字。人恒爲善，人勝天則善者行。是又過德乎人，過罪乎天也。又曰：天之能者生植也，人之能者法制也。補注：夢得《論》云：天之道在生植，其用在強弱，人之道在法制，其用在是非。是判天與人爲四而言之者也。余則曰：生植與災荒，皆天也；法制與悖亂，皆人也，二之而已。其事各行不相預，而凶豐理亂出焉，究之矣。凡子之辭，枝葉甚美，而根不直取以遂焉。

又子之喻乎旅者，又下一有曰字。皆人也，而一曰天勝焉，一曰人勝焉，何哉？莽蒼之先者，力勝也；邑郛之先者，智窮也。虞、芮，力窮也；匡、宋，智窮也。是非存亡，非下一有之字。皆未見其可以喻乎天者。若子之說，要以亂爲天理、理爲人理耶？謬矣。若操舟之言人與天者，愚民恒說耳。幽、厲之云爲上帝者，無所歸怨之辭爾，皆不足喻乎道。子其熟之，無羨言侈論，韓羨曰，餘也。延面切。以益其枝葉，姑務本之爲得，不亦裕乎？獨所謂無形爲無常形者甚善。宗元白。

（唐）劉蜕《劉蜕集》卷六《江南論鄉飲酒禮書》 天下所以知尊君敬長，小所以事大者，抑非其道乎。天下之用其道，不過於一日，尚猶偷惰如此，況天下尊君敬長能終日者乎。是以朝廷時誅不順，鄰里日起紛爭，固當然也。夫布衣匹夫，始則用其道自達。故化耕稼爲王侯，化陶漁爲公卿，其變化不測若此。然而一旦居上位，既不預興俯拜揖之事，尚不能素嚴有司，時閱其威儀乎。嗚呼！則蜕謂王公大人者一作耄。老衰罷固當然也。然而有擎跽稽首於髡褐之前，畏敬戒慎，有終日不敢嗜酒肴、不敢近妾婦者，其於誣惑之道，尚能去其情，自化之術，則不能一日勤其容。唯王公大人無慚髡褐乎，髡褐尚能自大其法，王公大人反以其道信之乎。即其奉髡褐能速化其耕稼陶漁者，則髡褐者可以有土地而制王公大人矣。是不知升乎科者不由夷狄言，遷乎資者不由髡褐授，《文苑》作授。昭昭然奈何哉！抑不知孔子之道如商君乎，以其法自弊也。伏惟閣下務速有司按諸禮圖，修其器服，戒將事而隳一作墮者時訓習之，毋使每歲臨事而隳其容。

（宋）姚鉉《唐文粹》卷二李庾《西都賦》或有乘時之舊址，亡國之遺蹤。天子迎四氣，盡然改容，曰是足以懷傷於耳目，作戒於心胷。昔秦政肆刑，秦民共傾，楚澤大呼，分隳列城，徒罷驪山，役休上林，秦址既遷，鴻門至今。此東郊之事也。隋苑廣袤，罝籠南山，占地萬頃，不爲人間，齊門失耕，禽游獸閑，代謝物移，繚垣不完。此南郊之事也。空水悠悠，文王作周，傳艱子孫，衰平遂遷，乃睠鎬都，武王宅居，國失赧死，豐鎬皆蕪。此西郊之事也。漢設五時，以主淫祀，樂詎徐誣，將求永久，天子親拜，太牢黍牡，事亡地存，爲天下笑。此北郊之事也。故因迎春則鑒秦敗，知恃刑不如恃德也；因迎夏則鑒隋怠，知獵獸不如獵賢也；因迎秋則鑒周勤，知祖基作艱，傳萬年也；因迎冬則鑒漢誤，知去淫即正，獲天祚也。四鑒以陳，澤於生人；四德已懋，格於上下。故我高祖一呼大定，安都居正，傳今皇帝一十四聖，是知禪國也，禪都也。

（宋）姚鉉《唐文粹》卷四梁肅《受命寶賦》先王之統世也，以文經天，以武緯地，觀象備物，從宜制器，播而用之，爲天下利。故曰大德曰生，大寶曰位。位之升降，惟道所至。先王審其所以，故爲大於細，爲難於易，然後本不搖而末不墜。安危之體，鑒此而已。若夫符命之所加，曆數之所歸，莫不天人合發，區宇樂推，休祥焕然，靈命顯思。是以有守有失，動而悅隨，苟貪功而僭禮，莫不速禍而召危。此玉也，公路執持，衆叛而親離；趙高引佩，殿壞而身糜。惟前軌之昭昭，孰可幸捷以取之。

（宋）姚鉉《唐文粹》卷四六皮日休《讀司馬法》古之取天下也以民心，今之取天下也以民命。唐、虞尚仁，天下之民從而帝之，不曰取天下以民心者乎？漢、魏尚權，取赤子於利刃之下，爭寸地於百戰之內，士爲諸侯，諸侯爲天子，非兵不能威，非戰不能服，不曰取天下以民命者乎？由是編之爲術，謂大公六韜也。術愈精而殺人愈多，法益工而害物益甚。嗚呼！其亦不仁矣。蚩蚩之類，不敢惜死者，上懼乎刑，次貪乎賞。民之於君，猶子也，何異父欲殺其子，先紿以威，後啗以利哉？孟子曰：我善爲陳，我善爲戰，大罪也！後之士有是者，雖不得士，吾以爲猶士焉。

（宋）李覯《李覯集》卷一八《安民策十首·安民第六》《洪範》曰：庶民惟星，星有好風，星有好雨，日月之行，則有冬有夏，月之從星，則以風雨。謂衆民所好不同，而君臣政治各有常法，不可失政教之常以從民欲也。何者？善人少而惡人多也。

明明后誠能謹令之所以出，則羣心洗濯，知所適從矣。

（宋）李覯《李覯集》卷二〇《廣潛書十五篇·二》受命於天乎？受命於人乎？受命於天，性善是也；受命於人，從俗是也。背國而從僞者，謂之叛，其得罪死。背天而從人者，始雖得志，天其不討乎？

（宋）張載《張載集·正蒙·誠明篇》天性在人，正猶水性之在冰，凝釋雖異，爲物一也；受光有小大、昏明，其照納不二也。天良能本吾良能，顧爲有我所喪爾。明天人之本無二。上達反天理，下達徇人欲者與！

性其總，合兩也；命其受，有則也；不極總之要，則不至受之分，盡性窮理而不可變，乃吾則也。天所自不能已者謂命，物所不能無感者謂性。雖然，聖人猶不以所可憂而同其無憂者，有相之道存乎我也。

在帝左右，察天理而左右也，天理者時義而已。君子教人，舉天理以示之而已；其行己也，述天理而時措之也。

和樂，道之端乎！和則可大，樂則可久，天地之性，久大而已矣。

莫非天也，陽明勝則德性用，陰濁勝則物欲行。領惡而全好者，其必由學乎！

不誠不莊，可謂之盡性窮理乎？性之德也未嘗僞且慢，故知不免乎僞慢者，未嘗知其性也。

勉而後誠莊，非性也；不勉而誠莊，所謂不言而信，不怒而威者與！

生直理順，則吉凶莫非正也；不直其生者，非幸福於回，則免難於苟也。

屈信相感而利生，感以誠也；情僞相感而利害生，雜以僞也。至誠則順理而利，僞則不循理而害。順性命之理，則所謂吉凶，莫非正也；逆理則凶爲自取，吉其險幸也。

莫非命也，順受其正，順性命之理，則得性命之正，滅理窮欲，人爲之招也。

（宋）張載《張載集・正蒙・三十篇》 放鄭聲，遠佞人，顔回爲邦，禮樂法度不必教之，惟損益三代，蓋所以告之也。法立而能守，則德可久，業可大，鄭聲佞人能使爲邦者喪所以守，故放遠之。

天下有道則見，無道則隱，君子疾没世而名不稱，蓋士而懷居，不可以爲士，必也去無道，就有道。遇有道而貧且賤，君子恥之。舉天下無道，然後窮居獨善，不見知而不悔，《中庸》所謂惟聖者能之，仲尼所以獨許顔回惟我與爾爲有是也。

（宋）張載《張載集・經學理窟・詩書》 《書》稱天應如影響，其福禍果然否？大抵天道不可得而見，惟占之於民，人所悦則天必悦之，所惡則天必惡之，只爲人心至公也，至衆也。民雖至愚無知，惟於私己然後昏而不明，至於事不干礙處則自是公明。大抵衆所向者必是理也，理則天道存焉，故欲知天者，占之於人可也。

稽衆舍己，堯也；與人爲善，舜也；聞言則拜，禹也；用人惟己，改過不吝，湯也；不聞亦式，不諫亦入，文王也；皆虚其心以爲天下也。

又： 文王之於天下，都無所與焉。文王陟降，在帝左右。只觀天意如何耳。觀《文王》一篇，便知文王之美，有君人之大德，有事君之小心。

萬事只一天理。舜舉十六相，去四凶，堯豈不能？堯固知四凶之惡，然民未被其虐，天下未欲去之。堯以安民爲難，遽去其君則民不安，故不去，必舜而後因民不堪而去之也。

又： 禮所以持性，蓋本出於性，持性，反本也。凡未成性，須禮以持之，能守禮已不畔道矣。

禮即天地之德也，如顔子者，方勉勉於非禮勿言，非禮勿動。勉勉者，勉勉以成性也。

禮非止著見於外，亦有無體之禮。蓋禮之原在心，禮者聖人之成法也，除了禮天下更無道矣。欲養民當自井田始，治民則教化刑罰俱不出於禮外。五常出於凡人之常情，五典人日日爲，但不知耳。

今之人自少見其父祖從仕，或見其鄉閭仕者，其心正欲得利禄縱欲，於義理更不留意。有天生性美，則或能孝友廉節者，不美者縱惡而已，性元不曾識磨礪。

時措之宜便是禮，禮即時措時中見之事業者，非禮之禮，非義之義，但非時中者皆是也。非禮之禮，非義之義，又不可以一槩言，如孔子喪出母，子思不喪出母，又不可以子思守禮爲非也，又如制禮者小功不税，使曾子制禮，又不知如何，以此不可易言。時中之義甚大，須是精義入神以致用，始得觀其會通以行其典禮，此則真義理也；行其典禮而不達會通，則有非時中者矣。禮亦有不須變者，如天敘天秩，如何可變！禮不必皆出於人，至如無人，天地之禮自然而有，何假於人？天之生物便有尊卑大小之象，人順之而已，此所以爲禮也。學者有專以禮出於人，而不知禮本天之自然，告子專以義爲外，而不知所以行義由内也，皆非也，當合内外之道。

（宋）張載《張載集・經學理窟・學大原上》 氣質猶人言性氣，氣有剛柔、緩速、清濁之氣也。質，才也。氣質是一物，若草木之生亦可言氣質。惟其能克己則爲能變，化却習俗之氣性，制得習俗之氣。所以養浩然之氣是集義所生者，集義猶言積善也，義須是常集，勿使有息，故能生浩然道德之氣。某舊多使氣，後來殊減，更期一年庶幾無之，如太和中容萬物，任其自然。

（宋）張載《張載集・拾遺・性理拾遺》 張子曰： 天下凡謂之性者，如言金性剛，火性熱，牛之性，馬之性也，莫非固有。凡物莫不有是性，由通蔽開塞，所以有人物之别，由蔽有厚薄，故有智愚之别。塞者牢不可開，厚者可以開而開之也難，薄者開之也易，開則達於天道，與聖人一。

《二程集・河南程氏遺書》卷一《二先生語一・端伯傳師説》 先王之世，以道治天下；後世只是以法把持天下。

《二程集・周易程氏傳》卷一《周易上經上・乾》 《文言》【略】大人與天地日月四時鬼神合者，合乎道也。天地者道也，鬼神者造化之迹也。聖人先於天而天同之，後於天而能順天者，合於道而已。合於道，則人與鬼神豈能違也？

《二程集・周易程氏傳》卷一《周易上經・泰》 《象》曰：【略】

天地交而陰陽和，則萬物茂遂，所以泰也。人君當體天地通泰之象，而以財成天地之道，輔相天地之宜，以左右生民也。財成，謂體天地交泰之道，而財制成其施爲之方也。輔相天地之宜，天地通泰，則萬物茂遂，人君體之而爲法制，使民用天時，因地利，輔助化育之功，成其豐美之利也。如春氣發生萬物，則爲播植之法；秋氣成實萬物，則爲收斂之法；乃輔相天地之宜，以左右輔助於民也。民之生，必賴君上爲之法制以教率輔翼之，乃得遂其生養，是左右之也。

《二程集・周易程氏傳》卷一《周易上經上・大有》　《象》曰：【略】君子觀大有之象，以遏絶衆惡，揚明善類，以奉順天休美之命。萬物衆多，則有善惡之殊。君子享大有之盛，當代天工，治養庶類。治衆之道，在遏惡揚善而已。惡懲善勸，所以順天命而安羣生也。

《二程集・周易程氏傳》卷二《周易上經下・豫》　《彖》曰：【略】天地之道，萬物之理，唯至順而已。大人所以先天後天而不違者，亦順乎理而已。【略】

天地之運，以其順動，所以日月之度不過差，四時之行不愆忒；聖人以順動，故經正而民興於善，刑罰清簡而萬民服也。

《二程集・周易程氏傳》卷二《周易下經上・蠱》　《彖》曰：【略】夫有始則必有終，既終則必有始，天之道也。聖人知終始之道，故能原始而究其所以然，要終而備其將然，先甲後甲而爲之慮，所以能治蠱而致元亨也。

《二程集・周易程氏傳》卷二《周易上經下・觀》　觀【略】人君：上觀天道，下觀民俗，則爲觀；修德行政，爲民瞻仰，則爲觀。風行地上，徧觸萬類，周觀之象也。

又：《彖》曰：【略】天道之神，故曰神道。觀天之運行，四時無有差忒，則見其神妙。聖人見天道之神，體神道以設教，故天下莫不服也。夫天道至神，故運行四時，化育萬物，無有差忒。至神之道，莫可名言，惟聖人默契，體其妙用，設爲政教，故天下之人涵泳其德而不知其功，鼓舞其化而莫測其用，自然仰觀而戴服，故曰：以神道設教而天下服矣。

《象》曰：【略】風行地上，周及庶物，爲由歷周覽之象，故先王體之爲省方之禮，以觀民俗而設政教也。天子巡省四方，觀視民俗，設爲政教，如奢則約之以儉，儉則示之以禮是也。省方，觀民也。設教，爲民觀也。

《二程集・周易程氏傳》卷二《周易上經下・噬嗑》　《彖》曰：【略】以卦才言也。剛爻與柔爻相間，剛柔分而不相雜，爲明辨之象。明辨，察獄之本也。動而明，下震上離，其動而明也。雷電合而章，雷震而電耀，相須並見，合而章也。照與威並行，用獄之道也。能照則無所隱情，有威則莫敢不畏，上既以二象言其動而明，故復言威照並用之意。

《二程集・周易程氏傳》卷二《周易上經下・剥》　《彖》曰：【略】君子尚消息盈虛，天行也：君子存心消息盈虛之理而能順之，乃合乎天行也。理有消衰，有息長，有盈滿，有虛損，順之則吉，逆之則凶，君子隨時敦尚，所以事天也。

《二程集・周易程氏傳》卷二《周易上經下・復》　雷者，陰陽相薄而成聲，當陽之微，未能發也。雷在地中，陽始復之時也。陽始生於下而甚微，安靜而後能長。先王順天道，當至日陽之始生，安靜以養之，故閉關，使商旅不得行，人君不省視四方，觀復之象而順天道也。

《二程集・周易程氏傳》卷二《周易上經下・頤》　天地之道，則養萬育物；養育萬物之道，正而已矣。聖人則養賢才，與之共天位，使之食天祿，俾施澤於天下，養賢以及萬民也，養賢所以養萬民也。夫天地之中，品物之衆，非養則不生。聖人裁成天地之道，輔相天地之宜，以養天下，至於鳥獸草木，皆有養之之政，其道配天地，故夫子推頤之道，贊天地與聖人之功曰：頤之時大矣哉！

《二程集・周易程氏傳》卷三《周易下經上・解》　《彖》曰：【略】既明處解之道，復言天地之解，以見解時之大。天地之氣開散，交感而和暢，則成雷雨；雷雨作而萬物皆生發甲拆。天地之功，由解而成，故贊解之時大矣哉！王者法天道，行寬宥，施恩惠，養育兆民，至於昆蟲草木，乃順解之時，與天地合德也。

又：《象》曰：【略】天地解散而成雷雨，故雷雨作而爲解也。與明兩而作離，語不同。赦，釋之。宥，寬之。過失則赦之可也，罪惡而赦之，則非義也，故寬之而已。君子觀雷雨作解之象，體其發育，則施恩仁；體其解散，則行寬釋也。

《二程集·周易程氏傳》卷三《周易下經上·益》　以天地之功，言益道之大，聖人體之以益天下也。天道資始，地道生物，天施地生，化育萬物，各正性命，其益可謂無方矣。方，所也。有方所，則有限量。無方，謂廣大无窮極也。天地之益萬物，豈有窮際乎？天地之益無窮者，理而已矣。聖人利益天下之道，應時順理，與天地合，與時偕行也。

《二程集·周易程氏傳》卷三《周易下經上·姤》　《象》曰：【略】風行天下，無所不周，爲君后者，觀其周徧之象，以施其命令，周誥四方也。風行地上，與天下有風，皆爲周徧庶物之象，而行於地上，徧觸萬物，則爲《觀》，經歷觀省之象也；行於天下，周徧四方，則爲《姤》，施發命令之象也。諸象或稱先王，或稱后，或稱君子大人。稱先王者，先王所以立法制建國，作樂省方，敕法閉關，育物享帝皆是也。稱后者，后王之所爲也，財成天地之道，施命誥四方是也。君子則上下之通稱，大人者王公之通稱。

《二程集·周易程氏傳》卷三《周易下經上·萃》　《象》曰：【略】萃之義，聚也。順以説，以卦才言也。上説而下順，爲上以説道使民，而順於人心；下説上之政令，而順從於上。既上下順説，又陽剛處中正之位，而下有應助，如此故能聚也。欲天下之萃，才非如是不能也。

《二程集·周易程氏傳》卷四《周易下經下·漸》　《象》曰：【略】山上有木，其高有因，漸之義也。君子觀漸之象，以居賢善之德，化美於風俗。人之進於賢德，必有其漸，習而後能安，非可陵節而遽至也。在己且然，教化之於人，不以漸，其能入乎？移風易俗，非一朝一夕所能成，故善俗必以漸也。

《二程集·周易程氏傳》卷四《周易下經下·巽》　《象》曰：【略】重巽者，上下皆巽也。上順道以出命，下奉命而順從，上下皆順，重巽之象也。又重爲重復之義。君子體重巽之義，以申復其命令。申，重復也，丁寧之謂也。

《二程集·周易程氏傳》卷四《周易下經下·兑》　兑之義，説也。一陰居二陽之上，陰説於陽，而爲陽所説也。陽剛居中，中心誠實之象；柔爻在外，接物和柔之象；故爲説而能貞也。利貞，説之道宜正也。卦有剛中之德，能貞者也。説而能貞，是以上順天理，下應人心，説道之至正至善者也。若夫違道以干百姓之譽者，苟説之道，違道不順天，干譽非應人，苟取一時之説耳，非君子之正道。君子之道，其説於民，如天地之施，感於其心而説服無斁。故以之先民，則民心説隨而忘其勞；率之以犯難，則民心説服於義而不恤其死。説道之大，民莫不知勸。勸謂信之而勉力順從。人君一作君人。之道，以人心説服爲本，故聖人贊其大矣。

《二程集·周易程氏傳》卷四《周易下經下·節》　《象》曰：【略】推言節之道。天地有節故能成四時，無節則失序也。聖人立制度以爲節，故能不傷財害民。人欲之無窮也，苟非節以制度，則侈肆，至於傷財害民矣。

《二程集·周易程氏傳》卷四《周易下經下·中孚》　《象》曰：【略】澤上有風，感於澤中。水體虚，故風能入之。人心虚，故物能感之。風之動乎澤，猶物之感於中，故爲中孚之象。君子觀其象，以議獄與緩死。君子之於議獄，盡其忠而已；於決死，極其惻而已。故誠意常求於緩。緩，寬也。於天下之事，無所不盡其忠，而議獄緩死，最其大者也。

《二程集·河南程氏經説》卷八《中庸解》　天何言哉？四時行焉，百物生焉。不必賞罰，而人知勸沮。其盛德之盛，足以使人愛敬。愛之則樂從，故不待勸；敬之則不敢慢，故不待懲。

（宋）王安石《臨川先生文集》卷六六《論議·禮樂論》　是故天之高也，日月星辰陰陽之氣，可端策而數也。地至大也，山川丘陵萬物之形，人之常產，可指籍而定也。是故星曆之數，天地之法，人物之所，皆前世致精好學聖人者之所建也。後世之人，守其成法而安能知其始焉？

（宋）汪應辰《文定集》卷九《潛齋記》　三代以上，學者以知道爲先，泛觀博取而究其終極，凡天下之物莫非爲吾之資。至於浸潤饜飫，豁然開朗，卓然獨立，而自得諸我，則天下之物，亦莫非爲我之用。措之于身而安，施之于天下國家而宜，感格天地，發育萬物，皆自然之符，而無待于外者，蓋有其本矣。後世之士，有志于學者，推尋文義于毫釐之間，謹守法度于造次之際，亦可謂強學力行矣。而知之者實未至也。故明于《春秋》，而災異之説得以惑；怙于勢利，而死生之變得以驚。況其下者乎。此古今學術之異，不可以不辨也。

（明）王守仁《王文成公全書》卷二六《文録續編·五經臆説十三條》

師居龍場，學得所悟，證諸五經，覺先儒訓釋未盡，乃隨所記憶爲之疏解。閲十有九月，五經畧遍，命曰臆説。既後自覺學益精，工夫益簡易，故不復出以示人。洪嘗乘間以請。師笑曰：付秦火久矣。洪請問。師曰：只致良知，雖千經萬典，異端曲學，如執權衡，天下輕重莫逃焉，更不必支分句析，以知解接人也。後執師喪，偶於廢稿中得此數條。洪竊録而讀之，乃嘆曰：吾師之學，於一處融徹，終日言之不離是矣。即此以例全經，可知也。

元年春王正月。人君即位之一年，必書元年。元者，始也，無始則無以爲終。故書元年者，正始也。大時邁十五句，武王初克商，巡守諸侯，朝會祭告之樂歌。言我不敢自逸，而以時巡行諸侯之邦。我勤民如此，天其以我爲子乎？今以我巡行之事占之，是天之實有以右序夫我有周矣。何者？我之巡行諸侯，所以興廢舉墜，削有罪，黜不職者，亦聊以警動震發其委靡頽惰者耳。而四方諸侯莫不警懼修省，敦薄立儒，而興起夫維新之政，至於懷柔百神，而河之深廣，嶽之崇高莫不感格焉。則信乎天之以我爲王，而于以君臨夫天下矣。于是我其宣明昭布我有周之典章，于以式序在位之諸侯；我其戢斂夫干戈弓矢，以偃夫武功；我其旁求懿德之士，陳布於中國，以敷夫文德，則亦信乎？可以爲王，而能保有上天右序我有周之命矣。

（清）王夫之《船山全書·黄書·大正》 天以五行養萬民，食於陰，飲於陽，衣被榮毳，侑佐鹽醴，水滋土敦，木實火調，若此者，民承養於天，無須於王者之制，而流盪生死，縈紆往來，通愚強之力，致文弱之養。金之爲用，王者所加於天，以損民而益之上也。故水之德潤，木之德成，土之德安，火之德化，金之德賊。是以聖人尤難之，行於不得已而用其利，戒於禍之必尅而制其賊，愚強者賫之以勸其功，文弱者賤之以殺其濫。沃以所賫，則小人和平；教以所賤，則君子強固；此爲節宣五行而勝其害氣也。其有不率教者，於是訶斥以辱之，裔夷以逖之，縲棘以錮之，刑殺以威之。夫王者之於萬姓，視猶一父之子也，其聰明文辨、便數強固者，亦克家當戶之子也，則豈不慘怛割裂、涕洟於刑戮之加哉！而其受五行之賊，犯王者之賤，越輻敗軌，沈没淫濫，螟螣細民，愁痛孤寡者，則尤恝然其忍之。《詩》曰：去其螟螣，及其蟊賊，無害我田穉，田祖有神，秉畀炎火，言遠害也。

《聖祖仁皇帝御製文集·第一集》卷一七《論·寬嚴論》 昔子産之論政也，曰：惟有德者，能以寬服民；其次莫如猛。斯殆爲鄭言之耳，要非致治之本論也。致治之本，在寬仁。今夫天化育萬物，生之以春，長之以夏，成之以秋，藏之以冬，陰陽消息，四序代嬗而其道歸，於生生爲用，仁愛爲極，夫豈春夏寬而秋冬嚴歟？古之聖王知其然，體上天仁愛之心出而御物，德以道之，政以齊之，刑以範之，惟務化民於善，閑民於義而已。不忍制民以術，怵民以威也。是故五刑之屬三千，皆本惻怛之心以出之，而非慘刻峻削之爲也。夫物剛則折，絃急則絶，政苛則國危，法峻則民亂；反是者有安而無危，有治而無亂。三代之成事無論已。秦用李斯挾荀卿之學，行督責之令，不數年而秦亡。漢高以寬大爲政，入關而萬民大悦。光武以柔道治天下，而王業用興。唐太宗聽魏徵之言，崇尚教化，而幾致刑措。是古之帝王以寬得之者多矣，未聞其以寬失也。若後世祖述申韓之徒，有謂民驕於愛，聽於威，非嚴不足以集事。不知衰世之主，百度廢弛，馴致淪敗者，其失在紀綱廢弛，詎寬之謂哉。朕撫綏元元，期以純王之道化民成俗。凡束濕之政，弗敢庸也。苛察之明，弗敢尚也。恐恐焉，日慮其刑之重而德之薄。夫寧忍從事於猛歟。《書》曰：克寛克仁，彰信兆民。《詩》曰：不競不絿，不剛不柔，敷政優優，百禄是遒。詩書之言，朕之蓍鑑矣。

《聖祖仁皇帝御製文集·第一集》卷一七《論·慎刑論》 雨露雷霆，天之所以成歲功也。而一歲之中，雨露時行，雷霆之用不數數見焉。故聖人之慎刑，所以順天道也。在《易》之噬嗑，其象爲明罰勅法，而即繼之以賁曰：無敢折獄。豐之象爲折獄，致刑，而即繼之以旅曰：明慎用刑。噬嗑上離下震，豐上震下離，於義爲明爲斷。而賁與旅皆有艮，體於義爲止。聖人之意，以爲用刑之道，貴乎明斷相資，而必本之於至慎。聖人之心，如此其昭然而可覩也。然則慎刑者，所以止刑也。《書》曰：刑期無刑。其謂是歟。朕嘗謂欲天下之治，必使刑獄清簡者，誠有見於此也。蓋惟刑慎則爲不濫，善人無誤罹文網之懼，刑慎則必當，不善者無僥倖苟免之心。天下雖大，天下之民雖衆，使爲善必蒙福澤，爲不善必不可倖免。則是非別白，大道昭明，會極歸極，是訓是行，而刑措不用矣。

《聖祖仁皇帝御製文集·第二集》卷三〇《説·太極圖説》　《易》道陰陽，《中庸》言性道。形而上之道，形而下之器兼備矣。《易》之理具於一畫之前，《中庸》之理原於天命之始。若周子《太極圖》可謂精於《易》而通於《中庸》者矣。《易·繫辭》曰：易有太極，是生兩儀，兩儀生四象，四象生八卦。兩儀既立之後，生生無窮。太極未判以前，此理具在，則所謂無極而太極者。洵善言太極者也。《中庸》曰喜怒哀樂之未發，謂之中發。而皆中節，謂之和。夫必皆中節，而後謂之和。則或中或不中者，可知矣。蓋天下之中節者常少，而不中節者常多也。不中節則不和矣，不和則失其所以爲中而非太極本然之體矣。若夫未發則無不中也，人未能常存未發之中，則無論。未發者，謂之中；即已發，猶然中也，猶然太極之本體也。若是則《中庸》所謂未發之中，豈非即周子所謂無極而太極者乎？夫未發之中，即天命之性也。究而言之，《中庸》大指不過欲人克全天命之性而已，以至位天地育萬物。猶之周子所言兩儀立而五氣布，四時行萬物生生而不窮也。而其本則原於無極而太極，猶之《中庸》言位育而其本則原於天命之性也。是故《易》之理，得《中庸》發之而益明。《中庸》與《易》之理，得周子而益著。故曰《太極圖》可謂精於《易》，而通於《中庸》者矣。至其爲説之切實，悉符合於聖賢性道之指。其曰：無極之真，二五之精妙合而凝。則孔子之所謂性相近，孟子之所謂性善也。其曰：五性感動而善惡生，則孔子之所謂習相遠，惟上知與下愚不移也。而天命之性、氣質之性已别白言之矣。其曰：聖人定之以中正仁義而主静，立人極，則《大學》止善定静之義也。其曰：君子修之吉，小人悖之凶，則《書》所謂惠迪吉從逆凶之義也。自世之言性者，紛紛曰：性惡；曰性有善有不善；曰善惡混。而性命之理不大白於天下，得周子之説，而正之以見。夫道之原於天而修於人者如此。其昭然可指而確然可循也，則真可謂有功於斯道者哉。

《聖祖仁皇帝御製文集·第二集》卷三〇《論·業廣惟勤論》　蓋聞天運於上，則四時不忒而歲功成。故自開闢以來，陽變陰合，屈伸往來，無一息之或停。而後氣化周流，亭毒萬物，高下散殊，俾之各得其所，行健故也。代天工以理萬物者亦若是而已矣。《周官》之戒卿士曰：業廣惟勤。即虞帝之延賡歌交。贊亦曰：率作興事，屢省乃成。《書》又曰：弗謀胡獲，弗爲胡成。聖賢之言，固先後同揆也。國家稽古建官，雖職有繁簡，秩有崇卑，而設一官則必有一官之事。規條待其整理，吏胥式其言動，百姓視其董率，要未有不以黽勉奮迅而成惰窳偷安而敗者也。古之官箴曰，卿大夫朝考其職，晝講其庶政，夕序其業，夜庀其家事而後即安。豈不在於能勤哉。惟勤則能豫，豫則臨事有寬裕之體，而不困於煩劇。惟勤則能審，審則事機有坐照之明，而不至闇汶。惟勤則志氣日新，而可以振闒冗之習。惟勤則心思日用，而可以生智勇之才。以之治事則官無廢事；以之臨民，則民無失職。業之廣也，斷在乎是。此固庶司百職所同然，而况卿士爲振綱挈領之人，尤所當自勵者哉。推而廣之，凡士農工賈，皆各有當勤之業，士而不勤，則學殖落而日即於荒陋矣。農而不勤，則耕穫失其時，八口不能飽矣。工賈而不勤，則居肆之業荒，懋遷之功弛，無以牽車牛而致洗腆矣。尚何以望其業之成哉。朕嘗覽古人之言曰：自朝至於日中昃，不遑暇食。又曰：不寶尺璧，而寶寸陰。實惟勤之一言通貴賤上下而一之者也。故因而論列之。

《聖祖仁皇帝御製文集·第四集》卷二一《序·朱子全書序》　唐、虞、夏、商、周，聖賢迭作，未嘗不以文字爲重。文字之重，莫過五經四書。每覽古今，凡傳于世者，代不乏人。秦漢以下，文章議論，無非因時制宜，諷諫陳事、繩愆糾謬、補偏救弊之計耳。若夫文辭之雄，摛藻之麗，古人已有定論，予何敢言？但不偏於刑名，則偏於好尚；不偏於楊墨，則偏於釋道；不偏於詞章，則偏於性誕。皆不近乎王道之純。予少時頗好讀書，只以廣博華震爲事、剛勇武備爲用。自康熙三十五年，天山告警，朕親擐甲胄，統數萬子弟，深入不毛沙磧、乏水瀚海，指揮如意，破敵無存，未十旬而凱旋，可謂勝矣。後有所悟，而自問兵可窮乎？武可黷乎？秦皇漢武，英君也，因必欲勝而無令聞，或至不保者，豈非好大喜功，與亂同道之故耶？所以宵旰孜孜，思遠者何以柔？近者何以懷？非先王之法不可用，非先王之道不可爲。反之身心，求之經史，手不釋卷，數十年來方得宋儒之實據。雖漢之董子、唐之韓子亦得天人之理，未及孔孟之淵源。至邵子而玩索河洛之理、性命之微，衍先天後天之數，定先甲後甲之考。雖書不盡傳，理亦顯然矣。周子闡無極而太極，復著通書，其所授受，有自來矣。如星辰繫乎天而各有其位，不能掩也。光風霽月之量，又不知其何似。二程之充養有道，經天緯地之德，聚百順以事君親前儒已誦之矣。至於朱夫子集大成而緒千百年絶傳之學，開愚蒙而立億萬世一定之規，窮理以致其知，反躬以踐其實。釋《大學》則有次第，由致知而平天下，自明德而止於至善，無不開發後人而教來者也。五章補之於斷簡殘篇之中，而一旦豁然貫通之爲要，雖聖人復起，必不能逾此。問《中庸》名篇之義，則不偏不倚，無過不及之名。未發已發之中，本之於時中之中，皆先賢所不能及也。若《語》、《孟》則逐篇討論皆内聖外王之心傳，於世道人心之所關匪細。以五經則因經取義，理正言順，和平寬宏，非後世淺見而輕議者同日而語也。至於忠君愛國之誠，動静語默之敬，文章言談之中，全是天地之正氣，宇宙之大道。朕讀其書，察其理，非此不能知天人相與之奥，非此不能治萬邦於袵席，非此不能仁心仁政施於天下，非此不能外内爲一家。讀書五十載，只認得朱子一生居心行事，故不揣粗鄙無文，而集各書中凡屬朱子之一句一字，命大學士熊賜履、李光地素日留心理學者，彙而成書，名之《朱子全書》，以備乙夜勤學，雖未能見於寡過，亦自勉君親之責者。朕又思朱子之道，五百年未有辯論是非，凡有血氣，皆受其益。朕一生所學者，爲治天下，非書生坐觀立論之易。朕集朱子之書，恐後世謂借朱子之書自爲名者，所以朕敬述而不作，未敢自有議論。往往見元明至於我朝，著作講解，萬不及朱子，而各出己見，每有駁雜，反爲有玷宋儒之本意。况天下至大，兆民至衆，輿圖甚遠，開地太廣，諸國外蕃，風俗不同，好尚各異，防此失彼之患，不可不思。若以智謀要結人心，如挾泰山而超北海也。以中正仁義，老成寬信，似乎近之。凡讀是書者，諒吾志不在虚辭，而在至理；不在責人，而在責己。求之天道而盡人事。存，吾之順；殁，吾之寧。未知何如也。

（清）戴震《戴東原集》卷八《法象論》 《易》曰：法象莫大乎天地。又曰：成象之謂乾，效法之謂坤。又曰：仰則觀象於天，俯則觀法於地。夫道無遠邇，能以盡於人倫者，反身求之，則靡不盡也。

又： 天地之道：動静也，清濁也，氣形也，明幽也，外内上下尊卑之紀也。

明者施而幽者化也。地在天中，德承天，是以配天。凡天之文、地之義、人之紀，分則得其專，合則得其和。分也者，道之條理也。合也者，道之統會也。條理明，統會舉，而貴賤位矣。貴者君之，賤者臣之，而治化出矣。

《皇朝經世文編》卷二二《吏政八·守令》陳慶門《仕學一貫録》

天非私富一人，原以衆貧者相託也；非私貴一人，實以衆賤者相託也。貧賤者自己血汗，自己消受。天之鑒察也常寬，若富貴之人，高爵厚禄，萬民血汁，一人消受。天之督過也常嚴，天心不遠，以民爲心者也。撫民即所以奉天也。每歎居官之人，事上則俯首鞠躬，臨民則逞志作威，聚斂酷刑而苦役之。詎知禍民者，天必禍之乎？忠恕違道不遠，未有不合人情而能得天理者也。

（清）魏源《古微堂内集》卷二《治篇十五》 《詩》曰：既克有定，靡人弗勝。言天之未定，則人勝天；天既定，則天勝人矣。

《太平天国》洪秀全《太平詔書·原道覺世訓》 天下總一家，凡間皆兄弟，何也？自人肉身論，各有父母姓氏，似有此疆彼界之分，而萬姓同出一姓，一姓同出一祖，其原亦未始不同。若自人靈魂論，其各靈魂從何以生，從何以出，皆禀皇上帝一元之氣以生以出，所謂一本散爲萬殊，萬殊總歸一本。孔伋曰：天命之謂性。《詩》曰：天生蒸民。《書》曰：天降下民，昭昭簡編，洵不爽也。此聖人所以天下一家，時廑民吾同胞之懷而不忍一日忘天下。而近代則有閻羅妖注生死邪説。閻羅妖乃是老蛇妖鬼也，最作怪多變，迷惑纏捉凡間人靈魂，天下凡間我們兄弟姐妹所當共擊滅之惟恐不速者也。而世人偏伸頸於他，何其自失天堂之樂而自求地獄之苦哉！論道有真諦，大凡可通於今，不可通於古；可通於近，不可通于遠者，僞道也，邪道也，小道也。據怪人妄説閻羅妖注生死，且問中國經史論及此乎？曰：無有。番國聖經載及此乎？曰：無有。則何以起？怪人佛老之徒出，自陷迷途，貪圖射利，誑人以不可知之事以售己詐，誘人作福建醮以肥己囊。兼之魔鬼入心，遂造出無數怪誕邪説，迷惑害累世人。如秦政時怪人誑言東海有三神山，秦政遂遣入海求之，此後代神仙邪説所由起也。究其始不過一秦政受其惑，所謂差之毫釐，而後代則叠效尤於後，至于固結不可解，所謂失之千里者也。又如漢武時怪人誑言祠竈丹砂可化黄金，漢武遂信而祠之，于是燕齊怪誕怪人多來言神仙怪事矣。又如近代有怪人誑言東海龍妖發雨，東海龍妖即是閻羅妖變身，雨從天降，衆目所視者也。孟軻云：天油然作雲，沛然下雨，則苗浡然興之矣。周詩云：天上同雲，雨雪雰雰，益之以霢霂，既優既渥，既沾既足，生我百穀。又攷番國舊遺詔書：當挪亞時，皇上帝因世人背逆罪大，連降四十日四十夜大雨，洪水橫流，沈没世人，此皆鑿鑿可據，且衆目所視實降於天者也。而世人亦多信怪誕不經之怪説，即一雨論，而世人既多良心死盡，大瞞天恩矣，又遑論其他哉？又如近代有怪和尚誑言閻羅妖怪事，且有玉曆記怪書訛傳於世而世之讀死書者亦多惑其説，獨不思注生死一事豈是等閒？既不是等閒，宜爲中國、番國各前聖所論及，且筆于書以傳後世。而于今歷攷中國、番國各前聖所論及且筆於書以傳後世者，祇説天生天降皇上帝生養保佑人，未嘗説及閻羅妖也。祇説死生有命，亦是命于皇上帝已耳，毫無關於閻羅妖也。祇説皇上帝審判世人，陰隲下民，臨下有赫，又毫無關於閻羅妖也。而世人之讀死書者不信古今遠近通行各經典，而信怪人無端突起之怪書，不亦惑哉！此無他，好生惡死慕福懼禍恒情也。以恒情而中人心，則其入之也必易，是以邪説一倡而天下多靡然信之從之。信從久則見聞熟，見聞熟則膠固深，膠固深則難尋其罅漏，難尋其罅漏則難出其範圍。皇上帝縱歷生聰明聖智於其間，亦莫不隨風而靡矣。此近代所以多惘然不識皇上帝，悍然不畏皇上帝，盡中蛇魔閻羅妖詭計，陷入地獄沈淪而不自知者也。噫！後之人雖欲諳天地人之道，其孰從而求之！甚矣人之好怪也，不求其端，不訊其末，惟怪之欲聞。予想夫天下凡間人民雖衆，總爲皇上帝所化所生，生于皇上帝，長亦皇上帝，一衣一食並賴皇上帝，皇上帝天下凡間大共之父也，死生禍福由其主宰，服食器用皆其造成，仰觀夫天，一切日月星辰雷雨風雲莫非皇上帝之靈妙；俯察夫地，一切山原川澤飛潛動植莫非皇上帝之功能。昭然可見，灼然易知，如是乃謂真神，如是乃爲天下凡間所當朝朝夕拜。有執拗者説曰：皇上帝當拜矣，必然有幫皇上帝保佑人者，譬如君王主治國中，豈無官府輔治也？不知君王之官府，是其親手設立調用，故能輔君王以治事也。至若凡所立，一切木石坭團紙畫各偶像，且問爾是皇上帝旨意設立否乎？非也，類皆凡人被魔鬼迷懞靈心，據愚意愚見，人手造出各等奇奇怪怪也。況皇上帝當初六日造成天地山海人物，已設有其神使千千萬萬在天上任其差遣，何用得凡人所造各等奇奇怪怪者乎？且叛逆皇上帝實甚。攷舊遺詔書皇上帝當初下降西奈山，親手繕寫十款天條在石碑上付畀摩西。皇上帝親口吩咐摩西曰：我乃上主皇上帝，爾凡人切不好設立天上地下各偶像來跪拜，爾凡人設立各偶像來跪拜，正是違逆皇上帝旨意。爾凡人反説各偶像是幫皇上帝保佑人，其被魔鬼迷懞靈心懞懂之極乎！爾不想皇上帝當初六日造成天地山海人物，尚不要人幫助，豈今日保佑人又要誰幫助？且問爾：設使皇上帝當初造天不造地，爾足猶有所企立，且猶有田畝開墾否乎？曰無也。且又問爾：今荷皇上帝之恩，既造天地矣，設使皇上帝不造成地上桑麻禾麥菽豆及草木水火金鐵等物，又不造成水中魚蝦、空中飛鳥、山中野獸、家中畜牲等物，爾身猶有所穿、口猶有所食、饔飧猶有所炊爨、器械猶有所運用否乎？曰無也。且又問爾：今荷皇上帝之恩，萬物備足矣，設使皇上帝一年不出日照耀爾凡人，一年不降雨滋潤爾凡人，一年不發雷替爾凡人收妖，一年不吹風散爾凡人鬱氣，爾凡人猶有收成平安否乎？曰無也。且又問爾：今荷皇上帝之恩，既有收成平安矣，設使皇上帝一旦怒爾，斷絶爾靈氣生命，爾口猶能講、目猶能視、耳猶能聽、手猶能持、足猶能行，心猶能謀畫否乎？曰：斷斷不能也。且又問爾：天下凡間欲一時一刻不沾皇上帝恩典得乎？曰斷斷不得也。由是觀之，天下凡間一時一刻不沾皇上帝恩典亦不得，此便是皇上帝明明白白保佑人矣。既是皇上帝明明白白保佑人，爾凡人郤另立各偶像，另求保佑，有得食，有得穿，曰我菩薩靈。明明皇上帝恩典，却誤認爲邪魔恩典。其邪魔敢冒天恩者該誅該滅無論矣，爾凡人良心死盡，大瞞天恩，究與妖魔同犯反天之罪，何其愚哉！嗟呼！明明有至尊至貴之真神，天下凡間大共之天父，所當朝朝夕拜而不拜，而拜專迷惑纏捉人靈魂之妖鬼，愚矣！明明有至靈至顯之真神，天下凡間大共之天父，求則得之，尋則遇著，扣門則開，所當朝朝夕拜而不拜，而拜無知無識之木石坭團紙畫各偶像有口不能言、有鼻不能聞、有耳不能聽、有手不能持、有足不能行之蠢物，抑又愚矣！雖然流之濁由源之不清，後之差由前之不謹，天下凡間無人一時一刻不沾皇上帝恩典，何至於今竟罕有知謝皇上帝恩典者，其禍本何自始哉？歷攷中國史册，自盤古至三代君民一體皆敬拜皇上帝也。壞自少昊時九黎初信妖魔，禍延三苗效尤，三代時頗雜有邪神及有用人爲尸之錯。然其時君民一體皆敬拜皇上帝仍如故也。至秦政出，遂開神仙怪事之厲階，祀虞舜，祭大禹，遣入海求神仙，狂悖莫甚焉。皇上帝獨一無他也，漢文以爲有五，其亦暴悖之甚矣。漢武臨老雖有悔悟之言曰：始吾以爲有神仙，今乃知皆虚妄也。然其始祠竈祠泰乙，遣方士求神仙，其亦秦政之流亞也。他若漢宣祠后土，遣求金馬碧鷄；漢明崇沙門，遣求天竺佛法，漢桓祠老聃，梁武三捨身，唐憲迎佛骨，至宋徽出，又改稱皇上帝爲昊天金闕玉皇大帝。夫稱昊天金闕猶可説也，乃稱玉皇大帝，則誠褻瀆皇上帝之甚者也。皇上帝天下凡間大共之父也，其尊號豈人所得更改哉？宜乎宋徽身被金虜，同其子宋欽俱死漠北焉！總而論之，九黎、秦政作罪魁於前，歷漢文、武、宣、明、桓、梁武、唐憲接迹效尤於後，至徽又更改皇上帝尊號，自宋徽至今已歷六七百年，則天下多惘然不識皇上帝，悍然不畏皇上帝，又何怪焉！嗚呼！天地之中人爲貴，萬物之中人爲靈，人何貴？人何靈？皇上帝子女也。貴乎不貴，靈乎不靈，木石坭團紙畫各偶像物也。人貴於物，靈於物者也，何不自貴而貴於物乎？何不自靈而靈於物乎？近千百年間能不惑神仙怪事者非無其人，究之知其一莫知其他，明於此轉暗於彼，卒無有高出眼孔，徹始徹終而洞悉乎魑魅魍魎之詭祕也。北朝周武廢佛道，毁淫祠唐狄仁傑奏焚淫祠一千七百餘所，韓愈諫迎佛骨，宋胡迪焚毁無數淫祠，明海瑞諫建醮，之數人者不可謂無特識矣，第其所毁所焚所諫，僅曰淫祠，曰佛，曰建醮，則其所不毁不焚不諫者仍在。不知彼所毁所焚所諫者固當毁當焚當諫，即彼所不毁不焚不諫者又何獨非當毁當焚當諫乎？何也？皇上帝之外無神也。世間所立一切木石坭團紙畫各偶像，皆後起也，人爲也，被魔鬼迷懞靈心，顛顛倒倒，自惹蛇魔閻羅妖纏捉者也。故今瀝膽披肝，實情諭爾等，爾凡人何能識得神乎？皇上帝乃是真神也。爾凡人跪拜各偶像，正是惹鬼，何也？爾凡人所立各偶像，其或有道德者既昇天堂久矣，何會在人間受享？其一切無名腫毒者，類皆四方頭紅眼睛蛇魔閻羅妖之妖徒鬼卒，自秦漢至今一二千年，幾多凡人靈魂被這閻羅妖纏捉磨害！俗語云：豆腐是水，閻羅是鬼，爾等還不醒哉？及今不醒，恐怕遲矣。實情諭爾等，爾凡人何能識得帝乎？皇上帝乃是帝也。雖世間之主稱王足矣，豈容一毫僭越於其間哉？救世主耶穌，皇上帝太子也，亦祇稱主已耳！天上地下人間有誰大過耶穌者乎？耶穌尚不得稱帝，他是何人，敢靦稱帝者乎？祇見其妄自尊大，自干永遠地獄之災也。噫吁！敬拜皇上帝則爲皇上帝子女，生前皇上帝看顧，死後魂昇天堂，永遠在天上享福，何等快活威風？溺信各邪神，則變成妖徒鬼卒，生前惹鬼纏死後被鬼捉。永遠在地獄受苦，何等羞辱愁煩？孰得孰失，請自思之。天下凡間我們兄弟姊妹可不醒哉！若終不醒，則真生賤矣，真鬼迷矣，真有福不知享矣！明明千年萬萬載在天上永遠快活威風，如此大福都不願享，情願大犯天條，與魔鬼同犯反天之罪，至惹皇上帝義怒，罰落十八重地獄受永苦，深可憫哉！良足慨已！

（清）曾國藩《曾文正公書札》卷一《答劉孟容書》 蓋天下之道，非兩不立。是以立天之道曰陰與陽，立地之道曰柔與剛，立人之道曰仁與義。乾坤毁則無以見《易》，仁義不明，則亦無所謂道者。《傳》曰：天地温厚之氣，始於東北，而盛於東南，此天地之盛德氣也，此天地之仁氣也。天地嚴凝之氣，始於西南，而盛於西北，此天地之尊嚴氣也，此天地之義氣也。斯二氣者，自其後而言之，因仁以育物，則慶賞之事起；因義以正物，則刑罰之事起。中則治，偏則亂。

（清）譚嗣同《譚嗣同全集》卷三《上歐陽瓣薑師書二十二》 三代以上，人與天親，自君權日盛，民權日衰，遂乃絶地天通，惟天子始得祀天。

（清）康有爲《春秋董氏學·春秋改制·春秋作新王》 《春秋》曰：杞伯來朝。王者之後稱公，杞何以稱伯？《春秋》上黜夏，下存周，以《春秋》當新王。《春秋》當新王者奈何？曰：王者之法，必正號，絀王謂之帝，封其後以小國，使奉祀之。下存二王之後以大國，使服其服，行其禮樂，稱客而朝。並同上。

故孔子立新王之道，明其貴志以反和，見其好誠以滅僞。其有繼周之弊，故若此也。《玉杯》。

孔子曰：吾因行事，加吾王心焉。假其位號以正人倫。《俞序》。

孟子曰：《春秋》天子之事。王愆期以文王爲孔子。自漢前，莫不以孔子爲素王，《春秋》爲改制之書，其他尚不足信。董子號稱醇儒，豈爲誕謾而發？《春秋》作新王，當新王者不勝枚舉，若非口説傳授，董生安能大發之？出自董子，亦可信矣。且云：變周之制，繼周之弊，以周爲王者之後。故《詩》以王降爲風，《論語》其或繼周，百世可知，皆指《春秋》王道而言。《淮南子》曰：殷變夏，周變殷，春秋變周。《説苑》曰：夏道不亡，殷德不作；殷道不亡，周德不作；周道不亡，《春秋》不作。皆以《春秋》爲一王之治。諸説並同，尚賴口説流傳。今得考素王之統者，賴是而傳耳！

（清）康有爲《春秋董氏學・春秋改制・孔子春秋代天發意》　名號異聲而同本，皆鳴號而達天意者也。天不言，使人發其意；弗爲，使人行其中。名則聖人所發天意，不可不深觀也。《深察名號》。

知省其所起，則見天數之所始。見天數之所始，則知貴賤逆順所在。知貴賤逆順所在，則天地之情著，聖人之寶出矣。《陽尊陰卑》。

問聖人者，問其所爲，而無問其所以爲也。問其所以爲，終弗能見，不如勿問。問爲而爲之，所不爲而勿爲，是與聖人同實也，何過之有？《郊語》。

楊子曰：聖爲天口。孔子之創制立義，皆起自天數。蓋天不能言，使孔子代發之。故孔子之言，非孔子言也，天之言也；孔子之制與義，非孔子也，天之制與義也。天之制與義，游、夏自不能贊一辭，餘子安能窺測？但觀其制作服從而已。

（清）康有爲《春秋董氏學・春秋改制・改制三統》　《春秋》一書，皆孔子明改制之事。故孟子謂：《春秋》天子之事也。曰作新王，曰變周之制。周時王也，而以爲王者之後，杞公也而降爲伯，滕子也而升爲侯。此皆非常異義，萬不可解之事，而董子數數言之。《説苑》所謂：周道不亡，《春秋》不作，《淮南子》所謂：《春秋》變周，與何邵公、太史公説皆同。此云略説，則皆口説之流傳，且更有其詳，此不過其略云爾。《春秋》雖爲孔子所託，而運之三代。夏殷無徵，徧見《禮運》、《中庸》、《論語》，此夏、殷、周之制，安所從來？蓋五復、九復，亦孔子所託而已。制則或文或質，法則或陰或陽；姓則或子或女，法則或天或地；形則或圓或方或長，統則或白或赤或黑。雖有異同，然皆推算之法；故知出自一手。蓋聖人胸有造化，知天命之無常，慮時勢之多變，故預立三統以待變通。達之百王，推之九復，範圍無外，非聖人之精思睿慮，其孰能爲之？邵子詩：日月星辰齊照耀，皇王帝霸大鋪舒。嗚呼！非聖人，而能中有天地如是乎？

綜　述

（漢）鄭玄注　（唐）賈公彦疏《周禮注疏・天官冢宰》　陸德明《音義》曰：本或作《冢宰上》，非，餘卷放此。疏：天官冢宰鄭《目録》云：象天所立之官。冢，大也。宰者，官也。天者統理萬物，天子立冢宰使掌邦治，亦所以摠御衆官，使不失職。不言司者，大宰摠御衆官，不主官之事也。釋曰：鄭云象天者，周天有三百六十餘度，天官亦摠攝三百六十官，故云象天也。云官者，亦是管攝爲號，故題曰天官也。鄭又云冢，大。宰，官也者，下注對大宰則云冢者，大之上，此不對大宰，故云冢，大也。宰者，調和膳羞之名，此冢宰亦能調和衆官，故號大宰之官。【略】

乃立天官冢宰，使帥其屬而掌邦治，以佐王均邦國。掌，主也。邦治，王所以治邦國也。佐猶助也。鄭司農云：邦治，謂摠六官之職也。故《大宰》職曰掌建邦之六典，以佐王治邦國。六官皆摠屬於冢宰，故《論語》曰君薨，百官摠己以聽於冢宰，言冢宰於百官無所不主。《爾雅》曰：冢，大也。冢宰，大宰也。鄭云：宰，主也。千云：濟其清濁，和其剛柔，而納之中和曰宰。治，直吏反，注邦治、下治官皆同。大宰，音泰，注及後放此。疏：乃立至邦國。釋曰：六官皆云乃立者，以作序之由，本序設官之意，故先云以爲民極，次云所設之官，故皆云乃立，騰上起下之辭也。天官冢宰者，據下注而言，則此言冢宰者，據摠攝六職，若據當職，則稱大宰也。使帥其屬，案小宰六屬而言，則此屬唯指六十官之屬也。掌邦治者，掌，主也。言主治則兼六官，以其五官雖有教、禮、政、刑、事不同，皆是治法也。云佐王均邦國者，以大宰掌均節財用故也。《周禮》以邦、國連言者，據諸侯也。單言邦、單言國者，多據王國也。然不言均王國，而言均邦國者，王之冢宰若言王國，悉不兼諸侯，今言邦國，則舉外可以包内也。注掌主至宰也。釋曰：玄云邦治，王所以治邦國也者，此即司農所引《大宰》職佐王治邦國，一也。但司農雖引之，不指釋此經邦治，故玄就足之。司農引《論語》者，欲見天子冢宰兼百官之義。言百則三百六十，一也。且《論語》言君薨，據諸侯言，冢宰、百官據天子，互言之者，欲見天子、諸侯君死，世子居喪，使大臣聽政同也。冢宰，大宰者，言不異人也。

又：惟王建國。建，立也。周公居攝而作六典之職，謂之《周禮》。營邑於土中。七年，致政成王，以此禮授之，使居雒邑，治天下。《司徒》職曰：日至之景，尺有五寸，謂之地中，天地之所合也，四時之所交也，風雨之所會也，陰陽之所和也，然則百物皁安，乃建王國焉。

（清）蘇輿《春秋繁露義證》卷五《十指》 《春秋》二百四十二年之文，天下之大，事變之博，無不有也。雖然，大畧之要有十指。官本云：他本無之字。十指者，事之所繫也，官本云：他本無所字。王化之所由得流也。舉事變見有重焉，一指也。《春秋》重民。《竹林篇》云：戰攻侵伐，必一二書，傷其害所重也。見事變之所至者，一指也。事發於此，而變見於彼，君子不可不察。因其所以至者而治之，一指也。強幹弱枝，大本小末，一指也。別嫌疑，異同類，一指也。莊十八年葬我先君桓公，《傳》：讐在外也。何注：《春秋》別嫌原情，弊罪於齊，歸恨於莊，不深責婦人。又閔二年何注：《春秋》謹於別尊卑，理嫌疑，異同類，蓋謂嚴夷夏之防，自天視之，則人族皆同類也。《春秋》以禮野之故，別而異之，如吳魯同姓，而鍾離殊會以外之，是其例也。論賢才之義，別所長之能，一指也。俞云：義者，宜也。言賢才各有宜。輿案：此即《春秋》譏世卿之旨，以見公、卿、大夫、士當論材而官，選賢而用。親近來遠，同民所欲，一指也。近遠雖殊，民情則一。承周文而反之質，一指也。承文反質，所以救敝。時若質敝，又合反文。木生火，火爲夏，天之端，一指也。火由木而生，百物皆本於春。《春秋》首書春，所以正天端也。切刺譏之所罰，考變異之所加，天之端，一指也。《對策》云：《春秋》之所譏，災害之所加也。《春秋》之所惡，怪異之所施也。書邦家之過，兼災異之變，以此見人之所爲，其美惡之極，乃與天地流通而往來相應。舉事變見有重焉，則百姓安矣。見事變之所至者，則得失審矣。官本云：則得，他本作得則。因其所以至而治之，則事之本正矣。疾滅國則先貶宋衛之入鄭，治貪鄙則上譏天子之求車，皆正本之意也。隱元年尹氏卒，《傳》：世卿，非禮也。僖二十五年宋殺其大夫，《傳》：何以不名？宋三世內娶也。何注竝云：君子疾其末，故正其本。強幹弱枝，大本小末，則君臣之分明矣。《白虎通·誅伐篇》：誅不避親戚何？所以尊君卑臣，強幹弱枝，明善善惡惡之義也。《春秋傳》曰：季子殺其母兄。何善爾？誅不避母兄，君臣之義也。《後漢·宋意傳》諫寵二王云：《春秋》之義，諸父昆弟，無所不臣，所以尊尊卑卑，強幹弱枝者也。陛下德業隆盛，當爲萬世典法，不宜以私恩損上下之序，失君臣之正。輿案：《春秋》作於封建之世，而兢兢天澤之辨，蓋聖人已燭其敝矣。《傳》開章言大一統，不主封建自明。李斯以制諸侯爲不便，實原《春秋》說。漢初懲秦孤立之敝，而欲復古。至文帝終采賈晁諸人說，漸削諸王。蓋強幹弱枝之旨，固人主所樂聞。尾大不掉之敝，亦趨勢所必至。是以兩漢封建，卒不復行。唐與明偶一行之，有利焉而不勝其害。故曰《春秋》幾君子之前覩也。《左》桓二年《傳》引師服亦云：本大而末小，是以能固。其他篇亦屢及此旨。賈逵條奏《左氏》事云：凡所以存先王之道者，要在安上理民也。今《左氏》崇君父，卑臣子，強幹弱枝，勸善戒惡，至明至切，至直至順。所謂同《公羊》者十有七八也。別嫌疑，異同類，則是非著矣。論賢才之義，別所長之能，則百官序矣。承周文而反之質，則化所務立矣。政化所施，得其歸要。親近來遠，同民所欲，則仁恩達矣。木生火，火爲夏，則陰陽四時之理相受而次矣。董子數五行始木，木主春，故云四時相受而次。切刺譏之所罰，考變異之所加，則天所欲爲行矣。天之所欲，順民而已。惕災修行，民受其福，是天意得行。統此而舉之，官本云：他本行矣下有切譏次之四字，無統此二字。仁往而義來。《仁義法篇》：仁謂往，義謂來。德澤廣大，衍溢於四海，陰陽和調，萬物靡不得其理矣。說《春秋》者凡用是矣，此其法也。

（漢）班固《白虎通義》卷下《德論下·三正》 王者必一質一文，何以承天地順陰陽，陽之道極則陰道受，陰之道極則陽道受。明二陰二陽不能相繼也。質法天，文法地而已。故天爲質，地受而化之，養而成之，故爲文。《尚書大傳》曰：王者一質一文，據天地之道。《禮·三正記》曰：質法天，文法地也，帝王始起先質後文者，順天下之道，本末之義，先後之序也。事莫不先有質性，乃後有文章也。

（明）唐順之《稗編》卷七《洪範五行》 按：劉向爲王氏考災異，著《五行傳》，歸於切劘當世。而漢儒之言陰陽者，其學亦各有所主，然《洪範》之說由此隳裂。世亂不能救，其禍尚小；道壞不能復，其害尤大也。今畧舉《洪範》本義，以證《五行志》。箕子爲武王陳《洪範》曰：天之所以錫禹也。今尋《虞、夏書》，不載被錫之由，若舜禹不自言其所得於先，而箕子乃獨明其傳於後。以是爲唐虞三代之秘文，此後世學者之虛論也。《大禹謨》曰：帝念哉，德惟善政，政在養民。水火金木土穀惟修，正德、利用、厚生惟和，九功惟敘，九敘惟歌。戒之用休，董之用威，勸之以九歌，俾勿壞。帝曰：俞！地平天成，六府三事允治，萬世永賴，時乃功。詳上文。則舜固盡以當時之治命禹，禹極心力以成天下之治。其功以水爲主，而其效非獨水也。水火金木土穀，則五行也。正德、利用、厚生，則庶政羣事也。戒之，董之，則福極之分也。總而命之六府三事爲九功，則與洪範九疇名異而實同也。禹之言畧，箕子之言詳。然則天之所錫，非有甚異而不可知者。蓋事易惑而道難明，以情爲悖者多，而以理爲順者少耳。箕子勸武王修禹舊法，疏別條敘，粲然如指掌。學者失其指方，以爲奇計秘傳，流轉迷妄，淪於下俚，而非聖賢之所嘗言。使私智臆測開鑿於後，既相與串習，而別於其間自爲中庸，此大道之所爲隱，而非有隱之者也。使河出圖而爲《易》，果在伏羲之世，則洛出書而爲《洪範》乃在禹之時。前後懸絶，何昔爲經而今始緯乎！《易》不知有《書》，《書》不知有《易》。八卦取物之大者，以義象九疇。兼政之細者，以類行當。禹治六府三事不取諸八物，安在其相表裏也。且此特劉歆之言，爾後世學者尊奉古文，因而推於天人之際。以僞言僞是烏能致其極也！五行無所不在其功，用所以成五味。五味者，養人之本，政理之至精者也。古之聖人必先知此。故禹修六府又併言穀。《益稷》曰：烝民乃粒，然則禹稷以前民盖未盡粒食矣。周人起家於農功，最著武王，非不知然。箕子所以首告者，欲其順天行而萬物並育。不欲其私人力，而一家獨利耳。今漢儒乃枚指人主一身之失德致五行不得其性。又人主雖有德，而智與力不具，則亦無以致五行之功。堯之洚水是也。若夫僅救一身之闕，以冀五行之順已，而不能順五行之理，以修養民之常政興利而害輒隨除弊而利復壅。則漢儒之所以匡其君也，末而禹箕子之道淪墜矣。按：古人於德，未有枝葉。故《書》稱堯舜止於聰明文思恭讓明哲。而臯陶以言爲謨。禹湯之後衍德漸廣，又後則不勝其繁矣。五事者，人君迪德之根源，生人之所同。自堯舜以來所由成聖者也，以吾一身視聽，言貌之正否，而驗之於外物，則雨暘寒燠皆爲之應。任人之責而當天之心。出治之效無大於此矣。漢儒不識箕子之指，方以五事配合五行牽引，周衰春秋以事往證分剔附著，而使《洪範》經世之成法降爲災異陰陽之書。至今千餘年終未有明者，殆可爲痛哭耳。皇建其有極者，本無底止而爲之底止。五福者，人之所同欲也。六極者，人之所惡也。嚮者，福之；威者，極之。古人之治止於是矣。人君有極，則能斂福以賜民。民亦能錫君以保極。人君不極，則與民同受六極之罰。此《洪範》之正義也。學者必學於古聖賢。亳有祥，桑穀共於朝。伊陟贊于巫咸，作《咸乂》四篇，大戊贊于伊陟，作《伊陟》《原命》。今不得見其詞矣。高宗祭成湯有飛雉升鼎耳，而雊作《高宗肜日》。祖己曰：惟先格王正厥事。而其訓曰：王司敬民，罔非天胤，典祀無豐于昵。是古人因異，以相警懼。先格王而以是正之。推之於《咸乂》《原命》之書，猶是理也。若夫《洪範》初不爲灾異而作庶徵，所指明有效驗，而學者乃以五行五事聯附爲一。春秋以來凡有變兆離析剥解門類而戶分之，以是爲格。王正事則委巷小夫巫瞽之説，夫豈不然，而謂以篤學好古自名。如仲舒向歆者，亦當爾歟。熊氏曰：天乃錫禹洪範九疇，即如天乃錫王智勇之錫。湯武征伐，皆稱天胤征。《吕刑》亦托辭於天。《尚書》言必稱天，此其常也。癡愚之人遂謂，禹治水至洛得龜書畀詞。人言之則可，而不可用於解經。孔子於河圖洛書，但言聖人則之，非天以此分送羲禹也。或謂：九疇中龜書該幾字皆惑於天錫禹之説。不思《易》中兼有河圖洛書參伍錯綜，即洛書若專謂《易》爲河圖，《範》爲洛書，真俗儒之言也！

紀事

《尚書正義・虞書・堯典》 乃命羲和，欽若昊天，厤象日月星辰，敬授人時。重黎之後羲氏、和氏世掌天地四時之官，故堯命之，使敬順昊天。昊天言元氣廣大。星，四方中星。辰，日月所會。厤象其分節。敬記天時以授人也。此舉其目，下別序之。羲和，馬云：羲氏掌天官，和氏掌地官，四子掌四時。昊，胡老反。重，直龍反，少昊之後。黎，高陽之後。日月所會謂日月交會於十二次也。寅曰析木，卯曰大火，辰曰壽星，巳曰鶉尾，午曰鶉火，未曰鶉首，申曰實沈，酉曰大梁，戌曰降婁，亥曰娵訾，子曰玄枵，丑曰星紀。分命羲仲，宅嵎夷，曰暘谷。宅，居也。東表之地稱嵎夷。暘，明也。日出於谷而天下明，故稱暘谷。暘谷、嵎夷一也。羲仲居治東方之官。嵎音隅，馬曰：嵎，海嵎也。夷，萊夷也。《尚書考靈耀》及《史記》作禺銕。暘音陽。谷，工木反，又音欲，下同。馬云：暘谷、海嵎夷之地名。日出於谷本或作日出於陽谷，陽衍字。寅賓出日，平秩東作。寅，敬。賓，導。秩，序也。歲起於東而始就耕，謂之東作。東方之官敬導出日，平均次序東作之事，以務農也。寅，徐以真反，又音夷，下同。賓如字，徐音殯，馬云：從也。出，尺遂反，又如字，注同。平如字，馬作苹，普庚反，云：使也。下皆放此。秩如字。日中，星鳥，以殷仲春。日中謂春分之日。鳥，南方朱鳥七宿。殷，正也。春分之昏，鳥星畢見，以正仲春之氣節，轉以推季孟則可知。中，貞仲反，又如字。殷，於勤反，馬、鄭云：

中也。宿音秀，下同。見，賢遍反，下同。**厥民析，鳥獸孳尾。**冬寒無事，並入室處。春事既起，丁壯就功。厥，其也。言其民老壯分析。乳化曰孳，交接曰尾。析，星歷反。孳音字。乳，儒付反。《説文》云：人及鳥生子曰乳，獸曰産。**申命羲叔，宅南交。**中，重也。南交言夏與春交。舉一隅以見之。此居治南方之官。重，直用反。**平秩南訛，敬致。**訛，化也。掌夏之官平敘南方化育之事，敬行其教，以致其功。四時同之，亦舉一隅。訛，五和反。**日永，星火，以正仲夏。**永，長也，謂夏至之日。火，蒼龍之中星，舉中則七星見可知。以正仲夏之氣節，季孟亦可知。**厥民因，鳥獸希革。**因，謂老弱因就在田之丁壯以助農也。夏時鳥獸毛羽希少改易。革，改也。**分命和仲，宅西，曰昧谷。**昧，冥也。日入於谷而天下冥，故曰昧谷。昧谷曰西，則嵎夷東可知。此居治西方之官，掌秋天之政也。昧，武內反。冥，莫定反。**寅餞納日，平秩西成。**餞，送也。日出言導，日入言送，因事之宜。秋，西方，萬物成。平序其政，助成物。餞，賤衍反。馬云：滅也，滅猶没也。**宵中，星虚，以殷仲秋。**宵，夜也。春言日，秋言夜，互相備。虚，玄武之中星，亦言七星皆以秋分日見，以正三秋。**厥民夷，鳥獸毛毨。**夷，平也，老壯在田與夏平也。毨，理也，毛更生整理。毨，下先典反。《説文》云：仲秋鳥獸毛盛，可選取以爲器用也。**申命和叔，宅朔方，曰幽都。平在朔易。**北稱朔，亦稱方，言一方則三方見矣。北稱幽都，南稱明從可知也。都謂所聚也。易謂歲改易於北方，平均在察其政，以順天常。上摠言羲和敬順昊天，此分别仲叔，各有所掌。别音彼列反，下同。**日短，星昴，以正仲冬。**日短，冬至之日。昴，白虎之中星，亦以七星並見，以正冬之三節。**厥民隩，鳥獸氄毛。**隩，室也。民改歲入此室處，以辟風寒。鳥獸皆生而氄細毛以自温焉。隩，於六反，馬云：煖也。氄，如勇反，徐又音而充反，馬云：温柔貌。辟音避。㬉，如兖反，本或作濡，音儒。氄，尺鋭反。

（清）孫星衍《尚書今古文注疏・君奭》 在太戊時，則有若伊陟、臣扈，格于上帝。注：史遷格作假。馬融曰：格，至也。道至于上帝，謂奉天時也。鄭康成曰：上帝，太微中其所統也。伊陟，伊尹之子。疏：《殷本紀》：太戊，湯五世孫。其間兄弟相及，有外丙、仲壬、沃丁、小甲、雍己等。則湯至太戊，除太丁未爲君，凡九君矣。《史記・三代世表》未詳其年。《竹書紀年》：湯爲天子，至太戊元年，凡八十四年。恐不足據也。臣扈在湯時。《夏社・序》云：湯既勝夏，欲遷其社不可，作《夏社》、《疑至》、《臣扈》。不得至太戊時尚在，或别一人也。言湯則曰格于皇天，大戊則曰格于上帝，太戊中宗，廟不毁，配食五帝於明堂，故云格于上帝。馬注見《史記集解》。云格，至者，《釋詁》文。云道至于上帝，謂奉天時者，太微五帝迭相休王，以成四時：春生、夏長、秋收、冬藏。奉天時者，順其氣以出令，若《月令》所紀是也。中宗蓋配食之。鄭注見《史記集解》及《詩・蕩》疏。云太微中者，何休注《公羊傳》云：上帝、五帝在太微之中，迭生子孫，更王天下。鄭注《月令》祈穀于上帝云：上帝，太微之帝也。疏云：上帝，太微之帝者，《春秋緯》文太微爲天庭，中有五帝座：蒼曰靈威仰，赤曰赤熛怒，黄曰含樞紐，白曰白招拒，黑曰汁光紀。郊天各祭所感帝，殷祭汁光紀，周祭靈威仰。以其不定，總云太微之帝。若迎春，前帝後王，皆祭靈威仰。秋、冬仿此。云太微中其所統者，是指太微所統之五帝也。

《尚書・周書・康王之誥》 王出在應門之内，太保率西方諸侯入應門左，畢公率東方諸侯入應門右，皆布乘黄朱。賓稱奉圭兼幣，曰：一二臣衛，敢執壤奠。皆再拜，稽首。王義嗣德，荅拜。太保暨芮伯咸進，相揖，皆再拜稽首曰：敢敬告天子，皇天改大邦殷之命，惟周文武誕受羑若，克恤西土。惟新陟王畢協賞罰，戡定厥功，用敷遺後人休。今王敬之哉！張皇六師，無壞我高祖寡命。

《春秋左傳正義》卷五四《定公四年》 鄖公辛之弟懷將弑王，曰：平王殺吾父，我殺其子，不亦可乎？辛，蔓成然之子鬭辛也。昭十四年楚平王殺成然。殺如字，又申志反，下我殺同。蔓音萬。辛曰：君討臣，誰敢讎之？君命，天也。若死天命，將誰讎？《詩》曰：柔亦不茹，剛亦不吐。不侮矜寡，不畏彊禦，唯仁者能之。《詩・大雅》。言仲山甫不辟彊陵弱。茹音汝。矜，古頑反。疏：柔亦至彊禦。正義曰：《詩・大雅・烝民》美宣王之詩。其章内言仲山甫不茹柔、不吐剛也。《釋言》云：啜，茹也。舍人曰：啜，茹食也。《檀弓》云：啜菽飲水。啜菽，謂食豆藿也。然則茹者，噉食之名。違彊陵弱，非勇也；乘人之約，非仁也；滅宗廢祀，非孝也；弑君罪應滅宗。動無令名，非知也。必犯是，余將殺女。

《史記》卷二《夏本紀》 有扈氏不服，啓伐之，大戰於甘。將戰，作《甘誓》，乃召六卿申之。啓曰：嗟！六事之人，予誓告女：有扈氏威侮五行，怠棄三正，天用勦絶其命。今予維共行天之罰。左不攻于左，右不攻于右，女不共命。御非其馬之政，女不共命。用命，賞于祖；不用命，僇于社，予則帑僇女。遂滅有扈氏，天下咸朝。

《史記》卷三《殷本紀》 當是時，夏桀爲虐政淫荒，而諸侯昆吾氏爲亂。湯乃興師率諸侯，伊尹從湯，湯自把鉞以伐昆吾，遂伐桀。湯曰：格女衆庶，來，女悉聽朕言。匪台小子敢行舉亂，有夏多罪，予維聞女衆言，夏氏有罪。予畏上帝，不敢不正。今夏多罪，天命殛之。今女有衆，女曰：我君不恤我衆，舍我嗇事而割政。女其曰：有罪，其奈何？夏王率止衆力，率奪夏國。有衆率怠不和，曰：是日何時喪？予與女皆亡！夏德若茲，今朕必往。爾尚及予一人致天之罰，予其大理女。女毋不信，朕不食言。女不從誓言，予則帑僇女，無有攸赦。以告令師，作《湯誓》。於是湯曰：吾甚武，號曰武王。

（清）馬驌《繹史》卷一四《商湯滅夏》　《韓詩外傳》桀爲酒池，可以運舟，糟丘足以望十里，而牛飲者三千人。關龍逢進諫曰：古之人君，身行禮義，愛民節財，故國安而身壽。今君用財若無窮，殺人若恐弗勝，君若弗革，天殃必降，而誅必至矣。君其革之。立而不反朝。桀囚而殺之，君子聞之曰：天之命矣。

《史記》卷一〇《孝文本紀》　十三年夏，上曰：蓋聞天道禍自怨起而福繇德興。百官之非，宜由朕躬。今祕祝之官移過于下，以彰吾之不德，朕甚不取。其除之。

《漢書》卷六《武帝紀》　春三月甲子，立皇后衛氏。詔曰：朕聞天地不變，不成施化；陰陽不變，物不暢茂。《易》曰：通其變，使民不倦。《詩》云：九變復貫，知言之選。朕嘉唐虞而樂殷周，據舊以鑒新。其赦天下，與民更始。諸逋貸及辭訟在孝景後三年以前，皆勿聽治。

又：二月，詔曰：朕郊見上帝，巡于北邊，見羣鶴留止，以不羅罔，靡所獲獻。薦于泰時，光景並見。其赦天下。

《漢書》卷二二《禮樂志》　至武帝卽位，進用英儁，議立明堂，制禮服，以興太平。會竇太后好黃老言，不説儒術，其事又廢。後董仲舒對策言：王者欲有所爲，宜求其端於天。天道大者，在於陰陽。陽爲德，陰爲刑。天使陽常居大夏而以生育長養爲事，陰常居大冬而積於空虛不用之處，以此見天之任德不任刑也。陽出布施於上而主歲功，陰入伏藏於下而時出佐陽。陽不得陰之助，亦不能獨成歲功。王者承天意以從事，故務德教而省刑罰。刑罰不可任以治世，猶陰之不可任以成歲也。今廢先王之德教，獨用執法之吏治民，而欲德化被四海，故難成也。是故古之王者莫不以教化爲大務，立大學以教於國。設庠序以化於邑。教化已明，習俗已成，天下嘗無一人之獄矣。至周末世，大爲無道，以失天下。秦繼其後，又益甚之。自古以來，未嘗以亂濟亂，大敗天下如秦者也。習俗薄惡，民人抵冒，今漢繼秦之後，雖欲治之，無可奈何。法出而姦生，令下而詐起，一歲之獄以萬千數，如以湯止沸，沸俞甚而無益。辟之琴瑟不調，甚者必解而更張之，乃可鼓也。爲政而不行，甚者必變而更化之，乃可理也。故漢得天下以來，常欲善治，而至今不能勝殘去殺者，失之當更化而不能更化也。古人有言：臨淵羨魚，不如歸而結網。今臨政而願治七十餘歲矣，不如退而更化。更化則可善治，而災害日去，福祿日來矣。

《漢書》卷九九中《王莽傳中》　是時，長安民聞莽欲都雒陽，不肯繕治室宅，或頗徹之。莽曰：玄龍石文曰定帝德，國雒陽。符命著明，敢不欽奉！以始建國八年，歲纏星紀，在雒陽之都。其謹繕脩常安之都，勿令壞敗。敢有犯者，輒以名聞，請其罪。

《後漢書》卷四八《應劭傳》　初，安帝時河閒人尹次、潁川人史玉皆坐殺人當死，次兄初及玉母軍並詣官曹求代其命，因縊而物故。尚書陳忠以罪疑從輕，議活次、玉。劭後追駮之，據正典刑，有可存者。其議曰：

《尚書》稱：天秩有禮，五服五章哉。天討有罪，五刑五用哉。而孫卿亦云：凡制刑之本，將以禁暴惡，且懲其末也。凡爵列、官秩、賞慶、刑威，皆以類相從，使當其實也。若德不副位，能不稱官，賞不酬功，刑不應罪，不祥莫大焉。殺人者死，傷人者刑，此百王之定制，有法之成科。高祖入關，雖尚約法，然殺人者死，亦無寬降。夫時化則刑重，時亂則刑輕。《書》曰：刑罰時輕時重，此之謂也。

今次、玉公以清時釋其私憾，阻兵安忍，僵屍道路。朝恩在寬，幸至冬獄，而初、軍愚狷，妄自投斃。昔召忽親死子糾之難，而孔子曰：經於溝瀆，人莫之知。朝氏之父非錯刻峻，遂能自隕其命，班固亦云：不如趙母指括以全其宗。傳曰：僕妾感慨而致死者，非能義勇，顧無慮耳。夫刑罰威獄，以類天之震燿殺戮也，温慈和惠，以放天之生殖長育也。是故春一草枯則爲灾，秋一木華亦爲異。今殺無罪之初、軍，而活當死之次、玉，其爲枯華，不亦然乎？陳忠不詳制刑之本，而信一時之仁，遂廣引八議求生之端。夫親故賢能功貴勤賓，豈有次、玉當罪之科哉？若乃小大以情，原心定罪，此爲求生，非謂代死可以生也。敗法亂政，悔其可追。

《晉書》卷三《武帝紀》泰始元年冬十二月丙寅，設壇于南郊，百僚在位及匈奴南單于四夷會者數萬人，柴燎告類于上帝曰：皇帝臣炎敢用玄牡明告于皇皇后帝：魏帝稽協皇運，紹天明命以命炎。昔者唐堯，熙隆大道，禪位虞舜，舜又以禪禹，邁德垂訓，多歷年載。暨漢德既衰，太祖武皇帝撥亂濟時，扶翼劉氏，又用受命于漢。粤在魏室，仍世多故，幾於顛墜，實賴有晉匡拯之德，用獲保厥肆祀，弘濟于艱難，此則晉之有大造于魏也。誕惟四方，罔不祗順，廓清梁岷，包懷揚越，八紘同軌，祥瑞屢臻，天人協應，無思不服。肆予憲章三后，用集大命于茲。炎維德不嗣，辭不獲命。於是羣公卿士，百辟庶僚，黎獻陪隸，暨于百蠻君長，僉曰：皇天鑒下，求人之瘼，既有成命，固非克讓所得距違。天序不可以無統，人神不可以曠主。炎虔奉皇運，寅畏天威，敬簡元辰，升壇受禪，告類上帝，永答衆望。禮畢，即洛陽宮幸太極前殿，詔曰：昔朕皇祖宣王，聖哲欽明，誕應期運，熙帝之載，肇啓洪基。伯考景王，履道宣猷，緝熙諸夏。至于皇考文王，叡哲光遠，允協靈祇，應天順時，受茲明命。仁濟于宇宙，功格于上下。肆魏氏弘鑒于古訓，儀刑於唐虞，疇咨羣后，爰輯大命于朕身。予一人畏天之命，用不敢違。惟朕寡德，負荷洪烈，託于王公之上，以君臨四海，惴惴惟懼，罔知所濟。惟爾股肱爪牙之佐，文武不貳之臣，乃祖乃父，實左右我先王，光隆我大業。思與萬國，共享休祚。於是大赦，改元。賜天下爵，人五級；鰥寡孤獨不能自存者穀，人五斛。復天下租賦及關市之税一年，逋債宿負皆勿收。除舊嫌，解禁錮，亡官失爵者悉復之。

《宋書》卷三《武帝紀下》永初元年夏六月丁卯，設壇於南郊，即皇帝位，柴燎告天。策曰：

皇帝臣裕，敢用玄牡，昭告皇天后帝。晉帝以卜世告終，歷數有歸，欽若景運，以命于裕。夫樹君宰世，天下爲公，德充帝王，樂推攸集。越俶唐、虞，降暨漢、魏，靡不以上哲格文祖，元勳陟帝位，故能大拯黔首，垂訓無窮。晉自東遷，四維不振，宰輔焉依，爲日已久。難棘隆安，禍成元興，遂至帝主遷播，宗祀堙滅。裕雖地非齊、晉，衆無一旅，仰憤時難，俯悼横流，投袂一麾，則皇祀克復。及危而能持，顛而能扶，姦宄具殲，僭僞必滅。誠興廢有期，否終有數。至於大造晉室，撥亂濟民，因藉時來，實尸其重。加以殊俗慕義，重譯來庭，正朔所暨，咸服聲教。至乃三靈垂象，山川告祥，人神協祉，歲月滋著。是以羣公卿士，億兆夷人，僉曰皇靈降鑒於上，晉朝款誠於下，天命不可以久淹，宸極不可以暫曠。遂逼羣議，恭茲大禮。

猥以寡德，託於兆民之上，雖仰畏天威，略是小節，顧深永懷，祗懼若實。敬簡元辰，升壇受禪，告類上帝，用酬萬國之情。克隆天保，永祚于有宋。惟明靈是饗。

《隋書》卷七〇《斛斯政傳》遼東之役，兵部尚書段文振卒，侍郎明雅復以罪廢，帝彌屬意，尋遷兵部侍郎。于時外事四夷，軍國多務，政處斷辯速，稱爲幹理。玄感之反也，政與通謀。及玄縱等亡歸，亦政之計也。帝在遼東，將班師，窮治玄縱黨與。内不自安，遂亡奔高麗。明年，帝復東征，高麗請降，求執送政。帝許之，遂鎖政而還。至京師，以政告廟，左翊衛大將軍宇文述奏曰：斛斯政之罪，天地所不容，人神所同忿。若同常刑，賊臣逆子何以懲肅，請變常法。帝許之。於是將政出金光門，縛政於柱，公卿百僚並親擊射，臠割其肉，多有噉者。噉後烹煮，收其餘骨，焚而揚之。

（唐）劉肅《大唐新語》卷一〇《隱逸》司馬承禎，字子徵，隱於天台山，自號白雲子，有服餌之術。則天中宗朝，頻徵不起。睿宗雅尚道教，稍加尊異，承禎方赴召。睿宗嘗問陰陽術數之事，承禎對曰：經云：損之又損之，以至於無爲。且心目一覽，知每損之尚未能已，豈復攻乎異端而增智慮哉！睿宗曰：理身無爲，則清高矣；理國無爲，如之何？對曰：國猶身也，《老子》曰：遊心於澹，合氣於漠，順物自然，而無私焉，而天下理。《易》曰：聖人者，與天地合其德。是知天不言而信，不爲而成。無爲之旨，理國之要也。睿宗深加賞異。無何，苦辭歸，乃賜寶琴、花帔以遺之。工部侍郎李適之賦詩以贈焉。當時文士，無不屬和。散騎常侍徐彦伯撮其美者三十一首，爲製序，名曰《白雲記》，見傳於代。

《宋史》卷一九九《刑法志一》初，殿中侍御史趙湘嘗建言：聖王行法，必順天道。漢制大辟之科，盡冬月乃斷。此古之善政，當舉行之。

且十二月爲承天節，萬方祝頌之時，而大辟決斷如故。況十一月一陽始出，其氣尚微，議獄緩刑，所以助陽抑陰也。望以十一月、十二月內，天下大辟未結正者，更令詳覆；已結正者，未令決斷。所在厚加矜恤，掃除獄房，供給飲食、薪炭之屬，防護無致他故。情可憫者，奏聽敕裁。合依法者，盡冬月乃斷。在京大辟人，既當春孟之月，亦行慶施惠之時。伏望萬幾之暇，臨軒躬覽，情可憫者，特從末減，亦所以布聖澤於無窮。況愚民之抵罪未斷，兩月亦非淹延。若用刑順於陰陽，則四時之氣和，氣和則百穀豐實，水旱不作矣。帝覽奏曰：此誠嘉事！然古今異制，沿革不同，行之慮有淹滯，或因緣爲姦矣。

天禧四年乃詔：天下犯十惡、劫殺、謀殺、故殺、鬥殺、放火、強劫、正枉法贓、僞造符印、厭魅咒詛、造妖書妖言、傳授妖術、合造毒藥、禁軍諸軍逃亡爲盜罪至死者，每遇十二月，權住區斷，過天慶節即決之。餘犯至死者，十二月及春夏未得區遣，禁錮奏裁。

（宋）李燾《續資治通鑑長編》卷七九《宋真宗大中祥符五年》 丙戌，詔：天慶、天貺、先天、降聖、承天節，權止行刑。如聞所在容縶頗衆，自今笞杖，情輕者釋之；情重及須證佐者，責保於外。

（宋）李心傳《建炎以來繫年要録》卷一一二《紹興七年丁巳七月辛酉朔之戊子》 辛巳，張浚等奏禱雨備至，未獲休應。上曰：應天須以實，如恤刑弛役之類，當更有實惠可及民者。朕曉夜思之，如積欠一事，爲民之害甚大。比因移蹕，所過州郡，下蠲除之令，民間極喜，可將諸路紹興五年以前稅賦積欠，及其他逋負，議蠲之。庶幾少蘇民力，浚等退而條具，悉施行焉。

（清）徐乾學《資治通鑑後編》卷一六七《元紀一五》 六月庚申，珪至上都，奏上，帝不允。珪復進曰：臣聞日食修德，月食修刑，應天以實不以文，動民以行不以言。刑政失平，故天象應之，惟陛下矜察，允臣等議，乞悉行之，帝終不能用。

《元典章》卷一《詔令·世祖聖德神功文武皇帝·至元改元詔》 至元元年八月十九日，欽奉詔書節該。應天者，惟以至誠，拯民者，莫如實惠。朕以菲德獲承慶基，內難未戡，外兵弗戢，夫豈一日，於今五年，賴天地之畀矜，暨祖宗之垂裕。凡我同氣會於上都，雖此日之小康，敢朕心之少肆。比者星芒示儆，雨澤愆常，皆闕政之所繇。顧斯民其何罪，宜布惟新之令，溥施在宥之仁。據不魯花忽察脱滿阿里察脱火思輩，構禍我家，照依成吉思皇帝扎撒，已正典刑，訖可大赦天下。改中統五年爲至元元年。自至元元年八月十六日昧爽以前，除殺祖父母、父母不赦外，其餘罪無輕重咸赦除之。開云云。於戲，否往泰來，迓續亨嘉之會，鼎新革故，正資輔弼之良。咨爾臣民，体予至意。敢以赦前事相告者，以其罪罪之。故茲詔示，想宜知悉。

（明）俞汝楫《禮部志稿》卷一《聖訓·太祖高皇帝·勳戚之訓》 洪武二十六年，命禮部申嚴公侯制度僭侈之禁。敕曰：歷代聖君賢臣必謹禮節，循法度者，所以畏神明也。蓋知畏神明則知守禮法，一或不謹則鬼神鑒之，將假手於人而禍患作矣。朕自即位之初，稽古定制，凡爵祿禮儀等殺皆著爲令，俾勳臣之家世守之。朕觀前代之受封，皆爲虛號，其於祿食止給繒布。我朝賜以膏腴土田，所以待有功者，不爲不至，尚有不知分限，以速罪戾者。已命翰林歷考漢唐宋故事，輯爲稽制録，頒之勳臣，使有所遵守。爾禮部其申明之，仍將公侯食祿及服舍器用等殺著爲定式，不惟止僭亦保全勳舊之道也。

（明）俞汝楫《禮部志稿》卷一《聖訓·太祖高皇帝·敬天之訓》 洪武元年正月，上將告祀南郊，戒飭百官執事曰：人以一心對越上帝，毫髮不誠，怠心必乘其機；瞬息不敬，私欲必投其隙。夫動天地鬼神，惟誠與敬耳。人莫不以天之高遠，鬼神幽隱，而有忽心。然天雖高，所鑑甚邇，鬼神甚幽，所臨則顯，能知天人之理不二，則吾心之誠敬自不容於少忽矣。今當大祀，百官執事之人，各宜慎之。

《呂氏春秋·季冬紀·序意》 維秦八年，歲在涒灘，秋甲子朔。朔之日，良人請問十二紀。文信侯曰：嘗得學黃帝之所以誨顓頊矣，爰有大圜在上，大矩在下，汝能法之，爲民父母。蓋聞古之清世，是法天地。

藝文

《詩經·大雅·皇矣》 皇矣上帝，臨下有赫。監觀四方，求民之莫。

維此二國，其政不獲。維彼四國，爰究爰度。上帝耆之，憎其式廓。乃眷西顧，此維與宅。作之屏之，其菑其翳。脩之平之，其灌其栵。啓之辟之，其檉其椐。攘之剔之，其檿其柘。帝遷明德，串夷載路。天立厥配，受命既固。帝省其山，柞棫斯拔，松柏斯兑。帝作邦作對，自大伯王季。維此王季，因心則友。則友其兄，則篤其慶。載錫之光，受禄無喪，奄有四方。維此王季，帝度其心，貊其德音。其德克明，克明克類，克長克君。王此大邦，克順克比。比于文王，其德靡悔。既受帝祉，施于孫子。帝謂文王：無然畔援，無然歆羡，誕先登于岸。密人不恭，敢距大邦，侵阮徂共。王赫斯怒，爰整其旅，以按徂旅，以篤于周祜，以對于天下。依其在京，侵自阮疆。陟我高岡。無矢我陵，我陵我阿。無飲我泉，我泉我池。度其鮮原，居岐之陽，在渭之將，萬邦之方，下民之王。帝謂文王：予懷明德，不大聲以色，不長夏以革，不識不知，順帝之則。帝謂文王：詢爾仇方，同爾兄弟。以爾鉤援，與爾臨衝，以伐崇墉。臨衝閑閑，崇墉言言，執訊連連，攸馘安安。是類是禡，是致是附，四方以無侮。臨衝茀茀，崇墉仡仡。是伐是肆，是絶是忽，四方以無拂。

《南齊書》卷一一《樂志》 《聖主曲》辭：聖主受天命，應期則虞、唐。升旒綜萬機，端扆馭八方。盈虛自然數，揖讓歸聖明。北化陵河塞，南威越滄溟。廣德齊七政，敷教騰三辰。萬寓必承慶，百福咸來臻。聖皇應福始，昌德洞祐先。

（清）蔣良騏《東華録》卷一《先世至天命十一年十一月》 相傳有天女三：長恩固倫，次正固倫，季佛庫倫，浴於池。浴畢，有神鵲啣朱果置季女衣袂，季女吞之，遂有身。尋産一男，生而能言，體貌奇異。及長，母告之故，因命之曰：天生汝以定亂國，其以愛新覺羅爲姓，布庫里雍順爲名。母凌空去，子乘小舠順流至河步，登岸折柳枝及野蒿爲坐具，端趺其上。其地有三姓爭雄長，搆兵仇殺。有取水者，奇其狀貌，歸告，衆走問，語以姓名，且曰我天女佛庫倫所生，天命定汝等之亂。衆驚曰：天生聖人也。舁歸奉爲主。

（三國魏）曹植《曹子建集》卷六《惟漢行》 太極定二儀，清濁始以形。三光炤八極，天道甚著明。爲人立君長，欲以遂其生。行仁章以瑞，變故誡驕盈。神高而聽卑，報若響應聲。明主敬細微，三季曹天經。二皇稱至化，盛哉唐虞庭。禹湯繼厥德，周亦致太平。在昔懷帝京，日昊不敢寧。濟濟在公朝，萬載馳其名。

（三國魏）曹植《曹子建集》卷九《七啓》 鏡機子曰：世有聖宰，翼帝霸世。同量乾坤，等曜日月，玄化參神，與靈合氣。惠澤播於黎苗，威靈振乎無外。超隆平於殷周，踵羲皇而齊泰。顯朝惟清，王道遐均，民望如草，我澤如春。河濱無洗耳之士，喬嶽無巢居之民。是以俊乂來仕，觀國之光，舉不遺材，進各異方。讃典禮於辟雍，講文德於明堂，正流俗之華説，綜孔氏之舊章。散樂移風，國富民康，神應休臻，屢獲嘉祥。故甘露紛而晨降，景星宵而舒光，觀遊龍於神淵，聆鳴鳳於高岡。此霸道之至隆，而雍熙之盛際。然主上猶尚以沈恩之未廣，懼聲教之未厲，采英奇於仄陋，宣皇明於嵓穴。此甯子商歆之秋，而吕望所以投綸而逝也。吾子爲太和之民，不欲仕陶唐之世乎？於是玄微子攘袂而興曰：偉哉言乎！近者吾子所述華滛，欲以厲我。祇攪予心。至聞天下穆清，明君莅國，覽盈虛之正義，知頑素之迷惑。令予廓爾，身輕若飛。願反初服，從子而歸。

（唐）白居易《白氏長慶集》卷一一《感傷三・東坡種花二首》 劚土壅其本，引泉溉其枯。小樹低數尺，大樹長丈餘。封植未幾時，高下齊扶疎。養樹既如此，養民亦何殊。將欲茂枝葉，必先救根株。云何救根株，勸農均賦租。云何茂枝葉，省事寬刑書。移此爲郡政，庶幾甿俗蘇。

（唐）白居易《白氏長慶集》卷一八《律詩・太平樂詞二首》 歲豐仍節儉，時泰更銷兵。聖念長如此，何憂不太平。湛露浮堯酒，薰風起舜歌。願同堯舜意，所樂在人和。

（唐）白居易《白氏長慶集》卷三八《詩賦・動静交相養賦》 天地有常道，萬物有常性。道不可以終静，濟之以動。性不可以終動，濟之以静。養之則兩全而交利，不養之則兩傷而交病。故聖人取諸震以發身，受諸復而知命。所以《莊子》曰智養恬，《易》曰蒙養正。吾觀天文，其中有程。日明則月晦，日晦則月明，明晦交養，晝夜乃成。吾觀歲功，其中有信。陽進則陰退，陽退則陰進，進退交養，寒暑乃順。且躁者本於静也，斯則躁爲民，静爲君，以民養君，教化之根，則動養静之道斯存。且有者生於無也，斯則無爲母，有爲子，以母養子，生成之理，則静養動之理明矣。所以動之爲用，在氣爲春，在鳥爲飛，在舟爲楫，在弩爲機，不有動也，静將疇依。所以静之爲用，在蟲爲蟄，在水爲止，在門爲楗，在輪爲柅，不有静也，動奚資始。則知動兮静所伏，静兮動所倚。吾何以知交養之然哉，以此有以見人之生於世，出處相濟，必有時而行，非匏瓜不可以長繫。人之善其身，枉直相循，必有時而屈，故尺蠖不可以長伸。嗟夫！今之人知動之可以成功，不知非其時，動必爲凶。知静之可以立德，不知非其理静亦爲賊。大矣哉！動静之際，聖人其難之，先之則過時，後之則不及時。交養之間，不容毫釐。故老氏覩妙，顔氏知幾。噫！非二君子，吾誰與歸。

（唐）白居易《白氏長慶集》卷五七《翰林制誥四·荅黄裳請上尊號表》　朕以薄德，嗣守丕圖，不敢荒寧，以宏理道。幸屬歲時豐稔，兇寇梟夷，風雨不愆，禮圜丘而報本；雷霆未震，舋許刃切，與釁同。太社而服刑。斯皆十聖降靈，幽賛寡昧；百辟叶德，馴致和平。永惟宏名，實懼虚美。卿上稽祖訓，下酌羣情，陳獻表章，請加徽號。曁于王公卿士，降及耆艾緇黄，咸一乃心，各三其請。朕嘗以宰元化者，曲成於物；法天道者，從欲於人。雖恤隱泣辜，未臻三五之化；而樂推欣戴，難違億兆之心。德非稱焉，讓不獲已；勉從所請，深愧于懷！

（宋）姚鉉《唐文粹》卷一六下袁高《茶山作》　禹貢通遠俗，所圖在安人。后王失其本，職吏不敢陳。亦有姦佞者，因兹欲求伸。動生千金費，日使萬姓貧。我來顧渚源，得與茶事親。甿輟耕農耒，採採實苦辛。一夫且當役，盡室皆同臻。捫葛上欹壁，蓬頭入荒榛。終朝不盈掬，手足皆皴鱗。悲嗟遍空山，草木爲不春。陰嶺芽未吐，使者牒已頻。心爭造化力，先走挺塵均。選納無晝夜，擣聲昏繼晨。衆工何枯槁，俯視彌傷神。皇帝尚巡狩，東郊路多堙。周迴繞天涯，所獻逾艱勤。况減兵革困，量兹固疲民。未知供御餘，誰合分此珍。顧省忝邦守，又慙復因循。茫茫滄海間，丹憤何由申。

（宋）王安石《臨川先生文集》卷八《古詩·天下不用車》　天下不用車，人人乘馬馳。王良雖善御，攬轡欲從誰。漢武伐大宛，殺人若京坻。孝文卻走馬，獨行先安之。萬物命在天，取舍各有時。陰陽更用事，冬暖豈所宜。卞氏强獻玉，兩刖亦已癡。幸終遇良工，已剖得不疑。

雜録

《周易正義·臨》　䷒兑下坤上。臨：元亨利貞。至于八月有凶。疏：臨元亨至有凶。正義曰：案《序卦》云：臨，大也。以陽之浸長，其德壯大，可以監臨於下。故曰臨也。剛既浸長，説而且順，又以剛居中，有應於外大，得亨通而利正也，故曰元亨利貞也。至于八月有凶者，以物盛必衰，陰長陽退，臨爲建丑之月，從建丑至于七月建申之時，三陰既盛，三陽方退，小人道長，君子道消，故八月有凶也。以盛不可終保，聖人作《易》以戒之也。

《彖》曰：臨，剛浸而長，説而順，剛中而應，大亨以正，天之道也。陽轉進長，陰道日消，君子日長，小人日憂，大亨以正之義。疏：《彖》曰至天之道也。正義曰：臨剛浸而長説而順者，此釋卦義也。凡諸卦之例，説而順之，下應以臨字結之。此無臨字者，以其剛中而應，亦是臨義，故不得於剛中之上而加臨也。剛中而應，大亨以正，天之道者，天道以剛居中而下，與地相應，使物大得亨通而利正，故《乾》卦元、亨、利、貞。今此《臨》卦，其義亦然，故云天之道也。至于八月有凶，消不久也。八月陽衰而陰長，小人道長，君子道消也，故曰有凶。疏：至于八月至久也。正義曰：證有凶之義，以其陽道既消，不可常久，故有凶也。但復卦一陽始復，剛性尚微，又不得其中，故未有元亨利貞。泰卦三陽之時，三陽在下，而成乾體，乾下坤上，象天降下，地升上，上下通泰，物通則失正，故不具四德。唯此卦二陽浸長，陽浸壯大，特得稱臨，所以四德具也。然陽長之卦，每卦皆應八月有凶。但此卦名臨，是盛大之義，故於此卦特戒之耳。若以類言之，則陽長之卦，至其終來皆有凶也。注八月至有凶。正義曰：云八月者，何氏云：從建子陽生至建未爲八月。褚氏云：自建寅至建酉爲八月。今案：此注云小人道長，君子道消，宜據否卦之時，故以臨卦建丑，而至否卦建申爲八月也。

《象》曰：澤上有地，臨。君子以教思无窮，容保民无疆。相臨之道，莫若説順也。不恃威制，得物之誠，故物无違也。是以君子教思无窮，容保民无疆也。疏：《象》曰至无疆。正義曰：澤上有地者，欲見地臨於澤，在上臨下之義，故云澤上有地也。君子以教思无窮者，君子於此臨卦之時，其下莫不喜説和順，在上但須教化，思念无窮已也，欲使教恒不絶也。容保民无疆者，容謂容受也。保安其民，无有疆境，象地之闊遠，故云无疆也。

初九：咸臨，貞吉。咸，感也。感，應也。有應於四，感以臨者也。四履正位，而已應焉，志行正者也。以剛感順，志行其正，以斯臨物，正而獲吉也。疏：正義曰：咸，感也。有應於四，感之而臨，志行得正，故貞吉也。《象》曰：咸臨貞吉，志行正也。疏：正義曰：咸臨貞吉，志行正者，釋咸臨貞吉之義。四既履得正位，己往與之相應，是己之志意行而歸正也。

九二：咸臨，吉，无不利。有應在五，感以臨者也。剛勝則柔危，而五體柔，非能同斯志者也。若順於五，則剛德不長，何由得吉无不利乎？全與相違，則失於感應，其得咸臨，吉无不利，必未順命也。疏：正義曰：咸臨吉者，咸，感也。有應於五，是感以臨而得其吉也。无不利者，二雖與五相應，二體是剛，五體是柔，兩雖相感，其志不同。若純用剛往，則五所不從，若純用柔往，又損己剛性，必須商量事宜，有從有否，乃得无不利也。《象》曰：咸臨，吉，无不利，未順命也。疏：正義曰：未順命者，釋无不利之義。未可盡順五命，須斟酌事宜，有從有否，故得无不利也。則君臣上下獻可替否之義也。

（清）孫星衍《尚書今古文注疏・高宗肜日》 天既孚命，正厥德。注：史遷孚作付。疏：孚，漢《熹平石經》作付，與《史記》合，是今古文皆作付也。《漢書・孔光傳》引經亦作付，説爲正德以順天也。《封禪書》云：高宗懼，祖己曰：修德。《漢書・五行傳》云：武丁謀於忠賢，修德而正事，釋此文也。付者，《説文》云：與也。德者，《説文》云：悳，外得於人，內得於己。德，同悳，祖己以爲天命雖有修短之殊，既付於我，當修德以待之。殷之先王，兄弟相及，皆不永年。有不修德者，亦有修德者，未可以不永年而謂其失德，缺其常祀。《禮記・祭法》疏引《孝經援神契》云：命以三科：有受命以保慶，有遭命以謫暴，有隨命以督行。受命，謂年壽也。遭命，謂行善而遇惡也。隨命，謂隨其善惡而報之。案：受命保慶，即付命正德之謂。

（清）孫星衍《尚書今古文注疏・西伯戡黎》 故天棄我，不有康食，不虞天性，不迪率典。注：史遷棄作弃，康作安，虞下有知字。鄭康成曰：王暴虐于民，使不得安食，逆亂陰陽，不度天性，傲狠明德，不修教法者。疏：《説文》云：棄，捐也。康者，《釋詁》云：安也。江氏聲云：爲天所棄，不得安食。鄭氏言民不得安食，似不合。虞者，《釋言》云：度也。天性，謂天命之性，仁義禮智信也。迪者，《漢書・揚雄傳》集注云：由也。率者，《孟子・盡心篇》云：變其彀率。陸注云：法也。《廣雅・釋言》云：律，率也。律、率訓同，俱爲法也。典者，《釋詁》云：常也。不有康食，謂將不能安食天禄。不虞天性，謂不度善性。不迪率典，謂不由法常也。史公棄爲弃者，《説文》云：棄古文作弃。康爲安者，《釋詁》文：虞爲虞。知者，言度知也。鄭注見《史記集解》。云暴虐於民，使不有安食，則謂民之安食，暴疾殘虐以使之。如《微子》云：用乂稠斂，多瘠罔詔也。云逆亂陰陽者，《易・繫辭》云：立天之道曰陰與陽，立人之道曰仁與義。棄其仁義之性是逆天也。云不修教法，迪從由，亦與逌形相近。《多方》不克終日勸于帝之迪。馬融作攸，《説文》逌，長也。修，亦同攸，故迪可訓爲修。《中庸篇》云：率性之謂道，修道之爲教。率爲率教。《釋詁》典、法俱常，故典亦法也。

（清）孫星衍《尚書今古文注疏・洪範》 天乃錫禹洪範九疇，彝倫攸敘。注：【略】疏：天乃錫禹洪範九疇者，《太平御覽》八百七十二引《尚書中候》云：堯率羣臣，東沉於洛，退候至於下稷，赤光起，元龜負書，中背有赤文朱字。宋均曰：稷，讀曰側。此即禹所受《洛書》，云堯率羣臣，禹時預焉。鄭注《大傳》云：初禹治水，得神龜負文於洛，以盡得天人陰陽之用，至是奉帝命而陳之也。《漢書・五行志》云：此武王問《雒書》於箕子，箕子對禹得《雒書》之意也。又于初一曰五行，至畏用六極云：凡此六十五字，皆《雒書》本文。所謂天迺錫禹大法九章，常事所次者也。

（清）孫星衍《尚書今古文注疏・酒誥》 王曰：封！我聞惟曰：在昔殷先哲王迪畏天顯小民，經德秉哲，自成湯咸至于帝乙，成王畏相。注：《易》説：《書》之帝乙，六世王。先儒皆以爲紂父。疏：在者，《釋詁》云：察也。哲者，《説文》云：知也。迪同攸，見上疏。顯者，《廣雅・釋詁》云：明也。經德者，《孟子・盡心》云：經德不回。注云：經，行也。秉者，《釋詁》云：執也。哲者，《説文》作悊，云：敬也。咸者，《釋詁》云：皆也。王告康叔以察昔殷先賢知王所畏天明命，下及小民，惟行其德、執其敬，自成湯至於帝乙，咸成就王道，敬畏輔相也。《周語》叔向曰：《詩》曰：成王不敢康，注云：謂修己自勸，以成其王功。亦以成王爲成王功。《易》説見《乾鑿度》。鄭注《檀弓》云：《易》説帝乙，曰：《易》之帝乙，爲成湯；《書》之帝乙，六世王。考《殷本紀》，湯子太丁，太丁子太甲，太甲子沃丁，沃丁弟子小甲，小甲弟子仲丁，仲丁弟子帝祖乙帝祖乙立，殷復興。不數兄弟相及，則祖乙爲湯已後六世孫也。先儒注見《檀弓》疏。云先儒皆以《酒誥》帝乙紂父者，此先儒即是賈、馬、鄭，與《易》説異。《殷本紀》湯至帝乙十六世，帝乙無道，爲偶人，謂之天神。與之博，令人爲行。天神不勝，乃僇辱之。爲革囊，盛血，仰而射之，命曰射天。武乙獵於河、渭之閒，暴雷，武乙震死。則帝乙非令主，故《易》説以爲祖乙也。

又： 惟荒腆于酒，不惟自息乃逸，厥心疾很，不克畏死。辜在商邑，越殷國滅，無罹。疏：荒者，《詩傳》云：大也。腆者，《廣雅・釋詁》云：美也。息者，《詩傳》云：止也。逸者，《釋言》云：過也。疾者，《詩》箋云：疾，害。很者，《説文》云：很，盭也。罹，即離俗字，《易》九家注云：離，附也。鄭注

《月令》云：離，讀如儷偶之儷。言紂惟大美於酒，不思自止其過，其心疾害乖戾，恃有命在天，不能畏死。罪在商邑，於殷邦喪滅，無附麗之者。《白虎通·京師篇》云：京，大；師，衆也。天子所居，故大衆言之。夏曰夏邑，殷曰商邑，周曰京師，《尚書》曰在商邑，謂殷也。是説此經之義。弗惟德馨香，祀登聞于天。誕惟民怨，庶羣自酒，腥聞在上。故天降喪于殷，罔愛于殷，惟逸。天非虐，惟民自速辜。疏：馨者，《説文》云：香之遠聞者。庶者，《釋詁》云：衆也。逸者，《釋言》云：過也。速者，《詩傳》云：召也。《周語》云：國之將興，其德足以昭其馨香；國之將亡，其政腥臊，馨香不登。注云：馨香，芳馨之升聞者也。腥臊，臭惡也。登，上也。芳馨不上聞於天，神不饗也。傳曰：黍稷非馨，明德惟馨。正同此義也。言無德馨升聞於天，大惟民怨及衆羣臣用酒臭達於上。故天下喪亡之禍於殷而勿愛之，惟紂之過。天非暴虐，惟人自召罪耳。

（清）孫星衍《尚書今古文注疏·多士》 我有周佑命，將天明威，致王罰，勑殷命終于帝。疏：佑者，《釋詁》作右，云：勵也。勵卽助也。將者，鄭注《聘禮》云：猶奉也。勑，同飭，《詩傳》云：正也。言我周佑助天命，奉天明威，致王者之罰，以敕正殷命以終於上帝之事。

又： 在今後嗣王，誕罔顯于天，矧曰其有聽念于先王勤家？誕淫厥泆，罔顧于天顯、民祗。注：史遷作不顧天及民之從也。馬融曰：紂大淫樂其逸，無所能顧念于天施顯道于民而敬之也。泆一作佚。疏：言在今嗣王紂，大無顯德于天，況其有能從念先王勤家之訓？大淫游佚豫，無顧于天之顯道及民之敬順。《史記·魯世家》云：《多士》稱曰，自湯至于帝乙，無不率祀明德，帝無不配天者。在今後嗣王紂，誕淫厥佚，不顧天及民之從也。《集解》引徐廣曰：一作敬之也。下又云：其民皆可誅。是民之從言民之不順也。徐廣從作敬者，《釋詁》云：祗，敬也。別本《史記》詁祗爲敬。又云民可誅者，則謂其民化紂，亦不敬順。此古文説也。馬注見《史記集解》。以誕爲大，《釋詁》文。云淫樂者，《王逸》注《楚辭》云：淫，游也，言游樂。云無所能顧念於天施顯道于民而敬之，則祗謂紂之不敬，以民字上屬天顯爲義也。泆，《史記·魯世家》作佚。《一切經音義》二十三云：佚，古文泆同。

（清）孫星衍《尚書今古文注疏·多方》 乃爾攸聞。厥圖帝之命，不克開于民之麗，乃大降罰，崇亂有夏。疏：厥者，《釋言》云：其也，其，謂夏桀也。麗者，麗於獄也。《周禮·小司寇》職：以八辟麗邦法，附刑罰。注：杜子春讀麗爲羅。疏云：羅則入羅網，當在刑書。《呂刑》云越茲麗刑，又云苗民匪察于獄之麗是也。崇者，《詩傳》云：終也。言有夏淫昏之事，乃汝所聞。其君桀圖度帝命，不知天之愛民，不能開釋于民之麗于罪網者，乃大下誅罰，終亂夏邑。《僞傳》以麗爲施，云施政教，失之。

（清）孫星衍《尚書今古文注疏·呂刑》 非終惟終在人。疏：終，謂考終命也。言天同此視人，其使有一日之命，非考終與？惟考終與，實在乎人。言敬刑成德，則邀天之眷而永年也。上文云庶有格命，此終其説。

（漢）韓嬰《韓詩外傳》卷四 桀爲酒池，可以運舟，糟丘足以望十里，一鼓而牛飲者三千人。關龍逢進諫曰：古之人君，身行禮義，愛民節財，故國安而身壽。今君用財若無窮，殺人若恐弗勝。君若弗革，天殃必降，而誅必至矣。君其革之。立而不去朝。桀囚而殺之。君子聞之曰：天之命矣。《詩》曰：昊天大憮，予愼無辜。

（漢）何休《春秋公羊經傳解詁》卷二《桓公十一年》 鄭忽出奔衛。忽何以名。據朱子，既葬稱子。春秋伯子男，一也，辭無所貶。春秋改周之文從殷之質，合伯子男爲一。一辭無所貶，皆從子。夷狄進爵，稱子是也。忽稱子，則與諸侯改伯從子，辭同於成君，無所貶損故名也。名者，緣君薨有降，既葬名義也，此非罪貶也。君子不奪人之親，故使不離子行也。王者起，所以必改質文者，爲承衰亂，救人之失也。天道本下，親親而質省；地道敬上，尊尊而文煩。故王者始起，先本天道以治天下，質而親親，及其衰敝，其失也。親親而不尊，故後王起，法地道以治天下；文而尊尊，及其衰敝，其失也，尊尊而不親，故復反之於質也。質家爵三等者，法天之有三光也。文家爵五等者，法地之有五行也，合三從子者，制由中也。

（清）黃奭輯《春秋緯·春秋元命苞》 周爵五等，法五精；春秋三等，象三光。注：五精是其總法。五行分之，則法五剛甲丙戊庚壬。其諸侯之臣，法五柔乙丁己辛癸。同上。

公之言公，公正無私。矦之言侯。侯逆順，兼伺侯王命矣。伯之言白，明白於德。子者孳，恩宣德。男者任功立業，皆上奉王者之政教禮法，統理一國，修身潔行矣。

庸者通也，官小德微附於大國，以名通。若畢星之有附耳。然故謂之附庸矣。仝上。

陽成於三，列於七，三七二十一，故二百一十國也。

質家爵三等者，法天之有三光也。文家爵五等者，法地之文有五行也。合三從子者，制由中也。

桉：合三從子者，《公羊傳》云：春秋伯子男一也。解詁，春秋改周之文。從殷之質。合伯子男爲一。《繁露》第二十八篇云：五等文多而實少，三等文少而實多。

古者諸侯，五國爲屬，屬有長。二屬爲連，連有帥。三連爲卒，卒有正。七卒爲州，州有伯也。《公羊桓二解詁》疏云春秋説文。

立三台以爲三公。北斗九星爲九卿，二十七大夫内宿部衛之列。八十一紀以爲元士。凡百二十官焉。下應十二子。《公羊桓八》疏：《古微書》部衛从衛部。宋氏注：十二次上爲星，下爲山川也。此言天子立百二十官者，非直上紀星數，亦下應十二辰，故曰下應十二子也。仝上。

桉：《續漢·天文志》云：天者北辰星，合元垂燿建帝彤，運機授度張百精。三階九列，二十七大夫，八十一元士。斗衡太微攝提之屬百二十官。二十八宿各布列，下應十二子。又桉：《帝王世紀》：黄帝以風后配上台，天老配中台，五聖配下台，謂之三公。《路史》云：黄帝立三公，顓帝立九卿。《武陵太守星傳》云：三台一名天柱，上台司命爲太尉，中台司中爲司徒，下台司禄爲司空。

（清）段玉裁《説文解字注》卷一《一部·天》 天，顛也。此以同部疊韵爲訓也。凡門聞也，戸護也，尾微也，髮拔也，皆此例。凡言元始也，天顛也，丕大也，吏治人者也，皆於六書爲轉注而微有差别。元始可互言之，天顛不可倒言之，蓋求義則轉移皆是。舉物則定名難假，然其爲訓詁則一也。顛者，人之頂也，以爲凡高之偁。始者，女之初也，以爲凡起之偁。然則天亦可爲凡顛之偁。臣於君、子於父、妻於夫、民於食，皆曰天是也。至高無上。从一、大。至高無上，是其大無有二也，故从一、大。於六書爲會意，凡會意合二字以成語。如一大、人言、止戈皆是，他前切。十二部。

（宋）劉恕《資治通鑑外紀》卷九《周紀七·敬王下》 越王勾踐召范蠡問曰：吴稻蟹不遺種，其可乎？對曰：天應至矣，人事未盡也。王怒曰：吾與子言人事，子應我以天時。今天應至矣，子應我以人事。何也？對曰：人事與天地相參，乃可成功。今禍新民，恐將同其力致其死。王其馳騁弋獵，無至禽荒。宫中之樂，無至酒荒。彼上將薄其德，民將盡其力，望而不得食，乃可以致天地之殛。王姑待之。

（宋）金履祥《資治通鑑前編》卷二 天敘有典，勅我五典五惇哉；天秩有禮，自我五禮有庸哉；同寅協恭和衷哉；天命有德，五服五章哉；天討有罪，五刑五用哉；政事懋哉懋哉！此安民之目也。天敘者，天理自然之倫敘也。其典則君臣、父子、兄弟、夫婦、朋友之五典也。勅則正之，惇則厚之也。民德之不厚，以五典之未正，正五典所以厚之也。天秩者，天理自然之品節也。其禮，吉凶軍賓嘉之五禮也。自則自我制之，庸則自我用之也。禮之不行，以制之非出於上也。故自我制之，所以庸之也。同寅者即典禮，以同人心之寅，協人心之恭，和人心之衷，均有以全其降衷之初也。舊説君臣，則文意似不相入，安民者先之，五典之教以導之繼之，五禮之制以齊之，則斯民莫不安行乎天理之中矣。全此者爲德，於是乎有賞，悖是者爲罪。於是乎，有刑政事，則因刑賞，而舉凡治民之事者言之也。典禮賞刑，安民之綱目，始終本末，備于此矣。此固聖賢之所謂安天者與。

（宋）金履祥《資治通鑑前編》卷四 失于政，陳于茲，高后丕乃崇降罪疾，曰：曷虐朕民。久，陳也，謂不遷也，崇厚也。此節言君不體民之罪。汝萬民乃不生生，暨予一人猷同心，先后丕降與汝罪疾，曰：曷不暨朕幼孫有比！故有爽德。自上其罰汝，汝罔能迪。爽，亂也。迪，猶啓告也。此節言民不體君之罪。古我先后既勞乃祖乃父，汝共作我畜民。汝有戕，則在乃心，我先后綏乃祖乃父；乃祖乃父乃斷棄汝，不救乃死。戕，害也。汝有害政之念，則在爾心耳，而先后祖父已得而罰之。所謂思慮一啓，鬼神已知者也。此節言君民相體之義，以申明民不體君之罪。茲予有亂政同位，具乃貝玉，乃祖乃父丕乃告我高后曰：作丕刑于朕孫！迪高后丕乃崇降弗祥。商俗尚鬼，故盤庚因其所畏以警之。然福善禍淫理蓋如此。此節言臣不體君體民之罪。按：《漢石經》，弗祥作不祥。蓋古文《尚書》，凡弗不皆作，並不字本平聲，今讀入聲，亦當音弗耳。嗚呼！今予告汝不易！永敬大恤，無胥絶遠！汝分猷念以相從，各設中于乃心！《古文尚書》猷念作繇，古字猷攸通用，猷念所念耳。分《石經》作比設《中石經》，作翕中于義爲長。此節勉其體君。乃有不吉不迪，顛越不恭，暫遇姦宄，我乃劓殄滅之，無遺育，無俾易種于茲新邑。遷徙之際，服食器用，子女臣妾，皆寓道路。不善不道之人易爲姦宄盗竊之行，此不可不防，故痛警之。按《左氏》引此文大同小異，稱盤庚之誥，然則今《書》篇目逸之誥二字爾。

（宋）金履祥《資治通鑑前編》卷六 昵比罪人。淫酗肆虐，臣下化之，朋家作仇，脅權相滅。無辜籲天，穢德彰聞。無度，猶云不法也。力行無度，此所謂爲不善而日不足也。其下所叙皆力行無度之事，而被其虐者，皆籲告于天。吕氏曰：爲善至極，其至治馨香；爲惡至極，則穢德彰聞。惟天惠民，惟辟奉天。夏桀弗克若天，流毒下國。天乃佑命成湯，降黜夏命。因民籲天，遂述天惠民，君奉天之理惠愛也。夏桀弗克若天，是不能順天惠民之意，遂流毒下國，故湯放桀，言此以證之。惟受罪浮于桀。剥喪元良，賊虐諫輔。謂己有天命，謂敬不足行，謂祭無益，謂暴無傷。厥監惟不遠，在彼夏王。浮，過之也。喪，去聲，古者去國爲喪。元良，微子也，謂剥之使去其國也。諫輔，比干也，此重述受之惡益，以見末日不足之意。然前述其證驗，此指其病源四謂字，其病源所謂自暴者也。罪既浮于桀，則桀之取亡，是其監矣。

（宋）金履祥《資治通鑑前編》卷七 乃惟成湯克以爾多方簡代夏作民主。慎厥麗乃勸，厥民刑用勸。以至于帝乙，罔不明德慎罰，亦克用勸。要囚，殄戮多罪，亦克用勸。開釋無辜，亦克用勸。今至于爾辟，弗克以爾多方享天之命。嗚呼。此言商之所以享有天命者。乃惟成湯克爲爾多方所簡以代夏而作民之主，惟謹修其民之所麗，以勸勉其民，蓋謂務農重本修府和事之類是也。而厥民法之亦皆用勸，其貽厥子孫至于帝乙，罔不明德謹罰。明德則民化于善，謹罰則民不爲不善，所謂克用勸也。多罪者，人心之所同惡，戮當其罪則人勸；無辜者，人之所同愍，赦當其眚則人勸。一章之中，勸之一字屢言之，于以見商之先王、之于民，其鼓舞不倦如此。今至于爾辟弗克以爾多方享天之命，嗚呼，蓋深嘆紂之自取亡也。夫以商先王如此，紂繼世以有此多方而不能以之享天之命，忽然而亡，此重可嘆也。故嗚呼以終之，其所感者深矣。舊説以嗚呼冠下章王若曰之上，意淺而不詞，今不取。

又： 王曰：嗚呼！多士，爾不克勸忱我命，爾亦則惟不克享，凡民惟曰不享。爾乃惟逸惟頗，大遠王命，則惟爾多方探天之威，我則致天之罰，離逖爾土。此章多士、多方，首尾必有一誤。古文方作㔯，與士字相近，尤易誤也。蔡氏謂多方字，當作多士。愚謂皆當作多方，蓋此章又喻不遷之國也。篇首既誥四國多方，上章止責四國多士，故此章又重告。多方不克享，凡民惟曰不享，與洛誥百辟享之云同，文當是告多方者，謂爾多方不能相勸，信我教命，則是爾多方不能享上矣。是爾乃謂縱逸爲頗僻，大違遠王命，則是爾多方自取天威，我則將致天之罰，各離遠爾土矣。謂亦將遷之也，若云殷多士，則已離逖遷洛，不應於此再言之。

（宋）金履祥《資治通鑑前編》卷七 王曰：嗚呼！肆哉爾庶邦君越爾御事：爽邦由哲，亦惟十人迪知上帝命越天棐忱，爾時罔敢易法；矧今天降戾于周邦，惟大艱人誕鄰胥伐于厥室；爾亦不知天命不易。予永念曰：天惟喪殷，若穡夫，予曷敢不終朕畝！天亦惟休于前寧人。肆哉，作其氣也。爽，開明也。十人，蔡氏謂亂臣十人，非民獻十夫也。周家明國之時，皆由哲人。蓋其時亂臣十人能真知天命，于難諶之中。蓋于人所不可必者，而知其決可必也。爾邦君御事于其時，從上所制不可易也。況今天之降戾于周，惟此三監。武庚首作大難，近相攻于我室，其他固無事也。而爾乃不知天命之不變易也。予永念之天之喪殷，如農夫之去草。予曷敢不芟夷其本根，終治田之事乎，是天亦惟欲全美我寧王也。此章重解艱大之疑。

《後漢書》卷三五《曹褒傳》 褒勅吏曰：夫絶人命者，天亦絶之。皐陶不爲盜制死刑，管仲遇盜而升諸公。今承旨而殺之，是逆天心，順府意也，其罰重矣。如得全此人命而身坐之，吾所願也。遂不爲殺。嚴奏褒耎弱，免官歸郡，爲功曹。

（宋）王溥《唐會要》卷四三《五星臨犯》 蘇氏議曰：吉凶悔吝，惟人所召。人守中道，天不上變。豈有位登宰輔，名踐國公，以諂諛爲政事，用姦妄爲身計，而欲以上穹示誡，下就臧獲，其可得乎？先天之誅，天道不昧矣。

《宋史》卷九九《禮志二》 禮儀使趙安仁言：按《開寶通禮》，元氣廣大則稱昊天，據遠視之蒼然，則稱蒼天。人之所尊，莫過於帝，託之於天，故稱上帝。天皇大帝即北辰耀魄寶也，自是星中之尊。《易》曰：日月麗乎天，百穀草木麗乎土。又曰：在天成象，在地成形。蓋明辰象非天，草木非地，是則天以蒼昊爲體，不入星辰之列。

《宋史》卷一三一《樂志六》 天地之數始於一，終於十。其一、三、五、七、九爲陽，九者，陽之成也；其二、四、六、八、十爲陰，十者，陰之成也。黄鍾者，陽聲之始，陽氣之動也，故其數九。分寸之數，具于聲氣之先，不可得而見。及斷竹爲管，吹之而聲和，候之而氣應，而後數始形焉。均其長，得九寸；審其圍，得九分；積其實，得八百一十分。長九寸，圍九分，積八百一十分，是爲律本，度量權衡於是而受法，十一律由是損益焉。

（宋）李燾《續資治通鑑長編》卷三六四《宋哲宗元祐元年》 先是，上封者言：臣愚以謂宜下詔恤天下刑獄，命從官分治在京獄事，蠲除法令與祖宗朝異意者，飭尚書省在京百司，務恪其職，使皆以身任責。有不如旨，御史、諫官以次條陳其失，朝廷按而行之不赦。如此則陰陽和，天地應，雪以時降，氣序和平矣。

（宋）李燾《續資治通鑑長編》卷四七七《宋哲宗元祐七年》 禮曰：地載萬物天垂象，取財于地，取法于天，是以尊天而親地。

（元）陳桱《通鑑續編》卷一《三皇》 在位百十五年崩，傳十五氏。

【略】無懷氏之撫世也，以道存生，以德安刑，其民甘食而樂居，懷土而重生，形有動作，心無好惡，雞犬之音相聞，民至老死不相往來，命之曰無。

《元典章》卷一《詔令·武宗統天繼聖欽文英武章孝皇帝·赦罪詔》 上天眷命，皇帝聖旨：朕仰惟太祖皇帝聖訓，若曰應天順人，惟以至誠，保安天下，宜遵正道。重念列聖繼承丕祚，我世祖皇帝混一之初，顧予菲德，惧弗克荷，不遑寧処。比者忽失剌年属幼弱，聽信憸人阿思罕、教等，謀爲不軌，搆亂我家，已爲陝西行省行臺管軍官等將叛賊阿思罕、教化、徹里哥思等斬首以徇，其同謀及脅從者欲尽加誅有所不忍，宜推曠蕩之恩，開以自新之路，可大赦天下。自延祐四年正月初十日昧爽以前，除殺祖父母、父母不赦外，其餘常赦所不原者，罪無輕重，咸赦除之。若有避罪逃從逆黨，或竄匿民間，及嘯聚山林者，赦書到日，限一百日内許令出首，與免本罪。限外不首，復罪如初。條書見聖政各類。於戲赦過宥罪，惟期反側之安，發政施仁，聿底隆平之治。敢以赦前事相告言者，以其罪罪之。咨尔有衆，体予至懷。故兹詔示，想宜知悉。

《元典章·新集至治條例·國典·詔令·太皇太后尊稱詔》 上天眷命，皇帝聖旨：爲治之端，無加於立孝；報本之義，莫大於尊親。朕肇續丕圖，恪遵彝典，欽惟儀天具聖慈仁昭懿壽元全德泰寧福慶皇太后仁明淵靖淑睿懿恭定大業於兩朝，功施社稷，著徽音於四海，慶衍本支，夙荷寶慈抚予眇質，思仰酧於厚德，宜進於隆名，謹上尊称，曰太皇太后，其應于合行典礼，令有司討論以聞，咨尔臣民，体予至意，故兹詔示。

（清）蔣良騏《東華録》卷二《天聰元年三月》 三月，方吉納等偕明使杜明忠、齎崇焕及李喇嘛書至。崇焕書云：遼東提督部院致書於汗帳下：再辱書教，知汗之漸漸恭順天朝，而息兵戈，以休養部落，即此一念好生，天自鑒之，將來所以佑而強大之者，尚無量也。往事七宗，抱爲長恨者，不佞寧忍聽之漠漠，但追思往事，窮究根由，我之邊境細人，與汗之不良部落，口舌争競，致起禍端，汗過不先作孽之人，即宜人刑，難逃天怒。今欲一一明晰，恐難問之九原，不佞非但欲我皇上忘之，且欲汗並忘之也。然十年戰鬬，駈夷夏之人，肝腦塗地，三韓膏血，瀰漫草野，天愁地慘，極悲極痛之事，皆爲此七宗，不佞可無一言乎！今南關、北關安在？河東西死者寧止十人？仳離者寧止一老女？遼、瀋界内之人民已不能保，寧問田禾？是汗之怨已雪，而志得意滿之日也，惟我天朝難消受耳！今若修好，城池地方作何退出？官民男婦作何送還？是在汗之仁明慈惠，敬天愛人耳。然天道無私，人情忌滿，是非曲直，原自昭然，一念殺機，啟世上無窮刦運，一念生機，保身後多少吉祥。

又： 丙辰，上諭諸貝勒曰：爾等蒙天佑，凡事皆當處之以義，毋貪黷以利己，毋偏庇以狥人，天人一理，在下士卒悦服，則天心亦嘉與之矣。

《皇朝文獻通考》卷六六《學校考四·太學二》 皇考聖祖仁皇帝睿慮深遠，每廑於懷，既親御六師平定朔漠，威靈所加，青海部落扎什巴圖爾等震讋承命。聖祖仁皇帝因沛殊恩，封爲親王，兄弟八人，咸賜爵禄，覊縻包容，示以寬大。而狼心梟性不可以德義化，三十年來包藏異志。朕紹登寶位，優之賜賚，榮其封號，尚冀革心輯寧部衆，而羅卜藏丹津昏謬狂悖，同黨吹拉克諾木齊，阿喇布坦温布、藏巴扎布等實爲元惡，謂國家方宏浩蕩之恩，不設嚴密之備，誕敢首造逆謀，迫脅番羌，侵犯邊城，反狀彰露。用不可釋於天誅，遂命川陝總督太保公年羮堯爲撫遠大將軍，聲罪致討。

又： 恭惟聖祖慮遠智周，睠念荒服，綏撫懷柔，朔野既清，西陲攸震。爵號洊加示之恩信，如何凶狡造謀逆天，鼓動昏愚，寇侵於邊。惟彼有罪，自干天罰。

（清）王夫之《讀通鑑論》卷一五《宋文帝》 蠻夷之長有知道者，中國之人士媿之。故子曰：夷狄之有君，不如諸夏之亡。甚悲夫中國也。宋之篡晉，義熙以後以甲子紀，而不奉宋之元朔，千古推陶公之高節。而武都王楊盛於晉之亡不改義熙年號。盛，仇池之酋長耳，與元亮頡頏於華、夷。晉氏衣冠之族，聞栗里之風而不媿者。又何以對偏方之渠帥也？盛臨卒，謂其世子玄曰：吾老矣，當終爲晉臣，汝善事宋。子之從違可與己而爲變計哉？盛過矣。雖然，此非可以訛盛也。盛遠在荒裔，雖受晉爵而不純乎其爲臣，進則不必爲晉爭存亡，退自有其不可亡之世守，則孤立而攖宋之怒，力不能敵，且以覆先人之宗社，固不可也。是以告其子以事宋而無貽危亡於後世，是亦一道也。

若夫戴高天，覆厚土，世依日月之光，有君父之深讎，無社稷人民之世守，潔其身於山之椒，水之涯，耕讀以終身，無凶危之見逮，如溧陽史氏者，屢世不干仕進，而抑可不墜其宗。處此而曰：終吾身而已，子孫固常去事他人以希榮利，雙收名利以爲壟斷，豈可援盛以自解哉！民之多辟，不可如何者也！自立辟焉，以兩全於義利，又將誰欺？

（明）唐樞《法綴·大明律》律有八議，其議有二意：有賢貴，自彼而生；有至情，由我而出。賢貴乃天道之公，至情則天理之極，皆無所容其私也。具奏。

《呂氏春秋·孟夏紀·孟夏》斷薄刑，決小罪，出輕繫。蠶事既畢，后妃獻繭，乃收繭税，以桑爲均，貴賤少長如一，以給郊廟之祭服。

《呂氏春秋·仲夏紀·大樂》道也者，視之不見，聽之不聞，不可爲狀，有知不見之見，不聞之聞，無狀之狀者，則幾於知之矣。道也者，至精也，不可爲形，不可爲名，彊爲之，謂之太一。故一也者制令，兩也者從聽。先聖擇兩法一，是以知萬物之情，故能以一聽政者，樂君臣，和遠近，説黔首，合宗親。能以一治其身者，免於災，終其壽，全其天。能以一治其國者，姦邪去，賢者至，成大化。能以一治天下者，寒暑適，風雨時，爲聖人。故知一則明，明兩則狂。

《呂氏春秋·慎大覽·下賢》以天爲法，以德爲行，以道爲宗，與物變化，而無所終窮。精充天地而不竭，神覆宇宙而無望。

（漢）劉安《淮南子》卷四《墬形訓》山爲積德，川爲積刑。山仁萬物生焉，故爲積德。川水智，智制斷，故爲積刑也。《論語》曰：仁者樂山，知者樂水。是也。

（漢）劉安《淮南子》卷五《時則訓》制度陰陽。大制有六度：天爲繩，地爲準，春爲規，夏爲衡，秋爲矩，冬爲權。

（漢）劉安《淮南子》卷八《本經訓》王者法陰陽，霸者則四時。君者用六律，秉太一者，牢籠天地，彈壓山川。牢讀屋霤。楚人謂牢爲霤彈，山川令出雲雨，復能壓止之也。含吐陰陽，伸曳四時。伸曳猶伸引和調之也。紀綱八極，經緯六合。覆露照導，普氾無私。普，太也。氾，衆也。無私愛憎言皆公也。【略】則四時者，柔而不脆，剛而不韇，韇，折也。寬而不肆，肆緩雖寬，不緩過齊非也。肅而不悖，肅，急也。雖急不促悖。優柔委從，以養羣類。類，物類也。其德含愚而容不肖，無所私愛。私，邪也。用六律者，伐亂禁暴，進賢而退不肖，扶撥以爲正，撥，任也。扶，治也。壞險以爲平，矯枉以爲直。矯，正也。枉，曲也。明於禁舍開閉之道，乘時因勢，以服役人心也。役，使也。帝者，體陰陽則侵，爲諸夏所侵陵。王者，法四時則削，爲諸夏所侵削。傳曰：諸侯侵犯王略也。霸者，節六律則辱，爲鄰國所侮辱。君者，失準繩則廢，爲臣所廢絀，更立賢君。故小而行大，則滔窕而不親；滔窕，不滿密也。不爲下所親附也。大而行小，則陿隘而不容。行小則政陿隘，而不容包臣下。貴賤不失其體，而天下治矣。不失其體，大行大，小行小也。

（漢）班固《白虎通義》卷下《德論下·三正》王者受命而起，或有所不改者，何也？王者有改道之文，無改道之質。如君南面，臣北面，皮弁素積，聲味不可變，哀戚不可改，百王不易之道也。

（漢）班固《白虎通義》卷下《德論下·壽命》命者，何謂也？人之壽也，天命已使生者也。命有三科。以記驗：有壽命以保度，有遭命以遇暴，有隨命以應行。習壽命者，上命也。若言文王受命，唯中身享國五十年。隨命者，隨行爲命。若言怠弃三正，天用勦絶其命矣。又欲使民務仁立義，闕無滔天，滔天則司命舉過，言則用以弊之。遭命者，逢世殘賊，若上逢亂君，下必災暴至。夭絶人命，沙鹿崩於受邑是也。冉伯牛危言正行，而遭惡疾，孔子曰：命矣夫！斯人也而有斯疾也！

（漢）班固《白虎通義》卷下《德論下·嫁娶》《春秋穀梁傳》曰：男二十五繫〔心〕，女十五許嫁，感陰陽也。陽數七，陰數八，男八歲毀齒，女七歲毀齒。陽數奇，故三，三八二十四，加一爲二十五，繫心也。陰數偶，故再成十四，加一爲五，故十五許嫁也。各加一者，明其專一繫心。所以繫心者何？防其淫泆也。

又：夫有惡行，妻不得去者，地無去天之義也。夫雖有惡，不得去也。故《禮·郊特牲》曰：一與之齊，終身不改。悖逆人倫，殺妻父母，廢絶綱紀，亂之大者也。義絶，乃得去也。天子諸侯一娶九女者何？重國廣繼嗣也。適九者何？法地有九州，承天之施，無所不生也。一娶九女，亦足以承君之施也。九而無子，百亦無益也。《王度記》曰：天子諸侯一娶九女。《春秋公羊傳》曰：諸侯娶一國，則二國往媵之，以姪娣從。謂之姪者何？兄之子也。娣者何？女弟也。或曰：天子娶十二女，法天有十二月，萬物必生也。必一娶何？防淫泆也。爲其棄德嗜色，故一娶而已。人君無再娶之義也。

（漢）蔡邕《獨斷》卷上 《易》曰：帝出于震。震者，木也。言宓犧氏始以木德王天下也。木生火，故宓犧氏没，神農氏以火德繼之。火生土，故神農氏没，黄帝以土德繼之。土生金，故黄帝没，少昊氏以金德繼之。金生水，故少昊氏没，顓頊氏以水德繼之。水生木，故顓頊氏没，帝嚳氏以木德繼之。木生火，故帝嚳氏没，帝堯氏以火德繼之。火生土，故帝舜氏以土德繼之。土生金，故夏禹氏以金德繼之。金生水，故殷湯氏以水德繼之。水生木，故周武以木德繼之。木生火，故高祖以火德繼之。

（清）顧炎武《日知録》卷二《胤征》 義和尸官，慢天也。葛伯不祀，亡祖也。至於動六師之誅，興鄰國之伐。古之聖人其敬天尊祖也，至矣。故王制：天子巡守，其削絀諸侯必先於不敬不孝。

（清）顧炎武《日知録》卷六《顧諟天之明命》 維天之命，於穆不已，其在於人日用而不知莫非命也。故詩書之訓，有曰：顧諟天之明命。又曰：永言配命，自求多福。又曰：若生子，罔不在厥，初生自貽哲命。又曰：惟克天德，自作元命，配享在下。而劉康公之言曰：民受天地之中，以生所謂命也。是以有動作、禮義、威儀之則，以定命也。彼其之子，邦之司直，而以爲舍命不渝，乃如之人懷昏姻也。而以爲不知命，然則子之孝、臣之忠、夫之貞、婦之信，此天之所命而人受之爲性者也。故曰天命之謂性，求命於冥冥之表，則離而二之矣。予迓續乃命於天人事也。理之所至，氣亦至焉，是以含章中正，而有隕自天匪正之行，而天命不祐。

（清）顧炎武《日知録》卷六《誠者天之道也》 誠者，天之道也。故天下雷行，物與無妄。而先王以茂對，時育萬物，天敘有典，敕我五典五惇哉。天秩有禮，自我五禮有庸哉。天命有德，五服五章哉。天討有罪，五刑五用哉。莫非誠也。故曰：凡爲天下國家有九經，所以行之者一也。

（唐）虞世南《北堂書鈔》卷一五《帝王部·至治五十二》 人皇虚無。《六韜》。伏犧立，清淨無爲。《説苑》。儼然玄默。《淮南子》。允恭玄默。《東觀》。至治洞和。陳思王。天爲公，無爲而天下化。《莊子》。垂衣裳天下治，垂拱天下治。《淮南子》。不爲刑辟。《春秋》。不言而信，不化而行。《列子》。不爲而善。韓康伯。不降席而天下治。子思子。不罷而治。劉向《説苑》。結繩而治。《典論》。不設法度。《淮南》。未使民化，未賞民觀。《六韜》。日用不知，不知喜怒。《六韜》。其輸而不僞。《淮南》。不言而信，不化而行。《列子》。不勞而成。《淮南子》。功不賞，賢不使。《莊子》。

（唐）徐堅《初學記》卷一《天部上·天第一》 《河圖括地象》云：易有太極，是生兩儀。兩儀未分，其氣混沌。清濁既分，伏者爲天，偃者爲地。《釋名》云：天坦也，坦然高而遠也。《物理論》云：水土之氣升爲天。《爾雅》云：春爲蒼天，夏爲昊天，秋爲旻天，冬爲上天。《廣雅》云：南方曰炎天，西南方曰朱天，西方曰成天，西北方曰幽天，北方曰玄天，東北方曰變天。九天亦名九野。九天之際曰九垠，魚勤反，堮也。九天之外次曰九陔。居槙反，陔階也，言其階次有九。凡天去地二億一萬六千七百八十一里半度，地之厚與天高等。天南北相去二億三萬三千五十七里二十五步，東西短，減四步。《纂要》云：東西南北曰四方，四方之隅曰四維，天地四方曰六合，天地曰二儀，以人參之曰三才，四方上下謂之宇，往古來今謂之宙，或謂天地爲宇宙。凡天地元氣之所生，天謂之乾，地謂之坤，天圓而色玄，地方而色黄。日月謂之兩曜，五星謂之五緯。五星者，東方歲，南方熒惑，西方大白，北方辰，中央鎮。日月星謂之三辰，亦曰三光。日月五星謂之七曜，天河謂之天漢。亦曰雲漢、星漢、河漢、清漢、銀漢、天津、漢津、淺河、銀河、絳河。《五經通義》云：天神之大者，曰昊天上帝。卽耀魄寶也。亦曰天皇大帝，亦曰太一。其佐曰五帝。東方青帝靈威仰，南方赤帝赤摽怒，西方白帝白招拒，北方黑帝叶光紀，中央黄帝含樞紐。

（宋）李昉等《太平御覽》卷七二七《方術部·筮》 閔公曰：晉獻公以魏賜畢萬。卜偃曰：畢萬之後必大。卜偃，晉掌卜大夫也。萬，盈數也。魏，大名也。以是始賞，天啓之矣。天子曰兆民，諸侯曰萬民，今名之大、以從盈數、其必有衆。初畢萬筮仕於晉、遇屯之比、辛廖占之，曰吉。辛廖，晉大夫也。屯固比入吉孰大焉，其必蕃昌，震爲土車，從馬足居之，見長之母覆之，衆歸之。六體不可易，合而能固、安而能殺，此公侯之卦也。公侯之子孫，必復其始。

又閔公曰：成季之將生也。桓公使卜。楚丘父卜之曰：男也，其名曰友，在公之右。在右，言用事。閒于兩社，爲公室輔。兩社，周社、亳社也。兩社之間，朝廷執政所在。季氏亡，則魯不昌。又筮之，遇大有之乾曰：同復于父，敬如君，所及生，有文在其手曰友，遂以命之。又僖上曰：秦伯伐晉，卜徒父筮之吉。涉河侯車敗詰之。伯秦涉河，則晉侯車敗，則秦伯不解，謂敗在己，故詰之。對曰：乃大吉也。三敗必獲晉君。其卦遇蠱曰：千乘三去，三去之餘，獲其雄狐。夫蠱必其君也。於《周易》卦利涉大川往有事也，亦秦勝晉之卦也，今此所言蓋卜筮書雜辭，以狐蠱爲君，其義欲以喻晉惠公，其象未聞。蠱之貞，風也。其悔山也。內卦爲貞，外卦爲悔。歲云秋矣，我落其實而取其材，所以克也。今歲已秋風吹落山木之實則爲人所取。實落材亡，不敗何待，三敗及韓。

又曰：初晉獻公筮嫁伯姬於秦，遇歸妹之睽，史蘇占之，曰：不吉。其繇曰：士刲羊，亦無衁也。女承筐，亦無貺也。《周易·歸妹》上六爻辭也。衁，血也，貺，賜也。刲羊士之功承筐，筐，女之職也。離爲中女，震爲長男，故稱士女也。西隣責言，不可償也。將嫁女於西，而遇不吉之卦，故知有責讓之言，不可報償也。歸妹之睽，猶無相也。歸妹，女嫁之卦也，睽，乖離之象，故曰：無相，相，助也。震之離，亦離之震，爲雷，爲火、爲嬴，敗姬車説其輹，火焚其旗，不利行師，敗于宗丘。歸妹睽，孤寇之張弧姪，其從姑六年，其逋逃歸其國而棄其家。明年，其死於高梁之虛。及惠公之在秦曰：先君若從史蘇之占，吾不及此矣。韓簡侍曰：龜，象也。筮，數也。物生而後有象，象而後有滋，滋而後有數。先君之敗德，其可數乎？史蘇是占，勿從何益。

又僖中曰：狐偃言於晉侯曰：求諸侯，莫如勤王。諸侯信之，且大義也，繼文之業，而信宣於諸侯，今爲可矣。使卜偃卜之，曰：吉。遇黃帝戰于阪泉之兆。公曰：吾不堪也。對曰：周禮未改，今之王，古之帝也，公曰：筮之。遇大有之睽。曰：吉。遇公用享于天子之卦，戰克而王。饗吉孰大焉？且是卦也，天爲澤以當日，天子降心以逆公，不亦可乎？大有去睽，而復亦其所也。

又成下曰：晉楚將戰，苗賁皇言於晉侯曰：楚之良，在其中軍，王族而已。請分良以擊其左右，而三軍萃於王，卒必大敗之。公曰：筮之。史曰：吉。其卦遇復曰：南國蹙，射其元王，中厥目。復陽長之卦，陽氣起，子南行推陰，故曰南國蹙也。南國蹙勢，則離受其咎，離爲諸侯。又爲日陽氣激，南飛失之象，故曰射其元。國蹙王傷，不敗何待？公從之。

（宋）潘自牧《記纂淵海》卷六《地理部·地》 地東西爲緯，南北爲經，山爲積德，川爲積刑。《家語》

（漢）曹操《曹操集·孫子注·計篇》 一曰道，二曰天，三曰地，四曰將，五曰法。道者，令民與上同意也，故可與之死，可與之生，而民不畏危。

曹公曰：謂道之以教令。危者，危疑也。

天者，陰陽、寒暑，時制也。

曹公曰：順天行誅，因陰陽。

四時之制，故《司馬法》曰：冬夏不興師，所以兼愛民也。

（三國魏）曹植《曹子建集》卷九《詰咎文》 五行致灾，先史咸以爲應政而作。天地之氣自有變動，未必政治之所興致也。于時大風發屋拔木，意有感焉。聊假六帝之命，以詰咎祈福，辭曰：上帝有命，風伯雨師。夫風以動氣，雨以潤時。陰陽協和，氣物以滋。亢陽害苗，暴風傷條。伊周是過，在湯斯遭。桑林既禱，慶雲克舉。偃禾之復，姬公去楚。況我皇德，承天統民。禮敬川嶽，祗肅百神。享茲元吉，釐福日新。至若炎旱赫羲，猋風扇發。嘉卉以萎，良木以拔。何谷宜填？何山應伐？何靈宜論？何神宜謫？於是五靈振悚，皇祇赫怒。招搖驚怯，悦搶奮斧。河伯典澤，屏翳司風，迴呵飛厲，顧叱風隆。息猋遏暴，元勅華嵩，慶雲是興，效厥豐年。遂乃沈陰坱圠，甘澤微微，雨我公田，爰暨于私。黍稷盈疇，芳草依依，靈禾重穗，生彼邦畿。年登歲豐，民無餒飢。

（唐）李邕《李北海集》卷二《疏·諫鄭普思以方技得幸疏》 蓋人有感一餐之惠，殞七尺之身。況臣爲陛下官，受陛下禄，而目有所見，口不言之，是負恩矣。自陛下親政日近，復在九重，所以未聞在外。羣下竊議，道路籍籍，皆云普思多行詭惑，妄説妖祥，唯陛下不知，尚見驅使。此道若行，必撓亂朝政。臣至愚至賤，不敢以胸臆對揚天威。

又： 請以古事爲明證。孔丘云：詩三百，一言以蔽之，曰：思無邪。陛下今若以普思有奇術，可致長生久視之道，則爽鳩氏久應得之，永有天下，非陛下今日可得而求；若以普思可致仙方，則秦皇漢武久應得之，永有天下，亦非陛下今日可得而求；若以普思可致佛法，則漢明梁武久應得之，永有天下，亦非陛下今日可得而求；若以普思可致鬼道，則墨翟、干寶各獻於至尊矣，而二主得之，永有天下，亦非陛下今日可得而求。此皆事涉虚妄，歷代無效，臣愚不願陛下復行之於明時。唯堯舜二帝自古稱聖，臣觀所得，故在人事，敦睦九族，平章百姓，不聞以鬼神之道聽天理下，伏願陛下察之，則天下幸甚。

（唐）白居易《白氏長慶集》卷四七《試策問制誥・禮部試策五道第一道》 問周禮，庶人不畜者，祭無牲；不耕者，祭無盛；不蠶者，不帛；不績者，不縗；皆所以恥不勉抑游惰，欲人務衣食之源也。然爲政之道，當因人所利而利之。故修其教，不易其俗；齊其政，不易其宜，由是農商工賈咸遂生業。若驅彼齊人，強以周索，牲盛布帛必由己出，乃物力有限，地宜不然，而匱神廢禮。誰曰非闕，且使日中爲市，懋遷有無者，更何事焉？

（唐）白居易《白氏長慶集》卷五七《翰林制誥四・畫大羅天尊讚文》 道用無窮，統之者大聖；神化不測，感之者至誠。非圖像無以示儀刑，非供養無以展嚴敬，故一念一禮而福隨之。畫大羅天尊者，奉爲順宗至德大聖大安孝皇帝忌辰之所造也。皇帝祖玄元之風，嗣清淨之理，志在善繼，心維孝思。申命工人彰施繪事，粹容儼若，真相炳焉。憑志誠而上通，垂景福而下濟。詞臣奉詔，恭為讚云：

真通之象，孝感之心，率土瞻仰，在天照臨，蓄爲精誠，發爲圖畫。如從大羅，應念而下。

（宋）姚鉉《唐文粹》卷一九下李隆基《紀泰山銘》 凡今而後，儆乃在位。一王度，齊衆法。擢舊章，補缺政。存簡易，去煩苛。思立人極，乃見天則。

（宋）姚鉉《唐文粹》卷一九下張説《大唐封禪頌》 厥初生人，俶有君臣。其道茫昧，其風朴略。因時而欻起，與運而紛落。泯泯没没，無聞焉爾。後代聖人，取法象，立名位，衣裳以等之，甲兵以怛之，於是禮樂出而書記存矣。反其源，致敬乎天地；報其本，致美乎鬼神。則封禪者，帝王受天命，告成功之爲也。

（宋）姚鉉《唐文粹》卷七二李華《中書政事堂記》 政事堂者。君不可以枉道於天，反道於地，覆道於社稷，無道於黎元，此堂得以議之。臣不可悖道於君，逆道於人，黷道於貨，亂道於刑，尅一方之命，變王者之制，此堂得以移之。兵不可以擅誅，權不可以擅施，貨不可以擅蓄，王澤不可以擅奪，君恩不可以擅間，私讎不可以擅報，公爵不可以擅私，此堂得以誅之事。不可以輕入重罪，不可以生入死法，不可以剥害於人財，不可以擅加於賦情，不可以委之於倖亂，不可以啓之於萌。伐紊不賞，削紊不封。聞荒不救，見饉不驚，逆諫自賢，違道傷古，此堂得以殺之。故曰：廟堂之上，罇俎之前，有兵有刑，有挺有刃，有斧鉞有鴆毒，有夷族有破家，登此堂者得以行之。故伊尹放太甲之不嗣，周公逐管蔡之不義，霍光廢昌邑之亂，狄公正廬陵之位。自君弱臣強之後，宰相主生殺之柄，天子掩九重之耳，燮理化爲權衡，論思變成機務，道變傾身，禍敗不可勝數。列國有傳，青史有名，可以爲終身之誡，無罪記云。

（宋）歐陽修《歐陽修全集》卷七六《易童子問卷一》 童子問曰：天道虧盈而益謙，地道變盈而流謙，鬼神害盈而福謙，人道惡盈而好謙，何謂也？曰：聖人急於人事者也。天人之際罕言焉，惟《謙》之《彖》略具其説矣。聖人，人也，知人而已。天地鬼神不可知，故推其迹；人可知者，故直言其情。以人之情推天地鬼神之迹，無以異也。然則修吾人事而已，人事修，則與天地鬼神合矣。

《二程集・周易程氏傳》卷二《周易上經下・噬嗑》 《象》曰：雷電，噬嗑，先王以明罰勑法。

象无倒置者，疑此文互也。雷電，相須並見之物，亦有嗑象，電明而雷威。先王觀雷電之象，法其明與威，以明其刑罰，飭其法令。法者，明事理而爲之防者也。

《二程集・河南程氏文集》卷八《雜著・春秋傳序》 天之生民，必有出類之才，起而君長之，治之而爭奪息，導之而生養遂，教之而倫理明，然後人道立，天道成，地道平。二帝而上，聖賢世出，隨時有作，順乎風氣之宜，不先天一作時。以開人，各因時而立政。暨乎三王迭興，三重既備，子丑寅之建正，忠質文之更尚，人道備矣，天運周矣。聖王既不復作，有天下者，雖欲倣古之迹，亦私意妄爲而已。事之謬，秦至以建亥爲正；道之悖，漢專以智力持世。豈復知先王之道也？夫子當周之末，以聖人不復作也，順天應時之治不復有也，於是作《春秋》爲百王不易之大法，所謂考諸三王而不謬，建諸天地而不悖，質諸鬼神而無疑，百世以俟聖人而不惑者也。先儒之論曰：游、夏不能贊一辭。辭不待贊也，言不能與於斯耳。斯道也，惟顏子嘗聞之矣：行夏之時，乘殷之輅，服周之冕，樂則韶舞，此其準的也。後世以史視《春秋》，謂褒善貶惡而已，至於經世之大法，則不知也。《春秋》大義數十，其義雖大，炳如日星，乃易見也。惟其微辭隱義，時措從宜者，爲難知也：或抑或縱，或與或奪，或進或退，或微或顯，而得乎義理之安，文質之中，寬猛之宜，是非之公，乃制事之權衡，揆道之模範也。夫觀百物然後識化工之神，聚衆材然後知作室之用，於一事一義而欲窺聖人之用心，一本無心字。非上智不能也。故學《春秋》者，必優游涵泳，默識心通，然後能造其微也。後王知《春秋》之義，則雖德非禹、湯，尚可以法三代之治。自秦而下，其學不傳。予悼夫聖人之志不明於後世也，故作《傳》以明之，俾後之人通其文而求其義，得其意而法其用，則三代可復也。是《傳》也，雖未能極聖人之蘊奧，庶幾學者得其門而入矣。

（宋）蘇轍《欒城集》卷二五《敘三首・類篇敘》 雖有天下甚多之物，苟有以待之，無不各獲其處也。多而至於失其處者，非多罪也。無以待之，則十百而亂，有以待之，則千萬若一。今夫字書之於天下，可以爲多矣，然而從其有聲也而待之以《集韻》，天下之字以聲相從者無不得也。從其有形也而待之以《類篇》，天下之字以形相從者無不得也。既已盡之以其聲矣，而又究之以其形，而字書之變曲盡。蓋天聖中諸儒始受詔爲《集韻》，書成，以爲有形存而聲亡者，未可以責得於《集韻》也。於是又詔爲《類篇》，凡受詔若干年而後成。夫天下之物，其多而至比於字書者，未始有也，然而多不獲其處，豈其無以待之？昔周公之爲政，登龜取黿、攻梟去蛙之説，無不備具。而孔子之論禮，至於千萬而一有者，皆預爲之説。夫此將以應天下之無窮，故待天下之物使皆有處，如待字書，則物無足治者。

凡爲《類篇》以《説文》爲本，而其例有八：一曰槷梘同部而吶呐異部，凡同意而異形者皆兩見也。二曰天，一在年，一在真，凡同意而異聲者，皆一見也。三曰叟之在草，𠫓之在於，凡古意之不可知者，皆從其故也。四曰雺，古气類也，而今附雨；韵，古口類也，而今附音。凡變古而有異義者，皆從今也。五曰壺之在口，無之在林，凡變古而失其真者，皆從古也。六曰兂之附天，兂之附人，凡字之後出而無據者，皆不得特見也。七曰王之爲玉，㸚之爲朋，凡字之失故而遂然者，皆明其由也。八曰邑之加邑，白之加𤾣，凡《集韻》之所遺者，皆載於今書也。推此八者以求其詳，可得而見也。凡十四篇，目録一篇，文若干。

（明）朱元璋《明太祖文集》卷一七《祭文・中都告祭天地祝文》 曰：昔者元政不綱，英雄並起，民不堪命，苦殃不可禁荷。蒙昊天上帝后土皇帝祇憫世民之艱苦，授命於臣，賜以文武人多，良能八年以來除民禍殃。臣蒙上帝后土之恩，文武之能，非臣善爲。當大軍初渡大江之時，臣每聽儒言，皆曰：有天下者，非都中原不能控制姦頑。既聽斯言，懷之不忘，忽爾上帝后土授命於臣。自洪武初平定中原，臣急至汴梁，意在建都，以安天下。及其至彼，民生凋敝，水陸轉運艱辛，恐勞民之至甚，遂議羣臣。人皆曰：古鍾離可因此兩更郡名，今爲鳳陽。於此建都，土木之工既興，役重傷人。當該有司疊生姦弊，愈覺尤甚，此臣之罪，有不可免者。然今功將完成，戴罪謹告，惟上帝后土鑒之。

（清）孫奇逢《夏峰先生集》卷八《説・禱雨説》 客問禱雨之説於理有諸？曰：有之。曰：極備極無，天行已定之數。九年水，七年旱，堯湯不免，何有于有司與士庶哉？曰：堯、湯水旱，堯、湯未嘗一日忘儆戒修省。堯曰，洚水儆予，湯以六事自責。畢竟以人修天，世際雍熙，治成解網，若怠荒不恤，天變何所恃以格感天心？曰肅，時雨若，曰狂，恒寒若，《洪範》豈漫無所據而言？客曰：君爲天之子，感格猶易，公卿大夫則疏矣，士庶則又微矣。格天事，夫豈易言？曰：卿士佐君以治民，鬼神代天以效用，陰陽五行總此極至之理，鼓盪流轉于天地間，善感善應，惡感惡應。鄭俠繪圖以進曰：請下臣言十日不雨，斬臣頭以正欺罔之罪。王艮往謁陽明，請於父，不允。其父令禱雨，應，而後允行。二子禱雨而雨應者，誠故也。今六十日不雨，禾盡槁。士庶之禱雨，千人萬人，各爲性命，無有不誠，況邑侯賢而憂民，其告虔于山川鬼神者，已非一日。四境合而應之，合而感之，顯微無間，情理相通。此亦必得之數也。客于是戢志肅容，躬詣壇所而請命焉。

（清）方苞《方苞集》卷二《讀子史·詰律書一則》 聖人知天地之理，而識其所以別者，故能從有以至未有，而得細於氣微於聲者，所謂神也。有者，器數之既形也；未有者，器數之未形也。聲氣辨於既有器數之後，而神存於未有器數之先；故從有以至未有，然後可以探聲氣之本而得其神也。

然聖人雖識天地之神，而苟無以存之，衆人不能用也，故制爲器數以存之。則其理雖微妙，必因器數而各效其情矣。效者，呈也；情者，實也；華者，器數之形；道者，神理之運也。核其器數而無差忒，則神理之運，亦可得而明矣。

非天地之神，本具於聖人之心；而作律之聖人，又乘其聰明之獨擅，以核乎器數之分；豈能存天地之神，而使聲氣之實理，各効於器數之中哉？聖人辨器數以著聲音之實理，所謂成形之情也。

神者，天地之所以鼓物。故神之去來，物之衰旺視焉，而物常受之而不能知。如聞聲知勝負，而勝者、負者不自知也；審樂知興亡，而興者、亡者不自知也；而其情畢効於聲樂，故聖人畏而欲存之。唯欲存之，故設爲器數，而神亦於是乎存。其欲存之者，聖心聰明之所寓也，故莫貴焉。

《太平天国》洪秀全《太平詔書·原道救世歌》 道之大原出於天，謹將天道覺羣賢。天道禍淫惟福善，及早回頭著祖鞭。道統根源惟一正，歷代同揆無後先。享天福，脱俗緣。莫將一切俗情牽，須將一切妄念捐。開闢真神惟上帝，無分貴賤拜宜虔。天父上帝人人共，天下一家自古傳。盤古以下至三代，君民一體敬皇天。其時狂者崇上帝，諸侯士庶亦皆然。試辟人間子事父，賢否俱循内則篇。天人一氣理無二，何得君王私自專。上帝當拜，人人所同。何分西北，何分南東。一絲一縷荷上帝，一飲一食賴天公。分應朝朝而夕拜，理應頌德而歌功。人而舍此而他拜，拜盡萬般總是空。非惟無益且有損，本心瞞昧罪何窮。人苟本心還不失，自知呼吸賴蒼穹。五行萬物天造化，豈有別神宰其中。即謂上帝須輔助，斷非菩薩贊化工。如果化工賴菩薩，從前未立理難通。暄以日兮潤以雨，動以雷兮散以風。此皆上帝之靈妙，天恩能報得光榮。勿拜邪神，須作正人。不正天所惡，能正天所親。第一不正淫爲首，人變爲妖天最瞋。淫人自淫同是怪，盍歌麟趾咏振振。歪俗移人誰挺立，但須改過急自新。顔回好學不貳過，非禮四勿勵精神。過而能改方無過，古人所以誨諄諄。自古君師無異任，祇將正道覺斯民。自古善正無異德，祇將正道淑其身。凡有血氣心知者，何可亂常而敗倫。凡屬頂天立地者，急宜返璞而歸真。鬼心既革，孝經當明。第二不正忤父母，大犯天條急自更。羊有跪乳鴉反哺，人不如物忝所生。曆山號泣天爲動，鳥爲耘只象爲耕。尊爲天子富四海，孝德感天夫豈輕。父兮生我母鞠我，長育劬勞無能名。恩極昊天難答報，如何孝養竭忠誠。大孝終身慕父母，視於無形聽無聲。孝親即是孝天帝，培植本根適自榮。逆親即是逆天帝，戕伐本根適自傾。蓼莪詩可讀，胞與量宜恢。第三不正行殺害，自戕同類罪之魁。普天之下皆兄弟，靈魂同是自天來。上帝視之皆赤子，人自相殘甚惻哀。是以先代不嗜殺，德合天心天眼開。寵綏四方惟克相，故能一統受天培。夏禹泣罪文獻洛，天應人歸無可猜。嗜殺人民爲草寇，到底豈能免禍災。白起項羽終自刎，黄巢李闖安在哉。自古殺人殺自己，誰云天眼不恢恢。自古救人救自己，靈魂超拔在天臺。自古利人利自己，福自己求易爲推。自古害人害自己，孽自己作難挽回。無言不讎德有報，終身可行恕字該。忠厚可師，廉恥須知。第四不正爲盗賊，不仁不義非所宜。聚黨横行天不佑，罪惡貫盈禍自隨。君子臨財無苟得，楊震昏夜尚難欺。管寧割席因歆顧，山谷孤踪志不移。夷齊讓国甘餓死，首陽山下姓名垂。古來善正修天爵，富貴浮雲未足奇。殺一不辜行不義，即得天下亦不爲。人能翼翼畏上帝，樂夫天命復奚疑。豈忍殺越人于貨，竟非其有而取之。營謀珍道義，學習慎規模。第五不正爲巫覡，邪術惑衆犯天誅。死生災病皆天定，何故誣民妄造符。作福許妖兼送鬼，修齋建醮尚虚無。自古死生難自保，豈能代禱保無辜。自古師巫邪術輩，累世貧窮天不扶。鬼人送死終惹鬼，地獄門開待逆徒。欲肥己囊增己孽，何不回頭早自圖。術藝固須正，品概更宜方。第六不正爲賭博，暗刀殺人心不良。戒戒戒，理不當。求之有道得有命，勿以詐騙壞心腸。命果有兮何待賭，命無即賭願難償。總之貧富天排定，從吾所好自徜徉。孔顔疏水簞瓢樂，知命安貧意氣揚。人生在世三更夢，何思何慮復何望。小富由勤大富命，自古爲人當自強。嗟爾有衆，勿謂無妨。無所不爲因賭起，英難何苦陷迷鄉。不義之財鴆止喝，士農工商耐久長。千個賭錢千個賤，請爾易慮細思量。他若自驅陷阱者，鍊食洋烟最顛狂。如今多少英雄漢，多被烟鎗自打傷。即如好酒亦非正，成家宜戒敗家湯。請觀桀紂君天下，鐵統江山爲酒亡。更有堪輿相命輩，欺瞞上帝罪無疆。富貴在天生死命，何爲惑世顧肥囊。其餘不正難枚舉，在人鑒別於微茫。細行不矜終累德，堅冰未至愼履霜。禹稷勤勞憂饑溺，當身而顯及後狂。周文孔丘身能正，陟降靈魂在帝旁。真言語，不鋪張。予魂曾獲昇天堂，所言確據無荒唐。婆心固結不能忘，言之不足胡言長。積善之家有餘慶，積惡之家有餘殃。順天者存逆天亡，尊崇上帝得榮光。

百正歌，歌百正，真正食天禄，真正畏天命，真正作公作侯，真正作善作正，真正鬼服人欽，真正民安國定，真正邪謀遠避，真正天心順應。堯舜化日光天，由爲君能正；禹稷身顯後狂，由爲臣能正，周家麟趾興歌，由爲父能正；虞廷瞽瞍底豫，由爲子能正。周文歸心八百，乃以正事不正；孔丘服教三千，乃以正化不正；湯武天應人順，乃以正伐不正；楚漢項滅劉興，乃以正勝不正。桀紂亡其家國，乃夫婦不正；莊靈弑于崔夏，乃君臣不正；齊襄生前見殺，乃淫妹不正；楚平死後被鞭，乃納媳不正；隋楊氏不再傳，乃父子不正；唐李氏多内亂，乃男女不正。唐憲宗亂天下，由縱妻不正。狄仁傑人所仰，由拒色能正；武三思人所戮，由貪色不正。百正歌，歌百正，正乃人禽攸分，正乃古今所敬，正乃天爵尊崇，正乃人生本性。能正可享天堂福，不正終歸地獄境。正可立地頂天，正可靖奸攝佞，正可行蠻貊，正可鋤強梗。身不正民從所好，身能正民從所令，身不正親戚所畔，身能正天下所信；身不正禍因惡積，身能正福緣善慶。貴不正終爲人傾軋，富不正終爲人兼并。男不正人類終非，女不正妖孽究竟。一家不正多乖逆，一國不正多爭競。從來正可制邪，自古邪難勝正。一正福録日加增，一正禍災自消盡。

《太平天国》洪秀全《貶妖穴爲罪隸論·天王詔旨》　詔曰：有功當封，有罪當貶。今朕既貶北燕地爲妖穴，是因妖現穢其地，妖有罪地亦因之有罪，故并貶直隸省爲罪隸省。天下萬國朕無二，京亦無二，天京而外皆不得僭稱京。故特詔清胞速行告諭守城出軍所有兵將，共知朕現貶北燕爲妖穴，俟滅妖後方復其名爲北燕。并知朕現貶直隸省爲罪隸省，俟此省知悔罪，敬拜天父上帝，然後更罪隸之名爲遷善省，庶俾天下萬國同知妖胡爲天父上帝所深譴，所必誅之罪人。欽此。

《貶妖穴爲罪隸論》何震川

且自天父皇上帝之造有天地山海人物以來，人固因地而顯，地亦因人而彰，此固褒之所不勝褒者也。而有時貶之不勝貶者，妖在其地，而居地即因之而惡，此則欲不貶之而不得者也。今以妖穴論，慨自妖胡竊據直隸以來，其中之頹風惡俗，即罄南山之竹簡，都寫不盡滿地淫汚，即决北海之波濤，亦洗不盡彌天罪孽。可勝誅哉，可勝慨哉！茲我天王大開宏仁，不甚深責，上體天父有海底之量，姑且法外以行仁，不盡誅之，且輕貶之，以罪隸名之，俾流傳於天下萬世，以示薄責云爾。

《貶妖穴爲罪隸論》吴容寬

今以韃子混亂中國，佔中國之土地，害中國之人民，改中國之服制，變中國之形容，其所以害累中國，率人類變妖類，棄真神拜邪神者，不一而足，誠天下萬國之一大罪人也。爲天下萬國之罪人，天父上主皇上帝有不深惡而痛絶，以爲罪不勝誅，罪不容死者乎？乃韃子猶自放蕩胡行，目無中國，竟以直隸省私爲己有，而恬不爲怪焉。故我天父赫然震怒，命我天王陳師鞠旅，伐暴救民，犂其廷而鋤其穴，食其肉而剝其皮。因先改直隸之名爲罪隸，固爲罪其人而罪其地之意，亦以謂天下萬國之一大罪人，則天下萬國之人皆當知其罪，討其罪鳴鼓而攻其罪者也。

《貶妖穴爲罪隸論》劉海珊

伏以天地者，天父所造之天地；山海者，天父所造之山海；人物者，天父所造之人物也。自中國以至夷狄，皆福地也，罪何有焉？雖然，天父之恩德日深，而妖魔之詭譎益甚，始焉荼毒於四夷，繼焉流傳於中國，終焉遂汚染於朝野上下，蓋無人而非罪之藪，無事而非罪之階矣。而要其罪之魁，則惟胡妖爲最。夫胡妖之罪既貫盈，以天父海底之量，不即誅滅足矣，何爲尚使之僭竊中原，流毒内地哉？而不知禍所不得而譴者，福先從而邀之，然後知天父之不早誅胡妖者，天父欲聚而殲之也。天父之誅胡妖而必使之聚於中國者，天父之欲使中外皆得而知之也。天父之既滅妖穴之迹而不滅罪隸之名也，天父之欲使千萬世皆知妖魔之不可爲而真神之不可不拜也，則妖穴之宜貶定矣，則妖穴之宜貶爲罪隸定矣。

《貶妖穴爲罪隸論》鍾湘文

中原大國，必有公正威風者爲萬民之主，凡一切拜邪神行邪事者，天下之罪人也，光天化日之下，必不能容也。今妖穴住居北地，不知崇拜皇上帝，不知修好鍊正，其罪之多不可勝數，雖至愚之人，無不知之也。而所居之地，猶稱直隸，有罪之人，何直之有哉！謂之曰直，其罪豈能昭著哉！自今以後貶直隸爲罪隸，庶四海之内知不拜上帝者皆罪人矣，好拜邪神者皆罪人矣，好行邪事者皆罪人矣。

《貶妖穴爲罪隸論》袁名傑

天父皇上帝爲天下萬國之父，今妖居北地二百餘年，不知禮拜，其罪大矣。以不知禮拜上帝之人，而所居之省猶名直隸，不直已甚矣。況又拜一切邪神，行一切邪事，使天下之人盡皆不直，此不必更論其有罪之處，即以不直之罪加之，夫復何辭！今真主降凡，特貶罰改其名曰罪隸省，俾天下萬國咸知不拜上帝卽爲罪人，庶人人化醒心腸，共同讚美上帝之權能也。

《貶妖穴爲罪隸論》葉春森

從來天所生者人也，天所滅者妖也。妖爲天滅，天必不留妖以害人，人爲天生，天必助人以殺妖，此不待智者而後知也。方今真主滅妖，十去八九，妖不思退出中原，猶守直隸，思與人抗衡，是真得罪於天矣。故貶妖穴爲罪隸，使天下皆知妖爲至賤，卽妖所居之地亦爲至賤之地，而不能容于宇宙矣。

《皇朝經世文新編》卷一八下《民政》劉楨麟《地球六大罪案考總序》

號物之不仁者，曰蟲之蠹，魚之獺，鳥之鷹鸇，獸之豺虎，豈非以其頑暴爲人害哉！古王之制法也，殺人者死，傷人者抵罪，惡其傷天而殘同類也。雖然，蟲、獺、鷹、鸇、豺、虎，雖不仁而未嘗害其蟲、獺、鷹、鸇、豺、虎之類也。殺傷人者死、抵罪，夫人得而知之矣。若天以險鷙之性，很毒之謀，坑阱之具，刀鋸之威，重之以憑，尊俯卑陵，踐蹴踏舉，天下具體之倫，同氣之類，莫不攣其支體，縶其羽翼，錮其知覺，剖其心腹，使之屏氣而不敢動，曳尾而不敢逃。其流毒至於四千年，播殃及於九萬里，而嗤嗤蠢蠢喁喁纍纍。方且樂於俎，頌於牢，歌於檻，慶於羅，如犬羊、如燕雀，馴焉擾焉，未有一破其昧而鳴其鬱者也。豈不異哉？豈不痛哉！夫人生霄壤之間被靈於天，分形於地，首同圓，足同方，體同支，呿呿者皆造物之息也，孳孳者皆黃帝之礽也，非有彼疆此界之域，陽尊陰卑之殊，我強爾弱之異。徒以公理亡，私義出，弱爲肉，強爲食，坐使靦然顔面而屈頸貼耳。委體寄生於強有力者之宇下，誠足哀矣。嗚呼，既屈辱之矣，又從而屠戮焉，胡爲其忍之哉。

（清）梁啓超《飲冰室合集·文集》卷一五《中國法理學發達史論》

吾前述法字之語源，而解釋其定義，謂法也者，均平中正，固定不變，可以爲最高之標準，以節度事物者也。儒家關於法之觀念，即以此定義爲衡者也。夫既以均平中正、固定不變爲法之本質，然則此均平中正、固定不變者，於何見之？於何求之？是非認有所謂自然法者不可，而儒家則其最崇信自然法者也。《詩》曰：有物有則。言有物斯有則，則存於物之自身也。此其義之最顯著者也。是故儒家關於法之觀念，以有自然法爲第一前提。今述其説。

《易·繫辭》：天尊地卑，乾坤定矣。卑高以陳，貴賤位矣。動靜有常，剛柔斷矣。方以類聚，物以羣分，吉凶生矣。在天成象，在地成形，變化見矣。

又，聖人有以見天下之賾，而擬諸形容，象其物宜。聖人有以見天下之動，而觀其會通，以行其典禮，言天下之至賾，而不可惡也。言天下之至動，而不可亂也。

又，是以明於天之道，而察於民之故，是興神物，以前民用，一闔一闢謂之變，往來不窮謂之通。見乃謂之象，形乃謂之器，制而用之謂之法。

《記·樂記》：天高地下，萬物散殊，而機制行矣。流而不息，合同而化，而樂生焉。

儒家極崇信自然法，凡一切學説，靡不根於此觀念，不可殫述。而《繫辭傳》二篇，其發之最鬯者也。孟德斯鳩云：靡異不一，靡變不恒。嚴譯爲其參差者，其一定也；其變化者，其不易也。而《易》之一書，實專闡此理。觀其異者變者，而思於其間焉，求其一者恒者。曷爲思求之？謂求而得焉，則可據之以制定平均中正固定不變之法，以福利天下也。孔子五十以學易，學此物而已。蓋孔子認此物爲客觀的、具體的，獨立而存在，而自苦人智之有涯，不足以窮之，故雖學至老而猶欲然也。孔子之志，在求得自然法之總體，以制定人爲法之總體，卽未能得，亦當據其一部分，以制定一部分。要之凡人爲法不可不以自然法爲之原，此孔子所主張也。法之最廣義，舉一切物之倫脊皆是也；其次廣義，則限於人類社會。人類社會之自然法，於何求之？亦曰求諸人類社會之自身而已。今述其學說。

《記・中庸》：率性之謂道。道也者，不可須臾離也。

又，子曰：道不遠人。人之爲道而遠人，不可以爲道。

《孟子・告子上》：惻隱之心，人皆有之；羞惡之心，人皆有之；恭敬之心，人皆有之，是非之心，人皆有之。惻隱之心，仁也。羞惡之心，義也。恭敬之心，禮也。是非之心，智也。仁義禮智，非由外鑠我也，我固有之也。

又，故凡同類者，舉相似也。何獨至於人而疑之？（中略）口之於味也，有同嗜也，易牙先得我口之所嗜者也。如使口之於味也，其性與人殊，若犬馬之與我不同類也，則天下何嗜皆從易牙之於味也。至於味，天下期於易牙，是天下之口相似也。（中略）至於心獨無所同然乎，心之所同然者何也？謂理也，義也。

孟子此論，證明人類之有普通性，而普通性卽自然法之所從出，此最完滿之理論也。故自然法亦稱性法。荀子不認有自然法，下方論之。

又：既有自然法，則自然法必先於人定法，至易明也。孟德斯鳩《法意》云：物無論靈否，必先有其所以存。有其所以存，斯有其所以存之法。又曰：公理實先於法制，其言所以存之法，卽公理也，所謂自然法也。法制則人定法也，根本觀念與儒家正同。《繫辭傳》稱：仰以觀於天文，俯以察於地理。近取諸身，遠取諸物。於是始作八卦，此所謂自然法也。下復言蓋取諸離，蓋取諸益，蓋取諸噬嗑，蓋取諸乾坤，蓋取諸渙，蓋取諸隨，蓋取諸豫，蓋取諸小過，蓋取諸睽，蓋取諸大壯，蓋取諸夬，離、益、噬嗑、乾坤、渙、隨、豫、小過、睽、大壯、夬，皆自然法也。取之而制定種種事物，所謂人定法也。故《記・禮運》曰：夫禮之初，始於飲食。又曰：飲食男女，人之大欲存焉；死亡貧苦，人之大惡存焉。此言人類受生伊始，卽有普通性，及既爲羣，此普通性益交錯而現於實，遂成所謂自然法者。而當由何道焉，得應用此自然法以制爲人定法。正立法者所當有事也。

歐西之言自然法者，亦分二宗：一曰有爲之主宰者，孟德斯鳩之徒是也；二曰莫爲之主宰者，赫胥黎之徒是也。而我國儒家之自然法，則謂有主宰者也。學說甚繁，略舉一二：

《易・象傳》：乾元用九，乃見天則。

《詩》：天生烝民，有物有則。

《左傳》：民受天地之中以生，所謂命也。是以有動作威儀之則，以定命也。

《易・繫辭傳》：天垂象，聖人則之。

《書》：天敘有典，勑我五典五惇哉。天秩有禮，自我五禮有庸哉。

又，永畏惟罰，非天不中。

《詩》：不識不知，順帝之則。

《書》：天乃錫禹洪範九疇，彝倫攸敘。

其他儒家言天者甚多，不可悉舉僅舉經傳中言關於法之觀念者如右：蓋宇宙有自然法，存於人物之自身，而人物自身，何以能有此自然法，則天實賦之，故天爲自然法之淵源，此儒家之說也。天亦謂之命，故曰：天命之謂性，《記》稱夏道尊命，卽此物也。《論語》曰：不知命，無以爲君子。《記・中庸》曰：思知人不可以不知天，皆欲知此自然法之所從出，而體之以前民用也。儒家屢言命，若非以此解文，幾不知其所謂。

又：夫立法者既不可不以自然法爲標準矣。自然法既出于天意矣，而人民之公意，卽天意之代表也。故達於最後之斷案，則曰：人民公意者，立法者所當以爲標準也。歐洲十七八世紀之學者，主張自然法說，隨卽主張民意說。惟儒家亦然，故《記・大學》曰：民之所好好之，民之所惡惡之。《孟子》曰：所欲與之聚之，所惡勿施爾也。經傳中說此義者，不可枚舉。民意之當重何以若是？則以其與天意一體而爲自然法所從出也。若夫人民公意於何見之，則儒家之所說，與十七八世紀歐洲學者之所說異。蓋儒家以爲非盡其性者，不能盡人之性，故人民之真公意，惟聖人爲能知之，而他則不能也。《易・繫辭傳》曰：是以明於天之道，而察於民之故，是興神物，以前民用。聖人以此齋戒，以神明其德。《記・禮運》曰：故聖人耐鄭注：耐，古能字。以天下爲一家，中國爲一人者，非意之也。必知其情，辟於其義，明於其利，達於其患，然後能爲之，謂人情、人義、人利、人患也，參觀本文。皆此義也。蓋歐洲之自然法學派，謂人民宜爲立法者，儒家則謂惟知人民真公意所在之人，宜爲立法者。而能知人民真公意所在者惟聖人，故惟聖人宜爲立法者也。故同主張人民公意説，而一則言主權在民，一則言主權在君。其觀察點之異，在此而已。夫儒家既謂人定法必當以自然法爲標準，則凡法之不衷於自然法者，儒家所不認爲法者也。又既謂聖人與自然法之創造者（即天）有密切之關係，故聖人所定之法，儒家所認爲法者也。夫儒家所認爲法者，必其與自然法一致者也。而自然法者，一定而不易者也。故儒家言法之觀念，自不得不畸於保守主義，論理之一貫使然也，故曰因而損益百世可知也。又自然法者，非一般人所能知者也，故儒家言法之觀念，自不得不取君主立法主義，亦論理之一貫使然也。故曰：非天子不議禮、不制度也。然君主亦非盡人而能知自然法，必聖人乃能知之。然則後世之爲君主而非聖人者，其於前代聖君之法，惟宜遵守而不可妄有所更革。故儒家言法之觀念，益不得不以君主立法主義與保守主義相結合，論理之一貫使然也。故曰：遵先王之法而過者，未之有也。

然則春秋家言孔子改制者非耶？夫改制則與保守主義相反，以布衣而改制，又與君主立法主義相反，而春秋家言此也何居？應之曰：不然。孔子所謂改制者，非與前聖之法不相容也。前聖之法，不過能發明自然法之一部分，而孔子則欲發明其全部分，而因以泐成一完備之人定法，使萬古不易也。其爲改也，正所以爲無改之地也。而孔子既爲知足以知天之聖人，又爲直接受天委任之聖人，故得行天子之事而有立法權也。故孔子故制之義，與儒家主義之大體，未嘗矛盾也。

據上所述，則儒家於其所持法之觀念，其論之也，可謂首尾相應，盛水不漏者矣。雖然，儒家認道與禮與法爲同物者也，而此三者果同物乎？自然法果可應用之於心理界現象，而使一切人定法悉由之出乎？即可應用之，而彼自然法之全部分，果能以人智盡發明之乎？儒家觀念之確與不確，當於此焉判之。

又：道家亦認有自然法者也。雖然，其言自然法之淵源，與自然法之應用，皆與儒家異。老子曰：人法地，地法天，天法道，道法自然。又曰：功成事遂，百姓皆謂我自然。又曰：希言自然。又曰：以輔萬物之自然而不敢爲。凡道家千言萬語，皆以明自然爲宗旨。其絶對的崇信自然法，不待論也。雖然，彼不認自然法爲出於天。故曰：天法道，道法自然。又曰：有物混成，先天地生。又曰：天下萬物生於有，有生於無。又曰：有名，天地之始；無名，萬物之母。其意蓋謂一切具體的萬有，皆被支配於自然法之下。而天亦萬有之一也。故天亦自然法所支配，而非能支配自然法者也。而自然法不過抽象的認識，而非具體的獨立存在也。故曰：恍兮，忽兮，其中有象。夫自然法之本質既已若是，是故不許應用之以爲人定法。苟應用之以爲人定法，則已反於自然法之本性也。故曰：三十幅共一轂，當其無有車之用。埏埴以爲器，當其無有器之用。又曰：大制不割。又曰：物或益之而損。又曰：夫代大匠斲者，希有不傷其手矣。故絶對的取放任主義，而謂制裁力一無所用。非惟無所用，實不可用也。故儒家所以營營焉經畫人定法者，曰惟信有自然法故。道家所以屑屑然排斥人定法者，亦曰惟信有自然法故。故道家對於法之觀念，實以無法爲觀念者也。既以無法爲觀念，則亦無觀念之可言。

墨家之持正義説及神意説，與儒家同。獨其關於自然法之觀念，與儒家異，試列舉比較之。

《墨子・天志篇》下：子墨子置天志以爲儀法。

又，《法儀篇》：天下從事者不可以無法儀。（中略）故百工從事，皆有法所度。今大者治天下，其次治大國，而無法所度，此不若百工辯也。然則奚以爲治法而可？當皆法其父母奚若？天下之爲父母者衆，而仁者寡。若皆法其父母，此法不仁也。法不仁不可以爲法。當皆法其學奚若？天下之爲學者衆，而仁者寡，若皆法其學，此法不仁也。當皆法其君奚若？天下之爲君者衆，而仁者寡，若皆法其君，此法不仁也。故父母、學、君三者，莫可以爲治法而可。然則奚以爲治法而可？故曰：莫若法天。（中略）既以天爲法，動作有爲，必度於天。天之所欲則爲之，天所不欲則止。

又，《天志篇》中：故子墨子之有天之意也。將以度王公大人之爲刑政也。順天之意，謂之善刑政；不順天之意，謂之不善刑政。故置此以爲法，立此以爲儀，將以量度天下，譬之猶分黑白也。

墨子之所謂法儀，謂義是也。故墨家實以正義説爲法學之根本觀念者也。而正義之源泉，一出於天，故曰兼採正義説與神意説也。雖然，其關於自然法之觀念，不甚明瞭。蓋認有自然法者，必謂自然法先於萬有而存在，必謂自然法一成而不可變，是故有所謂命者。《記·中庸》所謂可以前知，知此物也。而墨子非命，是不認自然法之存在也。凡語人類社會之法律，而以自然法爲標準者，則標準必存於人類社會之自身，人心所同然者，即立法之鵠也。故人民總意説與自然法説恒相隨。我國儒家説有然，歐洲十七八世紀學者之説亦有然，墨家不認自然法，因亦不認人民總意，其言曰：

《墨子·節葬篇》下：今執厚葬久喪者言曰：厚葬久喪，果非聖王之道，夫胡説中國之君子，爲而不已，操而不擇哉？子墨子曰：此所謂便其習而義其俗者也。昔者越之東有輆沭之國者，其長子生則解而食之，謂之宜弟，其大父死負其大母而棄之，曰鬼妻不可與居處。（中略）楚之南有炎人國者，其親戚死，朽其肉而棄之，然後埋其骨，乃成爲孝子。秦之西有儀渠之國者，其親戚死，聚柴薪而焚之。燻上，謂之登遐，然後成爲孝子。此上以爲政，下以爲俗，爲而不已，操而不舍，此所謂便其習而義其俗也。

故墨子絶對的認法律爲創造的，而不認爲發達的。若慣習法，其爲墨家所承認者殆希也。且墨子之排斥人民總意也，猶有説。

《墨子·尚同篇》上：古者民始生未有刑政之時，蓋其語人異義。是以一人則一義，二人則二義，十人則十義。其人茲衆，則其所謂義者亦茲衆，案：茲同滋，益也。以是人是其義以非人之義。故交相非也。（中略）天子之所是皆是之，天子之所非皆非之。（中略）察天下之所以治者，何也？天子唯能壹同天下之義，是以天下治也。天下之百姓，皆上同於天子，而不上同於天，則菑猶未去也。

由此觀之，則墨子謂人民總意，終不可得見；即見矣，而不足以爲立法之標準。若儒家所謂民之所好好之，民之所惡惡之者，墨子所不肯承認也。墨子所視爲立法之標準者，惟天志而已。而其言天也，又與儒家之言天異。儒家之天，則抽象的；而墨家之天，則具體的也。惟抽象的，故雖不能現於實，而可借人民總意間接以現於實。惟具體的，故必須絶對直接以現於實，其言天之所欲則爲，天所不欲則止，《法儀篇》是也。然天之所欲所不欲，果能絶對的直接的以現於實乎？墨子陳種種之義，以爲天所欲者在是在是，所不欲者在是在是。雖然，此不過墨子之主觀云然耳。墨子之主觀，其果爲天志之真相與否？是又不可不待諸天之自白或第三位之評判也。然天之自白與第三位之評判，終不可得，故墨子之言，遂不足以服天下也。準此以談，則儒墨兩家，雖同主張正義説及神意説，然就論理上首尾相貫之點觀察之，則墨之不逮儒明矣。

時令分部

論説

《周易正義·乾》《文言》曰：【略】夫大人者，與天地合其德，與日月合其明，與四時合其序，與鬼神合其吉凶。先天而天弗違，後天而奉天時。天且弗違，而况于人乎？况于鬼神乎？疏：夫大人者至況於鬼神乎。正義曰：此明九五爻辭。但上節明大人與萬物相感，此論大人之德，无所不合，廣言所合之事。與天地合其德者，莊氏云：謂覆載也。與日月合其明者，謂照臨也。與四時合其序者，若賞以春夏，刑以秋冬之類也。與鬼神合其吉凶者，若福善禍淫也。先天而天弗違者，若在天時之先行事，天乃在後不違，是天合大人也。後天而奉天時者，若在天時之後行事，能奉順上天，是大人合天也。天且弗違，而況於人乎，況於鬼神乎者，夫子以天且不違，遂明大人之德，言尊而遠者尚不違，況小而近者可有違乎？況於人乎？況於鬼神乎？

（唐）李鼎祚《周易集解·乾》《文言》曰：【略】與四時合其序。翟玄曰：乾坤有消息，從四時來也。又案，賞罰嚴明，順四時之序也。

（明）來知德《易經集注·乾》《文言》曰：【略】乾元用九乃見天則。龍之爲物，春分而升于天，秋分而蟄于淵。曰亢龍者，言秋分亢舉于上而不能蟄也。以春夏秋冬配四德，元者，春也，利者，秋也。亢龍在此秋之時矣。天之爲天，不過生殺而已，春既生矣，至秋又殺。秋既殺矣，至春又生。此天道一定自然之法則也。今爲人君者，體春生之元而用之于秋殺之亢，則是陰慘之後，繼之以陽舒，肅殺之餘，繼之以生育。一張一弛，一剛一柔，不惟天下可治，而天道之法則亦于此而見矣。故曰乃見天則。

（清）孫星衍《周易集解・乾》 《文言》曰：【略】與四時合其序。

解：翟元曰：乾坤有消息，從四時來也。案賞罰嚴明，順四時之序也。

集解：莊氏曰：若賞以春夏，刑以秋冬之類也。

（宋）李衡《周易義海撮要・豫》 《彖》曰：豫，剛應而志行，順以動，豫。豫順以動，故天地如之，而况建侯行師乎？天地以順動，故日月不過，而四時不忒。聖人以順動，則刑罰清而民服。豫之時義天矣哉！【略】天地以順動則陰陽和，消息盈虛以時也。聖人以順動則賞罰明，邪正分也。

《周易正義・隨》 ䷐震下兑上。隨：元亨，利貞，无咎。【略】

《彖》曰：隨，剛來而下柔，動而説，隨。大亨貞无咎，而天下隨時。隨時之義大矣哉！震剛而兑柔也，以剛下柔，動而之説，乃得隨也。爲隨而不大通，逆於時也。相隨而不爲利，正災之道也。故大通利貞，乃得无咎也。爲隨而令大通利貞，得於時也。得時則天下隨之矣。隨之所施，唯在於時也。時異而不隨，否之道也，故隨時之義大矣哉！疏：彖曰至大矣哉。正義曰：隨剛來而下柔，動而説，隨者，此釋隨卦之義。所以致此隨者，由剛來而下柔。剛謂震也，柔謂兑也。震處兑下，是剛來下柔。震動而兑説，既能下人，動則喜説，所以物皆隨從也。大亨貞无咎而天下隨時者，以有大亨貞正，无有咎害，而天下隨之，以正道相隨，故隨之者廣。若不以大亨貞无咎，而以邪僻相隨，則天下不從也。隨時之義大矣哉，若以元亨利貞，則天下隨從，即隨之義意廣大矣哉，謂隨之初始，其道未弘，終久義意而美大者。特云隨時者，謂隨其時節之義，謂此時宜行元亨利貞，故云隨時也。注震剛而兑至大矣哉！正義曰：爲隨而不大通，逆於時也。物既相隨之時，若王者不以廣大開通，使物閉塞，是違逆於隨從之時也。相隨而不爲利，正災之道者，凡物之相隨，多曲相朋附，不能利益於物，守其正直，此則小人之道長，災禍及之，故云災之道也。隨之所施，唯在於時者，釋隨時之義。言隨時施設，唯在於得時。若能大通利貞，是得時也。若不能大通利貞，是失時也。時異而不隨，否之道者，凡所遇之時，體无恒定，或值不動之時，或值相隨之時，舊來恒往，今須隨從。時既殊異於前，而不使物相隨，則是否塞之道，當須可隨則隨，逐時而用，所利則大，故云隨時之義大矣哉！

（清）尚秉和《焦氏易詁》卷四《復》 復象先王以至日閉關解【略】

又《後漢・魯恭傳》，案《易》：五月姤用事。經曰：后以施令注：亦作令，與今本異。誥四方。言君以夏至之日施命令。止四方行者，所以助微陰也。注云：《復》卦曰：先王以至日閉關，商旅不行，故夏至宜止行也。是魯恭亦以至日爲二至，與《易林》同也。

（清）朱駿聲《六十四卦經解・益》 ䷩益：利有攸往，利涉大川。

《彖》曰：益，損上益下，民説无疆。自上下下，其道大光，利有攸往，中正有慶，利涉大川。木道乃行，益動而巽，日進无疆，天施地生，其益无方，凡益之道，與時偕行。

《象》曰：風雷益，君子以見善則遷，有過則改。

益，從水從皿，饒也。益卦言冬至之候也。冬至日，天度積虧二萬四千零十四分四十一秒六十一微，太陽之行，最在赤道南，最遠天頂，晝最短，損無可損，而爲益之始。然所謂益者，益前之所損也。冬至以前爲上，以後爲下。冬至前所損之度分，與冬至後所益之度分，其數適均，是爲損上益下，民説无疆，自上下下，其道大光。冬至後陽氣漸長，故説。民如以前民用，務民之義，對物言，不對君言也。行至春分，黄赤道交，是爲利有攸往，中正有慶。左氏《傳》所謂日中而出，日中而入，中之義也。凡《易》言地，皆以水言之，以全地之中，水居大半。猶之言天，皆以日天言之，以推步之法，必準于日也。冬至後，百果艸木發育，故曰利涉大川。木道乃行，而統贊之曰：益動而巽，日進无疆，天施地生，其益无方，凡益之道，與時偕行。此天人一貫之理也。益卦否三之初，又否上承初，體長離，中虚象舟，利涉之義。耒耨之利，取諸此，亦木道之行也。又，二往坎應五，明若之德，志在惠下，故取下爲損，與下爲益，三失正，動成坎，體涣，坎爲大川，涣舟楫象，巽木得水，木道乃行也。又，震巽皆木象，雷動風行，二者相成，猶人君出教令，臣奉行之。故利有攸往。否坤爲民、爲疆，震爲喜笑，以貴下賤大得民也。乾爲大明。以乾照坤，故大光。乾爲道，中正謂五，而二應之。乾爲慶，震三動爲離，離爲日，巽爲進，坤爲疆，日與巽俱進，故日進无疆也。乾下之坤，震爲出生，萬物出震，故天施地生。陽在坤爲无方，坤爲方上來益三，坎冬離夏，益初反泰，震春兑秋，四時象正，艮爲時，震爲行，與損同義，故與時偕行也。又上之三，成離，爲大光。又損益反對卦，故兼言損。又木，一作大，一作益。降陰大地中所函皆水，地面廣受日照，無論土面水面，皆有熱氣上騰，温熱之氣，騰至冷際爲雲，則散爲雨，乾熱之氣，則散爲風，乾熱之氣，亦天地間陰氣也。地面之上陰爲陽隔，故旋繞而爲風也。春則向上，夏則横空，秋則向下，冬則刮地。雷破地而出，天地間陽氣也。地下之陽爲地面之陰掩，則激而爲雷，烈者爲霹靂之震，遷善如風速，改過如雷猛。又，降陰下迎，陰起合和，而陽氣用上薄之，則爲雷。又，陽氣風也，風之益雷，自上下下也。又，君子謂乾也，上之三，離爲見，乾爲善，坤爲過，上之初，則坤三進之乾四，故遷。乾上之坤初，改坤之過，體復象，復以自知，故改。又，益卿，小過侯，皆辟泰，正月卦，故稱過。

初九，利用爲大作，元吉無咎。

《象》曰：元吉无咎，下不厚事也。

陽爲大，震爲作。《堯典》曰：平豑東作。《周語》曰：民之大事在農，大作謂耕種，耒耨之利，善取諸此也。震二月卦，日中星鳥，敬授民時。震又爲稼穡，益莫大于此。若能不厚勞于下民，不奪時于農畯，則大吉无咎。又，益正月之卦，啓蟄郊而祈穀，農事之始也。又，坤爲用，體復初得正，朋來无咎。又，坤爲厚，爲事。又，厚重大之意。厚事，即大作也。又，言上當大作有爲以益民，民不能自厚事也。又，佚道使下，雖勞不怨也。又，震變坤，順動也。卦之觀，大觀在上也。

六二，或益之十朋之龜，弗克違，永貞吉，王用享于帝吉。

《象》曰：或益之，自外來也。

益二即損五，故與損五同誼。聖王先成民而後致力于神。自上祐，謂泰三之上。自外來，謂否四來初。震爲帝，享帝，祭天也。在巽之宮，處震之象，是則蒼精之帝配始祖矣。三五郊皆用夏正，泰與益，皆夏正月也。又，乾上稱外，來益初則反泰，來益三則定既濟，二得正遠應，利三之正，已得承之。坤數十，損兑爲朋，謂三變離爲龜，坤爲永。上之三得正，故永貞吉。王謂五，否乾爲王，體觀象，艮爲宗廟，三變折坤牛，體噬嗑食，故王用享，祭感生帝也，得位故吉。又，柔順受益之臣，如尹躬暨湯，咸有一德，克享天心也。太戊之用伊陟，而格上帝，亦然。又，正月天氣下施，王者法天施政教，如美寶莫能違害，永貞其道，咸受德化也。又，震驚也，此言受寵不驚。又，震動變兑説，長子出享帝也。卦之中孚。又，亨一音許庚反。又，辰在酉，衝對卯位龜星，王謂畢上諸王六星，帝謂天街二星之次也，胃爲飲食之府。

（清）惠棟《周易述·象上傳》 先王以建萬國，親諸侯。注：先王謂五，初陽已復，震爲建，爲諸侯，坤爲萬國。比，四月卦也。比，輔也。輔成五服，故以建萬國。比，比也。有孚盈缶，故以親諸侯。疏：**【略】** 四月以建萬國者，《明堂月令》曰：立夏之日，天子親帥三公、九卿、大夫以迎夏於南郊，還反賞封諸侯。蓋夏、殷法也。《白虎通》曰：封諸侯以夏何？陽氣盛養，故封諸侯，盛養賢也。襄廿六年《春秋傳》曰：賞以春夏，刑以秋冬。是慶賞封建皆以夏也。

（清）惠棟《周易述·説卦傳》 帝出乎震，齊乎巽，相見乎離，致役乎坤，説言乎兑，戰乎乾，勞乎坎，成言乎艮。注：帝，上帝也。上帝五帝在太微之中，迭生子孫，更王天下，故四時之序，五德相次。聖人法之，以立明堂，爲治天下之大法也。神農曰天府，黄帝曰合宫，唐曰五府，虞曰總章，夏曰世室，殷曰重屋，周曰明堂。明堂者有五室四堂，二、九、四、七、五、三、六、一、八，四正四維，皆合於十五。室以祭天，堂以布政。王者承天統物，各於其方以聽事，謂之明堂月令，虞、夏、商、周四代行之，今所傳《月令》是也。古之聖人，生有配天之業，没有配天之祭。故太皞以下，歷代所禘，太皞以木德，炎帝以火德，黄帝以土德，少昊以金德，顓頊以水德。王者行大享之禮於明堂，謂之禘祖宗。其郊則行之於南郊。禘、郊、祖、宗四大祭，而總謂之禘者，禘其祖之所自出故也。一帝配天，功臣從祀，故禘禮上遡遠祖，旁及毁廟，下逮功臣。聖人居天子之位，以一德貫三才，行配天之祭，推人道以接天，天神降，地示出，人鬼格。夫然而陰陽和，風雨時，五穀（孰）〔熟〕，草木茂，民無鄙惡，物无疵厲，羣生咸遂，各盡其氣，威厲不試，刑措不用，風俗純美，四夷賓服，諸福之物，可致之詳，无不畢至。所謂既濟定也，庖犧畫八卦，以贊化育，其道如此。**【略】** 疏：帝上至如此 **【略】**《郊特牲》曰：萬物本乎天，聖人而爲天子，尤天所篤生者，故云迭生子孫，更王天下。**【略】**《大戴禮·盛德》云：明堂天法，故聖人法之以立明堂。**【略】** 蔡氏論云：謹承天順時之令，昭令德宗祀之禮，明前功百辟之勞，起養老敬長之義，順教幼誨稚之學，明諸侯選造士於其中，以明制度。生者乘其能而至，死者論其功而祭，故爲大教之宫。《周書·大匡》曰：明堂所以明道，明道惟法。是言治天下之大法也。**【略】** 蔡氏《章句》曰：月令所以順陰陽，奉四時，效氣物。行王政也。成法具備，各從時月，藏之明堂，所以示承祖考神明。明不敢泄瀆之義，故以明堂冠月令。**【略】** 云太皞以下歷代所禘者，《禮運》云：大道之行也，天下爲公。鄭注《祭法》云：有虞氏以上尚德，禘郊祖宗，配用有德者而已；自夏已下稍用其姓氏代之。《禮運》所謂大道既隱，天下爲家；禹、湯、文、武、成王、周公由此其選。言禹、湯以下雖用明堂之法，而大道稍隱也。**【略】** 負斧至堂也。負斧扆南面立，《周書·明堂》文。其文曰：明堂之位，天子之位，負斧依南面立，羣公卿士侍於左右。是南面之事也。云聽，聽朔也者，《周禮·太宰》云：正月之吉始和，布治於邦國都鄙，乃縣治象之法於象魏，使萬民觀治象，挾日而斂之。干寶注云：周正建子之月，告朔日也。此卽《玉藻》之聽朔矣。案《玉藻》云天子聽朔於南門之外，謂明堂南門之外。天子受朔於南郊，還於明堂告時，帝配祖考，縣六象之法於象魏，退而居太廟及左右个，閏月居門。故《周禮·春官·太史》云：頒告朔於邦國。

《尚書·虞書·益稷》 帝曰：臣作朕股肱耳目。予欲左右有民，汝翼。予欲宣力四方，汝爲。予欲觀古人之象，日、月、星辰、山、龍、華蟲、作會，宗彝、藻、火、粉米、黼、黻、絺繡，以五采彰施于五色作服，汝明。予欲聞六律、五聲、八音，在治忽，以出納五言，汝聽。予違，汝弼。汝無面從，退有後言。欽四鄰，庶頑讒説，若不在時，侯以明之，撻以記之。書用識哉，欲並生哉！工以納言，時而颺之。格則承之、庸之，否則威之。

（清）孫希旦《禮記集解・月令》 乃命大史守典奉法，司天日月星辰之行，宿離不貸，毋失經紀，以初爲常。《釋文》：宿，息六反，徐音秀。離，依註音儷，吕計反。貸，吐得反，徐音二。《吕氏春秋》貸作忒。今按：離，如字。典，六典。法，八法也。星，二十八宿。辰，十二次也。司，主也。天與日月星辰各有行度，大史主審候之也。宿，謂日之所次，故二十八星謂之宿。離，謂月之所歷，《詩》言月離于畢是也。貸，差忒也。經，謂大綱。紀，謂條理。蓋天運本無差失，恒星之動甚微，而辰者卽日月之所會也。日有永短盈縮，月有朒朓遲疾，其占候不可以有所差失，日月之行審，而天與星辰在其中矣。初，舊也。以初爲常，言當循用舊法而無變也。《周禮》大史之職掌建邦之六典以逆邦國之治，掌法以逆官府之治，掌則以逆都鄙之治，正歲年以序事。其屬馮相、氏掌十有二歲、十有二月、十有二辰、十日、二十有八星之位，辨其叙事，以會天位；保章氏掌天星以志日月星辰之變動。是典、法與天文皆大史之所掌也。此與上節皆於迎氣日命之，上節爲順時布政之首，此節於順時氣之義無與，以典、法、天文於國政特重故也。

（清）孫希旦《禮記集解・孔子閒居》 天有四時，春秋冬夏，風雨霜露，無非教也。地載神氣，神氣風霆，風霆流形，庶物露生，無非教也。

鄭氏曰：言天之施化收殺，地之載生萬物，非有所私也。愚謂此言天地之無私也。神氣，五行之精氣也。露生，謂露見而發生也。天以四時運於上，地以神氣應於下，播五行於四時也。雨及霜露降於天，雷霆出乎地，而風則鼓盪於天地之間，故於天地皆言之。《乾》資始，故言風雨霜露，舉其所以施之者而已。《坤》資生，故言品物露生，而究其功用之著焉。無非教者，天何言哉？四時行焉，百物生焉，莫非天地無私之政教也。

《春秋左傳正義・春秋正義序》 夫《春秋》者，紀人君動作之務，是左史所職之書。王者統三才而宅九有，順四時而治萬物。四時序則玉燭調於上，三才協則寶命昌於下，故可以享國永年，令聞長世。然則有爲之務，可不慎與？國之大事在祀與戎，祀則必盡其敬，戎則不加無罪，盟會協於禮，興動順其節，失則貶其惡，得則褒其善。此《春秋》之大旨，爲皇王之明鑒也。

（清）蘇輿《春秋繁露義證》卷一三《四時之副》 天之道，春暖以生，夏暑以養，秋清以殺，冬寒以藏。盧云：秋清，本作秋涼，今據下文改。暖暑清寒，異氣而同功，皆天之所以成歲也。聖人副天之所行以爲政，故以慶副暖而當春，以賞副暑而當夏，以罰副清而當秋，以刑副寒而當冬。慶賞罰刑，異事而同功，皆王者之所以成德也。慶賞罰刑與春夏秋冬，以類相應也，如合符。故曰王者配天，謂其道。天有四時，王有四政，四政若四時，通類也，天人所同有也。《王道通三篇》：四氣者，天與人所同有也。又見《陰陽義篇》。慶爲春，賞爲夏，罰爲秋，刑爲冬。凌云：《陸宣公奏議》：臣聞聖人作則，皆以天地爲本，陰陽爲端。慶賞者，順陽之功，故行於春夏；刑罰者，法陰之氣，故用之秋冬。事惑愆，民人必罹咎。慶賞罰刑之不可不具也，如春夏秋冬不可不備也。慶賞罰刑，當其處不可不發，若暖暑清寒，當其時不可不出也。慶賞罰刑各有正處，如春夏秋冬各有時也。四政者，不可以相干也，猶四時不可相干也。四政者，不可以易處也，猶四時不可易處也。故慶賞罰刑有不行於其正處者，《春秋》譏也。互見《威德所生》諸篇。

（清）蘇輿《春秋繁露義證》卷一七《威德所生》 天有和有德，平有威，有相受之意，有爲政之理，不可不審也。春者，天之和也；夏者，天之德也；秋者，天之平也；冬者，天之威也。天之序，必先和然後發德，必先平然後發威。此可以見不和不可以發慶賞之德，不平不可以發刑罰之威。天啟本罰作伐。又可以見德生於和，威生於平也。不和無德，不平無威，天之道也，達者以此見之矣。盧云：達，舊本作起，誤。錢據《大典》改。我雖有所愉而喜，必先和心以求其當，然後發慶賞以立其德。雖有所忿而怒，必先平心以求其政，然後發刑罰以立其威。錢云：政，當作正。劉逢禄云：政，與正通。能常若是者謂之天德，行天德者謂之聖人。爲人主者，居至德之位，操殺生之勢，以變化民。民之從主也，如草木之應四時也。喜怒當寒暑，威德當冬夏。冬夏者，威德之合也；寒暑者，喜怒之偶也。喜怒之有時而當發，寒暑亦有時而當出，其理一也。凌云：《五經通義》：日在牽牛則寒，在東井則暑。牽牛水宿，宿外遠人，故寒；東井火宿，宿內近人，故暑。當喜而不喜，猶當暑而不暑；當怒而不怒，猶當寒而不寒也；當德而不德，猶當夏而不夏也；當威而不威，猶當冬而不冬也。喜怒威德之不可以不直處而發也，直，與值同。如寒暑冬夏之不可不當其時而出也。故謹善惡之端。此閒以有脱文。何以效其然也？《春秋》采善不遺小，掇惡不遺大，諱而不隱，罪而不忽，此閒脱二字。盧、凌本作二□。以是非，正理以褒貶。喜怒之發，威德之處，無不皆中其應，可以參寒暑冬夏之不失其時已。故曰聖人配天。義互見《四時之副》諸篇。盧云：舊本已字上有而字，《大典》無。

（清）蘇輿《春秋繁露義證》卷一七《如天之爲》　陰陽之氣，在上天，亦在人。盧云：上，字疑衍。輿案：《黄氏日鈔》引有。在人者爲好惡喜怒，在天者爲暖清寒暑。出入上下、左右、前後，平行而不止，未嘗有所稽留滯鬱也。其在人者，亦宜行而無留，若四時之條條然也。條條，行貌。《荀子・儒效篇》：脩脩兮其統類之行也。彼脩脩，即此條條。古書脩、條多通作。又見《奉本篇》。夫喜怒哀樂之止動也，此天之所爲人性命者。止動，謂或止或動。天之爲人性命，語又見《竹林篇》。臨其時而欲發其應，亦天應也，盧云：臨其時下舊本衍致上二字，今刪。與暖清寒暑之至其時而欲發無異。若留德而待春夏，留刑而待秋冬也，此有順四時之名，實逆於天地之經。言因順四時之名，留德不發，而必待春夏，留刑不用，而必待秋冬，實逆天地之經也。在人者亦天也，奈何其久留天氣，使之鬱滯，不得以其正周行也。是故盧云：此下舊注一脱當作非生殺之任，（句。）擬待四時也，亦通。而人之所治也，安取久留當行之理，而必待四時也。此之謂壅，非其中也。人有喜怒哀樂，猶天之有春夏秋冬也。喜怒哀樂之至其時而欲發也，若春夏秋冬之至其時而欲出也，官本云：出，他本誤作忠。皆天氣之然也。然上疑脱自字。其宜直行而無鬱滯，一也。天終歲乃一偏此四者，而人主終日不知過此四之數，人主一日萬機，刑賞迭施，隨感而應，志意遷易，不知其數。四下似當有者字。其理故不可以相待。且天之欲利人，非直其欲利穀也。除穢不待時，況穢人乎！疑當作况民穢乎。《國語・魯語》：武王除民之穢。盧云：案：自義待四時也。至此，共百四十字，舊本在前《天地之行篇》伏節死下，誤。今移正。

（清）劉寶楠《論語正義・陽貨》　曰：天何言哉？四時行焉，百物生焉，天何言哉？正義曰：四時行者，謂春、夏、秋、冬四時相運行也。《春秋繁露・四時之副篇》：天之道，春暖以生，夏暑以養，秋清以殺，冬寒以藏。暖暑清寒，異氣而同功，皆天之所以成歲也。又《人副天數篇》：春生夏長，百物以興；秋殺冬收，百物以藏。是百物之生隨四時爲興藏也。《詩・文王》云：上天之載，無聲無臭。載者，事也。天不言而事成，故無聲無臭也。《禮・哀公問篇》：孔子云：無爲而物成，是天道也；已成而明，是天道也。《荀子・天論篇》：列星隨旋，日月遞炤，四時代御，陰陽大化，風雨博施，萬物各得其和以生，各得其養以成，不見其事而見其功，夫是之謂神。皆知其所以成，莫知其無形，夫是之謂天。案：聖人法天，故《大易・咸》取爲象，夫子《易傳》特發明之，故曰：大人者，與天地合其德，與日月合其明，與四時合其序，與鬼神合其吉凶。先天而天弗違，後天而奉天時。其教人也，亦以身作則，故有威可畏，有儀可象，亦如天道之自然循行，望之而可知，儀之而可得，固不必諄諄然有話言矣。

（宋）朱熹《四書章句集注・孟子集注・梁惠王章句上》　不違農時，谷不可勝食也；數罟不入洿池，魚鱉不可勝食也；斧斤以時入山林，材木不可勝用也。谷與魚鱉不可勝食，材木不可勝用，是使民養生喪死無憾也。養生喪死無憾，王道之始也。勝音升，數音促，罟音古，洿音烏。農時謂春耕、夏耘、秋收、之時，凡有興作，不違此時，至冬乃役之也。不可勝食，言多也。數，密也。罟，網也。洿，窊下之地，水所聚也。古者網罟必用四寸之目，魚不滿尺，市不得粥，人不得食。山林川澤與民共之而有厲禁，草木零落然後斧斤入焉。此皆爲治之初，法制未備，且因天地自然之利而撙節愛養之事也。然飲食宮室所以養生，祭祀棺槨所以送死，皆民所急而不可無者。今皆有以資之，則人無所恨矣。王道以得民心爲本，故以此爲王道之始。

（清）焦循《孟子正義・梁惠王章句上》　〔孟子曰：〕不違農時，穀不可勝食也。注：從此以下，爲王陳王道也。使民得三時務農，不違奪其要時，則五穀饒穰，不可勝食。疏：注：爲王陳王道也。正義曰：胡氏《煦篝燈約旨》云：春秋時，五霸迭興，臣強君弱，漸有驅制同儕，決裂臣道，渺視周君之意。是君權將替，而臣道已亢，故孔子作《春秋》，寓意於尊周，所以維持臣道也。孟子時，七國雄據其地，強悍自用，君道亦已不振，而草菅人命，各圖恢擴，故孟子遊齊梁，説以王道，所以維持君道而已，與孔子非有異也。注：使民得三時務農。正義曰：《荀子・王制篇》云：以春耕夏耘，秋收冬藏，四者不失時。趙氏云三時者，《春秋》莊公三十一年：秋，築臺于秦。《穀梁傳》云：不正罷民三時。桓公六年《左傳》云謂其三時不害而民和年豐也，杜預注云：三時，春夏秋。數罟不入洿池，魚鼈不可勝食也。注：數罟，密網也。密細之網，所以捕小魚鼈者也，故禁之不得用。魚不滿尺不得食。疏：注：數罟至得用。正義曰：《毛詩・豳風》九罭之魚，傳云：九罭緵罟，小魚之網也。《釋文》云：緵，又作總。《小雅》魚麗于罶，《毛傳》云：庶人不數罟，罟必四寸，然後人澤梁。《釋文》云：數，七欲反。又所角反。陳氏云：數，細也。孔氏正義云：庶人不總罟，謂罟目不得總之使小，言使小魚不得過也。集本總作緵，依《爾雅》定本作數，義俱通也。按《詩・召南》素絲五總，《毛傳》云：總，數也。《陳風》越以鬷邁，《毛傳》云：鬷，數也。《商頌》鬷假無言，《毛傳》云：鬷，總也。鬷、緵同聲，緵、總、數三字同。趨數卽迫促。文公十六《左傳》云：無日不數於六卿之門，杜預注云：數，不疏，不疏是密也。《説文・系部》云：總，聚束也。聚束卽促速，促束卽趨數也。倪氏思寬《二初齋讀書記》云：《周禮》言羅襦，猶孟子言數罟。蜡則作羅襦，明非蜡則不用羅襦矣。《周禮》取禽，孟子取魚，其實是一例。《韓非子・説林》云：君聞大魚乎，網不能止，繳不能絓也。是繳所以取小魚。《鹽鐵論・散不足篇》：賢良曰：鳥獸魚鼈，不中殺不食，故繳網不入於澤。《説文・系部》云：繁，生絲縷也。蓋以生絲縷作網，則其目小，繳網卽數罟也。今俗猶以細密者爲絲網是也。注：魚不滿尺不得食，正義曰：《吕氏春秋・具備篇》云：宓子賤治亶父三年，巫馬旗往觀化，見夜漁者，得則舍之。巫馬旗問焉，對曰：宓子不欲人之取小魚也，所舍者小魚也。高誘注云：古者魚不尺不升於俎。宓子體聖人之化爲盡類也，故不欲人取小魚。《淮南子・主術訓》云：魚不長尺不得取，彘不期年不得食，斧斤以時入山林，材木不可勝用也。注：時，謂草木零落之時。使林木茂暢，故有餘。疏：注時謂至有餘。正義曰：《禮記・王制》云：草木零落，然後入山林。《毛詩・小雅》魚麗于留，傳云：太平而後，微物衆多，取之有時，用之有道，則物莫不多矣。古者草木不折，不操斧斤，不入山林。翟氏灝《考異》云：《鹽鐵論・通有章》引孟子曰：不違農時，穀不可勝食。蠶麻以時，布帛不可勝衣也。斧斤以時入，材木不可勝用。佃魚以時，魚肉不可勝食。《荀子・王制篇》云：春耕夏耘，秋收冬藏，四者不失時，故五穀不絶，而百姓有餘食也。網罟毒樂不入澤，洿池淵沼，謹其時禁，故魚鼈優多，而百姓有餘用也。斬伐長養，不失其時，故山林不童，而百姓有餘材也。《逸周書・大聚解》云：禹之禁：春三月，山林不登斧斤，以成草木之長。夏三月，州澤不入網罟，以成魚鼈之長。且以并農力，執成男女之功。夫然，則有生而不失其宜。孟荀之言，並本如此。穀與魚鼈不可勝食，材木不可勝用，是使民養生喪死無憾也。注：憾，恨也。民所用者足，故無恨。疏：注憾恨也。正義曰：《論語》敝之而無憾，孔氏注、《淮南子・本經訓》高誘注，皆如此訓。養生喪死無憾，王道之始也。注：王道先得民心，民心無恨，故言王道之始。

（清）馬驌《繹史》卷二《皇王異説》 《風俗通》《易》稱天先春而後秋；地先生而後凋；日月先光而後幽。是以王者則之亦先教而後刑。三皇結繩，五帝畫像，三王肉刑，五霸黠巧。此言步驟稍有優劣也。

（清）馬驌《繹史》卷一五四上《洪範五行傳》 《傳》曰：言之不從，是謂不艾，厥咎僭，厥罰恒陽，厥極憂，時則有詩妖，時則有介蟲之孽，時則有犬旤，時則有口舌之痾，時則有白眚白祥。惟木沴金。言之不從，從，順也。是謂不艾，艾，治也。孔子曰：君子居其室，出其言不善，則千里之外違之，況其邇者虖？《詩》云：如蜩如螗，如沸如羹。言上號令不順民心，虚譁憒亂，則不能治海內，失在過差故其咎僭。僭，差也。刑罰妄加，羣陰不附，則陽氣勝，故其罰常陽也。旱傷百穀，則有寇難，上下俱憂，故其極憂也。君炕陽而暴虐，臣畏刑而箝口，則怨謗之氣發於謌謡，故有詩妖。介蟲孽者，謂小蟲有甲飛揚之類。陽氣所生也，於春秋爲螽，今謂之蝗，皆其類也。於易，兑爲口，犬目吠守，而不可信，言氣毁故有犬旤。一曰，旱歲，犬多狂死及爲怪，亦是也。及人，則多病口喉欬者，故有口舌痾。金色白，故有白眚白祥。凡言傷者，病金氣。金氣病，則木沴之。其極憂者，順之，其福，曰康寧。劉歆言傳曰時有毛蟲之孽，説曰爲天文西方參爲虎星，故爲毛蟲。

（宋）羅泌《路史》卷一〇《後紀一・禪通紀・太昊紀上》 方牙《易通卦驗》云：伏羲方牙精作易，無書以畫事。謂以畫卦事爲治也，故《論衡》云：伏羲以卦治天下，鄭氏《六藝論》云：易者，陰陽之象，天地之所變化，政教之所生。人皇初起，鄭康成注：以爲伏羲世質作易，以爲政令而不書，止畫其事之形象，非也。

（宋）羅泌《路史》卷三二《發揮一・論遂人改火》 是以仲春禁火，戒其盛也。成周盛時，每歲仲春，命司烜氏以木鐸修火禁于國中，爲季春將出火而司爟掌行火之政令，四時變國火，以救時疾。季春出火，季秋納火，民咸從之。時則施火令，凡國失火，野焚萊，則隨之以刑罰。夫然故天地順而四時成，氣不愆伏，國無疵癘，而民以寧。鄭以三月鑄刑書，而士文伯以爲必災，六月而鄭火，蓋火未出而作火，宜不免也。今之所謂寒食一百五者，熟食斷烟，謂之龍忌。蓋本乎此。

《漢書》卷七四《魏相傳》 又數表采《易陰陽》及《明堂月令》奏之曰：臣相幸得備員，奉職不修，不能宣廣教化。陰陽未知，災害未息，咎在臣等。臣聞《易》曰：天地以順動，故日月不過，四時不忒；聖王以順動，故刑罰清而民服。天地變化，必繇陰陽，陰陽之分，以日爲紀。

日冬夏至，則八風之序立，萬物之性成，各有常職，不得相干。東方之神太昊，乘《震》執規司春；南方之神炎帝，乘《離》執衡司夏；西方之神少昊，乘《兑》執矩司秋；北方之神顓頊，乘《坎》執權司冬；中央之神黄帝，乘《坤》《艮》執繩司下土。茲五帝所司，各有時也。東方之卦不可以治西方，南方之卦不可以治北方。春興《兑》治則飢，秋興《震》治則華，冬興《離》治則泄，夏興《坎》治則雹。明王謹於尊天，慎于養人，故立羲和之官以乘四時，節授民事。君動静以道，奉順陰陽，則日月光明，風雨時節，寒暑調和。三者得敘，則災害不生，五穀熟，絲麻遂，中木茂，鳥獸蕃，民不夭疾，衣食有餘。若是，則君尊民説，上下亡怨，政教不違。禮讓可興。夫風雨不時，則傷農桑；農桑傷，則民飢寒；飢寒在身，則亡廉恥，寇賊姦宄所繇生也。臣愚以爲陰陽者，王事之本，羣生之命，自古賢聖未有不繇者也。天子之義，必純取法天地，而觀於先聖。高皇帝所述書《天子所服第八》曰：大謁者臣章受詔長樂宫，曰：令羣臣議天子所服，以安治天下。相國臣何、御史大夫臣昌、謹與將軍臣陵、太子太傅臣通等議，春夏秋冬天子所服，當法天地之數，中得人和。故自天子王侯有土之君，下及兆民，能法天地，順四時，以治國家，身亡禍殃；年壽永究，是奉宗廟安天下之大禮也。臣請法之。中謁者趙堯舉春，李舜舉夏，兒湯舉秋，貢禹舉冬，四人各職一時。大謁者襄章奏，制曰：可。孝文皇帝時，以二月施恩惠於天下，賜孝弟力田及罷軍卒，祠死事者，頗非時節，御史大夫朝錯時爲太子家令，奏言其狀。臣相伏念陛下恩澤甚厚，然而災氣未息，竊恐詔令有未合當時者也。願陛下選明經通知陰陽者四人，各主一時，時至明言所職，以和陰陽，天下幸甚！相數陳便宜，上納用焉。

《漢書》卷七五《李尋傳》　治國故不可以戚戚，欲速則不達。經曰：三載考績，三考黜陟。加以號令不順四時，既往不咎，來事之師也。間者春三月治大獄，時賊陰立逆，恐歲小收；季夏舉兵法，時寒氣應，恐後有霜雹之災；秋月行封爵，其月土濕奥，恐後有雷雹之變。夫以喜怒賞罰，而不顧時禁，雖有堯舜之心，猶不能致和。善言天者，必有效於人。設上農夫而欲冬田，肉袒深耕，汗出種之，然猶不生者，非人心不至，天時不得也。《易》曰：時止則止，時行則行，動静不失其時，其道光明。《書》曰：敬授民時。故古之王者，尊天地，重陰陽，敬四時，嚴月令。順之以善政，則和氣可立致，猶枹鼓之相應也。今朝廷忽於時月之令，諸侍中尚書近臣宜皆令通知月令之意，設羣下請事；若陛下出令有謬於時者，當知爭之，以順時氣。

《漢書》卷九九中《王莽傳中》　莽策羣司曰：歲星司肅，東（獄）〔嶽〕太師典致時雨，青煒登平，考景以晷。熒惑司悊，南嶽太傅典致時奥，赤煒頌平，考聲以律。太白司艾，西嶽國師典致時陽，白煒象平，考量以銓。辰星司謀，北嶽國將典致時寒，玄煒和平，考星以漏。月刑元股左，司馬典致武應，考方法矩，主司天文，欽若昊天，敬授民時，力來農事，以豐年穀。日德元厷右，司徒典致文瑞，考圜合規，主司人道，五教是輔，帥民承上，宣美風俗，五品乃訓。斗平元心中，司空典致物圖，考度以繩，主司地里，平治水土，掌名山川，衆殖鳥獸，蕃茂草木。各策命以其職，如典誥之文。

《後漢書》卷三〇下《郎顗傳》　土者地祇，陰性澄靜，宜以施化之時，敬而勿擾。竊見正月以來，陰闇連日。《易内傳》曰：久陰不雨，亂氣也，《蒙》之《比》也。蒙者，君臣上下相冒亂也。又曰：欲德不用，厥異常陰。夫賢者化之本，雲者雨之具也。得賢而不用，猶久陰而不雨也。又頃前數日，寒過其節，冰既解釋，還復凝合。夫寒往則暑來，暑往則寒來，此言日月相推，寒暑相避，以成物也。今立春之後，火卦用事，當温而寒，違反時節，由功賞不至，而刑罰必加也。宜須立秋，順氣行罰。

方春東作，布德之元，陽氣開發，養導萬物。王者因天視聽，奉順時氣，宜務崇温柔，遵其行令。而今立春之後，考事不息，秋冬之政，行乎春夏，故白虹春見，掩蔽日曜。凡邪氣乘陽，則虹蜺在日，斯皆臣下執事刻急所致，殆非朝廷優寬之本。此其變常之咎也。又今選舉皆歸三司，非有周召之才，而當則哲之重，每有選用，輒參之掾屬，公府門巷，賓客塡集，送去迎來，財貨無已。其當遷者，競相薦謁，各遣子弟，充塞道路，開長姦門，興致浮僞，非所謂率由舊章也。尚書職在機衡，宫禁嚴密，私曲之意，羌不得通，偏黨之恩，或無所用。選舉之任，不如還在機密。臣誠愚戇，不知折中，斯固遠近之論，當今之宜。又孔子曰：漢三百載，

（計）〔斗〕歷改憲。三百四歲爲一德，五德千五百二十歲，五行更用。王者隨天，譬猶自春徂夏，改青服絳者也。自文帝省刑，適三百年，而輕徵之禁，漸已殷積。王者之法，譬猶江河，當使易避而難犯也。故《易》曰：易則易知，簡則易從，易簡而天下之理得矣。今去奢即儉，以先天下，改易名號，隨事稱謂。《易》曰：君子之道，或出或處，同歸殊塗，一致百慮。是知變常而善，可以除災，變常而惡，必致於異。今年仲竟，來年入季，仲終季始，歷運變改，故可改元，所以順天道也。

《南齊書》卷一九《五行志》 《木傳》曰：東方，《易經》地上之木爲《觀》，故木於人，威儀容貌也。木者，春生氣之始，農之本也。無奪農時，使民歲不過三日，行什一之稅，無貪欲之謀，則木氣從。如人君失威儀，逆木行，田獵馳騁，不反宫室，飲食沈湎，不顧禮制，出入無度，多發繇役，以奪民時，作爲姦詐，以奪民財，則木失其性矣。蓋以工匠之爲輪矢者多傷敗，故曰木不曲直。

又：《貌傳》曰：失威儀之制，怠慢驕恣，謂之狂，則不肅矣。下不敬，則上無威。天下既不敬，又肆其驕恣，肆之則不從。夫不敬其君，不從其政，則陰氣勝，故曰厥罰常雨。

《魏書》卷一一一《刑罰志》 二儀既判，彙品生焉，五才兼用，廢一不可。金木水火土，咸相愛惡。陰陽所育，稟氣呈形，鼓之以雷霆，潤之以雲雨，春夏以生長之，秋冬以殺藏之。斯則德刑之設，著自神道。聖人處天地之間，率神祇之意。生民有喜怒之性，哀樂之心，應感而動，動而逾變。淳化所陶，下以惇朴。故異章服，畫衣冠，示耻申禁，而不敢犯。其流既銳，姦黠萌生。是以明法令，立刑賞。故《書》曰：象以典刑，流宥五刑，鞭作官刑，扑作教刑，金作贖刑，怙終賊刑，眚災肆赦。舜命咎繇曰：五刑有服，五服三就，五流有宅，五宅三居。夏刑則大辟二百，臏辟三百，宫辟五百，劓墨各千。殷因於夏，蓋有損益。《周禮》：建三典，刑邦國，以五聽求民情，八議以申之，三刺以審之。左嘉石，平罷民，右肺石，達窮民。宥不識，宥過失，宥遺忘，赦幼弱，赦耄耋，赦惷愚。周道既衰，穆王荒耄，命吕侯度作祥刑，以詰四方，五刑之屬增矣。夫疑獄氾問，與衆共之，衆疑赦之，必察小大之比以成之。先王之愛民如此，刑成而不可變，故君子盡心焉。

《隋書》卷二五《刑法志》 夫刑者，制死生之命，詳善惡之源，翦亂誅暴，禁人爲非者也。聖王仰視法星，旁觀習坎，彌縫五氣，取則四時，莫不先春風以播恩，後秋霜而動憲。是以宣慈惠愛，導其萌芽，刑罰威怒，隨其肅殺。仁恩以爲情性，禮義以爲綱紀，養化以爲本，明刑以爲助。上有道，刑之而無刑；上無道，殺之而不勝也。《記》曰：教之以德，齊之以禮，則人有格心。教之以政，齊之以刑，則人有遁心。而始乎勸善，終乎禁暴，以此字人，必兼刑罰。至於時逢交泰，政稱忠厚，美化與車軌攸同，至仁與嘉祥間出，歲布平典，年垂簡憲。昭然如日月，望之者不迷，曠乎如大路，行之者不惑。

《舊唐書》卷七八《于志寧傳》 時洛陽人李弘泰坐誣告太尉長孫無忌，詔令不待時而斬決。志寧上疏諫曰：

伏惟陛下情篤功臣，恩隆右戚，以無忌横遭誣告，事並是虚，欲戮告人，以明賞罰，一以絶誣告之路，二以慰勳戚之心。又以所犯是真，無忌便有破家之罪；今告爲妄，弘泰宜戮不待時。且真犯之人，事當罪逆；誣謀之類，罪唯及身。以罪較量，明非惡逆，若欲依律，合待秋分。今時屬陽和，萬物生育，而特行刑罰，此謂傷春。竊案《左傳》聲子曰：賞以春夏，刑以秋冬。順天時也。又《禮記·月令》曰：孟春之月，無殺孩蟲。省囹圄，去桎梏，無肆掠，止獄訟。又《漢書》董仲舒曰：王者欲有所爲，宜求其端於天道。天道之大者在陰陽。陽爲德，陰爲刑，刑主殺而德主生。陽常居大夏，而以生育養長爲事；陰常居大冬，而積於空虚不用之處。以此見天之任德不任刑也。伏惟陛下纂聖升祚，繼明御極，追連，胥之絶軌，蹈軒、項之良規。欲使舉動順於天時，刑罰依於律令，陰陽爲之式序，景宿於是靡差，風雨不愆，雩禜輟祀。方今太蔟統律，青陽應期，當生長之辰，施肅殺之令。伏願暫迴聖慮，察古人言，倘蒙垂納，則生靈幸甚。

《新唐書》卷五六《刑法志》 凡州縣皆有獄，而京兆、河南獄治京師，其諸司有罪及金吾捕者又有大理獄。京師之囚，刑部月一奏，御史巡行之。每歲立春至秋及大祭祀、致齊，朔望、上下弦，二十四氣、雨及夜未明，假日、斷屠月，皆停死刑。

（宋）李燾《續資治通鑑長編》卷九六《宋真宗天禧四年》 開封府

言：准近詔，大辟罪遇十月權住斷遣，過天慶節依舊行刑，雜犯死罪並春夏並禁繫聞奏。竊緣本府日有重囚，在獄淹久，欲望自今依舊逐日區斷，諸州軍亦准此。從之。

（宋）李燾《續資治通鑑長編》卷一二一《宋仁宗寶元元年》直史館蘇紳上疏曰：

星之麗天，猶萬國之附王者。下之畔上，故星亦畔天。精氣所感，先示其象。陛下既祇畏天戒，則宜推原其本，而預修其備。若生民之疾苦未復，郡縣之刑辟未平者，願推所以拯卹之。在位有背公懷私，害直醜正，相爲比周，不顧廉節者，願思所以懲艾之。據名藩，專使領，有因循亡效；守邊防，擁重兵，有方略不聞者：願議所以更置之。西北諸戎，久恃信好，有強悍自恣，獷驁慢上者，願求所以伐其謀。左右近習，久處親信，有狎侮不戒，狃寵怙恩者，願思所以杜其萌。草澤庶士，有負非常之才，而上不知、知而未用者，願思所以觀其行，盡其能。凡此數者，幸留聽而察焉。

天者，陽之氣；地者，陰之體。其有越陰之體，侵陽之政，則應以變動。故《書》曰：臣無有作威作福，害於而家，凶於而國，是也。今大異若此，得非任事之臣踰常分乎！朝廷事無大小，委之政府，至於黜陟之柄亦或得專。夫一二大臣，平居之日，所宜辨論官才，使陛下周知在位之能否。及有除擬，則可以隨才而任用，使進擢之人知恩出於上，則威福不外分也。今則不然，每一官闕，但閱其履歷、附以比例，而陛下無復有所更。故競進之徒，趨走權門，經營捷徑，靡所不至。是恩命未出於上，而請託已行於下矣。祖宗時，擢用要官，惟才是用，臣下莫得而先知，不牽制於一切。故被擢之人，咸思自勵。此無他，講求之有素，而大權不在於下也。

雷者，天之號令，所以開發萌芽，辟除陰害，萬物須雷而解，須雨而潤。惟人君崇寬大、順春令則應節，否則動於冬。今方春而雷發聲，天其或者欲陛下出號令以震動天下，宜及於早，而矯臣下舒緩之咎。凡朝廷事無鉅細，無內外，取其先急者，悉關聖慮而振肅之，不可緩也。夫星變既有下畔上之象，地震又有陰侵陽之證者，天意若曰夷狄將有畔上之釁，恐陛下未悟也，又以震雷警之，欲陛下先事爲備，則禍患消而福祥至矣。

（宋）李燾《續資治通鑑長編》卷四四三《宋哲宗元祐五年》先是，給事中范祖禹言：臣近準中書省録黄節文：尚書省檢準元祐敕，獄暑月五日一次湯刷枷杻，其罪人以時沐浴。奉聖旨令刑部遍下諸路、開封府界，今後每歲暑月，依上條施行者。臣檢會祖宗舊制，每歲冬夏，降詔恤刑。自太宗皇帝雍熙三年以來，累聖遵行，未之有改。至熙寧三年，編修中書條例所奏委逐路提點刑獄司，每歲於四月、十月檢舉，牒逐州長吏訖奏。臣竊惟祖宗欽恤庶獄，特從朝廷降詔，蓋當盛暑、大冬之月，使溥天之下至於海隅，犴牢囹圄之中，皆知聖主深居九重而憫念及之，此所以爲仁恩也。今令刑部遍下諸路，雖重於提刑司檢舉，然州縣奉承宣布，及書之史册，猶未若恤刑之詔，臣竊惜之。欲乞依祖舊制，令學士院每歲冬夏降詔，仍自今年十月爲始，以副陛下仁恤刑獄之意。於是詔中書省每歲四月上旬檢舉降詔。祖禹以六月四日上言，二十六日從其請。

（宋）李燾《續資治通鑑長編》卷四五九《宋哲宗元祐六年》三省言：潁昌府推勘陽翟縣令趙仁恕贓狀非一，盛夏株連，繫逮甚衆，乞免重勘。詔追兩官，罰銅十斤，除名勒停。

（宋）李燾《續資治通鑑長編》卷四八二《宋哲宗元祐八年》臣僚上言：今者春務方興，農桑維時，而愚民陷罪者衆，宜隨輕重決遣，以赴耕耘之業。請非灼然要切事，不得妄有追擾。其獄事須證逮者，立遣。從之。

（明）談遷《國榷》卷七〇《明神宗萬曆五年九月》丁卯，上諭停刑，蓋慈聖太后以大婚期也。張居正言：世宗齋醮奉玄，始暫免不決，此實近年姑息，非我祖宗垂憲之意也。春生秋殺，天道所以運行。雨露霜雪，萬物因之發育。若一歲之間，有春生而無秋殺，有雨露而無霜雪，則歲功不成而化理或滯矣。且稂莠不鋤，嘉禾不茂，冤憤不泄，戾氣不消。聖母獨見犯罪者身被誅戮之可閔，不知被彼所戕害者，皆含冤蓄憤于幽冥中。明王聖主不爲之一泄，彼以其怨恨冤苦之氣，鬱而不散，或蒸爲妖沴氛祲之變，下或招致凶荒疫癘之疾，則其爲害，又不止一人一家受其荼毒而已。請俟明年吉典告成，然後概免一年，則春生秋殺，並行而不悖矣。從之。

（明）孫甸《皇明疏鈔》卷二二華湘《修省六・陳言修省以消天變疏》

有賞有刑，賞必當其功，雖微不遺，所以示勸也。刑必當其罪，雖貴不赦，所以示懲也。天下之人無有不樂而畏之者，今也則不然，無功者猥賞而輕爵，以啟其倖門。有罪者脱刑而長奸，以反乎成獄。則善何所勸，惡何所懲刑哉。數者皆所以召乎沴氣而刑賞猶顯而可驗者焉。蓋天有四時，春夏爲陽，而於君爲仁，賞者君之仁也。秋冬爲陰，而於君爲義，刑者君之義也。刑賞不中，仁義乖則陰陽繆戾，而災害於是乎起。災害起矣，顧乃設齋致醮而求以禳之，是己無悔過之實而欲天之悔禍。所謂惡影而疾走也，其見於政，其施於行者如此。輔臣言之而不聽，大臣言之而不聽，諍臣言之而不聽，天心或有時而愈怒，將何以應之乎？

(清) 宋邦德《祥刑古鑑》卷下《恤囚·經訓》 《禮·月令》命有司省囹圄，去桎梏。仲春。又：斷薄刑，决小罪出輕繫。孟夏。又：挺重囚，益其食。仲夏，挺者拔出之義，重囚禁繫嚴密，故特加寬假。又：命理瞻傷察創視折。孟秋。

(清) 孫星衍《孔子集語》卷六《主德》 《大戴禮·誥志》公曰：誥志無荒，以會民義，齋戒必敬，會時必節，犧牲必全，齊盛必潔，上下禋祀，外内無失節，其可以省怨遠災乎？子曰：丘未知其可以省怨也。公曰：然則何以事神？子曰：以禮會時，夫民見其禮則上下援，援則樂，《大訓》作則上下不援，不援則樂。樂斯無憂，以此怨省而亂不作也。夫禮，會其四時，四孟四季五牲五穀，順至必時其節也。丘未知其可以遠災也。公曰：然則爲此何以？子曰：知仁合則天地成，天地成則庶物時，庶物時則民則敬，一作欲。民財敬以時作，時作則節事，節事以動衆，動衆則有極，有極以使民則勸，勸則有功，有功則無怨，無怨則嗣世久，《大訓》重世久二字。唯聖人，是故政以勝衆，非以陵衆；衆以勝事，非以傷事；事以靖民，非以徵民。故地廣而民衆，非以爲災長之禄也。吾聞周太史曰：政不率天，下不由人，則凡事易壞而難成。虞史伯夷曰：明，孟也。幽，幼也。明幽，雌雄也。雌雄迭興而順，至正之統也。日歸于西，起明于東；月歸于東，起明于西。虞夏之歷，正建於孟春，於時冰泮發蟄，百草權輿，瑞雉無釋。《史記》作百草奮興，秭鳺先滜。物乃歲俱生於東，以順四時，卒于冬萬。一作分，《大訓》作方。於時雞三號，卒明。載于青色，撫十二月節，卒于丑。日月成歲歷，再閏以順天道，此謂歲虞汁月。《大訓》無歲字。天曰作明，曰與維天是載；地曰作昌，曰與維地是事；人曰作樂，曰與維民是嬉。民之動，能不遠厥事；一作亨。民之悲色，不遠厥德，此謂表裏《大訓》作表表裏裏。時合。物之所生，而蕃昌之道如此。天生物，地養物，物備興而時《大訓》作日用常節，曰聖人；主祭于天，曰天子。天子崩，步于四川，代《大訓》作伐。于四山，卒葬曰帝。天作仁，地作富，人作治，樂治不倦，財富時節。

(漢) 徐幹《中論》卷下《歷數》 歷數者，先王以憲殺生之期，而詔作事之節也，使萬國之民不失其業者也。

(唐) 李世民《帝範》卷下《賞罰篇》 夫天之育物，猶君之御衆。天以寒暑爲德，君以仁愛爲心。寒暑既調，則時無疾疫，風雨不節，則歲有飢荒。仁愛下施，則人不彫弊。教令失度《禮記·月令》曰：孟春行夏令，則雨水不時，草木蚤落，國時有恐。行秋令，則其民大疫，猋風暴雨總至，藜莠蓬蒿並興。行冬令則水潦爲敗，雪霜大摯，首種不入。則政有乖違，防其心害源開其利本。顯罰以威之，明賞以化之。威立則惡者懼，化行則善者勸，適己而妨於道，不加禄焉。逆己而便於國，不施刑焉。故賞者不德君功之所致也，罰者不怨上罪之所當也。故《書》曰：無偏無黨，王道蕩蕩，此賞罰之權也。

(宋) 黎靖德《朱子語類》卷二四《論語六·爲政篇下》 器之問：三代損益，如衣服、器用、制度，損益却不妨。如正朔，是天時之常，却要改，如何？曰：一番新民觀聽，合如此。如新知縣到任，便變易號令一番。寓。

《太平經》卷四四《案書明刑德法》 然，夫刑德者，天地陰陽神治之明效也，爲萬物人民之法度。故十一月大德在初九，居地下，德時在室中，故内有氣，萬物歸之也。時刑在上六，在四遠野，故外無氣而清也，外空萬物，士衆皆歸，王德隨之入黄泉之下。十二月德在九二之時，在丑，居土之中，而未出達，時德在明堂，萬物隨德而上，未敢出見，上有刑也。正月寅，德在九三，萬物莫不隨盛德樂闕於天地而生，時德居庭。二月德在九四，在卯，巳去地，未及天，謫在界上，德在門，故萬物悉樂出闕於門也。三月盛德在九五，辰上及天之中，盛德時在外道巷，故萬物皆出居外也。四月巳，德在上九，到於六遠八境，盛德八方，善氣陽氣莫不響應相生，擾擾之屬，去內室之野處，時刑在萬物之根，居內室，故下空無物，而上茂盛也，莫不樂從德而爲治也，是治以德之大明效也。今謹已聞用德，願聞用刑。然，五月刑在初六，在午，地下，下內清無氣，地下空，時刑在室中，內無物，皆居外。六月刑居六二，在未，居土之中，未出達也，時刑在堂，時刑氣在內，德氣在外，擾擾之屬莫不樂露其身，歸盛德者也。七月刑在六三，申之時，刑在庭，萬物未敢入，固固樂居外。八月刑在六四，酉時，上未及天界，時德在門，萬物俱樂，闞於門樂人，隨德而還反也。九月刑在六五，在戌，上及天中，時刑在道巷，萬物莫不且死困，隨德入藏，故內日興，外者空亡。十月刑在上六，亥，時刑及六遠八境，四野萬物擾擾之屬莫不入藏逃，隨德行到于明堂，跂行自懷居內，野外空無士衆，是非好用刑罰者見從去邪哉？但心意欲內懷以刑，治其士衆，輒日爲其衰少也。故五月內懷一刑，一羣衆叛。六月內懷二刑，二羣衆叛。七月內懷三刑，三羣衆叛。八月內懷四刑，四羣衆叛。九月內懷五刑，五羣衆叛。十月內懷六刑，六羣衆叛。故外悉無物，皆逃於內，是明證效也。故以刑治者，外恭謹而內叛，故士衆日少也。是故十一月內懷一德，一羣衆入從。十二月內懷二德，二羣衆入從。正月內懷三德，三羣衆入從。二月內懷四德，四方羣衆入從。三月內懷五陽盛德，五羣衆賢者入從。四月內懷，六德，萬物並出見，莫不擾擾，中外歸之。此天明法效也。二月八月，德與刑相半，故二月物半傷於寒，八月物亦半傷於寒；二月之時，德欲出其士衆於門，刑欲內其士衆於門，俱在界上；故二月八月萬物刑德適相逢，生死相半，故半傷也。子今樂知天地之常法，陰陽之明證，此即是也。夫刑乃日傷殺，厭畏之，而不得衆力，反曰無人；德乃舒緩日生，無刑罰而不畏萬物，反曰降服，悉歸王之助其爲治，卽是天之明證，昭然不疑也。今人不威畏不可治，奈何乎哉？然古者聖人君子威人以道與德，不以筋力刑罰也。不樂爲善，德劣者反欲以刑罰威驚以助治，猶見去也。夫刑但可以遺窮解卸，不足以生萬物，明擾擾之屬爲其長也。今使人不內附，反欺詐，其大咎在此。

（附）二月八月，德與刑相半，故萬物半傷於寒。夫刑日傷殺厭畏之，而不得衆力。古者聖人威人以道德、不以筋力刑罰也。

（清）戴望《管子校正・四時》 管子曰：令有時，王者命令必有其時。無時則必視，順天之所以來，視謂觀而察之，若不得時，則必觀察其所致改革以順天道之來也。五漫漫，六惛惛，孰知之哉。漫漫，曠遠貌。惛惛，微暗貌。五，謂每時之政。其理曠遠，六，謂陰陽四時。其理微暗，既漫且惛，故知之者少也。唯聖人知四時，不知四時，乃失國之基。不知五穀之故，國家乃路。路謂失其常居。故天曰信明，地曰信聖，言能信順天地之道則而者日明日聖也。四時曰正。順行四時之今日正也。其王信明聖，其臣乃正。君明聖，則能用賢材，故正也。何以知其王之信明信聖也，曰慎使能而善聽信之。謂能聽信賢材之人。使能之謂明，使任賢能，則爲明也。聽信之謂聖，既聽其言，又信其事，所以爲聖。信明聖者，皆受天賞。信明者，天福也。使不能爲惛，既使不能，所以爲惛。惛而忘也者，皆受天禍。惛忘則動皆違理，故受天殃也。是故上見成事而貴功。則民事接勞而不謀；謂君見下有成，則能貴賞其功，是上能以恩接人事，故雖下勞，不謀上報其事也。上見功而賤，則爲人下者直。恃其功勞，故肆直也。爲人上者驕，不恤下功，則以驕悖故也。是故陰陽者，天地之大理也；天地用陰陽爲生成。四時者，陰陽之大經也；陰陽更用於四時之間爲緯也。刑德者，四時之合也。德合於春夏，刑合於秋冬。刑德合於時，則生福，詭則生禍。然則春夏秋冬將何行？東方曰星，東方陰陽之氣，和雜之時，故爲星。星亦不定於陰陽也。其時曰春，春，蠢也。時物蠢而生也。其氣曰風。陽動而陰寒爲風也。風生木與骨。木爲風而發暢，骨亦木之類也。其德喜嬴，而發出節。出，生也。言春德喜悦。長嬴爲發生之節也。時，其事號令，修除神位，謹禱獘梗，梗，塞也。時方開通而有獘敗梗塞者，則禱神以通道之。宗正陽，春陽事，故以正陽爲宗。治隄防，夏多水潦，故於春預修隄防。耕芸樹藝。正津梁，謂正橋梁也。修溝瀆，甃屋行水。甃者使之行水也。修屋壞，時方溉灌，依次行而用。解怨赦罪，通四方。凡此皆助發生之氣。然則柔風甘雨乃至，柔，和也。百姓乃壽，百蟲乃蕃，此謂星德。星以和爲德也。星者掌發爲風，掌，主也。主以風發生。是故春行冬政則雕，肅殺之氣乘之，故雕落也。行秋政則霜，秋霜降時也。行夏政則欲。是故春三月以甲乙之日發五政。甲乙統春之時也。一政曰：論幼孤，舍有罪。二政曰：賦爵列，授祿位。列，次也。三政曰：凍解修溝瀆，復亡人。人之逃亡者還復之。四政曰：端險阻，路有險阻，理之使端平也。修封疆，正千伯，千伯，即阡陌也。五政曰：無殺麑夭，毋蹇華絕芋。蹇，拔也。芋之屬。其根經冬不死，不絕之也。五政苟時，春雨乃來。南方曰日，南方太陽，故爲日也。其時曰夏，夏，假也。謂時物皆假大也。其氣曰陽，夏之氣也。陽生火與氣。陽爲鬱熱歊蒸，故爲火氣也。其德施舍修樂。施舍，謂施爵禄舍逋罪。修樂，謂作樂以修輔也。其事號令，賞賜賦爵，受禄順鄉，順鄉，謂不違土俗之宜也。謹修神祀，量功賞賢，以動陽氣。陽氣主仁，故行恩賞以助之也。九暑乃至，九暑，謂九夏之暑也。時雨乃降，五穀百果乃登，此謂日德。日以照育爲德也。中央曰土，土位在中央，而寄王於六月，承火之後，以土火之子故也，而統於夏，所以與火同章也。土德實輔四時入出，王在四時之季與之入出。以風雨節土益力。土德雨遍，益其生植之力。土生皮肌膚。土所生水木，實成皮與肌膚。其德和平用均，土無不載，無不生，故和而用均也。中正無私，位居中正無偏私。實輔四時，春嬴育，夏養長，秋聚收，冬閉藏。言上之四時皆土之所輔成也。大寒乃極，國家乃昌，四方乃服。言土輔四時使均成，然後寒極而成歲國昌民服。此謂歲德。言土能成歲之德也。日掌賞，賞爲暑，得賞則熱，熱故爲暑。歲掌和，和爲雨。和則陰陽交，故爲雨。夏行春政則風，風主春故。行秋政則水，行冬政則落，霜氣肅殺，故凋落也。是故夏三月以丙丁之日發五政。一政曰：求有功，發勞力者而舉之。二政曰：開久壙，久壙瘞之處開通之也。發故屋，辟故窌，以假貸。辟，開也。三政曰：令禁扇去笠，禁扇去笠者，不欲令人禦盛陽之氣。毋扱免，禁扱衽免袒者，亦不欲人惡盛陽之氣也。除急漏田廬。田中之廬欲漏之，不欲人惡盛陽之氣也。四政曰：求有德，賜布施於民者而賞之。五政曰：令禁罝設禽獸，謂設罝以取禽獸也。毋殺飛鳥。五政苟時，夏雨乃至也。西方曰辰，辰，星日交會也。秋陰陽適中，故爲辰。其時曰秋，秋，揫也。時物成熟揫斂之。其氣曰陰。秋之氣也。陰生金與甲，陰氣凝結堅實，故生金爲爪甲也。其德憂哀，靜正嚴順，秋氣悽惻，故以憂恤哀憐爲德。靜正，陰之性也。嚴順，謂德雖嚴，然順時而爲之也。居不敢淫佚。順秋氣而靜居，不敢爲淫逸過失也。其事號令，毋使民淫暴，順旅聚收。謂順時理軍旅，聚而收之也。量民資以畜聚，賞彼羣幹，衆有武幹人當賞之。聚彼羣材，材，謂可以充兵器之材，當收聚之。百物乃收，使民毋怠，時云收斂，出師故聚裝，人無懈怠。所惡其察。所欲必得，察所惡之方而伐之，則得其所欲也。我信則克，我既誠信。故能克敵。此謂辰德。辰以收斂殺姦邪爲德也。辰掌收，收爲陰。收聚冬閉藏，故爲陰。秋行春政則榮，春發榮也。行夏政則水，夏多行水潦也。行冬政則耗。冬肅殺損耗也。是故秋三月以庚辛之日發五政。一政曰：禁博塞，博塞長姦邪，故禁之。圉小辯，鬬譯跽。小辯則利口覆國，及譯傳言語相疾忌爲鬬訟者，皆當禁圉之也。二政曰：毋見五兵之刃。時或出師掩襲，故藏五兵之刃也。三政曰：慎旅農，趣聚收。四政曰：補缺塞坼。師旅營農，當慎收之。秋方閉藏，放令補缺塞坼也。五政曰：修牆垣，周門閭。亦所以助閉藏之氣。五政苟時，五穀皆入。北方曰月，北方太陰，故爲月也。其時曰冬，冬，中也。言藏收萬物於中也。其氣曰寒。冬之氣也。寒生水與血，寒釋則水流。血亦水之類。其德淳越，温怒周密。冬時花葉凋落，唯根幹存焉，故以淳質爲德。越，散也。冬既閉藏，時則入於恡嗇，故令散施爲德，雖復陰怒，當節之以温。周密者，衆陰之閉藏也。其事號令，修禁徙民，令靜止，時方休息，故禁人私徙，令爲靜止也。地乃不泄，冬令行，故地不泄也。斷刑致罰，無赦有罪，以符陰氣。陰氣主殺，故斷刑致罰以符之。大寒乃至，甲兵乃強，五穀乃熟，國家乃昌，四方乃備，此謂月德。月以閉藏罰罪爲德也。月掌罰，罰爲寒。罰則殺物，故爲寒也。冬行春政則泄，春陽氣發泄也。行夏政則雷，夏雷雹行。行秋政則旱。謂冬氣旱早也。是故冬三月以壬癸之日發五政，一政曰：論孤獨，恤長老。二政曰：善順陰，修神祀，賦爵禄，授備位。三政曰：效會計，毋發山川之藏。山藏，謂銅銀之屬藏在山者。川藏，謂珠玉之屬。藏在川者也。四政曰：捕姦遁，得盜賊者有賞。五政曰：禁遷徙止，流民圉分異。分異，謂離居者。五政苟時，冬事不過，所求必得，所惡必伏。是故春凋秋榮，冬雷夏有霜雪，此皆氣之賊也。氣反時則爲賊害也。刑德易節失次，則賊氣遬至。賊氣遬至，則國多菑殃。是故聖王務時而寄政焉。謂順時而立政。作教而寄武，因教而習武也。作祀而寄德焉，謂設祭以顯則神歆也。此三者聖王所以合於天地之行也。天地之行，唯此三者而已。日掌陽，月掌陰，星掌和。陽爲德，陰爲刑，和爲事。是故日食，則失德之國惡之。月食，則失刑之國惡之。彗星見，則失和之國惡之。失則當受罰，故其所失各以其所類而興惡也。風與日爭明，則失生之國惡之。日惡風且熱，旱災成矣，方生之物，皆枯悴矣，此失生德也。故失生之國惡也。是故聖王日食則修德，月食則修刑，彗星見則修和風，與日爭明則修生，此四者聖王所以免於天地之誅也。信能行之，五穀蕃息，六畜殖，而甲兵強。治積則昌，暴虐積則亡。道生天地，道者自然能生天地也。德出賢人。德者賢人所修爲，故能生賢也。道生德，法道則成德也。德生正，德修則理自正。正生事。正直則事幹。是以聖王治天下，窮則反，終則始。德始於春，長於夏。刑始於秋，流於冬。謂刑於冬而休息也。刑德不失，四時如一。皆順時而成，故如一。刑德離鄉，時乃逆行。鄉，方也。作事不成，必有大殃。月有三政，月三旬政異，故曰三政也。王事必理。以爲久長，王者行事，必順三政之理，然後可以長久。不中者死，失理者亡。中猶合也。不合三政者則死，違失其理必敗亡。國有四時，固執王事。固執四時之政以輔行王事。四守有所，謂守四時令得其所。三政執輔。執月之三政，輔行己德也。

無時則必視順天之所以來。丁云視字衍，視順形近而譌。一作視，一作順。校書者旁注視字，遂入正文耳。尹讀視字句，非，時與來爲均。不知五穀之故國家乃路。望案：路與露同。說見《五輔篇》。故天曰信明，地曰信聖，四時曰正其王。信明聖，其臣乃正，何以知其王之信明、信聖也。曰慎使能而善聽信之，使能之謂明，聽信之謂聖。信明聖者，皆受天賞。使不能爲惛惛而忘也者，皆受天禍。兩王字皆當作主。王氏引之云天曰信明，地曰信聖，當作天曰明，地曰聖，其主信明聖。主與臣相對爲文，各本作王。非。當作其主明聖，何以知其主之信明、信聖也。當作何以知其主之明聖也。信明聖者，當作明聖者，信字皆衍文也。蓋因兩言聽信而衍。尹注：故天曰明二句云，言能信順天地之道，則而行之者曰明曰聖也，則曰下無信字明甚。注：其主明聖二句云君明聖則能用賢材，故正也，則其主下無信字明甚。信明聖者皆受天賞。注云信明者天福也，當作明聖者天福也。蓋正文既衍信字，後人又據之以改注文耳。皆受天禍，當作皆受天殃，殃與賞爲均也。襄二十八年《左傳》：善人富，謂之賞。淫人富，謂之殃，亦以賞殃爲均。尹注云：惛忘則動皆違理，故受天殃也，則正文本作天殃明甚，後人改殃爲禍，遂失其均矣。丁云：慎使能而善聽信之，之字衍。慎使能者，善聽信者，能與信皆指臣下言，惛而忘也者上有闕文，以意補之，當云聽不信爲忘。元本惛而上有爲忘二字。忘與芒同，芒訓昧，與惛同義。俞說同。是故上見成事而貴功，則民事接勞而不謀。丁云：民事之事，因上文而衍。《爾雅》曰：接，捷也。《詩·丞民》傳曰：捷捷，言樂事也。

則爲人下者直。俞曰：直當爲德，古字作悳，脱去心耳，言爲下者自以爲德也。尹注非。其德喜嬴而發出節時。其事號令。王云：時字絕句。發出節時，謂以時節發出萬物也。其事號令別爲句，乃總領下文之詞，春夏秋冬皆有之。尹以節字絕句，時字下屬爲句，大謬。修除神位，謹禱獘梗。王氏引之云：獘與幣同。幣，古通作獘，說見《史記·貨殖傳》。梗，禱祭也。幣梗者，梗用幣也。《周官·女祝》掌以時，招梗禬禳之事，以除疾殃。鄭注曰：梗，禦未至也。《淮南·時則篇》曰：脩除祠位，幣禱鬼神。文義正與此同，尹以獘梗爲獘敗梗塞，非是，洪說同。星者掌發爲風，朱本重發字。望案：下文曰掌賞，賞爲暑，歲掌和。和爲雨，辰掌收。收爲陰，月掌罰。罰爲寒，當與之一例。刪者字，補發字，丁說同。春行冬政則雕。宋本雕作彫，案：彫、雕皆凋借字。行夏政則欲。宋云欲疑是歊字。

修封疆。《藝文類聚》一引作治封洫，《御覽·天部十》引作治封壃。毋蹇華絕芋。洪云：《藝文類聚》二、《御覽·天部十》、《事類賦》注三引，俱作無絕華萼。俗作蕚。蹇是衍字，華絕二字誤乙，芋卽萼字之譌，尹注非。王云：蹇華絕萼，《類書》引作絕華萼，所見本異耳。《說文》攓，拔取也。引《離騷》朝攓阰之木蘭。今本作搴。《爾雅》芼，搴也。樊光曰：搴，猶拔也。《釋文》搴，九輦反。《漢書·季布傳·贊》身履軍搴旗者數矣。李奇注與樊光同。《莊子·至樂篇》攓蓬而指之。司馬彪曰：攓，拔也。攓、搴、蹇皆攓之或字。尹訓蹇爲拔，是也，但未知芋爲萼之譌耳。又《禁藏篇》毋夭英，毋拊竿。尹注曰：竿，笋之初生也。案拊當爲折。俗書折字或作扸，因譌而爲拊。竿亦當爲萼。隸書從艸，從竹之字，多相亂。故萼又譌爲竿。《小雅·常棣》箋曰：承華者曰萼。夭英卽蹇華。蹇與搴同，《廣雅》搴，夭，拔也。折萼卽絕萼也，尹注非。五政苟時。孫云：《御覽》十，《事類賦》三引作五政徇時。是也。《左傳》文十一年注云：徇，順也，謂順其時序。《白帖》二引作順時。其德施舍修樂。丁云施與弛同。《八觀篇》云上必寬裕而有解舍。解舍猶弛舍也。以動陽氣。王云動當爲助，字之誤也。據尹注云：陽氣主仁，故行恩賞以助之也。則本作助明矣。九暑乃至時雨乃降。王氏引之云九當爲大字之誤也。大暑乃至與下大寒乃至對文。大暑乃至，時雨乃降，猶《月令》言土潤溽暑，大雨時行耳。尹注非。中央曰土。張云此節當在夏末夏雨乃至下，不當雜出於中閒，蓋錯簡。以風雨節土益力。丁云以字衍。中正無私。丁云中正上脱其事二字，四時皆言其德其事，是其證。大寒乃極，國家乃昌，四方乃服。丁云大寒乃極十二字，北方一節文，誤衍在此。求有功發勞力者而舉之。劉云發疑伐字誤。望案：發、伐古同聲，通用，此十字作一句讀。開久墳。丁云墳乃壙字誤，卽礦字之借。《周官·丱人》掌金玉錫石之地。久壙謂地外未發者。開之以假貸，與發故屋辟故峁同義，尹注大謬。除急漏田廬。俞云除急二字衍文。尹注曰：田中之廬欲漏之，不欲人惡盛陽之氣也，不及除急之義。是尹所據本無此二字。求有德賜，布施於民者而賞之。丁云此十二字一句讀，德賜猶德惠也。夏雨乃至也。丁云也字衍。上文云春雨乃來。

居不敢淫佚。宋本居下有而字。順旅聚收。洪云順讀爲慎，旅謂旅處在野之農。下文曰：慎旅農，趣聚收。其證也，尹注非。賞彼羣幹，聚彼羣材。丁云賞疑畜字，誤兩句一義，承上量民資以畜聚言之。尹注非。

所惡其察所欲必得。俞云當作所惡必察，兩句一律。下文又云所求必得，所惡必伏。知此文誤也。我信則克。吴云我義之壞字。闞譯惡。宋本惡作諰。俞云：據尹注，則正文當作譯忌闞。譯者，睪之叚字。《說文·幸部》：睪，司視也。从横目从幸，令吏將目捕罪人也。則睪有捕治之義。望案：忌惎之叚字。《說文》惎，毒也。一曰教也。此甚當訓教。民私自教鬬，故捕治之也。周門閭。孫云周當爲固字之誤也。《初學記》三，《御覽·時序部九》、《事類賦》注五，俱引作謹門閭，謹與固義相近。其德越湻，温怒周密。王氏引之云温讀爲愠，愠亦怒也。尹注非。安井衡云古本怒作恕。是故冬三月。宋本自此至所惡必伏，在暴虐積則亾下，而以道生天地接此文。劉云宋本誤。捕姦遁。宋本作攝姧遁。作教而寄武。宋本武下有焉字，與上下文一例。風與日爭明。望案：明訓爲彊。《左氏》哀十五年《傳》云：與不仁爭明。（句）無不勝，則失生之國惡之。望案：《文選》陸士衡《樂府·君子有所思行》。注引《漢書》韋昭注曰：生，業也，失生猶言失業。德生正。王云正與政同，尹注非。以爲必長。安井衡云古本作久長。

（清）戴望《管子校正·五行》 日至，睹甲子木行御。謂春日既至，睹甲子用木行御時也。天子出令命左右士師內御，謂內侍之官也。總别列爵，謂總别等列之爵也。論賢不肖士吏，論士吏之賢與不肖，當有所黜陟也。賦祕，賜祕藏之物出而賦賜之也。賞於四境之內。發故粟以田數，故粟陳也。以田數多少用陳粟給人，使得務農。出國衡，順山林。禁民斬木，所以愛草木也。然則冰解而凍釋，草木區萌，萌芽區别而生也。贖蟄蟲卵菱。贖，猶去也。卵，鳧。菱，芡也。皆早春而生也。春辟勿時，春當耕闢，無得不及時也。苗足本，足，猶擁也。春生之苗，當以土擁其本。不癘雛轂，癘，殺也。雛隨母食者。不夭麛麇毋傅速，麛，鹿子也。言夭傷之。亡傷繈褓，繈褓之嬰孩無得傷損也。時則不凋。若能行上事春，則繁茂而不凋枯也。七十二日而畢春當九十日，而今七十二日而畢者，則季月十八日屬土位故也。睹丙子火行御。天子出令，命行人內御，行人，行使之官也。令掘溝澮，津舊塗，舊塗，謂先時濟水處，當設其津梁也。發臧任君賜賞。任。委也。藏中委積物，當發用之，即以充君之賞賜也。君子修游馳以發地氣，游馳，謂游戲馳馬也。出皮幣，命行人修春秋之禮於天下諸侯，通天下，遇者兼和。春秋二時聘問之禮。然則天無疾風，草木發奮，鬱氣息，謂鬱蒸之氣止息也。民不疾而榮華蕃。七十二日而畢。睹戊子土行御。天子出令。命左右司徒內御，命司徒御理夏政也。不誅不貞，貞，正也。太陽用事，時方長育。故無所誅戮，無責正，以助養氣也。農事爲敬，夏時農事尤盛，順而敬之也。大揚惠言，言大舉仁惠之事也。寬刑死，緩罪人。皆所以助養氣也。出國司徒令。命順民之功力以養五穀。君子之靜居，陰氣方生，故靜居以遵也。而農夫修其功力極。然則天爲粤宛，粤，厚也。宛，順也。天爲厚順，不逆時氣也。草木養長，五穀蕃實秀大，六畜犧牲具，民足財，國富，上下親，諸侯和。七十二日而畢。【略】日至睹甲子木行御。俞云睹疑當爲都。都，凡也。望謂疑當爲諸。諸，於也。命左右士師內御。王云士師當爲士師，見上文。賦祕賜賞於四境之內。王氏引之云此當以賦祕爲句，賞賜於四境之內爲句。賦，布也。《大雅·烝民篇》《毛傳》：布散其所祕藏之物也。下文曰發臧，古藏字。任君賜賞，賦祕猶言發臧也。賜賞於四境之內，猶言任君賜賞也。尹注非。順山林。安井衡云古本順作慎，然則水解而凍釋，草木區萌。中立本水作冰。王云水當爲冰，區萌卽句芒。《樂記》曰草木茂區，萌達是也。尹注非。贖蟄蟲卵菱。丁云贖字衍，菱乃養字之誤。卵，生也。養，亦生也。養與萌爲均。《説文》養，古文作𢼊。寫者移羊旁置於攴上。𢼊變爲萲，與菱字相似而誤。望案：宋本卵作卯，蓋非。毋傅速。丁云。顧千里云。速卽麌字。《爾雅》，鹿跡爲麌。亡傷繈褓。宋本褓作葆。七十二日而畢。尹注曰。春當九十日，而今七十二日而畢者，則季月十八日屬土位故也。劉云上文甲子木行御，下文丙子火行御。自甲子起，周一甲子六十日，又十二日得丙子，故曰七十二日而畢，不皆放此。蓋五七三百五十日，又五二爲十日，通三百六十日，一年之數也。尹注非。發臧任君賜賞，君子修游馳以發地氣，出皮幣。丁云當讀發臧任君賜賞，以發地氣。《四時篇》曰量功賞賢，以助陽氣。又曰斷刑致罰，無赦有罪，以符陰氣。句法一例，皆取順時宣化之義。君子修游馳出皮幣一句讀，馳乃駟之誤。駟，四馬一車也。游駟。猶《中匡篇》之游車。《小匡篇》曰又游士八十人，奉之以車馬衣裘，多其資糧財幣，使出周游於四方。《山國軌篇》曰上且修游，人出若干幣。游人卽游士也，彼指人言，此就車駕言，文義相合。不誅不貞。丁云貞當爲責。《白虎通》誅猶責也。司救誅讓注：誅，責也。尹注本作責正也，故其不言無所責正，今正文乃注皆譌。農事爲敬。王云敬當作亟其乘屋之亟。亟。急也，言夏時不行誅罰，唯農事爲急也。又下文云天子敬行急政旱札，敬亦當作亟，讀如亟稱於水之亟。亟，數也，言天子行急政，則有旱札之災也。《集韻》亟或作⿱艹亟，因譌而爲敬。《大戴禮·文王官人篇》。亟再其説。再與稱同。今本亟再譌爲敬再，是其證也。

（清）戴望《管子校正·禁藏》 當春三月，萩室熯造，熯，謂以火乾也。三月之時，陽氣盛發，易生温疫。楸木鬱臭，以辟毒氣，故燒之於新造之室，以禳祓也。鑽燧易火，杼井易水，所以去茲毒也。四時易火，至春則取榆柳之火，春時之井，又以易其水，凡此皆去時滋長之毒。舉春祭，塞久禱，以魚爲牲，以糵爲酒，相召，久禱而未報者，當享塞之。相召，謂因此時召親賓。所以屬親戚也。毋殺畜生，毋拊卵，拊，謂擊剝之也。毋伐木，毋夭英，英，謂草木之初生也。毋拊竿，竿，笋之初生也。所以息百長也。所以生息百物之長。賜鰥寡，振孤獨，貸無種，與無賦，所以勸弱民。謂勸勉貧弱之人也。發五正，正謂五官正也。赦薄罪，出拘民，解仇讎，仇讎者和解令反去。所以建時功，施生穀也。謂及時立農功，施力爲生穀。凡此皆春令。夏賞五德，五德，謂五常之德。滿爵禄，遷官位，禮孝弟，復賢力，所以勸功也。賢而有功，賞復除之。此皆夏令。秋行五刑，誅大罪，所以禁淫邪，止盜賊。凡此皆秋令。冬收五藏，五穀之藏。最萬物，最聚。所以內作民也。凡此皆冬令。四時事備，而民功百倍矣。於四時事皆備，故人有百倍之功。故春仁夏忠，秋急冬閉，生者，仁也。長者，忠也。收當急也。藏當閉也。順天之時，約地之宜，忠人之和。忠猶稱也。事稱人理則和。故風雨時，五穀實，草木美多，六畜蕃息，國富兵彊，民材而令行，人多材藝而順上命，故令行也。內無煩擾之政，外無彊敵之患也。

【略】

當春三月，萩室熯造，鑽燧易火，杼井易水。尹解萩室熯造云，熯謂以火乾也。三月之時，陽氣盛發，易生温疫，楸木鬱臭，以辟毒氣，故燒之於新造之室以禳祓也。王云，尹說甚謬。《輕重己篇》曰：教民樵室鑽燧，墐竈泄井，所以壽民也。鑽燧泄井，卽此所謂鑽燧易火，杼井易水也。樵與萩古字通，萩室卽樵室也。《公羊春秋》桓七年焚咸丘，《傳》曰：焚之者何，樵之也。樵之者何，以火攻也。樵室與熯竈同意。熯，古然字也。《霸形篇》楚人燒焫熯焚鄭地。《論衡・感虛篇》熯一炬火，爨一鑊水。熯竝與然同。《淮南・天文篇》陽燧見日，則然而爲火。《華嚴經》十三音義引然作熯。《說林篇》一膊炭熯。《文子・上德篇》熯作然。《說文》曰：然，燒也。墐與熯字相似，故熯譌作墐。造卽竈字也。《周官・膳夫》曰：王日一舉，以樂侑食，卒食以樂徹于造。《淮南・王術篇》曰：伐鼙而食，奏雍而徹，已飯而祭竈。《淮南》之祭竈，卽《周官》之徹于造，蓋徹饌而設之於竈，若祭然也。《周官・大祝》二曰造，故書造作竈。《史記・秦本紀》客卿竈。《秦策》竈作造。《吳越春秋・夫差內傳》勒馬銜枚，出火於造。卽吳語所謂係馬舌出火竈也。丁云，杼當爲抒。《說文》抒，挹也。《大雅・生民》釋文引《倉頡篇》云抒，取出也。《一切經音義》引《通俗》文，没出謂之抒。《廣雅》抒，渫也。《輕重己篇》作渫井。毋拊竿。望案：拊竿乃折華之誤，說見《四時篇》。振孤獨。宋本振作賑。最萬物。丁云最當作冣。《說文・冖部》冣，積也。冣與聚音義皆同，與曰部之最，音義皆別，詳段先生《說文注》。約地之宜。王云約字於義無取，約當爲得，得約草書相似，故得譌爲約也。又下文故奔亡者無所匿，遷徙者無所容。不求而約，不召而來，約亦草書得字之誤。得與來爲均也。古來字亦讀入聲。《小雅・出車篇》謂我來矣，與牧載棘爲均。《大東篇》職勞不來，與服爲均。《大雅・靈臺篇》庶民子來，與亟囿伏爲均。《常武篇》徐方既來，與塞爲均。《通典・食貨三》引此，正作不求而得。忠人之和。俞云忠當讀爲中。中人之和，猶言得人之和。《周官》師氏掌國中失之事，鄭注曰故書中爲得。《呂覽・行論篇》以中帝心。高注曰中得也。

(清)戴望《管子校正・度地》 大寒大暑，大風大雨，其至不時者，此謂四刑。或遇以死，或遇以生，君子避之，是亦傷人。故吏者，所以教順也，三老里有司伍長者，所以爲率也。五者已具，民無願者，願其畢也。故常以冬日順三老里有司伍長，以冬賞罰，使各應其賞而服其罰，五者不可害，則君之法犯矣。此示民而易見，故民不比也。【略】

以冬賞罰。陳先生云，冬讀爲終。古以冬爲終。謂終之以賞爲也。故民不比也。丁云，比疑北字誤，北古背字。

(清)戴望《管子校正・形勢解》 春者，陽氣始上，故萬物生。夏者，陽氣畢上，故萬物長。秋者，陰氣始下，故萬物收。冬者，陰氣畢下，故萬物藏。故春夏生長，秋冬收藏，四時之節也。賞賜刑罰，主之節也。四時未嘗不生殺也，主未嘗不賞罰也，故曰：春秋冬夏，不更其節也。

(清)戴望《管子校正・乘馬數》 今至於其亡筴乘馬之君，春秋冬夏，不知時終始，作功起衆，立宮室臺榭，民失其本事，君不知其失諸春筴，又失諸夏秋之筴數也。民無糧賣子數矣。猛毅之人，淫暴貧病之民，乞請君行律度焉，則民被刑僇而不從於主上，此筴乘馬之數亡也。民無糧賣子數矣，宋本矣作也。俞云，數也二字，涉上文又失諸夏秋之筴數也而衍。

(清)戴望《管子校正・輕重己》 以冬日至始，數九十二日，謂之春至。天子東出其國，九十二里而壇，朝諸侯卿大夫列士，循於百姓，號曰祭星。十日之內，室無處女，路無行人。苟不樹藝者，謂之賊人。下作之地，上作之天，謂之不服之民。處里爲下陳，處師爲下通，謂之役。夫三不樹而主使之。天子之春令也。

以春日至始，數四十六日，春盡而夏始。天子服黃而靜處，朝諸侯卿大夫列士。循於百姓，發號出令曰：毋聚大衆，毋行大火，毋斷大木，誅大臣，毋斬大山，毋戮大衍。滅三大而國有害也。天子之夏禁也。

以春日至始，數九十二日，謂之夏至，而麥熟。天子祀於太宗，其盛以麥。麥者，穀之始也。宗者，族之始也。同族者人，殊族者處。皆齊大材，出祭王母。天子之所以主始而忌諱也。

以夏日至始，數四十六日，夏盡而秋始，而黍熟。天子祀於太祖，其盛以黍。黍者，穀之美者也。祖者，國之重者也。大功者太祖，小功者小祖，無功者無祖。無功者皆稱其位而立沃，有功者觀於外。祖者，所以功祭也，非所以戚祭也。天子之所以異貴賤而賞有功也。

以夏日至始，數九十二日，謂之秋至，秋至而禾熟。天子祀於太惢，西出其國，百三十八里而壇，服白而絻白，搢玉總，帶錫監，吹塤箎之風。鑿，動金石之音，朝諸似卿大夫列士，循於百姓，號曰祭月，犧牲以彘。發號出令，罰而勿賞，奪而勿予。罪獄誅而勿生。終歲之罪，毋有所赦。作衍牛馬之實，在野者王。天子之秋計也。

以秋日至始，數四十六日，秋盡而冬始。天子服黑絻黑而靜處，朝諸侯卿大夫列士，循於百姓，發號出令曰：毋行大火，毋斬大山，毋塞大水，毋犯天之隆。天子之冬禁也。【略】

下作之地上作之天。俞云：作讀如《詩》侯作侯祝之作，此蓋神道設教之意。春盡而夏始，天子服黃而靜處。王氏引之云：下文曰：秋盡而冬始，天子服黑絻黑而靜處，則此當云天子服赤絻赤而靜處，寫者脱誤耳。毋斷大水，誅大臣，毋斬大山，毋戮大衍。滅三大而國有害也。俞云：誅大臣三字衍文，此蓋以斷大木，斬大山，戮大衍爲滅三大。其上文聚大衆，行大火，非滅之也，故不數也。若有誅大臣之文，則爲滅四大矣。又案：斬大山之斬，當讀爲鑿。與形勢解斬高同。天子祀於大宗，《御覽·時序部八》引作祈天宗。同族者人殊族者處，王云：人當爲入，處，止也。言同族者則入祭，異族者則止也。無功者皆稱其位而立沃。吴云：沃乃飫字誤。祖者所以功祭也，非所以戚祭也。吴云：兩所字皆涉下文所以字而衍。天子祀於太惢，安井衡云：太惢蓋心星，心三星，故其字作惢。《詩》曰：七月流火，秋分祀心，餞其納也。《説文》：惢，心疑也，讀爲瑣，非此義。西出其國百三十八里而壇。

俞云：以上下文推之，所出之里數皆與之日數相符，則此文亦宜云：出國九十二里矣，乃出國百三十八里者，蓋自夏日至始數四十六日，夏盡而秋始，又自夏日至始數九十二日而秋至，合而計之，則爲一百三十八，故出國百三十八里也。古人於此蓋別有義。發號出令。望案：此句下脱曰字，當依上下文例補。

《孫子·始計》 道者，令民與上同意，可與之死，可與之生，而不畏危也；天者，陰陽、寒暑、時制也；地者，遠近、險易、廣狹、死生也；將者，智、信、仁、勇、嚴也；法者，曲制、官道、主用也。凡此五者，將莫不聞，知之者勝，不知者不勝。

（宋）吉天保《孫子十家註》卷一《計篇》 天者，陰陽寒暑時制也。〔杜牧注：〕陰陽者，五行刑德向背之類是也。【略】故梁惠王問尉繚子曰：黃帝有刑德可以百戰百勝，其有之乎！尉繚子曰：不然。黃帝所謂刑德者，刑以伐之，德以守之。非世之所謂刑德也。夫舉賢用能者，不時日而利，明法審令者，不卜筮而吉。

《鶡冠子·天則》 氣，時也。四時各領一方之氣。生殺，法也。循度以斷，天之節也。物不可以終通，故循度以間之，性命自然之節也。列地而守之，分民而部之。守或作止，此聖人法天之節，循度以斷之。故地各有守，民各有部。寒者得衣，飢者得食，冤者得理，勞者得息，聖人之所期也。

《呂氏春秋·孟春紀·孟春》 是月也，以立春。先立春三日，太史謁之天子曰：某日立春，盛德在木。天子乃齋。立春之日，天子親率三公、九卿、諸侯、大夫以迎春於東郊。還，乃賞公卿、諸侯、大夫於朝，命相布德和令，行慶施惠，下及兆民。慶賜遂行，無有不當。迺命太史守典奉法，司天日月星辰之行，宿離不忒，無失經紀，以初爲常。

《呂氏春秋·仲夏紀·仲夏》 是月也，長日至，陰陽爭，死生分。君子齋戒，處必揜，身欲靜無躁，止聲色，無或進，薄滋味，無致和，退嗜慾，定心氣，百官靜，事無刑，以定晏，陰之所成。鹿角解，蟬始鳴，半夏生，木堇榮。

《呂氏春秋·孟秋紀·孟秋》 是月也，命有司修法制，繕囹圄，具桎梏，禁止姦，慎罪邪，務搏執。命理瞻傷，察創，視折，審斷决。獄訟必正平，戮有罪，嚴斷刑。天地始肅，不可以贏。

《呂氏春秋·仲秋紀·仲秋》 是月也，養衰老，授几杖，行麋粥飲食。乃命司服具飭衣裳，文繡有常，制有小大，度有短長，衣服有量，必循其故，冠帶有常。命有司申嚴百刑，斬殺必當，無或枉撓，枉撓不當，反受其殃。

《呂氏春秋·季秋紀·季秋》 是月也，申嚴號令，命百官貴賤無不務入，以會天地之藏，無有宣出。命冢宰農事備收，舉五種之要，藏帝耤之收於神倉，祇敬必飭。【略】

是月也，大饗帝，嘗犧牲，告備于天子。合諸侯，制百縣，爲來歲受朔日，與諸侯所稅於民，輕重之數，以遠近土地所宜爲度，以給郊廟之事，無有所私。【略】

是月也，草木黄落，乃伐薪爲炭。蟄蟲咸俯在穴，皆墐其戶。乃趣獄刑，無留有罪。收禄秩之不當者，共養之不宜者。

（漢）班固《白虎通義》卷下《德論下・八風》 故曰條風至地暖，明庶風至萬物産，清明風至物形乾，景風至棘造實，涼風至黍禾乾，昌盍風至生薺麥，不周風至蟄蟲匿，廣莫風至則萬物伏。是以王者承順之，條風至則出輕刑，解稽留，明庶風至則修封疆，理田疇；清明風至出幣帛，使諸侯；景風至則爵有德，封有功；涼風至報地德，化四鄉；昌盍風至則申象刑，飾囷舍；不周風至則築宫室，修城郭；廣莫風至則斷大辟，行獄刑。

（漢）王充《論衡》卷一四《寒温》 案前世用刑者，蚩尤亡秦甚矣。蚩尤之民，湎湎紛紛；亡秦之路，赤衣比肩：當時天下未必常寒也。帝都之市，屠殺牛羊，日以百數。刑人殺牲，皆有賊心；帝都之市，氣不能寒。或曰：人貴於物，唯人動氣。夫用刑者，動氣乎？用受刑者，爲變也？如用刑者，刑人殺禽，同一心也；如受刑者，人禽皆物也。俱爲萬物，百賤不能當一貴乎？或曰：唯人君動氣，衆庶不能。夫氣感必須人君，世何稱於鄒衍？鄒衍匹夫，一人感氣，世又然之。刑一人而氣輒寒，生一人而氣輒温乎？赦令四下，萬刑並除，當時歲月之氣不温。往年萬戶失火，煙焱參天；河决千里，四望無垠。火與温氣同，水與寒氣類。失火河决之時，不寒不温。然則寒温之至，殆非政治所致？然而寒温之至，遭與賞罰同時，變復之家，因緣名之矣。

春温夏暑，秋涼冬寒，人君無事，四時自然。夫四時非政所爲，而謂寒温獨應政治？正月之始，正月之後，立春之際，百刑皆斷，囹圄空虚，然而一寒一温。當其寒也，何刑所斷？當其温也，何賞所施？由此言之寒温天地節氣，非人所爲明矣。

（漢）王充《論衡》卷二四《辨祟》 刑不上大夫，聖王於貴者闊也。聖王刑賤不罰貴，鬼神禍貴不殃賤，非《易》所謂大人與鬼神合其吉凶也。我有所犯，抵觸縣官，罹麗刑法，不曰過所致，而曰家有負。居處不慎，飲食過節，不曰失調和，而曰徙觸時。死者累屬，葬棺至十，不曰氣相汙，而曰葬日凶。有事歸之有犯，無爲歸之所居。居衰宅耗，蚩凶流尸，集人室居，又禱先祖；寢禍遺殃，疾病不請醫，更患不修行，動歸於禍，名曰犯觸。用知淺略，原事不實，俗人之材也。猶繫罪司空作徒，未必到吏日惡，繫役時凶也。使殺人者求吉日出詣吏，剬罪推善時入獄繫。甯能令事解赦令至哉？人不觸禍不被罪，不被罪不入獄。一旦令至，解械徑出，未必有解除其凶者也。天下千獄，獄中萬囚，其舉事未必觸忌諱也。居位食禄，專城長邑，以千萬數，其遷徙日未必逢吉時也。歷陽之都，一夕沈而爲湖，其民未必皆犯歲月也。高祖始起豐沛，俱復其民，未必皆慎時日也。項羽攻襄安，襄安無噍類，未必不禱賽也。趙軍爲秦所坑於長平之下，四十萬衆，同時俱死，其出家時，未必不擇時也。辰日不哭，哭有重喪；戊己死者，復尸有隨，一家滅門先死之日，未必辰與戊己也。血忌不殺牲，屠肆不多禍；上朔不會衆，沽舍不獨殃，塗上之暴尸，未必出以往亡；室中之殯柩，未必還以歸忌。由此言之，諸占射禍祟者，皆不可信用；信用之者，皆不可是。

（清）顧炎武《日知録》卷四《春秋言天之學》 天文五行之學，愈疎則多中，愈密則愈多不中。春秋時言天者，不過本之分星，合之五行，驗之日食、星孛之類而已。五緯之中但言歲星，而餘四星占不之及，何其簡也。而其所詳者，往往在於君卿大夫言語動作威儀之間及人事之治亂敬怠，故其説也易知，而其驗也不爽。揚子《法言》曰：史以天占人，聖人以人占天。邵子曰：五星之説，自甘公石公始。

（清）顧炎武《日知録》卷二七《漢人註經》 斷薄刑决小罪，注云：祭統曰草艾則墨謂立秋後也。刑無輕於墨者，今以純陽之月斷刑决罪，與毋有壞墮自相違，似非。

（清）顧炎武《日知録》卷三〇《黄河清》 漢桓帝延熹九年，濟陰東郡濟北平原河水清，襄楷上言：河者，諸侯位也，清者屬陽，濁者屬陰，河當濁而反清者，陰欲爲陽，諸侯欲爲帝也。明年帝崩，靈帝以解瀆亭侯入繼。《隋書》言：齊武成帝河清元年四月，河、濟清。後十餘歲，隋有天下。隋煬帝大業三年，武陽郡河清數里。十二年，龍門河清。後二歲，唐受禪，金衛紹王大安元年，徐、沛黄河清，臨洮人楊珪上書，亦引襄楷之言。後四歲，宣宗立。元順帝至正二十一年十一月戊辰，黄河自平陸三門磧下至孟津，五百餘里皆清，凡七日而明太祖興。至其後尤驗，正德河清，世宗以興王即位；泰昌河清，崇禎帝以信王即位。

（清）顧炎武《日知録》卷三〇《正五九月》　唐朝新格以正五九月爲忌月，今人相沿以爲不宜上任。考《唐書》：武德二年正月甲子詔：自今正月、五月、九月不得行刑，禁屠殺。《雲麓漫鈔》曰：釋氏《智論》云：天帝釋以大寶鏡照四大神洲，每月一移，察人善惡。正、五、九月照南瞻部洲，唐太宗崇其教，故正、五、九月不食葷，百官不支羊錢。其後因此遂不上官。《萩園雜記》謂：新官上任，應祭告神祇，必須宰殺，故忌之也。愚按，正、五、九月不上任，自是五行家言，不緑屠宰。其傳已久，亦不始於唐時。《南齊書·張融傳》：攝祠部、倉部二曹。倉曹以正月，俗人所忌，太倉爲可開不，融議：不宜拘束小忌。《北齊書·宋景業傳》：顯祖將受魏禪，或曰：《陰陽書》五月不可入官，犯之終於其位。景業曰：王爲天子，無復下期，豈得不終於其位乎？顯祖大悦。又考《左傳》：鄭厲公復公父定叔之位，使以十日入，曰：良月也，就盈數焉。而顔師古註《漢書》：李廣數奇，以爲命隻不耦。是則以雙月爲良，隻月爲忌。喜耦憎奇，古人已有之矣。《册府元龜》：德宗貞元十五年九月乙巳，詔自今二月一日、九月九日，每節前放開屠一日。唐人正、五、九月齋戒，不禁閏月。白居易有《閏九月九日獨飲詩》云：自從九月持齋戒，不醉重陽十五年。是閏九月可以飲酒也。《册府元龜》載唐開元二十二年十月敕曰：道家三元，誡有科誡。朕嘗精意，禱亦久矣，而初未蒙福，念不在兹。今月十四日、十五日是下元齋日，都内人應有屠殺，令河南尹李適之句當，總與贖取。其百司諸厨日有肉料亦責數奏來。并百姓間是日竝停宰殺漁獵等，兼肉料食。自今以後，兩都及天下諸州每年正月、七月、十月元日起，十三至十五，兼宜禁斷。又《舊唐書·武宗紀》：會昌四年春正月乙酉朔，敕齋月斷屠，出於釋氏。國家創業，猶近梁隋，卿相大臣，或沿兹弊。鼓刀者既獲厚利，糾察者潛受請求。正以萬物生植之初，宜斷三日；列聖忌斷一日，仍准。開元二十二年，敕三元日各斷三日，餘月不禁。此則道家之説，乃正、七、十月，而非正、五、九月，又與武德二年之語不同。《後漢書·南匈奴傳》：匈奴俗歲有三龍祠，常以正月、五月、九月戊日祭天神，此與三長月同。

（宋）王應麟《玉海》卷五一《藝文·典故·夏政典》　《書·胤征》《政典》曰：先時者，不及時者，殺無赦。注：政典，夏后爲政之典籍，若《周官》六卿之治典。先時，謂歷象之法。四時節氣，弦望晦朔，先天時，則罪死不赦。不及，謂歷象後天時，雖治其官，苟有先後之差，則無赦，況廢官乎？疏：胤侯夏之卿士，引政典而不言古典，則當時之書。禹有典有則，貽厥子孫。《周禮》：大宰建邦六典，四曰政典，以平邦國。正百官，均萬民。

（宋）王應麟《玉海》卷六〇《藝文·銘碑·周金版銘　金人銘》

《文選》劉孝標論聖賢鏤金版而鐫盤盂注：《太公金匱》曰：屈一人之下，申萬人之上。武王曰：請著金版。

《周書·大聚解第三十九》：維武王勝殷，撫國綏民，乃觀於殷政，告周公旦曰：嗚呼！殷政總總若風草。周公曰：聞之文考，來遠賓廣近有道，别陰陽之利，相土地之宜，營邑，制命之曰：大聚。乃令縣鄙商旅曰：能來三室者，與之一室之禄。以一大夫之禄耕。闢關修道，五里有郊，十里有井，二十里有舍。遠旅來至，關人易資，舍有委，市有五，均早暮如一，送行、逆來、振乏、求窮。以國爲邑，以邑爲鄉，以鄉爲閭，五戶爲伍。以首爲長，十夫爲什。以年爲長，合閭立教。以威爲長，合旅同親。以敬爲長，鄉立巫醫。具百藥以備疾災，蓄五味以備百草。立勤人以職孤，立正長以順幼，立君子以修禮樂，立小人以教用兵，立鄉射以習容云云。且聞禹之禁，春三月山林不登斧，以成草木之長；夏三月川澤不入網罟，以成魚鼈之長，且以并農力勢成男女之功。則有生不失其宜，萬物不失其性，人不失其事，天不失其時，以成萬財。稱賢使能而賢歸之，闕市平，商賈歸之，分地薄斂，農民歸之，水性歸下，民性歸利。王若欲來天下民，先設其利，而民自至。譬之若冬日之陽、夏日之陰，不召而民自來。五德既明，民乃知常。武王再拜曰：允哉！乃召昆吾治而銘之金版，藏府而朔之。昆吾，古之利冶，月旦朔省之。

《六韜》金板曰：太公曰：以賢者爲人下，何人不與。文王曰善。請著之金板。《家語》：孔子觀周入太祖后稷之廟，廟堂右階之前有金人，三緘其口而銘其背曰：古之慎言人也。晉潘岳有《兩階銅人訓》。

（宋）李昉等《太平御覽》卷七二五《方術部·卜》　〔《左傳》〕曰：晉趙鞅卜救鄭遇水適火。水火之兆。占諸史趙、史墨、史龜。皆晉史也。史龜曰：是謂沈陽，火陽得水故沈。可以興兵。兵，陰類也，故可以興兵。

利以伐姜，不利子商。姜，齊姓也。商謂宋。伐齊，則可敵宋，不吉。史墨曰：盈，水名也。子，水位也。名位敵不可于也。炎帝爲火師，姜姓其後也。水勝火。伐姜，則可。史趙曰：是謂如川之滿，不可游也。鄭方有罪，不可救也，救鄭則不吉。不知其他。陽虎以周易筮之，遇泰之需曰：宋方吉，不可與也。微子啓帝乙之元子也。宋鄭，甥舅也。祉禄也。若帝乙之元子，歸妹而有吉。禄我安得吉焉。乃止。

（明）馮琦《經濟類編》卷四一《禮儀類三·明堂月令》　臣相幸得備員，奉職不修，不能宣廣教化，陰陽未和，災害未息，咎在臣等。臣聞《易》曰：天地以順動，故日月不過，四時不忒。聖王以順動，故刑罰清而民服。天地變化必繇陰陽，陰陽之分以日爲紀日。冬夏至則八風之序立，萬物之性成，各有常職，不得相干。東方之卦不可以治西方，南方之卦不可以治北方。春興兑治則饑，秋興震治則華，冬興離治則泄，夏興坎治則遂。草木茂，鳥獸蕃，民不夭疾，衣食有餘，若是則君尊民説，上下亡怨，政教不違，禮讓可興。夫風雨不時則傷農桑，農桑傷則民饑寒，饑寒在身則亡廉恥，寇賊姦宄所繇生也。臣愚以爲陰陽者，王事之本，羣生之命，自古聖賢未有不繇者也。天子之義，必純取法天地而觀於先聖。高皇帝所述書《天子所服第八》曰：大謁者，臣章受詔長樂宮，曰：令羣臣議天子所服，以安治天下。相國臣何、御史大夫臣昌，謹與將軍臣陵、太子太傅臣通等議，春夏秋冬，天子所服當法天地之數，中得人和，故自天子王侯有土之君下及兆民，能法天地順四時以治國家。身亡禍殃年壽永究，是奉宗廟安天下之大禮也。臣請法之中謁者趙堯舉春，李舜舉夏，兒湯舉秋，貢禹舉冬，四人各職一時，大謁者襄章奏制曰可。孝文皇帝時，以二月施恩惠於天下，賜孝弟、力田及罷軍卒，祠死事者，頗非時節。御史大夫鼂錯時爲太子家令，奏言其狀。臣相伏念陛下恩澤甚厚，然而災氣未息，竊恐詔令有未合當時者也。願陛下選明經通知陰陽者四人，各主一時，時至，明言所職，以和陰陽，天下幸甚。

（宋）李昉等《文苑英華》卷七六八崔融《議·斷屠議》　議曰：春生秋殺，天之常道。冬狩夏苗，國之大事。豺祭獸，獺祭魚，自然之理也。一乾豆，二賓客，不易之義也。上自天子，下至庶人，莫不揮其鑾刀，烹之鶴鼎，所以充庖厨。故能幽明感通，人祇輯睦，萬《會要》作百。王千帝，殊塗同歸。今若《通典》作者。禁屠宰，斷弋獵，三驅莫行，一切不許，便《通典》作將。恐違聖人之達訓，紊明王之善經，一不可也。且如江南諸州，乃以魚爲命，河西諸國，以肉爲齋，一朝禁止，百姓勞弊，富者未革，貧者難堪，二不可也。加有《會要》作又。貧賤之流，封割爲事，家業倘失，性命不全，難復日戮一人，終慮未能揔絶，但益恐嚇，惟長奸欺，外有斷屠之名，內誠鼓刀者衆，勢利依倚，請託紛紜，三不可也。雖好生惡殺，是人之小心，《通典》作是君子之小恩。而考古會今，非國諸本有家字之大體。但使順月令，奉天經，造次合禮儀，從容中刑典，自然人得其性，物遂其生。何必改革，方爲盡善？伏惟聖主，採擇謹議。

《二程集·周易程氏傳》卷一《周易上經下·否》　天地交而萬物生於中，然後三才備，人爲最靈，故爲萬物之首。凡生天地之中者，皆人道也。天地不交，則不生萬物，是無人道，故曰匪人，謂非人道也。消長闔闢，相因而不息。泰極則復，否極則傾。无常而不變之理，人道豈能无也？既否則泰矣。

《二程集·河南程氏經説》卷二《堯典》　自上古之時，固已迎日推策矣，堯復考星以正四時，其法明而易準，乃命羲、和，使敬順天時。曆，以象日月星辰之行次。疏云：遞中之星，日月所會之辰，定四時節候，以班隨時之政，授人時也。

《二程集·周易程氏傳》卷三《周易上經下·恒》　《彖》曰【略】

此極言常理。日月，陰陽之精氣耳，唯其順天之道，往來盈縮，故能久照而不已。得天，順天理也。四時，陰陽之氣耳，往來變化，生成萬物，亦以得天，故常久不已。聖人以常久之道，行之有常，而天下化之以成美俗也。觀其所恒，謂觀日月之久照、四時之久成、聖人之道所以能常久之理。觀此，則天地萬物之情理可見矣。天地常久之道，天下常久之理，非知道者孰能識之？

《二程集·周易程氏傳》卷四《周易下經下·節》　天地節而四時成，節以制度，不傷財，不害民。

推言節之道。天地有節故能成四時，无節則失序也。聖人立制度以爲節，故能不傷財害民。人欲之无窮也，苟非節以制度，則侈肆，至於傷財害民矣。

紀事

《史記》卷一《五帝本紀》　乃命羲、和，敬順昊天，數法日月星辰，敬授民時。分命羲仲，居郁夷，曰暘谷。敬道日出，便程東作。日中，星鳥，以殷中春。其民析，鳥獸字微。申命羲叔，居南交。便程南爲，敬致。日永，星火，以正中夏。其民因，鳥獸希革。申命和仲，居西土，曰昧谷。敬道日入，便程西成。夜中，星虛，以正中秋。其民夷易，鳥獸毛毨。申命和叔；居北方，曰幽都。便在伏物。日短，星昴，以正中冬。其民燠，鳥獸氄毛。歲三百六十六日，以閏月正四時。信飭百官，衆功皆興。

《後漢書》卷二《顯宗孝明帝紀》〔永平〕三年春正月癸巳，詔曰：朕奉郊祀，登靈臺，見史官，正儀度。夫春者，歲之始也。始得其正，則三時有成。比者水旱不節，邊人食寡，政失於上，人受其咎。有司其勉順時氣，勸督農桑，去其螟蜮，以及蝥賊；詳刑慎罰，明察單辭，夙夜匪懈，以稱朕意。

《後漢書》卷三《肅宗孝章帝紀》〔元和〕二年春正月乙酉，詔曰：《令》云：人有産子者復，勿筭三歲。令諸懷妊者，賜胎養穀人三斛，復其夫，勿筭一歲，著以爲令。又詔云公曰：方春生養，萬物莩甲，宜助萌陽，以育時物。其令有司，罪非殊死且勿案驗，及吏人條書相告不得聽受，冀以息事寧人，敬奉天氣。立秋如故。夫俗吏矯飾外貌，似是而非，揆之人事則悅耳，論之陰陽則傷化，朕甚饜之，甚苦之。安靜之吏，悃愊無華，日計不足，月計有餘。如襄城令劉方，吏人同聲謂之不煩，雖未有它異，斯亦殆近之矣。間勑二千石各尚寬明，而今富姦行賂於下，貪吏枉法於上，使有罪不論而無過被刑，甚大逆也。夫以苛爲察，以刻爲明，以輕爲德，以重爲威，四者或興，則下有怨心。吾詔書數下，冠蓋接道，而吏不加理，人或失職，其咎安在？勉思舊令，稱朕意焉。

又：秋七月庚子，詔曰：《春秋》於春每月書王者，重三正，慎三微也。律十二月立春，不以報囚。《月令》冬至之後，有順陽助生之文，而無鞫獄斷刑之政。朕咨訪儒雅，稽之典籍，以爲王者生殺，宜順時氣。其定律，無以十一月、十二月報囚。

《後漢書》卷四六《陳寵傳》　漢舊事斷獄報重，常盡三冬之月，是時帝始改用冬初十月而已。元和二年，旱，長水校尉賈宗等上言，以爲斷獄不盡三冬，故陰氣微弱，陽氣發泄，招致災旱，事在於此。帝以其言下公卿議，寵奏曰：夫冬至之節，陽氣始萌，故十一月有蘭、射干、芸、荔之應。《時令》曰：諸生蕩，安形體。天以爲正，周以爲春。十二月陽氣上通，雉雊雞乳，地以爲正，殷以爲春。十三月陽氣已至，天地已交，萬物皆出，蟄蟲始振，人以爲正，夏以爲春。三微成著，以通三統。周以天元，殷以地元，夏以人元。若以此時行刑，則殷、周歲首皆當流血，不合人心，不稽天意。《月令》曰：孟冬之月，趣獄刑，無留罪。明大刑畢在立冬也。又：（孟）〔仲〕冬之月，身欲寧，事欲靜。若以降威怒，不可謂寧；若以行大刑，不可謂靜。議者咸曰：旱之所由，咎在改律。臣以爲殷、周斷獄不以三微，而化致康平，無有災害。自元和以前，皆用三冬，而水旱之異，往往爲患。由此言之，災害自爲它應，不以改律。秦爲虐政，四時行刑，聖漢初興，改從簡易。蕭何草律，季秋論囚，俱避立春之月，而不計天地之正，二王之春，實頗有違。陛下探幽析微，允執其中，革百載之失，建永年之功，上有迎承之敬，下有奉微之惠，稽《春秋》之文，當《月令》之意，聖功美業，不宜中疑。書奏，帝納之，遂不復改。

《南齊書》卷三《武帝紀》〔永明元年〕三月癸丑，詔曰：宋德將季，風軌陵遲，列宰庶邦，彌失其序，遷謝遄速，公私凋弊。泰運初基，草昧惟始，思述先範，永隆治根，莅民之職，一以小滿爲限。其有聲績剋舉，厚加甄異，理務無庸，隨時代黜。丙辰，詔曰：朕自丁荼毒，奄便周忌，瞻言負荷，若墜淵壑。而遠圖尚蔽，政刑未理，星緯失序，陰陽愆度。思播先澤，兼酬天眚，可申辛亥赦恩五十日，以期訖爲始。京師囚繫，悉皆原宥。三署軍徒，優量降遣。都邑鰥寡尤貧，詳加賑卹。戊寅，詔四方見囚，罪無輕重，及劫賊餘口長徒勑繫，悉原赦。逋負督贓，建元四年三月以前，皆特除。

《陳書》卷三《世祖紀》〔天嘉元年〕十二月乙未，詔曰：古者春夏二氣，不決重罪。蓋以陽和布澤，天秩是弘，寬網吞刑，義符含育，前王所以則天象地，立法垂訓者也。朕屬當澆季，思求民瘼，哀矜惻隱，念甚納隍，常欲式遵舊軌，用長風化。自今孟春訖于夏首，罪人大辟事已款者，宜且申停。

（宋）朱熹《資治通鑑綱目》卷三四〔陳世祖文帝蒨天嘉元年〕十二月，陳制春夏不斷死刑。

書法自莽書令：犯法者論斬，毋須時至。漢章帝始書詔：毋以十一十二月報決，於是而復有此書。陳主可謂能恤刑矣，特書予之。

（宋）王溥《唐會要》卷四〇《臣下守法》　永徽元年正月，有洛陽人李宏泰誣告太尉長孫無忌謀反，上令不待時而斬之，侍中于志寧上疏諫曰：陛下情篤功臣，恩隆右戚，以無忌横遭誣告，事並是虚，故戮告人，以明賞罰。竊據《左傳》聲子曰：賞以春夏，刑以秋冬，順天時也。又按《禮記·月令》曰：孟春之月，無殺昆蟲，省囹圄，去桎梏，無肆掠，止獄訟。又《漢書》董仲舒曰：王者欲有所爲，宜求其端于天，天道之大者，在于陰陽。陽爲德，陰爲刑，刑主殺而德主生。陽常居大夏，而以生育長養爲事，陰常居大冬而積于空虚不用之處，以此見天之任德不任刑也。伏惟陛下暫迴聖慮，察古之言，儻蒙垂納，則生靈幸甚，疏奏。從之。

（宋）王溥《唐會要》卷四一《斷屠釣》　聖歷三年，斷屠殺。鳳閣舍人崔融議曰：春生秋殺，天之常道。冬狩夏苗，國之大事。豺祭獸，獺祭魚，自然之理也。一乾豆，二賓客，不易之義也。上自天子，下至庶人，莫不揮其鑾刀，亨之鶴鼎，所以充庖厨。故能幽明感通，人祇輯穆，百王千帝，殊途同歸。今若禁屠宰，斷弋獵，三驅莫行，一切不許。便恐違聖人之達訓，紊明主之善經，一不可也。且如江南諸州，乃以魚爲命，河西諸國，以肉爲齋，一朝禁止，倍生勞弊，富者未革，貧者難堪，二不可也。又如貧賤之流，刲割爲事，家業儻失，性命不全，雖復日戮一人，終慮未能總絶，但益恐嚇，唯長奸欺，外有斷屠之名，內誠鼓刀者衆，勢利依倚，請託紛紜，三不可也。雖好生惡殺，是君子之用心而考古會今，非國家之大體。但使順月令，奉天經，造次合禮儀，從容中刑典，自然人得其性，物遂其生。何必改革，方爲盡善？

又：會昌四年四月，中書門下奏：正月五月九月斷屠，伏以齋月斷屠出於釋氏，緣國初，風俗猶近，梁陳卿相大臣頗遵此教，又弛禁不一，只斷屠羊，宰殺驢牛，其數不少。鼓刀者坐獲厚利，糾察者皆受賄財，比來人情，共知此弊。臣等商量，正月一歲之首，萬物生育之初，請起元日斷三日，每遇列聖忌日，斷一日。國家崇元祖之道，竭嚴奉之誠，既以廣闡其風，即須參用其教，仍望准開元二十二年十月二十日勅。正月七月十月三元日，各斷屠三日，餘望並停，緣斷屠日數既少，法令所宜畫一，望委御史臺别條流聞奏。從之。

（宋）王溥《五代會要》卷一〇《刑法雜録》　後唐同光三年六月二十一日，大理寺奏：准諸獄例，立春已後，秋分已前，不得奏決死刑，違者徒一年。今寺、司相次有案牘，若准律文候秋分後申奏，必慮刑獄遲留者。詔曰：刑以秋冬，雖關惻隱，事多連累，翻慮淹延。若或十人之中，止於一夫抵罪，豈可以輕附重，禁錮逾時。言念哀矜，又難全廢。其諸司囚徒，罪無輕重，並宜各委本司據罪詳斷。輕者即時疏理，重者候過立春，至秋分然後行法。如係軍機，須行嚴令，或謀爲逆惡，或蘊蓄姦邪，或行劫殺人，難於留滯，並不在此限。其年閏十二月二十五日，大理少卿魏逅奏：此後伏請指揮天下州府，應所禁囚徒，不計州縣廂邊大小刑獄，委觀察使、刺史慎選清强判官一員，於本廳每月二十六日兩衙引問，明置獄狀，細述事端，大則盡理推尋，小則立限決遣。其外縣鎮禁人，三日外具事節申本州府，仍勘問指揮。奉勅：宜依。

又：其年閏八月勅：古者賞以春夏，刑以秋冬，將賞爲之加膳，將刑爲之不舉樂。今朕切於禁暴，樂在勸能。其或秋後有功，不可待冰泮而行賞；春時有罪，不可俟霜降而加刑。漸向太平，方行古道。况賞不在僭，則立功者轉多；刑不濫施，則犯法者漸少。其在京或遇行極法日，宜不舉樂，朕減常膳。諸州使遇行極法日，亦禁聲樂。

《宋史》卷八《真宗紀》　六年春正月癸巳朔，上御朝元殿受朝。司天監言五星同色。庚子，詔減配隸法十二條。戊申，禁内臣出使預民政。

（宋）李燾《續資治通鑑長編》卷七一《宋真宗大中祥符二年》　丁酉，詔：修昭應宫役夫，三伏日執土作者，悉罷之。自餘工徒，如天氣稍涼，不須停作。時修宫使丁謂欲宫速成，請三伏不賜休假，王旦言當順時令，上曰：理固然。乃降是詔。

（宋）李燾《續資治通鑑長編》卷九五《宋真宗天禧四年》 丙寅，詔：自今天下犯十惡、劫殺、謀殺、故殺、鬬殺、放火、强劫賊、官典正枉法贓、僞造符印、厭魅、呪詛、造妖言、傳妖術、合造毒藥、禁軍諸軍逃亡爲盗罪至死者，每至十二月權住區斷，過天慶節決之；餘犯至死者，十二月内及春夏未得斷遣，禁錮奏裁。又詔大辟有先准詔即行處斬者，自今除惡逆四等准律用刑，自餘斬刑遇春夏止決重杖處死，俟秋分如故。以上封者言皇帝誕月及春夏長育之時，宜貸嚴科故也。

（宋）李燾《續資治通鑑長編》卷九九《宋真宗乾興元年》 庚申，詔三司、開封府、殿前馬步軍司，自今歲旦，四立，二分，至及庚戌，己巳，毋得斷極刑。《會要》乾興元年十二月二十五日，詔開封府及三司、殿前馬步軍司，自今每遇國忌及庚戌、己巳、歲旦、天慶等五節，四立、二分、二至日，不得斷極刑。《實録》不載國忌及天慶等五節，不知何故，當考。兩朝史《刑法志》云：國忌日，舊亦禁刑。天聖初，聽決放罪。其後，又詔真宗忌如天慶節，釋杖笞情輕者。久之亦罷。

（宋）李燾《續資治通鑑長編》卷四五四《宋哲宗元祐六年》 是日，御史丞蘇轍言：《劉摯日記》：降此章乃正月七日丁卯。

伏見前年冬温不雪，聖心焦勞，請禱備至。天意不順，宿麥不蕃。去冬此災復甚，而加以無冰。二年之間，天氣如一，若非政事過差，上干陰陽，理不至此。謹按常燠之罰，載於《周書》，而無冰之災，書於《春秋》。聖人之言，必不徒設。臣謹推原經意而驗以時事，惟陛下擇之。蓋《洪範》庶徵，哲則時燠，豫則常燠，謀則時寒，急則常寒。哲之爲言明也，豫之爲言舒也，故漢儒釋之曰：上德不明，暗昧蔽惑，不能知善惡，無功者受賞，有罪者不殺，百官廢禮，失在舒緩。盛夏日長，暑以養物，政既弛緩，故其罰常燠。周失之舒，秦失之急，故周亡無寒歲，而秦滅無燠年。今連年冬温無冰，可謂常燠矣；刑政弛廢，善惡不分，可謂舒緩矣。臣非敢妄詆時政，以惑聖聽，請爲陛下具數其實。然事在歲月之前者，臣不能盡言，請言其近者。凡有罪不誅者七，無功受賞者四：

陸佃爲禮部侍郎，所部有訟，而其兄子宇乃與訟者酒食交通，獄既具而有司當宇無罪。此有罪而不誅者一也。石麟之爲開封府推官，與訴訟者私相往來，傳達言語，獄上而罷，更爲郎官。此有罪而不誅者二也。李偉建言乞回奪大河，朝廷信之，爲起大役，費用不貲。今黄河北流如舊，漲水既退，東流淤填，遂成道路。臣屢乞正偉欺罔誤國之罪，不蒙采納，任偉如故。此有罪而不誅者三也。開封府推官王詔故入徒罪，雖蒙德音，法當衝替，而詔仍得守郡，至今經營差遣，遷延不去。此有罪而不誅者四也。知祥符張亞之爲官戶理索積年租課，至勘決不當償債之人，估賣欠人田産，及欠人見被枷錮，而田主毆繫至死，身死之後，監督其家不爲少止。本臺按發其罪，而朝廷除亞之真州，欲令以去官免罪。此有罪而不誅者五也。孫述知長垣縣，決殺訴災無罪之人，臺官有言，然後罷任。雖行推勘，而縱其抵欺，指望恩赦。此有罪而不誅者六也。秀州倚郭嘉興縣人訴災，州縣昏虐，不時受理，臨以鞭樸，使民相驚，自相蹈藉，死者四十餘人。雖加按治，而知州章衡反得美職，擢守大郡。此有罪而不誅者七也。

近日差除戶部尚書以下十餘人，其間人材粗允公議者不過二三人，其他多老病之餘及執政所厚善耳。臣與僚佐共議，以爲不可勝言，是以置而不論，獨取其尤不可者杜常、王子韶二人論之，然皆不蒙施行。夫杜常在熙寧間謟事呂惠卿兄弟，注解惠卿所撰手實文字，分配五常，比之經典；及其所至謬妄，取笑四方。其在都司，希合時忱、任永壽等旨意，施之政事，前後屢爲臺官所劾。兼其人物凡猥，學術荒謬，而置之太常禮樂之地，命下之日，士人無不掩口竊笑。此無功而受賞者一也。王子韶昔在三司條例司，謟事王安石，創立青苗、助役之法，臣時與之共事，實所親見。及呂公著爲御史中丞，舉爲臺官，公著以言新政罷去，而子韶隱忍不言。先帝覺其姦佞，親批聖語，指其罪狀。自是以來，士人不復比數，但以善事權要子弟，故前後多得美官。今又擢之秘書，指日循例當得侍從，公論所惜，實在於此。此無功而受賞者二也。張淳資才凡下，從第二任知縣擢爲開封司録，曾未數月，厭其繁劇，求爲寺監丞，即得將作，又不數月，令權開封推官，意欲因權即真，迤邐遷上。此無功而受賞者三也。丁恂罷少府簿，經年不得差遣，一爲韓維女壻，即時擢爲將作監丞。此無功而受賞者四也。其因緣親舊，馳騖請謁，特從常調，與之堂除，以至除目猥多，待闕久遠，孤寒失望，中外嗟怨者，尚不勝數。

凡上件事，皆刑政不修，紀綱敗壞之實也。

（宋）李燾《續資治通鑑長編》卷四八三《宋哲宗元祐八年》 癸丑，降詔恤刑。王稱《東都事略》：詔曰：方夏暑時，動植之類皆以遂其長養，而吾民觸禁抵法，縶縛囹圄。其深文之吏，或不能體朕欽恤之意，因循延蔓，久不爲決，干陰陽之和，非細故也。其詔天下官司之長，敬若時令，哀矜庶獄，以丕應朕志。

（宋）李心傳《建炎以來繫年要録》卷八九《紹興五年乙卯五月甲戌朔之壬寅》 詔以盛暑命諸路監司分往所部慮囚，前二日進呈行在疏決，上問外路如何，趙鼎曰：臣記每年夏熱時，令提刑司催决獄事，自渡江後不曾舉行，上曰：大理等處禁繫無幾，當行之諸路，令無淹延刑禁，庶暑中不致罪人疾病也。自是遂爲永制。

《金史》卷一〇〇《完顏伯嘉傳》 （貞祐四年）七月，伯嘉改知歸德府事，合打改武寧軍節度使。御史臺奏：宣撫副使合打訴元帥伯嘉以私忿加箠楚，令本臺廉問，既得其事，遂不復窮治。若合打奏實，伯嘉安得無罪，伯嘉無罪，合打合坐欺罔，乞審正是非，明示黜陟。宣宗曰：今正防秋，且已。

《明史》卷九四《刑法志》 歷朝無寒審之制，崇禎十年，以代州知郭正中疏及寒審，命所司求故事。尚書鄭三俊乃引數事以奏，言：謹按洪武二十三年十二月癸未，太祖諭刑部尚書楊靖。自今惟犯十惡並殺人者論死，餘死罪皆令輸粟北邊以自贖。永樂四年十一月，法司進月繫囚數，凡數百人，大辟僅十之一。成祖諭吕震曰：此等既非死罪，而久繫不决，天氣沍寒，必有聽其冤死者。凡雜犯死罪下約二百，悉准贖發遣。九年十一月，刑科曹潤等言：昔以天寒，審釋輕囚。今囚或淹一年以上，且一月間瘐死者九百三十餘人，獄吏之毒所不忍言。成祖召法司切責，遂詔：徒流以下三日内决放，重罪當繫者恤之，無令死於饑寒。十二年一月復令以疑獄名上，親閲之。宣德四年十月，以皇太子千秋節，減雜犯死罪以下，宥笞杖及枷鐐者。嗣後，世宗、神宗或以災異修刑，或以覃恩布德。寒審雖無近例，而先朝寬大，皆所宜取法者。奏上，帝納其言。然永樂十一年十月遣副都御史李慶齎璽書，命皇太子録南京囚，贖雜犯死罪以下。宣德四年冬，以天氣沍寒，敕南北刑官悉録繫囚以聞，不分輕重。因諭夏原吉等曰：堯、舜之世，民不犯法，成、康之時，刑措不用，皆君臣同德所致。朕德薄，卿等其勉力匡扶，庶無愧古人。此寒審最著者，三後亦不暇詳也。

（明）談遷《國榷》卷六九《明神宗萬曆二年十月》 癸丑，法司奏録囚，上復傳聖母意停刑。張居正曰：皇上奉若天道，雖好生，然春夏與秋冬並運，雨露與霜雪互施。古人云：赦者小人之幸，君子之不幸。今各囚所犯，皆情罪深重，概加憐憫，則被其害者獨無辜而不爲償抵乎？上曰：聖母崇佛教，不忍行刑。居正曰：佛氏慈悲爲教，其徒云：地獄有刀山劍樹碓舂炮烙等刑，視王法猶慘刻，安在其爲不殺乎？上大笑，居正曰：嘉靖初，論囚不過七八十人，蓋因有決不待時者，犯秋決乃繫獄待刑。其後世宗奉玄，又好祥瑞，遇事停刑，故今録囚至四百餘人，蓋積免之故也。彼之所犯，萬無生理，淹禁牢户，徒費關防，縱釋有罪，無以懲惡。臣謂宜如祖宗舊制，歲行爲使。上然之。明日，論三十餘人。

《皇朝通志》卷七九《刑法畧五·刑制》 八年諭，方今天時向熱，宜行熱審之例。令刑部通察刑獄，五城司坊順天府京縣察監犯有無干牽連者，即日釋放。笞杖徒流，次第減免。死罪情可矜疑者，奏請定奪。

十二年諭：朕日覽三法司章奏，議決重囚一日必五六人或十餘人，念茲愚民，兵戈灾祲之後，復罹法網，深可憫惻。

藝　文

（晉）嵇康《嵇中散集》卷一〇《太師箴》 浩浩太素，陽曜陰凝，二儀陶化，人倫肇興。厥初冥昧，不慮不營。欲以物開，患以事成。犯機觸害，智不救生。宗長歸仁，自然之情。故君道自然，必託賢明。茫茫在昔，罔或不寧。赫胥既往，紹以皇羲。默靜無文，大朴未虧。萬物熙熙，不夭不離。爰及唐虞，猶篤其緒。體資易簡，應天順矩。絺褐其裳，土木其宇。物或失性，懼若在予。疇咨熙載，終禪舜禹。夫統之者勞，仰之者逸。至人重身，棄而不恤。故子州稱疾，石户乘桴，許由鞠躬，辭長九州。先王仁愛，愍世憂時，哀萬物之將頹，然後莅之。下逮德衰，大道沉淪。智惠日用，漸私其親。懼物乖離，擘畫違仁。利巧愈競，繁禮屢陳。刑教爭施，天性喪真。季世陵遲，繼體承資。憑尊恃勢，不友不師。宰割天下，以奉其私。故君位益侈，臣路生心。竭智謀國，不吝灰沉。賞罰雖存，莫勸莫禁。若乃驕盈肆志，阻兵擅權。矜威縱虐，禍蒙丘山。刑本懲暴，今以脅賢。昔爲天下，今爲一身。下疾其上，君猜其臣。喪亂弘多，國乃隕顛。故殷辛不道，首綴素旗；周朝敗度，彘人是謀。楚靈極暴，乾溪潰叛，晉厲殘虐，欒書作難。主父棄禮，㲉胎不宰；秦皇荼毒，禍流四海。是以亡國繼踵，古今相承。醜彼摧滅，而襲其亡徵。初安若山，後敗如崩。臨刃振鋒，悔何所增。故居帝王者，無曰我尊，慢爾德音；無曰我强，肆于驕淫。棄彼佞倖，納此遌顏。諛言順耳，染德生患。悠悠庶類，我控我告：唯賢是授，何必親戚？順乃造好，民實胥效。治亂之原，豈無昌教？穆穆天子，思問其愆。虛心導人，允求讜言。師臣司訓，敢告在前。

（唐）李邕《李北海集》卷一《賦·春賦》　肇木德以周仁，啟春生而賦質，二儀泰而廣運，三正合而元吉，和氣靄兮充宇，光風瀏兮被物，豈因時而則舒，亦樂道而奚恤？我聖君大撫萬國，肆覲羣后，受天之禧，嘉歲之首，文物燦於南宮，兵戈森於北斗，攬百辟以同心，貢千春之遐壽。於是明詔有司，攄求時令，邁惟一之德，究吹萬之性，勸土木之庶功，阜稼穡之勤政，畋漁止殺，狴牢復命。

（唐）白居易《白氏長慶集》卷二《諷喻二·贈友》　一年十二月，每月有常令。君出臣奉行，謂之握金鏡。由茲六氣順，以遂萬物性。時令一反常，生靈受其病。周漢德下衰，王風始不競。又從斬晁錯，諸侯益强盛。百里不同禁，四時自爲政。盛夏興土功，方春勦人命。誰能救其失，待君佐邦柄。峩峩象魏門，懸法彝倫正。

雜　録

《春秋公羊經傳解詁》卷一《隱公元年》　元年，春，王正月。正月音征，又音政，後放此。元年者何？諸據疑問所不知，故曰：者何。君之始年也。以常録即位知君之始年。君，魯侯隱公也。年者，十二月之摠號。春秋書十二月稱年是也，變一爲元元者。氣也，無形以起有形，以分造起天地，天地之始也，故上無所繫而使春繫之也。不言公言君之始年者，王者諸侯皆稱君，所以通其義於王者。惟王者，然後改元立號，春秋託新王，受命於魯。故因以録即位明王者，當繼天奉元養成萬物。春者何？獨在王上，故執不知問。歲之始也。以上繫元年在王正月之上，知歲之始也。春者，天地開闢之端，養生之首，法象所出四時本名也。昏斗指東方曰春，指南方曰夏，指西方曰秋，指北方曰冬，歲者摠號其成功之稱。尚書以閏月定四時，成歲是也。辟婢亦反本，亦作闢稱尺證反，下之稱卑稱同。王者孰謂？孰，誰也。欲言時王則無事，欲言先王又無謚，故問誰謂。謂文王也。以上繫王於春知謂文王也。文王周始受命之王，天之所命，故上繫天端方陳受命制正月。故假以爲王，法不言謚者法其生不法，其死與後。正月也。以上繫於王，知王者受命，布政施教，所制月也。王者受命，必徒居處，改正朔，易服色，殊徽號，變犧牲，異器械。明受之於天，不受之於人。夏以斗建寅之月爲正，平旦爲朔，法物見，色尚黑；殷以斗建丑之月爲正，雞鳴爲朔，法物牙，色尚白；周以斗建子之月爲正，夜半爲朔，法物萌，色尚赤，徽，許韋反。械，戶戒反。夏以，戶雅反，後放此，以意求之。見，賢徧反，下並見同。何言乎王正月？據定公有王無正月。大一統也。統者，始也。摠繫之辭。夫王者始受命改制，布政施教於天下，自公侯至於庶人，自山川至於草木、昆蟲，莫不一一繫於正月。故云：政教之始。

《漢書》卷四《文帝紀》　詔曰：方春和時，草木羣生之物皆有以自樂，而吾百姓鰥寡孤獨窮困之人或阽於死亡，而莫之省憂。爲民父母將何如？其議所以振貸之。又曰：老者非帛不煖，非肉不飽。今歲首，不時使人存問長老；又無布帛酒肉之賜，將何以佐天下子孫孝養其親？今聞吏稟當受鬻者，或以陳粟，豈稱養老之意哉！具爲令。有司請令縣道，年八十已上，賜米人月一石，肉二十斤，酒五斗。其九十已上，又賜帛人二疋，絮三斤。賜物及當稟鬻米者，長吏閱視，丞若尉致。不滿九十，嗇夫、令史致。二千石遣都吏循行，不稱者督之。刑者及有罪耐以上，不用此令。

（宋）鄭樵《通志》卷一〇一《列傳·魏相》　日冬夏至，則八風之序立，萬物之性成，各有常職，不得相干。東方之神太昊，乘震執規司春；南方之神炎帝，乘離執衡司夏；西方之神少昊，乘兑執矩司秋；北方之神顓頊，乘坎執權司冬；中方之神黄帝，乘坤艮執繩司下土。茲五帝所司，各有時也。東方之卦不可以治西方，南方之卦不可以治北方。

春興兑治則饑，秋興震治則華，冬興離治則泄，夏興坎治則雹。明王謹于尊天，慎于養人。故立羲和之官，以乘四時，節授民事。君動静以道，奉順陰陽，則日月光明，風雨時節，寒暑調和。三者得敘，則災害不生，五穀熟，絲麻遂，草木茂，鳥獸蕃，民不夭疾，衣食有餘。若是則君尊民説，上下亡怨，政教不違，禮讓可興。夫風雨不時，則傷農桑。農桑傷，則民饑寒。饑寒在身，則亡廉恥，寇賊姦宄所繇生也臣愚以爲陰陽者，王事之本，羣生之命，自古賢聖未有不繇者也。天子之義，必純取法天地。

（宋）鄭樵《通志》卷一〇七《列傳·魯恭》 初，和帝末，下令麥秋得案驗薄刑，而州郡好以苛察爲政，因此盛夏斷獄。〔魯〕恭上疏諫曰：臣伏見詔書，敬若天時，憂念萬民，爲崇和氣，罪非殊死，且勿案驗。進柔良，退貪殘，奉時令，所以助仁德，順昊天，致和氣，利黎民者也。舊制至立秋乃行薄刑，自永元十五年以來，改用孟夏，而刺史、太守不深惟憂民息事之原，進良退殘之化，因以盛夏徵召農人，拘對考驗，連滯無已。司隸典司四方京師，四方是則，而近於春月分行諸部，託言勞來貧人，而無惻隱之實，煩擾郡縣，廉考非急，逮捕一人，罪延十數，上逆時氣，下傷農業。案易五月姤用事。經曰：后以施令誥四方。言君以夏至之日，施命令止四方行者，所以助爲陰也。行者尚止之，况於逮召考掠，奪其時哉！比年水旱傷稼，人飢流冗。今始夏，百穀權輿，陽氣胎養之時。自三月以來，陰寒不暖，物當化變而不被和氣。《月令》：孟夏斷薄刑，出輕繫。行秋令則苦雨數來，五穀不熟。又曰：仲夏挺重囚，益其食。行秋令則草木零落，人傷於疫。夫斷薄刑者，謂其輕罪已正，不欲久繫，故時斷之也。臣愚以爲今孟夏之制，可從此令，其决獄案考，皆以立秋爲斷，以順時節，育成萬物，則天地以和，刑罰以清矣。

（宋）李燾《續資治通鑑長編》卷三三七《宋神宗元豐六年》 保章正馮士安等言：大内南景靈宫建神御殿，西創尚書省。緣大内爲陰宅，依經，刑在西方，禍在南方，福在北方，德在東方。準二宅經，犯北則報南，修東則治西。今犯刑、禍，宜急治東、北則吉。詔送秘書省。秘書省言：勒太史局衆官定士安等所言修造，乃私宅法。今國家建神御殿、尚書省，經國體，相地宜，擇時日而後致功，其報治法不可用。詔士安等各降一資。

（宋）李燾《續資治通鑑長編》卷四八五《宋哲宗紹聖四年》 刑部、大理寺言：諸獄皆置氣樓、涼窗，設漿飲，薦席，罪人以時沐浴，食物常令温暖。遇寒量支柴炭，貧者假以衣物。其枷杻，暑月五日一濯。有獄州、縣當職官，半年一次躬行檢視修葺，務令堅固。從之。

（清）徐乾學《資治通鑑後編》卷一六五《元紀一三》 禁天下春時田獵。初，議犯者抵死，左司郎中韓若愚曰：齊宣王之囿方四十里，殺其麋鹿者如殺人之罪，孟子非之，衆以爲然，遂減其刑。

《皇朝通志》卷七九《刑法畧五·刑制》 凡恭遇慶賀穿朝服及祭享齋戒封印之期，上元、端午、中秋、重陽等節，四月初八日，每月初一初二日，並穿素服日期，俱不理刑名。又每年四月初一日起至七月三十日止，時正農忙，一切民詞除謀反、叛逆、盜賊、人命及貪贓壞法等重情，并姦牙舖户騙、劫客貨，確有證據者，俱照常受理外，其户婚、田土等細事一概不準受理。違者督撫題參州縣詞訟。凡遇隆冬歲暮，俱隨時審理，不得農忙之例停訟。

又： 其在農忙期内，若查勘水利、界址等事，現涉爭訟，清理稍遲，必致有妨農務者，即令各州縣親赴該處審斷速結，不得票拘至城，或至守候病農。每年於小滿後十日起，至立秋前一日止，如立秋在六月，則以七月初一日為止。枷責等輕罪皆減等發落。笞罪寬免。監禁重犯量加寬卹。杖罪遞行八折。枷號以五日為一等。惟盜及傷人并旗人原犯軍流徒罪折枷者，俱不準減免，並於秋涼補枷。凡軍流及外遣人犯，十月至正月終停其發遣。人犯已至中途者，初冬十月照常接遞，至十一月初一日方準停遣。俟次年春融時轉解，六月閏六月同。其軍犯在配脱逃被獲，應發原配，并調發及發遣新疆。人犯雖遇隆冬盛暑，不準停遣。雲南省並無酷暑嚴寒，不在停遣之例。

（漢）劉安《淮南子》卷三《天文訓》 清明風至則出幣帛，使諸侯。立夏，長養布恩惠，故幣帛聘問諸侯也。景風至則爵有位，賞有功。夏至，陰氣在下，陽盛於上，象陽布施。故賞有功封建侯也。涼風至，則報地德，祀四郊。立秋，節農乃登穀嘗祭，故報地德，祀四方神也。

又： 廣莫風至，則閉關梁，決刑罰。象冬閉藏不通關梁也。罰刑疑者，于是順時而決之。

又：日冬至斗北中繩，陰氣極，陽氣萌，故曰冬至爲德。德，始生也。日夏至則斗南中繩，陽氣極，陰氣萌，故曰夏至爲刑。刑，始殺也。

又：德在室則刑在野，德在堂則刑在術，德在庭則刑在巷，陰陽相德，則刑德合門。八月、二月，陰陽氣均，日夜分平，故曰刑德合門。德南則生，刑南則殺。

（漢）劉安《淮南子》卷五《時則訓》〔孟春之月〕于青陽左个，以出春令。是月之朔，天子朝日于青陽左个。東向堂，故曰青陽。北頭室，故曰左个。个，猶隔也。春令，寬和之令也。逵吉按各本此下雜用《吕氏春秋》注語，唯藏本如是，知藏本爲準。布德施惠，行慶賞，省徭役。布陽德施，柔惠也。慶，善。賞，賜予也。省減徭役之勞，輕其賦斂也。

又：立春之日，天子親率三公、九卿、大夫以迎歲于東郊，率，使也。迎歲，迎春也。東郊，郭外八里之郊也。修除祠位，幣禱鬼神，犧牲用牡，祠位，壇場屏攝之位也。幣，圭璧也。禱鬼神，求福祥也。人神曰鬼，天神曰神。犧牲用牡，尚蠲潔也。禁伐木，春木，王當長養，故禁之也。毋覆巢，殺胎夭，毋麛毋卵，胎，獸胎，懷姙未育者也。麛子曰夭，鹿子曰麛，卵未鷇者，皆禁民不得取蕃庶物也。毋聚衆，置城郭，掩骼薶骴。毋聚合大衆，建置城郭，以妨害農功也。骼，骨有肉。掩，覆。薶，藏之慎生氣也。

又：孟春行夏令，則風雨不時，草木旱落，國乃有恐。孟春，木德用事，法當寬仁，用火，氣動于上。故草木旱落，國惶恐也。行秋令，則其民大疫，飄風暴雨總至，黎莠蓬蒿竝興。孟春寬仁，而秋正金鐵之令。氣不和，故民疫疾，風雨猥至，故黎莠蓬蒿疏蘙之草竝興盛也。行冬令，則水潦爲敗，雨霜大雹，首稼不入。冬陰也，水泉湧起，而春行之。故爲敗氣不和，故雨霜大雹，植稼不熟也。正月，官司空，其樹楊。司空，主土，春土受嘉穡，故官司空也。爾疋曰楊，蒲柳也，楊木春光，故其樹楊也。

又：仲春之月【略】命有司，省囹圄，去桎梏，毋笞掠，止獄訟。囹圄法室也，省之赦輕微也。在足曰桎，在手曰梏。毋笞掠，言不用也。止，猶禁也。令官市，同度量，鈞衡石，角斗稱。度，丈尺也。量，釜鍾也。鈞，等也。衡石，稱也，百二十斤爲石。角，平也。斗，稱量器也。端權槩。端，正也。稱錘曰權。槩，平斗斛者。毋竭川澤，毋漉陂池，毋焚山林，毋作大事，以妨農功。大事，戎旅征伐之，專妨害農民之功也。祭不用犧牲，用圭璧，更皮幣。是月尚生育，故不用犧牲也。更，代也，以圭璧皮幣代犧牲也。皮，謂鹿皮也。幣，謂玄纁束帛也。《禮記》曰：幣帛圭皮，告于祖禰者也。

又：仲春行秋令，則其國大水，寒氣總至，寇戎來征。仲春，陽中也陽氣長養，而行秋節殺戮之令。故寒氣猥至，寇兵來征，伐其國也。行冬令，則陽氣不勝，麥乃不熟，民多相殘。仲春行冬陰之令，陰氣勝陽。故陽不勝，則麥不升熟，民相殘賊也。行夏令，則其國大旱，煖氣早來，蟲螟爲害。仲春行夏太陽之令，故大旱。陽氣熱，故煖極。陽生陰，故蟲螟作害也。食心曰螟。

又：季春之月【略】天子衣青衣，乘蒼龍，服蒼玉，建青旗，食麥與羊，服八風水，爨其燧火，東宮御女青色，衣青采，鼓琴瑟。其兵矛，其畜羊。朝于青陽右个。東向堂南頭室，故曰右个。舟牧覆舟，五覆五反，乃言具于天子。舟牧，主舟之官也。是月天子將乘舟而漁，故反覆而視之，恐有穿漏也。五覆五反，慎之至也。天下烏始乘舟，薦鮪於寢廟，乃爲麥祈實。烏，猶安也。自冬至此，而安乘舟，故曰始乘也。薦，進也。鮪魚，似鯉而大。進此魚於寢廟，祈於宗祖，求麥實。前曰廟，後曰寢，詩云寢廟奕奕，言相連。逵吉按：烏始乘舟，各本烏皆作焉。注：烏猶安也。各本皆作焉，猶於也。是月也，生氣方盛，陽氣發泄，發泄，猶布散也。句者畢出，萌者盡達，不可以內。天子命有司，發囷倉，助貧窮，振乏絶，無財曰貧。鰥寡孤獨曰窮。振，救也。開府庫，出幣帛，使諸侯，府庫，幣帛之藏也。使人聘問諸侯。聘名士，禮賢者。有名德之士大賢之人，聘問禮之，將與爲治也。命司空，時雨將降，下水上騰，循行國邑，周視原野，司空，主水土之官也。是月下水上騰，有恐浸漬，傷害五穀，故循行徧視之也。廣平曰原，郊外曰野。修利隄防，導通溝瀆，達路除道。從國始，至境止。田獵畢弋，罝罘羅罔，餧毒之藥，毋出九門。畢，掩罔也。弋，繳射也。《詩》曰：弋鳧與鴈罝，兔罟也。《詩》曰：肅肅兔罝畢，羅鳥罟也。《詩》曰：鴛鴦于飛，畢之羅之。罘，麋鹿罟。罔，其總名也。天子城門十二，東方三門，王氣所在，餧獸之毒藥所不得出，尚生育也。嫌餘九門得出，故特解之，如其毋出。乃禁野虞，毋伐桑柘。桑、柘皆可養蠶，故禁民伐之也。鳴鳩奮其羽，戴鵀降于桑，鳴鳩，奮迅其羽，直刺上飛入雲中者是也。戴鵀，戴勝鳥也。《詩》曰：鳴鳩在桑，其子在梅是也。具撲曲筥筐。撲，持也，三轉謂之撲。撲，讀南陽人言山陵同。曲，簿也，青、徐謂之曲。員底曰筥，方底曰筐，皆受桑器。逵吉按：三轉謂之撲。錢别駕云：當作三輔謂之撲。孫編修云：撲卽曲簿。《説文解字》曰：專，六寸簿也。三轉或當作三專，三專者，一尺有八寸。兩説無可定從，姑附之俟攷。后妃齋戒，東鄉親桑，省婦使，勸蠶事，命五庫，令百工，審金鐵皮革筋角箭榦脂膠丹漆，無有不良。擇下旬吉日，大合樂，致歡欣。樂，所以移風易俗也。故擇吉日大合之，以致歡和。乃合纍牛騰馬，游牝于牧。纍牛，特牛也。騰馬，騰駒趾蹶善將羣者也。游從牝於所牧之地風合之。纍，讀葛藟之藟。令國儺，九門磔攘，以畢春氣。儺，散宮室中區隅幽闇之處。擊鼓大呼，以逐不祥之氣，如今驅疫逐除是也。九門，三方九門也。磔，大陽氣盡之，故曰畢春之氣也。

又：季春行冬令，則寒氣時發，草木皆肅，國有大恐。季春行冬，寒殺之氣也。故寒氣時起，草木上竦，曰肅也。行夏令，則民多疾疫，時雨不降，山陵不登。季春行夏，亢陽之令，氣不和，故民疾疫。雨澤不降，故草木不登成也。行秋令，則天多沈陰，淫雨早降，兵革竝起。秋，金氣用事，水之母也。季春行之，故多沈陰爲雨也。金爲兵革，故竝起也。三月官鄉，其樹李。三月科民戶口，故官鄉也。李亦有核，説與杏同，李後杏熟，故三月李也。

又：孟夏之月【略】天子衣赤衣，乘赤騮，服赤玉，建赤旗，順火色也。食菽與雞。菽，豆連皮也。雞、豆皆屬火之所養也。服八風水，爨柘燧火。南宮御女赤色，衣赤采，吹竽笙。火王南方，故處南宮也。竽笙空中像陽，故吹之。其兵戟，戟有枝榦象陽，市散也。戟或作弩也。其畜雞，朝于明堂左个，以出夏令。南向堂當盛陽，故曰明堂。東頭室故曰左个。居是室，行是月之令也。雞，羽蟲陽也，故畜之。立夏之日，天下親率三公、九卿、大夫以迎歲於南郊。迎歲，迎夏也。南郊，七里之郊也。還，乃賞賜，封諸侯，脩禮樂，饗左右。還，從南郊還也。賞賜有功，割土封爵。《傳》曰：賞以春夏，刑以秋冬也。脩治禮樂，所以安上治民，移風易俗。左右，近臣也。命太尉，贊傑俊，選賢良，舉孝悌，太尉，卿官也。命，使也。贊，白也。才過于人爲桀，選擇賢良孝弟，舉而用之，蓋非太尉之職，故特命之也。行爵出祿，佐天長養，繼脩增高，無有隳壞。毋興土功，毋伐大樹，令野虞，行田原，勸農事，驅獸畜，勿令害穀，天子以彘嘗麥，先薦寢廟。是月麥始升，故以豕嘗麥。豕水畜宜先薦寢廟，孝之至也。聚畜百藥，靡草死，是月陽氣極，藥草成，故聚積之也。靡草則葶歷之屬。麥秋至，决小罪，斷薄刑。四月陽氣盛於上，及五月陰氣作於下，故曰麥秋至，决小罪，斷薄刑，順殺氣也。

又：孟夏行秋令，則苦雨數來，五穀不滋，四鄰入保。孟夏盛陽，當助長養，而行金氣殺戮之令。故苦用殺穀，不得滋長也。四方之民來入城郭，自保守也。行冬令，則草木早枯，後乃大水，敗壞城郭。行冬寒閉固之令，故草木枯。大水敗壞其城郭，奸時違行之應也。行春令，則螽蝗爲敗，暴風來格，秀草不實。孟夏當繼脩增高，助陽長養，而行春時啓蟄之令。故致螽蝗之敗，春木氣多風。故言暴風來至，使當秀之，草不長茂。

又：仲夏之月【略】天子衣赤衣，乘赤騮，服赤玉，載赤旗，食菽與雞，服八風水，爨柘燧火。南宮御女赤色，衣赤采，吹竽笙。其兵戟，其畜雞，朝于明堂太廟。廟，南向堂，中央室也。命樂師，脩鞀鞞琴瑟管簫，調竽篪，飾鐘磬，管，一孔，似笛。簫，今之歌簫是也。篪，讀池，澤之池。執干戚戈羽，干，盾也。戚，斧也。戈，戟屬也。羽，舞者所持翻也。命有司，爲民祈祀山川百源，大雩帝，用盛樂。國之山川百源能興雲雨者，皆祈祀之也。雩，旱祭也。帝，上帝也。爲民祈雨，故用盛樂。盛樂，六代之樂也。天子以雛嘗黍，雛，新雞也。不言嘗，雞而言嘗黍者，以穀爲主也。羞以含桃，先薦寢廟。羞，進也。含桃，鶯所含食，故言含桃。是月而熟，故進之。禁民無刈藍以染，爲藍青未成故。毋燒灰，是月，草木未成，不夭物也。毋暴布，火盛日猛，暴布則脆傷也。門閭無閉，關市無索。門，城門也。閭，里門也。民順，陽氣散布在外，當出入，故不閉也。關，要塞也。市人聚也，無索不征税也。挺重囚，益其食，挺，緩也。存鰥寡，振死事，老無妻曰鰥，老無夫曰寡也，皆存之。有先人爲死難，振起其子孫也。游牝別其羣，執騰駒，班馬政。是月牝馬懷胎已定，故別其羣。不欲騰駒蹏傷其胎育，故起執之。班，告也。馬政，掌馬官也。騰駒，騰馬也。馬五尺以下曰駒也。日長至，陰陽爭，死生分，君子齋戒，慎身無躁，節聲色，薄滋味，百官靜，事無徑，以定晏陰之所成。事無徑，當先請詳而後行也。晏陰，微陰也。鹿角解，蟬始鳴，夏至，鹿角解墮也，蟬鼓翼始鳴也。半夏生，木堇榮，半夏，藥草也。木槿，朝榮莫落，樹高五六尺，其葉與安石榴相似也。是月生榮華勞可用作蒸也。雜家謂之朝生，一名舜，《詩》云：顔如舜華也。禁民無發火。發，起也。可以居高明，遠眺望，登邱陵，處臺榭。積土四方而高曰臺也。臺有屋曰榭也。順陽宜明也，一曰望雲物占氛祥也。

又：仲夏行冬令，則雹霰傷穀，道路不通，暴兵來至。冬水凍，故雹霰，傷害五穀也。冬氣閉藏，又多雨水，故道陷壞不通利，暴害之兵横來至也。行春令，則五穀不孰，百螣時起，其國乃饑。行春木王好生育之令，故五穀晚熟。百螣，動股，蝗屬也，時起害穀，故國饑也。行秋令，則草木零落，果實蚤成，民殃於疫。有核曰果，無核曰蓏。仲夏行秋成熟之令，故草木零落，果實蚤成。非其時氣，故民有疾疫也。

又：季夏之月。【略】天子衣黄衣，乘黄騮，服黄玉，建黄旗，黄，順土色也。黄謂登飴之登也。食稷與牛，稷牛，皆屬土也。服八風水，爨炶遂火。中宫御女黄色，衣黄采。其兵劍，季夏中央也。劍有兩刃，喻無所生也，一曰喻無所主，皆主之也。逵吉按《太平御覽》引作無所不主。其畜牛，朝于中宫。乃命漁人，伐蛟取鼉，登龜取黿。漁人掌漁官，漁讀相語之語也。蛟、鼉皆魚屬也。鼉可作鼓，《詩》云：鼉鼓洋洋。黿可作羹，《傳》曰：楚人獻黿於鄭靈公，靈公不與公子宋黿羹。公子怒，染指於鼎嘗之而出。是也，皆不害人，易得，故言取。蛟有鳞甲能害人，難得，故言伐。龜神可决吉凶，人宗廟尊之，故言登。逵吉按：鼉鼓洋洋，詩異本也，古登有升義。三字疏解爲精。令滂人入材葦。滂人，掌池澤官也。入材葦，供國用也。命四監大夫，令百縣之秩芻以養犧牲，周制天子，地方千里，分爲百縣，縣有四郡。故《春秋傳》言：上大夫受縣，下大夫受郡。秦初置三十六郡，以監縣耳。此云百縣者，謂周制畿内之縣也。四監，監郡大夫也。秩，常也，常所當出芻聚之以養犧牲也。以供皇天上帝、名山大川、四方之神、宗廟社稷，爲民祈福。行惠令，弔死問疾，存視長老。行桴鬻，厚席蓐，逵吉按《説文解字》：葬字從死在茻中，一，其中所以薦之。此云厚席蓐者，蓋言葬義。故下云以送萬物歸也。以送萬物歸也。命婦官染采，黼黻文章，青黄白黑，莫不質良，婦人能別五色，故染采。白與黑爲黼，青與黑爲黻，黑與赤爲文，赤與白爲章。質美也，良善也。以給宗廟之服，必宣以明。宣，徧也。明，鮮明也。是月也，樹木方盛，勿敢斬伐。不可以合諸侯，起土功，動衆興兵，必有天殃。殃，罰。土潤溽暑，大雨時行，利以殺草。糞出疇，以肥土疆。是月，大暑，上潤溽暑，溼重也。又有時雨，可以殺草，爲糞美土疆土分畔者也。

又：季夏行春令，則穀實解落。多風欬，民乃遷徙。春木王，木性墮落，陽發多風，而行其令，故穀實解落，民疾病風。欬，嗽。上氣象春，陽布散民，遷徙者也。行秋令，則邱隰水潦，稼穡不孰，乃多女災。邱，高也。隰，卑也。言高下皆有水潦，故殺稼令不熟也。陰氣過差，故多女災。女災生子不育也。逵吉按：女災鄭康成以爲敗任是卽生子不育之義也。行冬令，則風寒不時，鷹隼蚤摯，四鄙入保。冬，陰肅殺而行其令，故寒風不節，鷹隼蚤摯擊，四界之民皆入城郭保聚也。

又：孟秋之月【略】天子衣白衣，乘白駱，服白玉，建白旗。白，順金色也。白馬黑毛曰駱。逵吉按：黑毛之毛讀曰旄，謂尾及鬣也。《爾雅》曰：白馬，黑鬣駱。食麻與犬，服八風水，爨柘燧火。西宫御女白色，衣白采，撞白鐘。金王西，故處西宫也。其兵戈，逵吉按《太平御覽》引作其兵鉞。其畜狗。朝于總章左个，以出秋令。總章，西向堂也。西方總成萬物而章明之，故曰總章左个。南頭，室也。居是室，行是月之令。狗，金畜也。求不孝不悌。戮暴傲悍，而罰之以助損氣。損氣，陰氣。立秋之日，天子親率三公、九卿、大夫以迎秋于西郊。西郊，九里之外郊也。還乃賞軍率武，入於朝。軍率，軍將也，武勇者功名也。命將率選卒厲兵，簡練桀俊，專任有功，以征不義，詰誅暴慢，順彼四方。順，循也。四方，天下也。命有司脩法制，繕囹圄，禁姦塞邪，審决獄，平詞訟。决，斷也。平，治也。天地始肅，不可以贏。肅，殺也，殺氣始行也。贏，盛也，故曰不可也。是月，農始升穀，天子嘗新，先薦寢廟。升，成。薦，進也。命百官始收斂。孟秋，始内也。完隄防，謹障塞，以備水潦。脩城郭，繕宫室。是月，月麗于畢俾滂沱矣，故備潦也。毋以封侯。立大宫，行重幣，出大使。行是月令，涼風至三旬。封侯，列士封邑也。大官，九命之爵也。重幣，金帛之幣也。大使，命卿使之。金氣收斂，皆所不宜行也。

又：孟秋行冬令，則陰氣大勝，介蟲敗穀，戎兵乃來。孟秋陰也，復行冬水王之令，故陰氣勝也。其介蟲敗穀也。陰氣幷，故戎兵來也。行春令，則其國乃旱，陽氣復還，五穀無實。春陽亢燥而行其令，故旱也。陽氣還者，此月涼風，而反行温風之令，故敗穀令，無實也。行夏令，則冬多火災，寒暑不節，民多瘧疾。夏，火王，而行其令，故多火災。寒暑相干，故不節，多瘧疾，瘧疾，寒暑所生也。

又：仲秋之月【略】天子衣白衣，乘白駱，服白玉，建白旗。食麻與犬，服八風水，爨柘遂火。西宫御女白色，衣白采，撞白鐘。其兵戈，其畜犬，朝于總章太廟。總章，西向堂也。太廟，中央室也。命有司申嚴百刑，斬殺必當，無或枉撓。枉，曲也。撓，弱也。言平直也。决獄不當，反受其殃。反，還。是月也，養長老，授几杖，行桴鬻飲食。乃命宰祝行犧牲，案芻豢。草養曰芻，穀養曰豢。案其簿書閲租之豢。讀宦學之宦。視肥臞全粹全，無虧缺也。粹，毛色純也。粹，讀禍祟之祟。察物色，課比類，量小大，視少長，莫不中度。天子乃儺，以御秋氣。儺，猶除也。御也，止秋氣不使為害。儺讀躁難之難。氣或作兵。以犬嘗麻。先薦寢廟。是月可以築城郭，建都邑。國有先君之宗廟曰都，無曰邑，都曰城，邑曰築。穿竇窖，脩囷倉。穿竇，所以通水不欲地滛也。穿窖，所以盛穀也。窖，讀窖藏人物之窖。乃命有司趣民，收斂畜采，多積聚，勸種宿麥。若或失時，行罪無疑。是月也，雷乃始收，蟄蟲倍戶，殺氣浸盛，陽氣日衰，水始涸。涸，凝竭。涸或作盛，盛言陰勝也。日夜分，一度量，平權衡，正鈞石，角斗稱。理關市，來商旅。理，通也。入貨財，以便民事。四方來集，遠方皆至。財物不匱，上無乏用。百事乃遂。遂，成也。

又：仲秋行春令，則秋雨不降，草木生榮，國有大恐。春，陽氣，而行其令，故雨不降。又溫煦之仁，故草水生榮華也。氣相干，必有災咎，故國大惶恐。行夏令，則其國乃旱，蟄蟲不藏，五穀皆復生。行炎陽之令，故旱涸。氣熱，故蟄蟲不藏。使五穀復生。行冬令，則風災數起，收雷先行，草木蚤死。行冬寒氣激之令，故有風災。又冬閉藏，故收雷先行，草木蚤死也。

又：季秋之月【略】天子衣白衣，乘白駱，服白玉，建白旗。食麻與犬，服八風水，爨柘燧火。西宮御女白色，衣白采，撞白鐘。其兵戈，其畜犬，朝于總章右个。西向堂，北頭室，故謂右个也。命有司申嚴號令，百官貴賤，無不務入以會天地之藏。無有宣出，乃命冢宰，農事備收，舉五穀之要。冢，大也。宰，治也。卿，官也。要簿，書也。藏帝籍之收於神倉。天子籍田千畝，故曰帝籍之收籍田所收之穀也。神倉，倉也。是月也，霜始降，百工休。霜降天寒，朱漆難成，故百工休止不復作器也。乃命有司曰，寒氣總至，民力不堪，其皆入室。《詩》曰：入此室處是也。上丁，入學習吹。大饗帝，嘗犧牲，合諸侯，制百縣。是月上旬丁日，入學宫吹笙竽習禮樂。饗上帝，用犧牲，合諸侯之制度，車服之差，各以其命數也。百縣圻內之縣，言百舉全數爾。五家爲隣，五隣爲里，四百爲酇，五酇爲鄙，五鄙爲縣，然則縣二千五百家也。逵吉按：注學宫本或作學官。爲來歲受朔日。與諸侯所税於民輕重之法。貢歲之數，以遠近土地所宜爲度。來歲明年受朔日，如今計吏朝賀豫明年之曆日也。度者職貢多少，有常也。乃教於田鑯，以習五戎。戎，兵也。刀、劍、矛、戟、矢曰五戎。命太僕及七騶咸駕，戴旌授車以級，皆正設于屏外。級，等也。授當車者，以高下各隨，其等級正立設陳也。天子外，屏屏樹垣也。爾疋曰：門內之垣，謂之樹垣者也。司徒搢朴，北嚮以贊之。搢，插也。朴，以教導也。插置帶閒，贊相威儀也。司徒主衆，教導之也。天子乃厲服廣飾，執弓操矢以獵。是月，天子尚武，乃服猛厲之服，廣其所佩之飾，以取禽。命主祠祭禽四方。命，教也。主祠，典祀之官也。祭禽四方，祀始設禽獸者於四方報其功，不知其神所在，故博求於四方也。是月草木黄落，乃伐薪為炭，蟄蟲咸俛。乃趨獄刑，毋留有罪。俛，伏也。青州謂伏爲俛。留言當斷也。收禄秩之不當，供養之不宜者。不當，謂無受禄也。不宜，謂不孝也。一曰所養者無勳於國，其先人又無賢德，所不宜養，故收也。通路除道，從境始，至國而后已。是月天子乃以犬嘗麻，先薦寢廟。孝之至也。

又：季秋行夏令，則其國大水，冬藏殃敗，民多鼽窒。季秋陰氣，而行夏月霖雨之令，故大水氣熱，故冬藏殃敗也。火金相干，故民鼽窒鼻不通利也。鼽讀怨仇之仇。行冬令，則國多盜賊，邊竟不寧。土地分裂。冬水純陰，奸謀所生，故多盜賊，使邊竟之民不安寧也。則土地見侵削焉，隣國所分裂也。行春令，則煗風來至，民氣解惰，師旅竝興。春氣陽温，故煗風至，民氣解惰也。木干金，故師旅竝興也。二千五百人爲師，五百人爲旅也。

又：天子衣黑衣，乘玄驪，服玄玉，建玄旗。順，水德也。熊與虎曰旗。食黍與彘，服八風水，爨松燧火。北宮御女黑色，衣黑采，擊磬石。水，王北方，故處北宮。其兵鎩，其畜彘，鎩者，却內象陰閉。彘，水畜。朝于玄堂左个，以出冬令。北向堂西頭室，故曰左个。居是室，行此月令也。命有司，脩羣禁，順陰閉諸所當禁皆使有司禁也。禁外徒，閉門閭，大搜客，《傳》曰：禁舊客為露情也有新客搜出之為觀釁也。門，城門也。閭，里門也。嚴閉之，守備也。斷罰刑，殺當罪，諸罰刑當決也。當罰正罪，故殺之也。阿上亂法者誅。阿意曲從取容於上，以亂法度也，誅治也。立冬之日，天子親率三公、九卿、大夫以迎歲于北郊。還，乃賞死事，存孤寡。有忠節蹈義死王事者，賞其子孫也。幼無父曰孤、無夫曰寡，皆存慰矜恤之。是月，命太祝，禱祀神位，占龜策，審卦兆，以察吉凶。於是天子始裘，命百官，謹蓋藏，命司徒，行積聚，脩城郭，警門閭，脩楗閉，慎管籥，固封璽。封璽，印封也。脩邊境，完要塞，絶蹊徑，飾喪紀，審棺椁衣衾之薄厚，飾，治也。紀，數也，二十五月之數也。棺椁、衣衾薄厚各有差等，故審之。營邱壠之小大高痺，使貴賤卑尊，各有等級。營，度也。邱壠，冢也。小大高下各有度量也。是月也，工師效功，陳祭器，案度程，堅致爲上。案，視也。度，法也。堅致，功牢也。爲，故也。上，盛也。逵吉按：堅致，《禮記》作功致，故注云：功，牢也。致，卽密緻之緻，古無緻字。工事苦慢，作爲淫巧，必行其罪。苦，惡也。慢，不牢也。淫巧，非常之巧也，故行其罪。苦，讀鹽會之鹽。是月也，大飲蒸，天子祈來年於天宗，蒸，冬祭也。於是時，大飲酒而祭求明年之福祥也。凡屬天上之神，日月星辰，皆爲天宗也。大禱祭于公社。畢，饗先祖。禱，求也。公社，后土之祭也。生爲上公，死爲貴神，故曰公也。畢饗先祖，先公後私之義。勞農夫，以休息之。命將率講武。肄射御，角力勁。肄，習也。勁，強貌。乃命水虞漁師，收水泉池澤之賦，虞，掌水官也。師，長也。賦，稅也。毋或侵牟。矣，多。

又：孟冬行春令，則凍閉不密，地氣發泄，民多流亡。春陽氣散越，故凍閉不密，地氣發泄也。民多流亡，象陽氣布散。行夏令，則多暴風，方冬不寒，蟄蟲復出。冬當閉藏，反行夏盛陽之令，故多暴疾。陽氣溫，故盛冬不寒，令蟄伏之蟲復出也。行秋令，則雪霜不時，小兵時起，土地侵削。秋氣干冬，大寒不當雪而雪，不當霜而霜，故曰不時也。小兵數起，隣國來伐，侵削其土地。

又：仲冬之月【略】天子衣黑衣，乘鐵驪，服玄玉，建玄旗，食黍與彘，服八風水，爨松燧火。北宮御女黑色，衣黑采，擊磬石，其兵鎩，其畜彘，朝于玄堂太廟。北向堂中央室故曰太廟。命有司曰：土事無作，無發室居，及起大衆。是謂發天地之藏，諸蟄則死，民必疾疫，有隨以喪。逵吉按：有諸本皆作又。急捕盜賊，誅淫泆詐僞之人，命曰：暢月。陰氣在上，民人空閒，故命曰暢月。命奄尹，申宮令，奄，官也。尹，正也。申宮令，重戒敕也。審門閭，謹房室，必重閉，助陰氣也。省婦事。乃命大酋，秫稻必齊，麴蘖必時，酋，主酤酒官也。醞釀米麴使化熟，故謂之酋。酋，讀酋豪之酋。齊，讀齊和之齊也。作麴蘖，當得其時，不時則不成也。湛熺必潔，水泉必香，湛，漬也。熺炊必令主潔也。水泉香，則酒善也。湛，讀審釜之審。熺炊熾火之熾也。陶器必良，火齊必得，無有差忒。陶器，瓦器也。炊亨必得其適，故曰無有差忒也。天子乃命有司，祀四海大川名澤。能興雲用，故祀之。是月也，農有不收藏積聚、牛馬畜獸有放失者，取之不詰。詰，呵問也。山林藪澤，有能取疏食、田獵禽獸者，野虞教導之。其有相侵奪，罪之不赦。大加刑也。是月也，日短至，陰陽爭，君子齋戒，處必掩身欲靜，去聲色，禁嗜欲，聲，絲竹金石之聲也。色，美色也。有貪欲濫求者禁之。寧身體，安形性。閉情欲也。是月也，荔挺出，芸始生，邱螾結，麋角解，荔，馬荔草也。芸，芸蒿，菜名。邱螾，蟲也。結，屈結也。麋角解墮，皆應微陽氣也。水泉動，則伐樹木。取竹箭，罷官之無事，器之無用者。罷，省。塗闕庭門閭，築囹圄，所以助天地之閉。

又：仲冬行夏令，則其國乃旱，氛霧冥冥，雷乃發聲。夏氣炎陽，故其國旱也。清濁相干，故氛霧冥冥也。十一月雷發聲非其時，故言乃也。行秋令，則其時雨水，瓜瓠不成，國有大兵。秋，金氣水之母也，故雨水。水金用事，故有大兵也。行春令，則蟲螟爲敗，水泉咸竭，民多疾癘。春陽氣，蟄伏生，故蟲螟敗穀。水泉竭也，陽干陰氣不和，故多疾癘也。

又：季冬之月【略】天子衣黑衣，乘鐵驪，服玄玉，建玄旗，食麥與彘，服八風水，爨松燧火。北宮御女黑色，衣黑采，擊磬石。其兵鎩，其畜彘，朝于玄堂右个。右个，東頭室也。命有司，大儺。旁磔，出土牛。大儺，今之逐陰驅疫爲陽導也。旁磔，四面皆磔犬羊以四方之疾疫也。出土牛，今鄉縣出勸農耕之土牛，於外是也。命漁師始漁，是月將捕魚，故命其長也。漁讀論語之語。天子親往射漁，先薦寢廟。令民出五種，令農計耦耕事，脩耒耜，具田器。耦，合。命樂師大合吹而罷。乃命四監，收秩薪，以供寢廟及百祀之薪燎。是月也，日窮于次，月窮于紀，星周于天，歲將更始，十二次窮於牽牛中也。紀道窮於故宿也。星周於天者，謂二十八舍更見南方，至是月周匝也。令靜農民，無有所使，天子乃與公、卿、大夫飾國典，論時令，以待嗣歲之宜。乃命太史，次諸侯之列，賦之犧牲，賦，布。以供皇天上帝社稷以芻享。乃命同姓之國，供寢廟之芻豢；卿、士、大夫至于庶民，供山林名川之祀。

又：季冬行秋令，則白露蚤降，介蟲爲祅，四鄙入保。秋節白露，故白露蚤降介甲之蟲爲祅災。金氣爲兵，故四竟之民入城郭，自保守也。行春令，則胎夭傷，國多痼疾，命之曰逆。季冬大寒而行春溫之令，氣不和，故胎養夭傷，國多篤疾，逆風氣之由也，故命之曰逆也。行夏令，則水潦敗國，時雪不降，冰凍消釋。夏氣炎傷又多霖雨，故水潦敗國也。時雪當降而不降，冰凍不當消釋而消釋，皆干時之徵也。

又：東方之極，自碣石山過朝鮮，貫大人之國，【略】其令曰：挺羣禁，開閉闔，通窮窒，達障塞，行優游，棄怨惡，解役罪，免憂患，休罰刑，開關梁，宣出財，和外怨，撫四方，行柔惠，止剛強，剛強，侵陵人不循軌度者，禁止之也。

又：南方之極，自此戶孫之外，【略】其令曰：爵有德，賞有功，惠賢良，救飢渴，舉力農，振貧窮，惠孤寡，憂罷疾，出大祿，行大賞，起毀宗，立無後，封建侯，立賢輔。應陽施也。

又：中央之極，自昆侖東絶兩恒山，【略】其令曰：平而不阿，明而不苛，包裹覆露，露，潤。無不囊懷，溥氾無私，正靜以和，行稃鬻，養老衰，弔死問疾，以送萬物之歸。土四方之主也，故曰萬物之歸。

又：西方之極，自昆侖絶流沙、沈羽，西至三危之國，【略】其令曰：審用法，誅必辜，備盜賊，禁姦邪，飾羣牧，謹著聚，脩城郭，補決竇，塞蹊徑，遏溝瀆，止流水，雝谿谷，守門閭，陳兵甲，選百官，誅不法。應金斷也。

又：北方之極，自九澤窮夏晦之極，北至令正之谷，【略】其令曰：申羣禁，固閉藏，脩障塞，繕關梁，禁外徙，斷罰刑，殺當罪，閉關閭，大搜客，止交游，禁夜樂，蚤閉晏開，以塞姦人。逵吉按《太平御覽》塞作索。已得，執之必固。天節已幾，逵吉按《太平御覽》此下注云：幾，終也。刑殺無赦。雖有盛尊之親，斷以法度。毋行水，毋發藏，毋釋罪。應陰殺也。逵吉按《太平御覽》作毋釋刑罪。

《吕氏春秋·不苟論·當賞》 民無道知天，民以四時寒暑日月星辰之行知天，四時寒暑日月星辰之行當，則諸生有血氣之類，皆爲得其處而安其産。人臣亦無道知主，人臣以賞罰爵禄之所加知主，主之賞罰爵禄之所加者宜，則親疏遠近賢不肖皆盡其力而以爲用矣。

（宋）王得臣《麈史》卷中《經義》 《易》卦，陽爻稱九，陰爻稱六。孔穎達以謂九爲老陽，七爲少陽，進陽之道也；六爲老陰，八爲少陰，逆陰之謂也。此乃不然。夫大衍不虛一，則四十九數不可用，惟用四十九揲之，則七八九六之數。故以純者爲老，九六得純數；以雜者爲少，七八得雜數，此自然之理也。

（清）顧炎武《日知録》卷一《上九弗損益之》 有天下而欲厚民之生，正民之德，豈必自損以益人哉。不違農時，穀不可勝食也；數罟不入洿池，魚鼈不可勝食也；斧斤以時入山林，材木不可勝用也，所謂弗損益之者也。皇建其有極，斂時五福，用敷錫厥庶民。《詩》曰：奏格無言，時靡有爭。是故君子不賞而民勸，不怒而民威鈇鉞，所謂弗損益之者也。以天下為一家，中國為一人，其道在是矣。

（宋）高承《事物紀原》卷三《律法》 《通典》曰：伏犧氏作《易》，紀陽氣之初，以為律法。

（宋）潘自牧《記纂淵海》卷三《律歷部·無射》 《傳》記：無射，所以宣布哲人之令德，示民軌儀也。注云：九月乾上九也。陽氣上升，收藏萬物，無得見者，可偏布前哲之令德，示民導法。《國語》。

（明）馮琦《經濟類編》卷二九《銓衡類一·用人》 臣聞政化之本，必順陰陽。伏見立夏以來，當暑而寒，殆以刑罰刻急郡國不奉時令所致也。農人急於務，而苛吏奪其時賦，發充常調，而貪吏割其財。此其巨患也。

（清）錢大昕《十駕齋養新録》卷六《斷屠月禁殺日》 唐律：諸立春以後秋分以前决死刑者，徒一年。其所犯雖不待時，若於斷屠月及禁殺日而决者，各杖六十。疏云：依獄官令，從立春至秋分，不得奏决死刑。若犯惡逆以上，及奴婢部曲殺主者，不拘此令。其大祭祀，及致齋，朔望，上下弦，二十四氣，雨水未晴，夜未明，斷屠月，及假日，並不得奏决死刑。斷屠月，謂正月、五月、九月，禁殺日。謂每月十直日，月一日、八日、十四日、十五日、十八日、二十三日、二十四日、二十八日、二十九日、三十日。雖不待時，於此月日亦不得决死刑也。其正月、五月、九月有閏者，各同正月，亦不得奏决死刑。《唐會要》：武德二年正月二十四日，詔自今以後，每年正月九日，及每月十齋日，並不得行刑。所在公私宜斷屠釣，永為常式。此據《賓退録》所引。十齋日，即唐律疏之十直日也。正月本是斷屠月，不應單舉九日，當是五月九月四字。傳寫有脱漏耳。

（唐）白居易《白氏長慶集》卷五七《翰林制誥四·荅宰相杜佑等賀德音表》 古先聖王，託于人上；與百姓同其欲，與天下共其憂。唯推是心，可底于道。朕臨御萬國，迨兹五年，惕厲之懷，雖勤于夙夜；愆伏之候，猶害於歲時。思革獘以救災，在濟人而損己。是用欽刑緩死，責己卹貧。罷郡國之貢珍，省宫廄之煩費。延春令而布仁行恵，先南風而解愠阜財。庶憑歡心，以召和氣。卿等或匪躬獻替，或悉力弼諧。啓沃之間，已申霖雨之用；燮理之際，佇見陰陽之和。各宜勉之，以輔予理！所賀知。

災異分部

論説

《周易正義·坤》上六：龍戰于野，其血玄黃。陰之爲道，卑順不盈，乃全其美。盛而不已，固陽之地，陽所不堪，故戰于野。疏：上六至其血玄黃。正義曰：以陽謂之龍，上六是陰之至極，陰盛似陽，故稱龍焉。盛而不已，固陽之地，陽所不堪，故陽氣之龍與之交戰，即《説卦》云戰乎乾是也。戰於卦名，故曰于野。陰陽相傷，故其血玄黃。注盛而不已。正義曰：盛而不已，固陽之地者，固爲占固，陰去則陽來，陰乃盛而不去，占固此陽所生之地，故陽氣之龍與之交戰。《象》曰：龍戰于野，其道窮也。

（清）朱駿聲《六十四卦經解·坤》坤：元、亨，利牝馬之貞。【略】上六：龍戰于野，其血玄黃。【略】文王抑三二之强以事紂，蓋欲彌縫其闕，匡救其災，以祈殷命，以濟生民。紂遂長惡不悛，天命殛之。至于武王，遂有坶野之事，是其義也。天道窮，至于陰陽相薄。君德窮，至于攻戰受誅。

《尚書·商書·微子》曰：父師、少師，我其發出狂，吾家耄遜于荒。今爾無指，告予顛隮，若之何其？父師若曰：王子，天毒降災荒殷邦，方興沈酗于酒，乃罔畏畏，咈其耇長，舊有位人。

（宋）蔡沈《書經集傳·周書·洪範》箕子乃言曰：我聞在昔，鯀陻洪水，汨陳其五行，帝乃震怒，不畀洪範九疇，彝倫攸斁，鯀則殛死。禹乃嗣興。天乃錫禹洪範九疇，彝倫攸敘。陻音殷，汨音骨，斁音妒。乃言者，重其答也。陻，塞。汨，亂。陳，列。畀，與。洪，大。範，法。疇，類。斁，敗。錫，賜也。帝，以主宰言。天，以理言也。洪範九疇，治天下之大法。其類有九，即下文初一至次九者。箕子之答蓋曰：洪範九疇，原出於天，鯀逆水性，汨陳五行，故帝震怒，不以與之，此彝倫之所以敗也。禹順水之性，地平天成，故天出書于洛。禹别之以爲洪範九疇，此彝倫之所以敘也。彝倫之敘，即九疇之所敘者也。按孔氏曰：天與禹神龜，負文而出，列於背，有數至九。禹遂因而第之以成九類。《易》言河出圖，洛出書，聖人則之。蓋治水功成，洛龜呈瑞。如簫韶奏而鳳儀，《春秋》作而麟至。亦其理也。世傳戴九履一左三右七，二四爲肩，六八爲足，即洛書之數也。

《春秋左傳正義》卷四四《昭公七年》曰：不善政之謂也。國無政，不用善，則自取讁于日月之災。讁，譴也。讁，直革反。譴，遣戰反。疏：對曰至之災。正義曰：士文伯緣公之問，設勸戒之辭，言人君爲政不善，可以感動上天，則自取譴責於日月之災。以日食之災，由君行之所致也。《昏義》云：天子聽男教，后聽女順。天子治陽道，后治陰德。是故男教不修，陽事不得，適見於天，日爲之食。婦順不脩，陰教不得，適見於天，月爲之食。此傳彼記皆是勸戒辭耳。日月之會，自有常數。每於一百七十三日有餘，則日月之道一交，交則日月必食。雖千歲之日食，豫筭而盡知，寧復由教不脩而政不善也？此時周室微弱，王政不行，非復能動天也。設有天變，當與天下爲災，何獨衛君、魯卿當其咎也？若日食在其分次，其國即當有咎，則每於日食必有君死，豈日食之歲，常有一君死乎？足明士文伯言衛君、魯卿之死，不由日食而知矣。人君者，位貴居尊，志移心溢，或淫恣情慾，壞亂天下。聖人假之神靈，作爲鑒戒。夫以昭昭大明，照臨下土，忽爾殲亡，俾晝作夜，其爲怪異，莫斯之甚。故鳴之以鼓柝，射之以弓矢。庶人奔走以相從，嗇夫馳騁以告衆。降物辟寢以哀之，祝幣史辭以禮之。立貶食去樂之數，制入門廢朝之典。示之以罪己之宜，教之脩德之法。所以重天變，警人君也。天道深遠，有時而驗，或亦人之禍釁，偶與相逢，故聖人得因其變常，假爲勸戒。知達之士，識先聖之幽情；中下之主，信妖祥以自懼。但神道可以助教，不可專以爲教。神之則惑衆，去之則害宜。故其言若有若無，其事若信若不信，期於大通而已。世之學者，宜知其趣焉。故政不可不慎也。務三而已，一曰擇人，擇賢人。二曰因民，因民所利而利之。三曰從時。順四時之所務。

（清）蘇輿《春秋繁露義證》卷四《王道》周衰，天子微弱，諸侯力政，力政，猶力征。大夫專國，士專邑，不能行度制法文之禮。謂文王。文九年《傳》：繼文王之體，守文王之法。諸侯背叛，莫修貢聘，奉獻天子。臣弑其君，子弑其父，孼殺其宗，《尚書大傳》：有臣弑其君，孼代其宗者。注：孼，支子，宗，適子。不能統理，更相伐銼以廣地。盧云：銼，與剉通。以强相脅，不能制屬。上不能制其屬。强奄弱，衆暴寡，富使貧，并兼無已。《漢·食貨志》：仲舒言古者税民不過什一，其求易共。使民不過三日，其力易足。民財内足以養老盡孝，外足以事上共税，下足以畜妻子極愛，故民説從上。至秦則不然，用商鞅之法，改帝王之制，除井田，民得賣買，富者田連阡陌，貧者無立錐之地。又顓川澤之利，管山林之饒。荒淫越制，踰侈以相高。邑有人君之尊，里有公侯之富，小民安得不困？又加月爲更卒，已復爲正，一歲屯戍，一歲力役，三十倍于古。田租口賦，鹽鐵之利，二十倍於古。或耕豪民之田，見税什五。故貧民常衣牛馬之衣，而食犬彘之食。重以貪暴之吏，刑戮妄加，民愁亡聊，亡逃山林，轉爲盜賊，赭衣半道，斷獄歲以千萬數。漢興，循而未改。古井田法雖難卒行，宜少近古，限民名田，以贍不足，塞并兼之路。鹽鐵皆歸於民。去奴婢，除專殺之威。薄賦斂，省繇役，以寬民力。然後可以善治也。臣下上僭，不能禁止。日爲之食，星賓如雨，雨螽，沙鹿崩。僖十四年。夏大雨水，冬大雨雪，盧云：隱九年三月癸酉，大雨震電。庚辰，大雨雪。此一事在今之正月。若大水，唯桓公十三年在夏，餘皆在秋。然亦非雨水也。冬大雨雪，《公羊》昭四年經有之，在周正月。然疏云：正本皆作雹字。《左氏》僖十年經冬大雨雪，《公羊》作雹。疑此正文當作冬大雨雹。昭三年冬亦有此事。輿案：此處疑是誤文。隱九年三月癸酉，大雨震電。庚辰，大雨雪。此春秋時大異也，不應闕之。疑本作大雨震電。又大雨雪。宋高宗紹興三十一年，風雷大雨雪。侍御史汪澈言：春秋魯隱時，大雨震電，繼以雨雪。孔子以八日之間，再有大變，謹而書之。今一夕之間，二異交至，此陰盛之證，殆爲金人。正用此事。賓石于宋五，六鷁退飛。僖十六年。賓霜不殺草，李梅實。僖三十三年。正月不雨，至於秋七月。文十年、十三年同。又二年自十有二月不雨，至於秋七月。地震，文九年、襄十六年、昭十九年、二十三年、哀三年皆同。梁山崩，壅河，三日不流。成五年。晝晦。成十六年六月甲午晦。彗星見于東方，孛于大辰。盧云：文十四年，有星孛入于北斗。昭十七年，有星孛于大辰。哀十三年，有星孛于東方。此所舉尚未全。天啟本孛於下注云：作升。鸜鵒來巢，昭二十五年何注：鸜鵒猶權欲。盧云：舊本從《左氏》作鸛鵒，非。《春秋》異之。以此見悖亂之徵。文亦見《二端篇》。《漢・劉向傳》：周室卑微，二百四十二年之間，日食三十六，地震五，山林崩陁二，彗星三見，夜恒星不見，夜中星賓如雨一，火災十四。長狄入三國，五石隕墜，六鷁退飛，多麋，有蜮、蜚，鸜鵒來巢者，皆一見。晝瞑晦，雨木冰，李梅冬實，七月霜降，草木不死，八月殺菽，大雨雹，雨雪雷霆，失序相乘。水、旱、飢、蝝、螽、螟，蠭午竝起。當是時，禍亂輒應，弑君三十六，亡國五十二。諸侯奔走，不得保其社稷者，不可勝數也。孔子明得失，差貴賤，反王道之本。亦見《重政篇》。譏天王以致太平。譏天王如求車、求金、錫命之類。刺惡譏微，不遺小大，凌本作大小。善無細而不舉，惡無細而不去，《漢書・司馬遷傳》：余聞之先人曰：《春秋》采善貶惡，推三代之德，褒周室，非獨刺譏而已也。進善誅惡，絶諸本而已矣。善惡之著者，進之誅之。其或嫌於惡而有善心，嫌於善而有惡心，亦爲表而出之。故有事同而論異，或事異而論同。一人之身，前後不相掩；一人之事，功過不妨殊。《春秋》好微而貴志，絶諸本所以杜其漸。

天王使宰喧來歸惠公仲子之賵，刺不及事也。隱元年《傳》：其言來何？不及事也。《鹽鐵論・刺義篇》：《春秋》士不載文，而書喧，以爲宰士也。天王伐鄭，譏親也，桓五年何注：稱人者，刺王者也。天下之君，海内之王，當秉綱撮要。而親自用兵，故見其微弱。僅能從微者，不能從諸侯，猶莒之稱人，則從不疑也。會王世子，譏微也。僖五年。案《穀梁傳》謂天子微，諸侯不享覲，而使世子受諸侯之尊己。此義蓋與之同。祭公來逆王后，譏失禮也。桓八年：祭公來，遂逆王后於紀。《傳》：大夫無遂事，此其言遂何？使我爲媒可，則因用是往逆矣。何注：疾王者不重妃匹，逆天下之母若逆婢妾，將謂海内何哉？故譏之。刺家父求車，桓十五年。武氏毛伯求賻金。隱三年求賻，文九年求金。王人救衛。莊六年。王師敗於貿戎。成元年。天王不養，出居於鄭，僖二十四年：王者無外，此其言出何？不能乎母也。《曲禮》天子不言出，注：天子之言出，諸侯之生名，皆有大惡，君子所遠，出名以絶之。《春秋傳》曰：天王出居於鄭，衛侯朔入于衛是也。疏：君子謂孔子書經，若見天子大惡，書出以絶之。《鹽鐵論・孝養篇》：文學曰：周襄王之母，非無酒肉也，衣食非不如曾皙也，以其不能事其父母也。《漢書・嚴助傳》：上賜書曰：間者闊焉久不聞問，具以《春秋》對，毋以蘇秦縱横。助恐，上書謝，稱《春秋》天王出居於鄭，不能事母，故絶之。臣事君猶子事父母也，臣助當伏誅。《霍光傳》：奏曰：周襄王不能事母，《春秋》曰天王出居於鄭。繇不孝出之，絶之於天下也。（又見《後漢書・謝弼傳》。）凌本無不養二字。殺母弟，襄三十年。王室亂，不能及外，昭二十二年《傳》：何言乎出王室亂？言不及外也。分爲東西周，昭二十二年王子猛入於王城，《傳》曰：西周也。二十六年天王入於成周，傳曰：東周也。凌云：《國策》注《大事記》：平王東遷之後，所謂西周者，豐鎬也。東周者，東都也。威烈王以後，所謂西周者，河南也。東周者，洛陽也。無以先天下，召衛侯不能致，桓十六年衛侯朔出奔齊，《傳》云：其得罪於天子奈何？見使守衛朔，而不能使衛小衆，越在岱陰齊。屬負兹舍，不即罪。不即罪爾。所謂召不能致。遣子突征衛不能絶，盧云：衛侯朔得罪於天子，天子立公子留，五國伐衛納朔。莊六年，王人子突救衛，而朔仍入於衛，故云不能

（清）蘇輿《春秋繁露義證》卷六《二端》

《春秋》至意有二端，不本二端之所從起，亦未可與論裁異也，凌本本作分。小大微著之分也。夫覽求微細於無端之處，誠知小之將爲大也，微之將爲著也。吉凶未形，聖人所獨立也，雖欲從之，末由也已，此之謂也。盧云：聖人所獨立也數句，與上不相承接。又引《論語》語，其爲妄竄益顯然。輿案：雖欲三句，妄竄無疑。獨立二字，疑文誤耳。故王者受命，改正朔，不順數而往，必迎來而受之者，

授受之義也。《白虎通・三正篇》：三正之相承，若順連環也。孔子承周之弊，行夏之時，知繼十一月正者，當用十三月也。《檀弓》疏推鄭君義云伏義以下，女媧以十二月爲正，神農以十一月，黄帝以十三月，少昊以十二月，高陽以十一月，高辛以十三月，堯以十二月，舜以十一月，夏以十三月，殷以十二月，周以十一月。是三王之相承，若循環也。所謂迎來而受。漢初，承秦繼周十一月，而以十月爲歲首，失其序矣。《文選・典引》注：漢承周後，當就夏正，以十三月爲歲首。是也。三，今本誤作二。故聖人能繫心於微而致之著也。白虎通：正朔有三何？本天有三統，謂三微之月也，三微者何？陽氣始施，黄泉動微，而未著也。此推之正朔，以明微著之義。《漢書・律曆志二》三微而成著，三著而成象。《易乾鑿度》云：三微而成一著，三著而成一體。是故《春秋》之道，以元之深正天之端，以天之端正王之政，以王之政正諸侯之即位，以諸侯之即位正竟内之治，五者俱正而化大行。錢云：自是故《春秋》之道以下，似《玉英篇》論元年脱文。説見前。故書日蝕、天啟本故作然。星隕、有蜮、山崩、地震、夏大雨水、冬大雨雹、雹，天啟本、凌本作雪。案：此疑是誤文。説在王道篇。隕霜不殺草、自正月不雨至於秋七月、有鸜鵒來巢，《春秋》異之，以此見悖亂之徵。亦見《王道篇》。是小者不得大，微者不得著，因其小者、微者謹之，不使大且著。雖甚末，亦一端。慎之則爲末，不慎則有人事之變，尋至著大，故孔子以此爲驗，謹而志之。天啟本注云：雖甚末一作其本末。官本云：他本無一字。孔子以此效之，吾所以貴微重始是也。貴微重始，《春秋》之大義也。以，疑作謂。官本云：他本脱微字。因惡夫推災異之象於前，然後圖安危禍亂於後者，非春秋之所甚貴也。此最得聖人志裁異深意。程子云：大抵《春秋》所書災異，皆天人響應，有致之之道。如石隕於宋而言隕石，夷伯之廟震而言震夷伯之廟，此天應之也。但漢儒言災異皆牽合不足信，儒者因盡廢之。輿案：觀此數語，則可無疑于漢儒矣。官本云：他本脱貴字。然而《春秋》舉之以爲一端者，亦欲其省天譴而畏天威，内動於心志，外見於事情，修身審己，明善心以反道者也，豈非貴微重始、慎終推效者哉！《白虎通・災變篇》：天所以有災變何？所以譴告人君，覺悟其行，令悔過修德，深思慮也。《説苑・敬慎篇》：妖孽者，天所以警天子諸侯也。輿案：《必仁且智篇》其大畧之類一段，與此篇文相類。説詳彼篇。

（清）蘇輿《春秋繁露義證》卷一四《五行變救》

五行變至，當救之以德，施之天下，則咎除。不救以德，不出三年，天當雨石。凌云：《尚書中候》：紂末年，雨石，皆大如甕。官本云：他本當作雷。木有變，春凋秋榮。官本云：本作多營。輿案：《御覽》九百五十二引作冬榮，下有真剛精鋭，無以治之二語，與本書不類，疑誤文。秋木冰，木冰，見成十六年。《五行志》：或曰：今之長老，名木冰爲木介。凌云：《唐書》凝霜對樹，謂之木冰，一名樹介。寧王憲有疾，見而歎曰：此俗所謂樹嫁者也，吾其死矣。諺曰：樹嫁達官怕。天啟本木上注云：一無秋字，冰作水。春多雨。此繇役衆，凌云：繇，讀曰傜。《説文》戍邊也。賦斂重，《御覽》十引下有故也二字。八百七十七引同。百姓貧窮叛去，凌云：《月令》疏：蔡氏云：無財曰貧，無親曰窮。皇氏云：長無謂之貧窮。道多饑人。救之者，省繇役，薄賦斂，出倉穀，振困窮矣。凌云：《漢書》顔注：振，起也。爲給貸之，令其存立也。諸振救、振贍，其意皆同。今流俗作字從貝者，非也。火有變，冬温夏寒。此王者不明，善者不賞，惡者不絀，不肖在位，賢者伏匿，則寒暑失序，而民疾疫。凌云：《易通卦驗》：春晷長一丈一尺二分，未當至而至，多病熛，疾疫。疫，《説文》云民皆疾也。救之者，舉賢良，賞有功，對有德。土有變，大風至，五穀傷。此不信仁賢，不敬父兄，淫泆無度，宫室榮。盧云：《荀子・大略篇》、《説苑・君道篇》、何注桓五年《傳》，皆作宫室榮，與此同。或改崇及營。輿案：《後漢・鍾離意傳》亦作榮。天啟本榮上有多字，凌本同。救之者，省宫室，去雕文，舉孝悌，恤黎元。凌云：《漢書・文紀》注：姚察云：古者謂人元，善人也。因善爲元，故云黎元。金有變，畢昴爲回，三覆有武，多兵，凌云：《春秋佐助期》：昴、畢爲天街。《史記・天官書》：昴曰髦頭，畢曰罕車，主弋獵。正義曰：昴七星爲髦頭。畢八星，其大星曰天高，一曰邊將，四夷之尉也。星明大，天下安，遠夷入貢。失色，邊亂。畢動，主兵。《法苑珠林》：初置星宿，昴爲先首，形似剃刀。次置畢，形如立叉。《雲笈七籤》昴星神姓張，名弩小，衣緑青單衣。畢星神姓柔，名公孫，帶劍，衣白毛單衣。多盗寇。此棄義貪財，輕民命，重貨賂，百姓趣利，多姦軌。《國語・魯語》：竊寶者爲宄，用宄之財者爲姦。救之者，舉廉潔，立正直，隱武行文，俞云：隱，讀爲偃。《漢書・古今人表》徐隱王，顔注：即偃王也。是隱、偃古通用。輿案：《國語・周語》：武不可覿，文不可匿。即隱武行文意。《齊語》：隱武事，行文道。字亦作隱，不必改讀。束甲械。凌云：《周禮・司甲》注：甲，今之鎧也。今古用物不同，其名亦異。古用皮謂之甲，今用金謂之鎧。水有變，冬溼多霧，凌云：《春秋元命苞》：亂而爲霧。霧，陰陽之氣也。《釋名》曰：霧，冒也，氣蒙亂冒物也。春夏雨雹。凌云：《大戴禮》：陽之專氣爲雹，陰之專氣爲霰。霰雹者，一氣之化也。《釋名》：雹，砲也。其所中物皆摧折，如人所盛咆。此法令緩，刑罰不行。救之者，憂囹圄，案姦宄，誅有罪，蒐五日。盧云：蒐，與搜同。

(清)皮錫瑞《經學歷史·經學極盛時代》：漢有一種天人之學而齊學尤盛。《伏傳》五行，《齊詩》五際，《公羊春秋》多言災異，皆齊學也。《易》有象數占驗，《禮》有明堂陰陽，不盡齊學，而其旨略同。當時儒者以爲人主至尊，無所畏憚，借天象以示儆，庶使其君有失德者猶知恐懼修省。此《春秋》以元統天、以天統君之義，亦《易》神道設教之旨。漢儒藉此以匡正其主。其時人主方崇經術，重儒臣，故遇日食地震，必下詔罪己，或責免三公。雖未必能如周宣之遇災而懼，側身修行，尚有君臣交儆遺意。此亦漢時實行孔教之一證。後世不明此義，謂漢儒不應言災異，引讖緯，於是天變不足畏之説出矣。近西法入中國，日食、星變皆可豫測，信之者以爲不應附會災祥。然則孔子《春秋》所書日食、星變，豈無意乎？言非一端，義各有當，不得以今人之所見輕議古人也。

(明)董説《七國攷》卷一《楚職官·亞尹》：《亢倉子》〔《政道篇》〕：荊君熊圉問水旱理亂。亢倉子曰：水旱由天，理亂由人。若人事和理，雖有水旱，無能爲害，堯、湯是也。故周之《秩官》云：人强勝天。若人事壞亂，縱無水旱，曰益崩離。且桀、紂之滅，豈惟水旱？荊君北面遵循稽首曰：天不棄不穀。及此言也。乃以和璧十朋爲亢倉子壽。拜爲亞尹，曰：庶吾國有瘳乎！

《漢書》卷九《元帝紀》：蓋聞賢聖在位，陰陽和，風雨時，日月光，星辰靜，黎庶康寧，考終厥命。今朕恭承天地，託于公侯之上，明不能燭，德不能綏，災異並臻，連年不息。乃二月戊午，地震于隴西郡，毀落太上皇廟殿壁木飾，壞敗獂道縣城郭民寺及民室屋，壓殺人衆。山崩地裂，水泉涌出。天惟降災，震驚朕師。治有大虧，咎至於斯。夙夜兢兢，不通大變，深惟鬱悼，未知其序。間者歲數不登，元元困乏，不勝饑寒，以陷刑辟，朕甚閔之。郡國被地動災甚者無出租賦。赦天下。有可蠲除減省以便萬姓者，條奏，毋有所諱。丞相、御史、中二千石舉茂材異等直言極諫之士，朕將親覽焉。

又：乃者火災降於孝武園館，朕音戰栗恐懼。不燭變異，咎在朕躬。羣司又未肯極言朕過，以至於斯，將何以寤焉！百姓仍遭凶阨，無以相振，加以煩擾虖苛吏，拘牽乎微文，不得永終性命，朕甚閔焉。其赦天下。

《漢書》卷七五《李尋傳》：臣聞五星者，五行之精，五帝司命，應王者號令爲之節度。歲星主歲事，爲統首，號令所紀，今失度而盛，此君指意欲有所爲，未得其節也。又填星不避歲星者，后帝共政，相留於奎、婁，當以義斷之。(營)〔熒〕惑往來亡常，周歷兩宮，作態低卬，入天門，上明堂，貫尾亂宮。太白發越犯庫，兵寇之應也。貫黄龍，入帝庭，當門而出，隨熒惑入天門，至房而分，欲與熒惑爲患，不敢當明堂之精。此陛下神靈，故禍亂不成也。熒惑厥弛，佞巧依勢，微言毀譽，進類蔽善。太白出端門，臣有不臣者。火入室，金上堂，不以時解，其憂凶。填、歲相守，又主内亂。宜察蕭牆之内，毋忽親疏之微，誅放佞人，防絶萌牙，以盪滌濁濊，消散積惡，毋使得成禍亂。辰星主正四時，當效於四仲；四時失序，則辰星作異。今出於歲首之孟，天所以譴告陛下也。政急則出蚤，政緩則出晚，政絶不行則伏不見而爲彗茀。四孟皆出，爲易王命，四季皆出，星家所諱。今幸獨出寅孟之月，蓋皇天所以篤右陛下也，宜深自改。

《漢書》卷八一《匡衡傳》：臣聞天人之際，精祲有以相盪，善惡有以相推，事作乎下者象動乎上，陰陽之理各應其感，陰變則靜者動，陽蔽則明者晻，水旱之災隨類而至。今關東連年饑饉，百姓之困，或至相食，此皆生於賦斂多，民所共者大，而吏安集之不稱之效也。陛下祗畏天戒，哀閔元元，大自減損，省甘泉、建章宫衛，罷珠崖，偃武行文，將欲度唐虞之隆，絶殷周之衰也。諸見罷珠崖詔書者，莫不欣欣，人自以將見太平也。宜遂減宫室之度，省靡麗之飾，考制度，修外内，近忠正，遠巧佞，放鄭衛，進《雅》《頌》，舉異材，開直言，任温良之人，退刻薄之吏，顯絜白之士，昭無欲之路，覽《六藝》之意，察上世之務，明自然之道，博和睦之化，以崇至仁，匡失俗，易民視，令海内昭然咸見本朝之所貴，道德弘於京師，淑問揚乎疆外，然後大化可成，禮讓可興也。

《漢書》卷八六《王嘉傳》：後數月，日食，舉直言，嘉復奏封事曰：

臣聞咎繇戒帝舜曰：亡敖佚欲有國，兢兢業業，一日二日萬機。箕子戒武王曰：臣無有作威作福，亡有玉食；臣之有作威作福玉食，害于而家，凶于而國，人用側頗辟，民用僭慝。言如此則逆尊卑之序，亂陰陽之統，而害及王者，其國極危。國人傾仄不正，民用僭差不壹，此君不由法度，上下失序之敗也。武王躬履此道，隆至成康。自是以後，縱心恣欲，法度陵遲，至於臣弒君，子弒父。父子至親，失禮患生，何况異姓之臣？孔子曰：道千乘之國，敬事而信，節用而愛人，使民以時。孝文皇帝備行此道，海内蒙恩，爲漢太宗。孝宣皇帝賞罰信明，施與有節，記人之功，忽於小過，以致治平。孝元皇帝奉承大業，温恭少欲，都内錢四十萬萬，水衡錢二十五萬萬，少府錢十八萬萬。嘗幸上林，後宫馮貴人從臨獸圈，猛獸驚出，貴人前當之，元帝嘉美其義，賜錢五萬。掖庭見親，有加賞賜，屬其人勿衆謝。示平惡偏，重失人心，賞賜節約。是時外戚貲千萬者少耳，故少府水衡見錢多也。雖遭初元、永光凶年飢饉，加有西羌之變，外奉師旅，内振貧民，終無傾危之憂，以府臧内充實也。孝成皇帝時，諫臣多言燕出之害，及女寵專愛，躭於酒色，損德傷年，其言甚切，然終不怨怒也。寵臣淳于長、張放、史育，育數貶退，家貲不滿千萬，放斥逐就國，長榜死於獄。不以私愛害公義，故雖多内讒，朝廷安平。

《後漢書》卷六《孝順帝紀》 朕託王公之上，涉道日寡，政失厥中，陰陽氣隔，寇盜肆暴，庶獄彌繁，憂悴永歎，疢如疾首。《詩》云：君子如祉，亂庶遄已。三朝之會，朔旦立春，嘉與海内洗心自新。其赦天下。從甲寅赦令已來復秩屬籍，三年正月已來還贖。其閻顯、江京等知識婚姻禁錮，一原除之。務崇寬和，敬順時令，遵典去苛，以稱朕意。

《後漢書》卷二五《魯恭傳》 比年水旱傷稼，人飢流亢。今始夏，百穀權輿，陽氣胎養之時。自三月以來，陰寒不暖，物當化變而不被和氣。《月令》，孟夏斷薄刑，出輕繫。行秋令則苦雨數來，五穀不熟。又曰：仲夏挺重囚，益其食。行秋令則草木零落，傷於疫。夫斷薄刑者，謂其輕罪已正，不欲令久繫，故時斷之也。臣愚以爲今孟夏之制，可從此令，其決獄案考，皆以立秋爲斷，以順時節，育成萬物，則天地以和，刑罰以清矣。

《三國志》卷五二《吴志·步騭傳》 後中書吕壹典校文書，多所糾舉，騭上疏曰：伏聞諸典校擿抉細微，吹毛求瑕，重案深誣，輒欲陷人以成威福；無罪無辜，横受大刑，是以使民跼天蹐地，誰不戰慄？昔之獄官，惟賢是任，故臯陶作士，吕侯贖刑，張、于廷尉，民無冤枉，休泰之祚，實由此興。今之小臣，動與古異，獄以賄成，輕忽人命，歸咎于上，爲國速怨。夫一人吁嗟，王道爲虧，甚可仇疾。明德慎罰，哲人惟刑，書傳所美。自今蔽獄，都下則宜諮顧雍，武昌則陸遜、潘濬，平心專意，務在得情，騭黨神明，受罪何恨？又曰：天子父天母地，故宫室百官，動法列宿。若施政令，欽順時節，官得其人，則陰陽和平，七曜循度。至於今日，官寮多闕，雖有大臣，復不信任，如此天地焉得無變？故頻年枯旱，亢陽之應也。又嘉禾六年五月十四日，赤烏二年正月一日及二十七日，地皆震動。地陰類，臣之象，陰氣盛故動，臣下專政之故也。夫天地見異，所以警悟人主，可不深思其意哉！又曰：丞相顧雍、上大將軍陸遜、太常潘濬，憂深責重，志在竭誠，夙夜兢兢，寢食不寧，念欲安國利民，建久長之計，可謂心膂股肱，社稷之臣矣。宜各委任，不使他官監其所司，責其成效，課其負殿。此三臣者，思慮不到則已，豈敢專擅威福欺負所天乎？又曰：縣賞以顯善，設刑以威姦，任賢而使能，審明於法術，則何功而不成，何事而不辨，何聽而不聞，何視而不覩哉？若今郡守百里，皆各得其人，共相經緯，如是，庶政豈不康哉！竊聞諸縣並有備吏，吏多民煩，俗以之弊。但小人因緣銜命，不務奉公而作威福，無益視聽，更爲民害，愚以爲可一切罷省。

《晉書》卷一一《天文志上》 紫宫垣十五星，其西蕃七，東蕃八，在北斗北。一曰紫微，大帝之坐也，天子之常居也，主命主度也。一曰長垣，一曰天營，一曰旗星，爲蕃衛，備蕃臣也。宫闕兵起，旗星直，天子出，自將宫中兵。東垣下五星曰天柱，建政教，懸圖法。門内東南維五星曰尚書，主納言，夙夜諮謀，龍作納言，此之象也。尚書西二星曰陰德、陽德，主周急振無。宫門左星内二星曰大理，主平刑斷獄也。

《晉書》卷五二《阮种傳》 种對曰：伏惟陛下以聖哲玄覽，降卹黎蒸，將濟元元，同之三代，旁求俊乂，以輔至化，此誠堯舜之用心也。臣猥以頑魯之質，應清明之舉，前者對策，不足以疇塞聖詔，所陳不究，臣誠蒙昧，所以爲罪。臣聞天生蒸庶，樹君以司牧之，人君道洽，則彝倫攸序，五福來備。若政有愆失，刑理頗僻，則庶徵不應，而淫亢爲災。此則天人之理，而興廢之由也。昔之聖王，政道備而制先具，軌人以務，政之於本，是以雖有水旱之眚，而無饑饉之患也。自頃陰陽隔并，水旱爲災，亦猶期運之致。不然，則亦有司之不帥，不能宣承聖德，以贊揚大化，故和氣未降而人事未敍也。方今百姓凋弊，公私無儲，誠在於休役靜人，勸嗇務分，此其救也。人之所患，由於役煩網密而信道未孚也。役煩則百姓失業，網密則下背其誠，信道未孚則人無固志。此則損益之至務，安危之大端也。傳曰：始與善，善進，則不善蔑由至。孔子曰：視其所以，觀其所由，人焉廋哉！若夫文武隱逸之士，幽賤負俗之才，故非愚臣之所能識。謹竭愚以對。

《晉書》卷七一《熊遠傳》 被庚午詔書，以雷電震，暴雨非時，深自克責。雖禹湯罪己，未足以喻。臣闇於天道，竊以人事論之。陛下節儉敦朴，愷悌流惠，而王化未興者，皆羣公卿士不能夙夜在公，以益大化，素餐負乘，秕穢明時之責也。

今逆賊猾夏，暴虐滋甚，二帝幽殯，梓宮未反，四海延頸，莫不東望。而未能遣軍北討，讎賊未報，此一失也。昔齊侯既敗，七年不飲酒食肉，況此恥尤大。臣子之責，宜在枕戈爲王前驅。若此志未果者，當上下克儉，恤人養士，徹樂減膳，惟修戎事。陛下憂勞於上，而羣官未同戚容於下，每有會同，務在調戲酒食而已，此二失也。選官用人，不料實德，惟在白望，不求才幹，鄉舉道廢，請託交行。有德而無力者退，修望而有助者進；稱職以違俗見譏，虛資以從容見貴。是故公正道虧，私塗日開，強弱相陵，冤枉不理。今當官者以理事爲俗吏，奉法爲苛刻，盡禮爲諂諛，從容爲高妙，放蕩爲達士，驕蹇爲簡雅，此三失也。

世所謂三失者，公法加其身，私議貶其非；轉見排退，陸沈泥滓。時所謂三善者，王法所不加；清論美其賢；漸相登進，仕不輟官，攀龍附鳳，翱翔雲霄。遂使世人削方爲圓，撓直爲曲，豈待顧道德之清塗，踐仁義之區域乎！是以萬機未整，風俗僞薄，皆此之由。不明其黜陟，以審能否，此則俗未可得而變也。

今朝廷羣司以從順爲善，相違見貶，不復論才之曲直，言之得失也。時有言者，或不見用，是以朝少辯爭之臣，士有祿仕之志焉。郭翼上書，武帝擢爲屯留令，又置諫官，所以容受直言，誘進將來，故人得自盡，言無隱諱。任官然後爵之，位定然後祿之。敷奏以言，明試以功，車服以庸。舜猶歷試諸難，而今先祿不試，甚違古義，亂之所由也。求才急於疏賤，用刑先於親貴，然後令行禁止，野無遺滯。堯取舜於仄陋，舜拔賢於巖穴，姬公不曲繩於天倫，叔向不虧法於孔懷。今朝廷法吏多出於寒賤，是以章書日奏而不足以懲物，官人選才而不足以濟事。宜招賢良於屠釣，聘耿介於丘園。若此道不改，雖并官省職，無救弊亂也。能哲而惠，何憂乎驩兜，何遷乎有苗，何畏乎巧言令色孔壬！此官得其人之益也。

《宋書》卷六〇《范泰傳》 其年秋旱蝗，又上表曰：

陛下昧旦丕顯，求民之瘼，明斷庶獄，無倦政事，理由羣心，澤謠民口，百姓翕然，皆自以爲遇其時也。災變雖小，要有以致之。守宰之失，臣所不能究，上天之譴，臣所不敢誣。有蝗之處，縣官多課民捕之，無益於枯苗，有傷於殺害。臣聞桑穀時亡，無假斤斧，楚昭仁愛，不祭自瘳，卓茂去無知之蟲，宋均囚有異之虎，蝗生有由，非所宜殺。石不能言，星不自隕，《春秋》之旨，所宜詳察。

禮婦人有三從之義，而無自尊之道，《周書》父子兄弟，罪不相及，女人被宥，由來尚矣。謝晦婦女，猶在尚方，始貴後賤，物情之所甚苦，匹婦一至，亦能有所感激。臣於謝氏，不容有情，蒙國重恩，寢處思報，伏度聖心，已當有在。

禮春夏教詩，無一而闕也。臣近侍坐，聞立學當在入年。陛下經略粗建，意存民食，入年則農功興，農功興則田里闢，入秋治庠序，入冬集遠生，二塗並行，事不相害。夫事多以淹稽爲戒，不遠爲患，任臣學官，竟無微績，徒墜天施，無情自處。臣之區區，不望目覩盛化，竊慕子囊城郢之心，庶免荀偃不瞑之恨。臣比陳愚見，便是都無可採，徒煩天聽，愧怍反側。

《魏書》卷二《太祖紀》 時太史屢奏天文錯亂，帝親覽經占，多云改王易政，故數革官號，一欲防塞凶狡，二欲消災應變。已而慮羣下疑惑，心謗腹非，丙申復詔曰：上古之治，尚德下名，有任而無爵，易治而事序，故邪謀息而不起，姦慝絕而不作。周姬之末，下凌上替，以號自定，以位制祿，卿世其官，大夫遂事，陽德不暢，議發家陪，故釁由此起，兵由此作。秦漢之弊，捨德崇侈，能否混雜，賢愚相亂，庶官失序，任非其人。於是忠義之道寢，廉耻之節廢，退讓之風絕，毀譽之議興，莫不由乎貴尚名位，而禍敗及之矣。古置三公，職大憂重，故曰：待罪宰相，將委任責成，非虛寵禄也。而今世俗，僉以台輔爲榮貴，企慕而求之。夫此職司，在人主之所任耳，用之則重，捨之則輕。然則官無常名，而任有定分，是則所貴者至矣，何取於鼎司之虛稱也。夫桀紂之南面，雖高而可薄；姬旦之爲下，雖卑而可尊。一官可以効智，蓽門可以垂範。苟以道德爲實，賢於覆餗蔀家矣。故量己者，令終而義全；昧利者，身陷而名滅。利之與名，毀譽之疵競；道之與德，神識之家寶。是故道義，治之本；名爵，治之末。名不本於道，不可以爲宜；爵無補於時，不可以爲用。用而不禁，爲病深矣。能通其變，不失其正者，其惟聖人乎？來者誠思成敗之理，察治亂之由，鑒殷周之失，革秦漢之弊，則幾於治矣。

《魏書》卷四七《盧昶傳》　時洛陽縣獲白鼠。昶奏曰：

謹案瑞典，外鎮刺史、二千石、令長不祗上命，刻暴百姓，人民怨嗟，則白鼠至。臣聞禎不虛見，德合必符；妖不妄出，咎彰則至。是以古之人君，或怠瑞以失德，或祇變而立功，斯乃萬古之殷鑒，千齡之炯誡。比者，災氣作沴，恒陽虧度，陛下流如傷之慈，降納隍之旨，哀百姓之無辜，引在予之深責。舉賢黜佞之詔，道映於堯先；進思納諫之言，事光於舜右。伏讀明旨，俯觀徵譴，敢布庸瞽，以陳萬一。

竊惟一夫之耕，食裁充口；一婦之織，衣止蔽形。年租歲調，則惟常理，此外徵求，於何取足？然自比年以來，兵革屢動。荊揚二州，屯戍不息；鍾離、義陽，師旅相繼。兼荊蠻凶狡，王師薄伐，暴露原野，經秋淹夏。汝潁之地，率戶從戎；河冀之境，連丁轉運。又戰不必勝，加之退負，死喪離曠，十室而九。細役煩徭，日月滋甚；苛兵酷吏，因逞威福。至使通原遙畛，田蕪罕耘；連村接閈，蠶飢莫食。而監司因公以貪求，豪强恃私而逼掠。遂令鬻裋褐以益千金之資，制口腹而充一朝之急。此皆由牧守令長多失其人，郡闕黄霸之君，縣無魯恭之宰，不思所以安民，正思所以潤屋。故士女呼嗟，相望於道路；守宰暴貪，風聞於魏闕。往歲法官案驗，多挂刑網，謂必顯戮，以明勸誡。然後遣使覆訊，公違憲典。或承風挾請，輕樹私恩；或容情受賄，輒施己惠。御史所劾，皆言誣枉；申雪罪人，更云清白。長侮上之源，滋陵下之路。忠清之人，見之而自怠；犯暴之夫，聞之以益快。白鼠之至，信而有徵矣。

伏願陛下垂叡哲之鑒，察妖災之起。延對公卿，廣詢庶政，引見樞納，博求民隱。存問孤寡，去其苛碎；輕徭省賦，與民休息。貞良忠讜，置之於朝；姦回貪佞，棄之於市。則九官勿戒而恒敬，百縣不嚴而自肅，士女欣欣，人有望矣。

《魏書》卷五七《高祐傳》　高祖從容問祐曰：此水旱不調，五穀不熟，何以止災而致豐稔？祐對曰：昔堯湯之運，不能去陽九之會，陛下道同前聖，其如小旱何？但當旌賢佐政，敬授民時，則災消穰至矣。又問止盗之方，祐曰：昔宋均樹德，害獸不過其鄉，卓茂善教，蝗蟲不入其境。彼盗賊者，人也，苟訓之有方，寧不易息。當須宰守貞良，則盗止矣。祐又上疏云：今之選舉，不採識治優劣，專簡年勞之多少，斯非盡才之謂。宜停此薄藝，棄彼朽勞，唯才是舉，則官方力斯穆。又勳舊之臣，雖年勤可録，而才非撫人者，則可加之以爵賞，不宜委之以方任，所謂王者可私人以財，不私人以官者也。高祖皆善之。加給事、冀州大中正，餘如故。時李彪專統著作，祐爲令，時相關豫而已。

《北史》卷四六《張普惠傳》　時史官尅日蝕，豫敕罷朝。普惠以逆廢非禮，上疏陳之。又表論時政得失：一曰審法度，平斗尺，租調務輕，賦役務省。二曰聽輿言，察怨訟，先皇舊事有不便於政者，請悉追改。三曰進忠謇，退不肖，任賢勿貳，去邪勿疑。四曰興滅國，繼絶世，勳親之胤，所宜收敍。

《舊唐書》卷一七下《文宗紀下》　壬子，詔：朕聞聽自我人聽，天視自我人視。朕之菲德，涉道未明，不能調序四時，導迎和氣。自去冬已來，踰月雨雪，寒風尤甚，頗傷于和。念茲庶甿，或罹凍餒，無所假貸，莫能自存。中宵載懷，旰食興歎，怵惕若厲，時予之辜。思弘惠澤，以順時令。天下死罪囚，除官典犯贓、故意殺人外，并降從流，流已下遞降一等。應京畿諸縣，宜令以常平義倉斛斗賑恤。京城内鰥寡癃殘無告不能自存者，委京兆尹量事濟恤，具數以聞。言念赤子，視之如傷。天或警予，示此陰沴，撫躬夕惕，予甚悼焉。

《宋史》卷四八《天文志一》　四時中星見於《堯典》，蓋聖人南面而治天下，即日行而定四時，虛、鳥、火、昴之度在天，夷隩析因之候在人，故《書》首載之，以見授時爲政之大也。

《宋史》卷四九《天文志二》　紫微垣東蕃八星，西蕃七星，在北斗北，左右環列，翊衛之象也。一曰大帝之坐，天子之常居也，主命、主度也。東蕃近閶門第一星爲左樞，第二星爲上宰，三星曰少宰，四星曰上弼，一曰上輔。五星爲少弼，一曰少輔。六星爲上衛，七星爲少衛，八星爲少丞。或曰上丞。其西蕃近閶門第一星爲右樞，第二星爲少尉，第三星爲上輔，第四星爲少輔，第五星爲上衛，第六星爲少衛，第七星爲上丞。其占，欲均明，大小有常，則内輔盛；垣直，天子自將出征；門開，兵起宫垣。兩蕃正南開如門，曰閶闔。有流星自門出四野者，當有中使御命，視其所往分野論之；不依門出入者，外蕃國使也。太陰、歲星犯紫微垣，有喪。太白、辰星犯之，改世。熒惑守宫，君失位。客星守，有不臣，國易政。國皇星，兵。彗星犯，有異王立。流星犯之，爲兵、喪，水旱不調。使星入北方，兵起。石氏云：東西兩暮總十六星，西蕃亦八星，一右樞，二上尉，三少尉，四上輔，五少輔，六上衛，七少衛，八少丞。上宰一星，上輔二星，三公也。少宰一星，少輔二星，三孤也。此三公、三孤在朝者也。左右樞、上少丞，疑丞輔弼，四鄰之謂也。尉二星，衛四星，六軍大副尉，四衛將軍也。

北極五星在紫微宫中，北辰最尊者也，其紐星爲天樞；天運無窮，三光迭耀，而極星不移，故曰居其所而衆星共之。樞星在天心，四方去極各九十一度。賈逵、張衡、蔡邕、王蕃、陸績皆以北極紐星之樞，是不動處。在紐星末猶一度有餘。今清臺則去極四度半。第一星主月，太子也，二星主日，帝王也，亦太一之坐，謂最赤明者也；第三星主五行，庶子也。《乾象新星書》曰：第三星主五行，第四星主諸王，第五星爲後宫。閎云：北極五星，初一曰帝，次二曰后，次三曰妃，次四曰太子，次五曰庶子。四曰太子者，最赤明者也。後四星勾曲以抱之者，帝星也。太公望以爲北辰，以爲耀魄寶，以爲帝極者是也。或以勾陳口中一星爲耀魄寶者，非是。北極中星不明，主不用事；右星不明，太子憂；左星不明，庶子憂；明大動摇，主好出游；色青微者，凶。客星入，爲兵、喪。彗入，爲易位。流星入，兵起地動。

北斗七星在太微北，杓攜龍角，衡殷南斗，魁枕參首，是爲帝車；運於中央，臨制四海，以建四時，均五行，移節度，定諸紀，乃七政之樞機，陰陽之元本也。魁第一星曰天樞，正星，主天，又曰樞爲天，主陽德，天子象。其分爲秦，《漢志》主徐州。《天象占》曰：天子不恭宗廟，不敬鬼神，則不明，變色。二曰璇，法星，主地，又曰璇爲地，主陰刑，女主象。其分爲楚，《漢志》主益州。《天象占》曰：若廣營宫室，妄鑿山陵，則不明，變色。三曰璣，爲人，主火，爲令星，主中禍。其分爲梁，《漢志》主冀州。若王者不恤民，驟征役，則不明，變色。四曰權，爲時，主水，爲伐星，主天理，伐無道。其分爲吴，《漢志》主荆州。若號令不順四時，則不明，變色。五曰玉衡，爲音，主土，爲殺星，主中央，助四方，殺有罪。其分爲燕，《漢志》主兗州。若廢正樂，務淫聲，則不明，變色。六曰闓陽，爲律，主木，爲危星，主天倉、五穀。其分爲趙，《漢志》主揚州。若不勸農桑，峻刑法，退賢能，則不明，變色。七曰摇光，爲星，主金，爲部星，爲應星，主兵。其分爲齊，《漢志》主豫州。王者聚金寶，不修德，則不明，變色。又曰一至四爲魁，魁爲璇璣；五至七爲杓，是爲玉衡：是爲七政，星明其國昌。第八曰弼星，在第七星右，不見，《漢志》主幽州。第九曰輔星，在第六星左，常見，《漢志》主并州。《晉志》，輔星傅乎闓陽，所以佐斗成功，丞相之象也。其色在春青黄，在夏赤黄，秋爲白黄，冬爲黑黄。變常則國有兵殃，明則臣强。斗旁欲多星則安，斗中星少則人恐。太陰犯之，爲兵、喪、大赦。白暈貫三星，王者惡之。星孛于北斗，主危。彗星犯，爲易主。流星犯，主客兵。客星犯，爲兵。五星犯之，國亂易主。

又：大理二星，在宫門左，一云在尚書前，主平刑斷獄主。明，則刑憲平；不明，則獄有冤酷。客星犯之，貴臣下獄；色黄，赦；白，受戮；赤黄，無罪；守之，則刑獄冤滯，或刑官有黜。彗犯，獄官憂；流星，占同。雲氣入，黄白，爲赦；黑，法官黜。

陰德二星，巫咸圖有之，在尚書西，甘氏云：陰德外坐在尚書右，陽德外坐在陰德右，太陰太陽入垣翊衛也。《天官書》則以前列直斗口三星，隨北嵩鋭，若見若不見，曰陰德。謂施德不欲人知也。主周急振撫。明，則立太子，或女主治天下。客星犯之，爲旱、饑；守之，發粟振給。彗、孛犯，後宫有逆謀。流星犯，君令不行。

又：三公三星，在北斗杓南，及魁第一星西，一云在斗柄東，爲太尉、司徒、司空之象。在魁西者名三師，占與三公同，皆主宣德化，調七政，和陰陽之官也。移徙，不吉；居常，則安；一星亡，天下危；二星亡，天下亂；三星不見，天下不治。客星犯，三公憂。彗、孛及流星犯之，三公死。

又：天理四星，在北斗魁中，貴人之牢也。星不欲明，其中有星則貴人下獄。客星犯，多獄。彗、孛犯之，國危。赤雲氣犯之，兵大起，將相行兵。

又：太微垣十星，《漢志》曰：南宫朱鳥，權、衡。《晉志》曰：天子庭也，五帝之坐也，十二諸侯之府也。其外蕃，九卿也。一曰太微爲衡，衡主平也；又爲天庭，理法平辭，監升授德，列宿受符，諸神考節，舒情稽疑也。南蕃中二星間曰端門。東曰左執法，廷尉之象。西曰右執法，御史大夫之象。執法所以舉刺凶邪。左執法東，左掖門也。右執法西，右掖門也。東蕃四星：南第一曰上相，其北東太陽門也；第二曰次相，其北中華東門也；第三曰次將，其北東太陰門也；第四曰上將，所謂四輔也。西蕃四星：南第一曰上將，其北西太陽門也；第二曰次將，其北中華西門也；第三曰次相，其北西太陰門也；第四曰上相，亦曰四輔也。《漢志》：環衛十二星，蕃臣：西，將；東，相；南四星，執法；中，端門；左右，掖門。《乾象新書》：十星，東西各五，在翼、軫北。其西蕃北星爲上相，南門右星爲右執法。東西蕃有芒及動搖者，諸侯謀上。執法移，刑罰尤急。月、五星，入太微軌道，吉；其所犯中坐，成刑。月犯太微垣，輔臣惡之，又君弱臣強，四方兵不制；犯執法，《海中占》云：將相有免者期三年。月入東西門、左右掖門，而南出端門，有叛臣，君憂；入西門，出東門，君憂，大臣假主威。月中犯乘守四輔，爲臣失禮，輔臣有誅。月暈，天子以兵自衛。一月三暈太微，有赦。月食太微，大臣憂，王者惡之。歲星入，有赦；犯之，執法臣有憂；入東門，天下有急兵；守之，將、相、執法憲臣死；入端門，守天庭，大禍至；入南門，出東門，旱；入南門，逆出西門，國有喪；逆行入東門，出西門，國破亡。填星、熒惑犯之，逆行入，爲兵、喪；犯上將，上將憂；守端門，國破亡，或三公謀上，有戮臣；犯西上將，天子戰于野，上相死；入太微，色白無芒，天下饑；退行不正，有大獄；犯太微門，左右將死；入天庭在屏星南，出左掖門左將死，右掖門右將死，直出端門無咎；入太微，凌犯、留止，爲兵，入二十日廷尉當之，留天庭十日有赦；犯太微東南陬，歲饑，執法大臣憂；犯上相，大臣死。填星犯入太微，有德令，女主執政。若逆行執法、四輔，守之，有憂；守太微，國破；守西蕃，王者憂。太白犯入太微，爲兵，大臣相殺；留守，有兵、喪；與填星犯太微中，王者惡之；入右掖門，從端門出，貴人奪勢；晝見太微，國有兵、喪。月掩太白于端門，外國受兵。辰星犯太微，天子當之，有内亂；入天庭，後宫憂，大水；守左右執法，人，兵起，有赦；入西門，後宫災，大水；入西門，出東門，爲兵、喪、水災。客星犯入太微，色黄白，天子喜；出入端門，國有憂；左掖門，旱；右掖門，國亂；出天庭，有苛令，兵起；入太微三十日，有赦；犯四輔，輔臣凶。彗星犯太微，天下易；出太微，宫中憂，火災；犯執法，執法者黜；犯天庭，王者有立；孛于翼，近太微上將，爲兵、喪；孛于西蕃，主革命；孛五帝，亡國殺君。流星出太微，大臣有外事；出南門甚衆，貴人有死者；縱横太微宫，主弱臣強；由端門入翼，光照地有聲，有立王。雲氣出入，色微青，君失位。青白黑雲氣入左右掖，爲喪；出，無咎。赤氣入東掖門，内兵起。黄白雲氣入太微垣，人主喜，年壽長。入左右掖門，天子有德令。黑及蒼白氣入，天子憂，出則無咎，黑氣如蛇入垣門，有喪。

又：人主好兵，則上階上星疏而色赤。修宫廣囿，肆聲色，則上階合而横。君弱則上階迫而色暗。公侯背叛，率部動兵，則中階上星赤。外夷來侵，邊國騷動，則中階下星疏而横，色白。卿大夫廢正向邪，則中階下星疏而色赤。民不從令，犯刑爲盜，則上階下星色黑。去本就末，奢侈相尚，則下階上星闊而横，色白。君臣有道，賦省刑清，則上階爲之戚。諸侯貢聘，公卿盡忠，則中階爲之比。庶人奉化，徭役有敘，則下階爲之密。若主奢欲，數奪民時，則上階爲之奪。諸侯僭強，公卿專貪，則中階爲之疏。士庶逐末，豪傑相凌，則下階爲之闊。三階平，則陰陽和，風雨時，穀豐世泰；不平，則反是。三台不具，天下失計。色明齊等，君臣和而政令行；微細，反是。

又：市樓六星，在天市中，臨箕星之上，市府也，主市賈律度。其陽爲金錢，陰爲誅玉，變見各以其所占之。《乾象新書》：主闤闠，度律制令，在天市中。星明，吉；暗，則市吏不理。彗星、客星守之，市門多閉。

七公七星，在招搖東，爲天相，三公之象也，主七政。明，則輔佐强；大而動，爲兵；齊政，則國法平；戾，則獄多囚；

又：天紀九星，在貫索東，九卿之象，萬事綱紀，主獄訟。星明，則天下多訟，亡，則政理壞，國紀亂。

《宋史》卷五〇《天文志三》 角宿二星，爲天關，其間天門也，其內天庭也。故黄道經其中，七曜之所行也。左角爲天田，爲理，主刑。其南爲太陽道。右角爲將，主兵。其北爲太陰道。蓋天之三門，猶房之四表。星明大，吉，王道太平，賢者在朝；動搖、移徙，王者行；左角赤明，獄平；暗而微小，王道失。陶隱居曰：左角天津，右角天門，中爲天關。日食角宿，王者惡之；暈于角內，有陰謀，陰國用兵得地，又主大赦。月犯角，大臣憂獄事，法官憂黜，又占憂在宫中。月暈，其分兵起；右角，右將災；左，亦然，或曰主水；色黄，有大赦。月暈三重，入天門及兩角，兵起，將失利。歲星犯，爲饑。熒惑犯之，國衰，兵敗；犯左角，有赦；右角，兵起；守之，讒臣進，政事急；居陽，有喜。填星犯角爲喪，一曰兵起。太白犯角，羣臣有異謀。辰星犯，爲小兵；守之，大水。客星犯，兵起，五穀傷；守左角，色赤，爲旱；守右角，大水。彗星犯之，色白，爲兵；赤，所指破軍，出角，天下兵亂。星孛于角，白，爲兵；赤，軍敗；入天市，兵，喪。流星犯之，外國使來；入犯左角，兵起。雲氣黄白入右角，得地；赤入左，有兵；入右，戰勝；黑白氣入于右，兵將敗。

又：平星二星，在庫樓北，角南，主平天下法獄，廷尉之象。正，則獄訟平；月暈，獄官憂。熒惑犯之，兵起，有赦。彗星犯，政不行，執法者黜。

又：亢宿四星，爲天子內朝，總攝天下奏事，聽訟、理獄、録功。一曰疏廟，主疾疫。星明大，輔忠民安；動，則多疾。爲天子正坐，爲天符。秋分不見，則穀傷糴貴。太陽犯之，諸侯謀國，君憂。日暈，其分大臣凶，多雨，民饑，疫。月犯之，君憂或大臣當之；左爲水，右爲兵。月暈，其分先起兵者勝，在冬，大人憂。歲星犯之，有赦，穀有成；守之，有兵，人多病；留三十日以上，有赦；又曰：犯則逆臣爲亂。熒惑犯，居陽，爲喜；陰，爲憂；有芒角，大人惡之；守之久，民憂，多雨水，又爲兵。填星犯，穀傷，民亡；逆行，女專政，逆臣爲謀；守之，有兵。太白犯之，國亡，民災；逆行，爲兵亂；有芒角，貴臣戮；守之，有水旱災，或爲喪。辰星犯之，爲水，又爲大兵；守之，米貴，民疾，歲旱，盜起，民相惡。客星犯，國不安；色赤爲兵、旱，黄爲土功，青黑，使者憂；守之穀傷，一云有赦令；黑，民流。彗犯，國災；出，則有水、兵、疫、臣叛；白，爲喪。孛星犯，國危，爲水，爲兵；入，則民流；出，則其國饑。流星入，外國使來，穀熟；出，爲天子遣使，赦令出。

又：頓頑二星，在折威東南，主考囚情狀，察詐僞也。星明，無咎；暗，則刑濫。彗星犯之，貴人下獄。

又：罰三星，在東、西咸正南，主受金罰贖。曲而斜列，則刑罰不中。彗星、客星犯之，國無政令，憂多，枉法。

又：心宿三星，天王正位也。中星曰明堂，天子位，爲大辰，主天下之賞罰；前星爲太子；後星爲庶子。星直，則王失勢。明大，天下同心；天下變動，心星見祥；搖動，則兵離民流。日食，其分刑罰不中，將相疑，民饑，兵、喪。

《宋史》卷五一《天文志四》 歲星在暈內，天子有德令。月暈在四孟之月，有赦。熒惑在暈中，爲兵。月犯之，鄰國有暴兵，天下饑，外國憂，穀不實，民多疾；變色，將軍凶。歲星犯之，大人憂，兵起；守，則國昌；入，則國令變更，天下獄空；若逆行，五穀不成，國無積蓄。熒惑犯之，兵亂，倉粟出，貴人憂；守之，旱饑，民疫，客軍大敗；入，則改法令，牢獄空；進退環繞勾巳，凌犯及百日以上，天下倉庫並空，兵起。

又：昴宿七星，天之耳目也，主西方及獄事。又爲旄頭，北星也，又主喪。昴、畢間爲天街，天子出，旄頭、罕畢以前驅，此其義也。黄道所經。明，則天下牢獄平；六星皆明與大星等，爲大水。七星皆黄，兵大起。一星亡，爲兵、喪。搖動，有大臣下獄及有白衣之會。大而數盡動，若跳躍者，北兵大起。一星獨跳躍而動，北兵欲犯邊。日食，王者疾，宗姓自立，又占邊兵起。日暈，陰國失地，北主憂，趙地凶，又云大饑。月食，大臣誅，女主憂，爲饑，邊兵起，將死，北地叛。月歲三暈，弓弩貴，民饑；暈在正月上旬，有赦；犯之，爲饑，北主憂，天子破北兵，變色，民流，國亡，下有暴兵，有赦；出昴北，天下有福；乘之，法令峻，大水，穀不登。歲星犯之，獄空；乘之，陰國有兵，北主憂；守之，王急刑罰，獄空，一曰臣下獄有解者；守其北，有德令，又曰水物不成；久守，大臣坐法，民饑；留守，破軍殺將。熒惑犯守，爲兵，爲旱，饑；守東，齊、楚、越地有兵；守南，荊、楚有兵；西，則兵起秦、鄭；北，則兵起燕、趙，又爲貴人多死，北地不寧；入則有喜，有赦，天下無兵；守而環繞勾巳，爲赦；久守，糴貴。填星犯，或出入守之，北地爲亂，有土功，五穀不成，水火爲災，民疫，又爲女主失勢；入，則地動水溢，宗廟壞；留，則大將出征。太白入犯之，大赦；在東，六畜傷；在西，六月有兵；又曰守之，北兵動，將下獄；晝見，邊兵起；出、入、留、舍，在南爲男喪，北爲女喪。辰星犯，北主憂；守之，穀不成，民饑；久守，爲水，爲兵。客星犯，貴有人急，北兵大敗，讒人在内；守之，臣叛主，兵起；入，則其分有喪。彗星犯之，大臣爲亂；出，則邊兵起，有赦。星孛，其分臣下亂，有邊兵，大臣誅。流星出入犯之，夷兵起。《乙巳占》：流星入，北方來朝；出，則天子有赦令恤民。蒼赤雲氣犯之，民疫；黑，則北主憂；青，爲水，爲兵；青白，人多喪；黄，則有喜。

又：畢宿八星，主邊兵弋獵。其大星曰天高，一曰邊將，主四夷之尉也。《天官書》曰：畢爲罕車。明大，則遠人來朝，天下安；失色，邊兵亂；一星亡，爲兵、喪；動搖，則邊兵起；移徙，天下獄亂；就聚，則法令酷。

又：熒惑入十日，爲小赦；留三十日，大赦。

又：月歲三暈，有赦；犯之，有亂臣更法。

又：參宿十星，一曰參伐，一曰天市，一曰大辰，一曰鈇鉞，主斬刈萬物，以助陰氣；又爲天獄，主殺，秉威行罰也。

又：東井八星，天之南門，黄道所經，七曜常行其中，爲天之亭候，主水衡事，法令所取平也。武密占曰：井中爲三光正道，五緯留守若經之，皆爲天下無道。不欲明，明則大水。又占曰：用法平，井宿明。鉞一星，附井宿前，主伺奢淫而斬之；明大與井宿齊，則用鉞於大臣。月宿，其分有風雨。日食，秦地旱，民流，有不臣者；暈，則多風雨；有青赤氣在日，爲冠，天子立侯王。月食，有内亂，大臣黜，后不安，五穀不登，分有兵、喪。月暈，爲旱，爲兵，爲民流，國有憂，一曰有赦；陰陽不和則暈，暈及三重，在三月爲大水，在十二月日壬癸爲大赦。月犯之，將死于兵，水官黜，刑不平；犯井鉞，大臣誅，有水事。歲星犯之，王急法，多獄訟，水溢，將軍惡之；犯井鉞，近臣爲亂，兵起；逆行入井，川流壅塞。熒惑犯之，兵先起者殃，又曰天子以水敗；入守經旬，下有兵，貴人不安；守三十日，成勾巳，角動，色赤黑，貴人當之，百川溢，兵起。填星入犯之，兵起東北，大臣憂；入井鉞，王者惡之；在觜而去東井，其下亡地。太白犯之，咎在將；久守，其分君失政；臣爲亂。辰星犯之，星進則兵進，退則兵退，刑法平，又曰北兵起，歲惡。芒角，動搖，色赤黑，爲水，爲兵起。客星犯之，穀不登，大臣誅，有土功，小兒妖言。彗星犯之，民譏言，國失政，一曰大臣誅，其分兵災。流星犯之，在春夏則秦地謀叛，在秋冬則宮中有憂。《乙巳占》：流星色黄潤，國安；赤黑，秦分民流，水災。蒼黑雲氣入犯之，民有疾疫；黄白潤澤，有客來言水澤事。黑氣入，爲大水。常以正月朔日入時候之。井宿上有雲，歲多水潦。

又：丈人二星，在軍市西南，主壽考，悼耄矜寡，以哀窮人。

又：内平四星，在三台南，一曰在中台南，執法平罪之官。明，則刑罰平。

《宋史》卷五二《天文志五》　日食修德，月食修刑，自昔人主遇災而懼，側身修行者，此也。

（宋）李燾《續資治通鑑長編》卷四四《宋真宗咸平二年》　臣聞皇天無親，王者無私，上下合符，有如影響，若王政缺于下，則天譴見於上。竊惟陛下受先帝之顧命，膺兆民之樂推，大孝彰聞，小心畏謹，動遵禮法，不愆舊章，所宜得天心，獲嘉應。而踐阼以來，二年之内，彗星一見，時雨再愆者，豈非凶醜未尽服，政令未尽順，天所以示兹警戒也。

（宋）李燾《續資治通鑑長編》卷一八〇《宋仁宗天聖七年》　前志

曰：積陰生陽，陽生則災見焉。乘夏之氣，發洩於玉清宫，震雨雜下，烈焰四起，樓觀萬鼎，數刻而盡，非慢於火備，乃天之垂戒也。陛下當降服減膳，避正寢，責躬罪己，下哀痛之詔，罷非業之作，拯失職之民，察輔弼及左右無裨國體者罷之，竊弄威權者去之，念政刑之失，收芻蕘之論，庶幾可以變災爲祐。浹日之間，未聞爲此，而將計工役以圖修復。都下之人，聞者駭惑，聚首横議，咸謂非宜，皆曰章聖皇帝勤儉十餘年，天下富庶，帑府流衍，乃作斯宫，及其畢功，海内虚竭。陛下即位，未及十年，數遭水旱，雖征賦咸入而百姓困乏。若大興土木，則費用不知紀極。財力耗於内，百姓勞於下，内耗下勞，何以爲國！况天災之，已違之，是欲競天。無省己之意，逆天不祥，安己難任，欲祈厚貺，其可得乎！今爲陛下計，莫若採吉士，去佞人，修德以勤至治，使百姓足給而征税寬減，則可以謝天意而安民情矣。夫賢君見變，修道除凶，亂世無象，天不譴告。今幸天見之變，是陛下修己之日，豈可忽哉？

（宋）李燾《續資治通鑑長編》卷四二二《宋哲宗元祐四年》　右正言劉安世言：臣伏見去冬以來，頗愆時雪，今春踰月，亢陽愈甚。詢之四方，率多旱暵，二麥已損，荐饑可憂，然南畝之間，苗未至槁，近日得雨，猶有可救。方二聖子育黎庶，垂意民事，謂宜責躬修政，以召和氣，而禱祀之禮有所未舉，賑救之目有所未行，臣雖甚愚，竊以爲過。昔堯有九年之水，湯遇七年之旱，而國無損瘠之民者，蓋備之有素而已。宣王遇辟而懼，側身修行，欲消去之，故雲漢之詩曰：不殄禋祀，自郊徂宫，上下奠瘗，靡神不宗。此前代聖帝明王已行之事，陛下之所宜法也。伏望聖慈祗畏天變，徹樂損膳，精誠祈禱，明敕大臣，講求闕政，申命中外，審决留獄，諸路監司，謹視所部凶荒州縣，廣爲賑濟之備。或官廩有不充去處，仍勸誘富民納粟，以助公上，擇其尤者，寵以閒官。不急工役，悉俾停罷，庶幾人神和悦，早致膏澤，國有預備，民無流散。

（宋）李燾《續資治通鑑長編》卷四九一《宋哲宗紹聖四年》　權殿中侍御史蔡蹈言：臣伏以近者星文示變，陛下恐懼，見于詔命，至於避朝損膳，咨訪直言，可謂勤矣。然猶以爲未也，復肆赦天下，仁恩滂沛，蕩宥囚繫，此誠古昔哲王所以應天敕命之實也。臣伏讀赦文，鬥殺罪至死，猶且得生，而田野良民。乃不霑潤聖澤，是惠及有罪而不及於無罪，與其生而未厚其所以生也。臣愚伏見元祐大臣欲變先朝良法，思有以干百姓之譽，故凡民所欠負，一切蠲免。今且以市易一事言之，初，民間以物産抵當，請貿錢米，久而不償，物産自合入官，用事者欲爲異恩，無故還所抵當，民間既得己物，恣行典賣。紹聖以來，察見用事者之姦，卻行催理，今已累年，空有姓名掛于文書，追擾紛紛，終無益于事。此非民之罪也，而前自朝廷無故蠲放，使有今日之弊，罪在用事者。臣愚欲乞陛下詳酌，特詔有司，契勘今年旱傷地分見今負欠市易錢物人户，若已經根究，不見抵當，或有典賣過，展轉經歷兩户以來，業主不知情，或正欠及干係保人不在而其子孫貧苦不給，委無可送納者，等第量與減放。庶幾澤及困窮，咸遂生理，亦足以召和氣而塞變異也。

（清）徐乾學《資治通鑑後編》卷三八《宋紀三八》　太廟齋郎蘇舜欽詣：登聞鼓院上疏曰：今歲自春徂夏，霖雨陰晦，農田被菑者十九，臣以爲任用失人，政令多違，賞罰弗中之所召也。天之降災，欲悟陛下，而大臣歸咎於刑獄之濫，陛下聽之，故肆赦天下，以爲禳救。如此則是殺人者不死，傷人者不抵罪，而欲以合天意也。古者斷决滯訟以平水旱，不聞用赦，故赦下之後，陰霾及今。前志曰：積陰生陽，陽生火，災見焉。乘夏之氣發洩於玉清宫，震雨雜下，烈焰四起，樓觀萬叠，數刻而盡，非慢於火備，乃天之垂戒也。陛下當降服、減膳，避正寢，責躬罪己，下哀痛之詔，罷非業之作，拯失職之民，察輔弼及左右，無裨國體者罷之，竊弄威權者去之，念政刑之失，收芻蕘之論，庶幾可以變災爲祐。浹日之間，未聞爲此，而將計工役以圖修復，都下之人，聞者駭惑，聚首横議，咸謂非宜。皆曰：章聖皇帝勤儉十餘年，天下富庶，帑府流行，乃作斯宫，及其畢工，海内虚竭。陛下即位未及十年，數遭水旱，雖征賦咸入，而百姓困乏。若大興土木，則費用不知紀極。財力耗於内，百姓勞於下，内耗下勞，何以爲國。况天災之，已違之，是欲競天，無省己之意。逆天不祥，安己難任，欲祈厚貺，其可得乎！今爲陛下計，莫若采吉士，去佞人，修德以勤至治，使百姓足給而征税寬減，則可以謝天意而安民情矣。舜欽時年二十一，易簡之孫，耆之子也。

（清）畢沅《續資治通鑑》卷一一二《宋紀一一二》　癸酉，宰相呂頤浩，參知政事席益，簽書樞密院事徐俯，以旱乞罷政，帝曰：與其去位，曷若同寅協恭，交修不逮，思所以克厭天心者！頤浩等乃復視事。

時以旱故，詔羣臣言闕政。禮部尚書洪擬曰：法行之公，則人樂而氣和；行之乖，則人怨而氣偏。試以小事論之：近時監司守臣獻羨餘則黜之，徐康國、侯彭老。宣撫司獻則受之，是行法止及疎遠之臣也。有自庶僚爲侍從，臥家視事，未嘗入謝，得美職而去，洪炎。若鼓院官移疾廢朝，則斥罷之，廖邦傑。是行法止及冗賤之官也。榷貨〔酤〕立法甚嚴，犯者籍家財以充賞；而大官有勢者，連甍列陳〔障〕，公行酤賣，則不敢問；是行法止及孤弱之家也。小事如此，推廣而言之，則怨多而和氣傷可知矣。疏奏，帝嘉納。

（宋）包拯《包孝肅奏議集》卷一《致君・上殿劄子》　臣竊見冬春以來，天下旱乾爲虐，而陛下避殿徹膳，累下詔書勸求直言，疎理刑獄，寬省民力，雖古之聖帝明王，責躬罪己，無此之甚焉。故詔音所至，甘澤隨降，和氣應於上，民心悦於下。天意聖德合，若符契當，上穹眷祐之。如是則陛下尤宜勵精求治，以答殊貺。臣聞法令者，人主之大柄，而國家治亂安危之所繫焉，不可不慎。緣近歲以來，賞罰之典，或尚因循，且人知法令之不足信，則賞罰何以沮勸乎。昔唐文宗問宰臣李石天下何以易治，李石對以朝廷法令行則易治。誠哉。治道之要無大於此。伏望陛下，臨決大政，信任正人，賞者必當其功，不可以恩進，罰者必當其罪，不可以幸免。邪佞者雖近必黜，忠直者雖遠必收。法令既行，紀律自正，則無不治之國，無不化之民。在陛下力行而已。亢旱之災，天下常數，固不足貽，陛下深憂，惟陛下留神省察。

（清）徐乾學《資治通鑑後編》卷一五八《元紀六》　庚寅，彗星入紫微垣抵斗魁，光芒尺許，帝憂之，夜召布呼密入禁中，問所以銷天變之道，布呼密曰：風雨自天而至，人則棟宇以待之，江河爲地之限，人則舟楫以通之。天地有所不能者，人則爲之，此人所以與天地參也。且父母怒，人子不敢疾怨，起敬起孝，故《易》曰：君子以恐懼脩省。《詩》曰：敬天之怒，三代聖王，克謹天戒，鮮不有終。漢文之世，同日山崩者二十有九，日食、地震頻歲有之。善用此道，天亦悔禍，海内乂安，此前代之龜鑑也。願陛下法之，因誦《文帝日食求言詔》，帝悚然曰：此言深合朕意，可復誦之。遂詳論款陳，至四鼓乃罷。

《明英宗實録》卷二二八《明景泰四年四月》　十三道監察御史左鼎等言：往者天文告變，河南山東大水，邇者徐州等處又水，豈陛下遇災知懼之誠有未至歟？爵賞刑威之間有未當歟？抑群臣竊位苟禄者衆，憂國忘家者少，故無以回天意而弭災患耶？伏望陛下隆德學，彰政化，總攬權綱，痛革姦弊，黜遠貪佞，擢任賢才，不作無益之事以靡財，不興不急之役以勞民。躬行儉約，廣推恩信。凡敬天勤民之政，務求實效，不爲虚文，將見人事盡而天理得，民心悦而天意順。咎徵可弭，休祥可致，而治效成焉。臣等謹將救弊恤民事宜開具以聞：曰求實才以任民牧。近日考察郡縣之官，其已退者，固多不肖，而新補者，大率相類。乞令該部既察其行能，復策以時務，二者俱優，然後授之；或令内外官員各舉所知，而嚴舉主連坐之法。苟郡縣官皆得其人民，其有不安乎？曰停銀課以杜民患。正統年間，閩浙俱採辦銀課，豪猾貪利，互相殺奪，遂使鄧茂七、葉宗留之徒乘勢作亂，致勞大軍征剿芟除，而銀課之令，遂止不行。近者皆仍前舉行，臣等謂閩浙瘡痍之民甫能安業。誠恐求利未得，而害已隨之。乞暫免採辦，庶無意外之憂。曰務踐言以信斯民。往者各處召募民壯，所司奉旨事定寧家。今邊警既息，而民壯仍前拘操。在外者，不時調撥以供雜役，在京者，或有脱逃則發充軍，豈全信之道哉？乞令民壯各回本處，遂其生業，農隙操習，略示懲勸，儻過有警，臨時取調，庶官廩可省，而信亦不失。曰減工匠以省虚費。近年朝廷不急之務多已停罷，而兩京輪班人匠多爲内外官吏、把總、作頭之屬隱占私役，受財賣放。朝廷未得其用，而口糧則照舊支給。乞勅該部除存留供役外，其餘悉令放回。庶民之生理不妨，而官之妄費可省。曰禁游惰以敦本業。今天下僧數十萬計，此輩類非良善，或因躲避粮差，或係脱逃軍囚，姦盜詐僞，無所不爲，豈非世之大蠹者乎？向有禁令，寺院止許曾給度牒僧住持，違者發衛充軍，里老四隣不首者罪同。而俗吏視爲文具。數年間未嘗見問發一人。乞再通行天下，凡無度牒者，即令還俗；有度牒者，止於本寺居住。如有仍前私自披剃潛住菴寺者，在京令五城兵馬鞫問發遣。縱容者究問。庶妖妄不興，而蠹耗可除。曰專委任以謹邊防。臣等切惟善馭將者，必使將帥之令行於偏裨。如近者定襄伯郭登奏稱：副總兵孫鏜凌慢朝廷，既知其失，乃務含容。臣等以爲當辨其曲直，審其是非。若曲在郭登，則明其誣下罔上之辜。苟曲在孫鐣，則正其居下陵上之罪。不宜使之仍前共事，於二人中取回一人，置之別處。如是則馭將之方，守邊之宜，舉無失矣。曰選大臣以清治本。夫大臣者，百辟之所視效。今日大臣之中，端方正直，忠原清謹者，其人固有，而姦回罔上、貪刻殘民、庸碌尸位、妨賢病國者，其人尤多。乞察其甚者，明加黜罷，以示勸懲。然後別選賢能，以新政理。庶天意可回，災患可弭，而天下之治可圖矣。帝命所司詳議以聞。

《清世宗實録》卷七八《雍正七年二月》 諭内閣：從來天人感應之理，捷於影響。凡地方水旱災祲，皆由人事乖舛之所致，或朝廷政事有所闕失，督撫有司不得其人，或一郡一邑之中人心詐僞，風俗澆漓。又或有一二大姦巨惡之徒，滅棄倫常，陰懷悖逆，皆足以干天和而召灾異。數年以來，朕以此理曉諭内外臣工及萬方黎庶者，不啻三令五申矣。乃湖南地方連歲屢遭荒歉，朕以彼地之人事推之，如姦民謝録正等逞兇肆惡，潛蓄邪謀，又有大逆之曾靜、張熙等滅絶天良，性同梟獍。地方有此等逆天悖理之人，以致旱澇不時，民人困阨。雖朝廷之政教頻施，有司之職業無忝，安能代凶惡頑民，祈禱天恩，而寛其譴責乎？楚風愚悍自昔爲然，朕念率土之人，皆吾赤子。同歸於善，甚切殷懷，著照浙江、福建之例，設觀風整俗使一員，勸諭化導之。御史李徽著補授都察院僉都御史，爲湖南觀風整俗使。

（清）孫星衍《孔子集語》卷四《六藝上》 《説苑·敬慎》孔子曰：存亡禍福皆在己而已，天灾地妖亦不能殺也。昔者，殷王帝辛之時，爵生烏於城之隅。工人占之曰：凡小以生巨，國家必祉，王名必倍。帝辛喜爵之德，不治國家，亢暴無極，外寇乃至，遂亡殷國。此逆天之時，詭福反爲禍。至殷王武丁之時，先王道缺，刑法弛，桑穀俱生於朝，七日而大拱。工人占之曰：桑穀者。野物也。野物生於朝，意朝亡乎。武丁恐駭，側身修行，思昔先王之政，興滅國，繼絶世，舉逸民，明養老之道，三年之後，遠方之君，重譯而朝者六國。此迎天時，得禍反爲福也。故妖孽者，天所以警天子諸侯也，惡夢者，所以警士大夫也。故妖孽不勝善政，惡夢不勝善行也。至治之極，禍反爲福，故太甲曰：天作孽，猶可違；自作孽，不可逭。

（漢）荀悦《申鑒·時事》 赦令，權也。或曰：有制乎？曰：權無制，制其義，不制其事，巽以行權。《易·繫辭》文，義，制也。權者，反經，無事也。問其象，曰：無妄之災，大過。凶，其象矣，不得已而行之，禁其屢也。初平至此凡七年而大赦者十，可謂數甚，故悦以此規之。曰：絶之乎？曰：權。曰：宜弗之絶也。既曰權宜著，非常典，此一首，所謂禁赦令也。

（清）王夫之《噩夢》 曆之紀建、除、宜、不宜，其弊始於唐，沿於宋，相循以爲故常，未有知其非者。唯解大紳《庖西封事》言之，而未能詳也。王者敬授民時之大典，而以惑世誣民之小道當之，導民以需，而爲事之賊，其褻天迷人甚矣。故《王制》曰，假於鬼神時日卜筮以疑衆，殺。尤可異者，曆尾逆推六十年甲子一周之歲，徒列其年而無所取。宋人以天子年逾六十，欲展爲百二十，蓋使六十以外之人不登於曆數，非恤老者之所忍，不但天子然也。且下註男幾宫、女幾宫，僅合婚之邪説，尤爲俾民卒迷，而以此失其配耦之正者多矣。不能利民而滋害之，君道亡矣。曆授民時，使民知因時而趨事，則但當首紀月之大小，月建之所臨；次紀某日某時日躔某；次紀中節日時刻分社、伏；次紀朔、弦、望、盈虚；次紀方今月令之宜，如立春正月節，則曰自某日立春以後，某候至，可以作某事，如出耒耜，火田萊，五穀播，耰、薅、穫，生蠶，種草棉，理桑苧，種瓜蔬，合牛馬，字鷄鶩，攤魚苗，平道塗，架橋梁，苫牆屋，備薪炭之類，逐月逐候而示民乘時以竟功；其次則紀六氣司天在泉之正變，示民以節飲食，慎起居而遠疾眚；其次紀官司祀事，民間嘗新、薦寢、社、蜡、儺飲之時；如此，則本天以治人之道立矣。若御用曆，則因一歲之節序，時之德刑，日之剛柔，定戎祀慶威之度，及發政布令之期，以憲天而出治。尤不當以瑣瑣災祥干有國之典禮，明矣。至壬遁曆以命將臨戎，尤爲誖蠹。兩軍相當，生死爭於俄頃，廢智勇而聽命於妄人之説，不亦危乎！

《吕氏春秋·仲春紀·仲春》 是月也，日夜分，雷乃發聲，始電。蟄蟲咸動，開户始出。先雷三日，奮鐸以令于兆民曰：雷且發聲，有不戒其容止者，生子不備，必有凶災。日夜分，則同度量，鈞衡石，角斗桶，正權槩。

《呂氏春秋·季夏紀·制樂》 景公之時，熒惑在心，公懼，召子韋而問焉，曰：熒惑在心，何也？子韋曰：熒惑者，天罰也；心者，宋之分野也。禍當於君。雖然，可移於宰相。公曰：宰相，所與治國家也，而移死焉，不祥。子韋曰：可移於民。公曰：民死，寡人將誰爲君乎？寧獨死。子韋曰：可移於歲。公曰：歲害則民饑，民饑必死。爲人君而殺其民以自活也，其誰以我爲君乎？是寡人之命固盡已，子無復言矣。子韋還走，北面載拜曰：臣敢賀君。天之處高而聽卑。君有至德之言三，天必三賞君。今夕熒惑其徙三舍，君延年二十一歲。公曰：子何以知之？對曰：有三善言，必有三賞，熒惑有三徙舍。舍行七星，星一徙當一年，三七二十一，臣故曰君延年二十一歲矣。臣請伏於陛下以伺候之。熒惑不徙，臣請死。公曰：可。是夕熒惑，果徙三舍。

《呂氏春秋·孟冬紀·孟冬》 是月也，命太卜，禱祠龜策，占兆審卦吉凶。於是察阿上亂法者，則罪之，無有揜蔽。

（漢）劉安《淮南子》卷二《俶真訓》 逮至夏桀殷紂，燔生人。辜諫者，爲炮烙，鑄金柱。鑄金柱，然火其下，以人置其上，墜陊火中而對之笑也。剖賢人之心，析才士之脛。賢人比干也，析解也。剝解有才士脚，觀其有奇異。脛，脚也。醢鬼侯之女。葅梅伯之骸。鬼侯、梅伯，紂時諸侯，梅伯説鬼侯之女美好，令紂妻之。女至，紂以爲不好，故醢鬼侯之女。葅梅伯之骸也，一曰紂爲無道，梅伯數諫，故葅其骸也。當此之時，嶢山崩，三川涸。嶢山葢在南陽。三川，涇、渭、汧也。涸，竭也。《傳》曰：山崩川竭，亡國徵也。飛鳥鎩翼，走獸擠腳。紂田獵禽，荒無休止。時故飛鳥折翼，走獸毀脚，無不被害也。當此之時，豈獨無聖人哉。然而不能通其道者，不遇其世。言聖人不能通其道行，其仇者不遭世也。夫鳥飛千仞之上。獸走叢薄之中。禍猶及之，又况編戶齊民乎。聚木曰叢，深草曰薄，猶及之田獵不時也。由此觀之，體道者不專在于我，亦有繫于世矣。

（漢）王充《論衡》卷六《龍虛》 天地相與，夫婦也，其即民父母也。子有過，父怒笞之致死，而母不哭乎？今天怒殺人，地宜哭之；獨聞天之怒，不聞地之哭。如地不能哭，則天亦不能怒，且有怒則有喜。人有陰過，亦有陰善。有陰過，天怒殺之，如有陰善，天亦宜以善賞之。隆隆之聲，謂天之怒；如天之喜，亦哂然而笑。人有喜怒，故謂天喜怒。推人以知天，知天本於人，如人不怒，則亦無緣謂天怒也。緣人以知天，宜盡人之性。人性怒則呴吁，喜則歌笑，比聞天之怒，希聞天之喜；比見天之罰，希見天之賞。豈天怒不喜，貪於罰，希於賞哉？何怒罰有效，喜賞無驗也？

（漢）王充《論衡》卷一五《明雩》 問政治之災，無妄之變，何以別之？曰，德酆政得，災猶至者，無妄也；德衰政失，變應來者，政治也。夫政治則外雩而內改，以復其虧；無妄則內守舊政，外修雩禮，以慰民心。故夫無妄之氣，歷世時至，當固自一，不宜改政。何以驗之？周公爲成王陳《立政》之言曰：時則物有間之。自一話言，我則末維成德之彥，以乂我受民。周公立政，可謂得矣。知非常之物，不賑不至，故敕成王，自一話一言，政事無非，毋敢變易。然則非常之變，無妄之氣，間而至也。水氣間堯，旱氣間湯，周宣以賢，遭遇久旱；建初孟季，北州連旱，牛死民乏，放流就賤，聖主寬明於上，百官共職於下，太平之明時也。政無細非，旱猶有，氣間之也。聖主知之，不改政行，轉穀賑贍，損酆濟耗，斯見之審明，所以救赴之者得宜也。魯文公間歲大旱，臧文仲曰：修城郭，貶食省用，務嗇勸分。文仲知非政，故徒修備，不改政治。變復之家，見變輒歸於政，不揆政之無非；見異懼惑，變易操行，以不宜改而變，祇取災焉。

（清）顧炎武《日知録》卷二《惠迪吉從逆凶》 善惡報應之説，聖人嘗言之矣。大禹言：惠迪吉，從逆凶。惟景響。湯言：天道福善禍淫。伊尹言：惟上帝不常，作善，降之百詳，作不善，降之百殃。又言：惟吉凶不僭在人，惟天降災祥在德。孔子言：積善之家，必有餘慶；積不善之家，必有餘殃。豈真有上帝司其禍福，如道家所謂天神察其善惡，釋氏所謂地獄果報者哉？善與不善，一氣之相感。如水之流濕，火之就燥，不期然而然，無不感也，無不應也。此孟子所謂志壹則動氣。其有不齊，則如夏之寒，冬之燠，得於一日之偶逢，而非四時之正氣也。故曰：誠者，天之道也。若曰有鬼神司之，屑屑焉如人間官長之爲，則報應之至近者，反推而之遠矣。

（清）顧炎武《日知録》卷三《不弔不祥》 威儀之不類，賢人之喪亡，婦寺之專横，皆國之不祥。而日月之眚，山川之變，鳥獸草木之妖，其小者也。《傳》曰：人無釁焉，妖不自作。故孔子對哀公，以老者不教，幼者不學爲俗之不祥。荀子曰：人有三不祥，幼而不肯事長，賤而不肯事貴，不肖而不肯事賢，是人之三不祥也。而武王勝殷，得二俘而問焉，曰：若國有妖乎；一俘對曰：吾國有妖，晝見星而天雨血。一俘對曰：此則妖也，非其大者也。吾國之妖，子不聽父，弟不聽兄，君令不行，此妖之大者也。武王避席再拜之。自余所逮見五六十年國俗民情舉如此矣，不教不學之徒滿於天下，而一二稍有才知者，皆少正卯、鄧析之流，是豈待三川竭而悲周，岷山崩而憂漢哉。《書》曰：習與性成。《詩》云：如彼泉流，無淪胥以敗。識時之士所以引領於哲王，繫心於耆德也。

（清）顧炎武《日知録》卷三〇《妖人闌入宫禁》 自古國家中葉多有妖人闌入宫禁之事，固氣運之疵，亦是法紀廢弛所致。

（清）顧炎武《日知録》卷三〇《外國應天象》 昔人言朔漠諸國唯占於昴北，亦不盡然。考之史，流星入紫宫而劉聰死，熒惑守心而石虎死，孛星太微大角熒惑太白入東井而苻生弒，彗起尾箕掃東井而燕滅秦，彗起奎婁掃虚危而慕容德有齊地，太白犯虚危而南燕亡，熒惑在匏瓜中忽亡入東井而姚秦亡，熒惑守心而李勢亡，熒惑犯帝座而吕隆滅，月掩心大星而魏宣武弒，熒惑入南斗而孝武西奔，月掩心星而齊文宣死，彗星見而武成傳位，彗星歷虚危而齊亡，太白犯軒轅而周閔帝弒，熒惑入軒轅而明帝弒，歲星掩太微上將而宇文護誅，熒惑入太微而武帝死。若金時則太白入太微而海陵弒，白氣貫紫微而高琪殺胡沙虎，彗星起大角而哀宗滅，其他難以悉數。夫中國之有都邑，猶人家之有宅舍，星氣之失，如宅舍之有妖祥，主人在則主人當之，主人不在則居者當之，此一定之理。而以中外爲限斷，乃儒生之見，不可語於天道爲。魏明帝問黄權曰：天下鼎立，何地爲正？對曰：當驗天文。往者熒惑守心而文帝崩，吴蜀無事，此其徵也。晉康帝建元三年，歲星犯天關，安西將軍庾翼與兄冰書曰：歲星犯天關，占云：關梁當分，比來江東無他故，江道亦不艱難，而石虎頻年再閉關，不通信使，此復是天公憒憒。無皁白之徵也。梁武帝中大通六年，先是熒惑入南斗，去而復還，留止六旬。上以諺云：熒惑入南斗，天子下殿走。乃跣而下殿以禳之。及聞魏主西奔，慙曰：彼亦應天象邪？

（宋）李昉等《太平御覽》卷六三五《刑法部・敘刑》 《詩・含神霧》曰：爗爗震電，不寧不令，此應刑政之大暴。故震雷驚人，使天下不安。

（宋）潘自牧《記纂淵海》卷二《天文部・星》 政失於春，歲星盈縮；政失於夏，熒惑逆行；政失於秋，太白出入無常；政失於冬，辰星不效其鄉。《文子》。四守主賞罰。《淮南子》。

（宋）潘自牧《記纂淵海》卷五《災異部・災異》 經古有夏，先后方懋，厥德罔有天災。《書》。伊陟相太戊，亳有祥，桑穀共生于朝。亡書序。高宗祭成湯，有飛雉升鼎耳而雊。《書・彤日序》。高宗彤日，越有雊雉。《書》。曰咎徵《書》。天大雷電以風，禾盡偃，大木斯拔。《金縢》。日月告凶不用其行。《詩》。爗爗震電，不寧不令，百川沸騰，山冢崒崩，高岸爲谷，深谷爲陵，哀今之人，胡憯莫懲。《詩》。宣王遇災而懼，側身修行，欲消去之。《詩序》。保章氏命乘别之妖祥，以詔救政。《周禮》。孟春行夏令，則雨水不時，草木早落，國時有恐；行秋令，則其民大疫，猋風暴雨總至，藜莠蓬蒿並興；行冬令，則水潦爲敗，雪霜大摯，首種不入。仲春行秋令，則其國大水，寒氣總至，寇戎來征；行冬令，則陽氣不勝，麥乃不熟，民多相掠；行夏令，則國乃大旱，煖氣早來，蟲螟爲害。季春行冬令，則寒氣時發，草木皆肅，國有大恐；行夏令，則人多疾疫，時雨不降，山林不收；行秋令，則天多沉陰，淫雨早降，兵革並起。孟夏行秋令，則苦雨數來，五穀不滋，四鄙入保；行冬令，則草木早枯，後乃大水，敗其城郭；行春令，則蝗蟲爲灾，暴風來格，秀草不實。仲夏行冬令，則雹凍傷穀，道路不通，暴兵來至；行春令，則五穀晚熟，百螣時起，其國乃饑；行秋令，則草木零落，果實早成，民殃於疫。季夏行春令，則穀實鮮落，國多風欬，民乃遷徙；行秋令，則丘隰水潦，禾稼不熟，乃多女災；行冬令，則風寒不時，鷹隼早鷙，四鄙入保。孟秋行冬令，則陰氣太勝，介蟲敗穀，戎兵乃來；行春令，則其國乃旱，陽氣復還，五穀無實；行夏令，則其國多火災，寒熱不節，民多瘧疾。仲秋行春令，則秋雨不降，草木生榮，國乃有惡；行夏令，則其國乃旱，蟄蟲不藏，五穀復生；行冬令，則風災數起，收雷先行，草木早死。季秋行夏令，則其國大水，冬藏殃敗，民多鼽嚏；行冬令，則國多盗賊，邊境不寧，土地分裂；行春令，則煖風來至，民氣懈惰，師興不居。孟冬行春令，則凍閉不密，地氣上泄，民多流亡；行夏令，則國多暴風，方冬不寒，蟄蟲復出；行秋令，則雪霜不時，小兵時起，土地侵削。仲冬行夏令，則其國乃旱，氛霧冥冥，雷乃發聲；行秋令，則天時雨汁，瓜瓠不成，國有大兵；行春令，則蝗蟲爲敗，水泉咸竭，民多疥癘。季冬行秋令，則白露早降，介蟲爲妖，四鄙入保；行春令，則胎夭多傷，國多固疾，命之曰逆；行夏令，則水潦敗國，時雪不降，冰凍消釋。《記·月令》。

又：天灾地妖，所以警人主也；夢寐證怪，所以儆人臣也。灾妖不勝善政，怪夢不勝善行。《家語》。

（宋）潘自牧《記纂淵海》卷五《災異部·日食》　男教不修，陽事不得，讁見于天，日爲之食。是故日食則天子素服，而修六官之職，蕩天下之陽事。《記·昏義》。

（宋）潘自牧《記纂淵海》卷四三《性行部·稔惡》　天吏逸德烈于猛火。《書·胤征》。【略】天奪之鑒，而益其疾。不可以五稔。《左·僖二年》。【略】天之假助不善，非祚之也，厚其凶惡而降之罰也。《左·昭十八年》。

（唐）白居易《白居易集》卷六《策林四·議赦》　臣謹案：《書》曰：眚災肆赦。又《易》曰：雷雨作解，君子以赦過宥罪。斯則赦之不可廢也必矣。《管子》曰：赦者，奔馬之委轡也；不赦者，痤疽之礦石也。又諺曰：一歲再赦，婦兒喑啞。斯又赦之不可數也明矣。然則赦之爲用必有時：數既失之，廢亦未爲得也。何者？赦之爲德大矣，爲賊亦甚矣。大凡王者踐祚改元之初，一用之，則爲德也，居常致理之際，數用之，則爲賊也。故踐祚而無赦，則布新之義缺，而好生之德廢矣；居常而數赦，則惠姦之路啓，而召亂之門開矣。由此而觀，蓋赦者，可疏而不可數也，可重而不可廢也。用捨之要，其在茲乎？

（唐）劉蛻《劉蛻集》卷五《移史館書》　伏以釋氏之疾生民也，比虞禹時，曷嘗在洪水下，比湯與武王時，曷嘗在夏政商王下，比孔子、孟軻時，曷嘗在禮崩樂壞，楊墨邪道下。然而聖主賢臣欲利民，而務其民害如此，其勤也。今釋氏夷其體而外其身，反天維一作性而亂中正，一本有者字自晉以來，相率詭恠而狂之半天下而化其衣冠，苟未徃者不其一作自欺，亦不資其生矣。聖人之教，棄不相守幾數百年。唐初有天下，以爲刑政禁民秉間作詐僞以欺刑政，果所不能公禁之也。故寖護其事以愚其民，爲殃罪疾苦隨所作詐僞而及諸身也。是一作其欲教化固一作因天下之心，以助行政教化之一道耳。今天子聰明，以爲中正衣冠之所棄，則刑政教化亦無所取，故絶其法不使汙中土，未半年父母得隸子，夫婦有家室，是以復出一天下天下一作家也。僕故謂其功業出禹、湯、武王、孔子、孟軻之上，萬萬不類。然而洪水開則有禹貢，商周平亂則有誥誓，孔子、孟軻則至今歌誦之，足下以文用於時，爲百家所託善惡焉，其不爲則已，若爲之斯其時也勿疑。

《二程集·周易程氏傳》卷四《周易下經下·震》　［初九］《象》曰【略】震來而能恐懼周顧，則无患矣，是能因恐懼而反致福也。因恐懼而自修省，不敢違於法度，是由震而後有法則，故能保其安吉，而笑言啞啞也。

《聖祖仁皇帝御製文集·第一集》卷八《勅諭·諭吏部等衙門》　自古帝王撫御萬方兢兢業業，勤求治理，必期陰陽順序，和氣凝庥，或遇災異示儆，務省愆思過，實修人事，挽回天心。茲者，本月二十八日巳時地震之變，譴告非常，反覆思維，深切悚惕。蓋由朕躬不德，敷治未均，用人行政多未允符，内外臣工不能精白乃心，恪盡職掌，或罔上行私，或貪縱無忌，或因循推諉，或恣肆虐民，是非顛倒，措置乖方。大臣不法，小臣不廉，上干天和，召斯災眚。若不洗心滌慮，痛除積習，無以昭感格而致嘉祥。朕茲力勤政務，實圖修省，目今應行、應革事宜，著部院三品以上官及科道在外各該督、撫明白條奏，直言無隱。其在京三品以上堂官并督、撫、提、鎮，俱著據實自陳，毋得浮泛塞責。爾部即遵行，仍通行曉諭内外軍民人等，咸使聞知。特諭康熙十八年七月二十八日。

（清）劉坤一《劉坤一遺集·書牘》卷三《復張潤農觀察》　爲政所從出之地，今天氣亢旱如此，其象爲澤不下究，刑有未平，徵之時事，如三四年蠲緩，延至今年始經次第辦出，保無有不肖州縣及書役人等從中舞弊，致實惠虛懸者乎？又如各屬積案甚多，所有羈縶無辜，足以上干和氣。

紀事

《史記》卷三二《齊太公世家》〔景公〕三十二年，彗星見。景公坐柏寢，嘆曰：堂堂！誰有此乎？羣臣皆泣，晏子笑，公怒。晏子曰：臣笑羣臣諛甚。景公曰：彗星出東北，當齊分野，寡人以爲憂。晏子曰：君高臺深池，賦斂如弗得，刑罰恐弗勝，茀星將出，彗星何懼乎？公曰：可禳否？晏子曰：使神可祝而來，亦可禳而去也。百姓苦怨以萬數，而君令一人禳之，安能勝衆口乎？是時景公好治宮室，聚狗馬，奢侈，厚賦重刑，故晏子以此諫之。

《漢書》卷四《文帝紀》〔二年〕十一月癸卯晦，日有食之。詔曰：朕聞之，天生民，爲之置君以養治之。人主不德，布政不均，則天示之災以戒不治。乃十一月晦，日有食之，適見于天，災孰大焉！朕獲保宗廟，以微眇之身託于士民君王之上，天下治亂，在予一人，唯二三執政猶吾股肱也。朕下不能治育羣生，上以累三光之明，其不德大矣。令至，其悉思朕之過失，及知見之所不及，匄以啓告朕。及舉賢良方正能直言極諫者，以匡朕之不逮。因各敕以職任，務省繇費以便民。朕既不能遠德，故憪然念外人之有非，是以設備未息。今縱不能罷邊屯戍，又飭兵厚衛，其罷衛將軍軍。太僕見馬遺財足，餘皆以給傳置。

《漢書》卷八《宣帝紀》〔本始四年〕夏四月壬寅，郡國四十九地震，或山崩水出。詔曰：蓋災異者，天地之戒也。朕承洪業，奉宗廟，託于士民之上，未能和羣生。乃者地震北海、琅邪，壞祖宗廟，朕甚懼焉。丞相、御史其與列侯、中二千石博問經學之士，有以應變，輔朕之不逮，毋有所諱。令三輔、太常、内郡國舉賢良方正各一人。律令有可蠲除以安百姓，條奏。被地震壞敗甚者，勿收租賦。大赦天下。上以宗廟墮，素服，避正殿五日。

又：冬十月，詔曰：乃者九月壬申地震，朕甚懼焉。有能箴朕過失，及賢良方正直言極諫之士以匡朕之不逮，毋諱有司。朕既不德，不能附遠，是以邊境屯戍未息。今復飭兵重屯，久勞百姓，非所以綏天下也。其罷車騎將軍、右將軍屯兵。又詔：池籞未御幸者，假與貧民。郡國宮館，勿復修治。流民還歸者，假公田，貸種、食，且勿算事。

又：夏四月辛丑晦，日有蝕之。詔曰：皇天見異，以戒朕躬，是朕之不逮，吏之不稱也。以前使使者問民所疾苦，復遣丞相、御史掾二十四人循行天下，舉冤獄，察擅爲苛禁深刻不改者。

《漢書》卷九《元帝紀》〔初元五年〕夏四月，有星孛于參。詔曰：朕之不逮，序位不明，衆僚久懬，未得其人。元元失望，上感皇天，陰陽爲變，咎流萬民，朕甚懼之。乃者關東連遭災害，饑寒疾疫，夭不終命。《詩》不云乎？凡民有喪，匍匐救之。其令太官毋日殺，所具各減半。乘輿秣馬，無乏正事而已。罷角抵、上林宮館希御幸者、齊三服官、北假田官、鹽鐵官、常平倉。博士弟子毋置員，以廣學者。賜宗室子有屬籍者馬一匹至二駟，三老、孝者帛，人五匹，弟者、力田三匹，鰥寡孤獨二匹，吏民五十戶牛酒。省刑罰七十餘事。除光祿大夫以下至郎中保父母同産之令。令從官給事宮司馬中者，得爲大父母父母兄弟通籍。

又：三月壬戌朔，日有蝕之。詔曰：朕戰戰栗栗，夙夜思過失，不敢荒寧。惟陰陽不調，未燭其咎。婁敕公卿，日望有效。至今有司執政，未得其中，施與禁切，未合民心。暴猛之俗彌長，和睦之道日衰，百姓愁苦，靡所錯躬。是以氛邪歲增，侵犯太陽，正氣湛掩，日久奪光。乃壬戌，日有蝕之。天見大異，以戒朕躬，朕甚悼焉。其令内郡國舉茂材異等賢良直言之士各一人。

《漢書》卷二七上《五行志上》《左氏傳》昭公六年六月丙戌，鄭災。是春三月，鄭人鑄刑書，士文伯曰：火見，鄭其火乎？火未出而作火以鑄刑器，臧争辟焉。火而象之，不火何爲？《説》曰：火星出於周五月，而鄭以三月作火鑄鼎，刻刑辟書，以爲民約，是爲刑器争辟。故火星出，與五行之火争明爲災，其象然也，又棄法律之占也。不書於《經》，時不告魯也。

《漢書》卷七五《京房傳》永光、建昭間，西羌反，日蝕，又久青亡光，陰霧不精。房數上疏，先言其將然，近數月，遠一歲，所言屢中，天子説之。數召見問，房對曰：古帝王以功舉賢，則萬化成，瑞應著，末世以毀譽取人，故功業廢而致災異。宜令百官各試其功，災異可息。詔使房作其事，房奏考功課吏法。上令公卿朝臣與房會議溫室，皆以房言煩碎，令上下相司，不可許。上意鄉之。時部刺史奏事京師，上召見諸刺史，令房曉以課事，刺史復以爲不可行。唯御史大夫鄭弘、光録大夫周堪初言不可，後善之。

《後漢書》卷一上《光武帝紀上》〔更始五年〕五月丙子，詔曰：久旱傷麥，秋種未下，朕甚憂之。將殘吏未勝，獄多冤結，元元愁恨，感動天氣乎？其令中都官、三輔、郡、國出繫囚，罪非犯殊死一切勿案，見徒免爲庶人。務進柔良，退貪酷，各正厥事焉。

《後漢書》卷一下《光武帝紀下》〔更始二十二年〕九月戊辰，地震裂。制詔曰：日者地震，南陽尤甚。夫地者，任物至重，靜而不動者也。而今震裂，咎在君上。鬼神不順無德，災殃將及吏人，朕甚懼焉。其令南陽勿輸今年田租芻稾。遣謁者案行，其死罪繫囚在戊辰以前，減死罪一等；徒皆施解鉗，衣絲絮。賜郡中居人壓死者棺錢，人三千。其口賦逋稅而廬宅尤破壞者，勿收責。吏人死亡，或在壞垣毀屋之下，而家羸弱不能收拾者，其以見錢穀取傭，爲尋求之。

又：二十九年春二月丁巳朔，日有食之。遣使者舉冤獄主，出繫囚。

《後漢書》卷四《孝和帝紀》〔永元十六年〕秋七月，旱。戊午，詔曰：今秋稼方穗而旱，雲雨不霑，疑吏行慘刻，不宣恩澤，妄拘無罪，幽閉良善所致。其一切囚徒於法疑者勿决，以奉秋令。方察煩苛之吏，顯明其罰。

《後漢書》卷六《孝質帝紀》〔陽嘉三年〕五月甲午，詔曰：朕以不德，託母天下，布政不明，每失厥中。自春涉夏，大旱炎赫，憂心京京，故得禱祈明祀，冀蒙潤澤。前雖得雨，而宿麥頗傷；比日陰雲，還復開霽。寤寐永歎，重懷慘結。將二千石、令長不崇寬和，暴刻之爲乎？其令中都官繫囚罪非殊死考未竟者，一切任出，以須立秋。郡國有名山大澤能興雲雨者，二千石長吏各絜齊請禱，謁誠盡禮。又兵役連年，死亡流離，或支骸不斂，或停棺莫收，朕甚愍焉。昔文王葬枯骨，人賴其德。今遣使者案行，若無家屬及貧無資者，隨宜賜卹，以慰孤魂。

又：本初元年春正月丙申，詔曰：昔堯命四子，以欽天道，《鴻範》九疇，休咎有象。夫瑞以和降，異因逆感，禁微應大，前聖所重。頃者，州郡輕慢憲防，競逞殘暴，造設科條，陷入無罪。或以喜怒驅逐長吏，恩阿所私，罰枉仇隙，至令守闕訴訟，前後不絕。送故迎新，人離其害；怨氣傷和，以致災眚。《書》云：明德慎罰。方春東作，育微敬始。其勅有司，罪非殊死，且勿案驗，以崇在寬。

《後漢書》卷七《孝桓帝紀》〔建和三年〕夏四月丁卯晦，日有食之。五月乙亥，詔曰：蓋聞天生蒸民，不能相理，爲之立君，使司牧之。君道得於下，則休祥著乎上；庶事失其序，則咎徵見乎象。間者，日食毀缺，陽光晦暗，朕祗懼潛思，匪遑啓處。《傳》不云乎：日食修德，月食修刑。昔孝章帝愍前世禁徙，故建初之元，並蒙恩澤，流徙者使還故郡，没入者免爲庶民。先皇德政，可不務乎！其自永建元年迄乎今歲，凡諸妖惡，支親從坐，及吏民減死徙邊者，悉歸本郡；唯没入者不從此令。

《後漢書》卷一〇上《皇后紀·和熹鄧皇后》〔元興〕二年夏，京師旱，親幸洛陽寺録冤獄。有囚實不殺人而被考自誣，羸困輿見，畏吏不敢言，將去，舉頭若欲自訴。太后察視覺之，即呼還問狀，具得枉實，即時收洛陽令下獄抵罪。行未還宮，澍雨大降。

《後漢書》卷四八《楊終傳》建初元年，大旱穀貴，終以爲廣陵、楚、淮陽、濟南之獄，徙者萬數，又遠屯絕域，吏民怨曠，乃上疏曰：臣聞善善及子孫，惡惡止其身，百王常典，不易之道也。秦政酷烈，違啎天心，一人有罪，延及三族。高祖平亂，約法三章。太宗至仁，除去收孥。萬姓廓然，蒙被更生，澤及昆蟲，功垂萬世。陛下聖明，德被四表。今以比年久旱，灾疫未息，躬自菲薄，廣訪失得，三代之隆，無以加焉。臣竊桉《春秋》水旱之變，皆應暴急，惠不下流。自永平以來，仍連大獄，有司窮考，轉相牽引，掠考冤濫，家屬徙邊。加以北征匈奴，西開三十六國，頻年服役，轉輸煩費。又遠屯伊吾、樓蘭、車師、戊己，民懷土思，怨結邊域。《傳》曰：安土重居，謂之衆庶。昔殷民近遷洛邑，且猶怨望，何況去中土之肥饒，寄不毛之荒極乎？且南方暑濕，障毒互生。愁困之民，足以感動天地，移變陰陽矣。陛下留念省察，以濟元元。書奏，肅宗下其章。司空第五倫亦同終議。太尉牟融、司徒鮑昱、校書郎班固等難倫，以施行既久，孝子無改父之道，先帝所建，不宜回異。終復上書曰：秦筑長城，功役繁興，胡亥不革，卒亡四海。故孝元棄珠崖之郡，光武絶西域之國，不以介鱗易我衣裳。魯文公毀泉臺，《春秋》譏之曰先祖爲之而己毀之，不如勿居而已，以其無妨害於民也。襄公作三軍，昭公舍之，君子大其復古，以爲不舍則有害於民也。今伊吾之役，樓蘭之屯，久而未還，非天意也。帝從之，聽還徙者，悉罷邊屯。

《三國志》卷二《魏志・文帝紀》〔黄初二年三月〕戊辰晦，日有食之，有司奏免太尉，詔曰：災異之作，以譴元首，而歸過股肱，豈禹、湯罪己之義乎？其令百官各虔厥職，後有天地之眚，勿復劾三公。

《三國志》卷三《魏志・明帝紀》冬十月乙丑，月犯鎮星及軒轅。戊寅，月犯太白。十一月，京都地震，從東南來，隱隱有聲，摇動屋瓦。十二月，詔有司删定大辟，減死罪。

《晉書》卷三《武帝紀》〔太康〕九年春正月壬申朔，日有蝕之。詔曰：興化之本，由政平訟理也。二千石長吏不能勤恤人隱，而輕挾私故，興長刑獄，又多貪濁，煩撓百姓。其敕刺史二千石糾其穢濁，舉其公清，有司議其黜陟。令内外羣官舉清能，拔寒素。

《晉書》卷一三《天文志下》光熙元年四月，太白失行，自翼入尾、箕。占曰：太白失行而北，是謂反生。不有破軍，必有屠城。五月，汲桑攻鄴，魏郡太守馮嵩出戰，大敗，桑遂害東燕王騰，殺萬餘人，焚燒魏時宫室皆盡。其九月丁未，熒惑守心。占曰：王者惡之。己亥，填星守房、心。占曰：填守房，多禍喪；守心，國内亂，天下赦。是時，司馬越專權，終以無禮破滅，内亂之應也。十一月，帝崩，懷帝即位，大赦天下。

《宋書》卷五《文帝紀》〔元嘉〕五年春正月乙亥，詔曰：朕恭承洪業，臨饗四海，風化未弘，治道多昧，求之人事，鑒寐惟憂。加頃陰陽違序，旱疫成患，仰惟災戒，責深在予。思所以側身剋念，議獄詳刑，上答天譴，下恤民瘼。羣后百司，其各獻讜言，指陳得失，勿有所諱。

又：閏月庚子，詔曰：自頃農桑惰業，遊食者衆，荒萊不闢，督課無聞。一時水旱，便有罄匱，苟不深存務本，豐給靡因。郡守賦政方畿，縣宰親民之主，宜思獎訓，導以良規。咸使肆力，地無遺利，耕蠶樹藝，各盡其力。若有力田殊衆，歲竟條名列上。揚州旱。乙巳，遣侍御史省獄訟，申調役。

《宋書》卷六《孝武帝紀》〔大明五年八月〕己丑，詔曰：自靈命初基，聖圖重遠。參正樂職，感神明之應；崇殖禮囿，奮至德之光。聲實同和，文以均節，化調其俗，物性其情。故臨經式奠，焕乎炳發，道喪世屯，學落年永。獄訟微衰息之術，百姓忘退素之方。今息警夷嶂，恬波河渚，棧山航海，嚮風慕義，化民成俗，兹焉時矣。來歲可修葺庠序，旌延國胄。

又：八月丁巳，詔曰：昔匹婦含怨，山燋北鄙；孀妻哀慟，臺傾東國。良以誠之所動，在微必著；感之所震，雖厚必崩。朕臨察九野，志深待旦，弗能使爛然成章，各如其節。遂令炎精損河，陽偏不施，歲云不稔，咎實朕由。太官供膳，宜從貶撤。近道刑獄，當親料省。其王畿内及神州所統，可遣尚書與所在共詳；畿外諸州，委之刺史。并詳省律令，思存利民。其考謫貿襲，在大明七年以前，一切勿治。尤弊之家，開倉賑給。

《宋書》卷九《後廢帝紀》京師旱。甲寅，詔曰：比亢序愆度，留熏燿晷，有傷秋稼，方貽民瘼。朕以眇疚，未弘政道，囹圄尚繁，枉滞猶積，夕厲晨矜，每惻于懷。尚書令可與執法以下，就訊衆獄，使寃訟洗遂，困弊昭蘇。頒下州郡，咸令無壅。

《南齊書》卷一九《五行志》建武二年、三年、四年，每秋七月、八月，輒大風，三吴尤甚，發屋折木，殺人。京房占獄吏暴，風害人。時帝嚴刻。

《陳書》卷五《宣帝紀》夏四月庚子，彗星見。辛丑，詔曰：戢情懷善，有國之令圖，拯弊救危，聖範之通訓。近命師薄伐，義在濟民，青、齊舊隸，膠、光部落，久患凶戎，爭歸有道，棄彼農桑，忘其衣食。而大軍未接，中途止憩，朐山、黄郭，車營布滿，扶老攜幼，蓬流草跋，既喪其本業，咸事遊手，饑饉疾疫，不免流離。可遣大使精加慰撫，仍出陽平倉穀，拯其懸磬，并充糧種。勸課士女，隨近耕種。石鼈等屯，適意修墾。

又：十一月己丑，詔曰：朕君臨四海，日旰劬勞，思弘至治，未臻斯道。而兵車驟出，軍費尤煩，芻漕控引，不能徵賦。夏中亢旱傷農，畿内爲甚，民（天）失所資，歲取无託。此則政刑未理，陰陽舛度，黎元阻饑，君孰與足？靖言興念，余責在躬，宜布惠澤，溥沾氓庶。其丹陽、吳興、晉陵、建興、義興、東海、信義、陳留、江陵等十郡，并（謝）諸署卽年田税、禄秩，竝各原半，其丁租半申至來歲秋登。

《南史》卷四《齊紀上·武帝》 三月丙辰，詔以星緯失序，陰陽愆度，申辛亥赦恩五十日，以期訖爲始。戊寅，詔四方見囚，罪無輕重，及劫賊餘口，長徒敕繫，悉皆原赦。

《魏書》卷七上《高祖紀上》 十有二月丁亥，詔曰：朕以寡薄，政缺平和，不能仰緝緯象，蠲茲六沴。去秋淫雨，洪水爲災，百姓嗷然，朕用嗟愍，故遣使者循方賑恤。而牧守不思利民之道，期於取辦。愛毛反裘，甚無謂也。今課督未入及將來租算，一以丐之。有司勉加勸課，以要來穰，稱朕意焉。

《魏書》卷七下《高祖紀下》 戊申，詔曰：朕惟上政不明，令民陷身罪戾。今寒氣勁切，杖捶難任。自今月至來年孟夏，不聽拷問罪人。又歲既不登，民多飢窘，輕繫之囚，宜速決了，無令薄罪久留獄犴。

又：癸未，詔曰：春旱至今，野無青草。上天致譴，實由匪德。百姓無辜，將罹飢饉。寤寐思求，罔知所益。公卿内外股肱之臣，謀猷所寄，其极言無隱，以救民瘼。

又：甲午，詔曰：日月薄蝕，陰陽之恒度耳，聖人懼人君子之放怠，因之以設誡，故称日蝕修刑，月蝕修刑。迺癸巳夜，月蝕盡。公卿已下，宜慎刑罰以答天意。

《魏書》卷八《世宗紀》 秋八月辛卯，詔曰：頃水旱互侵，頻年饑儉，百姓窘弊，多陷罪辜，煩刑之愧，朕用懼矣。其殺人、掠賣人、羣强盗者，及雖非首而殺傷財主，曾經再犯公斷道路劫奪行人者，依法行決，自餘恕死。徒流已下各準減降。

又：六月，以旱徹樂減膳。癸巳，詔曰：朕以匪德，政刑多舛，陽旱歷旬，京甸枯瘁，在予之責，夙宵疚懷。有司可循案舊典，祇行六事：囹圄寃滯，平處決之；庶尹廢職，量加修舉；鰥寡困窮，在所存恤；役賦殷煩，咸加蠲省；賢良讜直，以禮進之，貪殘佞諛，時加屏黜；男女怨曠，務令媾會。稱朕意焉。甲午，帝以旱親享於太廟。戊戌，詔立周旦、夷齊廟於首陽山。庚子，以旱見公卿已下，引咎責躬。又録京師見囚，殊死已下皆減一等，鞭杖之坐悉皆原之。

又：三年春二月乙未，詔曰：肆州秀容郡敷城縣、雁門郡原平縣，並自去年四月以來，山鳴地震，于今不已，告譴彰咎，朕甚懼焉，祗畏兢兢，若臨淵谷，可恤瘼寬刑，以答災譴。

又：癸未，詔曰：肆州地震陷裂，死傷甚多，言念毁没，有酸懷抱。亡者不可復追，生病之徒宜加療救。可遣太醫、折傷醫，并給所須之藥，就治之。乙酉，大赦，改年。詔立理訴殿、申訟車，以盡寃窮理。

《魏書》卷九《肅宗紀》 壬寅，詔曰：農要之月，時澤弗應，嘉穀未納，三麥枯悴。德之無感，歎懼兼懷。可敕内外，依舊雩祈，率從祀典。察獄理寃，掩胔埋骼。冀瀛之境，往經寇暴，死者既多，白骨横道，可遣專令收葬。賑窮恤寡，救疾存老，準訪前式，務令周備。

又：五月辛巳，詔曰：朕以寡薄，運膺寶圖，雖未明求衣，傷懼終日，而闇昧多闕，炎旱爲災，在予之愧，無忘寢食。今刑獄繁多，囹圄尚積，宜敷仁惠，以濟斯民。八座可推鞠見囚，務申枉濫。癸未，詔曰：攘災招應，修政爲本，民乃神主，實宜率先。刺史守令與朕共治天下，宜哀矜勿喜，親民如傷。況今炎旱歷時，萬姓彫弊，而不撫恤窮寃，理決庶獄。可嚴刺州郡，善加綏隱，務盡聰明，加之祇肅，必使事允人神，時致靈應。其賦役不便於民者，具以狀聞，便當蠲罷。

又：秋七月癸丑，詔曰：時澤弗降，禾稼形損，在予之責，夙宵震懼，雖克躬撤降，仍無招感。有司可修案舊典，祇行六事：囹犴淹枉，隨速鞫決；庶尹廢職，量加修厲；鰥獨困窮，在所存恤；役賦煩民，咸加蠲省；賢良讜直，以時升進，貪殘邪佞，卽就屏黜；男女怨曠，務令會偶。庶革止懲遠，有弭災沴。

又：六月己巳，詔曰：朕以沖昧，夙纂寶歷，不能祗奉上靈，感延和氣，致令炎旱頻歲，嘉雨弗洽，百稼燋萎，晚種未下，將成災年，秋稔莫覬。在予之責，憂懼震懷。今可依舊分遣有司，馳祈獄瀆及諸山川百神能興雲雨者，盡其虔肅，必令感將，玉帛牲牢，隨應薦享。上下群官，側躬自厲，理寃獄，止土功，減膳撤懸，禁止屠殺。

又：戊寅，詔曰：朕以眇闇，忝承鴻緒，因祖宗之基，託王公之上，每鑒寐屢慮，思康億兆。比雨旱愆時，星運舛錯，政理闕和，靈祇表異，永尋夕惕，載恧于懷。宜詔百司各勤厥職，諸有鰥寡窮疾寃滯不申者，並加矜恤。若孝子順孫、廉貞義節、才學超異、獨行高時者，具以言上，朕將親覽，加以旌命。

（北魏）崔鴻《十六國春秋》卷一六《後趙録六・石虎中》 夏六月，大旱。白虹經天，自正月至六月不雨，虎遣太子宣詣臨漳滏口祈之久而不降，乃下書曰：朕在位六載，不能上和乾象，下濟黎元，以致星虹之變。其令百僚各上封事，解西山之禁。蒲葦魚鹽，除歲供之外，皆無所困。公侯卿牧不得規占山澤，奪百姓之利。又下書曰：前以豐國澠池二治初建，刑徒配之，權救時務。而主遂為恒法，致起怨聲。自今犯罪流徒，皆當申奏，不得輒配也。京獄見囚，非手殺人，一皆原遣。

《舊唐書》卷一二《德宗紀上》 李希烈、田悦、王武俊、李納，咸以勳舊，繼守藩維，朕撫馭乖方，致其疑懼，皆由上失其道而下罹其災。一切並與洗滌，復其爵位，待之如初，仍卽遣使宣諭。朱滔以泚連坐，路遠必不同謀，永念舊勳，務存弘貸，如能效順，亦與惟新。朱泚反易天常，盗竊名器，暴犯陵寢，所不忍言，獲罪祖宗，朕不敢赦。除泚外，並從原宥。應赴奉天并進收京城將士，並賜名奉天定難功臣，身有過犯，減罪三等，子孫過犯，減罪二等。先税除陌、間架等錢，竹木茶漆等税，並停。奉天升爲赤縣。

又： 徧祈百神，曾不獲應，方悟禱祠非救災之術，言詞非謝譴之誠。憂心如焚，深自刻責。得非刑法舛謬，忠良鬱湮，暴賦未蠲，勞師靡息。事或無益，而重爲煩費；任或非當，而横肆侵蠡。有一於兹，足傷和氣。本其所以，罪實在予，萬姓何辜，重罹饑殍。所宜出次貶食，節用緩刑，側身增修，以謹天戒。朕自今視朝不御正殿，有司供膳並宜減省，不急之務，一切停罷。除諸軍將士外，應食糧人諸色用度，本司本使長官商量減罷，以救兇荒。俟歲豐登，卽令復舊。

《新唐書》卷一一八《李中敏傳》 大和六年，大旱，文宗內憂，詔詢所以致雨者。中敏時以司門員外郎上言：雨不時降，夏陽驕愆，苗欲槁枯，陛下憂勤，降德音，俾下得盡言。臣聞昔東海誤殺一孝婦，大旱三年。臣頃爲御史臺推囚，華封儒殺良家子三人，陛下赦封儒死。然三人者，亦陛下赤子也。神策士李秀殺平民，法當死，以禁衛，刑止流。宋申錫位宰相，生平饋致一不受，其道勁正，姦人忌之，陷不測之辜，獄不參驗，銜恨而没，天下士皆指目鄭注。臣知數冤必列訴上帝，天之降災，殆有由然。漢武帝國用空竭，桑弘羊興筦榷之利，然卜式請亨以致雨。況申錫之枉，天下知之，何惜斬一注以快忠臣之魂，則天且雨矣。帝不省。中敏以病告滿，歸潁陽。注誅，以司勳員外郎召。

（宋）王溥《唐會要》卷四三《水災上》 貞觀十一年七月一日，黄氣竟天，大雨，穀水溢，入洛陽宮。深四尺，壞左掖門，毁宮寺一十九所，漂六百餘家。中書舍人岑文本上疏曰：伏惟陛下覽古今之事，察安危之機，上以社稷爲重，下以億兆爲念。明選舉，慎刑罰，進賢才，退不肖。聞過卽改，從諫如流。爲善在于不疑，出令期于必信。頤神養性，省畋遊之娱，去奢從儉，減工役之費。務静方内而不求闢土，載櫜弓矢而無忘武備。凡此數者，惟願陛下行之不怠。則至道之美與三五比隆，雖桑榖龍蛇，猶當轉禍爲福，變咎爲祥。況水雨之患，陰陽常理，豈可謂之天譴而繫聖心哉！特進魏徵諫曰：昔貞觀之始，聞善若驚，暨五六年閒，猶悦以從諫。自時厥後，漸惡直言，雖或勉强，時有所容，非復曩時之豁如也。謇諤之士，稍避龍鱗；便佞之徒，肆其巧辨。謂同心者爲朋黨，謂告奸者爲至公，謂强直者爲擅權，謂忠讜者爲誹謗。謂之朋黨，雖忠信而可疑；謂之至忠，雖矯僞而無咎。强直者畏擅權之議，忠讜者慮誹謗之尤。至于竊發生疑，投杼致惑，正人不得盡其言，大臣莫能與之爭。熒惑視聽，鬱于大道，妨治損德，其在兹乎？而欲無水之災，不可得也。十三日，詔曰：暴雨爲災，大水汎濫，静思厥咎，朕甚懼焉。文武百寮，各上封事，極言朕過，無有所諱。諸司供進，悉令減省，凡所作役，量事停廢，遭水之處，賜帛有差。二十日，廢明德宮及飛山宮之元圃院，分給河南、洛陽遭水戶。九月，黄河汎濫，溢壞陝州河北縣及太原倉，毁河陽中潭，幸白司馬坂以觀之。

又： 神龍元年七月二十七日，洛水暴漲，壞百姓廬舍二千餘家，溺死者數百人。八月一日，以水災令文武九品以上直言極諫，右衛騎參軍宋務光上疏曰：伏見明制，令文武九品以上直言極諫，大哉德音，真堯舜之用心，禹湯之罪己也！臣嘗謂天人相與之際，休咎冥符之兆，有感必通，其閒甚密。是以政失于此，變生于彼，亦猶影之象形，響之赴聲，動而輒隨，各以類應。故曰：天垂象，見吉兇，聖人象之，竊見自夏已來，水氣悖戾，郡國多罹其災。去月二十七日，洛水暴漲，漂損百姓。臣謹按《五行傳》曰：簡宗廟，廢祭祀，則水不潤下。夫王者卽位，必郊祀天地，嚴配祖宗，是故鬼神歆饗，多獲福助。自陛下光臨寶極，緜歷炎涼，郊廟遲留，不時殷薦，山川寂寞，未議懷柔。水之貽災，殆因此發。臣又按，水者陰類，臣妾之道。陰氣盛滿，則水泉迸溢。加以虹蜺紛離，澍雨滯霪，雖丁厥時，而汨常度。亦陰勝陽之沴也。臣恐後庭近習，或有離中饋之職，干外朝之政。伏願陛下深思天變，杜絶其萌。以萬方爲念，不以聲色爲娱；以百姓爲憂，不以犬馬爲樂。暫勞宵旰，用緝明良，豈不休哉！夫災變應天，實繫人事。故日蝕修德，月蝕修刑。若乃雨暘或愆，則貌言爲咎。雩禜之法，存乎禮典。今暫降霖雨，卽閉坊門，棄先聖之明訓，遵後來之淺術，時偶中之，安足神耶？蓋當屏翳收津，豐隆戢響之日也。豈有一坊一市，遂能感召皇靈，暫開暫閉，便欲發揮神道。必不然矣，何其謬哉！至今巷議街談，共呼坊門爲宰相，謂能節宣風雨，燮理陰陽。天工人代，乃爲虚設，悠悠蒼生，復何望哉？尚書右僕射唐休璟以水雨爲害，咎在主司。上表曰：臣聞天運其工，以人代之而理；神行其化，爲政資之以和。得其理則陰陽以調，失其和則災沴斯作。故舉才而授，帝惟其難；論道于邦，官不必備。頃自中夏，及乎首秋，郡國水災，屢爲人害。夫水，陰氛也，臣實主之。臣忝職右樞，致此陰沴，是不能調理其氣，而曠居其官。雖運屬堯年，則無治水之用；位侔殷相，且闕濟川之功。猶負明刑，坐逃皇譴。皇恩不棄，其若天何？昔漢家故事，丞相以天災免職，臣竊遇聖朝，豈敢靦顔居位。乞解所任，待罪私門，冀移陰咎之徵，復免夜行之責。二年四月，洛水漲，壞天津橋，損居人盧舍，死者數千人。

《舊五代史》卷四《梁書·太祖紀四》　六月辛亥，以亢陽，慮時政之闕，乃詔曰：邇者下民喪禮，法史舞文，銓衡既失於選求，州鎮又無其舉刺，風俗未厚，獄訟實繁，職此之由，上遭天譴。至是，決遣囚徒及戒勵中外。

《宋史》卷六《真宗紀一》　閏月丁亥，以久不雨，帝諭宰相曰：凡政有闕失，宜相規以道，毋惜直言。詔天下繫囚非十惡、枉法及已殺人者，死以下減一等。

《宋史》卷七《真宗紀二》　大中祥符元年春正月乙丑，有黄帛曳左承天門南鴟尾上，守門卒塗榮告，有司以聞。上召羣臣拜迎于朝元殿啓封，號稱天書。丁卯，紫雲見，如龍鳳覆宮殿。戊辰，大赦，改元，羣臣加恩，賜京師酺。幽州旱，求市麥種；夏州饑，請易粟，並許之。己巳，詔：黎、雅、維、茂四州官以瘴地二年一代。甲戌，大雪，停汴口、蔡河夫役。戊寅，蠲畿内貸糧。己卯，詔以天書之應，申儆在位。

《宋史》卷八《真宗紀三》　十二月癸丑朔，日當食不虧。丙辰，詔王欽若等五人各舉京朝、幕職、州縣官詳練刑典、曉時務、任邊寄者二人。丁巳，詔川峽閩廣轉運、提點刑獄官察屬吏貪墨慘刻者。

又：丙辰，開封府祥符縣蝗附草死者數里。戊午停京城工役。癸亥，以畿内蝗下詔戒郡縣。甲子，詔京城禁樂一月。

又：秋七月壬申，以星變赦天下，流以下罪減等，左降官羈管十年以上者放還京師，京朝官丁憂七年未改秩者以聞。丁亥，彗没。

《宋史》卷九《仁宗紀一》　甲申旦，有星大如斗，自北流至西南，光燭地，有聲如雷。庚寅，下德音，以星變齋居，不視事五日；降畿内囚死罪，流以下釋之；罷諸土木工；振河北流民過京師者。

《宋史》卷一三《英宗紀》　乙未，以雨災詔責躬乞言。初，學士草詔曰：執政大臣，其惕思天變。帝書其後曰：雨災專以戒朕不德，可更曰協德交修。己亥，以水災罷開樂宴。

《宋史》卷四〇《寧宗紀四》　五月辛巳，以久雨釋大理、三衙、臨安府杖以下囚，蠲茶鹽賞錢。

又：秋七月丙子朔，日有食之。戊寅，以旱釋諸路杖以下囚。

又：十四年春正月丙戌朔，以雪寒釋大理、三衙、臨安、兩浙諸州杖以下囚。

《宋史》卷一七四《食貨志上二》　七年夏，大旱。知南康軍朱熹應詔上封事言：今民間二稅之入，朝廷盡取以供軍，州縣無復贏餘，於是別立名色巧取。今民貧賦重，惟有覈兵籍，廣屯田，練民兵，可以漸省列屯坐食之兵，稍損州郡供軍之數。使州縣之力寖紓，然後禁其苛斂，責其寬恤，庶幾窮困之民得保生業，無流移漂蕩之患。八年，詔監司、太守察所部催科不擾者薦之，煩擾害民者劾之。十一年，户部奏：諸路州軍檢放旱傷米數近六十萬石。上諭王淮曰：若盡令覈實，恐他年郡縣懷疑，不復檢放。惟寧國數最多，可令漕司覈實而蠲之。

《宋史》卷一七八《食貨志上六》　初，建隆三年，户部郎中沈義倫使吴越還，言：揚、泗飢民多死，郡中軍儲尚百餘萬斛，宜以貸民。有司沮之曰：若來歲不稔，誰任其咎？義倫曰：國家以廩粟濟民，自當召和氣，致豐年，寧憂水旱耶？太祖悦而從之。

《宋史》卷二〇一《刑法志三》　七年春，京師雨，彌月不止。仁宗謂輔臣曰：豈政事未當天心耶？因言：向者大辟覆奏，州縣至於三，京師至於五，蓋重人命如此。其戒有司，決獄議罪，毋或枉濫。

（宋）李燾《續資治通鑑長編》卷三《宋太祖建隆三年》　己亥，德音減京畿及河北諸州死罪以下囚，旱故也。

（宋）李燾《續資治通鑑長編》卷三四《宋太宗淳化四年》　二月，上以江、淮、兩浙、陝西比歲旱災，民多轉徙，頗恣攘奪，抵冒禁法。己卯，遣工部郎中、直昭文館韓授，考功員外郎、直祕閣潘慎修等八人分路巡撫。所至之處，宣達朝旨，詢求物情，招集流亡，俾安其所，導揚壅遏，使得上聞，案決庶獄，率從輕典。有可以惠民者，悉許便宜從事。官吏有罷軟不勝任、苛刻不撫下者，上之。詔令有所未便，亦許條奏。

（宋）李燾《續資治通鑑長編》卷六一《宋真宗景德二年》　庚戌，以淮南旱歉，詔轉運司疏理管内繫囚。

（宋）李燾《續資治通鑑長編》卷八四《宋真宗大中祥符八年》　五月辛巳朔，刑部員外郎、兼侍御史知雜事王隨言：准詔劾榮王元儼宮遺火事，本元儼侍婢韓盗賣金器，恐事發，遂縱火。其知情干連人悉具以聞。詔韓氏斷手足，令衆三日，凌遲處死，知情人處斬，餘並等第決配。先是，當死者甚衆，王旦獨請對，言曰：始失火時，陛下以罪己詔天下，而臣等皆上章待罪。今乃過爲殺戮，恐失前詔意也。且火雖有跡，寧知非天譴邪！上欣然納之，由是減死者幾百輩。當失火時，固已知自榮王宫矣。命官勘劾，事理當然，非因大臣建議也。旦所以諫，蓋慮緣坐者衆，或及無辜爾。若云不宜罪人，則恐失實。歐陽修神道碑乃由旦子素遺行録略加删潤耳，今取參考，稍易其辭修入。

（宋）李燾《續資治通鑑長編》卷八五《宋真宗大中祥符八年》　閏六月己卯，大赦天下，非已殺人及枉法贓致殺人、十惡至死者，悉原之。賜修内兵匠物有差。自今諸州有大辟情可憫者，具獄以聞。敕法律内重刑未稱矜恤者，委法官與編敕官條奏。先是，上謂宰相曰：朕以盛暑之月，屬念囚系，欲肆恩宥，何以爲名？王旦曰：今邊鄙寧謐，黎庶阜安，風雨以時，疵癘不作，叶此景貺，特覃大慶，固其宜也。翌日，以條目進呈。上曰：前後赦文，未嘗不以謹罰爲首。今當别白條告，使四方曉解。旦乃以二事爲請，故特著之。

（宋）李燾《續資治通鑑長編》卷八八《宋真宗大中祥符九年》　己未，詔諸州縣七月已後訴災傷者，准格例不許，今歲蝗旱，特聽受其牒訴。

（宋）李燾《續資治通鑑長編》卷八九《宋真宗天禧元年》　癸巳，上謂宰臣曰：朕以去歲蝗旱，秋稼不稔，夙夜驚懼，未嘗暫忘。今已中春，時雨未降，齋心請禱，誠感莫達。實慮政令有爽天意，因思荼鹽條禁，傷於峻刻，宜有以革之。向敏中曰：天時災沴，抑有常數。今陛下勞謙克己，孜孜旰昃，苟邦政人事無所闕失，則天災流行亦無累於聖德。願稍寬憂軫。上曰：茶法行之已久，儻或難於遽改，但削其尤不便民而傷於厚斂者可也。

（宋）李燾《續資治通鑑長編》卷九二《宋真宗天禧二年》　壬申，以星文示變，赦天下流以下罪，死罪減一等。十惡致死，故殺、劫殺、謀殺人、官典枉法贓至死，造妖惑衆者，論如律。在降官羈管十年以上者，放還。京朝官丁憂移任七年未改秩者，以聞。

（宋）李燾《續資治通鑑長編》卷一〇三《宋真宗天聖三年》　戊寅，詔陝西災傷州軍，持仗劫人倉廪，非傷主者減死，刺配鄰州牢城，非首謀者又減一等，仍令長吏密以詔書從事。自是，諸路災傷，即降下有司敕，而民饑盗取穀食，多蒙矜減，賴以全活者甚衆。

（宋）李燾《續資治通鑑長編》卷一〇六《宋仁宗天聖六年》　戊子，以星變，命輔臣分詣寺觀禳祈。

庚寅，德音，以星變，齋居不視事五日，降畿内囚死罪，流以下釋之，罷諸土木功，賑河北流民過京師者。

時命僧道襘禳於文德殿，殿中侍御史李紘奏曰：文德殿，布政會朝之位，每災異輒聚緇黄讚唄其間，何以示中外？

右司諫劉隨因星變言：國家本支蕃衍，而定王之外，封策未行。望擇賢者，用唐故事，增廣嗣王、郡王之封，以應祖宗意。

（宋）李燾《續資治通鑑長編》卷一〇七《宋仁宗天聖七年》 丙戌，遣官祈晴。上因謂輔臣曰：昨令視四郊，而麥已損腐，民何望焉！此必政事未當天心也。古者大辟，外州三覆奏，京師五覆奏，蓋重人命如此。其戒有司，審獄議罪，毋或枉濫。又曰：赦不欲數，然舍是無以召和氣。

（宋）李燾《續資治通鑑長編》卷一一二《宋仁宗明道二年》 戊子，詔以旱蝗作沴，去尊號中睿聖文武四字，告于天地宗廟，令中外直言闕政。李埴《十朝綱要》：京東西、河東、陝西蝗，食草木殆盡。《宋朝會要》：詔曰：比年以來，蝗旱作沴，郡國交奏，日月相仍，豈朕德之不明，將天時之適爾？夙夜循省，咎實在予。嚮緣大禮之成，勉徇羣公之請，增予以睿聖之號，加予以文武之稱，內惟菲凉，非所堪克，其法睿聖文武四字，仍擇日告于天地宗廟，仍令中外各直言極諫。

（宋）李燾《續資治通鑑長編》卷一一九《宋仁宗景祐三年》 辛丑，遣官疏決三京及畿內繫囚雜犯，死罪以上遞降一等，徒以下釋之。其因太平興國寺火被繫者特放。朝廷始議修復火所焚處，崇政殿説書賈昌朝言：《易》震卦之象曰：洊雷震，君子以恐懼修省。凡六爻之旨，皆以能自戒懼，乃免咎眚。《春秋傳》曰：人火曰火，天火曰災。竊維近年寺觀屢災，此殆天示譴告，獨可勿繕治，以示畏天戒愛人力之意。從之。

（宋）李燾《續資治通鑑長編》卷一二〇《宋仁宗景祐四年》 先是，京師地震，直使館葉清臣上疏曰：天以陽動，君之道也，地以陰靜，臣之道也。天動地靜，主尊臣卑，易此則亂，地爲之震。乃十二月二日丙夜，京師地震，移刻乃止。定襄同日震，至五月不止，壞廬寺、殺人畜，幾十之六。大河之東，彌千五百里，而及都下，誠大異也。屬者熒惑犯南斗，治曆者相顧而駭。陛下憂勤庶政，方夏泰寧，而一歲之中，災變仍見，必有下失民望，上戾天意，故垂戒以啟迪清衷。而陛下泰然，不以爲異，徒使內侍走四方，治佛事，治道科，非所謂消伏之實也。頃范仲淹、余靖以言事被黜，天下之人齰舌不敢議朝政者，行將二年。願陛下深自咎責，詳延忠直敢言之士，庶幾明威降鑒，而善應來集也。書奏數日，仲淹等皆得近徙。按實録、正史，景祐四年皆不書京師地震，明年十二月甲子，乃書京師地震。甲子，初二日也，而《清臣傳》獨云：是冬，京師地震，疏。又云十二月二日丙辰，京師地震，移刻而止。豈會要、實録、正史皆偶遺忘？今用《清臣傳》語及疏語附范仲淹等內徙後。仲淹等內徙緣清臣疏奏，附傳亦無有，正傳乃增入。然兩年地震並以十二月二日，疑疏語或誤。熒惑入南斗，景祐四年亦無其事，惟元年及三年並以九月入南斗，并寶元元年八月又入南斗。清臣所指，當是三年事也。附傳疏語丙夜或作丙辰。按是年十二月戊辰朔，十七日甲申，考之長曆皆合，其曰丙辰者，誤也，當依正傳作丙夜。

（宋）李燾《續資治通鑑長編》卷一四三《宋仁宗慶曆三年》 甲申，太白犯歲星，又犯太微左執法。諫官余靖言：

伏覩太白犯歲星於太微端門之右，執法之前。民庶共見。風聞司天之奏，乃以商、洛羣盜，便當其占。此乃星官忌諱，不敢正言。臣歷觀《漢》、《晉》、《隋書・志》，凡五星之變，金、火謂之罰星。太白與歲相犯，皆主兵、喪及饑，惟此三者，國之大患。其變乃出端門之右、執法之側，前志所占，將有伏尸流血之變，豈山澤小寇所能當之？臣聞《易》曰：天垂象，見吉凶，聖人象之。又曰：觀乎天文，以察時變。則知古之聖王恭勤寅畏，以順承天，天表之應，各以其類。且夫木爲德，金爲刑，惟金沴木，五行所忌。今二星同舍，掩食逾時，殆爲刑德之頗乎？國家自近歲以來，西戎不賓，契丹恃强，人心動摇，戰守不足，而軍須百物，皆出於民。殘忍之吏，朝索暮辦，鑪錘之聲，徧於天下。此金氣太盛而刑之失乎？民之壯者籍之於軍，而居者又困其財，貪進之人自爲私計，朘剥其下以希恩寵，未聞朝廷請求寬民之術。此木氣遂微而德不振乎？況今州郡空虛，無守禦之備，官吏猥濫，無撫御之術，一夫大呼，莫敢當者。伏望陛下責躬修德，以謝天變。

中外之政，安民爲本，凡州郡之兵不足守者，急備其闕；守宰之官不足任者，速擇其代；器甲之材出於農者，頗緩其期；米鹽之運傷於財者，稍寬其力；皮鐵之工拘於官者，裁減其役。民足於財，則安其居而懷其生，雖驅之爲盜，必不肯去安而就危也。暴賦横斂不加於民，則怨怒不生，而陰陽以和，兵饑之患，庶可消矣。百官敍進必責其實，使明陳所職，以考功能。外官必求息民之績，在朝必視勤官之效，則庶事盡理，天下安矣。至於省聲色之娛，杜奢淫之好，絶畋遊之樂，節臺榭之觀，順四時而安玉體，親萬物而奮宸斷，陛下日虞外難，固當力行自致，不待臣縷陳而蔓言之矣。伏惟陛下，內宣慈愛，以敦九族，外選才良，以安百姓，與廊廟大臣協忠慮善，無怠於政，則天下幸甚。

（宋）李燾《續資治通鑑長編》卷一五〇《宋仁宗慶曆四年》　壬子，詔疏決天下繫囚，流徒罪降一等，杖笞釋之，雜犯至死情可憫者奏裁，旱故也。

（宋）李燾《續資治通鑑長編》卷一七九《宋仁宗至和二年》　己卯，邇英閣講周禮大疊，王洙曰：祠天地之器，以質信爲本。帝曰：曹操不事質信而多詐忌，何以事上帝乎？洙曰：天地之德，非至誠之道，至質之器，何以動之？張揆讀《後漢書》應劭議刑，揆曰：當漢獻帝亂世，有司猶能守法，今天下奏獄，或違法出罪，負冤不伸。水旱之災，未必不由此也。帝曰：祖宗以來，多用中典，奏讞者往往貸之，豈欲刑罰之濫乎！

又：先是，久不雨，帝問翰林侍讀學士呂公綽何以致雨，公綽曰：獄久繫則旱。帝親慮獄，已而大雨。時公綽受命知河陽既數月，乙丑，詔留侍經筵。

（宋）李燾《續資治通鑑長編》卷二四八《宋神宗熙寧六年》　癸丑，冬至，奉安中太一神象。德音：降天下繫囚，雜犯死罪從流，流以下釋之。應諸路災傷民戶，本名稅物失訴違省限，不該檢放者，監司體量檢放。其闕食之民，安撫、提舉司優加賑救，無致流移。除河北路負官物已指揮外，餘路負官物，被災傷放稅及五分以上，並權停。先是，上以久旱，欲因冬至發德音，順承太一之貺，手詔令輔臣相度。王安石等請如詔旨，擬合施行目進呈，上於禁中增入檢放一節，蓋上察於政事卹民如此。

（宋）李燾《續資治通鑑長編》卷四四〇《宋哲宗元祐五年》　三月甲午，侍御史孫升言：臣聞天人相與之際，甚可畏也。蓋政事失于下，則天變見于上，如影響之應形聲也。伏見自春以來，雨澤愆期，聖慮焦勞，至誠惻怛，憂念元元，祈禱天地、宗廟、神祇，可謂至矣。然雲屢密而不雨，或雨而不能霑霈，未副陛下焦勞之意者，何哉？豈冤抑愁歎有所未伸，以傷天地之和氣耶，蓋匹婦御冤，猶能致旱，況搢紳士大夫乎？竊見比部郎中劉宗傑，昔年因執政與御史協比，追攝宗傑繫獄，都省人吏希旨爲奸，宗傑久負屈抑，一旦身居刑部，因見從初行遣不公案牘，恚憤不平，遂再三論列。雖事係大赦以前，緣宗傑剛忿，常罹繫獄之冤，不能隱忍，自謂今日可以暴露奸宄之惡。朝廷怒其如此，黜之郢州，又下御史臺差人押出。如宗傑一人，固不足惜，但自此陳訴六曹屈抑者，每指宗傑爲戒，無復敢有再三陳奏者。而尚書省諸房，明有敕令：應公文申陳論訴六曹行遣不當，不得更付本曹，自合本房取索公案，考察當否，與奪結絶。臣訪聞尚書省諸房避見與奪行遣，都司不復檢察，往往卻付本曹取會，迂枉稽滯，至有經年不決者。受屈之人又不敢再有奏論，愁歎之聲盈于道路，天聽高遠，何由聞知？況尚書省乃天下訴訟取決之地，而稽違如此，何以副陛下至誠惻怛，憂念元元之意哉？伏望聖慈特降指揮，內外臣庶，應有曾經朝廷論訴冤抑，久未結絶者，仰具詣實因依，經登聞鼓院投進，並送爾制諫官，取索從初一宗行遣，看詳事理，疾速與奪，逐旋聞奏，庶幾伸雪冤抑，感召和氣，少副陛下焦勞之意，中外幸甚！《編類章疏》係五年三月二十九日。劉宗傑黜知郢州，在四年三月八日。

（清）徐乾學《資治通鑑後編》卷一二《宋紀一二》　乙未，詔諸州暑月五日一滌囹圄，給飲漿，病者令醫治，小罪即決之。

（清）徐乾學《資治通鑑後編》卷一四《宋紀一四》　自三月不雨，至於五月。戊戌，帝親録京城諸司繫獄囚，多所原減。即命起居舍人宋惟幹等四十二人分詣諸道，按決刑獄。是夕，大雨。

又：己巳，帝以歲旱蝗，詔呂蒙正等曰：元元何罪，天譴如是。蓋朕不德之所致也，卿等當於文德殿前築一臺，朕將暴露其上，三日不雨，卿等共焚朕以答天譴。蒙正等惶恐謝罪，匿詔書。翌日而雨，蝗盡死。先是，帝召近臣問時政得失，樞密直學士寇準對曰：《洪範》天人之際，其應若影響。大旱之證，蓋刑有所不平。頃者祖吉、王淮皆侮法受賕，贓數萬計。吉既伏誅，家且籍没；而淮以參知政事沔之母弟，止杖於私室，仍領定遠主簿。用法輕重如是，亢暵之咎殆不虚發也。帝大悟，明日，見沔，切責之。

（清）徐乾學《資治通鑑後編》卷一五《宋紀一五》　〔淳化三年〕

五月己酉，帝以久愆時雨，遣常參官十七人分詣諸路按決刑獄，是夕雨。庚戌，宰臣相率稱賀。帝曰：朕所憂者，在獄吏舞文巧詆，計臣聚斂掊克，牧守不能宣布詔條，卿士莫肯修舉職業耳。李昉、張齊賢等上表待罪，帝曰：朕中心苟有所懷即言之，既言即無事矣。然中書庶務，卿等尤宜盡心。

（清）徐乾學《資治通鑑後編》卷四一《宋紀四一》　三月，開封府判官謝絳言，蝗亘田野，坌入郛郭，跳擲官寺，井匽皆滿。魯三書螟，《穀梁》以爲哀公用田賦，虐取於民。今朝廷斂弛之法，近於廉平，以臣愚所聞，似吏不甚稱職，而召其變。凡今典城牧民有顯方面之勢才者，掠功取名，以嚴急爲術，或辯僞無實，數蒙奬録；愚者期會簿書，畏首與尾；二者政殊而同歸於弊。夫爲國在養民，養民在擇吏，吏循則民安氣和而灾息。願先取大州邑數十百，詔公卿以下舉任守者，使得自辟屬縣令長，務求術畧，不限資考，然後寬以約束，許便宜行事，朞年條上理狀，或徙或留，必有功化風迹。漢時，詔問京房灾異可息之術，房對以考功課吏。願陛下博訪理官，除煩苛之令；申勅計臣，捐聚斂之役。勿起大獄，勿用躁人，如此而沴氣不弭，嘉休不至者，未之有也。

（清）徐乾學《資治通鑑後編》卷八一《宋紀八一》　自去歲秋七月不雨以至于是月，帝憂形於色，嗟歎懇惻，欲盡罷法度之不善者。王安石曰：水旱常數，堯湯所不免，陛下即位以來，累年豐稔。今旱暵雖久，但當脩人事以應之。帝曰：朕所以恐懼者，正爲人事之未脩耳。今取免行錢太重，人情咨怨，自近臣以至后族，無不言其害者。馮京曰：臣亦聞之，安石曰：士大夫不逞者，以京爲歸故。京獨聞此言，臣未之聞也。初，光州司法參軍福清，鄭俠爲安石所奬拔，感其知己，思欲盡忠。秩滿入都時，初行試法之令選人中式者超京官。安石欲使以是進，俠以未嘗習法辭。三往見之，問以所聞。俠曰：青苗、免役、保甲、市易數事與邊鄙用兵，在俠心不能無區區也。安石不荅。俠退，不復見，但數以書言，法之爲民害者，久之。監安上門，安石雖不悦，猶使其子雱來語以試法，方置修經局又欲辟爲檢討，命其客黎東美諭意。俠曰：讀書無幾，不足以辱檢討，所以來求執經相君門下耳。而相君發言持論無非以官爵爲先，所以待士者亦淺矣。果欲援俠而成就之，取其所獻利民便物之事行其一二，使進而無愧，不亦善乎？是時，免役法出，人或以爲苦，雖負水、拾髮、擔粥、提茶之屬非納錢者，不得販鬻，税務索市利錢，其末或重於本，商人至以死争，如是者不一。俠因東美列其事，未幾，詔小夫裨販者免征，商之重者日損其七，他皆無所行。至是大旱，人不聊生，東北流民，每風沙霾曀扶攜塞道，羸瘠愁苦，身無完衣，並城民買麻糏麥麩合米爲糜，或茹木實草根，至身被鎖械而負瓦揭木，賣以償官，纍纍不絶。俠知安石不可諫，乃繪所見爲圖，具疏詣閤門，不納，遂稱密急發馬遞上之銀臺司。其畧曰：去年大蝗，秋冬亢旱，麥苗焦枯，五種不入，羣情懼死。方春斬伐，竭澤而漁，草木魚鼈亦莫生。遂災患之來莫之或禦，願陛下開倉廩，賑貧乏，取有司掊克不道之政，一切罷去，冀下召和氣，上應天心，延萬姓垂死之命，今臺諫充位左右，輔弼又皆貪猥近利，使夫抱道懷識之士，皆不欲與之言，陛下以爵禄，名器駕馭天下忠賢，而使人如此，甚非宗廟社稷之福也。竊聞南征北伐者，皆以其勝捷之勢，山川之形爲圖來獻。料無一人以天下之民質妻鬻子。斬桑壞舍，流離逃散，皇皇不給之狀，圖以上聞者，臣謹按安上門逐日所見繪成一圖，百不及一，但經聖覽亦可流涕。況於千萬里之外，有甚於此者哉。陛下觀臣之圖，行臣之言，十日不雨，即乞斬臣。宣德門外以正欺君之罪。疏奏，帝反覆觀圖，長吁，數四袖以入內。是夕，寢不能寐。翼日癸酉，遂命開封體放免行錢，三司察市易，司農發常平倉，三衛具熙河所用兵，諸路上民物流散之故。青苗免役權息追呼，方田保甲並罷，凡十有八事。民間讙叫相賀。是日，果雨。甲戌，輔臣入賀，帝出俠圖及疏示輔臣，且責之，皆再拜謝。外間始知所行之由，羣奸切齒，遂以俠付御史獄，治其擅發馬遞罪，呂惠卿、鄧綰言於帝曰：陛下數年以來忘寢與食成此美政，天下方被其賜，一旦用狂夫之言，罷廢殆盡，豈不惜哉，相與環泣於帝前，於是新法一切如故，唯方田暫罷。

（清）徐乾學《資治通鑑後編》卷八七《宋紀八七》　甲辰，王巖叟奏：自冬不雪，今涉春矣，旱暵爲灾，變異甚大。陛下於天下之大害，朝中之大姦，已悟而復疑，將斷而又止。大害莫如青苗、免役之法陰困生民，茶鹽之法流毒數路；大姦莫如蔡確之陰邪險刻，章惇之讒欺狠戾，陛下乃容而留之，此天心之所以未祐也。

（清）徐乾學《資治通鑑後編》卷一四八《宋紀一四八》 壬午，四川制置使朱禩孫言：夏五以來，江水凡三泛溢，自嘉而渝漂蕩城壁，樓櫓圮壞。又嘉定地震者再，被災害爲甚，乞賜黜罷，上荅天譴，詔不允。

（清）徐乾學《資治通鑑後編》卷一五二《宋紀一五二》 元主以去冬無雨雪，春澤未繼，問便民之事於翰林國史院，耶律鑄姚樞王磐竇默等對曰：足食之道，惟節浮費，麋穀之多，無踰醪醴，況自周漢以來嘗有明禁，祈賽神社，費亦不貲，宜一切禁止。從之。

（宋）李心傳《建炎以來繫年要録》卷五八《紹興二年壬子九月戊午朔之丁亥》 辛酉，以彗星出，赦天下。應盜官物入己罪抵死者不赦。内外臣庶許直言時政闕失。行在和糴軍糧，自今並用一色見錢銀絹充糴本，免民間牛稅一年。應盜賊嘯聚去處，限十日出首，免罪補官。川陝豪戶輦運軍儲數多者，與補承信郎至進義副尉。陝西諸叛將，許令自新，前罪一切不問。

（宋）李心傳《建炎以來繫年要録》卷六七《紹興三年癸丑七月甲寅朔之八月辛亥》 庚辰，輔臣奏事。吕頤浩言雨足。上曰：日者亢旱，朕甚憂之，以爲穡事無望矣。今霑足如此，殆將有秋。春秋二百四十二年書，大有年者纔一，書有年者再而已，以此知豐登之難得也。先是自六月丙午不雨，上命議獄省刑、弛力役、進素膳，及是雨乃足。翌日，上始御玉食焉。

《金史》卷六《世宗紀上》 八月癸卯朔，太白晝見。詔朝臣曰：朕嘗諭汝等，國家利便，治體遺闕，皆可直言。外路官民亦嘗言事，汝等終無一語。凡政事所行，豈能皆當。自今直言得失，毋有所隱。

《金史》卷九《章宗紀一》 乙丑，白虹亘天。勅登聞鼓院所以達冤枉，舊嘗鎖戶，其令開之。

《金史》卷九五《董師中傳》 四年，上將幸景明宮，師中及侍御史賈鉉，治書侍御史粘割遵古諫，以謂勞人費財，蓋其小者，變生不虞，所繫非輕。聖人法天地以順動，故萬舉萬全。今邊鄙不馴，反側無定，必里哥孛瓦貪暴強悍，深可爲慮。陛下若問諸左右，必有容悦而言者，謂堂堂大國，何彼之恤。夫蠭蠆有毒，患起所忽。今都邑壯麗，内外苑囿足以優佚皇情，近畿山川飛走充牣，足以閲習武事，何必千車萬騎，草居露宿，逼介邊陲，遠煩偵候，以冒不惻之悔哉。上不納。師中等又上疏曰：近年水旱爲沴，明詔罪己求言，罷不急之役，省無名之費，天下欣幸。今方春東作，而亟遣有修建行宮，揆之於事，似爲不急。況西、北二京，臨潢諸路，此歲不登。加以民有養馬簽軍挑壕之役，財力大困，流移未復，米價甚貴，若扈從至彼，又必增價。日糴升合者口以萬數，舊藉北京等路商販給之，儻以物貴或不時至，則飢餓之徒將復有如曩歲，殺太尉馬、毀太府瓜果，出忿怨言，起而爲亂者矣。《書》曰：民情大可見，小人難保。況南北兩屬部數十年捍邊者，今爲必里哥孛瓦誘脅，傾族隨去，邊境蕩搖如此可虞，若忽之而往，豈聖人萬舉萬全之道哉。迺者太白晝見，京師地震，又北方有赤色，遲明始散。天之示象，冀有以警悟聖意，修德銷變。矧夫逸遊，古人所戒，遠自周、秦，近逮隋、唐與遼，皆以是生釁，可不慎哉，可不畏哉。

《金史》卷一〇九《陳規傳》 四月，以大旱詔規審理冤滯，臨發上奏：今河南一路便宜、行院、帥府、從宜凡二十處，陝西行尚書省二、帥府五，皆得以便宜殺人，冤獄在此不在州縣。又曰：雨水不時則責審理，然則職燮理者當何如。上善其言而不能有爲也。

《元史》卷一七五《張珪傳》 泰定元年六月，車駕在上都。先是，帝以災異，詔百官集議，珪乃與樞密院、御史臺、翰林、集賢兩院官，極論當世得失，與左右司員外郎宋文瓚，詣上都奏之。其議曰：國之安危，在乎論相。昔唐玄宗前用姚崇、宋璟則治，後用李林甫、楊國忠，天下騷動，幾致亡國。雖賴郭子儀諸將，效忠竭力，克復舊物，然自是藩鎮縱橫，紀綱亦不復振矣。良由李林甫妬害忠良，布置邪黨，奸惑蒙蔽，保禄養禍所致，死有餘辜。如前宰相鐵木迭兒，奸狡險深，陰謀叢出，專政十年。凡宗戚忤己者，巧飾危間，陰中以法，忠直被誅竄者甚衆。始以臟敗，諂附權姦失列門，及嬖幸也里失班之徒，苟全其生，尋任太子太師。未幾，仁宗賓天，乘時幸變，再入中書。當英廟之初，與失列門等恩義相許，表裏爲姦，誣殺蕭、楊等，以快私怨。天討元凶，失列門之黨既誅，坐要上功，遂獲信任，諸子内布宿衛，外據顯要，蔽上抑下，杜絕言路，賣官鬻獄，威福已出，一令發口，上下股栗，稍不附己，其禍立至，權勢日熾，中外寒心。由是羣邪並進，如逆賊鐵失之徒，名爲義子，實其腹心，忠良屏迹，坐待收繫。先帝悟其姦惡，仆碑奪爵，籍没其家，終以遺患，構成弑逆。其子鎖南，親與逆謀，所由來者漸矣，雖剖棺戮尸，夷滅其家，猶不足以塞責。今復回給所籍家産，諸子尚在京師，夤緣再入宿衛。世祖時，阿合馬貪殘敗事，雖死猶正其罪，况如鐵木迭兒之姦惡者哉！臣等議：宜遵成憲，仍籍鐵木迭兒家産，遠竄其子孫外郡，以懲大姦。君父之讎，不共戴天，所以明綱常、别上下也。鐵失之黨，結謀弑逆，君相遇害，天下之人，痛心疾首，所不忍聞。比奉旨：以鐵失之徒既伏其辜，諸王按梯不花、孛羅、月魯鐵木兒、曲吕不花、兀魯思不花，亦已流竄，逆黨脅從者衆，何可盡誅。後之言事者，其勿復舉。臣等議：古法，弑逆，凡在官者殺無赦。聖朝立法，强盗劫殺庶民，其同情者猶且首從俱罪，况弑逆之黨，天地不容，宜誅按梯不花之徒，以謝天下。

《書》曰：惟辟作福，惟辟作威。臣無有作福作威，臣而有作福作威，害于而家，凶于而國。蓋生殺與奪，天子之權，非臣下所得盗用也。遼王脱脱，位冠宗室，居鎮遼東，屬任非輕，國家不幸，有非常之變，不能討賊，而乃覬幸赦恩，報復讎忿，殺親王妃主百餘人，分其羊馬畜産，殘忍骨肉，盗竊主權，聞者切齒。今不之罪，乃復厚賜放還，仍守爵土，臣恐國之紀綱，由此不振。設或效尤，何法以治！且遼東地廣，素號重鎮，若使脱脱久居，彼既縱肆，將無忌憚，况令死者含冤，感傷和氣。臣等議：累朝典憲，聞赦殺人，罪在不原，宜奪削其爵土地，置之他所，以彰天威。刑以懲惡，國有常憲。武備卿即烈，前太尉不花，以累朝待遇之隆，俱致高列，不思補報，專務姦欺，詐稱奉旨，令鷹師强收鄭國寶妻古哈，貪其家人畜産，自恃權貴，莫敢如何。事聞之官，刑曹逮鞫服實，竟原其罪。輦轂之下，肆行無忌，遠在外郡，何事不爲！大京師，天下之本，縱惡如此，何以爲政！古人有言，一婦銜冤，三年不雨，以此論之，即非細務。臣等議：宜以即烈、不花，付刑曹鞫之。

（清）徐乾學《資治通鑑後編》卷一六七《元紀一五》〔泰定三年五月〕壬辰，御史臺臣圖固勒寧珠言：御史奏災異屢見，宰相宜避位以應天變，可否？抑自聖裁，顧惟臣等爲陛下耳目，有徇私違法者，不能糾察，慢官失守宜先退避，以授賢能。帝曰：御史所言，其失在朕。卿等何必遽爾？圖固勒又言：臣已老病，恐誤大事，乞先退。於是中書省臣額卜德呼勒、張珪、楊廷玉皆抗疏，乞罷丞相。舒瑪爾節、都爾蘇言：比者災異，陛下以憂天下爲心，反躬自責，謹遵祖宗聖訓，修德慎行，敕臣等各勤乃職，手詔至大都，居守省臣皆引罪自劾。臣等爲左右相，才下識昏當國大任，無所襄贊，以致災祲，罪在臣等，所當退黜，諸臣何罪？帝曰：卿若皆辭避而去國家，大事朕孰與圖之？宜各相諭以勉乃職。

又：庚辰，以風烈、月食、地震，手詔戒飭百官，并令大都守臣集議以聞。王結昌言於朝曰：今朝廷君子小人混淆，刑政不明，官賞太濫，故陰陽錯繆，咎徵薦臻，宜修政事，以弭天變。時宿衛士，自北方來者，復遺歸，乃百十爲羣，剽劫殺人，桓州道中。既逮捕，舒瑪爾節奏釋之。蒙古千户使京師，宿邸中，適民間朱甲妻女車過邸門，千户悦之，并從者奪以入，朱泣訴於中書，舒瑪爾節庇不問。於是，國子監丞宋本復抗言：特克實餘黨未誅，仁廟神主盗未得，桓州盗未治，朱甲冤未伸，刑政失度，民憤天怨，災異之見，職此之由。辭氣激奮，衆皆聳聽。

《明史》卷九四《刑法志二》十七年建三法司於太平門外鍾山之陰，命之曰貫城。下敕言：貫索七星如貫珠，環而成象名天牢。中虚則刑平，官無邪私，故獄無囚人；貫内空中有星或數枚者即刑繁，刑官非其人；有星而明，爲貴人無罪而獄。今法天道置法司，爾諸司其各慎乃事，法天道行之，令貫索中虚，庶不負朕肇建之意。又諭法司官：布政、按察司所擬刑名，其間人命重獄，具奏轉達刑部，都察院參考，大理寺詳擬。著爲令。

又：詔法官問獄，一依律令，不許妄加參語。六年，以災異審録中外刑獄，全活者甚衆。天順中，詔獄繁興，三法司、錦衣獄多繫囚未决，吏往往洩獄情爲姦。都御史蕭維楨附會徐有貞，枉殺王交、于謙等。而刑部侍郎劉廣衡即以詐撰制文，坐有貞斬罪。其後緹騎四出，海内不安。然霜降後審録重囚，實自天順間始。至成化初，刑部尚書陸瑜等以請，命舉行之。獄上，杖其情可矜疑者，免死發戍。列代奉行，人獲沾法外恩矣。

（明）談遷《國榷》卷一一《明惠宗建文二年八月》八月癸巳朔，承天門災，詔求直言。禮部尚書陳迪言清刑獄，卹流民數事。戶科給事中陳繼之請捐公私逋負。江南僧道多占腴田，蠶食百姓，宜限給之。皆見採納。

《明英宗實録》卷二三一《景泰四年七月》 庚辰，勑諭兩京、三法司、十三布政司、按察司、南北直隸及各處巡按御史、各府州縣，曰：刑者，民命所關。自古聖帝明王莫不以此爲重，故欽恤之訓，載諸《虞典》，式敬之言，著於《周書》。我國家列聖相承，尤拳拳致謹於斯。近聞内外法司，罔體此意，或任好惡，或避嫌疑，或視權豪勢要以爲重輕，或畏患害艱危不加辯理，甚者吹毛求疵，刑及無辜，是致良善寃抑，姦宄自如。傷陰陽之和，召水旱之沴，遠邇荐飢流亡所失。興言及此，朕爲惻然。兹特勑諭爾等，務體至懷，恒存矜恤，凡百大小刑獄，務在悉心推究，情輕而罪重者可矜，罪輕而情重者難宥，必使無辜不致於受寃，有罪有得以倖免。刑罰得中，人心稱快，然後副朕憫恤之意。如或故違，罪不爾宥。

《明憲宗實録》卷九九《成化七年十二月》〔辛巳〕文武大臣並六科十三道，英國公張懋、太子少保兼吏部尚書姚夔等上言：星象示變，伏聽聖諭，命條舉時政以聞，臣等不勝兢懼。切惟政事得失，生民利病，非止一端，其大要惟在陛下親君子、遠小人，慎賞罰、節財用，思祖宗創業之艱難，守祖宗永遠之憲度。於凡防微杜漸，修德弭災，祈天永命之事，皆當留心訪察，見諸實行，則人心感悦，天變可回矣。一天田係幾内之田彗見或由於此。近順天等八府民田，并五軍等營草場，無藉之徒往往稱爲空地，投獻内外權要之家，請爲莊所。軍民嗟怨，無所控訴，宜令巡視巡按等官督有司審覆。凡成化元年以後奏討者，果係民田，退還原主。若是自來無人耕種空閒之田，亦定與畝税五升，無得過取。

（明）俞汝楫《禮部志稿》卷二《聖諭·成祖文皇帝·修省之訓》

永樂八年十月夜，月犯太微垣右執法。上諭三法司官曰：昨夜太陰犯執法甚急，爾等典刑罰宜加謹慎，無罪不可枉，有罪不可縱，須得中道，毋纖毫輕重。

（明）俞汝楫《禮部志稿》卷四《聖訓·英宗睿皇帝·修省之訓》

正統四年六月，勑諭六部等官曰：朕恭嗣大統，夙夜祇勤，惟祖宗付託之重不敢怠逸。比年以來，停罷一切徵歛，除逋負，薄刑罰，所冀四方，咸遂生息。今歲以來，災沴數見，京畿尤甚。自三月至五月，亢暘不雨，甚傷農麥。五月中至六月，連雨不止，河決堤岸，渰没田稼，城中傾塌官民廬舍，亦有渰溺死者。深用兢惕，洪範咎徵，皆繇人事。蓋朕不德之所致也其聽納之勿審，與讒佞之勿戢，與政事之臣有頗仄歟？輔弼之臣失其職歟？何灾異特甚？循省厥繇，用圖善道，爾等皆與國同體，豈當默默坐視而勿思勿勉乎。自今其體朕心以敬天愛人爲心，毋懈夙夜。夫持廉戒貪者，善身之本，致公絶私者，善政之要。勿謂可欺，神鑒孔明，勿謂無害，天應可畏。欽哉，勗哉。往務善政，庶幾以回天意，以固宗社，民生之福爾，亦尚有利哉。

（明）俞汝楫《禮部志稿》卷五《聖訓·憲宗純皇帝·修省之訓》

成化十七年四月，勑諭文武羣臣曰：朕嗣承祖宗大統十有七年，恒宵旰圖治，求以上格穹蒼，下安黎庶，無負付託之重。柰自去冬以來，陰陽愆期，雨澤少降，朕心憂懼，已嘗齋心露禱，祭告神祇，又遣官清理刑獄，用弭旱沴。然而連日狂風大作，塵霾蔽空，豈朕與爾在廷諸修省有未至耶。凡事關朕躬者，朕自究循而行之不怠。爾等佐予治理，中間能修職者固有，而曠職者豈無？爲勳戚輔道者或忠蓋未殫猷謀未盡歟？司銓衡錢穀者，或黜涉未當，徵歛不時歟？典禮樂兵戎者，或不能以和神人，息邊患歟？與夫掌刑罰工役、任風紀言責、握將帥戎柄，以及鉅細官守之寄者，豈不稱委任而竊禄者歟？有一於此，亦足以召灾。今自以後，務須痛加修省，革其欺公狥私之弊，警其因循懈惰之習，固其廉慎不私之節。庶乎各舉厥職，以輔朕不逮，而政事修舉，灾沴可弭矣。爾等其欽承之。

（明）俞汝楫《禮部志稿》卷四七《奏疏·修省疏·星變陳言九事疏》

成化二十一年正月，以星變求言，禮部尚書周洪謨等言九事：

一、承平日久，俗尚奢麗，宜禁止，服用違越者，治之如律。

一、成化十七年以前，京城内外勑賜寺觀至六百七十三所，後復增建，以至西山等處相望不絶。自古佛寺之多，未有過于此時者。宜申嚴著令，敢有增修請額，及妄稱復興古刹者，罪之。

一、光禄寺正統間每歲牲數止四萬，成化元年定數不過十萬，近又加十萬，猶不足用。且以猪易雞鵝，民力益困，今除上供外，乞查成化初例，凡增派浪費悉宜停止。

一、大慈恩、大能仁、大隆善護國三寺，番僧千餘，法王七人，國師禪師多至數十，廩餼膳夫供應不足。況法王、佛子、大國師，例給金印，用度擬於王者，而其間又多中國人冒濫爲之。宜令給事中御史覈其本出山番簇者，聽其去留，冒濫者悉令還俗。

一、頃歲，術士李文昌以養沙點銀之法誣罔不道，已寘之法。如復有此輩，悉宜斥逐。

一、今僧官善世以下九十八人，道官真人以下一百三十餘人，雖無廩禄亦濫名器。況其死例有祭祀真人。又例得銀印，尤費國用，宜覈其額設推舉者，方許僉書，死則與祭，否則止令帶銜死，亦不祭。又教坊司官至五十餘人，亦宜止令五人僉書，其餘皆帶銜辦事。

一、自宮求進稱爲淨身人者動一二千人，雖累加罪譴，旋復收用。若不痛懲，無有紀極。今各王府累求内使，宜量以賜之，否則仍發原籍原衛。今後宜依先年枷項，放遣事例，勿復收田。

一、工部歲辦鹿多光禄寺，至以褋用。而太常寺每歲供祭鹿，俱大興，宛平二縣，買給每隻用銀多至十七八兩，宜止於工部歲辦内擇用之。

一、各處歲辦藥材約有一十二萬餘斤，積久陳腐，今宜計足二年之用，暫免一年採辦，後視爲例。陝西、山西、河南，旱灾尤甚，歷年逋欠藥材悉宜宥免。

上批答曰：禁奢侈已行矣。供應牲畜所司查奏節省。法王、佛子、國師、禪師、番僧供給俱省其半，今後漢人冒爲之者必罪不宥。方士已令都察院禁之。淨身人遞發原籍，原衛，以後仍以十五年例處之。餘皆如議。

（明）俞汝楫《禮部志稿》卷四七《奏疏·修省疏·極異加省疏》

嘉靖五年，大學士楊一清以災異修省上言：臣近觀禮部所奏，今年災異如遼東，山陝、江浙、湖廣，地震不下二十餘次，各處冰雹傷稼殪人。南北直隸，江浙諸處亢旱爲虐，山東豐，沛洪水泛溢。遼東有雷雨之變。貴州有山崩之警。至于江南之人疴，江西之虎恠，鄖陽之牛禍，層見疊出，尤爲奇異。豈惟近歲未有，抑亦載籍罕睹。稽諸傳記，考其證驗，皆陰陽失常，陰盛陽衰所致，請推理論之。以上下言，則君道爲陽，臣道爲陰，豈乾綱下移而威柄或不自上出歟？以人品言，則君子爲陽，小人爲陰，豈直道難容而君子在野，邪佞易親小人在列與？以天下言，則中國爲陽，四夷爲陰，豈兵政廢弛而内治不修，夷狄侵陵，而外攘無方與？以治道言，則德教爲陽，刑法爲陰，豈恩澤壅于下流，而民無實惠，法令阻于倖門而人無懲戒與？臣伏覩陛下有堯舜之聰明，而視聽不能壅蔽。有成湯之智勇，而用舍不能無二三。有覆載含弘之量，而未翕受于衆情。有視民如傷之心，而未遍洽于天下。彌文盛而實事微，上下睽而情意窒。九卿之執奏多聞報罷，臺諫之進言或遭譴斥，竊恐日積月累，蒙蔽漸深，陰凝堅浸，不可長此。臣所以終夜靜思，竊嘆而深惜者也。陛下端拱九重，委任臣下，將以爲百寮供職，庶績咸熙。然諦觀之，則因循玩愒之弊多，精明振勵之功少，故所用者未必才，才者未必用。所聞者未必是，是者未必聞。所見者未必真，真者未必見。所行未必當，當者未必行。是朝廷且未必正，況百官乎萬民乎。今禮部所奏，荷蒙聖明采納，竊觀朕心警惕之語，仰見陛下畏天之誠，會官擬議之文，欲展臣下進言之志，化災爲祥，轉過爲福，端在此舉。臣願陛下益嚴敬畏，常存此心，總攬乾綱，以防欺蔽之奸，延接大臣，以資輔導之益，諸司之章奏，則天下之事得以周知。辨臣下之忠邪，則聽斷之間不爲所惑。仍戒飭諸司官守修職，言責納忠，凡朝廷政事之缺失，所當汲汲修改者幾事，天下生民之疾苦，所當汲汲救援者幾事，至于遺賢之未甄舉，忠直之未收録，讒慝之未殄除，幽滯之未昭雪，明白開陳，悉心敷對，勿事因循，勿懷顧忌。陛下以納善如流之量，弘改過不吝之勇。慨然聽受，毅然施行，大要以恤民固本爲主。民心順則天道和，豈惟災變可消，抑且禎祥可致。此臣垂盡之年，感恩圖報之愚悃也。第輔導之官論道爲職公，孤之任弘化所關。古之人君多因災異策免公卿，今在廷大臣無如臣老憊者，亦無如臣不職者，遇災策免，實其所宜。伏望皇上賜臣罷斥，以警庶官，然後委任忠良，協心匡濟，庶幾天意可回，而災變可弭。疏入。上嘉納之。

（清）嵇璜等《續通典》卷一《食貨·田制上》 太宗端拱二年，詔興置方田。命知定州張永德等各兼方田都總管。詔諭邊將，令緣邊作方田，量地里，遠近列置寨柵，以爲戰守之備。至道元年，詔曰：近歲以來，天災相繼，民多轉徙，田卒汙萊，招誘雖勤，逋逃未復。宜申勸課之旨，更示蠲復之恩。應州縣曠土並許民佃爲永業，仍蠲三歲租，三歲外輸二分之一。州縣官吏勸民墾田之數，悉書于印紙，以俟旌賞。

《清史列傳》卷五八《新辦大臣傳二・孫詒經》〔十一年〕四月，奏天象可畏，請遇災修省。其疏云：欽天監推算，本年五月初一日由巳至午，京師日食九分四十餘秒。臣維日者太陽之精，人君之象。凡日食之變，皆天垂象以警人君者也。今食至九分四十餘秒，天之垂戒者大矣。昔漢文帝因日食下詔，謂天之示災以戒不治，深以不能治育羣生，上累三光之明是懼。其所以謹天戒者，何深且切也！我皇上沖齡踐阼，奉兩宮皇太后垂簾聽政，兢兢業業，宵旰不遑，用能一平粵匪，再平捻逆。十一年來，始終無間，天下方延頸企踵，以望太平。乃今者非常之警，日食至九分四十餘杪之多，幾及兩時之久，抑獨何歟？意者政治尚有未盡歟？臣伏讀文宗顯皇帝《御製文》曰：爲開創之君難，爲守成之君尤難；爲蒙業承休之君難，爲持盈保泰之君尤難。誠以人主日理萬幾，惟恃憂勤惕勵，其難其慎，一念不敢少寬，一時不敢少懈，然後沴氣消而協氣應也。臣愚伏願我皇上念祖宗創業之難，思億兆託命之衆，隆孝治以溥雍熙之化，勤政理以防叢脞之虞，親君子以成泰交之美，遠小人以杜熒惑之萌，而且軍務尚多，餉需告匱，民氣未復，帑藏不充，尤當力節儉，屏黜浮華，惜天下之脂膏，培萬年之國脈。夙夜祗懼，惟日孜孜，以上副文宗顯皇帝付託之重。並請敕下中外大小臣工，各宜振刷精神，勤求治理，毋蹈因循，共儆天戒，庶幾祥和可迓，天變可回，天下幸甚！奉上諭：朕臨御以來，兢兢業業，宵旰不遑，期與中外臣工共求上理。矧值本年五月初一日日食，上蒼示警，寅畏益深。該侍講所陳隆孝治、勤政理、親君子、遠小人，並崇儉黜浮各節，披覽之餘，實深嘉納。爾中外大小臣工亦當振刷精神，各勤職業，庶幾交相儆勉，政事修明，以迓祥和而消沴厲。【略】

十三年，以天變疊著，奏云：臣聞天所以有災變者，所以譴告人君，俾增修其德而消患於未萌也。今夏慧星忽出，光芒所指，凡城廂內外，婦孺皆驚。臣日來仰觀乾象，復爲太白經天之變，其所占驗，欽天監衙門必已具奏，毋庸臣之贅述。臣竊思皇上受列祖列宗之付託，爲億兆生民之君主，當此上蒼疊警，宸衷敬畏，必有大不安者。然自古天道之感應，皆本於人事之得失，若因是益深寅畏，自可轉危爲安，挽回禍患。惟應天以實不以文，應請皇上亟下明詔，曉諭臣工交相惕勵。凡政事之闕失，民間之疾苦，在廷言責諸臣。剴切指陳，無所隱諱。至於圓明園工程，雖本奉養兩宮皇太后之意，然值如此天變昭著，尚勞民力，耗費經營，外省採辦木植，擾累閭閻，復滋民怨，我皇太后聖明，亦必以爲不可。應請暫停興作，俟帑藏充盈，再行修葺。如此戰兢恐懼，精神感格，庶足以荷天庥而消沴戾。

《皇朝通志》卷八〇《刑法畧六・赦宥》〔順治十四年〕五月，雨澤愆期，諭遣內閣大臣會同刑部將現在獄犯，無論已結、未結，逐加詳審，其有無知而罹法網，小過而陷重辟者，即與嚴察奏聞，是年上以內外刑辟宜同一例，命各省秋決亦暫停一次。十五年正月，以皇太后聖體違豫詔赦天下。十七年正月，以地震歲祲上省躬詔赦天下。十一月，命監候各犯槩從減等停止秋決。十八年正月，上大漸，諭京城內除十惡外，其餘死罪以下，悉行放釋。【略】

〔康熙〕四年三月，以星變、地震上省躬，詔赦天下。【略】

二十六年五月，以天旱詔赦天下。十一月，以太皇太后聖體違和，諭內外問刑衙門，現監重辟人犯除十惡死罪及貪官、光棍不赦外，其餘已經奉旨監候死罪重犯，槩行減等發落，以昭祈天永佑至意，是年題準停止本年內外秋審。二十七年、三十五年、四十六年、五十八年奉旨同。【略】

四十八年十月，諭江南、浙江連年災荒，地方困苦，又今年兩省疾疫盛行，人命傷斃甚衆。江浙兩省，應處決情實人犯悉著停止一年。【略】

乾隆十二年五月，以天旱命減免緩決五次及徒罪以下人犯。

《皇朝文獻通考》卷二〇七《刑考十三・詳讞》二年勅部臣詳慎刑獄。先是二月以雨澤愆期，命刑部清理刑獄。至是，奉諭：朕面諭爾部，刑獄上關天和，當欽卹民命，牽連之人毋得久羈監禁。爾部等遵朕諭釋放數百餘人即大沛甘霖，遠近霑足，可見天人之感捷於影響，嗣後益當詳慎，以副朕刑期無刑之意。又諭：刑獄關係重大，必須虛公詳慎，盡得實情，不可疎忽遺漏，致有冤抑。爾等遇事有可疑不能決者，不妨面奏，候朕斟酌至當，然後施行。若既不面奏，又以私心揣度，巧爲迎合及刑罰不中，則退有後言，將所謂股肱大臣之任，而存心卑汚，如此豈不可恥！爾等皆宜體朕欽恤之意，和衷協恭，平心靜氣，毋得有意逢迎，務使國無冤獄，以共成咸中有慶之治。定各省秋審，具題法司照朝審之例，三覆具奏。定一人犯兩案審題之例，奉諭嗣後具題案內有一人而兩案犯罪，前案罪輕俟後案審明從重歸結者，至後案題結之日仍將前案輕罪敘入，然後就本案重罪按律定擬；如前案已擬重罪，後案罪輕亦必將前案重罪聲明，仍歸前案定擬；如有數案犯罪者，亦必將各案所擬俱簡明敘入，最後題結本章内。

《皇朝文獻通考》卷二一〇《刑考十六·赦宥》 二年停止秋決。時以各省豐稔，特諭刑部：朕君臨天下，常願無一夫不獲其所。今年，直隸、河西務堤，水雖畧有泛溢，江西一二縣水發，江南海嘯典，浙江起蛟之處亦皆不成災，其餘直省各州縣以及口外用兵地方俱田禾茂盛，五穀豐收，億兆樂生遂性，咸受和平之福，而秋審、朝審情實重犯罹于政典，雖罪無可赦，然朕心深爲軫惻，爰順上帝好生之心，著將今年情實人犯，停其處法，以副朕欽恤至意。

又：五年，以天旱命酌減輕重各犯，又停止秋決，又飭各省清釐監獄，奉諭各省監獄每有一案人犯證佐未齊，以致經時累月囚繫不釋者，或有事涉牽連，有司不分輕重，概與正犯同繫囹圄者，屋既湫隘，人復衆多，濁氣薰蒸，疾病傳染，因此致斃者不一而足。著各督撫嚴飭所屬，逐一清釐，有牽涉多人者，速爲開豁，並將牢獄不時掃除，以免疫癘傳染，倘有奉行不力者，即行查參。

又：七年，以天旱命刑部省釋輕罪，直隸、山東、江南，照例行，并諭各直省遇有災告之年，該督撫將清理刑獄之處，奏聞請旨，又命江蘇、安徽秋審減等，時以上下兩江被水，特諭兩省秋審人犯中，或情有可矜及多年緩決者，皆減等，完結以示，因災恤刑之意。又命照乾隆四年，例酌減緩決罪囚，並諭情實未勾人犯内有情罪稍輕者，亦著分別具奏。

（清）陸曾禹《康濟録》卷三上《臨事之政·急祈禱以回天意》 漢明帝永平十八年四月，詔曰：自春以來，時雨不降，宿麥傷旱，秋種未下，政失厥中，憂懼而已，其理冤獄録輕繫二千石分禱五獄四瀆，郡界有名山大川，能興雲致雨者，長吏各潔齋禱請冀蒙嘉澍。謹案天之水旱固難測，人之祈禱亦豈同哉？如遇旱災，擾龍潭，掩枯骨，禁民間不得舉火，抑陽而助陰。遇雨患，閉城市北門盖井，禁婦人不許入市，抑陰而助陽，然而究不若一，誠是格之爲當也。漢世遣官分禱理冤獄，出輕繫，既極其誠，復施仁政。不可爲後世之法歟？

又：元順帝至正二年，御史王思誠上奏：謂京畿去年秋不雨，冬無雪，方春首月，蝗生，河水溢，宜雪冤獄，勅有司行禱百神，陳牲幣祭河伯塞决口。被灾之家厚加賑恤。庶幾可以召陰陽之和，消水旱之變，此應天以寔不以文也。

謹案人君馭育萬物，敬畏天神，豈徒以虚文求降鑒哉？歷稽古史，宋景公以善言退星。漢文帝勅有司祭而不祈，勿媚神以求助。唐懿宗詔京兆用香水蒲蕭於坊市以召雨。羅隐請遵十六聖之教訓，可致豐稔。誠以君上有愛民之隐，則必寔踐其仁厚之言，急行其補救之政，然後誠信昭於上，恩澤及於下，推德意以導揚和氣。雖多灾沴，有潛消而默化矣。願司牧者之敬慎乎，平時警惕於臨事也。

又：宋真宗咸平二年閏三月丁亥，以久不雨。諭宰相曰：凡政有闕失，宜相規以道，毋惜直言。庚寅，罷有司營繕之不急者，詔中外臣直言極諫，壬辰雨。

謹案：言路通而苛政除，猶夫茅塞去而蹊徑豁，人情快於下，天道有勿和於上哉？真宗之諭宰相，首欲闕失相規；詔諭羣僚，又望極言敢諫。猶恐己之不德降咎於民，急於改過，惟善是圖。上蒼有不爲之感動哉？此時雨之所以立降也。神宗熙寧七年京師久旱，下詔求直言，畧曰：朕之聽納有不得於理歟？獄訟非其情歟？賦斂失其節歟？忠謀讜言鬱於上聞而阿諛壅敝以成其私者衆歟？詔出。人情大悦，是日即雨。謹案：是雨也，非詔出而即雨也。因人情之大悦，和氣相感而雨者也，人情豈徒悦哉？盖因直言即罷新法二十八事，民免征求死於法網而雨者也，乃知鄭俠之繪圖，韓維之力諫，寔有回天之力。仁宗因亢旱而求直言，英宗緣雨灾而望敢諫，從未有若兩君言之切而驗之速者也，誰謂天道之元遠哉？

（唐）劉肅《大唐新語》卷三《公直》 蘇瓌：開元七年五月已丑朔，日有蝕之，玄宗素服候變，撤樂減膳，省囚徒，多所原放，水旱州皆定賑恤，不急之務，一切停罷。瓌與宋璟諫曰：陛下頻降德音，勤恤人隱，令徒已下刑盡責保放，惟流死等色，則情不可寬，此古人所以慎赦也。恐言事者，直以月蝕修刑，日蝕修德，或云分野應災祥，冀合上旨。臣以爲君子道長，小人道消，女謁不行，讒夫漸遠，此所謂修德。囹圄不擾，甲兵不黷，理官不以深苛，軍將不以輕進，此所謂修刑也。若陛下常以此留念，縱日月盈虧，將因此而致福，又何患乎！且君子恥言浮於行，故曰：予欲無言，又曰：天何言哉，四時行焉，百物生焉。要以至誠動天，不在制書頻下。玄宗深納之。

（宋）岳珂《桯史》卷一二《龍見赦書》 金國熙宗亶，皇統十年夏，龍見御寨宮中，雷雨大至，破柱而去。亶大懼，以爲不祥，欲厭禳之。左右或以爲當肆赦，遂召當制學士張鈞視草。其中有顧兹寡昧及眇予小子之言，文成奏御，譯者不曉其退託謙冲之義，乃曰：漢兒彊知識，託文字以詈我主上耳！亶驚問故，譯釋其義曰：寡者，孤獨無親；昧者，不曉人事；眇爲瞎眼；小子爲小孩兒。亶大怒，亟召鈞至，詰其説，未及對，以手劍斃其口，棘而醢之，竟不知譯之爲愚爲姦也。其年亶弒，亮於登寶位赦，暴其惡而及此。

（清）康有爲《新學僞經考·劉向經説足證僞經考》 二十六年，十二月，癸亥，朔，日有食之。劉向以爲：時戎侵曹，魯夫人淫於慶父，叔牙將以弒君，故比年再蝕以見戒。

藝文

（唐）白居易《白氏長慶集》卷一《諷喻一·賀雨》 顧惟眇眇德，遽有巍巍功。或者天降沴，無乃儆予躬？上思答天戒，下思致時邕。莫如率其身，慈和與儉恭。乃命罷進獻，乃命賑饑窮。宥死降五刑，責己寬三農。宮女出宣徽，厩馬減飛龍。庶政靡不舉，皆出自宸衷。奔騰道路人，傴僂田野翁。歡呼相告報，感泣涕沾胸。順人人心悦，先天天意從。詔下纔七日，和氣生沖融。凝爲油油雲，散作習習風。晝夜三日雨，淒淒復濛濛。萬心春熙熙，百穀青芃芃。人變愁爲喜，歲易儉爲豐。乃知王者心，憂樂與衆同。皇天與后土，所感無不通。冠珮何鏘鏘，將相及王公。蹈舞呼萬歲，列賀明庭中。小臣誠愚陋，職忝金鑾宮。稽首再三拜，一言獻天聰。君以明爲聖，臣以直爲忠。敢賀有其始，亦願有其終。

（宋）姚鉉《唐文粹》卷一七下盧仝《月蝕詩》 孔子父母魯，諱魯不諱周。書外書大惡，故月蝕不見收。余命唐天，口食唐土。唐禮過三，唐樂過五。小猶不説，大不可數。災沴無有小大瘉，安引衰周，研覈可否。日分晝，月分夜，辨寒暑。一主刑，一主德，政乃舉。孰爲人面上，一目偏可去。願天完兩目，照下萬方土，更不瞽，萬萬古。

（宋）姚鉉《唐文粹》卷一九下蘇頲《大唐封東嶽朝覲頌》 帝命出，皇恩溥，揚巽風，作解雨，施舍之，蕩滌之，宥法罪，除頗類。

雜録

《尚書·周書·洪範》 箕子乃言曰：我聞在昔，鯀陻洪水，汩陳其五行，帝乃震怒，不畀洪範九疇，彝倫攸斁，鯀則殛死，禹乃嗣興。天乃錫禹洪範九疇，彝倫攸敘。

初一曰五行，次二曰敬用五事，次三曰農用八政，次四曰協用五紀，次五曰建用皇極，次六曰乂用三德，次七曰明用稽疑，次八曰念用庶徵，次九曰嚮用五福，威用六極。

《春秋公羊經傳解詁》卷三《莊公二十五年》 六月辛未，朔，日有食之。鼓用牲于社，日食則曷爲鼓用牲于社。據日食在天。求乎陰之道也，求，責求也。以朱絲營社，或曰脅之，或曰爲闇恐人犯之，故營之，或曰者，或人辭，其義各異也。或曰脅之與責求同義社者，土地之主也，月者土地之精也，上繫于天而犯日，故鳴鼓而攻之，脅其本也。朱絲營之，助陽抑陰也。或曰爲闇者。社者，土地之主尊也，爲日光尽天闇冥恐人犯歷之，故營之。然此説非也。記或傳者，示不欲絶異説爾，先言鼓，後言用牲者，明先以尊命責之，後以臣子禮接之，所以爲順也。不言鼓于社用牲者，與禘于大廟用致夫人同，嫌起用牲爲非禮。書者，善内感懼天災應變得禮也。是後夫人遂不制，通於二叔殺二嗣子也。營社一傾反又如字，本亦作縈，同爲闇于僞反注爲闇，爲日光同。大廟音泰，應變應對之應。

《史記》卷四一《越王勾踐世家》 莊生閒時入見楚王，言某星宿某，此則害於楚。楚王素信莊生，曰：今爲柰何？莊生曰：獨以德爲可以除之。楚王曰：生休矣，寡人將行之。王乃使使者封三錢之府。楚貴人驚告朱公長男曰：王且赦。曰：何以也？曰：每王且赦，常封三錢之府。昨暮王使使封之。朱公長男以爲赦，弟固當出也，重千金虛弃莊生，無所爲也，乃復見莊生。莊生驚曰：若不去邪？長男曰：固未也。初爲事弟，弟今議自赦，故辭生去。莊生知其意欲復得其金，曰：若自入室取金。長男即自入室取金持去，獨自歡幸。

莊生羞爲兒子所賣，乃入見楚王曰：臣前言某星事，王言欲以修德報之。今臣出，道路皆言陶之富人朱公之子殺人囚楚，其家多持金錢賂王左右，故王非能恤楚國而赦，乃以朱公子故也。楚王大怒曰：寡人雖不德耳，柰何以朱公之子故而施惠乎！令論殺朱公子，明日遂下赦令。朱公長男竟持其弟喪歸。

（宋）劉恕《資治通鑑外紀》卷二下《商紀·乙》　昌即位之八年六月寢疾。五日而地動，東西南北不出國郊。有司曰：地之動，爲人主也。羣臣皆恐。請興動衆。增國城以移之。昌曰：天之見妖，以罰有罪，我必有罪，天以罰我。請改行其可免乎。於是謹其禮秩皮革。以交諸侯飭其辭令幣帛。以禮俊士。頒其爵列等級田疇。以賞有功。無幾，疾止。此《吕氏春秋·制樂》及《韓詩外傳》卷三文。高誘曰：邑外曰郊。重，猶益也，移咎徵於他人是重。

（明）楊士奇《歷代名臣奏議》卷二九五《災祥》　齊景公時，彗星見，景公坐柏寢，嘆曰：堂堂誰有此乎？服虔曰：景公自恐德薄不能久享齊國，故曰：誰有此也。群臣皆泣，晏子笑。公怒。晏子曰：臣笑群臣諛甚。景公曰：彗星出東北。當齊分野。寡人以爲憂。晏子曰：君高臺深池，賦斂如弗得。刑罰恐弗勝，茀星將出，彗星何懼乎？公曰：可禳否？晏子曰：使神可祝而來，亦可禳而去也。百姓苦怨以萬數，而君令一人禳之，晏能勝衆口乎？是時景公好治宫室。聚狗馬奢侈，厚賦重刑，故晏子以此諫之，公使祝禳之。晏子曰：無益也，秖取誣焉。天道不諂，不貳其命，君之何禳之也。且天之有彗，以除穢也，君無穢德，又何禳焉？若德之穢，禳之何損？《詩》云：惟此文王，小心翼翼，昭事上帝，聿懷多福，厥德不回，以受方國。君無違德，方國將至，何患於彗。《詩》曰：我無所監，夏后及商，用亂之故，民卒流亡。若德之回亂，民將流亡祝史之爲，無能補也。公説乃止。

《後漢書》卷五《孝安帝紀》　京師及郡國十雨水。詔曰：今年秋稼茂好，垂可收穫，而連雨未霽，懼必淹傷。夕惕惟憂，思念厥咎。夫霖雨者，人怨之所致。其武吏以威暴下，文吏妄行苛刻，鄉吏因公生姦，爲百姓所患苦者，有司顯明其罰。又《月令》仲秋養衰老，授几杖，行糜粥。方今案比之時，郡縣多不奉行。雖有糜粥，糠秕相半，長吏怠事，莫有躬親，甚違詔書養老之意。其務崇仁恕，賑護寡獨，稱朕意焉。

《後漢書》卷一〇上《皇后紀·和熹鄧皇后》　久旱，太后比三日幸洛陽，録囚徒，理出死罪三十六人，耐罪八十人，其餘減罪死右趾已下至司寇。

《後漢書》卷四六《陳寵傳》　時三府任輕，機事專委尚書，而災眚變咎，輒切免公台。忠以爲非國舊體，上疏諫曰：臣聞君使臣以禮，臣事君以忠。故三公稱曰冢宰，王者待以殊敬，在輿爲下，御坐爲起，入則參對而議政事，出則監察而董是非。漢典舊事，丞相所請，靡有不聽。今之三公，雖當其名而無其實，選舉誅賞，一由尚書，尚書見任，重於三公，陵遲以來，其漸久矣。臣忠心常獨不安，是故臨事戰懼，不敢穴見有所興造，又不敢希意同僚，以謬平典，而謗讟日聞，罪足萬死。近以地震策免司空陳褒，今者灾異，復欲切讓三公。昔孝成皇帝以妖星守心，移咎丞相，使賁麗納説方進，方進自引，卒不蒙上天之福，徒乖宋景之誠。故知是非之分，較然有歸矣。又尚書決事，多違故典，罪法無例，詆欺爲先，文慘言醜，有乖章憲。宜責求其意，割而勿聽。上順國典，下防威福，置方員於規矩，審輕重於衡石，誠國家之典，萬世之法也。

（宋）鄭樵《通志》卷四四《禮略·軍禮·合朔伐鼓》　後漢建安中將元會，而太史上言，正朝當日蝕，朝臣議應會不。共咨尚書令荀彧，時博平計吏劉邵在坐，曰：梓慎裨竈，古之良史，猶占水火錯失天時。禮，諸侯旅見天子，入門不得終禮者四，日蝕在一。然則聖人垂制，不爲變異預廢朝禮，或災消異伏，或推術謬誤也。時尚書令荀彧及衆人咸善而從之，遂朝如舊日，亦不蝕，邵由此著名。

（宋）鄭樵《通志》卷一一下《列傳·蔡邕》　臣伏讀聖旨，雖周成遇風，訊諸執士，宣王遭旱，密勿祗畏，無以復加。臣聞天降災異，緣象而至。辟歷數發，殆刑誅繁多之所致也。風者天之號令，所以教人也。夫昭事上帝，則自懷多福，宗廟致敬，則鬼神以著。國之大事，實先祀典，天子聖躬所當恭事。臣自在宰府，及備朱衣，迎氣五郊，而車駕稀出。四時至敬，屢委有司，雖有解除，猶爲疎廢。故皇天不悦，顯此諸異。《洪範傳》曰：政悖德，隱故風發屋折木。坤爲地道。《易》稱：安貞陰氣，憤盛則當靜反動，法爲下叛。夫權不在上，則雹傷物，政有苛暴，則虎狼食人，貪利傷民，則蝗蟲損稼。去年六月二十八日，太白與月相迫，兵事惡之。鮮卑犯塞，所從來遠，今之出師，未見其利。上違天文，下逆人事。誠當博覽衆議，從其安者。臣不勝憤懣，謹條陳宜所施行七事表左：一事：明堂月令，天子以四立及季夏之節，迎五帝於郊，所以導致神氣，祈福豐年。清廟祭祀追養孝敬，養老辟雍，示人禮化，皆帝者之大業，祖宗所祗奉也。而有司數以蕃國疎喪，宫內産生，及吏卒小汚，屢生忌故。竊見南郊齋戒，未嘗有廢，至於他祀，輙興異議。豈南郊卑而他事尊哉。孝元皇帝策書曰：禮之至敬，莫重於祭，所以竭心親奉，以致肅祗者也。又元和故事，復申先典。前後制書，推誠懇惻。而近者以來，更任太史。忘禮敬之大，任禁忌之書，拘信小故，以虧大典。《禮》，妻妾産者，齋則不入側室之門，無廢祭之文也。所謂宫中有卒，三月不祭者，謂士庶人數堵之室，共處其中耳，豈謂皇居之曠，臣妾之衆哉？自今齋制宜如故典，庶答風霆災妖之異。二事：臣聞國之將興，至言數聞，內知己政，外見民情。是故先帝雖有聖明之姿，而猶廣求得失。又因災異，援引幽隱，重賢良、方正、敦樸、有道之選，危言極諫不絶於朝。陛下親政以來，頻年災異，而未聞收舉博選。

（漢）衛宏《漢官舊儀》卷上　有天地大變，天下大過，皇帝使侍中持節乘四白馬，賜上尊酒十斛，養牛一頭，策告殃咎。使者去半道，丞相即上病。使者還，未白事，尚書以丞相不起病聞。丞相不勝任，使者奉策書，駕騩駱馬，即時布衣，步出府，免爲庶人。丞相有他過，使者奉策書，駕騅騩馬，即時步出府，乘棧車牝馬，歸田里思過。日食，即日下赦曰制。詔御史，其赦天下自殊死以下。及吏不奉法，乘公就私，凌暴百性，行權相放，治不平正，處官不良，細民不通，下失其職，俗不孝弟，不務于本，衣服無度，出入無時，衆彊勝寡，盜賊滋彰，丞相以聞。於是乃命刺史出刺并察監御史。元封元年，御史止不復監。後御史職與丞相參增吏員，凡三百四十一人，分爲吏、少史、屬，亦從同秩補，率取文法吏。

《晉書》卷一〇六《石季龍載記上》　尚書朱軌與中黄門嚴生不協，會大雨霖，道路陷滯不通，生因而譖軌不修道，又訕謗朝政，季龍遂殺之。於是立私論之條，偶語之律，聽吏告其君，奴告其主，威刑日濫，公卿已下，朝會以目，吉凶之問，自此而絶。軌之囚也，冠軍苻洪諫曰：臣聞聖主之馭天下也，土階三尺，茅茨不翦，食不累味，刑措而不用。亡君之馭海內也，傾宫瓊榭，象箸玉杯，截脛剖心，脯賢刳孕，故其亡也忽焉。今襄國、鄴宫足康帝宇，長安、洛陽何爲者哉？盤于游田，耽於女德，三代之亡恒必由此。而忽爲獵車千乘，養獸萬里，奪人妻女，十萬盈宫。尚書朱軌，納言大臣，以道路不修，將加酷法，此自陛下政之失和，陰陽災沴，暴降霖雨七旬，霽方二日，縱有鬼兵百萬，尚未及修之，而況人乎！刑政如此，其如史筆何！其如四海何！特願止作徒，休宫女，赦朱軌，允衆望。季龍省之不悦，憚其強，但寢而不納，弗之罪也。乃停二京作役焉。

《晉書》卷一一二《苻生載記》　生下書曰：朕受皇天之命，承祖宗之業，君臨萬邦，子育百姓，嗣統已來，有何不善，而謗讟之音扇滿天下！殺不過千，而謂刑虐。行者比肩，未足爲稀。方當峻刑極罰，復如朕何！時猛獸及狼大暴，晝則斷道，夜則發屋，惟害人而不食六畜。自生立一年，獸殺七百餘人，百姓苦之，皆聚而邑居。爲害滋甚，遂廢農桑，內外兇懼。羣臣奏請禳灾，生曰：野獸飢則食人，飽當自止，終不能累年爲患也。天豈不子愛羣生，而年年降罰，正以百姓犯罪不已，將助朕專殺而施刑教故耳。但勿犯罪，何爲怨天而尤人哉！

《魏書》卷七下《高祖紀下》　詔曰：昔成湯遇旱，齊景逢災，並不由祈山川而致雨，皆至誠發中，澍潤千里。萬方有罪，在予一人。今普天喪恃，幽顯同哀，神若有靈，猶應未忍安饗，何宜四氣未周，便欲祀事。唯當考躬責己，以待天譴。

《舊唐書》卷一《高祖紀》　史臣曰：有隋季年，皇圖板蕩，荒主燀燎原之焰，羣盜發逐鹿之機，殄暴無厭，横流靡救。高祖審獨夫之運去，知新主之勃興，密運雄圖，未伸龍躍。而屈己求可汗之援，卑辭答李密之書，決神機而速若疾雷，驅豪傑而從如偃草。洎謳謠允屬，揖讓受終，刑名大剗于煩苛，爵位不踰於薖軸。

《舊唐書》卷一七下《文宗紀下》詔：朕聞天聽自我人聽，天視自我人視。朕之菲德，涉道未明，不能調序四時，導迎和氣。自去冬已來，踰月雨雪，寒風尤甚，頗傷于和。念兹庶甿，或罹凍餒，無所假貸，莫能自存。中宵載懷，旰食興歎，怵惕若厲，時予之辜。思弘惠澤，以順時令。天下死罪囚，除官典犯贜，故意殺人外，并降從流，流已下遞降一等。應京畿諸縣，宜令以常平義倉斛斗賑恤。京城内鰥寡癃殘無告不能自存者，委京兆尹量事濟恤，具數以聞。言念赤子，視之如傷。天或警予，示此陰沴，撫躬夕惕，予甚悼焉。

《舊唐書》卷九四《盧藏用傳》神龍中，累轉起居舍人，兼知制誥，俄遷中書舍人。藏用常以俗多拘忌，有乖至理，乃著《析滯論》以暢其事，辭曰：

客曰：天道玄微，神理幽化，聖人所以法象，衆庶由其運行。故大撓造甲子，容成弱朝危，有同影響，若合符契。先生亦嘗聞之乎？

主人曰：何爲其然也？子所謂曲學所習，嚅昧所守，徒識偏方之詭説，未究亨衢之通論。蓋《易》曰先天不違，《傳》稱人神之主。范圍不過，三才所以虚中；進退非邪，百王所以無外。故曰：國之將興聽於人，將亡聽於神。曰：禍福無門，唯人所召。人無釁焉，妖不自作。由是言之，得喪興亡，並關人事；吉凶悔吝，無涉天時。且皇天無親，唯德是輔，爲不善者，天降之殃。高宗修德，桑穀以變；宋君引過，法星退舍，此天道所以從人者也。古之爲政者，刑獄不濫則人壽，賦斂蠲省則人富，法令有常則國靜，賞罰得中則兵强。所以禮者士之所歸，賞者士所死，禮賞不倦，則士爭先。苟違此途，雖卜時行刑，擇日出令，必無成功矣。自叔世澆訛，俗多徼倖，競稱怪力，爭誦詭言，屈政教而就孤虚，棄信賞而從推步。附會前史，變易舊經，依託空文，以爲徵據。覆軍敗將者，則隱祕無聞；偶同幸中者，則共相文飾。豈唯德之增惑，亦乃學人自是。嗚呼，習俗訛謬，一至此焉！

（唐）王方慶《魏鄭公諫録》卷四《對山崩川竭》太宗謂侍臣曰：山崩川竭，自古爲災。比來水旱不能調抑，亦由人事。公謝曰：山有朽壤而崩，古人不以爲患；唯政教有失，乃以爲災。太宗曰然。

《舊五代史》卷三四《唐書·莊宗紀八》應去年遭水災州縣，秋夏税賦並與放免。自壬午年已前所欠殘税，及諸色課利，已有勑命放免者，尚聞所在却有徵收，宜令租庸司切準前勑處分。應京畿内人户，有停貯斛斗者，並令減價出糶，如不遵行，當令檢括。西川王衍父子及僞署將相官吏，除已行刑憲外，一切釋放。天下禁囚除十惡五逆、官典犯贜、屠牛毁錢、放火劫舍、持刃殺人，準律常赦不原外，應合抵極刑者，遞降一等。其餘罪犯悉與減降。逃背軍健，並放逐便。

《舊五代史》卷四二《唐書·明宗紀八》詔曰：久愆時雨，深疚予心。宜委諸州府長吏親問刑獄，省察冤濫，見禁囚徒，除死罪外，並放。

案：《歐陽史》作乙卯，以旱赦流罪以下囚。與《薛史》作壬子異。

《舊五代史》卷八一《晉書·少帝紀一》詔：諸道州府，每遇大祭祀、冬正、寒食、立春、立夏，雨雪未晴，不得行極刑，如有已斷下文案，可取次日及雨雪定後施行。

《新五代史》卷五七《張允傳》晉高祖即位，屢赦天下，允爲《駁赦論》以獻曰：管子曰：凡赦者小利而大害，久而不勝其禍；無赦者小害而大利，久而不勝其福。又漢之吴漢疾篤，帝問漢所欲言。漢曰：惟願陛下無赦爾！蓋行赦不以爲恩，不行赦不以爲無恩，罰有罪故也。自古皆以水旱則降德音而宥過，開狴牢而出囚，冀感天心以救其災者，非也。假有二人之訟者，一有罪而一無罪，若有罪者見捨，則無罪者銜冤。此乃致災之道，非救災之術也。至使小人遇天災，則皆喜而相勸以爲惡，曰：國將赦矣，必捨我以救災。如此，則是教民爲惡也。夫天之爲道，福善而禍淫。若捨惡人而變災爲福，則是天又喜人爲惡也。凡天之降災，所以警戒人主節嗜欲，務勤儉，恤鰥寡，正刑罰而已。是時，晉高祖方好臣下有言，覽之大喜。

《宋史》卷三一三《富弼傳》（熙寧三年）時有爲帝言災異皆天數，非關人事得失所致者。弼聞而歎曰：人君所畏惟天，若不畏天，何事不可爲者！此必姦人欲進邪説，以搖上心，使輔拂諫爭之臣，無所施其力。是治亂之機，不可以不速救。即上書數千言，力論之。又言：君子小人之進退，繫王道之消長，願深加辨察，勿以同異爲喜怒、喜怒爲用捨。陛下好使人伺察外事，故姦險得志。又多出親批，若事事皆中，亦非爲君之道；脱十中七八，積日累月，所失亦多。今中外之務漸有更張，大抵小人惟喜生事，願深燭其然，無使有悔。是時久旱，羣臣請上尊號及用樂，帝不許，而以同天節契丹使當上壽，故未斷其請。弼言此盛德事，正當以此示之，乞并罷上壽。帝從之，即日雨。弼又上疏，願益畏天戒，遠姦佞，近忠良。帝手詔褒答之。

又：先是，弼用朝士李仲昌策，自澶州商胡河穿六漯渠，入橫壠故道。北京留守賈昌朝素惡弼，陰約內侍武繼隆，令司天官二人俟執政聚時，於殿庭抗言國家不當穿河于北方，致上體不安。彥博知其意有所在，然未有以制之。後數日，二人又上言，請皇后同聽政，亦繼隆所教也。史志聽以其狀白執政。彥博視而懷之，不以示同列，而有喜色，徐召二人詰之曰：汝今日有所言乎？曰：然。彥博曰：天文變異，汝職所當言也。何得輒預國家大事？汝罪當族！二人懼，色變。彥博曰：觀汝直狂愚耳，未忍治汝罪，自今無得復然。二人退，乃出狀示同列。同列皆憤怒曰：奴敢爾僭言，何不斬之？彥博曰：斬之，則事彰灼，於中宮不安。衆皆曰：善。即而議遣司天官定六漯方位，復使二人往。繼隆白請留之，彥博曰：彼本不敢妄言，有教之者耳。繼隆默不敢對。二人至六漯，恐治前罪，更言六漯在東北，非正北也。帝疾愈，彥博等始歸第。

《宋史》卷三一七《王安石傳》〔熙寧七年〕十月，彗出東方，詔求直言，及詢政事之未協於民者。安石率同列疏言：晉武帝五年，彗出軫，十年，又能孛。而其在位二十八年，與《乙巳占》所期不合。蓋天道遠，先生雖有官占，而所信者人事而已。天文之變無窮，上下傅會，豈無偶合。周公、召公豈欺成王哉。其言中宗享國日久，則曰嚴恭寅畏，天命自度，治民不敢荒寧。其言夏、商多歷年所，亦曰德而已。裨竈言火而驗，欲禳之，國僑不聽，則曰不用吾言，鄭又將火。僑終不聽，鄭亦不火。有如裨竈，未免妄誕，況今星工哉？所傳占書，又世所禁，謄寫譌誤，尤不可知。陛下盛德至善，非特賢於中宗，周、召所言，則既閱而盡之矣，豈須愚瞽復有所陳。竊聞兩宮以此爲憂，望以臣等所言，力行開慰。帝曰：聞民間殊苦新法。安石曰：祁寒暑雨，民猶怨咨，此無庸恤。帝曰：豈若并祁寒暑雨之怨亦無邪？安石不悅，退而屬疾臥，帝慰勉起之。其黨謀曰：今不取上素所不喜者暴進用之，則權輕，將有窺人間隙者。安石是其策。帝喜其出，悉從之。時出師安南，諜得其露布，言：中國作青苗、助役之法，窮困生民。我今出兵，欲相拯濟。安石怒，自草敕牓詆之。

《宋史》卷三四〇《呂大防傳》 是歲，京師大水，大防曰：雨水之患，至入宮城廬舍，殺人害物，此陰陽之沴也。即陳八事，曰：主威不立，臣權太盛，邪議干正，私恩害公，遼、夏連謀，盜賊恣行，羣情失職，刑罰失平。會執政議濮王稱考，大防上言：先帝起陛下爲皇子，館於宮中，憑几之命，緒言在耳，皇天后土，實知所託。設使先帝萬壽，陛下猶爲皇子，則安懿之稱伯，於理不疑。豈可生以爲子，没而背之哉？夫人君臨御之始，宜有至公大義厭服天下，以結其心。今大臣首欲加王以非正之號，使陛下顧私恩而違公義，非所以結天下之心也。

（宋）李燾《續資治通鑑長編》卷二一《宋太宗太平興國六年》 上躬親聽斷，京城諸司獄有疑者，多臨決之。是歲，自春涉夏不雨，上意獄訟有冤濫。會歸德軍節度推官李承信市鰃有爛者，笞園戶，病舍創數日死。己卯，承信坐棄市。

（宋）李燾《續資治通鑑長編》卷三三·《宋太宗淳化三年》〔五月〕己酉，上以久愆時雨，憂形於色，謂宰臣曰：亢陽滋甚，朕懇禱精至，並走羣望，而未獲嘉應者，豈非四方刑獄有冤濫，郡縣吏不稱職，朝廷政治有所闕乎？因遣常參官十七人分詣諸路按決刑獄。是夕，雨。庚戌，宰臣相率稱賀，上曰：朕孜孜求理，視民如傷，內省于心，無所負矣。而久愆時雨，蓋陰陽之數，非朕所憂。憂在獄吏舞文巧詆，計臣聚斂掊克，牧守不能宣布詔條，卿士莫肯修舉職業爾。李昉、張齊賢及賈黃中、李沆慚懼拜伏，退，上表待罪。上曰：朕之中心，苟有所懷，即欲與卿等言之。既言之，即無事矣。然中書庶務，卿等尤宜盡心也。昉等復上表稱謝焉。

（宋）李燾《續資治通鑑長編》卷四八《宋真宗咸平四年》 屯田郎中楊覃上言：春初方盛，時雨稍愆，輦轂之下繫囚，望詔有司，未得論決死罪，竢降雨乃復常典。又請凡決重囚日，減膳撤樂，以應古義，且彰至仁之德焉。

（宋）李燾《續資治通鑑長編》卷一一六《宋仁宗景祐二年》 判大理寺司徒昌運言：本寺詳斷大事二十日，小事十日，審刑詳議各減半，而不以案內有無繫囚。恐炎暍之際，待報淹久，請自四月至六月，案有繫囚者，減日之半。兩川、廣南、福建、湖南，如急案例斷奏。從之。

（宋）李燾《續資治通鑑長編》卷一二一《宋仁宗寶元元年》 刑部員外郎、直史館、同知禮院宋祁上疏曰：

臣伏見頃歲以來，災眚數見，依類託寓，異占同符。天本視法而尊，乃有躔離流薄之變，地當安固而靜，乃有都國震動之占。陛下奉承郊丘，歲豐月潔，當蒙介福，翻致大異，何哉？得非事有召姦，法有階隙？天於宋室，諄諄存顧，先幾豫慮，以啟聖心，欲陛下據易圖難，緣微警著，奮揚剛德，固執主威，猒銷未萌，以光丕業也。

臣伏讀前史《五行志》，以驗於今，累威重譴，不可不察。若乃羣星流散，則民人蕩析之象也，月行黃道，地震州邑，邊戎窺閒，臣下擅恣，后妃將盛，年穀阻饑之兆也。去年火焚興國寺浮屠，延燔藝祖神御殿，已而盜壞宗廟釦器者再，則神不昭格之意也。自昔災之發，遠者十數年，近者三四年，隨方輒應，類無虛已。陛下何不暫概清慮，推求其端。方今典刑設張，上下禔穆，而臣便論危事，必難取信。然陛下試一念之，假有蕩析，以何策固安？假有饑空，以何理振救？脫致窺閒，可任之將謂誰？儻令擅恣，可防之姦有幾？災異不驗，國之福也。苟使遂驗，則陛下禦之之慮，得不素具於彀中哉？然請先言其要：

臣聞君以操柄爲重，臣以奉命爲恭。柄捨之，則重者反輕，命竊之，則恭者更僭。伏惟陛下念爵賞之典，刑罰之權，雖覽羣言，一決宸慮，無委成假借，以開貴近牽制之私。若夫後宮戚里，祈恩丐賞者日月不乏，陛下但當斷而不聽，以示至公。內省黃門，給事左右，亦宜數加訓敕，使思不出位。此皆助陽抑陰之術也。臣聞伯禹三王之長，逢辜引慝；宣王成周之良，遇患側身。故能感徹神祇，收還威怒，回沴氣爲太和，化已衰爲中興。陛下覽照古今，至詳至熟。今變眚日著，中外暴聞，而罪己之問不形於詔書，思患之謀不留於詢逮。委遠天戒，虛而未答，踰時越月，羣下默然。間者但引緇黃，晨齋夕唄，修不經之細祀，塞可懼之大變。人且未信，天胡可欺！臣誠至愚，竊恐銷伏之閒，未爲得計也。伏望陛下不以災之未應遂爲宴安，不以歲之屢豐便忘荒饉，普詔百職，各貢所懷，庶幾天下條貫，粲然先見。惟陛下留神省閱。

（宋）李燾《續資治通鑑長編》卷一三七《宋仁宗慶曆二年》 初，命宰臣呂夷簡判樞密院事，既宣制，黃霧四塞，風霾終日，朝論甚喧。參知政事王舉正言二府體均，判名太重，不可不避也。右正言田況復以爲言，夷簡亦不敢當。

（宋）李燾《續資治通鑑長編》卷二四三《宋神宗熙寧六年》 司天監言，四月朔，日當食九分。詔：自十四日，易服，避正殿，減常膳。仍內出德音，降天下死罪囚，流以下釋之。先是，三日，上批：時雨應祈，稼穡是賴，獲此嘉應，非朕敢任，其赦天下，與民均福。王安石曰：民每欲雨，陛下輒一祈未嘗不輒應，此陛下至誠感天之效。然今歲日食正陽之月，恐宜以此降德音。上從之。

（宋）李燾《續資治通鑑長編》卷二五二《宋神宗熙寧七年》 先是，手詔應災傷路分，編排保甲、方田造簿、淤田及應有見差夫處並權罷，候農隙豐熟日別奏取旨。上以久旱，憂見容色，每輔臣進見，未嘗不歎息懇惻，欲盡罷保甲、方田等事。王安石曰：水旱常數，堯、湯所不免。陛下即位以來，累年豐稔，今旱暵雖逢，但當益修人事，以應天災，不足貽聖慮耳。上曰：此豈細故？朕今所以恐懼如此者，正爲人事有所未修也。於是中書條奏，請蠲減賑卹。

（宋）李燾《續資治通鑑長編》卷二六九《宋神宗熙寧八年》 祠部郎中趙鼎言：京東自夏秋旱蝗相仍，民被災流徙者十六七，雖檢放租稅，而一縣通較，類不及五分，蓋恐礙倚閣青苗本意。乞令本路體量蠲稅。詔司農寺根究，依法施行。

（宋）李燾《續資治通鑑長編》卷四二五《宋哲宗元祐四年》 左諫議大夫梁燾對延和殿，奏以：春夏屢陰不雨，皆人主猶豫不斷之象，願面詔大臣，協忠決議，無留政事。方皇帝富於春秋，太皇太后保祐聖躬，制政簾帷，臣下易爲蒙蔽，願正紀綱，明法度，採用忠言，講求仁術，坐使明恩實惠，徧及四海。望皇帝陛下時親政事，將來臨御獨斷，練熟機務。

（清）徐乾學《資治通鑑後編》卷五《宋紀五》 〔開寶元年〕五月以盛暑詔諸州恤刑。謂侍御史馮柄曰：朕每讀《漢書》張釋之于定國治獄，天下無冤民，此所望於卿也。

（清）徐乾學《資治通鑑後編》卷一四《宋紀一四》　帝以歲旱減膳，偏走羣望，皆弗應。是夕，手詔賜宰相趙普等言：自星變以來，久愆雨雪，朕當與卿等審刑政之闕失，念稼穡之艱難，恤物安民，庶祈眷祐。時普被疾，請告即以授呂蒙正等。壬申，蒙正等詣長春殿，謝曰：臣等調變無狀，致此愆亢，乞依漢制，策免三公。帝慰之。知制誥王禹偁上疏：乞自乘輿服御以下，至百官奉料非宿衛軍士邊廷將帥，悉第減之。外則停歲市之物，內則罷工巧之伎，但以感人心，召和氣，變災爲福。惟聖人行之。

（清）徐乾學《資治通鑑後編》卷二三《宋紀二三》〔咸平六年十二月〕甲申日加午雷暴震，司天言占主國家發號布德未及黎庶，帝謂輔臣曰：豈所議赦書小惠未遍，上天以雷警朕耶。今河北關西戍兵未息，民甚勞苦，而三司轉運使賦斂益繁，卿等宜悉取民獘，著爲條目，大者隨事減省，小者即爲蠲免。又諸道罪人情重者，頃令并家屬赴闕，委棄資產，流離道路，深可憐憫。自今止送正身，臣寮負私過情輕，終身爲累者，委刑部特與洗滌。其他卿等，皆盡心講求之。

（清）徐乾學《資治通鑑後編》卷三二《宋紀三二》　上封者言，蝗旱由大臣子弟恣横所致，詔曰：朕勤遵治化，用致治和，而近以蝗蝝傷於苗稼，考前書之所記，由部吏之侵漁屬者，郡縣之官冒法不檢，子弟之輩怙勢肆求，民實怨嗟，氣用堙鬱，俯從輕典，恐長獘風。自今士大夫合務敦修，更思教勗，姑念保家之美，勿貽敗類之羞，苟掇顯尤，難從末減。仍令所在官司謹察視之。

（清）徐乾學《資治通鑑後編》卷三八《宋紀三八》　京師自三月朔雨不止。丙戌遣官祈晴。帝因謂輔臣曰：昨令視四郊而麥已損腐，此必政事未當天心也。古者大辟，外州三覆奏，京師五覆奏，蓋重人命如此。其戒有司審獄議罪毋或枉濫。又曰：赦不欲數，然捨是無以召和氣。夏四月庚寅，赦天下，免河北被水民賦租。

（清）徐乾學《資治通鑑後編》卷六四《宋紀六四》　〔吴〕充乃是振職，京意亦無他，中書惡其太直，不與含容。臣竊驚駭不覺憤咽，前古以來，唯有人主不能容受直言，或致竄謫臣下。今陛下慈聖好諫，寬大如此，不知中書何故不務，將順聖德之美，須要排逐言者。又言：臣前論吴充馮京謫官面蒙宣諭本末，臣即言若如此則是大臣蔽君之明，專君之權，而擅作威福也。必恐感動陰陽，有地震日食風霧之異。今臣竊聞鎮戎軍地震，一夕三發，去臣所言五日之內耳。又京師雪後昏霧累日，復多風埃，太陽黃濁，此皆變異之可戒懼者也。臣所以先知必然者，按《五行志》云，臣事雖正，專之必震，況其不正乎？又《尚書・洪範》蒙常風若，而京房《易傳》臣之蔽君則蒙氣起。臣以此數者合之，故知必有異也。陛下宜深究天地之意，收攬威權，無使聰明蔽塞，法令不行，則足以消伏災異矣。

（宋）李心傳《建炎以來繫年要録》卷九九《紹興六年丙辰三月戊辰朔之丁酉》　禮部尚書李光兼權刑部尚書。時臨安府多火災，或頃刻爇千百家。右諫議大夫趙霈建言，請峻其刑罰。庶火初作，衆亟撲滅，事下刑部立法。光不奉詔，乃抗論天災譴告人君，宜修德以厭之，不當濫及無知之民。朝廷謂刑部有司也，抗疏爲非，而諫官之論當略爲施行，起居舍人兼權中書舍人董弅白執政曰：二者之論俱不過，使兩易之，則各爲舉職矣。

（宋）李心傳《建炎以來繫年要録》卷一七三《紹興二十六年丙子六月辛未朔之七月丁亥》　御史中丞湯鵬舉言：陛下邇者以彗出東方，許士庶實封陳言，可謂應天以實。然臣下之奏請類皆更改法令，或爲一己之私，或爲一鄉之利，今欲鏤板遍行天下，皆歸過朝政有闕而已。如此則止容姦人紊亂治體，使小人之欠逋不償者，頑猾人戶之不納苗税者，姦雄胥吏之有詞訟者，至愚不肖之唱爲浮言者，時時候星文之變則得以售其姦矣。然此彗星之出，井宿躔度，晉地之分野，臣不敢臆度，自取欺罔之罪。臣聞惟守常然後可以應變，能應變然後可以禦亂，古今之通論也。臣伏乞睿慈，奮乾綱之斷，廓離明之照，使浮言不作，以慰四海之心。所有鏤板播告，改易德政之請，姑少遲之。然後下酌民言，上承天意，爲之討論因事修入紹興敕令，以爲一代之仁政，萬世之良法。臣不勝至願，從之。人主求言誠切如此而中丞乃爲此論，不知何說也。

（宋）徐夢莘《三朝北盟會編》卷一五九《炎興下帙》〔紹興四年六月〕尚未聞陛下有罪己之詔，去年賊水復爾暴至不知所從來，豈民之災運，適當其時，在天數有不可逃乎，豈天意諄諄覺悟陛下乎。尋聞李綱因言而獲罪，張勸緣諫而見黜，夫人君之用必貴以忠義爲先，倘或附下罔上則在所不赦，蓋欲忠言嘉謨日陳于前。

（宋）朱熹《資治通鑑綱目》卷四九　壬子，六年春正月，以水旱降繫囚。書法：書降繫囚何美？卹民也。終《綱目》，書大水六十三，書雨水十有五，而書處卹之政者七，詳漢武帝元狩三年。書大旱三十八。又書旱五十八，而書卹旱之政者，十有二，詳漢文帝六年。舍是而無書恤水旱者矣。

《金史》卷一一〇《楊雲翼傳》　哀宗以河南旱，詔遣官理冤獄，而不及陝西，雲翼言：天地人通爲一體，今人一支受病則四體爲之不寧，豈可專治受病之處而置其餘哉。朝廷是之。

《元史》卷一六〇《李治傳》　又問昨地震何如，對曰：天裂爲陽不足，地震爲陰有餘。夫地道，陰也，陰太盛，則變常，今之地震，或姦邪在側，或女謁盛行，或讒慝交至，或刑罰失中，或征伐驟舉，五者必有一于此矣。夫天之愛君，如愛其子，故示此以警之耳。苟能辨姦邪，去女謁，屏讒慝，省刑罰，慎征討，上當天心，下協人意，則可轉咎爲休矣。世祖嘉納之。

（清）徐乾學《資治通鑑後編》卷一八四《元紀三二》　己丑，雷震吳宮門獸吻，得物若斧形而石質，王命藏之，出則使人負於駕前，臨朝聽政，則奉置几案。以祇天戒，遂赦中外獄囚。

《皇明詔令》卷一一《英宗睿皇帝下·遣官審理北畿獄囚敕正統六年五月初二日》　朕臨御以來，夙夜惓惓，上體天心，下恤民命，不敢怠遑。一切斂徵無及於下，至於蠲逋負，濟窮乏，庶其盡心，冀以此爲事天之實也。然邇年以來，水旱蝗蝻，靡歲無之，深惟所由，非刑之有失當歟？不然，何其天戒之數也。夫死者不可復生，斷者不可復續，自古仁聖咸致謹焉。今簡命爾往直隸衛所郡縣，同巡按御史清理重獄主。此朕祇體天心，特以命爾。爾宜體朕心，不可違天。其專志萬慮，無或怠忽，用副朕欽天道、恤民命之誠。克恭厥職，惟爾之能。爾或弗敬，有辜予望，明有國憲，幽有陰誅，可不慎哉！

《皇明詔令》卷一六《憲宗純皇帝下·旱災寬恤詔成化二十三年五月十七日》　皇帝敕諭文武群臣：朕以涼德，嗣守鴻圖，夙夜警惕，共期治理。奈上天示戒，亢旱踰時，田苗枯槁，民庶驚惶，朕甚憫焉。已嘗寬恤刑獄主，遍禱神祇，而雨澤未降。豈冤抑未伸，財用未節，困乏未蘇而致然歟？爾百官奉公守法之心懈，而罔上厲下之私勝歟？該朕省躬自飭，撙節用度，數放宮人及條示合行事宜。條令內外衙門，從實舉行。爾等其各體朕心，痛自修省，盡心職業，務致實效，以回天心，蘇民困，以紓朕憂憫元元之意。其欽承之故諭。

《皇明成化二十三年條例·四月·旱災下詔》　皇帝敕諭文武群臣：朕以涼德，嗣守鴻圖，夙夜憂勤，期臻治理。奈上天示戒，亢旱踰時，田苗枯槁，民庶驚惶，朕甚憫焉。已嘗寬恤刑獄，遍禱神祇，而雨澤未降。豈冤抑未伸，財用未節，困苦未蘇而致然歟？抑爾百官奉法守公之心懈，而罔上厲（不）〔下〕之私甚歟，茲朕省躬自飭，節減用度，疏放宮人及條示合行事宜，令內外衙門從實舉行。

（明）孫旬《皇明疏鈔》卷一三吳瀚《差遣·停差遣以回天變疏》　臣等仰觀陛下踐祚以來，四方奏災異者無慮數百疏，然皆未有如東南之甚且久者。蓋自紀元初年七月間即有風潮之變，風潮之後繼之以大旱，大旱之後繼之以霜雨。咎徵迭見幾二載於茲矣。恭惟陛下戒諭臣工，同加修省。邇者軫念窮民，差官賑濟，甚盛心也。以陛下之敬天如此，勤民如此，以之底豫天心，殆無不可。夫何嘉靖三年十二月二十二日，復有地震之變，越二十六日戌時分，迅雷大電，雨傾如注。至嘉靖三年正月初一日，地復震動，以雷電交作於窮冬之月，坤性失寧於立春正旦之辰，是又天變之尤者。臣等仰而思之，莫得其故。近閱邸報，見奉欽依差內官二員提督蘇杭織造，臣等不勝駭愕，然後知天不悔禍，無足恠也。何則東南之民自惟災異之後，枕籍而死者不可勝數。雖以京城大都之中饑殍載塗，無日不有。臣等督令該城兵馬及地方總甲人等，逐日掩埋。夫以城中如此，城外可知矣。江南如此，江北可知矣。陛下念此災傷之處，哀此凋瘵之民，賙恤保護猶恐弗及，況可差官馬提督之舉耶。當此時此地，而有此舉，臣等不忍見，亦不忍聞。今日之民如久病之餘，元氣索然，動履飲食之間，雖百方調攝，猶恐弗濟，若更投之以毒藥，加之以挫折，幾何其不急且斃也。若差官之命果行，則沿途供費騷擾寔多。至於挾朝命爲營私之地，假進奉為漁獵之謀，東南之民益不堪命矣。夫差官賑濟爲何心也，差官提督爲何心也。幾微之際，願陛下加察焉。差官賑濟爲何事也，差官提督爲何事也，向背之間，願陛下留神焉。昔者唐文宗服三澣之衣，當時柳公權猶有不足之意，其言曰陛下當進賢退不肖，納諫諍明，賞罰乃可以致雍熙，服澣濯之衣乃末節耳。仰惟陛下聖明遠過文宗萬萬，今乃惓惓於織造之舉者，臣等知其非陛下意也，此必左右爲自私之計以誤陛下耳。即今民困未蘇，天怒未解，臣等願陛下痛加脩省，如成湯之素車白馬，儉於自奉，如大禹之惡衣菲食，差官之命速賜追寢，所有織造一節就令本處官員提督，庶幾民困可蘇，天變可回矣。

（明）孫旬《皇明疏鈔》卷二何孟春《修省四·陳言修省以弭災異疏》

臣伏覩陛下今降勅諭，謂此災異由於政事乖違，刑罰不中，民困未蘇，國是未定，是誠有之。陛下盍亦求所以乖違而不中以致未蘇未定之所由乎？臣伏覩陛下年來號令之失其恒、恩澤之非其正者，多矣。《書》云：令出惟行，弗惟反。人君發號施令，其可二三。而今有朝更而夕改者，賞用酬功，非功則人罔懷恩。罰當懲惡，縱惡則人罔畏法。而今有私進而倖免者，内批與外議每相枘鑿，續降與前詔自作方圓，法曾禁止未踰年而復見施行，事已停除不朞月而重增條貫，有司將何據守？天下於何尊信？陛下試取登極以來降出綸音，反復考之，各衙門之所執奏，諸言官之所敷陳，陛下嘗嘉其言有理，嘗許其説得是，或槩批以是，答以知道。及後略不措意，所行且與背馳之事何可勝數。部院科道進呈章疏，危言正論無非欲裨陛下更化新政。而陛下謀移始慮，内啟多門，意向既從他請，則答曰已有旨，曰已屢有旨，曰成命已下，其如外議何。指揮已入衛言，則答曰罷曰不准，或遂從寬或仍免查究，其如前詔何。臣所謂號令之失其恒、恩澤之非其正者，陛下試於此而考求之，則政事乖違、刑罰不中、民困未蘇、國是未定之所以然，舉了然於淵衷矣。陛下既知其實自當改從外議，一依前詔，脱再涉疑，令各府部院寺科道等官，各將曾經執奏敷陳已上奉到旨意事宜再行斟酌擘畫，備開款目奏請區處，陛下付諸叅預密勿，元老詳勘以聞，斷而行之，天鑒日臨，誰敢獨為上拂天心、下違物望之議。萬分一有舞文巧詆、兇饕奸竊、不肯守法奉公、勉脩職業人等出乎其間，事發於内則罪在臺閣閹宦，事發於外則罪在府部院寺科道等官。陛下明施嚴憲，無少宥原，天下後世其誰不服聖明威斷。陛下躬上聖之資，履中興之運，令必行，禁必止，成畫一之政，立悠久之規，持其權綱，挈其要領，使薄海内外咸遵一軌，以光丕業，以保眷命，以延億萬年太平之祚，豈不休哉。

（清）蔣良騏《東華録》卷一一《康熙十八年四月》　夏四月，旱，詔清理刑獄。

（清）蔣良騏《東華録》卷一二《康熙二十一年六月》　以旱諭諸臣會議，應行應革事宜。請清理刑獄，勅刑部督捕督撫等應結事件，速行結案，及暫釋江西吉安出征官拘禁因螺子山對敵退回者。從之。

《皇朝通志》卷八〇《刑法畧六·赦宥》　〔順治〕十年，諭：立春不雨，入夏苗旱，朕心甚切。憂惶雨澤愆期，多由刑獄冤滯。刑部堂官即日會同都察院大理寺及凡有刑名事件衙門，督率司官將在部監獄及發各處羈保聽審人犯，如實犯死罪，未經審結果有情可矜疑者，即日審明具奏定奪。徒流人犯，察非重情，準與減等，笞杖豁免。候審干連證犯先行釋放，限十日内開具簡明情節，減免罪名及釋過人犯具奏發落。大小獄情未審結者，限一月内通行完結。順天府督同大宛二縣，五城御史督同司坊官，直隸督撫按督同所屬道府州縣，一體尊行。

又：〔康熙〕七年五月，以雨澤愆期，命内大臣會同刑部詳審重囚，其輕罪即行保釋。九年五月，孝康章皇后升祔太廟，禮成詔赦天下。十年四月，以天旱命刑部清理現禁人犯，如有可矜疑者，即予減等發落。十四年五月，諭：邇者天氣炎亢，農事堪憂，或因刑獄淹禁，中有冤枉，致干天和，亦未可知。茲特遣閣臣會同三法司將已結重案逐一詳審，有罪可矜疑者，即與察明事由，開列具奏。十六年，停止秋決。

又：〔雍正〕九年六月，以天旱命法司將監禁輕犯暫行保釋，其擬絞監候賊犯已經二年者，酌量釋放減等。並諭：將外省輕罪人犯已輕到部有問擬徒杖而准其折贖者，悉行寬免。十年以天旱命法司省釋輕罪監犯。

又：又以天旱，命清理滯獄。諭：雍正四年以後，十三年以前，所有不赦各案，其中或有介于疑似及屢經秋審緩決之犯，或未可定，著總理事務王大臣會同刑部，將秋審朝審招册詳加覆勘，如果有一綫可原應行減等者，即酌定請旨。四年四月，以天旱命法司將杖徒以下等罪查明請旨減等釋放。十一月，諭：著九卿等將秋審朝審緩決五次以上人犯，酌其情罪稍輕尚可貸其生路者，逐一分別請旨，比照兇盜免死減等之例，充發邊遠烟瘴地方。至情罪可惡者，雖經屢年緩決亦不在減等之例。五年五月，以天旱諭刑部：見在監禁人犯，內有一綫可原者，著大學士軍機大臣等會同爾部，分別具奏，其輕罪人犯亦即減等。七年三月，以天旱諭刑部：將在部各案有牽連待質者，有輕罪可矜原者，或應省釋或應末減，會同都察院大理寺詳覈妥議具奏。直隸山東河南三省目下雨暘不均，亦著照此例行。嗣後各省凡遇灾眚之年，著該督撫將清理刑獄之處奏聞請旨。八月，諭：今年上下兩江被水情形非常年可比，見在江蘇安徽兩省人犯中有情有可原當在矜疑之列者，或多年緩決不至正法久繫囹圄者，皆應減等完結。著大學士會同刑部詳閱招册，分別妥議，具奏。

又：〔乾隆〕十年四月，以雨澤愆期，諭刑部堂官將徒杖以下等犯，並覈明情節，或應釋放，或應減等，即行具奏。其尋常案件亦速爲完結。並行令直督一例辦理。十五年十八年二十三年二十四年諭旨並同。三十六年三十九年四十八年四十九年則諭令京師直隸軍流以下等罪減等。四十三年併及河南省，四十九年併及山東省。

《皇朝通志》卷八六《食貨畧六·蠲賑上》〔順治〕六年，定直省被災督撫即詳察頃畝分數，具奏。其有應蠲免之處，於起存項下均減，如存留無餘，即於起運欵內減除。其有司藉稱無項可免使民不沾實惠者，論罪。

《皇朝通志》卷八八《食貨畧八·平糶常平倉社倉》〔順治〕十七年，定倉穀糶糴之法，凡春夏出糶，秋冬糴還，平價生息，務期便民，一遇凶荒，即按數散給災户

《皇朝文獻通考》卷九六《郊社考六·雩》詔諭：修省直言得失，清理刑獄，得雨，告謝。皆同二十二年六月，以天氣亢旱，命建壇祈禱。即日雨。

又：御製祝文曰：臣奉命嗣服，今二十四年，無歲不憂旱，今歲甚焉。曩雖失麥，可望大田，兹尚未種，赤地里千。嗚呼！其恵雨乎？常雩步禱未蒙佑，方社方澤均漠弗佑，爲期益迫，嗟萬民誰救，敢辭再瀆之罪，用舉大雩，以申前奏。嗚呼！其恵雨乎？上天仁愛生物爲心，下民有罪，定宥林林，百辟卿士，供職惟欽，此罪不在官、不在民，實臣罪之日深。然上天豈以臣一身之故，而令萬民受災之侵。嗚呼！其恵雨乎？

《皇朝文獻通考》卷二一〇《刑考十六·赦宥》〔順治〕八年，上親政，詔赦天下，定熱審減等之例。時以天氣漸熱，飭刑部通察五城司坊、順天府京縣各監犯，分別減釋。嗣於順治十年，定每年小滿後十日，內外直省一體舉行。

（清）劉錦藻《皇朝續文獻通考》卷二五六《刑考十五》九年，諭：御史鄂埜奏請慎刑獄以召和甘等語。本年入春以來，雨澤稀少，疊經降旨虔申祈禱，並親詣黑龍潭拈香。昨復降旨再申虔禱，以冀渥沛甘霖。因思清理庶獄亦感召和甘之一事，著刑部及步軍統領問刑各衙門，將見審未結各案細心推鞫，當罪者即行擬結，無辜者勿令久羈。其輕罪人犯及干連待質例應取保候審者，立予清釐省釋毋稍稽滯，以示矜恤。謹案：漢時遇陰陽災愆，則人主往往爲之清理庶獄，冀化乖戾爲祥和。蓋囹圄堙鬱之氣，苦於無可伸訴，天迺示警，以醒之。文宗其猶行古之道乎。

又：又諭：前因京師時疫未除，諭令在京問刑各衙門趕緊清釐庶獄，迅速次第結案，見在星變頻仍，上蒼垂警。弭災之法尤重恤刑，允宜格外推恩，以承天戒。除上年十月初九日恩詔以前，軍流以下各犯業經分別飭部減等外，其自咸豐十一年十月初九日恩詔以後，至本年奉旨之日止，著刑部將見審各案所擬軍流以下等罪，官常各犯，無論已結未結，曾否發配，均著查照舊章一併分別奏請減等，其步軍統領衙門、順天府、五城及各直省督撫、將軍、都統等，均著遵照刑部奏定章程一體查辦，以清庶獄。

（清）陸曾禹《康濟録》卷一《前代救援之典》仁宗每見天下有奏災傷州郡，必加存恤。嘉祐中，河北蝗澇，時霸州汶水縣不依編敕，告示災傷，百姓狀訴及本州不以時差官檢視，轉運以爲言。上曰：朝廷之政寄於郡縣，郡縣之政寄於守令，守宰之官最爲親民。民無災傷尚當存恤，況有災傷而不爲受理，豈有心於恤民乎？自判官、知縣、司戶、主簿罰銅各有差等。上謂左右曰：所以必行罰者，欲使天下官吏知朝廷恤民之意。謹案：昔人云，諒輔爲五官掾，大旱禱雨，不獲積薪，自焚火發而雨大至。戴封在西華亦然。古之良吏，爲民心切竟至於此。今霸州諸吏蠹國病民，惟銅是罰，當時朝廷雖寬其責，千載而下，議者孰肯恕其草菅民命之愆乎？

（宋）桂萬榮《棠陰比事・真卿感雨》雨否固在天，然由此觀之，其辨獄必能平允，固宜師其辨不必其雨。

顔真卿，玄宗時再遷監察御史，使河隴時，五原有寃獄久不決，天且旱，真卿辨獄而雨。郡人呼御史雨。

（宋）桂萬榮《棠陰比事・崔碣霽潦》霽潦之事與雨相似，崔公之明，自是當傳也。

崔碣爲河南尹，邑有大賈王可久，轉貨江湖間，值龐勛亂，盡亡其貲不得歸。妻詣卜者楊乾夫咨存亡。乾夫悦其色且利其富，既占，陽驚曰：乃夫殆不還矣。陰以百金謝媒者誘聘之，妻乃嫁乾夫，遂爲富人。及徐州平，可久困甚，丐衣食歸閭里往見妻，乾夫大怒，詢逐之。妻詣吏自言，乾夫厚納賄，可久反得罪，再訴復坐誣。可久恨歎失明。碣至，可久陳冤，碣得其情，即勑吏掩乾夫并前獄吏，悉發賕奸，殺之，以妻還可久。時淫潦，獄決而霽。

《呂氏春秋・季夏紀・制樂》對曰：有三善言，必有三賞，熒惑有三徙舍。舍行七星，星一徙當一年，三七二十一，臣故曰君延年二十一歲矣。臣請伏於陛下以伺候之。熒惑不徙，臣請死。公曰：可。是夕熒惑果徙三舍。

（漢）劉安《淮南子》卷五《時則訓》季夏德畢，季冬刑畢。德畢陽施結刑畢刑獄盡，逵吉按《太平御覽》引作德畢陽始窮也，刑畢陰殺盡也。故正月失政，七月涼風不至。二月失政，八月雷不藏。三月失政，九月不下霜。四月失政，十月不凍。五月失政，十一月蟄蟲冬出其鄉。六月失政，十二月草木不脱。不脱葉槁著樹不零落也。七月失政，正月大寒不解。東風不解凍也。八月失政，二月雷不發。不發聲也。九月失政，三月春風不濟。止濟。十月失政，四月草木不實。實長。十一月失政，五月下雹霜。十二月失政，六月五穀疾狂。疾狂不華而實也。

（明）張溥《漢魏六朝百三家集》卷五六郭璞《郭璞集・疏・皇孫生請布澤疏》有道之君，未嘗不以危自持，亂世之主，未嘗不以安自居。故存而不忘亡者，三代之所以興也。亡而自以爲存者，三季之所以廢也。是以古之令主開納忠讜，以弼其違，摽顯功直，用攻其失，至乃聞一善，則拜見，規誡則懼，何者？蓋不私其身，處天下以至公也。臣竊惟陛下符運至著，勳業至大，而中興之祚不隆，聖敬之風未躋者，殆由法令太明，刑教太峻，故水至清則無魚，政至察則衆乖，此自然之勢也。臣去春啓事，以囹圄充斥，陰陽不和，推之卦理，宜因郊祀作赦，以蕩滌瑕穢，不然，將來必有愆陽苦雨之災，崩震薄蝕之變，狂狡蠢戾之妖。其後月餘日，果薄鬬。去秋以來，諸郡並有暴雨，水皆洪潦，歲用無年。適聞吴興復欲有搆妄者，咎徵漸成，臣甚惡之。頃者以來，役賦轉重，獄犴日結，百姓困擾，甘亂者多，小人愚嶮，共相扇惑。雖勢無所至，然不可不慮。按《洪範傳》：君道虧則日蝕，人憤怨則水涌溢，陰氣積則下代上。此微理潛應，已著實於事者也。假令臣遂不幸謬中，必貽陛下側席之憂。今皇孫載育，天固靈基，黔首顒顒，實望惠潤。又歲涉午位，金家所忌，宜於此時崇恩布澤，則火氣潛消，災譴不生矣。陛下上籌天意，下順物情，可因皇孫之慶，大赦天下。然後明罰勑法，以肅理官，克厭天心，慰塞人事，兆庶幸甚，禎祥必臻矣。臣今所陳鬉而省之，或未允聖旨，久而尋之，終亮臣誠。若所啓上，合願陛下，勿以臣身，廢臣之言。臣言無隱，而陛下納之，適所以顯君明臣直之義耳。

（清）康有爲《新學僞經考・劉向經説足證僞經考》隱公九年，三月，癸酉，大雨震電。庚辰，大雨雪。大雨，雨水也，震，雷也。劉歆以爲：三月癸酉，於曆數，春分後一日始震電之時也，當雨而不當大雨，大雨，常雨之罰也。劉向以爲：周三月，今正月也，當雨水雪，雜雨雷電未可以發也。

祥瑞分部

論説

《新唐書》卷一六八《柳宗元傳》臣所貶州流人吴武陵爲臣言：董

仲舒對三代受命之符，誠然？非邪？臣曰：非也。何獨仲舒爾，司馬相如、劉向、揚雄、班彪、彪子固皆沿襲嗤嗤，推古瑞物以配受命，其言類淫巫瞽史，誑亂後代，不足以知聖人立極之本，顯至德，揚大功，甚失厥趣。臣爲尚書郎時，嘗著《貞符》，言唐家正德受命於生人之意，累積厚久宜享無極之義，本末閎闊。會貶逐中輟，不克備究。武陵即叩頭邀臣：此大事，不宜以辱故休缺，使聖王之典不立，無以抑詭類、拔正道、表覈萬代。臣不勝奮激，即具爲書。念終泯没蠻夷，不聞于時，獨不爲也。苟一明大道，施于人世，死無所憾，用是自决。臣宗元稽首拜手以聞曰：

孰稱古初朴蒙空侗而無爭，厥流以訛，越乃奮奪鬬怒振動，專肆爲淫威？曰：是不知道。惟人之初，總總而生，林林而羣。雪霜風雨雷雹暴其外，於是乃知架巢空穴，挽草木，取皮革；飢渴牝牡之欲驅其内，於是乃噬禽獸，咀果穀，合偶而居。交焉而爭，睽焉而鬬，力大者搏，齒利者齧，爪剛者决，羣衆者軋，兵良者殺，披披藉藉，草野塗血。然後彊有力者出而治之，往往爲曹於險阻，用號令起，而君臣什伍之法立。德紹者嗣，道怠者奪。於是有聖人焉，曰黄帝，游其兵車，交貫乎其内，一統類，齊制量，然猶大公之道不克建。於是有聖人焉，曰堯，置州牧四岳，持而綱之，立有德有功有能者，參而維之，運臂率指，屈伸把握，莫不統率，年老，舉聖人而禪焉，大公乃克建。由是觀之，厥初罔匪極亂，而後稍可爲也。而非德不樹，故仲尼敘《書》，於堯曰克明俊德，於舜曰濬哲文明，於禹曰文命祗承于帝，於湯曰克寬克仁，章信兆民，於武王曰有道曾孫。稽揆典誓，貞哉惟兹德，實受命之符，以奠永祀。後之祆淫囂昏好怪之徒，乃始陳大電、大虹、玄鳥、巨跡、白狼、白魚、流火之鳥以爲符，斯皆詭譎闊誕，其可羞也，莫知本于厥貞。

漢用大度，克懷于有氓，登能庸賢，濯痍煦寒，以瘳以熙，兹其爲符也。而其妄臣，乃下取虺蛇，上引天光，推類號休，用夸誣于無知氓，增以騶虞、神鼎，脅驅縱踴，俾東之泰山、石閭，作大號謂之封禪，皆《尚書》所無有。莽、述承效，卒奮驁逆。其後有賢帝光武，克綏天下，復承舊物，猶崇《赤伏》，以玷厥德。魏、晉而下，龙亂鉤裂，厥符不貞，邦用不靖，亦罔克久，駁乎無以議爲也。

積大亂至于隋氏，環四海以爲鼎，跨九垠以爲鑪，爨以毒燎，煽以虐焰，其人沸湧灼爛，號呼騰蹈，莫有救止。於是大聖乃起，丕降霖雨，濬滌盪沃，蒸爲清氛，疏爲泠風，人乃漻然休然，相晞以生，相持以成，相彌以寧。琢斮屠剔膏流節離之禍不作，而人乃克完平舒愉，尸其肌膚，以達于夷途。焚坼抵掎奔走轉死之害不起，而人乃克鳩類集族，歌舞悦懌，用祗于元德。徒奮袒呼，犒迎義旅，讙動六合，至于麾下。大盜豪據，阻命遏德，義威殄戮，咸墜厥緒。無劉于虐，人乃並受休嘉，去隋氏，克歸于唐，躑躅謳歌，灝灝和寧。帝庸威栗，惟人之爲。敬奠厥賦，積藏于下，是謂豐國。鄉爲義廩，斂發謹飭，歲丁大侵，人以有年。簡于厥刑，不殘而懲，是謂嚴威。小屬而支，大生而孥，愷悌祗敬，用底于治。凡其所欲，不謁而獲；凡其所惡，不祈而息。四夷稽服，不作兵革，不竭貨力。丕揚于後嗣，用垂于帝式，十聖濟厥治，孝仁平寬，惟祖之則。澤久而逾深，仁增而益高，人之戴唐，永永無窮。

是故受命不于天，于其人；休符不于祥，于其仁。惟人之仁，匪祥于天。匪祥于天，兹惟貞符哉！未有喪仁而久者也，未有恃祥而壽者也。商之王以桑穀昌，以雉雊大，宋之君以法星壽，鄭以龍衰，魯以麟弱，白雉亡漢，黄犀死莽，惡在其爲符也？不勝唐德之代，光紹明濬，深鴻龙大，保人斯無疆，宜薦于郊廟，文之雅詩，祗告于德之休。帝曰諶哉！乃黜休祥之奏，究貞符之奥，思德之所未大，求仁之所未備，以極于邦治，以敬于人事。其《詩》曰：

於穆敬德，黎人皇之。惟貞厥符，浩浩將之。仁函于膚，刃莫畢屠。澤熯于爨，灂炎以澣。勃厥凶德，乃驅乃夷。懿其休風，是煦是吹。父子熙熙，相寧以嬉。賦徹而藏，厚我糗粻。刑輕以清，我完靡傷。貽我子孫，百代是康。十聖嗣于治，仁后之子。子思孝父，易患于己。拱之戴之，神其爾宜。載揚于雅，承天之嘏。天之誠神，宜鑒于仁。神之曷依？宜仁之歸。濮鉛于北，祝栗于南，幅員西東，祗一乃心。祝唐之紀，後天罔墜；祝皇之壽，與地咸久。曷徒祝之，心誠篤之。神協人同，道以告之。俾彌億萬年，不震不危。我代之延，永永毗之。仁增以崇，曷不爾思？有號于天，僉曰嗚呼，咨爾皇靈，無替厥符！

宗元不得召，内閔悼，悔念往吝，作賦自儆曰：

懲咎愆以本始兮，孰非余心之所求？處卑汙以閔世兮，固前志之爲尤。始余學而觀古兮，怪今昔之異謀。惟聰明爲可考兮，追駿步而遐游。絜誠之既信直兮，仁友藹而萃之。日施陳以繫縻兮，邀堯舜與之爲。上睢盱而混茫兮，下駁詭而懷私。旁羅列以交貫兮，求大中之所宜。

曰道有象兮，而無其形。推變乘時兮，與志相迎。不及則殆兮，過則失貞。謹守而中兮，與時偕行。萬類芸芸兮，率由以寧。剛柔弛張兮，出入綸經。登能抑枉兮，白黑濁清。蹈乎大方兮，物莫能嬰。

奉訏謨以植內兮，欣余志之有獲。再明信乎策書兮，謂耿然而不惑。愚者果於自用兮，惟懼夫誠之不一。不顧慮以周圖兮，專茲道以爲服。讒姤構而不戒兮，猶斷斷於所執。哀吾黨之不淑兮，遭遇任之卒迫。勢危疑而多詐兮，逢天地之否隔。欲圖退而保己兮，悼乖斯乎曩昔。欲操術以致忠兮，衆呀然而互嚇。進與退吾無歸兮，甘脂潤兮鼎鑊。幸皇鑒之明宥兮，纍郡印而南適。惟罪大而寵厚兮，宜夫重仍乎禍謫。既明懼乎天討兮，又幽慄乎鬼責。惶惶乎夜寤而晝駭兮，類麏麚之不息。

凌洞庭之洋洋兮，泝湘流之沄沄。飄風擊以揚波兮，舟摧抑而迴邅。日霾曀以昧幽兮，黝雲涌而上屯。暮屑窣以淫雨兮，聽嗷嗷之哀猿。衆烏萃而啾號兮，沸洲渚以連山。漂遙逐其詎止兮，逝莫屬余之形魂。攢巒奔以紆委兮，束洶涌之崩湍。畔尺進而尋退兮，盪洄汩乎淪漣。際窮冬而止居兮，羈纍棼以縈纏。

哀吾生之孔艱兮，循《凱風》之悲詩。罪通天而降酷兮，不亟死而生爲！逾再歲之寒暑兮，猶貿貿而自持。將沈淵而隕命兮，詎蔽罪以塞禍？惟滅身而無後兮，顧前志猶未可。進路呀以劃絶兮，退伏匿又不果。爲孤囚以終世兮，長拘攣而轗軻。

曩余志之脩蹇兮，今何爲此戾也？豈貪食而盜名兮，不混同於世也。不擇言以危肆兮，固羣禍之際也。將顯身以直遂兮，衆之所宜蔽也。

御長轅之無橈兮，行九折之峩峩。卻驚棹以橫江兮，泝凌天之騰波。幸余死之已緩兮，完形軀之既多。苟餘齒之有懲兮，蹈前烈而不頗。死蠻夷固吾所兮，雖顯寵其焉加？配大中以爲偶兮，諒天命之謂何！

（漢）劉安《淮南子》卷二《俶真訓》 古者至德之世，賈便其肆，農樂其業，大夫安其職，職事。而處士脩其道。道，先王之道也。逵吉按：脩，《太平御覽》作循。當此之時，風雨不毀折，草木不夭，九鼎重味，珠玉潤澤，九鼎，九州貢金所鑄也。一曰象九德，故曰九鼎也。重，厚也。潤澤，有光也。逵吉按《太平御覽》作草木不夭死，九鼎重無味。字下有注云：王者之德，休明則鼎重，姦回則鼎輕。洛出丹書，河出緑圖。故許由、方回、善卷、披衣得達其道。許由，陽城人也，堯所聘而不到也。方回、善卷、披衣皆堯時隱士，姓名不可得知。其人方直回旋，因曰方回。見其善卷，披衣而行，因曰披衣。得達，樂其所修先王之道也。何則，世之主有欲利天下之心，是以人得自樂其閒。自樂其道于天地之閒也，或作文德自樂其閒，先王之道也。四子之才，非能盡善。蓋今之世也，然莫能與之同光者，遇唐虞之時。光譽。

（漢）王充《論衡》卷一六《講瑞》 方今聖世，堯、舜之主，流布道化，仁聖之物，何爲不生？或時以有鳳皇麒麟，亂於鴝鵒麞鹿，世人不知。美玉隱在石中，楚王令尹不能知，故有抱玉泣血之痛。今或時鳳皇麒麟以仁聖之性，隱於恆毛庸羽，無一角五色表之，世人不之知，猶玉在石中也。何用審之？爲此論草於永平之初，時來有瑞。其孝明宣惠，衆瑞並至。至元和章和之際，孝章耀德，天下和洽，嘉瑞奇物，同時俱應；鳳皇麒麟，連出重見，盛於五帝之時。此篇已成，故不得載。

（漢）王充《論衡》卷一七《是應》 儒者説云，觟䚦者，一角之羊也，性知有罪。皋陶治獄，其罪疑者，令羊觸之；有罪則觸，無罪則不觸。斯蓋天生一角聖獸，助獄爲驗，故皋陶敬羊，起坐事之，此則神奇瑞應之類也。曰，夫觟䚦，則復屈軼之語也。羊本二角，觟䚦一角，體損於羣，不及衆類，何以爲奇？鼈三足曰能，龜三足曰賁，案能與賁，不能神於四足之龜鼈；一角之羊，何能聖於兩角之禽？狌狌知往，乾鵲知來，鸚鵡能言，天性能一，不能爲二。或時觟䚦之性，徒能觸人，未必能知罪人。皋陶欲神事助政，惡受罪者之不厭服，因觟䚦觸人則罪之；欲人畏之不犯，受罪之家，没齒無怨言也。夫物性各自有所知。如以觟䚦能觸謂之爲神，則狌狌之徒皆爲神也。巫知吉凶，占人禍福，無不然者；如以觟䚦謂之巫類，則巫何奇而以爲善？斯皆人欲神事立化也。師尚父爲周司馬，將師伐紂，到孟津之上，杖鉞把旄，號其衆曰倉光。倉光者水中之獸也。善覆人船，因神以化，欲令急渡；不急渡倉光害汝，則復觟䚦之類也。河中有此異物，時出浮揚，一身九頭，人畏惡之，未必覆人之舟也。尚父緣河有此異物，因以威衆。夫鮭鯱之觸罪人，猶倉光之覆舟也，蓋有虛名無其實效也。人畏怪奇，故空褒增。

(漢)王充《論衡》卷一八《感類》　秦始皇帝東封岱嶽，雷雨暴至。劉媼息大澤，雷雨晦冥。始皇無道，自同前聖，治亂自謂太平，天怒可也。劉媼息大澤，夢與神遇。是生高祖，何怒於生聖人而爲雷雨乎？堯時大風爲害，堯激大風於青丘之野。舜入大麓，烈風雷雨。堯舜世之隆主，何過於天，天爲風雨也。大旱《春秋》雩祭。又董仲舒設土龍，以類招氣。如天應雩龍，必爲雷雨。何則？秋夏之雨，與雷俱也。必從《春秋》仲舒之術，則大雩龍求怒天乎？師曠奏白雪之曲，雷電下擊；鼓清角之音，風雨暴至，苟謂雷雨爲天怒，天何憎於白雪清角，而怒師曠爲之乎？此雷雨之難也。

又問之曰：成王不以天子禮葬周公，天爲雷風，偃禾拔木。成王覺悟，執書泣過，天乃反風，偃禾復起。何不爲疾反風以立大木，必須國人起築之乎？應曰：天不能。曰：然則天有所不能乎？應曰：然？難曰：孟賁推人，人仆，接人而起，接人立。天能拔木，不能復起，是則天力不如孟賁也。秦時三山亡，猶謂天所徙也；夫木之輕重，孰與三山？能徙三山，不能起大木，非天用力宜也。如謂三山非天所亡，然則雷雨獨天所爲乎？問曰：天之欲令成王以天子之禮葬周公，以公有聖德，以公有王功；經曰：王乃得周公死，自以爲功代武王之説。今天動感以彰周公之德也。

(漢)王充《論衡》卷一八《齊世》　堯舜之禪，湯武之誅，皆有天命，非優劣所能爲，人事所能成也。使湯武在唐虞，亦禪而不伐；堯舜在殷周，亦誅而不讓。蓋有天命之實，而世空生優劣之語。經言協和萬國，時亦有丹朱；鳳凰來儀，時亦有有苗。兵皆動而並用，則知德亦何優劣而大小也。世論桀紂之惡，甚於亡秦！實事者謂亡秦惡甚於桀紂。秦漢善惡相反，猶堯舜桀紂相違也。亡秦與漢，皆在後世。亡秦惡甚於桀紂，則亦知大漢之德不劣於唐虞也。唐之萬國，固增而非實也。有虞之鳳皇，宣帝以五致之矣，孝明帝符瑞並至。夫德優故有瑞，瑞鈞則功不相下。宣帝孝明如劣，不及堯舜，何以能致堯舜之瑞。光武皇帝龍興鳳擧，取天下若拾遺，何以不及殷湯周武，世稱周之成康，不虧文王之隆，舜巍巍不虧堯之盛功也。方今聖明，承光武，襲孝明，有浸酆溢美之化，無細小毫髪之虧，上何以不逮舜禹，下何以不若成康，世見五帝三王，事在經傳之上，而漢之記故，尚爲文書，則謂古聖優而功大，後世劣而化薄矣。

(漢)王充《論衡》卷二〇《須頌》　古今聖王不絶，則其符瑞亦宜累屬。符瑞之出不同於前，或時已有，無世以知，故有講論。欲儒好長古而短今，言瑞則渥前而薄後；是應變而定之，漢不爲少。漢有實事，儒者不稱。古有虛美，誠心然之。信久遠之僞，忽近今之實，斯蓋三增九虛，所以成也。能聖實聖，所以興也。儒者稱聖過實，稽合於漢。漢不能及，非不能及，儒者之説，使難及也。實而論之，漢更難及。穀熟歲平，聖王因緣，以立功化，故治期之篇，爲漢激發。治有期，亂有時，能以亂爲治者優；優者有之。建初孟年無妄氣，至聖世之期也。皇帝執德，救備其災，故順鼓明雩，爲漢應變。是故災變之至，或在聖世。時旱禍湛，爲漢論災。是故《春秋》爲漢制法，《論衡》爲漢平説。從門應庭，聽堂室之言，什而失九；如升堂闚室，百不失一。《論衡》之人，在古荒流之地，其遠非徒門庭也。

(漢)王充《論衡》卷二四《卜筮》　夫鑽龜揲蓍，自有兆數；兆數之見，自有吉凶：而吉凶之人，適與相逢。吉人與善兆合，凶人與惡數遇；猶吉人行道逢吉事，顧睨見祥物；非吉事祥物爲吉人瑞應也。凶人遭遇凶惡，於道亦如之。夫見善惡非天應荅，適與善惡相逢遇也。鑽龜揲蓍，有吉凶之兆者，逢吉遭凶之類也。何以明之？周武王不豫，周公卜三龜。公曰：乃逢是吉。魯卿莊叔生子穆叔，以《周易》筮之，遇《明夷》之謙。夫卜曰逢，筮曰遇，實遇所得，非善惡所致也。善則逢吉，惡則遇凶，天道自然，非爲人也。推此以論，人君治有吉凶之應，亦猶此也。君德遭賢，時適當平，嘉物奇瑞偶至；不肖之君，亦反此焉。世人言卜筮者多，得實誠者寡。論者或謂蓍龜可以參事，不可純用。夫鑽龜揲蓍，兆數輒見。見無常占，占者生意。吉兆而占謂之凶，凶數而占謂之吉。吉凶不效，則謂卜筮不可信。

(宋)周密《齊東野語》卷六《祥瑞》　世所謂祥瑞者，麟鳳、龜龍、騶虞、白雀、醴泉、甘露、朱草、靈芝、連理之木、合潁之禾皆是也。然夷考所出之時，多在危亂之世。今不暇遠引古昔。姑以近代顯著者言之。

王建父子之據蜀也，天復六年，巨人見青城山，鳳凰見萬歲縣，黃龍見嘉陽江，而甘露、白雀、白鹿、龜龍並見於諸州。武成元年，騶虞見武定，嘉禾生廣昌，麟見壁州，龍五十見於洵陽水中。永平二年，劍州木連理，文州麟見，黃龍見富義江。三年，麟見永泰，白龍見邛江，騶虞見壁山，有三鹿隨之。四年，麟見昌州。通正元年，黃龍見太昌池。瑞物之出，殆無虛歲，而太子元膺以叛死，大火焚其宮室，兵敗於外，政亂於內，終之以身死衍立而國亡。其爲瑞徵乃如此耳。

至如政和隆盛之際，地不愛寶，所在奏貢芝草者，動二、三萬本。蘄、黃間，至有一鋪二十五里之間，遍野而出。密州山間，至彌滿四野，有一本數十葉，衆色咸備者。太守李文仲，採及三十萬本，作一綱進，即進職，除本道運使。海汝諸郡縣山石變爲瑪瑙，動以千百。伊陽太和山崩，出水晶幾萬斤，皆以匣進京師。長沙、益陽山溪，流出生金數百斤，其間大者一塊重四十九斤。其他草木鳥獸之珍不可一二數。一時君臣稱頌，祥瑞蓋無虛月。然越數歲，而遂罹狄難，邦國喪亂，父子播遷。所謂瑞應，又如此也。

善乎先儒之論曰：未有喪仁而久者也，未有恃祥而壽者也。商之王以桑穀昌，以雉雊大。鄭以龍衰，魯以麟弱。白雉亡漢，黃犀死莽，惡在其爲符也。世有喜言祥瑞之人，觀此亦可以少悟矣。

紀事

《史記》卷一〇《孝文本紀》十五年，黃龍見成紀，天子乃復召魯公孫臣，以爲博士，申明土德事。於是上乃下詔曰：有異物之神見于成紀，無害於民，歲以有年。朕親郊祀上帝諸神。禮官議，毋諱以勞朕。有司禮官皆曰：古者天子夏躬親禮祀上帝於郊，故曰郊。於是天子始幸雍，郊見五帝，以孟夏四月答禮焉。趙人新垣平以望氣見，因説上設立渭陽五廟。欲出周鼎，當有玉英見。

《晉書》卷一〇五《石勒載記下》勒以休瑞並臻，遐方慕義，赦三歲刑已下，均百姓去年逋調；特赦涼州殊死，涼州計吏皆拜郎中，賜絹十匹，綿十斤。勒南郊，有白氣自壇屬天，勒大悦，還宮，赦四歲刑。遣使封張駿武威郡公，食涼州諸郡。勒親耕藉田，還宮，赦五歲刑，賜其公卿已下金帛有差。勒以日蝕，避正殿三日，令羣公卿士各上封事。禁州郡諸祠堂非正典者皆除之，其能興雲致雨，有益於百姓者，郡縣更爲立祠堂，殖嘉樹，準嶽瀆已下爲差等。

《南史》卷六《梁紀上·武帝》乙丑，南兗州隊主陳文興於宣武城內鑿井，得玉鏤騏驎、金鏤玉璧、水精環各二。又鳳凰見建康縣桐下里。宣德皇后稱美符瑞，歸于相國府。丙寅，詔梁國依舊選諸要職，悉依天朝之制。帝上表，以前代選官，皆立選簿，請自今選曹，精加隱括，依舊立簿，使冠屨無爽，名實不違，庶人職涯涘，造請自息。且聞中間立格，甲族以二十登仕，後門以過立試吏，豈所以弘獎風流，希向後進。此實巨蠹，尤宜刊革。詔依表施行。

《魏書》卷四上《世祖紀上》〔太延元年〕六月甲午，詔曰：頃者寇逆消除，方表漸晏，思崇政化，敷洪治道，是以屢詔有司，班宣恩惠，綏理百揆。羣公卿士師尹牧守，或未盡導揚之美，致令陰陽失序，和氣不平，去春小旱，東作不茂。憂勤克己，祈請靈祇，上下咸秩。豈朕精誠有感，何報應之速，雲雨震灑，流澤霑渥。有鄙婦人持方寸玉印，詣潞縣侯孫家，既而亡去，莫知所在。玉色鮮白，光照內映。印有三字，爲龍鳥之形，要妙奇巧，不類人迹，文曰：旱疫平。推尋其理，蓋神靈之報應也。朕用嘉焉。比者已來，禎瑞仍臻：所在甘露流液，降於殿內；嘉瓜合蒂，生于中山；野木連理，殖於魏郡，在先后載誕之鄉；白燕集于盛樂舊都，玄鳥隨之，蓋有千數；嘉禾頻歲合秀於恒農，白雉、白兔並見於勃海，白雉三隻又集於平陽太祖之廟。天降嘉貺，將何德以酬之。所以內省驚震，欣懼交懷。其令天下大酺五日，禮報百神，守宰祭界內名山大川，上答天意，以求福禄。

《魏書》卷七上《高祖紀上》太和元年春正月乙酉朔，詔曰：朕夙承寶業，懼不堪荷，而天貺具臻，地瑞並應，風和氣晼，天人交協。豈朕沖昧所能致哉？實賴神祇七廟降福之助。今三正告初，祇感交切，宜因陽始，協典革元，其改今號爲太和元年。辛亥，詔曰：今牧民者，與朕共治天下也。宜簡以徭役，先之勸獎，相其水陸，務盡地利，使農夫外布，桑婦內勤。若輕有徵發，致奪民時，以侵擅論。民有不從長教，惰於農桑者，加以罪刑。

又：九年春正月戊寅，詔曰：圖讖之興，起於三季。既非經國之典，徒爲妖邪所憑。自今圖讖、秘緯及名爲《孔子閉房記》者，一皆焚之。留者以大辟論。又諸巫覡假稱神鬼，妄説吉凶，及委巷諸卜非墳典所載者，嚴加禁斷。癸未，大饗羣臣于太華殿，班賜皇誥。二月己亥，制皇子封王者、皇孫及曾孫紹封者、皇女封者歲禄各有差。以廣陽王建第二子嘉紹建後，爲廣陽王。乙巳，詔曰：昔之哲王，莫不博採下情，勤求箴諫，建設旌鼓，詢納芻蕘。朕班禄删刑，慮不周允，虛懷讜直，思顯洪猷。百司卿士及工商吏民，其各上書極諫，靡有所隱。

《北齊書》卷四《文宣帝紀》〔天保元年五月辛亥〕京師獲赤雀，獻於南郊。事畢，還宮，御太極前殿。詔曰：無德而稱，代刑以禮，不言而信，先春後秋。故知惻隱之化，天人一揆，弘宥之道，今古同風。朕以虛薄，功業無紀。昔先獻武王值魏世不造，九鼎行出，乃驅御侯伯，大號燕、趙，拯厥顛墜，俾亡則存。文襄王外挺武功，內資明德，纂戎先業，闢土服遠。年踰二紀，世歷兩都，獄訟有適，謳歌斯在。故魏帝俯遵曆數，爰念褰裳，遠取唐、虞，終同脱屣。實幽憂未已，志在陽城，而羣公卿士誠守愈切，遂屬代終，居於民上，如涉深水，有眷終朝。始發晉陽，九尾呈瑞，外壇告天，赤雀效祉。惟爾文武不貳心之臣，股肱爪牙之將，左右先王，克隆大業，永言誠節，共斯休祉。思與億兆同始茲日，其大赦天下。改武定八年爲天保元年。其百官進階，男子賜爵，鰥寡六疾義夫節婦旌賞各有差。

（宋）李燾《續資治通鑑長編》卷一二〇《宋仁宗景祐四年》　丙寅，有芝生於化成殿柱，召近臣、宗室觀之，仍出御製《瑞芝詩》賜宰臣王隨以下。翌日，儒臣並爲賦頌以獻。右司諫韓琦言：《春秋》之法，但記災異，至於祥瑞，略而不書。豈不以君閲瑞牒則意安，覩災符則心懼！意安則政怠，心懼則德修。聖人垂戒之深，其旨斯在。臣愚望陛下特以災異爲重，一政教之閒，思所未至者，隨其變而應之。至於珍祥奇瑞，雖陛下仁愛所感，亦望日謹一日，以雖休勿休爲念，則昊穹降鑒，答陛下寅畏之心，生靈遂宜，蒙陛下慈惠之澤，自然時和歲豐，家給人足，永獲上瑞之報也。

《明史》卷三《太祖紀三》　二十年春正月癸丑，馮勝爲征虜大將軍，傅友德、藍玉副之，率師征納哈出。焚錦衣衛刑具，以繫囚付刑部。甲子，大祀天地於南郊。禮成，天氣清明。侍臣進曰：此陛下敬天之誠所致。帝曰：所謂敬天者，不獨嚴而有禮，當有其實。天以子民之任付於君，爲君者欲求事天，必先恤民。恤民者，事天之實也。即如國家命人任守令之事，若不能福民，則是棄君之命，不敬孰大焉。又曰：爲人君者，父天母地子民，皆職分之所當盡，祀天地，非祈福於己，實爲天下蒼生也。

聖人與法部

綜論分部

論說

《周易正義·乾》　九五：飛龍在天，利見大人。不行不躍而在乎天，非飛而何？故曰飛龍也。龍德在天，則大人之路亨也。夫位以德興，德以位敘，以至德而處盛位，萬物之覩，不亦宜乎？疏：九五至利見大人。正義曰：言九五陽氣盛至於天，故云飛龍在天。此自然之象，猶若聖人有龍德飛騰而居天位，德備天下，爲萬物所瞻覩，故天下利見此居王位之大人。注龍德在天。正義曰：龍德在天，則大人之路亨，謂若聖人有龍德居在天位，則大人道路得亨通。猶若文王拘在羑里，是大人道路未亨也。夫位以德興者，位謂王位，以聖德之人能興王位也。德以位敘者，謂有聖德之人，得居王位，乃能敘其聖德，若孔子雖有聖德，而无其位，是德不能以位敘也。【略】九五曰飛龍在天，利見大人，何謂也？子曰：同聲相應，同氣相求。水流濕，火就燥，雲從龍，風從虎，聖人作而萬物覩，本乎天者親上，本乎地者親下，則各從其類也。疏：九五曰至各從其類也。正義曰：此明九五爻之義。飛龍在天者，言天能廣感衆物，衆物應之，所以利見大人。因大人與衆物感應，故廣陳衆物相感應，以明聖人之作而萬物瞻覩以結之也。同聲相應者，若彈宮而宮應，彈角而角動是也。同氣相求者，若天欲雨而柱礎潤是也。此二者聲氣相感也。水流濕，火就燥者，此二者以形象相感，水流於地，先就濕處；火焚其薪，先就燥處。此同氣水火，皆无識而相感，先明自然之物，故發初言之也。雲從龍，風從虎者，龍是水畜，雲是水氣，故龍吟則景雲出，是雲從龍也。虎是威猛之獸，風是震動之氣，此亦是同類相感。故虎嘯則谷風生，是風從虎也。此二句明有識之物感无識，故以次言之，漸就有識而言也。聖人作而萬物覩者，此二句正釋飛龍在天，利見大人之義。聖人作則飛龍在天也，萬物覩則利見大人也。陳上數事之名，本明於此，是有識感有識也。此亦同類相感，聖人有生養之德，萬物有生養之情，故相感應也。本乎天者親上，本乎地者親下者，在上雖陳感應，唯明數事而已。此則廣解天地之閒共相感應之義。莊氏云：天地絪緼，和合二氣，共生萬物。然萬物之體，有感於天氣偏多者，有感於地氣偏多者。故《周禮·大宗伯》有天產、地產，《大司徒》云動物、植物，本受氣於天者，是動物含靈之屬，天體運動，含靈之物亦運動，是親附於上也。本受氣於地者，是植物无識之屬，地體凝滯，植物亦不移動，是親附於下也。則各從其類者，言天地之閒，共相感應，各從其氣類。此類因聖人感萬物以同類，故以同類言之。其造化之性，陶甄之器，非唯同類相感，亦有異類相感者。若磁石引針，琥珀拾芥，蠶吐絲而商弦絕，銅山崩而洛鍾應，其類煩多，難一一言也。皆冥理自然，不知其所以然也。感者動也，應者報也，皆先者爲感，後者爲應。非唯近事則相感，亦有遠事遥相感者。若周時獲麟，乃爲漢高之應，漢時黄星，後爲曹公之兆。感應之事廣，非片言可悉，今意在釋理，故略舉大綱而已。

（唐）李鼎祚《周易集解·乾》　飛龍在天，大人造也。荀爽曰：飛者，喻无所拘。天者，首事造制。大人造法，見居天位。聖人作而萬物覩，是其義也。

（宋）李衡《周易義海撮要·比》　比：吉。原筮，元永貞，无咎。不寧方來，後夫凶。【略】聖人以兵刑威下，所以齊不協，既服而來，必親之，使不攜貳。故比者，居上者親於來附，在下者比而順命之時也。陳臯

《周易正義·觀》　《彖》曰：【略】順而巽，中正以觀天下，觀。盥而不薦，有孚顒若，下觀而化也。觀天之神道，而四時不忒。聖人以神道設教，而天下服矣。統説觀之爲道，不以刑制使物，而以觀感化物者也。神則無形者也。不見天之使四時，而四時不忒，不見聖人使百姓，而百姓自服也。順而巽至天下服矣。正義曰：順而和巽，居中得正。以觀於天下，謂之觀也。此釋觀卦之名，觀盥而不薦，有孚顒若，下觀而化者，釋有孚顒若之義，本由在下，觀效在上而變化，故有孚顒若也。觀天之神道而四時不忒者，此盛名觀卦之美，言觀盥與天之神道相合，觀此天之神道而四時不有差忒。神道者，微妙无方，理不可知，目不可見，不知所以然而然，謂之神道，而四時之節氣見矣。豈見天之所爲，不知從何而來邪？蓋四時流行，不有差忒，故云觀天之神道而四時不忒也。聖人以神道設教，而天下服矣者，此明聖人用此天之神道，以觀設教而天下服矣。天既不言而行，不爲而成，聖人法則天之神道，本身自行善，垂化於人，不假言語教戒，不須威刑恐逼，在下自然觀化服從，故云天下服矣。

（宋）張載《横渠易説·上經·觀》　觀。盥而不薦，有孚顒若。盥求神而薦褻也。《彖》曰：大觀在上，順而巽，中正以觀天下。觀盥而不薦，有孚顒若，下觀而化也。觀天之神道而四時不忒，聖人以神道設教而天下

服矣。《象》曰：風行地上，觀。先王以省方觀民設教。内順外巽，示民以順而外從巽，此祭所以爲教之本，故盥而不薦。中正以觀天下，又曰：大觀在上，皆謂五也，凡言觀我生，亦皆謂五也。天不言，藏其用而四時行。神道，如盥而不薦之類，盥簡潔而神，薦褻近而煩也。

有兩則須有感，然天之感有何思慮？莫非自然。聖人則能用感，何謂用感？凡教化設施，皆是用感也，作於此化於彼此者，皆感之道，聖人以神道設教是也。

天不言而四時行，聖人設教而天下服，戒於此，動於彼，神之道歟！

（清）孫星衍《周易集解・觀》《象》曰：聖人以神道設教，而天下服矣。解：虞翻曰：聖人謂乾，藏於密而齊於巽，以神明其德教。故聖人設教，坤民順從而天下服矣。

《周易正義・賁》賁【略】《象》曰：【略】文明以止，人文也。止物不以威武，而以文明，人之文也。疏：正義曰：文明，離也；以止，艮也。用此文明之道，裁止於人，是人之文德之教，此賁卦之象。既有天文、人文，欲廣美天文、人文之義，聖人用之以治於物也。觀乎天文，以察時變；觀乎人文，以化成天下。觀天之文，則時變可知也；觀人之文，則化成可爲也。疏：正義曰：觀乎天文，以察時變者，言聖人當觀視天文，剛柔交錯，相飾成文，以察四時變化。若四月純陽用事，陰在其中，靡草死也。十月純陰用事，陽在其中，齊麥生也。是觀剛柔而察時變也。觀乎人文以化成天下者，言聖人觀察人文。則《詩》《書》《禮》《樂》之謂，當法此教，而化成天下也。

《象》曰：山下有火，賁。君子以明庶政，无敢折獄。處賁之時，止物以文明，不可以威刑。故君子以明庶政，而无敢折獄。疏：正義曰：山下有火賁者，欲見火上照山，有光明文飾也。又取山含火之光明，象君子内含文明，以理庶政。故云山有，賁也。以明庶政者，用此文章明達以治理庶政也。无敢折獄者，勿得直用果敢，折斷訟獄。

（宋）李衡《周易義海撮要・坎》習坎：坎，險陷。習，便習。有孚，維心亨。剛在内，有孚也。陽不外發，心亨也。行有尚。【略】法制兵刑之事，不得已而用之。聖人慎其事，故加習字。陳

（宋）李衡《周易義海撮要・鼎》上九，鼎玉鉉，大吉，無不利。【略】上九在卦之外，如一賢人在上，當鼎立，制度已成之後，不累於位者。玉者，言火炎而不變其性者也。鉉亦取能舉其任。以剛履柔，不爲過亢，所以大吉，而无有不利。此爻周公告老之時當之矣。石

（宋）李衡《周易義海撮要・艮》艮：其背，不獲其身；行其庭，不見其人，无咎。【略】艮次震者，動而不已，必有悔吝。故以艮次之背者，見所不見之所也。言艮止之道，必止於未萌之前。若聖人治天下，欲禁民之邪。必於利害嗜欲未形，未作之前，先止其心而不陷於邪惡。若止之於背之後，目所不覩不見其身也。

（宋）李衡《周易義海撮要・豐》豐：亨，王假之；勿憂，宜日中。【略】王假之者，聖人必假。此豐盛之時。發號令行，賞罰以至。制禮作樂，可以大行於天下也。

（明）來知德《易經集注・中孚》《象》曰：澤上有風，中孚。君子以議獄緩死。聖人之于卦，以八卦爲之體，其所變六十四卦中錯之綜之上之下之，皆其卦也。如火雷噬嗑，文王之意，以有火之明，有雷之威，方可用獄。孔子大象言用獄者五，皆取雷火之意。豐取其雷火也，旅與賁，艮綜震亦雷火也。解則上雷而中爻爲火也，下體錯離亦火也。此爻則大象爲火而中爻爲雷也。蓋孔子于《易》，韋編三絶，胸中之義理無窮，所以無往而非其八卦，不然風澤之與議獄緩死何相干涉哉。《易經》一錯一綜，大象中爻，觀此五卦，自然默悟，兌爲口舌，議之象；巽爲不果，緩之象。議獄緩死者，議獄罪當死矣，乃緩其死而欲求其生也。風入水受者，中孚之象也。議獄緩死則至誠惻怛之意，溢于用刑之間矣。

（清）惠棟《周易述・象上》天行健，君子以自強不息。注：【略】易備三才，至誠無息。所以參天地與。疏：【略】故《荀子・王制篇》曰：天地者，生之始也。禮義者，治之始也。君子者，禮義之始也。爲之貫之，積重之，致好之，君子之始也。故天地生君子，君子理天地。君子，天地之參也。《孟子》曰：夫君子所過者化，所存者神。上下與天地同流，皆言君子參天地之事。趙岐注云君子通於聖人是也。

《周易正義・繫辭上》是故易有太極，是生兩儀。夫有必始於无，故太極生兩儀也。太極者，无稱之稱，不可得而名，取有之所極，況之太極者也。疏：正義曰：太極謂天地未分之前，元氣混而爲一，即是太初、太一也。故《老子》云：道生一。即此太極是也。又謂混元既分，即有天地，故曰太極生兩儀，即《老子》云：一生二也。不言天地而言兩儀者，指其物體，下與四象相對，故曰兩儀，謂兩體容儀也。兩儀生四象，四象生八卦。卦以象之。疏：正義曰：兩儀生四象者，謂金木水火，稟天地而有，故云：兩儀生四象，土則分王四季，又地中之別，故唯云四象也。四象生八卦者，若謂震木、離火、兌金、坎水，各主一時，又巽同震木，乾同兌金，加以坤、艮之土爲八卦也。八卦定吉凶。八卦既立，則吉凶可定。疏：正義曰：八卦既立，爻象變而相推，有吉有凶，故八卦定吉凶也。吉凶生大業。既定吉凶，則廣大悉備。疏：正義曰：萬事各有吉凶，廣大悉備，故能王天下大事業也。

是故法象莫大乎天地，變通莫大乎四時，縣象著明莫大乎日月，崇高莫大乎富貴。位所以一天下之動，而濟萬物。疏：正義曰：是故法象莫大乎天地者，言天地最大也。變通莫大乎四時者，謂四時以變得通，是變中最大也。縣象著明莫大乎日月者，謂日月中時，徧照天下，无幽不燭，故云：著明莫大乎日月也。崇高莫大乎富貴者，以王者居九五富貴之位，力能齊一天下之動，而道濟萬物，是崇高之極，故云：莫大乎富貴。備物致用，立成器以爲天下利，莫大乎聖人。疏：正義曰：謂備天下之物，招致天下所用，建立成就天下之器，以爲天下之利，唯聖人能然，故云：莫大乎聖人也。探賾索隱，鉤深致遠，以定天下之吉凶，成天下之亹亹者，莫大乎蓍龜。疏：正義曰：探，謂闚探求取。賾，謂幽深難見。卜筮則能闚探幽昧之理，故云探賾也。索，謂求索。隱，謂隱藏。卜筮能求索隱藏之處，故云索隱也。物在深處，能鉤取之；物在遠方，能招致之，卜筮能然，故云：鉤深致遠也。以此諸事，正定天下之吉凶，成就天下之亹亹者，唯卜筮能然，故云：莫善乎蓍龜也。案《釋詁》云：亹亹，勉也。言天下萬事，悉動而好生，皆勉勉營爲，此蓍龜知其好惡得失，人則棄其得而取其好，背其失而求其得，是成天下之亹亹也。是故天生神物，聖人則之。天地變化，聖人效之。天垂象，見吉凶，聖人象之。河出《圖》，洛出《書》聖人則之。疏：正義曰：是故天生神物，聖人則之者，謂天生蓍龜，聖人法則之以爲卜筮也。天地變化，聖人效之者，行四時生殺，賞以春夏，刑以秋冬，是聖人效之。天垂象，見吉凶，聖人象之者，若璿璣玉衡，以齊七政，是聖人象之也。河出圖，洛出書，聖人則之者，如鄭康成之義，則《春秋緯》云：河以通乾出天苞，洛以流坤吐地符。河龍圖發，洛龜書感。《河圖》有九篇，《洛書》有六篇。孔安國以爲《河圖》則八卦是也，《洛書》則九疇是也。輔嗣之義，未知何從。易有四象，所以示也。繫辭焉，所以告也。定之以吉凶，所以斷也。疏：正義曰：易有四象，所以示者，莊氏云：四象，謂六十四卦之中，有實象，有假象，有義象，有用象，爲四象也。今於釋卦之處，已破之矣。何氏以爲四象，謂：天生神物，聖人則之，一也。天地變化，聖人效之，二也。天垂象，見吉凶，聖人象之，三也。河出圖，洛出書，聖人則之，四也。今謂此等四事，乃是聖人易外別有其功，非專易內之物，何得稱易有四象？且又云：易有四象，所以示也。繫辭焉，所以告也。然則象之與辭，相對之物。辭既爻卦之下辭，則象爲爻卦之象也。則上兩儀生四象，七八九六之謂也。故諸儒有爲七八九六，今則從以爲義。繫辭焉，所以告者，繫辭於象卦下，所以告其得失也。定之以吉凶，所以斷者，謂於繫辭之中，定其行事吉凶，所以斷其行事得失。

又：子曰：書不盡言，言不盡意。然則聖人之意，其不可見乎？疏：正義曰：此一節夫子自發其問，謂聖人之意難見也。所以難見者，書所以記言，言有煩碎，或楚夏不同，有言无字，雖欲書録，不可盡竭於其言，故云：書不盡言也。言不盡意者，意有深邃委曲，非言可寫，是言不盡意也。聖人之意，意又深遠。若言之不能盡聖人之意，書之又不能盡聖人之言，是聖人之意，其不可見也。故云：然則聖人之意，其不可見乎？疑而問之，故稱乎也。

子曰：聖人立象以盡意，設卦以盡情僞，繫辭焉以盡其言，變而通之以盡利，極變通之數，則盡利也。故曰：易窮則變，變則通，通則久。疏：正義曰：子曰聖人立象以盡意已下，至幾乎息矣，此一節是夫子還自釋聖人之意，有可見之理也。聖人立象以盡意者，雖言不盡意，立象可以盡之也。設卦以盡情僞者，非唯立象以盡聖人之意，又設卦以盡百姓之情僞也。繫辭焉以盡其言者，雖書不盡言，繫辭可以盡其言也。變而通之以盡利者，變，謂化而裁之，通，謂推而行之，故能盡物之利也。鼓之舞之以盡神。乾坤其易之緼邪？緼，淵奥也。疏：正義曰：鼓之舞之以盡神者，此一句總結立象盡意、繫辭盡言之美。聖人立象以盡其意，繫辭則盡其言，可以説化百姓之心，百姓之心自然樂順，若鼓舞然，而天下從之，非盡神，其孰能與於此？故曰：鼓之舞之以盡神也。乾坤其易之緼邪者，上明盡言盡意，皆由於易道，此明易之所立，本乎乾坤。若乾坤不存，則易道無由興起，故乾坤是易道之所緼積之根源也。是與易爲川府奥藏。故云：乾坤其易之緼邪。乾坤成列，而易立乎其中矣。乾坤毁，則无以見易。易不可見，則乾坤或幾乎息矣。疏：正義曰：乾坤成列，而易立乎其中矣者，夫易者，陰陽變化之謂。陰陽變化，立爻以效之，皆從乾坤而來。故乾生三男，坤生三女而爲八卦，變而相重，而有六十四卦，三百八十四爻，本之根源，從乾坤而來。故乾坤既成列位，而易道變化建立乎乾坤之中矣。乾坤毁，則无以見易者，易既從乾坤而來，乾坤若缺毁，則易道損壞，故云：无以見易也。易不可見，則乾坤或幾乎息矣，若易道毁壞，不可見其變化之理，則乾坤亦壞，或其近乎止息矣。幾，近也。猶若樹之枝幹生乎根株，根株毁，則枝條不茂。若枝幹已枯死，其根株雖未全死，僅有微生，將死不久。根株譬乾坤也，易譬枝幹也。故云：易不可見，則乾坤或幾乎息矣。

是故形而上者謂之道，形而下者謂之器。化而裁之謂之變，因而制其會通，適變之道也。疏：正義曰：是故形而上者謂之道，形而下者謂之器者，道是无體之名，形是有質之稱。凡有從无而生，形由道而立，是先道而後形，是道在形之上，形在道之下。故自形外已上者謂之道也，自形内而下者謂之器也。形雖處道器兩畔之際，形在器，不在道也。既有形質，可爲器用，故云：形而下者謂之器也。化而裁之謂之變者，陰陽變化而相裁節之，謂之變也。是得以理之變也。猶若陽氣之化不可久長，而裁節之以陰雨也，是得理之變也。陰陽之化，自然相裁，聖人亦法此而裁節也。推而行之謂之通。乘變而往者，无不通也。疏：正義曰：因推此以可變而施行之，謂之通也。猶若亢陽之後變爲陰雨，因陰雨而行之，物得開通，聖人亦當然也。舉而錯之天下之民，謂之事業。事業所以濟物，故舉而錯之於民。疏：正義曰：謂舉此理以爲變化，而錯置於天下之民。凡民得以營爲事業，故云：謂之事業也。此乃自然以變化錯置於民也，聖人亦當法此錯置變化於萬民，使成其事業也。凡《繫辭》之説，皆説易道，以爲聖人德化，欲使聖人法易道以化成天下，是故易與聖人，恒相將也。以作易者，本爲立教故也，非是空説易道，不關人事也。

是故夫象，聖人有以見天下之賾，而擬諸其形容，象其物宜，是故謂之象。聖人有以見天下之動，而觀其會通，以行其典禮，繫辭焉以斷其吉凶，是故謂之爻。疏：正義曰：是故夫象聖人有以見天下之賾至是故謂之爻者，於第六章已具其文，今於此更復言者何也？爲下云：極天下之賾存乎卦，鼓天下之動存乎辭，爲此故更引其文也。且已下又云：存乎變，存乎通，存乎其人，廣陳所存之事，所以須重論也。極天下之賾者存乎卦，鼓天下之動者存乎辭。辭，爻辭也。爻以鼓動，效天下之動也。疏：正義曰：極天下之賾存乎卦者，言窮極天下深賾之處存乎卦，言觀卦以知賾也。鼓天下之動存乎辭者，鼓，謂發揚天下之動。動有得失，存乎爻卦之辭。謂觀辭以知得失也。化而裁之存乎變，推而行之存乎通，神而明之存乎其人。體神而明之，不假於象，故存乎其人。疏：正義曰：化而裁之存乎變者，謂覆説上文化而裁之謂之變也。推而行之存乎通者，覆説上文推而行之謂之通也。神而明之存乎其人者，言人能神此易道而顯明之者，存在於其人。若其人聖，則能神而明之；若其人愚，則不能神而明之。故存於其人，不在易象也。

默而成之，不言而信，存乎德行。德行，賢人之德行也。順足於內，故默而成之也。體與理會，故不言而信也。疏：正義曰：若能順理足於內，默然而成就之，闇與理會，不須言而自信也。存乎德行者，若有德行，則得默而成就之，不言而信也。若无德行則不能然。此言德行，據賢人之德行也。前經：神而明之，存乎其人，謂聖人也。

（宋）司馬光《温公易説・繫辭上》 繫辭焉，以斷其吉凶，是故謂之爻。合其法度則吉，違之則凶。賾者，至理幽微無形者也。故聖人立象，所以謂之形容也，會通交衢也，典禮法則也。聖人以一類萬，以要知繁，故謂之爻。爻者羣動之交也。

（宋）李衡《周易義海撮要・繫辭上》 是故列貴賤者存乎位，齊小大者存乎卦，辯吉凶者存乎辭，憂悔吝者存乎介，震无咎者存乎悔。【略】卦自下而上列貴賤之位，則剛柔上下，往來內外，得位失位，或應或不應見矣。易

於小事不忽，於大事不懼。視履尊位與居家同，視征伐天下與折獄同。視享上帝，養聖賢，養萬物與飲食同。

（宋）張載《橫渠易説・繫辭上》 聖人設卦觀象，繫辭焉而明吉凶，剛柔相推而生變化。是故吉凶者，失得之象也；悔吝者，憂虞之象也；變化者，進退之象也；剛柔者，晝夜之象也。六爻之動，三極之道也。吉凶變化，悔吝剛柔，易之四象歟！悔吝由贏不足而生，亦兩而已。變化進退之象云者，進退之動也微，必驗之於變化之著，故察進退之理爲難，察變化之象爲易。六爻盡利而動，所以順陰陽、剛柔、仁義、性命之理也。故曰六爻之動，三極之道也。

是故君子所居而安者，《易》之序也。序猶言分也。《易》之中有貴有賤，有吉有凶，皆其自然之分也。所居皆安之，君子安分也。

所樂而玩者，《爻》之辭也。言君子未嘗須臾學不在《易》。玩，玩習也，每讀則每有益，所以可樂。動則觀其變而玩其占。占非卜筮之謂，但事在外可以占驗也，觀乎事變，斯可以占矣。蓋居則觀其象而玩其辭，此所以動則觀其變而玩其占也。【略】

與天地相似，故不違，知周乎萬物，而道濟天下，故不過。【略】未能周萬物，則必有過。過，失也。君子立法，必其智。周天下之利害，而其道又足以濟天下，然後不過。過，失也。知周萬物，道濟天下，然後不錯。若不如此，或得於彼，則或失於此也。天惟運動一氣，鼓萬物而生，无心以恤物。聖人則有憂患，不得似天。天地設位，聖人成能。聖人主天地之物，又智周乎萬物，而道濟天下，必也爲之經營，不可以有愛付之無憂。

又：鼓萬物而不與聖人同憂。老子言：天地不仁，以萬物爲芻狗，此是也。聖人不仁，以百姓爲芻狗，此則異矣。聖人豈有不仁，所患者不仁也。天地則何意於仁，鼓萬物而已。聖人則仁耳，此其爲能宏道也。天不能皆生善人，政以天无意也。鼓萬物而不與聖人同憂，聖人之於天下法則，无不善也。然古者治世多，而後世不治，何也？人徒見文字所記，自唐虞以上，幾治幾亂，須歸之運數，有大運有小運。故孟子曰：天之生民久矣，一治一亂。系之爲言，或説易書，或説天，或説人，卒歸一道，蓋不異術。故其參錯，而理則同也。鼓萬物而不與聖人同憂，則於是分出人之道，不可混天。鼓萬物而與聖人同憂，此言天德之至也。與天同憂樂，垂法於後世，雖是聖人之事，亦猶聖人之未流耳。【略】

又：是故聖人以通天下之志，以定天下之業，以斷天下之疑。是故蓍之德圓而神，卦之德方以知。

圓神故能通天下之志，方知故能定天下之業，爻貢所以斷天下之疑。《易》書成，三者備，民患明，聖人得以洗濯其心，而退藏於密矣。

能通天下之志者爲能感人心。

又：聖人以此齊戒以神明其德夫！民患除，憂疑亡，用利身安，故可退藏於密，窮神知化以崇高其德也。自此而下，又歷言其德之出而異名也。是故闔戶謂之坤，闢戶謂之乾，一闔一闢謂之變。闔戶，靜密也。闢戶，動達也。形開而目覩耳聞，受於陽也。一動一靜，是道之常，專於動靜則偏也。一闔一闢謂之變，人之有息，蓋剛柔相摩、乾坤闔闢之象也。制而用之謂之法。因其變而裁制之以教天下，聖人之法也。

（清）惠棟《周易述·繫辭上》 備物致用。立成器，以爲天下利，莫大乎聖人。注：【略】否五之初。市井之利。【略】天地變化。聖人效之。注：春夏爲變，秋冬爲化，聖人南面而聽天下，順時布令，是效天地之變化。天垂象，見吉凶。聖人象之。注：天有八卦之象，《乾》象盈甲，是吉也；《坤》象喪乙，是凶也。見乃謂之象，故見吉凶。《乾》爲德，《坤》爲刑。聖人在上，象天制作，故云聖人象之也。

《周易正義·繫辭下》 古者包犧氏之王天下也，仰則觀象於天，俯則觀法於地，觀鳥獸之文，與地之宜，聖人之作《易》，无大不極，无微不究。大則取象天地，細則觀鳥獸之文，與地之宜也。疏：正義曰：自此至取諸離。此一節明包犧法天地造作八卦，法離卦而爲罔罟也。云：仰則觀象於天，俯則觀法於地者，言取象大也。觀鳥獸之文，與地之宜者，言取象細也。大之與細，則无所不包也。地之宜者，若《周禮》五土，動物植物各有所宜是也。近取諸身，遠取諸物，于是始作八卦，以通神明之德，以類萬物之情。作結繩而爲罔罟，以佃以漁，蓋取諸離。離，麗也。罔罟之用，必審物之所麗也。魚麗于水，獸麗于山也。疏：正義曰：近取諸身者，若耳目鼻口之屬是也。遠取諸物者，若雷風山澤之類是也。舉遠近則萬事在其中矣。於是始作八卦，以通神明之德者，言萬事云爲，皆是神明之德。若不作八卦，此神明之德，閉塞幽隱。既作八卦，則而象之，是通達神明之德也。以類萬物之情者，若不作《易》，物情難知。今作八卦以類象萬物之情，皆可見也。作結繩而爲罔罟，以佃以漁者，用此罟罔，或陸畋以羅鳥獸，或水澤以罔魚鼈也。蓋取諸離者，離，麗也。麗謂附著也。言罔罟之用，必審知鳥獸魚鼈所附著之處。故稱離卦之名為罔罟也。案諸儒象卦制器，皆取卦之爻象之體，今韓氏之意，直取卦名，因以制器。案上《繫》云：以制器者，尚其象，則取象不取名也。韓氏乃取名不取象，於義未善矣。今既遵韓氏之學，且依此釋之也。包犧氏没，神農氏作，斲木爲耜，揉木爲耒，耒耨之利，以教天下，蓋取諸益。制器致豐，以益萬物。日中為市，致天下之民，聚天下之貨，交易而退，各得其所，蓋取諸噬嗑。噬嗑，合也。市人之所聚，異方之所合，設法以合物，噬嗑之義也。疏：正義曰：包犧氏至取諸噬嗑，此一節明神農取卦造器之義。一者制耒耜，取於益卦，以利益民也。二者日中為市，聚合天下之貨，設法以合物，取於噬嗑，象物噬齧，乃得通也。包犧者，案《帝王世紀》云：大皞帝包犧氏，風姓也。母曰華胥，燧人之世，有大人跡出於雷澤，華胥履之而生包犧。長於成紀，蛇身人首，有聖德，取犧牲以充包厨，故號曰：包犧氏。後世音謬，故或謂之伏犧，或謂之虙犧，一號皇雄氏，在位一百一十年。包犧氏没，女媧氏代立為女皇，亦風姓也。女媧氏没，次有大庭氏、柏黄氏、中央氏、栗陸氏、驪連氏、赫胥氏、尊盧氏、混沌氏、皞英氏、有巢氏、朱襄氏、葛天氏、陰康氏、无懷氏，凡十五世，皆習包犧氏之號也。神農者，案《帝王世紀》云：炎帝神農氏，姜姓也。母曰任己，有蟜氏女，名曰女登。為少典正妃，游華山之陽，有神龍首感女登於尚羊，生炎帝，人身牛首，長於姜水，有聖德，繼无懷之後，本起烈山，或稱烈山氏，在位一百二十年而崩。納奔水氏，女曰聽談，生帝臨魁，次帝承，次帝明，次帝直，次帝釐，次帝哀，次帝榆罔，凡八代及軒轅氏也。神農氏没，黄帝、堯、舜氏作，通其變，使民不倦；通物之變，故樂其器用，不解倦也。疏：正義曰：神農氏没至吉无不利，此一節明神農氏没後，乃至黄帝、堯、舜，通其《易》之變理，於是廣制器物。此節與下制器物為引緒之勢，為下起文。黄帝、堯、舜氏作者，案：《世紀》云：黄帝有熊氏，少典之子，姬姓也。母曰附寶，其先即炎帝母家有蟜氏之女。附寶見大電光繞北斗樞星，照於郊野，感附寶，孕二十四月而生黄帝於壽丘。長於姬水，龍顏，有聖德，戰蚩尤于涿鹿，擒之。在位一百年崩。子青陽代立，是為少皞。少皞帝名摯，字青陽，姬姓也。母曰女節，黄帝時，大星如斗，下臨華渚，女節夢接意感，生少皞，在位八十四年而崩。顓頊高陽氏，黄帝之孫，昌意之子。母曰昌僕，蜀山氏之女，為昌意正妃，謂之女樞。瑤光之星，貫月如虹，感女樞於幽房之宫，生顓頊於弱水，在位七十八年而崩。少皞之孫，蟜極之子代立，是為帝嚳。帝嚳高辛氏，姬姓也。其母不見。生而神異，自言其名，在位七十年而崩。子帝摯立，在位九年。摯立不肖而崩，弟放勛代立，是為帝堯。帝堯陶唐氏，伊祁姓，母曰慶都，生而神異，常有黄雲覆其上。為帝嚳妃，出以觀河，遇赤龍，晻然陰風而感慶都，孕十四月而生堯於丹陵，即位九十八年而崩。帝舜代立。帝舜姚姓，其先出自顓頊。顓頊生窮蟬，窮蟬生敬康，敬康生句芒，句芒生蟜牛，蟜牛生瞽瞍，瞍之妻握登，見大虹，意感而生舜於姚墟，故姓姚氏。此歷序三皇之後至堯舜之前所為君也。此既云黄帝即云堯舜者，略舉五帝之終始，則少皞、顓頊、帝嚳在其間也。通其變，使民不倦者，事久不變，則民倦而變。今黄帝、堯、舜之等，以其事久或窮，故開通其變，量時制器，使民用之日新，不有懈倦也。神而化之，使民宜之。易窮則變，變則通，通則久。通變則无窮，故可久也。疏：正義曰：神而化之，使民宜之者，言所以通其變者，欲使神理微妙而變化之，使民各得其宜。若黄帝已上，衣鳥獸之皮，其後人多獸少，事或窮乏。故以絲麻布帛而制衣裳，是神而變化，使民得宜也。易窮則變，變則通，通則久者，此覆説上文通其變之事，所以通其變者，言易道若窮，則須隨時改變。所以須變者，變則開通得久長，故云：通則久也。是以自天祐之，吉无不利。疏：正義曰：此明若能通變，則无所不利，故引《易》文，證結變通之善，《上繫》引此文者，證明人事之信順，此乃明易道，道之變通，俱得天之祐，故各引其文也。黄帝、堯、舜垂衣裳而天下治，蓋取諸乾、坤。垂衣裳以辨貴賤，乾尊坤卑之義也。疏：正義曰：自此已下，凡有九事，皆黄帝、堯、舜取易卦以制象，此九事之第一也。何以連云堯、舜者，謂此九事黄帝制其初，堯舜成其末，事相連接，共有九事之功，故連云黄帝堯舜也。案皇甫謐《帝王世紀》載此九事，皆為黄帝之功。若如所論，則堯舜无事，《易・繫》何須連云堯舜？則皇甫之言，未可用也。垂衣裳者，以前衣皮，其制短小，今衣絲麻布帛所作衣裳，其制長大，故云：垂衣裳也。取諸乾坤者，衣裳辨貴賤，乾坤則上下殊體，故云：取諸乾坤也。刳木為舟，剡木為楫。舟楫之利，以濟不通，致遠以利天下，蓋取諸渙。渙者，乘理以散通也。疏：正義曰：此九事之第二也。舟必用大木，刳鑿其中，故云：刳木也。剡木為楫者，楫必須纖長，理當剡削，故曰：剡木也。取諸渙者，渙，散也。渙卦之義，取乘理以散動也。舟楫以乘水以載運，故取諸渙也。服牛乘馬，引重致遠，以利天下，蓋取諸隨。隨，隨宜也。服牛乘馬，隨物所之，各得其宜也。疏：正義曰：此九事之第三也。隨者謂隨時之所宜也，今服用其牛，乘駕其馬，服牛以引重，乘馬以致遠，是以人之所用，各得其宜，故取諸隨也。重門擊柝，以待暴客，蓋取諸豫。取其豫備。疏：正義曰：此九事之第四也。豫者取其豫有防備，韓氏以此九事，皆以卦名而為義者。特以此象文，取備豫之義，其事相合。故其餘八事，皆以卦名解義，量為此也。斷木為杵，掘地為臼，臼杵之利，萬民以濟，蓋取諸小過。以小用而濟物也。疏：正義曰：此九事之第五也。杵須短木，故斷木為杵；臼須鑿地，故掘地為臼。取諸小過，以小事之用過而濟物，杵臼亦小事，過越而用以利民，故取諸小過也。弦木為弧，剡木為矢，弧矢之利，以威天下，蓋取諸睽。睽，乖也。物乖則爭興，弧矢之用，所以威乖爭也。疏：正義曰：此九事之第六也。案《爾雅》：弧，木弓也。故云：弦木為弧。取諸睽者，睽謂乖離，弧矢所以服此乖離之人，故取諸睽也。案弧、矢、杵、臼、服牛、乘馬、舟、楫皆云之利，此皆器物益人，故稱利也。重門擊柝，非如舟楫杵臼，故不云利也。變稱以禦暴客，是以利也。垂衣裳不言利者，此亦隨便立稱，故云：天下治，治亦利也。此皆義便而言，不可以一例取也。上古穴居而野處，後世聖人易之以宫室，上棟下宇，以待風雨，蓋取諸大壯。宫室壯大於穴居，故制為宫室，取諸大壯也。疏：正義曰：此九事之第七也。已前不云上古，已下三事，或言上古，或言古，與上不同者，已前未造此器之前，更无餘物之用，非是後物以替前物，故不云上古也。此已下三事皆是未造此物之前，已更别有所用，今將後用而代前用，欲明前用所有，故本之云上古及古者。案未有衣裳之前，則衣鳥獸之皮，亦是已前有用，不云上古者，雖云古者衣皮，必不專衣皮也，或衣草衣木，事无定體，故不得稱上古衣皮也。若此穴居野處，及結繩以治，唯專一事，故可稱上古，由後物代之也。取諸大壯者，以造制宫室，壯大於穴居野處，故取大壯之名也。古之葬者厚衣之以薪，葬之中野，不封不樹，喪期无數，後世聖人易之以棺椁，蓋取諸大過。取其過厚。疏：正義曰：此九事之第八也。不云上古，直云古之葬者，若極遠者，則云上古，其次遠者，則直云古。則厚衣之以薪，葬之中野，猶在穴居結繩之後，故直云古也。不封不樹者，不積土爲墳，是不封也。不種樹以標其處，是不樹也。喪期无數者，哀除則止，无日月限數也。後世聖人易之以棺椁者，若《禮記》云：有虞氏瓦棺，未必用木爲棺也，則《禮記》又云：殷人之棺椁，以前云椁，无文也。取諸大過者，送終追遠，欲其甚大過厚，故取諸大過也。案《書》稱堯崩，百姓如喪考妣，三載四海遏密八音，則喪期无數，在堯已前，而棺椁自殷已後，則夏已前，棺椁未具也。所以其文参差，前後不齊者，但此文舉大略，明前後相代之義，不必確在一時，故九事上從黄帝，下稱堯舜，連延不絶，更相增脩也。上古結繩而治，後世聖人易之以書契，百官以治，萬民以察，蓋取諸夬。夬，決也。書契所以決斷萬事也。疏：正義曰：此明九事之終也。夬者，決也。造立書契，所以決斷萬事，故取諸夬也。結繩者，鄭康成注云：事大大結其繩，事小小結其繩。義或然也。

（宋）司馬光《温公易説・繫辭下》 天地設位，聖人成能。天地能示人法象而不能教也，能生成萬物而不能治也。聖人教而治之，以成天地之能。

（宋）李衡《周易義海撮要・繫辭下》 上古結繩而治，後世聖人易之以書契，百官以治，萬民以察，蓋取諸《夬》。

書契以決斷萬事。注：言有所不能記者，則書述之事。有所不能信者，則契别之。百官以治，事辯而不相亂也。萬民以察，情盡而不相欺也。以衆明照闇。猶五剛之決一柔也。龔

（宋）張載《横渠易説・繫辭下》 上古結繩而治，後世聖人易之以書契，百官以治，萬民以察，蓋取諸夬。

禮成教備，養道足，而後刑可行，政可明，明而不疑。《易》説制作之意蓋取諸某

卦，止是取義與象契，非必見卦而後始有爲也，然則是言夫子之言耳。

（明）來知德《易經集注·繫辭下》 天地之大德曰生，聖人之大寶曰位，何以守位曰仁，何以聚人曰財，理財正辭禁民爲非曰義。

大德者，《易》簡貞一之大德也。生者，天主生物之始，地主生物之成也。大寶者，聖人必居天位，方可行天道。是位者，乃所以成參贊之功者也，故曰大寶。聚人者，內而百官，外而黎庶也。理財者，富之也，九賦、九式之類是也。正辭者，教之也，教之以正也，三物十二教之類是也。禁非者，既道之以德，又齊之以刑，五刑五罰之類是也。仁義者，貞一之理也，天地有此貞一之大德，惟以生物爲心，故無私覆無私載。聖人居大寶之位而與天地參，是以守其位而正位凝命也，則以仁。曰仁即天地貞一之大德也。居其位而理財正辭禁非也，則以義。曰義即天地貞一之大德也。仁以育之，義以正之，有此貞一無私之大德，所以與天地參也。《易》之爲書，辭變象占，專教人以貞勝而歸于一者。以此，《上繫》首章舉天地易簡知能之德，而繼之以聖人之成位，見聖人有以克配乎天地，此作《易》之原，《易》之體也。《下繫》首章舉天地易簡貞一之德，而繼之以聖人之仁義，見聖人有以參贊乎天地，此行《易》之事，《易》之用也。

又： 初率其辭，而揆其方，既有典常。苟非其人，道不虛行。初對既言。初者，始也。既者，終也。率，由也。揆，度也。方，道也。或出或入、或憂或患之方，道也。《易》之爲書，上下無常，剛柔相易，不可爲典要，若不可揆其方矣。然幸而有聖人之辭在也，故始而由其辭以揆出入，以度使民懼之方；由其辭以揆憂患與故使民愛之方。始見《易》之爲書，有典可循，有常可蹈，而向之不可爲典要者，於此有典要矣。故神而明之，惟存乎其人，率辭揆方，何如耳。苟非默而成之，不言而信之人，則不能率辭揆方，屢變之道不可虛行矣。豈能知《易》哉！《易》之爲書，不可遠如此。

（清）惠棟《周易述·繫辭下》 黃帝、堯、舜，垂衣裳而天下治。蓋取諸乾坤。注：乾爲衣，坤爲裳。取乾坤用九用六之義以治天下，而君臣上下各得其正，故天下治。《世本》作曰，黃帝臣伯余作衣裳。蓋法始於伏戲，而成於堯舜。

（唐）李鼎祚《周易集解·序卦》 以喜隨人者必有事，故受之以蠱。蠱者，事也。《九家易》曰：子行父事，備物致用而天下治也。備物致用，立成器，以爲天下利，莫大於聖人。子脩聖道，行父之事以臨天下，無爲而治。

（宋）蔡沈《書經集傳·商書·盤庚中》 茲予有亂政同位，具乃貝玉。乃祖乃父，丕乃告我高后。曰：作丕刑于朕孫！迪高后。丕乃崇降弗祥。注：亂，治也。具，多取而兼有之謂。言若我治政之臣，所與共天位者，不以民生爲念，而務富貝玉者，其祖父亦告我成湯，作丕刑于其子孫，啓成湯丕乃崇降弗祥而不赦也。此章先儒皆以爲責臣之辭，然詳其文勢，曰茲予有亂政同位，則亦對民庶責臣之辭，非直爲羣臣言也。按上四章，言君有罪，民有罪，臣有罪。我高后與爾民臣祖父，一以義，斷之，無所赦也。王氏曰先王設教，因俗之善而導之，反俗之惡而禁之。方盤庚時，商俗衰，士大夫棄義即利，故盤庚以具貝玉爲戒。此反其俗之惡而禁之者也。自成周以上，莫不事死如事生，事亡如事存。故其俗皆嚴鬼神。以經攷之，商俗爲甚。故盤庚特稱先后與臣民之祖父崇降罪疾爲告。此因其俗之善而導之者也。

《尚書·商書·説命下》 説曰：王，人求多聞，時惟建事，學于古訓，乃有獲。事不師古，以克永世，匪説攸聞。惟學遜志，務時敏，厥脩乃來。允懷于茲，道積于厥躬。惟斅學半。念終始典于學，厥德脩罔覺。監于先王成憲，其永無愆。惟説式克欽承，旁招俊乂，列于庶位。

（宋）蔡沈《書經集傳·商書·説命下》 監于先王成憲，其永無愆。憲，法；愆，過也。言德雖造於罔覺，而法必監于先王。先王成法者，子孫之所當守者也。孟子言遵先王之法而過者，未之有也，亦此意。

（清）孫星衍《尚書今古文注疏·無逸》 此厥不聽人乃訓之，乃變亂先王之正刑，至于小大民，否則厥心違怨，否則厥口詛祝。注：聽一作聖，乃訓之一無之字，變亂先王之正刑一無先王。疏：聽者，鄭注《祭義》云，謂順教令也。《廣雅·釋詁》云，從也。刑者，《釋詁》云：法也。詛祝者，《詩·蕩》云，侯作侯祝，傳云：作祝詛也。箋云：祝詛，求其凶咎無極也。言此其不從人之訓，乃至變亂先王之法度，至于小大臣民，不則達戾怨恨其上，不則詛祝其上也。聽作聖者，《熹平石經》文。《管子·四時篇》云：聽信之謂聖。《秦泰山碑》皇帝躬聽，《史記》作躬聖。是聖與聽義相通也。訓下無之字，變亂下無先王，俱見《石經》，今文也。之字疑衍。

（清）胡培翬《儀禮正義·鄉射禮一》 《鄉射禮》第五鄭《目録》云：州長春秋以禮會民，而射於州序之禮。謂之鄉者，州，鄉之屬，鄉大夫或在焉，不改其禮。射禮於五禮屬嘉禮。《大戴》十一，《小戴》及《別録》皆第五。疏：正義曰：【略】郝氏敬云：洪荒之初，禽獸逼人，聖王以弧矢爲威，教民自衛，其來尚矣。此男子之業，故古者天子至庶人，莫不有事於射。比其蔽也，相角而爭。聖人制爲禮以教之讓，於是乎射禮興焉。其爲鄉射何也？朝廷之上謂之國，邦國之中謂之鄉。

（漢）鄭玄注（唐）孔穎達等正義《禮記正義·禮運》 故聖人參於天地，並於鬼神，以治政也。處其所存，禮之序也；玩其所樂，民之治也。並，并也，謂比方之也。存，察也。治，所以樂其事居也。所樂，音岳，又音洛，又五孝反，好也，注同。治，直吏反，注同。下以自治、注身治、成治皆放此。

併，步頂反。故天生時而地生財，人，其父生而師教之。四者君以正用之，故君者，立於無過之地也。順時以養財，尊師以教民，而以治政，則無過差矣。差，初佳反，一音初買反。曰仁，本亦作人。《易》曰：何以守位曰仁，何以聚人曰財。疏：故聖至地也。正義曰：此一節結上政令之命降於天地宗廟之等，使禮儀有序，民得治理。故聖人參於天地者，政是聖人藏身之固，所以聖人參擬於天地，則法于天地是也。並於鬼神者，並，謂比方。鬼神，則祖廟、山川、五祀也。言比方祖廟、山川、五祀而爲事。以治政者，治，謂脩治也。言參擬天地，比並鬼神，以脩治政教也。處其所存，禮之序也者，存，謂觀察也。天有運移寒暑，地有五土生殖，廟有祖禰仁義，皆是人之所觀察。言聖王能處其人所觀察之事，以爲政，則禮得次序也。玩其所樂，民之治也者，謂興作器物，宮室制度，皆是人之所樂。聖人能愛玩民之所樂，以教於民，則民得治理，各樂其事業居處也。故君者，立於無過之地也者。正義曰：若天不生時，地不生財，父不生子，師不教訓，直欲令人君教之。不可教誨，則君多有過。今人君順天時以養財，尊師傅以教民，因自然之性，其功易成，故人君得立於無過之地，言其功易成，無過差也。

（清）孫希旦《禮記集解·禮運》　故聖人耐以天下爲一家，以中國爲一人者，非意之也，必知其情，辟於其義，明於其利，達於其患，然後能爲之。《釋文》：耐音能。辟，婢亦反。禮達分定，人皆愛其死而患其生，則是天下雖遠，而民之親其君，不啻父子兄弟之相親愛，如一家之人也；中國雖大，而下之趨上，不啻手足頭目之相捍衛，如一人之身也。意之者，謂以私意測度，不能實知其理之所以然也。辟猶通也，開也。聖人於人之情義利害，知之無不明，故處之無不當，而能以天下爲一家，中國爲一人也。

《禮記正義·禮器》　古之聖人，內之爲尊。外之爲樂。少之爲貴，多之爲美。是故先王之制禮也。不可多也，不可寡也。唯其稱也。疏：古之至稱也。正義曰：此一節覆説聖人制禮，或內或外，或少或多，然後爲稱也。古之聖人，內之爲尊者，解內心也，天不可外報，所以內極敬慎，而其理爲尊也。外之爲樂者，解外心接物，須廣大，故外極繁富，而其事可樂也。《隱義》云樂多其外見者，謂衣服萬物悉外見物也，已有功德，故得使有此物，以光輝祀先人爲樂也。少之爲貴者，極心於內，故外以少爲貴也。多之爲美者，極禮迹於表，故以外多爲美也。是故先王之制禮也，不可多也，不可寡也，唯其稱也者，合結多少乃異，而以有稱爲禮也。

（清）孫希旦《禮記集解·大傳》　聖人南面而聽天下，所且先者五，民不與焉：一曰治親，二曰報功，三曰舉賢，四曰使能，五曰存愛。五者一得於天下，民無不足，無不贍者；五者一物紕繆，民莫得其死。聖人南面而治天下，必自人道始矣。【略】　且先者，言未暇及其他，而且以此爲先也。民不與者五者，雖皆所以爲民，而猶未及乎民事也。治親，即治人道之事也。蓋人道别而言之，則有親親、尊尊、長長、男女之不同；合而言之，祖禰、子孫、昆弟、男女皆親也，尊之親之長之别之，皆所以治親也。功，功臣也。報功，若《賚》之詩言，大封功臣也。賢，謂有德者。能，謂有才者。存愛，以愛人之事存於心而不忘也。一得，猶言盡得也。無不足，力皆足以自給。無不贍，財皆足以自養。紕繆，乖錯而失其道也。蓋五者雖未及乎民事，而實爲民事之所從出，故其得失之係乎民如此。然治天下以五者爲先，而五者又以治親爲先。蓋取人以身，脩身以道，親親而仁民，仁民而愛物，苟於人道有所未盡，則所謂報功、舉賢、使能、存愛者皆無其本矣。

《禮記正義·樂記》　故鐘鼓管磬，羽籥干戚，樂之器也。屈伸俯仰，綴兆舒疾，樂之文也。簠簋俎豆，制度文章，禮之器也。升降上下，周還裼襲，禮之文也。綴，謂酇，舞者之位也。兆，其外營域也。伸，音申。綴，丁劣反，徐丁衛反。下綴遠、綴短皆同。簠簋，上音甫，下居洧反，並祭器名。上下，時掌反。還，音旋。裼，思麻反。襲，音習。酇，作管反，後同。故知禮樂之情者能作，識禮樂之文者能述。述，謂訓其義也。作者之謂聖，述者之謂明。明聖者，述作之謂也。疏：故鐘至謂也。正義曰：此一節申明禮樂器之與文並述作之體，綴兆疾徐者，綴謂舞者行位相連綴也，兆謂位外之營兆也。周還裼襲者，周謂行禮周曲迴旋也，裼謂袒上衣而露裼也，襲謂掩上衣也。禮盛者尚質，故襲。不盛者尚文，故裼。故知禮樂之情者能作者。下文云窮本知變，樂之情，若能窮極其本，識其變通，是知樂之情也。下文云著誠去僞，禮之經也，若能顯著誠信，棄去浮僞，是知禮之情也。凡制作者量事制宜，既能窮本知變，又能著誠去僞，所以能制作者，識禮樂之文者能述者，文謂上經云屈伸俯仰，升降上下是也。述謂訓説義理。既知文章升降，辨定是非，故能訓説禮樂義理，不能制作禮樂也。作者之謂聖，聖者通達物理，故作者之謂聖，則堯舜禹湯是也。述者之謂明，明者辨説是非，故脩述者之謂明，則子游子夏之屬是也。

又：土敝則草木不長，水煩則魚鼈不大，氣衰則生物不遂，世亂則禮慝而樂淫。是故其聲哀而不莊，樂而不安，慢易以犯節，流湎以忘本。廣則容姦，狹則思欲。感條暢之氣，而滅平和之德。是以君子賤之也。遂猶成也。慝，穢也。廣謂聲緩也，狹謂聲急也。感，動也。動人條暢之善氣，使失其所。敝音弊。慝，吐得反。注及下同。易，以豉反。湎，緜鮮反。狹音洽，注同。和，胡卧反。穢字又作濊，紆廢反。徐，烏會反。疏：土敝至之也。正義曰：此經論聖王作樂不得其所，則滅和平之德，故君子賤之。土敝則草木不長者，土之勞敝故草木不長。水煩則魚鱉不大者，水之煩擾故魚鱉不大。氣衰則生物不遂者，陰陽之氣衰亂故生物不得遂成。世亂則禮慝而樂淫者，慝，惡也。淫，過也。世道衰亂，上下無序，故禮慝。男女無節，故樂淫。以上三事，皆喻禮慝樂淫也。是故其聲哀而不莊，樂而不安者，謂男女相愛，涕泗滂沱，是其哀也，男女相説，歌舞於市井，是不莊也，俾晝作夜，是其樂也，終至滅亡，是不安也。慢易以犯節，流湎以忘本者，朋淫於家，是慢易以犯禮節也。淫酗肆虐，是流湎以忘根本也。廣則容姦者，廣謂節間疏緩，言音聲寬緩，多有姦淫之聲也。狹則思欲者，狹謂聲急，節間迫促，樂聲急則動發人心，思其情欲而切急。感條暢之氣，而滅平和之德者，感謂感動也，條，遠也。暢，舒也。言淫聲感動於人，損長遠舒暢之善氣，而毀滅平和之善德矣。是以君子賤之也者，賤謂棄而不用也。若師曠聞桑間濮上之聲，撫而止之是也。

（清）孫希旦《禮記集解·樂記》 論倫無患，樂之情也；欣喜歡愛，樂之官也。中正無邪，禮之質也；莊敬恭順，禮之制也。若夫禮樂之施於金石，越於聲音，用於宗廟社稷，事乎山川鬼神，則此所與民同也。【略】

鄭氏曰：倫猶類也。患，害也。官猶事也。質猶本也。患謂論倫無患者，言其心之和順足以論説樂之倫理，而不相悖害也。樂之情，禮之質，以其根於心者言，聖人制禮樂之本也。樂之官，禮之制，以其著於事者言，聖人用禮樂之實也。至於禮樂既達，而施而用之，又欲以情、官、質、制徧化天下之人，而與民同之也。

又：天高地下，萬物散殊，而禮制行矣。流而不息，合同而化，而樂興焉。春作夏長，仁也。秋斂冬藏，義也。仁近於樂，義近於禮。樂者敦和，率神而從天；禮者别宜，居鬼而從地。故聖人作樂以應天，制禮以配地。禮樂明備，天地官矣。

《釋文》：長，丁丈反。近，附近之近，又其靳反。惇音純，本又作敦。天地定位，萬物錯陳，此天地自然之禮也。流而不息，而闔闢不窮，合同而化，而渾淪無間，此天地自然之樂也。春作夏長者，天地生物之仁也。仁者陽之施，故近於樂。秋斂冬藏者，天地成物之義也。義者陰之肅，故近於禮。敦和者，厚其氣之同；别宜者，辨其體之異。率神者，氣之流行而不息，循乎神之伸也。居鬼者，體之一定而不易，主乎鬼之屈也。率神則屬乎陽而從天，居鬼則屬乎陰而從地。聖人作樂以應天，法乎陽以爲生物之仁；制禮以配地，法乎陰以爲成物之義也。天地官，言天地各得其職，猶《中庸》之言天地位也。蓋聖人法天地以作禮樂，而禮樂又能爲功於天地，此聖人所以贊化育而上下同流者也。朱子曰：天高地下一段，意思極好，非孟子以下所能作。其文似《中庸》，必子思之辭。《左傳》云爲六畜、五牲、三犧以奉五味云云，都是做這箇去合那天，却無自然之理。如云天高地下，萬物散殊，而禮制行矣，流而不息，合同而化，而樂興焉，皆是自然合當如此。

（清）孫希旦《禮記集解·祭義》 先王之所以治天下者五：貴有德，貴貴，貴老，敬長，慈幼。此五者，先王之所以定天下也。貴有德何爲也？爲其近於道也。貴貴，爲其近於君也。貴老，爲其近於親也。敬長，爲其近於兄也。慈幼，爲其近於子也。是故至孝近乎王，至弟近乎霸。至孝近乎王，雖天子必有父；至弟近乎霸，雖諸侯必有兄。先王之教，因而弗改，所以領天下國家也。【略】 德者，行道而有得於心也。人有一德，雖未必遽盡乎道之全，然亦道之所散而見也，故曰近乎道。霸，諸侯之長也。事親者，仁之實，由仁而極之，則王者天下一家之心也，故曰至孝近乎王。從兄者，義之實，由義而極之，則霸者尊主庇民之事也，故曰至弟近乎霸。天子必有父，諸侯必有兄，言孝弟之心根於固有，不以勢位之尊而有所異也。先王因人心固有之孝弟而教之，則天下國家之人情皆統領於是而不能外矣。項氏安世曰：王者君位之極，霸者臣位之極。霸，即伯字，諸侯之長也。堯舜有四岳，夏、殷有二伯，文武時周、召爲二伯。自孟子、荀子明王、霸之辨，而後學者以霸爲羞，不知孟、荀所鬭，謂春秋時五霸耳。

《禮記正義·緇衣》 子曰：大臣不親，百姓不寧，則忠敬不足。而富貴已過也。大臣不治，而邇臣比矣。忠敬不足，謂臣不忠於君，君不敬其臣。邇，近也。言近以見遠，言大以見小，互言之，比，私相親也。治，音值。比，毗志反，注同，親也。見，賢遍反，下同。故大臣不可不敬也，是民之表也。邇臣不可不慎也，是民之道也。民之道，言民循從也。君毋以小謀大，毋以遠言近，毋以内圖外。圖以謀也。言凡謀之，當各於其黨。於其黨，知其過審也。大臣柄權於外，小臣執命於内，或時交爭，轉相陷害。毋音無，下同。柄音秉，兵永反。爭，爭鬭之爭。則大臣不怨，邇臣不疾，而遠臣不蔽矣。疾，猶非也。蔽，必世反。葉公之《顧命》曰：毋以小謀敗大作，毋以嬖御人疾莊后，毋以嬖御士疾莊士。大夫，卿士。葉公，楚縣公葉公子高也，臨死遺書曰顧命。小謀，小臣之謀也。大作，大臣之所爲也。嬖御人，愛妾也。疾，亦非也。莊后，適夫人齊莊得禮者。嬖御士，愛臣也。莊士，亦謂士之齊莊得禮者，今爲大夫卿士。葉，舒涉反，注同。葉公，楚大夫沈諸梁也，字子高，爲葉縣尹，僭稱公也。敗，補邁反。嬖，必惠反，徐甫詣反，又補弟反，《字林》方豉反。賤而得幸曰嬖，云便嬖愛妾，莊后，側良反，齊莊也。下及注同。適，丁歷反。齊莊，側皆反，下同。子曰：大人不親其所賢，而信其所賤。民是以親失，而教是以煩。親失，失其所當親也。教煩，由信賤也。賤者無一德也。《詩》云：彼求我則，如不我得，執我仇仇，亦不我力。言君始求我，如恐不得我，既得我，持我仇仇然不堅固，亦不力用我，是不親信我也。仇音求，《爾雅》云讎也。《君陳》曰：未見聖，若已弗克見。既見聖，亦不克由聖。克，能也。由，用也。陳，本亦作古陳字。若已弗克見，音紀，《尚書》無已字。疏：子曰至由聖。正義曰：此一節明在下羣臣，無問大小，皆須恭敬謹慎，又君無以小臣而謀大事也。大臣不親，百姓不寧，則忠敬不足，富貴已過也者，沈氏云，謂大臣離二，不與上相親，政教煩苛，故百姓不寧，若其如此，臣不忠於君，君不敬於臣，是忠敬不足所以致然也。由君與臣富貴已過極也。大臣不治，而邇臣比矣者，大臣不肯爲君理治職事，由邇近之臣與上相親比故也。邇臣不可不慎也，是民之道也者。邇，近也。言親近之臣不可不慎擇其人。道謂道路，言邇臣是民之道路，邇臣好則人從之好，邇臣惡則人從之惡也。君毋以小謀大者，言君無得與小臣而謀大臣之事也。毋以遠言近者，無得以遠臣共言近臣之事也。毋以內圖外者，無得以內臣共圖謀外臣之事，所以然者，小大之臣意殊，遠近之臣不同，恐各爲朋黨，彼此交爭，轉相陷害，故不圖謀也。則大臣不怨，邇臣不疾，而遠臣不蔽矣者，若能如此，則外內情通，小大意合，大臣不怨恨於君也。疾，猶非也，近臣不爲人所非毀，而遠臣不被障蔽故也。葉公之《顧命》曰：毋以小謀敗大作者，此葉公《顧命》之書，無用小臣之謀敗損大臣之作。毋以嬖御人疾莊后者，莊后，謂齊莊之后，適夫人也。無得以嬖御賤人之爲非毀於適夫人。毋以嬖御士疾莊士者，言毋得以嬖御之士非毀齊莊之士。大夫卿士者，覆説言莊士，即大夫卿之典事者。士，事也。注言近以見遠，言大以見小，互言之。正義曰：言近以見遠，謂言近臣親比，則遠臣不親比。云言大以見小，謂大臣不治，小臣治也，故云互言之也。注大臣至陷害。正義曰：由大臣執權於外，小臣執命於內，或大臣忌小臣，或小臣忌大臣，所以內外交爭。若共圖謀，轉相陷害，故所謀之事各於其黨。與大臣謀大臣，與小臣謀小臣，是各於其黨中知其過失審悉也。注葉公，楚縣公葉公子高也。正義曰：知葉公子高者，《左傳》云：《世本》文。云臨死遺書曰顧命者，約《尚書・顧命》之篇。子曰至由聖。正義曰：此節明君不信用臣也。不親其所賢，而信其所賤者，謂在上不任其所賢有德之人，而信用其所賤無德者，民是以親失者，言以此化民，民效於上，失其所當親，惟親愛羣小也。而教是以煩者，言羣小被親，既無一德，政教所以煩亂也。《詩》云：彼求我則，如不我得。此《詩・小雅・正月》之篇，刺幽王之詩。言彼幽王初求我賢人，如不得於我，言禮命煩多也。執我仇仇，亦不我力者，既得賢人，執留我仇仇然不堅固，亦不於我上以力而用我。引之者，証不親其所賢也。《君陳》曰：未見聖，若已弗克見，既見聖，亦不克由聖者，此《尚書・君陳》篇成王戒君陳之辭也，言凡人未見聖道之時，如似已不能見，既見聖道，亦不能用之也。

（晉）杜預注　（唐）孔穎達等正義《春秋左傳正義》卷一九《文公六年》

秦伯任好卒。任好，秦穆公名。任音壬。以子車氏之三子奄息、仲行、鍼虎爲殉，子車，秦大夫氏也。以人從葬爲殉。車音居。仲，本亦作中，音仲。行，戶郎反。鍼，其廉反。殉，似後反。殺人從死曰殉。《字林》弋絹反。皆秦之良也。國人哀之，爲之賦《黃鳥》。《黃鳥》，《詩・秦風》。義取黃鳥止于棘桑，往來得其所，傷三良不然。爲，于僞反，下注爲立聲教、爲作善言同。君子曰：秦穆之不爲盟主也，宜哉！死而弃民。先王違世，猶詒之法，而況奪之善人乎？《詩》曰：人之云亡，邦國殄瘁。《詩・大雅》。言善人亡，則國瘁病。詒，以之反。瘁，似醉反。無善人之謂。若之何奪之？古之王者，知命之不長，疏：古之至不長。正義曰：知命之不長，知其必將有死，不得長生久視，故制法度以遺後人，非獨爲當己之世設善法也。並建聖哲以下，即位便爲之，非臨死始爲此也。下云衆隸賴之，而後即命，言其施行此事，功成乃就死耳，非謂設此法以擬死也。是以並建聖哲，建立聖知，以司牧民。王，如字，一音于況反。聖知，音智。疏：注建立至牧民。正義曰：此説王者之事，或封爲諸侯，或置之羣官，聖哲是人之儁者，故摠言之耳。樹之風聲，因土地風俗，爲立聲教之法。疏：注因土至之法。正義曰：《漢書・地理志》云：凡民性有剛柔緩急，聲音不同，繫水土之風氣，故謂之風；好惡取舍，動静無常，隨君上之情欲，故謂之俗。《王制》云：廣谷大川異制，民生其間者異俗。器械異制，衣服異宜。脩其教不易其俗，齊其政不易其宜。故聖王爲教，因其土地風俗爲立善聲教也。聲教，人之所立，故言樹之。今杜云因土地風俗，爲立聲教之法。如杜此言，惟樹以聲，而傳云樹之風聲，而風亦樹者。其實風俗亦是人君教化，故《孝經》云移風易俗。孔注《尚書》云立其善風，揚其善聲是也。分之采物，旌旗衣服，各有分制。分，扶問反，注同。疏：注旌旗至分制。正義曰：采物，謂采章物色。旌旗衣服，尊卑不同，名位高下，各有品制。天子所有，分而與之，故云分之。定四年《傳》稱分魯公以大路大旂之類皆是也。著之話言，話，善也。爲作善言遺戒。話，戶快反。疏：注話善至遺戒。正義曰：著之話言，爲作善言遺戒。著於竹帛，故言著之也。爲之律度，鍾律度量，所以治曆明時。量音亮。疏：注鍾律至明時。正義曰：《周語》云：先王之制鐘也，律度量衡於是乎生，小大器用於是乎出。又曰：古之神瞽考中聲而量之以制，度律均鐘，百官軌儀。其意言度律之聲以爲鐘之均，於鐘律取法爲度量衡也，故《漢書・律曆志》云：推曆主律，莫不用焉。度量衡皆出於黃鐘之律也。度者，分、寸、尺、丈、引，所以度長短也。本起於黃鐘之長。以子穀秬黍之中者，一黍之廣，度之九十，黃鐘之長。一黍爲一分，十分爲寸，十寸爲尺，十尺爲丈，十丈爲引，而五度審矣。量者，龠、合、升、斗、斛，所以量多少也。本起於黃鐘之龠。以子穀秬黍中者千有二百實其龠，合龠爲合，十合爲升，十升爲斗，十斗爲斛，而五量嘉矣。權者，銖、兩、斤、鈞、石，所以稱輕重也。本起黃鐘之重。一龠容千二百黍，重十二銖，兩之爲兩。十六兩爲斤。三十斤爲鈞。四鈞爲石。而五衡謹矣。權衡一物。衡，平也。權，重也。稱上謂之衡。稱錘謂之權。所從言之異耳。其鐘者亦起於律，故服虔云：鳧氏爲鐘，各自計律，倍而半之。黃鐘之管長九寸，則黃鐘之鐘長二尺二寸半。餘鐘亦各自計律，倍而半之。度量衡其本俱出於律。傳言律度，注言度量。其言不及衡者，文雖不足，理實兼之。《易・革卦・象》云君子以治曆明時。此律度量衡皆推曆爲之，爲此法以教天下，使之明四時也。陳之藝極，藝，準也。極，中也。貢獻多少之法。傳曰：貢之無藝。又曰：貢獻無極。疏：注藝準至無極。正義曰：藝是準限。極是中正。制貢賦多少之法，立其準限中正，使不多不少陳之以示民，故言陳之。所引傳曰及又曰，皆昭十三年子産辭也。引之表儀。引，道也。表儀猶威儀。道音導，下同。疏：注引道至威儀。正義曰：引謂在前，故爲道也。表章儀飾，故猶威儀也。威儀禮則，王者制之以道民，言引之、道之，不用重文，故異之也。予之法制，告之訓典，訓典，先王之書。疏：注訓典，先王之書。正義曰：訓典，先王之書，教訓之典，取其言以語之，故言告之。法制謂王者身自制作，己之所有，故言予之。教之防利，防惡興利。疏：注防惡興利。正義曰：防者，防使勿然，故爲防惡；利者，務生此利，故爲興利。傳言防利，於文不足，互見以曉人也。此最爲急，故特言教之。委之常秩，委，任也。常秩，官司之常職。疏：注委任至常職。正義曰：設官分職，當委任責成，故言委之。常秩謂職掌位次，故爲官司之常職。道之禮則，使毋失其土宜，衆隸賴之而後即命。即，就也。聖王同之。今縱無法以遺後嗣，而又收其良以死，難以在上矣。君子是以知秦之不復東征也。不能復征討東方諸侯爲霸主。

（清）黃奭輯《孝經緯・援神契》 三皇無文，五帝畫象。三王明刑，應世以五。

（漢）趙岐注 （宋）孫奭疏《孟子注疏・滕文公章句上》 聖人之憂民如此，而暇耕乎。重喻陳相。堯以不得舜爲己憂，舜以不得禹皋陶爲己憂。夫以百畝之不易爲己憂者，農夫也。分人以財謂之惠，教人以善謂之忠，爲天下得人者謂之仁。言聖人以不得賢聖之臣爲己憂，農夫以百畝不易治爲己憂。是故以天下與人易，爲天下得人難。爲天下求能治天下者難得也，故言以天下傳與人尚爲易也。孔子曰：大哉堯之爲君，惟天爲大，惟堯則之，蕩蕩乎民無能名焉。君哉舜也，巍巍乎有天下而不與焉。堯舜之治天下，豈無所用其心哉，亦不用於耕耳。天道蕩蕩乎大無私，生萬物而不知其所由來，堯法天，故民無能名堯德者也。舜得人君之道哉，德盛而巍巍乎，有天下之位，雖貴盛不能與益舜。巍巍之德，言德之大，大於天子位也。堯舜蕩蕩巍巍如此，但不用心於躬自耕也。吾聞用夏變夷者，未聞變於夷者也。言以諸夏之禮義化變蠻夷之人耳，未聞變化於夷蠻之人，同其道也。陳良，楚産也。悦周公仲尼之道，北學於中國，北方之學者，未能或之先也，彼所謂豪傑之士也。子之兄弟，事之數十年，師死而遂倍之。陳良生於楚，北遊中國，學者不能有先之也。所謂豪傑過人之士也。子之兄弟，謂陳相陳辛也，數十年師事陳良，良死而倍之，更學於許行，非之也。

（清）焦循《孟子正義・滕文公章句下》 公都子曰：外人皆稱夫子好辯，敢問何也？注：公都子，孟子弟子也。外人，他人論議者也。好辯，言子好與楊墨之徒辯爭。疏：注公都子孟子弟子也。正義曰：《廣韻》公孛，注云：漢複姓，八十五氏。《孟子》稱公都子有學業，楚公子食邑於都，後氏焉。注好辯至辯爭。正義曰：《大戴記・曾子事父母篇》云：孝子之諫，達善而不敢爭辯。爭辯者，作亂之所由興也。《説文》言部云：訟，爭也。《淮南子・俶真訓》云：分徒而訟，高誘注云：訟，爭是非也。又《易・訟卦》釋文引鄭注云：辯財曰爭。是辯有爭義。孟子時聖道湮塞，百家妄起，許行農家，景春、周霄從横家，他如告子言性，高子説《詩》，慎到，宋鈃各鳴所見：孟子均與辯論其是非，不獨楊朱墨翟也。故云楊墨之徒。

孟子曰：我豈好辯哉，予不得已也。注：曰我不得已耳，欲救正道，懼爲邪説所亂，故辯之也。天下之生，久矣一治一亂。【略】世衰道微，邪説暴行有作，臣弒其君者有之，子弒其父者有之，孔子懼，作《春秋》。《春秋》，天子之事也。是故孔子曰：知我者其惟《春秋》乎，罪我者其惟《春秋》乎？注：世衰道微，周衰之時也。孔子懼王道遂滅，故作《春秋》。因魯史記，設素王之法，謂天子之事也。知我者，謂我正王綱也。罪我者，謂時人見彈貶者。言孔子以《春秋》撥亂也。疏：世衰至春秋乎？正義曰：毛氏奇齡《四書賸言》云：《管子・法法篇》云：故《春秋》之記，臣有弒其君，子有弒其父者矣。此二語似《孟子》臣弒其君者有之，子弒其父者有之所本，然此是舊時《春秋》，非夫子《春秋》也。則意封建之世，多有此禍，特夫子以前，簡策總不傳耳。萬氏斯大《學春秋隨筆》云：暴行，即弒父弒君是也。所謂邪説，即亂臣賊子與其儕類將不利於君，必飾君之惡，張己之功，造作語言，誣惑衆庶是也。有邪説以濟其暴，遂若其君真可弒而己可告無罪然者。相習既久，政柄下移，羣臣知有私門而不知公室。且鄰封執政，相倚爲姦，凡有逆節，多蔽過於君，鮮有罪及其臣者，如魯衛出君，師曠、史墨之言可證也。惠氏士奇《春秋説》云：人皆知《春秋》尊宗周，莫知《春秋》尊宗國。《春秋》以魯爲列國之宗而尊之，故孟子曰：《春秋》，天子之事也。董仲舒亦謂《春秋》有王魯之文。諸儒聞之，羣起而譁，譊譊讙咋，以爲王魯誠不可，匹夫而行天子之事，可乎哉？且宗國之尊，非自《春秋》始也。古者太史采風獻之天子，而魯不陳詩，故魯詩列於《頌》。次《周頌》而在《商頌》之上，則宗國之尊久矣，是以孔子獨尊之。以爲至尊無弒道，故不書弒而書薨，不地亦不葬，至尊之體當然，故曰魯王，禮也。天子崩，諸侯薨，大夫卒。《春秋》諸侯薨皆書卒者，臨天下之辭；獨魯稱薨者，臨一國之辭，亦所以尊宗國。雖尊國之禮如尊宗周而爲僭焉，故曰知我者其惟《春秋》乎，罪我者其爲《春秋》乎。四方亂獄，莫大於弒君，天王先命訝士成之。成之者，斷之也。斷其孰爲首孰爲從而後行刑。如負固不服，大司馬以九伐之法；或正之或殘之。春秋九伐之法不行於邦國，而訝士亦失其官，故君子於宋督弒君，特著其法曰：會于稷，以成宋亂。言宋之亂天王不能成，而以成之之責予魯，明宗國亦得奉天王之命而往成之。自是宗周微，而宗國亦微，顧往朝齊晉及楚而聽命焉，四方亂獄，莫有往而成之者矣。故《春秋》特一書不再書者以此。莊公三十有二年冬十月乙未，子般卒，公子慶父如齊。明殺子般者，慶父也。文公十有八年子卒，季孫行父如齊。明弒子赤者，非獨襄仲，而行父亦與聞焉。《春秋》書法，有離而書者，事異而情亦異；有連而書者，事同而情亦同。慶父、行父前後如齊，皆以子般、子赤之卒，連而書之者也。據經覈傳，前後若一，其情不更顯乎？或曰：魯桓非其人，曷爲以成之之責予之？曰：以成之之責予魯，非予桓公也。若夫桓公不能成，乃假成之之名而反取賂焉，《春秋》因直書之而不諱矣。《春秋》有書一事而兩義並見者類此。春秋之初，四方亂獄，未聞告亂於宗周，猶來告亂於宗國。隱公四年春衛州吁弒其君，衛人來告亂。蓋以魯爲列國之宗而來告也。隱公不能會諸侯往而成之，則宗國之微，自隱公始。桓公二年，宋督之亂亦來告，可知桓公乃假成之之名而取賂焉。由是宗國益微，不可復振矣。宋兩弒君，晉一弒君，凡三書及，所以旌死難之臣也。弒君何爲或稱名或稱國，稱國謂專國者，晉之專國者欒書，故稱國。欒書弒厲公，猶趙盾弒靈公。盾直稱名，書獨隱其名而稱國，則晉之董狐失其官矣。董史失其官，曷爲孔子不正之？孔子曰：吾猶及史之闕文也。又曰：其文則史，其義則丘竊取之。然則其義安在？稱國者其義，不稱名者其文，仍其文而存其義。《左氏》雖虛張郤至之伐，仍不能揜其忠；雖盛稱欒書之美，仍不能揜其惡。《春秋》數稱欒書帥師，一救鄭，一侵蔡，一伐鄭，明專國也。及厲公死而書乃弒君之賊，其名卒不復見矣。《公羊》謂弒君賤者窮諸人，莒稱人者，賤之。文公十有六年冬，宋人弒其君杵臼。杵臼者，宋昭公。弒昭公者，乃其君祖母王姬，使帥甸師攻而殺之。而謂之賤，可乎？宋平公殺其子，可直斥宋公；襄夫人殺其孫，不可直斥君祖母。直斥君祖母，則名不正而言不順，辭窮故稱人以賤之。以君祖母王姬之尊且貴，而與賤者同辭，此《春秋》之特筆。後世君母臨朝，而擅廢置其君之柄者，亦當以《春秋》爲鑒焉。文公十有四年九月，齊公子商人弒其君舍。此未踰年之君也。曷爲直稱君？踰年稱君者，緣孝子之心不忍當君位也。在朝之臣，固已北面稽首而君之矣，一國之人，亦莫不奉以爲君，其誰曰非君也。哀公四年春，盜弒蔡侯申，蔡公孫辰出奔吴。明弒蔡侯申者，公孫辰也。此連而書者，與魯慶父弒閔公，宋萬弒殤公同，而經稱盜何也？蔡人以盜赴，故稱盜。又蔡昭公將如吴，明不在國而在塗，則其稱盜也亦宜。傳稱文之鍇殺公孫翩，經書蔡殺其大夫公孫姓公孫霍，明皆辰之黨而辰獨出奔，譏失盜也。《左傳》謂蔡人逐之，則慶父亦魯人逐之可知。不殺之而逐之，是爲逸賊。宋萬出奔陳，宋人力不能討也，《春秋》猶書以示譏。魯季友力能討慶父，乃不討而緩追逸賊，使慶父出奔莒，君子謂季友有無君之心，當坐與聞乎弒之罪，雖酖叔牙，謚慶父，其功未足以揜其罪也。

注設素王之法。正義曰：趙氏佑《温故録》云：知《春秋》者，無如孟子。天子，周天子也。孔氏憲章文武，學禮從周，爲下不倍；以周時之人紀周時之事，豈有出於周外，先自爲倍，而猶以責人者。趙岐設素王之法一語，似孔子意中別設一天子，蓋從《公羊》家黜周王魯之説出，及宋以後，又多謂孔子改制行權，直以天子自處，當時之天子，聽其忽貶忽褒，甚至以天自處，天子又不足言。惟明新鄭相國高文襄拱《春秋正旨》一卷，可稱焉。首論《春秋》乃明天子之義，非以天子賞罰之權自居；次論孔子必不敢改正朔，用夏時；次論託之魯史者，以其尚存周禮，非以其周公之後而假之；次論王不稱天，乃偶然異文，滕、薛稱子，乃時王所黜，聖人必無貶削天子升降諸侯之理；次論齊人歸三田小事，非聖人自書其功，深斥以天自處之文；次論哀十四年乃孔子卒前二年，適遇獲麟，因而書之，非感麟而作，麟亦非應經而至。其後又述嘉靖己酉，鄭州生麟二，事親見之。麟固有種，麟之時有時無，俱無關係，非天特生以示瑞。可謂迥出諸儒之上。素王本出《史記·殷本紀》伊尹從湯言素王及九主之事。索隱素王者，太素上皇，其道質素，故稱素王。九主者，三皇五帝及夏禹也。杜預《左傳序》辨素王、素臣，孔疏述董仲舒《對策》云：孔子作《春秋》，先正王，而繫以萬事，是素王之文焉。賈逵《春秋序》云：就是非之説，立素王之法。蓋皆以素王爲古皇之稱。趙岐所言由此。至鄭氏《六藝論》：孔子既西狩獲麟，自號素王異矣。即杜所誚非通論。而孔亦引《家語》齊太史子餘歎美孔子云：天其素王之乎。素，空也。言無位而空王之，非孔子自號。先儒蓋因此而謬，遂謂《春秋》立素王之法。其以丘明爲素臣，又未知誰所説。嗚呼，孔子被誣久矣！賴杜預始雪之者也。若彼造《祖庭廣記》者，復有水精之子，生衰周而爲素王之語，益妖妄不足道。聖王不作，諸侯放恣，處士橫議，楊朱墨翟之言盈天下，天下之言，不歸楊則歸墨。楊氏爲我，是無君也。墨氏兼愛，是無父也。無父無君，是禽獸也。注：言孔子之後，聖王之道不興，戰國縱横，布衣處士，游説以干諸侯；若楊墨之徒，無尊異君父之義，而以横議於世也。疏：注言孔子至世也。正義曰：《吕氏春秋・禁塞篇》云而無道者之恣行，高誘注云：恣，放也。《説文》心部云：恣，縱也。《列子・黄帝篇》云横心之所念，《釋文》云：横，放縱也。是放恣即縱横也。《漢書・異姓諸侯王表》云：秦既稱帝，患周之敗，以爲起於處士横議。注云：處士，謂不官朝而居家者也。横音胡孟反。又《賈山傳・至言》云：夫布衣韋帶之士，脩身於内，成名於外。注云：言貧賤之人也。布衣之士即不仕家居之士也，故云布衣處士。《荀子・非十二子》云：古之所謂處士者，德盛者也，能静者也，脩正者也，知命者也，著是者也。今之所謂處士者，無能而云能者也，無知而云知者也，利心無足而佯無欲者也，行僞險穢而彊高言謹慤者也，以不俗爲俗離縱而跂訾者也。士君子之所不能爲。注云：離縱，謂離於俗而放縱。跂訾，亦謂跂足自高而訾毁於人。按離縱、跂訾，即横議也。段氏玉裁《説文解字注》云：議者，誼也。誼者，人所宜也。言得其宜之謂議。至於《詩》言出入風議，《孟子》言處士横議，而天下亂矣。按從則順，横則逆，故政之不順者爲横政，行之不順者爲横行，則議之不順者爲横議。庖羲以前，無三綱六紀，人與禽獸同。既設卦觀象，定人道，辨上下，於是有君臣父子之倫，此人性之善，所以異於禽獸也。自楊墨之説行，至於無父無君，仍與禽獸等矣。公明儀曰：庖有肥肉，廄有肥馬，民有飢色，野有餓莩，此率獸而食人也。注：公明儀，魯賢人。言人君但崇庖廚，養犬馬，不恤民，是爲率禽獸而食人也。楊墨之道不息，孔子之道不著，是邪説誣民，充塞仁義也。仁義充塞，則率獸食人，人將相食。注：言仁義塞則邪説行，獸食人則人相食，此亂之甚也。疏：注言仁至甚也。正義曰：無父是不仁，無君是不義，無父無君之説滿於天下，則仁義之道不明。是仁義爲邪説所擠，故爲充塞仁義也。但知爲我，不顧民之飢寒，故率獸食人。因而民亦但知爲我，互相殘害，故將相食。此似專指諸侯放恣，爲楊氏爲我之害。乃楊氏厚身而薄人，固人受其害，而墨氏厚人而薄親，夫以布衣處士，舍其親以施惠於人，此尤亂賊所爲，故其禍與楊等。當時楊墨之言滿天下，天下不歸楊則歸墨，必其言足以惑天下，故孟子切指之曰無父無君，且深斥之曰是禽獸。自有孟子而後，世乃知楊墨之非道也。《小心齋劄記》云：聖人之仁義，何以爲楊墨所塞？曰：聖人隨時順應，無可驚可喜。墨氏之仁，至於摩頂放踵利天下亦爲之，是何如慈惠。聖人親親而仁民，仁民而愛物，反若多所分别。楊氏之義，至於拔一毛而利天下不爲，是何如清淨。聖人立必欲立人，達必欲達人，反若多所牽攬。故曰惡紫奪朱，惡鄭奪雅，豈惟亂之，又能奪之。何者？朱不如紫之豔，雅不如鄭之濃也。爲我、兼愛之能充塞仁義，亦若是。按孔子之道，乃述伏羲、神農、黄帝、堯、舜、文王、周公之道。立天之道曰陰與陽，立人之道曰仁與義，仁義即一陰一陽也。趙氏謂孔子之後，聖王之道不興，即此帝王相傳之道載在《六經》者，莫有述而明之者也。孟子明於《六經》，能述孔子之道，即能知伏羲以來聖人所傳述之道，故深悉楊墨之非。然則欲知言之邪正是非者，仍求諸《六經》可矣。吾爲此懼，閑先聖之道，距楊墨，放淫辭，邪説者不得作。注：閑，習也。淫，放也。孟子言我懼聖人之道不著，爲邪説所乘，故習聖人之道以距之。疏：注閑習至距之。正義曰：閑習，《爾雅・釋詁》文。此字或訓防，或訓法，然非講習於《六經》，無以知其道。既習之，乃能知之，知之乃能法之，法之乃能防之。未習《六經》，空憑心臆，而依附以爲先聖，此曰吾防衛乎道也，彼曰吾守法乎聖也，因而門戶各立，傾軋相加，不自知其身爲楊墨，而此楊墨者又互相楊墨焉，天下國家遂陰受其害，而不知是皆不習故也。孟子與楊墨辨，必原本於習先聖之道；習先聖之道，即講習《六經》，不空憑心悟也。趙氏訓閑爲習，其義精矣。《禮記・哀公問》云淫德不倦，注云：淫，放也。《周禮・宫正》去其淫怠與其奇衺之民，注云：淫，放濫也。楊墨不習《六經》，違悖先聖之道，作爲爲我、兼愛之言，因而天下人亦不習《六經》，由楊墨之言而又放濫之，遂成一無父無君之害，所謂淫辭也。孟子習《六經》先聖之道，知此無父無君之淫辭起於楊墨，故先距之。距與拒通，《論語・子張篇》其不可者拒之，石經作距。《淮南子・本經訓》戴角出距之獸，高誘云：距讀爲拒守之拒。是也。既拒楊墨，以滌其原，於是放逐其依附淫佚之辭，以絶其流。宣公元年《穀梁傳》云：放，屏也。《説文》攴部云：放，逐也。《小爾雅・廣言》云：放，投棄也。蓋不啻舜之放驩兜，屏之遠方，投畀豺虎，深絶之也。《詩・大雅・常武》王舒保作，箋云：作，行也。使天下後世深知其無父無君，必亂天下，不復興起，以行於世，皆習《六經》明先聖之道故也。作於其心，害於其事；作於其事，害於其政。聖人復起，不易吾言矣。注：説與上篇同。疏：注説與上篇同。正義曰：上篇，《公孫丑上篇》養氣章也。彼云生於其心，此云作於其心；彼云發於其政，此云作於其事。彼先言政後言事，此先言事後言政，彼此不同，互相發明，非偶然也。彼謂詖淫邪遁之辭皆生於心之蔽陷離窮，而心之蔽陷離窮則由於不習《六經》，不知先聖之道，憑己心之空悟而無所憑依，遂自以爲是，造作語言。其黠者以心爭心，則楊之外有墨，墨之外有楊，楊墨之外，又有似楊似墨之言；其鈍者以心襲心，則楊有歸楊之人，墨有歸墨之人；似楊似墨者，又有歸似楊似墨之人。皆未嘗習《六經》，知先聖之道，其邪説由心而生，即由心而作，故云生於其心者，習於其心也。作於其心，非述於其心也。惟習於其心，因而述於其心，故以其言措之於事而事不悖，施之於政而政不亂。乃不習不述，惟憑心之空悟，自道其道，自仁其仁，自義其義，未嘗不攀援古昔，附會聖賢，而已淪於無父無君之害。苟無習《六經》知先聖之道者，出而距之放之，其説行於天下，以其言措之於事而事害矣。述先聖之道以爲法，則事有所憑而非妄作；今不述先聖之道而憑諸心，則措之於事，無所法守，是爲作於其事矣。爲下者妄作其言，妄作其事，愚者惑之，黠者傳之，遂成一無父無君之天下，而君之政有爲所格拒而莫能行矣，故害於其政也。自下行其邪説，於事則害君上之政；自上用其邪説，於政則害士民之習。聖人治天下，教學爲先，師氏以三德、三行教國子，保氏養國子以道，教之六藝、六儀，大司徒以六德、六行、六藝教萬民而賓興之，《王制》言樂正崇四術，立四教，順先王《詩》《書》《禮》《樂》以造士，春秋教以《禮》《樂》，冬夏教以《詩》《書》。習於《詩》《書》《禮》《樂》，則不致以邪説害政。孔子好古敏求，下學上達，古即先王之道也，學即《詩》《書》六藝之文也。《大戴禮・曾子立事篇》云：君子既學之，患其不博也。既博之，患其不習也。既習之，患其無知也。《論語・學而篇》曾子云：傳不習乎，注云：言凡所傳之事，得無素不講習而傳之乎。不習而傳諸人，是生於其心、作於其心之言也。楊墨無所習而言爲邪説，孟子博學而習，故知其邪説而距之。舍六德、六行、六藝、《詩》、《書》、《禮》、《樂》而以心悟爲宗者，皆亂天下之楊墨也。孟子本習述先聖之言，故聖人復起，不易吾言。吾言，指此辨楊墨之言。昔者禹抑洪水而天下平，周公兼夷狄、驅猛獸而百姓寧，孔子成《春秋》而亂臣賊子懼。注：抑，治也。周公兼懷夷狄之人，驅害人之猛獸也。言亂臣賊子懼《春秋》之貶責也。疏：注：抑治也。正義曰：《廣雅・釋詁》云：道，抑，治也。抑洪水，即道河道江道漢道淮也。《荀子・成相篇》云：禹有功，抑下鴻。抑下連稱，是抑即下。《説文》手部云：抑，按也。按之亦下之也。洪水高溢地上，道之使歸地中，是爲下鴻，亦即所以治之也。注周公兼懷夷狄之人。正義曰：《荀子・非相篇》云：故君子賢而能容罷，知而能容愚，博而能容淺，粹而能容雜，夫是之謂兼術。《詩》曰：徐方既同，天子之功。此之謂也。上言容，下引《詩》言同，中言兼術，是兼、同、容三字義同。故楊倞注以兼術爲兼容之法。君子之容物，亦猶天子之同徐方。《廣雅・釋詁》云：兼，同也。本諸此。容之義爲包，包之義爲懷。宣公十二年《左傳》云：兼弱攻昧，武之善經也。下又云：撫弱耆昧。撫弱即是兼弱，故孔穎達《尚書正義》解兼昧云：兼謂包之。包亦懷也，故趙氏以懷釋兼。注言亂臣至責也。正義曰：顧氏棟高《春秋大事表》有《孔子成春秋而亂臣賊子懼論》云：謂亂臣賊子懼者，第書其弒逆之名於策而懼乎？吾恐元凶劭及安慶緒、史朝義之徒，雖日揭其策，以示於前，而彼不知懼也。且此亦夫人能書之，何待聖人？況人已成其簒弒，懼之亦復何益，聖人之作《春秋》，蓋有防微杜漸之道，爲爲人君父者言之，則《書》所云制治於未亂，保邦於未危是也。爲爲人臣子者言之，則《禮》所云齒路馬有誅是也。聖人嘗自發其旨於《坤卦・文言》曰：臣弒其君，子弒其父，非一朝一夕之故，其所由來者漸矣，由辨之不早辨也。按顧氏説未盡善。若謂作《春秋》爲爲人君父者言之，則孔子成《春秋》，非使亂臣賊子懼，是使君父懼矣。人之性所以異於禽獸者，以其知有父子君臣也。惟邪説如師曠史墨之言有以蔽之，則有所恃而不知懼。自孔子作《春秋》，直書其弒，邪説者曰：君無道，可弒也。《春秋》則無論君有道無道，弒之罪皆在臣。邪説者曰：君無道，可逐也。《春秋》則無論君有道無道，逐之罪皆在臣。以爲可弒可逐，則有所借口而無懼，無懼則漸視爲固然，而世莫以爲怪。以爲不可弒不可逐，則無所借口而懼，《春秋》全爲邪説暴行而作，趙氏謂懼《春秋》之貶責是也。自孔子作《春秋》，而天下後世無不明大義所在。宋劭、梁珪固即伏誅，即司馬師、劉裕、蕭道成、高歡、宇文泰之流，奸竊已成，而舉義師以討賊者，代不乏人。明成祖亦歡泰之類也，以靖難爲名，自飾以周公輔佐成王，一聞方孝孺卓敬等簒奪之言，遂怒而磔其身，夷其族，其怒也即其懼也。伏羲之前，人不知有夫妻父子，自伏羲作八卦而人盡知之。孔子之前，人不知弒父與君之爲亂臣賊子，自孔子作《春秋》而人盡知之。謂亂臣賊子，夫人能書之，何待孔子，得毋曰夫妻父子，夫人能定之，何待伏羲？譬如五穀，神農未教之前，人不能知，既有神農教之，無論智愚，無不知五穀，豈曰五穀夫人能辨之，何待神農乎？伏羲定人道之後，不能無淫奔，然人人知其爲淫奔也而賤之。孔子作《春秋》之後，不能無亂賊，然人人知其爲亂賊也而誅之。《易》治未亂，《春秋》治已亂，臣弒其君，子弒其父，非一朝一夕之故，所以戒天下後世辨之於早也。惟不能辨之於早，而臣已亂子已賊，此時仍理早辨之説，譬諸病已危急，宜審其寒熱虛實，以大温大寒大補大攻，挽回於俄頃，而仍從徐徐責其不善調和保護可乎？使《春秋》之作，仍不過履霜早辨之義，則孔子贊《易》已足明之，何必又作《春秋》？戒早辨，治未亂，防其亂也。懼亂賊，治已亂，還其未亂也。余《春秋左傳補疏》中詳言之。《詩》云：戎狄是膺，荆舒是懲，則莫我敢承。注：此詩已見上篇説。無父無君，是周公所膺也。注：是周公所欲伐擊也。我亦欲正人心，息邪説，距詖行，放淫辭，以承三聖者，豈好辯哉，予不得已也。注：孟子言我亦欲正人心，距詖行，以奉禹周公孔子也。不得已而與人辯耳，豈好之哉。能言距楊墨者，聖人之徒也。注：孟子自謂能距楊墨也。徒，黨也。可以繼聖人之道，謂名世者也。疏：注徒黨也。正義曰：《淮南子・俶真訓》云分徒而訟，《呂氏春秋・報更篇》云：與天下之賢者爲徒，高誘注並云：徒，黨也。周氏廣業《孟子逸文考》云：揚子《法言》：古者楊墨塞路，孟子辭而闢之，廓如也。此即距楊墨之言，而推衍之也。王充《論衡》亦云：楊墨之道不亂仁義，則孟子之傳不造。《牟子・理惑論》楊墨塞羣儒之路，車不得定，人不得步，孟子闢之，乃知所從。陸倕《答法雲書》：昔者異學爭途，孟子抗周公之法，於是楊墨之黨舌舉口張。皆此意也。楊之學無傳。《淮南子・氾論訓》云：全性保真，不以物累形，楊子之所立也。而孟子非之。此可見其大略也。

（宋）朱熹《四書章句集注・孟子集注・離婁章句上》今有仁心仁聞而民不被其澤，不可法於後世者，不行先王之道也。聞，去聲。仁心，愛人之心也。仁聞者，有愛人之聲聞於人也。先王之道，仁政是也。范氏曰：齊宣王不忍一牛之死，以羊易之，可謂有仁心。梁武帝終日一食蔬素，宗廟以麪爲犧牲，斷死刑必爲之涕泣，天下知其慈仁，可謂有仁聞。然而宣王之時，齊國不治，武帝之末，江南大亂，其故何哉？有仁心仁聞而不行先王之道故也。

又：聖人既竭目力焉，繼之以規矩準繩，以爲方員平直，不可勝用也。既竭耳力焉，繼之以六律，正五音，不可勝用也。既竭心思焉，繼之以不忍人之政，而仁覆天下矣。勝，平聲。準，所以爲平。繩，所以爲直。覆，被也。此言古之聖人，既竭耳目心思之力，然猶以爲未足以徧天下，及後世，故制爲法度以繼續之，則其用不窮，而仁之所被者廣矣。

(清)焦循《孟子正義·離婁章句下》　孟子曰：禹惡旨酒，而好善言；注：旨酒，美酒也。儀狄作酒，禹飲而甘之，遂疏儀狄，而絶旨酒。《書》曰禹拜讜言。疏：注旨酒至讜言。正義曰：《戰國策·魏策》云：梁王魏嬰觴諸侯於范臺，酒酣，請魯君舉觴，魯君興，避席擇言曰：昔者帝女令儀狄作酒而美，進之禹，禹飲而甘之，遂疏儀狄，絶旨酒，曰：後世必有以酒亡其國者。引《書》詳見《公孫丑篇》。湯執中，立賢無方；注：執中正之道，惟賢速立之，不問其從何方來，舉伊尹以爲相也。疏：注執中至相也。正義曰：《禮記·檀弓》云：左右就養無方，《内則》云博學無方，注皆云：方，常也。《荀子·臣道篇》云：應卒遇變，齊給如響，推類接譽，以待無方，曲成制象，是聖臣者也。注云：齊，疾也。應事而至謂之給。夫卒變人所遲疑，今聖臣應之疾速，如響之應聲。無方，無常也。待之無常，謂不滯於一隅也。此以無常爲不滯於一隅，則兼方所之義言之。《論語·八佾篇》云：父母在，不遠遊，遊必有方。此方固指方所，而鄭氏亦訓爲有常。趙氏以無方爲不問其從何方來，是以方爲方所之方。云惟賢速立之，即《荀子》應卒遇變，齊給如響之謂，是兼以無方爲無常矣。蓋執中無權，猶執一之害道。惟賢則立，而無常法，乃申上執中之有權，無方當如鄭氏注之爲無常也。《史記·殷本紀》云：伊尹欲干湯而無由，乃爲有莘氏媵臣，負鼎俎以滋味悦湯，致於王道。趙氏引伊尹，似謂自媵臣保伍中升之，仍無常之謂也。《越絶書·外傳·枕中篇》云：湯執其中和，舉伊尹，收天下雄儁之士。此即本孟子此言而衍之。以執中爲執中和，以無方爲收天下雄儁之士，亦以無方所言，與趙氏同。文王視民如傷，望道而未之見；注：視民如傷者，雍容不動擾也。望道而未至，殷録未盡，尚有賢臣，道未得至，故望而不致誅於紂也。疏：注視民至擾也。正義曰：周氏廣業《孟子章指攷證》云：《左傳》逢滑曰：臣聞國之興也，視民如傷，是其福也。杜注：如傷，恐驚動。與趙注雍容不動擾也正合。按《吕氏春秋·分職篇》云：天寒起役恐傷民，注云：傷，病也。文王視民如有疾病，凡有疾病之人不可動擾，故如傷爲不動擾，因不動擾，故雍容不急迫也。注望道至紂也。正義曰：《漢書·司馬相如傳》《子虛賦》云：先生又見客，顔師古注云：見，猶至也。《白虎通》歷述帝王之號，自伏羲定人道，祝融屬續三皇之道，顓頊專正天人之道，舜能推信堯道。夏者，大也。明當守持大道。殷者，中也。明當爲中和之道也。周者，至也，密也。道德周密，無所不至也。又云：王者受命，質家言天命己，使己誅無道。趙氏之意，謂紂無道，誅之所以致道。文王三分天下有其二以服事殷，故望道而未至，道即命也。天命已在文王，而不代殷有天下也。近時通解有二：一謂文王以紂在上，望天下有治道而未之見，此仍趙氏義而稍變者也。一讀而爲如，謂文王愛民無已，未傷如傷，望道心切，見如未見也。武王不泄邇，不忘遠；注：泄，狎。邇，近也。不泄狎近賢，不遺忘遠善，近謂朝臣，遠謂諸侯也。疏：注泄狎至侯也。正義曰：《方言》云：媟，狎也。《説文》女部云：媟，嬻也。《荀子·榮辱篇》云：橋泄者，人之殃也。注云：泄與媟同。泄本發洩之洩，通於媟，故以狎釋之也。邇近，《爾雅·釋詁》文。《説文》辵部云：遺，亡也。心部云：忘，不識也。《詩·邶風·緑衣》曷維其亡，箋云：亡之言忘也。是忘即遺亡也。武王以太公望爲師，周公旦爲輔，召公畢公之徒左右王師，脩文王緒業。《説苑》載其問太公，《賈子新書》載其問王子旦，問粥子，《管子》載其問癸度，觀兵孟津，自稱太子發，言奉文王以伐，不敢自專，乃告司馬司徒司空諸節齊栗，此皆不泄邇之事也。是邇謂朝臣也。《牧誓》告友邦冢君，及庸、蜀、羌、髳、微、盧、彭、濮人，《大傳》言牧野既事而退，柴于上帝，祈于社稷，奠于牧室，率天下諸侯執豆籩，駿奔走，《史記》言封諸侯，班賜宗彝，作分殷之器物，封先聖王之後，封功臣謀士，此皆不忘遠之事也。是遠謂諸侯也。周公思兼三王，以施四事，其有不合者，仰而思之，夜以繼日，幸而得之，坐以待旦。注：三王，三代之王也。四事，禹湯文武所行事也。不合，己行有不合也。仰而思之，參諸天也。坐以待旦，言欲急施之也。疏：周公至待旦。正義曰：細審此章之指，云兼三王，明三王不相沿襲可知也。云其有不合，仰而思之。則所以通變神化可知也。禹承堯舜之後，天下乂安，則易生驕泆，故惡旨酒，好善言，以通其變。夏之末，必各執偏意，而用人拘以資格，故湯執中，立賢無方，以通其變。商紂之初，民傷已極，而天眷未更，故文王但愛民以輔救之，守臣節以帥天下諸侯，則所以通其變於湯之放桀也。武王時，紂益無道，故不泄邇，不忘遠，修己以安天下，則所以通其變於文王之服事也。凡三王之事，皆各有合；至周公相成王，成文武之德，其時又異於禹湯文王之時，則所以合不合者，非思莫得也。三王四事，先王之法也。有不合，則思所爲以道揆也。堯舜以通變神化治天下，爲萬世法。孟子歷述禹湯文王周公以明之，皆法堯舜之變通神化者也。江氏聲《尚書集注音疏》云：《孟子》周公思兼三王，以施四事，伏生《大傳》則云周公兼思三王之道，以施於春秋冬夏，據此，則《孟子》所言三王謂天地人三統，四事謂四時之事。是則帝王出政，必參乎三才，合乎四時。按參三才合四時，亦損益通變之義。注己行有不合也。正義曰：阮氏元校勘記云：己行有不合世，岳本、廖本、孔本、《攷文》古本同。閩、監、毛三本世作者，韓本作也。韓本是也。注仰而思之參諸天也。正義曰：《易・繫辭傳》云：仰則觀象於天，《詩・大雅・雲漢》云：瞻仰昊天，《列子・黄帝篇》云：中道仰天而歎，故以仰爲參諸天。按自下望上爲仰，自後觀前亦爲仰，此仰思蓋即謂仰舉三王之事而思其合也。

《章指》言：周公能思三王之道，以輔成王太平之隆，禮樂之備，蓋由此也。

（清）王夫之《讀四書大全説》卷九《孟子・離婁上篇》 法律之不可勝用，仁之覆天下，雖聖人之以爲法於後世者以此，乃聖人之自以制器審音，平治天下，先須用此。非在聖人獨恃其耳目心思已足給用，但爲天下後世不能如己之不待於法，故須與立箇法度也。

（清）王夫之《讀四書大全説》卷九《孟子・萬章上篇》 聖人之敦倫、盡性，只是爲己，故舜於此且須丟抹下象之不仁，不商較其惡之淺深、害之巨細，而唯求吾心之仁。故象唯欲殺舜，則舜終不得怒而怨之。管、蔡唯欲危成王之社稷，故周公不得伸其兄弟之恩。以兄弟之恩視吾君宗社之存亡，則兄弟爲私，以己身之利害視兄弟之恩，則己身爲私。總爲不可因己身故，而藏怒宿怨於兄弟，故不特不忍加誅，而且必封之。若其比肩事主而借兵端於我以毀王室，則雖未至有安危存亡之大故，而國法自不可屈。故孟子言瞽瞍殺人，而舜不得禁皋陶之執，若象以殺舜爲事，事雖未遂，而殺械已成，其罪固浮於瞽瞍之殺人也遠甚，藉使皋陶欲執之以趆罪，則舜必禁之矣。

雖云聖人大公無我，然到此處，亦須炤顧自己先立於無憾之地，然後可以立情法之準。世儒不察，便謂聖人概將在己、在人作一視同等，無所分别，無所嫌忌，但以在彼善惡功罪之小大爲弛張，而曰此聖人之以天地爲一體者也。爲此説者，蔑差等以直情而徑行，其與異端所云天地與我同根，萬物與我共命，一流荒誕無實之邪説又何以異！所以聖人言禮，必先説箇别嫌明微，以爲義盡仁至之效。若於所當避之嫌，一概將在己、在物看作一例，卻向上面辨理之曲直、害之大小，即此便是人欲横行，迷失其心。

又： 象之欲弑舜也，蓋在舜未爲天子之日，故小儒得以孽害之小大立説。向令舜已踐帝位，象仍不悛，率有庫之不逞以圖篡弑，豈不與管、蔡之流毒者同！將爲舜者遂可俘之馘之以正其辜耶？使然，則漢文之於淮南，且但遷之而未嘗加辟，然且尺布斗粟之譏，千古以爲慙德，然則使周公而身爲天子，其不可加管、蔡以上刑亦明矣。

（清）焦循《孟子正義・盡心章句下》 孟子曰：堯舜，性者也。湯武，反之也。注：堯舜之體性，自善者也。殷湯周武王反之於身，身安乃以施人，謂加善於民。疏：注堯舜至於民。正義曰：體性，猶《荀子・解蔽篇》云：體道，楊倞注云：體，謂不離道也。《管子・君臣上篇》則君體法而立矣，房玄齡注云：體，猶依也。依與不離義同，依性即《中庸》所云率性。人性本善，堯舜生知率性而行，自己爲善者也。湯武以善自反其身，己身已安於善，然後加善於人。堯舜率性，固無所爲而爲，湯武反身而後及人，亦非爲以善加人而始爲善。此非尚論堯、舜、湯、武也，爲托於堯、舜、湯、武者示之也。動容周旋中禮者，盛德之至也。注：人動作容儀周旋中禮者，盛德之至也。疏：注人動至至也。正義曰：《爾雅・釋詁》云：動，作也。《禮記・少儀》祭祀之容，注云：容，即儀也。冠一人字，明此泛言人，不指上堯、舜、湯、武。堯、舜、湯、武或性或反，皆無所爲而爲，人之繼堯、舜、湯、武而或性或反，皆如堯、舜、湯、武也。德盛於中，發揚於外，言非虚飾以悦人。哭死而哀，非爲生者也。注：死者有德，哭者哀也。疏：注死者至哀也。正義曰：三年之喪，期功之服，哀出至情，自無僞飾。惟因其人有德，雖非親屬，而亦哀之，出於真意，非以此結交其子弟父兄。經德不回，非以干禄也。言語必信，非以正行也。注：經，行也。體德之人，行其節操，自不回邪，非以求禄位也。庸言必信，非必欲以正行爲名也，性不忍欺人也。疏：注經行至人也。正義曰：僖公二十五年《左傳》趙衰以壺飧從徑，注云：徑，猶行也。《釋文》云：讀徑爲經。《文選・魏都賦》延閣允宇以經營，劉逵注云：直行爲經。《素問・欬論》王冰注引《靈樞經》云：脈之所行爲經。是經爲行也。體德，不離德也。在心爲德，行而著之則爲節操。《毛詩・小雅・鼓鐘篇》其德不回，傳云：回，邪也。《國語・周語》求福不回，《晉語》公室之不回，注皆訓回爲邪。回邪不正之人，國所廢黜不用，而此則自行其德，非由求固禄位，故爲清操介節，以結上知也。言不信，則招尤謗而來惡名，今以不忍欺人，而庸言必信，非謂欲弋致方正之名也。君子行法以俟命而已矣。注：君子順性蹈德，行其法度，夭壽在天，待命而已矣。疏：注君子至已矣。正義曰：順性即率性，謂堯舜也。《説文》足部云：蹈，踐也。踐德，謂湯武反身也。《毛詩・小雅・楚茨篇》禮儀卒度，傳云：度，法度也。《説文》又部云：度，法制也。人生有不容踰、不容缺之常度，則而行之，是爲行法，周旋中禮，哭死而哀，經德不回，言語必信是也。其有所爲而爲，不出干禄，正行二端，乃君子於此二端，則俟之於命也。經德不回，言語必信也。順性蹈德，行其法度，盛德所致，自然周旋中禮也，哭死而哀也，經德不回也，言語必信也。爲生者，爲人也。若爲人則此四者非干禄即正行。干禄固虚僞之小人，孟子特指出正行二字，其人嚴氣正性，自命爲君子，與干禄者之形相反，而與干禄者之虚僞則同。孟子指之爲正行，趙氏申之云正行爲名。後世此類，非不托於孔孟而高言堯舜，孟子則已於千古之上有以鑑之。自盆成以下，辨别士品，小慧之殺身，言餂之入邪，舍田之自輕，而此章分真僞於豪芒，則學道之人，不能保其竊屨，尤爲切切者矣。

《章指》言：君子之行，動合禮中，不惑禍福，脩身俟終，堯舜之盛，湯武之隆，不是過也。疏：堯舜之盛湯武之隆。正義曰：《史記·太史公自序》云：伏羲至純厚，作八卦。堯舜之盛，《尚書》載之，禮樂作焉。湯武之隆，詩人歌之。

又：《章指》言：天地剖判，開元建始，三皇以來，人倫攸敘。宏析道德，班垂文采，莫貴乎聖人。聖人不出，名世承間，雖有此限，蓋有遇有不遇焉。是以仲尼至獲麟而止筆，孟子以無有乎爾終其篇章，斯亦一契之趣也。疏：天地剖判。正義曰：《史記·孟子荀卿列傳》云：騶衍稱引天地剖判以來。《韓非子·解老篇》云：唯夫與天地之剖判也俱生。《廣雅·釋天》云：太初，氣之始也。生於酉仲，清濁未分也。太始，形之始也。生於戌仲，清者爲精，濁者爲形也。太素，質之始也。生於亥仲，已有朴素而未散也。三氣相接，至於子仲，剖判分離，輕清者上爲天，重濁者下爲地，中和爲萬物。聖人不出名世承間。正義曰：見《漢書·楚元王傳·贊》。蓋有至止筆。正義曰：《荀子·宥坐篇》：孔子曰：夫賢不肖者，材也。爲不爲者，人也。遇不遇者，時也。《論衡·逢遇篇》云：伊尹箕子，才俱也。伊尹爲相，箕子爲奴。伊尹遇成湯，箕子遇商紂也。或以賢聖之臣，遭欲爲治之君，而終有不遇，孔子、孟軻是也。孔子絶糧陳蔡，孟軻困於齊梁，非時君主不用善也，才下知淺不能用大才也。《漢書·儒林傳·序》云：因《魯春秋》舉十二公行事，繩之以文武之道，成一王法，至獲麟而止。班固《答賓戲》云：孔終篇於西狩。

（清）王夫之《讀四書大全説》卷三《中庸·第二十一章》　聖人之德，以其喻乎己者，紀綱條理，昭晰不忒，得以列爲禮、樂、刑、政，確然行於天下後世，使匹夫匹婦可以與知與能而盡其性。自明而誠者，推其所已明，以爲明爲不誠者，明夫天理之固誠，而有章有質，反之天理而皆非妄也，於聖人爲道，而於天下爲教也。然其所以不言道者，則聖人之於道，唯率其本明，而既立爲教，乃使理麗於實也。

（清）馬驌《繹史》卷二五《成康繼治》　周成王曰：寡人聞之，聖人在上位，使民富且壽，云若夫富則可爲也，若夫壽則不在於天乎。粥子曰：唯疑請以上世之政詔於君王。政曰：聖王在上位，則天下不死軍兵之事。故諸侯不私相攻，而民不私相鬬，鬩不私相殺也。故聖王在上，則民免於一死而得一生矣。聖王在上則臣積於道，而吏積於德，而民積於用力。故婦爲其所衣，丈夫爲其所食，則民無凍餒矣。聖王在上，則民免於二死而得二生矣。聖王在上，則君積於仁，而吏積於愛，而民積於順，則刑罰廢矣，而民無大過之誅。故聖王在上，則民免於三死而得三生矣。故聖王在上，則使民有時而用之有節，則民無厲疾。故聖王在上，則民免於四死而得四生矣。故聖王在上，則使盈境内興賢良以禁邪惡，故賢人必用，而不肖人不作，則已得其命矣。故夫富且壽者，聖王之功也。周成王曰受命矣。

（清）馬驌《繹史》卷八六之一《孔子類記》　凡民，戴名以能，食力以恃，成以事立，此所以使民讓也。民咸孝弟而安讓，此以怨省而亂不作也，此國之所以長也。下無用則國家富，上有義則國家治，長有禮則民不爭，立有神則國家敬，兼而愛之則民無怨心，以爲無命則民不偷。昔者，先王本此六者而樹之德，此國家所以茂也。

（清）馬驌《繹史》卷一〇三上《楊朱墨翟之言》　聖人以治天下爲事者也，必知亂之所自起焉能治之，不知亂之所自起則不能治。譬之如醫之攻人之疾者，然必知疾之所自起焉能攻之，不知疾之所自起則弗能攻治。亂者何獨不然，必知亂之所自起焉能治之，不知亂之所自起則弗能治。聖人以治天下爲事者也，不可不察亂之所自起，當察亂何自起。起不相愛，臣子之不孝君父，所謂亂也。子自愛不愛父，故虧父而自利；弟自愛不愛兄，故虧兄而自利；臣自愛不愛君，故虧君而自利，此所謂亂也。雖父之不慈子，兄之不慈弟，君之不慈臣，此亦天下之所謂亂也。父自愛也不愛子，故虧子而自利；兄自愛也不愛弟，故虧弟而自利，君自愛也不愛臣，故虧臣而自利。是何也？皆起不相愛。雖至天下之爲盜賊者亦然。盜愛其室不愛其異室，故竊異室以利其室；賊愛其身不愛人，故賊人以利其身，此何也，皆起不相愛。雖至大夫之相亂家，諸侯之相攻國者亦然。大夫各愛家不愛異家，故亂異家以利家；諸侯各愛其國不愛異國，故攻異國以利其國。天下之亂物其此而已矣。察此何自起，皆起不相愛。若使天下兼相愛人若愛其身，惡施不孝，猶有不慈者乎？視子弟與臣若其身，惡施不慈，不慈不孝亡，猶有盜賊乎？故視人之室若其室，誰竊；視人之身若其身，誰賊。故盜賊有無猶有大夫之相亂家諸侯之相攻國者乎。視人家若其家，誰亂。視人國若其國，誰攻。故大夫之相亂家，諸侯之相攻國者，亡有。若使天下兼相愛，國與國不相攻，家與家不相亂，盜賊無有，君臣父子皆能慈孝，若此則天下治。故聖人以治天下為事者，惡得不禁惡而勸愛。故天下兼相愛，則治。相惡，則亂。故子墨子曰：不可以不勸愛人者，此也。

（宋）羅泌《路史》卷三《前紀三・循蜚紀・泰壹氏》 古之聖人，盍三辰，立晷景，封域以判邦國，山川以分陰陽，寒暑以平歲，道執以衛衆，交質以聚民，備械以防姦，車服以章等，皆法乎天而鞠乎有形者也。天地有啓閉，日星有薄失，治亂有運會，陰陽有期數。賢愚之蔽，壽夭之質，貴賤之事，吉凶之故，一成而不變，類氣浮于上而精氣萃于下，性發乎天命成乎人。使聖人以爲之。紀是以聖人欲治天下，必先身之立權以聚財，葵財以施智，因智以制義，由義以出信，仗信以著衆。用衆以行仁，安仁以輔道，迪道以保教，善教以政俗，從俗以毓質，崇質以恢行，勤行以典禮，制禮以定情，原情以道性，復性以一德，成德以敘命，和命以安生，而天下自爾治，萬物自爾得，神志不勞而真一定矣。

（宋）羅泌《路史》卷四《前紀四・因提紀・辰放氏》 以道之不通也，爲之舟檝。以鄣之相傾也，爲之符璽。以信之相奪也，爲之權衡以平之。無爪牙以自衛也，然後爲之城郭。羽皮之不給也，然後爲之布帛。木處而顛，土處而病，然後爲之棟宇，爲之祭祀，以致其報。爲之刑政，以率其壞，爲之車輿，以佚其體，爲之棺槨，以厚其終。

（宋）羅泌《路史》卷四《前紀四・因提紀・皇覃氏》 斯先王之政也，五十者帛，七十者肉。則少者有不帛而不肉矣。班白者不負戴，則少者不免於負戴矣。聖人之心，非不欲少者衣帛食肉不負戴也。而所養有不贍此病，施之不博也。內無怨女，外無曠夫，則江漢之民無鰥寡矣。老有所養，幼有所長，則江漢之民無孤獨矣。數罟不入汚池，則魚鼈不可勝食矣。斧斤以時入山林，則材木不可勝用矣。斯先王之政也。

（宋）羅泌《路史》卷一三《後紀四・禪通紀・湯》 發明德，作八政，命於總章。《大戴禮》。遂賢良，築五庫，藏五兵，與民休息。

（宋）羅泌《路史》卷一四《後紀五・疏仡紀・黄帝紀上》 乃立四輔三公六卿三少二十有四官，凡百二十官有秩，以之共理而視四民。三公六卿即爲九卿，二十四官與三少即二十七大夫，靈樞有黄帝問少師，則時有少師矣。《論語》撰攷云：黄帝受地形象天文，以制官，蓋至是名位乃具。命知命糾俗，天老録教，刁牧准斥，鵊治決法，五聖道級，闚紀補闕，地典州絡，七輔得而天地治，神明至。

（宋）羅泌《路史》卷二〇《後紀十一・疏仡紀・陶唐氏》 嗟乎！物固未有張而不弛，成而不毀者也，惟聖人能盛而不衰，帝之傳天下，非爲讓也，爲有法度而朱弗能統也。漢承堯祚，著矣。而杜林等何知哉。

（宋）羅泌《路史》卷二三《後紀十四・疏仡紀・帝廑》 於乎夏自少康而後，周自宣王而後，皆累世循常，政事無大過，人可傳於後世者，何邪？豈非先王之後，紀綱大定，法度素著。苟非孱虐惛悖，則雖以庸常之君，守不變皆足以保其宗社。

《汲冢周書》卷一《常訓解》 天有常性，人有常順。順在可變，性在不改，學能故可變，自然故不改。不改可因，因在好惡，好惡生變，變習生常，常則生醜，醜命生德。雖有天性，可因其好惡以變之，明醜所以命之，則德生矣。明王於是生政，以正之。民生而有習、有常。以習為常，以常為慎，民若生于中，習常為常。習常為常，如性自然，故若生于中也。夫習民乃常，為自血氣始。性本所有，而幼小習之，若自其氣血生之始也。明王自血氣耳目之習，以明之醜。示之以好惡也。醜明乃樂義，樂義乃至上，上賢而不窮。窮謂不肖之人。哀樂不淫，民知其至，而至于子孫。民乃有古，古者因民以順民。皆有經遠之規，謂之有古，父教子，子教孫，故曰因也。夫民群居而無選，爲政以始之。始之以古，終之以古。言政必敬始，慎終還行也。行古志今，政之至也。政維今，法維古。云云。頑貪以凝，疑意以兩，平兩以參，參伍以權，權數以多，多難以允，允德以慎，慎微以始而敬終，乃不因。重明終始之義。困在坌，誘在王，民乃苟，苟乃不明，哀樂不時，四徵不顯，六極不服，八政不順，九德有奸。九奸不遷，萬物不至。吉以坌，導民政之弊。夫禮非尅不承，非樂不竟，民是乏生□好恶，有四徵：喜樂憂哀。動之以則，發之以文，成之以名，行之以化。以中道化之也。六極：命聽福賞禍罰，六極不嬴，嬴謂無常。八政和平。八政：夫妻、父子、兄弟、君臣。八政不逆，九德純恪。九德：忠、信、敬、剛、柔、和、固、貞、順。順言曰政，順政曰遂，遂僞曰姧，監物在目，監聲在耳，耳因皆有疑，疑言有樞，樞動有和，和意無等。等謂差等。萬民無法□，□在赦□復在古，古者明王奉法以明幽，幽王奉幽以廢法，奉則一人也，而績功不同，所行相反故也。明王是以敬微而順分。

《魏書》卷六二《李彪傳》 李彪又表曰：【略】古先哲王之爲制也，自天子以至公卿，下及抱關擊柝，其宮室車服各有差品，小不得踰大，賤不得踰貴。夫然，故上下序而人志定。

《新唐書》卷一二六《盧懷慎傳》 遷右御史臺中丞。上疏陳時政曰：臣聞善人爲邦百年，可以勝殘去殺。孔子稱：苟用我者，期月而已，三年有成。故《書》：三載考績，三考黜陟幽明。昔子産相鄭，更法令，布刑書，一年人怨，思殺之，三年人德而歌之。子産，賢者也，其爲政尚累年而後成，况常材乎？比州牧、上佐、兩畿令或一二歲，或三五月卽遷，曾不論以課最，使未遷者傾耳以聽，企踵以望，冒進亡廉，亦何暇爲陛下宣風恤人哉？禮義不能興，戶口益以流，倉庫愈匱，百姓日敝，職爲此耳。人知吏之不久，不率其教；吏知遷之不遥，不究其力。媮處爵位，以養資望，雖明主有勤勞天下之志，然僥幸路啓，上下相蒙，寧盡至公乎？此國病也。賈誼所謂蹠盭，乃小小者耳。此而不革，雖和、緩將不能爲。漢宣帝綜覈名實，興治致化，黄霸良二千石也，加秩賜金，就旌其能，終不肯遷。故古之爲吏，至長子孫。臣請都督、刺史、上佐、畿令任未四考，不得遷。若治有尤異，或加賜車裘禄秩，降使臨問，璽書慰勉，須公卿闕，則擢之以勵能者。其不職或貪暴，免歸田里，以明賞罰之信。

昔唐虞稽古，建官惟百。夏、商官倍，亦克用乂。此省官也。故曰：官不必備，惟其才，無曠庶官，天工人其代之。此擇人也。今京諸司員外官數十倍，近古未有。謂不必備，則爲有餘，求其代工，乃多不釐務，而奉稟之費，歲巨億萬，徒竭府藏，豈致治意哉？今民力敝極，河、渭廣漕，不給京師，公私耗損，邊隅未靜。儻炎暵成沴，租税減入，疆埸有警，賑救無年，何以濟之？毋輕人事，惟艱；毋安厥位，惟危。此愼微也。原員外之官，皆一時良幹，擢以才不申其用，尊以名不任其力，自昔用人，豈其然歟？臣請才堪牧宰上佐，並以遷授，使宣力四方，責以治狀。有老病若不任職者，一廢省之，使賢不肖確然殊貫，此切務也。

夫冒于寵賂，侮于鰥寡，爲政之蠹也。竊見内外官有賕餉狼藉，劓剝蒸人，雖坐流黜，俄而還復，還爲牧宰，任以江、淮、嶺、磧，粗示懲貶，内懷自棄，徇貨掊貲，訖無悛心。明主之於萬物，平分而無偏施，以罪吏牧遐方，是謂惠姦而遺遠。遠州陬邑，何負聖化，而獨受其惡政乎？邊徼之地，夷夏雜處，憑險恃遠，易擾而難安，官非其才，則黎庶流亡，起爲盜賊。由此言之，不可用凡才，况猾吏乎？臣請以贓論廢者，削迹不數十年，不賜收齒。《書》曰旌别淑慝，卽其誼也。

《新唐書》卷一七八《劉蕡傳》 大和二年，舉賢良方正能直言極諫，帝引諸儒百餘人于廷，策曰：朕聞古先哲王之治也，玄默無爲，端拱司契，陶甿心以居簡，凝日用於不宰，厚下以立本，推誠而建中，繇是天人通，陰陽和，俗躋仁壽，物無疵癘。噫！盛德之所臻，敻乎其不可及已。三代令王，質文迭救，百氏滋熾，風流寖微，自漢以降，足言蓋寡。

朕顧唯昧道，祗荷丕構，奉若謨訓，不敢怠荒，任賢惕厲，宵衣旰食，詎追三五之遐軌，庶紹祖宗之鴻緒。而心有未達，行有未孚，由中及外，闕政斯廣。是以人不率化，氣或堙阨，災旱竟歲，播植愆時。國廩罕蓄，乏九年之儲；吏道多端，微三載之績。京師，諸夏之本也，將以觀治，而豪猾踰檢；太學，明教之源也，期於變風，而生徒惰業。列郡在乎頒條，而干禁或未絶；百工在乎按度，而淫巧或未息。俗恬風靡，積訛成蠹。其擇官濟治也，聽人以言則枝葉難辨，御下以法則恥格不形。其阜財發號也，生之寡而食之衆，煩於令而鮮於治。思所以究此繆盭，致之治平，茲心浩然，若涉淵水。故前詔有司，博延羣彦，佇啓宿懵，冀臻時雍。

子大夫皆識達古今，志在康濟，造廷待問，副朕虛懷，必當箴治之闕，辨政之疵，明綱條之致紊，稽富庶之所急。何施革於前弊？何澤惠於下土？何脩而治古可近？何道而和氣克充？推之本源，著於條對。至若夷吾輕重之權，孰輔於治？嚴尤底定之策，孰叶於時？元凱之考課何先？叔子之克平何務？惟此龜鑑，擇乎中庸，斯在洽聞，朕將親覽。

（宋）司馬光《資治通鑑》卷二一三《唐紀二九》 臣光曰：經緯天地之謂文，戡定禍亂之謂武，自古不兼斯二者而稱聖人，未之有也。故黄帝、堯、舜、禹、湯、文、武、伊尹、周公莫不有征伐之功，孔子雖不試，猶能兵萊夷，卻費人，曰：我戰則克。魯定公與齊會于夾谷，孔子相。齊使萊夷以兵劫魯公。孔子曰：士兵之！兩君合好，而裔夷以兵亂之，非齊君所以命諸侯也。齊侯聞之，遽辟之。及攝行相事，將墮三都，於是叔孫氏墮郈，季氏將墮費，公山不狃、叔孫輒帥費人以襲魯，仲尼命申句須、樂頎伐之，費人北，國人追之，敗諸姑蔑，二子奔齊，遂墮費。又孔子曰：我戰則克，祭則受福。豈孔子專文而太公專武乎？孔子所以祀於學者，禮有先聖先師故也。自生民以來，未有如孔子者，豈太公得與之抗衡哉！古者有發，則命大司徒教士以車甲，羸股肱，決射御，《記·王制》之言。有發，謂有軍師發卒，教以乘兵車，衣甲之儀。羸股肱，決射御，謂擐衣出其臂脛，使之射御，決勝負，見勇力。受成獻馘，莫不在學。《詩·魯頌·泮水》曰：矯矯虎臣，在泮獻馘；淑問如皋陶，在泮獻囚。受成，謂受獄辭之成也。所以然者，欲其先禮義而後勇力也。君子有勇而無義爲亂，小人有勇而無義爲盜。《論語》載孔子之言。若專訓之以勇力而不使之知禮義，奚所不爲矣！自孫、吳以降，皆以勇力相勝，狙詐相高，豈足以數於聖賢之門而謂之武哉！乃復誣引以偶十哲之目，爲後世學者之師，使太公有神，必羞與之同食矣。

《宋史》卷四八《天文志一》 箕子《洪範》論休咎之徵曰：王省惟歲，卿士惟月，師尹惟日。庶民惟星，星有好風，星有好雨。《禮記》言體信達順之效，則以天降膏露先之。至於周《詩》，屢言天變，所謂旻天疾威，敷于下土，又所謂雨無其極，傷我稼穡，正月繁霜，我心憂傷，以及彼月而微，此日而微，爗爗震電，不寧不令。孔子刪《詩》而存之，以示戒也。他日約魯史而作《春秋》，則日食、星變屢書而不爲煩。聖人以天道戒謹後世之旨，昭然可覩矣。

《宋史》卷四四三《文苑傳·蘇洵》 聖人之道，有經、有權、有機，是以有民、有羣臣而又有腹心之臣。曰經者，天下之民舉知之可也；曰權者，民不可得而知矣，羣臣知之可也；曰機者，雖羣臣亦不得而知之矣，腹心之臣知之可也。夫使聖人無權，則無以成天下之務；無機，則無以濟萬世之功，然皆非天下之民所宜知；而機者又羣臣所不得聞，羣臣不得聞，則誰與議？不議不濟，然則所謂腹心之臣者，不可一日無也。後世見三代取天下以仁義，而守之以禮樂也，則曰聖人無機。夫取天下與守天下，無機不能。顧三代聖人之機，不若後世之詐，故後世不得見耳。有機也，是以有腹心之臣。禹有益，湯有伊尹，武王有太公望，是三臣者，聞天下之所不聞，知羣臣之所不知。禹與湯、武倡其機於上，而三臣者和之於下，以成萬世之功。下而至於桓、文，有管仲、狐偃爲之謀主，闔廬有伍員，勾踐有范蠡、大夫種。高祖之起也，大將任韓信、黥布、彭越，裨將任曹參、樊噲、滕公、灌嬰，游説諸侯任酈生、陸賈、樅公，至於奇機密謀羣臣所不與者，唯留侯、酇侯二人。唐太宗之臣多奇才，而委之深任之密者，亦不過曰房杜。夫君子為善之心與小人為惡之心一也，君子有機以成其善，小人有機以成其惡。有機也，雖惡亦或濟，無機也，雖善亦不克，是故腹心之臣不可以一日無也。司馬氏，魏之賊也，有賈充之徒爲之腹心之臣以濟；陳勝、吴廣，秦民之湯武也，無腹心之臣以不克。何則？無腹心之臣，無機也，有機而泄也。夫無機與有機而泄者，譬如虎豹食人而不知設陷穽，設陷穽而不知以物覆其上者也。

或曰：機者，創業之君所假以濟耳，守成之世，其奚事機而安用夫腹心之臣？嗚呼！守成之世，能遂熙然如太古之世矣乎？未也，吾未見機之可去也。且夫天下之變，常伏於安，田文所謂子少國危，大臣未附，當是之時，而無腹心之臣，可爲寒心哉！昔者，高祖之末，天下既定矣，而又以周勃遺孝惠、孝文；武帝之末，天下既治矣，而又以霍光遺孝昭、孝宣。蓋天下雖有泰山之勢，而聖人常以累卵爲心，故雖守成之世，而腹心之臣不可去也。

《傳》曰：百官總己以聽于冢宰。彼冢宰者，非腹心之臣，天子安能舉天下之事委之，三年不置疑於其間邪？又曰：五載一巡狩。彼無腹心之臣，五載一出，捐千里之畿，而誰與守邪？今夫一家之中必有宗老，一介之士必有密友，以開心胸，以濟緩急，奈何天子而無腹心之臣乎？近世之君抗然于上，而使宰相眇然於下，上下不接，而其志不通矣。臣視君如天之遼然而不可親，而君亦如天之視人，泊然無愛之心也。是以社稷之憂，彼不以爲憂，君憂不辱，君辱不死。一人譽之則用之，一人毀之則捨之。宰相避嫌畏譏且不暇，何暇盡心以憂社稷？數遷數易，視相府如傳舍。百官泛泛於下，而天子惸惸於上，一旦有卒然之憂，吾未見其不顛沛而殞越也。聖人之任腹心之臣也，尊之如父師，愛之如兄弟，執手入臥内，同起居寢食，知無不言，言無不盡。百人譽之不加密，百人毀之不加疎，尊其爵，厚其禄，重其權，而後可與議天下之機，慮天下之變。

（清）**徐乾學《資治通鑑後編》卷七七《宋紀七七》**　大畧以爲聖人創法，皆本諸人情，極乎物理。雖二帝三王，不無隨時因革，踵事增損之制。然至於爲治之大原，牧民之要道，則前聖後聖同條而共貫。後世能盡其道則大治，或用其偏則小康，此歷代彰明之效也。苟徒知泥古，而不能施之於今。姑欲循名，而遂廢其實。此固陋儒之見，不足與論治道然。儻謂今人之情，皆已異於古先王之迹，不可復於今，趣便目前，不務高遠，則亦恐非大有爲之論，而未足以濟當今之極弊也，且如衣服、飲食、宫室、器用之類，苟便於今而有法度者，豈亦遽當改革哉。惟其天理之不可易，人所賴以生，非有古今之異。聖人之所必爲者，固可槩舉，然行之有先後，用之有緩速，若夫裁成運動周旋曲當，則在朝廷講求設施如何耳？帝皆嘉納之。

（宋）**李幼武《宋名臣言行録外集》卷一一《朱松韋齋先生》**　又謂：父子主恩，君臣主義，是爲天下之大戒，無所逃於天地之間，如人食息呼吸於元氣之中，一息之不屬理，必至於斃。是以自昔聖賢立法，垂訓所以維持防範於其間者，未嘗一日而少忘。

（元）**梁寅《策要》卷一《周禮》**　論先王之法度，莫備於成周。論成周之制作，莫詳於《周官》。故前代之有取於是書者。王通則曰：先師以王官極是也，如有用我執此以往。唐大宗則曰：《周禮》真聖人作也。不井田，不封建，不肉刑，而欲行周公之道，不可得也。朱文公則曰《周禮》一書，廣大精密，周家法度盡在於是，非聖人不能作也。以此觀之，《周官》爲聖代之遺制也。審矣。

《皇明條法事類纂》卷二二《禁約僭用渾金禁色緞疋花樣》　臣聞古之人君善繼善述者，必先於遵舊章。《詩》曰：不愆不忘，率由舊章是也。誠以創業垂統之君，憂深而慮遠，研精而殫思。立爲制度，必慎必（祥）〔詳〕，著爲章程，必中必正，不可以不遵也。洪惟我太祖高皇帝以神武定天下，以聖仁建皇極，以酌古準今立法度，以（太）〔大〕公至正弘典章，通天下人情而爲法律，計水土所宜而爲供賦，分政務統屬而嚴委任，審内外輕重而設武衛，别貴賤等階而爲程式，較上下名分而謹經常。與凡一事（而）〔有〕一事之則，一物有一物之規。極曠（故）〔古〕所無，以〔抵〕治平，垂萬世（所）〔之〕法，以爲統緒。所謂舊章，在今不可須臾違也。

《明太祖實録》卷六六《洪武四年六月》　庚戌，上御奉天門謂吏部尚書詹同曰：論行事於目前，不若鑒之於往古。卿儒者，宜知古先帝王爲治之道，試爲朕言之。同對曰：古先帝王之治，無過於唐虞三代，可以爲法也。上曰：三代而上，治本於心；三代而下，治由乎法。本於心者，道德仁義，其用爲無窮；由乎法者，權謀術數，其用盖有時。而窮然爲治者，違乎道德仁義，必入于權謀術數甚矣。擇術不可不慎也。

《明宣宗實録》卷三六《宣德三年二月》　勑諭三法司：朕惟聖人制刑罰，用昭天討以弼治化。刑罰當，則天道協和，人心悦服，家國天下并受其福。否則，感傷和氣，災沴百出。是以古昔帝王，必皆慎簡刑官。我國家稽古爲制，建三法司。刑部掌邦憲，都察院兼理刑名，大理寺審允輕重。自祖宗以來，慎重人命，務存欽恤。朕嗣承大統，祗奉舊章，不敢以喜怒爲法重輕，期與天下同躋仁壽，比聞刑罰失當，無辜者銜冤，有罪者倖免。朕爲惻然，不遑寧處，咨爾法司：夫憸邪者，利口柔良者，寡納惟言是，稽情僞不辨，此其可乎！玩愒歲月，溺於安逸，囚繫瘦死，恬不爲意，此其可乎！不諳律意，不察人情，移情就獄，苟具文書，此其可乎！或畏權勢，徇其請託；或念恩怨，從而報復；或播弄刀筆，輕重任情；或恣肆捶楚，鍛鍊成獄，甚至貪圖賄賂，略無畏憚，此何心哉！一夫不獲，時予之辜；一人稱冤，百姓驚駭。朕惟慎刑罰簡，爾賢良爾惟體朕心，用諧厥職，天地神明，昭鑒在上，善惡之報，捷於影響。爾惟恭朕命，惕然警省，追改前愆，以公道爲心，以愛人爲本，廉以持身，勤以從事，不惟國家有賴爾，亦永保禄位，貽福子孫。爾不恭命，明有國法，幽有神譴。爾其欽哉！勿貽後悔。

《大誥續編·序》　上古，好閑無功造禍害民者少。爲何？蓋謂九州之田，皆係於官，法井以給民，民既驗丁以授田，農無曠夫矣，所以造食者多，閒食者少。其井閭之間，士夫工技，受田之日，驗能准業，各有成效，法不許誑。由是士農工技，各知稼穡之艱難，所以農盡力於田畎畝，士爲政以仁，技藝專業，無敢妄謬。維時商出於農，賈於農隙之時。四業題名，專務以三：士、農、工，獨商不專，易於農隙。此先王之教精，則野無曠夫矣。今朕不才，不能申明我中國先王之舊章。愚夫愚婦，效習夷風，所以泯彜倫之攸叙。是致壽非壽，富非富，康寧不自如，攸好德鮮矣。考終命寡聞，奸惡日增。本古五刑而不治，雖出五刑以誅之，亦何懼焉。朕皇皇宵晝，思治窮源。無乃曠夫多，刁詐廣，致有五福不臻，凶災迭至，殃吾民者，爲此也。今朕復出是《誥》，大播寰中，敢有不遵者，以罪罪之，具條於後。

《大誥三編・劉三吾後序》 臣聞昔列聖之馭宇，必明綱常，正法度，使號令賞罰粲然佈于天下。是以民無少長，皆知教化之當從，法度之當守，所以民淳俗厚，罔罹刑憲。於是上契天心，三光明，寒暑時，海宇寧謐，民樂雍熙，至今照燿簡册，何其盛哉！奈何三代以降，漢、晉、唐、宋之君，因循爲治，先王之教，日衰月替，俗漸澆灕。降及胡元，以夷風制治，先王之教，華夏之風，於是掃蕩無餘，民俗愈偷，可勝歎哉！欽惟皇上，神聖文武，受天眷命，統有天下，十九年于兹。深慕二帝三王之治，宵旰不遑，欲丕變胡俗，復我中國先王之治。奈乏賢爲輔，所以治之雖嚴，而犯者自若。皇上深念從古至今，無有不可變之俗，無有不可化之民，故於機務之隙，特將官民過犯，條成二《誥》，頒示中外，使民知所勸懲。未幾，民有從命者，將所在姦惡之徒，擒獲至京，以除民患。於是皇上知斯民有從命之誠，有可化之機，所以至者特加賞勞，以激勸之，然而民狃於汚習，雖暫革面，猶未格心。其中因法爲弊者，姦詐百生，異乎尋常。神明鑒察，其情其罪，卒莫能逃。皇上復慮天下官民倣效成風，自取刑戮，特撥機務，復條此《誥》，使其知此姦此計罔能欺誑，徒自殺身。天下官民誠能體皇上惓惓之心，鑒此非爲，格心從化，庶幾至治可興，華風復振。將見人有士行，比屋可封，享五福於悠久，豈不美歟！臣叨備侍從，目覩皇上憂動圖治之切，恐官民弗能悉知，不揣蕪陋，謹拜手稽首書此於後云。洪武十九年冬十有二月二十五日，承務郎左春坊左贊善臣劉三吾謹序。

（清）陳秉直　魏象樞《上諭合律鄉約全書》 《書》曰：天降下民，作之君，作之師。君也，而兼稱師，師以言乎立教也。古帝王養民必先教民，自堯舜禹湯文武至今，莫能易已。我皇上繼堯舜禹湯文武之位，即心堯舜禹湯文武之心。

《現行鄉約》 鄉約，古制也，乃聖王設教之綱領也。聖王之道，放之則彌六合，卷之則退藏於密，其理無窮，而咸寓乎鄉約中。鄉有約，則率土之濱無不奉聖王之道，身體而力行之矣。聖王之道萬古常昭，則鄉約之行亦迄今罔替。聖王之道萬古常昭者，明德新民之理，成己成物之功，贊天地化育，與天地合其德也。於是，推其法天，則自強不息；象地，則悠久無疆。聖王之道，誠與天地同流也，鄉約之制豈淺鮮哉！

（清）王先謙《荀子集解・非相》 故人之所以爲人者，非特以其二足而無毛也，以其有辨也。夫禽獸有父子而無父子之親，有牝牡而無男女之别，故人道莫不有辨。辨莫大於分，有上下親疏之分也。分莫大於禮，分生於有禮也。禮莫大於聖王。

又： 聖王有百，吾孰法焉。問聖王至多，誰可爲法也？故曰：文久而息，節族久而絶。文，禮文。節，制度也。言禮文久則制度滅息，節奏久則廢也。盧文弨曰：注節奏宋本作宗族。案楊以節奏訓族字，與以制度訓節字無涉。今從元刻。郝懿行曰：族者，聚也，湊也。湊與奏古今字。《漢律志》：蔟，奏也。是其義也。奏湊，蔟族，竝聲義同。然則節族即節奏矣，楊注是也。王念孫曰：故，衍字。自曰文久而息以下，皆與上文聖王有百，吾孰法焉二句自相問答，則曰上不當有故字明矣，蓋涉下文三故曰而衍。下文曰是以文久而滅，節族久而絶，滅與絶爲韻，則此亦當然。今本滅作息，則失其韻矣。息字蓋涉注文滅息而誤。守法數之有司，極禮而褫。褫，解也。有司世世相承，守禮之法數，至於極久，亦下脱也。《易》曰：或錫之鞶帶，終朝三褫之。言此者，以喻久遠難詳，不如隨時興治。褫，直吏反。劉台拱曰：極，疲極也。王念孫曰：褫之言弛也。言疲於禮而廢弛也。俞樾曰：極禮而褫，文不可通，疑禮字衍文也。極而褫三字爲句。上云文久而息，節族久而絶，此云極而褫，正與久而息久而絶一律。楊注曰：褫，解也。有司世世相承，守禮之法數，至於極久，亦下脱，是極下無禮字也。所云守禮之法數者，此禮字乃楊氏增出以解法數之誼，非正文有禮字也。今作極禮而褫，即因注文而衍。先謙案，俞説是也。法即禮也，法數即禮數也。守法數之有司，即《榮辱篇》所謂不知其義，謹守其數之官人百吏也。極下自不當有禮字。故曰：欲觀聖王之跡，則於其粲然者矣，後王是也。後王，近時之王也。粲然，明白之貌。言近世明王之法，則是聖王之跡也。夫禮法所興，以救當世之急，故隨時設教，不必拘於舊聞，而時人以爲君必用堯、舜之道，臣必行禹、稷之術，然後可，斯惑也。孔子曰：殷因於夏禮，所損益可知也。故荀卿深陳以後王爲法，審其所貴君子焉。司馬遷曰：法後王者，以其近已而俗相類，議卑而易行也。劉台拱曰：後王，謂文、武也。楊注非。汪中曰：《史記》引法後王，蓋如賦詩之斷章耳。此注承其誤，名爲解《荀子》而實汨之。王念孫曰：後王二字，本篇一見，《不苟篇》一見，《儒效篇》二見，《王制篇》一見，《正名篇》三見，《成相篇》一見，皆指文、武而言，楊注皆誤。俞樾曰：劉汪王三君之説，皆有意爲《荀子》補弊扶偏，而實非其雅意也。據下文云：彼後王者，天下之君也。舍後王而道上古，譬之是猶舍己之君而事人之君也。然則荀子生於周末，以文武爲後王可也，若漢人則必以漢高祖爲後王，唐人則必以唐太祖太宗爲後王，設於漢、唐之世而言三代之制，是所謂舍己之君而事人之君矣，豈其必以文、武爲後王乎？蓋孟子言法先王，而荀子言法後王，亦猶孟子言性善而荀子言性惡，各成其是，初不相謀，比而同之，斯惑矣。《吕氏春秋·察今篇》曰：上胡不法先王之治？非不賢也，爲其不可得而法。又曰：世易時移，變法宜矣。譬之若良醫，病萬變藥亦萬變。病變而藥不變，鄉之壽民，今爲殤子矣。蓋當時之論，固多如此。其後李斯相秦，廢先王之法，一用秦制，後人遂以爲荀卿罪，不知此固時爲之也。後人不達此義，於數千年後欲胥先王之道而復之，而卒不可復，吾恐其適爲秦人笑矣。彼後王者，天下之君也，舍後王而道上古，譬之是猶舍己之君而事人之君也。故曰：欲觀千歲，則數今日。盧文弨曰：數字從宋本，俗本亦作審。欲知億萬，則審一二。欲知上世，則審周道。欲知周道，則審其人所貴君子。謂己之君也。審謂詳觀其道也。劉台拱曰：案其人，荀卿自謂也。所貴君子，其人之所宗仰，若仲尼、子弓也。故曰：以近知遠，以一知萬，以微知明。此之謂也。

又：聖人者，以己度者也。以己意度古人之意，故人不能欺，亦不欺人也。王念孫曰：不欺當作不可欺。聖人不可欺，正對上文衆人可欺而言。下文鄉乎邪曲而不迷云云，正所謂聖人不可欺也。今本脱可字，則失其義矣。楊注云：人不能欺，亦不欺人，則因所見本已脱可字，故曲爲之説，而不知與上下文不合也。《外傳》正作不可欺。故以人度人，以情度情。以今之人情度古之人情。既云欲惡皆同，豈其治亂有異。以類度類，類，種類，謂若牛馬也。以説度功，以言説度其功業也。以道觀盡，以道觀盡物之理。《儒效篇》曰涂之百姓，積善而全盡，謂之聖人也。古今一度也。古今不殊，盡可以此度彼，安在其古今異情乎？王念孫曰：古今一度也，當作古今一也。言自以人度人以下皆無古今之異，故曰古今一也。《彊國篇》治必由之，古今一也。《正論篇》有擅國，無擅天下，古今一也。《君子篇》故尊聖者王，貴賢者霸，敬賢者存，慢賢者亡，古今一也。文意竝與此同，則一下不當更有度字，蓋涉上數度字而衍。楊注云古今不殊，盡可以此度彼，則所見本已有度字。《外傳》無。類不悖，雖久同理，言種類不乖悖，雖久而理同。今之牛馬，與古不殊，何至人而獨異哉？故鄉乎邪曲而不迷，觀乎雜物而不惑，以此度之。以測度之道明之，故向於邪曲不正之道而不迷，雜物炫燿而不惑。鄉，讀爲向。五帝之外無傳人，外，謂已前也。無傳人，謂其人事跡後世無傳者。非無賢人也，久故也。五帝之中無傳政，非無善政也，久故也。中，間也。五帝，少昊、顓頊、高辛、唐、虞也。禹、湯有傳政而不若周之察也，非無善政也，久故也。傳者久則論略，近則論詳，略則舉大，詳則舉小。略，謂舉其大綱。詳，周備也。俞樾曰：兩論字皆俞字之誤。俞，讀爲愈。《榮辱篇》清之而俞濁者口也，豢之而俞瘠者交也，楊注曰：俞，讀爲愈是也。俞誤作侖，因誤作論矣。《韓詩外傳》正作久則愈略，近則愈詳，可據訂。愚者聞其略而不知其詳，聞其詳而不知其大也。惟聖賢乃能以略知詳，以小知大也。王念孫曰：聞其詳，本作聞其小，略與詳對，小與大對。據楊注云惟聖賢乃能以略知詳，以小知大，則本作聞其小而不知其大明矣。今本小作詳，涉上句詳字而誤。《外傳》作聞其細，不知其大，細亦小也。是以文久而滅，節族久而絕。

（清）王先謙《荀子集解·富國》 故先王聖人爲之不然。知夫爲人主上者，不美不飾之不足以一民也，不富不厚之不足以管下也，管，猶包也。不威不強之不足以禁暴勝悍也。故必將撞大鐘、擊鳴鼓、吹笙竽、彈琴瑟，以塞其耳，必將錭琢、刻鏤、黼黻文章，以塞其目，錭與彫同。必將芻豢稻粱、五味芬芳，以塞其口，塞，猶充也。然後衆人徒、備官職、漸慶賞、漸，進。嚴刑罰，以戒其心。使天下生民之屬皆知己之所願欲之舉在是于也，故其賞行，舉，皆也。是于，猶言于是。言生民所願欲皆在于是也。《説苑》亦作是于也。盧文弨曰：正文是于，舊本俱作于是，反將注語互易，誤甚。今改正，下同。皆知己之所畏恐之舉在是于也，故其罰威。其罰可畏。賞行罰威，則賢者可得而進也，不肖者可得而退也，能不能可得而官也。若是，則萬物得宜，事變得應，上得天時，下得地利，中得人和，則財貨渾渾如泉源，渾渾，水流貌。如泉源，言不絕也。渾，戶本反。汸汸如河海，汸讀爲滂，水多貌也。暴暴如丘山，暴暴，卒起之貌。言物多委積，高大如丘山也。不時焚燒，無所臧之，夫天下何患乎不足也？故儒術誠行，則天下大而富，使而功，大，讀爲泰，優泰也。使，謂爲上之使也。可使則有功也。謝本從盧校作使有功。劉台拱曰：使有功，當作佚而功，形近而譌也。王念孫曰：宋吕、錢、龔本竝作使而功，元刻作使有功。盧從元刻，非，劉説是也。《王霸篇》守至約而詳，事至佚而功，是其證。《彊國篇》亦云：佚而治，約而詳。下文勞苦頓萃而愈無功，正與佚而功相反。元刻作使有功者，涉注有功而誤。先謙案：劉、王謂有當爲而，是也，改使爲佚，非也。大而富承上萬物得宜言，使而功承上賞行罰威言，文義甚明，不煩改字。下文勞苦頓萃而愈無功，勞苦頓萃言墨道如此，非佚字對文也。今從宋本改正。撞鐘擊鼓而和。

（清）王先謙《荀子集解・正論》 聖人，備道全美者也，是縣天下之權稱也。

（清）王先謙《荀子集解・解蔽》 故學者以聖王爲師，案以聖王之制爲法。法其法，以求其統類，以務象效其人。

（清）王先謙《荀子集解・性惡》 塗之人可以爲禹，曷謂也？塗，道路也。舊有此語，今引以自難。言若性惡，何故塗之人皆可以爲禹也。曰：凡禹之所以爲禹者，以其爲仁義法正也。然則仁義法正，有可知可能之理，人皆有之。然而塗之人也，皆有可以知仁義法正之質，皆有可以能仁義法正之具，然則其可以爲禹明矣。今以仁義法正爲固無可知可能之理邪？然則唯禹不知仁義法正，不能仁義法正也。唯，讀爲雖。將使塗之人固無可以知仁義法正之質，而固無可以能仁義法正之具邪？然則塗之人也，且內不可以知父子之義，外不可以知君臣之正。不然。以塗之人無可知可能之論爲不然也。俞樾曰不然二字，當在今字之下，今不然，三字爲句。上文云今不然，人之性惡，是其例也。今塗之人者，皆內可以知父子之義，外可以知君臣之正，然則其可以知之質，可以能之具，其在塗之人明矣。今使塗之人者，以其可以知之質，可以能之具，本夫仁義之可知之理，可能之具，然則其可以爲禹明矣。今使塗之人伏術爲學，專心一志，思索孰察，加日縣久，積善而不息，則通於神明，參於天地矣。伏術，伏膺於術。孰察，精孰而察。加日，累日也。縣久，縣繫以久長。郝懿行曰：伏與服，古字通。服者，事也。古書服事亦作伏事，服膺亦作伏膺。王念孫曰：術者，道也。見《大傳》注，《樂記》注，《魯語》《晉語》注。服術，猶言事道。故聖人者，人之所積而致矣。雖性惡，若積習，則可爲聖人。《書》曰：惟狂克念作聖。曰：聖可積而致，然而皆不可積，何也？曰：可以而不可使也。可以爲而不可使爲，以其性惡。故小人可以爲君子，而不肯爲君子，君子可以爲小人，而不肯爲小人。小人、君子者，未嘗不可以相爲也，然而不相爲者，可以而不可使也。故塗之人可以爲禹則然，塗之人能爲禹，未必然也。盧文弨曰：故塗之人可以爲禹下，元刻有未必然也，塗之人可以爲禹十一字，宋本無。雖不能爲禹，無害可以爲禹。足可以徧行天下，然而未嘗有能徧行天下者也。夫工匠、農、賈，未嘗不可以相爲事也，事，業。然而未嘗能相爲事也。用此觀之，然則可以爲，未必能也，雖不能，無害可以爲。然則能不能之與可不可，其不同遠矣，其不可以相爲明矣。

（清）王先謙《荀子集解・法行》 公輸不能加於繩，聖人莫能加於禮。公輸，魯巧人，名班。雖至巧，繩墨之外亦不能加也。顧千里曰：案正文繩字下，據注，疑亦當有墨字，宋本同。今本蓋皆誤。禮者，衆人法而不知，聖人法而知之。

（清）孫星衍《孔子集語》卷四《六藝上》 《周易乾鑿度》孔子曰：方上古之時，人民無別，羣物無殊，未有衣食、器用之利。於是伏羲乃仰觀象於天，俯觀法於地，中觀萬物之宜，始作八卦，以通神明之德，以類萬物之情。故《易》者，所以繼天地，理人倫，而明王道。是故八卦以建五氣，以立五常，以之行象，法乾坤，順陰陽，以正君臣、父子、夫婦之義。度時制宜，作網罟，以畋以漁以贍人用。於是人民乃治，君親以尊，臣子以順，羣生和洽，各安其性。八卦之用，伏羲氏之王天下也。始作八卦，結繩而爲網罟以畋以漁，蓋取諸離質者，無文以天言，此《易》之意，夫八卦之變象感在人，文王因性情之宜，爲之節文。

（漢）陸賈《新語》卷上《道基》 傳曰：天生萬物，以地養之，聖人成之。功德參合，而道術生焉。故曰：張日月，列星辰，序四時，調陰陽，布氣治性，次置五行，春生夏長，秋收冬藏，陽生雷電，陰成雪霜，養育群生，一茂一亡。潤之以風雨，曝之以日光，溫之以節氣，降之以殞霜，位之以衆星，制之以斗衡，苞之以六合，羅之以紀綱，改之以災變，告之以禎祥，動之以生殺，悟之以文章。故在天者可見，在地者可量，在物者可紀，在人者可相。故地封五嶽，畫四瀆，規洿澤，通水泉，樹物養類，苞殖萬根，暴形養精，以立群生，不違天時，不奪物性，不藏其情，不匿其詐。故知天者仰觀天文，知地者俯察地理，跂行喘息，蜎飛蝡動之類，水生陸行，根著葉長之屬，爲寧其心而安其性，蓋天地相承，氣感相應而成者也。於是先聖乃仰觀天文，俯察地理，圖畫乾坤，以定人道。民始開悟，知有父子之親，君臣之義，夫婦之道，長幼之序。於是百官立，王道乃生。民人食肉飲血，衣皮毛，至於神農，以爲行蟲走獸，難以養民，乃求可食之物，嘗百草之實，察酸苦之味，教民食五穀。天下人民，野居穴處，未有室屋，則與禽獸同域。於是黄帝乃伐木構材，築作宫室，上棟下宇，以避風雨。民知室居食穀，而未知功力。於是后稷乃列封疆，畫畔界，以分土地之所宜，闢土殖穀，以用養民，種桑麻致絲枲以蔽形體。當斯之時，四瀆未通，洪水爲害，禹乃决江疏河，通之四瀆，致之於海，大小相引，高下相受，百川順流，各歸其所，然後人民得去高險，處平土。川谷交錯，風化未通，九州絶隔，未有舟車之用，以濟深致遠，於是奚仲乃橈曲爲輪，因直爲轅，駕馬服牛，浮舟杖檝，以代人力。鑠金鏤木，分苞燒殖，以備器械，於是民知輕重，好利惡難，避勞就逸，於是皐陶乃立獄制罪，懸賞設罰，異是非，明好惡，檢奸邪，消佚亂。民知畏法，而無禮義，於是中聖乃設辟雍庠序之教，以正上下之儀，明父子之禮，君臣之義，使强不凌弱，衆不暴寡，弃貪鄙之心，興清潔之行，禮義獨行，綱紀不立，後世衰廢，於是後聖乃定五經，明六藝，承天統地，窮事察微，原情立本，以緒人倫，宗諸天地，纂脩篇章，垂諸來世，被諸鳥獸，以匡衰亂，天人合策，原道悉備，智者達其心，百工窮其巧，乃調之以管絃絲竹之音，設鐘鼓歌舞之樂，以節奢侈，正風俗，通文雅。後世淫邪，增之以鄭衛之音，民弃本趍末，伎巧横出，用意各殊，則加雕文刻鏤，傅致膠漆，丹青玄黄琦瑋之色，以窮耳目之好，極工匠之巧。夫驢騾駱駞，犀象瑇瑁，琥珀珊瑚，翠羽珠玉，山生水藏，擇地而居，潔清明朗，潤澤而濡，磨而不磷，涅而不淄，天氣所生，神靈所治，幽閒清浄，與神浮沉，莫之効力爲用，盡情爲器。故曰：聖人成之。所以能統物通變，治情性，顯仁義也。夫人者，寬博浩大，恢廓密微，附遠寧近，懷來萬邦。故聖人懷仁仗義，分明纖微，忖度天地，危而不傾，佚而不亂者，仁義之所治也。行之於親近而疎遠悦，脩之於閨門之内而名譽馳於外。故仁無隱而不著，無幽而不彰者。虞舜蒸蒸於父母，光耀於天地；伯夷叔齊餓於首陽，功美垂於萬代；太公自布衣昇三公之位，累世享千乘之爵，知伯仗威任力，兼三晉而亡。是以君子握道而治，據德而行，席仁而坐，杖義而彊，虚無寂寞，通動無量。故制事因短，而動益長，以圓制規，以矩立方。聖人王世，賢者建功，湯舉伊尹，周任吕望，行合天地，德配陰陽，承天誅惡，剋暴除殃，將氣養物，明□設光，耳聽八極，目覩四方，忠進讒退，直立邪亡，道行姦止，不得兩張，□□本理，杜漸消萌。夫謀事不並仁義者後必敗，殖不固本而立高基者後必崩。故聖人防亂以經藝，工正曲以準繩。德盛者威廣，力盛者驕衆。齊桓公尚德以霸，秦二世尚刑而亡。故虐行則怨積，德布則功興，百姓以德附，骨肉以仁親，夫婦以義合，朋友以義信，君臣以義序，百官以義承，曾、閔以仁成大孝，伯姬以義建至貞，守國者以仁堅固，佐君者以義不傾，君以仁治，臣以義平，鄉黨以仁恂恂，朝廷以義便便，美女以貞顯其行，烈士以義彰其名，陽氣以仁生，陰節以義降，《鹿鳴》以仁求其群，《關雎》以義鳴其雄，《春秋》以仁義貶絶，《詩》以仁義存亡，乾坤以仁和合，八卦以義相承，《書》以仁敍九族，君臣以義制忠，禮以仁盡節，樂以禮升降。仁者道之紀，義者聖之學。學之者明，失之者昏，背之者亡。陳力就列，以義建功，師旅行陣，德仁爲固，仗義而彊，調氣養性，仁者壽長，美才次德，義者行方。君子以義相褒，小人以利相欺，愚者以力相亂，賢者以義相治。《穀梁傳》曰：仁者以治親，義者以利尊，萬世不亂，仁義之所治也。

（漢）陸賈《新語》卷上《術事》 善言古者合之於今，能術遠者考之於近。故説事者上陳五帝之功，而思之于身，下列桀、紂之敗，而戒之于己，則德可以配日月，行可以合神靈，登高及遠，達幽洞冥，聽之無聲，視之無形，世人莫覩其兆，莫知其情，校脩五經之本末，道德之真僞，既□其意而不見其人。世俗以爲自古而傳之者爲重，以今之作者爲輕，淡於所見，甘於所聞，惑於外貌，失於中情。聖人貴寬而世人賤衆，五穀養性，而棄之於地，珠玉無用，而寶之於身。故舜弃黄金於嶄嵒之山，禹捐珠玉於五湖之淵，將以杜淫邪之欲，絶琦瑋之情。道近不必出於久遠，取其至要而有成。《春秋》上不及五帝，下不至三王，述齊桓、晉文之小善，魯之十二公，至今爲政，足以知成敗之効，何必於三王？故古人之所行者，亦與今世同。立事者不離道德，調絃者不失宫商，天道調四時，人道治五常，周公與堯舜合符瑞，二世與桀、紂同禍殃。文王生於東夷，大禹出於西羌，世殊而地絶，法合而度同。故聖賢與道合，愚者與禍同，懷德者應以福，挾惡者報以凶，德薄者位危，去道者身亡，萬世不易法，古今同紀綱。故良馬非獨騏驥，利劍非唯干將，美女非獨西施，忠臣非獨吕望。今有馬而無王良之御，有劍而無砥礪之功，有女而無芳澤之飾，有士而不遭文王，道術蓄積而不舒，美玉韞匵而深藏。故懷道者須世，抱樸者待工，道爲智者譏，馬爲御者良，賢爲聖者用，辯爲智者通，書爲曉者傳，事爲見者明。故制事者因其則，服藥者因其良。書不必起仲尼之門，藥不必出扁鵲之方，合之者善，可以爲法，因世而權行。故性藏於人，則氣達於天，纖微浩大，下學上達，事以類相從，聲以音相應，道唱而德和，仁立而義興，王者行之於朝，疋夫行之於田，治末者調其本，端影者正其形，養其根者則枝葉茂，志氣調者卽道冲。故求遠者不可失於近，治影者不可忘其容，上明而下清，君聖而臣忠。或圖遠而失近，或道塞而路窮。季孫貪顓臾之地，而變起於蕭墻之內。夫進取者不可不顧難，謀事者不可不盡忠，故形立則德散，佞用則忠亡。《詩》云：式訛爾心，以蓄萬邦。言一心化天下，而□□國治，此之謂也。

（漢）劉向《新序》卷七《節士》 堯治天下，伯成子高爲諸侯焉。堯授舜，舜授禹，伯成子高辭爲諸侯而耕，禹往見之，則耕在野，禹趨就下位而問焉，曰：昔者堯治天下，吾子立爲諸侯焉，堯授舜，吾子猶存焉。及吾在位，子辭諸侯而耕，何故？伯成子高曰：昔堯之治天下，舉天下而傳之他人，至無欲也。擇賢而與之其位，至公也。以至無欲至公之行示天下。故不賞而民勸，不罰而民畏。舜亦猶然。今君賞罰而民欲且多私。是君之所懷者私也，百姓知之。貪爭之端，自此始矣。德自此衰，刑自此繁矣，吾不忍見，以是處野也。今君又何求而見我？君行矣，無留吾事，耕而不顧。《書》曰：旁施象刑，維明，及禹不能。《春秋》曰：五帝不告誓，信厚也。

（宋）朱熹《白鹿書院教規》 熹切觀古昔聖賢，所以教人爲學之意，莫非講明義理，以修其身，然後推己及人。非徒欲其務記覽爲詞章，以釣聲名取利禄而已。今之爲學者，既反是已。然聖賢所以教人之法，具抒於經，有志之士，固當熟讀而問辨之。苟知理之當然，而責其身以必然。則夫規矩禁防之具，豈待他人設之而後有所持循哉。近世於學有規，其待學者爲已淺矣，而其爲法，又未必古人之意也。故今不復施於此堂，而特取凡聖賢所以教人爲學之大端，條列如左，而揭之楣間。諸君相與講明遵守，而責之於身焉。則夫思慮云爲之際，其所以戒謹恐懼者，必有嚴於彼者矣。其有不然，而或出於禁防之外，則彼所謂規者，必將取之，固不得而略也。諸君其念之哉。

（明）丘濬《大學衍義補》卷三《正朝廷・公賞罰之施》 宋朱熹曰：聖人之心，未感於物。其體廣大而虛明，絶無毫髮偏倚。所謂天下之大本者也，及其感於物也，則喜怒哀樂之用，各隨所感而應之，無一不中節者。所謂天下之達道者也，葢自本體而言。如鏡之未有所照，則虛而已矣。如衡之未有所加，則平而已矣。至語其用，則以其至虛，而好醜無所遁其形。以其至平，而輕重不能違其則，此所以致其中和。而天地位，萬物育。雖以天下之大，而不外乎吾心造化之中也。以此而論，則知聖人之于天下。其所以慶賞威刑之具者，莫不各有所由。而《舜典》所論敷奏以言，明試以功，車服以庸，與夫制刑明辟之意，皆可得而言矣。雖然喜而賞者陽也，聖人之所欲也，怒而刑者陰也，聖人之所惡也。是以聖人之心，雖曰至虛至平，無所偏倚，而於此二者之間，其所以處之，亦不能無少不同者。故其言又曰：罪疑惟輕，功疑惟重。此則聖人之微意，然其行之也。雖曰好賞，而不能賞無功之士，雖曰惡刑，而不敢縱有罪之人。而功罪之實，苟已曉然而無疑，則雖欲輕之重之而不可得，是又未嘗不虛不平，而大本之立，達道之行，固自若也。

（清）黄宗羲《明夷待訪録・原君》 古者以天下爲主，君爲客，凡君之所畢世而經營者，爲天下也。今也以君爲主，天下爲客。

又： 古者天下之人，愛戴其君比之如父，擬之如天，誠不爲過也。今也天下之人，怨惡其君，視之如寇讎，名之爲獨夫，固其所也。

（清）黄宗羲《明夷待訪録・原臣》 則臣道如何而後可，曰：緣夫天下之大，非一人之所能治，而分治之以羣工，故我之出而仕也。爲天下，非爲君也，爲萬民，非爲一姓也。

（清）黄宗羲《明夷待訪録・學校》 學校，所以養士也。然古之聖王，其意不僅此也，必使治天下之具，皆出于學校。而後設學校之意始備，非謂班朝，布令，養老，恤孤，訊馘。大師旅則會將，有大獄訟則期吏民，大祭祀則享始祖，行之自辟雍也，蓋使朝廷之上，閭閻之細，漸摩濡染，莫不有《詩》《書》寬大之氣。天子之所是，未必是；天子之所非，未必非。天子亦遂不敢自爲非是，而公其非是于學校。是故養士爲學校之一事，而學校不僅爲養士而設也。

（清）唐甄《潛書》上篇上《尊孟》 戰國致形，聖人致心。何以見其然也？天下有心至而身不能至者四輩：孺子在幼，婦人在內，黎民在土，三軍之士在將。此四者，恃以爲國者也，然心至而身不能至者也。賢才者，四者之舟車也。去之，則四者皆去而國亡；歸之，則四者皆歸而國興。是故聖人之得人心，自賢才始。請於一室之中設爲兩國之形：相彼之國，君疑臣猜，征煩法峻，老幼飢寒，夫妻離散；相此之國，君明臣忠，上下和易，老幼飽煖，養生送死無憾。彼白起、趙奢、蘇代、陳軫之屬，其從彼國乎，其從此國乎？彼數子者，亦欲得君就功，置田宅以遺子孫耳，豈樂處不測之朝，取難保之富貴哉！其來歸恐後，無疑矣。賢才既歸，彼秦孝、燕昭、趙武靈之屬，斷臂折翼，不能自立。叛則爲禽，歸則爲侯，豈待計哉，反手之言誠然也。

（清）唐甄《潛書》下篇上《富民》 財者，國之寶也，民之命也。寶不可竊，命不可攘。聖人以百姓爲子孫，以四海爲府庫，無有竊其寶而攘其命者，是以家室皆盈，婦子皆寧。反其道者，輸於倖臣之家，藏於巨室之窟。蠹多則樹槁，癰肥則體敝，此窮富之源，治亂之分也。

又： 海內之財，無土不產，無人不生，歲月不計而自足，貧富不謀而相資，是故聖人無生財之術，因其自然之利，而無以擾之，而財不可勝用矣。今夫柳，天下易生之物也，折尺寸之枝而植之，不過三年而成樹，歲翦其枝，以爲筐筥之器，以爲防河之埽，不可勝用也。其無窮之用，皆自尺寸之枝生之也。若其始植之時，有童子者拔而棄之，安望歲翦其枝以利用哉！其無窮之用，皆自尺寸之枝絶之也。不擾民者植枝者也，生不已也；虐取於民者，拔枝者也，絶其生也。

（清）唐甄《潛書》下篇下《有歸》 澤被四海，民無困窮，聖人之能事畢矣，儒者之效功盡矣。然猶有説焉：聖人保天下之身，無異於保己之身；聖人保己之身，則不同於保天下之身。治天下而天下治矣，功在天下，己於何歸！生盡，其遂盡乎；身亡，其遂亡乎？如徒以身而已，一年十二月，一月三十日，一日九十六刻，一刻之間，萬生萬死。草木之根枝，化爲塵土；鳥獸之皮骨，化爲塵土；人之肢體，化爲塵土。忽焉而有，忽焉而無。天地成毀，雖不可見，當亦無異於人物焉。聖人小不同於人物之無知，大不同於天地之無爲，而謂其滅則俱滅焉，必不然矣。不知，不智；知而不言，不仁。孔孟豈有不知，何爲不言？非不言也，不可言也。聖人治天下，治其生也。生可治，死不可治，故生可言，死不可言也。縗麻饗祀，事死也，非明死也。聖人若治死，必告人以死之道。則必使露電其身，糞土富貴，優偶冠裳；則必至於政刑無用，賞罰無施；則必至於君爲虛位，世無所主。夫天下之智者一二，愚者千萬；爲善者少，爲惡者多。而生死之理，又不可以衆著。君既爲虛位，世既無所主，智不勝愚，善不勝惡。惡者起而爲亂，如鳥搏獸噬，莫爲之救。即有一二能修者，亦無以立於天地之間，生人之道絶矣。是故聖人以可言者治天下，以不可言者俟人之自悟。於是智愚善惡，皆可從治。然則孔孟不言，非以是故而奚故哉！甄也生爲東方聖人之徒，死從西方聖人之後矣。

《墨子·節用上》 昔者聖王爲法，曰：丈夫年二十，毋敢不處家；女子年十五，毋敢不事人。此聖王之法也。聖王既没，于民次也，其欲蚤處家者，有所二十年處家，其欲晚處家者，有所四十年處家，以其蚤與其晚相踐，後聖王之法十年。若純三年而字，子生可以二三年矣。此不惟使民蚤處家而可以倍與。且不然已，今天下爲政者，其所以寡人之道多，其使民勞，其籍斂厚，民財不足，凍餓死者不可勝數也。且大人惟毋興師以攻伐鄰國，久者終年，速者數月，男女久不相見，此所以寡人之道也。

《墨子·節用中》 是故古者聖王，制爲節用之法，曰：凡天下羣百工輪車韗鞄陶冶梓匠，使各從事其所能。曰：凡足以奉給民用則止，諸加費不加于民利者，聖王弗爲。

《墨子·尚同上》 墨子言曰：古者民始生，未有刑政之時，蓋其語人異義。是以一人則一義，二人則二義，十人則十義，其人茲衆，其所謂義者亦茲衆，是以人是其義，以非人之義，故交相非也。是以內者父子兄弟作怨惡，離散不能相和合，天下之百姓皆以水火毒藥相虧害，至有餘力不能以相勞，腐㱙餘財不以相分，隱匿良道不以相教，天下之亂，若禽獸然。夫明虖天下之所以亂者，生於無政長，是故選天下之賢可者，立以爲天子。天子立，以其力爲未足，又選擇天下之賢可者，置立之以爲三公。天子三公既以立，以天下爲博大，遠國異土之民，是非利害之辯，不可一二而明知，故畫分萬國，立諸侯國君。諸侯國君既已立，以其力爲未足，又選擇其國之賢可者，置立之以爲正長。正長既已具，天子發政於天下之百姓，言曰：聞善而不善，皆以告其上。上之所是，必皆是之；所非，必皆非之。上有過則規諫之，下有善則傍薦之，上同而不下比者，此上之所賞而下之所譽也。意若聞善而不善，不以告其上，上之所是弗能是，上之所非弗能非，上有過弗規諫，下有善弗傍薦，下比不能上同者，此上之所罰而百姓所毀也。上以此爲賞罰，其明察以審信。是故里長者，里之仁人也。里長發政里之百姓，言曰：聞善而不善，必以告其鄉長。鄉長之所是，必皆是之；鄉長之所非，必皆非之。去若不善言，學鄉長之善言；去若不善行，學鄉長之善行。則鄉何説以亂哉！察鄉之所治者何也？鄉長唯能壹同鄉之義，是以鄉治也。鄉長者，鄉之仁人也。鄉長發政鄉之百姓，言曰：聞善而不善者，必以告國君。國君之所是，必皆是之；國君之所非，必皆非之。去若不善言，學國君之善言；去若不善行，學國君之善行。則國何説以亂哉！察國之所以治者何也？國君唯能壹同國之義，是以國治也。國君者，國之仁人也。國君發政國之百姓，言曰：聞善而不善，必以告天子，天子之所是，皆是之；天子之所非，皆非之。去若不善言，學天子之善言；去若不善行，學天子之善行。則天下何説以亂哉！察天下之所以治者何也？天子唯能壹同天下之義，是以天下治也。天下之百姓皆上同於天子而不上同於天，則菑猶未去也。今若天飄風苦雨，溱溱而至者，此天之所以罰百姓之不上同於天者也。是故子墨子言曰：古者聖王爲五刑，請以治其民，譬若絲縷之有紀，罔罟之有綱，所連收天下之百姓不尚同其上者也。

《老子道德經》上篇《二章》 天下皆知美之爲美，斯惡已。皆知善之爲善，斯不善已。故有無相生，難易相成，長短相較，高下相傾，音聲相和，前後相隨。美者人心之所進樂也，惡者人心之所惡疾也，美惡猶喜怒也。善不善，猶是非也。喜怒同根，是非同門，故不可得而偏舉也。此六者皆陳，自然不可偏舉之明數也。是以聖人處無爲之事，自然已足爲則敗也。行不言之教，萬物作焉而不辭，生而不有，爲而不恃，智慧自備爲則僞也。功成而弗居，因物而用，功自彼成，故不居也。夫唯弗居，是以不去。使功在己則功不可久也。

《老子道德經》上篇《三章》 不尚賢，使民不爭；不貴難得之貨，使民不爲盗；不見可欲，使民心不亂。賢，猶能也。尚者，嘉之名也，貴者，隆之稱也，唯能是任，尚也曷爲，唯用是施，貴之何爲。尚賢顯名，榮過其任，爲而常校能相射。貴貨過用，貪者競趣，穿窬探篋，没命而盗，故可欲不見，則心無所亂也。是以聖人之治，虛其心，實其腹，心懷智而腹懷食，虛有智而實無知也。弱其志，強其骨。骨無知以幹，志生事以亂，心虛則志弱也。常使民無知無欲，守其真也。使夫智者不敢爲也。智者謂知爲也，爲無爲，則無不治。

（宋）王安石《老子注》上篇 尚賢則爭興，貨難得則民爲盗。此二者皆起於心之所欲也。故聖人在上，不〔按不字疑衍〕使人不尚賢、不貴難得之貨，不見此二者，則能使心不亂而已矣。尚賢，則善也；不〔不字疑衍〕貴難得之貨，爲盗，惡也。二者皆不欲，何也？蓋善者，惡之對也，有善則必有其惡，皆使善惡俱忘也。世之言欲者有二焉：有可欲之欲，有不可欲之欲。若孟子謂：可欲之謂善。若目之於色，耳之於聲，鼻之於臭，是不可欲之欲也。

夫虛其心，所以明不尚賢，實其腹，所以不貴難得之貨；強其骨，所以明不見可欲。夫人之心，皆有賢不肖之别。尚賢，不肖則有所爭矣。故虛其心，則無賢不肖之辨，而所以不尚賢也。腹者，能納物者也。能納物，則貴難得之貨矣。貴難得之貨，則民爲盗矣。腹既實，則雖有難得之貨，亦財、聲、色而已。凡所可欲者皆爲欲。弱其志，所以無求。強其骨，所以有立。惟其無求也，故不見可欲而有立矣。無所求而有所立，君子之所貴也。惟其能貴於此，則無不治矣。

虛其心，弱其志，使民無知也。實其腹，強其骨，使民無欲也。

民貪其莫皆無知無欲。雖有知者，亦不敢爲也。

有爲無所爲，無爲無不爲。聖人爲無爲，則無不治矣。

《老子道德經》上篇《七章》 天長地久，天地所以能長且久者，以其不自生。自生則與物爭，不自生則物歸也。故能長生，是以聖人後其身而身先，外其身而身存。非以其無私邪，故能成其私。無私者無爲於身也，身先身存故曰能成其私也。

（清）魏源《老子本義》上篇 上章谷神不死而爲天地根，此天地之所以長久也。天施地生，而不自私其生，故能長生。使天地而自私其身，則天地亦一物矣。何以能長且久哉？是以聖人處柔處下，本以先人而後其身也，而人愈貴之。寡欲無求，本以利人而外其身也，而人愈不害之。其後身外身，夫非心之無私邪，乃身以先且存焉而成其私，亦理勢之固然耳。程氏俱曰：天地人一源耳，天之所以爲天，地之所以爲地，人之所以爲人，固同。而天地之能長且久，人獨不然者何哉，天不知其爲天，地不知其爲地，今一受形而爲人，則認以爲己，曰人耳人耳，謂其有身不可以不愛也；而營分表之事，謂其養生不可以無物也；而騁無益之求，貴其身而身愈辱，厚其身而身愈傷，是世之喪生者非反以有其生爲累邪。黄老之指如此，豈養生家自私其身者所得託哉。李氏嘉謨曰：天不愛其施，地不愛其生，是謂不自生。不自生，萬物恃之以生，故能長生。此天施地生之道，所以未嘗一日息也。

《列子・楊朱》 楊朱曰：天下之美歸之舜、禹、周、孔。天下之惡歸之桀紂。然而舜耕於河陽，陶於雷澤，四體不得蹔安，口腹不得美厚，父母之所不愛，弟妹之所不親。行年三十，不告古沃反。告上曰告，發下曰誥。而娶。及受堯之禪，年已長，智已衰。商鈞不才，禪位於禹，戚戚然以至於死，此天人之窮毒者也。鮌古本反。禹父名本又作骸。治水土，績用不就，殛諸羽山。禹纂業事讎，惟荒土功，子産不字，過音戈門不入，身體偏枯，手足胼胝。及受舜禪，卑宮室，美紱冕，戚戚然以至於死，此天人之憂苦者也。武王既終，成王幼弱，周公攝天子之政。邵公不悦，四國流言。居東三年，誅兄放弟，僅免其身，戚戚然以至於死，此天人之危懼者也。孔子明帝王之道，應時君之聘，伐樹於宋，削迹於衛，窮於商周，圍於陳蔡，受屈於季氏，見辱於陽虎，戚戚然以至於死，此天民之遑遽者也。凡彼四聖者，生無一日之歡，死有萬世之名。名者，固非實之所取也。雖稱之弗知，雖賞之不知，與株塊無以異矣。觀形即事憂危之迹著矣。求諸方寸，未有不嬰拂其心者，將明至理之言，必舉美惡之極，以相對偶者也。桀藉累世之資，居南面之尊，智足以距羣下，威足以震海内，恣耳目之所娛，窮意慮之所爲，熙熙然以至於死，此天民之逸蕩者也。紂亦藉累世之資，居南面之尊，威無不行，志無不從，肆情於傾宮，縱欲於長夜，不以禮義自苦，熙熙然以至於誅，此天民之放縱者也。彼二凶也，生有從欲之歡，死被愚暴之名。實者固非名之所與也，雖毁之不知，雖稱之弗知，此與株塊奚以異矣。盡驕奢之極，恣無厭之性，雖養以四海，未始慊其心，此乃憂苦窮年也。彼四聖雖美之所歸，苦以至終，亦同於死矣。彼二凶雖惡之所歸，樂以至終，亦同歸於死矣。

《莊子・内篇・德充符》 故聖人有所遊，而知爲孽，約爲膠，德爲接，工爲商。聖人不謀，惡用知？不斲，惡用膠？无喪，惡用德？不貨，惡用商？四者，天鬻也。天鬻者，天食也。既受食於天，又惡用人！有人之形，无人之情。有人之形，故羣於人，无人之情，故是非不得於身。眇乎小哉，所以屬於人也！謷乎大哉，獨成其天！

《莊子・内篇・應帝王》 肩吾見狂接輿。狂接輿曰：日中始何以語女？

肩吾曰：告我君人者以己出經式義度，人孰敢不聽而化諸！

狂接輿曰：是欺德也；其於治天下也，猶涉海鑿河而使蚉負山也。夫聖人之治也，治外乎？正而後行，確乎能其事者而已矣。且鳥高飛以避矰弋之害，鼷鼠深穴乎神丘之下以避熏鑿之患，而曾二蟲之無知！

《莊子・外篇・馬蹄》 吾意善治天下者不然。彼民有常性，織而衣，耕而食，是謂同德；一而不黨，命曰天放。故至德之世，其行填填，其視顛顛。當是時也，山无蹊隧，澤无舟梁；萬物羣生，連屬其鄉；禽獸成羣，草木遂長。是故禽獸可係羈而遊，鳥鵲之巢可攀援而闚。

夫至德之世，同與禽獸居，族與萬物並，惡乎知君子小人哉！同乎无知，其德不離；同乎无欲，是謂素樸；素樸而民性得矣。及至聖人，蹩躠爲仁，踶跂爲義，而天下始疑矣；澶漫爲樂，摘僻爲禮，而天下始分矣。故純樸不殘，孰爲犧尊！白玉不毁，孰爲珪璋！道德不廢，安取仁義！性情不離，安用禮樂！五色不亂，孰爲文采！五聲不亂，孰應六律！夫殘樸以爲器，工匠之罪也；毁道德以爲仁義，聖人之過也。

又： 夫赫胥氏之時，民居不知所爲，行不知所之，含哺而熙，鼓腹而遊，民能以此矣。及至聖人，屈折禮樂以匡天下之形，縣跂仁義以慰天下之心，而民乃始踶跂好知，爭歸於利，不可止也。此亦聖人之過也。

《莊子・外篇・在宥》 崔瞿問於老聃曰：不治天下，安藏人心？

老聃曰：女慎無攖人心。人心排下而進上，上下囚殺，淖約柔剛。

廉劌彫琢，其熱焦火，其寒凝冰。其疾俛仰之間而再撫四海之外，其居也淵而靜，其動也縣而天。僨驕而不可係者，其唯人心乎！

昔者黄帝始以仁義攖人之心，堯舜於是乎股無胈，脛無毛，以養天下之形，愁其五藏以爲仁義，矜其血氣以規法度。然猶有不勝也，堯於是放讙兜於崇山，投三苗於三峗，流共工於幽都，此不勝天下也。夫施及三王而天下大駭矣。下有桀跖，上有曾史，而儒墨畢起。於是乎喜怒相疑，愚知相欺，善否相非，誕信相譏，而天下衰矣；大德不同，而性命爛漫矣；天下好知，而百姓求竭矣。於是乎釿鋸制焉，繩墨殺焉，椎鑿决焉。天下脊脊大亂，罪在攖人心。故賢者伏處大山嵁巖之下，而萬乘之君憂慄乎廟堂之上。

今世殊死者相枕也，桁楊者相推也，刑戮者相望也，而儒墨乃始離跂攘臂乎桎梏之間。意，甚矣哉！其無愧而不知恥也甚矣！吾未知聖知之不爲桁楊椄槢也，仁義之不爲桎梏鑿枘也，焉知曾史之不爲桀跖嚆矢也！故曰絶聖棄知而天下大治。

（宋）杜道堅《文子纘義》卷五《道德篇》　老子曰：執一世之法籍，以非傳代之俗，譬猶膠柱調瑟。聖人者，應時權變，見形施宜，世異則事變，時移則俗易。論世立法，隨時舉事。上古之王，法度不同，非故相反也，時務異也。是故不法其已成之法，而法其所以爲法者。與化推移，聖人之法可觀也。其所以作法，不可原也。其言可聽也，其所以言不可形也。三皇五帝，輕天下，細萬物，齊死生，同變化，抱道推誠，以鏡萬物之情，上與道爲友，下與化爲人。今欲學其道，不得其清明。玄聖守其法籍，行其憲令，必不能以爲治矣。

（宋）杜道堅《文子纘義》卷八《自然篇》　故聖人立法以道民之心，各使自然，故生者無德也，死者無怨也。

又：故亂國若盛，治國若虚，亡國若不足，存國若有餘。虚者非無人也，各守其職也。盛者，非多人也，皆徼于末也。有餘者，非多財也，欲節而事寡也。不足者，非無貨也，民鮮而費多也。

故先王之法，非所作也，所因也。其禁誅，非所爲也，所守也。上德之道也。

又：老子曰：古之立帝王者，非以奉養其欲也。聖人踐位者，非以逸樂其身也。爲天下之民，強陵弱，衆暴寡，詐者欺愚，勇者侵怯，又爲其懷智詐不以相教，積財不以相分，故立天子以齊一之。爲一人之明不能徧照海内，故立三公九卿以輔翼之。爲絶國殊俗不得被澤，故立諸侯以教誨之。是以天地四時，無不應也。官無隱事，國無遺利，所以衣寒食飢，養老弱，息勞倦，無不以也。

（宋）杜道堅《文子纘義》卷九《下德篇》　所貴聖人者，非貴其隨罪而作刑，貴其知亂之所生也。

若開其鋭端，而縱之放僻淫泆，而棄之以法，隨之以刑，雖殘賊天下，不能禁其姦也。

又：古者聖人得諸己，故令行禁止。凡舉事者，必先平意清神，神清意平，物乃可正。聽失于非譽，目淫于采色，而欲得事正即難矣。是以貴虚。故水激則波起，氣亂則智昏。昏智不可以爲正，波水不可以爲平。故聖王執一以理物之情性。夫一者，至貴無適于天下，聖王託于無適，故爲天下令。

古之學者爲己，爲己之道立而後爲人之道行。聖人得諸己，故清明在躬無遠，弗燭得萬物之情，而命令行于天下矣。

（宋）杜道堅《文子纘義》卷一二《上禮篇》　老子曰：昔者之聖王，仰取象于天，俯取度于地，中取法于人。調陰陽之氣，和四時之節，察陵陛水澤肥墽，高下之宜以立事。生財除飢寒之患，辟疾疢之災。中受人事，以制禮樂。行仁義之道，以治人倫。列金木水火土之性，以立父子之親而成家。聽五音清濁、六律相生之數，以立君臣之義而成國。察四時、孟仲季之序，以立長幼之節而成官。列地而州之，分國而治之。立大學以教之。此治之綱紀也。

又：老子曰：世之將喪性命，猶陰氣之所起也。主闇昧而不明，道廢而不行，德滅而不揚，舉事戾于天，發號逆四時，春秋縮其和，天地除其德，人君處位而不安，大夫隱遁而不言，羣臣推上意而壞常，疏骨肉而自容，邪人諂而陰謀遽載，驕主而象其亂人以成其事。是故君臣乖而不親，骨肉疏而不附。田無立苗，路無緩步，金積折廉，壁襲無贏，殼龜無腹，蓍筮日施。天下不合而爲一家，諸侯制法，各異習俗。悖拔其根而棄其本，鑿五刑爲刻削，爭于錐刀之末，斬刈百姓，盡其太半。舉兵爲難，攻城濫殺，覆高危安，大衝車，高重壘，除戰隊，使陣死路。犯嚴敵，百往一反，名聲苟盛，兼國有地，伏尸數十萬，老弱飢寒而死者不可勝計。自此之後，天下未嘗得安其性命，樂其習俗也。賢聖勃然而起，持以道德，輔以仁義，近者進其智，遠者懷其德，天下混而爲一。子孫相代輔佐，黜讒佞之端，息末辯之説，除刻削之法，去煩苛之事，屏流言之迹，塞朋黨之門。消智能，循大常，隳枝體，黜聰明，大通混冥，萬物各復歸其根。夫聖人非能生時，時至而不失也。是以不得中絶。

（清）戴望《管子校正·君臣上》 有善者不留其賞，故民不私其利。善必得賞，私利何爲。有過者不宿其罰，故民不疾其威。宿猶停也，罰得其過，則人不疾其威。疾，怨也。威罰之制，無踰於民。因人所欲罰而罰之，故不踰於人也。則人歸親於上矣。如天雨然，澤下尺，生上尺。澤從上降，潤有一尺，則苗從下生，上引一尺，澤下降苗上引，猶君恩下流，人心上就也。是以官人不官，事人不事，獨立而無稽者，人主之位也。君者與人之官而不自官，授人之事而不自事，獨立於無過之地，臣下莫得而稽之。如此者，人主之位也。先王之在天下也，民此之神明之德，先王善牧之於民者也。夫民別而聽之則愚，別而聽之，則各信其一方，暗莫之發，故愚。合而聽之則聖。合而聽之，則得失相轉，可否相濟，芻蕘之言，賢聖不能易，故聖也。雖有湯武之德，復合於市人之言，是以明君順人心、安情性，而發於衆心之所聚。聚，謂同所歸湊。是以令出而不稽，稽，留也。刑設而不用，人不犯法，故無所用刑。先王善與民爲一體。以百姓心爲心，故曰一體。與民爲一體，則是以國守國，以民守民也。一國同一意，萬人同一心。然則民不便爲非矣。爲非則失利，故不便。威罰之制。劉云：威罰之威當爲賞。注非。是以官人不官。中立本下官字作家，誤。

（清）戴望《管子校正·君臣下》 古者未有君臣上下之別，未有夫婦妃匹之合。獸處羣居，以力相征。若野獸之處，以羣而居，力強者征於弱也。於是智者詐愚，彊者凌弱，老幼孤獨，不得其所。故智者假衆力以禁強虐，而暴人止。智者即聖王也。爲民興利除害，正民之德，正人之邪德。而民師之，師智者也。是故道術德行，出於賢人。賢人，知道術德行者也。其從義理，兆形於民心，則民反道矣。道術即出，故莫不從義而順理。理之極，則無姦僻之事，始見於人心，則人無不道矣。名物處違是非之分，則賞罰行矣。人既反道，故以正其善惡之物，處其背理之違，則爲是非者自分矣。是非既分，故行賞罰以當其功過也。上下設，民生體而國都立矣。上下既設，人則生其貴賤之禮，故國都立也。是故國之所以爲國者，民體以爲國。貴賤成禮，方乃爲國。君之所以爲君者，賞罰以爲君。無賞罰，則君不足貴。

未有夫婦妃匹之合。丁云：《廣韻》去聲十二霽。媲，配也。匹詣切，又作⿰足毘，見《管子》。疑此文妃匹古本當作⿰足毘匹。陳先生謂⿰足毘是俗字，當本是媲字，而譌作⿰足毘者。其從義理兆形於民心。丁云：案理上脱順字。尹注云：道術既出，則莫不從義而順理，可證也。名物處違是非之分。劉云：處名物爲是，違名物爲非，望謂名物謂正名其物也。

（清）戴望《管子校正·白心》 原始計實，本其所生，知其象，則索其形。謂君之出言，人乃順而不廢，其行事則有不隨，若此者，當原其初始，計其理實，尋本其所生，則其象可知。象既可知，則其形可索也。緣其理，則知其情。順理則情自見。索其端，則知其名。索端則名自形。故苞物衆者莫大於天地，萬物共在天地之中。化物多者莫多於日月。日，陽也。月，陰也。物皆稟陰陽之氣然後化之也。民之所急，莫急於水火。一日無水火，則生理或有不全。然而天不爲一物枉其時。冬不爲松柏不凋輟其霜雪，夏不爲薺麥枯死止其雨露也。明君聖人，亦不爲一人枉其法。周公不以管蔡之親休其誅放也。天行其所行，而萬物被其利，冬行霜雪，夏行雨露，故萬物利也。聖人亦行其所行，而百姓被其利。行賞於善人，行罰於凶人，故天下清而百姓蒙利也。是故萬物均既誇衆矣。誇，大也。天與聖人無私，故萬物均蒙其利。既大而且衆也。是以聖人之治也，靜身以待之，物至而名自治之。循名責實，則下無隱情，故理。正名自治之，奇身名廢。奇，謂邪不正，音飢。名正法備，則聖人無事。名正法備，則事無闕滯，故聖人無事也。不可常居也，居必有時而遷。不可廢舍也。廢舍則百度弛紊也。隨變斷事也，居變則不壅塞也。知時以爲度。事非其時，則不成也。大者寬，小者局。寬則有餘，局則不足。物有所餘，有所不足。以有餘補不足，則事平理均也。

明君聖人亦不爲一人枉其法。丁云：明君二字衍。下文但言聖人，卽蒙此文言之。不當有明君二字。物至而名自治之。王氏引之云：名自二字因下文正名自治而衍。物至而治之，謂事來而後理之也。尹注以循名責實解之，則所見本已衍名自二字。正名自治之奇身名廢。王云：案此皆以四字爲句。治下之字，涉上文物至而治之而衍。奇身名廢，當作奇名自廢。自與身相似，又涉下文兩身字而誤爲身，又誤倒於名字之上耳。

尹注曰：奇，謂邪不正也。正名自治，奇名自廢。相對爲文。謂名正則物自治，名不正則物自廢也。《樞言篇》曰：名正則治，名倚則亂。是其證矣。倚與奇通。

《商君書・算地》 民之生，度而取長，稱而取重，權而索利。明君慎觀三者，則國治可立而民能可得。國之所以求民者少，而民之所以避求者多。入使民屬於農，出使民壹於戰。故聖人之治也，多禁以止能，任力以窮詐，兩者偏用，則境內之民壹。民壹則農，農則樸，樸則安居而惡出。故聖人之爲國也，民資藏於地，而偏託危於外。資於地則樸，託危於外則惑，民入則樸，出則惑，故其農勉而戰戢也。民之農勉則資重，戰戢則隣危。資重則不可負而逃，隣危則不歸於無資。歸危外託，狂夫之所不爲也。故聖人之爲國也，觀俗立法則治，察國事本則宜。不觀時俗，不察國本，則其法立而民亂，事劇而功寡。此臣之所謂過也。

《商君書・開塞》 聖人不法古，不脩今。法古則後於時，脩今則塞於勢。周不法商，夏不法虞，三代異勢而皆可以王。故興王有道，而持之異理。武王逆取而貴順，爭天下而上讓。其取之以力，持之以義。今世彊國事兼并，弱國務力守。上不及虞、夏之時，而下不脩湯、武。湯、武塞，故萬乘莫不戰，千乘莫不守。此道之塞久矣，而世主莫之能廢也，故三代不四。非明主莫有能聽也。今日願啟之以效。

《商君書・六法》 先王當時而立法，度務而制事。法宜其時，則治。事適其務，故有功。然則法有時而治，事有當而功。今時移而法不變，務易而事以古，是法與時詭，而事與務易也。故法立而亂益，務爲而事廢。故聖王之治國也，不法古，不循今，當時而立功，在難而能免。今民能變俗矣，而法不易；國形更勢矣，而務以古。夫法者，民之治也；務者，事之用也。國失法則危，事失用則不成。故法不當時而務不適用而不危者，未之有也。

（清）王先慎《韓非子集解・揚權》 若天若地，是謂累解。【略】若地若天，孰疏孰親？天無私覆，地無私載，故無疏無親也。能象天地，是謂聖人。象天地之高厚而無私也。欲治其內，置而勿親；內，謂君之機密也。欲令機事不失，所置之臣勿私親之。先慎曰：乾道本注欲作故，今從趙本。欲治其外，官置一人，不使自恣，安得移并？外，謂百官之政也。欲令官政不失，則每官置一人焉。夫兩雄必爭，官有二人，適足以增其猜競，故一人則專而不恣，豈有移易并兼之事。大臣之門，唯恐多人。【略】凡治之極，下不能得。神隱不惻，故下不能得之，治道無踰此者，故曰治之極也。先慎曰：注惻當作測。周合刑名，民乃守職；去此更求，是謂大惑，刑名不差則民守職，此治之至要者也。去至要而不用，非惑而何也。顧廣圻曰：周，當依本書《主道篇》作同。先慎曰：乾道本注民作其，今從趙本。猾民愈衆，姦邪滿側。亦既大惑，故姦衆而邪滿。先慎曰：姦邪，指臣言。謂狡猾之民則益多，而姦邪之臣盈於左右矣。注說非。故曰：毋富人而貸焉，毋貴人而逼焉，君之富臣，更從臣貸，君之貴臣，更令臣逼。此倒置之徒，不識理道者也。毋專信一人而失其都國焉。專信一人，則形勢聚焉，故失其都。先慎曰：乾道本注勢上脱形字，盧文弨云：張本有。今據補。又云：都下當有國字。

（清）王先慎《韓非子集解・五蠹》 上古之世，人民少而禽獸衆，人民不勝禽獸蟲蛇。【略】有聖人作，搆木爲巢，以避羣害，而民悦之，使王天下，號之曰有巢氏。【略】民食果蓏蚌蛤腥臊惡臭，而傷害腹胃，民多疾病，有聖人作，鑽燧取火，以化腥臊，而民説之，使王天下，號之曰燧人氏。中古之世，天下大水，而鯀禹決瀆。近古之世，桀紂暴亂，而湯、武征伐。今有搆木、鑽燧，於夏后氏之世者，必爲鯀、禹笑矣。有決瀆於殷周之世者，必爲湯武笑矣。然則今有美堯、舜、湯、武、禹之道於當今之世者，必爲新聖笑矣。【略】是以聖人不期脩古，【略】不法常可，【略】論世之事，因爲之備。宋人有耕者，【略】田中有株，兔走觸株，折頸而死，因釋其耒而守株，冀復得兔，兔不可復得，而身爲宋國笑。【略】今欲以先王之政，治當世之民，皆守株之類也。【略】古者丈夫不耕，草木之實足食也。婦人不織，禽獸之皮足衣也。【略】不事力而養足，人民少而財有餘。故民不爭。是以厚賞不行，重罰不用，而民自治。今人有五子不爲多，子又有五子，大父未死而有二十五孫。是以人民從而貨財寡，事力勞而供養薄，故民爭，雖倍賞累罰而不免於亂。堯之王天下也，【略】茅茨不翦，采椽不斲，【略】糲粢之食，藜藿之羹。冬日麑裘，【略】夏日葛衣。雖監門之服養，不虧於此矣。【略】禹之王天下也，身執耒臿，以爲民先，【略】股無胈，【略】脛不生毛，雖臣虜之勞，不苦於此矣。以是言之，【略】夫古之讓天子者，是去監門之養而離臣虜之勞也，古傳天下而不足多也。【略】今之縣令，一日身死，子孫累世絜駕，故人重之。是以人之於讓也，輕辭古之天子，難去今之縣令者，薄厚之實異也。夫山居而谷汲者，膢臘而相遺以水，谷水難得，故節以水相遺也。先慎曰：《説文》膢，楚俗以二月祭飲食也。臘，冬至後三戌臘祭百神，《風俗通》引相遺以水作買水。澤居苦水者，買庸而決竇。澤者苦水，故買人功使決竇也。先慎曰：庸，張榜本作傭。故饑歲之春，幼弟不饟；【略】穰歲之秋，疏客必食。【略】非疏骨肉，愛過客也。先慎曰：乾道本無客字。顧廣圻云：今本過下有客字。按疏下當有客字。先慎按：顧説非。非疏骨肉逗，《御覽》《意林》引同無下愛過客也四字，改從今本。愛過客蒙上疏客必食言。過客即疏客。多少之心異也。【略】是以古之易財，非仁也，財多也；【略】今之爭奪，非鄙也，財寡也。輕辭天子，非高也，勢薄也；重爭土橐，【略】非下也，權重也。故聖人議多少、論薄厚爲之政。故罰薄不爲慈，誅嚴不爲戾，稱俗而行也。故事因於世，而備適於事，古者文王處豐、鎬之間，【略】地方百里，行仁義而懷西戎，遂王天下。

（清）王先慎《韓非子集解·顯學》 孔子、墨子俱道堯舜，而取舍不同，皆自謂真堯、舜，堯、舜不復生，將誰使定儒、墨之誠乎？殷周七百餘歲，虞夏二千餘歲，而不能定儒墨之真。今乃欲審堯、舜之道於三千歲之前，意者其不可必乎！無參驗而必之者，愚也；弗能必而據之者，誣也。故明據先王，必定堯、舜者，非愚則誣也。愚誣之學，雜反之行，【略】明主弗受也。墨者之葬也，冬日冬服，夏日夏服，桐棺三寸，服喪三月，【略】世主以爲儉而禮之。【略】儒者破家而葬，【略】服喪三年，【略】大毀扶杖，世主以爲孝而禮之。夫是墨子之儉，將非孔子之侈也；是孔子之孝，將非墨子之戾也。今孝戾侈儉俱在儒、墨，而上兼禮之。漆雕之議，【略】不色撓，不目逃，行曲則違於臧獲，行直則怒於諸侯，世主以爲廉而禮之。宋榮子之議，【略】設不鬭爭，【略】取不隨仇，不羞囹圄，見侮不辱，世主以爲寬而禮之。夫是漆雕之廉，將非宋榮之恕也。是宋榮之寬，將非漆雕之暴也。今寬廉恕暴俱在二子，人主兼而禮之。自愚誣之學，雜反之辭爭，而人主俱聽之，故海內之士，言無定術，行無常議。【略】夫冰炭不同器而久，寒暑不兼時而至，雜反之學不兩立而治。今兼聽雜學繆行同異之辭，安得無亂乎？【略】今有人於此，義不入危城，不處軍旅，不以天下大利易其脛一毛，世主必從而禮之，貴其智而高其行，以爲輕物重生之士也。夫上所以陳良田大宅，設爵禄，所以易民死命也；【略】今上尊貴輕物重生之士，而索民之出死而重殉上事，不可得也。藏書策，習談論，聚徒役，服文學而議説，世主必從而禮之，曰：敬賢士，先王之道也。夫吏之所稅，耕者也，而上之所養，學士也。耕者則重稅，學士則多賞，而索民之疾作而少言談，不可得也。立節參民，【略】顧廣圻曰：藏本今本民作明。執操不侵，怨言過於耳，必隨之以劍，世主必從而禮之，以爲自好之士。夫斬首之勞不賞，而家鬭之勇尊顯，而索民之疾戰距敵而無私鬭，不可得也。國平則養儒俠，難至則用介士，所養者非所用，所用者非所養，此所以亂也。【略】故明主之吏，宰相必起於州部，猛將必發於卒伍。夫有功者必賞，則爵禄厚而愈勸，遷官襲級，則官職大而愈治。夫爵禄大而官職治，王之道也。磐石千里，【略】不可謂富；象人百萬，盧文弨曰：象人或作俑言，《韓詩外傳》四作愚民。先慎曰：象人即俑人也。《孟子》曰：始作俑者，其無後乎。謂其象人而用之也。作象人是。不可謂強。石非不大，數非不衆也，【略】而不可謂富強者，磐不生粟，【略】象人不可使距敵也。今商官技藝之士，亦不墾而食，是地不墾與磐石一貫也。儒俠毋軍勞顯而榮者，則民不使，【略】與象人同事也。【略】夫聖人之治國，【略】不恃人之爲吾善也，而用其不得爲非也。恃人之爲吾善也，境內不什數。用人不得爲非，【略】一國可使齊。【略】爲治者用衆而舍寡，【略】故不務德而務法。夫必恃自直之箭，百世無矢，【略】恃自圜之木，千世無輪矣。【略】自直之箭，自圜之木，百世無有一，然而世皆乘車射禽者何也？隱栝之道用也。【略】雖有不恃隱栝而有自直之箭，自圜之木，【略】良工弗貴也。何則？乘者非一人，射者非一發也。不恃賞罰而恃自善之民，明主弗貴也。何則？國法不可失，而所治非一人也。故有術之君，不隨適然之善，【略】而行必然之道。今或謂人曰：【略】使子必智而壽，則世必以爲狂。【略】夫智，性也；壽，命也。性命者，非所學於人也，而以人之所不能爲説人，此世之所以謂之爲狂也。謂之不能然，則是諭也。夫諭，性也。【略】以仁義教人，【略】是以智與壽説人也，【略】有度之主弗受也。故善毛嗇、西施之美，【略】無益吾面，用脂澤粉黛，則倍其初。言先王之仁義，無益於治，明吾法度，必吾賞罰者，亦國之脂澤粉黛也。故明主急其助而緩其頌，故不道仁義。今巫祝之祝人曰：使若千秋萬歲。千秋萬歲之聲聒耳，【略】而一日之壽無徵於人，此人所以簡巫祝也。今世儒者之説人主，不言今之所以爲治，【略】而語已治之功。不審官法之事，不察姦邪之情，而皆道上古之傳，譽先王之成功。儒者飾辭曰：【略】聽吾言則可以霸王。此説者之巫祝，有度之主不受也。故明主擧實事，去無用，不道仁義，【略】故不聽學者之言。今不知治者，【略】必曰：得民之心。欲得民之心而可以爲治，則是伊尹、管仲無所用也，將聽民而已矣。民智之不可用，猶嬰兒之心也。夫嬰兒不剔首則腹痛，【略】不揊痤則寖益。【略】剔首、揊座必一人抱之，慈母治之，然猶啼呼不止，嬰兒子不知犯其所小苦，致其所大利也。今上急耕田墾草，以厚民産也，而以上爲酷；修刑重罰，以爲禁邪也，而以上爲嚴，徵賦錢粟，以實倉庫，且以救饑饉備軍旅也，而以上爲貪；【略】境内必知介而無私解，顧廣圻曰：藏本同。今本作境内教戰陣閲士卒，誤。按境内必知者，《八説篇》云此其臣有姦者必知，又云而務必知之術也，是其義。介當作分。分而無私者，《制分篇》云宜務分刑賞爲急，又云亡者其制刑賞不分也。云云。是其義。解字上下當有脱文。并力疾鬭，所以禽虜也。而以上爲暴。此四者所以治安也，而民不知悦也。【略】夫求聖通之士者，爲民知之不足師用。昔禹决江濬河，而民聚瓦石；子産開畝樹桑，鄭人謗訾。禹利天下，子産存鄭，皆以受謗，夫民智之不足用亦明矣。故擧士而求賢智，爲政而期適民，皆亂之端，未可與爲治也。

《尹文子・大道上》 今世之人，行欲獨賢，事欲獨能，辯欲出羣，勇欲絶衆。獨行之賢，不足以成化。獨能之事，不足以周務。出羣之辯，不可爲戶説。絶衆之勇，不可與征陣。凡此四者，亂之所由生。是以聖人任道以其險，立法以理其差，使賢愚不相棄，能鄙不相遺。能鄙不相遺，則能鄙齊功。賢愚不相棄，則賢愚等慮。此至治之術也。

又： 聖王知民情之易動，故作樂以和之，制禮以節之。在下者不得用其私。故禮樂獨行。禮樂獨行，則私欲寢廢。私欲寢廢，則遭賢之與遭愚均矣。若使遭賢則治，遭愚則亂，是治亂續於賢愚，不係於禮樂。是聖人之術，與聖主而俱没。治也之法，逮易世而莫用。則亂多而治寡。亂多而治寡，則賢無所貴，愚無所賤矣。

《慎子・威德》 天有明，不憂人之暗也。地有財，不憂人之貧也。聖人有德，不憂人之危也。天雖不憂人之暗，闢戶牖必取己明焉，則天無事也。地雖不憂人之貧，伐木刈草必取己富焉，則地無事也。聖人雖不憂人之危。百姓準上而比於下，其必取己安焉，則聖人無事也。故聖人處上，能無害人，不能使人無己害也，則百姓除其害矣。聖人之有天下也，受之也，非取之也。百姓之於聖人也，養之也，非使聖人養己也，則聖人無事矣。毛嬙、西施，天下之至姣也，衣之以皮倛，則見者皆走。易之以元緆，則行者皆止。由是觀之，則元緆色之助也。姣者辭之，則色厭矣。走背跋踚窮谷野走十里，藥也，走背辭藥則足廢。故騰蛇遊霧，飛龍乘雲。雲罷霧霽，與蚯蚓同，則失其所乘也。故賢而屈於不肖者，權輕也。不肖而服於賢者，位尊也。堯爲匹夫，不能使其鄰家，至南面而王，則令行禁止。由此觀之，賢不足以服不肖，而勢位足以屈賢矣。故無名而斷者，權重也。弩弱而矰高者，乘於風也。身不肖而令行者，得助於衆也。故擧重越高者，不慢於藥。愛赤子者，不慢於保。絶險歷遠者，不慢於御。此得跋踚窮谷野走十里，藥也。二王五伯之德，參於天地，通於鬼神，周於生物者，其得助博也。

《慎子・逸文》 周成王問鬻子曰：寡人聞聖人在上位，使民富且壽。若夫富，則可爲也。若夫壽，則在天乎？鬻子對曰：夫聖王在上位，天下無軍兵之事。故諸侯不私相攻，而民不私相鬭也，則民得盡一生矣，聖王在上，則君積於德化，而民積於用力。故婦人爲其所衣，丈夫爲其所食，則民無凍餓，民得二生矣。聖人在上，則君積於仁，吏積於愛，民積於順，則刑罰廢而無夭遏之誅，民則得三生矣。聖王在上，則使人有時，而用之有節、則民無癘疾，民得四生矣。

（漢）劉安《淮南子》卷一《原道訓》 泰古二皇，得道之柄，立於中央，二皇，伏羲神農也。指説陰陽故不言三也。神與化遊，以撫四方。憮安也，四方謂之天下也。【略】其德優天地而和陰陽，優，柔也。和，調也。節四時而調五行。五行，金木水火土也。呴諭覆育，萬物羣生；呴諭，温恤也。育，長也。潤於草木，浸於金石；禽獸碩大，豪毛潤澤，羽翼奮也，奮，壯也。角觡生也，角，鹿角也，觡，麋角也。觡，讀曰格。獸胎不殰，鳥卵不毈。胎不成獸曰殰，卵不成鳥曰毈，言不者，明其成。逵吉按《説文解字》毈，卵不孚也。又《天文訓》云：戊子干甲子胎夭卵毈。父無喪子之憂，兄無哭弟之哀。言無夭死。童子不孤，婦人不孀。無父曰孤。寡婦曰孀也。虹蜺不出，賊星不行。賊星，妖星也。含德之所致也。含，懷也。

又：聖人內脩其本，而不外飾其末。保其精神，偃其智故，漠然無爲而無不爲也，能無爲，故物無不爲之化。澹然無治也，而無不治也。

又：夫任耳目以聽視者，勞形而不明。以知慮爲治者，苦心而無功。是故聖人一度循軌。一，齊也。軌，法也。

（漢）劉安《淮南子》卷二《俶真訓》 聖人有所于達，達則嗜欲之心外矣。外，棄也。孔墨之弟子，皆以仁義之術教導於世，然而不免於儡身，猶不能行也，又况所教乎。儡身，身不見用。儡儡然也。儡讀雷同之雷。逵吉按《説文解字》：儡，相敗也，讀若雷。《道德經》儡儡兮若無所歸。本或作乘乘者是。是何則，其道外也。

（漢）劉安《淮南子》卷九《主術訓》 故聖人事省而易治，求寡而易澹。澹，給。不施而仁，不言而信，不求而得，不爲而成，塊然保真，抱德推誠，誠，實。天下從之，如響之應聲，景之像形，其所脩者本也。詹何曰：未聞身治而國亂。故曰：其所脩者本也。刑罰不足以移風，殺戮不足以禁姦。唯神化爲貴，至精爲神。

又：湯之時，七年旱，以身禱於桑林之際，而四海之雲湊，千里之雨至。湊，會也，或作蒸蒸升也。抱質效誠，感動天地，神諭方外，令行禁止，豈足爲哉。古聖王至精形於內，而好憎忘於外。形見好憎，情欲以充。出言以副情，發號以明旨，陳之以禮樂，風之以歌謡，業貫萬世而不壅，貫，通壅塞也。横局四方而不窮。禽獸昆蟲，與之陶化。化從昆蟲，或作鬼神。又况於執法施令乎。故太上神化，其次使不得爲非，其次賞賢而罰暴，暴虐亂也。衡之於左右，無私輕重，故可以爲平。衡，銓衡也。繩之於內外，無私曲直，故可以爲正。人主之於用法，無私好憎，故可以爲命。夫權輕重，不差蟁首，蟁首猶微細也。扶撥枉橈，不失鍼鋒，直施矯邪，不私辟險，姦不能枉，讒不能亂，德無所立，立，見。怨無所藏。是任術而釋人心者也。故爲治者不與焉。治在道不在智，故曰不與。

（漢）班固《白虎通義》卷上《德論上·封公侯》 王者所以有二伯者，分職而授政，欲其亟成也。《王制》曰：八伯各以其屬屬於天子之老曰二伯。《詩》云：蔽芾甘棠，勿翦勿伐，召伯所茇。《春秋公羊傳》曰：自陝已東，周公主之，自陝已西，召公主之。不分南北何，東方被聖人化日少，西方被聖人化日久，故分東西，使聖人主其難者，賢者主其易者，乃俱致太平也。又欲令同有陰陽寒暑之節，共法度也。所分陝者，是國中也。若言面，八百四十國矣。

（漢）班固《白虎通義》卷下《德論下·聖人》 何以知帝王聖人也，《易》曰：古者伏羲氏之王天下也，於是始作八卦。又曰：聖人之作《易》也，又曰：伏羲氏没，神農氏作，神農没，黄帝堯舜氏作。文俱言作，明皆聖人也。《論語》曰：聖乎，堯舜其猶病諸，何以言禹湯聖人。《論語》曰：巍巍乎舜禹之有天下而不預焉。與舜比方巍巍，知禹湯聖人。《春秋傳》曰：湯以聖德故放桀。何以言文王武王周公皆聖人。《詩》曰：文王受命。非聖不能受命。《易》曰：湯武革命，順乎天。湯武與文王比方。《孝經》曰：則周公其人也，下言夫聖人之德，又何以加於孝乎。何以言皐陶聖人也。以目篇曰：若稽古皐陶。聖人而能爲舜陳道。朕言惠可底行，又旁施象刑維明。

（漢）馬融《忠經·廣至理章》 古者聖人以天下之耳目爲視聽，用天下之視聽，則無不見聞也。天下之心爲心。順物之情不任己欲。端旒而自化，居成而不有，斯可謂致理也已矣。默化元運其理如此。王者思於至理，其遠乎哉！道無遠近，弘之則是。無爲而天下自清，有事則煩。不疑而天下自信，不疑於物，物亦信焉。不私而天下自公。不私於物，物亦公焉。賤珎則人去貪，貪由有珎，珎去貪息。徹侈則人從儉，儉消於侈，侈除險生。用實則人不僞，見實知僞之惡。崇讓則人不爭。見遜知爭之失。故得人心和平，天下淳質。化行心易，咸服其淳。樂其生，保其壽。氣得天和咸無夭折。優游聖德，以爲自然之至也。聖德無涯，與天地等。《詩》云：不識不知，順帝之則。雖迷帝德，不違其則。

（清）顧炎武《日知録》卷七《不踐迹》 服堯之服，誦堯之言，行堯之行，所謂踐迹也。先王之教，若《説命》所謂學于古訓，《康誥》所謂紹聞衣德言，以至於《詩》、《書》六藝之文，三百三千之則，有一非踐迹者乎？善人者，忠信而未學禮，篤實而未日新，雖其天資之美，亦能闇與道合；而足已不學，無自以入聖人之室矣。治天下者亦然。故曰：周監於二代，郁郁乎文哉，不然，則以漢文之幾致刑措，而不能成三代之治矣。

（清）顧炎武《日知録》卷七《其實皆什一也》 古來田賦之制，實始於禹，水土既平，咸則三壤，後之王者不過因其成蹟而已。故《詩》曰：信彼南山，維禹甸之。畇畇原隰，曾孫田之。我疆我理，南東其畝。然則周之疆理猶禹之遺法也。

（清）顧炎武《日知録》卷一三《清議》　古之哲王所以正百辟者，既已制官刑，儆于有位矣。而又爲之立閭師、設鄉校、存清議於州里，以佐刑罰之窮。

（宋）李昉等《太平御覽》卷六二四《治道部・治政》〔老子〕曰：聖人虛其心，實其腹，弱其志，强其骨，常使民無知無欲，使夫知者不敢爲也，爲無爲則無不治矣。

又曰：聖人無恒心，以百姓心爲心，善者吾善之，不善者吾亦善之，信者吾信之，不信者吾亦信之。欲善信者，吾因而善信之，不善信者，吾亦以善信教之。聖人在，天下慄慄，爲天下惲其心。聖人治天下常慄慄，心同渾，用心皆爲天下。百姓皆注其耳目聖人皆孩之。百姓傾注耳目以觀聽聖人，聖人視百姓如嬰兒。

又曰：以政治國，以竒用兵，以無事取天下。以政教治國，以竒計用兵，皆不合道，惟無事可以取天下。吾何以知天下其然哉。以此以此下文知之。天下多忌諱，而民弥貧。國多忌諱人失作業，故貧。人多伎巧，竒物滋起，法令滋章，盜賊多有。法令益明，竊盜爲姦，盡成盜賊。故聖人云：我無爲而民自化，我無事而民自富，我好静而民自正，我無欲而民自朴。

（宋）潘自牧《記纂淵海》卷五二《識見部・窒泥》　以往聖人之法治將來，譬猶膠柱而調瑟。楊先知

（宋）潘自牧《記纂淵海》卷六八《接物部・妄議》　非聖人者無法。《孝經》。

（宋）王讜《唐語林》卷一《言語》　魏徵陳古今理體，言太平可致。太宗納其言。封德彝難之曰：三代以後，人漸澆訛，故秦任法律，漢雜霸道，皆欲理而不能，豈能理而不欲？徵書生，若信其虛論，必亂國家。徵語之曰：五帝三王，不易人而理，行帝道則帝，行王道則王，在其所化而已。考之載籍，可得而知。昔黄帝雖與蚩尤戰，既勝之後，便致太平。四夷亂德，顓頊征之，既克之後，不失其理。桀爲亂德，湯放之；紂無道，武王伐之；而俱致太平。若言人漸澆訛，不返樸素，至今應爲鬼魅，寧可得而教化耶？德彝無以難之。徵薨，太宗御製碑文并御書。後爲人所譏，敕令踣之。及征遼不如意，深自悔恨，乃曰：魏徵若在，不使我有此舉也。既渡，馳驛以少牢祭之，復立碑焉。

（漢）應瑒《應瑒集・釋賓》　聖人不違時而遯迹，賢者不背俗而遺功。

（晉）嵇康《嵇中散集》卷四《答難養生論一首》　聖人不得已而臨天下，以萬物爲心，在宥羣生，由身以道，與天下同於自得，穆然以無事爲業，坦爾以天下爲公，雖居君位饗萬國，恬若素士接賔客也。雖建龍旂，服華衮，忽若布衣之在身。故君臣相忘於上，蒸民家足於下。豈勸百姓之尊己，割天下以自私，以富貴爲崇高，心欲之而不已哉。

又：難曰：聖人窮理盡性，宜享遐期，而堯孔上獲百年，下者七十，豈復疏於導養乎。案論堯孔雖稟命有限，故導養以盡其壽。此則窮理之致，不爲不養生得百年也。且仲尼窮理盡性，以至七十；田父以六弊惷愚，有百二十者。若以仲尼之至妙，資田父之至拙，則千歲之論，奚所恠哉。且凡聖人，有損己爲世，表行顯功，使天下慕之。三徙成都者，或菲食勤躬，經營四方，心勞形困，趣步失節，或竒謀潛稱，爰及干戈，威武殺伐，功利爭奮，或脩身以明汙，顯智以驚愚，藉名高於一世，取准的於天下，又勤誨善誘，聚徒三千，口勧談議，身疲磬折，形若救孺子，視若營四海，神馳於利害之端，心鶩於榮辱之塗，俛仰之間，已再撫宇宙之外者。若比之於内視反聽，愛氣嗇精，明白四達，而無執無爲，遺世坐忘，以實性全真，吾所不能同也。

（晉）嵇康《嵇中散集》卷九《答釋難宅無吉兇攝生論》　夫先王垂訓，開端中人，言之所樹，賢愚不違，事之所由，古今不忒，所以致教也。若玄機神妙，不言之化，自非至精，孰能與之？故善求者，觀物於微，觸類而長，不以己爲度也。按如所論，甚有則愚，甚無則誕。今使小有，便得不愚耶？了無乃得離之也？若小有則不愚，吾未知小有其限所止也。若了無乃得離之，則甚無者無爲謂之誕也。又曰：私神立則公神廢。然則惡夫私之害公，邪之傷正，不爲無神也。向墨子立公神之情，狀不甚有之説，使董生託正忌之塗，執不甚無之言，二賢雅趣，可得合而一，兩無不失耶？今之所辨欲求實有實無，以明自然不詭，持論有工拙，

議教有精麄也。尋雅論之指，謂河洛不誠，借助鬼神。故爲之宗廟，以神其本。不荅子貢，以求其然，則足下得不爲託心無鬼，齊契於董生耶？而復顯古人之言，懼無鬼之弊，皃與情乖，立從公廢私之論，欲彌縫兩端，使不愚不誣，兩機董墨，謂其中央可得而居。恐辭辨雖巧，難可俱通，又非所望於覈論也。故吾謂古人合德天地，動應自然，經世所立，莫不有徵。豈匿設宗廟以期後嗣，空借鬼神以罔將來邪？

又：論曰：鈞疾而禱不同，故於臣弟則周公請命，親其身則尼父不禱，所謂禮為情皃者也。難曰：若於臣子則宜修情皃，未聞舜禹有請君父也；若於身則否，未聞武王闕禱之命也。湯禱桑林，復爲君父耶？推此而言，宜以禱爲益，則湯周用之；禱無所行，則孔子不請。此其殊塗同歸隨時之義也。又曰：時日，先生所以誠不怠而勸從事，足下前論云時日非盛王所有，故吾問惟戊之事。今不荅惟戊果是非，而曰所誡勸，此復兩許之言也。縱令惟戊盡於誡勸，尋論按名，當言有日耶？無日耶？又曰：俗之時日順妖忌而逆事理。

（唐）韓愈《韓昌黎文集》卷一《原道》 古之時，人之害多矣。有聖人者立，然後教之以相生養之道。爲之君，爲之師，驅其蟲蛇禽獸處之中土。寒，然后爲之衣，飢，然后爲之食；木處而顛，土處而病也，然后爲之宫室。爲之工，以贍其器用；爲之賈，以通其有無；爲之醫藥，以濟其夭死；爲之葬埋祭祀，以長其恩愛；爲之禮，以次其先後；爲之樂，以宣其壹鬱；爲之政，以率其怠勌；爲之刑，以鋤其強梗。相欺也，爲之符璽、斗斛、權衡以信之；相奪也，爲之城郭、甲兵以守之。害至而爲之備，患生而爲之防。【略】如古之無聖人，人之類滅久矣。何也？無羽毛鱗介以居寒熱也，無爪牙以爭食也。是故：君者，出令者也；臣者，行君之令而致之民者也；民者，出粟米麻絲，作器皿、通貨財，以事其上者也。君不出令，則失其所以爲君；臣不行君之令而致之民，民不出粟米麻絲，作器皿、通貨財，以事其上，則誅。

又：夫所謂先王之教者，何也？博愛之謂仁，行而宜之之謂義，由是而之焉之謂道，足乎己，無待於外之謂德。其文《詩》《書》《易》《春秋》，其法禮樂刑政，其民士農工賈，其位君臣、父子、師友、賓主、昆弟、夫婦，其服麻絲，其居宫室，其食粟米果蔬魚肉：其爲道易明，而其爲教易行也。是故以之爲己，則順而祥；以之爲人，則愛而公；以之爲心，則和而平；以之爲天下國家，無所處而不當。是故生則得其情，死則盡其常，郊焉而天神假，廟焉而人鬼饗。曰：斯道也，何道也？曰：斯吾所謂道也，非向所謂老與佛之道也。堯以是傳之舜，舜以是傳之禹，禹以是傳之湯，湯以是傳之文武周公，文武周公傳之孔子，孔子傳之孟軻，軻之死，不得其傳焉。荀與揚也，擇焉而不精，語焉而不詳。

（唐）韓愈《韓昌黎文集》卷四《送浮屠文暢師序》 民之初生，固若禽獸夷狄然；聖人者立，然後知宫居而粒食，親親而尊尊，生者養而死者藏。是故道莫大乎仁義，教莫正乎禮樂刑政。施之於天下，萬物得其宜；措之於其躬，體安而氣平。堯以是傳之舜，舜以是傳之禹，禹以是傳之湯，湯以是傳之文武，文武以是傳之周公孔子；書之於册，中國之人世守之。

（唐）白居易《白居易集》卷六五《策林四・使人畏愛悦服理大罪赦小過》 問：政不可寬，寬則人慢；刑不可急，急則人殘。故失於恢恢，則漏網而爲弊；務於察察，則及泉而不祥。將使寬猛適宜，疏密合制，上施畏愛之道，下有悦服之心：刑政之中，何者爲得？

臣聞：聖人在上，使天下畏而愛之，悦而服之者：由乎理大罪，赦小過也。《書》曰：宥過無大，况小者乎？刑故無小，况大者乎？故宥其小者，仁也。仁以容之，則天下之心，愛而悦之矣。刑其大者，義也。義以糾之，則天下之心，畏而服之矣。臣竊見國家用法，似異於是。何則？糾察之政，急於朝官，而寬於外官；懲戒之刑，加於小吏，而縱於長吏。是則權輕而過小者，或反繩之；寄重而罪大者，或反捨之。臣復思之，恐非先王宥過刑政之道也。然則小大之喻，其猶魚耶？魚之在泉者，小也，察之不祥；魚之吞舟者，大也，漏之不可。刑煩猶水濁，水濁則魚喁；政寬猶防決，防決則魚逝。是以善爲理者，舉其綱，疏其網。綱舉則所羅者大矣，網疏則所漏者小也。伏惟陛下：舉其綱於長吏，疏其網於朝官；捨小過以示仁，理大罪而明義：則畏愛悦服之化，闇然而日彰於天下矣。

（唐）皇甫湜《皇甫持正文集》卷三《制策一道》 皇帝若曰：蓋聞昔之令王，體上聖之資，御大寧之時，猶懼理之未至也，求賢以致用，猶懼動之不中也，咨諫以聞過。矧惟寡昧，膺受多福，思負荷之重，驚風波之虞，求賢咨諫，豈敢怠忽。至若窮神知化，以盛其德，經武緯文，以大其業，考古會極，通教化之源，明目達聰，周視聽之表，斯夙夜之所至也，子大夫何以匡建而致之乎？自中代以還，求理者繼作，皆意甚砥礪，而效難彰明。莫不欲還朴厚，而澆風常扇；莫不欲遵儉約，而侈物常貴；莫不欲遠小人，而巧諛常進；莫不欲近莊士，而忠直常疎；莫不欲勉人於義，而廉隅常不脩；莫不欲禁人爲非，而抵冒常不息。其所謬盭，豈無根源？爰自近歲，仍敷大澤，霜露所墜，霑濡必同，滌瑕穢以導人心，省徭役以豊物力，蠲田租以厚農室，葺國學以振儒風，督廢職以振維綱，備衆官以序賢俊，庶繼先志，臻于治平。而改行者未聞，輸勞者未艾，農者無以免艱食，學者無以通微言，立事之績未紀於庶工，乏才之歎未輟於終食。蠹於法者無不去，而法未修明；切於政者無不行，而政未光大。豈不變其俗，道廣而難濟乎？豈不得其門，事繫而愈失乎？佇聞嘉言，無或隱諱。周之受田有經制，漢之名田有恒數，今疆畛相接，半爲豪家，流庸無依，率是編戶。本於交易，焉奪富以卑貧？將欲因循，豈損多而益少，酌於中道，其術如何？取人唯其行，不必文采，命官唯其才，不必資考，然則行非造次而備察，才非錯綜而偏知，不必文采爲輕重，而事可進退，不以資考爲程準，而吏有條貫，適變矯枉，渴於良規。設何方可以序六氣來百祥，何施可以壽群生仁衆性？徵於前訓而有據，於當代而易從。勿猥勿并以称朕意。

臣對曰：臣伏見陛下徵天下之士，親策於庭，求賢思理，亦云至矣。然臣未知將爲虛策乎，將以求其實效乎？以爲虛策，則後之縉紳者觀書於太史氏曰：天子之憂人如此，徵賢良方正直言極諫之士，親理而問之。斯亦足以爲名矣。若以得人爲務，社稷之計爲心，則不宜待之如是也。夫王者，其道如天，其威如神，以聘問先之，以禮貌接之，造膝而言，虛心以受，猶恐懼殞越，而不得盡其懷，況乎坐之堦庭，試以文字，拳曲俯僂，丞問而上對乎？且天下之事，難一二以疏，舉臣所當言，又有非臣下所宜聞知，清問所不說，又鬱而不得發，彊附之於篇，考視者必以爲餘煩，又擯而不得通矣。陛下惜一賜臣容足之地，於冕旒之前，使得熟數之乎？採而行之，無用則罷之，何損於明也？然臣不敢有望於是，謹旁緣聖問，粗竭愚瞽，儻陛下憐察其志而寬其誅，賜之異日之間，而卒其說，則覆照之下，形氣之坐，孰不幸甚。制策曰：蓋聞昔之令王體上聖之姿御，大寧之時，猶懼理之未至也，求賢以致用，猶懼動之不中也，咨諫以聞過。矧唯寡昧，膺受多福，思負荷之重，警風波之虞，求賢諮諫，豈敢怠忽？至若窮神知化，以盛其德，經武緯文，以大其業，考古會極，通教化之源，明目達聰，周視聽之表，斯夙夜之所至，子大夫將何以匡建而致之乎？此陛下之憂勤切至也。臣聞堯舜有天下爲己憂，而未以位爲樂也。臣又聞百事之成也，必在敬之，其失也，必在慢之。今陛下念前王之戒，而不敢怠忽，思爲國之經，而不忘夙夜求賢咨諫，延及微賤，臣有以見堯舜之心矣。夫法天地之道以施政，順陰陽之和以育物，事無不序，動無不時，此窮神知化之盛德也。武以止殺禁暴，則兵宜戢，文以經邦制明，則化必行。此經武緯文之大業也。崇禮而明義，好士而專儒，斥魏晉已降衰末之法，稽周漢已前盛明之禮，斯考古會極之方也。任賢而勿貳，招諫而必行，屏近習之纖佞，進周行之骨鯁，斯達聰之道也。抑臣又聞先王所以不視而明，不聽而聰，枝斯負之斷非僻之緒，其道易知也。蓋左右僕御，唯正之供，必有足信者，必有知禮者，出使足以盡情僞，居常足以助聽覽。左右之臣既如是矣，而口與公卿大夫講論政事，吏書其學，官箴其闕，以至于百工庶人，莫不諫而謗焉，濟濟多士，爲之股肱，赳赳武夫，爲之爪牙，茲以永有天下也。今宰相之進見亦有數，侍從之臣，皆失其職，百執事奉朝請以退，而律且有議及乘輿之誅，未知爲陛下出納喉舌者爲誰乎，爲陛下爪牙者爲誰乎？日夕侍從居，從游豫，論臣下之是非，賞罰之臧否者，復何人也？股肱不得而接，何疾如之；爪牙不足以衞，其危甚矣！夫裔夷虧殘之微，偏險之徒，皂隸之職，豈可使之掌王命，握兵柄，內膺腹心之寄，外當耳目之任乎？此壯夫義士所以寒心銷志，泣憤而不能已也。誠能復周之舊典，去漢之末禍，還諫官、史官、侍臣之職，使之左右前後，日延宰相，與論義理，有位于朝者，咸引而進之，溫其色以安其意，久其對以盡其詞，可採者必行，有犯者無罪，王之爪士，宜擇公卿大臣，總統而分理之，則理不足平，刑不足措，人不足和，財不足豊，蠻夷戎狄不足臣，休徵嘉瑞不足致矣，又何慮乎，視聽之表有所不同乎？制策曰：自中代已還，求理者繼作，皆意甚砥礪，而效難章明。

莫不欲還朴厚，而澆風常扇；莫不欲遵儉約，而侈物常貴；莫不欲遠小人，而巧諛常進；莫不欲近莊士，而忠直常疏；莫不欲勉人於義，而廉隅常不修；莫不欲禁人爲非，而抵冒常不息。其所謬盩，豈無根源者。臣聞一日克己復禮，天下歸仁焉，王者之詔也。故人不從上之令，而從其所行。夫上古之君，躬率以政軌度，其信恕已及物，自誠而明。此其所以其化如神，天下如截也。中代已還，則異乎此，至誠不著，而欲任法以防人，忠恕不行，而欲縱身以檢物，雖勵其意，而事實不符，此其所以有其意而無其効也。夫欲人之朴厚，而不先之以少私寡欲，無爲至誠，所以澆風常扇也。欲人之儉約，而不率之以卑宮菲食，沉珠貴穀，所以侈物常貴也。欲遠小人，而好悅耳之言，所以巧諛常進也，欲近莊士，而惡咈口之慮，所以忠直常疏也。欲勉人於義，而貪濁在位，所以廉隅常不修也。欲禁人爲非，而法制不一，所以抵冒常不息也。則謬盩之本，其在兹乎？陛下誠能一皆反之，其效可立彰明矣。制策曰：爰自近歲，仍敷大澤，霜露所墜，霑濡必同，滌瑕穢以導人心，省繇役以豊物力，蠲田租以厚農室，葺國學以振儒風，督廢職以補綱維，備衆官以序賢俊，庶繼先志臻于治平。而改行者未聞，輸勞者未艾，農者無以免艱食，學者無以通微言，立事之績未紀於庶工，乏才之歎未輟於終食。蠹於法者無不去，而法未修明，切於政者無不行，而政未光大。豈不變其俗，道廣難濟乎？豈不得其門，事繁而愈失乎？佇聞嘉言，無或隱諱者。臣以陛下滌瑕穢，而改行未聞，正言不自其本故也，夫欲人之改行率德，在明賞罰，不在滌瑕穢也，故賞當善，罰當惡，天下曉然逃惡而趍善矣；賞當功，罰當罪，天下聳然遠罪而起功。則人自爲理，而上無爲矣，此舜之所以利天下也。夫賞罰者報也，賞之失稱，罰之不當，咎孰甚焉？伏見兵興已來，開權宜之道，行苟且之政，臺省之官，王公之爵，溢於州郡徧於輿臺，將帥之臣，借緋紫於使令，定官員而奏請，名器輕於土芥，操柄擅於爪牙，此其所以賞人而人不勸也。州縣之斷獄，月以千數，連年累紀，未聞有一疑獄而決于朝者，未聞有一屈人而訴于闕者，豈天下長吏盡如皋陶哉？律令格式，具而不遵，卿縣州府，各自爲制，所怒則專殺爲常，臆斷則自生愚意，且欲人知其所避，而能自達，不其難乎？況乎賦役之不恒，衣食之不足，尚不懼死，焉能避罪？此其所以罰人而人沮也。賞之不勸，罰之不沮，欲人改行，其或難焉。雖滌其瑕穢，惠姦貨法而已，又何爲也。伏惟陛下慎用賞，賞必當功，則天下之善勸矣；慎用刑，刑必當罰，則天下之罪沮矣。擇人而任之，則僭濫不作，當人而教則廉耻自生，如是，則所改其行，無所滌其瑕矣，又何足憂之？陛下省徭役，而輸勞者未艾，小惠未徧，而有司長吏或壅而未盡承故也，若陛下嘉而俯察之，則物力何懼乎不豊，勞者何憂乎未艾？陛下蠲田租以厚農室，而人猶艱食者，生者猶少而費者猶多故也。商乘堅而猒肥，工執輕而仰給，兵横行而厚禄，僧道無爲而取資，勞苦頓悴，終歲矻矻，磧刑死而爲農者，亦愚亦少矣。況乎兩税不均，失變通救弊之法，百端横賦，隨長吏自爲之政乎？若均工商老釋之勞逸，輕田野布帛之征税，蠲横暴之賦，減鎮防之兵，則耕者如雲，積若山矣。臣請再爲陛下精言之。夫賤珍奇之貨，斥雕琢之傜，則工商之道自息矣，黜異端之學，使法不亂而教不煩，則釋老之流當屏矣。且天下所以蒽蒽然者，豈非以兵乎？使税之厚人之屈而不可蠲復者，豈非以商乎？今昆夷未平邊備未去中夏或虞，鎮防未可罷，若就其功，則莫若減練之也，今之將帥，勝任而知兵者亦寡已，怙衆以固權位，行賄以結恩澤，因循鹵莽，保持富貴而已，豈暇教訓以時，服習其事乎？今若將加申令，使之教閲，簡拳勇秀出之才，去屠沽負販之黨，則十分之事，可省其五矣。夫多而無用，曷若少而必精乎？又若州府虚張名籍，妄求供億，盡設其給，以豊其稔，今若核其名實，糺以文法，則五分又省其二矣。夫衆之虚曷若寡之實乎？一則以强兵，一則以寬賦。若江淮州郡，遠寇戎，屬清平，自非具使令備儀注者，一切可罷，以其經費代征徭蕩逋懸，然後慎擇長吏，曲加綏撫，不四三年，而家給人和，則横暴不作，賦斂自均，至理而升平矣，尚何虞於人猶艱食乎？陛下葺國以振儒風，而微言猶鬱者，盖其所由干禄而得仕者，以章句記讀而不由義理故也。若變其法，則可以除其弊矣。陛下督廢職以補維綱，而立事之績未紀於庶工者，實有司之罪也。今職備而不舉，法具而不行，諫諍之臣備員，不聞直聲，彈察之臣塞路，未嘗直指公卿大夫，則偷合苟容，持禄養交，爲親戚計，還除領簿籍而已。興利之臣，專以聚斂計數爲務，共理之吏，專以附上剥下爲功，習而爲常，漸以成俗，標異而圭角者，悔恪立及，和光而滔泥者，富貴立須，雖陛下焦勞聽明，如此之切至，將何益焉？伏請下明詔爲畫一之法，使居是官理是人奉是法者，必有名績，然後許遷，擇考功之殿最，無敢阿比而干刑司，則能者月進，不能者日退，而庶工立事之績，將褒揚紀述之不暇矣。陛下備衆官以序賢俊，而乏才之嘆未輟於終食，由在上者遷之太亟，在下者刻之太深，故也。古之取人也，拔十得五，猶以爲多，曲輪直桷，各適於用，今則不然，舉於禮部，則曰幽昧者，凡陋而不可採，選於吏部，則曰聲名者虚浮而不可用。工文者則懼華而不實，敦質者則懼朴而寡能，冠蓋之族則以爲因依微賤之人則以爲幽險，上求之愈切，下損之彌細，夫士何負於有司，而乃蹇頓之抑刻之如是哉？才能如積欝，抑在下，一朝闓將相之職，卿大夫之官不得，則曰岳不降神，時之乏人，於是循環，或一時超拜，或再歲四遷，以是爲適當然耳。是仕進之門常闔，而天子之官天子之權，當途者五六人迭居持之而已。以陛下之明聖，夫豈不欲國之得人乎，以宰相之公忠，夫豈不欲人之足用乎？蓋從來已久，因循如是耳。伏惟陛下申勑朝廷州府，令每歲各舉所知禮部，於計偕常選之中，訪察推擇，得其人，則待以不次位，遇以非常恩，不得其人，則必行殿罰，以懲踰濫，則周之以寧，舜之可封，坐而致矣，乏才之歎，何有於聖朝哉。陛下謂蠹於法者無不去，而法未修明，切於政者無不行，而政未光大者，由有司長吏不得其人也。捨人務政，雖勤何益？臣伏見赦令節文，周備纖悉，空文虚聲，溢於視聽，而實功惠，未有分寸及於蒼生，聖德不宣，王澤不流，雖陛下寤寐思理，宰相憂勤奉職，又何爲也？夫將直其枝，必正其根。朝廷乃根也，州郡乃枝也。今朝廷之號令，有朝出而夕改者矣，主司之法式，有昨破而今行者矣。伏惟陛下正綱以張萬目，澄源以清萬泒，則四方大幸矣。由是言之，非道廣而難濟，事繁而愈失乎，實承詔將事者之罪耳。制策曰：周之受田有經制，漢之名田有恒數，今疆畛相接，半爲豪家，流庸無依，率是編戶。本於交易，焉奪富而卑貧？將欲因循，豈損多而益寡？酌於中道，其術如何者。臣聞古之道不可變也，古之法不必行也。夏之桀殷之紂，周之幽、厲，井田法非亡也，而天下大亂；我太宗、玄宗，井田法脩也，而天下大理矣。貞觀、開元之際，不受田而均，不名田而贍者，朝廷正，法令行，一人之寃得以聞，一吏之犯得以誅，由此致也。是政之舉，化之成，則田自均，人自贍，而天下陶然化矣，豈待曲吏而事爲乎？與貞觀、開元，非異時也。法苟未行，人苟失職，徒易其制更其業，擾人怨而已耳。制策曰：取人唯其行不必文采，命官唯其才，不必資考。然則行非造次而脩察，才非錯綜而徧知，不以文采爲重輕，而士可進退，不以資考爲程準，而吏有條貫，適變矯枉，渴於良規者。今之取士，以文字記讀爲法，其素履實行，則無門而知，使由文字而進者，往往犯姦贓爲梟獍，以成其弊也。乾元以還，版籍斯壞，所在游寄，莫知從來。伏惟勑天下人士，未歸者一皆復貫，願留者則令著籍，致鄉校縣學州庠以教訓其子弟，長育其志，自鄉升之縣，自縣升之州，自州升之禮部。公卿子養長于京輦者，則使之必由太學，然後登有司。如是，其幼弱，其壯老，發言舉能而用，誠取人之急務。伏惟陛下裁之。若資考之限，其章句之庸才，資蔭之常調者，舊貫賢能之士，則行臣嚮者之謀，從有司長吏之舉，其賞必有罰焉可也。制策曰：何方可以序六氣來百祥，何施可以壽群生仁衆性？徵於前訓而有據，設於當代而易從。勿猥勿并，以稱朕意者。臣聞古者山林藪澤，皆有時禁，動作之爲，無差月令則六氣以序，百祥以來，而懷生之類，莫不躋仁壽之域矣。今捨此而不務，獲胎毀卵，傷仁撓和，而奉胡夷之法，以正月、五月、九月斷天下之屠，欲蓄物産而祈福祐，斯亦無謂矣。伏惟陛下動遵月令，前訓可據之文也。事稽時禁，當代易從之道也。施之而不已，報之而不恒，則帝皇之美甦於今日矣。臣謹對。

（唐）皮日休《皮子文藪》卷七《讀司馬法》 古之取天下也以民心，今之取天下也以民命。唐、虞尚仁，天下之民從而帝之。不曰取天下以民心者乎？漢、魏尚權，驅赤子於利刃之下，爭寸土於百戰之內，由士爲諸侯，由諸侯爲天子，非兵不能威，非戰不能服，不曰取天下以民命者乎？由是編之爲術，六韜也。術愈精而殺人愈多，法益切而害物益甚。嗚呼！其亦不仁矣。蚩蚩之類，不敢惜死者，上懼乎刑，次貪乎賞。民之於君，由子也，何異乎父欲殺其子，先紿以威，後啗以利哉？孟子曰：我善爲陣，我善爲戰，大罪也！使後之君于民有是者，雖不得土，吾以爲猶土焉。

（宋）歐陽修《歐陽修全集·居士集》卷一七《論七首·本論中》

昔堯、舜、三代之爲政，設爲井田之法，籍天下之人，計其口而皆授之田，凡人之力能勝耕者，莫不有田而耕之，斂以什一，差其征賦，以督其不勤。使天下之人，力皆盡於南畝，而不暇乎其他。然又懼其勞且怠而入於邪僻也，於是爲制牲牢酒醴以養其體，弦匏俎豆以悦其耳目。於其不耕休力之時，而教之以禮。故因其田獵而爲蒐狩之禮，因其嫁娶而爲婚姻之禮，因其死葬而爲喪祭之禮，因其飲食羣衆而爲鄉射之禮。非徒以防其亂，又因而教之，使知尊卑長幼，凡人之大倫也。故凡養生送死之道，皆因其欲而爲之制。飾之物采而文焉，所以悦之，使其易趣也。順其情性而節焉，所以防之，使其不過也。然猶懼其未也，又爲立學以講明之。故上自天子之郊，下至鄉黨，莫不有學，擇民之聰明者而習焉，使相告語而誘勸其愚惰。嗚呼！何其備也。蓋三代之爲政如此，其慮民之意甚精，治民之具甚備，防民之術甚周，誘民之道甚篤。行之以勤而被於物者洽，浸之以漸而入於人者深。故民之生也，不用力乎南畝，則從事於禮樂之際，不在其家，則在乎庠序之間。耳聞目見，無非仁義禮樂而趣之，不知其倦。終身不見異物，又奚暇夫外慕哉？故曰雖有佛無由而入者，謂有此具也。

（宋）李覯《李覯集》卷二《禮論七篇・禮論第四》曰：聖人者，根諸性者也。賢人者，學禮而後能者也。

聖人率其仁、義、智、信之性，會而爲禮，禮成而後仁、義、智、信可見矣。仁、義、智、信者，聖人之性也。禮者，聖人之法制也。性畜於内，法行於外，雖有其性，不以爲法，則曖昧而不章。

（宋）李覯《李覯集》卷二《禮論七篇・禮論第五》曰：鄭氏注《中庸》性命之説，謂木神則仁，金神則義，火神則禮，水神則信，土神則智，疑若五者並生於聖人之性，然後會而爲法制。法制既成，則禮爲主，而仁、義、智、信統乎其間，若君臣之類焉。

又：法制之作，其本在太古之時，民無所識，飢寒亂患，罔有救止，天生聖人，而授之以仁、義、智、信之性。仁則憂之，智則謀之，謀之既得，不可以不節也，於是乎義以節之。節之既成，不可以有變也，於是乎信以守之。四者大備，而法制立矣。法制既立，而命其總名曰禮，安有禮之性哉？

（宋）張載《張載集・正蒙・有德篇》克己行法爲賢，樂己可法爲聖，聖與賢，迹相近而心之所至有差焉。辟世者依乎中庸，没世不遇而無嫌，辟地者不懷居以害仁，辟色者遠恥於將形，辟言者免害於禍辱，此爲士清濁淹速之殊也。辟世辟地，雖聖人亦同，然憂樂於中，與賢者其次者爲異，故曰迹相近而心之所至者不同。

（宋）張載《張載集・經學理窟・學大原下》天下之富貴，假外者皆有窮已，蓋人欲無饜而外物有限，惟道義則無爵而貴，取之無窮矣。

聖人設教，便是人人可以至此。人皆可以爲堯舜，若是言且要設教，在人有所不可到，則聖人之語虚設耳。

（宋）張載《張載集・經學理窟・月令統》秦爲《月令》，必取先王之法以成文字，未必實行之。道千乘之國，敬事而信，節用而愛人，使民以時，此皆法外之意。秦苟有愛民爲惠之心方能行，徒法不以行，須實有其心也。有其心而無其法，則是雖有仁心仁聞，不行先王之道，不能爲政於天下。

古者諸侯之建，繼世以立，此象賢也，雖有不賢者，象之而已。天子使吏治其國，彼不得暴其民，如舜封象是不得已。《周禮》建國大小必參相得，蓋皆建大國，其勢不能相下，皆小國則無紀，以小事大，莫不有法。

（宋）張載《張載集・附録・朱軾康熙五十八年本張子全書序》集中《經學理窟》諸篇，於禮樂、詩書、井田、學校、宗法、喪祭，討論精確，實有可見之施行。薛思菴曰：張子以禮爲教。不言理而言禮，理虚而禮實也。儒道宗旨，就世間綱紀倫物上着脚，故由禮人最爲切要，即約禮復禮的傳也。《西銘》言仁，大而非夸，蓋太極明此性之全體，《西銘》狀此性之大用，體虚而微，用弘而實焉。《正蒙》論天地太和絪緼，風雨霜雪，萬品之流形，山川之融結，即器即道，皆前人之所未發，朱子所謂親切嚴密是也。

史稱横渠以《易》爲宗，以《中庸》爲體，以孔孟爲法。與諸生言學，每告以知禮成性、變化氣質之道，學必爲聖人而後已。以爲知人而不知天，求爲賢人而不求爲聖人，此學者大蔽也；又曰：爲天地立心，爲生民立命，爲往聖繼絶學，爲萬世開太平。卓哉張子，其諸光輝而近於化者歟！若其所從人，則循循下學，《正蒙》所謂言有教，動有法，息有養，瞬有存，數語盡之矣。

（宋）王安石《臨川先生文集》卷六四《論議·三聖人》　端而已乎。苟在於一端而已，則不足以爲賢人也，豈孟子所謂聖人哉？孟子之所謂隘與不恭君子不由者，亦言其時爾。且夏之道豈不美哉，而殷人以為野。殷之道豈不美哉，而周人以爲鬼。所謂隘與不恭者，何以異於是乎。當孟子之時，有教孟子枉尺直尋者，有教孟子權以援天下者，蓋其俗有似於伊尹之弊時也。是以孟子論是三人者，必先伯夷，亦所以矯天下之弊耳。故曰：聖人之言行，豈苟而已，將以爲天下法也。

《二程集·河南程氏遺書》卷二五《暢潛道録》　必井田，必封建，必肉刑，非聖人之道也。善治者，放井田而行之而民不病，放封建而使之而民不勞，放肉刑而用之而民不怨。

《二程集·河南程氏外書》卷一一《時氏本拾遺》　先生曰：聖人之都，風化所厚；聖人之國，典法所存。唐，魏，聖人之都，其風雖變，而典法尚在。陳，舜之後，聖人之國，亦被夷狄之風，則典法隨而亡矣。三代之後，有志之士，欲復先王之治而不能者，皆由典法不備。故典法尚存，有人舉而行之，無難矣。

《二程集·周易程氏傳》卷二《周易上經下·蠱》　甲，數之首，事之始也，如辰之甲乙。甲第，甲令，皆謂首也，事之端也。治蠱之道，當思慮其先後三日，蓋推原先後，爲救弊可久之道。先甲謂先於此，究其所以然也。後甲謂後於此，慮其將然也。一日二日至於三日，言慮之深，推之遠也。究其所以然，則知救之之道；慮其將然，則知備之之方。善救則前弊可革，善備則後利可久，此古之聖王所以新天下而垂後世也。後之治蠱者，不明聖人先甲後甲之誡，慮淺而事近，故勞於救世而亂不革，功未及成而弊已生矣。甲者事之首，庚者變更之首。制作政教之類，則云甲，舉其首也。發號施令之事，則云庚，庚猶更也，有所更變也。

《二程集·周易程氏傳》卷二《周易上經下·無妄》　或曰：聖人制作以利天下者，皆造端也，豈非妄乎？曰：聖人隨時制作，合一作因。乎風氣之宜，未嘗先時而開之也。若不待時，則一聖人足以盡爲矣，豈待累聖繼作也？時乃事之端，聖人隨時而爲也。

《二程集·周易程氏傳》卷三《周易下經上·解》　夫天下國家，必紀綱法度廢亂，而後禍患生。聖人既解其難而安平无事矣，是无所往也；則當修復治道，正紀綱，明法度，進復先代明王之治，是來復也，謂反正理也，天下之吉也。

《二程集·河南程氏經說》卷二《堯典》　此復言其立政綱紀，分正百官之職，以成庶績：而事之最大最先，在推測天道，明曆象，欽若時令以授人也。天下萬事無不本於此，故最先詳載其事。聖人治天下之道，惟此二端而已。治身齊家以至平天下者，治之道也；建立治綱，分正百職，順天時以制事，至於創制立度，盡天下之事者，治之法也。作《典》者述堯之治，盡於此矣。

《二程集·河南程氏粹言》卷一《論政篇》　子曰：必井田、必肉刑，必封建，而後天下可爲，非聖人之達道也。善治者：放井田而行之而民不病，放封建而臨之而民不勞，放肉刑而用之而民不怨，得聖人之意而不膠其迹，迹者聖人因一時之利而利焉者耳。

（宋）蘇轍《欒城集》卷二一《書十首·上兩制諸公書》　古者伯夷隘，柳下惠不恭，隘與不恭，是君子之所不爲也。而孔子曰：伯夷、叔齊不降其志，不辱其身。柳下惠、少連降志而辱身，言中倫，行中慮。虞仲夷逸隱居放言，身中清，廢中權。而我則異於是，無可無不可。夫伯夷，柳下惠是君子之所不爲，而不棄於孔子，此孟子所謂孔子集大成者也。至於孟子惡鄉原之敗俗，而知於陵仲子之不可常也；美禹稷之汲汲於天下，而知顔氏子自樂之非固也；知天下之諸侯其所取之爲盜，而知王者之不必盡誅也；知賢者之不可召，而知召之役之爲義也。故士之言學者皆曰孔、孟，何者？以其知道而已。

（宋）陳亮《陳亮集》卷三《問答上》　三代之刱業，以封先聖之後爲念；而論功行封，猶待其定也。至周則大封同姓於其間，爲國五十有三，而猶未以爲慊。武王周公固非以天下爲己私者，天之立君，豈爲姬姓而設乎？漢興，患異姓之強大，而大封同姓以鎮之，其道蓋本諸此矣。七國同時舉事，黥彭之患，不如是之併也。誅鋤剗削，至於分裂以各王其子弟，同姓湮微，而后族之禍又成矣。聖人之立法，本以公天下，而非以避禍亂。心有親疎，則禍福倚伏於無窮，雖聖智不得而防也。周漢之法，豈世變之窮而至此乎？合天下而君之，疎遠之人何負於國家，而周以宗強，此果何道乎？不然，漢諉之周，而周公其衰矣。

昔孔子論三代之損益可知，蓋自堯之親睦九族，積而至於周之大封同姓五十有三國者，亦其損益之可知者也。然其義遂窮而不可繼。故《春秋》之諸侯以其子弟爲卿者，聖人皆以弟書之，獨於季友之來歸，不係以親，而書曰季子。蓋其賢者則與衆共之；其不賢者，聖人以爲有國者之私其親，而其義不通於天下也。豈非參酌四代之制，以爲萬世通行之法哉！

漢高帝與諸公共起草莽以帝天下，天下平定，諸公各已南面稱孤，帝猶疑其不可盡信也。分王子弟以據其衝，而庶孽與其不肖者一切不問，庶幾以爲可自附於周家親親之義。而不知權勢既成，雖親者亦不可保，其可保者，惟其賢也。不思天下之公義，而用其謀國之私心，是非利害徇於目前，而使前後相矯，卒不得其正，禍亂相尋於無窮。不獨漢氏爲可憫，而魏、晉、宋、齊不能以是一日爲安者，蓋親疏之義不明也。出其子弟之賢者，以與天下共之；其不賢者，養以國家之私。使親賢參錯，而禍福治亂一付之天下之公，而吾無容心焉。聖人之作《春秋》以待後聖者，蓋如此。

（明）歐陽德《歐陽德集》卷一〇《聖人之心無窮論》　聖人有見於感應之一也，以爲己之分，無時而可盡，自修之事無時而可畢，何也？百姓之衆，惡能盡舉而安全之也？夫天地之大也，而萬物有未生未育，人不能無憾於天地。聖人之大也，而百姓有未安，人不能無望於聖人，而聖人豈能自安於其心哉？

昔者堯舜大聖人也，其明德以親民者，蓋至於萬邦協和，而四方風動矣。然其訓迪庶官，勸之勿壞，與其所以慎修思求者，孳孳爾也。蓋舜之稱堯也。謂捨己稽衆，不虐無告，不廢困窮，惟帝能之，則知人安民之道矣。而禹又以爲知人則哲，安民則惠，雖帝亦難能焉。豈非道未易盡，而堯之所能者，堯亦有難焉者哉！則舜之所以孳孳如堯，又可知也矣。故當時之戒羣臣也，曰弼違，曰無面從，曰汝爲汝翼、汝明汝聽。羣臣之進戒也，亦曰怠，曰傲，曰違道干譽，咈人從己，喜起交修，時幾交敕，昌言交拜，惴惴焉，若勉修其德而未能，若經綸屯否而未底其績者。此豈不見天下理亂之形，而故以爲未理；不見己心危微之幾，而故以爲未盡哉？

（明）歸有光《震川先生集》卷一《經解・易圖論後》　聖人聰明睿智，德通於天。符瑞之生，出於世之所創見，而奇偶法象之妙，足以爲作《易》之本，理亦有然者。

又：　天者，聖人之所獨得，而人者，聖人之所以告人者也。告人以天，人則駭而惑。告人以人，人則樂而從。故聖人之作《易》，凡所謂深微悠忽之理，舉皆推之於庸言庸行之間。

（明）歸有光《震川先生集》卷一《經解・洪範傳》　《洪範》之書，以天道治人。聖人先天而天弗違，後天而奉天時，不過行所無事。少有私智於其間，即鯀之汨陳其五行也。

（明）林大欽《林大欽集》卷二《論表判策・政治》　帝王之治天下，有天下之大仁政焉，必有天下之大仁心焉。久其仁心於中，而達其仁政於外。故仁之存者不窮，而政之行也不虛。有其政而無其心，是謂徒法。徒法不能行。有其心而無其政，是謂徒善。徒善不能化。然則仁心者，聖人所恃以綱維天下之本也。仁政者，聖人所資以鼓舞天下之具也。彼孝敬仁儉，其聖人之仁心乎！躬耕藉田，其聖人之仁政乎！知此始可以答執事之問，而仰窺往古聖人與我太祖高皇帝所以爲藉田制者矣。

且藉田之制起於何時？蓋自古昔聖人，思祀事之惟重，念民生之惟艱，將親耕以供宗廟，以導天下而廣孝思。是故唐虞之世，其意具，其法隱，成周之世，其制備，其迹著。如執事所謂周制所紀，《月令》所陳，虢公所諫，蓋節目詳明，歷歷如照，固不待智者能言之。然自舜已有食哉惟時之命，自文王已有康功田功之治。則其法之隱著雖不同。而愚謂諸聖人以純仁心而行純仁政者則一也。

自政衰道隱，而藉田之制因以廢墜不舉。其間英君誼辟，有能奮而張之於湮没沉溺之中，如執事所謂躬履綏定，親臨洛北；勉九推以祈報，恨千畝之不終者。蓋規模號令，煥然新人耳目，讀史者至今類能言之。然而能行於一時，而不能持於悠久。或得夫粗迹，而不能延廣聖人之精意。則夫當時設施，雖有可觀，而愚謂三四君蓋亦行聖人之文，而不得夫聖人之情者則一也。

《聖祖仁皇帝御製文集・第一集》卷二七《雜著・講筵緒論》　《易》之理雖無所不該，下至士庶，人皆可用。而聖人立經垂訓之大義，則爲有天下國家者，而發一辭一語，皆可通於政治。故《繫辭》有曰：其稱名也小，其取類也大，此所以爲萬世法程也。

《聖祖仁皇帝御製文集·第二集》卷三〇《論·王道近民論》 嘗讀史至魯伯禽報政之事，而深歎古聖人致治無他道也，惟在因民之心而已矣。周公之言曰：政不簡不易，民不有近，平易近民，民必歸之旨矣哉。非聖人何能語此。夫民雖至愚且弱，莫不各懷所欲，順之則易與爲治，拂之則日趨於非，此必至之勢也。聖王知其然，故因民之欲，遂其生也。予之以田里、樹畜之資，導之以農桑、衣食之術。公旬有限，而勿奪其時，補助頻行，而常惜其力。然又念民心莫不好善而惡惡，於是因其父子、兄弟之愛，發其孝友、婣睦之良，習之於黨塾，申之於庠序，俾愚者安其身於襏襫，而婦饁夫耘，晝茅宵索，終歲勤動，而不以爲勞。其秀者，則釋耒耜，而敦《詩》《書》被服儒雅日莘莘於俎豆鐘鼓之間而不覺。或有不率者，設爲法制以整齊之，立爲刑辟以董戒之。要皆示之以不得不然，而非專恃此以爲遷善去惡之具也。唐虞之世，敬敷五教，而外服就，流宅之刑，大率有其名而不用者爾。故皋陶之稱帝德曰：臨下以簡，御衆以寬。又曰：好生之德，洽於民心，兹用不犯於有司。夫民至不犯，其治蔑以加矣，而實感格於好生之主德。斯豈非用簡與寬之效哉？降自三代，漢之文帝、唐之太宗咸遵斯道，故一時幾於刑措。其他英察者，或流爲束濕綜核者，或入于煩苛，法令滋章，馴致衰亂，此皆未明於易簡近民之道者也。《易》曰：易則易知，簡則易從，易知則有親，易從則有功。而《大學》之言絜矩本之以所好所惡。《孟子》之原得民心亦歸之於與聚勿施，合聖賢諸説推之，總不外因民之心以為準。然則易簡者近民之實，而近民者王道之旨歟。

《皇朝經世文統編》卷二一《文教部二一·經義》汪縉《準孟上》 聖王者情愛民，欲其安全也，則爲之計飽煖，欲其安全之永永也，則爲之播禮教。上治風雨，下治山澤，中治彝倫、飲食、牀第之私，罔不周悉，若父兄之慮子弟也。其政之行于下者，正經界止淫情，開其利原，塞其濫溢之竇。自十一而外，一絲一粟，上無利焉。故民樂其生，服其教，遇饑饉兵戰之厄蟠固而不散，術家者情欲利，欲利、欲博、欲專，民不聚利不博，不專民不仰，不仰不聚，不聚不威，不威不專。是故籍民之力而博之也，籍民之力而專之也，其于民也，若豪猾之馭臧獲，若屠販者之役牛馬、豢犬豕也。厚其直，時其飢飽，廣其芻牧，堅密其圈牢，剔抉其蠹害之者，非有愛也，以爲吾將有以用之也，故其民仰利畏威。不識君父親戚，寡廉恥，惟利威之嚮。故其民可耕、可戰，至與之犯危難，威利少倍此則立解。嗟夫！利害者私説之所明也。仁義者私説之所昧也。私説之明利害，固有未盡明焉如此也，公説明仁義，利與害有不足明，然其明利害至盡矣。私説之明利害，則祇得半也，且其利害又非特如前所陳而已。公説行，利澤溥，害端絶，清和咸理奕□禩休無窮期。私説行，朝為夕利，禍害蘊隆潛伏不可勝較。爲私説者乃竟未之究明也。其無幾于仁義也，宜也。夫戰國之趨利亟矣。天下羣没溺焉。孟子援之，明仁義，乃其告梁王，獨隱其三極之微言，徒比切利害，若相與爲角，勝者竊怪焉，既而究其旨作而歎曰，利竇之决也甚洪水，塞其竇之難也甚治洪水，使逆其汹驟而制之，恐隄不能立而傷轉大也。順而殺之，流將分，漸安于瀆。然後直之隄焉，遏其後衝，此治水之道也。若夫君子之繩己則不然。曰：仁人心也，義人路也。未有失其心而可以爲人者也；未有人而可以不由此路者也。是故所欲有甚于生，所惡有甚于死，行一不義，殺一不辜而得天下，不為也。宣曰：利之云乎，必也瀓其原，壹其向，復焉熟焉，久而安焉，如魚在水而不知水，則與之化矣。苟利而仁焉，是假仁也。苟利而義焉，是棄義也。假與襲譬，猶中而薰外也，終亦必亡而已矣。擇術者其慎諸哉！

《皇朝經世文編》卷九一《刑政二·律例》趙俞《讀律辯訛序》 夫天有四時，人有四德。聖人以仁應春，以義應秋，故《周禮》以刑官爲秋官。然而雷霆風雨無非至道，慶賞刑威無非至德。天地以生物爲仁，聖人禁民爲非曰義。正所以仁之也，惟天下之仁人爲能用刑。惟義之盡者乃能仁之至。故夫刑也者，聖人仁天下之大法，而律也者，則義理之權衡也。彼獄之弊也，惟官、惟貨、惟來，其審克之，而不盡此也。天下固有持廉秉公，而不得其平者矣。無他，好作聽明，而恣行自臆，權衡一爽，大法倒置，每以生人之意，出爲殺人之具，其初不過逞一時之見，伸一己之説，而不知其貽禍烈也。夫用刑之失，其所失猶止在一事耳。況乎講讀律令，筆之于書，傳之于世，其流弊又何所底耶？

（清）魏裔介《兼濟堂文集》卷一四《論・經世大法在方策論》 古之帝王，承天子民，未嘗任其智術詐力以馭天下也。唐、虞授受之際，言精言一，然後命岳命官，平章協和。禹、湯、文、武之王，皆以一中心法，口授耳傳，或以疇範，或以懋昭，或以緝熙敬勝，故能犂舉百度，陶範萬物，以成忠質文三統之化。

然則先王經世之大法，其即先王經世之心法乎？先王慮後世怠棄天常，流禍生民，故殫精研思，多爲之所，以布之於方策。總之，不離古文者近是，乃數傳之後，浸以陵夷。昔孔子嘆周道衰於幽、厲，而漢儒董仲舒亦曰周道之衰，非道亡，幽、厲不由也。繇是觀之，不行先王之道，雖金縢秘籙，寶册鴻文，亦且滅没於曠日玩時之下；苟行先王之道，雖片語隻字，斷簡殘編，亦可會通於精往神來之間，雖片語隻字，斷簡殘編，亦可會通於精往神來之間。而況聖君明相所手授而心訂者，未嘗不燦然昭垂，如二曜之麗天，四瀆之行地乎！

三代既降，秦孝公用商鞅之法，奮其私智，而不師古。始皇之聽李斯之奸謀，烹滅諸侯，破壞井田，焚燒《六經》，自以爲功超三王，德過五帝，然沙丘告終，咸陽遂火，七廟丘墟，爲天下姗笑。何者？仁義禮樂，先王本天以治人，乃斯須不可去者，秦盡棄之，而權使其士，詐使其民，是以縉紳之士，積怨而發憤；謫戍之卒，奮臂而雲合也。漢之武帝，表章《六經》，一時學宫，喁然向風，可謂宣聖之功臣。然内多欲而外施仁義，汲黯已窺其隱。唐之太宗，勵精圖治，貞觀之政，幾致刑措。然蹀血禁廷，終懷慚德。皆有志於先王經世之法，而未窺先王經世之本者也。

（清）戴震《戴東原集序》 自古聖人制作之大，皆精審乎天地民物之理，得其情實，綜其始終，舉其綱以俟其目，與以利而防其弊，故能奠安萬世，雖有姦暴，不敢自外。

（清）魏源《古微堂内集》卷二《治篇一》 天地之生才也，予之齒者去其角，兩其足者傳之翼，是以造化無全功，陰陽無全能。以虞廷五臣皆聖人之材，而明刑、教稼、治水、典胄，終身不易其官。

（清）魏源《古微堂内集》卷二《治篇十四》 雖古之聖王，不能使甲兵之世復還于無甲兵，而但能以甲兵止甲兵也；不能使刑獄之世復還于無刑獄，而但以刑獄止刑獄也；不能使歌舞之世復還于無歌舞，而但能以歌舞爲禮樂也。

（清）譚嗣同《譚嗣同全集》卷二《石菊影廬筆識思篇十五》 於是獨有聖人者，利之以器用，文之以等威，經之以禮義，緯之以法政，紀之以倫類，綱之以師長，又恐其久而漸弛也，創制文字，載著圖籙，發天道之精微，明人事之必不容己，俾知聖人之教，皆本於人性之自然，非有矯揉於其間。

（清）康有爲《新學僞經考・序目》 閲二千年歲月日時之綿曖，聚百千萬億衿纓之問學，統二十朝王者禮樂制度之崇嚴，咸奉僞經爲聖法，誦讀尊信，奉持施行，違者以非聖無法論，亦無一人敢違者，亦無一人敢疑者。於是奪孔子之經以與周公，而抑孔子爲傳，於是掃孔子改制之聖法，而目爲斷爛朝報，《六經》顛倒，亂於非種，聖制埋瘞，淪於霿霧，天地反常，日月變色。

（清）康有爲《新學僞經考・隋書經籍志糾謬》 然則聖人之受命也，必因積德累業，豐功厚利，誠著天地，澤被生人，萬物之所歸往，神明之所福饗，則有天命之應。

藝文

（漢）曹操《曹操集・詩集・度關山》 天地間，人爲貴。立君牧民，爲之軌則。車轍馬迹，經緯四極。黜陟幽明，黎庶繁息。於鑠賢聖總統邦域。封建五爵，井田刑獄。有燔丹書，無普赦贖。臯陶甫侯，何有失職，嗟哉後世，改制易律。勞民爲君，役賦其力。舜漆食器，畔者十國，不及唐堯，采椽不斲。世歎伯夷，欲以厲俗。侈惡之大，儉爲共德。許由推讓，豈有訟曲？兼愛尚同，疏者爲戚。

（漢）曹操《曹操集・詩集・短歌行》 周西伯昌，懷此聖德。三分天下，而有其二。脩奉貢獻，臣節不隆。崇侯讒之，是以拘繫。後見赦原，賜之斧鉞，得使征伐。爲仲尼所稱，達及德行，猶奉事殷，論敘其美。齊桓之功，爲霸之首。九合諸侯，一匡天下。一匡天下，不以兵車。正而不譎，其德傳稱。孔子所歎，並稱夷吾，民受其恩。賜與廟胙，命無下拜。小白不敢爾，天威在顔咫尺。

（漢）曹操《曹操集・詩集・善哉行》古公亶甫，積德垂仁。思弘一道，哲王於豳。太伯仲雍，王德之仁。行施百世，斷髪文身。伯夷叔齊，古之遺賢。讓國不用，餓殂首山。智哉山甫，相彼宣王。何用杜伯，累我聖賢。齊桓之霸，賴得仲父。後任豎刁，蟲流出戶。晏子平仲，積德兼仁。與世沈德，未必思命。仲尼之世，王國爲君。隨制飲酒，揚波使官。

雜　録

《周易正義・乾》《彖》曰：【略】首出庶物，萬國咸寧。萬國所以寧，各以有君也。疏：正義曰：自上已來，皆論乾德自然養萬物之道。此二句論聖人上法乾德，生養萬物，言聖人爲君在衆物之上，最尊高於物，以頭首出於衆物之上，各置君長以領萬國，故萬國皆得寧也。人君位實尊高，故於此云首出於庶物者也。志須卑下，故前經云无首，吉也。但前文説乾用天德，其事既詳，故此文聖人以人事象乾，於文略也。以此言之，聖人亦當令萬物資始，統領於天位，而雲行雨施，布散恩澤，使兆庶衆物，各流布其形。又大明乎盛衰終始之道，使天地四時貴賤高下，各以時而成。又任用羣賢，以奉行聖化，使物各正性命。此聖人所以象乾而立化。

（明）朱武原《禮記通註・中庸》子曰：無憂者，其惟文王乎？以王季爲父，以武王爲子，父作之，子述之。作述皆性也。武王纘太王、王季、文王之緒，壹戎衣而有天下。身不失天下之顯名，尊爲天子，富有四海之内，宗廟饗之，子孫保之。武王末受命，受命即盡性也。周公成文武之德。德即天德，即性命也。紂不伐則民不安，性未盡也。至於末而伐紂，安民性始盡矣。故曰末受命，縱言受天命亦須盡性，命豈有二乎？追王大王王季，上祀先公以天子之禮。斯禮也，達乎諸侯、大夫及士、庶人。父爲大夫，子爲士，葬以大夫，祭以士；父爲士，子爲大夫，葬以士，祭以大夫。期之喪，達乎大夫；三年之喪，達乎天子。父母之喪，無貴賤一也。子曰：武王、周公其達孝矣乎？率性體中庸者夫孝者，善繼人之志，善述人之事者也。春秋孝之見於禮文者修其祖廟，尊親也陳其宗器，設其裳衣，薦其時食。宗廟之禮親親也所以序昭穆也，序爵貴貴也所以辨貴賤也，序事賢賢也所以辨賢也。旅酬下爲上幼幼也所以逮賤也，燕毛老老也所以序齒也。踐其位，行其禮，奏其樂，敬其所尊，愛其所親，事死如事生，事亡如事存，孝之至也。郊社之禮，所以事上帝也；宗廟之禮，所以祀乎其先也。明乎郊社之禮，禘嘗之義，治國其如示諸掌乎。

（宋）劉恕《資治通鑑外紀》卷一下《包犧以來紀・帝堯》不以私曲之故，害耕稼之時。吏忠正奉法者，尊其位；廉貞平絜愛民者，厚其禄。民有孝慈、力耕桑者，遣使表其閭。正法度，禁詐僞，存養孤寡，賑亡慨之家，自奉甚薄，賦役甚寡。此《六韜・盈虚》文，本文曰：帝堯不以役作之故，害民耕織之時；削心約志，從事于無爲。【略】巡狩行教，周流五嶽。西教沃民，東至黑齒。此首二句《淮南子・主術訓》文，原文行教下有餘日而不足於治者，恕也。存心於天下，加志於窮民。一民飢，則曰我飢之也；一人寒，則曰我寒之也，一民有罪，曰我陷之也。此《説苑・君道》文，本文窮民下有痛萬姓之罹罪，憂衆生之不遂也二句。百姓戴之如日月，親之如父母。此節用《六韜・盈虚》文，本文曰：堯之百姓戴其君如日月，親其君如父母。《大戴禮・五帝德》曰：放勳其仁如天，其知如神，就之如日，望之如雲，富而不驕，貴而不豫。仁昭而義立，德博而化廣，故不賞而民勸，不罰而民治，先恕而後教，此《説苑・君道》文，下文又云是堯道也。單均刑法以儀民。此《魯語》及《禮記・祭法》文，鄭元曰能洞謂去四凶。韋昭曰：單，盡也。均，平也。儀，善也。是時十日並出，焦禾稼，殺艸木，而民無所食。猰貐、鑿齒、九嬰、大風、封豨、修蛇，皆爲民害。堯乃使羿誅鑿齒於疇華之野，殺九嬰於凶水之上，繳大風於青丘之澤。上射十日，下殺猰貐，斷修蛇於洞庭，禽封豨於桑林，萬民皆喜。此《淮南子・本經訓》文。

（宋）李燾《續資治通鑑長編》卷二三五《宋神宗熙寧五年》又上疏曰：臣聞能自得師者王。古聖人未嘗無師，孟子稱堯所以待舜之禮可謂至矣，以齒則堯長，以爵則舜賤，以德則舜固無以加於堯者，而堯尚尊禮之如此。今陛下卓然獨奮於百王之後，四方拭目以觀堯、舜之治，而區區之末禮於安石尚如有惜，不明示於天下，此臣之所未喻也。

《元典章》卷一《詔令・世祖聖德神功文武皇帝・中統建元》祖宗以神武定四方，淳德御群下。朝廷草創，未遑潤色之文，政事變通，漸有綱維之目。朕獲纘舊服，載擴丕圖，稽列聖之洪規，講前代之定制。建元表歲，示君人萬世之傳，紀時書王，見天下一家之義。法《春秋》之正始，躰《大易》之乾元，炳焕皇猷，權輿治道。可自庚申年五月十九日，建號爲中統元年。惟即位躰元之始，必立經陳紀爲先。故内立都省以總權綱，外設總司以平庶政。仍興利除害之事，補偏救弊之方，隨詔以頒，申畫于后。條畫各見本類。於戲，秉鈞握樞，必因時而建號，施仁發政，期與物以更新。敷宣惻惻之辭，表著勤勞之意。凡在臣庶，躰予至懷。故茲詔示，想宜知悉。

《元典章·新集至治條例·朝綱·中書省·紀綱·不許隔越中書省奏啓》 國家命令，所以宣揚政化，敷布紀綱，爲法於當時，垂憲於後世，蓋非爲國爲民不可輕易發也。《書》曰：謹乃出令，令出惟行，不惟反古之王者。其於發號施令，重慎如此。王言一出，天下莫不廓然不变，各得所欲，雖山川草木亦皆觀光動色。故曰：聖人感人心而天下和平？良以此也。昔唐以中書奏事，門下繳駁，尚書奉行亦謹號令之意。伏惟聖朝奄四海以爲家，立中天而建極。祖宗以來，凡出號令必與大臣協謀精究，然後敷之天下，是以億兆承聽莫不聳動。故自中統建元以來，詔令至今，遂爲定制。

《皇明條法事類纂》附編《勸預備倉糧修理陂塘水利例》 臣聞古人經國必有遠圖，其慮患也深，故其爲備也廣，具憂民也。至古其立法也，詳者，堯有九年之水，湯有九年之旱，而不聞國有流離之民者，以備之有素故也。

（清）朱櫄《國朝奏疏》卷四阿桂《謝賜修德修行論墨刻》 弼教協中，燾育羣生，奉無私以出治，權衡庶獄，溥有慶以寧民，仁如天而智如神，至矣蔑以加矣。澤有風而山有火，欽哉！惟之恤哉！乃以秉德之躬，用順措刑之化，猶廑升恒迭運，參管子之陳言，允懷夙夜懋修，發聖人之至論，行占朔望，周天驗厥來速遲，理協陰陽，同度詳其經緯，坐而致也，本為惻推測之常，人皆仰之，即是近交之會。然《春秋》書日不書月，誠以月變較日變常多，彼《魯論》懷德并懷刑，亦謂刑威與德威同重，使泥於一偏之説，將見岸獄慎而疾斷無聞。倘涉乎歧視之情，未免衹台先而簡孚或弛，詎知聖功，王道本不計乎歲時天象，君心實相秉為德化，宸垂發覆，鮮閱千秋，睿藻敷言，道通一貫。大德此諸天地，好生即洽於民心，祥刑發自馨香，惟畏實由于清問。所以得操乎四，宵旰中彌廑慎思，宥出乎三，定斷後常懷明允也。臣等仰瞻廣運，幸際咸中，訂著明懸象之成規，識行已治人之大法，天垂至教，殊嗤舊説之非，聖錫嘉謨，足破後儒之瞀，謹此幾康敕命，健行與日俱新，益知先後奉時，順勢而民治咸服。

（清）鄂爾泰等《世宗憲皇帝硃批諭旨》卷三二《硃批張楷奏摺》 至聖先師卒於魯哀公十六年壬戌四月己丑，即今之二月十八日也。際茲文明盛世，理宜停刑齋戒，以誌景行慨慕之忱，緣從前未經議及，臣愚以爲二月十八日似應不理刑名、不讌會，照常辦事，著爲令甲，永久昭垂，則聖德彌光，千秋莫並矣。臣謬抒管見，是否有當，寄請聖裁。謹奏：所請亦屬推廣崇德報功之意，但加封之。典禮甫舉而聖忌之令甲又頒天下，後世無乃視朕爲有意務名乎？此事宜俟詳考徐議再定。

《皇朝文獻通考》卷二一三《經籍考三·經書詩》 康熙十九年，翰林院掌院學士、兼禮部侍郎庫勒納等，奉敕編聖祖仁皇帝御製序曰：天生民而立之君，非特予以崇高富貴之具而已，固將副教養之責，使四海九州無一夫不獲其所也。是故，古之帝王奉若天道，建都樹屏以立其綱，設官置吏以張其紀，經天緯地以盡其才，親親尊賢以弘其業。黎民阻饑而爲之教稼，五品不遜而爲之明倫。爲禮樂以導其中和，爲兵刑以息其爭訟。事未然而預爲之備，患已至而亟爲之驅。蓋治天下之法見於虞夏商周之書，其詳且密如此，宜其克享天心而致時雍太和之效也。所以然者，蓋有心法，以爲治法之本焉。所爲敬也誠也中也。敬則神明有主而物欲不能摇，誠則孚信在中而僞巧不能間，中則公正無偏而邪説不能移。凡《書》中曰欽明、曰寅恭、曰祗懼、曰迪畏，皆敬之屬也；曰允塞、曰至誠、曰一德、曰惇信，皆誠之屬也；曰義制事禮制心，曰沈潛剛克高明柔克，曰寬而有制從容以和，皆中之屬也。性之者，爲堯、舜、禹、文，身之者，爲湯、武、高宗；困而學之者，爲太甲成王；悖而去之者，爲太康桀紂。嗚呼！心法之存亡，治道之升降分焉，天命之去留繫焉，曷其奈何弗鑒？朕萬幾餘暇讀四代之書，惕若恐懼。爰命儒臣，取漢宋以來諸家之説，薈萃折衷，著爲講義一十三卷，逐日進講，茲加鋟梓，頒示臣民。俾知朕仰法前代聖王，志勤道遠。然夙夜兢兢，思體諸身心，措諸政治，以無負上天立君之意。夫豈敢一日忘哉！是爲序。

又：朕思六經皆治世之書，而帝王之大經大法，昭垂萬古者，惟《尚書》爲最備。蓋自繼天立極，精一執中，二帝、三王之心法遞相授受，而治法亦因之以傳。今觀《書》所載，成天平地，經國造邦，建官立教，禮、樂、兵、刑之弘綱大用。與夫賡颺都俞之休風，嘉謨嘉猷之陳告，凡所爲永膺天命而致時雍協和之效者，雖去數千年，尚可於方策中想見其欽明寅畏之衷，敷布經綸之迹。後之君臣，得奉爲楷模，以追蹤於唐、虞、三代之隆，詎不於《書》是賴哉？我皇考聖祖仁皇帝聖學淵深，治功宏遠，存於中者二帝、三王之心，發於外者二帝、三王之治。而稽古好學，於典謨訓誥之篇沈潛研究，融會貫通。初命講官分日進講，著有解義一篇，頒示海内。復指授儒臣，薈萃漢、唐、宋、元、明諸家之説，參考折中，親加正定，廣大悉備。於地理山川，援今據古，靡不精核。爲書經傳説彙纂，凡二十有四卷。兹值刊校告竣，與《易》《詩》《春秋》諸經次第傳布，敬製序文，勒之卷首。夫後世之天下，唐、虞、三代之天下也。而治法之垂爲典章，心法之原於性命者，先後同揆，百世之聖君賢輔，未能易也。故爲君者，必思比德於堯、舜、禹、湯、文、武，而後無忝乎爲君。爲臣者，必思媲休於臯、夔、伊、傅、周、召，而後無忝乎爲臣。朕夙夜兢兢，冀克守主敬存誠之道，以遂覲光揚烈之懷。尤冀卿尹百執事共體元首股肱之誼，殫協恭厲翼之忱。寅亮天工，諴和民志，俾薄海内外，永底乂安，於以遠宗聖哲，而仰承皇考尊崇經學，啟牖萬世之盛心，顧不美歟。

（清）黄宗羲《明夷待訪録·顧寧人書》伏念炎武自中年以前，不過從諸文士之後，注蟲魚唫風月而已。積以歲月，窮探古今，然後知後海先河爲山覆簣而于聖賢六經之行，國家治亂之原，生民根本之計，漸有所窺。恨未得就正有道，頃過薊門，見貴門人具稔起居無恙，因出大著《待訪録》讀之再三。於是知天下之未嘗無人百王之敝，可以復起，而三代之盛，可以徐還也。天下之事有其識者，未必遭其時；而當其時者，或無其識。古之君子，所以著書待後有王者起，得而師之。然而易窮則變，變則通，通則久。聖人復起而不易吾言，可預信於今日也。炎武以管見爲《日知録》一書。竊自幸其中所論同於先生者十之六七，唯奉春一策必在關中，而秣陵僅足偏方之業，非身歷者不能知也。但鄙著恒自改竄，且有礙時未刻，其已刻八卷及《錢糧論》二篇乃數年前筆也。先附呈大教。倘辱收諸同志之末，賜以抨彈，不厭往復，以開末學之愚，以貽後人，以幸萬世，曷勝禱切。

《吕氏春秋·季秋紀·精通》人或謂兔絲無根。兔絲非無根也，其根不屬也，伏苓是。慈石召鐵，或引之也。樹相近而靡，或軵之也。聖人南面而立，以愛利民爲心，號令未出，而天下皆延頸舉踵矣，則精通乎民也，心在利民，夫賊害於人，人亦然。

（漢）劉安《淮南子》卷六《覽冥訓》夫聖人者，不能生時，時至而弗失也。輔佐有能，黜讒佞之端，息巧辯之説，除刻削之法，去煩苛之事，屏流言之迹，塞朋黨之門。消知能，消除知巧之能。脩太常，隳肢體，絀聰明。去其小聰明，并大利欲者也。

（漢）劉安《淮南子》卷八《本經訓》古之人，同氣于天地，與一世而優游。優游猶委從也。當此之時，無慶賀之利，刑罰之威，禮義廉恥不設，毁譽仁鄙不立，而萬民莫相侵欺暴虐，猶在于混冥之中。混，大也。大冥之中謂道也。

（漢）劉安《淮南子》卷一七《説林訓》堯、舜、禹、湯，法籍殊類，得民心一也。俱一于人。

（漢）應劭《風俗通義》卷一《皇覇·三皇》《含文嘉》記：虙戲，燧人，神農。伏者，别也，變也；戲者，獻也，法也，伏羲始别八卦，以變化天下，天下法則，咸伏貢獻，故曰伏羲也。

（清）顧炎武《日知録》卷五《繼母如母》夫禮者所以别嫌明微，非聖人莫能制之，此類是矣。

（唐）虞世南《北堂書鈔》卷七《齊聖二十三》睿作聖明莫若聖。王弼聖而預知。《列仙傳》。聖德玄達。《桓子》。聖德炳著。《東觀·孝安帝》。聖敬日躋。聖人感人心而天下和平。聖人動順刑罰清而民服。聖人無常心，以百姓爲心。《老子》。聖人無心，與衆同欲，《左傳》神代潛通。《左氏》。神叡通知。《大戴》。

（唐）虞世南《北堂書鈔》卷一七《制作五十四》制而用之謂之法，民咸用之謂之神。制度數，議德行。象天地，以立制。傅玄大體。變天下之法。《禮·含文嘉》。改正朔，易服色。始造書契，以代結繩之政。制嫁娶之禮，未有文章。《帝王世紀》。制禮作樂。《史記》。作樂以應天，制禮以配地。天地變化，聖人效之。河出圖，洛出書，聖人則之。立象以盡意，設卦以盡情僞。仰觀象於天，俯觀法於地，以通神明之德，以類萬物之情。聖人作易，幽贊神明。

（唐）白居易《白氏六帖事類集》卷一二《國政二》 聖人以神道設教而天下服，百姓日用而不知。辨物居方，神而化之，使民宜之，允釐百工，庶績咸熙，制理于未亂。

（漢）孔融《孔融集·聖人優劣論》 荀愔等以爲聖人俱受乾坤之醇靈，禀造化之和氣，該百行之高善，備九德之淑懿，極鴻源之深間，窮品物之情類，曠蕩出於無外，沉微淪於無內。器不是周，不充聖極。荀以爲孔子稱：大哉，堯之爲君也，唯天爲大，唯堯則之。是爲覆蓋衆聖最優之明文也。孔以堯作天子九十餘年，政化洽於民心，《雅頌》流於衆聽，是以聲德發聞，遂爲稱首。則《易》所謂聖人久於其道，而天下化成，百年然後勝殘去殺，必世而後仁者也，故曰大哉，堯之爲君也。堯之爲聖也明，其聖與諸聖同，但以人見稱爲君爾。

（宋）歐陽修《歐陽修全集》卷一二一《濮議卷二》 其簡易明白，不苟不竊，不欺不僞，可以爲通制而公行者，聖人之法也。又以謂爲人後者所承重，故加其服以斬，而所生之親恩有屈於義，故降其服以期。服可降，父母之名不可諱，故著於《經》曰：爲人後者，爲其父母報。自三代以來，有天下國家者，莫不用之。問者曰：以濮王稱親，則於仁宗之意如何？答曰：大哉！仁宗皇帝之至聖至明也！知立後爲公，不畏人知而不諱也。故明詔天下曰，是濮安懿王之子也。然則，濮安懿王者爲所生父可知矣。此仁宗先告于天下矣，所謂簡易明白，不苟不竊，不欺不僞者，聖人之法也。

（清）方苞《方苞集》卷一《讀經·讀大誥》 昔朱子讀《大誥》，謂：周公當時欲以此聳動天下，而篇中大意，不過謂周家辛苦創業，後人不可不卒成之；且反覆歸之於卜，意思緩而不切，殊不可曉。嗚呼！此聖人之心所以與天地相似，而無一言之過乎物也。蓋紂之罪，可列數以聳人聽，而武庚之罪則難爲言。所可言者，不過先王基業之不可棄，與吉卜既得，可徵天命之有歸而已。夫感人以誠不以僞，此二者，乃周人之實情，可與天下共白之者也。其於武庚，則直述其鄙我周邦之言，未嘗有一語文致其罪。其於友邦君，第動以友伐厥子之私義，而不敢謂大義當與周同仇也。非聖人而能言不過物如是與？

不惟此也，周初之書，惟《牧誓》爲不雜。武王數紂之罪，惟用婦言、棄祀事，而剖心、斮脛、焚炙、刳剔諸大惡弗及焉。至於暴虐、姦宄，則歸獄於多罪逋逃之臣。故讀《牧誓》而知聖人之心之敬，雖致天之罰，誓師聲罪，而辭有所不敢盡也。讀《大誥》而知聖人之心之公，審己之義，察人之情，壹禀於天理，而修辭必立其誠也。

（清）方苞《方苞集》卷一《讀經·周官辨僞二》 媒氏：仲春之月，大會男女，奔者不禁。近或爲之説曰：是乃聖人之所以止佚淫而消鬬辯也。每見甿庶之家，嫠者改適，猜釁叢生，變詐百出，由是而成獄訟者十四三焉。豈若天子之吏以時會之，而聽其相從於有司之前，可以稱年材，使各得其分願哉！管子治齊，以掌媒合獨，猶師其意，則斯乃民治之所宜也審矣。嗚呼！管子生政散民流之後，而姑爲一切之法，是不可知；若成周之世，則安用此哉？自文王后妃之躬化，遠蒸江、漢，至周公作洛，道洽政行，民知秉禮而度義也久矣；又況《周官》之法：冠昏之禮事，黨正教之；比戶之女功，酇長稽之；凡民之有邪惡者，雖未麗於法，而已坐諸嘉石，役諸司空，任諸州里，尚何怨曠陰私暴詐之敢作哉？管子合獨之政，乃取鰥寡而官配之；若會焉而聽其自奔，則雖亂國汙吏能布此爲憲令乎？蓋莽之法：私鑄者伍坐，沒入爲官奴婢，傳詣鍾官者，以十萬數；至則易其夫婦，民人駭痛。故歆增竄媒氏之文，以示《周官》之法官會男女而聽其相奔；則以罪沒而易其夫婦，猶未爲已甚也。莽之母死而不欲爲之服；歆與博士獻議：《周禮》：王爲諸侯緦衰，弁而加環絰，同姓則麻，異姓則葛。今《周禮》司服無弁而加環絰三語，則媒氏之文，爲歆所增竄也決矣。嗚呼！聖人之法，所以循天理而達之也；聖人之經，所以傳天心而播之也；乃爲悖理逆天之語所混淆，至於二千餘年而不可辨，則歆誠萬世之罪人也。余嘗病《班史》於莽之亂政姦言，纖悉不遺，於義爲疎，於文爲贅，然《周官》之爲歆所僞亂者，乃賴《班史》而備得其徵。豈非聖人之經，天心不欲其終晦，而既蝕復明，固有數存乎其間邪！

（清）梁啓超《飲冰室合集・文集》卷一五《中國法理學發達史論》

儒家言人為法不可不根本於自然法。顧自然法本天，非盡人所能知也。則其道將窮，於是有道焉使自然法現於實者，曰聖人。聖人之言，即自然法之代表也。聖人之言何以能爲自然法之代表？儒家謂聖人與天同體者也，否則直接間接受天之委任者也，否亦其智足以知天者也。六經六緯之微言，皆稱聖人無父，感天而生，故有青帝靈威仰、赤帝赤熛怒、黄帝含樞紐、白帝白招拒、黑帝汁光紀，謂之五感生帝，而太昊、炎帝、黄帝、少昊、顓頊配之，爲五人帝。是聖人爲天之化身，聖人即天也。故直以其意爲天之意，其言爲天之言，其法爲天之法。典本五帝之書，而竟變成爲一種法之名，蓋以此也。此種觀念視他國之神意説，其程度之強，尚有過之，惟耶穌新約差可比倫耳。所謂直接受天之委任者，《書》曰：天乃錫禹洪範九疇。《詩》曰：帝謂文王，不大聲與色，不識不知，順帝之則。《漢書・五行志》曰：宓犧氏繼天而王，受河圖，禹治洪水，賜雒書。《春秋元命苞》曰：河以通乾出天苞，洛以流坤吐地符，河龍圖發，洛龜書成。河圖有九篇，洛書有六篇，《隋書・經籍志》緯書類有《河圖》二十卷，《河圖龍文》一卷，注云，河圖九篇，洛書六篇，自黄帝至周文王所受本文。又別有三十篇，云自初起至孔子九聖所增演。《宋書・符瑞志》曰：成王周公時洛出龜書。而《書・顧命》亦言天球河圖在東序。《記・禮運》亦言河出馬圖，《論語》述孔子語乃云河不出圖，吾已矣夫。計河洛圖書之爲物，見於經緯者不下百數，《洪範》一篇，古説皆認爲即洛書之文。自初一曰五行，至威用六極，凡六十五字。謂禹所受本文。其以下則後聖之解釋也。即不信緯安能不信經記？即不信經記，安能不信《論語》！而其怪誕既若是！以今日理想衡之，雖扶牀之孫，猶不能起信，而孔子及兩漢大儒津津言之何也？乃讀西史，見來喀瓦士制斯巴達法典，云直受諸亞阿波羅神；摩哈默德之造可蘭經，云直受諸天使加布里埃。乃至猶太之《摩西法典》，印度之《摩奴法典》，希臘之綿尼法典，語其來歷莫不皆同。乃知此實初民之共通觀念，非惟我國有之，而我國所流傳，實本諸口碑，非出自臆説也。然以孔子而猶迷信之何也？孔子之學説，既認有自然法，復認自然法之出於天。然則宜操立法權者惟天耳。天既不言而感生化身之帝王，又絶迹於後世，然則後之有天下者，必天牖其衷，乃可創法改制。故六經大義，皆言應天受命，制禮作樂，儒家視禮樂法制同物。前已屢言之。凡以法之淵源出於天也。董子曰：道之大原出於天。道即自然法也。而受命必有符，則龍龜馬書等是也。受命之符，口碑所傳也，必受命而後立法。則儒家之大義，與自然法天定法之主義相一貫者也，申而言之，則非爲受命故改制，實爲改制故受命也。孔子學《易》以求自然法，既有所得，思欲據之，制爲人定法以易天下。然受命之符，久而未至，沈吟不敢自信。故歎曰，鳳鳥不至，河不出圖，吾已矣夫！洎夫麟獲西狩，書降端門，然後制作之業託始焉，此其義必有所受，而非可盡指爲秦火以還之附會者也。西狩獲麟，受命之符，此明見於經傳不容疑者也。然漢儒言孔子受命者，猶不止此。《公羊》哀十四年解詁引《春秋演孔圖》云：天降血書，魯端門内，子夏明日往視之，血書飛爲赤鳥，化爲白書，署曰演孔，圖中有作法制圖之象。孔子仰推天命，俯察時變，却觀未來，豫解無窮故作撥亂之法。諸如此類，不遑殫述。蓋前漢儒者無不篤信受命改制之説。至後漢始漸有疑者。而鄭康成據以注群經。此實猶孔門家法。非漢儒附會也。夫在程度幼稚之社會，固不能無所託以定民志，而况夫既持道本在天之説，則一切制作，自不得不稱天而行，理論相因所當然也。猶之大權在君主之國，一切法律，不得不以君主之名行之，亦理論相因所當然也。故不得以此等神祕之説爲儒家詬病也。

（清）梁啓超《飲冰室合集・文集》卷一五《中國法理學發達史論清光緒三十年》夫與天同體之聖人，其最貴者也。直接受天委任之聖人，其次貴者也。然直接受天委任之聖人，亦間世而不一遇，於是乎有知足以知天者，亦稱爲聖人，認其有立法及解釋法之權，蓋謂其能知自然法也。故《易・繫辭傳》曰：天地設位，聖人成能。又曰：知變化之道者，其知神之所爲乎？又曰：參伍以變，錯綜其數，通其變遂成天下之文，極其數遂定天下之象。又曰：天生神物，聖人則之，天地變化，聖人效之，天垂象見吉凶，聖人象之。河出圖，洛出書，聖人則之。凡此所謂聖人，皆謂其知足以知天者也。而《記・中庸》所論，尤爲博深切明，今述而引申之。

《記・中庸》：惟天下至誠爲能盡其性，能盡其性，則能盡人之性，能盡人之性，則能盡物之性，能盡物之性，則可以贊天地之化育。可以贊天地之化育，則可以與天地參矣。其次致曲，曲能有誠，誠則形，形則著，著則明，明則動，動則變，變則化，惟天下至誠爲能化。

又：至誠之道，可以前知，國家將興，必有禎祥；國家將亡，必有妖孽。見乎蓍龜，動乎四體，禍福將至，善必先知之，不善必先知之，故至誠如神。

又：惟天下至誠爲能經綸天下之大經，立天下之大本。

《中庸》所謂至誠，即聖人也。惟至誠能經大經立大本。言惟聖人乃能立法也。然所以能立法者非他，以其如神也，以其與天地參也。其何以能如神，何以能與天地參，則全以能盡其性故。此實甚深微妙之論也。蓋人類莫不有普通性，人類與衆生，又有其相共之普通性。人類既有與衆生相共之普通性，又自有其普通性。以人類自有之普通性，對於人類衆生共有之普通性，則彼自有之普通性亦可謂人類之特別性也。明論理學上內包外延之公例，自能知之。日本法學博士筧克彥氏所著《法學通論》最能發明此義。可參觀。此普通性，有賦命之者，維持之者，則天是也。不認有造化主者，則謂別無一主體焉以賦命之維持之。而儒家則認有造化主者也。聖人亦人類也。故聖人之性，即人類之普通性，亦即衆生之普通性，筧博士所謂自我。性體無二。華嚴所謂性海。故能盡其性者，必能盡人類之性，隨即能盡衆生之性。如人類有能飲食之機能，衆生亦有能飲食之機能，我既能飲食則人類之此機能乃至衆生之此機能，我皆具之矣。故孟子曰萬物皆備於我。而性之大原出於天，故能盡其性以盡普通性者，即其與天合德而與天參者也。故《易·文言傳》又曰：夫聖人者，與天地合其德，先天而天弗違，後天而奉天時也。佛說言一切衆生，有起一念者，佛悉知之。何以能如此？因性體本普通而無二也。是即能盡人性即能盡物性之說也，是即至誠可以前知之說也。夫既認有自然法，復認自然法存於人物之自身，而自然法則固定不變者也。然則能前知不亦宜乎？儒佛認自然法存於衆生之自身，而儒家則謂天實賦之，佛家則謂自造因而自受果也，此其所以異也。儒家則認有客觀的爲之主宰者，佛家則全尊主觀而不認主宰者之獨立存在也。故儒家之論，其第一前提曰，有自然法；其第二前提曰，惟知自然法者爲能立法；其第三前提曰，惟聖人爲能知自然法。次乃下斷案曰，故惟聖人爲能立法。而第三前提所謂聖人者，復分三種，第一種，爲天化身之聖人；第二種，受天委任之聖人；第三種，與天合德之聖人。蓋自然法出於天，故能知自然法之聖人，必其與天有關係者也。此其論理之一貫者也。夫第三種之聖人，則其範圍甚廣矣。凡屬人類，皆可以爲聖人。孟子曰，人皆可以爲堯舜是也。夫謂凡屬人類，皆可以爲聖人者何也？吾有此普通性，聖人亦有此普通性。普通性既同，自可以相學而能。此亦其論理之一貫者也。蓋儒家之意，欲使人人皆爲能立法之人，特未达其程度，則不能有其資格耳。而孔子立教之目的，則在是也。

法古聖分部

論說

《周易正義·乾》九二：見龍在田，利見大人。出潛離隱，故曰見龍，處於地上，故曰在田。德施周普，居中不偏，雖非君位，君之德也。初則不彰，三則乾乾，四則或躍，上則過亢。利見大人，唯二、五焉。疏：九二至利見大人。正義曰：陽處二位，故曰九二。陽氣發見，故曰見龍。田是地上可營爲有益之處，陽氣發在地上，故曰在田。且一之與二，俱爲地道，二在一上，所以稱田。見龍在田，是自然之象。利見大人，以人事託之，言龍見在田之時，猶似聖人久潛稍出，雖非君位而有君德，故天下衆庶利見九二之大人。故先儒云：若夫子教於洙泗，利益天下，有人君之德，故稱大人。案：《文言》云：九二德博而化。又云：君德也。王輔嗣注云：雖非君位，君之德也。是九二有人君之德，所以稱大人也。輔嗣又云：利見大人，唯二五焉。是二之與五，俱是大人，爲天下所利見也。而褚氏、張氏同鄭康成之説，皆以爲九二利見九五之大人，其義非也。且大人之云，不專在九五與九二，故訟卦云：利見大人。又蹇卦：利見大人。此大人之文，施處廣矣，故輔嗣注謂九二也。是大人非專九五。注處於地上至唯二五焉。正義曰：處於地上，故曰在田者，先儒以爲重卦之時，重於上下兩體，故初與四相應，二與五相應，三與上相應。是上下兩體，論天地人各別，但《易》含萬象，爲例非一。及其六位，則一、二爲地道，三、四爲人道，五、上爲天道。二在一上，是九二處其地上，所田食之處，唯在地上，所以稱田也。觀輔嗣之注意，唯取地上稱田，諸儒更廣而稱之，言田之耕稼利益，及於萬物盈滿，有益於人，猶若聖人益於萬物，故稱田也。德施周普者，下《小象》文，謂周而普徧。居中不偏者，九二居在下卦之中，而於上於下，其心一等，是居中不偏也。不偏則周普也。雖非君位者，二爲大人，己居二位，是非君位也。君之德者，以德施周普也。《文言》云：德博而化。又云：君德也。是九二有人君之德也。初則不彰者，謂潛隱不彰顯也。三則乾乾者，危懼不安也。四則或躍者，謂進退懷疑也。上則過亢，過謂過甚，亢謂亢極。利見大人，唯二五焉者，言範模乾之一卦，故云唯二五焉。於別卦言之，非唯二、五而已。故訟卦、蹇卦並云利見大人，所以施處廣，非唯二、五也。諸儒以爲九二當太蔟之月，陽氣發見，則九三爲建辰之月，九四爲建午之月，九五爲建申之月，爲陰氣始殺，不宜稱飛龍在天。上九爲建戌之月，羣陰既盛，上九不得言與時偕極。於此時陽氣僅存，何極之有？諸儒此説，於理稍乖。此乾之陽氣漸生，似聖人漸出，宜據十一月之後。至建巳之月已來，此九二當據建丑、建寅之間，於時地之萌牙初有出者，即是陽氣發見之義。乾卦之象，其應然也。但陰陽二氣，共成歲功，故陰興之時，仍有陽在，陽生之月，尚有陰存。所以六律六吕，陰陽相間，取象論義，與此不殊。乾之初九，則與復卦不殊。乾之九二，又與臨卦无別。何以復、臨二卦與此不同者，但《易》論象，復、臨二卦，既有羣陰見象於上，即須論卦之象義，各自爲文。此乾卦初九、九二，只論居位一爻，无羣陰見象，故但自明當爻之地，爲此與臨、復不同。

（清）孫星衍《周易集解·乾》 乾元用九，天下治也。

解：案此當三皇五帝禮讓之時，垂拱無爲而天下治矣。

（宋）張載《横渠易説·繫辭下》 神農氏没，黄帝、堯、舜氏作，通其變，使民不倦，神而化之，使民宜之。

鴻荒之世，食足而用未備，堯舜而下，通共變而教之也。神而化之，使民不知所以然，運之無形以通其變，不（類）〔頓〕革之，（使）〔欲〕民宜之也。〔大抵〕立法須是過人者乃能之，若常人安能立法！凡變法須是通，通其變使民不倦，豈有聖人變法而不通也？

（清）惠棟《周易述·繫辭下》 重門擊欜，以待虣客，蓋取諸《豫》。

疏：【略】上古明堂之法，外户而不閉，盜竊亂賊不作。今有重門者，豈黄帝、堯、舜之時，大道有時而隱乎。虞注：《上繫》云：坎爲暴，坎盜持兵，是暴客也。

（清）孫星衍《周易集解·繫辭下》 黄帝、堯、舜垂衣裳而天下治，蓋取諸乾坤。

解：《九家易》曰：黄帝以上，羽皮革木。以禦寒暑。至乎黄帝，始制衣裳，垂示天下。衣取象乾，居上覆物。裳取象坤，在下含物也。虞翻曰：乾爲治，在上爲衣。坤下爲裳。乾坤萬物之緼，故以象衣裳。乾爲明君，坤爲順臣，百官以治，萬民以察，故天下治。蓋取諸此也。

（宋）李衡《周易義海撮要·雜論》 夫《易》，萬世之大法，豈因河圖之始作。伏羲時，禽獸與人相居，虎豹與人相食。無君臣、父子、男女之別，天下大亂。伏羲乃作網罟。以佃以漁，以服禽獸，制君臣、父子、夫婦、男女之法，以止其亂。蓋聖人慮其既没之後，天下復亂。是時無文字，乃畫八卦以見君臣、父子、男女之位，爲天下之大本，作《易》之始意也。若謂河圖出而作《易》，不出則已矣。《繫辭》曰：古者，包羲氏之王天下也，仰則觀象於天，俯則觀法於地，觀鳥獸之文，與地之宜。近取諸身，遠取諸物。於是始作八卦，以通神明之德，以類萬物之情。此畫卦之本意也。孔子豈云因河圖而作《易》。然《繫辭》有河出圖，洛出書，聖人則之之説。諸儒引以爲證。予爲繫所云，統紀聖人所受圖之事，非因此而作《易》。石介。

（清）王夫之《尚書引義》卷一《堯典二》 昔夫子之贊堯、舜，至矣；而其舍子以授賢，未之及焉。審乎此，而唐、虞之際有定論矣。

人之親其子也，而靳與之位以授異姓，三代以降，未有能焉者，而不以爲盛德之極致；然則夫子其以爲非常而不可訓與？曰：非也。古者無君存而立世子之禮。其立嗣也，肇於夏而定於周也。古之有天下者，皆使親而賢者立乎輔相之位，儲以爲代；其耄且没矣，而因授之，人心定而天位以安。黄帝以前，不可考也。繼黄帝而興者，率循其道。然則以相而紹位，其軒轅之制乎！故少昊，軒轅之孫也，降江水，就侯服，入而代黄帝；顓頊，少昊之弟也，佐少昊十年而代少昊；高辛，顓頊之從子也，佐顓頊二十五年而代顓頊；堯，帝摯之弟也，佐摯五年而代摯。蓋古之命相，猶後世之建嗣。堯不傳子，亦修軒轅之法爾。

少昊、顓頊、高辛，以洎於摯、堯，親以賢者近取之兄弟子姓，而前可以相，後可以帝，地邇勢易，不假於側陋而事順。其事順，故以帝摯之不順，弗能違焉。堯之在位七十載，而親以賢者未有其人，亦遲之七十載而未有相也。而堯已耄期矣，故不獲已而命之四岳。使微舜，四岳雖欲終讓而不得矣。

若舜之倦勤，禹已久卽百揆之位，無異乎顓頊之十年，高辛之二十五年也。終陟元后，又何疑焉！故曰：五帝官天下。官天下者，五帝之通典，豈堯、舜之僅德哉？

堯在位七十載而未有相，變也。使四岳而不得辭，則以侯陟帝，循少昊之已事，而不必於相。舜舉側陋，非有江水可興之素，則必以相承統，用顓頊、高辛之典禮。故由徵庸、總揆、賓門、納麓，以訖受終，凡三十載而後格於文祖，事以漸而信從壹焉。浸使四岳受巽位之命，固不待於此矣。

五帝之援立也夙，三王之建儲也早；近而百工，遠而九服，疏賤而兆民，耳目一，聽從審，引領而望曰：此他日之君我者也，日用不知習而以安。故曰：天視自我民視，天聽自我民聽。四海翕從，而莫有異志，斯以謂之天矣。堯因法而從時，因人而順天，非有異也。是故無與於堯之高深矣。

古之帝王，顧大位之將有託也，或命相而試以功，或立子而豫以教。立子以適而不以賢，立而後教之，故三代崇齒胄之禮。命相以德而不以世，故唐、虞重百揆之任。試而命之，以重其禮也；立而教之，以成其德也。定民志者存乎禮，堪大業者存乎德。德其本也，禮其末也。本末具舉，則始於無疑，而終於克任矣。試而後命，本先於末；立而後教，末先於本。先難而後以易，故堯遲之七十載，而以不得舜爲己憂。先末而後本，則初吉而終或亂，故桀、紂、幽厲得奄有四海，待湯、武而後革。

雖然，法豈有定邪？知人之哲如堯、舜，不易得也。教胄有恆而中主可守也。則試而後命，立而後教，義協於一而效亦同。迨其弊也：秦失其本於後，而胡亥速亡；漢、魏亂其末於先，而逆臣繼篡。（則）〔所〕必盡者人也，不可恃者法也。固不得以堯之授舜，舜之授禹，爲必治不亂之道；又惡足以爲二帝之絶德哉？况堯之以因而不以創，即有德焉，亦歸之軒轅，而堯不任受乎？蘇氏曰：聖人之所大過人，而天下後世之所不能，斯亦未達於時之勸説已！

（漢）韓嬰《韓詩外傳》卷三　傳曰：昔者舜甑盆無膻，而下不以餘獲罪。飯乎土簋，啜乎土型，而工不以巧獲罪。麑衣而盭領，而女不以侈獲罪。法下易由，事寡易爲，而民不以政獲罪。故大道多容，大德多下，聖人寡爲，故用物常壯也。傳曰：易簡而天下之理得矣。忠易爲禮，誠易爲辭，賢人易爲民，工巧易爲材。《詩》曰：岐有夷之行，子孫保之。

（清）孫希旦《禮記集解・樂記》　王者功成作樂，治定制禮，其功大者其樂備，其治辯者其禮具。干戚之舞，非備樂也，孰亨而祀，非達禮也。五帝殊時，不相沿樂，三王異世，不相襲禮。樂極則憂，禮粗則偏矣。及夫敦樂而無憂，禮備而不偏者，其唯大聖乎！【略】

鄭氏曰：功主於王業，治主於教民。辯，徧也。達，具也。《郊特牲》曰：郊血，大饗腥，三獻爓，一獻孰，至敬不饗味而貴氣臭也。不相沿樂，不相襲禮，言其有損益也。愚謂聲容者，樂之末也，故干、戚之舞非備樂，而朱弦、疏越有遺音者矣。儀物者，禮之末也，故孰亨而祀非達禮，而玄酒、腥魚有遺味者矣。樂之文，五帝未嘗相沿，禮之事，三王不必相襲，以其非禮樂之本故也。帝王皆有禮樂，於五帝言樂，於三王言禮，互文也。樂失其本，而致飾於聲容之盛，則反害於和樂之正而至於憂矣。禮失其本，而徒務乎儀物之粗，則不根於忠信之實而失之偏矣。敦厚其樂而不至於憂，禮節詳備而不至於偏，則惟其情足以稱之，而能與天地同其和節故也，非大聖其孰能之？

（清）孫希旦《禮記集解・祭法》　夫聖王之制祭祀也，法施於民則祀之，以死勤事則祀之，以勞定國則祀之，能禦大菑則祀之，能捍大患則祀之。是故厲山氏之有天下也，其子曰農，能殖百穀。夏之衰也，周棄繼之，故祀以爲稷。共工氏之霸九州也，其子曰后土，能平九州，故祀以爲社。帝嚳能序星辰以著衆，堯能賞均，刑法以義終，舜勤衆事而野死，鯀鄣鴻水而殛死，禹能脩鯀之功，黄帝正名百物以明民共財，顓頊能脩之，契爲司徒而民成，冥勤其官而水死，湯以寛治民而除其虐，文王以文治，武王以武功去民之菑，此皆有功烈於民者也。及夫日、月、星辰，民所瞻仰也，山林、川谷、丘陵，民所取財用也，非此族也，不在祀典。【略】

鄭氏曰：厲山氏，炎帝也，起於厲山，或曰有烈山氏。棄，后稷名也。共工無録而王謂之霸，在大昊、炎帝之間。著衆，謂使民興事，知休作之期也。賞，賞善，謂禪舜封禹、稷等也。能刑，謂去四兇。義終，謂既禪二十八載乃死也。野死，謂征有苗，死於蒼梧也。明民，謂使之衣服有章也。民成，謂知五教之禮也。冥，契之六世孫。其官，玄冥，水官也。虐，菑，謂桀、紂也。烈，業也。孔氏曰：法施於民，若神農、后土、帝嚳與堯，及黄帝、顓頊與契之屬是也。以死勤事，若舜及鯀、冥是也，以勞定國，若禹是也。禦大菑，捍大患，若湯及文武是也。農，謂厲山氏後世子孫名柱，能殖百穀，爲農官，因名農。夏之衰也，周棄繼之者，以夏末湯七年大旱，變置社稷，故廢農祀棄。祀以爲稷者，謂農及棄皆祀之以配稷之神。后土，是共工氏後世之子孫，爲后土之官。后，君也。爲君而掌土，能治九州五土，故祀之以配社之神。嚳能紀星辰，序時候以明著，使民休作有期，不失時節，故祀之也。堯以天下授舜，封禹、稷，官得其人，是能賞均平也。五刑有宅，是能刑有法也。禪舜而老，二十八載乃殂，是義終也。

舜征有苗，仍巡守陟方而死，是勤衆事而野死。鯀塞鴻水，亦有微功，故得祀之。若無微功，焉得治水九載？上古雖有百物而未有名，黄帝爲物作名，正名其體也。以明民者，謂垂衣裳，使貴賤分明，得其所也。共財者，謂山澤不障，教民取百物以自贍也。顓頊能脩之，謂能脩黄帝之法。契爲司徒，掌五教，故民之五教得成。湯除其虐，謂放桀也。文武去民之菑，謂伐紂也。此皆有功烈於民者也，結上厲山以下得祀之人，有功烈於民故也。及夫日、月、星辰，民所瞻仰者，釋上燔柴於泰壇，瘞埋於泰折，祭日祭月祭星之等。上有祭天祭地祭四時祭寒暑祭水旱，此不言者，舉日月則天地可知，四時、寒暑、水旱則日月陰陽之氣，故舉日月以包之也。非此族也，不在祀典者，合結上事也。族，類也。若非上自厲山以下，及日、月、星辰之等無益於民者，悉不得預於祭祀之典也。按上陳宗廟及七祀，並通適殤以下，此經不覆明之者，此經所云，謂是外神有功於民，其宗廟與殤以下及親屬、七祀之等，宫中小神，所以不載。愚謂以義終，謂堯崩，以天下授舜，而不私其子也。共，給也，明民共財者，百物之名定，則民之視聽不惑，故俗定事成，而財用給足也。冥嗣爲商侯，入爲王朝玄冥之官，溺死於河，事見《竹書紀年》。紂爲民患，文王脩德，使民忘如毁之虐，而樂孔邇之仁，是以文治去民之菑也。武王伐紂救民，是以武功去民之菑也。此所言，自武王以上，農及后土，配食社、稷之人也，其餘則皆四代之所禘、郊、宗、祖。孔疏以爲並外神，非也。蓋惟四親廟不論功德，至於禘、郊、宗、祖，必其功德足以堪之，非子孫之所得而私也。

(清)蘇輿《春秋繁露義證》卷七《堯舜不擅移湯武不專殺》

堯舜何緣而得擅移天下哉？《孝經》之語曰：事父孝，故事天明。事天與父，同禮也。今父有以重予子，子不敢擅予他人，重，謂承宗為後也。莊二十五年大夫宗婦覿，何注：繼重者為大宗，旁統者為小宗。《管子・幼官篇》十年重適人正禮義，注：重適，謂承重也。適，諸侯之世子也。《後漢書・桓帝紀》：永惟大宗之重，深思嗣續之福。今世稱嫡孫攝父，猶為承重，蓋通上下并得稱之。人心皆然。則王者亦天之子也，天以天下予堯舜，堯舜受命於天而王天下，猶子安敢擅以所重受於天者予他人也。俞云：此有缺文。當云子猶不敢擅以所重受於父者與他人，堯舜安敢擅以所重受於天者與他人也。輿案：受於天，疑當作受於父。天啟本猶子倒，於天作天子。天有不以予堯舜漸奪之，故漸，官本云：他本作斬。案：作斬是。堯舜均不傳子，故云斬奪之。言天所以斬奪之，必有其故。孟子言非人之所能為也，天也。或云：故，當下屬。有，讀為又。亦通。明爲子道，則堯舜之不私傳天下而擅移位也，無所疑也。儒者以湯武爲至聖大賢也，官本云：他本至作大。以爲全道究義盡美者，故列之堯舜，謂之聖王，如法則之。《荀子・正論篇》：聖人備道全美者也。盧云：舊本謂之倒，今改正。如，與而同。今足下以湯武爲不義，然則足下之所謂義者，何世之王也？曰：弗知。弗知者，以天下王爲無義者耶？其有義者而足下不知耶？則答之以神農。應之曰：神農之爲天子，與天地俱起乎？將有所伐乎？盧云自此已下，伐字俱疑當作代。輿案：作代，是。《史記・儒林傳》：代立踐南面，非殺而何。又云：高帝代秦。即此義。神農氏有所伐可，湯武有所伐獨不可，何也？且天之生民，非爲王也，而天立王以爲民也。故其德足以安樂民者，天予之；其惡足以賊害民者，天奪之。《詩》云：殷士膚敏，祼將于京，侯服于周，天命靡常。言天之無常予，無常奪也。故封泰山之上，禪梁父之下，易姓而王，德如堯舜者七十二人。王者，天之所予也，其所伐皆天之所奪也。今唯以湯武之伐桀紂爲不義，則七十二王亦有伐也。推足下之說，將以七十二王爲皆不義也！也、耶同。故夏無道而殷伐之，殷無道而周伐之，周無道而秦伐之，秦無道而漢伐之。有道伐無道，此天理也，所從來久矣，寧能至湯武而然耶？盧云：能字疑衍。夫非湯武之伐桀紂者，亦將非秦之伐周，漢之伐秦，盧云：本脱此四字，今案當有。非徒不知天理，又不明人禮。禮，子爲父隱惡。今使伐人者而信不義，當爲國諱之，豈宜如誹謗者，此所謂一言而再過者也。君也者，掌令者也，令行而禁止也。今桀紂令天下而不行，禁天下而不止，安在其能臣天下也？果不能臣天下，何謂湯武弑？此篇非董子文。董惡秦特甚，而此云周無道，而秦伐之，與湯武相提並論，黄東發已譏之，不合一也。《春秋》家推征伐之事，往往舉文王伐崇，以配伐桀，茲乃湯武並舉，不合二也。《史記・儒林傳》：孝景時，轅固生爲博士，與黄生争論湯武受命事于景帝前。景帝曰：食肉不食馬肝，不爲不知味。言學者無言湯武受命不爲愚，遂罷。是後學者，莫敢明受命放殺者。董生篤學，豈容忽先帝遺言，爲此雷同之論，不合三也。史公與董生習，使有此論，不當云是後學者莫敢明受命放殺者矣，不合四也。末云桀紂不能臣天下，與《孟子》及《荀子・正論篇》合。而其前又云，伐人不義，宜爲國諱，是矛盾之詞，不合五也。疑此即轅固生與黄生争論語，後人誤采入《繁露》。如轅固生難黄生云必若所云，是帝代秦即天子之位非耶？與此誹謗云云正合，又其證也。

《論語注疏・泰伯》

子曰：大哉！堯之爲君也。巍巍乎！唯天爲大，唯堯則之。注：孔曰：則，法也。美堯能法天而行化。蕩蕩乎！民無能名焉。注：包曰：蕩蕩，廣遠之稱。言其布德廣遠，民無能識其名焉。巍巍乎！其有成功也。注：功成化隆，高大巍巍。煥乎！其有文章。注：煥，明也。

其立文垂制又著明。音義：煥，音喚，明也。疏：正義曰：此章歎美堯也。子曰：大哉！堯之爲君也。巍巍乎！唯天爲大，唯堯則之者。則，法也。言大矣哉！堯之爲君也，聰明文思，其德高大，巍巍然，有形之中。唯天爲大，萬物資始，四時行焉，唯堯能法此天道而行其化焉。蕩蕩，廣遠之稱。言其布德廣遠，民無能識其名者焉。巍巍乎，其有成功也者。言其治民功成化隆，高大巍巍。煥乎其有文章者。煥，明也。言其立文垂制又著明也。

（明）胡廣《論語集註大全·泰伯》 子曰：大哉！堯之爲君也，巍巍乎！唯天爲大，唯堯則之。蕩蕩乎！民无能名焉。唯，猶獨也。則，猶準也。蕩蕩，廣遠之稱也。言物之高大莫有過於天者，而獨堯之德能與之準，故其德之廣遠，亦如天之不可以言語形容也。朱子曰：惟天爲大，唯堯則之，只是尊堯之詞，不必謂堯獨能如此，而他聖人不與也。雙峯饒氏曰：天之巍巍，以形體言，堯則之，以德言。則，乃準則，非法則也。準，如《易》與天地準。言與天地平等也。天如此大，堯德亦如此大，與之平等。若言法天，特賢君之事耳。巍巍乎，其有成功也，煥乎其有文章。成功，事業也。新安陳氏曰：上文巍巍，言天之高，此巍巍言堯功業之高。煥，光明之貌。文章，禮樂法度也。堯之德不可名其可見者，此爾。新安陳氏曰：此字指成功與文章而言，堯德之與天同高大者，不可得而名其功業、文章，猶可得而見功業、文章之不可者，皆其德之不可名者之所發見呈露也。

《論語注疏·堯曰》 堯曰：咨！爾舜！天之歷數在爾躬。注：歷數，謂列次也。允執其中，四海困窮，天祿永終。注：包曰：允，信也。困，極也。永，長也。言爲政，信執其中則能窮極四海，天祿所以長終。舜亦以命禹。注：孔曰：舜亦以堯命己之辭命禹。曰：予小子履，敢用玄牡，敢昭告于皇皇后帝：孔曰：履，殷湯名。此伐桀告天之文。殷家尚白，未變夏禮，故用玄牡。皇，大。后，君也。大，大君。帝，謂天帝也。《墨子》引《湯誓》其辭若此。有罪不敢赦。注：包曰：順天奉法，有罪者不敢擅赦。帝臣不蔽，簡在帝心。注：言桀居帝臣之位，罪過不可隱蔽，以其簡在天心故。朕躬有罪，無以萬方；萬方有罪，罪在朕躬。注：孔曰：無以萬方，萬方不與也。萬方有罪，我身之過。周有大賚，善人是富。注：周，周家。賚，賜也。言周家受天大賜，富於善人，有亂臣十人是也。雖有周親，不如仁人。注：孔曰：親而不賢不忠則誅之，管蔡是也。仁人，謂箕子微子，來則用之。百姓有過，在予一人。謹權量，審法度，修廢官，四方之政行焉。注：包曰：權，秤也。量，斗斛。興滅國，繼絕世，擧逸民，天下之民歸心焉。所重：民、食、喪、祭。注：孔曰：重民國之本也，重食民之命也，重喪所以盡哀，重祭所以致敬。寬則得衆，信則民任焉，敏則有功，公則説。注：孔曰：言政教公平則民説矣。凡此二帝三王所以治也，故傳以示後世。音義：牡，茂后反。擅，市戰反。蔽，必袂反。與，音預。賚，力代反，賜也。量，音亮。注同。秤，尺證反。説，音悦。注同。傳，直專反。疏：正義曰：此章明二帝三王之道。凡有五節，初自堯曰至天祿永終，記堯命舜之辭也。二自舜亦以命禹一句，舜亦以堯命己之辭命禹也。三自曰予小子至罪在朕躬，記湯伐桀告天之辭也。四自周有大賚至在予一人，言周家受天命，及伐紂告天之辭也。五自謹權量至末公則説，總明二帝三王政化之法也。堯曰：咨爾舜，天之歷數在爾躬者，此下是堯命舜以天命之辭也。咨，咨嗟也。爾，女也。歷數，謂列次也。堯，姓伊祁，名放勛。舜，姓姚，名重華。《謚法》云：翼善傳聖曰堯，仁義盛明曰舜。堯子丹朱不肖，不堪嗣位，虞舜則側微，堯聞之聰明，將使嗣位。故先咨嗟歎而命之，欲使重其事，言天位之列次，當在女身，故我今命授於女也。允執其中，四海困窮，天祿永終者，此堯戒舜以爲君之法也。允，信也。困，極也。永，長也。言爲政，信執其中則能窮極四海，天之祿籍所以長終女身。舜亦以命禹者，舜有子商均亦不肖，禹有治水大功，故舜禪位與禹，故亦以堯命己之辭命禹也。曰：予小子履，敢用玄牡，敢昭告於皇皇后帝者。此下湯伐桀告天辭也。禹受舜禪，傳位子孫，至桀無道。湯有聖德，應天順人，擧干戈而伐之，遂放桀於南巢。自立爲天子，而以此辭告天也。履，殷湯名。稱小子，謙也。玄牡，黑牲也。殷尚白而用黑牲者，未變夏禮故也。昭，明也。皇，大也。后，君也。大君帝，謂天帝也。謂殺牲明告天帝，以伐桀之意。有罪不敢赦者，言已順天奉法，有罪者不敢擅放赦也。帝臣不蔽，簡在帝心者。帝，天也。帝臣，謂桀也。桀是天子，天子事天，猶臣事君，故謂桀爲帝臣也。言桀居帝臣之位，罪過不可隱蔽，以其簡閲在天心故也。朕躬有罪，無以萬方，萬方有罪，罪在朕躬者，言我身有罪，無用汝萬方，萬方不與也。萬方有罪，過在我身，自責化不至也。周有大賚，善人是富者。周，周家也。文王、武王居岐周而王天下，故曰周家。賚，賜也。周家受天大賜，富於善人，有亂臣十人是也。雖有周親，不如仁人，百姓有過，在予一人者，此武王誅紂誓衆之辭。湯亦傳位子孫，至末孫帝紂無道，周武王伐而滅之，而以此辭誓衆。言雖有周親，不賢不忠則誅之，若管蔡是也。不如有仁德之人，賢而且忠，若箕子、微子，來則用之也。百姓，謂天下衆民也。言若不教百姓，使有罪過，當在我一人之化不至也。謹權量，審法度，脩廢官，四方之政行焉者，此下總言二帝三王所行政法也。權，秤也。量，斗斛也。謹飭之使均平。法度，謂車服旌旂之禮儀也。審，察之，使貴賤有別，無僭偪也。官有廢闕，復脩治之，使無曠也。如此則四方之政化興行焉。興滅國，繼絕世，擧逸民，天下之民歸心焉者，諸侯之國爲人非理滅之者，復興立之；賢者當世祀，爲人非理絕之者，則求其子孫使復繼之。節行超逸之民，隱居未仕者，則擧用之。政化若此，則天下之民歸心焉，而不離析也。所重民、食、喪、祭者，言帝王所重有此四事，重民國之本也，重食民之命也，重喪所以盡哀，重祭所以致敬。寬則得衆，信則民任焉，敏則有功，公則説者，又言帝王之德，務在寬簡、示信、敏速、公平也。寬則人所歸附，故得衆；信則民聽不惑，皆爲己任用焉；敏則事無不成，故有功；政教公平，則民説，凡此上事二帝三王，所以治也。故傳之以示後世。此章有二帝三王之事，録者採合以成章。檢《大禹謨》《湯誥》與《泰誓》《武成》，則此章其文略矣。

（宋）朱熹《四書章句集注·孟子集注·滕文公章句上》 孔子曰：大哉！堯之爲君，惟天爲大，惟堯則之。蕩蕩乎！民無能名焉。君哉！舜也。巍巍乎！有天下而不與焉。堯舜之治天下，豈無所用其心哉，亦不用於耕耳。無與，去聲。則，法也。蕩蕩，廣大之貌。君哉，言盡君道也。巍巍，高大之貌。不與，猶言不相關，言其不以位爲樂也。

《孟子注疏·離婁章句上》 孟子曰：規矩，方員之至也。聖人，人倫之至也。至，極也。人事之善者莫大取法於聖人。猶方員須規矩也。欲爲君，盡君道；欲爲臣，盡臣道。二者皆法堯舜而已矣。堯舜之爲君臣道備。不以舜之所以事堯事君，不敬其君者也。不以堯之所以治民治民，賊其民者也。言舜之事堯，敬之至也，堯之治民，愛之盡也。孔子曰：道二，仁與不仁而已矣。暴其民甚，則身弑國亡，不甚，則身危國削。名之曰幽厲，雖孝子慈孫，百世不能改也。仁則國安，不仁則國危亡。甚謂桀紂，不甚謂幽厲。厲王流于彘，幽王滅於戲。可謂身危國削矣。名之，謂謚之也。謚以幽厲以章其惡，百世傳之，孝子慈孫何能改也。《詩》云：殷鑒不遠，在夏后之世。此之謂也。《詩·大雅·蕩》之篇也。殷之所鑒視，近在夏后之世矣。以前代善惡爲明鏡也。欲使周亦鑒于殷之所以亡也。疏：孟子曰：規矩至此之謂也。正義曰：此章言法則堯舜鑒戒桀紂也。孟子曰：規矩，方員之至也，聖人，人倫之至也者。孟子言規矩之度，其爲方員之至者也。謂之至者，以其至矣，盡矣，不可以有加矣。聖人是爲人倫之至者，亦然。人倫，君臣、父子、夫婦、兄弟、朋友是也。欲爲君盡君道，欲爲臣盡臣道，二者皆法堯舜而已矣者。孟子言凡欲爲人君者，當盡其爲君之道也，凡欲爲人臣者，當盡其爲臣之道也，此二者在皆則法堯舜而已矣，以堯舜所爲君臣之道備矣。不以舜之所以事堯事君，不敬其君者也；不以堯之所以治民治民，賊其民者也者。言爲人臣者，如不以舜之所以事堯者事君，是不尊敬其君者也，爲人臣者如不以堯之所以治民者治民，是殘賊其民者也。舜所以事堯者，盡其義之道也。堯之所以治民者，盡其仁之道也。義所以敬其君者也，仁所以愛其民者也。孔子曰：道二，仁與不仁而已矣。暴其民甚，則身弑國亡，不甚，則身危國削，名之曰幽厲，雖孝子慈孫百世不能改也者。孟子言孔子有曰：道有二，是仁與不仁，爲二而已。暴虐其民以至於甚極，則身必爲下之所殺，而國必喪亡矣，不至於極甚則身必危難而國必滅削。謚之曰幽厲之君，既謚爲幽厲，以章惡於後世，雖有孝子慈孫所出，亦不能改此謚也。厲王但止於流彘，幽王滅於戲，是謂身危國削矣。如身弑國亡而孟子不止歸於人名者，以其被所殺戮，國已喪亡，足以章其惡，固不待爲謚而彰之矣，如桀紂者也。《詩》云：殷鑒不遠，在夏后之世，此之謂也者。蓋《詩·大雅·蕩》之篇文也。其詩已謂殷之世，所以鑒視在近而不遠者，以其即在夏后之世是也，以其前代善惡足以爲明鏡而可鑒也。孟子所以云此之謂也者，蓋欲使周之時亦鑒於殷之所以亡也。

（宋）朱熹《四書章句集注·孟子集注·離婁章句上》 舜不告而娶，爲無後也，君子以爲猶告也。舜告焉則不得娶，而終於無後矣。告者禮也，不告者權也。猶告，言與告同也。蓋權而得中，則不離於正矣。范氏曰：天下之道，有正有權。正者萬世之常，權者一時之用。常道人皆可守，權非體道者不能用也。蓋權出於不得已者也，若父非瞽瞍，子非大舜，而欲不告而娶，則天下之罪人也。

（宋）朱熹《四書章句集注·孟子集注·離婁章句下》 是故君子有終身之憂，無一朝之患也。乃若所憂，則有之。舜，人也。我亦人也。舜爲法於天下，可傳於後世。我由未免爲鄉人也，是則可憂也。憂之如何，如舜而已矣。若夫君子所患，則亡矣。非仁無爲也，非禮無行也。如有一朝之患，則君子不患矣。夫，音扶。鄉人，鄉里之常人也。君子存心不苟，故無後憂。

（清）焦循《孟子正義·離婁章句上》 孟子曰：規矩，方員之至也。聖人，人倫之至也。注：至，極也。人事之善者，莫大取法於聖人，猶方員須規矩也。疏：注至極至規矩也。正義曰：至之爲極，通訓也。人倫，即人事也。《毛詩·小雅·節南山》箋云：至，猶善也。故又以人倫之至爲人事之善。欲爲君盡君道，欲爲臣盡臣道，二者皆法堯舜而已矣。注：堯舜之爲君臣道備。疏：注堯舜之爲君臣道備。正義曰：《禮記·月令》農事備收，注云：備，猶盡也。君臣是人倫，堯舜是聖人。不以舜之所以事堯事君，不敬其君者也。不以堯之所以治民治民，賊其民者也。注：言舜之事堯，敬之至也。堯之治民，愛之盡也。孔子曰：道二，仁與不仁而已矣。暴其民，甚則身弑國亡，不甚則身危國削。名之曰幽厲，雖孝子慈孫，百世不能改也。注：仁則國安，不仁則國危亡。甚謂桀紂，不甚謂幽厲。厲王流於彘，幽王滅於戲，可謂身危國削矣。名之，謂謚之也。謚以幽厲，以章其惡，百世傳之，孝子慈孫，何能改也。疏：注甚謂桀紂不甚謂幽厲。正義曰：趙氏佑《温故録》云：暴其民句，甚不甚各爲句。以後之遭禍言，非以暴之有甚不甚。幽厲之暴，豈猶得爲不甚。按趙氏以甚指桀紂，以下引《詩》言，厲王不能鑒紂，猶紂之不能鑒桀也。堯舜之道，仁其民者也。鑒于桀紂則法堯舜，故疊引孔子之言及《詩》之言以明之。注名之至其惡。正義曰：《逸周書·謚法解》云：是以大行受大名，細行受細名，行出於己，名生於人。是名卽謚也。又云：壅遏不通曰幽。動静亂常曰幽。殺戮無辜曰厲。是幽厲爲章其惡也。《詩》云：殷鑒不遠，在夏后之世。此之謂也。注：詩，《大雅·蕩》之篇也。殷之所鑒視，近在夏后之世耳，以前代善惡爲明鏡也。欲使周亦鑒於殷之所以亡也。疏：注《詩·大雅》至亡也。正義曰：詩在《大雅·蕩》第八章。箋云：此言殷之明鏡不遠也，近在夏后之世，謂湯誅桀也。後武王誅紂，今之王者，何以不用爲戒。《爾雅·釋詁》云：監，視也。監與鑒通，亦作鑑。《考工記·輈人》云：金錫半謂之鑒，燧之齊。注云：鑒，鏡也。是鑒爲視，亦爲鏡也。

又：《章指》言：法則堯舜，以爲規矩；鑒戒桀紂，避遠危殆。名謚一定，千載而不可改也。疏：法則堯舜以爲規矩。正義曰：《春秋繁露·楚莊王篇》云：《春秋》之道，奉天而法古，是故雖有巧手，弗脩規矩，不能正方員；雖有察耳，不吹六律，不能定五音；雖有知心，不覽先王，不能平天下。然則先王之遺道，亦天下之規矩六律也。故聖者法天，賢者法聖。蓋孟子之學，在習先聖之道，而行先王之法；故言稱堯舜，願學孔子，承前章而又申明之如此。

又：孟子曰：天下大悦而將歸己，視天下悦而歸己猶草芥也，惟舜爲然。注：舜不以天下將歸己爲樂，號泣於天。不得乎親，不可以爲人。不順乎親，不可以爲子。舜盡事親之道而瞽瞍厎豫，瞽瞍厎豫而天下化，瞽瞍厎豫而天下之爲父子者定，此之謂大孝。注：舜以不順親意爲非人子。厎，致也。豫，樂也。瞽瞍，頑父也。盡其孝道，而頑父致樂，使天下化之，爲父子之道者定也。疏：注舜以不順親意爲非人子。正義曰：趙氏以不順乎親所以不得乎親，故不順親意兼括不得、不順兩語。而並不可以為人、不可以為子兩語為為非人子。毛氏奇齡《四書賸言補》云：不得乎親，是不相能，如虐子教子類。順則悦之矣，卽下文厎豫，所謂厎致豫悦是也。悦親之由，全在舜能盡其道，與《中庸》順乎親有道正同。注厎致至定也。正義曰：厎，致也，《爾雅·釋言》文。豫，樂也，《爾雅·釋詁》文。致樂者，由不樂而至於樂也。以父之頑如瞽瞍，而舜盡事親之道，卒能至於豫樂，則是天下無難事之親。凡其親不能致樂者，皆人子於事親之道未盡也。夫以瞽瞍之頑而致樂，則天下之事親者，皆由是而化，亦由是而定。定者，人子不得疑於父母之難事而不盡其道也。閻氏若璩《釋地又續》云：余嘗以《五帝紀》舜之踐帝位，載天子旗往朝父瞽瞍，夔夔惟謹如子道。此方是瞽瞍亦允若、瞽瞍厎豫時候。較舜之身爲庶人，僅云不格姦者，殊有淺深次第之不同。只觀帝使其子九男二女節有爲不順於父母語，天下大悦而將歸己節有不得乎親語，此皆試舜於畎畝之中事也。況前此雖云克諧以孝，舜猶不告而娶，以爲告則不得娶，是子不能得之於父也。堯亦知告焉則不得娶，是君並不能得於臣也。其頑至此，則既娶之後，猶復欲殺之而分其室，萬章斷非傳聞，史遷斷非無據可知。而諸儒或疑之，或傅會之，概未嘗設身乎處地與爲按文切理者也。大抵親但不至于姦惡，其格淺；親能諭之於道，其格深。以舜之聖，年踰六十，始臻斯境，豈易言哉！按《尚書·堯典》云：克諧以孝，烝烝乂，不格姦。江氏聲《集注音疏》述其師惠松厓先生云：楊孟文《石門頌》曰烝烝艾，是本諸《尚書》，則古《尚書》作艾也。艾，養。格，至也。言舜能和於弟，孝於親，厚以奉養，使不致於姦惡。僞孔本艾作乂，訓爲治，正義云：上歷言三惡，此美舜能養之。蓋孔穎達必見漢注有訓艾爲養者，故爲此言，由此知艾當訓養。此説是也。克諧以孝，則舜之和其兄弟，以怡父母，於此句見之。然徒以和孝之虛情，焉能變化其頑嚚之本質，故必厚以養之。姦，私也。瞽瞍蓋亦市井之人，營營於耳目口體之欲，故違於德義耳。既厚以養之，則已得滿所欲，豈尚與人爭利而無賴乎，所以不至於私。聖人變通神化之用，必從實處行之可知。舜之耕稼陶漁，而號泣如窮人者，均坐此耳。迨至踐帝位以天下養，而又能夔夔齊慄，既養其身，又悦其心，所以致樂也。今之孝者，能養而不能敬，固不可以爲大孝；舍厚養而但空言克諧，亦未必其卽諧也。菽水承歡，可以事賢父，未可以例瞽瞍，況以曾子養志於曾晳，且須酒肉，則所以事親之道，可於是參之矣。

又：《章指》言：以天下之富貴，爲不若得意於親，故能懷協頑嚚，厎豫而欣，天下化之，父子加親，故稱盛德者必百世祀，無與比崇也。疏：故稱至崇也。正義曰：昭公八年《左傳》史趙云：自幕至於瞽瞍無違命，舜重之以明德，寘德於遂，遂世守之。及胡公不淫，故周賜之姓，使祀虞帝。臣聞盛德必百世祀，虞之世數未也。繼守將在齊，其兆既存矣。《史記·陳杞世家·贊》云：舜之德，可謂至矣！禪位於夏，而後世血食者，歷三代。及楚滅陳，而田常得政於齊，卒爲建國，百世不絶，苗裔兹兹，有土者不乏焉。

《孟子注疏·萬章章句上》

萬章曰：堯以天下與舜，有諸。欲知堯實以天下與舜否。孟子曰：否。堯不與之。天子不能以天下與人。當與天意合之非天命者，天子不能違天命也。堯曰：咨爾舜，天之歷數在爾躬是也。然則舜有天下也，孰與之。萬章言誰與之也。曰：天與之。孟子言天與之。天與之者，諄諄然命之乎。萬章言天有聲音命與之乎。曰：否。天不言，以行與事示之而已矣。孟子曰：天不言語但以其人之所行善惡，又以其事從而示天下也。曰：以行與事示之者，如之何。萬章欲知示之之意。曰：天子能薦人於天，不能使天與之天下。諸侯能薦人於天子，不能使天子與之諸侯。大夫能薦人於諸侯，不能使諸侯與之大夫。昔者堯薦舜於天，而天受之。暴之於民，而民受之。故曰：天不言，以行與事示之而已矣。孟子言下能薦人於上，不能令上必用之。舜天人所受，故得天下也。曰：敢問薦之於天，而天受之。暴之於民，而民受之。如何？萬章言天人受之其事云何。曰：使之主祭而百神享之。是天受之，使之主事而事治。百姓安之，是民受之也。天與之，人與之。故曰：天子不能以天下與人。百神享之，祭祀得福也。百姓安之，民皆謳歌其德也。舜相堯二十有八載，非人之所能爲也，天也。二十八年之久非人爲也，天與之也。堯崩，三年之喪畢，舜避堯之子於南河之南。天下諸侯朝覲者，不之堯之子而之舜。訟獄者，不之堯之子而之舜。謳歌者，不謳歌堯之子而謳歌舜，故曰天也。夫然後之中國，踐天子位焉，而居堯之宮，逼堯之子，是篡也，非天與也。南河之南，遠地南夷也，故言然後之中國。堯子，胤子丹朱。訟獄，獄不決其罪，故訟之。謳歌，謳歌舜德也。《泰誓》曰：天視自我民視，天聽自我民聽。此之謂也。《泰誓》，《尚書》篇名。自，從也。言天之視聽，從人所欲也。疏：萬章曰至此之謂也。正義曰：此章言德合於天，則天爵歸之；行歸於仁，則天下與之者也。萬章曰：堯以天下與舜，有諸。萬章問孟子，堯帝以天下與舜，有之乎？孟子曰：否。孟子答之，堯不與之也，天子不能以天下與人。孟子言：天子不能以天下與其人也。然則舜有天下也，孰與之？萬章又問孟子，言如此則舜有天下也，誰與之？曰天與之，孟子答以爲天與之也。天與之者，諄諄然命之乎。萬章又問：天與之舜者，天有聲音，諄諄然命與之乎？曰：天不言，以行與事示之而已矣。孟子又答之，言天不以言語諄諄然命之也，但以人之所行善惡與其事，從而示之而止矣。曰：以行與事示之者，如之何？萬章又問：以行與事示之者，是如之何也？曰：天子能薦人至示之而已矣。孟子答之，言天子者雖能舉薦人於上天也，又不能使上天以與之天下也；諸侯者能舉薦人於天子，而不能使天子必與爲之諸侯；大夫者能薦人於諸侯，而不能使諸侯必與爲之大夫。往者堯舉薦舜於上天，而天受之；暴之於民，而民受之。我故曰天不言，以行與事示之矣。曰：敢問薦之於天而天受之，暴之於民而民受之，如何。萬章又問薦之於天而天受之，與暴之於民而民受之，是如之何也？曰：使之主祭，而百神享之，是天受之也。使之主事而事治，百姓安之，是民受之也。天與之，人與之，故曰天不能以天下與人也。《書》云納於大麓，是堯薦舜於天也；烈風雷雨弗迷，是天受之也。所謂百神享之，亦可知也。愼徽五典，納于百揆，是暴之於民也，五典克從，百揆時敘，是民受之也。所謂百姓安之，亦可知也，曰黎民於變時雍是也。然於天則云薦，於民則云暴者，蓋天遠而在上，是爲尊者也，聖人於天，舉其所知，而取舍不在我，故云薦之也；民近而在下，是爲卑者也，聖人之於民，顯其功業，而使之自附，故云暴之也。所謂受之者，即是與之也。舜相堯至此之謂也，孟子又言舜攝行堯事輔相之，得二十八年之久，非人所能爲之也，乃天與之也。堯帝既崩死，舜率天下諸侯爲堯三年喪，三年喪既畢。舜乃逃避堯之子丹朱而隱於南河之南，天下諸侯朝覲而來者，不往朝覲於堯之子丹朱，而往朝覲於舜；訟獄有未決斷者，不往求治於堯之子丹朱，而往求治於舜；謳歌吟詠者，不吟詠堯之子丹朱，而吟詠舜。故曰天與之也。如此然後往歸中國，履天子之位焉。如使舜不避堯之子，而居堯帝之宮，逼逐堯之子，是則爲篡奪者也，非謂爲天與之也。《泰誓》篇亦云天之所視從我民之所視，天子所聽亦從我民之所聽，是此天與之、人與之之謂也。【略】注《泰誓》，《尚書》篇。正義曰：孔安國傳云《泰誓》者，大會以誓衆也。又云天因民以視聽，民所惡者，天誅之而已。萬章問曰：人有言至於禹而德衰，不傳於賢。而傳於子，有諸？問禹之德衰，不傳於賢而自傳於子，有之否乎？孟子曰：否，不然也。天與賢，則與賢；天與子，則與子。言隨天也。昔者舜薦禹於天，十有七年，舜崩。三年之喪畢，禹避舜之子於陽城，天下之民從之，若堯崩之後，不從堯之子而從舜也。禹薦益於天，七年，禹崩。三年之喪畢，益避禹之子於箕山之陰，朝覲訟獄者不之益而之啓，曰：吾君之子也。謳歌者不謳歌益而謳歌啓，曰：吾君之子也。丹朱之不肖，舜之子亦不肖。舜之相堯，禹之相舜也，歷年多，施澤於民久。啓賢，能敬承繼禹之道。益之相禹也，歷年少，施澤於民未久。舜薦禹、禹薦益同也，以啓之賢，故天下歸之，益又未久故也。陽城，箕山之陰，皆嵩山下深谷之中以藏處也。舜、禹、益相去久遠，其子之賢不肖，皆天也，非人之所能爲也。莫之爲而爲者，天也。莫之致而至者，命也。莫，無也。人無所欲爲而橫爲之者，天使爲也。人無欲致此事而此事自至者，是其命而已矣，故曰命也。匹夫而有天下者，德必若舜、禹，而又有天子薦之者。故仲尼不有天下。繼世而有天下，仲尼無天子之薦，故不得以有天下。繼世之君，雖無仲尼之德，襲父之位，非匹夫，故得有天下也。天之所廢，必若桀紂者也，故益、伊尹、周公不有天下。益值啓之賢，伊尹值大甲。能改過，周公值成王有德，不遭桀紂，故以匹夫而不有天下。伊尹相湯以王於天下，湯崩，太丁未立，外丙二年，仲壬四年。太甲顛覆湯之典刑，伊尹放之於桐，三年，太甲悔過，自怨自艾，於桐處仁遷義，三年，以聽伊尹之訓己也，復歸于亳。太丁，湯之太子，未立而薨。外丙立二年，仲壬立四年，皆太丁之弟也。太甲，太丁子也，伊尹以其顛覆典刑，放之於桐邑。處，居也。遷，徙也。居仁徙義，自怨其惡行。艾，治也。治而改過，以聽伊尹之教訓已，故復得歸之於亳，反天子位也。周公之不有天下，猶益之於夏，伊尹之於殷也。孔子曰：唐、虞禪，夏后、殷、周繼，其義一也。周公與益，伊尹雖有聖賢之德，不遭者時？然孔子言禪，繼其義一也。疏：萬章問曰至其義一也。正義曰：此章指言義於仁，則四海宅心，守正不足，則賢位莫繼者也。萬章問孟子曰：世人有言，至於禹之代而德衰微。不傳於賢而傳於子，有諸此乎否？孟子答之曰：否，不然也，天與之賢者，則與賢者；天與之子，則與子。以其隨天如何耳。往者舜薦禹於天，及得十有七年，舜於是崩死。禹以三年服喪畢，遂避舜之子商均，隱於陽城，天下之民從禹，若堯之死後民之舜而不之丹朱也。禹其後又薦益於天，及得七年，禹即崩死，益以三年服喪畢，益遂避禹之子啓，隱於箕山之陰，朝覲訟獄謳歌者皆不歸益而歸禹之子啓，咸曰：我君之子也。無它，以其堯子丹朱不肖，舜子商均亦不肖，而舜之輔相堯、禹之輔相舜而歷年多矣，施恩澤於民已久，天下之民所以歸舜與禹，不歸丹朱商均也。啓以賢，能敬承續禹之治，而益又輔相禹但七年，其歷年尚少，不如舜相堯二十有八年，禹相舜十有七年之多，而施恩澤於民亦未至久。所以天下之民不歸益而歸啓也。又況啓有賢德，與丹朱、商均之不同耶。舜、禹、益相去年代已久遠，其子之或賢或不肖，天使然也，非人所能爲之也。人莫之爲然而爲然者，故曰天使然也。人莫能致之此事而其事自至者，是其命有是也。言天與命者，究其義則一也，以其無爲而無不爲。故曰天也；天之使我有是之謂命，故曰命也。天下善否，天實使之然也；禄位器服，乃其所命故也。今丹朱、商均與啓三者之或賢或否，是其天也；天下之民或歸之或不歸之，是其命也。與《書》所謂天難諶命靡常，孔子云死生有命，富貴在天，凡此亦天與命之意也。匹夫之賤而有天下者，其義必如舜、禹，而又得天子薦之者，故得有天下也。故孔子不有天下，雖言有德，然而無天子以薦之者，是不有天下也。繼世之君，雖無仲尼之德，然而襲父之位，又非匹夫，故得有天下也。夫天之所以廢滅者，必若桀與紂之暴虐，然後無乃廢滅之矣。故益、伊尹、周公三者，不有天下，以其時值啓、太甲、成王三君皆賢，天不廢此三君。故益、伊尹、周公所以不有天下也。伊尹相湯王天下也，及湯崩死，太子太丁未立而喪，於是太丁弟外丙立，外丙即位二年崩，外丙弟仲壬立，仲壬即位四年崩，太丁子太甲立，太甲即位遂顛顛覆湯之典刑，伊尹乃放之於桐宫，及三年太甲乃自悔過，而怨其已惡，遂治身於桐宫，於是居仁徙義，以聽伊尹之教訓，復歸于亳都，反天子之位焉。周公之不有天下，若益之於夏禹，伊尹之於殷湯故也。孔子曰：唐、虞二帝，禪讓其位，夏禹、殷湯、周武繼父之位，其義則一，更無二也。謂其義則一而無二者，蓋唐與賢，夏后、殷、周與子，天與賢則與賢，天與子則與子，其爲順天則一而已，故曰其義則一也。云禪者，蓋唐、虞禪祭而告傳位，故曰禪也。

（宋）朱熹《四書章句集注·孟子集注·萬章章句上》 孝子之至，莫大乎尊親；尊親之至，莫大乎以天下養爲天子，父，尊之至也；以天下養，養之至也。《詩》曰：永言孝思，孝思維則。此之謂也。養，去聲。言瞽瞍既爲天子之父，則當享天下之養，此舜之所以爲尊親養親之至也。豈有使之北面而朝之理乎？《詩·大雅·下武》之篇，言人能長言孝思而不忘，則可以爲天下法則也。

（清）焦循《孟子正義·萬章章句上》 萬章問曰：人有言伊尹以割亨要湯，有諸？注：人言伊尹負鼎俎而干湯，有之否。疏：注人言至之否。正義曰：翟氏灝《考異》云：《墨子·尚賢篇》：昔伊尹爲莘氏女師僕，親爲庖人，湯得而舉之。《莊子·庚桑楚》湯以胞人籠伊尹，秦穆公以五羊之皮籠百里奚。《史記·殷紀》：阿衡欲干湯而無由，乃爲有莘氏媵臣，負鼎俎，以滋味悦湯。吕不韋書有《本味》一篇，言有侁氏得嬰兒於空桑之中，令烰人養之，是爲伊尹。湯請有侁爲婚，有侁以伊尹爲媵送女。尹説湯以至味，極論水火調劑之事，周舉天下魚肉之美，菜果之美，和之美，飯之美，水之美者，而云非爲天子不得具。割亨要湯之説，無如此篇之詳盡者。【略】

孟子曰：否。不然。注：否，不是也。疏：否不然。正義曰：阮氏元《校勘記》云：不字衍文，説見上注。否不是也，當同前後章作否不也不如是也，奪三字。伊尹耕於有莘之野，而樂堯舜之道焉。非其義也，非其道也，禄之以天下，弗顧也。繫馬千駟，弗視也。非其義也，非其道也，一介不以與人，一介不以取諸人。注：有莘，國名。伊尹初隱之時，耕於有莘之國，樂仁義之道。非仁義之道者，雖以天下之禄加之，不一顧而覕也。千駟，四千匹也。雖多不一眄視也。一介草不以與人，亦不以取於人也。【略】

湯使人以幣聘之，囂囂然曰：我何以湯之聘幣爲哉，我豈若處畎畝之中，由是以樂堯舜之道哉！注：湯聞其賢，以玄纁之幣帛往聘之。囂囂然，自得之志，無欲之貌也。曰豈若居畎畝之中而無憂哉，樂我堯舜仁義之道。【略】

湯三使往聘之。既而幡然改曰：與我處畎畝之中，由是以樂堯舜之道，吾豈若使是君爲堯舜之君哉，吾豈若使是民爲堯舜之民哉，吾豈若於吾身親見之哉！注：幡，反也。三聘既至，而後幡然改本之計，欲就湯聘，以行其道，使君爲堯舜之君，使民爲堯舜之民。疏：注幡反也。正義曰：《音義》云：幡，張云：與翻同。《荀子·彊國篇》云反然舉惡桀紂而貴湯武，注云：反，音翻。翻然，改變貌。幡然卽翻然，翻然卽反然也。天之生此民也，使先知覺後知，使先覺覺後覺也。予，天民之先覺者也。予將以斯道覺斯民也。非予覺之而誰也？注：覺，悟也。天欲使先知之人悟後知人。我先悟覺者也，我欲以此仁義之道覺悟未知之民。非我悟之，將誰教乎。疏：注覺悟也。正義曰：《説文》見部云：覺，寤也。寤悟字通。思天下之民匹夫匹婦有不被堯舜之澤者，若己推而內之溝中。其自任以天下之重如此，故就湯而説之，以伐夏救民。注：伊尹思念不以仁義之道化民者，如己推排內之溝壑中也。自任其重如此，故就湯説之，伐夏桀救民之厄也。吾未聞枉己而正人者也，况辱己以正天下者乎？注：枉己者尚不能以正人，况於辱己之身而有正天下者乎。聖人之行不同也，或遠或近，或去或不去，歸絜其身而已矣。注：不同，謂所由不同。大要當同歸，但殊塗耳。或遠者，處身遠也。或近者，仕者近君也。或去者，不屑就也。或不去者，云焉能浼我也。歸於絜身，不污己而已。疏：聖人至而已矣。正義曰：程氏瑶田《通藝録·論學小記》云：孔子之栖栖皇皇，爲天下也。然而爲己而已。道至於贊化育，叄天地，始完得盡己之性也。沮、溺、丈人、晨門、荷蕢、儀封人諸人，考其言論，察其舉止，豈若隱者流哉！其爲己也，亦豈絶不爲人謀乎？故曰：聖人之行不同也，或遠或近，或去或不去，歸絜其身而已矣。潔身者，豈獨善其身而不兼善天下之謂哉？窮則獨善，沮、溺、丈人之行也。達則兼善，大聖人之志也。是志也，蓋隱居之所求，而行義以達之者也，故曰：君子之仕也，行其義也。道之不行，已知之矣。明乎此而君子爲己之學，與爲仁由己不由人之義，不昭然若揭乎！吾聞其以堯舜之道要湯，未聞以割烹也。注：我聞伊尹以仁義干湯，致湯爲王，不聞以割烹牛羊爲道。《伊訓》曰：天誅造攻自牧宫，朕載自亳。注：《伊訓》，《尚書》逸篇名。牧宫，桀宫。朕，我也。謂湯也。載，始也。亳，殷都也。言意欲誅伐桀，造作可攻討之罪者，從牧宫桀起，自取之也。湯曰：我始與伊尹謀之於亳，遂順天而誅也。疏：注伊訓至誅也。正義曰：伏生今文二十九篇無《伊訓》，孔安國古文五十八篇有《伊訓》，次《咸有一德》、《典寳》之後，爲今文所無，故爲逸篇。惠氏棟《古文尚書考》云：鄭康成注《書序》、《典寳》引《伊訓》云載孚于亳，又云征是三朡，則此篇漢末猶存。崔實《政論》曰：皐陶陳謨，而唐虞以興，伊箕作訓，而殷周用隆。則《伊訓》之篇，子真曾見之矣。江氏聲《尚書集注音疏》云：牧宫桀宫者，言天誅之所自，則自是桀宫，下又别言自亳，亳是殷都，則牧宫是桀宫矣。朕我，《釋詁》文。云謂湯也，則未然也。《詩·周頌序》云：載見諸侯，始見乎武王廟也。故云載始也。《書序》云：湯始居亳，從先王居。故云亳殷都也。此篇是伊尹訓太甲之文，朕載自亳之語，無以見是述湯言。古人朕字上下通稱，安見伊尹不稱朕乎？聲謂伊尹自謂也。按趙氏以作釋造，謂桀自造作可攻討之罪，故天誅之。自之訓由，由通猶，猶卽猷。《爾雅·釋詁》云：猷，謀也。故趙氏以謀之於亳釋自亳，兩自字義别也。晚出古文《伊訓》作造攻自鳴條，某氏傳訓造爲始。趙氏不訓造爲始者，湯始征自葛載，其後又伐韋伐顧伐昆吾而後乃伐桀，牧宫既爲桀宫，不得爲始攻自桀也。若鳴條，尤不可言始矣。所與謀者，順天救民之事，非割烹也。湯謀之於亳，非伊尹以割烹要之，此孟子引《書》之意；謂伊尹攻桀自亳，與孟子引《書》不合矣。

《章指》言：賢達之理世務也，推正以濟時物，守己直行，不枉道而取容，期於益治而已矣。疏：不枉道而取容。正義曰：《史記·白起王翦傳·贊》偷合取容。《朱建傳》云：行不苟合，義不取容。

（宋）劉恕《資治通鑑外紀》卷一下《包犧以來紀·帝舜》 劉恕曰：舜受堯顧託之重，公天下而不私其親。禹平水土，拯民昏墊。而舜在位五十載，功德浹於衆心，故舜巡守南裔，往而不返。欲兆庶專意戴禹而遠邇無徯望之意也。夫堯舜之德，禹之大功。自生民以來，未之有也。

（清）馬驌《繹史》卷四《炎帝紀》 《淮南子》昔者神農之治天下也，神不馳於胷中，智不出於四域，懷其仁誠之心，甘雨時降，五穀蕃植，春生夏長，秋收冬藏，月省時考，歲終獻功，以時嘗穀，祀于明堂。明堂之制，有蓋而無四方，風雨不能襲，寒暑不能傷，遷延而入之，養民以公。其民樸重端慤，不忿爭而財足，不勞形而功成。因天地之資而與之和同。是故威厲而不殺，刑錯而不用。法省而不煩，故其化如神。其地南至交阯，北至幽都，東至暘谷，西至三危，莫不聽從。當此之時，法寬刑緩，囹圄空虛，而天下一俗莫懷姦心。

（清）馬驌《繹史》卷五《黄帝紀》 《淮南子》黄帝治天下，而力牧太山稽輔之。以治日月之行律，治陰陽之氣，節四時之度，正律歷之數。别男女，異雌雄，明上下，等貴賤，使强不掩弱，衆不暴寡，人民保命而不夭，歲時熟而不凶，百官正而無私，上下調而無尤，法令明而不闇，輔佐公而不阿。田者不侵畔，漁者不爭隈。道不拾遺，市不豫賈。城郭不關，邑無盜賊。鄙旅之人相讓以財，狗彘吐菽粟於路，而無忿爭之心。

又： 《管子》黄帝之治天下也，其民不引而來，不推而往。不使而成，不禁而止。故黄帝之治也，置法而不變，使民安其法者也。

（清）馬驌《繹史》卷九《陶唐紀》 《新書》帝堯曰：吾存心於先

古，加意於窮民，痛萬姓之罹罪，憂衆生之不遂也。故一民或饑，曰此我饑之也；一民或寒，曰此我寒之也；一民有罪，曰此我陷之也。仁行而義立，德博而化富。故不賞而民勸，不罰而民治，先恕而後行，是以德音遠也。是故，堯教化及雕題，蜀越，撫交阯，身涉流沙，地封獨山，西見王母。訓及大夏渠搜，北中幽都，及狗國與人身鳥面，及焦僥好賢而隱不還，而彊於行，而蓄於志，率以仁而恕，至此而已矣。

又：《新語》民知室居食穀而未知功力，於是后稷乃列封疆，畫畔界，以分土地之所宜，闢土殖穀，以用養民，種桑麻，致絲枲以蔽形體。當斯之時，四瀆未通，洪水爲害，禹乃決江疏河，通之四瀆，致之於海，大小相引，高下相受，百川順流，各歸其所，然後人民得去高險處平土。川谷交錯，風化未通，九州絶隔，未有舟車之用以濟深致遠。於是，奚仲乃橈曲爲輪，因直爲轅，駕馬服牛，浮舟杖檝以代人力。鑠金鏤木，分苞燒殖，以備器械，於是民知輕重，好利惡難，避勞就逸。於是皋陶乃立獄制罪，懸賞設罰，異是非，明好惡，檢奸邪，消佚亂。

（清）馬驌《繹史》卷一〇《有虞紀》　《韓詩外傳》舜甑盆無膻，而下不以餘獲罪。飯乎土簋，啜乎土型，而農不以力獲罪。麑衣而盤領，而女不以巧獲罪。法下易由，事寡易爲功，而民不以政獲罪。故大道多容，大德衆下，聖人寡爲。故用物常壯也。

（清）馬驌《繹史》卷一一《申不害相韓》　堯之治也，善明法察令而已。聖君任法而不任智，任數而不任説。黄帝之治天下，置法而不變，使民安泰。

（宋）羅泌《路史》卷六《前紀六・禪通紀・史皇氏》　倉帝史皇氏，倉頡廟碑作蒼，非是。按蒼氏出於蒼舒，倉氏出于倉頡《論衡》倉頡，字盡作倉。春秋時有倉葛，字不從草。名頡，姓侯岡，見《地記》。龍顔，《春秋命曆序》侈哆，見内簡。四目靈光。倉頡廟碑云：蒼頡，天生德於大聖，四目靈光，爲百王作憲。其銘曰：穆穆聖蒼。熹平六年立。按《春秋演孔圖》及《春秋元命苞》敘帝王之相云：倉頡四目，是謂並明。顓帝戴干，是謂崇仁；帝佶戴干，是謂清明；堯眉八采，是謂通明，舜目重童，是謂無景；禹耳三漏，是謂大通；湯臂三肘，是謂柳翌；文王四乳，是謂含良；武王駢齒，是謂剛強，不及人臣也。故索靖草書狀曰：聖皇御世，隨時之宜，倉頡既王，書契是爲。而《世紀》乃言黄帝史官倉頡取象鳥迹始作文字，記其言，動策而藏之，名曰書契，妄也。有辨見《發揮》。上天作令，爲百王憲。昔周初，有於倉頡墓下得石刻，藏之書府，至秦李斯辨其八字云：上天作命，皇辟迭王。或云叔孫通識十二字而不傳，妄也。任昉云：周人不能辨，而斯、通識之，余不信者。詳攷二句，乃寇謙所篡。黑帝安和國王禁文也。實有睿德，生而能書。隨巢子云：史皇產而能書，亦見《淮南・修務訓》。及受河圖緑字，《河圖玉版》云：倉頡爲帝，南巡狩，登陽虚之山，臨于玄扈洛汭之水，靈龜負書，丹甲青文，以授帝。謂蒼頡陽虚山，在上洛。於是窮天地之變，仰觀奎星圜曲之勢，俯察龜文鳥羽山川，掌指而刱文字，形位成文聲，具以相生爲字。字，孳也。言滋毓藩多也。與孳孖同，故乳牛羊曰字牛字羊。以正君臣之分，朝廷之上。以嚴父子之儀，閨門之内。以肅尊卑之序，鄉里之間。法度以出，禮樂以興，刑罰以著，爲政立教，領事辨官，一成不外于是而天地之藴盡矣！倉帝所制，乃古文蟲篆。孔壁古文科斗書，即其體也。《魏略》言邯鄲淳善，倉頡蟲篆是矣。自倉頡至周宣皆倉頡之體也。

（宋）羅泌《路史》卷一二《後紀三・禪通紀・炎帝紀》　士力耕而女績，力歸於上而功被於下。歲守十三，三年與少半成，歲三十一，而國有十一歲之儲，有以利下，而不足以傷民，乃制爲之數。一穀不登損一穀，穀之法十倍。二穀不登，損二穀，穀之法倍十。莛夷疏滿之亡食者，與之塵。亡種者貸之新，農夫敬事力作，故天毁地凶旱洪並作，而亡有入於溝壑乞請者，時其時以待天權也。是以年穀順成，衣食足而禮義興，姦邪不作，亡制令而人從。《淮南子》云：神農無制令而人從，唐虞有制令而無刑罰，非無制令，設而不用也。故《六韜》云：神農以爲賞在於成民之生。然賞不施於人而天下化。則非無制令矣！

又：予觀神農之治天下，甄四海建諸侯，處賢以便勢，胥用而平民。近者國地廣而遠彌小負海，有十里之侯，若二十里者，以大制小，猶幹役指繇中下，外如水建瓴。是故上下得以相安，而人皆惡死，然後知賈顔之謨，蓋亦善而未盡。聖人之經國立法，其慮世防患可謂至矣。三代之所以長久，此其效焉。故曰：三代之末，尚有仁義；六代之季盡矣。不然。

（宋）羅泌《路史》卷一三《後紀四・禪通紀・炎帝紀下》　〔炎帝〕任公而不物，任法而不數，守其餘以制其嗇，故其人不佻不病。民亡覸事，審時而權宜，是以老幼安里而亡謝生之心。

(宋) 羅泌《路史》卷一四《後紀五・疏仡紀・黃帝紀上》 自言能治里不能者，釁社，自言能爲官不能官者，劓以爲門。故人亡有奸能誣禄而至於君者。相任貪爲官，重門擊柝不能者，亦隨之以法。所謂《李法》，教而後殺，故法設而亡用。所謂《李法》，按黃帝《李法》曰：壁壘已定，穿窬不繇路者，殺。注云：李者，法官之號，總主征伐刑戮之事。故稱其書爲《李法》。

又：贊曰：稽古齊睿，崇黃紀雲，秉籙光□，得一奉宸，并謀兼智，稽功務德，立監興賢，命中建極，推策設蔀，體綂陰陽，訪咨岐雷，爰敘五常，史垂世勣，車陳大路，鼎樂雲門，克諧調露，袞衣棺衾，兇惡不起，井設什一，城間土閎，去殺勝殘，九瀛仰化，澤被生民，祚衍天下。

(宋) 羅泌《路史》卷一六《後紀七・疏仡紀・小昊》 歷者，大中之符，聖人之所以順天命而經世者也。其原出於天，其法成於人。有其數而無其文，聖人之授受傳數而已。昔者堯之爲世，欽若昊天，歷象日月星辰，敬授人時。故其耄而授舜，曰：咨女舜，天之歷數在爾躬，允執其中。舜之受終也，在璿機玉衡，以齊七政。故其旄而授禹曰：咨女禹，天之歷數在爾躬，允執其中。三聖之所授，執中而已。執中者，以歷數之本乎中也。是故歷法作而中道著矣。班固之志歷也，亦以是爲堯之授舜者也。蓋聖人之爲治，不過欽天厚人而已，而先儒之言歷數類皆歸於讖緯之言，非先王之正也。

(宋) 羅泌《路史》卷二〇《後紀十一・疏仡紀・陶唐氏》 乃立三公六卿，百揆暨百執事。《大傳》舜攝時三公九卿百執事，此堯之官也。故使百官事舜。富而亡驕，貴而不舒，居於明堂，斥題不枅，土階不戚，茅茨不翦，泊如也。明堂之制如此，非皆居也。潘尼云：古之爲君，無欲而至公，故土階茅茨之儉。墨子以爲堯居土階三等，堂高三尺，非所以爲儉者。重先務，急親賢，明駿德，以親九族。九族既穆，乃辨章於百姓。百姓昭明，而協和於萬邦，黎民於變時雝。此施彼應如響聲者，所謂立之斯立。丐施政制，因事立法，不激不湀，取人以狀，明非見有，於人翹翹，惟以天下爲憂，務求賢聖，爰得稷、契、夷、皋、朱、斨、伯譽，羣龍輔德，是以教化大行，天下洽和，民安仁而樂義。乃更制五服，均五等，五國相維，設四岳、八伯，以典諸侯，均井邑，都制鄙。

(宋) 羅泌《路史》卷二一《後紀二十一・疏仡紀・有虞氏》 益爲公虞，若于上下，草木鳥獸佑之，朱虎熊羆而物蕃衍。禹、益、垂、伯夷四人新命，皆四岳所舉。四人皆辭而終命之，舉可謂約。《周官》大山澤虞，中士四人，下士皆八人，與中山澤虞，下山澤虞甚衆。益之爲虞，豈一山一澤哉，衆虞之伯也。夷作秩宗，孔注云：宗廟之官，宋《百官春秋》王莽以宗正爲秩宗，繆矣。降典三禮。舜時五禮具備，云三禮者，據事天地人爲之。其實事天地爲吉禮，餘四皆人事。惟寅惟清，以接幽玄，以節天下，哲民惟刑，而上下讓。《史記》伯主典上下咸讓。刑，法也。夷本典禮，而以其法教民，若享宗廟，是降此典禮，折斷於民以爲法也。或云堯先任皋陶後任伯夷，故《舜典》先言之，而《呂刑》次言之，以刑輔禮，非也。

又：宥過亡大，刑故亡小，任於人而不任於法，故不賞不罰而民可用。古《司馬法》注云：故，如故殺。尊德義，貴緼年，損己以安百姓，是故寡怨於人。率天下以仁，而人從之。光天之下，惟好問而察邇言，隱惡而揚善，善與人同，舍己從人，樂取諸人以爲善，言行一善從之。若決自耕稼，陶漁，以至爲帝，亡非取於人者。體仁孝之德，盡事親之道，五十而嬰兒慕，承安引佚，立義治律，而萬物以皆。作分均天，財而萬物，以熙熙游于巖廊之上，左禹右皋，不事詔而萬物成，被袗衣，鼓五絃，詠《南風》之詩，不降席而天下治。

又：功格亡臬，恩被動植，山川鬼神，莫不咸若。故曰：受命於天，惟舜也。獨正幸能正生以正衆生。君天下，生無私，死不厚其子，有慘怛之愛，有忠利之教，親而尊，安而敬，威而愛，富而有禮，思而能教。是以宗廟享之，子孫保之。故爲法於天下可傳於後世，天下之明德皆自帝始。故仲尼曰：亡爲而治。後世雖有作者，虞帝不可及也。夫何爲哉？恭己正南面而已矣。

又：初，有苗負固，弗用靈，昏迷不恭，侮慢自賢，反道敗德，君子在野，小人在位，斷制五虐之刑，以亂亡辜，爰始淫爲劓、刵、椓、黥，越茲麗刑併制，罔差有辭，練抑惟刑，靡察于獄之麗，罔擇吉人，惟時庶威奪貨。以是爲法，而民有惡德，泯泯棼棼，罔中于信，及是亡辭于罰，遂分北于既異。禹於洞庭張樂，成于洞庭之野，乃作大唐之樂，以皈帝美。作大化、大訓、六府、九原之章，以颺禹功，而君臣之美盡矣。

（宋）羅泌《路史》卷三三《發揮二·黄帝輕重之法》 先王之制，治莫仁於刑，而其所以祥刑莫仁於法。法者仁之寓，而刑之所取中焉者也。夫人之仁，非人之仁也，天地之仁也。人之不仁，非人之不仁，天地之不仁也。寒而給之衣，饑而給之食，豈能爲仁哉？不能不爲仁也。無食則使之饑，無衣則致之寒。豈能爲不仁哉，不能不爲不仁也。是故代天地司牧者制五刑。必卽天地於民之可以仁而不仁者，刑之所以輔天地之不及也。可以仁而不仁負天地者也，不可以仁而不爲，不仁不受制天地者也。先王之心豈不欲天下之人皆仁而爲君子也。柰何天下之人有不足以當吾之望，以自弃於不仁而爲小人之歸，自弃於不仁而小人之歸夫。然後不得已而待之以小人焉。蓋望之以君子者，先王之心而待之以小人者，天下之法也。一怒而天下安，四罪而天下服，其所以爲仁，亦已至矣。刻膚斷領，豈聖人之心哉。吾故曰：制治莫仁于刑，刑者，先王之惡石也，惡石者，神醫不得已而用之。刑亦先王之所不得已也，不得已寓之法。是故法者，天下之公而非先王之所得有也。管叔作亂，司寇致刑。瞽叟殺人，士師可執。又烏得以吾仁而屈法哉？吾故曰：其所以祥刑，莫仁于法。今夫殺人者誅，欺君者誅，此所謂法也。先王豈故爲是嚴哉？威莫大于殺人，而罪莫大於欺君也。擅殺人之威而無殺人之罪，敢欺其君而無欺君之誅，小人何憚而不爲哉？是故謀殺人者，坐之以殺人之罪。謀欺君者，與之以欺君之誅。則小人何利復敢生事于國。吾觀黄帝輕重之法，自言能司馬不能者，釁鼓；自言能治里不能者，釁社；自言能爲官不能官者，劓以爲門。故相任寅爲官，重門擊柝不能者，亦隨之以法，其於欺君邀功之罪，何其重邪，雖李悝之法不是過也。然輕重之法，黄帝用之而天下大治。李悝之法，商鞅用之而秦有覆宗之禍，何邪？惟所附之不同與用之之有異尒。吾故曰：法者，仁之寓，而其所以不仁者，人不仁也。夫惟明者，爲能用刑。惟仁者爲能制法。刑欲重而不欲急，法欲嚴而不欲詳。刑重則犯者鮮，法簡則人易避，以是爲辟，何有惡德。黄帝氏之法，亦此之繇也。而律魁大士不是之法，侮文亂典，動則失衷，不有過急，必有處息。是二者雖不同而皆可以速亂。幸而不亡，後王繼之，必有法令不行之患。然後小人得以沿隙，勦竊而天下亦從之矣。梁統嘗言：刑罰在中，無取於輕。刑輕之作，反生大患。是故殺人減死，而人益犯法。此初元建平之際，盜賊之所以浸多而不可制歟。嗚呼！後之持律者，亦不在涕持丹筆，惟黄帝之爲法，哀矜勿喜，而毋使有爇炭凝脂割鼻飴口之悔。則幸矣！

（宋）羅泌《路史》卷四五《餘論八·舜帝無爲爲治有序》 俾禹司空，平水土；棄后稷，播百穀；禼司徒，敷五教；陶爲士，理庶獄；垂爲工，利器用；益爲虞，若上下；伯夷秩宗，典三禮；夔典樂，教胄子；龍納言，典出納，各職其職。然後內外之節得，而帝方以優游岩廊之上，本仁祖義，總弘綱而莫敢佚其爲治，固有序矣。方鴻水之未平，天下之事固無以大於水，故首命禹。及水既乂，大陸既作，則惟食之爲急，故次命稷。富斯可教，故次命禼。徒善不足以爲政，故次皋陶。而其化以大行，于是命垂，以給其器用，命益以遂其動植，而後神人可得和，故次伯夷成其典禮，又次之夔以興其樂，而王道此成矣。然而天下之事尤防乎壅，上之不下宣，下之不上達，則政不可得而治。故卒命龍爲納言，而後上下以無壅。一得禹而地平天成，再得陶而民協于中，得稷而蒸民粒，得禼而百姓親，得益而庶物蕃，得夷而上下讓，得夔而庶尹諧。夫然，故虞帝得以被袗鼓琴，端拱一堂之上，而天下治，豈其不有爲哉？不自爲爾。故曰無爲而治者，非無爲也，任得其人而無事於屑爲也。

（宋）羅泌《路史》卷四五《餘論八·舜爲法於天下》 古今有異時無異理，彼己有異迹無異心，而舜爲法於天下，行乎千百世之上，而清風之所存，猶足以悚動乎千百世之下。推之而不倦，譽之而不猒，愈久而愈不忘者，惟其有以使民不忘之道，而所以先施之者，有繇也。仁義之精一之，則舜之動無媿矣，是故未施信於人而人信之。法度彰，禮樂著，則舜之行無媿矣。是故爲法於天下，可傳於後世，是皆此理之契於人心者也。人有是心，吾有是理，以是理觸是心，茲其所以行之萬世而無斃歟。

（元）梁寅《策要》卷二《帝舜》 蘇轍曰：《史記·舜本紀》舜言於帝，請流共工於幽陵以變北狄，放驩兜於崇山以變南蠻，遷三苗於三危以變西戎，殛鯀於羽山以變東夷。大史公多見先秦古書，故其言時有可考，可正漢以來儒者之失。四族者皆窮奸極惡，則必誅於堯之世，不待舜矣。屈原曰鯀悻直以亡身。則鯀剛而犯上。爾若四族皆小人，安能變四夷之俗哉？由是觀之，四族之誅，皆非殊死，亦不廢棄，遷之遠方，爲要荒之君長。左氏之言，皆後世流傳之過。若堯世有大奸在朝而不能去，則堯不足爲堯也。

蘇氏因《史記》之言而推明其意，如此足以破後世之謬，而或謂堯之不誅四罪者，留待舜之自誅，庶天下之心皆服於舜，其謬又甚焉。夫聖人之授受公而已矣，堯豈有私於舜，而舜豈籍此以慴服人心，然後據天下而有之哉。抑又有説爲蘇氏之佐者焉。夫四族者，皆聖人之後，堯朝之世臣大家也。堯以子之不肖，將求賢聖而嗣位。如共工、驩兜、鯀者，固自謂足以當之矣，而堯乃一旦舉而授之疏遠之族、側微之人，故彼皆不服，是言也。《朱子語録》中云，爾或曰，若然則舜之罪四族，乃以其不利於己而除之，非天討也，是不然。四凶固將不利於舜也，不利於舜即所以不利於天下也。三監亦將不利於周公也，不利於周公亦所以不利於天下也。舜之誅四凶，周公之誅管蔡，爲天下而已，奚必避嫌哉。

《舊唐書》卷七二《李百藥傳》 二年，除禮部侍郎。朝廷議將封建諸侯，百藥上《封建論》曰：自陛下仰順聖慈，嗣膺寶曆，情深致治，綜覈前王。雖至道無名，言象所紀，略陳梗概，實所庶幾。愛敬蒸蒸，勞而不倦，大舜之孝也。訪安内豎，親嘗御膳，文王之德也。每憲司讞罪，尚書奏獄，大小必察，枉直咸申，舉斷趾之法，易大辟之刑，仁心隱惻，貫徹幽顯，大禹之泣辜也。正色直言，虚心受納，不簡鄙訥，無棄芻蕘，帝堯之求諫也。

（宋）吕中《宋大事記講義》卷一五《神宗皇帝・安石變法》 熙寧元年四月，王安石入對。上曰：方今治當何先？安石曰：以擇術爲先。上問：唐太宗如何？對曰：當以堯舜爲法，太宗所爲不盡合先王堯舜所爲，至簡而不煩，至要而不迂，至易而不難。上曰：卿可謂責難於君。安石曰：願以講學爲事。退而上疏曰：伏惟太祖躬上知獨斷之明，而周知人物之情僞，故能駕馭將帥，訓齊士卒，外折夷狄，内平中國，除苛賦，止虐刑，廢強狼之藩鎮，誅貪黷之官吏。此所以百年無事也。仁宗之爲君也，仰畏天，俯畏人，寬仁恭儉出於自然，忠恕誠慤始終如一。未嘗妄興一役，未嘗妄殺一人。斷獄務在生之，而特惡吏之殘擾；寧屈己棄財於夷狄，而終不忍加兵。刑平而公，賞重而信。納用諫官御史，公聽並觀，而不蔽偏聽之説。因任衆人耳目，拔舉疏遠，而隨之以相坐之法，蓋監司州縣無敢暴虐，擅發調以傷百姓。自夏人順服，蠻夷遂無大變，遠人得免於兵死，而中國之人安逸蕃息以至於今日者，此未嘗妄殺一人、妄興一役，而不忍加兵之效也。大臣貴戚、左右近習，其自謹厚或甚於閭巷之人，此刑公而平之效也。募天下驍勇横猾以爲兵，幾至百萬，非有良將以馭之，而謀變者輒平，聚天下財物，雖有文籍，委之府吏，非有能吏以勾考，譏其理財無人也。而竊盗者輒發。凶年饑歲，流者填道，死者相枕，譏其恤民無政。而寇攘者輒斥。此賞重而信之效也。大臣貴戚，左右近習，莫能大擅威福，廣私賄賂，一有奸慝，隨即上聞，貪邪横猾，間或得用，未嘗得久，譏其未能盡去小人。此納用諫官御史，公聽並觀，而不蔽於偏聽之效也。自縣令京官以至監司臺諫，升擢之下，雖不皆得人，然一時之所謂才士亦罕蔽塞而不見收者，譏其未能盡用君子也。此固因任衆人耳目，拔舉疏遠，而隨之以相坐之法之效也。升遐之日，天下號慟，如喪考妣，此寬仁恭儉，忠恕誠慤之效也。此褒仁宗而實貶之。然仁宗大德，安石自不能掩也。然本朝累世因循末俗之弊，而無親友羣臣之議；譏其不任大臣。人君朝夕與處，不過宦官女子，譏其講學具文。出而親政，不過有司之細故；譏其親細務。未嘗如古大有爲之君，學士大夫討論先王之法，以措之天下；譏其不復古制。一切因仍自然之理勢，而精神之運有所不加，名實之間有所不察，譏其循弊法。君子非不見貴，而小人亦厠其間；正論非不見容，而邪説亦有時而用；此流俗之所以發。以詩賦記誦求天下之士，而無學校養成之説，更學校貢舉之法自此發之。以科名歷敘朝廷之位，而無官司課試之方；用人者取新進自此發之。監司無考察之人，守將非揀選之吏，分遣使置提舉自此發之。轉徙之亟既難於考績，欲定考課之法而游談之衆亦得以亂其真，故有國是之論。徒養望者多得顯官，而獨立營職者或見排沮，故上下偷惰容而已。此慶歷治平諸公所以逐也。農民擾於徭役，而未嘗特見優恤，此免役法、農田令之始。又不爲之置官以修水土之利；故遣使修水利。兵士雜於疲老而未嘗申勑訓練，並營自此始。又不爲之擇將而久其疆埸之權；置將官自此始。宿衛則聚卒伍無賴之人，而未有以變五代姑息羈縻之治；置保甲自此始。宗室則無教訓選學之實，而未有以合先王親疏隆殺之宜。宗室補外官自此始。至於理財，大抵無法，此一句安石變法之大意也。然特見於其後安石之深謀有在矣。故上再三詰之而終不對也。故雖儉約而民不富，雖憂勤而國不強。既非夷狄昌盛之時，又無堯湯水旱之變，故天下無事過於百年，雖曰人事亦天助也。其後紛更政事皆本於此。

安石祖宗不足法之論始於此。然安石嘗謂如太祖剛健能斷，大事不牽流俗衆議，此所當法也。其後因論併營事，安石曰：五代兵驕，太祖所見與常人同，則因循姑息終不成大業。論劾官吏事，曰：太祖敢於誅殺。論人主作威福，則曰：太祖盡誅川班，所以消人臣悖慢之氣，而長人主威權。則安石所謂祖宗不足法者，大抵指仁宗而言，而猶欲法太祖之剛斷也。然太祖變五代之法，特變其大意而事體頓異，今安石但言太祖之剛斷，而不知太祖之大意；但言削藩鎮、馭將帥之威權，而不知結民心、伸士氣、通下情、培國本。使建隆之刱造，亦如熙寧之紛更，則事無可成者矣。法太祖當法其大意，安石則言其雄斷而已。論仁宗者當論其大德，安石則言其弊政而已。夫祖宗之法既行久，不能無弊。學校貢舉也，科名資歷也，監司郡縣也，考績課試也，農之貧、兵之冗、財之匱、官吏之貪者，慶歷諸事之所欲變而不遂者，至今以為恨。况其後世又數十年，其弊當益甚，議者以為當變。安石之變法，不可謂非時而論。本朝之弊亦可謂當其情也。以其掾率任意，而不能熟講精思，故其所變之法，但纖悉於節目，而尤注意於理財之一事，此其所以禍天下也。然安石布置施設，亦有素定之規模，隨用而隨施之，此其所以能悮聖明而欺君子也。

《金史》卷一〇〇《完顔伯嘉傳》　禮部郎中抹撚胡魯剌以言事忤旨，集五品以上官顯責之。明日，伯嘉諫曰：自古帝王莫不欲法堯、舜而耻爲桀、紂，蓋堯、舜納諫，桀、紂拒諫也。故曰納諫者昌，拒諫者亡。胡魯剌所言是，無益於身，所言不是，無損於國。陛下廷辱如此，獨不欲爲堯、舜乎。近日言事者語涉謗訕，有司當以重典，陛下釋之。與其釋之以爲恩，曷若置之而不問。

（清）陸曾禹《康濟録》卷一《前代救援之典》　唐堯之爲君也，存心於天下，加志於窮民。一民饑，曰我饑之也。一民寒，曰我寒之也。一民有罪，曰我陷之也。百姓戴之如日月，親之如父母。

謹案：三稱我字，是聖人以全副精神注之一肩任來之意。四海雖大，若以我之爲君，有一民爲饑寒所困而陷於法網者，非我之教養有虧歟，故朝乾夕惕，澤潤生民，舉天地間盡在春風和氣中也。

（清）王先謙《荀子集解·大略》　天下之人唯各特意哉，然而有所共予也。特意，謂人人殊意。予，讀爲與。盧文弨曰：唯，元刻作雖。王念孫曰：唯卽雖字。説見《經義述聞》桓十四年《穀梁傳》言味者予易牙，言音者予師曠，言治者予三王。易牙，齊桓公宰夫，知味者。師曠，晉平公樂師，知音者。三王卽巳定法度制禮樂而傳之，有不用而改自作，何以異於變易牙之和，更師曠之律。無三王之法，天下不待亡，國不待死。

（漢）孔鮒《孔叢子》卷下《連叢子上·楊柳賦》　考以先王，賞恭罰慢，事有紀綱。

（清）黄宗羲《明夷待訪録·原法》　三代以上有法，三代以下無法。何以言之？二帝、三王知天下之不可無養也，爲之授田以耕之；知天下之不可無衣也，爲之授地以桑麻之；知天下之不可無教也，爲之學校以興之；爲之婚姻之禮以防其淫；爲之卒乘之賦以防其亂。此三代以上之法也，固未嘗爲一己而立也。後之人主，既得天下，唯恐其祚命之不長也，子孫之不能保有也，思患于未然以爲之法。然則其所謂法者，一家之法而非天下之法也。

（清）唐甄《潛書》上篇下《抑尊》　聖人定尊卑之分，將使順而率之，非使亢而遠之。為上易驕，爲下易諛，君日益尊，臣日益卑，是以人君之賤視其臣民，如犬馬蟲螘之不類於我，賢人退，治道遠矣。太山之高，非金玉丹青也，皆土也。江海之大，非甘露醴泉也，皆水也。天子之尊，非天帝大神也，皆人也。是以堯舜之爲君，茅茨不翦，飯以土簋，飲以土杯。雖貴爲天子，制御海内，其甘菲食，暖粗衣，就好辟惡，無異於野處也，無不與民同情也。善治必達情，達情必近人。陳五色於室中，滅燭而觀之則不見。奏五音於堂下，掩耳而聽之則不聞。人君高居而不近人，既已瞽於官、聾於民矣。雖進之以堯舜之道，其如耳目之不辨，何哉？人君之於父母，異宫而處，朝見有時，則曰天子之孝與庶人異。人君之於子孫，異宫而處，朝見有時，則曰天子之孝與庶人異。人君之於妻，異宫而處，進御有時，則曰天子之匹與庶人異。骨肉之間，驕亢襲成，是以養隆而孝衰，教疏而恩薄，讒人間之，廢嗣廢后，易於反掌。不和於家，亂之本也。

（清）唐甄《潛書》下篇上《尚治》　世多明達之才，但見聖人正天下之法，不識聖人順天下之意。沮於時勢之難行，習於刑法之苟安，舉天下之民，縶之，策之，如牛馬然。民失其情，詐僞日生，文飾日盛，嗜慾日縱。於是富貴之望勝，財賄之謀鋭，廉恥之心亡，要約之意輕，攘竊之計巧，爭鬬之氣猛。六邪易性，非賢，師奸，比離，閑决，不可以安，不可以動。安則爲奸，動則爲寇，此天下之亂所以相繼而不已也。天地雖大，其道惟人；生人雖多，其本惟心；人心雖異，其用惟情；雖有順逆剛柔之不同，其爲情則一也。是故君子觀於妻子，而得治天下之道；觀於僕妾，而得治天下之道；觀於身之驕約，家之視效，而得治天下之道。不繙十三經之言，不稽二十三代之法，不問四海九州之俗，閉戶而堯舜之道備焉。先人有言曰：語道莫若淺，語治莫若近。請舉其要：古之賢君，雖貴爲天子，富有四海，存心如赤子，處身如農夫，殿陛如田舍，衣食如貧士，海內如室家。微言妙道，不外此矣。

（清）唐甄《潛書》下篇上《格君》　清靜者，道所居也。刦塵非清，無欲爲清；獨處非靜，不擾爲靜。日月照臨，氛霧無障，清之象也，深淵冥冥，喬嶽安安，靜之體也。不清不靜，則神不存而氣僨，偏於所惡，偏於所嗜，是伐性之刃而敗道之賊也。黃帝之遺書，胡云谷神？谷者，神所棲也。胡云玄牝？玄者，不暴也；牝者，不雄也，大生之本也。綿綿若存，恒也；用之不勤，毋躁也。如是，則神可以御氣，氣可以養形，形不壞而長生矣。符籙丹藥，道之餘也。庶人有身，天子有天下。庶人自養其身，天子以天下爲身，兼天下以養身。黃帝治天下如治身，不使有疾害焉。於是總其兵師，與炎帝戰於阪泉之野，三戰而滅之。蚩尤作亂，行不由義，虔毒民生，舉兵征之，禽蚩尤而誅之。當是之時，天下無害，百姓和樂，五穀豐熟，民人養育，日月不失其明，四時不失其序，風雨不失其時，災害不生，嘉祥並至，麒麟來遊，鳳鳥來止。於是上帝嘉之，以爲不負所託，予之長齡而上仙焉。是豈有異術哉？清靜之所致也。陛下誠能學黃帝之道，居心玄漠，靜專純一，不以好惡擾其心，不以喜怒傷其體。上有黃帝之君，下必有風后、力牧之臣。陛下垂拱於上，百官脩職於下，兵革自強，遠人畏服，無爲而天下大治，豈復有邊境之虞哉！臣聞真人者，逍遥物外，無求於人，不可強致者也。《易》曰：水流濕，火就燥。言各從其類也，陛下誠能養心復性，羣生並遂，是真人之契也，無俟旁求，必駕羽來朝，指授脩治之方矣。

《老子道德經》下篇《四十九章》　聖人無常心，以百姓心爲心。動常因也。善者吾善之，不善者吾亦善之，各因其用，則善不失也。德善。無棄人也。信者吾信之，不信者吾亦信之，德信。聖人在天下，歙歙爲天下渾其心，各用聰明。聖人皆孩之。皆使和而無欲，如嬰兒也。夫天地設位，聖人成。能人謀鬼謀，百姓與能者。能者與之，資者取之，能大則大，資貴則貴，物有其宗，事有其主。如此則可冕旒充目而不懼於欺，黈纊塞耳而無戚於慢，又何爲勞一身之聰明以察百姓之情哉？夫以明察物，物亦競以其明應之；以不信察物，物亦競以其不信應之。夫天下之心不必同其所應，不敢異則莫肯用其情矣，甚矣！害之大也，莫大於用其明矣。夫在智則人與之訟，在力則人與之爭。智不出於人而立乎訟，地則窮矣，力不出於人而立乎爭，地則危矣。未有能使人無用其智力乎己者也。如此則己以一敵人而人以千萬敵己也。若乃多其法網，煩其刑罰，塞其徑路，攻其幽宅，則萬物失其自然，百姓喪其手足，鳥亂於上，魚亂於下。是以聖人之於天下，歙歙焉，心無所主也，爲天下渾心焉，意無所適莫也。無所察焉，百姓何避，無所求焉，百姓何應。無避無應，則莫不用其情矣。人無爲舍其所能而爲其所不能，舍其所長而爲其所短。如此則言者言其所知，行者行其所能，百姓各皆注其耳目焉，吾皆孩之而已。

（宋）杜道堅《文子纘義》卷八《自然篇》　故三皇五帝，法籍殊方，其得民心一也。

（宋）杜道堅《文子纘義》卷一一《上義篇》　赤帝爲火災，故黃帝擒之。共工爲水災，故顓頊誅之。教之以道，導之以德，而不聽即臨之以威武。臨之不從，則制之以兵革。殺無罪之民，養不義之主，害莫大焉。殫天下之財，贍一人之欲，禍莫深焉。肆一人之欲，而長海內之患，此天倫所不取也。所爲立君者，以禁暴亂也。今乘萬民之力反爲殘賊，是以虎傅翼何爲不除。夫畜魚者，必去其蝙獺。養禽獸者，必除其豺狼。又況牧民乎？是故兵革之所爲起也。

（清）戴望《管子校正・治國》　凡治國之道，必先富民，民富則易治也，民貧則難治也。奚以知其然也？民富則安鄉重家，安鄉重家，則敬上畏罪，敬上畏罪，則易治也。民貧則危鄉輕家，危，謂不安其所居也。危鄉輕家，則敢陵上犯禁，陵上犯禁，則難治也。故治國常富，而亂國常貧。是以善爲國者，必先富民，然後治之。昔者七十九代之君，法制不一，號令不同，然俱王天下者何也？必國富而粟多也。

又：舜非嚴刑罰，重禁令，而民歸之矣，去者必害，謂背舜而去者。從者必利也。先王者，善爲民除害興利，故天下之民歸之。所謂興利者，利農事也；所謂除害者，禁害農事也。農事勝則入粟多；入粟多則國富；國富則安鄉重家；安鄉重家則雖變俗易習，謂改易其常習。毆衆移民，至於殺之，而民不惡也，此務粟之功也。上不利農，則粟少；粟少則人貧，人貧則輕家；輕家則易去，易去則上令不能必行；上令不能必行，則禁不能必止；禁不能必止，則戰不必勝，守不必固矣。夫令不必行，禁不必止，戰不必勝，守不必固，命之曰寄生之君。謂蹔寄爲生，不能長久。此由不利農少粟之害也。粟者，王之本事也，人主之大務，有人之塗，謂保有其人其塗因粟也。治國之道也。民富則安鄉重家，安鄉重家則敬上畏罪，敬上畏罪則易治也。民貧則危鄉輕家，危鄉輕家則敢陵上犯禁，陵上犯禁則難治也。《藝文類聚》五十二引作民富則安鄉。安鄉則重家，重家則敬上畏罪。民貧則危鄉，危鄉則輕家，輕家則陵上犯禁。《治要》引陵作凌。故治國常富而亂國常貧。宋本常作必。《治要》同。法制不一，《治要》一作壹。至於殺之而民不惡也。王云當依《治要》作至於殺之而不怨也。今作不惡，則非其指矣。上文安鄉重家，即指民而言，無庸更加民字。粟少則人貧，人貧則輕家，輕家則易去，易去則上令不能必行。《治要》作粟少則民貧，民貧則輕家易去，輕家易去則上令不能必行。則戰不必勝，守不必固矣。丁文，不下亦當有能字，與上文一例。粟者，王之本事也，人主之大務。《治要》王下有者字。中立本主作生。望案，主字誤。王者之本事，人生之大務。相對爲文，也字衍。有人之塗，治國之道也。丁云有疑富字誤，人當作民，富民治國。結上文治國之道必先富民而言。

《尸子》卷上《仁意》 治水潦者，禹也；播五種者，后稷也；聽獄折衷者，皋陶也。舜無爲也，而天下以爲父母。

《尹文子·大道下》 田子讀《書》曰堯時太平。宋子曰：聖人之治，以致此乎？彭蒙在則，越次答曰：聖法之治以至此，非聖人之治也。宋子曰：聖人與聖法何以異？彭蒙曰：子之亂名甚矣。聖人者，自己出也。聖法者，自理出也。理出於己，己非禮也。己能出理，理非己也。故聖人之治，獨治者也。聖法之治，則無不治矣。此萬世之利，唯聖人能該之。宋子猶惑，質於田子。田子曰：蒙之言然。

《呂氏春秋·恃君覽·長利》 堯治天下，伯成子高立爲諸侯。堯授舜，舜授禹，伯成子高辭諸侯而耕。禹往見之，則耕在野。禹趨就下風而問曰：堯理天下，吾子立爲諸侯。今至於我而辭之，故何也？伯成子高曰：當堯之時，未賞而民勸，未罰而民畏。民不知怨，不知說，愉愉其如赤子。今賞罰甚數，而民爭利且不服，德自此衰，利自此作，後世之亂自此始。夫子盍行乎？無慮吾農事。協而耰，遂不顧。夫爲諸侯，名顯榮，實佚樂，繼嗣皆得其澤，伯成子高不待問而知之，然而辭爲諸侯者，以禁後世之亂也。

（漢）劉安《淮南子》卷九《主術訓》 昔者神農之治天下也，神不馳於胸中，言釋神安靜，不躁動也。智不出於四域，信身在中。懷其仁誠之心，懷，思。甘雨時降，五穀蕃植，蕃，茂，植，長。春生夏長，秋收冬藏，月省時考，歲終獻功，以時嘗穀，穀，新穀也。薦之明堂嘗之也。祀於明堂。明堂之制，有蓋而無四方，風雨不能襲，寒暑不能傷。遷延而入之，養民以公。遷延猶倘佯也。已説在《本經》也。其民樸重端慤，端，直也。慤，誠也。不忿爭而財足，不勞形而功成，因天地之資而與之和同，是故威厲而不殺，刑錯而不用，法省而不煩，省，約也。煩，多也。故其化如神。其地南至交阯，北至幽都，幽冥之都。東至暘谷，陽谷，日所出也。西至三危，三危，西極之山。莫不聽從。當此之時，法寬刑緩，囹圄空虛，而天下一俗，一同其俗。莫懷姦心。

又： 故先王之法，畋不掩羣，掩猶盡也。不取麛夭，鹿子曰麛，麋子曰夭。不涸澤而漁，涸澤，漉池也。不焚林而獵。爲盡物也。豺未祭獸，罝罦不得布於野；十月之時，豺殺獸四面陳之，世謂之祭獸也。未祭獸，罝罦不得施也。獺未祭魚，網罟不得入於水；獺，獱也。《明堂月令》：孟春之月，獺祭魚。取鯉四陳之水邊也。世謂之祭魚，未祭不得捕也。鷹隼未摯，羅網不得張於谿谷；九月立秋鷹摯矣。未立秋，不得施也。鷹或作雁。草木未落，斤斧不得入山林；九月草木節解，未解，不得伐山林也。昆蟲未蟄，不得以火燒田。十月蟄蟲備藏，未蟄，不得用燒田也。孕育不得殺，鷇卵不得探，魚不長尺不得取，彘不期年不得食。皆爲盡物。是故草木之發若蒸氣，發，生。禽獸之歸若流泉，飛鳥之歸若煙雲，有所以致之也。

故先王之政，四海之雲至而脩封疆，立春之後，四海出雲。蝦蟇鳴燕降，而達路除道，三月之時。陰降百泉，則脩橋梁，十月之時。昏張中則務種穀。三月昏張星中于南方。張，南方朱鳥之宿也。大火中則種黍菽，大火，東方蒼龍之宿，在四月建巳中南方。菽，豆也。虛中則種宿麥，虛，北方玄武之宿。八月建酉中于南方也。昴中則收斂畜積、伐薪木。昴星，西方白虎宿也。季秋之月，收斂畜積也。上告於天，下布之民，先王之所以應時脩備，富國利民，實曠來遠者，其道備矣。實，滿也。曠，空也。

（漢）劉安《淮南子》卷一九《脩務訓》 古者民茹草飲水，采樹木之實，食蠃蛖之肉，逵吉按《太平御覽》蛖引作蚌。時多疾病毒傷之害。害，患也。逵吉按《太平御覽》引疾作疹。於是神農乃始教民播種五穀，菽、麥、黍、稷、稻也。相土地，宜燥溼肥墝高下；相，視也。燥，乾也。墝，埆高陵也。下，隰也。逵吉按《太平御覽》作相土地之宜。嘗百草之滋味，水泉之甘苦，令民知所辟就。當此之時，一日而遇七十毒。此神農之爲也。堯立孝慈仁愛，使民如子弟。言雖役使其民，必加仁愛，遇之如已之子弟也。西教沃民，東至黑齒，北撫幽都，南道交趾。沃民西方之國。黑齒東方之國。陰氣所聚，故曰幽都，今雁門以北是。交趾南方之國。四者遠裔，不覩聖人之化，故親往行教導，撫之以仁義也。放讙兜於崇山，竄三苗於三危，放，棄也。讙兜，堯佞臣也。崇山，南極之山。三苗，蓋謂帝鴻氏之裔子渾敦，少昊氏之裔子窮奇，縉雲氏之裔子饕餮。三族之苗裔，故謂之三苗。三危，西極之山名。一曰放三苗國民於三危也。流共工於幽州，殛鯀於羽山。堯時有共工官。鯀，禹父，爲治水，績用不成，堯殛之。羽山，東極之山。是則堯之爲。《鴻範》曰：鯀則殛死。然則渾敦、窮奇、饕餮生，至四裔可知也。舜作室，築墻茨屋，辟地樹穀，令民皆知去巖穴，各有家室。南征三苗，道死蒼梧。三苗之國在彭蠡，舜時不服，故往征之。《書》曰：舜陟方乃死。時舜死蒼梧，葬于九疑之山，在蒼梧馮乘縣東北，零陵之南千里也。禹沐浴霪雨，櫛扶風，禹勞力天下，不避風雨，以久雨爲沐浴。扶風，疾風，以疾風爲梳櫛也。逵吉按：中立府四子本作沐浴霪雨，梳櫛扶風。《太平御覽》引無浴梳二字。決江疏河，決巫山，令江水得東過，故言決。疏道東注于海，故言疏。鑿龍門，闢伊闕，龍門本有水門，鯀魚遊其中，上行得上過者便爲龍，故曰龍門。禹闢而大之，故言鑿。伊闕，山名。禹開截山體，令伊水得北過入洛水，故曰闕也。逵吉按：鯀一本作鮪字。脩彭蠡之防，乘四載，隨山栞木，平治水土，定千八百國。脩，治也。彭蠡，澤名，在豫章彭澤縣西。防，隄也。四載，山行用蔂，水行用舟，陸行用車，澤行用蕝。隨，循也。栞石栞識之。四海之內凡萬國，禹定千八百國。是禹之所爲也。湯夙興夜寐，以致聰明；輕賦薄斂，以寬民氓；早起夜寐，以思萬事，能得其精，故曰以致聰明。寬猶富也。野民曰氓。布德施惠，以振困窮；弔死問疾，以養孤孀，幼無父曰孤。孀，寡婦也。雒家謂寡婦曰孀婦。百姓親附，政令流行，乃整兵鳴條，困夏南巢，譙以其過，放之歷山。鳴條，地名。南巢，今廬江居巢是。譙，責也。讓夏桀之罪過也。歷山，蓋歷陽之山。是湯爲之也。此五聖者，天下之盛主，勞形盡慮，爲民興利除害而不懈。懈，惰也。

（漢）王充《論衡》卷八《儒增》 儒書稱：堯舜之德，至優至大，天下太平，一人不刑。又言：文武之隆，遺在成康，刑錯不用四十餘年。是欲稱堯舜，褒文武也。夫爲言不益，則美不足稱；爲文不渥，則事不足褒。堯舜雖優，不能使一人不刑；文武雖盛，不能使刑不用。言其犯刑者少，用刑希疏，可也；言其一人不刑，刑錯不用，增之也。夫能使一人不刑，則能使一國不伐；能使刑錯不用，則能使兵寢不施。案堯伐丹水，舜征有苗；四子服罪，刑兵設用。成王之時，四國篡畔，淮夷徐戎，並爲患害。夫刑人用刀，伐人用兵，罪人用法，誅人用武。武法不殊，兵刀不異，巧論之人，不能別也。夫德劣故用兵，犯法故施刑。刑與兵，猶足與翼也。走用足，飛用翼，形體雖異，其行身同。刑之與兵，全衆禁邪，其實一也。稱兵之不用，言刑之不施，是猶人耳缺目完，以目完稱人體全，不可從也。人桀於刺虎，怯於擊人，而以刺虎稱謂之勇，不可聽也。身無敗缺，勇無不進，乃爲全耳。今稱一人不刑，不言一兵不用；褒刑錯不用，不言一人不畔：未得爲優，未可謂盛也。

（明）李贄《焚書》卷三《雜述・兵食論》 夫三王之治，本於五帝，帝軒轅氏尚矣。軒轅氏之王也，七十戰而有天下，殺蚩尤于涿鹿之野，戰炎帝于阪泉之原，亦深苦衛生之難，而既竭心思以維之矣。以爲民至愚也，而可以利誘；至神也，而不可以忠告。於是爲之井而八分之，使民咸知上之養我也。然蒐狩之禮不舉，得無有傷吾之苗稼者乎？且何以祭田祖而告成歲也？是故四時有田，則四時有祭；四時有祭，則四時有獵。是獵也，所以田也，故其名曰田獵焉。是故國未嘗有養兵之費，而家家收獲禽之功；上之人未嘗有治兵之名，而人人皆三驅之選。戈矛之利，甲冑之堅，不待上之與也。射疏及遠，手輕足便，不待上之試也。攻殺擊刺，童而習之，白首而不相代，不待上之操也。彼其視搏猛獸如搏田兔然，又何有於卽戎乎？是故入相友而出相呼，疾病相視，患難相守，不待上之教以人倫也。折中矩而旋中規，坐作進退，無不如志，不待上之教以禮也。歡忻讙樂，鼓舞不倦，不待耀之以旌旗，宣之以金鼓，獻俘授馘而後樂心生也。分而爲八家，布而爲八陳，其中爲中軍，八首八尾，同力相應，不待示之以六書，經之以算法，而後分數明也。此皆六藝之術，上之所以衛民之生者，然而聖人初未嘗教之以六藝也。文事武備，一齊具舉，又何待庠序之設，孝弟之申，如孟氏畫蛇添足之云乎？彼自十五歲以前，俱已熟試而閑習之矣，而實不知上之使也，以爲上者養我者也。至其家自爲戰，人自爲兵，禮樂以明，人倫以興，則至于今凡幾千年矣而不知，而况當時之民歟！

至矣！聖人鼓舞萬民之術也。蓋可使之由者同井之田，而不可使之知者則六藝之精，孝弟忠信之行也。儒者不察，以爲聖人皆於農隙以講武事。夫蒐苗獮狩，四時皆田，安知田隙？且自田耳，曷嘗以武名，曷嘗以武事講耶？范仲淹乃謂儒者自有名教，何事於兵。則已不知兵之急矣。張子厚復欲買田一方，自謂井田。則又不知井田爲何事，而徒慕古以爲名，祗益醜焉。商君知之，慨然請行，專務攻戰，而决之以信賞必罰，非不頓令秦彊，而車裂之慘，秦民莫哀。則以不可使知者而欲使之知，固不可也。故曰：聖人之道，非以明民，將以愚之。魚不可以脱于淵，國之利器不可以示人。至哉深乎！歷世寶之，太公望行之，管夷吾修之，柱下史明之。姬公而後，流而爲儒，紛紜制作，務以明民，瑣屑煩碎，信誓周章，而軒轅氏之政遂衰矣。

（清）顧炎武《日知録》卷二《帝王名號》 堯、舜、禹皆名也，古未有號，故帝王皆以名紀，臨文不諱也。攷之《尚書》，帝曰：格汝舜，格汝禹。名其臣也。堯崩之後，舜與其臣言，則曰帝禹崩之。後《五子之歌》則曰皇祖胤征，則曰先王。無言堯、舜、禹者，不敢名其君也。自啓至發，皆名也。夏后氏之季而始有以十干爲號者，桀之癸，商之報丁、報乙、報丙、主壬、主癸，皆號以代其名。自天乙至辛，皆號也。商之王，著號不著名。而名之見於經者二：天乙之名履，辛之名受是也。曰湯、曰紂，則亦號也。號則臣子所得而稱。故伊尹曰惟尹躬暨湯，《頌》曰武湯，曰成湯，曰湯孫也。曰文祖，曰藝祖，曰神宗，曰皇祖，曰烈祖，曰高祖，曰高后，曰中宗，曰高宗，而廟號起矣。曰玄王，曰武王，而謚立矣。曰大舜、曰神禹、曰大禹、曰成湯、曰寧王，而稱號繁矣。自夏以前，純乎質。故帝王有名而無號。自商以下，寖乎文，故有名有號，而德之盛者，有謚以美之。於是周公因而制謚，自天子達於卿大夫，美惡皆有謚，而十干之號不立，上不追謚，猶用商人之禮焉。此文質之中，而臣子之義也。嗚呼！此其所以爲聖人也歟。

（宋）潘自牧《記纂淵海》卷四五《性行部·推遜》 帝咨，禹平水土，禹讓於稷、契，及皋陶。咨，垂共工，垂讓於殳斨暨伯與。咨，益作虞，益讓於朱虎、熊羆。咨，伯作秩宗，伯讓於夔龍。

推賢讓能，庶官乃和。書互人謙抑。

善則稱人。

觴酒豆肉，讓而受惡。衽席之上，讓而坐下。朝廷之位，讓而就賤。君子尊讓則不爭，不爭則遠於鬬辨矣，不鬬辨則無暴亂之禍矣，斯君子之所以免於人禍也。《禮記》。

如其禮樂，以俟君子。《論語》。

子辭讓之心，禮之端也。《孟子》。

夫惟不爭故無尤。

聖人之道爲而不爭。

夫惟不爭，故天下莫能與之爭。《老子》。

（三國魏）王粲《王粲集·難鍾荀太平論》 聖莫盛於堯，而洪水方割，丹朱淫虐，四族凶佞矣。帝舜因之，而三苗畔戾矣。禹又因〔之〕，而防風爲戮矣。此三聖古之所大稱也，繼踵相承，且二百年，而刑罰未嘗一世而乏也。然則此三聖能平。三聖能平，則何世能致之乎？孔子稱曰：唯上智與下愚不移。不移者，丹朱、四凶、三苗之謂也。當紂之世，殷罔不小大，好草竊姦宄。周公遷殷頑民於洛邑，其下愚之人，必有之矣。周公之於三聖，不能踰也。三聖有所不化矣，有所不移矣，周公之不能化殷之頑民，所可知也。苟不可移，必或犯罪；罪而弗刑，是失所也；犯而刑之，刑不可錯矣。孟軻有言：盡信書不如無書。有大而言之者，刑錯之屬也。豈億兆之民，歷數十年而無一人犯罪、一物失所哉？謂之無者，盡信書之謂也。

（唐）劉蛻《劉蛻集》卷二《禹書上》 以功不就而受誅，則可謂勤民而死乎？曰：不然。然則夏之郊也，奚不尋其先，安得以鯀配。曰：以功不就則可謂勤民《文苑》作以功不可就則不可謂勤民。而死也，以誅其身則可謂一作爲。勤其家也，《文苑》作矣。不怨君誅而尋父功，鯀當誅也。《傳》曰：不以家事辭王事，既勤其家爲天下，故報其勤家于夏郊而已矣。有鯀之誅而不廢其功，禹爲其子也，不得以天下而擇其功者，禹爲《文苑》無爲字。之事鬼神也，微禹之爲子，先人之罪將不食矣。故其子之功，由勤父嗣也。然則夏郊宜矣，于是君誅其怠也，而子不怨其家祭，其勤也，民神《文苑》無神字。弗畔。蓋禹以天下不逮事其父而致孝乎。

(宋) 姚鉉《唐文粹》卷四二高參《漢高祖僞遊議》 向使堯惡四凶之行，拒四嶽之舉，不待試用加之誅放，天下必以爲戮不辜矣。夫刑一人使天下知其罪則服，賞一人使天下知其賢則勸。若賞而不勸，刑而不服，則堯所不爲也。

(宋) 王安石《臨川先生文集》卷四一《劄子・論館職劄子二》 蓋人主之患在不窮理，不窮理則不足以知言，不知言則不足以知人，不知人則不能官人，不能官人則治道何從而興乎？陛下堯、舜之主也，其所明見，秦、漢以來欲治之主，未有能彷彿者，固非羣臣所能窺望。然自堯、舜、文、武皆好問以窮理，擇人而官之以自助，其意以爲王者之職，在於論道，而不在於任事，在於擇人而官之，而不在於自用。願陛下以堯、舜、文、武爲法，則聖人之功必見於天下。

《二程集・河南程氏經説》卷二《書解》 典，典則也。上古時淳朴，因時爲治，未立法度典制。至堯而始著治迹，立政有綱，制事有法，故其治可紀，所以有書而稱典也。楊子曰：法始乎伏羲，成乎堯。蓋伏羲始畫卦，造書契，開其端矣；至堯而與世立則，著其典常，成其治道，故云成也。

又： 上古淳朴，隨事爲治，未立法度，至堯始明治道，因事立法，著爲典常。其施政制事，皆依循法則，著見功迹，可爲典常也。不惟聖人隨事之宜，亦憂患後世而有作也。

(宋) 陸九淵《陸九淵集》卷一九《本齋記》 唐虞之朝，禹治水，皋陶明刑，稷降播種，契敷五教，益作虞，垂作工，伯夷典禮，夔典樂，龍作納言，各共其職，各敦其功，以成雍熙之治。

(明) 張溥《漢魏六朝百三家集》卷三董仲舒《漢董仲舒集・策・賢良策》 制曰：蓋聞善言天者，必有徵於人，善言古者，必有驗於今。故朕垂問乎天人之應，上嘉唐虞，下悼桀紂，寖微寖滅寖明寖昌之道，虛心以改。今子大夫明於陰陽所以造化習於先聖之道業，然而文采未極，豈惑乎當世之務哉？條貫靡竟，統紀未終，意朕之不明與？聽若眩與？夫三王之教，所祖不同，而皆有失，或謂久而不易者道也，意豈異哉？今子大夫既已著大道之極，陳治亂之端矣，其悉之究之，孰之復之。《詩》不云乎：嗟爾君子，毋常安息，神之聽之，介爾景福。朕將親覽焉，子大夫其茂明之。

對曰：臣聞《論語》曰：有始有卒者，其惟聖人乎！今陛下幸加惠，留聽於承學之臣，復下明册，以切其意，而究盡聖德，非愚臣之所能具也。前所上對，條貫靡竟，統紀不終，辭不別白，指不分明，此臣淺陋之罪也。册曰：善言天者必有徵於人，善言古者必有驗於今。臣聞天者群物之祖也，故徧覆包函，而無所殊，建日月風雨以和之，經陰陽寒暑以成之。故聖人法天而立道，亦溥愛而亡私，布德施仁以厚之，設誼立禮以導之。春者天之所以生也，仁者君之所以愛也；夏者天之所以長也，德者君之所以養也；霜者天之所以殺也，刑者君之所以罰也。繇此言之，天人之徵，古今之道也。孔子作《春秋》，上揆之天道，下質諸人情，參之於古，考之於今。故《春秋》之所譏，災害之所加也；《春秋》之所惡，恠異之所施也。書邦家之過，兼災異之變，以此見人之所爲，其美惡之極，乃與天地流通，而往來相應，此亦言天之一端也。古者修教訓之官，務以德善化民，民已大化之後，天下常亡一人之獄矣。今世廢而不修，亡以化民，民以故棄行誼而死財利，是以犯法而罪多。一歲之獄，以萬千數。以此，見古之不可不用也，故《春秋》變古則譏之。天令之謂命，命非聖人不行；質樸之謂性，性非教化不成；人欲之謂情，情非度制不節。是故王者上謹於承天意，以順天也；下務明教化民，以成性也；正法度之宜，別上下之序，以防欲也。修此三者，而大本舉矣。人受命於天，固超然異於群生，入有父子兄弟之親，出有君臣上下之誼，會聚相遇，則有耆老長幼之施；粲然有文以相接，驩然有恩以相愛，此人之所以貴也。生五穀以食之，桑麻以衣之，六畜以養之，服牛乘馬，圈豹檻虎，是其得天之靈，貴於物也。故孔子曰：天地之性，人爲貴。明於天性，知自貴於物；知自貴於物，然後知仁誼；知仁誼，然後重禮節；重禮節，然後安處善；安處善，然後樂循理；樂循理，然後謂之君子。故孔子曰：不知命，亡以爲君子。此之謂也。册曰：上嘉唐虞，下悼桀紂，寖微寖滅寖明寖昌之道，虚心以改。臣聞衆少成多，積小致鉅，故聖人莫不以晻致明，以微致顯。是以堯發於諸侯，舜興乎深山，非一日而顯也，蓋有漸以致之矣。言出於已，不可塞也；行發於身，不可掩也。言行，治之大者，君子之所以動天地也。故盡小者大，慎微者著。《詩》曰：惟此文王，小心翼翼。故堯兢兢日行其道，而舜業業日致其孝，善積而名顯，德章而身尊，此其寖明寖昌之道也。積善在身，猶長日加益，而人不知也；積惡在身，猶火銷膏，而人不見也。非明乎情性，察乎流俗者，孰能知之？此唐虞之所以得令名，而桀紂之可爲悼懼者也。夫善惡之相從，如景嚮之應形聲也。故桀紂暴謾，讒賊並進，賢知隱伏，惡日顯，國日亂，晏然自以如日在天，終陵夷而大壞。夫暴逆不仁者，非一日而亡也，亦以漸至，故桀、紂雖亡道，然猶享國十餘年，此其寖微寖滅之道也。册曰：三王之教所祖不同，而皆有失，或謂久而不易者道也，意豈異哉？臣聞夫樂而不亂，復而不厭者謂之道；道者萬世亡弊，弊者道之失也。先王之道，必有偏而不起之處。故政有眊而不行，舉其偏者以補其弊而已矣。三王之道所祖不同，非其相反，將以捄溢扶衰，所遭之變然也。故孔子曰：無爲而治者，其舜乎！改正朔，易服色，以順天命而已；其餘盡循堯道，何更爲哉！故王者有改制之名，亡變道之實。然夏上忠，殷上敬，周上文者，所繼之捄，當用此也。孔子曰：殷因於夏禮，所損益可知也；周因於殷禮，所損益可知也。其或繼周者，雖百世可知也。此言百王之用，以此三者矣。夏因於虞，而獨不言所損益者，其道如一，而所上同也。道之大原出於天，天不變，道亦不變，是以禹繼舜，舜繼堯，三聖相受而守一道，亡救弊之政也，故不言其所損益也。由是觀之，繼治世者其道同，繼亂世者其道變。今漢繼大亂之後，若宜少損周之文，致用夏之忠者。陛下有明德嘉道，愍世俗之靡薄，悼王道之不昭，故舉賢良方正之士，論議考問，將欲興仁誼之休德，明帝王之法制，建太平之道也。臣愚不肖，述所聞，誦所學，道師之言，廑能勿失耳。若乃論政事之得失，察天下之息耗，此大臣輔佐之職，三公九卿之任，非臣仲舒所能及也。然而臣之竊有恠者。夫古之天下亦今之天下，今之天下亦古之天下，共是天下，古亦大治，上下和睦，習俗美盛，不令而行，不禁而止，吏亡姦邪，民亡賊盜，囹圄空虚，德潤草木，澤被四海，鳳皇來集，麒麟來游，以古準今，壹何不相逮之遠也！安所繆盭而陵夷若是？意者有所失於古之道與，有所詭於天之理與，試迹之古，返之於天，儻可得見乎？夫天亦有所分予，予之齒者去其角，傅之翼者兩其足，是所受大者不得取小也。古之所予禄者，不食於力，不動於末。是亦受大者不得取小，與天同意者也。夫已受大，又取小，天不能足，而況人乎！此民之所以囂囂苦不足也。身寵而載高位，家温而食厚禄，因乘富貴之資力，以與民爭利於下，民安能如之哉！是故衆其奴婢，多其牛羊，廣其田宅，博其產業，畜其積委，務此而亡已，以迫蹵民，民日削月朘，寖以大窮。富者奢侈羡溢，貧者窮急愁苦；窮急愁苦而上不救，則民不樂生；民不樂生，尚不避死，安能避罪！此刑罰之所以蕃，而姦邪不可勝者也。故受禄之家，食禄而已，不與民爭業，然後利可均布，而民可家足。此上天之理，而亦太古之道，天子之所宜法以爲制，大夫之所當循以爲行也。故公儀子相魯，之其家，見織帛，怒而出其妻，食於舍而茹葵，愠而拔其葵，曰：吾已食禄，又奪園夫紅女利乎！古之賢人君子在列位者皆如是，是故下高其行而從其教，民化其廉而不貪鄙。及至周室之衰，其卿大夫緩於列而急於利，亡推讓之風，而有爭田之訟。故詩人疾而刺之，曰：節彼南山，維石巖巖，赫赫師尹，民具爾瞻。爾好誼，則民鄉仁而俗善；爾好利，則民好邪而俗敗。由是觀之，天子大夫者，下民之所視效，遠方之所四面而内望也。近者視而放之，遠者望而效之，豈可以居賢人之位而爲庶人之行哉！夫皇皇求財利，常恐乏匱者，庶人之意也；皇皇求仁義，常恐不能化民者，大夫之意也。《易》曰：負且乘，致寇至。乘車者，君子之位也，負擔者，小人之事也，此言居君子之位而爲庶人之行者，其患禍必至也。若居君子之位，當君子之行，則舍公儀休之相魯，亡可爲者矣。《春秋》大一統者，天地之常經，古今之通誼也。今師異道，人異論，百家殊方，指意不同，是以上亡以持一統；法制數變，下不知所守。臣愚以爲諸不在六藝之科孔子之術者，皆絶其道，勿使並進。邪辟之説滅息，然後統紀可一而法度可明，民知所從矣。

（清）康有爲《論語注》卷八《泰伯》　子曰：泰伯，其可謂至德也已矣。三以天下讓，民無德而稱焉。德，《集解》引王肅云：無得而稱，近世從之。《後漢書·丁鴻傳》《延篤傳》及鄭《志》引此作德，《釋文》：本亦作德，則各本皆從德，今從之。

至德，爲德之至極，無以復加也。無德而稱，其遜隱微，無迹可見也。蓋太王三子，長泰伯，次仲雍，次季歷。季歷生子昌，是爲文王，有聖德。太王有翦商之志，而泰伯不從，太王遂欲傳位季歷，以及昌。泰伯知之。太王有疾，泰伯卽託採藥，偕仲雍逃之荆蠻。于是，太王乃立季歷，傳國至昌，至武王，而有天下。《論衡》謂：太王薨，泰伯還，王季辟主，泰伯再讓，王季不聽，三讓曰：吾之吴越，吴越之俗，斷髮文身，吾刑餘之人，不可爲宗廟社稷之主。季歷乃受。《韓詩外傳》與王充合。鄭注採藥不返，太王殁，季歷爲喪主，一讓也；季歷赴之，不來奔喪，二讓也；免喪之後，遂斷髮文身，三讓也，與《史記》合。然泰伯避位，未必復返，則從鄭説爲宜。使唐之建成、元吉知此，安有推刃之禍。于太王爲養志，採藥而不奔喪；于王季爲避迹，嗣立而非内禪；于商朝爲純臣，斷髮文身，不啻採薇叩馬矣。不獨泰伯至德，卽仲雍亦至德。此如夷、齊同稱，而單文多稱伯夷也。其後諸樊、餘祭競欲讓于季札，亦至德之餘風所激歟？

又：子曰：大哉堯之爲君也！巍巍乎！唯天爲大，唯堯則之。蕩蕩乎民無能名焉，巍巍乎其有成功也，焕乎其有文章！《説文》有奂，無焕字。近人多據《説文》以改《論語》今本，然今《論語》多魯《論》今文，若《説文》純乎古文，不足據也。

唯，猶獨也。則，猶準也。包氏曰：蕩蕩，廣遠之稱。言其布德廣遠，民無能識其名焉。蓋莫大于天，而堯與天準，則蒼蒼無正色，遠而無終極，故無可形容也。成功，事業也。焕，光明也。文章，禮樂法度。堯之德不可名，所可名者其功業、文章，巍然焕然，亦其粗跡，蓋歎美之至也。孔子志在大同，天下爲公之世，故最尊堯舜。然神人無功，至人無名，雖有非常之功業文章，亦不過游化示現之粗跡，于其至德無與也。其示現之跡，或以君而創民主之事，或以民而爲教主之業，廣大高明，血氣尊親，然聲色之化民，末也。上天之載，無聲無臭，微妙廣運，無所不在，爲太平世之民主可也，爲亂世之君主可也，爲選用舜、禹、皋陶、益可也，兼容共工、驩兜可也。龍蛇雜沓，蘭艾並生，此天所以爲大也，來爲中國之聖人可也，來爲此地之教主可也。立法各不同，魂身各不同，去爲他地之教主可也，魂氣無不之，神明無不在，在此地爲君主可也，在他地爲教主可也。聖而不可測之謂神，此天之所以爲大，而民所以不能名者。故謂之堯者，偶託焉爾。

又：子曰：禹，吾無閒然矣。菲飲食而致孝乎鬼神，惡衣服而致美乎黻冕，卑宫室而盡力乎溝洫。禹，吾無閒然矣。《史記·夏本紀》作卑宫室。致費於溝減。《史記》爲今文，則盡力或是古文。然《論》有齊、魯，姑闕之。【略】

包咸曰：方里爲井，井間有溝，溝廣深四尺。十里爲成，成間有洫，洫廣深八尺。禹奉身極儉樸，而飾于宗廟朝廷者極文明。不役民力以奉己，故築宫極卑；惟竭己力以濟民，故于水利極精。豐儉與人反，而適得其宜；安樂于己少，而適得其公。約己而豐施，劬躬而勤民，不以人君自侈縱，故有天下而不與；不以尚儉失文明，故巍乎有成功，焕乎有文章，所爲無可議也。然中國宫室卑污頗原于此，其有峻宇雕牆者，則後儒引以爲戒，此未通古今之故也。古者築城郭臺池皆役民力，卽文王亦所不免。秦始皇築長城萬里，築阿房三百里，皆役夫數十萬，死者如麻。漢武之築建章，千門萬户，金人承露盤高五十丈。北齊高洋之築鄴臺，高二十六丈，隋煬之築西苑二百里，率皆役民爲之。若使聖人再奬借之，則暴君民賊，專制窮奢，何所不至。奢者人情，何待于勸進哉？若後世，已用雇役，而君主已行立憲，則國體所關，文明所在，以工代施，愈能峻宇雕牆，愈益窮民，愈壯國體。孔子若生當今日，必大奬借之。《繁露·三代改制質文篇》，孔子爲明堂，已立三統之制。其地統曰：其屋卑污方。其天統曰：其屋高嚴侈員，則何嘗必以卑宫爲是乎？卑宫但據亂世之一統耳，文明世則改之。孔子聖之時者也，故《易》曰：觀其會通，以行其典禮。蓋惡人之泥于一端而生流弊也。孔子萬法並陳，故曰知時觀變矣。

紀事

《史記》卷一《五帝本紀》 舜年二十以孝聞，年三十堯舉之，年五十攝行天子事，年五十八堯崩，年六十一代堯踐帝位。踐帝位三十九年，南巡狩，崩於蒼梧之野。葬於江南九疑，是爲零陵。舜之踐帝位，載天子旗，往朝父瞽叟，夔夔唯謹，如子道。封弟象爲諸侯。舜子商均亦不肖，舜乃豫薦禹於天。十七年而崩。三年喪畢，禹亦乃讓舜子，如舜讓堯子。諸侯歸之，然後禹踐天子位。堯子丹朱，舜子商均，皆有疆土，以奉先祀。服其服，禮樂如之。以客見天子，天子弗臣，示不敢專也。

（清）徐文靖《竹書統箋》卷二《帝舜》 三十五年，帝命夏后征有苗。箋按《大禹謨》帝曰：咨，禹，惟是有苗弗率，汝徂征。禹乃會羣后，誓于師曰：蠢兹有苗，昏迷不恭，侮慢自賢，反道敗德，肆予以爾衆士，奉辭伐罪。三旬，苗民逆命。益贊于禹曰：至誠感神，矧兹有苗。禹拜昌言：班師振旅。帝乃誕敷文德，舞干羽于兩階。七旬，有苗格。

《魏書》卷七上《高祖紀上》 〔太和八年〕八月甲辰，詔曰：帝業至重，非廣詢無以致治；王務至繁，非博採無以興功。先王知其如此，故虚己以求過，明恕以思咎。是以諫鼓置於堯世，謗木立於舜庭，用能耳目四達，庶類咸熙。朕承累聖之洪基，屬千載之昌運，每布遐風，景行前式。承明之初，班下内外，聽人各盡規，以補其闕。中旨雖宣，允稱者少。故變時法，遠遵古典，班制俸禄，改更刑書。寬猛未允，人或異議，思言者莫由申情，求諫者無因自達，故令上明不周，下情壅塞。今制百辟卿士，工商吏民，各上便宜。利民益治，損化傷政，直言極諫，勿有所隱，務令辭無煩華，理從簡實。朕將親覽，以知世事之要，使言之者無罪，聞之者足以爲戒。九月甲午，蕭賾遣使朝貢。戊戌，詔曰：俸制已立，宜時班行，其以十月爲首，每季一請。於是内外百官，受禄有差。

《舊五代史》卷三九《唐書·明宗紀五》 〔天成三年春正月〕丁巳，詔曰：朕聞堯、舜有恤刑之典，貴務好生；禹、湯申罪己之言，庶明知過。今月七日據巡檢軍使渾公兒口奏稱，有百姓二人，以竹竿習戰鬬之事。朕初聞奏報，實所不容，率爾傳宣，令付石敬瑭處置。今旦重誨敷奏，今旦重誨敷奏，原本作令旦，今從《册府元龜》改正。方知悉是幼童爲戲，載聆讜議，方覺失刑，循揣再三，愧惕非一。亦以渾公兒誑誣頗甚，石敬瑭詳覆稍乖，致人枉法而殂，處朕有過之地。今減常膳十日，以謝幽冤，其石敬瑭是朕懿親，合施極諫，既兹錯誤，宜示省循，可罰一月俸。渾公兒決脊杖二十，仍銷在身職銜，配流登州。小兒骨肉，賜絹五十匹、粟麥各百石，便令如法埋葬。兼此後在朝及諸道州府，凡有極刑，並須子細裁遣，不得因循。百僚進表稱賀。

（宋）李燾《續資治通鑑長編》卷二三二《宋神宗熙寧五年》 上曰：鹽酒之法既未可弛，即須嚴禁。王安石曰：陛下雖致治如唐、虞時，鹽酒法亦不須弛。若欲推利與民，政須厚農而已。末作不禁，更能害農，非堯、舜之政也。

（宋）李燾《續資治通鑑長編》卷四〇五《宋哲宗元祐二年》 庚午，吕公著言：伏睹今月十五日，以經筵講畢《論語》，賜執政及講官御筵。是日，内出皇帝御書唐賢律詩，分賜臣等各一篇。臣等次日於延和殿簾前謝，蒙太皇太后宣諭：皇帝好學，在宫中别無所爲，惟是留心典籍。天下幸甚！臣伏思皇帝陛下睿哲之性，出於天縱，而復内稟慈訓，日新典學，誠以堯、舜、三代爲法，則四海不勞而治。今來《論語》終帙，進講《尚書》。二書皆聖人之格言，爲君之要道，願陛下念兹在兹，以廣聖德。臣職在輔導，無能裨補，輒於《尚書》、《論語》及《孝經》中節取要語共一百段進呈。聖人之言，本無可去取，今惟取明白切於治道者，庶便於省覽；或遊意筆硯之閒，以備揮染，亦日就月將之一助也。

《皇朝文獻通考》卷二一一《經籍考一》 康熙二十二年，翰林院掌院學士兼禮部侍郎牛鈕、孫在豐等奉敕編聖祖仁皇帝御製序曰：朕惟帝王道法，載在六經，而極天人，窮性命，開物前民，通變盡利，則其理莫詳於《易》。《易》之爲書，合四聖人立象、設卦、繫辭焉，而廣大悉備，自昔包犧、神農、黄帝、堯舜王天下之道，咸取諸此。蓋《詩》《書》之文，禮樂之具，《春秋》之行，事罔不於《易》會通焉。漢班固有言，六藝具五常之道，而《易》爲之原，詎不信歟。朕夙興夜寐，惟日孜孜，勤求治理。思古帝王立政之要必本經學，嘗博綜簡編，玩索精藴，至於《大易》，尤極研求。特命儒臣参考諸儒註疏傳義，撰爲解義一十八卷，日以進講。反復卦爻之辭，深探作《易》之旨。大抵造化功用，不外陰陽，而配諸人事，則有貞邪淑慝之別。運數所由盛衰，風俗所由治亂，君子小人所由進退，消長鮮不於奇耦二畫，屈伸變易之間見之。若乃體諸躬行，措諸事業，有觀民設教之方，有通德類情之用。恐懼修省以治身，思患預防以維世，引而伸之，觸類而長之，而治理備矣。於是刊刻成書，頒示天下，朕惟體乾四德，以容保兆民。且期庶司百執事矢于野渙羣之公成拔茅允升之美，則泰交娩於明良，而太和溢於宇宙，庶稱朕以經學爲治法之意也夫。

雜録

《尚書·虞書·大禹謨》 曰若稽古大禹，曰文命敷於四海，祗承于帝，曰：后克艱厥后，臣克艱厥臣，政乃乂，黎民敏德。

帝曰：俞！允若茲。嘉言罔攸伏，野無遺賢，萬邦咸寧。稽于衆，舍己從人，不虐無告，不廢困窮，惟帝時克。益曰：都！帝德廣運，乃聖、乃神、乃武、乃文，皇天眷命，奄有四海，爲天下君。

（清）黄奭輯《孝經緯·鉤命决》 三皇無文，五帝畫象，三王肉刑。注。畫象者，上罪墨象赭衣雜履，中罪赭衣雜屨。下罪雜屨而已。

（宋）劉恕《資治通鑑外紀》卷一上《包犧以來紀·包犧氏》 上古之時，人民無別，羣物不殊。此二句《易乾鑿度》文，《白虎通德論》所無。未有三綱六紀，衣食器用之利。《白虎通德論》無此下六字。民人但知其母，不知其父。《白虎通德論》此下有能覆前而不能覆後一句。卧則呿呿，起則吁吁。《白虎通德論》二則字皆作之。飢則求食，《白虎通德論》則字作卽。飽卽棄餘。茹毛飲血，而衣皮革。此上采《易乾鑿》有麻絲，衣其羽皮。所謂茹毛飲血而衣皮革者，此也。《白虎通德論》革作葦。伏犧德合上下。天應以鳥獸文章，地應以河圖洛書，則而象之。此《禮緯·含文嘉》文。【略】仰觀象於天，俯觀法於地，中觀萬物之宜，造八卦，始作三畫以象二十四氣。疏曰：劉向云：著之言，蓍龜之言久龜千歲，而靈蓍百年，而神以其長久，故能辯吉凶也。【略】紀陽氣之初，以爲律法。此《續漢書·律歷志》文，本文曰：宓羲作《易》。紀陽氣之初以爲律法。

（宋）劉恕《資治通鑑外紀》卷一上《包犧以來紀·黄帝》 神農氏世衰，諸侯相侵伐，暴虐百姓而《史記》此下有神農氏三字。弗能征。《史記》此下有於是二字。軒轅《史紀》此有乃字。習用干戈，以征不享，諸侯咸來賓從。《史記》此有而字。蚩尤最爲暴，莫能伐。炎帝欲侵陵諸侯，諸侯咸歸軒轅。軒轅《史記》此有乃字。修德振兵，治五氣，藝五種。撫萬民，度四方。教熊羆貔貅貙虎，與炎帝戰於阪泉之野，三戰然後得志。蚩尤作亂，不用命，軒轅徵師，《史記》此下有諸侯二字。與蚩尤戰於涿鹿之野。【略】此《史記·五帝本紀》文，《集解》引王肅曰：五氣五行之氣。藝，樹也。《詩》云：藝之荏菽。《周禮》曰：穀宜五種。鄭玄曰：五種黍之也。帝始制法度，萬世不易。此《白虎通德論》文，按本文號曰：黄者中和之色、自然之性，萬世不易，黄帝始作制度，得其中和，萬世常存，故稱黄帝也。又謚曰：黄帝，先黄後帝者何？古者質，死生同，稱各持行，合而言之，美者在上。黄帝始制法度，得道之中，萬世不易，後世雖聖莫能與同。後代德與天同，亦得稱帝，不能制作，故不得復稱黄也。《白虎通德論》及《禮記·序》疏引皇侃曰：禮名起於黄帝。有土德之瑞，故天下以爲號。

【略】帝鴻氏歸藏氏，內行刀鋸，外用甲兵，制陳法，設五旗五麾，天下不順者，從而征之，東至於海，西至於空桐，南至於江，北逐葷粥，而邑於涿鹿之阿。遷徙無常處，以師兵爲營衛。成命百物，以明民共財，受地形，象天文，以雲紀官，舉風后、力牧、太山、稽常、先大、鴻，得六相而天地治。

（宋）劉恕《資治通鑑外紀》卷一下《包犧以來紀·帝堯》 鯀播其淫心，稱遂共工之過，治水九年，鄣洪水而不息，功用不成。上二句《周語》文，韋昭曰：播，放也。稱，舉也。舉遂共工之過者，謂鄣洪水以下。參用《史記·夏本紀》及《禮記·祭法》文。鄣洪水，《史記》本文作治水。功用《尚書》作績用。孔傳曰：三考九年，功用不成。舜巡狩四岳，流共工，放驩兜，竄三苗，殛鯀，四罪而天下咸服。此《尚書·舜典》文。《大戴禮》、《史記》文同。本文云流共工于幽陵以變北狄，放驩兜於崇山以變南蠻，遷三苗于三危。云帝鴻氏、少皡氏、顓頊氏、縉雲氏皆有不才子。曰：渾敦、窮奇、檮杌、饕餮。堯不能去。《史記》不作未。舜投諸四裔以禦螭魅，卽四罪也。

又： 禹爲人敏給克勤，其德不違，其仁可親，其言可信。聲爲律，身爲度。此《大戴禮·五帝德》文，勸作濟違作回。下文又云，稱以上士亹亹穆穆爲綱、爲紀。《史記·夏本紀》同。《集解》引王肅曰以身爲法度。索隱曰：言禹聲音應鐘律。見耕者五耦而式，過十室之邑則下，爲秉德之士存焉。此《荀子·堯問》文。按《堯問》節無此文。與益稷命諸侯百姓，與人徒以傅土，行山表木，定高山大川。【略】鑿龍門，闢伊闕，析底柱，破碣石，通九派，疏五湖，濬四瀆。鴻水漏，中州乾，百川順流，蛇龍潛處，各歸其所。民得去高險，處平土，皆寍其牲。故天無伏陰。地無散陽，水無沈氣，火無災燀，神無閒行，民無淫心，時無逆數，物無害生。

又：禹常稱人無食，則不能使也，不利於人，則不能勸也。民勞而不怨苦者，利歸於人也。人有無糧賣子，禹以歷山之金，鑄幣贖之。此《説苑·君道》文。本文曰：禹稱民無食，則我不能使也。功成而不利於人，則我不能勸也。故疏河以導之，鑿江通於九派，灑五湖而定東海，民亦勞矣。然而不怨苦者，利歸於民也。賈誼《新書》畧同。蓋劉向又采其説也。其人有無糧賣子者，以下二句《莊子·外篇》文。令益予衆庶，稻可種卑濕。命稷予衆庶難得之食，食少調有餘，相給以均諸侯。此《史記·夏本紀》文。《尚書·皋陶謨》作暨益奏庶鮮食，暨稷播奏庶艱食。鮮食懋遷，有無按食：少調有餘。引鄭元曰：禹復與稷教民種澤物菜蔬難厄之食，授以水之衆鱻，食謂魚鱉也。粒，米也。禹乃行相地宜所有以貢，及山川之便利，復舊制爲九州，行自冀州始。制土田，各因所生，遠近賦入貢棐。此《史記·夏本紀》及《漢書·食貨志》文。《漢書》小顔注曰：九州謂冀、沇、青、徐、揚、荆、豫、梁、雍。棐讀與篚同。《左氏》襄公四年《傳》曰：茫茫禹跡，畫爲九州，接九州之名，見《尚書·禹貢》蓋承舜肇十有二州之後，復制爲九州也。《尚書》序曰：禹别九州，隨山濬川，任土作貢。楙遷有無，萬國作乂。此《漢書·食貨志》文。本《尚書·皋陶謨》，《尚書》本文作懋遷有無，化居烝民，乃粒萬邦作乂。《詩·周頌·思文》疏引鄭元曰：粒，米也，又養也。衆民乃復粒食，萬國作相養之禮。《漢書》小顔注曰：楙與茂同，勉也。言勸勉天下遷易有無，使之交足，則萬國皆治。蓋用應劭説。禹使大章步自東極，至于西垂，二億三萬三千五百里七十一步。又使豎亥步南極，盡於北垂，二億三萬三千五百里七十五步。四海之内，東西二萬八千里，南北二萬六千里。

(宋)劉恕《資治通鑑外紀》卷一下《包犧以來紀·帝舜》 舜載天子旗，往朝瞽叟，夔夔惟謹如子道。封弟象於有庳，爲諸侯，不得有爲於其國，天子使吏治其民而納其貢税，故謂之放。原注：韓子曰：瞽叟爲父而舜放之，象爲弟而舜殺之。此《史記·五帝本紀》及《孟子》文。《史記正義》引《帝王世紀》曰：舜弟象封于有鼻。《括地志》曰：鼻亭神，在道縣北六十里。故《左傳》曰：舜葬九疑家來。至此後人立祠名爲鼻亭神。引韓子者，在韓非書《忠孝》弟五十一。蓋戰國之異説繁多。道原舉以見誕妄發例在前矣。舜廣開視聽，求賢人以自輔，作五明扇，立誹謗木。此崔豹《古今注》及《淮南子·主術訓》文。高誘曰：書其善否於表木也。《御覽》八十一引《帝王世紀》同《史記·孝文本紀》。索隱引《尸子》作堯立誹謗之木。《管子》桓公問曰：舜有告善之旌，而主不蔽也。恭己無爲，彈五絃之琴，歌《南風》之詩，曰：南風之薰兮，可以解吾民之愠兮。南風之時兮，可以阜吾民之財兮。此《尸子》及《家語》文。《初學記》引揚雄《琴清英》曰：舜彈五絃之琴而天下治，堯加二絃以合君臣之恩。《禮記·樂記》舜作五絃之琴以歌《南風》。疏曰：《南風》，孝子之詩，舜以教天下之孝琴操。舜作《南風操》曰：及彼三山兮，商岳嵯峨，云云。又與諸書異。帥象禹之功，度之于軌儀，莫非嘉績，克厭帝心。此《周語》文。韋昭曰：帥，循也。軌，道也。儀，法也。謂禹與四嶽也。嘉，善也。績，功也。克，能也。厭，合也。帝，天也。舜美禹能以德修鯀之功，以爲司空，賜姓曰姒，封爲夏伯，氏曰有夏，謂之伯禹，天下宗之，謂之大禹。

又：舜以樂教天下，重黎舉夔，舜以爲樂正，命延益八絃。爲二十三絃之瑟，夔修九招六列六英。以明帝德。於是正六律，和五聲，以通八風而天下大服。重黎欲益求人。舜曰：樂天地之精，得失之節，夔能和之以平天下，一而足矣。

又：於時俊乂百工，相和而歌《卿雲》。帝倡之曰：卿雲爛兮，禮縵縵兮，日月光華，旦復旦兮。八伯稽首曰：明明上天，爛然星陳，日月光華，宏于一人。帝乃再歌。擁旋持衡枕首而笑曰：時哉，夫天下非一人之天下也。亦見乎鐘石竽瑟，乃及鳥獸，莫不闢情歸意焉。日月有常，星辰有行，四時順經，萬姓允誠，於予論樂。配天之靈，遷于賢聖，莫不咸聽。鼚乎鼓之，軒乎舞之，精華已竭，褰裳去之。此《尚書大傳》文。一本《禮》作糺。遷作還。精作菁。鄭元曰：卿當爲慶。《天文志》曰：若煙非煙，若雲非雲。有苗氏左洞庭，右彭蠡，大山在其南北，因險而不服。禹欲伐之，舜不許曰：吾德不厚而行武，非道也。乃論教焉，三年有苗氏請服。天下聞之。皆非禹而歸舜之德。原注：《舜典》云：竄三苗于三危。謂舜居攝之時。

（宋）劉恕《資治通鑑外紀》卷二上《夏商紀・夏后氏》　以五音聽治。懸鐘鼓磬鐸鞀，待四方之士。爲銘於簨虡曰：教寡人以道者擊鼓，諭以義者擊鐘，告以事者振鐸，語以憂者擊磬，有獄訟者摇鞀。一饋而十起，一沐三捉髮，以勞天下之民。此參用《鬻子》及《淮南子・氾論訓》文。摇鞀以下，《鬻子》作此之謂五聲。是以禹當據饋而七十起，日中不暇飽食。是以四海之士皆至。劉氏蓋專用《淮南子》文。高誘曰：道和陰陽，鼓一聲以調五音，故擊之。鐘金也，義者斷割，故擊之。鐸鈴金口木舌合爲音，聲事者，非一品故振之。磬石也，聲急憂亦急務，故擊之。獄亦訟，一辨千事，故取小鞀摇也。饋，食也。勞，猶憂也。出見罪人，下車問而泣之。左右曰：罪人不順道，君王爲何痛之。禹曰：堯舜之人，皆以堯舜之心爲心。寡人爲君，百姓各自以其心爲心，是以痛之。

（清）馬驌《繹史》卷九《陶唐紀》　《管子》昔者堯之治天下也，猶埴之在埏也。唯陶之所以爲，猶金之在鑪，恣冶之。所以鑄其民，引之而來，推之而往，使之而成，禁之而止。故堯之治也，善明法禁之令而已矣。

（清）馬驌《繹史》卷一三《夏禹受禪》　《説苑》禹出，見罪人，下車問而泣之。左右曰：夫罪人不順道，故使然焉，君王何爲痛之於此也。曰：堯舜之人皆以堯舜之心爲心，今寡人爲君也，百姓各自以其心爲心，是以痛之也。

（元）梁寅《策要》卷二《夏禹》　《淮南子》曰：禹懸鍾鼓磬鐸鞀以待四方之士。曰教寡人以道者擊鼓，諭以義者擊鍾，告以事者振鐸，語以憂者擊磬，有獄訟者摇鞀。一饋而十起，一沐而三握髮，以勞天下之民。《説苑》曰：禹出見罪人，下車問而泣之。左右曰：罪人不順道，君王何爲痛之。禹曰：堯舜之人，皆以堯舜之心爲心。寡人爲君，各自以其心爲心，是以痛之。

觀大禹之德，若無異於堯舜也。而荀卿乃曰：禹入聖域而不優，何也。曰觀之吾聖人之言，與諸子之言，而堯舜禹之德可見矣。聖人之稱堯曰，唯天爲大，唯堯則之。稱舜曰，無爲而治者，其舜也歟。其稱禹則曰，禹吾無間然矣。諸子之稱堯曰，其仁如天，其智如神。其稱禹則曰，一饋而十起，見罪人而泣。盖堯舜之德天也，禹之德則猶涉乎人也。

（唐）王方慶《魏鄭公諫録》卷三《對無事與公等飲》　太上皇幸兩儀殿，内外羣臣奉見。太上皇還西宫，太宗從至太安宫還，顧謂長孫無忌等曰：今天下無事，侍太上皇與公等同宴，可謂至樂。然朕若與公等忘政事，但歡宴，蓋非常安之法。公對曰：陛下酣宴之後，猶不忘庶政。古者堯、舜、禹、湯，所以太平，實用此道。太宗因曰：古之人君，處廊廟，居逸樂，臣下一事失所，便棄前功，解免黜放，急處如此。公對曰：人君發怒於一臣，將行刑罰，而能念其舊功者鮮矣。

（明）李東陽《大明會典序》　唐虞之時，堯舜至聖，始因事制法，凡儀文數度之間，天理之當然，無乎不在，故積之而博厚，發之而高明，巍然焕然，不可尚已。三王之聖，禹湯文武，視堯舜固不能無間，而典制寖備，純乎是理則同。

（清）陸曾禹《康濟録》卷三上《臨事之政・命條陳以開言路》　夏禹懸器，以招言者曰：教寡人以道者擊鼓，告事者鐸，訟獄者鞀，諭以義者鐘，有憂欲鳴者磬。每一饋十起，一沐三握髮，以勞民。鞀，音陶，有柄摇鼓。

謹案：大禹之治水，智超千古，功在萬年，猶欲以言自益。况乎後世帝王不及禹者多矣，可挾貴自矜，而不以善言爲急哉。《書》云：德日新，萬邦惟懷。志自滿，九族乃離。急下求言之詔，時聞規諫之條，有不日新其德歟。

《莊子・外篇・天地》　堯治天下，伯成子高立爲諸侯。堯授舜，舜授禹，伯成子高辭爲諸侯而耕。禹往見之，則耕在野。禹趨就下風，立而問焉，曰：昔堯治天下，吾子立爲諸侯。堯授舜，舜授予，而吾子辭爲諸侯而耕，敢問，其故何也？子高曰：昔堯治天下，不賞而民勸，不罰而民畏。今子賞罰而民且不仁，德自此衰，刑自此立，後世之亂自此始矣。夫子闔行邪？无落吾事！俋俋乎耕而不顧。

《尸子》卷下《散見諸書文彙輯》　舜一徙成邑，再徙成都，三徙成國。其致四方之士，堯聞其賢，徵之草茅之中，與之語禮樂而不逆，與之語政至簡而易行，與之語道廣大而不窮，於是妻之以媓，媵之以娥，九子事之而託天下焉。《管子・治國篇》云舜一徙成邑，二徙成都，參徙成國。舜非嚴刑罰重禁令而民歸之矣。去者必害從者必利也。《莊子・徐無鬼篇》云：舜有羶行，百姓悦之，故三徙成都，至鄧之虚而十有萬家。堯聞舜之賢，舉之童土之地。

《吕氏春秋・有始覽・謹聽》五曰：昔者禹一沐而三捉髮，一食而三起，以禮有道之士，通乎己不足也。通乎己之不足，則不與物爭矣。愉易平静以待之，使夫自得之；因然而然之，使夫自言之。亡國之主反此，乃自賢而少人。少人則説者持容而不極，聽者自多而不得，雖有天下，何益焉？是乃冥之昭，亂之定，毁之成，危之寧。故殷、周以亡，比干以死，誖而不足以舉。故人主之性，莫過乎所疑，而過於其所不疑；不過乎所不知，而過於其所以知。故雖不疑，雖已知，必察之以法，揆之以量，驗之以數。若此則是非無所失，而舉措無所過矣。

（漢）劉安《淮南子》卷八《本經訓》古者聖人在上，政教平，仁愛洽，上下同心，君臣輯睦，衣食有餘，家給人足，父慈慈，柔。子孝，兄良弟順，生者不怨，死者不恨，有道之世，人得甘志，故生者不怨也，皆終其天命，故死者不恨。天下和洽，人得其願。夫人相樂無所發貺。故聖人爲之作樂以和節之。夫人，衆人也，但中心相樂無以發其恩賜也。故聖人爲之作樂以節之，猶通制也。

（漢）劉安《淮南子》卷一〇《繆稱訓》聖人在上，則民樂其治；在下，則民慕其意。小人在上位，如寢關曝纊。寢謂卧關上之不安纊繭也。曝繭蛹動搖不休死乃止也。不得須臾寧。

又：子產騰辭，騰，傳也。子產作刑書，有人傳詞詰之。獄繁而無邪。繁，多也。獄雖益多而下無邪也。失諸情者，則塞於辭矣。失事之情則爲世人辭所窮塞也。成國之道，工無僞事，農無遺力，士無隱行，官無失法，譬若設網者，引其網而萬目開矣。舜禹不再受命，受命于人，不受于天。堯舜傳大焉。先形乎小也。形，見也。先見微小以知大。刑於寡妻，至於兄弟。禪於家國，而天下從風。禪，傳也。言堯舜禹相傳天下服之也。

又：文王辭千里之地，而請去炮烙之刑。紂拘文王，文王獻寶於紂，紂賞以千里之地，文王不受，願去炮烙之刑。故聖人之舉事也，進退不失時。

（晉）王嘉《王子年拾遺記》卷一《軒轅黄帝》軒轅出自有熊之國，母曰吴樞。以戊己之日生，故以上德稱王也。時有黄星之祥。考定曆紀，始造書契，服冕垂衣，故有衮龍之頌。變乘桴以造舟楫，水物爲之祥踴，滄海爲之恬波。泛河沉璧，有澤馬羣鳴。山車蒲野，吹玉律，正璇衡。置四史以上圖籍，使九行之士以統萬國。九行者，孝、慈、文、信、言、忠、恭、勇、義。以觀天地，以祠萬靈，亦爲九德之臣。薰風至，真人集，乃厭世於昆臺之上，留其冠、劍、佩、舄焉。昆臺者，鼎湖之極峻處也，立館於其下。帝乘雲龍而遊，殊鄉絶域，至今望而祭焉。帝以神金鑄器，皆銘題。及昇遐後，羣臣觀其銘，皆上古之字，多磨滅缺落，凡所造建，咸刋記其年時，辭跡皆質。詔使百辟羣臣受德教者，先列珪玉於蘭蒲席上，燃沉榆之香。舂雜寶爲屑，以沉榆之膠和之爲泥，以塗地，分别尊卑華戎之位也。事出《封禪記》。帝使風后負書，常伯荷劍，旦遊洹流，夕歸陰浦，行萬里而一息。洹流如沙塵，足踐則陷，其深難測。大風吹沙如霧，中多神龍魚鼈，皆能飛翔。有石蕖青色，堅而甚輕，從風靡靡，覆其波上。一莖百葉，千年一花。其地一名沙瀾，言沙湧起而成波瀾也。仙人甯封食飛魚而死，二百年更生。故甯先生遊沙海七言頌云：青蕖灼爍千載舒，百齡暫死餌飛魚。則此花此魚也。

法三代分部

論説

《周易正義・師》上六：大君有命，開國承家，小人勿用。處師之極，師之終也。大君之命，不失功也。開國承家，以寧邦也。小人勿用，非其道也。疏：上六大君有命至小人勿用。正義曰：大君有命者，上六處師之極，是師之終竟也。大君謂天子也，言天子爵命此上六，若其功大，使之開國爲諸侯；若其功小，使之承家爲卿大夫。小人勿用者，言開國承家，須用君子，勿用小人也。《象》曰：大君有命，以正功也。小人勿用，必亂邦也。疏：正義曰：大君有命，以正功也者，正此上六之功也。小人勿用，必亂邦也者，若用小人，必亂邦國，故不得用小人也。

（清）孫星衍《周易集解·師》《象》曰：【略】上六，大君有命。解：【略】明己之受命，文王之德也。故《書·泰誓》曰：予克紂，非予武，惟朕文考无罪。受克予，非朕文考有罪。惟予小子无良，開國封諸侯也，承家，立都邑也，小人勿用，非所能矣。

《尚書·商書·仲虺之誥》成湯放桀于南巢，惟有慙德，曰：予恐來世以台爲口實。

仲虺乃作誥曰：嗚呼！惟天生民有欲，無主乃亂。惟天生聰明時乂，有夏昏德，民墜塗炭，天乃錫王勇智，表正萬邦，纘禹舊服。兹率厥典，奉若天命。夏王有罪，矯誣上天，以布命于下。帝用不臧，式商受命，用爽厥師。簡賢附勢，寔繁有徒，肇我邦予有夏，若苗之有莠，若粟之有秕，小大戰戰，罔不懼于非辜。矧予之德言足聽聞？惟王不邇聲色，不殖貨利，德懋懋官，功懋懋賞，用人惟己，改過不吝，克寬克仁，彰信兆民。

《尚書·商書·太甲上》惟嗣王不惠于阿衡，伊尹作書曰：先王顧諟天之明命，以承上下神祇，社稷宗廟，罔不祗肅。天監厥德，用集大命，撫綏萬方。惟尹躬克左右厥辟，宅師，肆嗣王丕承基緒。惟尹躬先見于西邑夏，自周有終，相亦惟終。其後嗣王罔克有終，相亦罔終。嗣王戒哉！祗爾厥辟，辟不辟，忝厥祖。

王惟庸，罔念聞。伊尹乃言曰：先王昧爽丕顯，坐以待旦。旁求俊彦，啓迪後人，無越厥命以自覆。慎乃儉德，惟懷永圖，若虞機張，往省括于度，則釋。欽厥止，率乃祖攸行。惟朕以懌，萬世有辭。

《論語注疏·泰伯》子曰：泰伯，其可謂至德也已矣，三以天下讓，民無得而稱焉。注：王曰：泰伯，周大王之長子，次弟仲雍，少弟季歷，季歷賢，又生聖子文王昌，昌必有天下，故泰伯以天下三讓於王季，其讓隱，故無得而稱言之者，所以爲至德也。音義：得，本亦作德。大，音泰，少詩照反。疏：正義曰：此章論泰伯讓位之德也。泰伯，周太王之長子，次弟仲雍，少弟季歷，季歷賢，又生聖子文王昌，昌必有天下，故泰伯三以天下讓於王季。其讓隱，故民無得而稱言之者，故所以爲至德，而孔子美之也。鄭玄注云：泰伯，周太王之長子，次子仲雍，次子季歷，太王見季歷賢，又生文王，有聖人表，故欲立之，而未有命。太王疾，泰伯因適吳越採藥，太王殁，而不返。季歷爲喪主，一讓也。季歷赴之，不來奔喪，二讓也。免喪之後，遂斷髮文身，三讓也。三讓之美，皆隱蔽不著，故人無得而稱焉。注王曰至至德也。正義曰：云泰伯，周太王之長子，云云者。《史記·吳世家》云泰伯弟仲雍，皆周太王之子，而王季歷之兄也。季歷賢，而有聖子昌。太王欲立季歷以及昌，於是泰伯仲雍二人乃奔荆蠻，文身斷髮，示不可用，以辟季歷。季歷果立，是爲王季，而昌爲文王。泰伯之奔荆蠻，自號句吳，荆蠻義之，從而歸之千餘家，立爲吳泰伯。泰伯卒，無子，弟仲雍立，是爲吳仲雍。仲雍卒，子季簡立。季簡卒，子叔達立。叔達卒，子周章立。是時周武王克殷，求泰伯仲雍之後，得周章，周章已君吳，因而封之。乃封周章弟虞仲於周之北，故夏墟，是爲虞仲，列爲諸侯，是泰伯讓位之事也。

（宋）朱熹《四書章句集注·論語集注·堯曰》曰：予小子履，敢用玄牡，敢昭告于皇皇后帝：有罪不敢赦。帝臣不蔽，簡在帝心。朕躬有罪，無以萬方，萬方有罪，罪在朕躬。此引《商書·湯誥》之辭。蓋湯既放桀而告諸侯也。與《書》文大同小異。曰上當有湯字。履，蓋湯名。用玄牡，夏尚黑，未變其禮也。簡，閱也。言桀有罪，己不敢赦。而天下賢人，皆上帝之臣，己不敢蔽。簡在帝心，惟帝所命。此述其初請命而伐桀之辭也。又言君有罪非民所致，民有罪實君所爲，見其厚於責己薄於責人之意。此其告諸侯之辭也。

（清）焦循《孟子正義·梁惠王章句上》《章指》言：聖王之德，與民共樂，恩及鳥獸，則忻戴其上，大平化興；無道之君，衆怨神怒，則國滅祀絶，不得保守其所樂也。疏：恩及鳥獸，即《章句》言德及鳥獸魚鼈也。《白虎通·封禪篇》云王者德至鳥獸是也。忻戴者，忻與欣同。《國語·周語》云：祭公謀父諫穆王曰：商王帝辛，大惡於民，庶民弗忍，欣戴武王，以致戎於商牧。是先王非務武也，勤恤民隱而除其害也。韋昭注云：戴，奉也。《晉語》：史蘇朝告大夫曰：昔者之伐也，起百姓，以爲百姓也，是以民能欣之，韋昭注云：欣，欣戴也。又郭偃曰：夫人美於中，必播於外而越於民，民實戴之，韋昭注云：戴，欣戴也。【略】衆怨神怒則國滅祀絶。正義曰：《國語·周語》：内史過曰：國之將亡，其君貪冒辟邪，淫佚荒怠，麤穢暴虐，其政腥臊，馨香不登，其刑矯誣，百姓攜貳，明神弗蠲，而民有遠志，民神怨恫，無所依懷，故神亦往焉，觀其苛慝而降之禍。昔夏之興也，融降於崇山；其亡也，回祿信於聆隧。《湯誓》言衆怨，趙氏兼言神怒者，以文王靈臺靈沼所以稱靈，是爲神所佑。衆樂則神佑，衆怨則神怒矣。

（清）焦循《孟子正義·梁惠王章句下》齊宣王問曰：湯放桀，武王伐紂，有諸？注：有之否乎。

孟子對曰：於傳有之。注：於傳文有之矣。

曰：臣弒其君，可乎？注：王問臣何以得弒其君，豈可行乎。

曰：賊仁者謂之賊，賊義者謂之殘，殘賊之人，謂之一夫。聞誅一夫紂矣，未聞弑君也。注：言殘賊仁義之道者，雖位在王公，將必降爲匹夫，故謂之一夫也。但聞武王誅一夫紂耳，不聞弑其君也。《書》云獨夫紂，此之謂也。疏：注《書》云獨夫紂。正義曰：《荀子·議兵篇》云：誅桀紂若誅獨夫，故《太誓》云獨夫紂，此之謂也。趙氏引《書》，蓋卽謂此。又《正論篇》云：誅暴國之君，若誅獨夫。湯武非取天下也，修其道，行其義，興天下之同利，除天下之同害，而天下歸之也。天下歸之之謂王，天下去之之謂亡，故桀紂無天下，而湯武不弑君，由此效之也。《漢書·劉向傳》以蕭望之、周堪、劉向爲三獨夫，顔師古云：獨夫，猶言匹夫。

又：齊人伐燕，勝之。宣王問曰：或謂寡人勿取，或謂寡人取之，以萬乘之國伐萬乘之國，五旬而舉之，人力不至於此，不取必有天殃，取之何如？注：萬乘，非諸侯之號。時燕國皆侵地廣大，僭號稱王，故曰萬乘。五旬，五十日也。《書》曰：朞三百有六旬。言五旬未久而取之，非人力，乃天也。天與不取，懼有殃咎，取之何如。疏：注五旬至六旬。正義曰：《説文》勹部云：旬，徧也。十日爲旬。鄭康成注《儀禮》、《禮記》，高誘注《吕氏春秋》、《淮南子》，皆以旬爲十日，故五旬爲五十日。《戰國策·齊策》云：張儀以秦魏伐韓，齊王曰：韓，吾與國也。秦伐之，吾將救之。田臣思曰：王之謀過矣，不如聽之。子噲與子之國，百姓不戴，諸侯弗與，秦伐韓，楚、趙必救之，是天下以燕賜我也。王曰：善。因起兵攻燕，三十日而舉燕國。此三字當是五字之譌。引《書》者，《堯典》文。王肅注《堯典》云：期，四時也。一朞，三百六十五日四分日之一，又入六日之内，舉全數以言之，故云三百六十六日也。引此以明旬爲十日之證。注天舉不取懼有殃咎，正義曰：《説文》歺部云：殃，咎也。《國語·越語》云：得時無怠，時不再來；天與不取，反爲之災。《史記·張耳陳餘列傳》云：臣聞天與不取，反受其咎。《淮陰侯列傳》云：天與弗取，反受其咎；時至不行，反受其殃。《説苑·説叢》引作時至不迎。

孟子對曰：取之而燕民悦，則取之。古之人有行之者，武王是也。注：武王伐紂，而殷民喜悦，簞厥玄黄而來迎之，是以取之也。取之而燕民不悦，則勿取。古之人有行之者，文王是也。注：文王以三仁尚在，樂師未犇。取之懼殷民不悦，故未取之也。疏：注三仁尚在樂師未犇。正義曰：《論語》云：微子去之，箕子爲之奴，比干諫而死，孔子曰：殷有三仁焉。《史記·殷本紀》云：西伯既卒，周武王之東伐，至盟津，諸侯叛殷會周者八百，諸侯皆曰：紂可伐也。武王曰：爾未知天命。乃復歸。紂愈淫亂不止，微子數諫不聽，乃與太師少師謀，遂去。比干曰：爲人臣者，不得不以死爭。乃强諫紂，紂怒曰：吾聞聖人心有七竅，剖比干，觀其心。箕子懼，乃徉狂爲奴，紂又囚之。殷之太師少師，乃持其祭樂器犇周，周武王遂率諸侯伐紂。《周本紀》云：諸侯不期而會盟津者，八百諸侯，諸侯皆曰：紂可伐矣。武王曰：女未知天命，未可也。乃還師歸。居二年，聞紂昏亂暴虐滋甚，殺王子比干，囚箕子，太師疵、少師强抱其樂器而犇周。樂師卽所云太師疵、少師彊也。當武王會孟津時，且以天命未去，未可伐紂，必俟三仁既喪，樂師既去，乃率諸侯伐紂。然則在文王時，其未可伐益可知也。《燕策》云：孟軻謂齊宣王曰：今伐燕，此文武之時，不可失也。孟子言文武之時不可失，卽《孟子》所謂取之而燕民悦，則取之，武王是也。取之而燕民不悦，則勿取，文王是也。而《策》不達其辭耳。以萬乘之國伐萬乘之國，簞食壺漿，以迎王師，豈有他哉，避水火也。如水益深，如火益熱，亦運而已矣！注：燕人所以持簞食壺漿來迎王師者，欲避水火難耳。如其所患益甚，則亦運行犇走而去矣。今王誠能使燕民免於水火，亦若武王伐紂殷民喜悦之時，則可取之。疏：注則亦運行犇走而去矣，正義曰：《爾雅·釋詁》云：運，徙也。《淮南子·原道》、《終身》、《覽冥》等篇，高誘注皆云：運，行也。故以行釋運，以行字未了，以犇走申之。犇走而去，是行亦卽是避也。

《章指》言：征伐之道，當順民心。民心悦則天意得，天意得，然後乃可以取人之國也。疏：征伐至國也，正義曰：《吕氏春秋·順民篇》云：先王先順民，故功名成。古本無複天意得三字。

（宋）朱熹《四書章句集注·孟子集注·滕文公章句上》 夏后氏五十而貢，殷人七十而助，周人百畝而徹，其實皆什一也。徹者，徹也。助者，藉也。徹，敕列反。借，子夜反。此以下乃言制民常產，與其取之之制也。夏時一夫授田五十畝，而每夫計其五畝之入以爲貢。商人始爲井田之制，以六百三十畝之地，畫爲九區，區七十畝，中爲公田，其外八家各授一區，但借其力以助耕公田，而不復税其私田。周時一夫授田百畝。

（清）焦循《孟子正義·滕文公章句下》 孟子曰：湯居亳，與葛爲鄰。葛伯放而不祀，湯使人問之曰：何爲不祀？曰：無以供犧牲也。湯使遺之牛羊，葛伯食之，又不以祀。注：葛，夏諸侯，嬴姓之國。放縱無道，不祀先祖。【略】

湯又使人問之曰：何爲不祀？曰：無以供粢盛也。湯使亳衆往爲之耕，老弱饋食。葛伯率其民，要其有酒食黍稻者奪之，不授者殺之。有童子以黍肉餉，殺而奪之。《書》曰葛伯仇餉，此之謂也。注：童子未成人，殺之尤無狀。書，《尚書》逸篇也。仇，怨也。言湯所以伐殺葛伯，怨其害此餉也。疏：注童子至無狀，正義曰：《禮記·曲禮》云自稱於其君曰小童，注云：小童，若云未成人也。《雜記》稱陽童某甫，注云：童，未成人之稱也。《少儀》童子曰聽事，注云：童子未成人。《詩·芄蘭》，正義以十九歲以下皆是。《漢書·東方朔傳》竇太主徒跣頓首謝曰：妾無狀，負陛下，身當伏誅，師古曰：狀，形貌也。無狀，猶言無顔面以見人也。一曰自言所行醜惡無善狀。按趙氏用無狀爲葛伯罪，當謂其醜惡無善狀也。注書尚至餉也，正義曰：王氏鳴盛《尚書後案》云：考之《書序》：湯征諸侯，葛伯不祀，湯始征之，作《湯征》。則葛伯仇餉及湯一征自葛始云云，正《湯征》中語。上引仇餉既言《書》曰，則中雖間以釋《書》，至其下引一征則不復言《書》曰，至其下徯我后，則又加《書》曰，其非一篇甚明。桓公二年《左傳》云怨耦曰仇，是仇爲怨也。葛伯不當怨餉者，云仇餉，是謂其殺童子，使餉者仇怨之。不云餉者仇葛伯，而云葛伯仇餉，古人屬文，每如是也。下云爲匹夫匹婦復仇，則仇在匹夫怨葛伯也。葛仇殺餉，是葛伯以仇怨授餉者，故云仇餉也。江氏聲《尚書集注音疏》云：仇餉，謂葛伯殺餉者。是仇此餉者矣。爲其殺是童子而征之，四海之内皆曰：非富天下也，爲匹夫匹婦復讎也。注：四海之民皆曰：湯不貪天下富也，爲一夫報仇也。疏：注爲一夫報仇也。正義曰：《周禮・天官・宰夫》諸侯之復，注云：復，報也。是復讎即報仇。《史記・晉世家》云：仇者，讎也。《書》作仇，孟子以讎釋之。趙氏以仇釋讎，明孟子言讎，即《書》仇餉之仇也。湯始征，自葛載，十一征而無敵於天下，東面而征西夷怨，南面而征北狄怨，曰奚爲後我？民之望之，若大旱之望雨也。歸市者弗止，芸者不變，誅其君，弔其民，如時雨降，民大悦。《書》曰：徯我后，后來其無罰！注：載，始也。言湯初征自葛始也。十一征而服天下。一説言當作再字，再十一者，湯再征十一國。再十一，凡征二十二國也。書，逸篇也。民曰待我君，君來我則無罰矣。歸市不止，不以有軍來征故，市者止不行也。不使芸者變休也。疏：注載始至國也。正義曰：載與哉通，《爾雅・釋詁》云：哉，始也。故《毛詩・周頌》載見辟王，傳云：載，始也。《梁惠王篇》云：湯一征，自葛始。與此文略同。一卽始也。始卽載也。《爾雅・釋天》云：唐虞曰載，孫炎注云：載取萬物，終而復始。終而復始，義爲再，故一説以載作再。載屬下讀則湯始征自葛爲句，晚出《古文尚書・仲虺之誥》作初征自葛，蓋本此一説也。《隋書》煬帝伐高麗詔云：黄帝五十二戰，成湯二十七征。此又多於二十二，古書殘缺，未知所本矣。王氏鳴盛《尚書後案》云：其蘇、無罰互異，乃古人引經不拘處，猶上文易一爲始，易始爲載耳。注不使芸者變休也。正義曰：《爾雅・釋詁》云：休，息也。謂芸者本勤動，變而止息。有攸不惟臣，東征綏厥士女，匪厥玄黄，紹我周王見休，惟臣附于大邑周。其君子實玄黄於匪以迎其君子，其小人簞食壺漿以迎其小人。救民於水火之中，取其殘而已矣。注：從有攸以下，道周武王伐紂時也。皆《尚書》逸篇之文。攸，所也。言武王東征，安天下士女，小人各有所執往，無不惟念執臣子之節。匪厥玄黄，謂諸侯執玄三纁二之帛，願見周王，望見休善，使我得附就大邑周家也。其君子小人，各有所執，以迎其類也。言武王之師，救殷民於水火之中，討其殘賊也。疏：注從有攸至賊也。正義曰：江氏聲《尚書集注音疏》云：不類《孟子》之文而大類《尚書》，雖不稱《書》曰，自是《尚書》文也。據《孟子》本文承大邑周之下，云其君子實玄黄于匪，至取其殘而已矣，趙氏《章指》於而已矣，乃云從有攸以下，道武王伐紂時也，皆《尚書》逸篇之文也，是則統其君子以下云云皆爲逸《書》文矣。詳繹其文，則其君子以下乃孟子申説《書》意，非《尚書》文。攸所也，《爾雅・釋言》文。《大戴記・夏小正》綏多士女，《傳》云：綏，安也。綏厥士女，卽安天下士女也。《爾雅・釋詁》云：惟，思也。《詩・維天之命序》釋文引《韓詩》云：惟，念也。云小人各有所執往，解有攸二字。無不惟念執臣子之節，不惟惟也，猶不顯顯也，不承承也，故以無不解不字。《詩・商頌》有截其所，箋云：所，處也。《孟子》云無處而餽之，此有攸卽有所，有所卽有處。因下言其小人簞食壺漿，小人卽士女，故通下而言有所執往也。謂其執往，非無處也。其有所處也，卽惟念執臣子之節也。有攸不惟臣，乃小人，故申言東征綏厥士女，謂士女所以有所惟臣者，以武王東征來安之也，趙氏倒解之耳。《音義》出匪厥，云：丁云：義當作篚，篚以盛贄幣，此作匪，古字借用。阮氏元《校勘記》云：《説文》匚部：匪，似竹篋。引《周書》實玄黄于匪。非借用，乃正字也。竹部篚訓車笭也。《儀禮・聘禮》云釋幣，制玄纁，束。注云：凡物十曰束。玄纁之率，玄居三，纁居二。賈氏疏云：言率皆如是，玄三纁二者，象天三覆、地二載也。《禹貢》：荆州厥篚玄纁。《説文》糸部云：絳，大赤也。纁，淺絳也。蓋赤和以黄則淺，赤合黄爲纁，赤合黑爲玄，故玄黄卽玄纁也。《史記・魯仲連列傳》平原君曰：勝請爲紹介而見之於先生，集解引郭璞云：紹介，相佑助者。趙氏以願見釋紹字，本此。凡請見必由介紹也，《周禮・秋官・司儀》：及將幣，交擯三辭，車逆，拜辱，賓車進，答拜，三揖三讓，每門止一相，及廟，唯上相入。注云：相，謂主君擯者及賓之介也。謂之相者，於外傳辭耳。介紹而傳命者，君子於其所尊不敢質，敬之至也。是時諸侯匪厥玄黄來請見，謂相者曰：其介紹我周王，傳我願見之意，使我得見休，而臣附於大邑周也。曰大邑周，尊之也。二句乃述諸侯請見之辭也。以望釋見，以善釋休，以就釋附，惟臣卽不惟臣，亦念也。《太誓》曰：我武惟揚，侵于之疆，則取于殘，殺伐用張，于湯有光。注：《太誓》，古《尚書》百二十篇之時《太誓》也。我武王用武之時惟鷹揚也。侵于之疆，侵紂之疆界。則取于殘賊者，以張殺伐之功也。民有簞食壺漿之歡，比於湯伐桀，爲有光寵，美武王德優前代也。今之《尚書・太誓篇》，後得以充學，故不與古《太誓》同。諸傳記引《太誓》，皆古《太誓》。疏：注太誓至古太誓，正義曰：《尚書序》正義引鄭氏《書論》依《尚書緯》云：孔子求《書》，得黄帝玄孫帝魁之書，迄於秦穆公，凡三千二百四十篇，斷遠取近，定可以爲世法者百二十篇。以百二篇爲

《尚書》，十八篇爲《中候》。此趙氏云古《尚書》百二十篇所本也。《史記・儒林傳》云：秦時焚書，伏生壁藏之。其後兵大起，流亡，漢定，伏生求其《書》，亡數十篇，獨得二十九篇。劉向《别録》云：武帝末，民有得《泰誓》書於壁内者，獻之，與博士讀説之。《漢書・藝文志》：《尚書》古文經四十六卷，爲五十七篇。經二十九卷，大、小夏侯二家。《楚元王傳》注臣瓚曰：當時學者謂《尚書》惟有二十八篇。惠氏棟《古文尚書攷》云：二十八篇者，伏生也。二十九篇者，夏侯也。依伏生數，增《太誓》一篇。蓋伏生所藏百篇，僅存二十八篇，已無《太誓》；其時列於學官二十九篇之《太誓》，乃民間於壁中得之，故云後得以充學也。此文明云《太誓》當時後得之，《太誓》無此文，故趙氏以爲是古《太誓》也。後得之《泰誓》，今亦不存，惟《史記・周本紀》載之。近儒王氏鳴盛、江氏聲、孫氏星衍，皆掇拾成篇，然《坊記》引《大誓》曰云云，鄭氏注云：此武王誓衆以伐紂之辭也。今《太誓》無此章，則其篇散亡。鄭云今《太誓》無此章，則亦以爲古《太誓》矣。馬融《書敘》云：《泰誓》後得，按其文似若淺露。《春秋》引《太誓》曰：朕夢協朕卜，襲於休祥，戎商必克。《孟子》引《太誓》曰我武惟揚，侵于之疆，取彼凶殘，我伐用張，于湯有光。孫卿引《太誓》曰：獨夫受。《禮記》引《太誓》曰：予克受，非予武，唯朕文考無罪，受克予，非朕文考有罪，惟予小子無良。今文《太誓》皆無此語。吾見書傳多矣，所引《太誓》而不在《太誓》者甚多，弗復悉記。趙氏云：諸傳記引《太誓》皆古《泰誓》，固馬氏説也。孔氏廣森《經學卮言》云：《經典釋文》云：漢宣帝本始中，河内女子得《太誓》一篇，獻之，與伏生所誦合三十篇。漢世行之。按劉向《别録》云：武帝末，有得《泰誓》於壁内者。陸謂本始中，非也。然其云《太誓》一篇者，得之。蓋漢世僅見三篇之一，故《語》、《孟》、《左傳》所引《太誓》，皆適在其所未見兩篇中。意時博士有附會《書序》，強分爲三者，乃適致馬融之疑耳。時維鷹揚，《毛詩・大雅・大明》第八章文。《傳》云：如鷹之飛揚也。《易・師》九二傳云：承天寵也，《釋文》引鄭注云：寵，光耀也。是光即寵也。不行王政云爾。苟行王政，四海之内，皆舉首而望之，欲以爲君，齊楚雖大，何畏焉。注：萬章憂云宋迫於齊楚，不得行政，故孟子爲陳殷湯周武之事以喻之。誠能行之，天下思以爲君，何畏齊楚焉。

《章指》言：脩德無小，暴慢無強，是故夏商之末，民思湯武，雖欲不王，末由也已。疏：修德無小，暴慢無強。正義曰：《韓非子・内儲説》衛嗣君曰：治無小而亂無大，亦此意。民思湯武。正義曰：《淮南子・道應訓》云：尹佚曰：天地之間，四海之内，善之則吾畜也，不善則吾讎也。昔夏商之臣，反讎桀紂而臣湯武。是其義也。

《孟子注疏・離婁章句上》　孟子曰：三代之得天下也以仁，其失天下也以不仁。國之所以廢興存亡者亦然。三代：夏、商、周。國，謂公、侯之國，存亡在仁與不仁而已。天子不仁，不保四海；諸侯不仁，不保社稷；卿大夫不仁，不保宗廟；士庶人不仁，不保四體。今惡死亡而樂不仁，是由惡醉而強酒。保，安也。四體，身之四肢。強酒則必醉也，喻惡亡而樂不仁也。疏：孟子曰三代至強酒。正義曰：此章言人所以安，莫若爲仁，惡而弗去，患必及身，自上達下，而其道一也。孟子曰：三代之得天下也以仁，其失天下也以不仁。國之所以廢興存亡者亦然者。孟子言夏、商、周三代之王，其所以得天下也，以其皆以仁存心爲政於天下而得之也。三代之中，其有以失天下者，以其不仁，故失之也。以至公、侯之國，所以有廢而不興，有興而不廢者，亦如三代之得天下也以仁，失天下也以不仁也。以其皆在於仁道而已。天子不仁，不保四海；諸侯不仁，不保社稷；卿大夫不仁，不保宗廟；士庶人不仁，不保四體。今惡死亡而樂不仁，是猶惡醉而強酒者，孟子言爲天子者不爲仁，則不能安其四海；諸侯不仁則不能安其社稷；卿大夫不爲仁，則不能安其宗廟；士庶人不爲仁，則不能安其四體。四體，身之四肢也。天子守四海，諸侯守社稷，卿大夫守宗廟，士庶人守其身，故各因其所守而言也。今天之人皆知疾惡其死亡，而以樂爲不仁，是若惡其醉酒而以強飲其酒耳，亦《論語》孔子謂惡濕而居下之意也。

（清）焦循《孟子正義・離婁章句上》　孟子曰：天下有道，小德役大德，小賢役大賢；天下無道，小役大，弱役强：斯二者，天也。順天者存，逆天者亡。注：有道之世，小德小賢，樂爲大德大賢役，服於賢德也。無道之時，小國弱國，畏懼而役於大國强國也。此二者，天時所遭也。當順從之，不當逆也。齊景公曰：既不能令，又不受命，是絶物也。涕出而女於吴。注：齊景公，齊侯。景，謚也。言諸侯既不能令告鄰國，使之進退，又不能事大國，往受教命，是所以自絶於物。物，事也。大國不與之通朝聘之事也。吴，蠻夷也。時爲强國，故齊侯畏而恥之，泣涕而與爲婚。疏：涕出而女於吴。正義曰：《説苑・權謀篇》云：齊景公以其子妻闔廬，送諸郊，泣曰：余死不汝見矣。高夢子曰：齊負海而縣山，縱不能全收天下，誰干我君，愛則勿行。公曰：余有齊國之固，不能以令諸侯，又不能聽，是生亂也。寡人聞之，不能令，則莫若從。遂遣之。《吴越春秋・闔閭内傳》云：闔閭謀伐齊，齊侯使女爲質於吴，因爲太子波聘齊女。注云：齊景公女，孟子所謂涕出而女於吴，即此也。翟氏灝《考異》云：《左傳》僖公七年，孔叔言於鄭伯曰：既不能彊，又不能弱，所以斃也。景公言，蓋本其意。注物事至事也。正義曰：《毛詩・大雅・烝民》有物有則，傳云：物，事也。《周禮・大司徒》以鄉三物教萬民，《禮記・文王世子》行一物而三善皆得者，注並云：物，猶事也。兩國相交之事，莫如朝聘，故以絶物爲不與通朝聘之事也。今也小國師大國而恥受命焉，是猶弟子而恥受命於先師也。注：今小國以大國爲師學法度焉，而恥受教命，不從其進退，譬猶弟子不從師也。疏：注今小國至度焉。正義曰：《禮記・學記》云：夫然，故安其學而親其師。又云：師也者，所以學爲君也。故趙氏以學釋師，謂師大國卽學大國也。《書大傳》云：學，效也。《淮南子・脩務訓》以趣明師，高誘注云：師，所以取法則。法則卽法度。以大國爲師，卽是以大國爲法度，故疊以師學法度明之。如恥之，莫若師文王。師文王，大國五年，小國七年，必爲政於天下矣。注：文王行仁政，以移殷民之心，使皆就之。今師效文王，大國不過五年，小國七年，必得政於天下矣。文王時難，故百年乃洽。今之時易，文王由百里起，今大國乃踰千里，過之十倍有餘，故五年足以爲政；小國差之，故七年。《詩》云：商之孫子，其麗不億，上帝既命，侯于周服。侯服于周，天命靡常，殷士膚敏，祼將于京。注：詩，《大雅・文王》之篇。麗，億，數也。言殷帝之子孫，其數雖不但億萬人，天既命之，惟服於周，殷之美士，執祼鬯之禮，將事於京師，若微子者。膚，大。敏，達也。此天命之無常也。疏：注《詩・大雅》至常也，正義曰：詩在《大雅・文王》第四章及第五章。四章毛傳云：麗，數也。盛德不可爲衆也。箋云：于，於也。商之孫子，其數不徒億，多言之也。至天已命文王之後，乃爲君於周之九服之中，言衆之不如德也。五章毛傳云：則見天命之無常也。殷士，殷侯也。膚，美。敏，疾也。祼，灌鬯也。周人尚臭。將，行。京，大也。箋云：無常者，善則就之，惡則去之。殷之臣壯美而敏，來助周祭。趙氏義略同。《方言》云：䴡，數也。注云：偶物爲䴡，䴡與麗同。《周禮・夏官・校人》注云：麗，耦也。《小爾雅・廣言》云：麗，兩也。凡物自兩以上，皆數也。其麗不億，謂其偶不止於億也。十萬爲億，億而偶，則二十萬也。謂不止二十萬也。鄭以侯于周服爲爲君於周之九服之中，是以君釋侯，以九服釋周服。趙氏此句無釋，而注侯服于周云惟服于周，則是以惟釋侯，以服爲服從。乃鄭氏云善則就之，是以服于周爲就于周，與趙義不殊。微子封於微，趙氏舉此爲殷士，則亦以殷士爲殷侯。隱公五年《公羊傳》云：美，大之之辭也。《毛詩・小雅》以奏膚公，傳亦云：膚，大也。大與美，其義亦通也。敏爲疾，才識捷速，正其達也。《音義》出暢字，丁云：謂鬯酒也。古鬯通作暢，《禮記・雜記》云暢臼以椈，《春秋繁露・執贄篇》云天子用暢是也。孔子曰：仁，不可爲衆也。夫國君好仁，天下無敵。注：孔子云，行仁者，天下之衆不能當也。諸侯有好仁者，天下無敢與之爲敵。

(宋) 朱熹《四書章句集注・孟子集注・萬章章句上》 太甲顛覆湯之典刑，伊尹放之於桐，三年，太甲悔過，自怨自艾，於桐處仁遷義，三年，以聽伊尹之訓已也，復歸于亳。相、王皆去聲。艾音乂。此承上文言伊尹不有天下之事。趙氏曰：太丁，湯之太子，未立而死。外丙立二年，仲壬立四年，皆太丁弟也。太甲，太丁子也。程子曰：古人謂歲爲年，湯崩時，外丙方二歲，仲壬方四歲，惟太甲差長，故立之也。二説未知孰是。顛覆，壞亂也。典刑，常法也。桐，湯墓所在。艾，治也。《説文》云芟，草也。蓋斬絶自新之意。亳，商所都也。周公之不有天下，猶益之於夏，伊尹之於殷也。

(清) 焦循《孟子正義・萬章章句下》 《章指》言：匹夫友賢，下之以德；王公友賢，授之以爵。大聖之行，千載爲法者也。疏：大聖之行千載爲法。正義曰：襄公三十一年《左傳》云：文王之行，至今爲法。

(清) 焦循《孟子正義・盡心章句上》 孟子曰：伯夷辟紂，居北海之濱，聞文王作興，曰：盍歸乎來！吾聞西伯善養老者。大公辟紂，居東海之濱，聞文王作興，曰：盍歸乎來！吾聞西伯善養老者。注：已説於上篇。天下有善養老，則仁人以爲己歸矣。注：天下有若文王者，仁人將復歸之矣。五畝之宅，樹牆下以桑，匹婦蠶之，則老者足以衣帛矣。五母雞，二母彘，無失其時，老者足以無失肉矣。百畝之田，匹夫耕之，八口之家，足以無飢矣。注：五雞二彘，八口之家畜之，足以爲畜產之本也。疏：足以無飢矣。正義曰：阮氏元《校勘記》云：宋《九經》本、宋本、岳本、咸淳衢州本、孔本、韓本、《攷文》古本、足利本同。閩、監、毛三本足誤可。所謂西伯善養老者，制其田里，教之樹畜，導其妻子，使養其老。五十非帛不煖，七十非肉不飽，不煖不飽，謂之凍餒。文王之民無凍餒之老者，此之謂也。注：所謂無凍餒者，教導之使可以養老者耳，非家賜而人益之也。疏：不煖不飽謂之凍餒，正義曰：趙氏佑《温故録》云：無帛肉之不煖飽，與無衣食之不煖飽稍差。纔不煖不飽，尚未卽凍餒，而已謂之凍餒矣。謂之者，文王謂之也。

(宋) 劉恕《資治通鑑外紀》卷二下《商紀・武乙》 子古公亶父立，復修后稷公劉之業，積德行義，國人戴之。此《史記・周本紀》文，《魯語》所謂太王能率稷者也。《詩・大雅・緜傳》曰古公，豳公也，古言久也。亶父字或，殷以名言質也。武乙暴虐，犬戎寇邊，此《後漢書・西羌傳》文，章懷太子注曰：武乙卽武丁，五代孫也。薰育狄人來攻。古公事之以皮幣、犬馬、珠玉、菽粟、財貨，不得免焉。狄人又欲土地，古公曰：與之。耆老曰：君不爲社稷乎。古公曰：社稷，所以爲民也，不可以所爲亡民也。耆老曰：君不爲宗廟乎。公曰：宗廟吾私也，不可以私害民。夫有民立君，將以利之。與人之兄居而殺其弟，與人之父居而殺其子，以其所養害所養。吾不忍也。民之在我與在彼，爲吾臣與狄人臣，奚以異哉。二三子何患無君。杖策而去，率其私屬。出豳。渡漆沮，踰梁山，邑于岐山之陽，始改國曰周。原注，徐廣曰：梁山南有周原。豳人曰，仁人之君，不可失也。舉國扶老携弱，從之者二千乘，一止而成三千戶之邑。旁國聞其仁，亦多歸之。古公乃貶戎狄之俗，營築城郭室屋而邑別居之，作五官有司，民皆歌樂頌其德。

（宋）劉恕《資治通鑑外紀》卷三上《周紀一・武王》　周公問太公何以治齊？曰：尊賢而尚功。周公曰：後世必有簒弑之臣。太公問周公何以治魯？周公曰：尊尊而親親。太公曰：後世寖弱矣。

（清）馬驌《繹史》卷一九《文王受命》　《周書》昔在文王，商紂並立，困於虐政，將弘道以弼無道，作度訓，天生民而制其度，度小大以正權輕重，以極明本末，以立中；立中以補損，補損以知足□；□爵以明等極，極以正民，正中外以成命，正上下以順政，政以內□□□。自邇彌興，自遠遠邇，備極終也□微補在□□分微在明。明王是以敬微而順分，分次以知和，知和以知樂，知樂以知哀，哀樂以知，慧內外以知人，凡民生而有好，有惡，小得其所好，則善。大得其所好，則樂。小遭其所惡，則憂。大遭其所惡，則哀。凡民之所以好惡，生物是好，死物是惡，民至有好而不讓，不從其所好，必犯法，無以事上。民至有惡不讓，不去其所惡，必犯法，無以事上。偏行於此，尚有頑民，而况曰以可去其惡，而得其所好。民能居乎若不□力何以求之，力爭則力政，力政則無讓，無讓則無禮。無禮，雖得所好，民樂乎？若不樂，乃所惡也。凡民不忍好惡，不能分次，不次則奪，奪則戰，戰則何以養老幼？何以救痛疾死喪？何以胥役也？明王是以極等以斷好惡，教民次分力竟，任壯養老，長幼有報，民是以胥役也。夫力竟非衆不剋，衆非和不衆，和非中不立，中非禮不慎，禮非樂不履。明王是以無樂非人，無哀非人，人是以衆。人衆賞多罰少，政之美也。罰多賞少，政之惡也。罰多則困，賞多則乏，乏則無醜，教乃不至。是以，民主明醜以長子孫，子孫習服鳥獸仁德，土宜天時，百物行治。治之初壓初哉，治化則順。是故無順非厲長幼成而生曰順極。

又：　夫王者之道如龍首，高居而遠望，深視而審聽，示以形隱其情。若天之高不可極也；若淵之深不可測也。故可怒而不怒，姦臣乃作；可殺而不殺，大賊乃發；兵勢不行，敵國乃强。文王曰：善哉。

又：　文王問太公曰：王人者，何上何下何取何去何禁何止？太公曰：上賢、下不肖，取誠信，去詐僞，禁暴亂，止奢侈。故王人者有六賊、七害。文王曰：願聞其道。太公曰：夫六賊者，一曰臣有大作宮室池榭游觀倡樂者，傷王之德；二曰民有不事農桑，任氣游俠，犯歷法禁，不從吏教者，傷王之化；三曰臣有結朋黨，蔽賢智，障主明者，傷王之權；四曰士有抗志高節以爲氣勢，外交諸侯，不重其主者，傷王之威；五曰臣有輕爵位，賤有司，羞爲上犯難者，傷功臣之勞；六曰强宗侵奪，陵侮貧弱，傷庶人之業。七害者，一曰無智畧權謀，而重賞尊爵之，故强勇輕戰僥倖於外，王者謹勿使爲將；二曰有名無實，出入異言，掩善揚惡，進退爲巧，王者謹勿與謀；三曰朴其身躬惡其衣服，語無爲而求名，言無欲而求利，此僞人也，王者謹勿近；四曰奇其冠帶，偉其衣服，博聞辯辭，虛論高議，以爲容美，窮居靜處而誹時俗，此姦人也，王者謹勿寵；五曰讒佞苟得以求官爵，果敢輕死以貪祿秩，不圖大事貪利而動，以高談虛論說於人主，王者謹勿使；六曰爲雕文刻鏤技巧華飾而傷農事，王者必禁；七曰僞方異技，巫蠱左道不祥之言幻惑良民，王者必止之。故民不盡力非吾民也；士不誠信非吾士也；臣不忠諫非吾臣也；吏不平潔愛人非吾吏也；相不能富國强兵，調和陰陽以安萬乘之主，正羣臣、定名實、明賞罰、樂萬民，非吾相。

《漢書》卷四八《賈誼傳》　夫三代之所以長久者，以其輔翼太子有此具也。及秦而不然。其俗固非貴辭讓也，所上者告訐也；固非貴禮義也，所上者刑罰也。使趙高傅胡亥而教之獄，所習者非斬劓人，則夷人之三族也。故胡亥今日即位而明日射人，忠諫者謂之誹謗，深計者謂之妖言，其視殺人若艾草菅然。豈惟胡亥之性惡哉？彼其所以道之者非其理故也。

鄙諺曰：不習爲吏，視已成事。又曰：前車覆，後車誡。夫三代之所以長久者，其已事可知也；然而不能從者，是不法聖智也。秦世之所以亟絶者，其轍跡可見也；然而不避，是後車又將覆也。夫存亡之變，治亂之機，其要在是矣。天下之命，縣於太子；太子之善，在於早諭教與選左右。夫心未濫而先諭教，則化易成也；開於道術智誼之指，則教之力也。若其服習積貫，則左右而已。夫胡、粵之人，生而同聲，耆欲不異，及其長而成俗，累數譯而不能相通，行者〔有〕雖死而不相爲者，則教習然也。臣故曰選左右早諭教最急。夫教得而左右正，則太子正矣，太子正而天下定矣。《書》曰：一人有慶，兆民賴之。此時務也。

（宋）李燾《續資治通鑑長編》卷四二六《宋哲宗元祐四年》　成王幼則能治身，能事親，長則能治其天下國家，制禮作樂，刑措不用，本不在茲乎？

《皇朝通志》卷四八《謚畧一》　臣等按《虞書》曰：率作興事，慎乃憲書。傳曰：憲，法也。《說命》曰：惟天聰明，惟聖時憲。又曰：監于先王成憲。《周禮》疏曰：懸法以示人曰憲。《中庸》亦云：憲章文武，蓋惟憲天立教之聖人，然後能慎法度、興政事，俾萬世奉爲成憲；守而不忘，若虞、舜、商、湯，周之文王、武王皆是也。

（清）王先謙《荀子集解・王制》　王者之制，說王者制度也。道不過三代，法不貳後王。論王道不過夏、殷、周之事，過則久遠難信。法不貳後王，言以當世之王爲法，不離貳而遠取之。道過三代謂之蕩，法貳後王謂之不雅。竝已解上。先謙案見《儒效篇》。衣服有制，宮室有度，人徒有數，人徒，謂士卒胥徒也。喪祭械用皆有等宜，械，器也。皆有等級，各當其宜也。王念孫曰：楊注失之迂。宜讀爲儀，《大雅・文王篇》宜鑒于殷，《大學》引此宜作儀。《楚語》采服之儀，《春官》注引此儀作宜。儀與等，義相近。《周官・大司徒》曰：以儀辨等則民不越，《典命》曰：掌諸侯之五儀、諸臣之五等之位，《大行人》曰：以九儀辨諸侯之命，等諸臣之爵，皆是也。衣服有制，宮室有度，人徒有數，制度數與等、儀義亦相近。《哀公篇》曰人有五儀：有庸人，有士，有君子，有賢人，有大聖。謂人有此五等也。楊以儀爲儀法，亦失之。聲則凡非雅聲者舉廢，舉，皆。色則凡非舊文者舉息，謂染綵畫績之事也。械用則凡非舊器者舉毀。舊，謂三代故事。夫是之謂復古，是王者之制也。

（清）王先謙《荀子集解・正論》　世俗之爲說者曰：桀、紂有天下，湯、武篡而奪之。是不然。以桀、紂爲常有天下之籍則然，以常主天下之圖籍則然。盧文弨曰：案常當爲嘗。籍，當爲憑藉之藉。下文云執籍，爲執力憑藉也。有之而不能用，故曰不能親有。親有天下之籍則不然，躬親能有天下則不然，以其不能治之也。先謙案：兩天下之籍，並當作天子之籍，說見《儒效篇》。常有，謂世相及。親有，身爲天子也。上盧說非。則不然，當作則然，說見下。天下謂在桀、紂則不然。王引之曰：上則不然，亦當作則然。親有天下之籍則然，天下謂在桀、紂則不然者，言桀、紂雖親有天下之籍，而天下之人心已去桀、紂而歸湯、武也。今本則然作則不然，涉下句而誤耳。下文云有天下之後也，執籍之所在也，則桀、紂固親有天下之籍矣，何得云不然乎？楊曲爲之說，非是。古者天子千官，諸侯百官。郝懿行曰：《明堂位》云有虞氏官五十，夏后氏官百，殷二百，周三百，鄭注：周之六卿其屬各六十，則周三百六十官也。以夏、周推前後之差，有虞氏官宜六十，夏后氏宜百二十，殷宜二百四十，不得如此記也。然則依鄭此說，參以記文，可知天子千官，古未有矣。以是千官也，令行於諸夏之國，謂之王；夏，大也。中原之大國。以是百官也，令行於境內，國雖不安，不至於廢易遂亡，謂之君。僅存之君。先謙案：遂，讀爲墜，說見《王制篇》。聖王之子也，子，子孫也。有天下之後也，執籍之所在也，先謙案：執籍，猶執位，說見《儒效篇》。天下之宗室也，然而不材不中，不中，謂處事不當也。中，丁仲反。王念孫曰：中，讀中正之中。《孟子・離婁篇》中也養不中，材也養不材，是其證。楊說非。內則百姓疾之，外則諸侯叛之，近者境內不一，遙者諸侯不聽，令不行於境內，甚者諸侯侵削之，攻伐之，若是，則雖未亡，吾謂之無天下矣。聖王沒，有執籍者罷不足以縣天下，聖王，禹、湯也。有執籍者，謂其子孫也。罷，謂弱不任事也。縣，繫也，音懸。先謙案：注弱不任事，各本任誤在，據宋台州本正。縣天下，謂持天下之衡，說詳《彊國篇》。楊注非。天下無君，桀、紂不能治天下，是無君。諸侯有能德明威積，海內之民，莫不願得以爲君師，師，長。然而暴國獨侈，安能誅之。暴國，即桀、紂也。侈，謂奢汰放縱。先謙案：以上下文義求之，能字不當有。此以安代則字用，暴國獨侈，安誅之者，暴國獨侈則誅之也。此能字緣上下文能字而衍。必不傷害無罪之民，誅暴國之君若誅獨夫，天下皆去，無助之者，若一夫然。若是，則可謂能用天下矣。能用天下之謂王。湯、武非取天下也。非奪桀、紂之天下也。脩其道，行其義，興天下之同利，除天下之同害，而天下歸之也。桀紂非去天下也，非天下自去也。反禹、湯之德，亂禮義之分，禽獸之行，積其凶，全其惡，而天下去之也。天下歸之之謂王，天下去之之謂亡。故桀、紂無天下，而湯、武不弒君，由此效之也。天下皆去桀、紂，是無天下也。湯、武誅獨夫耳，豈爲弒君乎？由，用也。效，明也。用此論明之。先謙案：注豈，各本誤其，據宋台州本正。湯、武者，民之父母也；桀、紂者，民之怨賊也。今世俗之爲說者，以桀、紂爲君，而以湯武爲弒，然則是誅民之父母而師民之怨賊也，師，長。不祥莫大焉。以天下之合爲君，則天下未嘗合於桀、紂也。然則以湯、武爲弑，則天下未嘗有説也，直墮之耳。

（漢）孔鮒《孔叢子》卷上《雜訓》 穆公問於子思曰：立太子有常乎。答曰：有之，在周公之典。公曰：昔文王舍適而立其次微子，舍孫而立其弟，是何法也？子思曰：殷人質而尊其尊，故立弟。周人文而親其親，故立子，亦各其禮也。文質不同，其禮則異。文王舍適立其次，權也。公曰：苟得行權，豈唯聖人，唯賢與愛立也。子思曰：聖人不以權教，故立制垂法，順之爲貴。若必欲犯，何有於異。公曰：舍賢立聖，舍愚立賢，何如。子思曰：唯聖立聖，其文王乎。不及文王者，則各賢其所愛，不殊於適。何以限之。必不能審賢愚之分，請父兄群臣，卜於祖廟，亦權之可也。

（漢）孔鮒《孔叢子》卷上《公儀》 穆公問子思曰：吾國可興乎。子思曰：可。公曰：爲之奈何？對曰：苟君與大夫慕周公伯禽之治，行其政化，開公家之惠，杜私門之利，結恩百姓，脩禮鄰國，其興也勃矣。

（漢）孔鮒《孔叢子》卷中《執節》 趙孝成王問曰：昔伊尹爲臣而放其君，其君不怨，何可而得乎此也。子順答曰：伊尹執人臣之節，而弼其君以禮，亦行此道而已矣。王曰：方以放君爲名，而先生稱禮，何也。子順曰：以禮括其君，使入於善也。曰：其説可得聞乎。答曰：其在《商書》。太甲嗣立而干冢宰之政。伊尹曰：惟王舊行不義，習與性成。予不狎于不順，王姑即桐，邇于先王其訓，罔以後人迷，王徂居憂，允思厥祖之明德。是言太甲在喪，不明乎人子之道，而欲知政。於是伊尹使之居桐，近湯之墓，處憂哀之地，放之不得知政。三年服竟，然後反之，即所以奉禮執節事大甲者也。率其君以義，強其君以孝道，未有行此見怨也。王曰：善哉，我未之聞也。

（清）孫星衍《孔子集語》卷一〇《論政》 《韓詩外傳》三傳曰：宋大水，魯人弔之曰：天降淫雨，害於粢盛，延及君地，以憂執政，使臣敬弔。宋人應之曰：寡人不仁，齋戒不修，使民不時，天加以災，又遺君憂拜命之辱。孔子聞之曰：宋國其庶幾矣。弟子曰：何謂。孔子曰：昔桀紂不任其過，其亡也忽焉。成湯、文王知任其過，其興也勃焉。過而改之，是不過也。宋人聞之，乃夙興夜寐，弔死問疾，戮力宇內。三歲，年豐政平。

（漢）桓寬《鹽鐵論·能言》 賢良曰：能言而不能行者，國之寶也。能行而不能言者，國之用也。兼此二者，君子也。無一者，牧童、蓬頭也。言滿天下，德覆四海，周公是也。口言之，躬行之，豈若默然載施其行而已。則執事亦何患何恥之有？今道不舉而務小利，慕於不急以亂羣意，君子雖貧，勿爲可也。藥酒，病之利也；正言，治之藥也。公卿誠能自強自忍，食文學之至言，去權詭，罷利官，一歸之於民，親以周公之道，則天下治而頌聲作。儒者安得治亂而患之乎？

（清）黄宗羲《明夷待訪録·原法》 三代之法，藏天下於天下者也。山澤之利不必其盡取，刑賞之權不疑其旁落，貴不在朝廷也，賤不在草莽也。在後世方議其法之疏，而天下之人不見上之可欲，不見下之可惡。法愈疏而亂愈不作，所謂無法之法也。後世之法，藏天下於筐篋者也。利不欲其遺於下，福必欲其斂於上，用一人焉則疑其自私，而又用一人以制其私。行一事焉，則慮其可欺，而又設一事以防其欺。天下之人共知其筐篋之所在，吾亦鰓鰓然曰唯筐篋之是慮。故其法不得不密，法愈密而天下之亂即生於法之中，所謂非法之法也。

（清）唐甄《潛書》下篇下《室語》 大清有天下仁矣，自秦以來，凡爲帝王者皆賊也。妻笑曰：何以謂之賊也。曰：今也有負數匹布或擔數斗粟而行於塗者，或殺之而有其布粟，是賊乎，非賊乎。曰：是賊矣。唐子曰：殺一人而取其匹布斗粟猶謂之賊，殺天下之人而盡有其布粟之富，乃反不謂之賊乎。三代以後，有天下之善者莫如漢，然高帝屠城陽、屠潁陽，光武帝屠城三百。使我而事高帝，當其屠城陽之時，必痛哭而去之矣。使我而事光武帝，當其屠一城之始，必痛哭而去之矣。吾不忍爲之臣也。妻曰：當大亂之時，豈能不殺一人而定天下。唐子曰：定亂豈能不殺乎。古之王者有不得已而殺者二，有罪不得不殺，臨戰不得不殺。有罪而殺，堯舜之所不能免也。臨戰而殺，湯武之所不能免也。非是，奚以殺爲。若過里而墟其里，過市而竄其市，入城而屠其城，此何爲者。大將殺人，非大將殺之，天子實殺之。偏將殺人，非偏將殺之，天子實殺之。卒伍殺人，非卒伍殺之，天子實殺之。官吏殺人，非官吏殺之，天子實殺之。殺人者衆手，實天子爲之大手。天下既定，非攻非戰，百姓死於兵與因兵而死者十五六，暴骨未收，哭聲未絶，目眥未乾，於是乃服衮冕，乘法駕，坐前殿，受朝賀。高宫室廣苑囿，以貴其妻妾，以肥其子孫，彼誠何心而忍享之。若上帝使我治殺人之獄，我則有以處之矣。匹夫無故而殺人，以其一身抵一人之死斯足矣。有天下者無故而殺人，雖百其身不足以抵其殺一人之罪，是何也。天子者，天下之慈母也，人所仰望以乳育者也，乃無故而殺之，其罪豈不重於匹夫。

（清）戴望《管子校正·小匡》 昔吾先王周昭王穆王，世法文武之遠迹，以成其名，合羣國，比校民之有道者，設象以爲民紀。校試其人有道者。與之設法象而爲人紀。式美以相應，比綴以書，原本窮末。其所用美事，必令始終相應。然後次比緝綴，書之簡策，故能原其本窮其末，無不錯綜也。勸之以慶賞，糾之以刑罰。糞除其顛旄。顛，謂高之頂，人或不墾闢。旄者，所以誓勸兵士。言能務農息兵，故糞其顛而除其旄。賜予以鎮撫之，以爲民終始。世法文武之遠迹。陳先生云：《齊語》迹作績，韋注：績，功也。據《管子》則《齊語》當是蹟字。《説文》：迹，道也。蹟迹之或字，下文亦云以遂文武之迹於天下。合羣國比校民之有道者。《齊語》國作叟。式美以相應，比綴以書，原本窮末。《齊語》美作權，書作度，原作溥，窮作肇。糞除其顛旄。宋本案《國語》作班序顛毛。班，列也，謂以頂髮色列序之，使有長幼。班與糞，除與序，皆聲之轉。糞除當讀爲班序。旄與毛通。俞云：糞字疑叢字之誤，篆文糞作[illegible]，與叢字相似故誤也，叢卽今所用頒賜字。後人因叢誤糞，遂臆改敘爲除矣。

（清）王先慎《韓非子集解·南面》 不知治者，【略】必曰：無變古，毋易常。變與不變，聖人不聽，正治而已。然則古之無變，常之毋易。在常古之可與不可。伊尹毋變殷，太公毋變周，則湯、武不王矣。管仲毋易齊，郭偃毋更晉，【略】則桓文不霸矣。凡人難變古者，憚易民之安也。夫不變古者，襲亂之迹，適民心者，恣姦之行也。民愚而不知亂，上懦而不能更，是治之失也。人主者，明能知治，嚴必行之，故雖拂於民心，【略】立其治。顧廣圻曰：藏本、今本心作必。按拂於民心與上適民心相對，唯乾道本爲未誤。先慎曰：乾道本脱必字，藏本、趙本脱心字耳，當作拂於民心必立其治，顧氏知拂民心與適民心相對，而不知必立其治與嚴必行之又相承也。説在商君之內外，而鐵殳重盾而豫戒也。故郭偃之始治也，文公有官卒。管仲始治也，桓公有武車。戒民之備也。

《晏子春秋·内篇諫下》 景公問晏子曰：吾欲服聖王之服，居聖王之室，如此，則諸侯其至乎？晏子對曰：法其節儉則可，法其服，居其室，無益也。三王不同服而王，非以服致諸侯也。誠于愛民，果于行善，天下懷其德而歸其義。若其衣服節儉而衆説也。夫冠足以修敬，不務其飾；衣足以掩形禦寒，不務其美。衣不務于隅肶之削，冠無觚羸之理，身服不襍綵，首服不鏤刻。且古者嘗有紩衣攣領而王天下者，其義好生而惡殺，節上而羨下，天下不朝其服，而共歸其義。古者嘗有處橧巢窟穴而不惡，予而不取，天下不朝其室，而共歸其仁。及三代作服，爲益敬也。首服足以修敬，而不重也，身服足以行潔，而不害于動作。服之輕重便於身，用財之費順于民。其不爲橧巢者，以避風也；其不爲穴者，以避溼也。是故明堂之制下之潤溼，不能及也；上之寒暑，不能入也。土事不文，木事不鏤，示民知節也。及其衰也，衣服之侈過足以敬，宫室之美過避潤溼，用力甚多，用財甚費，與民爲讎。今君欲法聖王之服，不法其制，法其節儉也，則雖未成治，庶其有益也。今君窮臺榭之高、極污池之深而不止，務于刻鏤之巧、文章之觀而不厭，則亦與民而讎矣。若臣之慮，恐國之危，而公不平也。公乃願致諸侯，不亦難乎！公之言過矣。

（漢）劉安《淮南子》卷一《原道訓》 昔舜耕於歷山，朞年而田者爭處墝埆，以封壤肥饒相讓；歷山在沩陰城陽也，一曰沩南歷城山也。墝埆，讀人相墝椽之墝。釣於河濱，朞年而漁者爭處湍瀨，以曲隈深潭相予。漁讀告語。湍瀨，水淺流急少魚之處也。曲隈，崖岸委曲深潭回流饒魚之處。潭，讀葛覃之覃。當此之時，口不設言，手不指麾，口不設不信之言也。手不指麾，不妄有所規儗也。執玄德於心，而化馳若神。玄，天也。馳，行也。若神，若有神化之也。使舜無其志，雖口辯而戶説之，不能化一人。志，王天下之志也。一曰人心之志也。是故不道之道，莽乎大哉。道不可道，故曰不道之道。夫能理三苗，朝羽民，三苗，堯時所放渾敦窮奇叨餮之等。理，治也。羽民，南方羽國之民，使之朝者，德以懷遠也。徙裸國，納肅慎，未發號施令而移風易俗者，其唯心行者乎。徙，化也。裸國，在南方，禹所入也。肅慎在北方，遠也。傳曰：肅慎燕亳，吾北土也。惟神化爲能然也。法度刑罰，何足以致之也？言不足以致之也，明不如仁心化之爲大。

（漢）劉安《淮南子》卷一五《兵略訓》 聞敵國之君有加虐於民者，

則舉兵而臨其境，責之以不義，刺之以過行。兵至其郊，乃令軍師曰：毋伐樹木，毋抉墳墓，毋爇五穀，爇，燒也。毋焚積聚，毋捕民虜，毋收六畜。逵吉按《太平御覽》此下有注云，無聚所征國民爲採取，無收其六畜以自饒利。乃發號施令曰：其國之君，逵吉按《太平御覽》引其作某。傲天侮鬼，决獄不辜，殺戮無罪，此天之所以誅也，民之所以仇也。兵之來也，以廢不義而復有德也。有逆天之道，帥民之賊者，逵吉按《太平御覽》引帥作爲。身死族滅。以家聽者禄以家，以里聽者賞以里，以鄉聽者封以鄉，以縣聽者侯以縣。剋國不及其民，廢其君而易其政，尊其秀士，而顯其賢良，振其孤寡，恤其貧窮，出其囹圄，賞其有功。百姓開門而待之，淅米而儲之，淅，漬也。唯恐其不來也。此湯、武之所以致王，而齊桓之所以成霸也。

（漢）劉安《淮南子》卷一八《人間訓》 古者溝防不脩，水爲民害，禹鑿龍門，辟伊闕，平治水土，使民得陸處。百姓不親，五品不慎，逵吉按《太平御覽》慎作順。契教以君臣之義，父子之親，夫妻之辨，逵吉按《太平御覽》辨作别。長幼之序。田野不脩，民食不足，后稷乃教之辟地墾草，糞土種穀，令百姓家給人足。故三后之後，謂夏殷周。無不王者，有陰德也。周室衰，禮義廢，孔子以三代之道教導於世，其後繼嗣至今不絶者，有隱行也。秦王趙政兼吞天下而亡，趙政，始皇生於趙，故名趙政。智伯侵地而滅，商鞅支解，李斯車裂，李斯，上蔡人也，爲蔡相，趙高譖之二世，車裂之于雲陽。三代種德而王。

（清）顧炎武《日知録》卷一《改命吉》 《革》之九四猶《乾》之九四，諸侯而進乎天子，湯武革命之爻也，故曰改命，吉。成湯放桀於南巢，惟有慙德，是有悔也。天下信之，其悔亡矣。四海之内皆曰：非富天下也，爲匹夫匹婦復讎也。故曰：信志也。

（清）顧炎武《日知録》卷二《武王伐紂》 武王伐商，殺紂而立其子武庚，宗廟不毁，社稷不遷，時殷未嘗亡也。所以異乎曩日者，不朝諸侯，不有天下而已。故《書序》言：三監及淮夷叛，周公相成王，將黜殷，作《大誥》。又言：成王既黜殷命，殺武庚。是則殷之亡其天下也，在紂之自燔而亡其國也，在武庚之見殺。蓋武庚之存殷者，猶十有餘年，使武庚不畔，則殷其不黜矣。武王克商，天下大定，裂土奠國。乃不以其故都封周之臣，而仍以封武庚，降在侯國，而猶得守先人之故土。武王無富天下之心，而不以叛逆之事疑其子孫，所以異乎後世之篡弑其君者，於此可見矣。及武庚既畔，乃命微子啟代殷，而必於宋焉，謂大火之祀，商人是因，弗遷其地也。是以知古聖王之征誅也，取天下而不取其國，誅其君，弔其民，而存先世之宗祀焉，斯已矣。武王豈不知商之臣民，其不願爲周者，皆故都之人，公族、世家之所萃，流風善政之所存，一有不靖，易爲揺動，而必以封其遺胤。蓋不以畔逆疑其子孫，而明告萬世以取天下者，無滅國之義也。故宋公朝周，則曰臣也；周人待之，則曰客也。自天下言之，則侯服於周也；自其國人言之，則以商之臣事商之君，無變於其初也。平王以下，去微子之世遠矣，而曰孝惠娶於商，曰天之棄商久矣，曰利以伐姜，不利子商，吾是以知宋之得爲商也。蓋自武庚誅而宋復封，於是商人曉然知武王、周公之心，而君臣上下各止其所，無復有怨懟不平之意。與後世之人主一戰取人之國，而毁其宗廟，遷其重器者異矣。

或曰：遷殷頑民於雒邑何與？曰：以頑民爲商俗靡靡之民者，先儒解誤也。蓋古先王之用兵也，不殺而待人也仁。東征之役，其誅者事主一人，武庚而已；謀主一人，管叔而已。下此而囚，下此而降，下此而遷。而所謂頑民者，皆畔逆之徒也。無連坐并誅之法，而又不可以復置之殷都，是不得不遷，而又原其心，不忍棄之四裔，故於雒邑；又不忍斥言其畔，故止曰殷頑民。其與乎畔而遷者，大抵皆商之世臣大族；而其不與乎畔而留於殷者，如祝佗所謂分康叔以殷民七族：陶氏、施氏、繁氏、錡氏、樊氏、饑氏、終葵氏是也，非盡一國而遷之也。或曰：何以知其爲畔黨也？曰：以召公之言讎民知之，不畔何以言讎？非敵百姓也，古聖王無與一國爲讎者也。上古以來，無殺君之事。湯之與桀也，放之而已。使紂不自焚，武王未必不以湯之所以待桀者待紂；紂而自焚也，此武王之不幸也。當時八百諸侯，雖並有除殘之志，然一聞其君之見殺，則天下之人亦且恫疑震駭，而不能無歸過於武王，此伯夷所以斥言其暴也。及其反商之政，封殷之後人，而無利於其土地焉，天下於是知武王之兵非得已也，然後乃安於紂之亡，而不以爲周師之過，故《箕子之歌》怨狡童而已，無餘恨焉。非伯夷親而箕子疏，又非武王始暴而終仁也，其時異也。《多士》之書：惟三月，周公初於新邑洛，用告商王士。曰：非我小國，敢弋殷命。亡國之民，而號之商王士，新朝之主，而自稱我小國，以天下爲公，而不没其舊日之名分，殷人以此中心悦而誠服。卜世三十，卜年八百，其始基之矣。

（清）顧炎武《日知録》卷二《其稽我古人之德》 傳説之告高宗曰：學於古訓，乃有獲。武王之誥康叔：既祗遹乃文考，而又求之殷先哲王，又求之商耈成人，又別求之古先哲王。大保之戒成王，先之以稽我古人之德，而後進之以稽謀自天。及成王之作《周官》，亦曰：學古入官，曰不學牆面。子曰：述而不作，信而好古。又曰：好古敏以求之。又曰：君子以多識前言往行，以畜其德。先聖後聖，其揆一也。不學古而欲稽天，豈非不耕而求穫乎。

（清）顧炎武《日知録》卷三《上天之載》 上天之載，無聲無臭。儀刑文王，萬邦作孚。君子所以事天者如之何？亦曰儀刑文王而已；其儀刑文王也如之何？爲人君止於仁，爲人臣止於敬，爲人子止於孝，爲人父止於慈，與國人交止於信而已。

（唐）白居易《白居易集》卷六三《策林二・立制度》 問：夫地之利有限也，人之欲無窮也；以有限奉無窮，則必地財耗於僭奢，人力屈於嗜欲。故不足者爲奸爲盗，有餘者爲驕爲濫。今欲使食力相充，財欲相稱；貴賤別而始禮讓作，貧富均而廉恥行。作爲何方，可至於此？

臣聞：天有時，地有利，人有欲。能以三者與天下共者，仁也，聖也。仁聖之本，在乎制度而已。夫制度者，先王所以下均地財，中立人極，上法天道者也。且天之生萬物也，長之以風雨，成之以寒燠；聖人之牧萬人也，活之以衣食，濟之以器用。若風雨淫，寒燠甚，則反傷乎物之生焉。若衣食奢，器用費，則反傷乎人之生焉。故作四時八節，所以時寒燠，節風雨，不使之過差爲沴也。聖人制五等十倫，所以倫衣食，等器用，不使之踰越爲害也。此所謂法天而立極者也。然則地之生財有常力，人之用財有常數；若羨於上，則耗於下也；有餘於此，則不足於彼也。是以地力人財，皆待制度而均也；尊卑貴賤，皆待制度而別也。大凡爵禄之外，其田宅棟宇、車馬僕御、器服飲食之制，暨乎賓婚祠葬之度，自上而下，皆有數焉。若不節之以數，用之以倫，則必地力屈於僭奢，人財消於嗜欲。而貧困凍餒，奸邪盗賊，盡生於此矣。聖王知其然，故天下奢則示之以儉，天下儉則示之以禮。俾乎貴賤區別，貧富適宜；上下無羨耗之差，財力無消屈之弊。而富安温飽，廉恥禮讓，盡生於此矣。然則制度者，出於君而加於臣，行於人而化於天下也。是以君人者，莫不唯欲是防，唯度是守。守之不固，則外物攻之。故居處不守其度，則峻宇崇臺攻之；飲食不守其度，則殊滋異味攻之；衣服不守其度，則奇文詭製攻之；視聽不守其度，則奸聲豔色攻之；喜怒不守其度，則僭賞淫刑攻之；玩好不守其度，則妨行之貨、蕩心之器攻之；獻納不守其度，則讒諂之言、聚斂之計攻之；道術不守其度，則不死之方、無生之法攻之。夫然，則安得不内固其守，甚於城池焉；外防其攻，甚於寇戎焉。將在乎寢食起居，必思其度；思而不已，則其下化之。《詩》曰：儀刑文王，萬邦作孚。此之謂矣。

（宋）張載《張載集・經學理窟・周禮》 井田亦無他術，但先以天下之地棊布畫定，使人受一方，則自是均。前日大有田産之家，雖以田授民，然不得如分種、如租種矣，所得雖差少，然使之爲田官以掌其民。使人既喻此意，人亦自從，雖少不願，然悦者衆而不悦者寡矣，又安能每每恤人情如此！其始雖分公田與之，及一二十年，猶須別立法。始則因命爲田官，自後則是擇賢。欲求古法，亦先須熟觀文字，使上下之意通貫，大其胸懷以觀之。井田卒歸於封建乃定。封建必有大功德者然後可以封建，當未封建前，天下井邑當如何爲治？必立田大夫治之。今既未可議封建，只使守令終身，亦可爲也。所以必要封建者，天下之事，分得簡則治之精，不簡則不精，故聖人必以天下分之於人，則事無不治者。聖人立法，必計後世子孫，使周公當軸，雖攬天下之政，治之必精，後世安得如此！且爲天下者，奚爲紛紛必親天下之事？今便封建，不肖者復逐之，有何害？豈有以天下之勢不能正一百里之國，使諸侯得以交結亂天下！自非朝廷大不能治，安得如此？而後世世乃謂秦不封建爲得策，此不知聖人之意也。

（宋）王安石《臨川先生文集》卷六四《論議・周公》 夫聖人爲政於天下也，初若無爲於天下，而天下卒以無所不治者，其法誠修也。故三代之制，立庠於黨，立序於遂，立學於國，而盡其道以爲養賢教士之法。是士之賢雖未及用，而固無不見尊養者矣。此則周公待士之道也。誠若荀卿之言，則春申孟嘗之行，亂世之事也。豈足爲周公乎。且聖世之士，各有其業。講道習藝，患日之不足，豈暇遊公卿之門哉。彼遊公卿之門，求公卿之禮者，皆戰國之奸民，而毛遂侯嬴之徒也。荀卿生於亂世，不能考論先王之法，著之天下，而惑於亂世之俗，遂以爲聖世之士，亦若是而已，亦已過也。且周公之所禮者大賢與，則周公豈唯執贄見之而已，固當薦之天子，而共天位也。如其不賢，不足與共天位，則周公如何其與之爲禮也。子産聽鄭國之政，以其乘輿濟人於溱洧。孟子曰：惠而不知爲政。蓋君子之爲政，立善法於天下，則天下治，立善法於一國，則一國治。如其不能立法，而欲人人悦之，則日亦不足矣。使周公知爲政，則宜立學校之法於天下矣。不知立學校，而徒能勞身以待天下之士，則不唯力有所不足，而勢亦有所不得。周公亦可謂愚也。或曰：仰禄之士猶可驕，正身之士不可驕也。

（清）方苞《方苞集》卷三《論説·周公論》 劉子古塘問於余曰：周公不以東征屬二公，而親加刃於管叔何也？余曰：是乃所以爲周公也！明知管叔之當誅，而假手於二公，是飾於外以避其名也。觀後世亂臣賊子必假手於他人，或賣而誅之，以塞衆口，則周公之純乎天理可見矣。蓋天理不可以爲僞，且以昭萬世之人紀，使知大義滅親，雖弟可加刃於其兄，又以明居位而不能討亂，則與之同罪。孔子作《春秋》，於隱之大夫而臣於桓，桓之大夫而死於莊、閔之世者，皆不書其卒，以示皆有可誅之罪也。然觀《鴟鴞》之詩，早已歎育子之閔斯，則終公之身，長隱痛乎文考文母之恩勤，而愁然無以自解；蓋討賊之義，與哀兄之仁，固並而不相悖也。

古塘復問曰：以周公之聖，暴師三年，而僅乃克奄何也？曰：此時也，勢也。武王徵九牧之君，登豳阜以望商邑，已憂未定天保，而夜不能寐。及三叔流言，武庚誕紀其序，凡羞行暴德逸德之人，皆乘時而思逞，雖有善類，亦追念殷先王之舊德而不能忘。當是時，非大動以威，不能革也，故滅國至於五十之多；非誠服其心，不能久而安也，故破斧缺斨之後，袞衣繡裳，駐大師於徐、兗之間，俾東夏無搖心；然後徐察其鄉順者而教告之，取其不迪者而戰要囚之，周防如兕虎，撫育如嬰兒；至班師之日，東人以公歸不復爲悲，則奄雖屈強，無與同惡矣。故討其君罰不及民，分其族姓以隸兄弟之邦，遷其尤桀驁者於新邑，而身拊循焉，所以久安而無後患也。匪特此也，形勝者，國之末務，而聖人亦不廢。當武王克商之初，即定周居於洛邑，周、召卒營之，以爲蒐狩會同之地。良以雍州雖固，而遠於東夏，難以臨制諸侯；故宅土中，陳、杞、許、蔡國其南，虞、虢、韓、魏、晉、燕國其北，齊、魯國其東，宋、衛夾河而居，非王室之周親，即三恪、大嶽之裔胄、開國之股肱；蓋懲於鬼方之叛殷，萊夷之爭齊，而早爲盤石苞桑之固也。故周之衰，卒賴四方諸侯艱難守禦，以延共主之虚名者垂六百年。蓋時勢不可以私智矯，形勝不必以武力爭，惟聖人能以道揆，而不失其時義，以安宗社，以奠生民，則仍天理所運用也。

古塘曰：旨哉！由前之説，則知聖人一循乎天理，而無不可處之事變；由後之説，則知聖人深察乎世變，而所以御之者，仍不越於道揆。前世之尚論者，未嘗及此，後之君子，宜有聞焉。退而正於吾兄百川，亦曰然，乃敍而録之。

（清）魏源《古微堂内集》卷二《治篇九》 後世之事勝于三代者三大端：文帝廢肉刑，三代酷而後世仁也。柳子非封建，三代私而後代公也。世族變爲貢舉，與封建之變爲郡縣何異。三代用人，世族之弊。貴以襲貴，賤以襲賤，與封建並起于上古，皆不公之大者。雖古人教育有道，其公卿胄子多通六藝，豈能世世皆賢于草野之人。古聖王未必不灼知其弊，而封建不變，則世族亦不能變。

（清）魏源《古微堂外集》卷三《明代食兵二·政録敍》 以三代之盛而殷因于夏禮，周因于殷禮，是以《論語》監二代，荀卿法後王，而王者必敬。前代二王之後，豈非以法制因革損益固前事之師哉。

（清）康有爲《新學僞經考·劉向經説足證僞經考》 孔子曰：文王似元年，武王似春王，周公似正月。文王以王季爲父，以太任爲母，以太姒爲妃，以武王、周公爲子，以泰顛、閎天爲臣，其本美矣。武王正其身以正其國，正其國以正天下，伐無道，刑有罪，一動而天下正，其事正矣。春致其時，萬物皆及生，君致其道，萬人皆及治，周公戴已而天下順之，其成至矣。

（清）馮桂芬《校邠廬抗議·自序》 桂芬讀書十年，在外涉獵於艱難情僞者三十年，間有私議，不能無參以雜家，佐以私臆，甚且羼以夷說，而要以不畔於三代聖人之法爲宗旨，志此者有年。一官無言責，懷欲陳之，而未有路懼，遂泯没，爰以避地。暇日筆之於書，用後漢《趙壹傳》語名之曰抗議。明知有不能行者，有不可行者。夫不能行，則非言者之過，而千慮一得，多言或中，又何至無一可行，存之以質同志云爾。

紀事

《尚書・商書・伊訓》 惟元祀十有二月乙丑，伊尹祠于先王。奉嗣王祗見厥祖，侯甸羣后咸在，百官總已以聽冢宰。伊尹乃明言烈祖之成德以訓于王。曰：嗚呼！古有夏先后，方懋厥德，罔有天災。山川鬼神亦莫不寧，暨鳥獸魚鼈咸若。于其子孫弗率，皇天降災，假手于我有命，造攻自鳴條，朕哉自亳。惟我商王布昭聖武，代虐以寬，兆民允懷。今王嗣厥德，罔不在初。立愛惟親，立敬惟長，始于家邦，終于四海。嗚呼！先王肇修人紀，從諫弗咈，先民時若。居上克明，爲下克忠，與人不求備，檢身若不及。以至于有萬邦，茲惟艱哉！敷求哲人，俾輔于爾後嗣，制官刑，儆於有位。

（宋）劉恕《資治通鑑外紀》卷二下《商紀・紂》 西伯之九年，西伯寢疾。五日，謂太子發曰：見善而勿怠，時至而勿疑，去非而勿處，此三者，道之所止也。柔而靜，恭而敬，屈而彊，忍而剛，此四者，道之所起也。太子再拜受之，西伯卒。

《呂氏春秋・季夏紀・制樂》 周文王立國八年，歲六月，文王寢疾，五日而地動，東西南北不出國郊。百吏皆請曰：臣聞地之動，爲人主也。今王寢疾五日而地動，四面不出周郊，群臣皆恐，曰請移之。文王曰：若何其移之也？對曰：興事動衆，以增國城，其可以移之乎！文王曰：不可。夫天之見妖也，以罰有罪也。我必有罪，故天以此罰我也。今故興事動衆以增國城，是重吾罪也，不可。文王曰：昌也，請改行重善以移之，其可以免乎！於是謹其禮秩、皮革，以交諸侯；飭其辭令、幣帛，以禮豪士；頒其爵列、等級、田疇，以賞羣臣。無幾何，疾乃止。文王即位八年而地動，已動之後四十三年，凡文王立國五十一年而終。此文王之所以止殃剪妖也。

藝文

《詩經・大雅・文王》 文王在上，於昭于天。周雖舊邦，其命維新。有周不顯，帝命不時。文王陟降，在帝左右。亹亹文王，令聞不已。陳錫哉周，侯文王孫子。文王孫子，本支百世。凡周之士，不顯亦世。世之不顯，厥猶翼翼。思皇多士，生此王國。王國克生，維周之楨。濟濟多士，文王以寧。穆穆文王，於緝熙敬止。假哉天命。有商孫子。商之孫子，其麗不億。上帝既命，侯于周服。侯服于周，天命靡常。殷士膚敏，裸將于京。厥作裸將，常服黼冔。王之藎臣，無念爾祖。無念爾祖，聿脩厥德。永言配命，自求多福。殷之未喪師，克配上帝。宜鑒于殷，駿命不易。命之不易，無遏爾躬。宣昭義問，有虞殷自天。上天之載，無聲無臭。儀刑文王，萬邦作孚。

《詩經・大雅・大明》 明明在下，赫赫在上。天難忱斯，不易維王。天位殷適，使不挾四方。摯仲氏任，自彼殷商。來嫁于周，曰嬪于京。乃及王季，維德之行。大任有身，生此文王。維此文王，小心翼翼。昭事上帝，聿懷多福。厥德不回，以受方國。天監在下，有命既集。文王初載，天作之合。在洽之陽，在渭之涘。文王嘉止，大邦有子。大邦有子，俔天之妹。文定厥祥，親迎于渭。造舟爲梁，不顯其光。有命自天，命此文王，于周于京。纘女維莘，長子維行，篤生武王。保右命爾，燮伐大商。殷商之旅，其會如林。矢于牧野，維予侯興。上帝臨女，無貳爾心。牧野洋洋，檀車煌煌，駟騵彭彭。維師尚父，時維鷹揚。涼彼武王，肆伐大商，會朝清明。

《詩經・大雅・棫樸》 芃芃棫樸，薪之槱之。濟濟辟王，左右趣之。濟濟辟王，左右奉璋。奉璋峨峨，髦士攸宜。淠彼涇舟，烝徒楫之。周王于邁，六師及之。倬彼雲漢，爲章于天。周王壽考，遐不作人。追琢其章，金玉其相。勉勉我王，綱紀四方。

《詩經・大雅・思齊》 思齊大任，文王之母。思媚周姜，京室之婦。

大姒嗣徽音，則百斯男。惠于宗公，神罔時怨，神罔時恫。刑于寡妻，至于兄弟，以御于家邦。雝雝在宮，肅肅在廟。不顯亦臨，無射亦保。肆戎疾不殄，烈假不瑕。不聞亦式，不諫亦入。肆成人有德，小子有造。古之人無斁，譽髦斯士。

（晉）嵇康《嵇中散集》卷六《管蔡論一首》或問曰：案《記》：管、蔡流言，叛戾東都。周公征討，誅以凶逆。頑惡顯著，流名千里。且明父聖兄，曾不鑒凶愚於幼稚，覺無良之子弟，而乃使理亂殷之弊民，顯榮爵於藩國；使惡積罪成，終遇禍害。於理不通，心無所安。願聞其說。答曰：善哉！子之問也。昔文武之用管、蔡以實，周公之誅管、蔡以權。權理顯，實理沉，一作沉。故令時人全謂管、蔡爲頑凶。方爲吾子論之。夫管、蔡皆服教殉義，忠誠自然。是以文王列而顯之，發旦二聖，舉而任之。非以情親而相私也。乃所以崇德禮賢。濟殷弊民，綏輔武庚，以興頑俗，功業有績，故曠世不廢，名冠當時，列爲藩臣。逮至武卒，嗣誦幼沖。周公踐政，率朝諸侯；思光前載，以隆王業。而管、蔡服教，不達聖權；卒遇大變，不能自通。忠疑乃心，思在王室。遂乃抗言率衆，欲除國患；翼存天子，甘心毀旦。斯乃愚誠憤發，所以徼福也。成王大悟周公顯，復一化齊俗，義以斷恩。雖内信如心，外體不立。稱兵叛亂，所惑者廣。是以隱忍授刑，流涕行誅。示以賞罰，不避親戚；榮爵所顯，必鍾盛德；戮撻所施，必加有罪，斯乃爲教之正。今之朝議，管、蔡雖懷忠抱誠，要爲罪誅。罪誅已顯，不得復理。内必幽伏，罪惡遂章。幽、章之路大殊，故令奕世未蒙發起。然論者誠名信行，便以管、蔡爲惡，不知管、蔡之惡，乃所以令三聖爲不明也。若三聖未爲不明，則聖不祐惡而任頑凶不容於時世，則管、蔡無取私於父兄；而見任必以忠良，則二叔故爲淑善矣。今若本三聖之用明，思顯授之實理，推忠賢之闇權，論爲國之大紀，則二叔之良乃顯，三聖之用也，以流言之故有緣，周公之誅是矣。且周公居攝，召公不悦，推此言則管、蔡懷疑，未爲不賢。而忠賢可不達權，三聖未爲用惡，而周公不得不誅。若此，三聖所用信良，周公之誅得宜，管、蔡之心見理，爾乃大義得通，外内兼敘，無相伐負者，則時論亦得釋然而大解也。

雜録

《尚書正義・周書・洛誥》王若曰：公，明保予沖子。成王順周公意，請留之自輔。言公當明安我童子，不可去之。公稱丕顯德，以予小子揚文武烈，言公當留，舉大明德，用我小子褒揚文武之業而奉順天。褒，薄謀反，《切韻》博毛反。奉荅天命，和恒四方民，居師。又當奉當天命，以和常四方之民，居處其衆。惇宗將禮，稱秩元祀，咸秩無文。厚尊大禮，舉秩大祀，皆次秩無禮文而宜在祀典者，凡此待公而行。惟公德明，光于上下，勤施于四方。言公明德光於天地，勤政施於四海，萬邦四夷服仰公德而化之。旁作穆穆迓衡，不迷文武勤教，四方旁來爲敬敬之道，以迎太平之政，不迷惑於文武所勤之教。言化洽。旁，步光反。迓，五嫁反，馬、鄭、王皆音魚據反。予沖子夙夜毖祀。言政化由公而立，我童子徒早起夜寐，慎其祭祀而已。無所能。疏：王若至毖祀。正義曰：王以周公將退，因誨之而請留公。王順周公之意而言曰：公當留住而明安我童子，不可去也。所以不可去者，當舉行大明之德，用使我小子褒揚文武之業，而奉當天命，以和常四方之民，居處其衆故也。其厚尊大禮，謂舉秩大祀，皆次秩禮所無文者而皆祀之。凡此皆待公而行，非我能也。更述居攝時事：惟公明德光于天地，勤政施於四方，使四方旁來爲敬敬之道，以迎太平之政，下民皆不復迷惑於文武所勤之教。言公化洽使如此也。今若留輔我童子，惟當早起夜寐，慎其祭祀而已。言政化由公而立，我無所能也。傳成王至去之。正義曰：成王以周公誨己爲善，順周公之意，示己欲行善政，而請留之自輔。王以公若捨我而去，則己政闇而治危，故云公當明安我童子，不可去也。傳言公至順天。正義曰：文武受命，功德盛隆，成王自量己身不能繼業，言公當留，舉大明德，以佑助我。用我小子褒揚文武之業而奉順天者，下句奉荅天命是也。孔分經爲傳，故探取下句以申之。傳又當至其衆。正義曰：天命周家，欲令民治，故又當奉當天命，以和常四方之民，居處其衆也。奉當者，尊天意，使允當天心，和協民心，使常行善也。居處其衆，使之安土樂業也。傳厚尊至而行。正義曰：《釋詁》云：將，大也。厚尊大禮，謂祭祀之禮。《祭統》云：禮有五經，莫重於祭。是祭禮最尊大。公誨成王，令肇稱殷禮，祀于新邑，咸秩無文，欲荅公誨己之事，還述公辭：舉秩大祀，皆次秩無禮文而宜在祀典者。其祀事非我所爲，凡此皆待公而行者也。言公不可捨我以去也。傳言公至化之。正義曰：此與下經皆追述居攝時事。《堯典》訓光爲充，此光亦爲充也。言公之明德充滿天地，即《堯典》格于上下，勤政施於四方，即《堯典》光被四表也，意言萬邦四夷皆服仰公德而化之。上言待公乃行之，此言公有是德，言其將來，説其已然，所以深美公也。傳四方至化洽。正義曰：上言施化在公，此言民化公德，四方旁來爲敬敬之道，民皆敬嚮公以迎太平之政。言迎者，公政從上而下，民皆自下迎之，言其慕化速也。文武勤行教化，欲以教訓利民，民蒙公化，識文武之心，不復迷惑文武所勤之教，言公居攝之時，政化已洽於民也。傳言政至所能。正義曰：此述留公之意，陳自今已後之事。言公若留住，政化由公而立。我童子徒早起夜寐，慎其祭祀而已。於政事無所能，欲惟典祭祀，以政事委公。襄二十六年《左傳》云，衛獻公使與甯喜言曰：苟得反國，政由甯氏，祭則寡人。亦猶是也。

（清）孫星衍《尚書今古文注疏・洛誥》 惟公德明光于上下，勤施于四方，旁作穆穆，迓衡不迷，注：鄭康成讀迓爲御，曰：稱上曰衡。文武勤教予沖子，夙夜毖祀。

疏：旁者，《説文》云：溥也。穆穆，《釋訓》云：美也。四方，《詩傳》云：諸夏也。衡者，《漢書・律曆志》云：平也，所以在權而均物平輕重也。迓，俗字；《左傳》釋文，迓，本作訝。鄭注《士昏禮》云：御，當爲訝。是與御通也。《釋詁》云：迷，惑也。毖，慎也。言周公之德，光于天地，施于四方，溥爲穆穆之美化，操御平天下之衡，不有迷錯。以文武之光烈，教予於沖幼之時，早夜慎修祀典。《大傳》孔子曰：吾于《洛誥》也。見周公之德光明于上下，勤施四方。旁作穆穆，至于海表，莫敢不來服，莫敢不來享。以勤文王之鮮光，以楊武王之大訓，而天下大治。故曰：聖之與？聖也。猶規之相周，矩之相範也。《魏志・文帝紀》裴注引延康元年詔曰：今王纘承前序，至德光昭，御衡不迷，布德優遠。以御衡不迷爲句，《僞傳》以不迷屬下讀，非也。鄭注見《文選・六代論》注。及《廣絶交論》注。以迓爲御者，《詩傳》云：御，迎也。《公羊》成二年《傳》：使跛者訝跛者。《穀梁傳》迓作御。

（漢）韓嬰《韓詩外傳》卷一〇 昔者太公望周公旦受封而見。太公問周公何以治魯。周公曰：尊尊親親。太公曰：魯從此弱矣。周公問太公曰：何以治齊？太公曰：舉賢尚功。周公曰：後世必有劫殺之君矣。後齊日以大，至於霸，二十四世而田氏代之。魯日以削，三十四世而亡。由此觀之，聖人能知微矣。《詩》曰：惟此聖人，瞻言百里。

（宋）朱熹《四書章句集注・孟子集注・離婁章句上》 師文王，大國五年，小國七年，必爲政於天下矣。此因其愧恥之心而勉以修德也。文王之政，布在方策，舉而行之，所謂師文王也。五年七年，以其所乘之勢不同爲差。蓋天下雖無道，然修德之至，則道自我行，而大國反爲吾役矣。程子曰：五年七年，聖人度其時則可矣。然凡此類，學者皆當思其作爲如何，乃有益耳。

（宋）劉恕《資治通鑑外紀》卷二下《商紀・紂》 西伯治岐，耕者九一，仕者世禄，關市譏而不征，澤梁無禁，辠人不孥。此《孟子》文。爲池沼掘得死人之骨，西伯曰：葬之。吏曰：此無主矣。西伯曰：有天下者，天下之主。有一國者，一國之主。寡人固其主矣。以衣冠更葬之。天下聞之曰：西伯澤朽骨，況於人乎。此《新序・雜事五》文，首句作靈臺及爲池沼，衣冠作衣棺。《淮南子・人間訓》曰：文王葬死人之骸，而九夷歸之。賈誼《新書・喻誠》曰：文王晝臥夢人登城而呼己，曰：我東北陬之槁骨也，速以王禮葬我。文王曰：諾。覺，召吏觀之信有焉。文王曰：速以人君葬之。吏曰：此無主矣，請以五大夫禮。文王曰：吾夢中已許之矣，奈何其倍之也。士民聞之曰：我君不以夢之故而倍槁骨，況於生人乎。於是，下信其上。西伯問太公曰：爲天下若何？對曰：王國富民，伯國富士，僅存之國富大夫，無道國富倉府。是謂上溢而下漏。西伯曰：善。對曰：宿善不祥。是日，發倉府以振鰥寡孤獨。此《説苑・政理篇》文。本文首句作文王問於吕望，曰：其西伯。曰以下作文王曰：善。對曰：宿善不祥。餘同。周有玉版，紂令膠鬲索之，西伯不與，費中以無道來求，乃與之。此《韓非子・喻老》文。本文作費中來求周子之是膠鬲賢而費仲無道也。周惡賢者之得志也。云云。西伯問太公曰：商王辠殺不辜，汝助予憂乎。太公曰：天道無殃，不可以先唱。人道無災，不可以先謀。若同舟而濟，舟敗皆同其害。取天下若逐野獸，得之皆有分肉。鷙鳥將擊，卑身翕翼。猛獸將搏，俛耳俯伏。聖人將動，必有愚色。吾觀商野，草茅勝穀。吾觀其群，衆曲勝直。暴虐殘賊，敗法亂刑，亡國之則也。此《六韜・武韜》文。今本唱作倡。卑身翕翼作卑飛斂翼。茅作菅，餘略同。《吕氏春秋・過理》曰：紂截涉者脛而觀共髓。《淮南子・俶真訓》曰：折才士之脛，剥解有才士腳，觀其奇異。《本經訓》又曰：刳諫者。《春秋繁露・王道》曰：紂生燔人聞其臭，斮朝涉之足察其拇。《新序・刺奢》曰：紂戮無辜，奪民力，冤暴施於百姓，慘毒加於大臣，天下叛之，願臣文王。西伯問太公曰：人主動作舉事，有禍殃之應，鬼神之福乎。太公曰：人主重賦斂，大宮室，作臺觀，則人多病温。霜露殺五穀，絲麻不成。人主好田獵畢弋，不避時禁，則歲多大風，禾穀不實。人主好破壞名山，壅决名川，則歲多大水。人主好武事，兵革不息，則日月薄食，太白失行。西伯曰：誠哉！此《六韜》逸文。《羣書治要》引之舉事下多善惡二字。太公曰下多有之至以職三十五字，劉氏未全引也。重上多好字，人作民。壅决名川作壅塞大川。决通名水，大水下多傷，民五穀不滋六字，誠作善。餘同。乃與太公陰謀，行善修德，以傾商政，其事多兵權與奇計。故後世之言兵及陰謀，皆宗本太公。

又：虞芮之君爭田，久而不平，相謂曰：西伯仁人也，盍往質焉。乃如周决平，入其境，則耕者讓畔，行者讓路。入其邑，男女異路，班白不提挈。入其朝，士讓爲大夫，大夫讓爲卿。二國之君相謂曰：此其君亦能讓天下而不居矣。吾所爭，周人所恥，吾等小人，不可以履君子之庭，祇取辱耳。遂相讓以其所爭田爲閒田而退。天下聞之，歸者四十餘國。

（清）馬驌《繹史》卷一七《武丁中興》 《説苑》成湯之後，先王道缺，刑法違犯，桑穀俱生乎朝，七日而大拱。武丁召其相而問焉，其相曰：吾雖知之，吾弗得言也。問諸祖巳，桑穀者，野草也，而生於朝，意者國亡乎。武丁恐駭，飭身修行，思先王之政，興滅國，繼絶世，舉逸民，明養老，三年之後，蠻夷重譯，而朝者七國。

（宋）李燾《續資治通鑑長編》卷二四〇《宋神宗熙寧五年》 上謂王安石曰：市易賣果實，審有之，即太繁細，令罷之如何？安石曰：市易司但以細民上爲官司科買所困，下爲兼並取息所苦，自投狀乞借官錢出息，行倉法供納官果實。自立法已來，販者比舊皆即得見錢，行人比舊官司兼並所費十減八九，官中又得好果實供應，此皆逐人所供狀及案驗事實如此。每年行人爲供官不給，輒走卻數家，每糾一人入行，輒訴訟不已。今自立法數月以來，乃有情願投行人，則是官司利便可知。止是此等皆貧民無抵當，故本務差人逐日收受合納官錢，初未嘗官賣果實也。陛下謂其繁細，有傷國體，臣愚竊謂不然。今設官監酒，一升亦賣，設官監商税，一錢亦税，豈非細碎？人不以爲非者，習見故也。臣以爲酒税法如此，不爲非義。何則？自三代之法固已如此。周官固已征商，然不云須幾錢以上乃征之。泉府之法，物貨之不售，貨之滯於民用者，以其價買之，以待買者，亦不言幾錢以上乃買。又珍異有滯者，斂而入於膳府，供王膳，乃取市物之滯者。周公制法如此，不以煩碎爲恥者，細大並舉，乃爲政體。但尊者任其大，卑者務其細，此先王法，乃天地自然之理。如人一身，視、聽、食、息，皆在元首，至欲搔癢，則須爪甲。體有小大，所任不同，然各不可闕。天地生萬物，一草之細，亦皆有理。今爲政但當論所立法有害於人物與否，不當以其細而廢也。市易務勾當官乃取賈人爲之，固爲其所事煩細故也，豈可責市易務勾當官不爲大人之事？臣以謂不當任煩細者，乃大人之事。如陛下朝夕檢察市易務事，乃似煩細，非帝王大體，此乃《書》所謂元首叢脞也。陛下修身，雖堯、舜無以加，然未能運天下者，似於大體未察，或代有司職，未免叢脞。《書》稱庶績咸熙，又曰庶績其凝。帝王收功，當如陽之熙，如陰之凝。陛下於政事尚未能熙，固未能凝。譬如天方春時，陽氣將熙，乃吹以涼風，摧以霜霰，即萬物豈能敷長？物尚不能敷長，即何由致成實？上笑且曰：買得果實，誠比舊極佳，行人亦極便。但行人皆貧弊，宜與除放息錢。安石曰：行人比舊已各蘇息，可以存活，何須除放息錢？若行人已蘇息，比舊侵刻之苦已十去八九，更須除放息錢，即見今商税所取，不擇貧富，固有至貧乏人尚爲税務所困，亦合爲之蠲除。既未能蠲除彼，何獨蠲除此？今諸司吏禄極有不足，乃令乞覓爲生，不乞覓即不能自存，乞覓又犯刑法。若除放息錢，何如所收息錢增此輩禄。

（宋）李燾《續資治通鑑長編》卷二四八《宋神宗熙寧六年》 安石曰：今用車即不須用馬，但以人挽之足矣。以人挽車，省芻糧無奔警，未必不勝用馬。譬如古用簡册，今用紙，雖三代聖人復起，必不復用簡册。恐以人挽車亦如此。上曰：事但有理即可行，三代以前，聖人但隨時制法，故用馬爾。上又曰：天使中國有常勝之道，但後世失其道爾。

（宋）李燾《續資治通鑑長編》卷二五六《宋神宗熙寧七年》 丁酉，上謂輔臣曰：昔湯至紂六百餘年，民之戴商亦已久矣，同力度德，同德度義，武王以革車三百兩、虎賁三千人而破紂如林之衆，其用兵行師，非有法制不能至此。馮京曰：紂雖有衆七十萬，然天下之民，苦紂之虐政，歸文、武之仁德，蓋在德不在衆也。

（清）鄂爾泰等《世宗憲皇帝硃批諭旨》卷七八《硃批胡瀛奏摺》 奏爲陳請飭查罰贖銀兩以收實用事。竊照金作贖刑，載自《虞典》，至周穆王而按五刑之輕重定贖數之多寡。是贖鍰之制，唐虞三代已有之矣。我朝欽定爰書，至詳至慎，媲美三代以上之治。凡直省官員審理詞訟在理曲者，察其有力稍有力二等，春夏罰銀，秋冬罰穀。年底題報銀則解部充餉，穀則貯倉備賑，定例昭然。原毋許承審官員任意濫罰私收滋弊者也。

今查直省官員自理詞訟，所罰銀穀多有私罰肥己，不行報明歸公者。

《清史列傳》卷七二《文苑傳三·陳鶴》 嘗著《法先王論》云：孟子曰：遵先王之法而過者，未之有也。荀卿子曰：欲觀聖王之迹，則於其粲然者矣，後王是也。太史公曰：法後王何也？近已而俗變相類，論卑而易行。嘗試論之，夫有治本，有治迹。治迹者，閲一時而輒變者也。雖起先王於今日，猶將究時之宜而爲之，況後王乎？《記》所謂得與民變革者是也。治本者，亘古不易者也。雖更歷後王，其變至於不可紀極，而其本未嘗不與先王同。稍一忽之，而大亂輒隨其後，此豈可以卑論儕俗之見，擬議其間乎？《記》所謂不可得變革者是也。故孟子、荀卿子言各有當，而史公第舉其偏則過矣。雖然，聖賢之爲説，恒鄭重於其本，而不輕言其迹，以爲得乎其本而有變有革，猶之夏葛冬裘，飢食渴飲，隨其宜而已，無容心也。苟不得乎其本而徒取先王之迹循之，則不變革之禍有甚於變革者矣。是之謂變其所不當變，而不變其所當變；變其所不當變，而不變其所當變，雖循先王猶有禍患，況重以易行之卑論，近已之俗變哉？且荀卿子亦既明言聖王之迹矣，而史公從爲之辭，則所以滋後世之疑，而開後世之弊者，自此言始。且夫後世之變，固有甚不得已者矣。井田之爲賦税也，封建之爲郡縣也，此豈先王之法，然而是二者猶其迹也。井田賦税不同，其所以因民之産，使之相生相養者，未嘗不同；封建郡縣不同，其所以作民之牧，使之相導相齊者，未嘗不同也。今之治猶古之治也。封建必得賢君，郡縣必得賢有司，而後民被其治。繼世者不能皆賢，先王以爲此無如何也，是故爲之九伐之法、變置之制以防之，郡縣之黜陟，有較之變置尤速者，非其善法先王者乎？先王則不徒恃其後之有所防，而獨恃其始之有所導。是故爲之胄子之教，使天下萬國皆加意於所當爲治之人，而一範之以正心誠意之學，而又推其教化以行乎井田之間，使農皆可以爲兵，兵皆可以爲士。後之有天下者，苟詳明乎教士之法，使皆自得乎所以出治之本，而慎審於舉之之際，則於先王之法，思過半矣。故法先王者，亦法其意而已矣。古之治出於一，後世之爲治出於二。出於一則本立，出於二則多爲之制度，而莫循其本。法先王者法其本，不法其迹；法其教化，不法其制度。以教化馭制度，則天下之情僞，固有出於制度之外者矣。因其情僞之日出，而又爲之制度以救之，古之制度愈不可復，而古之教化亦若果無所益，求天下之治豈可復得？此不信聖賢之過也。三代而下，所爲治亂之迹備矣，凡其治之弊者，皆其不法先王者也；凡所以成一代之弊，不致遽見其弊者，必其猶有得乎先王之遺意者也。雖致亂之主，未有不思救一時之弊，惟其不法先王，故愈變而弊愈甚。賢君不然，卽救弊之際，而本之以法先王之意，故變而不失其治。故曰與治同道，罔不興；與亂同事，罔不亡。此必然之理也。制度雖詳，要以教化爲本。其他文大旨皆類此。

《皇朝文獻通考》卷二二二《經籍考十二·史載記 史評 史鈔 政書 職官》 雍正五年大學士鄂爾泰、張廷玉等奉敕撰皇上御製序曰：粤稽古唐虞封山濬川，命官敷教，諸大政具載典謨，而《禹貢》、《周官》尤詳。于方域官制，聖人列之于經，所以著一代之憲章，垂奕世以法守。經邦立政，惇典善俗，必於兹取則焉。

《六韜·文韜·盈虛》 文王問太公曰：天下熙熙，一盈一虚，一治一亂。指氣運言。所以然者何也？其君賢不肖不等乎？其天時變化自然乎？太公曰：君不肖，則國危而民亂；君賢聖，則國安而民治。禍福在君，不在天時。文王曰：古之賢聖可得聞乎？太公曰：昔者帝堯之王天下也，上世所謂賢君也。文王曰：其治如何？太公曰：帝堯王天下之時，金銀珠玉不飾，錦繡文綺不衣，奇怪珍異不視，玩好之器不寶，淫泆之樂不聽，宫垣屋室不堊，甍桷椽楹不斲，茅茨偏庭不剪。鹿裘禦寒，布衣掩形，糲粱之飯，藜藿之羹，不以役作之，故害民耕織之時，削心約志，從事於無爲。吏忠正奉法者尊其位，廉潔愛人者厚其禄，民有孝慈者愛敬之，盡力農桑者慰勉之，旌别淑慝，表其門閭，平心正節，以法度禁邪僞。所憎者有功必賞，所愛者有罪必罰，存養天下鰥寡孤獨，賑贍禍亡之家。其自奉也甚薄，其賦役也甚寡，故萬民富樂而無飢寒之色。百姓戴其君如日月，親其君如父母。文王曰：大哉賢德之君也。

《吕氏春秋·季秋紀·順民》 文王載拜稽首而辭曰：願爲民請炮烙之刑。文王非惡千里之地，以爲民請炮烙之刑，必欲得民心也。得民心，則賢於千里之地，故曰文王智矣。

《吕氏春秋·有始覽·謹聽》 若夫有道之士，必禮必知，然後其智能可盡。解在乎勝書之説周公，可謂能聽矣；齊桓公之見小臣稷，魏文侯之見田子方也，皆可謂能禮士矣。

《呂氏春秋·慎大覽·貴因》 武王使人候殷，反報岐周曰：殷其亂矣！武王曰：其亂焉至？對曰：讒慝勝良。武王曰：尚未也。又復往，反報曰：其亂加矣！武王曰：焉至？對曰：賢者出走矣。武王曰：尚未也。又往，反報曰：其亂甚矣！武王曰：焉至？對曰：百姓不敢誹怨矣。武王曰：嘻！遽告太公。太公對曰：讒慝勝良，命曰戮；賢者出走，命曰崩；百姓不敢誹怨，命曰刑勝。其亂至矣，不可以駕矣。故選車三百，虎賁三千，朝要甲子之期，而紂爲禽，則武王固知其無與爲敵也。因其所用，何敵之有矣！

《呂氏春秋·先識覽·觀世》 今周室既滅，天子既廢，亂莫大於無天子，無天子則彊者勝弱，衆者暴寡，以兵相剗，不得休息，而佞進，今之世當之矣。故欲求有道之士，則於江河之上，山谷之中，僻遠幽閒之所，若此則幸於得之矣。太公釣於滋泉，遭紂之世也，故文王得之。文王，千乘也；紂，天子也。天子失之，而千乘得之，知之與不知也。諸衆齊民，不待知而使，不待禮而令。若夫有道之士，必禮必知，然後其智能可盡也。

（漢）劉安《淮南子》卷一〇《繆稱訓》 唐虞之法可效也，其諭人心，不可及也。

（漢）劉安《淮南子》卷一一《齊俗訓》 是故世異則事變，時移則俗易。故聖人論世而立法，隨時而舉事。尚古之王，封於泰山，禪於梁父。七十餘聖，法度不同。非務相反也，時世異也。是故不法其已成之法，而法其所以爲法。【略】

三皇五帝，法籍殊方，其得民心均也。故湯入夏而用其法，武王入殷而行其禮，桀紂之所以亡，而湯武之所以爲治。

（漢）應劭《風俗通義》卷一《皇霸·三王》 《禮·號謚記》說：夏禹，殷湯，周武王是三王也。《尚書》說：文王作罰，刑茲無赦。《詩》說：有命自天，命此文王，文王受命，有此武功。儀刑文王，萬國作孚。《春秋》說：王者，孰謂，謂文王也。

（清）顧炎武《日知録》卷一《師出以律》 以湯武之仁義爲心，以桓文之節制爲用。斯之謂律，律即卦辭之所謂貞也。《論語》言子之所慎者。戰長勺以詐而敗齊，泓以不禽二毛而敗於楚。《春秋》皆不予之。故先爲不可勝，以待敵之可勝，雖三王之兵，未有易此者也。

（清）顧炎武《日知録》卷五《邦朋》 世衰道微，王綱弛於上，而私黨植於下，故箕子之陳《洪範》，必皇建其有極，而後庶民人無淫朋比德。

（唐）白居易《白氏六帖事類集》卷一三《刑措》 五刑不用。善人爲邦百年。勝殘去殺。虞夏之道，寡怨於人。少文法也。刑不施而咸服。畫冠，堯畫冠爲刑而人不犯。罔或干政。帝曰：皋陶惟茲臣庶，罔或干予政，言下順命也。期于無刑，《書》曰：刑期于無刑，民協于中。注云：以殺止殺而刑措。不犯有司。《書》茲用不犯于有司，言人不犯罪。昔唐虞畫冠而人不犯，周之成康刑措而不用。漢武詔。周之成康，見上。漢之文景，文帝用張釋之爲廷尉，罪疑者予人，是以刑罰大省。至於斷獄四百，有刑措之風。景帝定箠令，而笞者得全。辟以止辟。刑期無刑。

（唐）白居易《白氏六帖事類集》卷一三《峻刑》 《記》曰：刑肅而俗敝，則民不歸也，是謂疵國。肅，峻也，疵，病也。民免而無恥。齊之以刑。殷人先罰其人，敝勝而無恥。勝，苟免也。虞夏之道，寡怨於人。少文法也。考三章之法，漢室勃興。鑒五虐之刑，苗民自絶。廢興斯在。用捨可知。夏人不敝，資於後罰。秦民自敗。由用峻刑。雖人慢於政寬，未盡善也。比俗敝而刑肅。不猶愈乎。雖鄭傳猛政，或謂寬難。而苗用虐刑。每聞遏絶。刑繁國敝，政猛人殘。法令滋彰，盗賊多有。法繁於秋荼，網密於凝脂。秦。嚴斷刑獄以威，其刑淫。其政察察，其人缺缺。人之多幸。必務猛以濟寬。令出惟行，所宜威克厥愛。示人知禁。凡執禁齊衆不赦過，禮。民之多辟。大爲防而猶踰。邦有常刑，小不忍而恐亂。亂而益敝。過當傷深疾病之心。法家少恩，文吏巧詆。商君酷法，見敝於秦。

（宋）歐陽修《歐陽修全集》卷七六《易童子問卷一》 童子問曰：《師》，貞丈人，何謂也？曰：師正於丈人也。其《象》曰能以衆正，可以王矣。童子曰：敢問可以王矣，孰能當之？曰：湯、武是已。彼二王者以臣伐主，其爲毒也甚矣。然以其本於順民之欲而除其害，猶毒藥瞑眩以去疾也，故其《象》又曰：行險而順，以此毒天下，而民從之。童子曰：然則湯、武之師正乎？曰：凡師必正於丈人者，文王之志也。

以此毒天下而王者，湯、武也。湯武以應天順人爲心，故孟子曰：有湯、武之心則可也。童子曰：吉，無咎，何謂也？曰：爲《易》之説者，謂無咎者本有咎也。又曰善補過也。嗚呼！舉師之成功，莫大於王也，然不免毒天下，而僅得補過、無咎，以此見兵非聖王之所務，而湯、武不足貴也。

（宋）李覯《李覯集》卷一〇《刑禁第六》　文王之法，民之置酒，唯祭與養耳。而小人用之，疏數無其時，多少無其節。羣飲食於市井，以妨其業，以費其財，以興淫邪，以起鬥訟，是以禁之也。然則聖人之於天下，事爲之制，曲爲之防，果如何哉？昔曹參去齊，屬其後相，以齊獄市爲寄。謂獄市者，所以并容。擾之，姦人安所容乎？蓋是時，天下初定，故從民之欲而不擾亂，豈常行之道邪？獄市不可以不治，姦人不可以不禁。大司徒以荒政十有二聚萬民。其三曰緩刑；而十有二曰除盜賊。是救饑之政雖則緩刑，至於盜賊，不可不急其刑以除之也。噫！酒榷之官未罷，則萍氏之禁，司虣之令，不復行矣！然而緩刑，仁也，除盜賊，義也。凶年饑饉而仁義存焉，亦不減於先王矣。

（明）王守仁《王文成公全書》卷三《傳習録中·答顧東橋書》　三代之學其要皆所以明人倫，非以辟不辟泮不泮爲重輕也。孔子云：人而不仁如禮何？人而不仁如樂何？制禮作樂必具中和之德，聲爲律而身爲度者，然後可以語此。

（清）方苞《方苞集》卷一《讀經·讀君牙冏命呂刑文侯之命費誓秦誓》　《尚書》自《畢命》以下，所存六篇，先儒多未達其義。余嘗考之：《費誓》，則事可傳也；《君牙》、《冏命》、《秦誓》，則言不可廢也；《呂刑》、《文侯之命》，則事不可没也。三代之刑典，至穆王而始變；文、武之舊都，至平王而終棄，可無志乎？《呂刑》之言，雖或不可廢，而孔子録之，則非以其言也。觀《文侯之命》，無一言之當物而弗删，則以著事變而非有取於其辭義審矣。

司馬遷作《史記》，於《費誓》具詳焉，於《秦誓》删取焉，而《文侯之命》則没之，蓋以其言無足存而不知事不可没也。用此觀之，聖人删述之義，羣賢莫之能贊，豈獨《春秋》之筆削哉？

《書》存《文侯之命》，而宣王中興，用賢討叛，事列正《雅》者，其誓、誥、策、命之文，無一見焉。先儒以謂亡於幽王之亂，而余竊意所亡者，不惟宣王之書，自《君牙》以下六篇，皆孔子摭拾於亂亡之餘，非得之周室之史記也。

自唐、虞、夏、商，非關一代廢興之故，不以列於《書》。故《周書》自《畢命》以前，皆造周毖殷、保世靖民之大政也。若專取辭意之善，則成、康之際，周、召共政，史逸作册，其命官之辭，遠過於《君牙》、《冏命》者必多矣。孔子乃舍彼而取此，義安處與？用此，知康王以前，策、命之大者，已與誓、誥並列於學官，而立爲四術；其餘内史所藏，孔子蓋未之見也。《呂刑》則布在四方，而有司籍之。若魯若晉若秦之書，則其國傳之。《君牙》、《冏命》，則其家守之。子嘗學禮，而病杞、宋之無徵。故於《周書》，惜其僅有存者，而録之以垂法戒焉耳。使得諸周内史所藏，則豈宜闊希而不類如此哉？

抑觀《君牙》、《冏命》、《秦誓》，而又以歎世變之亟焉。文、武之政刑，皆變亂於穆王，而讀其書，彬彬乎去成、康不遠也。秦穆悔過思賢之言，可法於後世，而力逞其忿，以遂前愆，言與行顯背，而謂可塗民之耳目。夏、殷之末造，未嘗有是也。二帝、三王純一忠敬之風，其尚可復也哉？此又序《書》之隱義也。

法聖賢分部

論　説

《周易正義·乾》　上九：亢龍有悔。疏：正義曰：上九亢陽之至，大而極盛，故曰亢龍。此自然之象。以人事言之，似聖人有龍德，上居天位，久而亢極，物極則反，故有悔也。純陽雖極，未至大凶，但有悔吝而已。《繫辭》云：悔吝者，言乎其小疵也。故鄭引堯之末年，四凶在朝，是以有悔未大凶也。凡悔之爲文，既是小疵，不單稱悔也。必以餘字配之。其悔若在，則言有悔，謂當有此悔，則此經是也。其悔若无，則言悔亡，言其悔已亡也，若《恒卦》九二悔亡是也。其悔雖亡，或是更取他文結之，若《復卦》初九不遠復无祇悔之類是也。但聖人至極，終始无虧，故《文言》云：知進退存亡而不失其正者，其唯聖人乎？是知大聖之人，本無此悔。但九五天位，有大聖而居者，亦有非大聖而居者，不能不有驕亢，故聖人設法以戒之也。

（清）王聘珍《大戴禮記解詁》卷一《哀公問五義》　哀公曰：善！敢問何如可謂聖人矣！

孔子對曰：所謂聖人者，知通乎大道，應變而不窮，能測萬物之情性者也。大道，謂天地人三才之道也。應，當也。變，謂事物非常也。窮，困也。測，盡也。情者，性之發也。陸賈《新語》云：聖人成之，所以能統物通變，治情性，顯仁義也。大道者，所以變化而凝成萬物者也。《易》曰：在天成象，在地成形，變化見矣。聖人知變化之道，首出庶物，變則通之，化而裁之，故萬物得正其性命也。凝，正也。情性也者，所以理然不然取舍者也。理，治也。然否取舍，壹本於情性也。《中庸》曰：唯天下至誠，爲能盡其性，能盡其性則能盡人之性，能盡人之性則能盡物之性，能盡物之性則可以贊天地之化育。故其事大，配乎天地，參乎日月，雜於雲蜺，總要萬物，穆穆純純，其莫之能循，若天之司，莫之能職，百姓淡然不知其善。若此，則可謂聖人矣。配，合也。參，三也。《易》曰：夫大人者，與天地合其德，與日月合其明。雜，共也。蜺，雌虹也。《孟子》曰：民之望之，若大旱之望雲霓也。總，統也。要，會也。穆穆，敬也。純讀曰肫。《中庸》曰：肫肫其仁。鄭注云：肫肫或爲純純，懇誠貌也。循，巡也。司，主也。《説文》云：職，記微也。淡然，定靜貌。《孟子》曰：民日遷善而不知爲之者。

（清）孫希旦《禮記集解·表記》　子言之：仁者，天下之表也。義者，天下之制也。報者，天下之利也。

鄭氏曰：報，謂禮也。禮尚往來。孔氏曰：仁爲行之盛極，故爲天下之儀表。義，宜也。制，謂裁斷於事也。呂氏大臨曰：天下有道，所謂德、怨之報者皆出於天下之公而已。有德者報以官，有功者報以賞，所謂以德報德，民知所勸矣。傷人者報以刑，滅人者報以殺，所謂以怨報怨，民知所懲矣。愚謂呂氏以報爲德、怨之報，是也。德、怨之報得其公，則人皆知怨之不宜樹而競於德矣，故曰天下之利。

又：子曰：以德報怨，則寬身之仁也。以怨報德，則刑戮之民也。

呂氏大臨曰：以德報怨，雖過於寬而本於厚，未害其爲仁也。以怨報德，則反易天常，天下之亂民，法所當誅者也。愚謂寬猶容也。以德報怨，則天下無不釋之怨矣。雖非中道，而可以寬容其身，亦仁之一偏也。若以怨報德，則爲人情之所共忿，而刑戮必及之矣。

又：子曰：仁之難成久矣，唯君子能之。是故君子不以其所能者病人，不以人之所不能者愧人。是故聖人之制行也，不制以己，使民有所勸勉愧恥，以行其言，禮以節之，信以結之，容貌以文之，衣服以移之，朋友以極之，欲民之有壹也。《小雅》曰：不愧于人，不畏于天。

呂氏大臨曰：人人失其所好，此仁之所以難成。君子責人以恕，而成人有道，則仁不難成矣，故曰唯君子能之。君子之所能，衆人必有不能者，使衆人儌己所能則病，使衆人自彰其不能則愧矣。故聖人制行以立教，必與天下共之，以天下之所能行者爲之法，所以爲達道也。曾子執親之喪，水漿不入口者七日，此曾子之所能也。水漿不入口者三日，此衆人之所能也。故喪以三日爲節，則不取乎七日，此所謂不制以己也。唯不制以己，故民知跂乎此而有所勸勉，知不及乎此而有所愧恥。非特此也，制禮以節其行而使之齊，立信以結其志而使之固，其容貌必稱其志，其衣服必稱其容，朋友切磋相成，至於極而後已，則一道德而同俗矣。蓋脩其外則知愧於人，脩其內則知畏於天，故曰不愧於人，不畏于天。陸氏佃曰：孔子曰衰麻、苴、杖者，志不存乎樂，非耳弗聞，服使然也。黼黻、衮冕者，容不褻慢，非性矜莊，服使然也。是之謂移。愚謂壹，謂專壹於爲善也。

又：子曰：后稷，天下之爲烈也。豈一手一足哉，唯欲行之浮於名也，故自謂便人。《釋文》：行，下孟反。

孔氏曰：烈，業也。后稷播殖之功，豈止一人之手、一人之足哉，言用之者多也。唯欲實行過於名，故自謂便於稼穡之人，不自謂神聖也。愚謂人莫不有所當事，知其當事而事之，盡禮義也。然人之情多好自夸大，而有不欲下人之心，則有於所當事而不能事者矣。故上章引夫子之言，以明君子之謙卑自下，此章又引夫子言后稷之事如此，皆不自尚、不自尊之意，與舜、禹、文王、周公有君民之大德，有事君之小心者，其道一也。

又：子曰：夏道尊命，事鬼敬神而遠之，近人而忠焉。先祿而後威，先賞而後罰，親而不尊。其民之敝，惷而愚，喬而野，朴而不文。《釋文》：遠，于萬反。近，附近之近。惷，傷容反，徐昌容反，范陽江反，又丁降反，字林音丑降反。喬音驕。

尊命，謂尊上之政教也。遠之，謂不以鬼神之道示人也。蓋夏承重黎絕地天通之後，懲神人雜糅之敝，故事鬼敬神而遠之，而專以人道爲教。忠，情實也。敝，謂其後世政教之失也。喬與驕同。上之文綱疏，則下之機智少，故其敝也，惷愚而少知識。內之忠誠勝，則外之文飾寡，故其敝也，驕倨而鄙野，朴陋而無文。

(清) 孫希旦《禮記集解·緇衣》 子言之曰：爲上易事也，爲下易知也，則刑不煩矣。《釋文》：易，以豉反。

鄭氏曰：言君不苛虐，臣無姦心，則刑可以措。呂氏大臨曰：上以機心待民，則民亦以機心報上。上下之交，機心相勝，姦生詐起，欲刑之不煩不可得矣。

又： 子曰：好賢如《緇衣》，惡惡如《巷伯》，則爵不瀆而民作愿，刑不試而民咸服。《大雅》曰：儀、刑文王，萬國作孚。

《緇衣》，《鄭國風》篇，周人美鄭武公之賢，欲改爲其衣，又欲適其館而授之粲，其殷勤無已如此，好賢之誠也。《巷伯》，《小雅》篇名，詩人惡讒人，欲投之豺虎、有北、有昊，惡惡之誠也。人君之好賢惡惡，其誠苟能如此，則民莫不趨其所好而避其所惡，不待勸以賞而民自愿慤，不待加以刑而民皆畏服矣。儀、刑，皆法也。孚，信也。文王明德慎罰，故其德爲民所信，人君能法文王之德，則亦爲民所信也。

又： 子曰：禹立三年，百姓以仁遂焉，豈必盡仁？《詩》云：赫赫師尹，民具爾瞻。甫刑曰：一人有慶，兆民賴之。《大雅》曰：成王之孚，下土之式。

遂，成也。以仁遂，言民之仁無不成也。然此非民之皆能仁也，由禹好仁，故民皆化於仁爾。

又： 子曰：王言如絲，其出如綸；王言如綸，其出如綍。故大人不倡游言。可言也不可行，君子弗言也。可行也不可言，君子弗行也。則民言不危行，而行不危言矣。《詩》云：淑慎爾止，不諐于儀。【略】

綸，綬也。綍，引柩索也。綸大於絲，綍大於綸。游言，浮游無實之言也。王者之言，宜之爲政教，成之爲風俗，其端甚微，其末甚大，苟以游言倡之，則天下亦相率爲游言，而虛浮之風作矣。可言不可行，謂過高之言，不可見之於行事者。可行不可言，謂過高之行，不可言之以率人者。危，高峻也。君子之言行，不越乎中庸，而民效之。故言不敢高於行，言必顧行也；行不敢高於言，行必顧言也。呂氏大臨曰：引《詩》，言爲人上者，當善慎其容止，不過於先王《曲禮》之儀，以證言行之不可過也。

《春秋左傳正義·春秋正義序》 暨乎周室東遷，王綱不振，楚子北伐，神器將移。鄭伯敗王於前，晉侯請隧於後。竊僭名號者，何國不然！專行征伐者，諸侯皆是。下陵上替，内叛外侵，九域騷然，三綱遂絶。夫子内韞，大聖逢時若此，欲垂之以法則無位，正之以武則無兵，賞之以利則無財，説之以道則不用。虛歎銜書之鳳，乃似喪家之狗，既不救於已往，冀垂訓於後昆。因魯史之有得失，據周經以正褒貶。一字所嘉，有同華衮之贈；一言所黜，無異蕭斧之誅。所謂不怒而人威，不賞而人勸，實永世而作則，歷百王而不朽者也。

又： 仲尼因魯史策書成文，考其真僞，而志其典禮，上以遵周公之遺制，下以明將來之法。疏：仲尼至之法。此明仲尼所因并制作之意。所脩之經，以魯爲主，是因魯史策書成定之舊文也。考謂校勘，志謂記識。考其真僞，真者因之，僞者改之。志其典禮，合典法者褒之，違禮度者貶之。上以遵周公之遺制，使舊典更興；下以明將來之法，令後世有則，以此故脩《春秋》也。前代後代，事終一揆，所賞所罰，理必相符。仲尼定《春秋》之文，制治國之法，文之所褒，是可賞之徒；文之所貶，是可罰之類。後代人主，誠能觀《春秋》之文，揆當代之事，辟所惡而行所善，順褒貶而施賞罰，則法必明，而國必治，故云下以明將來之法也。不教當時而爲將來制法者，孔子之時，道不見用，既知被屈，冀範將來。將來之與今時，其法亦何以異，但爲時不見用，故指之將來，其實亦以教當代也。其教之所存，文之所害，則刊而正之，刊，若干反，削也。以示勸戒。疏：其教至勸戒。此説仲尼改舊史之意。教之所存，謂名教善惡，義存於此事。若文無褒貶，無以懲勸，則是文之害教。若僖二十八年天王狩于河陽，傳云：晉侯召王，以諸侯見，且使王狩。仲尼曰：以臣召君，不可以訓。故書曰天王狩於河陽。杜以晉文之意本欲尊周，將率諸侯共朝天子，自嫌彊大，不敢至周，喻王出狩，得盡臣禮。尋其蹤緒，心是跡非。又昭十九年，許世子止弑其君買，傳云：許悼公瘧。五月，戊辰，飲大子止之藥，卒。書曰：弑其君。君子曰：盡心力以事君，舍藥物可也。許止進藥，不由於醫，其父飲之，因兹而卒。名教善惡須存於此者也。不罪許止，不没晉文，無以息簒逆之端，勸事君之禮，故隱其召王之名，顯稱弑君之惡。如此之例，皆是文王之害教，則刊削本策，改而正之，以示後人，使聞善而知勸，見惡而自戒。諸仲尼所改新意，皆是刊而正之也。其餘則皆即用舊史，史有文質，辭有詳略，不必改也。

又： 曰：然則《春秋》何始於魯隱公？答曰：周平王，東周之始王也。隱公，讓國之賢君也。考乎其時則相接，言乎其位則列國，本乎其始則周公之祚胤也。祚，才路反。胤，以刃反。若平王能祈天永命，紹開中興；中，丁仲反。隱公能弘宣祖業，光啓王室，則西周之美可尋，文武之迹不隊，隊，真類反。是故因其歷數，附其行事，采周之舊，以會成王義，垂法將來。疏：曰然至將來。上既解終麟之意，未辯始隱之王，如字，又于况反。由，故又假問以釋之。不言或問而直言曰者，以荅前未了，須更起此問，若言問者猶是前人，且既解絶筆，即因問初起，以此不復言或，欲示二問其是一人故也。然者，然上語；則者，陳下事，乘前起後之勢。問者言絶筆於獲麟，既如前解，然則《春秋》初起，何獨始於魯隱公，不始於他國餘公，何也？荅曰：周平王，東周之始王也。遷居洛邑，平王爲首，是始王也。隱公，讓國之賢君也，於第當立，委位讓桓，是賢君也。考乎其時則相接，隱公之初，當平王之末，是相接也，言乎其位則列國，其爵爲侯，其土則廣，是大國也。本乎其始，則周公之祚胤也，魯承周公之後，是其福祚之胤也。若使平王能撫養下民，求天長命，紹先王之烈，開中興之功；隱公能大宣聖祖之業，光啓周王之室，君臣同心，照臨天下，如是則西周之美，猶或可尋，文武之迹，不墜於地。而平王、隱公居得致之地，有得致之資，而竟不能然，只爲無法故也。仲尼愍其如是，為之作法，其意言若能用我道，豈致此乎？是故因其年月之歷數，附共時人之行事，采周公之舊典，以會合成一王之大義，雖前事已往，不可復追，冀得垂法將來，使後人放習。以是之故，作此《春秋》。此序一段，大明作《春秋》之深意。問者不直云隱公而言魯隱公者，言魯决其不始於他國，言隱决其不始於餘公，挾此二意，故並魯言之也。其荅直言隱公不云魯者，以魯之《春秋》已爲韓起所説可知故也。周自武王伐紂定天下，恒居鎬地，是爲西都。周公攝政，營洛邑於土中，謂之東都。成王雖暫至洛邑，還歸鎬京。爲幽王滅於西周，平王東遷洛邑，因謂洛邑爲東周，謂鎬京爲西周。平王始居東周，故云東周之始王也。平王四十九年而隱公即位，隱公三年而平王崩，是其相接也。《詩·既醉》云永錫祚胤，言福祚及後胤也。《尚書·召誥》云用供王能祈天永命，言用善德治民得長命也。襄十年《傳》曰而以偪陽光啓寡君，《論語》曰文武之道未墜於地，是杜所用之文也。《春秋》據魯而作，即是諸侯之法，而云會成王義者，《春秋》所書，尊卑盡備。王使來聘，錫命賵含，有天子撫邦國之義。公如京師，拜賜會葬，有諸侯事王者之法。雖據魯史爲文，足成王者之義也。以其會成王義，故得垂法將來，將使天子法而用之，非獨遺將來諸侯也。

（清）蘇輿《春秋繁露義證》卷四《王道》

《春秋》何貴乎元而言之？元者，始也，言本正也。《説苑·建本篇》：孔子曰：君子務本，本立而道生。夫本不立者末必倚，始不盛者終必衰。《詩》云：原隰既平，泉流既清。本立而道生，《春秋》之義。有正春者無亂秋，有正君者無危國。《易》曰：建其本而萬物理，失之毫釐，差以千里。是以君子貴建本而重立始。又云：魏武侯問元年於吳子，吳子對曰：言國君必愼始也。愼始奈何？曰：正之。正之奈何？曰：明智。智不明何以見正，多聞而擇焉，所以明智也。是故古者君始聽治，大夫而一言，士而一見，庶人有謁必達，公族請問必語，四方至者勿距，可謂不壅蔽矣。分祿必及，用刑必中，君心必仁，思君之利，除民之害，可謂不失民衆矣。君身必正，近臣必選，大夫不兼官，執民柄者不在一族，可謂不權勢矣。此皆《春秋》之意，而元年之本也。《晉書·郭璞傳》：璞上疏曰：臣聞《春秋》之義，貴元重始。道，王道也。上道字疑當作正，承本正而言。《對册》云：《春秋》之文，求王道之端，得之，於正。正次王，王次春。春者天之所為也，正者王之所為也。其意曰，上承天之所為，而下以正其所為，正王道之端云耳。程子云：聖人以王道作經，故書王。王者，人之始也。隱元年《傳》：王者孰謂？謂文王也。何注：不言謚者，法其生不法其死，與後王共之，人道之始也。王正則元氣和順、風雨時、景星見、黃龍下。《白虎通·封禪篇》：天下太平，符瑞所以來至者，以為王者承天統理，調和陰陽，陰陽和，萬物序，休氣充塞，故符瑞並臻，皆應德而至。德至文表則景星見，德至淵泉則黃龍見。王不正則上變天，賊氣并見。《管子·四時篇》：是故春凋秋榮，冬雷夏有霜雪，此皆氣之賊也。刑德易節失次，則賊氣遬至，賊氣遬至，則國多菑殃。是故聖王務時而寄政焉。官本云：他本無氣字。五帝三王之治天下，不敢有君民之心。王者撫有天下，不敢自謂君民，敬畏之至也。《説苑·政理篇》：子貢問治民於孔子，孔子曰：懔懔焉如以腐索御奔馬。子貢曰：何其畏也？孔子曰：夫通達之國皆人也，以道導之，則吾畜也。不以道導之，則吾仇也。若何而毋畏？案：畏者，不敢之所由生。伊川程子在講筵説《論語》云：人主所以有崇高之位者，蓋得之於天，與天下之人共戴也，必思所以報民。古之人君，視民如傷，若保赤子，皆是報民也。與此意相發明。《表記》云：下之事上也，雖有庇民之大德，不敢有君民之心，仁之厚也。鄭注云：無君民之心，是思不出其位。詞同而義微異。然臣不敢有以歸之君，君復不敢有以歸之天，其重視民之旨則一。故曰民貴，古人之立訓也。與民則曰君尊，與君則曰民貴，各致其道，交成其治。若與君言尊，與民言貴，則其義荒矣。三王，天啟本作三皇，凌本同。《御覽》八百七十一治作理。什一而税。宣十五年《傳》：古者什一而藉，何注：夫飢寒並至，雖堯舜躬化，不能使野無寇盜，貧富兼并，雖皋陶制法，不能使強不凌弱。是故聖人治井田之法而口分之，一夫一婦受田百畝，以養父母妻子。五口為一家，公田十畝。即所謂什一而税也。教以愛，使以忠，以博愛教之，以忠誠使之。《左》桓六年《傳》：上思利民，忠也。忠愛並屬上言。《表記》：子言虞舜子民如父母，有憯怛之愛，有忠利之教。敬長老，親親而尊尊，《禮·祭義》：敬老為其近于親也。敬長為其近于兄也。不奪民時，使民不過幾三日。《王制》：用民之力，幾不過三日。民家給人足，無怨望忿怒之患，強弱之難，強不凌弱。無讒賊妒疾之人。官本云：他本讒作強。民修德而美好，被髮銜哺而游，哺，口中所含食。不慕富貴，恥惡不犯。父不哭子，兄不哭弟。《韓詩外傳》：太平之時，無瘖聾、跛眇、尪蹇、侏儒、折短，父不哭子，兄不哭弟。《公孫弘傳》：形和則無疾，無疾則不夭，故父不哭子，兄不哭弟。《淮南·原道訓》：父無喪子之憂，兄無喪弟之哀，含德之所致也。毒蟲不螫，猛獸不搏，抵蟲不觸。凌本抵作鷙。案：《儒行》鄭注：鷙蟲，猛鳥獸也。抵，與鷙義同。故天為之下甘露，《白虎通》：德至未則斗極明，日月光，甘露降，曹植《七啟》：故甘靈紛而晨降。甘靈即甘露。《御覽》八百七十二引無之字。朱草生，《白虎通》：德至草本則朱草生，木連理。朱草者，赤草也，可以染絳，別尊卑也，語又見《公孫弘傳》制語。醴泉出，《白虎通》：醴泉者，美泉也，狀若醴酒，可以養老也。風雨時，嘉禾興，《白虎通》：嘉禾者，大禾也。成王之時，有三苗異畝而生，同為一穟，大幾盈車，長幾充箱。民有得而上之者，成王召周公而問之，周公曰：三苗為一穗，天下當和為一乎？後果有越裳氏重九譯而來矣。鳳凰麒麟遊於郊。《禮運》：鳳凰麒麟，皆在郊棷。《白虎通》：鳳凰者，禽之長也。上有明王，太平乃來，居廣都之野。囹圄空虛，《白虎通・五刑篇》：夏曰夏台，殷曰牖里，周曰囹圄。《鄭志》：囹圄，秦獄名，又鄭注《月令》：囹圄所以禁守繫者，若今別獄矣。《意林・風俗通》：周曰囹圄。囹，令；圄，舉也。言令人幽閉思愆，改惡為善，因原之也。今縣官録囚皆舉也。案：《説文》：囹，獄也。又云：囹圉所以拘罪人。是圄字亦作圉。又與敔同。《説文》：敔，禁也。囹圉蓋獄名，取禁繫之義耳，似無分於周秦。畫衣裳而民不犯。《虞書》：象以典刑。《御覽・刑法部》引《慎子》：斷其肢體，鑿其肌膚謂之刑。畫衣冠，異章服謂之戮。上世用戮而民不犯，中世用刑而民不從。《周禮・司圜》疏引《孝經緯》云：三皇無文，五帝畫象，三王肉刑。所謂畫象，即畫衣裳也。《文選》注引《墨子》：畫衣冠，異章服，而民不犯。《初學記》引《尚書大傳》：唐虞象刑，而民不敢犯。《公孫弘傳》：制曰：上古至治，畫衣裳，異章服，而民不犯。四夷傳譯而朝。《周禮・象胥》疏：譯即易，謂換易言語，使相解也。民情至樸而不文。郊天祀地，秩山川，以時至，封於泰山，禪於梁父。古者封禪有二用。《白虎通・封禪篇》：王者易姓而起，必升封泰山何？報告之義也。始受命之日，改制應天，天下太平功成，封禪以告太平也。所以必於泰山何？萬物之始，交代之處也，必於其上何？因高告高，順其類也。故升封者，增高也。下禪梁甫之基，廣厚也。梁甫者，泰山旁山名。三王禪於梁甫之山。梁者信也，甫者輔也，信輔天地之道而行之也。《史記正義》引《五經通義》云：易姓而王，致太平，必封泰山，禪梁父。告太平於天，報羣神之功，此報告受命之禮也。《梁書・許懋傳》引《孝經鉤命決》云：封于泰山，考績柴燎；禪于梁父，刻石紀功。鄭康成注《書》云：柴者，考績燎也。《堯典》：歲二月，東巡守，至于岱宗，柴，肆覲東后。(我朝唐熙中詞臣曹禾疏請封禪。大學士張玉書等奏駁，以為舜燔柴岱宗，非封禪。似失攷。)又曰：五載一巡守，羣后四朝，敷奏以言，明試以功，車服以庸。是其事也。此巡守考績之禮也。周衰禮廢，桓公欲封禪，而管仲難之。蓋受命非其時，考績不敢僭也。徒以不敢質言，故神其説，于是秦漢不學之士遂以為頌德紀功之名。其尤者，乃以為祈年求僊之事，而云：封禪者，古不死之名。違古誼矣。董子敘述封禪，列之典禮。《三代改制篇》又言其尚位、下位、左位、右位之異。蓋知其禮，兼明其儀，而獨不侈陳神異以阿時主，賢於司馬相如倪寬遠矣。史公從董生游、其作《封禪》書，首引巡狩事。又引夷吾受命然後得封禪之語，又曰：巫咸之興自此始。蓋猶畧知其意，而以巫寓諷焉。立明堂，宗祀先帝，《春秋》家宗文王，是先帝即文王也。以明堂為文王廟，與許君所引古《周禮》、《孝經》説同。《詩正義》引盧植注《禮記》云：明堂即太廟也。《藝文類聚》引蔡邕《月令論》云：明堂者，天子太廟也，所以宗祀而配上帝，明天地統萬物也。高誘注《淮南》云：廟之中謂之明堂也。竝與董合。案：孟、荀皆言明堂，是明堂亦今文説所有。或見王莽用劉歆説起明堂、辟雍、靈臺，遂謂今文家不言明堂，謬矣。《五經異義》引講學大夫淳于登説明堂制度，亦言周公祀文王於明堂，以配上帝。鄭以登言取義《援神契》，尤出今文説之明證。以祖配天，天下諸侯各以其職來祭。《白虎通・辟雍篇》：天子立明堂者，所以通神靈，感天地，正四時，出教化，宗有德，重有道，顯有能，褒有行者也。《孝經》：昔者周公郊祀后稷以配天，宗祀文王於明堂以配上帝。是以四海之內，各以其職來祭。貢土地所有，先以入宗廟，端冕盛服而後見先。入廟告祖。《文選》司馬遷《報任少卿書》注：先，謂祖也。德恩之報，奉先之應也。以天治君，言災異不能廢瑞應。武帝冊亦及之，《漢・藝文志》《易》家《神輸》五篇，圖一，顔注：劉向《別録》云：神輸者，王道失則災害生，得則四海輸之祥瑞。是符瑞與災異同為一家學也。《論衡・是應篇》：儒者論太平瑞應，皆言氣物卓異，朱草、醴泉、翔鳳、甘露、景星、嘉禾、萐脯、蓂莢、屈軼之屬。知董子此篇蓋有所本。《尚書大傳》：孔子曰：吾於《高宗肜日》，見德之有報之疾也。亦聖人言瑞異之證。然而《春秋》不貴者，程子所謂因災異而修德則無損，因祥瑞而自恃則有害也。北魏、宋、齊因之述《符瑞志》，背經旨矣。先，凌本作元。

(清) 皮錫瑞《經學歷史・經學開闢時代》

讀孔子所作之經，當知孔子作《六經》之旨。孔子有帝王之德而無帝王之位，晚年知道不行，退而刪定《六經》，以教萬世。其微言大義實可為萬世之準則。後之為人君者，必遵孔子之教，乃足以治一國；所謂循之則治，違之則亂。後之為士大夫者，亦必遵孔子之教，乃足以治一身；所謂修之吉，小人悖之凶。此萬世之公言，非一人之私論也。孔子之教何在？即在所作《六經》之內。故孔子為萬世師表，《六經》即萬世教科書。惟漢人知孔子維世立教之義，故謂孔子為漢定道，為漢制作。當時儒者尊信《六經》之學可以治世，孔子之道可為弘亮洪業、贊揚迪哲之用。朝廷議禮、議政，無不引經；公卿大夫士吏，無不通一藝以上。雖漢家制度，王霸雜用，未能盡行孔教；而通經致用，人才已為後世之所莫逮。蓋孔子之以《六經》教萬世者，稍用其學，而效已著明如是矣。自漢以後，闇忽不章。其尊孔子，奉以虛名，不知其所以教萬世者安在；其崇經學，亦視為故事，不實行其學以治世。特以為歷代相承，莫之敢廢而已。由是古義茫昧，聖學榛蕪。孔子所作之《易》，以為止有《十翼》；則孔子於《易》，不過為經作傳，如後世箋注家。陳摶又雜以道家之圖書，乃有伏羲之《易》、文王之《易》加於孔子之上，而《易》義大亂矣。孔子所定之《詩》、《書》，以為並無義例；則孔子於《詩》、《書》，不過如昭明之《文選》、姚鉉之《唐文粹》，編輯一過，稍有去取，王柏又作《詩疑》、《書疑》，恣意删改，使無完膚，而《詩》、《書》大亂矣。孔子所作之《春秋》，以為本周公之凡例；則孔子於《春秋》，不過如《漢書》之本《史記》、《後漢書》之本《三國志》，鈔録一過，稍有增損。杜注、孔疏又不信一字褒貶，概以為闕文疑義；王安石乃以《春秋》為斷爛朝報，而《春秋》幾廢矣。凡此皆由不知孔子作《六經》教萬世之旨，不信漢人之説，横生臆見。詆毁先儒。始於疑經，漸至非聖。或尊周公以壓孔子，如杜預之説《春秋》是。或尊伏羲、文王以壓孔子，如宋人之説《易》是。孔子手定之經，非特不用以教世，且不以經為孔子手定，而屬之他人。經學不明，孔教不尊，非一朝一夕之故，其所由來者漸矣。故必以經為孔子作，始可以言經學；必知孔子作經以教萬世之旨，始可以言經學。

《論語注疏·八佾》　儀封人請見，注：鄭曰：儀，蓋衛邑。封人，官名。曰：君子之至於斯也，吾未嘗不得見也。從者見之。注：包曰從者，弟子隨孔子行者，通使得見。出曰：二三子何患於喪乎？天下之無道也久矣，注：孔曰：語諸弟子言，何患於夫子聖德之將喪亡邪？天下之無道已久矣，極衰必盛。天將以夫子為木鐸。注：孔曰：木鐸，施政教時所振也。言天將命孔子制作法度，以號令於天下。音義：見，賢遍反。從，才用反。喪，息浪反，注同。語，魚據反。鐸，直畧反，木鐸，金鈴木舌，施政教之所振也。疏：正義曰：此章明夫子之德，天將命之使其定禮樂也。儀封人請見者，衛國儀邑典封疆之人請告於孔子從者欲見孔子也。曰：君子之至於斯也，吾未嘗不得見也者，此所請辭也。嘗，曾也。言往者有德之君子至於我斯地也，吾嘗得見之，未曾有不得見者也。從者見之者，從者，謂弟子隨孔子行者。既見其請，故為之紹介通使得見也。出曰：二三子何患於喪乎者，儀封人既請見夫子，出門乃語諸弟子曰：二三子何須憂患於夫子聖德之將喪亡乎？天下之無道也久矣者，此封人又説孔子聖德不喪之由也。言事不常一，盛必有衰，衰極必盛。今天下之衰亂無道亦已久矣，言拯弱興衰屬在夫子。天將以夫子為木鐸者，木鐸，金鈴木舌，施政教時所振也。言天將命孔子制作法度，以號令於天下，如木鐸以振文教也。注鄭曰：儀，蓋至官名。正義曰：云儀，蓋衛邑者，以《左傳》衛侯入於夷儀，疑與此是一，故云蓋衛邑也。云封人，官名者，《周禮》：封人掌為畿封而樹之。鄭玄云：畿上有封，若今時界也。天子封人職典封疆，則知諸侯封人亦然也。《左傳》言潁谷封人，祭仲足為祭封人，宋高哀為蕭封人，此云儀封人，皆以地名。封人蓋職典封疆，居在邊邑，潁谷、儀、祭皆是國之邊邑也。注通使得見。正義曰：云使得見者，謂為之紹介，使之見也。若《左傳》云乃見鱄設諸焉，齊豹見宗魯於公孟亦然。注孔曰至振也。正義曰：云木鐸，施政教時所振也者，禮有金鐸、木鐸，鐸是鈴也，其體以金為之，明舌有金、木之異，知木鐸，是木舌也。《周禮》教鼓人以金鐸通鼓。《大司馬》教振旅，兩司馬執鐸。《明堂位》云：振木鐸於朝，是武事振金鐸，文事振木鐸。此云木鐸，施政教時所振者，所以振文教是也。

(清) 劉寶楠《論語正義·八佾》　儀封人請見，注：鄭曰：儀蓋衛邑。封人，官名。曰：君子之至於斯也，吾未嘗不得見也。從者見之。注：包曰從者，弟子隨孔子行者，通使得見。出曰：二三子何患於喪乎？天下之無道也久矣，天將以夫子為木鐸。注：孔曰：語諸弟子言，何患於夫子聖德之將喪亡耶？天下之無道已久矣，極衰必盛。木鐸，施政教時所振也。言天將命孔子制作法度，以號令於天下。【略】正義曰：《明堂位》振木鐸於朝，天子之政也。注：天子將發號令，必以木鐸警衆。是木鐸為施政教時所設也。夫子不得位行政，退而删《詩》、《書》，正禮樂，脩《春秋》，是亦制作法度也。《中庸》言天子方議禮、制度、考文，孟子亦以《春秋》為天子之事，則知夫子所定之六藝，皆天子之政也。封人蓋知夫子之終無所遇，而將以言垂教，故以木鐸為喻。《法言》云：天之道不在仲尼乎？仲尼駕説者也。不在兹儒乎？如將復駕其所説，則莫若使諸儒金口而木舌。李軌注：莫如使諸儒宣揚之。《春秋緯》：聖人不空生，必有所制，以顯天心，丘為木鐸制天下法。皆以木鐸為制作法度也。

(宋) 朱熹《四書章句集注·論語集注·衛靈公》　子曰：無為而治者，其舜也與？夫何為哉，恭己正南面而已矣。無為而治者，聖人德盛而民化，不待其有所作為也。獨稱舜者，紹堯之後，而又得人以任衆職，故尤不見其有為之迹也。恭己者，聖人敬德之容。既無所為，則人之所見如此而已。

又：　顏淵問為邦。顏子王佐之才，故問治天下之道。曰為邦者，謙辭。子曰：行夏之時，夏時，謂以斗柄初昏建寅之月為歲首也。天開於子，地闢於丑，人生於寅，故斗柄建此三辰之月，皆可以為歲首。而三代迭用之，夏以寅為人正，商以丑為地正，周以子為天正也。然時以作事，則歲月自當以人為紀。故孔子嘗曰，吾得夏時焉，而説者以為謂《夏小正》之屬。蓋取其時之正與其令之善，而於此又以告顏子也。乘殷之輅，輅，音路，亦作路。商輅，木輅也。輅者，大車之名。古者以木為車而已，至商而有輅之名，蓋始異其制也。周人飾以金玉，則過侈而易敗，不若商輅之樸素渾堅而等威已辨，為質而得其中也。服周之冕，周冕有五，祭服之冠也。冠上有覆，前後有旒。黄帝以來，蓋已有之，而制度儀等，至周始備。然其為物小，而加於衆體之上，故雖華而不為靡，雖費而不及奢。夫子取之，蓋亦以為文而得其中也。樂則《韶》舞。取其盡善盡美。放鄭聲，遠佞人。鄭聲淫，佞人殆。遠，去聲。放，謂禁絶之。鄭聲，鄭國之音，佞人，卑諂辯給之人。殆，危也。程子曰：問政多矣，惟顏淵告之以此。蓋三代之制，皆因時損益，及其久也，不能無弊。周衰，聖人不作，故孔子斟酌先王之禮，立萬世常行之道，發此以為之兆爾。由是求之，則餘皆可考也。張子曰：禮樂，治之法也。放鄭聲，遠佞人，法外意也。一日不謹，則法壞矣。虞夏君臣更相飭戒，意蓋如此。又曰：法立而能守，則德可久，業可大。鄭聲佞人，能使人喪其所守，故放遠之。尹氏曰：此所謂百王不易之大法。孔子之作《春秋》，蓋此意也。孔、顏雖不得行之於時，然其為治之法，可得而見矣。

(宋) 鄭樵《通志》卷七八《宗室傳・楚元王交》 歆因移書太常博士責讓之曰：昔唐虞既衰，而三代迭興，聖帝明王累起相襲，其道甚著。周室既微，而禮樂不正，道之難全也如此。是故孔子憂道之不行，歷國應聘，自衛反魯，然後樂正，雅頌乃各得其所。修《易》序《書》，制作《春秋》，以紀帝王之道。及夫子没而微言絶，七十子終而大義乖；重遭戰國，棄籩豆之禮，理軍旅之陳，孔氏之道抑，而孫吴之術興。陵至於暴秦，燔經書，殺儒士，設挾書之法，行是古之罪，道術由是遂滅。漢興，去聖帝明王遐遠，仲尼之道又絶，法度無所因襲。時獨有一叔孫通，畧定禮儀。天下惟有易卜，未有他書。至孝惠之世，乃除挾書之律，然公卿大臣絳灌之屬，咸介胄武夫，莫以為意。至孝文皇帝，始使掌故朝錯，從伏生受《尚書》。《尚書》初出於屋壁，朽折散絶，今其書見在，時師傳讀而已。詩始萌芽，天下衆書，往往頗出，皆諸子傳説，猶廣立於學官，爲置博士。

(清) 馬驌《繹史》卷八六之一《孔子類記》 公曰：四代之政刑，論其明者可以為法乎？子曰：何哉！四代之政刑皆可法也。公曰：以我行之，其可乎？子曰：否，不可！臣願君之立知而以觀聞也。四代之政刑，君若用之，則緩急將有所不節，不節君將約之，約之卒將棄法，棄法是無以爲國家也！公曰：巧匠輔繩而斲，胡爲其棄法也？子曰：心未之度，習未之狎，此以數喻而棄法也。夫規矩、准繩、鈞衡，此昔者先王之所以爲天下也。小以及大，近以知遠，今日行之可以知古，可以察今，具此耶。水火金木土穀，此謂六府，廢一不可，進一不可，民並用之，今日行之，可以知古可以察今。

(宋) 羅泌《路史》卷七《前紀・禪通紀・葛天氏》 治者，致順之道也，無非事也，亦無非教也。夢有占戎有卜災，有祈信有盟，聖人未嘗廢也。是故無常祀則淫祀不可勝舉矣，無中聲則淫樂不可勝用矣。凡民之不可去者聖人不廢也，抑為之節文爾已。古者未嘗無樂也。洪芒之世，聖人出道以應世，各有一代之業。有一代之業，則必有一代之樂也。雖然樂者治之章，而禮者治之文也，文生而章出，禮先而樂後，不可易也。八士八終，節未嘗無也。節未嘗無，則禮未嘗廢也。而世之人蔑禮節，隳形體，洿巇以爲行，疃怨以爲賢，託音乎聚僂之傍，而羅噴乎父師之側，曰：吾爲達也，吾聞無懷葛天不如，是之蕩無度也。子嘗學《論語》矣，及《微子》之篇見其著，周公謂魯公之語，而遂知孔子與三仁八士之心，然後三歎孔門弟子，善述聖人之志。而揚雄、王通皆不足以知之也，夫《微子》一篇論出處之大致以仕為通者，溺而不止以隱為高者。往而不返，然而特雜是章於間，何哉？彼周公之言，上以為君人者而下以為事君者發也，為君難為臣，固不易君臣之間微矣哉。於其所厚者，薄則無不薄矣，親而可施，則何有於賢士大夫哉。

(宋) 羅泌《路史》卷三三《發揮二・論太公》 正道之不明，自戰國之急於功利者滑之，而漢儒不能明後世，不能討也。太公，亞聖之大賢也，其仕于周也，亦不苟矣。孟子曰：太公避紂居東海之濱，聞文王作興曰：盍歸乎來？吾聞西伯善養老者，賢者之去就可知矣。而太史公仍以為漁，隱于渭。文王卜畋于渭之陽，載與俱歸，爰立爲師，且以為西伯昌囚羑里，尚隱滋泉，其臣閎夭散宜生南宫括者，相與學訟於公，四子於是見西伯于羑里，而復相與求美女、文馬、白狐、奇物以獻紂，而脱其囚，歸而與之陰謀修德，以傾商政。其然乎夫太公之為人，果如是，何邪。其出處之際，必有義而其致君也，亦有道矣。

《漢書》卷二三《刑法志》古人有言：天生五材，民並用之，廢一不可，誰能去兵？鞭扑不可弛於家，刑罰不可廢於國，征伐不可偃於天下；用之有本末，行之有逆順耳。孔子曰：工欲善其事，必先利其器。文德者，帝王之利器；威武者，文德之輔助也。夫文之所加者深，則武之所服者大；德之所施者博，則威之所制者廣。三代之盛，至於刑錯兵寢者，其本末有序，帝王之極功也。

又：孔子曰：如有王者，必世而後仁；善人為國百年，可以勝殘去殺矣。言聖王承衰撥亂而起，被民以德教，變而化之，必世然後仁道成焉；至於善人，不入於室，然猶百年勝殘去殺矣。此為國者之程式也。今漢道至盛，歷世二百餘載，考自昭、宣、元、成、哀、平六世之間，斷獄殊死，率歲千餘口而一人，耐罪上至右止，三倍有餘。古人有言：滿堂而飲酒，有一人鄉隅而悲泣，則一堂皆為之不樂。王者之於天下，譬猶一堂之上也，故一人不得其平，為之悽愴於心。今郡國被刑而死者歲以萬數，天下獄二千餘所，其冤死者多少相覆，獄不減一人，此和氣所以未洽者也。

《漢書》卷五六《董仲舒傳》冊曰：三王之教所祖不同，而皆有失，或謂久而不易者道也，意豈異哉？臣聞夫樂而不亂復而不厭者謂之道；道者萬世亡弊，弊者道之失也。先王之道必有偏而不起之處，故政有眊而不行，舉其偏者以補其弊而已矣。三王之道所祖不同，非其相反，將以捄溢扶衰，所遭之變然也。故孔子曰：亡為而治者，其舜虖！改正朔，易服色，以順天命而已；其餘盡循堯道，何更為哉！故王者有改制之名，亡變道之實。然夏上忠，殷上敬，周上文者，所繼之捄，當用此也。孔子曰：殷因於夏禮，所損益可知也；周因於殷禮，所損益可知也；其或繼周者，雖百世可知也。此言百王之用，以此三者矣。夏因於虞，而獨不言所其損益者，其道如一而所上同也。道之大原出於天，天不變，道亦不變，是以禹繼舜，舜繼堯，三聖相受而守一道，亡救弊之政也，故不言其所損益也。繇是觀之，繼治世者其道同，繼亂世者其道變。今漢繼大亂之後，若宜少損周之文致，用夏之忠者。

又：《春秋》大一統者，天地之常經，古今之通誼也。今師異道，人異論，百家殊方，指意不同，是以上亡以持一統；法制數變，下不知所守。臣愚以為諸不在六藝之科孔子之術者，皆絶其道，勿使並進。邪辟之説滅息，然後統紀可一而法度可明，民知所從矣。

《宋史》卷四三六《儒林六·陳亮傳》昔春秋時，君臣父子相戕殺之禍，舉一世皆安之。而孔子獨以為三綱既絶，則人道遂為禽獸，皇皇奔走，義不能以一朝安。然卒於無所遇，而發其志於《春秋》之書，猶能以懼亂臣賊子。今舉一世而忘君父之大讎，此豈人道所可安乎？使學者知學孔子之道，當道陛下以有為，決不沮陛下以苟安也。南師之不出，於今幾年矣，豈無一豪傑之能自奮哉？其勢必有時而發泄矣。苟國家不能起而承之，必將有承之者矣。不可恃衣冠禮樂之舊，祖宗積累之深，以為天下命人心可以安坐而久係也。皇天無親，惟德是輔；民心無常，惟惠之懷。自三代聖人皆知其為甚可畏也。

《皇朝文獻通考》卷七五《學校考十三·祠祭褒贈録後三》四年御製文廟碑文。勒石學宮御製文曰：天生蒸民，若有恒性，人道立焉，亶生聰明。神聖作之，君作之師，以厚其生，以正其德。綱常之所以不墜，倫類之所以相維相係于天地間者斯焉。是賴古聖皇繼天立極，君師之道兼隆奠乎尚矣。繼是以來，雖代有君而克盡其為君之道者，蓋寡若夫同天地、亘今古、繼往聖、開來世，特立為師之道于宇宙間者，則維我先師孔子一人。敬惟孔子集羣聖之大成，祖述憲章垂教萬世，使後之帝王建極綏猷，得有所遵循，以求治法，道法之大全。由之則治，悖之則亂大哉。

（清）王夫之《讀通鑑論》卷四《漢宣帝》蘇威以五教督民而民怨，黄霸以興化條奏郡國上計而民頌之。蓋霸以賞誘吏，而威以罰督民，故恩怨殊焉，而其為治道之蠹，一也。耕者讓路，行者讀路，道不拾遺，傳記有言之以張大聖人之化者矣；而《詩》、《書》所載，孔門所述，未嘗及焉。故稱盛治之民曰士慤女憧，言乎其樸誠而不詭於文也。故曰：禮不下庶人，刑不上大夫。禮之不可望庶人，猶大夫之不待刑也。聖人之訓，炳如日星矣。

孔子沒，大義乖，微言絶；諸子之言，激昂好為已甚，殆猶佛，老之徒，侈功德於無邊，而天地日月且為之移易也。夫聖人之化，豈期之天下哉？堯有不令之子，舜有不恭之弟，周公有不道之兄，孔子有不朽不雕之弟子。艸野無知，而從容中道於道路，有是理哉？以法制之，以刑束之，以利誘之，民且塗飾以自免；是相率爲僞，君子之所惡也。漢之儒者，辭淫而義詭，流及於在位，襲之以爲政。霸之邪也，有自來矣。君子之道，如天地之生物，各肖其質而使安其分，斯以爲盡人物之性而已矣。

（清）王夫之《讀通鑑論》卷一五《宋後廢帝》 夷狄之輕於殺人，其天性然也。有時乎思所以生人，而非果有不忍人之心，乃以生之之道殺之，遂自信為矜恤。嗚呼！民之遇此也。可悲也夫！

拓拔弘重用大刑，多令覆鞫，以自詑其矜恕，而囚繫積年，不為決遣，其言曰：幽苦則思善，故智者以囹圄為福堂。哀哉！民之瘠瘦死於犴獄者不知凡幾，而猶謂之福堂邪？《易》曰：君子以明慎用刑，而不留獄。明慎矣，速斷之，而刑者刑，免者免，各得其所，而無所連逮；即或明慎未至，而枉者固千百而什一也。何也？擇折獄之吏，申畫一之法，除條例之繁，嚴失入之罰，枉者固千百而什一矣。夫人之情偽，不可掩於初犯之日，證佐未累，其辭尚直，情窮色見，猶可察也；迨及已久，取案牘而重複理之，移審於他署，而互相同異，犯者之辨，且屢屈屢伸而錯舛益甚，目眩心疑，愈以亂矣。不留者，取人之初心而驗其誠也；非今歲一官，明歲一吏，顛倒反覆之所能得其情也。徒以饑寒疾疫死之於叢棘之下，不亦慘乎！如是以為矜恤，亦嗜殺之轉念而已矣。

若其罷門房之誅，則得之矣。乃門房之誅之所自來，亦有由也。夷狄而主中國，王侯將相皆其種類，羣起於馳逐之中，僬僬俟俟以為羣友，則一人富貴而合族驕盈，耕者不耕，獵者不獵，依倚勢門。到相煽虐，非被誅者之陷及門房，而門房之陷人於誅者多矣。安與同其噬搏，危與共其誅夷，亦自取之矣。前之立法者，深惡夫合族之讒集，待食於將吏，衆為虐而一人獨嬰其禍，弗與懲之，而門房之敗類橫逞益烈也。罷其誅，不禁其朋從之惡，拓拔氏之所以斂怨而終亡也。

（清）王先謙《荀子集解・楊倞序》 昔周公稽古三五之道，損益夏、殷之典。制禮作樂，以仁義理天下，其德化刑政存乎《詩》。至于幽、厲失道，始變《風》變《雅》作矣。平王東遷，諸侯力政，逮五霸之後，則王道不絶如綫。故仲尼定禮樂，作《春秋》，然後三代遺風弛而復張，而無時無位，功烈不得被于天下，但門人傳述而已。陵夷至于戰國，於是申商苛虐，孫吳變詐，以族論罪。殺人盈城，談説者又以慎、墨、蘇、張為宗，則孔氏之道，幾乎息矣。有志之士，所為痛心疾首也。故孟子軻闡其前，荀卿振其後，觀其立言指事，根極理要，敷陳往古，掎挈當世，撥亂興理，易於反掌，真名世之士，王者之師。又其書亦所以羽翼《六經》。增光孔氏，非徒諸子之言也。蓋周公制作之，仲尼祖述之，荀孟贊成之，所以膠固王道，至深至備，雖春秋之四夷交侵，戰國之三綱弛絶，斯道竟不墜矣。倞以末宦之暇，頗窺篇籍，竊感炎黄之風，未洽於聖代，謂荀、孟有功於時政，尤所耽慕。而《孟子》有趙氏《章句》，漢氏亦嘗立博士，傳習不絶，故今之君子，多好其書，獨《荀子》未有注解。亦復編簡爛脱，傳寫謬誤。雖好事者時亦覽之，至於文義不通，屢掩卷焉。夫理曉則愜心，文舛則忤意，未知者謂異端不覽，覽者以脱誤不終，所以荀氏之書，千載而未光焉，輒用申抒鄙思，敷尋義理，其所徵據，則博求諸書，但以古今字殊，齊楚言異，事資參考，不得不廣，或取偏傍相近，聲類相通。或字少增加，文重刊削，或求之古字，或徵諸方言，加以孤陋寡儔，愚昧多蔽，穿鑿之責，於何可逃，曾未足粗明先賢之旨，適增其蕪穢耳。蓋以自備省覽，非敢傳之將來，以文字繁多，故分舊十二卷三十二篇為二十卷，又改《孫卿新書》為《荀卿子》，其篇第亦頗有移易，使以類相從云。

（清）王先謙《荀子集解・非十二子》 略法先王而不知其統，言其大略雖法先王，而不知體統。統，謂紀綱也。猶然而材劇志大，聞見雜博。猶然，舒遲貌。《禮記》曰：君子蓋猶猶爾。劇，繁多也。盧文弨曰：宋本正文作然而猶材劇志大，無注。郝懿行曰：猶然而，當依宋本作然而猶，此誤本也。案往舊造説，謂之五行，案前古之事而自造其説，謂之五行。五行，五常，仁義禮智信是也。甚僻違而無類，幽隱而無説，閉約而無解。約，結也。解，説也。僻違無類，謂乖僻違戾而不知善類也。幽隱無説，閉約無解，謂其言幽隱閉結而不能自解説，謂但言堯、舜之道而不知其興作方略也。荀卿常言法後王，治當世，而孟軻、子思以為必行堯、舜、文、武之道，然後為治，不知隨時設教，救當世之弊，故言僻違無類。《孟子》曰：管仲、曾西之所不為。解，佳買反。王念孫曰：楊説非也。僻、違，皆邪也。説見《修身篇》。類者，也。言邪僻而無法也。《方言》類，法也，《廣雅》同。齊曰：類。《楚辭·九章》吾將以為類兮，王注與《方言》同。《太玄·毅》次七，觥羊之毅，鳴不類。《測》曰：觥羊之毅，言不法也。是古謂法為類。《儒效篇》其言有類，其行有禮，謂言有法也。楊注類善也謂比類於善，失之。《王制篇》飾動以禮義，聽斷以類，謂聽斷以法也。楊注所聽斷之事皆得其善類，失之。《富國篇》誅賞而不類，謂誅賞不法也。楊注不以其類，失之。類之言，律也，律亦法也，故《樂記》律小大之稱，《史記·樂書》律作類。《王制篇》曰：其有法者以法行，無法者以類舉。蓋法與類對文則異，散文則通矣。案飾其辭而祇敬之曰：此真先君子之言也。言自敬其辭說。先君子，孔子也。子思唱之，孟軻和之，子思，孔子之孫，名伋，字子思；孟軻，鄒人，字子輿，皆著書七篇。世俗之溝猶瞀儒，嚾嚾然不知其所非也，溝，讀為怐。怐，愚也。猶，猶豫也，不定之貌。瞀，闇也。《漢書·五行志》作區瞀，與此義同。嚾嚾，喧囂之貌，謂奪辯也。怐音寇。猶音柚。盧文弨曰：注怐，舊訛作拘。案怐愁，愚貌。同《楚辭·九辯》直怐愁以自苦，《五行志》又作傋瞀，與此書《儒效篇》同。許慎作嗀瞀，又作婁務，皆一物也。今改正。溝猶瞀儒，合四字為疊韻。郝懿行曰：《儒效篇》云愚陋溝瞀，注云溝音寇，是也。溝猶瞀儒四字疊韻，其一義則皆謂愚蒙也。《漢·五行志》作傋霿，楊注引作區瞀。《楚辭·九辯》作怐愁，《說文》作嗀瞀，《廣韻》既作怐愁，又作嫛瞀，竝上音寇，下音茂。此等皆以聲為義，不以字為義也。嚾者，呼也。《玉篇》、《廣韻》音渙，義與喚同。《集韻》或作讙，音歡，則其義當為讙譁矣。先謙案：溝猶瞀儒者，溝瞀儒也。溝瞀訓愚闇，中不當有猶字。溝猶疊韻，語助耳。《儒效篇》愚陋溝瞀，無猶字，是其明證。楊釋猶為猶豫，非也。遂受而傳之，以為仲尼、子游為茲厚於後世。仲尼、子游為此言，垂德厚於後世也。郝懿行曰：茲者，益也，多與滋義同。俞樾曰：楊注仲尼、子游為此言，垂德厚於後世，則為茲厚三字於文未足，殆非也。厚，猶重也。《戰國策·秦策》曰：其於敝邑之王甚厚。注曰：厚，重也。為茲厚於後世者，茲卽指子思、孟子而言。蓋荀子之意，謂仲尼、子游之道不待子思、孟子而重，而世俗不知，以為仲尼、子游因此而後得重於後世，故曰是則子思、孟軻之罪也。郭嵩燾曰：荀子屢言仲尼、子弓，不及子游。本篇後云子游氏之賤儒，與子張、子夏同譏，則此子游必子弓子之誤。是則子思、孟軻之罪也。

（清）王先謙《荀子集解·哀公》 哀公曰：善！敢問何如斯可謂大聖矣？孔子對曰：所謂大聖者，知通乎大道。應變而不窮，辨乎萬物之情性者也。辨別萬物之情性也。大道者，所以變化遂成萬物也；情性者，所以理然不、取舍也。辨情性，乃能理是非之取舍而不惑。先謙案：然不，猶然否，與取舍。對文注：中之字衍。是故其事大辨乎天地，其事，謂聖人所理化之事。言辨別萬事，如天地之別萬物，各使區分。郝懿行曰：辨與辯同。辯者，治辯也。辯與平，古字通，《荀書》多假辨為辯耳。此上言辨乎萬物之情性，義亦同，似不宜訓辨別。王念孫曰：辨，讀為徧。言其事大則徧乎天地，明則察乎日月也。與上辨乎萬物之情性不同。楊以辨為辨別，則與大字義不相屬矣。徧、辨，古字通，說見《日知録》。俞樾曰：大字絕句，是故其事大，與上文大道者相應。下明字衍文。辨乎天地，察乎日月，二語相對。說詳《羣經平議·大戴記》。明察乎日月，聖人之明察如日月。總要萬物於風雨，總要，猶統領也。風以動之，雨以潤之。言統領萬物，如風雨之生成也。繆繆肫肫，其事不可循，繆，當為膠，相加之貌。《莊子》云：膠膠擾擾。肫與訰同，雜亂之貌。《爾雅》云：訰訰，亂也。言聖人治萬物錯雜，膠膠訰訰，然而眾人不能循其事。訰，之旬反。郝懿行曰：《大戴記》作穆穆純純，其莫之能循。穆穆，和而美也。純純，精而密也。穆繆，古字通。純肫，聲相借耳。注竝失之。若天之嗣，其事不可識，嗣，繼也。言聖人如天之繼嗣，眾人不能識其意。郝懿行曰：嗣者，續也。言如天之純穆氣化，緜緜相續而不可測識也。《大戴記》作若天之司，莫之能識。司與嗣，職與識，蓋亦聲借字耳，其義則司、職皆訓主也。王念孫曰：嗣讀為司。《鄭風·羔裘》傳曰：司，主也。言若天之主司萬化，其事不可得而知也。司嗣，古字通。《大戴記》正作若天之司。《高宗肜日》王司敬民，《史記·殷本紀》司作嗣。楊注失之。百姓淺然不識其鄰，鄰，近也。百姓淺見，不能識其所近，況能識其深乎。所謂日用而不知者也。盧文弨曰：淺然，《大戴》作淡然。郝懿行曰：淺然，當依《大戴記》作淡然。此言百姓不識，不知，謂帝力於我何有耳。若此，則可謂大聖矣，哀公曰：善。

（漢）孔鮒《孔叢子》卷上《雜訓》 縣子問子思曰：顏回問為邦。夫子曰：行夏之時，若是，啟周異政為非乎。子思曰：夏數得天，堯舜之所同也。啟周之王，征伐革命以應乎天，因改正朔。若云天時之改爾，故不相因也。夫受禪於人者則襲其統，受命於天者都則革之，所以神其事，如天道之變然也。三統之義，夏得其正，是以夫子云。

（清）孫星衍《孔子集語》卷一三《事譜下》 《墨子·耕柱》葉公子高問政於仲尼曰：善為政者若之何？仲尼對曰：善為政者遠者近之而舊者新之。

《尹文子·大道下》 孔丘攝魯相，七日而誅少正卯。門人進問曰：夫少正卯，魯之聞人也。夫子為政而先誅，得無失乎？孔子曰：居，吾語汝其故。有人惡者五，而竊盜姦私不與焉。一曰心達而險。二曰行僻而堅。三曰言偽而辯。四曰彊記而博。五曰順非而澤。此五者有一於人，則不免君子之誅。而少正卯兼有之。故居處足以聚徒成羣，言談足以飾邪熒眾，彊記足以反是獨立，此小人雄桀也，不可不誅也。是以湯誅尹諧，文王誅潘正，太公誅華士，管仲誅付里乙，子產誅鄧析史付。此六子者，異世而同心，不可不誅也。

（漢）班固《白虎通義》卷下《德論下・聖人》 聖人者何？聖者，通也，道也，聲也。道無所不通，明無所不照，聞聲知情，與天地合德，日月合明，四時合序，鬼神合吉凶。《禮别名記》曰：五人曰茂，十人曰選，百人曰俊，千人曰英，倍英曰賢，萬人曰傑，萬傑曰聖。聖人未没時，寧知其聖乎？曰知之。《論語》曰：太宰問子貢曰：夫子聖者歟？孔子曰：太宰知我乎？聖人亦自知聖乎？曰：知之。孔子曰：文王既没，文不在茲乎。

（元）盛如梓《庶齋老學叢談》卷上 康節曰：《春秋》者，孔子之刑書也。又曰：《春秋》者，為君弱臣強而作。故謂之名分之書。

（清）王夫之《噩夢》 孟子言井田之略，皆謂取民之制，非授民也。天下受治於王者，故王者臣天下之人而效職焉。若土，則非王者之所得私也。天地之間，有土而人生其上，因資以養焉。有其力者治其地，故改姓受命而民自有其恆疇，不待王者之授之。唯人非王者不治，則宜以其力養君子。井田之一夫百畮，蓋言百畮而一夫也。夫既定而田從之，田有分而賦隨之。其始也以地制夫而夫定，其後則唯以夫計賦役而不更求之地，所以百姓不亂而民勸於耕。後世之法，始也以夫制地，其後求之地而不求之夫，民不耕則賦役不及，而人且以農為戒，不驅而折入於權勢姦詭之家而不已，此井田取民之制所以為盛王之良法，後世莫能及焉。夫則有制矣，田則無制也。上地不易，百畮而一夫，中地一易，二百畮而一夫，下地再易，三百畮而一夫。田之易不易，非為法禁民使曠而不耕也，亦言賦役之遞除耳。再易者，百畮三歲而一征也。一易者，間歲而一征也。上地百畮而一夫，中地二百畮而一夫，下地三百畮而一夫，三代率因夏禹之則壤為一定之夫家，而田之或熟、或萊、或有廣斥，皆不復問。其棄本逐末，一夫之賦自若，民乃謹守先疇而不敢廢。故《春秋》譏初税畝，舍版籍之夫而據見在墾田之畮以税也。譏作邱甲，用田賦者先王之制，五百七十六夫而出長轂一乘，至此則覈實四邱之田為一甸。其後並以井邑邱甸為不實而據見在之田畝，合併畸零以起賦。舍人而從土，魯之所以日敝也。然則取民之制，必當因版籍以定戶口，則戶口以制税糧，雖時有登降，而拋荒鹵莽、投賣強豪、逃匿隱漏之弊，民自不敢自貽以害。得井田之意而通之，不必問三代之成法而可以百世而無敝也。

孟子言農夫獲穀之數凡五等，以中為率。古者上歲民食月四鬴，中歲三鬴，下歲二鬴。以三鬴為準，十一而取一夫之税，歲賦二十五鬴有奇。鬴六斗四升，古斗斛大小不可詳考，大率一鬴當今三斗而弱。其賦七石五斗，以米半折之，為米三石七斗有奇，賦未嘗輕也。古今量制雖難通算，而以食七人準之，則歲獲略止四十九石。今南方稻田，歲獲上田不過十二畝，下田不過二十畝，今法止額糧一石內外耳。是古之賦税且三倍於今而有餘，民何以堪！惟古者以夫定税，一夫止取其百畝之賦。殷、周一沿夏之則壤，而但記其民籍之登耗。地雖闢而賦不溢，若其荒廢而賦亦不減，則所謂農服先疇而治安長久也。今雲南以工計田，猺洞以戶起科，皆其遺意。故民有餘而無逋欠，歲入有恆，量入為出，亦無憂國用之不給也。即如洪武間惟徵本色一石，亦不患金錢之匱，則覈戶口於立國之始，以永定田制，民何憂不足，地何憂不墾！逋負無所容姦，蠲赦可以不數，而國抑何憂乏哉！

（清）唐甄《潛書》上篇上《法王》 仲尼之教，大端在忠恕，即心為忠，即人可恕，易知易能者也，無智無愚，皆可舉趾而從之。然易實不易。蓋世降日下，古之風也淳，今之風也薄；古之習也淺，今之習也深。是故古人之心，如鏡蒙塵；今人之心，如珠投海。本心既亡，客心簒入而為之主。嗜慾內膠，人己外隔。以是心求忠恕猶登山網魚，入水羅雀也。求忠恕非即心乎？然而有間。忠恕為用，心為質，無質何用？古人心在，故求忠而忠，求恕而恕。今人心亡，故求忠而非忠，求恕而非恕。諸儒之言，皆各有得。然使聞其言者，以既亡之心求合其言，始而誤焉，以影為形；轉而既焉，以假為真。如以石為玉，雕琢之工，雖巧雖勤，終為惡器，非質故也。有形即有心，有耳必聽，有目必視，有鼻必聞，有口必嘗，有手必持，有足必行。聽者心聽之，視者心視之，聞者心聞之，嘗者心嘗之，持者心持之，行者心行之，形全而無缺，則知心全而無缺。堯舜無缺，我亦無缺。是故雖夫婦之愚，是非自見，必不以是為非，以非為是；善惡自見，必不以善為惡，以惡為善。心知其是，乃背是而甘於非；心知其善，乃背善而從於惡。是豈心之本然哉？利慾蔽之也。浞、羿篡國，義心自在；盜跖殺人，仁心自在；酉卯晝晦，日光自在。自良知之説出，使天下之蒙昧其心者，於是求之。如旅夜行，目無所見，不辨東西；雞再號，顧望一方，微有爽色，而知日之出於是也。爽色者，日之見端也；良知者，心之見端也。執此致之，直而無曲，顯而無隱，如行九軌之途，更無他岐。故曰：人皆可以為堯舜。人皆可以為堯舜者，人皆可以明心也。仲尼以忠恕立教，如闢茅成路；陽明子以良知輔政教，如引迷就路。若仲尼復起，必不易陽明子之言矣。此真聖人之學也。才成於學。三代以後，多過人之才，皆其生質，不由學問。更事多而識見敏，亦可以定亂，亦可以安邦。其中亦有好學者，但能法言矩行，得聖人之皮毛，心體未徹，如秉燭不能遠照，如汲井不能廣潤。故其所為，或壹於剛，或壹於柔，或長於此而短於彼，或及於五而遺於十，雖或小康，終非善治，此周公之後所以無相也。陽明子專致良知，一以貫之，明如日月，涉險履危，四通八闢而無礙也。其見於行事者，使人各當其才，慮事各得其宜，處患難而能全其用，遇小人而不失其正，委蛇自遂，卒保其功。跡其所為，大類周公。明之有天下也，亦可慨矣。為君者非悍則昏，為臣者非迂則黨。傾險之智，接踵於朝；奄人之專，滔天無忌，惜陽明子之不為相也。若得為相，人主信任之專，如成王之待周公，必能啟君之昏，化君之悍，散黨驅邪，不張皇而潛消，而天下大治矣。此誠聖人之才也。

（清）唐甄《潛書》上篇下《良功》　天下之主在君，君之主在心。然而無邊不成省，無省不成京，無京不成君，無君不成心。以斯觀之，知專執身心，乃大失矣。仲尼曰：窮理盡性以至於命。理非獨明也，天地萬物無不通，是理也；性非獨得也，天地萬物大同焉，是性也。隔於天，隔於地，隔於萬物，是不能窮理也。天不安於上，地不安於下，萬物不安於中，是不能盡性也。順天之行，因地之紀，遂情達變，物無詬厲，是能窮理也。有苗作亂，舜服之；桀紂虐民，湯武定之。《書》曰：海隅，蒼生之地，無不率俾。《詩》曰：綏萬邦，屢豐年，是能盡性也。當是之時，天得以施，地得以承，萬物各遂其生，是至於命也。君子用則觀其功，不用則觀其言。

（清）唐甄《潛書》下篇上《遠諫》　川流潰決，必問為防之人；比戶延燒，必罪失火之主。至於破家亡國，流毒無窮，孰為之而孰主之？非君其誰乎？世之腐儒，拘於君臣之分，溺於忠孝之論，厚責其臣而薄責其君。彼烏知天下之治，非臣能治之也；天下之亂，非臣能亂之也。使舜內惟二妃之聽從，外舍皋夔而用四凶，雖有皋夔，舜之天下必亂。使紂不聽妲己之言，舍佞臣而用比干、膠鬲，雖有佞臣，紂之天下必治。治亂在君，於臣何有？不責其臣而責君者，非吾之言，仲尼之教也。《春秋》之法：臣弒其君，罪在臣，稱臣之名；罪在君，稱君之名，而不著其臣之名。宋人弒其君杵臼，齊人弒其君商人，莒弒其君庶其，晉弒其君州蒲，莒人弒其君密州，吴弒其君僚，皆隱其臣之名，若國人共誅之者。豈寬弒君之賊哉？君惟不道，不君其而後動於惡；非人弒之，自弒之也。君而不君，國人不與，社稷不保，國家危亡，而且惡名著於春秋，罪在賊臣之上不可懼乎。人無賢不賢，賢不賢惟君；政無善不善，善不善惟君。君惟有道，雖恒才常法，可以為治；君惟不道，雖有大賢良法，亦以成亂。是故明哲之君，無所為恃，必責於己。知天子於民庶，過及十一，禍倍百千。戰戰兢兢，如臨深淵，如履薄冰。亦有嬖妾，南威、西子，身之蠱也；亦有便侍，豎貂、勃鞮，家之蠹也；亦貴所好，巧言令色，朝之賊也；亦賤所惡，良藥鑱石，國之寶也。若反其道，則上禍祖父，下滅子孫，血流海內，屠及百年。

（唐）韓愈《韓昌黎文集》卷三《與孟尚書書》　夫楊墨行，正道廢，且將數百年，以至於秦，卒滅先王之法，燒除其經，坑殺學士，天下遂大亂。及秦滅漢興且百年，尚未知脩明先王之道；其后始除挾書之律，稍求亡書，招學士，經雖少得，尚皆殘缺，十亡二三。故學士多老死，新者不見全經，不能盡知先王之事，各以所見為守，分離乖隔，不合不公，二帝三王羣聖人之道於是大壞。後之學者無所尋逐，以至於今泯泯也。其禍出於楊墨肆行而莫之禁故也。孟子雖賢聖，不得位，空言無施，雖切何補？然賴其言，而今學者尚知宗孔氏，崇仁義，貴王賤霸而已。其大經大法皆亡滅而不救，壞爛而不收，所謂存十一於千百，安在其能廓如也？然向無孟氏，則是服左衽而言侏離矣：故愈嘗推尊孟氏，以為功不在禹下者，為此也。漢氏已來，羣儒區區修補，百孔千瘡，隨亂隨失，其危如一髮引千鈞，緜緜延延，寖以微滅。於是時也，而唱釋老於其間，鼓天下之眾而從之，嗚呼，其亦不仁甚矣！釋老之害過於楊墨，韓愈之賢不及孟子，孟子不能救之於未亡之前，而韓愈乃欲全之於已壞之後，嗚呼，其亦不量其力且見其身之危，莫之救以死也！雖然，使其道由愈而粗傳，雖滅死萬萬無恨！

（宋）李覯《李覯集》卷三四《常語下》 孔子之為司寇也，不聞其改法度也。沈猶氏不敢朝飲其羊，公慎氏出其妻，慎潰氏踰境而徙，魯之粥牛馬者不豫賈，必蚤正以待之也。世俗之説者不曰正其身，徒囂囂以疾人之法度，其亦非孔子之志也。

《二程集·河南程氏遺書》卷六《劉元承手編》 聖賢行一不義，殺一不辜，雖得天下不為。武侯區區保完一國，不知殺了多少人耶？某謂之曰：行一不義，殺一不辜，以利一己，則不可。若以天下之力，誅天下之賊，殺戮雖多，亦何害？陳恒弒君，孔子請討。孔子豈保得討陳恒時不殺一人邪？蓋誅天下之賊，則有所不得顧爾。

（明）歸有光《震川先生集》卷四《雜文·道難》 當周之時，去先王未遠，孔子聘於列國，志欲行道。晨門、荷蕢、沮、溺丈人之徒皆譏之；孔子不以為然，而道竟不可行。其與學者論政，未嘗不歸於道。如答仲弓、子張之問仁，皆言政也。諸子有志于治國，而春風沂水之趣，終不及曾點，故孔子舍三子而與點者以此。子游為武城宰，以禮樂為教。至論君子小人，皆以學道為主。則孔氏之門，雖所施有大小，其與孔子之治天下一也。

（明）歸有光《震川先生集》卷九《贈送序·送何氏二子序》 自周至於今二千年間，先王之教化不復見。賴孔氏之書存，學者世守以為家法，得以治心養性，講明為天下國家之具。

《皇朝經世文統編》卷二《文教部二·經義》汪縉《準孟下》 由此觀之，孟子之道行，則鞅商、李斯之言絀。秦不得志于天下，則三代之器不至澌滅無遺。然則孟子道之不行，鞅斯之言得見用于秦者，是又古今一大消長之樞也。嗚呼！三代之器，積之非一朝，修之非一王；竭數聖人之心思，歷千百年為之，而後以大備及其衰也。以孟子之賢聖，孜孜汲汲求維持完復之不足，以鞅斯偏家小説澌滅之。若炎火燎鴻毛焉，何天之無意于三代也。吾嘗深思其故：天下有不弊之道，無不弊之器。道猶規矩也，器猶方員也。規矩出乎天，出乎天者不弊；方員成乎人，成乎人者，雖經神聖之創造，必歸于弊。三代之器至于周，未固有必消之勢焉，何也？封建者所以明君臣之分也。自爭奪起，篡弒作，而君臣之禍亟矣，此封建必消之勢也。井田者所以均民地之數也，自侵暴興，經界亂，而民地之律紊矣，此井田必消之勢也。學校者所以養賢財之具也。自學術壞、橫議生，而賢材之敗極矣，此學校必消之勢也。有所消者必有所長。此孟子之所以不能行道于天下，秦之所以得志于天下也。秦既得志于天下，于是毀滅三代之器，泯然無遺餘，後代即有願治之君，然不能復。然而其器亡非其道亡也，誠得其道矣，器雖不具變而通之可也。秦以後善言治道者，莫董子若矣。其言曰：道之大原出于天，天不變道亦不變，此直上直下，亘古今塞宇宙者也，在自立而已矣，書言治器者又莫若賈生矣。其言有與孟子相表裏者，曰：眾建諸侯而少其力。此孟子魯在所損之指也。曰：禮貌大臣以厲其節，大臣厲而後可以率羣屬，群屬率而後可以治邦國。此孟子小德役大德，小賢役大賢之指也。知是則三代封建之遺意已行于郡國之間矣。其曰定經制，曰毆民而歸之農，皆著于本，著于本而後得以食其力，食其力而後得以安其分，安其分而後以著其辨。此孟子所謂有恆產者有恆心也。如是則三代井田之遺意已行兼并之日矣。其曰諭教太子，能諭教而後能修身，能修身而後能事親，能事親而後能愛人，能愛人而後能君人。此孟子所謂人倫明于上，小民親于下也。如是則三代學校之遺意已行于制科之日矣。非然者，臣節不厲而君子犯義矣，民分不安而小人犯刑矣，太子不知學則上無禮，下無學而賊民興矣。此三代下治天之極弊也。嗟乎！孟賈者治器之大匠也，鞅斯者壞器之賤工也。孟子修之于未壞之前，賈生言之于已壞之後，在治天下者善用之而已矣。後之儒侈言三代者多矣，然不明其道術之大分、消長之大機，乃于暴秦煨燼之餘，摭拾遺文，挂一漏百，以為治天下之道在是施之于政而輒敗。吾未見其得為大匠也，適為賤工所竊笑而已。

《皇朝經世文新編》卷一九《教宗》龔自珍《五經大義終始問答一》

問：三世之法誰法也？答：三世非徒《春秋》法也。《洪範》八政配三世，八政又各有三世。願問：八政配三世。曰：食貨者，據亂而作。祀也，司徒司寇司空也，治升平之事。賓師乃文致太平之事。孔子之法，箕子之法也。

（清）鄭觀應《增訂盛世危言新編》卷一《自序》 《中庸》曰：君子而時中。孟子曰：孔子聖之時者也。時之義大矣哉。《易》窮則變，變則通，通則久。雖有智慧，不如乘勢；雖有鎡基不如待時。故中也者，聖人之所以法天象地，成始而成終也；時也者，聖人之所以贊地參天，不遺而不過也。中，體也，所謂不易者，聖之經也。時中，用也。所謂變易者，聖之權也。無體何以立，無用何以行；無經何以安常，無權何以應變？

（清）康有爲《論語注・序》 聖道不泯，天既誘予小子發明《易》、《春秋》陰陽、靈魂、太平、大同之説，而《論語》本出今學。實多微言，所發大同神明之道，有極精奥者。又，於孔子行事甚詳，想見肫肫之大仁，於人道之則，學道之門，中正無邪，甚周甚備，可為世世之法。

綜述

《漢書》卷二一《律曆志》 《虞書》曰乃同律度量衡，所以齊遠近立民信也。自伏戲畫八卦，由數起，至黄帝、堯、舜而大備。三代稽古，法度章焉。周衰官失，孔子陳後王之法，曰：謹權量，審法度，修廢官，舉逸民，四方之政行矣。漢興，北平侯張蒼首律曆事，孝武帝時樂官考正，至元始中王莽秉政，欲燿名譽，徵天下通知鐘律者百餘人，使羲和劉歆等典領條奏，言之最詳。故删其僞辭，取正義，著于篇。

紀事

《後漢書》卷三《肅宗孝章帝紀》 〔建初五年〕三月甲寅，詔曰：孔子曰：刑罰不中，則人無所措手足。今吏多不良，擅行喜怒，或案不以罪，迫脅無辜，致令自殺者，一歲且多於斷獄，甚非為人父母之意也。有司其議糾舉之。

《元典章》卷三〇《禮部・禮制・葬禮・禁約厚葬》 至大元年十二月，龍興路奉江西行省劄付，備袁州路、備録事司申：照畧案牘，淦全周呈：嘗觀聖經有曰：葬也者藏也。藏也者欲人之弗得見也。衣足以飾身，棺周於衣，椁周於棺，土周於椁。又觀漢史則曰：仲尼孝子、延陵慈父，其葬骨肉，皆微薄矣。非苟為儉，誠便於体。德弥厚者，葬彌薄；知愈深者，葬愈微。丘隴弥高，發掘必速。夫聖賢豈不欲厚葬其親厚之者，適所以薄之也。切見江南流俗以侈靡為孝。凡有喪葬大其棺椁，厚其衣衾，廣其宅兆，備存珍宝、偶人、馬車之器物，亦有將宝鈔、藉尸斂葬，習以成風。非惟甚失古制，於法似有未應。每見厚葬之家，不發掘於不肖之子孫，則開鑿於強切盜賊。令死者暴骸露尸，良可痛哉。如蒙備申上司禁治，今後喪葬之家除衣衾棺椁依礼舉葬外，不許輒用金銀寶玉器玩裝斂，違者以不孝坐罪，似望無起盜心，少全孝道。惜生者有用之資，免死者無益之禍。若准所言，誠為敦厚風化，呈乞照詳。得此，申乞照詳。府司看詳，淦全周所言理宜禁約。事干通例，乞照詳。得此，檢會。至元七年十二月尚書省准中書省咨。十一月十八日，奏過數内一件，民間喪葬，多無益破費。略舉一節，紙房子等，近年起置，有每家費鈔一兩定，至甚無益。其餘，似此多端。奉聖旨，紙房子無疑禁了者。其餘商另行者。欽此。都省議得，除紙錢外，據紙糊房子，金銀人馬，綵帛衣服，帳幕等物，欽依聖旨事意，截日盡行禁斷。咨請照驗施行。准此，今據見申，省府欽依已降聖旨事意施行。

（明）俞汝楫《禮部志稿》卷一《聖訓・太祖高皇帝・尊崇文廟之訓》 洪武十五年四月，詔天下通祀孔子，賜學粮，增師生廩膳。上諭禮部尚書曰：孔子明帝王之道，以教後世，使君君、臣臣、父父、子子，綱常以正，彝倫攸敘。其功參於天地。今天下郡縣廟學並建而報祀之禮，止行京師，豈非闕典。卿與儒臣其定釋奠禮儀，頒之天下學校。令以每歲春秋仲月通祀孔子。

藝文

（三國魏）曹植《曹子建集》卷七《孔子廟頌》 脩復舊廟，豐其甍宇。莘莘學徒，爰居爰處。王教既備，郡小遄沮。魯道以興，永作憲矩。洪聲登遐，神祇來祐。休徵雜沓，瑞我邦家。内光區域，外被荒遐。

（三國魏）曹植《曹子建集》卷七《學官頌》 自五帝典絶，三皇禮廢，應期命世，齊賢等聖者，莫高於孔子也。故有若曰：出乎類，拔乎萃，誠所謂性與天道，不可得而聞矣。

由也務學，名在前志；宰予晝寢，糞土作誡。過庭子弟，詩禮明記。歌以詠言，文以騁志。予今不述，后賢曷識。於鑠尼父，生民之傑。性與天成，該聖備藝。德倫三五，配皇作烈。玄鏡獨鑑，神明昭晰。仁塞宇宙，志凌雲霓。學者三千，莫不俊乂。唯仁是憑，惟道足恃。鑽仰彌高，請益不已。

雜録

《春秋左傳正義・春秋左氏傳序》 推此五體，以尋經、傳，觸類而長之。長，丁丈反。附于二百四十年行事，王道之正，人倫之紀備矣。疏：推此至備矣。正義曰：上云情有五，此言五體者，言其意謂之情，指其狀謂之體，體情一也，故互見之。一曰微而顯者，是夫子脩改舊文以成新意，所修《春秋》以新意為主，故為五例之首。二曰志而晦者，是周公舊凡，經國常制。三曰婉而成章者，夫子因舊史大順，義存君親，揚善掩惡，夫子因而不改。四曰盡而不汙者。夫子亦因舊史，有正直之士，直言極諫，不掩君惡，欲成其美，夫子因而用之。此婉而成章，盡而不汙，雖因舊史，夫子即以為義。揔而言之，亦是新意之限，故傳或言書曰，或云不書。五曰懲惡而勸善者，與上微而顯不異，但勸戒緩者，在微而顯之條；貶責切者，在懲惡勸善之例，故微而顯居五例之首，懲惡勸善在五例之末。五者《春秋》之要，故推此以尋經、傳，觸類而增長之，附於二百四十年二時人所行之事，觀其善惡，用其褒貶，則王道之正法，人理之紀綱，皆得所備矣。從首至此，説經、傳理畢，故以此言結之。觸類而長之，《易・上繫辭》文也。二百四十二年，謂獲麟以前也。也後經則魯史舊文，傳終説前事，辭無褒貶，故不數之也。觸類而長之者，若隱四年經書翬帥師，傳稱羽父固請，故書曰翬帥師，疾之也。十年經亦書翬帥師，傳雖不言書曰，故書，是知與上同為新意。又隱元年《傳》曰儀父，貴之也，則恒十七年云儀父，亦是貴之是也。

（清）皮錫瑞《經學歷史・經學極盛時代》 王充《論衡》曰：夫五經亦漢家之所立；儒生善政大義皆出其中。董仲舒表《春秋》之義，稽合於律，無乖異者。外則，《春秋》，漢之經。孔子制作，垂遺於漢。案王仲任以孔子制作垂遺於漢，此用《公羊春秋》説也。《韓勑碑》云：孔子近聖，為漢定道。《史晨碑》云：西狩獲麟，為漢制作，歐陽修以漢儒為狹陋，孔子作《春秋》，豈區區為漢而已哉！不知聖經本為後世立法，雖不專為漢，而繼周者漢，去秦閏位不計，則以聖經為漢制作，固無不可。且在漢當言漢；推崇當代，即以推崇先聖。如歐陽修生於宋，宋尊孔子之教，讀孔子之經，即謂聖經為宋制法，亦無不可。今人生於大清，大清尊孔子之教，讀孔子之經，即謂聖經為清制法，亦無不可。歐公之言何拘閡之甚乎！漢經學所以盛，正以聖經為漢制作，故得人主尊崇。此儒者欲行其道之苦衷，實聖經通行萬世之公理。

《後漢書》卷四九《王符傳》 孔子曰：聽訟吾猶人也。從此言之，中才以上，足議曲直，鄉亭部吏，亦有任決斷者，而類多枉曲，蓋有故焉。夫理直則恃正而不橈，事曲則諂意以行賕。不橈故無恩於吏，行賕故見私於法。若事有反覆，吏應坐之，吏以應坐之故，不得不枉之於庭。以羸民之少黨，而與豪吏對訟，其埶得無屈乎？縣承吏言，故與之同。若事有反覆，縣亦應坐之，縣以應坐之故，而排之於郡。以一民之輕，而與一縣為訟，其理豈得申乎？事有反覆，郡亦坐之，郡以共坐之故，而排之於州。以一民之輕，與一郡為訟，其事豈獲勝乎？既不肯理，故乃遠詣公府。公府復不能察，而當延以日月。貧弱者無以曠旬，彊富者可盈千日。理訟若此，何枉之能理乎？正士懷怨結而不見信，猾吏崇姦軌而不被坐，此小民所以易侵苦，而天下所以多困窮也。【略】

凡療病者，必知脈之虛實，氣之所結，然後為之方，故疾可愈而壽可長也。為國者，必先知民之所苦，禍之所起，然後為之禁，故姦可塞而國可安也。今日賊良民之甚者，莫大於數赦贖。赦贖數，則惡人昌而善人傷矣。何以明之哉？夫謹勑之人，身不蹈非，又有為吏正直，不避彊禦，而姦猾之黨横加誣言者，皆知赦之不久故也。善人君子，被侵怨而能至闕庭自明者，萬無數人；數人之中得省問者，百不過一；既對尚書而空遣去者，復什六七矣。其輕薄姦軌，既陷罪法，怨毒之家冀其辜戮，以解畜憤，而反一槩悉蒙赦釋，令惡人高誇咤，老盗服臧而過門，孝子見讎而不得討，遭盗者覩物而不敢取，痛莫其甚焉！

夫養稂莠者傷禾稼，惠姦軌者賊良民。《書》曰：文王作罰，刑茲無赦。先王之制刑法也，非好傷人肌膚，斷人壽命也；貴威姦懲惡，除人害也，故經稱天命有德，五服五章哉，天討有罪，五刑五用哉，《詩》刺彼宜有罪，汝反脱之。古者唯始受命之君，承大亂之極，寇賊姦軌，難為法禁，故不得不有一赦，與之更新，頤育萬民，以成大化。非以養姦活罪，放縱天賊也。夫性惡之民，民之豺狼，雖得放宥之澤，終無改悔之心。旦脱重梏，夕還囹圄，嚴明令尹，不能使其斷絶。何也？凡敢為大姦者，才必有過於衆，而能自媚於上者也。多散誕得之財，奉以諂諛之辭，以轉相驅，非有第五公之廉直，孰不為顧哉？論者多曰：久不赦則姦軌熾而吏不制，宜數肆眚以解散之。此夫昭政亂本之本源，不察禍福之所生也。

《晉書》卷三〇《刑法志》 傳曰：齊之以禮，有恥且格。刑之不可犯，不若禮之不可踰，則昊歲比於犧年，宜有降矣。若夫穹圓肇判，宵貌攸分，流形播其喜怒，稟氣彰其善惡，則有自然之理焉。念室後刑，衢樽先惠，將以屏除災害，引導休和，取譬琴瑟，不忘銜策，擬陽秋之成化，若堯舜之為心也。郊原布肅，軒皇有轡野之師；雷電揚威，高辛有觸山之務。陳乎兵甲而肆諸市朝，具嚴天刑，以懲亂首，論其本意，蓋有不得已而用之者焉。是以丹浦興仁，羽山咸服。而世屬僥倖，事關攸蠹，政失禮微，獄成刑起，則孔子曰：聽訟吾猶人也，必也使無訟乎。及周氏襲行，却收鋒刃，祖述生成，憲章堯禹，政有膏露，威兼禮樂，或觀辭以明其趣，或傾耳以照其微，或彰善以激其情，或除惡以崇其本。至夫取威定霸，一匡九合，寓言成康，不由凝網，此所謂酌其遺美，而愛民治國者焉。若乃化蔑彝倫，道睽明慎，則夏癸之虐劉百姓，商辛之毒痛四海，衛鞅之無所自容，韓非之不勝其虐，與夫《甘棠》流詠，未或同歸。秦文初造參夷，始皇加之抽脅，囹圄如市，悲哀盈路。漢王以三章之法以弔之，文帝以刑厝之道以臨之，于時百姓欣然，將逢交泰。而犴逐情遷，科隨意往，獻瓊杯於闕下，徙青衣於蜀路，覆醢裁刑，傾宗至獄。況乃數囚於京兆之夜，五日於長安之市，北闕相引、中都繼及者，亦往往而有焉。而將亡之國，典刑咸棄，刊章以急其憲，適意以寬其網，桓靈之季，不其然歟！魏明帝時，宮室盛興，而期會迫急，有稽限者，帝親召問，言猶在口，身首已分。王肅抗疏曰：陛下之所行刑，皆宜死之人也。然眾庶不知，將為倉卒，願陛下下之於吏而暴其罪。均其死也，不汙宮掖，不為搢紳驚惋，不為遠近所疑。人命至重，難生易殺，氣絶而不續者也，是以聖王重之。孟軻云：殺一不辜而取天下者，仁者不為也。

世祖武皇帝接三統之微，酌千年之範，乃命有司，大明刑憲。于時詔書頒新法於天下，海內同軌，人甚安之。條綱雖設，稱為簡惠，仰昭天睠，下濟民心，道有法而無敗，德俟刑而久立。及晉圖南徙，百有二年，仰止前規，挹其流潤，江左無外，蠻陬來格。孝武時，會稽王道子傾弄朝權，其所樹之黨，貨官私獄，烈祖惛迷，不聞司敗，晉之綱紀大亂焉。

傳曰三皇設言而民不違，五帝畫象而民知禁，則《書》所謂象以典刑，流宥五刑，鞭作官刑，扑作教刑者也。然則犯黥者皁其巾，犯劓者丹其服，犯臏者墨其體，犯宮者雜其屨，大辟之罪，殊刑之極，布其衣裾而無領緣，投之於市，與眾棄之。舜命皋陶曰：五刑有服，五服三就，五流有宅，五宅三居。方乎前載，事既參倍。夏后氏之王天下也，則五刑之屬三千。殷因於夏，有所損益。周人以三典刑邦國，以五聽察民情，左嘉右肺，事均鎔造，而五刑之屬猶有二千五百焉。乃置三刺、三宥、三赦之法：一刺曰訊羣臣，再刺曰訊羣吏，三刺曰訊萬民；一宥曰不識，再宥曰過失，三宥曰遺忘；一赦曰幼弱，再赦曰老旄，三赦曰惷愚。《司馬法》：或起甲兵以征不義，廢貢職則討，不朝會則誅，亂嫡庶則縶，變禮刑則放。

（唐）劉肅《大唐新語》卷一一《褒錫》 自漢魏以來，歷代皆封孔子後，或為褒城侯。或號褒聖侯。至開元二十七年，詔册孔子為文宣王，其嗣褒城侯，改封文宣王。令右丞相裴耀卿攝太尉，持節就國子監册命訖，有司奠祭，樂用宮懸八佾之舞。詔曰：弘我王化，在乎儒術。皆發揮此道，啓迪含靈，則生人以來，未有如夫子也。所謂自天攸縱，將聖多能，德配乾坤，身揭日月。故能致天下之太平，成天下之大經。美政教，移風俗，君君臣臣，父父子子，人到於今受其賜，不其猗歟！文多不盡載。

《皇明詔令》卷五《成祖文皇帝中・幸學敕永樂四年四月初二日》　皇帝敕諭禮部：朕惟孔子，帝王之師也。帝王為生民之主，孔子立生民之道。三綱五常之禮，治天下之大經大法，皆孔子明之，以教萬世。天下不可無孔子之道！朕皇考太祖聖神文武欽明啓運俊德成功統天大孝高皇帝，膺君師億兆之任，正中夏文明、禮樂之舊。渡江之初，首建太學，親祀孔子。御筵講書，守帝王之心法，繼聖賢之道學，集其大成，以臻至治。朕承鴻業，惟皇考之成憲是遵。今春時和，當躬詣太學，如皇考故事，稱朕崇儒重道，治安天下之意。布告群臣，咸使聞知。爾禮部其擇日舉行。

《皇朝文獻通考》卷二一五《經籍考五・經春秋》《日講春秋解義六十四卷》聖祖仁皇帝御製序曰：朕惟《春秋》者，帝王經世之大法，史外傳心之要典也。大義炳若日星，而褒貶筆削微顯婉章，非後世所能窺。至其立法謹嚴，宅心一本忠恕，因善惡是非而施予奪焉。有正例有變例，有事同而辭異，有事異而辭同。一人之身，前後不相掩；一人之事，功過不妨殊。如化工之肖物，隨類付形，未嘗有所容心於其間。後之説經者，或穿鑿深文，或附會失實，固難悉當聖人之心。左氏親見聖人，公羊、穀梁及門子夏猶彼此牴牾，踳駁互見。何況去聖人日遠，紛紜探索如漢唐以下董仲舒、趙匡、啖助諸家乎？惟宋康侯胡氏潛心二十年，事本左氏義，取公、穀萃諸家之長，勒成一家之書。雖持論過激，抉隱太嚴，未必當日聖心皆然，要其本三綱、奉九法、明王道、正人心，於《春秋》大旨十常得其六七，較之漢唐以後諸家優矣。朕萬幾之暇，研精六經，竊有慨於《春秋》經聖人手定其衮鉞，本乎王章刑賞，原於忠厚，義例雖繁，而其明白正大之旨，必不如後之説經者委折碎細若此。爰命儒臣撰集進講，大約以胡氏為宗，而去其論之太甚者，無傳經文則博採諸儒論注以補之，朕亦時有所折衷，期歸於一，編輯成書，朝夕省覽。亦欲俾學者有所遵守。其於經世大法，傳心要典，未必無少助云爾。

《皇朝文獻通考》卷二一六《經籍考六・經論語　孟子　孝經　經解》　順治十三年世祖皇帝御撰，世祖章皇帝御製序曰：朕惟孝者首百行而為五倫之本，天地所以成化，聖人所以立教，通之乎萬世而無斁，放之於四海而皆準。至矣哉，誠無以加矣！然其廣大雖包乎無外，而其淵源實本於因心。溯厥初生，咸知孺慕；雖在顓蒙，即備天良。故位無尊卑，人無賢愚，皆可以與知而與能。是知孝者乃生人之庸德，無甚玄奇。抑固有之秉彝，非由外鑠，誠貴乎篤行，而非語言之間所得而盡也。雖然，降衷之理固根於萬民之心，而覺世之功必賴夫聖人之訓。苟非著書立説以迪天性自然之善，抒人子難已之情，使天下之人曉然，於日用之恒行，即為大經大法之所存而敦行不怠以全其本，始夫亦孰由知孝之要、盡孝之詳以無忝所生也哉！此孔子《孝經》之書所由作也。朕萬幾之暇，時加三復，自開宗明義，迄於終篇，見其言近而旨遠，理約而該博，本之立身以行道，推之移風而易俗。愛敬所著，公卿士庶皆得循分以承歡；感應所通，東西南北罔不漸被而思服。誠萬世不刊之懿矩，百聖不易之格言。自天子以至於庶人，不可一日闕者。夫子所謂吾志在《春秋》，行在《孝經》，良有以也。

（清）胡承諾《繹志》卷一九《自敘篇》　三代以前，人之所學，五品親遜而已。舜之命禹，始有道心之名。由是聖賢相次，皆以道為授受。條分縷析，散見語言行事，莫非此旨。蓋人之為心有附於形氣之私者，有原於義理之正者，各自為形，各自為氣，是以不能相通。義非精不察，理非窮不致，是以患其易昧。聖賢為學必使形氣之私，皆聽於義理，而義理所得莫非中道。此無他，辨之甚精，守之甚力也。言仁昉於孔子，仁者，道心之純熟也。變中言仁者，中無定位，仁所以體中也。孔門之學，求仁最切，言仁最備。或狀其體，或舉其功，或辨其疑似，或謹其畔岸，或實其行事。蓋至微之理，得孔子之論，而可指可視。其有功於先聖甚大，曾子之學，得於一貫，子思受於曾子，故言萬殊一本為獨詳。日用之間，所以與萬物相流通，人事相酬答者，不越乎分之各殊者，與以至足之理，理之至一者，歸於不二之原。處異説紛紜之日，獨以執中之旨，名其書，而實以庸行。中者，聖之所以相繼也，實以庸行，近在人倫日用之間，而偽不能亂也。孟子受學於此，而有得於集義。蓋其為學取當時諸家之論，是非得失，折衷先聖。如持權衡以校輕重，事無大小皆以人心之裁制。赴天理之自然，即以天理之自然，節吾心之裁制。其剛大之氣，足以充塞兩間，故生雜伯縱橫，異端充塞之時，真知義之有益於人，而舉以示法，與孔子之仁相輔以扶世也。蓋堯舜精一之旨，孔子以克己復禮明之，子思性教之後，孟子以集義廣之，屢發明而愈備，經體驗而彌近，所以引人從事不疑，誘人致力孔易，源流相續，若四時代行不息者，皆欲使人復其性也。然而質有徧全，學有真偽。聖人欲天下之人明道者衆，不獨喜見完行，亦思成就偏德，又懼天下之人不明道者多，故不獨惡其畔道者，更惡其亂真者。是以言道言性，皆使人有所持循。如立朝居鄉，出處語默，長幼疾徐，動容周旋，飲食起居，哀樂之際，利用愛物豐儉之宜，以為道固在人，皆舉近人之事，以明道也。推而廣之，周公經制大備，後之行王政者取法焉；孔子述作大明，後之論王道者折衷焉，皆教人以復性之事也。君子於此，無事則安於仁，有感則動以中，安於仁，樂之本也。動以中，禮之本也，禮樂者，中和之實也。中和盈於中，私欲退聽，一身之內，具有四德，隨其所發，皆有繩檢焉。有不復之性乎？荀卿雖能言聖道，然所謂聖人，不過大儒也。仲尼、子弓並稱，而無顔學私淑之意，淺深可見矣。揚雄言聖，較荀為優，然而遜於不虞，有愧明哲，是鳳鳴而鷙翰也。王通為學甚正，亦有可用之實，惜其降年甚促，功有所未至。從遊之士崎嶇數郡間，其道未能大明，又不能降心發明聖道，遂欲與聖人並峙而離立，是以後世未之許也。夫聖賢統緒，在乎其書，俗儒以文字說之，異端雜之，故發爲事業，皆淺露乖離，持以脩身，率滲漉頗辟周子生絕學後。默契道體，太極一圖，可以探二氣五行之運，見中正仁義之本，識神物動靜之別。雖廣大高深，不外乎日用飲食也。

（清）黃宗羲《明夷待訪録·序》 余嘗疑孟子一治一亂之言，何三代而下之有亂無治也？乃觀胡翰所謂十二運者，起周敬王甲子以至于今，皆在一亂之運。向後二十年交入大壯，始得一治，則三代之盛猶未絕望也。前年壬寅夏，條具為治大法，未卒數章，遇火而止。今年自藍水返於故居，整理殘帙，此卷猶未失落於擔頭艙底，兒子某某請完之。冬十月，雨窗削筆，喟然而嘆曰：昔王冕倣《周禮》著書一卷，自謂吾未即死，持此以遇明主，伊、吕事業不難致也，終不得少試以死。冕之書未得見，其可致治與否，固未可知。然亂運未終，亦何能為大壯之交！吾雖老矣，如箕子之見訪，或庶幾焉。豈因夷之初旦，明而未融，遂秘其言也！癸卯，梨洲老人識。

（清）王夫之《張子正蒙注》卷二上《天道篇》 聖不可知也，無心之妙，非有心所及也。聖人雖與民同其憂患，而不役心于治教政刑以求勝之，唯反身而誠，身正而天下平。故不親、不治、不答，皆以無心應之，彼迫於治物者，恃心以應物，而物不感，見聖人之舞干而苗格，疊而崇降，不測其所以然之理，則固不能知之。

（宋）王得臣《麈史》卷中《經義》 泰山孫明復先生治《春秋》，著《尊王發微》，大得聖人之微旨，學者多宗之。以爲凡經所書皆變古亂常則書之，故曰《春秋》無褒，蓋與穀梁氏所謂常事不書之義同。

（清）顧炎武《日知録》卷一《不耕穫不菑畬》 楊氏曰：初九動之始，六二動之繼，是故初耕之，二穫之。初菑之，二畬之。天下無不耕而穫，不菑而畬者。其曰不耕不菑則耕且菑前人之所已為也。昔者周公毖殷頑民，遷於洛邑，密邇王室，既歷三紀，世變風移。而康王作《畢命》之書曰：惟周公克慎厥始，惟君陳克和厥中，惟公克成厥終。是故有周之治，垂拱仰成而無所事矣。周監於二代，郁郁乎文哉！而孔子之聖，但曰述而不作，信而好古，又曰文武之道未墜於地，在人。是故《六經》之業，集羣聖之大成，而無所剏矣。雖然使有始之作之者，而無終之述之者，是耕而弗穫，菑而弗畬也，其功為弗竟矣。六二之柔順中正，是能穫能畬者也，故利有攸往也。未富者因前人之為而不自多也，猶不富以其鄰之意。

（宋）歐陽修《歐陽修全集》卷一二四《崇文總目敘釋·春秋類》 初，孔子大修六經之文，獨於《春秋》，欲以禮法繩諸侯，故其辭尤謹而義微隱。學者不能極其說，故三家之《傳》，於聖人之旨，各有得焉。太史公曰：為人君者，不可不知《春秋》，豈非王者之法具在乎。

（明）楊士奇《東里文集》卷二《論·江陰縣先聖廟學重建記》 夫孔子之道，天之道也，國家生民不可一日無者。伏羲、神農、黃帝、堯、舜、禹、湯、文、武行斯道於上，孔子明斯道於下。皆聖人也，而使後之繼伏羲、神農、黃帝、堯、舜、禹、湯、文、武之位得以行斯道者，孔子之功也。論其功而隆其禮，明聖之心也。

人性與法部

性情説分部

論說

《周易正義·謙》 上六：鳴謙。利用行師征邑國。最處於外，不與內政，故有名而已，志功未得也。處外而履謙順，可以邑一國而已。疏：正義曰：鳴謙者，上六最處於外，不與內政，不能於實事而謙，但有虛名聲聞之謙，故云鳴謙。志欲立功，未能遂事，其志未得。既在外而行謙順，唯利用行師征外旁國邑而已，不能立功在內也。《象》曰：鳴謙，志未得也。可用行師，征邑國也。夫吉凶悔吝，生乎動者也。動之所起，興於利者也。故飲食必有訟，訟必有衆起，未有居衆人之所惡而爲動者所害，處不競之地而爲爭者所奪，是以六爻雖有失位，无應乘剛，而皆无凶咎悔吝者，以謙爲主也。謙尊而光，卑而不可踰，信矣哉！疏：象曰鳴謙至征邑國也。正義曰：志未得者，釋鳴謙之義也。所以但有聲鳴之謙，不能實争立功者，以其居在於外，其內立功之志，猶未得也。可用行師征邑國者，釋行師征邑國之意。經言利用，《象》改利爲可者，言內志雖未得，猶可在外興行軍師征邑國也。注動之所起興於利者也。正義曰：動之所起興於利者，凡人若不見利，則心无所動。今動之所以起者，見利乃動，故云興於利也。飲食必有訟，訟必有衆起者，欲明爲利乃有動，動而致訟，訟則起兵。故《序卦》需爲飲食，飲食必有訟，故需卦之後次訟卦也。争訟必興兵，故訟卦之後次師卦也。

（宋）李衡《周易義海撮要·既濟》 《象》曰：東鄰殺牛，不如西鄰之時也。實受其福，吉大來也。【略】祭未有殺牛者，禴時祭國之常事。小人以為常事不足以致福，故非時殺牛而求之，不知時祭之福不求而大也。人之情在難則厭事，而无難之世，常不能安其福，故聖人以為既濟之主，在守常安法而已。求功名於法度之外，則《易》之所謂殺牛也。

《禮記正義·樂記》 凡音者，生人心者也。情动於中，故形於聲。聲成文，謂之音。是故治世之音，安以樂，其政和；亂世之音，怨以怒，其政乖；亡國之音，哀以思，其民困。聲音之道，與政通矣。言八音和否隨政也。《玉藻》曰御瞽幾聲之上下。治世之音，絶句。安以樂，音洛，絶句。雷讀上至安絶句。樂音岳，以樂二字爲句。其政和，崔讀上句依雷，下以樂其政和揔爲一句。下亂世亡國各放此。思，息吏反，又音笥。否音不。藻音早。瞽音古。幾，居希反，又音祈。上下，時掌反。疏：凡音至通矣。正義曰：上文云音從人心生，乃成爲樂，此一節明君上之樂隨人情而動。若人情歡樂，樂音亦歡樂，若人情哀怨，樂音亦哀怨。凡音者，生人心者也者，言君上樂音生於下民心者也。情動於中，故形於聲者，言在下人心情感君政教善惡，動於心中，則上文感於物而後動是也。既感物動，故形見於口，口出其聲，則上文云故形于聲者是也。聲成文謂之音者，謂聲之清濁雜比成文，謂之音，則上文云變成方謂之音是也。上云比音而樂之，及干戚、羽旄調之樂。此云音，不云樂者，以下云治世之音，亂世之音，故云音而不言樂也。必言音者，樂以音爲本，變動由於音也，所以特言音也。是故治世之音安以樂者，是故謂情動於中，而有音聲之異，故言治平之世，其樂音安靜而歡樂也。治世之音，民既安靜以樂而感其心，故樂音亦安以樂。由其政和美故也。君政和美，使人心安樂，人心安樂，故樂聲亦安以樂也。亂世之音怨以怒，其政乖者，亂世謂禍亂之世，樂音怨恨而恚怒。亂世之時其民怨怒，故樂聲亦怨怒流亡，由其政乖僻故也。亡國之音哀以思，其民困者，亡國謂將欲滅亡之國，樂音悲哀而愁思。言亡國之時民心哀思，故樂音亦哀思，由其人困苦故也。前治世、亂世皆云世，亡國不云世者，以國將亡，無復繼世也。其治世亂世皆云政，亡國不云政者，言國將滅亡，无復有政，故云其民困也。聲音之道與政通矣者，若政和則聲音安樂，若政乖則聲音怨怒，是聲音之道，與政通矣。

又：是故先王本之情性，稽之度數，制之禮義，合生氣之和，道五常之行，使之陽而不散，陰而不密，剛氣不怒，柔氣不懾，四暢交於中，而發作於外，皆安其位，而不相奪也。生氣，陰陽氣也。五常，五行也。密之言閉也。懾，猶恐懼也。稽，古奚反。道音導。行，下孟反。懾，之涉反。暢，敕亮反。然後立之學等，廣其節奏，省其文采，以繩德厚，等，差也，各用其才之差學之。廣，謂增習之。省，猶審也。文采，謂節奏合也。繩，猶度也。《周禮·大司樂》：以樂語教國子，興、道、諷、誦、言、語。以樂舞教國子，舞《雲門》、《大卷》、《大咸》、《大韶》、《大夏》、《大濩》、《大武》。省，西領反。度，大各反。興道，上許膺反，下音導。諷，芳鳳反。卷音權。律小大之稱，比終始之序，以象事行，律，六律也。《周禮·典同》：以六律、六同辨天地四方陰陽之聲，以爲樂器。

小大，謂高聲、正聲之類也。終始，謂始於宮，終於羽。宗廟黃鍾爲宮，大呂爲角，大蔟爲徵，應鍾爲羽，以象事行。君爲宮，商為臣。稱，尺證反。比，毗志反。大蔟，音泰，蔟，七豆反。**使親疏、貴賤、長幼、男女之理，皆形見於樂，故曰：樂觀其深矣。**謂同聽之，莫不和敬，莫不和順，莫不和親。長幼，丁丈反，下同。見，賢遍反。疏：是故至深矣。正義曰：上經既明樂之感人，故此節明先王節人情性，使之和其律吕，親疏有序，男女不亂，乃成爲樂也。本之情性者，言自然所感謂之性，因物念慮謂之情。言先王制樂，本人情性。稽之度數者，稽之言考也，既得人情，考之使合度數。制之禮義者，謂裁制人情以禮義。合生氣之和，道五常之行者，言聖人裁制人情，使合生氣之和，道達人情以五常之行，謂依金木水火土之性也。使之陽而不散者，陽主發動，失在流散，先王教之感陽氣者，不使放散也。陰而不密者，密，閉也。陰主幽静，失在閉塞，先王節民情感陰氣者，不有閉塞也。剛氣不怒柔氣不懾者，言先王節之，使剛氣者不至暴怒，感柔氣者不至恐懼也。四暢交於中，而發作於外者，四暢謂陰陽剛柔也。四者通暢，交在身中，而發見動作於身外也。皆安其位，而不相奪也者，言陰陽剛柔各得其所，是安其位也。不相侵犯，是不相奪也。然後立之學等者，先王欲稽之度數，制之禮義，非教不可，故立之學等，使依其才藝等級而教學之。廣其節奏者，廣，謂增習寬廣其樂之節奏也。省其文采者，省，謂省審也，文采，謂樂之宮商相應，若五色文采，省其音曲文采也。以繩德厚者，繩，度也。謂準度以道德仁厚也。律小大之稱者，律，謂六律。小之與大，以爲樂器，使音聲相稱也。比終始之序者，五聲始於宮，終於羽，比五聲終始，使有次序也。以象事行者，謂使人法象五聲，是事行也。若宮象君，商象臣，角象民，徵象事，羽象物，是以象事行也。皆形見於樂者，以先王制樂如此，以化於民，由樂聲諧和，故親疏之理，見於樂聲也。樂聲有清濁高下，故貴賤長幼，見於樂也。以樂聲有陰陽律吕，故男女之理見於樂也。故曰：樂觀其深矣者，皇氏云：古語云：樂觀其深。言樂爲道，人觀之益大深。古語有此，故記者引古語以結之。注生氣至行也。正義曰：云：生氣，陰陽氣也者，下云陽而不散，陰而不密，故爲陰陽。云五常，五行也者，此經有陰陽剛柔，皆自天地之氣，故以五常爲五行，非父義母慈之德謂五常之行者。若木性仁，金性義，火性禮，水性智，土性信，五常之行也。注等差至國子。正義曰：經云，立之學等，是學有等差，隨才高下而爲等。云廣，謂增習之者，學者習音樂，使其廣大也。云文采謂節奏合也者，文，謂宮、商相應，若畫采成文，即上文聲成文是也。云繩，猶度也，繩是量度之物，經云以繩德厚，謂量度之以道德仁厚，故鄭引《周禮·太司樂》，以樂語教國子，興、道、諷、誦、言、語。以樂舞教國子之等是也。注律六至爲臣。正義曰：引《周禮·典同》者證樂器用六律、六吕也。案《典同》云：辨天地四方陰陽之聲。鄭注云六律六吕，布於四方，陽聲屬天，陰聲屬地，故云天地。四方陰陽之聲，陰聲謂六吕，陽聲謂六律。云以爲樂器小大者，若黃鍾之律長九寸，應鍾之律長四寸半强，各自倍半爲鍾，是其小大也。云謂高聲正聲之類也者，案《周禮·典同》云高聲混，鄭注云：玄謂高鍾形大上，上大也，高則聲上藏衮。然正聲緩，鄭云：正謂上下直，正則聲緩無所動。下聲肆，鄭云：下，謂鐘形大下，下大也，下則聲出去放肆。陂聲散，鄭云：陂，謂偏侈，陂則聲離散也。險聲斂，鄭云：險，謂偏弇也，險則聲斂。不越也。達聲贏，鄭云：達，謂其形微大也，達則聲有餘。微聲韽，鄭云：微，謂其形微小，韽聲小不成也。回聲衍，鄭云：回，謂形微圜也，回則其聲淫衍，無鴻殺也。侈聲筰，鄭云：侈，謂中央約也，侈則聲迫筰出去疾也。弇聲鬱，鄭云：弇，謂中央寬也，弇則聲鬱勃不出也。薄聲甄，鄭云：甄，猶掉也，鍾微薄則聲掉。厚聲石，鄭云：大厚則如石，叩之無聲。此等之聲，皆鐘形不得其所，此引之，證大小稱者，以作鍾之法，須小大稱宜。今鍾不得其所，明其不稱也。云宗廟黃鍾爲宮，大吕爲角，大簇爲徵，應鍾爲羽者，《大司樂》文，袷祭降神之樂也。案《大司樂》祭天祭地，皆有降神，獨引宗廟降神者，以經云終始之序。宗廟降神，黃鍾爲宮，是律之最長者；應鍾爲羽，是律之最短者，故特引之，證經之終始。

《禮記正義·經解》

孔子曰：入其國，其教可知也。觀其風俗，則知其所以教。**其爲人也，温柔敦厚，《詩》教也；疏通知遠，《書》教也；廣博易良，《樂》教也；絜靜精接，《易》教也；恭儉莊敬，《禮》教也；屬辭比事，《春秋》教也。**屬猶合也。《春秋》多記諸侯朝聘、會同，有相接之辭、罪辯之事。易良，以豉反，下易良同。屬音燭，注及下同。比，毗志反，下同。朝聘，直遥反，篇内同。**故《詩》之失愚，《書》之失誣，《樂》之失奢，《易》之失賊，《禮》之失煩，《春秋》之失亂。**失，謂不能節其教者也。《詩》敦厚近愚，《書》知遠近誣，《易》精微，愛恶相攻，遠近相取，則不能容人，近於傷害。《春秋》習戰爭之事近亂。近愚，附近之近，下除遠近一字，並同。惡，烏路反。爭，爭鬥之爭，下文同。**其爲人也，温柔敦厚而不愚，則深於《詩》者也；疏通知遠而不誣，則深於《書》者也；廣博易良而不奢，則深於《樂》者也；絜靜精微而不賊，則深於《易》者也；恭儉莊敬而不煩，則深於《禮》者也；屬辭比事而不亂，則深於《春秋》者也。**言深者，既能以教，又防其失。疏：孔子至者也。正義曰：《經解》一篇揔是孔子之言，記者録之以爲《經解》者。皇氏云：解者，分析之名，此篇分析六經體教不同，故名曰《經解》也。六經，其教雖異，揔以禮爲本，故記者録入於禮。孔子曰：入其國，其教可知也者，言人君以六經之道，各隨其民教之，民從上教，各從六經之性，觀民風俗，則知其教，故云其教可知也。温柔敦厚，《詩》教也者。温，謂顔色温潤，柔，謂情性和柔。《詩》

依違諷諫不指切事情，故云温柔敦厚，是《詩》教也。疏通知遠，《書》教也者，《書》録帝王言誥，舉其大綱，事非繁密，是疏通上知帝皇之世，是知遠也。廣博易良，《樂》教也者，《樂》以和通爲體，無所不用，是廣博簡易良善，使人從化，是易良。絜靜精微，《易》教也者，《易》之於人，正則獲吉，邪則獲凶，不爲淫濫，是絜靜；窮理盡性，言入秋毫，是精微。恭儉莊敬，《禮》教也者，《禮》以恭遜、節儉、齊莊、敬慎爲本，若人能恭敬節儉，是《禮》之教也。屬辭比事，《春秋》教也者，屬，合也，比，近也，《春秋》聚合、會同之辭，是屬辭，比次褒貶之事，是比事也。凡人君行此等六經之教，以化於下。在下染習其教，還有六經之性，故云《詩》教《書》教之等。故《詩》之失愚者，《詩》主斂厚，若不節之，則失在於愚。《書》之失誣者，《書》廣知久遠，若不節制，則失在於誣。《樂》之失奢者，《樂》主廣博和易，若不節制，則失在於奢。《易》之失賊者，《易》主絜靜嚴正，遠近相取，愛惡相攻，若不節制，則失在於賊害。《禮》之失煩者，《禮》主文物，恭俭莊敬，若不能節制，則失在於煩苛。《春秋》之失亂者，《春秋》習戰爭之事，若不能節制，失在於亂。此皆謂人君用之教下，不能可否相濟，節制合宜，所以致失也。其為人也温柔敦厚而不愚，則深於《詩》者也。此一經以《詩》化民，雖用敦厚，能以義節之。欲使民雖敦厚不至于愚，則是在上深達於《詩》之義理，能以《詩》教民也，故云深於《詩》者也。以下諸經，義皆放此。注云：《易》精至之事。正義曰：《易》精微者，《易》理微密，相責褊切，不能含容。注云愛惡相攻者，謂《易》卦六爻，或陰爻乘陽，或陽爻擄陰，近而不得，是愛惡相攻也。云遠近相取者，謂彼此有應，是遠近相取也。或遠而無應，近而不相得，是遠近不相取也。云則不能容人，近於傷害者，若意合則雖遠必相愛，若意離雖近必相惡，是不能容人不與己同，浪被傷害，是失於賊害也。云《春秋》習戰爭之事者，以《春秋》記諸侯相侵伐，又有鬥爭之辭。若僖二十八年，晉人執衛侯歸之于京師；昭十三年平丘之會，子産爭丞之類是也。故前注云：《春秋》記罪辯之事也。然《詩》爲《樂》章，《詩》、《樂》是一，而教别者，若以聲音、干戚以教人，是《樂》教也，若以詩辭美刺、諷喻以教人，是《詩》教也。此爲政以教民，故有六經。若教國子弟於庠序之內，則唯用四術。故《王制》云：春秋教以《禮》、《樂》，冬夏教以《詩》、《書》是也。此六經者，惟論人君施化，能以此教民，民得從之，未能行之至極也。若盛明之君，爲民之父母者，則能恩惠下極於民，則《詩》有好惡之情，《禮》有政治之體，《樂》有諧和性情，皆能與民至極，民同上情。故《孔子間居》云：志之所至，《詩》亦至焉；《詩》之所至，《禮》亦至焉；《禮》之所至，《樂》亦至焉是也。其《書》、《易》、《春秋》，非是恩情相感，與民至極者，故《孔子間居》無《書》、《易》及《春秋》也。

（清）孫希旦《禮記集解・坊記》 子云：小人貧斯約，富斯驕。約斯盜，驕斯亂。禮者，因人之情而爲之節文，以爲民坊者也。故聖人之制富貴也，使民富不足以驕，貧不至於約，貴不慊於上，故亂益亡。《釋文》：喬音驕，本亦作驕。慊，口簟反。鄭注：慊或爲嫌。

鄭氏曰：約猶窮也。節文，謂農有田里之差，士有爵命之級也。慊恨，不滿之貌也。孔氏曰：聖人之制富貴，制爲富貴貧賤之法也。不云貧賤，文略也。富不足以驕者，制富者居室、丈尺、俎豆、衣服之事皆有法度，不足至於驕也。貧不至於約者，制農田百畝，桑麻自贍，比閭相賙，不令至於約也。貴不慊於上者，制其禄秩，隨功而施，則貴臣無復恨君爵禄之薄也。不云賤者，從可知也。方氏慤曰：家富不過百乘，所以制富而不使之驕。匹夫受田百畝，所以制貧而不至於約。伐冰之家不畜牛羊，所以制貴而不使之慊。輔氏廣曰：慊，謂滿足，貴不慊於上，如滿而不溢，高而不危之意。

愚謂慊有不滿之義，《孟子》吾何慊乎哉是也。又有滿足之義，《孟子》行有不慊於心，則餒矣是也。此慊字，鄭氏以不滿解之，方氏、輔氏以滿足解之，義皆可通。

《禮記正義・中庸》 自誠明謂之性，自明誠謂之教。誠則明矣，明則誠矣。自，由也，由至誠而有明德，是聖人之性者也。由明德而有至誠，是賢人學以知之也。有至誠則必有明德，有明德則必有至誠。疏：自誠，至誠矣。正義曰：此一經顯天性至誠，或學而能。兩者雖異，功用則相通。自誠明謂之性者，此説天性自誠者，自，由也，言由天性至誠，而身有明德，此乃自然天性如此，故謂之性。自明誠謂之教者，此説學而至誠，由身聰明勉力學習而致至誠，非由天性，教習使然，故云謂之教。然則自誠明謂之性，聖人之德也。自明誠謂之教，賢人之德也。誠則明矣者，言聖人天性至誠，則能有明德，由至誠而致明也。明則誠矣者，謂賢人由身聰明習學，乃致至誠，故云明則誠矣，是誠則能明，明則能誠，優劣雖異，二者皆通有至誠也。

唯天下至誠，爲能盡其性。能盡其性，則能盡人之性。能盡人之性，則能盡物之性。能盡物之性，則可以贊天地之化育。可以贊天地之化育，則可以與天地參矣。盡性者，謂順理之使不失其所也。贊，助也。育，生也。助天地之化生，謂聖人受命在王位致大平。大音泰。疏：唯天至參矣。正義曰：此明天性至誠，聖人之道也。唯天下至誠者，謂一天下之内，至極誠信爲聖人也。爲能盡其性者，以其至極誠信，與天地合，故能盡其性。既盡其性，則能盡其人與萬物之性，是以下云能盡人之性。既能盡人性，則能盡萬物之性，故能贊助天地之化育，功與天地相參。上云誠者，天之道，此兼云地者，上説至誠之理由神妙而来，故特云天之道。此據化育生物，故弁云地也。

其次致曲，曲能有誠，誠則形，形則著，著則明，明則動，動則變，變則化。唯天下至誠爲能化。其次，謂自明誠者也。致，至也。曲，猶小小之事也。不能盡性而有至誠，於有義焉而已，形謂人見其功也。盡性之誠，人不能見也。著，形之大者也。明，著之顯者也。動，動人心也。變，改惡爲善也，變之久則化而性善也。疏：其次至能化。正義曰：此一經明賢人習學而致至誠，故云其次致曲。曲，謂細小之事。言其賢人致行細小之事不能盡性，於細小之事能有至誠也。誠則形，形則著者，謂不能自然至誠，由學而來，故誠則人見其功，是誠則形也。初有小形，後乃大而明，著故云形則著也。若天性至誠之人不能見，則不形不著也。著則明，明則動者，由著故顯明，由明能感動於衆。動則變，變則化者，既感動人心，漸變惡爲善，變而既久，遂至於化。言惡人全化爲善，人無復爲惡也。唯天下至誠爲能化，言唯天下學致至誠之人，為能化惡爲善，改移舊俗。不如前經天生至誠，能盡其性，與天地參矣。注其次至善也。正義曰：以前經云自明誠謂之教，是由明而致誠，是賢人，次於聖人，故云其次，謂自明誠也。云不能盡性而有至誠，於有義焉而已者，言此次誠不能如至誠盡物之性，但能有至誠於細小物焉而已。云形謂人見其功也者，由次誠彰露，人皆見其功也。云盡性之誠，人不能見也者，言天性至誠，神妙無體，人不見也。云著，形之大者也，解經形則著，初有微形，後則大而形著。云變之久則化而性善也者，解經變則化，初漸謂之變，變時新舊兩體俱有，變盡舊體而有新體謂之爲化。如《月令》鳩化爲鷹，是爲鷹之時非復鳩也，猶如善人無復有惡也。

《禮記正義·緇衣》 子曰：有國者章善癉惡，以示民厚，則民情不貳。章，明也；癉，病也。忒，他得反，本或作貳，音二。章義如字，《尚書》作善，皇云義善也。癉，丁但反。《詩》云：靖共爾位，好是正直。疏：子曰至正直。正義曰章善癉惡者，章，明也，癉，病也，言爲國者有善以賞章明之，有惡則以刑癉病之也。《詩》云靖共爾位，好是正直者，此《詩·小雅·小明》之篇，刺幽王之詩也。言大夫悔仕亂世，告語未仕之人，言更待明君靖謀，共其爾之禄位，爰好正直之人，然後事之也。引之者，證上民情不二，爲正直之行。

（清）蘇輿《春秋繁露義證》卷六《保位權》 民無所好，君無以權也。權，當作勸，下同。《管子·權脩篇》：民輕其禄賞，則上無以勸民。民無所惡，君無以畏也。無以權，無以畏，則君無以禁制也。無以禁制，則比肩齊勢而無以爲貴矣。民齊勢，亂之端也。《管子·明法解》：明主之治也，縣爵禄以勸其民，民有利於上，故主有以使之，立刑法以威其下，下有畏於上，故主有以牧之。故無爵禄，則主無以勸民，无刑罰，則主無以威衆。故聖人之治國也，因天地之性情，孔竅之所利，以立尊卑之制，以等貴賤之差。天地有自然之尊卑，聖人因而制禮，孔竅所利，謂順民欲。《鼂錯傳》：情之所惡，不以彊人。情之所欲，不以禁民。蕭望之議，以爲民函陰陽之氣，有仁義欲利之心。孔竅二字亦見《韓非·解老篇》等。天啟本注云：一作異。設官府爵禄，利五味，盛五色，調五聲，以誘其耳目，禮樂之所由作。天啟本聲作音，自令清濁昭然殊體，榮辱踔然相駮，以感動其心。盧云：踔，疑當作焯。輿案：踔，古灼字，見《漢書·揚雄傳》注。《説苑·君道篇》：廓然遠見，踔然獨立。字亦作踔，此云踔然相駮，卽灼然別異之意。清濁榮辱，以人品等差言之。務致民令有所好。有所好然後可得而勸也，天啟本有上有必字。故設賞以勸之。有所好必有所惡，有所惡然後可得而畏也，故設罰以畏之。凌本罰作法，下同。既有所勸，又有所畏，然後可得而制。制之者，制其所好，是以勸賞而不得多也。制其所惡，是以畏罰而不可過也。人情好爵賞而惡刑戮，賞不可僭，僭則人賤名器，而激勸之道窮。罰不可濫，濫則人輕刑辱，而是非不出于朝廷矣。《左》襄二十六年《傳》：賞僭則懼及淫人，刑濫則懼及善人。盧云：《大典》本可作得。所好多則作福，所惡多則作威。《韓非子·喻老篇》君見賞，臣則損之以爲德，君見罰，臣則益之以爲威。人君見賞，而人臣用其勢，人君見罰，而人臣乘其威。作威則君亡權，天下相怨；《管子·版法解篇》若使威利之權不專在君，而有所分散，則君日益輕，而威利日衰，侵暴之道也。《説苑·君道篇》宋君行賞賜，而與子罕刑罰。國人知刑罰之威專在子罕也，大臣親之，百姓附之。居期年，子罕逐其君而專其政。作福則君亡德，天下相賊。爵賞多則必有援附之私，所謂拜爵公廷，感恩私室。且援附者苟得人人皆有攫取富貴之思，相傾相軋，以成乎隳廉喪恥之風。故曰天下相賊。《書·洪範》曰：臣之有作福作威玉食，人用側頗僻，民用僭忒。案：此文先威後福，與《書》異。據《劉向傳》向上封事，《王商傳》張匡對，《後漢·第五倫傳》倫上疏，《楊震傳》震上疏，《李固傳》馬融誣奏固，《襄楷傳》楷上疏，《張衡傳》衡上疏，《魏志·蔣濟傳》、《戰國策》高注、隋梁昆討楊素封事，竦先威後福，是今文《尚書》本如此，此正用書意。故聖人之制民，使之有欲，不得過節；使之敦朴，不得無欲。此欲字與嗜欲之欲微別。《説文》：欲，貪也。貪，欲也。《樂記》鄭注：欲，邪淫也。《易》君子以懲忿窒欲，《禮》飲食男女，人之大欲存焉，此嗜欲之謂也。《説文》：款，意有所欲也。此欲望之義，與此欲字合。《韓非·外儲説》：太公望誅居士狂矞、華士曰：無求於人者，是望不得不以賞罰勸禁也。《荀子·正論篇》：古之人以人之情為欲多而不欲寡，故賞以富厚而罰以殺損也。是百王之所同也。今子宋子以是之情為欲寡而不欲多也，然則先王以人之所不欲者賞，而以人之所欲者罰耶？亂莫大爲。輿案：欲者，聖人所不能無，但有節以制之。由是推己所欲以達人立人，推己所不欲以毋加於人。本書此數語最精。戴氏震遂以欲爲本然中正，動靜胥得，則似失之。（楊龜山言，飢食渴飲，手持足行，便是道。朱子已譏其認欲爲理。陸象山亦言，天理人欲，不是至論。若天是理，人是欲，則是天人不同。此戴氏所本。）官本云：民使，他本作使民。無欲有欲，各得以足，而君道得矣。國之所以爲國者德也，君之所以爲君者威也，故德不可共，威不可共，威不可分。德共則失恩，威分則失權。失權則君賤，失恩則民散。凌本賤下、散下並有矣字。民散則國亂，君賤則臣叛。是故為人君者，固守其德，以附其民；固執其權，以正其臣。聲有順逆，必有清濁，形有善惡，必有曲直。故聖人聞其聲則別其清濁，見其形則異其曲直。《管子・宙合篇》：景不爲曲物直，響不爲惡物美。於濁之中，必知其清；於清之中，必知其濁；官本知作見，云：他本作知。於曲之中，必見其直；於直之中，必見其曲。不獨別其清濁曲直，又從清濁曲直中析其微眇。官本見作知，凌本同。於聲無小而不取，天啟本作於聲之中而不取，於形無小而不舉。不以著蔽微，不以衆揜寡，各應其事以致其報。黑白分明，然後民知所去就，民知所去就，然後可以致治，是爲象則。襄三十一年《傳》：其臣畏而愛之，則而象之，故能有其國家。天啟本注云：則，一作副。爲人君者居無爲之位，行不言之教，《道德經》：是以聖人處無爲之事，行不言之教。又見《淮南・主術訓》。寂而無聲，靜而無形，執一無端，爲國源泉。因國以爲身，因臣以爲心。以臣言爲聲，以臣事爲形。《韓非・主道篇》：有言者自爲名，有事者自爲形，形名參同，君乃無事焉。故曰：君無見其所欲，君見其所欲，臣自將雕琢。君無見其意，君見其意，臣自將表異。有聲必有響，有形必有影。凌云：《列子・黃帝書》曰：形動不生形而生影，聲動不生聲而生響。聲出於內，響報於外；形立於上，影應於下。天啟本應作報。響有清濁，影有曲直，響所報非一聲也，影所應非一形也。故爲君虛心靜處，聰聽其響，明視其影，以行賞罰之象。自處於虛靜，而以聰明察其臣。官本云：影，他本作形。盧云：以行，趙疑以為。其行賞罰也，響清則生清者榮，響濁則生濁者辱，影正則生正者進，影枉則生枉者者絀。寄影響於臣下，清濁正枉，又在任人當否。凌云：東漢劉愷議：濁其源而望流清，曲其形而欲影直，不可得也。擥手名考質，以參其實。官本云：他本擥作責。賞不空施，罰不虛出。人君之所以馭其臣者，賞罰而已。周太保等所以勉新陟王者無他，惟曰畢協賞罰。《説苑・政理篇》：夫誅賞者，所以別賢不肖，而列有功與無功也。故誅賞不可以謬。誅賞謬，則美惡亂矣。夫有功而不賞則善不勸，有過而不誅則惡不懼。善不勸，惡不懼，而能以行化乎天下者，未得聞也。《管子・立政篇》：國有德義未明於朝而處尊位者，則良臣不進；有功力未見於國而有重祿者，則勞臣不勸。又《七法篇》云：有功必賞，有罪必誅。《傅子》云：治國有二端：一曰賞，二曰罰。人所以畏天地者，以其能生而殺之也。為治審持二柄，能使生殺不妄，則威德與天地並矣。《韓非子》云：賞有功，罰有罪，而不失其當，乃能生功止過也。凌本施本行。是以羣臣分職而治，各敬而事，凌云：而猶及也。爭進其功，顯廣其名，而人君得載其中，此自然致力之術也。聖人由之，故功出於臣，名歸於君也。董論陰陽五行，亦多此旨。

（清）蘇輿《春秋繁露義證》卷八《度制》 孔子曰：不患貧而患不均。故有所積重，則有所空虛矣。大富則驕，大貧則憂。大，同泰。憂則爲盜，驕則爲暴，此衆人之情也。董子説武帝，言秦用商鞅之法，改帝王之制，除井田，民得賣買，富者田連阡陌，（朱子云：謂富者兼有千夫百夫之田。）貧者無立錐之地。漢興，循而未改。古井田法雖難猝行，宜少近古，限民名田，以贍不足，塞并兼之路，然後可善治也。哀帝時師丹亦言之。《王莽傳》：莽定受田制度曰：古者，設盧井八家，一夫一婦田百畝，什一而稅，則國給民富而頌聲作。秦爲無道，厚賦稅以自供奉，罷民力以極欲，壞聖制，廢井田，是以兼并起，貪鄙生，強者規田以千數，弱者曾無立錐之居。漢民減輕田租，三十而稅一，而豪民侵陵，分田劫假。厥名三十稅一，實什稅伍也。父子夫婦終年耕芸，所得不足以自存。故富者犬馬餘菽粟，驕而爲邪；貧者不厭糟糠，窮而爲奸。語意正與此同。荀悦論限田云：昔文帝十三年六月詔除人田租，且古者什一而稅以爲天下之中正。今漢人田或百一而稅，可謂鮮矣。然豪富强人占田逾多，其賦大半官收百一之賦，而人輸豪强大半之賦。官家之惠，優於三代；豪强之暴，酷於亡秦。是以惠不下通，而威福分於豪人也。今不正其本務除租稅，適足以資富强也。孝武皇帝時，董仲舒嘗直言限人占田。至哀帝時，乃限人占田不得過三十頃。雖有其制，卒難施行。然三十頃又不平矣。且夫井田之制，不宜於人衆之時，田廣人寡，苟爲可也。然欲廢之于寡，立之于衆，土田布列在豪强，卒而革之並有怨心，則生紛亂，制度難行。由是觀之，若高祖初定天下，光武中興之後，人衆稀少，立之易矣。既未悉備井田之制，宜以口數占田，爲之立限，人得耕種，不得賣買，以贍貧弱，以防兼并，且爲制度張本，不亦宜乎。（案禁民賣買之説，王莽曾行之，然不久而罷。）雖古今異制，損益隨時，然紀綱大畧，其致一也。輿案：井田既廢，均財之説，勢所難行，即限田亦不易，王莽及宋賈似道公田之制可鑒也。董子時去古未遠，以均貧富爲急，因欲復古田制，以抑奢淫，厚風俗，卒不能行。（魏禧以三年成《限田論》三篇，審其難行，卒燬其稿。）意唯有示儉示禮之説，足以貫古今而無弊耳。故此篇調均之法，專以禮言。聖者則於衆人之情，見亂之所從生。故其制人道而差上下也，使富者足以示貴而不至於驕，古者制井田采邑，以贍身家，制爵禄服用，以限等差。苟無其禄，不敢用其財。富者，謂曾貴而受禄之人，下云大人卽此。貧者足以養生而不至於憂。天啟本兩至字並作致。以此爲度而調均之，是以財不匱而上下相安，故易治也。《坊記》：子云：小人貧斯約，富斯驕；約斯盜，驕斯亂。禮者，因人之情而爲之節文，以爲民坊者也。故聖人之置富貴也，使民富不足以驕，貧不至於約，貴不慊於上，故亂益亡。《管子·八觀篇》：國侈則用費，用費則民貧，民貧則姦智生，姦智生則邪巧作。故奸邪之所生，生於匱不足，匱不足之所生，生於侈，侈之所生，生於無度。故曰：審度量，節衣食，儉財用，禁侈泰，爲國之急也。《白虎通·禮樂篇》：禮者盛不足，節有餘，使豊年不奢，凶年不儉，貧富不相懸也。今世棄其度制，而各從其欲。欲無所窮，而俗得自恣，其勢無極。《説苑·雜言篇》：孔子曰：中人之情，有餘則侈，不足則儉，無禁則淫，無度則失，縱欲則敗。飲食有量，衣服有節，宫室有度，畜聚有數，車器有限，以防亂之源也。故夫度量不可不明也，善欲不可不聽也。《漢書·王吉傳》：古者衣服車馬，貴賤有章，以褒有德而别尊卑。今上下僭差，人人自制，是以貪財誅利，不畏死亡。程明道《論十事箚子》有云：古者冠婚喪祭，車服器用，等差分别，莫敢踰僭。故財用易給，而民有恒心。今禮制未修，奢靡相尚。卿大夫之家，莫能中禮，而商販之類，或踰王公。禮制不足以檢飭人情，名數不足以旌别貴賤。既無定分，則詐奸攘奪，人人求厭其欲而後已，豈有止息者哉？此爭亂之道也。竝與此合。大人病不足於上，孟子曰：説大人則藐之。《墨子·貴義篇》：今農夫入其税於大人，大人為酒醴粢盛以祭上帝鬼神。又見《公孟篇》。《後漢·明帝紀》注引《韓詩》薛君《章句》云：今時大人内傾於色，賢人見其萌，故詠《關雎》。大人並謂貴者。而小民羸瘠於下，則富者愈貪利而不肯爲義，貧者日犯禁而不可得止，是世之所以難治也。《荀子·正論篇》：王公則病不足於上，庶人則凍餧羸瘠于下。於是焉桀紂羣居，而盜賊擊奪，以危其上矣。《鹽鐵論·錯幣篇》：禮義弛崩，風俗滅息。故自食禄之君子，違於義而競於財，大小相吞，激轉相傾。此所以或儲百年之餘，或無以充虚蔽形也。

孔子曰：君子不盡則利以遺民。以餘利遺民。《詩》云彼有遺秉，此有不斂穧，伊寡婦之利。盧云：此錯引，不依《詩》之本文。輿案：此與《坊記》同。《鹽鐵論·錯幣篇》：古之仕者不穡，田者不漁，抱關擊柝，皆有常秩，不得兼利盡物。如此則愚智同功，不相傾也。《詩》云：彼有遺秉，此有滯穗，伊寡婦之利。言不盡物也。《鹽鐵論》引《詩》，與今《毛傳》同，知《坊記》錯引，不關今古文。故君子仕則不稼，田則不漁，食時不力珍，《坊記》鄭注：食時，謂食四時之膳也。力，猶務也。天子諸侯有秩膳。大夫不坐羊，士不坐犬。鄭云：古者殺牲，食其肉，坐其皮。不坐犬羊，是不無故殺之。《詩》曰：采葑采菲，無以下體。德音莫違，及爾同死。本書《竹林篇》引此詩，以爲取其一美，與《詩》意合。此用《坊記》文，蓋借取爲不盡利之證，所謂《詩》無達詁也。鄭注《禮記》云：采葑菲之菜者，采其葉而可食，無以其根美則并取之，苦則棄之。并取之是盡利也。又云此詩故親今疏者，言人之交當如采葑采菲，取一善而已云云，是亦不以此爲《詩》本義。以此防民，防，當爲坊。民猶忘義而争利，以亡其身。以上引《坊記》文。天不重與，有角不得有上齒。故已有大者，不得有小者，天數也。《大戴禮·易本命》：四足者無羽翼，戴角者无上齒。《吕覽·博志篇》：有角者無上齒。《淮南·墜形訓》：四足者無羽翼，戴角者無上齒。無角者膏而無前，有角者趾而無後。《對册》云：夫天亦有所分予，予之（當爲上。）齒者去其角，傅其翼者兩其足。是所受大者不得取小也。夫已有大者兼小者，天不能足之，況人乎？官本云：足，他本作是。故明聖者象天所爲，爲制度，使諸有大奉禄亦皆不得兼小利，與民爭利業，乃天理也。《對册》云：古之所予禄者，不食於力，不動於末，是亦受大者不得取小，與天同意者也。夫已受大，又取小，天不能足，況人乎？此民之所以囂囂苦不足也。身寵而載高位，家温而食厚禄，因乘富貴之資力，以與民争利於下，民安能如之哉？是故衆其奴婢，多其牛羊，廣其田宅，博其産業，蓄其積委，務此而亡已，以迫蹵民，民日削月朘，寖以大窮。富者奢侈羨溢，貧者窮極愁苦。窮極愁苦而上不救，則民不樂生，民不樂生，尚不避死，安能避罪？此刑罰之所以蕃而姦邪不可勝者也。故受禄之家，食禄而已，不與民争業，然后利可均布，而民可家足。此上天之理，而亦太古之道，天子之所宜法以爲制，大夫之所當循以爲行也。故公儀子相魯，之其家見織帛，怒而出其妻，食於舍而茹葵，愠而拔其葵，曰：吾已食禄，又奪園夫、紅女利虖？古之賢人君子在列位者皆如是，是故下高其行而從其教，民化其廉而不貪鄙。及至周室之衰，其卿大夫緩於誼而急於利，亡推讓之風，而有争田之訟。故詩人疾而刺之曰：節彼南山，惟石巖巖。赫赫師尹，民具爾瞻。爾好誼，則民鄉仁而俗善；爾好利，則民好邪而俗敗。由是觀之，天子大夫者，下民之所視效，遠方之所四面而内望也。近者視而放之，遠者望而效之，豈可以居賢人之位而爲庶人行哉？夫皇皇求財利常恐乏匱者，庶人之意也；皇皇求仁義常恐不能化民者，大夫之意也。《易》曰：負且乘，致寇至。乘車者君子之位也，負擔者小人之事也，此言居君子之位而爲庶人之行者，其患禍必至也。若民君子之位，當君子之行，則舍公儀休之相魯，亡可爲者矣。《晉書·食貨志》：朱暉議云：王制，天子不言有無，諸侯不言多少，食禄者不得與百姓争利。《江統傳》云：樊遲匹夫，請學爲圃，仲尼不答。魯大夫臧文仲使妾織蒲，又譏其不仁。公儀子相魯，則拔其園葵，言食禄者不與貧賤之人争利也。秦漢以來風俗轉薄，公侯之尊，莫不殖園輔之田，而收市井之利，漸冉相放，莫以爲恥，乘以古道，誠可媿也。

凡百亂之源，天啟本不提行。皆出嫌疑纖微，以漸寖稍長至於大。聖人章其疑者，別其微者，絶其纖者，不得嫌不使有幾微之嫌。以蚤防之。聖人之道，衆隄防之類也。《禮・經解》：夫禮禁亂之所由生，猶坊止水之所自來。《對册》云：萬民之從利也，如水之走下，不以教化隄防之，不能止也。是故教化立而姦邪皆止者，其隄防完也。教化廢而姦邪並出，刑罰不能勝者，其隄防壞也。謂之度制，謂之禮節。謂與爲同。故貴賤有等，衣服有制，凌本制作別。朝廷有位，鄉黨有序，則民有所讓而不敢爭，所以一之也。聖人不禁民之爭，而教之以讓，則民俗自美。盧云：舊本而下有名字，衍。《書》曰：轝服有庸，誰敢弗讓，敢不敬應。此之謂也。《尚書》古文作車服以庸，弗，作不。《後漢・左雄傳》、《鹽鐵論・通有篇》、漢《樊安碑》並作輿服，與此同，《潛夫論・考績篇》仍作車，知今文兩作也。此借推賢讓能之義，證民之有禮讓。

凡衣裳之生也，爲蓋形煖身也。然而染五采，飾文章者，非以爲益肌膚血氣之情也，《墨子・七患篇》：故聖人爲衣服，適身體，和肌膚而足矣，非榮耳目而觀愚民也。《吕覽・孟春紀》：其爲輿馬衣裘也，足以逸身煖骸而已矣。《淮南・齊俗訓》：明王制禮義而爲衣，分節行而爲帶。衣足以覆形，從典墳，虚循撓，便身體，適行步，不務于奇麗之容，隅眥之削。帶足以結紐收衽，束牢連固，不亟于爲文句疏短之鞻。《黄氏日鈔》引末句作非以爲有益於肌膚血氣也。將以貴貴尊賢，而明別上下之倫，使教亟行，使化易成，爲治爲之也。爲治民而設。《晏子春秋・諫下篇》：三代作服，爲益敬也。《管子・法法篇》：先王制軒冕，足以著貴賤，不求其美；設爵禄，所以守其服，不求其觀也。《荀子・富國篇》：古者先王分割而等異之也，故使或美或惡，或厚或薄，或佚或樂，或劬或勞，非特以爲淫泰夸麗之聲，將以明仁之文，通仁之順也。故為之雕琢刻鏤，黼黻文章，使足以辨貴賤而已，不求其觀。爲之鍾鼓管磬，琴瑟竽笙，使足以辨吉凶，合歡定和而已，不求其餘。爲之宮室臺榭，使足以避燥溼，養德辨輕重而已，不求其外。《詩》曰：雕琢其章，金玉其相。亹亹我王，綱紀四方。此之謂也。《賈子・服疑篇》：制服之道，取至適至和以予民，至美至神進之帝。奇服文章，以等上下而差貴賤。《白虎通・衣裳篇》：聖人所以制衣服何？以絺綌蔽形，表德勸善別尊卑也。若去其度制，使人人從其欲，快其意，以逐無窮，是大亂人倫，而靡斯財用也，《賈生・道術篇》費弗過適謂節，反節爲靡。失文采所遂生之意矣。遂，猶由也。上下之倫不別，其勢不能相治，故苦亂也。嗜欲之物無限，其勢不能相足，故苦貧也。今欲以亂為治，以貧爲富，非反之制度不可。知要之論。均田不易行，制度則可行也。《後漢書・和帝紀》：永元十一年詔曰：吏民踰僭，厚死傷生，是以舊令節之制度。《安帝紀》：元初五年詔曰：舊令制度，各有科品，欲令百姓務崇節約。我朝康熙中左都御史陳廷敬疏言：官員士庶，冠服衣裘，飾用之制，婚喪之禮，有宜更定者，斟酌損益，務合於中。其淺近易行，如貂猞猁猻，昔有官品之分，今則庶人服之矣。如緞綢，昔有官民之別，今則雜然無辨矣。並宜釐正，使永遠遵行。正合制度之意。古者天子衣文，諸侯不以燕，孫星衍云：諸侯亦有文，但爲祭服，不用之燕居耳。可證《禮器》之諸侯大夫士黼黻玄衣爲讓尊者降等之差，其祭服各自有山龍矣。大夫衣褖，盧云：衣褖，舊本訛作禄，今改正。輿案：《説文》無褖字，字當作緣。《説文》：衣，純也。凌本作緣，云：疑作織。《詩》箋：大夫以上衣織。士不以燕，天啟本士作亦。庶人衣縵，説文：縵，繒無文，從糸，曼聲。《漢律》曰：賜衣者縵表白裏。案：引申之，凡無文者皆謂之縵。此其大畧也。

（清）蘇輿《春秋繁露義證》卷一四《郊語》

今郊事天之義，此聖人故。盧云：此下脱文。錢云：《郊祭篇》中故古之聖王文章之最重者也起當接此處。輿案：天啟本下有云云二字，注今依凌本從錢説移正。故古之聖王，當衍此五字，與上接。文章之最重者也，前世王莫不從重，栗精奉之，以事上天。至於秦而獨闕然廢之，天啟本闕作曠。官本云：闕，他本作瞻。一何不率由舊章之大甚也！凌云：《文獻通考》：秦始皇既并天下，三年一郊。按：自秦始皇有三歲一郊之制，漢文在位，始親郊雍畤及渭陽五帝各一而已。景帝不親郊，武帝元光後常三歲一郊。昭帝不親郊。宣帝神爵以前十三年不親郊，以後間歲一郊。元成如之。蓋西京郊祀，若雍五畤，若甘泉太乙，皆出於方士祈福之説，而非有古人報本之意。故三代之禮制，至秦漢蕩然。禮之大者，莫重於郊。漢承秦弊，廢郊禮。董生之論，其警漢深矣。凌本何下有其字。天者，百神之大君也。事天不備，雖百神猶無益也。漢武以求仙之故，用方士言，有泰一及三一、冥羊、馬行、赤星諸祀。成帝世始議罷之。王莽祀諸神，至千七百所，所謂百神無蓋者邪？何以言其然也？祭而地神者，《春秋》譏之。盧云：祭而地神者，文有訛脱。此指不郊猶三望之類。凌云：僖三十一年《傳》：何以書？譏，不郊而望祭也。俞云：當作不祭天神而祭地神者，《春秋》譏之。蓋卽譏不郊而望之類。地，天啟本原注云：疑是他字。孔子曰：獲罪於天，無所禱也。是其法也。故未見秦國致天福如周國也。凌本天作大。《詩》云：唯此文王，小心翼翼，昭事上帝，允懷多福。凌本云作曰。多福者，非謂人也，事功也，上也字疑作之。凌本人字下有事字。謂天之所福也。《傳》曰：周國子多賢，蕃殖至於駢孕男者四，四産而得八男，皆君子俊雄也。王應麟云：《論語》周有八士，包氏注云：四乳生八子。其説本《繁露》。《周書·武寤解》：（當作和寤解。）尹氏八士，注云：武王賢臣。《晉語》文王詢八虞，賈逵云：周八士皆在虞官。以董興周之言考之，當在文武時。（《困學紀聞》七。）凌云：《論語》疏：鄭玄以爲成王時，劉向馬融皆以爲宣王時。《白虎通》云：質家積於仲，文家積於叔。《論語》曰：周有八士。不積於叔何？蓋以兩兩俱生故也。不積于伯、季，明其無二也。此天之所以興周國也，非周國之所能爲也。《漢書·郊祀志》：劉向云：《詩》曰：率由舊章。舊章，先王法度，文王以之交神于祀，子孫千億。天啟本此上有今字。今秦與周俱得爲天子，而所以事天者異於周。以郊為百神始，始入歲首，必以正月上辛日先享天，乃敢於地，先貴之義也。於，疑當作爲。董不取天地合祭之説，其旨尊陽而抑陰，故先天而後地。夫歲先之與歲弗行也，相去遠矣。天下福若無可怪者，福，字疑誤。然所以久弗行者，非灼灼見其當而故弗行也，天啟本者作也。典禮之官常嫌疑，莫能昭昭明其當也。今切以爲其當與不當，可內反於心而定也。切，疑作竊。堯謂舜曰：天之歷數在爾躬。言察身以知天也。今身有子，孰不欲其有子禮也。聖人正名，名不虛生。天子者，則天之子也。以身度天，獨何爲不欲其子之有子禮也。也、耶同。今為其天子，而闕然無祭於天，天何必善之？

【略】

所聞曰：天下和平，則災害不生，今生害生，見天下未和平也。天下所未和平者，天子之教化不行也。《詩》曰：有覺德行，四國順之。覺者著也，此以聲近爲訓。王者有明著之德行於世，則四方莫不響應，風化善於彼矣。故曰：悦于慶賞，官本于作有，云：疑作于。嚴于刑罰，疾于法令。

（清）劉寶楠《論語正義·公冶長》 夫子之言性與天道，不可得而聞也。正義曰：性爲人之所受以生，卽鄭君人受血氣以生之義。天道，元亨日新之道者，元，始也。亨，通也，《易·彖傳》：大哉乾元，萬物資始。此元爲始也。通則運行不窮，故日月往來以成晝夜，寒暑往來以成四時也。乾有四德，元亨利貞。此不言利貞者，略也。天道不已，故有日新之象。《禮記·哀公問篇》云：敢問君子何貴乎天道也？孔子對曰：貴其不已，如日月東西相從而不已也，是天道也。不閉其久，是天道也。《中庸》言天道爲至誠無息，引《詩》維天之命，於穆不已，蓋曰天之所以爲天也。此《詩》所言天命，據鄭《箋》即天道也。聖人法天，故《易》言君子終日乾乾，夕惕若。夫子贊《易》曰：天行健，君子以自彊不息。又曰：剛健篤實輝光，日新其德。皆不已之學也，皆法乎天也。性與天道，其理精微，中人以下，不可語上，故不可得聞。其後子思作《中庸》，以性爲天命，以天道爲至誠。孟子私淑諸人，謂人性皆善，謂盡心則能知性，知性則能知天，皆夫子性與天道之言，得聞所未聞者也。

《論語注疏·陽貨》 子曰：性相近也，習相遠也。孔曰：君子慎所習。子曰：唯上知與下愚不移。孔曰：上知不可使爲惡，下愚不可使強賢。疏：子曰：性相近也，習相遠也。子曰：唯上知與下愚不移。正義曰：此章言君子當慎其所習也。性，謂人所稟受，以生而靜者也，未為外物所感，則人皆相似，是近也。既為外物所感，則習以性成。若習於善則爲君子，若習於惡則爲小人，是相遠也，故君子慎所習。然此乃是中人耳，其性可上可下，故遇善則升，逢惡則墜也。孔子又嘗曰：唯上知聖人不可移之使爲惡，下愚之人不可移之使強賢，此則非如中人，性習相近遠也。

（清）劉寶楠《論語正義·陽貨》 子曰：性相近也，習相遠也。正義曰：戴氏震《孟子字義疏證》：性者，分於陰陽五行，以爲血氣、心知、品物，區以別焉。舉凡既生以後，所有之事，所具之能，所全之德，咸以是爲其本，故《易》曰成之者性也。氣化生人、生物以後，各以類滋生久矣。然類之區別，千古如是也，循其故而已矣。在氣化曰陰陽，曰五行，而陰陽五行之成化也，雜糅萬變，是以及其流形，不特品物不同，雖一類之中又復不同。凡分形氣於父母，卽爲分於陰陽五行，人物以類滋生，皆氣化之自然。《中庸》曰：天命之謂性。以生而限於天，故曰天命。《大戴禮記》曰：分於道之謂命，形於一之謂性。分於道者，分於陰陽五行也。一言乎分，則其限之於始，有偏全、厚薄、清濁、昏明之不齊，各隨所分而形於一，各成其性也。然性雖不同，大致以類為之區別，故《論語》曰性相近也，此就人與人近言之也。《孟子》曰：凡同類者舉相似也，何獨至於人而疑之？聖人與我同類者。言同類之相似，則異類之不相似明矣。故語告子生之謂性曰：然則犬之性猶牛之性，牛之性猶人之性與？明乎其不可混同言之也。又曰：問：孟子之時，因告子諸人紛紛各立異説，故直以性善斷之。孔子但言善相近，意在於警人慎習，非因論性而發，故不必直斷以善與！曰：然。古今常語，凡指斥下愚者，失口言之，每曰此無人性；稍舉其善端，則曰此猶有人性。以人性爲善稱，無人性卽所謂人見其禽獸也。有人性卽相近也，善也。《論語》言性相近，正見人無有不善。若不善，與善相反，其遠已縣絶，何近之有？分別性與習，然後有不善，而不可以不善歸性。凡得養失養及陷溺梏亡，咸屬於習也。李氏光地《論語劄記》：案夫子此言，惟孟子能暢其説。其曰性善，卽相近之説也。其曰或相倍蓰而無算，其所以陷溺其心者然也，則習相遠之説也。先儒謂孔子所言者，氣質之性，非言性之本；孟子所言，乃極本窮源之性。愚謂惟其相近，是以謂之善，惟其善，是以相近，似未可言孔、孟之指殊也。蓋孔、孟所言者，皆人性耳。若以天地之理言，則乾道變化，各正性命，禽獸草木，無非是者。然禽獸之性，則不可言與人相近，相近者，必其善者也。故《孝經》曰：天地之性人爲貴。是孔子之説無異於孟子也。禽獸之性，不可以言善。所謂善者，以其同類而相近也，故曰人皆可以爲堯、舜。是孟子之説又無異於孔子也。焦氏循性善解：性無他，食色而已。飲食男女，人與物同之。當其先民知有母，不知有父，則男女無别也。茹毛飲血，不知火化，則飲食無節也。有聖人出，示之以嫁娶之禮，而民知有人倫矣。示之所以耕耨之法，而民知自食其力矣。以此示禽獸，禽獸不知也。禽獸不知，則禽獸之性不能善。人知之，則人之性善矣。以飲食男女言性，而人性善不待煩言自解也。禽獸之性不能善。亦不能惡，人之性可引爲善，亦可引爲惡。惟其可引，故性善也。牛之性可以敵虎，而不可使之力咥人，所知所能不可移也。惟人能移，則可以爲善矣。是故惟習相遠，乃知其性相近，若禽獸則習不能相遠也。案：諸説皆精審，足以發明孔、孟言性之旨。其他家言性，若荀子性惡之説，皆多影響，故俱畧之。《漢書·宣元六王傳》：詔曰：夫人之性，皆有五常，及其少長，耳目牽於耆欲，故五常消而邪心作，情亂其性，利勝其義。由是言之，性不外乎耆欲，習即生於耆欲。善者能制其耆欲，而習而爲善；不善者不能制其耆欲，而習而爲不善。善惡殊途，所以云相遠也。

（清）焦循《孟子正義·離婁章句下》 孟子曰：人之所以異於禽獸者幾希，庶民去之，君子存之。注：幾希，無幾也。知義與不知義之間耳。衆民去義，君子存義也。疏：注幾希無幾也。正義曰：《告子篇》其好惡與人相近也者幾希，注云：幾，豈也。豈希，言不遠也。《盡心篇》其所以異於深山之野人者幾希，注云：希，遠也。當此之時，舜與野人相去豈遠。此兩注互相訓詁。幾通作蟣，蟣與豈通。《爾雅·釋詁》云：蟣，汔也。郭璞注云：謂相摩近。《方言》云：希，摩也。《廣雅》希、剴皆訓磨，磨、摩皆通靡。幾者動之微，微、靡義同無。幾、希二字疊韻，幾訓近，希訓少，無幾即甚近甚少之謂。以希爲遠，則幾爲豈，以幾爲近，則以希爲少，二義可互明。又其妻妾不羞也而不相泣者幾希矣，注云：言今苟求富貴，妻妾雖不羞泣者，與此良人妻妾何異也。何異猶曰幾何，亦豈遠之意。注知義與不知義之間耳。正義曰：飲食男女，人有此性，禽獸亦有此性，未嘗異也。乃人之性善，禽獸之性不善者，人能知義，禽獸不能知義也。因此心之所知而存之，則異於禽獸。心雖能知之，而舍而去之，則同於禽獸矣。庶民不能自存，必賴君子教而存之。此孟子道性善之本旨，而趙氏能明之，趙氏不愧通儒也。舜明於庶物，察於人倫，由仁義行，非行仁義也。注：倫，序。察，識也，舜明庶物之情，識人事之序，仁義生於内，由其中而行，非彊力行仁義也。故道性善，言必稱堯舜。疏：注倫序至堯舜。正義曰：《説文》人部云：倫，輩也。一曰道也，等輩則有類次，故趙氏以序釋倫。《儀禮·既夕記》云倫如朝服、《禮記·中庸》云毛猶有倫，注並云：倫，比也。顔師古《匡謬正俗》云：序，比也。倫、比、序，義亦同也。一曰道，則人倫即是人道。《論語·微子篇》云而亂大倫，集解引包曰：倫，道理也。則人倫又即人理。《楚辭·懷沙》云孰察其撥正王逸注、《吕氏春秋·功名篇》云不可不察高誘注，皆云：察，知也，知即識也。庶物即禽獸也。明於庶物，知禽獸之性情，不可教之使知仁義也。同此飲食男女，人有知則有倫理次序，察於人倫，知人可教之使知仁義也。舜，君子也。庶民不能明於庶物，察於人倫，故去之。舜能明於庶物，察於人倫，故存之。性本知有仁義，因而存之，是由本知之仁義行也。若禽獸性本不知有仁義，而彊之行仁行義，則教固必不能行，威亦必不能制，故庶民不知仁義者，君子教之使知，則庶民亦能知仁義，庶民知仁義而行之，亦是由仁義行，非彊之以所本不能知，而使之行仁義也。此庶民所以異於庶物也。明庶物，察人倫，始於伏羲氏，其時民全不知有人倫之序，同於禽獸，直可謂之味，不可謂之去。人道既定，庶民雖愚，皆知有人倫矣，故其不仁義也，非昧也，是去之也。舜明之察之，通變神化，使之由仁義行，由即民可使由之之由。是時民皆知有仁義，而莫不曰行仁，莫不曰行義，以仁濟其不仁，以義濟其不義，蓋行仁義，正所以去仁義也。由仁義行，則百姓日用而不知，乃正所以存仁義也。此孟子所以不稱伏羲氏而稱堯舜也。《章指》言：人與禽獸，俱含天氣，就利避害，其間不希。衆人皆然，君子則否，聖人超絶，識仁義之生於己也。疏：人與至不希。正義曰：《白虎通·禮樂篇》云：人無不含天地之氣，有五常之性者。《漢書·匈奴傳》孝文後二年遺匈奴書云：下及魚鼈，上及飛鳥，跂行喙息，蠉動之類，莫不就安利避危殆。

（清）焦循《孟子正義·盡心章句下》 孟子曰：口之於味也，目之於色也，耳之於聲也，鼻之於臭也，四肢之於安佚也，性也。有命焉，君子不謂性也。注：口之甘美味，目之好美色，耳之樂音聲，鼻之喜芬香，臭，香也。《易》曰其臭如蘭。四體謂之四肢，四肢解倦，則思安佚不勞苦，此皆人性之所欲也。得居此樂者，有命祿，人不能皆如其願也。凡人則觸情從欲，而求可樂；君子之道，則以仁義爲先，禮節爲制，不以性欲而苟求之也，故君子不謂性也。疏：注臭香至如蘭。正義曰：《禮記·月令》：春月其味酸，其臭羶。夏月其味苦，其臭焦。中央其味甘，其臭香。秋月其味辛，其臭腥。冬月其味鹹，其臭朽。孔氏正義云：通於鼻者謂之臭，在口者謂之味，臭則氣也。味有五，臭亦有五，《孟子》於口目耳鼻渾言味色聲臭，而於四體言安佚以互見之。則味必嗜甘，色必好美，聲必喜音，臭非謂臭，專屬諸香也。引《易》者，《繫辭上·傳》文也。其臭如蘭，則臭有不如蘭者矣。虞翻注《易》

云：臭，氣也。不專以爲香也。《荀子·王霸篇》云：夫人之情，目欲綦色，耳欲綦聲，口欲綦味，鼻欲綦臭，心欲綦佚。此與《孟子》義同。楊倞注云：臭，氣也。凡氣香亦謂之臭。《禮記》曰：佩容臭。綦，極也。佚，安樂也。此注先訓氣，後言香，爲得其意矣。又《正名篇》云：香臭、芬鬱、腥臊、洒酸、奇臭以鼻異。注云：芬，花草之香氣也。鬱，腐臭也。《禮記》：鳥皫色而沙鳴鬱。酸，暑湿之酸氣也。奇臭，衆臭之異者。氣之應鼻者爲臭，故香亦謂之臭。《禮記》曰：皆佩容臭。此獨冠以香臭者，明其下皆臭也。《禮記·内則》皆佩容臭，注云：容臭，香物也。庚氏云：以臭物可以脩飾形容，故謂之容臭。此亦以臭不專於芬香，惟芬香可飾形容，故别之云容也。《周禮·天官·宫人》：除其不蠲，去其恶臭。《禮記·大學篇》云：如惡惡臭，如好好色。臭之惡者爲惡臭，猶臭之香者爲香臭。僖公四年《左傳》云：一薰一蕕，十年尚猶有臭。注云：薰，香草。蕕，臭草。十年有臭，言善易消，惡難除。孔氏正義云：臭是氣之總名，原非善惡之稱，但既謂善氣爲香，故專以惡氣爲臭。十年香氣盡矣，惡氣尚存。此臭字乃朽字之假借。《月令》：其臭朽。《説文》歺部朽爲㱙之重文，㱙，腐也。《列子·周穆王篇》云：聞歌以爲哭，視白以爲黑，饗香以爲朽，嘗甘以爲苦。朽與香對，則薰香蕕臭者，乃薰香蕕朽也。《廣雅·釋器》云：㱙，臭也。謂臭爲㱙之假借，㱙爲臭之正也。惡臭作㱙，腐穢之氣也。鼻所齅之總名作臭，非臭之名或專於香，或專於惡也。**仁之於父子也，義之於君臣也，禮之於賓主也，知之於賢者也，聖人之於天道也，命也。有性焉，君子不謂命也。**注：仁者得以恩愛施於父子，義者得以義理施於君臣，好禮者得以禮敬施於賓主，知者得以明知知賢達善，聖人得以天道王於天下，皆命禄，遭遇乃得居而行之，不遇者不得施行。然亦才性有之，故可用也。凡人則歸之命禄，任天而已，不復治性；以君子之道，則脩仁行義，脩禮學知，庶幾聖人亹亹不倦，不但坐而聽命，故曰君子不謂命也。疏：仁之至命也。正義曰：戴氏震《孟子字義疏證》云：人之血氣心知，原於天地之化育者也。有血氣，則所資以養其血氣者，聲色臭味是也。有心知，則知有父子，有昆弟，有夫婦，而不止於一家之親也，於是又知有君臣，有朋友，五者之倫，相親相治，則隨感而應爲喜怒哀樂。合聲色臭味之欲，喜怒哀樂之情，而人道備。欲根於血氣，故曰性也，而有所限而不可踰，則命之謂也。仁義禮智之懿不能盡人如一者，限於生初，所謂命也，而皆可以擴而充之，則人之性也。謂者，猶云藉口於性耳。君子不藉口於性以逞其欲，不藉口於命之限之而不盡其材。後儒未詳審文義，失孟子立言之指。不謂性非不謂之性，不謂命非不謂之命。由此言之，孟子之所謂性，即口之於味，目之於色，耳之於聲，鼻之於臭，四體之於安佚之爲性；所謂人無有不善，即能知其限而不踰之爲善，即血氣心知能底於無失之爲善，所謂仁義禮智，即以名其血氣心知，所謂原於天地之化者之能協於天地之德也。此荀楊之所未達，而老、莊、告子、釋氏昧焉而妄爲穿鑿者也。程氏瑶田《通藝録·論學小記》云：性命二字，必合言之而治性之學始備。五官百骸，五常百行，無物無則，性命相通，合一於則，性乃治矣。孟子曰：口之於味也，目之於色也，耳之於聲也，鼻之於臭也，四肢之於安佚也，性也。有命焉，君子不謂性也。謂我之口而嗜乎味，我之目而美乎色，我之耳而悦乎聲，我之鼻而知乎臭，我之四肢而樂乎安佚，其必欲遂者，與生俱生之性也。其不能必遂者，命之限於天者也。五者，吾體之小者也。遂己所成之性恒易，而順天所限之命恒難。性易遂，則必過乎其則；命難順，則不能使不過乎其則。治性之道，以不過乎則爲斷，節之以命，而不畏其難，順斯不過乎其則矣。仁之於父子也，義之於君臣也，禮之於賓主也，智之於賢者也，聖人之於天道也，命也。有性焉，君子不謂命也。謂以吾心之仁而施於父子，以吾心之義而施於君臣，以吾心之禮而施於賓主，以吾心之智而施於賢者，以吾心所具聖人之德與天道相貫通，其必欲遂者，與生俱生之性也。其不能必遂者，命之限於天者也。五者，吾體之大者也。遂己所成之性恒難，而順天所限之命恒易。性難遂，則必不及乎則；命易順，則任其不及乎則。治性之道，以必及乎則爲斷，勉之以性，而不畏其難遂，斯必及乎其則矣。阮氏元《校勘記》云：知之於賢者也，閩、監、毛三本知作智。按《音義》出知之，云：音智，注同。則作智非也。有性焉，各本同。孔本焉作也。注聖人至命也。正義曰：天道，即元亨利貞之天道。乾道變化，各正性命，保合太和，此天道也。通神明之德，使天下各遂其口鼻耳目之欲，各安其仁義禮知之常，此聖人之於天道也。乃伏羲神農黄帝堯舜禹湯文武得位而天道行，所謂道之將行也與命也。孔子不得位而天道不行，所謂道之將廢也與命也。趙氏謂遭遇乃得行之，不遇者不得施行是也。道行則民遂其生，育其德；道不行則民不遂其生，不育其德。故口鼻耳目之欲不遂，屬之命；而仁義禮智之德不育，亦屬之命。然顓愚之民，不能自通其神明之德，又不遇勞來匡直者有以輔翼之，固限於命矣。若君子處此，其口鼻耳目之欲，則任之於命而不事外求；其仁義禮智之德，則率乎吾性之所有而自脩之，不委諸教化之無人，而甘同於顓愚之民，所謂雖無文王猶興也。且由是推之，父頑母嚚，命也。而舜則大孝烝烝，瞽瞍底豫，此仁之於父子，君子不謂命也。罪人斯得，命也，而周公則勤勞王家，冲人感悟，此義之於君臣，君子不謂命也。道大莫容，命也。而孔子則栖栖皇皇，不肯同沮、溺之辟世，荷蓧之潔身，而明道於萬世，此聖人於天道，君子不謂命也。《大戴記·千乘篇》云：以爲無命，則民不偷。以爲無命，即是不謂命。《章指》言：尊德樂道，不任佚性；治性勤禮，不專委命。君子所能，小人所病，究言其事，以勸戒也。疏：不任佚性。正義曰：阮氏元《校勘記》云：孔本、韓本、《考文》古本任作追。治性行禮。正義曰：周氏廣業《孟子章指考證》云：《文選》注引作治身勤禮。

（清）王夫之《讀四書大全説》卷一《大學·聖經》

緣德上著一明

字，所以朱字直指爲心。但此所謂心，包含極大，託體最先，與正心心字固別。性是二氣五行妙合凝結以生底物事，此則合得停勻，結得清爽，終留不失，使人别於物之蒙昧者也。德者有得之謂，人得之以爲人也。繇有此明德，故知有其可致而致之，意有其不可欺而必誠焉，心有所取正以爲正，而其所著，發於四肢，見於事業者，則身修以應家國天下矣。明德唯人有之，則已專屬之人。屬之人，則不可復名爲性。性者，天人授受之總名也。故朱子直以爲心。而以其所自得者則亦性也，故又舉張子統性情之言以明之。乃既以應萬事，則兼乎情，上統性而不純乎性矣。性自不可拘蔽。儘人拘蔽他，終奈他不何，有時還迸露出來。如乍见孺子入井等。即不迸露，其理不失。既不可拘蔽，則亦不可加以明之之功。心便扣定在一人身上，受拘之故。又會敷施翕受，受蔽之故。所以氣稟得以拘之，物欲得以蔽之，而格、致、誠、正亦可施功以復其明矣。

又： 夫此心之原，固統乎性而爲性之所凝，乃此心所取正之則；而此心既立，則一觸即知，效用無窮，百爲千意而不遠其所持。故《大學》之道，必於此授之以正，既防閑之使不向於邪，又輔相之使必於正，而無或倚靡無託於無正無不正之交。當其發爲意而恆爲之主，則以其正者爲誠之則。《中庸》所謂無惡於志。當其意之未發，則不必有不誠之好惡用吾慎焉，亦不必有可好可惡之現前驗吾從焉；而恆存恆持，使好善惡惡之理，隱然立不可犯之壁壘，帥吾氣以待物之方來，則不睹不聞之中，而修齊治平之理皆具足矣。此則身意之交，心之本體也；此則脩誠之際，正之實功也。故曰心者身之所主，主乎視聽言動者也，則唯志而已矣。

（清）王夫之《讀四書大全説》卷一《大學·傳第一章》 當有生之初，天以是命之爲性；有生以後，時時處處，天命赫然以臨於人，亦只是此。蓋天無心成化，只是恁地去施其命令，總不知道。人之初生而壯、而老、而死，只妙合處遇可受者便成其化。在天既無或命或不命之時，則在人固非初生受命而後無所受也。

《史記》卷二四《樂書》 是故君子反情以和其志，比類以成其行。姦聲亂色不留聰明，淫樂廢禮不接於心術，惰慢邪辟之氣不設於身體，使耳目鼻口心知百體皆由順正，以行其義。然後發以聲音，文以琴瑟，動以干戚，飾以羽旄，從以簫管，奮至德之光，動四氣之和，以著萬物之理。是故清明象天，廣大象地，終始象四時，周旋象風雨；五色成文而不亂，八風從律而不姦，百度得數而有常；小大相成，終始相生，倡和清濁，代相爲經。故樂行而倫清，耳目聰明，血氣和平，移風易俗，天下皆寧。故曰樂者樂也。君子樂得其道，小人樂得其欲。以道制欲，則樂而不亂；以欲忘道，則惑而不樂。是故君子反情以和其志，廣樂以成其教，樂行而民鄉方，可以觀德矣。

《漢書》卷二二《禮樂志》 夫民有血氣心知之性，而無哀樂喜怒之常，應感而動，然後心術形焉。是以纖微癄瘁（一作衰）之音作，而民思憂；闡諧嫚易之音作，而民康樂；麤厲猛奮之音作，而民剛毅；廉直正誠之音作，而民肅敬；寬裕和順之音作，而民慈愛；流辟邪散之音作，而民淫亂。先王恥其亂也，故制雅頌之聲，本之情性，稽之度數，制之禮儀，合生氣之和，導五常之行，使之陽而不散，陰而不集，剛氣不怒，柔氣不懾，四暢交於中，而發作於外，皆安其位人相奪（也），足以感動人之善心（而）〔也〕，不使邪氣得接焉，是先王立樂之方也。

《漢書》卷二三《刑法志》 夫人宵天地之貌，懷五常之性，聰明精粹，有生之最靈者也。爪牙不足以供耆欲，趨走不足以避利害，無毛羽以禦寒暑，必將役物以爲養，任智而不恃力，此其所以爲貴也。故不仁愛則不能羣，不能羣則不勝物，不勝物則養不足。羣而不足，爭心將作，上聖卓然先行敬讓博愛之德者，衆心説而從之。從之成羣，是爲君矣；歸而往之，是爲王矣。《洪範》曰：天子作民父母，爲天下王。聖人取類以正名，而謂君爲父母，明仁愛德讓，王道之本也。愛待敬而不敗，德須威而久立，故制禮以崇敬，作刑以明威也。聖人既躬明悊之性，必通天地之心，制禮作教，立法設刑，動緣民情，而則天象地。故曰先王立禮，則天之明，因地之性也。刑罰威獄，以類天之震曜殺戮也；温慈惠和，以效天之生殖長育也。《書》云天秩有禮，天討有罪。故聖人因天秩而制五禮，因天討而作五刑。大刑用甲兵，其次用斧鉞；中刑用刀鋸，其次用鑽鑿；薄刑用鞭扑。大者陳諸原野，小者致之市朝，其所繇來者上矣。

（宋）李燾《續資治通鑑長編》卷三六一《宋神宗元豐八年》 監察御史王巖叟嘗言：臣竊以保甲之法，行之累年，朝廷固已知人情之所共苦，而前日下詔蠲疾病，汰小弱，釋第五等之田不及二十畝者，省一月之六教而爲三日之併教，甚大惠也。據王巖叟朝論云，奏乞罷監教保甲狀并劄子，十月十一日上，今附十一月十六日。保甲躝疾病、汰小弱、釋第五等田不及二十畝者，四月二十二日乙酉指揮。併教三日，據司馬光七月十二日奏，當亦在四月間。

民之言曰，教法之難不足以爲苦也，而羈縻之虐有甚焉；羈縻不足以爲苦也，而鞭笞之酷有甚焉；鞭笞不足以爲苦也，而誅求之無已有甚焉。方耕而輟，方耘而罷，方幹而去，此羈縻之所以為苦也。其教也，保長得笞之，保正又笞之，巡檢之指使與巡檢者又交撻之，提舉司之指使與提舉司之幹當公事者又互鞭之，提舉之長官又鞭之，一有逃避，縣令又鞭之。人無聊生，每相與言曰：恨不死爾！此鞭笞之所以爲甚苦也。

又所謂巡檢者、指使者，多由此徒以出，貪而冒法，不顧後禍，有踰於保正、保長者，此誅求之所以爲甚苦也。又有逐養子、出贅，再嫁其母而兄弟析居以求免者，有毒其目、斷其指、炙烙其肌膚以自至於殘廢而求免者，有盡室以逃而不歸者，有委老弱於家而保丁自逃者。保丁自逃，則法當督其家出賞錢十千以募之。使其家有所出，當未至於逃；至於逃，則困窮可知，而督取十千，何可以得？故縣縣皆常有數十百家老弱嗟咨於道路，哀訴於公庭。如臣之愚，且知不忍，使陛下仁聖見之，當如何也？

因人之情而爲之法爾。夫緣情以推法，則愈久而愈行；倚威以行令，則愈嚴而愈悖。此自然之理也。

《明史》卷二八二《儒林傳一·羅欽順》 欽順致書守仁，略曰：聖門設教，文行兼資，博學於文，厥有明訓。如謂學不資於外求，但當反觀內省，則正心誠意四字亦何所不盡，必於入門之際，加以格物工夫哉？守仁得書，亦以書報，大略謂：理無內外，性無內外，故學無內外。講習討論，未嘗非內也。反觀內省，未嘗遺外也。反復二千餘言。欽順再以書辨曰：執事云：格物者，格其心之物也，格其意之物也，格其知之物也。正心者，正其物之心也。誠意者，誠共物之意也。致知者，致其物之知也。自有《大學》以來，未有此論。夫謂格其心之物，格其意之物，格其知之物，凡爲物也三。謂正其物之心，誠其物之意，致其物之知，其爲物也一而已矣。就三而論，以程子格物之訓推之，猶可通也。以執事格物之訓推之，不可通也。就一物而論，則所謂物，果何物耶？如必以爲意之用，雖極安排之巧，終無可通之日也。又執事論學書有云：吾心之良知，卽所謂天理。致吾心良知之天理於事物，則事事物物皆得其理矣。致吾心之良知者，致知也。事事物物各得其理者，格物也。審如所言，則《大學》當云格物在致知，不當云致知在格物，與物格而後知至矣。

（清）王先謙《荀子集解·榮辱》 夫貴爲天子，富有天下，是人情之所同欲也。然則從人之欲，則執不能容，物不能贍也。王念孫曰：案，然則猶言然而也。說見《釋詞》。則字下，先謙案：從，讀爲縱。故先王案爲之制禮義以分之，以禮義分別上下也。使有貴賤之等，長幼之差，知愚、能不能之分，謝本從盧校，知下有賢字。王念孫曰：元刻無賢字，是也。知，讀爲智。智對愚，能對不能，則不得有賢字明矣。下文以仁厚知能盡官職，知能二字正與此相應，是其證。宋本有賢字者，蓋誤讀知爲知識之知，故於愚上加賢字，而以爲知賢愚能不能之分也，不知使二字直貫至智愚能不能之分，而止若讀知爲知識之知，則與使有二字不相聯屬矣。先謙案：王說是，今改從元刻。皆使人載其而各得其宜，載，行也，任之也。然後使慤祿多少厚薄之稱。慤，實也。謂實其祿，使當其才。稱，尺證反。郝懿行曰：載，如大車以載之載。載，猶任也。慤者，謹也。謹，謂謹其多少厚薄之數，使祿各稱其事，不失均平。楊注：載，行；慤，實，古無此訓。載其事二語，又見《君道篇》。俞樾曰：慤當作穀。《孟子·滕文公篇》：穀祿不平，趙注曰：穀，所以爲祿也。此文言穀祿，正與彼同。作慤者，聲之誤也。楊以本字讀之，失其旨矣。《王霸篇》曰：心好利而穀祿莫厚焉。此穀祿二字見於本書者。先謙案：俞說是。是夫羣居和一之道也。故仁人在上，則農以力盡田，賈以察盡財，百工以巧盡械器，盡，爲精於事。察，謂明其盈虛。《說文》云：有盛爲械，無盛爲器。士大夫以上至於公侯，莫不以仁厚知能盡官職，夫是之謂至平。各當其分，雖貴賤不同，然謂之至平也。故或祿天下而不自以爲多，謂爲天子，以天下爲祿也。或監門御旅，抱關擊柝，而不自以為寡。監門，主門也。御讀爲。迓，迓旅，逆旅也。抱關，門卒也。擊柝，擊木所以警夜者。皆知其分，故雖賤而不以爲寡也。故曰：斬而齊，枉而順，不同而一。夫是之謂人倫。舊有此語，引以喻貴賤雖不同，不以齊一，然而要歸於治也。斬而齊，謂強斬之使齊，若《漢書》之一切者。枉而順，雖枉曲不直，然而歸於順也。不同而一，謂殊塗同歸也。夫如此，是人之倫理也。劉台拱曰：斬，讀如儳。《說文》：儳，儳互不齊也。《周語》冒没輕儳，韋注云：儳，進退上下無列也。言多儳互不齊，乃其所以爲齊也。王念孫曰：僖二十三年，《左傳》鼓儳可也。杜注：儳，巖未整陳。義與此同。儳而齊，卽《正名篇》所謂差差然而齊。先謙案：劉、王説是。《詩》曰：受小共大共，爲下國駿蒙，此之謂也。《詩・殷頌・長發》之篇。共，執也。駿，大也。蒙，讀爲厖，厚也。今《詩》作駿厖。言湯執小玉大玉，大厚於下國。言下皆賴其德也。先謙案：厖作家《魯詩》也。《方言》：秦、晉之間，凡大貌謂之朦，或謂之厖。明厖蒙聲近，通用。

（清）王先謙《荀子集解・儒效》　性也者，吾所不能爲也，然而可化也。言天性非吾自能爲也，必在化而爲之也。情也者，非吾所有也，然而可爲也。言情非吾天性所有，然可以外物誘而爲之。或曰情亦當爲積，積習與天，然有殊。故曰：非吾所有，雖非所有，然而可爲之也。注錯習俗，所以化性也。注錯，猶措置也。錯，干故反。并一而不二，所以成積也。并讀爲併，一謂師法，二謂異端。習俗移志，安久移質。習以爲俗，則移其志，安之既久，則移本質。并一而不二，則通於神明，參於天地矣。故積土而爲山，積水而爲海。盧文弨曰：元刻作積土，謂之山，積水，謂之海。旦暮積謂之歲，至高謂之天，至下謂之地，宇中六指謂之極。六指，上下四方也。盡六指之遠，則爲六極。言積近以成遠。涂之人百姓，先謙案：人百姓，猶言衆百姓。積善而全盡，謂之聖人。彼求之而後得，爲之而後成，積之而後高，盡之而後聖，故聖人也者，人之所積也。

（漢）孔鮒《孔叢子》卷下《連叢子上・叙世》　彦曰：人之性，分氣度不同。有體貌亢疏，色厲矜莊，儀容水栗，似若能斷，而當事少決，不遂其爲者。或性玄靜，不與俗竟，氣不勝辭，似若無能。而涉事不顧，臨危不橈者，是爲似若強焉。而不能勝量，似若弱焉，而不可奪也。君子觀之，以表推內，察容而度心，所以得之也。若是似類相亂，如何取實乎？子豐曰：夫人者，患在不察也。人之所綜，物方志也。慮協於理，固以守之，此之謂強知足以通變，明足以破僞，情足以審疑，果足以必志，固足以先事，而功成矣。即所謂寬柔內思，不報無道之強也。豈待形氣之助乎？若乃貌肅內荏，高氣亢戾，多意倨跡，理不充分，業不一定，執志不果，此謂剛復，非強者也。是故君子欲必其行，而違其貌。由是論之，強弱之分，不取於氣色明矣，必也察志，在觀其履事乎。非定計於內，而敏發於外，孰能称此強名乎哉？子豐曰：夫物有定名，而論有一至，是故有可一言而得其難極，雖千言之不能奪者，唯析理即實爲得，不以濫麗説辭爲賢也。然而世俗人聰達者寡，隨聲者衆，持論無主，俯仰爲資。因貴勢而附從，託浮説以爲定，不求之於本不考之於理，故長溷殽言，而衆莫能折其中，所以爲口費而無得也。夫論辨者，貴其能別是非之理，非巧説之謂也。掌事要者，納言而得理，此乃辨也。聽者猶弗之祭，辭氣支離，取喻多端，弗較以類，理不應實，而聽者因形飾僞，從讚然之，是所謂以巧辭多喻爲辨，而莫識一言，而別實者也。人皆欲割折分理，揆是真僞，固不知所以精之，如自得其爲謬，惑莫之甚焉。是故舉多敗事，而寡特之智，困於群醜也。夫聰者不可惑以淫聲，明者不可眩以邪色。故有氣色勢者，佑德之半。無此二者，損德之半。

（漢）荀悦《申鑒・政體》　君子以情用，小人以刑用。榮辱者，賞罰之精華也。故禮教榮辱以加君子，化其情也。桎梏鞭朴以加小人，治其刑也。君子不犯辱，況於刑乎？小人不忌刑，況於辱乎？若夫中人之倫，則刑禮兼焉。教化之廢，推中人而墜於小人之域；教化之行，引中人而納於君子之途，是謂章化，此政之當崇者三也。

（清）唐甄《潛書》上篇下《格定》　貪財淫色，小人之欲也，非吾之所患也。吾之所患者，欲挾理而處，挾義而行，豈惟人不能辨，亦且不能自辨。是學也者，藏欲之藪也。君子之欲雖與小人之欲不同，以此治心，同歸於滅心；以此治世，同歸於亂世。道爲治本，欲爲亂根。世之攘攘藉藉者，皆由欲起。有欲不除，除之不盡，而欲治天下，欺天下乎！璽一也，其文之見於朱者，千萬如一也。惟心亦然。見於事者，外同於內，不異毫末。以道心而不成治，是璽本籀篆而朱爲鳥跡也；以非道之心而幸治，是璽本鳥跡而朱為籀篆也。

（清）唐甄《潛書》上篇下《破祟》　忠孝，大倫也；仁義信，美德也。道，大路也。不正其心，不得其方，失身之主，禍人之國，其害甚大。若之何不省也！吾聞祟有二：有外祟，有內祟，內祟成而後外祟得以中之。似德非德，似道非道，以至美色、厚利、奇器、夏屋，皆外祟也。似德是德，似道是道，以至好色、好利、僻嗜、宴安，皆內祟也。心智闇塞，執見罔覺，血氣僨張，往而不反；趨岐爲正，發狂爲聖。于是智者入于非僻，愚者溺于邪淫，心化爲妖矣。豈必彭生形見，申生人語，而後爲禍哉！《春秋》，是非之準也，其所予奪，大異常見。人以爲忠，而《春秋》以爲非忠；人以爲孝，而《春秋》以爲非孝；人以爲仁，而

《春秋》以爲非仁，人以爲義，而《春秋》以爲非義；人以爲信，而《春秋》以爲非信；人以爲道，而《春秋》以爲非道。明于此，而後內崇不起，外祟不入。

《列子・楊朱》 楊朱曰：人肖天地之類，懷五常之性，肖，似也。類同陰陽，性稟五行也。有生之最靈者人也。人者，爪牙不足以供守衛，肌膚不足以自捍禦，趨走不足以逃利害，無毛羽以禦寒暑，必將資物以爲養，性任智而不恃力。故智之所貴，存我爲貴，力之所賤，侵物爲賤。然身非我有也。既生，不得不全之；物非我有也，既有，不得不去之。身固生之主，物亦養之主。雖全生，不可有其身；雖不去物，不可有其物。有其物，有其身，是横私天下之身，横私天下之物。其唯聖人乎。知身不可私物不可有者，唯聖人可也。公天下之身，公天下之物，其唯至人矣。此之謂至至者也。天下之身同之我身，天下之物同之我物，非至人如何？既覺私之爲非，又知公之爲是，故曰至至也。楊朱曰：生民之不得休息，爲四事故：一爲壽，不敢恣其嗜慾。二爲名，不敢恣其所行。三爲位，出意求通。四爲貨，專利惜費。有此四者，畏鬼畏人，畏威畏刑，此謂之遁人也。違其自然者也。可殺可活，制命在外。全則不係於己。不逆命，何羨壽？不矜貴，何羨名？不要勢，何羨位？不貪富，何羨貨？此之謂順民也。得其生理。天下無對，制命在內。外物所不能制。故語有之曰：人不婚宦，情欲失半；人不衣食，君臣道息。周諺曰：田父可坐殺。晨出夜入，自以性之恆；啜菽茹藿，自以味之極；肌肉麤厚，筋節⿰山卷急，筋節急也。或作臛⿰山卷，上音權，下區位反。睽醜，筋急貌。曰⿰山卷音區位切，一朝處以柔毛綈幕，薦以粱肉蘭橘，心痟一錯反。體煩，內熱生病矣。商魯之君與田父侔地，則亦不盈一時而憊矣。言有所安習者，皆不可卒改易，況自然乎？故野人之所安，野人之所美，謂天下無過者。

又：鬻子曰：去名者無憂。老子曰：名者實之賓，而悠悠者趨名不已。名固不可去，名固不可賓邪。今有名則尊榮，亡名則卑辱。尊榮則逸樂，卑辱則憂苦；憂苦，犯性者也，逸樂，順性者也。斯實之所係矣。名胡可去，名胡可賓，但惡夫守名而累實。守名而累實，將恤危亡之不救。豈徒逸樂憂苦之閒哉。

《莊子・外篇・駢拇》 夫小惑易方，大惑易性。何以知其然邪？自虞氏招仁義以撓天下也，天下莫不奔命於仁義，是非以仁義易其性與？故嘗試論之，自三代以下者，天下莫不以物易其性矣。小人則以身殉利，士則以身殉名，大夫則以身殉家，聖人則以身殉天下。故此數子者，事業不同，名聲異號，其於傷性以身爲殉，一也。臧与穀，二人相與牧羊而俱亡其羊。問臧奚事，則挾筴讀書；問穀奚事，則博塞以遊。二人者，事業不同，其於亡羊均也。伯夷死名於首陽之下，盜跖死利於東陵之上，二人者，所死不同，其於殘生傷性均也，奚必伯夷之是而盜跖之非乎！天下盡殉也。彼其所殉仁義也，則俗謂之君子；其所殉貨財也，則俗謂之小人。其殉一也，則有君子焉，有小人焉；若其殘生損性，則盜跖亦伯夷已，又惡取君子小人於其間哉！

（宋）杜道堅《文子纘義》卷八《自然篇》 老子曰：以道治天下，非易人性也。因其所有而條暢之，故因即大，作即小。古之瀆水者，因水之流也。生稼者，因地之宜也。征伐者，因民之欲也。能因則無敵於天下矣。物必有自然而後人事有治。

舊註：觀物有自然之性，然後順物之宜，因民所欲，則事無不濟，動無不利。

故先王之制法，因人之性而爲之節文。無其性不可使順教，有其性無其資不可使遵道。

舊註：猶木不可使出水，金不可使生火也。

人之性，有仁義之資，其非聖人爲之。法度不可使向方，因其所惡以禁姦。故刑罰不用，威行如神，因其性即天下聽從，拂其性即法度張而不用。

舊註：道德仁義雖本性皆有，而非聖王爲法度，行其權賞。道之以德，齊之以禮，威之以刑，則無由復自然之性而能向方矣。因其性則其應如神，拂其性即雖令不從也。

（宋）杜道堅《文子纘義》卷一一《上義篇》 文子問曰：法安所生？老子曰：法生于義。義生于眾適，合乎人心。此治之要也。法非從天下也，非從地出也，發乎人間，反己自正。誠達其本，不亂于末。知其要，不惑于疑。有諸己，不非于人。無諸己，不責于所立。立于下者，不廢于上。禁于民者，不行于身。故人主之制法也，先以自爲檢式。故禁勝于身，即令行于民。纘義：文子問法安所生。老子語以法生于義。義者，宜也。先王立法，務適衆情，故先以身爲檢式。所禁于民者，不敢犯于身。是故令行而天下從之。

（清）戴望《管子校正·禁藏》 居民於其所樂，居其所樂，則敦土而不遷。事之於其所利，事其所利，則不勸而自勵。賞之於其所善，賞其所善，則皆悦而立功。罰之於其所惡，罰其所惡，則忌慎而無犯。信之於其所餘財，君人者莫不有餘財，期賞而必，故曰信。功之於其所無誅，必勝殘所誅，然後可以爲成功。於下無誅者，必誅者也。有罪必誅，故能息。所謂以刑止刑，以殺止殺也。有誅者，不必誅者也。有罪不必誅，故誅不息也。以有刑至無刑者，其法易而民全。形兹無赦，人不敢犯，故曰：以有刑致無刑，若此者，其法簡易而民完全。以無刑至有刑者，其刑煩而姦多。緩誅有死，人則輕而犯之，故曰：無刑至有刑。若此者，其刑繁漫而姦人多。夫先易者後難，無刑至有刑，故曰先易而後難。先難而後易。有刑至無刑，故曰先難而後易。萬物盡然，皆同之於用法。明王知其然，故必誅而不赦。必賞而不還者，非喜予而樂其殺也。所以爲人致利除害也。賞不還，非喜與，誅不赦，非樂殺。然必其誅賞，則爲人致利除害故也。於以養老長弱，完活萬民，莫明爲。言養老活人無明於必誅賞。夫不法，法則治。言不法者必以法正之，故治。法者天下之儀也，儀，謂表也。所以決疑而明是非也。百姓所縣命也，刑罰一差，人無所措手足，故曰縣命。故明王慎之，不爲親戚故貴易其法。故謂恩舊。吏不敢以長官威嚴危其命，危，謂毀敗。民不以珠玉重寶犯其禁。所謂君無欲焉，雖賞之不竊。故主上視法嚴於親戚。不爲親戚易法，故法嚴。吏之舉令敬於師長，不爲師長危令，故令敬也。民之承教，重於神寶。不爲重寶犯禁，故教重。夫寶有靈，故曰神寶。故法立而不用，刑設而不行也。無犯之人，則無所用其刑法。夫施功而不鈞，位雖高，爲用者少。施功，謂施恩於有功者，施恩不均，則有功者怨。故雖有高位，人不爲用。赦罪而不一，德雖厚，不譽者多。赦罪不一，則毒流不辜。雖有厚德，人誰譽之。舉事而不時，力雖盡，其功不成。方冬植禾，雖勤似后稷，不能成其嘉苗。刑賞不當，斷斬雖多，其暴不禁。夫公之所加，罪雖重，下無怨氣。私之所加，賞雖多，上不爲歡，行法不道，衆民不能順。有道之人必順於道。舉錯不當，衆民不能成。衆尚不成，况無衆乎。不攻不備，夫設備者必防攻也。當今爲愚人。

居民於其所樂，丁云：民字。依下文五句，亦當作之。信之於其所餘財，丁云：信讀爲屈，信之信，言上不奪取之也。於下無誅者，必誅者也。丁云：於下二字疑衍，此承上文功之於其所無誅句，反覆推究無誅之故。無誅者必誅者也，與下文有誅者不必誅者對文。夫先易者後難。孫云：依注者當作而。王説同。非喜予而樂其殺。王云：其字涉上文知其然而衍。尹注無。於以養老長弱。安井衡云：古本弱作幼，夫不法，法則治。王云：不字涉上文而衍。法，法者，守法也。（《周官·小宰》。五曰廉法。鄭注：法，守法不失也。）言能守法，則國必治也。故下文曰：不失其法然後治。若反是，則謂之不法。《法篇》曰：不法法，則事毋常也。尹注非，安井衡云：當作不法，法則亂。方足文義，吏不敢以長官威嚴危其命。俞云：危者，詭之叚字。曹大家注《幽通賦》曰：詭，反也。故主上視法嚴於親戚。張云：上疑當作之，與下吏民二句，句法一例。民之承教重於神寶。俞云：《爾雅·釋詁》曰：神，重也。此言神寶，即上言重寶。因有句重字，故變重言神耳。刑賞不當，斷斬雖多，其暴不禁。王云：賞字與下二句義不相屬。此涉下文賞雖多而衍。行法不道，宋本行作刑。刑法與下舉錯對文。當今爲愚人，安井衡云：今乃命字誤。

《尹文子·大道上》 世之所貴，同而貴之謂之俗。世之所用，同而用之謂之物。苟違於人，俗所不與。苟忮於衆，俗所共去。故心皆殊而爲行若一，所好各異而資用必同。此俗之所齊，物之所飾。故齊不可不飾，所飾不可不擇。昔齊桓好衣紫，闔境不鬻異彩。楚莊愛細腰，一國皆有饑色。上之所以率下，乃治亂之所由也。故俗苟沴，必爲法以矯之。物苟溢，必立制以檢之。累於俗，飾於物者，不可與爲治矣。

《慎子·逸文》 法非從天下，非從地出，發於人間，合乎人心而已。治水者，茨防決塞，九州四海，相似如一。學之於水，不學之於禹也。

（漢）劉安《淮南子》卷二〇《泰族訓》 人之性有仁義之資，非聖人爲之法度而教導之，則不可以使鄉方。故先王之教也，因其所喜以勸善，因其所惡以禁姦。故刑罰不用，而威行如流。政令約省，而化燿如神。故因其性，則天下聽從。拂其性，則法縣而不用。昔者五帝三王之蒞政施教，必用參五。何謂參五？仰取象於天，俯取度於地，中取法於人，乃立明堂之朝，行明堂之令。明堂布令之宮，有十二月之政令。以調陰陽之氣，以和四時之節，以辟疾病之菑。俯視地理，以制度量，察陵陸水澤肥墩高下之宜，立事生財，以除飢寒之患。中考乎人德，以制禮樂。行仁義之道，以治人倫。

(漢)王充《論衡》卷二《命義》　傳曰：説命有三：一曰正命，二曰隨命，三曰遭命。正命謂本稟之自得吉也。性然骨善，故不假操行以求福，而吉自至，故曰正命。隨命者，戮力操行而吉福至，縱情施欲而凶禍到，故曰隨命。遭命者，行善得惡，非所冀望，逢遭於外而得凶禍，故曰遭命。凡人受命，在父母施氣之時，已得吉凶矣。夫性與命異，或性善而命凶，或性惡而命吉。操行善惡者，性也；禍福吉凶者，命也。或行善而得禍，是性善而命凶；或行惡而得福，是性惡而命吉也。性自有善惡，命自有吉凶。使命吉之人，雖不行善，未必無福；命凶之人，雖勉操行，未必無禍。孟子曰：求之有道，得之有命。性善乃能求之，命善乃能得之！性善命凶，求之不能得也。行惡者，禍隨而至；而盜跖莊蹻，橫行天下，聚黨數千，攻奪人物，斷斬人身，無道甚矣！宜遇其禍，乃以壽終。夫如是，隨命之説，安所驗乎？遭命者，行善於内，遭凶於外也。若顔淵伯牛之徒，如何遭凶？顔淵伯牛，行善者也，當得隨命；福祐隨至，何故遭凶？顔淵困於學，以才自殺；伯牛空居而遭惡疾，及屈平、伍員之徒，盡忠輔上，竭王臣之節，而楚放其身，吴烹其尸。行善當得隨命之福，乃觸遭命之禍，何哉？言隨命則無遭命，言遭命則無隨命。儒者三命之説，竟何所定？且命在初生，骨表著見。今言隨操行而至，此命在末不在本也。則富貴貧賤，皆在初稟之時，不在長大之後，隨操行而至也。正命者至百而死，隨命者五十而死，遭命者初稟氣時遭凶惡也；謂妊娠之時遭得惡也。故遭得惡也。故遭雷雨之變，長大夭死。

又：此謂三命，亦有三性：有正，有隨，有遭。正者，稟五常之性也；隨者，隨父母之性；遭者，遭得惡物象之故也。故姙婦食兔，子生缺脣。《月令》曰：是月也，雷將發聲。有不戒其容者，生子不備，必有大凶，瘖聾跛盲，氣遭胎傷，故受性狂悖。羊舌食我初生之時，聲似豺狼，長大性惡，被禍而死。在母身時，遭受此性，丹朱、商均之類是也。性命在本，故禮有胎教之法：子在身時，席不正不坐，割不正不食，非正色目不視，非正聲耳不聽；及長，置以賢師良傅，教君臣父子之道，賢不肖在此時矣。受氣時，母不謹慎，心妄慮邪，則子長大，狂悖不善，形體醜惡。素女對黄帝陳五女之法，非徒傷父母之身，乃又賊男女之性。人有命有禄，有遭遇，有幸偶。命者，貧富貴賤也；禄者，盛衰興廢也。以命當富貴，遭當盛之禄，常安不危；以命當貧賤，遇當衰之禄，則禍殃乃至，常苦不樂。遭者，遭逢非常之變，若成湯囚夏臺，文王厄羑里矣。以聖明之德，而有囚厄之變，可謂遭矣。變雖甚大，命善禄盛，變不爲害，故稱遭逢之禍。晏子所遭，可謂大矣；直兵指胸，白刃加頸，蹈死亡之地，當劍戟之鋒，執死得生還；命善禄盛，遭刃之禍，不能害也。歷陽之都，長平之坑，其中必有命善禄盛之人，一宿同填而死；遭逢之禍大，命善禄盛，不能却也。譬猶水火相更也，水盛勝火，火盛勝水，遇其主而用也。雖有善命盛禄，不遇知己之主，不得效驗。幸者謂所遭觸得善惡也。獲罪得脱，幸也；無罪見拘，不幸也；執拘未久，蒙令得出，命善禄盛，天災之禍，不能傷也，偶也。謂事君也，以道事君，君善其言，遂用其身，偶也；行與主乖，退而遠，不偶也，退遠未久，上官録召，命善禄盛，不偶之害，不能留也。故夫遭遇幸偶，或與命禄并，或與命離。遭遇幸偶，遂以成完；遭遇不幸偶，遂以敗傷，是與命并者也。中不遂成，善轉爲惡，若是與命禄離者也，故人之在世，有吉凶之性命，有盛衰之禍福，重以遭遇幸偶之逢，獲從生死而卒其善惡之行，得其胸中之志，希矣。

(明)李贄《焚書》卷三《雜述·論政篇》　夫道者，路也，不止一途；性者，心所生也，亦非止一種已也。有仕於土者，乃以身之所經歷者而欲人之同往，以己之所種藝者而欲人之同灌溉。是以有方之治而馭無方之民也，不亦昧於理歟！且夫君子之治，本諸身者也；至人之治，因乎人者也。本諸身者取必於己，因乎人者恆順於民，其治效固已異矣。夫人之與己不相若也。有諸己矣，而望人之同有；無諸己矣，而望人之同無。此其心非不恕也，然此乃一身之有無也，而非通於天下之有無也，而欲爲一切有無之法以整齊之，惑也。於是有條教之繁，有刑法之施，而民日以多事矣。其智而賢者，相率而歸吾之教，而愚不肖則遠矣。於是有旌別淑慝之令，而君子小人從此分矣。豈非别白太甚，而導之使爭乎？至人則不然：因其政不易其俗，順其性不拂其能。聞見熟矣，不欲求知新於耳目，恐其未寐而驚也。動止安矣，不欲重之以桎梏，恐其縶而顛且仆也。

今余之治郡也，取善太恕，而疾惡也過嚴。夫取善太恕，似矣，而疾人之惡，安知己之無惡乎？其於反身之治且未之能也，況望其因性以牖民乎？余是以益懼不類，而切倚仗於君也。吾聞君生長劍門，即壯而仕，經太華，而獨觀昭曠於衡嶽之巔，其中豈無至人可遇而不可求者歟！君談説及此乎？不然，何以兩宰疲邑，一判衡州，而民誦之至今也。意者君其或有所遇焉，則余言爲贅；如其不然，則余之所聞于有道者詳矣。君其果有當于心乎？否也？夫君而果有當于心也，則余雖不類，庸何傷乎！

（宋）潘自牧《記纂淵海》卷六二《問學部・戕賊》 史玆心不爽而昏亂百度。《左・昭元年》

（明）馮琦《經濟類編》卷三六《財賦類二・理財》 臣切惟天之生民，以衣食爲命。聖人因是而爲之，均節立君臣貴賤等威之分，以止其爭且亂。故禮也者，文飾此者也。刑也者，防禦此者也。凡所爲，賞罰法令仁義廉恥，皆緣此而後立者也。衣食不足，何禮刑之有哉？内無以保其社稷，外無以制其夷狄，國非其國矣。故貸食者，人事之確論，非高談虚辭之可致者也。

（宋）葉紹翁《四朝聞見録》甲集《考亭解中庸》 考亭解《中庸》天命之謂性，率性之謂道，修道之謂教，曰：命猶令也，性即理也。天以陰陽五行化生萬物，氣以成形，而理亦賦焉，猶命令也。於是人物之生，因各得其所賦之理，以爲健順五常之德，所謂性也。率，循也。道，猶路也。人物各循其性之自然，則其日用事物之間，莫不各有當行之路，是則所謂道也。修，品節之也。性道雖同而氣稟或異，故不能無過不及之差。聖人因人物之當行者而品節之，以爲法於天下，則謂之教，若禮樂刑政之屬是也。蓋人之所以爲人，道之所以爲道，聖人之所以爲教，原其所自，無一不本於天而備載一無載字。於我矣。真文忠公原注：德秀。觀考亭之解，以爲：生我者太極也，成我者先生也。原注：謂考亭。吾其敢忘先生乎！考亭之門人劉黻，字季文，號靜春，與文忠爲友而輩行過之，乃大不取其師之説。其自爲論，則曰：維天之命，於穆不已，惟人受天地之中以生，故謂之性，而貴于物焉。《湯誥》曰：惟皇上帝，降衷于下民，若有常性。吾夫子曰：天地之性人爲貴。是則人之性，豈物之所得而儗哉？或疑萬物通謂之性，奚獨人？愚曰：是固然矣。然此既曰性，則有氣質矣。又安可合人物而言，以自汩亂其本原也？凡混人物而爲一者，必非識性者也。今皆不取。至如孟子道性善，亦只謂人而已。文忠公與靜春辨，各主其説。或當燕飲旅酬之頃，靜春必與公辨極而爭起，公引觴命靜春曰：某竊笑漢儒聚訟，吾儕豈可又爲後世所笑？姑各行所學而已。劉猶力持其説不已，著爲《就正録》云：昔子思作《中庸》，篇端有曰：天命之謂性，率性之謂道。是專言乎人而不雜乎物也，其發明性命，開悟天下後世至矣。而或者必曰此兩句兼人物而言，嗟夫，言之似是而差也。嘗考古先聖賢，凡言性命，有兼人物而言者，有專以人言而不雜乎物者。《易》之《乾彖》曰各正性命，《樂記》亦曰則性命不同矣，是乃兼人物而言。然既曰各有不同，則人物之分亦自昭昭。假如天命之謂性，率性之謂道或兼人物而言，則犬之性猶牛之性，牛之性猶人之性，當如告子之見。告子，孟子之高弟。彼其杞柳、湍水之喻，食色無善無不善之説，縱横繆戾，固無足取。至於生之謂性，孟子辨焉而未詳，得無近是而猶有可取者耶？善乎朱文公闢之曰：告子徒知知覺運動之蠢然者，人與物同；而不知仁義禮智之粹然者，人與物異。此其一言破千古之惑，我文公真有大功於性善如此。文忠已不及登文公之門，聞而知之者也，其讀《中庸》，默與文公合。靜春見而知之者，乃終不以先生之説《中庸》爲是，何歟？予嘗聞陸象山門人彭原注：不記名。謂予曰：告子不是孟子弟子，弟子俱姓名之。告子獨稱子者，亦是與孟子同時著書之人。象山于告子之説，亦未嘗深非之，而或有省處。象山之學雜乎禪，考亭謂陸子靜滿腔子都是禪，蓋以此。然告子決非孟子門人，嘗風靜春去高弟二字。

（唐）玄奘譯《成唯識論》卷六 論曰：唯是煩惱分位差別等流性故，名隨煩惱。此二十種類別有三：謂忿等十各別起故，名小隨煩惱；無慚等二徧不善故，名中隨煩惱；掉舉等八徧染心故，名大隨煩惱。云何爲忿？依對現前不饒益境憤發爲性，能障不忿，執仗爲業，謂懷忿者多發暴惡身表業故。此即瞋恚一分爲體，離瞋無別忿相用故。云何爲恨？由忿爲先，懷惡不捨，結怨爲性。能障不恨，熱惱爲業，謂結恨者，不能含忍，恆熱惱故。此亦瞋恚一分爲體，離瞋無別恨相用故。云何爲覆？於自作罪恐失利譽，隱藏爲性，能障不覆，悔惱爲業，謂覆罪者後必悔惱，不安隱故。有義此覆癡一分攝，論唯説此癡一分故，不懼當苦，覆自罪故。有義此覆貪癡一分攝。亦恐失利譽，覆自罪故，論據麤顯唯説癡分，如説掉舉是貪分故，然説掉舉徧諸染心，不可執爲唯是貪分。云何爲惱？忿、恨爲先，追觸暴熱很戾爲性，能障不惱，蛆螫爲業，謂追往惡，觸現違緣，心便很戾，多發囂暴，凶鄙麤言，蛆螫他故。此亦瞋恚一分爲體，離瞋無別惱相用故。云何爲嫉？殉自名利，不耐他榮，妒忌爲性，能障不嫉，憂慼爲業，謂嫉妒者聞見他榮深懷憂慼，不安隱故。此亦瞋恚一分爲體，離瞋無別嫉相用故。云何爲慳？耽著財法，不能惠捨，祕悋爲性，能障不慳，鄙畜爲業，謂慳悋者，心多鄙澀，畜積財、法，不能捨故。此卽貪愛一分爲體，離貪無別慳相用故，云何爲誑？爲獲利譽，矯現有德，詭詐爲性，能障不誑，邪命爲業，謂矯誑者，心懷異謀，多現不實，邪命事故。此卽貪、癡一分爲體，離二無別誑相用故。云何爲諂？爲罔他故，矯設異儀，險曲爲性，能障不諂、教誨爲業，謂諂曲者爲網帽他，曲順時宜矯設方便，爲取他意或藏已失，不任師友正教誨故。此亦貪、癡一分爲體，離二無別諂相用故。云何爲害？於諸有情心無悲愍，損惱爲性，能障不害，逼惱爲業。謂有害者逼惱他故。此亦瞋恚一分爲體，離瞋無別害相用故，瞋、害別相準善應説。云何爲憍？於自盛事深至染著，醉傲爲性，能障不憍，染依爲業。謂憍醉者生長一切雜染法故。此亦貪、愛一分爲體，離貪無別憍相用故。云何無慚？不顧自法，輕拒賢善爲性。能障礙慚，生長惡行爲業，謂於自法無所顧者，輕拒賢善，不恥過惡，障慚生長諸惡行故。云何無愧？不顧世間，崇重暴惡爲性，能障礙愧，生長惡行爲業，謂於世間無所顧者，崇重暴惡，不恥過罪，障愧生長諸惡行故。不恥過惡是二通相，故諸聖教假説爲體。若執不恥爲二別相，則應此二體無差別。由斯二法應不俱生，非受、想等有此義故。若待自他立二別者，應非實有，便違聖教。若許此二實而別起，復違論説俱徧惡心。不善心時隨緣何境，皆有輕拒善及崇重惡義。故此二法俱徧惡心，所緣不異無別起失。然諸聖教説不顧自他者，自法名自，世間名他。或卽此中拒善崇惡，於己益損名自他故。而論説爲貪等分者，是彼等流，非卽彼性。云何掉舉？令心於境不寂靜爲性，能障行捨、奢摩他爲業。有義掉舉貪一分攝，論唯説此是貪分故，此由憶昔樂事生故。有義掉舉非唯貪攝，論説掉舉徧染心故，又掉舉相謂不寂靜，説是煩惱共相攝故，掉舉離此無別相故。雖依一切煩惱假立，而貪位增説爲貪分。有義掉舉別有自性徧諸染心，如不信等，非説他分體便非實，勿不信等亦假有故。而論説爲世俗有者，如睡眠等隨他相説。掉舉別相謂卽囂動，令俱生法不寂靜故。若離煩惱無別此相，不應別説障奢摩他，故不寂靜非此相別相。云何惛沈？令心於境無堪任爲性，能障輕安、毗鉢舍那爲業。有義惛沈癡一分攝，論唯説此是癡分故，惛昧沈重是癡相故。有義惛沈非但癡攝，謂無堪任是惛沈相，一切煩惱皆無堪任，離此無別惛沈相故。雖依一切煩惱假立，而癡相增但説癡分。有義惛沈別有自性，雖名癡分而是等流，如不信等，非卽癡攝。隨他相説名世俗有，如睡眠等是實有性。惛沈別相謂卽瞢重，令俱生法無堪任故。若離煩惱無別惛沈相，不應別説障毗鉢舍那，故無堪任非此別相。此與癡相有差別者，謂癡於境迷闇爲相，正障無癡而非瞢重，惛沈於境瞢重爲相，正障輕安而非迷闇。云何不信？於實、德、能不忍、樂、欲，心穢爲性，能障淨信，惰依爲業，謂不信者多懈怠故。不信三相翻信應知，然諸染法各有別相，唯此不信自相渾濁，復能渾濁餘心、心所，如極穢物自穢穢他，是故説此心穢為性。由不信故，於實、德、能不忍樂欲，非別有性。若於餘事邪忍樂欲，是此因果，非此自性。云何懈怠？於善惡品修斷事中懶惰爲性，能障精進，增染爲業，謂懈怠者滋長染故，於諸染事而策勤者，亦名懈怠退善法故。於無記事策勤者，於諸善品無進退故，是欲、勝解，非別有性，如於無記忍可樂欲非淨非染，無信不信。云何放逸？於染淨品不能防修，縱蕩爲性，障不放逸，增惡損善所依爲業，謂由懈怠及貪、瞋、癡不能防修染淨品法，總名放逸，非別有體。雖慢、疑等亦有此能，而方彼四勢用微劣，障三善根，徧策法故，推究此相如不放逸。云何失念？於諸所緣不能明記爲性，能障正念，散亂所依爲業，謂失念者心散亂故。有義失念念一分攝，説是煩惱相應念故。有義失念癡一分攝，《瑜伽》説此是癡分故，癡令念失，故名失念。有義失念俱一分攝，由前二文影略説故，論復説此徧染心故。云何散亂？於諸所緣令心流蕩爲性，能障正定，惡慧所依爲業，謂散亂者發惡慧故。有義散亂癡一分攝，《瑜伽》説此是癡分故。有義散亂貪、瞋、癡攝，《集論》等説是三分故。説癡分者，偏染心故，謂貪、瞋、癡令心流蕩勝餘法，故説爲散亂。有義散亂別有自體。説三分者，是彼等流，如無慚等非卽彼攝，隨他相説名世俗有。散亂別相謂卽躁擾，令俱生法皆流蕩故。若離彼三無別自體，不應別説障三摩地。掉舉、散亂二用何別？彼令易解，此令易緣，雖一刹那解、緣無易，而於相續有易義故。染汙心時由掉，亂力常應念念易解易緣，或由念等力所制伏，如繫猨猴有暫時住，故掉與亂俱徧染心。云何不正知？於所觀境謬解爲性，能障正知，毀犯爲業，謂不正知者多所毀犯故。有義不正知慧一分攝，説是煩惱相應慧故。有義不正知癡一分攝，《瑜伽》説此是癡分故，令知不正名不正知。有義不正知俱一分攝，由前二文影略説故，論復説此徧染心故。與、並、及言顯隨煩惱唯二十，《雜事》等説貪等多種隨煩惱故。隨煩惱名攝煩惱，是前煩惱等流性故，煩惱同類，餘染汙法但名隨煩惱，非煩惱攝故。唯説二十隨煩惱者，謂非煩惱、唯染、麤故。此餘染法或此分位，或此等流，皆此所攝，隨其類別，如理應知。

（晉）嵇康《嵇中散集》卷四《答難養生論一首》 奉法循理，不絓世網，以無罪自尊，以不仕爲逸。遊心乎道義，偃息乎卑室，恬愉無遌，而神氣條達，豈須榮華然後乃貴哉。耕而爲食，蠶而爲衣，衣食周身，則餘天下之財，猶渴者飲河，快然以足，不羡洪流，豈待積斂然後乃富哉。君子之用心若此，蓋將以名位爲贅瘤，資財爲塵垢也，安用富貴乎。故世之難得者，非財也，非榮也，患意之不足耳。意足者，雖耦耕甽畝，被褐啜菽，豈不自得。不足者，雖養以天下，委以萬物，猶未愜。然則足者不須外，不足者無外之不須也。無不須，故無往而不乏；無所須，故無適而不足。不以榮華肆志，不以隱約趨俗，混乎與萬物並行，不可寵辱，此真有富貴也。故遺貴欲貴者，賤及之；故忘富欲富者，貧得之。理之然也。今居榮華而憂，雖與榮華偕老，亦所以終身長愁耳。故老子曰：樂莫大於無憂，富莫大於知足，此之謂也。難曰：感而思室，飢而求食，自然之理也。誠哉是言。今不使不室不食，但欲令室食得理耳。夫不慮而欲，性之動也；識而後感，智之用也。性動者，遇物而當，足則無餘；智用者，從感而求，勌而不已。故世之所患，禍之所由，常在於智用，不在於性動。今使瞽者遇室，則西施與嫫母同情；聵者忘味，則糟糠與精粺等甘。豈識賢愚好醜，以愛憎亂心哉。君子識智以無恒傷生，欲以逐物害性。故智用則收之以恬，性動則糾之以和。使智上於恬，性足於和，然後神以默醇，體以和成，去累除害，與彼更生。所謂不見可欲，使心不亂者也。縱令滋味常染於口，聲色已開於心，則可以至理遣之，多算勝之。何以言之也。夫欲官不識君位，思室不擬親戚，何者？止其所不得，則不當生心也。故嗜酒者自抑於鴆醴，食者忍飢於漏脯，知吉凶之理，故背之不惑，棄之不疑也，豈恨向不得酣飲與大嚼哉！且逆旅之妾，惡者以自惡爲貴，美者以自美得賤。美惡之形在目，而貴賤不同，是非之情先著，故美惡不能移也。苟云理足於內，乘一以御外，何物之能默哉？由此言之，性氣自和，則無所困於防閑；情志自平，則無鬱而不通。世之多累，由見之不明耳。又常人之情遠雖大，莫不忽之；近雖小，莫不存之。夫何故哉？誠以交賒相奪，識見異情也。三年喪不內御，禮之禁也，莫有犯者。酒色乃身之讎也，莫能棄之。由此言之，禮禁雖小不犯，身讎雖大不棄。然使左手據天下之圖，右手旋害其身，雖愚夫不爲，明天下之輕於其身，酒色之輕於天下，又可知矣。而世人以身殉之，斃而不悔，此以所重而要所輕，豈非背賒而趣交耶。智者則不然矣，審輕重然後動，量得失以居身。交賒之理同，故備遠如近，慎微如著，獨行衆妙之門，故終始無虞。此與夫耽欲而快意者，何殊間哉。【略】劉根遐寢不食，或謂偶能忍飢。仲都冬倮而體温，夏裘而身涼，桓譚謂偶耐寒暑。李少君識桓公玉椀，則阮生謂之逢占而知。堯以天下禪許由，而楊雄謂好大爲之。凡若此類，上以周孔爲關鍵，畢志一誠，下以嗜欲爲鞭策，欲罷不能。馳驟於世教之內，爭巧於榮辱之間，以多同自減，思不出位使奇事絶於所見，妙理斷於常論，以言變通達微，未之聞也。久愠閑居，謂之無歡，深恨無肴，謂之自愁。以酒色爲供養，謂長生爲無聊。然則子之所以爲歡者，必結駟連騎，食方丈於前也。夫俟此而後爲足，謂之天理自然者，皆役身以物，喪志於欲，原性命之情，有累於所論矣。夫渴者唯水之是見，酌者唯酒之是求，人皆知乎生於有疾也。今若以從欲爲得性，則渴酌者非病，淫湎者非過，桀跖之徒皆得自然，非本論所以明至理之意也。夫至理誠微，善溺於世，然或可求諸身而後悟，校外物以知之者。

（晉）嵇康《嵇中散集》卷六《釋私論一首》 夫稱君子者，心無措乎是非，而行不違乎道者也。何以言之？夫氣靜神虛者，心不存於矜尚，體亮心達者，情不繫於所欲。矜尚不存乎心，故能越名教而任自然，情不繫於所欲，故能審貴賤而通物情。物情順通，故大道無違，越名任心，故是非無措也。是故言君子則以無措爲主，以通物爲美，言小人則以匿情爲非，以違道爲闕。何者？匿情矜忞，小人之至惡，虛心無措，君子之篤行也。是以大道言：及吾無身，吾又何患。無以生爲貴者，是賢於貴生也。由斯而言，夫至人之用心，固不存有措矣。是故伊尹不借賢於殷湯，故世濟而名顯，周旦不顧賢而隱行，故假攝而化隆，夷吾不匿情於齊桓，故國霸而主尊。其用心豈爲身而繫乎私哉？故管子曰：君子行道，忘其爲身。斯言是矣。君子之行賢也，不察於有度而後行也，仁心無邪，不議於善而後正也，顯情無措，不論於是而後爲也。是故傲然忘賢，而賢與度會，忽然任心，而心與善遇，儻然無措，而事與是俱也。故論公私者，雖云一作終於事，與是俱而已。志道存善無凶邪，無所懷而不匿者，不可謂無私。雖欲之伐善，情之違道，無所抱而不顯者，不可謂不公。今執必公之理，以繩不公之情，使夫雖爲善者，不離於有私。雖欲之伐善，不陷於不公，重其名而貴其心，則是非之情不得不顯矣。是非必顯，有善者無匿情之不是，有非者不加不公之大非。無不是則善莫不得，無大非則莫過其非，乃所以救其非也。非徒盡善，亦所以厲不善也。夫善以盡善，非以救非，而況乎以是非之至者，故善之與不善，物之至者也。若處二物之間，所徃者必以公成而私敗。同用一器，而有成有敗。夫公私者，成敗之途而吉凶之門乎。故物至而不移者寡，不至而在用者衆。若質乎中人之性，運乎在用之質，而栖心古烈，擬足公塗，值心而言，則言無不是，觸情而行，則事無不吉。於是乎同之所措者，乃非所措也，俗之所私者，乃非所私也。言不計乎得失而遇善，行不準乎是非而遇吉，豈公成私敗之數乎。夫如是也，又何措之有哉。故里鳧顯盜，晉文愷悌，勃鞮號罪，忠立身存，繆賢吐釁，言納名稱，漸離告誠，一堂流涕。然數子皆以投命之禍，臨不測之機，表露心識，獨以安全，況乎君子無彼人之罪，而有其善乎。然事措善之情，其所病也。唯病病，是以不病。病而能療，亦賢於療矣。然事亦有似非而非非，類是而非是者，不可不察也。故變通之機，或有矜以至讓，貪以致廉，愚以成智，忍以濟仁。然矜吝之時，不可謂無廉，情情一作猜忍之形，不可謂無仁，此似非而非非者也。或讒言似信，不可謂有誠，激盜似忠，不可謂無私，此類是而非是也。故乃論其用心，定其所趣，執其辭而準其禮，察其情以尋其變。肆乎所始，名其所終。則夫行私之情，不得因乎似非而容其非，淑亮之心，不得蹈乎似是而負其是。故實是以暫非而後顯，實非以暫是而後明。公私交顯，則行私者無所冀，而淑亮者無所負矣。行私者無所冀，則思改其非，立功者無所忌，則行之無疑，此大治之道也。故主妾覆醴，以罪受戮，王陵庭爭，而陳平順旨。於是觀之，非似非非者乎，明君子之篤行，顯公私之所在，闔堂盈階莫不寓目而曰：善人也。然背顏退議而含私者，不復同耳。抱而匿情不改者，誠神以喪於所惑，而體以溺於常名，心以制於所慴，而情有繫於所欲，咸自以爲有是而莫賢乎。已未有功朞之慘，駭心之禍，遂莫能收情以自反，棄名以任實。乃心有是焉，匿之以私，志有善焉，措之爲惡。不措所措，而措所不措，不求所以不措之理，而求所以爲措之道。故時爲措而闇於措，是以不措爲拙措爲工。唯懼隱之不微，唯患匿之不密。故有矜忤之容，以觀常人，矯飾之言，要俗譽。謂永年良規，莫盛於兹。終日馳思，莫闚其外，故能成其私之體而喪其自然之質也。於是隱匿之情必存乎心，僞怠之機必形乎事。若是，則是非之議既明，賞罰之實又篤。不知冒廕之可以無景，而患景之下匿，不知無措之可以無患，而患措之不以，豈不哀哉？是以申侯苟順取棄楚，泰宰嚭躭私卒享其禍。由是言之，未有抱隱顧私而身立清世，匿非藏情而信著明名者也。君子既有其質又覩其鑒，貴夫亮達布而存之，惡夫矜吝棄而遠之，所措一非而內愧乎，神賤隱一闕而外慙其形，言無苟諱而行無苟隱，不以愛之而苟善，不以惡之而苟非。心無所矜而情無所繫，體清神正而是非允當忠感，明天子而信篤乎萬民，寄胷懷於八荒，垂坦蕩以永日。斯非賢人君子高行之美異者乎，或問曰：第五倫有私乎哉？曰：昔吾兄子有疾，吾一夕十徃省而反寐自安。吾子有疾，終朝不徃視而通夜不得眠。若是可謂私乎？非私也？答曰：是非也，非私也。夫私以不言爲名公，以盡言爲稱善，以無名爲體非，以有措爲負。今第五倫顯情是非無私也，矜徃不眠是有非也，無私而有非者無措之志也。夫言無措者，不齊於必盡也。言多吝者，不具於不言而已。故多吝有非，無措有是。然無措之所以有，是以志無所尚，心無所欲，達乎大道之情。動以自然則無道以至非也。抱一而無措，則無私無非兼有二義，乃爲絶美耳。若非而能言者，是賢於不言之私，非無情以非之大者也。今第五倫有非而能顯，不可謂不公也。所顯是非，不可謂有措也。有非而謂私，不可謂不惑公私之理也。

（唐）白居易《白居易集》卷六五《策林四・復樂古器古曲》 問：時議者或云：樂者，聲與器遷，音隨曲變。若廢今器，用古器，則哀淫之音息矣。若捨今曲，奏古曲，則正始之音興矣。其説若此，以爲如何？

臣聞：樂者本於聲，聲者發於情，情者繫於政。蓋政和則情和，情和則聲和；而安樂之音，由是作焉。政失則情失，情失則聲失；而哀淫之音，由是作焉。斯所謂音聲之道，與政通矣。伏覩時議者，臣竊以爲不然。何者？夫器者所以發聲，聲之邪正，不繫於器之今古也。曲者所以名樂，樂之哀樂，不繫於曲之今古也。何以考之？若君政驕而荒，人心動而怨；則雖捨今器用古器，而哀淫之聲不散矣。若君政善而美，人心平而和；則雖奏今曲，廢古曲，而安樂之音不流矣。是故和平之代，雖聞桑間濮上之音，人情不淫也，不傷也。亂亡之代，雖聞咸護、韶武之音，人情不和也，不樂也。故臣以爲銷鄭衛之聲，復正始之音者，在乎善其政，和其情；不在乎改其器，易其曲也。故曰：樂者不可以僞，唯明聖者能審而述作焉。臣又聞：若君政和而平，人心安而樂；則雖援蕢桴，擊野壤，聞之者必融融洩洩矣。若君政驕而荒，人心困而怨；則雖撞大鐘，伐鳴鼓，聞之者適足慘慘戚戚矣。故臣以爲諧神人，和風俗者，在乎善其政，歡其心；不在乎變其音，極其聲也。

（宋）張載《張載集・正蒙・誠明篇》 誠有是物，則有終有始；僞實不有，何終始之有！故曰不誠無物。

自明誠，由窮理而盡性也；自誠明，由盡性而窮理也。

性者萬物之一源，非有我之得私也。惟大人爲能盡其道，是故立必俱立，知必周知，愛必兼愛，成不獨成。彼自蔽塞而不知順吾理者，則亦末如之何矣。

《二程集・河南程氏經説》卷三《詩解・國風》 亂極思治，人情所然。風者天之動，以興上政；車者人所爲，以興民俗。天氣順則風時，上德修則政舉，法制備則車成，政教衰則民僻，故以興上下焉。匪風，不和之風。匪車，無法之車。發，迅烈。偈，軒輊不定。顧瞻，盼戀思而傷怛也。飄，回旋。嘌，輕摇。弔，傷惘。魚，美好之物，人所欲，興善政人所思。

（明）楊慎《升菴集》卷五《性情説》 《尚書》而下，孟、荀、揚、韓至宋世諸子，言性而不及情。言性情俱者，《易》而已。《易》曰：利貞者，性情也。莊子云：性情不離，安用禮甚矣。莊子之言性情有合于《易》也。許慎曰：性者，人之陽氣，性善者；情者，人之陰氣，有欲者。李善曰：性者，本質也；情者，外染也。班固曰：性者，陽之施；情者，陰之化也。《鈎命決》曰：情生於陰，欲以繫念；性生於陽，欲以理執。陽氣者仁，陰氣者貪。故情有利欲，性有仁也。《禮運記》曰：六情所以扶成五性也。王弼曰：不性其情，何以久行其正，是《易》之所謂利貞也。莊子所謂不離也。故曰君子性其情，小人情其性。性猶水也，情波也。波興則水墊，情熾則性亂。波生于水而害水者，波也。情生于性而害性者，情也。觀于濁水，迷于清淵，小人也。肫肫其仁，淵淵其淵，浩浩其天者，君子也。合之則雙美，離之則兩傷。舉性而遺情，何如？曰：死灰。觸情而忘性，何如？曰：禽獸。古今之言性情者，易盡之矣。莊子之言有合于《易》者也，述性情説。

（明）楊慎《升菴集》卷五《廣性情説》 《書》曰：人心惟危，道心惟微，惟精惟一，允執厥中。人心情也，道心性也。精一執中，約情之偏，而合性之中也。《詩》曰：天生蒸民，有物有則。象謂之物，法謂之則，五性出于五行。金神曰義，木神曰仁，水神曰知，火神曰禮，土神曰信，是五性之物之則也。六情出于六氣，好生于陽，惡生于陰，喜生于風，怒生于雨，樂生于明，哀生于晦，是六情之物之則也。《禮》曰：人生而靜，天之性也，感物而動，情之慾也。天靜曰性，欲動曰情。李槩曰：人之性靜，欲實汩之性也者，所稟於天神識是也，故爲形骸之主情也者。所受於性，嗜慾是也，故爲形骸之役。周子曰：誠無爲幾善惡誠性也，幾情也，性則根柢，情其旁榮側秀，性其枝幹情其寠數寄生也。孟子曰：人之性善。言性也，未及情而言之也。荀子曰：人之性惡。言情也未及性而言之也。揚子曰：人之性善惡混。韓子曰：性有三品，襍性情而爲言也，必若孔子之言而後備曰：性相近也，習相遠也。是合性情言之也，而諸子之説在其中矣。宋儒析性情爲義理氣質之分，似也。而曰孔子之論性乃氣質之性，孟子之論性乃義理之性，力主孟子而陰若不足孔子者，非也。或曰：若子之論性固善矣，則是堯舜無情，桀紂無性也。曰：善哉！子之問。吾盡諭子堯舜非無情，性其情也；桀紂非無性，情其性矣。吾非善子之問爲是也。得子之問，吾説益明，是以善之也。

（明）楊慎《升菴集》卷四二《天生烝民》　古注物象也，則法也。性有象，情有物。五性本於五行，故仁義禮智信，象金木水火土也。六情，本於六氣，故喜怒哀樂愛惡，法乎陰陽風雨晦明也。《孝經援神契》曰：性生於陽，以執理；情生於欲，以繫念。

（清）方苞《方苞集》卷四《序·吴宥函文稿序》　余嘗謂鄉舉里選之制復，則衆議不得不出於公，而或恐士皆飾情以亂俗。嗚呼！是不達於先王所以牖民之道也。凡物矯之久，則性可移，而况人性所固有之善乎？東漢之興，士大夫之厲廉隅而尚奇節者，其初豈不出於矯也哉？然其究，至於毁家亡身而不貳，則亦非人情所能僞矣。揉木以爲輪，雖蔽暴而不復挺者，矯之久以成性也。懸法以驅民於死，其勢甚逆，然秦人行之數世，則其民之冒白刃而捐要領也，若性然。况乎教化之行，其顯者漸民於耳目心志之間，而其微者足以贊化育而密移於性命之際，董子所謂陶冶而成者是也，而反疑其長僞以亂俗，過矣！夫教化既行，其取之也，求以可據之實行，而論之以少長相習之人，猶未必其皆得焉。乃用章句無補之學，試於猝然，而決以一人無憑之見，欲其無失也，能乎哉？

（清）戴震《戴東原集》卷八《原善中》　是故人物生生，本五行陰陽，徵爲形色，其得之也。偏全厚薄，勝負雜糅，能否精粗，清濁昏明，煩煩魂魂，氣衍類滋，廣博襲僢，閎鉅瑣微。形以是形，色以是色，性以是性，咸分於道。以順則煦，以治以逆則毒，性至不同，各如其材。人之材，得天地之全能，通天地之全德。

（清）凌廷堪《校禮堂文集》卷四《雜著一·復禮上》　夫人之所受於天者，性也。性之所固有者，善也。所以復其善者，學也。所以貫其學者，禮也。是故聖人之道，一禮而已矣。孟子曰：契爲司徒，教以人倫，父子有親，君臣有義，夫婦有别，長幼有序，朋友有信。此五者皆吾性之所固有者也。聖人知其然也，因父子之道而制爲士冠之禮，因君臣之道而制爲聘覲之禮，因夫婦之道而制爲士昏之禮，因長幼之道而制爲鄉飲酒之禮，因朋友之道而制爲士相見之禮。自元子以至於庶人，少而習焉，長而安焉。禮之外，别無所謂學也。夫性具於生初，而情則緣性而有者也。性本至中，而情則不能無過不及之偏，非禮以節之，則何以復其性焉。父子當親也，君臣當義也，夫婦當别也，長幼當序也，朋友當信也，五者根於性者也，所謂人倫也。而其所以親之、義之、别之、序之、信之，則必由乎情以達焉者也。非禮以節之，則過者或溢於情，而不及者則漠焉遇之，故曰喜怒哀樂之未發謂之中，發而皆中節謂之和。其中節也，非自能中節也，必有禮以節之，故曰非禮何以復其性焉。是故知父子之當親也，則爲醴醮祝字之文以達焉，其禮非士冠可賅也，而於士冠焉始之。知君臣之當義也，則爲堂廉拜稽之文以達焉，其禮非聘覲可賅也，而於聘覲焉始之。知夫婦之當别也，則爲笄次帨鞶之文以達焉，其禮非士昏可賅也，而於士昏焉始之。知長幼之當序也，則爲盥洗酬酢之文以達焉，其禮非鄉飲酒可賅也，而於鄉飲酒焉始之。知朋友之當信也，則爲雉腒奠授之文以達焉，其禮非士相見可賅也，而於士相見焉始之。《記》曰：禮儀三百，威儀三千。其事蓋不僅父子、君臣、夫婦、長幼、朋友也。即其大者而推之，而百行舉不外乎是矣。其篇亦不僅《士冠》、《聘》、《覲》、《士昏》、《鄉飲酒》、《士相見》也。即其存者而推之，而五禮舉不外乎是矣。良金之在卝也，非築氏之鎔鑄不能爲削焉。非㮚氏之模範不能爲量焉。良材之在山也，非輪人之規矩不能爲轂焉，非輈人之繩墨不能爲輈焉。禮之於性也，亦猶是而已矣。如曰舍禮而可以復性也，是金之爲削，爲量不必待鎔鑄模範也，材之爲轂，爲輈不必待規矩繩墨也。如曰舍禮而可以復性也，必如釋氏之幽深微眇而後可，若猶是聖人之道也，則舍禮奚由哉！蓋性至隱也，而禮則見焉者也。性至微也，而禮則顯焉者也。故曰：莫見乎隱，莫顯乎微，故君子慎其獨也。三代盛王之時，上以禮為教也，下以禮為學也。君子學士冠之禮，自三加以至于受醴，而父子之親油然矣。學聘覲之禮，自受玉以至于親勞，而君臣之義秩然矣。學士昏之禮，自親迎以至于徹饌成禮，而夫婦之别判然矣。學鄉飲酒之禮，自始獻以至于無算爵，而長幼之序井然矣。學士相見之禮，自初見執贄以至于既見還贄，而朋友之信昭然矣。蓋至天下無一人不囿於禮，無一事不依於禮，循循焉日以復其性於禮而不自知也。劉康公曰：民受天地之中以生，所謂命也。是以有動作禮義威儀之則以定命也。故曰：天命之謂性，率性之謂道，修道之謂教。夫其所謂教者，禮也，卽父子有親，君臣有義，夫婦有別，長幼有序，朋友有信是也。故曰：學則三代共之，皆所以明人倫也。

（清）龔自珍《龔定盦全集・定盦續集》卷一《論私》 朝大夫有受朋友之請謁，翌晨，訐其友於朝，獲直聲者，矜其同官曰：某甲可謂大公無私也已。龔子聞之，退而與龔子之徒縱論私義。問曰：敢問私者何所始也？告之曰：天有閏月以處羸縮之度，氣盈朔虛，夏有涼風，冬有燠日，天有私也。地有畸零華離，爲坿庸閒田，地有私也。日月不照人牀闥之內，日月有私也。聖帝哲后，明詔大號，劬勢於在原，咨嗟於在廟，史臣書之。究其所爲之實，亦不過曰：庇我子孫，保我國家而已，何以不愛他人之國家，而愛其國家？何以不庇他人之子孫，而庇其子孫？且夫忠臣憂悲，孝子涕淚，寡妻守雌，扞門戶，保家世，聖哲之所哀，古今之所懿，史冊之所紀，詩歌之所作。忠臣何以不忠他人之君而忠其君？孝子何以不慈他人之親而慈其親？寡妻貞婦何以不公此身於都市乃私自貞，私自葆也。且夫子噲，天下之至公也，以八百年之燕，欲予子之。漢哀帝天下之至公也，高皇帝之艱難，二百祀之增功累胙，帝不愛之，欲以予董賢。由斯以譚，此二主者，其視文武成康、周公豈不聖哉？由斯以譚，孟子車氏，其言天下之私言也，乃曰：人人親其親，長其長，而天下平。且夫墨翟，天下之至公無私也，兼愛無差等，孟子以爲無父。楊朱，天下之至公無私也，拔一毛利天下不爲，豈復有干以私者？豈復舍我而徇人之謁者？孟氏以爲無君。且今之大公無私者，有楊墨之賢耶？楊不爲墨，墨不爲楊，乃今以墨之理濟楊之行；乃宗子噲，肖漢哀；乃議武王、周公，斥孟軻；乃別闢一天地，日月以自處。且夫貍交禽媾，不避人於白晝，無私也。若人則必有閨闥之蔽，房帷之設，枕席之匿，赬頳之拒矣。禽之相交，徑直何私？孰疏孰親，一視無差，尚不知父子，何有朋友？若人則必有孰薄孰厚之氣誼，因有過從讌游，相援相引，款曲燕私之事矣。今曰大公無私，則人耶，則禽耶？《七月》之詩人曰：言私其豵，獻豜于公。先私而後公也。《大田》之詩人曰：雨我公田，遂及我私。《楚茨》之詩人曰：備言燕私。先公而後私也。《采蘋》之詩人曰：被之僮僮，夙夜在公，被之祁祁，薄言還歸。公私並舉之也。《羔羊》之詩人曰：羔羊之皮，素絲五紽，退食自公，委蛇委蛇。公私互舉之也。《論語》記孔子之私覿。乃如吾大夫言，則魯論以私覿孔氏。乃如吾大夫言，《羔羊》之大夫可以誅，《采蘋》之夫人可以廢，《大田》《楚茨》之詩人可以流，《七月》之詩人可以服上刑。

（清）魏源《古微堂内集》卷一《學篇六》 天地之性人爲貴，人之爲道也。敬天地之性而不敢褻，全天地之性而不敢虧。

（清）魏源《古微堂内集》卷一《學篇七》 心爲天君，神明出焉。衆人以物為君，以身爲臣，以心爲使令。故終身役而不知我之何存。聖人以心爲君，以身爲城，以五官爲臣。故外欲不入謂之關，内欲不出謂之局，終身泰然而不知物之可營。

（清）魏源《古微堂内集》卷一《學篇十二》 天地，是非之域也。身心，是非之舍也。智愚賢不肖，是非之果也。古往今來，是非之場壘也。

又： 氣質之性，其猶藥性乎？各有所宜，卽各有所偏，非煅製不能入品，非劑和衆味君臣佐使互相生克，不能調其過不及。故氣質之性，君子有不性者焉。仁義禮智孤行偏發，皆足以僨事。賢智之過，有時與愚不肖相去唯阿。況以利欲濟其氣質，但有不及無太過乎？今夫迂厚剛介寬審，賢者之過也。今世之士，患迂患厚患剛患介患寬患審者幾何人，患俗患薄患柔患濫患隘患犄疏者，則滔滔皆是。求如賢智之過且不可得，矧望其純，德性之用而無氣質之偏耶。非學胡匡，非學胡成。《詩》曰：庶人之愚，亦職維疾。哲人之愚，亦維斯戾。

（清）曾國藩《曾文正公文集》卷八《原才》 風俗之厚薄奚自乎？一二人之心之所嚮而已。民之生，庸弱者，戢戢皆是也。有一二賢且智者，則衆人君之而受命焉，尤智者所君尤衆焉。此一二人者之心向義，則衆人與之赴義；一二人者之心向利，則衆人與之赴利。衆人所趨，勢之所歸，雖有大力，莫之敢逆。故曰：撓萬物者莫疾乎風。風俗之於人之心，始乎微，而終乎不可禦者也。先王之治天下，使賢者皆當路在勢，其風民也皆以義，故道一而俗同。世教既衰，所謂一二人者，不盡在位，彼其心之所嚮，勢不能不騰為口説，而播為聲氣。而衆人者，勢不能不聽命，而蒸為習尚。於是乎徒黨蔚起，而一時之人才出焉。有以仁義倡者，其徒黨亦死仁義而不顧；有以功利倡者，其徒黨亦死功利而不返。水流涇，火就燥，無感不讐，所從來久矣。今之君子之在勢者，輒曰：天下無才。彼自尸于高明之地，不先以己之所嚮，轉移習俗，而陶鑄一世之人。而翻謝曰無才，謂之不誣可乎？否也。十室之邑，有好義之士，其智足以移十人者，必能拔十人中之尤者而材之。其智足以移百人者，必能拔百人中之尤者而材之。然則轉移習俗而陶鑄一世之人，非特處高明之地者然也。凡一命以上，皆與有責焉者也。有國家者，得吾説而存之，則將慎擇與共天位之人；士大夫得吾説而存之，則將惴惴乎謹其心之所嚮，恐一不當，而壞風俗，而賊人才，循是為之，數十年之後，萬一有收其效者乎，非所逆睹已。

（清）康有爲《春秋董氏學·春秋微言大義·因性》　因天地之性情，孔竅之所利。《保位權》。《中庸》謂：率性之謂道。聖人之爲道，亦但因民性之所利而利導之。因孔竅尤精，聖人所以不廢聲色，可謂以人治人也。

（清）康有爲《春秋董氏學·春秋微言大義·明人性之施》　是以，必明其統於施之宜，故知其氣矣，然後能食其志也；知其聲矣，而後能扶其精也；知其行矣，而後能遂其形也；知其物矣，然後能別其情也。故唱而民和之，動而民隨之，是知引其天性所好，而壓其情之所憎者也。如是，則言雖約，説必布矣；事雖小，功必大矣。聲響盛化運於物，散人於理，德在天地，神明休集，并行而不竭，盈於四海而頌聲詠。《書》曰：八音克諧，無相奪倫，神人以和，乃是謂也。故明於情性，乃可與論爲政，不然，雖勞無功。夙夜無寤，思慮惓心，猶不能睹。《正貫》。

引天性之所好，而壓其情之所憎，率性爲之，道不可離。既不可離，故唱而民和，動而民隨。吾向謂，凡道民者，因人情所必趨，物性所不能遁者，其道必行。所謂言雖約，説必布。人之爲道而遠人，不可以爲道。精義妙道，真能發明孔子立教之本也。

（清）梁啓超《飲冰室合集·文集》卷六《霍布士學案》　按霍布士之議論，可謂持之有故，言之成理，如常山之蛇，首尾相應。蓋彼本以人類爲一種無生氣之偶像，常爲情欲所驅，而不能自制。世之所謂道德者，皆空幻而非實相。然則相爭鬭者，必爲自然之順序無疑，既無德義，則去利就害，亦自然之順序。其相約而求和平，亦自然之順序。如是則契約既成，必以威力護持之，亦自然之順序也。使人之本性，而果如霍布士之所言，則其説自固盛水不漏，無有矛盾者。

霍氏所謂人各相競，專謀利己，而不顧他人之害，此即後來達爾文所謂生存競爭優勝劣敗，是動物之公共性，而人類亦所不免也。苟使人類而僅有此性，而絶無所謂道德之念，自由之性，則霍氏之政論，誠可謂完美無憾。惜夫霍氏知其一，不知其二也。然其敍人類中所有實體之理，其功固自不淺。

且霍布士雖不謂人心有自由之性，然以契約爲政治之本，是已知因衆人所欲以立邦國之理，其見可謂極卓。自霍布士倡此説，後之學者襲而衍之，其識想愈高尚，其理論愈精密，以謂人人各以自主之權而行其自由德義，實爲立國之本。以視霍布士所謂出於私慾者，誠戛乎尚矣。雖然民約之義，實祖述霍氏，霍氏亦政學界之功臣哉。

（清）梁啓超《飲冰室合集·專集》卷四《新民説·論私德·私德之必要》　苟欲言道德也，則其本原出於良心之自由，無古無今無中無外，無不同一，是無有新舊之可云也。苟欲行道德也，則因於社會性質之不同，而各有所受，其先哲之微言，祖宗之芳躅，隨此冥然之軀殼，以遺傳於我躬，斯乃一社會之所以爲養也。一旦突然欲以他社會之所養者養我，談何容易耶？竊嘗舉泰西道德之原質而析分之，則見其得自宗教之制裁者若干焉，得其自法律之制裁者若干焉，得自社會名譽之制裁者若干焉。而此三者，在今日之中國能有之乎？吾有以知其必不能也。

雜録

《周易正義·蒙》　䷃坎下艮上。蒙：亨。匪我求童蒙，童蒙求我。初筮告，再、三瀆，瀆則不告。筮，筮者決疑之物也。童蒙之來求我，欲決所惑也。決之不一，不知所從，則復惑也。故初筮則告，再、三則瀆。瀆，蒙也。能爲初筮，其唯二乎？以剛處中，能斷夫疑者也。疏：蒙亨至瀆則不告。正義曰：蒙者，微昧闇弱之名。物皆蒙昧，唯願亨通，故云蒙、亨。匪我求童蒙，童蒙求我者，物既闇弱而意願亨通，即明者不求於闇，即匪我師德之高明往求童蒙之闇，但闇者求明，明者不諮於闇，故云童蒙求我也。初筮告者，初者，發始之辭；筮者，決疑之物。童蒙既來求我，我當以初始一理剖決告之。再、三瀆，瀆則不告者，師若遲疑不定，或再或三，是褻瀆，瀆則不告。童蒙來問，本爲決疑，師若以廣深二義再三之言告之，則童蒙聞之，轉亦瀆亂，故不如不告也。自此以上，解蒙亨之義。順此上事，乃得亨也。故亨文在此事之上也。不云元者，謂時當蒙弱，未有元也。注初筮告。正義曰：初筮則告者，童蒙既來求我，我當以初心所念所筮之義，一理而剖告之。再、三則瀆。瀆，蒙也者，若以棄此初本之意，而猶豫遲疑，岐頭別説，則童蒙之人，聞之褻瀆而煩亂也。故再三則瀆，瀆，蒙也。能爲初筮，其唯二乎者，以《彖》云初筮告，以剛中者，剛而得中，故知是二也。利貞。蒙之所利，乃利正也。夫明莫若聖，昧莫若蒙。蒙以養正，乃聖功也。然則養正以明，失其道矣。疏：利貞。正義曰：貞，正也。言蒙之爲義，利以養正，故《彖》云蒙以養正，乃聖功也。若養正以明，即失其道也。注然則養正以明，失其道。正義曰：然則養正以明，失其道者，言人雖懷聖德，若隱默不言，人則莫測其淺深，不知其大小，所以聖德彌遠而難測矣。若彰顯其德，苟自發明，即人知其所爲，識其淺深。故《明夷》注云明夷莅衆，顯明於外，巧所避是也。此卦，《繫辭》皆以人事明之。

（明）朱武原《禮記通註・中庸》　天命之謂性，性者，人心之生理，無方無體，無窮無盡，自然各足，若有分子不容加損，故曰性。率性之謂道，道者，日用之坦途，無欠無歆，不容擬議，稱性而行，不增不減，舉足便是轉念卽非，故曰道。修道之謂教。教者，當然之成法，以道為準，使之無過無不及，而與之爲一，稱性而行，有倫有要，可知可由，抑其太過，引其不及，任乎天者也，故曰修道之謂教。若言道不言性，言性不言教，則不知性本於天，教成於人，而不合於一，不足以言道也。道也者，不可須臾離也，道兼性教言，後凡言道德，皆指性言道。承天命，謂性卽天也。天體物而不遺，故不可離。可離非道也。此覆説以起下文耳。是故君子戒慎乎其所不覩，恐懼乎其所不聞，不覩不聞者，獨也。戒懼卽慎之實事。莫見乎隱，莫顯乎微，莫見莫顯，天監之明。明，命也。故君子慎其獨也。慎獨卽存心，養性以事天。

（宋）朱熹《四書章句集注・孟子集注・盡心章句上》　孟子曰：無爲其所不爲，無欲其所不欲，如此而已矣。李氏曰：有所不爲不欲，人皆有是心也。至於私意一萌，而不能以禮義制之，則爲所不爲、欲所不欲者多矣。能反是心，則所謂擴充其羞惡之心者，而義不可勝用矣，故曰如此而已矣。

（清）段玉裁《説文解字注》卷一九《心部・情》　情，人之侌氣有欲者。董仲舒曰：情者，人之欲也，人欲之謂情，情非制度不節。《禮記》曰：何謂人情？喜、怒、哀、懼、愛、惡、欲，七者不學而能。《左傳》曰：民有好惡喜怒哀樂，生於六氣。《孝經援神契》曰：性生於陽，以理執，情生於陰，以繫念。从心。青聲。疾盈切，十一部。

《漢書》卷七五《翼奉傳》　上以奉爲中郎，召問奉：來者以善日邪時？孰與邪日善時？奉對曰：師法用辰不用日。辰爲客，時爲主人。見於明主，侍者爲主人。辰正時邪，見者正，侍者邪；辰邪時正，見者邪，侍者正。忠正之見，侍者雖邪，辰時俱正；大邪之見，侍者雖正，辰時俱邪。卽以自知侍者之邪，而時邪辰正，見者反邪；卽以自知侍者之正，而時正辰邪，見者反正。辰爲常事，時爲一行。辰疏而時精，其效同功，必參五觀之，然後可知。故曰：察其所繇，省其進退，參之六合五行，則可以見人性，知人情。難用外察，從中甚明，故詩之爲學，情性而已。五性不相害，六情更興廢。觀性以曆，觀情以律，明主所宜獨用，難與二人共也。故曰：顯諸仁，臧諸用。露之則不神，獨行則自然矣，唯奉能用之，學者莫能行。

（宋）鄭樵《通志》卷九七《列傳・鼂錯》　詔策曰：通於人事終始，愚臣竊以古之三王明之。臣聞三王臣主俱賢，故合謀相輔，計安天下，莫不本於人情。人情莫不欲壽，三王生而不傷也；人情莫不欲富，三王厚而不困也；人情莫不欲安，三王扶而不危也；人情莫不欲逸，三王節其力而不盡也。其爲法令也，合於人情而後行之；其動衆使民也，本於人事然後爲之。取人以己，內怒及人，情之所惡，不以彊人；情之所欲，不以禁民。是以天下樂其政，歸其德，望之若父母，從之若流水；百姓和親，國家安寧，名位不失，施及後世。此明於人情終始之功也。

（清）徐乾學《資治通鑑後編》卷八六《宋紀八六》　丙子，以資政殿學士韓維知陳州。維初赴臨闕庭，太皇太后降手詔勞問，維奏：治天下之道，不必過求高遠，在審人情而已。識人情不難，以己之心推人之情可見矣。大凡人情貧則思富，苦則思樂，勞困則思息，鬱塞則思通。陛下誠能常以利民爲本，則人富矣，常以愛民爲心，則人樂矣。役事之有妨農務者，去之，則勞困息矣。法禁之無益，治道者蠲之，則鬱塞通矣。

《金史》卷一六《宣宗紀下》　參知政事毅夫言：脅從人號忠孝軍，而置沿淮者所爲多不法，請防閑之。上曰：人心無常，顧馭之何如耳。

馭之有術，遠方猶且聽命，況此輩乎？不然，雖左右亦雖防閑。正在廓開大度而已。若是而不能致太平者，命也。

（宋）真德秀《政經》 《詩》云：樂只君子，民之父母。民之所好，好之；民之所惡，惡之；此之謂民之父母。

（漢）劉安《淮南子》卷九《主術訓》 夫民之好善樂正，不待禁誅，而自中法度者，萬無一也。下必行之令，從之者利，逆之者凶，日陰未移，而海內莫不被繩矣。繩，正也。

（漢）班固《白虎通義》卷上《德論上・誅伐》 父殺其子當誅何？以爲天地之性，人爲貴，人皆天所生也，託父母氣而生耳。王者以養長而教之，故父不得專也。《春秋傳》曰：晉侯殺世子申生，不出奔。

（唐）慧能《壇經・般若之智人自有之》 惠能來依此地，與諸寮道俗，亦有累劫之因。教是先聖傳，不是惠能自知，願聞先聖教者，各須淨心，聞了願自除迷，於先代悟惠能大師喚言：善知識！菩提般若之知，世人本自有之，即緣心迷，不能自悟，須求大善知識示道見性。善知識！遇悟即成智。

（唐）慧能《壇經・一切萬法盡在自身中》 一切經書，及諸文字，小大二乘，十二部經，皆因人置，因智惠性故，故然能建立。若無世人，一切萬法，本元不有故知萬法，本因人興；一是經書，因人說有。緣在人中有愚有智，愚爲小人，智爲大人。迷人問於智者，智人與愚人說法，令彼愚者悟解心解，迷人若悟解心開，與大智人無別。故知不悟，即是佛是衆生，一念若悟，即衆生是佛。故知一切萬法，盡在自身中，何不從於自心頓現真如本性。《菩薩戒經》云：我本元自性清净。識心見性，自成佛道。《維摩經》云：即時豁然，還得本心。

（三國魏）曹植《曹子建集》卷八《黃初五年令》 夫遠不可知者，天也。近不可知者，人也。《傳》曰知人則哲，堯猶病諸。諺曰人心不同若其面焉，唯女與小人爲難養也，近之則不遜，遠之則有怨。《詩》云憂心悄悄，慍于群小。自世間人或受寵而背恩，或無故而入叛，違顧左右曠然，無信大嚼者咋斷其舌，右手執斧，左手執鉞，傷夷一身之中，尚有不可信，況於人乎。唯無深瑕潛釁隱過匿愆乃可以爲人。諺曰穀千駑不如養一驢，穀駑養虎大無益也。知韓昭侯之弊，袴良有以也，使臣有三品有可以仁義化者。有可以恩惠驅者，不足以導之，則當以刑罰，復不足以率之，則明所以不畜。故唐堯至仁，不能容無益之子。湯武至聖不能養無益之臣。九折臂知爲良醫，吾知所以待下矣。諸吏各敬爾在位，孤推一槩之平。功之宜賞於疏必與，罪之宜戮在親不赦。此令之行，有若皎日，於獻群臣，其覽之哉。

（清）方苞《方苞集》卷三《論說・原人上》 孔子曰：天地之性，人爲貴。董子曰：人受命於天，固超然異於羣生。非於聖人賢人徵之，於塗人之徵之也；非於塗之人徵之，於至愚極惡之人徵之也。何以謂？聖人賢人爲人子，而能盡其道於親也；爲人臣，而能盡其道於君也；而比俗之人，徇妻子則能竭其力，縱嗜欲則能致其身，此塗之人能爲堯、舜之驗也。婦人之淫，男子之市竊，非失其本心者，莫肯爲也；而有或訐之，則怍於色，怒於言。故禽獸之一其性，有人所不及者矣，而偏且塞者不移也。人之失其性，有禽獸之不若者矣，而正且通者具在也。宋元兇劭之誅也，謂臧質曰：覆載所不容，丈人何爲見哭？唐柳燦臨刑，自詈曰：負國賊死其宜矣！由是觀之，劭之爲子，燦之爲臣，未嘗不明於父子君臣之道也；惟知之而動於惡，故人之罪視禽獸爲有加；惟動於惡而猶知之，故人之性，視禽獸爲可反。孟子曰：人之所以異於禽獸者，幾希！痛哉言乎！非明於天性，豈能自反於人道哉！

（清）梁啓超《飲冰室合集・文集》卷五《中國法理學發達史論》

我國言法制之所由起，大率謂應於社會之需要而不容已，此儒墨法三家之所同也，今剌取其學說比較之。

一、儒家

《荀子・禮論篇》：人生而有欲，欲而不得，則不能無求，求而無度量分界，則不能不爭，爭則亂，亂則窮，先王惡其亂也。故制禮義以分之，以養人之欲，給人之求，使欲必不窮乎物，物必不屈於欲，兩者相持而長，是禮之起也。故禮者養也。

又，《王制篇》：水火有氣而無生，草木有生而無知，禽獸有知而無義，人有氣有生有知亦且有義，故最爲天下貴也，力不若牛，走不若馬，而牛馬爲用何也。曰人能羣，彼不能羣故也，人何以能羣？曰分，分何以能行，曰義，故義以分則和，（楊注，言分義相須也。）和則一，一則多力，多力則強，強則勝物，（中略）故人生不有無羣，羣而無分則爭。爭則亂。亂則離，離則弱，弱則不能勝物，君者善羣者也。

又，《富國篇》：人倫並處，（楊注，倫類也）同求而異道，同欲而異知，生也，皆有可也，知愚同，所可異也，知愚分，（楊注，可者遂其意之謂也。）勢同而知異，行私而無禍，縱欲而不窮，則民心奮而不可説也，如是則知者未得治也，知者未得治，則功名未成也，功名未成，則羣衆未縣也，案縣同懸，謂懸隔也。）羣衆未縣，則君臣未立也，無君以制臣，無上以制下。天下害生縱欲，欲惡同物，欲多而物寡，寡則必爭矣，（中略）離居不相待則窮，羣而無分則爭，窮者患也。爭者禍也。救患除禍，則莫若明分使羣矣。

二、墨家

《墨子・尚同篇上》：古者民始生未有刑政之時，蓋其語人異義，是以一人則一義，二人則二義，十人則十義。其人茲衆，其所謂義者亦茲衆。（案茲同滋益也。）是以人是其義以非人之義，故交相非也，是以內者父子兄弟作怨惡，離散不能相和合，天下之百姓。皆以水火毒藥相虧害，至有餘力不能以相勞，腐朽餘財，不以相分，隱匿良道，不以相教，天下之亂，若禽獸然。明夫天下之亂，生於無政長，是故選天下之賢可者，立以爲天子。（中略）天子惟能壹同天下之義，是以天下治也。

荀子之所謂禮所謂義，墨子之所謂義，其實皆法也。蓋荀子言禮而與度量分界相麗，言義而與分相麗，墨子官義而與刑政相麗，度量分界也，刑政也，皆法之作用也。

三、法家

《管子・君臣篇下》：古者未有君臣上下之别，未有夫婦妃匹之合，獸處羣居，以力相征，於是智者詐愚，強者凌弱，老幼孤獨，不得其所，故智者假衆力以禁強虐而暴人止，爲民興利除害，正民之德而民師之。（中略）名物處違是非之分，則賞罰行矣；上下設民生體，而國都立矣。是故國之所以爲國者，民體以爲國，君之所以爲君者，賞罰以爲君。

《商君書・君臣篇》：古者未有君臣上下之時，民亂而不治，是以聖人列貴賤，制節爵位，立名號，以别君臣上下之義；地廣民衆萬物多，故分五官而守之；民衆而姦邪生，故立法制爲度量以禁之。

又，《開塞篇》：天地設而民生之，當此之時也。民知其母而不知其父，其道親親而愛私，親親則别，愛私則險，同生衆，而以别險爲務，則有亂。當此之時，民務勝而力征。負勝則爭，力征則訟，訟而無正，則莫得其性也。故賢者立中，設無私，而民日仁。當此時也，親親廢上賢立矣。凡仁者以愛利爲道，而賢者以相出爲務，民衆而無制，久而相出爲道則有亂，故聖人承之，作爲土地貨財男女之分，定而無制不可，故立禁，禁立而莫之司不可，故立官，官設而莫之一不可，故立君，既立其君則上賢廢而貴貴立矣。

《韓非子・五蠹篇》：古者丈夫不耕，草木之實足食也；婦女不織，禽獸之皮足衣也。不事力而養足，人民少而財有餘，故民不爭，是以厚賞不行，重罰不用，而民自治。今人有五子不爲多，子又有五字，大父未死而有二十五孫，是以人民衆而貨財寡，事力勞而供養薄，故民爭，雖倍賞累罰而不免於亂。

性善惡説分部

論説

《尚書正義・周書・洪範》五，皇極。皇建其有極，太中之道，大立其有中，謂行九疇之義。斂時五福，用敷錫厥庶民。斂是五福之道以爲教，用布與衆民使慕之。惟時厥庶民于汝極，錫汝保極。君上有五福之教，衆民於君取中，與君以安中之善。言從化。凡厥庶民，無有淫朋，人無有比德，惟皇作極。民有安中之善，則無淫過朋黨之惡、比周之德，爲天下皆大爲中正。比，毗志反，注同。疏：五皇極至作極。正義曰：皇，大也。極，中也。施政教，治下民，當使大得其中，無有邪僻。故演之云，大中者，人君爲民之主，當大自立其有中之道，以施教於民。當先敬用五事，以斂聚五福之道，用此爲教，布與衆民，使衆民慕而行之。在上能教如此，惟是其衆民皆效上所爲，無不於汝人君取其中道而行。積久漸以成性，乃更與汝人君以安中之道。言皆化也。若能化如是，凡其衆民無有淫過朋黨之行，人無有惡相阿比之德，惟皆大爲中止之道。言天下衆民盡得中也。傳大中至之義。正義曰：此疇以大中爲名，故演其大中之義。大中之道，大立其有中，欲使人主先自立其大中，乃以大中教民也。凡行不迂僻則謂之中，《中庸》所謂從容中道，《論語》允執其中，皆謂此也。九疇爲德，皆求大中，是爲善之揔，故云謂行九疇之義，言九疇之義皆求得中，非獨此疇求大中也。此大中是人君之大行，故特敍以爲一疇耳。傳斂是至慕之。正義曰：五福生於五事，五事得中，則福報之。斂是五福之道，指其敬用五事也。用五事得中，則各得其福，其福乃散於五處，不相集聚。若能五事皆敬，則五福集來歸之。普敬五事，則是斂聚五福之道。以此敬五事爲教，布與衆民，使衆民勸慕爲之。福在幽冥，無形可見，敬用五事，則能致之，斂是五福，正是敬用五事。不言敬用五事以教，而云斂是五福以爲教者，福是善之見者，故言福以勸民，欲其慕而行善也。汝者，箕子汝王也。傳君上至從化。正義曰：凡人皆有善性，善不能自成，必須人君教之，乃得爲善。君上有五福之教，以大中教民，衆民於君取中。保訓安也，既學得中，則其心安之。君以大中教民，民以大中嚮君，是民與君皆以大中之善。君有大中，民亦有大中，言從君化也。傳民有至中正。正義曰：民有安中之善，非中不與爲交，安中之人則無淫過朋黨之惡，無有比周之德。朋黨、比周是不中者。善多惡少，則惡亦化而爲善，無復有不中之人，惟天下皆大爲中正矣。

（漢）韓嬰《韓詩外傳》卷九　賢士不以恥食，不以辱得。《老子》曰：名與身孰親？身與貨孰多？得與亡孰病？是故甚愛必大費，多藏必厚亡。知足不辱，知止不殆，可以長久。大成若缺，其用不敝。大盈若沖，其用不窮。大直若詘，大辯若訥，大巧若拙，其用不屈。罪莫大於多欲，禍莫大於不知足，咎莫憯於欲得。故知足之足常足矣。

《禮記正義·禮運》　何謂人情？喜、怒、哀、懼、愛、惡、欲，七者弗學而能。何謂人義？父慈、子孝、兄良、弟弟、夫義、婦聽、長惠、幼順、君仁、臣忠，十者謂之人義。講信脩睦，謂之人利，爭奪相殺，謂之人患。極言人事。惡，烏路反，下皆同。弟弟，上如字，下音悌。長，丁丈反。爭，爭鬬之爭。故聖人之所以治人七情，脩十義，講信脩睦，尚辭讓，去爭奪，舍禮何以治之？唯禮可耳。飲食男女，人之大欲存焉。死亡貧苦，人之大惡存焉。故欲惡者，心之大端也。人藏其心，不可測度也。美惡皆在其心，不見其色也。欲一以窮之，舍禮何以哉！言人情之難知，明禮之重。度，大洛反。見，賢遍反。

疏：何謂至以哉。正義曰：此一節以上經情義利患四者，聖人皆知之，能有天下，故此覆釋情義利患必須禮以治之，又明人之欲惡在心難知，若其舍禮，無由可化。喜、怒、哀、懼、愛、惡、欲者，案昭二十五年《左傳》云：天有六氣在人爲六情，謂喜、怒、哀、樂、好、惡，此之喜怒及哀惡與彼同也。此云欲則彼云樂也。此云愛則彼好也，謂六情之外，增一懼，而爲七。熊氏云：懼則怒中之小別，以見怒而怖懼耳。六氣，謂陰、陽、風、雨、晦、明也。按彼傳云：喜生於風，怒生於雨，哀生於晦，樂生於明，好生於陽，惡生於陰，其義可知也。何謂人義？父慈、子孝、兄良、弟弟、夫義、婦聽、長惠、幼順、君仁、臣忠者。此文先從親者爲始，以漸至疏，故長幼在後，君臣處末。按昭二十六年《左傳》云：君令、臣共、父慈、子孝、兄愛、弟敬、夫和、妻柔、姑慈、婦聽，與此大同。兄愛即此兄良也，弟敬即此弟弟也，夫和即此夫義也，故彼云夫和而義，妻柔即此婦聽也，君令即此君仁也，以仁恩而號令，臣共即此臣忠也。又隱三年《左傳》云：君義、臣行、父慈、子孝、兄愛、弟敬。義亦同。但《傳》之二文，皆以國家之事言之，故先君臣，後父子，但異人之說，既有多少，不皆同也。治人七情，脩十義，講信脩睦者，七情好惡不定，故云治。十義俱是義事，故云脩。信是深隱，故須講。睦恐乖離，故云脩。各隨事立文也。欲惡者，心之大端也者。端，謂頭緒。飲食男女，是人心所欲之大端緒也。死亡貧苦，是人心所惡之大端緒也。人藏其心，不可測度者，言人深心厚貌，内外乖違，包藏欲惡之心，既無形體，不可測度而知，故美惡皆在其心，外邊不見其色。欲一窮之，舍禮何以哉者，一，謂專一。窮，謂窮盡，言人君欲誠慤專一，窮盡人美惡之情，若舍去其禮，更將何事以知之哉！禮所以知人心者，有事於中心，貌必見於外。若七情美善，十義流行，則舉動無不合禮。若七情違辟，十義虧損，則動作皆失其法，故云：舍禮何以哉！

（清）孫希旦《禮記集解·禮運》　飲食男女，人之大欲存焉。死亡貧苦，人之大惡存焉。故欲惡者，心之大端也。人藏其心，不可測度也。美惡皆在其心，不見其色也。欲一以窮之，舍禮何以哉！《釋文》：度，大洛反。見，賢遍反。

馬氏晞孟曰：莫非欲也，而飲食男女，欲之甚也，故曰大欲。莫非惡也，而死亡貧苦，惡之甚也，故曰大惡。喜、怒、哀、懼、愛、惡、欲，皆所謂情，而情之所本，尤在於欲惡，故曰心之大端。愚謂情者，心之所發，心者，情之所具。情雖有七，而喜也，愛也，皆欲之别也；怒也，哀也，懼也，皆惡之别也。故情七而欲惡可以該之，故曰欲惡者，心之大端也。人心之欲惡不可見，而惟禮可以窮之。蓋見其所爲之合禮，則知其情之美矣；見其所爲之悖禮，則知其情之惡矣。窮之而後能治之，情治則人義無不偝，信睦之風敦，而爭奪之患息矣。

《禮記·樂記》 凡音之起，由人心生也。人心之動，物使之然也。感於物而動，故形於聲。聲相應，故生變，變成方，謂之音。比音而樂之，及干戚羽旄，謂之樂。樂者，音之所由生也，其本在人心之感於物也。是故其哀心感者，其聲噍以殺；其樂心感者，其聲嘽以緩；其喜心感者，其聲發以散；其怒心感者，其聲粗以厲；其敬心感者，其聲直以廉；其愛心感者，其聲和以柔。六者非性也，感於物而後動。是故先王慎所以感之者。故禮以道其志，樂以和其聲，政以一其行，刑以防其姦。禮樂刑政，其極一也，所以同民心而出治道也。凡音者，生人心者也。情動於中，故形於聲，聲成文，謂之音。是故治世之音，安以樂，其政和；亂世之音，怨以怒，其政乖；亡國之音，哀以思，其民困。聲音之道與政通矣。宫爲君，商爲臣，角爲民，徵爲事，羽爲物。五者不亂，則無怗懘之音矣。宫亂則荒，其君驕；商亂則陂，其官壞；角亂則憂，其民怨；徵亂則哀，其事勤；羽亂則危，其財匱。五者皆亂，迭相陵，謂之慢。如此則國之滅亡無日矣。鄭衛之音，亂世之音也，比於慢矣。桑間、濮上之音，亡國之音也，其政散，其民流，誣上行私而不可止也。凡音者，生於人心者也。樂者，通倫理者也。是故知聲而不知音者，禽獸是也。知音而不知樂者，衆庶是也。唯君子爲能知樂。是故審聲以知音，審音以知樂，審樂以知政，而治道備矣。是故不知聲者不可與言音，不知音者不可與言樂，知樂則幾於禮矣。禮樂皆得，謂之有德。德者，得也。是故樂之隆，非極音也。食饗之禮，非致味也。《清廟》之瑟，朱弦而疏越，壹倡而三歎，有遺音者矣。大饗之禮，尚玄酒而俎腥魚，大羹不和，有遺味者矣。是故先王之制禮樂也，非以極口腹耳目之欲也，將以教民平好惡而反人道之正也。人生而静，天之性也。感於物而動，性之欲也。物至知知，然後好惡形焉。好惡無節於内，知誘於外，不能反躬，天理滅矣。夫物之感人無窮，而人之好惡無節，則是物至而人化物也。人化物也者，滅天理而窮人欲者也。於是有悖逆詐僞之心，有淫泆作亂之事。是故强者脅弱，衆者暴寡，知者詐愚，勇者苦怯，疾病不養，老幼孤獨不得其所。此大亂之道也。是故先王之制禮樂，人爲之節。衰麻哭泣，所以節喪紀也。鍾鼓干戚，所以和安樂也。昏姻冠笄，所以别男女也。射鄉食饗，所以正交接也。禮節民心，樂和民聲，政以行之，刑以防之。禮樂刑政，四達而不悖，則王道備矣。

（清）孫希旦《禮記集解·樂記》 人生而静，天之性也。感於物而動，性之欲也。物至知知，然後好惡形焉。好惡無節於内，知誘於外，不能反躬，天理滅矣。夫物之感人無窮，而人之好惡無節，則是物至而人化物也。人化物也者，滅天理而窮人欲者也。於是有悖逆詐僞之心，有淫泆作亂之事。是故强者脅弱，衆者暴寡，知者詐愚，勇者苦怯，疾病不養，老幼孤獨不得其所。此大亂之道也。《釋文》：泆音逸。知者，音智。

朱子曰：人生而静，天之性也，感於物而動，性之欲也，何也？曰：此言性情之妙，人之所生而有者也。蓋人受天地之中以生，其未感也，純粹至善，萬理具焉，所謂性也。然人有是性卽有是形，有是形卽有是心，而不能無感於物，感於物而動，則性之欲者出焉，而善惡於是乎分矣。性之欲，卽所謂情也。物至知知，然後好惡形焉，何也？曰：上言性、情之别，此指情之動處爲言，而性在其中也。物至而知知之者，心之感。好之惡之者，情也。形焉者，其動也。所以好惡而有自然之節者，性也。好惡無節於内，知誘於外，不能反躬，天理滅矣，何也？曰：此言情之所以流，而性之所以失也。好惡本有自然之節，唯其不自覺知，無所涵養，而大本不立，是以天則不明於内，外物又從而誘之，此所以流濫放逸而不自知也。苟能於此覺其所以然者，而反躬以求之，則其流也庶乎其可制矣。不能如是，而唯情是徇，則人欲熾盛而天理滅息，尚何難之有哉！此一節，明天理人欲之機，間不容息處，唯其反躬自審，念念不忘，則天理益明，存養自固，而外誘不能奪矣。夫物之感人無窮，而人之好惡無節，則是物至而人化物也。人化物也者，滅天理而窮人欲者也，何也？曰：上言情之所以流，此則以其流之甚而不反者言之也。好惡之節，天之所以與我也，而至於無節；宰制萬物，人之所以爲貴也，而反化於物。天理唯恐其存之不至也，而反滅之；人欲唯恐其制之不力也，而反窮之。則人之所以爲人者，至是盡矣。然天理秉彝，終非可殄滅者，雖化物窮欲，至於此極，苟能反躬以求，則天理之本然者初未嘗滅也。但習染之深，難覺而易昧，難反而易流，非厲知恥之勇，而致百倍之功，則不足以復其初爾。又曰：人生而静以上不容説。人生而静以上，卽是人物未生時，只可謂之理，説性不得，此程子所謂在天曰命也。纔説性時，便已不是性，纔謂之性，便是人生以後，此理已墮在形氣中，不全是性之本體矣，此程子所謂在人曰性也。然性之本體，原未嘗離，亦未嘗雜，要人就上面見得其本體耳。性不可形容，善言性者，不過即其發見之端言之，而性之理固可默識矣，如孟子言性善與四端是也。又曰：物至知知，上知字是體，下知字是用。又曰：物之誘人固無窮，然亦是自家好惡無節，所以被物誘去。若是自有主宰，如何被誘去？愚謂上文言先王之制禮樂，所以教人平好惡而反人道之正，此節又以人之好惡本於性而流於情者言之。蓋人之好惡之失，乃大亂之所由起，此禮樂之所以不可不作也。

《禮記・大學》 大學之道在明明德，在親民，在止於至善。知止而後有定，定而後能静，静而後能安，安而後能慮，慮而後能得。物有本末，事有終始，知所先後，則近道矣。古之欲明明德於天下者先治其國，欲治其國者先齊其家，欲齊其家者先脩其身，欲脩其身者先正其心，欲正其心者先誠其意，欲誠其意者先致其知，致知在格物。物格而後知至，知至而後意誠，意誠而後心正，心正而後身脩，身脩而後家齊，家齊而後國治，國治而後天下平。

自天子以至於庶人，壹是皆以脩身爲本。其本亂而末治者，否矣。其所厚者薄，而其所薄者厚，未之有也。此謂知本，此謂知之至也。

所謂誠其意者，毋自欺也，如惡惡臭，如好好色。此之謂自謙，故君子必慎其獨也。小人閒居爲不善，無所不至，見君子而後厭然揜其不善而著其善，人之視己如見其肺肝然，則何益矣。此謂誠於中，形於外，故君子必慎其獨也。曾子曰：十目所視，十手所指，其嚴乎！富潤屋，德潤身，心廣體胖，故君子必誠其意。

《詩》云：瞻彼淇澳，菉竹猗猗，有斐君子，如切如磋，如琢如磨。瑟兮僩兮，赫兮喧兮，有斐君子，終不可諠兮。如切如磋者，道學也。如琢如磨者，自脩也。瑟兮僩兮者，恂慄也。赫兮喧兮者，威儀也。有斐君子終不可諠兮者，道盛德至善，民之不能忘也。《詩》云：於戲前王不忘。君子賢其賢而親其親，小人樂其樂而利其利，此以没世不忘也。《康誥》曰克明德，《大甲》曰顧諟天之明命，《帝典》曰克明峻德，皆自明也。湯之《盤銘》曰：苟日新，日日新，又日新。《康誥》曰：作新民。《詩》曰：周雖舊邦，其命惟新。是故君子無所不用其極。《詩》云：邦畿千里，惟民所止。《詩》云：緡蠻黄鳥，止於丘隅。子曰：於止，知其所止，可以人而不如鳥乎？《詩》云：穆穆文王，於緝熙敬止。爲人君止於仁，爲人臣止於敬，爲人子止於孝，爲人父止於慈，與國人交止於信。子曰：聽訟，吾猶人也，必也使無訟乎！無情者不得盡其辭，大畏民志，此謂知本。

所謂脩身在正其心者，身有所忿懥則不得其正，有所恐懼則不得其正，有所好樂則不得其正，有所憂患則不得其正。心不在焉，視而不見，聽而不聞，食而不知其味。此謂脩身在正其心。

所謂齊其家在脩其身者，人之其所親愛而辟焉，之其所賤惡而辟焉，之其所畏敬而辟焉，之其所哀矜而辟焉，之其所敖惰而辟焉，故好而知其惡，惡而知其美者，天下鮮矣。故諺有之曰：人莫知其子之惡，莫知其苗之碩。此謂身不脩不可以齊其家。

所謂治國必先齊其家者，其家不可教而能教人者無之，故君子不出家而成教於國。孝者所以事君也，弟者所以事長也，慈者所以使衆也。《康誥》曰：如保赤子。心誠求之，雖不中不遠矣。未有學養子而後嫁者也。一家仁，一國興仁；一家讓，一國興讓；一人貪戾，一國作亂。其機如此。此謂一言僨事，一人定國。堯舜率天下以仁而民從之，桀紂率天下以暴而民從之，其所令反其所好而民不從。是故君子有諸己而後求諸人，無諸己而後非諸人，所藏乎身不恕而能喻諸人者，未之有也。故治國在齊其家。《詩》云：桃之夭夭，其葉蓁蓁。之子于歸，宜其家人。宜其家人而後可以教國人。《詩》云：宜兄宜弟。宜兄宜弟而後可以教國人。《詩》云：其儀不忒，正是四國。其爲父子兄弟足法而後民法之也。此謂治國在齊其家。

所謂平天下在治其國者，上老老而民興孝，上長長而民興弟，上恤孤而民不倍，是以君子有絜矩之道也。所惡於上毋以使下，所惡於下毋以事上，所惡於前毋以先後，所惡於後毋以從前，所惡於右毋以交於左，所惡於左毋以交於右，此之謂絜矩之道。《詩》云：樂只君子，民之父母。民之所好好之，民之所惡惡之，此之謂民之父母。《詩》云：節彼南山，維石巖巖。赫赫師尹，民具爾瞻。有國者不可以不慎，辟則爲天下僇矣。

《詩》云：殷之未喪師，克配上帝。儀監于殷，峻命不易。道得衆則得國，失衆則失國。是故君子先慎乎德。有德此有人，有人此有土，有土此有財，有財此有用。德者本也，財者末也。外本内末，争民施奪。是故財聚則民散，財散則民聚。是故言悖而出者亦悖而入，貨悖而入者亦悖而出。《康誥》曰：惟命不于常。道善則得之，不善則失之矣。《楚書》曰：楚國無以爲寶，惟善以爲寶。舅犯曰：亡人無以爲寶，仁親以爲寶。《泰誓》曰：若有一介臣，斷斷兮，無他技；其心休休焉，其如有容焉。人之有技，若己有之；人之彦聖，其心好之，不啻若自其口出，寔能容之。以能保我子孫黎民，尚亦有利哉！人之有技，媢嫉以惡之；人之彦聖，而違之，俾不通，寔不能容。以不能保我子孫黎民，亦曰殆哉！唯仁人放流之，迸諸四夷，不與同中國。以謂唯仁人爲能愛人，能惡人。見賢而不能舉，舉而不能先，命也。見不善而不能退，退而不能遠，過也。好人之所惡，惡人之所好，是謂拂人之性，菑必逮夫身。是故君子有大道，必忠信以得之，驕泰以失之。生財有大道，生之者衆，食之者寡，爲之者疾，用之者舒，則財恒足矣。仁者以財發身，不仁者以身發財。未有上好仁而下不好義者也，未有好義其事不終者也，未有府庫財非其財者也。孟獻子曰：畜馬乘不察於雞豚，伐冰之家不畜牛羊，百乘之家不畜聚斂之臣，與其有聚斂之臣，寧有盗臣。此謂國不以利爲利，以義爲利也。長國家而務財用者，必自小人矣。彼爲善之，小人之使爲國家，菑害並至，雖有善者亦無如之何矣。此謂國不以利爲利，以義爲利也。

（清）蘇輿《春秋繁露義證》卷五《盟會》

至意雖難喻，蓋聖人者貴除天下之患。世日積而天下之患多，聖人先除其患，患除而利生矣。《荀子・不苟篇》國亂而治之者，非案亂而治之之謂也，去亂而被之以治。人汙而修之者，非案汙而修之之謂也，去汙而易之以修。故去亂而非治亂也，去汙而非修汙也。《大畧篇》云：天子卽位，上卿進曰：如之何憂之長也？能除患則爲福，不能除患則爲禍。貴除天下之患，故《春秋》重，而書天下之患徧矣。言書天下之患詳也。盧本徧作偏。今從凌本。

以爲本於見天下之所以致患，其意欲以除天下之患，何謂哉？見天下之所以致患，示鑒而已，欲以除患，則撥亂反正之義。官本云：他本無之字。天下者無患，然後性可善；性本有善端，先滌其奇衰，然後養育之道正，可以永葆其善。凌云：者字當在何謂上。性可善，然後清廉之化流；清廉之化流，然後王道舉。禮樂興，其心在此矣。《傳》曰：諸侯相聚而盟。官本云：他本盟作明。君子修國曰：此將率爲也哉。俞云：修國二字，當在也哉之上。君子曰此將率爲修國也哉，言將相率而修治其國也。上文曰：以爲本於見天下之所以致患，其意欲以除天下之患。夫諸侯相聚而盟，固欲相率而治其國，其意本以除天下之患，而天下所以致患，卽在於此。此《春秋》所以善胥命也。修國二字誤倒在上，則文不可通。輿案：修國，疑當作修之。君子修之者，聖人之意也。語見莊七年《傳》。率，疑奚之誤，言世衰道喪，而後有聚盟之事。桓三年《傳》：古者不盟，結言而退。《穀梁》隱八年《傳》：誥誓不及五帝，盟詛不及三王，交質子不及二伯。此云將奚爲者，亦《春秋》譏參盟意也。僖三年何注：桓公功德隆盛，諸侯咸曰：無言不從，曷爲用盟哉？《重政篇》云：君子之所甚惡也，奚以爲哉？語意正同。或云：君子修國，亦通。言君子治國不用此也。是以君子以天下爲憂也，患乃至於弑君三十六，天啟本六作一，凌本同。亡國五十二，細惡不絶之所致也。相聚而盟，不與弑君亡國相期也。自君子觀之，患乃伏於彼，微矣哉。語亦見《王道篇》。辭已喻矣，除患之辭已喻，乃進而正天下。故曰：立義以明尊卑之分，强幹弱枝以明大小之職；《尚書大傳》諸侯之義，非天子之命，不得動衆起兵殺不義者，所以强幹弱枝，尊天子，卑諸侯也。《白虎通・誅伐篇》同。《春秋漢含孳》：强幹弱流天之道。宋注：流，猶枝也。賈誼《陳政事疏》：令海内之勢，如身之使臂，臂之使指，莫不制從。諸侯之君，不敢有異心，輻輳而歸命天子。太史公《漢興以来諸侯王年表序》云：漢郡八九十，形錯諸侯間，犬牙相臨，秉其阨塞地形，彊本幹，弱枝葉之道也，尊卑明而萬事各得其所矣。竝本《春秋》義。别嫌疑之行，以明正世之義；正世之義，亦見《王道篇》。采摭託意，以矯失禮。采摭古人之行事，貶之褒之，於受者之身無與也。託意微眇，矯來者之失禮耳。善無小而不舉，惡無小而不去，以純其美。舉小善使之擴充，去小惡絶其萌芽。《新語・術事篇》：《春秋》上不及五帝，下不及三王，述齊桓晉文之小善，魯之十二公，至今之爲政，足以知成敗之效，何必於三王。别賢不肖以明其尊。親近以來遠，語亦見《王道》及《十指篇》。因其國而容天下，雖有内外之分，而無相殘之見。語亦見《俞序篇》。天啟本注云：因，亦作自。名倫等物不失其理。見《精華篇》。公心以是非，賞善誅惡而王澤洽，始於除患，正一而萬物備。始於除患，終於反正。《荀子・不苟篇》：千人萬人之情，一人之情是也。又云：推禮義之統，分是非之分，總天下之要，治天下之衆，若使一人。故操彌約而事彌大。五寸之矩，盡天下之方也。故君子不下室堂，而海内之情舉積此者，則操術然也。故曰大矣哉其號，大矣哉《春秋》之名號。天啟本號作別。兩言而管天下。此之謂也。兩言，謂褒貶管鍵也。《荀子·儒效篇》：聖人者，道之管也，天下之道管是也，百王之道一是矣。

（宋）朱熹《四書章句集注·孟子集注·孟子序説》　人性上不可添一物，堯舜所以為萬世法，亦是率性而已。所謂率性，循天理是也。外邊用計用數，假饒立得功業，只是人欲之私，與聖賢作處，天地懸隔。

（宋）朱熹《四書章句集注·孟子集注·梁惠王章句下》　王曰：寡人有疾，寡人好色。對曰：昔者大王好色，愛厥妃。詩云：古公亶甫，來朝走馬，率西水滸，至于岐下。爰及姜女，聿來胥宇。當是時也，內無怨女，外無曠夫，王如好色，與百姓同之，于王何有？大，音泰。王又言此者，好色則心志蠱惑，用度奢侈，而不能行王政也。大王，公劉九世孫。《詩·大雅·綿》之篇也。古公，大王之本號，後乃追尊為大王也。亶甫，大王名也。來朝走馬，避狄人之難也。率，循也。滸，水涯也。岐下，岐山之下也。姜女，大王之妃也。胥，相也。宇，居也。曠，空也。無怨曠者，是大王好色，而能推己之心以民也。楊氏曰：孟子與人君言，皆所以擴充其善心而格其非心，不止就事論事。若使爲人臣者，論事每如此，豈不能堯舜其君乎？愚謂此篇自首章至此，大意皆同。蓋鐘鼓、苑囿、遊觀之樂，與夫好勇、好貨、好色之心，皆天理之所有，而人情之所不能無者。然天理人欲，同行異情。循理而公於天下者，聖人之所以盡於性也；縱欲而私其一己者，衆人之所以滅其天也。二者之間，不能以髪，而其是非得失之歸，相去遠矣。故孟子因時君之問，而剖析於幾之際，皆所以遏人欲而存天理。其法似疏而實密，其事似易而實難。學者以身體之，則有以識其非曲學阿世之言，而知所以克己復禮之端矣。

（清）焦循《孟子正義·公孫丑章句上》　孟子曰：人皆有不忍人之心。注：言人人皆有不忍加惡於人之心也。先王有不忍人之心，斯有不忍人之政矣；以不忍人之心，行不忍人之政，治天下可運之掌上。注：先聖王推不忍害人之心，以行不忍傷民之政，以是治天下，易於轉丸於掌上也。疏：注易於轉丸於掌上。正義曰：《説文》丸部云：丸，圜也。傾側而轉者。置丸掌上，其轉易易也。所以謂人皆有不忍人之心者，今人乍見孺子將入於井，皆有怵惕惻隱之心，非所以內交於孺子之父母也，非所以要譽於鄉黨朋友也，非惡其聲而然也。注：乍，暫也。孺子，未有知小子也。所以言人皆有是心，凡人暫見小小孺子將入井，賢愚皆有驚駭之情，情發於中，非爲人也，非惡有不仁之聲名，故怵惕也。疏：注乍暫至怵惕也。正義曰：僖公三十三年《公羊傳》云詐戰不日，注云：詐，卒也。《廣雅·釋詁》云：暫，猝也。《釋言》云：乍，暫也。乍與詐通，卒與猝通。乍、暫、卒三字轉注也。《説文》子部云：孺，乳子也。劉熙《釋名·釋長幼》云：兒始能行曰孺子。孺，濡也。言濡弱也。《禮記·内則》云孺子蚤寢晏起，注云：孺子，小子也。始能行而尚無知識，不知井之溺人，故將入井也。《國語·周語》芮良夫云猶曰怵惕懼怨之來也，注云：怵惕，恐懼也。《文選·東京賦》云猶怵惕於一夫，薛綜注云：惕，驚也。驚卽駭，驚駭猶恐懼也。趙氏解《梁惠王上篇》隱其無罪爲痛，《説文》心部云：惻，痛也。《漢書·鮑宣傳》云豈有肯加惻隱於細民，注云：惻、隱，皆痛也。然則怵惕惻隱，謂驚懼其入井，又哀痛其入井也。以隱之義已見前經文，下亦自申明之，言惻隱爲仁，故略之耳。《音義》云：內，本亦作納。納交於孺子之父母，要譽於鄉黨朋友，皆爲人之事，故統之云非為人也。孔本作發於中非為其人也，無情字，有其字。《呂氏春秋·過理篇》云臣聞其聲，《淮南子·修務訓》云聲施千里，高誘注並云：聲，名也。《禮記·表記》云先王謚以尊名，注云：名者，謂聲譽也。故以名釋聲。由是觀之：無惻隱之心，非人也；無羞惡之心，非人也；無辭讓之心，非人也；無是非之心，非人也。注：言無此四者，當若禽獸，非人心耳。爲人則有之矣，凡人但不能演用爲行耳。疏：注言此至行耳。正義曰：孟子道性善，謂人之性皆善，禽獸之性則不善也。禽獸之性不善，故無此四者。禽獸無此四者，以其非人之心也。若爲人之心，無論賢愚，則皆有之矣。孟子四言非人，乃極言人心必有此四者。趙氏此注，深得孟子之指，不愧通儒。《三國志·鍾繇傳》注引《先賢行狀》，李膺謂鍾覲曰：孟子以爲人無好惡是非之心非人也。《禮記·曲禮》注引《孟子》人無是非之心非人也。孔氏正義兼引人無惻隱之心非人也，人無是非之心非人也，於句首俱加人字。則四稱非人，竟爲指斥罵詈之辭，非孟子義。趙氏云：人但不能演用爲行，正申明人必有此心，惟禽獸無之耳。惻隱之心，仁之端也。羞惡之心，義之端也。辭讓之心，禮之端也。是非之心，智之端也。注：端者，首也。人皆有仁義禮智之首，可引用之。疏：注端首至用之。正義曰：《儀禮·鄉射禮》注云：序端，東序頭也。頭，首也。故端爲首。端與耑通。説文耑部云：耑，物初生之題也。題亦頭也，故《考工記》輪人鑿端，注云內題方有頭，可由此推及全體。惠氏士奇《大學説》云：《大學》致知，《中庸》致曲，皆自明誠也。《中庸》謂之曲，《孟子》謂之端，在物爲曲，在心爲端。致者，擴而充之也。戴氏震《孟子字義疏證》云：仁者，生生之德也，民之質矣。日用飲食，無非人道。所以生生者，一人遂其生，推之而與天下共遂其生，仁也。言仁可以賅義，使親愛長養，不協於正大之情，則義有未盡，亦卽仁有未至。言仁可以賅禮，使無新疏上下之辨，則禮失而仁亦未爲得。且言義可以賅禮，言禮可以賅義，先王之以禮教，無非正大之情，君子之精義也。斷乎親疏上下，不爽幾微，而舉義舉禮，可以賅仁，又無疑也。舉仁舉禮，可以賅智，智者，知此者也。《易》曰：立人之道曰仁與義。而《中庸》曰：仁者，人也。親親爲大。義者，宜也。尊賢爲大。親親之殺，尊賢之等，禮所生也。益之以禮，所以爲仁至義盡也。語德之盛者，全乎智仁而已矣。而《中庸》曰：智仁勇三者，天下之達德也。益之以勇，蓋德之所以成也。就人倫日用，究其精微之極致，曰仁，曰義，曰禮。合三者以斷天下之事，如權衡之於輕重，於仁無憾，於禮義不忒，而道盡矣。自人道遡之天道，自人之德性遡之天德，則氣化流行，生生不息，仁也。由其生生有自然之條理，觀其條理之秩然有序，可以知禮矣。觀於條理之截然不可亂，可以知義矣。在天爲氣化之生生，在人爲生生之心，是乃仁之爲德也。在人爲氣化推行之條理，在人爲其心知之通乎條理而不紊，是乃智之爲德也。惟條理是以生生，條理苟失，則生生之道絶。凡仁義對文，及智仁對文，皆兼生生條理而言之者也。程氏瑶田《通藝録·論學小記》云：仁主於愛，與忍相反，故言仁政，則曰以不忍人之心，行不忍人之政也。凡視聽言動之人於非禮者，皆生於己心之忍，忍則己去仁，己去仁則己去禮，故曰克己復禮爲仁。按賈誼《新書·道術篇》云：惻隱憐人謂之慈，反慈爲忍。不忍人之心卽是惻隱之心。惻隱爲仁之端，仁義禮智，四端一貫，故但舉惻隱，而羞惡、辭讓、是非卽具矣。但有仁之端，而義禮智之端卽具矣。

人之有是四端也，猶其有四體也；有是四端而自謂不能者，自賊者也。注：自謂不能爲善，自賊害其性，使不爲善也。疏：人之至體也。正義曰：四端之有於心，猶四支之有於身，言必有也。毛氏奇齡《賸言補》云：惻隱之心，仁之端也。言仁之端在心，不言心之端在仁，四德是性之所發，藉心見端，然不可云心本於性。觀性之得名，專以生於心爲言，則本可生道，道不可生本明矣。謂其君不能者，賊其君者也。注：謂君不能爲善而不匡正者，賊其君使陷惡也。凡有四端於我者，知皆擴而充之矣，若火之始然，泉之始達。苟能充之，足以保四海；苟不充之，不足以事父母。注：擴，廓也。凡有端在於我者，知皆廓而充大之，若水火之始微小，廣大之則無所不至，以喻人之四端也。人誠能充大之，可保安四海之民；誠不充大之，内不足以事父母。言無仁義禮智，何以事父母也。疏：注擴廓至母也。正義曰：《音義》云：擴，音郭，字亦作彍，音霍。王氏念孫《廣雅疏證》云：《説文》：彍，滿弩也。《孫子·兵勢篇》云：勢如彍弩。《太平御覽》引《尸子》云：扞弓彍弩。《漢書·吾丘壽王傳》十賊彍弩，顔師古注云：引滿曰彍。並字異而義同。《孟子·公孫丑篇》知皆擴而充之矣，趙氏注云：擴，廓也。《方言》云：張小使大謂之廓。義亦與彍同。按《説文》弓部云：彍，讀若郭。郭卽廓，《釋名》云：郭，廓也。廓落在城外。是也。趙氏本作彍，以滿弩之訓於此文不切，故以廓解之，卽《説文》讀若郭之義。《淮南子·原道訓》云廓四方，高誘注云：廓，張也。《説文》弓部云：引，開弓也。開弓與滿弩義同。趙氏上注云：可引用之。引用卽此彍矣。彍亦廣也，下注云：廣，大也。卽謂彍而充之。《淮南子·説山訓》云近之則鍾聲充，高誘注云：充，大也。故以大釋充。彍而充之卽引而大之也。《説文》火部云：然，燒也。火始燒，泉始通，其勢不可遏止，故由微小而無所不至，猶人之有四端，既知擴而充之，則亦無所不至也。惟無所不至，故放諸四海，而民皆安保也。《論語·里仁篇》苟志於仁矣，孔氏注、《毛詩·秦風》苟亦無信傳，皆云：苟，誠也。《毛詩·小雅》保艾爾後，傳云：保，安也。保四海卽安四海之民也。人不能事父母，卽是不仁不義，無禮無智。雖愚蒙豈不知父母之當事，惟賊害其性，遂至不能順於父母。趙氏言無仁義禮智，何以事父母？不能事父母，豈尚能保安四海？此言性善之切，可謂通儒矣。

《章指》：各治其術，術有善惡；禍福之來，隨行而作。恥爲人役，不若居仁；治術之忌，勿爲矢人也。

《孟子注疏·滕文公章句上》 滕文公爲世子，將之楚，過宋而見孟子。孟子道性善，言必稱堯、舜。文公爲世子，使於楚而過宋，孟子時在宋，與相見也。滕侯，周文王之後也。《古紀世本》録諸侯之世，滕國有考公麋，與文公之父定公相直，其子元公弘，與文公相直。似後世避諱，改考公爲定公，以元公行文德，故謂之文公也。孟子與世子言人生皆有善性，但當充而用之耳；又言堯、舜之治天下不失仁義之道，故勉世子。

（宋）朱熹《四書章句集注·孟子集注·滕文公章句上》 徐子以告夷子。夷子曰：儒者之道，古之人若保赤子，此言何謂也？之則以為愛無差等，施由親始。徐子以告孟子。孟子曰：夫夷子信以為人之親其兄之子為若親其鄰之赤子乎？彼有取爾也。赤子匍匐將入井，非赤子之罪也。且天之生物也，使之一本，而夷子二本故也。夫，音扶，下同。匍，音蒲。匐，蒲北反。若保赤子，《周書·康誥篇》文此儒者之言也。夷子引之，蓋欲援儒而入于墨，以拒孟子之非己。又曰：愛無差等，施由親始，則推墨而附於儒，以釋己所以厚葬其親之意，皆所謂遁辭也。孟子言人之愛其兄子與鄰之子，本有差等。書之取譬，本為小民無知而犯法，如赤子無知而入井耳。且人物之生，必各本於父母而無二，乃自然之理，若天使之然也。故其愛由此立，而推以及人，自有差等。

（清）焦循《孟子正義·滕文公章句上》 滕文公爲世子，將之楚，過宋而見孟子。孟子道性善，言必稱堯舜。注：文公爲世子，使於楚而過宋，孟子時在宋，與相見也。滕侯，周文王之後也。《古紀世本》録諸侯之世，滕國有考公麋，與文公之父定公相直；其子元公宏，與文公相直。以後世避諱，改考公爲定公；以元公行文德，故謂之文公也。孟子與世子言人生皆有善性，但當充而用之耳。又言堯舜之治天下，不失仁義之道，欲勸勉世子也。疏：滕文公至孟子。正義曰：莊公三十二年子般卒，《公羊傳》云：君存稱世子。注云：明當世父位爲君。僖公五年春，晉侯殺其世子申生。夏，會王世子于首戴，《公羊傳》云：世子貴也，猶世子也。《禮記

・喪服小記》注云：世子，天子諸侯之適子也。是時滕定公在位，故文公稱爲世子。則其之楚，是君命之也。閻氏若璩《釋地續》云：余向主孟子游宋當在愼靚王三年癸卯後，宋稱王故也。是時楚地久廣至泗上，泗上十二諸侯者，宋、魯、滕、薛、郳、莒，在淮泗之上國。滕南與楚鄰，苟有事於楚，一舉足則已入其境，何必迂而西南行三百五十餘里過宋都乎？過宋都者，以孟子在焉。往也如是，反也如是，不憚假道於宋之勞，其賢可知。周氏柄中《辨正》云：頃襄王二十一年，始徙都陳。是時楚都於鄀，在今湖北襄陽府宜城縣西南九十里。宋都商丘，在今河南歸德府商丘縣。滕在今山東兗州府滕縣西南十四里，自滕之楚，而取道商丘，路稍回遠。謂非迂道固謬，謂一舉足即入其境，亦未明悉。周氏廣業《孟子出處時地考》云：孟子去齊居休，旋歸於鄒，年六十餘矣。聞宋王偃將行仁政，往游焉。時滕文公爲世子，將之楚，過宋來見，蓋孟子嘗以齊卿出弔於滕，稔知其賢故也。孟子道性善言必稱堯舜。正義曰：孟子生平之學，在道性善，稱堯舜，故於此標之。太史公以孟子、荀子合傳，乃孟子道性善，荀子則言性惡；孟子稱堯舜，荀子則法後王。其言云：今人之性，生而離其朴，離其資，必失而喪之。所謂性善者，不離其朴而美之，不離其資而利之也。人之性惡明矣，其善者僞也。此駁孟子道性善也。又云：略法先王而不知其統，案往舊造説，謂之五行，甚僻違而無類。幽隱而無説，閉約而無解。此譏孟子稱堯舜也。爲荀氏之學者，調和而文飾之云：孟子言性善，欲人之盡性而樂於善，荀言性惡，欲人之化性而勉於善。僞，即爲也。乃作爲之爲，非詐僞之僞。孟、荀生於衰周之季，閔戰國之暴，欲以王道救之。孟子言先王，荀言後王，皆謂周王。與孔子從周之義不異也。按孟子之學，述孔子者也。孔子之學，述伏羲、神農、堯、舜、文王、周公者也。陸賈《新語・道基篇》云：先聖仰觀天文，俯察地理，圖畫乾坤，以定人道。民始開悟，知有父子之親，君臣之義，夫婦之道，長幼之序，於是百官立，王道乃生。《白虎通》暢其説云：古之時，未有三綱六紀，民人但知其母，不知其父，能覆前，不能覆後，臥之詓詓，起之吁吁，飢即求食，飽即棄餘，茹毛飲血而衣皮葦。於是伏羲觀象於天，俯法於地，因夫婦，正五行，始定人道，畫八卦以治天下。《繫辭傳》云：以通神明之德，以類萬物之情。神明之德，即所謂性善也，善即靈也，靈即神明也。荀子云：今人之性，飢而欲飽，寒而欲煖，勞而欲休，此人之情性也。是也。人如此，禽獸亦如此也。荀子又云：今人飢，見長而不敢先食者，將有所讓也。勞而不敢求息者，將有所代也。夫子之讓乎父，弟之讓乎兄；子之代乎父，弟之代乎兄：此正人性之善之證也，而荀子乃以爲性惡之證焉。試言之，人之有男女，猶禽獸之有牝牡也。其先男女無別，有聖人出，示之以嫁娶之禮，而民知有人倫矣。示之以耕耨之法，而民知自食其力矣。以此教禽獸，禽獸不知也。禽獸不知，則禽獸之性不善；人知之，則人之性善矣。聖人何以知人性之善也？以己之性推之也。己之性既能覺於善，則人之性亦能覺於善，第無有開之者耳。使己之性不善，則不能覺；己能覺，則己之性善。己與人同此性，則人之性亦善，故知人性之善也。人之性不能自覺，必待先覺者覺之。故非性善無以施其教，非教無以通其性之善。教即荀子所謂僞也爲也。爲之而能善，由其性之善也。如鳥獸，則性不善者也。故同此飲食男女，嫁娶以別夫婦，人知之，禽獸不知之。耕鑿以濟飢渴，人知之，禽獸不知之。禽獸既不能自知，人又不能使之知，雖爲之亦不能善。然人之性，爲之即善，非由性善而何？人縱淫昏無恥，而己之妻不可爲人之妻，固心知之也。人縱貪饕殘暴，而人之食不可爲己之食，固心知之也。是性善也。故孔子論性，以不移者屬之上知下愚，愚則仍有知；禽獸直無知，非徒愚而已矣。世有伏羲，不能使禽獸知有夫婦之別；雖有神農，不能使鳥獸知有耕稼之教，善豈由為之哉？文學技藝，才巧勇力，有一人能之，不能人人能之。惟男女飲食，則人人同此心。人不能孝其父，亦必知子之當孝乎己；不能敬其長，亦必知卑賤之當敬乎己。子讓食於父，而代勞於兄，此可由教而能之，所謂爲之者，善也。然荀子能令鳥讓食乎？能令獸代勞乎？此正率性之明證，乃以爲悖性之證乎？故孟子之道性善，由讀書好古，能貫通乎伏羲、神農、堯、舜、文王、周公、孔子之道，而後言之者也。非荀子所知也。羲農之前，人苦於不知，既人人知有三綱六紀，其識日開，其智日深，浸而至於黃帝、堯、舜之世，則民不患其不知，轉患其太知。許氏《説文解字敍》云：庶業其繁，飾僞萌生，黃帝之史蒼頡，初造書契。是知黃帝之時，民情飾僞矣。於是堯舜時有靜言庸違，象恭滔天之人，於是有方命圮族之人。當羲農之前，人苦於不知，故羲農盡人物之性，以通其神明，其時善不善顯然易見，積之既久，靈智日開，凡仁義道德忠孝友悌，人非不能知，而巧僞由以生，奸詐由以起，故治唐虞以後之天下，異於治羲農以後之天下。夫謀而能言，以方自命善也。而實則庸違滔天圮族，績用弗成，朝士如是，庶民可知，固羲農以來所未有，亦堯舜以前之人所未知，故聖人治天下之道，至堯舜而一變。《繫辭傳》云：黃帝、堯、舜氏作，通其變，使民不倦；神而化之，使民宜之。又云：易窮則變，變則通，通則久。黃帝、堯、舜，垂衣裳而天下治。蓋堯舜以變通神化治天下，不執一而執兩端，用中於民，實爲萬世治天下之法，故孔子刪《書》首唐虞，而贊《易》特以通變神化，詳著於堯舜。孟子稱堯舜，正稱其通變神化也。荀子云：逢衣淺帶，解果其冠，略法先王而足亂世術，呼先王以欺愚者，而求衣食焉。此正不知通變神化之道者也。夫通變神化之道，堯舜所以繼羲農而開萬世，故稱堯舜，欲天下後世法其通變神化，不執一而執兩端，以用中於民，非徒以其揖讓都俞，命羲和咨二十二人之迹也。若云法後王，後王，無定之稱也。荀子固云有治人無治法矣，治人，即能通變神化之人也。後王而如是，則是能法堯舜者，法後王仍法堯舜矣。故稱堯舜，即法後王之能通變神化者。若但云法後王，則後王不皆能通變神化如堯舜，其説爲詖矣。蓋孟子之稱堯舜，即孔子刪《書》首唐虞，贊《易》特以通變神化歸於堯舜之意也。又非荀子所知也。孟子學孔子學，惟此道性善稱堯舜兩言盡之。提其綱於此篇之首，其後申言之，可按而得也。注古紀至公也。正義曰：《漢書・藝文志》《春秋》二十三家，有《世本》十五篇，注云：古史官記黃帝以來訖春秋時諸侯大夫。此云《古紀世本》是也。《禮記・檀弓》邾婁考公之喪，注云：考或爲定。高誘注《呂氏春秋》、《淮南子》皆云：定，成也。隱公五年《穀梁傳》云：考之者，成之也。是考與成字義皆通，此考公所以爲定公也。翟氏灝《考異》云：《春秋傳》：成十六年夏四月，滕文公卒。滕之先君，已有謚文者，後世不應犯同，信乎文非本謚，而但以文德稱也。同時魯文公見於《史記》，在《世本》乃云滑公。宋康王見於《國策》，在《荀子》乃云獻王。微弱之國，垂至於亡，故臣民各懷舊德，私謚不獨一滕君矣。趙氏佑《温故録》云：滕文公爲周末弟一賢君，孟子深取其人，故一見卽擧生平所得於聖教者教之。惜其國小而偪，終以不振，至今廟食在滕，猶與鄒國鄰並相望，誰謂賢愚千古知誰是也。注據《古紀世本》以文公當元公宏，則文公名宏，然元亦文之譌耳，未必既謚元又謚文也。

《孟子注疏・離婁章句下》 孟子曰：人之所以異於禽獸者幾希，庶民去之，君子存之。幾希，無幾也。知義與不知義之間耳。衆民去義，君子存義也。舜明於庶物，察於人倫。由仁義行，非行仁義也。倫，序，察，識也。舜明庶物之情，識人事之序，仁義生於内，由其中而行，非强力行仁義也。故道性善，言必稱於堯舜。但君子存之，庶民去之而不由爾。疏：孟子曰：至行仁義也。正義曰：此章言禽獸，俱含天氣，衆人皆然，聖人超絶，識仁義之主於己者也。孟子曰：人之所以異於禽獸者幾希，至非行仁義也者，孟子言世之人所以有別異於禽獸畜者無幾也，以其皆含天地之氣而生耳，皆能辟去其害而就其利矣。但小人去其異於禽獸之心，所以爲小人也；君子知存其異於禽獸之心，所以爲君子也。所謂異於禽獸之心者，卽仁義是也。禽獸俱不知仁義，所以爲禽獸。今夫舜之爲帝，在深山之中，與木石居，與鹿豕遊，雖與禽獸雜居其間，然能聞一善言，見一善行，莫不從之，若決江河也，而無滯之耳。如此，是舜能明於庶物之無知，而存乎異於禽獸之心，詳察人倫之類，而由仁義之道而行之矣。然舜既由其仁義而行之，非所謂行仁義而得之人也，是由仁義而行以得之天性也。孟子以此言之其有以異於禽獸者，皆舜之徒也。曰舜亦人也，我亦人也，有爲者亦若是，但當存其異於禽獸之心耳，如楊雄由於禮義，入自仁門，由於情慾，入自禽門，斯其旨歟。

（清）焦循《孟子正義・離婁章句下》 孟子曰：天下之言性也，則故而已矣。故者以利爲本。注：言天下萬物之情性，當順其故，則利之也。改戾其性，則失其利矣。若以杞柳爲桮棬，非杞柳之性也。疏：注言天至之性也。正義曰：曲阜孔氏所刻趙氏注如此，其義明白可見。故，卽苟求其故之故。推步者求其故，則日至可知；言性者順其故，則智不鑿。《易・文言傳》云：利者，義之和也。《荀子・臣道篇》云：從命而利君謂之順。《脩身篇》云：以善和人者謂之順。《詩・鄭風》知子之順之，箋云：順，謂與己和順。利之義爲順，故虞翻《易》注謂巽爲利，是利爲順其故也。《賈子・道術篇》云：心兼愛人謂之仁，反仁爲戾。仁爲性，反其仁則乖戾，故失其利也。白氏珽《湛困靜語》云：莊周有云：吾生於陵，而安於陵故也。長於水，而安於水性也。此適有故與性二字，疑戰國時有此語。毛氏奇齡《四書賸言補》云：天下之言性也，則故而已矣。觀語氣，自指汎言性者，與人之爲言、彼所謂道語同。至以利爲本，然後斷以己意。因是時俗尚智計，多用穿鑿，故原有訓智者。《淮南・原道訓》不設智故，謂不用機智穿鑿之意，正與全文言智相合。是以孟子言天下言性，不過智計耳。顧智亦何害，但當以通利不穿鑿爲主。夫所惡於智，爲穿鑿也。如不穿鑿，則行水治秝，智亦大矣。按《孟子》此章，自明其道性善之恉，與前異於禽獸相發明也。《易・雜卦傳》云：革，去故也。鼎，取新也。故，謂已往之事。當時言性者，多據往事爲説，如云文武興則民好善，幽厲興則民好暴，以堯爲君而有象，以瞽瞍爲父而有舜，及《荀子・性惡篇》所云：曾、騫、孝已，獨厚於孝之實，而全於孝之名，秦人不如齊魯之孝具敬父，皆所謂故也。孟子獨於故中指出利字，利卽《周易》元亨利貞之利。《繫辭傳》云：變而通之以盡利。《彖傳》云：乾道變化，各正性命，保合太和乃利貞。利以能變化，言於故事之中，審其能變化，則知其性之善。利者義之和，《禮記・表記》云：道者，義也。注云：謂斷以事宜。《春秋繁露・仁義法》云：義者，謂宜在我者。其性能知事宜之在我，故能變通。上古之民，始不知有父惟知有母，與禽獸同，伏羲教之嫁娶定人道，無論賢智愚不肖，皆變化而知有夫婦父子；始食鳥獸嬴蛖之肉，飢則食，飽棄餘，神農教之稼穡，無論賢智愚不肖，皆變化而知有火化粒食是爲利也。於故之中知其利，則人性之善可知矣。《繫辭傳》云：感而遂通天下之故。又云：是以明於天之道，而察於民之故。又云：又明於憂患與故。通者，通其故之利也。察者，察其故之利也。明者，明其故之利也。故者，事也。傳云：通變之謂事。非利不足以言故，非通變不足以言事。諸言性者，據故事而不通其故之利，不察其故之利，不明其故之利，所以言性惡，言性善惡混，或又分氣質之性，義理之性，皆不識故以利爲本者也。孟子私淑孔子，述伏羲神農文王周公之道，以故之利而直指性爲善，於此括全《易》之義，而以六字盡之云：故者以利爲本。明人之所以異於禽獸者，在此利不利之間，利不利卽義不義，義不義卽宜不宜。能知宜不宜，則智也。不能知宜不宜，則不智也。智人也，不智禽獸也。幾希之間，一利而已矣，卽一義而已矣，卽一智而已矣。所惡於智者，爲其鑿也。注：惡人欲用智而妄穿鑿，不順物之性，而改道以養之。疏：注惡人至養之。正義曰：《説文》金部云：鑿，穿木也。成公十三年《公羊傳》云公鑿行也，注云：鑿猶更造之意。故趙氏以穿釋鑿，又以改釋之。改卽更造也。趙氏以養物言，言當順其情性以養之，不可戾其情性以養之。按此智，卽人性之利也。孔子言性相近習相遠，惟上智與下愚不移，移，謂變通也。禽獸無知，直不能移其性之不善，所以與人異。則人無論賢愚皆能知，卽皆能轉移，愚者可以轉而善，智者可以轉而爲不善，此習所以相遠。智者何以轉而爲不善，爲其鑿也。惟其因智而鑿，故惡其智。蓋伏羲以前人，苦於不知，則惡其愚。黄帝堯舜以後人，不苦於不知，正苦於知而鑿其知，則聖人轉惡其智，故無爲而治，可使由而不可使知也。鑿有二義：其一爲空，《荀子·哀公篇》云：五鑿爲正是也。其一爲細，《楚辭·離騷》云：精瓊靡以爲粻，注云：精，鑿也。凡物精之則細小。是也。鑿其内則空，鑿其外則細，空虛細小，皆非大智。下言行所無事則智大，此孟子自明鑿字之意，行所無事由仁義行也。然則行仁義則爲鑿，夫知其爲仁義，是已智矣。乃假仁以濟其不仁，假義以濟其不義，用忠孝廉直之名，以行其巧詐離奇之術，是鑿也，是智小也。知其爲仁爲義，是已智矣。乃無所依據，憑己之空見以爲仁，憑己之空見以爲義，極精微奥妙之論，而不本讀書好古之實，是鑿也，是智小也。如智者若禹之行水也，則無惡於智矣。禹之行水也，行其所無事也。注：禹之用智，决江疏河，因水之性，因地之宜，引之就下，行其空虛無事之處。疏：注禹之至之處。正義曰：趙氏謂水性就下，宜行地中，故决江疏河，使由地中行。空虛，謂地中也。水行地上，則失水之性，而水不能安于無事矣。【略】如智者亦行其所無事，則智亦大矣。注：如用智者不妄改作，作事循理，若禹行水於無事之處，則爲大智也。疏：如智至亦大矣。正義曰：孟子以禹之行水，明大智者之行所無事。行所無事，卽舜之無爲而治也。《禮記·中庸》云：舜其大智也與？舜好問而好察邇言，隱惡而揚善，執其兩端，用其中於民。舜之大智，卽舜之無爲，而舜之無爲，本於好問察言，執兩用中；好問察言，執兩用中，則由仁義行，所以無爲而治。孟子恐人以行所無事爲老氏之清淨無爲，故以禹之行水例之。行水必决河疏江，鑿山穿地，而乃能使水行所無事。無爲而治，必好問察言，執兩用中，而乃能使民由仁義行。《中庸》云：天命之謂性，率性之謂道，脩道之謂教。率乎性則行所無事，自以爲智而用其智，則非率性而天下亦不能行所無事，此智之大小所由分也。

《孟子注疏·告子章句上》　告子曰：性，猶杞柳也；義，猶桮棬也。以人性爲仁義，猶以杞柳爲桮棬。告子以爲人性爲才幹，義爲成器，猶以杞柳之木爲桮棬也。杞柳，柜柳也，一曰杞，木名也。《詩》云：北山有杞。桮棬，桮素也。孟子曰：子能順杞柳之性，而以爲桮棬乎？將戕賊杞柳，而後以爲桮棬也？戕猶殘也，《春秋傳》曰：戕舟發梁。所能順完杞柳，不傷其性，而成其桮棬乎？將斤斧殘賊之，乃可以爲桮棬乎？言必殘賊也。如將戕賊杞柳而以爲桮棬，則亦將戕賊人以爲仁義與？孟子言以人身爲仁義，豈可復殘傷其形體乃成仁義邪？明不可此桮棬。率天下之人而禍仁義者，必子之言夫。以告子轉性爲仁義，若轉木以成器，必殘賊之，故言率人以禍仁義者，必子之言。夫，蓋歎辭也。疏：告子至言夫。正義曰：此章言養性長義，順夫自然，殘木爲器，變而後成。孟子拂之，不假以言也。告子曰至爲桮棬，告子言人之性譬若杞柳，義若桮棬也。以人之性爲其仁義之道，若以杞柳之木爲之桮棬也。杞，枸杞也。柳，少楊也，桮，素樸也。棬，器之似屈轉木作也。以其杞柳可以揉而作棬也。孟子曰：子能順杞柳乏性爲桮棬乎至必子之言夫，孟子乃拂之曰：子能順杞柳之木性以爲桮棬乎？以其將以斤斧殘賊其杞柳然後爲之桮棬也。如將斤斧殘賊杞柳而以爲之桮棬，是亦將殘賊人之形軀然後以爲仁義與。且驅天下之人而殘禍仁義之道者，是亦必子之此言也。孟子所以拂之以此，蓋謂人之性仁義，固有不可比之桮棬以杞柳爲之也。注杞柳柜柳至素。正義曰：案《説文》云：杞，枸杞。柳，少楊也。桮，𠤾也。棬，屈木盂也。所謂器似升屈木作是也。《詩》云北山有杞，《南山有臺》文也。

告子曰：性猶湍水也，决諸東方則東流，决諸西方則西流。人性之無分於善不善也，猶水之無分於東西也。湍，水圜也，謂湍水湍縈水也。告子以喻人性若是水也，善惡隨物而化，無本善不善之性也。孟子曰：水信無分於東西，無分於上下乎？人性之善也，猶水之就下也。人無有不善，水無有不下。今夫水搏而躍之，可使過顙；激而行之，可使在山：是豈水之性哉？其勢則然也。人之可使爲不善，其性亦猶是也。孟子曰：水誠無分於東西，故决之而往也，水豈無分於上下乎？水性但欲下耳。人性生而有善，猶水之欲下也。所以知人皆有善性，似水無有不下者也。躍，跳。顙，額也。人以手跳水，可使過顙，激之可令上山，皆迫於勢耳，非水之性也。人之可使爲不善，非順其性也，亦妄爲利欲之勢所誘迫耳，猶是水也。言其本性非不善也。疏：告子至是也。正義曰：此章言人之欲善，猶水好下，迫勢激躍，失其素真，是以守正性爲君子，隨曲折爲小人者也。告子曰性猶湍水也至東西也，告子言人之性猶縈迴之水也。湍，圜，縈迴之勢也。縈迴之水，决之使流於東方則東流之，使之流西方則西流之。而人之性，無分於爲善爲不善也，如縈迴之之水，無分於東西也。孟子曰至是也，孟子言水之性無分於東西上下乎？言有分於東西上下也。人性之善也，猶水之就下也，人無有性之不善者，水無有不就下者。今夫水之勢，搏而跳之，可使過顙；激而行之，可令上山；如此，豈水性如是哉？是其勢如是也。人之性所以可使爲不善者，亦若此水之勢也。以其人之性不善，乃利慾而誘迫之也，亦搏激其水之謂也。注：湍者圜也。正義曰：《説文》云：湍，急瀨水。又云：瀨，水流沙上也。今謂縈迴之水者，言其水流沙上，縈迴之勢，湍湍然也。

告子曰：生之謂性。凡物生同類者皆同性。孟子曰：生之謂性也，猶白之謂白與？猶見白物皆謂之同白，無異性。曰：然。告子曰然。白羽之白也，猶白雪之白；白雪之白，猶白玉之白歟？孟子以指羽性輕，雪性消，玉性堅，雖俱白，其性不同。問告子，以三白之性同邪？曰：然。告子曰然，誠以爲同也。然則犬之性猶牛之性，牛之性猶人之性歟？孟子言犬之性豈與牛同所欲，牛之性豈與人同所欲乎？疏：告子曰生之至性歟。正義曰：此章言物雖有性，性各殊異，惟人之性，與善俱生者也。告子曰生之謂性，告子言人之生與物之生皆謂之性，以其爲同也。孟子曰：生之謂性也，猶白之謂白歟，孟子見告子以爲凡物生同謂之性，故問之曰：然則生之謂性，是如凡物之白皆謂同白，無異性也。曰然。告子以爲誠如是也。白羽之白也，猶白雪之白；白雪之白，猶白玉之白歟，孟子又言是則白羽毛之白，亦如白雪之白；白雪之白，亦如白玉之白歟？故以此三者問告子，然孟子以謂羽毛之白，則其性輕；白雪之白，其性易消；白玉之白，其性堅；是其性有不同其白也。曰然，告子不知爲有異，故亦以爲誠然也。言則同也。然則犬之性猶牛之性，牛之性猶人之性歟，孟子曰：又如是，則犬狗之性猶牛之性，牛之性亦猶人之性與！孟子所以言此者，以其犬之性，金畜也，故其性守；牛之性，土畜也，故其性順。夫人受天地之中，萬物俱備於我者也，是其稟陰與陽之氣所生也，故其性能柔能剛：是爲不同者。告子不知，但知其麤者也。

告子曰：食、色，性也。仁，內也，非外也。義，外也，非內也。人之甘食。悅色者，人之性也。仁由內出，義在外也，不從己身出也。孟子曰：何以謂仁內義外也？孟子怪告子是言也。曰：彼長而我長之，非有長於我也。猶彼白而我白之，從其白於外也，故謂之外也。告子言見彼人年老長大，故我長敬之。長大者，非在我者也，猶白色見於外者也。曰：異於白馬之白也，無以異於白人之白也。不識長馬之長也，無以異於長人之長歟？且謂長者義乎？長之者義乎？孟子曰：長異於白，白馬白人，同謂之白可也，不知敬老馬無異於敬老人邪。且謂老者爲義義乎？將謂敬老者爲有義乎？且敬老者，己也，何以爲外也。曰：吾弟則愛之，秦人之弟則不愛也，是以我爲悅者也，故謂之內。長楚人之長，亦長吾之長，是以長爲悅者也，故謂之外也。告子曰：愛從己則己心悅，故謂之內。所悅喜老者在，外故曰外也。曰：耆秦人之炙，無以異於耆吾炙。夫物則亦有然者也，然則耆炙亦有外歟？孟子曰：耆炙同等，情出於中。敬楚人之老，與敬己之老，亦同己情性敬之。雖非己炙，同美。故曰物則有然者也。如耆炙之意，豈在外邪。言楚、秦，喻遠也。疏：告子曰食色至亦有外歟。正義曰：此章言事者雖從外，行其事者，皆發於中。明仁、義由內，所以曉告子之惑者也。告子曰：食、色，性也。仁，內也，非外也。義，外也，非內也，告子言人之嗜其甘食，悅其好色，是人之性也。仁在我爲內，非自外而入者也；義在彼非在我，故爲外也，非內也。孟子曰：何以謂仁內義外也，孟子見告子以爲仁內義外，故問之曰：何以爲仁內義外？曰彼長而我長之至故謂之外也，告子言彼人之年老，而我從而敬長之，非有長在我也。如彼物之色白，而我從而白之，是從其白於外也，我故謂義爲在外也。曰：異於白馬之白也，無以異於白人之白也。不識長馬之長也，無以異於長人之長歟？且謂長者義乎，長之者義乎，孟子又闢之曰：彼長而我長之，異於彼白而我白之也。於白馬之色白，無以異於白人之色白也，是則同也，不知長老馬無以異於長人之長老乎？以其是則有異也。蓋白馬之白，與白人之白者，彼白而我白之耳，我何容心於其間哉，固無異也；長馬之長，與長人之長，則有欽不欽之心矣，此所以有異焉。以其長人之長者有欽，長馬之長者無欽，是則長者在彼，長之者在我，而義自長之者生，非自長者生也。如此，告子何得謂之外乎？故問之曰：且謂長者爲有義乎，長之者爲有義乎？曰吾弟則愛之至故謂之外也，告子又謂我之弟則親愛之，秦人之弟則我不愛，是愛以我爲悅者也，愛主仁，故謂仁爲內也；敬長楚人之長者，亦敬長吾之長者，是以長爲悅者也，長主義，故謂義爲外也。曰耆秦人之炙，無以異於耆吾炙至亦有外歟，孟子又以秦人之炙而排之，曰：好秦人之炙，無以異於好吾之炙，爲物耳，則亦有如是也，然則好炙亦有外歟？且孟子所以排之以此者，蓋謂仁、義皆內也。以其秦人之弟則不愛，吾弟則愛之，愛與不愛，是皆自我者也，告子謂之以我爲悅，則是矣；吾之長者吾長之，楚人之長吾亦長之，長亦皆自我者也，告子又謂之以長爲悅，則非矣。是亦猶秦人之炙與吾之炙雖不同，而嗜之者，皆自我也，如是，則義果非生於外者也。云炙實，《周書》曰黃帝始燔肉爲炙是也。秦、楚，所以喻外。

又：公都子曰：告子曰：性無善無不善也。公都子道告子以爲人性在化，無本善不善也。或曰：性可以爲善，可以爲不善。是故文、武興則民好善，幽、厲興則民好暴。公都子曰：或人以爲可教以善、不善，亦由告子之意也。故文、武聖化之起，民皆喜爲善；幽、厲虐政之起，民皆好暴亂，或曰：有性善，有性不善。是故以堯爲君而有象，以瞽瞍爲父而有舜，以紂爲兄之子且以爲君而有微子啓、王子比干。公都子曰：或人者以爲各有性，善惡不可化移，堯爲君，象爲臣，不能使之爲善；瞽瞍爲父，不能化舜爲惡；紂爲君，又與微子、比干有兄弟之親，亦不能使其二子爲不仁：是亦各有性也矣。今曰性善，然則彼皆非歟？公都子曰：告子之徒，其論如此，今孟子曰人性盡善，然則彼之所言皆爲非歟？孟子曰：乃若其情，則可以爲善矣，乃所謂善也。若夫爲不善，非才之罪也。若，順也。性與情相爲表裏，性善勝情，情則從之。《孝經》云此哀戚之情，情從性也。能順此情，使之善者，真所謂善也。若隨人而強作善者，非善者之善也。若爲不善者，非所受天才之罪，物動之故也。惻隱之心，人皆有之。羞惡之心，人皆有之。恭敬之心，人皆有之。是非之心，人皆有之。惻隱之心，仁也。羞惡之心，義也。恭敬之心，禮也。是非之心，智也。仁、義、禮、智，非由外鑠我也，我固有之也，弗思耳矣。故曰求則得之，舍則失之。或相倍蓰，而無筭者，不能盡其才有也。仁、義、禮、智，人皆有其端，懷之於內，非從外銷鑠我也。求存之，則可得而用之；舍縱之，則亡失之矣。故人之善、惡，或相倍蓰，或至於無筭者，不能相與計多少，言其絕遠也。所以惡乃至是者，不能自盡其才性也。故使有惡人，非天獨與此人惡性。其有下愚不移者也，譬若乎被疾不成之人，所謂童昏也。

又： 孟子曰：牛山之木嘗美矣。以其郊於大國也，斧斤伐之，可以爲美乎？是其日夜之所息，雨露之所潤，非無萌糵之生焉，牛羊又從而牧之，是以若彼濯濯也。人見其濯濯也，以爲未嘗有材焉，此豈山之性也哉。牛山，齊之東南山也。邑外謂之郊。息，長也。濯濯，無草木之貌。牛山未嘗盛美，以在國郊，斧斤牛羊使之不得有草木耳，非山之性無草木也。雖存乎人者，豈無仁義之心哉？其所以放其良心者，亦猶斧斤之於木也，旦旦而伐之，可爲美乎？其日夜之所息，平旦之氣，其好惡與人相近也者幾希。存，在也，言雖在人之性，亦猶此山之有草木也，人豈無仁義之心邪？其日夜之思，欲息長仁義，平旦之志氣，其好惡，凡人皆有與賢人相近之心。幾，豈也。豈希，言不遠也。則其旦晝之所爲，有梏亡之矣。梏之反覆，則其夜氣不足以存。夜氣不足以存，則其違禽獸不遠矣。人見其禽獸也，而以爲未嘗有才焉者，是豈人之情也哉。旦晝，日晝也，其所爲萬事有梏亂之，使亡失其日夜之所息也。梏之反覆，利害於其心，其夜氣不能復存也。人見惡人禽獸之行，以爲未嘗存善木性，此非人之情也。故苟得其養，無物不長；苟失其養，無物不消。孔子曰：操則存，舍則亡。出入無時，莫知其鄉。惟心之謂與？誠得其養，若雨露於草木，法度於仁義，何有不長也；誠失其養，若斧斤牛羊之消草木，利欲之消仁義，何有不盡也。孔子曰：持之則存，縱之則亡，莫知其鄉。鄉猶里，以喻居也。獨心爲苦是也。疏：孟子曰牛山至之謂與。正義曰：此章言秉心持正，使邪不干，猶止斧斤，不伐牛山，則山木茂，人則稱仁也。孟子曰牛山之木至惟心之謂與者，孟子言牛山之木，常爲秀美矣，然以其爲郊國之外也，殘之以斤斧之伐，可以爲秀美乎？言以其斤斧常伐之，則不可爲美也。雖爲斤斧所伐，然以其日夜之所長息，雨露之所潤澤，非無萌牙絲糵生焉，柰何萌糵既生，牛羊之畜，又從而牧養於其間，是以牛山若彼。濯濯，無草木之貌也。人見其濯濯然無草木，權爲牛山嘗有材木焉，是豈牛山之性無草木哉！言牛山之木常有其材木耳，其所以無之者，但斧斤牛羊從而殘滅之矣。言雖存乎人者，豈無仁義之心哉？然人之所以放去其良心而無仁義者，亦如斧斤之伐於牛山之木也。是日日而伐滅之，可爲美材乎？言不可爲美材也。言牛山日夜之所息長草木，與人平旦之氣，共好惡與人相近者不遠矣。以其牛山日夜所息長草木，莫不欲秀茂爲美，而惡其斧斤、牛羊殘害之爲惡也。人之平旦之氣，尚未有利欲汨之，則氣猶靜，莫不欲爲之善也，而惡爲之惡也。但人平旦之氣，則其旦晝之所爲利欲有以梏亡之矣。平旦則未至於晝，且晝所以爲日之中矣。且人於平旦之時，其氣靜，未有利欲事緒以動之，則未必不善矣。以其善固存於此時也，亦如牛山日夜所長草木，無以斧斤、牛羊殘害之，則未必不美矣。以其萌糵生焉，而美固已有矣，柰何斧斤、牛羊又從而殘滅之，亦若旦晝所爲利欲以梏亡之者焉。梏，手械也。利欲之制善，使不得爲，猶梏之制手也。梏之反覆，其情緒不一，則夜於平旦之氣不足以存。既不足以存，而爲利欲萬緒梏而亡之，則其違異於禽獸之行不遠矣。以其近也。人見其爲禽獸之行者，而爲未嘗有才性焉，是豈人之情爲如是哉？言非人之情也，言人情本欲爲善矣，其所以終不爲者，但利欲從而梏亡之矣。故苟得其所養，無物不長；苟失其所養，無物不消。如牛山苟日夜之所息、雨露之所潤，與平旦之氣，是得其所養者也，是則無物不長矣。如牛山苟爲牛羊從而牧之，與旦晝所爲而梏亡之，是失所養者也，是則無物不消矣。孟子又引孔子云：操持之則存，縱舍之則亡，其出入徇物，而不有常時，莫知其所向之鄉，惟獨心爲若是也。凡此孟子所以言人心性本善，但當有常操而存之者矣。注牛山齊之東南山。正義曰：蓋亦以理推之亦自可見。故傳所謂齊景遊於牛山之上，是亦知之爲齊之山矣。

又： 孟子曰：魚我所欲也，熊掌亦我所欲也，二者不可得兼，舍魚而取熊掌者也。生亦我所欲也，義亦我所欲也，二者不可得兼，舍生而取義者也。熊掌，熊蹯也，以喻義。魚以喻生也。生亦我所欲，所欲有甚於生者，故不爲苟得也。死亦我所惡，所惡有甚於死者，故患有所不辟也。如使人之所欲莫甚於生，則凡可以得生者，何不用也？使人之所惡莫甚於死者，則凡可以辟患者，何不爲也。有甚於生者，謂義也，義者不可苟得。有甚於死者，謂無義也，不苟辟患也。莫甚於生，則苟利而求生矣。莫甚於死，則可辟患，不擇善何不爲耳。由是則生而不用也，由是則可以辟患而有不爲也。是故所欲有甚於生者，所惡有甚於死者，非獨賢者有是心也，人皆有之，賢者能勿喪耳。有不用，不用苟生也。有不爲，不爲苟患而辟患也。有甚於生，義甚於生也。有甚於死，惡甚於死也。凡人皆有是心，賢者能勿喪亡之也。一簞食，一豆羹，得之則生，弗得則死。嘑爾而與之，行道之人弗受；蹴爾而與之，乞人不屑也。人之餓者，得此一器食可以生，不得則死。嘑爾，猶嘑爾咄啐之貌也。行道之人，凡人以其賤己，故不肯受也。蹴，蹋也。以足踐蹋與之，乞人不潔之，亦由其小，故輕而不受也。萬鍾則不辯禮義而受之，萬鍾於我何加焉？爲宮室之美，妻妾之奉，所識窮乏者得我與。言一簞食則貴禮，至於萬鍾則不復辯別有禮義與不，鍾，量器也。萬鍾於己身何加益哉？己身不能獨食萬鍾也，豈不爲廣美宮室，供奉妻妾，施與所知之人窮乏者也。鄉爲身死而不受，今爲宮室之美爲之；鄉爲身死而不受，今爲妻妾之奉爲之；鄉爲身死而不受，今爲所識窮乏者得我而爲之；是亦不可以已乎！此之謂失其本心。鄉者不得簞食而食則身死，尚不受也，今爲此三者爲之，是不亦可以止乎！所謂失其本心者也。疏：孟子曰魚至失其本心。正義曰：此章言舍生取義，義之大者也，簞食、萬鍾，用有輕重，縱彼納此，蓋違其本，凡人皆然，君子則否，所以殊也。孟子曰魚我所欲也至失其本心者，孟子言魚之爲味，我之所欲者也；熊蹯之味，亦我所欲者也。然而魚與熊蹯，二者不可兼得，但捨去其魚而取熊蹯也。以其熊蹯之味又有美於魚也。魚在水之物，熊蹯在山之物，欲在水，不可兼得於在山者，在山又不可兼得於在水者，故爲二者不可兼得也。魚所以喻生也，熊蹯所以喻義，故曰生亦我所欲也，義亦我所欲也，然而生與義二者亦不可兼得之，但捨生而取義也。以其義又能勝於生也。如勇士不忘喪其元，志士不忘在溝壑，有殺身以成仁，是皆以義有勝於死也，是舍生而取義也。然而生亦爲我心之所欲，其以所欲，有甚於生者，故不爲苟得也；死亦爲我心之所惡疾者，其以所惡有甚於死者，故患禍有所不逃辟也。如令人之所欲者無有甚於生，則凡可以得生者，何不用而行之也；令人之惡者無有甚於死者，則凡可以辟患者，何不擇而爲之也。蓋可以得生，可以辟患者，皆是不義也。故不爲苟得，故患有所不辟也者，是皆有義也。由此言之，則生而有不用也，是不苟生也；則可以辟患而有不爲也，是不苟爲惡以辟患也。如此，故所欲有甚於生，所惡者有甚於死，非獨賢者有此心也，人皆有此心也，但賢人能常存之而勿喪亡之耳。蓋所欲有甚於生者，是義也；所惡有甚於死者，是不義也。且以一簞所盛之食，一豆所盛之羹，得而食之者，則養其生，不得此而食者，則餓而死，然而嘑爾叱咄而與之，雖行道塗之中凡人，且不肯受而食之也；如蹴爾踐蹋而與之，雖乞丐之賤人，且以爲不潔而不肯受而食也。言萬鍾之禄，則不責辨禮義而受之者，雖萬鍾之多，然於我何足爲益焉？於我何益。以其己身不能獨食之也。己不能獨食，則爲宮室之廣美，供奉妻妾，施與所知之人窮乏者而已。如是，則鄉日不得簞食豆羹則身死尚不受，今乃爲宮室廣美、供奉妻妾與施所知之人窮乏者而受，爲之如此，是亦不可以止乎！言此可以止。而不止者也，是謂失其本心者矣，是忘其義者矣。故本心即義也，所謂賢者但能勿喪亡此本心耳。

（清）焦循《孟子正義·告子章句上》　告子曰：性，猶杞柳也。義，猶桮棬也。以人性爲仁義，猶以杞柳爲桮棬。注：告子以爲人性爲才幹，義爲成器，猶以杞柳之木為桮棬也。杞柳，柜柳也。一曰：杞，木名也。《詩》云：北山有杞。桮棬，桮素也。疏：注告子至素也。正義曰：杞柳植物有枝幹，故趙氏以人性爲才幹。桮棬是器，故趙氏以義爲成器。杞柳本非桮棬，其爲桮棬也，有人力以之也。以喻人性本非仁義，其爲仁義也，有人力以之也。非人力，則杞柳不可以爲桮棬，非人力，則人性不可以爲仁義。《爾雅·釋木》云：楥，柜柳。郭氏注云：未詳。或曰：柳當爲柳，柜柳以柳皮可煑作飲。陶隱居《本草別録》云：欅樹削取裏皮，去上甲煎服之，夏日作飲，去熱。此欅樹即柜柳，柜即欅也。寇宗奭《本草衍義》云：欅木，今人呼爲欅柳，葉謂柳非柳，謂槐非槐，本最大者高五六十尺，合二三人抱，湖南北甚多，然亦不材也，不堪爲器，用嫩枝取以緣栲栳與箕唇。緣栲栳箕唇，即爲桮棬之類，故趙氏以杞柳爲柜柳也。《毛詩·鄭風》無折我樹杞，傳云：杞，木名也。陸璣《毛詩草木疏》云：杞，柳屬也。生水旁，樹如柳，葉粗而白色，木理微赤，故今人以爲車轂。是杞柳亦是木名，毛傳以樹杞之杞爲木名，正指杞柳。趙氏言一曰木名，引詩以證之者，詩在《小雅·南山有臺》第三章。傳不釋何物，即指樹杞也。而《釋文》引《草木疏》則云：其樹如樗，一名狗骨。陳氏大章《詩名物集覽》云：狗骨即今絲棉樹。按絲棉樹與柜柳固殊，此趙氏所以分別之與？桮素者，《爾雅·釋木》樓落，郭氏注亦云：可以爲桮器素。《詩》正義引某氏云：可作桮圈。圈即棬。邢氏疏云：素，謂樸也。段氏玉裁《説文解字注》云：樸，木素也。素猶質也。以木爲質，未彫飾如瓦器之坯然。《士喪禮》、《周禮·稾人》皆云獻素獻成，注云：形法定爲素，飾治畢爲成。是也。蓋桮醆之類，飾以彫漆，華以金玉，未飾未彫之先，以杞柳等木為之質，故爲素也。《禮記·玉藻》云母殁而桮圈不能飲焉，注云：圈，屈木所爲，謂巵匜之屬。已可用爲飲，則非未成之樸矣。《方言》云：桮其通語也。《大戴記·曾子事父母篇》盧辯注云：杯，盤盎盆盞之總句也。蓋桮爲總名，其未彫未飾時，名其質爲棬，因而桮器之不彫不飾者即通名爲棬也。翟氏灝《考異》云：趙氏訓桮棬爲桮素，孫氏音桮爲柸，蓋素與壞，柸與坯，惟以木作土爲別，字體音義則並同也。《説文·繫傳》曰：杅即《孟子》所謂桮棬也。以柸作杯，殊失趙氏訓素本意。又云：《荀子·性惡篇》：工人斲木而成器，器生於工人之僞，非故生於木之性也。聖人積思慮，習僞故，以生禮義而起法度。然則禮義法度者，是生於聖人之僞，非故生於人之性也。又曰：檃栝之生於枸木也，繩墨之起於不直也，立君上，明禮義，爲性惡也。皆與告子此説正同。

孟子曰：子能順杞柳之性而以爲桮棬乎？將戕賊杞柳而後以爲桮棬也？

注戕，猶殘也。《春秋傳》曰：戕舟發梁。子能順完杞柳，不傷其性而成桮棬乎，將斧斤殘賊之，乃可以爲桮棬乎。言必殘也。疏：注戕猶至賊也。正義曰：宣十八年邾人戕繒子于繒，《穀梁傳》云：戕，猶殘也。趙氏引《春秋傳》者，襄二十八年《左傳》云：陳無宇濟水而戕舟發梁。是也。彼注亦云：戕，殘落也。《易·豐卦傳》云自藏也，《釋文》引鄭氏注作戕，云：戕，傷也。故又以傷明之。傷殘則不能完全，故以順爲完。《説文》宀部云：完，全也。《吕氏春秋·本生篇》以全天爲故者也，高誘注云：全，猶順也。是完即順也。賊，害也。義與傷同。如將戕賊杞柳而以爲桮棬，則亦將戕賊人以爲仁義與？注：孟子言以人身爲仁義，豈可復殘傷其形體乃成仁義邪。明不可比桮棬也。率天下之人而過仁義者，必子之言夫！注：以告子轉性以爲仁義，若轉木以成器，必殘賊之。故言率人以禍仁義者，必子之言。夫，歎辭也。疏：注以告至之言。正義曰：《金匱·婦人雜病篇》云：轉胞不得溺，以胞系了戾，故致此病。嵇康《與山巨源絶交書》云令胞中略轉，略轉猶了戾。《方言》云：軫，戾也。郭璞注云：相了戾也。《廣雅》以轉戾釋軫軳，是轉即軫，義皆爲戾。了與戾一聲，軫與轉一聲。轉木謂矯戾其木，轉性謂矯戾其性矣。《吕氏春秋·孟春紀》無變天之道，高誘注云：變，猶戾也。故《章指》云殘木爲器，變，而後成，變亦謂矯戾，與轉同義，非變通轉運之謂。蓋人性所以有仁義者，正以其能變通，異乎物之性也。以己之心，通乎人之心，則仁也。知其不宜，變而之乎宜，則義也。仁義由於能變通，人能變通，故性善，物不能變通，故性不善，豈可以草木之性比人之性？杞柳之性，必戕賊之以爲桮棬，人之性，但順之即爲仁義。故不曰戕賊性以爲仁義，而曰戕賊人以爲仁義也。比人性於草木之性，草木之性不善，將人之性亦不善矣。此所以禍仁義，而孟子所以辨也。杞柳之性，可戕賊之以爲桮棬，不可順之爲仁義，何也？無所知也。人有所知，異於草木，且人有所知而能變通，異乎禽獸，故順其能變者而變通之，即能仁義也。杞柳爲桮棬，在形體不在性，性不可變也。人爲仁義，在性不在形體，性能變也。以人力轉戾杞柳爲桮棬，杞柳不知也。以教化順人性爲仁義，仍其人自知之，自悟之，非他人力所能轉戾也。劉熙《釋名·釋言語》云：順，循也。循其理也。《爾雅·釋詁》云：率，循也。故《周書·大匡》云州諸侯咸率，孔晁注云：率，奉順也。《孟子》所謂順性，即《中庸》所云率性。胡氏煦《篝燈約旨》云：性相近云者，第如云不遠云爾。後説上智下愚，不説賢不肖，原指天資明昧而言。蓋賢不肖皆有爲立事之後所分别之品行，而智愚則據性之所發而言也。人初生，便解飲乳，便解視聽，此良知也。然壯年知識，便與孩提較進矣；老年知識，便與壯年較進矣；同焉此人，一讀書，一不讀書，其知識明昧又大相懸絶矣。同焉受業，一用心，一不用心，其知識多寡又大相懸絶矣。則明之與昧，因習而殊，亦較然矣。聖人言此，所以指明學者達天，徑路端在學習，有以變化之耳。又以見習染之汙，溺而不知返者，非其本性然也。注夫歎辭也。正義曰：句末用夫字，與《論語》有是夫善夫等句同，故知爲歎辭。

又：《章指》言：養性長義，順夫自然；殘木為器，變而後成。告子道偏，見有不純，内仁外義，違人之端，孟子拂之，不假以言也。疏：順夫自然。正義曰：孔本作順天。

又：告子曰：性猶湍水也，決諸東方則東流，決諸西方則西流，人性之無分於善不善也，猶水之無分於東西也。注：湍者，圜也。謂湍湍瀠水也。告子以喻人性若是水也。善惡隨物而化，無本善不善之性也。疏：注湍者至性也。正義曰：《説文》水部云：湍，急瀨也。急則有所分，告子以喻人性之無分善不善，則不取其急，故趙氏以圜訓之。《廣雅》圜、圌皆訓圓。圌通作篅。《説文》竹部云：篅，以判竹，圜以盛穀者。劉熙《釋名·釋宫室》云：圌以草作之團團然也。《淮南子·精神訓》高誘注云：篅讀顓頊之顓。《漢書·賈捐之傳》云顓顓獨居一海之中，顔師古注云：顓與專同。專專，圓貌也。趙氏讀湍爲圌，湍湍猶顓顓也。惟水流回游漩，故無分東西，此以無上下者而言，趙氏體告子之意以爲訓，精矣。《毛詩·周南》葛藟縈之，傳云：縈，旋也。《音義》云：縈字書作瀠，余傾切，波勢回貌。按瀠即縈也。隨物而化，謂習於善則善，習於惡則惡也。乃人性有上智下愚之不移，則不得謂隨物而化也。孟子曰：水信無分於東西，無分於上下乎？人性之善也，猶水之就下也。人無有不善，水無有不下。今夫水，搏而躍之，可使過顙；激而行之，可使在山：是豈水之性哉？其勢則然也。人之可使爲不善，其性亦猶是也。注：孟子曰，水誠無分於東西，故決之而往也。水豈無分於上下乎，水性但欲下耳。人性生而有善，猶水欲水下也。所以知人皆有善性，似水無有不下者也。躍，跳。顙，額也。人以手跳水，可使過顙，激之可令上山，皆迫於勢耳，非水之性也。人之可使爲不善，非順其性也，亦妄爲利欲之勢所誘迫耳，猶是水也。言其本性非不善也。疏：注躍跳至善也。正義曰：《説文》足部云：跳，蹶也。一曰躍也。是躍爲跳也。《方言》云：中夏謂之頟，東齊謂之顙。是顙即頟也。趙氏言人以手跳水，手字釋搏字。《音義》云：搏，張補各切，云：以手擊水。丁作摶，音團。《通俗文》云：摶黍爲手團。蓋掬其掌，以超騰其水，義亦可通。以杞柳爲桮棬，比以人性爲仁義，是以人之善由戕賊而成也，不順也。孟子則明示以順其性爲善。以水無分於東西，比人性無分於善不善，是以人之善不善皆由決而成也，皆順也。孟子則明示以不順其性乃爲不善。兩章互相發明。搏而躍之使過顙，激而行之使在山，猶戕賊杞柳爲桮棬也，不順也。順其性則善，不順其性則可使爲不善，而人性之善明矣。且水之東西，無分優劣，而人之善不善，則判若天淵。決東決西，本不足以比人性之善不善。決東則東流，東必下，決西則西流，西必下，此但可喻人性之善，故云人無有不善，水無有不下。告子始以不順其性爲善，既知順其性爲善矣，又並以順其性爲不善，云杞柳，云湍水，皆儗不於倫也。

又：《章指》言：人之欲善，猶水好下，迫勢激躍，失其素真，是以守正性者爲君子，隨曲拂者爲小人也。疏：失其至人也。正義曰：《莊子·刻意篇》云：能體純素，謂之真人。《淮南子·精神訓》云：所謂真人者，性合於道也。趙氏言素真，郭象所謂不假於物而自然者也。真之義同於正，故上言素真，下言正性。《詩·皇矣篇》四方以無拂，箋云：拂，猶佹也。言無復佹戾文王者。曲，邪也。邪則不正，佹戾則非自然，搏躍過顙，非水之自然，故爲曲拂也。

又：告子曰：生之謂性。注：凡物生同類者，皆同性。疏：生之謂性。正義曰：《荀子·正名篇》云：生之所以然者謂之性。《春秋繁露·深察名號篇》云：如其生之自然之資，謂之性。《白虎通·性情篇》云：性者，生也。《論衡·初稟篇》云：性，生而然者也。《説文》心部云：性，人之陽氣，性善者也。从心，生聲。性從生，故生之謂性也。注凡物至同性。正義曰：物生同類者，謂人與人同類，物與物同類。物之中則犬與犬同類，牛與牛同類。人與物不同類，則人與物之性不同。趙氏蓋探孟子之恉而言之，非告子意也。

孟子曰：生之謂性也，猶白之謂白與？注：猶見白物皆謂之同白，無異性也。曰：然。注：告子曰然。白羽之白也，猶白雪之白，白雪之白，猶白玉之白與？注：孟子以爲羽性輕，雪性消，玉性堅，雖俱白，其性不同。問告子，子以三白之性同邪。疏：注孟子至同邪。正義曰：《文選·雪賦》注引劉熙注云：孟子以爲白羽之性輕，白雪之性消，白玉之性堅，雖俱白，其性不同。問告子，告子以爲三白之性同。與趙氏此注同。告子但言生之謂性，未見其非。若如趙氏説，凡同類者性同，則不同類者性不同，是性之不同亦如三白之不同也。故孟子先詰之，得其瑕而後辨。

曰：然。注：告子曰然，誠以爲同也。

然則犬之性猶牛之性，牛之性猶人之性與？注：孟子言犬之性豈與牛同所欲，牛之性豈與人同所欲乎。疏：注孟子至欲乎。正義曰：孟子此章，明辨人物之性不同。人之性善，物之性不善。蓋渾人物而言，則性有善有不善。專以人言，則無不善，故首章不曰戕賊性以爲仁義，必明之曰戕賊人以爲仁義。次章不曰性無有不善，而曰人無有不善。惟告子亦云人性之無分於善不善，性上明標以人，故孟子必辨之曰：人性之善也，猶水之就下也。性上亦必明標以人，人性之異乎物，已無待言，此章則明辨之也。《禮記·樂記》云：人生而靜，天之性也。感於物而動，性之欲也。物至知知，然後好惡形焉。人欲即人情，與世相通，全是此情。己所不欲，勿施於人，己欲立而立人，己欲達而達人，正以所欲所不欲爲仁恕之本。人生而靜，首出人字，明其異乎禽獸。靜者，未感於物也。性已賦之，是天賦之也。感於物而明好惡，此欲也，即出於性。欲即好惡也。物至知知二句，申上感物而爲欲也。知知者，人能知而又知，禽獸知聲不能知音，一知不能又知。故非不知色，不知好妍而惡醜也；非不知食，不知好精而惡疏也；非不知臭，不知好香而惡腐也；非不知聲，不知好清而惡濁也。惟人知知，故人之欲異於禽獸之欲，即人之性異於禽獸之性。趙氏以欲明性，深能知性者矣。葉紹翁《四朝聞見録》云：劉巘，字季文，號靜春，其自爲論云：惟人受天地之中以生，故謂之性，豈物之所得而擬哉？凡混人物而爲一者，必非識性者也。孟子道性善，亦第謂人而已。假如或兼人物而言，則犬之性猶牛之性，牛之性猶人之性，當如告子之言。李氏光地《榕村藏稿自記》云：孟子所謂性善者，人性也。故既言人性異於犬牛，又言犬馬與我不同類，又言違禽獸不遠，可見所謂性善者，惟指人性爲説。人性所以善，以其陰陽之交，五行之秀氣，孔子所謂天地之性人爲貴也。夫以其稟陰陽五行之全而謂之善，則孟子論性，已兼氣質矣。謂孟子專以天命言性，遺却氣質，與孔子言相近者異，豈其然乎！戴氏震《孟子字義疏證》云：性者，分於陰陽五行以爲血氣、心知、品物，區以别焉，舉凡既生以後所有之事，所具之能，所全之德，咸以是爲其本，故《易》曰成之者性也。氣化生人生物以後，各以類滋生久矣，然類之區别，千古如是也，循其故而已矣。在氣化曰陰陽，曰五行，而陰陽五行之成化也，雜糅萬變，是以及其流形，不特品物不同，雖一類之中又復不同。凡分形氣於父母，即爲分於陰陽五行，人物以類滋生，皆氣化之自然。《中庸》曰：天命之謂性。以生而限於天，故曰天命。《大戴禮記》曰：分於道之謂命，形於一之謂性。分於道者，分於陰陽五行也。一言乎分，則其限之於始，有偏全、厚薄、清濁、昏明之不齊，各隨所分而形於一，各成其性也。然性雖不同，大致以類爲之區别，故《論語》曰性相近也，此就人與人近言之也。孟子曰：凡同類者舉相似也，何獨至於人而疑之，聖人與我同類者。言同類之相似，則異類之不相似明矣。故詰告子生之謂性曰：然則犬之性猶牛之性，牛之性猶人之性與？明乎其不可混同言之也。凡有生，即不隔於天地之氣化，陰陽五行之運而不已，天地之氣化也。人物之生生本乎是，由其分而有之不齊，是以成性各殊。是以本之以生，見乎知覺運動也亦殊。氣之自然潛運，飛潛動植皆同，此生生之機肖乎天地者也。而其本受之氣，與所資以養之氣則不同。所資以養之氣，雖由外而入，大致以本受之氣召之。五行有生克，遇其克之者則傷，甚則死，此可知性之各殊矣。氣運而形不動者，卉木是也。凡有血氣者，皆形能動者也。由其成性各殊，故形質各殊，則其形質之動而爲百體之用者，利用不利用亦殊。知覺云者，如寐而寤曰覺，心之所通曰知，百體皆能覺，而心之知覺爲大。凡相忘於習則不覺，見異焉乃覺。魚相忘於水，其非生於水者不能相忘於水也，則覺不覺亦有殊致矣。聞蟲鳥以爲候，聞雞鳴以爲辰，彼之感而覺，覺而聲應之，又覺之殊致有然矣，無非性使然也。若夫鳥之反哺，雎鳩之有別，蜂蟻之知君臣，豺之祭獸，獺之祭魚，合於人之所謂仁義者矣，而各由性成。人則能擴充其知至於神明，仁義禮智無不全也。仁義禮智非他，心之明之所止也，知之極其量也。知覺運動者，人物之生；知覺運動之所以異者，人物之殊其性。孟子言人無有不善，以人之心知異於禽獸，能不惑乎所行之爲善。且其所謂善也，初非無等差之善，即孔子所云相近，孟子所謂苟得其養，無物不長；苟失其養，無物不消，所謂求則得之，舍則失之，或相倍徙而無算者，不能盡其才者也，即孔子所云習至於相遠。不能盡其才，言不擴充其心知而長惡遂非也。彼悖乎禮義者，亦自知其失也。是人無有不善，以長惡遂非，故性雖善，不乏小人。孟子所謂梏之反覆，違禽獸不遠，即孔子所云下愚之不移。孟子曰：如使口之於味也，其性與人殊，若犬馬之與我不同類也，則天下何耆皆從易牙之於味也！又言動心忍性，是孟子矢口言之，無非血氣心知之性。孟子言性，曷嘗岐而二哉！問：凡血氣之屬皆有精爽，而人之精爽可進於神明。《論語》稱上智與下愚不移，此不待習而相遠者。雖習不足以移之，豈下愚之精爽與物等與？曰：生而下愚，其人難與言禮義，由自絕於學，是以不移。然苟畏威懷惠，一旦觸於所畏所懷之人，啟其心而憬然覺悟，往往有之。苟悔而從善，則非下愚矣。加之以學，則日進於智矣。以不移定爲下愚，又往往在知善而不爲、知不善而爲之者，故曰不移，不曰不可移。雖古今不乏下愚，而其精爽幾與物等者，亦究異於物，無不可移也。程氏瑶田《通藝録·論學小記》云：有天地然後有天地之性，有人然後有人之性，有物然後有物之性。有天地人物，則必有其質，有其形，有其氣矣。有質有形有氣，斯有是性，是性從其質其形其氣而有者也。是故天地位矣，則必有元亨利貞之德，是天地之性善也。人生矣，則必有仁義禮智之德，是人之性善也。若夫物則不能全其仁義禮智之德，故物之性不能如人性之善也。使以性爲超乎質形氣之上，則未有天地之先，先有此性，是性生天地，天地又具此性，以生人物。如是則不但人之性善，即物之性亦安得不善。惟指其質形氣而言，故物之性斷乎不能如人性之善。雖虎狼有父子，蜂蟻有君臣，而終不能謂其性之善也。何也？其質形氣，物也，非人也。物與物雖異，均之不能全乎仁義禮智之德也。人之質形氣，莫不有仁義禮智之德，故人之性斷乎其無不善也。然則人之所以異於物者，異於其質形氣而已。自不知性者，見夫質形氣之下愚不移，遂以性爲不能無惡，而不知質形氣之成於人者，無不善之性也。後世惑於釋氏之説，遂欲超乎質形氣以言性，而不知惟質形氣之成於人者始無不善之性也。然則人之生也，有五官百骸之形以成人，有清濁、厚薄之氣質，不能不與物異者，以成人品之高下，即有仁義禮智之德，具於質形氣之中以成性，性一而已，有善而已矣。如必分言之，則具於質形氣者爲有善有惡之性，超乎質形氣者爲至善之性。夫人之生也，烏得有二性哉？氣質之性，古未有是名，必區而別之曰此氣質之性也，蓋無解於氣質之有善惡，恐其有累於性善之旨，因別之曰有氣質之性，有理義之性也。雖然安得謂氣質中有一性，氣質外復有一性哉？且無氣質則無人，無人則無心，性具於心，無心安得有性之善？故溯人性於未生之前，此天地之性，乃天道也。天道亦有於其形其氣，有天之形與氣，然後有天之道。主於其氣之流行不息者而言之，故曰一陰一陽之謂道也。道在於天，生生不窮，因物付物，乃謂之命，故曰維天之命，於穆不已也。若夫天人賦稟之際，賦乃謂之命，稟乃謂之性，所賦所稟，並據氣質而言。性具氣質中，故曰天命之謂性，豈塊然賦之以氣質，而必先諄然命之以性乎？若以賦稟之前而言性，則是人物同之，犬之性猶牛之性，牛之性猶人之性，何獨至於人而始善也。故以賦稟之前而言性，釋氏之言性也。所謂如何是父母未生前本來面目也。是故性善斷以氣質言，主實有者而方之。人之氣有清濁，故有智愚。然人之智固不同於犬牛之智，人之愚亦不同於犬牛之愚。犬牛之愚，無仁義禮智之端。人之愚，未嘗無仁義禮智之端。是故智者知正其衣冠矣，愚者亦未嘗不欲正其衣冠也。其有不然者，則野人之習於鄉俗者也。然野人亦自有智愚。其智者，亦知當正其衣冠，而習而安焉，此習於惡則惡之事也。其愚者，見君子之正其衣冠也，亦有所不安於其心，及欲往見君子，必將正其衣冠焉，此習於善則善之事也。

又：《章指》言物雖有性，性各殊異。惟人之性，與善俱生。赤子入井，以發其誠。告子一之，知其麤矣；孟子精之，是在其中。

又：告子曰：食色，性也。仁，內也，非外也。義，外也，非內也。注：人之甘食悅色者，人之性也。仁由內出，義在外也，不從己身出也。疏：食色至內也。正義曰：飲食男女，人之大欲存焉。欲在是，性即在是。人之性如是，物之性亦如是。惟物但知飲食男女，而不能得其宜，此禽獸之性，所以不善也。人知飲食男女，聖人教之，則知有耕鑿之宜，嫁娶之宜，此人之性所以無不善也。人性之善，所以異於離禽獸者，全在於義。義外非內，是人性中本無義矣。性本無義，將人物之性同。告子始以仁義同比桮棬，則仁亦在性外，此分仁義言之。《管子·戒篇》云：仁從中出，義從外作。朱長春云：仁內義外昉於此。告子亦有本之言。孟子曰：何以謂仁內義外也？注：孟子怪告子是言也。疏：何以至外也。正義曰：《易·文言傳》云：義以方外。告子所云義外，或同此意，故詰之。

曰：彼長而我長之，非有長於我也。猶彼白而我白之，從其白於外也。故謂之外也。注：告子言見彼人年長大，故我長敬之。長大者，非在於我也，猶白色見於外也。疏：注告子至外也。正義曰：《吕氏春秋·論大篇》云萬夫之長，高誘注云：長，大也。《禮記·祭義》云：立敬自長始。彼長之長，指彼人之年長，故以大釋之。我長之長，指我因其長而敬之，故以敬明之。長大之年，在彼不在我，故云非有長於我。彼在我之外，是長大之年在彼，即是外也。非有長於我，即是從其長於外。從其白於外，即是非有白於我，互文相例也。近解非有長於我，謂非我先預有長之心。曰：異。於白馬之白也，無以異於白人之白也。不識長馬之長也，無以異於長人之長與？且謂長者義乎，長之者義乎？注：孟子曰，長異於白，白馬白人，同謂之白可也。不知敬老馬無異於敬老人邪？且謂老者爲有義乎，將謂敬老者爲有義乎？敬老者，己也，何以爲外也？疏：注長異至外也。正義曰：孔氏廣森《經學卮言》云：趙氏讀異於白爲句。此答告子猶彼白而我白之語。意言長之説異於白之説，不相猶也。古人文字，不必拘拘定以白馬與白人相偶。若必謂白字當屬馬上，或絶異字爲一句，下乃言人之於白馬之白，無以異於白人之白，文義亦通。先斷之曰異，而後申其所以異之處，正同他章每先曰否，而次詳其所以否之實也。按孔氏説是也。異字斷句，即趙氏長異於白之謂也。於白馬之白也，無以異於白人之白也，所謂白馬白人，同以爲白可也。白無異於白，長則有異於長，此長之所以異於白也。《儀禮・鄉飲酒禮》云衆賓之長升，注云：長，其老者。《國語・晉語》云齊侯長矣，韋昭注云：長，老也。是長即老也。告子以長爲義，而不知以長之爲義，故先以白馬、白人不異，別出長馬、長人不同。言長人之長，必用我心長之，分明權在長之者而不在長者。長之既在我心，則權度悉由中出，安得以義爲外乎？長之權全在我，安得云非有長於我也？曰：吾弟則愛之，秦人之弟則不愛也，是以我爲悦者也，故謂之內。長楚人之長，亦長吾之長，是以長爲悦者也，故謂之外也。注：告子曰，愛從己，則己心悦，故謂之內。所悦喜老者在外，故曰外。疏：吾弟至外也。正義曰：此告子再申義外之説也。孟子詰之以長者義、長之者義，告子固不得云長者義也，故又以弟與長分別言之。義雖屬長之者，乃長之者因長者而生，故仍以爲外耳。弟同而愛與不愛異，是愛之權在我；長同則長之無不同，是長之權在彼。理本不足，難以豁然。

曰：耆秦人之炙，無以異於耆吾炙，夫物則亦有然者也。然則耆炙亦有外與？注：孟子曰：耆炙同等，情出於中。敬楚人之老，與敬己之老，亦同己情往敬之。雖非己炙，同美，故曰物則有然者也。如耆炙之意，豈在外邪。言楚秦，喻遠也。疏：注耆炙至遠也。正義曰：耆，猶愛也。告子以愛不同明長同，孟子則以嗜之同明長同愛不同。權固由我，耆炙同，情亦出中。嗜同則情出於中，豈長同而情在於外乎？愛之長之，皆是以我爲悦。秦人之弟非吾弟，以其親不同，故不同愛。楚人之長非吾長，以其長同，故同長。秦人之炙非吾炙，以其美同，故同嗜。物亦有然，謂炙之同美，猶長之同長也。知吾所以嗜之者由心辨其美，則知吾所以長之者由心識其長。若謂義之同長爲外，則食之同美亦可謂之外乎。告子既知甘食爲性，故孟子以嗜炙明之。孟子、告子居齊，故以秦楚爲遠。《音義》云：耆，本亦作嗜。

又：公都子曰：告子曰：性無善無不善也。注：公都子道告子以爲人性在化，無本善不善也。疏：注人性在化。正義曰：化，變化也。或曰：性可以爲善，可以爲不善，是故文武興則民好善，幽厲興則民好暴。注：公都子曰，或人以爲可教以善不善，亦由告子之意也。故文武聖化之起，民皆喜爲善；幽厲虐政之起，民皆好暴亂。或曰：有性善，有性不善，是故以堯爲君而有象，以瞽瞍為父而有舜，以紂爲兄之子且以爲君而有微子啟、王子比干。注：公都子曰，或人以爲人各有性，善惡不可化移，堯爲君，象爲臣，不能使之爲善。瞽瞍爲父，不能化舜爲惡。紂爲君，又與微子、比干有兄弟之親，亦不能使此二子爲不仁。是亦各有性也。疏：或曰性可至比干。正義曰：孔氏廣森《經學卮言》云：王充《論衡本性篇》云：周人世碩以爲人性有善有惡，舉人之善性，養而致之，則善長；惡性養而致之，則惡長。故世子作《養書》一篇。宓子賤、漆雕開、公孫尼子之徒亦論性情，與世子相出入。按公都子此問，即其説也。《漢藝文志》《世子》二十一篇，名碩，陳人，七十子之弟子。《韓非子》八儒有漆雕氏之儒，世子或其徒與？蓋或人二説，皆原於聖門，而各得其一偏。可以爲善，可以爲不善，所謂性相近，習相遠也。有性善有性不善，所謂上智與下愚不移者也。《古論語傳》曰：辟如堯舜，禹稷契與之爲善則行，鯀、驩兜欲與爲惡則誅，可與爲善，不可與為惡，是謂上智。桀紂，龍逢、比干欲與爲善則誅，于莘、崇侯與之爲惡則行，可與爲惡，不可與爲善，是謂下愚。詳見《漢書・古今人表》，與或人舜象之喻略同。注紂爲君至不仁。正義曰：顧氏炎武《日知録》云：以紂爲弟，且以爲君，而有微子啟；以紂爲兄之子，且以爲君，而有王子比干。並言之，則於文有所不便，故舉此以該彼，此古人文章之善。翟氏灝《考異》云：《陸象山集・與周元忠書》曰：以紂爲兄之子，此是公都子引當時人言。《史記》微子是紂庶兄，皆帝乙之子也。比干則但云紂之親戚，太史公亦莫知爲誰子也。今據公都所引文義，則是以微子、比干爲帝乙之弟，而紂於二人爲兄之子也。此是《孟子》所載，與《史記》不同處。按《史記》以微子爲紂庶兄，溯其所原，乃屬《吕氏春秋》。吕氏言宜難深信。殷王兄終弟及者十四，其後之轉及兄子惟沃甲一人，則凡前五子未嗣立者，其孫曾中之嫡系，詎不得當元子稱邪？箕子稱微子曰王子，孟子書兩稱王子比干，二人稱謂同，或其行輩亦同，故趙氏謂紂與微、比皆有兄弟之親。若言於紂父，皆兄弟也。此《孟子》所載，與《史記》不同處。象山言最爲超卓，孟門所聞，必當實於《史記》，讀《孟子》者似不必因《史記》生疑也。今曰性善，然則彼皆非與？注：公都子曰，告子之徒，其論如此，今孟子曰人性盡善，然則彼之所言皆非邪。疏：今曰至非與。正義曰：戴氏震《孟子字義疏證》云：問：告子言生之謂性，言性無善無不善，言食色性也，仁內義外，朱子以爲同於釋氏；其杞柳湍水之喻，又以爲同於荀揚。然則荀揚亦與釋氏同與？曰：否。荀揚所謂性者，古今同謂之性，即後儒稱爲氣質之性者也。但不當遺理、義而以爲惡耳。在孟子時，則公都子引或曰性可以爲善，可以爲不善，或曰有性善，有性不善，言不同而所指之性同。荀子見於聖人生而神明者，不可概之人人，其下皆學而後善，順其自然則流於惡，故以惡加之。論似偏，與有性不善合。然謂禮義爲聖心，是聖人之性獨善，實兼公都子兩引或曰之說。揚子見於長善則爲善人，長惡則爲惡人，故曰人之性也善惡混，又曰學則正，否則邪，與荀子論斷似參差而匪異。韓子言性之品有上中下三，上焉者善焉而已矣，中焉者可導而上下也，下焉者惡焉而已矣。此即公都子兩引或曰之說，會通爲一。朱子云：氣質之性固有美惡不同矣，然以其初而言，皆不甚相遠，但習於善則善，習於惡則惡，於是始相遠耳。人之氣質，相近之中又有美惡，一定，而非習之所能移也。直會通公都子兩引或曰之說解《論語》矣。程子云：有自幼而善，有自幼而惡，是氣稟有然也。善固性也，然惡亦不可不謂之性也。此與有性善有性不善合，而於性可以爲善，可以爲不善，亦未嘗不兼，特彼仍其性之名，此別之曰氣稟耳。程子又云：人生而靜以上不容說，纔說性時，便已不是性也。朱子釋之云：人生而靜以上是人物未生時，止可謂之理，未可名爲性，所謂在天曰命也。纔說性時，便是人生以後，此理已墮形氣中，不全是性之本體矣。所謂在人曰性也。據《樂記》，人生而靜與感於物而動對言之，謂方其未感，非謂人物未生也。《中庸》天命之謂性，謂氣稟之不齊，各限於生初，非以理爲在天在人異其名也。況如其說，是孟子乃追遡人物未生、未可名性之時而曰性善。若就名性之時，已是人生以後，已墮在形氣中，安得斷之曰善？由是言之，將天下古今惟上聖之性不失其性之本體，自上聖而下，語人之性，皆失其性之本體。人之爲人，舍氣稟氣質，將以何者謂之人哉？是孟子言人無有不善者，程子、朱子言人無有不惡，其視理儼如有物，以善歸理，雖顯遵孟子性善之云，究之孟子就人言之者，程、朱乃離人而空論夫理，故謂孟子論性不論氣不備。若不視理如有物，而其見於氣質不善，卒難通於孟子之直斷曰善。立說似同於孟子而實異，似異於荀子而實同也。孟子曰性無有不善而曰人無有不善。性者，飛潛種植之通名；性善者，論人之性也。如飛潛動植，舉凡品物之性，皆就其氣類別之。人物分於陰陽五行以成性，舍氣類更無性之名。醫家用藥，在精辨其氣類之殊，不別其性，則能殺人。使曰此氣類之殊者已不是性，良醫信之乎？凡植禾稼卉木，畜鳥獸蟲魚，皆務知其性。知其性者，知其氣類之殊，乃能使之碩大蕃滋也。何獨至於人而指夫分於陰陽五行以成性者，曰此已不是性也，豈其然哉？自古及今，統人與百物之性以爲言，氣類各殊是也。專言乎血氣之倫，不獨氣類各殊，而知覺亦殊。人以有禮義，異於禽獸，實人之知覺大遠乎物則然，此孟子所謂性善。而荀子視禮義爲常人心知所不及，故別而歸之聖人。程子、朱子見於生知安行者罕覯，謂氣質不得概之曰善，荀揚之言，固如是也。特以如是則悖於孟子，故截氣質爲一性，言君子不謂之性。截理義爲一性，別而歸之天，以附合孟子。其歸之天不歸之聖人者，以理爲人與我。是理者，我之所無也。以理爲天與我，庶幾湊泊附著，可融爲一。是借天爲說，聞者不復疑於本無，遂信天與之得爲本有耳。彼荀子見學之不可以已，非本無何待於學。而程子、朱子亦見學之不可以已，其本有者，何以又待於學？故謂爲氣質所汙壞，以便於言本有者之轉而如本無也。於是性之名移而加之理，而氣化生人生物，適以病性。性譬水之清因地而汙濁，不過從老、莊、釋氏所謂真宰真空者之受形以後，昏昧於欲，而改變其說。特彼以真宰真空爲我，形體爲非我，此仍以氣質爲我，難言性爲非我，則惟歸之天與我而後可謂之我有，亦惟歸之天與我而後可爲完全自足之物，斷之爲善，惟使之截然別於我，而後雖天與我完全自足，可以咎我之壞之而待學以復之，以水之清喻性，以受汙而濁喻性墮於形氣中汙壞，以澄之而清喻學。水靜則能清，老、莊、釋氏之主於無欲，主於寂靜是也。因改變其說爲主敬，爲存理，依然釋氏教人認本來面目，教人常惺惺之法。若夫古聖賢之由博學、審問、慎思、明辨、篤行以擴而充之者，豈徒澄清已哉！程子、朱子於老、莊、釋氏既入其室，操其矛矣，然改變其言，以爲《六經》孔孟如是，按諸荀子差近之，而非《六經》孔孟也。謹按：《禮記・樂記》云：好惡無節於內，知誘於外，不能反躬，天理滅矣。注云：理，猶性也。以性爲理，自鄭氏已言之，非起於宋儒也。理之言分也。《大戴記・本命篇》云：分於道之謂命。性由於命，即分於道。性之猶理，亦猶其分也。惟其分，故有不同；亦惟其分，故性即指氣質而言。性不妨歸諸理，而理則非真宰真空耳。

孟子曰：乃若其情，則可以爲善矣，乃所謂善也。若夫爲不善，非才之罪也。注：若，順也。性與情，相爲表裏，性善勝情，情則從之。《孝經》曰：此哀戚之情。情從性也，能順此情，使之善者，真所謂善也。若隨人而强作善者，非善者之善也。若爲不善者，非所受天才之罪，物動之故也。疏：乃若至罪也。正義曰：程氏瑶田《通藝録・論學小記》云：孟子以情驗性，總就下愚不移者，指出其情以曉人。如言惻隱、羞惡、辭讓、是非之情，爲仁義禮智之端，謂人皆有之者，下愚不移者亦有也。故乍見孺子入井，皆有怵惕惻隱之心，正謂下愚不移者皆如是也。故曰乃若其情，則可以爲善。乃若者，轉語也。即從下文若夫字生根。其情者，下愚不移者之情，即下文爲不善者之情也。曰可以爲善者，可不可未可知之辭，然而未嘗不可以爲善也。若夫爲不善，乃其後之變態，非其情動之初，本然之才便如此也。性善之義，至孟子言之，乃真透根之論。即今日人人可自驗，人人可自信其性之無不善也。孔子曰：性相近也，習相遠也。此專論習也。習與性對言，性自性，習自習，習相遠，愈見性之相近也。習之相遠也，遠於智愚之相移也。性之相近也，愚者之性未嘗遠於智者也。蓋氣稟受質而成人之形，其心即具人之性，人與物異，故性無不善也。而不能無智愚之殊者，以氣質不能不分高下厚薄，因而知覺不能不分差等。其上焉者，智也。等而漸下，則不智而愚矣。愚非無其智也，鬱其智而不達則愚。智愚雖分，性未始不相近。相近云者，弗無其善之云也。然知覺既有智愚之殊，而薰習復有邪正之異，於是智者習於善則愈遠於愚，即愚者習於善亦可遠於本然之愚。若智者習於惡，則可遠於其本然之智；而愚者習於惡，則愈遠於智。智有等差，習而移之，下達者可至於下愚。移而智者，性達而性之善見；移而愚者，性不達而性之善不見；夫豈性有不善哉？不見其善而已矣。然則相遠者，因習而移其智愚，非移其相近之性也。智愚每因於習之所移，見人不可不謹所習，而不得以此罪性也。惟夫生而上智之人，知覺獨異，雖與不善者相習，不能移而轉之乎愚；其本非上智而移而至於上智者，亦若是則已矣。而生而下愚之人，知覺極庸，雖與善者相習，亦不能移而轉之乎智；其本非下愚，而移而至於下愚者，亦若是則已矣。其不移者，非其性之善本有加於人、本有損於人也。其移焉者，非其性之善忽有加於人、忽有損於人也。夫性未有不相近者也。何以知其然也？仁義禮智之性，其端見於惻隱、羞惡、辭讓、是非之情者，雖下愚之人，未嘗不皆有也。由是言之，孟子性善之説，以情驗性之指，正孔子性相近之義疏矣。情其善之自然而發者也，才其能求本然之善而無不得者也，性善故情善而才亦善也。誠意之功，在毋自欺，而毋自欺之事曰慎獨，意非私意之謂，乃真好真惡之情發於性者。此真好真惡之情，人皆有之，孟子所謂乃若其情，可以爲善者也。戴氏震《孟子字義疏證》云：問：公都子問性，列三説之與孟子言性善異者，乃舍性而論情，偏舉善之端爲證。彼荀子之言性惡也，曰：今人之性，生而有好利焉，順是，故爭奪生而辭讓亡焉。生而有疾惡焉，順是，故殘賊生而忠信亡焉。生而有耳目之欲，有好聲色焉，順是，故淫亂生而禮義文理亡焉。然則從人之性，順人之情，必出於爭奪，合於犯分亂理而歸於暴。故必將有師法之化，禮義之導，然後出於辭讓，合於文理而歸於治。用此觀之，然則人之性惡明矣。是荀子證性惡，所舉者亦情也。安見孟子之得而荀子之失與？曰：人生而後有情有欲有知，三者血氣心知之自然也。給於欲者，聲色臭味也，而因有愛畏。發乎情者，喜怒哀樂也，而因有慘舒。辨於知者，美醜是非也，而因有好惡。聲色臭味之欲資以養其生，喜怒哀樂之情感而接於物，美醜是非之知極而通於天地鬼神。聲色臭味之愛畏以分，五行生克爲之也。喜怒哀樂之慘舒以分，時遇順逆爲之也。美醜是非之好惡以分，志慮從違爲之也。是皆成性然也。有是身，故有聲色臭味之欲。有是身，而君臣父子夫婦昆弟朋友之倫具，故有喜怒哀樂之情。惟有欲有情而又有知，然後欲得遂也，情得達也。天下之事，使欲之得遂，情之得達，斯已矣。惟人之知，小之能盡美醜之極致，大之能盡是非之極致。然後遂己之欲者，廣之能遂人之欲；達己之情者，廣之能達人之情。道德之盛，使人之欲無不遂，人之情無不達，斯已矣。欲之失為私，私則貪邪隨之矣。情之失爲偏，偏則乖戾隨之矣。知之失爲蔽，蔽則差謬隨之矣。不私，則其欲皆仁也，皆禮義也。不偏，則其情必和易平恕也。不蔽，則其知乃所謂聰明聖知也。孟子舉惻隱、羞惡、辭讓、是非之心謂之心，不謂之情。首云乃若其情，非性情之情也。孟子不又云乎：人見其禽獸也，而以爲未嘗有才焉，是豈人之情也哉？情，猶素也，實也。孟子於性，本以爲善，而此云則可以爲善矣。可之爲言，因性之等差而斷其善，則未見不可也。下云乃所謂善也，對上今曰性善之文。繼之云若夫爲不善，非才之罪也。爲，猶成也。卒之成爲不善者，陷溺其心，放其良心，至於梏亡之盡，違禽獸不遠者也。言才則性見，言性則才見，才於性無所增損故也。人之性善，故才亦美，其往往不美，未有非陷溺其心使然，故曰非天之降才爾殊也。才可以始美而終於不美，由才失其才也。不可謂性始善而終於不善。性以本始言，才以體質言也。體質戕壞，究非體質之罪，又安可究其本始哉！謹按：孟子性善之説，全本於孔子之贊《易》。伏羲畫卦，觀象以通神明之德，以類萬物之情，俾天下萬世無論上智下愚，人人知有君臣父子夫婦，此性善之指也。孔子贊之則云：利貞者，性情也。六爻發揮，旁通情也。禽獸之情，不能旁通，即不能利貞，故不可以爲善。情不可以爲善，此性所以不善。人之情則能旁通，即能利貞，故可以爲善；情可以爲善，此性所以善。禽獸之情何以不可爲善，以其無神明之德也。人之情何以可以爲善，以其有神明之德也。神明之德在性，則情可旁通；情可旁通，則情可以爲善。於情之可以爲善，知其性之神明。性之神明，性之善也。孟子於此，明揭性善之指在其情，則可以爲善，此融會乎伏羲、神農、黃帝、堯、舜、文王、周公、孔子之言，而得其要者也。《説文》心部云：性，人之陽氣，性善者也。情，人之陰氣，有欲者。情陰而有欲，故貪淫爭奪，端由此起，荀子謂從人之性，順人之情，必出於爭奪，合於犯分亂理而歸於暴是也。情欲之爲不善，有師法之化，禮義之道，即能出於辭讓，合於文理而歸於治。此孟子所謂可以爲善也。荀子據以爲性惡，荀子但知《禮》而不通《易》者也。孟子據以爲性善，孟子深通於《易》而知乎《禮》之原也。孔子以旁通言情，以利貞言性，情利者，變而通之也。以己之情，通乎人之情；以己之欲，通乎人之欲。己欲立而立人，己欲達而達人，己所不欲，勿施於人。因己之好貨，而使居者有積倉，行者有裹糧；因己之好色，而使內無怨女，外無曠夫。如是則情通，情通則情之陰已受治於性之陽，是性之神明有以運旋乎情欲，而使之善，此情之可以爲善也。故以情之可以爲善，而決其性之神明也。乃情之神明，能運旋其情欲，使之可以爲善者，才也。孔子贊《易》云：立天之道曰陰與陽，立地之道曰柔與剛，立人之道曰仁與義。是爲三才。有此才，乃能迭用柔剛，旁通情以立一陰一陽之道。才以用言，旁通者情，所以能旁通而窮理盡性以至於命者，才也。通其情可以爲善者，才也。不通情而爲不善者，無才也。云非才之罪，猶云無才之罪也。蓋人同具此神明，有能運旋乎情，使之可以爲善。有不能運旋乎情，使之可以爲善。此視乎才與不才，才不才則智愚之別也。智則才，愚則不才。下愚不移，不才之至，不能以性之神明運旋情欲也。惟其才不能自達，聖人乃立教以達之。其先民不知夫婦之宜別，上下尊卑之宜有等，此才不能自達也。伏羲教之，無論智愚，皆知夫婦之別，皆知上下尊卑之等，所謂通其神明之德也。使性中本無神明，豈教之所能通？民之不知有父，但知有母，與禽獸同。聖人教民，民皆知人道之宜定，而各爲夫婦，各爲父子，以此教禽獸，仍不知也。人之性可因教而明，人之情可因教而通。禽獸之性雖教之不明，禽獸之情雖教之不通。孔子曰：五十學《易》，可以無大過矣。可以無大過，即是可以爲善。性之善，全在情可以爲善；情可以爲善，謂其能由不善改而爲善。孟子以人能改過爲善，决其爲性善。伏羲之前，人同禽獸，其貪淫争奪，思之可見，而伏羲能使之均歸於倫常之中。瞽瞍之頑，象之傲，亦近乎下愚矣。而舜能使之厎豫，信乎無不可以爲善之情也。可以爲善，原不謂順其情即善。乃若，宜如程氏瑶田之説。趙氏以順釋若，非其義矣。注若順至性也正義曰：若順，《爾雅·釋言》文。情發於外，性藏於内，故相表裏。性之善，不爲情欲所亂，性能運情，情乃從性，則情可爲善。引《孝經》者，《喪親章》第十八云：孝子之喪親也，哭不偯，禮無容，言不文，服美不安，聞樂不樂，食旨不甘，此哀戚之情也。趙氏謂孝子仁於其親，由於天性，而情即從其性之仁爲哀戚，是性善勝情，情則從之之證也。趙氏以若其情爲順其情，故反言不順其情是隨人而强作善者，則情非從性矣。

惻隱之心，人皆有之。羞惡之心，人皆有之。恭敬之心，人皆有之。是非之心，人皆有之。惻隱之心，仁也。羞惡之心，義也。恭敬之心，禮也。是非之心，智也。仁義禮智，非由外鑠我也，我固有之也，弗思耳矣。故曰求則得之，舍則失之，或相倍蓰而無算者，不能盡其才者也。注：仁義禮智，人皆有其端，懷之於内，非從外消鑠我也。求存之，則可得而用之。舍縱之，則亡失之矣。故人之善惡，或相倍蓰，或至於無算者，不得相與計多少，言其絶遠也。所以惡乃至是者，不能自盡其才性也。故使有惡人，非天獨與此人惡性。其有下愚不移者，譬如被疾不成之人，所謂童昏也。疏：注仁義至我也。正義曰：前以情之可以爲善明性善，此又以心之有惻隱、羞惡、恭敬、是非明性善也。惟性有神明之德，所以心有是非；心有是非，則有惻隱、羞惡、恭敬矣。戴氏震《孟子字義疏證》云：問：孟子言性，舉仁義禮智四端，與孔子之舉智愚有異乎？曰：人之相去，遠近明昧，其大較也，學則就其昧焉者牖之明而已。人雖有智有愚，大致相近，而智愚之甚遠者蓋鮮。智愚者，遠近差等殊科，而非相反。善惡則相反之名，非遠近之名。知人之成性，其不齊在智愚，亦可知任其愚而不學不思乃流爲惡。愚非惡也，人無有不善明矣。舉智而不及仁、不及禮義者，智於天地、人物、事爲咸足以知其不易之則，仁有不至，禮義有不盡，可謂不易之則哉？發明孔子之道者，孟子也。無異也。《説文》金部云：鑠，銷金也。《國語·周語》云衆口鑠金，《史記》索隱引賈逵云：鑠，消也。消鑠我，猶云戕賊人。以仁義禮智爲由外鑠我，當時蓋有此言，如莊子言純樸不殘孰爲仁，故孟子直斥其非，而以爲我固有之也。孔氏廣森《經學巵言》云：《爾雅·釋詁》云：鑠，美也。仁義禮智，得之則美，失之則醜。然美在其中，非由外飾成我美者也。所以不願人之文繡也。注譬如至昏也。正義曰《國語·晉語》胥臣曰僮昏不可使謀，韋昭注云：僮，無知。昏，闇亂也。此與籧篨、戚施、僬僥、侏儒、矇瞍、嚚瘖、聾聵同爲八疾。又云：質將善而賢良贊之，則濟可竢。若有違質，教將不入，其何善之爲！此言僮昏之人不可教之以善，故趙氏引以證下愚不移也。《周禮·秋官·司刺》三赦曰惷愚，注云：惷愚，生而癡騃童昏者。《禮記·禮器》云：體不備，君子謂之不成人。生而癡騃童昏，既列於八疾，則與體不備同，故爲被疾不成之人。趙氏以下愚爲此癡騃童昏之人，則是不移由有疾所以不移也。無此疾者，固無不可移者矣。尤與性善之恉合。譬如者，趙氏自謙未定。

又：《章指》言：天之生人，皆有善性，引而趨之，善惡異衢，高下相懸，賢愚舛殊，尋其本者，乃能一諸。疏：善惡異衢。正義曰：《荀子·勸學篇》云行衢道者不至，楊倞注云：衢道，兩道也。今秦俗猶以兩爲衢，古之遺言與？

又：孟子曰：牛山之木嘗美矣。以其郊於大國也，斧斤伐之，可以爲美乎！是其日夜之所息，雨露之所潤，非無萌蘖之生焉，牛羊又從而牧之，是以若彼濯濯也。人見其濯濯也，以爲未嘗有材焉，此豈山之性也哉？注牛山，齊之東南山也。邑外謂之郊。息，長也。濯濯，無草木之貌。牛山木嘗盛美，以在國郊，斧斤牛羊使之不得有草木耳，非山之性無草木也。疏：注牛山至之貌。正義曰：閻氏若璩《釋地續》云：牛山齊之東南山，是趙氏在複壁中所注，方向少錯，無論。今目驗在臨淄縣南一十里，亦在唐臨淄縣南二十一里，《括地志》所謂管仲冢與桓公冢連在牛山上。是。酈道元注：牛山，一名南郊山，天齊淵出焉。齊以此得名。梁劉昭不知引何人《孟子》注云：南小山曰牛山。晉左思《齊都賦》云：牛嶺鎮其南。《列子·力命篇》：齊景公游於牛山，北臨其國城而流涕。夫臨曰北，正以山實在南。邑外謂之郊，《爾雅·釋地》文。息之義與生同，生亦長也。王氏念孫《廣雅疏證》云：饄，長也。息與饄通。《剥·彖傳》云：君子尚消息盈虚。消息即消長也。《毛詩》言濯濯者二，《大雅·靈臺篇》麀鹿濯濯，傳云：濯濯，娱遊也。《崧高篇》鉤膺濯濯，傳云：濯濯，光明也。濯是洗滌溉滌之名，物經滌濯，則垢汙悉去，故光明爲濯濯。山有草木，則陰翳不齊，草木盡去，不異洗濯者然，故趙氏以濯濯爲無草木之貌也。雖存乎人者，豈無仁義之心哉？其所以放其良心者，亦猶斧斤之於木也。旦旦而伐之，可以爲美乎？其日夜之所息，平旦之氣，其好惡與人相近也者幾希。注：存，在也。言雖在人之性，亦猶山之有草木，人豈無仁義之心邪。其日夜之思欲息長仁義，平旦之志氣，其好惡，凡人皆有與賢人相近之心。幾，豈也。豈希，言不遠也。疏：注存在至遠也。正義曰：《爾雅·釋言》云：存，存在也。是存即在也。良之義爲善，良心即善心，善心即仁義之心。放者，存之反也。《呂氏春秋・順民篇》云以與吳王爭一旦之死，高誘注云：旦，朝也。旦旦猶云朝朝，亦即日日也。旦旦，言非一日也。日日放其良心，猶日日伐其山木。山木由此不美，人心亦由此不良。良亦美也。其日夜之所息，趙氏解爲其日夜之思欲息長仁義，息之義爲生長，所息指生長此心之仁義。仁義不能無端生長，故趙氏以思欲明之。蓋雖放其良心，其始陷溺未深，尚知自悔，雖爲不仁而思欲尚轉而及仁，雖爲不義而思欲尚轉而及義。此思欲之所轉，即仁義之心所生長。相近即性相近之相近。放失之後，其平旦之氣，好惡尚與人相近，則性善可知矣。趙氏以人爲賢人，謂能存仁義之心，未放失其良者也。其實與人相近，正謂與禽獸相遠。謂之爲人性原相近，但日放一日，則日遠於人一日，日遠於人一日，即日近於禽獸一日，而其日夜所息，則仍與人近而不遠，此孟子以放失仁義之人，明其性之善也。旦旦伐之而所習仍相近，則良心不易亡如此，此極言良心不遽亡，非謂良心易去也。故趙氏以幾希爲不遠也。或以息爲歇息，非是。以幾希爲甚微，亦失之。趙氏佑《温故録》云：豈希言不遠，與前注幾希無幾也異。蓋亦隨文見義與。則其旦晝之所爲，有梏亡之矣。梏之反覆，則其夜氣不足以存。夜氣不足以存，則其違禽獸不遠矣。人見其禽獸也，而以爲未嘗有才焉者，是豈人之情也哉！注：旦晝，晝日也。其所爲萬事，有梏亂之，使亡失其日夜之所息也。梏之反覆，利害干其心，其夜氣不能復存也。人見惡人禽獸之行，以爲未嘗有善才性，此非人之情也。疏：注旦晝至情也。正義曰：《説文》旦部云：旦，明也。晝日之出入，與夜爲界。宣公八年《穀梁傳》祭之旦日之享賓也，注云：旦日，猶明日也。《漢書・高帝紀》旦日合戰，注云：旦日，明日也。趙氏言晝日也，是以日釋晝也。旦晝猶云明日，謂今日夜所息平旦之氣，才能不遠於人，及明日出見紛華，所悅而所息者乃梏亡矣。《音義》云：丁云：梏，古沃切，謂悔吝利害也。言利害之亂其性，猶桎梏之刑其身，此梏從木。《書・粊誓》今惟淫舍牿牛馬，鄭氏注云：牿，桎梏之梏。是桎梏之梏通作牿，故梏亡作牿亡也。趙氏云其所爲萬事，有梏亂之，則是以亂釋梏。《毛詩・小雅・何人斯》云祇攪我心，傳云：攪，亂也。《詩・大雅・抑篇》有覺德行，《禮記・緇衣》引作有梏德行，是梏與覺古通。《後漢書・馬融傳・廣成頌》云梏羽羣，注云：梏，諸家並古酷反。案字書捁從手，即古文攪字，謂攪擾也。捁、牿、梏同。趙氏讀梏爲攪，故訓爲亂。丁氏以爲桎梏，非其義也。何氏焯《讀書記》云：有梏之有當讀去聲。讀去聲則爲又，謂才有所生息，又梏亂而亡失之也。反覆即反復。息而梏，梏而又息，息而又梏，其始息多於梏，久則梏多於息。息則仁義之心存，梏則利害之見勝，梏之不已，則心但知有利害，不復能思欲息長仁義，是利害之邪，干犯仁義之良，故夜氣不足以存也。至梏之反覆，夜氣不足以存，乃違禽獸不遠。然則人之不遠於禽獸，亦非一日所遽至也。《坤・文言傳》云：非一朝一夕之故，其所由來者漸矣，由辨之不早辨也。《繫辭傳》云：小人不恥不仁，不畏不義，不見利不勸，不威不懲，小懲而大誡，此小人之福也。又云：善不積，不足以成名；惡不積，不足以滅身。小人以小善爲無无益而弗爲也，以小惡爲無傷而弗去也，故惡積而不可掩，罪大而不可解。旦旦伐之，梏之反覆，即漸積之謂也。當其日夜所息，好惡尚與人近，是時早辨，尚不至於梏亡，此聖人設教，所以恥之以仁，畏之以義，勸以利而懲以威也。故苟得其養，無物不長；苟失其養，無物不消。孔子曰：操則存，舍則亡，出入無時，莫知其鄉。惟心之謂與？注：誠得其養，若雨露於草木，法度於仁義，何有不長也。誠失其養，若斧斤牛羊之消草木，利欲之消仁義，何有不盡也。孔子曰，持之則在，縱之則亡，莫知其鄉。鄉猶里，以喻居也。獨心爲若是也。疏：注誠得至是也。正義曰：《楚辭・離騷》云苟余情其信姱以練要兮，注云：苟，誠也。故以誠釋苟。人之自治，必以問學，聖人治人，則以禮樂，皆以法度於仁義也。息仁義，必以思欲；養仁義，必以法度。趙氏深能發《孟子》之指。或謂靜以任其自然，非其義也。《説文》水部云：消，盡也。故以盡釋消。手部云：操，把持也。《禮記・曲禮》操右契，注云：操，持也。故以持釋操。舍即放，放即縱。《論語・雍也篇》以與爾鄰里鄉黨乎，集解引鄭曰：五家爲鄰，五鄰爲里，萬二千五百家爲鄉，五百家爲黨也。《論語・里仁篇》里仁爲美，擇不處仁，集解引鄭曰：里者，民之所居也。居於仁者之里，是爲善也。鄉大於里，而皆爲民之所居，故云鄉猶里，以喻居也。惟，猶獨也。近讀鄉爲向，《釋名・釋州國》云：萬二千五百家爲鄉。鄉，向也。衆所向也。鄉里之鄉，本取義於向，則其義通矣。毛氏奇齡《聖門釋非録》云：出入無時，莫知其鄉，直接惟心之謂句，分明指心言，蓋存亡即出入也。惟心是一可存可亡、可出可入之物，故操舍惟命，若無出入，則無事操存矣。《大易》憧憧往來，往來者，出入也。《大學》心有所，心不在，有所不在，亦出也。是心原可出入而操舍者，則因其出之人之也。

《孟子注疏・盡心章句下》

孟子曰：人皆有所不忍，達之於其所忍，仁也。人皆有所愛，不忍加惡，推之以通於所不愛，皆令被德，此仁人也。人皆有所不爲，達之於其所爲，義也。人皆有不喜爲，謂貧賤也，通之於其所喜爲，謂富貴也。抑情止欲，使若所不喜爲此者，義人也。人能充無欲害人之心，而仁不可勝用也。人皆有不害人之心，能充大之以爲仁，仁不可勝用也。人能充無穿窬之心，而義不可勝用也。穿牆踰屋，姦利之心也。人既無此心，能充大之以爲義，義不可勝用也。人能充無受爾汝之實，無所往而不爲義也。爾汝之實，德行可輕賤。人所爾汝者也，既不見輕賤，不爲人所爾汝，能充大而以自行，所至皆可以爲義也。士未可以言而言，是以言餂之也。可以言而不言，是以不言餂之也。是皆穿踰之類也。餂，取也。人之爲士者，見尊貴者未可與言而强與之言，欲以言取之也，是失言也，見可與言者而不與之言，不知賢人可與之言，而反欲以不言取之，是失人也，是皆趨利入邪無知之人，故曰穿踰之類也。疏：孟子曰至類也。正義曰：此章言善恕行義，充大其美，無受爾汝，何施不可。取人不知，失其臧否，比之穿踰之類者也。孟子曰：人皆不忍至是皆穿踰之類也者，孟子言人皆有所惻隱而不忍，如能推之所不忍於其所忍者，仁人也，以其所愛及其所不愛，仁之爲道如是也；人皆有所不喜爲，謂貧賤也，如能推之所不喜爲，而達之於所喜爲，謂富貴也，是爲有義之人也。人能充大不欲害人之心而爲仁，則仁道於是乎備，故不可勝用也；人能充大其無穿踰姦利之心以爲義，則義於是乎盡，故義不可勝用也。人能充大其不受人爾汝之實，是不爲人所輕賤，故無所行而不爲義者也，言所爲皆可爲義矣。蓋惻隱有不忍者，仁之端也；羞惡有不爲者，義也；但能充而大之，則為仁、義矣。人之爲士，於尊貴者未可與言而與之言，是以言取之也，是失言也；以其失之諂也；可以與之言而不與之言，是以不言取之也，是失人也，以其失之敖也；如此者，是皆爲穿牆踰屋趨姦利之類也。

（清）焦循《孟子正義·盡心章句上》

孟子曰：盡其心者，知其性也。知其性，則知天矣。注：性有仁義禮智之端，心以制之。惟心爲正。人能盡極其心，以思行善，則可謂知其性矣。知其性，則知天道之貴善者也。疏：注性有至善者也。正義曰：《禮記·表記》云義者，天下之制也，注云：制，謂裁制。人之心能裁度，得事之宜，所以性善，故仁義禮智之端，原於性而見於心。心以制之，即所謂思慮可否，然後行之也。惟心爲正，謂心能裁度，以正四體五官也。即天之北辰，執持維綱，以正二十八舍也。《呂氏春秋·明理篇》云五帝三王之於樂盡之矣，高誘注云：盡，極也。《禮記·大學篇》云是故君子無所不用其極，注云：極，猶盡也。故盡其心即極其心。性之善，在心之能思行善，故極其心以思行善，則可謂知其性矣。知其性，謂知其性之善也。天道貴善，特鍾其靈於人，使之能思行善。惟不知己性之善，遂不能盡極其心，是能盡極其心以思行善者，知其性之善也。知其性之善，則知天道之好善矣。趙氏之義如此。戴氏震《原善》云：孟子曰：盡其心者，知其性也。知其性，則知天矣。耳目百體之所欲，血氣資之以養，所謂性之欲也，原於天地之化者也。是故在天爲天道，在人，咸根於性而見於日用事爲爲人道。仁義之心，原於天地之德者也，是故在人爲性之德。斯二者一也。由天道而語於無憾，是謂天德；由性之欲而語於無失，是謂性之德。性之欲，其自然之符也；性之德，其歸於必然也。歸於必然適全其自然，此其爲自然之極致。《詩》曰：天生蒸民，有物有則，民之秉常，好是懿德。凡動作威儀之則，自然之極致也，民所秉也。自然者，散之普爲日用事爲；必然者，秉之以協於中，達於天下。知其自然，斯通乎天地之化；知其必然，斯通乎天地之德；故曰知其性，則知天矣。天人道德，靡不豁然於心，故曰盡其心。存其心，養其性，所以事天也。注：能存其心，養育其正性，可謂仁人。天道好生，仁人亦好生。天道無親，惟仁是與，行與天合，故曰所以事天。殀壽不貳，修身以俟之，所以立命也。注：貳，二也。仁人之行。一度而已。雖見前人或殀或壽，終無二心，改易其道。殀若顔淵，壽若邵公，皆歸之命。修正其身，以待天命，此所以立命之本也。疏：注貳二至本也。正義曰：《禮記·王制》云喪事不貳，注云：貳之言二也。《國語·周語》云百姓攜貳，韋昭注云：貳，二心也。昭公二十八年《左傳》云心能制義曰度，一度而已，不改易也。《史記·仲尼弟子列傳》云：回年二十九，髮盡白，蚤死，孔子哭之慟。此殀若顔淵之説也。《論衡·氣壽篇》云：周公居攝七年，復政退老，出入百歲矣。邵公，周公之兄也。至康王之時，尚爲大保，出入百有餘歲矣。又云：傳稱邵公百八十。此壽若邵公之説也。程氏瑶田《論學小記》云：心者，身之主也。萬物皆備於吾之身，物則即具於吾之心。而以爲吾之性如是，而心可不盡乎！曷爲而可謂之盡其心也？由盡己之性而充極之，至於盡人之性，盡物之性，而心盡矣。是非先有以知其性不能也。曷知乎爾？格物以致其知，斯能窮盡物則，以知其心所具之性，而因以盡其心。然則盡其心者，知其性也。夫是性也，天之分與我者也。性不異乎天，而天豈異乎性？知性知天非二事，亦無二時也。知其性則知天矣。夫然而心可不存乎？不存則放。夫然而性可不養乎？不養則戕。父母生我以身，而不毁傷其身者，能事親者也。天分我以心與性，而能不放之不戕之，非所以事天乎！故苟能存其心而養其性，則必其明物察倫，以致其知者既詳且盡，而見之於行，必能居仁由義，以盡其道。而其功之盛，必將有以馴致夫參天地、贊化育之能。任則至重也，道則至遠也，死而後已者也。夫然後天之所以與我以爲性而具於心者，是我所受之命，而殀壽不貳，修身以俟之矣，豈非所以立命乎！按程氏説是也。盡其心，即伏羲之通德類情，黄帝堯舜之通變神化。惟知人性之善，故盡其心以教之，知性即是知天，知天而盡其心以教之，即所以事天。所以盡其心者，不過存其心，養其性也。盡其性，以盡人之性，盡物之性，贊天地之化育，所以成天之能，猶人臣贊君之治，以成君之功。聖人事天，猶人臣事君也。天之命有殀壽窮達智愚賢不肖，而聖人盡其心以存之養之，存之養之，即所以修身使天下皆歸於善。天之命雖有不齊，至是而皆齊之，故爲立命知性，知天窮理也。盡其心以存之養之脩之，盡性也，立命至於命也。《孟子》此章，發明《易》道也。

又：孟子曰：人之所不學而能者，其良能也。所不慮而知者，其良知也。注：不學而能，性所自能。良，甚也。是人之所能甚也。知亦猶是能也。疏：注不學至能也。正義曰：良甚之義，詳見《告子》上篇。良能猶言甚能，良知猶言甚知。甚能、甚知即最能、最知，最能、最知即知之最、能之最也。孩提之童，無不知愛其親者；及其長也，無不知敬其兄也。注：孩提，二三歲之間，在襁褓知孩笑可提抱者也。少知愛親，長知敬兄，此所謂良能良知也。疏：【略】親親，仁也。敬長，義也。無他，達之天下也。注：人，仁義之心少而皆有之。欲爲善者無他，達，通也。但通此親親敬長之心，推之天下人而已。疏：注人仁至人而已。正義曰：《呂氏春秋・重己篇》云理塞則氣不達，高誘注云：達，通也。孟子前言衆庶終身由之而不知其道，民日遷善而不知爲之，此則言所知也。所不知者道，所無不知者愛親敬長，聖人因其有此知，故以仁義之道達之天下。所以以仁義之道達之天下者，以親親仁也，敬長義也。孩提之童，無不知愛其親，則仁可達矣。及其長也，無不知敬其兄，則義可達矣。有此親親敬長之心者，性善也。通此親親敬長之心，推之天下人者，聖人之盡心也。自聖人盡其心爲天下立命，其智者益知之；其衆庶雖不能知之，而亦可由之矣。此一章仍申明知性、知天之旨也。孫氏星衍《原性篇》云：何以言性待教而爲善，《易》言天道陰陽，地道柔剛，人道仁義，後以裁成，輔相左右民。《禮記》言盡人物之性，與天地參。《書》言剛克柔克正直。剛屬性，柔屬情，平康之者教也。《禮記》謂天命謂性，率性謂道，脩道謂教。教者何？性有善而教之以止於至善，故《禮記》之言明德也，曰新民，曰止至善。止者，如文王止於仁敬孝慈信，即性中之五常，必教而能之，學而知之也。孟子以孩提之童愛其親、敬其長是也。然童而愛其親，非能愛親，慈母乳之而愛移；敬其長，非能敬長，嚴師扑之而敬移。然則良知、良能不足恃，必教學成而後真知愛親敬長也。故董仲舒之言性待教爲善是也。謹按：孟子言良能爲不學而能，良知爲不慮而知。其言孩提之童，無不知愛其親，則不言無不能愛其親也；其言及其長也，無不知敬其兄，則不言無不能敬其兄也。蓋不慮而知，性之善也，人人所然也。不學而能，惟生知安行者有之，不可概之人人。知愛其親，性之仁也，而不可謂能仁也。知敬其兄，性之義也，而不可謂能義也。曰親親，則能愛其親矣，仁矣，故曰親親仁也。曰敬長，則能敬其兄矣，義矣，故曰敬長義也。何以由知而能也，何以由無不知而無不能也？無他，有達之者也。聖人通神明之德，類萬物之情，而達之天下也。

又：孟子曰：廣土衆民，君子欲之，所樂不存焉。中天下而立，定四海之民，君子樂之，所性不存焉。注：廣土衆民；大國諸侯也。所樂不存，樂行禮也。中天下而立，謂王者。所性不存，謂性仁義也。疏：注樂行禮也。正義曰：《禮記・樂記》云：揖讓而治天下者，禮樂之謂也。暴民不作，諸侯賓服，兵革不試，五刑不用，百性無患，天子不怒，如此則樂達矣。合父子之親，明長幼之序，以敬四海之內，天子如此則禮行矣。又云：王者功成作樂，治定制禮。《中庸》云：非天子不議禮，不制度，不考文。是行禮者天子之事。君子不以大國諸侯爲樂，而樂於中天下而立，中天下而立是王者，故知所樂爲行禮也。《禮運》云：禮行於郊，而百神受職焉；禮行於社，而百貨可極焉；禮行於祖廟，而孝慈服焉；禮行於五祀，而正法則焉。亦王者行禮之謂也。君子所性，雖大行不加焉，雖窮居不損焉，分定故也。注：大行，行政於天下。窮居，不失性也。分定故不變。疏：注大行至不變。正義曰：大行，即所謂武王周公繼之，然後大行也。《易・序卦傳》云：緩必有所失，故受之以損。故以不失解不損。《音義》云：分，扶問切。《禮記・禮運》云：故禮達而分定。《荀子・王制篇》云：分均則不偏。分者，蓋所受分於道之命也。即分得人之性，自有人所當爲之職分，自有人所不易之分，主是爲分也，故謂之分定。

《史記》卷二三《禮書》 禮由人起。人生有欲，欲而不得則不能無忿，忿而無度量則争，争則亂。先王惡其亂，故制禮義以養人之欲，給人之求，使欲不窮於物，物不屈於欲，二者相待而長，是禮之所起也。故禮者養也。稻粱五味，所以養口也；椒蘭芬茝，所以養鼻也；鐘鼓管弦，所以養耳也；刻鏤文章，所以養目也；疏房牀第几席，所以養體也：故禮者養也。

又：人苟生之爲見，若者必死；苟利之爲見，若者必害；怠惰之爲安，若者必危；情勝之爲安，若者必滅。故聖人一之於禮義，則兩得之矣；一之於情性，則兩失之矣。故儒者將使人兩得之者也，墨者將使人兩失之者也。是儒墨之分。

《史記》卷二四《樂書》 人生而靜，天之性也；感於物而動，性之頌也。物至知知，然後好惡形焉。好惡無節於內，知誘於外，不能反己，天理滅矣。夫物之感人無窮，而人之好惡無節，則是物至而人化物也。人化物也者，滅天理而窮人欲者也。於是有悖逆詐僞之心，有淫佚作亂之事。是故彊者脅弱，衆者暴寡，知者詐愚，勇者若怯，疾病不養，老幼孤寡不得其所，此大亂之道也。是故先王制禮樂，人爲之節：衰麻哭泣，所以節喪紀也；鐘鼓干戚，所以和安樂也；婚姻冠笄，所以别男女也；射鄉食饗，所以正交接也。禮節民心，樂和民聲，政以行之，刑以防之。禮樂刑政四達而不悖，則王道備矣。

《漢書》卷八一《匡衡傳》 臣聞治亂安危之機，在乎審所用心。蓋受命之王務在創業垂統傳之無窮，繼體之君心存於承宣先王之德而褒大其功。昔者成王之嗣位，思述文武之道以養其心，休烈盛美皆歸之二后而不敢專其名，是以上天歆享，鬼神祐焉。其《詩》曰：念我皇祖，陟降廷止。言成王常思祖考之業，而鬼神祐助其治也。

陛下聖德天覆，子愛海內，然陰陽未知，姦邪未禁者，殆論議者未丕揚先帝之盛功，爭言制度不可用也。務變更之，所更或不可行，而復復之，是以羣下更相是非，吏民無所信。臣竊恨國家釋樂成之業，而虚爲此紛紛也。願陛下詳覽統業之事，留神於遵制揚功，以定羣下之心。《大雅》曰：無念爾祖，聿修厥德。孔子著之《孝經》首章，蓋至德之本也。傳曰：審好惡，理情性，而王道畢矣。能盡其性，然後能盡人物之性；能盡人物之性，可以贊天地之化。治性之道，必審己之所有餘，而强其所不足。蓋聰明疏通者戒於大察，寡聞少見者戒於雍蔽，勇猛剛强者戒於大暴，仁愛温良者戒於無斷，湛静安舒者戒於後時，廣心浩大者戒於遺忘。必審己之所當戒，而齊之以義，然後中和之化應，而巧僞之徒不敢比周而望進。唯陛下戒所以崇聖德。

《晉書》卷四九《嵇康傳》　又以爲君子無私，其論曰：夫稱君子者，心不措乎是非，而行不違乎道者也。何以言之？夫氣静神虚者，心不存於矜尚；體亮心達者，情不繫於所欲。矜尚不存乎心，故能越名教而任自然；情不繫於所欲，故能審貴賤而通物情。物情順通，故大道無違，越名任心，故是非無措也。是故言君子則以無措爲主，以通物爲美；言小人則以匿情爲非，以違道為闕。何者？匿情矜吝，小人之至惡；虚心無措，君子之篤行也。是以大道言及吾無身，吾又何患。無以生爲貴者，是賢於貴生也。由斯而言，夫至人之用心，固不存有措矣。故曰：君子行道，忘其爲身，斯言是矣。君子之行賢也，不察於有度而後行也；任心無邪，不議於善而後正也；顯情無措，不論於是而後爲也。是故傲然忘賢，而賢與度會；忽然任心，而心與善遇；儻然無措，而事與是俱也。

《晉書》卷五〇《庾峻傳》　夫人之性陵上，猶水之趣下也，益而不已必決，升而不已必困。始於匹夫行義不敦，終於皇輿爲之敗績，固不可不慎也。下人并心進趣，上宜以退讓去其甚者。退讓不可以刑罰使，莫若聽朝士時時從志，山林往往間出。無使入者不能復出，往者不能復反。然後出處交泰，提衡而立，時靡有爭，天下可得而化矣。

《晉書》卷五五《潘岳傳》　蓋崇德莫大乎安身，安身莫尚乎存正，存正莫重乎無私，無私莫深往寡欲。是以君子安其身而後動，易其心而後語，定其交而後求，篤其志而後行。然則動者，吉凶之端也；語者，榮辱之主也；求者，利病之幾也；行者，安危之決也。故君子不妄動也，動必適其道；不徒語也，語必經於理；不苟求也，求必造於義；不虚行也，行必由於正。夫然，用能免或繫之凶，享自天之祐。故身不安則殆，言不從則悖，交不審則惑，行不篤則危。四者行乎中，則憂患接乎外矣。憂患之接，必生於自私，而興於有欲。自私者不能成其私，有欲者不能濟其欲，理之至也。欲苟不濟，能無爭乎？私苟不從，能無伐乎？人人自私，家家有欲，衆欲並爭，羣私交伐。爭，則亂之萌也；伐，則怨之府也。怨亂既構，危害及之，得不懼乎？

《北史》卷六三《周惠達傳》　其五，恤獄訟，曰：人受陰陽之氣以生，有情有性。性則爲善，情則爲惡。善惡既分，賞罰隨焉。賞罰得中，則惡止而善勸；賞罰不中，則人無所措手足，則怨叛之心生。是以先王重之，特加戒慎者，欲使察獄之官，精心悉意，推究根源。先之以五聽，對之以證驗，妙覩情狀，窮鑒隐伏，使姦無所容，罪人必得。然後隨事加刑，輕重皆當，舍過矜愚，得情勿喜。又能消息情理，斟酌禮律，無不曲盡人心，而遠明大教，使獲罪者如歸。此則善之上者也。然宰守非一，不可人人皆有通識，推理求情，時或難盡。唯當率至公之心，去阿枉之志，務求曲直，念盡平當。聽察之理，必窮所見，然後拷訊以法，不苛不暴，有疑則從輕，未審不妄罰，隨事斷理，獄無停滯。此亦其次。若乃不仁恕而肆其殘暴，同人木石，專用捶楚。巧詐者，雖事彰而獲免；辭弱者，乃無罪而被罰。有如此者，斯則下矣，非共理所寄。今之宰守，當勤於中科，而慕其上善。如在下條，則刑所不赦。

又當深思遠大，念存德教。先王之制曰：與殺無辜，寧赦有罪；與其害善，寧其利淫。明必不得中，寧濫捨有罪，不謬害善人也。今之從政者則不然，深文巧劾，寧致善人於法，不免有罪於刑。所以然者，非皆好殺人也，但云爲吏寧酷，可免後患。此則情存自便，不念至公，奉法如此，皆姦人也。夫人者，天地之貴物，一死不可復生。然楚毒之下，以痛自誣，不被申理，遂陷刑戮者，將恐往往而有。是以自古已來，設五聽三宥之法，著明慎庶獄之典，此皆愛人甚也。凡伐木殺草，田獵不順，尚違時令而虧帝道；况刑罰不中，濫害善人，寧不傷天心，犯和氣！

《宋史》卷二〇一《刑法志三》 帝在位久，明於人之情僞，尤惡訐人陰事，故一時士大夫習爲惇厚。久之，小人乘間密上書，疏人過失，好事稍相與唱和，又按人赦前事。翰林學士張方平、御史吕誨以爲言，因下詔曰：蓋聞治古，君臣同心，上下協穆，而無激訐之俗，何其德之盛也！朕竊慕焉。嘉與公卿大夫同底斯道，而教化未至，澆薄日滋。比者中外羣臣，多上章言人過失，暴揚難驗之罪，或外託公言，内緣私忿，詆欺曖昧，苟陷善良。又赦令者，所以與天下更始，而有司多舉按赦前之事，殆非信命令，重刑罰，使人洒心自新之意也。今有上言告人罪，言赦前事者，訊之。至於言官，宜務大體，非事關朝政，自餘小過細故，勿須察舉。

《金史》卷四五《刑志》 昔者先王因人之知畏而作刑，因人之知恥而作法。畏也，恥也，五性之良知，七情之大閑也。是故，刑以治已然，法以禁未然，畏以處小人，恥以遇君子。君子知恥，小人知畏，天下平矣。是故先王養其威而用之，畏可以教愛。慎其法而行之，恥可以立廉。愛以興仁，廉以興義，仁義興，刑法不幾於措乎。

《新纂四六合律判語》卷下《禮律・僧道拜父母》 僧道猶夫人耳，受形匪出于空桑。唐蕭瑀《佞佛傳》奕闢之日，蕭瑀不生空桑云云。空桑，伊尹生于空桑，亦是恠誕之説。父母非爾親乎？報德宜懷寸草，蓋雖屬異端之教，未應絶天性之仁，罪莫大于無親，刑因先于不孝。今某身披緇服，口誦黄庭，劬勞遞忘于蓼莪，徒有三年之愛，恭敬弗施于桑梓，輒辭一拜之儀，且饑食寒衣尚未超于塵界，胡慎終追遠乃自異于齊民？三牲已缺于親，闈五服尤乖于喪制。既昧木本水源之義，安望秋霜春雨之懷爾？徒道其道焉，實得罪于明教，吾則人其人也，更議罪于祥刑。

《皇明條法事類纂》卷二七《處置逃軍》 禁逃軍。臣聞：人心所在天心，係（爲）〔謂〕人心不違，天心順矣。有天下國家者，必察人心之去就，以卜時事之盛衰。自古先王爲治，必有仁義以教之，恩賞以懷之，刑法以威之，而後善者知勸，惡者知懼，所心以定民心、一民志也。今承平日久，人心縱志，不知義理，不識廉恥。雖有恩而不懷，雖有刑而不懼。蓋由法令寬容，風俗偷薄，致如此也。

《皇朝文獻通考》卷二二二《經籍考十二・史》 世祖章皇帝御製序曰：朕惟人臣，立身制行，本諸一心。心正則爲忠、爲直，衆美集焉。不正則爲奸、爲慝，羣惡歸焉。是故心者，萬事之本，美惡之所由出也。顧事有殊塗，心惟一致。一于國則忘其家，一于君則忘其身，如此者，不特名顯身榮，邦家亦允賴之矣。若夫奸邪之流，樹黨營私，怙權亂政，卒至聲名俱喪，爲國厲階。蓋緣居恒無正心之功，一當勢利，遂昏迷瞀亂，狂肆驕矜，上昧王章，下乖臣誼，或作威而聯羽翼，或比匪而効奔，趨如譚泰、石漢以累世。舊臣久叨恩遇不思圖報，逞臆横行，跋扈自恣，目無綱紀。陳名夏則一介豎儒，驟蒙顯拔，倚任深重，賜賚優隆，而乃背德植交，蔑法罔上，此皆自作罪孽以致隕厥身家。朕歷稽往古，宵人誤國代代有之，觀諸近事，復炯鑒昭。然足爲永戒，恐後之爲臣者或仍蹈覆轍，負主恩而渝素志，至于身罹刑憲，悔悼無由。故推原情狀而論列之，録成一編，以爲人臣儆心之訓云。

（清）陸曾禹《康濟録》卷三上《臨事之政・不抑價以招商運》 齊管子曰：滕魯之粟釜百，則使吾國之粟釜千。滕魯之粟四流而歸我，若下深谷矣。

謹案：旨哉，管子之言也。民之趨利確如水之趨下，稍拂其性，其誰我向。穀粟者，活命之源也。使恤民之財而不恤民之命，財帛其可飽乎，危亡其可免乎？則釜百釜千之論非明決者不能道也。

（清）王夫之《讀通鑑論》卷三《漢武帝》 情之所發，才之所利，皆於理有當焉。而特有所止以戒其流，則才情皆以廣道之用。止才情之流者，性之貞也。故先王之情深矣，其才大矣。以通天下之志，成天下之務，而一順乎道。武帝曰：朕不變更制度，後世無法；不出師征伐，天下不安；爲此者不得不勞民。若後世又如朕所爲，是襲亡秦之迹也。有是心，爲是言，而豈不賢乎？戒後世以爲情，立大法，謹大防以爲才，固通志成務者所不廢也。然而終以喪德而危天下者，才利而遂無所擇，情動而因濫於他也。因是而慕神僊，營宫室，侈行遊，若將見爲游刃有餘之資，可以唯吾意而無傷；而淫侈妖巫之氣，暗引之而流。無他，才無所詘而忘其詘於道，情無所定而不知定以性也。固其得於天者，偏於長而即有所短。而方其崇儒訪道，董仲舒、兒寬之流，言道言性，抑皆性道之郛郭，而昧其精嚴，無能儌所不逮，而引之深思以自樂其天也。

雖然，武帝之能及此也，故昭帝、霍光承之，可以布寬大之政，而無改道之嫌。宋神宗唯不知此，而司馬君實被三年改政之譏，爲小人之假紹述以行私之口實。則武帝之爲此言也。其賢矣乎！

（清）王夫之《讀通鑑論》卷二一《唐中宗》 讀《文王世子》之篇，而知古者天子諸侯之元子日侍於寢門，而損益衣食皆親執其事，無異於庶人之父子；天性之恩，既不以尊位而隔，孝養之禮，抑且以居高而倡。乃當大位危疑，姦邪窺伺之日，受顧命，傳大寶，亦相與面授於衽席之側，德不偷而道立，道不失而禍亦消，皇哉弗可及已！

後世子道之衰，豈盡其子之不仁哉？君父先有以致之也。宮嬪多，嬖寵盛，年已逾邁，而少艾盈前，於是不肖者以猜妒懷疑，即其賢者亦以嫌疑爲禮。太子出別宮，而朝見有度，侍立有時，問安有節，或經旬累月而不得至君父之前，離析毛裏之恩，虛擁尊嚴之制，戕性戮倫，莫之能改。故其爲害也，父子不親而讒間起，嬖寵怙權而宦寺張。秦政之於扶蘇，晉惠之於太子遹，隋高之於太子勇，坐困於姦賊，召之不爲召，誣之不能白，殺之不能知，而禍亂極矣。

道二：仁與不仁而已矣。絶父之慈，禁子之孝，尚安足與問禍福乎？無已，則如崔神慶之請於武氏，太子非朔望朝參，應別召者，降手敕玉契，以防姦慝，此三代以下仁衰恩薄必不可廢之典也。神慶之言此者，慮諸武之假旨以召太子而害之也。其人雖不肖，其言之爲功亦偉矣。不然。夜半一人傳呼，而太子蹈白刃以瘖死，何從而知其真僞哉？後世人君處疏睽疑貳之勢，防姦杜禍，建爲永制可也。

（清）王先謙《荀子集解·序》 昔唐韓愈氏以荀子書爲大醇小疵。逮宋，攻者益衆。推其由，以言性惡故。余謂性惡之説，非荀子本意也。其言曰：直木不待檃栝而直者，其性直也；枸木必待檃栝烝矯，然後直者，以其性不直也。今人性惡，必待聖王之治，禮義之化，然後皆出於治，合於善也。夫使荀子而不知人性有善惡，則不知木性有枸直矣。然而其言如此，豈真不知性邪？余因以悲荀子遭世大亂，民胥泯棼，感激而出此也。

（清）王先謙《荀子集解·榮辱》 人之生固小人，先謙案：生性字通，用此即性惡意。無師無法，則唯利之見耳。人之生固小人，又以遇亂世得亂俗，是以小重小也，以亂得亂也。君子非得執以臨之，則無由得開内焉。開小人之心而内善道也。

又： 凡人有所一同：飢而欲食，寒而欲煖，勞而欲息，好利而惡害，是人之所生而有也，是無待而然者也，是禹桀之所同也。目辨白黑美惡，耳辨音聲清濁，口辨酸鹹甘苦，鼻辨芬芳腥臊，骨體膚理辨寒暑疾養。膚理，肌膚之文理。養與癢同。是又人之所常生而有也，是無待而然者也，是禹、桀之所同也。先謙案：常字，以文義求之不當有。上下文所生而有句竝無常字，此常字緣上下文而衍。可以爲堯、禹，可以爲桀、跖，可以爲工匠，可以爲農賈，在執注錯習俗之所積耳。在所積習。先謙案：執字無義。以上文言注錯習俗證之，則執字爲衍文。是又人之所生而有也，是無待而然者也，是禹、桀之所同也。王念孫曰：案此二十三字，涉上文而衍。下文爲堯、禹則常安榮，爲桀、紂則常危辱云云，與上文在注錯習俗之所積句緊相承接，若加此二十三字，則隔斷上下語脈，故知爲衍文。爲堯、禹則常安榮，爲桀、跖則常危辱；爲堯、禹則常愉佚，爲工匠、農賈則常煩勞。然而人力爲此而寡爲彼，俞樾曰：力乃多字之誤，與寡對文成義，下同。何也？曰：陋也。言人不爲彼堯禹而爲此桀、跖，由於性之固陋也。堯禹者，非生而具者也，夫起於變故，成乎修，修之爲待爲待盡而後備者也。變故，患難事故也。言堯、禹起於憂患，成於修飾，由於待盡物理，然後乃能備之。

（清）王先謙《荀子集解·禮論》 故曰：性者，本始材朴也；僞者，文理隆盛也。無性則僞之無所加，無僞則性不能自美。之，往。郝懿行曰：朴，當爲樸。樸者，素也。言性本質素，禮乃加之文飾，所謂素以爲絢也。僞，即爲字。之不訓往，注非。下云性僞合，然後聖人之名一，言必性僞合一，斯乃聖人所以成名。《性惡篇》云：聖人化性而起僞，僞起於性而生禮義，即此所謂性僞合矣。性僞合，然後聖人之名一，天下之功於是就也。一謂不分散。言性僞合，然後成聖人之名也。故曰：天地合而萬物生，陰陽接而變化起，性僞合而天下治。天能生物，不能辨物也；地能載人，不能治人也；宇中萬物、生人之屬，待聖人然後分也。

（清）王先謙《荀子集解·性惡》 問者曰：人之性惡，則禮義惡生？禮義從何而生？惡音烏。應之曰：凡禮義者，是生於聖人之僞，非故生於人之性也。故，猶本也。言禮義生於聖人矯僞抑制，非本生於人性也。故陶人埏埴而爲器，陶人，瓦工也。埏，擊也。埴，埴黏土也，擊黏土而成器。埏音羶。然則器生於工人之僞，非故生於人之性也。言陶器自是生於工人學而爲之，非本生於人性自能爲之也。或曰：工人當爲陶人。故，猶本也。王念孫曰：楊後説以此工人爲陶人之誤，是也。此文本作故陶人埏埴而爲器，然則器生於陶人之僞，非故生於陶人之性也。故工人斲木而成器，然則器生於工人之僞，非故生於工人之性也。今本陶人之性，工人之性，皆作人之性。此涉上下文人之性而誤。下文云瓦埴豈陶人之性，器木豈工人之性，是其明證矣。故工人斲木而成器，然則器生於工人之僞，非故生於人之性也。聖人積思慮，習僞故，以生禮義而起法度，然則禮義法度者，是生於聖人之僞，非故生於人之性也。自是聖人矯人性而爲之，如陶人、工人然也。若夫目好色，耳好聲，口好味，心好利，骨體膚理好愉佚，是皆生於人之情性者也。膚理，皮膚文理也，佚與逸同。人勞苦則皮膚枯槁也。感而自然，不待事而後生之者也。受性自爾，不待學而知也。夫感而不能然，必且待事而後然者，謂之生於僞。王引之曰：僞，音爲，謂之僞。二字中不當有生於二字，此涉上生於而衍也。上文曰可學而能、可事而成之在人者謂之僞。《正名篇》曰：慮，積焉，能習焉而後成謂之僞，皆其證。是性、僞之所生，其不同之徵也。徵，驗。故聖人化性而起僞，言聖人能變化本性而興起矯僞也。僞起而生禮義，禮義生而制法度。然則禮義法度者，是聖人之所生也。故聖人之所以同於衆，其不異於衆者，性也；俞樾曰：同於衆，即不異於衆也，於文複矣。據下文云所以異而過衆者，僞也，疑此文亦當作所以同於衆而不過於衆者，性也。而譌作其，過譌作異，而詞意俱不可通矣。所以異而過衆者，僞也。

又： 人之性惡，其善者僞也。僞，爲也，矯也，矯其本性也。凡非天性而人作爲之者，皆謂之僞，故爲字人傍爲，亦會意字也。郝懿行曰：性，自然也。僞，作爲也。僞與爲，古字通。楊氏不了，而訓爲矯，全書皆然，是其蔽也。先謙案：郝説是。荀書僞，皆讀爲。下文器生於工人之僞，尤其明證。今人之性，生而有好利焉，順是，故爭奪生而辭讓亡焉；天生性也。順是，謂順其性也。生而有疾惡焉，順是，故殘賊生而忠信亡焉；疾與嫉同。惡，烏路反。生而有耳目之欲，有好聲色焉，先謙案：下有字疑衍。順是，故淫亂生而禮義文理亡焉。文理，謂節文、條理也。然則從人之性，先謙案：《論語・八佾篇》集解：從，讀曰縱，下同。順人之情，必出於爭奪，合於犯分亂理而歸於暴。俞樾曰：犯分，當作犯文。此本以文理相對，上文曰順是，故淫亂生而禮義文理亡焉，下文曰合於文理，而歸於治，並其證也。合於犯文亂理，與合於文理，正相對成義。今作犯分，則與下文不合矣。當由後人習聞犯分，罕聞犯文而誤改之耳。故必將有師法之化，禮義之道，道與導同。然後出於辭讓，合於文理，而歸於治。用此觀之，然則人之性惡明矣，其善者僞也。故枸木必將待檃栝、烝、矯然後直，枸，讀爲鉤，曲也，下皆同檃栝，正曲木之木也。烝，謂烝之使柔。矯，謂矯之使直也。鈍金必將待礱、厲然後利。礱、厲，皆磨也，厲與礪同。盧文弨曰：注礪，舊作勵，誤。今人之性惡，必將待師法然後正，得禮義然後治。今人無師法則偏險而不正，王念孫曰：《廣雅》：險，衺也。《成相篇》曰：險陂傾側。《大戴記・衛將軍文子》篇曰：如商也，其可謂不險矣。無禮義則悖亂而不治，古者聖王以人之性惡，以爲偏險而不正，悖亂而不治，是以爲之起禮義，制法度，以矯飾人之情性而正之，以擾化人之性而導之也。始皆出於治，合於道者也。

又： 今人之性固無禮義，故彊學而求有之也。性不知禮義，故思慮而求知之也。然則生而已，則人無禮義不知禮義。生而已謂不矯僞者。盧文弨曰：生而已，元刻作性而已，下同。人無禮義則亂，不知禮義則悖。然則生而已，則悖亂在已。用此觀之，人之性惡明矣，其善者僞也。

又： 孟子曰：人之性善。曰：是不然。凡古今天下之所謂善者，正理平治也；所謂惡者，偏險悖亂也。是善惡之分也已。善惡之分，在此二者。分，扶問反。今誠以人之性固正理平治邪？則有惡用聖王，惡用禮義矣哉！有，讀爲又。惡音烏。雖有聖王禮義，將曷加於正理平治也哉！今不然，人之性惡。今以性善爲不然者，謂人之性惡也。故古者聖人以人之性惡，以爲偏險而不正，悖亂而不治，故爲之立君上之埶以臨之，明禮義以化之，起法正以治之，重刑罰以禁之，使天下皆出於治，合於善也，是聖王之治。而禮義之化也。今當試去君上之埶，先謙案：當，是嘗之借字。當試，猶嘗試，説見《君子篇》。無禮義之化，去法正之治，無刑罰之禁，倚而觀天下民人之相與也，倚，任也。或曰：倚，偏倚。猶傍觀也。王念孫曰：楊説非也。倚者，立也。言立而觀之。《説卦傳》參天兩地而倚數。虞翻曰：倚，立也。（《廣雅》同）。《楚辭・九辯》澹容與而獨倚兮，謂獨立也。招隱士白鹿麏麚兮，或騰或倚，謂或騰或立也。《列子・黄帝篇》曰：有七尺之骸，手足之異，戴髪含齒，倚而趣者，謂之人，謂立而趣也。《淮南・氾論篇》曰：立之於本朝之上，倚之於三公之位。若是，則夫彊者害弱而奪之，衆者暴寡而譁之。衆者陵暴於寡而諠譁之，不使得發言也。俞樾曰：如楊注譁與奪義不倫。《禮記·曲禮篇》爲國君華之，鄭注曰：華，中裂之。此文譁字，當讀爲華，而從中裂之訓。陵暴於寡而分裂之，與害弱而奪之者無異也。天下之悖亂而相亡，不待頃矣。頃，少頃也。本或爲須，須臾也。用此觀之。然則人之性惡明矣，其善者僞也。

又：問者曰：禮義積僞者，是人之性，故聖人能生之也。言禮義雖是積僞所爲，亦皆人之天性自有，聖人能生之，衆人但不能生耳？先謙案：禮義積僞者，積作爲，而起禮義也。楊注非。應之曰：是不然。夫陶人埏埴而生瓦，然則瓦埴豈陶人之性也哉？豈陶人亦性而能瓦埴哉？亦積僞然後成也。工人斲木而生器，然則器木豈工人之性也哉？夫聖人之於禮義也，辟則陶埏而生之也，辟，讀爲譬。然則禮義積僞者，豈人之本性也哉？凡人之性者，堯、舜之與桀、跖，其性一也，君子之與小人，其性一也。言皆惡也。今將以禮義積僞爲人之性邪？然則有曷貴堯、禹，曷貴君子矣哉？所以貴堯、禹者，以其能化性，異於衆也。有，讀爲又。凡所貴堯、禹君子者，能化性，能起僞，僞起而生禮義。然則聖人之於禮義積僞也，亦猶陶埏而生之也。聖人化性於禮義，猶陶人埏埴而生瓦。王念孫曰：呂錢本亦下皆有猶字。案上文云夫聖人之於禮義也，辟亦陶埏而生之也，則此句内當有猶字。故楊注亦云：聖人化性於禮義，猶陶人埏埴而生瓦。先謙案：謝本從盧校無猶字。今依王説，從呂、錢本增。用此觀之，然則禮義積僞者，豈人之性也哉？即類陶埏而生，明非本性也。所賤於桀、跖小人者，從其性，順其情，安恣睢，以出乎貪利爭奪，故人之性惡明矣，其善者僞也。

（漢）孔鮒《孔叢子》卷上《抗志》　子思曰：夫水之性清而土壤汩之，人之性安而嗜慾亂之，故能有音亦未必與之同也。君言世臣之子未悉官之，則臣所謂有賢才而不見用果信矣。

《子思子全書·天命》　子思曰：天命之謂性，率性之謂道，脩道之謂教。道也者，不可須臾離也，可離，非道也。是故君子戒慎乎其所不睹，恐懼乎其所不聞，莫見乎隱，莫顯乎微，故君子慎其獨也。喜怒哀樂之未發謂之中，發而皆中節謂之和。中也者，天下之大本也。和也者，天下之達道也。致中和，天地位焉，萬物育焉。

（漢）陸賈《新語》卷下《資質》　凡人莫不知善之爲善，惡之爲惡。莫不知學問之有益於己，怠戲之無益於事也。然而爲之者，情欲放溢，而人不能勝其志也。

（漢）荀悦《申鑒·雜言下》　或問天命人事，曰：有三品焉。上下不移，其中則人事存焉爾。命相近也，事相遠也，則吉凶殊也。故曰：窮理盡性以至於命。孟子稱性善，荀卿稱性惡。公孫子曰：性無善惡。揚雄曰：人之性善惡渾。劉向曰：性情相應，性不獨善，情不獨惡。曰問其理。曰：性善則無四凶，性惡則無三仁人，無善惡，文王之教一也，則無周公管蔡。性善情惡，是桀紂無性而堯舜無情也。性善惡皆渾，是上智懷惠而下愚挾善也。理也，未究也。惟向言爲然。韓子三品之説有類於此。或曰：仁義，性也，好惡，情也。仁義常善而好惡或有惡，故有情惡也。曰：不然。好惡者，性之取舍也。實見於外，故謂之情爾，必本乎性矣。仁義者，善之誠者也，何嫌其常善。好惡者，善惡未有所分也，何怪其有惡。凡言神者，莫近於氣。有氣斯有形，有神斯有好惡喜怒之情矣。故人有情，由氣之有形也。善有白黑，神有善惡，形與白黑偕，情與善惡偕，即劉向性情相應之説。故氣黑非形之咎，情惡非情之罪也。

又：或曰：善惡，皆性也，則法教何施？曰：性雖善，待教而成。性雖惡，待法而消。唯上智下愚不移，其次善惡交争，於是教扶其善，法抑其惡，得施之九品，從教者半，畏刑者四分之三，其不移大數九分之一也。一分之中，又有微移者矣。然則法教之於化民也，幾盡之矣。及法教之失也，其爲亂亦如之。或曰：法教得則治，法教失則亂，若無得無失，縱民之情，則治亂其中乎。曰：凡陽性升，陰性降，升難而降易。善，陽也。惡，陰也，故善難而惡易。縱民之情，使自由之，則降於下者多矣。曰：中焉在？曰：法教不純，有得有失，則治亂其中矣。純德無慝，其上善也。伏而不動，其次也。動而不行，行而不遠，遠而能復，又其次也。其下者，遠而不近也。凡此，皆人性也。制之者則心也。動而抑之行而止之，與上同性也。行而弗止，遠而弗近，與下同終也。

（漢）馬融《忠經·證應章》　惟天監人，善惡必應。爲善則吉，爲惡則凶。善莫大於作忠，百行大善無忠皆忘。惡莫大於不忠。大惡之惡爲逆者殃。忠則福禄至焉，不忠則刑罰加焉。忠則言播聞未有不禄不忠，則不忠彰兆未有不刑。

君子守道，所以長守其休，小人不常，所以自陷其咎。天意本休，君子知而順之，天意無咎，小人求而取之。休咎之徵也，不亦明哉！天監孔明，勿謂茫昧。《書》云：作善降之百祥，作不善降之百殃。禍福無門，惟人自召。

(宋) 真德秀《大學衍義》卷二六《審治體·義利重輕之別》 《荀子》義與利者，人之所兩有也。雖堯、舜不能去民之欲利，然而能使其欲利不克其好義也。雖桀、紂亦不能去民之好義，然而能使其好義不勝其欲利也。故義勝利者爲治世，利克義者爲亂世。上重義則義克利，上重利則利克義。故天子不言多少，諸侯不言利害，大夫不言得喪，士不通財貨。從有國之君不息牛羊，錯質之臣不息雞豚，冢卿不修幣，大夫不爲場園。從士以上皆羞利而不與民爭業，樂分施而恥積藏。

臣按荀卿之論美矣，然謂義之與利人所兩有，則是未知人之本性也。性之所有惟義而已。自其物我角立然後利心生焉，又謂堯、舜不能去民之欲利，桀、紂不能去民之欲義。夫桀紂不能去民之義心者，以其秉彝之善，雖暴君不能奪也。若曰：堯、舜不能去民之利心，則所謂黎民於變者，果何事耶？聖人之化所以與天地同流者，正以使民遷善遠罪而不知也。若民有利心而不能去，則非所謂遷善而不知矣。夫利者，人心之蟊賊，不可有也。聖賢之教學者，必使盡去此心而後可與爲善，其化民必使盡革此心而後可與爲治，曾謂堯、舜之民而猶有利心耶？卿以人性爲惡，故其論若此，臣不得以不辨。

(清) 黃宗羲《明夷待訪録·原君》 有生之初，人各自私也，人各自利也，天下有公利而莫或興之，有公害而莫或除之。有人者出，不以一己之利爲利，而使天下受其利，不以一己之害為害，而使天下釋其害。

又： 故古之人君，量而不欲入者，許由、務光是也；入而又去之者，堯、舜是也；初不欲入而不得去者，禹是也。豈古之人有所異哉？好逸惡勞，亦猶夫人之情也。後之爲人君者不然，以爲天下利害之權皆出于我，我以天下之利盡歸於己，以天下之害盡歸于人，亦無不可；使天下之人不敢自私，不敢自利，以我之大私爲天下之公。始而慙焉，久而安焉，視天下爲莫大之産業，傳之子孫，受享無窮。

(清) 唐甄《潛書》上篇上《辨儒》 有愛惡是非之用，有忠信仁義之道。有用之信必不愚，有用之仁必不懦，有用之義必不固，別若黑白，

人未之知，己自知之。陽者伏於窮亥，萌於微子，是震雷澍雨之根也。信者不欺僕妾，不欺童稚，是馴暴服蠻之根也。仁者不忍庖廚，不傷蟄宿，是澤覆四海之根也。義者不貪利，不蔽愛，不徇惡，是誅暴亂定天下之根也。君子既得其根，又善其養也。善養則根生，不善養則根腐。

(清) 唐甄《潛書》上篇下《良功》 人皆有心，心皆具仁義禮智。仁義禮智，猶匠之有斧刀繩尺也。天下之材不齊，其成器也，萬變萬巧而不一，豈有斧刀之所不能施者哉，豈有繩尺之所不可合者哉！天下之人不齊，其爲變也亦萬有不一，豈有仁之所不能養、義之所不能服、禮之所不能裁、智之所不能達者哉！大者如是，小雖不及，亦必有成。器之不成，非斧刀繩尺之不利也，操之不習也。功之不成，非仁義禮智之無用也，學之不至也。衆人有庸見矣，謂功不必出於心性，皆溺於漢以下之見也。漢以下雖多奇功，然治卽梯亂，功卽媒禍，君子無取焉。卽有良治，必其生質之善，忠厚之行，不學而近於道者也。究不外於心性也。天下豈有功不出於心性者哉！功不出於心性，是無天地而有萬物也，豈有心性無功者哉！心性無功，是有天地而不生萬物也。既指四德，更觀四官；目之爲明，極天下之形色大小邪正黑白，不必習睹，自無不辨，耳鼻舌亦然，皆不外假而自足極聲色馨味之變，豈有窮四官以莫辨者哉？是聰明者卽耳目，而有耳目者卽母胞，而有不能治天下者，必其無聰明；無聰明者，必其非耳目；非耳目，是鬼胎也，腹大虛消，或産非人形，俗謂之鬼胎。世之篤學者，其能不爲鬼胎乎！仁義故大，聰明故神，亦去其害之者而已矣。自純害仁也，自方害義也，自聽害聰也，自視害明也，亦得其養之者而已矣。合天下以爲純，則仁全；合天下以爲方，則義大；以天下爲聽，則聽廣；以天下爲明，則視遠。舉天下者，非逐天下也；周天下，所以完心體也；完心體，所以周天下也。完心若是，於治功也何有！

(清) 唐甄《潛書》下篇上《制禄》 凡人之性，上者有義無利，其次見利思義，其下見利忘義。上下少而次者多，厚其禄所以與義也。上者不德而忠其次，德而後忠其下，雖德不忠。上下少而次者多，厚其禄所以勸忠也。興義勸忠，所以厚民生也。

《墨子·兼愛中》 今諸侯獨知愛其國不愛人之國，是以不憚舉其國

以攻人之國；今家主獨知愛其家而不愛人之家，是以不憚舉其家以篡人之家；今人獨知愛其身不愛人之身，是以不憚舉其身以賊人之身。是故諸侯不相愛則必野戰，家主不相愛則必相篡，人與人不相愛則必相賊，君臣不相愛則不惠忠，父子不相愛則不慈孝，兄弟不相愛則不和調。天下之人皆不相愛，強必執弱，富必侮貧，貴必敖賤，詐必欺愚。凡天下禍篡怨恨，其所以起者，以不相愛生也。是以仁者非之。既以非之何以易之？子墨子言曰：以兼相愛交相利之法易之。然則兼相愛交相利之法將柰何哉？子墨子言：視人之國若視其國，視人之家若視其家，視人之身若視其身。是故諸侯相愛則不野戰，家主相愛則不相篡，人與人相愛則不相賊，貴不敖賤，詐不欺愚。凡天下禍篡怨恨，可使毋起者以仁者譽之。是故子墨子言曰：今天下之君子忠一本作中。實欲天下之富而惡其貧，欲天下之治而惡其亂，當兼相愛，交相利。此聖王之法，天下之治道也，不可不務爲也。

（宋）杜道堅《文子纘義》卷二《上義篇》　老子曰善賞者費少而勸多，善罰者刑省而姦禁。善與者用約而爲德，善取者人多而無怨。故聖人因民之所喜以勸善，因民之所憎以禁姦。賞一人而天下趨之，罰一人而天下畏之。是以至賞不費，至刑不濫。聖人守約而治廣，此之謂也。【略】生長殺藏，天之道也。賞罰取與，人之道也。聖人上法天道，下因民心，而爲平治之本。夫有天下者，能于四者之柄。每事盡善。故賞一人而天下歸之。罰一人而天下畏之。

（宋）杜道堅《文子纘義》卷四《符言篇》　老子曰：人有三死，非命亾焉。飲食不節，簡賤其身，病共殺之。樂得無已，好求不止，刑共殺之。以寡犯衆，以弱陵強，兵共殺之。生必有死，人孰免焉。非命而亾，良可哀也。嗜欲死病，利欲死刑，強梁死兵。夫三者，所死不同，非命則一。

（宋）杜道堅《文子纘義》卷九《下德篇》　末世之法，高爲量而罪不及也，重爲任而罰不勝也，爲其難而誅不敢也。民困于三責，即飾智而詐上，犯衺而行危，雖峻法嚴刑，不能禁其姦。獸窮即觸，鳥窮即啄，人窮即詐，此之謂也。才不可以勝德，言不可以過行，才盛而有先知之見者，治世不以責于人，聞博而有辯口之佞者，明主不以求于下，傲世伉行，責人以重，難強人以不能者，惡免人窮之詐哉。

（晉）葛洪《抱朴子》外篇卷二四《酒誡》　廉恥之儀毀，而荒錯之疾發；闒茸之性露，而傲佷之態出。精濁神亂，臧否顛倒。或奔車走馬，赴阬原注：客庚切。谷，而不憚以九折之阪爲螘封；或登危蹋積，雖墮墜，而不覺以呂梁之淵爲牛跡也。或肆忿於器物，或酗醟原注：爲命切，酗酒。於妻子，加枉酷於臣僕，用剡鋒乎六畜，本脱六畜二字，從《羣書治要》補。爇火烈於室廬，掊寶玩於淵流，遷威怒於路人，本作踞人，從《羣書治要》改。加暴害於士友。褻嚴主以夷戮者，有矣；犯凶人而受困者，有矣。言雖尚辭，煩而叛理，拜狀徒多，勞而非敬。臣子失禮於君親之前，幼賤悖慢於耆宿之坐。謂清談爲詆詈，以忠告爲侵己。於是白刃抽而忘思難之慮，棒杖奮而罔顧乎前後。搆漉《羣書治要》作灑。血之讎，招大辟之禍。以少凌長，則鄉《羣書治要》作邦。黨加重責矣，辱人父兄，則子弟將推刃矣；發人所諱，則壯士不能堪矣，計數深尅，則醒者不能恕矣。起衆患於須臾，結百痾於膏肓。原注：呼光切。奔駟不能追既往之悔，思改而無自反之蹊。蓋智者所深防，而愚《藏》本作煦。人所不免也。其爲禍敗，不可勝載。然而歡集，莫之或釋，舉白盈耳。

《太平經》卷一〇八《瑞議訓訣》　夫天地之性，自古到今，善者致善，惡者致惡，正者致正，邪者致邪，此自然之術，無可怪也。故人心端正清靜，至誠感天，無有惡意，瑞應善物爲其出。子欲重知其大信，古者大聖賢皆用心清靜專一，故能致瑞應也。諸邪用心佞僞，皆無善應，此天地之大明徵也。

（清）戴望《管子校正·樞言》　人故相憎也，人之心悍，故爲之法。法出于禮，禮出于治。治禮道也，萬物待治禮而後定。人故相憎也，中立本憎作贈。

《商君書·算地》　民之性，饑而求食，勞而求佚，苦則索樂，辱則求榮，此民之情也。民之求利，失禮之法，求名，失性之常。奚以論其然也。今夫盗賊上犯君上之所禁，而下失臣子之禮，故名辱而身危，猶不止者，利也。其上世之士，衣不煖膚，食不滿腸，苦其志意，勞其四肢，傷其五臟，而益裕廣耳，非生之常也，而爲之者，名也。故曰：名利之所湊，則民道之。

（清）王先慎《韓非子集解·難二》或曰：行人未有以説也，乃道惠公以此人是敗，文公以此人是霸，未見所以用人也。文能以賞信必罰，未必去櫓親立於矢石間。簡子未可以速去楯櫓也。【略】嚴親在圍，輕犯矢石，孝子之所愛親也。孝子所以輕犯矢石而救者，謂親愛。王渭曰：所下當有以字。孝子愛親，百數之一也。犯難救親，百人無一人言孝稀也。今以爲身處危，而人尚可戰，是以百族之子，於上皆若孝子之愛親也，是行人之誣也。能孝於親者尚百無一，况於君百族而行孝哉！是誣也。顧廣圻曰：《藏》本同。今本百族之子下有愛字，誤。先慎曰：張榜本若作有，乾道本注一作益，據趙本改。好利惡害，夫人之所有也。賞厚而信，人輕敵矣；【略】刑重而必，失人不比矣。【略】長行徇上，數百不一失。【略】喜利畏罪，人莫不然。將衆者，不出乎莫不然之數，而道乎百無一人之行，【略】行人未知用衆之道也。

《吕氏春秋·士客論·上農》民農則重，重則少私義，少私義則公法立，力專一。民農則其産復，其産復則重徙，重徙則死其處而無二慮。民舍本而事末則不令，不令則不可以守，不可以戰。民舍本而事末則其産約，其産約則輕遷徙，輕遷徙則國家有患，皆有遠志無有居心。民舍本而事末則好智，好智則多詐，多詐則巧法令，以是爲非，以非爲是。

（漢）王充《論衡》卷二《率性》論人之性，定有善有惡。其善者，固自善矣；其惡者，故可教告率勉，使之爲善。凡人君父，審觀臣子之性，善則養育勸率，無令近惡，近惡則輔保禁防，令漸於善。善漸於惡，惡化於善，成爲性行。召公戒成王曰：今王初服厥命。於戲！若生子罔不在厥初生。生子謂十五，子初生，意於善，終以善。初生，意於惡，終以惡。《詩》曰：彼姝者子，何以與之？傳言譬猶練絲，染之藍則青，染之丹則赤。十五之子，其猶絲也。其有所漸化，爲善惡，猶藍丹之染練絲，使之爲青赤也。青赤一成，真色無異。是故楊子哭歧道，墨子哭練絲也；蓋傷離本不可復變也。人之性善，可變爲惡，惡可變爲善，猶此類也。蓬生蔴間，不扶自直；白紗入緇，不練自黑。彼蓬之性不直，紗之質不黑，蔴扶緇染，使之直黑。夫人之性猶蓬紗也，在所漸染而善惡變矣。王良造父稱爲善御，不能使不良爲良也。如徒能御良，其不良者不能馴服，此則駔工庸師服馴，技能何奇，而世稱之。故曰：王良登車，馬不罷駑；堯舜爲政，民無狂愚。傳曰，堯舜之民，可比屋而封，桀紂之民，可比屋而誅。斯民也，三代所以直道而行也。聖主之民如彼，惡主之民如此，竟在化不在性也。聞伯夷之風者，貪夫廉而懦夫有立志；聞柳下惠之風者，薄夫敦而鄙夫寬。徒聞風名，猶或變節，况親接形面相教告乎？孔門弟子七十之徒，皆任卿相之用；被服聖教，文才雕琢，知能十倍，教訓之功，而漸漬之力也。未入孔子之門時，閭巷常庸無奇，其尤甚不率者，唯子路也；世稱子路無恆之庸人，未入孔門時，戴雞佩豚，勇猛無禮，聞誦讀之聲，摇雞奮豚，揚脣吻之音，聒賢聖之耳，惡至甚矣。孔子引而教之，漸漬磨礪，闔導牖進，猛氣消損，驕節屈折，卒能政事，序在四科。斯蓋變性使惡爲善之明效也。

（漢）王充《論衡》卷三《本性》情性者，人治之本，禮樂所由生也。故原情性之極，禮爲之防，樂爲之節。性有卑謙辭讓，故制禮以適其宜；情有好惡喜怒哀樂，故作樂以通其敬。禮所以制，樂所爲作者，情與性也。昔儒舊生，著作篇章，莫不論説，莫能實定。周人世碩，以爲人性有善有惡。舉人之善性，養而致之則善長；性惡，養而致之則惡長。如此，則（一有〔情〕字）性各有陰陽善惡，在所養焉。故世子作《養書》一篇。密子賤漆雕開公孫尼子之徒，亦論情性，與世子相出入，皆言性有善有惡。孟子作性善之篇，以爲人性皆善；及其不善，物亂之也。謂人生於天地，皆稟善性；長大與物交接者，放縱悖亂，不善日以生矣。

若孟子之言，人幼小之時，無有不善也。微子曰：我舊云孩子，王子不出。紂爲孩子之時，微子睹其不善之性，性惡不出衆庶，長大爲亂不變，故云也。羊舌食我初生之時，叔姬視之；及堂，聞其啼聲而還曰：其聲，豺狼之聲。野心無親，非是莫滅羊舌氏。遂不肯見。及長，祁勝爲亂，食我與焉。國人殺食我，羊舌氏由是滅矣。紂之惡，在孩子之時；食我之亂，見始生之聲。孩子始生，未與物接，誰令悖者？丹朱生於唐宮，商均生於虞室，唐虞之時，可比屋而封，所與接者，必多善矣；二帝之旁，必多賢矣。然而丹朱傲，商均虐，並失帝統，歷世爲戒。且孟子相人以眸子焉；心清而眸子瞭，心濁而眸子眊。人生目輒眊瞭，眊瞭稟之於天，不同氣也；非幼小之時瞭，長大與人接乃更眊也。性本自然，善惡有質。孟子之言情性，未爲實也。

然而性善之論，亦有所緣：或仁或義，性術乖也；動作趨翔，性識詭也。面色或白或黑，身形或長或短，至老極死，不可變易，天性然也。皆知水土器物形性不同，而莫知善惡稟之異也。（一有〔告子曰〕字）告子與孟子同時，其論性無善惡之分。譬之湍水，決水東則東，決之西則西。夫水無分於東西，猶人無分於善惡也。夫告子之言，謂人之性與水同也。使性若水，可以水喻性，猶金之爲金，木之爲木也。人善因善，惡亦因惡。初稟天然之姿，受純一之質，故生而兆見，善惡可察。無分於善惡，可推移者，謂中人也；不善不惡，須教成者也。故孔子曰：中人以上，可以語上也；中人以下，不可以語上也。告子之以決水喻者，徒謂中人，不指極善極惡也。孔子曰：性相近也，習相遠也。夫中人之性，在所習焉。習善而爲善，習惡而爲惡也。至於極善極惡，非復在習。故孔子曰：惟上智與下愚不移。性有善不善，聖化賢教，不能復移易也。孔子道德之祖，諸子之中最卓者也，而曰：上智下愚不移。故知告子之言未得實也。

（清）顧炎武《日知録》卷一《凡易之情》 愛惡相攻，遠近相取，情僞相感，人心之至變也。於何知之？以其辭知之。將叛者其辭慚，中心疑者其辭枝，吉人之辭寡，躁人之辭多，誣善之人其辭游，失其守者其辭屈。聽其言也，觀其眸子，人焉廋哉！是以聖人設卦，以盡情僞。夫誠於中必形於外，君子之所以知人也；百物而爲之備，使民知神姦，先王之所以鑄鼎也。故曰：作《易》者，其有憂患乎？周身之防，御物之智，其全於是矣。

（清）顧炎武《日知録》卷七《性相近也》 人亦有生而不善者，如楚子良生子越椒，子文知其必滅若敖氏是也。然此千萬中之一耳，故公都子所述之三説，孟子不斥其非，而但曰：乃若其情則可以爲善矣，乃所謂善也。蓋凡人之所大同，而不論其變也。若紂爲炮烙之刑，盜跖日殺不辜，肝人之肉，此則生而性與人殊，亦如五官百骸人之所同，然亦有生而不具者，豈可以一而槩萬乎？故終謂之性善也。

（宋）潘自牧《記纂淵海》卷四三《性行部·勢利相軋》 《經》脅權相滅。《書·泰誓中》強者脅弱，衆者暴寡，知者詐愚，勇者苦怯。《記·樂記》子名也者，相軋也。《莊子·人間世》以強陵弱，以衆暴寡，皆亂人之徒也。《莊子·盜跖》強以克弱。《韓非子》強者害弱而奪之，衆者暴寡而譁之。《荀子·性惡》。猛獸食顓善，鷙鳥攫老弱，《淮南子》。強掩弱，衆暴寡，詐欺愚，勇侵怯。同上。鷄有專栖之雄，雉有擅澤之鷮，蟻有兼弱之智，蜂有攻寡之計，人相役御亦猶是耳。《抱朴子》。

（晉）嵇康《嵇中散集》卷四《答難養生論一首》 荅曰：所以貴智而尚動者，以其能益生而厚身也。然欲動則悔吝生，智行則前識立。前識立則志開而物遂，悔吝生則患積而身危，二者不藏之於內，而接於外，秖足以災身，非所以厚生也。夫嗜欲雖出於人，而非道之正，猶木之有蝎，雖木之所，生而非木之宜也。故蝎盛則木朽，欲勝則身枯。然則欲與生不並立，名與身不俱存，略可知矣。而世未之悟，以順欲爲得生，雖有後生之情，而不識生生之理，故動之死地也。是以古之人知酒肉爲甘鴆，棄之如遺；識名位爲香餌，逝而不顧。使動足資生，不濫於物；知正其身，不營於外；背其所害，向其所利。此所以用智遂生之道也。故智之爲美，美其益生而不羨；生之爲貴，貴其樂和而不交，豈可疾智而輕身、勤欲而賤生哉。且聖人寶位，以富貴爲崇高者，蓋謂人君貴爲天子，富有四海，民不可無主而存，主不能無尊而立，故爲天下而尊君位，不爲一人而重富貴也。

（晉）嵇康《嵇中散集》卷七《難自然好學論一首》 夫民之性，好安而惡危，好逸而惡勞，故不擾則其願得，不逼則其志從。洪荒之世，大朴未虧。君無文於上，民無競於下。物全理順，莫不自得。飽則安寢，饑則求食，怡然鼓腹，不知爲至德之世也。若此，則安知仁義之端，禮律之文？及至人不存，大道陵遲，乃始作文墨以傳其意；區別羣物，使有類族；造立仁義，以嬰其心；制其名分，以檢其外；勸學講文，以神其教。故六經紛錯，百家繁熾，開榮利之塗，故奔騖而不覺。是以貪生之禽，食園池之粱菽；求安之士，乃詭志以從俗，操筆執觚，足容蘇息，積學明經，以代稼穡。是以困而後學，學以致榮；計而後習，好而習成。有似自然，故令吾子謂之自然耳。推其原也，六經以抑引爲主，人性以從欲爲歡。抑引則違其願，從欲則得自然。然則自然之得，不由抑引之六經；全性之本，不須犯情之禮律。故仁義務於理僞，非養真之要術；廉讓生於爭奪，非自然之所出也。由是言之：則鳥不毁以求馴，獸不羣而求畜。則人之真性無爲，正當自然躭此禮學矣。論又云：嘉肴珍膳，雖所未嘗，嘗必美之，適於口也。處在闇室，覩烝燭之光，不教而悦得於心，况以長夜之冥，得照太陽，情變鬱陶，而發其蒙。雖事以末來，情以本應，則無損於自然好學。難曰：夫口之於甘苦，身之於痛癢，感物而動，應事而作，不須學而後能，不待借而後有，此必然之理，吾所不易也。今子以必然之理，喻未必然之好學，則恐似是而非之議。學如一粟之論，於是乎在也。今子立六經以爲準，仰仁義以爲主，以規矩爲軒駕，講誨爲哺乳。由其塗則通，乖其路則滯；遊心極視，不覩其外；終年馳騁，思不出位，聚族獻議，唯學爲貴。執書擿句，俛仰咨嗟；使服膺其言，以爲榮華。故吾子謂六經爲太陽，不學爲長夜耳。今若以堂爲丙舍，以誦諷爲鬼語，以六經爲蕪穢，以仁義爲臭腐，覩文籍則目瞧，脩揖讓則變傴，襲章服則轉筋，譚禮典則齒齲。於是兼而棄之，與萬物爲更始，則吾子雖好學不倦，猶將闕焉。則向之不學，未必爲長夜，六經未必爲太陽也。俗語曰：乞兒不辱馬醫，若遇上有無文之始，可不學而獲，安不勤而得志，則何求於六經，何欲於仁義哉？以此言之，則今之學者，豈不先計而後學？苟計而後動，則非自然之應也。子之云云，恐故得菖蒲葅耳！

（唐）韓愈《韓昌黎全集》卷一一《雜著一·原性》

原性一作性原，今按原道、原人、原鬼之例，作《原性》爲是。又此五原篇目既同，當是一時之作。《與兵部李侍郎書》所謂舊文一卷。扶樹教道，有所明白者，疑即此諸篇也。然則皆是江陵以前所作。程子獨以《原性》爲少作，恐其考之或未詳。孟子言人性善，荀子言惡，揚子言善惡混，公乃作《原性》，取三者而折之以孔子之言。其説有上中下之殊，於是説者紛然。李習之則置孟荀揚之論，本《中庸》作《復性書》三篇，皇甫持正則作《孟荀言性論》。而謂孟子之言合經爲多，杜牧之則作《三子言性辨》，而謂荀言人之性惡，比二子高得多。其論不能相一，至王荊公作《原性》。則又曰：太極者，五行之所由生，而五行非太極也；性者，五常之太極也，而五常不可以謂之性。此吾所以異於韓子。太極生五行，然後利害生焉；性生情，有情然後善惡形焉；而性則不可以善惡言也：此吾所以異於孟荀，其論益相勝矣。白雲郭氏曰：唐自韓愈之後，言性者皆出其下。李翺之言，至論動静皆離，寂然不動，則異教矣。皇甫湜之論，謂孟荀楊殊趨而一致。又爲韓子三品之論，皆無去取。杜牧之言愛怒生而自能爲性之根惡之端，其荀氏徒歟？本朝言性者四家，司馬公謂揚子兼之，王荊公謂揚子之言似矣。蘇氏亦曰揚雄之論固已近之。亦多蔽於雄之學，獨程氏言孟子性善，乃極本窮原之理；又謂荀揚不知性，故舍荀揚不論。郭氏之論盡矣。

性也者，與生俱生也；情也者，接於物而生也。性之品有三，而其所以爲性者五；情之品有三，而其所以爲情者七。而其或皆無而字。性者、情者或並無者字。皆非是。曰何也？或無曰字。曰：性之品有上、中、下三。上焉者，善焉而已矣；中焉者，可導而上下也；下焉者，惡焉而已矣。其所以爲性者五：曰仁、曰禮、曰信、曰義、曰智。方从閣杭蜀本云，禮信去仁爲近。諸本多作曰仁曰義曰禮曰智曰信。今按方本以五行相生之序而言。諸本以四方相對一位居中而言。理皆可通。但竊意諸本語陳而韓公亦頗尚異。恐方本或得之。上焉者之於五也，主於一而行於四；行於。方作行之。中焉者之於五也，一不少有焉，則少反焉，其於四也混；不上諸本無一字，方从閣杭潮本作一也，而并屬下句。云：一謂仁也。言不存乎仁，則少畔乎仁。蜀本倒一、也二字，杭蜀反皆作及，非也。今按也、一二字，當从蜀本。而以也字屬上句，一字屬下句。方及諸本皆非也，方以一爲仁，亦非是。此但言中人之性，於五者之中。其一者或偏多，或偏少，其四者亦雜而不純耳。反字則方得之。下焉者之於五也，反於一而悖於四。悖，音佩。性之於情視其品，情之品有上、中、下三，其所以爲情者七：曰喜、曰怒、曰哀、曰懼、曰愛、曰惡、曰欲。上焉者之於七也，動而處其中；其中或作於中，非是。中焉者之於七也，有所甚，有所亡，然而求合其中者也；下焉者之於七也，亡與甚直情而行者也。亡與上或有無字。非是。情之於性視其品。孟子之言性曰：人之性善；荀子言性曰：人之性惡；揚子之言性曰：人之性善惡混。夫始善而進惡，與始惡而進善，與始也混而今也善惡，皆舉其中而遺其上下者也，得其一而失其二者也。與，諸本多作歟。善惡下又有歟字，今按二與字皆當讀如字。而爲句首，猶言及也。作歟而爲句絶者，皆非。《左傳》，夫弗及而憂，與可憂而樂，與憂而弗害，皆取憂之道也。語勢亦相似。叔魚之生也，其母視之，知其必以賄死；《國語》，叔魚生。其母視之曰：是虎目而豕琢，鳶肩而牛腹，谿壑可盈，是不可饜，必以賄死。楊食我之生也，叔向之母聞其號也，知必滅其宗；昭二十八年《左傳》。叔向生子伯石，叔向之母視之。及堂，聞其聲而還曰，是豺狼之聲也。狼子野心，非是莫喪羊舌氏矣。至是果滅，伯石，食我字也。食采於楊，故號楊食我。舊本食我，音異俄。越椒之生也，子文以爲大戚。或無大字。知若敖氏之鬼不食也。宣四年左氏，楚司馬子良，生子樾椒。子文曰：必殺之，是子也，熊虎之狀，而豺狼之聲。弗殺必滅若敖氏矣。子良不可。子文以爲大戚曰：鬼猶求食。若敖氏之鬼不其餒而。人之性果善乎？后稷之生也，其母無災，其始匍匐也，則岐岐然、嶷嶷然；見《詩·生民》。嶷，魚力切。文王之在母也，母不憂，或無母字。母不憂等事見《國語》。既生也，傅不勤，既學也，師不煩。人之性果惡乎？堯之朱、舜之均、文王之管蔡，習非不善也，而卒爲姦；瞽叟之舜、鯀之禹，習非不惡也，而卒爲聖。人之性善惡果混乎？聖下或有人字屬上句。故曰：三子之言性也，舉其中而遺其上下者也，得其一而失其二者也。曰：然則性之上下者，其終不可移乎？終上或無其字。曰：上之性，就學而愈明；下之性，畏威而寡罪。是故上者可教，而下者可制也。教或作學。其品則孔子謂不移也。曰：今之言性者異於此，何也？性下或有情字。曰：今之言者，雜佛老而言也。雜佛老而言也者，奚言而不異！言也者，或無也字。今按此篇之言，過荀揚遠甚。其言五性尤善，但三品之説太拘。又不知性之本善，而其所以或善或惡者，由其稟氣之不同爲未盡耳。

（宋）姚鉉《唐文粹》卷四四上李翺《復性書上篇》　聖人知人之性皆善，可以循之其不息而至於聖也，故制禮以節之，作樂以和之。安於仁樂之本也，動而中禮之本也。故在車則聞和鸞之聲，行步則聞佩玉之音，無故不廢琴瑟，視聽言行，循禮法而動，所以教人忘嗜欲而歸性命之道也。道者至誠而不息也，至誠而不息則虛，虛而不息則明，明而不息則照天地而無遺，非他也，此盡性命之道也。哀哉！人人可以及於此，莫之止而不爲也，不亦惑邪？

（宋）李昉等《文苑英華》卷七四九牛希濟《論·賞論》　賞勸之典，所以顯忠尊賢，而待用□感人之心，使各盡其材，以顯於時，以爲立身揚名之本。故冠冕衣服、車輅祭祀之儀，皆以品秩爲差。君子之人，其甘心焉。孜孜於善，希公朝之禄賞，可以榮於家，可以榮於宗廟祖考。賞之義也大矣哉！今國家懸高科，虛重位，此文士之賞也。計首級，視所傷，此武士之賞也。文不中理，宗伯所棄。殺傷奔北，軍法所誅。擇善勸人，亦以明矣。衰世之中，文假他人之手，身居書辭之列，名陷澆浮之中，坐登卿相之位。射不穿札，生不見敵，榮持斧鉞之柄，行居將帥之任，皆藉累世之基業。或由勳伐之餘名，竊位尸禄，觀者憤歎而已。至有文之衰也，行爲四海推重，不成一名，不沾寸禄，老死凍餒之地。或有獻一書，陳一策，探治亂之精微，盡當時之利病，君上不省察，奸邪者深以爲嫌。縱未能顯加明誅，彷徨焉擠之於散冗，斥之於外任，不復省問，可勝言哉！武之衰也，弓聲劍氣，立爲勍敵，馳突擊刺於横陣之前，出入如鬼神，謀取必勝，瘡痍遍於首面，身委卒伍之中，老棄瘦馬之列。或有破一大敵，擒一渠帥，賞不踰外藩之職，賜不越繒帛之微。捷聲已振於萬里，姓名未達於九重。降符節，益封土，翻爲統帥之福，豈不悲哉！文之求也，既不因於行藝，武之用也，文不因於材力，乃有温溲溺之器以媚黄門者，有繫鞋自名以從公相者，履歷官常，出入藩翰。其餘資材以致名第，以榮郡邑者，不可遽數之。况時君幼主，有宴樂王堂，從禽豐草，發自愉悦之意，聽從左右之言，淫樂之叟，優倡之子，錫以朱紫，升於官秩。下致飛禽犬馬之微物，亦光於對賞。且國家以五岳四瀆，爲視公侯之秩，乃崇其禮，尊爵敬神之道也。今廝養禽獸之屬，皆列于官，與士君子比肩于朝，無神怨乎？故志士仁人，甘心草澤，没身白日，不復思用力，以在位者爲深耻。昔仲叔于奚救公孫文《左傳》作孫桓，子恐避諱。之患，請以繁纓假借也，孔子猶曰：不如多與之邑。將以定永代之制，杜萌漸之謂也。漢明帝不以館陶子爲郎，寧賜之百萬。曰：夫郎，出宰百里，上應列宿，不可虛授。信夫爲中興之嗣也。且賞勸不恒，服章紊亂，君子在野，小人在朝，將難以守四海之業。若善人在位，紀綱大定，賞罰必中，百官稱職，天下焉能爲亂？

（宋）李覯《李覯集》卷一〇《刑禁第五》　善哉爲國乎！人之大惡豈一朝一夕，必有漸也。放僻邪侈之情動，而無所畏忌，則涓涓以成江河，毫末以尋斧柯。或伏尸市朝，或流血刀鋸，雖其悔之，猶噬臍也。是故，先王之馭民必早爲之。所過輕者則坐諸嘉石，稍重者則歸于圜土，皆未入于五刑也。若因茲困辱，遂能自新，則復爲齊民，何刑殺之及哉！此亦使民遷善遠罪之術也。孔子曰：小人不耻不仁，不畏不義，不見利不勸，不威不懲，小懲而大誡。《易》曰：屨校滅趾，無咎，此之謂也。成、康所以刑錯不用，非一助邪！

（宋）李覯《李覯集》卷一八《安民策十首·安民策第四》　凡風俗之所以薄，獄訟之所以繁者，民貧故也。惟人之養生豈甚相遠哉？食雖豐，不過數人之穀也；衣雖厚，不過數人之帛也。一夫之田，五畝之桑，亦足以自爲矣。然有粟腐倉而甚於飢，錢朽貫而甚於貧，藏姦挾詐，晝爭夜奪，如盜賊之爲者，有由然也。

（宋）李覯《李覯集》卷二〇《廣潛書十五篇·三》　人誰無過與？孔門高弟自宰我、子貢、冉有、季路，或不免於譏。

今茲雖有罪，庶可以辭乎曰：大圭嘗玷，不害其爲寶也。若碔砆，甚粹密焉，猶爲石也。石而缺，斯棄之矣。賢者之責也備，故小過孔子譏之。

今茲之所謂是者，折諸賢門猶有罪也。今茲之所謂罪者，刑戮而未施刀鋸焉。奚竊議於彼哉？

（宋）王安石《臨川先生文集》卷六六《論議·禮論》　凡爲禮者，必詘其放傲之心，逆其嗜欲之性。莫不欲逸，而爲尊者勞；莫不欲得，而爲長者讓。擎跽曲拳以見其恭。夫民之於此，豈皆有樂之之心哉，患上之惡己，而隨之以刑也。故荀卿以爲特劫之法度之威，而爲之於外爾。此亦不思之過也。夫斲木而爲之器，服馬而爲之駕，此非生而能者也。故必削之以斧斤，直之以繩墨，圓之以規，而方之以矩，束聯膠漆之，而後器適於用焉。前之以銜勒之制，後之鞭策之威，馳驟舒疾，無得自放，而一聽於人，而後馬適於駕焉。

（宋）張載《張載集·經學理窟·氣質》　古人耕且學則能之，後人耕且學則爲奔迫，反動其心。何者？古人安分，至一簞食，一豆羹，易衣而出，只如此其分也；後人則多欲，故難能。然此事均是人情之難，故以爲貴。

《二程集·周易程氏傳》卷二《周易上經下·大畜》　人之惡，止於初則易，既盛而後禁，則扞格而難勝。故上之惡既甚，則雖聖人救之，不能免違拂；下之惡既甚，則雖聖人治之，不能免刑戮。莫若止之於初，如童牛而加牿，則元吉也。牛之性觝觸以角，故牿以制之。若童犢始角，而加之以牿，使觝觸之性不發，則易而无傷。以況六四能畜止上下之惡於未發之前，則大善之吉也。【略】

天下之惡，已盛而止之，則上勞於禁制，而下傷於刑誅，故畜止於微小之前，則大善而吉，不勞而无傷，故可喜也。四之畜初是也，上畜亦然。

《二程集·周易程氏傳》卷三《周易下經上·睽》　惡人，與己乖異者也。見者，與相通也。當睽之時，雖同德者相與，然小人乖異者至衆，若棄絶之，不幾盡天下以仇君子乎？如此則失含弘之義，致凶咎之道也，又安能化不善而使之合乎？故必見惡人則无咎也。古之聖王所以能化姦凶爲善良，革仇敵爲臣民者，由弗絶也。

《二程集·周易程氏傳》卷三《周易下經上·夬》　小人方盛之時，君子之道未勝，安能顯然以正道决去之？故含晦俟時，漸圖消之之道。今既小人衰微，君子道盛，當顯行之於公朝，使人明知善惡，故云揚于王庭。孚，信之在中，誠意也。號者，命衆之辭。君子之道雖長盛，而不敢忘戒備，故至誠以命衆，使知尚有危道。雖以此之甚盛，决彼之甚衰，若易而无備，則有不虞之悔，是尚有危理，必有戒懼之心，則无患也。聖人設戒之意深矣。

《二程集·河南程氏粹言》卷一《論道篇》　子曰：教人者，養其善心，則惡自消；治民者，導以敬遜，則爭自止。

（明）歸有光《震川先生集》卷四《雜文·性不移説》　人之性有本惡者，荀子之論，特一偏耳，未可盡非也。小人於事之可以爲善者，亦必不肯爲，於可以從厚者，亦必用於薄。故凡與人處，無非害人之事。如虎豹毒蛇，必噬必螫，實其性然耳。孔子曰：唯上智與下愚不移。聖人之言，萬世無弊者也。《易》曰：小人革面。小人僅可使之革面，已爲道化之極。若欲使之豹變，堯、舜亦不能也。

（明）袁中道《珂雪齋近集》卷二《尺牘·示學人》　不恥習氣之不日滅，而恥意見之不日增。吾知斯人也，無明日厚，煩惱日深矣。性善之説，千古未明。以性善而習不善者，非也。今孺子生而怒啼，則多嗔；見彩色而喜，則多貪等，皆不善類也，何待習。以性之善不可見，而情之善可見，謂性本善者，亦非也。孺子雖知愛父母，亦能捽父母；長雖知敬兄長，亦能凌兄長。見食則爭，見色則妬。其善從每一念出，其惡亦從第一念出也，情亦何嘗善。有謂義理之性善，而氣質之性不善者，亦非也。天吾矣二性，苟性中有氣質之性，則性亦不得謂之善矣。然則性善之説，尚紛紛無定論也。乃予則斷之曰：論性者，必以夫子之言，合佛氏之言，而後其説始明，吾求明而已，即天下萬世我罪，亦不惜也。蓋人性之初，未有不善者，而習則有善有不善。吾所謂習，非一生之習也，乃多生之習也。多生習于善則善，如多生習仁，故生而慈祥。多生習義，故生而正直等是也。多生習惡則惡，如多生習不仁，故生而刻薄。多生習不義，故生而邪曲等是也。習之重者不可移，善重而值惡習，惡重而值善習，亦不能遷也，上智下愚是也。習之輕者可移，善輕而習于惡則惡，惡輕而習于善則善，無不可遷也，中人是也。是善與惡皆習也，即易善易惡，亦習也，于性何與？性如太虚，至善者也，善惡俱不得有。善如慶雲，惡如同雲，皆生滅于天體之中耳。然則以何者爲性？曰性不可言也，姑言之，言其大則山河世界，皆性中物也，而指爲一身之内者，非也。性如海也，形色如漚也。性之大海，既結爲形色之一漚，則一漚之中，而全海隱隱具焉。但去漚之所以凝結者，而海體可復矣。去其填塞此海者而虚，去其障蔽此海者而靈。虚靈之性圓，而全潮在我矣。曰悟所以覺之也，曰脩所以純之也，皆所以復此無善無惡之體者也。無善無惡者，千萬世不化之性；而有善有惡者，千萬世相沿之習。奈何以習之善，爲性之善哉！

（清）陳確《陳確集·别集》卷三《聖學》　諸儒言氣質之性，既本荀、告，論本體之性，全墮佛老。如性通極于無等語，皆指本體言，尤罔世之甚者。性豈有本體、氣質之殊耶？孟子明言氣情才皆善，以證性無不善。諸子反之，昌言氣情才皆有不善，而另懸静虚一莫可名言者於形質未具之前，謂是性之本體，爲孟子道性善所自本。孟子能受否？援儒入釋，實自宋儒，聖學遂大泯喪，人心世道之禍，從此始不可振救也。

故愚以爲性理不削，則孟子性善之教終不可明；知行不合，則孟子性善之教雖明無益也。顔子有不善未嘗不知，知之未嘗復行，則知行合矣，則性無不善矣。孟子道性善，蓋如此，故曰：盡其心者知其性也。故山陰先生謂：有不善未嘗不知，是良知；知之未嘗復行，是致良知。故可與言致良知者，始可與道性善。嗟乎！未易一二爲俗人言也。

《聖祖仁皇帝御製文集·第一集》卷一七《論·慎刑論》　夫生人之性，有善而無不善，陷溺既久，匪僻迺生。一旦罹於郵罰，雖欲悔之，固無及已，故聖人之慎刑所以全民衷也。

《聖祖仁皇帝御製文集·第二集》卷一〇《敕諭·諭吏部》　從來致治之道在正人心，人心偏私則詐僞日生，而習俗滋敝；人心公直則嚚競自息，而庶績允釐。朕蚤夜孜孜，崇尚德教，蠲滌煩苛，期與中外臣民共適於寬大和平之治。凡大小諸臣，素經拔擢，咸思恩禮，下逮曲全始終。即或因事放歸，或罹咎罷斥，仍令各安田里，樂業遂生。惟尔諸臣亦宜奉職恪共，絶偏私而襄國事，乃近見内外各官間有彼此傾軋，伐異黨同，私怨交尋，牽連報復，或已所銜恨而反囑人代糾，陰爲主使或意所欲言，而不直指其事，巧陷術中。雖業已解職投閒，仍復吹求不止，株累逮於子弟，顛覆及於身家，甚且市井奸民亦得借端凌侮，蔑紀傷化，不可勝言。凡若所行，雖跡甚詭秘。朕總覽幾務已三十年，此等態知之最悉，儻因仍陋習益致蔓延，殊非朝廷所以體恤臣工，保全愛惜之意。夫讒譖娟嫉之害，歷代皆有而明末爲甚，公家之事置若罔聞，而分樹黨援，飛誣排陷，迄無虚日，以致釀禍既久，上延國家。朕歷觀前史，於此等背公誤國之人，深切痛恨。自今以往，内外大小諸臣應仰體朕懷，各端心術，盡蠲私忿，共矢公忠，豈獨國事有裨，即尔諸臣亦獲身名俱泰。儻仍執迷不悟，復踵前非，朕將窮極根株，悉坐以交結朋黨之罪。尔部可即傳示中外，使咸知朕意。

（清）方苞《方苞集》卷三《論説·原過》　君子之過，值人事之變而無以自解免者，十之七；觀理而不審者，十之三。衆人之過，無心而蹈之者之十之三；自知而不能勝其欲者，十之七。故君子之過，誠所謂過也，蓋仁義之過中者爾。衆人之過，非所謂過也，其惡之小者爾。

上乎君子而爲聖人者，其得過也，必以人事之變，觀理而不審者則鮮矣。下乎衆人而爲小人者，皆不勝其欲而動於惡，其無心而蹈之者亦鮮矣。衆人之於大惡，常畏而不敢爲，而小者，則不勝其欲而姑自恕焉。聖賢視過之小，猶衆人視惡之大也，故凜然而不敢犯；小人視惡之大，猶衆人視過之小也，故悍然而不能顧。

服物之初御也，常恐其汚且毁也，既汚且毁，則不復惜之矣。苟以細過自恕而輕蹈之，則不至於大惡不止。故斷一樹，殺一獸，不以其時，孔子以爲非孝。微矣哉！亦危矣哉！

（清）戴震《戴東原集》卷八《原善上》　故性亦相近，得化育之正，以爲形氣。而秀發於神，材也善，則其中正無邪也。材一於善，不貳其德也，智仁勇是也。血氣心知之性，人皆有之，非二本然也。

又：天之性全乎善，主乎材者成於化，全乎善者通於命。成於化者道，通於命者德。心之恭，見於貌；心之從，見於言；心之明，見於視；心之聰，見於聽；心之睿，見於思。此之謂能盡其材，名其無妄謂之誠。名其不渝謂之信，言乎順之謂道，言乎信之謂德，行於人倫庶物之謂道，侔於天地化育之謂誠，如聽於所制者然之謂命。

（清）戴震《戴東原集》卷八《原善下》 人之不盡其材，患二：曰私，曰蔽。私也者，其生於心爲溺，發於政爲黨，成於行爲慝，見於事爲悖爲欺，其究爲私已。蔽也者，其生於心爲惑，發於政爲偏，成於行爲謬，見於事爲鑿爲愚，其究爲蔽已。

（清）戴震《戴東原集》卷八《讀〈易·繫辭〉論性》 於是有人物之性，人與物同有欲。欲也者，性之事也。人與物同有覺，覺也者，性之能也。事能無有失，則協於天地之德，協於天地之德，理至正也。理也者，性之德也。言乎自然之謂順，言乎必然之謂常，言乎本然之謂德。天下之道盡於順，天下之教一於常，天下之性同之於德。性之事，配五行陰陽。性之能，配鬼神。性之德，配天地之德。

（清）戴震《戴東原集》卷八《讀〈孟子〉論性》 當孟子時，天下不知理義之爲性。害道之言紛出，以亂先王之法。是以孟子起而明之，人、物之生類至殊也。類也者，性之大別也。孟子曰：凡同類者，舉相似也。何獨至於人而疑之，聖人與我同類者，詰告子生之謂性。則曰：犬之性猶牛之性，牛之性猶人之性歟。蓋孟子道，性善非言性於同也，人之性相近胥善也。明理義之爲性，所以正不知理義之爲性者也，是故理義性也。

又：凡遠乎《易》、《論語》、《孟子》之書者，性之説，大致有三：以耳目百體之欲爲説，謂理義從而治之者也；以心之有覺爲説，謂其神獨先沖虛自然，理欲皆後也；以理爲説，謂有欲有覺，人之私也。三者之於性也，非其所去，貴其所取，彼自貴其神。以爲先形而立者，是不見於精氣爲物，秀發乎神也。惡斂束於理義，是不見於理義者，本然之德，去其本然，而苟語自然也。以欲爲亂，其靜者不見於性之欲，其本然中正動靜，胥得神自寧也。

（清）魏源《古微堂外集》卷一《大學古本序》 大學之要，知本而已。知本之要，致知誠意而已。至善無惡，人之性。可善可惡，人之心。爲善去惡者誠意，擇善明善者致知。

（清）鄭觀應《增訂盛世危言新編》卷六《开源二·訓俗》 天下之治亂孰爲之？民心之善惡爲之也。民性本善也，其不幸而流爲匪僻者，非生而惡也，生長鄉閭不聞教化，耳目所蔽，習與性成矣。戶口蕃衍，俯仰無資，飢寒所驅，鋌而走險矣。承平之日上下斷斷然，日懼以桁楊刀鋸，而陷於死亡者纍纍然相續也。其或上失其道，則揭竿斬木，弄兵潢池之中，幸而將帥得人，士卒選練，萃羣策羣力，不分首從，草薙而禽獮之。而此伏尸流血絶脛斷脰者，皆國家不教之愚民也，反之仁愛之天心，忍乎不忍？

（清）沈家本《寄簃文存》卷一《奏議·變通行刑舊制議》 竊維明刑弼教，貴有以通其意，而不徒襲其名。其與斯民心性相關者，尤在杜其殘忍之端，而導之於仁愛之路。

（清）康有爲《春秋董氏學·春秋微言大義·性善》 性善，性惡，無善無惡，有善有惡之説皆粗。若言天有陰陽之施，身亦兩有貪仁之性，與《白虎通》同，可謂精微之論也。《易·繫辭》：一陰一陽之謂道，繼之者善也，成之者性也，言性善者皆述之。然《易》意陰陽之道，天也；繼以善，教也；成其性，人也。止之内，謂之天性，天命之謂性也。率性之謂道，修道之謂教。止之外，謂之人事，事在性外，所謂人之所繼天而成於外也。

又：人受命於天，有善善惡惡之性，可養而不可改，可豫而不可去。若形體之可肥臞，而不可得革也。《玉杯》。

董子發此是性善之説，孔門固有之。蓋既以爲人副天數，自貴於物，則不能不以性爲善矣。但所異者，此善卽孟子所謂善端，荀子所謂質樸。其加之綱紀禮文，所謂聖人之善，乃所謂教以繼之成之也。然則，諸儒之辨正，可得其會通，而無容增其辨難矣。

（清）康有爲《大同書》甲部《入世界觀衆苦》 刑獄之苦，傷矣哉亂也，人累之太多，天性之未善，國法之太酷，而犯於刑網也！世愈野鑾，刑罰愈慘，蓋亂世之常刑，而賢士多有不免焉。

（清）康有爲《大同書》辛部《去亂界治太平》 孔子曰：必也使無訟乎！太平之世，治至刑措，乃爲至治。傷哉亂世也！人民之生，惡質愚性，觸刑犯網，刻削肌骨，斷絶軀體，殃被親族；若其損害廉恥，敗壞風俗，浸薰天性，尤其大者矣。夫原人之犯罪致刑，皆有其由。夫人之生而有身有家，則不能無貧困也，天也；以貧困之故則不能忍，不能忍則有竊盜、騙劫、贓私、欺隱、詐僞、偷漏、恐嚇、科斂、占奪、強索、匿逃、財博之事，甚者則有殺人者矣。不治其救貧之原而嚴刑以待之，衣食不足，豈能顧廉恥而畏法律哉！

又： 不善其救欲之源，徒嚴律待之，彼色欲不給，豈能顧廉恥而畏法律哉！若夫有君長則有爭而傾國爲兵；有父子兄弟宗族則有親，而望養責善爭分之訟獄起矣；有夫婦則爭色爭欲而奸淫、禁制、責望、怨懟，甚至刑殺之事出焉；有爵位則有鑽營、媚諂、作僞、恃力、驕矜、剖奪之事起矣；有私産則田宅、工衆、商貨之爭訟多焉；有尸葬則有墓地之獄焉；有稅役關津則逃匿欺吞之罪生矣；有軍兵則軍法尤嚴重，殺人如草芥焉；有名分則上之欺凌壓制，下之干犯反攻起矣。此外違乎人之情，離乎人之性，反乎人之欲，遠爲期而責不至，重爲任而責不勝，凡若此者，皆設網羅，張陷罪，而致人入於刑，興人於訟者也，人道所必不能免也。不知治此，而日張法律如牛毛，日議輕刑如慈母，日講道德如諸聖主，終不能救之也，無具甚矣。

又： 即謂人性無厭，貪心易起，則又經累世大同之化，傳種改良，則無復有竊盜、騙劫、贓私、欺隱、詐僞、偷漏、恐嚇、科斂、占奪、強索、匿逃、賭博乃至殺人謀財之事，則凡此諸訟悉無，諸刑悉措矣。太平大同之世，男女各有獨立之權，有交好而非婚姻，有期約而非夫婦，期約所訂，長可繼續而終身，短可來復而易人。凡有色欲交合之事，兩歡則相合，兩憎則相離，既無親屬，人人相等。夫寬游堤以待水泛，則無決漫之虞，順乎人情以言禮律，則無淫犯之事矣。夫人稟天權，各有獨立，女子既不可爲男子之強力所私，其偶相交合，但以各暢天性。若夫牝牡之形，譬猶鎖鈅之機，納指於口，流涎於地，何關法律而待設嚴防哉！

（清）梁啓超《飲冰室合集・專集》卷四《新民説・論自治》 故夫人之性質，萬有不齊，駁雜而無紀，苟順是焉。則將橫溢亂動，相觸相閲而不可以相羣，於是不可不以人爲之力，設法律而制裁之，然此法律者，非由外鑠也，非有一人首出，制之律羣生也。蓋發於人人心中良知所同然，以爲必如是乃適於人道，乃足保我自由而亦不侵人自由。故不待勸勉，不待逼迫，而能自置於規矩繩墨之間。若是者謂之自治。

（清）梁啓超《飲冰室合集・文集》卷一五《中國法理學發達史論》 儒家中惟荀子之説，微有異同。荀子不認有自然法者也，隨而不取法原本天之説，而惟以人定法爲歸，今復述其説而詮釋之。《性惡篇》：**【略】** 然則從人之性，順人之情，必出於爭奪，合於犯分亂理而歸於暴。故必將有師法之化，禮義之導，然後出於辭讓，合於文理，而歸於治。**【略】** 古者聖王，以人之性惡，以爲偏險而不正，悖亂而不治。是以爲之起禮義，制法度，以矯飾人之情性而化之。**【略】** 今人之性，飢而欲飽，寒而欲煖，勞而欲息，此人之情性也。今人飢，見長而不敢先食者，將有所讓也；勞而不敢求息者，將有所代也。夫子之讓乎父，弟之讓乎兄，子之代乎父，弟之代乎兄，此二行者，皆反於性而悖於情者也。然而孝子之道，禮義之文理也。故順情性則不辭讓矣，辭讓則悖於情性矣。荀子以性爲惡，自不得復認有自然法，論理之一貫使然也。荀子謂人類於生理上既爲自然法所支配，而生理上之利不利，與心理上之正不正常相衝突。故於彼方面既認有自然法，則於此方面勢不得復認有自然法。藉曰有之，亦其不足以爲正不正之標準者也。更申言之，則荀子者，謂支配社會之良法，其恒反於自然者也。故荀子言正不正之標準，不以天而惟以聖人。請舉其説：《性惡篇》：聖人積思慮，習僞故，以生禮義而起法度。然則禮義法度者，生於聖人之僞，非故生於人之性也。**【略】** 故聖人化性而起僞，僞起於性而生禮義，禮義生而制法度。然則禮義法度者，是聖人之所生也。《王制篇》：天地者生之始也，禮義者治之始也，君子者禮義之始也，故天地生君子，君子理天地。《禮論篇》：禮有三本：天地者生之本也，先祖者類之本也，君師者治之本也。又：天能生物，不能辨物也。地能載人，不能治人也。宇中萬物生人之屬，待聖人然後分也。《天論篇》：天行有常，不爲堯存，不爲桀亡，應之以治則吉，應之以亂則凶。**【略】** 天有其時，地有其財，人有其治，夫是之謂能參，舍其所以參而願其所參，則惑矣，

【略】惟聖人爲不求知天。又：人之命在天，國之命在禮。【略】大天而思之，孰與物畜而制之？從天而頌之，孰與制天命而用之！

由是觀之，荀子謂天惟能生物而不能立法，能立法者惟聖人。而聖人既受生於天之後，則與天相對待。既非天之一體，又非受天之委任者也。此其與普通儒家之觀念絶相反者也。荀子賤性而尊僞，僞也者，人爲也，楊注云：僞，爲也。凡非天性而人作爲之者，皆謂之僞。故為字人傍，會意字也。故絶對的不認有自然法，性者自然也。而惟認有人爲法。然又言惟聖人爲能起僞，故謂可爲人爲法之標準者，惟聖人也。其言聖人可爲法之標準，與普通儒家同。其言聖人所以可爲法之標準之故，則與普通儒家異。實則聖人以何因緣而可以爲法之標準，此荀子所未言及也。荀子極尊孔子，謂孔子所立之法，可以爲一切法之標準。其言法後王，謂孔子也。夫孔子固亦欲自以其所立法爲一切法之標準。雖然，孔子之所以自信者，謂其能知自然而應用之也。即孔子所以尊前聖人者，亦謂其能知自然法而應用之也。若荀子即不認自然法，徒以其爲聖人爲孔子也而尊之，然則毋乃近於無理由之盲從矣乎。故就論理上首尾相應之點觀察之，荀子之不逮孔子明矣。然則推荀子之論，必歸結於貴人而賤法，故其言曰。《君道篇》：有治人無治法。【略】法不能獨立。【略】得其人則存，失其人則亡。【略】君子者法之原也。故有君子，則法雖省，足以偏矣。無君子，則法雖具，失先後之施，不能應事之變，足以亂矣。

此其言雖未嘗不含一面之真理。然人也者，非可操券而得者也。聖人君子，間世而不一遇。專任人而不任法，此所以治日少而亂日多也。荀子又以尊君爲主義，君之賢也更難遇，故其説益不完。孟子曰：徒法不能以自行，徒善不足以爲政，賢於荀子遠矣。雖然，荀子言自然法之不能成立，此則雖孔子恐無以難之。何也？自然法一成不變者也。而人類心理，自由活動者也。以自由活動之心理，果能如自然界現象以一成不變之自然法支配之乎？此最不易武斷者也。而自然法者，儒家之根本觀念也。此根本觀念破，則儒家之基礎已摇，此法家説所以蹈其隙而起也。

紀事

《漢書》卷七五《翼奉傳》 時，平昌侯王臨以宣（布）〔帝〕外屬侍中，稱詔欲從奉學其術。奉不肯與言，而上封事曰：臣聞之於師，治道要務，在知下之邪正。人誠鄉正，雖愚爲用；若乃懷邪，知益爲害。知下之術，在於六情十二律而已。北方之情，好也；好行貪狼，申子主之。東方之情，怒也；怒行陰賊，亥卯主之。貪狼必待陰賊而後動，陰賊必待貪狼而後用，二陰並行，是以王者忌子卯也。《禮經》避之，《春秋》諱焉。南方之情，惡也；惡行廉貞，寅午主之。西方之情，喜也；喜行寬大，巳酉主之。二陽並行，是以王者吉午酉也。《詩》曰：吉日庚午。上方之情，樂也；樂行姦邪，辰未主之。下方之情，哀也；衣行公正，戌丑主之。辰未屬陰，戌丑屬陽，萬物各以其類應。今陛下明聖虛靜以待物至，萬事雖衆，何聞而不諭，豈況乎執十二律而御六情！於以知下參實，亦甚優矣，萬不失一，自然之道也。乃正月癸未日加申，有暴風從西南來。未主姦邪，申主貪狼，風以大陰下抵建前，是人主左右邪臣之氣也。平昌侯比三來見臣，皆以正辰加邪時。辰爲客，時爲主人。以律知人情，王者之秘道也，愚臣誠不敢以語邪人。

《宋史》卷四二九《道學傳·朱熹》 十五年，淮罷相，遂入奏，首言近年刑獄失當，獄官當擇其人。次言經總制錢之病民，及江西諸州科罰之弊。而其末言：陛下即位二十七年，因循荏苒，無尺寸之效可以仰酬聖志。嘗反覆思之，無乃燕閒蠖濩之中，虛明應物之地，天理有所未純，人欲有所未盡，是以爲善不能充其量，除惡不能去其根，一念之頃，公私邪正、是非得失之機，交戰於其中。故體貌大臣非不厚，而便嬖側媚得以深被腹心之寄；寤寐英豪非不切，而柔邪庸繆得以久竊廊廟之權。非不樂聞公議正論，而有時不容；非不聖讒説殄行，而未免誤聽；非不欲報復陵廟讎恥，而未免畏怯苟安；非不愛養生靈財力，而未免歎息愁怨。願陛下自今以往，一念之頃必謹而察之：此爲天理耶，人欲耶？果天理也，則敬以充之，而不使其少有壅閼；果人欲也，則敬以克之，而不使其少有凝滯。推而至於言語動作之間，用人處事之際，無不以是裁之，則聖心洞然，中外融徹，無一毫之私欲得以介乎其間，而天下之事將惟陛下所欲爲，無不如志矣。

《大誥・馬站》嗚呼，良矣哉！古先哲王之教，民間相傳。良民趨事赴功，終不爲怨，教之良矣。良民之良，良尤甚矣。洪武十四年、十五年，獄有囚者，命人視審之，謂曰：死者欲生乎？徒者欲免乎？皆曰：願。曰：爾破家資，買馬入驛，以便走遞，代先勞之民。從之。於是脱羈去禁，各着驛所。一至驛所，即買病馬以應之。未久馬死，數以鈔賂驛官。不半年餘，其賄賂之財，可買上等馬一匹。其奸頑之徒，寧可不買馬入驛，惟務賄賂驛官。以致使臣至驛闕馬，令人輿行。事發，着買馬二匹，復工役無休。於斯之時，奸民愈愚。嗚呼！中上之民，着令走遞，終歲人馬不闕，雖是家道窘逼，亦不敢有違。以此觀之，良者愈良，奸者愈愚，驗矣哉。

著　録

《四庫全書總目提要》卷九一《子部・荀子》《荀子》二十卷，內府藏本。周荀况撰。况，趙人。嘗仕楚為蘭陵令，亦曰荀卿。漢人或稱曰孫卿。則以宣帝諱詢，避嫌名也。《漢志・儒家》載荀卿三十三篇。王應麟考證，謂當作三十二篇。劉向《校書序録》稱孫卿書凡三百二十三篇，以相校除重複二百九十篇定著三十三篇爲十二卷，題曰《新書》。唐楊倞分易舊第編爲二十卷，復爲之注，更名《荀子》，即今本也。考劉向《序録》，卿以齊宣王時來游稷下，後仕楚。春申君死而卿廢，然《史記・六國年表》載春申君之死，上距宣王之末凡八十七年。《史記》稱卿年五十始游齊，則春申君死之年，卿年當一百三十七歲，於理不近。晁公武《讀書志》謂《史記》所云年五十，為年十五之訛。意其或然。宋濂《荀子書後》又以爲襄王時游稷下，亦未詳所本。總之戰國時人爾，其生卒年月，已不可確考矣。况之著書，主於明周孔之教，崇禮而勸學。其中最爲口實者，莫過於《非十二子》及《性惡》兩篇。王應麟《困學紀聞》，據《韓詩外傳》所引，卿但非十子而無子思孟子，以今本爲其徒李斯等所增，不知子思孟子，後來論定爲聖賢耳。其在當時，固亦卿之曹偶，是猶朱陸之相非，不足訝也。至其以性爲惡，卿以善爲僞，誠未免於理未融。然卿恐人恃性善之説，任自然而廢學。因言性不可恃，當勉力於先王之教。故其言曰：凡性者天之所就也，不可學。不可事禮義者，聖人之所生也。人之所學而能所事而成者也。不可學不可事而在人者謂之性，可學而能可事而成之在人者謂之僞。是性僞之分也。其辨自僞字甚明。楊倞注亦曰：僞，爲也。凡非天性而人作爲之者，皆謂之僞，故僞字人旁加爲，亦會意字也。其説亦合卿本意，後人昧於訓詁，誤以爲真僞之僞，遂譁然掊擊，謂卿蔑視禮義。如老莊之所言，是非惟未睹其全書，即《性惡》一篇。自篇首二句以外，亦未竟讀矣。平心而論，卿之學源出孔門，在諸子之中最爲近正，是其所長。主持太甚，詞義或至於過當，是其所短。韓愈大醇小疵之説，要為定論，餘皆好惡之詞也。楊倞所注，亦頗詳洽。《唐書・藝文志》以倞爲楊汝士子，而《宰相世系表》則載楊汝士三子，一名知温，一名知遠，一名知至，無名倞者。表志同出歐陽修手，不知何以互異。意者倞或改名，如温庭筠之一名岐歟。

藝　文

（宋）王安石《臨川先生文集》卷四《古詩・食黍行》　周公兄弟相殺戮，李斯父子夷三族。富貴常多患禍嬰，貧賤亦復難爲情。身隨衣食南與北，至親安能常在側。謂言黍熟同一炊，欻見隴上黄離離。游人中道忽不返，從此食黍還心悲。

雜　録

（清）鄂爾泰等《世宗憲皇帝硃批諭旨》卷一一一《硃批魏經國奏摺》　朕經各處訪詢，有奏汝較前稍改，亦知説屬員不是矣，又有奏汝習慣成性，錮疾難除，何能改易云云等語。果若此是，乃下愚不移之流，朕豈肯成全如此負恩悖理老姦巨猾敗壞國家法紀之人乎？若仍然自以爲是，怙終不悛，禍不旋踵矣，朕一番高厚之恩付之流水，殊屬可惜。

（清）王夫之《讀通鑑論》卷一六《齊武帝》　拓拔宏詔羣臣言事，李彪所言，幾於治道，君子所必取焉。其善之尤者，曰：父兄繫獄，子弟無慘容；子弟被刑，父兄無媿色，宴安自若，白冠不變，骨肉之恩，豈當如此？父兄有罪，宜令子弟肉袒詣闕請罪；子弟有坐，宜令父兄露板引咎，乞解所司。以扶人倫於已墜，動天性於已亡，不已至乎！夫父兄之引咎，子弟之請罪，文也；若其孝慈惻怛之存亡，未可知也。役於其文，亦惡足貴乎？而非然也。天下騖於文，則反之於質以去其僞；天下喪其質，則導之於文以動其心。故質以節文，爲欲爲君子者言也；文以存質，所以閔質之亡而使質可立也。

天下之無道也，質固澆矣，而猶有存焉者，動止色笑之間，對人而生其媿怍。不知道者曰：忠孝慈友之淺深厚薄，稱其質而出之，而何以文爲？則坦然行於忻戚之便安，而後其質永喪而無餘。今且使父兄被罪者肉袒於闕，子弟坐刑者退省於官，則雖不肖者，亦願其父兄子弟之免，而己可以即安。此情一動，而天性之孝慈，相引而出，小人之惡斂，而君子之志舒，此非救衰薄，挽殘忍之上術與？

近世有南昌熊文舉者，爲吏部郎，其父受賕於家，貽書文舉，爲人求官，邏者得之，其父逮問遣戍，而文舉以不與知匄免，涖事如故，漸以遷官，未三年而天下遂淪。悲哉！三綱絶，人道蔑，豈徒一家之有餘殃哉！

（唐）慧能《壇經・坐禪不著心　不著净》　善知識，此法門中，坐禪元不著心，亦不著净，亦不言不動。若言看心，心元是妄，妄如幻故，無所看也。若言看净，人性本净，爲妄念故，蓋覆真如，離妄念，本性净。不見自性本净，起心看净，却生净妄，妄無處所，故知看者却是妄也。净無形相，却立净相，言是功夫，作此見者，障自本性，却被净縛。若修不動者，不見一切人過患，是性不動。迷人自身不動，開口即説人是非，與道違背。看心看净，却是障道因緣。

（唐）慧能《壇經・見自三身佛》　世人性本自净，萬法在自性。思量一切惡事，即行於惡；思量一切善事，便修於善行。如是一切法盡在自性。自性常清净，日月常明，衹爲雲覆蓋，上明下暗，不能了見日月星辰，忽遇惠風吹散卷盡雲霧，萬象森羅，一時皆現。世人性净，猶如青天，惠如日，智如月，知惠常明。於外著境，妄念浮雲蓋覆，自性不能明。故遇善知識開真法，吹却迷妄，内外明徹，於自性中，萬法皆見。一切法自在性，名爲清净法身。自歸依者，除不善行，是名歸依。何名千百億化身？不思量，性即空寂；思量即是自化。思量惡法，化爲地獄；思量善法，化爲天堂。毒害化爲畜生，慈悲化爲菩薩，知惠化爲上界，愚痴化爲下方。自性變化甚多，迷人自不知見。一念善，知惠即生。一燈能除千年闇，一智惠能滅萬年愚。莫思向前，常思於後。常後念善，名爲報身。一念惡，報却千年善亡；一念善，報却千年惡滅。無常已來，後念善，名爲報身。從法身思量，即是化身；念念善，即是報身。自悟自修，即名歸依也。皮肉是色身，色身是舍宅，不言歸依也。但悟三身，即識大意。

（唐）慧能《壇經・小根之人聞法不悟　大智之人能修此行》　般若之智，亦無大小，爲一切衆生，自有迷心，外修覓佛，未悟本性，即是小根人。聞其頓教，不假外修，但於自心，令自本性常起正見，煩惱塵勞衆生，當時盡悟，猶如大海，納於衆流，小水大水，合爲一體，即是見性。内外不住，來去自由，能除執心，通達無礙，能修此行，即與《般若波羅蜜經》本無差別。

（明）李詡《戒庵老人漫筆》卷三《論善惡語有本》　《大學或問》曰：善必積而後成，惡雖小而可懼。漢昭烈云：勿以惡小而爲之，勿以善小而不爲。《書》曰：爾惟德罔小，萬邦惟慶；爾惟德罔大，墜厥宗。即《易・繫辭》所謂善不積不足以成名一節之意。

（清）顧炎武《日知録》卷七《性相近也》　性之一字始見於《商書》，曰：惟皇上帝降衷于下民，若有恒性，恒即相近之義。相近，近於善也。相遠，遠於善也。故夫子曰：人之生也，直罔之生也，幸而免。

（明）聶豹《聶豹集》卷一四《辯過》　子路，人告之以有過則喜。禹聞善言則拜。大舜有大焉，善與人同，舍己從人，樂取於人以為善，自耕稼陶漁以至爲帝，無非取於人者。取諸人以爲善，是與人爲善者也。故君子莫大乎與人爲善。

大舜渾是一個虚體，無人無我，無微而不入。在人者有以裕於己，在己者有以及於人，同歸於善而不知誰之所使，此其所以大於禹與子路也，子路，人告之以有過則喜，其所不告者，有遺過也；禹聞善言則拜，其所不聞者，有遺善也。舜則無時無處無不取，無不與，耕稼陶漁，鹿豕木石，皆吾麗澤之益。公於己者公於人，天下無遺善也。虚是化之體，未發氣象可想見。（子路有遺過，是矣。言禹有遺善，似未盡也。禹拜善言，是猶有善也，有善與虚體，似有對待。如前言大舜執兩端，是執善惡兩端，便覺禹於善惡處尚未能一視得來，惟能一視得來，故能取人。與人爲善，只似大家事，非在己也。）

德禮與法部

綜論分部

論説

《周易正義·乾》《文言》曰【略】君子以成德爲行，日可見之行也。潛之爲言也，隱而未見，行而未成，是以君子弗用也。疏：君子以成德爲行至君子弗用也。正義曰：此一節是《文言》第六節，更復明六爻之義。此節明初九爻辭。周氏云：上第六節乾元者始而亨者也，是廣明乾與四德之義，此君子以成德爲行，亦是第六節，明六爻之義，總屬第六節，不更爲第七節。義或當然也。君子以成德爲行者，明初九潛龍之義，故先開此語也。言君子之人，當以成就道德爲行，令其德行彰顯，使人日可見其德行之事，此君子之常也，不應潛隱。所以今日潛者，以時未可見，故須潛也。潛之爲言也，隱而未見，行而未成，此夫子解潛龍之義。此經中潛龍之言，是德之幽隱而未宣見，所行之行未可成就。是以君子弗用者，德既幽隱，行又未成，是君子於時不用，以逢衆陰，未可用也。周氏云：德出於己，在身内之物，故云成，行被於人，在外之事，故云爲行。下又即云行而未成，是行亦稱成。周氏之説，恐義非也。成德爲行者，言君子成就道德以爲其行。其成德爲行，未必文相對。君子學以聚之，問以辯之，以君德而處下體，資納於物者也。疏：正義曰：此復明九二之德。君子學以聚之者，九二從微而進，未在君位，故且習學以畜其德。問以辯之者，學有未了，更詳問其事，以辯決於疑也。寬以居之，仁以行之。《易》曰：見龍在田，利見大人。君德也。疏：正義曰：寬以居之者，當用寬裕之道，居處其位也。仁以行之者，以仁恩之心，行之被物。《易》曰：見龍在田，利見大人，君德者，既陳其德於上，然後引《易》本文以結之。《易》之所云是君德，寬以居之，仁以行之是也。但有君德，未是君位。

(清) 孫星衍《周易集解·乾》《文言》曰：【略】君子行此四德者，故曰乾元亨利貞。解：干寶曰：夫純陽，天之精氣。四行君子懿德，是故乾冠卦首。辭表篇目，明道義之門在於此也，猶春秋之備五始也，故夫子留意焉。然則體仁正己，所以化物。觀運知時，所以順天。氣用隨宜，所以利民。守正一業，所以定俗也。亂則敗禮，其教淫。逆則拂時，其功否。錯則妨用，其事廢。忘則失正，其官敗。四德者，文王所由興。四愆者，商紂所由亡。

(清) 孫星衍《周易集解·比》《象》曰：【略】從夫凶，其道窮也。解：荀爽曰：後夫，謂上六。逆禮乘陽，不比聖王，其義當誅。故其道窮凶也。

《周易正義·履》䷉兑下乾上。履，虎尾，不咥人，亨。【略】《象》曰：上天下澤，履。君子以辯上下，定民志。疏：正義曰：天尊在上，澤卑處下，君子法此履卦之象，以分辯上下尊卑，以定正民之志意，使尊卑有序也。但此履卦名合二義，若以爻言之，則在上履踐於下，六三履九二也。若以二卦上下之象言之，則履，禮也，在下以禮承事於上。此象之所言，取上下二卦卑承尊之義，故云上天下澤，履。但易合萬象，反覆取義，不可定爲一體故也。

《周易正義·離》䷝離下離上。離，利貞，亨。離之爲卦，以柔爲正，故必貞而後仍亨，故曰利貞亨也。疏：離利貞亨。正義曰：離，麗也。麗謂附著也。言萬物各得其所附著處，故謂之離也。利貞亨者，離卦之體，陰柔爲主，柔則近於不正，不正則不亨通，故利在行正，乃得亨通。以此故亨在利貞之下，故云利貞亨。注離之爲卦至利貞亨也。正義曰：離之爲卦，以柔爲正者，二與五俱是陰爻，處於上下兩卦之中，是以柔爲正。畜牝牛，吉。柔處于内而履正中，牝之善也。外強而内順，牛之善也。離之爲體，以柔順爲主者也，故不可以畜剛猛之物，而吉於畜牝牛也。【略】《象》曰：離，麗也。麗猶著也。各得所著之宜。疏：正義曰：釋離卦之名。麗謂附著也。以陰柔之質，附著中正之位，得所著之宜，故云麗也。日月麗乎天，百穀草木麗乎土。重明以麗乎正，乃化成天下。柔麗乎中正，故亨。是以畜牝牛，吉也。柔著于中正，乃得通也。柔通之吉，極於畜牝牛，不能及剛猛也。

疏：日月麗乎天至是以畜牝牛吉也。正義曰：日月麗乎天，百穀草木麗乎土者，此廣明附著之義。以柔附著中正，是附得宜，故廣言所附得宜之事也。重明以麗乎正，乃化成天下者，此以卦象，説離之功德也，并明利貞之義也。重明，謂上下俱離。麗乎正者，謂兩陰在内，既有重明之德，又附於正道，所以化成天下也。然陰居二位，可謂爲正。若陰居五位，非其正位，而云重明麗乎正者，以五處於中正，又居尊位，雖非陰陽之正，乃是事理之正，故總云麗於正也。柔麗乎中正，故亨。是以牝牛吉者，釋經亨義也，又總釋畜牝牛吉也。柔麗於中正，謂六五、六二之柔，皆麗於中，中則不偏，故云中正。以中正爲德，故云柔麗乎中正得通，故畜養牝牛而得吉也。以牝牛有中正而柔順，故離之《彖》，釋卦名之下，乃釋卦下之義，於後乃歎而美之。此《彖》既釋卦名，即廣歎爲卦之美，乃釋卦下之義。與諸卦不例者，此乃夫子隨義則言，因文之便也。比既釋離名麗，因廣説日月草木所麗之事，然後却明卦下之義，更无義例。

《周易正義・家人》䷤離下巽上。家人：利女貞。家人之義，各自脩一家之道，不能知家外他人之事也。統而論之，非元亨利君子之貞，故利女貞。其正在家内而已。疏：正義曰：家人者，卦名也。明家内之道，正一家之人，故謂之家人。利女貞者，即修家内之道，不能知家外他人之事。統而論之，非君子丈夫之正，故但言利女貞。

《彖》曰：家人，女正位乎内，謂二也。男正位乎外。謂五也。家人之義，以内爲本，故先説女也。疏：彖曰至男正位乎外。正義曰：此因二、五得正以釋家人之義，并明女貞之旨。家人之道，必須女主於内，男主於外，然後家道乃立。今此卦六二柔而得位，是女正位乎内也。九五剛而得位，是男正位乎外也。家人以内爲本，故先説女也。男女正，天地之大義也。家人有嚴君焉，父母之謂也。父父、子子、兄兄、弟弟、夫夫、婦婦而家道正，正家而天下定矣。疏：男女正至天下定矣。正義曰：男女正天地之大義也者，因正位之言，廣明家人之義乃道均二儀，非惟人事而已。家人即女正於内男正於外，二儀則天尊在上地卑在下，同於男女正位，故曰天地之大義也。家人有嚴君焉父母之謂者，上明義均天地，此又言道齊邦國。父母一家之主，家人尊事，同於國有嚴君，故曰家人有嚴君焉父母之謂也。父父，子子，兄兄，弟弟，夫夫，婦婦而家道正，正家而天下定矣者，此歎美正家之功，可以定於天下，申成道齊邦國。既家有嚴君，即人不失父道，乃至婦不失婦道，尊卑有序，上下不失，而後爲家道之正。各正其家，无家不正，即天下之治定矣。【略】

初九：閑有家，悔亡。凡教在初而法在始，家瀆而後嚴之，志變而後治之，則悔矣。處家人之初，爲家人之始，故宜必以閑有家，然後悔亡也。疏：正義曰：治家之道，在初即須嚴正，立法防閑。若黷亂之後，方始治之，即有悔矣。初九處家人之初，能防閑有家，乃得悔亡，故曰閑有家，悔亡也。《象》曰：閑有家，志未變也。疏：正義曰：志未變也者，釋在初防閑之義。所以在初防閑其家者，家人志未變黷也。【略】

九五：王假有家，勿恤，吉。假，至也。履正而應，處尊體巽，王至斯道，以有其家者也。居於尊位，而明於家道，則下莫不化矣。父父、子子、兄兄、弟弟、夫夫、婦婦，六親和睦交相愛樂而家道正，正家而天下定矣。故王假有家，則勿恤而吉。疏：正義曰：王假有家者，假，至也。九五履正而應，處尊體巽，是能以尊貴巽接於物，王至此道，以有其家，故曰王假有家也。勿恤吉者，居於尊位而明於家道，則在下莫不化之矣，不須憂恤而得吉也，故曰勿恤吉也。《象》曰：王假有家，交相愛也。疏：正義曰：交相愛也者，王既明於家道，天下化之，六親和睦，交相愛樂也。

上九：有孚，威如，終吉。處家人之終，居家道之成，刑于寡妻，以著于外者也，故曰有孚。凡物以猛爲本者則患在寡恩，以愛爲本者則患在寡威，故家人之道尚威嚴也。家道可終，唯信與威。身得威敬，人亦如之。反之於身，則知施於人也。疏：正義曰：上九處家人之終，家道大成，刑于寡妻，以著於外，信行天下，故曰有孚也。威被海内，故曰威如。威、信並立，上得終於家道，而吉從之，故曰有孚威如終吉也。《象》曰：威如之吉，反身之謂也。疏：正義曰：反身之謂者，身得人敬則敬於人，明知身敬於人人亦敬己，反之於身則知施之於人，故曰反身之謂也。

（清）孫星衍《周易集解・家人》九五。王假有家，勿恤，吉。

注：假，至也。履正而應處尊體巽。王至斯道，以有其家者也。居於尊位，而明於家道，則下莫不化矣。父父子子，兄兄弟弟，夫夫婦婦，六親和睦。交相愛樂而家道正，正家而天下定矣，故王假有家則勿恤而吉。

又：上九。有孚威如，終吉。《象》曰：威如之吉，反身之謂也。

解：虞翻曰：謂三動，坤爲身，上之三成既濟定，故反身之謂此家道正，正家而天下定矣。

（清）孫星衍《周易集解・井》上六。井收勿幕，有孚元吉。

《象》曰：吉在上，大成也。解：虞翻曰：謂初二已變成既濟定。故大成也。干寶曰：處井上位，在瓶之水也。故曰井收幕覆也。井以養性，政以養德，无覆水泉而不惠民，无蘊典禮而不興教。故曰井收勿幕。勿幕則教信于民，民服教則大化成也。

（清）孫星衍《尚書今古文注疏・洪範》沈潛剛克，高明柔克。

注：史遷潛作漸。馬融曰：沈，陰也。潛，伏也。陰伏之謀，謂賊臣亂子非一朝夕之漸，君親無將，將而誅。高明君子，亦以德懷也。疏：經言三德，蓋謂君德有中正者，有偏于剛柔者，須先自治其德，至於中和，乃可作福作威。故云：乂用三德。乂言自治也。《春秋・左氏》文五年《傳》：寗嬴之説陽處父曰：以剛。《商書》沈潛剛克，高明柔克。夫子壹之，其不没乎！天爲剛德，猶不干時，況在人乎？杜注云：沈潛，猶滯弱也。高明，猶亢爽也。言各當以剛柔勝己本性，乃能成全也。此周人引《書》，即言治性，不言治人，蓋《書》古文説。杜氏所云，亦不同馬、鄭之説，意以沈漸地道近弱，當以剛勝之；高明天道近剛，當以柔勝之，乃成德也。此言君德之明證。《谷永傳》永説王音曰：意豈將軍忘湛漸之義，委曲從順，所執不彊，此亦用《洪範》沈漸剛克。班氏、谷永皆用今文《書》説，亦不與馬、鄭同也。馬注見《史記集解》。

云沈，陰；潛，伏者，《月令》云：天多沈陰。《詩》：潛雖伏矣。故沈、陰，潛、伏同義。云賊臣亂子非一朝一夕之漸者，《易·文言》傳曰：積不善之家，必有餘殃，臣弑其君，子弑其父，非一朝一夕之故，其所由來者漸矣。馬説本此。云君親無將，將而誅者，《公羊》莊三十二年《傳》文。案：如馬、鄭所云，君無自治之德，亦必不能用人，專作威福，似非《洪範》垂教之道。此衛、賈諸君孔壁古文之説，未必合古經義也。

《尚書·周書·酒誥》我聞亦惟曰：在今後嗣王，酣身厥命，罔顯于民祇，保越怨不易。誕惟厥縱淫泆于非彝，用燕喪威儀，民罔不盡傷心。惟荒腆于酒，不惟自息乃逸。厥心疾很，不克畏死；辜在商邑，越殷國滅，無罹。弗惟德馨香祀，登聞于天，誕惟民怨，庶羣自酒，腥聞在上，故天降喪于殷。罔愛于殷，惟逸。天非虐，惟民自速辜。

（清）孫希旦《禮記集解·王制》凡居民材，必因天地寒煖燥溼。廣谷大川異制，民生其間者異俗，剛柔、輕重、遲速異齊，五味異和，器械異制，衣服異宜。脩其教，不易其俗；齊其政，不易其宜。

材，謂材質。寒煖者天之爲，燥溼者地之爲，居民者必各因天地寒煖燥溼之異，視民材質之所宜而居之也。廣谷大川異制者，廣川大谷，風氣間隔，形勢懸殊，背陽者寒，向陽者煖，居高者燥，居下者溼，若各自爲制度然。民生其間者異俗者，所生之地不同，而俗因之而異，卽下文異齊異和異制異宜是也。剛、輕、速，質之屬乎陽者也；柔、重、遲，質之屬乎陰者也。齊，分量也。異味者，謂酸、苦、辛、鹹各有偏嗜，故其調和不同。若下文言不火食，不粒食，則異和之甚者也。器，謂用器。械，謂兵器。異制，若《輪人》行山者欲侔，行澤者欲杼，《車人》堅地利直庛，柔地利句庛，及燕無函，秦無廬，胡無弓車之類。衣服異宜者，地寒則宜裘，地煖則宜葛。下文言被髮文身衣羽毛之等，則異宜之甚者也。教，謂七教，所以正民德。政，謂八政，所以厚民生。不易其俗，不易其宜者，俗各有所宜，互言之也。居之因其材，治之隨其俗，此聖人之政教，所以不強民而樂從。《大司徒》因此五物者民之常，而施十有二教焉，亦此義也。

（清）孫希旦《禮記集解·禮運》故政不正則君位危，君位危則大臣倍，小臣竊。刑肅而俗敝，則法無常，法無常而禮無列。禮無列，則士不事也。刑肅而俗敝，則民弗歸也。是謂疵國。

鄭氏曰：又爲言政失君危之禍敗也。肅，駿也。疵，病也。愚謂禮者，所以治政安君。禮失，故政不正而君位危，謂操柄失而無以自安其身也。倍，謂悖逆而犯上，則非徒君與臣同國矣，若魯季氏之逐君是也。大臣既倍其君，則小臣亦盜竊國政，若魯陽虎之專政而囚季桓子是也。政出於下，而人心不服，故督以威嚴而刑肅。民志不定，故上下乖離而俗敝。刑罰既肅，風俗又敝，則舊法不足以防姦，而至於更張而無常。列，謂陳列也。法者，所以輔禮。本以無禮而至於法無常，而法無常則禮益無列，蓋其彼此相因之勢然也。上無禮則下無學，故士游談而不事，刑罰濫則民離心，故怨畔而弗歸。此節又承上文而言治國無禮，則非獨君危於上，而其疵病又及於士民也。如此，則國之不亡者，幸而已。

《禮記正義·樂記》樂者爲同，禮者爲異，同則相親，異則相敬。同，謂協好惡也。異，謂別貴賤也。樂勝則流，禮勝則離。流，謂合行不敬也。離，謂析居不和也。勝，治證反。析，思厤反。合情飾貌者，禮樂之事也。欲其並行斌斌然。飭音勑本亦作飾，音式。斌，彼貧反。本又作彬。禮義立，則貴賤等矣。樂文同，則上下和矣。好惡著，則賢不肖別矣。刑禁暴，爵舉賢，則政均矣。仁以愛之，義以正之，如此，則民治行矣。等，階級也。著，張慮反。肖音笑。

疏：樂者至行矣。正義曰：皇氏云：從王道備矣，以上爲《樂本》，從此以下爲《樂論》，今依用焉。此十一篇之説，事不分明。鄭《目録》十一篇畧有分別，仔細不可委知。熊氏云：十篇，鄭可具詳。依《別録》十一篇，所有《賓牟賈》有《師乙》，有《魏文侯》。今此《樂記》有《魏文侯》乃次《賓牟賈》、《師乙》爲末，則是今之《樂記》十一篇之次與《別録》不同。推此而言，其《樂本》以下亦雜亂，故鄭畧有分別。案熊氏此説，不與皇氏同。樂者爲同者，此言《樂論》之事謂上下同聽。莫不和説也。禮者爲異者，謂尊卑各別，恭敬不等也。此章凡有四段，自此至民治行矣爲第一段，論樂與禮同異。將欲廣論，先論其異同也。自樂由中出至天子如此則禮行矣爲第二段，論樂與禮之功。論同異既辨，故次宜有功也。自大樂與天地同和至述作之謂也爲第三段，論樂與禮唯聖人能識。既有其功，故宜究識也。自樂者天地之和至則此所與民同也爲第四段，論樂與禮使上下和合，是爲同也。禮使父子殊別，是爲異。同則相親，無所間別，故相親也。異則相敬，有所殊別，故相敬也。樂勝則流，禮勝則離者，此明雖有同異，而又有相須也。勝，猶過也。若樂過和同而無禮，則流慢，無復尊卑之敬。若禮過殊隔而無和樂，則親屬離析，無復骨肉之愛。唯須禮樂兼有，所以爲美。故《論語》云：禮之用，和爲貴，是也。合情飾貌者，禮樂之事也者，合情，謂樂也。樂和其內，是合情也。飾貌，謂禮也，禮以檢跡於外，是飾貌也。貌與心半，二者無偏，則是禮樂之事也。禮義立，則貴賤等矣者，義，宜也。等，階級也。若行禮得其宜，則貴賤各有階級矣。樂文同，則上下和矣者，文，謂聲成文也。若行樂文采諧同，則上下各自和好也。好惡著，則賢不肖別矣者，謂所好得其善，所惡得其惡，是好惡著，則賢與不肖自然分別矣。刑禁暴者，謂用刑罰禁止暴慢也。爵舉賢者，謂用爵以舉賢良也。則政均矣者，刑爵得所，政教均平矣。刑者則慎罰，爵者則明德。仁以愛之者，謂王者用仁以愛民也。義以正之者，謂王者用義以正惡矣。如此則民治行矣者，言用仁用義，則民行治也。此經凡有五事，各以矣結之。從禮義立，則貴賤等矣，是其一也。樂文同，則上下和矣，是其二也。好惡著，則賢不肖别矣，是其三也。刑禁暴，爵舉賢，則政均矣，是其四也。仁以愛之，義以正之，如此則民治行矣，是其五也。

（清）孫希旦《禮記集解·樂記》 是故先王之制禮樂，人爲之節。衰麻哭泣，所以節喪紀也。鐘鼓干戚，所以和安樂也。昏姻冠笄，所以别男女也。射鄉食饗，所以正交接也。禮節民心，樂和民聲，政以行之，刑以防之。禮、樂、刑、政，四達而不悖，則王道備矣。

鄭氏曰：言爲作法度，以遏其欲。男二十而冠，女許嫁而笄，成人之禮。射、鄉，大射，鄉飲酒也。愚謂射、鄉，鄉射，鄉飲酒也。人之好惡無節，先王之制禮樂，於天下之人皆爲之節。安樂者，所謂治世之音安以樂也。和安樂者，言導之於和，而使之發於聲者皆安樂也。和安樂者，樂之所以和民聲也。節喪紀，别男女，正交接者，禮之所以節民心也。又爲之政以一其行，爲之刑以防其姦。此四者，聖人脩道之教，人道之所以正，而大亂之所以息也。

（清）孫希旦《禮記集解·坊記》 子言之：君子之道，辟則坊與？坊民之所不足者也。大爲之坊，民猶踰之，故君子禮以坊德，刑以坊淫，命以坊欲。《釋文》：辟，匹亦反。坊音防，徐扶訪反。今按：辟字，張子讀爲譬喻之譬，今從之。

鄭氏曰：民所不足，謂仁義之道也。命，謂教令。愚謂辟讀爲譬。君子之道，所以坊民之失，譬如水之有坊，所以止水之放泆也。民之所不足者，德也。民不足於德，則入於邪辟，故先王設爲制度以坊之。大爲之坊，民猶踰之，所以深明坊之不可廢也。禮以教之於未然，故曰坊德，坊其悖於德也。刑以治之於已犯，故曰坊淫，坊其入於淫也。命，謂政令。命以禁之於將發，故曰坊欲，坊其動於欲也。君子之坊民，以禮爲本，而刑與政輔之。篇中所言，皆以禮坊民之事也。陸氏佃曰：命以坊欲，《孟子》所謂有命焉，君子不謂性也。應氏鏞曰：天理人欲，相與消長，欲動情勝，人欲熾盛而有餘，天理消滅而不足。禮坊其所不足，制其所有餘。性之善爲德，禮以坊之而養其源；性之蕩爲淫，刑以坊之而遏其流。出德則入於淫，故出禮則入於刑，聖人坊民之具至是盡矣。然人之欲無窮，非防閑所可盡，聖人於是有命之説焉。命出於天，各有分限，以是防之，則覬覦者塞，羨慕者止，而欲不得肆矣。《詩》曰：抱衾與裯，寔命不猶。苟不知命有貴賤，則賤妾進御求逞，其欲何能盡其心乎？愚謂命字，鄭氏之説爲確。宋時諸儒皆以爲子罕言命之命，其義亦通。孔氏曰：此篇凡三十九章，三十八章悉稱子云，唯此一章是一篇總要，故特稱子言之。

《禮記·緇衣》 子曰：下之事上也，不從其所令，從其所行。上好是物，下必有甚者矣。故上之所好惡，不可不慎也，是民之表也。

子曰：禹立三年，百姓以仁遂焉，豈必盡仁？《詩》云：赫赫師尹，民具爾瞻。《甫刑》曰：一人有慶，兆民賴之。《大雅》曰：成王之孚，下土之式。

子曰：上好仁，則下之爲仁争先人。故長民者章志、貞教、尊仁以子愛百姓，民致行己以説其上矣。《詩》云：有梏德行，四國順之。

子曰：王言如絲，其出如綸；王言如綸，其出如綍。故大人不倡游言。可言也不可行，君子弗言也；可行也不可言，君子弗行也。則民言不危行，而行不危言矣。《詩》云：淑慎爾止，不諐于儀。

子曰：君子道人以言，而禁人以行，故言必慮其所終，而行必稽其所敝，則民謹於言而慎於行。《詩》云：慎爾出話，敬爾威儀。《大雅》曰：穆穆文王，於緝熙敬止。

子曰：長民者衣服不貳，從容有常，以齊其民，則民德壹。《詩》云：彼都人士，狐裘黄黄。其容不改，出言有章。行歸于周，萬民所望。

子曰：爲上可望而知也，爲下可述而志也，則君不疑於其臣，而臣不惑於其君矣。《尹吉》曰：惟尹躬及湯，咸有壹德。《詩》云：淑人君子，其儀不忒。

子曰：有國者章義癉惡，以示民厚，則民情不貳。《詩》云：靖共爾位，好是正直。

子曰：上人疑則百姓惑，下難知則君長勞。故君民者章好以示民俗，慎惡以御民之淫，則民不惑矣。臣儀行，不重辭，不援其所不及，不煩其所不知，則君不勞矣。《詩》云：上帝板板，下民卒癉。《小雅》曰：匪其止共，惟王之邛。

子曰：政之不行也，教之不成也，爵禄不足勸也，刑罰不足恥也。故上不可以褻刑而輕爵。《康誥》曰：敬明乃罰。《甫刑》曰：播刑之不迪。

子曰：大臣不親，百姓不寧，則忠敬不足，而富貴已過也。大臣不治，而邇臣比矣。故大臣不可不敬也，是民之表也；邇臣不可不慎也，是民之道也。君毋以小謀大，毋以遠言近，毋以内圖外，則大臣不怨，邇臣不疾，而遠臣不蔽矣。葉公之顧命曰：毋以小謀敗大作，毋以嬖御人疾莊后，毋以嬖御士疾莊士、大夫卿士。

子曰：大人不親其所賢，而信其所賤，民是以親失，而教是以煩。《詩》云：彼求我則，如不我得。執我仇仇，亦不我力。《君陳》曰：未見聖，若己弗克見；既見聖，亦不克由聖。

子曰：小人溺於水，君子溺於口，大人溺於民，皆在其所褻也。夫水近於人而溺人，德易狎而難親也，易以溺人；口費而煩，易出難悔，易以溺人；夫民閉於人而有鄙心，可敬不可慢，易以溺人。故君子不可以不慎也。《大甲》曰：毋越厥命以自覆也。若虞機張，往省括于厥度則釋。《兑命》曰：惟口起羞，惟甲胄起兵，惟衣裳在笥，惟干戈省厥躬。《大甲》曰：天作孽，可違也；自作孽，不可以逭。

（清）劉寶楠《論語正義・八佾》 定公問：君使臣，臣事君，如之何？注：孔曰：定公，魯君謚。時臣失禮，定公患之，故問之。孔子對曰：君使臣以禮，臣事君以忠。注定公至問之。正義曰：定公名宋，襄公之子，昭公弟也。《周書・謚法解》：大慮慈民曰定，安民大慮曰定，安民法古曰定，純行不爽曰定。是定爲謚也。定公承昭公之後，公室益微弱，時臣多失禮於君，故公患之。言如何君使臣臣事君，將欲求其説以救正之。爲此言者，其在孔子將仕時乎。焦竑《筆乘》：晏子曰：惟禮可以爲國。是先王維名分，絶亂萌之具也。定公爲太阿倒持之君，故欲坊之以禮。三家爲尾大不掉之臣，故欲教之以忠。俞氏正燮《癸巳類稿》：君使臣以禮，禮非儀也。晉女叔齊曰：禮，所以守其國，行其政令，無失其民。譏魯君公室四分，民食於他，不圖其終，爲遠於禮。齊晏嬰爲其君言陳氏之事，亦曰惟禮可以已之。家施不及國，大夫不收公利。禮者，君令，臣共，父慈，子孝，兄愛，弟敬，夫和，妻順，姑慈，婦聽。君令而不違，臣共而不貳；父慈而教，子孝而箴；兄愛而友，弟敬而順；夫和而義，妻柔而正；姑慈而從，婦聽而婉。禮之善物也。晉女叔論昭公，齊晏嬰告景公，皆痛心疾首之言。孔子事定公墮三都，欲定其禮。禮非恭敬退讓之謂。孔子告景公，欲其君君臣臣。若使定公承昭出之後，慕謙退之儀，是君不君矣。天地間容有迂議，然非孔子之言也。

《論語注疏・里仁》 子曰：能以禮讓爲國乎？何有？何有者，言不難。不能以禮讓爲國，如禮何？包曰：如禮何者，言不能用禮。疏：子曰至禮何。正義曰：此章言治國者必須禮讓也。能以禮讓爲國乎者，爲猶治也。禮節民心，讓則不爭。言人君能以禮讓爲教治其國乎？云何有者，謂以禮讓治國，何有其難。言不難也。不能以禮讓爲國者，言人君不能明禮讓以治民也。如禮何者，言有禮而不能用如此禮何。

（清）劉寶楠《論語正義・里仁》 子曰：能以禮讓爲國乎？何有？注：何有者，言不難。不能以禮讓爲國，如禮何？注：包曰：如禮何者，言不能用禮。正義曰：讓者，禮之實，禮者，讓之文。先王慮民之有争也，故制爲禮以治之。禮者，所以整壹人之心志，而抑制其血氣，使之咸就於中和也。爲國者，爲猶治也。《管子・五輔篇》：夫人必知禮然後恭敬，恭敬然後尊讓，尊讓然後少長貴賤不相踰越，少長貴賤而不相踰越，故亂不生而患不作，故曰：禮不可不謹也。《禮記・禮運》曰：何謂人情？喜、怒、哀、懼、愛、惡、欲，七者弗學而能。何謂人義？父慈、子孝、兄良、弟弟、夫義、婦聽、長惠、幼順、君仁、臣忠，十者謂之人義。講信修睦，謂之人利。争奪相殺，謂之人患。故聖人之所以治人七情，修十義，講信修睦，尚辭讓，去争奪，舍禮何以治之。《左》襄十三年《傳》，君子曰：讓，禮之主也，世之治也。君子尚能而讓其下，小人農力以事其上，是以上下有禮，而讒慝黜遠，由不争也，謂之懿德。及其亂也，君子稱其功以加小人，小人伐其技以憑君子，是以上下無禮，亂虐並生，由争善也，謂之昏德。國家之敝，恒必由之。諸文並足發明此章之義。《後漢・劉愷傳》賈逵上書引此文，作能以禮讓爲國，於從政乎何有。《列女傳》曹世叔妻上疏引亦同。此疑出《齊》、《古》文異。注：何有，言不難。正義曰：《後漢・列女傳》注，何有，言若無有。是其不難也。

《論語注疏・公冶長》 子謂南容：邦有道，不廢；邦無道，免於刑戮。以其兄之子妻之。王曰：南容，弟子南宫縚，魯人也，字子容。不廢，言見用。疏：子謂南容至妻之。正義曰：此章孔子評論弟子南容之賢行也。邦有道，不廢；邦無道，免於刑戮者，此南容之德也。若遇邦國有道，則常得見用在官，不被廢棄。若遇邦國無道，則必危行言遜，以脱免於刑罰戮辱也。以其兄之子妻之者，言德行如此，故以其兄之女與之爲妻也。注王曰至見用。正義曰：云南容，弟子南宫縚，魯人也，字子容者，此《家語・弟子篇》文也。案《史記・弟子傳》云：南宫括字子容。鄭注《檀弓》云：南宫縚，孟僖子之子南宫閲。以昭七年《左氏傳》云孟僖子將卒，召其大夫云：屬説與何忌於夫子，以事仲尼，以南宫爲氏，故《世本》云中孫獲生南宫縚是也。然則名縚，名括，又名閲，字子容，氏南宫，本孟氏之後也。

（清）焦循《孟子正義・孟子篇敘》 孟子以爲聖王之盛，惟有堯舜，堯舜之道，仁義爲上，故以梁惠王問利國，對以仁義，爲首篇也。疏：正義曰：《易・説卦傳》云：是以立天之道曰陰與陽，立地之道曰柔與剛，立人之道曰仁與義。仁卽元，義卽利，仁義之爲道，卽元亨利貞之爲德，此堯舜所以通變神化者也。孟子言必稱堯舜，堯舜之道即仁義矣。

仁義根心，然後可以大行其政，故次之以公孫丑問管晏之政，答以曾西之所羞也。疏：正義曰：根心，謂先王以不忍人之心，行不忍人之政。

政莫美於反古之道，滕文公樂反古，故次以文公爲世子，始有從善思禮之心也。疏：正義曰：思禮，謂三年之喪。

奉禮之謂明，明莫甚於離婁，故次之以離婁之明也。疏：正義曰：《説文》収部云：奉，承也。承先王之禮而行之，所謂述也。《禮記·樂記》云：故知禮樂之情者能作，識禮樂之文者能述。作者之謂聖，述者之謂明。明者當明其行，行莫大於孝，故次以萬章問舜往于田號泣也。疏：正義曰：舜明於庶物，察於人倫，是明其行也。

孝道之本，在於情性，故次以告子論情性也。疏：正義曰：人性善，所以能孝弟。情性在內而主於心，故次以盡心也。疏：正義曰：乃若其情，則可以爲善矣。是情合於性。盡其心者，知其性也。是性本於心。

盡己之心，與天道通，道之極者也。是以終於盡心也。疏：正義曰：盡心則知性知天，故與天道通也。周氏廣業《孟子出處時地考》云：建篇之首《梁惠王》也，趙氏之説疐矣。《題辭》謂退自齊梁而著作，其篇目各自有名，則未盡然。古人得志，澤加於民；不得志，脩身見於世。立言不朽，雖聖人不能易，豈必窮愁始著書哉？特壯年志在行道，未遑專意耳。故其成在遊梁之後，其著作斷非始此。大率起《齊宣王》至《滕文公》爲三册，記仕宦出處；《離婁》以下爲四册，記師弟問答雜事。迨歸自梁而孟子已老，於行文既絶少，又暮年所述，故僅與魯事，分附諸牘末。其後門人論次遺文，分篇列目，以仁義兩言爲全書綱領，因割其六章冠首，而以《梁惠王》題篇，於梁齊之下，繼以鄒、滕、魯。蓋孟子生平所注意者，祗此五國而已。乃其在梁也，始以去利行仁義期之，終料其嗜殺而去。於齊宣王，始以易牛之仁冀其王，終以伐燕之暴決於歸。鄒於仁政一言，行否未可知，而父母之邦，君子重之，且與齊宣皆屬舊君，不容略也。滕文尊禮，孟子遇矣，而國小多故，莫必其成功。魯則周公之後，孔子之鄉，平公乘五百里之地，既知用樂正子，兼有見賢之意，似可與圖功矣，而卒不遇。孟子一生行藏，首篇盡之矣。其曰：天欲平治天下，舍我其誰，壯而欲行，厚望之辭也。功之成否，身之遇否，皆歸之天。老不得志，絶望之辭也。首次二篇以天終，末篇以天始，《梁惠王》以王道始，《盡心》以聖學終，《公孫丑》由王道推本聖學，其爲章二十有三，記齊事者十有五，餘八章皆言仁義，又王道也。而齊之仕止，詳見起訖，明是篇爲在齊之日，公孫識之矣。《滕文公》亦兼舉聖學王道，而滕係弱小，故其言井田學校，雖較詳於齊梁，但可新其國耳，王非所能也。聖王不興於上，聖道將絶於下，於是力闢楊墨以承之，許行、夷之以至陳仲子，皆邪説詖行之害仁義者也，故以不得已好辯終焉。《離婁》、《萬章》、《告子》、《盡心》，發端言堯舜心性，與《滕文公》同，其後皆雜説訓言，而《萬章》一篇，又知人論世之林。此則七篇大致，可得而略言者。趙氏以爲包羅天地，揆敘萬類，仁義道德，性命禍福，粲然靡所不載，信矣。謹按：周氏所云，似較趙氏爲長。然探趙氏《篇敘》之指，蓋恐後人紊亂其篇次，增損其字數，故假其義以示其信耳。如後稱字數，以五七不敢盈之義，則知三萬四千六百有奇非傳寫之譌，三萬五千二百有奇實增多之羨，詎真以孟子取五七不盈之義爲此字數哉。【略】

蓋所以佐明六藝之文義，崇宣先聖之指務，王制拂邪之隱栝，立德立言之程式也。疏：正義曰：文，六書訓詁之文也。義，謂義理也。《漢書·劉歆傳》：歆治《左氏》，引傳文辨經，轉相發明，由是章句義理備焉。桓譚《時政疏》云：今可令通義理。是也。崇，猶尚也。宣，通也，發也。《淮南子·脩務訓》云名可務立，高誘注云：務，事也。馬總《意林》云：趙臺卿作《章句》，章句曰指事。指務即指事也。《大戴禮記·衛將軍文子篇》云：外寬而內直，自設於隱栝之中，直己而不直於人，蓋蘧伯玉之行也。《鬼谷子·飛箝篇》云：其有隱栝，乃可徵，乃可求，乃可用。陶宏景注云：隱栝以輔曲直。《荀子·性惡篇》云：故檃栝之生，爲枸木也；繩墨之起，謂不直也。直木不待檃栝而直者，其性直也；枸木必將待檃栝烝矯然後直者，以其性不直也。楊注云：枸讀如鉤，曲也。檃栝，正曲木之木也。《大略篇》云：乘輿之輪，太山之木也。示諸檃栝，三月五月，爲幬菜，敝而不反其常。君子之檃栝，不可不謹也慎之。注云：示讀爲寘。檃栝，矯煣木之器也。《非相篇》云府然若渠匽檃栝之於己也，注云：渠匽所以制水，檃栝所以制木。《尚書大傳·略説》云：子貢曰：檃栝之旁多曲木，良醫之門多疾人。《韓非子·顯學篇》云：自直之箭，自圜之木，百世無有一，然而世皆乘車射禽者何也？隱栝之道用也。《難勢篇》云：夫去隱栝之法，去度量之數，使奚仲爲車，不能成一輪。《韓詩外傳》云：磏仁雖下，聖人不廢者，匡民隱括，有在是中者也。《鹽鐵論·申韓篇》：御史曰：故設明法，陳嚴刑，坊非矯邪，若隱栝輔檠之正弧刺也。《大論篇》大夫曰：是猶不用隱括斧斤，欲撓曲直枉也。《書·盤庚》下篇尚皆隱哉，某氏傳云：相隱括以爲善政。何休《公羊傳序》云：遂隱栝使就繩墨焉。《説文》木部云：檃，栝也。栝，檃也。字從木，故爲矯制枸木之器。隱括，其通借字也。《公羊》疏云：隱謂隱審，括謂檢括。《後漢書·鄧訓傳》云訓考量隱栝，李賢注引《荀子》而釋之云：隱審量栝之。失其義矣。《淮南子·本經訓》曲拂邅回，高誘注云：拂，戾也。《漢書·王莽傳》云：拂世矯俗。此云拂邪者，謂矯戾其邪，使之歸於正，猶檃栝矯戾其曲木而歸於直。《荀子》有《王制篇》云：王者之制，衣服有制，宫室有度，人徒有數，喪祭械用皆有等宜，聲則凡非雅聲者舉廢，色則凡非舊文者舉息，械用則凡非舊器者舉毀，夫是之謂復古，是王者之制也。制度所以去民之邪，謂王者欲爲拂邪之制，則以孟子此書爲檃栝也。《説文》禾部云：程，品也。十髮爲程，十程爲分，十分爲寸。《史記·太史公自序》云張蒼爲章程，如淳云：程者，權衡、丈尺、斛斗之平法也。《老子》云爲天下式，王弼注云：式，模則也。程式，謂尺寸模範可用爲準則，故云立德立言之程式也。《文選·郭有道碑文》云隱括足以矯時，李善注引劉熙《孟子注》云：隱，度也。栝，猶量也。又崔子玉《座右銘》隱心而後動，注引劉熙《孟子注》云：隱，度也。《孟子》本文無隱括二字，惟趙氏此《篇敘》有之。劉氏所注，未知所屬。

（清）馬驌《繹史》卷二四之六《周禮之制》　故禮以道其志，樂以和其聲，政以一其行，刑以防其奸。禮樂刑政，其極一也。所以同民心而出治道也。

（清）馬驌《繹史》卷二五《成康繼治》　周公曰：德澤不加，則君子不饗其貢；政令不施，則君子不臣其人。

（清）馬驌《繹史》卷八六之四《孔子類記》　《孔叢子》孔子曰：民之所以生者，衣食也。上不教民，民匱其生。饑寒切於身，而不爲非者寡矣。故古之於盜，惡之而不殺也。今不先其教，而一殺之。是以罰行而善不反，刑張而罪不省。夫赤子知慕其父母由審故也，況爲政者。奪其賢者，而與其不賢者，以化民乎？知審此二者則上盜息。

又：子曰：政之不行也，教之不成也，爵祿不足勸也，刑罰不足恥也。故上不可以褻刑而輕爵。《康誥》曰：敬明乃罰。《甫刑》曰：播刑之不迪。

又：子曰：夫民，教之以德，齊之以禮，則民有格心；教之以政，齊之以刑，則民有遯心。故君民者，子以愛之，則民親之；信以結之，則民不倍；恭以涖之，則民有孫心。《甫刑》曰：苗民匪用命，制以刑，惟作五虐之刑曰法。是以民有惡德而遂絶其世也。

（宋）羅泌《路史》卷二《前紀二·九頭紀·泰皇氏》　疏仡十自黄帝氏而紀，疏以知遠，仡以審斷。仁義道德之所用也。自泰氏没而嘗無君矣，其亏民也聚生羣處，無君親之異，仁義禮智之所不用也，施報往來之所不行也。其有君者，五紀予不知幾氏矣。

（宋）羅泌《路史》卷八《前紀八·禪通紀·祝融氏》　爲治而至於樂，然後可以爲備矣。樂者，治之至也。夫人之生，天地同體，莫不有神明之性，湛然中足，不自外入，一莫於物，則浸淫畔肆，滑喪其天，以至窮人之欲而不能反其性命之朔，何哉？有血氣心知之性，而哀、樂、喜、怒之無常。五綦六鑿壞之于外，無以爲之節也。是以先王因其性之所自有，索其天和而作爲之節，以樂其所自生而反其朔。樂者，人之節而性之所自有者也，其感人也深，其化人也著。金、石、絲、竹無自鳴之聲也；羽、旄、干、戚，無自動之容也。臧之於無，出之於虛，必有所緣者矣。聲嗟氣歎，此天籟之自鳴者也；手舞足蹈，此天機之自動者也。具之於心，作之於氣，必有所寓者矣。人臧其心不可測度，而憂、喜、忿、鬱感發於外者，有不可得而抑。是故聖人南面而治天下，本之於心律，小大之稱，比終始之序。作樂以應天，深入教化於民，得數以召之，因器以迎之，而樂之倫合德矣。隨之以節義，達之以事業，起居視聽，事親從兄。凡所以行而樂之者，一不外是夫。

（宋）羅泌《路史》卷二一《後紀十二·疏仡紀·有虞氏》　并論八音四會，貢正聲以聽天下之治，而民亡有不惠而從。命太師陳詩以觀民風，命市納賈以稽民之好惡，命典禮協時月正日，同律度量衡。禮樂制度，衣服正之。班固云，惟聖人能同天下之志，故帝舜欲同之。修五禮、五玉、三帛、二生、一死質之器，卒則復。山川神祇有不舉者爲不敬。不敬者，君削以地。宗廟有不順者爲不孝，不孝者，君絀以爵。變禮易樂者爲不從，不從者，君流。革制度衣服者爲叛，叛者，君討歸。次外三日，遂假於禰祖用特。

《漢書》卷二二《禮樂志》　人性有男女之情，妒忌之别，爲制婚姻之禮；有交接長幼之序，爲制鄉飲之禮；有哀死思遠之情，爲制喪祭之禮；有尊尊敬上之心，爲制朝覲之禮。哀有哭踊之節，樂有歌舞之容，正人足以副其誠，邪人足以防其失。故婚姻之禮廢，則夫婦之道苦，而淫辟之罪多；鄉飲之禮廢，則長幼之序亂，而爭鬭之獄蕃；喪祭之禮廢，則骨肉之恩薄，而背死忘先者衆；朝聘之禮廢，則君臣之位失，而侵陵之漸起。故孔子曰：安上治民，莫譱於禮；移風易俗，莫譱於樂。禮節民心，樂和民聲，政以行之，刑以防之。禮樂政刑四達而不誖，則王道備矣。

《漢書》卷二三《刑法志》　及孝文即位，躬脩玄默，勸趣農桑，減省租賦。而將相皆舊功臣，少文多質，懲惡亡秦之政，論議務在寬厚，恥言人之過失。化行天下，告訐之俗易。吏安其官，民樂其業，畜積歲增，戶口寢息。風流篤厚，禁罔疏闊。選張釋之爲廷尉，罪疑者予民，是以刑罰大省，至於斷獄四百，有刑錯之風。

《南齊書》卷二八《崔祖思傳》 上初即位，祖思啓陳政事曰：《禮》《誥》者，人倫之襟冕，帝王之樞柄。自古開物成務，必以教學爲先。世不習學，民忘志義，悖競因斯而興，禍亂是焉而作。故篤俗昌治，莫先道教，不得以夷（禍）〔險〕革慮，儉泰移業。今無員之官，空受祿力。三載無考績之効，九年闕登黜之序。國儲以之虚匱，民力爲之凋散。能否無章，涇渭混流。宜大廟之南，弘脩文序；司農以北，廣開武校。臺〔府〕州國，限外之職，問其所樂，依方課習，各盡其能。月供僮幹，如先充給。若有廢墮，遣還故郡。殊經奇藝，待以不次，士脩其業，必有異等，民識其利，能無勉勵。【略】

又曰：憲律之重，由來尚矣。故曹參去齊，唯以獄市爲寄，餘無所言。路温舒言秦有十失，其一尚在，治獄之吏是也。寔宜清置廷尉，茂簡三官，寺丞獄主，彌重其選，研習律令，刪除繁苛。詔獄及兩縣，一月三訊，觀貌察情，欺枉必達。使明慎用刑，無忝《大易》，寧失不經，靡愧《周書》。漢來治律有家，子孫竝世其業，聚徒講授，至數百人。故張、于二氏，絜譽文、宣之世；陳、郭兩族，流稱武、明之朝。決獄無冤，慶昌枝裔，槐衮相襲，蟬紫傳輝。今廷尉律生，乃令史門戶，族非咸、弘，庭缺于訓。刑之不措，抑此之由。如詳擇篤厚之士，使習律令，試簡有徵，擢爲廷尉僚屬。苟官世其家而不美其績，鮮矣；廢其職而欲善其事，未之有也。若劉累傳守其業，庖人不乏龍肝之饌，斷可知矣。

又曰：樂者動天地，感鬼神，正情性，立人倫，其義大矣。桉前漢編戶千萬，太樂伶官方八百二十九人，孔光等奏罷不合經法者四百四十一人，正樂定員，唯置三百八十八人。今戶口不能百萬，而太樂雅、鄭，元徽時校試千有餘人，後堂雜伎，不在其數，糜廢力役，傷敗風俗。今欲撥邪歸道，莫若罷雜伎，王庭唯置鍾簴、羽戚、登歌而已。如此，則官充給養，國反淳風矣。

又曰：論儒者以德化爲本，談法者以刻削爲體。道教治世之粱肉，刑憲亂世之藥石，故以教化比雨露，名法方風霜。是以有恥且格，敬讓之樞紐；令行禁止，爲國之關楗。然則天下治者，賞罰而已矣。賞不事豐，所病於不均；罰不在重，所困於不當。如令甲勳少，乙功多，賞甲而捨乙，天下必有不勸矣；丙罪重，丁眚輕，罰丁而赦丙，天下必〔有〕不悛矣。是賞罰空行，無當乎勸沮。將令見罰者寵習之臣，受賞者仇讎之士，戮一人而萬國懼，賞匹夫而四海悦。

《梁書》卷一《武帝紀上》 高祖下令曰：夫在上化下，草偃風從，世之澆淳，恒由此作。自永元失德，書契未紀，窮凶極悖，焉可勝言。既而琁室外構，傾宮內積，奇技異服，殫所未見。上慢下暴，淫侈競馳。國命朝權，盡移近習。販官鬻爵，賄貨公行。並甲第康衢，漸臺廣室。長袖低昂，等和戎之賜；珍羞百品，同伐冰之家。愚民因之，浸以成俗。驕豔競爽，夸麗相高。至乃市井之家，貂狐在御；工商之子，緹繡是襲。日入之次，夜分未反，昧爽之朝，期之清旦。聖明肇運，厲精惟始，雖曰纘戎，殆同創革。且淫費之後，繼以興師，巨橋、鹿臺，凋罄不一。孤忝荷大寵，務在澄清，思所以仰述皇朝大帛之旨，俯厲微躬鹿裘之義，解而更張，斲雕爲樸。自非可以奉粢盛，脩紱冕，習禮樂之容，繕甲兵之備，此外衆費，一皆禁絶。御府中署，量宜罷省。掖庭備御妾之數，大予絶鄭衛之音。其中有可以率先卿士，准的甿庶，菲食薄衣，請自孤始。加羣才並軌，九官咸事，若能人務退食，競存約己，移風易俗，庶朞月有成。昔毛玠在朝，士大夫不敢靡衣偷食。魏武歎曰：孤之法不如毛尚書。孤雖德謝往賢，任重先達，實望多士得其此心。外可詳爲條格。

《隋書》卷四《煬帝紀下》 然則王者之師，義存止殺，聖人之教，必有勝殘。天罰有罪，本在元惡，人之多僻，脅從罔治。若高元泥首轅門，自歸司寇，即宜解縛焚櫬，弘之以恩。其餘臣人歸朝奉順，咸加慰撫，各安生業，隨才任用，無隔夷夏。營壘所次，務在整肅，芻蕘有禁，秋毫勿犯，布以恩宥，喻以禍福。若其同惡相濟，抗拒官軍，國有常刑，俾無遺類。明加曉示，稱朕意焉。

又：恃才矜己，傲狠明德，內懷險躁，外示凝簡，盛冠服以飾其姦，除諫官以掩其過。淫荒無度，法令滋章，教絶四維，刑參五虐，鋤誅骨肉，屠勦忠良，受賞者莫見其功，爲戮者不知其罪。驕怒之兵屢動，土木之功不息，頻出朔方，三駕遼左，旌旗萬里，徵税百端，猾吏侵漁，人不堪命。乃急令暴條以擾之，嚴刑峻法以臨之，甲兵威武以董之，自是海內騷然，無聊生矣。

《隋書》卷七四《酷吏傳》　夫爲國之體有四焉：一曰仁義，二曰禮制，三曰法令，四曰刑罰。仁義禮制，政之本也，法令刑罰，政之末也。無本不立，無末不成。然教化遠而刑罰近，可以助化而不可以專行，可以立威而不可以繁用。《老子》曰：其政察察，其人缺缺。又曰：法令滋章，盜賊多有。然則令之煩苛，吏之嚴酷，不能致理，百代可知。考覽前載，有時而用之矣。昔秦任獄吏，赭衣滿道。漢革其風，矯枉過正，禁網疎闊，遂漏吞舟，大姦巨猾，犯義侵禮。故剛克之吏，摧拉凶邪，一切禁姦，以救時弊，雖垂教義，或有所取焉。

《隋書》卷七五《儒林傳》　高祖受禪，除國子博士，加通直散騎常侍，進爵爲公。妥性勁急，有口才，好是非人物。時納言蘇威嘗言於上曰：臣先人每誡臣云，唯讀《孝經》一卷，足可立身治國，何用多爲！上亦然之。妥進曰：蘇威所學，非止《孝經》。厥父若信有此言，威不從訓，是其不孝。若無此言，面欺陛下，是其不誠。不誠不孝，何以事君！且夫子有云：不讀《詩》無以言，不讀《禮》無以立。豈容蘇綽教子獨反聖人之訓乎？威時兼領五職，上甚親重之，妥因奏威不可信任。又以掌天文律度，皆不稱職，妥又上八事以諫：

其一事曰：臣聞知人則哲，惟帝難之。孔子曰：舉直錯諸枉則民服，舉枉錯諸直則民不服。由此言之，政之治亂，必慎所舉，故進賢受上賞，蔽賢蒙顯戮。察今之舉人，良異于此，無論諂直，莫擇賢愚。心欲崇高，則起家喉舌之任，意須抑屈，必白首郎署之官。人之不服，實由於此。臣聞爵人於朝，與士共之，刑人於市，與衆棄之。伏見留心獄訟，愛人如子，每應决獄，無不詢訪羣公，刑之不濫，君之明也。刑既如此，爵亦宜然。若有懋功簡在帝心者，便可擢用。自斯以降，若選重官，必須參以衆議，勿信一人之舉。則上不偏私，下無怨望。

其二事曰：孔子云：是察阿黨，則罪無掩蔽。又曰：君子周而不比，小人比而不周。所謂比者，即阿黨也。謂心之所愛，既已光華榮顯，猶加提挈。心之所惡，既已沈滯屈辱，薄言必怒。提挈既成，必相掩蔽，則欺上之心生矣。屈辱既加，則有怨恨，謗讟之言出矣。伏願廣加逖訪，勿使朋黨路開，威恩自任。有國之患，莫大於此。

其三事曰：臣聞舜舉十六族，所謂八元、八愷也。計其賢明，理優今日，猶復擇才授任，不相侵濫，故得四門雍穆，庶績咸熙。今官員極多，用人甚少，有一人身上乃兼數職，爲是國無人也？爲是人不善也？今萬乘大國，髦彦不少，縱有明哲，無由自達。東方朔言曰：尊之則爲將，卑之則爲虜。斯言信矣。今當官之人，不度德量力，既無呂望、傅説之能，自負傅巖、滋水之氣，不慮憂深責重，唯畏總領不多，安斯寵任，輕彼權軸，好致顛蹶，實此之由。《易》曰：鼎折足，覆公餗，其形渥凶。言不勝其任也，臣聞窮力舉重，不能爲用。伏願更任賢良，分才參掌，使各行有餘力，則庶事康哉。

其四事曰：臣聞《禮》云：析言破律，亂名改作，執左道以亂政者殺。孔子曰：仍舊貫，何必改作！伏見比年以來，改作者多矣。至如范威漏刻，十載不成，趙翊尺稱，七年方決。公孫濟迂誕醫方，費逾巨萬，徐道慶迴互子午，糜耗飲食。常明破律，多歷歲時，王渥亂名，曾無紀極。張山居未知星位，前已蹂藉太常，曹魏祖不識北辰，今復轥轢太史。莫不用其短見，便自夸毗，邀射名譽，厚相誣罔。請今日已後，有如此者，若其言不驗，必加重罰，庶令有所畏忌，不敢輕奏狂簡。

《舊唐書》卷九《玄宗紀下》　史臣曰：孔子稱王者必世而後仁。李氏自武后移國三十餘年，朝廷罕有正人，附麗無非險輩。持苞苴而請謁，奔走權門；效鷹犬以飛馳，中傷端士。以致斲喪王室，屠害宗枝，骨鯁大臣，屢遭誣陷，舞文酷吏，坐致顯榮。禮儀無復興行，刑政壞於犬馬，端揆出阿黨之語，冕旒有和事之名，朋比成風，廉耻都盡。

我開元之有天下也，糾之以典刑，明之以禮樂，愛之以慈儉，律之以軌儀。黜前朝徼倖之臣，杜其姦也；焚後庭珠翠之玩，戒其奢也；禁女樂而出宮嬪，明其教也；賜酺賞而放哇淫，懼其荒也；敘友于而敦骨肉，厚其俗也；蒐兵而責帥，明軍法也；朝集而計最，校吏能也。廟堂之上，無非經濟之才；表著之中，皆得論思之士。而又旁求宏碩，講道藝文。昌言嘉謨，日聞於獻納；長轡遠馭，志在於昇平。貞觀之風，一朝復振。于斯時也，烽燧不驚，華戎同軌。西蕃君長，越繩橋而競款玉關；北狄酋渠，捐毳幕而爭趨鴈塞。象郡、炎州之玩，雞林、鯷海之珍，莫不結轍於象胥，駢羅於典屬。膜拜丹墀之下，夷歌立仗之前，可謂冠帶百蠻，車書萬里。天子乃覽雲臺之義，草泥金之札，然後封日觀，禪雲亭，訪道於穆清，怡神於玄牝，與民休息，比屋可封。於時垂髫之倪，皆知禮讓；戴白之老，不識兵戈。虜不敢乘月犯邊，士不敢彎弓報怨。康哉之頌，溢于八紘。所謂世而後仁，見於開元者矣。年踰三紀，可謂太平。

《舊唐書》卷七一《魏徵傳》 凡百元首，承天景命，莫不殷憂而道著，功成而德衰。有善始者實繁，能克終者蓋寡，豈其取之易而守之難乎？昔取之而有餘，今守之而不足，何也？夫在殷憂必竭誠以待下，既得志則縱情以傲物。竭誠則胡越爲一體，傲物則骨肉爲行路。雖董之以嚴刑，振之以威怒，終苟免而不懷仁，貌恭而不心服。怨不在大，可畏惟人。載舟覆舟，所宜深慎，奔車朽索，其可忽乎？

君人者，誠能見可欲則思知足以自戒，將有所作則思知止以安人，念高危則思謙冲而自牧，懼滿溢則思江海而下百川，樂盤遊則思三驅以爲度，恐懈怠則思慎始而敬終，慮壅蔽則思虚心以納下，想讒邪則思正身以黜惡，恩所加則思無因喜以謬賞，罰所及則思無因怒而濫刑。總此十思，弘茲九德，簡能而任之，擇善而從之。則智者盡其謀，勇者竭其力，仁者播其惠，信者效其忠。文武爭馳，君臣無事，可以盡豫遊之樂，可以養松喬之壽，鳴琴垂拱，不言而化。何必勞神苦思，代下司職，役聰明之耳目，虧無爲之大道哉！

臣聞《書》曰：明德慎罰，惟刑恤哉！《禮》云：爲上易事，爲下易知，則刑不煩矣。上多疑則百姓惑，下難知則君長勞矣。夫上易事，下易知，君長不勞，百姓不惑。故君有一德，臣無二心，上播忠厚之誠，下竭股肱之力，然後太平之基不墜，康哉之詠斯起。當今道被華夷，功高宇宙，無思不服，無遠不臻。然言尚於簡大，志在於明察，刑賞之本，在乎勸善而懲惡，帝王之所以與天下爲畫一，不以親疏貴賤而輕重者也。今之刑賞，未必盡然。或申屈在乎好惡，輕重由乎喜怒。遇喜則矜其刑於法中，逢怒則求其罪於事外，所好則鑽皮出其毛羽，所惡則洗垢求其瘢痕。瘢痕可求，則刑斯濫矣；毛羽可出，則賞典謬矣。刑濫則小人道長，賞謬則君子道消。小人之惡不懲，君子之善不勸，而望治安刑措，非所聞也。

且夫暇豫清談，皆敦尚於孔、老；威怒所至，則取法於申、韓。直道而行，非無三黜，危人自安，蓋亦多矣。故道德之旨未弘，刻薄之風已扇。夫上風既扇，則下生百端，人競趨時，則憲章不一，稽之王度，實虧君道。昔州黎上下其手，楚國之法遂差；張湯輕重其心，漢朝之刑以弊。人臣之頗僻，猶莫能申其欺罔，況人君之高下，將何以措其手足乎！以睿聖之聰明，無幽微而不燭，豈神有所不達，智有所不通哉？安其所安，不以卹刑爲念，樂其所樂，遂忘先笑之變。禍福相倚，吉凶同域，唯人所召，安可不思。頃者責罰稍多，威怒微厲，或以供給不贍，或以人不從欲，皆非致治之所急，實乃驕奢之攸漸。是知貴不與驕期而驕自來，富不與奢期而奢自至，非徒語也。

《舊唐書》卷七七《柳澤傳》 涣弟澤，景雲中爲右率府鎧曹參軍。先是，姚元之、宋璟知政事，奏請停中宗朝斜封官數千員。及元之等出爲刺史，太平公主又特爲之言，有敕總令復舊職。澤上疏諫曰：

臣聞藥不毒不可以蠲疾，詞不切不可以補過。是以習甘旨者，非攝養之方；邇諛佞者，積危殆之本。臣實愚樸，志懷剛厲，或聞政之不當，事之不直，常慷慨關心，夢寐懷憤。每願殉身以諫，伏死而争，但利於社稷，有便於君上，雖蒙禍被難，殺身不悔也。竊見神龍以來，羣邪作孽，法網不振，綱維大紊。實由内寵專命，外嬖擅權，因貴憑寵，賣官鬻爵。朱紫之榮，出於僕妾之口；賞罰之命，乖於章程之典。妃主之門，有同商賈；舉選之署，實均闤闠。屠販之子，悉由邪而忝官；黜斥之人，咸因姦而冒進。天下爲亂，社稷幾危，賴陛下聰明神武，拯其將墜。此陛下耳目之所親擊，固可永爲炯誡者也。

臣聞作法於理，猶恐其亂，作法於亂，誰能救之？祇如斜封授官，皆是僕妾汲引，迷謬先帝，昧自前朝，豈是孝和情之所憐，心之所愛？陛下初卽位時，納姚元之、宋璟之計，所以咸令黜之。頃日已來，又令敍之。將謂爲斜封之人不忍棄也，以爲先帝之意不可違也？若斜封之人不忍棄也，是韋月將、燕欽融之流亦不可褒贈也，李多祚、鄭克乂之徒亦不可清雪也。陛下何不能忍於此而獨能忍於彼？使善惡不定，反覆相攻，使君子道消，小人道長，爲邪者獲利，爲正者銜冤。奈何導人以爲非，勸人以爲僻，將何以懲風俗，將何以止姦邪？今海内咸稱太平公主令胡僧慧範曲引此輩，將有誤於陛下矣。謗議盈耳，咨嗟滿衢，故語曰：姚、宋爲相，邪不如正；太平用事，正不如邪。《書》曰：無偏無陂，遵王之義；無反無側，王道正直。臣恐因循，流近致遠，積小爲大，累微起高。勿謂何傷，其禍將長；勿謂何害，其禍將大。

又賞罰之典，紀綱不謬，天秩有禮，君爵有功，不可因怒以妄罰，不可因喜以妄賞。伏見尚醫奉御彭君慶，以邪巫小道，超授三品，奈何輕用名器，加非其才。昔公主爲子求郎，明帝不許；今聖朝私愛，賞及憸人。董狐不亡，豈有所隱？臣聞賞一人而千萬人悦者賞之，罰一人而千萬人勸者罰之。臣雖未覩聖朝之妄罰，已覩聖朝之妄賞矣。《書》曰：官不及私昵，惟其能；爵罔及惡德，惟其賢。臣恐近習之人爲其先容，有謬於陛下也。惟陛下熟思而察之。雖往者不可諫，而來者猶可追。願杜請謁之路，塞恩倖之門：鑒誡前非，無累後悔。申畫一之法，明不二之刑，不詢之謀勿庸，無稽之言勿聽，則天下之化，人無間焉，日新之德，天鑒不遠。

澤後參選，會有敕令選人上書陳事，將加收擢，澤文上書曰：

頃者韋氏險詖，姦臣同惡，賞罰紊弛，綱紀紛綸。政以賄成，官因寵進，言正者獲戾，行殊者見疑，海内寒心，實將莫救。賴神明佑德，宗廟降靈，天討有罪，人用丕保。陛下睿謀神聖，勇智聰明，安宗廟於已危，拯黎庶於將溺。今尨眉鮐背，歡欣踊躍，望聖朝之撫輯，聽聖朝之德音。今陛下躅煩省徭，法明德舉，萬邦愷樂，室家胥慶。

臣又聞危者保其存也，亂者有其理也。伏惟陛下安不忘危，理不忘亂，存不忘亡，則克享天心，國家長保矣。《詩》曰：罔不有初，鮮克有終。伏惟陛下慎厥終，修其初，非禮勿視，非禮勿動。《書》曰：惟德罔小，萬邦惟慶；惟不德罔大，墜厥宗。甚可畏也，甚可懼也，伏惟陛下慎之哉！

夫驕奢得起於親貴，綱紀亂於寵倖。願陛下禁之於親貴，則天下隨風矣；制之於寵倖，則天下法明矣。《詩》曰：刑于寡妻，至于兄弟，以御于家邦。若親貴爲之而不禁，寵倖撓之而見從，是政之不常，令之不一，則姦詐斯起，暴亂生焉。雖嚴刑峻制，朝施暮戮，而法不行矣。縱陛下親之愛之，莫若安之福之。寵禄之過，罪之漸也，非安之也；驕奢之淫，危之本也，非福之也。

前事不忘，後之師也，伏願陛下精求俊哲，朝夕納誨，縱有逆于耳、謬于心者，無速之罰，姑籌之以道，省于厥躬。雖木樸忌忤，願恕之以直，開諫諍之路也。或有順於耳、便於身者，無急之賞，當求諸非道，稽之典訓。其不協於德，必置之以法，用杜側媚之行也。有羞淫巧於陛下者，遽黜之，則淫巧息矣；有進忠讜於陛下者，遽賞之，則忠讜進矣。

臣又聞生於富者驕，生於貴者傲。百碏曰：臣聞愛子，教之以義方，不納於邪，驕奢淫逸，所自邪也。《書》曰：罔淫於逸，罔遊於樂。穆王有命，實賴前後左右有位之士，繩愆糾謬，格其非心。今儲宮肇建，王府初啓，至於僚友，必惟妙擇。今驕奢之後，流波未變；慢遊之樂，餘風或存。夫小人倖臣，易合於意；奇伎淫巧，多適於心。臣恐狎於非德，茲爲愈怠。《書》曰：慎簡乃僚，無以巧言令色，其惟吉士。僕臣正，厥后克正；僕臣諛，厥后自聖。伏願採温良博聞之士，恭儉忠鯁之人，任以東宮及諸王府官，仍請東宮量署拾遺、補闕之職。令朝夕講論，出入侍從，授以訓誥，交修不迨。

臣又聞馳騁畋獵，令人發狂。名教之中，自有樂地。承前貴戚，鮮克由禮。或打毬擊鼓，比周伎術；或飛鷹奔犬，盤遊藪澤。此甚爲不道，非進德修業之本也。《書》曰：内作色荒，外作禽荒。又曰：無若丹朱傲，惟慢遊是好。朋淫于家，用殄厥世。伏惟陛下誕降謀訓，敦勸學業，示之以好惡，陳之以成敗，以義制事，以禮制心，圖之於未有，則福禄長享，與國並休矣。

臣又聞富不與驕期而驕自至，驕不與罪期而罪自至，罪不與死期而死自至。信矣斯語，明哉至誡。頃韋庶人、安樂公主、武延秀等可謂貴矣，可謂寵矣！權侔人主，威震天下。然怙侈滅德，神怒人棄。豈不謂愛之太極，富之太多，不節之以禮，不防之以法。終轉吉爲凶，變福爲禍。諺曰：千人所指，無病自死。不其然歟？《書》曰：殷鑒不遠，在彼夏王。今陛下何勸，豈非皇祖謀訓之則也；今陛下何懲，豈非孝和寵任之甚也。《禮》曰：愛而知其惡，憎而知其善。可不慎哉！夫寵愛之心則不免，去其太甚，閑之禮節，適則可矣。今諸王、公主、駙馬，亦陛下之所親愛也。矯枉之道，在於厥初；鑒誡之義，其取不遠。使觀過務善，居寵思危，庶夙夜惟寅，聿修厥德。《經》曰：在上不驕，高而不危，所以長守貴也；制節謹度，滿而不溢，所以長守富也。富貴不離其身，然後能保其社稷。《書》曰：制于官刑，警于有位。敢有常舞于宫，酣歌于室，時謂巫風；敢有徇于貨色，常于遊畋，時謂淫風；敢有侮聖言，逆忠直，遠耆德，比頑童，時謂亂風。惟茲三風十愆，卿士有一于身，家必喪；邦君有一于身，國必亡。甚可畏也，甚可懼也！伏惟陛下必察而明之，必信而勸之。有奢僭驕怠者削其禄封，樸素修業者錫以紳服，以勗其非心，使其奉命，無使久而忽之，無使遠而墜之。

臣聞非知之艱，行之惟艱。又曰：常厥德，保厥位，厥德匪常，九有以亡。伏惟陛下慎之哉！前車之覆，實惟明證；先王之誡，可以終吉。若陛下奉尹伊之訓，崇傅説之命，不作無益，不啓私門，刑不差，賞不濫，則惟德是輔，惟人之懷，天禄永終，景福是集。儻陛下忘精一之德，開恩倖之門，爵賞有差，刑罰不當，則忠臣正士，亦不復談矣。

《舊唐書》卷八八《韋嗣立傳》 時學校頽廢，刑法濫酷，嗣立上疏諫曰：

臣聞古先哲王立學官，掌教國子以六德、六行、六藝，三教備而人道畢矣。《禮記》曰：化人成俗，必由學乎。學之於人，其用蓋博。故立太學以教於國，設庠序以化於邑，王之諸子、卿大夫士之子及國之俊選皆造焉。八歲入小學，十五入太學，春秋教以《禮》《樂》，冬夏教以《詩》《書》。是以教洽而化流，行成而不悖。自天子以至於庶人，未有不須學而成者也。

國家自永淳已來，二十餘載，國學廢散，胄子衰缺，時輕儒學之官，莫存章句之選。貴門後進，競以僥倖昇班；寒族常流，復因凌替馳業。考試之際，秀茂罕登，驅之臨人，何以從政？又垂拱之後，文明在辰，盛典鴻休，日書月至，因藉際會，入仕尤多。加以讒邪兇黨來俊臣之屬，妄執威權，恣行枉陷，正直之伍，死亡爲憂，道路以目，人無固志，罕有執不撓之懷，殉至公之節，偷安苟免，聊以卒歲。遂使綱領不振，請託公行，選舉之曹，彌長渝濫。隨班少經術之士，攝職多庸瑣之才，徒以猛暴相誇，罕能清惠自勗。使海內黔首，騷然不安，州縣官僚，貪鄙未息，而望事必循理，俗致康寧，不可得也。

陛下誠能下明制，發德音，廣開庠序，大敦學校，三館生徒，即令追集。王公已下子弟，不容别求仕進，皆入國學，服膺訓典。崇飾館廟，尊尚儒師，盛陳奠菜之儀，宏敷講説之會，使士庶觀聽，有所發揚，弘獎道德，於是乎在，則四海之内，靡然向風，延頸舉足，咸知所向。然後審持衡鏡，妙擇良能，以之臨人，寄之調俗，則官無侵暴之政，人有安樂之心，居人則相與樂業，百姓則皆戀桑梓，豈復憂其逃散而貧窶哉！今天下戶口，亡逃過半，租調既減，國用不足。理人之急，尤切於茲。故知務學之源，豈唯潤身進德而已，將以誨人利國，可不務之哉！

臣聞堯、舜之日，畫其衣冠；文、景之時，幾致刑措。歷茲千載，以爲美談。臣伏惟陛下叡哲欽明，窮神知化，自軒、昊已降，莫之與京。獨有往之論法，或未盡善，皆由主司姦兇，惑亂視聽。尋而陛下聖察，具詳之矣，然竟未能顯其本源，明其前事，令天下萬姓識陛下本心，尚使四海多銜冤之人，九泉有抱痛之鬼。臣誠愚暗，不識大綱，請爲陛下始末而言其事。

揚，豫之後，刑獄漸興，用法之伍，務於窮竟，連坐相牽，數年不絶。遂使巨姦大猾，伺隙乘間，内苞豺狼之心，外示鷹鸇之跡，陰圖潛結，共相影會，構似是之言，成不赦之罪。皆深爲巧詆，恣行楚毒，人不勝痛，便乞自誣，公卿士庶，連頸受戮。道路籍籍，雖知非辜，而鍛鍊已成，辯占皆合。縱臯陶爲理，于公定刑，則謂汙宫毀柩，猶未塞責。雖陛下仁慈哀念，恤獄緩死，及覽辭狀，便已周密，皆謂勘鞫得情，是其實犯，雖欲寬捨，其如法何？於是小乃身誅，大則族滅，相緣共坐者，不可勝言。此豈宿構讎嫌，將申報復，皆圖苟成功劾，自求官賞。當時稱傳，謂爲羅織。其中陷刑得罪者，雖有敏識通材，被告言者便遭枉抑，心徒痛其冤酷，口莫能以自明。或受誅夷，或遭竄殛，並甘心引分，赴之如歸。故知弄法徒文，傷人實甚。賴陛下特迴聖察，昭然詳究。周興、丘勣之類，弘義、俊臣之徒，皆相次伏誅，事暴遐邇，而朝野慶泰，若再覩陽和。

且如仁傑、元忠，俱罹枉陷，被勘鞫之際，亦皆已自誣。向非陛下至明，垂以省察，則葅醢之戮，已及其身，欲望輸忠聖代，安可復得！陛下擢而升之，各爲良輔，國之棟幹，稱此二人。何乃前非而後是哉？誠由枉陷與甄明爾。但恐往之得罪者多並此流，則向時之冤者其數甚衆。昔殺一孝婦，尚或降災，而濫者蓋多，寧無怨氣！怨氣上達則水旱所興，欲望歲登，不可得也。

倘陛下弘天地之大德，施雷雨之深仁，歸罪於削刻之徒，降恩於枉濫之伍。自垂拱已來，大辟罪已下，常赦所不原者，罪無輕重，一皆原洗，被以昭蘇。伏法之輩，追還官爵，緣累之徒，普霑恩造。如此則天下知比所陷罪，元非陛下之意，咸是虐吏之辜。幽明歡欣，則感通和氣；和氣下降，則風雨以時；風雨以時，則五穀豐稔；歲既稔矣，人亦安矣，太平之美，亦何遠哉！伏願陛下深察。

《舊唐書》卷一〇〇《王志愔傳》 〔志愔〕尋遷大理正，嘗奏言：法令者，人之隄防，隄防不正，則人無禁。竊見大理官僚，多不奉法，以縱罪爲寬恕，以守文爲苛刻。臣濫執刑典，實恐爲衆所謗遂表上所著《應正論》以見志，其詞曰：

嘗讀《易》至萃，利見大人，亨，聚以正也。六二，引吉无咎。注曰：居萃之時，體柔當位。處坤之中，已獨處正。異操而聚，獨正者危，未能變體，以遠於害。故必見引，然後乃吉而无咎。王肅曰：六二與九五相應，俱履貞正。引由迎也，爲吉所迎，何咎之有？未嘗不輟書而歎曰：居中履正，事之常體，見引无咎，道亦宜然。

有客聞而感之，因謂僕曰：今主上文明，域中理定，君累司典憲，不務和同。處正之志雖存，見引之吉誰應？行之不已，余竊懼焉。

僕斂襟降階揖而謝曰：補遺闕於袞職，用忠讜爲己任，以蒙養正，見引穫吉，應此道也，仁何遠哉！昔咎繇謨虞，登朝作士，設教理物，開訓成務。是以五流有宅，五宅三居，怙終賊刑，刑故無小。於是舜美其事曰：汝明於五刑，以弼五教，期于予理，刑期于無刑，人協于中，時乃功，懋哉！故孔子歎其政曰：舜舉咎繇，不仁者遠。此非明辟執法，大人見引之應乎？季孫行父之事君也，舉竊寶之愆，黜授邑之賞，明善惡而糾慝，議僭賞以塞違。在虞舜之功，居二十之一，主司得行其道，時君不以爲嫌，此非己獨處正，應正而無咎。矢漁於棠，臧伯正色；賂鼎在廟，哀伯抗詞。言者得盡其忠，聞之不加其罪。故《春秋》稱臧氏之正，曰：積善之家，必有餘慶。此非異操而聚，引吉之所致乎？魏絳理直，晉侯乃復其位；邾人辭順，趙盾不伐其國。此非正體未變，爲吉所迎者乎？

夫在上垂拱，臣下守制，若正應乎上，乃引吉於下。而中士聞道，若存若亡，交戰於譎正之門，懷疑乎語默之境，懼獨正之莫引，忘此正之必亨。吁嗟乎！行己立身，居正踐義，其動也直，其正也方。維正直而是與，何往而非攸利。何以明之？《坤》六二：直方大，不習無不利。《文言》曰：直其正也，方其義也，君子敬以直內，義以方外。敬義立而德不孤，直方大則不疑其所行也。稽康撰《釋私論》，曹羲著《至公論》，皆以崇公激俗，抑私事主，一言可蔽之，歸於體正而已矣。《禮記》曰：刑者侀也，侀者成也，一成而不可變，故君子盡心焉。若以喜怒制刑，輕重設比，是則橋前驚馬，用希旨論人，苑中獵兔，以從欲廢法。理有違而合道，物貴和而不同，不同之和，正在其中矣。

昔任延爲武威太守，漢帝誡之曰：善事上官，無失名譽。延對曰：臣聞忠臣不私，私臣不忠，上下雷同，非國家之福。善事上官，臣不敢奉詔。任延雅奏，漢主是其言。此則歸正不回，乖旨順義，不以忤懷見忌，斯亦違而合道。《晏子春秋》：景公見梁丘據曰：據與我和。晏子曰：此同也。和者，君甘則臣酸，君淡則臣醎。今據也，君甘亦甘，所謂同也，安得爲和？是以濟鹽梅以調羹，乃適平心之味；獻可否而論道，方恢政體之節，俟引正而遵度，故曰物貴和而不同。劉曼山辯和同之義，有旨哉！若以不同見譏，未敢聞誨。

客曰：和同乖訓，則已聞之。援法成而不變者，豈恤獄之寬憲耶？《書》曰：御衆以寬。《傳》曰：寬則得衆。若以嚴統物，異乎寬政矣。

對曰：刑賞二柄，唯人主操之，崇厚任寬，是謂帝王之德。慎子曰：以力役法者，百姓也；以死守法者，有司也；以道變法者，君上也。然則匪人臣之所操。後魏游肇之爲廷尉也，魏帝嘗私敕肇有所降恕，肇執而不從曰：陛下自能恕之，豈足令臣曲筆也？是知寬恕是君道，曲從非臣節。人或未達斯旨，不料其務，以平刑爲峻，將曲法爲寬，謹守憲章，號爲深密。《內律》：釋種虧戒，一誅五百人，如來不救其罪。豈謂佛法爲殘刻耶？老子《道德經》云：天網恢恢，疏而不漏。豈謂道教爲凝峻耶？《家語》曰：王者之誅有五，而竊盜不預焉。即心辯言僞之流。《禮記》亦陳四殺，破律亂名之謂。豈是儒家執禁，孔子之深文哉？此三教之用法者，所以明真諦，重玄猷，存天綱，立人極也。

然則乾象震曜，天道明威。齊衆惟刑，百王所以垂範；折人以法，三后於是成功。所務掌憲決平，斯廷尉之職耳。《易》曰：家人嗃嗃，无咎；婦子嘻嘻，終吝。嚴於其家，可移於國。昔崔寔達於理而作《政論》，仲長統曰：凡爲人主宜寫《政論》一通，置諸坐側。其大抵云爲國者以嚴致平，非以寬致平者也。然則稱嚴者不必踰條越制，凝網重罰，在於施隱括以矯枉，用平典以禁非。刑故有常，罰輕無捨，人不易犯，防之難越故也。但人慢吏濁，僞積贓深，而曰以寬理之，可以無過。何異乎命王良御騑，捨銜策於奔踶；請俞跗攻疾，停藥石於膏腠！適見秋駕轉逸，膏肓更深，醫人僕夫，何功之有？又謂僕曰：成法而變，唯帝王之命歟？對曰：何爲其然也？昔漢武帝甥昭平君殺人，以公主子，廷尉上請論。左右爲言，武帝垂涕歎曰：法令者，先帝之所造也，用親故誣先帝之法，吾何面目入高廟乎？又下負萬人！乃可其奏。近代隨文帝子秦王俊爲并州總管，以奢縱免官。僕射楊素奏言：王，陛下愛子，請捨其過。文帝曰：法不可違。若如公意，我是五兒之父，非兆人之父，何不別制天子兒律乎？我安能虧法！卒不許。此是帝王操法，協於禮經不變之義。況於秋官典職，司寇肅事，而可變動者乎！我皇睿哲登扆，高視嚴廊之上；宰衡明允就列，輯穆廟堂之下。乾坤交泰，日月光華，庶績其疑，衆工咸理。聚以正也，僕幸利見大人；引其吉焉，期養正於下位。中正是託，子何懼乎？

夫君子百行之基，出處二途而已。出則策名委質，行直道以事人，進善納忠，仰太階而緝攻。諤諤其節，思爲社稷之臣；謇謇匪躬，願参柱石之任。處則高謝公卿，孝友揚名，是亦爲政。烟霞尚志，其用永貞，行藏事業，心迹斯在。至如水中泛泛，天下悠悠，執馭爲榮，掃門自媚，拜塵邀勢，括囊守禄，從來長息，以爲深恥。

客乃逡巡不對，遂無以問僕也。

《舊唐書》卷一九〇上《文苑傳上・謝偃》　偃又獻《惟皇誡德賦》以申諷，曰：

臣聞理忘亂，安忘危，逸忘勞，得忘失，此四者，人君莫不皆然。是以夏桀以瑤臺璇室爲麗，而不悟鳴條南巢之禍；殷辛以象箸玉杯爲華，而不知牧野白旗之敗。故當其盛也，謂四海爲己力；及其衰焉，乃匹夫之不制。當其信也，謂天下爲無危；及其疑也，則顧盼皆讎敵。是知必有其德，則誠結戎夷，化行荒裔；苟失其度，則變生骨肉，釁起腹心矣。是以爲人主者，不可忘初。處殿堂，則思前主之所以亡；朝萬國，則思今己之所以貴；巡府庫，則思今己之所以得；視功臣，則思其爲己之始；見名將，則思其用力之初。苟非忘舊，則人無易心，何患乎天下之不化。故旦行之則爲堯、舜，暮失之則爲桀、紂，豈異人哉！其詞曰：

周墳籍以遐觀，總宇宙而一窺，結繩往而莫紀，書契崇而可知。惟皇王之迭代，信步驟之恆規，莫不慮失者常得，懷安者必危。是以戰戰慄慄，日慎一日，守約守儉，去奢去逸。外無荒禽，內無荒色，唯賢是授，唯人斯恤。則三皇不足六，五帝不足十。若夫恃聖驕力，狠戾倔強，忠良是棄，諂佞斯獎。搆崇臺以造天，穿深池以絶壤。厚賦重斂，積寶藏鏹，無罪加刑，有功不賞。則夏桀可二，殷辛易兩。在危所恃，居安勿忘。功臣無逐，故人無放，放故者亡，逐功者喪。四海岌岌，九土漫漫，覆之甚易，存之實難。是以一人有悦，萬國同歡；一人失所，兆庶俱殘。喜則隆冬可熱，怒則盛夏成寒，一動而八表亂，一言而天下安。舉君過者曰忠，述主美者爲佞，苟承顔以順旨，必蔽視而稱聖。故使曲者亂直，邪者疑正，改華服以就胡，變雅音而入鄭，雖往古之軌躅，亦當今之龜鏡。崔嵬龍殿，赫奕鳳門，苞四海以稱主，冠天下而獨尊。既兄日而姊月，亦父乾而母坤。視則金翠溢目，聽則絲竹盈耳。信賞罰之在躬，實榮辱之由己，語羲皇而易匹，言堯、舜之可擬。驕志自此而生，侈心因茲而起。常懼覆而懼亡，必思足而思止；勿忘潛龍之初，當懷布衣之始。在位稱寶，居器曰神，鐘鼓庭設，玉帛階陳。得必有兆，失必有因，一替一立，或周或秦。既承前代，當思後人，唯德可以久，天道無常親。

《舊唐書》卷一九〇上《文苑傳上・張藴古》　太宗初即位，上《大寶箴》以諷，其詞曰：

今來古往，俯察仰觀，惟辟作福，爲君實難。主普天之下，處王公之上，任土貢其所求，具僚和其所唱。是故兢懼之心日弛，邪僻之情轉放，豈知事起乎所忽，禍生乎無妄。固以聖人受命，拯溺亨屯，歸過於己，推恩於民。大明無偏照，至公無私親，故以一人治天下，不以天下奉一人。禮以禁其奢，樂以防其佚。左言而右事，出警而入蹕。四時同其慘舒，三光同其得失。故身爲之度，而聲爲之律。勿謂無知，居高聽卑；勿謂何害，積小成大。樂不可極，極樂生哀；欲不可縱，縱欲成災。壯九重於內，所居不過容膝，彼昏不知，瑤其臺而瓊其室。羅八品於前，所食不過適口，唯狂罔念，丘其糟而池其酒。勿內荒於色，勿外荒於禽，勿貴難得之貨，勿聽亡國之音。內荒伐人性，外荒蕩人心，難得之貨侈，亡國之聲淫。勿謂我尊而傲賢侮士，勿謂我智而拒諫矜己。聞之夏王，據饋頻起；亦有魏帝，牽裾不止。安彼反側，如春陽秋露，巍巍蕩蕩，恢漢高大度；撫茲庶事，如履薄臨深，戰戰慄慄，用周文小心。

《詩》云不識不知，《書》曰無偏無黨。一彼此於胸臆，捐好惡於心想。衆棄而後加刑，衆悦而後命賞。弱其強而治其亂，申其屈而直其枉。故曰：如衡如石，不定物以數，物之懸者，輕重自具；如水如鏡，不示物以情，物之鑒者，妍媸自生。勿渾渾而濁，勿皎皎而清，勿没没而闇，勿察察而明。雖冕旒蔽目而視於未形，雖黈纊塞耳而聽於無聲。縱心乎湛然之域，遊神於至道之精。扣之者應洪纖而効響，酌之者隨深淺而皆盈。故曰：天之清，地之寧，王之貞。四時不言而代序，萬物無爲而受成，豈知帝有其力，而天下和平。吾王撥亂，戡以智力，民懼其威，未懷其德。我皇撫運，扇以淳風，民懷其始，未保其終。爰述金鏡，窮神盡聖，使人以心，應言以行。包括治體，抑揚詞令，天下爲公，一人有慶。開羅起祝，援琴命詩，一日二日，念茲在茲。唯人所召，自天祐之。爭臣司直，敢告前疑。

（唐）吴兢《貞觀政要》卷一《論君道》〔貞觀十一年正月〕魏徵

又上疏曰：臣聞求木之長者，必固其根本；欲流之遠者，必浚其泉源；思國之安者，必積其德義。源不深而望流之遠，根不固而求木之長，德不厚而思國之理，臣雖下愚，知其不可，而況於明哲乎！人君當神器之重，神器，帝位也。居域中之大，《老子》曰：域中有四大，道大、天大、地大、王亦大。將崇極天之峻，永保無疆之休。不念居安思危，戒奢以儉，德不處其厚，情不勝其欲，斯亦伐根以求木茂，塞源而欲流長者也。凡百元首，《虞書》曰：元首明哉。所以喻君也。承天景命，莫不殷憂而道著，殷憂，憂之盛也。功成而德衰。有善始者實繁，能克終者蓋寡，豈取之易而守之難乎？昔取之而有餘，今守之而不足，何也？夫在殷憂，必竭誠以待下；既得志，則縱情以傲物。竭誠則胡越爲一體，胡越者極南北之間。言至異可同也。傲物則骨肉爲行路。言至親反疏也。雖董之以嚴刑，董，督也。《虞書》曰董之用威。震之以威怒，終苟免而不懷仁，貌恭而不心服。怨不在大，可畏惟人，載舟覆舟，所宜深慎，《家語》曰：君者舟也，庶人者水也。水所以載舟，亦所以覆舟也。奔車朽索，其可忽乎！朽，許九切。索，蘇各切。《夏書》曰：予臨兆民，凜乎若朽索之御六馬，喻危懼可畏之甚。奔車朽索，亦此意也。君人者，誠能見可欲，則思知足以自戒；將有作，則思知止以安人；念高危，則思謙沖而自牧；懼滿溢，則思江海下百川；樂盤遊，則思三驅以爲度；樂，音洛。後同盤遊，畋獵也。《夏書》曰：不敢盤于遊田。三驅者，圍合其三面，前開一路，使之可去，不忍盡物，好生之仁也。《易》比卦六五，王用三驅失前禽，蓋猶成湯祝網之義。憂懈怠，則思慎始而敬終；慮壅蔽，則思虚心以納下；想讒邪，則思正身以黜惡；恩所加，則思無因喜以謬賞；罰所及，則思無因怒而濫刑。總此十思，弘茲九德，《虞書·皋陶》曰：亦行有九德，寬而栗，柔而立，愿而恭，亂而敬，擾而毅，直而温，簡而廉，剛而塞，彊而義。言人之德見於行者允九。蓋知人之事也。簡能而任之，擇善而從之，則智者盡其謀，勇者竭其力，仁者播其惠，信者効其忠。文武爭馳，君臣無事，可以盡豫遊之樂，《孟子》曰：一遊一豫，爲諸侯度。豫樂，遊巡也。言王者一遊一豫，皆有惠及民而諸侯所取法，不敢慢遊以病民也。可以養松、喬之壽，赤松、王喬，皆古仙人之有壽者。鳴琴垂拱，不言而化。《家語》曰：舜彈五絃之琴，造南風之詩。垂拱者，垂衣拱手，無爲而治也。何必勞神苦思，代下司職，役聰明之耳目，虧無爲之大道哉！按《通鑑》係十一年四月，魏徵上。

《新五代史》卷五一《范延光傳》 嗚呼，甚哉，人性之慎於習也！故聖人於仁義深矣，其爲教也，勤而不怠，緩而不迫，欲民漸習而自趨之，至於久而安以成俗也。然民之無知，習見善則安於爲善，習見惡則安於爲惡。五代之亂，其來遠矣。自唐之衰，干戈饑饉，父不得育其子，子不得養其親。其始也，骨肉不能相保，蓋出於不幸，因之禮義日以廢，恩愛日以薄，其習久而遂以大壞，至於父子之間，自相賊害。五代之際，其禍害不可勝道也。夫人情莫不共知愛其親，莫不共知惡於不孝，然彥珣彎弓射其母，高祖從而赦之，非徒彥珣不自知爲大惡，而高祖亦安焉不以爲怪也，豈非積習之久而至於是歟！《語》曰：性相近，習相遠。至其極也，使人心不若禽獸，可不哀哉！若彥珣之惡，而恬然不以爲怪，則晉出帝之絶其父，宜其舉世不知爲非也。

（宋）李燾《續資治通鑑長編》卷三六四《宋哲宗元祐元年》　侍御史劉摯言：

臣竊以聖人之治雖一道，道無敝，而道之寓於刑名法數者，必有偏而不起，眊而不行者，聖人因時而變。變則通，通則久，以盡天下之利，此五帝之所以異制，而三王之所以不同禮也。國家承唐末五代熟爛之後，祖宗創制造法，趣時之宜，順事之變，雖聖聖相繼，而其法令日增歲損，或舉或廢，未嘗同也。至於寧民適治，所謂道之亡敝者，則未嘗異也。神宗以仁聖之慮，達因革之數，凡政令制度，急絃慢軫，大解而更張之，故天下蒙其利。然至於今，殆二十年，所謂偏而不起，眊而不行者，蓋復有之矣。其事則非一，而其大者則役法是也。於法之敝，相爲首尾而牽連當更者，則坊場、吏禄是也。始者以繇役不得其平，農民勞費，故命有司議所以均弛之。而有司不深惟其故，乃一剗祖宗差役舊敕，爲官自雇人之法，率戶賦錢以充雇直，曰助役，又曰免役。自上戶至於下五等，從來無預差役之家，一概斂之，蓋於賦税科調百索、買納求取之外，又生此重斂。歲歲輪納，無有窮期。古人有言，平地無銅鑛，農家無錢鑪，今所輸必用錢，而地土所出，惟是帛絲穀粟。幸歲豐收成，而州縣逼迫，不免賤價售之，無以養其私；若歲凶，則破易資産，或以倍稱之息，舉債於兼并以應期限。更無減放之法，州縣上戶常少，中、下戶常多，自法行以來，簿籍不改，務欲敷配錢數，故所在臨時肆意升補，下戶入中，中戶入上。今天下往往中、上戶多而下等戶少，富縣大鄉，上戶所納役錢，歲有至數百緡者，又有至千緡者，每歲輪納無已，至貧竭而後有裁減之期。舊來鄉縣差役，循環相代，上等大役，至速者十於年而一及之，若下役則動須三、二年乃復一差，雖有勞費，比今日歲被重斂之害，孰爲多少也。今天下錢日益重，貨日益輕，民日益困矣，若之何坐視而不卹哉！然則前日有司立法，非有意於寬役利民，正在聚斂刻剝，捐下益上，爲國取謗，大失朝廷惠綏生靈本意。臣竊見繇役，昔者有至破産而民憚爲之者，惟衙前一役爾。今天下坊場，官司收入自行出賣，歲得緡錢無慮數百萬，以爲衙前雇募支酬之直。計一歲之入，爲一歲之出，蓋優有餘裕，則衙前一重役，無所事於農民矣。農民既除此一重役，外惟有散從、承符、弓手、手力、耆戶長、壯丁之類。此役無大勞費，宜並用祖宗差法，自第一等而下通任之，比於舊制，繇役輕矣。治於人者事人，古今之通義，則安用給錢爲哉？【略】

吏禄之法，天下吏人，舊制諸路及州縣法各不同，有鄉戶差充者，有投名雜用者，入仕之後，既以案司之優重，迭相出入爲酬折，又積累歲月，有出職之望，行之久遠，人自以爲便。比時有司見禮經有庶人在官之禄，遂假其説，資以掊民。殊不知三代已遠，其事不可行於今日者多矣。夫庶人在官之禄，雖有其文，而其法與數不可見其詳，乃鑿空造端，概斂民錢，給爲吏禄，不重之則不足以募，不輕之則不足以給。今内外之吏，除重法人外，其他每月所給無幾，於利固未足以有濟，而官給所積，天下蓋已不貲，無故竭民財而爲此，是誠何爲哉！至於所謂重禄以行倉法，尤非義理。夫一錢以上以徒坐之，謂之嚴刑可也，遂以謂吏懼而不受財，則臣不敢知也。今主議者曰：禁既嚴則吏必畏，故令下以來犯者少。臣以謂非犯者少也，敗者少也；非敗者少也，正其罪者少也。網之密，則與者、取者藏聲匿跡，亦將避之工也，故曰敗者少也。一錢坐徒，誰則忍之？誰敢易之？故苟有敗者，若稍涉疑晦，及自非有告人當賞，則官司往往遷就平反，釋重入輕；若外路則雖使者亦或諭意州縣，使之如此，亦人之情也，故曰正其罪者少也。借使犯者皆敗，敗者皆正其罪，固亦先王制刑之所無，而聖人所當矜恤也。吏受賕，於律自有刑名，而曲法者一疋以上至徒，則刑亦爲不輕矣。今變先王之刑而重之，又多賦吏禄以買法之行，無謂也。臣愚欲乞除熙寧以前舊法有禄公人並依舊外，應新法所創及增給吏禄，並行減罷。臣愚誠不知忌諱，今衙前之役，則待之以坊場價錢；弓手等役，則均之以祖宗差法。吏禄非舊法所給，則皆罷去，應役人縻費私役之類，則禁之以熙寧新法。苟如是也，則所謂免役錢者，於是可以一切蠲除矣。或謂免役錢籍於常平，固非獨以待募役也，縣官他費，多有賴乎此，則未可以利害論也。臣以謂役錢領於司農，非有特敕，未嘗以給常費，今罷去無損於國用。況祖宗以來，至於役法未改，役錢未斂以百餘年間，不知何以爲國也，亦曰用之有節，取之有道矣。

今天下百姓，疲筋骨，忍飢寒，冒鞭笞，終歲急急爲公家納錢爾。不幸連年有災荒之變，實恐窮苦之人，流亡轉徙爲溝中瘠，而强梁者賒死忍命，不得爲陛下之良民矣。然則役錢乃生民性命，天下安危之所繫，奈何以爲不刊之令哉！古者藏富於民，誠令百姓賦税之外，有以自養，則其贏餘乃國之外府，緩急取之而已。無事之時，坐困竭之，非計也。臣故以謂役錢宜一切罷之。役錢罷，則提舉常平官司亦可罷去，以見存職事，付之轉運司足矣。天下既減罷監司數十人，則州縣稍得從容，上下省事，非小補也。雖然，此大法也，顧臣之言蓋其略耳，至於法之纖悉，或參差牴牾，宜有畫一之論。欲乞於兩制臣僚，選差明於治體、達於民事者三兩員，置局講義，裁立條格，而三省執政官典領之，以待聖斷施行。

《金史》卷一〇五《程寀傳》 又曰：古者天子皆有巡狩，無非事者。或省察風俗，或審理冤獄，或問民疾苦，以布宣德澤，皆巡狩之名也。國家肇興，誠恐郡國新民，逐末棄本，習舊染之汙，奢侈詐僞，或有不明之獄，僭濫之刑，或力役無時，四民失業。今鑾輅省方，將憲古行事，臣願天心洞照，委之長貳，釐正風俗，或置匭匣，以申冤枉，或遣使郡國，問民無告，皆古巡狩之事。昔漢昭帝問疾苦，光武求民瘼，如此則和氣通，天下丕平可坐而待也。

《元史》卷一五七《劉秉忠傳》 典章、禮樂、法度、三綱五常之教，備於堯、舜，三王因之，五霸敗之。漢興以來，至于五代，一千三百餘年，由此道者，漢文、景，光武，唐太宗、玄宗五君，而玄宗不無疵也。然治亂之道，係乎天而由乎人。天生成吉思皇帝，起一旅，降諸國，不數年而取天下。勤勞憂苦，遺大寶於子孫，庶傳萬祀，永保無疆之福。

愚聞之曰以馬上取天下，不可以馬上治。昔武王，兄也；周公，弟也。周公思天下善事，夜以繼日，每得一事，坐以待旦，以匡周室，以保周天下八百餘年，周公之力也。君上，兄也；大王，弟也。思周公之故事而行之，在乎今日。千載一時，不可失也。

君之所任，在内莫大乎相，相以領百官，化萬民；在外莫大乎將，將以統三軍，安四域。内外相濟，國之急務，必先之也。然天下之大，非一人之可及；萬事之細，非一心之可察。當擇開國功臣之子孫，分爲京府州郡監守，督責舊官，以遵王法；仍差按察官守，治者升，否者黜。天下不勞力而定也。

天下户過百萬，自忽都那演斷事之後，差徭甚大，加以軍馬調發，使臣煩擾，官吏乞取，民不能當，是以逃竄。宜比舊減半，或三分去一，就見在之民以定差税，招逃者復業，再行定奪。官無定次，清潔者無以遷，汚濫者無以降。可比附古例，定百官爵禄儀仗，使家足身貴。有犯於民，設條定罪。威福者君之權，奉命者臣之職。今百官自行威福，進退生殺惟意之從，宜從禁治。

天下之民未聞教化，見在囚人宜從赦免，明施教令，使之知畏，則犯者自少也。教令既設，則不宜繁，因大朝舊例，增益民間所宜設者十數條足矣。教令既施，罪不至死者皆提察然後決，犯死刑者覆奏然後聽斷，不致刑及無辜。

天子以天下爲家，兆民爲子，國不足，取於民，民不足，取於國，相須如魚水。有國家者，置府庫，設倉廩，亦爲助民；民有身者，營産業，闢田野，亦爲資國用也。今宜打算官民所欠債負，若實爲應當差發所借，宜依合罕皇帝聖旨，一本一利，官司歸還。凡陪償無名，虚契所負，及還過元本者，並行赦免。

納糧就遠倉，有一廢十者，宜從近倉以輸爲便。當驛路州城，飲食祗待偏重，宜計所費以準差發。關市津梁正税十五分取一，宜從舊制。禁横取，減税法，以利百姓。倉庫加耗甚重，宜令權量度均爲一法，使錙銖圭撮尺寸皆平，以存信去詐。珍貝金銀之所出，淘沙鍊石，實不易爲。一旦以繼絲縷，飾皮革，塗木石，粧器仗，取一時之華麗，廢爲塵而無濟，甚可惜也。宜從禁治。除帝胄功臣大官以下章服有制外，無職之人不得僭越。今地廣民微，賦斂繁重，民不聊生，何力耕耨以厚産業？宜差勸農官一員，率天下百姓務農桑，營産業，實國之大益。

古者庠序學校未嘗廢，今郡縣雖有學，並非官置。宜從舊制，修建三學，設教授，開選擇才，以經義爲上，詞賦論策次之，兼科舉之設，已奉合罕皇帝聖旨，因而言之，易行也。開設學校，宜擇開國功臣子孫受教，選達才任用之。

天下莫大於朝省，親民莫近於縣宰。雖朝省有法，縣宰宜擇，縣宰正，民自安矣。關西、河南地廣土沃，以軍馬之所出入，治而未豐。宜設官招撫，不數年民歸土闢，以資軍馬之用，實國之大事。移剌中丞拘榷鹽鐵諸産，商賈酒醋貨殖諸事，以定宣課，雖使從實恢辦，不足亦取於民，拖兑不辦，已不爲輕。奥魯合蠻奏請於舊額加倍榷之，往往科取民間。科榷並行，民無所措手足。宜從舊例辦榷，更或減輕，罷繁碎，止科徵，無從獻利之徒削民害國。鰥寡孤獨廢疾者，宜設孤老院，給衣糧以爲養。使臣到州郡，宜設舘，不得於官衙民家安下。

孔子爲百王師，立萬世法，今廟堂雖廢，存者尚多，宜令州郡祭祀，釋奠如舊儀。近代禮樂器具靡散，宜令刷會，徵太常舊人教引後學，使器備人存，漸以修之，實太平之基，王道之本。今天下廣遠，雖成吉思皇帝威福之致，亦天地神明陰所祐也。宜訪名儒，循舊禮，尊祭上下神祇，和天地之氣，順時序之行，使神享民依，德極於幽明，天下賴一人之慶。

見行遼曆，日月交食頗差，聞司天臺改成新曆，未見施行。宜因斯君卽位，頒曆改元。令京府州郡置更漏，使民知時。國滅史存，古之常道，宜撰修《金史》，令一代君臣事業不墜於後世，甚有勵也。

國家廣大如天，萬中取一，以養天下名士宿儒之無營運産業者，使不致困窮。或有營運産業者，會前聖旨，種養應輸差税，其餘大小雜泛並行蠲免，使自給養，實國家養才勵人之大也。明君用人，如大匠用材，隨其臣細長短，以施規矩繩墨。孔子曰：君子不可小知而可大受，小人不可大受而可小知。蓋君子所存者大，不能盡小人之事，或有一短；小人所拘者狹，不能同君之子量，或有一長。盡其才而用之，成功之道也。

君子不以言廢人，不以人廢言，大開言路，所以成天下、安兆民也。天地之大，日月之明，而或有所蔽。且蔽天之明者，雲霧也；蔽人之明者，私欲佞説也。常人有之，蔽一心也；人君有之，蔽天下也。常選左右諫臣，使諷諭於未形，忖畫於至密也。君子之心，一於理義，懷於忠良；小人之心，一於利欲，懷於讒佞。君子得位，有容於小人；小人得勢，必排於君子。明君在上，不可不辨也。孔子曰遠佞人，又曰惡利口之覆邦家者，此之謂也。

今言利者衆，非圖以利國害民，實欲殘民而自利也。宜將國中人民必用場治，付各路課税所，以定榷辦，其餘言利者並行罷去。古者明王不寶遠物，所寶惟賢，如使賢者在位，能者在職，此皆一人之睿知，賢王之輔成也。古者治世均民産業，自廢井田爲阡陌，後世因之不能復。今窮乏者益損，富盛者增加。宜禁行利之人勿恃官勢，居官在位者勿侵民利，商賈與民和好交易，不生擅奪欺罔之害，真國家之利也。

笞箠之制，宜會古酌今，均爲一法，使無敢過越。禁私置牢獄，淫民無辜，鞭背之刑宜禁治，以彰愛生之德。立朝省以統百官，分有司以御衆事，以至京府州郡親民之職無不備，紀綱正於上，法度行於下，是故天下不勞而治也。今新君卽位之後，可立朝省，以爲政本。其餘百官，不在員多，惟在得人焉耳。

《明史》卷一三九《葉伯巨傳》　臣觀當今之事，太過者三，分封太侈也，用刑太繁也，求治太速也。

先王之制，大都不過三國之一，上下等差，各有定分，所以强幹弱枝，遏亂源而崇治本耳。今裂土分封，使諸王各有分地，蓋懲宋、元孤立，宗室不競之弊。而秦、晉、燕、齊、梁、楚、吴、蜀諸國，無不連邑數十，城郭宫室亞於天子之都，優之以甲兵衛士之盛。臣恐數世之後，尾大不掉，然後削其地而奪之權，則必生觖望，甚者緣間而起，防之無及矣。議者曰，諸王皆天子骨肉，分地雖廣，立法雖侈，豈有抗衡之理？臣竊以爲不然。何不觀於漢、晉之事乎？孝景，高帝之孫也，七國諸王，皆景帝之同祖父兄弟子孫也，一削其地，則遽構兵西向。晉之諸王，皆武帝親子孫也，易世之後，迭相攻伐，遂成劉、石之患。由此言之，分封踰制，禍患立生，援古証今，昭昭然矣。此臣所以爲太過者也。昔賈誼勸漢文帝，盡分諸國之地，空置之以待諸王子孫。向使文帝早從誼言，則必無七國之禍。願及諸王未之國之先，節其都邑之制，減其衛兵，限其疆理，亦以待封諸王之子孫。此制一定，然後諸王有賢且才者入爲輔相。其餘世爲藩屏，與國同休。割一時之恩，制萬世之利，消天變而安社稷，莫先於此。

臣又觀歷代開國之君，未有不以任德結民心，以任刑失民心者。國祚長短，悉由於此。古者之斷死刑也，天子撤樂減膳，誠以天生斯民，立之司牧，固欲其並生，非欲其卽死。不幸有不率教者入於其中，則不得已而授之以刑耳。議者曰，宋、元中葉，專事姑息，賞罰無章，以致亡滅。主上痛懲其弊，故制不宥之刑，權神變之法，使人知懼而莫測其端也。臣又以爲不然。開基之主垂範百世，一動一静，必使子孫有所持守。況刑者，民之司命，可不慎歟！夫笞、杖、徒、流、死，今之五刑也。用此五刑，既無假貸，一出乎大公至正可也。而用刑之際，多裁自聖衷，遂使治獄之吏務趨求意旨，深刻者多功，平反者得罪，欲求治獄之平，豈易得哉！近者特旨，雜犯死罪免死充軍，又删定舊律諸則，減宥有差矣。然未聞有戒敕治獄者務從平恕之條，是以法司猶循故例。雖聞寬宥之名，未見寬宥之實。所謂實者，誠在主上，不在臣下也。故必有罪疑惟輕之意，而後好生之德洽於民心，此非可以淺淺期也。

何以明其然也。古之爲士者，以登仕爲榮，以罷職爲辱。今之爲士者，以溷跡無聞爲福，以受玷不録爲幸，以屯田工役爲必獲之罪，以鞭笞捶楚爲尋常之辱。其始也，朝廷取天下之士，網羅捃摭，務無餘逸，有司敦迫上道，如捕重囚。比到京師，而除官多以貌選，所學或非其所用，所用或非其所學。

洎乎居官，一有差跌，苟免誅戮，則必在屯田工役之科。率是爲常，不少顧惜，此豈陛下所樂爲哉？誠欲人之懼而不敢犯也。竊見數年以來，誅殺亦可謂不少矣，而犯者相踵。良由激勸不明，善惡無别，議賢議能之法既廢，人不自勵，而爲善者怠也。有人於此，廉如夷、齊，智如良、平，少戾於法，上將録長棄短而用之乎？將舍其所長，苛其所短而置之法乎？苟取其長而舍其短，則中庸之材爭自奮於廉智。倘苛其短而棄其長，則爲善之人皆曰某廉若是，某智若是，朝廷不少貸之，吾屬何所容其身乎！致使朝不謀夕，棄其廉恥，或事掊克，以備屯田工役之資者，率皆是也。若是非用刑之煩者乎？漢嘗徙大族於山陵矣，未聞實之以罪人也。今鳳陽皇陵所在，龍興之地，而率以罪人居之，怨嗟愁苦之聲充斥園邑，殆非所以恭承宗廟意也。

且夫强敵在前，則揚精鼓鋭，攻之必克，擒之必獲，可也。今賊突竄山谷，以計求之，庶或可得。顧勞重兵，彼方驚散，入不可蹤跡之地。捕之數年，既無其方，而乃歸咎於新附戶籍之細民，而遷徙之。騷動數千里之地，室家不得休居，雞犬不得寧息。況新附之衆，向者流移他所，朝廷許其復業。今附籍矣，而又復遷徙，是法不信於民也。夫戶口盛而後田野闢，賦税增。今責守令年增戶口，正爲是也。近者已納税糧之已起戶口，雖蒙憐恤，而猶見留開封祗候，訛言驚動，不知所出。況太原諸郡，外界邊境，民心如此，甚非安邊之計也。臣願自今朝廷宜存大體，赦小過，明詔天下，修舉八議之法，嚴禁深刻之吏。斷獄平允者超遷之，殘酷哀斂者罷黜之。鳳陽屯田之制，見在居屯者，聽其耕種起科。已起戶口，見留開封者，悉放復業。如此則足以隆好生之德，樹國祚長久之福，而兆民自安，天變自消矣。

昔者周自文、武至於成、康，而教化大行，漢自高帝至於文、景，而始稱富庶。蓋天下之治亂，氣化之轉移，人心之趨向，非一朝一夕故也。今國家紀元，九年於兹，偃兵息民，天下大定，紀綱大正，法令修明，可謂治矣。而陛下切切以民俗澆漓，人不知懼，法出而奸生，令下而詐起。故或朝信而暮猜者有之，昨日所進，今日被戮者有之。乃至令下而尋改，已赦而復收，天下臣民莫之適從。臣愚謂天下之趨於治，猶堅冰之泮也。冰之泮，非太陽所能驟致，陽氣發生，土脈微動，然後得以融釋。聖人之治天下，亦猶是也。刑以威之，禮以導之，漸民以仁，摩民以義，而後其化熙熙。孔子曰：如有王者，必世而後仁。此非空言也。

求治之道，莫先於正風俗。正風俗之道，莫先於守令知所務。使守令知所務，莫先於風憲知所重。使風憲知所重，莫先於朝廷知所尚。

古郡守縣令，以正率下，以善導民，使化成俗美。征賦期會獄訟簿書，固其末也。今之守令以戶口錢糧獄訟爲急務，至於農桑學校，王政之本，乃視爲虚文而置之，將何以教養斯民哉？以農桑言之，方春州縣下一白帖，里甲回申文狀而已，守令未嘗親視種藝次第、旱澇戒備之道也。以學校言之，廪膳諸生，國家資之以取人才之地也。今四方師生，缺員甚多，縱使具員，守令亦鮮有以禮讓之實，作其成器者。朝廷切切於社學，屢行取勘師生姓名，所習課業。乃今社鎮城郭，或但置立門牌，遠村僻處則又徒存其名，守令不過具文案，備照刷而已。上官分部按臨，亦但循習故常，依紙上照刷，未嘗巡行點視也。興廢之實，上下視爲虚文。小民不知孝弟忠信爲何物，而禮義廉恥掃地矣。風紀之司，所以代朝廷宜導德化，訪察善惡。聽訟讞獄，其一事耳。今專以獄訟爲要。忠臣孝子義夫節婦，視爲末節而不暇舉，所謂宣導風化者安在哉？其始但知以去一贓吏、決一獄訟爲治，而不知勸民成俗，使民遷善遠罪，乃治之大者。此守令風憲未審輕重之失也。

《王制》論鄉秀士升於司徒曰選士，司徒論其秀士而升於太學曰俊士，大樂正又論造士之秀升之司馬曰進士，司馬辨論官材，論定然後官之，任官然後爵之。其考之之詳若此，故成周得人爲盛。今使天下諸生考於禮部，升於太學，歷練衆職，任之以事，可以洗歷代舉選之陋，上法成周。然而升於太學者，或未數月，遽選入官，間或委以民社。臣恐其人未諳時務，未熟朝廷禮法，不能宣導德化，上乖國政，而下困黎民也。開國以來，選舉秀才不爲不多，所任名位不爲不重，自今數之，在者有幾？臣恐後之視今，亦猶今之視昔，昔年所舉之人，豈不深可痛惜乎！凡此皆臣所爲求治太速之過也。

昔者宋有天下蓋三百餘年。其始以禮義教其民，當其盛時，閭閻里巷皆有忠厚之風，至於恥言人之過失。洎乎末年，忠臣義士視死如歸，婦人女子羞被汚辱，此皆教化之效也。元之有國，其本不立，犯禮義之分，壞廉恥之防。不數十年，棄城降敵者不可勝數。雖老儒碩臣甘心屈辱，此禮義廉恥不振之弊。遺風流俗至今未革，深可怪也。臣謂莫若敦仁義，尚廉恥，守令則責其以農桑學校爲急，風憲則責其先教化、審法律，以平獄緩刑爲急。如此則德澤下流，求治之道庶幾得矣。郡邑諸生升於太學者，須令在學肄業，或三年，或五年，精通一經，兼習一藝，然後入選，或宿衛，或辦事，以觀公卿大夫之能，而後任之以政，則其學識兼懋，庶無敗事。且使知禄位皆天之禄位，而可以塞覬覦之心也。治道既得，陛下端拱穆清，待以歲月，則陰陽調而風雨時，諸福吉祥莫不畢至，尚何天變之不消哉？

（明）吕坤《鄉甲約》 鄉甲之約，良民分理于下，有司總理于上。提綱挈領，政教易行，日考月稽，奸弊自革。若掌印官視爲虛文，如醉如夢，則約正副以爲奇貨，通賄通情，是良法反爲弊政。鄉約保甲，果弊政乎！何不將《周官》法度一讀也。故得千良民不如得一賢守令。嗚呼！吾輩讀聖賢書，受民社寄，終日抗塵，走俗身教，既不倡先言教，又不修舉，上負朝廷，下慚士庶。子夜深思，寧不汗背，本院自媿庸劣，願與諸君子共勉之。

《新纂四六合律判語》卷上《户律・檢踏災傷田糧》 天地以生物爲心，不免流行之咎。仁者以愛人爲本，當存體恤之心。故《周官》以荒政聚萬民，用示國家之本。而從室因水旱減租税，特勤民瘼之詢。凡在有司，當懷民隱。今某不能視民如傷，惟圖適己自便，星言夙駕無聞税止桑用，旦暮坐曹徒爾。委蛇扮社，捕蝗東土以弭患。姚相國之德政，無聞作弼青州以濟民，宋富弼，封鄭國公。先時自樞密使被謗出，知青州，會河北歲凶流人就食者衆。弼葺公私廬舍散處，其人作粥食之，全活者數萬人。富鄭公之仁，恩安在？嘆室家之相弃，胡不顧焉？嗟溝壑之將填啜其泣矣，置諸國法以慰民情。

《皇朝通志》卷三六《禮畧》 臣等謹按：自古帝王經國治世之典，莫大於禮。禮也者，事神理人，班朝治軍，由仁孝誠敬之思，以達於盡倫盡制之實，治法所由大備也。自有虞氏命典三禮，成周始，有吉、凶、軍、賓、嘉五禮之目，漢唐以來，規制畧存，未臻大備，秉筆紀載者亦無。由上媲隆古之規洪，惟我皇朝聖聖相承，監古定制，典章鴻懿，超越萬代，皇上中和建極，兼綜條貫，自郊廟百神之祀，朝覲燕饗之儀，閱武訓戎之政，柔遠安藩之畧，以至慎終追遠之典，皆本聖神之極思創制。顯庸盡美盡善，其儀節之精詳，已載於《大清會典》。

（清）孫星衍《孔子集語》卷一〇《論政》 《大戴禮・千乘》。公曰：千乘之國，受命於天子，通其四疆，教其書社，循其灌廟，建其宗主，設其四佐，列其五官，處其朝市，爲仁如何？子曰：不仁國不化。公曰：何如之謂仁？子曰：不淫於色。子曰：立妃設如太廟然，乃中治，中治不相陵，不相陵斯庶嬪遂，遂則事上靜，靜斯潔信在中。朝大夫必慎以恭，出會謀事必敬以慎，言長幼小大必中度。此國家之所以崇也。立子設如宗社，宗社先示威，威明顯見，辨爵集德，是以母弟官子咸有臣志，莫敢援於外，大夫中婦私謁不行，此所以使五官治執事政也。夫政以教百姓，百姓齊以嘉善，故蠱佞不生，此之謂良民。國有道則民昌，此國家之所以大遂也。卿設如大門，大門顯美，小大尊卑中度，開明閉幽，內禄出災，以順天道，近者閑焉，遠者稽焉。君發禁，宰而行之以時，通于地，散布于小，理天之災祥，地實豐省，及民共饗其禄，共任其災，此國家之所以和也。國有四輔，輔，卿也。卿設如四體，毋易事，毋假名，毋重食。凡事尚賢進能，使知事，爵不世，能之不愆。凡民，戴名以能，食力以時成，以事立。此所以使民讓也。民咸孝弟而安讓，此以怨省而亂不作也，此國之所以長也。下無用則國家富，上有義則國家治，長有禮則民不争，立有神則國家敬，兼而愛之則民無怨心，以爲無命則民不偷。昔者先王立此六者而樹之德，此國家之所以茂也。設其四佐而官之：司徒典春，以教民之不則時、不若、不令。成長幼老疾孤寡，以時通於四壃。有闔而不通，有煩而不治，則民不樂生，不利衣食。凡民之藏貯以及山川之神明加於民者，發圖功謀，齋戒必敬，會時必節。日歷巫祝，執伎以守官，俟命而作，祈王年，禱民命及畜穀、蜚征、庶虞草。方春三月，緩施生育，動作百物，於時有事，享於皇祖皇考，朝孤子八人，以成春事。司馬司夏，以教士車甲。凡士執伎論功，修四衛，強股肱，質射御，才武聰慧，治衆長卒，所《大訓》作可。以爲儀綴於國，出可以爲率，誘於軍旅，四方諸侯之遊士、國中賢餘，秀興閲焉。方夏三月，養長秀，蕃庶物，於時有事，享于皇祖皇考，爵士之有慶者七人，以成夏事。司寇司秋，以聽獄訟，治民之煩亂，執權變民中。凡民之不刑，崩本以要閒，作起不敬，以欺惑憧愚。作於財賄、六畜、五穀曰盗，誘居室家有君子曰義，子女專曰媄，飭五兵及木石曰賊，以中情出，小曰閒，大曰講，利辭以亂屬曰讒，以財投長曰貸。凡犯天子之禁，陳刑制辟，以追國民之不率上教者。國《大訓》作圖。夫是故一家三夫道行，三人飲食，哀樂平，無獄。方秋三月，收斂以時，於時有事，嘗新於皇祖皇考，食農夫九人，以成秋事。司空司冬，以制度制地事。準揆山林，規表衍沃，畜水行衰《御覽》作表。濯《御覽》作灌，浸以節四時之事。治地遠近，以任民力，以節民食。太古食壯之食，攻老之事。公曰：功事不少而餱糧不多乎？子曰：太古之民，秀長以壽者，食也；在今之民，羸醜以齒者，事也。太古無游民，食節事時，民各安其居，樂其宮室，宮室二字《大訓》作官。服事信上，上下交信，地移民在；今之世，上治不平，民治不和，百姓不安其居，不樂其宮，《大訓》作官。老疾用財，壯狡用力，於兹民游，薄事貪食，於兹民憂。古者殷書爲成男成女名屬，升于公門，此以氣食得節，作事得時，勸有功，夏服君事不及暍，冬服君事不及凍，是故年穀不成，天之饑饉，道無殣者；在今之世，男女屬散，名不升于公門，此以氣食不節，作事不成，《大訓》作時。天之饑饉，於時委民，不得以疾死。是故立民之居，必于中國之休地，因寒暑之和，六畜育焉，五穀宜焉。辨輕重，制剛柔，和五味，以節食時事。東辟之民曰，夷精以僥，至于大遠，有不火食者矣。南辟之民曰蠻，信以朴，至于大遠，有不火食者矣。西辟之民曰戎勁以剛，至于大遠，有不火食者矣。北辟之民曰狄，肥以戾，至于大遠，有不火食者矣。及中國之民曰五方之民，有《大訓》上有咸字。安民，《大訓》作居。和味，咸有實用利器，知通之，信令之，及量地度居，邑有城郭，立朝市，地以度，邑以度民，以觀安危，距封後利，先慮久固，依固可守，爲奥可久能節四時之事，霜露時降。方冬三月，草木落，庶虞藏，五穀必畜于倉，於時有事，蒸于皇祖皇考，息國老六人，以成冬事。民咸知孤寡之必不失也，咸知有大功之必進等也，咸知用勞力之必以時息也，推而内之水火，入也弗之顧矣。而况有強適在前，有君長正之者乎。公曰：善哉。

(漢)陸賈《新語》卷下《本行》　德爲上，行以仁義爲本。故尊於位而無德者黜，富於財而無義者刑。賤而好德者尊，貧而有義者榮。段干木徒步之士，脩道行德。魏文侯過其閭而軾之，夫子陳蔡之厄，豆飯菜羹，不足以接餒。二三子布弊缊袍，不足以避寒。倥傯屈厄，自處甚矣。然而夫子當於道，二三子近於義。自布衣之士。上缺一字天子，下齊庶民，而累其身而匡上也。及閔周室之衰微，禮義之不行也，厄挫頓仆，歷説諸侯，欲匡帝王之道，反天下之政。身無其立而世無其主，周流天下，無所合意，大道隱而不舒，羽翼摧而不申。自缺三字深授其化，以厚終始。追治去事，以正來世。案紀圖録，以知性命。表定六藝，以缺三字善惡不相干，貴賤不相侮，強弱不相凌，賢與不肖，不得相踰。科第相義之所行也。豈以缺二字威耶。夫人之好色，非脂粉所能飾。大怒之威，非氣力所能行也。聖人乘天威，合天氣，承天功，象天容，而不與爲功。豈不難哉。夫酒池可以泛舟，糟丘可以望遠，豈貧於財哉。統四海之權，主九州之衆，豈弱於力哉。然功不能自存，威不能自守，非爲貧弱，乃道德不存乎身，仁義不加於天下也。故察於財而昏於道者，衆之所謀也。果於力而寡於義者，兵之所圖也。故君子篤於義而薄於利，敏於事而慎於言，所缺三字功德也。故曰：不義而富且貴，於我如浮雲。夫身帶璧玉，庸環佩服，府藏珍缺四字酌舍銀刻鏤，可以夸小人，非所以厚於己而濟於事也。高臺百仞，金缺四字簾雕飾，所以疲百姓之力，非所以扶弱存亡者也。故聖人卑宫室而高道德，缺二字服而謹仁義。不損其行以增其容，不虧其德以飾其身。國不興無事之功，家不藏無用之器，所以稀力役而省貢獻也。璧玉珠璣，不御於上，則翫好之物棄於下。雕刻績畫，不納於君，則淫伎曲巧絶於民。夫釋農桑之事，入山海，採珠璣，求瑤琨，探沙谷，捕翡翠，缺一字瑇瑁，搏犀象，消觔力，散布泉以極耳目之好，以快淫邪之心，豈不謬哉。未見先道而後利，近德而遠色者也。

（漢）劉向《説苑》卷六《復恩》　孔子曰：德不孤，必有隣。夫施德者，貴不德。受恩者，尚必報。是故臣勞動以爲君而不求其賞，君特施以牧下而無所德。故《易》曰：勞而不怨，有功而不德，厚之至也。君臣相與以市道接，君懸禄以待之，臣竭力以報之。逮臣有不測之功，則主加之以重賞，如主有超異之恩，則臣必死以復之。孔子曰：北方有獸，其名曰蟨。前足鼠，後足兔，是獸也，甚矣其愛蛩蛩巨虚也。食得甘草，必齧以遺蛩蛩巨虚，蛩蛩巨虚見人將來，必負蟨以走。蟨非性之愛蛩蛩巨虚也，爲其假足之故也。二獸者，亦非性之愛蟨也，爲其得甘草而遺之故也。夫禽獸昆蟲猶如比假而相有報也，況於士君子之欲興名利於天下者乎。夫臣不復君之恩，而苟營其私門，禍之原也。君不能報臣之功，而憚刑賞者，亦亂之基也。夫禍亂之原基，由不報恩生矣。

（漢）徐幹《中論》卷下《務本》　故人君之所務者，其在大道、遠數乎？大道、遠數者，爲仁足以覆幬羣生，惠足以撫養百姓，明足以照見四方，智足以統理萬物，權足以變應無端，義足以阜生財用，威足以禁遏姦非，武足以平定禍亂。詳於聽受，而審於官人；達於興廢之原，通於安危之分。如此則君道畢矣。

（清）黄宗羲《明夷待訪録·學校》　郡縣朔望，大會一邑之縉紳士子。學官講學，郡縣官就弟子列，北面再拜。師弟子各以疑義相質難。其以簿書期會，不至者罰之。郡縣官政事缺失，小則糾繩，大則伐鼓號於衆。其或僻郡下縣，學官不能驟得名儒，而郡縣官之學行過之者，則朔望之會，郡縣官南面講學可也。若郡縣官少年無實學，妄自壓老儒而上之者，則士子譁而退之。

（清）王夫之《俟解》　博文約禮，復禮之實功也。以禮治非禮，猶謀國者固本自强而外患自輯，治病者調養元氣而客邪自散。若獨思禦患，則禦之之術卽患所生，專攻客邪則府臟先傷而邪傳不已。禮已復而己未盡克，其以省察克治自易。克己而不復禮，其害終身不瘳。玄家有煉己之術，釋氏爲空諸所有之説，皆不知復禮而欲克己者也。先儒謂難克處克將去。難克處蔽錮已深，未易急令降伏，欲克者但强忍耳。愚意程子言見獵心喜，亦是難克處畢竟難克。若將古人射御師田之禮，服而習之，以調養其志氣，得其比禮比樂教忠教孝者有如是之美，而我馳驅鷹犬之樂淡然無味矣，則於以克己不較易乎！顏子已於博文約禮欲罷不能，故夫子於是更教以克己，使加上一重細密細勘工夫，而終不舍禮以爲對治之本。若學者始下手做切實事，則博文約禮，如饑之食，寒之衣，更不須覓嚴冬不寒、辟穀不饑之術。且遵聖人之教，循循不舍，其益無方，其樂無已也。

（清）唐甄《潛書》下篇上《尚治》　先王之世，自國及鄉，所在有學。人之於學也，猶其於田也。無人無田，無人無學，習而安焉，安而忘焉。當是之時，人之甘於禮義，猶五穀也。學廢世衰，惟欲所恣，黷昏僨興，不可解喻。人之苦於禮義，猶藥石也。雖有能者，不能强人之甘藥石也亦明矣。今夫勢之易行，情之易達，莫如父之於子。子之良者，不教而善。子之不良者，雖教不善。家有不良之子，詈則詈之，杖則杖之，教之豈不篤乎？然入則詩書，出則博奕，知其入而不知其出也。夫以嚴父之教，然且不行於子，而况四海之大，生民之衆乎。乃欲稱詩書，明禮義以道之，使之去惡遷善，是涸東海、移太山之勢也。

（晉）葛洪《抱朴子》外篇卷三《仁明》　序等威以鎮禍亂，造器械以戒不虞，創書契以治百官，制禮律以肅風教，皆大明之所爲，非偏人之所能辯也。夫心不違仁而明不經國，危亡之禍，無以杜遏，亦可知矣。

（清）王先慎《韓非子集解·外儲説右上》　季孫相魯，子路爲郈令。【略】魯以五月起衆爲長溝，當此之時，【略】子路以其私秩粟爲漿飯，【略】要作溝者於五父之衢而飡之。【略】孔子聞之，使子貢往覆其飯，擊毁其器，曰：魯君有民，子奚爲乃飡之？子路怫然怒，攘肱而入，請曰：夫子疾由之爲仁義乎？所學於夫子者，仁義也；仁義者，與天下共其所有而同其利者也。今以由之秩粟而飡民，其不可何也？【略】孔子曰：由之野也！吾以女知之，女徒未及也，女故如是之不知禮也？女之澮之，爲愛之也。夫禮，天子愛天下，諸侯愛境內，大夫愛官職，士愛其家，過其所愛曰侵。今魯君有民，而子擅愛之，是子侵也，不亦誣乎！言未卒，而季孫使者至，讓曰：肥也起民而使之，先生使弟子止徒役而澮之，【略】將奪肥之民耶？孔子駕而去魯。以孔子之賢，而季孫非魯君也，以人臣之資，假人主之術，蚤禁於未形，而子路不得行其私惠，而害不得生，况人主乎！以景公之勢而禁田常之侵也，則必無劫弑之患矣。

（清）王先慎《韓非子集解·五蠹》 徐偃王處漢東，地方五百里，行仁義割地而朝者三十有六國。【略】荊文王恐其害己也，舉兵伐徐，遂滅之。【略】故文王行仁義而王天下，偃王行仁義而喪其國，是仁義用於古而不用於今也。故曰：世異則事異。當舜之時，有苗不服，禹將伐之。舜曰：不可。上德不厚而行武，非道也。乃修教三年，執干戚舞，有苗乃服。共工之戰，鐵銛短者及乎敵，【略】鎧甲不堅者傷乎體，是干戚用於古不用於今也。故曰：事異則備變。上古競於道德，中世逐於智謀，當今争於氣力。齊將攻魯，魯使子貢説之，齊人曰：子言非不辯也，吾所欲者土地也，非斯言所謂也。遂舉兵伐魯，去門十里以爲界。故偃王仁義而徐亡，子貢辯智而魯削。以是言之，夫仁義辯智非所以持國也。去偃王之仁，息子貢之智，循徐、魯之力，使敵萬乘，則齊、荊之欲不得行於二國矣。

夫古今異俗，新故異備，如欲以寬緩之政治急世之民，猶無轡策而御駻馬，【略】此不知之患也。今儒、墨皆稱先王兼愛天下，【略】則視民如父母。【略】何以明其然也？曰：司寇行刑，君爲之不舉樂；聞死刑之報，君爲流涕。此所舉先王也。夫以君臣爲如父子則必治，推是言之，是無亂父子也。人之情性莫先於父母，父母皆見愛而未必治也，君雖厚愛，奚遽不亂！【略】今先王之愛民，不過父母之愛子；子未必不亂也，【略】則民奚遽治哉！且夫以法行刑而君爲之流涕，此以效仁，非以爲治也。夫垂泣不欲刑者，仁也；然而不可不刑者，法也。先王勝其法不聽其泣，則仁之不可以爲治亦明矣。且民者固服於勢，寡能懷於義。仲尼天下聖人也，修行明道以遊海內，海內説其仁美其義，而爲服役者七十人。蓋貴仁者寡，能義者難也。故以天下之大，而爲服役者七十人，而仁義者一人。【略】魯哀公下主也，南面君國，境內之民莫敢不臣，民者固服於勢。勢誠易以服人，【略】故仲尼反爲臣，而哀公顧爲君。仲尼非懷其義，服其勢也。故以義則仲尼不服於哀公，乘勢則哀公臣仲尼。今學者之説人主也，不乘必勝之勢，而務行仁義，【略】則可以王。是求人主之必及仲尼，而以世之凡民皆如列徒，【略】此必不得之數也。

（清）王先慎《韓非子集解·忠孝》 天下皆以孝悌忠順之道爲是也，而莫知察孝悌忠順之道而審行之，是以天下亂。皆以堯、舜之道爲是而法之，是以有弑君，【略】有曲父。【略】堯、舜、湯、武或反君臣之義，亂後世之教者也。堯爲人君而君其臣，舜爲人臣而臣其君，【略】湯、武爲人臣而弑其主、刑其尸，【略】而天下譽之，此天下所以至今不治者也。夫所謂明君者，能畜其臣者也；所謂賢臣者，能明法辟、治官職，以戴其君者也。今堯自以爲明而不能以畜舜，舜自以爲賢而不能以戴堯，湯、武自以爲義而弑其君長，此明君且常與而賢臣且常取也。故至今爲人子者有取其父之家，爲人臣者有取其君之國者矣。父而讓子，君而讓臣，此非所以定位一教之道也。臣之所聞曰：臣事君，子事父，妻事夫，三者順則天下治，三者逆則天下亂。此天下之常道也，明王賢臣而弗易也。則人主雖不肖，臣不敢侵也。今夫上賢任智無常，【略】逆道也；而天下常以爲治，是故田氏奪呂氏於齊，戴氏奪子氏於宋。此皆賢且智也，豈愚且不肖乎？是廢常、上賢則亂，舍法、任智則危。故曰：上法而不上賢。《記》曰：舜見瞽瞍，其容造焉。【略】孔子曰：當是時也，危哉！天下岌岌，有道者，父固不得而子，君固不得而臣也。臣曰：【略】孔子本未知孝悌忠順之道也。然則有道者進不得爲臣主，退不得爲父子耶？【略】父之所以欲有賢子者，家貧則富之，父苦則樂之；君之所以欲有賢臣者，國亂則治之，主卑則尊之。今有賢子而不爲父，則父之處家也苦；有賢臣而不爲君，則君之處位也危。然則父有賢子，君有賢臣，適足以爲害耳，豈得利焉哉！【略】所謂忠臣不危其君，孝子不非其親，今舜以賢取君之國，而湯、武以義放弑其君，此皆以賢而危主者也，而天下賢之。古之烈士，進不臣君，退不爲家，是進則非其君，退則非其親者也。且夫進不臣君，退不爲家，亂世絶嗣之道也。是故賢堯、舜、湯、武而是烈士，天下之亂術也。瞽瞍爲舜父而舜放之，象爲舜弟而殺之。【略】放父殺弟，不可謂仁；妻帝二女而取天下，不可謂義。仁義無有，不可謂明。《詩》云：普天之下，莫非王土；率土之濱，莫非王臣。信若《詩》之言也，是舜出則臣其君，入則臣其父，妾其母，妻其主女也。故烈士內不爲家，亂世絶嗣；而外矯於君，朽骨爛肉，施於土地，【略】流於川谷，不避蹈水火，使天下從而效之，是天下徧死而願夭也，此皆釋世而不治是也。世之所爲烈士者，雖衆獨行，【略】取異於人，爲恬淡之學，而理恍惚之言。臣以爲恬淡，無用之教也；恍惚，無法之言也。言出於無法，教出於無用者，【略】天下謂之察。臣以爲人生必事君養親，事君養親不可以恬淡；之人【略】必以言論忠信法術，【略】言論忠信法術不可以恍惚。恍惚之言，恬淡之學，天下之惑術也。孝子之事父也，非競取父之家也；忠臣之事君也，非競取君之國也。夫爲人子而常譽他人之親曰：某子之親，夜寢早起，强力生財，以養子孫臣妾，是誹謗其親者也。爲人臣常譽先王之德厚而願之，是誹謗其君者也。【略】非其親者，知謂之不孝；而非其君者，天下賢之。【略】此所以亂也。故人臣毋稱堯、舜之賢，毋譽湯、武之伐，毋言烈士之高，盡力守法，專心於事主者爲忠臣。古者黔首悗密蠢愚，【略】故可以虛名取也。今民儇詷智慧，【略】欲自用，不聽上。上必且勸之以賞，然後可進；又且畏之以罰，然後不敢退。而世皆曰：許由讓天下，賞不足以勸；盜跖犯刑赴難，罰不足以禁。【略】臣曰：未有天下而無以天下爲者，許由是也；已有天下而無以天下爲者，堯、舜是也。毁廉求財，犯刑趨利，忘身之死者，盜跖是也。此二者，殆物也。【略】治國用民之道也，不以此二者爲量。治也者，治常者也；道也者，道常者也。殆物妙言，治之害也。天下太平之士，【略】不可以賞勸也；天下太平之士，【略】不可以刑禁也。【略】然爲太上士不設賞，爲太下士不設刑，則治國用民之道失矣。故世人多不言國法而言從横。諸侯言從者曰【略】從成必霸，而言横者曰横成必王。山東之言從横未嘗一日而止也，然而功名不成，霸王不立者，虛言非所以成治也。王者獨行謂之王，是以三王不務離合，【略】而止五霸不待從横，【略】察治內以裁外而已矣。

《吴子·圖國》 吴子曰：夫道者，所以反本復始；義者，所以行事立功；謀者，所以違害就利；要者，所以保業守成。若行不合道，舉不合義，而處大居貴，患必及之。是以聖人綏之以道，理之以義，動之以禮，撫之以仁，此四德者，修之則興，廢之則衰。故成湯討桀而夏民喜悦，周武伐紂而殷人不非，舉順天人，故能然矣。

（漢）劉安《淮南子》卷九《主術訓》 所謂亡國，非無君也，無法也。變法者，非無法也，有法者而不用，與無法等等同是故人主之立法，先自爲檢式儀表，表正故令行於天下。孔子曰：其身正，不令而行；其身不正，雖令不從。故禁勝於身，則令行於民矣。禁勝於身，不敢自犯禁也，故耐令行於民也。

（漢）王充《論衡》卷一七《治期》 世謂古人君賢則道德施行，施行則功成治安；人君不肖則道德頓廢，頓廢則功敗治亂。古今論者，莫謂不然。何則？見堯舜聖賢致太平，桀紂無道致亂得誅。如實論之，命期自然，非德化也。吏百石以上，若升食以下，居位治民，爲政布教；教行與止，民治與亂，皆有命焉。或才高行潔，居位職廢；或智淺操洿，治民而立。上古之黜陟幽明，考功，據有功而加賞，案無功而施罰；是考命而長禄，非實才而厚能也。論者因考功之法，據效而定賢，則謂民治國安者，賢君之所致；民亂國危者，無道之所爲也。故危亂之變至，論者以責人君，歸罪於爲政不得其道。人君受以自責，愁神苦思，撼動形體；而危亂之變，終不減除，空憒人君之心。使明知之主，虛受之責，世論傳稱使之然也。

（漢）馬融《忠經·聖君章》 惟君以聖德，監於萬邦。聖君在上垂監於下。萬邦在下觀行於上。自下至上，各有尊也。故王者上事於天，下事於地，中事於宗廟，以臨於人。王者至重猶有所尊，况其下乎。則人化之，天下盡忠以奉上也。上行下化理之自然，文王敬遜虞芮遜畔是也。是以兢兢戒慎，日增其明，日增一日德益明也。禄賢官能，式敷大化，惠澤長久，黎民咸懷。非懷不可以居禄，非化不可以懷人，任賢陳化君之要也。故得皇猷丕丕，行於四方，揚於後代，以保社稷，以光祖考，君聖臣賢化行名播以光祖考，以嚴配社稷於無疆者也。蓋聖君之忠也。忠之爲道無所不通也。《詩》云：昭事上帝，聿懷多福。君以明德事天，天以多福與人君也。

（明）李贄《焚書》卷一《書答·答周若莊》 明德本也，親民末也。故曰物有本末，又曰自天子以至於庶人，壹是皆以修身爲本。苟不明德以修其身，是本亂而求末之治，胡可得也。人之至厚者莫如身，苟不能明德以修身，則所厚者薄，無所不薄，而謂所薄者厚，無是理也。故曰未之有也。今之談者，乃舍明德而直言親民，何哉？不幾於舍本而圖末，薄所厚而欲厚所薄乎！意者親民卽明德事耶！吾之德既明，然後推其所有者以明明德於天下，此大人成己、成物之道所當如是，非謂親民然後可以明吾之明德之謂也！

（明）馮琦《經濟類編》卷七一《刑法類一·刑法》 以刑不上大夫，庶人遽其事而不能克禮故不責之，以備禮也。冉有免庶人，遽其事而不能克禮，故不責之，以備禮也。

（明）張溥《漢魏六朝百三家集》卷一七荀悦《荀悦集·著述·申鑒大略》 夫道之本，仁義而已矣。五典以經之，羣籍以緯之，詠之歌之，弦之舞之。前監既明，後復申之。故古之聖王，其於仁義也，申重而已。致政之術，先屏四患，乃崇五政。一曰僞，二曰私，三曰放，四曰奢。僞亂俗，私壞法，放越軌，奢敗制。四者不除，則政末繇行矣。夫俗亂則道荒，雖天地不得保其性矣；法壞則世傾，雖人主不得守其度矣；軌越則禮亡，雖聖人不得全其道矣；制敗則欲肆，雖四表不得充其求矣。是謂四患。興農桑以養其性，審好惡以正其俗，宣文教以章其化，立武備以秉其威，明賞罰以統其法，是謂五政。人不畏死，不可懼以罪；人不樂生，不可勸以善。雖使契布五教，臯陶作士，政不行焉。故在上者先豐人財以定其志，帝耕籍田，後桑蠶宮，國無遊人，野無荒業，財不賈用，力不妄加，以周人事。是謂養生。君子之所以動天地，應神明，正萬物而成王化者，必乎真定而已。故在上者審乎好醜焉，善惡要乎功罪，毁譽効於準驗，聽言責事，舉名察實，無惑詐僞以蕩衆心，故事無不覈，物無不巧，善無不顯，惡無不章，俗無姦怪，民無淫風。百姓上下覩利害之存乎已也，故肅恭其心，慎脩其行，內不回惑，外無異望，則民志平矣。是謂正俗。君子以情用，小人以刑用。榮辱者，賞罰之精華也。故禮教榮辱以加君子，化其情也。桎梏鞭撲以加小人，化其刑也。君子不犯辱，況於刑乎？小人不忌刑，況於辱乎？若教化之廢，推中人而墜於小人之域；教化之行，引中人而納於君子之塗。是謂章化。小人之情，緩則驕，驕則恣，恣則怨，怨則叛；危則謀亂，安則思欲，非威強無以懲之。故在上者必有武備，以戒不虞，以遏寇虐。安居則寄之內政，有事則用之軍旅。是謂秉威。賞罰，政之柄也。明賞必罰，審信慎令，賞以勸善，罰以懲惡。人主不妄賞，非徒愛其財也，賞妄行則善不勸矣；不妄罰，非矜其人也，罰妄行則惡不懲矣。賞不勸，謂之止善；罰不懲，謂之縱惡。在上者能不止下爲善，不縱下爲惡，則國法立矣。是謂統法。四患既蠲，五政又立，行之以誠，守之以固，簡而不怠，疎而不失。無爲爲之，使自施之；無事事之，使自交之。不肅而成，不嚴而化，垂拱揖讓，而海內平矣。是謂爲政之方。

古者天子諸侯有事必告於廟，朝有二史，左史記言，右史書事。事爲《春秋》，言爲《尚書》，君舉必記善惡，成敗無不存焉。下及士庶，苟有茂異，咸在載籍。或欲顯而不得，或欲隱而名章，得失一朝而榮辱千載。善人勸焉，淫人懼焉。宜於今者備置史官，掌其典文，紀其行事，每於歲盡舉之尚書。以助賞罰，以宏法教。

（唐）陳子昂《陳拾遺集》卷九《書·諫刑書》 承務郎守右衛曹參軍臣陳子昂，謹頓首昧死上言：臣聞昔者聖人理天下者，美在太平。太平之美者，在於刑措。臣伏見陛下務太平之理，而未美太平之功。賤臣頑微，竊惑下列。臣前蒙天恩召見，恩制賜臣曰：既遇非常之主，何不進非常之策？臣草木微品，天恩降休，伏刻肌骨，不敢忘捨。今陛下創三皇之業，務三皇之理，大統已集，神化光明，雖伏羲、神農昔有天下，誠未足比。臣敢不竭節以効愚忠。臣聞自古聖王謂之大聖者，皆云尚德崇禮，貴仁賤刑，刑措不用，謂之聖德，不稱嚴刑猛制用獄爲理者也。故周有天下八百餘歲，而惟頌成康，漢有天下四百餘歲，而獨稱文景，皆由幾致刑措者也。何者？刑者政之末節，非太平之資。臣竊考之於天，天貴生成。驗之於人，人愛生育。旁稽於聖，聖務勝殘，皆不云以刑爲德者。然則聖王養天下者，固當上務順天，下務濟人。不天不人，不可謂理。故曰：唯天爲大，唯堯則之。又曰：天地萬物父母，唯人萬物之靈。亶聰明，作元后，元后作民父母。然則爲民父母，故當貴於德養，不可務於刑殺。臣伏惟陛下聖德至大矣。應天受命，有三皇之功；順人正位，有三皇之業；拜圖巡洛，有三皇之符；尊名顯號，有三皇之册。明堂神構，萬象宣威。風雨順時，百穀昌熟，可謂足爲萬代之規也。今天下百姓抱孫弄子，鼓腹以望太平之政矣。陛下爲天地父母，固將務德以順養之。登於太和，以協皇極。今陛下之政雖盡善矣，然太平之理，猶屈於獄官。何以言之？太平之朝，務上下樂化，不宜亂臣賊子日犯天誅。比者大獄增多，逆徒滋廣。愚臣頑昧，初謂皆實，乃去月十五日，陛下特察，詔囚李珍等無罪，明魏真宰有功，召見高正臣，又重推元萬頃，百僚慶悅，皆賀聖明，臣乃知亦有無罪之人掛於疎網者。陛下務在寬典，獄官務在急刑，以傷陛下之仁，以誣太平之政，臣竊私恨之。賴陛下又獨决天斷，寬蕩羣刑。死囚張楚金、郭正一、弓彭祖、王令基等，以凶惡之罪，特蒙全活，朽骨更肉，萬死再生，天地人祇，實用同慶。何以知之？臣伏見去年八月已來，天苦霖雨，自陛下赦李珍等罪，天朗氣清。萬品咸覩，宇宙同慶。又其月二十一日，恩勑免楚金等死，初有風雨，變爲景雲，司刑官屬，皆所共見。臣聞陰慘者刑也，陽舒者德也，慶雲者喜氣也。臣伏考之《洪範》，驗之六經，聖人法天，天亦助聖，休咎之應，必不虛來。陛下法天垂仁，天助陛下仁化。獄吏急法，則慘而陰雨；陛下赦罪，則舒而陽和。君臣歡娛，則喜而見慶雲。天意如此，陛下豈可不承順之？夫刑者怒也，不可以承喜氣。今又陰雨，臣恐過在獄官。況陛下明堂之理，本以崇德，配天之業，不以務刑。今垂拱法宫，且猶議殺，布政衢室，而未措刑。賤臣頑愚，尚疑未可，況巍巍大聖，光宅天下哉？今者繫獄囚徒，多極法者，道路之議，或是或非，陛下何不悉召見之，自詰其罪？罪真實者，顯示明刑；罪有濫者，嚴誅獄吏。使天下咸服，人知政刑，以清太平之階，用登仁壽之域，豈非至德克明哉？昔鄧太后以天降旱，親决洛陽囚徒，良史書之，而以爲德，況陛下大聖億萬超於鄧后者矣。夫獄吏不可信，多弄國權，自古敗之，聖王所誡。陛下萬代之業，千載之名，故不可使竹帛書之，有虧於此也，伏願熟察，以美太平之風。賤臣不勝愚懇忠憤之至，輒投諫匭昧死上聞。

（唐）陳子昂《陳拾遺集》卷九《書·諫用刑書》　將仕郎守麟臺正字臣陳子昂謹頓首冒死詣闕上疏：臣本蜀之匹夫，官不望達。陛下過意，擢臣草莽之下，昇在麟臺之閣。光寵自天，卓若日月。微臣固陋，將何克負？然臣聞忠臣事君，有死無二。懷佞不諫，罪莫大焉。況在明聖之朝，當不諱之日，方復鉗口下列，俛仰偷榮，非臣之始願也。不勝愚惑，輒奏狂昧之說，伏惟陛下少加察焉！臣聞古之御天下者，其政有三：王者化之，用仁義也。霸者威之，任權智也。彊國脅之，務刑罰也。是以化之不足然後威之，威之不變然後刑之。故至於刑，則非王者之所貴矣。況欲光宅天下，追功上皇，專任刑殺以爲威斷，可謂策之失者也。伏觀陛下聖德聰明，遊心太古。將制静宇宙，保乂黎民。發號施令，出於誠慊。天下蒼生，莫不想望聖風，冀見神化。道德爲政，將待於陛下矣。且臣聞之，聖人出必有驅除，天人之符休命也。日者東南微孽，敢謀亂常，陛下順天行誅，罪惡咸服。豈非天意欲彰陛下神武之功哉？而執事者不察天心，以爲人意。惡其首亂倡禍，法合誅屠，將息姦源，窮其黨與。遂使陛下大開詔獄，重設嚴刑。冀以懲創勸于天下，逆黨親屬及其交遊，有跡涉嫌疑，辭相逮引，莫不窮捕考訊，枝蔓蟠拏，大或流血，小禦魑魅。至有姦人熒惑，乘險相誣，糾告疑似，冀圖爵賞，叫於闕下者，日有數矣。于時朝廷惶惶，莫有自固，海内傾聽，以相驚恐。賴陛下仁慈，憫斯危懼，賜以恩詔，許其大功已上一切勿論。時人獲泰，謂生再造。愚臣竊亦欣然賀陛下聖明得天下之機也。不謂議者異見，又執前圖。比者刑獄紛紛復起。陛下不深思天意，以順休期。尚以督察爲理，威刑爲務。使前者之詔不信於人。愚臣昧焉，竊恐非三皇、五帝伐罪弔人之意也。臣竊觀當今天下百姓思安久矣。曩屬北狄侵塞，西戎寇邊，兵革相屠，向歷十載。關河自北，轉輸幽燕，秦蜀之西，馳騖湟海，當時天下疲極矣。重以大兵之後，屢遭凶年，流離飢餓，死喪略半。幸賴陛下以至聖之德，撫寧兆人，邊境獲安，中國無事，陰陽大順，年穀疊登，天下父子始得相養矣。故揚州構禍，殆有五旬，而海内晏然，纖塵不動，豈非天下蒸庶厭凶亂哉？臣以此卜之，知百姓思安久矣。今陛下不務玄默以救疲人，而反任威刑以失其望，欲察察爲政，肅理寰區，愚臣暗昧，竊有大惑。且臣聞刑者，政之末節也。先王以禁暴整亂，不得已而用之。今天下幸安，萬物思泰，陛下乃以末節之法，察理平人。臣愚以爲非適變隨時之義也。頃年以來，伏見諸方告密，囚累百千輩，大抵所告皆以揚州爲名。及其窮究竟百無一實。陛下仁恕，又屈法容之。傍訴他事，亦爲推劾。遂使姦惡之黨，決意相讎，睚眦之嫌，即稱有密。一人被訟，百人滿獄。使者推捕，冠蓋如雲。或謂陛下愛一人而害百人，天下喁喁，莫知寧所。臣聞自古聖人，不有外患，必有內憂，物理之然也。臣不敢以遠古言之，請借隋而況。臣聞長老言，隋之末代，天下猶平。煬帝不恭，窮毒威武。厭居皇極，自總元戎，以百萬之師觀兵遼海，天下始騷然矣。遂使楊玄感挾不臣之勢，有大盜之心，欲因人謀，以竊皇業。乃稱兵中夏，將據洛陽，哮闞之勢傾宇宙矣。然亂未踰月，而首足異處。何者？天下之弊，未有土崩，蒸民之心，猶望樂業。煬帝不悟，暗忽人機。自以爲元惡既誅，天下無巨猾也。皇極之任，可以刑罰理之。遂使兵部尚書樊子蓋專行屠戮，大窮黨與，海內豪士，無不罹殃。遂至殺人如麻，血流成澤。天下靡然，始思爲亂矣。於是蕭銑、朱粲起於荊南，李密、竇建德亂於河北。四海雲搖，遂並起而隋族亡矣。豈不哀哉？長老至今談之，委曲如是。臣竊以此上觀三代夏、殷、周興亡，下逮秦、漢、魏晉理亂，莫不皆以毒刑而致敗壞也。夫大獄一起，不能無濫。何者？刀筆之吏，寡識大方，斷獄能者，名在急刻。文深網密，則共稱至公。爰及人主，亦謂其奉法。於是利在殺人，害在平恕。故獄吏相誡以殺爲詞，非憎於人也，而利在己。故上以希人主之旨，下以圖榮身之利。徇利既多，則不能無濫。濫及良善，則淫刑逞矣。夫人情莫不自愛其身，陛下以此察之，豈能無濫也？冤人吁嗟，感傷和氣。和氣悖亂，羣生癘疫；水旱隨之，則有凶年。人既失業，則禍亂之心怵焉而生矣。頃來亢陽愆候，密雲而不雨，農夫釋耒，瞻望嗷嗷。豈不由陛下之有聖德而不降澤於下人也？倘旱遂過春？廢於時種，今年稼穡，必有損矣。陛下何不敬承天意以澤恤人？臣聞古者明王重慎刑罰，蓋懼此也。《書》不云乎？與其殺不辜，寧失不經。陛下柰何以堂堂之聖猶務彊霸之威哉？愚臣竊爲陛下不取也。且愚人安則樂生，危則思變。故事有招禍，而法有起姦。倘大獄未休，支黨日廣，天下疑惑，相恐無辜，人情之變，不可不察。昔漢武帝時，巫蠱獄起。江充行詐，惑亂京師。致使太子奔走，兵交宮闕，無辜被害者以千萬數。劉氏宗廟幾傾覆矣。賴武帝得壺關三老上書，廓然感悟，夷江充三族，餘獄不論，天下以安爾。臣每讀《漢書》至此，未嘗不爲戾太子流涕也。古人云，前事之不忘，後事之師。伏願陛下念之。臣不避湯鑊之罪，以螻蟻之命輕觸宸嚴，臣非不惡死而貪生也。誠恐負陛下恩遇，臣不敢以微命蔽塞聰明，亦非敢欲陛下頓息刑罰，望在恤刑爾。乞三事大夫圖其可否。往者不可諫，來者猶可追。無以臣微而忽其奏，天下幸甚，臣子昂誠惶誠恐死罪死罪。

（宋）范仲淹《范文正集》卷二〇《賦·蒙以養正賦》 蒙者處晦而弗曜，正者居中而弗羣。守晦蒙而靡失，養中正而可分。處下韜光，允謂含章之士；居上弃智，斯爲抱一之君。聖人以設彼《易》文，授諸君子。考其在蒙之象，得此養正之理。渾兮若濁，下民無得而稱焉。闇然而彰，聖功亦在其中矣。是以不伐其善，罔耀其能。惟樸素而是守，又濬哲而曷矜。故知我者，謂我愚不可及；不知我者，謂我智不足稱。務實去華，育德之方斯在；反聽收視養恬之義相應。故得悔吝不生，純和自履。隱其明而若昧，保其終而如始。至賢者孟子，在養素而弗違；亞聖者顏生，信如愚而有以。是知蒙正相養，聖賢是崇。欲求乎不失其正，必在乎受之以蒙，石蘊玉而外質，蚌含珠而內融。天地何言，育物之功潛用；龍蛇處蟄，存身之道不窮。其或謀畫爲先，聰明自廣。不務淳淳而處，每思察察而往。則彼蒙也喪乎其真，此正也失其所養。曷若我知白守黑，老氏之教寧忘；用晦而明，箕子之風不爽。至矣哉！正之在斯，養亦宜其。蘊道德而不衒，豈禍福之能隨。志士體之而修身，素履無失，聖人執之而行化，赤子焉知乃有修辭立誠，窮理盡性，常默默以存志，將乾乾而希聖。庶幾進退之間，保君子之中正。

（宋）范仲淹《范文正别集》卷三《賦·陽禮教讓賦》 先王制陽禮於百姓，興民讓於九州。覩射飲之斯，在知政教之所由。我弓既張，觀德之風遐被；朋酒斯饗，序賓之義咸脩。觀其司徒之職既揚，王者之教云下。使穆穆而鄉飲，俾濟濟而燕射。將以弧矢之利，習彼威儀；復於罇俎之間，宣其教化。至若洞啓澤宮，射夫來同。內叶和平之志，外敦廉順之風。揖讓而升，非尚六鈞之勇；進退可庶，不矜五善之功。此射之讓也，邦教攸崇。又若以年以品，會於鄉飲。在獻酬之無謬，居長幼而必審。貴賤位矣，三賓之象不踰；和樂興焉，百拜之容弗寢。此飲之讓也，國人是稟，則知邦禮循循，以教萬民。所以安天下於不競，所以教域中之有倫。射不主皮，息争心於君子；酒以成禮，導和氣於鄉人。是知用之而在化可久，廢之而其化則不，斯射也，可以止其暴亂；斯飲也，可以樂其富壽。所以反當仁之義以勸四方，遵成魄之規用寧九有。然則謂其陽也，取其吉而爲名；謂其讓也，取其和而不争。于以見莫善於禮，于以見與世作程。俟以明之，罔替君臣之義；禮無違者，遂諧賓主之情。遂使德藝可觀，忿肆遄已。知沿事以興教，蓋因時而立紀。故聖人務焉，則違之者寡矣。

（宋）司馬光《司馬温公文集》卷二一《章奏・陳三德上殿劄子》 臣伏蒙聖恩，不以臣無似，擢臣爲諫官，臣自幼學先王之道，意欲有益於當時。是以雖在外方，爲他官，猶願竭其愚心，陳國家之所急。況今立陛下之左右，以言事爲職，陛下仁聖聰明，求諫不倦，羣臣雖有狂狷愚妄，觸犯忌諱，陛下皆含容寬貸，未嘗加罪。誠微臣千載難逢之際，苟不以此時傾輸胸腹之所有，以副陛下延納之意，則不可以自比於人，死有餘罪矣。臣竊惟人君之大德有三：曰仁、曰明、曰武。仁者，非嫗煦姑息之謂也。興教化，修政治，養百姓，利萬物，此人君之仁也。明者，非煩苛伺察之謂也。知道義，識安危，別賢愚，辨是非，此人君之明也。武者，非彊亢暴戾之謂也。惟道所在，斷之不疑，姦不能惑，佞不能移，此人君之武也。故仁而不明，猶有良田而不能耕也；明而不武，猶視苗之穢而不能耘也；武而不仁，猶知穫而不知種也。三者兼備，則國治彊，闕一焉則衰，闕二焉則危，三者無一焉則亡。自生民以來，未之或改也。臣不勝區區，觸死忘生，竊見陛下天性慈惠，慎微接下，子育元元，汎愛羣生，雖古先聖王之仁，殆無以過。然自踐祚以來，垂四十年，夙夜孜孜以求至治，而朝廷紀綱猶有虧缺，閭里窮民猶有怨歎。意者羣臣不肖，不能宣揚聖化，將陛下之於三德萬分之一，亦有所未盡歟？臣聞《春秋傳》曰：賞慶刑威曰君。臣幸得以修起居注，日侍黼扆之側，伏見陛下推心御物，端拱淵默，羣臣各以其意有所敷奏，陛下不復詢訪利害，考察得失，一皆可之。誠使陛下左右前後股肱耳目之臣，皆忠實正人，則如此至善矣，或出於不意，有一姦邪在焉，則豈可不爲之寒心哉！夫善惡是非，相與混殽。若待之如一，無所別白，或知其善而不能賞，知其惡而不能罰，則爲善者日懈，爲惡者日勸。善者懈，惡者勸。雖有堯舜禹湯文武之君，稷契伊吕周召之臣，以之求治，猶鑿冰而取火，適楚而北行也。伏惟陛下少垂聖思，以天授之至仁，廓日月之融光，奮乾剛之威斷，善無微而不録，惡無細而不誅，則唐虞三代之隆，何遠之有！此臣愚淺所見，不敢不陳，取進止。

（宋）張載《張載集・經學理窟・學大原上》 古者惟國家則有有司，士庶人皆子弟執事。又古人於孩提時已教之禮，今世學不講，男女從幼便驕惰壞了，到長益凶狠，只爲未嘗爲子弟之事，則於其親已有物我，不肯屈下，病根常在。

（元）胡祗遹《胡祗遹紫山集・禮論》 聖人之制禮，通貴賤之情，而嚴上下之分。故曰：履雖鮮，不加於枕；冠雖弊，不以苴履。尊卑之分定故也。君臣之視天王，卑高分嚴，如地之於天。然而簒弑之凶，古亦有之，何自而來哉？聖人作《易》，於《坤》之初六，謹爲之戒曰：初六履霜，陰始凝也。馴致其道，至堅冰也。又曰：臣弑其君者有之，子弑其父者有之，其所由來者漸矣。賈誼經學修明，見漢法不敬大臣，曰：天子之尊如堂，大臣如陛，衆庶如地。今也大臣下獄，賤隸得以縛執而笞辱。然則堂不無陛乎？今之大臣有罪，則杖辱於市。小人興訛造訕，揶揄詬罵，無所不至。漢之大臣，天子得以罪之。賈誼猶爲今之大臣，細民得以罪之。此風一長，有識者甚爲寒心。近歲以來，奴訐主，妻妾告夫，子弟訟父兄，編民把執詬辱官吏，輿臺皁隸謗訐大臣。凶險姦邪，百無忌憚。恣其所爲，陵轢正人。白晝殿庭之上，穢言褻語，肆口而出。聖德天聽，豈不知其爲惡？然而樂聞不禁者，上欲發欺蔽，擿姦邪，通冤滯，抑豪横也。故特借凶人之口，來端直之言耳。殊不察自卽位以來，所聞之言無大利害，適足以爲口舌者進身之階，虛失待大臣之體，瀆上下之分。朝廷之上，無禮無威。閭里之間，彝倫攸斁。無知之氓，習見官府之不足畏。一旦饑饉凶荒，狐鼠嘯聚，郡縣之權若之何而制之？今之爲大臣者不以爲憂，反以私門豢養凶人，使之遞相訐制，何其愚也？必欲通上下之情，立一二直節敢言之臣，如古之納言者，何求而不得。何必以嘵嘵之小人，瀆日月之光明哉？

（元）蘇天爵《元文類》卷四二《憲典・八議》 八議者，先王用法忠厚之至情也，故自《周官》至於《唐律》具載之。國家待國人異色目，待世族異庶人，其有大勳勞於王室者，則固當有九死無與之賜，十世猶宥之恩歟？若夫官由制授者，必聞奏而論罪罰，從吏議者，許功過之相贖，豈非八議之遺意乎？故仍古律舊文特著於篇以竢議法之君子。

（明）歸有光《震川先生集》卷一《經解・孝經敘録》 予又著其説

曰：大哉孝之道，非聖人莫之知也。

昔孔子嘗不對或人之問禘矣。其言明王之以孝治天下，至于刑四海，事天地，言大而理約，豈非極萬殊一本之義，意其所以告曾子者如此哉。

（明）何心隱《何心隱集》卷三《辯無父無君非弑父弑君》　自老自佛以無爲極爲宗，而不知太極非極於無，乃至於并其易有太極之有悉歸無而無。凡無之於楊於墨者，不此其源其流乎？是故無父之無，非不孝者可以當其無也，亦非不孝至於弑父者，可以當其無也。無君之無，非不忠者可以當其無也，亦非不忠至於弑君者可以當其無也。必禽獸之煦煦於相飲相啄、相飾羽毛，而宛若有親親父子之仁，以見乎其情。於禽，如烏之反哺，於獸，如羊之跪乳頃，則所哺者所乳者莫知其爲父，而其於哺反者，於乳跪者，莫知其爲子，莫知其爲孝，莫知其爲不孝。若父若子，以喙以角以爪以牙以搏而已。又莫知孰爲父之必弑於子，又莫知孰爲子之必弑乎父，自相忘於無子無父，而後可以當無父之無也。又必禽獸之孑孑獨飲獨啄，獨飾羽毛，而宛若有尊尊君臣之義，以見乎其情。於有翼而飛如禽，如峰之屯科，於有足而走如獸，如蟻之聚穴頃，則其科而屯者，科而莫勝其科，屯而莫勝其屯，其穴而聚者，穴而莫勝其穴，聚而莫勝其聚。君莫知其爲君，臣莫知其爲臣，莫知其爲忠，莫知其爲不忠。若君若臣，以尾以毒以嘴以刺以嚙而已。又莫知孰爲君之必弑於臣，又莫知孰爲臣之必弑乎君，自相忘於無君無臣，而後可以當無君之無也。

且如不孝至於弑父者，必欲自父其父而後必弑其父，以父其父乃得以自父也。如不忠至於弑君者亦然，乃得以自君也。然則弑父者猶有父，弑君者猶有君爾。況徒爾不孝不忠者，尤未忘情於父於君者也，能無父乎？能無君乎？必墨必楊，必禽必獸，乃煦煦若親親而愛相兼愛，卒若禽禽獸獸，莫不有愛有親而似仁以父父，乃無父也。乃孑孑若尊尊，而我獨爲我，卒若禽禽獸獸，莫不有我有尊而似義以君君，乃無君也。此無極者流之無君父者也。必皇建其有極，乃有君，而有父也。必會極，必歸極，乃有尊尊以君君也，乃有親親以父父也。又必易有太極，乃不墮於弑父弑君，乃不流於無父無君，乃乾坤其君臣也，乃乾坤其父子也，乃凡有血氣其尊親也。不盡不盡。

（清）朱彝尊《曝書亭集》卷五八《原教》　始爲三教之説者誰與？其小人而無忌憚者與？生民之初，草衣而血食，露處而野合。聖人者出，教之田里教之樹畜，養生之本既具，然後修道以明之。其理身心性命，其治家國天下，其端禮樂刑政，其文《易》、《詩》、《書》、《禮》、《春秋》。蓋自庖犧氏作，而伊耆、軒轅、堯、舜、禹、湯、文、武、周公、孔子以數聖人損益之。而教已大備，初未嘗有所不足，必待佛老之説以濟之也。佛老者，持過高之論行不近人情之事。不耕則無食，不蠶則無衣，無男女則生人之道息，無上下則紛争之漸起。以彼其説行之中國，蓋有時而窮則相率聚於國中，食人之食，居人之盧，陽叛聖人之言，而陰收聖人之教之利。愚者不察，遂惑其説，至等聖人之教三之。嗚呼！彼之所奉者一，而我之所奉者三，曾彼之勿若矣。天下之理出乎剛則入乎柔，出乎陽則入乎陰，出乎君子則入乎小人，未有兩是者也。惟内無所主，則死生禍福戰於中。其初守道不篤，持論兩端，其究歸於無所忌憚而獲罪名教。當是非可否之際，倡爲調停之説者，未有不流爲小人者也。且所謂教者，何哉？君臣、父子、兄弟、夫婦、朋友之教而已矣。舜命契曰：敬敷五教。孟子曰：使契爲司徒，教以人倫，故曰教以孝，所以敬天下之爲人父者也。教以弟，所以敬天下爲人兄者也。教以臣，所以敬天下之爲人君者也。彼二氏者，既以棄絶其人倫事物之常，將何以副教之名哉！子路問爲政，夫子告之以正名。謂名之不正，至使民無所措其手足，若是其甚也。世之儒者，誦聖人之言，而安于三教之目，其亦罪人矣夫。

（清）戴震《戴東原集》卷八《法象論》　是故生生者仁，條理者禮，斷决者義，藏主者智。智通仁，發而秉中和謂之聖。聖合天，是謂無妄。無妄之於百物，生生至貴者仁。是故仁得則父子親，禮得則親疏上下之分盡，義得則百事正。藏於智則天地萬物爲量，歸於無妄。則聖人之事天所以成象地所以成形聖人所以立極，一也，道之至也。

（清）戴震《戴東原集》卷八《原善上》　善曰仁、曰禮、曰義。斯三者，天下之大本也。

（清）戴震《戴東原集》卷八《答彭進士允初書》　不惟彼所謂道德，非吾所謂道德，舉凡性與天道，聖智仁義誠明，以及曰善、曰命、曰理、曰知、曰行，無非假其名而易其實。反身不誠，言事親之道未盡也。反身而誠，言備責於身者，無不盡道也。孟子曰：堯舜性之也，湯武身之也，五霸假之也。久假而不歸，惡知其非有也。性之由仁義行也，身之仁義實於身也假之。假仁義之名，以號召天下者，久則徒知以仁義責人，而忘己之非有。又曰：　堯舜性者也，湯武反之也。下言動容周旋中禮者，盛德之至也，申明性者如是。

《皇朝經世文編》卷九〇《刑政一·刑論》汪价《赦罪論》　漢高即位汜水之陽，西都長安，大赦天下之類是也。其或某處有災，或車駕行幸，則曰赦某郡以下，謂之曲赦。後有遞減其罪謂之德音者，比曲赦則恩及天下，比大赦則罪不盡除，故曲赦與德音可以時降。若大赦，雖曠歲一舉，盡天下之囚而頓釋之。其中豈無豪健如出柙之虎，蘊毒已久，一旦得出，而大肆其搏噬。至於莫可更制，則是朝廷徒邀市惠之虚名，而小民反受縱姦之實禍也。故竊以爲刑罪當省當慎而決不當赦。且夫赦者，蕩滌瑕垢之稱也。將欲與天下潔己布新，灑心更始，而不知其廢天討，虧國典，縱有罪，賊良民，莫此爲甚。唐太宗嘗謂侍臣曰：小仁者大仁之賊。故我自有天下以來，不甚放赦。吴漢疾篤，光武親臨問所欲言。對曰，臣愚無所知，惟願慎無赦而已。古之君臣所以相爲告戒者，不出於無姦之一言，則赦之爲害可知也。蜀漢孟光責費禕曰：　赦者，偏枯之物。非明世所宜有，衰弊窮極，必不得已權而行之。今無旦夕之危，奈何以惡長姦慝。初有言丞相亮惜赦者，亮答曰：　治世以大德，不以小惠，故匡衡吴漢不願爲赦。若劉景升父子，歲歲赦宥，何益於治？由是蜀人稱亮之賢，知禕有所不及。則赦之無裨於國，又可知也。是故唐虞三代所爲赦宥，特於過誤之小，刑罰之疑者用之，而未嘗及於大眚。即漢承兵革之後，寇賊姦宄，遽難法禁，故申之以大赦，與天下更新，亦非爲承平之世，養姦活罪計也。後世習之不革，植金雞，設鼓吹遂成故事。王符有言，今日賊民之甚者，莫大於數赦贖。令惡人高曾而誇詑，老盜服贓而過門，孝子見讐而不得討，遭盗者睹物而不可取。故予以爲當省刑於未刑之先，慎刑於用刑之日，而決不可赦刑於刑定之後。議者曰：　上天好生，赦所以應天之心。不知天不能有雨露而無雷霆，人主不能有勸賞而無刑殺。以刑殺人，而又赦之。是使以雷擊人，而又生之也。雷擊人不能復生，則刑殺人必不能復赦。議者又曰：　帝王以水旱赦，降德音而宥過，開桎牢以放囚，所以感天心。救災眚也。不知桑穀之異，有德則消，要風之來，非由赦召。假如二人爭訟。一人有罪，一人無罪，赦則有罪者喜，而無罪者冤。夫赦而至於冤，乃所以致災非所以彌災也。議者又曰：以人謀赦則私，以主行赦則公。竊嘗聞之，陶朱公中子殺人，囚於楚。其長男以黄金千鎰遣莊生，爲奏某星犯某宿，害楚國，可除之。楚王封三錢之府將爲赦，長男取金以去。莊生入見王曰：　陶朱公子多賂王左右，今赦，恐失望。王遂殺之。是楚國之赦，不出之楚王，而出之莊生。莊生得金則赦，失金則殺。赦以金，殺亦以金。而猶得謂之公乎！又聞之，河内張成善説風角，推占當赦，遂教子殺人。李膺爲河南尹，促收刑。既而逢赦獲免，膺愈憤，竟案殺之。成通宦官，誣膺等交結部黨。天子震怒，下郡國逮繫黨人。天下之大惡，不必以殺人而望赦，直可以因赦而殺人。然則赦非所以生人，而教天下以殺人之具也。且東漢之赦，赦殺人之子，而不赦無罪之黨人。赦邪不赦正，而猶得謂之公乎？公而守法。則天下有不敢濫之刑。私而行赦，則天下無不可逃之罪。聖人治天下，奈何不刑天下以公，而必赦天下以私也。管子不云乎，文有三情，雖在中智以下，當知其不可也。故備著於篇，以俟世之言治者采焉。

（清）魏源《古微堂内集》卷一《學篇四》　《詩》三百一言以蔽之，曰：　思無邪，曷可以能令思無邪。説之者曰：　發乎情，止乎禮義。

（清）康有爲《論語注》卷一《學而》　有子曰：其爲人也孝弟，而好犯上者鮮矣，不好犯上，而好作亂者，未之有也。君子務本，本立而道生。孝弟也者，其爲仁之本與！【略】

孝，從老省，從子，子承事父母之謂。弟，韋束之次弟，假以承事兄。立愛自親始，立敬自長始。父齒隨行，兄齒雁行，朋友不相踰，習成恭讓，然後出以事君、事長、使衆。小之則和順積躬，大之則悲憫萬物，必不侵犯人人自由之疆界，而況于長上乎？長上壓制太過，或不得已而求伸，謹厚者亦爲之，然猶非所好也，況于稱兵以亂天下乎？蓋作亂者爲最不仁之事，非孝弟無以絶其源也。務，趣也。本，本根也。包氏曰：能事父兄，然後仁道可大成。董仲舒曰：仁者不争。無傷惡之心，無隱忌之志，無嫉妒之氣，無感愁之欲，無險詖之事，無僻違之行，心舒則志平，氣和則欲節。聖人治其道而以出法，治其志而歸之于仁，仁之美者在于天。天，仁也。天覆育萬物，既化而生之，又養而成之。人之受命于天也，取仁于天而仁也。尸子曰：孔子本仁。孟子述孔子曰：道二，仁與不仁。老子以天地聖人爲不仁，孔子以天人爲仁，故孔子立教，一切皆以仁爲本。山川、草木、昆蟲、鳥獸，莫不一統。太平之世，遠近大小若一；大同之世，不獨親其親，子其子，老有終，壯有用，幼有長，鰥寡孤獨廢疾皆有養，仁之至也。然天地者，生之本；父母者，類之本。自生之本言之，則乾父坤母，衆生同胞，故孔子以仁體之；自類之本言之，則父母生養，兄弟同氣，故孔子以孝弟事之。此章爲撥亂世立義。孔子立教在仁，而行之先起孝弟。有子立教之意，以孔子生非平世，躬遭據亂，人道積惡，自人獸並争之世，久種亂殺之機，無論何生，觸處迸發，加逢亂世險詖，詐謀百出，機械亂種既深，何能遽致太平大同自由之域？孔子因時施藥，必先導之于和順，而後可殺其險機，又必先自其至親誘其不忍之心，然後可推恩同類，以動其胞與之愛。故撥亂之法，先求小康，而後徐導大同。孝弟者，先導其一家之小康，而徐推于天下之太平，此蓋治教必然之次序也。【略】

孔子志在《春秋》，以成其體天之仁；行在《孝經》，以成其錫類之孝。故以《春秋》之仁爲經天下之大經，《孝經》之孝爲立天下之大本也。然觀《孝經》言事親者甚少，而言待天下人甚多，蓋孝子不匱，永錫爾類，必錫類乃爲大孝。故堯舜仁覆天下，而孟子稱之曰：堯舜之道，孝弟而已。誠以孝弟爲行仁之本。立愛自親始，本原既定，推以愛民物，通天人，而大道自生也。蓋爲行仁先後之序焉。孔子之道好生惡殺，故乾曰大生，坤曰廣生，天地之大德曰生。而争殺作亂，乃亂世最不仁之事，聖人所最恐而憂之者也。孔子好仁而惡不仁，欲胥天下而致于太平之世，而亂種流傳，不能遽致，故發孝弟之道，以絶争亂之源，而爲仁愛之本。積重既久，保合太和，然後大同之道乃可行也。

又：有子曰：禮之用，和爲貴。先王之道斯爲美，小大由之。有所不行，知和而和，不以禮節之，亦不行也。何晏《集解》作不可行，漢石經無可字，今從之。

禮者，天理之節文，人事之儀則也。用，施行也。和，調也。蓋禮之爲體雖嚴，然皆出于人情之自然，故其爲用，必剛柔相調而不乖，乃免禮勝則離而可貴。先王之道，此其所以爲美，而小事大事無不由之也。如此而復有所不行者，以其徒知和之爲貴而一于和，不復以禮節之，則流蕩忘返而亦不能行也。愚謂，嚴而泰，和而節，此理之自然，禮之全體也。毫釐有差，則失其中正，而各倚于一偏，其不行均矣。禮勝則離，必和之以樂；樂勝則流，必節之以禮。蓋禮以嚴爲體，而以和爲用；樂以和爲體，而以嚴爲用。二者皆不可偏，庶幾欣喜懽愛，中正無邪也。禮者爲異，樂者爲同；禮爲合敬，樂爲合愛；禮爲别宜，樂爲敦和；禮爲無争，樂爲無怨；禮爲天地之序，故羣物皆别；樂爲天地之和，故百物皆化。故禮樂並制，而小康之世尚禮，大同之世尚樂。但人道以樂爲歸，聖人創制皆以樂人而已。惟生當據亂，不能不别，宜以去争。然制禮似嚴，實貴和樂，故無小無大皆樂由之。但物理循環，樂極則哀，故和而不流。禮當大同，但有合愛，仍不能不有節也。有子爲子游之師，當傳大同之道。此章詞雖含蓄，而專明親愛樂人，大同之旨已揭矣。

（清）康有爲《論語注》卷一二《顔淵》 顔淵問仁。子曰：克己復禮爲仁。一日克己復禮，天下歸仁焉。爲仁由己，而由人乎哉？仁者，天性之元德；禮者，人道之節文。克，勝也。復，反也。夫人者仁也，所以行仁之路，釋回增美，以致中和，禮也。性無善惡，而生有氣質，既有毗陰毗陽之偏，卽有過中失和之害，甚者縱欲任氣，其害仁甚矣。惟勝其氣質之偏，節其嗜欲之過，斯保合太和，還其元德。苟得一日爲仁，天下猶將感動。蓋斯須不和樂，斯須之惡電氣應感於千萬里，然則斯須之能克復，斯須之佳電氣亦感應於千萬里，如今電話然，至捷也。然事有偏衰，固爲仁之礙，而己之勇斷，實爲仁之本。故君子惟重以責己，而與人無預也。

顔淵曰：請問其目。子曰：非禮勿視，非禮勿聽，非禮勿言，非禮勿動。顔淵曰：回雖不敏，請事斯語矣。

禮者，孔子所制以配天地、育萬物，事爲制，曲爲防，大小精粗適如其地位分界，以爲人身之則，諸教所未及，而孔子獨美備者也。勿者，禁止之詞。視、聽、言、動則皆魄之爲也，由禮則順，失禮則乖。檃括其外，以涵養其中，習與性成，從容中道，則爲聖賢也。夫備魂魄而爲人，魂虚而魄實，魂清而魄濁，魂弱而魄强。以其濁魄强實，必專横用事，與其六鑿交外，則必物誘陷溺，此人道所以凶也。故非發强剛毅，清明澹泊，無以力制物欲，無以變化氣質。故佛氏難在降伏其心，神秀巨子時動拂拭。凡諸教主無不同，以制魄養魂爲要，乃至於顔子，至善之姿，猶須從事。若中下之人，質性麤惡，嗜欲繁多，若聽自由，則縱欲妄行，必至滅人道以爲禽獸，不止國土淪亡已也。

又：仲弓問仁。子曰：出門如見大賓，使民如承大祭。己所不欲，勿施於人。在邦無怨，在家無怨。仲弓曰：雍雖不敏，請事斯語矣。

出門包起居而言，使民約臣妾而言，而行嚴敬如對大賓、大祭，無有幾微疏慢者矣。視人如己，萬物一體，故己之所欲，以施於人，與民同樂也。然人情私己而輕人，故所欲與聚易，所惡勿施難，是以孔子重戒於不欲勿施也。修己以敬，與人以恕，更以内外無怨驗其敬恕之效否。蓋愷悌慈祥，欣喜驩愛，斯爲仁人也。朱子謂：克己復禮，乾道也；主敬行恕，坤道也。可視顔、冉之高下淺深焉。

（清）康有爲《新學僞經考・漢書藝文志辨僞》 以魯周公之國，禮文備物，史官有法，故與左丘明觀其史記，據行事，仍人道，因興以立功，敗以成罰，假日月以定曆數，藉朝聘以正禮樂。

綜述

《尚書正義・周書・武成》 列爵惟五，即所識政事而法之。爵五等，公侯伯子男。分土惟三。列地封國，公侯方百里，伯七十里，子男五十里，爲三品。疏：傳列地至三品。正義曰：爵五等，地三品，武王於此既從殷法，未知周公制禮亦然以否。孟子曰：北宫錡問於孟子曰：周之班爵禄如何？孟子曰：其詳不可得聞矣，嘗聞其略。天子之制，地方千里，公侯方百里，伯七十里，子男五十里。《漢書・地理志》亦云：周爵五等，其土三等也，公侯百里，伯七十里，子男五十里。漢世儒者多以爲然，包咸注《論語》云：千乘之國，百里之國也，謂大國惟百里耳。《周禮・大司徒》云：諸公之地，封疆方五百里。侯四百里，伯三百里，子二百里，男一百里。蓋是周室既衰，諸侯相并，自以國土寬大，皆違禮文，乃除去本經，妄爲説耳。鄭玄之徒以爲武王時大國百里，周公制禮大國五百里，《王制》之注具矣。

（宋）蔡沈《書經集傳・周書・武成》 列爵惟五，分土惟三，建官惟賢，位事惟能。重民五教，惟食、喪、祭。惇信明義，崇德報功，垂拱而天下治。

列爵惟五，公侯伯子男也。分土惟三，公侯百里，伯七十里，子男五十里之三等也。建官惟賢，不肖者不得進。位事惟能，不才者不得任。五教，君臣、父子、夫婦、兄弟、長幼五典之教也。食以養生，喪以送死，祭以追遠。五教三事，所以立人紀而厚風俗，聖人之所甚重焉者。惇，厚也。厚其信，明其義。信義立而天下無不勵之俗。有德者尊之以官，有功者報之以賞。官賞行而天下無不勸之善。夫分封有法，官使有要。五教修而三事舉，信義立而官賞行。武王於此復何爲哉？垂衣拱手而天下自治矣。史臣述武王政治之本末，言約而事博也如此哉。正當在大邑周之下，而上猶有缺文。按此篇編簡錯亂，劉氏、王氏、程子皆有改正次序。今參考定如右。獨既生魄丁未二節，以上文及《漢志》日辰推之，其序當如此耳。疑先儒以王若曰宜繫受命于周下，故以生魄在丁未之後。不知生魄之日，諸侯百工，雖來請命，武王以未祭祖宗，未告天地，未敢發命，乃以丁未庚戌祀于郊廟。大告武成之後，始告諸侯上下之交，神人之序，固如此也。讀者詳之。

《禮記・檀弓下》 魯人有周豐也者，哀公執摯請見之，而曰不可。公曰：我其已夫。使人問焉，曰：有虞氏未施信於民，而民信之；夏后氏未施敬於民，而民敬之。何施而得斯於民也？對曰：墟墓之間，未施哀於民而民哀；社稷宗廟之中，未施敬於民而民敬。殷人作誓而民始畔，周人作會而民始疑。苟無禮義、忠信、誠慤之心以涖之，雖固結之，民其不解乎！

（清）孫希旦《禮記集解・祭統》 夫祭有畀煇、胞、翟、閽者，惠下之道也，唯有德之君爲能行此。明足以見之，仁足以與之，畀之爲言與也，能以其餘畀其下者也。煇者，甲吏之賤者也。胞者，肉吏之賤者也。翟者，樂吏之賤者也。閽者，守門之賤者也。古者不使刑人守門。此四守者，吏之至賤者也。尸又至尊，以至尊既祭之末而不忘至賤，而以其餘畀之，是故明君在上，則竟内之民無凍餒者矣。此之謂上下之際。

畀，謂頒胙及之也。鄭氏曰：明足以見之，見此畀者也。仁足以與之，與此畀者也。煇，《周禮》作韗，謂韗皮革之官也。翟，謂教羽舞者也。古者不使刑人守門，謂夏、殷時。孔氏曰：夏、殷不使刑人守門，故雖賤人得受恩賜。際，接也。言至尊與賤者，其道相接也。方氏慤曰：祭之有俎，固已見惠均矣，然未足以盡惠下之道。以至尊之尸，而畀至賤之吏，然後見惠下也。此政事之均，與上下之際所以異焉。此以上，明十倫，又以申道之以禮之義也。

（清）孫希旦《禮記集解・表記》 周人尊禮尚施，事鬼敬神而遠之，近人而忠焉。其賞罰用爵列，親而不尊。其民之敝，利而巧，文而不慚，賊而蔽。

殷敬勝而敝，其失鬼，救鬼莫若文，故周人承之而尊禮尚施，尊禮尚施則文勝。列，等也。周之賞罰，不分先後，但以爵位之等爲輕重之差也。文勝則實意衰，習於威儀揖讓之節，故其敝也，便利而儇巧，相接以言辭，故其敝也，文辭多而不以捷給爲慚，儀物繁多，故其敝也，傷害於財力，至於困敝而不能振也。吕氏大臨曰：賞罰用爵列，如刑不上大夫，禮不下庶人，賜君子、小人不同日，命夫、命婦不躬坐獄訟之類。三代之道，或強教之意多，或説安之意多，其於或尊或親，皆不能無偏勝焉。非聖人之德有所未至，蓋所值之時不同，而救敝之道有不得不然者爾。

（清）蘇輿《春秋繁露義證》卷六《俞序》

《春秋》之道，大得之則以王，小得之則以霸。故曾子、子石《仲尼弟子列傳》：公孫龍，字子石，少孔子五十三歲。未知即此人否。《集解》鄭玄曰：楚人。《家語》云衛人，《孟子》注云趙人。案：唐宋封爵從鄭作楚人。趙公孫龍談堅白者别一人。盛美齊侯安諸侯，尊天子。上無王則姑取霸而美其安尊，亦以見尊王之恉。霸王之道，皆本於仁。仁，天心，故次以天心。《春秋》之旨，以仁爲歸。仁者，天之心也。《吕覽·不二篇》：孔子貴仁。本書《王道通三篇》：仁之美者在於天，天，仁也。愛人之大者，莫大於思患而豫防之，思患豫防，仁之至也。又見《仁義法篇》。故蔡得意於吴，魯得意於齊，而《春秋》皆不告，《鹽鐵論·刑德篇》：魯以楚師伐齊，而《春秋》惡之。故次以言怨人不可邇，官本云：他本邇作通。敵國不可狎，攘竊之國不可使久親，皆防患爲民除患之意也。親攘竊之國，使吾民潛移外化，或且據以爲利，而患莫大於此。不愛民之漸乃至於死亡，故言楚靈王晉厲公生弑於位，不仁之所致也。故善宋襄公不厄人，不由其道而勝，不如由其道而敗，《春秋》貴之，將以變習俗而成王化也。《司馬法》曰：逐奔不過百步，從綏不過三舍，明其禮也。不窮不能，而哀憐傷病，明其仁也。成列而鼓，明其信也。争義不争利，明其義也。仁禮信義，所謂王化者與？《春秋》撥亂反正，去詐歸仁。王者不可見，苟足見王心者，已貴之矣。故持其極端，以爲雖敗而不可改此道，傳以爲雖文王之戰不過此，不以成敗論也。故曰：矯枉不過其正弗能直。知此而義畢矣。時嚴安輩習《春秋》，類以五伯功利爲賢，惟董子勤勤於王化，劉向稱爲王佐者以此。《淮南·泰族訓》：弘之戰，軍敗君獲，而《春秋》大之，取其不鼓不成列也。太史公《宋微子世家·贊》云：襄公既敗於泓，而君子或以爲多，傷中國缺禮義，褒之也。宋襄之有禮讓也，竝用董義。此蓋仁之至盡，聖人之極思也。然非其時而用之，則梅福所謂猶以《鄉飲酒》之禮理軍市耳，其究足以亡國。若宋徐禧之敗于西夏，又其失之顯者耳。《傳》二十二年何注云：有帝王之君，宜有帝王之臣。有帝王之臣，宜有帝王之民。未能醇粹，而守其禮，所以敗也。輿謂能足以自治，智足以防患，而後可以言宥物之仁。此《春秋》言治次第也。貴宋襄者，蓋節取之。故子夏言《春秋》重人，官本云：他本脱子字。諸譏皆本此。《春秋》之譏多矣，本在重民。或奢侈使人憤怨，或暴虐賊害人，終皆禍及身。故子池言魯莊築臺，丹楹刻桷，晉厲之刑刻意者，皆不得以壽終。上奢侈，刑又急，皆不内恕，求備於人，故次以《春秋》緣人情，赦小過，隱元年何注：所傳聞之世，外小惡不書。莊七年《傳》一災不書，何注，明君子不以一過責人。《陳湯傳》劉向疏曰：昔齊桓公前有尊周之功，後有滅項之罪，君子以功覆過，而爲之諱行事。《韋玄成傳》：《春秋》棄桓之過，而録其功。而《傳》明之曰：君子辭也。宣十二年葬陳靈公，《傳》：討此賊者非巨子也，何以書葬，君子辭也。孔子明得失，見成敗，疾時世之不仁，天啟本注云：一無時字。失王道之體，天啟本無道之體三字。故緣人情，赦小過，《傳》又明之曰：君子辭也。故緣人情，天啟本作孔子曰故因行事。官本作故因行事，云：他本脱道之下七字，誤衍孔子曰吾緣人情七字，今校正。輿案：盧本作故緣人情，今從之。竊疑故緣下十六字竝衍文。孔子曰：吾因行事，加吾王心焉。假其位號以正人倫，隱元年何注：因儀父先與隱公盟，可假見褒賞之法。莊十年注：《春秋》假行事以見王法。聖人爲文辭孫順，善善惡惡，不可正言其罪。因周本有奪爵稱國氏人名字之例，故加州文備七等以進退之。若自記事者，書人姓名，主人習其讀而問其傳，則未知己之有罪焉爾，猶此類也。程子云：平王之時，王道絶矣，《春秋》假周以正王法。因其成敗以明順逆，因成知順，桓、文是；因敗知逆，魯莊、晉厲是；亦有因敗而得其順者，宋襄是也。假位號，因成敗，此聖人作《春秋》之意。因故事以明王義，事不虚而義則博貫。凡以維綱紀，定是非，始于止亂，終于致治。故其所善，則桓、文行之而遂，句。其所惡，則亂國行之終以敗，故始言大惡殺君亡國，終言赦小過，是亦始於麤粗，終於精微，由大惡進於小過，則惡絶矣，乃可言赦。有大惡則小過不暇責。盧云：别本作麤糲，非也。今從周本。粗，音才古切。《論衡·正説篇》云：畧正題目麤粗之説，以照篇中微妙之文。《莊子·則陽篇》釋文引司馬云：鹵莽猶麤粗也，亦作麤觕，與粗音義同。《漢·藝文志·敘數術》云：庶得麤觕。何休《公羊》隱元年注：用心尚麤觕。文四年亦同。何休之説，即根據於此。輿案：天啟本作粗糲。莊十年《傳》：觕者曰侵，精者曰伐。何注：觕，麤也。精，猶精密也。教化流行，德澤大洽，天下之人，人有士君子之行而少過矣，成十五年會吴鍾離《傳》，何注：至于所聞世，可得殊，又卓然有君子之行。《潛夫論·德化篇》：民蒙善化，則人有士君子之心。亦譏二名之意也。定六年《傳》：曷爲謂之仲孫忌？譏二名。二名，非禮也。何注：《春秋》定、哀之間，文致太平，欲見王者治定無所復爲譏。唯有二名，故譏之。此《春秋》之制也。隱元年注：于所傳聞之世，見治起于衰亂之中，用心麤觕，故内其國而外諸夏，先詳内而後治外，録大畧小，内小惡書，外小惡不書，大國有大夫，小國畧稱人，内離會書，外離會不書是也。於所聞之世，見治升平，内諸夏而外夷狄，書外離會，小國有大夫。宣十一年秋，晉侯會狄于欑函。襄二十三年，邾婁、鼻我來奔是也。至所見之世，著治太平，夷狄進至于爵，天下遠近大小若一，用心尤深而詳，故崇仁義，譏二名，晉魏曼多、仲孫、何忌是也。案：王莽用《公羊》説，禁人二名，東漢時猶循之。

（清）蘇輿《春秋繁露義證》卷九《身之養重於義》 天之生人也，使人生義與利。盧云：使人，本或作使之。利以養其體，義以養其心。宋程子言義理養心，本此。孟子曰：義理之説我心，猶芻豢之説我口。心不得義不能樂，體不得利不能安。君子爲道，非徒自苦，固有利用安身之術。正義不謀利，士夫之所自飭。富貴利達，營求同於妾婦，君子恥之，以其擾擾而不安也。義者心之養也，利者體之養也。體莫貴於心，故養莫重於義，義之養生人大於利。天啟本有矣字，凌本同。奚以知之？天啟本奚作何，凌本同。今人大有義而甚無利，凌本，大有倒。雖貧與賤，尚榮其行，以自好而樂生，原憲、曾、閔之屬是也。《新語·本行篇》：賤而好德者尊，貧而有義者榮。《列女傳》：齊相御妻曰：吾聞寧榮於義而賤，不虛驕以貴。《潛夫論·論榮篇》：幽厲之貴，天子也，而又富有四海。顏原之賤，匹庶也，而又凍餒屢空。論若必以位，則是兩王爲世士，而二處爲愚陋也。故曰仁重而勢輕，位蔑而義榮。盧云：榮，俗本多作容，錢據計臺本校正。人甚有利而大無義，雖甚富，盧云：疑當有且貴二字。則羞辱大惡。惡深，禍患重，胡思敬云：上惡字疑怨之誤。非立死其罪者，即旋傷殃憂爾，盧云：數語疑有賸字。莫能以樂生而終其身，刑戮夭折之民是也。天啟本作折夭。夫人有義者，雖貧能自樂也。天啟本能在雖上。注云：人，一作民。而大無義者，雖富莫能自存。官本云：他本作無大。吾以此實義之養生人，大於利而厚於財也。實，猶驗也。揚子《脩身篇》：公儀子、董仲舒之才之劭也，使見善不明，用心不剛，儔克爾？司馬光注云：仲舒云：皇皇求財利，常恐乏匱者，庶人之意也。皇皇求仁義，常恐不能化民者，大夫之意也。此所以爲高。儔克爾，誰能如此舍利而取義也。《朱子語類》亦云：仲舒所立甚高，後世之所以不如古人者，以道義功利關不透耳。輿案：此利字與功利微別。宋玉《九辨》云：獨耿介而不隨兮，願慕先生之遺教。處濁世而顯榮兮，非予心之所樂。與其無義而有名兮，寧窮處而守高。食不媮而爲飽兮，衣不苟而爲温。竊慕詩人之遺風兮，願託志而素餐。于董子之旨，庶乎近之。民不能知而常反之，皆忘義而殉利，去理而走邪，以賊其身而禍其家。《黄氏日鈔》賊作賤。此非其自爲計不忠也，則其知之所不能明也。今握棗與錯金，以示嬰兒，嬰兒必取棗而不取金也。凌云：以金銀飾物曰錯。《食貨志》有錯刀，直一千。契刀無鏤，而錯刀用金鏤之，故名錯也。各本不疊嬰兒字，據《黄氏日鈔》引補。握一千金與千萬之珠，以示野人，野人必取金而不取珠也。盧云：千萬之珠，謂其價值千萬也。本或無之字者非。故物之於人，小者易知也，其於大者難見也。《吕覽·孟冬紀》：今以百金與摶黍以示兒子，兒子必取摶黍矣。以龢氏之璧與百金以示鄙人，鄙人必取百金矣。以龢氏之璧、道德之至言以示賢者，賢者必取至言矣。其知彌精，其所取彌精；其知彌觕，其所取彌觕。《黄氏日鈔》見作知。今利之於人小而義之於人大者，者，字疑衍。《日鈔》無。無怪民之皆趨利而不趨義也，固其所闇也。孔子曰：君子喻於義，小人喻於利。以其所見之大小異也。君子謂士夫，小人謂民。士夫而民行則小矣。《潛夫論·遏利篇》：知利之可娱己也，不知其積而必有禍也。前人以病，後人以競，庶民之愚，而衰闇之至也。聖人事明義，以照燿其所闇，故民不陷。《詩》云：示我顯德行。此之謂也。《韓詩外傳》載魯有父子訟，孔子止康子殺，亦引此《詩》。云：昔之君子，道其百姓不使迷，是以威厲而刑措不用也。故形其仁義，謹其教道，使民目晰焉而見之，使民耳晰焉而聞之，使民心晰焉而知之，則道不迷而民志不惑矣。《詩》曰：示我顯德行。輿案：《南山詩》云：四方是維，天子是庳，俾民不迷。亦此義。《説郛》載《詩緯·氾厤樞》聖人事明義云云，與此文同。先王顯德以示民，民樂而歌之以爲詩，《詩·敬之》鄭箋云：示道我以顯明之德行。是詩以爲成王望羣臣示之以顯德行。此云顯德行以示民，民歌之爲詩。蓋今文説。説而化之以爲俗。故不令而自行，不禁而自止，從上之意，不待使之，若自然矣。故曰：聖人天地動、四時化者，非有他也，其見義大故能動，天啟本作大義，凌本同。動故能化，化故能大行，化大行故法不犯，法不犯故刑不用，刑不用則堯舜之功德。此大治之道也，功德慕堯舜，法度守文王。《春秋》志也。《論衡·儒增篇》：儒書稱堯舜之德至優至大，天下太平。先聖傳授而復也。所謂先聖後聖同揆。故孔子曰：誰能出不由戶，何莫由斯道也。凌云：出，謂出室也。凡宫室之制，外爲堂，内爲室。室之南壁，東爲戶，西爲牖。凡所以通出入者，堂前則有門，堂後則有闑。入者以向室爲至，故或不由門。出者以室爲始，故不能不由戶。今不示顯德行，民闇於義，不能炤；迷於道不能解，因欲大嚴憯以必正之，謂齊以刑法。老子云：古之善爲道者，非以明民，將以愚之。其流遂爲商、韓慘刻矣。直殘賊天民而薄主德耳，其勢不行。仲尼曰：國有道，雖加刑，無刑也。無可刑之人。官本云：他本也字在無字上。國無道，雖殺之，不可勝也。其所謂有道無道者，示之以顯德行與不示爾。

（清）馬驌《繹史》卷二四之六《周禮之制》 樂者爲同，禮者爲異，同則相親，異則相敬。樂勝則流，禮勝則離。合情飾貌者，禮樂之事也。禮義立則貴賤等矣，樂文同則上下和矣，好惡著則賢不肖别矣。刑禁暴，爵舉賢，則政均矣。仁以愛之，義以正之，如此則民治行矣。樂由中出，禮自外作。樂由中出，故靜；禮自外作，故文。大樂必易，大禮必簡。樂至則無怨，禮至則不争，揖讓而治天下者，禮樂之謂也。暴民不作，諸侯賓服，兵革不試，五刑不用，百姓無患，天子不怒，如此則樂達矣。合父子之親，明長幼之序，以敬四海之内，天子如此則禮行矣。

（清）馬驌《繹史》卷九五之二《孔門諸子言行》 《孔叢子》仲弓問古之刑教與今之刑教。孔子曰：古之刑省，今之刑繁。其爲教，古有禮然後有刑，是以刑省。今無禮以教而齊之以刑，刑是以繁。《書》曰：伯夷降典，折民維刑。謂先禮以教之，然後繼以刑折之也。夫無禮則民無恥，而正之以刑，故民苟免。《書》曰：哀矜折獄。仲弓問曰：何謂也？孔子曰：古之聽訟者，察貧窮，哀孤獨，及鰥、寡、老、弱、不肖而無告者，雖得其情必哀矜之。死者不可生，斷者不可屬。若老而刑之謂之悖，弱而刑之謂之剋，不赦過謂之逆，率過以小罪謂之枳。故宥過赦小罪，老弱不受刑，先王之道也。《書》：大辟疑赦。又曰：與其殺不辜，寧失不經。

《南史》卷六九《傅縡傳》 夫人君者，恭事上帝，子愛黔黎，省嗜慾，遠諂佞，未明求衣，日旰忘食，是以澤被區宇，慶流子孫。陛下頃來酒色過度，不虔郊廟之神，專媚淫昏之鬼。小人在側，宦竪弄權，惡忠直若仇讎，視百姓如草芥。後宫曳綺繡，廄馬餘菽粟，兆庶流離，轉屍蔽野，貨賄公行，帑藏損耗，神怒人怨，衆叛親離。恐東南王氣，自斯而盡。

《宋書》卷六四《鄭鮮之傳》 鮮之下帷讀書，絶交游之務。初爲桓偉輔國主簿。先是，兖州刺史滕恬爲丁零翟遼所没，屍喪不反，恬子羡仕宦不廢，議者嫌之。桓玄在荆州，使羣僚博議，鮮之議曰：名教大極，忠孝而已，至乎變通抑引，每事輒殊，本而尋之，皆是求心而遺跡。跡之所乘，遭遇或異。故聖人或就跡以助教，或因跡以成罪，屈申與奪，難可等齊，舉其阡陌，皆可略言矣。天可逃乎？而伊尹廢君，君可脅乎？而鬻權見善；忠可愚乎？而箕子同仁。自此以還，殊實而齊聲，異譽而等美者，不可勝言。而欲令百代之下，聖典嘉之喻也。何妨綜理王務者，布衣以處之。明教者自謂世非横流，凡士君子之徒，無不可仕之理，而雜以情議，謂宜在貶裁耳。若多引前事以爲通證，則孝子可顧法而不復讎矣。文皇帝無所立制於東關，王敦無所明之於中興。每至斯會，輒發之於宰物，是心可不喻乎。

且夫求理當先以遠大，若滄海横流，家國同其淪溺，若不仕也，則人有餘力。人有餘力，則國可至乎亡，家可至乎滅。當斯時也，匹婦猶亡其身，況大丈夫哉。既其不然，天下之才，將無所理。滕但當盡《陟岵》之哀，擬不仕者之心，何爲證喻前人，以自通乎。且名爲大才之所假，而小才之所榮，榮與假乖常，已有慚德，無欣工進，何有情事乎。若其不然，則工進無欣，何足貴於千載之上邪。苟許小才榮其位，則滕不當顧常疑以自居乎。所謂柳下惠則可，我則不可也。

且有生之所宗者聖人，聖人之爲教者禮法，即心而言，則聖人之法，不可改也。而秦以郡縣治天下，莫之能變；漢文除肉刑，莫之能復。彼聖人之爲法，猶見改於後王，況滕賴前人，而當必通乎？若人皆仕，未知斯事可俟後聖與不？況仕與不仕，各有其人，而不仕之所引，每感三年之下。見議者弘通情紀，每傍中庸，又云若許譏滕，則恐亡身致命之仕，以此而不盡。何斯言之過與。夫忠烈之情，初無計而後動。若計而後所闕，正斯事於一朝，豈可易哉。

然立言明理，以古證今，當使理厭人情。如滕羡情事者，或終身隱處，不關人事；或昇朝理務，無譏前哲。通滕者則以無譏爲證，塞滕者則以隱處爲美。折其兩中，則異同之情可見矣。然無譏前哲者，厭情之謂也。若王陵之母，見烹於楚，陵不退身窮居，終爲社稷之臣，非爲榮也。鮑勛蹇諤魏朝，亡身爲效，觀其志非貪爵也。凡此二賢，非滕之諭。夫聖人立教，猶云有禮無時，君子不行。有禮無時，政以事有變通，不可守一故耳。若滕以此二賢爲證，則恐人人自賢矣。若不可人人自賢，何可獨許其證。譏者兼在於人，不但獨證其事。漢、魏以來，記闕其典，尋而得者無幾人。至乎大晉中朝及中興之後，楊臻則七年不除喪，三十餘年不關人事，温公則見逼於王命，庾左丞則終身不著袷，高世遠則爲王右軍、何驃騎所勸割，無有如滕之易者也。若以縗麻非爲哀之主，無所復言矣。文皇帝以東關之役，尸骸不反者，制其子弟，不廢婚宦。明此，孝子已不自同於人倫，有識已審其可否矣。若其不爾，居宗輔物者，但當卽聖人之教，何所復明制於其間哉。及至永嘉大亂之後，王敦復申東關之制於中興，原此是爲國之大計，非謂訓範人倫，盡於此也。

何以言之？父讎明不同戴天日，而爲國不可許復讎，此自以法奪情，卽是東關、永動，則懼法不盡命。若有不盡，則國有常法。故古人軍敗於外，而家誅於內。苟忠發自內，或懼法於外，復有跼蹐顧望之地邪！若有功不賞，有罪不誅，可致斯喻耳。無有名教翼其子弟，而子弟不致力於所天。不致力於所天，則王經忠不能救主，孝不顧其親，是家國之罪人耳，何所而稱乎。夫恩宥十世，非不隆也。功高賞厚，非不報也。若國憲無負於滕恬，則羨之通塞，自是名教之所及，豈是勸沮之本乎？

議者又以唐虞邈矣，孰知所歸，尋言求意，將所負者多乎。後漢亂而不亡，前史猶謂數公之力。魏國將建，荀令君正色異議，董昭不得枕蘇則之膝，賈充受辱於庾純。以此而推，天下之正義，終自傳而不没，何爲發斯歎哉。若以時非上皇，便不足復言多者，則夷齊於奭、望，子房於四人，亦無所復措其言矣。至於陳平默順避禍，以權濟屈，皆是衛生免害，非爲榮也。滕今生無所衛，鞭塞已冥，義安在乎。昔陳壽在喪，使婢丸藥，見責鄉閭；阮咸居哀，騎驢偷婢，身處王朝。豈可以阮獲通於前世，便無疑於後乎。且賢聖抑引，皆是究其始終，定其才行。故雖事有驚俗，而理必獲申。郤詵葬母後園，而身登宦，所以免責，以其孝也。日磾殺兒無譏，以其忠也。今豈可以二事是忠孝之所爲，便可許殺兒葬母後園乎？不可明矣。既其不可，便當究定滕之才行，無所多辯也。

（漢）劉向《説苑》卷五《貴德》 聖人之於天下百姓也，其猶赤子乎。饑者則食之，寒者則衣之。將之養之，育之長之，唯恐其不至於大也。《詩》曰：蔽芾甘棠，勿翦勿伐，召伯所茇。《傳》曰：自陝以東者，周公主之。自陝以西者，召公主之。召公述職，當桑蠶之時，不欲變民事，故不入邑中，舍于甘棠之下而聽斷焉。陝間之人，皆得其所，是故後世思而歌詠之。善之故言之，言之不足，故嗟歎之。嗟歎之不足，故歌詠之。夫詩思然後積，積然後滿，滿然後發，發由其道而致其位焉。百姓歎其美而致其敬，甘棠之不伐也，政教惡乎不行。孔子曰：吾於甘棠，見宗廟之敬也。甚尊其人，必敬其位，順安萬物，古聖之道幾哉。仁人之德教也，誠惻隱於中，悃愊於內，不能已於其心。故其治天下也，如救溺人。見天下強陵弱，衆暴寡，幼孤羸露，死傷係虜，不忍其然。是以孔子歷七十二君，冀道之一行而得施其德。使民生於全育，烝庶安土，萬物熙熙，各樂其終。卒不遇，故睹麟而泣，哀道不行，德澤不洽，於是退作《春秋》，明素王之道，以示後人。思施其惠，未嘗輟忘，是以百王尊之，志士法焉。誦其文章，傳今不絶，德及之也。《詩》曰：載馳載驅，周爰咨謀。此之謂也。聖王布德施惠，非求報於百姓也；郊望禘嘗，非求報於鬼神也。山致其高，雲雨起焉；水致其深，蛟龍生焉；君子致其道德而福禄歸焉。夫有陰德者，必有陽報；有隱行者，必有昭名。古者溝防不修，水爲人害，禹鑿龍門，闢伊闕，平治水土，使民得陸處。百姓不親，五品不遜，契教以君臣之義，父子之親，夫婦之辨，長幼之序。田野不修，民食不足，后稷教之，闢地墾草，糞土樹穀，令百姓家給人足。故三后之後，無不王者，有陰德也。周室衰，禮義廢，孔子以三代之道，教導於後世，繼嗣至今不絶者，有隱行也。《周頌》曰：豐年多黍多稌，亦有高廩，萬億及秭，爲酒爲醴，烝畀祖妣，以洽百禮，降福孔偕。《禮記》曰：上牲損則用下牲，下牲損則祭不備物，以其舛之爲不樂也。故聖人之於天下也，譬猶一堂之上也，今有滿堂飲酒者，有一人獨索然向隅而泣，則一堂之人皆不樂矣。聖人之於天下也，譬猶一堂之上也，有一人不得其所者，則孝子不敢以其物薦進。

魏武侯浮西河而下，中流，顧謂吴起曰：美哉乎。河山之固也，此魏國之寶也。吴起對曰：在德不在險。昔三苗氏左洞庭、右彭蠡，德義不修而禹滅之。夏桀之居，左河、濟，右太、華，伊闕在其南，羊腸在其北，修政不仁湯放之。殷紂之國，左孟門而右太行，常山在其北，大河經其南，修政不德武王伐之。由此觀之，在德不在險。若君不修德，船中之人盡敵國也。武侯曰：善。

武王克殷，召太公而問曰：將柰其士衆何？太公對曰：臣聞愛其人者，兼屋上之烏；憎其人者，惡其餘胥。咸劉厥，敵使靡有餘。何如？王曰：不可。太公出。邵公入。王曰：爲之柰何？邵公對曰：有罪者殺之，無罪者活之。何如？王曰：不可。邵公出。周公入。王曰：爲之柰何？周公曰：使各居其宅，田其田，無變舊新，唯仁是親。百姓有過，在予一人。武王曰：廣大乎平天下矣。凡所以貴士君子者，以其仁而有德也。

（漢）劉向《新序》卷六《刺奢》 齊景公飲酒而樂，釋衣冠自鼓缶。謂侍者曰：仁人亦樂是夫。梁丘子曰：仁人耳目亦猶人也，奚爲獨不樂此也。公曰：速駕迎晏子。晏子朝服以至。公曰：寡人甚樂此樂也，願與夫子共之。請去禮。晏子對曰：君之言過矣。齊國五尺之童子，力盡勝嬰而又勝君。所以不敢亂者，畏禮也。上若無禮，無以使其下；下若無禮，無以事其上。夫麋鹿唯無禮。故父子同麀。人之所以貴於禽獸者，以有禮也。《詩》曰：人而無禮，胡不遄死。故禮不可去也。公曰：寡人無良，左右淫湎寡人，以至於此。請殺之。晏子曰：左右何罪。君若好禮，左右有禮者至，無禮者去。君若惡禮，亦將如之。公曰：善。請革衣冠，更受命，乃廢酒而更尊朝服而坐。觴三行，晏子趨出。魏文侯見箕季其牆壞而不築。文侯曰，何爲不築。對曰，不時。其牆枉而不端。問曰：何不端？曰：固然。從者食其園之棰，箕季禁之。少焉日晏，進糲餐之食，瓜瓠之羹。文侯出。其僕曰：君亦無得於箕季矣。曩者進食，臣竊窺之，糲餐之食，瓜瓠之羹。文侯曰：吾何無得於季也。吾一見季而得四焉。其牆壞不築，云待時者，教我無奪農時也。牆枉而不端，對曰固然者，是教我無侵封疆也。從者食園桃，箕季禁之，豈愛桃哉？是教我下無侵上也。食我以糲餐者，季豈不能具五味哉？教我無多斂於百姓，以省飲食之養也。

（宋）潘自牧《記纂淵海》卷四《祥瑞部・嘉禾》 神農作耒耜，天應以嘉禾。《禮》含文喜。綏五器明五禮，則五禾應以大豐。同上。人君乘土而王，其政昇平，則嘉穀並生。《禮》斗威儀。

（宋）潘自牧《記纂淵海》卷四九《性行部・有常》 經，君子以常德行，言有物而行有恒。動靜有常，剛柔斷矣。並《易》。其爾典常作之師，政貴有常。並《書》。不愆不忘，率由舊章。《詩》。得見有恒者，斯可矣。子曰：居處恭，執事敬，與人忠，雖之夷狄，不可棄也。並《語》。

子喪祭，從先祖。《孟》。遵先王之法而過者，未之有也。有恒產者，有恒心。並《孟》。君子道其常。天行有常，不爲堯存，不爲桀亡。應之以治則吉，應之以亂則凶。天有常道，地有常數，君子有常體，並《荀》。人有常理。《管子》。

（宋）王應麟《玉海》卷三七《藝文・書・周書》 《左傳》成十六年，范文子戒晉侯，《周書》曰：惟命不于常。注：《康誥》今有。襄二十五年，衛大叔儀言《書》曰：慎始而敬終，終以不困。注：《逸書》。昭六年，叔向言《書》曰：聖作則。注：《逸書》。二十年，苑何忌云：《康誥》曰：父子兄弟，罪不相及。注：《周書・康誥》今無。《傳》引《周書》，惟德是輔，乃大明服，庸庸祗祗，明德慎罰，不敢侮鰥寡，大國畏其力，惠不惠，茂不茂。皆今有。《國語》、《周書》所謂重黎實，使天地不通。《周書》曰：文王至於日中，昃不皇暇，食惠於小民，惟政之恭。《周書》有之曰：怨不在大。今有《孟子》：《康誥》凡民罔不憝。《泰誓》曰：無畏寧爾也。惟曰：其助上帝。記《甫刑》曰：苗民匪用命。《君雅》曰：夏日暑雨。《君奭》曰：昔在上帝周田，觀文王之德。《緇衣》注：古文爲割申勸寧王之德，今博士讀爲厥亂勸寧王之德。三者皆異，古文似近之。《呂氏春秋》：《周書》曰：允哉允哉！注：《逸書》。《説苑》：《周書》曰：前車覆，後車戒。《文選》注《周書》曰：乃辨九服之國。又曰：湯歸於亳，三千諸侯大會武王，將渡河中流，白魚入王舟，會武王於郊下者，八百諸侯。

（明）唐順之《稗編》卷一一二《選舉教養之法》 《舜典》曰：帝曰：夔命汝典，樂教胄子。《王制》曰：春秋教以禮樂，冬夏教以《詩》、《書》。王太子、王子、羣后之太子、卿大夫、元士之適子皆造焉。《文王世子》曰：凡學，世子及學士必時，春夏學干戈，秋冬學羽籥。小樂正學干，大胥贊之；籥師學戈，籥師丞贊之，胥鼓南。春誦夏弦，太師詔之。瞽宗秋學禮，執禮者詔之；冬讀書，典書者詔之。《燕義》曰：

庶子官職諸侯、卿、大夫之庶子之倅，掌其戒令，與其教治。國有大事則率國子而致於太子，唯所用之。若有甲兵之事，則授之以車甲，合其卒伍，置其有司，以軍法治之，司馬弗正。凡國之政事國子存游倅，使之修德學道。《周禮》師氏掌以三德，教國子至德、敏德、孝德。教三行，孝行、友行、順行，掌國中央之事以教國子弟。凡國之貴游子弟學焉。保氏養國子以道，乃教之六儀：祭祀、賓客、朝廷、喪紀、軍旅、車馬。大司樂掌成均之法，以治建國之學政，而合國之子弟焉。凡有道者有德者，使教焉。以樂德教國子：中、和、祗、庸、孝、友。以樂語教國子興、道、諷、誦、言、語。以樂舞教國子，《雲門大卷》、《大咸》、《大磬》、《大夏》、《大濩》、《大武》。樂師掌教國子小舞帗舞、羽舞、皇舞、旄舞、干舞、人舞。及徹，帥學士而歌徹，此教國子之法也。大司徒正月之吉，始和，乃垂教象之法於象魏，使萬民觀治象，挾日而斂之，乃施教法於邦國都鄙，使各以教其所治民。因此五物者民之常，而施十有二教焉：祀禮、陽禮、陰禮、樂禮、儀、俗、刑、誓。度世事賢庸。以鄉三物教萬民而賓興之：一曰六德，智、仁、聖、義、中、和。二曰六行，孝、友、睦、婣、任、恤。三曰六藝，禮、樂、射、御、書、數。以鄉八刑糾萬民：不孝、不睦、不婣、不悌、不任、不恤、造言、亂寇。以五禮防萬民之僞，而教之中。吉、凶、軍、賓、嘉，以六樂防萬民之情，而教之和。《雲門》、《大咸》、《大磬》、《大夏》、《大濩》、《大武》，此俊造之教也。若夫選舉之法，則又有不同焉。大胥掌學士之版，春合舞，秋合聲。諸子春合，諸學秋合，諸射以考其藝而進退之。《王制》曰：樂正崇四術立四教，順先王詩書禮樂以造士，此國子之選舉者如此也。《周禮》閭胥二十五家，書其敬敏任恤者。族師百家，書其孝悌睦婣有學者。黨正五百家書其德行、道藝。州長二千五百家，考其德行道藝，而勸之。鄉大夫萬二千五百家，三年大比，考其德行、道藝，而興賢者、能者，鄉老及鄉大夫帥其吏與其衆寡，以禮賓之。《王制》曰：命鄉論秀，升之。《司徒》曰：選士，即自比長以上升之也。《司徒》論選士之秀者，而升之學，曰俊士，即《周禮·大司徒》以鄉三物教萬民而賓興之。升於司徒者，不征於鄉，升于學者，不征於司徒，曰造士。大樂正論造士之秀者，以告于王，而升諸司馬，曰進士。司馬辯論官材，論進士之賢者以告於王，而定其論。論定，然後官之。任官，然後爵之。位定，然後禄之。此鄉舉俊造者如此也。若夫諸侯教養選用之法，則亦有可考者矣。《詩·泮水》曰：思樂泮水，薄采其芹。無小無大，從公於邁。曰：載色載笑，匪怒伊教。此諸侯教俊造之法也。至於貢士用賢之法，則又有可考者矣。《周禮·司士》曰：凡邦國，三歲則稽其士任，而進退其爵禄。《禮記·射義》曰：古者天子之制，諸侯歲獻，貢士於天子，試之於射宮。其容體比於禮，其節比於樂，而中多者，得與於祭。其容體不比於禮，其節不比于樂，而中少者，不得與於祭。數與於祭而君有慶，數不與於祭而君有讓。數有慶而益地，數有讓而削地。《書傳》曰：諸侯之於天子，三年一貢士，一適謂之好德，再適謂之賢，賢三適謂之有功。一不適謂之過，再不適謂之敖，三不適謂之誣，其適則有衣服、弓矢、秬鬯、虎賁之賞，其不適，則有黜爵之罰。此諸侯之貢士如此也。春秋之時，若季文子之忠，叔孫穆子之公，孟獻子之加於人一等，皆出於魯之三桓也。若子皮之舉賢，子産之惠，子太叔之美秀而文者，皆出於鄭之七穆也。宋之良臣，多出於戴、桓、武、莊之族，舉其尤者，華元、子罕是也。衛之良臣，亦公族及卿大夫之裔也。舉其尤者，公子荊、公孫叔、公子朝皆公族也。子鮮，公子也。史鰌、史魚，甯武子卿大夫之裔也。齊之高國，鮑晏，楚之鬬蔿薳屈，皆能世其家而不忝乃祖乃父，此諸侯用國子之法如此也。《管子》載齊桓公爲軌里連鄉之法，正月之朝，鄉長復事，復，白也。公親問焉，曰：於子之鄉有居處，爲義好學，聰明質仁，慈孝於父母，長弟聞於鄉里者，有則以告，有而不以告謂之蔽賢，其罪五。謂其罪當入於五刑而定其罰。公又問焉，曰：於子之鄉，有拳勇股肱之力筋骨秀出於衆者，有則以告，有而不以告謂之蔽才，其罪五。於是鄉長退而修德進賢。蓋古者鄉舉之意也，此諸侯舉俊造之法也。

（清）陳夢雷《古今圖書集成·祥刑典·祥刑總部雜録一》

《春秋元命苞》：王者置廷尉，讞疑刑者。官之平，下之信也。尉者，尉民心，撫其實也。

《禮》稽命徵王者，刑殺當罪，賞賜當功。得禮之儀，則醴泉出。

《管子·牧民篇》刑罰不足以畏其意，殺戮不足以服其心。故刑罰繁而意不恐，則令不行矣，殺戮重而心不服，則上位危矣。

《權修篇》見其可也，喜之有徵。見其不可也，惡之有刑。賞罰信於其所見，雖其所不見，其敢爲之乎。見其可也，喜之無徵。見其不可也，惡之無刑。賞罰不信於其所見，而求其所不見之爲之化，不可得也。厚愛利足以親之，明智禮足以教之。上身服以先之，審度量以閑之。鄉置師以説道之，然後申之以憲令，勸之以慶賞，振之以刑罰，故百姓皆説，爲善則暴亂之行無由至矣。

凡牧民者，使士無邪行，女無淫事。士無邪行，教也。女無淫事，訓也。教訓成俗而刑罰省數也。

法者，將用民之死命者也。用民之死命者，則刑罰不可不審。刑罰不審，則有辟就。有辟就，則殺不辜而赦有罪，殺不辜而赦有罪，則國不免於賊臣矣。

《君臣篇》人君不公，常惠於賞，而不忍於刑，是國無法也。治國無法，則民朋黨而下比，飾巧以成其私。法制有常，則民不散而上合，竭情以納其忠。

《心術篇》法者，所以同出不得不然者也，故殺戮禁誅以一之也。故事督乎法，法出乎權，權出乎道。

《四時篇》刑德者，四時之合也。刑德合於時，則生福，詭則生禍。

日掌陽，月掌陰，星掌和。陽爲德，陰爲刑，和爲事。是故日食則失德之國惡之，月食則失刑之國惡之，彗星見則失和之國惡之，風與日爭明則失生之國惡之。是故聖王日食則修德，月食則修刑，彗星見則修和，風與日爭明則修生。

德始於春，長於夏。刑始於秋，流於冬。刑德不失，四時如一。刑德離鄉，時乃逆行。作事不成，必有大殃。

《正篇》制斷五刑，各當其名。罪人不怨，善人不驚，曰刑。正之、服之、勝之、飾之，必嚴其令，而民則之，曰政。如四時之不貣，如星辰之不變，如宵、如晝、如陰、如陽、如日月之明，曰法。愛之、生之、養之、成之，利民不德，天下親之，曰德。無德，無怨，無好，無惡，萬物崇一，陰陽同度，曰道。刑以弊之，政以命之，法以遏之，德以養之，道以明之。刑以弊之，毋失民命。令之以終其欲，明之毋徑。遏之以絶其志意，毋使民幸。養之以化其惡，必自身始，明之以察其生，必修其理。致刑其民，庸心以弊。致政其民，服信以聽。致德其民，和平以静。致道其民，付而不爭。罪人當名曰刑，出令時當曰政，當故不改曰法，愛民無私曰德，會民所聚曰道。立常行政，能服信乎。中和慎敬，能日新乎。正衡一静，能守慎乎。廢私立公，能舉人乎。臨政官民，能後其身乎。能服信政，此謂正紀。能服日新，此謂行理。守慎正名，僞詐自止。舉人無私，臣德咸道。能後其身，上佐天子。

《七臣七主篇》主虞而安，吏肅而嚴，民樸而親。官無邪吏，朝無奸臣，下無侵爭，世無刑民。

秋毋赦過，釋罪緩刑。

刑法繁則姦不禁，主嚴誅則失心民。

《禁藏篇》以有刑至無刑者，其法易而民全；以無刑至有刑者，其法煩而奸多。

夫施功而不鈞，位雖高，爲用者少。赦罪而不一，德雖厚，不譽者多。舉事而不時，力雖盡，其功不成。刑賞不當，斷斬雖多，其暴不禁。夫公之所加，罪雖重，下無怨氣。私之所加，賞雖多，士不爲歡。行法不道，衆民不能順，舉錯不當，衆民不能成。不攻不備，當今爲愚人。

《九守篇》用賞者貴誠，用刑者貴必。刑賞信必於耳目之所見，則其所不見，莫不闇化矣。誠暢乎天地，通乎神明，見奸僞也。

《度地篇》大寒大暑，大風大雨，其至不時者。此謂四刑。

《版法解篇》凡國無法則衆不知所爲，無度則事無機。有法不正，有度不直則治辟，治辟則國亂。故曰：正法直度，罪殺不赦，殺僇必信，民畏而懼，武威既明令不再行。

凡民者莫不惡罰而畏罪，是以人君嚴教以示之，明刑罰以致之。故曰：頓卒怠倦以辱之，罰罪有過以懲之，殺戮犯禁以振之。

日月之明無私，故莫不得光。聖人法之以燭萬民，故能審察則無遺善無隱奸。無遺善無隱奸則刑賞信必。刑賞信必，則善勸而奸止，故曰參於日月。

《明法解篇》明主之治也，縣爵禄以勸其民。民有利於上，故主有以使之。立刑罰以威其下，下有畏於上，故主有以牧之，故無爵禄則主無以勸民，無刑罰則主無以威衆。故人臣之行理奉命者，非以愛主也，且以就利而避害也，百官之奉法無奸者非以愛主也，欲以愛爵禄而避罰也。故明法曰：百官論職非，惠也，刑罰必也。

亂主之行爵禄也，不以法令案功勞。其行刑罰也，不以法令案罪過，而聽重臣之所言。故臣有所欲賞，主爲賞之。臣欲有所罰，主爲罰之。廢其公法，專聽重臣，如此故羣臣皆務其黨，重臣而忘其主，趨重臣之門而不庭。

明主之道，立民所欲，以求其功，故爲爵禄以勸之。立民所惡，以禁其邪，故爲刑罰以畏之。故案其功而行賞，案其罪而行罰，如此，則羣臣之舉無功者不敢進也，毀無罪者不能退也。故明法曰譽者不能進，而誹者不能退也。

《文子·自然篇》道狹然後任智，德薄然後任刑，明淺然後任察。任智心亂，任刑者上下恐，任察者下求善以事其上。

《墨子·尚同中》昔者聖王制爲五刑，以治天下。逮至有苗之制五刑，以亂天下。則此豈刑不善哉。用刑則不善也。是以先王之書以刑之道曰：苗民否用練，折則刑，唯作五殺之刑，曰法。則此言善用刑者以治民，不善用刑者以爲五殺，則此豈刑不善哉，用刑則不善。故遂以爲五殺。

《尹文子·大道下篇》老子曰：民不畏死，如何以死懼之。凡民之不畏死，由刑罰過。刑罰過則民不賴其生，生無所賴，視君之威末如也。刑罰中則民畏死，由生之可樂也。知生之可樂，故可以死懼之。此人君之所宜執，臣下之所宜慎。

凡人富則不羡爵禄，貧則不畏刑罰。不羡爵禄者，自足於己也。不畏刑罰者，不賴存身也。二者爲國之所甚，而不知防之之術。故令不行，而禁不止。若使令不行而禁不止，則無以爲治。無以爲治，是人君虚臨其國，徒君其民，危亂可立而待矣。今使由爵禄而後富，則人争盡力於其君矣。由刑罰而後貧，則人咸畏罪而從善矣。故古之爲國者，無使民自貧富，貧富皆由於君，則君專所制，民知所歸矣。

《商子·去强篇》重罰輕賞，則上愛民，民死上。重賞輕罰，則上不愛民，民不死上。興國行罰，民利且罰，行賞，民利且愛。行刑重其輕者，輕其重者，輕者不生，重者不來。國無力而行知巧者，必亡。怯民使以刑必勇，勇民使以賞則死。怯民勇，勇民死，國無敵者強，強必王。貧者使以刑則富，富者使以賞則貧。治國能富者貧，令貧者富，則國多力，多力者王。王者刑九賞一，強國刑七賞三，削國刑五賞五。國作一歲，十歲強。作一十歲，百歲強。作一百歲，千歲強。千歲強者王。威以一取十，以聲取實，故能爲威者王。能生不能殺，曰自攻之國，必削。能生能殺，曰攻敵之國，必強。故攻官，攻力，樂國用其二，舍一，必強。令用三者，威必王。十里斷者，國弱。五里斷者，國強。以日治者王，夜治者強，宿治者削。舉口數，生者著，死民者削。民衆從不逃粟，野無荒草。以刑去刑，國治。以刑致刑，國亂。曰：不刑重輕，刑去事成，國強。重重輕輕，刑至事生，國削。

《説民篇》罰重，爵尊。賞輕，刑威。爵尊，上愛民。刑威，民死上。故興國行罰則民利，用賞則上重。法詳則刑繁，法繁則刑省。民治則亂，亂而治之，又亂。故治之於其治，則治。治之於其亂，則亂。民之情也治，其事也亂。故行刑，重其輕者，輕者不生，則重者無從至矣。此謂治之於其治也。行刑，重其重者，輕其輕者。輕者不止，則重者無從至矣。此謂治之於其亂也。故重輕則刑去事成，國強。重重而輕輕，則刑至而事生，國削。民勇，則賞之以其所欲。民怯，而殺之以其所惡。故怯民使之以刑，則勇；勇民使之以賞，則死。怯民勇，勇民死，國敵者必王。民貧則弱，國富則淫。淫則有蝨，有蝨則弱。故貧者益之以刑，則富。富者損之以賞，則貧。治國之舉，貴令貧者富，富者貧。貧者富，國強，富者貧，三官無蝨，國久強而無蝨者，必王。刑生力，力生強，強生威，威生德，德生於刑。故刑多則賞重，賞少則刑重。民之有欲有惡也，欲有六淫，惡有四難。從六淫，國弱。行四難，兵強。故王者刑於九，而賞出一。刑於九，則六淫止。賞出一，則四難行。六淫止，則國無奸。四難行，則兵無敵。

《算地篇》故聖人之爲國也，觀俗立法則治，察國事本則宜。不觀時俗，不察國本，故其法立而民亂，事劇而功寡，此臣之所謂過也。夫刑者，所以奪禁邪也。而賞者，所以助禁也。羞辱勞苦者，民之所惡也。顯榮佚樂者，民之所務也。故其國刑不可惡而爵禄不足務也，此亡國之兆也。刑人復漏，則小人辟淫而不苦刑，則儌倖於民上。儌於上以利求，顯榮之門不一，則君子事勢以成名。小人不避其禁，故刑煩。君子不設其令，則罰行。刑煩而罰行者，國多奸。欲富者不能守其財，而貧者不能事其業，田荒而國貧，田荒則民詐生，國貧則上匱賞。故天地設而民生，當此之時也。聖人之爲治也，刑人無國位，戮人無官任。刑人有列，則君子下其位。衣錦食肉，則小人冀其利。君子下其位，則羞功。小人冀其利，則伐奸。故刑戮者，所以止奸也。而官爵者，所以勸功也。今國立爵而民羞之，設刑而民樂之，此蓋法術之患也。

《開塞篇》夫民憂則思，思則出度。樂則淫，淫則主佚。故以刑治則民威，民威則無奸，無奸則民安。其所樂以義教則民縱，民縱則亂，亂則民傷。其所惡吾所謂利者，義之本也。而世所謂義者，暴之道也。夫正民者以其所惡，必終其所好。以其所好，必敗其所惡。治國刑多而賞少，故王者刑九而賞一，削國賞九而刑一。夫過有厚薄，則刑有輕重；善有小大，則賞有多少。此二者，世之常用也。刑加於罪所終，則奸不去。賞施於民上義，則過不止。刑不能去奸，而賞不能止過者，必亂。故王者刑用於將過，則大邪不生。賞施於告奸，則細過不失。治民能使大邪不生，細過不失，則國治，國治必強。一國行之，境內獨治。二國行之，兵則少寢。天下行之，至德復立。此吾以殺刑之反於德而義合於暴也。

（元）蘇天爵《元文類》卷四二《雜著・獄空篇》《傳》曰：刑期於無刑。又曰：必也，使無訟乎。無訟，斯無刑矣。雖聖人爲政，不能不爲之刑，所貴刑措而不用耳。是故獄空者，化行俗美無訟而獄空者，上也；有司廉明，隨事裁決而獄空者，次也。苟不得其上得其次，斯亦可矣。今所紀獄空，內自京畿，外止山東、河北諸郡，天下獄空，未必止此，有司載之弗能詳也。嗚呼！彼獄空者，其無刑乎，其無訟乎。使天下皆得賢，有司致此非難也。作《獄空篇》第二十二。

紀　事

《尚書正義・虞書・堯典》帝曰：咨！四岳，朕在位七十載，堯年十六以唐侯升爲天子，在位七十年，則時年八十六，老將求代。朕，直錦反，馬云：我也。汝能庸命，巽朕位？巽，順也。言四岳能用帝命，故欲使順行帝位之事。巽音遜，馬云：讓也。岳曰：否德忝帝位。否，不。忝，辱也。辭不堪。否，方久反，又音鄙。忝音他簟反。曰：明明揚側陋。堯知子不肖，有禪位之志，故明舉明人在側陋者。廣求賢也。肖音笑，《說文》云：肖，骨肉相似也，不似其先，故曰不肖。師錫帝曰：有鰥在下，曰虞舜。師，衆。錫，與也。無妻曰鰥。虞，氏。舜，名。在下民之中。衆臣知舜聖賢，恥己不若，故不舉。乃不獲已而言之。錫，星歷反。鰥，故頑反。虞舜，虞，氏；舜，名也。馬云：舜，謚也。舜死後賢臣録之，臣子爲諱，故變名言謚。帝曰：俞，予聞，如何？俞，然也。然其所舉，言我亦聞之，其德行如何？俞，羊朱反。行，下孟反，下其行同。岳曰：瞽子，父頑，母嚚，象傲，無目曰瞽。舜父有目，不能分別好惡，故時人謂之瞽，配字曰瞍。瞍無目之稱。心不則德義之經爲頑。象，舜弟之字，傲慢不友。言並惡。瞽音古。傲，五報反。瞍，素后反。稱，尺證反，又如字。克諧以孝，烝烝乂，不格姦。諧，和。烝，進也。言能以至孝和諧頑嚚昏傲，使進進以善自治，不至於姦惡。諧，戶皆反。烝，之承反。姦，古顔反。帝曰：我其試哉！言欲試舜，觀其行迹。女于時，觀厥刑于二女。女，妻。刑，法也。堯於是以二女妻舜，觀其法度接二女，以治家觀治國。女音而據反。妻音千計反。釐降二女于嬀汭，嬪于虞。降，下。嬪，婦也。舜爲匹夫，能以義理下帝女之心於所居嬀水之汭，使行婦道於虞氏。嬀音居危反。汭音如鋭反，水之內也。杜預注《左傳》云：水之隈曲曰汭。嬪音毗人反。帝曰：欽哉！歎舜能脩己行敬以安人，則其所能者大矣。疏：帝曰咨四至欽哉。正義曰：帝以鯀功不成，又已年老，求得授位明聖，代禦天災，故咨嗟：汝四岳等，我在天子之位七十載矣。言己年老，不堪在位。汝等四岳之內，有能用我之命，使之順我帝位之事。言欲讓位與之也。四岳對帝曰：我等四岳皆不有用命之德，若使順行帝事，即辱於帝位。言己不堪也。帝又言曰：汝當明白舉其明德之人於僻隱鄙陋之處，何必在位之臣乃舉之也。於是朝廷衆臣乃與帝之明人曰：有無妻之鰥夫，在下民之內，其名曰虞舜。言側陋之處有此賢人。帝曰：然，我亦聞之，其德行如何？四岳又對帝曰：其人愚瞽之子，其父頑，母嚚，其弟字象，性又傲慢。家有三惡，其人能諧和以至孝之行，使此頑嚚傲慢者皆進進於善以自治，不至於姦惡。言能調和惡人，是爲賢也。帝曰：其行如此，當可任用，我其召而試之哉！欲配女與試之也。即以女妻舜，於是欲觀其居家治否也。舜能以義理下二女之心於嬀水之汭，使行婦道於虞氏。帝歎曰：此舜能敬其事哉！歎其善治家，知其可以治國，故下篇言其授以官位而歷試諸難。傳堯年至求代。正義曰：偏檢今之書傳，無堯即位之年。孔氏博考羣書，作爲此傳，言堯年十六以唐侯升爲天子，必當有所案據，未知出何書。計十六爲天子，其歲稱元年，在位七十載，應年八十五。孔云八十六者，《史記》諸書皆言，堯帝嚳之子，帝摯之弟。

礐崩，摯立。摯崩，乃傳位於堯。然則堯以弟代兄，蓋踰年改元，據其改元年則七十載，數其立年故八十六。下句求人巽位是老將求代也。此經文承續用不成之下，計治水之事於時最急，不求治水之人而先求代己者，堯以身既年老，臣無可任治水之事，非己所能，故求人代己，令代者自治。是虞史盛美舜功，言堯不能治水，以大事付舜，美舜能消大災，成堯美也。

傳巽順至之事。正義曰：巽，順，《易·説卦》文。帝呼四岳，言汝能庸命，四岳自謙，言己否德，故知汝，四岳。言四岳能用帝命，故帝欲使之順行帝位之事，將使攝也。在位之臣，四岳爲長，故讓位於四岳也。傳否不至不堪。正義曰：否，古今不字。忝，辱，《釋言》文。己身不德，恐辱帝位，自辭不堪。岳爲羣臣之首，自度既不堪，意以爲在位之臣皆亦不堪，由是自辭而已，不薦餘人。故帝使之明舉側陋之處。傳堯知至求賢。正義曰：此經曰上無帝，以可知而省文也。傳解四岳既辭，而復言此者，堯知子不肖，不堪爲主，有禪位與人之志，故令四岳明舉明人令其在側陋者，欲使廣求賢也。鄭注《雜記》云：肖，似也，言不如人也。《史記·五帝本紀》云：堯知子丹朱之不肖，不足授天下，於是權授舜。授舜則天下得其利而丹朱病，授丹朱則天下病而丹朱得其利。堯曰終不以天下之病而利一人，而卒授舜以天下。是堯知子不肖而禪舜之意也。《文王世子》論舉賢之法云：或以事舉，或以言揚。揚亦舉也，故以舉解揚。經之揚字在於二明之下，傳進舉字於兩明之中，經於明中宜有揚字，言明舉明人於側陋之處。明下有揚，故上闕揚文。傳進舉於明上，互文以足之也。側陋者，僻側淺陋之處。意言不問貴賤，有人則舉，是令朝臣廣求賢人也。堯知有舜而朝臣不舉，故令廣求賢以啟之。臣亦以堯知側陋有人，故不得不舉舜耳。此言堯知子不肖，有志禪位，然則自有賢子，必不禪人。授賢爰自上代，堯舜而已。非堯舜獨可，彼皆不然。將以子不肖，時無聖者，乃運值污隆，非聖有優劣。而《緯候》之書附會其事，乃云：河洛之符，各字之録。何其妄且俗也！傳師衆至言之。正義曰：師，衆、錫，與，《釋詁》文。無妻曰鰥，《釋名》云：愁悒不寐，目恒鰥鰥然，故鰥字從魚，魚目恒不閉。《王制》云：老而無妻曰鰥。舜於時年未三十而謂之鰥者，《書傳》稱孔子對子張曰：舜父頑，母嚚，無室家之端，故謂之鰥。鰥者無妻之名，不拘老少。少者無妻可以更娶，老者即不復更娶，謂之天民之窮，故《禮》舉老者耳。《詩》云：何草不玄，何人不鰥。暫離室家尚謂之鰥，不獨老而無妻始稱鰥矣。《書傳》以舜年尚少爲之説耳。虞，氏。舜，名者，舜之爲虞，猶禹之爲夏，外傳稱禹氏曰有夏，則此舜氏曰有虞。顓頊已來，地爲國號，而舜有天下，號曰有虞氏，是地名也。王肅云：虞，地名也。皇甫謐云：堯以二女妻舜，封之於虞，今河東太陽山西虞地是也。然則舜居虞地，以虞爲氏，堯封之虞爲諸侯，及王天下，遂爲天子之號，故從微至著，常稱虞氏。舜爲生號之名，前已具釋。傳又解衆人以舜與帝，則衆人盡知有舜。但舜在下人之中，未有官位，衆臣德不及之，而位居其上，雖知舜實聖賢，而恥己不若，故不舉之。以帝令舉及側陋，意謂帝知有舜，乃不獲已而言之耳。知然者，正以初不薦舉，至此始言，明是恥己不若，故不早舉。舜實聖人，而連言賢者，對則事有優劣，散即語亦相通。舜謂禹曰惟汝賢，是言聖德稱賢也。傳以師爲衆臣，爲朝臣之衆，或亦通及吏人。王肅云：古者將舉大事，訊羣吏，訊萬人。堯將讓位，咨四岳，使問羣臣。衆舉側陋，衆皆願與舜。堯計事之大者莫過禪讓，必應博詢吏人，非獨在位。王氏之言得其實矣。鄭以師爲諸侯之師，帝咨四岳，徧訪羣臣，安得諸侯之師獨對帝也。傳俞然至如何。正義曰：俞，然，《釋言》文。然其所舉，言我亦聞也，其德行如何？恐所聞不審，故詳問之。堯知有舜，不召取禪之而訪四岳，令衆舉薦者，以舜在卑賤，未有名聞，率暴禪之，則下人不服。故鄭玄《六藝論》云：若堯知命在舜，舜知命在禹，猶求於羣臣，舉於側陋，上下交讓，務在服人。孔子曰：人可使由之，不可使知之。此之謂也。是解堯使人舉舜之意也。傳無目至並惡。正義曰：《周禮》樂官有瞽矇之職，以其無目使眡瞭相之，是無目曰瞽。又解稱瞽之意，舜父有目但不能識别好惡，與無目者同，故時人謂之瞽。配字曰瞍，瞍亦無目之稱，故或謂之爲瞽瞍。《詩》云矇瞍奏公，是瞍爲瞽類。《大禹謨》云祗載見瞽瞍，是相配之文。《史記》云：舜父瞽瞍盲。以爲瞽瞍是名，身實無目也。孔不然者，以經説舜德行，美其能養惡人，父自名瞍，何須言之？若實無目，即是身有固疾，非善惡之事，輒言舜是盲人之子，意欲何所見乎？《論語》云：未見顔色而言謂之瞽。則言瞽者非謂無目。《史記》又説瞽瞍使舜上廪，從下縱火焚廪，使舜穿井，下土實井。若其身自能然，不得謂之無目，明以不識善惡故稱瞽耳。心不則德義之經爲頑，僖二十四年《左傳》文。象，舜弟之字，以字表象是人之名號，其爲名字未可詳也。《釋訓》云：善兄弟爲友。《孟子》説象與父母共謀殺舜，是傲慢不友。言舜父母與弟並皆惡也。此經先指舜身，因言瞽子，又稱父頑者，欲極其惡，故文重也。傳諧和至姦惡。正義曰：諧，和、烝，進，《釋詁》文。上歷言三惡，此美舜能養之，言舜能和之以至孝之行，和頑嚚昏傲，使皆進進於善道，以善自治，不至于姦惡。以下愚難變化，令慕善是舜之美行，故以此對堯。案《孟子》及《史記》稱瞽瞍縱火焚廪，舜以雨笠自扞而下；以土實井，舜從旁空井出；象與父母共分財物。舜之大孝升聞天朝，堯妻之二女，三惡尚謀殺舜，爲姦之大莫甚於此。而言不至姦者，此三人性實下愚，動罹刑網，非舜養之，久被刑戮，猶尚有心殺舜，餘事何所不爲？舜以權謀自免厄難，使瞽無殺子之愆，象無害兄之罪，不至於姦惡於此益驗。終令瞽亦允若，象封有鼻，是不至於姦惡也。傳言欲至行迹。正義曰：下言妻舜以女，觀其治家，是試舜觀其行迹也。馬、鄭、王本説此經皆無帝曰，當時庸生之徒漏之也。鄭玄云：試以爲臣之事。王肅云：試之以官。鄭、王皆以《舜典》合於此篇，故指歷試之事充此試哉之言。孔據古文別卷，此言試哉正謂以女試之，既善於治家，別更試以難事，與此異也。傳女妻至治國。正義曰：《左傳》稱宋雍氏女於鄭莊公，晉伐驪戎，驪戎男女以驪姬，以女妻人謂之女，故云女，妻也。刑，法，《釋詁》文。此已下皆史述堯事，非復堯語。言女于時，謂妻舜於是，故傳倒文以曉，明堯於是以二女妻舜。必妻之者，舜家有三惡，身爲匹夫，忽納帝女，難以和協，觀其施法度於二女，以法治家觀治國。將使治國，故先使治家。敵夫曰妻，不得有二女，言女于時者，摠言之耳。二女之中當有貴賤長幼，劉向《列女傳》云：二女長曰娥皇，次曰女英。舜既升爲天子，娥皇爲后，女英爲妃。然則初適舜時，即娥皇爲妻。鄭不言妻者，不告其父，不序其正。又注《禮記》云：舜不告而娶，不立正妃。此則鄭自所說，未有書傳云然。案《世本》堯是黄帝玄孫，舜是黄帝八代之孫，計堯女於舜之曾祖爲四從姊妹，以之爲妻，於義不可。《世本》之言未可據信，或者古道質故也。傳降下至虞氏。正義曰：降，下，《釋詁》文。《周禮》九嬪之職掌婦學之法，嬪是婦之别名，故以嬪爲婦。釐降，未能以義理下之，則女意初時不下，故傳解之，言舜爲匹夫，帝女下嫁，以貴適賤，必自驕矜，故美舜能以義理下帝女尊亢之心於所居嬀水之汭，使之服行婦道於虞氏。虞與嬀汭爲一地，見其心下，乃行婦道，故分爲二文。言匹夫者，士大夫已上則有妾媵，庶人無妾媵，惟夫妻相匹，其名既定，雖單亦通，謂之匹夫匹婦。嬀水在河東虞鄉縣歷山西，西流至蒲坂縣，南入於河，舜居其旁。周武王賜陳胡公之娃爲嬀，爲舜居嬀水故也。舜仕堯朝，不家在於京師，而令二女歸虞者，蓋舜以大孝示法，使妻歸事於其親，以帝之賢女事頑嚚舅姑，美其能行婦道，故云嬪於虞。傳歎舜至大矣。正義曰：二女行婦道，乃由舜之敬，故帝言欽哉。歎能脩己行敬以安民也。能脩己及安人，則是所能者大，故歎之。《論語》云：脩己以安百姓，堯舜其猶病諸。傳意出於彼也。

（宋）蔡沈《書經集傳·虞書·堯典》 帝曰：咨！四岳，朕在位七十載，汝能庸命巽朕位？岳曰：否，德忝帝位。曰：明明揚側陋。師錫帝曰：有鰥在下，曰虞舜。帝曰：俞！予聞。如何？岳曰：瞽子，父頑，母嚚，象傲，克諧以孝，烝烝乂，不格姦。帝曰：我其試哉！ 女于時，觀厥刑于二女。釐降二女于嬀汭，嬪于虞。帝曰：欽哉！

嬀，俱爲反。汭，如稅反。嬪音并。朕，古人自稱之通號。吴氏曰：巽、遜，古通用。言汝四岳能用我之命，而可遜以此位乎。蓋丹朱既不肖，羣臣又多不稱，故欲舉以授人，而先之四岳也。否，不通。忝，辱也。明明，上明，謂明顯之；下明，謂已在顯位者。揚，舉也。側陋，微賤之人也。言惟德是舉，不拘貴賤也。師，衆。錫，與也。四岳、羣臣、諸侯，同辭以對也。鰥，無妻之名。虞，氏。舜，名也。俞，應許之辭。予聞者，我亦嘗聞是人也。如何者，復問其德之詳也。岳曰，四岳獨對也。瞽，無目之名，言舜乃瞽者之子也。舜父號瞽叟，心不則德義之經爲頑。母，舜後母也。象，舜異母弟，名傲，驕慢也。諧，和。烝，進也。言舜不幸遭此，而能和以孝，使之進進以善自治，而不至於大爲姦惡也。女，以女與人也。時，是。刑，法也。二女，堯二女，娥皇、女英也。此堯言其將試舜之意也。《莊子》所謂二女事之以觀其内是也。蓋夫婦之間，隱微之際，正始之道，所繫尤重。故觀人者，於此爲尤切也。釐，理。降，下也。嬀，水名，在今河中府河東縣，出歷山入河。《爾雅》曰：水北曰汭，亦小水入大水之名。蓋兩水合流之内也，故從水從内，蓋舜所居之地。嬪，婦也。虞，舜氏也。史言堯治裝下嫁二女于嬀水之北，使爲舜婦于虞氏之家也。欽哉，堯戒二女之辭，即禮所謂往之女家，必敬必戒者。況以天子之女嫁於匹夫，尤不可不深戒之也。

《尚書·周書·康誥》 王曰：嗚呼！小子封，恫瘝乃身，敬哉！天畏棐忱，民情大可見，小人難保。往盡乃心，無康好逸，乃其乂民。我聞曰：怨不在大，亦不在小。惠不惠，懋不懋。

《史記》卷五《秦本紀》 戎王使由余於秦。由余，其先晉人也，亡入戎，能晉言。聞繆公賢，故使由余觀秦。秦繆公示以宫室、積聚。由余曰：使鬼爲之，則勞神矣。使人爲之，亦苦民矣。繆公怪之，問曰：中國以詩書禮樂法度爲政，然尚時亂，今戎夷無此，何以爲治，不亦難乎？由余笑曰：此乃中國所以亂也。夫自上聖黄帝作爲禮樂法度，身以先之，僅以小治。及其後世，日以驕淫。阻法度之威，以責督於下，下罷極則以仁義怨望於上，上下交争怨而相篡弑，至於滅宗，皆以此類也。夫戎夷不然。上含淳德以遇其下，下懷忠信以事其上，一國之政猶一身之治，不知所以治，此真聖人之治也。於是繆公退而問内史廖曰：孤聞鄰國有聖人，敵國之憂也。今由余賢，寡人之害，將奈之何？内史廖曰：戎王處辟匿，未聞中國之聲。君試遺其女樂，以奪其志；爲由余請，以疏其閒；留而莫遣，以失其期。戎王怪之，必疑由余。君臣有閒，乃可虜也。且戎王好樂，必怠於政。繆公曰：善。因與由余曲席而坐，傳器而食，問其地形與其兵勢盡詧，而後令内史廖以女樂二八遺戎王。戎王受而説之，終年不還。於是秦乃歸由余。由余數諫不聽，繆公又數使人閒要由余，由余遂去降秦。繆公以客禮禮之，問伐戎之形。

《漢書》卷八《宣帝紀》 神爵元年春正月，行幸甘泉，郊泰畤。三月，行幸河東，祠后土。詔曰：朕承宗廟，戰戰栗栗，惟萬事統，未燭厥理。乃元康四年嘉穀玄稷降于郡國，神爵仍集，金芝九莖産于函德殿銅池中，九真獻奇獸，南郡獲白虎威鳳爲寶。朕之不明，震于珍物，飭躬齋精，祈爲百姓。東濟大河。天氣清静，神魚舞河。幸萬歲宫，神爵翔集。

朕之不德，懼不能任。其以五年爲神爵元年。賜天下勤事吏爵二級，民一級，女子百戶牛酒，鰥寡孤獨高年帛。所振貸物勿收。行所過毋出田租。

《晉書》卷二《文帝紀》〔景元四年〕冬十月，天子以諸侯獻捷交至，乃申前命曰：

朕以寡德，獲承天序，嗣我祖宗之洪烈。遭家多難，不明於訓。曩者姦逆屢興，方寇內侮，大懼淪喪四海，以隳三祖之弘業。

惟公經德履哲，明允廣深，迪宣武交，世作保傅，以輔乂皇家。櫛風沐雨，周旋征伐，劬勞王室，二十有餘載。毗翼前人，仍斷大政，克厭不端，維安社稷。暨儉、欽之亂，公綏援有衆，分命興師，統紀有方，用緝寧淮浦。其後巴蜀屢侵，西土不靖，公奇畫指授，制勝千里。是以段谷之戰，乘釁大捷，斬將搴旗，效首萬計。孫峻猾夏，致寇徐方，戎車首路，威靈先邁，黄鉞未啓，鯨鯢竄迹。孫壹搆隙，自相疑阻，幽鑒遠照，奇策洞微，遠人歸命，作藩南夏，爰授鋭卒，畢力戎行。暨諸葛誕滔天作逆，稱兵揚楚，欽、咨逋罪，同惡相濟，帥其蝉賊，以入壽春，憑阻淮山，敢距王命。公躬擐甲冑，龔行天罰，玄謀廟算，遵養時晦。奇兵震擊，而朱異摧破；神變應機，而全琮稽服；取亂攻昧，而高墉不守。兼九伐之弘略，究五兵之正度。用能戰不窮武，而大敵殲潰；旗不再麾，而元憝授首。收勍吴之雋臣，係亡命之逋虜。交臂屈膝，委命下吏，俘馘十萬，積尸成京。雪宗廟之滯恥，拯兆庶之艱難。掃平區域，信威吴會，遂戢干戈，靖我疆土，天地鬼神，罔不獲乂。乃者王室之難，變起蕭牆，賴公之靈，弘濟艱險。宗廟危而獲安，社稷墜而復寧。忠格皇天，功濟六合。是用疇咨古訓，稽諸典籍，命公崇位相國，加于羣后，啟土參墟，封以晉域。所以方軌齊魯，翰屏帝室。而公遠蹈謙遜，深履冲讓，固辭策命，至于八九。朕重違讓德，抑禮虧制，以彰公志，于今四載。上闕在昔建侯之典，下違兆庶具瞻之望。

惟公嚴虔王度，闡濟大猷，敦尚純樸，省繇節用，務穡勸分，九野康乂。耆叟荷崇養之德，鰥寡蒙矜卹之施，仁風興於中夏，流澤布於遐荒。是以東夷西戎。南蠻北狄，狂狡貪悍，世爲寇讐者，皆感義懷惠，款塞內附，或委命納貢，或求置官司。九服之外，絶域之氓，曠世所希至者，咸浮海來享，鼓舞王德，前後至者八百七十餘萬口。海隅幽裔，無思不服；雖西旅遠貢，越裳九譯，義無以踰。維翼朕躬，下匡萬國，思靖殊方，寧濟八極。以庸蜀未賓，蠻荊作猾，潛謀獨斷，整軍經武。簡練將帥，授以成策，始踐賊境，應時摧陷。狂狡奔北，首尾震潰，禽其戎帥，屠其城邑。巴漢震疊，江源雲徹。地平天成，誠在斯舉。公有濟六合之勳，加以茂德，實總百揆，允釐庶政。敦五品以崇仁，恢六典以敷訓。而靖恭夙夜，勞謙昧旦，雖尚父之左右文武，周公之勤勞王家，罔以加焉。

昔先王選建明德，光啓諸侯，體國經野，方制五等。所以藩翼王畿，垂祚百世也。故齊魯之封，於周爲弘，山川土田，邦畿七百，官司典策，制殊羣后。惠襄之難，桓文以翼戴之勞，猶受錫命之禮，咸用光疇大德，作範于後。惟公功邁於前烈，而賞闕於舊式，百辟於邑，人神同恨焉，豈可以公謙冲而久淹弘典哉？今以并州之太原上黨西河樂平新興鴈門，司州之河東平陽弘農、雍州之馮翊凡十郡，南至於華，北至於陘，東至於壺口，西踰於河，提封之數，方七百里，皆晉之故壤，唐叔受之，世作盟主，實紀綱諸夏，用率舊職。爰胙茲土，封公爲晉公。命使持節、兼司徒、司隸校尉陔即授印綬策書，金獸符第一至第五，竹使符第一至第十。錫茲玄土，苴以白茅，建爾國家，以永藩魏室。

昔在周召，并以公侯，入作保傅。其在近代，酇侯蕭何，實以相國，光尹漢朝。隨時之制，禮亦宜之。今進公位爲相國，加綠綟綬。又加公九錫，其敬聽後命。以公思弘大猷，崇正典禮，儀刑作範，旁訓四方，是用錫公大輅、戎輅各一，玄牡二駟。公道和陰陽，敬授人時，嗇夫反本，農殖維豐，是用錫公袞冕之服，赤舄副焉。公光敷顯德，惠下以和，敬信思順，庶尹允諧，是用錫公軒懸之樂、六佾之舞。公鎮靖宇宙，翼播聲教，海外懷服，荒裔款附，殊方馳義，諸夏順軌，是用錫公朱戶以居。公簡賢料材，營求俊逸，爰升多士，實彼周行，是用錫公納陛以登。公嚴恭寅畏，底平四國，式遏寇虐，苛慝不作，是用錫公武賁之士三百人。公明慎用刑，簡恤大中，章厥天威，以糾不虔，是用錫公鈇鉞各一。公爰整六軍，典司征伐，犯命陵正，乃維誅殛，是用錫公彤弓一、彤矢百，旅弓十、旅矢千。公饗祀蒸蒸，孝思維則，篤誠之至，通于神明，是用錫公秬鬯一卣，珪瓚副焉。晉國置官司以下，率由舊式。

往欽哉！祗服朕命，弘敷訓典，光澤庶方，永終爾明德，丕顯余一人之休命。

《宋書》卷三《武帝紀下》〔永初元年夏六月〕丁丑，詔曰：古之王者，巡狩省方，躬覽民物，搜揚幽隱，拯災卹患，用能風澤遐被，遠至邇安。朕以寡闇，道謝前哲，因受終之期，託兆庶之上，鑒寐屬慮，思求民瘼。才弱事艱，若無津濟，夕惕永念，心馳遐域。可遣大使分行四方，旌賢舉善，問所疾苦。其有獄訟虧濫，政刑乖愆，傷化擾治，未允民聽者，皆當具以事聞。萬事之宜，無失厥中，暢朝廷乃眷之旨，宣下民壅隔之情。戊寅，詔曰：百官事殷俸薄，禄不代耕。雖國儲未豐，要令公私周濟。諸供給昔減半者，可悉復舊。六軍見禄粗可，不在此例。其餘官僚，或自本俸素少者，亦疇量增之。

《梁書》卷二《武帝紀中》天監元年夏四月丙寅，高祖卽皇帝位於南郊。設壇柴燎，告類于天曰：皇帝臣衍，敢用玄牡，昭告于皇天后帝：齊氏以曆運斯既，否終則亨，欽若天應，以命于衍。夫任是司牧，惟能是授；天命不于常，帝王非一族。唐謝虞受，漢替魏升，爰及晉、宋，憲章在昔。咸以君德馭四海，元功子萬姓，故能大庇氓黎，光宅區宇。齊代云季，世主昏凶，狡焉羣慝，是崇是長，肆厥姦回暴亂，以播虐于我有邦，俾溥天惴惴，將墜于深壑。九服八荒之內，連率岳牧之君，蹶角頓顙，匡救無術，臥薪待然，援天靡訴。衍投袂星言，推鋒萬里，厲其掛冠之情，用拯兆民之切。銜膽誓衆，覆鋭屠堅，建立人主，克翦昏亂。遂因時來，宰司邦國，濟民康世，實有厥勞。而晷緯呈祥，川岳効祉，朝夕坰牧，日月郊畿。代終之符既顯，革運之期已萃，殊俗百蠻，重譯獻款，人神遠邇，罔不和會。於是羣公卿士，咸致厥誠，並以皇乾降命，難以謙拒。齊帝脱屣萬邦，授以神器。衍自惟匪德，辭不獲許，仰迫上玄之眷，俯惟億兆之心，宸極不可久曠，民神不可乏主，遂藉樂推，膺此嘉祚。以茲寡薄，臨御萬方，顧求夙志，永言祗惕。敬簡元辰，恭茲大禮，升壇受禪，告類上帝，克播休祉，以弘盛烈，式傳厥後，用永保于我有梁。惟明靈是饗。

禮畢，備法駕卽建康宮，臨太極前殿。詔曰：五精遞襲，皇王所以受命；四海樂推，殷周所以改物。雖禪代相舛，遭會異時，而微明迭用，其流遠矣。莫不振民育德，光被黎元。朕以寡闇，命不先後，寧濟之功，屬當期運，乘此時來，因心萬物，遂振厥弛維，大造區夏，永言前蹤，義均慚德。齊氏以代終有徵，歷數云改，欽若前載，集大命于朕躬。顧惟菲德，辭不獲命，寅畏上靈，用膺景業。執禋柴之禮，當與能之祚，繼迹百王，君臨四海，若涉大川，罔知攸濟。洪基初兆，萬品權輿，思俾慶澤，覃被率土。可大赦天下。改齊中興二年爲天監元年。賜民爵二級；文武加位二等；鰥寡孤獨不能自存者，人穀五斛。逋布、口錢、宿債勿復收。其犯鄉論清議，贓汙淫盜，一皆蕩滌，洗除前注，與之更始。

《梁書》卷三《武帝紀下》〔大同二年〕三月庚申，詔曰：政在養民，德存被物，上令如風，民應如草。朕以寡德，運屬時來，撥亂反正，倏焉三紀。不能使重門不閉，守在海外，疆埸多阻，車書未一。民疲轉輸，士勞邊防。徹田爲粮，未得頓止。治道不明，政用多僻，百辟無沃心之言，四聰闕飛耳之聽，州輟刺舉，郡忘共治。致使失理負謗，無由聞達，侮文弄法，因事生姦，肺石空陳，懸鐘徒設。《書》不云乎：股肱惟人，良臣惟聖。寔賴賢佐，匡其不及。凡厥在朝，各獻讜言，政治不便於民者，可悉陳之。若在四遠，刺史二千石長吏，並以奏聞。細民有言事者，咸爲申達。朕將親覽，以紓其過。文武在位，舉爾所知，公侯將相，隨才擢用，拾遺補闕，勿有所隱。

《隋書》卷三《煬帝紀上》〔大業四年〕冬十月丙午，詔曰：先師尼父，聖德在躬，誕發天縱之姿，憲章文、武之道。命世膺期，蘊茲素王，而頹山之歎，忽踰於千祀，盛德之美，不存於百代。永惟懿範，宜有優崇。可立孔子後爲紹聖侯。有司求其苗裔，録以申上。辛亥，詔曰：昔周王下車，首對唐、虞之胤，漢帝承曆，亦命殷、周之後。皆所以褒立先代，憲章在昔。朕嗣膺景業，傍求雅訓，有一弘益，欽若令典。以爲周兼夏、殷，文質大備，漢有天下，車書混一，魏、晉沿襲，風流未遠。並宜立後，以存繼絶之義。有司可求其胄緒列聞。乙卯，頒新式於天下。

《新唐書》卷一〇七《陳子昂傳》后復召見，使論爲政之要，適時不便者，毋援上古，角空言。子昂乃奏八科：一措刑，二官人，三知賢，四去疑，五招諫，六勸賞，七息兵，八安宗子。其大權謂：

今百度已備，但刑急罔密，非爲政之要。凡大人初制天下，必有凶亂叛逆之人爲我驅除，以明天誅。凶叛已滅，則順人情，赦過宥罪。蓋刑以禁亂，亂靜而刑息，不爲承平設也。太平之人，樂德而惡刑，刑之所加，人必慘怛，故聖人貴措刑也。比大赦，澡蕩羣罪，天下蒙慶，咸得自新。近日詔獄稍滋，鉤捕支黨，株蔓推窮，蓋獄吏不識天意，以抵慘刻。誠宜廣愷悌之道，敕法慎罰，省白誣冤，此太平安人之務也。

（宋）李燾《續資治通鑑長編》卷四四《宋真宗咸平二年》 癸酉，都官郎中劉蒙叟上言曰：陛下已周諒闇，方勤萬務。伏望愈崇儉德，謹守前規，無自矜能，無作奢縱，厚三軍之賜，輕萬姓之徭，使化育被於生靈，聲教加於夷夏。且萬國已覩其始，惟陛下謹守其終，思鮮克之言，戒性習之漸，日謹一日，雖休勿休，則天下幸甚！上嘉納之，召試學士院，命以本官直史館。

（宋）李燾《續資治通鑑長編》卷二〇一《宋仁宗治平元年》 辛亥，上問執政：積弊甚衆，何以裁救。富弼對曰：恐須以漸釐改。又問：寬治如何？吳奎對曰：聖人治人固以寬，然不可以無節。《書》曰：寬而有制，從容以和。又問前代宗室，富弼對曰：唐時名臣多出宗室。吳奎曰：祖宗時宗室皆近親，然初授止於殿直、侍禁、供奉官，不如今之過也。朝廷必爲無窮計，當有所裁損。知諫院司馬光言：臣聞治身莫先於孝，治國莫先於公。孔子曰：孝，德之本也。又曰：不愛其親而愛他人者，謂之悖德；不恭其親而恭他人者，謂之悖禮。未有根絶而葉茂，源涸而流長者。仁宗皇帝以四海大業授之陛下，其恩德之大，天地不足以爲比。今登遐之後，骨肉至親獨有皇太后與公主數人，陛下所當盡心竭力供承撫養，以副仁宗皇帝之意。曏者皇太后聽政之時，左右侍衛之人不敢不恪，求須之物無所不備。既委去政柄，臣竊慮有無識之人隨勢傾移，侍奉懈慢，供給有闕，則天下之責皆歸陛下，不可不留意朝夕省察也。又若有不逞之人於兩宮之間刺探動靜，拾掇語言，外如効忠，內實求媚以相搆間者。臣願陛下迎拒其辭，執付有司，加之顯戮。誅一人則羣邪自退，納一言則百讒俱進，此乃禍亂之機，不可不深察也。臣聞國事聽于君，家事聽于親。臣愚以爲陛下在外朝之時，刑賞黜陟之政，當自以聖心決之，至禁廷之內，取捨賜予，事無大小，不若皆稟於皇太后而後行，陛下與中宮勿有所專。如此則內外之體正，尊卑之序明，慈母歡欣於上，臣民頌詠於下矣。不然，皇太后歸政之後，若侍衛之人稍有怠惰，求須之物小失供擬，加以讒邪妄興離間，萬一有絲毫闕失，流聞於外，或皇太后憂思不樂，內生疾疢，則陛下何以勝此名於天下哉！雖百善不能掩矣。臣故曰治身莫先於孝也。《洪範》於好惡偏黨之際，六反言之，重之至也。周任曰：爲政者不賞私勞，不罰私怨。《大學》曰：欲明明德於天下者，必先正其心，有所忿懥，則不得其正，有所好樂，則不得其正。陛下奮發宮邸，入纂皇極，爰自潛躍，至于天飛，舊恩宿怨，豈能盡無。然今日即政之初，皆不可置於聖慮以害至正也。凡人君之安道，在於進賢退不肖，賞善罰惡而已。爵禄者，天下之爵禄，非以厚人君之所善也；刑罰者，天下之刑罰，非以快人君之所怒也。是故古者爵人於朝，與士共之；刑人於市，與衆棄之。明不敢以己之私心害天下公議也。今四海之廣，百官之衆，有賢有愚，有善有惡，比肩接跡，雜然並進。臣願陛下少留聰明，詳擇其間。苟有才德高茂，合于人望者進之，雖宿昔怨讎勿棄也；有器識庸下，無補於時者退之，雖親暱姻婭勿取也；有勵行立功，爲世所推者賞之，雖意之所憎勿廢也；有懷姦犯禁，爲衆所疾者罰之，雖意之所愛勿赦也。如此，則朝無曠官，野無遺賢，爲善者勸，爲惡者懼，上下悦服，朝廷大治，百姓蒙福，社稷永安。不然，陛下若專居深宮，自暇自逸，威福之柄盡委大臣，取過目前，不爲遠慮，賢愚不分，善惡失實；不則所進者皆平生所親愛，所退者皆平生所不快，所賞者皆諂諛而無功，所罰者皆忠諒而無罪。如此，則中外解體，紀綱隳紊，羣生失所，天下所憂矣。臣故曰治國莫先於公也。此二者，榮辱之大本，安危之至要道，臣願陛下審思而力行之。

（宋）李燾《續資治通鑑長編》卷二六四《宋神宗熙寧八年》 是日，因進呈福建茶事，上謂王安石曰：財利須因物勢自然，輔之以法，乃可從。若強以法制，即不可久。安石曰：輔萬物之自然而不敢爲，乃聖人所以治天下，非特財利事而已。上曰：薛向多作小鈔賣解鹽，不知久則壅而不泄，亦非通曉解鹽本末者。安石曰：非薛向不知解鹽，乃朝廷不察薛向，故向以此欺朝廷爾。上曰：由此言之，須久任，則如此不得。安石曰：要官有闕，則才者當進遷，豈可以其材更留滯而不使進？上曰：如陳恕堪執政，以其曉財利，令依參政恩例，且主計可也。安石曰：若能分別是非邪正，以大德役小德，則人臣雖在事一日，亦不敢爲欺。若其不能，則雖久任，孰與照姦！上曰：要在上之人曉事。安石曰：若但曉事，而不免有養望持祿之心，則雖見如薛向者，安肯點檢？上曰：以此知序德，乃能序爵。

《遼史》卷一〇三《文學傳·蕭韓家奴》 〔重熙〕十三年春，上疏曰：臣聞先世遙輦可汗洼之後，國祚中絶；自夷離菫雅里立阻午，大位始定。然上世俗朴，未有尊稱。臣以爲三皇禮文未備，正與遙輦氏同。後世之君以禮樂治天下，而崇本追遠之義興焉。近者唐高祖創立先廟，尊四世爲帝。昔我太祖代遙輦即位，乃製文字，修禮法，建天皇帝名號，制宮室以示威服，興利除害，混一海內。厥後累聖相承，自夷離菫湖烈以下，大號未加，天皇帝之考夷離菫的魯猶以名呼。臣以爲宜依唐典，追崇四祖爲皇帝，則陛下弘業有光，墜典復舉矣。疏奏，帝納之，始行追册玄、德二祖之禮。

又：〔重熙〕十五年，復詔曰：古之治天下者，明禮義，正法度。我朝之興，世有明德，雖中外嚮化，然禮書未作，無以示後世。卿可與庶成酌古準今，制爲禮典。事或有疑，與北、南院同議。

《元史》卷一五八《許衡傳》 至元二年，帝以安童爲右丞相，欲衡輔之，復召至京師，命議事中書省。衡乃上疏曰：【略】其一曰：自古立國，皆有規模。循而行之，則治功可期。否則心疑目眩，變易分更，未見其可也。昔子産相衰周之列國，孔明治西蜀之一隅，且有定論，終身由之；而堂堂天下，可無一定之説而妄爲之哉？考之前代，北方之有中夏者，必行漢法乃可長久。故後魏、遼、金歷年最多，他不能者，皆亂亡相繼，史册具載，昭然可考。使國家而居朔漠，則無事論此也。今日之治，非此奚宜？夫陸行宜車，水行宜舟，反之則不能行；幽燕食寒，蜀漢食熱，反之則必有變。以是論之，國家之當行漢法無疑也。然萬世國俗，累朝勳舊，一旦驅之下從臣僕之謀，改就亡國之俗，其勢有甚難者。〔切〕〔竊〕嘗思之，寒之與暑，固爲不同。然寒之變暑也，始於微温，温而熱，熱而暑，積百有八十二日而寒始盡。暑之變寒，其勢亦然，是亦積之之驗也。苟能漸之摩之，待以歲月，心堅而確，事易而常，未有不可變者。此在陛下尊信而堅守之，不雜小人，不責近效，不恤流言，則致治之功庶幾可成矣。

二曰：中書之務不勝其煩，然其大要在用人、立法二者而已矣。近而譬之，髮之在首，不以手理而以櫛理；食之在器，不以手取而以匕取。手雖不能，而用櫛與匕，是即手之爲也。上之用人，何以異此。然人之賢否，未知其詳，固不可得而遽用也。然或已知其孰爲君子，孰爲小人，而復患得患失，莫敢進退，徒曰知人，而實不能用人，亦何益哉！人莫不飲食也，獨膳夫爲能調五味之和；莫不睹日月也，獨星官爲能步虧食之數者，誠以得其法故也。古人有言曰：爲高必因丘陵，爲下必因川澤，爲政必因先王之道。今里巷之談，動以古爲詬戲，不知今日之所食，身之所衣，皆古人遺法而不可違者，豈天下之大，國家之重，而古之成法反可違邪？其亦弗思甚矣！夫治人者法也，守法者人也。人法相維，上安下順，而宰執優游於廊廟之上，不煩不勞，此所謂省也。

夫立法用人，今雖未能遽如古昔，然已仕者當給俸以養其廉，未仕者當寬立條格，俾就敍用，則失職之怨少可舒矣。外設監司以察污濫，內專吏部以定資歷，則非分之求漸可息矣。再任三任，抑高舉下，則人才爵位略可平矣。至於貴家之世襲，品官之任子，版籍之數，續當議之，亦不可緩也。

其三曰：民生有欲，無主乃亂，上天眷命，作之君師，此蓋以至難任之，非予之可安之地而娱之也。是以堯、舜以來，聖帝明王莫不兢兢業業，小心畏慎者，誠知天之所畀至難之任，初不可以易心處之也。知其爲難而以難處，則難或可爲；不知爲難而以易處，則他日之難有不可爲者矣。孔子曰：爲君難，爲臣不易。爲臣之道，臣已告之安童矣。至爲君之難，尤陛下所當專意也。臣請言其切而要者。

夫人君不患出言之難，而患踐言之難。知踐言之難，則其出言不容不慎矣。昔劉安世行一不妄語，七年而後成。夫安世一士人也，所交者一家之親，一鄉之衆也，同列之臣不過數十百人而止耳，而言猶若此，况天下之大，兆民之衆，事有萬變，日有萬機，人君以一身一心而酬酢之，欲言之無失，豈易能哉？故有昔之所言而今日忘之者，今之所命而後日自違者，可否異同，紛更變易，紀綱不得布，法度不得立，臣下無所持循，奸人因以爲弊，天下之人疑惑驚眩，且議其無法無信，一至於此也。此無他，至難之地不以難處，而以易處故也。苟從《大學》之道，以修身爲本，凡一言一動，必求其然與其所當然，不牽於愛，不蔽於憎，不因於喜，不激於怒，虛心端意，熟思而審處之，雖有不中者蓋鮮矣。奈何爲人上者多樂舒肆，爲人臣者多事容悦。容悦本爲私也，私心盛則不畏人矣；舒肆本爲欲也，欲心盛則不畏天矣。以不畏天之心，與不畏人之心，感合無間，則其所務者皆快心事耳。快心則口欲言而言，身欲動而動，又安肯兢兢業業，以修身爲本，一言一動，熟思而審處之乎？此人君踐言之難，而又難於天下之人也。

人之情僞有易有險，險者難知，易者易知，此特係夫人之險易者然也。然又有衆寡之分焉。寡則易知，衆則難知，故在上者難於知下，而在下者易於知上，其勢然也。處難知之地，御難知之人，欲其不見欺也難矣。昔包拯剛嚴峭直，號爲明察，然一小吏而能欺之。然拯一京尹耳，其見欺於人，不過誤一事、害一人而已。人君處億兆之上，操予奪進退賞罰生殺之權，不幸見欺，則以非爲是，以是爲非，其害有不可勝既也。人君惟無喜怒也，有喜怒，則贊其喜以市恩，鼓其怒以張勢。人君惟無愛憎也，有愛憎，則假其愛以濟私，藉其憎以復怨。甚至本無喜也，詿之使喜，本無怒也，激之使怒，本不足愛也，而詆譽之使愛，本無可憎也，而強短之使憎。若是，則進者未必爲君子，退者未必爲小人，予者未必爲有功，奪者未必爲有罪，以至賞之、罰之、生之、殺之，鮮有得其正者。人君不悟其受欺也，而反任之以防天下之欺，欺而至此，尚可防邪？大抵人君以知人爲貴，以用人爲急。用得其人，則無事於防矣。既不出此，則所近者爭進之人耳，好利之人耳，無恥之人耳。彼挾其詐術，千蹊萬徑，以蠱君心，欲防其欺，雖堯、舜不能也。

夫賢者以公爲心，以愛爲心，不爲利回，不爲勢屈，置之周行，則庶事得其正，天下被其澤，其於人國，重固如此也。夫賢者遭時不偶，務自韜晦，世固未易知也。雖或知之，而無所援引，則人君無由知也。人君知之，然召之命之，汎如厮養，賢者有不屑也。雖或接之以貌，待之以禮，然而言不見用，賢者不處也。或用其言也，而復使小人參之，責小利，期近效，有用賢之名，無用賢之實，賢者亦豈肯尸位素餐以取譏於天下哉！此特難進者也，而又有難合者焉。人君處崇高之地，大抵樂聞人過，而不樂於聞己之過，務快己之心，而不務快民之心，賢者必欲匡而正之，扶而安之，如堯、舜之正，堯、舜之安而後已，故其勢恒難合。況夫奸邪佞倖，醜正惡直，肆爲詆毀，多方以陷之，將見罪戾之不免，又可望其庶事得其正，而天下被其澤邪！自古及今，端人雅士所以重於進而輕於退者，蓋以此耳。大禹聖人，聞善卽拜，益猶戒之以任賢勿貳，去邪勿疑，後世人主宜如何也？此任賢之難也。

奸邪之人，其爲心也險，其用術也巧。惟險也，故千態萬狀而入莫能知；惟巧也，故千蹊萬徑而人莫能禦。其諂似恭，其訐似直，其欺似可信，其佞似可近，務以窺人君之喜怒而迎合之，竊其勢以立己之威，濟其欲以結主之愛，愛隆於上，威擅於下，大臣不敢議，近親不敢言，毒被天下而上莫之知，至是而求去之亦已難矣。雖然，此特人主之不悟者也，猶有説焉。如宇文士及之佞，太宗灼見其情而不能斥，李林甫妬賢嫉能，明皇洞見其奸而不能退。邪之惑人，有如此者，可不畏哉！

夫上以誠愛下，則下以忠報上，感應之理然也。然考之往昔，有不可以常情論者。禹抑洪水以救民，啟又能敬承繼禹之道，其澤深矣，然一傳而太康失道，則萬姓仇怨而去者，何邪？漢高帝起布衣，天下影從，滎陽之難，紀信至捐生以赴急，則人心之歸可見矣，及天下已定，而沙中有謀反者，又何邪？竊嘗思之，民之戴君，本於天命，初無不順之心，特由使之失望，使之不平，然後怨怒生焉。禹、啟愛民如赤子，而太康逸豫以滅德，是以失望；漢高以寬仁得天下，及其已定，乃以愛憎行誅賞，是以不平。古今人君，凡有恩澤於民，而民怨且怒者，皆類此也。夫人君有位之初，既出美言而告天下矣，既而實不能副，故怨生焉。等人臣耳，無大相遠，人君特以己之私而厚一人，則其薄者已疾之矣，況於薄有功而厚有罪，人得不怒於心邪？必如古者《大學》之道，以修身爲本，一言一動，舉可以爲天下之法，一賞一罰，舉可以合天下之公，則億兆之心將不求而自得，又豈有失望不平之累哉！

三代而下稱盛治者，無如漢之文、景，然考之當時，天象數變，山崩地震未易遽數，是將小則有水旱之災，大則有亂亡之應，非徒然而已也。而文、景克承天心，一以養民爲務，今年勸農桑，明年減田租，懇愛如此，宜其民心得而和氣應也。臣竊見前年秋孛出西方，彗出東方，去年冬彗見東方，復見西方。議者謂當除舊布新，以應天變。臣以爲曷若直法文、景之恭儉愛民，爲理明義正而可信也。天之樹君，本爲下民。故孟子謂民爲重，君爲輕，《書》亦曰天視自我民視，天聽自我民聽。以是論之，則天之道恒在於下，恒在於不足也。君人者，不求之下而求之高，不求之〔不〕足而求之有餘，斯其所以召天變也。其變已生，其象已著，乖戾之幾已萌，猶且因仍故習，抑其下而損其不足，謂之順天，不亦難乎？

此六者，皆難之目也。舉其要，則修德、用賢、愛民三者而已。此謂治本。本立，則紀綱可布，法度可行，治功可必。否則愛惡相攻，善惡交病，生民不免於水火，以是爲治，萬不能也。

其四曰：語古之聖君，必曰堯、舜；語古之賢相，必曰稷、契。蓋堯、舜能知天道而順承之，稷、契又知堯、舜之心而輔贊之，此所以爲法於天下，可傳於後世也。夫天道好生而不私，堯與舜亦好生而不私。若克明俊德，至於黎民於變，敬授人時，至於庶績咸熙，此順承天道之實也。稷播百穀以厚民生，契敷五教以善民心，此輔贊堯、舜之實也。臣嘗復熟推衍，思之又思，參之往古聖賢之言無不同，驗之歷代治亂之迹無不合，蓋此道之行，民可使富，兵可使強，人才可使盛，國勢可使重，夙夜念至熟也。今國家徒知斂財之巧，而不知生財之由；徒知防人之欺，而不欲養人之善；徒患法令之難行，而不患法令無可行之地。誠能優重農民，勿擾勿害，敺游惰之人而歸之南畝，課之種藝，懇喻而督行之，十年之後，倉府之積，當非今日之比矣。自都邑而至州縣，皆設學校，使皇子以下至於庶人之子弟，皆入於學，以明父子君臣之大倫，自洒掃應對以至平天下之要道，十年已後，上知所以御下，下知所以事上，上下和睦，又非今日之比矣。二者之行，萬目斯舉，否則他皆不可期也。是道也，堯、舜之道也。孟子曰：我非堯、舜之道，不敢以陳於王前。臣愚區區，竊亦願學也。

其五曰：天下所以定者，民志定，則士安於士，農安於農，工商安於爲工商，則在上之人有可安之理矣。夫民不安於白屋，必求禄仕；仕不安於卑位，必求尊榮。四方萬里，輻輳並進，各懷無厭無恥之心，在上之人可不爲寒心哉！臣聞取天下者尚勇敢，守天下者尚退讓。取也守也，各有其宜，君人者不可不審也。夫審而後發，發無不中，否則觸事而遽〔喜怒〕，喜怒之色見於貌，言出於口，人皆知之。徐考其故，知其無可喜者則必悔其喜之失，無可怒者則必悔其怒之失，甚至先喜而後怒，先怒而後喜，號令數變，喜怒不節之故也。是以先王潛心恭默，不易喜怒，其未發也，雖至近莫能知其發也，雖至親莫能移，是以號令簡而無悔，則無不中節矣。夫數變，不可也；數失信，尤不可也。周幽無道，故不恤此，今無此，何苦使人之不信也。

《元典章》卷四一《刑部·諸惡·不義·居喪爲嫁娶者徒》至元七年十二月，尚書戶部契勘，父母之喪，終身憂戚。夫爲婦天，尚無再醮。今隨處節次申到，有於父母及夫喪制中，往往成婚，致使詞訟繁冗，爲無定例，難便歸斷。檢會到：舊例，居父母及夫喪，而嫁娶者，徒三年，各離之。知而共爲婚姻者，各減三等。省部議得：若不明諭禁約，引訟不已，寔是乱俗敗政。以此条詳。比及通行定奪以來，定立格限，渤海、漢兒人等，擬自至元八年正月一日爲始，已前有居父母夫喪內嫁娶者，准已婚爲定；格後犯者，依法断罪，聽離。如此，庶免詞訟，似望漸厚風俗。呈奉尚書省，移准中書省咨，依准施行。

《元典章》卷五七《刑部·諸禁·禁誘畧·典雇妻妾》元貞元年二月，行御史臺准御史臺咨，山東二西道廉訪司申，膠州同知林丞事呈。去年灾傷，百姓飢荒，以致父子兄弟离散，質妻、賣子不能禁止，又有指称買休，明受其價休弃，將妻嫁賣。畧舉膠西縣見禁苗月兒，有夫楊大，至元二十七年因爲缺食，受訖馬國忠中統鈔六十兩，嫁与本人爲妾，合行改正完聚，所受財從没官外，照得，至元二十七年奉尚書省劄付，河南道按察司副使王朝列呈：体知两浙良民，因值缺食，將親生男女得價，虽称過房乞養，实与貨賣无異，將來腹裏，轉賣爲驅，使父子離散，擬合禁治。送戶部議擬得：除吴越之風，典妻雇子成俗久矣，前代未嘗禁止，況遇飢饉之年，骨肉安能相保？实与中原礼教不同。所擬乞養過房繼嗣子女，合從人便。轉賣爲驅，擬合禁治。都省准擬，卑司条詳。江淮被灾，典賣過房男女，有司不爲賑濟，以致如今腹裏，亦与中原无異。所有被灾缺食，嫁賣妻室男女，官爲收贖，相應。呈奉中書省，送礼部照擬得：腹裏人民，近年嫁賣妻妾男女，皆因缺食，实非得已。若依山東廉訪司所言，官爲收贖，相應必須遍行取勘，似涉動摇。以此条詳。父子夫婦，人倫至重。比年缺食，往往嫁賣妻妾男女，買賣之家，俱係違法，擬合追没。欽遇赦恩，所抛已行嫁賣，若有事發到官者，除女子已嫁良人，别無定奪外，抛嫁賣妻妾男女者，如中間别無窒碍，許令歸宗。今後禁約，相應。都省准呈，咨請照驗，行移合屬，禁治施行。

《明史》卷二二六《海瑞傳》〔嘉靖〕四十五年二月，瑞獨上疏曰：

臣聞君者，天下臣民萬物之主也，其任至重。欲稱其任，亦惟以責寄臣工，使盡言而已。臣請披瀝肝膽，爲陛下陳之。

昔漢文帝賢主也，賈誼猶痛哭流涕而言。非苛責也，以文帝性仁而近柔，雖有及民之美，將不免於怠廢，此誼所大慮也。陛下天資英斷，過漢文遠甚。然文帝能充其仁恕之性，節用愛人，使天下貫朽粟陳，幾致刑措。陛下則鋭精未久，妄念牽之而去，反剛明之質而誤用之。至謂遐舉可得，一意修真，竭民脂膏，濫興土木，二十餘年不視朝，法紀弛矣。數年推廣事例，名器濫矣。二王不相見，人以爲薄於父子。以猜疑誹謗戮辱臣下，人以爲薄於君臣。樂西苑而不返，人以爲薄於夫婦。吏貪官横，民不聊生，水旱無時，盗賊滋熾。陛下試思今日天下，爲何如乎？

邇者嚴嵩罷相，世蕃極刑，一時差快人意。然嵩罷之後猶嵩未相之前而已，世非甚清明也，不及漢文帝遠甚。蓋天下之人不直陛下久矣。古者人君有過，賴臣工匡弼。今乃修齋建醮，相率進香，仙桃天藥，同辭表賀。建宫築室，則將作竭力經營，購香市寶，則度支差求四出。陛下誤舉之，而諸臣誤順之，無一人肯爲陛下正言者，諛之甚也。然媿心餒氣，退有後言，欺君之罪何如！

夫天下者，陛下之家。人未有不顧其家者，内外臣工皆所以奠陛下之家而磐石之者也。一意修真，是陛下之心惑。過於苛斷，是陛下之情偏。而謂陛下不顧其家，人情乎？諸臣徇私廢公，得一官多以欺敗，多以不事事敗，實有不足當陛下意者。其不然者，君心臣心偶不相值也，而遂謂陛下厭薄臣工，是以拒諫。執一二之不當，疑千百之皆然，陷陛下於過舉，而恬不知怪，諸臣之罪大矣。《記》曰上人疑則百姓惑，下難知則君長勞，此之謂也。

陛下又將謂懸刑賞以督責臣下，則分理有人，天下無不可治，而修真爲無害已乎！太甲曰：有言逆于汝心，必求諸道，有言遜于汝志，必求諸非道。用人而必欲其唯言莫遠，此陛下之計左也。既觀嚴嵩，有一不順陛下者乎？昔爲同心，今爲戮首矣。梁材守道守官，陛下以爲逆者也，歷任有聲，官戶部者至今首稱之。然諸臣寧爲嵩之順，不爲材之逆，得非有以窺陛下之微，而潛爲趨避乎？即陛下亦何利於是。

（明）談遷《國榷》卷一三《成祖永樂元年九月》丙子朔，諭中外羣臣曰：爲君難，爲臣不易；創業難，守成不易。剛柔寬猛適其中，禮樂刑政有其序。唐虞三代，至漢、唐、宋，率繇諸道。是故舜清問下民，報虐以威，誅四凶，舉五官，明五刑，然後無爲恭己。神禹承之，無間可議。夏桀之亂，民從其暴。成湯之興，兼弱攻昧。取亂侮亡，肇修人紀，用革慆淫，既奠四方，子孫承之。惟監于成憲，殷紂之亂，商俗靡靡。周公相武王，誅紂伐奄，遷殷頑民，滅國五十，繼相成王，制禮作樂，垂拱仰成，刑措不用。漢承秦亂，高祖令蕭何定律令，韓信申軍法，張蒼定章程，法令嚴明。惠帝清静，至于文景，除挾書，已肉刑，務崇寬厚。唐承隋末，諂諛汰侈，暴慢成風，高祖定官制，頒律令，行租庸調法。沙汰僧尼道士，勳臣犯法，無所假貸。太宗貞觀之後，懲斬趾，禁鞭背，删定律令，變重爲輕，力行仁義幾致刑措。宋興承五季之亂，太祖、太宗，頗用重法，糾懲奸慝，躬自折獄，務底明慎。立法制嚴，用法情恕。咸平以後，删其繁密，益務寬仁，子孫承之，含弘光大，恭儉純誠，未嘗殺一不辜。此歷世守成創業之事。剛柔寬猛，禮樂刑政，厥中厥序，莫不遞用。朕太祖高皇帝，天錫大聖之資，以當非常之變。奮自布衣，撥亂反正，比三代漢唐宋創業之時，又大相遠。蓋中華禮樂，化爲左袵，沈浸百年，陵夷已甚，高皇帝服古人所未易服，齊古人所不能齊，兢兢業業，勞心焦思，晝夜圖惟，經權常變，不得已而用刑，特權時之宜耳。及立爲典常，既有定律，復爲祖訓，墨、劓、剕、宫，並禁不用。朕克遵成憲，仰思聖謨，夙夜祗服，惟欲興禮樂，舉賢才，施仁政，以忠厚爲治。爾尚各共乃職，敬乃事，勿爲朋比，勿事貪黷，勿恣情縱欲，以干匪彝。至于用刑，必欽必慎，期于刑措，用臻康理。以上不負皇考創業之艱，而朕于守成之道，亦庶幾焉。

（明）俞汝楫《禮部志稿》卷一《聖訓·太祖高皇帝·勵士之訓》

洪武五年正月，上謂禮部臣曰：近代以來，舉人不中程式，爲有司所黜者多不省己自修以圖再進，往往摭拾主司細故謗毁以逞私忿，禮讓廉恥之風不立，今後有此者罪之。

（明）俞汝楫《禮部志稿》卷一《聖訓・太祖高皇帝・禮言之訓》

洪武七年，上諭禮臣曰：朝廷禮法之所自出，天下之所瞻視。凡文武官於朝班奏對之際，言辭當詳雅切實，勿爲浮溢之語。若事蒞臨下，須有惠有威，使人畏服，切戒忿怒及惡言加人。先聖云：非禮勿言。《禮》云：君子惡言，不出於口。卿等爲禮官，當致謹於此，庶無忝於爾職也。

（明）俞汝楫《禮部志稿》卷三《聖訓・宣宗章皇帝・勉禮職之訓》

宣德二年，上諭行在禮部臣曰：朕惟聖人興禮樂以昭神化，以正民彝，致治之道，於斯爲盛。朕以菲德，仰承祖宗賦畀之重，主典神天，表正萬邦，而禮樂尤爲切要。尚體予懷以諧爾職。惟致敬可以格天地，享鬼神，爾弼成之天下。國家之本在身。正心以正朝廷百官萬民，爾弼成之期於明德，至治洞達，幽明天地，以位萬物，以育九有，寧謐四夷咸賓，則我國家祚隆萬世爾，亦有聞於永久。至若學校之政，所以立教興賢，必求其實效旌表孝節，所以激勵風俗，必求其實行尚率，乃屬夙夜匪懈，用圖成績，以昭我國家文明之盛。毋循習舊弊廢事瘝官，以負朕寵任之意。欽此。

（清）王先慎《韓非子集解・外儲説右下》 齊桓公微服以巡民家，人有年老而自養者，桓公問其故。對曰：臣有子三人，家貧，無以妻之，傭未及反。桓公歸以告管仲。管仲曰：畜積有腐棄之財，則人飢餓；宫中有怨女，則民無妻。桓公曰：善。乃論宫中有婦人而嫁之。下令於民曰：丈夫二十而室，婦人十五而嫁。一曰，桓公微服而行於民間，有鹿門稷者，行年七十而無妻。桓公問管仲曰：有民老而無妻乎？管仲曰：有鹿門稷者，行年七十矣而無妻。桓公曰：何以令之有妻？管仲曰：臣聞之，上有積財，則民臣必匱乏於下；宫中有怨女，則有老而無妻者。桓公曰：善。令於宫中，女子未嘗御，出嫁之。乃令男子年二十而室，女年十五而嫁，則內無怨女，外無曠夫。

雜　録

《尚書正義・虞書・堯典》 克明俊德，以親九族。能明俊德之士任用之，以睦高祖玄孫之親。九族，上自高祖，下至玄孫，凡九族。馬、鄭同。九族既睦，平章百姓。既，已也。百姓，百官。言化九族而平和章明。百姓昭明，協和萬邦。黎民於變時雍。昭亦明也。協，合。黎，衆。時，是。雍，和也。言天下衆民皆變化化上。是以風俗大和。黎，力兮反。疏：克明至時雍。正義曰：言堯能名聞廣遠，由其委任賢哲，故復陳之。言堯之爲君也，能尊明俊德之士，使之助己施化。以此賢臣之化，先令親其九族之親。九族蒙化已親睦矣，又使之和協顯明於百官之族姓。百姓蒙化皆有禮儀，昭然而明顯矣，又使之合會調和天下之萬國。其萬國之衆人於是變化從上，是以風俗大和，能使九族敦睦，百姓顯明，萬邦和睦，是安天下之當安者也。傳能明至之親。正義曰：鄭玄云：俊德，賢才兼人者。然則俊德謂有德。人能明俊德之士者，謂命爲大官，賜之厚禄，用其才智，使之高顯也。以其有德，故任用之。以此賢臣之化，親睦高祖玄孫之親。上至高祖，下及玄孫，是爲九族。同出高曾，皆當親之，故言之親也。《禮記・喪服小記》云：親親以三爲五，以五爲九。又《異義》、夏侯、歐陽等以爲九族者，父族四、母族三、妻族二，皆據異姓有服。鄭玄駁云：異姓之服不過緦麻，言不廢昏。又《昏禮》請期云惟是三族之不虞，恐其廢昏，明非外族也。是鄭與孔同。九族謂帝之九族，百姓謂百官族姓，萬邦謂天下衆民，自內及外，從高至卑，以爲遠近之次也。知九族非民之九族者，以先親九族，次及百姓，百姓是羣臣弟子，不宜越百姓而先下民。若是民之九族，則九族既睦，民已和矣，下句不當復言協和萬邦，以此知帝之九族也。堯不自親九族，而待臣使之親者，此言用臣法耳，豈有聖人在上，疏其骨肉者乎？若以堯自能親，不待臣化，則化萬邦百姓，堯豈不能化之，而待臣化之也？且言親九族者，非徒使帝親之，亦使臣親之，帝亦令其自相親愛，故須臣子之化也。傳既已至章明。正義曰：既、已義同，故訓既爲已，經傳之言。百姓或指天下百姓，此下句乃有黎民，故知百姓即百官也。百官謂之百姓者，隱八年《左傳》云：天子建德，因生以賜姓。謂建立有德以爲公卿，因其所生之地而賜之以爲其姓，令其收斂族親，自爲宗主。明王者任賢不任親，故以百姓言之。《周官》篇云：唐、虞稽古，建官惟百。《大禹謨》云：率百官若帝之初。是唐、虞之世經文皆稱百官。而《禮記・明堂位》云有虞氏之官五十，後世所記不合經也。平章與百姓其文非九族之事，傳以此經之事文勢相因，先化九族，乃化百官，故云化九族而平和章明。謂九族與百官皆須導之以德義，平理之使之協和，教之以禮法，章顯之使之明著。傳昭亦至大和。正義曰：《釋詁》以昭爲光，光、明義同，經已有明，故云昭亦明也。《釋詁》以協爲和，和、合義同，故訓協爲合也。黎，衆，時，是，《釋詁》文。雍，和，《釋訓》文。堯民之變，明其變惡從善，人之所和，惟風俗耳。故知謂天下衆人皆變化化上，是以風俗大和，人俗大和，即是太平之事也。此經三事相類，古史交互立文。以親言既睦，平章言昭明，協和言時雍。睦即親也，章即明也，雍即和也，各自變文以類相對。平九族使之親，平百姓使之明，正謂使從順禮義，恩情和合，故於萬邦變言協和，明以親九族、平章百姓亦是協和之也。但九族宜相親睦，百姓宜明禮義，萬邦宜盡和協，各因所宜爲文，其實相通也。民言於變，謂從上化，則九族既睦、百姓昭明亦是變上，故得睦得明也。

（宋）蔡沈《書經集傳·虞書·堯典》　克明俊德，以親九族，九族既睦，平章百姓；百姓昭明，協和萬邦；黎民於變時雍。明，明之也，俊，大也。堯之大德，上文所稱是也。九族，高祖至玄孫之親，舉近以該遠。五服異姓之親，亦在其中也。睦，親而和也。平，均。章，明也。百姓，畿內民庶也。昭明，皆能自明其德也。萬邦，天下諸侯之國也。黎，黑也，民首皆黑，故曰黎民。於，歎美辭。變，變惡爲善也。時，是。雍，和也。此言堯推其德，自身而家、而國、而天下。所謂放動者也。

（清）孫星衍《尚書今古文注疏·梓材》　王啓監，厥亂爲民。注：一作王開賢，厥率化民。疏：啓者，《説文》云：教也。亂者，《釋詁》云：治也。監者，《周禮·太宰》立其監。注云：監，謂公、侯、伯、子、男，各監一國。引此文。言王教諸侯使監視，其治皆爲民也。啓作開。監作賢，亂作率，爲作化者。《論衡·效力篇》云，《梓材》曰：彊人有王開賢，厥率化民。説之云：此言賢人亦壯彊於禮義，故能開賢，其率化民。化民須禮義，禮義須文章，行有餘力，則以學文，能學文，有力之驗也。此今文説。以戕爲彊，宥爲有者，《説文》云：能獸堅中，故稱賢能。而彊壯稱能傑也。是知彊人爲彊壯人，謂賢傑也。《中庸》子路問強。又云：發強剛毅，足以有執。是強爲美德也。開者，韋昭注《晉語》云：通率，義同帥。王開賢，厥率化民者，言彊能者有爲王所通達之賢，任其督帥化民之事。《漢舊儀》丞相御史大夫初拜，策曰：往悉乃心，和裕開賢。用此經文。和裕當爲宏裕。和與從弓從厶之字形相近，用《康誥》弘于天，若德裕乃身也。

（清）孫星衍《尚書今古文注疏·吕刑》　乃命重、黎絶地天通，罔有降格。羣后之逮在下，明明棐常，鰥寡無蓋。注：墨翟書引羣后之逮在下十四字在有辭有苗之下，德威維威之上。逮作肆，棐作不。無蓋作不蓋。疏：重、黎，顓頊時司天地官名。《楚語》：昭王問於觀射父曰：《周書》所謂重、黎，實使天地不通者，何也？若無然，民將能登天乎？對曰，非此之謂也。少皞之衰也，九黎亂德，民神雜糅。不可方物，夫人作享，家爲巫史，無有要質。民匱于祀，而不知其福。烝享無度，民神同位。民瀆齊盟，無有嚴威。神狎民則，不蠲其爲。嘉生不降，無物以享。禍災薦臻，莫盡其氣。顓頊受之，乃命南正重司天以屬神，命火正黎司地以屬民，使復舊常，無相侵瀆，是謂絶地天通。其後三苗復九黎之德，堯復育重、黎之後，不忘舊者，使復典之。以至於夏、商，故重、黎氏世敍天地，而別其分土也。《釋詁》云：降，下也。格，陞也。逮者，《釋言》云：遏也，謂遏訟。《周禮·禁殺戮》掌遏訟者，以告而誅之。注：鄭司農云：遏訟者，遏止獄訟者也。明明者，《釋訓》云：察也。棐者，《釋詁》云：俌也。蓋者，高誘注《淮南子》云：蔽也。言顓頊命重司天、黎司地，使神民不同位，上下分絶，以禮烝享而通之，祭則受福，無有升降雜糅。于羣后之遏訟在下者，能明揚明哲之人，以輔天常，使鰥寡無壅蔽之情也。《墨子》説見《尚賢中篇》，文具後疏。逮作肆者，《説文》云：肆，極陳也。棐常作不常者，言非常明察。無蓋作不蓋，義同。

《春秋左傳正義》卷九《莊公二十一年》　夫司寇行戮，司寇，刑官。於度反，下巨九反。君爲之不舉，去盛饌。去，起吕反。饌，仕眷反。疏：注去盛饌。正義曰：《周禮·膳夫》職曰：王日一舉，鼎十有二物，皆有俎，以樂侑食。大喪則不舉，大荒則不舉，大札則不舉，天地有災則不舉，邦有大故則不舉。鄭玄云：殺牲盛饌曰舉。襄二十六年《傳》曰：古之治民者，將刑，爲之不舉，不舉則徹樂。是不舉者，貶膳食，徹聲樂也。而況敢樂禍乎？

（晉）范甯集解《春秋穀梁傳》卷一《隱公元年》　夏五月，鄭伯克段于鄢。段有徒衆，攻之爲害必深，故謹而月之。鄢，鄭地。鄢音偃，地名。克者何？能也。何能也？能殺也。何以不言殺？見段之有徒衆也。言鄭伯能殺，則邦人不能殺矣。知段衆力彊盛，唯國君能殺之。見，賢偏反。段，鄭伯弟也。何以知其爲弟也？殺世子、母弟目君，以其目君，知其爲弟也。母弟，同母弟也。目君，謂稱鄭伯。段，弟也，而弗謂弟；公子也，而弗謂公子，貶之也。段失子弟之道矣，賤段而甚鄭伯也。賤段謂不稱公子、公弟。甚鄭伯，謂目君也。何甚乎鄭伯？甚鄭伯之處心積慮，成於殺也。雍曰：段恃寵驕恣，彊足當國，鄭伯不能防閑以禮，教訓以道，縱成其罪，終致大辟。處心積思，志欲殺弟。大辟，婢亦反。思，息吏反。于鄢，遠也。猶曰取之其母之懷中而殺之云爾，甚之也。段奔走乃至於鄢，去已遠矣。鄭伯猶追殺之，何以異於探其母懷中赤子而殺之乎？君殺大夫例不地，甚鄭伯之殺弟，故謹其地。然則爲鄭伯者宜奈何？緩追逸賊，親親之道也。君親無將，將而必誅焉。此蓋臣子之道，所犯在已，故可以申兄弟之恩。

又： 婦人在家制於父，既嫁制於夫，夫死從長子。婦人不專行必有從也。

《舊唐書》卷一九上《懿宗紀上》〔大和十年〕六月丁亥朔。戊戌，制曰：動天地者莫若精誠，致和平者莫若修政。朕顧惟庸昧，託于王公之上，於兹十一年矣。祗荷丕構，寅畏小心，慕唐堯之欽若昊天，遵周王之昭事上帝。念兹夙夜，靡替虔恭，同馭朽之憂勤，思納隍之軫慮。内戒奢靡，外罷畋遊，匪敢期於雍熙，所自得於清淨，止望寰區無事，稼穡有年。然而燭理不明，涉道唯淺，氣多堙鬱，誠未感通。旱暵是虞，蟲螟爲害，蠻蜑未賓於遐裔，寇盜復蠹於中原。尚駕戎車，益調兵食，俾黎元之重困，每宵旰而忘安。今盛夏驕陽，時雨久曠，憂勤兆庶，旦夕焦勞。内修香火以虔祈，外罄牲玉以精禱。仰俟玄貺，必致甘滋。而油雲未興，秋稼闕望，因兹恧亢，軫於誠懷。

矧復暴政煩刑，强官酷吏，侵漁蠹耗，陷害孤煢，致有冤抑之人，構成災沴之氣。主守長吏，無忘奉公。伐叛興師，蓋非獲已，除奸討逆，必使當辜，苟或陷及平人，自然風雨愆候。凡行營將帥，切在審詳，昭示惻憫之心，敬聽勤卹之旨。應京城天下諸州府見禁囚徒，除十惡忤逆、官典犯贓、故意殺人、合造毒藥、放火持仗、開劫墳墓及關連徐州逆黨外，並宜量罪輕重，速令決遣，無久繫留。雷雨不同，田疇方瘁，誠宜愍物，以示好生。其京城未降雨間，宜令坊市權斷屠宰。昨陝虢中使迴，方知蝗旱有損處，諸道長史，分憂共理，宜各推公，共思濟物。内有饑歉，切在慰安，哀此蒸人，毋俾艱食。徐方寇孽未殄，師旅有征，凡合誅鋤，審分淑慝，無令脅從横死，元惡偷生。宜申告伐之文，使知逆順之理。於戲！每思禹、湯之罪己，其庶成、康之措刑。孰謂德信未孚，教化猶梗。咨爾多士，俾予一人，既引過在躬，亦漸幾于理。布告中外，稱朕意焉。

（宋）王溥《唐會要》卷八五《逃户》 天寶八載正月勅：朕永念黎元，務宏愛育。所以惠政頻及，善貸相仍，亦將克致和平，登於仁壽。如聞流庸之輩，漸亦歸復，浮食未還，其數非廣。静言此色，並見其由。蓋爲牧宰等，授任親民，職在安輯，稍有逃逸，恥言減耗。籍帳之間，虚存户口。調賦之際，旁及親鄰。此弊因循，其事自久。寤寐興念，良用憮然。不有釐革，孰致殷阜。其承前所有虚掛丁户，應賦租庸課税，令近親鄰保代輸者，宜一切並停，應令除削。各委本道採訪使，與外州相知審細檢覆，申牒所由處分。其有逃還復業者，務令優恤，使得安存，縱先爲代輸租庸，不在酬還之限。

（宋）李燾《續資治通鑑長編》卷一二七《宋仁宗康定元年》 太子中允、權簽書涇原秦鳳經略安撫判官尹洙數上疏論兵事，請便殿召二府大臣議邊事，及講求開寶以前用兵故實，特出睿斷，以重邊計。又請減併柵壘，召募土軍，省騎士，增步卒，並請鬻爵爲土軍葺營房及所給物費。

其鬻爵之法，凡入粟五百斛爲上爵，許以珠金爲婦女服飾，得與本部七品官接坐，犯笞罪及詿誤聽贖；入粟百斛爲下爵，許畜女使，以銀爲飲食器。非等第户減入粟之半。司封出空名爵牒下諸州軍給之，願移賣者弗禁。鄉貢舉人、牙前、職員、京百司補正名以上準下爵，士族勿拘此制。凡無爵僭有爵、下爵僭上爵，論如違制律，告者賞錢十萬，告畜女使或銀器者賞錢三萬，告服珠、金者賞錢十五萬，女使聽自便，銀器、珠、金没入官，婦人無子若夫、男子年十五以下不許告。如此行之，不益賦於農畝，不重斂於富人，所取至輕，所至甚衆。鬻爵之地，除陝西、河東、河北、川峽、廣南外，計所入不減五百萬斛。每斛定輸錢三百，計一百五十萬緡。

下三司使鄭戩與翰林學士丁度、知制誥葉清臣參議以聞。戩等奏曰：爲國者禮義不可不立，法度不可不行，風俗不可不純。今洙所言，是棄三者之益而困生民之本也。古設民爵以賞武功，賜耆艾，今則鬻爵以規貨財，其編户産薄者，或子孫驕靡，希一爵因至貧窘，使父母妻子罹凍餓之患，此禮義不立也。先王之域民也，貴賤有差，器服有別，今使下愚之民咸得僭上所爲，驅之忘本，欲不窮困，其可得乎？此法度不行也。游惰豪縱之徒，因輸財得僭服以踰憲防，卒致澆漓之弊，此風俗不純也。況賣官之令，已出權宜，然行之寖久，今更爲煩細，箕斂民財，書揭徼塞，使敵人有輕中國之心。且先朝賜民爵不過公士，攝助教之名，非有階品。若三等之上户，皆受爵號，即牙前、弓手、散從官、手力之類，悉出孤貧浮客。又近以真珠折馬價，虧民已甚，若更設禁科則悉爲棄物。今陝西所招馬軍安塞、清塞、託邊、蕃落、飛塞、保節、廣鋭，步軍振武、神虎、保捷、定功、床子弩手，禁軍清邊弩手，捉生諸指揮，其募軍例物，人不過十餘千，募萬人，所費財十萬緡。陝西、河北營房大率覆以茨苫，關右産材木，計一舍費五七千，萬人不過五七萬緡。以四海之富，亦未至用度屈蹙如此。況洙所募邊民，不刺面，與官軍素服習不同。取編戶膏血之資，置新軍烏合之衆，如與敵角，何異驅市人而戰哉。臣以謂未能制勝於閫外，適足斂怨於天下。況被邊之俗，熟戶雜處，若廣募驍果，或參以奸細之人，則爲患不淺。洙之計策，未見所長。其議遂寢。

（宋）李燾《續資治通鑑長編》卷四〇四《宋哲宗元祐二年》 朝廷以太平無事，尊賢重道，起程頤於山林之下，而任以勸講，日侍天子之側，而訪以道義，則非禮勿動，非義勿言可也。今乃講讀之罷，往往與內侍密語，非其體也。向者皇帝陛下偶因發嗽，未御講筵，頤乃申請乞今後須得關報，亦駭中外之聽，不知義也。詳定學制，疏繆無取，禮部逐一駁正，三省至今依違未決，議者非之。臣又風聞頤在汝州侵占民田，數家起訟，邢恕在彼兩平其事，然未審其實有無。果無之，則有他人以惡語加之也；果有之，則殊非朝廷所以待頤之意也。

（宋）李燾《續資治通鑑長編》卷四七九《宋哲宗元祐七年》 臣願陛下既受天福，又獲民譽，益思戒謹，惟勤修德。修德之實，唯法祖宗。恭惟一祖五宗，畏天愛民，後嗣子孫皆當取法。

（宋）徐夢莘《三朝北盟會編》卷二一〇《炎興下帙》 論立政。臣聞帝王之治天下也，安危在修己，治亂在立政，成敗在用人。未有修己而百姓未安，立政而天下未治，得人而績用弗成者也。恭惟陛下以上聖之資，乘中興之運，當靖康之末，寶祚危於綴旒，陛下飛龍睢陽，郊祭配天，不失舊物。雖宣王之復古，少康之纘禹，無以過也。天縱睿知，好學不倦，動則畏天，言則引咎，宵衣旰食，坐薪嘗膽，雖堯舜之責，躬禹湯之罪己，無以過也。遭時多艱，天步靡寧，以四海之大而治於吳越之一隅，以萬乘之尊而屈於邊陲之一國。雖太王之去邠，勾踐之棲越，無以過也。兢兢業業，不敢暇逸，內修政事，外靖烽煙，昧爽待旦，未明求衣。雖文王之憂勤，成王之無逸，無以過也。恭儉節用，服御菲薄，嬪嬙不備，行宮僅蔽風雨，雖堯舜土階，禹之菲食，無以過也。可謂知所以修己矣。屢下寬大之詔，盡復祖宗之法，恤刑薄賦，講武務農，訓齊百官，撫綏四海，車堅馬良，兵足食備。雖宣宗之綜覈名實，文皇之勵精政事，無以過也。可謂知所以立政矣。求賢如不及，從善如轉圜，任相則垂拱仰成。至於分治天下而不以爲疑，御將則建牙受鉞，至於兼制數道而不以爲重。雖周之任旦望，漢之寵信越，無以過也。可謂知所以用人矣。宜其百姓乂安，天下大治績用亟成。

《皇朝文獻通考》卷一〇八《宗廟考二·太廟》 仰惟我皇考大行皇帝纘紹鴻緒統一寰區，十有八年，敬天尊祖，勤政愛民，奉侍慈闈，克諧孝道，敦宗睦族，攸敘彝倫，典學日新，修身思永，制禮作樂，振武崇文，勅法明刑，立綱陳紀，盛德之事不一而足。朕方與天下，臣民均切，怙載不幸，龍馭上賓，顧予冲人，嗣膺大統，仰承啓佑之恩，敢後顯揚之禮。

（清）王昶《金石萃編》卷一一八《唐七十八》于兢《王審知德政碑》 粵自範金合土之制，雲師火紀之名。禹別九州，堯咨四岳，莫不柬求良輔弘濟兆人，彰克勒克儉之能，垂可久可大之業。嗣太叔寬猛之政，循仲尼富庶之言。既茂勳勞，宜標篆刻。公名審知，姓王氏，瑯琊人也。其胙土命氏，疏源演派，代濟其美，史不絕書。後以大祖就祿光州，因家於是郡焉。會祖友，贈光祿卿。王父蘊玉，贈秘書少監。父恁，贈光州刺史，繼贈太尉。公即太尉之季子也。初，公兄潮，志尚謙恭，譽藹鄉曲，善於和衆，士多歸之。福建節度使陳巖既嚮其名，又以所屬泉州求牧，乃遣禮而請之。及到任，頗著嘉聲。後巖在軍病甚，不能視事，軍士等懼無統御，皆願有所依從，泉牧遂以郡委於仲弟審邽而與公皆赴。至則積惡者屏去，爲善者獲安。因詔授節度使，累加撿挍右僕射。於是剗其訛弊，整其章條，三軍無譁，萬姓有奉。乾寧三年，僕射遘疾，且付公以戎旅，仍具表奏尋加刑部尚書、威武軍留後，俄授金紫光祿大夫、右僕射、本軍節度使。公器局端雅，識理融明，稟嵩嶠之真精，得圯橋之妙略。及膺帝命，寵陟齋壇，細柳連營，旌旗動色。蒲盧莅政，草樹逢春。一年而足食足兵，再歲而知禮知義。方隅之內，仰止攸同。曩以運屬艱虞，人罹昏墊，農夫釋耒，工女下機。公既統藩垣，勵精爲理，強者抑而弱者撫，老者安而少者懷，使之以時，齊之以禮。故得汚萊盡闢，雞犬相聞，時和年豐，家給人足。版圖既倍，井賦孔殷。處以由庚，取之盍徹。夫述職之道底貢爲先。九丘爰序於厥苞，伍伯是徵於縮酒。雖甸服之近，江漢之中，或遇阻艱，亦絕輸賦。唯公益堅尊獎，慎守規程，松柏後凋，風雨如晦。地征旁午，天庫充盈。共仰勤劬，咸知匡戴。常以學校之設，是爲教化之源。乃令誘掖童蒙，興行敬讓。幼已佩於師訓，長皆置於國庠，俊造相望，廉秀特盛。閩川以南，地惟設險，人尚争雄，或因饑饉薦臻，或以刻剝爲苦。萑蒲易聚，巢穴難探。公感之以恩，綏之以德，且曰吏實爲虐，爾復何辜！示以寬仁，俾之柔服。遂數十年之氛祲，遽致廓清；一千里之封疆，旋觀昭泰。張綱以單車入壘，虞詡用絳縷擒姧。以古況今，彼猶懷愧。爰自天寶艱難之後，經費寔繁，聚斂之臣，名額滋廣，卽山鳩利，任土庀財，峻設隄防，頗聞賙贍。洎纏烽燧仍患崎嶇，三司之職務空存，四海之輪蹄鮮至。公按其程課，令以權衡，盡叶舊規，尤彰宏業。而又奉大雄之教，崇上善之因，象法重興，道師如在，虹梁雕拱，重新忉利之宫，鈿軸牙籤更演毗尼之藏。而又盛興寶塔，多捨淨財，日麗飛甍，霞攢綵檻。頑豔迴向，遠迩歸依。用俾群緣，皆同妙果。佛齊國，雖同臨照，靡襲冠裳，舟車罕通，賝贐罔獻，口者亦踰滄海，來集鴻臚。此乃公示以中孚，致其内附，雖云異類，亦慕華風。宛土龍媒，寧獨稱於往史，條支雀卵，諒可繼於前聞。自燎熾西秦，煙飛東觀，魯壁之遺編莫救，周陵之墜簡寧存。亟命訪尋，精於繕寫，遠貢劉歆之閣，不假陳農之求。次第籤題，森羅卷軸。夫四鄰共守，蓋當偃草之期。七德方修，必假禦衝之備。是以恢張制度，固護基局，程功而莫匪子來，作事而適當農隙。立崇墉之百雉，表巨屏於一方。巖邑湯池，曾何足數。折節縈帶，固不可憑。未若暫勞，致兹永逸，兵戈荐起，帑庾多虚。凡列土壃，悉重征税，商旅以之而壅滯，工賈以之而殫貧。公則盡去繁苛，縱其交易，開設鄽市，匪絕往來，衡麓舟鮫，皆除守禦，故得填郊溢郭，擊轂摩肩，竟敦廉讓之風，驟覩樂康之俗。閩越之境，江海通津，帆檣蕩漾以隨波，篙機崩騰而激水，途經巨浸，山號黄崎，怪石驚濤，覆舟害物，公乃具馨香黍稷，薦祀神祇，有感必通，其應如響。祭罷一夕，震雷暴雨，若有冥助。達旦則移其艱險，別注平流。雖畫鷁争馳，而長鯨弭浪，遠近聞而異之，優詔奬飾，仍以公之德化所及，賜名其水爲甘棠港，神曰顯靈侯。與夫召神人以鞭石，駈力士以鑿山，不同年而語矣。於戲！辨真金於大冶，認勁草於疾風，不有良田，誰康澤國。尋就加平章事，撿挍右僕射如故。腰懸相印，手握兵符，益壯軍聲，彌新殊渥。又改光禄大夫、撿挍司空，轉特進撿挍司徒。然而物議輿詞，功厚賞薄，以爲爵禄未稱疇庸，於是異姓分封仍加井邑，轉撿挍太保、瑯琊郡王，食邑四千戶，食實封壹伯戶。公之仲兄審邽自守泉郡，一紀於兹。黠馬皆調，疲人盡泰。公性惟雍睦，氣稟温和，韻契塤篪，政侔魯衛，可謂高明輝映，超絕一時者也。公以天下兵馬元帥、太尉、中書令梁王勳格穹昊，德服華夷，奉大國之歡盟，爲列藩之表率。今節度都押衙程贇及軍州將吏百姓耆老等，久懷化育，願紀功庸，列狀上聞，請議刊勒。元帥梁王以公如河誓著，口石情堅，累貢表章顯陳保證，朝廷冀宏誘勸；特示褒揚，將建龜趺，合徵鴻藻。兢謬居清列，曾乏雄文，頃歲嘗詠皇華，往宣宸旨。已於視聽，親餀徽猷。今之執簡濡毫，得以研精覃思，備陳懿績，實無愧詞。乃作銘曰：日月麗天，舟楫濟川，内外克乂，股肱惟賢。淮水長清，緱嶺方寧，慶隨祚遠，材爲時生。伯氏雄特，泉人御德，求瘼斯勤，頒條有則。冠軍被疾，付以師律，政教翕張，士庶寧謐。懿彼閩越，師實英傑，地列周封，心馳魏闕。聖澤汪洋，元戎啓行，有典有則，爲龍爲光。高懸秦鏡，理道自靜，比屋懷仁，連營稟令。航海梯山，貢奉循環，務其輸委，無憚險艱，周征之術，公田什一，約以有程，守而勿失。輕傜薄賦，謳歌載路，高掩龔黄，遐追邵杜，鄉校皆游，童蒙來求，雅道靡靡，儒風優優。惟虺吹毒，久依山谷，罔恣陸梁，竟欣柔服。法寶梵宇，勝因所主，崇構斯精，福慶攸聚。佛齊之國，綏之以德，架浪自東，驟山拱北。墜簡遺編，繕寫精研，麟臺轟口，武觀森然。畚鍤其勤，雉堞連雲，永制爾敵，用壯我軍。闤闠不税，水陸無滯，遐迩懷來，商旅相繼。黄崎之勞，神改驚濤，役靈祇力，保千萬艘。劉驥荀龍，塤篪雍雍，惟邦惟翰，以侯以公。元帥梁王，武步龍驤，挺彼七德，削平四方。公能事大，推心斯在，風雨無踰，歲寒不改。殊勳茂績，盡瘁宣力，國之丹青，邦之柱石。位冠台鼎，任隆兵柄，重以徽章，寵分異姓。優詔銘功，萬古英風，貞珉是勒，垂之無窮。天祐三年丙寅歲閏十二月一日准勑建將任郎前守京兆府鄠縣尉、直弘文館王倜書□□。

（漢）徐幹《中論》卷下《考僞》 昔衛公孟多行無禮，取憎於國人，齊豹殺之以爲名。《春秋》書之曰盗，其傳曰是。故君子動則思禮，行則思義，不爲利回不爲義疚。

《吕氏春秋·慎行論·慎行》凡亂人之動也，其始相助，後必相惡。爲義者則不然，始而相與，久而相信，卒而相親，後世以爲法程。

（漢）劉安《淮南子》卷二〇《泰族訓》天之所爲，禽獸草木。人之所爲，禮節制度。構而爲宫室，制而爲舟輿是也。治之所以爲本者，仁義也。所以爲末者，法度也。

（清）顧炎武《日知録》卷四《趙盾弑其君》君臣之義無逃於天地之間，而可逃之境外乎？

（清）顧炎武《日知録》卷五《邦饗耆老孤子》春饗孤子，以象物之方生；秋饗耆老，以象物之既成。然而國中之老者孤者多矣，不可以徧饗也。故國老庶老則饗之，而其他則養於國、養於鄉而已。死事之孤則饗之，而其他則養幼少、存諸孤而已。一以教孝，一以勸忠，先王一舉事而天道人倫備焉，此禮之所以爲大也與。

（清）顧炎武《日知録》卷一二《禁兵器》誠能明教化之原，而帥之以爲善，保家之道，則家有鶴膝，戶有犀渠，適足以誇國俗之強。而不至導民以不祥之器矣。

（漢）曹操《曹操集·文集》卷一《賜袁渙家穀教》以太倉穀者，官法也；以垣下穀者，親舊也。

（漢）曹操《曹操集·文集》卷二《修學令》喪亂以來，十有五年，後生者不見仁義禮讓之風，吾甚傷之。其令郡國各修文學，縣滿五百戶置校官，選其鄉之俊造而教學之，庶幾先王之道不廢，而有以益於天下。

（漢）阮瑀《阮瑀集·爲曹公作書與孫權》若忽至誠，以處僥倖，婉彼二人，不忍加罪，所謂小人之仁，大仁之賊，大雅之人不肯爲此也。

（宋）姚鉉《唐文粹》卷二五裴耀卿《請行禮樂化導三事表》一三者，禮樂化道也。州牧縣宰，所守者宣揚禮樂。典書經籍，所教者返古還樸。上奉君親，下安鄉族。若皆氣和浹洽，自然化理清平。由此言之，不在刑法。聖朝制禮作樂，雖行之自久，而外州遠郡，俗習未知，徒聞禮樂之名，不知禮樂之實。竊見鄉飲酒禮頒於天下，比來唯有貢舉之日，略用其儀，閭里之間，未通其事。臣在州日，率當州所管縣一一與百姓勸導行禮，奏樂歌至白華華黍由庚等章。言孝子養親及羣物遂性之義，或有泣者，則知人心有感，不可盡誣。但臣州久絶雅聲，不識古樂。伏計太常具有樂器，太樂久備和聲，伏望令天下三五十大州，簡有性識，於太常調習雅聲，仍請笙竽琴瑟之類，各三兩事，令比州轉次造習。每年各備禮儀，准令式行禮，稍加勸獎，以示風俗。又以州縣之學，本以勸人，禄在其中，聞於學也。今計天下州縣所置學生，不減五六萬人，及諸色并國子每年薦舉擢第，過百人已上。雖有司明試，務在擇才，而學校衰微，居然可驗。州縣補學生之日，皆不願爲遠郡，送鄉貢之時，多有不願來集，恐成頽弊，不可因循。伏望詳擇其宜，微加勸革。

（宋）范仲淹《范文正集》卷二〇《賦·禮義爲器賦》禮義交舉，聖賢是崇。既覩化人之要，爰彰爲器之功。修之於身，豈晚成而是慮；體之於政，見日用之無窮。前典可稽，格言斯啓。假其器而宣其教，尊其義而貴其禮。本於太一，寧因雕琢之勞；見無不爲，豈定方圓之體。不速而成，與世作程。于以致滿而不溢，于以知用之則行。見者之謂智，述者之謂明。合二美以同歸，皆能致用；列五常而共久，何患易盈。是以化彼邦家，器茲禮義。其美也混而爲一，其設也分而爲二。助政教而可大，貫古今而不墜。宣尼始問於周史，雅契求新；晉文首定於襄王，允符先利。豈不以爲君之柄也，非禮何持；立人之道也，惟義是資。居上而不我遐棄，化下而何莫由斯。有之則安，在傾敧而莫覩；聞而能徙，信用捨以從宜。是知彼器也利乃生民，此器也歸諸君子。蓋用之而可資，故喻之而有以。察其無體，可忘尚象之言；執以衛身，詎有假人之耻。念茲在茲，無爲而爲。但守執虚之戒，難忘持滿之規。安上治民，寧使乎小人乘矣；見危致命，豈惟乎長子主之。今國家稽古，不忘宣風遐被。其禮也同二儀之節，其義也正四方之志。覆萬國而無疆，通大道之不器。

（宋）歐陽修《歐陽修全集》卷八〇《外制集·復舊官制》敕司馬旦等：先王制禮之中，不使賢者過而愚者不及。故三年之喪，謂之通制者，人皆所共行焉。惟立身事君，用顯親揚名之節，則必賢者勉焉而可至。此孝之大者也，爾其思之。可。

（清）方苞《方苞集》卷二《讀子史·又書禮書序後》子長此序，非獨痛時事也，其於終古禮俗之變，盡之矣。蓋三代之禮，緣情依性，故能經緯人道，規矩無所不貫。上自宫寢、郊廟、朝廷之禮，既有以正君身，統百官；下逮黎庶，宫室，車服，飲食，嫁娶，喪祭，各授以節，而適其宜；所以宰制萬物，役使羣衆，而人力無所庸者，此也。禮之失自春秋始，極於戰國；至秦有天下，遂雜採六國之儀，而盡廢三代之禮。蓋將極情縱欲，凡勢力之所能逞則恣焉，而深惡夫古禮之大爲之防也。夫人之生，莫不有耳目口體之欲，不爲之節，則日就淫侈，而民力將有所不堪；故先王不禁其欲，而必以禮爲防，所以救民之彫敝也。魯，秉禮之國也，而僭郊禘；管仲，賢大夫也，而備三歸；子夏，聖門之高弟也，而説紛華盛麗。故先王誘進以仁義，束縛以刑罰，猶懼民之踰其防也，況導以淫侈，而不爲之制乎？

太初所定，不過改正朔，易服色，封泰山以及宗廟百官之儀；凡宫室、車服、飲食、嫁娶、喪紀下逮黎庶者，無聞焉，而制辭乃曰：百姓何望？之數者雖盡善，與百姓何與？況其爲襲秦之故，不合聖制者乎？漢之諸旁無論矣，獨文帝之躬化，可以興禮，而溺於道家之學，以爲繁禮飾貌，無益於治，則於先王之緣情依性，經緯人道者，亦概乎其未之聞也。夫無躬化，則禮不虚行；然有躬化，而不興三代之禮，亦不足以化民成俗。

自周以前，上將納民於軌物，而身先之；自秦以後，身不能由，而於民亦蕩然不爲之制。其宗廟百官之儀僅有存者，亦虚器耳，而定爲典常，垂之於後者，自武帝始。自是天下遂安於秦儀，而不知三代所損益爲何物矣。洋洋美德乎！其尚可復見也哉？此子長所以痛也。

德禮分部

論説

《周易正義·乾》九三曰君子終日乾乾，夕惕若厲，無咎，何謂也？子曰：君子進德脩業。忠信所以進德也。脩辭立其誠，所以居業也。知至至之，可與幾也。知終終之，可與存義也。處一體之極，是至也。居一卦之盡，是終也。處事之至而不犯咎，知至者也，故可與成務矣。處終而能全其終，知終者也。夫進物之速者，義不若利；存物之終者，利不及義。故靡不有初，鮮克有終。夫可與存義者，其唯知終者乎？疏：九三曰至可與存義也。正義曰：此釋九三爻辭也。子曰：君子進德脩業者，德謂德行，業謂功業。九三所以終日乾乾者，欲進益道德，脩營功業，故終日乾乾匪懈也。進德則知至，將進也；脩業則知終，存義也。忠信所以進德者，復解進德之事，推忠於人，以信待物，人則親而尊之，其德日進，是進德也。脩辭立其誠，所以居業者，辭謂文教，誠謂誠實也。外則脩理文教，内則立其誠實，内外相成，則有功業可居，故云居業也。上云進德，下復云進德；上云脩業，下變云居業者，以其間有脩辭之文，故避其脩文而云居業。且功業宜云居也。知至至之，可與幾者，九三處一體之極，方至上卦之下，是至也。既居上卦之下，而不凶咎，是知至也。既能知是將至，則是識幾知理，可與共論幾事。幾者，去无入有，有理而未形之時。此九三既知時節將至，知理欲到，可與共營幾也。知終終之，可與存義者，居一體之盡，而全其終竟，是知終也。既能知此終竟，是終盡之時，可與保存其義。義者宜也，保全其位，不有失喪，於事得宜。九三既能知其自全，故可存義。然九三唯是一爻，或使之欲進知幾也，或使之欲退存義也。一進一退，其意不同，以九三處進退之時，若可進則進，可退則退，兩意並行。注處一體之極至其唯知終者乎。正義曰：處一體之極，是至也者，莊氏云：極即至也。三在下卦之上，是至極。褚氏云：一體之極是至者，是下卦已極，將至上卦之下，至謂至上卦也。下云在下位而不憂，注云知夫至至，故不憂，此以人事言之。既云下位，明知在上卦之下，欲至上卦，故不憂，是知將至上卦。若莊氏之説，直云下卦上極是至極，儻无上卦之體，何可至也？何須與幾也？是知至者，據上卦爲文。莊説非也。處事之至而不犯咎，是知至者，謂三近上卦，事之將至，能以禮知屈，而不觸犯上卦之咎，則是知事之將至。故可與成務者，務謂事務。既識事之先幾，可與以成其事務。與猶許也，言可許之事，不謂此人共彼相與也。進物之速者，義不若利者，利則隨幾而發，見利則行也。義者依分而動，不妄求進。故進物速疾，義不如利，由義靜而利動故也。存物之終者，利不及義者，保全已成之物，不妄興動，故利不及義也。故靡不有初，鮮克有終者，見利則行，不顧在後，是靡不有初，不能守成其業，是鮮克有終。

（清）朱駿聲《六十四卦經解·乾》九三，君子終日乾乾，夕惕若，厲无咎。【略】謂居三也，居三脩教令，立誠信，民敬而從之也。

（宋）司馬光《温公易説·履》《象》曰：上天下澤，履；君子以辨上下，定民志。

履者何？人之所履也。人之所履者何？禮之謂也。人有禮則生，無禮則死。禮者，人所履之常也。其曰辨上下，定民志者何？夫民生有欲，喜進務得而不可厭者也。不以禮節之，則貪淫侈溢而無窮也。是故先王作爲禮以治之，使尊卑有等，長幼有倫，内外有别，親疎有序。然後上下各安其分，而無覬覦之心。此先王制世御民之方也。

《周易正義・大有》䷍乾下離上。大有：元亨。不大通，何由得大有乎？大有則必元亨矣。疏：正義曰：柔處尊位，羣陽並應，大能所有，故稱大有。既能大有，則其物大得亨通，故云大有元亨。

《象》曰：大有，柔得尊位大中，而上下應之，曰大有。處尊以柔，居中以大，體无二陰以分其應，上下應之，靡所不納，大有之義也。疏：正義曰：釋此卦稱大有之義。大中者，謂六五處大以中，柔處尊位，是其大也。居上卦之内，是其中也。其德剛健而文明，應乎天而時行，是以元亨。德應於天，則行不失時矣。剛健不滯，文明不犯，應天則大，時行無違，是以元亨。疏：其德剛健至是以元亨。正義曰：釋元亨之義。剛健謂乾也。文明謂離也。應乎天而時行者，褚氏、莊氏云：六五應乾九二。亦與五爲體，故云應乎天也。德應於天，則行不失時，與時無違，雖萬物皆得亨通，故云是以元亨。注剛健不滯至是以元亨。正義曰：剛健不滯者，剛健則物不擁滯也。文明不犯者，文則明粲而不犯於物也。應天則大者，能應於天則盛大也。時行無違者，以時而行，物无違也。以有此諸事，故大通而元亨也。

《象》曰：火在天上，大有。君子以遏惡揚善，順天休命。大有，包容之象也。故遏惡揚善，成物之性，順天休命，順物之命。疏：正義曰：君子以遏惡揚善者，大有包容之義，故君子象之，亦當包含遏匿其惡，褒揚其善，順奉天德，休美物之性命，巽順含容之義也。不云天在火下而云火在天上者，天體高明，火性炎上，是照耀之物而在於天上，是光明之甚，无所不照，亦是包含之義，又爲揚善之理也。

《周易正義・觀》䷓坤下巽上。觀：盥而不薦，有孚顒若。王道之可觀者，莫盛乎宗廟。宗廟之可觀者，莫盛於盥也。至薦簡略，不足復觀，故觀盥而不觀薦也。孔子曰：禘自既灌而往者，吾不欲觀之矣。盡夫觀盛，則下觀而化矣。故觀至盥則有孚顒若也。疏：觀盥而至顒若。正義曰：觀者，王者道德之美而可觀也，故謂之觀。觀盥而不薦者，可觀之事，莫過宗廟之祭盥，其禮盛也。薦者，謂既灌之後，陳薦籩豆之事，故云觀盥而不薦也。有孚顒若者，孚，信也。但下觀此盛禮，莫不皆化，悉有孚信而顒然，故云有孚顒若。注王道之可觀至有孚顒若也。正義曰：盡夫觀盛則下觀而化者，觀盛謂觀盥禮盛則休而止，是觀其大，不觀其細，此是下之效上，因觀而皆化之矣。故觀至盥則有孚顒若者，顒是嚴正之貌，若爲語辭，言下觀而化，皆孚信容貌儼然也。

《象》曰：大觀在上，下賤而上貴也。疏：正義曰：謂大爲在下，所觀唯在於上，由在上既貴，故在下大觀。今大觀在於上。順而巽，中正以觀天下，觀。盥而不薦，有孚顒若，下觀而化也。觀天之神道，而四時不忒。聖人以神道設教，而天下服矣。統説觀之爲道，不以刑制使物，而以觀感化物者也。神則無形者也。不見天之使四時，而四時不忒，不見聖人使百姓，而百姓自服也。疏：順而巽至天下服矣。正義曰：順而和巽，居中得正，以觀於天下，謂之觀也。此釋觀卦之名。觀盥而不薦，有孚顒若，下觀而化者，釋有孚顒若之義，本由在下，觀效在上而變化，故有孚顒若也。觀天之神道而四時不忒者，此盛名觀卦之美，言觀盥與天之神道相合，觀此天之神道而四時不有差忒。神道者，微妙无方，理不可知，目不可見，不知所以然而然，謂之神道，而四時之節氣見矣。豈見天之所爲，不知從何而來邪？蓋四時流行，不有差忒，故云觀天之神道而四時不忒也。聖人以神道設教，而天下服矣者，此明聖人用此天之神道，以觀設教而天下服矣。天既不言而行，不爲而成，聖人法則天之神道，本身自行善，垂化於人，不假言語教戒，不須威刑恐逼，在下自然觀化服從，故云天下服矣。

《象》曰：風行地上，觀。先王以省方觀民設教。疏：正義曰：風行地上者，風主號令行于地上，猶如先王設教在於民上，故云風行地上，觀也。先王以省方觀民設教者，以省視萬方，觀看民之風俗，以設於教，非諸侯以下之所爲，故云先王也。

又：九五：觀我生，君子無咎。居於尊位，爲觀之主，宣弘大化，光于四表，觀之極者也。上之化下，猶風之靡草，故觀民之俗，以察己之，百姓有罪，在予一人。君子風著，己乃无咎。上爲觀主，將欲自觀乃觀民也。疏：正義曰：九五居尊，爲觀之主。四海之内，由我而觀，而教化善，則天下有君子之風；教化不善，則天下著小人之俗，故則民以察我道，有君子之風著，則无咎也。故曰觀我生，君子无咎也。

《象》曰：觀我生，觀民也。疏：正義曰：謂觀民以觀我，故觀我即觀民也。

上九：觀其生，君子无咎。觀我生，自觀其道也。觀其生，爲民所觀者也。不在於位，最處上極，高尚其志，爲天下所觀者也。處天下所觀之地，可不慎乎？故君子德見，乃得无咎。生，猶動出也。疏：上九至无咎。正義曰：觀其生者，最處上極，高尚其志，生亦道也。爲天下觀其己之道，故云觀其生也。君子无咎者，既居天下可觀之地，可不慎乎？故君子謹慎，乃得无咎也。注觀我生至動出也。正義曰：生猶動出者，或動，或出，是生長之義。故云生猶動出。六三、九五皆云觀我生，上九云觀其生，此等云生皆爲動出，故於卦末，注總明之也。《象》曰：觀其生，志未平也。將處異地，爲衆觀，不爲平易，和光流通，志未平也。疏：正義曰：釋觀其生之義。以特處異地，爲衆所觀，不爲平易。和光流通，志未與世俗均平。世無危懼之憂，我有符同之慮，故曰志未平也。

《周易正義・大畜》 ䷙乾下艮上。大畜：利貞。不家食，吉。利涉大川。【略】

《象》曰：大畜，剛健篤實，輝光日新其德。凡物既厭而退者，弱也；既榮而隕者，薄也。夫能輝光日新其德者，唯剛健篤實也。疏：正義曰：言大畜剛健篤實者，此釋大畜之義。剛健謂乾也。乾體剛性健，故言剛健也。篤實，謂艮也。艮體靜止，故稱篤實也。輝光日新其德者，以其剛健篤實之故，故能輝耀光榮，日日增新其德。若无剛健，則劣弱也，必既厭而退。若无篤實，則虛薄也，必既榮而隕，何能久有輝光，日新其德乎？注凡物既厭至剛健篤實也。正義曰：凡物既厭而退者，弱也者，釋經剛健也。若不剛健，則見厭被退。能剛健，則所爲日進，不被厭退也。既榮而隕者薄也者，釋經篤實也。凡物暫時榮華而即隕落者，由體質虛薄也。若能篤厚充實，則恒保榮美，不有隕落也。剛上而尚賢，謂上九也。處上而大通，剛來而不距，尚賢之謂也。疏：剛上而尚賢。正義曰：剛上謂上九也。乾剛向上，上九不距，是貴尚賢也。注謂上九至尚賢之謂也。正義曰：謂上九也者，言上九之德，見乾之上進而不距逆，是貴尚賢也。處上而大通者，釋上九何天之衢亨，是處上通也。既處於上，下應於天，有大通之德也。剛來而不距者，以有大通，既見乾來而不距逆，是尚賢之義也。能止健，大正也。健莫過乾而能止之，非夫大正，未之能也。疏：正義曰：釋利貞義。所以艮能止乾之健者，德能大正，故能止健也。不家食吉，養賢也。利涉大川，應乎天也。有大畜之實，以之養賢，令賢者不家食，乃吉也。尚賢制健，大正應天，不憂險難，故利涉大川也。疏：不家食吉至應乎天也。正義曰：不家食吉，養賢者，釋不家食吉，所以不使賢者在家自食而獲吉也。以在上有大畜之實，養此賢人，故不使賢者在家自食也。利涉大川應乎天者，以貴尚賢人，大正應天，可踰越險難，故利涉大川也。注：有大畜之實至利涉大川也。正義曰：尚賢制健者，謂上九剛來不距，尚賢之謂也。艮能畜剛，制健之謂也。故上經云：剛上而尚賢。王注云：謂上九也。又云：能止健，大正也。王注云：健莫過乾，而能止之，非夫大正，未之能也。則是全論艮體。明知尚賢，謂上九也。制健謂艮體也。大正應天者，謂艮也。故前文云：能止健，大正也。止健是艮也，應天者，上體之艮，應下體之乾，故稱應天也。此取上卦、下卦而相應，非謂一陰一陽而相應也。

《象》曰：天在山中，大畜。君子以多識前言往行，以畜其德。物之可畜於懷，令德不散，盡於此也。疏：象曰至以畜其德。正義曰：天在山中者，欲取德積於身中，故云天在山中也。君子以多識前言往行以畜其德者，君子則此大畜，物既大畜，德亦大畜，故多記識前代之言，往賢之行，使多聞多見，以畜積己德，故云以畜其德也。注：物之可畜至盡於此也。正義曰：物之可畜於懷，令其道德不有棄散者，唯貯藏前言往行於懷，可以令德不散也。唯此而已，故云盡於此也。

《周易正義・坎》 ䷜坎下坎上。習坎：【略】有孚，維心亨，【略】行有尚。【略】《象》曰：習坎，重險也。坎以險爲用，故特名曰重險，言習坎者，習乎重險也。疏：《象》曰：習坎重險也。正義曰：釋習坎之義。言習坎者，習行重險。險，難也。若險難不重，不爲至險，不須便習，亦可濟也。今險難既重，是險之甚者，若不便習，不可濟也，故注云習坎者習重險也。注坎以險爲用至習乎重險也。正義曰：言習坎者，習乎重險也者，言人便習於坎，止是便習重險。便習之語以釋習名。兩坎相重，謂之重險，又當習義，是一習之名，有此兩義。水流而不盈，行險而不失其信。險陗之極，故水流而不能盈也。處至險而不失剛中，行險而不失其信者，習坎之謂也。疏：水流而不盈至不失其信。正義曰：此釋重險習坎之義。水流而不盈，謂險陷既極，坑穽特深，水雖流注，不能盈滿，言險之甚也，釋重險之義也。行險而不失其信，謂行此至險，能守其剛中，不失其信也。此：釋習坎及有孚之義也。以能便習於險，故守剛中，不失其信也。注險陗之極至習坎之謂也。正義曰：險陗之極，故水流而不能盈者，若淺岸平谷，則水流有可盈滿。若其崖岸險峻，澗谷泄漏，是水流不可盈滿，是險難之極也。維心亨，乃以剛中也。行有尚，往有功也。便習於坎而之坎地，盡坎之宜，故往必有功也。疏：正義曰：維心亨乃以剛中也者，釋維心亨義也。以剛在於中，故維得心亨也。行有尚，往有功者，此釋行有尚也。既便習於坎而往之險地，必有其功，故云行有尚，往有功也。天險不可升也，不可得升，故得保其威尊。疏：正義曰：此已下廣明險之用也。言天之爲險，懸邈高遠，不可升上，此天之險也。若其可升，不得保其威尊，故以不可升爲險也。地險山川丘陵也，有山川丘陵，故物得以保全也。疏：正義曰：言地以山川丘陵而爲險也，故使地之所載之物保守其全。若无山川丘陵，則地之所載之物失其性也。故地以山川丘陵而爲險也。王公設險以守其國。國之爲衛，恃於險也。言自天地以下莫不須險也。疏：正義曰：言王公法象天地，固其城池，嚴其法令，以保其國也。險之時用大矣哉！非用之常，用有時也。疏：正義曰：言天地已下，莫不須險，險難有時而用，故其功盛大矣哉！注非國之常，用有時也。正義曰：若天險地險不可暫无，此謂人之設險，用有時也。若化洽平治，內外輯睦，非用險也。若家國有虞，須設險防難，是用有時也。

《象》曰：水洊至，習坎。重險懸絕，故水洊至也。不以坎爲隔絕，相仍而至，習乎坎也。疏：正義曰：重險懸絕，其水不以險之懸絕，水亦相仍而至，故謂爲習坎也。以人之便習于坎，猶若水之洊至，水不以險爲難也。君子以常德行，習教事。至險未夷，教不可廢，故以常德行而習教事也。習於坎，然後乃能不以險難爲困，而德行不失常也。故則夫習坎，以常德行而習教事也。疏：正義曰：言君子當法此，便習於坎，不以險難爲困，當守德行而習其政教之事。若能習其教事，則可便習於險也。

《周易正義・大壯》䷡乾下震上。大壯：利貞。疏：正義曰：大壯，卦名也。壯者，強盛之名。以陽稱大，陽長既多，是大者盛壯，故曰大壯。利貞者，卦德也。羣陽盛大，小道將滅，大者獲正，故曰利貞也。【略】

《象》曰：雷在天上，大壯。剛以動也。疏：正義曰：震雷爲威動，乾天主剛健，雷在天上，是剛以動，所以爲大壯。君子以非禮弗履。壯而違禮則凶，凶則失壯也。故君子以大壯而順禮也。疏：正義曰：盛極之時，好生驕溢，故於大壯誡以非禮勿履也。

《周易正義・蹇》䷦艮下坎上。蹇：利西南，不利東北。西南，地也；東北，山也。以難之平則難解，以難之山則道窮。疏：正義曰：蹇，難也。有險在前，畏而不進，故稱爲蹇。西南險位，平易之方。東北險位，阻礙之所。世道多難，率物以適平易，則蹇難可解。若入於險阻，則彌加擁塞。去就之宜，理須如此，故曰蹇，利西南不利東北也。利見大人。往則濟也。疏：正義曰：能濟衆難，惟有大德之人，故曰利見大人。貞吉。爻皆當位，各履其正，居難履正，正邦之道也。正道未否，難由正濟，故貞吉也。遇難失正，吉可得乎？疏：正義曰：居難之時，若不守正而行其邪道，雖見大人，亦不得吉，故曰貞吉也。【略】

《象》曰：山上有水，蹇。山上有水，蹇難之象。疏：正義曰：山者是巖險，水是阻難。水積山上，彌益危難，故曰山上有水蹇。君子以反身修德。除難莫若反身修德。疏：正義曰：蹇難之時，未可以進，惟宜反求諸身，自修其德，道成德立，方能濟險，故曰君子以反身修德也。陸績曰：水在山上，失流通之性，故曰蹇。通水流下，今在山上，不得下流，蹇之象。陸績又曰：水本應山下，今在山上，終應反下，故曰反身。處難之世，不可以行，只可反自省察，脩己德用乃除難。君子通達道暢之時，並濟天下，處窮之時則獨善其身也。

《周易正義・中孚》䷼兑下巽上。中孚：豚魚吉。利涉大川，利貞。疏：正義曰：中孚，豚魚吉者，中孚，卦名也。信發於中，謂之中孚。魚者，蟲之幽隱。豚者，獸之微賤。人主內有誠信，則雖微隱之物，信皆及矣。莫不得所而獲吉，故曰豚魚吉也。利涉大川，利貞者，微隱獲吉，顯者可知。既有誠信，光被萬物，萬物得宜，以斯涉難，何往不通？故曰利涉大川。信而不正，凶邪之道，故利在貞也。

《象》曰：中孚，柔在內而剛得中，說而巽，孚，有上四德，然後乃孚。疏：正義曰：此就三、四陰柔并在兩體之內，二、五剛德各處一卦之中，及上下二體說而以巽，釋此卦名爲中孚之義也。柔內剛中，各當其所，說而以巽，乖争不作，所以信發於內，謂之中孚，故曰柔在內而剛得中，說而巽，孚也。乃化邦也。信立而後邦乃化也。柔在內而剛得中，各當其所也。剛得中，則直而正；柔在內，則靜而順；說而以巽，則乖争不作。如此，則物无巧競，敦實之行著，而篤信發乎其中矣。疏：正義曰：誠信發於內，則邦國化於外，故曰乃化邦也。豚魚吉，信及豚魚也。魚者，蟲之隱者也。豚者，獸之微賤者也。争競之道不興，中信之德淳著，則雖微隱之物，信皆及之。疏：正義曰：釋所以得吉，由信及豚魚故也。利涉大川，乘木舟虛也。乘木於川舟之虛，則終已无溺也。用中孚以涉難，若乘木舟虛也。疏：正義曰：釋此涉川所以得利，以中信而濟難，若乘虛舟以涉川也。中孚以利貞，乃應乎天也。盛之至也。疏：正義曰：釋中孚所以利貞者，天德剛正而氣序不差，是正而信也。今信不失正，乃得應於天，是中孚之盛故須濟以利貞也。

又：九二：鶴鳴在陰，其子和之。我有好爵，吾與爾靡之。處內而居重陰之下，而履不失中，不徇於外，任其真者也。立誠篤至，雖在闇昧，物亦應焉，故曰鳴鶴在陰，其子和之也。不私權利，唯德是與，誠之至也，故曰我有好爵，與物散之。疏：正義曰：鳴鶴在陰，其子和之者，九二體剛，處於卦內，又在三四重陰之下，而履不失中，是不徇於外，自任其真者也。處於幽昧，而行不失信，則聲聞于外，爲同類之所應焉。如鶴之鳴於幽遠，則爲其子所和，故曰鳴鶴在陰，其子和之也。我有好爵，吾與爾靡之者，靡，散也，又无偏應，是不私權利，惟德是與。若我有好爵，吾願與爾賢者分散而共之，故曰我有好爵，吾與爾靡之。《象》曰：其子和之，中心願也。疏：正義曰：中心願者，誠信之人，願與同類相應，得誠信而應之，是中心願也。

《周易正義・繫辭上》顯諸仁，藏諸用，衣被萬物，故曰顯諸仁。日用而不知，故曰藏諸用。疏：正義曰：顯諸仁者，言道之爲體，顯見仁功，衣被萬物，是顯諸仁也。藏諸用者，謂潛藏功用，不使物知，是藏諸用也。鼓萬物而不與聖人同憂，萬物由之以化，故曰鼓萬物也。聖人雖體道以爲用，未能全无以爲體，故順通天下，則有經營之跡也。疏：鼓萬物至同憂。正義曰：言道之功用，能鼓動萬物，使之化育，故云鼓萬物。聖人化物，不能全无以爲體，猶有經營之憂；道則虛无爲用，无事无爲，不與聖人同用，有經營之憂也。注聖人雖體道以爲用。正義曰：云聖人雖體道以爲用者，言聖人不能无憂之事。道則无心无跡，聖人則亦无心有跡，聖人能體附於道，其跡以有爲用。云未能全无以爲體者，道則心跡俱无，是其全无以爲體；聖人則无心有跡，是跡有而心无，是不能全无以爲體。云故順通天下，則有經營之跡者，言聖人順通天下之理，內則雖是无心，外則有經營之跡，則有憂也。道則心跡俱无，无憂无患，故云不與聖人同憂也。盛德大業，至矣哉！夫物之所以通，事之所以理，莫不由乎道也。聖人功用之母，體同乎道，盛德大業，所以能至。疏：正義曰：聖人爲功用之母，體同於道，萬物由之而通，衆事以之而理，是聖人極盛之德，廣大之業，至極矣哉！於行謂之德，於事謂之業。富有之謂大業，廣大悉備，故曰富有。疏：正義曰：自此已下，覆説大業盛德，因廣明易與乾坤，及其占之與事，并明神之體，以廣大悉備，萬事富有，所以謂之大業。日新之謂盛德。體化合變，故曰日新。疏：正義曰：聖人以能變通體化，合變其德，日日增新，是德之盛極，故謂之盛德也。生生之謂易，陰陽轉易，以成化生。疏：正義曰：生生，不絶之辭。陰陽變轉，後生次於前生，是萬物恒生，謂之易也。前後之生，變化改易。生必有死，易主勸戒，獎人爲善，故云生不云死也。成象之謂乾，擬乾之象。疏：正義曰：謂畫卦成乾之象，擬乾之健，故謂卦爲乾也。效法之謂坤，效坤之法。疏：正義曰：謂畫卦效坤之法，擬坤之順，故謂之坤也。極數知來之謂占，通變之謂事，物窮則變，變而通之，事之所由生也。疏：正義曰：極數知來之謂占者，謂窮極蓍策之數，豫知來事，占問吉凶，故云謂之占也。通變之謂事者，物之窮極，欲使開通，須知其變化，乃得通也。凡天下之事，窮則須變，萬事乃生，故云通變之謂事。陰陽不測之謂神。神也者，變化之極，妙萬物而爲言，不可以形詰者也，故曰陰陽不測。嘗試論之曰：原夫兩儀之運，萬物之動，豈有使之然哉！莫不獨化於大虚，故爾而自造矣。造之非我，理自玄應；化之无主，數自冥運，故不知所以然，而況之神。是以明兩儀以太極爲始，言變化而稱極乎神也。夫唯知天之所爲者，窮理體化，坐忘遺照。至虚而善應，則以道爲稱。不思而玄覽，則以神爲名。蓋資道而同乎道，由神而冥於神也。疏：陰陽至謂神。正義曰：天下萬物，皆由陰陽，或生或成，本其所由之理，不可測量之謂神也，故云陰陽不測之謂神。注神也者至神也。正義曰：云神也者，變化之極者，言神之施爲，自將變化之極以爲名也。云妙萬物而爲言者，妙謂微妙也。萬物之體，有變象可尋，神則微妙於萬物而爲言也，謂不可尋求也。云不可以形詰者，杳寂不測，无形无體，不可以物之形容所求而窮詰也。云造之非我，理自玄應者，此言神力也。我，謂宰主之名也。言物之造作，非由我之宰主所爲，其造化之理，自然玄空相應，而自然造作也。云是以明兩儀以太極爲始者，言欲明兩儀天地之體，必以太極虚无爲初始，不知所以然，將何爲始也？云言變化而稱極乎神者，欲言論變化之理，不知涯際，唯稱極乎神，神則不可知也。云夫唯知天之所爲者，窮理體化，坐忘遺照者，言若能知天之所造爲者，會能窮其物理，體其變化，靜坐而忘其事，及遺棄所照之物，任其自然之理，不以他事係心，端然玄寂，如此者，乃能知天之所爲也。言天之道亦如此也。坐忘遺照之言，事出《莊子·大宗師》篇也。云至虚而善應，則以道爲稱者，此解道之目也。言至極空虚而善應於物，則乃目之爲道，故云則以道爲稱。云不思而玄覽，則以神爲名者，謂不可思量而玄遠，覽見者乃目之爲神，故云則以神爲名也。云蓋資道而同乎道者，此謂聖人設教，資取乎道，行无爲之化，積久而遂同於道，内外皆无也。云由神而冥於神也者，言聖人設教，法此神之不測，无體无方，以垂於教，久能積漸而冥合於神，不可測也。此皆謂聖人初時雖法道法神以爲无，體未能全无，但行之不已，遂至全无不測，故云資道而同於道，由神而冥於神也。夫易，廣矣大矣，以言乎遠則不禦；窮幽極深，无所止也。疏：正義曰：夫易廣矣，大矣者，此贊明易理之大，易之變化，極於四遠，是廣矣，窮於上天是大矣，故下云廣大配天地也。以言乎遠則不禦者，禦，止也。言乎易之變化，窮極幽深之遠，則不有禦止也。謂无所止息也。以言乎邇則靜而止；則近而當。疏：正義曰：邇，近也。言易之變化，在於邇近之處，則寧靜而得正。謂變化之道，於其近處，物各靜而得正，不煩亂邪僻也。遠尚不禦，近則不禦可知；近既靜正，則遠亦靜正，互文也。以言乎天地之間，則備矣。夫乾，其靜也專，其動也直，是以大生焉。專，專一也。直，剛正也。疏：正義曰：以言乎天地之間，則備矣者，變通之道，遍滿天地之内，是則備矣。夫乾其靜也專，其動也直，是以大生焉者，上經既論易道資陰陽而成，故此經明乾，復兼明坤也。乾是純陽，德能普備，无所偏主，唯專一而已。若氣不發動，則靜而專一，故云其靜也專。若其運轉，則四時不忒，寒暑无差，則而得正，故云其動也直。以其動靜如此，故能大生焉。夫坤，其靜也翕，其動也闢，是以廣生焉。翕，斂也。止則翕斂其氣，動則闢開以生物也。乾統天首物，爲變化之元，通乎形外者也。坤則順以承陽，功盡於己，用止乎形者也。故乾以專直言乎其材，坤以翕闢言乎其形。疏：正義曰：此經明坤之德也。坤是陰柔，閉藏翕斂，故其靜也翕；動則開生萬物，故其動也闢。以其如此，故能廣生於物焉。天體高遠，故乾云大生；地體廣博，故坤云廣生。對則乾爲物始，坤爲物生，散則始亦爲生，故總云生也。廣大配天地，變通配四時，陰陽之義配日月，易簡之善配至德。《易》之所載配此四義。疏：正義曰：廣大配天地者，此經申明易之德，以易道廣大，配合天地，大以配天，廣以配地。變通配四時者，四時變通，易理亦能變通，故云變通配四時也。陰陽之義配日月，易簡之善配至德者，案初章論乾坤易簡，可久可大，配至極微妙之德也。然《易》初章易爲賢人之德，簡爲賢人之業，今總云至德者，對則德業別，散則業由德而來，俱爲德也。子曰：易其至矣乎？夫易，聖人所以崇德而廣業也。窮理入神，其德崇也。兼濟萬物，其業廣也。疏：正義曰：子曰易其至矣乎者，更美易之至極，是語之別端，故言子曰。夫易，聖人所以崇德而廣業者，言易道至極，聖人用之，增崇其德，廣大其業，故云崇德而廣業也。知崇禮卑，知以崇爲貴，禮以卑爲用。疏：

正義曰：易兼知之與禮，故此明知禮之用。知者通利萬物，象天陽无不覆，以崇爲貴也。禮者卑敬於物象，地柔而在下，故以卑爲用也。崇效天，卑法地。極知之崇，象天高而統物；備禮之用，象地廣而載物也。疏：正義曰：知既崇高，故效天；禮以卑退，故法地也。天地設位，而易行乎其中矣。天地者，易之門戶，而易之爲義，兼周萬物，故曰行乎其中矣。疏：正義曰：天地陳設於位，謂知之與禮，而效法天地也。而易行乎其中矣者，變易之道，行乎知禮之中。言知禮與易而竝行也。若以實象言之，天在上，地在下，是天地設位；天地之間，萬物變化，是易行乎天地之中也。成性存存，道義之門。物之存成，由乎道義也。疏：正義曰：此明易道既在天地之中，能成其萬物之性，使物生不失其性，存其萬物之存，使物得其存成也。性，謂稟其始也。存，謂保其終也。道，謂開通也。義，謂得其宜也。既能成性存存，則物之開通，物之得宜，從此易而來，故云道義之門，謂易與道義爲門戶也。

又：子曰：夫易，何爲者也？夫易，開物成務，冒天下之道，如斯而已者也。冒，覆也。言易通萬物之志，成天下之務，其道可以覆冒天下也。疏：正義曰：子曰夫易何爲者，言易之功用，其體何爲，是問其功用之意。夫易開物成務，冒天下之道，如斯而已者，此夫子還自釋易之體用之狀，言易能開通萬物之志，成就天下之務，有覆冒天下之道。斯，此也，易之體用如此而已。是故聖人以通天下之志，以定天下之業，以斷天下之疑。是故蓍之德圓而神，卦之德方以知，圓者運而不窮，方者止而有分。言蓍以圓象神，卦以方象知也。唯變所適，无數不周，故曰圓。卦列爻分，各有其體，故曰方也。疏：是故聖人至以知。正義曰：是故聖人以通天下之志者，言易道如此，是故聖人以其易道通達天下之志，極其幽深也。以定天下之業者，以此易道定天下之業，由能研幾成務，故定天下之業也。以斷天下之疑者，以此易道決斷天下之疑，用其蓍龜占卜，定天下疑危也。是故蓍之德圓而神，卦之德方以知者，神以知來，是來无方也；知以藏往，是往有常也。物既有常，猶方之有止；數无恒體，猶圓之不窮。故蓍之變通則无窮，神之象也；卦列爻分有定體，知之象也。知可以識前言往行，神可以逆知將來之事，故蓍以圓象神，卦以方象知也。注圓者至方也。正義曰：圓者運而不窮者，謂團圓之物，運轉无窮已，猶阪上走丸也。蓍亦運動不已，故稱圓也。言方者止而有分者，方謂處所，既有處所，則是止而有分。且物方者著地則安，其卦既成，更不移動，亦是止而有分，故卦稱方也。六爻之義易以貢。貢，告也。六爻變易，以告吉凶。疏：正義曰：貢，告也。六爻有吉凶之義，變易以告人也。聖人以此洗心，洗濯萬物之心。疏：正義曰：聖人以此易之卜筮，洗蕩萬物之心。萬物有疑則卜之，是蕩其疑心；行善得吉，行惡遇凶，是盪其惡心也。退藏于密。言其道深微，萬物日用而不能知其原，故曰退藏於密，猶藏諸用也。疏：正義曰：言易道進則盪除萬物之心，退則不知其所以然，萬物日用而不知，有功用藏於密也。吉凶與民同患。表吉凶之象，以同民所憂患之事，故曰吉凶與民同患也。疏：正義曰：易道以示人吉凶，民則亦憂患其吉凶，是與民同其所憂患也。凶者民之所憂也，上並言吉凶，此獨言同患者，凶雖民之所患，吉亦民之所患也。既得其吉，又患其失。故《老子》云寵辱若驚也。神以知來，知以藏往。明蓍卦之用，同神知也。蓍定數於始，於卦爲來。卦成象於終，於蓍爲往。往來之用相成，猶神知也。疏：正義曰：此明蓍卦德同神知，知來藏往也。蓍定數於始，於卦爲來。卦成象於終，於蓍爲往。以蓍望卦，則是知卦象將來之事，故言神以知來。以卦望蓍，則是聚於蓍象往去之事，故言知以藏往也。其孰能與此哉！古之聰明叡知神武而不殺者夫！服萬物而不以威形也。疏：正義曰：其孰能與此哉者，言誰能同此也，蓋是古之聰明叡知神武而不殺者夫。易道深遠，以吉凶禍福，威服萬物。故古之聰明叡知神武之君，謂伏犧等，用此易道，能威服天下，而不用刑殺而畏服之也。是以明于天之道，而察于民之故，是興神物以前民用。定吉凶於始也。疏：正義曰：是以明於天之道者，言聖人能明天道也。而察於民之故者，故，事也。易窮變化而察知民之事也。是興神物以前民用者，謂易道興起神理事物，豫爲法象，以示於人，以前民之所用。定吉凶於前，民乃法之所用，故云以前民用也。聖人以此齊戒，洗心日齊，防患日戒。疏：正義曰：聖人以易道自齊自戒，謂照了吉凶，齊戒其身。洗心曰齊，防患曰戒。以神明其德夫。是故闔戶謂之坤。坤道包物。疏：正義曰：以神明其德夫者，言聖人既以易道自齊戒，又以易道神明其己之德化也。是故闔戶謂之坤者，聖人既用此易道以化天下，此以下又廣明易道之大。易從乾坤而來，故更明乾坤也。凡物先藏而後出，故先言坤而後言乾。闔戶，謂閉藏。萬物若室之閉闔其戶，故云闔戶謂之坤也。闢戶謂之乾。乾道施生。疏：正義曰：闢戶，謂吐生萬物也，若室之開闢其戶，故云闢戶謂之乾也。一闔一闢謂之變，往來不窮謂之通。見乃謂之象。兆見曰象。疏：正義曰：一闔一闢謂之變者，開閉相循，陰陽遞至，或陽變爲陰，或開而更閉，或陰變爲陽，或閉而還開，是謂之變也。往來不窮謂之通者，須往則變來爲往，須來則變往爲來，隨須改變，不有窮已，恒得通流，是謂之通也。見乃謂之象者，前往來不窮，據其氣也。氣漸積聚，露見萌兆，乃謂之象，言物體尚微也。形乃謂之器。成形曰器。疏：正義曰：體質成器，是謂器物。故曰形乃謂之器，言其著也。制而用之謂之法。利用出入，民咸用之謂之神。疏：正義曰：制而用之謂之法者，言聖人裁制其物而施用之，垂爲模範，故云謂之法。利用出入，民咸用之謂之神者，言聖人以利而用，或出或入，使民咸用之，是聖德微妙，故云謂之神。

《周易正義·繫辭下》天地之大德曰生，施生而不爲，故能常生，故曰大德也。疏：正義曰：自此已下，欲明聖人同天地之德，廣生萬物之意也。言天地之盛德，在乎常生，故言曰生。若不常生，則德之不大。以其常生萬物，故云大德也。**聖人之大寶曰位。**夫无用則无所寶，有用則有所寶也。无用而常足者，莫妙乎道，有用而弘道者，莫大乎位，故曰聖人之大寶曰位。疏：正義曰：言聖人大可寶愛者在於位耳，位是有用之地，寶是有用之物。若以居盛位，能廣用无疆，故稱大寶也。**何以守位？曰仁。何以聚人？曰財。**財所以資物生也。疏：正義曰：何以守位曰仁者，言聖人何以保守其位，必須仁愛，故言曰仁也。何以聚人曰財者，言何以聚集人衆，必須財物，故言曰財也。**理財正辭，禁民爲非曰義。**疏：正義曰：言聖人治理其財，用之有節，正定號令之辭，出之以理，禁約其民爲非僻之事，勿使行惡，是謂之義。義，宜也。言以此行之，而得其宜也。

又：《易》之興也，其于中古乎？作《易》者，其有憂患乎？无憂患則不爲而足也。疏：正義曰：其於中古乎者，謂《易》之爻卦之辭，起於中古。若《易》之爻卦之象，則在上古伏犧之時，但其時理尚質素，聖道凝寂，直觀其象，足以垂教矣。但中古之時，事漸澆浮，非象可以爲教，又須繫以文辭，示其變動吉凶，故爻卦之辭，起於中古。則《連山》起於神農，《歸藏》起於黄帝，《周易》起於文王及周公也。此之所論，謂《周易》也。作《易》者其有憂患乎者，若无憂患，何思何慮，不須營作。今既作《易》，故知有憂患也。身既患憂，須垂法以示於後，以防憂患之事，故繫之以文辭，明其失得與吉凶也。其作《易》憂患，已於初卷詳之也。**是故履，德之基也。**基，所蹈也。疏：正義曰：以爲憂患，行德爲本也。六十四卦悉爲脩德防患之事，但於此九卦，最是脩德之甚，故特舉以言焉，以防憂患之事。故履卦爲德之初基。故爲德之時，先須履踐其禮，敬事於上，故履爲德之初基也。**謙，德之柄也。**疏：正義曰：謙，德之柄也者，言爲德之時，以謙爲用，若行德不用謙，則德不施用，是謙爲德之柄，猶斧刃以柯柄爲用也。**復，德之本也。**夫動本於靜，語始於默，復者，各反其所始，故爲德之本也。疏：正義曰：復，德之本也者，言爲德之時，先從靜默而來，復是靜默，故爲德之根本也。**恒，德之固也。**固，不傾移也。疏：正義曰：言爲德之時，恒能執守，始終不變，則德之堅固，故爲德之固也。**損，德之脩也。益，德之裕也。**能益物者，其德寬大也。疏：正義曰：損，德之脩者，行德之時，恒自降損，則其德自益而增新，故云損，德之脩也。謙者，論其退下於人；損者，能自減損於己，故謙、損別言也。益，德之裕者，裕，寬大也。能以利益於物，則德更寬大也。**困，德之辨也。**困而益明。疏：正義曰：若遭困之時，守操不移，德乃可分辨也。**井，德之地也。**所處不移，象居得其所也。疏：正義曰：改邑不改井，井是所居之常處，能守處不移，是德之地也。言德亦不移動也。**巽，德之制也。**巽，所以申命明制也。疏：正義曰：巽申明號令，以示法制。故能與德爲制度也。自此已上，明九卦各與德爲用也。**履，和而至。**和而不至，從物者也。和而能至，故可履也。疏：正義曰：自此已下，明九卦之德也。言履卦與物和諧，而守其能至，故可履踐也。**謙，尊而光。復，小而辨于物。**微而辨之，不遠復也。疏：正義曰：謙，尊而光者，以能謙卑，故其德益尊而光明也。復，小而辨於物者，言復卦於初細微小之時，即能辨於物之吉凶，不遠速復也。**恒，雜而不厭。**雜而不厭，是以能恒。疏：正義曰：言恒卦雖與物雜碎並居，而常執守其操，不被物之不正也。**損，先難而後易。**刻損以脩身，故先難也。身脩而无患，故後易也。疏：正義曰：先自減損，是先難也。後乃无患，是後易也。**益，長裕而不設。**有所興爲，以益於物，故曰長裕。因物興務，不虛設也。疏：正義曰：益是增益於物，能長養寬裕於物，皆因物性自然而長養，不空虛妄設其法而无益也。**困，窮而通。**處窮而不屈其道也。疏：正義曰：言困卦於困窮之時，而能守節，使道通行而不屈也。**井，居其所而遷。**改邑不改井，井所居不移，而能遷其施也。疏：正義曰：言井卦居得其所，恒住不移，而能遷其潤澤，施惠於外也。**巽，稱而隱。**稱揚命令，而百姓不知其由也。疏：正義曰：言巽稱揚號令，而不自彰伐而幽隱也。自此已上，辨九卦性德也。**履以和行。謙以制禮。復以自知。**求諸己也。疏：正義曰：履以和行者，自此以下，論九卦各有施用而有利益也。言履者以禮敬事於人，是調和性行也。謙以制禮者，性能謙順，可以裁制於禮。復以自知者，既能返復求身，則自知得失也。**恒以一德。**以一爲德也。疏：正義曰：恒能終始不移，是純一其德也。**損以遠害。**止於脩身，故可以遠害而已。疏：正義曰：自降損脩身，无物害己，故遠害也。**益以興利。困以寡怨。**困而不濫，无怨於物。疏：正義曰：益以興利者，既能益物，物亦益己，故興利也。困以寡怨者，遇困，守節不移，不怨天，不尤人，是无怨於物，故寡怨也。**井以辯義。**施而无私，義之方也。疏：正義曰：井能施而无私，則是義之方所，故辨明於義也。**巽以行權。**權反經而合道，必合乎巽順，而後可以行權也。疏：正義曰：巽順以。既能順時合宜，故可以權行也。若不順時制變，不可以行權也。

《周易正義・説卦》 昔者聖人之作《易》也，幽贊於神明而生蓍。**【略】**和順於道德而理於義，窮理盡性，以至於命。命者，生之極，窮理則盡其極也。疏：和順至於命。正義曰：蓍數既生，爻卦又立，《易》道周備，无理不盡。聖人用之，上以和協順成聖人之道德，下以治理斷人倫之正義。又能窮極萬物深妙之理，究盡生靈所禀之性，物理既窮，生性又盡，至於一期所賦之命，莫不窮其短長，定其吉凶，故曰和順於道德而理於義，窮理盡性以至於命也。注命者至極也。正義曰：

命者，人所禀受，有其定分，從生至終，有長短之極，故曰命者，生之極也。此所賦命，乃自然之至理，故窮理則盡其極也。

《周易正義·序卦》　有天地然後有萬物，有萬物然後有男女，有男女然後有夫婦，有夫婦然後有父子，有父子然後有君臣，有君臣然後有上下，有上下然後禮義有所錯。言咸卦之義也。凡序卦所明，非《易》之緼也，蓋因卦之次，託以明義。咸柔上而剛下，感應以相與。夫婦之象，莫美乎斯。人倫之道，莫大乎夫婦。故夫子殷勤深述其義，以崇人倫之始，而不係之於離也。先儒以乾至離爲上經，天道也。咸至未濟爲下經，人事也。夫《易》六畫成卦，三材必備，錯綜天人以效變化，豈有天道人事偏於上下哉？斯蓋守文而不求義，失之遠矣。疏：正義曰：韓於此一節注破先儒上經明天道，下經明人事，於咸卦之初已論之矣。

（清）孫星衍《周易集解·序卦》　有上下，然後禮義有所錯。

解：　錯，置也。謂天君父夫，象尊錯上。地婦臣子，禮卑錯下。坤地道、妻道、臣道，故禮義有所錯者也。此上虞義。干寶曰：錯，施也。此詳言人道三綱六紀有自來也。人有男女陰陽之先，則自然有夫婦配合之道。有夫婦配合之道，則自然有剛柔尊卑之義。陰陽化生，血體相傳，則自然有父子之親。以父立君，以子資臣，則必有君臣之位，故有上下之序。有上下之序，則必禮以定其體，義以制其宜。明先王制作，蓋取之於情者也。上經始於《乾》《坤》，有生之本也。下經始於《咸》《恒》，人道之首也。《易》之興也，當殷之末世，有妲己之禍。當周之盛德，有三母之功。以言天不地則不生，夫不婦不成，相須之至，王教之端。故《詩》以《關雎》爲《國風》之始，而《易》於《咸》《恒》備論禮義所由生也。

《尚書·虞書·堯典》　曰若稽古帝堯，曰放勳，欽明文思安安，允恭克讓，光被四表，格于上下。克明俊德，以親九族；九族既睦，平章百姓；百姓昭明，協和萬邦，黎民於變時雍。

（清）皮錫瑞《今文尚書考證·堯典》　克明俊德，今文亦作克明俊德。《論衡·程材篇》曰：堯以俊德，致黎民雍。仲任習歐陽《尚書》，蓋歐陽别本有作俊者。又《講瑞篇》曰：然而唐虞之瑞必真是者，堯之德明也。仲任以明德屬堯，與《大學》自明義合。《郙閣頌》曰：降茲惠君，克明俊德，允武允文。亦以明德爲自明其德。鄭君以俊德爲賢才兼人者，非今文義也。一作克明馴德。《史記》曰：能明馴德。徐廣曰：馴，古訓字。言堯自明其德，以訓九族。段玉裁説：訓、馴、順三字通用。《堯典》在歐陽、夏侯當作克明訓德，與五品不訓用字正同。徐中散在晉末，雖今文《尚書》已佚，而祖飢、謐哉之類尚存一二，又采集舊聞，知馴即訓字，故云古訓字也。一作克明峻德。《大學》引《帝典》作峻。大、小戴與夏侯《尚書》同師，是夏侯本作峻。《漢書·平當傳》曰：昔者帝堯南面而治，先克明峻德，以親九族，而化及萬國。當習歐陽《尚書》，見《儒林傳》，則歐陽家亦作峻也。當引此以證聖人之德亡以加於孝，則亦以峻德爲堯德。

《尚書·虞書·舜典》　曰若稽古帝舜，曰重華協于帝。濬哲文明，温恭允塞，玄德升聞，乃命以位。慎徽五典，五典克從；納于百揆，百揆時敘；賓于四門，四門穆穆；納于大麓，烈風雷雨弗迷。帝曰：格！汝舜。詢事考言，乃言底可績，三載。汝陟帝位。舜讓于德，弗嗣。

《尚書·虞書·皋陶謨》　曰若稽古皋陶，曰：允迪厥德，謨明弼諧。禹曰：俞！如何？皋陶曰：都！慎厥身修，思永。惇敘九族，庶明勵翼，邇可遠在茲。禹拜昌言曰：俞。

皋陶曰：都！在知人，在安民。禹曰：吁！咸若時，惟帝其難之。知人則哲，能官人。安民則惠，黎民懷之。能哲而惠，何憂乎驩兜，何遷乎有苗，何畏乎巧言令色孔壬？

皋陶曰：都！亦行有九德。亦言其人有德，乃言曰，載采采。禹曰：何？皋陶曰：寬而栗，柔而立，愿而恭，亂而敬，擾而毅，直而温，簡而廉，剛而塞，彊而義。彰厥有常，吉哉！日宣三德，夙夜浚明有家。日嚴祗敬六德，亮采有邦。翕受敷施，九德咸事，俊乂在官，百僚師師，百工惟時，撫于五辰，庶績其凝。

《尚書·商書·仲虺之誥》　德日新，萬邦惟懷；志自滿，九族乃離。王懋昭大德，建中于民，以義制事，以禮制心，垂裕後昆。予聞曰：能自得師者王，謂人莫己若者亡。好問則裕，自用則小。嗚呼！慎厥終，惟其始。殖有禮，覆昏暴。欽崇天道，永保天命。

《尚書·商書·伊訓》　惟上帝不常，作善降之百祥；作不善降之百殃。爾惟德，罔小，萬邦惟慶；爾惟不德，罔大，墜厥宗。

《尚書正義·商書·伊訓》　曰：嗚呼！古有夏先后，方懋厥德，罔有天災。先君謂禹以下、少康以上賢王。言能以德禳災。少，詩照反。上，時掌反。禳，如羊反。疏：傳先君至禳災。正義曰：有夏先君，揔指桀之上世，有德之王皆是也。傳舉聖賢者言禹已下、少康已上，惟當禹與啓及少康耳。《魯語》云：杼能師禹者也。杼少康之子，傳蓋以其德衰薄，故斷自少康已上耳。由勉行其德，故無有天災。言能以德禳災也。山川鬼神，亦莫不寧，莫，無也。言皆安之。暨鳥獸魚鼈咸若。雖微物皆順之，明其餘無不順。暨，其器反。鼈，必滅反。疏：山川至咸若。正義曰：山川鬼神，謂山川之鬼神也。亦莫不寧者，謂鬼神安人君之政。政善則神安之，神安之則降福人君，無妖孽也。鳥獸魚鼈咸若者，謂人君順禽魚，君政善而順彼性，取之有時，不夭殺也。鳥獸在陸，魚鼈在水，水陸所生微細之物，人君爲政皆順之，明其餘無不順也。

《尚書·商書·咸有一德》伊尹既復政厥辟，將告歸，乃陳戒于德，曰：嗚呼！天難諶，命靡常。常厥德，保厥位。厥德匪常，九有以亡。夏王弗克庸德，慢神虐民，皇天弗保，監于萬方，啓迪有命，眷求一德，俾作神主。惟尹躬暨湯，咸有一德，克享天心，受天明命，以有九有之師，爰革夏正。非天私我有商，惟天佑于一德。非商求于下民，惟民歸于一德。德惟一，動罔不吉；德二三，動罔不凶。惟吉凶不僭，在人；惟天降災祥，在德。今嗣王新服厥命，惟新厥德，終始惟一，時乃日新。任官惟賢材，左右惟其人，臣爲上爲德，爲下爲民，其難其慎，惟和惟一。德無常師，主善爲師；善無常主，協于克一，俾萬姓咸曰：大哉王言。又曰：一哉王心。克綏先王之禄，永底烝民之生。嗚呼！七世之廟，可以觀德，萬夫之長，可以觀政。后非民罔使，民非后罔事。無自廣以狹人，匹夫匹婦，不獲自盡，民主罔與成厥功。

《尚書·周書·旅獒》曰：明王慎德，四夷咸賓。無有遠邇，畢獻方物，惟服食器用。王乃昭德之致于異姓之邦，無替厥服。分寶玉于伯叔之國，時庸展親。人不易物，惟德其物。德盛不狎侮。狎侮君子，罔以盡人心；狎侮小人，罔以盡其力。不役耳目，百度惟貞。玩人喪德，玩物喪志。志以道寧，言以道接。不作無益害有益，功乃成。不貴異物賤用物，民乃足。犬馬非其土性不畜，珍禽奇獸不育于國。不寶遠物，則遠人格。所寶惟賢，則邇人安。嗚呼！夙夜罔或不勤，不矜細行，終累大德。爲山九仞，功虧一簣。允迪茲，生民保厥居，惟乃世王。

《尚書·周書·微子之命》王若曰：猷！殷王元子。惟稽古崇德象賢，統承先王，修其禮物，作賓于王家，與國咸休，永世無窮。嗚呼！乃祖成湯克齊聖廣淵，皇天眷佑，誕受厥命。撫民以寬，除其邪虐，功加于時，德垂後裔。爾惟踐修厥猷，舊有令聞。恪慎克孝，肅恭神人。予嘉乃德，曰篤不忘。上帝時歆，下民祗協，庸建爾于上公，尹茲東夏。欽哉！往敷乃訓，慎乃服命，率由典常，以蕃王室。弘乃烈祖，律乃有民，永綏厥位，毗予一人。世世享德，萬邦作式，俾我有周無斁。嗚呼！往哉惟休，無替朕命！

《尚書·周書·康誥》不率大戛，矧惟外庶子訓人，惟厥正人越小臣諸節。乃別播敷，造民大譽，弗念弗庸，瘝厥君，時乃引惡，惟朕憝。已！汝乃其速由茲義率殺。亦惟君惟長不能厥家人越厥小臣外正，惟威惟虐，大放王命，乃非德用乂，汝亦罔不克敬典乃由。裕民惟文王之敬忌，乃裕民曰：我惟有及，則予一人以懌。

《尚書正義·周書·康誥》王曰：嗚呼！封，敬哉！無作怨，勿用非謀非彝。言當修己以敬，無爲可怨之事，勿用非善謀、非常法。蔽時忱，丕則敏德，斷行是誠道，大法敏德，信則人任焉，敏則有功。用康乃心，顧乃德，遠乃猷，用是誠道安汝心，顧省汝德，無令有非，遠汝謀，思爲長久。裕乃以民寧，不汝瑕殄。行寬政乃以民安，則我不汝罪過，不絕亡汝。疏：王曰嗚呼至瑕殄。正義曰：以罰不可失，故王命言曰：嗚呼！封，當修己以敬哉！無爲可怨之事，勿用非善謀、非常法，而以決斷行是誠信之道，大當法爲機敏之德。用是信敏安汝心，顧省汝德，廣遠汝謀，能行寬政，乃以民安，則我不於汝罪過而絕亡汝。傳斷行至有功。正義曰：以誠在於心，故決斷行之，亦心誠而行敏，爲見事之速，事有善而須德法，故云大法敏德也。正以此二者，以信則人任焉，敏則有功故也。《論語》文。傳用是至長久。正義曰：上文有忱有敏，此惟云用是誠道，不云敏者，敏在誠下，亦用之可知。

《尚書·周書·梓材》王啓監，厥亂爲民曰：無胥戕，無胥虐。至于敬寡，至于屬婦，合由以容。王其效邦君越御事，厥命曷以引養引恬？自古王若茲監，罔攸辟。惟曰：若稽田，既勤敷菑，惟其陳修爲厥疆畎；若作室家，既勤垣墉，惟其塗塈茨；若作梓材，既勤樸斲，惟其塗丹雘。

今王惟曰：先王既勤用明德，懷爲夾，庶邦享。作兄弟方來，亦既用明德；后式典集，庶邦丕享。皇天既付中國民越厥疆土于先王，肆王惟德用，和懌先後迷民，用懌先王受命。已！若茲監，惟曰：欲至于萬年，惟王子子孫孫永保民。

《尚書·周書·君奭》周公若曰：君奭，弗弔天降喪于殷，殷既墜厥命，我有周既受，我不敢知曰厥基永孚于休。若天棐忱，我亦不敢知曰其終出于不祥。

嗚呼！君，已曰時我，我亦不敢寧于上帝命，弗永遠念天威，越我民罔尤違惟人。在我後嗣子孫，大弗克恭上下，遏佚前人光在家，不知天命不易，天難諶。乃其墜命，弗克經歷嗣前人恭明德。在今予小子旦非克有正，迪惟前人光，施于我沖子。曰：天不可信，我道惟寧王德延，天不庸釋于文王受命。

又：公曰：嗚呼！君，肆其監于兹，我受命無疆惟休，亦大惟艱。告君乃猷裕，我不以後人迷。

公曰：前人敷乃心，乃悉命汝，作汝民極。曰：汝明勖偶王，在亶，乘兹大命，惟文王德，丕承無疆之恤。

《尚書·周書·畢命》　王曰：嗚呼，父師！今予祗命公以周公之事，往哉！旌別淑慝，表厥宅里，彰善癉惡，樹之風聲。弗率訓典，殊厥井疆，俾克畏慕。申畫郊圻，慎固封守，以康四海。政貴有恆，辭尚體要，不惟好異。商俗靡靡，利口惟賢，餘風未殄，公其念哉！我聞曰：世祿之家鮮克由禮，以蕩陵德，實悖天道。敝化奢麗，萬世同流。兹殷庶士席寵惟舊，怙侈滅義，服美于人。驕淫矜侉，將由惡終，雖收放心，閑之惟艱。資富能訓，惟以永年，惟德惟義，時乃大訓。不由古訓，于何其訓。

王曰：嗚呼！父師。邦之安危，惟兹殷士。不剛不柔，厥德允修，惟周公克慎厥始，惟君陳克和厥中，惟公克成厥終。三后協心，同厎于道。道洽政治，澤潤生民。四夷左衽，罔不咸賴，予小子永膺多福，公其惟時成周，建無窮之基，亦有無窮之聞。子孫訓其成式，惟乂。嗚呼！罔曰弗克，惟既厥心；罔曰民寡，惟慎厥事。欽若先王成烈，以休于前政。

（漢）韓嬰《韓詩外傳》卷一　傳曰：在天者莫明乎日月，在地者莫明於水火，在人者莫明乎禮義。故日月不高則所照不遠，水火不積則光炎不博，禮義不加乎國家則功名不白。故人之命在天，國之命在禮。君人者降禮尊賢而王，重法愛民而霸，好利多詐而危，權謀傾覆而亡。《詩》曰：人而無禮，胡不遄死。

（漢）韓嬰《韓詩外傳》卷四　傳曰：愛由情出謂之仁，節愛理宜謂之義，致愛恭謹謂之禮，文禮謂之容。禮容之義生，以治爲法。故其言可以爲民道，民從是言也。行可以爲民法，民從是行也。書之於策，傳之於志。萬世子子孫孫道而不舍。由之則治，失之則亂；由之則生，失之則死。今夫肢體之序與禽獸同節，言語之暴與蠻夷不殊，混然無道，此明王聖主之所罪。《詩》曰：如蠻如髦，我是用憂。

（漢）韓嬰《韓詩外傳》卷六　子曰：不知命，無以爲君子。言天之所生，皆有仁義禮智順善之心。不知天之所以命生，則無仁義禮智順善之心。無仁義禮智順善之心，謂之小人。故曰：不知命，無以爲君子。《小雅》曰：天保定爾，亦孔之固。言天之所以仁義禮智，保定人之甚固也。《大雅》曰：天生蒸民，有物有則。民之秉彝，好是懿德。言民之秉德以則天也。不知所以則天，又焉得爲君子乎？

又：《詩》曰：愷悌君子，民之父母。君子爲民父母何如？曰：君子者，貌恭而行肆，身儉而施博，故不肖者不能逮也。殖盡於己，而區略於人，故可盡身而事也。篤愛而不奪，厚施而不伐。見人有善，欣然樂之，見人不善，惕然掩之，有其過而兼包之。授衣以最，授食以多。法下易由，事寡易爲。是以中立而爲人父母也。築城而居之，別田而養之，立學以教之。使人知親尊。親尊故父服斬縗三年，爲君亦服斬縗三年，爲民父母之謂也。

（漢）韓嬰《韓詩外傳》卷七　齊宣王謂田過曰：吾聞儒者喪親三年，喪君三年，君與父孰重？田過對曰：殆不如父重。宣王忿然，曰：曷爲士去親而事君？田過對曰：非君之土地無以處吾親，非君之祿無以養吾親，非君之爵無以尊顯吾親。受之於君，致之於親。凡事君，以爲親也。宣王悒然無以應之。《詩》曰：王事靡盬，不遑將父。

《周禮注疏·秋官·司圜》　司圜掌收教罷民，凡害人者，弗使冠飾而加明刑焉，任之以事而收教之。能改者，上罪三年而舍，中罪二年而舍，下罪一年而舍。其不能改而出圜土者，殺。雖出，三年不齒。弗使冠飾者，著墨幪，若古之象刑與？舍，釋之也。鄭司農云：罷民，謂惡人不從化，爲百姓所患苦，而未入五刑者也，故曰凡害人者。不使冠飾，任之以事，若今時罰作矣。著，丁略反。幪，莫公反，劉莫貢反。與，音餘。疏：司圜至不齒。釋曰：此罷民入圜土者，不坐嘉石。《朝士》坐嘉石者，不入圜土。云收教者，謂入圜土見收，使困苦改悔，是收教也。云害人者，謂抽拔兵劍，誤以傷人者也。云明刑者，以版牘書其罪狀與姓名，著於背，表示於人，是明刑也。注弗使至作矣。釋曰：著墨幪，若古之象刑與者，案《孝經緯》云：三皇無文，五帝畫象，三王肉刑。畫象者，上罪墨象、赭衣、雜屨，中罪赭衣、雜屨，下罪雜屨而已。畫象者，則《尚書》象刑直墨象，略言之，其實亦有赭衣雜屨。無文，故云與以疑之也。凡圜土之刑人也不虧體，其罰人也不虧財。言其刑人，但加以明刑。罰人，但任之以事耳。鄭司農云：以此知其爲民所苦，而未入刑者也。故《大司寇》職曰：凡萬民之有罪過而未麗於法，而害於州里者，桎梏而坐諸嘉石，役諸司空。又曰：以嘉石平罷民。《國語》曰：罷士無伍，罷女無家。言爲惡無所容入也。玄謂圜土所收教者，過失害人已麗於法者。疏：凡圜至虧財。釋曰：云刑人不虧體，對五刑虧體者也。其罰人不虧財，對五刑疑出金爲罰，虧財者也。注言至法者。釋曰：先鄭以坐嘉石共入圜土，二者爲一，其義不通，故後鄭不從。按《司寇》職及《司救》職，皆上論嘉石之罪民，下別云圜土之罰民，分明兩事不同，故後鄭謂圜土所收教者，過失害人已麗於法者，與嘉石之罷民是邪惡過淺別也。

（漢）鄭玄注（唐）賈公彦疏《儀禮注疏・士冠禮》 繼世以立諸侯，象賢也。象，法也，爲子孫能法先祖之賢，故使之繼世也。疏：繼世至賢也。釋曰：記此者欲見上言。天子之子冠行士禮，此諸侯之子冠亦行士禮，以其士之子恒爲士，有繼世之義，諸侯之子亦繼世，象父祖之賢，雖繼世象賢亦無生而貴者，行士冠禮，故記之於此也。云能法先祖之賢者。凡諸侯出封，皆由有德，若《周禮・典命》云三公八命，其卿六命，大夫四命，及其出封皆加一等，出爲五等諸侯，即爲始封之君，是其賢也。於後子孫繼立者皆不毁始祖之廟，是象先祖也。

（清）胡培翬《儀禮正義・士冠禮》 天子之元子猶士也，天下無生而貴者也。元子，世子也，無生而貴，皆由下升。疏：正義曰：《郊特牲》無猶字，天下無生而貴者也，明天子之元子與士同，故冠用士禮也。褚氏云：上既言大夫與諸侯無自身之冠禮，此又明冠子亦用士禮，雖天子之元子尚然，況等而下之乎？注云元子世子也者，元者，長也。鄭必解爲世子者，明其有繼體之尊也。云無生而貴皆由下升者，《郊特牲》注云：明人有賢行著德乃得貴也。惠氏棟云：此説與《易》合。《乾》《初》爲元士，《象傳》曰：時乘六龍以御天，皆由下升也。今案：《白虎通》云：王者太子亦稱士何？舉從下升，以爲人無生得貴者，莫不由士起。是注説所本矣。

（清）胡培翬《儀禮正義・特牲饋食禮》 主人拜，祝曰：酳，有與也。如初儀。主人復拜，爲戒也。與讀如諸侯以禮相與之與，言女酳此，當有所與也。與者，與兄弟也。既知似先祖之德，亦當與女兄弟，謂教化之。疏：正義曰：【略】云既知似先祖之德亦當與女兄弟謂教化之者，言上當以德似續先祖，下當以德教化族人也。所云似先祖之德者，亦謂似先祖之以德，非解以爲似，後人多誤會注意耳。

《禮記正義・王制》 司徒脩六禮以節民性，明七教以興民德，齊八政以防淫，一道德以同俗，養耆老以致孝，恤孤獨以逮不足，上賢以崇德，簡不肖以絀惡。司徒，地官卿，掌邦教者。逮，及也。簡，差擇也。防，本又作坊，音同。恤，辛律反。逮音代，又大計反。肖音笑。絀，勑律反。【略】

疏：司徒至進士。正義曰：此一節論司徒脩禮明教，上賢絀惡，教學升進之事。各隨文解之。脩六禮以節民性者，六禮謂冠一昏二喪三祭四鄉五相見六。性，稟性自然，剛柔輕重遲速之屬，恐其失中，故以六禮而節其性也。明七教以興民德者，七教即父子一、兄弟二、夫婦三、君臣四、長幼五、朋友六、賓客七也。德者，得也。恐人不得其所，故以七教以興舉其民，使之皆得其所也。此六禮七教並是殷禮，周則五禮十二教也。齊八政以防淫者，八政，一曰飲食，二曰衣服，三曰事爲，四曰異別，五曰度，六曰量，七曰數，八曰制。淫謂過奢侈，故以八政禁令之事以防淫。淫過之失，貴賤同有，故不云民淫。一道德以同俗者，道履蹈而行，謂齊一所行之道以同國之風俗。敬養耆老所以致恭孝之心，哀恤孤獨所以逮及不足，謂以恩惠遂及之，不足，則孤獨者也。

（清）孫希旦《禮記集解・王制》 司徒脩六禮以節民性，明七教以興民德；齊八政以防淫，一道德以同俗；養耆老以致孝，恤孤獨以逮不足；上賢以崇德，簡不肖以絀惡。

鄭氏曰：司徒，地官卿，掌邦教者。逮，及也。簡，差擇也。徐氏師曾曰：此承上章興學而言。司徒掌六鄉之政教，以民氣質之性有過、不及也，於是脩六禮以節之，使賢者俯而就，不肖者企而及焉。以人倫之德由物欲而薄也，於是明七教以興之，感發其良心，鼓舞其德行焉。恐其溺於欲，則齊八政以防之，使知禁戒，而不敢放肆。恐其入於邪，則一道德以同之，使學術歸一，而不敢異向。教法之詳如此，而其所以爲教，皆以身先之：老吾老以爲孝，又合鄉之耆老而養之，推致吾心之孝，使之興孝也。幼吾幼以爲慈，又合鄉之孤獨而恤之，逮及人之不足，而使之不倍也。身教既至，又恐資稟有厚薄，觀感有淺深，不可無勸懲，故率教者上升之，以崇其德，所以示勸也；叛教者簡去之，以絀其惡，所以示懲也。

《禮記正義・文王世子》 行一物而三善皆得者，唯世子而已，其齒於學之謂也。物猶事也。故世子齒於學。國人觀之，曰：將君我而與我齒讓，何也？曰：有父在則禮然。然而衆知父子之道矣。其二曰：將君我，而與我齒讓，何也？曰：有君在則禮然。然而衆著於君臣之義也。其三曰：將君我，而與我齒讓，何也？曰：長長也。然而衆知長幼之節矣。故父在斯爲子，君在斯謂之臣。居子與臣之節，所以尊君親親也。

故學之爲父子焉，學之爲君臣焉，學之爲長幼焉。學，教。學音效，下及注同。父子君臣長幼之道得而國治。語曰：樂正司業，父師司成，一有元良，萬國以貞。世子之謂也。司，主也。一，一人也。元，大也。良，善也。貞，正也。周公踐阼亦題上事。疏：行一至踐阼。正義曰：物猶事也，謂與國人齒讓之。一事而三善者，謂衆知父子，衆知君臣，衆知長幼，是其三善，則下經所云者是也。俗本皆云著於君臣之義，而定本無著字，義亦通。云父在則禮然，君在則禮然，直云長長，不云兄在則禮然者，於世子無兄，故不云兄在也。故世子齒於學。國人觀之，曰：將君我而與我齒讓何也者，國人謂不知禮者，疑而發問。曰有父在則禮然者，是知禮曉其意而荅之，言父在則禮然者，父在之時，恒須謙退，不敢居人之前，故云父在則禮當如此。然而衆知父子之道矣者，國人見世子雖貴，尚屈降於人，則知父尊彌甚，故云衆知父子之道。父子天性自然，故云道。君臣以義相合，故云義。長幼有等級上下，故云節。以幼時事父，成人事君，故先父子後君臣，長幼輕於君臣故在下。父子長幼，親屬易明，故云知。君臣以義和合，於後始顯，故云著也。此世子齒於學者，唯在學受業時與國人齒。若朝會飲食則各以位之尊卑。《諸子職》云，辨其等，正其位。注云位，朝位是也。故父在斯爲子，君在斯謂之臣。國人聞世子爲君，父之在而居臣，子之禮，不敢自尊，於是各知尊其君，父，故世子所以父在爲子禮，君在爲臣禮也。斯，語辭也。然父子天性，故云爲子也。君臣以義相合，不云爲臣，而云謂之臣者，世子於君雖曰君臣，異於義合，故云謂之臣也。注司主至正也。正義曰，司是職司，故爲主，謂樂正主大子《詩》《書》之業，父師主大子成就其德行也。云一，一人也，一人謂世子也。元，大也，良，善也；貞，正也。言世子有大善則萬國以正。此經謂世子也，何直云一，一人者？恐爲一時之事，故云一人謂世子也。《釋詁》文。元是首，故爲大也。《論語》云温良恭儉讓。漢有賢良方正，故良爲善。《易·文言》云，貞固足以幹事，故貞爲正也。周公踐阼。從上三王教世子至此，皆周公踐阼之事，故注云亦題上事也。

《禮記正義·禮運》　言偃復問曰：如此乎禮之急也。孔子曰：夫禮，先王以承天之道，以治人之情。故失之者死，得之者生。《詩》曰：相鼠有體，人而無禮，胡不遄死？相，視也。遄，疾也。言鼠之有身體，如人而無禮者矣。人之無禮，可憎賤如鼠，不如疾死之愈。復，扶又反，下復問同。相，息亮反，注同。遄，市專反。是故，夫禮必本於天，殽於地，列於鬼神。聖人則天之明，因地之利，取法度於鬼神以制禮，下教令也。既又祀之，盡其敬也，教民嚴上也。鬼者，精魂所歸，神者，引物而出，謂祖廟山川五祀之屬也。殽，戶教反，法也，徐戶交反。達於喪祭射御冠昏朝聘。民知嚴上，則此禮達於下也。冠，古亂反。朝，直遥反。故聖人以禮示之，故天下國家可得而正也。民知禮則易教。易，以豉反。

疏：言偃至正也。正義曰：言偃既見夫子所云三王得禮則興，失禮則亡，故云禮之急也。故孔子乃荅以禮所用，既上以承天之道，下以治民之情，不云承地者，承天則承地可知。故失之者死者，言失禮則死，若桀紂也。得之者生者，若禹湯也。引《詩·鄘風》者，證人若無禮不如速死。此詩衛文公以禮化其臣子，臣子無禮之人。相，視也。視鼠有其形體，人亦有其形體，鼠無禮，故賤，人有禮，故貴。若人而無禮何異於鼠。鼠之無禮不能損害，人之無禮傷害更多，故云胡不遄死。胡，何也。遄，疾也，何不疾死，無所侵害。既言無禮則死，又言禮之所起，其本尊大，故云夫禮必本於天，言聖人制禮必則於天。禮從天出，故云必本於天。非但本於天，又殽於地。殽效也，言聖人制禮，又效於地。天遠故言本，地近故言效。列於鬼神，言聖人制禮，布列效法於鬼神，謂法於鬼神以制禮。聖人既法天地鬼神以制禮，本謂制禮以教民，故祀天禋地，享宗廟，祭山川，一則報其禮之所來之功，二則教民報上之義。達於喪祭射御冠昏朝聘者，民既知嚴上之義，曉達喪禮，喪有君親，知嚴上則哀其君親，是曉達喪禮也。祭是享祀君親，既知嚴上則達於祭也。射，御是防衛供御尊者，人知嚴上，則達於射御。冠有著代之義，昏有代親之感，人知嚴上則達冠昏矣。朝是君之敬上，聘是臣之事君，民知嚴上則達於朝聘，在下既曉於此八者之禮，無教不從。故聖人以禮示之，故天下國家可得而正也者，天下，謂天子。國謂諸侯，家謂卿大夫。下既從教，不復爲邪，故得而正也。注聖人至屬也。正義曰：則天之明，因地之利，昭二十五年《左傳》文。則天之明者，彼傳云爲昏媾姻亞。杜預云：若衆星之共辰極也。猶昏媾姻亞繫於家人。云因地之利者，彼傳云爲君臣上下以則地義是也。云取法度於鬼神者，下文云降於祖廟之謂仁義，謂教令由於祖廟下者，謂取仁於禰，取義於祖，是取仁義法度於祖禰之鬼神。下文云降於山川之謂興作，謂教令由山川下者，山川有草木鳥獸，可以興作器物，是取興作於山川之鬼神也。下文又云降於五祀之謂制度，謂教令由於五祀下者，此五祀之神始謂中霤門戶竈行之法。後王制禮取之以爲制度，是取法度於五祀之鬼神也。下文又云必本於天，殽於地之後，乃云祖廟山川五祀。此文本天效地之下，揔云列於鬼神，則鬼神之文，包此三事，故鄭注云謂祖廟山川五祀之屬也。云以制禮下教令也者，謂法天地鬼神以制禮既畢，下此禮之教令以教民，故下文云殽以降命，又云命降於社，又云降於祖廟，又云降於山川，又云降於五祀，降則下也，謂法此等之神以下教令，又祀此等之神教民嚴上，故鄭此云既又祀之，盡其敬也，教民嚴上也。云鬼者，精魂所歸。神，引物而出者，謂之宗廟山川五祀，據其精魂歸藏，不知其所，則謂之鬼。宗廟能引出仁義，山川能引出興作，五祀能引出制度，又俱能引出福慶謂之神也。三者皆爲鬼神，故下文云聖，聖人參於天地，並於鬼神。又云山川所以儐鬼神，是山川稱鬼神也。皇氏以此鬼神謂宗廟山川五祀，其義非也。

又：故君者所明也，非明人者也。君者所養也，非養人者也。君者所事也，非事人者也。故君明人則有過，養人則不足，事人則失位。明猶尊也。養，羊尚反，又如字，下同。故百姓則君以自治也，養君以自安也，事君以自顯也。故禮達而分定，故人皆愛其死而患其生。則，當爲明。人之道，身治、居安、名顯，則不苟生也。不義而死，舍義而生，是不愛死患生也。則君，則音明，出注。分，扶問反，後文注除三分去一、三分益一皆同。舍音捨。

疏：故君至其生。正義曰：此一節論政之大體，皆下之事上，非上之事下也。上下分定，人皆以死事上。君者所明也者，明猶尊也，謂在下百姓所尊奉君，使之光顯尊明人君。非明人者也者，非謂遣君尊明在下之人。下云君者所養也，非養人者也，君者所事也，非事人者也，並與此義同，以所明與所養所事文同相類，故鄭以明爲尊也。故君明人則有過者，君位既尊，乃自下嚮尊人，於理不順，故云則有過。養人則不足者，君唯一身，若養百姓，力不能周贍，故云養人則不足也。事人則失位者，君尊在上，而屈事於在下之人，是失位也。故禮達而分定者，達，謂曉達。分，謂尊卑之分。以下之事上，於禮當然，人皆知之，是禮之曉達。尊者居上，卑者處下，是上下分定也。故人皆愛其死而患其生者，愛，謂貪愛。患，謂恥患。人皆知禮，上下分定，君有危難，皆欲救之，故人皆貪愛其以義而死，競欲致死救之，恥患其不義而生，不欲苟且生也。注則當爲明。正義曰：此則君以自治，覆述上文故知則當爲明。

又：故聖王脩義之柄、禮之序，以治人情。治者瑕穢養養菁華也。菁，子丁反。故人情者，聖王之田也，脩禮以耕之，和其剛柔。陳義以種之，樹以善道。講學以耨之，存是去非，類也。耨，奴豆反，鉏也。本仁以聚之，合其所盛。盛，市正反，又音成。播樂以安之，感動使之堅固。故禮也者，義之實也。協諸義而協。協，合也。合禮於義，則與義合，不乖刺。刺，力達反，本或作制。則禮雖先王未之有，可以義起也。以其合於義，可以義起作。義者，藝之分，仁之節也。藝猶才也。協於藝，講於仁，得之者強。有義則人服之也。仁者，義之本也，順之體也，得之者尊。有仁則人仰之也。

疏：故聖至者尊。正義曰：此一節論因上君子小人厚薄不同，故此論聖人脩禮義治人情以至大順也。各依文解之。故聖王脩義之柄者，柄，操也。謂執持而用者，謂脩理義之要柄，脩理禮之次序，以治正人情，使去其瑕穢之惡，養其菁華之善也。故人情者，聖王之田也者，土地是農夫之田，人情者亦是聖王之田也。脩禮以耕之者，農夫之田，用耒耜以耕之，和其剛柔。聖人以禮耕人情，正其上下。陳義以種之者，農夫耕田既畢，以美善種子而種之。聖王以禮正人情既畢，用此善道而教之。講學以耨之者，農夫種苗既畢，勤力耘鋤，去草養苗，則苗善矣。聖王以善道教民既畢，又須講説學習以勸課之，存是去非，則善也。本仁以聚之者，農夫既勤耘耨，苗稼成孰，當本此仁恩愛惜之心以聚集所收，勿令浪爲費散，聖王勸課行善既畢，本此仁恩和親聚集善道，使不廢棄也。播樂以安之者。播，布也。農夫收穫既畢，布其歡樂之心，共相飲食以安美之。聖王既勸民，善道備足，又説樂感動，使其勤行善道，保寧堅固也。故禮也者，義之實也，前既明禮耕義種仁聚之，今此以下廣明上三者相須也。此明禮義相須，禮是造物爲實；義以脩飾，爲禮之華，故云禮也者義之實也。協諸義而協者，協，合也；諸，之也。今將此禮合會於義，謂以禮比方於義而協，謂禮與義相協會也。則禮雖先王未之有，可以義起也者，起，作也。禮既與義合，若應行禮，而先王未有舊禮之制，則便可以義作之，如將軍文子之子是也。先無其禮，臨時以義斷之，垂涕洟待賓於廟，是其以義而作禮也。庾云謂先王制禮，雖所未有，而此事亦合於義，則可行之以，義與禮合也。義者，藝之分，仁之節也者，此明仁須義也。義者，裁斷合宜也。藝，才也；仁，施也。人有才能又有仁施。若非義裁斷則過失，故用義乃得分節也。此唯明仁須義，而云才者，因明一切皆須義斷。庾云：藝者審其分，仁者宜得節，皆須義以斷之。是義爲藝之分，仁之節，明義之貴也。協於藝者，斷才得分，即是義能合藝也。講於仁者，講，猶明也。使仁得節，是義能明於仁也。得之者強者，若能得才分仁節之理，則是豪強，爲衆所畏服也。仁者，義之本也者，上云義者，藝之分，仁之節，明義能與仁爲節；此言仁者，義之本，謂仁能與義作本。順之體也者，仁者施生，故爲順之體也。得之者尊，既能施生，又爲順體，故爲人所尊仰也。但義主斷割，能服於人，故得義者強。仁是恩施，衆所敬仰，故得仁者尊也。注協合至乖刺。正義曰：合禮於義，解經協諸義。則與義合者，解經而協也。云合禮於義者，謂將禮比方於義。云則與義合者，言禮與義相合，不乖刺也。禮所以與義合者，禮者，體也。統之於心，行之合道，謂之禮也。義者，宜也，行之於事，各得其宜，謂之義也。是禮據其心，義據其事，但表裏之異，意不相違，故禮與義合也。注以其至起作。正義曰：云以其合於義者，謂此禮以其合會於義，故雖當無禮，臨事制宜而行禮，是可以義起作也。衛將軍文子之子，既除喪，而后越人來弔，於時無除喪後受弔之禮，主人乃量事制宜，練冠垂涕洟，待於廟而受弔，是以義而起作此禮也。

故治國不以禮，猶無耜而耕也。無以人也。耜音似。爲禮不本於義，猶耕而弗種也。嘉穀無由生也。種，之用反。不，亦作弗，何休注《公羊》云：弗者，不之深也。下皆放此。爲義而不講之以學，猶種而弗耨也。苗不殖，草不除。講之於學，而不合之以仁，猶耨而弗穫也。無以知收之豐荒也。穫，戶郭反。收，如字，又手又反。合之以仁，而不安之以樂，猶穫而弗食也。不知味之甘苦。安之以樂，而不達於順，猶食而弗肥也。功不見也。見，賢遍反。四體既正，膚革充盈，人之肥也。父子篤，兄弟睦，夫婦和，家之肥也。大臣法，小臣廉，官職相序，君臣相正，國之肥也。天子以德爲車，以樂爲御，諸侯以禮相與，大夫以法相序，士以信相考，百姓以睦相守，天下之肥也。是謂大順。大順者，所以養生，送死，事鬼神之常也。常謂皆有禮，用無匱乏也。車或爲居。故事大積焉而不苑，並行而不繆，細行而不失，深而通，茂而有間，連而不相及也，動而不相害也。此順之至也。言人皆明於禮，無有蓄亂滯合者，各得其分，理順其職也。苑，于粉反，積也。繆音謬。畜，丑六反。故明於順，然後能守危也。能守自危之道也。君子居安如危，小人居危如安，《易》曰：危者安其位。

疏：故治至危也。正義曰：此以下顯前譬也。人君治人情若無禮，猶農夫耕而無耜也。爲禮不本於義，猶耕而弗種也。治雖用禮，不本其所宜，如農夫徒耕而不下種子也。爲義而不講之以學，猶種而弗耨也者，治國雖用善道所宜，而不更爲講學，使民知其理道，如農夫雖種嘉穀而不耘耔，則苗不滋茂厚實也。講之以學，而不合之以仁，猶耨而弗穫也者，治國雖講之以學，而不聚其仁行者，如農夫雖耘耔成熟，而不收穫取之也。合之以仁，而不安之以樂，猶穫而弗食也者，治國雖聚仁，若不奏樂和之，則仁心不堅，如農夫雖聚穀而不食，則甘穀空失也。安之以樂而不達於順，猶食而弗肥也者，前陳聖人禮耕以至安樂，今顯譬農夫耒耜以至食之，其事相似。今更欲設譬以人身之肥，譬家國禮足。聖人爲教，反覆相明，正在此矣。言雖奏樂於仁人，而不使知達至順之理，亦爲未善，猶如人雖食五味，而調和溫凊不順，則雖食不肥也。四體至常也。此一節明人及國家天下等皆悉肥盛，所以養生送死，常事鬼神。膚革充盈者，膚是革外之薄皮，革是膚內之厚皮革也。天子以德爲車，以樂爲御，率土皆達順，故合天下之肥也。天子以德爲車，謂用孝悌以自載也。德，孝悌也。以樂爲御，謂用要道以行之。樂要道也。行孝悌之事須禮樂，如車行之須人御也。大順者，所以養生，送死，事鬼神之常也者，前雖明國家之順，而皆局有條目，而順理廣被，無所不在，此更揔説其事也。一切生死鬼神，無不用順爲常也。故孔子荅孟武伯問無違之言，云生事之以禮，死葬之以禮是也。養生、送死、事鬼神，無違道之常也。故事至危也。皇氏云：事大積焉而不苑者，既用順爲常，事無苑滯。事大者，天子事也，雖復萬機輻湊，而應之有次序，不使苑積也。並行而不繆者，並行，謂諸侯來朝也。既四方隨時貢賦有序，雖並列俱陳，而不錯繆也。細行而不失者，謂大夫士出聘者也。天子不遺小國之臣，是不失也。深而通者，深，爲九州之外也。雖地在遠荒，而皆通貢王庭，越常是也。茂而有間者，謂萬國貢賦，庭實密茂，而國朝之間，自不廁雜。以國之相次，小則讓大，不相及入也。萬乘龍趨，千乘雷動，不相妨害。自四體既正至此，皆由王者順之至也。熊氏云：此普據天下萬事，有大有細，有深有通，有連有動。言人皆明禮順正事，無蓄亂滯合，各得其分理，順於其職，所以大小深淺，並合得其宜，此順之至。結自四體既正以下至此，並是順之至極也。故明於順，然後能守危也。上言順之至，此明順有益。明於順，然後能守危者，既明順道，不敢爲非，則能守自危之道，謂以危戒慎而自守保也。注《易》曰：危者安其位。正義曰：此《易·上繫》文也。按《易·繫》乃云：危者安其位者也，亡者保其存者也。危者安其位，謂所以今日危亡者，正爲不知畏懼，偷安其位，故致危也。引之者，證人之所居，恒須危懼也。

（清）孫希旦《禮記集解·禮運》 故天子適諸侯，必舍其祖廟，而不以禮籍入，是謂天子壞法亂紀。諸侯非問疾弔喪，而入諸臣之家，是謂君臣爲謔。

鄭氏曰：以禮籍入，謂大史執簡記，奉諱惡。天子雖尊，舍人宗廟，猶有敬焉，自拱飭也。無故而相之，是戲謔也。愚謂天子不謹於禮，而壞法亂紀，則無以責諸侯，諸侯不謹於禮，而君臣爲謔，則無以治大夫。此又承上文而言天子諸侯不能謹守制度，而禮之壞失所由來也。

又： 何謂人情？喜、怒、哀、懼、愛、惡、欲，七者弗學而能。何謂人義？父慈、子孝、兄良、弟弟、夫義、婦聽、長惠、幼順、君仁、臣忠，十者謂之人義。講信脩睦，謂之人利；爭奪相殺，謂之人患。故聖人之所以治人七情，脩十義，講信脩睦，尚辭讓，去爭奪，舍禮何以治之？《釋文》：惡，烏路反，下皆同。弟弟，上如字，下音悌。長，丁丈反。

孔氏曰：昭二十六年《左傳》云：人有六情：喜、怒、哀、樂、好、惡。此云欲，則彼云樂；此云愛，則彼云好也。六情之外，增一懼，爲七。陳氏祥道曰：父慈、子孝、兄良、弟弟、夫義、婦聽，閨門之義。長惠、幼順，鄉黨之義。君仁、臣忠，朝廷之義。愚謂愛，謂相親愛，如父愛子，子愛父是也。欲，謂貪欲，如目欲色，耳欲聲是也。《中庸》言喜、怒、哀、樂，《左傳》言喜、怒、哀、樂、好、惡爲六情，此言喜、怒、哀、懼、愛、惡、欲爲七情。蓋人值所好則喜，值所惡則怒，得所愛則樂，失所愛則哀，而於所怒所哀之將至而未至也則懼，故總之爲四，析之則爲六，又析之則爲七也。十義先父子而後兄弟夫婦，先尊而後卑也。先兄弟而後夫婦，先天合而後人合也。先閨門而後鄉黨，先鄉黨而後朝廷，先近而後遠也。情不治則亂，義不治則壞，信睦非講且脩則廢，爭奪非尊尚辭讓則不能去。此四者，非禮則無以治之也。

又： 故禮義也者，人之大端也。所以講信脩睦，而固人肌、膚之會，筋、骸之束也；所以養生送死，事鬼神之大端也；所以達天道，順人情之大竇也。故唯聖人爲知禮之不可以已也。故壞國、喪家、亡人，必先去其禮。

曰：肌、膚、筋、骸四者，聚而爲身，有禮則莊敬日强，惰慢邪僻之氣無自而入，而肌膚之會，筋骸之束，自此固矣。講信脩睦，而見於事者無不誠；固人肌、膚、筋、骸，而動於身者無不莊。以明則養生送死，以幽則事鬼神，亦惟禮義爲大端緒也。道出於天，先王制禮以達之，而秩敘、經、曲自此而行；情具於人，先王制禮以順之，而喜怒哀樂由此而和。竇，孔穴也。孔穴，物之所出入，禮亦天道人情之所由以出入也。禮所以内治其身心，外治其天下國家，故壞亂之國，喪敗之家，死亡之人，皆由自去其禮而致然。

又： 故聖王脩義之柄，禮之序，以治人情。故人情者，聖王之田也，脩禮以耕之，陳義以種之，講學以耨之，本仁以聚之，播樂以安之。

方氏慤曰：義者，所操有宜而不可失，故言柄。禮者，所行有節而不可亂，故言序。禮義本出於人心，而或至無禮無義，心動而情亂也。聖人脩其柄與其序，還以治人之情而已。愚謂此以申明上文禮義以爲器，人情以爲田之義也。人情不治則荒穢，脩禮以治人情，猶農夫用耒耜以耕，所以墾闢荒穢也。然爲禮而不合乎義，則無以各適乎事之宜，故必陳之以義，然後大小多寡各適其宜，猶耕者之因地宜而播種也。然非明乎其理，則於義之是非或不能辨，故必講之以學，以去其非而存其是，猶耕者之耨，所以去稂莠而長嘉禾也。然非去人欲，存天理，則其所講者終非己有，故必本之於仁，然後德存於心而實有諸己，猶耕者之穫而聚之於家也。然非有以進之於安，則其所本者未必不終失之，故必播之以樂，歌咏以永其趣，舞蹈以暢其機，然後所存者洽，而可以不失，猶耕者之既穫而食，免於勤苦，而得其安美也。蓋先王既脩禮義以治天下，又設爲學校，使天下之人從事於學問之途者，其事如此。故其爲君子者，既能窮理盡性，以進於聖賢；其爲小人者，亦有以開其知覺，復其天良振興鼓舞，遷善而不自知。此先王以禮義治人情之備也。

又： 義者，藝之分，仁之節也。協於藝，講於仁，得之者强。

陳氏澔曰：藝以事言，仁以心言。事之處於外者，以義爲分限之宜；心之發於内者，以義爲品節之度。協於藝者，合於事理之宜也。講於仁者，商度其愛心之親疎厚薄，而協合乎行事大小輕重之宜，一以義爲之裁制焉。上好義則民莫敢不服，故得之者强。

故治國不以禮，猶無耜而耕也；爲禮不本於義，猶耕而弗種也；爲義而不講之以學，猶種而弗耨也；講之以學而不合之以仁，猶耨而弗穫也；合之以仁而不安之以樂，猶穫而弗食也；安之以樂而不達於順，猶食而弗肥也。

吴氏澄曰：此反解上文，而以順爲極也。治國，謂治一國之人情。合之以仁，謂合聚衆理於一心。仁而未能安，是猶與仁爲二也；成於樂而安於仁，則與仁爲一矣。仁者，體之全於内；順者，用之達於外。仁之體雖全，而順之用未達，猶内腹雖充，而外體未肥，故必達於順，而後爲禮義治情之極功也。

四體既正，膚革充盈，人之肥也。父子篤，兄弟睦，夫婦和，家之肥也。大臣法，小臣廉，官職相序，君臣相正，國之肥也。天子以德爲車，以樂爲御，諸侯以禮相與，大夫以法相序，士以信相考，百姓以睦相守，天下之肥也。是謂大順。大順者，所以養生、送死、事鬼神之常也。

四體既正者，天君泰然，而手容恭，足容重，無不從令也。膚革充盈者，睟面盎背，和順積於中，而英華發於外也。父慈子孝，故父子篤；兄良弟弟，故兄弟睦；夫義婦聽，故夫婦和。大臣法，則必不至於倍；小臣廉，則必不至於竊。官職相序，《小宰》所謂以官府之六敘正羣吏，以敘正其位，進其治，作其事，制其食，受其會，聽其情也。君正其臣，以道揆率其下；臣正其君，以法守事其上。車以載物，天子之德，所以容載天下，故曰以德爲車。樂以導和，而感人爲深，天子之德，所以無所不達者，賴有樂以導之，猶車之恃御以行也，故曰以樂爲御。以禮相與，謹於邦交，而大能字小，小能事大也。以法相序，《大宰》職所謂以八法治官府，而官屬、官職、官聯、官常、官成、官法、官刑、官計皆秩然而不紊也。以信相考，而朋友之義篤；以睦相守，而鄉閭之情親。蓋以禮義治人情，而其功效之極至於如此。前言禮義者，人之大端，而以講信脩睦三條申言其説。此獨以養生、送死、事鬼神言之者，蓋大順即順天道，達人情之意，諸侯以下，以禮相與，以法相敘，以信相考，以睦相守，即講信脩睦之事，四體既正，膚革充盈，則視所謂固肌、膚之會，筋、骸之束者又有進矣，獨養生、送死、事鬼神之意未顯，故舉此以結之。

故事大積焉而不苑，並行而不繆，細行而不失，深而通，茂而有間，連而不相及也，動而不相害也。此順之至也。故明於順，然後能守危也。

陳氏澔曰：以大順之道治天下，則雖事之大者積叠在前，亦不至於膠滯；雖事之不同者一時並行，亦不至舛謬；雖小事，所行亦不以微細而有失也。雖深窅而可通，雖茂密而有間，謂有中間也。兩物接連而相及，則有彼此之爭；兩事一時而俱動，則有利害之爭，不相及，不相害，則無所爭矣。此泛言天下之事有大有細，有深有茂，有連有動，而自然各得其分理者，順之極至也。愚謂危，即前政不正則君位危之危。必明於順而後能達於順，達於順而後能治政安君，以爲藏身之固而不至於危也。

故禮之不同也，不豐也，不殺也，所以持情而合危也。

徐氏師曾曰：貴賤有等，故禮制不同，宜儉者不可豐，宜隆者不可殺。凡此禮制之順，所以維持人情，不使驕縱；保合上下，不使危亂也。愚謂此中上明於順然後能守危之意。蓋君位之危皆起於下陵而上替，而陵替之患皆由於人情之驕縱，禮有豐殺之節，所以維持人情，和合上下，而使之各安其分也。上專以君位言之，故曰守危；此兼以上下言之，故曰合危。然禮之順非一，而不豐不殺者特其一端耳，故下文又以順之事廣言之。

故聖王所以順，山者不使居川，不使渚者居中原，而弗敝也。用水、火、金、木、飲食必時，合男女、頒爵位必當年、德，用民必順。故無水旱昆蟲之災，民無凶饑妖孽之疾。故天不愛其道，地不愛其寶，人不愛其情。故天降膏露，地出醴泉，山出器、車，河出馬圖，鳳凰麒麟皆在郊棷，龜、龍在宮沼，其餘鳥獸之卵胎，皆可俯而闚也。則是無故，先王能脩禮以達義，體信以達順故。句。此順之實也。

鄭氏曰：小洲曰渚，高平曰原。山者利其禽獸，渚者利其魚鹽，中原利其五穀，使各安其所，不易其利以勞敝之也。用水，謂漁人以時漁爲梁，春獻鼈蜃，秋獻龜魚是也。用火，謂《司爟》四時變國火以救時疾，及季春出火，季秋納火也。用金，謂《卝人》以時取金、玉、錫、石也。用木，謂《山虞》仲冬斬陽木，仲夏斬陰木。飲食，謂食齊視春時，羹齊視夏時，醬齊視秋時，飲齊視冬時。合男女，謂《媒氏》令男三十而取，女二十而嫁。頒爵位，謂《司士》稽士任，進退其爵禄也。用民必順，不奪農時也。昆蟲之災，螟螽之屬。無災疾者，言大順之時，陰陽和也。天不愛其道三句，言嘉瑞應，人情至也。膏猶甘也。器，謂若銀甕、丹甑也。馬圖，謂龍馬負圖而出。孔氏曰：《禮緯·斗威儀》云其政太平，山車垂鉤，注云：山車，自然之車。垂鉤，不揉治而自圓曲。方氏愨曰：五行獨不言土，以飲食見之。飲食，土所生也。愚謂山者不使居川，渚者不使居中原，因乎地利而順之也。用水、火、金、木、飲食必時，因乎天時而順之也。用水、火、金、木、飲食之事甚廣，鄭氏所言，特畧舉其一端耳。合男女、頒爵位必當年、德，用民必順，因乎人情而順之也。自此以下，皆言順之所感而應也。《說文》云：衣服、歌謠、草木之怪謂之妖，禽獸、蟲蝗之怪謂之孽。順之所感，始於無烖害，而終於致嘉應，由淺而深也。山出器，謂出自然之器，鄭氏所謂銀甕、丹甑是也。山出車，謂出自然之車，孔氏所謂山車垂鉤是也。鳥不獝而巢在下，故可俯而闚其卵；獸不狘而近人，故可俯而闚其胎。天不愛其道者，風雨節而寒暑時，而天降膏露，則不愛其道之至也。地不愛其寶者，五穀稔而貨財殖，而地出醴泉，山出器、車，河出馬圖，則不愛其寶之至也。人不愛其情者，不獨親其親，不獨子其子，而仁心足以感鳥獸，則不愛其情之至也。無故，無他故也。脩禮以達義者，外脩禮制，而達之天下無不宜；體信以達順者，內體誠實，而達之天下無不順也。義者禮之理，禮者義之實，惟脩禮而後能達義；信者盡己之忠，順者循物之信，惟體信而後能達順也。然所謂大順者，亦不外於以禮義治人情而致之，則脩禮、達順亦非有二事矣。夫子感當時之衰，而有志於唐、虞、三代之治，而爲子游言禮義治天下，其體信達順至於如此，所謂上下與天地同流者，使夫子而得行其道，其功效固如此也。嗚呼！盛矣！朱子曰：體信是忠，達順是恕。體信是無一毫之僞，達順是發而中節，無一物不得其所。又曰：信是實理，順只在和氣。體信是致中底意思，達順是致和底意思。

《禮記正義·禮器》

禮也者，反其所自生。自，由也。制禮者，本己所由，得民心也。樂也者，樂其所自成。作樂緣，民所樂於己之功。舜之民樂其紹堯而作《大韶》，湯武之民樂其濩伐而作《漢武》。護，戶故反，又作濩。是故先王之制禮也以節事，動反本也。脩樂以道志。勸之善也。道音導。故觀其禮樂而治亂可知也。國亂禮慢而樂淫也。蘧伯玉曰：君子之人達。觀其禮樂，則知治亂也。蘧伯玉，衛大夫也，名瑗。蘧，其居反。瑗，于卷反。故觀其器而知其工之巧，觀其發而知其人之知。禮樂亦猶是也。知音智。故曰：君子慎其所以與人者。將以是觀。

疏：禮也至人者。正義曰：前經明禮樂相交，故此經更論先王制禮樂以節事道志，化民治下也。禮也者，反其所自生者，自，由也，言王者制禮，各反其本，王業所由生以制禮也。猶若殷周爲民除害，以得民心。初生王業，其制禮還以得民心之事而爲禮本。樂也者，樂其所自成者，自，亦由也，言王者制樂，樂己所由成者以制樂，若殷周之等，民樂其用武，除殘討惡，以成王業，故作樂以尚其威武也。但禮之與樂，俱是象其王業所由，但禮據王業之初，樂據王業之末，但太平功成治定之後，制禮本論其初，故云反其所自生，作樂論其末，故云樂其所自成。是故先王之制禮也以節事者，以禮爲反本，故用禮以節萬事。動皆反本，以初生王業，用此禮以得民心，故用民心之義，以節事宜。脩樂以道志者，王者脩治所作之樂以道達己志，由己用此樂以成王業，故脩正其樂，以勸道己志，使行之不倦。故觀其禮樂而治亂可知也者，若能以禮節事，以樂道志，則國治也。若不以禮節事，不以樂道志，則國亂也。故云治亂可知也。蘧伯玉曰君子之人達者，達，謂通達，言有德君子，自達義理，觀其禮樂，則知治亂。蘧伯玉先有此言，故記者引之，結成治亂可知之事。故觀其器而知其工之巧者，此又工匠之事譬喻禮樂。觀其器之善惡，而知工匠巧拙。器善則工巧，器惡則工拙。觀其發而知其人之知者，此又以人事譬喻禮樂，觀其人之發動所爲，而知其人之有知。若發而皆中，則知有知；若發而不中，則知無知。禮樂亦猶是也，若禮正而樂和，則知其國治；若禮慢而樂淫，則知其國亂也。故曰君子慎其所以與人者，禮樂既爲人之所觀，以此之故，君子治國以謹慎其所以與人相接者，謂禮樂之事。此禮樂者，謂與人交接之具，故慎之。言將以見觀之。注自由至心也。正義曰：制禮者，本己所由，得民心者，若舜元由能紹堯之功，得民心，而初王業全，制禮之時，還基本初時得民心之事而制禮。若舜質素，初則陶於河濱，後制禮則尚質素。故《考工記》云有虞氏尚陶是也。禹則治水，始立溝洫，後制禮，則尚其工匠之事，夏后氏尚匠是也。湯則以桀荒淫，器物失所，湯以制禮樂之器而得民心，殷人尚梓是也。周武王以紂昏淫，尊卑無敘，故尚文物車服之屬而得民心，周人尚輿是也。此皆本其所以得民心是也。注作樂至濩武。正義曰：作樂者，緣民所樂於己之功，作樂章功成之事，己之功成，人之所樂，故云所樂於己之功也。舜之民樂舜紹堯而作《大韶》，湯武之民樂其濩伐而作《濩武》者，此亦因其所由，與禮不異。但禮雖治定乃作，則本其初始得民心之時，樂以成功乃爲，即歌當時喜樂之事，所以與禮異也。但禮是初始得民心而已，樂是樂其末，故其民心樂其紹堯，樂其濩伐。注動反本也。正義曰：王者治國，動皆反本。萬事皆以禮節之。注勸之善也。正義曰：經云脩樂以道志，樂是功成之極，故王者作樂之後，恒脩治此樂，以勸道己志，行善不忘，故云勸之善也。

（清）孫希旦《禮記集解・禮器》 禮器，是故大備。大備，盛德也。禮釋回，增美質，措則正，施則行。其在人也，如竹箭之有筠也，如松柏之有心也。二者居天下之大端矣，故貫四時而不改柯易葉。故君子有禮，則外諧而內無怨。故物無不懷仁，鬼神饗德。《釋文》：錯，七路反，本又作措，又作厝，音同。禮經緯萬端，人能以禮爲治身之器，則於百行無所不備，而其德盛矣。禮之爲用，能消人回邪之心，增人質性之美，而盛德充實於內矣。措諸身則無不正，施諸事則無不達，而盛德發見於外矣。箭，竹之小者。筠，竹之青皮也。大端，猶言大節，竹箭有筠，以貞固於其外；松柏有心，以和澤於其內。二物於天下，有此大節，故能貫乎四時，而枝葉無改。其在人身，則禮之釋回、增美，以充其德於內者，猶松柏之心；禮之措正、施行，以達其德於外者，猶竹箭之筠。故君子有禮，則外而鄉國，無不和諧，內而家庭，無所怨悔，人歸其仁，神歆其德，遠近幽明，無不感通，亦猶松柏之不改柯易葉也。鄭氏云：禮器，言禮使人成器，如耒耜之爲用也。人情以爲田，脩禮以耕之，此是也。大備，自耕至於食之而肥。似以此篇爲承上篇而作。然上篇語意已盡，此篇之義與上篇不同，而其文體亦別，非一人所作也。

（清）孫希旦《禮記集解・郊特牲》 壻親御授綏，親之也。親之也者，親之也。敬而親之，先王之所以得天下也。親御，謂御婦車也。授綏，授婦綏以升也。婦本有御者，壻必親御授綏，所以示身親其事也。必身親其事者，所以致其親愛於婦也。執摯相見，所以爲敬；親御授綏，所以爲親。敬則夫婦之禮肅，而無燕暱之傷；親則夫婦之情篤，而無暌離之患。化起於閨門，而風行於四海，先王之所以得天下，其道不外乎是也。

（清）孫希旦《禮記集解・大傳》 上治祖、禰，尊尊也。下治子、孫，親親也。旁治昆弟，合族以食，序以昭繆，別之以禮義，人道竭矣。鄭氏曰：治猶正也。繆讀爲穆，聲之誤也。竭，盡也。愚謂治，謂立爲法制以別其親疏厚薄之宜也。尊尊自上而殺，所以上治也。親親由下而殺，所以下治也。合族以食，謂聚合族人而與之飲食，《大宗伯》以飲食之禮親宗族兄弟是也。合族以食，以聯其情之同，別以昭穆，以辨其等之異，皆旁治之事也。別之以禮義，謂以禮義治男女而使之有別也。旁治昆弟，即下文所謂長長；別之以禮義，即下文所謂男女有別也。竭，盡也。言人道之大，竭盡於是四者而無遺也。上文言祭祀之法，追王之禮，皆上治祖、禰之事也。此又備言聖人之治人道，有此四者，篇中所言，皆所以發明此義也。

（清）孫希旦《禮記集解・學記》 發慮憲，求善良，足以謏聞，不足以動衆。就賢體遠，足以動衆，未足以化民。君子如欲化民成俗，其必由學乎！鄭氏曰：憲，法也。言發計慮當擬度於法式也。求，謂招來也。謏之言小也。就，謂躬下之。體猶親也。所學者，聖人之道在方策。孔氏曰：聞，聲聞也。言人起發謀慮，必擬度於法式，又能招求善良之士以自輔，此是人身小善，故小有聲聞，恩未被物，故不足以動衆也。就賢體遠，恩被於外，故足以動衆，識見猶淺，仁義未備，故未足以化民也。朱子曰：動衆，謂聳動衆聽。守常法，用中才，其效不足以致大譽。遠，謂疏遠之士。下賢親遠，足以聳動衆聽，使知貴德而尊士，然未有開導誘掖之方也，故未足以化民。唯教學可以化民，使成美俗。愚謂人君而能就賢體遠，亦可謂有志於治矣。然苟未知學，則所以化民者無其本也。唯由學，則明德以親民，而可以化民成俗矣。

《禮記正義・樂記》 凡音者，生於人心者也。樂者，通倫理者也。倫，猶類也。理，分也。分，扶問反。是故知聲而不知音者，禽獸是也。知音而不知樂者，衆庶是也。唯君子爲能知樂。禽獸知此爲聲耳，不知其宮商之變也。八音並作，克諧曰樂。諧，戶皆反。是故審聲以知音，審音以知樂，審樂以知政，而治道備矣。是故不知聲者，不可與言音；不知音者，不可與言樂。知樂，則幾於禮矣。禮樂皆得，謂之有德。德者，得也。幾，近也。聽樂而知政之得失，則能正君、臣、民、事、物之禮也。治，直吏反，下民治行同。幾音譏，一音巨依反，注同。是故樂之隆，非極音也；食饗之禮，非致味也。隆，猶盛也。極，窮也。食音嗣，下食饗同。《清廟》之瑟，朱弦而疏越，壹倡而三歎，有遺音者矣。大饗之禮，尚玄酒而俎腥魚。大羹不和，有遺味者矣。《清廟》，謂作樂歌《清廟》也。朱弦，練朱弦，練則聲濁。越，瑟底孔也。畫疏之，使聲遲也。倡，發歌句也。三歎，三人從歎之耳。大饗，祫祭先王，以腥魚爲俎實，不臑熟之。大羹，肉湆，不調以鹽菜。遺，猶餘也。疏音疎，下同。倡，昌諒反，注同。腥音星。和，胡卧反。底，都禮反。畫音獲。祫音洽。臑音而。湆，去及反。

是故先王之制禮樂也，非以極口腹耳目之欲也，將以教民平好惡，而反人道之正也。教之使知好惡也。好惡，上呼報反，下烏路反，又並如字，後好惡二字相連者，皆放此。

疏：凡音至正也。正義曰：此一節明音樂之異，音易識而樂難知，知樂則近於禮。又明禮樂隆極之旨，先王所以禮樂教人之意。凡音者，生於人心者也，言音從聲生，聲從心生，故云生於人心者也。樂者，通於倫理者也，倫，類也。理，分也。比音爲樂，有金、石、絲、竹、干、戚、羽、旄，樂得則陰陽和，樂失則羣物亂，是樂能經通倫理也。陰陽萬物，各有倫類分理者也。是故知聲而不知音者，禽獸是也者，言禽獸知其聲，不知五音之和變，是聲易識而音難知矣。知音而不知樂者，衆庶是也者，言衆庶知歌曲之音，而不知樂之大理，是音猶易而樂極難也。唯君子爲能知樂者，君子謂大德聖人，能知極樂之理，故云爲能知樂。是故審聲以知音，審音以知樂，審樂以知政，而治道備矣者，音由聲生，先審識其聲，然後可以知音。樂由音生，先審識其音，然後知樂。政由樂生，先審識其樂，可以知政。所以審樂知政者，樂由音，聲相生，聲感善惡而起，若能審樂，則知善惡之理，行善不行惡，習是不習非，知爲政化民。而治道備矣者，政善樂和，音聲皆善，人事無邪僻，則治道備具矣。知樂，則幾於禮矣者，幾，近也。知樂則知政之得失，知政之得失，則能正君、臣、民、事、物，故云近於禮矣。但禮包萬事，萬事備具，始是禮極。今知樂，但知正君、臣、民、事、物而已，於禮未極，故云近於禮矣。禮樂皆得，謂之有德。德者得也者，言王者能使禮樂皆得其所，謂之有德之君。所以名爲德者，得禮樂之稱也。是故樂之隆非極音也者，隆，謂隆盛，樂之隆盛，本在移風易俗，非崇重於鐘鼓之音，故云非極音也。案《論語》云：樂云樂云，鐘鼓云乎哉是也。食饗之禮非致味也者，食饗，謂宗廟祫祭。此禮之隆重，在於孝敬也，非在於致其美味而已。禮云食饗之禮，則樂應云祭祀之樂，互可知也。清廟之瑟，朱弦而疏越，壹倡而三歎者，覆上樂之隆非極音也。《清廟》之瑟，謂歌《清廟》之詩，所彈之瑟朱弦，謂練朱絲爲弦，練則聲濁也。越，謂瑟底孔也，疏通之使聲遲，故云疏越。弦聲既濁，瑟音又遲，是質素之聲，非要妙之響。以其質素，初發首一倡之時，而唯有三人歎之，是人不愛樂。雖然，有遺餘之音，言以其貴在於德，所以有遺餘之音，念之不忘也。大饗之禮，尚玄酒而俎腥魚。大羹不和，有遺味者矣者，此覆上饗之禮非致味也。大饗，謂祫祭，尚玄酒在五齊之上，而俎腥魚。腥，生也。俎雖有三牲，而兼載腥魚也。大羹，謂肉湆也。不和，謂不以鹽菜和之。此皆質素之食，而大饗設之，人所不欲也。雖然，有遺餘之味矣，以其有德質素，其味可重，人愛之不忘，故云有遺味者矣。是故先王之制禮樂也，非以極口腹耳目之欲也者，以玄酒、腥魚、大羹是非極口腹也，以朱絃疏越是非極耳目也。將以教民平好惡，而反人道之正也者，言先王制禮樂，不爲口腹耳目，而將以教民均平好惡，使好者行之，惡者避之，而反歸人道之正也。注能正至之禮。正義曰：以宮爲君，商爲臣，角爲民，徵爲事，羽爲物。既能知樂，則能在此五事，五事之外，則餘禮未能弘通，故經云近於禮，未盡禮之用也。注朱弦至餘也。正義曰：朱弦，練朱弦者，案《虞書傳》云：古者帝王升歌清廟之樂，大瑟練弦。此云朱弦者，明練之可知也。云練則聲濁者，不練則體勁而聲清，練則絲熟而弦濁。云越，瑟底孔也者。案《鄉飲酒禮》二人皆左何瑟，後有挎越，是越，瑟底孔也。故《燕禮》注云：越，瑟下孔也。云畫疏之使，聲遲也者，熊氏云：瑟兩頭有孔，畫疏之。疏，通也，使兩頭孔相達而通，孔小則聲急，孔大則聲遲，故云使聲遲也。云三歎，三人從歎之耳者，三歎，謂擊瑟贊歎美者，但有三人歎之耳，言歎者少也。云大饗，祫祭先王者，案《郊特牲》郊血，大饗腥，此云腥魚，故爲宗廟祫祭也。云以腥魚爲俎實者，謂薦血腥之時，以俎薦腥魚。熊氏云：其牛羊之俎，至薦熟之時，皆亨之而熟。薦腥魚，則始末不亨。故云而俎腥魚也。云大羹，肉湆者，《特牲》云大羹湆。此云不和，故知不調以鹽菜，鉶羹則和之。云遺，猶餘者也，樂聲雖質，人貴之不忘矣。食味雖惡，人念之不息矣，是有遺音遺味矣。熊氏云聲有五聲，但有三人歎之，餘兩聲未歎，是有遺音。非其辭也。

又：是故先王之制禮樂，人爲之節。言爲作法度以遏其欲。悖，布内反，下同。佚音逸。強，其良反。脅，許刧反。知，音智。怯，起刧反。遏，於葛反。本亦作節。衰麻哭泣，所以節喪紀也；鐘鼓干戚，所以和安樂也；昏姻冠笄，所以別男女也；射鄉食饗，所以正交接也。男二十而冠，女許嫁而笄，成人之禮。射，鄉，大射、鄉飲酒也。衰，七雷反。樂，音洛。冠，古亂反，注同。笄，音雞。別，彼列反，下文注皆同。禮節民心，樂和民聲，政以行之，刑以防之，禮樂刑政，四達而不悖，則王道備矣。

疏：是故至備矣。正義曰：此一節以下至樂云，廣明禮樂相須之事。是故先王之制禮樂人爲之節者，庾云：人爲猶爲人也，言爲人作法節也。射、鄉食饗，所以正交接也者，射，大射也。鄉，鄉飲酒也。食饗，饗食賓客也。凡此皆是正交接之節，不使相陵越也。禮節民心者，前經云禮樂人爲之節，故此經明其所節之事。禮有尊卑上下，故裁節民心，謂無不敬也。樂和民聲者，樂有宮商角徵羽及律吕，所以調和民聲也。政以行之者，政謂禁令，用禁令以行禮樂也。刑以防之者，若不行禮樂，則以刑罰防止也。禮樂刑政四達而不悖，則王道備矣者，若此四事通達流行而不悖逆，則王道備具矣。

又：樂由中出，和在心也。禮自外作。敬在貌也。樂由中出故靜，禮自外作故文。文猶動也。大樂必易，大禮必簡。易，簡，若於清廟大饗然。易，以鼓反。注同。樂至則無怨，禮至則不爭。揖讓而治天下者，禮樂之謂也。至，猶達也、行也。爭，爭鬭之爭。暴民不作，諸侯賓服，兵革不試，五刑不用，百姓無患，天子不怒，如此，則樂達矣。合父子之親，明長幼之序，以敬四海之内，天子如此，則禮行矣。賓，協也。試，用也。長，丁丈反。

疏：樂由至行矣。正義曰：此一節明禮樂自内自外，或易或簡，天子行之得所，則樂達禮行。樂由中出者，謂樂從心起也。禮自外作者，謂禮敬在外貌也。樂由中出故靜者，行之在心，故靜也。禮自外作故文者，禮肅人貌，貌在外，故云動也。庾云：樂成在中是和合反自然之靜。禮節在貌之前，動合文理，文猶動也。大樂必易者，朱弦而疏越是也。大禮必簡者，玄酒腥魚是也。樂至則無怨者，至謂達也，行也。樂行於人由於和，故無怨矣。禮至則不爭者，禮行於民由於謙敬，謙敬則不爭也。揖讓而治天下者，禮樂之謂也者，民無怨爭則君上無爲，但揖讓垂拱，而天下自治。其功由於禮樂，故云禮樂之謂也。暴民不作此下至樂達矣，偏舉樂之功，前云樂達則無怨，故致此以下之功也。暴民謂凶暴之民，不作謂不動作也。如此則樂達矣者，由樂和，故至天子不怒，以致前事，是樂道達矣。天子如此則禮行矣者，天子若能使海内如此，則是禮道興行矣。樂云達，禮云行者，互文也。禮云天子如此，樂不云天子者，樂既云天子不怒，故畧其文，不復云天子也。

又：化不時則不生，男女無辨則亂升，天地之情也。辨，別也。升，成也。樂失則害物，禮失則亂人。

疏：化不至情也。此一經明天地不時，由禮樂失所。化不時者，謂天地化養，不得其時，則不生物也。此明樂所以調和，變化故也。男女無辨則亂升者，升，成也。辨，別也。若男女雜亂無別，則亂成也。此明禮之所以別男女故也。天地之情也者，樂以法天，化得其時則物生，不得其時則物不生，是天之情也。禮以法地，男女有別則治興，男女無別則亂成，是地之情也。皇氏云天地無情，以人心而謂之耳。

又：凡姦聲感人，而逆氣應之，逆氣成象，而淫樂興焉。正聲感人，而順氣應之，順氣成象，而和樂興焉。倡和有應，回邪曲直，各歸其分，而萬物之理，各以類相動也。成象者，謂人樂習焉。倡，昌尚反，又音唱，下同。分，扶問反。是故君子反情以和其志，比類以成其行。姦聲亂色，不留聰明；淫樂慝禮，不接心術。惰慢邪辟之氣，不設於身體，使耳目鼻口心知百體，皆由順正，以行其義。反，猶本也。術，猶道也。行，下孟反。惰，徒卧反。辟，匹亦反。知音智。

疏：凡姦至其義。正義曰：皇氏云自此以下至贈諸侯也，爲樂象之科，各隨文解之。從此至以行其義，明樂有姦聲、正聲，以類相感。君子當去淫聲，用正聲也。凡姦聲感人而逆氣應之者，姦聲，謂姦邪之聲感動於人。逆氣，謂違逆之氣，即姦邪之氣也。人既感姦邪之聲，則有姦邪之氣來應也。逆氣成象，而淫樂興焉者，既感姦邪之聲，心又感姦邪之氣，二者相合而成象，淫樂遂興。若人耳初聽姦邪之聲，其姦邪未甚，心又感姦邪之氣，其亂乃成，不可救止，紂作靡靡之樂是也。正聲感人而順氣應之，順氣成象而和樂興焉者，正聲感動於人，而順氣來應，既聞順聲又感順氣，二者相合而成象，則和樂興，若周室太平頌聲作也。倡和有應者，初有姦聲、正聲感人是倡也，後有逆氣順氣是和也。善倡則善和，惡倡則惡和，是倡和有應。回邪曲直，各歸其分者，回謂乖違，邪謂邪辟，言乖違邪辟及曲之與直，各歸其善惡之分限也。言善歸善分，惡歸惡分。而萬物之理各以類相動也者，既善惡各歸其分，是萬物之情理，各以類自相感動也。是故君子反情以和其志者，反情謂反去淫弱之情理，以調和其善志也。比類以成其行者，比謂比擬善類，以成己身之美行。姦聲亂色不留聰明者，謂不使姦聲亂色留停於耳目，令耳目不聰明也。淫樂慝禮不接心術者，謂不使淫樂慝禮而連接於心術，謂心不存念也。惰慢邪辟之氣不設於身體者，以耳目心術所爲皆善，則怠惰邪辟之氣無由來入也，故邪辟之氣不施設於身體。使耳目鼻口心知百體皆由順正，以行其義者，既邪辟不在於身，耳目口鼻想知慮百事之體，皆由順正。由，從也。皆從和順，以行其正直義理也。

又：樂也者，施也。禮也者，報也。言樂出而不反，而禮有往來也。施，始鼓反。樂，樂其所自生，而禮反其所自始。樂章德，禮報情，反始也。自，由也。

疏：樂也至始也。正義曰：此明禮樂之別，報、施不同。樂也者施也者，言作樂之時，衆庶皆聽之，而無反報之意，但有恩施而已，故云樂也者施也。禮也者報也者，禮尚往來，受人禮事必當報之也。故《曲禮》云：往而不來非禮，故云禮也者報也。樂，樂其所自生者，此廣明上樂者施也。自，由也。言王者正樂歡樂其己之所由生，似若武王民樂其武德，武王由武功而生王業，即以武爲樂名。以受施處立名，無報反之義也。而禮反其所自始者，言王者制禮，必追反其所由始祖，若周由后稷爲始祖，即追祭后稷，報其王業之由，是禮有報也。樂章德者，覆説樂者施也，言樂但施恩而已，不望其報，是樂章明其盛德也。禮報情反始也者，此覆説上禮者報也，言行禮者他人有恩於己，己則報其情，但先祖既爲始於子孫，子孫則反報其初始。以人竟言之，則謂之報情這；以父祖子孫言之，則謂之反始，其實一也。

又：窮本知變，樂之情也。著誠去僞，禮之經也。禮樂偩天地之情，達神明之德，降興上下之神，而凝是精粗之體，領父子君臣之節。偩，猶依象也。降，下也。興，猶出也。凝，成也。精粗，謂萬物大小也。領，猶理治也。去，起吕反。偩音負。粗，七奴反。

疏：窮本至之節。正義曰：此一節更廣明禮樂之義，言父子君臣之節。窮本知變，樂之情也者，以樂本出於人心，心哀則哀，心樂則樂，是可以原窮極本也。若心惡不可變惡爲善，是知變也，則上文云唯樂不可以爲僞是也。此言窮人根本，知內外改變，唯樂能然，故云樂之情也。著誠去僞，禮之經也者，誠謂誠信也，僞謂虛詐也，經，常也。言顯著誠信，退去詐僞，是禮之常也。若人內心虛詐，則外貌敖狠，唯禮知之，故云禮之經也。禮樂偩天地之情者，負猶依象也，禮出於地，尊卑有序，是負依地之情也。樂出於天，遠近和合，是負依天之情也。達神明之德者，禮樂出於人心，與神明和會，故云達神明之德。降興上下之神者，興，猶出也。禮樂既與天地相合，用之以祭，故能降出上下之神，謂降上而出下也。而凝是精粗之體者，凝猶成也。是，謂正也。精粗，謂萬物大小也。言禮樂之能成就正其萬物大小之形體也。領父子君臣之節者，領猶理治也，言禮樂理治父子君臣之限節，而樂主於和，聽之則上下相親。又宮爲君，商爲臣，是樂能領父子君臣也。禮定貴賤長幼，是禮能領父子君臣也。

又： 樂者，非謂黃鐘大呂弦歌干揚也。樂之末節也，故童者舞之。鋪筵席，陳尊俎，列籩豆，以升降爲禮者，禮之末節也，故有司掌之。言禮樂之本由人君也，禮本著誠去僞，樂本窮本知變。鋪，普胡反，又音敷。去，起呂反。樂師辨乎聲詩，故北面而弦。宗祝辨乎宗廟之禮，故後尸。商祝辨乎喪禮，故後主人。辨猶別也，正也。弦，謂鼓琴瑟也。後尸，居後贊禮儀。此言知本者尊，知末者卑。是故德成而上，藝成而下，行成而先，事成而後。德，三德也。行，三行也。藝，才技也。先謂位在上也，後謂位在下也。上如字，或時掌反。行，下孟反，注同。技，其綺反。是故先王有上有下，有先有後，然後可以有制於天下也。言尊卑備乃可制作以爲治法。治，直吏反。

疏：樂者至下也。正義曰：此一節明禮樂各有根本，本貴而末賤。君子能辨其本末，可以有制於天下。黃鐘大呂弦歌干揚也，樂之末節也者，此等之物，唯是樂器播揚樂聲，非樂之本，故云樂之末節。其本在於人君之德，窮本知變是也。故云樂之末節也，故童者舞之。皇氏云：揚，舉也。干揚，舉干以舞也。鋪筵席，陳尊俎，列籩豆以升降爲禮者，禮之末節也者，此等物所以飾禮，故云禮之末節。其本在於人君著誠去僞，恭敬節儉。以末節非貴，故有司掌之。樂師辨乎聲詩，故北面而弦者，此明知禮樂末者，其位處卑，即樂師以辨曉聲詩，但知樂之末節，故北面而鼓弦，言其位處卑也。宗祝辨乎宗廟之禮，故後尸者，宗謂宗人，祝謂大祝，但辨曉於宗廟詔相之禮，故在尸後也。商祝辨乎喪禮，故後主人者，商祝，謂習商禮而爲祝者。但辨曉死喪擯相之禮，故後主人，謂在主人之後。言此宗祝，商祝，但知禮之末節，故在尸與主人後，言其位處卑賤也。是故德成而上者，則人君及主人之屬是也，以道德成就故在上也。藝成而下者，言樂師、商祝之等，藝術成就而在下也。行成而先者，行成則德成矣。言德在內而行在外也。事成而後者，事成則藝成矣。在身謂之藝，所爲謂之事。是故至天下也者，人有多少品類，故先王因其先後，使尊卑得分，然後乃可制禮作樂，爲法以班天下，如周公六年乃制禮樂也。

（清）孫希旦《禮記集解·樂記》 凡音者，生於人心者也。樂者，通倫理者也。是故知聲而不知音者，禽獸是也。知音而不知樂者，衆庶是也。唯君子爲能知樂。是故審聲以知音，審音以知樂，審樂以知政，而治道備矣。是故不知聲者不可與言音，不知音者不可與言樂，知樂則幾於禮矣。禮樂皆得，謂之有德。德者，得也。

鄭氏曰：倫，類也。理，分也。禽獸知此爲聲耳，不知其宮商之變也。八音並作克諧曰樂。幾，近也。聽樂而知政之得失，則能正君、臣、民、事、物之禮也。方氏慤曰：凡耳有所聞者，皆能知聲；心有所識者，則能知音；通於道者，則能知樂。若瓠巴鼓瑟，游魚出聽，伯牙鼓琴，六馬仰秣，此禽獸之知聲者也。魏文侯好鄭、衛之音，齊宣王好世俗之樂，此衆庶之知音者也。孔子在齊之所聞，季札聘魯之所觀，則君子之知樂者也。愚謂樂通倫理，謂其通於君、臣、民、事、物五者之理也。禮樂之爲用雖異，而理則相通，故知樂則幾於禮矣。禮樂皆得，則惟實體其理於身者能之，又非僅知之而已，故謂之有德。自第二節以下，承首節聲音樂三者之義而遞申之，至此則合而結之，而歸重於知樂，以起下章之義也。右第一章，古樂之所由生也。

又： 樂者爲同，禮者爲異。同則相親，異則相敬。樂勝則流，禮勝則離。合情飾貌者，禮樂之事也。禮義立，則貴賤等矣。樂文同，則上下和矣。好惡著，則賢不肖別矣。刑禁暴，爵舉賢，則政均矣。仁以愛之，義以正之。如此，則民治行矣。

鄭氏曰：同，謂協好惡。異，謂別貴賤。禮樂，欲其並行彬彬然。陳氏澔曰：和以統同，序以辨異。樂勝則流，過於同也。禮勝則離，過於異也。合情者，樂之和於內，所以救其離之失。飾貌者，禮之檢於外，所以救其流之失。愚謂禮言義，見其有以相辨，而貴賤之所以等也。樂言文，見其有以相接，而上下之所以和也。好惡者，刑爵之本；刑爵者，好惡之用。仁以愛之，而有惻怛之實，義以正之，而得裁制之宜，又所以爲禮、樂、刑、爵之本者也。民治行者，言以此治民而民無不治也。右第一章，言禮樂之爲用異，而實以相濟也。蓋禮之與樂，若陰之與陽，仁之與義，其理同出於一原，其用相須而不離。樂所以和禮，而禮之從容不迫者卽樂也。禮所以節樂，而樂之節制不過者卽禮也。且萬物得其理而後和，其序尤有不可紊者。

又： 大樂與天地同和，大禮與天地同節。和，故百物不失；節，故祀天祭地。明則有禮樂，幽則有鬼神。如此，則四海之内合敬同愛矣。

鄭氏曰：同和同節，言順天地之氣與其數。百物不失，不失其性。祀天祭地，成物有功，報焉。禮樂，教人者。鬼神，助天地成物者也。愚謂天地有自然之和，而大樂與天地同其和；天地有自然之節，而大禮與天地同其節。百物不失者，百物得和以生，各保其性也。祀天祭地者，萬物得節以成，本其功於天地而報之也。鬼神者，天地之功用，自然之和節也。禮樂者，聖人之功用，同和同節者也。鬼神體物而不遺，禮樂體事而無不在，二者一明一幽，同運並行，故能使四海之内無不得其節而合於敬，無不得其和而同於愛也。

禮者，殊事合敬者也。樂者，異文合愛者也。禮樂之情同，故明王以相沿也。故事與時並，名與功偕。

鄭氏曰：沿，猶因述也。孔子曰：殷因於夏禮，所損益可知也。周因於殷禮，所損益可知也。事與時並，爲事在其時也。名與功偕，爲名在其功也。偕猶俱也。《禮器》曰：堯授舜，舜授禹，湯放桀，武王伐紂，時也。堯作《大章》，舜作《大韶》，禹作《大夏》，湯作《大濩》，武王作《大武》，各因其得天下之功。愚謂禮之事異，而敬之情則同；樂之文殊，而愛之情則同。禮樂之文與事者其末，而愛敬之情者其本，末可變而本不可變，故明王以相沿也。事與時並者，禮有質文損益，視乎時以起事。名與功偕者，樂有《韶》、《夏》、《濩》、《武》，隨乎功以立名也。明王之於禮樂，因其情之不可變者以爲本，故因時以制禮，象功以作樂，而皆有以成一代之治也。

又：夫民有血氣心知之性，而無哀樂喜怒之常，應感起物而動，然後心術形焉。是故志微、噍殺之音作，而民思憂；嘽諧、慢易、繁文、簡節之音作，而民康樂；粗厲、猛起、奮末、廣賁之音作，而民剛毅；廉直、勁正、莊誠之音作，而民肅敬；寬裕、肉好、順成、和動之音作，而民慈愛；流辟、邪散、狄成、滌濫之音作，而民淫亂。

鄭氏曰：言在所以感之也。術，所由也。形猶見也。志微，意細也。吴公子札聽《鄭風》，而曰：其細已甚，民弗堪也。簡節，少易也。奮末，動使四支也。賁讀爲憤。憤，怒氣充實也。《春秋傳》曰：血氣狡憤。肉，肥也。狄滌，往來疾貌也。濫，僭差也。此皆民心無常之傚也。孔氏曰：此言人心不同，隨感而變。樂聲善惡，本由民心而生，合成爲樂，又下感於人，猶如雨出於山而還雨山，火出於木而還燔木，故此篇之首，論人能興樂，此章之意，論樂能感人也。身爲本，手足爲末，故云奮末，動使四支。《詩》云踧踧周道，字雖異，與此狄同。《詩》又云滌滌山川，皆物之形狀，故云往來疾貌。狄成、滌濫，言樂之曲折，疾速而成，速疾而止。陳氏祥道曰：肉倍好者璧，好倍肉者瑗，肉好如一，旋而不可窮者環。肉好之音，豈其音旋而不可窮邪？陳氏澔曰：狄與逖同，遠也。成者，樂之一終。狄成，言其一終甚長，淫泆之意也。滌，洗也。濫，侵僭也。言其音之泛濫侵僭，如以水洗物，而浸漬侵濫，無分際也。愚謂志微，《漢書·樂志》作纖微，是也。纖微，謂樂音纖細而微眇也。諧，和也。慢，疏也。易，平也。繁文，文章繁。簡節，節奏簡也。猛起，謂樂之始剛猛。奮末，謂樂之終奮迅。廣賁，謂樂音廣大而憤怒也。肉好，以璧之肉好喻音之圓轉而潤澤也。順成者，以順而成。和動者，以和而動也。流辟者，流宕而偏辟。邪散者，淫邪而散亂。狄成，言樂之一成，節奏逖遠，所謂流湎以忘本也。滌濫，如水之滌蕩放濫，往而不返也。纖微、噍殺之音，出於哀者也，以此感民，則民之心亦應之而哀矣。嘽諧、慢易、繁文、簡節之音，出乎樂者也，以此感民，則民之心亦應之而樂矣。粗厲、猛起、奮末、廣賁之音，出於怒者也，以此感民，則民之心亦應之而怒矣。廉直、勁正、莊誠之音，出於敬者也，以此感民，則民之心亦應之而敬矣。寬裕、肉好、順成、和動之音，出於愛者也，以此感民，則民之心亦應之而愛矣。流辟、邪散、逖成、滌濫之音，出於喜者也，以此感民，則民之心亦應之而喜矣。此所言六者之音，與第一篇同，但彼言人心之感而爲聲，此則言樂音之感人而人心應之也。孔氏以志微爲君之志意，噍殺爲樂音；嘽諧、嫚易爲君德，繁文、簡節爲樂音；粗厲爲人君氣性，猛起、奮末、廣賁爲樂音；廉直、勁正爲君德，莊誠爲樂音；寬裕爲君德，肉好、順成、和動爲樂音；流辟爲君志，邪散、狄成、滌濫爲樂音。皆上論君德，下論樂音。葢因首句志微二字，推類以言其餘。然如其言，則上下衡決，不成文理。且首篇云其聲嘽以緩，其聲粗以厲，其聲直以廉，則此云嘽緩、粗厲、廉直，皆指聲言亦明矣。鄭氏引《左傳》其細已甚，以解志微，則於志微二字原不指君德，然以志言，音義又不合，當從《漢志》作纖微爲是。

又：故曰：樂者，樂也。君子樂得其道，小人樂得其欲。以道制欲，則樂而不亂；以欲忘道，則惑而不樂。

鄭氏曰：道，謂仁義也。欲，謂邪淫也。愚謂樂者，人之所歡樂也。然君子小人所樂不同：君子樂得其道，而能自制其欲，故得其所樂而不至於亂。小人樂得其欲，而至於忘道，則適足以爲惑而不足以爲樂矣。

是故君子反情以和其志，廣樂以成其教。樂行而民鄉方，可以觀德矣。

反情以和其志，結首節之義。不言比類以成其行者，省文，可知也。廣樂以成其教，結次節之義。方，道也。民知鄉方，結第三節樂行倫清之義。此一節，總結上文。

德者，性之端也。樂者，德之華也。金石絲竹，樂之器也。詩，言其志也。歌，詠其聲也。舞，動其容也。三者本於心，然後樂器從之。是故情深而文明，氣盛而化神，和順積中，而英華發外，唯樂不可以爲僞。

端，猶《孟子》言四端之端。性在於中，而發而爲德，德者，性之端緒也。德不可見，而象之爲樂，樂者，德之光華也。非器無以成樂，金石絲竹，樂之器也。詩也，歌也，舞也，三者合而爲樂，而其本則在乎心之德也。德具於心，發而爲三者，而後樂器從而播之。情深者，謂喜怒哀樂之中節。氣盛者，謂陰陽剛柔之交暢。文明者，文采著明，五色成文而不亂，八風從律而不姦也。化神者，行乎陰陽，通乎鬼神，窮高遠，測深厚，而無所不至也。情深而氣盛者，德也，和順之積中者也。文明而化神者，樂也，英華之發外者也。有是德，然後有是樂，故樂不可以爲僞。

又： 樂也者，施也。禮也者，報也。樂，樂其所自生，而禮反其所自始。樂章德，禮報情、反始也。

鄭氏曰：言樂出而不反，而禮有往來也。孔氏曰：言作樂之時，衆庶皆聽之，而無反報之意，但有恩施而已。禮尚往來，受人禮事，必當報之也。樂，樂其所自生者，又廣明上樂者，施也，言王者作樂，歡樂其已之所由生。若武王，民樂其由武功而生王業，卽以《武》爲樂名，以受施處立名，無報反之義也。禮反其所自始者，王者制禮，追反其所自始。若周由后稷爲始祖，卽追祭后稷，報其王業之由，是禮有報也。樂章德者，樂是章明其德，不求其報。禮報情反始者，言行禮者，他人有恩於己，己則報其情；先祖既爲始於子孫，子孫則反報其初始。以人意言之，則謂之報情，以子孫言之，則謂之反始，其實一也。朱子曰：樂，樂其所自生，禮反其所自始，亦如樂由中出，禮自外作。樂是和氣中間直出，無所待於外；禮却是初始有這意思，外面却做一箇節文抵當他，却是人做底。雖說是人做，原不曾杜撰，因他本有這意思。故下文云樂章德，禮報情反始也。和順積諸中，英華發諸外，便是章著其內之意。橫渠說：樂則得其所樂，卽是樂也，更何所待？是樂其所自成。說得亦好。只是樂其所自成，與樂其所自生，用字不同耳。

(清)孫希旦《禮記集解・祭義》 曾子曰：孝有三：大孝尊親，其次弗辱，其下能養。

孔氏曰：大孝尊親，卽下文大孝不匱，聖人爲天子者也。尊親，嚴父配天也。其次弗辱，謂賢人爲諸侯、卿、大夫、士，各保社稷、宗廟、祭祀，不使傾危以辱親也，卽下文中孝用勞也。其下能養，謂庶人也，與下文小孝用力爲一。能養，謂因天分地以養父母也。黃氏裳曰：自天子至庶人，孝道有三：立身行道，有大功大德，俾人頌美其先而尊重之，上也。生事、葬祭之以禮，全父母遺體，没身無毀者，次也。事父母盡其色養者，下也。愚謂下文言小孝用力，中孝用勞，大孝不匱，以位之尊卑而異者也。此言大孝尊親，其次弗辱，其次能養，以行之優劣而分者也。蓋大孝之極，非天子之博施備物，固不足以盡之，然卽大夫士而言，其孝亦未嘗不有大小焉。亨、熟、羶、薌，嘗而薦之，此僅能養而已者也。使國人稱願然，曰幸哉有子如此，此則能尊親者也。

又： 孝有三：小孝用力，中孝用勞，大孝不匱。思慈愛忘勞，可謂用力矣。尊仁、安義，可謂用勞矣。博施、備物，可謂不匱矣。

鄭氏曰：勞猶功也。愚謂不匱，言其所及者遠，而所致者大也。思父母之慈愛，而忘其躬耕之勞，庶人之孝也。尊仁安義，則體不虧而名不辱，士大夫之孝也。博施，謂德教加於四海，刑於百姓。備物，謂天地之間，可薦者無不咸在，人君之孝也。

(清)孫希旦《禮記集解・祭統》 是故孝子之事親也，有三道焉：生則養，没則喪，喪畢則祭。養則觀其順也，喪則觀其哀也，祭則觀其敬而時也。盡此三道者，孝子之行也。

內盡於己，則有誠、信、忠、敬，舉敬以見誠、信與忠；外盡於道，則有禮、樂、物、時，舉時以見物與禮、樂也。

又： 夫義者，所以濟志也，諸德之發也。是故其德盛者其志厚，其志厚者其義章，其義章者其祭也敬，祭敬則竟內之子孫莫敢不敬矣。是故君子之祭也，必身親涖之，有故，則使人可也。雖使人也，君不失其義者，君明其義故也。其德薄者其志輕，疑於其義而求祭，使之必敬也弗可得已。祭而不敬，何以爲民父母矣！

濟，成也。志，卽與志進退之志。義明然後志重，故義者所以濟志也。義非有德者不能明，故明於其義，乃諸德之所發見也。祭而不敬，則無以爲立教之本，故不可以爲民父母。此上三節，申前參之以時之義，而又歸本於志也。

《禮記・經解》 孔子曰：入其國，其教可知也。其爲人也，温柔敦厚，《詩》教也。疏通知遠，《書》教也。廣博易良，《樂》教也。絜靜精微，《易》教也。恭儉莊敬，《禮》教也。屬辭比事，《春秋》教也。故《詩》之失愚，《書》之失誣，《樂》之失奢，《易》之失賊，《禮》之失煩，《春秋》之失亂。其爲人也，温柔敦厚而不愚，則深於《詩》者也。疏通知遠而不誣，則深於《書》者也。廣博易良而不奢，則深於《樂》者也。絜靜精微而不賊，則深於《易》者也。恭儉莊敬而不煩，則深於《禮》者也。屬辭比事而不亂，則深於《春秋》者也。

(清)孫希旦《禮記集解・經解》 是故隆禮、由禮謂之有方之士，不隆禮、不由禮謂之無方之民，敬讓之道也。故以奉宗廟則敬，以入朝廷則貴賤有位，以處室家則父子親，兄弟和，以處鄉、里則長幼有序。孔子曰：安上治民，莫善於禮。此之謂也。

隆，謂尊奉之。由謂踐履之。方，道也。禮以敬讓爲道，故以之奉宗廟，入朝廷，處室家、鄉黨，無所往而不得其宜。

故昏姻之禮廢，則夫婦之道苦，而淫辟之罪多矣。鄉飲酒之禮廢，則長幼之序失，而争鬬之獄繁矣。喪祭之禮廢，則臣子之恩薄，而倍死、忘生者衆矣。聘、覲之禮廢，則君臣之位失，諸侯之行惡，而倍畔、侵陵之敗起矣。

鄭氏曰：苦，謂不至、不答之屬。孔氏曰：倍畔，謂倍畔天子。侵陵，謂侵陵鄰國。上經尊重者在前，卑輕者在後，故先朝覲，後昏姻；又殊别君臣，故先朝覲，後聘問。此經據人倫急切者在前，故先昏姻，後聘、覲，而聘、覲合言者，以倍畔、侵陵其惡相通也。愚謂《鄉飲酒》有正齒位之禮，故廢則長幼之序失。覲禮廢則君臣之位失，而至於倍畔；聘禮廢則諸侯之行惡，而至於侵陵。

（清）孫希旦《禮記集解・哀公問》 哀公問於孔子曰：大禮何如？君子之言禮，何其尊也！孔子曰：丘也小人，不足以知禮。君曰：否。吾子言之也。孔子曰：丘聞之，民之所由生，禮爲大。非禮無以節事天地之神也，非禮無以辨君臣、上下、長幼之位也，非禮無以别男女、父子、兄弟之親，昏姻、疏數之交也。君子以此之爲尊敬然。

節，制限也。天地之神，尊卑不同，各以其制限事之，若天子祭天地，諸侯祭社稷也。疏，數，謂交際往來或疏或數也。哀公言君子，謂孔子也。孔子言君子，謂行禮之君子也。君子尊敬此禮，故其行之不敢不勉，此所以爲教民之本者也。

又： 公曰：敢問何謂爲政？孔子對曰：政者，正也。君爲正，則百姓從政矣。君之所爲，百姓之所從也。君所不爲，百姓何從？公曰：敢問爲政如之何？孔子對曰：夫婦别，父子親，君臣嚴，三者正，則庶物從之矣。

庶物，謂衆事也。爲政在於修身，三綱正，則身修道立，以之正朝廷，正百官，正萬民，而莫不一於正矣。有夫婦然後有父子，有父子然後有君臣，故其序如此。

公曰：寡人雖無似也，願聞所以行三言之道，可得聞乎？孔子對曰：古之爲政，愛人爲大。所以治愛人，禮爲大。所以治禮，敬爲大。敬之至矣，大昏爲大，大昏至矣。大昏既至，冕而親迎，親之也。親之也者，親之也。是故君子興敬爲親，舍敬，是遺親也。弗愛不親，弗敬不正。愛與敬，其政之本與？

似，肖也。無似，猶言不肖也。大昏，謂天子諸侯之昏也。爲國以禮，而禮以敬爲本，而敬之至極之中，尤莫大於大昏也。大昏既爲敬之至極，故國君雖尊，必服冕服以親迎也。士親迎服爵弁，則親迎皆服其上服：公衮冕，侯伯鷩冕，子男毳冕也。蓋夫婦之道，乃父子、君臣之所從出。哀公以妾爲妻，國人不服，則夫婦失其正，而父子、君臣從之矣。故問所以行三言之道，而孔子特以大昏之重告之。輔氏廣曰：冕而親迎，躬親之也。躬親之者，所以致其親愛之意也。是興敬所以爲親也。彼以褻爲親者，未要其終也，惟以敬爲親，則愛得其正矣。方氏慤曰：弗愛則無以相合而疏，弗敬則無以相别而褻。愛敬之道，始於閨門之内，夫婦之間，及乎廣而充之，其愛至於不敢惡於人，其敬至於不敢慢於人，而德教加於百姓，刑於四海，故曰：愛與敬，其政之本與？胡氏安國曰：娶妻必親迎，禮之正也。天子不親迎，使卿逆，公監之，禮也。若夫邦君，以爵則有尊卑，以國則有大小，以道塗則有遠邇，或迎之於其國，或迎之於境上，或迎之於所館，禮之節也。愚謂下文言合二姓之好，以爲天地、宗廟、社稷之主，朱子以爲通天子而言，則天子亦親迎矣。《春秋》十二公皆不書出國迎夫人，惟桓公書會齊侯於讙，則以齊侯親送女故也。然則天子諸侯之昏，皆於其國爲館而行親迎之禮與？胡氏謂天子不親迎，及言諸侯親迎遠邇之差，恐皆未然。

又： 公曰：寡人固，句。不固，焉得聞此言也？寡人欲問，不得其辭。請少進！孔子曰：天地不合，萬物不生。大昏，萬世之嗣也，君何謂已重焉？孔子遂言曰：内以治宗廟之禮，足以配天地之神明；出以治直言之禮，足以立上下之敬。物恥足以振之，國恥足以興之。爲政先禮，禮其政之本與？

固，謂固陋也。哀公自言固陋，故不知大昏之重，然若不固陋，則不問，不得聞孔子此言也。蓋公欲再問，而先爲謙辭以發其端也。大昏者，所以繼祖宗，延嗣續，故上以繼先聖之後明其重，此又以萬世之嗣明其重也。宗廟之禮，謂祭祀之禮也。宗廟之中，君在阼，以象日之生於東，夫人在房，以象月之生於西，所謂配天地之神明也。直，正也。言，謂教令也。名不正則言不順，言不順則不足以服人而致其敬。若夫婦之分定，則名正言順，所出之教令皆合於禮，而上而朝廷，下而萬民，莫敢不敬矣。如哀公爲妾齊衰，而曰魯人以妻我，則其有愧於心而言之不直甚矣。故其立也，則宗人辭之，國人惡之，其喪也，則有若譏之，其何以取敬於人哉！物，事也。物恥，謂事之廢壞而可恥。國恥，謂國之衰弱而可恥也。有禮則綱紀立，國家安，故物恥可振而國恥可與也。

（清）王聘珍《大戴禮記解詁・哀公問於孔子》 孔子對曰：君子過言則民作辭，過動則民作則。君子言不過辭，動不過則，百姓不命而敬恭，如是則能敬其身。能敬其身，則能成其親矣。鄭云：則，法也。民者化君者也。君之言雖過，民猶稱其辭；君之行雖過，民猶以爲法。

（清）孫希旦《禮記集解・仲尼燕居》 子曰：制度在禮，文爲在禮，行之其在人乎！

馬氏晞孟曰：制度者，文爲之體；文爲者，制度之用。簠、簋、俎、豆，所謂制度也。升降上下，所謂文爲也。制度、文爲，皆禮之法也，徒法不能以自行，故行之在人。輔氏廣曰：所謂人者，必興於《詩》，成於樂，厚於德，然後可，不然，非所謂其人也。

禮之所興，衆之所治也。禮之所廢，衆之所亂也。目巧之室，則有奧、阼，席則有上下，車則有左右，行則有隨，立則有序，古之義也。室而無奧、阼，則亂於堂、室也。席而無上下，則亂於席上也。車而無左右，則亂於車也。行而無隨，則亂於塗也。立而無序，則亂於位也。昔聖帝、明王、諸侯，辨貴賤、長幼、遠近、男女、外內，莫敢相踰越，皆由此塗出也。

鄭氏曰：衆之所治，衆之所以治也。衆之所亂，衆之所以亂也。目巧，謂但用巧目善意作室，不由法度，猶有奧、阼賓主之處也。自目巧以下，古今常事，不可廢改也。陳氏澔曰：衆之治亂，由禮之興廢，此所以爲政先禮也。目巧，謂不用規矩準繩，但據目力相視之巧也。言雖苟簡爲之，亦必有奧、阼之處。室之有奧，以爲尊者所處；堂之有阼，以爲主人之位也。愚謂遠近以地言，外內以位言。此塗，謂禮也。

（清）孫希旦《禮記集解·孔子閒居》 子夏曰：五至既得而聞之矣，敢問何謂三無？孔子曰：無聲之樂，無體之禮，無服之喪，此之謂三無。子夏曰：三無既得畧而聞之矣，敢問何詩所之？孔子曰：夙夜其命宥密，無聲之樂也。威儀逮逮，不可選也，無體之禮也。凡民有喪，匍匐救之，無服之喪也。【略】子夏曰：何如？孔子曰：無聲之樂，氣志不違；無體之禮，威儀遲遲；無服之喪，內恕孔悲。無聲之樂，氣志既得；無體之禮，威儀翼翼；無服之喪，施及四國。無聲之樂，氣志既從；無體之禮，上下和同；無服之喪，以畜萬邦。無聲之樂，日聞四方；無體之禮，日就月將；無服之喪，純德孔明。無聲之樂，氣志既起；無體之禮，施及四海；無服之喪，施于孫子。

氣志不違者，言其發之中節而無所乖戾也。既無乖戾，則合於理矣，故曰既得，得，謂得於理也。既得於理，則順於民矣，故曰既從，從，順也。既順於民，則著聞於四方矣，既著聞乎四方，則民之氣志皆起而應之矣。威儀遲遲，行禮以和，而從容不迫也。和而有節，則又見其翼翼而嚴正矣。禮達而分定，則上下和睦而齊同矣。上下既一於禮，則日有所就，月有所將，而行之不倦矣。人皆行禮不倦，則道德一，風俗同，而施及四海矣。內恕孔悲者，以己度人而實致其惻怛、慈愛之意也。既有愛人之心，則必有及物之恩，而施及於四國矣。既有及物之恩，則民有被恩之實，而可以養畜萬邦矣。恩足以畜萬邦，則其德純一而顯明矣。德既甚顯明，則不惟及於當時，而又施及孫子，使後世亦蒙其澤矣。蓋禮樂之原於一心，而橫乎天下者如此。

（清）孫希旦《禮記集解·坊記》 子云：夫禮者，所以章疑別微，以爲民坊者也。故貴賤有等，衣服有別，朝廷有位，則民有所讓。

孔氏曰：疑，謂是非不決，用禮以章明之。微，謂幽隱不著，用禮以分別之。

又：子云：觴酒、豆肉，讓而受惡，民猶犯齒。衽席之上，讓而坐下，民猶犯貴。朝廷之位，讓而就賤，民猶犯君。《詩》云：民之無良，相怨一方。受爵不讓，至於己斯亡。

鄭氏曰：犯猶僭也。齒，年也。禮，六十以上，籩、豆有加。貴，秩異者。愚謂觴酒，盛酒於觴也。豆肉，盛肉於豆，謂庶羞胾、炙之屬也。酒肉所以養老，老者宜美，少者宜惡，若《鄉飲酒義》云五十者二豆，六十者三豆，是也。衽席，謂享、燕所設之席也。朝廷之位，謂人君視朝，卿、大夫、士所立之位也。席位、朝位，尊卑不同，皆所以爲君臣貴賤之別。於衽席言犯貴，於朝廷言犯君，互見之也。讓而受惡，讓而坐下，讓而就賤，皆君子躬行禮讓以示民，而民猶不免於有所犯也。引《小雅·角弓》之詩，以證犯貴、犯君之事也。

又：子云：上酌民言，則下天上施。上不酌民言，則犯也；下不天上施，則亂也。故君子信讓以涖百姓，則民之報禮重。《詩》云：先民有言：詢于芻蕘。

鄭氏曰：酌，猶取也。取衆民之言以爲政教，則得民心，得民心，則恩澤所加，民受之如天矣。愚謂犯，猶《左傳》衆怒難犯之犯，言不順於民之心也。上不酌民言，則乖戾而至於犯民；下不天上施，則怨怒而至於作亂。民者至愚而不可欺，至弱而不可勝，信則有不敢欺之心，讓則有不求勝之意。如是，則民感其德，而所以報之者重矣。

又：子云：孝以事君，弟以事長，示民不貳也。故君子有君不謀仕，唯卜之日稱二君。喪父三年，喪君三年，示民不疑也。父母在，不敢有其身，不敢私其財，示民有上下也。故天子四海之內無客禮，莫敢爲主焉。故君適其臣，升自阼階，即位於堂，示民不敢有其室也。父母在，饋獻不及車馬，示民不敢專也。以此坊民，民猶忘其親而貳其君。

孝以事君，謂以事親之孝事君也。弟以事長，謂以事兄之弟事長也。鄭氏曰：不貳，不自貳於尊者也。君子有君，謂君之子父在者也。不謀仕，嫌遲爲政也。卜之日，謂君有故而爲之卜也。二當爲貳，唯卜之時，辭得曰君之貳某爾。晉惠公獲於秦，命其大夫歸擇立君，曰：其卜貳圉民。喪君三年，示民不疑於君之尊也。君無骨肉之恩，不重其服，至尊不明。有猶專也。不敢有其身，私其財，身及財皆當統於父母也。不敢有其室，臣亦統於君也。車馬，家物之重者。孔氏曰：不貳者，不敢自副貳於其君，謂與尊者相敵。

（清）孫希旦《禮記集解・表記》 子曰：祭極敬，不繼之以樂。朝極辨，不繼之以倦。

樂，謂歡樂，若燕飲之禮，脱屨升坐，而無不醉也。祭禮雖有旅酬、無算爵，然皆立而飲酒，不若燕禮之歡樂也。辨，謂辨治。祭以奉事鬼神，始終貴乎敬，樂則不足於敬矣。朝廷，政事之所出，始終貴乎辨，倦則不足於辨矣。

又： 子曰：無欲而好仁者，無畏而惡不仁者，天下一人而已矣。是故君子議道自己，而置法民。

鄭氏曰：一人而已，喻少也。吕氏大臨曰：無欲而好仁，無畏而惡不仁，所謂性之者也，安仁者也。安仁者，天下一人而已，則非聖人不足以性仁。苟志於仁矣，無惡也，則衆人皆可以爲仁。以聖人所性而議道，則道無不盡；以衆人所能而制法，則法無不行。

又： 子曰：仁有三，與仁同功而異情。與仁同功，其仁未可知也。與仁同過，然後其仁可知也。仁者安仁，知者利仁，畏罪者強仁。

吕氏大臨曰：仁者安仁，無欲而好仁，無畏而惡不仁者也。知者利仁，有欲而好仁者也。畏罪者強仁，有畏而惡不仁者也。三者之功，同歸於仁，而其情則異。此堯、舜性之，湯、武身之，五霸假之，所以異也。功者，人所貪也，假之者有之。桓公九合諸侯，一匡天下，湯、武之舉，不過乎是，而其情則不同，故其仁未可知也。過者，人所避也，有不幸而致焉。周公使管叔監殷，管叔以殷畔，過於愛兄而已，孔子對陳司敗以昭公知禮，過於諱君而已，皆出於情而無僞，故其仁可知。愚謂功者，人之所有心而勉之者也，故與仁同功，未足以知其情之異也。過者，人之所無意而失之者也，故與仁同過，而後其仁可知。觀人者，不於其所勉，而於其所忽也。安仁者，與仁爲一者也。利仁者，真知仁之可好，而必欲得之者也。畏罪者強仁，自恐蹈於不仁之罪，而勉力於爲仁者也。《論語》言好仁者無以尚之，利仁者也。惡不仁者，其爲仁矣，不使不仁者加乎其身，強仁者也。

是故君子服其服，則文以君子之容；有其容，則文以君子之辭；遂其辭，則實以君子之德。是故君子恥服其服而無其容，恥有其容而無其辭，恥有其辭而無其德，恥有其德而無其行。是故君子衰絰則有哀色，端冕則有敬色，甲冑則有不可辱之色。《詩》云：維鵜在梁，不濡其翼。彼記之子，不稱其服。

此申上衣服以移之，容貌以文之之義。德者，道之得於心者也。行者，道之見於事者也。有其辭而無其德，則辭爲勦説。有其德而無其行，則知之而未能蹈之也。蓋衣服容貌若在於外，然養其外者以及其内，脩其粗者以及其精，而言語、德行皆由此而出焉。聖人之使人勸勉愧恥以行其言如此。引《曹風・候人》之篇，言人之德必稱其服也。吕氏大臨曰：此皆脩其外以移其内，率法而強之者也。及其成也，則與中心安仁者一也。

又： 子言之：君子之所謂義者，貴賤皆有事於天下。天子親耕，粢盛、秬鬯以事上帝，故諸侯勤以輔事於天子。

有事，有所尊事也，與《坊記》示民有事義同。天子之事天，諸侯之事天子，皆出於理之所當然，所謂義也。在上者先有以自盡，則在下者莫敢不從矣。孔氏曰：天地不裸，此祭上帝有秬鬯者，凡鬯有二：若和之以鬱，謂之鬱鬯，鬱人所掌是也，祭宗廟而裸也。若不和鬱，謂之秬鬯，鬯人所掌是也。謂五齊之酒，以秬黍爲之，芬芳鬯達，故得以事上帝。此下四章，專明義之道也。

子曰：下之事上也，雖有庇民之大德，不敢有君民之心，仁之厚也。是故君子恭儉以求役仁，信讓以求役禮，不自尚其事，不自尊其身，儉於位而寡於欲，讓於賢，卑己而尊人，小心而畏義，求以事君，得之自是，不得自是，以聽天命。《詩》云：莫莫葛藟，施于條枚。凱弟君子，求福不回。其舜、禹、文王、周公之謂與？有君民之大德，有事君之小心。《詩》云：惟此文王，小心翼翼，昭事上帝，聿懷多福。厥德不回，以受方國。

鄭氏曰：無君民之心，是思不出其位。愚謂役，謂爲其事也。儉猶約也。儉於位，謂不求處尊位也。不自尚，不自尊，恭也。儉於位而寡於欲，儉也。讓於賢，卑己而尊人，讓也。小心而畏義，信也。盡仁禮以事君，不以外之得失而有變焉。蓋得與不得者命也，我之所當爲者義也。義則盡之自己，命則聽之於天，此君子之心也。

又： 子言之曰：後世雖有作者，虞帝弗可及也已矣。君天下，生無私，死不厚其子，子民如父母，有憯怛之愛，有忠利之教，親而尊，安而敬，威而愛，富而有禮，惠而能散。其君子尊仁畏義，恥費輕實，忠而不犯，義而順，文而靜，寬而有辨。《甫刑》曰：德威惟威，德明惟明，非虞帝其孰能如此乎？

呂氏大臨曰：三代之道，或親而不尊，或尊而不親，不免流於一偏。若虞帝則子民如父母：有母之親，故有憯怛之愛；有父之尊，故有忠利之教。愚謂有忠利之教者，言其實心於利民而教之也。威，畏也。安也，愛也，富也，惠也，皆由於憯怛之愛，而民之所以親之也。敬也，威也，有禮也，能散也，皆由於忠利之教，而民之所以尊之也。尊仁者，尊行仁道。畏義者，顧畏義理。恥費者，恥於靡費，儉也。輕實者，輕於貨財，廉也。忠而不犯，愛而將之以敬也。義而順，剛而克之以柔也。文則不朴陋而又能靜，則非浮華之文也。寬則不慘刻而又有辨，則非縱弛之寬也。尊仁也，恥費也，不犯也，順也，文也，寬也，皆由於憯怛之愛，而君子之所以親之也。畏義也，輕實也，忠也，義也，靜也，辨也，皆由於忠利之教，而君子之所以尊之也。蓋所謂凱弟君子者，惟舜可以當之。

又：子曰：事君不下達，不尚辭，非其人弗自。《小雅》曰：靖共爾位，正直是與。神之聽之，式穀以女。《釋文》：共音恭，本亦作恭，同。女音汝。

呂氏大臨曰：以下達之事事其君，則賊其君者也。尚辭而實不稱，則欺其君者也。非其人而自達，枉己以事君者也。《傳》曰：君子上達，小人下達。上達者，進於高明，如伊尹恥其君不爲堯、舜，孟子非堯、舜之道不敢以陳於王前者也。下達者，趨乎污下，如孟子所謂吾君不能謂之賊者也。愚謂自，由也，所由以進者也。非其人而由之以進，則己先不正，而無以正君矣。如楊龜山之於蔡京，吴康齋之於石亨，猶不免爲賢者之累，況其下者乎！《詩》，《小雅·小明》之篇。與，助也。穀，善道也。靖則不尚繁辭，恭則責難於君。正直之人是助，則無比匪之失，而所自必正矣。

(清)孫希旦《禮記集解·緇衣》 子曰：上好仁，則下之爲仁争先人。故長民者章志、貞教，尊仁以子愛百姓，民致行己以説其上矣。《詩》云：有梏德行，四國順之。《釋文》：長，竹丈反。説音悦。梏音角。行，下孟反。今按：梏如字，音谷。

仁者，民之所固有，上好之則下爲之矣。章，明也。章志者，明己之志，使民皆知我之好仁而惡不仁也。貞教者，以正道導民，使民皆知所以爲仁而去不仁也。志之在己，與教之及民者，皆在於尊尚仁道以愛其民，則民莫不盡力於行仁，以趨上之所好也。梏，《爾雅》云：直也。今《毛詩》作覺。

又：子曰：有國家者章善癉惡，以示民厚，則民情不貳。《詩》云：靖共爾位，好是正直。

鄭氏曰：章，明也。癉，病也。呂氏大臨曰：明之斯好之矣，癉之斯惡之矣。善居其厚，惡居其薄，此所以示民厚也。好善惡惡，則民壹歸於義理，此民情所以不貳也。

又：子曰：言從而行之，則言不可飾也。行從而言之，則行不可飾也。故君子寡言而行，以成其信，則民不得大其美而小其惡。《詩》云：白圭之玷，尚可磨也。斯言之玷，不可爲也。《小雅》曰：允也君子，展也大成。《君奭》曰：在昔上帝，周田觀文王之德，其集大命于厥躬。

【略】

君子之言，必從而行之，故言不可飾，飾則言不顧行矣。君子之行，必從而言之，故行不可飾，飾則行不顧言矣。信，謂能踐其言也。君子不尚多言，而惟致力於行。其所言者無不踐，而無虚僞之言，故民不得張大其美，而減小其惡也。蓋本無美而以言飾之使著，是爲張其美；本有惡而以言飾之使滅，是爲小其惡。不得大其美而小其惡者，由化於君子，皆尚行而不尚言，故自有所不得然爾，非禁於勢也。呂氏大臨曰：言之不信，所謂玷也。允也君子，展也大成，言君子非信則不成也。《君奭》言文王有誠信之德，爲天所命，况於人乎！

(清)孫希旦《禮記集解·三年問》 三年之喪何也。曰：稱情而立文，因以飾羣，别親疏、貴賤之節，而弗可損益也。故曰：無易之道也。

鄭氏曰：稱情而立文，稱人情之輕重，而制其禮也。無易，猶不易也。孔氏曰：飾，謂章表也。羣，謂五服之親，因三年之喪差降，而各表其親黨也。親，謂大功以上。疏，謂小功以下。貴，謂天子諸侯絶期、卿大夫降期以下。賤，謂士、庶人服族也。無易之道，引舊語、成文也。愚謂此雖問三年之喪，其實總問三年以下五服之義也。人於親黨，其情之有厚有薄，乃天理之當然而不可易者。先王稱此以立禮文，故服制不可得而損益也。

(清)孫希旦《禮記集解·冠義》 古者冠禮筮日、筮賓，所以敬冠事。敬冠事所以重禮，重禮所以爲國本也。

日，冠日也。賓，爲子加冠者。呂氏大臨曰：筮日、筮賓，質之神明，敬之至也。敬至則禮重，禮重則人道立，故曰以爲國本。馬氏晞孟曰：筮日必吉，所以要其終身之吉。筮賓必賢，所以要其終身之賢。冠禮者，君臣、父子、長幼之道所自出，而國之所由重也，故曰爲國本。

又：成人之者，將責成人禮焉也。責成人禮焉者，將責爲人子、爲人弟、爲人臣、爲人少者之禮行焉。將責四者之行於人，其禮可不重與？

鄭氏曰：言責人以大禮者，己接之不可以苟。呂氏大臨曰：所謂成人者，非謂四體膚革異於童穉也，必知人倫之備焉。親親、貴貴、長長，不失其序之謂備。愚謂爲人弟，專以事兄言之。爲人少，則凡在宗族而屬之尊於我，在鄉黨而齒之長於我，在朝廷而德位之先於我，皆我爲之少，而當事之者也。四者之行重，故必重其禮而後可以責之也。

故孝、弟、忠、順之行立，而後可以爲人，可以爲人而後可以治人也。故聖王重禮。故曰：冠者，禮之始也，嘉事之重者也。

鄭氏曰：嘉事，嘉禮也。宗伯掌五禮：有吉禮，有凶禮，有軍禮，有賓禮，有嘉禮。而冠屬嘉禮，《周禮》曰以昏、冠之禮親成男女也。呂氏大臨曰：孝、弟、忠、順之行，有諸己而後可以責諸人，故人倫備，然後謂之成人，成人然後可以治人也。愚謂孝於親，弟於兄，忠於君，順於長，則於人道無不盡，而可以謂之成矣。能爲人子，然後可以爲人父；能爲人弟，然後可以爲人兄；能爲人臣，然後可以爲人君；能爲人幼，然後可以爲人長。故成人然後可以治人。嘉禮之别有六，而冠爲成人之始，其禮爲重，他如飲食、慶賀之類，視冠禮則爲輕矣。

（清）孫希旦《禮記集解·聘義》 故天子制諸侯，比年小聘，三年大聘，相厲以禮。使者聘而誤，主君弗親饗食也，所以愧厲之也。諸侯相厲以禮，則外不相侵，内不相陵。此天子之所以養諸侯，兵不用而諸侯自爲正之具也。

鄭氏曰：比年小聘，所謂歲相問也。三年大聘，所謂殷相聘也。孔氏曰：天子立制，使諸侯相於，比年使大夫小聘，三年使卿大聘。《大行人》云：諸侯之邦交，歲相問也。《聘禮記》曰：小聘曰問。故知此比年小聘是歲相問也。《大行人》又云：殷相聘也。殷，中也。謂三年之時，中間無事，故稱殷也。《王制》云：諸侯之於天子，比年一小聘，三年一大聘，五年一朝。與此不同者，此經諸侯相聘，是周公制禮之正法；《王制》所云，謂文、襄之法，故不同也。呂氏大臨曰：使者聘而誤，主君不親饗食，《聘禮》所謂大夫來使，無罪饗之，過則餼之也。先王御諸侯，使之相交以修好，必求疏數之中，故比年小聘，三年大聘也。使之相敬以全交，必相厲以禮，故使者誤，主君不親饗食，以愧厲之，然後仁達而禮行也。先王制禮，以善養人於無事之時，使之不安於媮惰而安於行禮，不恥於相下而恥於無禮，則忿争之心，暴慢之氣，無所自而作。天子以是養諸侯，諸侯以是養士大夫，此兵所以不用，天下之所以平也。禮之節文之多，惟聘、射之禮爲然。節文之多，養人之至者也。故二禮之義，天子養諸侯之意爲深，故其義皆曰兵不用而諸侯自爲正之具也。

又： 聘、射之禮，至大禮也，質明而始行事，日幾中而后禮成，非強有力者弗能行也。故強有力者將以行禮也，酒清人渴而不敢飲也，肉乾人飢而不敢食也，日莫人倦，齊莊、正齊而不敢解惰，以成禮節，以正君臣，以親父子，以和長幼。此衆人之所難，而君子行之，故謂之有行。有行之謂有義，有義之謂勇敢。故所貴於勇敢者，貴其能以立義也；所貴於立義者，貴其有行也；所貴於有行者，貴其行禮也。故所貴於勇敢者，貴其敢行禮義也。故勇敢強有力者，天下無事則用之於禮義，天下有事則用之於戰勝。用之於戰勝則無敵，用之於禮義則順治。外無敵，内順治，此之謂盛德。故聖王之貴勇敢、強有力如此也。勇敢、強有力而不用之於禮義、戰勝，而用之於争鬬，則謂之亂人。刑罰行於國，所誅者亂人也。如此，則民順治而國安也。

孔氏曰：酒清人渴而不敢飲，肉乾人飢而不敢食，謂射禮之先，唯以禮獻、酬而不得醉飽也。以正君臣，謂諸侯之射，先行燕禮，所以明君臣之義。以親父子，以和長幼，謂大夫士之射，先行鄉飲酒之禮，有齒於父族之事，所以明長幼之序。愚謂此因聘禮而併明射禮。蓋聘、射之禮，禮節之至繁者也。質明而始行事，日幾中而禮成者，聘禮也；日莫人倦而不敢解惰者，射禮也。射禮尤繁於聘，故非強有力者不能行聘禮，非勇敢者不能行射禮也。呂氏大臨曰：君子之自養也，養其強力、勇敢之氣，一用之於禮義、戰勝，則德行立矣。其養人也，養其強力、勇敢之氣，一用之於禮義、戰勝，則教化行矣。此所以内順治，外無敵而國安也。

（宋）陳祥道《禮書》卷五〇《鄉飲酒之禮》 禮義者，人性之所固有。然民勞於耕穫，則曠於尊卑、長幼、貴賤之節，先王於是因其暇時制爲飲酒之禮，以正齒位，此尊讓、絜敬之俗所以成，而鬬辨暴亂之禍所以息也。

（宋）陳祥道《禮書》卷五六《瑑琮》 禮之所言，舉尊以明卑多矣，奚獨玉人然哉。《聘禮》曰：凡四器者，惟其所寶以聘可也，則圭璋璧琮之類，惟其所寶者而已，此又先王權於禮者也。

（清）蘇輿《春秋繁露義證》卷八《仁義法》 《春秋》之所治，人與我也。所以治人與我者，仁與義也。以仁安人，以義正我，

漢杜欽對策云：王者法天地，非仁無以廣施，非義無以正身。克己就義，恕以及人，《六經》之所上也。宋蘇軾云：《春秋》之義，立法貴嚴，而責人貴寬。竝與此合。

故仁之爲言人也，義之爲言我也，言名以别矣。

以，與已同。名，猶字也。仁從人，也。義，己之威儀也。从我从羊。漢人多以仁義作誼，威儀作義。細繹許説，則義字實參董訓。己之威儀，即正我意。下文云：爲禮不敬。知威儀包括在内。又云宜在我，則兼誼訓。是董於義、誼不分，許兼采之耳。本傳：正其誼不謀其利。誼，原當作義，今本蓋班氏所改。墨子旨在兼愛無我，其書義俱作羛，而本旨湮矣。王應麟引劉原父云：

仁字從人，義字從我，豈造文之意耶？愚謂告子仁內義外之説，孟子非之。若以人我分仁義，是仁外義內，其流爲兼愛、爲我矣。輿案：兼愛與泛愛，正我與爲我，截然不同。兼愛者無等，泛愛者能容，正我者自克，爲我者自私，不可混淆。且孔子告樊遲之問仁也，曰：愛人。何嫌於仁外乎？又曰：義以爲質。何嫌於義內乎？劉王所慮，似爲未達。仁之於人，義之與我者，不可不察也。衆人不察，乃反以仁自裕，而以義設人。桓十一年《傳》何注：設，施也。《莊子·山木篇》子何術之設，與此設字義同。詭其處而逆其理，鮮不亂矣。孔子曰：躬自厚而薄責於人。《易》以《乾》自強，以《坤》容物，竝古聖賢處己治世之方。天啟本句末注云：一作必亂。是故人莫欲亂，而大抵常亂。凡以闇於人我之分，而不省仁義之所在也。是故《春秋》爲仁義法。仁之法在愛人，不在愛我。夫啟本作我愛。義之法在正我，不在正人。襄九年宋災，《傳》：內不言火者，甚之也。何注：《春秋》以內爲天下法，動作當先自克責，故小有火如大有災。哀十三年《傳》譏二名，何注復就晉見者，明先自正而後正人。正人將先正大以帥小。昭二十五年注：子家駒先説正法，下引時事以諫者，欲使昭公先自正以正季氏。案：《莊子·則陽篇》：柏矩曰：古之君人者，以得爲在民，以失爲在己；以正爲在民，以枉爲在己。亦此義，我不自正，雖能正人，弗予爲義。人不被其愛，雖厚自愛，不予爲仁。官本云：愛，他本作澤。昔者晉靈公殺膳宰以淑飲食，彈大夫以娛其意，非不厚自愛也，然而不得爲淑人者，不愛人也。質於愛民，以下至於鳥獸昆蟲莫不愛。不愛，奚足謂仁？質，實也。言實心愛民，不遺庶物，蓋聖人之仁博矣。始於自愛，推於愛人，極於愛物，此《春秋》之志也。程子云：至仁則天地爲一身，而天地之間，品物萬形，爲四肢百體，夫人豈有視四肢百體而不愛者哉？聖人仁之至者也，獨能體是心而已，曷嘗支離多端，求之自外乎？醫書有以手足風頑謂之四體不仁，爲其疾痛不以累其心故也。夫手足在我，而疾痛不與知焉，非不仁而何？聖祖庭訓格言曰：仁者無不愛，凡愛人愛物皆愛也。故其所愛甚深，所及甚廣。與董義相發。官本云：他本闕不愛二字。奚，作其。謂，作爲。案：不愛奚足謂仁，天啟本作方足謂仁。仁者，愛人之名也。嶲，《傳》無大之之辭。自爲追，盧云：當有也字。僖二十六年：齊人侵我西鄙，公追齊師至嶲，弗及。《傳》曰：侈也。莊十八年：公追戎於濟西。《傳》曰：大其爲中國追也。又曰：大其未至而豫禦之也。今案：此亦當有公追戎於濟西六字，方可接下文。又嶲舊本作鄰，與《左氏》同。今從《公羊》去邑。輿案：自爲追，指濟西言，盧説是。但當合則善爲句，不當有也字，不加六字似亦可通。凌云：原注：追，亦作近。官本云：傳，他本誤作得。則善其所恤遠也。兵已加焉，乃往救之，則弗美。謂嶲之役。未至豫備之，則美之，謂濟西之役。盧云：兩美字俱當作大。天啟本備下注云：一作衛。善其救害之先也。夫救蚤而先之，蚤，疑作害。則害無由起，而天下無害矣。然則觀物之動，而先覺其萌，絕亂塞害於將然而未形之時，《春秋》之志也，《易》愓履霜，《詩》歌未雨，皆斯志矣。《荀子·大略篇》：天子卽位，中卿進曰：配天而有下土者，先事慮事謂之接，接則事優成。先患慮患謂之豫，豫則禍不生。事至而後慮者謂之後，後則事不舉。患至而後慮者謂之困，困則禍不可禦。授天子二策。《白虎通·諫諍篇》：諷諫者，智也。知禍患之萌，深睹其事未彰而諷告焉，此智之性也。各本《春秋》之志也。上衍《春秋》之時四字。今從天啟本、凌本刪。形，凌本作行。其明至矣。官本云：他本至作智。非堯舜之智，知禮之本，孰能當此？禮之本起於別嫌疑，謹纖微。故妨患未形，智之至也。故救害而先知之，明也。公之所恤遠，而《春秋》美之。盧本而作如，字同。今從官本。詳其美恤遠之意，則天地之間然後快其仁矣。智精於妨微，而仁快於及遠，所以體天地覆幬之德也。非三王之德，選賢之精，孰能如此？言仁而推極於豫除患害，深微之論。是以知明先，句。以仁厚遠。官本下以字作而。遠而愈賢，近而愈不肖者，愛也。愛之爲道，愈及遠則愈賢，愈近則愈不肖，言廣狹之異。故王者愛及四夷，隱二年何注：王者不治夷狄。桓三年注：後治夷狄。《白虎通·禮樂篇》：聖人不治外國，王者制夷狄樂，不制夷狄禮。雖然以天地之仁推曁之，固在愛育中矣。霸者愛及諸侯，安者愛及封內，危者愛及旁側，謂左右密邇之人。亡者愛及獨身。獨身者，雖立天子諸侯之位，一夫之人耳，無臣民之用矣。民，天啟本注云：一作人。輿案：依本書例當作民臣。如此者，莫之亡而自亡也。《春秋》不言伐梁者，而言梁亡，蓋愛獨及其身者也。虐民自裕，故曰愛獨身。故曰仁者愛人，不在愛我，此其法也。義云者，非謂正人，謂正我。雖有亂世枉上，猶枉君。莫不欲正人。奚謂義？昔者楚靈王討陳蔡之賊，齊桓公執袁濤塗之罪，非不能正人也，然而《春秋》弗予，不得爲義者，我不正也。僖四年《傳》：陳人不欲其反由己者，師不正故也。《五行志》：僖五年日食，仲舒以爲齊桓不內自正，而外執陳大夫。闔廬能正楚蔡之難矣，而《春秋》奪之義辭，不以義辭予之。官本云：楚，他本作陳。以其身不正也。潞子之於諸侯，無所能正，《春秋》予之有義，其身正也，宣十五年《傳》：潞子之爲善也，躬足以亡爾。雖然，君子不可不記也。離乎夷狄，而未能合乎中國。趨而利也。盧云：本或無此四字。輿案：天啟本作趨利而也。疑本作趨利而已，語當在以其身不正也下，言楚靈、齊桓、吳闔廬皆有所利而爲之耳。故曰義在正我，不在正人，此其法也。

夫我無之求諸人，《黄氏日鈔》求上有而字。我有之而誹諸人，《晏子·問上》論佞人之行云：有之己不難非之人，無之己不難求之人。《潛夫論·交際篇》：凡品則不然，論人不恕己，動作不思心，無之己而責之人，有之我而譏之彼。盧云誹，本亦作非，下同。輿案：《黄氏日鈔》作非。天啟本注云：誹，一作非，字並通。人之所不能受也。其理逆矣，何可謂義？義者，謂宜在我者。官本云：他本謂誤作得。宜在我者，而後可以稱義。《中庸》：義者，宜也。《祭義》：義者，宜此者也。案：義有制事之宜，有治身之宜。孟子以仁爲親親，義爲敬長、急君、從兄。又云：非其有而取之，非義。此制事之宜也。其以羞惡之端爲義，則治心之宜所以治身也。書傳所説，多主制事，宋儒本之。然朱子注《孟子》云：義者，心之制，事之宜。似兼用二義。其實治心得宜，而後可以制事，理未嘗不通也。董專言其本。故言義者，合我與宜，以爲一言。以此操之，義之爲言我也。官本云：他本無之字。故曰有爲而得義者，謂之自得；有爲而失義者，謂之自失。人好義者，謂之自好；人不好義者，謂之不自好。以此參之，義，我也，明矣。是義與仁殊。仁謂往，義謂來，施諸外故曰往，責諸己故曰來。仁往義來，又見《十指篇》。《管子·小稱篇》：明王往喜，民來懼身。桀紂往怒，民來驕身。正與此來往義同。仁大遠，義大近。愛在人謂之仁，義在我謂之義。上義字疑作宜。仁主人，義主我也。故曰仁者人也，義者我也，此之謂也。君子求仁義之別，以紀人我之間，《淮南》高注：紀，節也。然後辨乎內外之分，而著於順逆之處也。是故內治反理以正身，反之義理，以正其身。據禮以勸福。《廣雅·釋詁》：勸，助也。天啟本禮作祉，注云：一作禮。福下注云：一作贍。外治推恩以廣施，寬制以容衆。孔子謂冉子曰：天啟本無曰字。治民者先富之，而後加教。語樊遲曰：治身者，先難後獲。以此之謂治身之與治民，所先後者不同焉矣。《詩》曰：飲之食之，教之誨之。先飲食而後教誨，謂治人也。《荀子·大略篇》：不富無以養民情，不教無以理民性。故家五畝宅，百畝田，勿奪其時，所以富之也。立大學，設庠序，修六禮，明十教，所以道之也。《詩》云：飲之食之，教之誨之。王事具矣。此引《詩》以證先富後教，義與荀同。又曰：坎坎伐輻，彼君子兮，不素餐兮。先其事，後其食，謂治身也。餐，疑當作食。此引《詩》第二章。天啟本謂下有之字，凌本同。《春秋》刺上之過，而矜下之苦，小惡在外弗舉，在我書而誹之。隱十年《傳》：《春秋》録內而略外，於外大惡書，小惡不書。於內大惡諱，小惡書。何注：於內大惡諱，於外大惡書者，明王者起，當先自正，內無大惡，然後乃可治諸夏大惡。內小惡書，外小惡不書者，內有小惡，適可治諸夏大惡，未可治諸夏小惡。明當先自正然後正人。《中論·修本篇》：孔子之制《春秋》也，詳內而略外，急己而寬人。故於魯也，小惡必書，於衆國也，大惡始筆。夫見人而不自見者謂之矇，聞人而不自聞者謂之聵，慮人而不自慮者謂之瞀。故明莫大乎自見，聰莫大乎自聞，睿莫大乎自慮。天啟本注云：誹，一作非。凡此六者，俞云：六，字衍。以仁治人。義治我，躬自厚而薄責於外，此之謂也。隱二年注：所傳聞之世，外離會不書，書內離會者，《春秋》王魯，明當先自持正，躬自厚而薄責於人，故略外也。又云：內逆女常書，外逆女但疾始不常書者，明當先自正，躬自厚而薄責於人，故略外也。僖二十七年公子遂帥師入杞，注：日者，杞屬修禮朝魯，雖無禮，君子躬自厚而薄責於人，不當乃入之，故録責之。且《論》已見之，而人不察，《論》謂《論語》。張禹合考《魯論》、《齊論》，號《張侯論》。何晏序《論語集解》，稱《古論》、《新論》。是《論語》但稱《論》也。《論衡·正説篇》：孔子孫孔安國以教魯人扶卿，始曰《論語》。又見《必仁且智篇》。曰君子攻其惡，不攻人之惡。今《論語》不作無。不攻人之惡，非仁之寬與？自攻其惡，非義之全與？此謂之仁造人，義造我，何以異乎？故自稱其惡謂之情，情，猶實也。宣十五年《傳》：是何子之情也？《墨子·非攻篇》：情不知其不義也，故書其言以遺後世，謂實不知其不義也。《莊子·天道篇》：此仁義之情也，謂此仁義之實也。《荀子·法行篇》：瑕適竝見，情也。竝與此義同。稱人之惡謂之賊；求諸己謂之厚，求諸人謂之薄；自責以備謂之明。責人以備謂之惑。學者知此，可以自淑，可以涉世。《吕覽·舉難篇》：故君子責人則以人，自責則以義。責人以人則易足，易足則得人，自責以義則難爲非，難爲非則行飾，故任天地而有餘。不肖者則不然，責人則以義，自責則以人。責人以義則難贍，難贍則失親，自責以人則易爲，易爲則行苟，故天下之大而不容也。身取危，國取亡焉。此桀、紂、幽、厲之行也。是故以自治之節治人，是居上不寬也；以治人之度自治，是爲禮不敬也。釋《論語》極精，正我而歸本於禮，可見董所得絕高。《國語·周語》：行禮不疚，義也。爲禮不敬，則傷行而民弗尊；天啟本弗作不，凌本同。居上不寬，則傷厚而民弗親。弗親則弗信，弗尊則弗敬。二端之政詭於上，而僻行之則誹於下，盧云：而僻行以下八字，趙疑當作則非僻之行口於下。輿案：或是而非僻之行則於下。胡思敬云：上有僻行，民則而法之，所以爲世論所誹。不倒字亦通。官本政詭作正佹，云：他本作政詭。仁義之處可無論乎？言處己處人，不可誤施，宜究圖也。夫目不視弗見，心弗論不得。孫詒讓云：論，《黄氏日鈔》引作慮，義較長。輿案：《日鈔》引下文仍作論。雖有天下之至味，弗嚼弗知其旨也；雖有聖人之至道，弗論不知其義也。《韓詩外傳》：雖有旨酒嘉殽，不嘗不知其旨。雖有善道，不學不達其功。故學然後知不足，教然後知不究。又見《禮・學記篇》。

(清) 蘇輿《春秋繁露義證》卷一四《五行五事》

王者與臣無禮，貌不肅敬，《御覽》九引貌作身，則木不曲直，《家語》：孔子曰：五行用事，先起於木，王者則之，首以木德。其次，以所生之行轉相承也。凌云：《大傳》：一曰貌，貌之不恭，是謂不肅。注：肅，敬也。君貌不恭，則是不能敬其事也。《尚書》疏：木有華葉之容，故貌屬木。鄭注：東宫於地爲木，木或曲或直，人所用爲器者。無故生不暢茂，多有折槁，是爲木不曲直。而夏多暴風。風者，木之氣也，凌云：《御覽》、《禮統》：風，萌也。養物成功，所以八風象八卦也。《釋名》：風，氾也，其氣博氾而動物也。風，放也，氣放散也。其音角也，凌云：《月令》其音角，注：音，謂樂器之聲。三分羽益一以生角。角數六十四，屬木者，以其清濁中民象也，春色和則角聲調。《樂記》曰：角亂則憂，其民怨。凡聲尊卑取象五行。數多者濁，數少者清，大不過宫，細不過羽。《鐘律書》：角，觸也。物觸地而出，戴芒角也。故應之以暴風。王者言不從，則金不從革，凌云：《大傳》：二事曰言。言之不從，是謂不乂。《尚書》疏：言之決斷，若金之斬割，故言屬金。鄭注：西宫於地爲金，金性從形而革，人所用爲器者也。無故冶之不銷，或入火飛亡，或鑄之裂形，是爲不從革。而秋多霹靂。霹靂者，金氣也，凌云：《釋名》：辟歷，辟折也，所歷皆破折也。《論衡》曰：圖畫之工，圖雷之狀，如連鼓形。又圖一人若力士，謂之雷公，使左手引連鼓，右手椎之。《春秋》震夷伯之廟，謂劈歷破之是也。霹靂，俗字。其音商也，凌云：《月令》其音商，注：三分徵音益一以生商。商數七十二屬金者，以其濁次宫，臣之象也。秋氣和則商氣調。《樂記》曰：商亂則陂，其臣壞。《鐘律書》：商之爲言章也，物成就可章度也。故應之以霹靂。王者視不明，則火不炎上，凌云：《大傳》：三事曰視，視之不明，是謂不悊。《尚書》疏：火外光，故視屬火。鄭注南宫於地爲火，火性炎上，然行人所用亨飪者也。無故因見作熱，燔熾爲害，是爲火不炎上。而秋多電。《初學記》二十五引《春秋繁露》云：若火不炎上，秋多電，由王者視不明也。電者，火氣也，凌云：《元命苞》：陰陽凝爲電。《西京雜記》：仲舒曰：電，其相擊之光也。《釋名》：電，殄也，乍則殄滅也。其陰徵也，凌云：《月令》其音徵，注：三分宫音去一以生徵。徵數五十四，屬火者，以其微清，事之象也。夏氣和則徵聲調。《樂記》云：徵亂則哀，其事勤。《鐘律書》：徵，祉也，物盛大而繁祉也。故應之以電。王者聽不聰，則水不潤下，凌云：《大傳》：四事曰聽，聽不聰，是謂不謀。《尚書》疏：水内明，故聽屬水。鄭注：北宫於地爲水。水性侵潤下流，人所用灌溉者也。無故源流竭絶，川澤以涸，是爲水不潤下。而春夏多暴雨。《初學記》二、《御覽》十引《西京雜記》：董仲舒曰：太平之時，雨不破塊，津莖潤葉而已。雨者，水氣也，凌云：《釋名》：雨者，羽也，如鳥羽動則散也。《禮統》：雨者，輔時生養均徧，故謂之雨。其音羽也，凌云：《月令》：其音羽，注：三分商去一以生羽。羽數四十八，屬水者，以其爲最清，物之象也。冬氣和則羽聲調。《樂記》曰：羽亂則危，其財匱。《鐘律書》：羽，宇也。物聚藏宇覆之也。故應之以暴雨。天啟本無之字。王者心不能容，則稼穡不成，《書・洪範》：土爰稼穡。《大傳》：五事曰心，維思。思之不容，是謂不聖。《白虎通・五行篇》：五行之性，土者最大。苞含萬物，將生者出，將歸者入，不嫌清濁，爲萬物母。《尚書》疏：土安靜而萬物生，心思慮而萬事成。故思屬土。而秋多雷。雷者，土氣也，凌云：《春秋元命苞》：陰陽合而爲雷。《西京雜記》：董仲舒曰：雷，其相擊之聲也。《釋名》：雷，硍也，如轉物有所硍，雷之聲也。其音宫也，《白虎通・禮樂篇》：土謂宫，宫者含也，容也，含容四時者也。《月令》其音宫，注：聲始於宫。宫數八十一，屬土者，以其最濁，君之象也。季春之氣和則宫聲調。《樂記》曰：宫亂則荒，其君驕。黄鐘之宫最長也，十二律轉相生，五音俱終於六十焉。《鐘律書》：宫，中也，居中央，暢四方，唱始施生，爲四聲綱也。故應之以雷。

五事，一曰貌，《書傳》云：容儀。《説苑・修文篇》：貌者，男子之所以恭敬，婦人之所以姣好。行步中矩，折旋中規，立則磬折，拱則抱鼓。天啟本不提行。二曰言，《書傳》云：詞章。《論衡・訂思篇》云：《鴻範・五行》，二曰火。五事，二曰言。言火同氣，故童謠詩謌爲妖言。三曰視，《書傳》云：觀正。四曰聽，《書傳》云：察是非。五曰思。何謂也？《書傳》云：心慮所行。案：思下脱心字，下同。今文《尚書》竝作思心。《詩》疏引《鴻範・五行傳》曰：貌屬木，言屬金，視屬火，聽屬水，思心屬土。《漢書・藝文志》、《天文志》、《律曆志》、《漢紀・孝昭紀》、《續漢志》、《晉、隋書・五行志》、《戰國策》高注引《五行傳》、《玉海》五引《大傳》，竝作思心。《晉書・天文志》亦作思心。夫五事者，人之所受命於天也，而王者所修而治民也。《孔光傳》：《書》曰：羞用五事，建用皇極。如貌、言、視、聽、思失，大中之道不立，則咎徵薦臻，六極屢降，皇之不極，是謂大中不立。官本云：他本無者字。故王者爲民，治則不可以不明，準繩不可以不正。俞云：則下有闕文，或於民字絶句。治爲法字之誤，法則不可以不明，準繩不可以不正，二語相對。《周官·太宰》曰：法則以馭其官。王者貌曰恭，《書傳》云：儼恪。揚雄《玄數》云：三百爲木事，貌用恭。恭者敬也。言曰從，《書傳》云：是則可從。從者可從。《宋世家》集解引馬云發言當使可從，與此合。謂使人從之也。《五行志》：言之不從。從，順也，謂己發言之不順也。義微別。《玄數》云：四九爲金事，言用從。視曰明，《書傳》云：必清審。《玄數》云：二七爲火事，視用明。明者知賢不肖，分明黑白也。聽曰聰，《書傳》云：必微諦。《玄數》云：一六爲水事，聽用聰。聰者能聞事而審其意也。思曰容，《五行志》：思曰容。又引《傳》曰：思心之不容，是謂不聖。容，當爲容，故班訓之曰：容，寬也。今本竝誤爲容。《史記·宋世家》作思曰睿，疑亦後人所改。《玄數》云：五五爲土事，思用睿。雄用今文，思下亦脱心字，睿亦當作容，從恭、明、聰、容爲韻。《説文》思，容也，本此。《玉海》引《大傳》作容，而注云當爲睿，則失之矣。容者言無不容。恭作肅，《書傳》云：心敬。從作乂，《書傳》云：可以治。《宋世家》作從作治，《集解》引馬云：出令而從，所以爲治也。乂，《五行志》作艾，字同。明作哲，哲，《宋世家》作智，《五行傳》及《漢志》作悊，古文《尚書》作哲。聰作謀，《書傳》云：所謀必成當。官本云：聰，他本作聽。容作聖。何謂也？《書》曰：睿作聖。睿亦容之誤。《書傳》云：于事無不通，謂之聖。恭作肅，言王者誠能内有恭敬之姿，而天下莫不肅矣。凌云：劉向《五行傳記》：肅，敬也。内曰恭，外曰敬。鄭注：君貌恭則臣禮肅。天啟本無者字，下同。從作乂，言王者言可從，明正從行而天下治矣。俞云：明正，乃則臣二字之誤。當作王者言可從，則臣從行而天下治矣。《書·洪範》正義引鄭注君言從則臣職治，與此義相近。明作哲，哲者知也，《五行志》哲，智也，與此同。案：《説文》：哲，昭晰明也。哲，智也，悊，敬也。《五行志》叚悊爲哲。鄭云君視明則臣照哲，从古文《尚書》哲字作解。王者明則賢者進，不肖者退，天下知善而勸之，知惡而恥之矣。因王者之明賢否，而天下知善惡、智之至也。聰作謀，謀者謀事也，《國語·魯語》：咨事爲謀。王者聰則聞事與臣下謀之，故事無失謀矣。《宋世家集解》引馬云：上聽則下進其謀。《書》疏及《詩·小旻》疏引鄭云：君聽聰則臣進謀。是馬鄭義並與董同。王引之云：恭與肅，從與乂，明與哲，睿與聖，義並相近。若以謀爲謀事，則與聽義不類，謀與敏同，敏古讀爲每，謀古讀若媒，並見《唐韻正》。謀、敏聲相近，故字相通。《中庸》鄭注：敏或爲謀，是其證也。聽則敏，不聽則不敏，故《五行傳》曰：聽之不聽，是謂不謀，不謀則不敏。若以爲不能謀事，則謀上須加能字，而其義始明。伏生解聽以謀爲敏，正與經旨相合。董、劉、馬、鄭胥失之。輿案：王説固是。然以此爲教，恐王者自恃其敏，有獨斷之失。故董訓爲謀事，俾王者既有聰明，仍勤討論，合天下之志慮以爲謀，僉受敷施，人蒙其利，斯聰之至也。此漢儒解經用意處。且《洪範》言謀及卿士庶人。始之以乃心，是謀固兼包人我，與聽義無所閡也。容作聖，聖者設也，《白虎通》七：聖者通也，道也，聲也。王者心寬大無不容，則聖能施設，事各得其宜也。《秦誓》：其心休休焉，其如有容焉。《老子》云：容乃公，公乃王，王乃天，天乃道，道乃久。《荀子》云：君子賢而能容衆，知而能容愚，博而能容淺，粹而能容雜。《大戴禮》：子張問入官，孔子曰：古者冕而前施。所以蔽明也；統絖塞耳，所以弇聰也。故水至清則無魚，人至察則無徒。《説苑·君道篇》：尹文曰：人君之事，無爲而能容下。大道容衆，大德容下，聖人寡爲而天下理矣。聖德貴容如此。

王者能敬，則肅，肅則春氣得，故肅者主春。盧云：《大典》本無則肅肅三字，故肅不重一肅字，今依何本。輿案：天啟本與《大典》本同。春陽氣微，萬物柔易，移弱可化，柔字疑當在弱上。於時陰氣爲賊，故王者欽。欽不以議陰事，然後萬物遂生，而木可曲直也。凌云：孔安國曰：木可揉使曲直也。官本云他本無可字。春行秋政，則草木凋；行冬政，則雪；行夏政，則殺。春失政則。盧云：下有闕文。凌云：《淮南子·時則訓》：六合：孟春與孟秋爲合，仲春與仲秋爲合，季春與季秋爲合，孟夏與孟冬爲合，仲夏與仲冬爲合，季夏與季冬爲合。孟春始贏，孟秋始縮，仲春始出，仲秋始内，季春大出，季秋大内，孟夏始緩，孟冬始急，仲夏至修，仲冬至短，季夏德畢，季冬刑畢。故正月失政，七月涼風不至；二月失政，八月雷不藏；三月失政，九月不下霜；四月失政，十月不凍；五月失政，十一月蟄蟲冬出其鄉；六月失政，十二月草木不脱；七月失政，正月大寒不解；八月失政，二月雷不發；九月失政，三月春風不濟；十月失政，四月草木不實；十一月失政，五月下雹霜；十二月失政，六月五穀疾狂。

王者能治，則義立，義立則秋氣得，故乂者主秋。盧云：乂，舊本作義，錢改。秋氣始殺，王者行小刑罰，民不犯則禮義成。於時陽氣爲賊，故王者輔以官牧之事，然後萬物成熟。秋草木不榮華，凌云《爾雅》木謂之榮，草謂之華。金從革也。凌云：馬融曰：金之性從人而更可消鑠。秋行春政，則華；行夏政，則喬；凌云：《爾雅》：上勾曰喬，如木楸曰喬。注：楸樹性，其上竦。孫詒讓云：喬，疑槁之借字，謂枯槁也。古從喬聲，高聲字多通用。《莊子·列禦寇》釋文：槁，本作矯。是其例也。行冬政，則落。秋失政，則春大風不解，雷不發聲。

王者能知，則知善惡，知善惡則夏氣得，故哲者主夏。夏陽氣始盛，萬物兆長，王者不揜明，則道不退塞。而夏至之後，而，字疑衍。大暑隆，萬物茂育懷任，王者恐明不知賢不肖，分明白黑。王者恐下十三字，疑衍文。於時寒爲賊，故王者輔以賞賜之事，然後夏草木不霜，火炎上也。凌云：孔安國曰：言其自然之常性也。夏行春政，則風；行秋政，則水；行冬政，則落。夏失政，則冬不凍冰，凌云：《風俗通》：壯冰曰凍。五穀不藏，大寒不解。

王者無失謀，然後冬氣得，故謀者主冬。冬陰氣始盛，草木必死，王者能聞事，審謀慮之，則不侵伐。不侵伐且殺，則死者不恨，生者不怨。冬日至之後，大寒降，萬物藏於下。於時暑爲賊，故王者輔之以急斷之事，天啟本下以字在事上，凌本同。以水潤下也。以上文例之，此間疑有脱誤。冬行春政，則蒸；行夏政，則雷；凌云：《莊子》曰：陰陽錯行，則天地大絃。於是乎有雷有霆。行秋政，則旱。冬失政，則夏草木不實。句。霜霜上疑有奪字。《淮南・時則訓》：十一月失政，正月下雹霜。凌本無霜字。五穀疾枯。《時則訓》作疾狂。盧云：五事無思曰容一節，似亦文脱。

《孝經・天子章》 子曰：愛親者，不敢惡於人；敬親者，不敢慢於人。愛敬盡於事親，而德教加於百姓，刑於四海，蓋天子之孝也。《甫刑》云：一人有慶，兆民賴之。

《孝經・諸侯章》 在上不驕，高而不危。制節謹度，滿而不溢。高而不危，所以長守貴也。滿而不溢，所以長守富也。富貴不離其身，然後能保其社稷。而和其民人，蓋諸侯之孝也。《詩》曰：戰戰兢兢，如臨深淵，如履薄冰。

《孝經・卿大夫章》 非先王之法服，不敢服；非先王之法言，不敢道；非先王之德行，不敢行。是故非法不言，非道不行。口無擇言，身無擇行，言滿天下無口過，行滿天下無怨惡。三者備矣，然後能守其宗廟，蓋卿、大夫之孝也。《詩》云：夙夜匪懈，以事一人。

《孝經・三才章》 曾子曰：甚哉！孝之大也。子曰：夫孝，天之經也，地之義也，民之行也。天地之經而民是則之，則天之明，因地之利，以順天下。是以其教不肅而成，其政不嚴而治。先王見教之可以化民也，是故先之以博愛，而民莫遺其親，陳之德義而民興行，先之以敬讓而民不争，導之以禮樂而民和睦。示之以好惡而民知禁。《詩》云：赫赫師尹，民具爾瞻。

《孝經・孝治章》 子曰：昔者明王之孝治天下也，不敢遺小國之臣，而况於公侯伯子男乎？故得萬國之懽心，以事其先王。治國者不敢侮於鰥寡，而况於士民乎？故得百姓歡心，以事其先君。治家者不敢失於臣妾，而况於妻子乎？故得人之懽心，以事其親。夫然，故生則親安之，祭則鬼享之，是以天下和平，災害不生，禍亂不作。故明王之以孝治天下也如此。《詩》云：有覺德行，四國順之。

《孝經・紀孝行章》 子曰：孝之子事親也，居則致其敬，養則致其樂，病則致其憂，喪則致其哀，祭則致其嚴。五者備矣，然後能事親。事親者，居上不驕，爲下不亂，在醜不争。居上驕則亡，爲下而亂則刑，在醜而争則兵，三者不除，雖日用三牲之養，猶爲不孝也。

《論語注疏・學而》 曾子曰：慎終追遠，民德歸厚矣。孔曰：慎終者，喪盡其哀。追遠者，祭盡其敬。君能行此二者，民化其德，皆歸於厚也。疏：君子曰至厚矣。正義曰：此章言民化君德也。慎終者，終，謂父母之喪也。以死者人之終，故謂之終。執親之喪，禮須謹慎，盡其哀也。追遠者，遠，謂親終，既葬，日月已遠也。孝子感時念親，追而祭之，盡其敬也。民德歸厚矣者，言君子行此慎終、追遠二者，民化其德，皆歸厚矣。言不偷薄也。

（清）劉寶楠《論語正義・學而》 曾子曰：慎終，追遠，民德歸厚矣。注：孔曰：慎終者，喪盡其哀；追遠者，祭盡其敬。君能行此二者，民化其德，皆歸於厚也。正義曰：《爾雅・釋詁》：慎，誠也。《説文》：慎，謹也。誠、謹義同。《周官・疾醫》：死終則各書其所以。鄭注：老死曰終。《禮記・檀弓》云：君子曰終，小人曰死。此對文異稱。《檀弓》又云：曾子曰：喪三日而殯，凡附於身者，必誠必信，勿之有悔焉耳矣。三月而葬，凡附於棺者，必誠必信，勿之有悔焉耳矣。皆是言慎終之事。追遠者，《説文》：追，逐也。《詩・鴛鴦箋》：遠，猶久也。並常訓。言凡父祖已歿，雖久遠，當時追祭之也。《荀子・禮論》云：故有天下者事十世，有一國者事五世，有五乘之地者事三世，有三乘之地者事二世。又《周官・司尊彝》言四時間祀有追享，鄭康成注：以爲祭遷廟之主。則此文追遠，不止以父母言矣。民德歸厚者，《樂記》云：德者，性之端也。《淮南子・齊俗訓》：得其天性謂之德。《穀梁》僖二十八年《傳》：歸者，歸其所也。《墨子・經上》：厚，有所大也。當春秋時，禮教衰微，民多薄於其親，故曾子諷在位者，但能慎終追遠，民自知感厲，亦歸於厚也。《禮・坊記》云：修宗廟，敬祭祀，教民追孝也。又《祭統》云：夫祭之爲物大矣，其興物備矣，順以備者也，其教之本與？是故君子之教也，外則教之以尊其君長，內則教之以孝於其親。是故明君在上，則諸臣服從，崇事宗廟社稷，則子孫順孝。盡其道，端其義，而教生焉。是故君子之教也，必由其本，順之至也，祭其是與？故曰：祭者，教之本也已。注慎終至厚也。正義曰：《祭統》云：是故孝子之事親也，有三道焉，生則養，没則喪，喪畢則祭。養則觀其順也，喪則觀其哀也，祭則觀其敬而時也。盡此三道者，孝子之行也。是喪當盡哀，祭當盡敬。然此文慎終，不止以盡哀言。《禮·雜記》云：子貢問喪。子曰：敬爲上，哀次之，瘠爲下。敬與謹同，即此文所云慎也。言君者，以曾子言民德，民是對君之稱，蓋化民成俗，必由在上者有以導之也。

又：有子曰：信近於義，言可復也。注：復，猶覆也。義不必信，信非義也。以其言可反覆，故曰近義。恭近於禮，遠恥辱也。注：恭不合禮，非禮也。以其能遠恥辱，故曰近禮也。因不失其親，亦可宗也。注：孔曰因，親也。言所親不失其親，亦可宗敬。正義曰：信近於義言可復者，《説文》：近，附也。誼，人所宜也。義，己之威儀也。二字義別，今經傳通作義。《禮中庸記》云：義者，宜也。《表記》云：義者，天下之制也。言制之以合宜也。《孟子·離婁篇》云：大人者，言不必信，唯義所在。是信須視義而行之，故此言近於義也。鄭注云：復，覆也。言語之信可反覆，案：復、覆古今語。《爾雅·釋言》。復，返也。返與反同。《説文》：復，往來也。往來，即反覆之義。人初言之，其信能近於義，故其後可反覆言之也。《曾子·立事篇》云：久而復之，可以知其信矣。又云：言之必思復之，思復之必思無悔言，亦可謂慎矣。思無悔言，亦謂以義裁之。否則，但守硜硜之信，而未合於義，人將不直吾言，吾雖欲復之，不得也。恭近於禮遠恥辱者，《廣雅·釋詁》：遠，離也。《説文》：恥，辱也。辱，恥也。《表記》云：恭以遠恥。亦謂恭近於禮，以行之也。否則，雖恭敬於人，不能中禮，或爲人所輕侮，而不免恥辱。下篇云：恭而無禮則勞，亦此意也。皇本宗下有敬字。注：義不至近義。正義曰：邢疏云：義不必信者，若《春秋》晉士匄帥師侵齊，聞齊侯卒，乃還。《春秋》善之，是合宜不必守信也。云信非義也者，《史記》尾生與女子期於梁下，女子不來，水至不去，抱柱而死。是雖守信而非義也。案：注以近義是由復言後觀之，蓋知其人言可反覆，曉其近於義也。下注以其能遠恥辱，故曰近禮，義同。注：因親至宗敬。正義曰：《詩·皇矣》因心則友。傳：因，親也。此文上言因，下言親，變文成義。《説文》：宗，尊祖廟也。宗有尊訓。此言宗敬者，引申之義。《曾子·立事》云：觀其所愛親，可以知其人矣。謂觀其親愛之是非，則知其人之賢不肖。若所親不失其親，則此人之賢可知，故亦可宗敬也。桂氏馥《羣經義證》解此注云：《詩·皇矣》正義曰：《周禮》六行，其四曰婣。注：婣親於外親。是婣得爲親。據此，則因卽婣省文。《野客叢書》引《南史》王元規曰：姻不失親，古人所重，豈得輒昏非類？《張説之碑》亦云：姻不失親，官復其舊。又徐鍇《説文通論》：《禮》曰：姻不失其親。故古文肖女爲妻。邢、皇二疏俱失孔恉。今案：孔注因親是通説人交接之事。其作姻者，自由後世所見本不同。然婚姻之義，於注本得兼之，皇、邢疏依注爲訓，未爲失恉。

《論語注疏·爲政》 子曰：爲政以德，譬如北辰，居其所而衆星共之。包曰：德者無爲，猶北辰之不移而衆星共之。疏：子曰至共之。正義曰：此章言爲政之要。爲政以德者，言爲政之善，莫若以德。德者，得也。物得以生，謂之德。淳德不散，無爲化清，則政善矣。譬如北辰，居其所而衆星共之者，譬，况也。北極謂之北辰。北辰常居其所而不移，故衆星共尊之，以况人君爲政以德，無爲清靜，亦衆人共尊之也。注：包曰至共之。正義曰：案《爾雅·釋天》云：北極謂之北辰。郭璞曰：北極，天之中，以正四時。然則極，中也；辰，時也。以其居天之中，故曰北極；以正四時，故曰北辰。《漢書·天文志》曰：中宮太極星。其一明者，泰一之常居也。旁三星，三公。環之匡衛十二星，藩臣。皆曰紫宮。北斗七星，所謂璇璣玉衡，以齊七政。斗爲帝車，運於中央，臨制四海。分陰陽，建四時，均五行，移節度，定諸紀，皆繫於斗。是衆星共之也。

又：孟懿子問孝。孔曰：魯大夫仲孫何忌。懿，謚也。子曰：無違。樊遲御，子告之曰：孟孫問孝於我，我對曰，無違。鄭曰：恐孟孫不曉無違之意，將問於樊遲，故告之。樊遲，弟子樊須。樊遲曰：何謂也？子曰：生，事之以禮。死，葬之以禮，祭之以禮。疏：孟懿至以禮。正義曰：此章明孝必以禮。孟懿子問孝者，魯大夫仲孫何忌問孝道於孔子也。子曰無違者，此夫子答辭也。言行孝之道，無得違禮也。樊遲御者，弟子樊須爲夫子御車也。子告之曰：孟孫問孝於我，我對曰，無違者，孟孫，即懿子也。孔子恐孟孫不曉無違之意，而懿子與樊遲友善，必將問於樊遲，故夫子告之。樊遲曰：何謂也者，樊遲亦未達無違之旨，故復問曰何謂也。子曰：生，事之以禮。死，葬之以禮，祭之以禮者，此夫子爲言無違之事也。生，事之以禮，謂冬温夏清昏定晨省之屬也。死，葬之以禮，謂爲之棺椁衣衾而舉之，卜其宅兆而安措之之屬也。祭之以禮，謂春秋祭祀以時思之、陳其簠簋而哀戚之之屬也。不違此禮，是無違之理也。不即告孟孫者，初時意在簡略，欲使思而得之也。必告樊遲者，恐孟孫以爲從父之令是無違，故既與別後告於樊遲，將使復告孟孫也。注孔曰至謚也。正義曰：《春秋》定六年經書仲孫何忌如晉，《傳》曰孟懿子往，是知孟懿子者即仲孫何忌也。《謚法》曰：温柔賢善曰懿。注樊遲至樊須。正義曰：案《史記·弟子傳》曰：樊須字子遲，齊人，少孔子三十六歲也。

又：或謂孔子曰：子奚不爲政。包曰：或人以爲居位乃是爲政。子曰：《書》云：孝乎惟孝，友于兄弟，施於有政。是亦爲政，奚其爲爲政？包曰：孝乎惟孝，美大孝之辭。友于兄弟，善於兄弟。施，行也。所行有政道，與爲政同。疏：或謂至爲政。正義曰：此章言孝、友與爲政同。或謂孔子曰子奚不爲政者，奚，何也。或，有一人，亡其姓名，謂孔子曰：子既多才多藝，何不居官爲政？或人以爲，居位乃是爲政也。子曰：《書》云：孝乎惟孝，友于兄弟，施於有政者，此《周書・君陳篇》文，引之以答或人爲政之事。彼云：王若曰：君陳，惟爾令德，孝恭惟孝，友于兄弟，克施有政。孔安國云：言其有令德，善事父母，行己以恭。言善事父母者，必友于兄弟，能施有政。今其言與此小異。此云孝乎惟孝者，美此孝之辭也。友于兄弟者，言善於兄弟也。施，行也。行於此二者，即有爲政之道也。是亦爲政，奚其爲爲政者，此孔子語也。是，此也。言此孝、友亦爲政之道，此外何事其爲爲政乎？言所行有政道，即與爲政同，不必居位乃是爲政。

（明）胡廣《論語集註大全・爲政》 子曰：《書》云，孝乎惟孝，友于兄弟，施於有政，是亦爲政，奚其爲爲政。書，《周書・君陳篇》。《書》云孝乎者，言《書》之言孝如此也。新安倪氏曰：《書》言孝友，而起語，獨言孝者，友乃孝之推，孝可包友也。善兄弟曰友。《書》言君陳，能孝於親友於兄弟，又能推廣此心，以爲一家之政。朱子曰：惟孝友于兄弟，謂孝然後友，友然後政，其序如此，能推廣此心，以爲一家之政，便是齊家，緣下面有一箇是亦爲政，故不是國政。又曰：在我者孝，則人皆知孝。在我者弟，則人皆知弟。其政豈不行於一家。又曰：政，一家之事也，故不止是使之孝友耳。然孝友爲之本也。此全在推字上，今人只是不善推其所爲耳。范氏言，明皇友兄弟而一日殺三子，正以不能推此心也。新安陳氏曰：孝友兄弟行於家者，施於有政，行於國者，居家理。故治可移於官，《書》之本意不過如此。朱子特發出推廣以爲家政之意。

（宋）朱熹《四書章句集注・論語集注・爲政》 子曰：爲政以德，譬如北辰，居其所而衆星共之。政之爲言正也，所以正人之不正也。德之爲言得也，得於心而不失也。北辰，北極，天之樞也。居其所，不動也。共，向也，言衆星四面旋繞而歸向之也。爲政以德，則無爲而天下歸之，其象如此。程子曰：爲政以德，然後無爲。范氏曰：爲政以德，則不動而化、不言而信、無爲而成。所守者至簡而能御煩，所處者至靜而能制動，所務者至寡而能服衆。

（清）劉寶楠《論語正義・爲政》 子曰：爲政以德，譬如北辰，居其所而衆星共之。注：包曰：德者無爲，猶北辰之不移，而衆星共之。正義曰：《説文》：譬，喻也。《墨子・小取篇》：辟也者，舉他物而以明之也。辟與譬同。鄭注云：北極謂之北辰。此本《爾雅・釋天》文。李巡曰：北極，天心，居北方，正四時，謂之北辰。郭璞曰：北極，天之中，以正四時。天中卽天心。天體圜，此爲最高處，名赤道極。稱北極者，對南極言之。成周洛陽之地，北極出地三十六度，南極入地亦三十六度。中國在赤道北，祇見北極，故舉爲言也。《楚辭・天問》：斡維焉繫？天極焉加？稱天極。《周髀算經》稱北極樞，《吕氏春秋・有始覽》稱天樞，與北極、北辰俱一體而異名也。《周官・考工記・匠人》：夜考諸極星，以正朝夕。《吕氏春秋》亦言極星。極卽北極，北極非星名。而《考工》、《吕覽》稱極星者，此就人所視近北極之星，舉以爲識別也。《周髀經》立八尺表，以繩繫表顛，希望北極中大星，明大星在北極中，非北極卽爲星也。《史記・天官書》：中宫天極星，其一明者，太一常居也。此卽《考工》等所言極星。陳氏懋齡《經書算學天文考》引許慶宗説爲句陳大星。案：《説苑・辨物篇》：璿璣謂北辰。句陳，樞星也。則以句陳爲極星，漢人已有此説。《繁露・奉本篇》：星莫大於北辰。何休《公羊傳》注：迷惑不知東西者，須視北辰，以別心、伐。皆以北辰爲星名。故《漢書・天文志》云：北極五星，第五紐星爲天樞。以紐星爲天樞，卽謂北辰也。陳氏懋齡云：古人指星所在處爲天所在處，其實北辰是無星處。又云：凡天之無星處曰辰。天有十二辰，自子畢亥，爲日月所聚會之次舍。如十一月冬至，日月畢會於丑，必有所當之星宿。漢初不知歲差，以牽牛爲冬至常星。若以歲差之理言之，今時在箕一度。冬至子中，未嘗板定星度，北辰如何認定極星？但以之爲標準耳。案：陳説甚是。然北辰是無星處，《朱子語類》已言之。夏氏炘《學禮管釋》據《考工》、《吕覽》諸言極星之文，遂以北辰爲天樞，北極爲星名，且疑《爾雅》爲漢人附益，過矣。北極爲赤道極，左旋西行，其日月五星各居一極。日曰黄道極，與月五星同爲右旋東行，而二十八宿亦東行。二十八宿，統名恒星。句陳等星，與恒星同度。恒星歲差五十一秒，故梁祖暅之以儀準候不動處，在紐星之末，猶一度有餘，宋沈括測天中不動處，遠極星三度有餘，元郭守敬測極星離不動處三度，則星度常差，不能執定一星以求北辰之所在矣。居其所者，《三蒼》云：所，處也。《廣雅・釋詁》：所，尻也。北辰居其所，卽陳氏所圖距等圈之削成一點也。衆星共之者，《説文》云：曐，萬物之精，上爲列星。或省作星。《釋名・釋天》云：星，散也，列位布散也。《漢書・天文志》：經星常宿中外官凡百一十八名，積數七百八十三星。自後諸史志及推側家言數各異，今亦未能詳之也。陳氏懋齡云：赤道宗北極，恒星宗黄極。赤道西行，恒星東行。右旋之度，因左旋而成，只爲動天左旋西行，帶定七政恒星，晝夜運轉，故七政恒星得以差次自行。是東行之度，以西行而生黄極，以赤極爲樞，衆星所以共北辰也。鄭注云：拱，拱手也。共是拱省。鄭與包所見本異。《説文》：拱，斂手也。何休《公羊》僖三十二年注：拱，可以手對抱。衆星列峙錯居，還繞北辰，若拱向之也。蔡邕《明堂月令論》：以北辰居其所，爲人君居明堂之象。謂明堂爲政教所由生，變化所由來，是明一統。其説是也。宋氏翔鳳《發微》云：明堂之治，王中無爲，以守至正，上法璇璣，以齊七政。故曰政者，正也。王者，上承天之所爲，下以正其所爲，未有不以德爲本。德者，不言之化，自然之治，以無爲爲之者也。雖有四時、天地人之政，而皆本於一德。雖有五官、二十八星之名，而皆筦於北辰。爲政不出於明堂，而禮樂刑政四達不悖，德之符也。北辰不離於紫宮，而衆星循環，終古不忒，樞之筦也。注：德者無爲，猶北辰之不移，而衆星共之。正義曰：李氏允升《四書證疑》：既曰爲政，非無爲也。政皆本於德，有爲如無爲也。又曰：爲政以德，則本仁以育萬物，本義以正萬民，本中和以制禮樂，亦實有宰制，非漠然無爲也。案：李説足以發明此注之意。《禮・中庸》云：《詩》云：不顯惟德，百辟其刑之。是故君子篤恭而天下平。篤恭者，德也，所謂共己正南面也。共己以作之則，則百工盡職，庶務孔修，若上無所爲者然，故稱舜無爲而治也。北辰之不移者，《吕覽》云：極星與天俱游，而天樞不移。此注所本。《周髀》云：欲知北極樞旋周四極，常以夏至夜半時，北極南游所極；冬至夜半時，北極北游所極；冬至日加酉之時，西游所極；日加卯之時，東游所極。北極樞卽北辰。《周髀》言有四游，則非不移可知。《後漢・天文志》注引《星經》曰：璇璣謂北極。此舜作璇、璣以象北極。伏生《書傳》曰：璇者，還也。璣者，幾也，微也。其變幾微而所動者大，謂之璇璣。是故璇、璣謂之北極。據《大傳》言其變幾微，故天文家咸以爲不動，辭雖異，意實同也。皇本此注作鄭曰。

又：孟懿子問孝。子曰：無違。注：孔曰：魯大夫仲孫何忌，懿，謚也。樊遲御，子告之曰：孟孫問孝於我，我對曰：無違。注：鄭曰：恐孟孫不曉無違之意，將問於樊遲，故告之。樊遲，弟子樊須。樊遲曰：何謂也？子曰：生，事之以禮；死，葬之以禮，祭之以禮。正義曰：《漢石經》作毋違。《論衡・問孔篇》亦作毋違。《士昏禮》注：古文毋作無。意此亦《古》、《魯》之異。《説文》：違，離也。引申爲背棄之義。又：敼，戾也。義亦近。《毛詩・車攻傳》：御，御馬也。《説文》：御，使馬也。御者居車中，惟兵車居左，樊遲弟子，當爲御者。武氏億《羣經義證》：《吕氏春秋・尊師篇》：視輿馬，慎駕馭。弟子事師，古禮如是。孟孫者，《白虎通・姓名篇》：諸侯之子稱公子，公子之子稱公孫，公孫之子，各以其王父字爲氏。此孟孫本出公子慶父之後，當稱孟公孫，不言公者，省詞。《説文》云：我，施身自謂也。對，譍無方也。對、對或從士。夫子述所告孟孫之言，故言我對也。《説文》：𣦸，澌也，人所離也。𦵩，臧也。從死在茻中。一，其中所以薦之。今隸變作死作葬。夫子告樊遲言事親當以禮，則告懿子以無違者，是據禮言。故《論衡》引此文，説之云：毋違者，禮也。考懿子爲僖子之子，嘗舉禮於孔子，故孔子卽以禮訓之。無違者，無違乎禮以事親也。凌氏鳴喈《論語解義》：大夫以上能備禮，生事葬祭不違乎禮，卽順乎親矣。案：《禮記・禮運》云：大順者，所以養生送死，事鬼神之常也。孔疏：順，卽順禮。《左》文二年《傳》：禮無不順。祀：國之大事也。而逆之，可謂禮乎？逆與順相反。逆者，逆禮也，卽違禮也。《祭統》云：是故賢者之祭也，致其誠信，與其忠敬，參之以時，明薦之而已矣。不求其爲，此孝子之心也。孝者，畜也。順於道，不逆於倫，是之謂畜。順道卽順禮，順禮故無違禮也。《荀子・禮論》云：禮者，謹於治生死者也。生，人之始也，死，人之終也，終始俱善，人道畢矣。故君子敬始而愼終，終始如一，是君子之道，禮義之文也。臣之所以致重其君，子之所以致重其親，於是盡矣。皇疏引衛瓘曰：三家僭侈，皆不以禮也，故以禮答之也。方氏觀《論語偶記》：《檀弓》云：三家視桓楹。葬僭禮也。《八佾篇》：三家者以《雍》徹。祭僭禮也。惟是懿子之父仲孫貜，《春秋》書其卒，在昭二十四年。樊遲少孔子三十六歲，是貜卒時，樊遲尚未生。今懿子問孝時，有樊遲御，而夫子備告以生事葬祭者，懿子或尚有母在與？注：魯大夫仲孫何忌，懿，謚也。正義曰：《禮・檀弓》云：幼名，冠字，五十乃稱伯仲。《白虎通・姓名篇》：稱號所以有四何？法四時用事先後，長幼兄弟之象也。故以時長幼，號曰伯、仲、叔、季也。適長稱伯，伯禽是也。庶長稱孟，魯大夫孟氏是也。案：《説文》：孟，長也。魯孟氏爲桓公子。公子慶父之後又稱仲孫者，慶父本居孟，其仲無人，得兼之也。懿子受學聖門，及夫子仕魯，隳三都，懿子梗命，致聖人之政化不行，是實魯之賊臣，《弟子傳》不列其名，及此注但云魯大夫，亦不云弟子，當爲此也。《周書謚法解》：柔克爲懿，温和聖善曰懿。是懿爲謚也。《説文》云：謚，行之迹也。《謚法解》：終葬乃制謚。敍法：大行受大名，細行受細名。若人有惡行，則亦爲之惡謚，幽、厲之屬是也。天子崩，稱天以謚，諸侯謚於天子，大夫謚於諸侯。春秋時，謚不如法，咸用美謚，故此孟孫得謚懿。注：恐孟至樊須。正義曰：樊遲與懿子同門，故恐懿子復問樊遲也。《史記・仲尼弟子列傳》：樊須，字子遲，少孔子三十六歲。須與顉同。顉，待也，與遲義合。《白水碑》謂須字子達，遲字子綏，析一人爲二，不足據。鄭《目録》云齊人，《家語・弟子解》及《左傳》杜注。並云魯人。

又：或謂孔子曰：子奚不爲政？注：包曰：或人以爲居位乃是爲政。子曰：《書》云：孝乎惟孝，友于兄弟，施於有政。是亦爲政，奚其爲爲政？注：包曰：孝乎惟孝，美大孝之辭。友于兄弟，善於兄弟。施，行也。所行有政道，與爲政同。正義曰：鄭注云：或之言有人，不顯其名，而略稱爲或。案：《詩・天保・箋》：或之言有也。《廣雅・釋詁》：或，有也。人無所顯名，則從略稱之，言有此人也。奚者，《蒼頡篇》云何也。孝于惟孝，友于兄弟，皆逸《書》文。東晉古文采入《君陳篇》。《漢石經》及《白虎通・五經篇》所引皆作孝于。皇本亦作于。《釋文》云：孝于，一本作孝乎。唐、宋《石經》及他傳注所引，皆作孝乎。惠氏棟《九經古義》謂：後儒據《君陳篇》改于爲乎。其説良然。案：孝于與下句友于相次，字宜作于。《吕氏春秋・審應覽》然則先生聖于，高誘注：于，乎也。《莊子・人間世》：不爲社，且幾有翦乎？《釋文》：乎，崔本作于。《列子・黄帝篇》：今女之鄙至此乎？《釋文》：乎，本又作于。《莊》、《列》二文，以于爲乎，與《吕覽》同。竊謂此文孝于、友于字雖是于，義則乎也。孝于惟孝，與《記》云禮乎禮、《公羊》賤乎賤、《爾雅》微乎微、《素問》形乎形、神乎神、漢語肆乎其肆、韓文醇乎其醇相同。《法言》尤多有此句法。施於有政以下，乃夫子語。宋氏翔鳳《四書釋地辨證》以上文引書作于，下施於有政作於，是夫子語顯有于、於字爲區別。包氏慎言《論語温故録》：《後漢書·郅惲傳》鄭敬曰：雖不從政，施之有政，是亦爲政。玩鄭敬所言，則施於有政，是亦爲政，皆夫子語。其説並是。東晉古文誤連施於有政爲《書》語，而云克施有政，非也。包氏又云：《白虎通》云：孔子所以定《五經》何？孔子居周末世，王道陵遲，禮義廢壞，彊凌弱，衆暴寡，天子不敢誅，方伯不敢問，閔道德之不行，故周流冀行其道，自衛反魯，知道之不行，故定《五經》以行其道。故孔子曰：《書》云：孝于惟孝，友于兄弟，施於有政。是亦爲政也。依《白虎通》説，則孔子之對或人，蓋在哀公十一年後也。《五經》，有五常之道，教人使成其德行，故曰施於有政，是亦爲政。案：包説是也。夫子以司寇去魯，故反魯猶從大夫之後，且亦與聞國政，但不出仕居位而爲之，故或人有不爲政之問。弟子記此章，在哀公、季康子問孔子兩章之後，當亦以時相次。夫子定《五經》以張治本，而首重孝、友。孝友者，齊家之要，政之所莫先焉者也。有子言孝弟爲爲仁之本，其爲人也孝弟，不好犯上，必不好作亂，故孝弟之道明，而天下後世之亂臣賊子胥受治矣。夫子表章《五經》，又述其義爲《孝經》。《孝經》者，夫子所已施之教也，故曰行在《孝經》。奚其爲爲政者，言何其居位乃爲政也。皇本是亦爲政下有也字。《釋文》云：奚其爲爲政也，一本無一爲字。注：友于至政同。正義曰：《爾雅·釋訓》善事兄弟爲友。《詩·六月》：張仲孝友。毛傳本《爾雅》此注亦本之。《説文》：施，旗皃。𢼊，敷也，讀與施同。敷者，布也，經傳皆叚施爲𢼊。《淮南·修務訓》注：施，行也。與此注同。《文選·閒居賦》注，引包注：政所施行也。此逸文當在施行也句下。爲政之道，不外明倫，故但能明孝弟之義，卽有政道，與居位爲政無異。故曰：天下之無道也久矣，天將以夫子爲木鐸。

（清）王夫之《讀四書大全説》卷四《論語·爲政篇》 古帝王治天下之大經大法，統謂之禮，故六官謂之《周禮》。三綱五常，是禮之本原。忠、質、文之異尚，卽此三綱五常見諸行事者品節之詳略耳。所損所益，卽損益此禮也。故本文以所字直頂上説。馬季長不識禮字，將打作兩橛，三綱五常之外，別有忠、質、文。然則三綱五常爲虛器而無所事，夏之忠、商之質、周之文，又不在者三綱五常上行其品節而別有施爲。只此便是漢儒不知道、大胡亂處。夫三綱五常者，禮之體也；忠、質、文者，禮之用也。所損益者固在用，而用卽體之用，要不可分。況如先賞後罰，則損義之有餘，益仁之不足；先罰後賞，則損仁之有餘，益義之不足；是五常亦有損益也。商道親親，舍孫而立子，則損君臣之義，益父子之恩；周道尊尊，舍子而立孫，則損父子之恩，益君臣之義；是三綱亦有損益也，豈但品物文章之小者哉？至如以正朔三統爲損益，則尤其不學無識之大者。

《論語注疏·八佾》 子貢欲去告朔之餼羊。鄭曰：牲生曰餼，禮，人君每月告朔，於廟有祭，謂之朝享，魯自文公始不視朔。子貢見其禮廢，故欲去其羊。子曰：賜也，爾愛其羊，我愛其禮。包曰：羊存猶以識其禮，羊亡禮遂廢。

疏：子貢至其禮。正義曰：此章言孔子不欲廢禮也。子貢欲去告朔之餼羊者，牲生曰餼。禮，人君每月告朔於廟，因有祭，謂之朝享。魯自文公怠於政禮，始不視朔，廢朝享之祭。有司仍供備其羊。子貢見其禮廢，故欲并去其羊也。子曰：賜也，爾愛其羊，我愛其禮者，此孔子不許子貢之欲去羊，故呼其名而謂之曰：賜也。爾以爲既廢其禮，虛費其羊，故欲去之，是愛其羊也。我以爲羊存猶以識其禮，羊亡禮遂廢，所以不去其羊，欲使後世見此告朔之羊，知有告朔之禮，庶或復行之，是愛其禮也。注鄭曰至其羊。正義曰：云牲生曰餼者，僖三十三年《左傳》曰：餼牽竭矣。餼與牽相對，牽是牲可牽行，則餼是已殺，殺又非熟，故解者以爲腥曰餼，謂生肉未煮者也。其實餼亦是生。哀二十四年《左傳》云：晉師乃還，餼臧石牛。是以生牛賜之也。此及《聘禮》注皆云牲生曰餼，由不與牽相對，故爲生也。云禮，每月告朔於廟，有祭，謂之朝享者，案《周禮》：太史頒告朔于邦國。鄭玄云：天子頒朔於諸侯，諸侯藏之祖廟，至朔朝於廟，告而受行之。此云子貢欲去告朔之餼羊，是用生羊告於廟，謂之告朔，人君卽以此日聽視此朔之政，謂之視朔。文十六年公四不視朔，僖五年《傳》曰公既視朔是也。視朔者，聽治此月之政，亦謂之聽朔。《玉藻》云：天子聽朔於南門之外是也。其日又以禮祭於宗廟，謂之朝廟，《周禮》謂之朝享。《司尊彝》云：追享，朝享是也。其歲首爲之，則謂之朝正。襄二十九年正月，公在楚，《傳》曰：釋不朝正于廟是也。告朔、視朔、聽朔、朝廟、享廟、朝正，二禮各有三名，同日而爲之也。必於月朔爲此告朔，聽朔之禮者，杜預《春秋釋例》曰：人君者，設官分職以爲民極，遠細事以全委任之責，縱諸下以盡知力之用，總成敗以效能否，執八柄以明誅賞，故自非機事，皆委任焉。誠信足以相感，事實盡而不擁，故受位居職者思効忠善，日夜自進而無所顧忌也。天下之細事無數，一日二日萬端，人君之明有所不照，人君之力有所不堪，則不得不借問近習，有時而用之。如此，則六卿六遂之長，雖躬履此事，躬造此官，當皆移聽於內官，回心於左右。政之粃亂，常必由此。聖人知其不可，故簡其節，敬其事，因月朔朝廟，遷坐正位，會羣吏而聽大政，考其所行而決其煩疑，非徒議將然也。乃所以考已然，又惡其審聽之亂公也，故顯聚以斷之，是以上下交泰，官人以理，萬民以察，天下以治也。每月之朔，必朝於廟，因聽政事。事敬而禮成，以故告以特羊。然則朝廟、朝正、告朔、視朔皆同日之事，所從言異耳。是言聽朔朝廟之義也。《玉藻》説：天子朝廟之禮云：聽朔於南門之外。諸侯皮弁，聽朔於太廟。鄭玄以爲明堂在國之陽。南門之外，謂明堂也。諸侯告朔以特羊，則天子以特牛與？天子用特牛告其帝及其神，配以文王、武王。諸侯用特羊告太祖而已。杜預以明堂與祖廟爲一，但明堂是祭天之處。天子告朔，雖杜之義，亦應告人帝。朝享即月祭是也。《祭法》云：王立七廟，祖廟，曰考廟，王考廟，皇考廟，顯考廟，祖考廟，皆月祭之；二祧，享嘗乃止。諸侯立五廟，曰考廟，王考廟，皇考廟，皆月祭之；顯考廟，祖考廟，享嘗乃止。然則天子告朔於明堂，朝享於五廟，諸侯告朔於太廟，朝享自皇考以下三廟耳。皆先告朔，後朝廟，朝廟小於告朔。文公廢其大而行其小，故《春秋》文公六年經云：閏月不告朔，猶朝於廟。《公羊傳》曰：猶者，可止之辭也。天子玄冕以視朔，皮弁以日視朝；諸侯皮弁以聽朔，朝服以日視朝。其閏月則聽朔於明堂，闔門左扉，立於其中，聽政於路寢門，終月。故於文王在門爲閏。云魯自文公始不視朔者，即文六年閏月不告朔是也。

又：子曰：管仲之器小哉！言其器量小也。或曰：管仲儉乎？包曰：或人見孔子小之，以爲謂之大儉。曰：管氏有三歸，官事不攝，焉得儉？包曰：三歸娶三姓女，婦人謂嫁曰歸。攝，猶兼也。禮，國君事大，官各有人，大夫兼并。今管仲家臣備職，非爲儉。然則管仲知禮乎？包曰：或人以儉問，故答以安得儉。或人聞不儉，便謂爲得禮。曰：邦君樹塞門，管氏亦樹塞門。邦君爲兩君之好，有反坫，管氏亦有反坫。鄭曰：反坫，反爵之坫，在兩楹之間，人君別内外於門，樹屏以蔽之。若與鄰國爲好，其獻酢之禮更酌，酌畢則各反爵於坫上。今管仲皆僭爲之，如是，是不知禮。管氏而知禮，孰不知禮？疏：子曰至之禮。正義曰：此章言管仲僭禮也。子曰：管仲之器小哉者，管仲，齊大夫管夷吾也。孔子言其器量小也。或曰：管仲儉乎者，或人見孔子言管仲器小，以爲謂其大儉。故問曰：管仲儉乎？曰：管氏有三歸，官事不攝，焉得儉者，孔子答或人以管仲不儉之事也。婦人謂嫁曰歸。攝，猶兼也。焉，猶安也。禮，大夫雖有妾媵，嫡妻唯娶一姓。今管仲娶三姓之女，故曰有三歸。禮，國君事大，官各有人，大夫雖得有家臣，不得每事立官，當使一官兼攝餘事。今管仲家臣備職，奢豪若此，安得爲儉也，然則管仲知禮乎者，或人聞孔子言管仲不儉，便謂爲得禮，故又問曰：然則管仲是知禮之人乎？曰：邦君樹塞門，管氏亦樹塞門，邦君爲兩君之好，有反坫，管氏亦有反坫者，此孔子又爲或人説管仲不知禮之事也。邦君，諸侯也。屏，謂之樹。人君別内外於門，樹屏以蔽塞之。大夫當以簾蔽其位耳。今管仲亦如人君，樹屏以塞門也。反坫，反爵之坫，在兩楹之間。人君與鄰國爲好會，其獻酢之禮更酌，酌畢則各反爵於坫上。大夫則無之。今管仲亦有反爵之坫。僭濫如此，是不知禮也。管氏而知禮，孰不知禮者，孔子舉其僭禮於上，而以此言非之。孰，誰也。言若謂管氏而爲知禮，更誰爲不知禮！言唯管氏不知禮也。注包曰至爲儉。正義曰：云婦人謂嫁曰歸者，隱二年《公羊傳》文。何休曰：婦人生以父母爲家，嫁以夫爲家，故謂嫁曰歸，明有三歸之道也。注鄭曰至知禮。正義曰：云反坫，反爵之坫，在兩楹之間者，以鄉飲酒是鄉大夫之禮，於房戶間，燕禮是燕己之臣子，故尊於東楹之西。若兩君相敵，則尊於兩楹間，故其坫在兩楹間也。云人君別内外於門，樹屏以蔽之者，《釋宫》云：屏謂之樹。郭璞曰：小牆當門中。《郊特牲》云：臺門而旅樹。鄭玄云：此皆諸侯之禮也。旅，道也。屏，謂之樹，樹所以蔽行道。管氏樹塞門，塞猶蔽也。禮，天子外屏，諸侯内屏，大夫以簾，士以帷是也。云：若與鄰國爲好會，其獻酢之禮更酌，酌畢則各反爵於坫上者，熊氏云：主君獻賓，賓筵前受爵，飲畢，反此虛爵於坫上，於西階上拜。主人於阼階上答拜，賓於坫取爵，洗爵，酌，以酢主人。主人受爵，飲畢，反坫虛爵於坫上。主人阼階上拜，賓答拜。是賓主飲畢，反爵於坫上也。而云酌畢，各反爵於坫上者，文不具耳，其實當飲畢。

（宋）朱熹《四書章句集注・論語集注・八佾》 子曰：人而不仁，如禮何？人而不仁，如樂何？游氏曰：人而不仁，則人心亡矣，其如禮樂何哉？言雖欲用之，而禮樂不爲之用也。程子曰：仁者天下之正理。失正理，則無序而不和。李氏曰：禮樂待人而後行，苟非其人，則雖玉帛交錯，鐘鼓鏗鏘，亦將如之何哉？然記者序此於八佾《雍》徹之後，疑其爲僭禮樂者發也。

（清）劉寶楠《論語正義・八佾》 子曰：居上不寬，爲禮不敬，臨喪不哀，吾何以觀之哉？正義曰：邢疏云：此章總言禮意。案：居上者，言有位者居民上，禮樂所自出也。爲禮、臨喪，並指居上者言之。寬者，《書・皋陶謨》：寬而栗，鄭注謂度量寬宏。夫子言寬則得衆，其答子張問仁，告之以寬，是寬爲仁德。《詩》昊天有成命，箋：寬仁所以止苛刻也。《春秋繁露・仁義微篇》：君子攻其惡，不攻人之惡，非仁之寬與？自攻其惡，非義之全與？此之謂仁造人，義造我，是故以自治之節治人，是居上不寬也。以治人之度自治，是爲禮不敬也。爲禮不敬則傷行，而民弗尊；居上不寬則傷厚，而民弗親。此先漢遺義，以寬爲仁德，敬爲義德也。禮謂凡賓祭、鄉射諸禮也。臨喪謂臨視他人之喪。《曲禮》云：臨喪不笑。又云：臨喪則必有哀色。或謂臨者哭臨。臨讀去聲。《周官・鬯人》凡王弔臨，《左傳》云：臨於周廟，亦通。觀者，觀禮也。禮無足觀，斯懈於位，而民不可得而治也。

《論語注疏・里仁》 子曰：君子懷德，孔曰：懷安也。小人懷土，孔曰：重遷。君子懷刑，孔曰：安於法。小人懷惠。包曰：惠，恩惠。疏：子曰至懷惠。正義曰：此章言君子小人所安不同也。君子懷德，小人懷土者，懷，安也。君子執德不移，是安於德也。小人安安而不能遷者，難於遷徙，是安於土也。君子懷刑，小人懷惠者，刑，法制；惠，恩惠也。君子樂於法制齊民，是懷刑也。小人惟利是親，安於恩惠，是懷惠也。

（宋）朱熹《四書章句集注·論語集注·里仁》子曰：能以禮讓爲國乎？何有？不能以禮讓爲國，如禮何？讓者，禮之實也。何有，言不難也。言有禮之實以爲國，則何難之有，不然，則其禮文雖具，亦且無如之何矣，而況於爲國乎？

（清）劉寶楠《論語正義·里仁》子曰：君子懷德。注：孔曰：懷，安也。小人懷土；注：孔曰：重遷，君子懷刑，注：孔曰：安於法。小人懷惠。注：包曰：惠，恩惠。正義曰：《爾雅·釋詁》：懷，思也。《說文》：懷，思念也。君子己立立人，己達達人，思成己將以成物，所思念在德也。《管子·心術篇》：化育萬物謂之德。又《正篇》云：愛之生之，養之成之，利民不德，天下親之曰德。此德爲君子所懷也。小人惟身家之是圖，饑寒之是恤，故無恒產，因無恒心，所思念在土也。《爾雅·釋言》：土，田也。《說文》：土，地之吐生萬物者也。先王制民之産，八家同井，死徙無出鄉，必使仰足事父母，俯足畜妻子，然後驅而之善，所謂能知小人之依矣。懷刑，則日儆於禮法，而不致有匪僻之行，此君子所以爲君子也。小人愍不畏法，故以刑齊民，不能使民恥也。《書·皋陶謨》云：安民則惠，黎民懷之。是小人所懷在恩惠也。夫君子自治以治人者也，小人待治於人者也。知所以自治以治人，則好善惡不善，勿能已矣。知所以待治於人，則先富後教，處之必有道矣。注：懷，安也。正義曰：《詩·終風》、《雄雉》、《揚之水》箋並云：懷，安也。《文選·登樓賦》注：引此注作懷，思也。以下句安於法例之，思字誤。注：重遷。正義曰：《爾雅·釋詁》：遷，徙也。言小人以遷徙爲重難也，亦懷居之意。《漢書·元帝紀》詔曰：安土重遷，黎民之性。注：惠，恩惠。正義曰：《荀子·王制》注同。《說文》：惠，仁也。

《論語注疏·述而》子曰：志於道，志，慕也。道不可體，故志之而已。據於德，據，杖也。德有成形，故可據。依於仁，依，倚也。仁者，功施於人，故可倚。游於藝。藝，六藝也，不足據依，故曰游。疏：子曰：志於道，據於德，依於仁，游於藝。正義曰：此章孔子言己志慕、據杖、依倚、游習者，道德、仁藝也。注：志慕也。道不可體，故志之而已。正義曰：道者，虛通無擁，自然之謂也。王弼曰：道者，無之稱也，無不通也，無不由也。況之曰，道寂然無體，不可爲象。是道不可體，故但志慕而已。注據，杖也。德有成形故可據。正義曰：德者，得也。物得其所謂之德，寂然至無則謂之道，離無入有而成形器是謂德業。《少儀》云：士依於德，游於藝。文與此類。鄭注云：德，三德也，一曰至德，二曰敏德，三曰孝德。《周禮·師氏》掌以三德教國子，一曰至德，以道爲本；二曰敏德，以行爲本；三曰孝德，以知逆惡。注云：德行，內外之稱，在心爲德，施之爲行。至德，中和之德，覆幬持載，含容者也。孔子曰：中庸之爲德也，其至矣乎。敏德，仁義順時者也。《說命》曰：敬孫務時敏，厥修乃來。孝德，尊祖愛親，守其所以生者也。孔子曰：武王、周公，其達孝矣乎！夫孝者，善繼人之志，善述人之事者也。是德有成形者也。夫立身行道，唯杖於德，故可據也。注依，倚也。仁者功施於人，故可倚。正義曰：博施於民而能濟衆，乃謂之仁。恩被於物，物亦應之，故可倚賴。注藝，六藝也，不足據依，故曰游。正義曰：六藝謂禮、樂、射、御、書、數也。《周禮·保氏》云：掌養國子，教之六藝，一曰五禮，二曰六樂，三曰五射，四曰五馭，五曰六書，六曰九數。注云：五禮：吉、凶、軍、賓、嘉也。六樂：《雲門》、《大咸》、《大韶》、《大夏》、《大濩》、《大武》也。五射：白矢、參連、剡注、襄尺、井儀也。五馭：鳴和鸞、逐水曲、過君表、舞交衢、逐禽左也。六書：象形、會意、轉注、處事、假借、諧聲也。九數：方田、粟米、差分、少廣、商功、均輸、方程、贏不足、旁要也。此六者，所以飾身耳，劣於道德與仁，故不足依據，故但曰游。

《論語注疏·先進》子曰：先進於禮樂，野人也；後進於禮樂，君子也。孔曰：先進、後進，謂仕先後輩也，禮樂因世損益，後進與禮樂，俱得時之中，斯君子矣；先進有古風，斯野人也。如用之，則吾從先進。將移風易俗，歸之淳素。先進，猶近古風，故從之。疏：子曰至吾從先進。正義曰：此章孔子評其弟子之中仕進先後之輩也。先進於禮樂野人也者，先進，謂先輩仕進之人，準於禮樂，不能因世損益，而有古風，故曰朴野之人也。後進於禮樂，君子也者，後進，謂後輩仕進之人也，準於禮樂，能因時損益，與禮樂俱得時之中，故曰君子之人也。如用之，則吾從先進者，言如其用之以爲治，則吾從先輩朴野之人。夫子之意，將移風易俗，歸之淳素。先進猶近古風，故從之也。注孔曰至人也。正義曰：云先進、後進，謂仕先後輩也者，下章言從我於陳、蔡者，皆不及門也，謂不及仕進之門，則此謂不從於陳、蔡得仕進者也。蓋先進者，當襄、昭之世。後進者，當定、哀之世。云禮樂因世損益者，《爲政篇》云：殷因於夏禮，所損益可知也；周因於殷禮，所損益可知也。又周初則禮樂盛，周衰則禮樂衰，是禮樂因世損益也。云後進與禮樂，俱得時之中，斯君子矣者，言禮樂隨世盛衰，後進與時消息，皆中當於時，故爲君子也。云先進有古風，斯野人也者，言先輩仕進之人，比今則猶尚淳素，故云斯野人也。

《論語注疏·顏淵》顏淵問仁。子曰：克己復禮爲仁。馬曰：克己約身，孔曰：復，反也，身能反禮則爲仁矣。一日克己復禮，天下歸仁焉。馬曰：一日猶見歸，况終身乎？爲仁由己，而由人乎哉？孔曰：行善在己，不在人也。顔淵曰：請問其目。包曰：知其必有條目，故請問之。子曰：非禮勿視，非禮勿聽，非禮勿言，非禮勿動。鄭曰：此四者，克己復禮之目。顔淵曰：回雖不敏，請事斯語矣。王曰：敬事此語，必行之。疏：顔淵至語矣。正義曰：此并下三章，皆明仁也。子曰：克己復禮爲仁者，克，約也。己，身也。復，反也。言能約身反禮則爲仁矣。一日克己復禮，天下歸仁焉者，言人君若能一日行克己復禮，則天下皆歸此仁德之君也。一日猶見歸，况終身行仁乎。爲仁由己，而由人乎哉者，言行善由己，豈由他人乎哉。言不在人也。顔淵曰：請問其目者，淵意知其爲仁必有條目，故請問之。子曰：非禮勿視，非禮勿聽，非禮勿言，非禮勿動者，此四者，克己復禮之目也。《曲禮》曰：視瞻毋回、立視五巂、式視馬尾之類，是禮也。非此則勿視。《曲禮》云：毋側聽，側聽則非禮也。言無非禮，則口無擇言也。動無非禮，則身無擇行也。四者皆所以爲仁。顔淵曰：回雖不敏，請事斯語矣者，此顔淵預謝師言也，言回雖不敏達，請敬事此語，必行之也。注馬曰克己約身。正義曰：此注克訓爲約。劉炫云：克訓勝也，己謂身也。身有嗜慾，當以禮義齊之。嗜慾與禮義戰，使禮義勝其嗜慾，身得歸復於禮，如是乃爲仁也。復，反也。言情爲嗜慾所逼，已離禮，而更歸復之。今刊定云：克訓勝也，己謂身也，謂能勝去嗜慾，反復於禮也。

又：季康子問政於孔子。孔子對曰：政者，正也。子帥以正，孰敢不正？鄭曰：康子，魯上卿，諸臣之帥也。疏：季康子問政至不正。正義曰：此章言爲政在乎脩己。對曰：政者正也者，言政教者在於齊正也。子帥以正，孰敢不正者，言康子爲魯上卿，諸臣之帥也，若己能每事以正，則己下之臣民誰敢不正也。

（宋）朱熹《四書章句集注·論語集注·顔淵》顔淵曰：請問其目。子曰：非禮勿視，非禮勿聽，非禮勿言，非禮勿動。顔淵曰：回雖不敏，請事斯語矣。目，條件也。顔淵聞夫子之言，則於天理人欲之際，已判然矣，故不復有所疑問，而直請其條目也。非禮者，己之私也。勿者，禁止之辭。是人心之所以爲主，而勝私復禮之機也。私勝，則動容周旋無不中禮，而日用之間，莫非天理之流行矣。事，如事事之事。請事斯語，顔子默識其理，又自知其力有以勝之，故直以爲己任而不疑也。程子曰：顔淵問克己復禮之目，子曰，非禮勿視，非禮勿聽，非禮勿言，非禮勿動，四者身之用也。由乎中而應乎外，制於外所以養其中也。顔淵事斯語，所以進於聖人。後之學聖人者，宜服膺而勿失也，因箴以自警。其《視箴》曰：心兮本虛，應物無迹。操之有要，視爲之則。蔽交於前，其中則遷。制之於外，以安其內。克己復禮，久而誠矣。其《聽箴》曰：人有秉彝，本乎天性。知誘物化，遂亡其正。卓彼先覺，知止有定。閑邪存誠，非禮勿聽。其《言箴》曰：人心之動，因言以宣。發禁躁妄，內斯靜專。矧是樞機，興戎出好，吉凶榮辱，惟其所召。傷易則誕，傷煩則支，己肆物忤，出悖來違。非法不道，欽哉訓辭！其《動箴》曰：哲人知幾，誠之於思，志士勵行，守之於爲。順理則裕，從欲惟危；造次克念，戰兢自持。習與性成，聖賢同歸。愚按：此章問答，乃傳授心法切要之言。非至明不能察其幾，非至健不能致其決。故惟顔子得聞之，而凡學者亦不可以不勉也。程子之箴，發明親切，學者尤宜深玩。

（清）劉寶楠《論語正義·顔淵》顔淵問仁。子曰：克己復禮爲仁。注：馬曰：克己，約身。孔曰：復，反也。身能反禮，則爲仁矣。一日克己復禮，天下歸仁焉。注：馬曰：一日猶見歸，况終身乎？爲仁由己，而由人乎哉？注：孔曰：行善在己，不在人也。正義曰：克，皇本作剋。克己復禮，所以爲仁。爲猶事也，謂用力於仁也。下句爲仁由己義同。《左》昭十二年《傳》言楚右尹子革，諷靈王以《祈招》之詩，王揖而入，饋不食，寢不寐，不能自克，以及于難。仲尼曰：古也有志：克己復禮，仁也，信善哉。楚靈王若能如是，豈其辱于乾谿？是克己復禮爲仁乃古成語，而夫子引之。一日克己復禮，天下歸仁者，言己誠爲仁，人必知之，故能歸仁，己得成名也。言天下者，大之也。毛氏奇齡《稽求篇》：《禮記·哀公問》，百姓歸之名，謂之君子之子。則歸亦祇是名謂之義。先教説云：漢長安令楊興説史高將軍誠召置幕府，學士歸仁。後漢和帝皇太后詔稱大尉鄧彪海內歸仁，爲羣賢首。言甚夸大，而不嫌於僭悖者，祇稱名也。今案：《漢書·王莽傳·贊》，宗族稱孝，師友歸仁。《後漢書·郎顗傳》：昔顔子十八，天下歸仁。並以歸仁爲稱仁。《禮記·禮器》云：故君子有禮，則外諧而內無怨。故物無不懷仁，鬼神饗德。鄭注以懷仁卽歸仁。懷、歸並訓稱也。注克己至仁矣。正義曰：《爾雅·釋詁》：克，勝也。又勝，克也。轉相訓。此訓約者，引申之義。顔子言夫子博我以文，約我以禮，約如約束之約，約身猶言修身也。《後漢書·安帝紀》：夙夜克己，憂心京京。《鄧皇后紀》：接撫同列，常克己以下之。《祭遵傳》：克己奉公。《何敞傳》：宜當克己，以讎四海之心。凡言克己，皆如約身之訓。《法言》謂勝己之私之謂克，此又一義。劉炫援以解《左傳》克己復禮之文，意指楚靈王多嗜慾，誇功伐而言。乃邢疏卽援以解《論語》。朱子《集注》又直訓己爲私，並失之矣。復、反者，反猶歸也。吾將有所視、聽、言、動，而先反乎禮，謂之復禮。非謂己先有私，己先無禮，至此乃復也。顔淵曰：請問其目。注：包曰：知其必有條目，故請問之。子曰：非禮勿視，非禮勿聽，非禮勿言，非禮勿動。注：鄭曰：此四者。克己復禮之目。顔淵曰：回雖不敏，請事斯語矣。注：王曰：敬事此語，必行之。正義曰：勿者，禁止之辭。視聽言動，皆在己不在人。故爲仁由己，不由人也。動猶行也，謂所行事也。《禮・中庸》云：齊明盛服，非禮不動，所以修身也。蓋視、聽、言、動，古人皆有禮以制之，若《曲禮》、《少儀》、《內則》諸篇及《賈子・容經》所載，皆是其禮。惟能克己復禮，凡非禮之事，所接於吾者，自能有以制吾之目而勿視，制吾之耳而勿聽，制吾之口而勿言，制吾之心而勿行。所謂克己復禮者如此。《春秋繁露・天道施篇》：夫禮，體情而防亂者也。民之情，不能制其欲，使之度禮。目視正色，耳聽正聲，口食正味，身行正道，非奪之情，所以安其情也。《周語》單子論晉侯事曰：步、言、視、聽，必皆無謫，則可以知德矣。視遠，曰絶其義；足高，曰棄其德；言爽，曰反其信；聽淫，曰離其名。夫目以處義，足以踐德，口以庇信，耳以聽名，故不可不慎也。然則視、聽、言、動，古人皆致慎之，所以勉成德行，而不使不仁者加乎其身也。《樂記》云：是故君子反情以和其志，比類以成其行。姦聲亂色，不留聰明，淫樂慝禮，不接心術，惰慢邪辟之氣，不設於身體。使耳、目、鼻、口、心知、百體皆由順正，以行其義。即此文所嚴非禮諸事也。注：知其必有條目，故請問之。正義曰：目者，如人目有所識別也。凡行事撮舉總要謂之目。注：言條目者，非止一目，當有細數，若木枝條也。古人爲學，皆有數記，所以備循習、戒遺忘。故此注言條目，知必有之也。鄭注云：欲知其要。顏回意以禮有三百三千，卒難周備，故請問其目。是目爲事之要。《周官・簭人》：四曰巫目。注云：目，謂事衆，筮其要所當也。亦訓目爲要。

又：季康子問政於孔子。孔子對曰：政者，正也。子帥以正，孰敢不正？正義曰：《大戴禮・哀公問篇》：公曰：敢問何謂爲政？孔子對曰：政者，正也。君爲正，則百姓從政矣。君之所爲，百姓之所從也；君所不爲，百姓何從？又《主言篇》：上者，民之表也。表正，則何物不正？故君先立於仁，則大夫忠而士信，民敦，工樸，商慤，女憧，婦空空。並與此章義相發。注：康子，魯上卿，諸臣之帥也。正義曰：魯有三卿，季孫爲司徒，是上卿，故爲諸臣之帥。言此者，明帥諸臣同歸於正，正姓孰敢不正也。《史記・平津侯主父列傳・贊》：夫三公者，百寮之率，萬民之表也。未有樹直表而得曲影者也。即此注義。

《論語注疏・子路》　子路問政。子曰：先之，勞之。孔曰：先導之以德，使民信之，然後勞之。《易》曰：說以使民，民忘其勞。請益。曰：無倦。孔曰：子路嫌其少，故請益。曰無倦者，行此上事，無倦則可。疏：子路問政至無倦。正義曰：此章言政先德澤也。子曰：先之勞之者，言爲德政者，先導之以德，使民信之，然後可以政役之事勞之，則民從其令也。請益者，子路嫌其少，故更請益之。曰：無倦者，夫子言行此上事無倦怠則可也。注《易》曰：說以使民，民忘其勞。正義曰：此《周易・兑卦・彖辭》文也。言先以說豫撫民，然後使之從事，則民皆竭力，忘其勞苦也。引之以證先之、勞之之義也。

仲弓爲季氏宰，問政。子曰：先有司，王曰：言爲政當先任有司而後責其事。赦小過，舉賢才。曰：焉知賢才而舉之？曰：舉爾所知。爾所不知，人其舍諸？孔曰：女所不知者，人將自舉其所知，則賢才無遺。疏：仲弓至舍諸。正義曰：此章言政在舉賢也。仲弓爲季氏宰，問政者，冉雍爲季氏家宰，而問政於夫子也。子曰：先有司，赦小過，舉賢才者，有司，屬吏也。言爲政當先委任屬吏，各有所司，而後責其成事。赦放小過，寬則得衆也。舉用賢才，使官得其人，野無遺逸，是政之善也。曰：焉知賢才而舉之者，仲弓聞使舉賢，意言賢才難可徧知，故復問曰：安知賢才而得舉用之也？曰：舉爾所知，爾所不知，人其舍諸者。舍，置也。諸，之也。夫子教之曰：但舉女之所知。女所不知，人將自舉之，其肯置之而不舉乎？既各舉其所知，則賢才無遺。

又：樊遲請學稼，子曰：吾不如老農。請學爲圃。曰：吾不如老圃。馬曰：樹五穀曰稼，樹菜蔬曰圃。樊遲出。子曰：小人哉，樊須也！上好禮，則民莫敢不敬；上好義，則民莫敢不服；上好信，則民莫敢不用情。孔曰：情，情實也，言民化於上，各以實應。夫如是，則四方之民襁負其子而至矣，焉用稼？包曰：禮義與信，足以成德，何用學稼以教民乎？負者以器曰襁。疏：樊遲至用稼。正義曰：此章言禮義忠信爲治民之要。樊遲請學稼者，樹五穀曰稼。弟子樊須請於夫子，學播種之法，欲以教民也。子曰：吾不如老農者，孔子恐其不學禮義而學稼種，故拒之，曰：稼種之事，吾不如久老之農夫也。請學爲圃者，樹菜蔬曰圃。樊遲又請於夫子，學樹蓺菜蔬之法。曰：吾不如老圃者，亦拒其請也，言：樹蓺菜蔬之法，吾不如久老爲圃者。樊遲出。子曰：小人哉，樊須也者，樊遲既請而出，夫子與諸弟子言曰：小人哉，此樊須也。謂其不學禮義而學農圃，故曰小人也。上好禮，則民莫敢不敬。上好義，則民莫敢不服。上好信，則民莫敢不用情者，孔子遂言禮義與信可以教民也。禮毋不敬，故上好行禮，則民化之，莫敢不敬也。人聞義則服，故上好行義，則民莫敢不服也。以信待物，物亦以實應之，故上若好信，則民莫不用其情。情猶情實也。言民於上，各以實應也。夫如是，則四方之民襁負其子而至矣。焉用稼者，此又言夫禮義與信足以成德化民，如是則四方之民感化自來，皆以襁器背負其子而至矣，何用學稼以教民乎？注樹五穀曰稼，樹菜蔬曰圃。正義曰：樹者，種植之名。五穀者，黍稷麻麥豆也。《周禮》注云：種穀曰稼，如嫁女以有所生也。《周禮・太宰》職云：園圃，毓草木。注云：樹果蓏曰圃。園，其樊也。然則園者，外畔藩籬之名。其內之地，種樹菜果，則謂之圃。蔬即菜也。鄭云《周禮》注云：百草根實可食者。《釋文》云：蔬不熟爲饉。郭璞曰：凡草菜可食者通名爲蔬。注負者以器曰襁。正義曰：《博物志》云：織縷爲之，廣八寸，長丈二，以約小兒於背。

又：子曰：其身正，不令而行；其身不正，雖令不從。令，教令也。疏：子曰：其身正，不令而行。其身不正，雖令不從。正義曰：此章言爲政者當以身先也。言上之人，其身若正，不在教令，民自觀化而行之。其身若不正，雖教令滋章，民亦不從也。

又：子曰：如有王者，必世而後仁。孔曰：三十年曰世，如有受命王者，必三十年仁政乃成。疏：子曰：如有王者，必世而後仁。正義曰：三十年曰世。此章言如有受天命而王天下者，必三十年仁政乃成也。

子曰：苟正其身矣，於從政乎何有？不能正其身，如正人何？疏：苟正其身矣，於從政乎何有？不能正其身，如正人何？正義曰：此章言政者正也，欲正他人，在先正其身也。苟，誠也。誠能自正其身，則於從政乎何有？言不難也。若自不能正其身，則雖令不從。如正人何，言必不能正人也。

（清）劉寶楠《論語正義·子路》 子曰：小人哉，樊須也！上好禮，則民莫敢不敬；上好義，則民莫敢不服；上好信，則民莫敢不用情。注：孔曰：情，情實也。言民化於上，各以實應。夫如是，則四方之民，襁負其子而至矣，焉用稼？注：包曰：禮義與信，足以成德，何用學稼以教民乎？負者以器曰襁。正義曰：《孝經》曰君子言思可道，行思可樂，德義可尊，作事可法，容止可觀，進退可度，以臨其民。是以其民畏而愛之，則而象之。故能成其德教，而行其政令。是上好禮，則民咸知敬也。《荀子·王霸篇》：之所與爲之者之人，則舉義士也；之所以爲布陳於國家刑法者，則舉義法也；主之所極然帥羣臣而首鄉之者，則舉義志也。如是，則下仰上以義矣，是綦定也。是上好義，則民服也。《晉語》箕鄭曰：信於君心，則美惡不踰；信於名，則上下不干；信於令，則時無廢功；信於事，則民從事有業。《禮運》曰：故天不愛其道，地不愛其寶，人不愛其情。則是無故，先王能修禮以達義，體信以達順故。此順之實也。愛者隱也，人不隱其情，由於上能修禮體信。是上好信，則民莫敢不用情也。

又：子曰：其身正，不令而行；其身不正，雖令不從。注：令，教令也。正義曰：《漢書·公孫弘傳》：上古堯、舜之時，不貴爵賞而民觀善，不重刑罰而民不犯，躬率以正而遇民信也。末世貴爵厚賞而民不勸，深刑重罰而姦不止，其上不正，遇民不信也。《淮南子·主術訓》：是故有諸己不非諸人，無諸己不求諸人，所立於下者不廢於上，所禁於民者不行於身。所謂亡國，非無君也，無法也。變法者，非無法也，有法者而不用，與無法等。是故人主之立法，先自爲檢式儀表，故令行於天下。孔子曰云云。故禁勝於身，則令行於民矣。《繆稱訓》：無諸己，求諸人，古今未之聞也。同言而民信，信在言前也。同令而民化，誠在令外也。聖人在上，民遷而化，情以先之也。動於上，不應於下者，情與令殊也。《新序·雜事》四：唱而不和，動而不隨，中必有不全者矣。夫不降席而匡天下者，求之己也。孔子曰云云。先王之所以拱揖指揮，而四海賓者，誠德之治，已形於外。故《詩》曰王猶允塞，徐方既來，此之謂也。諸文並足發明此章之旨。注：令，教令也。正義曰：《説文》云：令，發號也。《鹽鐵論·詔聖篇》：令者，教也，所以導民人。

《論語注疏·憲問》 公伯寮愬子路於季孫。馬曰：愬，譖也。伯寮，魯人，弟子也。子服景伯以告，孔曰：魯大夫子服何忌也。告，告孔子。曰：夫子固有惑志，孔曰：季孫信讒，恚子路。於公伯寮，吾力猶能肆諸市朝。鄭曰：吾勢力猶能辨子路之無罪於季孫，使之誅寮而肆之。有罪既刑，陳其尸曰肆。子曰：道之將行也與，命也。道之將廢也與，命也。公伯寮其如命何！疏：公伯至命何。正義曰：此章言道之廢行皆由天命也。公伯寮愬子路於季孫者，愬，譖也。伯寮、子路皆臣於季孫，伯寮誣子路以罪而譖於季孫也。子服景伯以告者，以其事告孔子也。曰：夫子固有惑志者，夫子謂季孫。言季孫堅固已有疑惑之志，謂信讒恚子路也。於公伯寮吾力猶能肆諸市朝者，有罪既刑，陳其尸曰肆。景伯言，吾勢力猶能辨子路之無罪於季孫，使之誅寮而肆之。子曰：道之將行也與，命也。道之將廢也與，命也。公伯寮其如命何者，孔子不許其告，故曰道之廢行皆由天命，雖公伯寮之譖，其能違天而興廢子路乎。注伯寮，魯人，弟子也。正義曰：《史記·弟子傳》云：公伯寮字子周，魯人，愬子路於季孫者。注孔曰：魯大夫子服何忌也。正義曰：案《左傳》哀十二年，吳人將以公見晉侯，子服景伯對使者，吳人乃止。既而悔之，將囚景伯。景伯曰：何也立後於魯矣。杜注云：何，景伯名。然則景伯單名何，而此注云何忌，誤也。注有罪既刑，陳其尸曰肆。正義曰：《秋官·鄉士》職云：協日刑殺，肆之三日。鄭玄曰：肆猶申也，陳也。是言有罪既殺，陳其尸曰肆也。言市朝者，應劭曰：大夫已上於朝，士已下於市。

又：子曰：上好禮，則民易使也。民莫敢不敬，故易使。【略】子路問君子。子曰：脩己以敬。孔曰：敬其身。曰：如斯而已乎？曰：脩己以安人。孔曰：人，謂朋友九族。曰：如斯而已乎？曰：脩己以安百姓。脩己以安百姓，堯、舜其猶病諸！孔曰：病，猶難也。疏：子路問君子至病諸。正義曰：此章論君子之道也。子路問於孔子，爲行何如可謂之君子也。子曰：脩己以敬者，言君子當敬其身也。曰如斯而已乎者，子路嫌其少。故曰：君子之道，豈如此而已。曰脩己以安人者，人謂朋友、九族。孔子更爲廣之，言當脩己又以恩惠安於親族也。曰如斯而已乎者，子路猶嫌其少，故又言此。曰脩己以安百姓者，百姓謂衆人也。言當脩己以安天下之衆人也。脩己以安百姓，堯舜其猶病諸者，病猶難也。諸，之也。孔子恐其未已，故又說此言。言此脩己以安百姓之事，雖堯舜之聖，其猶難之，況君子乎。

（宋）朱熹《四書章句集注·論語集注·憲問》　子曰：上好禮，則民易使也。謝氏曰：禮達而分定，故民易使。

（清）劉寶楠《論語正義·憲問》　子曰：上好禮，則民易使也。注：民莫敢不敬，故易使。正義曰：《易·象傳》云：上天下澤，履，君子以辨上下，定民志。《春秋繁露·立元神》云：夫爲國，其化莫大於崇本。崇本則君化若神，不崇本則君無以兼人。無以兼人，雖峻刑重誅而民不從，是所謂驅國而棄之者也，患孰甚焉？又曰：是故郊祀致敬，共事祖禰，舉顯孝弟，表異孝行，所以奉天本也。秉耒躬耕，採桑親蠶，墾草殖穀，開闢以足衣食，所以奉地本也。立辟廱庠序，修孝悌敬讓，明以教化，感以禮樂，所以奉人本也。三者皆奉，則民如子弟，不敢自專，邦如父母，不待恩而愛，不須嚴而使。

《論語注疏·衛靈公》　衛靈公問陳於孔子。孔曰：軍陳行列之法。孔子對曰：俎豆之事，則嘗聞之矣；孔曰：俎豆，禮器。軍旅之事，未之學也。鄭曰：萬二千五百人爲軍，五百人爲旅，軍旅末事，本未立，不可以教末事。疏：衛靈至學也。正義曰：此章記孔子先禮後兵之事也。衛靈公問陳於孔子者，問軍陳行列之法於孔子也。孔子對曰：俎豆之事，則嘗聞之矣。軍旅之事，未之學也者，俎豆，禮器。萬二千五百人爲軍，五百人爲旅。孔子之意，治國以禮義爲本，軍旅爲末，本未立則不可教以末事。今靈公但問軍陳，故對曰：俎豆行禮之事，則嘗聞之。軍旅用兵之事，未之學也。《左傳》哀十一年，孔文子之將攻太叔也，訪於仲尼。仲尼曰：胡簋之事則嘗學之矣。甲兵之事，未之聞也。其意亦與此同。軍旅甲兵，亦治國之具也，彼以文子非禮，欲國內用兵。此以靈公空問軍陳，故並不答，非輕甲兵也。注俎豆，禮器。正義曰：案《明堂位》云：俎，有虞氏以梡，夏后氏以嶡，殷以椇，周以房俎。鄭注云梡，斷木爲四足而已。嶡之言蹷也，謂中足爲横距之象，《周禮》謂之距。椇之言枳椇也，謂曲橈之也。房謂足下跗也，上下兩間有似於堂房。《魯頌》曰：籩豆大房。又曰：夏后氏以楬豆，殷玉豆，周獻豆。鄭注云：楬，無異物之飾也。獻，疏刻之。齊人謂無髮爲禿楬，其委曲制度備在禮圖。注鄭曰：萬二千五百人爲軍，五百人爲旅。正義曰：皆《司馬序》官文也。

又：子曰：知及之，仁不能守之，雖得之，必失之。包曰：知能及治其官，而仁不能守，雖得之必失之。知及之，仁能守之，不莊以涖之，則民不敬。包曰：不嚴以臨之，則民不敬從其上。知及之，仁能守之，莊以涖之，動之不以禮，未善也。王曰：動必以禮，然後善。疏：子曰至善也。正義曰：此章論居官臨民之法也。子曰：知及之，仁不能守之，雖得之必失之者，得位由知，守位在仁。若人知能及治其官，而仁不能守，雖得祿位，必將失之。知及之仁能守之，不莊以涖之，則民不敬者，莊，嚴也。涖，臨也。言雖知及其官，仁能守位，不嚴以臨之，則民敬從其上。知及之仁能守之，莊以涖之，動之不以禮，未善也者，言動必以禮，然後善。李充云，夫知及以得，其失也蕩。仁守以靜，其失也寬。莊涖以威，其失也猛。故必須禮然後和之。以禮制知，則精而不蕩。以禮輔仁，則溫而不寬。以禮御莊，則威而不猛。故安上治民，莫善於禮。顏特進云：知以通其變，仁以安其性，莊以安其慢，禮以安其情。化民之善，必備此四者。

（清）劉寶楠《論語正義·衛靈公》　子曰：知及之，仁不能守之；雖得之，必失之。注：包曰：知能及治其官，而仁不能守，雖得之，必失之。知及之，仁能守之，不莊以涖之，則民不敬。注：包曰：不嚴以涖之，則民不敬從其上。知及之，仁能守之，莊以涖之，動之不以禮，未善也。注：王曰：動必以禮，然後善。正義曰：此章十之字，包注指位言，但於動之句不可通。毛氏奇齡《賸言補》指民言，知足以及民，即知臨爲大君之宜。案：知及之，謂政令條教足以及民也。仁不能守之，謂不能以仁守之。仁字置句首，與知及之配儷成文耳。《大戴禮·武王踐阼篇》：師尚父曰：且臣聞之，以仁得之，以仁守之，其量百世；以不仁得之，以仁守之，其量十世；以不仁得之，以不仁守之，必及其世。是言凡得民者，皆當以仁守之也。《孟子·離婁篇》：桀、紂之失天下也，失其民也。失其民者，失其心也。得天下有道，得其民，斯得天下矣。得其民有道，得其心，斯得民矣。此文得之、失之，即謂得民、失民也。莊以涖之者，涖，臨也。見《毛詩·采芑傳》。《說文》：竦，臨也。即涖本字。皇本作莅，又涖或體。莊以涖之，謂威儀也。《左氏傳》：北宮文子曰：有威而可畏謂之威，有儀而可象謂之儀。君有君之威儀，其臣畏而愛之，則而象之，故能有其國家，令聞長世。臣有臣之威儀，其下畏而愛之，故能守其官職，保族宜家。又曰：故君子在位可畏，施舍可愛，進退可度，周旋可則，容止可觀，作事可法，德行可象，聲氣可樂，動作有文，言語有章，以臨其下，謂之有威儀也。皆言臨民當莊之義。動之以禮，謂以禮感動於民，使行之也。《荀子·王霸篇》：上莫不致愛其下，而制之以禮。上之於下，如保赤子。政令制度，所以接下之人，百姓有不理者如豪末，則雖孤獨鰥寡必不加焉。故下之親上，歡如父母，可殺而不可使不順。君臣上下，貴賤長幼，至于庶人，莫不以是爲隆正。然後皆內自省，以謹於分。此動之以禮爲治之善也。

（清）王夫之《讀四書大全說》卷七《論語·陽貨篇》　盜賊之有渠帥，有僂儸，一般底尊卑之序，也恰象個禮。禮云禮云，拜跪、先後云乎哉？即不仁之人行禮，也須有序。於此正好看他別處。禮中自然之序，從敬生來，便是天理。盜賊之序，因畏故爾，便是人欲。以此思之，則凡修敬父、敬君之儀，而實以畏君父之威，及爲法制清議所束縛，不敢不爾者，皆與盜賊等，而終不知禮之云者也。

《論語注疏・堯曰》 孔子曰：不知命，無以爲君子也。孔曰：命，謂窮達之分。不知禮，無以立也。不知言，無以知人也。馬曰：聽言則別其是非也。疏：孔子曰：不知命，無以爲君子也。不知禮，無以立也。不知言，無以知人也。正義曰：此章言君子立身知人也。命，謂窮達之分。言天之賦命，窮達有時，當待時而動。若不知天命而妄動，則非君子也。禮者，恭儉莊敬，立身之本。若其不知，則無以立也。聽人之言，當別其是非。若不能別其是非，則無以知人之善惡也。

《孟子注疏・梁惠王章句上》 孟子見梁惠王。孟子適梁，魏惠王禮請，孟子見之。王曰：叟不遠千里而來，亦將有以利吾國乎。曰，辭也。叟，長老之稱，猶父也。孟子去齊，老而之魏，王尊禮之曰：父，不遠千里之路而來，此亦將有以爲寡人興利除害者乎。孟子對曰：王何必曰利，亦有仁義而已矣。孟子知王欲以富國強兵爲利，故曰：王何以利爲名乎，亦有仁義之道可以爲名。以利爲名，則有不利之患矣。因爲王陳之。王曰：何以利吾國。大夫曰：何以利吾家。士庶人曰：何以利吾身。上下交征利，而國危矣。征，取也。從王至庶人，故言上下交爭，各欲利其身，必至於篡弒，則國危矣。《論語》曰：放於利而行多怨，故不欲使王以利爲名也。又言交爲俱也。萬乘之國，弒其君者，必千乘之家。萬乘，兵車萬乘，謂天子也。千乘，諸侯也。夷羿之弒夏后，是以千乘取其萬乘者也。千乘之國，弒其君者，必百乘之家。天子建國，諸侯立家。百乘之家，謂大國之卿食采邑有兵車百乘之賦者也，若齊崔、衛甯、晉六卿等，是以其終亦皆弒君，此以百乘取千乘也。上下乘當言國，而言家者，諸侯以國爲家，亦以避萬乘稱，故稱家，君臣上下之辭。萬取千焉，千取百焉，不爲不多矣。周制：君十卿禄，君食萬鍾，臣食千鍾，亦多，故不爲不多矣。苟爲後義而先利，不奪不饜。苟，誠也。誠令大臣皆後仁義而先自利，則不篡奪君位，不足自饜飽其欲矣。未有仁而遺其親者也，未有義而後其君者也。仁者親親，義者尊尊。人無行仁而遺棄其親也，無行義而忽後其君長。王亦曰：仁義而已矣，何必曰利。孟子復申此者，重嘆其禍也。疏：孟子見梁惠王至何必曰利。正義曰：此章言治國之道當以仁義爲名也。孟子見梁惠王者，是孟子自齊至梁見惠王也。王曰：叟不遠千里而來，亦將有以利吾國乎者，王，號也，以業爲言也。曰，發語詞也。叟，尊老之稱也。言惠王尊老孟子也。惠王尊孟子曰：叟不遠千里之路而至，此相將亦有以利益我國乎。云亦與乎者，況外物不可必，又非可止於一事耳。故云亦乎。與《論語》云：不亦説乎，不亦樂乎同。孟子對曰：王何必曰利，亦有仁義而已矣者，是孟子荅惠王也。言王何必特止曰財利，我亦有仁義之道，以利益而已。上利以財利爲言，下利以利益爲言。王曰：何以利吾國。大夫曰：何以利吾家。士庶人曰：何以利吾身。上下交征利而國危矣者，是孟子託言也。言惠王今問我曰何以利益我國，則爲王之大夫必問我曰何以利益我家，爲大夫既欲利益其家，則爲王之士庶人亦必問我曰何以利益我身。假使上至下，至於士庶人，皆且取其利益，而國必危亂喪亡矣。王以國爲問，大夫以家爲問，士庶人以身爲問者，王稱國，故以國問。大夫稱家，故以家問。士庶人無稱，故以身問而已。萬乘之國，弒其君者，必千乘之家。千乘之國，弒其君者，必百乘之家者，孟子言上下交取其利，而國喪亡者，是萬乘之國弒其君者必千乘之家所弒也，無它焉，則千乘之家欲以萬乘之利爲多也。千乘之國弒其君者必百乘之家所弒也，亦無它焉，是百乘之家欲以千乘之利爲多也。云弒者，自下殺上謂之弒。萬取千焉，千取百焉，不爲不多者。孟子言凡欲天子之萬乘者，且於其內取千乘，而爲天子之諸侯。欲諸侯之千乘者，且於其內但取百乘而爲之大夫，是亦不爲少矣。何必交相爭奪，慕多爲勝耶。苟爲後義而先利，不奪不饜者，孟子言且令臣庶皆後去其仁義而先且以自利，則不交相殺奪，故不足自飽饜。未言必殺奪，如千乘奪取萬乘，百乘奪取千乘，然後爲飽足也。未有仁而遺其親者也，未有義而後其君者也者。孟子言未有心存乎仁而遺棄其親者，亦未有存義而後去其君者。王亦曰仁義而已矣，何必曰利者，孟子重嗟歎其禍，故曰王今亦當曰亦有仁義而已矣，何必特止言其利。一説云，是惠王悟孟子之言爲是，而以己言爲非，故亦應之曰仁義而已矣，何必言利。注云孟子至見之。正義曰：案《魏世家》云惠王三十五年，惠王以厚幣招賢者，鄒衍、淳于髡、孟子皆至梁是也。注曰，辭也。至之魏。正義曰：詞也，從口乙聲，亦象口氣出也。劉熙曰：叟，長老之稱，依皓首之言父，矩也，家長率教者。云去齊之魏者，案《史記・列傳》云：孟子事齊宣王，宣王不能用，乃適魏是也。

又：曰：挾太山以超北海，語人曰我不能，是誠不能也。爲長者折枝，語人曰我不能，是不爲也，非不能也。故王之不王，非挾太山以超北海之類也。王之不王，是折枝之類也。孟子爲王陳爲與不爲之形若是，王則不折枝之類也。折枝，案摩折手節解罷枝也。少者恥是役，故不爲耳，非不能也。太山、北海皆近齊，故以爲喻也。老吾老，以及人之老，幼吾幼，以及人之幼。天下可運於掌。老猶敬也，幼猶愛也。敬我之老亦敬人之老，愛我之幼亦愛人之幼。推此心以惠民，天下可轉之掌上，言其易也。《詩》云：刑于寡妻，至于兄弟，以御于家邦。言舉斯心加諸彼而已。《詩・大雅・思齊》之篇也。刑，正也。寡，少也。言文王正己適妻，則八妾從，以及兄弟。御，享也。享天下國家之福，但舉己以加於人而已。故推恩足以保四海，不推恩無以保妻子。古之人所以大過人者，無他焉，善推其所爲而已矣。大過人者，大有爲之君也。善推其心所好惡以安四海也。

(宋)朱熹《四書章句集注・孟子集注・梁惠王章句上》上下交征利而國危矣。萬乘之國弑其君者，必千乘之家；千乘之國弑其君者，必百乘之家。萬取千焉，千取百焉，不爲不多矣。苟爲後義而先利，不奪不饜。此言求利之害，以明上文何必曰利之意也。征，取也。上取乎下，下取乎上，故曰交征。國危，謂將有弑奪之禍。乘，車數也。萬乘之國者，天子畿内地方千里，出車萬乘。千乘之家者，天子之公卿采地方百里，出車千乘也。千乘之國，諸侯之國。百乘之家，諸侯之大夫也。弑，下殺上也。饜，足也。言臣之於君，每十分而取其一分，亦已多矣。若又以義爲後而以利爲先，則不弑其君而盡奪之，其心未肎以爲足也。

亦有仁義而已矣。

(清)焦循《孟子正義・梁惠王章句上》孟子對曰：王何必曰利，亦有仁義而已矣。注：孟子知王欲以富國強兵爲利，故曰王何必以利爲名乎，亦惟有仁義之道者，可以爲名。以利爲名，則有不利之患矣。因爲王陳之。疏：注孟子至陳之。正義曰：孟子謂宋牼云：先生之號則不可。名猶號也。曰利，即是以利爲號。《廣雅・釋言》云：曰，言也。《國語・周語》云有不祀則脩言，韋昭注云：言，號令也。名、言義皆爲號，故用以解曰利之義。惟以利爲號令，故大夫士庶人應之。《洪範》：初一曰五行：一曰水，二曰火，三曰水，四曰金，五曰土。桓公二年《左傳》：以條之役生太子，命之曰仇；其弟以千畝之戰生，命之曰成師。又：嘉耦曰妃，怨耦曰仇。曰之爲詞，所以標名號，故趙氏以名釋曰。王曰何以利吾國，大夫曰何以利吾家，士庶人曰何以利吾身，上下交征利，而國危矣！注：征，取也。從王至庶人，故云上下交争。各欲利其身，必至於篡弑，則國危亡矣。《論語》曰：放於利而行，多怨。故不欲使王以利爲名也。又言交爲俱也。疏：注征取也。正義曰：《盡心篇》下有布縷之征，注云：征，賦也。哀公十二年《公羊傳》何休注云：賦者，斂取其財物也。僖公二十七年《左傳》賦納以言，杜預注云：賦，猶取也。《荀子・富國篇》其於貨財取與，楊倞注云：取謂賦斂。是征、賦、取三字轉注，故趙氏訓征爲賦，又訓征爲取也。注從王至名也。正義曰：從，自也。自王取於大夫，大夫取於士庶人，爲上征下；士庶人又取利於大夫，大夫取利於王，爲下征上。是交征也。云交争者，《魏世家》云：孟子至梁，梁惠王曰：叟，不遠千里，幸辱敝邑之庭，將何以利吾國？孟軻曰：君不可以言利若是。夫君欲利，則大夫欲利；大夫欲利，則庶人欲利：上下争利，國則危矣。司馬遷每以改易字代解詁，上下交取，勢則必争，故以争利解交征，趙氏所本也。征無争訓，故先以取訓之，而後本《史記》言交争，惟争而

國乃危。《國策・秦策》云王攻其南，寡人絶其西，魏必危，高誘注云：危，亡也。以亡訓危，與趙氏此注同。監本、毛本脱亡字。引《論語》者，《里仁》第四篇文。注又言交爲俱。正義曰：前言上下交争，是以交爲交互之交。交又訓俱，高誘注《齊策》、韋昭注《國語》，皆如此訓。趙氏兼存之，故云又言。謂天子以至庶人，俱惟利是取，不必上取下、下取上。此别一義也。萬乘之國，弑其君者，必千乘之家。注：萬乘，兵車萬乘，謂天子也。千乘，兵車千乘，謂諸侯也。夷羿之弑夏后，是以千乘取萬乘也。疏：注萬乘兵車至侯也。正義曰：《漢書・刑法志》云：因井田而制軍賦：地方一里爲井，井十爲通，通十爲成，成方十里；成十爲終，終十爲同，同方百里；同十爲封，封十爲畿，畿方千里。有税有賦：税以足食，賦以足兵。故四井爲邑，四邑爲丘，丘十六井也，戎馬一匹，牛三頭。四丘爲甸，甸六十四井也，有戎馬四匹，兵車一乘，牛十二頭，甲士三人，卒七十二人，干戈備具，是謂乘馬之法。一同百里，提封萬井，除山川、沈斥、城池、邑居、園囿、術路，三千六百井，定出賦六千四百井，戎馬四百匹，兵車百乘：此卿大夫采地之大者也，是謂百乘之家。一封三百一十六里，提封十萬井，定出賦六萬四千井，戎馬四千匹，兵車千乘：此諸侯之大者也，是謂千乘之國。天子畿方千里，提封百萬井，定出賦六十四萬井，戎馬四萬匹，兵車萬乘：故稱萬乘之主。《論語》道千乘之國，集解：馬氏云：《司馬法》：六尺爲步，步百爲畝，畝百爲夫，夫三爲屋，屋三爲井，井十爲通，通十爲成：成出乘車一乘。然則千乘之賦，其地千成，居地方三百一十六里有奇，惟公侯之封，乃能容之；雖大國之賦，亦不是過焉。包氏曰：千乘之國者，百里之國也。古者井田，方里而井，十井爲乘，百里之國，適千乘也。融依《周禮》，包依《王制》、《孟子》，疑故兩存焉。毛氏奇齡《經問》云：古千乘之國，地方百里，出兵車千乘，故稱千乘之國，方里而井，百里之國爲萬井，而出千乘，是十井出一乘，不問可知。《周禮》乃謂九夫爲井，四井爲邑，四邑爲丘，四丘爲甸，甸六十四井，出車一乘。則是百里之國，止出兵車一百五十六乘，何名千乘乎？曰：《周禮・小司徒》職惟有九夫爲井，四井爲邑，四邑爲丘，四丘爲甸四句，其下甸出一乘云云，皆《司馬法》文。杜預引此注《左傳》，不注明司馬法三字，而混并在《周禮》文下，或遂以之詬《周禮》。特所謂《司馬法》者，原非周制，《史記》：齊景公時，有司馬穰苴曾著兵法，至戰國時，齊威王使大夫追論古《司馬兵法》，而附穰苴於其中，名《司馬法》。今其書不傳久矣，然且有兩《司馬法》，兩言出車之制：其一又曰六尺爲步，步百爲畝，畝百爲夫，夫三爲屋，屋三爲井，井十爲通，通十爲成：成出革車一乘。此馬融引之注《論語》，鄭康成引之注《周禮》；然皆非是。大抵侯國以百里爲斷，百里之地，以開方計之，實得萬里。《孟子》方里而井。萬里者，萬井也。乃以甸出一乘計之，甸方八里，實得六十四井。以成出一乘計之，成方十里，實得百井；百井出一乘，則萬夫止百乘。六十井出一乘，則萬夫止出一百五

十有六乘矣。雖爲之説者曰：成之十里，即是甸之八里。以甸八里外，有治溝洫之夫，各受一井，得二里，不出車賦，仍是十里。然其與千乘之賦，則總不合。於是馬融謂侯封不止百里，當有方三百一十六里有奇。而鄭康成則直據《周禮》，謂公五百里，侯四百里，伯三百里，子二百里，男一百里，以求合於成甸出車之數。夫列爵惟五，分土惟三，真周制也。公侯百里，伯七十里，子男五十里，《王制》之等也。故《易》曰震驚百里，言建侯象雷震地，止百里。而《春秋傳》曰列國一同，一同者，百里之地。孟子謂周公、太公，其始封俱止百里，非地有不足，而限制如此。此在漢後《五經》諸家，如何休、張苞、包咸、范甯輩，皆歷爲是説，而乃以五等班禄，亂周家三等之制。以一人之書，盡反《易》、《春秋》、《尚書》、《孟子》、《王制》諸經傳之文，豈可訓也！王氏鳴盛《周禮軍賦説》云：大國三軍，車五百乘；若計地出賦，則得千乘。千乘出賦之法，則服虔注《左傳》所引《司馬法》，載《詩正義》，所謂甸六十四井，出車一乘，士卒共七十五人者是。馬、鄭注《論語》引之，欲見邦國疆域實數。故改甸爲成，其實一耳。孫子云：興師十萬，日費千金，怠於操事者，七十萬家。蓋謂七家而賦一兵也。今以此法推六十四井、五百七十六家，可出八十二人，尚餘二夫。今衹出七十五人，則是七家又十之五強出一人也。此説本無可疑。自何休注《公羊傳》初税畝云：聖人制井田之法，十井共出兵車一乘。包咸因之，亦謂十井爲乘，百里之國應千乘也。何楷辨之，謂使十井出一甸之賦，則其虐又過於成公之丘甲矣。此説最精。顧後儒猶有惑於其説者，則以邦國疆域，諸國參差不合也。《王制》云：公侯田方百里，伯七十里，子男五十里。《孟子》云：諸侯之地方百里；不百里不足以守宗廟之典籍。周公之封於魯，爲方百里也；地非不足，而儉於百里。太公之封於齊也，亦爲方百里也；地非不足，而儉於百里。今考《王制》云云，康成以爲夏制五等之爵，三等受地，至殷變爵爲三等，合子男與伯以爲一，其地亦三等不變。則《白虎通》詳言之，武王克商，復增子男爵爲五等，其受地則與夏、殷三等同。齊魯之封，皆在武王之世。《孟子》所謂地非不足，而儉於百里者，大都據初制而言。賈公彦《職方氏》疏申鄭意，謂其時九州之界尚狹，至武王崩，成王幼，周公攝政，致太平，制禮樂，成武王之意，斥大九州，於是五等之爵，以五等受地。則《周禮·大司徒》云：凡建邦國：諸公之地，封疆方五百里；諸侯之地，封疆方四百里；諸伯之地，封疆方三百里；諸子之地，封疆方二百里；諸男之地，封疆方百里。是也。《左氏傳》言不過半天子之軍，《坊記》言不過千乘，不過云者，謂軍賦以是爲限，非地止三百一十六里，故馬云：大國亦不是過。《史記》云：周封伯禽於魯，地方四百里。《明堂位》則以成王欲廣魯於天下，故封周公於曲阜，地方七百里。然其言魯之賦，亦不過革車千乘而已。若孟子對北宫錡曰：周室班爵禄，公侯皆方百里，伯七十里，子男五十里。不能五十里，不達於天子，附於諸侯曰附庸。此以夏制爲周制者。其言曰軻也嘗聞其略，則爲傳聞約略之詞，而非載籍之明據可知。王與之云：孟子見戰國争雄，壞地廣袤，遂援百里、七十里、五十里之制，以抑當時並吞無厭之心。若今之偏州下邑，奚啻百里？《周禮》所載，不爲過也。此説得之。蓋千乘其地千成，則九萬井有餘，其爲百里已九有奇矣，尚得以爲百里乎？《左傳》襄二十五年，鄭子産適晉獻捷，晉人責之何故侵小，子産對曰：昔天子之地一圻，列國之地一同，今大國多數圻矣，若無侵小，何以至焉。此亦救時之譚，非核實之論也。謹按：説者多以千乘三百一十六里爲長，乃《孟子》説公侯百里，則《孟子》言千乘，當自以百里矣。録毛氏、王氏兩説，以俟識者參之。注夷羿至乘也。正義曰：襄公四年《左傳》云：昔有夏之方衰也，后羿自鉏遷於窮石，因夏民以代夏政，不脩民事，而淫於原獸。棄武羅、伯因、熊髡、尨圉而用寒浞；寒浞，伯明氏之讒子弟也。伯明后寒棄之，夷羿收之。杜預注云：夷，氏也。哀公元年《左傳》云：昔有過澆，殺斟灌以代斟鄩，滅夏后相。然則羿代夏政，不言弑君，其滅相者，自是澆，非羿也。《書序》稱太康失邦，昆弟五人，須於洛汭。《周書·嘗麥》云：其在夏之五子，忘伯禹之命，假國無正，用胥興作亂，遂凶厥國。皇天哀禹，賜以彭壽，思正夏略。五子，武觀也。彭壽者，彭伯也。是太康失國，由於五觀。惟《僞古文尚書》言羿距於河，某氏傳以爲羿廢太康，立其弟仲康。趙氏所據未聞。千乘之國，弑其君者，必百乘之家。注：天子建國，諸侯立家。百乘之家，謂大國之卿，食采邑有兵車百乘之賦者也，若齊崔、衛甯、晉六卿等是。以其終亦皆弑其君，此以百乘取千乘也。上千乘當言國而言家者，諸侯以國爲家，亦以避萬乘稱國，故稱家。君臣上下之辭。疏：注天子建國諸侯立家。正義曰：《春秋》桓公二年《左傳》文。《周禮·地官·載師》以家邑之田任稍地，注云：家邑，大夫之采地。《夏官·大司馬》家以號名，注云：家，謂食采地者之臣也。注若齊崔至乘也。正義曰：齊崔謂崔杼。衛甯謂甯喜。《春秋》襄公二十五年夏五月乙亥，齊崔杼弑其君光；二十六年春王二月辛卯，衛甯喜弑其君剽，是其事。馬氏驌《繹史》云：晉三卿韓、魏、趙氏，起於獻公之世，卒分晉國。夫晉自三郤之亡，七族並盛，知罃、范匄、荀偃、韓起、欒黶、范魴、魏絳、趙武，襄八年《傳》稱悼公之八卿也。其後欒氏復亡，韓起、趙成、荀吴、魏舒、范鞅、知盈，五年《傳》稱平公之六卿也。至於定公，而范、荀亡，晉止四卿矣。至於哀公而知伯滅，晉又止三卿矣。注上千至之辭。正義曰：諸侯稱國，大夫稱家，上云千乘之家，故趙氏説之。太史公以吴太伯以下，凡諸侯目爲世家。索隱引董仲舒云：王者封諸侯，非官之也，得以代代爲家者也。是諸侯以國爲家也。按孟子言天子之卿，受地視侯，大夫受地視伯，元士受地視子男。然則天子之卿大夫，其采地同於侯；則千乘之家，正指畿内之卿。如王孫蘇殺毛、召而王室亂，尹氏召伯立王子朝而王室亂，雖無殺君之迹，而争奪之釁，起自王臣矣。萬取千焉，千取百焉，不爲不多矣。注：周制，君十卿禄，君食萬鍾，臣食千鍾，亦多矣，不爲不多矣。疏：注周制至多矣。正義曰：君十卿禄，《萬章下篇》文。《王制》亦云，故以爲周制也。《王制》：諸侯之下士，禄食九人，中士食十八人，上士食三十六人，下大夫食七十二人，卿食二百八十八人，君食二千八百八十人。《周禮·廩人》：凡萬民之食食者，人四鬴，上也；人三鬴，中也；人二鬴，下也。注云：此皆謂一月食米也。六斗四升曰鬴。賈氏疏云：此雖列三等之年，以中年是其常法。以是推之，人一月三鬴，一歲十二月，食三十六鬴；二百八十八人，則每歲食一萬零三百六十八鬴。《考工記·㮚氏》量之以爲鬴，注云：四升曰豆，四豆曰區，四區曰鬴；鬴六斗四升也。鬴十則鍾。然則一萬零三百六十八鬴，爲鍾一千零三十六八，總其整數，是爲千鍾。君食二千八百八十人，是歲食十萬零三千六百八十鬴，爲一萬零三百六十八鍾，總其整數，是爲萬鍾。云君食萬鍾者，指諸侯千乘也。云臣食千鍾者，指大夫百乘也。經文承上萬乘千乘百乘，則萬千百仍指乘言。是諸侯於天子，萬乘中取其千。大夫於諸侯，千乘中取其百。趙氏以禄言之，則君臣實取之數，諸侯於千乘中食萬鍾，大夫於百乘中食千鍾，推之天子於萬乘中食十萬鍾，其千乘之家，卽於萬乘中食萬鍾。食萬鍾者非一家；食千鍾於千乘者，亦非一家。分各定，不容更溢，故不爲不多也。苟爲後義而先利，不奪不饜。注：苟，誠也。誠令大臣皆後仁義而先自利，則不篡奪君位，不足自饜飽其欲矣。疏：注苟誠至欲矣。正義曰：苟誠，《論語》苟志於仁矣。孔注、《詩·采苓》苟亦無信。毛傳，皆如此訓。《白虎通·誅伐篇》云：篡，猶奪也，取也。《説文》厶部云：逆而奪取曰篡。故以篡訓奪。《國語·晉語》云屬厭而已，韋昭注云：厭，飽也，饜與厭通，故以飽訓饜。未有仁而遺其親者也，未有義而後其君者也。注：仁者親親，義者尊尊。人無行仁而遺棄其親、行義而忽後其君者。疏：未有至者也。正義曰：篡奪，則不止遺其親、後其君矣。以利爲名，其弊至此。行仁義，則愛其親，敬其君，不遺不後，詎至篡奪乎？注忽後。正義曰：《論語》忽焉在後，忽之故後之也。監本、毛本作無行義而忽後其君長。王亦曰仁義而已矣，何必曰利。注：孟子復申此者，重嗟歎其禍。疏：注孟子至其禍。正義曰：監本、毛本無嗟字，《音義》有之。

又：〔孟子〕曰：挾太山以超北海，語人曰我不能，是誠不能也。故王之不王，非挾太山以超北海之類也；爲長者折枝，語人曰我不能，是不爲也，非不能也。故王之不王，是折枝之類也。注：孟子爲王陳爲與不爲之形若是，王則不折枝之類也。折枝，案摩折手節解罷枝也。少者恥見役，故不爲耳，非不能也。太山、北海皆近齊，故以爲喻也。疏：挾太山以超北海。正義曰：《墨子·兼愛篇》云：挈太山以超江河，生民以來，未嘗有也。蓋當時有此語，墨子之書，孟子未必引之。注折枝至見役。正義曰：毛氏奇齡《四書賸言》云：趙氏注折枝，案摩折手節解罷枝，此卑賤奉事尊長之節。《内則》：子婦事舅姑，問疾痛疴癢而抑搔之。鄭注：抑搔卽按摩。屈抑枝體，與折義正同。以此皆卑役，非凡人屑爲，故曰是不爲，非不能。《後漢·張皓王龔·論》云：豈同折枝於長者，以不爲爲難乎？劉熙注：按摩不爲非難爲。可驗。若劉峻《廣絶交論》折枝舐痔，盧思道《北齊論》韓高之徒，人皆折枝舐痔，《朝野僉載》薛稷等舐痔折枝，阿附太平公主，類皆朋作媕諂之具。《音義》引陸善經云：折枝，折草樹枝。趙氏佑《温故録》云：《文獻通考》載陸筠解爲罄折腰枝，蓋猶今拜揖也。元人《四書辨疑》以枝與肢通，謂斂折肢體，爲長者作禮，與徐行後長意類，正竊其意而衍之。注太山北海皆近齊。正義曰：閻氏若璩《四書釋地》云：《禹貢》海岱惟青州，故蘇秦説齊宣王：齊南有太山，北有渤海。司馬遷言吾適齊，自泰山屬之琅邪，北被於海。降至漢景帝，猶置北海郡於營陵，營陵，舊營丘地。《左傳》云君處北海是也。高帝置泰山郡，領博縣，縣有泰山廟，岱在其西北。《禮記》云齊人將有事泰山是也。以知挾泰山以起北海，皆取齊境内之地設譬耳。老吾老，以及人之老；幼吾幼，以及人之幼：天下可運於掌。注：老，猶敬也。幼，猶愛也。敬吾之老，亦敬人之老。愛我之幼，亦愛人之幼。推此心以惠民，天下可轉之掌上，言其易也。疏：注老猶至易也。正義曰：《禮記·大學篇》云：上老老而民興孝，上長長而民興弟。注云：老老長長，謂尊老敬長也。此老吾老幼吾幼，猶云老老長長。老無敬訓，幼無愛訓，故云猶敬猶愛也。《廣雅·釋詁》云：運，轉也。故以轉解運。《詩》云：刑于寡妻，至于兄弟，以御于家邦。言舉斯心加諸彼而已。注：詩，《大雅·思齊》之篇也。刑，正也。寡，少也。言文王正己適妻，則八妾從，以及兄弟。御，享也。享天下國家之福，但舉己心加於人耳。疏：注刑正至妾從。正義曰：《詩》釋文引《韓詩》云：刑，正也。《毛詩》傳云：寡妻，適妻也。《白虎通·嫁娶篇》云：天子諸侯一娶九女。爲適妻，餘爲八妾。注御享至之福。正義曰：享之義爲獻，御之義爲進。進、獻同。《詩·六月》飲御諸友，傳云：御，進也。謂飲享諸友也。《獨斷》云：所至曰幸，所進曰御。又云：御者，進也。凡衣服加於身，飲食入於口，妃妾接於寢，皆曰御。天下國家之福，皆進於天子，故御享天下國家之福也。注但舉至人耳。正義曰：阮氏元《校勘記》云：監、毛本心作以，形近而誤。故推恩足以保四海，不推恩無以保妻子。

（清）焦循《孟子正義·公孫丑章句上》　孟子曰：以力假仁者霸，霸必有大國。以德行仁者王，王不待大，湯以七十里，文王以百里。注：言霸者以大國之力，假仁義之道，然後能霸，若齊桓晉文等是也。以己之德，行仁政於民，小國則可以致王，若湯文王是也。疏：湯以至百里。正義曰：顧氏炎武《日知録》云：湯以七十里，文王以百里，孟子爲此言，以證王之不待大爾。其實文王之國，不止百里，周自王季伐諸戎，疆土日大，文王自岐遷豐，其國已跨三四百里之地，伐崇伐密，自河以西，舉屬之周。至於武王，而西及梁、益，東臨上黨，無非周地。紂之所有，不過河內殷墟，其從之者，亦但東方諸國而已。一舉而克商，宜其如振槁也。《書》之言文王曰大邦畏其力，文王何嘗不藉力哉？按：孟子前言文王由方百里起，是以難也，謂其起自百里，非謂遷豐之後仍止百里也。孟子之文，彼此互見，貫而通之，乃見其備。湯文始小而終大，由能行仁政而諸侯歸之，謂文王藉力，當未必然。《史記·平原君列傳》毛遂曰：遂聞湯以七十里之地王天下，文王以百里之地而臣諸侯。《荀子·仲尼篇》云：文王載百里地而天下一。《韓詩外傳》云：客有説春申君者曰：湯以七十里，文王以百里，皆兼天下，一海內。陸賈《新語·明誡篇》云：湯以七十里之封，而升帝王之位。《史記·三代世表》後，褚先生荅張夫子問云：堯知稷、契皆賢人，天之所生，故封之契七十里；後十餘世，至湯王天下。堯知后稷子孫之後王也，故益封之百里，其後世且千歲，至文王而有天下。以力服人者，非心服也，力不贍也。以德服人者，中心悦而誠服也。【略】《章指》言：王者任德，霸者兼力，力服心服，優劣不同，故曰遠人不服，修文德以懷之。疏：王者任德。正義曰：《漢書·禮樂志》云：天任德，不任刑。遠人至懷之。正義曰：《論語·季氏篇》文。足利本懷作來，韓本同。

（清）焦循《孟子正義·滕文公章句上》

〔孟子曰〕設爲庠序學校以教之。注：以學習禮教化於國。庠者，養也。校者，教也。序者，射也。夏曰校，殷曰序，周曰庠，學則三代共之，皆所以明人倫也。注：養者，養耆老。教者，教以禮樂。射者，三耦四矢以達物導氣也。學則三代同名，皆謂之學，學乎人倫。人倫者，人事也。猶《洪範》曰彝倫攸敘，謂常事所敘也。疏：庠者至倫也。正義曰：《史記·儒林傳》：公孫弘乃謹與太常臧、博士平等議曰：聞三代之道，鄉里有教，夏曰校，殷曰序，周曰庠。《漢書·儒林傳》則作殷曰庠，周曰序，《説文》與《漢書》同，未知孰是也。閻氏若璩《釋地又續》云：陳氏《禮書》曰：孟子論井地，而及夏曰校，商曰序，周曰庠，蓋校、庠、序者，鄉學也。《鄉飲酒》：主人迎賓於庠門之外，鄉簡不帥教，耆老皆朝於庠，則庠鄉學名也。《周官》：州長會民射於州序，黨正屬民飲酒於序，則序亦鄉學名也。鄭人之所欲毁者，謂之鄉校，則校亦鄉學名也。然鄉曰庠，《記》言黨有庠，州曰序，《記》言遂有序，何也？古之致仕者，教子弟於閭塾之基，則家有塾云者，非家塾也。合二十五家而教之閭塾，謂之家有塾；則合五黨而教之鄉庠，謂之黨有庠可也。《周禮》遂官各降鄉官一等，則遂之學亦降鄉一等矣。降鄉一等而謂之州長，其爵與遂大夫同，則遂之學，其名與州序同可也。《小戴》本雜記之書，陳氏能將《儀禮》、《周官》、《左氏》及《孟子》融會於一，無少抵牾，真經術之文也。周氏柄中《辨正》云：孟子言夏曰校殷曰序周曰庠，此鄉學也。而《王制》所載虞曰庠，夏曰序，爲國學之稱。考之《周禮》，則州黨之學皆曰序，而庠校不見於經。《學記》云黨有庠者，庾氏謂夏殷制，非周法，其説皆與《孟子》不合。讀孟子書，當就孟子求其義，不得又以他説汩亂之。安溪李文貞公云：立太學以教於國，設庠序以化於邑，董子雖言之而莫行也。故在漢代，辟雍太學之制，博士弟子員之設，僅於京師而已。自後天下州邑，亦徒廟事孔子而無學。宋之中世，始詔天下有州者皆得立學，而縣之學士滿二百人，始得爲之，少則不能中律，今荒州僻縣，無不設之學矣。意三代相承亦如此。夏之時，鄉爲置校而已；殷之時，州莫不有序焉；周人修而兼用之，而黨庠以徧；此自古及今，其制浸廣也。黨近於民，故主於上齒尊長，而以養爲義；鄉近於國，故總乎德行道藝，而以教爲義；州則自黨而升，而將賓於鄉，故修乎禮樂容節，而以射爲義：此則自上而下，其法浸備也。文貞此説最善，蓋黨統於州，州統於鄉，故序以承校，庠以承序，制以漸而始大備。俗説謂三代之鄉學各一，而惟遞變其名，不可通矣。王氏念孫《廣雅疏證》云：《孟子·滕文公篇》：庠者，養也。校者，教也。序者，射也。《廣雅》卷四云：校，教也。卷五云：序，射也。皆本《孟子》。引之云：《説文》：庠，禮官養老也。《王制》有虞氏養國老於上庠，鄭注云：庠之言養也。趙岐注《孟子》云：養者，養耆老。射者，三耦四矢以達物導氣。此皆緣辭生訓，非經文本意也。養國老於上庠，謂在庠中養老，非謂庠以養老名也。《州長》職云春秋以禮會民而射於州序，謂在序中習射，非謂序以習射名也。《王制》：耆老皆朝於庠，元日習射上功。而庠之義獨取義於養老，何也？《文王世子》：適東序養老。而序之義獨取於習射，何也？庠序學校，皆爲教學而設；養老習射，偶一行之，不得專命名之義。庠訓爲養，序訓爲射，皆是教導之名，初無別異也。《文王世子》：立太傅少傅以養之，欲其知父子君臣之道也。鄭注云：養，猶教也。言養者，積浸養成之。《保氏》職云：掌養國子以道。此庠訓養之説也。射、繹古字通。《爾雅》云：繹，陳也。《周語》云：無射，所以宣布哲人之令德，示民軌儀也。則射者陳列而宣示之，所謂謹庠序之教，申之以孝弟之義也。此序訓爲射之説也。養，射，皆教也。教之爲父子，教之爲君臣，教之爲長幼，故曰皆所以明人倫也。徹者，徹也。助者，藉也。庠者，養也。校者，教也。序者，射也。皆因本事以立訓，豈嘗別指一事以名之哉！注養者至敘也。正義曰：趙氏以養爲養耆老，即本《王制》養國老於上庠，《説文》亦以庠爲禮官養老也。《鄭風詩序》云：《子衿》，刺學校廢也。亂世則學校不修焉。其三章一日不見，如三月兮，毛傳云：言禮樂不可一日而廢。趙氏本此，故以教禮樂言之。其實不僅教以禮樂，故鄭箋云：鄭國謂學爲校，言可以校正道藝。道藝則不止禮樂也。《儀禮·鄉射》云豫則鉤楹內，注云：豫者，謂州學也。讀如成周宣榭災之榭，《周禮》作序，今文豫爲序。序即榭，榭、射聲通，是榭因鄉射而立名。《鄉射禮》云三耦俟於堂西，注云：選弟子之中德行道藝之高者，以爲三耦。又云兼挾乘矢，又云三耦皆執弓，搢三而挾一个，注云：乘矢，四矢也。《白虎通·鄉射篇》云：天子所以親射何？助陽氣，達萬物也。春陽氣微弱，恐物有窒塞，不能自達者。夫射自内發外，貫堅入剛，象物之生，故以射達之也。是所云達物導氣之義也。學，謂大學也。庠、序、校，皆鄉學，在郊。《禮記·王制》云：耆老皆朝於庠，元日習射上功，習鄉上齒，大司徒帥國之俊士與執事焉。不變，命國之右鄉，簡不帥教者移之左；命國之左鄉，簡不帥教者移之右。不變，移之郊。不變，移之遂。此由鄉下移於郊遂，皆鄉學也。又云：命鄉論秀士，升之司徒曰選士；司徒論選士之秀者，而升之學。此學卽大學，在城中王宫之左者也。三代同名爲學，無異名也。《文王世子》云：春夏學干戈，秋冬學羽籥，皆於東序。春誦夏弦，大師詔之瞽宗。秋學禮，執禮者詔之；冬讀書，典書者詔之。禮在瞽宗，書在上庠。又云：凡祭與養老、乞言、合語之禮，皆小樂正詔之於東序。《周禮·大司樂》：掌成均之法，以治建國之學政，而合國之子弟焉。凡有道有德者使教焉，死則以爲樂祖，祭於瞽宗。又有成均東序瞽宗上庠等名者，蓋統名爲學而分爲四：其東爲東序也；其西爲瞽宗，瞽宗卽西學，故《祭義》云祀先賢於西學，卽祭有道德者於瞽宗也；其北爲上庠，秋學禮在瞽宗爲西學，則冬學書在上庠爲北學矣；東序瞽宗上庠分列東西北三方，則成均爲南學。青陽總章元堂，統其名於明堂；則東序瞽宗上庠，統其名於成均。故《大司樂》分言之則云東序瞽宗，統言之則言掌成均之法也。雖分有四名，而實統謂之學。《祭義》云：天子設四學。《大戴記》云：帝入東學，帝入南學，帝入西學，帝入北學。但仍僅謂之學也。吴氏鼎《易堂問目》云：今考定五學：東學，周名東膠，又名東序，本夏學總名；西學，周名瞽宗，又名右學，本殷學總名；北學，周名上庠，本虞學總名；南學，周名成均，舊説五帝學名，蓋陶唐以前，學之總名；大學，周名辟雍。魯兼四代之學，序在東，瞽宗在西，米廩在北，頖宫在南。《文王世子》：王乃命公侯伯子男及羣吏曰：反養老幼於東序。則諸侯國學，疑皆同此制。鄭氏注《禮記·曲禮》、《樂記》皆以倫爲類，高誘注《吕氏春秋·達鬱》、《淮南子·説林》等篇皆以類爲事，趙氏注《告子篇》此之謂不知類也，亦云類，事也。此以倫爲事，卽以倫爲類也。《洪範》，《周書》篇名。惟十有三祀，王訪於箕子，王乃言曰：嗚乎箕子，惟天陰隲下民，相協厥居，我不知其彝倫攸敘。王肅注云：言天深定下民，與之五常之性，王者當助天和，合其居所，行天之性，我不知常道倫理所以次敘。《漢書·五行志》引《洪範》此文，應劭注云：陰，覆。隲，升。相，助。協，和。倫，理。攸，所也。言天覆下民，王者當助天居，我不知居天常理所次敘也。《禮記·樂記》云理之不可易者也，注云：理，猶事也。倫之爲事，卽倫之爲理，與應劭、王肅義同。顧氏炎武《日知録》云：彝倫者，天地人之常道，如下所云五行、五事、八政、五紀、皇極三德、稽疑庶徵、五福、六極，皆在其中，不止孟子之言人倫而已。能盡人之性，盡物之性，則可以贊天地之化育，而彝倫敘矣。按趙氏引《洪範》彝倫，以證《孟子》之人倫，謂其常事有敘，則正以孟子此言人倫，卽《洪範》之彝倫。蓋國學鄉學，爲王大子、王子、羣后之大子、卿大夫元士之適子、國之俊選，皆由此出；樂正崇四術，立四教，順先王《詩》、《書》、《禮》、《樂》以造士，雖申之以孝弟之義，而一切人事常理，無不講明也。人倫明於上，小民親於下，有王者起，必來取法，是爲王者師也。注：有行三王之道而興起者，當取法於有道之國也。《詩》云：周雖舊邦，其命惟新。文王之謂也。子力行之，亦以新子之國。注：詩，《大雅·文王》之篇。言周雖后稷以來舊爲諸侯，其受王命，惟文王新復修治禮義以致之耳。以是勸免文公，欲使庶幾新其國也。疏：注詩大至國也。正義曰：詩在《文王篇》首章。閩、監、毛三本惟作維。閻氏若璩《孟子生卒年月考》云：《春秋公羊傳》君存稱世子，君薨稱子某，既葬稱子，踰年稱公。《左氏》例則未葬稱子，既葬稱君，不待踰年始稱君，此二傳之同異也。及以《孟子》證則又有異，君存稱世子，滕文公爲世子是。君薨亦稱世子，滕定公薨，世子謂然友是。未葬稱子，不獨既葬爲然，至於子之身而反之是。若孟子所稱子力行之，則在既葬之後，但未踰年耳。何以驗之？滕文公既定爲三年之喪，五月居廬，未有命戒，則亦無禮聘賢人之事可知。惟至葬後，始以禮聘孟子至滕而問國事焉，故孟子猶稱之爲子。直至踰年改元，然後兩稱爲君，曰君如彼何哉，曰君請擇於斯二者，然則孟子於滕行蹤歲月，亦略可覩矣。按《禮記·坊記》云：未没喪不稱君，示民不争也。故《魯春秋》記晉喪曰：殺其君之子奚齊，及其君卓。注云：没，終也。《春秋傳》曰諸侯於其封内三年稱子，至其臣子，踰年則謂之君矣。孟子未臣於齊，恐其稱君在終喪之後，未必既葬卽聘賢人，蓋滕文行三年之喪，喪將終，乃聘孟子；孟子至，未幾卽終喪。故此仍在三年之内則稱子，既三年喪畢，則稱君也。

又：〔孟子曰〕人之有道也，飽食煖衣，逸居而無教，則近於禽獸。聖人有憂之，使契爲司徒，教以人倫：父子有親，君臣有義，夫婦有別，長幼有敘，朋友有信。注：司徒主人，教以人事：父父子子，君君臣臣，夫夫婦婦，兄兄弟弟，朋友貴信，是爲契之教也。疏：人之至有信。正義曰：《虞書·堯典》云：帝曰：契，百姓不親，五品不遜，汝作司徒，敬敷五教，在寬。此使契爲司徒之事也。戴氏震《孟子字義疏證》云：人道，人倫日用，身之所行皆是也。在天地，則氣化流行，生生不息，是謂道。在人物，則凡生生所有事，亦如氣化之不可已，是謂道。《易》曰：一陰一陽之謂道。繼之者，善也。成之者，性也。言有天道以有人物也。《大戴禮記》曰：分於道謂之命，形於一謂之性。言人物分於天道，是以不齊也。《中庸》曰：天命之謂性，率性之謂道。言日用事爲皆由性起，無非本於天道然也。《中庸》又曰：君臣也，父子也，夫婦也，昆弟也，朋友之交也，五者天下之達道也。言身之所行，舉凡日用事爲，其大經不出乎五者也。孟子稱契爲司徒，教以人倫，父子有親，君臣有義，夫婦有別，長幼有序，朋友有信，此卽《中庸》所言脩道之謂教也。曰性曰道，指其實體實事之名。曰仁曰禮曰義，稱其純粹中正之名。人道本於性，而性原於天道，天地之氣化。流行不已。生生不息。然而生於陸者，入水而死；生於水者，離水而死；生於南者，習於温而不耐寒；生於北者，習於寒而不耐温：此資之以爲養者，彼受之以害生。天地之大德曰生，物之不以生而以殺者，豈天地之失德哉！故語道於天地，舉其實體實事而道自見，一陰一陽之謂道，立天之道曰陰與陽，立地之道曰柔與剛是也。人之心知有明闇，當其明則不失，當其闇則有差謬之失，故語道於人，人倫日用，咸道之實事，率性之謂道脩身以道天下之達道五是也。此所謂道不可不修者也。修道以仁，及聖人修之以爲教是也。其純粹中正，則所謂立人之道曰仁與義，所謂中節之爲達道是也。中節之爲達道，純粹中正，推之天下而準也。君臣父子夫婦昆弟朋友之交，五者爲達道，但舉實事而已。智仁勇以行之，而後純粹中正；然而卽謂之達道者，達諸天下而不可廢也。《易》言天道，而下及人物，不徒曰成之者性，而先曰繼之者善，繼謂人物於天地，其善固繼承不隔者也。善者，稱其純粹中正之名。性者，指其實體實事之名。一事之善，則一事合於天，成性雖殊，而其善也則一。善其必然也，性其自然也，歸於必然，適完其自然，此之謂自然之極致。天地人物之道，於是乎盡；在天道不分言，而在人物分言之始明。《易》又曰：仁者見之謂之仁，智者見之謂之智，百姓日用而不知，故君子之道鮮矣。言限於成性，而後不能盡斯道者，衆也。程氏瑶田《通藝録·論學小記》云：吾學之道在有，釋氏之道在無。有父子，有君臣，有夫婦，有長幼，有朋友。父子則有親，君臣則有義，夫婦則有別，長幼則有序，朋友則有信。以有倫故盡倫，以有職故盡職，誠者實有焉而已矣。毛氏奇齡《四書賸言補》云：契所教人倫，在《尚書》舊傳，極是明白。總見《春秋》文十八年《傳》季文子引臧文仲之言，使史克告曰：高辛氏舉八元，使布五教於四方，父義，母慈，兄友，弟恭，子孝，謂之五教。而杜預注云：契作司徒，五教在寬。是當時五倫只父母兄弟子五者，而其爲教，則又與《春秋》義方，《大學》慈孝，《康誥》友恭相左證。《五帝紀》述五教，亦無異辭。因之《虞書》慎徽五典，傳云：五典者，五常之教，父義，母慈，兄友，弟恭，子孝五者是也。至五品不遜，正義謂五品，卽父母兄弟子五者；敬敷五教，正義謂五教卽教之義、慈、友、恭、孝五者。漢唐儒者不以五達道爲五倫，不使《孟子》人倫闌入一字。孟子所言，必戰國相傳別有如此。大來曰：孟子所言人倫，在春秋時已有之。《論語》子路曰：長幼之節，不可廢也。君臣之義，如之何其廢之？欲潔其身，而亂大倫。則亦以君臣長幼爲人倫之二矣。曰古經極重名實，猶是君臣父子諸倫。而名實不苟，偶有稱舉，必各爲區目，如《管子》稱六親，是父、母、兄、弟、妻、子；衛石碏稱六順，是君義、臣行、父慈、子孝、兄愛、弟敬；《王制》稱七教，是父子、兄弟、夫婦、君臣、長幼、朋友、賓客；《禮運》稱十義，是父慈、子孝、兄良、弟弟、夫義、婦聽、長惠、幼順、君仁、臣忠；齊晏嬰稱十禮，是君令、臣恭、父慈、子孝、兄愛、弟敬、夫和、妻柔、姑義、婦聽；《祭統》稱十倫，是事鬼神、君臣、父子、貴賤、親疏、爵賞、夫婦、政事、長幼、上下；《白虎通》稱三綱六紀，是君臣、父子、夫婦、兄弟、諸父、族人、諸舅、師長、朋友。雖朝三暮四，總此物數，而十倫非十義，五道非五常，《中庸》三德斷非《洪範》之三德，則五達道必非五倫也。按《史記集解》引鄭氏注《堯典》云：五品，父母兄弟子也。又云：五典，五教也。蓋試以司徒之職。馬融注《堯典》云：五教，五品之教。王肅注云：五品，五常也。鄭氏自本文十八年《左傳》，以所云五教之目如是，乃取以爲《堯典》五教注耳。然史克所舉，不必卽爲《尚書》疏義，《書》命契，此舉八元，已不相合。如《管子·五輔篇》言聖王飭八禮以道民，八者，君中正無私，臣忠信不黨，父慈惠以教，子孝弟以肅，兄寬裕以誨，弟比順以敬，夫敦懞以固，妻勸勉以貞。夫然，則下不倍上，臣不殺君，賤不踰貴，少不陵長，遠不間親，新不間舊，小不加大，淫不破義。隱公三年《左傳》石碏言六逆六順，則省下倍上臣殺君，但言君義臣行父慈子孝兄愛弟敬。惠氏棟《九經古義》云：石碏止舉六者，爲君陳古義，倍弑之事，非所宜言。又公方暱嬖人，夫婦之際，所宜深諱。然則古人議事，原無一定，史克所説，烏知非石碏一例。孟子深於《詩》《書》，所目五教，宜得其真。《禮記·樂記》云：道五常之行。《論衡·問孔篇》云：五常之道，仁義禮智信也。王肅以五常爲五品，亦不同於鄭氏。司徒五教，宜以孟子爲定論，未可據《左傳》以疑《孟子》也。王氏引之《經傳釋詞》云：家大人曰：人之有道也，言人之爲道如此也，若言人之爲道也。有恒産者有恒心，無恒産者無恒心。爲、有一聲之轉。聖人有憂之，言聖人又憂之也。又字承上文憂洪水而言。注司徒至教也。正義曰：《禮記·祭法》云：契爲司徒而民成。民卽人也。《白虎通·封公侯篇》云：司徒主人；不言人言徒者，徒，衆也。重民衆。趙氏所本也。趙氏前解明人倫爲人事，此教以人事，亦以人事解人倫也。《易·家人·彖傳》云：父父、子子、兄兄、弟弟、夫夫、婦婦而家道正。《論語·顏淵篇》：孔子對齊景公曰：君君、臣臣、父父、子子。《家人》專以門内言之，故不及君臣、朋友。對齊景切其時事，故僅舉君臣、父子，亦立言各有其當。乃《序卦傳》云：有夫婦而後有父子，有父子而後有君臣。《兑·象傳》言朋友講習，則君臣、夫婦、朋友與父子、兄弟五者，自不可缺一，故趙氏合《易》、《論語》而言父父、子子、君君、臣臣、夫夫、婦婦、兄兄、弟弟，又益以朋友，貴信也。是爲契之所教，則五教之中不得偏指父子、兄弟，而缺君臣、夫婦、朋友矣。

放勳日勞之來之。匡之直之，輔之翼之，使自得之，又從而振德之。

注：放勳，堯號也。遭水災，恐其小民放辟邪侈，故勞來之，匡正直其曲心，使自得其本善性，然後又復從而振其羸窮，加德惠也。疏：放勳日。正義曰：臧氏琳《經義》雜記云：孫宣公《音義》引丁音日音馹，或作曰，誤也。按趙注

云云，意不以爲堯之言，則今讀曰爲越者，誤。自上文當堯之時天下猶未平至此，皆敍事之辭也。蓋曰、日二字，形近易譌，唐石經日字皆作曰，《釋文》於曰字每加音別之，亦有不能別而具越、實兩音者。無識者横取此勞之來之以下竄入《尚書》敬敷五教在寬之後，妄甚。按孔本作放勳日，與《音義》同。他本俱作曰，作日是也。言既命益、禹、稷、契而不自已也，日日勞來，匡直輔翼，所以然者，使自得之也而未已也，又從而振德之。日字與又字相應，與《大學》日日新又日新同。下云聖人之憂民如此，緊承此數語。不然徒使益、禹等勤勞，放勳轉有暇矣。而暇耕乎四字，正從日字一貫。注放勳堯號也。正義曰：閻氏若璩《釋地又續》云：古帝王有名有號，如堯舜禹，其名也。放勳、重華、文命，皆其號也。《孟子》引古《堯典》曰放勳乃殂落，許氏《說文》正同。《屈原賦》二十五篇最近古，《離騷》云就重華而陳詞，《九章涉江》云吾與重華遊乎瑶之圃，《懷沙》云重華不可啎兮，重華凡三見，皆實謂舜，豈本史臣贊舜之詞，屈子因以爲舜號乎？江氏聲《尚書集注音疏》云：《大戴禮・帝系篇》云：少典産軒轅，是爲黄帝。又昌意産高陽，是爲帝顓頊。又蟜極産高辛，是爲帝嚳。帝嚳産放勳，是爲帝堯。是放勳與軒轅、高陽等同稱也。《漢書・古今人表》云黄帝軒轅氏，帝顓頊高陽氏，《左傳》亦稱高陽氏、高辛氏，軒轅、高陽等既皆是氏，則放勳當同。按古之稱氏，如宓犧氏、神農氏、女媧氏、共工氏、夏后氏是。其號如斟灌氏、斟尋氏，皆國號而係以氏。以軒轅、高陽例之，放勳之爲號信矣。《堯典》稱胤子朱，稱鯀，皆名。其云有鰥在下曰虞舜，鄭氏注云虞氏舜名，是也。《史記・五帝本紀》云：黄帝者，名曰軒轅。虞舜者，名曰重華。夏禹，名曰文命。名號通稱。《淮南子・原道訓》云則名實同居，高誘注云：勢位爵號之名也。《周書・謚法解》云大行受大名，細行受細名，注云：名謂號謚。是也。注遭水至德也。正義曰：趙氏讀放勳日，故如是解也。遭水災，民爲不善，故堯勞來之，不罰責之也。王氏念孫《廣雅疏證》云：《說文》：勑，勞勑也。《爾雅》：勞，來，勤也。《大雅・下武篇》昭兹來許，鄭箋云：來，勤也。《史記・周紀》武王曰日夜勞來，定我西土，《墨子・尚賢篇》云垂其股肱之力，而不相勞來，皆謂勤也。《孟子・滕文公篇》放勳日勞之來之，亦謂聖人之勤民也。又云：軭，盭也。戾與盭通。《說文》：軭，車戾也。字通作匡，《考工記・輪人》則輪雖敝不匡，鄭衆注云：匡，枉也。枉亦匡也，《說文》云：獸皮之韋，可以束枉戾相違背。是也。《管子・輕重甲篇》弓弩多匡軫者，枉謂之匡，故正枉亦謂之匡，《孟子・滕文公篇》云：匡之直之。義有相反而實相因者，皆此類也。趙氏以正釋匡，匡正也，《爾雅・釋言》文。直其曲心，則匡爲正其邪心也。人性本善，遭水災則心曲而不直，邪而不正，放勳不憚其勤，而匡之直之，使有以開牖其蒙，而復歸於善焉。匡正而必申以使自得者，此聖人無爲而治，無一日息其勤民之念，實無一日見其勤民之迹，通其變使民不倦，神而化之使民宜之，所以匡之直之者，如是所爲，使自得之也。《大戴記・子張問入官篇》云：枉而直之，使自得之。孟氏所本歟？《呂氏春秋・季春紀》振乏絶，高誘注云：振，救也。昭公十四年《傳》云分貧振窮，此振義同。嬴窮卽乏絶貧窮也。《呂氏春秋・報恩篇》云張儀所德於天下者，高誘注云：德，猶恩也。《論語・憲問篇》云何以報德，注云：德，恩惠之德也。又從而振救其嬴窮而加以恩德，皆孟子稱述放勳勤民之事也。阮氏元《校勘記》云：堯號也，廖本、《孜文》古本號作名。遭水災恐其小民放僻邪侈，宋本恐作慫。閩、監、毛三本災恐作逆行。

又：〔孟子曰〕分人以財謂之惠，教人以善謂之忠，爲天下得人者謂之仁。注：言聖人以不得賢聖之臣爲己憂，農夫以百畝不易治爲己憂。疏：舜以不得禹皋陶爲己憂。正義曰：《大戴禮・主言篇》云：昔者舜左禹而右皋陶，不下席而天下治。孟子本曾子之言，故於舜所得賢聖之臣，舉禹、皋陶也。注農夫以不易治爲己憂。正義曰：《毛詩・甫田》禾易長畝，傳云：易，治也。故以治釋易。**是故以天下與人易，爲天下得人難。**注：爲天下求能治天下者難得也，故言以天下傳與人尚爲易也。**孔子曰：大哉堯之爲君！惟天爲大，惟堯則之，蕩蕩乎民無能名焉！君哉舜也！巍巍乎！有天下而不與焉。堯舜之治天下，豈無所用其心哉？亦不用於耕耳。**注：天道蕩蕩乎大無私，生萬物而不知其所由來，堯法天，故民無能名堯德者也。舜得人君之道哉，德盛乎，巍巍乎有天下之位，雖貴盛不能與益。舜巍巍之德，言德之大，大於天子位也。堯舜蕩蕩巍巍如此，但不用心於躬自耕也。疏：注天道至耕也。正義曰：引孔子之言，見《論語・泰伯》第八。其云巍巍乎舜禹之有天下也而不與焉，與此小異。集解引包云：蕩蕩，廣遠之稱。廣遠亦大也。所以大者以其無私，故趙氏既以大釋蕩蕩，又以無私申大之義也。《方言》云：巍，高也。《楚辭・遠游》貌揭揭以巍巍，注云：巍巍，大貌。高、大亦盛，故趙氏以盛釋之。《禮記・射義》云與爲人後者，注云：與，猶奇也。《儀禮・士昏禮》記我與在，注云：與，猶兼也。奇、兼皆加多之義，故以益釋與。《音義》出不與，云：下音預，又如字。如字則讀與之庾與之釜之與，有所施於人，亦有所滋益於人也。《周書・謚法解》云：民無能名曰神。孟子言聖而不可知之之謂神、殺之而不怨，利之而不庸，民日遷善而不知爲之者，故君子所過者化，所存者神。不可知，故無能名；無爲而治，故不可知。《論語》：爲政以德，譬如北辰，居其所而衆星共之。包氏注云：德者無爲。天以寒暑日月運行爲道，聖人以元亨利貞運行爲德，用中而不執一，故無爲。民運行於聖人之元亨利貞，猶衆星運行於天之寒暑日月，故黄帝堯舜承伏羲神農之後，以通變神化，立萬世治天下之法。《論語》凡言堯舜，皆發明之也。孟子述孔子之言而申明之云豈無所用心哉，蓋惟恐説者誤以民無能名，有天下而不與爲屏棄一切，無所用心。蓋堯舜之無爲，正堯舜之用心。曰爲政以德，曰恭己正南面，曰修己以敬，曰使民不倦，曰使民宜之，非用心，何以爲德？何以爲恭爲敬？何以能使民不倦，使民宜之？故堯舜治天下，非不以政不以法，其政逸而心以運之則勞，其法疏而心以聯之則密，非運以心，聯以心，不能無爲而治，卽不能民無能名，亦卽不能有天下而不與，是爲爲政以德。執其兩端，用其中於民，此堯舜所以通變神化，此堯舜之用其心也。用心卽勞心，勞心如此，何能勞力以躬耕乎？吾聞用夏變夷者，未聞變於夷者也。注：當以諸夏之禮義化變夷蠻之人耳，未聞變化於夷蠻之人，則其道也。疏：注則其道也。正義曰：則法也。謂效法夷蠻之道。閩、監、毛三本作同其道。

（清）焦循《孟子正義·離婁章句上》 孟子曰：三代之得天下也以仁，其失天下也以不仁，國之所以廢興存亡者亦然。注：三代：夏商周。國，謂公侯之國。存亡在仁與不仁也。疏：注三代夏商周。正義曰：失天下，謂禮樂征伐不自天子出，天下不奉天子之令也。故周自東遷以後，祚雖未改，亦爲失天下也。天子不仁，不保四海；諸侯不仁，不保社稷；卿大夫不仁，不保宗廟；士庶人不仁，不保四體。今惡死亡而樂不仁，是由惡醉而强酒。注：保，安也。四體，身之四肢。强酒則必醉也。

又：孟子曰：愛人不親反其仁，治人不治反其智，禮人不答反其敬，行有不得者，皆反求諸己，其身正而天下歸之。注：反其仁，己仁猶未至邪。反其智，己智猶未足邪。反其敬，己敬猶未恭邪。反求諸身，身已正則天下歸就之，服其德也。疏：愛人至其敬。正義曰：僖公二十二年《穀梁傳》云：故曰：禮人而不答則反其敬，愛人而不親則反其仁，治人而不治則反其知。《荀子·法行篇》引曾子云：同遊而不見愛者，吾必不仁也；交而不見敬者，吾必不恭也；臨財而不見信者，吾必不信也。三者在身，曷怨人？怨人者窮，怨天者無識，失之己而反諸人，豈不亦迂哉。注則天下歸就之。正義曰：《廣雅·釋詁》云：歸，就也。《詩》云：永言配命，自求多福。注：此詩已見上篇，其義同。

又：孟子曰：自暴者，不可與有言也。自棄者，不可與有爲也。言非禮義，謂之自暴也。吾身不能居仁由義，謂之自棄也。注：言人尚自暴自棄，何可與有言有爲。仁，人之安宅也。義，人之正路也。曠安宅而弗居，舍正路而不由，哀哉！注：曠，空。舍，縱。哀，傷也。弗由居是者，是可哀傷哉。疏：注曠空至傷哉。正義曰：《論衡·藝增篇》云：曠，空也。《吕氏春秋·無義篇》云則無曠事矣，高誘注云：曠，廢也。《文選·西京賦》云：矢不虛舍，薛綜注云：舍，放也。放卽縱也。《廣雅·釋詁》舍、縱並訓置，則舍亦縱也。《説文》口部云：哀，閔也。《國策·秦策》云天下莫不傷，注云：傷，愍也。愍卽閔也。

又：孟子曰：道在邇而求諸遠，事在易而求諸難。人人親其親，長其長，而天下平。注：邇，近也。道在近而患人求之遠也，事在易而患人求之難也，謂不親其親，不事其長，故其事遠而難也。疏：道在至天下平。正義曰：自首章言平治天下必因先王之道，行先王之法，反復申明，歸之於居仁由義。何爲仁，親親是也。何爲義，敬長是也。道，卽平天下之道也。事，卽平天下之事也。指之以在邇在易，要之以其親其長。親其親，則不致於無父；長其長，則不致於無君。堯舜之道，孝弟而已。其爲人也孝弟，犯上作亂未之有也。舍此而高談心性，辨别理欲，所謂求諸遠，求諸難也。或説：道可致而不可求，求使非易簡之道。蓋讀遠字難字爲句，謂道在邇不必他求也，若求諸，則遠矣。事在易不必他求也，若求之，則難矣。邇，《考文》古本作爾。

又：孟子曰：居下位而不獲於上，民不可得而治也。獲於上有道，不信於友，弗獲於上矣。信於友有道，事親弗悦，弗信於友矣。悦親有道，反身不誠，不悦於親矣。誠身有道，不明乎善，不誠其身矣。注：言人求上之意，先從己始，本之於心；心不正而得人意者，未之有也。疏：居下位至身矣。正義曰：《禮記·中庸篇》與此同，鄭氏注云獲，得也。言臣不得於君，則不得居位治民。言知善之爲善，乃能行誠。戴氏震《孟子字義疏證》云：誠，實也。據《中庸》言之，所實者，知仁勇也。實之者，仁也，義也，禮也。由血氣心知而語於智仁勇，非血氣心知之外别有智有仁有勇以予之也。就人倫日用而語於仁，語於禮義。舍人倫日用，無所謂仁、所謂義、所謂禮也。血氣心知者，分於陰陽五行而成性者也，故曰天命之謂性。人倫日用，皆血氣心知所有事，故曰率性之謂道。全乎知仁勇者，其於人倫日用行之，而天下覩其仁，覩其禮義，善無以加焉，自誠明者也。學以講明人倫日用，務求盡夫仁，盡夫禮義，則其智仁勇所至，將日增益以於聖人之德之盛，自明誠者也。質言之曰人倫日用，精言之曰仁曰義曰禮。所謂明善，明此者也。所謂誠身，誠此者也。質言之曰血氣心知，精言之曰智曰仁曰勇，所謂致曲，致此者也。所謂有誠，有此者也。言乎其盡道，莫大乎仁，而兼及義，兼及禮；言乎其能盡道，莫大於智，而兼及仁，兼及勇。是故善之端不可勝數，舉仁義禮三者而善備矣。德性之美不可勝數；舉智仁勇三者而德備矣。曰善曰德，盡其實之謂誠。是故誠者，天之道也。思誠者，人之道也。至誠而不動者，未之有也。不誠，未有能動者也。注：授人誠善之性者，天也。故曰天道。思行其誠以奉天者，人道也。至誠則動金石，不誠則鳥獸不可親狎，故曰未有能動者也。疏：誠者至動者也。正義曰：《禮記·中庸》云：誠者，天之道也。誠之者，人之道也。注云：言誠者，天性也，誠之者，學而誠之者也。趙氏佑《温故録》云：《中庸》言誠之者，而下詳其目，故以慎思爲誠之一事，乃就所學所問而次第及之，然後進以明辨篤行。孟子渾括其辭，獨揭一思字加本句上，則統所知所行而歸重言之，明示人以反求諸身爲誠身之要。惟思故能擇善，惟思故能固執，君子無往而不致其思，無思而不要於誠，故曰君子有九思，曰思不出其位，孟子嘗警人之弗思而教以思，則得之先立乎大。程氏瑶田《通藝録・論學小記》云：誠者，實有而已矣。天實有此天也，地實有此地也，人實有此人也。人有性，性有仁義禮智之德，無非實有者也。故曰性善也者，實有此善焉者也。故曰誠者物之終始，不誠無物。死乃無此人，未死則實有此人，實有此性，實有此性之善。實有此性之善，故曰誠者；能實有此性之善，故曰誠之者。誠之者，自明誠者也。能自明誠，實有此能也。能由教入，實有此能也，故曰自誠明謂之教。雖不謂之性，非不實有此性也；如不實有此性，則自誠明者，天下一人而已矣。有誠者，無誠之者，雖有教無益也。惟人皆實有此性，故人人能擇善固執以誠之，而實有此教矣。非實有此人之氣質，亦安能實有此性之善乎？若夫未死先已，未終先終，不誠矣。惟不實有，故曰無物。是不誠之者也，非不能誠之也。是故不空之謂實，不無之謂有，皆指物而言。而二氏空之無之，是已無物矣。此不必與辨者也。今乃指其所謂空與無者，而曰雖空而實實，雖無而實有，此釋氏所謂色卽是空，空卽是色，其語不反覺精妙邪？

從空無下轉出實有，異乎吾學從物上致力焉者也。謹按：由悦親而信友，由信友而獲上，由獲上而治民，皆人倫日用之常也。必反身而歸之於誠，其反身而誠也，必歸之以明善。蓋伏羲之前，未有人倫，不知有善，何以有誠。乃天既授人以善性，此誠者，天之道也。人性既誠有此善，則自能明，故先覺者自誠而明，因以覺人，而人亦無不自誠而明。然未明，患其不明；既明矣，又患其不誠。故莫不知親之當悦也，友之當信也，上之當獲，而民之當治也。亦莫不曰吾能悦親也，吾能信友也，吾能獲乎上而治乎民也。乃民不治，上不獲，友不信，親不悦，此非不明之故，而不誠之故。不誠者，非天不以誠授我也，是我未嘗思也。是以孟子既由誠身而歸重於明善，又由明善而申言思。誠既明矣，又思其誠。誠身乃能悦親，信友，獲上，治民，所謂動也。悦親而親悦，信友而友信，事上而上獲，治民而民治，至誠而動物也。不誠則悦親而親不悦，信友而友不信，事上而上不獲，治民而民不治，所謂未有能動者也。惟天實授我以善，而我乃能明；亦惟我實有此善，而物乃可動。誠則明，明生於天道之誠；明則誠，誠又生於人道之思誠。人能思誠，由其明也。人能明，由其誠也。惟天下至誠，爲能盡其性；能盡其性，則能盡人之性；能盡人之性，則能盡物之性；能盡物之性，則可以贊天地之化育；可以贊天地之化育，則可以與天地參矣。此自誠明謂之性也。其次致曲，曲能有誠，誠則形，形則著，著則明，明則動，動則變，變則化，惟天下至誠爲能化，自明誠謂之教也。曲者，明而不誠也。未明之先，則自誠而明，以盡其性；既明之後，則自明而誠，以致其曲。致曲之功，仍在於明，蓋雖明而仍未明，所以曲也。何也？明於悦親，而未明誠於悦親也。明於信友，而未明誠於信友也。明於事上治下，未明誠於事上、誠於治下也。故誠其身，仍必明其善矣。《孟子》此章，括《中庸》之旨而言之。注至誠至親狎。正義曰：此本《列子・黄帝篇》爲説。動金石者，有一人從石壁中出，子夏言游金石蹈水火皆可是也。鳥獸不可親狎者，海上漚鳥，舞而不下是也。張湛注云：海童誠心充於內，坦蕩形於外，雖未能利害兩忘，猜忌兼消，然輕羣異類，亦無所多怪。又云：誠心無二者，則處水火而不焦溺，涉木石而不悸駭，觸鋒刃而無傷殘，履危險而無顛墜，萬物靡逆其心，人獸不亂羣。《韓詩外傳》云：昔者楚熊渠子夜行，見寢石以爲伏虎，彎弓而射之，没金飲羽，下視，知其石也，因復射之，矢躍無迹，熊渠子見其誠心，而金石爲之開。《吕氏春秋・精通篇》：鍾子期夜聞擊磬者而悲，歎嗟曰：悲夫悲夫！心非臂也，臂非椎非石也，悲存乎心，而木石應之。故君子誠乎此而諭乎彼，感乎己而發乎人。又《具備篇》云：誠有誠乃合於情，精有精乃通於天，木石之性，皆可動也。又況於有血氣者乎！故凡説與治之務莫若誠。

又：孟子曰：仁之實，事親是也。義之實，從兄是也。智之實，知斯二者弗去是也。注：事皆有實。事親從兄，仁義之實也。知仁義所用而不去之，則智之實也。疏：注事皆至實也。正義曰：仁義之名至美，慕其名者，高談深論，非其實也。孟子指其爲事親從兄，然則於此二者有未盡，雖日馳騖於仁義之名，皆虚妄矣。不知仁義之實在此二者，非智之實也。知仁義之用在斯二者而不能力行，則所知仍虚而不實矣。禮之實，節文斯二者是也。樂之實，樂斯二者。注：禮樂之實，節文事親從兄，使不失其節，而文其禮敬之容，而中心樂之也。疏：注禮樂至樂之也。正義曰：太過則失其節，故節之。大質則無禮敬之容，故文之。禮之爲節文，樂之爲樂，不待言者也。然節文在斯二者，樂在斯二者，乃爲禮樂之實。凡實字皆指事親從兄，仁義智禮樂之名，皆爲斯二者而設。樂則生矣，生則惡可已也。惡可已，則不知足之蹈之，手之舞之。注：樂此事親從兄，出於中心，則樂生其中矣。樂生之至，安可已也。豈能自覺足蹈節、手舞曲哉。疏：注樂此至曲哉。正義曰：《禮記・樂記》云：故歌之爲言也，長言之也。説之故言之；言之不足，故長言之；長言之不足，故嗟歎之；嗟歎之不足，故不知手之舞之，足之蹈之。注云：不知手之舞之，足之蹈之，歡之至也。《詩序》亦云：情動心中而形於言，言之不足，故嗟歎之；嗟歎之不足，故永歌之；永歌之不足，不知手之舞之，足之蹈之也。然則不知手之舞之足之蹈之，樂之事也。而必由事親從兄二者而生，乃爲實。不從事親從兄二者而生，雖不知手之舞之足之蹈之，仍非其實也。全氏祖望《經史問答》云：古來聖人，言語中極言孝弟之量者，始於孔子。其論大舜，推原其大德受命之由，本於大孝。其論武周，推極於郊社禘嘗之禮樂，以爲達孝。曾子申之以上老老民興孝，上長長民興弟，爲平天下之大道。有子申之以孝弟，則犯亂不作，爲仁之本。其言之廣狹，各有所當，而義則一。而最發明之者爲孟子，曰人人親其親，長其長，而天下平，曰達之天下，曰堯舜之道，孝弟而已，而尤暢其説於是章，綜羅五德，至於制禮作樂之實，不外乎此。河間獻王采《樂記》，亦引孔子之言，以爲宗祀明堂，所以教孝；享三老五更於太學，冕而總干，執醬執爵，所以教弟，皆是章之疏證也。如此解節文，解手舞足蹈，方有實地。蔡文成以爲舞蹈只是手足輕健之意，則是不過布衣野人之孝弟耳，孟子意中卻不然。雖有其德，苟無其位，則一身一家之中，手舞足蹈之樂亦自在，而究未可以言禮樂之全量也。又云：孝弟之量，原未易造其極，故古今以來，所稱孝弟，不過至知而弗去一層，其於禮樂二層皆未到；便到得知而弗去一層，已是大難。假如尹伯奇履霜之操，尹伯封《彼黍》之詩，天然兄弟，兄則事親，弟則從兄，皆是賢者。然吉甫非竟頑父也，不能化而順之。其餘如申生、急子、壽子、司馬牛、匡章，皆值父兄之變，甚者以身爲殉。不然者，棄家蕉萃，以終其身，其志節可哀，而使聖人處之，其節文之處，自有中道，諸君恐尚多未盡善處。是其於禮之實，尚待擬議，況樂乎？彼其繁寃悲怨，足以感動天地，然不足以語樂而生，生而至於舞蹈也，是非大舜不能也。故《孟子》下章，卽及舜之事親而天下化，蓋以類及之也。其安常履順而極其盛，則武周矣。周公於管、蔡之難，非不值其變也，然其成文武之德者大，破斧缺斨之恫，不足以玷其麟趾騶虞之仁也。是則禮樂之極隆者也。然則無位者之孝弟，至於曾、閔，尚未足盡禮樂之實耶？曾子以晳爲之父，處其常；閔子乃處其變。然閔子竟能化其父母，便是足蹈手舞地位，曾子之養志，便是惡可已。

（清）焦循《孟子正義・離婁章句下》 孟子曰：君子所以異於人者，以其存心也。君子以仁存心，以禮存心。仁者愛人，有禮者敬人；愛人者人恒愛之，敬人者人恒敬之。注：存，在也。君子之在心者，仁與禮也。愛敬施行於人，人必反之己也。疏：注存在也。正義曰：趙氏以在釋存，蓋以在爲察，在心卽省察其心，下文自反皆察也。【略】

是故君子有終身之憂，無一朝之患也。乃若所憂則有之：舜人也，我亦人也。舜爲法於天下，可傳於後世，我由未免爲鄉人也。是則可憂也。注：君子之憂，憂不如堯舜也。疏：是故至憂也。正義曰：《禮記・檀弓》云：子思曰：喪三日而殯，凡附於身者，必誠必信，勿之有悔焉耳矣。三月而葬，凡附於棺者，必誠必信，勿之有悔焉耳矣。喪三年以爲極，亡則弗忘之矣。故君子有終身之憂，而無一朝之患。鄭氏注以終身之憂爲念其親，無一朝之患爲毀不滅性，蓋君子有終身之憂，無一朝之患，此二語當古有之，子思引以說人子之念親，孟子引之說君子之待橫逆，故下申言之。賈誼《新書・勸學篇》云：謂門人學者：舜何人也，我何人也？夫啟耳目，載心意，從立移徙，與我同性，而舜獨有賢聖之名，明君子之實，而我曾無鄰里之聞。寬徇之智者，獨何與？然則舜僶俛而加志，我儃僈而弗省耳。此卽用孟子之言而衍之，故下卽言西子蒙不潔，亦用孟子語也。憂之如何？如舜而已矣。注：憂之當如之何乎，如舜而後可，故終身憂也。若夫君子所患則亡矣，非仁無爲也，非禮無行也。如有一朝之患，則君子不患矣。注：君子之行，本自不致患，常行仁行禮。如有一朝橫來之患，非己愆也。故君子歸天，不以爲患也。疏：注故君子歸天。正義曰：《後漢書・順帝紀》云令刺史二千石之選歸任三司，注云：歸，猶委任也。此云歸天，謂委任於天也。

（宋）朱熹《四書章句集注・孟子集注・告子章句上》 《詩》曰：天生蒸民，有物有則。民之秉夷，好是懿德。孔子曰：爲此詩者，其知道乎。故有物必有則，民之秉夷也，故好是懿德。好，去聲。《詩・大雅・蒸民》之篇。蒸，《詩》作烝，衆也。物，事也。則，法也。夷，《詩》作彝，常也。懿，美也。有物必有法，如有耳目，則有聰明之德；有父子則有慈孝之心，是民所秉執之常性也，故人之情無不好此懿德者，以此觀之，則人性之善可見，而公都子所問之三說，皆不辯而自明矣。程子曰：性卽理也。理則堯舜至於塗人一也。才禀於氣，氣有清濁。禀其清者爲賢，禀其濁者爲愚。學而知之，則氣無清濁皆可至於善而復性之本，湯武身之是也。孔子所言下愚不移者，則自暴自棄之人也。又曰：論性不論氣，不備；論氣不論性，不明，二之則不是。張子曰：形而後有氣質之性，善反之則天地之性存焉。故氣質之性，君子有弗性者焉。愚按程子此說才字，與孟子本文小異。蓋孟子專指其發於性者言之，故以爲才無不善。程子兼指其禀於氣者言之，則人之才固有昏明强弱之不同矣，張子所謂氣質之性是也。二說雖殊各有所當，然以事理考之，程子爲密。蓋氣質所禀雖有不善，而不害性之本善。性雖本善，而不可以無省察矯揉之功，學者所當深玩也。

（清）焦循《孟子正義・告子章句上》 孟子曰：魚，我所欲也。熊掌，亦我所欲也。二者不可得兼，舍魚而取熊掌者也。生，亦我所欲也。義，亦我所欲也。二者不可得兼，舍生而取義者也。注：熊掌，熊蹯也。以喻義。魚，以喻生也。疏：注熊掌熊蹯也。正義曰：《周禮・秋官・穴氏》：掌攻蟄獸，各以其物火之，以時獻其珍異皮革。注云：蟄獸，熊羆之屬。賈氏疏云：謂熊羆之皮及熊蹯之等。文公元年《左傳》云：以宮甲圍成王，王請食熊蹯而死。注云：熊掌難熟，冀久將有外救。宣公二年《左傳》云宰夫胹熊蹯不熟，宣公六年《公羊傳》熊蹯不熟。注云：蹯，掌也。生亦我所欲，所欲有甚於生者，故不爲苟得也。死亦我所惡，所惡有甚於死者，故患有所不辟也。如使人之所欲莫甚於生，則凡可以得生者，何不用也！使人之所惡莫甚於死者，則凡可以辟患者，何不爲也！注：有甚於生者，謂義也。義者不可苟得。有甚於死者，謂無義也。不苟辟患也。莫甚於生，則苟利而求生矣。莫甚於死，則可辟患不擇善，何不爲耳。疏：注莫甚至爲耳。正義曰：趙氏謂人之所欲莫甚於生，是不知好義之人也。不知好義，乃苟求得生。人之所惡莫甚於死者，是不知惡不義之人也。不知惡不義，乃苟於辟患，是指喪失其良心者而言，於下由是云云不貫。近時通解，則以此爲反言，以決人性之必善，必有良心，以爲下人皆有之張本。欲生惡死，人物所同之性。乃人性則所欲有甚於生，所惡有甚於死，此其性善也。此其良心也。何以見其欲有甚於生，於其不爲苟得見之。何以見其惡有甚於死，於其患有所不辟見之。惟其有此良心，乃能如是。使本無良心，則惟欲生而已，惟惡死而已。所欲無有甚於生，則何以不爲苟得，所惡無有甚於死，則何以患有所不辟，反復以明人必有此良心。或謂此言生死之權度，所欲有甚於生則不苟得此生，所惡有甚於死則不苟於辟患，此舍生而取義之事也。使無義可取，則此時所欲，莫甚於生，則又以得生爲是；此時所惡，莫甚於死，則又以辟患爲是。生而不義，則不苟生；生而義，則亦不苟死。不爲苟得，患有所不辟，爲貪生亡義者言也。可以得生，何不用，可以辟患，何不爲，爲輕生不知義者言也。義不在生，亦不在死，當死而死，當生而生，聖人之權也。**由是則生而有不用也，由是則可以辟患而有不爲也，是故所欲有甚於生者，所惡有甚於死者，非獨賢者有是心也，人皆有之，賢者能勿喪耳。**注：有不用，不用苟生也。有不爲，不爲苟惡而辟患也。有甚於生，義甚於生也。有甚於死，惡甚於死也。凡人皆有是心，賢者能勿喪亡之也。疏：由是至喪耳。正義曰：趙氏以由是以下爲一節，蓋以兩由是與是故二字相呼吸。注不爲苟惡。正義曰：苟惡，謂不肯苟且爲惡也。**一簞食，一豆羹，得之則生，弗得則死。嘑爾而與之，行道之人弗受。蹴爾而與之，乞人不屑也。**注：人之餓者，得此一器食可以生，不得則死。嘑爾猶呼爾，咄啐之貌也。行道之人，道中凡人，以其賤己，故不肯受也。蹴，蹋也。以足踐蹋與之，乞人不絜之。亦由其小，故輕而不受也。疏：注嘑爾至貌也。正義曰：《音義》云：嘑，呼故切。咄，丁都忽切，叱也。啐，七内切，呼也。呼與嘑通。文公元年《左傳》江華怒曰呼役夫，注云：呼，發聲也。役夫，賤者稱。怒而稱以賤者，而先發聲爲呼，則呼是怒聲。《文選·送於陟陽侯詩》注引《倉頡篇》云：咄，啐也。曹植《贈白馬王彪詩》注引《說文》云：咄，叱也。《說文》口部：叱，訶也。吒，叱怒也。言部云：訶，大言而怒也。嘑之訓爲號，趙氏以與嘑爾之義不合，故用《左傳》呼字讀之。又解以咄啐，明其爲怒也。或以嘑爲召呼，乃行道之人，招之使食，未見其必不肯受。下云道中凡人，以其賤己，正用呼役夫之意也。道中卽路中。注蹴蹋至絜之。正義曰：《說文》足部云：蹴，躡也。蹋，踐也。躡，蹈也。蹈，踐也。蹴、躡、蹋、踐、蹈五字相轉注。以足踐履之，則汙而不絜。《毛詩·邶風·谷風》不我屑以，傳云：屑，潔也。潔與絜同。不屑，是不以爲潔也。**萬鍾則不辯禮義而受之，萬鍾於我何加焉？爲宮室之美，妻妾之奉，所識窮乏者得我與？**注：言一簞食則貴禮，至於萬鍾，則不復辯別有禮義與不。鍾，量器也。萬鍾於己身何加益哉，己身不能獨食萬鍾也。豈不爲廣美宮室，供奉妻妾，施與所知之人窮乏者也。疏：注言一至乏者。正義曰：嘑爾蹴爾，無禮者也。不受不絜，貴禮也。萬鍾或以禮或不以禮，以禮則義可受，不以禮則義不可受，此宜辨別者也。不辨，則有非禮而受者矣。《音義》云：辯，丁本作變，云：於義當爲辯，辯，別也。阮氏元《校勘記》云：《周易·坤》釋文：辯，別由辯，荀作變。是辯、變古字通用。按今本作變。《五經文字》云：辯，理也。辨，別也。經典或通用之。昭公三年《左傳》云：釜十則鍾。《考工記·㮚氏》量之以爲鬴。鬴卽釜，是鍾爲量器也。釜爲六斗四升，鍾爲十釜，是六斛四斗也。《淮南子·修務訓》螟螟然日加數寸，法云：加，猶益也。人日食幾何，故於己身何有加益。昭公六年《左傳》奉之以仁，注云：奉，養也。《廣雅·釋言》云：供，養也。故以供釋奉。《說文》人部云：供，設也。一曰供給。謂蓄妻妾，則給以養之。奉，卽祿食也。《詩·大雅·瞻卬篇》君子是識，箋云：識，知也。得字趙氏無釋，而云施與。《音義》出得我與，云：張云平聲，亦如字。以施釋與，則趙氏讀與如字。得我與，謂得獲我之所施與也。讀與爲平聲，則得我不可爲得獲之得。哀公二十四年《左傳》云：公如越，得大子適郢，注云：適郢，越王大子得相親悦也。得與德通，《禮記·樂記》云：德者，得也。《國策·齊策》云必德王，《秦策》云必不德王，此得我卽德我，所知之人窮乏，而我施與之，則彼必以我爲恩德而親悦我也。近時通解如是。**鄉爲身死而不受，今爲宮室之美爲之；鄉爲身死而不受，今爲妻妾之奉爲之；鄉爲身死而不受，今爲所識窮乏者得我而爲之；是亦不可以已乎？此之謂失其本心。**注：鄉者不得簞食而食則身死，尚不受也。今爲此三者爲之，是亦不可以止乎，所謂失其本心也。

（宋）朱熹《四書章句集注·孟子集注·盡心章句上》　**孟子曰：仁言，不如仁聲之入人深也。**程子曰：仁言，謂以仁厚之言加於民。仁聲，謂仁聞，謂有仁之實而爲衆所稱道者也。此尤見仁德之昭著，故其感人尤深也。**善政，不如善教之得民也。**政，謂法度禁令，所以制其外也。教，謂道德齊禮，所以格其心也。**善政民畏之，善教民愛之；善政得民財，善教得民心。**得民財者，百姓足而君無不足也。得民心者，不遺其親，不後其君也。

（清）焦循《孟子正義·盡心章句上》　**孟子曰：仁言，不如仁聲之入人深也。**注：仁言，政教法度之言也。仁聲，樂聲雅頌也。仁言之政雖明，不如雅頌感人心之深也。疏：注仁言政教法度之言也。正義曰：《詩·小雅·彤弓》受言藏之，箋云：言者，謂王策命也。《禮記·曲禮》士載言，注云：言，謂會同盟要之辭。是國家命令謂之言，故以仁言爲政教法度之言。《章指》云：明法審令，民趨君命。以令命申釋言字。法卽法度，謂以法度載之於言以示民，使民趨於善，是爲仁也。

【略】

善政，不如善教之得民也。注：善政使民不違上，善教使民尚仁義，心易得也。疏：注善政至得也。正義曰：趙氏以仁言爲政教法度之言，然則此又於仁言中分別其政不如教也。下申言所以不如。善政民畏之，善教民愛之。善政得民財，善教得民心。注：畏之，不逋怠，故賦役舉，而財聚於一家也。愛之，樂風化而上下親，故歡心可得也。

《章指》言：明法審令，民趨君命；崇寬務化，民愛君德：故曰移風易俗，莫善於樂。

（清）焦循《孟子正義·盡心章句下》 孟子曰：不仁而得國者有之矣，不仁而得天下，未之有也。注：不仁得國者，若象封有庳，叔鮮、叔度封於管、蔡，以親親之恩而得國也。雖有誅亡，其世有土。丹朱、商均，天子元子，以其不仁，天下不與，故不得有天下也。

（清）王夫之《讀四書大全説》卷一《大學·聖經》 或疑明德固無太過之慮，若新民，安得不以過爲防？假令要民爲善，教格過密，立法過峻，豈非太過？然使但向事跡上論，則明德亦將有之。如去私欲而至於絕婚宦，行仁而從井救人，立義而爲宰辭粟，亦似太過。不知格物、致知、正心、誠意以明明德，安得有太過？

（清）王夫之《讀四書大全説》卷一《大學·傳第八章》 纔有所辟，言必過言，行必過行，動必過動。抑言有過言，行有過行，動有過動，而後爲用情之辟。辟者偏也，非邪也。邪生心而偏在事。非施之言行動而何以云辟哉？故脩身者，脩其言行動之辟也。

欲得不辟，須有一天成之矩爲之範圍，爲之防閑，則禮是已。故曰：非禮不動，所以脩身也。齊明是助脩，非禮不動是正脩。禮以簡束其身，矯偏而使一於正，則以此準己之得失者，卽以此而定人之美惡，不待於好求惡，於惡求美，而美惡粲然，無或蔽之矣。此脩身所以爲齊家之本。舍是，則雖欲平情以齊其家，不可得也。

（清）王夫之《讀四書大全説》卷一《大學·傳第十章》 唯然，則一國之人雖衆，卽不孤恃其教家者以教國，而實則因理因情，變通以成典禮，則固與齊家之教相爲通理，而推廣固以其端矣。矩之既絜，則君子使一國之人並行於恕之中，而上下、前後、左右無不以恕相接者，非但君子之以恕待物而國卽治也。

又： 若傳所謂內德外財，則（是）〔非〕爭鬭其民而施之以劫奪之教；愛賢惡不肖，爲嚴放流之法，而不使娼疾者得以病有技、彥聖之人：要皆品節斯民，限以一程之法，使相胥而共繇於矩之中者也。

齊家恃教而不恃法，故立教之本不假外求。治國推教而必有恆政，故既以孝弟慈爲教本，而尤必通其意於法制，以旁行於理財用人之中，而納民於清明公正之道。故教與養有兼成，而政與教無殊理。則《大學》之道，所以新其民者，實有以範圍之於寡過之地，不徒恃氣機之感也。此則以治其國，而推之天下亦無不可矣。

（宋）司馬光《資治通鑑》卷二九一《後周紀二》 歐陽修論曰：禮義廉恥，國之四維；四維不張，國乃滅亡。《管子》之言。禮義，治人之大法；治，直之翻。廉恥，立人之大節。況爲大臣而無廉恥，天下其有不亂，國家其有不亡者乎！予讀馮道《長樂老敍》，見其自述以爲榮，其可謂無廉恥者矣，則天下國家可從而知也。

（宋）劉恕《資治通鑑外紀》卷一下《包犧以來紀·帝舜》 帝之典，延篤言。張平子説三墳三禮，禮爲人防。《爾雅》曰：墳，大防也。《書》曰：誰能典朕三禮，天地人之禮也。五典，五帝之常道也。馬融云：三墳三氣，陰陽始生，天地人之氣也。五典，五行也。

（宋）劉恕《資治通鑑外紀》卷三上《周紀一·武王》 王踐阼三日，師尚父道丹書之言曰：敬勝怠者吉，怠勝敬者滅；義勝欲者從，欲勝義者凶。凡事不彊則枉，弗敬則不正，枉者滅廢，敬者萬世藏之。約行之恒，可以爲子孫常。以仁得之，以仁守之，其量百世；以仁得之，以不仁守之，其量十世；以不仁得之，以不仁守之，必傾其世。王聞書之言，惕若恐懼，退而爲戒，書於席之四端。及機鑑盥盤楹杖帶履屨觴豆戶牖劍弓矛，皆爲銘焉。

又： 王問於尹佚曰：何德而民親其上。對曰：使之以時而敬順之，忠而愛之。布令信而不食言，如臨深淵，如履薄冰。王曰：懼哉。對曰：天地之間，四海之內，善之則畜，不善則讐也。夏殷之臣讐桀紂而臣湯武，若何其不懼也。此《淮南子·道應訓》文，本文敬順之下有王曰其度安在六字，懼哉下有王入乎三字。又湯武下有宿沙之民皆自攻其君而歸神農二句，已見第一卷。故劉氏節之又忠而愛之二句，《淮南》所無。劉氏參用《説苑·政理篇》文。高誘曰：尹佚史佚也。《説苑·政理》曰：成王問政於尹逸曰：吾何德之行，而民親其上。對曰：使之以時而敬順之，忠而愛之。布令信而不食言。王曰：其度安至。對曰：如臨深淵，如履薄冰。王曰：懼哉。對曰：天地之間，四海之內。善之則畜也，不善則讐也。若何其無懼也。

（宋）劉恕《資治通鑑外紀》卷一〇《周紀八·貞定王》　趙襄子賞有功之臣五人，高赫無功而受上賞，五人皆怒。羣臣請曰：晉陽之存，張孟談功也。襄子曰：吾在憂約之中，惟赫不失臣主之禮。佗人雖有功，皆有驕侮之心。張孟談謂襄子曰：主勢能制臣，無令臣能制主。故貴爲列侯者，不在相位，將軍以上，不爲近大夫。今臣名顯而身尊，權重而衆服。臣願捐功名，去權勢以離衆。襄子悵然曰：輔主者名顯，功大者身尊，任國者權重，忠信在己而衆服焉。子何爲然。對曰：君之所言，成功之美也。臣之所謂，持國之道也，天下之美同。臣主之權均，而能美者，未之有也。君若弗圖，則臣力不足。乃納地釋事，而耕於負親之丘。

（宋）羅泌《路史》卷二〇《後紀十一·疏仡紀·贊曰》　聰明文思，蕩蕩巍巍。惟天爲大，惟堯則之。不激不委，因事立法。昭義崇仁，內穆外協。詢政行人，問老衢室。茅茨土階，允恭勿失。萬物備我，生化咸宜。誦言行道，比隆伏羲。

《史記》卷二三《禮書》　至秦有天下，悉內六國禮儀，采擇其善，雖不合聖制，其尊君抑臣，朝廷濟濟，依古以來。至于高祖，光有四海，叔孫通頗有所增益減損，大抵皆襲秦故。自天子稱號下至佐僚及宮室官名，少所變改。孝文即位，有司議欲定儀禮，孝文好道家之學，以爲繁禮飾貌，無益於治，躬化謂何耳，故罷去之。孝景時，御史大夫鼂錯明於世務刑名，數干諫孝景曰：諸侯藩輔，臣子一例，古今之制也。今大國專治異政，不稟京師，恐不可傳後。孝景用其計，而六國畔逆，以錯首名，天子誅錯以解難。事在《袁盎》語中。是後官者養交安禄而已，莫敢復議。

又：禮之貌誠深矣，堅白同異之察，入焉而弱。其貌誠大矣，擅作典制褊陋之説，入焉而望。其貌誠高矣，暴慢恣睢，輕俗以爲高之屬，入焉而隊。故繩誠陳，則不可欺以曲直；衡誠縣，則不可欺以輕重；規矩誠錯，則不可欺以方員；君子審禮，則不可欺以詐僞。故繩者，直之至也；衡者，平之至也；規矩者，方員之至也；禮者，人道之極也。然而不法禮者不足禮，謂之無方之民；法禮足禮，謂之有方之士。禮之中，能思索，謂之能慮；能慮勿易，謂之能固。能慮能固，加好之焉，聖矣。天者，高之極也；地者，下之極也；日月者，明之極也；無窮者，廣大之極也；聖人者，道之極也。

《史記》卷二四《樂書》　凡音之起，由人心生也。人心之動，物使之然也。感於物而動，故形於聲；聲相應，故生變；變成方，謂之音；比音而樂之，及干戚羽旄，謂之樂也。樂者，音之所由生也，其本在人心感於物也。是故其哀心感者，其聲噍以殺；其樂心感者，其聲嘽以緩；其喜心感者，其聲發以散；其怒心感者，其聲麤以厲；其敬心感者，其聲直以廉；其愛心感者，其聲和以柔。六者非性也，感於物而后動，是故先王慎所以感之。故禮以導其志，樂以和其聲，政以壹其行，刑以防其姦。禮樂刑政，其極一也，所以同民心而出治道也。

又：凡音者，生於人心者也；樂者，通於倫理者也。是故知聲而不知音者，禽獸是也；知音而不知樂者，衆庶是也。唯君子爲能知樂。是故審聲以知音，審音以知樂，審樂以知政，而治道備矣。是故不知聲者不可與言音，不知音者不可與言樂。知樂則幾於禮矣。禮樂皆得，謂之有德。德者得也。是故樂之隆，非極音也；食饗之禮，非極味也。清廟之瑟，朱弦而疏越，一倡而三歎，有遺音者矣。大饗之禮，尚玄酒而俎腥魚，大羹不和，有遺味者矣。是故先王之制禮樂也，非以極口腹耳目之欲也，將以教民平好惡而反人道之正也。

又：樂者爲同，禮者爲異。同則相親，異則相敬。樂勝則流，禮勝則離。合情飾貌者，禮樂之事也。禮義立，則貴賤等矣；樂文同，則上下和矣；好惡著，則賢不肖別矣；刑禁暴，爵舉賢，則政均矣。仁以愛之，義以正之，如此則民治行矣。

又：樂由中出，禮自外作。樂由中出，故靜；禮自外作，故文。大樂必易，大禮必簡。樂至則無怨，禮至則不爭。揖讓而治天下者，禮樂之謂也。暴民不作，諸侯賓服，兵革不試，五刑不用，百姓無患，天子不怒，如此則樂達矣。合父子之親，明長幼之序，以敬四海之內。天子如此，則禮行矣。

又：王者功成作樂，治定制禮。其功大者其樂備，其治辨者其禮具。干戚之舞，非備樂也；亨孰而祀，非達禮也。五帝殊時，不相沿樂；三王異世，不相襲禮。樂極則憂，禮粗則偏矣。及夫敦樂而無憂，禮備而不偏者，其唯大聖乎？天高地下，萬物散殊，而禮制行也；流而不息，合同而化，而樂興也。春作夏長，仁也；秋斂冬藏，義也。仁近於樂，義近於禮。樂者敦和，率神而從天；禮者辨宜，居鬼而從地。故聖人作樂以應天，作禮以配地。禮樂明備，天地官矣。

又：樂者，所以象德也；禮者，所以閉淫也。是故先王有大事，必有禮以哀之；有大福，必有禮以樂之；哀樂之分，皆以禮終。

又：樂者，非謂黄鍾大吕弦歌干揚也，樂之末節也，故童者舞之；布筵席，陳樽俎，列籩豆，以升降爲禮者，禮之末節也，故有司掌之。樂師辯乎聲詩，故北面而弦；宗祝辯乎宗廟之禮，故後尸；商祝辯乎喪禮，故後主人。是故德成而上，藝成而下；行成而先，事成而後。是故先王有上有下，有先有後，然後可以有制於天下也。

又：君子曰：禮樂不可以斯須去身。致樂以治心，則易直子諒之心油然生矣。易直子諒之心生則樂，樂則安，安則久，久則天，天則神。天則不言而信，神則不怒而威。致樂，以治心者也；致禮，以治躬者也。治躬則莊敬，莊敬則嚴威。心中斯須不和不樂，而鄙詐之心入之矣；外貌斯須不莊不敬，而慢易之心入之矣。故樂也者，動於內者也；禮也者，動於外者也。樂極和，禮極順。內和而外順，則民瞻其顔色而弗與争也，望其容貌而民不生易慢焉。德煇動乎內而民莫不承聽，理發乎外而民莫不承順，故曰知禮樂之道，舉而錯之天下無難矣。

《漢書》卷二二《禮樂志》 今海內更始，民人歸本，戶口歲息，平其刑辟，牧以賢良，至於家給，既庶且富，則須庠序禮樂之教化矣。今幸有前聖遺制之威儀，誠可法象而補備之，經紀可因緣而存著也。孔子曰：殷因於夏禮，所損益，可知也；周因於殷禮，所損益，可知也；其或繼周者，百世可知也。今大漢繼周，久曠大儀，未有立禮成樂，此賈（宜）〔誼〕、仲舒、王吉、劉向之徒所爲發憤而增嘆也。

又：王者必因前王之禮，順時施宜，有所損益，即民之心，稍稍制作，至太平而大備。周監於二代，禮文尤具，事爲之制，曲爲之防，故稱禮經三百，威儀三千。於是教化浹洽，民用和睦，災害不生，禍亂不作，囹圄空虛，四十餘年。孔子美之曰：郁郁乎文哉！吾從周。及其衰也，諸侯踰越法度，惡禮制之害己，去其篇籍，遭秦滅學，遂以亂亡。

《漢書》卷二三《刑法志》 周道衰，法度墮，至齊桓公任用管仲，而國富民安。公問行伯用師之道，管仲曰：公欲定卒伍，修甲兵，大國亦將修之，而小國設備，則難以速得志矣。於是乃作內政而寓軍令焉，故卒伍定虖里，而軍政成虖郊。連其什伍，居處同樂，死生同憂，禍福共之，故夜戰則其聲相聞，晝戰則其目相見，緩急足以相死。其教已成，外攘夷狄，內尊天子，以安諸夏。齊（威）〔桓〕既没，晋文接之，亦先定其民，作被廬之法，總帥諸侯，迭爲盟主。然其禮已頗僭差，又隨時苟合以求欲速之功，故不能充王制。二伯之後，寖以陵夷，至魯成公作丘甲，哀公用田賦，搜狩治兵大閲之事皆失其正。《春秋》書而譏之，以存王道。於是師旅亟動，百姓罷敝，無伏節死難之誼。孔子傷焉，曰：以不教民戰，是謂棄之。故稱子路曰：由也，千乘之國，可使治其賦也。而子路亦曰：千乘之國，攝虖大國之間，加之以師旅，因之以饑饉，由也爲之，比及三年，可使有勇，且知方也。治其賦兵教以禮誼之謂也。

又：春秋之後，滅弱吞小，並爲戰國，稍增講武之禮，以爲戲樂，用相夸視。而秦更名角抵，先王之禮没於淫樂中矣。雄桀之士因勢輔時，作爲權詐以相傾覆，吴有孫武，齊有孫臏，魏有吴起，秦有商鞅，皆禽敵立勝，垂著篇籍。當此之時，合從連衡，轉相攻伐，代爲雌雄。齊愍以技擊彊，魏惠以武卒奮，秦昭以鋭士勝。世方争於功利，而馳説者以孫、吴爲宗。時唯孫卿明於王道，而非之曰：彼孫、吴者，上勢利而貴變詐；施於暴亂昏嫚之國，君臣有間，上下離心，政謀不良，故可變而詐也。夫仁人在上，爲下所卬，猶子弟之衛父兄，若手足之扞頭目，何可當也？鄰國望我，歡若親戚，芬若椒蘭，顧視其上，猶焚灼仇讎。人情豈肯爲其所惡而攻其所好哉？故以桀攻桀，猶有巧拙；以桀詐堯，若卵投石，夫何幸之有！《詩》曰：武王載旆，有虔秉鉞，如火烈烈，則莫我敢之，故夜戰則其聲相聞，晝戰則其目相見，緩急足以相死。其教已成，外攘夷狄，內尊天子，以安諸夏。齊（威）〔桓〕既没，晉文接之，亦先定其民，作被廬之法，總帥諸侯，迭爲盟主。然其禮已頗僭差，又隨時苟合以求欲速之功，故不能充王制。二伯之後，寖以陵夷，至魯成公作丘甲，哀公用田賦，搜狩治兵大閱之事皆失其正。《春秋》書而譏之，以存王道。於是師旅亟動，百姓罷敝，無伏節死難之誼。孔子傷焉，曰：以不教民戰，是謂棄之。故稱子路曰：由也，千乘之國，可使治其賦也。而子路亦曰：千乘之國，攝虖大國之間，加之以師旅，因之以饑饉，由也爲之，比及三年，可使有勇，且知方也。治其賦兵教以禮誼之謂也。

《漢書》卷四八《賈誼傳》　商君遺禮義，棄仁恩，并心於進取，行之二歲，秦俗日敗。故秦人家富子壯則出分，家貧子壯則出贅。借父耰鉏，慮有德色；母取箕箒，立而誶語。抱哺其子，與公併倨；婦姑不相説，則反脣而相稽。其慈子耆利，不同禽獸者亡幾耳。然并心而赴時，猶曰蹷六國，兼天下。功成求得矣，終不知反廉愧之節，仁義之厚。信并兼之法，遂進取之業，天下大敗；衆掩寡，智欺愚，勇威怯，壯陵衰，其亂至矣。是以大賢起之，威震海內，德從天下。曩之爲秦者，今轉而爲漢矣。然其遺風餘俗，猶尚未改。今世以侈靡相競，而上亡制度，棄禮誼，捐廉恥，日甚，可謂月異而歲不同矣。逐利不耳，慮非顧行也，今其甚者殺父兄矣。盜者剟寢戶之簾，搴兩廟之器，白晝大都之中剽吏而奪之金。矯僞者出幾十萬石粟，賦六百餘萬錢，乘傳而行郡國，此其亡行義之（先）〔尤〕至者也。而大臣特以簿書不報，期會之間，以爲大故。至於俗流失，世壞敗，因恬而不知怪，慮不動於耳目，以爲是適然耳。夫移風易俗，使天下回心而鄉道，類非俗吏之所能爲也。俗吏之所務，在於刀筆筐篋，而不知大（禮）〔體〕。陛下又不自憂，竊爲陛下惜之。

夫立君臣，等上下，使父子有禮，六親有紀，此非天之所爲，人之所設也。夫人之所設，不爲不立，不植則僵，不修則壞。《筦子》曰：禮義廉恥，是謂四維；四維不張，國乃滅亡。使筦子愚人也則可，筦子而少知治體，則是豈可不爲寒心哉！秦滅四維而不張，故君臣乖亂，六親殃戮，姦人並起，萬民離叛，凡十三歲，〔而〕社稷爲虛。今四維猶未備也，故姦人幾幸，而衆心疑惑。豈如今定經制，令君君臣臣，上下有差，父子六親各得其宜，姦人亡所幾幸，而羣臣衆信，上不疑惑！此業壹定，世世常安，而後有所持循矣。若夫經制不定，是猶度江河亡維楫，中流而遇風波，舩必覆矣。可爲長太息者此也。

夏爲天子十有餘世，而殷受之。殷爲天子二十餘世，而周受之。周爲天子三十餘世，而秦受之。秦爲天子二世而亡。人性不甚相遠也，何三代之君，有道之長，而秦無道之暴也。其故可知也。古之王者，太子迺生，固舉以禮，使士負之，有司齊肅，端冕見之南郊，見於天也。過闕則下，過廟則趨，孝子之道也。故自爲赤子而教，固〔已〕行矣。昔者成王，幼在繦抱之中，召公爲太保，周公爲太傅，太公爲太師。保，保其身體；傅，傅之德義；師，道之教訓，此王公之職也。於是爲置三少，皆上大夫也。曰少保、少傅、少師，是與太子宴者也。故迺孩提有識，三公三少，固明孝仁禮義以道習之。逐去邪人，不使見惡行。於是皆選天下之端士，孝悌博聞有道術者，以衛翼之，使與太子居處出入。故太子迺生而見正事，聞正言，行正道，左右前後皆正人也。夫習與正人居之，不能毋正，猶生長於齊，不能不齊言也。習與不正人居之，不能毋不正，猶生長於楚之地，不能不楚言也。故擇其所嗜，必先受業，迺得嘗之；擇其所樂，必先有習，迺得爲之。孔子曰：少成若天性，習貫如自然。及太子少長，知妃色，則入于學。學者，所學之官也。《學禮》曰：帝入東學，上親而貴仁，則親疏有序，而恩相及矣；帝入南學，上齒而貴信，則長幼有差而民不誣矣；帝入西學，上賢而貴德，則聖智在位而功不遺矣；帝入北學，上貴而尊爵，則貴賤有等而下不踰矣；帝入太學，承師問道，退習而考於太傅，太傅罰其不則而匡其不及，則德智長而治道得矣。此五學者，既成於上，則百姓黎民化輯於下矣。及太子既冠，成人，免於保傅之嚴，則有記過之史，徹膳之宰，進善之旌，誹謗之木，敢諫之鼓，瞽史誦詩，工誦箴諫；大夫進謀，士傳民語，習與智長，故切而不愧，化與心成，故中道若性。三代之禮，春朝朝日，秋暮夕月，所以明有敬也。春秋入學，坐國老，執醬而親餽之，所以明有孝也。行以鸞和，步中《采齊》，趣中《肆夏》，所以明有度也。其於禽獸，見其生不食其死，聞其聲不食其肉，故遠庖廚，所以長恩，且明有仁也。

又：人主之尊譬如堂，羣臣如陛，衆庶如地。故陛九級上，廉遠地，則堂高。陛亡級，廉近地，則堂卑。高者難攀，卑者易陵，理勢然也。故古者聖王制爲等列，內有公卿大夫士；外有公侯伯子男，然後有官師小吏，延及庶人。等級分明，而天子加焉，故其尊不可及也。里諺曰：欲投鼠而忌器，此善諭也。鼠近於器，尚憚不投，恐傷其器，況於貴臣之近主乎。廉耻節禮以治君子，故有賜死而亡戮辱。是以黥劓之辠不及大夫，以其離主上不遠也。禮不敢齒君之路馬，蹵其芻者有罸。見君之几杖則起，遭君之乘車則下，入正門則趨。君之寵臣，雖或有過，刑戮之辠不加其身者，尊君之故也。此所以爲主上豫遠不敬也，所以體貌大臣而厲其節也。今自王侯三公之貴，皆天子之所改容而禮之也，古天子之所謂伯父伯舅也，而令與衆庶同黥劓髡刖笞傌棄市之法，然則堂不亡陛虖？被戮辱者不泰迫虖？廉恥不行，大臣無迺握重權，大官而有徒隸亡恥之心虖？夫望夷之事，二世見當以重法者，投鼠而不忌器之習也。

臣聞之，履雖鮮不加於枕，冠雖敝不以苴履。夫嘗已在貴寵之位，天子改容而禮貌之矣，吏民嘗俯伏以敬畏之矣，今而有過，帝令廢之可也，退之可也，賜之死可也，滅之可也。若夫束縛之，係緤之，輸之司寇，編之徒官，司寇小吏詈罵而榜笞之，殆非所以令衆庶見也。夫卑賤者習知尊貴者之一旦吾亦迺可以加此也，非所以習天下也，非尊尊貴貴之化也。夫天子之所嘗敬，衆庶之所嘗寵，死而死耳，賤人安宜得如此而頓辱之哉？

豫讓事中行之君，智伯伐而滅之，移事智伯。及趙滅智伯，豫讓釁面吞炭，必報襄子，五起而不中。人問豫子，豫子曰：中行衆人畜我，我故衆人事之。智伯國士遇我，我故國士報之。故此一豫讓也，反君事讎，行若狗彘，已而抗節致忠。行出虖列士，人主使然也。故主上遇其大臣，如遇犬馬，彼將犬馬自爲也；如遇官徒，彼將官徒自爲也。頑頓亡恥，奊詬亡節，廉恥不立，且不自好，苟若而可。故見利則逝，見便則奪，主上有敗，則因而挻之矣；主上有患，則吾苟免而已，立而觀之耳。有便吾身者，則欺賣而利之耳。人主將何便於此。群下至衆，而主上至少也，所託財器職業者粹於群下也。俱亡耻，俱苟妄，則主上最病。故古者禮不及庶人，刑不至大夫，所以厲寵臣之節也。古者大臣有坐不廉而廢者，不謂不廉，曰簠簋不飾；坐汙穢淫亂男女亡別者，不曰汙穢，曰帷薄不修；坐罷軟不勝任者，不謂罷軟，曰下官不職。故貴大臣定有其辠矣，猶未斥然正以謼之也，尚遷就而爲之諱也。故其在大譴大訶之域者，聞譴訶則白冠氂纓，盤水加劍，造請室而請辠耳，上不執縛係引而行也。其有中罪者，聞命而自弛，上不使人頸盩而加也。其有大辠者，聞命則北面再拜，跪而自裁，上不使捽抑而刑之也。曰子大夫自有過耳，吾遇子有禮矣。遇之有禮，故群臣自憙；嬰以廉耻，故人矜節行。上設廉耻禮義，以遇其臣，而臣不以節行報其上者，則非人類也。故化成俗定，則爲人臣者主耳忘身，國耳忘家，公耳忘私，利不苟就，害不苟去，唯義所在。上之化也，故父兄之臣誠死宗廟，法度之臣誠死社稷，輔翼之臣誠死君上，守圄扞敵之臣誠死城郭封疆。故曰聖人有金城者，此物此志也。彼且爲我死，故吾得與之俱生；彼且爲我亡，故吾得與之俱存；夫將爲我危，故吾得與之皆安。顧行而忘利，守節而仗義，故可以託不御之權，可以寄六尺之孤，此厲廉耻行禮誼之所致也，主上何喪焉？此之不爲，而顧彼之久行，故曰可爲長太息者此也。

《漢書》卷五六《董仲舒傳》 對曰：陛下發德音，下明詔，求天命與情性，皆非愚臣之所能及也。臣謹按《春秋》之中，視前世已行之事，以觀天人相與之際，甚可畏也。國家將有失道之敗，而天乃先出災害以譴告之，不知自省，又出怪異以警懼之，尚不知變，而傷敗乃至。以此見天心之仁愛人君而欲止其亂也。自非大亡道之世者，天盡欲扶持而全安之，事在強勉而已矣。強勉學問，則聞見博而知益明。強勉行道，則德日起而大有功，此皆可使還至而（立）有效者也。《詩》曰夙夜匪懈，《書》云茂哉茂哉！皆強勉之謂也。

道者，所繇適於治之路也，仁義禮樂皆其具也。故聖王已没，而子孫長久安甯數百歲，此皆禮樂教化之功也。王者未作樂之時，乃用先王之樂宜於世者，而以深入教化於民。教化之情不得，雅頌之樂不成，故王者功成作樂，樂其德也。樂者，所以變民風，化民俗也。其變民也易，其化人也著。故聲發於和而本於情，接於肌膚，臧於骨髓。故王道雖微缺，而筦絃之聲未衰也。夫虞氏之不爲政久矣，然而樂頌遺風猶有存者，是以孔子在齊而聞《韶》也。夫人君莫不欲安存而惡危亡，然而政亂國危者甚衆，所任者非其人，而所繇者非其道，是以政日以仆滅也。夫周道衰於幽厲，非道亡也，幽厲不繇也。至於宣王，思昔先王之德，興滯補弊，明文武之功業，周道粲然復興，詩人美之而作，上天祐之，爲生賢佐，後世稱誦，至今不絕。此夙夜不解行善之所致也。孔子曰：人能弘道，非道弘人也。故治亂廢興在於己，非天降命不可得反，其所操持誖謬失其統也。

臣聞天之所大奉使之王者，必有非人力所能致而自至者，此受命之符也。天下之人同心歸之，若歸父母，故天瑞應誠而至。《書》曰：白魚入于王舟，有火復于王屋，流爲烏。此蓋受命之符也。周公曰：復哉復哉。孔子曰：德不孤，必有鄰。皆積善累德之效也。及至後世，淫佚衰微，不能統理群生，諸侯背畔，殘賊良民以争壤土，廢德教而任刑罰。刑罰不中，則生邪氣，邪氣積於下，怨惡畜於上。上下不和，則陰陽繆盭而妖孽生矣。此災異所緣而起也。

臣聞命者天之令也，性者生之質也，情者人之欲也。或夭或壽，或仁或鄙，陶冶而成之，不能粹美，有治亂之所生，故不齊也。孔子曰：君子之德風，小人之德草，草上之風必偃。故堯舜行德則民仁壽，桀紂行暴則民鄙夭。夫上之化下，下之從上，猶泥之在鈞，唯甄者之所爲。猶金之在鎔，唯冶者之所鑄。綏之斯俫，動之斯和，此之謂也。

臣謹按《春秋》之文，求王道之端，得之於正。正次王，王次春。春者，天之所爲也；正者，王之所爲也。其意曰：上承天之所爲，而下以正其所爲，正王道之端云爾。然則王者欲有所爲，宜求其端於天。天道之大者在陰陽。陽爲德，陰爲刑，刑主殺而德主生。是故陽常居大夏，而以生育長養爲事。陰常居大冬，而積於空虛不用之處。以此見天之任德不任刑也。天使陽出布施於上而主歲功，使陰入伏於下而時出佐陽，陽不得陰之助，亦不能獨成歲。終陽以成歲爲名，此天意也。王者承天意以從事，故任德教而不任刑。刑者不可任以治世，猶陰之不可任以成歲也。爲政而任刑，不順於天，故先王莫之肯爲也。今廢先王德教之官，而獨任執法之吏治民，毋乃任刑之意與。孔子曰：不教而誅謂之虐。虐政用於下，而欲德教之被四海，故難成也。

臣謹按《春秋》謂一元之意，一者物之所從始也，元者辭之所謂大也。謂一爲元者，視大始而欲正本也。《春秋》深探其本，而反自貴者始。故爲人君者，正心以正朝廷，正朝廷以正百官，正百官以正萬民，正萬民以正四方。四方正，遠近莫敢不壹於正，而亡有邪氣奸其間者。是以陰陽調而風雨時，群生和而萬民殖，五穀熟而草木茂，天地之間被潤澤而大豐美，四海之内聞盛德而皆徠臣，諸福之物，可致之祥，莫不畢至，而王道終矣。

孔子曰：鳳鳥不至，河不出圖，吾已矣夫。自悲可致此物，而身卑賤不得致也。今陛下貴爲天子，富有四海，居得致之位，操可致之勢，又有能致之資，行高而思厚，知明而意美，愛民而好士，可謂誼主矣。然而天地未應而美祥莫至者，何也。凡以教化不立而萬民不正也。夫萬民之從利也，如水之走下，不以教化隄防之，不能止也。是故教化立而姦邪皆止者，其隄防完也。教化廢而姦邪並出，刑罰不能勝者，其隄防壞也。古之王者明於此，是故南面而治天下，莫不以教化爲大務。立大學以教於國，設庠序以化於邑，漸民以仁，摩民以誼，節民以禮，故其刑罰甚輕而禁不犯者，教化行而習俗美也。

聖王之繼亂世也，掃除其迹而悉去之，復修教化而崇起之。教化已明，習俗已成，子孫循之，行五六百歲尚未敗也。至周之末世，大爲亡道，以失天下。秦繼其後，獨不能改。又益甚之，重禁文學，不得挾書，棄捐禮誼而惡聞之，其心欲盡滅先王之道，而顓爲自恣苟簡之治，故立爲天子十四歲而國破亡矣。自古以來，未嘗有以亂濟亂，大敗天下之民如秦者也。其遺毒餘烈，至今未滅，使習俗薄惡，人民嚚頑，抵冒殊扞，孰爛如此之甚者也。孔子曰：腐朽之木不可雕也，糞土之牆不可圬也。今漢繼秦之後，如朽木糞牆矣，雖欲善治之，亡可奈何。法出而姦生，令下而詐起，如以湯止沸，抱薪救火，愈甚亡益也。竊譬之琴瑟不調，甚者必解而更張之，乃可鼓也。爲政而不行，甚者必變而更化之，乃可理也。當更張而不更張，雖有良工不能善調也。當更化而不更化，雖有大賢不能善治也。故漢得天下以來，常欲善治而至今不可善治者，先之於當更化而不更化也。古人有言曰：臨淵羨魚，不如退而結網。今臨政而願治七十餘歲矣，不如退而更化，更化則可善治，善治則災害日去，福禄日來。《詩》云：宜民宜人，受禄于天。爲政而宜於民者，固當受禄于天。夫仁義禮智信五常之道，王者所當修飭也，五者修飭，故受天之祐，而享鬼神之靈，德施於方外，延及羣生也。

又：制曰：蓋聞虞舜之時，游於巖廊之上，垂拱無爲，而天下太平。周文王至於日昃不暇食，而宇内亦治。夫帝王之道，豈不同條共貫與。何逸勞之殊也。

蓋儉者不造玄黄旌旗之飾。及至周室，設兩觀，乘大路，朱干玉戚，八佾陳於庭，而頌聲興。夫帝王之道豈異指哉？或曰良玉不琢。又云非文無以輔德，二端異焉。

殷人執五刑以督姦，傷肌膚以懲惡。成康丕式，四十餘年天下不犯，囹圄空虚。秦國用之，死者甚衆，刑者相望，耗矣哀哉。

烏虖！朕夙寤晨興，惟前帝王之憲，永思所以奉至尊，章洪業，皆在力本任賢。今朕親耕藉田以爲農先，勸孝弟，崇有德，使者冠蓋相望，問勤勞，恤孤獨，盡思極神，功烈休德未始云獲也。今陰陽錯繆，氛氣充塞，群生寡遂，黎民未濟，廉耻貿亂，賢不肖渾殽，未得其真，故詳延特起之士，(意)庶幾乎。今子大夫待詔百有餘人，或道世務而未濟，稽諸上古之不同，考之于今而難行，毋乃牽於文繫而不得騁與。將所由異術，所聞殊方與。各悉對，著於篇，毋諱有司。明其指畧，切磋究之，以稱朕意。

仲舒對曰：臣聞堯受命，以天下爲憂，而未以位爲樂也，故誅逐亂臣，務求賢聖，是以得舜、禹、稷、卨、咎繇。衆聖輔德，賢能佐職，教化大行，天下和洽，萬民皆安仁樂誼，各得其宜，動作應禮，從容中道。故孔子曰如有王者，必世而後仁，此之謂也。堯在位七十載，乃遜于位以禪虞舜。堯崩，天下不歸堯子丹朱而歸舜。舜知不可辟，乃即天子之位。以禹爲相，因堯之輔佐，繼其統業，是以垂拱無爲而天下治。孔子曰：《韶》盡美矣，又盡善也，此之謂也。至於殷紂，逆天暴物，殺戮賢知，殘賊百姓。伯夷、太公皆當世賢者，隱處而不爲臣。守職之人皆奔走逃亡，入于河海。天下耗亂，萬民不安，故天下去殷而從周。文王順天理物，師用賢聖，是以閎夭，大顛、散宜生等亦聚於朝廷。愛施兆民，天下歸之，故太公起海濱而即三公也。當此之時，紂尚在上，尊卑昏亂，百姓散亡，故文王悼痛而欲安之，是以日昃而不暇食也。孔子作《春秋》，先正王而繫萬事，見素王之文焉。由此觀之，帝王之條貫同，然而勞逸異者，所遇之時異也。孔子曰《武》盡美矣，未盡善也，此之謂也。

臣聞制度文采玄黄之飾，所以明尊卑，異貴賤，而勸有德也。故《春秋》受命所先制者，改正朔，易服色，所以應天也。然則宫室旌旗之制，有法而然者也。故孔子曰：奢則不遜，儉則固。儉非聖人之中制也。臣聞良玉不琢，資質潤美，不待刻琢，此亡異於達巷黨人不學而自知也。然則常玉不琢，不成文章。君子不學，不成其德。

臣聞聖王之治天下也，少則習之學，長則材諸位，爵禄以養其德，刑罰以威其惡，故民曉於禮誼而耻犯其上。武王行大誼，平殘賊，周公作禮樂以文之，至於成康之隆，囹圄空虚四十餘年。此亦教化之漸而仁誼之流，非獨傷肌膚之效也。至秦則不然。師申商之法，行韓非之説，憎帝王之道，以貪狼爲俗，非有文德以教訓於下也。誅名而不察實，爲善者不必免，而犯惡者未必刑也。是以百官皆飾(空言)虚辭而不顧實，外有事君之禮，内有背上之心，造僞飾詐，趣利無耻。又好用憯酷之吏，賦斂亡度，竭民財力，百姓散亡，不得從耕織之業，群盜並起。是以刑者甚衆，死者相望，而姦不息，俗化使然也。故孔子曰：導之以政，齊之以刑，民免而無耻，此之謂也。

今陛下并有天下，海内莫不率服，廣覽兼聽，極群臣之知，盡天下之美，至德昭然，施于方外。夜郎、康居，殊方萬里，説德歸誼，此太平之致也。然而功不加於百姓者，殆王心未加焉。曾子曰：尊其所聞，則高明矣。行其所知，則光大矣。高明光大，不在於他，在乎加之意而已。願陛下因用所聞，設誠於内而致行之，則三王何異哉？

陛下親耕藉田以爲農先，夙寤晨興，憂勞萬民，思惟徃古，而務以求賢，此亦堯舜之用心也。然而未云獲者，士素不厲也。夫不素養士而欲求賢，譬猶不琢玉而求文采也，故養士之大者，莫大虖太學。太學者，賢士之所關也，教化之本原也。今以一郡一國之衆，對亡應書者，是王道徃徃而絶也。臣願陛下興太學，置明師，以養天下之士，數考問以盡其材，則英俊宜可得矣。今之郡守、縣令，民之師帥，所使承流而宣化也。故師帥不賢，則主德不宣，恩澤不流。今吏既亡教訓於下，或不承用主上之法，暴虐百姓，與姦爲市，貧窮孤弱，冤苦失職，甚不稱陛下之意。是以陰陽錯繆，氛氣充塞，群生寡遂，黎民未濟，皆長吏不明，使至於此也。

夫長吏多出於郎中、中郎，吏二千石子弟選郎吏，又以富訾，未必賢也。且古所謂功者，以任官稱職爲差，非所謂積日累久也。故小材雖累日，不離於小官，賢材雖未久，不害爲輔佐。是以有司竭力盡知，務治其業而以赴功。今則不然，累日以取貴，積久以致官。是以廉耻貿亂，賢不肖渾殽，未得其真。臣愚以爲使諸列侯、郡守、二千石，各擇其吏民之賢者，歲貢各二人以給宿衛，且以觀大臣之能；所貢賢者有賞，所貢不肖者有罰。夫如是，諸侯、吏二千石皆盡心於求賢，天下之士可得而官使也。遍得天下之賢人，則三王之盛易爲，而堯舜之名可及也。毋以日月爲功，實試賢能爲上，量材而授官，録德而定位，則廉耻殊路，賢不肖異處矣。陛下加惠，寬臣之罪，令勿牽制於文，使得切磋究之，臣敢不盡愚。

《漢書》卷六四上《主父偃傳》　偃説上曰：古者諸侯地不過百里，彊弱之形易制。今諸侯或連城數十，地方千里，緩則驕奢易爲淫亂，急則阻其彊而合從以逆京師。今以法割削，則逆節萌起，前日朝錯是也。今諸侯子弟或十數，而適嗣代立，餘雖骨肉，無尺地之封，則仁孝之道不宣。願陛下令諸侯得推恩分子弟，以地侯之。彼人人喜得所願，上以德施，實分其國，必稍自銷弱矣。於是上從其計。

《漢書》卷七三《韋賢傳》　罷郡國廟後月餘，復下詔曰：蓋聞明王制禮，立親廟四，祖宗之廟，萬世不毀，所以明尊祖敬宗，著親親也。朕獲承祖宗之重，惟大禮未備，戰栗恐懼，不敢自顓，其與將軍、列侯、中二千石、二千石、諸大夫、博士議。玄成等四十四人奏議曰：《禮》，王者始受命，諸侯始封之君，皆爲太祖。以下，五廟而迭毀，毀廟之主臧乎太祖，五年而再殷祭，言壹禘壹祫也。祫祭者，毀廟與未毀廟之主皆合食於太祖，父爲昭，子爲穆，孫復爲昭，古之正禮也。祭義曰：王者禘其祖自出，以其祖配之，而立四廟。言始受命而王，祭天以其祖配，而不爲立廟，親盡也。立親廟四，親親也。親盡而迭毀，親疏之殺，示有終也。周之所以七廟者，以后稷始封，文王、武王受命而王，是以三廟不毀，與親廟四而七。非有后稷始封，文、武受命之功者，皆當親盡而毀。成王成二聖之業，制禮作樂，功德茂盛，廟猶不世，以行爲謚而已。《禮》，廟在大門之內，不敢遠親也。臣愚以爲高帝受命定天下，宜爲帝者太祖之廟，世世不毀，承後屬盡者宜毀，今宗廟異處，昭穆不序，宜入就太祖廟而序昭穆如禮。太上皇、孝惠、孝文、孝景廟皆親盡宜毀，皇考廟親未盡，如故。大司馬車騎將軍許嘉等二十九人以爲孝文皇帝除誹謗，去肉刑，躬節儉，不受獻，罪人不帑，不私其利，出美人，重絕人類，賓賜長老，收恤孤獨，德厚侔天地，利澤施四海，宜爲帝者太宗之廟。廷尉忠以爲孝武皇帝改正朔，易服色，攘四夷，宜爲世宗之廟。諫大夫尹更始等十八人以爲皇考廟上序於昭穆，非正禮，宜毀。

《漢書》卷八六《師丹傳》　丹議獨曰：聖王制禮取法於天地，故尊卑之禮明則人倫之序正，人倫之序正則乾坤得其位而陰陽順其節，人主與萬民俱蒙祐福。尊卑者，所以正天地之位，不可亂也。今定陶共皇太后、共皇后以定陶共爲號者，母從子妻從夫之義也。欲立官置吏，車服與太皇太后並，非所以明尊卑亡二上之義也。定陶共皇號謚已前定，義不得復改。《禮》，父爲士，子爲天子，祭以天子，其尸服以士服，子亡爵父之義，尊父母也。爲人後者爲之子，故爲所後服斬衰三年，而降其父母朞，明尊本祖而重正統也。孝成皇帝聖恩深遠，故爲共王立後，奉承祭祀，令共皇長爲一國太祖，萬世不毀，恩義已備。陛下既繼體先帝，持重大宗，承宗廟天地社稷之祀，義不得復奉定陶共皇祭入其廟。今欲立廟於京師，而使臣下祭之，是無主也。又親盡當毀，空去一國太祖不墮之祀，而就無主當毀不正之禮，非所以尊厚共皇也。丹由是浸不合上意。

（三國蜀）諸葛亮《諸葛忠武書》卷八《法檢》　治世以大德，不以小惠。故匡衡、吳漢不願爲赦，先帝亦言吾周旋陳元方、鄭康成間，每見啟告，治亂之道備矣，曾不語赦也。若景升、季玉父子，歲歲赦宥，何益於治。故亮時軍旅屢興，赦不妄下也。

《晉書》卷五二《阮种傳》　又問經化之務。對曰：夫王道之本，經國之務，必先之以禮義，而致人於廉耻。禮義立，則君子軌道而讓於善；廉耻立，則小人謹行而不淫於制度。賞以勸其能，威以懲其廢。此先王所以保乂定功，化洽黎元，而勳業長世也。故上有克讓之風，則下有不爭之俗；朝有矜節之士，則野無貪冒之人。夫廉耻之於政，猶樹藝之有豐壤，良歲之有膏澤，其生物必油然茂矣。若廉耻不存，而惟刑是御，則風俗彫弊，人失其性，錐刀之末，皆有爭心，雖峻刑嚴辟，猶不勝矣。其於政也，如農者之殖磽野，旱年之望豐穡，必不幾矣。此三代所以享德長久，風醇俗美，皆數百年保天之禄。而秦二世而弊者，蓋其所由之塗殊也。

《晉書》卷五五《潘岳傳》　蓋崇德莫大乎安身，安身莫尚乎存正，存正莫重乎無私，無私莫深乎寡欲。是以君子安其身而後動，易其心而後語，定其交而後求，篤其志而後行。然則動者，吉凶之端也；語者，榮辱之主也；求者，利病之幾也；行者，安危之決也。故君子不妄動也，動必適其道；不徒語也，語必經於理；不苟求也，求必造於義；不虚行也，行必由於正。夫然用能免或繫之凶，享自天之祐。故身不安則殆，言不從則悖，交不審則惑，行不篤則危，四者行乎中，則憂患接於外矣。憂患之接，必生於自私，而興於有欲。自私者不能成其私，有欲者不能濟其欲，理之至也。欲苟不濟，能無争乎？私苟不從，能無伐乎？人人自私，家家有欲，衆欲並争，羣私交伐。争，則亂之萌也；伐，則怨之府也。怨亂既構，危害及之，得不懼乎？

然棄本要末之徒，知進忘退之士，莫不飾才鋭智，抽鋒擢穎，傾側乎勢利之交，馳騁乎當塗之務。朝有彈冠之朋，野有結綬之友，黨與熾於前，榮名扇其後。握權，則赴者鱗集；失寵，則散者瓦解；求利，則託刎頸之歡；争路，則構刻骨之隙。於是浮僞波騰，曲辯雲沸，寒暑殊聲，朝夕異價，駑蹇希奔放之跡，鉛刀競一割之用。至於愛惡相攻，與奪交戰，誹謗噂沓，毁譽縱横，君子務能，小人伐技，風積于上，俗弊於下。禍結而恨争之不彊，患至而悔伐之未辯，大者傾國喪家，次則覆身滅祀。其何故邪？豈不始於私欲而終於争伐哉？

君子則不然。知自私之害公也，然後外其身；知有欲之傷德也，故遠絶榮利；知争競之遘災也，故犯而不校；知好伐之招怨也，故有功而不德。安身而不爲私，故身正而私全；慎言而不適欲，故言濟而欲從；定交而不求益，故交立而益厚；謹行而不求名，故行成而名美。止則立乎無私之域，行則由乎不争之塗，必將通天下之理，而濟萬物之性。天下猶我，故與天下同其欲；己猶萬物，故與萬物同其利。

夫能保其安者，非謂崇生生之厚而耽逸豫之樂也，不忘危而已。有期進者，非謂窮貴寵之榮而藉名位之重也，不忘退而已。存其治者，非謂嚴刑政之威而明司察之禁也，不忘亂而已。故寢蓬室，隱陋巷，披短褐，茹藜藿，環堵而居，易衣而出，苟存乎道，非不安也。雖坐華殿，載文軒，服黼繡，御方丈，重門而處，成列而行，不得與之齊榮。用天時，分地利，甘布衣，安藪澤，沾體塗足，耕而後食，苟崇乎德，非不進也。雖居高位，饗重禄，執權衡，握機祕，功蓋當時，勢侔人主，不得與之比逸。遺意慮，没才智，忘肝膽，棄形器，貌若無能，志若不及，苟正乎心，非不治也。雖繁計策，廣術藝，審刑名，峻法制，文辯流離，論議絶世，不得與之争功。故安也者，安乎道者也。進也者，進乎德者也。治也者，治乎心者也。未有安身而不能保國家，進德而不能處富貴，治心而不能治萬物者也。然思危所以求安，慮退所以能進，懼亂所以保治，戒亡所以獲存也。若乃弱志虚心，曠神遠致，徙倚乎不拔之根，浮遊乎無垠之外，不自貴於物而物宗焉，不自重於人而人敬焉。可親而不可慢也，可尊而不可遠也。親之如不足，天下莫之能狎也；舉之如易勝，而當世莫之能困也。達則濟其道，而不榮也，窮則善其身而不悶也，用則立於上而非争也，舍則藏於下而非讓也。夫榮之所不能動者，則辱之所不能加也；利之所不能勸者，則害之所不能嬰也。譽之所不能益者，則毁之所不能損也。

今之學者誠能釋自私之心，塞有欲之求，杜交争之原，去矜伐之態，動則行乎至通之路，静則入乎大順之門，泰則翔乎寥廓之宇，否則淪乎渾冥之泉，邪氣不能干其度，外物不能擾其神，哀樂不能盪其守，死生不能易其真，而以造化爲工匠，天地爲陶鈞，名位爲糟粕，勢利爲埃塵，治其内而不飾其外，求諸己而不假諸人，忠肅以奉上，愛敬以事親，可以御一體，可以牧萬民，可以處富貴，可以安賤貧，經盛衰而不改，則庶幾乎能安身矣。

又：《易》稱：有天地然後有人倫，有父子然後有君臣。《傳》曰：大者天地，其次君臣。然君臣父子之道，天地人倫之本，未有以先之者也。故天生蒸民而樹之君，使司牧之，將以導羣生之性，而理萬物之情。豈以寵一人之身，極無量之欲，如斯而已哉。夫古之爲君者，無欲而至公，故有茅茨土階之儉，而後之爲君，有欲而自利，故有瑤臺瓊室之侈。無欲者，天下共推之。有欲者，天下共争之。推之之極，雖禪代猶脱屣，争之之極，雖劫殺而不避。故曰天下非一人之天下，乃天下之天下，安可求而得，辭而已者乎。

夫脩諸己而化諸人，出乎邇而見乎遠者，言行之謂也。故人主所患，莫甚於不知其過，而所美，莫美於好聞其過。若有君於此，而曰予必無過，唯其言而莫之違，斯孔子所謂其庶幾乎一言而喪國者也。蓋君子之過，如日月之蝕。過也，人皆見之。更也，人皆仰之。雖以堯、舜、湯、武之盛，必有誹謗之木，敢諫之鼓，盤杅之銘，無諱之史，所以閑其邪僻而納諸正道，其自維持如此之備。故箴規之興，將以救過補闕，然猶依違諷喻，使言之者無罪，聞之者足以自誡。先儒既援古義，舉内外之殊，而高祖亦序六官，論成敗之要，義正辭約，又盡善矣。自《虞人箴》以至于《百官》，非唯規其所司，誠欲人主斟酌其得失焉。《春秋傳》曰：命百官箴王闕，則亦天子之事也。

尼以爲王者膺受命之期，當神器之運，總萬機而撫四海，簡羣才而審所授，孜孜於得人，汲汲於聞過，雖廷争面折，猶將祈請而求焉。至於箴規，諫之順者，曷爲獨闕之哉。是以不量其學陋思淺，因負擔之餘，嘗試撰而述之。不敢斥至尊之號，故以乘輿目篇。蓋帝王之事至大，而古今之變至衆，文繁而義詭，意局而辭野，將欲希企前賢，髣髴崇軌。譬猶邱垤之望華岱，恒星之繫日月也，其不逮明矣。

《北史》卷三一《高允傳》　凡萬物之生，靡不有死，然葬者藏也，死者不可再見，故深藏之。昔堯葬穀林，農不易畝，舜葬蒼梧，市不改肆。秦始皇作爲地市，下錮三泉，死不旋踵，尸焚墓掘。由此推之，堯舜之儉，始皇之奢，是非可見。今國家營葬，費損巨億，一旦焚之，以爲灰燼。上爲之而不輟，而禁下人之必止，此三異也。

古者，祭必立尸，序其昭穆，使亡者有憑，致食饗之禮。今已葬之魂，人直求貌類者，事之如父母，宴好如夫妻，損敗風化，黷亂情禮，莫此之甚。上未禁之，下不改絶，此四異也。

夫大饗者，所以定禮儀，訓萬國，故聖王重之。至乃爵盈而不飲，肴乾而不食，樂非雅聲則不奏，物非正色則不列。今之大會，内外相混，酒醉喧嘵，罔有儀式，又俳優鄙褻，汙辱視聽。朝廷積習以爲美，而責風俗之清純，此五異也。

今陛下當百王之末，踵晉亂之弊，而不矯然釐改，以厲頽俗，臣恐天下蒼生，永不聞見禮教矣。

《舊唐書》卷九〇《朱敬則傳》　先之以博愛，本之以仁義，張四維，尊五美，懸禮樂於庭宇，置軌範於中衢。然後决玄波使横流，揚薰風以高扇，流愷悌之甘澤，浸曠蕩之膏腴，正理革其淫邪，淳風柔其骨髓。使天下之人，心醉而神足。

《新唐書》卷一一《禮樂志一》　由三代而上，治出於一，而禮樂達於天下，由三代而下，治出於二，而禮樂爲虚名。古者，宫室車輿以爲居，衣裳冕弁以爲服，尊爵俎豆以爲器，金石絲竹以爲樂，以適郊廟，以臨朝廷，以事神而治民。其歲時聚會以爲朝覲、聘問，懽欣交接以爲射鄉、食饗，合衆興事以爲師田、學校，下至里閭田畝，吉凶哀樂，凡民之事，莫不一出於禮。由之以教其民爲孝慈、友悌、忠信、仁義者，常不出於居處、動作、衣服、飲食之間。蓋其朝夕從事者，無非乎此也。此所謂治出於一，而禮樂達天下，使天下安習而行之，不知所以遷善遠罪而成俗也。

及三代已亡，遭秦變古，後之有天下者，自天子百官名號位序、國家制度、宫車服器一切用秦，其間雖有欲治之主，思所改作，不能超然遠復三代之上，而牽其時俗，稍即以損益，大抵安於苟簡而已。其朝夕從事，則以簿書、獄訟、兵食爲急，曰：此爲政也，所以治民。至於三代禮樂，具其名物而藏於有司，時出而用之郊廟、朝廷，曰：此爲禮也，所以教民。此所謂治出於二，而禮樂爲虚名。

《新唐書》卷五六《刑法志》　古之爲國者，議事以制，不爲刑辟，懼民之知争端也。後世作爲刑書，惟恐不備，俾民之知所避也。其爲法雖殊，而用心則一，蓋皆欲民之無犯也。然未知夫導之以德、齊之以禮，而可使民遷善遠罪而不自知也。

《新唐書》卷一一五《朱敬則傳》　初，武后稱制，天下頗流言，遂開告密羅織之路，興大獄，誅將相大臣。至是，已革命，事益寧。敬則諫曰：

臣聞李斯之相秦也，行申、商之法，重刑名之家；杜私門，張公室；棄無用之費，損不急之官；惜日愛功，亟戰疾耕。既庶而富，遂屠諸侯。此救弊之術也。故曰：刻薄可施於進趨，變詐可陳於攻戰。天下已平，故可易之以寬簡，潤之以淳和。秦乃不然，淫虐滋甚，往而不反，卒至土崩。此不知變之禍也。

陸賈、叔孫通事漢祖，當滎陽、成皋間，糧餉窮，智勇困，未嘗敢開一説，效一奇，唯進豪猾貪暴之人。及區宇適定，乃陳《詩》、《書》説禮、樂，開王道。高帝忿然曰：吾以馬上得之，安事《詩》、《書》？對曰：馬上得之，可馬上治之乎？帝默然。於是賈著《新語》，通定禮儀。此知變之善也。向若高帝斥二子，置《詩》、《書》，重攻戰，尊首級，則複道争功，拔劍擊柱，晷漏之不保，何十二帝二百年乎？故曰：仁義者，聖人之蘧廬；禮者，先王之陳迹。祠祝畢，芻狗捐；淳精流，糟粕棄。仁義尚爾，況其輕乎？

（唐）吴兢《貞觀政要》卷五《論信誠》 貞觀十年，魏徵上疏曰：臣聞爲國之基必資於德禮，君之所保，惟在於誠信。誠信立，則下無二心；德禮形，則遠人斯格。然則德禮誠信，國之大綱，在於君臣父子不可斯須而廢也。故孔子曰：君使臣以禮，臣事君以忠。孔子對魯定公之辭。又曰：自古皆有死，民無信不立。孔子答子貢之辭。文子姓辛，名鈃，一名計然。濮上人，師事老子，著書十二篇。名之曰《通玄真經》。曰：同言而信，信在言前；同令而行，誠在令外。然則言而不行，言無信也；令而不從，令無誠也。不信之言，無誠之令，爲上則敗德，爲下則危身。雖在顛沛之中，君子之所不爲也。

《宋史》卷七一《律曆志四》 然議者不言有司論議依違不決，而顧謂作樂爲過舉，又言當今宜先政令而禮樂非所急，此臣之所大惑也。儻使有司合禮樂之論，是其所是，非其所非，陛下親臨決之，顧於政令不已大乎。

（宋）李燾《續資治通鑑長編》卷四二〇《宋哲宗元祐三年》 朝廷設法本於忠厚，而其弊猶或至於涼薄；設法於涼薄，而其弊反歸於忠厚者，自古未之有也。今以經義設科，是朝廷率人以知禮義，其有不知禮義者，非經術之罪，而士之罪也。今以詩賦設科，是朝廷率人以浮靡，其相率爲浮靡者，非士之罪，而詩賦之罪也。倡率天下學士大夫趨向操術，不爲禮義而爲浮靡，可以謂之良法哉？浮靡成俗，則士無操行，士無操行，則回邪姦慝無所不爲已。且朝廷公卿百執事皆由此塗而進，今設科育材取士以爲公卿百執事，將不謹其初耶？

（宋）李燾《續資治通鑑長編》卷四八〇《宋哲宗元祐八年》 監察御史黄慶基言：成周之制，正月之吉始和，布治於邦國都鄙，乃垂法於象魏，使萬民縱觀，挾日而後斂之。所以奉若天意，謹政治之端，爲黎庶之法也。逮及後世，王者之政不復作，然而求治之主，尚能下寬大之書，以示深恤民隱之意。恭惟二聖以深仁厚德覆露海隅，斯民莫不蒙被恩惠。然臣竊謂所施之政未能無利病，所行之法未能無當否。兵刑財用，簿書期會，則以爲先；而示民以德義，馭衆以禮法，革奢爲儉，使貴賤有别，抑邪爲正，使風俗歸厚者，蓋未嘗舉而行也。方今承平日久，列聖所以涵養斯民，正在於富庶而後教。

（宋）李幼武《宋名臣言行録外集》卷一四《劉清之靜春先生》 得守常州擬奏事略曰：今日之俗，惟知得而忘義，詔令一下，仕者曰：增秩乎？士曰：免舉乎？兵曰：受賞乎？民曰：蠲租乎？有是則欣然奉承，否則雖有良法美意利國而便人，謂之空文，視之如無也。蓋爲治之道有政有教，理也義也，人心所同。謂今世明於理義者爲難，其人不亦誣乎？今日當精擇百官，求其明於義理者以爲監司、爲學官爲、守令、爲將帥，則風俗知義上下一心，陛下又與大臣端本清源，所以儀刑萬邦者，不出於他而舉出於理義，將以紹復大業斯無難矣。

《明宣宗實録》卷三一《宣德二年冬十月》 丙寅，上御武英殿，觀唐玄宗所書《孝經》，顧謂侍臣曰：堯協和萬邦，本於親九族。舜紹堯致治，本之克諧以孝，蓋帝王之治，皆自親親始。既又論玄宗歎曰：靡不有初，鮮克有終，玄宗之謂矣。又曰：漢唐諸君，文帝太宗能納諫，文帝幾致刑措，太宗致貞觀之治，亦皆受善言之效。善言有益於君德，有補於治道，如此，豈可不聽。

（明）俞汝楫《禮部志稿》卷八《職掌·禮部箴》 聖人立極，法天出治。爲治之大，莫大於禮。稽古伯夷，爲虞秩宗，所典三禮，宗伯攸同，既治神人，亦和上下，政本之地，實宣教化。惟我祖宗，承古之道，品節制度，式昭禮教，幽明崇卑，秩乎有序，大法大經，靡不備舉。咨爾禮官，夙夜惟寅，秉其直清，以交神明，安上治民，爰及四裔，祗修舊章，亦義之比，惟卿暨佐，汝予協恭，暨厥四屬，于卿率從。治國去禮，猶耕無耜，咸篤敬天，以懋政事。宣德七年夏六月。

《大誥續編·耆宿》 從古至今，所在有司，凡公事有大者，非高年耆宿不備。所以古設耆宿，務必德行超群，市村稱善，所以拔居群民之上，名爲耆宿。凡賢人官於是方，公事疑難，則會而請決之。所以必此而事備，以其高年，歷事也多，聽記也廣，其善惡、易難之事，無不周知，以其决事也必當。凡諸有司，用是耆宿，無不昌焉。今之爲官者，官雖善而吏不善。官雖善，不知用耆民之道，吏不善，惟務贓貪，更加所用耆宿，又非其人，官雖善而事不行矣。至此而事不行者何？蓋吏貪而捏巧，耆宿不才以同謀，虐民之禍，由是而蜂起。所以甚者云何？蓋謂充耆宿者，皆係無藉小人。苟延壽至於高年，是等有昔爲皂隸者，有爲簿書者，有屢犯過惡者，有弓兵者，有説事過錢者，皆爲今之耆宿。其善人官於一方，皆不審實明白，去此之徒，崇尚德人，又將同惡相濟，以患吾民。《誥》至，所在有司，務必崇尚德人，上助朕躬，下福生民。無藉之徒見此，即早退去。若或年高不能生理，居家格非，撫兒孫以善己，得終天年，豈不智哉。設若不奉朕命，仍復在官應當耆宿，運不良之謀，陷有德之官，害天民之善者，非有天災，又必假手於法司，身亡家破有日矣。《誥》至，所在高年有德者，一聞有司禮請，速出贊襄，廣吾求治之道，以安生民。不言天佑之，陰騭既行，豈有不昌耶。

（明）吕坤《鄉甲約》 孝弟忠信，禮義廉恥。正直公平，懽愛忻喜。忍耐讓恭，温和柔美。畏天守法，懷德循理。知止存心，省身克己。知仁宣哲，睦婣任恤。富貴康寧，昌盛豐足。進修講習，敬謹純篤。操持有常，千禎百禄。勸君學好，希聖爲賢。端方清静，實行真言。淑慎莊潔，福壽延綿。吉祥如意，飽煖安然。

（明）朱元璋《教民榜文》 鄉飲酒禮，本以序長幼别賢否，乃厚風俗之良法，已令民間遵行。今在申明，務要依頒降法式行之。長幼序坐，賢否異席，如此日久，豈不人皆向善避惡，風俗淳厚，各爲太平之良民？

又： 父母生身之恩至大，其鞠育劬勞詳載《大誥》。今再申明民間有祖父母、父母，在堂者，當隨家貧富奉養無缺；已亡者，依時祭祀，展其孝敬。爲父母者教訓子弟，爲子弟者孝敬伯叔，爲妻者勸夫爲善，如此，和睦宗族，不犯刑憲。父母妻子，朝夕相守，豈不安享太平。

《稽古定制・序》 昔先王制禮，所以别尊卑，定貴賤，使上下秩然不敢有亂。其朝代雖有更革，禮樂制度多是相因，中間雖損益以合時宜，然相因者甚多，其所損益小過不及而已。

《清仁宗實録》卷三三五《嘉慶二十一年十月》 又諭御史卿祖培奏，請勅各省學政講明《朱子全書》，以端士習一摺。教化爲立政之本，以正人心，以厚風俗。非特各省學政當講明正學，以端士習。即督撫藩臬，以至道府州縣，各有治民之責皆應隨時化導，俾小民遷善遠惡，力返淳風。宋儒《朱子全書》，固足以闡明經術，而五經及四子書，炳若日星。若在官者，各能身體力行，以爲編氓倡率，亦何不可收世道人心之益？朕前降諭旨，令牧民者，惟以孝弟忠信，禮義廉恥爲教民之先務，直省大小官吏果能仰體朕意，實力奉行，廣爲勸諭，使父誡其子，兄誡其弟，久之漸摩成習，薰德而善良者衆，日計雖不足，月計則有餘也。其有愚頑梗化之徒，狃於邪説，則明刑所以弼教，化導與懲創相輔而行，使民知畏法而生懼心，即漸知慕義而生愧心，至於有耻且格，則經正民興，自無邪慝矣。將此通諭知之。

《皇朝通志》卷四八《謚畧一》 夫中以宅心，正以體政，文以敷化，武以定功，英以决疑，明以燭理，寬以居之，仁以行之，信以成之，毅以守之，而皆本之于大孝，運之以至誠。此洵聖德之全與。

《皇朝文獻通考》卷一四一《王禮考十七・皇帝冠服》 夫萬物本乎天，人本乎祖。推原其義實天遠而祖近，設使輕言改服即已先忘祖宗，將何以上祀天地。經言仁人饗帝，孝子饗親。試問仁人孝子豈二人乎？不能饗親顧能饗帝乎？朕確然有見於此，是以不憚諄覆教戒，俾後世子孫知所法守，是創論實格論也。所願奕葉子孫深維根本之計，毋爲流言所惑，永永恪遵朕訓，庶幾不爲獲罪。

（清）徐棟《保甲書》卷一 聖諭：化導愚頑，安見強暴之風不可變爲和親之俗，深慚表率，實賴勗勸，竊於賢有司有厚望焉，切勿視爲具文。

（清）陳秉直 魏象樞《上諭合律鄉約全書》 今幸賴皇上仁威竝播，宇宙廓清，全浙數百萬生靈保全於緩徵蠲賦，復甦於鋒鏑湯火之餘者皆皇上如天如地之所鞠育也。孟子曰：壯者以暇日修其孝弟忠信。當此寇息民安，若不亟施教訓，洗滌舊染，恐愚民積漸優游習於偷薄，非所以計從安長治也。臣思從古尚德緩刑，化民成俗之道總不越乎。

又： 從古治天下之道，不外政教，政以禁民之爲不善，而教則使民循循然，相率歸於善。堯之時雍，舜之從，欲稷司稼，契敬敷敻乎，莫可尚已。若夫士師居五臣之終，《吕刑》繫《尚書》之末，帝王不得已而用之，唐虞三代無以異也。

（清）王昶《金石萃編》卷三四《北齊二·隴東王感孝頌》　惟夫德行之本，仁義之基，感洞幽明，擾馴禽獸，清音帶冰而挺潔，素采映雪而流輝，根矩定於一丸，丘吾絶於三失，開府儀同三司、尚書右僕射、尚書左僕射、尚書令、攝選，新除特進、使持節、齊州刺史、隴東王胡長仁，唯黄雅俗，雄飛戚里，入膺北斗，執柄端衡，出牧東秦，總條連率。未脱崔林之屣，聊褶賈琮之襜，視聽經過，訪詢耆舊。郭巨之墓，馬鬣交阡；孝子之堂，鳥翅銜阜。君愛奇好古，歷覽徘佪，妃息在傍，寘僚侍側。璧疑秦鏡，炳焕存形，柱識荊珉，寂寥遺字。所以斂眉長歎，念昔追遠，遂若羊公登峴，還同處墨飲泉，慨賢勝之多獎，嗟至德而無紀，蘭溪黛不見松，穀城何以知石？于時開府中兵參軍梁恭之盛工篆隸，騎兵參軍申嗣邕微學摛藻，並應命旨，俱營頌筆。以大齊武平元季正月廿二日，權興雕瑩，表建庭宇，棟刻蒼文，檐栽翠柏。庶令千葉之下，彌振金聲，九原之中，恒浮玉樹。其詞曰：

天經地義，啟聖通神。重華曾閔，萊子樂春。時多美迹，世有芳塵，前漢逸士，河内貞人。分財雙季，獨養壹親，客舍凶弭，兒埋福臻。穹隆感異，旁薄貽珍，懸車處落，夜臺弗晨。千齡俄古，萬祀猶新，朱驂紫蓋，撫俗調民。高山達節，景慕縈嚬，式凂不朽，永播衣巾。居士慧朗侍從至能艸隸世人稱朗公書者是也。

（清）王夫之《讀通鑑論》卷二《文帝》　漢興至文帝而天下大定。賈誼請改正朔，易服色，定官名，興禮樂，斯其時矣。魯兩生百年而後興之説謬矣。雖然，抑豈如誼之請遽興之而遂足以興邪？武帝固興之矣，唐玄宗欲興之矣，拓拔氏、宇文氏及宋之蔡京亦皆欲興之矣。〔拓拔、宇文之擅，蔡京之佞，亦竊欲興之矣。〕文帝從誼之請，而一旦有事於制作，不保其無以異於彼也。於是而興與不興交錯，以凋喪禮樂，而先王中和之極遂斬於中夏。

夫誼而誠欲興也，當文帝之世，用文帝之賢，導之以中和之德，正之於非僻之萌，養之以學問之功，廣之以仁義之化，使涵泳於義理之深，則天時之不可逆，而正朔必改，人事之不可簡，而服色官名之必定，至德之不可斁，而禮樂之必興，怵惕而不安於其心，若倦於遊而思返其故。抑且有大美之容，至和之音，髣髴於耳目之間。而迫欲遇之；則以文從質，以事從心，審律吕於銖累之間，考登降於周旋之際，一出其性之所安，學之所裕，以革故而鼎新，不待歷歲年而燦然明備矣。誼之不勸以學而勸以事，則亦詔相工瞽之末節，方且行焉而跛倚，聞焉而倦臥，情文不相生，焉足以興？故文帝之謙讓誠有歉於此也。固帝反求而不容自誣者也。禮樂不待興於百年，抑不可遽興於一日，無他，惟其學而已矣。

或曰：成王幼沖，德未成而周公亟定宗禮，何也？曰：周公之自定之也，非成王之能也。迨其後成王日就月將而緝熙於光明，乃以用周公之所制而不慚。誼固非周公借令其能如周公，而帝以黄、老之心行中和之矩範，自顧其不類而思去之，又奚能以終日乎？

（清）王夫之《讀通鑑論》卷二《漢高帝》　魯兩生責叔孫通興禮樂於死者未葬、傷者未起之時，非也。將以爲休息生養而後興禮樂焉，則抑管子衣食足而後禮義興之邪説也。子曰：自古皆有死，民無信不立。信者，禮之干也；禮者，信之資也。有一日之生，立一日之國，唯此大禮之序，大樂之和，不容息而已。死者何以必葬？傷者何以必恤？此敬愛之心不容昧焉耳。敬焉而序有必順，愛焉而和有必浹，動之於無形聲之微，而發起其莊肅樂易之情，則民知非苟於得生者之可以生，苟於得利者之可以利，相恤相親，不相背棄，而後生養以遂。故晏子曰：唯禮可以已亂。然則立國之始，所以順民之氣而勸之休養者，非禮樂何以哉？譬之樹然，生養休息者，枝葉之榮也；有序而和者，根本之潤也。今使種樹者曰：待枝葉之榮而後培其本根。豈有能榮枝葉之一日哉？故武王克殷，駕甫脱而息貫革之射，修禋祀之典，成象武之樂。受命已末，制作未備，而周公成其德，不曰我姑且休息之而以待百年也。

秦之苛嚴，漢初之簡略，相激相反，而天下且成乎鄙倍。舉其大綱，以風起於崩壞之余，亦何遽不可？而非直無不可也；非是，則生人之心，生人之理，日頹靡而之於泯亡矣。唯叔孫通之事十主而面諛者，未可語此耳。則苟且以背於禮樂之大原，道終古而不與於三王之盛。使兩生者出，而以先王安上治民，移風易俗之精意，舉大綱以與高帝相更始，如其不用而後退，未晚也。乃必期以百年，而聽目前之滅裂。將百年以內，人心不靖，風化未起，汲汲於生養死葬之圖，則德色父而誶語姑，亦誰與震動容與其天良，而使無背死不葬，捐傷不恤也哉？

衛輒之立，亂已極矣。子曰：禮樂不興，則刑罰不中，民無所措手足。務本教也。漢初亂雖始定，高帝非輒比也。輒可興而謂高帝不可，兩生者，非聖人之徒與？何其與孔子之言相刺謬也！於是而兩生之所謂禮樂者可知矣，謂其文也，非其實也。大序至和之實，不可一日絕於天壤，而天地之産，中和之應，以瑞相祐答者，則有待以備乎文章聲容之盛，未之逮耳。然草創者不爽其大綱，而後起者可藉，又奚必人之嫻於習而物之給於用邪！故兩生者，非不知權也，不知本也。

（清）王先謙《荀子集解·不苟》 君子治治，非治亂也。曷謂邪。曰禮義之謂治，非禮義之謂亂也。故君子者，治禮義者也，非治非禮義者也。然則國亂將弗治與，曰國亂而治之者，非案亂而治之之謂也，去亂而被之以治。案，據也，據舊亂而治之也。荀子安案多爲語助，與此不同也。人汙而修之者，人有汙穢之行，將修爲善。俞樾曰：修當讀爲滌。《周官·司尊彝》職曰：几酒修酌。鄭注曰：修讀如滌濯之滌。是其證也，滌從條聲，條從攸聲，修亦從攸聲，聲同之字，故得通用。楊注失之。荀子書每以修與汙對文，竝當讀爲滌。非案汙而修之之謂也，去汙而易之以修。故去亂而非治亂也，去汙而非修汙也。治之爲名，猶曰君子爲治而不爲亂，爲修而不爲汙也。

（清）王先謙《荀子集解·非十二子》 遇君則修臣下之義，遇鄉則修長幼之義，在鄉黨之中也。遇長則修子弟之義，遇友則修禮節辭讓之義，遇賤而少者，則修告導寬容之義。無不愛也，無不敬也，無與人爭也。恢然如天地之苞萬物，如是則賢者貴之，不肖者親之。如是而不服者，則可謂訞怪狡猾之人矣。訞與妖同。雖則子弟之中，刑及之而宜。妖怪狡猾之人，雖在家人子弟之中，亦宜刑戮及之，況公法乎。《詩》云：匪上帝不時，殷不用舊。雖無老成人，尚有典刑。曾是莫聽，大命以傾。此之謂也。《詩·大雅·蕩之篇》，鄭云：老成人，伊尹、伊陟、臣扈之屬也。典刑，常事、故法也。

（清）王先謙《荀子集解·儒效》 禮者，人主之所以爲羣臣寸尺尋丈檢式也。

（清）王先謙《荀子集解·禮論》 禮者，斷長續短，損有餘，益不足，達愛敬之文，而滋成行義之美者也。

（清）王先謙《荀子集解·大略》 禮之大凡。事生，飾驩也。送死，飾哀也。軍旅，飾威也。

（清）王先謙《荀子集解·宥坐》 孔子觀於東流之水，子貢問於孔子曰：君子之所以見大水必觀焉者是何？孔子曰：夫水，大偏與諸生而無爲也，似德。偏與諸生，謂水能偏生萬物。爲其不有其功，似上德不德者。《説苑》作偏予而無私。王念孫曰：案，偏與上不當有大字。蓋涉上文大水而衍。據楊注云：偏與諸生，謂水能偏生萬物，則無大字明矣。《初學記·地部中》引此無大字，《大戴記·勸學篇》、《説苑·雜言篇》、《家語·三恕篇》竝同。其流也埤下，裾拘必循其理，似義。埤讀爲卑。裾與倨同，方也。拘讀爲鉤，曲也。其流必就卑下，或方或曲，必循卑下之理，似義者無不循理也。《説苑》作其流卑下，句倨皆循其理，似義。盧文弨曰：案宋本引《説苑》作其流也卑下，句倨之也，情義分然者也，文義舛譌。今案本書《雜言篇》訂正。其洸洸乎不淈盡，似道。洸讀爲滉，滉，水至之貌。淈讀爲屈，竭也。似道之無窮也。《家語》作浩浩無屈盡之期，似道也。王念孫曰：楊讀洸爲滉，滉滉，水至之貌。古無此訓，洸洸當從《家語》作浩浩字之誤也。俗書浩字作洸，與浩略相似。《王制》曰：有餘曰浩。故曰浩浩乎不屈盡。《初學記》引《荀子》正作浩浩，則所見本尚未誤。《太平御覽·地部二十三》同。先謙案，《説文》：洸，水涌光也，作洸洸義通，似不必改作浩浩。若有決行之，其應佚若聲響。其赴百仞之谷不懼，似勇。決行，決之使行也。佚與逸同，奔逸也。若聲響，言若響之應聲也。似勇者，果於赴難也。王念孫曰：奔逸與聲響，義不相屬，楊説非也。佚讀爲呹，呹，疾貌也。言其相應之疾，若響之應聲也。《漢書·揚雄傳》《甘泉賦》：薌呹肸以掍根兮，聲駍隱而歷鍾。師古曰：言風之動樹，聲響振起，衆根合同駍隱而盛，歷入殿上之鍾也。薌讀與響同。呹，音丑乙反。《文選》李善注曰：呹，疾貌也，余日切。正與佚字同音。古無呹字，故借佚爲之耳。主量必平，似法。主讀爲注。量謂阬受水之處也。言所經阬坎，注必平之然後過，似有法度者均平也。盈不求概，似正。概，平斗斛之木也。《考工記》曰：概而不稅。言水盈滿則不待概而自平，如正者不假於刑法之禁也。淖約微達，似察。淖當爲綽。約，弱也。綽約，柔弱也。雖至柔弱，而侵淫通達於物，似察之見細微也。《説苑》作綽弱微達。以出以入，以就鮮絜，似善化。言萬物出入於水，則必鮮絜，似善化者之使人去惡就美也。《説苑》作不清以入，鮮絜以出也。其萬折也必東，似志。折，縈曲也。雖東西南北，千萬縈折不常，然而必歸於東，似有志不可奪者。《説苑》作其折必東也。是故君子見大水必觀焉。

（清）王先謙《荀子集解·子道》 入孝出弟，人之小行也。弟與悌同，謂自卑如弟也。上順下篤，人之中行也。上順從於君父，下篤愛於卑幼。從道不從君，從義不從父，人之大行也。若夫志以禮安，言以類使，則儒道畢矣。志安於禮，不妄動也。言發以類，不怪説也。如此則儒者之道畢矣。盧文弨曰：言以類使，元刻作言以類接。雖舜，不能加毫末於是矣。

（漢）孔鮒《孔叢子》卷上《雜訓》　孟軻問牧民何先。子思曰：先利之。曰：君子之所以教民，亦有仁義而已矣。何必曰利。子思曰：仁義固所以利之也。上不仁則下不得其所，上不義則下樂爲亂也。此爲不利大矣。故《易》曰：利者，義之和也。又曰：利用安身，以崇德也。此皆利之大者也。

《子思子全書・鳶魚》　哀公問政，仲尼曰：【略】仁者，人也。親親爲大。義者，宜也。尊賢爲大。親親之殺，尊賢之等，禮所生也。在下位不獲乎上，民不可得而治矣。故君子不可以不脩身，思脩身不可以不事親，思事親不可以不知人，思知人不可以不知天。天下之達道五，所以行之者三，曰君臣也，父子也，夫婦也，昆弟也，朋友之交也。五者，天下之達道也，知仁勇三者，天下之達德也，所以行之者，一也。

（漢）賈誼《新書》卷三《時變》　秦國失理，天下大敗。衆揜寡，知欺愚，勇刼懦，壯淩衰，攻擊奮者爲賢，貴人善突盜者爲忻，諸侯設諂而相餂，設輹而相紹者爲知，天下亂至矣。是以大賢起之，威振海內，德從天下。曩之爲秦者，今轉而爲漢矣。今者何如，進取之時去矣，並兼之勢過矣，胡以孝弟循順爲？善書而爲吏耳。胡以行義禮節爲？家富而出官耳。驕耻偏而爲祭尊，黥劓者攘臂而爲政。行爲狗彘也，苟家富財足，隱机肝視而爲天子耳。唯告罪昆弟，欺突伯父，逆於父母乎。然錢財多也，衣服循也，我何妨爲世之基公。唯愛季母、妻公之接女乎。車馬嚴也，走犬良也，矯誣而家美，盜賊而財多，何傷？欲交，吾擇貴寵者而交之；欲勢，擇吏權者而使之。取婦嫁子，非有權勢，吾不與婚姻；非貴有戚，不與兄弟；非富大家，不與出入。因何也？今俗侈靡，以出相驕，出倫踰等，以富過其事相競。今世貴空爵而賤良，俗靡而尊奸，富民不爲奸而貧爲里母也，廉吏釋官而歸爲邑笑，居官敢行奸而富爲賢吏，家處者犯法爲利爲材士。故兄勸其弟，父勸其子，則俗之邪至於此矣。商君違禮義，棄倫理，並心於進取，行之三歲，秦俗日敗。秦人有子，家富子壯則出分，家貧子壯則出贅。假父耰鉏杖彗耳，慮有德色矣。母取瓢椀箕箒，慮立訊語。抱哺其子，與公併踞，婦姑不相説，則反脣而睨。其慈子嗜利而輕簡父母也，念罪非有儲理也，亦不同禽獸僅焉耳。然猶并心而赴時者，曰功成而敗義耳。蹷六國，兼天下，求得矣，然不知反廉耻之節、仁義之厚，信并兼之法，遂進取之業，九十三歲而社稷爲墟。不知守成之數，得之之術也。悲夫！

（漢）賈誼《新書》卷五《傅職》　或稱《春秋》，而爲之聳善而抑惡，以革勸其心。教之禮，使知上下之則，宣或爲之稱《詩》，而廣道顯德，以馴明其志。教之樂，以疏其穢而填其浮氣。教之語，使明於上世，而知先王之務明德於民也。教之故志，使知廢興者而戒懼焉。教之任術，使能紀萬官之職任，而知治化之儀。教之訓典，使知族類疏戚，而隱比馴焉。此所謂學太子以聖人之德者也。或明惠施以道之忠，明長短以道之信，明度量以道之義，明等級以道之禮，明恭儉以道之孝，明敬戒以道之事，明慈愛以道之仁，明僩雅以道之文，明除害以道之武，明精直以道之罰，明正德以道之賞，明齊肅以道之教，此所謂教太子也。左右前後，莫非賢人以輔相之，威儀以先後之，攝體貌以左右之，制義行以宣翼之，章恭敬以監行之，勤勞以勸之，孝順以內之，敦篤以固之，忠信以發之，德言以揚之。此所謂順者也。此傅人之道也，非賢者不能行。

（漢）劉向《説苑》卷五《貴德》　孔子曰里仁爲美。擇不處仁，焉得智？夫仁者必恕然後行，行一不義，殺一無罪，雖以得高官大位，仁者不爲也。夫大仁者，愛近以及遠，及其有所不諧，則虧小仁以就大仁。大仁者，恩及四海；小仁者，止於妻子。妻子者，以其知營利，以婦人之恩撫之，飾其內情，雕畫其僞，孰知其非真。雖當時蒙榮，然士君子以爲大辱，故共工、驩兜、符里、鄧析其智非無所識也。然而爲聖王所誅者，以無德而苟利也。豎刁，易牙毀體殺子以干利，卒爲賊於齊，故人臣不仁，篡弑之亂生；人臣而仁，國治主榮，明主察焉，宗廟太寧。夫人臣猶貴仁，況於人主乎？故桀、紂以不仁失天下，湯、武以積德有海土，是以聖王貴德而務行之。孟子曰：推恩足以及四海，不推恩不足以保妻子。古人所以大過人者無他焉，善推其所有而已。

（漢）徐幹《中論》卷上《治學》　故先王立教官，掌教國子，教以六德，曰智、仁、聖、義、忠、和。教以六行，曰孝、友、睦、婣、任、恤。教以六藝曰：禮、樂、射、御、書、數。三教備而人道畢矣。

（漢）徐幹《中論》卷上《法象》　夫禮也者，人之急也，可終身蹈而不可須臾離也。須臾離則慆慢之行臻焉，須臾忘則慆慢之心生焉。況無禮而可以終始乎？夫禮也者，敬之經也。敬也者，禮之情也。無敬無以行禮，無禮，無以節敬。道不偏廢，相須而行，是故能盡敬以從禮者，謂之成人。

（漢）徐幹《中論》卷上《藝紀》　孔子稱安上治民莫善於禮，移風易俗莫善於樂，存乎六藝者，著其末節也。謂夫陳籩豆，置尊俎，執羽籥，擊鐘磬，升降趨翔屈伸俯仰之數也，非禮樂之本也。禮樂之本也者其德音乎。

（唐）李世民《帝範》卷下《崇儉篇》　夫聖代（世）之君存乎節儉，富貴廣大守之以約，叡智聰明守之以愚，不以身尊而驕人，不以德厚而矜物。茅茨不剪，采椽不斲，舟車不飾，衣服無文，土階不崇，《帝王世紀》曰：堯堂高三尺，土階三等，茅茨不剪，采椽不斲，夏服葛衣，冬服鹿裘也。大羹不和。《左傳》桓二年曰：大羹不致。杜預注：大羹，肉汁，不致五味也。非憎榮而惡味，乃處薄而行儉，故風淳俗朴，比屋可封，此節儉之德也。

斯二者，榮辱之端，奢儉由人，安危在己。五關近閉《劉子》曰：謂五情慾之關也。則令德遠盈，千慾內攻則凶源外發，是以丹桂抱蠹，終摧曜日之芳，朱火含煙，遂鬱凌雲之燄。故知驕出於志，不節則志傾。慾生於身，不遏則身喪。故桀紂肆情而禍結，堯舜約已而福延。可不務乎。

（宋）黎靖德《朱子語類》卷二三《論語五·爲政篇上》　德與政非兩事。只是以德爲本，則能使民歸，若是所令反其所好，則民不從。義剛。文振問：爲政以德，莫是以身率之？曰：不是強去率它。須知道未爲政前先有是德。若道以身率之，此語便粗了。時舉。鄭録云：德是得之於我者。更思此意。

或問爲政以德。曰：爲政以德，不是欲以德去爲政，亦不是塊然全無所作爲，但德修於己而人自感化。然感化不在政事上，卻在德上。蓋政者，所以正人之不正，豈無所作爲。但人所以歸往，乃以其德耳。故不待作爲，而天下歸之，如衆星之拱北極也。銖。爲政以德，非是不用刑罰號令，但以德先之耳。以德先之，則政皆是德。可學。

（宋）黎靖德《朱子語類》卷五六《孟子六·離婁上》　至之問：如李悝盡地力之類，不過欲教民而已，孟子何以謂任土地者亦次於刑？曰：只爲他是欲富國，不是欲爲民。但強占土地開墾將去，欲爲己物耳，皆爲君聚斂之徒也。時舉。

辟草萊，任土地者次之，如李悝盡地力，商鞅開阡陌。他欲致富強而已，無教化仁愛之本，所以爲可罪也。僩。

（明）丘濬《大學衍義補》卷首《誠意正心之要·審幾微·察事幾之萌動》　《禮記》曰：禮之教化也微，其止邪也於未形，使人日徙善遠罪而不自知也。是以先王隆之也。《易》曰：君子慎始。差若毫釐，繆以千里。此之謂也。引《易》。今經又無之。葉夢得曰：微者，形而未大也。教以使人徼，化以使人遷，故從善而不自知。未形者，有形之兆也。止邪於將兆，則人知舍彼以就此，故遠罪而不自知。吳澂曰：禮之導人爲善，每至善幾方動之初。其禁人爲惡，亦在惡幾未見之時。非若其他法令刑罰之屬，待其顯見而後勸率懲遏之也。又引《易》以證之，始，謂其初未顯未見之時。慎，謂宜及此時以禮導其善，防其惡，不可失此幾也。儻或不然，不於其始而教之，止之，其差雖若毫髮之近，至於既顯既見而後教之，止之，則難爲力。其繆乃有千里之遠，言其繆甚大也。臣按：先王爲治，而必隆重於禮者，蓋以禮爲教化之本，所以遏民惡念，而啓其善端，約之於仁義道德之中，而使其不蕩於規制法度之外，以至於犯戒令，罹刑憲焉。自有不知其所以然而然者矣。則其爲教化也，不亦微乎。微者，幾之初動未大者也。君子於其幾微方動未形之始而慎之。慎之何如？亦隆禮而已矣。是故，知男女之有欲也，則制《昏禮》，以止其淫辟之行於情竇未開之先。知飲食之易爭也，則制《鄉飲》，以止其爭鬭之獄於朶頤未動之始。制喪祭之禮，以止其倍死忘生之念於哭臨奠獻之際。制聘覲之禮，以止其倍畔侵陵之患於玉帛俎豆之間。是皆不待欲動情勝之時，而自有潛銷速化之妙。縱有過差，不遠而復。尚何差繆而至於千里之遠絶乎。

（明）丘濬《大學衍義補》卷三九《治國平天下之要·明禮樂·禮儀之節》　夫禮禁亂之所由生，猶坊止水之所自來也。故以舊坊爲無所用而壞之者，必有水敗。以舊禮爲無所用而去之者，必有亂患。

故昏姻之禮廢，則夫婦之道苦，而淫辟之罪多矣。鄉飲酒之禮廢，則長幼之序失，而争鬭之獄繁矣。喪祭之禮廢，則臣子之恩薄，而倍死忘生者衆矣。聘覲之禮廢，則君臣之位失，諸侯之行惡，而倍畔侵陵之敗起矣。故禮之教化也微，其止邪也于未形，使人日徙善遠罪而不自知也，是以先王隆之也。《易》曰：君子慎始。差若毫釐，繆以千里。此之謂也。

（明）丘濬《大學衍義補》卷六七《治國平天下之要·崇教化·總論教化之道》 《書·舜典》帝曰：契，百姓不親。相親睦也，五品不遜。順也。汝作司徒，掌教之官，敬敷布也五教在寬。

朱熹曰：五品，父子、君臣、夫婦、長幼、朋友。五者之名位，等級也。五教，父子有親，君臣有義，夫婦有別，長幼有序，朋友有信。以五者當然之理，而爲教令也。敬，敬其事也。聖賢之於事，雖無所不敬，而此又事之大者，故特以敬言之，寬裕以待之也。蓋五者之理出于人心之本然，非有強而後能者。自其拘于氣質之偏，溺于物欲之蔽，始有昧于其理，而不相親愛，不相遜順者。於是申命契仍爲司徒，使之敬以敷教，而又寬裕以待之，使之優游浸漬以漸而入。則其天性之真，自然呈露，不能自已，而無無耻之患矣。

又： 大司徒因此五物者民之常，而施十有二教焉。一曰：以祀禮教敬，則民不苟。二曰：以陽禮教讓，則民不争。三曰：以陰禮教親，則民不怨。四曰：以樂禮教和，則民不乖。五曰：以儀辯等，則民不越。六曰：以俗教安，則民不愉。七曰：以刑教中，則民不虣暴。八曰：以誓教恤，則民不怠。九曰：以度教節，則民知足。十曰：以世事教能，則民不失職。十有一曰：以賢制爵，則民慎德。十有二曰：以庸制禄，則民興功。

吴澂曰：唐虞司徒所敷者五教，而周司徒施十二教。五教舉其綱，十二教，則詳其目。五教在於端其本，十二教則兼舉其末。其教敬讓親和辯等，是德禮之屬也。教，安中恤節，能與制爵制禄，是政刑之屬也。祀禮者，祭祀之禮。追養致孝，示民以敬，所以不苟且。陽禮者，飲射之禮，敬老齒讓，導民以順，所以不鬭争。陰禮者，婚姻之禮，男女合好，至親所在，所以不怨曠。樂禮者，燕饗作樂之禮，尊卑齒位，至和所在，所以不乖離。以儀辯等者，有君臣上下之儀，有父子長幼之儀。隆殺有等，而民志自定。所以不踰越以俗教安者，有宫室墳墓衣服之俗，有兄弟師儒朋友之俗。安於本俗，人倫自厚。所以不偷薄，以刑教中者，如鄉之八刑，以弼教而歸於中。所以不暴亂以誓教恤者，如軍旅之誓，使之憂患相救而恤其事。所以不怠惰以度教節者，冠婚喪祭之度，各有等殺以節其欲。所以自知止足，以世事教能者，士農工賈，世傳厥習以精其能，所以不失職。十者皆謂之教，教之常也。而聖人不徒教也，以賢制爵，則不賢者莫不謹於德。以庸制禄，則無功者莫不興於功。是二者，聖人奔走天下之權，而人心之激勸所係。故不言教而列於後。

又： 董仲舒曰：夫萬民之從利也，如水之走下，不以教化隄防之，不能止也。是故教化立而姦邪皆止者，其隄防完也。教化廢而姦邪並出，刑罰不能勝者，其隄防壞也。古之王者明於此。是故，南面而治天下，莫不以教化爲大務。立大學以教於國，設庠序以化於邑。漸民以仁，摩民以誼，節民以禮。故其刑罰甚輕而禁不犯者，教化行而習俗美也。聖王之繼亂世也，掃除其迹，而悉去之。復脩教化而崇起之，教化已明，習俗已成，子孫循之，行五六百歲尚未敗也。

（清）唐甄《潛書》上篇上《性才》 三德之脩，皆從智入；三德之功，皆從智出。善與不善，雖間於微渺，亦不難辨。但知其不善而去之，知其善而守之，謂爲竟事。以此用智，未得智力。脩德者雖能致精，得於沉潛，其中易膠。智之真體，流盪充盈，受之方則成方，受之圓則成圓，仁得之而貫通，義得之而變化，禮得之而和同，聖以此而能化，賢以此而能大。其誤者，見智自爲一德，不以和諸德，其德既成，僅能充身華色，不見發用。以智和德，其德乃神。是故三德之脩，皆從智入。人固我同，及其積小至大，積近至遠，則有不同。世有守一官治一邑而稱善者，而善治天下者則未之聞。蓋大小不同勢，遠近不同情，豈能縮天地爲三里之城，豈能縮萬物爲三百户之民？德雖至純，不及遠大，皆智不能導之故。無智以導之，雖法堯舜之仁，不可以廣愛；雖行湯武之義，不可以服暴；雖學周公之禮，不可以率世。有智以導之，雖不折枝之仁，其仁不可勝用；雖不殺梟之義，其義不可勝用；雖不先長之禮，其禮不可勝用。是故三德之功皆從智出，此爲大機大要。陽氣發生，軸虚相受，二喻蓋取諸此。

（清）唐甄《潛書》上篇上《敬修》 靜以言乎心之體也，敬以言乎體之持也。心如玉，靜則玉之質，敬則執之慎也。道著而變，變形而多，靜其本也。爲資不同，爲修各異，敬其總也。居於河濱者，始汲而歸，濁不可飲也；注而勿擾，則石泉矣。定其器而蓋之者，敬之謂也。撼其器而擾之者，不敬之謂也。聖衆同心，靜與不靜之分也。聖衆同靜，敬與不敬之分也。聖衆同敬，恒與不恒之分也。我有在而敬，不能無在不敬。我有時而敬，不能無時不敬。夫心之覺也，無間氣之息也。無間能敬者，與覺俱在，與息俱存。與覺俱在，故心無散時。與息俱存，故氣無暴時。心無散時，氣無暴時，是爲能敬。謹慎，敬也，而敬不盡於謹慎。温恭，敬也，而敬不盡於温恭。無肆無慢，敬也，而敬不盡於無肆無慢。《詩》曰上帝臨汝，無貳爾心，祭祀之敬也。《詩》曰顒顒卬卬，如圭如璋，威儀之敬也。《書》曰匹夫匹婦，一能勝予，臨民之敬也。三者詎非心與吾聞之。養卉木者，枝葉披隕其根必傷。詎非君子之所慎守與然，非其本也。《書》曰欲敗度，縱敗禮，欲與縱出於心而自賊者也。敬者，止欲於未萌，消欲於既生，防縱於未形，反縱於既行，所以保其心而納於禮度者也。

（清）唐甄《潛書》上篇下《取善》 夫玉，天下之寶也。古人得美玉，使良工琢之，必去玷以成器。若玷不去，終非寶器，人不以爲重矣。修身之道，亦必去玷。玷非履邪違道之謂也，凡一動一趨之不合於度，即爲玷矣。聖人制禮，朝聘喪祭，燕饗飲食，以時以節，無敢違失；登降有數，揖讓有數，酬酢有數，進退有數，豈故爲是繁曲以勞人之四體哉，疏於外者懈於內，略於文者亡其實，是修身之要道、制心之切務也。是故孔子教人，罕言心性，謹之以言行，約之以篤實，而心性之功在其中矣。

（清）唐甄《潛書》上篇下《良功》 德必一，脩必純，後儒得半誤以爲一也，守固誤以爲純也。請明一與半之形：昔者唐子之妻當童時，與其姊同寢，姊嘗使之驅蚊，妻不悦。一夕獨驅已首之處而掩帳焉。其姆笑而問其故，曰：我豈暇爲他人，自爲而已。儒者爲己之學，有似於此。吾之於斯人也，猶兄弟也；其同處於天地之間也，猶同寢於一帳之內也。彼我同樂，彼我同戚，此天地生人之道，君之盡性之實功也，是乃所謂一也。儒者不言事功，以爲外務，海內之兄弟，死於飢饉死於兵革死於虐政死於外暴死於內殘，禍及君父，破滅國家，當是之時，束身錮心，自謂聖賢，世既多難，己安能獨賢！是何異於半掩寢帳之見也！是乃所謂半也，彼自以爲爲己之學，吾以彼爲失己之學。蓋一失，即半失矣，焉得裂一而得半也！

（清）唐甄《潛書》上篇下《備孝》 父母，一也，父之父母，母之父母，亦一也。男女一也，男之子，女之子，亦一也。人之爲道也，本乎祖而非本乎外，本之重如天焉。若以言乎其所生，母不異于父，母所從出可知矣，是故重于祖而亦不得輕于外也。禮外論情，服外論義，若之何其可輕也。吾向也知其義而未言，以無文可徵也。及讀《春秋》書杞伯姬來朝其子，其斯義也夫！蓋婦人歸寧，細事也，孺子無知，手挈之而來，尤細事也。于來可勿書，況其子乎？惟諸侯來，曰朝。朝，大禮也，以加諸孺子，重其義也。仲尼欲教天下之人，愛其母之所從出如祖父母，愛其女之所出如其孫，故特起朝子之文以見義也。

（清）唐甄《潛書》上篇下《善施》 善佞者必以信行佞，善詐者必以信行詐。世多悦之。不悦，非君子所病也。君子之處貧士惠非難，不慢爲難。惠焉而將之以慢，不得不受，是受慢也。使其受之，惟禮所安，惠之善也。辭受者，禮之大節，士之知義者不敢廢也。以慢受惠，所以免死也。豐其酒脯以餐之，則感其德而心傷；恤其父母之老而賜之帛，則感其煖而心傷；哀其妻子之餓而餉之粟，則感其飽而心傷。感之者，感其救死也；傷之者，傷己之辱于受也。慢者，非禮文之疏，飲食之薄也。共揖不失，其覩若無；問答不失，其語若忘，是慢也。禮有儀，有實，見尊于己者而下之，見己敵者而衡之，見卑于己者而上之，禮之儀也。接賤士如見公卿，臨匹夫如對上帝，禮之實也儀有尊卑，實無厚薄也。

（清）唐甄《潛書》下篇上《存言》 生養之道，三年可就，五年可足，十年可富，政之常也。清興五十餘年矣，四海之內，日益困窮。農空、工空、市空、仕空。穀賤而艱於食，布帛賤而艱於衣，舟轉市集而貨折貲，居官者去官而無以爲家，是四空也。金錢，所以通有無也，中產之家嘗旬月不覩一金，不見緡錢。無以通之，故農民凍餒，百貨皆死，豐年如凶。良賈無算，行於都市，列肆焜耀，冠服華膴；入其家室，朝則熄無煙，寒則蜎體不申。吴中之民多鬻男女於遠方，男之美者爲優，惡者爲奴，女之美者爲妾，惡者爲婢，遍滿海内矣。困窮如是，雖年穀屢豐而無生之樂。由是風俗日偷，禮義絶滅，小民攘利而不避刑，士大夫殉財而不知恥，諂媚慆淫相習成風，道德不如優偶，文學不如博奕，人心陷溺，不知所底。此天下之大憂也。

（清）唐甄《潛書》下篇上《卿牧》　宗伯敷教擾民，以端治化，小大由之有所視傚。今名爲禮，但言其道，未顯其官。請復名爲宗伯。宗者，師也；伯者，長也。禮出于身，爲天下師，爲百度長，上下從之。宗如徒之不敢違師，如少之不敢先長。名爲宗伯，所以重其責也。禮行于宫，君毋驕，后毋陵，嬪寵毋踰，適立毋易，庶愛毋干。體行于朝，君毋過尊，臣毋過卑，凡爾百職，有功不伐，有能不矜，居上不驕，居下不援。禮行于四海，父子不相離，夫婦不相陵，兄弟不相争，强不暴弱，富不耀貧。有難之者，謂三代世遠，末俗多僞，言禮于今，必不可行。是不達情之論也。民何愛惡？羣尚則愛，羣棄則惡；物何貴賤？羣尚則貴，羣棄則賤。禮不離文，徒文則晦；禮不離器，徒器則虚。以文以器民之觀之，同于優偶，禮云乎哉。以文見實，以器達意。敬敷五教，必先正君。君身先之，大臣率之，小臣順之，庶民觀而化之。風被心悦，雖驅之使勿從，亦且不得，何患乎難行？如是，則興仁興讓，無争無黨，三代之治可復，斯無忝于宗伯。

（清）唐甄《潛書》下篇下《厚本》　是故明德之君，不侈其尊富强大也。以爲我實民之父母，民實我之男女，惟恐其衣食之不足，居處之不安，日夜念之不忘。其大臣必用忠厚之人，其外牧必用慈惠之人，與我同憂，與我同愛。勸農功，課桑麻，厚蓄積，懲奢靡。雖有凶年，民不知菑，穀不可勝食，財不可勝用，而天下大富矣。衣食足而知廉恥，廉恥生而尚禮義，而治化大行矣。然而明主不自滿也。既厚之以生養，又承之以節儉，卑前殿，陋後宫，布衣，蔬食，陶器，素輿，猶歉然不敢自安，恐厲民以自養也。於是富日益富，安日益安。中國之民，和樂相忘，遠裔之君，慕義永服。繼世之子孫，苟非不肖，謹守成憲，雖千百世無變可也。當是之時，甲兵敝於武庫，良馬僅供服乘，雖有穰苴之將，無所用之。以此養生，以此治天下，皆長久之道也。

《老子道德經》上篇《十八章》　大道廢，有仁義。失無爲之事，更以施慧立善，道進物也。慧智出，有大僞。行術用明，以察姦僞，趣覩形見，物知避之。故智慧出則大僞生也。六親不和，有孝慈。國家昏亂，有忠臣。甚美之名，生於大惡，所謂美惡同門。六親，父子、兄弟、夫婦也。若六親自和，國家自治，則孝慈忠臣不知其所在矣。魚相忘於江湖之道，則相濡之德生也。

《老子道德經》上篇《十九章》　絶聖棄智，民利百倍；絶仁棄義，民復孝慈；絶巧棄利，盗賊無有。此三者以爲文不足，故令有所屬。見素抱樸，少私寡欲。聖智，才之善也；仁義，人之善也；巧利，用之善也。而直云絶，文甚不足，不令之有所屬，無以見其指。故曰此三者以爲文而未足，故令人有所屬，屬之於素樸寡欲。

《老子道德經》下篇《三十八章》　上德不德，是以有德。下德不失德，是以無德。上德無爲而無以爲，下德爲之而有以爲。上仁爲之而無以爲，上義爲之而有以爲。上禮爲之而莫之應，則攘臂而扔之。故失道而後德，失德而後仁，失仁而後義，失義而後禮。夫禮者，忠信之薄，而亂之首。前識者，道之華而愚之始。是以大丈夫處其厚不居其薄，處其實不居其華。故去彼取此。德者，得也。常得而無喪，利而無害，故以德爲名焉。何以得德，由乎道也。何以盡德，以無爲用。以無爲用，則莫不載也。故物無焉，則無物不經；有焉，則不足以免其生。是以天地雖廣，以無爲心。聖王雖大，以虚爲主。故曰以復而視，則天地之心見。至日而思之，則先王之至覩也。故滅其私而無其身，則四海莫不瞻，遠近莫不至。殊其己而有其心，則一體不能自全，肌骨不能相容。是以上德之人，唯道是用。不德其德，無執無用，故能有德而無不爲，不求而得，不爲而成，故雖有德而無德名也。下德求而得之，爲而成之，則立善以治物，故德名有焉。求而得之，必有失焉，爲而成之，必有敗焉。善名生，則有不善應焉。故下德爲之而有以爲也。無以爲者，無所偏爲也。凡不能無爲而爲之者，皆下德也。仁義禮節是也。將明德之上下，輒舉下德以對上德。至於無以爲，極下德下之量，上仁是也。足及於無以爲而猶爲之焉。爲之而無以爲，故有爲爲之患矣。本在無爲，母在無名，棄本捨母，而適其子，功雖大焉，必有不濟。名雖美焉，僞亦必生。不能不爲而成，不興而治，則乃爲之，故有宏普博施仁愛之者。而愛之無所偏私，故上仁爲之，而無以爲也。愛不能兼，則有抑抗正真而義理之者。忿枉祐真，助彼攻此，物事而有以心爲矣。故上義爲之而有以爲也。直不能篤，則有游飾修文禮敬之者。尚好修敬，校責往來，則不對之閒忿怒生焉。故上德爲之而莫之應，則攘臂而扔之。夫大之極也，其唯道乎。自此已往，豈足尊哉。故雖盛業大，富而有萬物，猶各得其德，雖貴，以無爲用，不能捨無以爲體也。不能捨無以爲體，則失其爲大矣。所謂失道而後德也。以無爲用，德其母，故能已不勞焉而物無不理。下此已往則失用之母。不能無爲而貴博施，不能博施而貴正直，不能正直而貴飾敬。所謂失德而後仁，失仁而後義，失義而後禮也。夫禮也，所始首於忠信不篤，通簡不陽，責備於表，機微争制。夫仁義發於内，爲之猶僞，況務外飾而可久乎。故夫禮者，忠信之薄而亂之首也。前識者，前人而識也，即下德之倫也。竭其聰明以爲前識，役其智力以營庶事，雖德其情，姦巧彌密，雖豐其譽，愈喪篤實。勞而事昏，務而治薉。雖竭聖智而民愈害。舍己任物則無爲而泰，守夫素樸則不順典制，聽彼所獲棄此所守識道之華而愚之首。故苟得其爲功之母，則萬物作焉而不辭也，萬事存焉，而不勞也。用不以形，御不以名，故名仁義可顯，禮敬可彰也。夫載之以大道，鎮之以無名，則物無所尚，志無所營。各任其貞事，用其誠，則仁德厚焉，行義正焉，禮敬清焉。棄其所載，舍其所生，用其成形，役其聰明，仁則誠焉，義其競焉，禮其争焉。故仁德之厚，非用仁之所能也。行義之正，非用義之所成也。禮敬之清非用禮之所濟也。載之以道，統之以母，故顯之而無所尚，彰之而無所競。用夫無名，故名以篤焉。用夫無形，故形以成焉。守母以存其子，崇本以舉其末，則形名俱有而邪不生，大美配天而華不作。故母不可遠，本不可失。仁義，母之所生，非可以爲母。形器匠之所成，非可以爲匠也。捨其母而用其子，棄其本而適其末，名則有所分，形則有所止。雖極其大，必有不周。雖盛其美，必有患憂，功在爲之，豈足處也。

《老子道德經》下篇《四十一章》　上士聞道，勤而行之。有志也。中士聞道，若存若亡。下士聞道，大笑之，不笑不足以爲道。故建言有之：建猶立也。明道若昧，光而不耀。進道若退，後其身而身先，外其身而身存。夷道若纇。纇垧也。大夷之道，因物之性，不執平以割物。其平不見，乃更反若纇垧也。上德若谷，不德其德，無所懷也。大白若辱，知其白，守其黑。大白然後乃得。廣德若不足，廣德不盈，廓然無形，不可滿也。建德若偷，偷，匹也。建德者，因物自然，不立不施，故若偷匹。質真若渝，質真者不矜其真，故渝。大方無隅，方而不割，故無隅也。大器晚成，大器，成天下不持全别，故必晚成也。大音希聲，聽之不聞名曰希，不可得聞之音也。有聲則有分，有分則不宫而商矣。分則不能統衆，故有聲者非大音也。大象無形。有形則有分，有分者不溫則炎，不炎則寒。故象而形者非大象。道隱無名，夫唯道善貸且成。凡此諸善，皆是道之所成也。在象則爲大象，而大象無形。在音則爲大音，而大音希聲。物以之成，而不見其成形，故隱而無名也。貸之非，唯供其乏而已，一貸之則足以永終其德，故曰善貸也。成之不如機匠之裁，無物而不濟其形，故曰善成。

《老子道德經》下篇《五十一章》　道生之，德畜之，物形之，勢成之。物生而後畜，畜而後形，形而後成。何由而生？道也。何得而畜？德也。何由而形？物也。何使而成？勢也。唯因也，故能無物而不形。唯勢也，故能無物而不成。凡物之所以生，功之所以成，皆有所由。有所由焉，則莫不由乎道也。故推而極之，亦至道也。隨其所因，故各有稱焉。是以萬物莫不尊道而貴德。道者，物之所由也。德者，物之所得也。由之乃得，故曰：不得不失，尊之則害，不得不貴也。道之尊，德之貴。夫莫之命而常自然。命並作爵。故道生之，德畜之，長之、育之、亭之、毒之、養之、覆之。謂成其實，各得其庇蔭，不傷其體矣。生而不有，爲而不恃，爲而不有。長而不宰，是謂元德。有德而不知其主也，出乎幽冥，是以謂之元德也。

《列子·楊朱》　子産鄭大夫公孫僑也。鑄刑法於鼎事在昭六年。相鄭，專國之政三年，善者服其化，惡者畏其禁。鄭國以治，諸侯憚之。而有兄曰公孫朝，有弟曰公孫穆。朝好酒，穆好色。朝之室也，聚酒千鐘，積麴成封，望門百步，糟漿之氣逆於人鼻，方其荒於酒也。不知世道之安危，人理之悔吝。室内之有亡，亡音無九族之親疏，存亡之哀樂也。雖水火兵刃交於前，弗知也。穆之後庭，比頻密反房數十，皆擇稚齒婑媠者婑音烏果切，媠音奴坐反。以盈之，方其耽於色也，屏屏上聲。親昵，絶交游，逃於後庭，以晝足即其反，益也。夜。三月一出，意猶未愜。鄉有處子之娥姣《廣雅》云好也。者，必賄而招之，媒而挑《蒼頡篇》云：挑謂招呼也。《説文》作誂，相誘也。誂，大了反。之，弗獲而後已。子産日夜以爲戚，密造本作造，七到反。鄧析而謀之曰：僑聞治身以及家，治家以及國，此言自於近至於遠也。僑爲國則治矣，而家則亂矣。其道逆邪，將奚方以救二子。子其詔之。鄧析曰：吾怪之久矣，未敢先言。子奚不時其治也。喻以性命之重，誘以禮義之尊乎。子産用鄧析之言，因閒音閑以謁其兄弟而告之曰：人之所以貴於禽獸者，智慮。智慮之所將者，禮義。禮義成則名位至矣。若觸情而動，耽於嗜慾，則性命危矣。子納僑之言，則朝自悔而夕食禄矣。朝穆曰：吾知之久矣，擇之亦久矣。覺事行多端，選所好而爲之耳。豈待若言而後識之哉。凡生之難遇，而死之易及，以難遇之生，俟易及之死。可孰念哉。而欲尊禮義以夸人，矯情性以招名，吾以此爲弗若死矣。達哉此言。若夫刻意從俗，違性順物，失當身之暫樂，懷長愁於一世，雖支體且存，實鄰於死者。爲欲盡一生之觀，窮當年之樂。唯患腹溢而不得恣口之飲，力憊而不得肆情於色，不遑憂名聲之醜，性命之危也。且若以治國之能夸物，欲以説一本作爲辭辭亂我之心，榮禄喜我之意，不亦鄙而可憐哉。我又欲與若別之，別之猶辨也。夫善治外者，物未必治而身交苦。善治內者，物未必亂而性交逸。以若之治外，其法可蹔行於一國，未合於人心。以我之治內，可推之於天下，君臣之道息矣。吾常欲以此術而喻之，若反以彼術而教我哉。子産忙然無以應之，他日以告鄧析。鄧析曰：子與真人居而不知也，孰謂子智者乎，鄭國之治偶耳，非子之功也。不知真人則不能治國，治國者偶爾，此一篇辭義大迂，挺抑抗不似君子之音氣，然其旨欲去自拘束者之累，故有過逸之言者耳。

《莊子・內篇・人間世》仲尼曰：天下有大戒二：其一，命也；其一，義也。子之愛親，命也，不可解於心；臣之事君，義也，無適而非君也，無所逃於天地之間。是之謂大戒。是以夫事其親者，不擇地而安之，孝之至也；夫事其君者，不擇事而安之，忠之盛也；自事其心者，哀樂不易施乎前，知其不可奈何而安之若命，德之至也。爲人臣子者，固有所不得已。行事之情而忘其身，何暇至於悦生而惡死！夫子其行可矣！

（晉）葛洪《抱朴子》外篇卷四《應嘲》抱朴子曰：君臣之大，次於天地，思樂有道，出處一情，隱顯任時，言亦何繫。大人君子，與事變通。老子無爲者也，鬼谷終隱者也，而著其書。咸論世務，何必身居其位，然後乃言其事乎。夫器非瓊瑶，楚和不泣，質非潛虯，風雲不集。余才短德薄，幹不適治。出處同歸，行止一致。豈必達官，乃可議政事君，否則不可論治亂乎。

（清）戴望《管子校正・形勢解》君臣親，上下和，萬民輯，故主有令則民行之，上有禁則民不犯；君臣不親，上下不和，萬民不輯，故令則不行，禁則不止。故曰：上下不和，令乃不行。言辭信，動作莊，衣冠正，則臣下肅；言辭慢，動作虧，衣冠惰，則臣下輕之。故曰：衣冠不正，則賓者不肅。儀者，萬物之程式也；法度者，萬民之儀表也；禮義者，尊卑之儀表也。故動有儀則令行，無儀則令不行。故曰：進退無儀，則政令不行。上有禁，丁云：上有禁亦當作主有禁，與主有令對文，主民二字正釋上下也。

（清）王先慎《韓非子集解・難一》歷山之農者侵畔，舜往耕焉，朞年，甽畝正。相讓，故正也。【略】河濱之漁者爭坻，坻，水中高地，釣者依之。舜往漁焉，朞年而讓長。【略】東夷之陶者器苦窳，苦窳，惡也。舜往陶焉，朞年而器牢。【略】仲尼歎曰：耕漁與陶，非舜官也，非大人之事，【略】而舜往爲之者，所以救敗也。舜其信仁乎！乃躬藉處苦而民從之，故曰：聖人之德化乎。

或問儒者曰：方此時也，堯安在？其人曰：堯爲天子。然則仲尼之聖堯奈何？堯在上，容人爲惡。仲尼謂堯爲聖者奈何？先慎曰：乾道本容作三，改從趙本。聖人明察在上位，將使天下無姦也。今耕漁不爭，陶器不窳，【略】舜又何德而化？若堯以聖在上，則自有禮讓，何須舜以化之。【略】舜之救敗也，則是堯有失也。賢舜則去堯之明察，聖堯則去舜之德化，不可兩得也。楚人有鬻楯與矛者，譽之曰：吾楯之堅，物莫能陷也。【略】又譽其矛曰：吾矛之利，於物無不陷也。或曰：以子之矛陷子之楯何如？其人弗能應也。夫不可陷之楯，與無不陷之矛，不可同世而立。今堯、舜之不可兩譽，矛楯之説也。且舜救敗，朞年已一過，三年已三過，舜有盡，壽有盡，【略】天下過無已者，以有盡逐無已，所止者寡矣。【略】賞罰使天下必行之，令曰：中程者賞，弗中程者誅。令朝至暮變，暮至朝變，十日而海內畢矣，奚待朞年？舜猶不以此説堯令從己，先慎曰：言使民從己之令也。乃躬親，不亦無術乎！且夫以身爲苦而後化民者，堯、舜之所難也；處勢而驕下者，庸主之所易也。顧廣圻曰：《藏》本同。今本驕作令。按此當作矯。《外儲説・右篇》云：榜檠矯直。將治天下，釋庸主之所易，道堯、舜之所難，未可與爲政也。

《六韜・武韜・順啓》文王問太公曰：何如而可以爲天下。太公曰：大蓋天下，然後能容天下。信蓋天下，然後能約天下。仁蓋天下，然後能懷天下。恩蓋天下，然後能保天下。權蓋天下，然後能不失天下。事而不疑，則天運不能移，時變不能遷。此六者備，然後可以爲天下政。故利天下者天下啓之，害天下者天下閉之，生天下者天下德之，殺天下者天下賊之，徹天下者天下通之，窮天下者天下仇之，安天下者天下恃之，危天下者天下災之。天下者非一人之天下，惟有道者處之。

《司馬法・仁本》古者以仁爲本，以義治之之謂正。正不獲意則權，權出于戰，不出于中人。是故殺人安人，殺之可也。攻其國，愛其民，攻之可也。以戰止戰，雖戰可也。故仁見親，義見説，智見恃，勇見方，信見信。內得愛焉，所以守也；外得威焉，所以戰也。戰道：不違時，不歷民病，所以愛吾民也；不加喪，不因凶，所以愛乎其民也。冬夏不興師，所以兼愛民也。故國雖大，好戰必亡；天下雖安，忘戰必危。天下既平，天子大愷，春蒐秋獮，諸侯春振旅，秋治兵，所以不忘戰也。古者逐奔不過百步，縱綏不過三舍，是以明其禮也。不窮不能而哀憐傷病，是以明其仁也。成列而鼓，是以明其信也。争義不争利，是以明其義也。又能舍服，是以明其勇也。知終知始，是以明其智也。六德以時合教，以爲民紀之道也，自古之政也。

《司馬法·天子之義》 古者賢王，明民之德，盡民之善，故無廢德，無簡民，賞無所生，罰無所試。有虞氏不賞不罰而民可用，至德也。夏賞而不罰，至教也。殷罰而不賞，至威也。周以賞罰，德衰也。賞不踰時，欲民速得爲善之利也。罰不遷列，欲民速覩爲不善之害也。大捷不賞，上下皆不伐善。上苟不伐善，則不驕矣；下苟不伐善，必亡等矣。上下不伐善若此，讓之至也。大敗不誅，上下皆以不善在己。上苟以不善在己，必悔其過；下苟以不善在己，必遠其罪。上下分惡若此，讓之至也。古者戍軍，三年不興，覩民之勞也。上下相報若此，和之至也。得意則愷歌，示喜也。偃伯靈臺，答民之勞，示休也。

《司馬法·定爵》 凡治亂之道，一曰仁，二曰信，三曰直，四曰一，五曰義，六曰變，七曰專。立法：一曰受，二曰法，三曰立，四曰疾，五曰御其服，六曰等其色，七曰百官宜無淫服。凡軍，使法在己曰專，與下畏法曰法。軍無小聽，戰無小利，日成行微曰道。凡戰，正不行則事專，不服則法，不相信則一。若怠則動之，若疑則變之，若人不信上，則行其不復。自古之政也。

（漢）黄石公《素書·原始章》 夫道德仁義禮五者，一體也。

注曰：離而用之則有五，合而渾之則爲一。一所以貫五，五所以衍一。

道者，人之所蹈，使萬物不知其所由。注曰：道之衣被萬物，廣矣大矣。一動息，一語默，一出處，一飲食，大而八紘之表，小而芒芥之內，何適而非道也？仁不足以名，故仁者見之謂之仁；智不足以盡，故智者見之謂之智。百姓不足以見，故日用而不知也。

德者，人之所得，使萬物各得其所欲。注曰：有求之謂欲，欲而不得，非德之至也；求於規矩者，得方圓而已矣；求於權衡者，得輕重而已矣。求於德者，無所欲而不得。君臣父子得之，以爲君臣父子；昆蟲草木得之，以爲昆蟲草木。大得以成大，小得以成小，邇之一身，遠之萬物。無所欲而不得也。

【略】

禮者，人之所履，夙興夜寐，以成人倫之序。注曰：禮，履也。朝夕之所履踐而不失其序者，皆禮也。言動視聽造次必於是，放僻邪侈，從何而生乎？

《吕氏春秋·孟冬紀·安死》 君之不令民，父之不孝子，兄之不悌弟，皆鄉里之所釜甂者而逐之。憚耕稼采薪之勞，不肯官人事，而祈美衣侈食之樂。智巧窮屈，無以爲之，於是乎聚群多之徒，以深山廣澤林藪，扑擊遏奪。又視名丘大墓葬之厚者，求舍便居，以微扣之，日夜不休，必得所利，相與分之。夫有所愛所重，而令姦邪盗賊寇亂之人卒必辱之，此孝子忠臣親父交友之大事。堯葬於穀林，通樹之。舜葬於紀市，不變其肆。禹葬於會稽，不變人徒。是故先王以儉節葬死也，非愛其費也，非惡其勞也，以爲死者慮也。

《吕氏春秋·離俗覽·上德》 爲天下及國，莫如以德，莫如行義。以德以義，不賞而民勸，不罰而邪止，此神農黄帝之政也。以德以義，則四海之大，江河之水，不能亢矣；太華之高，會稽之險，不能障矣；闔廬之教，孫吴之兵，不能當矣。故古之王者，德迴乎天地，澹乎四海。東西南北，極日月之所燭。天覆地載，愛思不臧，虚素以公，小民皆之。其之敵而不知其所以然，此之謂順天。教變容改俗而莫得其所受之，此之謂順情。故古之人身隱而功著，形息而名彰，説通而化奮。

（漢）劉安《淮南子》卷二〇《泰族訓》 舜爲天子，彈五絃之琴，歌南風之詩，而天下治。周公肴臑不收於前，鐘鼓不解於懸，而四夷服。趙政晝決獄而夜理書，趙政秦始皇帝。御史冠蓋接於郡縣，覆稽趨留，戍五嶺以備越，築脩城以守胡，然姦邪萌生，盗賊羣居，事愈煩而亂愈生。故法者，治之具也，而非所以爲治也，而猶弓矢中之具而非所以中也。黄帝曰：芒芒昧昧，因天之威，與元同氣，故同氣者帝，同義者王，同力者霸，無一焉者亡。

又： 民無廉恥，不可治也。非脩禮義，廉恥不立。民不知禮義，法弗能正也。非崇善廢醜，不向禮義，無法不可以爲治也。不知禮義，不可以行法。法能殺不孝者，而不能使人爲孔曾之行；法能刑竊盜者，而不能使人爲伯夷之廉。孔子弟子七十，養徒三千人，皆入孝出悌，言爲文章，行爲儀表，教之所成也。墨子服役者百八十人，皆可使赴火蹈刃，死不還踵，化之所致也。

（漢）班固《白虎通義》卷下《德論下·五經》 孔子所以定五經者何？以爲孔子居周之末世，王道凌遲，禮義廢壞，強陵弱，衆暴寡，天子不敢誅，方伯不敢伐。閔道德之不行，故周流應聘，冀行其聖德。自衛反魯，自知不用，故追定五經以行其道。故孔子曰：《書》曰孝乎惟孝，友於兄弟，施於有政。是亦爲政也。孔子未定五經如何？周衰道失，綱散紀亂，五教廢壞，故五常之經咸失其所，象《易》失理，則陰陽萬物失其性而乖。設法謗之言，並作《書》三千篇，作《詩》三百篇，而歌謠怨誹也。

（漢）班固《白虎通義》卷下《德論下·考黜》 君子有黄中通理之道美素德。金者，精和之至也；玉者，德美之至也；鬯者，芬香之至也。君子有玉瓚，秬鬯乎，車者以配道德也，其至矣，合天下之極美以通其志也，其唯玉瓚、秬鬯乎。車者，謂有赤有青之蓋，朱輪，特能居前左右寢米庶也。以其進止有節，德綏民，路車乘馬，以安其身。言成章，行成規，卷龍之衣服，表顯其德。長於教誨，内懷至仁，則賜時王樂，以化其民。尊賢達德，動作有禮，賜之納陛以安其體，居處修治，房内節，男女時配，貴賤有別，則賜朱戶，以明其德列。威武有矜，嚴仁堅強，賜以虎賁，以備非常。喜怒有節，誅伐刑，賜以鈇鉞，使得專殺。好惡無私，執義不傾，賜以弓矢，使得專征。

（漢）王充《論衡》卷九《問孔》 子貢問政，子曰：足食足兵，民信之矣。曰：必不得已而去，於斯三者何先？曰：去兵。曰：必不得已而去，於斯二者何先？曰：去食。自古皆有死，民無信不立。信，最重也。問使治國無食民餓，棄禮義，禮義棄，信安所立？傳曰：倉廩實知禮節，衣食足知榮辱。讓生於有餘，爭生於不足。今言去食，信安得成？春秋之時，戰國饑餓，易子而食，析骸而炊，口饑不食，不暇顧恩義也。夫父子之恩，信矣，饑餓棄信，以子爲食。孔子教子貢去食存信，如何？夫去信存食，雖不欲信，信自生矣。去食存信，雖欲爲信，信不立矣。子適衛，冉子僕，子曰：庶矣哉！曰：既庶矣，又何加焉？曰：富之。曰：既富矣，又何加焉？曰：教之。語冉子先富而後教之，教子貢去食而存信。食與富何別？信與教何異？二子殊教，所尚不同，孔子爲國，意何定哉？

（元）盛如梓《庶齋老學叢談》卷中上 陸賈《新語》云：長於變者，不可窮以詐；通於道者，不可驚以怪；審於辭者，不可惑以言；達於義者，不可動以利。是以君子廣思而博聽，進退循法度，動作合禮儀，聞見欲衆而采擇欲謹，學問欲博而行己欲敦。

（明）劉基《郁離子》卷上《德勝》 或問勝天下之道，曰：在德。何以勝德？曰：大德勝小德，小德勝無德；大德勝大力，小德敵大力。力生敵，德生力；力生於德，天下無敵。故力者勝，一時者也，德愈久而愈勝者也。夫力非吾力也，人各力其力也，惟大德爲能得羣力。是故德不可窮，而力可困。

（清）李顒《二曲集》卷四○《論語下》 君子之所以别於小人，人類之所以别於禽獸，吾儒之所以别於異端者，禮也。知禮，斯律身有藉，動不違則，不然便茫無所措，何以自立？昔張子以禮爲教，使人日用之間知所持循，最爲喫緊，故學者須從此入德，方有據依。若高談性命，卑視矩矱，樂舒放而憚檢束，非狂即妄。

禮爲立身之準，日用切務，經禮三百，曲禮三千，無一可忽。《内則》、《弟子職》及《呂氏四禮翼》，當揭之楣間，出入則傚，庶率履不迷，久自成德。

（清）顧炎武《日知録》卷六《桀紂帥天下以暴》 古之人所以胥訓告，胥保惠，胥教誨而不使民之陷於邪僻者，何哉？上無禮，下無學，賊民興，喪無日矣。《天保》之詩皆祝其君以受福之辭，而要其指歸，不過曰民之質矣，日用飲食。羣黎百姓，徧爲爾德。然則人君爲國之存亡計者，其可不致審於民俗哉！

（清）顧炎武《日知録》卷六《未有上好仁而下不好義者也》　治化之隆，則遺秉滯穗之利及於寡婦；恩情之薄，則耰鉏箕帚之色加於父母。故欲使民興孝、興弟，莫急於生財。以好仁之君，用不畜聚斂之臣，則財足而化行。人人親其親，長其長，而天下平矣。

（清）顧炎武《日知録》卷七《孝弟爲仁之本》　堯舜之道，孝弟而已矣。是故克明俊德，以親九族。九族既睦，平章百姓。百姓昭明，協和萬邦。黎民於變時雍，此之謂孝弟爲仁之本。

（清）顧炎武《日知録》卷一五《國恤宴飲》　禮者，君之大柄，可聽其頽弛而不問乎？

（清）顧炎武《日知録》卷一七《生員額數》　《唐書》載：尚書左丞賈至議曰：夫先王之道消，則小人之道長。小人之道長，則亂臣賊子生焉。臣弑其君，子弑其父，非一朝一夕之故，其所由來者漸矣。漸者何？謂忠信之陵頽，恥尚之失所，末學之馳騁，儒道之不舉，四者皆取士之失也。近代趨仕，靡然向風，致使禄山一呼，而四海震蕩；思明再亂，而十年不復。向使禮讓之教弘，仁義之道著，則忠臣孝子比屋可封，逆節不得而萌，人心不得而摇矣。觀三代之選士任賢，皆考實行，故能風化淳一，運祚長遠。秦坑儒士，二代而亡。漢興，雜三代之政，弘四科之舉，西京始振經術之學，東都終持名節之行。至有近戚竊位，强臣擅權，弱主外立，母后專政，而社稷不隕，終彼四百，豈非興學行道，扇化於鄉里哉。厥後文章道弊，尚於浮侈，取士異術，苟濟一時。自魏至隋四百餘載，三光分景，九州阻域，竊號僭位，德義不修，是以子孫速顛，享國咸促。國家革魏、晉、梁、隋之弊，承夏、殷、周、漢之業，四隩既宅，九州攸同，覆燾亭育，合德天地。安有捨皇王舉士之道，縱亂代取人之術？此公卿大夫之辱也。是則科舉之弊必至於躁競，而躁競之歸馴至於亂賊。自唐迄今，同斯一轍。有天下者，誠思風俗爲人才之本，而以教化爲先，庶乎德行脩而賢才出矣。

（宋）李昉等《太平御覽》卷六二六《治道部・貢賦》　孟子曰：夏后氏五十而貢，殷人七十而助，周人百畝而徹。其實皆什一也。徹者，徹也。助者，藉也。《詩》曰：雨我公田，遂及我私，唯助爲有公田。由此觀之，雖周亦助也。

又曰：尊賢使能，則天下之士皆悦，而願立於其朝矣。市廛而不征，則天下之商皆悦，而願藏於其市矣。廛，市宅也，古無征衰，世征之。《王制》曰：市廛而先税。《周禮》曰：國宅無征法而不廛者當以什一之法征其地耳，不當征其廛宅也。關譏而不征，則天下之旅皆悦而願出於其路矣。言關禁異服異語耳，不征税也。《周禮》曰：關市之賦司關門之征，猶譏《王制》不征，謂文王以前文王亦不征也。耕者，助而不税，則天下之農皆悦而願耕於其野矣。助者，井田什一助，佐公家治公田不横税賦若履畝之類。廛無夫里之布，則天下之人皆悦而願爲之氓矣。里，居也。布，錢也。夫，一夫也。《周禮》曰：宅不毛者出里布，田不耕者有屋粟。凡人無職事者，出夫家之征衰代緣是之重，故孟子欲反則寛夫去里布，則人皆樂之人。白圭問孟子曰：吾欲二十而取一，何如？孟子曰：子之道，貊道也。萬室之國，一人陶則可乎？曰：不可。器不足用也。夫貊五穀不生，唯黍生之。無城郭宫室宗廟祭祀之禮，諸侯幣帛饔飧。無百官有司，故二十取一而足也。今居中國，去人倫，無君子，如之何其可也。

（宋）潘自牧《記纂淵海》卷四六《性行部・和光同塵》　君子行禮，不求變俗，毁方而瓦合。去〔已〕之大圭角與人小合也。修其教，不易其俗，齊其政不易其宜。《禮記》。

（宋）潘自牧《記纂淵海》卷五二《識見部・謹微》　禮之教化也微，其止邪也於未形，使人日徙善遠罪，而不自知也。《易》曰：君子謹始，差若毫釐，繆以千里。《禮》。

（宋）潘自牧《記纂淵海》卷五二《識見部・防閑》　夫禮，禁亂之所由生，猶防止水之所自來也。《禮》。

（宋）潘自牧《記纂淵海》卷六二《問學部・操修》　修身則道立。非禮不動，所以修身也。好學近乎知，力行近乎仁，知恥近乎勇，知斯三者，則知所以修身。知所以修身，則知所以治人。君子所不可及者，其惟人之所不見乎？並同上。姦聲亂色不留聰明，淫樂慝禮不接心術，惰慢邪僻之氣不設於身體，使耳目鼻口心知百體皆由順正，以行其義。《記・樂記》。

（宋）潘自牧《記纂淵海》卷七五《著述部・評詩》　正得失，動天地，感鬼神，莫過於詩。先王以是經夫婦，成孝敬，厚人倫，美教化，移風俗。故《詩》有六義，風賦比興雅頌。上以風化下，下以風刺上，主文而譎諫言之者，無罪聞之者，足以戒，故曰風。至於王道衰，禮義廢，政教失，國異政，家殊俗，而變風變雅作矣。國史明乎得失之迹，傷人倫之廢，哀刑政之苛，吟詠情性以風其上，達於事變而懷其舊俗者也。故變風發乎情，止乎禮義。發乎情，民之性也。止乎禮義，先王之澤也。是以一國之事，繫一人之本，謂之風。言天下雅者，正也，言王政之所由廢興也。政有小大，故有小雅焉有大雅焉。頌者，美盛德之形容以其成功，告於神明者也。是謂四始詩之至也。《詩序》。

（宋）王應麟《玉海》卷三一《聖文·御製碑銘·湯盤銘》《大學》：湯之《盤銘》曰：苟日新，日日新，又日新。正義：湯沐浴之盤而刻銘爲戒。朱子曰：湯以人之洗濯其心以去惡，如沐浴其身以去垢。故銘其盤。成湯所以反之而至聖者，正惟有得於此。故稱其德有曰：不邇聲色，不殖貨利，以義制事，以禮制心，從諫弗咈，改過不吝，與人不求備，檢身若不及，皆足以見日新之實。至於所謂聖敬日躋，則言愈約，意愈切矣。伊尹自謂湯咸有一德而於復政。太甲之初復以終始，惟一時乃日新爲戒。周之武王於几席觴豆刀劍戶牖，莫不銘焉。蓋聞湯之風而興起者，於常用之器，各因事刻銘以致戒。欲其常接乎目，每警乎心，而不至忽忘也。《墨子》堯、舜、禹、湯書其事於竹帛琢盤盂曰：君子福大，而愈懼爵隆而显恭。《漢志》小家説天乙三篇注謂：湯其言皆依託也。《選注》太公金匱師尚父謂：武王曰：舜之居人上，矜矜如履薄冰；湯之居人上，翼翼懼不敢息。蔡邕《銘論》：殷湯有甘誓之勒。賈誼《新書》：湯曰：學聖人之道者，譬其如日。

（宋）王應麟《玉海》卷六七《刑制·周程典》《程典解》第十二：惟三月既生魄，文王合六州之侯奉勤于商，文王作《程典》云云。慎德必躬恕，恕以明德，選官以明訓。慎守其教，小大有度。協其三族，固其四援，明其伍候，習其武誡。士大夫不雜於工商，愛其農時，修其等列，務其土實，差其施賦，遠格而邇安。於安思危，於終思始，於邇思備，於遠思近，無違嚴戒。

（明）唐順之《稗編》卷九〇《宓子賤論治》孔子謂宓子賤曰：子治單父而衆説，語丘所以爲之者。曰不齊。父其父，子其子，恤諸孤而哀喪紀。孔子曰：善。小節也，小民附矣，猶未足也。曰：不齊，有所父事者三人，所兄事者五人，所友者十一人。孔子曰：父事三人可以教孝矣，兄事五人可以教弟矣，友十一人可以教學矣。中節也，中民附矣，猶未足也。曰：此地民有賢於不齊者五人，不齊事之，皆教不齊所以治之術。孔子曰：欲其大者，乃於此在矣。昔者堯舜，清微其身以聽觀天下，務來賢人。夫舉賢者，百福之宗也，而神明之主也。不齊之所治者，小也。不齊所治者大，其與堯舜繼矣。

（漢）劉楨《劉楨集·處士國文甫碑》咸以爲誄所以昭行也，銘所以旌德也。古之君子，既没而令問不亡者，由斯二者也。

（漢）曹操《曹操集·文集》卷二《整齊風俗令》阿黨比周，先聖所疾也。聞冀州俗，父子異部，更相毁譽。昔直不疑無兄，世人謂之盜嫂；第五伯魚三娶孤女，謂之撾婦翁；王鳳擅權，谷永比之申伯；王商忠議，張匡謂之左道：此皆以白爲黑，欺天罔君者也。吾欲整齊風俗，四者不除，吾以爲羞。

（三國魏）阮籍《阮籍集》卷上《樂論》劉子問曰：孔子云：安上治民，莫善於禮；移風易俗，莫善於樂。夫禮者，男女之所以别，父子之所以成，君臣之所以立，百姓之所以平也。爲政之具，靡先於此。故安上治民，莫善於禮也。夫金石絲竹、鐘鼓管弦之音，干戚羽旄、進退俯仰之容，有之何益於政？無之何損於化？而曰移風易俗，莫善於樂乎？

阮先生曰：善哉，子之問也！昔者孔子著其都乎，且未舉其略也。今將爲子論其凡，而子自備詳焉。

夫樂者，天地之體，萬物之性也。合其體，得其性，則和；離其體，失其性，則乖。昔者聖人之作樂也，將以順天地之體，成萬物之性也。故定天地八方之音，以迎陰陽八風之聲，均黄鐘中和之律，開羣生萬物之情氣。故律呂協則陰陽和，音聲適而萬物類；男女不易其所，君臣不犯其位；四海同其歡，九州一其節。奏之圜丘而天神下，奏之方丘而地祇上。天地合其德，則萬物合其生，刑賞一作罰。不用而民自安矣。

乾坤易簡，故雅樂不煩。道德平淡，故無聲無味。不煩則陰陽自通，無味則百物自樂，日遷善成化而不自知，風俗移易而同於是樂。此自然之道，樂之所始也。

其後聖人不作，道德荒壞，政法不立，智慧擾物，化廢欲行，各有風俗。故造子一作始。之教謂之風，習而行之謂之俗。楚、越之風好勇，故其俗輕死；鄭、衛之風好淫，故其俗輕蕩。輕死，故有蹈水赴火之歌；輕蕩，故有桑間濮上之曲。各歌其所好，各詠其所爲。欲之者流涕，聞之者歎息，背而去之，無不慷慨。懷永日之娱，抱長夜之忻。相聚而合之，羣而習之，靡靡無已。棄父子之親，弛君臣之制，匱一作遺。室家之禮，廢耕農之業，忘終身之樂，崇淫縱之俗。故江、淮之南，其民好殘；漳、汝之間，其民好奔；吴有雙劍之節，趙有扶琴之客。氣發於中，聲入於耳，手足飛揚，不覺其駭。好勇則犯上，淫放則棄親。犯上則君臣逆，棄親則父子乖。乖逆交争，則患生禍起。禍起而異愈異，患生而慮不同。故八方殊風，九州異俗，乖離分背，莫能相通，音異氣别，曲節不齊。

又：刑教一體，禮樂外內也。刑弛則教不獨行，禮廢則樂無所立。尊卑有分，上下有等，謂之禮；人安其生，情意無哀，謂之樂。車服旌旗、宫室飲食，禮之具也；鐘磬鞞鼓、琴瑟歌舞，樂之器也。禮踰其制，則尊卑乖；樂失其序，則親疏亂。禮定其象，樂平其心；禮治其外，樂化其內。禮樂正而天下平。

(明)張溥《漢魏六朝百三家集》卷七劉向《劉向集·序·上戰國策序》　周室自文武始興，崇道德，隆禮義，設辟雍泮宫庠序之教，陳禮樂絃歌移風之化，叙人倫，正夫婦，天下莫不曉然。論孝弟之義，惇篤之行，故仁義之道滿乎天下，卒致之刑措四十餘年，遠方慕義，莫不賓服，雅頌歌詠，以思其德。下及康昭之後，雖有衰德，其綱紀尚明，及春秋時已四五百載矣。然其餘業遺烈，流而未滅，五霸之起，尊事周室，五霸之後，時君雖無德，人臣輔其君者，若鄭之子産，晋之叔向，齊之晏嬰，挾君輔政，以並立於中國，猶以義相支持，歌説以相感，聘覲以相交，期會以相一，盟誓以相救。天子之命，猶有所行，會享之國，猶有所耻，小國得有所依，百姓得有所息。故孔子曰：能以禮讓爲國乎何有？周之流化，豈不大哉。及春秋之後，衆賢輔國者既没而禮義衰矣，孔子雖論《詩》《書》，定禮樂，王道粲然分明，以匹夫無勢，化之者七十二人而已，皆天下之俊也，時君莫尚之，是以王道遂用不興，故曰非威不立，非勢不行。仲尼既没之後，田氏取齊，六卿分晋，道德大廢，上下失序。至秦孝公，捐禮讓而貴争戰，棄仁義而用詐譎，苟以取強而已矣。夫篡盗之人，列爲侯王，詐譎之國，興立爲強，是以轉相放效，後生師之，遂相吞滅，并大兼小，暴師經歲，流血滿野，父子不相親，兄弟不相安，夫婦離散，莫保其命，湣然道德絶矣。晚世益甚，萬乘之國七，千乘之國五，敵侔争權，盡爲戰國，貪饕無恥，競進無厭，國異政教，各自制斷。上無天子，下無方伯，力功争強，勝者爲右，兵革不休，詐僞並起。當此之時，雖有道德，不得施，設有謀之強，負阻而恃固，連與交質，重約結誓，以守其國。故孟子孫卿儒術之士，棄捐於世，而游説權謀之徒，見貴於俗。是以蘇秦、張儀、公孫衍、陳軫、代厲之屬，生從横短長之説，左右傾側。蘇秦爲從，張儀爲横，横則秦帝，從則楚王，所在國重，所去國輕。然當此之時，秦國最雄，諸侯方弱，蘇秦結之，時六國爲一，以儐背秦，秦人恐懼，不敢窺兵於關中，天下不交兵者二十有九年。然秦國勢便形利，權謀之士，咸先馳之，蘇秦初欲横，秦弗用，故東合從，及蘇秦死後，張儀連横，諸侯聽之，西向事秦。是故始皇因四塞之國，據崤函之阻，跨隴蜀之饒，聽衆人之策，乘六世之烈，以蠶食六國，兼諸侯，并有天下，杖于詐謀之弊，終無信篤之誠，無道德之教，仁義之化，以綴天下之心。任刑罰以爲治，信小術以爲道，遂燔燒《詩》《書》，坑殺儒士，上小堯舜，下邈三王。二世愈甚，惠不下施，情不上達，君臣相疑，骨肉相疏，化道淺薄，綱紀敗壞，民不見義，而懸於不寧，撫天下十四歲，天下大潰，詐僞之弊也。其比王德，豈不遠哉！孔子曰：道之以政，齊之以刑，民免而無恥；道之以德，齊之以禮，有恥且格。夫使天下有所恥，故化可致也，苟以詐僞偷活取容，自上爲之，何以率下，秦之敗也，不亦宜乎。

(唐)韓愈《韓昌黎文集》卷一《原道》　仁與義，爲定名；道與德，爲虚位；故道有君子小人，而德有凶有吉。老子之小仁義，非毁之也，其見者小也。坐井而觀天，曰天小者，非天小也；彼以煦煦爲仁，孑孑爲義，其小之也則宜。其所謂道，道其所道，非吾所謂道也；其所謂德，德其所德，非吾所謂德也。凡吾所謂道德云者，合仁與義言之也，天下之公言也；老子之所謂道德云者，去仁與義言之也，一人之私言也。周道衰，孔子没，火于秦，黄老于漢，佛于晋、魏、梁、隋之間，其言道德仁義者，不入于楊，則入于墨；不入于老，則入于佛。入于彼，必出于此。入者主之，出者奴之；入者附之，出者汙之。噫！後之人其欲聞仁義道德之説，孰從而聽之？

（唐）白居易《白居易集》卷六三《策林二·人之困窮由君之奢欲》

問：近古已來，君天下者，皆患人之困，而不知困之由；皆欲人之安，而不得安之術。今欲轉勞爲逸，用富易貧，究困之由，矯其失於既往；求安之術，致其利於將來。審而行之，以康天下。臣聞：近古已來，君天下者，皆患人之困，而不知困之由；皆欲人之安，而不得安之術。臣雖狂瞽，然粗知之。臣竊觀前代人庶之貧困者，由官吏之縱欲也。官吏之縱欲者，由君上之不能節儉也。何則？天下之人億兆也，君者一而已矣，以億兆之人奉其一君，則君之居處，雖極土木之功，殫金玉之飾；君之衣食，雖窮海陸之味，盡文采之華；君之耳目，雖慆鄭衛之音，厭燕趙之色；君之心體，雖倦畋漁之樂，疲轍跡之遊；猶未合擾於人，傷於物。何者？以至多奉至少故也。然則一縱一放，而弊及於人者，又何哉？蓋以君之命行於左右，左右頒於方鎮，方鎮布於州牧，州牧達於縣宰，縣宰下於鄉吏，鄉吏傳於村胥，然後至於人焉。自君至人，等級若是，所求既衆，所費滋多。則君取其一，而臣已取其百矣。所謂上開一源，下生百端者也。豈直若此而已哉？蓋亦君好則臣爲，上行則下効；故上苟好奢，則天下貪冒之吏將肆心焉；上苟好利，則天下聚斂之臣將寘力焉。雷動風行，日引月長，上益其侈，下成其私，其費盡出於人，人實何堪其弊？此又爲害十倍於前也。夫如是，則君之躁靜，爲人勞逸之本；君之奢儉，爲人富貧之源。故一節其情，而下有以獲其福；一肆其欲，而下有以罹其殃。一出善言，則天下之心同其喜；一違善道，則天下之心共其憂。蓋百姓之殃，不在乎鬼神；百姓之福，不在乎天地；在乎君之躁靜奢儉而已。是以聖王之修身化下也，宫室有制，服食有度，聲色有節，畋遊有時；不徇己情，不窮己欲，不殫人力，不耗人財。夫然，故誠發乎心，德形乎身，政加乎人，化達乎天下。以此禁吏，則貪欲之吏不得不廉矣；以此牧人，則貧困之人不得不安矣。困之由，安之術，以臣所見，其在茲乎？

（唐）李華《李遐叔文集》卷二《質文論》 夫君人者，修德以治天下，不在智，不在功，必也質而有制，制而不煩而已。太康，啓子，禹孫，當斯時，有堯舜遺人，親受禹之賜，國有羿奪之，內則夏之六卿，外則夏之四岳，而羿浞愚弄鬬争，內外默然，一以聽命，至少康艱難而後復。由是觀之，則聖有謨訓何補哉？漢高除秦項煩苛，孝文玄默仁儉，斷獄幾措，及於武帝修三代之法，而天下荒耗，則文不如質明矣。漢氏雖歷産禄，吴楚之亂，而宗室異姓，同力合心，一舉而安。且漢德結於人心，不如夏家；諸吕、吴楚之強，倍於羿浞。安漢至易，而復夏至難，何也？周德最深，周公大聖，親則管蔡爲亂，遠則徐奄並興。四夷多難，而後理，惟康王垂拱，囹圄虚空。逮至昭王南征不返，因是陵夷，則郁郁之盛何爲哉？周法六官備職，六官備數，四時盛祭，車服盛飾。至於下國，方五十里，卿大夫士之多，軍師之衆，大聘小聘，朝覲會同，地狹人寡，不堪覲謁。大何得不亂？小何得不亡？《記》云：周之人強仁窮賞罰，故曰殷周之道，不勝其弊。考前後而論之，夏衰失於質而無制，周弱失於制而過煩故也。愚以爲將求致理，始於學習經史，《左氏》、《國語》、《爾雅》、《荀》、《孟》等家，輔佐五經者也。及藥石之方，行於天下，考試仕進者宜用之。其餘百家之説，讖緯之書，存而不用。至於喪制之縟，祭禮之繁，不可備舉者宜省之。考求簡易，中於人心者以行之，是可以淳風俗而不泥於坦明之路矣。學者局於恒教因循，而不敢失於毫釐。

（宋）姚鉉《唐文粹》卷四三皮日休《原親》 能嗣其親，不曰子乎？吾觀夫今之世，誨其子者，必櫝肌勞骨，傷愛毁性以爲教。嗚呼！孟子所謂古者易子而教，誠有旨歟？不能教其子者，是亡其身者也；不能得其親者，是捨其族者也。古者佞臣，愛人之貴，過乎其親，必捨而事之，公子開是也。愛人之權，過乎其子，必殺而徇之，易牙是也。自茲已降，爲夫強臣者，將欲奪人之宗，必殺己子，王莽殺子，宇是也。噫！教尚不可，況其殺歟，或曰：均是親也，均是害也，則周公誅管、蔡，石碏殺石厚，叔向僇叔魚，漢文流淮南，可乎？曰：均是親也，賢則能嗣親，凶則能覆族。均是害也，周公不誅，則他人誅之，石碏不殺，則他人殺之，叔向不僇，則他人僇之，漢文不流，則他人流之，已刑則及一人，他刑則及其族，此聖賢所以惜其族也。刑者，仁在其中矣。

（宋）姚鉉《唐文粹》卷四九王藹《諷詐》 禮法不可斯須而去，有以禮法而爲災；忠信不可斯須而去，有以忠信而爲禍。禮法非災人之端，忠信非禍人之本，理或有害，則禮法忠信爲禍人之萌。狂瞽人之所惡也，效之則恐不及其真；荒酗人之所恥也，履之則恐不自其性。狂瞽誠可惡也，荒酗誠可恥也，臨難而保全，則狂瞽荒酗爲藏身之藪。禮法忠信直也，狂瞽荒酗詐也，以之保全，則直不如詐之功。嗚呼！三皇之前無所用，五帝之後無所不用。

（宋）李覯《李覯集》卷二《禮論七篇·禮論第二》 或人不諭曰：節其和者謂之樂，行其怠者謂之政，威其不從者謂之刑，信然矣。其所以統於禮者。

（宋）張載《張載集·經學理窟·學大原上》 學者且須觀禮，蓋禮者滋養人德性，又使人有常業，守得定，又可學便可行，又可集得義。養浩然之氣須是集義，集義然後可以得浩然之氣。嚴正剛大，必須得禮上達。義者，克己也。

（宋）張載《張載集·張子語録·語録上》 時雨化之，春誦夏弦，又言當其可之謂時。成德，因人之有心，當成説之，如好貨好勇，因爲其説以教之。私淑艾，大人正己而物正。

又： 以善服人者，要得以善勝人也，然其術未至者，又烏能服人？以善養之者，凡教之養之皆養人也。

（宋）張載《張載集·文集佚存·答范巽之書》 朝廷以道學政術爲二事，此正自古之可憂者。巽之謂孔孟可作，將推其所得而施諸天下邪？將以其所不爲而強施之於天下歟？大都君相以父母天下爲王道，不能推父母之心於百姓，謂之王道可乎？所謂父母之心，非徒見於言，必須視四海之民如己之子。設使四海之內皆爲己之子，則講治之術，必不爲秦漢之少恩，必不爲五伯之假名。巽之爲朝廷言，人不足（於）〔與〕適，政不足與間，能使吾君愛天下之人如赤子，則治德必日新，人之進者必良士，帝王之道不必改途而成，學與政不殊心而得矣。

（宋）張載《張載集·正蒙·乾稱篇》 乾稱父，坤稱母；予茲藐焉，乃混然中處。故天地之塞，吾其體；天地之帥，吾其性。民吾同胞，物吾與也。大君者，吾父母宗子；其大臣，宗子之家相也。尊高年，所以長其長；慈孤弱，所以幼（其）〔吾〕幼。聖其合德，賢其秀也。凡天下疲癃殘疾、惸獨鰥寡，皆吾兄弟之顛連而無告者也。于時保之，子之翼也；樂且不憂，純乎孝者也。違曰悖德，害仁曰賊；濟惡者不才，其踐形，唯肖者也。知化則善述其事，窮神則善繼其志。不愧屋漏爲無忝，存心養性爲匪懈。惡旨酒，崇伯子之顧養；育英才，穎封人之錫類。不弛勞而底豫，舜其功也；無所逃而待烹，申生其恭也。體其受而歸全者，參乎！勇於從而順令者，伯奇也。富貴福澤，將厚吾之生也；貧賤憂戚，庸玉女於成也。存，吾順事；没，吾寧也。

（宋）張載《張載集·經學理窟·學大原上》 禮使人來悦己則可，己不可以妄悦於人。

婢僕始至者，本懷勉勉敬心，若到所提掇，更謹則加謹，慢則棄其本心，便習以性成。故仕者人治朝則德日進，入亂朝則德日退，只觀在上者有可學無可學爾。

學得《周禮》，他日有爲卻做得些實事。以某且求必復田制，只得一邑用法。若許試其所學，則《周禮》田中之制皆可舉行，使民相趨如骨肉，上之人保之如赤子，謀人如己，謀衆如家，則民自信。

（宋）張載《張載集·經學理窟·宗法》 管攝天下人心，收宗族，厚風俗，使人不忘本，須是明譜系世族與立宗子法。宗法不立，則人不知統系來處。古人亦鮮有不知來處者，宗子法廢，後世尚譜牒，猶有遺風。譜牒又廢，人家不知來處，無百年之家，骨肉無統，雖至親，恩亦薄。

宗子之法不立，則朝廷無世臣。且如公卿一日崛起於貧賤之中以至公相，宗法不立，既死遂族散，其家不傳。宗法若立，則人人各知來處，朝廷大有所益。或問：朝廷何所益？公卿各保其家，忠義豈有不立？忠義既立，朝廷之本豈有不固？今驟得富貴者，止能爲三四十年之計，造宅一區及其所有，既死則衆子分裂，未幾蕩盡，則家遂不存，如此則家且不能保，又安能保國家！

《二程集·周易程氏傳》卷二《周易上經下·賁》 《象》曰【略】人文，人理之倫序。觀人文以教化天下，天下成其禮俗，乃聖人用賁之道也。

《二程集·周易程氏傳》卷二《周易上經下·離》 《象》曰：王用出征，以正邦也。

王者用此上九之德，明照而剛斷，以察除天下之惡，所以正治其邦國，剛明居上之道也。

《二程集・周易程氏傳》卷三《周易下經上・夬》《象》曰【略】澤，水之聚也，而上於天至高之處，故爲夬象。君子觀澤决於上而注溉於下之象，則以施禄及下，謂施其禄澤以及於下也。觀其决潰之象，則以居德則忌：居德，謂安處其德則約也；忌，防也，謂約立防禁，有防禁，則無潰散也。

《二程集・周易程氏傳》卷三《周易下經上・家人》《家人》，《序卦》：夷者傷也，傷於外者必反其家，故受之以家人。夫傷困於外，則必反於內，家人所以次明夷也。家人者，家內之道，父子之親，夫婦之義，尊卑長幼之序，正倫理，篤恩義，家人之道也。卦，外巽內離，爲風自火出。火熾則風生，風生自火，自內而出也。自內而出，由家而及於外之象。二與五正男女之位於內外，爲家人之道。明於內而巽於外，處家之道也。夫人有諸身者則能施於家，行於家者則能施於國，至於天下治。治天下之道，蓋治家之道也，推而行之於外耳，故取自內而出之象，爲家人之義也。

《二程集・周易程氏傳》卷三《周易下經上・萃》元永貞者，君之德，民所歸也，故比天下之道與萃天下之道，皆在此三者。王者既有其位，又有其德，中正無過咎，而天下尚有未信服歸附者，蓋其道未光大也，元永貞之道未至也，在脩德以來之。

《二程集・周易程氏傳》卷四《周易下經上・節》《象》曰【略】澤之容水有限，過則盈溢，是有節，故爲節也。君子觀節之象，以制立數度。凡物之大小、輕重、高下、文質，皆有數度，所以爲節也。數，多寡。度，法制。議德行者，存諸中爲德，發於外爲行。人之德行當義則中節。義，謂商度求中節也。

《二程集・河南程氏經説》卷五《禮記》所謂治國必先齊其家者：其家不可教，而能教人者無之，故君子不出家而成教於國，孝者所以事君也，弟者所以事長也，慈者所以使衆也。《康誥》曰：如保赤子。心誠求之，雖不中不遠矣，未有學養子而後嫁者也。一家仁，一國興仁；一家讓，一國興讓；一人貪戾，一國作亂。其機如此，此謂一言僨事，一人定國。堯、舜帥天下以仁而民從之，桀、紂帥天下以暴而民從之。其所令反其所好，而民不從。是故君子有諸己而後求諸人，無諸己而後非諸人。所藏乎身不恕，而能喻諸人者，未之有也。故治國在齊其家。《詩》云：桃之夭夭，其葉蓁蓁；之子于歸，宜其家人。宜其家人，而後可以教國人。《詩》云：宜兄宜弟。宜兄宜弟，而後可以教國人。《詩》云：其儀不忒，正是四國。其爲父子兄弟足法，而後民法之也。此謂治國在齊其家。

《二程集・河南程氏經説》卷八《中庸解》無德爲愚，無位爲賤。有位無德，而作禮樂，所謂愚而好自用。有德無位，而作禮樂，所謂賤而好自專。生周之世，而從夏、殷之禮，所謂居今世，反古之道。三者有一焉，取烖之道也。故王天下者，有三重焉：議禮所以制行，故行必同倫；制度所以爲法，故車必同軌；考文所以合俗，故書必同文。惟王天下者行之，諸侯有所不與，故國無異政，家不殊俗，蓋有以一之也。

（宋）蘇轍《欒城集・應詔集》卷一一《秘閣試論五首・禮義信足以成德論》周衰，凡所以教民之具既廢，而戰攻侵伐之役交横於天下，民去其本而争事於末。當時之君子思救其弊，而求之太迫，導之無術。故樊遲請學爲稼，又欲爲圃，而孔子從而譏之曰：小人哉，樊須也！上好禮，則民莫敢不肅；上好義，則民莫敢不服；上好信，則民莫敢不用情。夫如是，四方之民繈負其子而至矣，焉用稼！釋之曰：禮義與信足以成德，又安用稼哉？嗟夫！仁人之言，其始常若迂闊而不可行，然要其終，其取利多而卒以無弊者，終莫能易其説。蓋孔子之于衛，常欲正名，而子路笑之矣。冉子之于魯，常欲徹，而魯君非之矣。何則？衛之亂，若非正名之所能安；而魯之饑，若非徹之所能救。然而欲天下無饑與亂，則非此二者莫之能濟。故夫欲取其利而取之於遠，則取利多而民不知；欲圖其事而圖之於深，則事有漸而後無弊。今夫樊遲欲爲農圃以富民，而孔子答之以禮義信也。天下疑之，而愚以爲不然。若觀於《孟子》而求其所以辨許行之説，則夫農圃之事，乃有可以禮義致而可以信取之道。何者？許子欲使君臣並耕，饔食而治，此豈非樊子所願學者哉？而孟子答之以堯舜無所用心於耕稼。堯以不得舜爲憂，舜以不得禹爲憂。堯得舜，舜得禹，而禮義流行，忠信洋溢，則天下之民，將不勸之耕而自爲耕，不督之圃而自爲圃，而何致於身服農圃之勞，而憂農圃之憂哉？且夫欲勸天下之農而至於親爲之者，亦足以見其無術矣。古之聖人，其禦天下也，禮行而民恭，則役使如意；義行而民服，則勞苦而不怨；信行而民用情，則上下相知而教化易行。三德既成，則民可使蹈白刃而無怨，而況農圃之功哉！故夫欲致其功而形之於遠，則功可成；欲力其事而爲之於近，則百弊起。今欲君子、小人而皆從事於農，則夫天下之民尚誰使治之哉？

（宋）蘇轍《欒城集・應詔集》卷一一《秘閣試論五首・禮以養人爲本論》 君子之爲政，權其輕重，而審其小大，不以輕害重，不以小妨大。爲天下之大善，而小有不合焉者，君子不顧也。立天下之大善，而以小有不合而止，則是天下無聖人，大善終不可得而建也。自周之亡，其父子君臣冠昏喪祭之禮，皆以淪廢。至於漢興，賢君名臣，比比而出，皆知禮之足以爲治也，然皆拱手相視，而莫敢措。非以禮爲不善也，以爲不可複也，是亦自輕而已。故元、成之間，劉向上書，以爲禮以養人爲本。如有過差，是過而養人也。刑罰之過，或至於死傷，然有司請定法令，筆則筆，削則削，是敢於殺人而不敢於養人也。然而爲是者，則亦有故。律令起於後世，而禮出於聖人。敢變後世之刑，而不敢變先王之禮，是亦畏聖人太過之弊也。《記》曰：禮之所生，生於義也。故禮雖先王未之有，可以義起也。故因人之情，而爲之節文，則亦何至於憚之而不敢邪？今夫冠禮，所以養人之始，而歸之正也；昏禮，所以養人之親，而尊其祖也；喪禮，所以養人之孝，而爲之節也；祭禮，所以養人之終，而接之於無窮也；賓客之禮，所以養人之交，而慎其瀆也；鄉禮，所以養人之本，而教之以孝悌也。凡此數者，皆待禮而後可以生。今皆廢而不立，是以天下之人，皇皇然無所折衷，求其所從而不得，則不能不出其私意，以自斷其禮。私意既行，故天下之弊起。奢者，極其奢以傷其生；儉者，極其儉以不得其所欲。財用匱而饑寒作，饑寒作而盜賊起，盜賊起而民之所恃以爲養者，皆失而不可得。雖日開倉廩發府庫以贍百姓，民猶未可得而養也。故古之聖人，不用財，不施惠，立禮於天下，而匹夫匹婦，莫不自得於閭閻之中，而無所匱乏，此所謂知本者也。

（宋）蘇轍《欒城集》卷二三《記九首・上高縣學記》 古者以學爲政，擇其鄉閭之俊而納之膠庠，示之以詩書禮樂，揉而熟之，既成使歸，更相告語，以及其父子兄弟。故三代之間養老、饗賓、聽訟、受成、獻馘，無不由學。習其耳目，而和其志氣，是以其政不煩，其刑不瀆，而民之化之也速。然考其行事，非獨於學然也，郊社、祖廟、山川、五祀，凡禮樂之事皆所以爲政，而教民不犯者也。故其稱曰：政者，君之所以藏身。蓋古之君子正顔色，動容貌，出詞氣，從容禮樂之間，未嘗以力加其民。民觀而化之，以不逆其上。其所以藏身之固如此。至於後世不然，廢禮而任法，以鞭朴刀鋸力勝其下，有一不順，常以身較之。民於是始悍然不服，而上之人親受其病，而古之所以藏身之術亡。

（宋）陳亮《陳亮集》卷四《問答下》 肉刑之興，説者以爲起於苗民，而堯參取而用之。報虐以威，蓋將以戒小人，而非出於聖人之本心也。故舜多爲之塗以出民於刑，祗以施諸怙終者；而穆王之訓刑爲尤詳。然則雖聖人欲去之久矣，安在其爲孝文姑息之仁也？而世儒之道古者，必以爲井田、封建、肉刑皆聖人之大經大法，不可廢也。治天下而不用肉刑，徒以啓小人犯法之心耳。故曰：肉刑之刑，刑也。漢魏之際，往往數議復之而不果，以至於本朝，而刑輕于三代矣。法家者流，以仁恕爲本，惟學道之君子始惓惓於肉刑焉，何其用心之相反也？推之天理，驗之人事，而要諸古今之變，究其所從始，極其所由終，必有至當之説。

昔者聖人别人類於禽獸之中，而去其爭奪戕殺之患。蓋必執生殺之權，而後謂之刑政也。則肉刑固已草具，而未有其法耳。苗民始多爲戕人之具以淫用之。堯懼其爲世訓也，故取而次第品節之，使必若苗民者然後罹此刑耳。故曰：報虐以威。舜又多爲之法以出之，而夏於贖刑爲尤詳。商人執刑罰以督奸，傷肌膚以懲惡，蓋嚴其所當用者耳。夫既多爲之塗以出之，而不嚴其所當用者，是教人以輕犯法也，豈聖人制刑之本意哉！文武尤謹於庶獄，而成康措而不用，至於四十餘年。穆王耄荒，而訓刑以詰四方，使知刑者聖人愛民之具，而非以戕民也。漢興，承秦之餘烈，先王之法度盡廢，而肉刑塊然獨存。文帝感一女子之言而慨然除之，於是可與語通變之道矣。

井田封建，自黃帝以來，極十數聖人之思慮，所以維持而奉行之者，惟恐其一事之不詳而一目之不精也。至於肉刑，則多爲之塗以出之，惟恐其或用耳，豈可同日而語哉！聖人之恐其一事之不詳而一目之不精者，今既盡廢而不可復舉矣，獨惓惓於聖人之恐其或用者，縱使可用，無乃顛倒其序乎！使民有恥，則今法足矣；民不賴生，雖日用肉刑，猶爲無法也。禮節民心，樂和民聲，政以行之，刑以防之。四達而不悖，則王道成矣。吾聞諸聖人者如此。

（宋）真德秀《西山文集》卷三〇《問答·問明德》 明德，乃天賦與之德性也，本自光明。緣人始生之初，所禀之氣不同。有禀得清明純粹之氣者，則爲聖、爲賢；有半清、半濁之氣者，則爲中人；全禀昏濁之氣者，則爲愚不肖。此所謂氣禀所拘也。及生而爲人，既有知識與外物接，則耳欲聲、目欲色、鼻欲香、口欲味，私欲一勝則本心爲其所奪，遂流於不善，而所謂明德者，亦從而昏矣。此所謂物欲所蔽也。人能講學窮理，則可以復其本然之性。故曰：明明德也。

（明）王守仁《王文成公全書》卷七《文録四·禮記纂言序》 禮也者，理也；理也者，性也；性也者，命也。維天之命，於穆不已，而其在於人也謂之性；其粲然而條理也謂之禮；其純然而粹善也謂之仁；其截然而裁制也謂之義；其昭然而明覺也謂之知；其渾然於其性也則理一而已矣。故仁也者，禮之體也；義也者，禮之宜也；知也者，禮之通也。經禮三百，曲禮三千，無一而非仁也，無一而非性也。天敘天秩，聖人何心焉，蓋無一而非命也。故克己復禮則謂之仁，窮理則盡性以至於命，盡性則動容周旋中禮矣。後之言禮者，吾惑焉。紛紜器數之争，而牽制刑名之末；窮年矻矻，弊精於祝史之糟粕，而忘其所謂經綸天下之大經，立天下之大本者。禮云禮云，玉帛云乎！而人之不仁也，其如禮何哉？故老莊之徒，外禮以言性，而謂禮爲道德之衰，仁義之失，既已墮於空虚漭蕩。而世儒之説，復外性以求禮，遂謂禮止於器數制度之間，而議擬倣像於影響形迹，以爲天下之禮盡在是矣。故凡先王之禮，煙蒙灰散而卒以煨燼於天下，要亦未可專委罪於秦火者。僭不自度，嘗欲取《禮記》之所載，揭其大經大本而疏其條理節目，庶幾器道本末之一致。又懼其德之弗任，而時亦有所未及也。間嘗爲之説，曰：禮之於節文也，猶規矩之於方圓也。非方圓無以見規矩之用，非節文則亦無從而睹所謂禮矣。然方圓者，規矩之所出，而不可遂以方圓爲規矩，故執規矩以爲方圓，則方圓不可勝用，舍規矩以爲方圓，而遂以方圓爲之規矩，則規矩之用息矣。故規矩者，無一定之方圓；而方圓者，有一定之規矩。此學禮之要，盛德者之所以動容周旋而中也。宋儒朱仲晦氏慨《禮經》之蕪亂，嘗欲考正而删定之，以《儀禮》爲之經，《禮記》爲之傳，而其志竟亦弗就。其後吴幼清氏因而爲《纂言》，亦不數數於朱説，而於先後輕重之間，固已多所發明。二子之見，其規條指畫則既出於漢儒矣，其所謂觀其會通，以行其典禮之原，則尚恨吾生之晚，而未及與聞之也。雖然，後聖而有作，則無所容言矣；後聖而未有作也，則如《纂言》者，固學禮者之箕裘筌蹄，而可以少之乎？姻友胡汝登忠信而好禮，其爲寧國也，將以是而施之。刻《纂言》以敷其説，而屬序於予。予將進汝登之道而推之於其本也，故爲序之若此云。

（明）李夢陽《空同先生集》卷三九《請表節義本》 竊惟禮義人之大閑，綱常國之命脉。是以忠臣孝子義夫節婦，史册標記，典章崇重，所以厚人倫而敦化原者也。

（明）高拱《高拱論著四種·日進直講》 子曰：聽訟，吾猶人也，必也使無訟乎！無情者，不得盡其辭，大畏民志，此謂知本。這是曾子解釋經文本末的説話。聽是聽斷。訟是詞訟。猶人是與人相似的意思。曾子引孔子之言説，若論那判斷詞訟，使他屈直分明，我與人也一般，這非是甚難之事。必是能使百姓每相敬相愛，自然無有争訟，乃爲可貴耳。這是孔子之言如此。情是情實。辭是争訟的言辭。畏是畏服。志是心志。曾子既引孔子之言，又申説争訟的人是不實的人，争訟的言語是虚誕的言語，聖人能使不實的人，不敢盡那虚誕的言語，蓋由聖人盛德在上，以德爲威，以德爲明，大能畏服民之心志，自然無有顛倒屈直相争訟的，所以訟不待聽而自無也。這無訟是民德之新，所以使民無訟，是己德之明。觀於此言，可以知明德爲本而在所當先，新民爲末而在所當後矣，所以説此謂知本。

（明）羅汝芳《羅汝芳集·語録彙集類·近溪子四書答問集》 弟子曰：斯學也，可推之政乎？

羅子曰：老老而興孝，長長而興弟。曰爲政以德，又曰道之以德。君子之德風，小人之德草，草上之風必偃。古聖論政，而惟德是先。觀夫孔孟，嘗謂：百姓日用而不知，是以君子之道鮮；行矣而不著，習矣而不察，終身由之而不知其道者衆。彼觀夫生民之林林總總於天地之間，即魚之牣活潑於江湖河海也，江湖河海，莫非此水流貫，而天地之間，又何往而非此道以生活也哉？夫薄海内外，萬萬生靈，咸謂其性道之同矣，然其性之所以善，善之所以同，惟是孝弟慈之不慮而自知、不學而自能已爾。予叨仕進，自極北邊陲，率海而南，歷涉吴、越、閩、廣，直踰夜郎、金齒，其深山窮谷，歲時伏臘之所由爲，未有一方一人而非孝弟慈和以行乎其間者，則其習雖殊，而其性固未甚相遠也。且吴楚諸方，在春秋猶稱蠻夷，不得上同中土；至川貴、雲南，宋室俱置度外，究厥所由，惟以其言之鴃舌、衣之左衽，是非徒見其習而然耶？若我高皇聖化，則不論其左衽之何如，而惟文物衣冠以統之；不論其鴃舌之何如，而惟正韻官話以齊之，是非獨信其性善之近，而渾忘其習俗之遠而然耶？故每惜儒生常談，謂不覩三代隆盛，不思今日統馭之遍、紀綱之同，又古昔聖賢徒勞想望，而莫獲身親見者也。若仰體高皇帝木鐸溥天率土之心，而益彰以孔孟習善成聖之妙，則王道蕩平，萬年無斁，非天下古今一大快事耶？願吾儕其共勉之。

（明）朱舜水《朱舜水集》卷三《説·孝説》　聖賢千言萬語，無非教人以孝而已。夫豈無他道之可言哉？蓋以孝之道，大而能周，約而能博，微而能著，積厚而生生不息，足以與天地而無敝也。譬諸樹木之有根本，黍稷之有嘉種，枝幹飾節葉華實，無不於此具焉。君子豈不濬其源，而徒沿其流乎？故曰：君子務本，本立而道生。孝弟也者，其爲仁之本與。豈惟仁哉？人心之德，盡於仁義禮樂智信。仁之實爲事親；義之實爲從兄，而智爲知斯二者，禮爲節文斯二者，樂爲樂斯二者。又曰：事親弗悦，弗信乎朋友。然則千變萬化，皆所以發明此孝弟，而弟又所以廣其孝也。若舍親親而侈言仁民愛物，是之爲悖德，是之謂不知務，況敢言仁哉？

然則孝者止於事其親而已乎？曾子曰：居處不莊非孝也，事君不忠非孝也，涖官不敬非孝也，朋友不信非孝也，戰陳無勇非孝也。五者不遂，烖及其親，敢不敬乎！故孝始於事親，中於事君，終於立身，誠以立身行道，揚名於後世，以顯父母，足以爲孝之終也。

昔者公明儀問於曾子曰：夫子可以爲孝乎？曾子曰：是何言與！是何言與！君子之孝，先意承志，諭父母於道；參直養焉者也，安能爲孝乎？又曰：亨孰羶薌，嘗而薦之，非孝也。君子之所謂孝者，國人稱願然曰，幸哉有子如此！所謂孝也已。孔子曰：君子也者，人之成名也，百姓歸之名，曰君子之子。是使其親爲君子也，是爲成其親之名也已。是三者，皆立身、行道、揚名之則也。或曰：是皆爲孝之道，敢問其目而可乎？曰：唯唯。曾子曰：孝子之養老也，樂其心，不違其志；樂其耳目，安其寢處，以其飲食忠養之。《禮記》曰：孝子之有深愛者必有和氣，有和氣者必有愉色，有愉色者必有婉容。嚴威儼恪，非所以事親也。曾子又曰：往而不可還者親也，至而不可加者年也。是故孝子欲養而親不待也，木欲直而時不待也。是故椎牛而祭墓，不如雞豚之逮其存也。《孝經》曰：愛親者不敢惡於人，敬親者不敢慢於人。樂正子春曰：一舉足而不敢忘父母，是故道而不徑，舟而不游，不敢以父母之遺體行殆；一出言而不敢忘父母，是故惡言不出於口，忿言不反於身。不辱其身，不羞其親，可謂孝矣。羅子曰：子不思父母生我千萬劬勞乎？未能分毫報也。子不思父母望我千萬高遠乎？未能分毫就也。思之自然感愴生焉，悲痛萃焉，則滿腔皆惻隱矣。凡此，非學不能及也。而近溪羅子又曰：於此不著力理會而言學，是遠人以爲道也。縱是甚等聰明，甚等博洽，甚等精透，却總是無源之水，無根之木，用力雖勤，而推充不去。不止推充不去而已，即身心亦受用不來。善乎其言之也！孝弟之至，通乎神明，光乎四海，無所不通。故曰：孝之爲道大也！孝之爲道，治平天下之極則，非止於獨善其身而已。君子可不知所務乎？

《聖祖仁皇帝御製文集·第一集》卷一九《序·日講書經解義序》

天生民而立之君，非特予以崇高富貴之具而已。固將副教養之責，使四海，九州無一夫不獲其所也。是故，古之帝王奉若天道，建都樹屏以立其綱，設官置吏以張其紀，經天緯地以盡其才，親親尊賢以弘其業，黎民阻饑而爲之教稼，五品不遜而爲之明倫，爲禮樂以導其中和，爲兵刑以息其爭訟，事未然而預爲之備，患已至而亟爲之驅。蓋治天下之法見於虞、夏、商、周之書，其詳且密。如此，宜其克享天心而致時雍太和之效也。所以然者，蓋有心法以爲治法之本焉，所謂敬也、誠也、中也。敬則神明有主而物欲不能揺，誠則孚信在中而僞巧不能間，中則公正無偏而邪説不能移。凡書中曰欽明、曰寅恭、曰祇懼、曰迪畏，皆敬之屬也；曰允塞、曰至誠、曰一德、曰惇信，皆誠之屬也；曰義制事禮制心、曰沉潛剛克高明柔克、曰寬而有制從容以和，皆中之屬也。性之者，爲堯舜禹；文身之者，爲湯武高宗；困而學之者，爲太甲成王；悖而去之者，爲太康桀紂。嗚呼！心法之存亡，治道之升降分焉，天命之去留繫焉，曷其奈何弗鑒。朕萬幾餘暇，讀四代之書，惕若恐懼，爰命儒臣，取漢宋以來諸家之説，薈萃折衷，著爲講義一十三卷，逐日進講，兹特加鋟梓頒示臣民，俾知朕仰法前代聖王志勤道遠然，夙夜兢兢思體諸身心措諸政治，以毋負上天立君之意，夫豈敢一日忘哉。

《聖祖仁皇帝御製文集·第一集》卷二一《解·八議解》 嘗讀《周禮·小司寇》以八辟麗邦法，曰議親、議故、議賢、議能、議功、議貴、議勤、議賓，竊歎古聖人之統馭臣下，何仁至而義盡也。無論堂陛相得之時，歌蓼蕭賦湛露藹然，其有禮意焉。即爲之臣者，職業或有所忝，以罪戾貽羞，勢不得不繩之於法而猶必多爲之解，以君子長者之道待之。夫豈聖人之有所私於其間而故以屈天下之法哉，特以親、故、賢、能、功、勤、貴、賓八者，皆素所倚毗而禮貌之者也。若一旦有罪，竟與疏賤之儔輿隸之輩同罰而竝辱，非所以厲廉恥而彰仁恩也。故嚴其防於五刑而通其權於八議。語曰：禮義節廉以治君子。又曰：履雖鮮不加於枕，冠雖敝不以苴履。言乎貴賤之有體也。秦用申商之術，行督責之令，崇尚峻法，治以大壞。漢初猶有餘風，至文帝用賈誼之言，而大臣遂有廉恥自重者。朕禮遇臣下，惟期其砥礪於無過，即間有微眚，亦不忍斥言之也。庶幾百爾卿士，其爭自勉於道義之途，而漸有禮讓之風焉。由是而往，將八議亦可存而弗論也夫。

《聖祖仁皇帝御製文集·第二集》卷三〇《解·四維解》 管子曰：國有四維。一曰禮；二曰義；三曰廉；四曰恥。又申言之曰：禮不踰節，義不自進，廉不蔽惡，恥不從枉。柳宗元著《四維論》以爲彼所謂廉者，不蔽惡也。世之所謂廉者，不苟得也。彼所謂恥者，不從枉也。世之所謂恥者，羞爲非也。不蔽惡者，豈不以蔽惡爲不義而去之乎？不苟得者，豈不以苟得爲不義而不爲乎？至於不從枉與羞爲非，皆然。則廉與恥，義之小節，不得與義抗而爲維，嘗求其説而爲之解。曰：論其統體，人苟能以禮義自守，未有不能以廉恥自防者，則是廉恥即在禮義之中也。而論其節目，人若視廉恥爲小節，則已踰禮義之大閑。是言禮義不得不竝舉廉恥也。今有人焉責人，曰：是無禮義者，則其人之賢者，不能不以動其心，而不肖者，亦或不以介其意矣。動其心者則將勉而益進於善；不以介其意者則將以爲固然而安於不肖之爲。又或責人曰：是無廉恥者，則其人之強者必拂然怒於其色，而弱者，亦必懮然懼於其中矣。怒於色與懼於中者，皆動其心而勉爲善者之機也。是何也？廉恥之名視禮義之名爲尤切，無廉恥之名視無禮義之名爲尤不可居也。故言禮義而竝言廉恥，可以警動天下而興起其爲善去惡之心，是管子之意也。

《聖祖仁皇帝御製文集·第二集》卷三一《序·日講禮記解義序》 朕聞六經之道同歸，而禮樂之用爲急。孔子曰：安上治民莫善於禮。又曰：上好禮則民莫敢不敬。誠以禮者，範身之具而興行起化之原也。天之生人，品類紛綸，莫可紀極。聖人起而整齊之，法於天，則於地，順於人，達於時，協於鬼神，斟酌損益以定其品節限制。俾天下化其好逸惡勞之心而予以從善棄惡之道，蒸蒸焉日蹈履於中正而不敢越。蓋非有以強之也，率乎其理之所安而已。其綱有三百，其目有三千。大者在冠昏喪祭，朝聘射宴之規；小者在揖讓進退，飲食起居之節。循之，則君臣上下賴以序，夫婦内外賴以辨，父子兄弟婚媾姻婭賴以順而成。反是，則尊卑易位，等殺無章，家未有能齊而國未有能治者。故曰：動容中禮而天德備矣，治定制禮而王道成矣。嘗遐觀三代，禹湯文武惇敘彝典，以倡導天下，而其時之諸侯，秉禮以守其國，大夫士遵禮以保其家，下至工賈庶人，畏法循紀以世其業。嗚呼！何風之隆哉？朕企慕至治，深惟天下歸仁原於復禮。故法宫之中，日陳禮經講習紬繹，蓋不敢斯須去也。慨自嬴秦焚燒典籍，禮乃滅亡。漢興崇尚儒學，禮經始顯，傳之者十三家，而戴德、戴聖爲尤著。聖所傳四十九篇，即所謂《禮記》者是已。迨程子、朱子出，表章學庸，遂開千古道學之統。其餘四十七篇，雖雜出於漢儒，亦皆傳述聖門格言有切身心要旨。朕孰之復之，靡間寒暑，積有講義，裒成全部，弁以敘言，用以無忘，斯勤然，豈徒效儒生佔畢云爾哉！務佩服其訓詞而實體諸躬修措之邦國，使百爾懷恭敬遜讓之誠，兆庶凜撙節防閑之則，德化翔洽，上媲隆古，庶乃愜朕敦崇禮教之意也夫。

（清）魏源《古微堂内集》卷一《學篇二》　夫身儉能施，而人皆疏之者，無濟人之具也。身無道德，雖吐辭爲經，不可以信世。主無道德，雖襲法古制，不足以動民。

（清）魏源《古微堂内集》卷一《學篇九》　《詩》曰：德輶如毛。民鮮克舉之。三代以上，君師道一，而禮樂爲治法。三代以下，君師道二，而禮樂爲虛文。

（清）秦蕙田《五禮通考》卷一四六《嘉禮十九·飲食禮》　禮以義起，法緣情立。不衷諸古，則無以探禮之本。不通於時，不足以盡物之情。

（清）沈家本《沈寄簃先生遺書·日南隨筆》卷八《孟子字義疏證》　先王本理以制禮，以禁慝也。有禮斯有樂，以導和也。古樂既亡，禮亦爲文飾之具。宋儒因亟以理明之，又恐人矜持拘苦，而屢以從容樂易導之。今讀其遺書，以理爲教，實多以禮爲教，見於文集語録者多不勝舉。所不同於三代者，特其沿革耳。此與聖門教人之方有何不合？而戴東原則曰程朱憑在己之意見而執之，曰理以禍斯民。且謂聖人以體民情，遂民欲爲得理，見《東原文集·孟子字義疏證》。夫聖賢正恐人之誤於意見，故有窮理之功。東原乃認意見爲理，何其言理之粗？體民情固也。遂民欲而亦謂之理，何其言理之悖？欲仁，欲也；欲利，亦欲也。使徒求遂其欲而不以理義爲閑，將人皆縱其欲而滔滔不返，不幾於率獸食人乎！乃謂宋儒以理殺人死矣，更無可救矣。亦《東原集》中語。疾首蹙額，若不可一朝居而必求自放於禮法之外者，苟以此爲教，恐五季之禍，其不復見於今者幾希。誠不意儒者日治三禮而竟不求諸制禮之本原也。故曰學而不思則罔。

（清）康有爲《論語注》卷二《爲政》　子曰：道之以政，齊之以刑，民免而無恥；道之以德，齊之以禮，有恥且格。漢《祝睦碑》：導濟以禮。皇本兩道字並作導，《釋文》道作導，惟漢石經作道，今不改。《祝睦碑》：有恥且恪。《費汎碑》：有恥且恪。《釋文》：格字或作絡字。當是魯齊之異。導，引也。政，謂法制禁令也。齊，正也。禮，謂《經禮》《曲禮》。免而無恥，謂苟免刑罰，而無恥心，雖不敢爲惡，而爲惡根未忘也。包氏曰：德，謂道德；格，去非心也。《漢書·貨殖傳》：道之以德，齊之以禮，故民有恥而且敬。《緇衣》：夫民，道之以德，齊之以禮，則民有格心。何晏曰：格，正也。民種未良，民德未公，待法律刑罰以治之，民雖畏法而求免罰，然險詖機詐之心未除，即作弊于法律之内。故政刑者，升平小康之治也。養其善性，和以文明，使民種民俗皆至仁良，日遷善而不知，忠直公溥之風已定，自不屑爲奸慝之事。故德禮者，太平大同之治也。孔子生亂世，雖不得已爲小康之法，而精神所注常在大同，故拳拳于德禮以寓微旨，而于德尤注意。蓋民種自無始來，争殺機詐之根已深，無論如何政教，只稍加滌濯，不能掃除，非以無量大德改易其種，無能治太平之世也。必使無訟，大畏民志，無爲而治，蕩蕩難名，此乃聖人之意歟？

（清）康有爲《新學僞經考·漢書藝文志辨僞第三上》　《經解》則以昏統冠，以鄉統射，以昏姻之禮屬夫婦，以喪祭之禮屬父子，以鄉飲酒之禮屬君臣，故曰：朝覲之禮，所以明君臣之義也；聘問之禮，所以使諸侯相尊敬也；喪祭之禮，所以明臣子之恩也；鄉飲酒之禮，所以明長幼之序也；昏姻之禮，所以明男女之别也。故昏姻之禮廢，則夫婦之道苦而淫辟之罪多矣；鄉飲酒之禮廢，則長幼之序失而争鬭之獄繁矣；喪祭之禮廢，則臣子之恩薄而倍死忘生者衆矣；聘覲之禮廢，則君臣之位失，諸侯之行惡，而倍畔侵陵之敗起矣。

（清）梁啓超《飲冰室合集·文集》卷一五《中國法理學發達史論》

綜上所述，則禮之定義可得而明焉。曰：禮也者，根本天地之自然法，而制定之於具體的，爲一切行爲之標準，以使人民踐履之者也。所謂理，所謂義，所謂中，所謂天之道，所謂天地之序、天地之節，皆謂自然法也。有其事必有其治，即有物有則之義也。此自然法本爲具體的，當禮之未生以前，先已存在。而聖人則研究之於抽象的，求得其條理，而應用之於事事物物，復制爲具體的儀式，以爲事事物物之標準而使民率循。賀氏謂其體有二是也，然謂一物體，一禮體則不當，當以道體與禮體並列，蓋物與事同皆道與禮之目的物而已。荀子又曰：若夫斷之繼之，博之淺之，益之損之，類之盡之，盛之美之，使本末終始，莫不順比。足以爲萬世則，則是禮也，《禮論篇》。是其義也。然則禮也者，一種具體的之人定法，而儒家所認爲與自然法有母子血統的關係者也。但既由自然法抽象而來，故雖認爲固定體，而固定之程度，比較的不如自然法之強。故儒家謂自然法之道，爲絶對的不變者。謂人定法之禮，爲比較的可變者。今述其説。

《記·曲禮》禮從宜使從俗。

又《禮器》禮時爲大，順次之，體次之，宜次之，稱次之。

又《禮運》故禮也者，義之實也。協之義而協，則禮，雖先王未之有，可以義起也。

又《樂記》三王異世，不相襲禮。

由是觀之，則儒家謂禮不純爲創造的，而兼爲發達的。制禮者可承認慣習以爲禮，猶立法者可承認慣習以爲法也。故所重者不在禮之數而在禮之義。《記·郊特牲》云：禮之所尊，尊其義也。失其義，陳其數，祝史之事也。故其數可陳也，其義難知也。此猶言法者非徒重法文，而尤重法之精神也。

又： 夫禮也者，取一切行爲而悉爲之制定一具體的形式。然行爲者，應於社會之變遷，而其形式不得不變遷者也。於是乎所制定之具體的，勢難閲百年而猶與社會相適。故在昔可爲社會進化之助者，在後反爲社會進步之障。而所謂行爲者，自洪迄纖，其數累億，其所謂禮者，亦不得不洪纖悉備，其數累億，非徒非人力所能悉制定，抑尤非人力所能悉記憶。故當戰國以還，社會之變遷日益劇急，而諸子百家之對於儒教之禮治主義，其攻難亦日益甚，又勢使然也。是以道家、墨家、法家等，羣起而與禮治主義爲敵。【略】道、墨兩家其立腳點爲極端的相反，惟其對於禮治主義之批評則略相同。亦即一曰束縛過甚，二曰繁縟難行也。法家亦攻難禮治主義，惟其所以攻難者，則觀察點全異。蓋道、墨兩家謂禮治主義病在干涉程度太過，法家則謂禮治主義病在干涉程度不足也。

紀事

《尚書·虞書·大禹謨》 禹曰：惠迪吉，從逆凶，惟影響。

益曰：吁！戒哉！儆戒無虞，罔失法度，罔遊于逸，罔淫于樂，任賢勿貳，去邪勿疑，疑謀勿成，百志惟熙。罔違道以干百姓之譽，罔咈百姓以從己之欲。無怠無荒，四夷來王。

禹曰：於，帝念哉！德惟善政，政在養民，水、火、金、木、土、穀，惟修，正德、利用、厚生，惟和。九功惟敘，九敘惟歌，戒之用休，董之用威，勸之以九歌俾勿壞。

帝曰：俞！地平天成，六府三事允治，萬世永賴，時乃功。

《尚書·商書·太甲上》 王未克變。伊尹曰：兹乃不義，習與性成，予弗狎于弗順，營于桐宫，密邇先王其訓，無俾世迷。王徂桐宫，居憂，克終允德。

《尚書·商書·太甲中》 惟三祀十有二月朔，伊尹以冕服奉嗣王歸于亳，作書曰：民非后，罔克胥匡以生；后非民，罔以辟四方。皇天眷佑有商，俾嗣王克終厥德，實萬世無疆之休。王拜手稽首曰：予小子不明于德，自底不類。欲敗度，縱敗禮，以速戾于厥躬。天作孽，猶可違；自作孽，不可逭。既往背師保之訓，弗克于厥初。尚賴匡救之德，圖惟厥終。

伊尹拜手稽首曰：修厥身，允德協于下，惟明后。先王子惠困窮，民服厥命，罔有不悦。並其有邦厥鄰，乃曰：徯我后，后來無罰。王懋乃德，視乃厥祖，無時豫怠。奉先思孝，接下思恭，視遠惟明，聽德惟聰。朕承王之休，無斁。

（清）孫詒讓《周禮正義·地官·司徒》 師氏掌以媺詔王。以三德教國子：一曰至德，以爲道本；二曰敏德，以爲行本；三曰孝德，以知逆惡。教三行：一曰孝行，以親父母；二曰友行，以尊賢良；三曰順行，以事師長。居虎門之左，司王朝。掌國中失之事，以教國子弟。凡國之貴遊子弟，學焉。凡祭祀、賓客、會同、喪紀、軍旅，王舉則從。聽治亦如之。使其屬帥四夷之隸，各以其兵服守王之門外，且蹕。朝在野外，則守內列。

保氏掌諫王惡。而養國子以道：乃教之六藝：一曰五禮，二曰六樂，三曰五射，四曰五馭，五曰六書，六曰九數；乃教之六儀，一曰祭祀之容，二曰賓客之容，三曰朝廷之容，四曰喪紀之容，五曰軍旅之容，六曰車馬之容。凡祭祀、賓客、會同、喪紀、軍旅，王舉則從。聽治亦如之。使其屬守王闈。

司諫掌糾萬民之德而勸之朋友，正其行而強之道藝，巡問而觀察之，以時書其德行道藝，辨其能而可任于國事者。以攷鄉里之治，以詔廢置，以行赦宥。

（宋）陳祥道《禮書》卷二六《同》　《春秋》宣十五年，初稅畝。民耕百畝，公田十畝借民力治之稅不過此。《左傳》曰：非禮也；穀出不過藉。成元年，作丘甲。《周禮》九夫爲井，四井爲邑，四邑爲丘。丘十六井，出戎馬一四、牛三頭。四丘爲甸，甸六十四井，出長轂一乘、戎馬四匹、牛十二頭、甲士三人、步卒七十二人，此甸所賦。今魯使丘出之，譏重斂，故書。哀十二年，用田賦。《左傳》曰：季孫欲以田賦。丘賦之法因其田財，通出馬一匹、牛三頭。今欲別其田及家財各爲一賦，故言田賦。使冉有訪諸仲尼。仲尼曰：丘不識也。三發，卒曰：子爲國老，待子而行，何子之不言也？仲尼不對，而私於冉有曰：君子之行也，度於禮，施取其厚，事舉其中，斂從其薄，如是則以丘亦足矣。若不度於禮而貪冒無厭，則雖以田賦將又不足。且子季孫若欲行而法，則周公之典在，若欲苟而行又何訪焉。

《春秋左傳正義》卷四《隱公十年》　六月壬戌，公敗宋師于菅。庚午，鄭師入郜；辛未，歸于我。庚辰，鄭師入防；辛巳，歸于我。壬戌六月七日，庚午十五日，庚辰二十五日，鄭伯後期而公獨敗宋師，故鄭頻獨進兵以入郜、防。入而不有，命魯取之，推功上爵，讓以自替。不有其實，故經但書魯取，以成鄭志，善之也。君子謂鄭莊公於是乎可謂正矣，以王命討不庭，下之事上，皆成禮於庭中。不貪其土以勞王爵，正之體也。勞者，敘其勤以荅之。諸侯相朝，逆之以饔餼，謂之郊勞。魯侯爵尊，鄭伯爵卑，故言以勞王爵。勞，力報反，注同。餼音許氣反。疏：注勞者至王爵。正義曰：《聘禮》：賓至于近郊，君使卿朝服，用束帛勞。《覲禮》：至于郊，王使人皮弁，用璧勞。《周禮・司儀》曰：諸公相爲賓，主君郊勞，皆不言以饔餼勞。案《禮》，饔餼乃是既相見致大禮，不應於郊以設之。杜意蓋以孰食曰饔，生牲曰餼。以勞客於郊，必有牲饌，故亦饔餼言之，非謂大禮之饔餼也。勞禮，《大行人》云：上公三勞，近郊勞，一也；遠郊勞，二也；竟首勞，三也。侯伯再勞，去竟首。子男一勞，去遠郊。凡近郊勞，皆君自行；遠郊使卿；竟首使大夫掌客。又云：上公五積，皆眡飧牽，侯伯四積，子男三積。是賓入竟之後，有致積之禮。積雖是牽，亦或有孰，或在郊致積，故謂之郊勞。沈依《聘禮》注其郊之遠近，上公遠郊五十里，侯伯三十里，子男十里；近郊各半之。

《史記》卷三《殷本紀》　帝武丁祭成湯，明日，有飛雉登鼎耳而呴，武丁懼。祖己曰：王勿憂，先修政事。祖己乃訓王曰：唯天監下典厥義，降年有永有不永，非天夭民，中絕其命。民有不若德，不聽罪，天既附命正厥德，乃曰其奈何。嗚呼！王嗣敬民，罔非天繼，常祀毋禮于棄道。武丁修政行德，天下咸驩，殷道復興。

（宋）劉恕《資治通鑑外紀》卷四《周紀二・平王》　十三年，初，衛武公年九十有五，猶箴儆於國曰：自卿以下至於師長士，苟在朝者無謂我老耄而舍我，必恭恪於朝，朝夕以交戒我。聞一二之言，必誦志而納之，以訓導我。在輿，有旅賁之規。位宁，有官師之典。倚几，有誦訓之諫。居寢，有暬御之箴。臨事，有瞽史之導。宴居，有師工之誦。史不失書，矇不失誦。以訓御之。於是乎作懿戒以自儆也。衛人頌其德，爲賦《淇澳》。

（宋）劉恕《資治通鑑外紀》卷六《周紀四・簡王》　九月，晉人執季孫行父，魯成公使子叔聲伯如晉謝，請季文子，郤犨欲予之邑，弗受。歸，鮑國問之，對曰：苦成叔家欲任兩國而無大德，少德而多寵，位下而欲上政，無大功而欲大禄，皆怨府也。其君驕而多私，勝敵而歸，必立新家，不因民不能去舊，非多怨，民無所始，其身不能定，焉能與人邑。

（宋）鄭樵《通志》卷四《秦紀》　戎王使由余於秦。由余其先晉人也，能晉言。聞穆公賢，故使之觀秦。秦穆公示以宮室積聚，由余曰：使鬼爲之則勞神矣，使人爲之亦苦民矣。穆公怪之，問曰：中國以詩書禮樂法度爲政，然尚時亂，今戎夷無此，何以爲治？由余笑曰：此乃中國所以亂也，夫自上聖黄帝作爲禮樂法度，身以先之，僅以小治，及其後世，日以驕淫阻法度之威，以督責於下，下罷極則以仁義怨望於上，上下交争怨而相篡弑，至於滅宗。皆以此類也。夫戎夷不然。上含淳德以遇其下，下懷忠信以事其上。一國之政猶一身之治，不知所以治，此真聖人之治也。

《史記》卷一二一《儒林列傳》　公孫弘爲學官，悼道之鬱滯，乃請曰：丞相御史言：制曰蓋聞導民以禮，風之以樂。婚姻者，居室之大倫也。今禮廢樂崩，朕甚愍焉。故詳延天下方正博聞之士，咸登諸朝。其令禮官勸學，講義洽聞興禮，以爲天下先。太常議，與博士弟子，崇鄉里之化，以廣賢材焉。謹與太常臧、博士平等議曰：聞三代之道，鄉里有教，夏曰校，殷曰序，周曰庠。其勸善也，顯之朝廷；其懲惡也，加之刑罰。故教化之行也，建首善自京師始，由內及外。今陛下昭至德，開大明，配天地，本人倫，勸學脩禮，崇化厲賢，以風四方，太平之原也。古者政教未洽，不備其禮，請因舊官而興焉。爲博士官置弟子五十人，復其身。太常擇民年十八已上，儀狀端正者，補博士弟子。郡國縣道邑有好文學，敬長上，肅政教，順鄉里，出入不悖所聞者，令相長丞上屬所二千石，二千石謹察可者，當與計偕，詣太常，得受業如弟子。一歲皆輒試，能通一藝以上，補文學掌故缺；其高弟可以爲郎中者，太常籍奏。即有秀才異等，輒以名聞。其不事學若下材及不能通一藝，輒罷之，而請諸不稱者罰。臣謹案詔書律令下者，明天人分際，通古今之義，文章爾雅，訓辭深厚，恩施甚美。小吏淺聞，不能究宣，無以明布諭下。治禮次治掌故，以文學禮義爲官，遷留滯。請選擇其秩比二百石以上，及吏百石通一藝以上，補左右內史、大行卒史；比百石已下，補郡太守卒史：皆各二人，邊郡一人。先用誦多者，若不足，乃擇掌故補中二千石屬，文學掌故補郡屬，備員。請著功令。佗如律令。制曰：可。自此以來，則公卿大夫士吏斌斌多文學之士矣。

《漢書》卷二二《禮樂志》 至宣帝時，琅邪王吉爲諫大夫，又上疏言，欲治之主不世出，公卿幸得遭遇其時，未有建萬世之長策，舉明主於三代之隆者也。其務在於簿書斷獄聽訟而已，此非太平之基也。今俗吏所以牧民者，非有禮義科指可世世通行者也，以意穿鑿，各取一切。是以詐僞萌生，刑罰無極，質樸日消，恩愛寖薄。孔子曰安上治民，莫善於禮，非空言也。願與大臣延及儒生，述舊禮，明王制，驅一世之民，濟之仁壽之域，則俗何以不若成康？壽何以不若高宗？上不納其言，吉以病去。

《漢書》卷七八《蕭望之傳》 是歲西羌反，漢遣後將軍征之。京兆尹張敞上書言：國兵在外，軍以夏發，隴西以北，安定以西，吏民並給轉輸，田事頗廢，素無餘積，雖羌虜以破，來春民食必乏。窮辟之處，買亡所得，縣官穀度不足以振之。願令諸有辠，非盜受財殺人及犯法不得赦者，皆得以差入穀此八郡贖罪。務益致穀以豫備百姓之急。事下有司，望之與少府李彊議，以爲民函陰陽之氣，有〔仁〕〔好〕義欲利之心，在教化之所助。堯在上，不能去民欲利之心，而能令其欲利不勝其好義也；雖桀在上，不能去民好義之心，而能令其好義不勝其欲利也。故堯、桀之分，在於義利而已，道民不可不慎也。今欲令民量粟以贖罪，如此則富者得生，貧者獨死，是貧富異刑而法不壹也。人情，貧窮，父兄囚執，聞出財得以生活，爲人子弟者將不顧死亡之患，敗亂之行，以赴財利，求救親戚。一人得生，十人以喪，如此，伯夷之行壞，公綽之名滅。政教壹傾，雖有周召之佐，恐不能復。古者臧於民，不足則取，有餘則予。《詩》曰爰及矜人，哀此鰥寡，上惠下也。又曰雨我公田，遂及我私，下急上也。今有西邊之役，民失作業，雖戶賦口斂以贍其困乏，古之通義，百姓莫以爲非。以死救生，恐未可也。陛下布德施教，教化既成，堯舜亡以加也。今議開利路以傷既成之化，臣竊痛之。

《漢書》卷八三《薛宣傳》 是時，成帝初即位，宣爲中丞，執法殿中，外總部刺史，上疏曰：陛下至德仁厚，哀閔元元，躬有日仄之勞，而亡佚豫之樂，允執聖道，刑罰惟中，然而嘉氣尚凝，陰陽不和，是臣下未稱，而聖化獨有不洽者也。臣竊伏思其一端，殆吏多苛政，政教煩碎，大率咎在部刺史，或不循守條職，舉錯各以其意，多與郡縣事，至開私門，聽讒佞，以求吏民過失，譴呵及細微，責義不量力。郡縣相迫促，亦內相刻，流至衆庶。是故鄉黨闕於嘉賓之懽，九族忘其親親之恩，飲食周急之厚彌衰，送往勞來之禮不行。夫人道不通，則陰陽否鬲，和氣不興，未必不由此也。《詩》云：民之失德，乾餱以愆。鄙語曰：苛政不親，煩苦傷恩。方刺史奏事時，宜明申敕，使昭然知本朝之要務。臣愚不知治道，唯明主察焉。上嘉納之。

《宋書》卷五五《傅隆傳》 〔元嘉〕十四年，太祖以新撰《禮論》付隆使下意，隆上表曰：臣以下愚，不涉師訓，孤陋閭閻，面牆靡識，謬蒙詢逮，愧懼流汗。原夫禮者，三千之本，人倫之至道。故用之家國，君臣以之尊，父子以之親。用之婚冠，少長以之仁愛，夫妻以之義順。用之鄉人，友朋以之三益，賓主以之敬讓。所謂極乎天，播乎地，窮高遠，測深厚，莫尚於禮也。其樂之五聲，《易》之八象，《詩》之《風》《雅》，《書》之《典》《誥》，《春秋》之微婉勸懲，無不本乎禮而後立也。其源遠，其流廣，其體大，其義精，非夫叡哲大賢，孰能明乎此哉。況遭暴秦焚亡，百不存一。漢興，始徵召故老，搜集殘文，其體例紕繆，首尾脫落，難可詳論。幸高堂生頗識舊義，諸儒各爲章句之説，既明不獨達，所見不同，或師資相傳，共枝別幹。故聞人、二戴，俱事后蒼，俄已分異；盧植、鄭玄，偕學馬融，人各名家。又後之學者，未逮曩時，而問難星繁，充斥兼兩，摛文列錦，煥爛可觀。然而五服之本或差，哀敬之制舛雜，國典未一於四海，家法參駮於縉紳，誠宜考詳遠慮，以定皇代之盛禮者也。伏惟陛下欽明玄聖，同規唐、虞，疇咨四岳，興言《三禮》，而伯夷未登，微臣竊位，所以大懼負乘，形神交惡者，無忘夙夜矣。而復猥充博採之數，與聞爰發之求，實無以仰酬聖旨萬分之一。不敢廢默，謹率管穴所見五十二事上呈。蚩鄙茫浪，伏用竦赧。

《南齊書》卷六《明帝紀》〔建武二年〕冬十月〔丁〕〔癸〕卯，詔曰：軌世去奢，事殷哲后，訓物以儉，理鏡前王。朕屬流弊之末，襲澆浮之季，雖恭已弘化，刻意隆平，而禮讓未興，侈華猶競。永覽玄風，兢言集愧，思所以還淳改俗，反古移民。可罷東田，毀興光樓。

《魏書》卷七下《高祖紀》〔太和十一年〕孟冬十月，民閑歲隙，宜於此時導以德義。可下諸州，黨里之內，推賢而長者，教其里人，父慈、子孝、兄友、弟順、夫和、妻柔。不率長教者，具以名聞。

《魏書》卷二七《穆崇傳》時文明太后崩，已過期月，高祖毀瘠猶甚。亮表曰：王者居極，至尊至重，父天母地，懷柔百靈。是以古先哲王，制禮成務。施政立治，必順天而後動；宣憲垂範，必依典而後行。用能四時不忒，陰陽和暢。若有過舉，咎徵必集。故大舜至慕，事在納麓之前；孔子至聖，喪無過瘠之紀。堯書稽古之美，不録在服之痛；《禮》備諸侯之喪，而無天子之式。雖有上達之言，未見居喪之典。然則位重者爲世以屈己，居聖者達命以忘情。伏惟陛下至德參二儀，惠澤覃河海，宣禮明刑，動遵古式。以至孝之痛，服期年之喪，練事既闋，號慕如始。統重極之尊，同衆庶之制，廢越紼之大敬，闕宗祀之舊軌。誠由文明太皇太后聖略超古，惠訓深至，欲報之德，昊天罔極，比之前代，戚爲過甚。豈所謂順帝之則，約躬隨衆者也。陛下既爲天地所子，又爲萬民父母。子過哀，父則爲之慘悴；父過戚，子則爲之憂傷。近蒙接見，咫尺旒冕，聖容哀毀，駭感無止，況神祇至靈，而不久虧和氣，微致風旱者哉？《書》稱一人有慶，兆民賴之，今一人過哀，黎元焉繫？羣官所以顛殞震懼，率土所以危惶悚慄，百姓何仰而不憂，嘉禾何由而播殖。願陛下上承金册遺訓，下稱億兆之心，時襲輕服，數御常膳，修崇郊祠，垂惠咸秩，輿駕時動，以釋憂煩，博採廣諮，以導性氣，息無益之戀，行利見之德；則休徵可致，喜應必臻，禮教並宣，孝慈兼備，普天蒙賴，含生幸甚。詔曰：苟孝悌之至，無所不通。今飄風亢旱，時雨不降，實由誠慕未濃，幽顯無感也。所言過哀之咎，諒爲未衷，省啓以增悲愧。

《魏書》卷五六《鄭羲傳》廣平王懷爲司州牧，以道昭與宗正卿元匡爲州都。道昭又表曰：臣聞唐虞啓運，以文德爲本；殷周致治，以道藝爲先。然則，禮樂者爲國之基，不可斯須廢也。是故周敷文教，四海宅心；魯秉周禮，強齊歸義。及至戰國紛紜，干戈遞用，五籍灰焚，羣儒坑殄，賊仁義之經，貴戰爭之術，遂使天下分崩，黔黎荼炭，數十年間，民無聊生者，斯之由矣。爰暨漢祖，於行陳之中，尚優引叔孫通等。光武中興於撥亂之際，乃使鄭衆、范升校書東觀。降逮魏晉，何嘗不殷勤於篇籍，篤學於戎伍。伏惟大魏之興也，雖羣凶未殄，戎馬在郊，然猶招集英儒，廣開學校，用能闡道義於八荒，布盛德於萬國，教靡不懷，風無不偃。今者乘休平之基，開無疆之祚，定鼎伊瀍，惟新寶曆，九服感至德之和，四垠懷擊壤之慶。而蠢爾閩吴，阻化江湫，先帝爰震武怒，戎車不息。而停鑾佇蹕，留心典墳，命故御史中尉臣李彪與吏部尚書、任城王澄等妙選英儒，以崇文教。澄等依旨，置四門博士四十人，其國子博士、太學博士及國子助教，宿已簡置。伏尋先旨，意在速就，但軍國多事，未遑營立。自爾迄今，垂將一紀，學官凋落，四術寢廢。遂使碩儒耆德，卷經而不談；俗學後生，遺本而逐末。進競之風，實由於此矣。伏惟陛下欽明文思，玄鑒洞遠。越會未款，務修道以來之；遐方後服，敷文教而懷之。垂心經素，優柔墳籍。將使化越軒唐，德隆虞夏。是故屢發中旨，敦營學館，房宇既修，生徒未立。臣學陋全經，識蔽篆素，然往年删定律令，謬預議筵。謹依準前修，尋訪舊事，參定學令，事訖封呈。自爾迄今，未蒙報判。但廢學歷年，經術淹滯。請學令并制，早敕施行，使選授有依，生徒可準。詔曰：具卿崇儒敦學之意，良不可言。新令尋班，施行無遠，可謂職思其憂，無曠官矣。

《魏書》卷一一〇《食貨志六》太宗永興中，頻有水旱，詔簡宮人非所當御及非執作伎巧，自餘出賜鰥民。神瑞二年，又不熟，京畿之內，路有行饉。帝以飢將遷都於鄴，用博士崔浩計乃止。於是分簡尤貧者就食山東。敕有司勸課留農者曰：前志有之，人生在勤，勤則不匱。凡庶民之不畜者祭無牲，不耕者祭無盛，不樹者死無槨，不蠶者衣無帛，不績者喪無衰。教行三農，生殖九穀；教行園圃，毓長草木；教行虞衡，山澤作材；教行藪牧，養蕃鳥獸；教行百工，飭成器用；教行商賈，阜通貨賄；教行嬪婦，化治絲枲；教行臣妾，事勤力役。自是民皆力勤，故歲數豐穰，畜牧滋息。

《隋書》卷二《高祖紀下》〔開皇〕十四年夏四月乙丑，詔曰：在昔聖人，作樂崇德，移風易俗，於斯爲大。自晉氏播遷，兵戈不息，雅樂流散，年代已多，四方未一，無由辨正。賴上天鑒臨，明神降福，拯茲塗炭，安息蒼生，天下大同，歸於治理，遺文舊物，皆爲國有。比命所司，總令研究，正樂雅聲，詳考已訖，宜即施用，見行者停。人間音樂，流僻日久，棄其舊體，競造繁聲，浮宕不歸，遂以成俗。宜加禁約，務存其本。

《隋書》卷三《煬帝紀上》〔大業三年〕六月辛巳，獵於連谷。丁亥，詔曰：聿追孝饗，德莫至焉，崇建寢廟，禮之大者。然則質文異代，損益殊時，學滅坑焚，經典散逸，憲章湮墜，廟堂制度，師説不同。所以世數多少，莫能是正，連室異宮，亦無準定。

朕獲奉祖宗，欽承景業，永惟嚴配，思隆大典。於是詢謀在位，博訪儒術。咸以爲高祖文皇帝受天明命，奄有區夏，拯羣飛於四海，革凋敝於百王，恤獄緩刑，生靈皆遂其性，輕徭薄賦，比屋各安其業。恢夷宇宙，混壹車書。東漸西被，無思不服，南征北怨，俱荷來蘇。駕毳乘風，歷代所弗至，辮髮左衽，聲教所罕及，莫不厥角關塞，頓顙闕庭。譯靡絶時，書無虚月，韜戈偃武，天下晏如。嘉瑞休徵，表裏禔福，猗歟偉歟，無得而名者也。

朕又聞之，德厚者流光，治辨者禮縟。是以周之文、武，漢之高、光，其典章特立，謚號斯重，豈非緣情稱述，即崇顯之義乎？高祖文皇帝宜別建廟宇，以彰巍巍之德，仍遵月祭，用表蒸蒸之懷。有司以時創造，務合典制。又名位既殊，禮亦異等。天子七廟，事著前經，諸侯二昭，義有差降，故其以多爲貴。王者之禮，今可依用，貽厥後昆。

《新唐書》卷九七《魏徵傳》是歲，大雨，穀、洛溢，毁宮寺十九，漂居人六百家。徵陳事曰：

臣聞爲國基於德禮，保於誠信。誠信立，則下無二情；德禮形，則遠者來格。故德禮誠信，國之大綱，不可斯須廢也。傳曰：君使臣以禮，臣事君以忠。自古皆有死，民無信不立。又曰：同言而信，信在言前；同令而行，誠在令外。然則言而不行，言不信也；令而不從，令無誠也。不信之言，不誠之令，君子弗爲也。

自王道休明，緜十餘哉，食廩愈積，土地益廣，然而道德不日博，仁義不日厚，何哉？由待下之情，未盡誠信，雖有善始之勤，而無克終之美。故便佞之徒得肆其巧，謂同心爲朋黨，告訐爲至公，彊直爲擅權，忠讜爲誹謗。謂之朋黨，雖忠信可疑；謂之至公，雖矯僞無咎。彊直者畏擅權而不得盡，忠讜者慮誹謗而不敢與之爭。熒惑視聽，鬱於大道，妨化損德，無斯甚者。

今將致治則委之君子，得失或訪諸小人，是譽毁常在小人，而督責常加君子也。夫中智之人，豈無小惠，然慮不及遠，雖使竭力盡誠，猶未免傾敗，况内懷姦利，承顔順旨乎？故孔子曰：君子而不仁者有矣，未有小人而仁者。然則君子不能無小惡，惡不積無害於正；小人時有小善，善不積不足以忠。今謂之善人矣，復慮其不信，何異立直木而疑其景之曲乎？故上不信則無以使下，下不信則無以事上。信之爲義大矣！

昔齊桓公問管仲曰：吾欲使酒腐於爵，肉腐於俎，得無害霸乎？管仲曰：此固非其善者，然無害霸也。公曰：何如而害霸？曰：不能知人，害霸也；知而不能用，害霸也；用而不能任，害霸也；任而不能信，害霸也；既信而又使小人參之，害霸也。晉中行穆伯攻鼓，經年而不能下，餽間倫曰：鼓之嗇夫，間倫知之，請無疲士大夫，而鼓可得。穆伯不應。左右曰：不折一戟，不傷一卒，而鼓可得，君奚不爲？穆伯曰：間倫之爲人也，佞而不仁。若使間倫下之，吾不可以不賞，若賞之，是賞佞人也。佞人得志，是使晉國捨仁而爲佞，雖得鼓，安用之！夫穆伯，列國大夫，管仲，霸者之佐，猶能慎於信任，遠避佞人，况陛下之上聖乎？若欲令君子小人是非不雜，必懷之以德，待之以信，厲之以義，節之以禮，然後善善而惡惡，審罰而明賞，無爲之化何遠之有！善善而不能進，惡惡而不能去，罰不及有罪，賞不加有功，則危亡之期或未可保。帝手詔嘉答。於是，廢明德宮玄圃院賜遭水者。

（清）徐乾學《資治通鑑後編》卷九〇《宋紀九〇》 丁亥，御邇英閣顧臨讀《寶訓》，至漢武籍南山提封爲上林苑，仁宗曰：山澤之利，當與衆共之。何用此爲？丁度言：臣事陛下二十年，每奉德音，未始不及於憂勤。此蓋祖宗家法耳。吕大防因推廣以進曰：三代以後，唯本朝百二十年中外無事，蓋由家法最善。臣請舉其略。自古人主事母后，朝見有時，如漢武帝五日一朝長樂宮。祖宗以來事母后皆朝夕見，此事親之法也。前代大長公主用臣妾之禮，本朝必先致恭，仁宗以姪事姑之禮見獻穆大長公主，此事長之法也。帝曰：今宫中見行家人禮。大防曰：前代宫闈多不肅，宫人或與朝臣相見。唐入閤圖，有昭容位。本朝宫禁嚴密，内外整肅，此治内之法也。前代外戚多與政事，常致敗亂。本朝母后之族皆不預，此待外戚之法也。前代宫室多尚華侈，本朝止用赤白爲飾，此尚儉之法也。前代人君雖在宫禁，出輿入輦，祖宗皆步，自内庭出御後殿豈乏人之力哉？亦欲涉歷廣庭稍冒寒暑耳，此勤身之法也。前代人主在禁中冠服苟簡，祖宗以來燕居必以禮。竊聞陛下昨郊禮畢，具禮服謝太皇太后，此尚禮之法也。前代多深於用刑，大者誅戮，小者遠竄。惟本朝用法最輕，臣下有罪止於罷黜，此寬仁之法也。至於虚己納諫不好畋獵不尚玩好不用王器不貴異味，此皆祖宗家法所以致太平者。陛下不須遠師前代，但盡行家法足以爲天下。帝深然之。

《元典章》卷一八《户部・婚姻・嫁娶・定婚不許悔親》 皇慶二年五月 日，江浙行省准中書省咨：禮部呈：奉省判本部元呈晉寧路申：准本路摠管石加議關切聞男女婚姻五常之始，有夫婦然後有父子，有父子然後有上下。合二姓之好，爲一家之親，蓋所以承宗事嗣後世也。今百姓之家，始於結親，家道豐足兩相敦睦。在後不幸男家生業凌替，元議財錢不能辨足，女家不放婚娶，遂生僥倖，違負元約，轉行别嫁。亦有因取唤帰家等事，遂聘它人者。經官辨訟遷延月日，至有所出遵已婚爲定而斷焉。啓僥倖之路，成貪鄙之風，不惟紊煩官府，實爲有傷風化。其婦無再醮之理，一與夫合終身不改。當職照得唐制：許嫁女已報婚書及有私約而輒悔者杖六十，雖無許嫁婚書但受聘財亦是，若更許他人者杖一百，已成者徒一年半，後娶者知情減一等，女各追歸前夫。今略舉見行事發到官者一十餘家，州縣往往習已成俗。以此叅詳：除五年無故不成娶，聽許經官告給執照改嫁外，據已到官者，罪經欽依詔書釋免，事依唐律歸結。已後敢有犯者，比照唐律量減二等罪歸斷，女追歸前夫。如此庶革僥倖之風，似爲長便。然此緣係爲例事理，照驗更爲申覆上司定奪明降事。准此，府司申乞照詳，早賜明降，付下遵依施行。准此。本部叅詳：夫婦乃綱常之道，人之大倫，禮之大節也。近年以來，民間婚姻詞訟繁多，蓋緣僥倖之徒不守節義，妄生嫌疑，棄惡夫家，故違元約，以致若此，實傷風化。今晉寧路石加議所言誠爲中理，如蒙准呈本部爲例遵守，遍行照會相應。具呈照詳。批奉都堂鈞旨，送禮部約會刑部官一同議擬施行。奉此。本部同刑部謝尚書議得：男女婚配，人之大倫，愚民無知，往往悔親别嫁，引訟不便，若不立法禁約無以敦勸民俗。今後許嫁女已招婚書及有私約，或受財而輒悔者笞三十七下，若更許它人者笞四十七下，已成者五十七下，後娶者知情減一等，女歸前夫；男家悔者不坐，只追聘財外，據五年無故不娶者，照依書例聽許經官出給執照别行改嫁。如准所言，通行照會，劄付本部爲例遵守，相應。具呈。得此，都省咨請施行。

《元典章》卷三〇《禮部・禮制三・喪禮・禁治居喪飲宴》 延祐元年七月十二日，承奉江浙行省劄付，准中書省咨，御史臺呈，淮江南諸道行御史臺咨，備監察御史王奉訓呈：伏以父母之喪三年，天下之通喪也。死歛葬祭莫不有禮。《禮》曰：披髮徒跣，居於倚廬，讓枕塊，哭泣於世，時歠粥，朝一溢米，夕一溢米。又曰：始死充於有窮。既殯，瞿瞿如有，求而弗得；既葬，皇皇如有，望而弗至。《經》曰：食旨不甘，聞樂不樂。此孝子哀戚之情。既歛既葬，祭以其時，期而小祥，又期大祥。三年禫祭，霜露既降，春雨既濡，悽愴怵惕，如將見之。此子終身所不忘，豈拘於三年哉！去古日遠，風俗日薄。近年以來，江南尤甚。父母之喪，小歛未畢，茹葷飲酒，略無顧忌。至於送殯，管絃歌舞，導引循柩。焚葬之際，張筵排宴，不醉不已，泣血未乾，享樂如此，昊天之報，其安在哉！興言及此，誠可哀憫。若不禁約，深爲未宜。莫若今後除蒙古、色目，合從本俗，其餘人等，居喪送殯，不得飲宴、動樂。違者，諸人首告得實，示衆斷罪。所在官司申禁不嚴，罪亦及之。不惟人子所有懲勸，亦風俗少復淳古。宜從憲臺劄付各道禁治，相應。具呈照詳。得此，本臺看詳，國家以風俗爲本，人道以忠孝爲先，可以移忠可以事上。忠孝既立，則人道修而風俗厚，爲治之至要也。三年之喪，古今通制。送終營葬，人子大故，塗車芻靈，禮亦有之。至若忘哀作樂，張筵群飲，敗禮傷俗，宜從合干部分，定擬通行禁止，相應。咨請照詳。准此具呈照詳。得此送據禮部呈參詳，父母之恩，昊天罔極，終身而不能報。聖人定立中制，以爲三年之喪，送終葬祭，當盡其禮。若居喪飲宴，殯葬又動樂聲，實傷風化。如准御史臺所言，除蒙古、色目人，各從本俗外，其餘人等禁治相應。得此送禮部行移刑部，議擬去後，今據禮部呈，移准刑部関議得，父母之喪至於哀慼，其居喪飲宴殯葬用樂，皆非孝道。除蒙古、色目，宜從本俗，餘並禁止，敢有違犯，治罪相應。関請照驗。准此，本部參詳，如准刑部所擬，遍行照會，相應。具呈照詳。都省咨請依上施行。

（明）俞汝楫《禮部志稿》卷一《聖訓·太祖高皇帝·尚禮之訓》

吴元年正月，上諭左相國徐達等曰：禮法，國之紀綱。禮法立則人志定，上下安。建國之初，此爲先務。吾昔起兵濠梁，見當時主將皆無禮法，恣情私縱爲暴亂，不知馭下之道，是以卒至於亡。今吾所任將帥，皆昔同功一體之人，自其歸心於我，即與之定名分，明號令，故諸將皆聽命，無敢有異者。爾等爲吾輔相，當守此道，無謹於始而忽於終也。又諭廷臣曰：剽悍驕暴非人之性也，習也，苟有禮法以一之，則剽悍者可使善柔，驕暴者可使循帖。若踶嚙之馬，調御有道，久則自然馴熟。屬茲草創，苟非禮法，人無所守，故必當以此洗滌漸染之習。然制禮立法非難，遵守禮法爲難，人知遵守，自無暴悍，能守法則不至暴悍。夫三尺童子，至弱也，遇強暴而不敢欺者，以有禮法故耳。方今所當急者，此爲先務不可後也。

（明）俞汝楫《禮部志稿》卷二《聖諭·成祖文皇帝·孝先之訓》

永樂元年五月，禮部尚書李至剛等奏：宋制，凡忌日於各佛殿誦經設帝后位，百官行香。今後宜依宋制，於天禧等五寺朝天宮，令僧道誦經三晝夜。上曰：予於父母固當無所不用其心，但人君之孝與庶人不同，爲人君者奉天命爲天下主，社稷所寄生靈所依，但當謹身修德，深體天心，恪循成憲，爲經國遠謨，使內無奸邪，外無盜賊，宗社奠安，萬民樂業，斯孝矣。如不能此，而惟務修齋誦經，抑末矣。

（明）李春芳《宗藩條例》卷上《修明宗範》 嘉靖四十二年十一月內，周府南陵王睦楧條奏立宗學以崇德教：臣聞唐、虞三代之時，上自王宮國都，下及閭閻，莫不有學，是以化淳俗美。降至下世，禮義之風不振，學校之政不修。洪惟我太祖高皇帝繼天立極，撥亂反正，而於學校之設，上自京國，下及府、州、縣、衛，無處不設，雖四夷之遠，亦莫不有其教。其推廣如此，是誠卓然而高出乎唐、虞三代之上者也。今公卿大夫以及士民之子弟，皆得以沾教化之恩，夫何獨無宗學，使我宗人之子弟亦得以蒙其教化耶。然親、郡王府設有教授、伴讀等官，不過具員尸位而已，孰能於世、長子及宗子之前，贊之以德禮，輔之以道義乎。爲無學校之設，故有教化而不能施也。況宗臣之子，與凡民之性氣不同。蓋因出自王室，身不勞於汗馬承爵而榮，心不勞於耕讀既禄而富，曰傲惰，曰驕奢，曰荒淫，曰曠蕩，四者之弊，不能無也。間有天性良敏，明典守常者，幾何人哉？若不囿之學校，教之以禮義，則積習愈勝，四弊日滋，上不欺凌官長，下必殘害民庶，甚則至於姦盗者出。此臣耳目之所親聞親見者，皆不由學校教之之故。矧今皇上，功參二帝，德配三王，遠邁宋、唐，高超晉、漢。仁同天地，無方不被覆載之恩，明並日月，無處不蒙照臨之。

《皇明條法事類纂》卷二二《禁約奢僭例》 成化四年二月初七日，禮部尚書姚等題，爲陳言治道事。該翰林院修撰羅璟題前事，內開一件：崇尚節儉，以厚天下之俗。臣聞奢（侵）〔侈〕者，澆薄之源，節儉者，醇厚之本。蓋奢侈則用必多，用多則財必不足，財不足則貪暴行，貪暴行則風俗安得不澆薄乎！節儉則用必少，用少則財必足，財足則禮義行，禮義行風俗安得不醇厚乎！然天下之人不自奢侈也，必有以倡之於先；不自節儉也，必有以（卒）〔率〕之於上。《易》曰：節以制度。《書》曰：慎乃儉（憶）〔德〕。古者盛時，所以黎民醇厚，國祚長久者，良由上之人所以維持倡率之有其道也。（哉）〔我〕太祖高皇帝受天明命，混一海（于）〔宇〕之初，即修明禮（禁）〔樂〕以定民志，崇節儉，戒奢侈，一掃胡元之弊俗。太（祖）〔宗〕文皇帝嗣位，復加申明，天下之人無敢奢侈，以（于）〔干〕犯禮禁，休養生息。至宣德、正統年間，公私富足，庶幾成、康之世，此祖宗崇節儉之用也。（此）〔比〕（先）〔年〕以來，竊見風俗崇尚奢侈。服器雖有定制，而僭之者多；屋舍雖有定式，而違之者衆。嫁娶論財，惟華靡之相誇；喪（弊）〔葬〕務外，惟多儀之相衒。一筵（一）〔之〕費，或至百金；一葬之營，或至（傷）〔蕩〕産。故富強者肆爲貪暴，貧弱者（窒）〔室〕無〔宿〕儲。争訟不息，盗賊繁多。〔一〕有水旱之災，公廩既虚，私藏又乏，民不聊生，或至相食，言之及此，可爲痛心。究厥弊源，率爲奢侈。此而不救，弊將何如！

《皇明條法事類纂》卷二二《内外大小衙門官員聞喪回家守制不〔許在〕任貪緣妄奏保留奔喪奪情例》 成化三年七月初五日，禮部等題，爲陳言事。戶科給事中劉昊題内一件：罷奪情。夫在天有日月，在地有山河，在人有忠孝也。〔忠〕孝之在人心，及天地之賦（卑）〔裨〕，日月之融結，山河之凝注。故人能（人）〔擴〕充忠孝之理而力行之，則天地因之而悠久，日月賴之以常明，山河全而國運隆盛也。苟失其忠孝，則綱維潰散，天雖不墜猶墜也，地雖不陷猶陷也，日月〔雖〕明猶不明，山河〔雖〕全猶不全，身雖生而猶斃，國雖存而猶（去）〔亡〕也。故孔子有曰：民之於仁也，甚於水火。夫人統天下之善，而忠孝即人之實理切於民用者，（宜）〔豈〕可一旦一刻忘去之？然是忠孝之理，必須天子所宰以執持於上，人臣扶遵以篤行於中，使士庶效法之於下，四夷觀感之於外，翕然不（諭）〔渝〕，於汚不可也。

《皇明條法事類纂》卷二二《旌表（覆）〔覈〕實違限者罰俸義官當要禮侍例》 成化五年正月　日，禮部爲制治保邦事。戶科抄出給事中彭序奏一件：勸節義以敦風化。臣聞節義之在天地間，不可無也。國而無此，則華夏而裔夷矣。人而無此，則冠裳而禽犢矣。是風化所關，世教所係，不可以不勸也。今天下之人，堅全節，仗大義，當生則生，當死則死，質諸鬼神而無愧者，（故）〔固〕當尊仰而崇重。而能守一行之節，行一事之義者，亦不可不旌勸激勵之也。

（宋）潘自牧《記纂淵海》卷五三《識見部·知所輕重》 《傳》記衛嗣君時，胥靡有罪賢臣。逃之魏，衛贖之百金，不與。乃請易以左氏。衛邑。羣臣曰：百金之地，贖一胥靡，無乃不可乎？君曰：治無小，亂無大。教化喻於民，三里之城，足以爲治；民無廉恥，雖有十左氏，將何以用之。

著　録

（清）陳秉直　魏象樞《上諭合律鄉約全書》 《上諭合律註解·序》。古帝王以十六字統心傳，我皇上以十六諭端治本心，即治治即心，體有同原，用無二致。子輿氏曰：善政不如善教之得民也。旨哉言乎？昔程明道先生爲晉城令，民以事詣縣者，必告以孝弟忠信，見民間子弟書，輒親爲正句讀，是以戴若父母師傅然。張横渠先生守雲巖，以敦本善俗爲先，每月吉集鄉之高年于庭而親酹之，使民知事親敬長之義。前哲芳徽，去今未遠。《詩》曰：高山仰止，景行行止，予心竊嚮往之。矧今皇上以堯舜之心爲心，臣子可不以堯舜之治治民，而謂斯民獨不可爲堯舜之世之民乎。先是予承臬江南時，手編《上諭合律直解》一書，已家喻而戶曉矣。

（宋）王應麟《玉海》卷六七《刑制·周本典》 《周書·序》：周公爲太師，告成王以五則，作《本典》。《本典解》第五十七：維四月既生魄，王在東宮，召公告周公曰：今朕不知明德所則，政教所行，字民之道，禮樂所生，非不念而知，故問伯父。周公再拜稽首曰：臣聞之文考：能求士者，智也；與民利者，仁也；能收民獄者，義也；能督民過者，德也；爲民犯難者，武也。王拜曰：允哉，敬守。以爲本典。

（宋）張載《張載集·附録·袁應泰萬曆戊午本張子全書序》 斯道自孔孟而後，得其傳者莫盛於周、程、張、朱，其所論著與《四書》埒，有補於學者大矣。郡伯沈公表章理學，刻行《周子全書》矣；復念張子郡産也，爲建横渠書院，肖像以祀之，并刻其全書而屬序于余。

張子立言，精深浩渺，豈余不佞所能窺測！請序其略。如曰孫其志於仁則得仁，孫其志於義則得義；志大則才大事業大，志久則氣久德性久；發意便要至聖人猶不得，況便自謂不能，人若志趣不遠，雖學無成，欲學者之立志也。曰天下之富貴，在外者皆有窮已，惟道義則無爵而貴，取之無窮；學者舍禮義，則飽食終日，無所猷爲，與下民一致；仁之難成久矣，人人失其所好，蓋人人有利欲之心，與學正相背馳，故學者要寡欲，當生則生，當死則死，今日萬鍾，明日棄之，今日富貴，明日饑餓亦不恤，惟義所在，欲學者之寡欲也。曰學者中道而立，則有位以弘之，無中道而弘，則窮大而失其居，失其居則無地以崇其德；大中至正之極，文必能致其用，約必能感其通；博文以集義，集義以正經；正經然後一以貫天下之道，欲學者之立本也。曰由太虛有天之名，由氣化有道之名，合虛與氣有性之名，合性與知覺有心之名；太和所謂道；至當之謂德；推行有漸爲化，合一不測爲神；氣有無形、客形，性有無感、客感；欲學者之識道體也。曰德不勝氣，性命於氣，德勝其氣，性命於德；天本參和不偏，養其氣，反之本而不偏，則性盡；氣與志，天與人，有交勝之理，必學至於如天則成性，成性則氣無由勝，欲學者之變氣質也。曰仁體事無不在，禮儀三百，威儀三千，無一物而非仁也；禮之原在心，禮所以持性，凡未成性，須禮以持之，能守禮已不畔道矣，禮卽天地之德，聖人之成法，進人之速，無如禮學，欲學者之崇禮也。曰敬斯有立，有立斯有爲，不誠不莊，不可謂之盡性窮理，靜者善之本，虛者靜之本，學者靜以入德，至成德亦只是靜，欲學者之主敬而主靜也。曰和樂道之端，和則可大，樂則可久；有無一，內外合，此人心之所自來也；精義入神，事豫吾內以利吾外，利用安身，素利吾外以養吾內；言有教，動有法，晝有爲，宵有得，息有養，瞬有存，欲學者之密涵養也。曰大其心則能體天下之物，物有未體則心爲有外，世人之心止於聞見之狹，聖人盡性，不以見聞牿其心，其視天下，無一物非我；天〔人〕〔大〕無外，故有外之心不足以合天心，見聞之知乃物交而知，非德性所知，德性所知不萌於見聞；心苟不忘，則雖接人事卽是實行，莫非道也，心若忘之，則終身由之只是俗事，學者存意之不忘，庶游心浸熟，有一日脱然如大寐之得醒；欲學者之默體認也。曰未知立心，惡思多之致疑，既知所立，惡講治之不精；陽明勝則德性用，陰濁勝則物欲行；纖惡必除，善斯成性矣，察惡未盡，雖善必粗矣；欲學者之常省察也。曰人私意以求是未必是，虛心以求是方爲是，責己者當知天下國家無皆非之理，人之恥於就問，便謂我勝於人，只是病在不知求是爲心。故學者當無我；無我而後大，大成性而後聖；欲學者之克己也。

其極功在於窮神化，一天人，盡性以至命。其説曰：性者萬物之一源，非有我之得私。故以乾坤稱父母，民物爲胞與，立必俱立，知必周知，愛必兼愛，成不獨成，爲天地立心，爲生民立道，爲去聖繼絶學，爲萬世開太平而後已。其尤所惓惓者，在於窮理率性，辨諸子之淺妄，闢釋氏之詖淫以衛道。故其説曰：太虛不能無氣，氣不能不聚而爲萬物，萬物不能不散而爲太虛；聚亦吾體，散亦吾體，知死之不亡者，可與言性；諸子淺妄，有有無之分；釋氏不知天命，而以心法起滅天地，比之凝冰；謂儒者天人合一，致學而可以成聖，得天而未始遺人；自釋氏之説熾傳中國，使英才間氣，生則溺耳目恬習之事，長則師世儒宗尚之言，冥然被驅，因謂聖人可不脩而至，大道可不學而知，故未識聖人心，已謂不必求其迹，未見君子志，已謂不必事其文，此人倫所以不察，庶物所以不明，治所以忽，德所以亂；以不知窮理蔽浮鄙之失，以聞知便了爲學者深戒。此其大略也。

藝　文

《詩經·小雅·楚茨》　楚楚者茨，言抽其棘。自昔何爲？我蓺黍稷。我黍與與，我稷翼翼。我倉既盈，我庾維億。以爲酒食，以享以祀，以妥以侑，以介景福。濟濟蹌蹌，絜爾牛羊，以往烝嘗。或剝或亨，或肆或將。祝祭于祊，祀事孔明。先祖是皇，神保是饗。孝孫有慶，報以介福，萬壽無疆。執爨踖踖，爲俎孔碩。或燔或炙，君婦莫莫。爲豆孔庶，爲賓爲客。獻醻交錯，禮儀卒度，笑語卒獲。神保是格，報以介福，萬壽攸酢。我孔熯矣，式禮莫愆。工祝致告，徂賚孝孫。苾芬孝祀，神嗜飲食。卜爾百福，如幾如式。既齊既稷，既匡既敕。永錫爾極，時萬時億。禮儀既備，鍾鼓既戒。孝孫徂位，工祝致告。神具醉止，皇尸載起。鼓鍾送尸，神保聿歸。諸宰君婦，廢徹不遲。諸父兄弟，備言燕私。樂具入奏，以綏後祿。爾殽既將，莫怨具慶。既醉既飽，小大稽首。神嗜飲食，使君壽考。孔惠孔時，維其盡之。子子孫孫，勿替引之。

（漢）曹操《曹操集·詩集·秋胡行》　明明日月光，何所不光昭！明明日月光，何所不光昭！二儀合聖化，貴者獨人不？萬國率土，莫非王臣。仁義爲名，禮樂爲榮。歌以言志，明明日月光。

（宋）蘇轍《欒城集》卷二六《祝文十六首·陳述古舍人辭廟文兩首》　某奮自諸生，列位近侍。凡出守之地，雖駑不才，所至輒繕其學宫，修其禮物；見其學士大夫，教其子弟。庶幾有成，以無忘夫子之業。及來是邦，獲再執幣爵，以見於廷。慨然顧瞻，思繼前志。而詔書來被，移殿南服。將以是月甲子有事於行，登薦菲薄，惟告不敏。尚饗。右孔子廟。

（宋）蘇轍《欒城集·應詔集》卷四《進論五首·禮論》　昔者商周之際，何其爲禮之易也。其在宗廟、朝廷之中，籩豆簠簋、牛羊酒醴之薦，交於堂上，而天子、諸侯、大夫、卿士，周旋揖讓，獻酬百拜，樂作於下，而禮行於上，雍容和穆，終日而不亂。夫古之人，何其知禮而行之不勞也？

今世之禮，坐於床而食於床上，是以其器不得不有所變。雖使三代之聖人生於今而用之，亦將以爲便安。故夫三代之視上古，猶今之視三代也。三代之器，不可複用矣，而其制禮之意，尚可依仿以爲法也。宗廟之祭，薦之以血毛，重之以體薦，有以存古之遺風矣。而其餘者，可以易三代之器，而用今世之所便，以從鬼神之所安。惟其春秋社稷釋奠、釋菜，凡所以享古之鬼神者，則皆從其器。蓋周人之祭蠟與田祖也，吹葦籥，擊土鼓，此亦各從其所安焉耳。嗟夫！天下之禮，宏闊而難言，自非聖人，而何以處此？惟其推之而不明，講之而不祥，則遂以爲不可。蓋其近於正而易行，庶幾天下之安而從之，是固不可易也。

雜　録

《周易正義·家人》　《彖》曰：家人，女正位乎内，謂二也。男正位乎外。謂五也。家人之義，以内爲本，故先説女也。疏：彖曰至男正位乎外。正義曰：此因二、五得正以釋家人之義，并明女貞之旨。家人之道，必須女主於内，男主於外，然後家道乃立。今此卦六二柔而得位，是女正位乎内也。九五剛而得位，是男正位乎外也。家人以内爲本，故先説女也。男女正，天地之大義也。家人有嚴君焉，父母之謂也。父父、子子、兄兄、弟弟、夫夫、婦婦而家道正，正家而天下定矣。疏：男女正至天下定矣。正義曰：男女正天地之大義也者，因正位之言，廣明家人之義乃道均二儀，非惟人事而已。家人即女正於内男正於外，二儀則天尊在上地卑在下，同於男女正位，故曰天地之大義也。家人有嚴君焉父母之謂者，上明義均天地，此又言道齊邦國。父母一家之主，家人尊事，同於國有嚴君，故曰家人有嚴君焉父母之謂也。父父、子子、兄兄、弟弟、夫夫、婦婦而家道正，正家而天下定矣者，此歎美正家之功，可以定於天下，申成道齊邦國。既家有嚴君，即父不失父道，乃至婦不失婦道，尊卑有序，上下不失，而後爲家道之正。各正其家，无家不正，即天下之治定矣。

（清）孫星衍《周易集解·家人》　《彖》曰：【略】家人有嚴君焉，父母之謂也。解：荀爽曰：離巽之中有乾坤，故曰父母之謂也。王肅曰：凡男女所以能各得其正者，由家人有嚴君也。家人有嚴君，故父子夫婦各得其正。家家咸正，而天下之治大定矣。案二五相應，爲卦之主。五陽在外，二陰在内，父母之謂也。

（清）孫星衍《尚書今古文注疏·微子》　我用沈酗于酒，用亂敗厥德于下。注：史遷作紂沈湎於酒，婦人是用，敗湯德於下。馬融曰：下，下世也。疏：經文言我，不斥言紂者，爲尊親諱。用亂上不言婦人，亦諱也。酗，當爲酌。《説文》云：酌，醉醟也。《書》疏引《説文》作酗，俗字。史公説爲紂沈湎于酒，婦人是用者，《大戴禮·少間篇》云：紂不率先王之明德，乃上祖夏桀行，荒躭于酒，淫泆於樂，德昏政亂。《列女·孽嬖傳》云：妲己者，殷紂之妃也，嬖幸於紂。紂好酒淫樂，不離妲己。妲己之所舉貴之，妲己之所憎誅之。積糟爲丘，流酒爲池，懸肉爲林，使人裸形相逐其間，爲長夜之飲，妲己好之。是其事也。《漢書·敘傳》班伯曰：沈湎于酒，微子所以告去也。蓋今文酗作湎。鄭注《酒誥》云：飲酒齊色曰湎。《初學記》廿六引《韓詩》云：齊顔色、均衆寡，謂之沈。閉門不出者謂之湎。《文選》注六引沈作流。似鄭注誤以沈爲湎，皆謂醉之甚也。亂者，《大戴禮·本命篇》云：亂家子不取。盧辨注云：亂，淫亂也。史公以沈酗爲湎者，《説文》云：湎，沉於酒也。馬注見《史記集解》。云下爲下世者，下世猶言後世，則前文云上，亦當謂上世也。案：《大誓》云：紂乃斷弃其先祖之樂，乃爲淫聲，以説婦人。則史公言婦人是用，敗湯德於下，正謂弃其先祖之樂，爲淫聲。大師將抱樂器犇周，故先言此也。

（清）孫星衍《尚書今古文注疏·梓材》　今王惟曰：先王既勤用明德，懷爲夾，庶邦享作，兄弟方來，亦既用明德。疏：懷者，《釋詁》云：來也。夾者，《一切經音義》十二引《倉頡》云：輔也。享者，《釋詁》云：獻也。作者，《詩傳》云：始也。享作，猶言作享。方者，鄭注《儀禮》云：猶併也。言今王爰思先王勤勞用明德之臣，來爲夾輔，是以衆邦始來享，兄弟之國並來賓服，亦已奉用明德矣。

（清）孫星衍《尚書今古文注疏·洛誥》考朕昭子刑，乃單文祖德。注：馬融曰：單，信也。鄭康成曰：成我所用明子之法度者，乃盡明堂之德。明堂者，祀五帝太皞之屬，爲用其法度也。周公制禮六典，就其法度而損益用之。疏：考者，《釋詁》云：成也。昭者，《説文》云：日明也。刑者，《釋詁》云：法也。單者，《詩》箋云：盡也。言成明子之法度，乃盡明堂之盛德。昭子謂成王。《詩·維天之命》云：我其收之，駿惠我文王。箋云：我其聚斂之，以制法度，以大順我文王之意。謂爲《周禮》六官之職也。引此文。馬注見《釋文》。以單爲信者，《詩·天保》俾爾單厚，《釋詁》某氏注作亶，毛傳云：單，信也。鄭注見《詩·維天之命》疏。云成我所用明子之法度者，以考爲成，昭爲明，刑爲法也。云乃盡明堂之德者，以單爲盡，文祖爲明堂，見上注。《大戴·盛德篇》云：聖王之盛德，人民不疾，六畜不疫，五穀不災，諸侯無兵而正，小民無刑而治，蠻夷懷服。人民疾，六畜疫、五穀災者，生于天。天道不順，生于明堂不飾。故有天災，則飾明堂。《月令》春木、夏火、中央土、秋金、冬水，皆言盛德所在，天子順四時五行之德以出治，是明堂之德也。云祀五帝者，《月令》春帝太皞、夏帝炎帝、中央帝黄帝、秋帝少昊、冬帝顓頊是也。太皞之屬，五人帝；配明堂五色之帝，卽黄神斗、赤熛怒、白招拒、汁光紀、靈威仰之神。鄭以此文云刑即是法度，故但舉太皞等人帝，不及天帝也。《郊特牲》疏云：五帝稱上帝。《孝經》曰：嚴父莫大于配天。下卽云：宗祀文王於明堂，以配上帝。帝若非天，何得云嚴父配天也？而賈逵、馬融、王肅等以五帝非天，唯用《家語》之文，謂太皞、炎帝、黄帝五人帝之屬，其義非也。據此是知賈、馬唯言明堂有人帝，鄭於此雖言人帝，尚有天帝也。云周公制六典云云者。《周禮·太宰》：掌建邦之六典：一曰治典，二曰教典，三曰禮典，四曰政典，五曰刑典，六曰事典。《盛德篇》云：明堂，天法也；禮度，德法也。所以御民之嗜欲好惡，以順天法也。冢宰以成道，司徒以成德，宗伯以成仁，司馬以成聖，司寇以成義，司空以成禮。六官六政以御天地人事。據《大傳》，居攝六年制禮。而《小雅·斯干》疏引《鄭志》答趙商、張逸二條，皆謂周公于洛邑建明堂，是制禮用明堂法也。云就其法度，謂就太皞等五帝之法度。損益之者，馬氏注《論語》所損益云：謂文質三統是也。

（明）朱武原《禮記通註·中庸》子曰：文武之政布在方策，其人存則其政舉；其人亡，則其政息。性之見於政事。人道敏政，地道敏樹。夫政也者，蒲盧也。故爲政在人，取人以身，修身以道，道即天命之性非指五達道也。修道以仁。仁者，性之元，孝誠禮義信知勇皆在其中矣。仁者，人也，親親爲大。義者，宜也，尊賢爲大。親親之殺，尊賢之等，禮所生也。在下位不獲乎上，民不可得而治矣。故君子不可以不修身，思修身不可以不事親，思事親不可以不知人，思知人不可以不知天。天下之達道五，所以行之者三。曰君臣也，父子也，夫婦也，昆弟也，朋友之交也，五者天下之達道也。知仁勇三者，天下之達德也。所以行之者一也。一雖有誠之義不可訓以誠，下文一也。豈可訓誠乎，性一故也。或生而知之，或學而知之，或困而知之，及其知之一也。或安而行之，或利而行之，或勉強而行之，及其成功一也。子曰：好學近乎知，力行近乎仁，知耻近乎勇，知斯三者，此所謂知，卽至誠，前知大學致和，與知化育、知遠、知風、知微相似。則知所以修身，知所以修身則知所以治人，知所以治人則知所以治天下國家矣。凡爲天下國家有九經，曰修身也，修卽率性也。尊賢也，親親也，敬大臣也，體羣臣也，子庶民也，來百工也，柔遠人也，懷諸侯也。修身則道立，尊賢則不惑，親親則諸父昆弟不怨，敬大臣則不眩，體羣臣則士之報禮重，子庶民則百姓勸，來百工則財用足，柔遠人則四方歸之，懷諸侯則天下畏之。齊明盛服，非禮不動所以修身也；去讒遠色，賤貨而貴德，所以勸賢也。尊其位，重其禄，同其好惡，所以勸親親也；官盛任使，所以勸大臣也；忠信重禄，所以勸士也；時使薄斂，所以勸百姓也；日省月試，既稟稱事，所以勸百工也。送徃迎來嘉善而矜不能，所以柔遠人也；繼絶世，舉廢國，治亂持危，朝聘以時，厚徃而薄來，所以懷諸侯也。

（明）朱武原《禮記通註·大學》大學之道，在明明德，明德卽天明命性也。明明德，盡性也。在親民，親民，盡民性也。在止於至善。性至善也，止至善者，明新一也，成己成物也。古之欲明明德於天下者，明明德於天下卽新民也，性一故也。《大學》一德字貫，《中庸》一性字貫，故曰性之德也，合外内之道也。先治其國，欲治其國者先齊其家，欲齊其家者先修其身，欲修其身者先正其心，欲正其心者先誠其意，欲誠其意者先致其知。知，良知，卽明德之明。致知在格物，致知格物工夫一也，故言在不言先。物，知意心身家國天下皆物也。格，致誠正修齊治平皆格也。致知於物卽格也，格猶致也，無外也。格物於知卽致也，致猶格也，無内也。合外内一也。物有本末，事有終始，知所先後則近道矣。【略】

物格而後知至，知至而後意誠，此謂知至卽物格而後知至，自知至以及天下平，皆原致知格物非知本而何，工夫一也。意誠而後心正，心正而後身修，身修而後家齊，家齊而後國治，國治而後天下平。【略】

故好而知其惡，惡而知其美者天下鮮矣。故諺有之曰：人莫知其子之惡，莫知其苗之碩，此謂身不修不可以齊其家。所謂治國必先齊其家者，其家不可教而能教人者無之，故君子不出家而成教於國。孝者所以事君也，弟者所以事長也，慈者所以使衆也。一家仁，一國興仁；一家讓，一國興讓；一人貪戾，一國作亂。其機如此，此謂一言僨事，一人定國。《康誥》曰：如保赤子，心誠求之。感應之機同。誠，通也。心一故耳。雖不中不遠矣，未有學養子而後嫁者也，故治國在齊其家。《詩》云：桃之夭夭，其葉蓁蓁。之子于歸，宜其家人。宜其家人而後可以教國人。《詩》云：宜兄宜弟，宜兄宜弟，而後可以教國人。《詩》云：其儀不忒，正是四國，其爲父子兄弟足法而後民法之也。此謂治國在齊其家。所謂平天下在治其國者，上老老而民興孝，上長長而民興弟，上恤孤而民不倍，是以君子有絜矩之道也。絜知卽格致。

又：好人之所惡，惡人之所好，是謂拂人之性，作好作惡不仁之人也。菑必逮夫身。《詩》云：節彼南山，維石巖巖。赫赫師尹，民具爾瞻。有國者不可以不慎，辟則爲天下僇矣。是故君子先慎乎德，德，明德也。慎，慎獨也。德能修身，故先之。有德此有人，修身，用人之本也。有人此有土，用人，理財之本。財者，人之心也。有相因意。有土此有財，有財此有用。德者本也，財者末也。外本內末，争民施奪，是故財聚則民散，財散則民聚。《詩》云：殷之未喪師，克配上帝。儀監於殷，峻命不易。道得衆則得國，失衆則失國。人者，天下國家之本也。其機如此。【略】長國家而務財用者，必自小人矣。彼爲善之，小人之使爲國家，菑害並至，雖有善者，亦無如之何矣。此謂國不以利爲利，以義爲利也。是故君子有大道，大道卽明德新民止至善，大學之道也。必忠信以得之，驕泰以失之。堯舜帥天下以仁，而民從之；桀紂帥天下以暴，而民從之。此指堯舜之仁亦應前仁字。暴，不仁也。由祖述可見。其所令反其所好，而民不從。以後指堯舜湯文武道統相傳，以明孔門聖學淵源也。是故君子有諸己而後求諸人，以上言得失、義利、善惡、仁暴、讓貪、忠恕、驕泰以應君子小人。無諸己而後非諸人。所藏乎身不恕而能喻諸人者，未之有也。

（宋）陳祥道《禮書》卷四二《盟詛　珠磐　玉敦》　先王之時，結民以忠信誠慤之心，維邦國以比小事大之禮。然盟詛之末，常不弛於天下，使人明則知好惡，幽則知信畏，然後有同德而無離心。則盟詛之輔於教也，其可忽哉。

（宋）陳祥道《禮書》卷五〇《視學養老之禮》　言父子、君臣、長幼之道，合德音之致，禮之大者也。下管《象》，舞《大武》，大合衆以事，達有神，興有德。正君臣之位，貴賤之等焉，而上下之義行矣。有司告以樂闋，王乃命公侯伯子男及羣吏，曰：反養老幼于東序，終之以仁也。羣吏，鄉遂之官。王於燕之末，而命諸侯時朝會在此者，各反養老如此禮，是終其仁心。《孝經説》所謂諸侯歸各帥於國，大夫勤於朝，州里驅於邑是也。《禮運》三公在朝，三老在學。《內則》凡養老，五帝憲，憲，法也。養之爲法，其德行。三王有乞言。又從之求善言，可施行也。五帝憲，養氣體而不乞言，有善則記之爲惇史。三王亦憲，既養老而後乞言，亦微其禮，皆有惇史。惇史，史孝厚者也。微其禮者，依違言之求而不切也。《樂記》食三老、五更於大學，天子袒而割牲，執醬而饋，執爵而酳，冕而總干，所以教諸侯之弟也。三老五更，互言耳，皆老人。更，知三德五事者也。冕而總干，親在舞位也。周名大學曰東膠。《祭義》貴老爲其近於親也。昔者有虞氏貴德而尚齒，夏后氏貴爵而尚齒，殷人貴富而尚齒，周人貴親而尚齒。貴，謂燕賜有加於諸臣也。尚，謂有事尊之於其黨也。虞夏殷周天下之盛王也，未有遺年者。年之貴乎，天下久矣，次乎事親也。言其先老也。

《春秋公羊經傳解詁》卷一《隱公元年》　所見異辭，所聞異辭，所傳聞異辭。所見者，謂昭、定、哀己與父時事也。所聞者，謂文、宣、成、襄王父時事也。所傳聞者，謂隱、桓、莊、閔、僖高祖曾祖時事也。異辭者，見恩有厚薄，義有深淺，時恩衰義缺，將以理人倫，序人類，因制治亂之法，故於所見之世恩己與父之臣尤深。大夫卒，有罪無罪皆日録之，丙申，季孫隱如卒是也。於所聞之世，王父之臣恩少殺，大夫卒，無罪者日録，有罪者不日略之，叔孫得臣卒是也。於所傳聞之世，高祖曾祖之臣恩淺，大夫卒，有罪無罪皆不日略之也，公子益師無駭卒是也。於所傳聞之世，見治起於衰亂之中，用心尚麤觕，故內其國而外諸夏，先詳內而後治外，録大略小，內小惡書，外小惡不書，大國有大夫，小國略稱人，內離會書，外離會不書是也。於所聞之世，見治升平，內諸夏而外夷狄，書外離會，小國有大夫，宣十一年秋晉侯會狄於攢函，襄二十三年邾婁劓我來奔是也。至所見之世，著治大平，夷狄進至於爵，天下遠近小大若一，用心尤深而詳，故崇仁義，譏二名，晉魏曼多，仲孫何忌是也。所以三世者，禮爲父母三年，爲祖父母期，爲曾祖父母齊衰三月，立愛自親始，故《春秋》

據哀録隱，上治祖禰。所以二百四十二年者，取法十二公，天數備足，著治法式，又因周道始壞絶於惠、隱之際。主所以卒大夫者，明君當隱痛之也。君敬臣則臣自重，君愛臣則臣自盡。公子者，氏也。益師者，名也。諸侯之子稱公子，公子之子稱公孫。見恩，賢遍反，下見治皆同。殺，所介反。麤觕，才古反，又七奴反，《説文》大也。諸夏，戶雅反，凡諸夏皆放此。攢函，才官反，下音咸。大平，音泰。期，音基。齊衰，音咨，本亦作齋，下七雷反。盡，津忍反。

（宋）劉恕《資治通鑑外紀》卷二下《商紀·成湯》　護言以寬政治民，除其邪虐，覆護下民，各得其所。聞宫聲，使人温良而寛大；聞商聲，使人方廉而好義；聞角聲，使人惻隱而仁愛；聞徵聲，使人樂養而好施；聞羽聲，使人恭敬而好禮。

（宋）劉恕《資治通鑑外紀》卷五《周紀三·襄王》　諸侯束牲載書而不歃血。初命曰：誅不孝，無易樹子，無以妾爲妻。再命曰：尊賢育才，以彰有德。三命曰：敬老慈幼，無忘賓旅。四命曰：士無世官，官事無攝，取士必得。無專殺大夫。五命曰：無曲防，無遏糴，無有封而不告。

《漢書》卷六《武帝紀》〔元光元年〕五月，詔賢良曰：朕聞昔在唐虞，畫象而民不犯，日月所燭，莫不率俾。周之成康，刑錯不用，德及鳥獸，教通四海。海外肅昚，北發渠搜，氐羌徠服。星辰不孛，日月不蝕，山陵不崩，川谷不塞；麟鳳在郊藪，河洛出圖書。嗚虖，何施而臻此與！今朕獲奉宗廟，夙興以求，夜寐以思，若涉淵水，未知所濟。猗與偉與！何行而可以章先帝之洪業休德，上參堯舜，下配三王！朕之不敏，不能遠德，此子大夫之所睹聞也。賢良明於古今王事之體，受策察問，咸以書對，著之於篇，朕親覽焉。於是董仲舒、公孫弘等出焉。

又：〔元封元年〕夏四月癸卯，上還，登封泰山，降坐明堂。詔曰：朕以眇身承至尊，兢兢焉惟德菲薄，不明于禮樂，故用事八神。遭天地況施，著見景象，屑屑然如有聞。震于怪物，欲止不敢，遂登封泰山，至於梁父，然後升禮肅然。自新，嘉與士大夫更始，其以十月爲元封元年。行所巡至，博、奉高、蛇丘、歷城、梁父，民田租逋賦貸，已除。加年七十以上孤寡帛，人二匹。四縣無出今年算。賜天下民爵十級，女子百戶牛酒。

《三國志》卷二〇《魏志·武文世王公傳·中山恭王袞》〔曹〕袞疾困，敕令官屬曰：吾寡德忝寵，大命將盡。吾既好儉，而聖朝著終諾之制，爲天下法。吾氣絶之日，自殯及葬，務奉詔書。昔衛大夫蘧瑗葬濮陽，吾望其墓，常想其遺風，願託賢靈以弊髮齒，營吾兆域，必往從之。《禮》：男子不卒婦人之手。亟以時成東堂。堂成，名之曰遂志之堂，輿疾往居之。又令世子曰：汝幼少，未聞義方，早爲人君，但知樂，不知苦；不知苦，必將以驕奢爲失也。接大臣，務以禮。雖非大臣，老者猶宜答拜。事兄以敬，恤弟以慈；兄弟有不良之行，當造膝諫之。諫之不從，流涕喻之；喻之不改，乃白其母。若猶不改，當以奏聞，并辭國土。與其守寵罹禍，不若貧賤全身也。此亦謂大罪惡耳，其微過細故，當掩覆之。嗟爾小子，慎脩乃身，奉聖朝以忠貞，事太妃以孝敬。閨闈之內，奉令於太妃；閫閾之外，受教於沛王。無怠乃心，以慰予靈。

《南齊書》卷一一《樂志》　假樂聖后，寔天誕德。積美自中，王猷四塞。龍飛在天，儀形萬國。欽明惟神，臨朝淵默。不言之化，品物咸得。告成于天，銘勳是勒。翼翼厥猷，亹亹其仁。從命創制，因定和神。海外有截，九國無塵。冕旒司契，垂拱臨民。乃無《凱容》，欽若天人。純嘏孔休，萬載彌新。

《魏書》卷五四《高閭傳》　閭進曰：臣聞大夫行孝，行合一家；諸侯行孝，聲著一國；天子行孝，德被四海。今陛下聖性自天，敦行孝道，稱觴上壽，靈應無差，臣等不勝慶踊，謹上千萬歲壽。

（宋）朱熹《資治通鑑綱目》卷三七下　唐定律令置學校命裴寂、劉文靜等脩律令行之，置國子太學四門生三百餘員，郡縣學亦置生員。發明秦人焚書坑儒，至漢始開學校，隋人廢黜儒學，至唐始置學校。吾道固不以是而隆汙，而漢唐之所以立國者則有其本矣。故特書之。

《舊唐書》卷一七上《敬宗紀》〔寶曆二年十二月〕庚申，詔：【略】思所以克己復禮，修政安人，宵興匪寧，旰食勞慮。夫儉過則酌之以禮，文勝則矯之以質。庶乎俗登太古，道洽生靈，儀刑家邦，以化天下。

《舊唐書》卷八八《韋思謙傳》　陛下誠能下明制，發德音，廣開庠序，大敦學校，三館生徒，即令追集。王公已下子弟，不容別求仕進，皆人國學，服膺訓典。崇飾館廟，尊尚儒師，盛陳奠菜之儀，宏敷講説之會，使士庶觀聽，有所發揚，弘獎道德，於是乎在。則四海之內，靡然向風，延頸舉足，咸知所向。然後審持衡鏡，妙擇良能，以之臨人，寄之調俗，則官無侵暴之政，人有安樂之心，居人則相與樂業，百姓則皆戀桑梓，豈復憂其逃散而貧窶哉！今天下戶口，亡逃過半，租調即減，國用不足。理人之急，尤切於茲。故知務學之源，豈唯潤身進德而已，將以誨人利國，可不務之哉。

（唐）王方慶《魏鄭公諫録》卷二《諫案驗告訐》　太宗聽告訐之言，案驗多謬。公進曰：凡欲致化，必在上下相親，朝廷輯睦。今則告訐者進，遏惡者不齒，君子苟免，小人遂志，莫相勸誡，任其是非。國俗如此，何以求化。太宗納之。

（唐）王方慶《魏鄭公諫録》卷三《對大亂之後大可致化》　太宗論自古政化得失。因曰：當今大亂之後，造次不可致化。公對曰：不然。人居安樂則驕逸，驕逸則思亂，思亂則難化。在危困則憂死亡，憂死亡則思化，思化則易教。然則亂後易教，猶飢人易食也。太宗曰：善人爲邦百年，然後勝殘去殺。大亂之後，將求致化。寧可造次而望乎？公對曰：此指常人，不在聖哲。聖哲施化，上下同心，人應如響，不疾而速，期月而可，信不爲過，三年成功，猶謂其晚。太宗深納其言。右僕射封德彝等，咸共非之。曰：三代已後，人漸澆訛。故秦任法律，漢雜霸道，皆欲化而不能，豈能化而不欲？魏徵書生，不識時務，若信其虛論，必敗亂國家。公曰：五帝三王不易人而化，行帝道則帝，行王道則王，在於當時所化之而已。考之載籍，可得而知。昔黄帝與蚩尤七十餘戰，其亂甚矣，既勝之後，復致太平。九黎亂德，顓頊征之，既克之後，不失其化。桀爲亂虐，而湯放之，在湯之日，則得太平。紂爲無道，武王伐之，成王之日，亦致太平。若言人漸澆訛，不返純樸，至今應悉爲鬼魅，寧可復得而教化耶。德彝等無以難之，然咸以爲不可。太宗力行不倦，三數年間，契丹靺鞨内附，突厥破滅，部落列爲編戶。太宗每謂侍臣曰：貞觀之初，人皆異論，云當今必不可行帝王道，唯魏徵勸我而已。我從其言，不過數載，遂得華夏安寧，遠夷賓服。突厥，萬代以來，常爲勍敵，今頭首並帶刀宿衛，部落皆襲衣冠，使我不動干戈。數年之間，遂至於此，皆魏徵之力也。又復謂公曰：玉雖有美質，在石間不值良工琢磨，與瓦礫不別。若遇良工，即爲萬代之寶。朕雖無美質，爲公所切磋，約我以仁義，弘我以道德，使朕功業至此，公亦足爲良匠，唯惜不得使封德彝見之。公再拜謝曰：匈奴破滅，海內康寧，自是陛下威德所致，實非羣下之力。但喜逢明聖，不敢貪天之功。太宗曰：朕能任公，公稱所委，其功獨在朕乎？何敢飾讓也。

（唐）王方慶《魏鄭公諫録》卷三《對隋日山東養馬》　太宗曰：隋日山東養武馬一匹，百餘貫錢。公對曰：當時官人因自販馬，粟麥既賤，立限令市，非理督責，乃至破其産業。官人馬盡，便寬其日月，百姓不堪，所以聚而爲盜。太宗謂侍臣曰：朕身不下殿堂，而四夷賓服，此之功業，實所重惜，思安其術，未嘗一日忘也。朕見隋煬帝，都不以官人違法爲意，性多猜忌，惟慮有反叛者。朕則不然，但慮公等不遵法式，致有冤滯。每見告密之徒，殊不挂意，宜體此心，務以德養人，即是勿毀之道。公對曰：陛下平定宇內，實如詔旨，今功業既成，天下已安，而日慎一日，務以德勝。臣等雖愚，敢不奉識聖意。

（唐）王方慶《魏鄭公諫録》卷四《對古今人同異》　太宗問曰：今人與古人同耶？公對曰：人多以古人淳樸，今人澆浮。以臣量之，勢亦相似。太宗曰：今之人固不及古，古之君臣爲化，唯以百姓心爲心。近代帝王，唯損百姓，以適其欲。朕今與公等雖不及古，然須以百姓爲心，不得有損於物而自奉也。

（唐）王方慶《魏鄭公諫録》卷四《對封禪》　太宗謂房玄齡等曰：封禪是帝王盛事，比表請者不絶，公等以爲何如？公對曰：帝王在德，不在封禪。自喪亂以來，近泰山州縣彫殘最甚，若車駕既行，不能全無使役，此便是因封禪而勞役百姓。太宗曰：封禪之事，不自取功績，歸之於天。譬如玄齡等功臣，雖有益於國，能自謙讓，歸之於朕，豈似不言而欲自取。今向泰山，功歸於天，有似於此。然朕意常以嵩高既是中岳，何謝泰山。公等評議。

（唐）王方慶《魏鄭公諫録》卷四《對積德累仁》　太宗問公曰：朕爲人主，實仰止古先帝王，至於積德累仁，豐功厚利，四者，朕皆行之，何等優劣。公對曰：德仁功利，陛下兼行矣。至於功利二善，所益居多。

夫平海內之亂，除戎狄之害，是陛下之功。安堵黎元，各復生業，是陛下之利。

（宋）王溥《唐會要》卷五八《尚書省諸司中·左右丞》〔貞觀〕三年正月，放裴寂還鄉，表乞住京師，久不肯去。上令問稽留所由，韋挺奏留一十九日，長安縣令王文楷又不准勅發遣，令決杖三十。尚書右丞魏徵諫曰：裴寂所爲，事合萬死。但以陛下念其舊功，不致於法，惟解其官，止削半封。今流人尚得裝束，假況寂放還鄉宅。古人有言：進人以禮，退人以禮。文楷識陛下恩寬，見寂大臣，不即蹙迫，論其此情，未合得罪。上曰：放寂拜埽，豈非禮耶？乃釋而不問焉。

（宋）司馬光《資治通鑑》卷二九一《後周紀二》 臣光曰：天地設位，聖人則之，以制禮立法，內有夫婦，外有君臣。婦之從夫，終身不改；臣之事君，有死無貳；此人道之大倫也。苟或廢之，亂莫大焉！范質稱馮道厚德稽古，宏才偉量，雖朝代遷貿，人無間言，貿，音茂，易也。間古莧翻。岂若巨山，不可轉也。夷考范質之爲人，蓋學馮道者也。岂，與屹同，魚迄翻。臣愚以爲正女不從二夫，忠臣不事二君。爲女不正，雖復華色之美，織紝之巧，不足賢矣；爲臣不忠，雖復材智之多，治行之優，不足貴矣。紝，汝鴆翻。治，直吏翻。行，下孟翻。何則？大節已虧故也。道之爲相，歷五朝、八姓，五朝，唐、晉、遼、漢、周。八姓，唐莊宗、明宗、潞王各爲一姓，石晉、邪律、劉漢、周太祖、世宗各爲一姓。若逆旅之視過客，朝爲仇敵，暮爲君臣，易面變辭，曾無愧怍，怍，疾各翻。大節如此，雖有小善，庸足稱乎！

或以爲自唐室之亡，羣雄力争，帝王興廢，遠者十餘年，近者四三年，雖有忠智，將若之何！當是之時，失臣節者非道一人，豈得獨罪道哉！臣愚以爲忠臣憂公如家，見危致命，君有過則強諫力争，國敗亡則竭節致死。智士邦有道則見，見，賢遍翻。邦無道則隱，或滅迹山林，或優游下僚。今道尊寵則冠三師，權任則首諸相，冠，古玩翻。相，息亮翻。國存則依違拱嘿，竊位素餐，國亡則圖全苟免，迎謁勸進。君則興亡接踵，道則富貴自如，茲乃奸臣之尤，安得與他人爲比哉！或謂道能全身遠害於亂世，斯亦賢已。遠，于願翻。臣謂君子有殺身成仁，無求生害仁，引《論語》夫子之言。豈專以全身遠害爲賢哉！然則盜跖病終而子路醢，果誰賢乎？盜跖從卒九千，横行天下，而以壽終。子路仕衛，孔悝之難，子路死之，葅於衛東門之上。

抑此非特道之愆也，愆，過也。時君亦有責焉。時君，謂五朝、八姓之君。何則？不正之女，中士羞以爲家；不忠之人，中君羞以爲臣。中士、中君，以人品言，謂識見不及上而可以語上者。彼相前朝，語其忠則反君事讎，語其智則社稷爲墟；後來之君，不誅不棄，乃復用以爲相，復，扶又翻。彼又安肯盡忠於我而能獲其用乎！故曰，非特道之愆，亦時君之責也。温公以此警後世之君臣深矣。

《宋史》卷四五《理宗紀五》〔景定二年十二月〕辛卯，辛臣奏：太子語臣等言：近奉聖訓，夫婦之道，王化之基，男女正位，天地大義。平日所講修身齊家之道，當真履實踐，勿爲口耳之學。請宜付史館，永爲世程法。從之。

《宋史》卷一三一《樂志六》 周惇頤之言樂，有曰：古者聖王制禮法，修教化，三綱正，九疇敍，百姓大和，萬物咸若，乃作樂以宣八風之氣。樂聲淡而不傷，和而不淫。淡則欲心平，和則躁心釋。德盛治至，道配天地，古之極也。後世禮法不修，刑政苛紊，代變新聲，導欲增悲，故有輕生敗倫不可禁者矣。樂者，古以平心，今以助欲；古以宣化，今以長怨。不復古禮，不變今樂，而欲至治者，遠哉！

《宋史》卷一七〇《職官志十》 政和六年，提舉廣東學事孫璘言：諸州致仕官居鄉者，乞許令赴貢士宴，擇其年彌高者而惇事之，使長幼有序，獻酬有禮，人知里選之法，孝悌之義。

（宋）李燾《續資治通鑑長編》卷三八三《宋哲宗元祐元年》 左司諫王巖叟言：臣伏以天下之可哀者，莫如老而無子孫之託，故王者仁於其所求，而厚於其所施。此遺囑舊法，所以財產無多少之限，皆聽其與也；或同宗之戚，或異姓之親，爲其能篤情義於孤老，所以財產無多少之限，皆聽其受也。因而有取，所不忍焉。然其後獻利之臣，不原此意，而立爲限法，人情莫不傷之。不滿三百貫文，始容全給，不滿一千貫，給三百貫，一千貫以上，給三分之一而已。國家以四海之大、九州之富，顧豈取乎此？徒立法者累朝廷之仁爾。伏望聖慈特令復嘉祐遺囑法，以慰天下孤老者之心，以勸天下養孤老者之意，而厚民風焉。如蒙開納，乞先次施行。從之。

（宋）金履祥《資治通鑑前編》卷四　王拜手稽首曰：予小子不明于德，自底不類。欲敗度，縱敗禮，以速戾于厥躬。天作孽，猶可違；自作孽，不可逭。既往背師保之訓，弗克于厥初，尚賴匡救之德，圖惟厥終。不明于德，謂不知有此心之天理。此正與顧諟丕顯相反也。底，致也。類，肖也。度者心之則，禮者事之制，欲者情之流，縱者事之放也。速戾謂自招放廢也。孽，災也。太甲自述其受病之原，惟不知有此天理，是以自致其身於不肖，而惟欲縱之狥以敗禮度，自速放廢。昔成湯以義制事，以禮制心，垂裕後昆，所以爲後人者俱有禮度，惟太甲縱欲，是以敗之。觀此一節，則太甲顛覆之由放廢之事，怨艾之實，求誨之真，克終之美，俱在言意之間矣。

（宋）李幼武《宋名臣言行録外集》卷八《劉安節》　常曰堯舜之道不過孝悌。天下之理有一無二，乃若異端則有間斷矣。其與人游，常引其所長而陰覆其不及。其所施置常在於公天下，以爲不如是，則非所謂合内外通彼我也。所治二州專以仁義教化平易近民，民有訟，委曲訓戒之。

《元典章》卷一《詔令・成宗皇帝・立皇后詔》　風化之原，人倫之本，册后有儀前代令典。【略】然典禮未備，比遵先制。

《元典章》卷一《詔令・今上皇帝・上太皇太后尊號》　爲治之端，無加於立孝，報本之義，莫大於尊親。

《元典章》卷五三《刑部・訴訟・禁例・禁止干名犯義》　詔書内一欵：風化王道之始，宜令所司表率敦勸，以復淳古。如有子證其父，奴訐其主，及妻妾、弟姪干名犯義者，一切禁止。

至大三年四月，行臺准御史臺咨：奉尚書省劄付來呈，行臺咨，福建廉訪司申：人家一等年深奴婢，或需求不充所欲，便成寇仇，巧撰非爲，以誣其主。若不禁治，習俗成風。如主家有犯反逆、謀，故殺人之事，許令告首。其餘雜泛，不許陳告。緣係爲例事理，得此。送刑部議得：奴婢告主，以卑凌尊，以賤犯貴，甚傷風化，大失人倫。如准御史臺所呈，遍行禁治，相應。得此。議擬間，至大二年九，月欽奉云云欽此。

《元典章・新集至治條例・國典・詔令・加封太皇太后尊稱詔》　上天眷命，皇帝聖旨：朕惟聖人之德，宜先報本，孝子之至，莫大尊親。式仰燕謀，聿修縟典。欽惟儀天興聖慈仁昭懿壽元全德泰寧福慶太皇太后，仁符乾造，靜體坤元，玄功擁祐於三朝，懿範儀刑於四海。匪崇徽號，奚稱予衷。已於延祐七年十二月十一日，謹奉玉册玉寶，加上尊號曰：儀天興聖慈仁昭懿壽元全德泰寧福慶徽文崇佑太皇太后。於戲，慶禮備成，丕正彝倫之敘，綸音誕布，庸新孝治之風。咨尔多方，體予至意，故兹詔示。

《皇明詔令》卷二《太祖高皇帝中・命諸司遵奉勘合敕洪武》　朕嘗用人，每待以赤心。人皆爲貪而亡身，罔知立忠孝仁信之道，是致身亡家破。且妻嬌改事他人，則易節；幼子從事以後人，則役如奴僕；父母衰老而無能，終因於饑寒而自盡；以事君之道則不終，於事親則爲大逆。以賢人助君脩德，安天下蒼生，則民未見其安，反爲民之首禍。

《皇明成化二十三年條例・尊號詔例》　奉天承運皇帝詔曰：孝莫大於尊親，政必先於正名。禮典具存，古今攸重。朕恭承丕緒，統御華夷，務惇敘於大倫，式恢弘於化理。即惟皇祖母聖慈仁壽皇太后，懿德配天，慶鐘先帝，茂隆國（作）〔祚〕，保育（助）〔耿〕躬。聖母皇后，（眞）〔貞〕靜柔慈，含弘光大，賢踰樛木，愛軼螽斯。肆予克底有成，實賴二聖撫迪擁佑所致也。厚德深仁，罔極莫報，允惟兼養以天下，則必各極其尊稱。

《皇明弘治六年條例・禁止囑托公事及凌辱大臣》　竊觀孔子之告哀公以凡爲天下國家，有九經。其一曰：敬大臣。蓋大臣位高責重，表正郡僚，人主嘗改容而禮貌之者。如有過失，宜優以八議之典。

《學校格式・敕諭》　朕惟彝倫教化之本，學校明倫之地，五倫之道，具在六經。

（明）李原名《禮儀定式》　禮，治天下之大本也。古今帝王爲治之道，莫先於禮。

（明）李原名《禮儀定式・董倫前序》　臣聞治國必以禮，爲禮必本於義。蓋禮義行，則貴賤之位定，而尊卑之分明。【略】惟禮可以格人心之非。人苟能格其非心，則處事自合於宜而義著矣。故當各安其分以盡爲人臣之道。斯禮也，達乎公侯駙馬大夫士，使之皆有所持循遵守，大小有倫，遵卑有序，秩然不相紊亂。其所以辨上下，定民志，正綱紀，厚風化，誠有補於治道。

（清）鄂爾泰等《世宗憲皇帝硃批諭旨》卷一二六之一三《硃批田文鏡奏摺》 同日又奏，爲聖治淳熙化及愚夫愚婦，據實奏聞事。竊照羣黎偏德淳風，自有所由路不拾遺，治道從來稱盛。我皇上德隆堯舜，治邁羲農，天以景星甘露著其祥，地以海晏河清呈其瑞。醴泉自湧，嘉穀頻登，而且孝子節婦歲舉，而請旌者接踵，而出言坊行表覈實，而奏薦者實繁。如河有徒固已從古希聞於今獨盛矣，乃有義行出自愚夫，清操成於貧婦。如河南府孟津縣天平街住民翟世有同妻徐氏者，雍正六年四月初三日有陝西三原縣人秦泰攜銀一百七十兩至孟津縣，販買棉花，行至宋家山地方將銀遺失在路。翟世有赴地耕作見而拾獲，欲俟原主尋至給還，在地守候一日。無人找尋，將銀攜歸告知伊妻徐氏，氏亦甘守清貧，勸夫給還。至次日秦泰貼招找尋，如有拾獲肯還者，願與均分。翟世有見招揭，投鄉地，將秦泰領至其家，問明封記、分兩，與所拾之銀悉相符合，即將原銀點還秦。

《皇朝通志》卷三六《禮略》 本聖神之極思，創制顯庸，盡美盡善，其儀節之精詳已載於《大清會典》《大清通禮》中，茲纂輯《皇朝通志·禮略》，惟謹繹規制之大者，倣鄭樵《通志》體例，登於卷中。謹考鄭樵《禮略》，以吉嘉賓軍凶爲序，而所載皆漢唐以後之彌文。如吉禮之明堂、靈星老君祠封禪，歷代所尚，葦茭桃梗，高禖祓禊諸條；嘉禮之三老五更；賓禮之三恪二王後；軍禮之軷祭、祭馬祖；凶禮之天子爲大臣服，至郡縣吏爲守令服諸條，皆一時所行之制，不足垂爲定範。茲謹遵《大清通禮》成式，五禮首吉，次嘉，次軍，次賓，次凶。凡諸治神人而和邦國，定損益而酌古今，宏綱鉅目，皆前代未有之隆儀，爲百王之矩範，而於鄭志諸目之庳陋無稽，爲聖朝已經裁革者，則皆刪去其目，並隨條加按聲明，以示大經大法之所爲立極，並以誌體例之所由來焉。

《皇朝文獻通考》卷一五〇《王禮考二十六·山陵》 惟我皇祖克配天心，誕膺景命，聰明睿知，神武不殺，懷柔以德，燮伐以威，大勳用集，大猷是程，無有內外乃罔不即敘。親九族，正百官，修明典章，誕敷政教，隆郊丘廟祀之儀，定頒歷朝會之禮，辨鹵簿旂章服御之制，聲名文物炳然弘備。釋奠孔子以四子配，立文館譯書史於翔鳳閣，俾儒臣記注得失。開科目取士，諭臣下盡言無隱，論功封兄弟子姪爲諸王貝勒，外藩蒙古亦論功封爵有差。優禮降臣寄以心膂，賞罰詳明斷獄平允，綱舉目張仁至義盡。至於審制度、定律令、斥邪術、禁喪祭踰禮者，務農桑廣漁獵以豐民食，皆可爲萬世法。凡勤勞國事者，賜與必優渥，召近臣入宮，日至再三講論政事。以賓禮遇之諸國新附之人，入見必詢其姓名世系，慰勞如舊識。

《皇朝文獻通考》卷二一五《經籍考十五·子》 憲皇帝御製序曰：《書》曰每歲孟春，遒人以木鐸徇于路。《記》曰司徒修六禮以節民性，明七教以興民德。此皆以敦本崇實之道，爲牖民覺世之模，法莫良焉，意莫厚焉。

（清）孫星衍《孔子集語》卷五《六藝下》 《説苑·修文》孔子曰：移風易俗莫善於樂，安上治民莫善於禮。是故聖王修禮文，設庠序，陳鐘鼓。天子辟雍，諸侯泮宮，所以行德化。

又：《大戴禮記·哀公問》哀公問於孔子曰：大禮何如？君子之言禮何其尊也？孔子曰：丘也小人，何足以知禮。君曰：否吾子言之也。孔子曰：丘聞之也，民之所由生，禮爲大。非禮無以節事天地之神明也，非禮無以辨君臣上下長幼之位也，非禮無以別男女父子兄弟之親，昏姻疏數之交也。君子以此之爲尊敬然，然後以其所能教百姓，不廢其會節。有成事，然後治其雕鏤、文章、黼黻以嗣。其順之，然後言其喪筭，一作葬。備其鼎俎，設其豕腊，修其宗廟，歲時以敬祭祀，以序宗族。則安其居處，醜其衣服，卑其宮室，車不雕幾，器不刻鏤，食不貳味，以與民同利。昔之君子之行禮者如此。公曰：今之君子胡莫之行也？孔子曰：今之君子好色無厭，淫德不倦，荒怠敖慢，固民是盡，忤其衆以伐有道，求得當欲，不以其所。古之用民者由前，今之用民者由後。今之君子，莫爲禮也。孔子侍坐於哀公。哀公曰：敢問人道誰爲大？孔子愀然作色而對曰：君及此言也，百姓之德也，固臣敢無辭而對？人道政爲大。公曰：敢問何謂爲政？孔子對曰：政者，正也。君爲正則百姓從政矣。君之所爲，百姓之所從也。君所不爲，百姓何從？公曰：敢問爲政如之何？孔子對曰：夫婦別，父子親，君臣嚴，三者正則庶民從之矣。公曰：寡人雖無似也，願聞所以行三言之道，可得而聞乎？孔子對曰：古之爲政，愛人爲大。所以治愛人，禮爲大。所以治禮，敬爲大。敬之至也，大昏爲大，大昏至矣，大昏既至，冕而親迎，親之也。親之也者，親之也。是故君子興敬爲親，舍敬是遺親也。弗愛不親，弗敬不正，愛與敬，其政之本與！公曰：寡人願有言然。冕而親迎不已重乎？孔子愀然作色而對曰：合二姓之好，以繼先聖之後，以爲天地社稷宗廟之主，君何謂已重乎？公曰：寡人固。不固，焉得聞此言也。寡人欲問，不得其辭，請少進。孔子曰：天地不合，萬物不生。大昏，萬世之嗣也。君何以謂已重焉？孔子遂有言曰：内以治宗廟之禮，足以配天地之神明。出以治直言之禮，足以立上下之敬。物恥足以振之，國恥足以興之。爲政先禮，禮者政之本與！孔子遂言曰：昔三代明王之政，必敬其妻、子也，有道。妻也者，親之主也。敢不敬與？子也者，親之後也，敢不敬與？君子無不敬也，敬身爲大。身也者，親之枝也，敢不敬與？不能敬其身，是傷其親。傷其親，是傷其本。傷其本，枝從而亡。三者，百姓之象也。身以及身，子以及子，配以及配。君子行此三者，則愾乎天下矣，大王之道也。如此國家順矣。公曰：敢問何謂敬身？孔子對曰：君子過言則民作辭，過動則民作則。君子言不過辭，動不過則，百姓不命而敬恭。如是則能敬其身。能敬其身，則能成其親矣。公曰：敢問何謂成親？孔子對曰：君子也者，人之成名也。百姓歸之名，謂之君子之子，是使其親爲君子也，是爲成其親名也已。孔子遂言曰：古之爲政愛人爲大，不能愛人不能有其身，不能有其身不能安土，不能安土不能樂天，不能樂天不能成身。公曰：敢問何謂成身？孔子對曰：不過乎物。公曰：敢問君子一本無子字。何貴乎天道也？孔子對曰：貴其不已，如日月西東相從而不已也，是天道也。不閉其久也，是天道也。無爲物成，是天道也。已成而明，是天道也。公曰：寡人惷愚，冥煩，子識之心也。孔子蹴然避席而對曰：仁人不過乎物，孝子不過乎物。是仁人之事親也，如事天，事天如事親，是故孝子成身。公曰：寡人既聞是言也，無如後罪何？孔子對曰：君子及此言也，是臣之福也。

（清）孫星衍《孔子集語》卷一〇《論政》　《説苑·指武》魯哀公問於仲尼曰：吾欲小則守，大則攻，其道若何？仲尼曰：若朝廷有禮，上下有親，民之衆皆君之畜也。君將誰攻？若朝廷無禮，上下無親，民衆皆君之讐也。君將誰與守？按薛據《集語》引此以爲見

（宋）真德秀《政經》　季康子問：使民敬忠以勸，如之何？子曰：臨之以莊則敬，孝慈則忠，舉善而教不能則勸。

又：子曰：知及之，仁不能守之，雖得之必失之；知及之，仁能守之，不莊以涖之，則民不敬；知及之，仁能守之，莊以涖之，動之不以禮，未善也。

《晏子春秋·内篇諫下》　景公登射，晏子修禮而侍。公曰：選射之禮，寡人厭之矣！吾欲得天下勇士，與之圖國。晏子對曰：君子無禮，是庶人也；庶人無禮，是禽獸也。夫勇多則弑其君，力多則殺其長，然而不敢者，維禮之謂也。禮者，所以御民也；轡者，所以御馬也。無禮而能治國家者，晏未之聞也。景公曰：善。迺飾射更席，以爲上客，終日問禮。

《晏子春秋·内篇問上》　景公問晏子曰：明王之教民何若？晏子對曰：明其教令，而先之以行義；養民不苛，而防之以刑辟；所求于下者，不務於上；所禁於民者，不行於身。守于民財，無虧之以利；立于儀法，不犯之以邪。苟所求于民，不以身害之，故下之勸從其教也。稱事以任民，中聽以禁邪，不窮之以勞，不害之以實，苟所禁于民，不以事逆之，故下不敢犯其上也。古者百里而異習，千里而殊俗，故明王修道，一民同俗，上愛民爲法，下相親爲義，是以天下不相遺，此明王教民之理也。

《晏子春秋·内篇問下》　景公問晏子曰：國如何則可謂安矣？晏子對曰：下無諱言，官無怨治；通人不華，窮民不怨；喜樂無羨賞，忿怒無羨刑；上有禮於士，下有恩於民；地博不兼小，兵彊不劫弱；百姓内安其政，外歸其義，可謂安矣。

《晏子春秋·内篇雜下》　欒氏、高氏欲逐田氏、鮑氏，田氏、鮑氏先知而遂攻之。高彊曰：先得君，田、鮑安往？遂攻虎門。二家召晏子，晏子無所從也。從者曰：何爲不助田、鮑？晏子曰：何善焉，其助之也？何爲不助欒、高？曰：庸愈於彼乎？門開，公召而入。欒、高不勝而出，田桓子欲分其家，以告晏子。晏子曰：不可！君不能飭法，而羣臣專制，亂之本也。今又欲分其家，利其貨，是非制也。子必致之公。且嬰聞之，廉者，政之本也；讓者，德之主也。欒、高不讓，以至此禍，可毋慎乎！廉之謂公正，讓之謂保德，凡有血氣者，皆有争心，

怨利生孽，維義可以爲長存。且分争者不勝其禍，辭讓者不失其福，子必勿取。桓子曰：善。盡致之公，而請老于劇。

《吕氏春秋·孝行覽·孝行》 曾子曰：身者，父母之遺體也。行父母之遺體，敢不敬乎。居處不莊，非孝也；事君不忠，非孝也；莅官不敬，非孝也；朋友不篤，非孝也；戰陣無勇，非孝也。五行不遂，災及乎親，敢不敬乎。《商書》曰：刑三百，罪莫重於不孝。

（漢）劉安《淮南子》卷八《本經訓》 古者上求薄而民用給。給足。君施其德，臣盡其忠，父行其慈，子竭其孝。竭，盡也。善事父母曰孝也。各致其愛，而無憾恨其閒。無憾恨，各得其願也。

（漢）劉安《淮南子》卷一二《道應訓》 楚莊王問詹何曰：治國柰何？對曰：何明於治身，而不明於治國？楚王曰：寡人得立宗廟社稷，願學所以守之。詹何對曰：臣未嘗聞身治而國亂者也，未嘗聞身亂而國治者也。故本任於身，不敢對以末。楚王曰：善。故《老子》曰：脩之身，其德乃真也。

（漢）班固《白虎通義》卷下《德論下·姓名》 人所以有姓者何？所以崇恩愛、厚親親、遠禽獸、别婚姻也。故禮别類使生相愛、死相哀，同姓不得相娶，皆爲重人倫也。

（清）顧炎武《日知録》卷二《九族》 宗盟之列，先同姓而後異姓；喪服之紀，重本屬而輕外親。此必有所受之，不自周人始矣。克明俊德，以親九族，《孔傳》以爲自高祖至玄孫之親蓋本之《喪服小記》以三爲五、以五爲九之説，而百世不可易者也。《牧誓》數商之罪，但言昏棄厥遺王父母弟而不及外親。《吕刑》申命有邦，歷舉伯父、伯兄、仲叔、季弟、幼子童孫，而不言甥舅。古人所爲先後之序，從可知矣。故《爾雅》謂於内宗曰族，於母妻則曰黨。而《昏禮》及《仲尼燕居》三族之文，康成並釋爲父、子、孫。杜元凱乃謂外祖父、外祖母、從母子及妻父、妻母、姑之子、姊妹之子、女子之子，非己之同族，皆外親有服而異族者。然則史官之稱帝堯舉其疏，而遺其親，無乃顛倒之甚乎。且九族之爲同姓，經傳之中有明證矣。《春秋》魯成公十五年，宋共公卒，《傳》曰二華戴族也，司城莊族也，六官者皆桓族也。共公距戴公九世，而《唐六典》宗正卿掌皇九族之屬，籍以别昭穆之序，紀親疏之别。九廟之子孫，其族五十有九。光皇帝一族、景皇帝之族六、元皇帝之族三，高祖之族二十有一，太宗之族十有三，高宗之族六，中宗之族四，睿宗之族五，此在玄宗之時已有七族，若其歷世滋多，則有不止於九者。而五世親盡，故經文之言族者，自九而止也。又孔氏正義謂高祖玄孫無相及之理，不知高祖之兄弟與玄孫之兄弟固可以相及。如後魏國子博士李琰之所謂壽有長短，世有延促，不可得而齊同者。如宋洪邁《容齋隨筆》言嗣濮王士歆在隆興爲從叔祖，在紹熙爲曾叔祖，在慶元爲高叔祖，其明證矣。亦何必帝堯之世，高祖玄孫之族無一二人同在者乎，疑其不相及，而以外戚當之，其亦昧於齊家治國之理矣。《路史》曰：親親，治之始也。《禮·小記》曰：親親者，以三爲五，以五爲九。上殺、下殺、旁殺而親畢矣，是所謂九族者也。夫人生則有父，壯則有子，父子與己，此小宗伯三族之别也。父者，子之祖，因上推之，以及於己之祖。子者，父之孫，因下推之，以及於己之孫。此《禮》《傳》之以三爲五也。己之祖，自己子視之則爲曾祖王父，自己孫視之則爲高祖王父。己之孫，自己父視之則爲曾孫，自己祖視之則爲玄孫。故又上推以及己之曾高，下推以及己之曾玄，是所謂以五爲九也。陳氏《禮書》曰：己之所親以一爲三，祖孫所親以五爲七，《記》不言者以父子一體，而高玄與曾同服，故不辨異之也。服父三年，服祖期，則曾祖宜大功，高祖宜小功，而皆齊衰三月者，不敢以大小功旁親之服加乎至尊。故重其衰麻尊尊也，減其日月恩殺也，此所謂上殺。服適子三年，庶子期，適孫期，庶孫大功，則曾孫宜五月，而與玄孫皆緦麻三月者，曾孫服曾祖三月，曾祖報之亦三月。曾祖尊也，故加齊衰；曾孫卑也，故服緦麻，此所謂下殺。服祖期，則世叔宜大功，以其與父一體，故加以期。從世叔則疏矣，加所不及，故服小功。族世叔又疏矣，故服緦麻，此發父而旁殺者也。祖之兄弟小功，曾祖兄弟緦麻，高祖兄弟無服，此發祖而旁殺者也。同父至親期，同祖爲從大功，同曾祖爲再從小功，同高祖爲三從緦麻，此發兄弟而旁殺者也。父爲子期，兄弟之子宜九月，不九月而期者，以其猶子而進之也。從兄弟之子小功，再從兄弟之緦麻，此發子而旁殺者也。祖爲孫大功，兄弟之孫小功，從兄弟之孫緦麻，此發孫而旁殺者也。蓋服有加也，有報也，有降也。祖之齊衰，世叔從子之期，皆加也。曾孫之三月，與兄弟之孫五月，皆報也。若夫降有四品，則非五服之正也。觀於九族之訓，如喪考妣之文，而知宗族之名。服紀之數，蓋前乎二帝而有之矣。

（清）顧炎武《日知録》卷六《肫肫其仁》 自此而推之，郊社之禮所以仁鬼神也，射鄉之禮所以仁鄉黨也，食饗之禮所以仁賓客也。親親而仁民，仁民而愛物，而天下之大經畢舉而無遺矣。故曰：孝弟爲仁之本。

（清）顧炎武《日知録》卷一三《廉恥》 《五代史·馮道傳》論曰：禮義廉恥，國之四維，四維不張，國乃滅亡。善乎，管生之能言也！禮義，治人之大法；廉恥，立人之大節。蓋不廉則無所不取，不恥則無所不爲。人而如此，則禍敗亂亡，亦無所不至，況爲大臣而無所不取無所不爲，則天下其有不亂，國家其有不亡者乎！然而四者之中，恥尤爲要，故夫子之論士曰：行己有恥。孟子曰：人不可以無恥，無恥之恥無恥矣。又曰：恥之於人大矣，爲機變之巧者，無所用恥焉。所以然者，人之不廉而至於悖禮犯義，其原皆生於無恥也。故士大夫之無恥是謂國恥。吾觀三代以來，世衰道微，棄禮義捐廉恥非一朝一夕之故，然而松伯後彫於歲寒，雞鳴不已於風雨。彼昏之日固未嘗無獨醒之人也。頃讀《顏氏家訓》有云：齊朝一士夫嘗謂吾曰：我有一兒，年已十七，頗曉書疏，教以塞上曲及彈琵琶，稍欲通解，以此伏事，公卿無不寵愛。吾時俯而不答，異哉！此人之教子也，若由此業，自致卿相亦不願汝曹爲之嗟乎，之推不得已而仕於亂世，猶爲此言尚有小宛詩人之意，彼閹然媚於世者，能無媿哉。

（唐）白居易《白氏六帖事類集》卷一二《良吏善政》 撫人以寬，除其邪虐，以德和人，寬而有制。廉能廉善不嚴而治，不至嚴而人從化。文景時爲循吏即河南太守吴公、蜀守文翁皆謹身率先居以廉平，不至嚴而人從化。江都相仲舒、内史公孫弘侃寬居官可犯也。

（唐）白居易《白氏六帖事類集》卷一二《教化》 民用丕變，《書》。爾之教矣。民胥教矣。教之以德，齊之以禮，則民有格心。教之以政，齊之以刑，則民有遁心。恥格化馳如神，四誡秦懿伯爲山陽守，以禮教人，爲設四誡以定六親，長幼之禮導教化者，擢爲鄉三老也。鬻羔豚者不飾賈路不拾遺史孔子與聞政之三日。荅訟主田叔爲魯相，初到，民訟主取財物。叔荅之曰：主非爾主耶？主聞之大慙而還財也。

（漢）曹操《曹操集·文集》卷二《禮讓令》 里諺曰：讓禮一寸，得禮一尺，斯合經之要矣。辭爵逃禄，不以利累名，不以位虧德之謂讓。

（三國魏）曹植《曹子建集》卷七《求通親親表》 臣植言，臣聞天稱其高者，以無不覆；地稱其廣者，以無不載；日月稱其明者，以無不照；江海稱其大者，以無不容。故孔子曰：大哉，堯之爲君，惟天爲大，惟堯則之。夫天德於萬物可謂弘廣矣，蓋堯之爲教，先親後踈，自近及遠。其《傳》曰：克明峻德，以親九族，九族既睦平章百姓。及周之文王，亦崇厥化，其《詩》曰：刑于寡妻，至于兄弟，以御于家邦，是以雍雍穆穆，風人詠之。昔周公弔管蔡之不咸，廣封懿親，以藩屏王室，《傳》曰：周之宗盟異姓爲後，誠骨肉之恩，爽而不離，親親之義，寔在敦固，未有義而後其君，仁而遺其親者也。伏惟陛下資帝唐欽明之德，體文王翼翼之仁，惠洽椒房，恩昭九親，君臣百僚，番休遞上，執政不廢於公朝，下情得展於私室。親理之路通，慶弔之情展，誠可謂恕己治人推惠施恩者矣。

（明）張溥《漢魏六朝百三家集》卷五褚少孫《褚少孫集·論·平津列侯傳》 太皇太后詔大司徒大司空，蓋聞治國之道，富民爲始。富民之要，在於節儉。《孝經》曰：安上治民莫善於禮。禮，與奢也甯儉。昔者管仲相齊桓霸諸侯，有九合一匡之功，而仲尼謂之不知禮，以其奢泰侈擬於君故也。夏禹卑宮室，惡衣服，後聖不循。由此言之，始之盛也，德優矣莫高於儉。儉化俗民，則尊卑之序得，而骨肉之恩親，争訟之原息，斯乃家給人足，刑錯之本也歟？可不務哉！夫三公者，百僚之率，萬民之表也，未有樹直表而得曲影者也。孔子不云乎，子率以正，孰敢不正。舉善而教不能則勸。維漢興以來，股肱宰臣，身行儉約，輕財重義，較然著明，未有若故丞相平津侯公孫弘者也。位在丞相而爲布被脱粟之飯不過一肉，故人所善賓客皆分奉禄以給之，無有所餘。誠内自克約而外從制。汲黯詰之乃聞于朝，此可謂減於制度而可施行者也。德優則行，否則止。與内奢泰而外爲詭服以釣虛譽者殊科。以病乞骸骨，孝武皇帝即制曰：賞有功襃有德，善善惡惡君宜知之，其省思慮存精神，輔以醫藥，賜告治病牛酒雜帛居數月有瘳，視事至元狩二年，竟以善終于相位。夫知臣莫若君，此其效也。弘子度嗣爵後爲山陽太守，坐法失侯。夫表德章義，所以率俗厲化，聖王之制，不易之道也。其賜弘後子孫之次當爲後者，爵關內侯，食邑三百戶徵詣公車，上名尚書，朕親臨拜焉。

（唐）白居易《白氏長慶集》卷四七《試策問制誥·禮部試策五道第二道》 問：《書》曰眚災肆赦，又曰宥過無大。而《禮》云執禁以齊衆不赦過。若然豈爲政以德，不足恥格，峻文必罰，斯爲禮乎。《詩》稱既明且哲，以保其身。《易》稱利用安身，以崇德也。而《語》云無求生以害仁，有殺身以成仁。若然則明哲者不成仁歟？殺身者非崇德歟？

（宋）姚鉉《唐文粹》卷一李華《含元殿賦》 對：日華之清閟，蓋左學之遺制，協前王之講德。其西於是延載筆之良史。俯月華之峻扉，集賢人於別殿，朝命婦於中闈。王風闡而成化，陰教備而不虧。

（宋）歐陽修《歐陽修全集》卷七七《易童子問卷二》 曰：合二姓，具六禮，而歸得其正者，此《彖》之所謂歸妹者也。若婚不以禮而從人者。赴所謂征凶者也。曰：夫婦所以正人倫，禮義所以養廉耻，故取女之禮，自納采至於親迎，無非男下女而又有漸也。

（宋）歐陽修《歐陽修全集》卷八〇《外制集·禮院副禮直官王永可益州司戶參軍充職制》 敕王永：太常所上禮，皆祖宗之法，朝廷之儀。掌在有司，爾所當習，成書第賞，及下不遺。往膺新恩，慎守爾職。可。

（宋）歐陽修《歐陽修全集》卷八〇《外制集·故國子博士李克明可贈度支員外郎制》 敕：國家務以孝治，爲人子者欲有所申於其父母，則其爲請不可不從。故具官某，有子德隆，克嗣其世，效官陳力，當得敘遷。而思以其榮報於罔極，合於經之以顯父母之義，朕甚嘉之。魂而有知，膺此追命。可。

（宋）歐陽修《歐陽修全集》卷八一《外制集·權無爲軍判官劉皆洪州録事參軍張德元并可太子中舍致仕制》 敕具官劉皆等：禮與法之爲書，其於老者，皆有優焉。今爾等學於禮法，而能安其老，思以歸休。吾所嘉褒，宜推寵命。可。

《二程集·河南程氏經説》卷四《春秋傳·隱公》 魯有朝宿之邑，在王畿之内，曰許。鄭有朝宿之邑，近於魯，曰祊。時王政不修，天子不巡守，魯亦不朝，故欲以祊易許，各取其近者，故使宛來歸祊，歸魯。來，言易也。朝宿之邑，先祖受之於先王，豈可相易也？鄭來歸而魯受之，其罪均也。

（明）宋濂《宋學士全集》卷八《送王明府之官序》 今元凱之往，不惟使其百里之内政平訟理，而安於田里，其所以化導全安之者，要必有其道矣。他日觀風之使有言於朝者曰：西蜀之地，有萬家之邑，其令之治，先政教而後刑罰。其民之俗，好辭讓而恥鬬爭，以故絃歌比屋，而囹圄空虛，雖在數千里之外，而藹然不異乎。

（明）王守仁《王文成公全書》卷一八《別録·牌行南寧府延師設教》

看得理學不明，人心陷溺，是以士習益偷，風教不振。近該本院久住南寧，與該府縣學師生朝夕開道訓告，頗覺漸有興起向上之志。本院又以八寨進兵前往貴州等處調度，則興起諸生未免又有一暴十寒之患。看得原任監察御史今降揭陽縣主簿季本久，抱温故知新之學，素有成己成物之心。即今見在軍門，相應委以師資之任，除行本官外，仰南寧府掌印官，即便具禮，率領府縣學師生，敦請本官前去新創敷文書院，闡明正學，講析義理。各該師生務要專心致志，考德問業，毋得玩易怠忽，徒應虛文。其應該赴省考試者，扣算程期，臨時起送。不該赴試者，仍要如常，朝夕質疑問難，或時出與經書題目，量作課程，務加時敏之功，以求日新之益。該府縣仍要日逐量送柴米供給。

（明）王守仁《十家牌法》 告諭各府父老子弟：保甲莫詳於此。本院奉命巡撫是方，惟欲剪除盜賊，安養小民。所恨才短智淺，雖懷愛民之心，未有愛民之政。父老子弟凡可以匡我不逮，苟有益於民者，皆有以告我，我當商度其可，以次舉行。今爲此牌似亦煩勞爾衆，中間固多詩書禮義之家，吾豈忍以狡詐相待？便欲防奸革弊，以安良善，則又不得不然。吾愧德政未敷，而徒以言教。父老子弟勉體吾意，輪牌人，每日仍將告諭省曉各家一番。

（清）琴川居士《皇清奏議》卷九魏裔介《興教化以正風疏》〔順治十二年〕兵科都給事中臣魏裔介謹奏，爲興教化以正風俗事，臣越聞刑禁於已然之後，禮禁於未然之先。今自明季以來，風俗奢靡，僭越無度，浮屠盛行，禮樂崩壞。臣數年來在都門，見隸卒倡優之徒服色艷麗，負販市儈之伍輿馬赫奕，庶人之妻珠玉炫耀，雖經禁約，全不遵行。喪事之家盡耗資財以供焚燬，生不爲善，死希冥福。齋僧念懺婆娑跳神，不厭數四，創寺建塔，聚衆號呼，皆以無益之事害有用之財。而各直省府州縣簿書敲樸視鄉約六諭之教爲虛文，千百中無一人舉行者，欲民之不困於財，而興於禮讓也。得乎！今宜將侈靡蠹耗之事，一切再行嚴禁，凡違者，必治其罪。僧之無度牒而私剃者，勒令歸農，以後私度者，必治其罪。昔洪武明君也，常榜示天下寺觀僧道，俱不許奔走於外交搆，有司所至僧寺，必揭周知册驗寔，不許民間兒童私自削髮爲僧，違者坐罪。凡以一道同風，使民務於孝弟力田，而國家收富强之用。至於鄉約六諭，教民旌善懲惡之事，春秋修舉，勿視爲故事，則民皆有淳樸向化之思矣。

《聖祖仁皇帝御製文集·第一集》卷三《勅諭·諭禮部》 帝王致治，首在維持風化，辨别等威，崇尚節儉，禁止奢侈，故能使人心淳樸，治化休隆。近見内外官員軍民人等服用奢靡，僭越無度。富者趨尚華麗，貧者互相效尤，以致窘乏爲非，盜竊詐僞由此而起。人心囂凌，風俗頹壞，其於治化所關匪細。今應作何分别？務行禁止，著九卿科道會同，嚴加確議，定例具奏。

《聖祖仁皇帝御製文集·第一集》卷五《勅諭·諭禮部》 古帝王撫御天下，莫不以禮制爲先務，然釐定章程，必文質適中，方可昭垂永久。前見風俗近奢，恐漸流於僭濫，故令更定條例。一切服飾力崇儉樸，冀反淳厖詎意。有司奉行過當，專事苛細，借端紛擾，以致商賈壅滯，物力匱詘，小民深爲未便。以後著仍照康熙九年定例遵行。現今一應禁約俱行停止，爾部即遵諭行。

《聖祖仁皇帝御製文集·第四集》卷二《勅諭·諭各直省老人》

《書》稱文王善養老者，《孟子》云五十非帛不暖，七十非肉不飽。帝王之治天下發政施仁，未嘗不以養老尊賢爲首務。近來士大夫只論做官之賢否，而移風易俗之實政，人孝出弟之本心，未暇講究。朕因今日之盛典，特宣此意，若孝弟之念少輕，而求移風易俗其所厚者薄，而其薄者厚矣。爾等皆是老者，比回鄉井之間，各曉諭鄰里須先孝弟。倘天下皆知孝弟爲重，此誠移風易俗之本，禮樂道德之根，非淺鮮也。昨日甘霖大沛，四野沾足，朕心大悦，爾等毋悮農時，速回本地。

《世宗憲皇帝御製文集》卷四《詔·聖祖仁皇帝尊謚號詔》 天詔：朕惟《孝經》云：孝莫大於嚴父，嚴父莫大於配天。《禮記》云：惟聖人爲能饗帝，孝子爲能饗親。故《周頌》著《思文》之什，《大易》垂殷薦之辭，歷稽邁古，侑食始於有虞。爰考前章，合祀起於周室，所以報功崇德，尊祖顯宗也。

《皇朝經世文統編》卷二八《内政部二·科舉》郭起元《三禮試士論》

今之論者欲三禮並列學官，俾博士弟子習讀就試，其意善矣。而立制必本於人情，人情所不樂，縱雖勉强而難久。彼習《易》《書》《詩》《春秋》者，業在一經，其功專而易達。習禮者業在三經，其事兼而難通。成人小子將視禮爲繁重，苦難之勢必改而之他，則習者愈少，而禮終湮矣。然則三禮兼行之説將徒托之空言而終不可施用耶！予謂道在先之以勸導。凡科場取士，兼立三禮，俾舉子自注習某禮。既於《禮記》項下減他經之解額以益禮經，又於歲科考經解外，更設問《周禮》《儀禮》疏解，有能通釋者，擢高等獎勵之，則士子之講習勤矣。夫坐言起行無二道傳士所業即爲朝廷所施，史漢有《禮志》，韋和時詔曹襃條正禮儀得一百五十篇。唐初爲《貞觀禮》，中葉爲《開元禮》，宋初爲《開寶通禮》，明代有《大明會典》，制度詳明，皆本朝所當法者也。誦説講求而實意行乎其間，養心淑身，修己治人，格上下而感鬼神，一以貫之矣。是在乎有志復古者。

（清）戴震《戴東原集》卷一《詩摽有梅解》 夫婚姻不使之六禮備，則禮教不行；夫婦之道闕，而淫僻之罪繁。

（清）方苞《方苞集》卷一《讀經·讀經解》 三代盛時，國不異政，家無殊俗，《詩》《書》《樂》，布在庠序，以爲四術。降至春秋，王道雖微，而周禮未改；孔子贊《易》，作《春秋》，其徒守之。陵夷至於戰國，百家放紛，儒術大絀，焉有一國而專立一經以爲教者哉？遭秦滅學，至漢景、武之間，諸老師各抱一經以授其徒，於是齊、魯、燕、趙、鄒、梁之學興。而承其學者，復以教於鄉邑，各自爲方，不能相通；而其人之性質行能，亦漸摩於經説而别異焉。記者既列教之所由分，並其説之有所失；而又念一道德而同風俗，非羣儒之私教所可冀也。所以養君德，施政教，正俗化，莫急於禮，而禮非天子不能行。禮之興，然後君德可成，而百官得其宜，萬事得其序，和仁信義得其質，宗廟朝廷得其秩，室家鄉里得其情。禮之廢，則君臣、父子、夫婦、長幼，恩薄道苦，序失行惡，其亂百出，而不可禁禦。

（清）劉坤一《劉坤一遺集·書牘》卷四《復曾中堂同治十年四月初五日》此次巡歷南、九、饒、廣、撫各府地方，尚屬安靖。惟廣、撫兩府屬以祖訴孫，以父母訴子、媳及叔姪、兄弟之互訟者，竟有十數起之多，天倫之變，風化之衰，亦可傷可愧矣。

（清）梁啓超《飲冰室合集·文集》卷一五《中國法理學發達史論》

日本穗積陳重博士曰：原始社會者，禮治社會也。舉凡宗教道德慣習法律，悉舉而包諸禮儀之中。無論何社會，皆禮治先於法治，此徵諸古代史及蠻地探險記而可見者也。支那古代，謂禮爲德之形。禮也者，行爲之有形的規範而道德之表彰於外者也。當社會發展之初期，民智蒙昧，不能依於抽象的原則以規制其行爲，故取日用行習之最適應於共同生活者，爲設具體的儀容，使遵據之。則其於保社會之安寧，助秩序的發達，最有力焉。故上自君臣父子兄弟夫婦朋友，下逮冠昏喪祭宮室衣服飲食器具言語容貌進退，凡一切人事，無大無小，而悉納入於禮之範圍。夫禮之範圍，其廣大如此。此在原始社會，其人民未慣於秩序的生活者，以此制裁之而甚有效，至易見也。及夫社會確立，智德稍進，人各能應於事物之性質，而爲適宜之自治行爲，無取復以器械的形式制馭之，而固定之禮儀，或反與人文之進化成反比例。此禮治之所以窮而敝也。《法學協會雜誌》第二十四卷第一號論文《禮與法》。其於禮治主義之起原發達及其得失，言之殆無餘蘊矣。

德刑分部

論說

《周易正義·蒙》蒙䷃坎下艮上。蒙：亨。匪我求童蒙，童蒙求我。初筮告，再、三瀆，瀆則不告。【略】初六：發蒙，利用刑人，用説桎梏，以往吝。處蒙之初，二照其上，故蒙發也。蒙發疑明，刑説當也。以往吝，刑不可長。疏：初六至以往吝。正義曰：發蒙者，以初近於九二，二以陽處中，而明能照闇，故初六以能發去其蒙也。利用刑人，用説桎梏者，蒙既發去，无所疑滯，故利用刑戮于人，又利用説去罪人桎梏，以蒙既發去，疑事顯明，刑人説桎梏皆得當。在足曰桎，在手曰梏。《小雅》云：杻謂之梏，械謂之桎。以往吝者，若以正道而往，即其事益善矣；若以刑人之道出往，往之即有鄙吝。

《象》曰：利用刑人，以正法也。刑人之道，道所惡也。以正法制，故刑人也。疏：正義曰：且刑人之道乃賊害於物，是道之所惡，以利用刑人者，以正其法制，不可不刑矣。故刑罰不可不施於國，鞭扑不可不施於家。案：此經刑人、説人二事，《象》直云利用刑人一者，但舉刑重故也。

九二：包蒙吉，納婦吉，子克家。以剛居中，童蒙所歸，包而不距，則遠近咸至，故包蒙吉也。婦者，配己而成德者也。體陽而能包蒙，以剛而能居中，以此納配，物莫不應，故納婦吉也。處于卦內，以剛接柔，親而得中，能幹其任，施之於子，克家之義。疏：九二至子克家。正義曰：包謂包含，九二以剛居中，童蒙悉來歸己，九二能含容而不距，皆與之決疑，故得吉也。九二以剛居中，陰來應之。婦謂配也，故納此匹配而得吉也。此爻在下體之中，能包蒙納婦，任內理中，幹了其任，即是子孫能克荷家事，故云子克家也。注：親而得中。正義曰：親而得中者，言九二居下卦之中央，上下俱陰，以己之兩陽迎接上下二陰，陰陽相親，故云親而得中也。能幹其任者，既能包蒙，又能納匹，是能幹其任。

《象》曰：子克家，剛柔節也。疏：正義曰：以陽居於卦內，接待羣陰，是剛柔相接，故克幹家事也。

六三：勿用取女。見金夫，不有躬，无攸利。童蒙之時，陰求於陽，晦求於明，各求發其昧者也。六三在下卦之上，上九在上卦之上，男女之義也。上不求三而三求上，女先求男者也。女之爲體，正行以待命者也。見剛夫而求之，故曰不有躬也。施之於女，行在不順，故勿用取女，而无攸利。疏：六三至无攸利。正義曰：勿用取女者，女謂六三，言勿用取此六三之女。所以不須者，此童蒙之世，陰求於陽，是女求男之時也。見金夫者，謂上九以其剛陽，故稱金夫。此六三之女，自往求見金夫。女之爲禮，正行以待命而嫁。今先求於夫，是爲女不能自保其躬，固守貞信，乃非禮而動。行既不順，若欲取之，无所利益，故云不有躬，无攸利也。

《象》曰：勿用取女，行不順也。疏：正義曰：釋勿用取女之義。所以勿用取此女者，以女行不順故也。

六四：困蒙，吝。獨遠於陽，處兩陰之中，闇莫之發，故曰困蒙也。困於蒙昧，不能比賢以發其志，亦以鄙矣，故曰吝也。疏：　正義曰：此釋六四爻辭也。六四在兩陰之中，去九二既遠，无人發去其童蒙，故曰困于蒙昧而有鄙吝。

《象》曰：困蒙之吝，獨遠實也。陽稱實也。疏：　象曰至獨遠實也。正義曰：獨遠實者，實謂九二之陽也。九二以陽，故稱實也。六三近九二，六五近上九，又應九二，唯此六四既不近二，又不近上，故云獨遠實也。注：陽實也。正義曰：陽主生息，故稱實。陰主消損，故不得言實。

六五：童蒙吉。以夫陰質居於尊位，不自任察而委於二，付物以能，不勞聰明，功斯克矣，故曰童蒙吉。疏：　正義曰：言六五以陰居於尊位，其應在二，二剛而得中，五則以事委任於二，不勞已之聰明，猶若童稚蒙昧之人，故所以得吉也。

《象》曰：童蒙之吉，順以巽也。委物以能，不先不爲，順以巽也。疏：象曰至順以巽也。正義曰：順以巽也，釋童蒙之吉，巽以順也，猶委物於二。順謂心順，巽謂貌順。故褚氏云：順者，心不違也。巽者，外迹相卑下也。注：委物以能至順以巽也。正義曰：委物以能，謂委付事物與有能之人，謂委二也。不先不爲者，五雖居尊位，而專委任於二，不在二先而首唱，是順於二也。不爲者，謂不自造爲，是委任二也。不先於二，是心順也；不自造爲，是貌順也。

上九：擊蒙，不利爲寇，利禦寇。處蒙之終，以剛居上，能擊去童蒙，以發其昧者也，故曰擊蒙也。童蒙願發而已能擊去之，合上下之願，故莫不順也。爲之扞禦，則物咸附之。若欲取之，則物咸叛矣，故不利爲寇，利禦寇也。疏：　正義曰：處蒙之終，以剛居上，能擊去衆陰之蒙，合上下之願，故莫不順從也。若因物之來即欲取之而爲寇害，物皆叛矣，故不利爲寇也。若物從外來，爲之扞禦，則物咸附之，故利用禦寇也。

《象》曰：利用禦寇，上下順也。疏：　正義曰：所宜利爲物禦寇者，由上下順從故也。言此爻既能發去衆蒙，以合上下之願，又能爲之禦寇，故上下彌更順從也。

《周易正義·豫》 ䷏坤下震上。豫：利建侯行師。疏：　正義曰：謂之豫者，取逸豫之義，以和順而動，動不違衆，衆皆説豫，故謂之豫也。動而衆説，故可利建侯也。以順而動，不加无罪，故可以行師也。无四德者，以逸豫之事不可以常行，時有所爲也。縱恣寬暇之事，不可長行以經邦訓俗，故无元亨也。逸豫非幹正之道，故不云利貞也。莊氏云：建侯，即元亨也。行師，即利貞也。案：屯卦元亨利貞之後，别云利建侯，則建侯非元亨也。恐莊氏説非也。

《象》曰：豫，剛應而志行，順以動，豫。豫順以動，故天地如之，而況建侯行師乎？天地以順動，故日月不過，而四時不忒。聖人以順動，則刑罰清而民服。豫之時義大矣哉！疏：　象曰豫剛應而志行至大矣哉。正義曰：豫，剛應而志行，順以動，豫者，剛謂九四也；應謂初六也。既陰陽相應，故志行也。此就爻明豫義。順以動，坤在下，是順也。震在上，是動也。以順而動，故豫也。此以上下二象明豫義也。自此已上，釋豫卦之理也。豫順以動，故天地如之，而況建侯行師乎者，此釋利建侯行師也。若聖人和順而動，合天地之德，故天地亦如聖人而爲之也。天地尊大而遠，神之難者猶尚如之，況於封建諸侯、行師征伐乎？難者既從，易者可知。若建侯能順動，則人從之。行師能順動，則衆從之。天地以順動，故日月不過而四時不忒。自此以下，廣明天地聖人順動之功也。若天地以順而動，則日月不有過差，依其晷度，四時不有忒變，寒暑以時。聖人以順動，則刑罰清而民服者，聖人能以理順而動，則不赦有罪，不監无辜，故刑罰清也。刑罰當理，故人服也。

（清）孫星衍《周易集解·觀》 觀盥而不薦，有孚顒若，下觀而化也。【略】注：統説觀之爲道，不以刑制使物，而以觀感化物者也。【略】

《象》曰：風行地上，觀。先王以省方觀民設教。解：《九家易》曰：先王謂五，應天順民，受命之王也。風行地上，草木必偃，枯槁朽腐，獨不從風，謂應外之爻。天地氣絶，陰陽所去，象不化之民，五刑所加。故以省察四方，觀示民俗，而設其教也。言先王德化，光被四表。有不賓之民，不從法令，以五刑加之，以齊德教也。集解：鄭衆曰：從俗所爲，順民之教，故君子治人，不求變俗。

《周易正義·噬嗑》 ䷔震下離上。噬嗑：亨。利用獄。噬，齧也；嗑，合也。凡物之不親，由有間也。物之不齊，由有過也。有間與過，齧而合之，所以通也。刑克以通，獄之利也。疏：　正義曰：噬嗑亨者，噬，齧也；嗑，合也。物在於口，則隔其上下，若齧去其物，上下乃合而得亨也。此卦之名，假借口象以爲義，以喻刑法也。凡上下之間，有物間隔，當須用刑法去之，乃得亨通，故云噬嗑亨也。利用獄者，以刑除間隔之物，故利用獄也。

《象》曰：頤中有物，曰噬嗑。頤中有物，齧而合之，噬嗑之義也。疏：正義曰：此釋噬嗑名也。案：諸卦之《象》，先標卦名，乃復言曰某卦、曰同人、曰大有、曰小畜之類是也。此發首不疊卦名者，若義幽隱者，先出卦名，後更以卦名結之，若其義顯露，則不先出卦名，則此頤中有物曰噬嗑之類，其事可知，故不先出卦名。此乃夫子因義理文勢，隨義而發，不爲例也。噬嗑而亨。有物有間，不齧不合，无由亨也。疏：　正義曰：釋亨義，由噬嗑而得亨也。剛柔分動而明，雷電合而章。剛柔分動，不溷乃明，雷電並合，不亂乃章，皆利用獄之義。疏：剛柔分動至合而章。正義曰：釋利用獄之義。剛柔既分，不相溷雜，故動而顯明也。雷電既合，而不錯亂，故事得彰著，明而且著，可以斷獄。剛柔分謂震剛在下，離柔在上。剛柔云分，雷電云合者，欲見明之與動，各是一事，故剛柔云分也。明、動雖各一事，相須而用，故雷電云合。但易之爲體，取象既多。若取分義，則云震下離上。若取合義，則云離、震合體，共成一卦也。此釋二象利用獄之義也。注：剛柔分動至用獄之義。正義曰：雷電並合，不亂乃章者，《象》文唯云雷電合，注云不亂乃章者，不亂之文，以其上云剛柔分。剛柔分則是不亂，故云雷電並合，不亂乃章也。柔得中而上行，雖不當位，利用獄也。謂五也。能爲齧合而通，必有其主，五則是也。上行謂所之在進也。凡言上行，皆所之在貴也。雖不當位，不害用獄也。疏：柔得中至用獄也。正義曰：此釋爻有利用獄之義。陰居五位，是柔得中也。而上行者既居上卦，意在向進，故云上行。其德如此，雖不當位者，所居陰位，猶利用獄也。注：謂五也至不害用獄也。正義曰：凡言上行，皆所之在貴者，輔嗣此注，恐畏之適五位則是上行，故於此明之。凡言上行，但所之在進，皆曰上行，不是唯向五位，乃稱上行也。故謙卦序《象》云：地道卑而上行。坤道體在上，故總云上行，不止也。又損卦《象》云：損下益上曰上行。是減下卦益上卦，謂之上行，是亦不據五也。然則此云上行，及晉卦《象》云上行，既在五位而又稱上行，則似若王者，雖見在尊位，猶意在欲進，仰慕三皇五帝可貴之道，故稱上行者也。

《象》曰：雷電噬嗑，先王以明罰勑法。疏：正義曰：雷電噬嗑者，但噬嗑之象，其象在口。雷電非噬嗑之體，但噬嗑象外物，既有雷電之體，則雷電欲取明罰勑法可畏之義，故連云雷電也。

《周易正義·賁》 ䷕離下艮上。賁：亨。小利有攸往。【略】《象》曰：賁亨，柔來而文剛，故亨。分剛上而文柔，故小利有攸往。【略】天文也。【略】文明以止，人文也。止物不以威武而以文明，人之文也。疏：正義曰：文明，離也；以止，艮也。用此文明之道，裁止於人，是人之文德之教，此賁卦之象。既有天文、人文，欲廣美天文、人文之義，聖人用之以治於物也。觀乎天文，以察時變；觀乎人文，以化成天下。觀天之文，則時變可知也；觀人之文，則化成可爲也。疏：正義曰：觀乎天文，以察時變者，言聖人當觀視天文，剛柔交錯，相飾成文，以察四時變化。若四月純陽用事，陰在其中，靡草死也。十月純陰用事，陽在其中，齊麥生也。是觀剛柔而察時變也。觀乎人文以化成天下者，言聖人觀察人文，則《詩》、《書》、《禮》、《樂》之謂，當法此教而化成天下也。《象》曰：山下有火，賁。君子以明庶政，無敢折獄。處賁之時，止物以文明，不可以威刑，故君子以明庶政，而无敢折獄。疏：正義曰：山下有火賁者，欲見火上照山，有光明文飾也。又取山含火之光明，象君子内含文明，以理庶政，故云山下有火，賁也。以明庶政者，用此文章明達以治理庶政也。无敢折獄者，勿得直用果敢，折斷訟獄。

（清）孫星衍《周易集解·大過》 上六：過涉滅頂，凶，无咎。【略】《象》曰：過涉之凶，不可咎也。解：《九家易》曰：君子以禮義爲法，小人以畏慎爲宜。至于大過之世，不復遵常。故君子犯義，小人犯刑。而家家有誅絶之罪，不可咎也。大過之世，君子遜遯。不行禮義，謂當不義則争之，若比干諫而死是也。桀紂之民，可比屋而誅，上化致然，亦不可咎。曾子曰：上失其道，民散久矣。如得其情，則哀矜而勿喜。是其義也。

《二程集·周易程氏傳》卷二《周易上經下·坎》 〔象曰〕水自涓滴至于尋丈，至于江海，洊習而不驟者也。其因勢就下，信而有常。故君子觀坎水之象，取其有常，則常久其德行。人之德行，不常則僞也，故當如水之有常，取其洊習相受，則以習熟其教令之事。夫發政行教，必使民熟於聞聽，然後能後，故三令五申之；若驟告未喻，遽責其從，雖嚴刑以驅之不能也，故當如水之洊習。

《二程集·周易程氏傳》卷三《周易下經上·損》 損者，損過而就中，損浮末而就本實也。聖人以寧儉爲禮之本，故爲損發明其義，以享祀言之。享祀之禮，其文最繁，然以誠敬爲本，多儀備物，所以將飾其誠敬之心，飾過其誠，則爲僞矣。損飾所以存誠也，故云曷之用，二簋可用享。二簋之約，可用享祭，言在乎誠而已，誠爲本也。天下之害，无不由末之勝也。峻宇雕牆，本於宫室；酒池肉林，本於飲食；淫酷殘忍，本於刑罰；窮兵黷武，本於征討。凡人欲之過者，皆本於奉養，其流之遠，則爲害矣。先王制其本者，天理也；後人流於末者，人欲也。損之義，損人欲以復天理而已。

（宋）李衡《周易義海撮要·井》 初六，井泥不食，舊井无禽。《象》曰：井泥不食，下也。舊井无禽，時舍也。

最在井底，上又无應，沈滯滓穢，不見渫治，禽所不嚮，而况人乎？一時所共棄也。

注井由於源，瀆其源則井泥。法生於禮，禮亂則法乖。惟井與邑，民居所在。國墟无人，則禽犯井邑。邑苟有人，舊井可治。一時所舍，未可永廢。

《周易正義·豐》 ䷶離下震上。豐：亨，王假之。大而亨者，王之所至。疏：正義曰：豐、亨者，豐，卦名也，《象》及《序卦》皆以大訓豐也，然則豐者，多大之名，盈足之義，財多德大，故謂之爲豐。德大則无所不容，財多則无所不齊。无所擁礙謂之爲亨，故曰豐，亨。王假之者，假，至也，豐亨之道，王之所尚，非有王者之德，不能至之，故曰王假之也。**勿憂，宜日中。**豐之爲義，闡弘微細，通夫隱滯者也。爲天下之主，而令微隱者不亨，憂未已也，故至豐亨，乃得勿憂也。用夫豐亨不憂之德，宜處天中，以偏照者也，故曰宜日中也。疏：正義曰：勿，无也。王能至於豐亨，乃得无復憂慮，故曰勿憂也。用夫豐亨无憂之德，然後可以君臨萬國，偏照四方，如日中之時，偏照天下，故曰宜日中也。

《彖》曰：豐，大也。音闡大之大也。疏：彖曰：豐，大也。正義曰：豐，大也者，釋卦名，正是弘大之義也。注：音闡大之大也。正義曰：闡者，弘廣之言，凡物之大，其有二種，一者自然之大，一者由人之闡弘使大。豐之爲義，既闡弘微細，則豐之稱大，乃闡大之大，非自然之大，故音之也。**明以動，故豐。王假之，尚大也。**大者王之所尚，故至之也。疏：正義曰：動故豐者，此就二體，釋卦得名，爲豐之意，動而不明，未能光大資明以動，乃能致豐，故曰明以動故豐也。王假之，尚大也者，豐大之道，王所崇尚，所以王能至之，以能尚大故也。**勿憂，宜日中，宜照天下也。**以勿憂之德，故宜照天下也。疏：正義曰：日中之時，偏照天下，王无憂慮，德乃光被，同於日中之盈，故曰勿憂，宜日中，宜照天下也。**日中則昃，月盈則食，天地盈虛，與時消息，而况于人乎？况于鬼神乎？**豐之爲用，困於昃食者也。施於未足則尚豐，施於已盈則方溢，不可以爲常，故具陳消息之道者也。疏：正義曰：此孔子因豐設戒，以上言王者以豐大之德，照臨天下，同於日中。然盛必有衰，自然常理。日中至盛，過中則昃；月滿則盈，過盈則食。天之寒暑往來，地之陵谷遷貿，盈則與時而息，虛則與時而消。天地日月，尚不能久，况於人與鬼神，而能長保其盈盛乎？勉令及時脩德，仍戒居存慮亡也。此辭先陳天地，後言人、鬼、神者，欲以輕譬重，亦先尊後卑也。而日月先天地者，承上宜日中之下，遂言其昃食，因舉日月以對之，然後並陳天地，作文之體也。

《象》曰：雷電皆至，豐。君子以折獄致刑。文明以動，不失情理也。疏：正義曰：雷電皆至，豐者，雷者，天之威動，電者，天之光耀。雷電俱至，則威明備，足以爲豐也。君子以折獄致刑者，君子法象天威而用刑罰，亦當文明以動，折獄斷決也。斷決獄訟，須得虛實之情；致用刑罰，必得輕重之中。若動而不明，則淫濫斯及，故君子象於此卦而折獄致刑。

《周易正義·旅》 ䷷艮下離上。**旅：小亨，旅貞吉。**不足全夫貞吉之道，唯足以爲旅之貞吉，故特重曰旅，貞吉也。疏：正義曰：旅者，客寄之名，羈旅之稱，失其本居，而寄他方，謂之爲旅。既爲羈旅，苟求僅存，雖得自通，非甚光大，故旅之爲義，小亨而已，故曰旅，小亨。羈旅而獲小亨，是旅之正吉，故曰旅，貞吉也。【略】

《象》曰：山上有火，旅。君子以明，慎用刑而不留獄。止以明之，刑戮詳也。疏：正義曰：火在山上，逐草而行，勢不久留，故爲旅象。又上下二體，艮止離明，故君子象此，以靜止明察，審慎用刑，而不稽留獄訟。

（宋）李衡《周易義海撮要·巽》 《象》曰：**重巽以申命。剛巽乎中正而志行，柔皆順乎剛，是以小亨，利有攸往，利見大人。**【略】巽爲命令。重命令者，欲丁寧也。二得中，五得正，體兩巽，故曰剛。巽乎中正。皆據陰，故志行。陰爲卦主，故小亨。績。蠱所以得元亨者，以其巽而能止也。巽所以惟小亨者，以其巽而无所止也。且夫巽過而欲齊之，必至于用刑。故蠱言先甲三日，巽言先庚三日。甲主仁，庚主刑也。夫齊之以刑，不若導之以德。故蠱爲元亨，巽爲小亨。牧。

（唐）李鼎祚《周易集解·繫辭》 爻有等，故曰物。干寶曰：等，羣也。爻中之義，羣物交集，五星四氣。六親九族，福德刑殺，衆形萬類，皆來發於爻，故總謂之物也。象頤中有物曰噬嗑，是其義也。

（清）王夫之《尚書引義》卷一《舜典三》 先王之教，以正天下之志者，禮也。禮之既設，其小人恆佚於禮之外，則輔禮以刑；其君子或困於禮之中，則達禮以樂。禮建天下之未有，因心取則而不遠，故志爲尚。刑畫天下以不易，緣理爲準而不濫，故法爲侀。

（清）王夫之《尚書引義》卷一《舜典四》 五刑之用，性命以殘，支體以折，痛楚以劇，而僅爲之名曰象，豈聖人之忍於戕人而徒醜其象哉？夫死之非患，痛之弗恤，重矜其象，以目治警來者，是聖人以君子之道待天下也。惡死而恤病者，人之所共，亦鳥獸之所共也。象者，人之所恥，非鳥獸之能恥也。創鉅痛深，而惟死之不令，形之不全，則惡而畏之，斯君子之以別於鳥獸。乃聖人以此待放辟邪侈之罷民，則甚矣。其不忍以鳥獸之畏惡爲生人之畏惡，而必欲致之於君子也。

雖然，致之君子也者，其名也；殘性命，折支體，劇痛楚者，其實也。名獎而實傷之，帝王之民，雖荼毒而不怨，教之有素，而矜之以誠，然後使即刑焉。豈僅曰獎之以君子之道，而可死之、傷之，無不可忍哉？

程子曰：有《關雎》、《麟趾》之情意，而後《周官》之法度可行。文具無實，則政教且以滋擾，况無昭明平章之至化，而遽復象刑之辟？其教也不素，其矜也不誠，徒託於名以戕其實！不仁哉！鍾繇、陳羣之欲以行於曹魏也！

五帝用之，德先之也。三王因之，道未有以易之也。蓋至於春秋，而淑人介士且以爲游羿之彀中矣。率天下以游於羿之彀中，非至不仁，有不酸心刺骨於斯者乎？朱子曰：徒流之法，不足以止穿窬淫放之姦。然則三代之季，季康子無可患之盜，而《詩》無抱布貿絲之刺矣。

《尚書正義·虞書·大禹謨》 禹曰：於！帝念哉！德惟善政，政在養民。歎而言念，重其言。爲政以德，則民懷之。水火金木土穀惟修，言養民之本在先修六府。正德、利用、厚生惟和，正德以率下，利用以阜財，厚生以養民，三者和，所謂善政。九功惟敘，九敘惟歌。言六府三事之功有次敘，皆可歌樂，乃德政之致。樂音洛。戒之用休，董之用威，勸之以九歌，俾勿壞。休，美。董，督也。言善政之道，美以戒之，威以督之，歌以勸之。使政勿壞，在此三者而已。俾，必爾反。壞，乎怪反。帝曰：俞！地平天成，六府三事允治，萬世永賴，時乃功。水土治曰平，五行敘曰成。因禹陳九功而歎美之，言是汝之功，明衆臣不及。疏：禹曰至乃功。正義曰：禹因益言，又獻謀於帝曰：嗚呼！帝當念之哉！言：所謂德者惟是善於政也。政之所爲，在於養民。養民者，使水火金木土穀此六事惟當修治之。正身之德，利民之用，厚民之生，此三事惟當諧和之。修和六府三事，九者皆就有功，九功惟使皆有次敘，九事次敘惟使皆可歌樂，此乃德所致。是德能爲善政之道，終當不得怠惰。但人雖爲善，或寡令終，故當戒勑之念用美道，使民慕美道行善。又督察之用威罰。言其不善當獲罪。勸勉之以九歌之辭。但人君善政，先致九歌成辭自勸勉也。用此事，使此善政勿有敗壞之時。勸帝使長爲善也。帝荅禹曰：汝之所言爲然。汝治水土，使地平天成，六府三事信皆治理，萬代長所恃賴，是汝之功也。歸功于禹，明衆臣不及。傳歎而至懷之。正義曰：於，歎辭。歎而言念，自重其言，欲使帝念之。此史以類相從，共爲篇耳。非是一時之事，不使念益言也。禹謀以九功爲重，知重其言者，九功之言也。傳言養至六府。正義曰：下文帝言六府即此經六物也。六者民之所資，民非此不生，故言養民之本在先修六府也。府者藏財之處，六者貨財所聚，故稱六府。襄二十七年《左傳》云：天生五材，民竝用之。即是水火金木土，民用此自資也。彼惟五材，此兼以穀爲六府者，穀之於民尤急，穀是土之所生，故於土下言之也。此言五行，與《洪範》之次不同者，《洪範》以生數爲次，此以相刻爲次，便文耳。六府是民之急，先有六府乃可施教，故先言六府，後言三事也。傳正德至善政。正義曰：正德者，自正其德，居上位者正己以治民，故所以率下人。利用者，謂在上節儉，不爲糜費，以利而用，使財物殷阜，利民之用，爲民興利除害，使不匱乏，故所以阜財。阜財謂財豐大也。厚生謂薄征徭，輕賦稅，不奪農時，令民生計温厚，衣食豐足，故所以養民也。三者和謂德行正、財用利、生資厚。立君所以養民，人君若能如此，則爲君之道備矣。故謂善政，結上德惟善政之言。此三者之次，人君自正乃能正下，故以正德爲先；利用然後厚生，故後言厚生。厚生爲謂財用足，禮讓行也。傳言六至之致。正義曰：上六下三，即是六府三事，此揔云九功，知六府三事之功爲九功。惟敘者，即上惟修、惟和爲次序。事皆有敘，民必歌樂君德，故九敘皆可歌樂，乃人君德政之致也。言下民必有歌樂，乃爲善政之驗，所謂和樂興而頌聲作也。傳休美至而已。正義曰：休，美，《釋詁》文。又云：董，督，正也。是董爲督也。此戒之、董之、勸之皆謂人君自戒勸，欲使善政勿壞，在此三事而已。文七年《左傳》云，晉郤缺言於趙宣子，引此一經，乃言：九功之德皆可歌也，謂之九歌。若吾子之德莫可歌也，其誰來之？盍使睦者歌吾子乎？言九功之德皆可歌者，若水能灌溉，火能烹飪，金能斷割，木能興作，土能生殖，穀能養育，古之歌詠各述其功，猶如漢魏已來樂府之歌事，歌其功用，是舊有成辭。人君修治六府以自勸勉，使民歌詠之，三事亦然。傳水土至不及。正義曰：《釋詁》云：平，成也。是平、成義同，天、地文異而分之耳。天之不成，由地之不平，故先言地平，本之於地以及天也。禹平水土，故水土治曰平。五行之神，佐天治物，繫之於天，故五行敘曰成。《洪範》云鯀陻洪水，汩陳其五行，彝倫攸斁，禹治洪水，彝倫攸敘，是禹命五行敘也。帝因禹陳九功而歎美之，指言是汝之功，明衆臣不及。

又： 帝曰：皋陶，惟茲臣庶，罔或干予正。或，有也。無有干我正，言順命。汝作士，明于五刑，以弼五教，期予于治。弼，輔。期，當也。歎其能以刑輔教，當於治體。治音稚，丁浪反，又如字。刑期于無刑，民協于中，時乃功，懋哉！雖或行刑，以殺止殺，終無犯者。刑期於無所刑，民皆合於大中之道，是汝之功，勉之。懋音茂。皋陶曰：帝德罔愆，臨下以簡，御衆以寬。愆，過也。善則歸君，人臣之義。愆音牽。罰弗及嗣，賞延于世。嗣亦世，俱謂子。延，及也。父子罪不相及，而及其賞。道德之政。宥過無大，刑故無小。過誤所犯，雖大必宥。不忌故犯，雖小必刑。宥音又。罪疑惟輕，功疑惟重。刑疑附輕，賞疑從重，忠厚之至。與其殺不辜，寧失不經。好生之德，洽于民心，茲用不犯于有司。辜，罪。經，常。司，主也。皋陶因帝勉己，遂稱帝之德，所以明民不犯上也。寧失不常之罪，不枉不辜之善，仁愛之道。辜音孤。好，呼報反。帝曰：俾予從欲以治，四方風動，惟乃之休。使我從心所欲而政以治，民動順上命，若草應風，是汝能明刑之美。疏：帝曰皋陶至之休。正義曰：帝以禹讓皋陶，故述而美之。帝呼之曰：皋陶，惟此羣臣衆庶，皆無敢有干犯我正道者。由汝作士官，明曉於五刑，以輔成五教，當於我之治體。用刑期於無刑，以殺止殺，使民合於中正之道，令人每事得中，是汝之功，當勉之哉！皋陶以帝美己，歸美於君曰：民合於中者，由帝德純善，無有過失，臨臣下以簡易，御衆庶以優寬。罰人不及後嗣，賞人延於來世。宥過失者無大，雖大亦宥之。刑其故犯者無小，雖小必刑之。罪有疑者，雖重，從輕罪之。功有疑者，雖輕，從重賞之。與其殺不辜非罪之人，寧失不經不常之罪。以等枉殺無罪，寧妄免有罪也。由是故帝之好生之德，下洽於民心，民服帝德如此，故用是不犯於有司。言民之無刑，非己力也。帝又述之曰：使我從心所欲而爲政，以大治四方之民，從我化如風之動草，惟汝用刑之美。言己知其有功也。傳弼輔至治體。正義曰：《書傳》稱左輔右弼，是弼亦輔也。期要是相當之言，故爲當也。傳言當於治體，言皋陶用刑，輕重得中，於治體與正相當也。傳雖或至勉之。正義曰：言皋陶或行刑，乃是以殺止殺。爲罪必將被刑，民終無犯者。要使人無犯法，是期於無所用刑，刑無所用。此期爲限，與前經期義別，而《論語》所謂勝殘去殺矣。民皆合於大中，言舉動每事得中，不犯法憲，是合大中即《洪範》所謂皇極是也。傳愆過至之義。正義曰：愆，過，《釋言》文。《坊記》云：善則稱君，過則稱己，則民作忠。是善則稱君，人臣之義也。臨下據其在上，御衆斥其治民，簡易、寬大，亦不異也。《論語》云：居敬而行簡，以臨其民，不亦可乎？是臨下宜以簡也。又曰：寬則得衆。居上不寬，吾何以觀之哉？是御衆宜以寬也。傳嗣亦至及也。正義曰：嗣謂繼父，世謂後胤，故俱謂子也。延訓長，以長及物，故延爲及也。傳辜罪至之道。正義曰：辜，罪，《釋詁》文。經，常，司，主，常訓也。皋陶因帝勉己，遂稱帝之德。所以明民不犯上者，自由帝化使然，非己力也。不常之罪者，謂罪大，非尋常小罪也。枉殺無罪，妄免有罪，二者皆失，必不得民心。寧妄免大罪，不枉殺無罪，以好生之心故也。大罪尚赦，小罪可知。欲極言不可枉殺不辜，寧放有罪故也，故言非常大罪以對之耳。寧失不經與殺不辜相對，故爲放赦罪人，原帝之意，等殺無罪，寧放有罪。傳言帝德之善，寧失有罪，不枉殺無罪，是仁愛之道。各爲文勢，故經傳倒也。洽謂沾漬優渥，洽於民心，言潤澤多也。

《尚書・虞書・大禹謨》 三旬，苗民逆命。益贊于禹曰：惟德動天，無遠弗屆，滿招損，謙受益，時乃天道。帝初于歷山，往于田，日號泣于旻天于父母，負罪引慝，祇載見瞽瞍，夔夔齋慄，瞽亦允若。至誠感神，矧茲有苗。

禹拜昌言曰：俞！班師振旅。帝乃誕敷文德，舞干羽于兩階，七旬有苗格。

《尚書・虞書・皋陶謨》 無教逸欲有邦，兢兢業業，一日二日萬幾。無曠庶官，天工，人其代之。天敍有典，勑我五典五惇哉！天秩有禮，自我五禮有庸哉！同寅協恭和衷哉！天命有德，五服五章哉！天討有罪，五刑五用哉！政事懋哉！懋哉！天聰明，自我民聰明，天明畏，自我民明威，達于上下，敬哉有土。

《尚書・商書・盤庚上》 遲任有言曰：人惟求舊，器非求舊，惟新。古我先王暨乃祖乃父，胥及逸勤，予敢動用非罰？世選爾勞，予不掩爾善。茲予大享于先王，爾祖其從與享之。作福作災，予亦不敢動用非德。

(宋)蔡沈《書經集傳・商書・盤庚上》 無有遠邇，用罪伐厥死，用德彰厥善。邦之臧，惟汝衆；邦之不臧，惟予一人有佚罰。用罪，猶言爲惡。用德，猶言爲善也。伐，猶誅也，言無有遠近親疏，凡伐死彰善，惟視汝爲惡爲善如何爾。邦之善，惟汝衆用德之故。邦之不善，惟我一人失罰其所當罰也。

《尚書・商書・高宗肜日》 高宗肜日，越有雊雉。祖己曰：惟先格王正厥事。乃訓于王曰：惟天監下民，典厥義，降年有永有不永。非天夭民，民中絶命。民有不若德，不聽罪，天既孚命正厥德，乃曰其如台。嗚呼！王司敬民，罔非天胤，典祀無豐于昵。

《尚書・商書・微子》 微子若曰：父師、少師，殷其弗或亂正四方！我祖厎遂陳于上；我用沈酗于酒，用亂敗厥德于下。殷罔不小大好草竊姦宄，卿士師師非度。凡有辜罪，乃罔恒獲。小民方興，相爲敵讎。今殷其淪喪，若涉大水，其無津涯。殷遂喪越至于今。

《尚書正義・周書・康誥》 王曰：嗚呼！封，有敘，時乃大明服，歎政教有次敘，是乃治理大明，則民服。惟民其勑懋和。民既服化，乃其自勑正勉爲和。若有疾，惟民其畢棄咎。化惡爲善，如欲去疾，治之以理，則惟民其盡棄惡修善。咎，其九反。若保赤子，惟民其康乂。愛養人如安孩兒赤子，不失其欲，惟民其皆安治。孩，亥才反。非汝封刑人殺人，言得刑殺罪人。無或刑人殺人。無以得刑殺人，而有妄刑殺非辜者。非汝封又曰劓刵人，劓，截鼻。刵，截耳。刑之輕者，亦言所得行。劓，魚器反。刵，如志反。無或劓刵人。所以舉輕以戒，爲人輕行之。疏：王曰嗚呼封有至刵人。正義曰：以刑者政之助，不得已即用之；非情好殺害，故又本於政不可以濫刑，而王言曰：嗚呼！封，欲正刑之本，要而汝政教有次序，是乃治理大明則民服。惟民既服從化，其自勑正勉力而平和。然政之化惡爲善，若有病而欲去之，治之以理，則惟民其盡棄惡而修善。言愛養人若母之安赤子，惟民爲善，其皆安治。爲政保民之如此，不可行以淫刑，豈非汝封得刑人殺人乎？言得刑殺不可以得故，而有濫刑人殺人無辜也。非汝封又曰劓刵人，無以得故，而有所濫劓刵人之無罪者也。傳化惡至修善。正義曰：人之有疾，治之以理則疾去。人之有惡，化之以道則惡除。傳愛養至安治。正義曰：既去惡，乃須愛養之爲善，人爲上養，則化所行，故言其皆安治。子生赤色，故言赤子。傳劓截至得行。正義曰：以國君故得專刑殺於國中，而不可濫其刑，即墨、劓、剕、宫也。劓在五刑爲截鼻，而有刵者，《周官》五刑所无，而《吕刑》亦云劓刵，《易·噬嗑》上九云何校滅耳。鄭玄以臣從君坐之刑，孔意然否未明，要有刵而不在五刑之類。言又曰者，周公述康叔，豈非汝封又自言曰得劓刵人？此又曰者，述康叔之又曰。

又：王曰：封，元惡大憝，矧惟不孝不友？大惡之人猶爲人所大惡，況不善父母，不友兄弟者乎？言人之罪惡，莫大於不孝不友。子弗祇服厥父事，大傷厥考心。爲人子不能敬身服行父道，而怠忽其業，大傷其父心，是不孝。于父不能字厥子，乃疾厥子。於爲人父不能字愛其子，乃疾惡其子，是不慈。于弟弗念天顯，乃弗克恭厥兄。於爲人弟不念天之明道，乃不能恭事其兄，是不恭。兄亦不念鞠子哀，大不友于弟。爲人兄亦不念稚子之可哀，大不篤友于弟，是不友。鞠，居六反。惟弔茲，不于我政人得罪，惟人至此不孝、不慈、弗友、不恭，不於我執政之人得罪乎？道教不至所致。弔音的。天惟與我民彝大泯亂。天與我民五常，使父義、母慈、兄友、弟恭、子孝，而廢棄不行，是大滅亂天道。泯，徐武軫反。曰，乃其速由文王作罰，刑茲無赦。言當速用文王所作違教之罰，刑此亂五常者，無得赦。疏：王曰封元至無赦。正義曰：以是所用得其罪，不但寇盜，王命而言曰：封，非於骨肉之人爲大惡，猶尚爲人所大惡之，況惟不孝父母，不友兄弟者乎？其罪莫大於不孝也。何者？爲人之子不能敬身服行其父事，而怠忽其業，大傷其父心，是不孝也。於爲人父不能字愛其子，乃疾惡其子，是不慈也。於爲人弟不能念天之明道，故乃不能恭事其兄，是不恭也。爲人兄亦不能念稚子之可哀哉，大不友愛於弟，是不友也。惟人所行以至此不孝不友者，豈不由我執政之人道教不至，以得此罪乎？既人罪由教而致，天惟與我民以五常之性，使有恭孝，廢棄不行，是大滅亂天道也。以由我滅亂，曰，乃其疾用文王所作違教之罰，刑此亂五常者，不可赦放也。傳大惡至不友。正義曰：言將有作姦宄大惡，猶爲人所大惡，況不孝父母，不善兄弟者乎？《孝經》云五刑之屬三千，而罪莫大於不孝是也。《釋親》云：善父母爲孝，善兄弟爲友。下文不言母，母同於父。父子尊卑而異等，故孝名上不通於下。其兄弟雖有長幼而同倫，故共友名也。傳爲人至不孝。正義曰：考亦通生死，即此文及《酒誥》是也。下《曲禮》云死曰考，是對例耳。人子以述成父事爲孝，怠忽其業，即其肯曰，我有後，不棄基，故爲大傷父心，即是上不孝也。則子不述父事，當輕於盜殺，況以爲甚者，此聖人緣心立法，人莫不緣身本於父母也，自親以及物，天然之理，故《孝經》曰不愛其親而愛他人者，謂之悖德。不敬其親而敬他人者，謂之悖禮。以順則逆，民無則焉。不在於善，而皆在於凶德是也。以此言賊殺他人，罪小於骨肉相乖阻。但於他人言其極者，於親言其小者，小則有不和詈爭鬭訟相傷者也。於親小則傷心，大乃逆命，毆駡殺害，互相發起而可知也。傳於爲至不慈。正義曰：上文不言不慈，意以不孝爲摠焉。父當言義而云不慈者，以父母於子并爲慈，因父有愛敬多少而分之。言父義母慈，而由慈以義，故雖義言不慈，且見父兼母耳。傳於爲至不恭。正義曰：善兄弟曰友，此言不恭者，友思念之辭，兄弟同倫，故俱言友；雖同倫而有長幼，其心友而貌恭，故因兄弟而分友文爲二而言恭也。五教，即《左傳》文十八年史克言也。於此言天之明道者，父子天性，不嫌非天明，故於兄弟言之。因上先言不孝，先言子於父，故此不友先言弟於兄，若舉中以見上下，故此言天明，見五教皆是，即《孝經》云則天之明，《左傳》云爲父子兄弟姻媾以象天明，是於天理常然，爲天明白之道。傳爲人至不友。正義曰：言亦者，以兄弟同等而相亦，所謂《周書》云父子兄弟罪不相及，即此文也。不孝罪子，非及於父之輩，理所當然。而《周官》隣保以比伍相及，而趙商疑而發問，鄭荅云：《周禮》太平制，此爲居殷亂而言，斯不然矣。《康誥》所云，以骨肉之親，得相容隱，故《左傳》云：父子兄弟罪不相及。《周禮》所云，據踈人相督率之法，故相連獲罪。故今之律令，大功已上得相容隱，鄰保罪有相及是也。

（宋）楊簡《五誥解·康誥》 周公前既告康叔以赦宥慎罰，可謂詳復矣。至此又慮康叔一槩寬宥，反滋凶惡，故又及此數條大惡也。自得罪亦猶前言自作也，宄亦姦也。冦盜、攘奪、姦宄，與夫殺人取貨，暋然不畏，凡民罔弗憝，是不待教而誅者也。王曰：此乃元惡大憝。又況不孝不友，子不祇敬，服勤父事，大傷父心；父不能字養厥子，乃疾厥子；弟弗念天道明顯可畏，乃敢弗恭厥兄；兄亦弗念父母鞠養其弟，愛育之，憂念之，至於哀言鞠子，則父母可見，大不友于弟。大，言其甚也。弔，至也。至此，則非我爲政之人，有不能治民之罪也。夫天降衷以彝性與民，民乃大泯亂，至於如此。數條大惡，斷無疑慮，當速用文王所作罰法刑之，不可赦也。蓋此乃不率循大法戛法也。彝倫大法，斷不可亂。治亂由此，故聖人謹之。

（宋）蔡沈《書經集傳·周書·康誥》 惟乃丕顯考文王，克明德慎罰。注：左氏曰：明德謹罰，文王所以造周也。明德，務崇之之謂。謹罰，務去之之謂。明德謹罰，一篇之綱領。不敢侮鰥寡以下，文王明德謹罰也。汝念哉以下，欲康叔明德也。敬明乃罰以下，欲康叔謹罰也。爽惟民以下，欲其以德行罰也。封敬哉以下，欲其不用罰而用德也。終則以天命殷民結之。

又：汝亦罔不克敬典，乃由裕民，惟文王之敬忌，乃裕民曰：我惟有及，則予一人以懌。汝罔不能敬守國之常法，由是而求裕民之道。惟文王之敬忌，敬則有所不忽，忌則有所不敢。期裕其民曰：我惟有及於文王，則予一人以悅懌矣。此言謹罰之終也。穆王訓刑，亦曰敬忌云。

王曰：封，爽惟民迪吉康，我時其惟殷先哲王德，用康乂民，作求。矧今民罔迪不適。不迪，則罔政在厥邦。此下欲其以德用罰也。求，等也。《詩》曰：世德作求。言明思夫民，當開導之以吉康。我亦時其惟殷先哲王之德，用以安治其民，爲等匹於商先王也。迪，即迪吉康之迪，況今民無導之而不從者，苟不有以導之，則爲無政於國矣。迪言德而政言刑也。前既嚴之民，又嚴之臣，又嚴之康叔，此則武王之自嚴畏也。

（清）孫星衍《尚書今古文注疏·康誥》　王曰：封，元惡大憝，矧惟不孝不友。子弗祗服厥父事，大傷厥考心；于父不能字厥子，乃疾厥子；于弟弗念天顯，乃弗克恭厥兄；兄亦不念鞠子哀，大不友于弟。惟弔，茲不于我政人得罪。天惟與我民彝大泯亂，曰：乃其速由。疏：元者，《釋詁》云：首也。謂惡人之魁首。大憝者，大爲怨于人。矧，《說文》作矤，云：詞也。祗者，《釋詁》云：敬也。服同𠬝，《說文》云：治也。字者，愛也。疾與𧩼同義。《廣雅·釋詁》云：憎，𧩼也。顯者，《釋詁》云：代也。天顯，謂兄于天倫有代父之道。《釋詁》云：恭，敬也。鞠，生也。弔者，鄭注《費誓》云：善也。泯，《說文》作洱。《周禮·小宗伯》注云：杜子春讀爲泯。《釋詁》云：盡也。《詩傳》云：滅也。速者，《釋言》云：徵也。徵義同召。由同訧，《廣雅·釋詁》云：辠也。言此首惡爲民大怨者，其惟不孝不友之人。父子兄弟不相和睦，不可謂之同惡，惟其中有善者，此不當爲我政人所連坐。政人，爲政之人，卽下文惟厥正人。《春秋左氏》《傳》僖三十三年《傳》，晉臼季引《康誥》曰：父子兄弟，罪不相及。又昭二十年《傳》、《後漢書·肅宗本紀》元和元年詔、《潛夫論·論榮篇》俱引經文同臼季，卽用此義。罪不相及卽不于我政人得罪也。或以爲《書》之佚句，失之。天惟與我民彝大泯亂，曰：乃其速由者，言此父子兄弟不睦之人，滅亂天常，乃其自召罪訧，不可旁及親屬。《酒誥》曰：惟民自速辜。《多方》云：乃惟爾自速辜。語意正同。或以乃其速由下屬文王作罰爲句，案之《後漢書·王符傳》，不然也。

又：汝亦罔不克敬典，乃由裕民，惟文王之敬忌，乃裕民，注：鄭康成曰：敬忌，祇祇威威是也。曰：我惟有及則。予一人以懌。注：一無予字，懌作擇。疏：《釋詁》云：典，法，常也。由裕者，由同猷，《廣雅·釋詁》云：猷，順也。裕，容也。惟者，《釋言》云：思也。敬忌者，謂上明德，敬也；慎罰，忌也。《釋詁》云：則，法也。懌，樂也。《詩傳》云：懌，悅也。《荀子·君道篇》曰：明主急得其人，得其人則身佚而國治，功大而名美。故君人者勞于索之，而休于使之。《書》曰：惟文王之敬忌，一人以擇。此之謂也。案：《荀子》以爲用賢之義，則所謂敬忌者，謂祗祇、威威，用賢，謂庸庸也。懌非古字，段氏玉裁云：擇，卽懌也。上文所謂身佚而國治也。敬忌，上文所謂急得其人也。此秦以前古文《書》說。《說苑·君道篇》：孔子曰：大哉，文王之道！敬慎恭己，而虞、芮自平。故《書》曰：文王之敬忌，此之謂也。又說爲虞、芮自平，則正謂平獄之事，但以敬慎恭己化導之。此與《荀子》異者，今文說也。言當思文王之敬忌以容民，曰我思及之而法則之也。經云云者，言汝亦無不能敬法，乃以道導民，思文王之敬德忌刑，乃道民曰：我思逮及法則文王。天子當悅懌汝矣。《詩·板》釋文云：繹本作懌。又《靜女》釋文云：說懌當作說釋。則懌非古字，與擇音相近，亦可通，故《荀子》爲擇也。鄭注見《書》疏。

又：王曰：封，予惟不可不監，告汝德之說于罰之行。今惟民不靜，未戾厥心，迪屢未同。爽惟天其罰殛我，我其不怨，惟厥罪。無在大，亦無在多，矧曰其尚顯聞于天？　疏：《釋詁》曰：監，視也。戾，止也。屢者，《釋言》云：亟也。郭注云：亟，太數也。爽者，《說文》云明，明亦勉也，見上疏。惟者，《釋詁》云：思也。殛者，《釋言》云：誅也。尚者，鄭氏《書贊》云：上也。又告之曰：我思不可不視法文王，故告汝以明德之說，慎罰之行。今惟殷民不安靜，未定止其心，道之以道，屢未和同。勉思天其罰誅我，我其不敢怨天怨民，祇自思惟其罪。罪無在大，亦無在多，不可不責躬也，況曰其上能明達于天乎？

（清）牟庭《同文尚書·周書·康誥》　王若曰：孟侯，朕其弟小子封：惟乃丕顯考文王，克明德慎罰，不敢侮鰥寡，庸庸，祇祇，威威，顯民，用肇造我區夏，越我一二邦以修。我西土惟時怙冒聞于上帝，帝尊休，天乃大命武王壹戎殷，誕受厥命。越厥邦、厥民，惟時敘。乃寡兄勖。耄，肆汝小子封在茲東土。【略】

庭按：周公稱王誥衛侯若曰：諸侯之長，我之弟，年方小子，汝名曰封。惟汝不顯皇考文王能明用有德之人，慎用罰罪之法，鰥寡單弱者尤易侮傷，而不敢侮傷之也。此慎罰之至也。用其人，及其人之所用；敬其人，又及其人之所敬；畏其人，又及其人之所畏。如是故顯學之民，皆爲文王所用矣。此明德之至也。以此肇造我岐豐之間一區中夏，及我一二諸侯之邦，以修明我西土之治，猶未能撫有東土之民。惟時文王之年已在胡耇耄耋，始聞于上帝，未集于大勳，而既定止矣，休息矣。天乃降大命于武王，使伐大殷而殪仆之，亦但受其天命，而不遂兼其土宇，若乃殷家邦域，殷家民人，則至武庚伏罪，而後即敘，爲我有焉，而汝寡特無偶之兄亦聿既耄，第令汝小子封出治殷民，在兹東土。

又：王曰：外事，汝陳時臬，司師兹殷，罰有倫。又曰：日要囚，服念五六日至于旬、時，丕蔽要囚。王曰：汝陳時臬事，罰蔽殷彝。用其義刑義殺，勿庸以次即汝封心。乃汝盡遜，勿曰：時敘。惟曰：未有遜事。【略】

庭按：周公王曰：外朝議獄，事之大者，汝尤宜慎之也。汝列是讞獄之辭，循此律令之法，既有其倫比矣，猶懼未詳審。乃再日要之囚之，重複思念五日六日以至于旬時，猶有不批斷而仍要囚者，慎之至也。汝乃列是讞事，發落批斷，惟律法是用，或宜刑剄，或宜放槷，有律法在，勿庸就汝心以爲斷，懼其有未順也。乃使汝所批斷盡皆順矣，猶勿得曰是有敘也，惟當曰教化不至，猶有刑人槷人，是有未順事也。

又：矧亦惟君惟長，不能厥家人，越厥小臣、外正，惟威惟虐，大放王命，乃非德用乂。汝亦罔不克敬苟典，乃由裕民，惟文王之敬忌。乃裕民曰：我惟有及。則予一人以懌。【略】

庭按：引惡己爲憝矣，矧亦惟國家之君，惟臣民之長，不能于其民一家父子、兄弟各等之人以及小臣諸節外庶子正人，教道無素以至于有罪。而惟疾威，惟殘虐，速刑速槷。雖當其罪，大概放依王命，然而乃非用德治人者也。汝亦戒之，無然不能自急救于善，而猶説民之不善也。惟以文王之善，自急救乃可以説民之不善，而其説之必且曰：爲我失教，致民若此。我亦惟有與及其咎也。如是則尚德而緩刑，先教而後罰，我一人所以悦懌也。此爲朕心朕德，欲汝知之也。

王曰：封，爽惟民迪由吉康，我時其惟殷先哲王德，用康乂民，作求。矧今民罔迪由不適。不迪由，則罔政在厥邦。予惟不可不監，告汝德之説于罰之行。【略】

庭按：周公王曰：封乎。我嘗思惟願我民由行于吉康之道，我于爾時其當惟殷先哲王用德以安治民者，與爲逑匹，終無用罰，是我心也。況在今日之民，不由吉康，不啻其不由也，則且抵冒不顧。若無官政在其國中也，則斷罰必日有聞也。我惟是不可不監視此民，而告汝用德之説于罰之所行，庶幾以救時也。

王曰：封，今惟民不靜，未戾厥心，迪屢妯婁未同。爽惟天其罰殛我，我其不怨。惟厥罪無在大，亦無在多，矧曰其尚顯聞于天？【略】

庭按：周公王曰：封乎。今惟殷民未安靜，未能自定其心，妯婁動擾，未肯和同，則是我不能安民之罪也。我嘗思惟天其當罰極于我，我其當受罰不怨。惟其罪無在于大，苟有小罪，則宜罰，亦無在于多。雖有少罪，猶宜罰，而況曰不能安民之罪，其大其多，而猶彰顯著聞于上天乎？

《尚書・周書・召誥》 其惟王勿以小民淫用非彝，亦敢殄戮用乂民，若有功，其惟王位在德元，小民乃惟刑用于天下，越王顯。上下勤恤，其曰我受天命，丕若有夏歷年，式勿替有殷歷年。欲王以小民受天永命。

（宋）蔡沈《書經集傳・周書・召誥》 其惟王勿以小民淫用非彝，亦敢殄戮用乂民，若有功。刑者，德之反。疾於敬德，則當緩於用刑。勿以小民過用非法之故，亦敢於殄戮用治之也。惟順導民，則可有功。民猶水也，水泛濫横流，失其性矣。然壅而遏之，則害愈甚。惟順而導之，則可以成功。其惟王位在德元，小民乃惟刑用于天下，越王顯。元，首也。居天下之上，必有首天下之德。王位在德元，則小民皆儀刑用德于下，於王之德益以顯矣。

《尚書正義・周書・多方》 乃惟成湯，克以爾多方，簡代夏作民主。乃惟成湯，能用汝衆方之賢，大代夏政，爲天下民主。慎厥麗，乃勸，厥民刑，用勸。湯慎其施政於民，民乃勸善。其人雖刑，亦用勸善。言政刑清。以至于帝乙，罔不明德慎罰，亦克用勸。言自湯至于帝乙，皆能成其王道，長慎輔相，無不明有德，慎去刑罰，亦能用勸善。相，息亮反。去，羌吕反。要囚，殄戮多罪，亦克用勸。開釋無辜，亦克用勸。帝乙已上，要察囚情，絶戮衆罪，亦能用勸善。開放無罪之人，必無枉縱，亦能用勸善。要，一遥反，又一妙反，注同。殄，亭遍反。上，時掌反。今至于爾辟，弗克以爾多方，享天之命。今至于汝君，謂紂，不能用汝衆方，享天之命，故誅滅之。辟，必亦反。疏：乃惟至之命。正義曰：桀殘虐於民，乃惟成湯，能用汝衆方之賢人，大代夏桀，作天下民主。慎其所施政教於民，民乃勸勉爲善。其民雖被刑殺，亦用勸勉爲善。非徒湯聖，後世亦賢。自湯至于帝乙，皆能成其王道，無不顯用有德，畏慎刑罰，亦能用勸勉爲善。要察囚情，絶戮衆罪，亦能用勸勉爲善。開放無罪，亦能用勸勉爲善。今至於汝君紂，反先王之道，不能用汝多方之民，享有上天之命，由此故被誅滅。汝等宜當知之，不當更令如殷也。傳乃惟至民主。正義曰：大代夏者，言天位之重，湯能代之，謂之大代夏也。王肅云：以大道代夏爲民主。傳湯慎至刑清。正義曰：慎厥麗者，總謂施政教爾。但下句言刑用勸，勸用刑則厥麗之言有賞，賞謂賞用勸也。但所施政教，其事既多，非徒刑賞而已。舉事得中，民皆勸也。政無失，刑無濫，民以是勸善。言政刑清。傳帝乙至勸善。正義曰：將欲斷罪，必受其要辭，察其虛實，故言要囚也。殄戮多罪，罪者不濫。開釋無罪者，不枉殺人，不縱有罪，亦是政刑清，故能用勸善也。

《尚書正義·周書·呂刑》 王曰：嗚呼！敬之哉！官伯、族姓，朕言多懼。敬之哉，告使敬刑。官長，諸侯。族，同族。姓，異姓也。我言多可戒懼，以儆之。儆音景。朕敬于刑，有德惟刑。我敬於刑，當使有德者惟典刑。今天相民，作配在下，明清于單辭。今天治民，人君爲配天在下，當承天意，聽訟當清審單辭。單辭特難聽，故言之。相如字，馬息亮反，助也。民之亂，罔不中聽獄之兩辭，民之所以治，由典獄之無不以中正聽獄之兩辭，兩辭棄虛從實，刑獄清則民治。治，直吏反。無或私家于獄之兩辭。典獄無敢有受貨聽詐，成私家於獄之兩辭。獄貨非寶，惟府辜功，報以庶尤。受獄貨非家寶也，惟聚罪之事，其報則以衆人見罪。永畏惟罰，非天不中，惟人在命。當長畏懼惟爲天所罰，非天道不中，惟人在教命使不中，不中則天罰之。天罰不極，庶民罔有令政在于天下。天道罰不中，令衆民無有善政在於天下，由人主不中，將亦罰之。令，力呈反。疏：王曰至天下。正義曰：王歎而呼諸侯曰：嗚呼！刑罰事重，汝當敬之哉！謂諸侯官之長，此同族異姓等，我言多可戒懼。我敬於刑，當刑命有德者惟典刑事。今上天治民，命人君爲天子，配天在於下，承天之意，爲事甚重。其聽獄訟，當明白清審於獄之單辭。民之所以治者，由獄官無有不用中正聽訟之兩辭。由以中正之故，下民得治。汝獄官無有敢受貨賂，成私家於獄之兩辭。勿於獄之兩家受貨致富，治獄受貨非家寶也，惟是聚罪之事。言汝身多違則不達，虛言戒行急惡，疏非虛論矣。多聚罪則天報汝，以衆人見被尤怨而罰責之。汝當長畏惟天所罰，天罰汝者非是天道不中，惟人在於自作教命，使不中爾。教命不中，則天罰汝。天道罰不中也，若令衆民無有善政在於天下，則是人主不中，天亦將罰人主。諸侯爲民之主，故以天罰懼之。傳敬之至儆之。正義曰：此篇主多戒諸侯百官之長，故知官長即諸侯也。襄十二年《左傳》哭諸侯之例云：異姓臨於外，同族於禰廟。是相對則族爲同姓，姓爲異姓也。告之以我言多可戒懼者，以儆戒之也。下言民無善政，則天罰人主，是儆戒諸侯也。傳我敬至典刑。正義曰：當使有德者惟典刑，言將選有德之人使爲刑官，刑官不用無德之人也。傳今天至言之。正義曰：傳以相爲治，今天治民者，天有意治民，而天不自治，使人治之。人君爲配天在下，當承天意治民，治之當使稱天心也。欲稱天心，聽獄當清審單辭。單辭謂一人獨言，未有與對之人。訟者多直己以曲彼，搆辭以誣人，單辭特難聽，故言之也。孔子美子路云：片言可以折獄者，其由也與。片言即單辭也。子路行直聞於天下，不肯自道己長，妄稱彼短，得其單辭即可以斷獄者，惟子路爾。凡人少能然，故難聽也。傳民之至民治。正義曰：獄之兩辭，謂兩人競理，一虛一實，實者枉屈，虛者得理，則此民之所以不得治也。民之所以得治者，由典獄之官其無不以有中正之心聽獄之兩辭，棄虛從實，實者得理，虛者受刑，虛者不敢更訟，則刑獄清而民治矣。孔子稱必也使無訟乎，謂此也。傳典獄至兩辭。正義曰：典獄知其虛，受其貨，而聽其詐。詐者虛而得理，獄官致富成私家，此民之所以亂也。故戒諸侯無使獄官成私家於獄之兩辭。傳受獄至見罪。正義曰：府，聚也。功，事也。受獄貨非是家之寶也，惟最聚近罪之事爾。罪多必有惡報，其報則以衆人見罪也。衆人見罪者多，天必報以禍罰，故下句戒令畏天罰也。傳當長至罰之。正義曰：衆人見罪者多，天必報以禍罰，汝諸侯等當長畏懼爲天所罰。天之罰人，非天道不得其中，惟人在其教命自使不申，教命不中，則天罰之。諸侯一國之君，施教於民者也，故戒以施教命中否也。傳天道至罰之。正義曰：天道下罰，罰不中者，令使衆民無有善政在於天下，由人主不中。爲人主不中，故無善政，天將亦罰人主。人主謂諸侯，此言戒諸侯也。

王曰：嗚呼！嗣孫，今往何監？非德于民之中？尚明聽之哉！嗣孫，諸侯嗣世子孫，非一世。自今已往，當何監視？非當立德於民，爲之中正乎？庶幾明聽我言而行之哉！哲人惟刑，無疆之辭，屬于五極，咸中有慶。言智人惟用刑，乃有無窮之善辭，名聞於後世。以其折獄屬五常之中正，皆中有善，所以然也。屬音燭。受王嘉師，監于茲祥刑。有邦有土受王之善衆而治之者，視於此善刑。欲其勤而法之，爲無疆之辭。疏：王曰至祥刑。正義曰：戒之既終，王又言而歎曰：嗚呼！汝諸侯嗣世子孫等，從自今已往，當何所監視？非當視立德於民而爲之中正乎？言諸侯并嗣世惟當視此立德於民爲之中正之事。汝必視此，庶幾明聽我言而行之哉！有智之人惟能用刑，乃有無疆境之善辭。得有無疆善辭者，以其折獄能屬於五常之中正，皆中其理而法有善政故也。汝有邦有土之君，受王之善衆而治之，當視於此善刑。從上已來舉善刑以告之，欲其勤而法之，使有無窮之美譽。傳言智至然也。正義曰：屬謂屬著也。極，中也。慶，善也。五常謂仁義禮智信，人所常行之道也。言得有善辭，名聞於後世者，以其斷獄能屬著於五常之中正，皆得其理而法之有善，所以得然也。知五是五常者，以人所常行惟有五事，知是五常也。

（清）孫星衍《尚書今古文注疏·呂刑》 德威惟畏，德明惟明。注：惟一作維，畏一作威。疏：《表記》引《甫刑》曰：德威惟威，德明惟明。非虞帝其孰能知此乎？注云：德所威，則人皆畏之，言服罪也。德所明，則人皆尊之，言得人也。案：得人謂下文三后。惟作維，畏作威，俱見《墨子》。

又：爾尚敬逆天命，以奉我一人。雖畏勿畏，雖休勿休，惟敬五刑，以成三德。疏：逆者，《釋言》云：迎也。奉者，《說文》云：承也。三德者，《洪範》之正直、剛克、柔克也。言汝庶幾敬迎天命，以承我一人之戒。雖可畏勿畏之，雖可休勿休之，惟敬慎五刑之中，以成此三德之美。《漢書》宣帝詔曰：雖休勿休，祗事不怠。以不怠訓勿休也。《外戚傳》引《書》曰：雖休勿休。惟敬五刑，以成三德。或以祗事不怠爲經文，非也。《僞傳》以休爲美，亦非。王氏引之以休爲喜，云與畏正相反，引《周語》云：爲晉休慼。韋注云：休，喜也。

又：哲人惟刑。疏：《吳志・步隲傳》。隲曰：明德慎罰，哲人維刑，《書傳》所美，自今蔽獄，都下則宜顧雍，武昌則陸遜、潘濬，平心專意，務在得情。言當擇哲人任之以刑也。

又：受王嘉師，監于茲詳刑。疏：《釋詁》云：嘉，善也。師，衆也。言受王之善衆而治之。當視此哲人之詳刑也。

（清）王夫之《尚書引義》卷六《吕刑》 今欲審先王之法制，亦惟名言之足信而已矣。刑罰之稱，連類並舉，言刑必言罰，有聞自古，未之或易也。而論者乃曰：罰非古也，奚得哉？《舜典》曰：鞭作官刑，扑作教刑，金作贖刑，鞭扑分有所屬，而贖統言之，義例明矣。

乃抑爲之訓曰：贖以施於官教之刑，而五刑不與。不勤道藝而罰以金，塾師不能行於里社，而況國子乎？其言曰：五刑而得贖，則是富者生而貧者死，貧者刑而富者免，將使富人公於殺人而不忌。夫不揣其本以極其末，則其説伸矣。乃以此爲患，則以施於官教之刑也，將富者可亢玩公事而弗勤弦誦矣乎？矧《吕刑》固曰：五刑疑赦，閱實其罪，則罰施於疑赦，而殺人及盜不與於贖，明矣。

又或爲之説曰：先王以道治天下，或抑或揚，以昭德也。故善者登進之以禮，惡者死傷之以刑，以貴人之生而賤其死。貴全其受生之支體而賤其殘，一抑一揚，而仁孝之精意與存焉。如其以罰爲懲，而顯示天下以居財之爲貴，而輸財之爲賤，則胥動其民心於貨賄之有無也。使然，則以罰故而勸人於貨，抑亦刑殺示懲，而逢、比之禍均於盜殺，亦將貴偷生而賤致命也乎？且民不可使勸於貨賄，而在官之士，入學之良，其宜導以伸廉隅而賤貨賄，又何如邪？

（清）牟庭《同文尚書・周書・甫刑之命》 王曰：嗚呼，念之哉，伯父、伯兄、仲叔、季弟、幼子、童孫，皆聽朕言，庶有嘏命。今爾罔不由慰曰勤，爾罔或戒不勤。天齊于民，卑我一日，非崇惟崇在人。爾尚敬逆天命，以奉我一人。雖慰勿慰，雖休勿休，惟矜五刑，以成三德。一人有慶，兆民賴之，其寧惟永。【略】

庭按：王歎而言曰：嗚呼，思念之哉。司政典獄之人有伯長諸父，伯長諸兄，仲叔，季者，弟也，幼者，子也；童者，孫也，皆宜聽我此言。庶幾有天之嘏命乎，今爾所由自安慰者，其道無不曰勤也。爾無或以一時之不勤，而留爲終身之戒也。爾所戒者多，則可慰者少也。天之至高，而自齊于民之卑，不自以爲高也。天以爲我一而已，曰：非崇高也。惟所以崇高者在衆人戴之故也。此則天齊於民卑之説也。我爲王，爾爲獄吏，猶之天與民矣。我爲王，而無由徧德於民。欲徧德於民，端在獄吏之勤。一王不如衆獄吏，亦猶天齊于民卑也。爾尚其敬逆天命，以奉我一人。雖可自慰，猶勿自慰。雖得休暇，猶勿休暇。惟矜五刑之所施，以成君臣民之三德，使一人有榮慶於上，而兆民賴生全於下，皆爾之勤也。是三德也，此其寧息非惟一日之寧息，而惟永久慰安。故曰由慰曰勤也。

王曰：吁！來，有邦有土，告爾詳刑：在今爾安百姓，何擇非人？何矜非刑？何度非乂？兩造具備，師聽五辭。五辭簡孚，正于五刑。五刑不簡，正于五罰。五罰不服，正于五過。五過之疵，惟官，惟反，惟內，惟貨，惟求。其罪惟均，其審核之。五刑之疑，有赦；五罰之疑，有赦，其審核之。簡孚有衆，惟緢有稽。無簡不疑，具嚴天威。墨辟疑赦，其罰百鍰，閱實其罪。劓辟疑赦，其罰惟倍，閱實其罪。剕辟疑赦，其罰倍差，閱實其罪。宮辟疑赦，其罰六百鍰，閱實其罪。大辟疑赦，其罰千鍰，閱實其罪。墨罰之屬千，劓罰之屬千，剕罰之屬千五百，宮罰之屬三百，大辟之罰其屬二百，五罰之屬三千。上下比罪，無僭亂辭，勿用不行。罰懲非死，人極于病。其刑其罰其審核之。上刑適輕下服，下刑適重上服，輕重諸罰有權。刑罰世輕世重，惟齊非齊，有倫有要。非佞哲獄，惟良哲獄，罔非在衷，察辭于差，非從惟從，惟察惟法，其審核之。哀矜哲獄，明啓刑書胥占，咸庶中正。獄成而服，輸而服。其刑傷悲，猶病良刑，其審核之。【略】

庭按：王歎而呼諸侯曰：吁，來哉。有邦國者，有土域者，我將以詳明之刑書告汝。在今汝作天牧，有安養百姓之責，當何擇乎？汝必曰：擇人而已。我曰：非也。擇人而不省其事，則百姓不安矣。當何矜乎？汝必曰：矜刑而已。我曰：非也。矜刑而不矜罰，則百姓不安矣。當何度乎？汝必曰：度其乂而已，我曰非也。度其乂而不守其法，則百姓不安矣。典獄者，士師之事也。兩遇之敵具備，在官則有士師，聽其五辭，簡核信有罪驗，則正之於五刑而刑之矣。若辭入五刑而不簡核，則正之於五罰而罰之矣。若辭入五罰，而又不服，則是士師過聽失入人罪，當正之於五過，而士師受其咎矣。或誤不及，知而有過，猶可説也。而五過之所爲疵病者，惟是承望勢官，惟是恩怨報反，惟是瞻徇納交，惟是受取貨賄，惟是聽人請求。有此疵者，其罪與所治人之罪惟相等均。爾諸侯其當詳審考核之，不可曰已擇人爲士師，無庸又審核也。故曰：何擇非人也。五刑之罪不孚而疑，則有赦贖，入于五罰矣。簡閲可信之辭既多有之，而惟幾微緢細之間，猶有可疑而稽留不敢斷决者，以爲事無簡核，而敢斷不疑，是爲敢於刑人，天必怒之，人皆畏天之怒，故刑人不敢不疑。於是墨辟之疑，赦而取贖，其罰百鍰，既脱其刑，已實其罪矣。劓辟之疑，赦而取贖，其罰惟二百鍰，則百鍰之倍也。雖脱其刑，已實其罪矣。剕辟之疑，赦而取贖，其罰則三百鍰，爲百鍰之倍差也。雖脱其刑，已實其罪矣。宫辟之疑，赦而取贖，其罰則六百鍰，爲三百鍰之倍也。雖脱其刑，已實其罪矣。大辟之疑，赦而取贖，其罰則惟千鍰，是百鍰之十倍也。雖脱其刑，已實其罪矣。墨罰之屬千條，劓罰之屬千條，剕罰之屬五百條，宫罰之屬三百條，大辟之罰其屬二百條，五罰之屬有三千條。罰屬若此多也。矜罰者當上比下比，平處其罪，無引僭差不比之亂辭，勿用三千條外，今所不行之古律。蓋罰金示懲，非至於死，而破家納贖，已使其人極於病苦矣。故不論其爲刑，其爲罰，其皆當詳審考核之。勿徒矜刑而不矜罰也。故曰：何矜？非刑也。有本罪在上一等之刑，而匝入輕比者應服下一等之刑，有本罪在下一等之刑，而匝入重比者，應服上一等之刑。此議刑之權宜也。自刑而罰，亦有上下輕重之權。五刑五罰，皆有匝輕匝重之説。刑書著其輕重，惟是齊一之法，而其中紛然錯匝，乃非齊一之事。然有條例之倫比，有法書之要束，不可以己意低昂而藉口於有權宜也。故非佞才者明於刑獄，而惟良善者明於刑獄也。良善者與佞才者，無非在於能中人情，察其辭於差互之中，非從其僞辭，而惟從其本情，此所以能中人情也。而良善者，既惟明察可用，又惟法律可遵，其當詳審考核之，勿徒言權宜也。故曰：何度非乂也。可哀矜者，哲獄之事也。明開刑書，相與占視，皆庶幾得其中正。入獄成罪，而皆允服，出獄渝變，而皆允服矣。是良吏之斷刑也。然而脱者喜悦，刑者傷悲。受良吏之刑而猶病苦也。哲獄者豈可不哀矜哉？其當詳審考核之也。

又：王曰：嗚呼！嗣孫，今往何監？非德于民之衷？尚明聽之哉！哲人惟刑，無疆之嗣，屬于五極，咸中有慶。受王嘉師，監于茲詳刑。【略】

庭按：王又誥後世之百官曰：嗚呼！繼嗣，我幼子童孫者，皆孫也。自今以往，當何所監視乎？如曰當施德於民之衷善者，則非也。我告汝所當監視者，汝其明聽之哉。明哲之人，惟用刑有德，故其子孫千億。嗣續無疆，親盡於五服之内，咸秉衷善之德。又有美慶之福，是所當監視也。他日嗣孫司政受王朝嘉美之官師，其監觀於此詳刑。

（清）皮錫瑞《今文尚書考證·呂刑》　雖畏勿畏，雖休勿休，惟敬五刑，以成三德。《漢書·宣帝紀》五鳳三年詔曰：《書》不云乎？雖休勿休，祇事不怠。又《外戚傳》報許皇后書曰：雖休勿休，惟敬五刑，以成三德。《後漢書·陳寵傳》寵上疏曰：伯夷之典，惟敬五刑，以成三德。《三國志·陳羣傳》羣對曰：《書》曰：惟敬五刑，以成三德。《書緯·刑德放》亦引惟敬五刑，以成三德。緯書多同今文，是今文《尚書》有此八字，與古文不異。宣帝詔蓋以祇事不怠訓勿休也。江聲於此經增祇事不怠四字，以惟敬五刑爲衍文，非是。

（漢）韓嬰《韓詩外傳》卷一　哀公問孔子曰：有智壽乎？孔子曰：然。人有三死而非命也者，自取之也。居處不理，飲食不節，勞過度者，病共殺之。居下而好干上，嗜欲無厭，求索不止者，刑共殺之。少以敵衆，弱以侮強，忿不量力者，兵共殺之。故有三死而非命者，自取之也。《詩》曰：人而無儀，不死何爲！

（漢）韓嬰《韓詩外傳》卷三　王者之論德也，而不尊無功，不官無德，不誅無罪。朝無幸位，民無幸生。故上賢使能而等級不踰，折暴禁悍而刑罰不過，百姓曉然皆知夫爲善於家，取賞於朝也；爲不善於幽，而蒙刑於顯。夫是之謂定論，是王者之德。《詩》曰：明昭有周，式序在位。

（漢）韓嬰《韓詩外傳》卷四　子爲親隱，義不得正。君誅不義，仁不得愛。雖違仁害義，法在其中矣。《詩》曰：優哉游哉，亦是戾矣。

又：傳曰：誠惡惡，知刑之本。誠善善，知敬之本。惟誠感神。達乎民心，知刑敬之本，則不怒而威，不言而信。誠德之主也，言之所聚也。《詩》曰：鼓鍾於宫，聲聞於外。

（漢）韓嬰《韓詩外傳》卷六 威有三術：有道德之威者，有暴察之威者，有狂妄之威者。此三威不可不審察也。何謂道德之威？曰：禮樂則修，分義則明，舉措則時，愛利則刑。如是，則百姓貴之如帝王，親之如父母，畏之如神明。故賞不用而民勸，罰不加而威行。是道德之威也。何謂暴察之威？曰：禮樂則不修，分義則不明，舉措則不時，愛利則不刑。然而其禁非也暴，其誅不服也審，其刑罰繁而信，其誅殺猛而必，闇然如雷擊之，如牆壓之。百姓劫則致畏，怠則傲上，執拘則聚，遠聞則散，非劫之以刑勢，振之以誅殺，則無以有其下，是暴察之威也。何謂狂妄之威？曰：無愛人之心，無利人之事，而日爲亂人之道，百姓讙譁，則從而放執於刑灼，不和人心，悖逆天理，是以水旱爲之不時，年穀以之不升，百姓上困於暴亂之患，而下窮衣食之用，愁哀而無所告訴，比周憤潰以離上，傾覆滅亡可立而待，是狂妄之威也。夫道德之威成乎衆强，暴察之威成乎危弱，狂妄之威成乎滅亡。故威名同而吉凶之效遠矣。故不可不審察也。《詩》曰：昊天疾威，天篤降喪。瘨我飢饉，民卒流亡。

（漢）韓嬰《韓詩外傳》卷八 夫賢君之治也，温良而和，寬容而愛，刑清而省，喜賞而惡罰。移風崇教，生而不殺，布惠施恩，仁不偏與。不奪民力，役不踰時，百姓得耕，家有收聚，民無凍餒，食無腐敗。士不造無用，雕文不粥于肆。斧斤以時入山林。國無佚士，皆用於世。黎庶歡樂衍盈方外，遠人歸義，重譯執贄，故得風雨不烈。《小雅》曰：有弇淒淒，興雲祁祁。

《周禮注疏·地官·大司徒》 大司徒之職，【略】以五禮防萬民之僞，而教之中。 禮所以節止民之侈僞，使其行得中。鄭司農云：五禮謂吉、凶、賓、軍、嘉。疏：以五至之中。釋曰：以五禮防萬民之僞而教之中者，案：《禮記·樂記》云禮者，著誠去僞。故以禮防萬民之僞，而教之使得中正也。注：禮所至軍嘉。釋曰：禮者，辨尊卑，别貴賤，皆有上下之宜，不得奢侈僭僞。故云禮所以節止民之侈僞也。使其行得中者，上不逼下，下不僭上，得其中正是也。鄭司農云：五禮謂吉、凶、賓、軍、嘉者，《春官·大宗伯》文也。以六樂防萬民之情，而教之和。樂所以蕩正民之情思，使其心應和也。鄭司農云：六樂謂《雲門》、《咸池》、《大韶》、《大夏》、《大濩》、《大武》。思，悉吏反。應，應對之應。招，上朝反，本亦作韶。濩，音護，本亦作護。疏：以六至之和。釋曰：案《樂記》云大樂與天地同和，《孝經》云移風易俗莫善於樂，故大司徒云：六樂防萬民之情而教之，使應和也。注：樂所至大武。釋曰：案《樂記》云：在閨門之内，父子兄弟同聽之，莫不和親。故云樂所以蕩正民之情思，使其心應和也。鄭司農云六樂雲門已下，皆《大司樂》文，至彼具釋。案：前云六藝，禮、樂、射、御、書、數，不覆申射御書數，而獨申禮樂二事，但化民以禮樂爲急，故《樂記》云：心中斯須不和不樂，而鄙詐之心入之矣。外貌斯須不莊不敬，而易慢之心入之矣。故樂也者，動於内者也。禮也者，動於外者也。是致禮樂以治内外之急也。又《孝經》云安上治民莫善於禮，移風易俗莫善於樂。是禮樂爲化民之急也，故特言禮樂耳。

其附于刑者歸于士。 凡萬民之不服教而有獄訟者，與有地治者聽而斷之； 不服教，不厭服於十二教，貪冒者也。争罪曰獄，争財曰訟。有地治者，謂鄉州及治都鄙者也。附，麗也。士，司寇士師之屬。鄭司農云：與有地治者聽而斷之，與其地部界所屬吏共聽斷之。士謂主斷刑之官，《春秋傳》曰士榮爲大士。或謂歸於圜土，圜土謂獄也，獄城圜。治，直吏反，注及下正治并注同。斷，丁亂反，注同。厭，於涉反，或於驗反。疏：凡萬至于士。釋曰：上以禮樂化民，而萬民不猒服十二教，則鬬争起。有獄訟者，將斷割之時，恐其獄訟不審，故與其有地治者謂治民之官，共聽而斷之。若有小罪，則司徒决之。其附於五刑，則歸於士，使秋官士師之等斷之。注不服至城圜。釋曰：云不服教，不猒服於十二教，貪冒者也者，上以十二教教民，使不貪冒。其民有不猒服於十二教，即是貪冒之人也。猒有二種，有嫌猒，有猒飫之猒，謂若祭禮有陰猒之類是也。此言不猒服十二教者，謂不猒飫服行十二教也。又云争罪曰獄，争財曰訟者，案《秋官·大司寇》云：以兩造禁民訟，以兩劑禁民獄。獄訟相對，故獄爲争罪，訟爲争財。若獄訟不相對，則争財亦爲獄，其義具在《秋官》釋之。云有地治者，謂鄉州及治都鄙者也者，司徒主六鄉，明知有鄉州也。案：上經布教於都鄙，明地治之内兼有都鄙可知。云：附，麗也者，案《秋官》云：麗於法，案《尚書·吕刑》越兹麗刑，故以附爲麗。云士，司寇士師之屬者，案：秋官有士師、鄉士、遂士、縣士，並主獄訟之事，故云士師之屬也。司農云《春秋傳》曰者，僖公二十八年，衛侯出奔。及其反國，誤射殺弟叔武，元咺訴於晉，衛侯與元咺訟。晉使士榮爲大士而聽斷之。引此者，欲見有獄必有訟，有訟者不必有獄。故彼是争罪之事，而言衛侯與元咺訟。云或謂歸於圜土，圜土謂獄也者，司農之意，此經士或爲土字，因即解士爲圜土。圜土即獄也。云獄城圜者，更解圜土之意。圜土之義具在《秋官·司圜》職也。

又：若國有大故，則致萬民於王門，令無節者不行於天下。大故，謂王崩及寇兵也。節，六節。有節乃得行，防姦私。疏：若國至天下。釋曰：若國有大故者，大故是非常之事，故言若也。則致萬民於王門者，以待任用故也。云令無節者不行於天下者，大故之時恐有姦寇。節者，用爲行道之信，故無節者不行於天下，所以防姦私也。注大故至姦私。釋曰：言大故，知是王崩及寇兵者，下經別云大荒、大札，故知大故中有王崩、寇兵二事也。云節，六節者，案掌節山國用虎節，土國用人節，澤國用龍節，門關用符節，貨賄用璽節，道路用旌節也。大荒、大札，則令邦國移民通財、舍禁弛力、薄征緩刑。大荒，大凶年也。大札，大疫病也。移民，辟災就賤。其有守不可移者，則輸之穀。《春秋》定五年夏，歸粟於蔡是也。札，側八反。疏：大荒至緩刑。釋曰：大荒謂大凶年，大札謂大疫病。則令邦國者，謂令天下諸侯邦國也。移民通財者，此謂兩事，移民謂分口往就賤。財是米穀也，其有留守不得去者，則賤處通穀米與之。舍禁者，謂山澤之內舊遮禁不聽人入者，令皆舍而不禁，容民取蔬食也。弛力者，謂弛力役之事。薄征者，若據大荒，則全無征稅。今言薄征者，容有小荒仍有征稅，案《司稼》注云豐年從正，儉有所殺，若今十傷二三，實除減半者也。緩刑者，謂有刑罰，寬而放之。注：大荒至是也。釋曰：大荒，大凶年也者，謂若《曲禮》云：歲凶，年穀不登。言大者，《穀梁》云：五穀不熟謂之大侵，與此一也。大札，大疫病也者，謂若《左氏傳》云夭昏札瘥。云其有守不可移者，則輸之穀者，釋經通財也。又引《春秋》定五年夏，輸粟於蔡是也者，案彼傳，定四年，楚瓦伐蔡，五年夏，歸粟於蔡。彼雖非荒札之事，直取歸粟一道，證經通財之義。

《周禮注疏·地官·小司徒》小司徒之職，掌建邦之教灋，以稽國中及四郊都鄙之夫家九比之數，以辨其貴賤、老幼、癈疾，凡征役之施舍，與其祭祀、飲食、喪紀之禁令。稽，猶考也。夫家，猶言男女也。鄭司農云：九比，謂九夫爲井。玄謂九比者，《冢宰》職出九賦者之人數也。貴，謂爲卿大夫。賤，謂占會販賣者。癈疾，謂癃病也。施當爲弛。比，毗志反，注下皆同。施，式氏反。疏：小司徒至禁令。釋曰：小司徒副貳大司徒之事，大司徒已掌十二教，故此小司徒又掌建邦之教法。言建者，非但副貳大司徒，亦得專其事。云以稽國中及四郊都鄙者，大司徒掌邦國都鄙，此小司徒亦掌之。稽，考也。故亦考其國中及四郊，但國中與四郊皆是六鄉之民所居也。併言都鄙者，司徒是主土地之官，故亦兼主采地之法。云之夫家九比之數者，謂國中及四郊都鄙之內，夫家男女九賦，校比人民之數。云辨其貴賤、老幼、癈疾者，辨，猶別也。謂別其貴賤、老幼、癈疾，合科役者科役之。云凡征役之施舍者，征謂稅之，役謂繇役。施舍者，貴與老幼、癈疾不科役，故言弛也。云與其祭祀者，謂鄉中州祭社，黨祭禜，族祭步。飲食者，謂若行鄉飲酒及族食。喪紀者，謂若四閭爲族，使之相葬之等。禁令者，祭祀已下皆有禁令，不使失禮法。注稽猶至爲弛。釋曰：夫家猶言男女者，夫是丈夫，則男也。《春秋傳》曰云男有室，女有家。婦人稱家，故以家爲女。鄭司農云：九比，謂九夫爲井。後鄭不從者，以經掌國中及四郊即是六鄉之內，但鄉與公邑並爲溝洫，無井田之法，故後鄭不從。玄謂九比者，《冢宰》職出九賦者之人數也者，案《大宰》云九賦斂財賄：一曰邦中之賦，二曰四郊之賦，三曰邦甸之賦，四曰家稍之賦，五曰邦縣之賦，六曰邦都之賦，與此文國中四郊都鄙其事相當，故知此九比，出九賦者之人數。云貴謂爲卿大夫，賤謂占會販賣者，鄭解諸文貴賤相對，皆以爲貴謂卿大夫，賤謂士，獨此賤爲占會販賣者，以其此經論九賦之事。案《大宰》九賦有幣餘之賦，幣餘謂占賣國之斥幣。此經貴與老幼、癈疾皆弛舍無賦，唯此賦當彼幣餘之賦，故爲販賣者解之。云施當爲弛者，《周禮》上下，但言爲弛舍者，皆經爲施字，鄭皆破從弛。乃頒比灋于六鄉之大夫，使各登其鄉之衆寡、六畜、車輦，辨其物，以歲時入其數，以施政教，行徵令。登，成也，成猶定也。衆寡，民之多少。物，家中之財。歲時入其數，若今四時言事。畜，許六反，後六畜皆同。疏：乃頒至徵令。釋曰：言乃頒比法于六鄉之大夫者，比法，謂若下經五人爲伍，五伍爲兩是也。六鄉大夫皆六命卿爲之。小司徒爲校比之法，頒與六鄉大夫。又云使各登其鄉之衆寡、六畜、車輦者，衆寡據人民。六畜者，馬、牛、羊、豕、犬、雞。車謂革車及大車。輦，人挽行。又辨其物者，謂辨其家中財物多少，以歲之四時，具録其數，入小司徒。以施政教者，小司徒所施政教，依其數而施行之。云以行徵令者，以徵索於民，及所施政令，亦據民物等數而行之，故云行徵令也。注登成也至言事。釋曰：云登，成也，成猶定也者，人畜衆寡，其數不恒，家家條録，數而比之則得成，故登爲成也、定也。云衆寡，民之多少者，謂六口已上爲多，五口已下爲少。云物，家中之財者，經既言六畜、車輦，下別云辨其物，明物是家中之財。云歲時入其數，若今四時言事者，漢承周後，皆四時入其數。今時日役簿皆在於冬，代異時殊，故有革別也。

又：凡用衆庶，則掌其政教與其戒禁，聽其辭訟，施其賞罰，誅其犯命者。命，所以誓告之。疏：凡用至命者。釋曰：言凡用衆庶者，則上經所云是也。其衆庶皆是六鄉之民，小司徒主教六鄉，六鄉衆是己民，故用衆庶之時，則掌其政教，與其戒禁，又聽斷其賞罰，又誅責犯命者。注：命所以誓告之。釋曰：所誓告者，謂若《大司馬》羣吏聽誓於陳前，司徒北面以誓之，小子斬牲，左右以徇陳，曰不用命者斬之，是其誓告之事也。

《周禮注疏·地官·鄉師》鄉師之職，各掌其所治鄉之教，而聽其治。聽謂平察之。治，直吏反，下六鄉之治同。疏：鄉師至其治。釋曰：云各掌其所治鄉之教者，鄉師四人，其鄉有六，二人共主三鄉，故言各掌其所治鄉之教也。云而聽其治者，自鄉大夫以下至伍長，各自聽斷其民。今鄉師又聽其治者，恐鄉官有濫失，審察之，故鄭云聽謂平察之。以國比之灋，以時稽其夫家衆寡，辨其老幼、貴賤、癈疾、馬牛之物，辨其可任者與其施舍者，掌其戒令糾禁，聽其獄訟。施舍，謂應復免，不給繇役。復，音福。疏：以國至獄訟。釋曰：云以國比之灋者，案《小司徒》職云：九比之數，以辨其貴賤、老幼、癈疾。此鄉師以小司徒國比之灋。云以時稽其夫家衆寡者，謂四時稽考其夫家男女衆寡多少。云辨其可任者，謂上地家七人，可任者家三人之等。云與其施舍者，鄭云謂應復免不給繇役，即上云癈疾老幼者是也。

又：及期，以司徒之大旗致衆庶，而陳之以旗物；辨鄉邑而治其政令刑禁，巡其前後之屯，而戮其犯命者，斷其争禽之訟。司徒致衆庶者，以熊虎之旗，此又以之，明爲司徒致之。大夫致衆，當以鳥隼之旟。陳之以旗物，以表正其行列。辨，别異也。故書巡作述，屯或爲臀。鄭大夫讀屯爲課殿，杜子春讀爲在後曰殿，謂前後屯兵也。玄謂前後屯，車徒異部也。今書多爲屯，從屯。斷，丁亂反。明爲，于僞反。下爲州長、爲鄉大夫、爲州黨同。隼，雖允反。旟，音餘。别，彼列反。殿，都偏反，下同。疏：及期至之訟。釋曰：云及期，謂至田獵之期日。云以司徒之大旗致衆庶者，鄉師爲司徒致衆庶，故還用司徒之大旗。言致衆庶者，謂植旗期民於其下。云而陳之以旗物者，陳列衆庶之時，亦植旗於行首。云辨鄉邑者，田獵之時，非直有六鄉之衆，亦有公邑之民，分别之。云而治其政令刑禁者，鄉師治其民庶政令及刑禁等。云巡其前後之屯者，謂兵衆屯聚，各有車徒，各於前後而巡行之。而戮其犯命者，但民庶之等各有軍將教命，犯命者則戮之。又云斷其争禽之訟者，田獵得大獸公之，小禽私之，有争禽之訟，鄉師斷之。注司徒至從屯。釋曰：云司徒致衆庶者，以熊虎之旗者，《司常》職云熊虎爲旗，此經云司徒大旗，故知司徒自致衆庶，以熊虎爲旗也。云此又以之，明爲司徒致之者，此，鄉師也。經云以司徒大旗，明用司徒大旗，故知爲司徒致之也。云大夫致衆當以鳥隼旟者，案《司常》陳九旗之次云日月爲常，交龍爲旂，通帛爲旜，雜帛爲物，熊虎爲旗，鳥隼爲旟，又云孤卿建旜，大夫士建物，大司徒既是卿官，尋常建旜，在軍建熊虎，鄉師既是大夫官，尋常建物在旜下，明在軍當以鳥隼之旗，在熊虎下可知。云鄭大夫讀屯爲課殿者，未知鄭大夫所讀更出何文。或謂當時俗有課殿之語，故讀從之。云杜子春讀爲在後曰殿者，謂軍在前曰啓，在後曰殿。云謂前後屯兵也者，屯兵則是殿兵也。玄謂前後屯，車徒異部也者，謂《大司馬》云險野，人爲主；易野，車爲主，是車徒異部也。云今書多爲屯，從屯者，謂故書之内爲殿者少，爲屯者多，以多言之，宜從屯。

《周禮注疏·地官·州長》州長，各掌其州之教治政令之灋。鄭司農云：二千五百家爲州。《論語》曰：雖州里行乎哉。《春秋傳》曰：鄉取一人焉以歸，謂之夏州。疏：州長至之灋。釋曰：一鄉管五州，中大夫一人爲州長，故云州長各掌其州之教也。教謂十二教。云治政令之法者，謂十二教之外，所施政令皆治之。注鄭司至夏州。釋曰：二千五百家爲州者，雖無正文，約則有之。案上文，五家爲比、五比爲閭、四閭爲族、五族爲黨、五黨爲州，州二千五百家也。又引《春秋傳》曰已下者，案《左氏》宣公十一年《傳》曰：楚子伐陳，遂入陳，殺夏徵舒，因縣陳。申叔時諫，乃復封陳，鄉取一人焉以歸，謂之夏州。注云：言取討夏徵舒之州。引此者，以證有州之義也。

正月之吉，各屬其州之民而讀灋，以考其德行道藝而勸之，以糾其過惡而戒之。屬猶合也，聚也。因聚衆而勸戒之者，欲其善。屬，音燭，注下皆同。疏：正月至戒之。釋曰：謂建子之月一日也。各屬其州之民者，屬猶合也，聚也，謂合聚一州之民也。而讀法者，謂對衆讀一年政令及十二教之法，使知之。云以考其德行道藝而勸之者，謂考量民之六德、六行及六藝之道藝，而勸勉之，使之勤脩。云以糾其過惡而戒之者，民有過惡，糾察，與之罪而懲戒之。注屬猶至其善。釋曰：言因聚衆而勸戒之者，謂欲勸戒之必須聚衆，故言因聚衆而勸戒之，欲其善也。

《周禮注疏·地官·司救》司救，掌萬民之衺惡過失，而誅讓之，以禮防禁而救之。衺惡，謂侮慢長老、語言無忌而未麗於罪者。過失，亦由衺惡酗醟好訟，若抽拔兵器，誤以行傷害人麗於罪者。誅，誅責也。古者重刑，且責怒之，未即罪也。救，如字，劉音拘。衺，似嗟反，注作邪，同。酗，況付反。醟，音詠。好訟，呼報反。疏：司救至救之。釋曰：云掌萬民之衺惡過失而誅讓之者，此經與下文二經爲揔目也。則云衺惡謂坐嘉石之罷民，不入圜土者。過失謂不坐嘉石入圜土者也。云而誅讓之者，即下二文三讓是也。云以禮防禁而救之者，此衺惡及過失，皆去冠飾，其過失者又使入圜土耳。云救之者，皆使困苦而令改惡從善，是救之也。注衺惡至罪也。釋曰：衺惡云未麗於罪者，謂未附於圜土之罪也。云酗醟者，孔注《尚書》曰：以酒爲凶曰酗。此據字酒旁爲凶，是因酒爲凶者也。若然，醟者，榮下作酉，小人飲酒，一醉日富，亦因酒爲榮。俱是酒之省水之字也。云麗於罪者，謂附圜土罪者也。云古者重刑，且責怒之，未即罪也者，鄭云古者重刑者，據周時爲古。云責解經誅，怒之解經罰也。云未即罪者，各有所對，此圜土對五刑之刑人，則是未即罪也。以其未入五刑之罪，且役之耳。鄭必知過失亦由衺惡者，《司寇》職云以嘉石平罷民，又云圜土收教罷民，二者同名罷民，以其爲惡大者，皆因小以致大，故知過失之重亦因衺惡之輕也。

凡民之有衺惡者，三讓而罰，三罰而士加明刑，恥諸嘉石，役諸司空。罰謂撻擊之也。加明刑者，去其冠飾，而書其衺惡之狀，著之背也。嘉石，朝士所掌，在外朝之門左，使坐焉以恥辱之；既而役諸司空，使事官作之也。坐役之數，存於司寇。去，起吕反。著，直略反，一音丁略反。疏：凡民至司空。釋曰：此一經論衺惡嘉石之罷民也。云三讓而罰者，凡欲治罰人者，皆先以言語責讓之，乃行治罰。云三罰而士加明刑，三罰既訖，乃送司寇，使朝士於外朝坐嘉石恥之也。云役諸司空者，坐訖，乃送司空，使役之也。注罰謂至司寇。釋曰：云加明刑者，去其冠飾者，案《司圜》云凡害人者弗使冠飾，彼據過失入圜土者。但冠尊，不居肉袒之體，豈嘉石之罷民而著冠乎？明其去冠飾也。知書其罪狀，以其稱明刑，既不虧體，明知書其罪狀著於背爲明刑也。云嘉石朝士至外朝之門左，並《朝士》職文。故彼云左嘉石，平罷民也。云役諸司空，使事官作之也者，以其司空主事故也。云坐役之數存於司寇者，《司寇》云：重罪，旬有三日坐，朞役；其次九日坐，九月役；其次七日坐，七月役；其次五日坐，五月役；其下罪三日坐，三月役。是其坐役之數也。其有過失者，三讓而罰，三罰而歸於圜土。圜土，獄城也。過失近罪，晝日任之以事而收之，夜藏於獄，亦如明刑以恥之。不使坐嘉石，其罪已著，未忍刑之。近，附近之近。疏：其有至圜土。釋曰：此經論圜土之刑人。云三讓而罰者，亦如上三度責讓乃治罰之，三罰訖，乃歸與司寇，使納之圜土也。注圜土至刑之。釋曰：云過失近罪者，謂對衺惡未近罪，此圜土之刑人，近五刑之罪，故入圜土也。云晝日任之以事者，亦使司空使之。云收之者，以其罪重，使人收斂之，不使漫游。云夜藏於獄者，此與嘉石者異。云亦加明刑者，亦如嘉石以書其罪狀著於背以恥之。云不使坐嘉石，其罪已著者，彼坐嘉石者，罪輕未著，須坐嘉石，使衆人知之。此等罪重已著，不須坐嘉石也。云未忍刑之者，比五刑之罪又輕，故未忍刑之也。

《禮記正義·禮運》 是故禮者，君之大柄也。所以別嫌明微，儐鬼神，考制度，別仁義，所以治政安君也。疾今失禮如此，爲言禮之大義也。柄，所操以治事。【略】故政不正則君位危；君位危則大臣倍，小臣竊。刑肅而俗敝，則法無常；法無常，而禮無列；禮無列，則士不事也。刑肅而俗敝，則民弗歸也。是謂疵國。【略】疏：是故至君也。正義曰：此一經疾時失禮致此在上禍敗之事，故言禮之大義。禮者，君之大柄者，言人君治國須禮，如巧匠治物執斤斧之柄。所以別嫌明微者，此以下亦並明用禮爲柄之事，使寡婦不夜哭，是別嫌，君子表微，是明微也。儐鬼神者，以接賓以禮曰儐，以郊天祀地及一切神明，是儐鬼神也。考制度者，考，成也，制度爲廣狹丈尺，以禮成之也。別仁義者，仁生義殺，各使中禮，有分別也。所以治政安君也者，用禮爲柄如前諸事，故治國得政，君獲安存，故《孝經》云：安上治民莫善於禮。大臣至俗敝。正義曰：大臣謂大夫以上，倍謂倍君行私也。或有屢諫不聽，皆越關倍君而去。小臣竊者，小臣士以下，竊者盜也，職闇位卑，但爲竊盜府庫之事。刑肅而俗敝則法無常者，肅，駿急也。敝，凋殘也。君位已危，大臣又倍，小臣盜竊，愚君無奈此何，唯知暴怒，急行刑罰，故云刑肅。上下乖離，故云俗敝。俗敝刑肅，故法教無常。注：肅，駿也。疵，病也。正義曰：案《釋詁》文云，肅駿俱訓爲疾，是肅爲駿也。《釋詁》文又云：疵，病也。疵國者，君既危於上，臣又叛於下，刑肅嚴重，風俗凋敝，皆國之病，故云疵國。

（清）孫希旦《禮記集解·樂記》 是故先王慎所以感之者。故禮以道其志，樂以和其聲，政以一其行，刑以防其姦。禮、樂、刑、政，其極一也，所以同民心而出治道也。【略】禮以示其所履，而所志因有定向，故曰禮以道其志。樂以養其心，而發於聲者乃和，故曰樂以和其聲。聲，即上所言六者之聲也。感人心固以樂爲主，然萬物得其理而後和，故道以禮而後可和以樂也。政者，所以布禮樂之具，而刑又所以爲政之輔者也。極猶歸也。民心，即喜、怒、哀、樂、愛、敬之心也。同，謂同歸於和也。六者之心，人之所不能無，惟感之得其道，則所發中其節，而皆不害其爲和矣。故禮、樂、刑、政，其事雖異，然其歸皆所以同民之心而出治平之道也。

又：樂由中出，禮自外作。樂由中出，故靜；禮自外作，故文。大樂必易，大禮必簡。樂至則無怨，禮至則不爭。揖讓而治天下者，禮樂之謂也。暴民不作，諸侯賓服，兵革不試，五刑不用，百姓無患，天子不怒，如此則樂達矣。合父子之親，明長幼之序，以敬四海之內，天子如此，則禮行矣。

（明）朱武原《禮記通註·中庸》 故君子內省不疚，無惡於志，君子之所不可及者，其惟人之所不見乎。《詩》云：相在爾室，尚不愧於屋漏。故君子不動而敬，不言而信。《詩》曰：奏假無言，時靡有爭。此下二引《詩》，詳言時中時措之宜。是故君子不賞而民勸，不怒而民威於鈇鉞。《詩》曰：不顯惟德，不顯，即於穆天德也。百辟其刑之。是故君子篤恭而天下平。篤恭者，盡性體。中庸，天德也。應中和，天下平，即有臨王道也，應位育。《詩》曰：予懷明德，不大聲以色。子曰：聲色之於以化民，末也。《詩》曰：德輶如毛，毛猶有倫，上天之載。鄭康成曰：載，作栽。上言天生物也。黃震曰：載，乘也，如地載神氣，云傴僂子曰：載，則也。即天則、帝則、物則，皆指性命之原。言之天命、天載，首尾詳言二字，相應也。無聲無臭，至矣。無聲無臭，無極也。爲天載之妙，故謂之至。

《禮記·緇衣》 子言之曰：爲上易事也，爲下易知也，則刑不煩矣。

子曰：好賢如《緇衣》，惡惡如《巷伯》，則爵不瀆而民作愿，刑不試而民咸服。《大雅》曰：儀刑文王，萬國作乎。

子曰：夫民教之以德，齊之以禮，則民有格心。教之以政，齊之以刑，則民有遯心。故君民者，子以愛之，則民親之；信以結之，則民不倍；恭以涖之，則民有孫心。《甫刑》曰：苗民匪用命，制以刑，惟作五虐之刑，曰法。是以民有惡德，而遂絶其世也。

（清）孫希旦《禮記集解·緇衣》 子曰：夫民教之以德，齊之以禮，則民有格心。教之以政，齊之以刑，則民有遯心。故君民者，子以愛之，則民親之；信以結之，則民不倍；恭以涖之，則民有孫心。《甫刑》曰：苗民匪用命，制以刑，惟作五虐之刑，曰法。是以民有惡德，而遂絶其世也。釋文：遯亦作遁。倍音佩。孫音遜。格，至也，謂至於善也。遯，逃也，謂苟逃刑罰而已。子，如《中庸》子庶民之子，言親民如子也。子以愛之，信以結之，恭以涖之，皆教德齊禮之事。親、遜、不倍，則民之格也。匪用命，《書》作弗用靈。靈，善也。引《甫刑》之言，以極言尚刑之失也。

《禮記正義·緇衣》 子曰：政之不行也，教之不成也，爵禄不足勸也，刑罰不足恥也，故上不可以褻刑而輕爵。言政教所以明賞罰。【略】《康誥》曰：敬明乃罰。《甫刑》曰：播刑之不迪。康，康叔也，作誥，《尚書》篇名也。播，猶施也。不，衍字耳。迪，道也，言施刑之道。【略】疏：子曰至不迪。正義曰：此一節明慎賞罰之事。政之不行也，教之不成也者，皇氏云：言在上政令所以不行，教化所以不成者，祇由君上爵禄加於小人，不足勸人爲善也。由刑罰加於無罪之人，不足恥其爲惡。由賞罰失所，故致政之不行，教之不成也。故上不可以褻刑而輕爵者，刑爵不中，則懲勸失所，故君上不可輕褻之。《康誥》曰：敬民乃罰者，証刑罰不可褻也。周公作《康誥》，誥康叔云：女所施刑罰，必敬而明之也。《甫刑》曰：播刑之不迪。不爲衍字。迪，道也。此穆王戒羣臣云：今爾何監，非是伯夷布刑之道。言所爲監鏡者，皆是伯夷布刑之道，引之者，証重刑之義也。

（清）蘇輿《春秋繁露義證》卷五《重政》 人始生有大命，是其體也。所謂正命，與下隨、遭爲三命。各本不提行，今以與上文不類，別爲一節。有變命存其間者，其政也。《盟會要篇》天下無患，然後性可善，即此旨。官本云：政，他本誤作致。政不齊則人有忿怒之志，若將施危難之中，而時有隨、遭者，神明之所接，絶屬之符也。遭世不辰，哀時懼變，人不能自遂其生。《説苑·政理篇》：無事則遠罪，遠罪則民壽。公孫弘對策云：形和則無疾，無疾則不夭。故古之歌詠盛治者，必曰物極其性，人永其壽。《莊子·列禦寇篇》：達大命者隨，達小命者遭。《白虎通·壽命篇》：命有三科以記驗，有壽命以保度，有遭命以遇暴，有隨命以應行。壽命者，上命也。隨命者，隨行爲命。若言怠棄三正，天用勦絶其命矣。又欲使民務仁立義，無滔天，滔天則司命舉過言，則用以弊之。遭命者，逢世殘賊，若上逢亂君，下必災變暴至。天絶人命，沙鹿崩，水襲邑是也。冉伯牛危行正言，而遭惡疾。《論衡·命義篇》引《傳》言三命爲正命、隨命、遭命，説畧異。《潛夫論·論榮篇》：故論士苟定於志行，勿以遭命。《卜列篇》：行有招召，命有遭、隨。後漢來歙中刺，光武賜策曰：遭命遇害。此所云隨、遭，即所云隨命、遭命，言政不齊則得其正命少也。盧云：絶屬，猶言絶續。亦有變其間，使之不齊如此，亦字疑誤。不可不省之，省之則重政之本矣。以下文不相類。隨本消息篇顔淵死至命矣夫一段，疑是此類文。

撮以爲一，各本不提行。今別爲一節，上下當有脱文。進義誅惡絶之本，見《王道篇》。義，疑作善。之，與其同。而以其施，謂以《春秋》之教施之。以，字疑有誤。此與湯武同而有異。官本云：他本無同字。湯武用之治往故。湯武治其人之身，追其既往。《春秋》則明王法，治來者，絶惡以復性。官本往作仁，云：他本作往。凌本同。以仁字絶句似非。《春秋》明得失，差貴賤，本之天。王之所失天下者，失上疑有以字。使諸侯得以大亂之，説而後引而反之。故曰博而明，深而切矣。知其失天下而使諸侯大亂之故，然後能因其失而矯之。哀十四年《傳》：撥亂世，反之正，莫近諸《春秋》。

（清）黄奭輯《孝經緯·援神契》 風者，政令播也。風者，所以鼓盪萬物也。政令遠行，則風爲之先聲。若王者政刑暴虐，妄行布誥，風必應以暴厲。臣下不奉法，多逆謀，風必應以淒涼。

《論語注疏·爲政》 子曰：道之以政，孔曰：政謂法教。齊之以刑，馬曰：齊整之以刑罰。民免而無恥。孔曰：免，苟免。道之以德，包曰：德謂道德。齊之以禮，有恥且格。格，正也。音義：道音導，下同。德，包云道德也。鄭云六德謂智、仁、聖、義、中、和。格，加百反，正也。鄭云來也。疏：正義曰：此章言爲政以德之效也。道之以政者，政，謂法教；道，謂化誘，言化誘於民，以法制教命也。齊之以刑者，齊，謂齊整；刑，謂刑罰。言道之以政而民不服者，則齊整之以刑罰也。民免而無恥者，免，苟免也。言君上化民，不以德而以法制刑罰，則民皆巧詐苟免，而心無愧恥也。道之以德，齊之以禮，有恥且格者，德，謂道德；格，正也。言君上化民，必以道德。民或未從化，則制禮以齊整，使民知有禮則安，失禮則恥。如此則民有愧恥而不犯禮，且能自修而歸正也。

（宋）朱熹《四書章句集注·論語集注·爲政》 子曰：道之以政，齊之以刑，民免而無恥；道，猶引導，謂先之也。政，謂法制禁令也。齊，所以一之也。道之而不從者，有刑以一之也。免而無恥，謂苟免刑罰，而無所羞愧。蓋雖不敢爲惡，而爲惡之心未嘗忘也。道之以德，齊之以禮，有恥且格。禮，謂制度品節也。格，至也。言躬行以率之，則民固有所觀感而興起矣，而其淺深厚薄之不一者，又有禮以一之，則民恥於不善，而又有以至於善也。一説，格，正也。《書》曰：格其非心。愚謂政者，爲治之具。刑者，輔治之法。德禮則所以出治之本，而德又禮之本也。此其相爲終始，雖不可以偏廢，然政刑能使民遠罪而已，德禮之效，則有以使民日遷善而不自知。故治民者不可徒恃其末，又當深探其本也。

（清）劉寶楠《論語正義·爲政》 子曰：道之以政，注：孔曰：政謂法教。齊之以刑，注：馬曰：齊整之以刑罰。民免而無恥；注：孔曰：免，苟免。道之以德，注：包曰：德謂道德。齊之以禮，有恥且格。注：格，正也。正義曰：道如道國之道，謂教之也。《禮·緇衣》云：教之以德，教之以政。《説文》：導，導引也。此義亦通。《祝睦碑》作導。《釋文》：道，音導。下同。皇本兩道字並作導。《漢祝睦碑》：導濟以禮。《祝睦碑》作導，作濟。又云有恥且恪，諸異文當出《齊》、《古》。《爾雅·釋言》：濟，益也。《釋詁》：恪，敬也。於義並合。《漢書·貨殖傳》：於是在民上者，道之以德，齊之以禮，故民有恥而且敬。即本此文。言民知所尊敬，而莫敢不從令也。鄭注此云：格，來也。本《爾雅·釋言》。又《釋詁》：格，至也。來、至義同，謂來歸於善也。《漢費汎碑》有恥且𢓜。《方言》：𢓜，至也。《説文》：徦，至也。𢓜、徦一字。《爾雅釋文》格字或作𢓜。《書》格於上下，《説文》引作假。假與徦同，則格、徦字通。《説文》：格，木長貌。於訓敬訓來之義，皆不相應，蓋叚借也。《緇衣》云：夫民教之以德，齊之以禮，則民有格心；教之以政，齊之以刑，則民有遯心。注云：格，來也。遯，逃也。彼言遯，此言免，義同。《廣雅·釋詁》：免，脱也。謂民思脱避於罪也。《大戴禮·禮察篇》：爲人主計者，莫如安審取舍。取舍之極定於內，安危之萌應於外也。以禮義治之者積禮義，以刑罰治之者積刑罰，刑罰積而民怨倍，禮義積而民和親。故世主欲民之善同，而所以使民之善者異也。或導之以德教，或敺之以法令。導之以德教者，德教行而民康樂；敺之以法令者，法令極而民哀戚。哀樂之感，禍福之應也。《家語·刑政篇》：仲弓問於孔子曰：雍聞至刑無所用政，桀、紂之世是也；至政無所用刑，成、康之世是也。信乎？孔子曰：聖人治化，必刑政相參焉。太上以德教民，而以禮齊之；其次以政導民，而以刑禁之。化之弗變，導之弗從，傷義以敗俗，於是乎用刑矣。《孔叢子·刑論篇》：仲弓問古之刑教與今之刑教。孔子曰：古之刑省，今之刑繁。其爲教，古有禮然後有刑，是以刑省；今無禮以教，而齊之以刑，刑是以繁。《書》曰：伯夷降典，折民惟刑。謂先禮以教之，然後繼以刑折之也。夫無禮則民無恥，而正之以刑，故苟免。又：孔子答衛將軍文子曰：齊之以禮，則民恥矣；刑以止刑則民懼矣。文子曰：今齊之以刑，刑猶弗勝，何禮之有？孔子曰：以禮齊民，譬之于御則轡也；以刑齊民，譬之于御則鞭也。執轡于此而動於彼，御之良也；無轡而用策，則馬失道矣。文子曰：以御言之，左手執轡，右手運策，不亦速乎？若徒轡無策，馬何懼哉？孔子曰：吾聞古之善御者，執轡如組，兩驂如舞，非策之助也。是以先王盛于禮而薄于刑，故民從命。今也廢禮而尚刑，故民彌暴。諸文並足發明此章之義。

（明）胡廣《論語集註大全·里仁》 子曰：君子懷德，小人懷土。君子懷刑，小人懷惠。懷，思念也。懷德，謂存其固有之善，懷土，謂溺其所處之安。懷刑，謂畏法，懷惠，謂貪利。君子小人趣向不同，公私之間而已矣。尹氏曰：樂善，惡不善，所以爲君子。苟安務得所以爲小人。問所貴乎君子者，正以其無所待於外，而自脩也。刑者，先王所以防小人，君子何必以是爲心哉。朱子曰：無慕於外而自爲善，無畏於外而自不爲非。此聖人之事也。若自聖人以降亦豈不假於外以自脩飾，所以能見不善如探湯，不使不仁者加乎其身，皆爲其知有所畏也。所謂君子者，非謂成德之人也。若成德之人，則誠不待於懷刑也，但言如此則可以爲君子，如此則爲小人。樂善惡不善，猶曰好仁惡不仁。必以刑言，則管仲所謂畏威如疾，申公巫臣所謂慎罰務去之之謂。大抵懷德之君子，不待懷刑而自安於善。懷土之小人，特欲全其所保而未必。有逐利貪得之心，其爲善惡，亦各有深淺矣。問此章君子小人所懷不同，與周比和同相反者，無異否？雙峯饒氏曰：懷土懷惠固皆是爲利，然與那爲惡底小人，又似少異，但用心既殊其終亦必至於相反。雲峯胡氏曰：《論語》以君子小人對言者甚多，他章多指其所爲者言，此章則指其所思者言。所爲者行事之著，所思者心術之微也。新安陳氏曰：懷德者安於善，懷刑者畏法而不敢爲不善。懷土者自戀其所有，懷惠者貪得人之所有。又此所謂懷土與易所謂安土不同，易與樂天敦仁連言，有安分不外求之意。此則集註曰：溺其所處之安，又曰苟安，其相去遠矣。東陽許氏曰：德者，人者於天之善理，即《大學》所謂明德。君子常切思懷，念念不忘，欲至於至善之地。小人不知有此，徇其欲心，惟思自逸，不能遷善以成德，君子常念刑法之可畏，而自守其身，不至於犯之。小人但思惠利之所在，不能擇義，惟務苟得，雖有刑法在前亦不顧。

（清）劉寶楠《論語正義·公冶長》 子謂南容：邦有道，不廢；邦無道，免於刑戮。以其兄之子妻之。注：王曰：南容，弟子，南宮縚，魯人也，字子容。不廢，言見用。正義曰：《爾雅·釋詁》：廢，舍也，此常訓。《説文》：戮，殺也。《廣雅·釋詁》：戮，殺也。辱也，辠也。義皆相近。《大戴禮·衛將軍文子篇》：獨居思仁，公言言義，其聞之《詩》也。一日三復白圭之玷，是南宮縚之行也。夫子信其仁，以爲異姓。盧辯注：謂以兄之子妻之也。案：思仁、言義，則有臨民之德。當國有道時，必見録用也。其心謹言，則當無道時，危行言遜，故可免刑戮也。皇疏云：昔時講説，好評公治、南容德有優劣，故妻有己女、兄女之異，侃謂二人無勝負也。卷舒隨世，乃爲有智，而枉濫獲罪，聖人猶然，亦不得以公冶爲劣也。以己女妻公冶，以兄女妻南容，非謂權其輕重，政是當其年相稱而嫁事，非一時在次耳，則可無意其間也。兄之子者，《史記索隱》引《家語》云：梁紇娶魯之施氏，生九女，其妾生孟皮，病足，乃求婚於顔氏徵在。則孔子兄即孟皮也。孟皮此時已卒，故孔子爲兄子主婚。注：南容至子容。正義曰：南宫者，兩字氏，亦單舉一字，故曰南。《史記・仲尼弟子列傳》：南宫括，字子容，括又作适。《史》以南宫括、南容爲一人。此注又以南容、南宫縚爲一人。《檀弓》：南宫縚之妻之姑之喪，夫子誨之髽。而《家語》又以三復白圭爲南宫韜之行。韜與縚同。《論語》釋文亦云：縚，本又作韜。則陸所見此注亦作韜。韜與容、括義皆相貫，作縚作适，皆通用字。鄭氏《檀弓》注云：南宫縚，孟僖子之子。南宫閲也，字子容，其妻孔子兄女。疏云：案《左氏傳》孟僖子將卒，召其大夫云：屬説與何忌於夫子，以事仲尼。以南宫爲氏，故《世本》云仲孫獲生南宫縚是也。案仲孫獲即孟僖子，《世本》誤以南宫縚、南宫閲爲一人，而鄭君遂承其誤。閲與説通用字，《左傳》所云屬説，即南宫閲也，又名仲孫閲，又名南宫説，而其謚爲敬，其字爲叔，與南宫縚無涉。自鄭君誤依《世本》，而陸德明《釋文》、司馬貞《史記索隱》皆沿用之。然《漢書・古今人表》分列南宫敬叔、南容爲二人，則《世本》不可信。明錢可選箸《補闕疑》，曾列四疑以辨之。謂孔子在魯，族姓頗微，而敬叔爲公族元士，定已娶於彊家，豈孔子得以兄子妻之？又《檀弓》載南宫敬叔反，必載寶而朝，孔子謂不如速貧之愈。若而人豈能抑權力而伸有德，謹言行而不廢於有道之邦者耶？毛氏奇齡《四書賸言》亦謂敬叔即曾受僖子命，與其兄懿子學禮孔子，然並不在弟子之列。《史記》、《家語》所載弟子，止容一人。向使容即敬叔，則未有載敬叔不載懿子者，至縚妻姑喪，孔子誨其女髽法。若是敬叔，則此姑者，孟僖子妻也。世族喪服自有儀法，不容誨也。至若《史記》、《家語》，各載敬叔從孔子適周，見金人緘口。孔子戒以謹言，事與容無涉。二家之論致確，梁氏玉繩《古今人表考》、《史記志疑》説略同。惟毛氏《賸言》，以南宫适别爲一人，非是。南容與《史記》不合，其誤顯然，此故不載其説也，又顔師古《漢書》注：南容即南宫縚也，敬叔，即南宫括也。以南宫括爲敬叔，亦誤。

（宋）朱熹《四書章句集注・論語集注・顔淵》 季康子問政於孔子曰：如殺無道，以就有道，何如？孔子對曰：子爲政，焉用殺？子欲善，而民善矣。君子之德風，小人之德草。草上之風，必偃。爲政者，民所視效，何以殺爲？欲善則民善矣。上，一作尚，加也。偃，仆也。尹氏曰：殺之爲言，豈爲人上之語哉？以身教者從，以言教者訟，而况於殺乎？

（明）胡廣《論語集註大全・子路》 子曰：善人爲邦百年，亦可以勝殘去殺矣。誠哉是言也。爲邦百年，言相繼而久也，勝殘，化殘暴之人，使不爲惡也。去殺，謂民化於善，可以不用刑殺也。蓋古有是言而夫子稱之。程子曰：漢自高惠至於文景，黎民醇厚幾致刑措，庶乎其近之矣。問善人之爲邦如何，可勝殘去殺。程子曰：只是能使人不爲不善，善人不踐跡，亦不入於室之人也。問《集註》謂民化於善，可以不用刑殺，乃聖人之事。善人未易至此。朱子曰：聖人比善人自是不同，綏之斯來，動之斯和，殺之不怨，利之不庸，民日遷善而不知爲之者，此聖人事，善人定是未便得如此。然他做百年工夫積累到此，自是亦能使人興於善不陷刑辟。如文景幾致刑措，豈不勝殘去殺。雙峯饒氏曰：勝殘是我之善化足以勝其殘暴，去殺是民無極惡大罪可以不用刑殺，惟其能勝殘所以可去殺。謂之亦可者，微寓不足之意，似有未能必其殘果盡勝，殺果盡去之意，蓋亦所謂幾致刑措者也。善人力量其極，功只到得此地位，以上更去不得。尹氏曰：勝殘去殺不爲惡而已。善人之功如是，若夫聖人則不待百年，其化亦不止此。新安陳氏曰：上三句説本章，下二句隱然説下章，聖人即王者不待百年即一世化不止此，即仁澤浹也。

（清）劉寶楠《論語正義・陽貨》 子路曰：君子尚勇乎？子曰：君子義以爲上，君子有勇而無義爲亂，小人有勇而無義爲盜。正義曰：尚、上義同，故二文並用。義以爲上者，言以義勇爲上也。《禮・聘義》云：有行之謂有義，有義之謂勇敢。故所貴於勇敢者，貴其能以立義也；所貴於立義者，貴其有行也；所貴於有行者，貴其行禮也。故所貴於勇敢者，貴其敢行禮義也。故勇敢強有力者，天下無事則用之於禮義，天下有事則用之於戰勝。用之於戰勝則無敵，用之於禮義則順治。外無敵，內順治，此之謂盛德。故聖王之貴勇敢強有力如此也。勇敢強有力，而不用之於禮義戰勝，而用之於爭鬬，則謂之亂人。刑罰行於國，所誅者亂人也。又《荀子・榮辱篇》：爲事利，爭貨財，無辭讓，果敢而振，猛貪而戾，恈恈然惟利之見，是賈盜之勇。二文並可證此章之義。

《論語注疏・堯曰》 子張問於孔子曰：何如斯可以從政矣？子曰：尊五美，屏四惡，斯可以從政矣。孔曰：屏，除也。子張曰：何謂五美？子曰：君子惠而不費，勞而不怨，欲而不貪，泰而不驕，威而不猛。子張曰：何謂惠而不費？子曰：因民之所利而利之，斯不亦惠而不費乎？王曰：利民在政，無費於財。擇可勞而勞之，又誰怨？欲仁而得仁，又焉貪？君子無衆寡，無小大，無敢慢，孔曰：言君子不以寡小而慢也。斯不亦泰而不驕乎？君子正其衣冠，尊其瞻視，儼然人望而畏之，斯不亦威而不猛乎？子張曰：何謂四惡？子曰：不教而殺謂之虐，不戒視成謂之暴，馬曰：不宿戒而責目前成，爲視成。慢令致期謂之賊，孔曰：與民無信而虛刻期。猶之與人也，出納之吝，謂之有司。孔曰：謂財物俱當與人，而吝嗇於出納惜難之，此有司之任耳，非人君之道。疏：子張至有司。正義曰：此章論爲政之理也。子張問於孔子曰：何如斯可以從政矣？子曰：尊五美，屏四惡，斯可以從政矣者，屏，除也。子張問其政術，孔子答曰：當尊崇五種美事，屏除四種惡事，則可也。子張曰：何謂五美者，未知其目，故復問之。子曰：君子惠而不費，勞而不怨，欲而不貪，泰而不驕，威而不猛者，此孔子爲述五美之目也。子張曰：何謂惠而不費者，子張雖聞其目，猶未達其理，故復問之。子曰：因民之所利而利之，斯不亦惠而不費乎者，此孔子爲説其惠而不費之一美也。民居五土，所利不同，山者利其禽獸，渚者利其魚鹽，中原利其五穀。人君因其所利使各居其所安，不易其利，則是惠愛利民，在政，且不費於財也。擇可勞而勞之，又誰怨者，孔子知子張未能盡達，故既答惠而不費，不須其問即爲陳其餘者，此説勞而不怨者也，擇可勞而勞之，謂使民以時，則又誰怨恨哉！欲仁而得仁又焉貪，此説欲而不貪也。言常人之欲，失在貪財，我則欲仁，而仁斯至矣，又安得爲貪乎？君子無衆寡，無小大，無敢慢，斯不亦泰而不驕乎者，此説泰而不驕也。常人之情，敬衆大而慢寡小，君子則不以寡小而慢之也，此不亦是君子安泰而不驕慢乎？君子正其衣冠，尊其瞻視，儼然人望而畏之，斯不亦威而不猛乎者，此説威而不猛也。言君子常正其衣冠，尊重其瞻視，端居儼然，人則望而畏之，斯不亦雖有威嚴而不猛厲者乎？子張曰何謂四惡者，子張未聞四惡之義，故復問之。子曰：不教而殺謂之虐者，此下孔子歷答四惡也。爲政之法，當先施教令於民，猶復丁寧申敕之。教令既治，而民不從，後乃誅也。若未嘗教告而即殺之，謂之殘虐。不戒視成謂之暴者，謂不宿戒而責目前成，謂之卒暴。慢令致期謂之賊者，謂與民無信，而虛刻期，期不至則罪罰之，謂之賊害。猶之與人也，出納之吝謂之有司者，謂財物俱當與人，而人君吝嗇於出納而惜難之，此有司之任耳，非人君之道。

（宋）朱熹《四書章句集注·論語集注·堯曰》 子張曰：何謂四惡？子曰：不教而殺謂之虐；不戒視成謂之暴；慢令致期謂之賊；猶之與人也，出納之吝，謂之有司。虐，謂殘酷不仁。暴，謂卒遽無漸。致期，刻期也。賊者，切害之意。緩於前而急於後，以誤其民，而必刑之，是賊害之也。猶之，猶言均之也。均之以物與人，而於其出納之際，乃或吝而不果。則是有司之事，而非爲政之體。所與雖多，人亦不懷其惠矣。項羽使人，有功當封，刻印刓，忍弗能予，卒以取敗，亦其驗也。

（明）胡廣《論語集註大全·堯曰》 子張曰：何謂四惡？子曰：不教而殺謂之虐，不戒視成謂之暴，慢令致期謂之賊。猶之與人也，出納之吝，謂之有司。【略】朱子曰：猶之均之也，如言一等，是如此，史家多有此般字，此吝字説得來又廣，只是戒人遲疑不決。若當賞便用賞，遲疑之間，澀縮靳惜便誤事機，如李絳勸憲宗，速賞魏博將士，謂若待其來請而後賞之，則恩不歸上矣。政是此意。若是有司出納之間，吝惜不敢自專，卻是本職當然。人君爲政大體，卻不可如此，當與便果決與之。問四惡之説曰虐也，暴也，賊也，謝氏得之有司之説，楊氏爲當。謝曰：古者以五戒先後刑罰，所以警昏愚懲怠慢也。戒之既至然後可以責成矣，不先戒之，彼且烏知先後緩急之所在，遽以視成不亦暴乎？令嚴者欲其不犯，聚衆以誓之，垂象以曉之，讀法以諭之。上自慢其令而欲下之嚴，其可得乎？如是而致期焉，期而不至則罪之，是罔民也。楊曰：非其義也。一介不以予人而不爲吝，義在可與而惟出納之吝，在有司則爲善，在爲上則爲惡。天下之事，亦惟當其可而已。問猶之與人也，出納之吝，何以在四惡之數。曰：此一惡比上三惡似輕，然亦極害事，蓋此人乃是箇多猜嫌疑慮之人，賞不賞，罰不罰，疑吝不決，正如唐德宗是也。南軒張氏曰：虐暴賊皆不仁者之爲也，出納之吝不知者之爲也。勉齋黄氏曰：惠易費，勞易怨，欲易貪，泰易驕，威易猛。今至於不犯人情之所易，則美之至者也。殺不可也，甚則不教而殺。視成不可也，甚則不戒而視成。致期不可也，甚則慢令而致期。吝不可也，甚則與人而亦吝。今至於犯人情之所已甚，則惡之至者也。此一尊一屏聖人之所以深戒之也。雙峯饒氏曰：要行一事須預先告戒，使遵承而後可。若不先告戒之，猝然要責他成就，豈不是暴。慢令於先，一時卻去緊他，是誤而賊之也。當與而吝，易失人心也。是惡，上三者是急迫之惡，下一件是悠緩之惡。雲峯胡氏曰：四惡虐爲甚，暴次之，賊又次之，剛惡也。吝如有司不能專決，柔惡也。蓋吝之一字在有司，不便謂之惡，從政而謂之有司，則惡矣。故特註項羽以吝取敗之事，以示爲政不知大體者之戒。

（清）劉寶楠《論語正義·堯曰》 子張曰：何謂四惡？子曰：不教而殺謂之虐；不戒視成謂之暴；注：馬曰：不宿戒而責目前成，爲視成。慢令致期謂之賊；注：孔曰：與民無信，而虛刻期。猶之與人也，出納之吝，謂之有司。注：孔曰：謂財物俱當與人，而吝嗇於出納惜難之，此有司之任耳，非人君之道。正義曰：不教而殺，謂未以禮義教民，民犯於法，則以罪殺之，此爲虐也。《説文》：虐，殘也。今從隸省作虐，京房《易傳》不教而誅茲謂虐，義本此。《毛詩·終風傳》：暴，疾也。高誘《淮南·天文訓》注：暴，虐也。戒者，《説文》：戒，警也。《儀禮·士冠禮》：主人戒賓。注：戒，警也，告也。言上於民當先告戒之，而後責成功也。慢令者，《新序·雜事篇》：緩令急誅，暴也。緩令既慢令。《説文》訓慢爲惰，凡怠惰，則致緩也。王氏樵《紹聞編》視成，如今官府之受成。致期，如今官府之立限。周公之營洛邑也，賦工命役，咸勤誥治，戒之如此其至也，然後視其成焉，而不愆于素。若但曰吾知責其成而已，而無夙戒之道，則卒遽無漸，而人難於效功矣。《費誓》魯公之令衆也，甲戌，我惟征徐戎。甲戌，我惟築，期會明審如此：芻糧之不備，楨幹之不供，則有某刑，其令之嚴又如此。孰敢不依期而集哉？今也慢其令於先，而刻期於後。以誤其民，而必刑之，則是賊之而已。《荀子·宥坐篇》：魯有父子訟者，拘之三月。其父請止，孔子舍之，季孫不說。孔子曰：嫚令謹誅，賊也。今生也有時，斂也無時。暴也。不教而責成功，虐也。已此三者，然後刑可即也。《韓詩外傳》：孔子曰：不戒責成，害也。慢令致期，暴也。不教而誅，責也。君子爲政，避此三者。又子貢謂季孫曰：託法而治謂之暴，不戒致期謂之虐，不教而誅謂之賊，以身勝人謂之責，責者失身，賊者失臣，虐者失政，暴者失民。文皆略同。出納者，《説文》：納，絲濕納納也。別一義。內，入也，從冂自外而入也。經傳多叚納爲內，此處皇本、《釋文》本皆作內，唯邢本作納。《公羊》桓二年《傳》：納者，入辭也，上句言與人，此言出又言納者，俞氏樾《平議》：因出納爲人之恆言，故言出而竝及納。《史記·刺客傳》：多人不能無生得失。言失而竝言得也。《游俠傳》：緩急人之所時有也。言急而竝言緩也，此言出納亦猶是矣。案：俞説是也。胡氏紹勳《拾義》，納亦主與人。凡財物出於己，必入於人，亦謂之納。引《禹貢》納總、納銍、納秸，《昏禮》納采、納吉、納徵，《曲禮》納女於天子諸文爲據，其説亦通。《夏小正》：納卵蒜。《傳》云：納者何也？人之君也，亦一證。注：不宿戒而責目前成，爲視成。正義曰：《公食大夫記》：不宿戒。注：申戒爲宿。又《鄉飲酒》注：再戒爲宿戒。注：與民無信，而虛刻期。正義曰：注謂令既出，而行之有違，是虛刻期，爲無信也。此説雖通，究非經旨。注：俱當至之道。正義曰：《方言》：荊，汝江湘之郊，凡貪而不施，或謂之恪。虞翻《易》注：坤爲吝嗇。皇疏云：有司，謂主典物者也，猶庫吏之屬也。庫吏雖有官物，而不得自由，故物應出入者，必有所諮問，不敢擅易。人君若物與人而吝，卽與庫吏無異。故云謂之有司也。案：夫子言從政之道，而人君爲政亦不異此，故注廣言之。

《孟子注疏·梁惠王章句上》 梁惠王曰：晉國，天下莫強焉，叟之所知也。【略】及寡人之身，東敗于齊，長子死焉；西喪地于秦七百里；南辱於楚。寡人恥之，願比死者壹洒之，如之何則可？【略】孟子對曰：地方百里可以王。言古聖人以百里之地以致王天下，謂文王也。王如施仁政於民，省刑罰，薄稅斂，深耕易耨，壯者以暇日修其孝悌忠信，入以事其父兄，出以事其長上，可使制梃以撻秦楚之堅甲利兵矣。易耨，芸苗令簡易也。制，作也。王如行此政，可使國人作杖以捶敵國堅甲利兵，何患恥之不雪也？彼奪其民時，使不得耕耨以養其父母，父母凍餓，兄弟妻子離散。彼陷溺其民，王往而征之，夫誰與王敵？彼謂齊秦楚也，彼困其民，願王往征之也。彼失民心，民不爲用，夫誰與其禦王之師，而爲王之敵乎？故曰：仁者無敵，王請勿疑。鄰國暴虐己修仁政，則無敵矣。王請行之，勿有疑也。疏：梁惠王至勿疑。正義曰：此章言百里行仁，則天下歸之，以政傷民，民樂其亡，以梃服强，仁與不仁也。梁惠王曰：晉國，天下莫強焉，叟之所知也者，是梁惠王欲問孟子之謀策也，言晉國爲天下之最強，叟必知之。及寡人之身東敗於齊，長子死焉，西喪地於秦七百里，南辱於楚，寡人恥之。願比死者壹洒之，如之何則可者，是惠王言晉國逮及寡人之身，東則見敗於齊而殺死其長子，西又喪去其地於秦七百里，南又常受辱於楚，寡人心甚愧恥之。今願近死不惜命者，一洗除之。當如之何謀則可以洗除此恥？孟子對曰：地方百里而可以王者。是孟子荅惠王言。古之聖君，其地但止於百里，尚可以王天下也。王如施仁政於民，省刑罰，薄稅斂，深耕易耨，壯者以暇日修其孝悌忠信，入以事其父兄，出以事其長上，可使制梃以樘秦楚之堅甲利兵矣者，是孟子言王自今能施仁政以及民，又省去其刑罰，輕其稅斂，使民皆得深耕易耨，壯者以閑暇日脩孝悌忠信。入閨門之內以奉事其父兄，出鄉黨之間以奉事其長上。凡能如此，雖作一捶梃，亦可以鞭撻秦楚之堅甲利兵矣。然以秦楚有堅甲利兵而以一梃可鞭撻者，蓋秦楚常違奪其農時，使民不得耕耨也，故云：彼奪其民時使民不得耕耨以養父母，又云父母凍餓，兄弟妻子離散，彼陷溺其民，王往而征之，夫誰與王敵者，言民既不得耕耨以奉養父母，則爲父母者被寒陳饑餓，兄弟者與妻子者皆離背散各，彼秦楚陷溺其人民如此，而王往彼正其罪，夫更誰敢禦王之師而爲王之敵者！故曰：仁者無敵，王請勿疑者，是孟子請惠王行此仁政，而往正其罪而無敵，如所謂仁者無敵是也。遂請之行而無更遲疑也，前所謂閑暇日者，蓋言民於耕耨田地之外有休息閑暇之日也。

又： 孟子見梁襄王，出語人曰：望之不似人君，襄謚也，魏之嗣王也。望之無儼然之威儀也。就之而不見所畏焉。就與之言，無人君操柄之威，知其不足畏。卒然問曰：天下惡乎定？卒暴問事，不由其次也，問天下安所定，言誰能定之。吾對曰：定於一。孟子謂仁政爲一也。孰能一之？言孰能一之者。對曰：不嗜殺人者能一之。嗜，猶甘也，言今諸侯有不甘樂殺人者則能一之。孰能與之？王言誰能與不嗜殺人者乎？對曰：天下莫不與也。孟子曰：時人皆苦虐政，如有行仁，天下莫不與之。王知夫苗乎？七八月之間旱，則苗槁矣。天油然作雲，沛然下雨，則苗浡然興之矣。其如是，孰能禦之？以苗生喻人歸也。周七八月，夏之五六月也，油然，興雲之貌，沛然下雨，以潤槁苗，則浡然已盛，孰能止之。今夫天下之人牧，未有不嗜殺人者也。如有不嗜殺人者，則天下之民，皆引領而望之矣。誠如是也，民歸之，由水之就下，沛然誰能禦之？今天下牧民之君，誠能行此仁政，民皆延頸望欲歸之，如水就下，沛然而來，誰能止之？疏：孟子見梁襄王至誰能禦之。正義曰：此章言定天下者一道，仁政而已，不貪殺人，人則歸之，是故文王視民如傷，此之謂也。孟子見梁襄王，出語人曰：望之不似人君，就之而不見所畏焉者，是孟子在梁見襄王，而語於人曰：遠望之襄王而不似人君，言無人君之威儀也；就而近之而不見所畏焉，言無人君操柄之威也。卒然問曰：天下惡乎定者，是孟子語於人言，襄王卒暴而問我曰：天下誰能定？吾對曰：定於一者，言我對之曰：定天下者在乎仁政爲一者也。孰能一之，是孟子言襄王又問誰能仁政爲一。對曰：不嗜殺人者能一之者。是孟子言我復荅之，唯不好殺人者能以仁政爲一也。孰能與之者，言襄王又問誰能與之不好殺人者。對曰天下莫不與也，言我對曰：天下之人無有不與之也。王知夫苗乎？七八月之間旱，則苗槁矣，天油然作雲，沛然下雨，則苗浡然興之矣，其如是，孰能禦之者，是孟子比喻而解王之意也。故問襄王曾知夫苗乎。言夫苗自七八月之時，則乾旱而無水，苗於是枯槁，上天油然而起雲，沛然而降雨，則枯槁之苗又浡然興起而茂，其不嗜殺人者能一之，有如此苗而興茂，誰能止之也。又言如有行仁而天下莫不與之，誰能止之而不與也。今夫天下之人牧未有不嗜殺人者也至誰能禦之者，是孟子因比喻苗而解王之意，又以此復詳明之，欲使襄王即曉之也。言今天下爲牧養人民之君，未有不好殺人者也，言皆好殺人。若有不好殺人者，則天下之人民皆延頸而望王以歸之矣。誠如此上言之者，則民皆歸之。亦若水之流自上而下，其勢沛然而來，誰能止之，言無人能止之也。注：襄謚也至儀。正義曰：案《世家》云惠王在位三十六年卒，子赫立，是爲襄王。襄王在位六年卒，謚曰襄。《謚法》云：因事有功曰襄。又曰：辟土有德曰襄。注：周七八月，夏之五六月。正義曰：周之時，蓋以子之月爲正。夏之時，建寅之月爲正，是知周之七八月即夏之五六月也。

（宋）朱熹《四書章句集注·孟子集注·萬章章句下》萬章曰：今有禦人於國門之外者，其交也以道，其餽也以禮，斯可受禦與？曰：不可。《康誥》曰：殺越人于貨，閔不畏死，凡民罔不譈。是不待教而誅者也。殷受夏，周受殷，所不辭也。於今爲烈，如之何其受之？【略】禦，止也。止人而殺之，且奪其貨也。國門之外，無人之處也。萬章以爲苟不問其物之所從來，而但觀其交接之禮，則設有禦人者，用其禦得之貨以禮餽我，則可受之乎？《康誥》，《周書》篇名。越，顛越也。今《書》閔作愍，無凡民二字。譈，怨也。言殺人而顛越之，因取其貨，閔然不知畏死，凡民無不怨之。孟子言此乃不待教戒而當卽誅者也。如何而可受之乎？殷受至爲烈十四字，語意不倫。李氏以爲此必有斷簡或闕文者近之，而愚意其直爲衍字耳。然不可攷，姑闕之可也。曰：今之諸侯取之於民也，猶禦也。苟善其禮際矣，斯君子受之，敢問何說也？曰：子以爲有王者作，將比今之諸侯而誅之乎？其教之不改而後誅之乎？夫謂非其有而取之者盜也，充類至義之盡也。孔子之仕於魯也，魯人獵較，孔子亦獵較。獵較猶可，而況受其賜乎？【略】比，連也。言今諸侯之取於民，固多不義，然有王者起，必不連合而盡誅之，必教之不改而後誅之，則其與禦人之盜，不待教而誅者不同矣。夫禦人於國門之外，與非其有而取之，二者固皆不義之類，然必禦人，乃爲真盜。其謂非有而取爲盜者，乃推其類，至於義之至精至密之處而極言之耳，非便以爲真盜也。然則今之諸侯，雖曰取非其有，而豈可遽以同於禦人之盜也哉？又引孔子之事，以明世俗所尚，猶或可從，況受其賜，何爲不可乎？獵較未詳。趙氏以爲田獵相較，奪禽獸之祭。孔子不違，所以小同於俗也。張氏以爲獵而較所獲之多少也。二說未知孰是。

（清）焦循《孟子正義·萬章章句下》萬章曰：今有禦人於國門之外者，其交也以道，其餽也以禮，斯可受禦與？【略】

曰：不可。《康誥》曰：殺越人于貨，閔不畏死，凡民罔不譈。是不待教而誅者也。殷受夏，周受殷，所不辭也。於今爲烈，如之何其受之？注：孟子曰不可受也。《康誥》，《尚書》篇名。周公戒成王，封康叔。越，于，皆於也。殺於人，取於貨，閔然不知畏死者。譈，殺也。凡民無不得殺之者也。若此之惡，不待君之教命，遭人則討之。三代相傳以此法，不須辭問也。於今爲烈，烈，明法，如之何受其餽也。疏：注《康誥》尚至康叔。正義曰：《書》序云：成王既伐管叔、蔡叔，以殷餘民封康叔，作《康誥》。趙氏以爲周公戒成王封康叔者，《康誥》云：王若曰：孟侯，朕其弟，小子封。鄭注云：依《略說》，太子十八爲孟侯，而呼成王。王氏鳴盛《尚書後案》云：成王卽位年十三，至是六年，十八矣。十八爲孟侯。此伏生《書傳略說》義也。彼文云：天子太子十八曰孟侯。孟侯者，四方諸侯來朝，迎於郊。見《周禮·秋官·大行人》疏。伏生《書傳》，秦火以前先師遺義，故鄭用之。《文王世子篇》仲尼曰：昔周公攝政，踐阼而治，抗世子法於伯禽，所以善成王也。又云：成王幼，不能踐阼，故抗世子法於伯禽，使與成王居，欲令成王知父子君臣長幼之義。是周公居攝，以世子禮教成王，呼成王爲孟侯，不足異也。趙岐注《孟子》，以《康誥》爲周公戒成王及康叔封而作，是亦以孟侯爲成王可知。江氏聲《尚書集注音疏》云：鄭康成注伏生《大傳》云：孟，迎也。孟侯，呼成王也。注：越于至之者也。正義曰：《尚書·康誥》云：凡民自得罪，寇攘姦宄，殺越人于貨，暋不畏死，罔弗譈。趙氏以越于皆於者，《爾雅·釋詁》云：粵，于，於也。《史記·宋世家》集解引馬融云：越，於也。越、粵通也。江氏聲《尚書集注音疏》云：越，于也。于，猶取也。凡民所由得罪，以寇攘姦宄，殺人取貨也。殺于人，取其貨，冒冒然不畏死刑，凡民無不怨之，此言不待教而誅者也。《七月》詩云一之日于貉，毛傳云：于貉，謂取狐狸皮也。故于猶取也。《孟子·萬章篇》引殺越人，趙氏以爲殺于人，據其解越爲于，則越乃假借字，當以粵爲正。孟子說此經云是不待教而誅者也。上文義刑義殺，勿庸以卽，言當先教後罰。此言殺人取貨，則彊暴之人不可教訓者，明不在先教之列。《說文》

支部云：暋，冒也。《周書》曰：暋不畏死。段氏玉裁《説文解字注》云：今本《爾雅》：昬，暋，強也。《盤庚》不昬作勞，鄭注：昬讀爲暋，勉也。似鄭所據《爾雅》與今本不同。《康誥》暋不畏死，《孟子》作閔。《立政》其在受德暋，心部作忞。王氏鳴盛《後案》云：冒昧爲惡，自強爲惡，義亦同。按趙氏以不知畏死解閔然，則謂其冒昧無知，顧殺人取貨，罪犯不赦，豈有不知者，惟知之而故犯之，乃爲自彊。閔爲暋之假借，知其不當爲而強爲之也。王氏念孫《廣雅疏證》云：憝，惡也。《説文》：憝，怨也。《康誥》罔不憝，傳云：人無不惡之者。《孟子・萬章篇》引《書》作譈。《荀子・議兵篇》云：百姓莫不敦惡，《法言・重黎篇》楚憞羣策而自屈其力，李軌注云：憞，惡也。譈、憞、敦並與憝同。凡人凶惡亦謂之憝，《康誥》云：元惡大憝，《逸周書・銓法解》云近憝自惡，是也。《方言》：諄，憎所疾也。宋魯凡相疾苦謂之諄憎，若秦晉言可惡矣。諄與憝聲亦相近。按趙氏訓譈爲殺，以爲凡民無不得殺之，與訓怨訓惡不同。譈字《説文》所無。《莊子・逍遥遊》云：越人斷髮文身，《釋文》云：司馬本作敦，云：敦，斷也。又《説劍篇》云：試使士敦劍，《釋文》引司馬注云：敦，斷也。《説文》斤部云：斷，截也。《釋名・釋言語》云：絶，截也。如割截也。然則敦有割截斬斷之義。趙氏讀譈爲敦，故以爲殺也。《禮記・樂記》云：故樂者天地之命，注云：命，教也。是教亦命也。《説文》辵部云：遭，遇也。言部云：誅，討也。趙氏以不待教而誅爲《孟子》解説凡民罔不譈之義，既凡民無不得殺之，則不待教即是不待君之教命，遭遇此殺人取貨之人，人即得而誅討之。不待教命而誅，故不須辭問。《國語・魯語》云：魯大夫辭而復之，注云：辭，請也。不須請問，極言其當討也。《國語・晉語》云君有烈名，注云：烈，明也。《管子・心術篇》云：殺戮禁誅謂之法。《鹽鐵論・刑德篇》云：法者，所以督姦也。於今爲烈，趙氏以爲烈烈明法，謂此不待教而誅之法，三代傳之，至今猶明顯也。遭遇此等之人，方且誅討之，奈何受其餽。以烈烈解烈字，又以明字解烈烈，猶《毛詩》傳以洸洸潰潰解洸潰，《樂記》以肅雍雍解肅雍也。

（宋）朱熹《四書章句集注・孟子集注・告子章句下》 天子適諸侯曰巡狩，諸侯朝於天子曰述職。春省耕而補不足，秋省斂而助不給。入其疆，土地辟，田野治，養老尊賢，俊傑在位，則有慶，慶以地。入其疆，土地荒蕪，遺老失賢，掊克在位，則有讓。一不朝，則貶其爵；再不朝，則削其地；三不朝，則六師移之。是故天子討而不伐，諸侯伐而不討。五霸者，摟諸侯以伐諸侯者也，故曰：五霸者，三王之罪人也。【略】慶，賞也，益其地以賞之也。掊克，聚斂也。讓，責也。移之者，誅其人而變置之也。討者，出命以討其罪，而使方伯連帥帥諸侯以伐之也。伐者奉天子之命，聲其罪而伐之也。摟，牽也。五霸牽諸侯以伐諸侯，不用天子之命也。自入其疆至則有讓，言巡狩之事；自一不朝至六師移之，言述職之事。

《孟子注疏・盡心章句上》 孟子曰：以佚道使民，雖勞不怨。謂教民趨農，役有常時，不使失業。當時雖勞，後獲其利，則佚矣。若亟其乘屋之類也。故曰不怨。以生道殺民，雖死不怨殺者。謂殺大辟之罪者，以坐殺人故也。殺此罪人者，其意欲生民也。故雖伏罪而死，不怨殺者。疏：孟子至殺者。正義曰：此章言勞人欲以佚之，殺人欲以生之，則民不怨者也。孟子言國君如使民趨於農耕，是以佚道使民。是農耕時雖爲勞，然後有所獲稼，則又有以佚樂矣。如是則何怨恨其勞乎？故曰以佚道使民雖勞不怨。又言國君殺戮其罪人者，以其恐有害於民，故殺之，而意有在於欲生其民也，是則罪人被殺，雖死且不怨恨殺者也，故曰以生道殺民，雖死不怨殺者。

又： 孟子曰：霸者之民，驩虞如也。王者之民，皞皞如也。殺之而不怨，利之而不庸，民日遷善而不知爲之者。霸者行善恤民，恩澤暴見易知，故民驩虞樂之也。王者道大法天，浩浩而德難見也，殺之不怨。故曰：殺之而不怨。庸，功也。利之使趨時而農，六畜繁息，無凍餓之老，而民不知獨是王者之功。修其庠序之教，又使日遷善亦不能覺知誰爲之者，言化遷善爲之大道者也。夫君子所過者化，所存者神。上下與天地同道，豈曰小補之哉？君子通於聖人，聖人如天，過此世能化之，存在此國，其化如神。故言與天地同流也，天地化物，歲成其功。豈曰使人知其小補益之者哉？疏：孟子至之哉。正義曰：此章言王政皞皞，與天地同道。霸者德小，民人速覩，是以賢者志其大者也。孟子曰至小補之哉者，孟子言霸者行善政以及民，以其恩澤暴見，故民驩虞而樂也。王者道大，故若天浩浩而難知難見者也，故民皞皞然自得而已矣。是以王者之民，殺之而不怨，以其生道殺之故也。利而不知爲王者之功，以其佚道使之故也。自迹觀之，則君子過之而不守拘其一，自妙道觀之，則其所感而遂通天下之故者未嘗不有存焉。故曰：君子所過者化，所存者神。今夫天地之化者，始乎春而終乎冬，而萬物皆得以移易者也。天地之神者，始乎震而終乎艮，而陰陽不可測之者是也。然則王者之於民，所過者以化，所存者以神。宜其與天地上下同流而無間也。則是天地之化，以神而存之，豈曰使萬物知其有小補益哉？王者之化，亦存以神，又豈曰使民知其有小補益之哉？如此，故王者之民所以皞皞如也。蓋虞之爲樂，必待虞度無患，然後爲驩，則其樂淺。皞皞如也，以其使民舒通太平，自得而已，故於驩虞又有以間矣。此孟子所以抑區區之爲，而尊崇其王者也。

孟子曰：仁言不如仁聲之入人深也。仁言，政教法度之言也。仁聲，樂聲《雅》、《頌》也。仁言之政雖明，不如《雅》、《頌》感人心之深也。善政不如善教之得民也。善政使民不違上，善教使民尚仁義，心易得也。善政，民畏之。善教，民愛之。善政得民財，善教得民心。畏之，不逋怠，故賦役舉而財聚於一家也。愛之，樂風化而上下親，故歡心可得也。疏：孟子至民心。正義曰：此章言明法審令，民趨君命，崇寬務化，民愛君德。故曰移風易俗，莫善於樂者也。孟子曰至善教得民心。孟子言仁言爲政教法度之言，不若仁聲樂聲《雅》、《頌》感人心之深也，善政使民不違上，又不若善教得民之易也。以其善政出於法度之粗，有刑威以行之，故民有以畏之。善教本人之德性，有仁恩以懷之，故民有以愛之，亦以善政有九職繫萬民，有九兩以繫萬民。九職任萬民，故一曰三農，以平地山澤，生黍、稷、禾、稻、麻、大小豆、大小麥之九穀。二曰園圃，以育草木。三曰虞衡，作山澤之材。四曰藪牧，養蕃鳥獸。五曰百工，飭化八材。八材，鄭司農云：珠、象、玉、石、金、木、革、羽是也。六曰商賈，阜通貨賄。七曰嬪婦，化治絲枲，鄭玄云：金玉曰貨，布帛曰賄，嬪，婦人之美稱也。八曰臣妾，聚斂疏財。九曰閒民，無常職，轉移執事。鄭玄云：疏材，百草根實可食者。九兩繫萬民，一曰牧，以地得民。二曰長，以貴得民。三曰師，以賢得民。四曰儒，以道得民。五曰宗，以族得民。六曰主，以利得民。七曰吏，以治得民。八曰友，以任得民。九曰藪，以富得民。凡此善政，爲民財而已。善教因民心以教之，故能得民心矣。此所以爲仁言不如仁聲之入人深也，善政不如善教之得民。然而善政非不能得民，但得民財而已。又不若善教得民之心矣。蓋移風易俗，莫大乎樂，此禮之文然也，孟子所以同其趨焉。

（宋）朱熹《四書章句集注・孟子集注・盡心章句上》 孟子曰：以佚道使民，雖勞不怨；以生道殺民，雖死不怨殺者。程子曰：以佚道使民，謂本欲佚之也，播穀乘屋之類是也。以生道殺民，謂本欲生之也，除害去惡之類是也。蓋不得已而爲其所當爲，則雖咈民之欲而民不怨，其不然者反是。【略】

殺之而不怨，利之而不庸，民日遷善而不知爲之者。此所謂皞皞如也。庸，功也。豐氏曰：因民之所惡而去之，非有心於殺之也，何怨之有？因民之所利而利之，非有心於利之也，何庸之有？輔其性之自然，使自得之，故民日遷善而不知誰之所爲也。

（清）焦循《孟子正義・盡心章句上》 曰：何謂尚志？曰：仁義而已矣。殺一無罪，非仁也。非其有而取之，非義也。居惡在，仁是也。路惡在，義是也。居仁由義，大人之事備矣。注：孟子言志之所尚，仁義而已矣。不殺無罪、不取非有者爲仁義。欲知其所當居者仁爲上，所由者義爲貴，大人之事備也。疏：大人之事備矣。正義曰：程氏瑤田《論學小記》云萬物皆備於我，我者，己也。尚志者，居仁由義之謂也。不殺無罪曰居仁，不取非其有曰由義，尚志之時，雖曰士也，然豈待爲大人而後謂之大人哉？蓋大人之事，天生己時，已備之矣。

《二程集・河南程氏經説》卷八《中庸解》 凡爲天下國家有九經，止凡爲天下國家有九經，所以行之者一也。此章言庸行，至于九經，盡矣。自知天至於九經，無精粗之別必備，乃所以爲常道。經者，百世所不變也。九經之用，皆本於德懷，無一物不在所撫，而刑有不與焉。

（清）王夫之《讀四書大全説》卷一《大學・傳第十章》 周陽繇、王肅所以能爾者，自是亂世事，此固不足道。如叔孫通所草《漢儀》，蕭何所制漢法，何嘗從大公之矩絜得整齊？固原留一滲漏，教郡守、教尉可以互相陵傲。而繇則以武帝爲之君，又施劫奪之教，而好人所惡，如何不教成他胡亂？若伯鯀只一方命圮族，以惡於下者事上，方命。惡於上者使下，圮族。便迸諸四夷，則虞廷上下，交好於仁讓之中，如繇、肅者，豈得以肆其志哉？

故治國之道，須畫一以立絜矩之道。既不可全恃感發興起，以致扞格於不受感之人；而或問謂絜矩必自窮理正心來，一皆本自新者以新民，則傲很苟不如伯鯀者，亦可教而不待刑也。周陽繇便教不入，若王肅自可教。

（清）王夫之《讀四書大全説》卷二《中庸・第一章》 教之爲義，《章句》言禮樂刑政之屬，儘説得開闊。然以愚意窺之，則似朱子緣《中庸》出於《戴記》，而欲尊之於《三禮》之上，故諱專言禮而增樂、刑、政以配之。

二十七章説禮儀三百，孔子説殷因於夏禮，韓宣子言周禮在魯，皆統治教政刑，繇天理以生節文者而謂之禮。若樂之合於禮也，經有明文。其不得以樂與刑政析言之，審矣。或問親疏之殺四段，顯畫出一個禮來，何等精切！吕氏感應重輕一段文字，俱與一部《中庸》相爲檃括。《章句》中言品節，亦與禮者天理之節文一意，但有所規避，不直説出耳。

（清）王夫之《讀四書大全説》卷四《論語・爲政篇》 夫子將此擬爲政以德者之治象，取類不虛。爲政以德，而云不動，云無爲，言其不恃賞勸刑威而民自正也。蓋以施於民者言，而非以君德言也。若夫德之非無爲，則與北辰之非不動均也。不顯、篤恭之德，原靜存、動察之極功。而況德之爲言得者，即政之爲言正之意，故言爲言以。如欲正人以孝，則君必行孝道而有得於心。欲正人以慈，則君必行慈道而有得於心。其以此爲政也，動之於微而未嘗有及於民之事，而理之相共爲經綸、氣之相與爲鼓邊者，以居高主倡，自有以移風易俗而天下動矣。

《史記》卷四《周本紀》　夫先王之制，邦內甸服，邦外侯服，侯衛賓服，夷蠻要服，戎翟荒服。甸服者祭，侯服者祀，賓服者享，要服者貢，荒服者王。日祭，月祀，時享，歲貢，終王。先王之順祀也，有不祭則脩意，有不祀則脩言，有不享則脩文，有不貢則脩名，有不王則脩德，序成而有不至則脩刑。於是有刑不祭，伐不祀，征不享，讓不貢，告不王。於是有刑罰之辟，有攻伐之兵，有征討之備，有威讓之命，有文告之辭。布令陳辭而有不至，則增脩於德，無勤民於遠。是以近無不聽，遠無不服。

(宋)劉恕《資治通鑑外紀》卷三上《周紀一·成王》　周公謂伯禽曰：吾聞德行寬裕，守之以恭者榮。土地廣大，守之以儉者安。禄位尊盛，守之以卑者貴。人衆兵彊，守之以畏者勝。聰明狗知，守之以愚者善。博聞彊記，守之以淺者益。六者謙德，利而勿利也。此《韓詩外傳》三及《説苑·敬慎篇》文，韓傳狗作膚，益作智，《説苑》作德行。廣其土地，寬裕其利而不利一句，參用《吕氏春秋》文。《吕氏春秋·貴公》曰：伯禽將行，請所以治。魯周公曰：利而勿利也。成王告伯禽曰：《説苑》本文作成王封伯禽爲魯公，召而告之曰。爾知爲人上之道乎。凡處尊位，《説苑》此下有者字。必以敬下。《説苑》此下有順德規諫必開不諱之門，撙節安靜以藉之一十七字。諫者勿振以威，毋格其言。《説苑》作勿格以言，此下有博采其辭乃擇可觀夫九字。有文無武，無以威下。有武無文，民畏不親。文武俱行，威德乃成。《説苑》此下有既成威德民親以服八字。清白上通，巧佞下塞。

(宋)劉恕《資治通鑑外紀》卷四《周紀二·惠王》　〔齊桓〕公問治民於管仲。對曰：牧民者，必知其疾。憂之以德，勿懼以罪，勿止以力。此《管子·小問》文。房元齡曰：疾謂患苦也，煩力役則止而不來。【略】無使羣臣百姓，得罪於吾君。亦無使吾君，得罪於羣臣百姓。公怫然作色曰：吾聞子得罪於父，臣得罪於君，未聞君得罪於臣也。子更之。邑人曰：子得罪於父，可因姑姊叔父而解。臣得罪於君，可因便辭左右而謝。昔桀得罪於湯，紂得罪於武王。此君得罪於臣，孰爲謝而赦之。

(宋)劉恕《資治通鑑外紀》卷六《周紀四·簡王》　范文子曰：能內睦而後圖外。盍姑謀睦乎？今司寇之刀鋸日弊，而斧鉞不行。內猶有不刑而况外乎？唯厚德者，能受多福，無德而服者，衆必自傷。

《史記》卷二三《禮書》　人道經緯萬端，規矩無所不貫，誘進以仁義，束縛以刑罰，故德厚者位尊，禄重者寵榮，所以總一海內而整齊萬民也。人體安駕乘，爲之金輿錯衡以繁其飾；目好五色，爲之黼黻文章以表其能；耳樂鐘磬，爲之調諧八音以蕩其心；口甘五味，爲之庶羞酸鹹以致其美；情好珍善，爲之琢磨圭璧以通其意。故大路越席，皮弁布裳，朱弦洞越，大羹玄酒，所以防其淫侈，救其彫敝。是以君臣朝廷尊卑貴賤之序，下及黎庶車輿衣服宮室飲食嫁娶喪祭之分，事有宜適，物有節文。仲尼曰：禘自既灌而往者，吾不欲觀之矣。

又：古者之兵，戈矛弓矢而已，然而敵國不待試而詘。城郭不集，溝池不掘，固塞不樹，機變不張，然而國晏然不畏外而固者，無他故焉，明道而均分之，時使而誠愛之，則下應之如景響。有不由命者，然後俟之以刑，則民知辠矣。故刑一人而天下服。辠人不尤其上，知辠之在己也。是故刑罰省而威行如流，無他故焉，由其道故也。故由其道則行，不由其道則廢。古者帝堯之治天下也，蓋殺一人刑二人而天下治。《傳》曰威厲而不試，刑措而不用。

《史記》卷二五《律書》　自是之後，名士迭興，晉用咎犯，而齊用王子，吳用孫武，申明軍約，賞罰必信，卒伯諸侯，兼列邦土，雖不及三代之誥誓，然身寵君尊，當世顯揚，可不謂榮焉？豈與世儒闇於大較，不權輕重，猥云德化，不當用兵，大至君辱失守，小乃侵犯削弱，遂執不移等哉！故教笞不可廢於家，刑罰不可捐於國，誅伐不可偃於天下，用之有巧拙，行之有逆順耳。

《漢書》卷九《元帝紀》　〔永光〕四年春二月，詔曰：朕承至尊之重，不能燭理百姓，婁遭凶咎。加以邊竟不安，師旅在外，賦斂轉輸，元元騷動，窮困亡聊，犯法抵罪。夫上失其道而繩下以深刑，朕甚痛之。其赦天下，所貸貧民勿收責。

《漢書》卷二二《禮樂志》　至成帝時，犍爲郡於水濱得古磬十六枚，議者以爲譱祥，劉向因是説上：宜興辟雍，設庠序，陳禮樂，隆雅頌之聲，盛揖攘之容，以風化天下。如此而不治者，未之有也。或曰，不能具禮。禮以養人爲本，如有過差，是過而養人也。刑罰之過，或至死傷。今之刑，非皋陶之法也，而有司請定法，削則削，筆則筆，救時務也。至於禮樂，則曰不敢，是敢於殺人不敢於養人也。爲其俎豆筦弦之間小不備，因是絶而不爲，是去小不備而就大不備，(大不備)或莫甚焉。夫教化之比於刑法，刑法輕，是舍所重而急所輕也。且教化，所恃以爲治也，刑法所以助治也。今廢所恃而獨立其所助，非所以致太平也。自京師有誖逆不順之子孫，至於陷大辟受刑戮者不絶，繇不習五常之道也。夫承千歲之衰周，繼暴秦之餘敝，民漸漬惡俗，貪饕險詖，不閑義理，不示以大化，而獨敺以刑罰，終已不改。故曰：導之以禮樂，而民和睦。初，叔孫通將制定禮儀，見非於齊魯之士，然卒爲漢儒宗，業垂後嗣，斯成法也。

《漢書》卷二三《刑法志》　夫人宵天地之貌，懷五常之性，聰明精粹，有生之最靈者也。爪牙不足以供耆欲，趨走不足以避利害，無毛羽以禦寒暑，必將役物以爲養，任智而不恃力，此其所以爲貴也。故不仁愛則不能羣，不能羣則不勝物，不勝物則養不足。羣而不足，争心將作，上聖卓然先行敬讓博愛之德者，衆心説而從之。從之成羣，是爲君矣；歸而往之，是爲王矣。《洪範》曰：天子作民父母，爲天下王。聖人取類以正名，而謂君爲父母，明仁愛德讓，王道之本也。愛待敬而不敗，德須威而久立，故制禮以崇敬，作刑以明威也。聖人既躬明悊之性，必通天地之心，制禮作教，立法設刑，動緣民情，而則天象地。故曰先王立禮，則天之明，因地之性也。刑罰威獄，以類天之震曜殺戮也；温慈惠和，以效天之生殖長育也。《書》云：天秩有禮，天討有罪。故聖人因天秩而制五禮，因天討而作五刑。大刑用甲兵，其次用斧鉞；中刑用刀鋸，其次用鑽鑿；薄刑用鞭扑。大者陳諸原野，小者致之市朝，其所繇來者上矣。

又：古人有言：天生五材，民並用之，廢一不可，誰能去兵？鞭扑不可弛於家，刑罰不可廢於國，征伐不可偃於天下；用之有本末，行之有逆順耳。孔子曰：工欲善其事，必先利其器。文德者，帝王之利器；威武者，文德之輔助也。夫文之所加者深，則武之所服者大；德之所施者博，則威之所制者廣。三代之盛，至於刑錯兵寢者，其本末有序，帝王之極功也。

又：春秋之時，王道寖壞，教化不行，子産相鄭而鑄刑書。晉叔嚮非之曰：昔先王議事以制，不爲刑辟。懼民之有争心也，猶不可禁禦，是故閑之以誼，糾之以政，行之以禮，守之以信，奉之以仁；制爲禄位以勸其從，嚴斷刑罰以威其淫。懼其未也，故誨之以忠，愯之以行，教之以務，使之以和，臨之以敬，莅之以彊，斷之以剛，猶求聖哲之上，明察之官，忠信之長，慈惠之師。民於是乎可任使也，而不生禍亂。民知有辟，則不忌於上，並有争心，以徵於書，而徼幸以成之，弗可爲矣。夏有亂政而作禹刑，商有亂政而作湯刑，周有亂政而作九刑。三辟之興，皆叔世也。今吾子相鄭國，制參辟，鑄刑書，將以靖民，不亦難乎！《詩》曰：儀式刑文王之德，日靖四方。又曰：儀刑文王，萬邦作孚。如是，何辟之有？民知争端矣，將棄禮而徵於書。錐刀之末，將盡争之，亂獄滋豐，貨賂並行。終子之世，鄭其敗虖！子産報曰：若吾子之言，僑不材，不能及子孫，吾以救世也。媮薄之政，自是滋矣。孔子傷之，曰：導之以德，齊之以禮，有恥且格；導之以政，齊之以刑，民免而無恥。禮樂不興，則刑罰不中；刑罰不中，則民無所錯手足。孟氏使陽膚爲士師，問於曾子，亦曰：上失其道，民散久矣。如得其情，則哀矜而勿喜。

又：至於秦始皇，兼吞戰國，遂毁先王之法，滅禮誼之官，專任刑罰，躬操文墨，晝斷獄，夜理書，自程決事，日縣石之一。而姦邪並生，赭衣塞路，囹圄成市，天下愁怨，潰而叛之。

又：孔子曰：如有王者，必世而後仁；善人爲國百年，可以勝殘去殺矣。言聖王承衰撥亂而起，被民以德教，變而化之，必世然後仁道成焉；至於善人，不入於室，然猶百年勝殘去殺矣。此爲國者之程式也。今漢道至盛，歷世二百餘載，考自昭、宣、元、成、哀、平六世之間，斷獄殊死，率歲千餘口而一人，耐罪上至右止，三倍有餘。古人有言：滿堂而飲酒，有一人鄉隅而悲泣，則一堂皆爲之不樂。王者之於天下，譬猶一堂之上也，故一人不得其平，爲之悽愴於心。今郡、國被刑而死者歲以萬數，天下獄二千餘所，其冤死者多少相覆，獄不減一人，此和氣所以未洽者也。

原獄刑所以蕃若此者，禮教不立，刑法不明，民多貧窮，豪桀務私，姦不輒得，獄豻不平之所致也。《書》云伯夷降典，悊民惟刑，言制禮以止刑，猶隄之防溢水也。今隄防凌遲，禮制未立；死刑過制，生刑易犯；饑寒並至，窮斯濫溢；豪桀擅私，爲之囊橐，姦有所隱，則狃而寖廣；此刑之所以蕃也。孔子曰：古之知法者能省刑，本也；今之知法者不失有罪，末矣。又曰：今之聽獄者，求所以殺之；古之聽獄者，求所以生之。與其殺不辜，寧失有罪。今之獄吏，上下相驅，以刻爲明，深者獲功名，平者多後患。諺曰：鬻棺者欲歲之疫。非憎人欲殺之，利在於人死也。今治獄吏欲陷害人，亦猶此矣。凡此五疾，獄刑所以尤多者也。

《漢書》卷四八《賈誼傳》　屠牛坦一朝解十二牛，而芒刃不頓者，所排擊剥割，皆衆理解也。至於髖髀之所，非斤則斧。夫仁義恩厚，人主之芒刃也；權勢法制，人主之斤斧也。今諸侯王皆衆髖髀也，釋斤斧之用，而欲嬰以芒刃，臣以爲不缺則折。

又：凡人之智，能見已然，不能見將然。夫禮者禁於將然之前，而法者禁於已然之後，是故法之所用易見，而禮之所爲生難知也。若夫慶賞以勸善，刑罰以懲惡，先王執此之政，堅如金石，行此之令，信如四時，據此之公，無私如天地耳，豈顧不用哉？然而曰禮云禮云者，貴絶惡於未萌，而起教於微眇，使民日遷善遠辠而不自知也。孔子曰：聽訟，吾猶人也，必也使毋訟乎！爲人主計者，莫如先審取舍；取舍之極定於內，而安危之萌應於外矣。安者非一日而安也，危者非一日而危也，皆以積漸然，不可不察也。人主之所積，在其取舍。以禮義治之者，積禮義；以刑罰治之者，積刑罰。刑罰積而民怨背，禮義積而民和親。故世主欲民之善同，而所以使民善者或異。或道之以德教，或毆之以法令。道之以德教者，德教洽而民氣樂；毆之以法令者，法令極而民風哀。哀樂之感，禍福之應也。秦王之欲尊宗廟而安子孫，與湯武同，然而湯武廣大其德行，六七百歲而弗失，秦王治天下，十餘歲則大敗。此亡它故矣，湯武之定取舍審而秦王之定取舍不審矣。夫天下，大器也。今人之置器，置諸安處則安，置諸危處則危。天下之情與器亡以異，在天子之所置之。湯武置天下於仁義禮樂，而德澤洽，禽獸草木廣裕，德被蠻貊四夷，累子孫數十世，此天下所共聞也。秦王置天下於法令刑罰，德澤亡一有，而怨毒盈於世，下憎惡之如仇讎，禍幾及身，子孫誅絶，此天下之所共見也。是非其明效大驗邪！人之言曰：聽言之道，必以其事觀之，則言者莫敢妄言。今或言禮誼之不如法令，教化之不如刑罰，人主胡不引殷、周、秦事以觀之也？

人主之尊譬如堂，羣臣如陛，衆庶如地。故陛九級上，廉遠地，則堂高；陛亡級，廉近地，則堂卑。高者難攀，卑者易陵，理勢然也。故古者聖王制爲等列，內有公卿大夫士，外有公侯伯子男，然後有官師小吏，延及庶人，等級分明，而天子加焉，故其尊不可及也。里諺曰：欲投鼠而忌器。此善諭也。鼠近於器，尚憚不投，恐傷其器，況於貴臣之近主乎！廉恥節禮以治君子，故有賜死而亡戮辱。是以黥劓之辠不及大夫，以其離主上不遠也。禮不敢齒君之路馬，蹴其芻者有罰；見君之几杖則起，遭君之乘車則下，入正門則趨；君之寵臣雖或有過，刑戮之辠不加其身者，尊君之故也。此所以爲主上豫遠不敬也，所以體貌大臣而厲其節也。今自王侯三公之貴，皆天子之所改容而禮之也，古天子之所謂伯父、伯舅也，而令與衆庶同黥劓髡刖笞傌棄市之法，然則堂不亡陛虖？被戮辱者不泰迫虖？廉恥不行，大臣無乃握重權，大官而有徒隸亡恥之心虖？夫望夷之事，二世見當以重法者，投鼠而不忌器之習也。

《漢書》卷五六《董仲舒傳》　臣聞聖王之治天下也，少則習之學，長則材諸位，爵禄以養其德，刑罰以威其惡，故民曉於禮誼而恥犯其上。武王行大誼，平殘賊，周公作禮樂以文之，至於成康之隆，囹圄空虚四十餘年，此亦教化之漸而仁誼之流，非獨傷肌膚之效也。至秦則不然。師申商之法，行韓非之説，憎帝王之道，以貪狼爲俗，非有文德以教訓於(天)下也。誅名而不察實，爲善者不必免，而犯惡者未必刑也。是以百官皆飾(空言)虚辭而不顧實，外有事君之禮，內有背上之心，造僞飾詐，趣利無恥；又好用憯酷之吏，賦斂亡度，竭民財力，百姓散亡，不得從耕織之業，羣盜並起。是以刑者甚衆，死者相望，而姦不息，俗化使然也。故孔子曰導之以政，齊之以刑，民免而無恥，此之謂也。

又：夫天亦有所分予，予之齒者去其角，傅其翼者兩其足，是所受大者不得取小也。古之所予禄者，不食於力，不動於末，是亦受大者不得取小，與天同意者也。夫已受大，又取小，天不能足，而況人乎！此民之所以囂囂苦不足也。身寵而載高位，家温而食厚禄，因乘富貴之資力，以與民爭利於下，民安能如之哉！是故衆其奴婢，多其牛羊，廣其田宅，博其産業，畜其積委，務此而亡已，以迫蹵民，民日削月朘，寖以大窮。

富者奢侈羨溢，貧者窮急愁苦；窮急愁苦而上不救，則民不樂生；民不樂生，尚不避死，安能避罪！此刑罰之所以蕃而姦邪不可勝者也。故受禄之家，食禄而已，不與民争業，然後利可均布，而民可家足。此上天之理，而亦太古之道，天子之所宜法以爲制，大夫之所當循以爲行也。故公儀子相魯，之其家見織帛，怒而出其妻，食於舍而茹葵，愠而拔其葵，曰：吾已食禄，又奪園夫紅女利虖！古之賢人君子在列位者皆如是，是故下高其行而從其教，民化其廉而不貪鄙。及至周室之衰，其卿大夫緩於誼而急於利，亡推讓之風而有争田之訟。故詩人疾而刺之，曰：節彼南山，惟石巖巖，赫赫師尹，民具爾瞻。爾好誼，則民鄉仁而俗善；爾好利，則民好邪而俗敗。由是觀之，天子大夫者，下民之所視效，遠方之所四面而内望也。近者視而放之，遠者望而效之，豈可以居賢人之位而爲庶人行哉！夫皇皇求財利常恐乏匱者，庶人之意也；皇皇求仁義常恐不能化民者，大夫之意也。《易》曰：負且乘，致寇至。乘車者君子之位也，負擔者小人之事也，此言居君子之位而爲庶人之行者，其患禍必至也。若居君子之位，當君子之行，則舍公儀休之相魯，亡可爲者矣。

《漢書》卷五八《公孫弘傳》　弘對曰：臣聞上古堯舜之時，不貴爵賞而民勸善，不重刑罰而民不犯，躬率以正而遇民信也；末世貴爵厚賞而民不勸，深刑重罰而姦不止，其上不正，遇民不信也。夫厚〔當〕賞重刑未足以勸善而禁非，必信而已矣。是故因能任官，則分職治；去無用之言，則事情得；不作無用之器，即賦斂省；不奪民時，不妨民力，則百姓富；有德者進，無德者退，則朝廷尊；有功者上，無功者下，則羣臣逡；罰當罪，則姦邪止；賞當賢，則臣下勸；凡此八者，治〔民〕之本也。故民者，業之即不争，理得則不怨，有禮則不暴，愛之則親上，此有天下之急者也。故法不遠義，則民服而不離；和不遠禮，則民親而不暴。故法之所罰，義之所去也；和之所賞，禮之所取也。禮義者，民之所服也，而賞罰順之，則民不犯禁矣。故畫衣冠，異章服，而民不犯者，此道素行也。

臣聞之，氣同則從，聲比則應。今人主和德於上，百姓和合於下，故心和則氣和，氣和則形和，形和則聲和，聲和則天地之和應矣。故陰陽和，風雨時，甘露降，五穀登，六畜蕃，嘉禾興，朱草生，山不童，澤不涸，此和之至也。故形和則無疾，無疾則不夭，故父不喪子，兄不哭弟。德配天地，明並日月，則麟鳳至，龜龍在郊，河出圖，洛出書，遠方之君莫不説義，奉幣而來朝，此和之極也。

臣聞之，仁者愛也，義者宜也，禮者所履也，智者術之原也。致利除害，兼愛無私，謂之仁；明是非，立可否，謂之義；進退有度，尊卑有分，謂之禮；擅殺生之柄，通〔壅〕塞之塗，權輕重之數，論得失之道，使遠近情僞必見於上，謂之術：凡此四者，治之本，道之用也，皆當設施，不可廢也。得其要，則天下安樂，法設而不用；不得其術，則主蔽於上，官亂於下。此事之情，屬統垂業之本也。

《漢書》卷六四上《吾丘壽王傳》　後徵入爲光禄大夫侍中。丞相公孫弘奏言：民不得挾弓弩。十賊彍弩，百吏不敢前，盗賊不輒伏辜，免脱者衆，害寡而利多，此盗賊所以蕃也。禁民不得挾弓弩，則盗賊執短兵，短兵接則衆者勝。以衆吏捕寡賊，其勢必得。盗賊有害無利，則莫犯法，刑錯之道也。臣愚以爲禁民毋得挾弓弩便。上下其議。

壽王對曰：臣聞古者作五兵，非以相害，以禁暴討邪也。安居則以制猛獸而備非常，有事則以設守衛而施行陣。及至周室衰微，上無明王，諸侯力政，彊侵弱，衆暴寡，海内抏敝，〔是以〕巧詐並生。〔是以〕知者陷愚，勇者威怯，苟以得勝爲務，不顧義理。故機變械飾，所以相賊害之具不可勝數。於是秦兼天下，廢王道，立私議，滅《詩》《書》而首法令，去仁恩而任刑戮，墮名城，殺豪桀，銷甲兵，折鋒刃。其後，民以耰鉏箠梃相撻擊，犯法滋衆，盗賊不勝，至於赭衣塞路，羣盗滿山，卒以亂亡。故聖王務教化而省禁防，知其不足恃也。

《漢書》卷六四下《嚴安傳》　臣聞《鄒〔衍〕〔子〕》曰：政教文質者，所以云救也，當時則用，過則舍之，有易則易〔也〕〔之〕，故守一而不變者，未睹治之至也。今天下人民用財侈靡，車馬衣裘宮室皆競修飾，調五聲使有節族，雜五色使有文章，重五味方丈於前，以觀欲天下。彼民之情，見美則願之，是教民以侈也。侈而無節，則不可贍，民離本而徼末矣，末不可徒得，故搢紳者不憚爲詐，帶劍者夸殺人以矯奪，而世不知媿，故姦軌浸長。夫佳麗珍怪固順於耳目，故養失而泰，樂失而淫，禮失而采，教失而僞。僞、采，淫、泰，非所以範民之道也。是以天下人民逐利無已，犯法者衆。臣願爲民制度以防其淫，使貧富不相燿以和其心。心既和平，其性恬安。恬安不營，則盗賊銷；盗賊銷，則刑罰少；刑罰少，則陰陽和，四時正，風雨時，草木暢茂，五穀蕃孰，六畜遂字，民不夭厲，和之至也。

《漢書》卷八一《匡衡傳》 臣愚以爲宜壹曠然大變其俗。孔子曰：能以禮讓爲國乎，何有？朝廷者，天下之楨幹也。公卿大夫相與循禮恭讓，則民不争；好仁樂施，則下不暴；上義高節，則民興行；寬柔和惠，則衆相愛。四者，明王之所以不嚴而成化也。何者？朝有變色之言，則下有争鬬之患；上有自專之士，則下有不讓之人；上有克勝之佐，則下有傷害之心；上有好利之臣，則下有盗竊之民：此其本也。今俗吏之治，皆不本禮讓，而上克暴，或忮害好陷人於罪，貪財而慕勢，故犯法者衆，姦邪不止，雖嚴刑峻法，猶不爲變。此非其天性，有由然也。

《漢書》卷九〇《酷吏傳》 孔子曰：導之以政，齊之以刑，民免而無恥；導之以德，齊之以禮，有恥且格。老氏稱：上德不德，是以有德；下德不失德，是以無德。法令滋章，盗賊多有。信哉是言也！法令者，治之具，而非制治清濁之原也。昔天下之罔嘗密矣，然（不）〔姦〕軌愈起，其極也，上下相遁，至於不振。當是之時，吏治若救火揚沸，非武健嚴酷，惡能勝其任而愉快乎？言道德者，溺於職矣。故曰：聽訟吾猶人也，必也使無訟乎！下士聞道大笑之。非虚言也。

（漢）荀悦《前漢紀》卷二三《前漢孝元皇帝紀》 荀悦曰：自漢興以來至於兹，祖宗之治迹，可得而觀也。高祖開建大業，首闢元功，度量規矩，不可尚也。時天下初定，庶事草創，故韶夏之音，未有聞焉。孝文皇帝克己復禮，躬行玄默，遂至昇平。而刑罰幾措，時稱古典，未能悉備制度，玄雅禮樂之風闕焉，故太平之功不興。孝武皇帝規恢萬世之業，安固後嗣之基，内修文學，外耀武威，延天下之士，濟濟盈朝。興事創制，無所不施，先王之風燦然復存矣。然猶好其文，不盡其實，發其始，不要其終，奢侈無限，窮兵極武，百姓空竭，萬民疲弊，當此之時，天下騷動，海内無聊，而孝文之業衰矣。孝宣皇帝任法審刑，綜核名實，聽斷精明，事業修理，下無隱情，是以功光前世，號爲中宗。然不甚用儒術。孝元皇帝從諫如流，下善齊肅，賓禮舊老，優容寬直，其仁心文德，足以爲賢主矣。而佞臣石顯用事，隳其大業，明不照姦，決不斷惡，豈不惜哉。昔齊桓公任管仲以霸，任豎刀以亂，一人之身，惟所措之。夫萬事之情，常立於得失之原，治亂榮辱之機，可不慎哉。楊朱哭多岐，墨翟悲素絲，傷其本同而末殊。孔子曰：遠佞人。《詩》云：取彼譖人，投畀豺虎。疾之深也。若夫石顯，可以痛心泣血矣。豈不疾之哉。初宣帝任刑法，元帝諫曰：陛下宜用儒術。宣帝不聽，乃嘆曰：亂我家者，必太子也。故凡世之論政治者，或稱教化，或稱刑法，或言先教而後刑，或言先刑而後教，或言教化宜詳，或曰教化宜簡，或曰刑法宜略，或曰刑法宜輕，或曰宜重，皆引爲政之一方，未究治體之終始，聖人之大德也。聖人之道，必則天地，制之以五行，以通其變，是以博而不泥。夫德刑並行，天地常道也。先王之道，上教化而下刑法，右文德而左武功，此其義也。或先教化，或先刑法，所遇然也。撥亂抑強，則先刑法，扶弱綏新，則先教化。安平之世，則刑教並用。大亂無教，大治無刑。亂之無教，勢不行也。治之無刑，時不用也。教初必簡，刑始必略，則其漸也。教化之隆，莫不興行，然後責備；刑法之定，莫不避罪，然後求密。未可以備，謂之虐教；未可以密，謂之峻刑。虐教傷化，峻刑害民，君子弗繇也。設必違之教，不量民力之未能，是陷民於惡也；故謂之傷化。設必犯之法，不度民情之不堪，是陷民于罪也，故謂之害民。莫不興行，則毫毛之善可得而勸也，然後教備。莫不避罪，則纖芥之惡可得而禁也，然後刑密。故孔子曰：不莊以涖之則民不敬也。莊以涖之，動之不以禮，未善也。是言禮刑之竝施也。吾未如之何，言教之不行也。可以勝殘去殺矣，言刑之不用也。《周禮》曰：治新國用輕典，畧其初也。春秋之義，貶纖芥之惡，備至密也。孔子曰：行有餘力則可以學文，簡於始也。繪事後素，成有終也。夫通於天人之理，達於變化之數，故能達於道，故聖人則天，賢者法地，考之天道，參之典經，然後軌於正矣。

《後漢書》卷二七《杜林傳》 〔建武〕十四年，羣臣上言：古者肉刑嚴重，則人畏法令；今憲律輕薄，故姦軌不勝。宜增科禁，以防其源。詔下公卿。〔杜〕林奏曰：夫人情挫辱，則節義之風損；法防繁多，則苟免之行興。孔子曰：導之以政，齊之以刑，民免而無恥。導之以德，齊之以禮，有恥且格。古之明王，深識遠慮，動居其厚，不務多辟，周之五刑，不過三千。大漢初興，詳覽失得，故破矩爲圓，斲彫爲樸，蠲除苛政，更立疏網，海内歡欣，人懷寬德。及至其後，漸以滋章，吹毛索疵，詆欺無限。果桃菜茹之饋，集以成臧，小事無妨於義，以爲大戮，故國無廉士，家無完行。至於法不能禁，令不能止，上下相遁，爲敝彌深。臣愚以爲宜如舊制，不合翻移。帝從之。

《後漢書》卷三〇下《襄楷傳》 延熹九年，楷自家詣闕上疏曰：

【略】 永平舊典，諸當重論皆須冬獄，先請後刑，所以重人命也。頃數十歲以來，州郡翫習，又欲避請讞之煩，輒託疾病，多死牢獄。長吏殺生自己，死者多非其罪，魂神寃結，無所歸訴，淫厲疾疫，自此而起。昔文王一妻，誕致十子，今宫女數千，未聞慶育。宜修德省刑，以廣《螽斯》之祚。

《後漢書》卷三四《梁統傳》 〔元〕帝令尚書問狀，統對曰：聞聖帝明王，制立刑罰，故雖堯舜之盛，猶誅四凶。經曰：天討有罪，五刑五庸哉。又曰：爰制百姓于刑之衷。孔子曰：刑罰不衷，則民無所厝手足。衷之爲言，不輕不重之謂也。

《後漢書》卷五二《崔寔傳》 〔《政論》其辭曰〕夫熊經鳥伸，雖延歷之術，非傷寒之理；呼吸吐納，雖度紀之道，非續骨之膏。蓋爲國之法，有似理身，平則致養，疾則攻焉。夫刑罰者，治亂之藥石也；德教者，興平之粱肉也。夫以德教除殘，是以粱肉理疾也；以刑罰理平，是以藥石供養也。

《後漢書》卷七〇《孔融傳》 時論者多欲復肉刑。融乃建議曰：古者敦庬，善否不別，吏端刑清，政無過失。百姓有罪，皆自取之。末世陵遲，風化壞亂，政撓其俗，法害其人。故曰上失其道，民散久矣。而欲繩之以古刑，投之以殘弃，非所謂與時消息者也。紂斮朝涉之脛，天下謂爲無道。夫九牧之地，千八百君，若各刖一人，是下常有千八百紂也。求俗休和，弗可得已。且被刑之人，慮不念生，志在思死，類多趨惡，莫復歸正。夙沙亂齊，伊戾禍宋，趙高、英布，爲世大患。不能止人遂爲非也，適足絶人還爲善耳。雖忠如鬻拳，信如卞和，智如孫臏，寃如巷伯，才如史遷，達如子政，一離刀鋸，没世不齒。是太甲之思庸，穆公之霸秦，南睢之骨立，衛武之《初筵》，陳湯之都賴，魏尚之守邊，無所復施也。漢開改惡之路，凡爲此也。故明德之君，遠度深惟，弃短就長，不苟革其政者也。朝廷善之，卒不改焉。

《三國志》卷一三《魏志·鍾繇傳》 〔裴松之注〕袁宏曰：夫民心樂全而不能常全，蓋利用之物懸於外，而嗜慾之情動於内也。於是有進取貪競之行，希求放肆之事。進取不已，不能充其嗜慾，則苟且僥倖之所生也；希求無厭，無以愜其慾，則姦僞忿怒之所興也。先王知其如此，而欲救其弊，或先德化以陶其心，其心不化，然後加以刑辟。《書》曰：百姓不親，五品不遜。汝作司徒而敬敷五教。蠻夷猾夏，寇賊姦宄。汝作士，五刑有服。然則德、刑之設，參而用之者也。三代相因，其義詳焉。《周禮》：使墨者守門，劓者守關，宫者守内，刖者守囿。此肉刑之制可得而論者也。荀卿亦云，殺人者死，傷人者刑，百王之所同，未有知其所由來者也。夫殺人者死，而相殺者不已，是大辟可以懲未殺，不能使天下無殺也。傷人者刑，而害物者不息，是黥、劓可以懼未刑，不能使天下無刑也。故將欲止之，莫若先以德化。夫罪過彰著，然後入于刑辟，是將殺人者不必死，欲傷人者不必刑。縱而弗化，則陷於刑辟。故刑之所制，在於不可移之地，禮教則不然。明其善惡，所以潛勸其情，消之於未殺也；示之恥辱，所以内愧其心，治之於未傷也。故過微而不至於著，罪薄而不及於刑。終入罪辟者，非教化之所得也，故雖殘一物之生，刑一人之體，是除天下之害，夫何傷哉！率斯道也，風化可以漸淳，刑罰可以漸少，其理然也。苟不能化其心，而專任刑罰，民失義方，動罹刑網，求世休和，焉可得哉？周之成、康，豈按三千之文而致刑錯之美乎？蓋德化漸漬，致斯有由也。漢初懲酷刑之弊，務寬厚之論，公卿大夫，相與恥言人過。文帝登朝，加以玄默。張武受賂，賜金以愧其心；吴王不朝，崇禮以訓其失。是以吏民樂業，風流篤厚，斷獄四百，幾致刑措，豈非德刑兼用已然之効哉？世之欲言刑罰之用，不先德教之益，失之遠矣。今大辟之罪，與古同制。免死已下，不過五歲，既釋鉗鎖，復得齒于人倫。是以民無恥惡，數爲姦盜，故刑徒多而亂不治也。苟教之所去，罰當其罪，一離刀鋸，没身不齒，鄰里且猶恥之，而况于鄉黨乎？而况朝廷乎？如此，則夙沙、趙高之儔，無施其惡矣。古者察其言，觀其行，而善惡彰焉。然則君子之去刑辟，固已遠矣。過誤不幸，則八議之所宥也。若夫卞和、史遷之冤，淫刑之所及也。苟失其道，或不免於大辟，而况肉刑哉！《漢書》：斬右趾及殺人先自言告，吏坐受賕，守官物而即盗之，皆棄市。此班固所謂當生而令死者也。今不忍刻截之慘，而安剿絶之悲，此最治體之所先，有國所宜改者也。

《三國志》卷一三《魏志·王朗傳》〔王朗〕上疏勸育民、省刑曰：兵起已來三十餘年，四海盪覆，萬國殄瘁。賴先王芟除寇賊，扶育孤弱，遂令華夏復有綱紀。鳩集兆民，于茲魏土，使封鄙之內，雞鳴狗吠，達於四境，蒸庶欣欣，喜遇升平。今遠方之寇未賓，兵戎之役未息，誠令復除足以懷遠人，良宰足以宣德澤，阡陌咸修，四民殷熾，必復過於曩時而富於平日矣。《易》稱敕法，《書》著祥刑，一人有慶，兆民賴之，慎法獄之謂也。昔曹相國以獄市爲寄，路温舒疾治獄之吏。夫治獄者得其情，則無冤死之囚；丁壯者得盡地力，則無饑饉之民；窮老者得仰食倉廩，則無餧餓之殍；嫁娶以時，則男女無怨曠之恨；胎養必全，則孕者無自傷之哀；新生必復，則孩者無不育之累；壯而後役，則幼者無離家之思；二毛不戎，則老者無頓伏之患。醫藥以療其疾，寬繇以樂其業，威罰以抑其強，恩仁以濟其弱，賑貸以贍其乏。十年之後，既笄者必盈巷。二十年之後，勝兵者必滿野矣。

《晉書》卷三〇《刑法志》傳曰三皇設言而民不違，五帝畫象而民知禁，則《書》所謂象以典刑，流宥五刑，鞭作官刑，扑作教刑者也。然則犯黥者皁其巾，犯劓者丹其服，犯臏者墨其體，犯宫者雜其屨，大辟之罪，殊刑之極，布其衣裾而無領緣，投之於市，與衆棄之。舜命皋陶曰：五刑有服，五服三就，五流有宅，五宅三居。方乎前載，事既參倍。夏后氏之王天下也，則五刑之屬三千。殷因於夏，有所損益。周人以三典刑邦國，以五聽察民情，左嘉右肺，事均鎔造，而五刑之屬猶有二千五百焉。乃置三刺、三宥、三赦之法：一刺曰訊羣臣，再刺曰訊羣吏，三刺曰訊萬民；一宥曰不識，再宥曰過失，三宥曰遺忘；一赦曰幼弱，再赦曰老旄，三赦曰蠢愚。《司馬法》：或起甲兵以征不義，廢貢職則討，不朝會則誅，亂嫡庶則縶，變禮刑則放。

傳曰：殷周之質，不勝其文。及昭后徂征，穆王斯耄，爰制刑辟，以詰四方，姦宄弘多，亂離斯永，則所謂夏有亂政而作《禹刑》，商有亂政而作《湯刑》，周有亂政而作《九刑》者也。古者大刑用甲兵，中刑用刀鋸，薄刑用鞭扑。自茲厥後，狙詐彌繁。武皇帝並以爲往憲猶疑，不可經國，乃命車騎將軍、守尚書令、魯公徵求英俊，刊律定篇云爾。

又： 至安帝元興末，桓玄輔政，又議欲復肉刑斬左右趾之法，以輕死刑，命百官議。蔡廓上議曰：建邦立法，弘教穆化，必隨時置制，德刑兼施。長貞一以閑其邪，教禁以檢其慢，灑湛露以流潤，厲嚴霜以肅威，雖復質文迭用，而斯道莫革。肉刑之設，肇自哲王。蓋由曩世風淳，人多惇謹，圖像既陳，則機心直戢，刑人在塗，則不逞改操，故能勝殘去殺，化隆無爲。季末澆僞，設網彌密，利巧之懷日滋，恥畏之情轉寡。終身劇役，不足止其姦，况乎黥劓，豈能反於善。徒有酸慘之聲，而無濟俗之益。至於棄市之條，實非不赦之罪，事非手殺，考律同歸，輕重均科，減降路塞，鍾陳以之抗言，元皇所爲留愍。今英輔翼贊，道邈伊周，誠宜明慎用刑，愛人弘育，申哀矜以革濫，移大辟於支體，全性命之至重，恢繁息於將來。

《晉書》卷六八《紀瞻傳》〔尚書郎陸機〕又問〔紀瞻〕：昔唐虞垂五刑之教，周公明四罪之制，故世歎清問而時歌緝熙。姦宄既殷，法物滋有。叔世崇三辟之文，暴秦加族誅之律，淫刑淪胥，虐濫已甚。漢魏遵承，因而弗革。亦由險泰不同，而救世異術，不得已而用之故也。寬克之中，將何立而可？族誅之法足爲永制與不？對曰：二儀分則兆庶生，兆庶生則利害作。利害之作，有由而然也。太古之時，化道德之教，賤勇力而貴仁義。仁義貴則強不陵弱，衆不暴寡。三皇結繩而天下泰，非惟象刑緝熙而已也。且太古知法，所以遠獄。及其末，不失有罪，是以獄用彌繁，而人彌暴，法令滋章，盗賊多有。《書》曰：惟敬五刑，以成三德。叔世道衰，既興三辟，而文公之弊，又加族誅，淫刑淪胥，感傷和氣，化染後代，不能變改。故漢祖指麾而六合響應，魏承漢末，因而未革，將以俗變由久，權時之宜也。今四海一統，人思反本，漸尚簡樸，則貪夫不競；尊賢黜否，則不仁者遠。爾則斟參夷之刑，除族誅之律，品物各順其生，緝熙異世而偕也。

《宋書》卷八二《周朗傳》凡治者何哉？爲教而已。今教衰已久，民不知則，又隨以刑逐之，豈爲政之道歟。欲爲教者，宜二十五家選一長，百家置一師。男子十三至十七，皆令學經；十八至二十，盡使修武。訓以書記圖律，忠孝仁義之禮，廉讓勤恭之則；授以兵經戰略，軍部舟騎之容，挽強擊刺之法。官長皆月至學所，以課其能。習經者五年有立，則言之司徒；用武者三年善蓺，亦升之司馬。若七年而經不明，五年而勇不達，則更求其言政置謀，迹其心術行履，復不足取者，雖公卿子孫，長歸農畝，終身不得爲吏。其國學則宜詳考占數，部定子史，令書不煩行，習無糜力。凡學，雖凶荒不宜廢也。

又：凡爲國，不患威之不立，患恩之不下；不患土之不廣，患民之不育。自華、夷爭殺，戎、夏競威，破國則積屍竟邑，屠將則覆軍滿野，海內遺生，蓋不餘半。重以急政嚴刑，天災歲疫，貧者但供吏，死者弗望埋，鰥居有不願娶，生子每不敢舉。又戍淹徭久，妻老嗣絕，及淫奔所孕，皆復不收。是殺人之日有數途，生人之歲無一理，不知復百年間，將盡以草木爲世邪，此最是驚心悲魂慟哭太息者。法雖有禁殺子之科，設蚤娶之令，然觸刑罪，忍悼痛而爲之，豈不有酷甚處邪。今宜家寬其役，戶減其稅。女子十五不嫁，家人坐之。特雉可以娉妻妾，大布可以事舅姑，若待禮足而行，則有司加糾。凡宮中女隸，必擇不復字者。庶家內役，皆令各有所配。要使天下不得有終獨之生，無子之老。所謂十年存育，十年教訓，如此，則二十年間，長戶勝兵，必數倍矣。

又亡者亂郊，饉人盈甸，皆是不爲其存計，而任之遷流，故饑寒一至，慈母不能保其子，欲其不爲寇盜，豈可得邪。既御之使然，復止之以殺，彼於有司，何酷至是。且草樹既死，皮葉皆枯，是其粱肉盡矣。冰霜已厚，苫蓋難資，是其衣裘敗矣。比至陽春，生其餘幾。今自江以南，在所皆穰，有食之處，須官興役，宜募遠近能食五十口一年者，賞爵一級。不過千家，故近食十萬口矣。使其受食者，悉令就佃淮南，多其長帥，給其糧種。凡公私遊手，歲發佐農，令堤湖盡修，原陸並起。仍量家立社，計地設閭，檢其出入，督其游惰。須待大熟，可移之復舊。淮以北悉使南過江，東旅客盡令西歸。

《南齊書》卷四八《孔稚珪傳》 至〔永明〕九年，稚珪上表曰：臣聞匠萬物者以繩墨爲正，馭大國者以法理爲本。是以古之聖王，臨朝思理，遠防邪萌，深杜姦漸，莫不資法理以成化，明刑賞以樹功者也。伏惟陛下躡曆登皇，乘圖踐帝，天地更築，日月再張，五禮裂而復縫，六樂穨而爰緝。乃發德音，下明詔，降恤刑之文，申慎罰之典，敕臣與公卿八座共删注律。謹奉聖旨，諮審司徒臣子良，稟受成規，創立條緒，使兼監臣宋躬、兼平臣王植等抄撰同異，定其去取。詳議八座，裁正大司馬臣嶷。其中洪疑大議，衆論相背者，聖照玄覽，斷自天筆。始就成立《律文》二十卷，《録敘》一卷，凡二十一卷。今以奏聞，請付外施用，宣下四海。

臣又聞老子、仲尼曰：古之聽獄者，求所以生之；今之聽獄〔者〕，求所以殺之。與其殺不辜，寧失有罪。是則斷獄之職，自古所難矣。今律文雖定，必須用之；用失其平，不異無律。律書精細，文約例廣，疑似相傾，故誤相亂，一乖其綱，枉濫横起。法吏無解，既多謬僻。監司不習，無以相斷，則法書徒明於帙裏，冤魂猶結於獄中。今府州郡縣千有餘獄，如令一獄歲枉一人，則一年之中，枉死千餘矣。冤毒之死，上干和氣，聖明所急，不可不防。致此之由，又非但律吏之咎，列邑之宰，亦亂其經。或以軍勳餘力，或以勞吏暮齒，獷情濁氣，忍并生靈，昏心狠態，吞剝氓物，虐理殘其命，曲文被其罪，冤積之興，復緣斯發。獄吏雖良，不能爲用。使于公哭於邊城，孝婦冤於遐外。陛下雖欲宥之，其已血濺九泉矣。

尋古之名流，多有法學。故釋之、定國，聲光漢臺；元常、文惠，績映魏閣。今之士子，莫肯爲業，縱有習者，世議所輕。良由空勤永歲，不逢一朝之賞，積學當年，終爲閭伍所蚩。將恐此書永墜下走之手矣。今若弘其爵賞，開其勸慕，課業宦流，班習胄子，拔其精究，使處內局，簡其才良，以居外仕，方岳咸選其能，邑長並擢其術，則臯繇之謨，指掌可致，杜鄭之業，鬱焉何遠。然後姦邪無所逃其刑，惡吏不能藏其詐，如身手之相驅，若絃栝之相接矣。

臣以疎短，謬司大理，陛下發自聖衷，憂矜刑網，御廷奉訓，遠照民瘼。臣謹仰述天官，伏奏雲陛。所奏繆允者，宜寫律上，國學置律助教，依《五經》例，國子生有欲讀者，策試上過高第，即便擢用，使處法職，以勸士流。

《魏書》卷一一一《刑罰志》 二儀既判，彙品生焉，五才兼用，廢一不可。金木水火土，咸相愛惡。陰陽所育，稟氣呈形，鼓之以雷霆，潤之以雲雨，春夏以生長之，秋冬以殺藏之。斯則德刑之設，著自神道。聖人處天地之間，率神祇之意。生民有喜怒之性，哀樂之心，應感而動，動而逾變。淳化所陶，下以惇朴。故異章服，畫衣冠，示耻申禁，而不敢犯。其流既鋭，姦黠萌生。是以明法令，立刑賞。故《書》曰：象以典刑，流宥五刑，鞭作官刑，扑作教刑，金作贖刑，怙終賊刑，眚災肆赦。舜命咎繇曰：五刑有服，五服三就，五流有宅，五宅三居。夏刑則大辟二百，臏辟三百，宫辟五百，劓墨各千。殷因於夏，蓋有損益。《周禮》：建三典，刑邦國，以五聽求民情，八議以申之，三刺以審之。左嘉石，平罷民；右肺石，達窮民。宥不識，宥過失，宥遺忘，赦幼弱，赦耄耋，赦惷愚。周道既衰，穆王荒耄，命吕侯度作祥刑，以詰四方，五刑之屬增矣。夫疑獄氾問，與衆共之，衆疑赦之，必察小大之比以成之。先王之愛民如此，刑成而不可變，故君子盡心焉。

《北齊書》卷四《文宣帝紀》　詔曰：無德而稱，代刑以禮，不言而信，先春後秋。故知惻隱之化，天人一揆，弘宥之道，今古同風。朕以虚薄，功業無紀。昔先獻武王值魏世不造，九鼎行出，乃驅御侯伯，大號燕、趙，拯厥顛墜，俾亡則存。文襄王外挺武功，内資明德，纂戎先業，闢土服遠。年踰二紀，世歷兩都，獄訟有適，謳歌斯在。故魏帝俯遵曆數，爰念褰裳，遠取唐、虞，終同脱屣。實幽憂未已，志在陽城，而羣公卿士誠守愈切，遂屬代終，居於民上，如涉深水，有眷終朝。始發晉陽，九尾呈瑞，外壇告天，赤雀効祉。惟爾文武不貳心之臣，股肱爪牙之將，左右先王，克隆大業，永言誠節，共斯休祉。思與億兆同始兹日，其大赦天下。改武定八年爲天保元年。其百官進階，男子賜爵，鰥寡六疾，義夫節婦旌賞各有差。

《北齊書》卷四五《文苑傳·樊遜》　臣聞惟王建國，刑以助禮，猶寒暑之贊陰陽，山川之通天地。爰自末葉，法令稍滋，秦篆無以窮書，楚竹不能盡載。有司因此，開以二門，高下在心，寒熱隨意。《周官》三典，棄之若吹毛；漢律九章，違之如覆手。遂使長平獄氣，得酒而後消；東海孝婦，因災而方雪。詔書挂壁，有善而莫遵；姦吏到門，無求而不可。皆由上失其道，民不見德。而議者守迷，不尋其本。鍾繇、王朗追怨張蒼，祖訥、梅陶共尤文帝。便謂化屍起偃，在復肉刑；致治興邦，無關周禮。伏惟陛下昧旦坐朝，留心政術，明罰以糾諸侯，申恩以孩百姓。黄旗紫蓋，已絶東南；白馬素車，將降軹道。若復峻曲深文，臣實未悟。何則？人肖天地，俱稟陰陽，安則願存，擾則圖死。故王者之治，務先禮樂。如有未從，刑書乃用，寬猛兼設，水火俱陳，未有專任商、韓而能長久。昔秦歸士會，晉盗來奔；舜舉皋陶，不仁自遠。但令釋之、定國迭作理官，龔遂、文翁繼爲郡守，科閒律令，一此憲章，欣聞汲黯之言，泣斷昭平之罪。則天下自治，大道公行，乳獸含牙，蒼鷹垂翅，楚王錢府，不復須封，漢獄冤囚，自然蒙理。後服之徒，即承風而慕化；有截之内，皆蹈德而詠仁。號以成、康，何難之有？

《隋書》卷二五《刑法志》　夫刑者，制死生之命，詳善惡之源，翦亂誅暴，禁人爲非者也。聖王仰視法星，旁觀習坎，彌縫五氣，取則四時，莫不先春風以播恩，後秋霜而動憲。是以宣慈惠愛，導其萌芽，刑罰威怒，隨其肅殺。仁恩以爲情性，禮義以爲綱紀，養化以爲本，明刑以爲助。上有道，刑之而無刑；上無道，殺之而不勝也。《記》曰：教之以德，齊之以禮，則人有格心。教之以政，齊之以刑，則人有遁心。而始乎勸善，終乎禁暴，以此字人，必兼刑罰。至於時逢交泰，政稱忠厚，美化與車軌攸同，至仁與嘉祥間出，歲布平典，年垂簡憲。昭然如日月，望之者不迷，曠乎如大路，行之者不惑。

《隋書》卷六六《房彦謙傳》　彦謙見衡當塗而不能匡救，以書諭之曰：竊聞賞者所以勸善，刑者所以懲惡，故疎賤之人，有善必賞，尊貴之戚，犯惡必刑。未有罰則避親，賞則遺賤者也。今諸州刺史，受委宰牧，善惡之間，上達本朝，懾憚憲章，不敢怠慢。國家祇承靈命，作民父母，刑賞曲直，升聞於天，夤畏照臨，亦宜謹肅。故文王云：我其夙夜，畏天之威。以此而論，雖州國有殊，高下懸邈，然憂民慎法，其理一也。至如并州釁逆，須有甄明。若楊諒實以詔命不通，慮宗社危逼，徵兵聚衆，非爲干紀，則當原其本情，議其刑罰，上副聖主友于之意，下曉愚民疑惑之心。若審知内外無虞，嗣后纂統，而好亂樂禍，妄有覬覦，則管、蔡之誅，當在於諒，同惡相濟，無所逃罪，梟懸孥戮，國有常刑。其間乃有情非協同，力不自固，或被擁逼，淪陷凶威，遂使籍没流移，恐爲冤濫。恢恢天網，豈其然乎？罪疑從輕，斯義安在？昔叔向置鬻獄之死，晉國所嘉，釋之斷犯蹕之刑，漢文稱善。羊舌寧不愛弟，廷尉非苟違君，但以執法無私，不容輕重。

且聖人大寶，是曰神器，苟非天命，不可妄得。故蚩尤、項籍之驍勇，伊尹、霍光之權勢，李老、孔丘之才智，呂望、孫武之兵術，吳、楚連磐石之據，産、禄承母后之基，不應歷運之兆，終無帝王之位。況乎蕞爾一隅，蜂扇蟻聚，楊諒之愚鄙，羣小之凶慝，而欲憑陵畿甸，覬幸非望者哉！開闢以降，書契云及，帝皇之跡，可得而詳。自非積德累仁，豐功厚利，孰能道洽幽顯，義感靈祇。是以古之哲王，昧旦丕顯，履冰在念，御朽競懷。逮叔世驕荒，曾無戒懼，肆於民上，騁嗜奔慾，不可具載，請略陳之。

曩者齊、陳二國，並居大位，自謂與天地合德，日月齊明，罔念憂虞，不恤刑政。近臣懷寵，稱善而隱惡，史官曲筆，掩瑕而録美。是以民庶呼嗟，終閉塞於視聽，公卿虚譽，日敷陳於左右。法網嚴密，刑辟日多，徭役煩興，老幼疲苦。昔鄭有子産，齊有晏嬰，楚有叔敖，晉有士會。凡此小國，尚足名臣，齊、陳之疆，豈無良佐？但以執政壅蔽，懷私徇軀，忘國憂家，外同内忌。設有正直之士，才堪幹持，於己非宜，即加擯壓；倘遇諂佞之輩，行多穢匿，於我有益，遽蒙薦舉。以此求賢，何從而至！夫賢材者，非尚膂力，豈繫文華，唯須正身負戴，確乎不動。譬棟之處屋，如骨之在身，所謂棟梁骨鯁之材也。齊、陳不任骨鯁，信近讒諛，天高聽卑，監其淫僻，故總收神器，歸我大隋。向使二國祗敬上玄，惠恤鰥寡，委任方直，斥遠浮華，卑菲爲心，惻隱爲務，河朔強富，江湖險隔，各保其業，民不思亂，泰山之固，弗可動也。然而寢臥積薪，宴安鴆毒，遂使禾黍生廟，霧露沾衣，弔影撫心，何嗟及矣！故詩云：殷之未喪師，克配上帝。宜鑒于殷，駿命不易。萬機之事，何者不須熟慮哉！

伏惟皇帝望雲就日，仁孝夙彰，錫社分珪，大成規矩。及總統淮海，盛德日新，當璧之符，遐邇僉屬。讚歷甫爾，寛仁已布，率土蒼生，翹足而喜。并州之亂，變起倉卒，職由楊諒詭惑，詿誤吏民，非有構怨本朝，棄德從賊者也。而有司將帥，稱其顧反，非止誣陷良善，亦恐大點皇猷。足下宿當重寄，早預心膂，粵自藩邸，柱石見知。方當書名竹帛，傳芳萬古，稷、契、伊、呂，彼獨何人？既屬明時，須存謇諤，立當世之大誠，作將來之憲範。豈容曲順人主，以愛虧刑，又使脅從之徒，橫貽罪譴？忝蒙眷遇，輒寫微誠，野人愚瞽，不知忌諱。

《隋書》卷七一《誠節傳·劉子翊》　彼言以輕如重，自以不同。此謂如重之辭，即同重法，若使輕重不等，何得爲如？律云准枉法者，但准其罪，以枉法論者，即同真法。律以弊刑，禮以設教，准者准擬之名，以者即真之稱。如以二字，義用不殊，禮律兩文，所防是一。將此明彼，足見其義，取譬伐柯，何遠之有。

《舊唐書》卷一一《代宗紀》　〔大曆四年秋七月〕癸未，以天下刑官濫刑，詔：至理之代，先德後刑，上歡然以臨下，下欣然而奉上，禍亂不作，法令可施。去聖久遠，薄於教化，簡書填委，獄訟煩興。苛吏舞文，冤人致辟，思欲刷恥改行，厥路無由，豈天地父母慈愛之意也！朕主三靈之重，託羣后之上，夕惕若厲，不敢荒寧。内訪卿士，外咨方岳，日不暇給，八年于兹，而大道淳風，鬱而不振。四郊多壘，連歲備邊，師旅在外，役費尤廣，賦役轉輸，疾耗吾人，困竭無聊，竊斯濫矣。下庶暗昧，不見刑網，戎士在軍，未習法令，犯禁抵罪，其徒實繁。狴犴之間，未詳事實，吏議不決，動淹時月，傷沮和氣，屢彰咎徵。此皆朕之不明，教之未至，上失其道而繩下以刑，敢不罪己以答災眚。人者君之支體，害之則君有所傷，刑者教之輔助，失之則人無所措。慮有冤濫，慘然憂傷，用明慎罰之典，俾弘在宥之澤。其天下見禁囚，死罪降從流，流已下釋放，左降、流人、移隸等，委所司奏聽進止。如聞州縣官比來率意恣行粗杖，不依格令，致使殞斃，深可哀傷。頻有處分，仍聞乖越。自今已後，非灼然蠹害，不得輒加非理，所司嚴加糾察以聞。

又：〔大曆七年五月〕乙未，詔：躋於道者，化淳而刑措；善於理者，綱舉而網疏。朕涉道未弘，燭理多昧，常亦遐想太古，高挹玄風，保合太和，在宥天下，蓋德薄而未臻也。是用因時以設教，便俗以立防，務盡平恕，用申哀卹，又化淺而多犯也。加以邊虞未戢，徭賦適繁，荒廢之際，寇攘斯起。遂令圜土嘉石之下，積有繫囚；竹章牙簡之中，困於法吏。屬盛陽之候，大暑方蒸，仍念狴牢，何堪鬱灼？所以汨傷和氣，感致咎徵，天道人事，豈相遠也！如聞天下諸州，或愆時雨，首種不入，宿麥未登。哀我矜人，何時不恐？皆由朕過，益用懼焉。惕然憂嗟，深自咎責。所以減膳徹樂，別居齋宫，禱于神明，冀獲嘉應。仲夏之月，静事無爲，以助晏陰，以弘長養。斷薄决小，已過於麥秋；繼長增高，宜順乎天意。

《舊唐書》卷五〇《刑法志》　古之聖人，爲人父母，莫不制禮以崇敬，立刑以明威，防閑於未然，懼争心之將作也。故有輕重三典之異，宫墨五刑之差，度時而施宜，因事以議制。大則陳之原野，小則肆諸市朝，以禦姦宄，用懲禍亂，興邦致理，罔有弗由於此者也。暨淳朴既消，澆僞斯起，刑增爲九，章積三千，雖有凝脂次骨之峻，而錐刀之末，盡争之矣。

又：是時海内愬懼，道路以目。麟臺正字陳子昂上書曰：

臣聞古之御天下者，其政有三：王者化之，用仁義也；霸者威之，任權智也；强國脅之，務刑罰也。是以化之不足，然後威之，威之不足，然後刑之。故至於刑，則非王者之所貴矣。况欲光宅天下，追功上皇，專任刑殺以爲威斷，可謂策之失者也。

臣伏覩陛下聖德聰明，遊心太古，將制静宇宙，保乂黎民，發號施令，出於誠慊。天下蒼生，莫不懸望聖風，冀見神化，道德爲政，將待於陛下矣。臣聞之，聖人出，必有驅除，蓋天人之符，應休命也。日者東南微孽，敢謀亂常。陛下順天行誅，罪惡咸伏，豈非天意欲彰陛下威武之功哉！而執事者不察天心，以爲人意，惡其首亂唱禍，法合誅屠，將息姦源，窮其黨與。遂使陛下大開詔獄，重設嚴刑，冀以懲姦，觀于天下。逆党親屬及其交遊，有涉嫌疑，辭相連及，莫不窮捕考校，枝葉蟠拏，大或流血，小禦魑魅。至有姦人熒惑，乘險相誣，糾告疑似，冀圖爵賞，叫于闕下者，日有數矣。于時朝廷偟偟，莫能自固，海内傾聽，以相驚恐。賴陛下仁慈，憫其危懼，賜以恩詔，許其大功已上，一切勿論。人時獲泰，謂生再造。愚臣竊以忻然，賀陛下聖明，得天之機也。不謂議者異見，又執前圖，比者刑獄，紛紛復起。陛下不深思天意，以順休期，尚以督察爲理，威刑爲務，使前者之詔，不信於人，愚臣昧焉，竊恐非五帝、三王伐罪弔人之意也。

《舊唐書》卷七三《令狐德棻傳》　時高宗初嗣位，留心政道，嘗召宰臣及弘文館學士於中華殿而問曰：何者爲王道、霸道？又孰爲先後？德棻對曰：王道任德，霸道任刑。自三王已上，皆行王道；唯秦任霸術，漢則雜而行之；魏、晉已下，王、霸俱失。如欲用之，王道爲最，而行之爲難。

《舊唐書》卷七五《張玄素傳》　時承乾居春宫，頗以遊畋廢學，玄素上書諫之：臣聞皇天無親，惟德是輔，苟違天道，人神同棄。然古三驅之禮，非欲教殺，將爲百姓除害，故湯羅一面，天下歸仁。

《舊唐書》卷七八《于志寧傳》　時洛陽人李弘泰坐誣告太尉長孫無忌，詔令不待時而斬决。志寧上疏諫曰：伏惟陛下情篤功臣，恩隆右戚，以無忌横遭誣告，事並是虚，欲戮告人，以明賞罰，一以絶誣告之路，二以慰勳戚之心。又以所犯是真，無忌便有破家之罪；今告爲妄，弘泰宜戮不待時。且真犯之人，事當罪逆；誣謀之類，罪唯及身。以罪較量，明非惡逆，若欲依律，合待秋分。今時屬陽和，萬物生育，而特行刑罰，此謂傷春。竊案《左傳》聲子曰：賞以春夏，刑以秋冬。順天時也。又《禮記·月令》曰：孟春之月，無殺孩蟲。省囹圄，去桎梏，無肆掠，止獄訟。又《漢書》董仲舒曰：王者欲有所爲，宜求其端於天道。天道之大者在陰陽。陽爲德，陰爲刑，刑主殺而德主生。陽常居大夏，而以生育養長爲事；陰常居大冬，而積於空虚不用之處。以此見天之任德不任刑也。伏惟陛下纂聖升祚，繼明御極，追連、胥之絶軌，蹈軒、項之良規。欲使舉動順於天時，刑罰依於律令，陰陽爲之式序，景宿於是靡差，風雨不愆，雩禜輟祀。方今太蔟統律，青陽應期，當生長之辰，施肅殺之令。伏願暫迴聖慮，察古人言，倘蒙垂納，則生靈幸甚。疏奏，帝從之。

《舊唐書》卷九二《魏元忠傳》　儀鳳中，吐蕃頻犯塞，元忠赴洛陽上封事，言命將用兵之工拙，曰：【略】臣聞賞者禮之基，罰者刑之本。故禮崇謀夫竭其能，賞厚義士輕其死，刑正君子勗其心，罰重小人懲其過。然則賞罰者，軍國之綱紀，政教之藥石，綱紀舉而衆務自理，藥石行而文武用命。彼吐蕃蟻結蜂聚，本非勍敵，薛仁貴、郭待封受閫外之寄，奉命專征，不能激勵熊羆，乘機掃撲。敗軍之後，又不能轉禍爲福，因事立功，遂乃棄甲喪師，脱身而走。幸逢寬政，罪止削除，國家網漏吞舟，何以過此。天皇遲念舊恩，收其後效，當今朝廷所少，豈此一二人乎？

且賞不勸謂之止善，罰不懲謂之縱惡。仁貴自宣力海東，功無尺寸，坐玩金帛，瀆貨無厭，今又不誅，縱惡更甚。臣以疏賤，干非其事，豈欲間天皇之君臣，生厚薄於仁貴，直以刑賞一虧，百年不復，區區所懷，實在於此。

《新唐書》卷五六《刑法志》　憲宗英果明斷，自即位數誅方鎮，欲治僭叛，一以法度，然於用刑喜寬仁。是時，李吉甫、李絳爲相。吉甫言：治天下必任賞罰，陛下頻降赦令，蠲逋負，賑飢民，恩德至矣。然典刑未舉，中外有懈怠心。絳曰：今天下雖未大治，亦未甚亂，乃古平國用中典之時。自古欲治之君，必先德化，至暴亂之世，始專任刑法。吉甫之言過矣。憲宗以爲然。【略】蓋刑者，政之輔也。政得其道，仁義興行，而禮讓成俗，然猶不敢廢刑，所以爲民防也，寬之而已。今不隆其本，顧風俗謂何而廢常刑，是弛民之禁，啓其姦，由積水而決其防。故自玄宗廢徒杖刑，至是又廢死刑，民未知德，而徒以爲幸也。

《新唐書》卷九七《魏徵傳》　帝驚曰：非公不聞此言。退又上疏曰：《書》稱明德慎罰，惟刑之卹。《禮》曰：爲上易事，爲下易知，則刑不煩。上多疑，則百姓惑；下難知，則君長勞。夫上易事，下易知，君長不勞，百姓不惑，故君有一德，臣無二心。夫刑賞之本，在乎勸善而懲惡。帝王所與，天下畫一，不以親疏貴賤而輕重者也。今之刑賞，或由喜怒，或出好惡。喜則矜刑於法中，怒則求罪於律外；好則鑽皮出羽，惡則洗垢索瘢。蓋刑濫則小人道長，賞謬則君子道消。小人之惡不懲，君子之善不勸，而望治安刑措，非所聞也。且暇豫而言，皆敦尚孔、老；至於威怒，則專法申、韓。故道德之旨未弘，而鍥薄之風先搖。昔州犂上下其手而楚法以敝，張湯輕重其心而漢刑以謬，況人主而自高下乎！頃者罰人，或以供張不贍，或不能從欲，皆非致治之急也。夫貴不與驕期而驕自至，富不與奢期而奢自至，非徒語也。

《新唐書》卷一一二《韓琬傳》　景雲初，上言：國安危在於政。政以法，暫安焉必危；以德，始不便焉終治。夫法者，智也；德者，道也。智，權宜也；道，可以久大也。故以智治國，國之賊；不以智治國，國之福。【略】

貞觀、永徽之間，農不勸而耕者衆，法施而犯者寡；俗不偷薄，器不行竊；吏貪者士恥同列，忠正清白者比肩而立；罰雖輕而不犯，賞雖薄而勸；位尊不倨，家富不奢；學校不勵而勤，道佛不懲而戒；土木質厚，裨販弗蚩。其故奈何？雜以皇道也。自茲以來，任巧智，斥謇諤；趨勢者進，守道者退；諧附者無黜剝之憂，正直者有後時之歎；人趨家競，風俗淪替。其故奈何？行以霸道也。貞觀、永徽之天下，亦今日天下，淳薄相反，由治則然。

夫巧者知忠孝爲立身之階，仁義爲百行之本，託以求進，口是而心非，言同而意乖，陛下安能盡察哉！貪冒者謂能，清貞者謂孤，浮沉者爲黠，剛正者爲愚。位下而驕，家貧而奢。歲月漸漬，不救其弊，何由變浮之淳哉？不務省事而務捉搦。夫捉搦者，法也。法設而滋章，滋章則盜賊多矣。法而益國，設之可也。比法令數改，或行未見益，止未知損。譬弈者一棋爲善，而復之者愈善，故曰設法不如息事，事息則巧不生。聖人防亂未然，天下何繇不治哉？

永淳時，雍丘令尹元貞坐婦女治道免官，今婦夫女役常不知怪。調露時，河内尉劉憲父喪，人有請其員者，有司以爲名教不取，今謂爲見機。太宗朝，司農以市木橦倍價抵罪，大理孫伏伽言：官木橦貴，故百姓者賤。臣見司農識大體，未聞其過。太宗曰：善。今和市顓刻剝，名爲和而實奪之。往者學生、佐史、里正每一員闕，擬者十人，今當選者亡匿以免。往選司從容有禮，今如仇敵賈販。往官將代，儲什物俟其至；今交罷，執符紛競校在亡。往商賈出入萬里，今市井至失業。往家藏鏹積粟相夸，今匿貲示羸以相尚。往夷狄款關，今軍屯積年。往召募，人賈其勇；今差勒，闔宗逃亡。往倉儲盈衍，今所在空虛。

夫流亡之人非愛羈旅、忘桑梓也，斂重役亟，家産已空，鄰伍牽連，遂爲游人。窮詐而犯禁，救死而抵刑。夫亂繩已結，急引之則不可解。今刻薄吏能結者也，舉劾吏能引者也，則解者不見其人。願取奇才卓行者，量能授官。

（唐）吴兢《貞觀政要》卷八《刑法》　貞觀十一年，特進魏徵上疏曰：臣聞《書》曰：明德慎罰，（《周書・康誥》之辭。）惟刑恤哉。（《虞書・舜典》之辭。）《禮》云爲上易事，（易，以豉切，後同。）爲下易知，則刑不煩矣。上人疑則百姓惑，下難知則君長勞矣。（長，音掌，後同。《禮・緇衣篇》之辭。）

夫夫，音扶，後同。上易事則下易知，君長不勞，百姓不惑。故君有一德，臣無二心。上播忠厚之誠，下竭股肱之力，然後太平之基不墜，康哉之詠斯起，《虞書·皋陶》賡歌曰：庶事康哉。當今道被華戎，功高宇宙，無思不服，無遠不臻。然言尚於簡文，志在於明察，刑賞之用，有所未盡。夫刑賞之本，在乎勸善而懲惡。帝王之所以與天下爲畫一，不以貴賤親疏而輕重者也。踈，與疏同。今之刑賞，未必盡然。或屈伸在乎好惡，並去聲，後同。或輕重由乎喜怒。遇喜則矜其情於法中，逢怒則求其罪於事外，所好則鑽皮出其毛羽，所惡則洗垢求其瘢痕。瘢，音盤。瘢痕可求，則刑斯濫矣；毛羽可出，則賞因謬矣。刑濫則小人道長，賞謬則君子道消。小人之惡不懲，君子之善不勸，而望治安刑措，非所聞也。且夫暇豫清談，皆敦尚於孔、老。孔子、老聃也。威怒所至，則取法於申韓。申不害、韓非，皆戰國刑名之學。直道而行，非無三黜，三，去聲。《論語》曰：柳下惠直道而事人，焉徃而不三黜。危人自安，蓋亦多矣。故道德之旨未弘，刻薄之風已扇。夫刻薄既扇，則下生百端，人競趍時，則憲章不一，稽之王度，稽，音羈。實虧君道。昔州犁上下其手，楚國之法遂差。《左傳》襄公二十六年，楚與秦侵鄭，楚穿封戌囚鄭皇頡，公子圍與之争，正於伯州犁。州犁乃立囚曰：所争，君子也，其何不知。上其手曰：夫子爲王子圍，寡君之貴介弟也。下其手曰：此子爲穿封戌，方城外之縣尹也。誰獲子？囚曰：頡遇王子，弱焉。戌抽戈逐王子圍。弗及，楚人以皇頡歸。張湯輕重其心，漢朝之刑以弊。漢張湯爲廷尉。鄉上意所便，其所治，即上意所欲辠，予監吏深刻者；即上意所欲釋，予監吏輕平者。所治即豪，必舞文巧詆；即下戶羸弱，時口言雖文致法，上裁察。帝於是徃徃釋湯所言。出本傳。以人臣之頗僻，頗，平聲。猶莫能申其欺罔，况人君之高下，將何以措其手足乎？以睿聖之聰明，無幽微而不燭，豈神有所不達，智有所不通哉？安其所安，不以恤刑爲念；樂其所樂，音洛，上同。遂忘先笑之變。禍福相倚，吉凶同域。惟人所召，安可不思。頃者責罰稍多，威怒微厲，或以供帳不贍，或以營作差違，或以物不稱心，稱，去聲。或以人不從命，皆非致治之所急。實恐驕奢之攸漸，是知貴不與驕期而驕自至，富不與侈期而侈自來，非徒語也。

（唐）長孫無忌《唐律疏議》卷一《名例》　德禮爲政教之本，刑罰爲政教之用，猶昏曉陽秋相須而成者也。

《宋史》卷一九九《刑法志一》　夫天有五氣以育萬物，木德以生，金德以殺，亦甚盭矣，而始終之序，相成之道也。先王有刑罰以糾其民，則必温慈惠和以行之。蓋裁之以義，推之以仁，則震慺殺戮之威，非求民之死，所以求其生也。《書》曰：士制百姓于刑之中，以教祗德。言刑以弼教，使之畏威遠罪，導以之善爾。唐、虞之治，固不能廢刑也。惟禮以防之，有弗及，則刑以輔之而已。王道陵遲，禮制隳廢，始專任法以罔其民。於是作爲刑書，欲民無犯，而亂獄滋豐，由其本末無序，不足相成故也。

（宋）司馬光《資治通鑑》卷二八七《後漢紀二》　臣光曰：漢高祖殺幽州無辜千五百人，非仁也。誘張璉而誅之，非信也。杜重威罪大而赦之，非刑也。仁以合衆，信以行令，刑以懲姦，失此三者，何以守國？其祚運之不延也，宜哉！

（宋）李燾《續資治通鑑長編》卷一九四《宋仁宗嘉祐六年》　夫民者，國之堂基也；禮法者，柱石也。

（宋）李燾《續資治通鑑長編》卷四二〇《宋哲宗元祐三年》　夫堯、舜、三代之治跡，《詩》、《書》存焉；賞罰褒貶之大法，《春秋》存焉；《禮》以治其顯，《易》以治其微。道德性命之理，人情事物之變，立身行己，仁民愛物之術，無不備載。先王用之訓迪天下士，猶有學而不知道者，又况絶之以爲無用哉？

（宋）王應麟《通鑑答問》卷四《義縱爲右内史王温舒爲中尉》　或問《史記·酷吏傳》自郅都至杜周十人，其八人出於武帝之世，而循吏無一焉。何歟？曰：御衆以寬，未聞尚猛也。吏以治得民，未聞用殺也。武帝以張湯爲御史大夫，列於三公，殺人多者爲能吏，相師成風，仁厚之澤幾斬矣。太史公作傳，上以爲能者四人，天子以爲能者二人。敢於殘虐謂之能，則慈祥愷悌爲不能，循良之吏豈復見於斯時乎？夫好生惡殺，天之心也。善有慶，不善有殃，天之道也。周陽由、張湯、義縱、王温舒、减宣皆殃及其身，不仁之報其應如響。使帝能用董仲舒之言，任德不任刑，以天之心爲心，則福禄施于孫子，豈至於后太子公主及孫皆受巫蠱之禍哉？故曰：爲人君止於仁。

（宋）李幼武《宋名臣言行録外集》卷一《周敦頤濂溪先生元公》

其具則復古禮變今樂，政以養民，而刑以肅之也。是乃所謂伊尹之志，顔子之學，而程氏傳之以覺斯人者。

（宋）李幼武《宋名臣言行録外集》卷一六《陳亮》　本朝以儒道治天下，以格律守天下，而天下之人，知經義之爲常程，科舉之爲正路，法不得以自用其凡，人不得以自用其智，二百年之太平由此出矣。

《遼史》卷六一《刑法志上》　刑也者，始於兵而終於禮者也。鴻荒之代，生民有兵，如蠭有螫，自衛而已。蚩尤惟始作亂，斯民鴟義，姦宄並作，刑之用豈能已乎？帝堯清問下民，乃命三后恤功於民，伯夷降典，折民惟刑。故曰刑也者，始於兵而終於禮者也。先王順天地四時以建六卿。秋，刑官也，象時之成物焉。秋傳氣於夏，變色於春，推可知也。

遼以用武立國，禁暴戢姦，莫先於刑。國初制法，有出於五服、三就之外者，兵之勢方張，禮之用未遑也。及阻午可汗知宗室雅里之賢，命爲夷離堇以掌刑辟，豈非士師之官，非賢者不可爲乎。太祖、太宗經理疆土，擐甲之士歲無寧居，威克厥愛，理勢然也。子孫相繼，其法互有輕重；中間能審權宜，終之以禮者，惟景、聖二宗爲優耳。

《金史》卷四五《刑志》　昔者先王因人之知畏而作刑，因人之知恥而作法。畏也、恥也，五性之良知，七情之大閑也。是故，刑以治已然，法以禁未然，畏以處小人，恥以遇君子。君子知恥，小人知畏，天下平矣！是故先王養其威而用之，畏可以教愛。慎其法而行之，恥可以立廉。愛以興仁，廉以興義，仁義興，刑法不幾於措乎？

《元史》卷一〇二《刑法志一》　自古有天下者，雖聖帝明王，不能去刑法以爲治，是故道之以德義，而民弗從，則必律之以法，法復違焉，則刑辟之施，誠有不得已者。是以先王制刑，非以立威，乃所以輔治也。故《書》曰：士制百姓于刑之中，以教祇德。後世專務黷刑任法以爲治者，無乃昧於本末輕重之義乎！歷代得失，考諸史可見已。

（元）張養浩《三事忠告》卷三《風憲忠告·示教》　甚矣，人之不可無教也！生知如聖人，猶胥教誨，胥訓告，况不能聖人萬一者，可忽焉而不務哉？大抵常人之情，苟非其所憚，雖耳提面命，則亦不足發其良心。何則？非所素服素畏故也。今夫庶司之職，爲衆所畏服者莫如風憲，誠因監蒞於彼，或始上之日會所屬而勖之曰：彼之官重者廷授，次者省授，又次則吏部授，大小雖殊，無非國家臣子。爲人臣子，奸汙不法，人孰汝容？夫納賄營私，所得甚少，所喪甚多，與其事敗治汝，曷若先事而教之爲愈哉？吾之此言，雖曰薄汝，實厚汝也；雖若毒汝，實恩汝也。苟能如是諭之，吾知退而必有率德改行，易凶惡爲善良者矣。且刑罰不足致治，教之而使不犯，爲治之道莫尚焉。聖人謂不教而殺謂之虐，又聞治於未然者易，治於已然者難。近年劉伯宣爲浙西憲使，疏真西山《守令四箴》播告所屬，且曰：近年執憲者惟知威人以刑，而不知誨人以善。嗚呼！劉公此言，可謂仁人君子，深得風憲之體者矣。

（元）馬端臨《文獻通考》卷二五二《帝系考三·太上皇太皇太后皇太后》　周太祖皇后柴氏無子，養后兄守禮之子以爲子，是爲世宗。守禮字克讓，以后族拜銀青光禄大夫、檢校吏部尚書兼御史大夫。世宗即位，加金紫光禄大夫，檢校司空、光禄卿，致仕居於洛陽，終世宗之世，未嘗至京師，而左右亦莫敢言，第以元舅禮之。守禮頗恣横，嘗殺人於市，有司以聞，世宗不問。時王溥、王宴、王彦超、韓令坤等同時將相，皆有父在洛陽，與守禮朝夕往來，惟意所爲，洛陽人多畏避之，號十阿父。守禮卒年七十二，官至太傅。

歐陽公史論曰：父子之恩至矣！孟子言，舜爲天子，瞽瞍殺人，則棄天下，竊負之而逃。以謂天下可無舜，不可無至公。舜可棄天下，不可刑其父，此爲世立言之説也。然事固有不得如其意者多矣！蓋天子有宗廟社稷之重，百官之衛，朝廷之嚴，其不幸有不得竊而逃，則如之何而可？予讀《周史》，見守禮殺人，世宗寢而不問，蓋天下重矣。而子於其父亦至矣，故寧受屈法之過，以申父子之道，其所以合於義者，蓋知權也。君子之於事，擇其輕重而處之耳。失刑輕，不孝重也。刑者，所以禁人爲非；孝者，所以教人爲善，其意一也，孰爲重？刑一人未必能使天下無殺人，而殺其父，滅天性而絶人道，孰爲重？權其所謂輕重者，則天下雖不能棄，而父亦不可刑也。然則爲舜與世宗者，宜如何無使瞽瞍、守禮至於殺人，則可謂孝矣！

（元）梁寅《策要》卷一《春秋》　《史記·孔子世家》云：孔子因史記作《春秋》，吴楚之君自稱王，而《春秋》貶之曰子。踐土之會實召周天子，而《春秋》諱之曰天王狩于河陽。推此以繩當世，貶損之義行，則天下之亂臣賊子懼焉。筆則筆，削則削，子夏之徒不能贊一辭。太史公曰：《春秋》上明三王之道，下辨人事之紀，別嫌疑，明是非，存亡國，繼絶世，補弊起廢，王道之大者也。撥亂世，反之正，莫近於《春秋》，故有國者不可不知。《春秋》前有讒而不見，後有賊而不知。爲人臣者，不可不知《春秋》。守經事而不知其宜，遭變事而不知其權，爲人君父而不通《春秋》之義者，必蒙首惡之名；爲人臣子而不通《春秋》之義者，必陷誅戮之罪。故《春秋》禮義之大宗也。

《明史》卷二五五《劉宗周傳》 宗周遂告歸，詔許乘傳。將行，疏陳五事：【略】一曰端治術，無以刑名先教化。先帝頗尚刑名，而殺機先動於温體仁。殺運日開，怨毒滿天下。近如貪吏之誅，不經提問，遽科罪名；未科罪名，先追贓罰。假令有禹好善之巡方，借成德以媚權相，又孰辨之？又職方戎政之奸弊，道路嘖有煩言，雖衛臣有不敢問者，則廠衛之設何爲？徒令人主虧至德，傷治體，所謂急刑名而忘教化也。

《明太祖實録》卷六六《洪武四年六月》〔戊申〕上退朝，御東閣，從容與群臣論及禮樂之事。謂廷臣曰：世之治亂，本乎人情風俗。故忠信行，則民俗淳朴；佻巧作，則習尚詐僞。京師天下之統會，萬民之瞻仰，四方所取則者也，而積習之弊，率以奢侈相高，浮藻相誘，情日肆而俗日偷，非所以致理也。禮部尚書陶凱對曰：仲尼有云，道之以政，齊之以刑。今欲整齊風俗，使佻巧不得作，必以政刑先之，然後教化可行。上曰：教化必本諸禮義，政刑豈宜先之。苟徒急於近効，而嚴其禁令，是欲澄波而反汩之也。凱頓首稱善。

（明）余繼登《典故紀聞》卷一七 嘉靖初，吏部侍郎胡世寧言：人君大德，曰仁、曰明，曰武，然三德以仁爲主，而明與武所以成之也。譬如天地，仁則其生成之德，明則其日月之照，皆不可一日而無。若武則雷霆，時可一震而已，震之數或震之過，則傷物必多，而天威褻矣。故仁或可過，而明則不可過也，明過則察；明猶可過，而武決不可過也，武過則殘。請自今中外羣臣有罪，悉下司寇問理，罪狀明白，輕重誅黜，皆依律科斷，奸不能惑，佞不能移，所謂武也。若廷辱之以箠楚，或有偶虩雷霆之下者，遂傷日月之明，大爲天地生成之累矣。

（明）余繼登《典故紀聞》卷一八 居正疏中又一段云：臣見近年以來，紀綱不肅，法度不行，上下務爲姑息，百事悉從委徇，以模棱兩可謂之調停，以委曲遷就謂之善處。法之所加，唯在於微賤，而強梗者雖壞法干紀，而莫之誰何。禮之所制，反在於朝廷，而爲下者或越理犯分，而恬不知畏，陵替之風漸成，指臂之勢難使，賈誼所謂盭戾者，深可慮也。然人情習玩已久，驟一振之，必將曰此拂人之情者也，又將曰此務爲操切者也。臣請有以解之，夫徇情之與順情，名雖同而實則異，振作之與操切，事若近而用則殊。蓋順情者因人情之所同欲者而施之，《大學》所謂民之所好好之，民之所惡惡之是也。若徇情，則不顧理之是非，事之可否，惟人情之是便而已。振作者，謂整齊嚴肅，懸法以示民，而使之不敢犯，孔子所謂導之以德，齊之以禮是也。若操切，則爲嚴刑峻法，虐使其民而已。故情可順而不可徇，法宜嚴而不宜猛。伏望皇上奮乾綱之斷，普離照之，明張法紀，以肅羣工，攬權綱而貞百度，刑賞予奪，一歸之公道，而不必曲徇乎私情。政教號令，必斷於宸衷，而毋致紛更於浮議。法所當加，雖貴近不宥，事有所枉，雖疏賤必申。庶紀綱振而下有法守矣。

（明）孫旬《皇明疏鈔》卷一葉居升《君道一·上萬言書疏》 臣又觀歷代開國之君，未有不以尚德緩刑而結於民心，亦未有不以專事刑罰而失民心。國祚長短，悉由於此。三代、秦漢、隋唐，享國之數，具在方册，昭然可觀，其故何也？《易》曰：天地之大德曰生，聖人之大寶曰位。何以守位曰人。何以聚人曰財。理財正辭禁民爲非曰義。此可以見天地好生之心，與聖人守位之道矣。然而禁民爲非之義，特居末者，明不得已而用刑，而不專任刑罰也。古者斷死刑，天子爲之徹樂減膳，而寓慘怛之意於其間。誠以天生斯民，立之司牧而教養之，俱欲其並生於天地之間也。然而不率教者入於其中，則不得不刑之耳。故其仁愛之篤，洽於民之肌膚，淪於民之骨髓。民思其德，愈久而不忘，故其子孫享國久遠者六七百年，近者亦三四百年，豈偶然而已哉！今議者曰：宋元中葉之後，紀綱不振，專事姑息，賞罰無章，以致亡滅，此行小仁而滅大義，雖有其位而不能守之。主上所以痛懲其弊，而矯枉之過者也。故制不宥之刑，權神變之法，使人知懼而莫測其端也，臣聞開基之主，垂範百世，一動一静，必合準繩，使子孫有所持守。況刑者，民之司命，可不慎歟？夫刑罰貴乎得中，過與不及皆非天討有罪之意也。使刑政不立，而強暴得以相凌，則國非其國矣。若刑罰繁苛而政治促急，則民無所措手足矣。姑以當今刑罰言之，笞、杖、徒、流、死，今之五刑也。用此五刑，既無假貸，一出乎大公至正可也。而用刑之際多出聖衷，致治獄之吏務從深刻，以趨求上意。深刻者多獲功，平允者多獲罪。或至以贓罪多寡爲殿最，欲求治獄之平允，豈易得哉？近者特旨雜犯死罪免死充軍，其餘以次倣流徒律。又刪定舊諸律條，減宥有差，此漸見寬宥全活者衆，而主上好生之仁已藹然布乎宇內矣。然未聞有戒治獄務從平允之條，是以法司之治獄，猶循舊弊，雖有寬宥之名，而未見有寬宥之實。所謂實者在主上，不在臣下也。故必有罪疑惟輕之意，而後好生之德洽於民心，必有王三宥然後刑之政，而後有囹圄空虛之效，此非可以淺淺致也。唐太宗謂侍臣曰：鬻棺之家，欲歲之疫，匪欲害于人，欲利于棺售故耳。今法司覈理一獄，必求深以成其考，今作何法，使得平允？太宗矯隋之暴，刑罰務從寬宥，猶患及此，況今立嚴密以矯寬縱，能無是失，何以明其然也。古之爲士者，以登仕版爲榮，以罷職不敘爲辱。今之爲士者，以混迹無聞爲福，以受玷不辱爲幸，以屯田工役爲必獲之罪，以鞭笞箠楚爲尋常之辱。其始也，朝廷取天下之士，網羅捃摭，務無遺逸。有司催迫上道，如捕重囚。比至京師，而除官名以貌選，故所學或非其所聞，而其所用或非其所學。洎乎居官，言動一跌于法，苟免誅戮，則必屯田工役之科。所謂取之盡錙銖，用之如泥沙。率是爲常，少不顧惜，然此亦豈人主樂爲之事哉？欲人之懼而不敢犯也。切見數年以來，誅殺亦可謂不細矣，而犯者日月相踵，豈下人不懼法哉？良由激濁揚清之不明，善惡賢愚之無別，議賢議能之法既廢，以致人不自勵而爲善者怠。宋程頤有言曰：君子小人常相半也。天下治，則小人多化爲君子，而君子多於小人。天下亂，則君子多化爲小人，而小人多於君子。此言在上之人有以化之耳。有人於此廉如夷齊，智如良平，一或不謹，少戾於法。上之人將録其所長，棄其所短而用之乎？將舍其所長，指其所短而寘之法乎？苟取其所長而舍其所短，則中庸之才爭以爲廉爲智，而成有用之君子矣。苟取其所短，棄其所長，爲善之人皆曰某廉若是，某智若是，少不如法，朝廷不少貸之，吾屬何所容其身乎？致使今之居位者多無廉恥。當未仕之時，則修身畏慎，動遵律法。一入于官，則以禁網嚴密，朝不謀夕，遂棄廉恥，或事掊尅以給屯田工役之資者率皆是也。若是，非用刑之煩者乎？

（明）何棟如《皇祖四大法》卷三《治法》 甲辰，春正月，丙寅朔戊辰，上退朝，謂左相國徐達等曰：卿等爲生民計，推戴予。然建國之初，當先正紀綱。元氏昏亂，紀綱不立，主荒臣專，威福下移，由是法度不行，人心渙散，遂致天下騷亂。今將相大臣輔相於我，當鑒其失，宜協心爲治，以成功業。毋苟且因循，取充位而已。又曰：禮法，國之紀綱。禮法立，則人志定，上下安。建國之初，此爲先務。吾昔起兵濠梁，見當時主將皆無禮法，恣情任私，縱爲暴亂，不知馭下之道，是以卒至於亡。今吾所任將帥，皆昔時同功一體之人，自其歸心於我，即與之定名分，明號令，故諸將皆聽命，無敢有異者。爾等爲吾輔相，當守此道，無謹於始而忽於終也。

又：〔洪武二年八月戊子〕監察御史睢稼言：《周官》有懸法象魏之文，《禮經》載鄉飲讀法之說，皆導民知禮法而遠刑辟也。今新律頒布天下，鄉井細民猶有不通其說者，宜倣古人月吉讀法之典，命府州縣長吏，凡遇月朔，會鄉之老少，令儒生讀律，解析其義，使之通曉，則人皆知畏法而犯者寡矣。上曰：威人以法，不若感人以心，敦信義而勵廉恥，此化民之本也。故羞惡之心生，則非僻之私格外防之。法密，則苟免之行興。卿言讀律，固可禁民爲非。若謂使民無犯，要當深求其本也。

（明）何棟如《皇祖四大法》卷五《治法》〔洪武六年二月〕壬寅，命御史臺令監察御史及各道按察司，察舉天下有司官有無過犯，奏報黜陟。上諭臺臣曰：古人言：禮義以待君子，刑戮加於小人。蓋君子有犯，或出於過誤，可以情恕。小人之心，奸詭百端，無所不至。若有犯，當按法去之，不爾則遺民患。君子過誤，責之以禮義，則自知愧悚，必思改爲。彼小人者，不識廉恥，終無忌憚，所以不得不去之也。故朕於廉能之官，雖或有過，常加宥免。若貪虐之徒，雖小罪亦不赦也。

（明）何棟如《皇祖四大法》卷七《治法》〔洪武十九年二月〕丁未，遣使往勞蘇州府常熟知縣成茧奇。時府吏詣縣徑由中道入公堂，茧奇怒其越理，執之。事聞，上嘉其能，命以酒勞之。勑曰：先王制禮，所以辨上下，定民志，秩然而不紊。歷世因之，不敢違越。誠以紀綱法度維持世道之具。然立法者，君也。奉法者，臣也。君能立法，而臣不能守之，則亦未如之何矣？朕自即位以來，稽古立法，設置諸司，以貴君子，祿賢人，使與朕共守此道，以安養吾民。奈何其間或匪志人，自隳禮法，吏胥之徒故得憑上司之勢而淩侮之。彼乃奔走順承，非惟不能自重，蓋亦有傷大體。如是而欲安享尊榮，其可得哉？爾常熟知縣成萬奇乃能不畏威勢，執越禮之吏胥，以正綱紀而絶民害，此有司之超羣者也。法司以聞，朕甚嘉焉。故特遣使賚醴往勞，爾其享之。嗚呼！益謹初心，恪遵憲度，則豈不爲自重之君子，流芳百世，耿耿而不磨，爾其懋哉。

《清仁宗實録》卷三一六《嘉慶二十一年二月》〔壬子〕上御文華殿經筵，直講官英和、曹振鏞進講《孟子》善教得民心，講畢，上宣御論曰：君心民心，理一貫也。善教民者，能得其心也。所謂從欲以治，正其本也。道之以政，僅制其外耳。道之以德，斯格其内矣。天君泰然，百體從令，烏有犯上作亂之舉哉。教也者，古先聖王馭世之大經大法，即在倫常之間，惜乎奉行不善，舍本逐末，而民不率由。妄興邪説，鼓惑癡愚，風俗日趨儇薄，皆在上位者不盡心化導之所致也。夫人情莫不欲安存而惡危亡，然而干名犯義之徒，莠言亂法之輩，雖用嚴刑峻法，尚不知改悔。其故何也，未得其心也。若平時宣三德，弼五教，仁以養之，義以正之，禮樂以陶淑之，政治以化導之。因民之所利而利之，修身及家，均平天下，民俗厚而忠愛生。孝親敬君，明倫宣化，則正氣充盈。民生安樂，皆善教之明效大驗也。同其好惡，得心也。拂人之性，失心也。國家之得失，在乎民心之得失。民心之得失，在乎政教之隆替也。誠能君臣交泰，盡心教養。休戚相關，胞與爲念。海宇蒼生，同心向化，善教所得者大矣。

直講官佛住、盧蔭溥進講《易經》君子以明慎用刑而不留獄。講畢。上宣御論曰：聖人釋《旅》象曰：山上有火，去而不留。仁義兼賅之至德也。刑獄者，庶民之身命所關，先王不得已而用之。哀矜惻怛之念，斯須不可去也。審察必極其詳，而使無遁情。聽斷必盡其詞，而使無僞説。勿以猛厲之言折之，而不能申其蘊。勿以慢易之心乘之，而必欲得其實。出入惟允，輕重得宜。公則明，偏必暗。勤則慎，怠必疏。公正勤敬，理刑之要道也。獄既成而斷決宜速，不可留滯。使冤濫之氣不伸，又增吏胥之勒索詭計，仍流於不明不慎矣。刑獄之獘，情僞百出。汙吏貪婪，爲鬼爲蜮。若稍怠忽姑容，民不堪命。戾氣騰達，上干天和，所繫非淺鮮也。勤敬之功用，日勉於君心。明慎之效驗，日見於行事矣。世道人心，日流日下，犯法者多。爲民上者，宜思己過。不能格其非心，化其汙俗。使之犯罪遭刑，日覩鋃鐺桎梏，傷心慘目，何忍因循怠玩，漠不關心。留獄盤詰，冤苦莫訴，非人心矣。明慎不留，誠用刑之極則。因循怠玩，百獘叢生。勤敬二字，不可稍忽。期于無刑，予之深願也。

《清仁宗實録》卷三二六《嘉慶二十二年正月》〔壬申〕上御文華殿經筵，直講官果齊斯歡、戴均元進講《孟子》我亦欲正人心。講畢。上宣御論曰：古先聖王以道德仁義維持世道，惟恐人心失於正教，流於邪僻而不自覺，其害非淺鮮也。孟子當周之末世，諸侯爭衡，大夫放侈，加之以楊墨之道不息，孔子之道不著，邪説誣民，充塞仁義，故欲正人心以承三聖。孟子聖人之徒，尚如此亟欲挽回正教，況君臨天下，養育蒼生，何忍坐視愚民從流下而忘返，不思拯救乎。夫人之一身，以心爲主。天君泰然，百體從令。心正於内，行正於外。内外交養，本末相資。正己正人，皆歸正道。世治民安，庶幾可望矣。若不正本清源，徒以嚴刑峻法繩治，加以貪官汙吏從而剝削，顛倒是非，妄緝株連，是驅之日就邪路，陷溺沈迷，終不能歸於正道，甚至以邪爲正，爲害益鉅矣。三代去古不遠，尚有楊墨之徒，後世人心持正者鮮。可不強勉養正之聖功，以希成己成物之善政哉。孟子法言，宜自勵也。

直講官秀寧、汪廷珍進講《易經》理財正辭、禁民爲非曰義。講畢。上宣御論曰：聖人守位曰仁，體天地好生之大德也。天生蒸民，若有恒性，全賴人君以養之。何以聚人曰財，養之之道必宜理也。崇本業，祛浮靡，躬行節儉，懷保惠鮮。遇豐年務使家有餘糧，逢歉歲則宜力籌接濟。從欲以治，胞與爲懷。同甘共苦，藏富於民，理財之道備矣。繼以文辭教之，昌明先聖王之法言懿行。辨上下，定民志，正五倫，宗正學，先養後教之誠盡矣。教養既備，宜循正道而行。然良莠不齊，或體質愚昧，或迫於饑寒，爲非肆横，則不能不申法令、明刑罰以禁之。不得已之苦心，仍應存哀矜勿喜之念也。理財，先養也。正辭、禁非，後教也，必皆裁之於義焉。蓋合於義，則財賦平均，家給人足。文辭宣達，格其非心。明刑弼教，毫無枉曲。聖人之功業垂裕無窮，與天地之大德侔矣。君與臣民，一心貫注則治，離心離德則亂。己所不欲，勿施於人，言似淺而意深，稽諸往代，事蹟昭然，孔子述《大易》之精義，誠萬古之至德要道也。禮成。

（清）李鍇《尚史》卷一〇三《刑志》 在《易・涣》之九五曰：涣汗其大號，言號之不反，猶汗之不可反也。先王制刑，號莫大焉，出而不反，無有二三。故曰：慎乃出令，令出惟行，不惟反也。然厥綱有五，體協於一，叢目三千，用孚于中。一者義之獲，中者仁之規，卻仁義而論刑，其不流爲刻深，禽獸驅民以陷夫穽擭者幾希。故曰：法生于義，義生于衆，適合乎人心，治之要也。法非從天下，非從地出，發于人間，反己自正。反己自正，仁義之推也，若乃不一不中，慆淫以逞，輕重任愛憎，下上適喜怒，縣象以成而自毁之，是反汗也。雖然義以一之，仁以中之，制其流也，若夫未形而塞兑，又惟禮是藉。夫謹溯厥原述《刑志》。

（清）鄂爾泰等《世宗憲皇帝硃批諭旨》卷二一九下《硃批韓良輔奏摺》 若輩愚頑不法之徒，先當以德感化，猶不馴服，則不得不以威制之，萬不可姑息因循，以養癰成患。大凡天下事，毋爲禍先，釁自彼生，而我後應之，不論如何，若何皆可也。

《皇朝通志》卷七五《刑法畧》 臣等謹按：刑者政之一端，所以輔德禮而行者也。德禮之所不格，則刑以治之，而立法垂制，要不越乎德禮之本意，其用之之道，則寬嚴輕重，協中爲難。

（清）顧鼎《王儀部先生箋釋重編自序》 粤稽上古，渾穆初開，人皆不失其赤子之心，并無所爲德也，禮也，又何有於刑？迨夫人我既形，情日以僞，事日以紛，於是乎有是非，有曲直，有争鬬劫奪。古帝聖王不得不設爲教化董率之法，乃命司徒敘以五倫，掌教也；爰命士師掌以五刑，弼教也。故刑者所以輔教之不及，蓋不得已而用之者也。孔子曰：道之以政，齊之以刑，民免而無恥。道之以德，齊之以禮，有恥且格。此大聖人探本窮源之論，實萬世不易之心法也。三代以上不敢論已。慨自暴秦焚書坑儒，以愚天下黔首，嚴刑酷法，荼毒兆姓。赤帝子入關，約法三章，悉除秦苛政，而蒼生得解倒懸矣。相國何參考《法經》，益以三篇，並列爲九，置爲律令。刑之以律名，蓋自此始也。文帝仁慈，詔除肉刑，而天下幾臻刑措，非夫子所謂有恥且格之明驗歟？後世民貧，易於犯法。而酷吏張湯輩出，肆其毒於天下。然不旋踵而誅戮隨之，天之報施爲何如哉。降而六朝，或尚清談，或事峻罰，更無足論。唐至貞觀，勵精圖治，更定律令。一時賢相，若魏、若房、若杜、若長孫無忌，輔翊盛化，治尚廉平，議減大辟，以數十計。寬絞刑爲居作，省流入徒，減重爲輕，而一代之律法以成。惟爲人主者，能以我仁愛之心，深洽乎億兆之隱。斯億兆之隱，亦有以洞徹乎一人之心。此太宗所以釋還重囚，約以來歲就死，而如期畢赴，至今以爲美談者。又非格心之明效耶。宋熙寧間，特詔百官坐罪盡免杖黥，以毋辱我衣冠，於是理學名臣接踵代興，而彬彬稱獨盛焉。迨至明初，明刑敕法，一本《唐律》，加以後世代爲參修，律與條例並备，較之歷朝，尤爲詳備。

（清）汪泩《祥刑經解・蔡之定序》 聖王治世，仁義禮樂之窮而刑起焉。刑之爲用，以生人，非以殺人，故謂之祥刑。天以好生爲德，其生人也，有心性而知畏懼，有肌膚而知痛楚。天固授治世者以刑之權。以爲非是，則天下古今之人胥戕胥虐，人類或幾乎息也。故六經多言用刑。刑也者，固聖王所藉以生萬世之具歟。上古醇朴，沕沕穆穆，畫衣冠，畫地爲牢而民不犯。蚩尤始制刑，陶唐始立士師，沿及有周《吕刑》一篇，遂開法律之祖。然而非佞折獄，有德惟刑。藹然仁人之言，固非竹刑、僕區之所及矣。至申、韓出而變本加厲，秦用商鞅，專任刑法，狹隘酷烈之風，民不堪命，此二死、三死昔人所爲痛也。洎乎漢祖入關，約法三章，隋統天下，定制五等，後世因之，刑律漸繁，文網日密，猾吏得以操縱其間，奸胥因而上下其手，侮文弄法，職此之由。善乎王仲淹之言曰：九家興而《易》義微，三傳作而《春秋》散。然則名法諸書不揣其本而習之，未有不流於慘刻而可以爲祥者也。

（清）李鈞《判語録存・劉禮淞序》 夫聽訟而使民咸惕然内訟，以幾於無訟，此守土者之責也。然或終日案牘勞形，而獄訟繁興，豈必果由於無才哉？有其才矣，而非深之以學，則其失也闇；有其才，並有其學矣，而非濟之以仁，則其失也忍。闇與忍交譏，則上無以簡孚於有衆，下益將作奸而犯科，弊有不可勝言者。於此而思所以廓清之，奉行乎法而實不拘於法，變通乎法而究不背於法，念兩大好生之德，體九重恤衆之心，不以刻覈鍛鍊爲能，而以慈祥愷悌爲念，其難其慎，兢兢然求得乎至當，則惟表率各屬，總領庶政，二千石之責爲尤重。

（清）李鈞《判語録存·余霅序》 聖人使無訟尚矣，聽訟亦豈易事哉。《大易》不廢天水之占，《周官》亦載金矢之入，是知民間戶婚、田土以及命盜各案，雖郅治之世不能無。非聽之者即其事以察其情，審其辭以度其理，虛心研究，誠僞判別，亦安能由聽訟而幾於無訟哉。

（清）陳秉直 魏象樞《上諭合律鄉約全書·李士楨序》 粤稽盛治，斷自唐虞尚已。揆厥由來，不外敬敷五教。雖其時不廢五刑之設，要歸弼教，期無刑非尚刑也。所由好生之德，洽於民心道德，以一風俗，以同三代盛時。始和有讀，月吉有懸，孟春有木鐸之狥，類皆敦本明倫，化民成俗，去唐虞之治不甚相遠。未有治不師古，型仁講讓之風息，而能扶進人倫、坐臻上理也。

（清）陳秉直 魏象樞《上諭合律鄉約全書》 上諭。諭禮部：朕惟至治之世，不專以法令爲務，而以教化爲先。其時人心醇良，風俗朴厚，刑措不用，比屋可封，長治久安，茂登上理。蓋法令禁于一時，而教化維于可久。若徒恃法令而教化不先，是舍本而務末也。近見風俗日敝，人心不古，囂陵成習，僭濫多端，狙詐之術日工，獄訟之興靡已。或豪富凌轢孤寒，或劣紳武斷鄉曲，或惡衿出入衙署，或蠹棍詐害善良，萑苻之刦掠時聞，讐忿之殺傷疊見。陷罹法網，刑所必加，誅之則無知可憫，宥之則憲典難寬。念兹刑辟之日繁，良由化導之未善。朕今欲法古帝王，尚德緩刑，化民成俗。舉凡敦孝弟以重人倫，篤宗族以昭雍睦，和鄉黨以息争訟，重農桑以足衣食，尚節儉以惜財用，隆學校以端士習，黜異端以崇正學，講法律以儆愚頑，明禮讓以厚風俗，務本業以定民志，訓子弟以禁非爲，息誣告以全良善，誡窩逃以免株連，完錢糧以省催科，聯保甲以弭盗賊，解讐忿以重身命等項，作何訓廸勸導，及作何責成内外文武該管各官，督率舉行，爾部詳察典制，定議具奏。特諭。欽此。

又： 昔人云：刑罰者，治亂之藥石也；禮教者，興平之粱肉也。以此德教大行，如以粱肉供斯民之養，而又明知藥石之切病，如江河之易避而難犯，其尚有奸頑回譎，自干文網者乎？一道德以同風俗，寧謂敦龐之治，不復再覩于今日也哉。

（清）王昶《金石萃編》卷一三一《宋九》晁迥《勸慎刑文》 序曰：嘗覽朝士所述《戒殺生文》，服其善利居□□，鎮之以贊，而資助之。大旨惜乎生物之性焉，惟人萬物之靈，厥理尤重，因而別撰《勸慎刑文》，明引善惡報應，亦冀流播，警悟當官之吏，疚心于刑，廣樹無疆□□也。文曰：《易》稱君子明慎用刑而不留獄，至矣哉，前經格言。凡斷獄者，既明且慎，而不滯留，吏訓詳悉，無□于此。國家歲舉恤刑之詔，賜天下長吏□□甚備，而年祀寖遠，因循怠忽。若能視之如新，奉行彌篤，哀矜服念，不失其職，此乃以惻隱之仁，崇樹勝因，□□佗等萬夐殊矣。□得情勿喜。先哲垂戒者，蓋□道化之末而及于禮，禮防之末而及于刑。刑以輔政，弗獲已而用之也。不當鋭意以快其心，然有便宜從事，□用其刑者，必須事出權變，以去巨蠹，安齊民爲□，非可常用。苟不以此，但好深刻爲盡理，酷暴爲絶倫，窮極殘忍，自徼赫赫之名者，非公也，是私也，違古聖欽哉之訓。其有濫而不明，輕而不慎，用情樂殺於人者，殃咎響答，安可勝紀？布在信史，可舉大端。有如西漢甯成以郎謁者事景帝，猾賊任威，稍遷至濟南都尉，其治如狼牧羊，號曰乳虎。至武帝即位，爲内史，而外戚多毁成之短，成遂抵罪髡鉗。又周陽由居二千石中最爲暴酷，後爲河東都尉，與其守勝屠公争權，相告言。勝屠公自殺而由棄市。又義縱爲定襄太守，掩獄中重罪二百餘人，及賓客昆弟私入相視者，亦二百餘人，皆捕鞠，奏請殺之。後爲右内史，以廢格沮事，棄市。又王温舒，爲河内太守，好殺行威，捕郡豪，連坐千餘家，□奏殺之。及爲右内史，有人告温舒受錢，姦利事，其罪至族，温舒自殺。又尹齊爲淮陽都尉，所誅滅甚多。及死，仇家欲燒其尸，妻亡去，歸葬。又嚴延年爲河南太守，用刑刻急，總集屬縣囚論殺之，流血數里，河南號曰屠伯。其母謂延年曰：天道神明，人不可獨殺也。我不意當老見壯子被刑戮。我今東歸，與汝掃除墓地耳。歲餘，延年果坐事棄市。東漢段紀明爲司隸，殺蘇不韋并滅其族。及紀明爲陽球所誅，天下以爲蘇氏之報焉。又胡种爲司隸校尉，與王宏有隙，及宏遇李傕之難下獄，种遂迫促殺之。宏臨命詬曰：胡种樂人之禍，禍將及之，种後眠，輒見宏以杖擊之。因發病，數日而死。後魏時，御史中尉王顯，以宿撼奏中庶子元壽興誹謗朝廷。宣武賜壽興死。臨刑顧謂其子曰：我棺中可置紙百張，筆兩枚，欲訟顯于地下。若高祖之靈有知，必取顯。及孝明即位，顯尋被殺。隋時梁敬真爲大理司直，煬帝忌魚俱羅，令敬真治其罪。遂希旨奏俱羅擊賊敗衄，陷之極刑。未幾，敬真有疾，見俱羅爲之厲，數日而死。唐郭霸爲監察御史，嘗推芳州刺史李思徵，榜捶考禁，不勝而死。其後見思徵，從數十騎止其庭，曰：汝枉陷我，我今取汝。霸周章惶怖，援刀自剖其腹，斯須蛆爛矣。又崔器爲御史中丞，性陰刻樂禍，奏其陷賊官準律死，後器病脚腫，月餘漸亟，瞑目則見京兆尹達奚珣。器但叩頭，口稱：大尹，不自由，如此三日，不止而死。又舒元輿爲監察御史，亳州境有羣賊剽劫，而累政擒捕不獲。刺史李繁，潛設機謀悉知賊之巢穴，盡加誅斬。時議責繁不先啓聞于廉使，涉擅興之罪，遣元輿覆治之，素與繁有隙，復以初官，鋭于生事，乃盡反其獄辭，奏繁濫殺無辜，敕賜繁死。及元輿被禍，人謂有報應焉。後唐西方鄴爲寧江軍節度使，爲政貪虐，判官譚善達每箴其失。鄴怒，令左右告善達受人金，下獄拷□，遂殺于獄中。無幾，寢疾，時見善達入其戶，俄卒于治所。惡報之類，有如此者。善報之類，誰曰無之？西漢丙吉，以故廷尉監被詔治巫蠱，吉力拒使者，以保長安，漢武帝感寤，因赦天下，恩及四海。至宣帝，知吉有舊恩，將封侯以報，而吉疾病，帝憂其不起。太子太傅夏侯勝曰：臣聞有陰德者，必饗其樂，以及子孫。今吉非死疾也。果病愈。後五歲，代魏相爲丞相。又于公者，其閭門壞，父老方共治之，于公曰：少高大閭門，令容駟馬高蓋車。我治獄多陰德，未嘗有所冤，子孫必有興者。至于定國爲丞相，永爲御史大夫，封侯傳世。東漢何敞，六世祖比干爲汝陰縣獄吏決曹掾，平活數千人，後爲丹陽都尉，獄無冤囚。武帝征和三年三月辛亥，大陰雨，門有老嫗，可八十餘，求寄避雨，雨甚而衣履不霑漬。雨止，送至門，謂比干曰：公有陰德，天錫君策，以廣公之子孫，當佩印綬。因出懷中符策，狀如簡，以授比干。□□本始元年，自汝陰徙平陵，代爲名族。又虞詡祖父經，爲郡縣獄吏，按法平允，務存寬恕。嘗曰：東海于公，高爲里門，而其子定國至丞相。吾决獄六十年矣，雖不及于公，子孫何必不爲九卿？故字詡，曰升卿。詡後爲尚書僕射。又袁安，明帝時爲楚郡太守，治楚王獄，所申理者四百餘家，皆蒙全濟。章帝時，安位至司徒。生蜀郡太守京。京弟敞爲司空，京子湯爲太尉，湯子成爲左中郎將，成弟逢，逢弟隗，皆爲公。後魏高允爲中書侍郎，轉令、監，評刑三十餘載，内外稱平。每謂人曰：吾在中書時，有陰德，救濟人命。若陽報不差，吾壽應享百年矣，九十八而終。唐徐有功，則天時爲司刑丞，酷吏周興、來俊臣、丘神勣等搆陷無辜，皆抵極法。詔下大理者，有功皆議出之。前後濟活數十百家，累遷司刑少卿，以諫奏枉誅者，三經斷死，而執志不渝。酷吏由是少衰，時人比漢之于、張焉！先是潤州刺史竇孝諶妻龐氏爲奴所誣，當坐斬，有功明其無罪。至明皇時，孝諶子希瑊請以己官讓有功之子以報舊恩，有功之子由是遷官。又陸元方，則天時爲宰相，臨終曰：吾陰德于人多矣，庶幾乎，福不衰，其後，元方子象先爲宰相，景倩爲監察御史，景融爲工部尚書，景獻爲屯田員外郎，景裔爲庫部郎中，並有美譽。噫！所勸無忘慎刑。勸□□□，區區援引，皆正經正史，敢告深識之士，三復而盡心焉。

（清）王昶《金石萃編》卷一三一《宋九》晁迥《慎刑箴》　《書》曰：欽哉，欽哉，惟刑之恤哉。又曰：與其殺不辜，寧失不經。好生之德，洽于民心。《禮》曰：刑者，侀也。侀者，成也。一成而不可變，故君子盡心焉。斯乃古先垂世之文，布在方策之著明者也。聖朝順考古道，以御萬邦，建官率屬，尤重其事。《漢書》曰：張釋之爲廷尉，天下無冤民。于定國爲廷尉，民自以爲不冤。噫！凡親民莅政，司刑典獄之官，若能明慎深切，法漢之張、于二賢，則仁德之□無出於此。至如踐卿相之位，固當然也。魯莊公曰：小大之獄，雖不能察，必以情。路温舒曰：天下之患，莫深於獄，捶□之下，何求而不得。又周勃有大功，歷尊位，威望素震，及坐事被攝，猶歎獄吏之貴。是知愚弱之民，苟嬰縲紲，則鍛□誣服者可勝言哉。故俗語曰：畫地爲獄，議不入；刻木爲吏，期不對。此皆悲痛之辭也。迴嘗接深識鉅賢先生之論，□爲食禄之士，固當惻隱濟衆，自求多福。殖福之法，必須善利及人，善利之要莫若慎刑最爲急務，餘皆不足爲比。□先生又云：慎刑之至者，既知其幽圄可恤，當視所治之人，皆如己子，必在乎始末，疚心而軫念焉。無怠忽，無苛留。□報應之的，其福稱是。理貫神明，灼然無疑。又云：聽訟折獄，至于評刑，次第之間，必具四德：公清首之，先正自心，勿爲勢利所遷，一也。明察次之，究其事始，勿至變亂成惑，二也。仁恕又次之，既得其情，哀矜而勿喜，三也。平允又次之，獄具取決，無庯上下相歐，以刻爲明，四也。四者備矣，何慶如之。迴先述《勸慎刑文》，明引經史中善惡之報，達諸聰□。今又作此《慎刑箴》，續而助之，敢告英才上智，必信勤行，與諸同志者，更相導諭，廣樹陰德，大則合仁者安仁之安，□亦獲智者利仁之利也。勗哉當職，幸垂精鑒。其箴曰：刑之所設，禁暴防淫。慎□戒濫，利澤惟深。如燭於闇，如拯於沉。所以君子，必盡其心。慎刑本仁，仁者多壽。濫□獲報，天網不漏。嚴母先見，于公有後。願布斯文，置諸座右。

皇宋天聖六年歲次戊辰五月乙未朔十二日丙午上石立于永興軍至聖文宣王廟。

（清）王夫之《讀通鑑論》卷二《漢高帝》 以大義服天下者，以誠而已矣，未聞其以術也。奉義爲術而義始賊。義者，心之制也，非天下之名也。心所勿安而忍爲之，以標其名，天下乃以義爲拂人之心而不和順於理。夫高帝當窘迫之時，豈果以丁公爲可殺而必殺之哉？當誅丁公之日，又豈果能忘丁公之免己而不以爲德哉？欲懲人臣之叛其主，而先叛其生我之恩，且囂然曰是天下之公義也，則借義以爲利，而吾心之惻隱亡矣。

夫義，有天下之大義焉，有吾心之精義焉。精者，純用其天良之喜怒恩怨以爲德威刑賞，而不雜以利者也。使天下知爲臣不忠者之必誅而畏即於刑，乃使吾心違其恩怨之本懷，矯焉自誣以收其利。然則義爲賊仁之斧而利之囮也乎？故赦季布而用之，善矣，足以勸臣子之忠矣。若丁公者，廢而勿用可也，斬之，則導天下以忘恩矣。恩可忘也，苟非刑戮以隨其後，則君父罔極之恩，孰不可忘也？嗚呼！此三代以下，以義爲名爲利而悖其天良之大慝也。

（清）王先謙《荀子集解·修身》 端愨順弟，則可謂善少者矣；弟與悌同。加好學遜敏焉，則有鈞無上，可以爲君子者矣。既好學遜敏，又有鈞平之心，而無上人之意，則可以爲君子矣。或曰有鈞無上四字衍耳。俞樾曰：有鈞無上，謂但有與之齊等，無更在其上者也，故謂之君子。楊注非。偷儒憚事，無廉恥而嗜乎飲食，則可謂惡少者矣；偷儒憚事，皆謂懦弱、怠惰、畏勞苦之人也。加愓悍而不順，險賊而不弟焉，韓侍郎云：愓與蕩同字，作心邊易，謂放蕩兇悍也。則可謂不詳少者矣，雖陷刑戮可也。詳當爲祥。盧文弨曰：案二字古通用。先謙案：不詳少，承上惡少言之，謂少年而不祥者，猶言不祥人矣，知其將陷刑戮也。老老而壯者歸焉，老老，謂以老爲老而尊敬之也。孟子曰：伯夷、太公二者，天下之大老，是天下之父也。其父歸之，其子焉往矣！盧文弨曰：大老，宋本作達老。不窮窮而通者積焉，窮者則寬而容之，不迫蹙以苛政，謂惠恤鰥寡窮匱也。積，填委也。既然，則通者歸亦多矣。覆巢毀卵則鳳凰不至，竭澤涸魚則蛟龍不游，義與此同。俞樾曰：楊注非也。窮通以賢不肖言，孔晁注《周書·常訓篇》曰：窮，謂不肖之人是也。不窮窮者，不強人以所不知不能，《中庸》所謂矜不能也。若以窮爲鰥寡，則通者豈不鰥寡之謂乎？《非十二子篇》曰聰明聖知，不以窮人，即可説此文不窮窮之義。行乎冥冥而施乎無報，而賢不肖一焉。行乎冥冥，謂行事不務求人之知。施乎無報，謂施不務報。如此，賢不肖同慕而歸之。人有此三行，雖有大過，天其不遂乎。若不幸而有過，天亦祐之矣，此固不宜有大災也。俞樾曰：人有此三行，則君子矣，小過或有之，安有大過乎？過當爲禍。《漢書·公孫弘傳》：雖陽與善，後竟報其過。《史記》過作禍。是過與禍通。遂，成也。言雖有大禍，天必不成之也。楊注大災二字，正可以釋正文之大過，特不知過爲禍之叚字，故不得其解耳。

（清）王先謙《荀子集解·榮辱》 鬬者，忘其身者也，忘其親者也，忘其君者也。行其少頃之怒，而喪終身之軀，然且爲之，是忘其身也；室家立殘，親戚不免乎刑戮，然且爲之，是忘其親也；蓋當時禁鬬殺人之法戮及親戚。《尸子》曰：非人君之用兵也，以爲民傷鬬，則以親戚徇一言而不顧之也。君上之所惡也，刑法之所大禁也，然且爲之，是忘其君也。憂忘其身，遭憂患刑戮而不能保其身，是憂忘其身也。或曰：當爲下忘其身，誤爲夏，又夏轉誤爲憂字耳。王念孫曰：案後説爲長。內忘其親，上忘其君，是刑法之所不舍也，盧文弨曰：俗本舍作赦，今從宋本。聖王之所不畜也。乳彘觸虎，先謙案：觸虎者，蓋衛其子，當時有此語耳。乳狗不遠遊，不忘其親也。人也，盧文弨曰：人也，各本作小人，今從宋本。先謙案：人也二字下屬爲句。憂忘其身，內忘其親，上忘其君，則是人也而曾狗彘之不若也。凡鬬者，必自以爲是而以人爲非也。己誠是也，人誠非也，則是己君子而人小人也。以君子與小人相賊害也，憂以忘其身，內以忘其親，上以忘其君，豈不過甚矣哉！是人也，所謂以狐父之戈钃牛矢也。時人舊有此語，喻以貴而用於賤也。狐父，地名。《史記》伍被曰：吳王兵敗於狐父。徐廣曰：梁、碭之間也。蓋其地出名戈。其説未聞。《管子》曰：蚩尤爲雍狐之戟，狐父之戈，豈近此邪？钃，刺也，之欲反。故良劍謂之屬鏤，亦取其利也。或讀斸爲斫。郝懿行曰：斸、斫，音讀不同。斸雖訓斫，而不讀爲斫也。《玉篇》斸或作钃，與斫音異。不知楊氏何故同之？正文又無斸字，此注當有脱誤。钃訓刺亦未聞。將以爲智邪？則愚莫大焉。將以爲利邪？則害莫大焉。將以爲榮邪？則辱莫大焉。將以爲安邪？則危莫大焉。人之有鬬，何哉？我欲屬之狂惑疾病邪，則不可，聖王又誅之。屬，託也，之欲反。我欲屬之鳥鼠禽獸邪，則不可，其形體又人，而好惡多同。視其形體則又人也，其好惡多與賢人同，但好鬬爲異耳。人之有鬬，何哉？我甚醜之！其禍如此，何爲鬬也。

（清）王先謙《荀子集解·君道》 至道大形。先謙案：言至道至於大形之時。隆禮至法則國有常，尚賢使能則民知方，先謙案：知方，皆知所向。纂論公察則民不疑，先謙案：《爾雅·釋詁》纂，繼也。纂論，謂使人相繼論議之，與公察對文，皆所以使民不疑也。《成相篇》云：公察善思，論不亂。賞克罰偷則民不怠，王念孫曰：克當爲免字之誤也。免與勉同。言勉者賞之，偷者罰之也。《王制篇》曰：百吏免盡而衆庶不偷，是其證也。又《樂論篇》：弟子免學。《漢書·薛宣傳》：宣因移書勞免之。今本免作勉，乃後人所改。宋毛晃《增脩禮部韻畧》引此尚作免。《谷永傳》閔免遁樂，竝以免爲勉。《韓詩外傳》正作賞勉罰偷。兼聽齊明則天下歸之。然後明分職，序事業，材技官能，先謙案：材以驗技，官以程能。上文云量能而授官，《王制篇》云：無能不官。《正論篇》云：能不稱官。即官能之義。莫不治理，則公道達而私門塞矣，公義明而私事息矣。如是，則德厚者進而佞説者止，貪利者退而廉節者起。《書》曰：先時者殺無赦，不逮時者殺無赦。人習其事而固，先謙案：固者，不移易之謂。《易·繫辭下傳》注：固，不傾移也。《禮論篇》云：禮之中焉，能勿易，謂之能固。人之百事，如耳目鼻口之不可以相借官也，故職分而民不探，次定而序不亂，王念孫曰：不探二字，義不可通。《外傳》作不慢，是也。下文曰臣下百吏至於庶人，莫不脩己而後敢安正〔與政同〕，誠能而後敢受職，正所謂職分而民不慢也。隸書曼字或作㬅，與罙字略相似，故慢誤爲探。兼聽齊明而百事不留。如是，則臣下百吏至于庶人，莫不修己而後敢安正，誠能而後敢受職，百姓易俗，小人變心，姦怪之屬，莫不反愨。夫是之謂政教之極。故天子不視而見，不聽而聰，不慮而知，不動而功，塊然獨坐而天下從之如一體，如四胑之從心。盧文弨曰：四胑，宋本作四支。夫是之謂大形。《詩》曰：温温恭人，維德之基。此之謂也。

（清）王先謙《荀子集解·議兵》 凡人之動也，爲賞慶爲之則見害傷焉止矣。故賞慶、刑罰、執詐不足以盡人之力，致人之死。爲人主上者也，其所以接下之百姓者無禮義忠信，焉慮率用賞慶、刑罰、執詐除阸其下，獲其功用而已矣。焉慮，無慮，猶言大凡也。除，謂驅逐。阸，謂迫蹙。若秦劫之以執，隱之以阸，狃之以慶賞之類。阸或爲險也。王念孫曰：此當作其所以接下之人百姓者，〔人百姓，衆百姓也。今本無人字，乃後人不曉古義而妄删之，説見前天下之人百姓下。〕無禮義忠信，〔句。〕焉慮率用賞慶、刑罰、執詐除阸其下，獲其功用而已矣。焉，語詞也。〔説見《釋詞》。〕慮，大凡也。〔説見前慮以王命全其德下。〕除阸二字，義不相屬。楊以除爲驅逐，非也。除當爲險，俗書之誤也。【略】險與阸同義，馮衍《顯志賦》悲時俗之險阸是也。或作險隘，《楚辭·離騷》：路幽昧以險隘是也。楊注阸或爲險，當作除或爲險，今作阸者，因正文及注内三阸字而誤。除與險俗書相近，阸與險形聲皆相遠，以是明之。大寇則至，使之持危城則必畔，遇敵處戰則必北，北，敗走也。北者，乖背之名，故以敗走爲北也。盧文弨曰：大寇則至，元刻則字在至字下，屬下句。王念孫曰：大寇則至，則者，若也，與下三則字異義。又《禮論篇》今夫大鳥獸則失亡其羣匹云云，則亦若也。古或謂若爲則，説見《釋詞》則字下。勞苦煩辱則必犇，犇與奔同。霍焉離耳，下反制其上。霍焉，猶渙焉也。離散之後則上下易位，若秦、項然。先謙案：焉，猶然也。上文云：滑然有離德。又云渙焉離耳。渙、霍、滑三字一聲之轉。故賞慶、刑罰、執詐之爲道者，傭徒粥賣之道也，不足以合大衆，美國家，故古之人羞而不道也。故厚德音以先之，明禮義以道之，致忠信以愛之，尚賢使能以次之，爵服慶賞以申之，時其事、輕其任，事作業。任，力役。以調齊之，長養之，如保赤子。政令以定，風俗以一，有離俗不順其上，則百姓莫不敦惡，莫不毒孽，若祓不祥，敦，厚也。毒，害也。孽，謂妖孽。祓，除之也。盧文弨曰：《方言》諄憎，所疾也。宋、魯凡相惡謂之諄憎。此敦當與諄同。王念孫曰：楊説敦惡，《禮論篇》同，又云或曰敦讀爲頓，頓，困躓也，皆非也。《説文》：憝，怨也。《廣雅》：憝，惡也。《康誥》罔不憝，傳曰：人無不惡之者。《孟子·萬章篇》引《書》作譈。《法言·重黎篇》：楚憞羣策而自屈其力。李注：憞，惡也。譈、憞、敦竝與憝同。本篇敦惡與毒孽對文，《禮論篇》之敦惡與喜樂哀痛對文，則敦不得訓爲厚，亦不得讀爲困頓之頓也。盧引《方言》諄憎，所疾也。宋、魯凡相惡謂之諄憎，諄與敦，亦聲之轉。然後刑於是起矣。是大刑之所加也，辱孰大焉？將以爲利邪？則大刑加焉，身苟不狂惑戇陋，誰睹是而不改也哉！然後百姓曉然皆知脩上之法，王念孫曰：脩，當爲循字之誤也。隸書循、脩二字，傳寫往往譌溷，説見《管子·形勢篇》。循，順也。謂順上之法也。《説文》循，順行也。鄭注《尚書中候》曰循，順。《君道篇》曰百姓莫敢不順上之法，象上之志而勸上之事，而安樂之矣，文略與此同，順與循古同聲而通用也。《大射儀》「順左右限」，今文順爲循。《莊子・天下篇》「已之大順」。順，或作循。《書大傳》「三正若循連環」。《白虎通義》引此循作順。像上之志，而安樂之。於是有能化善、脩身、正行、積禮義、尊道德，於是像之中，更有能自脩德者也。百姓莫不貴敬，莫不親譽，然後賞於是起矣。是高爵豐禄之所加也，榮孰大焉？將以爲害邪？則高爵豐禄以持養之，持此以養之也。王念孫曰：持養二字平列，持，亦養也，非持此以養之之謂。《臣道篇》云偷合苟容，以持禄養交而已耳。《管子・明法篇》云：小臣持禄養交。《晏子春秋・問篇》云：仕者持禄，游者養交。皆以持禄養交對文。《荀子・正論篇》又以持老養衰對文。故《呂氏春秋・異用篇》：仁人之得飴，以養疾持老也。高注曰：持亦養也。又《勸學篇》云：除其害者以持養之。《榮辱篇》云：以相羣居，以相持養。《墨子・天志篇》云：內有以食饑息勞，持養其萬民。《非命篇》云：上以事天鬼，下以持養百姓。《呂氏春秋・長見篇》云：申侯伯善持養吾意。亦皆以持養對文。生民之屬，孰不願也？雕雕焉縣貴爵重賞於其前，雕雕，章明之貌。盧文弨曰：雕雕，猶昭昭也。縣明刑大辱於其後，雖欲無化，能乎哉！故民歸之如流水。所存者神，所爲者化，存，至也。言所至之處，畏之如神，凡所施爲，民皆從化也。而順。盧文弨曰：此上有脱文。下云爲之化而愿，爲之化而公，知此句亦當是爲之化而順。其上脱六字或若干字不可知矣。王念孫曰：汪氏中云而順上疑脱九字。此句與下三句一類，句末當是爲之化而順。因上有化字，遂相承脱去耳。盧用汪説而小變其文。俞樾曰：此句與下二句本一律，多一順字則不詞矣。而順當作順而，順而，猶從而也。順而暴悍勇力之屬爲之化而愿，旁辟曲私之屬爲之化而公，矜糾收繚之屬爲之化而調。皆承上文所存者神，所爲者化而言。《性惡篇》曰：順是，故爭奪生而辭讓亡焉；順是，故殘賊生而忠信亡焉；順是，故淫亂生而禮義文理亡焉。諸順字竝與此同，猶言順是而暴悍勇力之屬皆爲之化焉。因順而譌爲而順，文義遂不可通，或乃疑其有闕文矣。先謙案：化而二字衍。此文本作所存者神，所爲者順，文義甚明。後人因《孟子》所存者神，所過者化二語，妄於者下加化字，傳寫者緣下文三化而句例，復於化下加而字，本文遂不可通矣。暴悍勇力之屬爲之化而愿，順，從也。謂好從暴悍勇力之人皆化而愿慤也。旁辟曲私之屬爲之化而公，旁，偏頗也。辟，讀爲僻。先謙案：旁辟，猶便辟。旁便雙聲字。矜糾收繚之屬爲之化而調，矜，謂夸汰。糾，謂好發摘人過者也。收，謂掠美者也。繚，謂繚繞，言委曲也。四者皆鄙陋之人，今被化則調和也。郝懿行曰：收者，拘也。繚者，繞也。此謂矜嚴、糾察、拘牽、繳繞之屬皆化而調和也。注説收繚，非是。王念孫曰：案《廣雅》：矜，急也。《一切經音義》卷二十三引《廣雅》曰：糾，急也。《齊語》注曰：糾，收也。糾、收竝從丩聲，而義亦相同。《説文》：糾，繩三合也。今人猶謂糾繩爲收繩。《楚辭・九章》注曰：糾，戾也。繚，謂繚戾也。《鄉飲酒禮》注曰：繚，猶紾也。《孟子・告子篇》注曰：紾，戾也。矜糾收繚，皆急戾之意，故與調和相反。暴悍勇力，與愿相反。旁辟曲私，與公相反。矜糾收繚，與調相反。楊説皆失之。夫是之謂大化至一。大化者，皆化也。至一，極一也。《詩》曰：王猶允塞，徐方既來。此之謂也。

（清）王先謙《荀子集解・成相》 治之經，禮與刑，君子以脩百姓寧。明德慎罰，國家既治四海平。

（漢）孔鮒《孔叢子》卷上《論書》 孔子見齊景公，梁丘據自外而至。公曰：何遲？對曰：陳氏戮其小臣，臣有辭焉，是故遲。公笑而目孔子曰：《周書》所謂明德慎罰，陳子明德也。罰人而有辭，非不慎矣。孔子答曰：昔康叔封衛，統三監之地，命爲孟侯。周公以成王之命，作《康誥》焉。稱述文王之德，以成勑誡之文。其書曰：惟乃丕顯考文王，克明德慎罰。克明德者，能顯用有德，舉而任之也。慎罰者，并心而慮之，衆平然後行之，致刑錯也。此言其所任不失德，所罰不失罪，不謂己德之明也。公曰：寡人不有過言，則安得聞吾子之教也。

（清）孫星衍《孔子集語》卷五《六藝下》 《大戴禮・禮察》孔子曰：君子之道，譬猶防與？夫禮之塞，亂之所從生也，猶防之塞，水之所從來也。故以舊防爲無用而壞之者，必有水敗；以舊禮爲無所用而去之者，必有亂患。故婚姻之禮廢，則夫婦之道苦，而淫辟之罪多矣；鄉飲酒之禮廢，則長幼之序失，而爭鬬之獄繁矣；聘射之禮廢，則諸侯之行惡，而盈溢之敗起矣；喪祭之禮廢，則臣子之恩薄，而倍死忘生之禮衆矣。凡人之知，能見已然，不能見將然。禮者，禁於一本無此於將然之前；而法者，禁於已然之後。是故法之用易見，而禮之所爲生一本作至難知也。若夫慶賞以勸善，刑罰以懲惡，先王執此之正，堅如金石，行此之信，順如四時，處此之功，無私如天地爾，豈顧不用哉。然如曰禮云禮云，貴絶惡於未萌而起敬《漢書》作教於微眇，使民日徙善遠罪而不自知也。

（清）孫星衍《孔子集語》卷一〇《論政》 孔子曰：上失其道而殺其下，非禮也。故三軍大敗不可斬，獄犴不知不可刑，何也？上教之不行，罪不在人故也。夫慢令謹誅，賊也；徵斂無時，暴也；不誡責成，虐也。政無此三者，然後刑即可也。陳道德以先服之猶不可，則尚賢以勸之又不可，則廢不能以憚之，而猶有邪人不從化者，然後待之以刑矣。

《曾子全書·外篇守業》 太上不生惡，其次而能夙絶之也。其下復而能改也，復而不改，殞身覆家，大者傾覆社稷，是故君子出言以鄂鄂，行身以戰戰，亦殆免於罪矣。是故君子爲小猶爲大也，居猶仕也，備則未爲備也，而勿慮存焉。事父可以事君，事兄可以事師長，使子猶使臣也，使弟猶使承嗣也。能取朋友者，亦能取所予從政者矣。賜與其宮室，亦猶慶賞於國也。忿怒其臣妾，亦猶用刑罰於萬民也。是故爲善必自内始也。内人怨之，雖外人亦不能立也。居上位而不淫，臨事而栗者，鮮不濟矣。先憂事者後樂事，先樂事者後憂事，昔者天子日旦思其四海之内，戰戰唯恐不能乂；諸侯日旦思其四封之内，戰戰唯恐失損之；大夫士日旦思其官，戰戰唯恐不能勝；庶人日旦思其事，戰戰唯恐刑罰之至也。是故臨事而栗者，鮮不濟矣。

《子思子全書·誠明》 君子不動而敬，不言而信。《詩》曰：奏假無言，時靡有争，是故君子不賞而民勸，不怒而民威於鈇鉞。《詩》曰：不顯惟德，百辟其刑之，是故君子篤恭而天下平。《詩》曰：予懷明德，不大聲以色。仲尼曰：聲色之於以化民，末也。《詩》曰：德輶如毛，毛猶有倫，上天之載，無聲無臭。至矣。

（漢）陸賈《新語》卷上《道基》 鑠金鏤木，分苞燒殖，以備器械，於是民知輕重。好利惡難，避勞就逸，於是皋陶乃立獄制罪，懸賞設罰，異是非，明好惡，檢奸邪，消佚亂。

民知畏法，而無禮義；於是中聖乃設辟雍庠序之教，以正上下之儀，明父子之禮，君臣之義，使强不凌弱，衆不暴寡，弃貪鄙之心，興清潔之行。

禮義不行，綱紀不立，後世衰廢；於是後聖乃定五經，明六藝，承天統地，窮事察微，原情立本，以緒人倫；宗諸天地，纂脩篇章，垂諸來世，被諸鳥獸，以匡衰亂。天人合策，原道悉備，智者達其心，百工窮其巧，乃調之以管弦絲竹之音，設鐘鼓歌舞之樂，以節奢侈，正風俗，通文雅。【略】夫人者，寬博浩大，恢廓密微，附遠寧近，懷來萬邦。故聖人懷仁仗義，分明纖微，忖度天地，危而不傾，佚而不亂者，仁義之所治也。行之於親近而疎遠悦，脩之於閨門之内而名譽馳於外。故仁無隱而不著，無幽而不彰者。虞舜蒸蒸於父母，光耀於天地；伯夷、叔齊餓於首陽，功美垂於萬代；太公自布衣昇三公之位，累世享千乘之爵；知伯仗威任力，兼三晉而亡。

是以君子握道而治，據德而行，席仁而坐，杖義而彊，虚無寂寞，通動無量。故制事因短，而動益長，以圓制規，以矩立方。聖人王世，賢者建功，湯舉伊尹，周任吕望，行合天地，德配陰陽，承天誅惡，克暴除殃，將氣養物，明□設光，耳聽八極，目覩四方，忠進讒退，直立邪亡，道行姦止，不得兩張，□□本理，杜漸消萌。

夫謀事不竝仁義者後必敗，殖不固本而立高基者後必崩。故聖人防亂以經藝，工正曲以準繩。德盛者威廣，力盛者驕衆。齊桓公尚德以霸，秦二世尚刑而亡。

（漢）陸賈《新語》卷下《至德》 夫欲建國彊威，辟地服遠者，必得之於民；欲立功興譽，垂名流光，顯榮華者，必取之於身。故據萬乘之國，持百姓之命，苞山澤之饒，主士衆之力，而功不在於身，名不顯於世者，乃統理之非也。天地之性，萬物之類，懷道者衆歸之，恃刑者民畏之，歸之則附其側，畏之則去其域。故設刑者不厭輕，爲德者不厭重，行罰者不患薄，布賞者不患厚，所以親近而致疎遠也。夫形重者則身勞，事衆者則心煩，心煩者則刑罰縱横而無所立，身勞者則百端迴邪而無所就。是以君子之爲治也，塊然若無事，寂然若無聲，官府若無吏，亭落若無民，閭里不訟於巷，老幼不愁於庭，近者無所議，遠者無所聽，郵驛無夜行之吏，鄉閭無夜名之征，犬不夜吠，烏不夜鳴，老者息於堂，丁壯者耕耘於田，在朝者忠於君，在家者孝於親，於是賞善罰惡而潤色之，興辟雍庠序而教誨之，然後賢愚異議，廉鄙異科，長幼異節，上下有差，强弱相扶，小大相懷，尊卑相承，鴈行相隨，不言而信，不怒而威，豈恃堅甲利兵、深刑刻法、朝夕切切而後行哉。

（漢）賈誼《新書》卷二《制不定》 仁義恩厚者，此人主之芒刃也；權勢法制，此人主之斤斧也。勢已定，權已足矣，乃以仁義恩厚因而澤之，故德布而天下有慕志。

（漢）劉向《說苑》卷五《貴德》　晉平公春築臺，叔向曰：不可。古者聖王貴德而務施，緩刑辟而趨民時。今春築臺，是奪民時也。夫德不施，則民不歸，刑不緩，則百姓愁。使不歸之民，役愁怨之百姓，而又奪其時，是重竭也。夫牧百姓，養育之而重竭之，豈所以定命安存而稱爲人君於後世哉。平公曰：善。乃罷臺役。

（漢）劉向《說苑》卷七《政理》　政有三品：王者之政，化之；霸者之政，威之；彊者之政，脅之。夫此三者，各有所施，而化之爲貴矣。夫化之不變而後威之，威之不變而後脅之，脅之不變而後刑之。夫至於刑者，則非王者之所貴也。是以聖王先德教而後刑罰，立榮耻而明防禁，崇禮義之節以示之，賤貨利之弊以變之。修道理內，政橛機之禮，壹妃匹之際，則莫不慕義禮之榮，而惡貪亂之耻。其所由致之者，化使然也。

季孫問於孔子曰：如殺無道，以就有道，何如？孔子曰：子爲政，焉用殺，子欲善而民善矣。君子之德風也，小人之德草也，草上之風必偃。言明其化而已矣。治國有二機，刑德是也。王者尚其德而希其刑，霸者刑德並湊，強國先其刑而後德。夫刑德者，化之所由興也。德者，養善而進闕者也；刑者，懲惡而禁後者也。故德化之崇者至於賞，刑罰之甚者至於誅。夫誅賞者，所以別賢不肖，而列有功與無功也。故誅賞不可以繆，誅賞繆則善惡亂矣。夫有功而不賞則善不勸，有過而不誅則惡不懼，善不勸惡不懼，而能以行化乎天下者，未嘗聞也。《書》曰：畢力賞罰，此之謂也。

（漢）劉歆《新序論》　秦孝公保崤函之固，以廣雍州之地，東並河西，北收上郡，國富兵彊，長雄諸侯，周室歸籍，四方來賀，爲戰國霸君，秦遂以彊，六世而並諸侯，亦皆商君之謀也。夫商君極身無二慮，盡公不顧私，使民內急耕織之業以富國，外重戰伐之賞以勸戎士，法令必行，內不私貴寵，外不偏疏遠，是以令行而禁止，法出而姦息。故雖《書》云無偏無黨，《詩》云周道如砥，其直如矢，《司馬法》之勵戎士，周后稷之勸農業，無以易此。此所以并諸侯也。故孫卿曰：四世有勝，非幸也，數也。然無信，諸侯畏而不親。夫霸君若齊桓、晉文者，桓不倍柯之盟，文不負原之期，而諸侯畏其彊而親信之，存亡繼絕，四方歸之，此管仲、舅犯之謀也。今商君倍公子卬之舊恩，棄交魏之明信，詐取三軍之衆，故諸侯畏其彊而不親信也。藉使孝公遇齊桓、晉文，得諸侯之統將，合諸侯之君，驅天下之兵以伐秦，秦則亡矣。天下無桓文之君，故秦得以兼諸侯。衛鞅始自以爲知霸王之德，原其事不諭也。昔周召施善政，及其死也，後世思之，蔽芾甘棠之詩是也。嘗舍於樹下，後世思其德不忍伐其樹，况害其身乎！管仲奪伯氏邑三百戶，無怨言。今衛鞅內刻刀鋸之刑，外深鈇鉞之誅，步過六尺者有罰，棄灰於道者被刑，一日臨渭而論囚七百餘人，渭水盡赤，號哭之聲動於天地，畜怨積讐比於丘山，所逃莫之隱，所歸莫之容，身死車裂，滅族無姓，其去霸王之佐亦遠矣。然惠王殺之亦非也，可輔而用也。使衛鞅施寬平之法，加之以恩，申之以信，庶幾霸者之佐哉！

（漢）荀悅《申鑒・時事》　問德刑並用，常典也，或先或後，時宜。刑教不行，勢極也。教初必簡，刑始必略，事漸也。教化之隆，莫不興行，然後責備。刑法之定，莫不避罪，然後求密。未可以備，謂之虛教；未可以密，謂之峻刑。虛教傷化，峻刑害民，君子弗由也。設必違之教，不量民力之未能，是招民於惡也，故謂之傷化。設必犯之法，不度民情之不堪，是陷民於罪也，故謂之害民。莫不興行，則一毫之善，可得而勸也，然後教備。莫不避罪，則纖介之惡，可得而禁也，然後刑密。

（漢）徐幹《中論》卷下《亡國》　故人君苟修其道義，昭其德音，慎其威儀，審其教令，刑無頗僻，獄無放殘，仁愛普殷，惠澤流播，百官樂職，萬民得所，則賢者仰之如天地，愛之如親戚，樂之如塤篪，歆之如蘭芳，故其歸我也，猶決壅導滯水，注之大壑，何不至之有。

（宋）黎靖德《朱子語類》卷一四《大學一・經上》　蜚卿問：新民，莫是修道之謂教，有以新之否？曰：道之以德，是明明德；齊之以禮，是以禮新民，也是修道之謂教。有禮樂、法度、政刑，使之去舊汙也。驤。

（宋）黎靖德《朱子語類》卷二三《論語五・爲政篇上》　問道之以政。曰：聖人之意，只爲當時專用政刑治民，不用德禮，所以有此言。謂政刑但使之遠罪而已；若是格其非心，非德禮不可。聖人爲天下，何曾廢刑政來！恪。

又：問：道之以政，齊之以刑。范氏説則民無所不至，語亦過否？曰：若只靠政刑去治民，則民是會無所不至。又問：吕氏説云：政刑能使懦者畏，不能使强者革，此之謂失其本心。亦怕未如此。曰：這説亦是偏了。若專政刑，不獨是弱者怕，强者也會怕。到得有德禮時，非獨使强者革，弱者也會革。因仁父問侯氏云刑政霸者之事，曰：專用刑政，只是霸者事。問：威文亦須有德禮，如《左傳》所云。曰：它只是借德禮之名出做事，如大蒐以示之禮，伐原以示之信，出定襄王以示之義。它那曾有躬行德禮之實！這正是有所爲而爲之也。賀孫。

又：道之以德者，是自身上做出去，使之知所向慕。齊之以禮者，是使之知其冠婚喪祭之儀，尊卑小大之别，教人知所趨。既知德禮之善，則有恥而格於善。若道齊之以刑政，則不能化其心，而但使之少革。到得政刑少弛，依舊又不知恥矣。問：刑政莫只是伯者之事？曰：專用政刑，則是伯者之爲矣。卓。

道之以德。《集注》云淺深厚薄之不一，謂其間資稟信向不齊如此，雖是感之以德，自有不肯信向底，亦有太過底，故齊一之以禮。禮是五禮，所謂吉、凶、軍、賓、嘉，須令一齊如此。所謂賢者俯而就，不肖者企而及，正如齊之以刑亦然。先立箇法制如此，若不盡從，便以刑罰齊之。《集注》後面餘意，是説聖人謂不可專恃刑政，然有德禮而無刑政，又做不得。聖人説話無一字無意味。如只説道之以德，齊之以禮，便不是了。明作。

（宋）真德秀《政經·勸諭文》 太守將至，郡人歡迎，自慚薄德，莫副民望。視事之始，合有教條，不憚諄諄，爲爾開説。凡爲人子，孝敬是先。其次友愛，叶和兄弟。人非父母，豈有此身。父母生兒，多少艱苦，妊娠將免，九死一生。乳哺三年，飲母膏血，攜持保抱，日望長成，如惜金珠，如護性命。慈烏反哺，猶知報恩。人而不孝，烏雀不若。兄弟之愛，同氣連枝。古來取喻，名爲手足。人無兄弟，如無四肢。痛痒相關，實同一體。長當撫幼，弟當敬兄，或值急難，尤須救助。其次族屬，雖有親疏，論其源流，皆是骨肉。譬如大木，枝葉分披，本同一根，氣脉未遠。豈宜相視，便如路人。其次鄉鄰，情義亦重。患難相扶，疾病相救，恩意往來，亦不可闕。以上四事，人道大端，凡爾良民，首當加勉。家家孝友，人人雍和，省事息争，安分循理，得已且已，莫妄興詞。一到訟庭，終身讐敵，更相報復，無有休期，壞産破家，多由於此。語言喧競，或不能無，鄰里之間，急宜勸止，莫令交手，致有鬬傷。彼中汝拳，汝受官棒，本因小忿，遂結深讐。何似始初，便從忍耐，觸來莫競，心下清凉。市井經營，雖圖利息，亦須宜是，莫太虧瞞。枰㪷稱量，各務公當，大入小出，天理不容。濕米水肉，尤爲人害。放債收息，量取爲宜，分數太多，貧者受苦。舉債營運，如約早還，莫待到官，然後償納。飲酒無節，少不生災，賭博不戒，多至爲盜。游手浮浪，久必困窮，勤謹服業，終是得力。太守今爲，此民復來，有大不平，當爲伸雪，有大不便，當爲蠲除，事若細微，不必相撓，於爾無益，於我徒勞，違法犯刑，最不可作。

如悖父母，陵犯尊長，健訟無理，毆人重傷，開坊聚賭，停盜宰牛，教唆詞訟，欺騙財物等事，皆是違法。舊來有過，各許自新，教而不從，刑斯無赦。有過能改，即是善良。耆艾老成，宜推此意，誨爾子弟，及其鄉人，有違此言，衆共誚責。凡此忉怛，欲曉編民，讀書爲儒，師慕聖哲，自知義理，不待鄙言。所望以身率先閭里，一方一所，有一仁賢，以善教人，人必感動。去薄從厚，弭災召和，其始自今，永爲樂國。

（明）丘濬《大學衍義補》卷一《正朝廷·總論朝廷之政》 《論語》子曰：道猶引導，謂先之也。之以政，謂法制禁令。齊所以一之也。之以刑，民免而無恥。謂苟免刑罰，無所羞愧。道之以德，齊之以禮，謂制度品節。有恥且格。格，致也，謂民恥於不善，而又有以至於善。

朱熹曰：政者，爲治之具。刑者，輔治之法。德禮則所以出治之本，而德又禮之本也。此其相爲終始，雖不可以偏廢，然政刑能使民遠罪而已。德禮之效則有以使民日遷善而不自知。故治民者，不可徒恃其末，謂政刑。又當深探其本謂德禮。也。臣按：德禮政刑四者，凡經書所論爲治之道，皆不外乎此。孔子分政刑德禮以爲二，而言其效有淺深。朱熹則合德禮政刑爲一，而言其事相爲終始。要之聖賢之言互相發也。夫人君爲治，固在脩德以爲化民之本。然人非一人，地非一地。人所稟有偏全，地所至有遠近。既化以德，而有不一者，須必有禮以一之，然後吾之德化可行焉。苟導之而不從，化之而不齊，非有法制禁令，又不可也。法制以示之于前，禁令以約之于後。彼猶悖理而梗化，則刑罰之加，烏可少哉。孟子曰：徒善不足以爲政，徒法不能以自行。有政刑而無德禮，是謂徒法。有德禮而無政刑，是謂徒善。爲政之道，于斯四者，誠不可以缺一者也。孔子論治之言，散見于經籍者多矣，總論爲治之要，皆莫出于斯。

又：《禮記》：是故先王慎所以感之者，故禮以道其志，樂以和其聲，政以一其行，刑以防其姦。禮樂刑政，其極一也。所以同民心而出治道也。

又曰：禮節民心，樂和民聲。政以行之，刑以防之。禮樂刑政四達而不悖，則王道備矣。

臣按：禮樂者，刑政之本。刑政者，禮樂之輔。古之帝王所以同民心出治道，使天下如一家，中國如一人者，不過舉此四者措之而已。是則所謂脩道之教，王者之道，治天下之大經大法者也。夫有大中之制以節民之心志，有至和之節以和民之聲音。行此禮樂之道，則有法制禁令。防此禮樂之失，則有刑罰憲度。始也，治道由此而出；終也，王道因此而備。禮也、樂也、政與刑也，其用在天下，其本在朝廷。後之有天下國家者，其尚端出治之本，備王道之制，而又爲維持防範之具，使之四達于當時，通行于天下，其爲治也孰加焉。

（明）丘濬《大學衍義補》卷三九《明禮樂·禮儀之節》 《坊記》：子云：小人貧斯約，富斯驕，約斯盜，驕斯亂。禮者，因人之情而爲節文，以爲民坊者也。

臣按：《坊記》此章上文有曰：君子之道，譬則坊，與防同。與坊民之所不足者也。大爲之坊，民猶踰之。故君子禮以坊德，刑以坊淫，命以防欲，而繼之以此。坊之義見前經解中。所謂君子之道，即禮也。國之有禮，猶水之有坊。坊以止水，因水之埶；禮以坊民，因民之情。民之情，莫不好富而惡貧，好貴而惡賤。富與貴者必驕，驕必至于爲亂。貧與賤者必約，約必至于爲盜。此聖人既以禮爲之大坊，節其過不及之情，俾其歸于中正之德化。不可入者，有刑之法以坊之，使其有所忌憚而不至于淫。心無窮已者，有命之理以坊之，使其知所分限而不極其欲。所以然者，無非因人之情而爲節文之禮也。

（清）唐甄《潛書》下篇上《尚治》 樸者，天地之始氣。在物爲萌，在時爲春，在人爲嬰孩，在國爲將興之候。奢者，天地之終氣。在物爲茂，在時爲秋，在人爲老多慾，在國爲將亡之候。聖人執風之機以化天下，其道在去奢而守樸。耳不聽好音，非儉於耳也，所以養天下之耳也。目不視采色，非儉於目也，所以養天下之目也。口不嘗珍味，非儉於口也，所以養天下之口也。身不衣輕煖，非儉於體也，所以養天下之體也。四者，不從心之欲，非儉於心也，所以養天下之心也。當是之時，家無塗飾之具，民鮮焜耀之望，尚素棄文，反薄歸厚，不令而行，不賞而勸，不刑而革，而天下大治矣。

《莊子·內篇·大宗師》 以刑爲體，以禮爲翼，以知爲時，以德爲循。以刑爲體者，綽乎其殺也；以禮爲翼者，所以行於世也；以知爲時者，不得已於事也；以德爲循者，言其與有足者至於丘也；而人真以爲勤行者也。故其好之也一，其弗好之也一。其一也一，其不一也一。其一與天爲徒，其不一與人爲徒。天與人不相勝也，是之謂真人。

《莊子·外篇·天道》 故曰：帝王之德配天地，此乘天地馳萬物，而用人羣之道也。本在於上，末在於下。要在於主，詳在於臣。三軍五兵之運，德之末也，賞罰利害五刑之辟，教之末也。禮法度數，刑名比詳，治之末也。

（清）戴望《管子校正·大匡》 桓公歸，問管仲曰：將何行？管仲曰：可以加政矣。諸侯服從如此，故可以加之政。曰：從今以往二年，適子不聞孝，不聞愛其弟，不聞敬老國良，其老者國之賢良也。三者無一焉，可誅也。無一尚可誅，況無三乎。

（清）戴望《管子校正·心術上》 故禮者，謂有理也。理也者，明分以諭義之意也。故禮出乎義，義出乎理，理因乎宜者也。法者所以同出不得不然者也。有禮則有法，故曰同出也。故殺僇禁誅以一之也。故事督乎法，督，察也。謂以法察事。法出乎權，權出乎道。權道者，事從之而出。道也者，動不見其形，施不見其德，萬物皆以得，然莫知其極。故曰：可以安而不可說也。莫人，言至也。人無能言者，理之至也。不宜，言應也。有時宜言，則應物故。應也者，非吾所設，故能無宜也。不顧，言因也。無所顧思者，因舊故。因也者，非吾所顧，故無顧也。因，舊也。非吾所爲，故無顧。不出於口，不見於色，言無形也。四海之人，孰知其則？言深囿也。不知深淺之圃城也。禮出乎義，義出乎理，理因乎宜者也。王氏引之云：禮出乎義，當作禮出乎理。禮者，謂有理也。故曰：禮出乎理。義出乎理，當作理出乎義，理也者，明分以諭義之意也，故曰理出乎義。理因乎宜，當作義因乎宜，義者，各處其宜也，故曰：義因乎宜，寫者錯亂耳，不然，則義者宜也。上言禮出乎義，而下又別言理因乎宜，是分義與宜爲二也，殆不可通。法者所以同出。俞云：出疑世字之誤。所以同世，謂所以齊同一世之人。若作出字，則義不可通矣。莫人言至也不宜言應也。王云：此釋上文真人之言，不義不顧也。上文真人譌作直人。莫人當爲真人，隸書真字作真，莫字作莫，二形相似。《史記·高祖功臣侯者表》，甘泉戴侯莫搖，《漢表》莫搖作真粘。《朝鮮傳》嘗略屬真番，徐廣曰：真一作莫。《新序·雜事篇》：黄帝學乎大真。《路史·疏仡紀》曰：大真或作大莫，非。上文作直人，此文作莫人，故知其皆真人之譌也。言至也三字，語意未明，疑有脱誤。宜與義古字通，不宜即上文之不義也。義者，度也。說見《經義述聞·左傳》婦義事也，及《國語》比義下。言事至而後應之，不先爲量度也。故曰：不宜言應也。應也者，非吾所設，故能無宜也。尹不知莫爲真之譌，又不知不宜即上文之不義，遂讀莫人言爲句，不宜言爲句，而強爲之説矣。因也者非吾所顧故無顧也。俞云：上顧字當爲取，取有爲義，故尹注云：非吾所爲，此與上文應也者三句相對成文。下文其應非所設也，其動非所取也，正申此義言之。是其證。

（清）王先慎《韓非子集解·難一》 或曰：桓公不知仁義。夫仁義者，憂天下之害，趨一國之患，不避卑辱，謂之仁義。故伊尹以中國爲亂，道爲宰于湯；百里奚以秦爲亂，道爲虜于穆公，先慎曰：乾道本虜上無爲字。顧廣圻云：以中國爲亂句絶，下句同。兩于字當作干。藏本、今本虜字上有爲字。先慎按：有爲字是，今據補。道，由也。道爲虜干穆公，由爲虜干穆公。《難二篇》：伊尹自爲宰干湯，百里奚自爲虜干穆公。自，亦由也。是其證。于即干之誤。皆憂天下之害，趨一國之患，不辭卑辱，故謂之仁義。今桓公以萬乘之勢，下匹夫之士，將欲憂齊國，【略】而小臣不行見，先慎曰：行當作得。小臣之忘民也，先慎曰：小上當脱是字。忘民不可謂仁義。仁義者，不失人臣之禮，不敗君臣之位者也。是故四封之內，執會而朝，名曰臣。臣吏分職受事，名曰萌。今小臣在民萌之衆，而逆君上之欲，故不可謂仁義。仁義不在焉，桓公又從而禮之。使小臣有智能而遁桓公，是隱也，宜刑；德修而隱，不爲臣用，故宜刑也。先慎曰：乾道本脱宜刑二字，顧廣圻云：今本有宜刑二字，依下文當補，舊注未譌。今據增。若無智能而虛驕矜桓公，是誣也，宜戮。小臣之行，非刑則戮。桓公不能領臣主之理而禮刑戮之人，是桓公以輕上侮君之俗，教於齊國也，非所以爲治也。故曰：桓公不知仁義。

（清）王先慎《韓非子集解·難三》 魯穆公問於子思曰：吾聞龐糲氏之子不孝，其行奚如？【略】子思對曰：君子尊賢以崇德，舉善以觀民。【略】若夫過行，是細人之所識也，臣不知也。子思出，子服厲伯入見，問龐糲氏子，【略】子服厲伯對曰：其過三，皆君之所未嘗聞。【略】自是之後，君貴子思而賤子服厲伯也。

或曰：魯之公室，三世劫於季氏，不亦宜乎！明君求善而賞之，求姦而誅之，其得之一也。故以善聞之者，以説善同於上者也；以姦聞之者，以惡姦同於上者也。此宜賞譽之所及也。聞善聞姦俱當賞也。先慎曰：乾道本及作力。顧廣圻云：《藏》本、今本力作及。先慎按：作及是，今據改。下此宜毀罰之所及也，正作及。不以姦聞，是異於上而下比周於姦者也，此宜毀罰之所及也。今子思不以過聞，而穆公貴之，厲伯以姦聞，而穆公賤之。人情皆喜貴而惡賤，故季氏之亂成而不上聞，此魯君之所以劫也。且此亡王之俗，顧廣圻曰：王當作主。取魯之民所以自美，而穆公獨貴之，不亦倒乎？

《司馬法·天子之義》 古者逐奔不遠，縱綏不及。不遠則難誘，不及則難陷。以禮爲固，以仁爲勝。既勝之後，其教可復。是以君子貴之也。有虞氏戒於國中，欲民體其命也。夏后氏誓於軍中，欲民先成其慮也。殷誓於軍門之外，欲民先意以待事也。周將交刃而誓之，以致民志也。夏后氏正其德也，未用兵之刃，故其兵不雜。殷義也，始用兵之刃矣。周力也，盡用兵之刃矣。夏賞於朝，貴善也；殷戮於市，威不善也；周賞於朝，戮於市，勸君子，懼小人也。三王彰其德一也。兵不雜則不利，長兵以衛，短兵以守。太長則難犯，太短則不及。太輕則鋭，鋭則易亂。太重則鈍，鈍則不濟。戎車，夏后氏曰鉤車，先正也。殷曰寅車，先疾也；周曰元戎，先良也。旂，夏后氏玄首，人之執也。殷白，天之義也；周黄，地之道也。章，夏后氏以日月，尚明也；殷以虎，尚威也；周以龍，尚文也。

（漢）黄石公《素書·遵義章》 牧人以德者集，繩人以刑者散。刑者，原於道德之意，而恕在其中，是以先王以刑輔德，而非專用刑者也。故曰：牧之以德則集，繩之以刑則散也。小功不賞，則大功不立；小怨不赦，則大怨必生。賞不服人，罰不甘心者叛。人心不服則叛也。

《尸子》卷下《散見諸書文彙輯》 爲刑者，刑以輔教服不聽也。陳本《書鈔》四十三，止刑以輔教四字，此據原本《書鈔·刑法部》。

《尹文子·大道下》 治主之興，必有所先誅。先誅者非謂盜，非謂姦，此二惡者，一時之大害，非亂政之本也。亂政之本，下侵上之權，臣用君之術，心不畏時之禁，行不軌時之法。此大亂之道也。

（漢）劉安《淮南子》卷二〇《泰族訓》 宓子治亶父，巫馬期往觀化焉。見夜漁者，得小即釋之，非刑之所能禁也。孔子爲魯司寇，道不拾遺，市買不豫賈，田漁皆讓長，讓長，分別長者得多。而辨白不載負。辨白，頭有白髮。非法之所能致也。夫矢之所以射遠貫牢者，弩力也。其所以中的剖微者，正心也。賞善罰暴者，政令也。其所以能行者，精誠也。故弩雖強，不能獨中，令雖明，不能獨行，必自精氣所以與之施道，故攄道以被民，而民弗從者，誠心弗施也。

又：故有道以統之，法雖少，足以化矣。無道以行之，法雖衆，足以亂矣。治身，太上養神，其次養形。治國，太上養化，其次正法。神清志平，百節皆寧，養性之本也。肥肌膚，充腸腹，供嗜慾，養生之末也。民交讓爭處卑，委利爭受寡，力事爭就勞。日化上遷善而不知其所以然，此治之上也。利賞而勸善，畏刑而不爲非，法令正於上而百姓服於下，此治之末也。上世養本，而下世事末。

又：聖王在上，明好惡以示之，經誹譽以導之，親賢而進之，賤不肖而退之。無被創流血之苦，而有高世尊顯之名，民孰不從？古者法設而不犯，刑錯而不用，非可刑而不刑也。百工維時，庶績咸熙，禮義脩而任賢得也。

又：上唱而民和，上動而下隨。四海之內，一心同歸。背貪鄙而向義理，其於化民也，若風之搖草木，無之而不靡。今使愚教知，使不肖臨賢，雖嚴刑罰，民弗從也。小不能制大，弱不能使強也。故聖主者，舉賢以立功，不肖主舉其所與同。

（漢）班固《白虎通義》卷下《德論下·五刑》 聖人治天下，必有刑罰何？所以佐德助治，順天之度也。故懸罰賞者，示有所勸也。設刑罰者，明有所懼也。刑所以五何？法五行也。科條三千者，應天地人情也。五刑之屬三千，大辟之屬二百，宮辟之屬三百，腓辟之屬五百，劓、墨辟之屬各千，張布羅衆，非五刑不見。劓墨何其下刑者也。腓者，其臏。宮者，女子淫，執置宮中不得出也；丈夫淫，割去其勢也。大辟者，謂死也。刑不上大夫何？尊大夫。禮不下庶人，欲勉民使至於士。故禮爲有知制，刑爲無知設也。庶人雖有千金之幣，不得服。刑不上大夫者，據禮無大夫刑，或曰撻笞之刑也。禮不及庶人者，謂酬酢之禮也。

（漢）王充《論衡》卷一〇《非韓》 治國之道，所養有二：一曰養德，二曰養力。養德者，養名高之人，以示能敬賢；養力者，養有力之士，以明能用兵。此所謂文武張設，德力且足者也。事或可以德懷，或可以力摧。外以德自立，內以力自備，慕德者不戰而服，犯德者畏兵而卻。徐偃王修行仁義，陸地朝者三十二國，強楚聞之，舉兵而滅之。此有德守，無力備者也。夫德不可獨任以治國，力不可直任以御敵也。韓子之術不養德，偃王之操不任力，二者偏駁，各有不足。偃王有無力之禍，知韓子必有無德之患。凡人稟性也，清濁貪廉，各有操行，猶草木異質，不可復變易也。狂譎、華士不仕於齊，猶段干木不仕於魏矣。性行清廉，不貪富貴，非時疾世，義不苟仕，雖不誅此人，此人行不可隨也。太公誅之，韓子是之，是謂人無性行，草木無質也。太公誅二子，使齊有二子之類，必不爲二子見誅之故，不清其身；使無二子之類，雖養之，終無其化。堯不誅許由，唐民不皆樔處；武王不誅伯夷，周民不皆隱餓；魏文侯式段干木之閭，魏國不皆闔門。由此言之，太公不誅二子，齊國亦不皆不仕。何則？清廉之行，人所不能爲也。夫人所不能爲，養使爲之，不能使勸；人所能爲，誅以禁之，不能使止。然則太公誅二子，無益於化，空殺無辜之民，賞無功，殺無辜，韓子所非也。太公殺無辜，韓子是之，以韓子之術殺無辜也。夫執不仕者，未必有正罪也，太公誅之。如出仕未有功，太公肯賞之乎？賞須功而加，罰待罪而施。使太公不賞出仕未有功之人，則其誅不仕未有罪之民，非也，而韓子是之，失誤之言也。且不仕之民，性廉寡欲；好仕之民，性貪多利。利欲不存於心，則視爵祿猶糞土矣。廉則約省無極，貪則奢泰不止。奢泰不止，則其所欲不避其主。案古篡畔之臣，希清白廉潔之人。貪，故能立功；憍，故能輕生。積功以取大賞，奢泰以貪主位。太公遺此法而去，故齊有陳氏劫殺之患。太公之術，致劫殺之法也。韓子善之，是韓子之術亦危亡也。周公聞太公誅二子，非而不是，然而身執贄以下白屋之士。白屋之士，二子之類也。周公禮之，太公誅之，二子之操，孰爲是者？

又：治國猶治身也。治一身，省恩德之行，多傷害之操，則交黨疎絶，恥辱至身。推治身以況治國，治國之道，當任德也。韓子任刑，獨以治世，是則治身之人，任傷害也。韓子豈不知任德之爲善哉？以爲世衰事變，民心靡薄，故作法術，專意於刑也。夫世不乏於德，猶歲不絶於春也。謂世衰難以德治，可謂歲亂不可以春生乎？人君治一國，猶天地生萬物。天地不爲亂歲去春，人君不以衰世屏德。孔子曰：斯民也，三代所以直道而行也。

周穆王之世，可謂衰矣，任刑治政，亂而無功。甫侯諫之，穆王存德，享國久長，功傳於世。夫穆王之治，初亂終治，非知昏於前，才妙於後也，前任蚩尤之刑，後用甫侯之言也。夫治人不能捨恩，治國不能廢德，治物不能去春，韓子欲獨任刑用誅，如何？

（漢）馬融《忠經·政理章》　夫化之以德，理之上也，則人日遷善而不知。德化潛運以心，則不知所由，而民從善也。施之以政，理之中也，則人不得不爲善。政施有術，昭見於人，人勉而行，欲罷不可。懲之以刑，理之下也，則人畏而不敢爲非也。刑臨以威，知懼無犯。既劣於政，彌遠於德。刑則在省而中，舜流四凶，足清萬國。政則在簡而能，簡則易從，能則人服。德則在博而久。不博則有不及，不久則人心復澆。德者，爲理之本也。任政非德，則薄。任刑非德，則殘。兼德則厚，加德則寬。故君子務於德，脩於政，謹於刑。刑不謹則濫，政不脩則棄，德不務而人不懷也。固其忠以明其信，行之匪懈，何不理之人乎。忠信故已，恪勤脩官，官脩政明，而人自理。故無不能理之吏，無不可理之人。《詩》云：敷政優優，百禄是遒。政其人理，禄其宜哉。

（唐）魏徵《群書治要》卷四九《傅子》　立善防惡謂之禮，禁非立是謂之法。法者所以正不法也。明書禁令曰法，誅殺威罰曰刑。治世之民，從善者多，上立德而下服其化，故先禮而後刑也。亂世之民，從善者少，上不能以德化之，故先刑而後禮也。《周書》曰：小乃不可不殺，乃有大罪，非終乃惟眚裁。然則心惡者，雖小必誅。意善過誤，雖大必赦，此先王所以立刑法之本也。禮法殊塗而同歸，賞刑遞用而相濟矣。是故聖帝明王，惟刑之恤，惟敬五刑，以成三德。若乃暴君昏主，刑殘法酷，作五虐之刑，設炮烙之辟，而天下之民，無所措其手足矣。故聖人傷之，乃建三典，殊其輕重，以定厥中，司寇行刑，君爲之不擧樂，哀矜之心至也。八辟議其故而宥之，仁愛之情篤也。柔愿之主，聞先王之有哀矜仁愛，議獄緩死也，則妄輕其刑，而赦元惡。刑妄輕，則威政墮而法易犯。元惡赦，則姦人興而善人困。剛猛之主，聞先王之以五刑糾萬民，舜誅四凶而天下服也，於是峻法酷刑以侮天下，罪連三族，戮及善民，無辜而死者過半矣。下民怨而思叛，諸侯乘其弊而起，萬乘之主死於人手者，失其道也。齊秦之君，所以威制天下，而或不能自保其身，何也？法峻而教不設也。末儒見峻法之生叛，則去法而純仁。偏法見弱法之失政，則去仁而法刑。此法所以世輕世重，而恒失其中也。

（明）劉基《郁離子》卷上《刑赦》　郁離子曰：刑，威令也，其法至于殺，而生人之道存焉。赦，德令也，其意在乎生，而殺人之道存焉。《書》曰：刑期于無刑。又曰：眚災肆赦。此先王之心也。是故制刑，期于使民畏，刑有必行，民知犯之之必死也，則死者鮮矣。赦者所以矜蠢愚，宥過誤。知罪不避，而輒原焉，是啓僥幸之心而教人犯也；至于禍稔惡積，不得已而誅之，是以恩爲穽也。然則赦令卒不可行與？曰：法有二：有古今之通禁，有一代之私禁。古今之通禁，惡逆也，殺人傷人及盗之類也，而釋勿治，是代之爲賊也。一代之私禁，茶、鹽、錢、幣之類也，民無以爲生而官不能恤，於是乎有犯，雖難以爲常，原情而貸之可也。

（清）顧炎武《日知録》卷六《愛百姓故刑罰中》　人君之於天下，不能以獨治也。獨治之而刑繁矣，衆治之而刑措矣。古之王者，不忍以刑窮天下之民也。是故一家之中，父兄治之；一族之間，宗子治之。有其不善之萌，莫不自化於閨門之內。而獨有不帥教者，然後歸之士師。然則人君之所治者約矣。然後原父子之親，立君臣之義以權之；意論輕重之序，慎測淺深之量以别之；悉其聰明，至其忠愛以盡之。夫然刑罰焉得而不中乎？是故宗法立而刑清，天下之宗子各治其族，以輔人君之治。罔攸兼于庶獄，而民自不犯於有司。風俗之醇，科條之簡，有自來矣。《詩》曰：君之宗之。吾是以知宗子之次於君道也。

（清）顧炎武《日知録》卷六《致知》 致知者，知止也。知止者何？爲人君止於仁，爲人臣止於敬，爲人子止於孝，爲人父止於慈，與國人交止於信。是之謂止。知止然後謂之知。至君臣、父子、國人之交，以至於禮儀三百、威儀三千，是之謂物。《詩》曰：天生烝民，有物有則。《孟子》曰：舜明於庶物，察於人倫。昔者，武王之訪，箕子之陳，曾子、子游之問，孔子之荅，皆是物也。故曰：萬物皆備於我矣。惟君子爲能體天下之物。故《易》曰：君子以言有物而行有恒。《記》曰：仁人不過乎物，孝子不過乎物，以格物爲多識於鳥獸草木之名則末矣。知者無不知也，當務之爲急。聽訟者，與國人交之一事也。

（清）顧炎武《日知録》卷七《未有義而後其君者》 禮所以守其國，行其政令，無失其民者也。今政令在家，不能取也。有子家羈，弗能用也。公室四分，民食於他，思莫在公，不圖其終。爲國君難將及身，不恤其所。禮之本末，將於此乎在，而屑屑焉習儀以亟。言善於禮，不亦遠乎。子曰：君子之道，辟則坊與。坊民之所不足者也。大爲之坊，民猶踰之。故君子禮以坊德，刑以坊淫，命以坊欲。古之明王，所以禁邪於未形，使民日遷善遠罪，而不自知者，是必有其道矣。

（宋）李昉等《太平御覽》卷六二二《治道部·政治一》 子曰：政之不行也，教之不成也，爵禄不足勸也，刑罰不足耻也，故上不可以褻刑而輕爵。言政教所以明賞罰也。

（宋）李昉等《太平御覽》卷六二四《治道部·政治三》 孟子曰：爲高必因丘陵，爲下必因川澤，爲政必因先王之道。孫卿子曰：魯有子訟父者，康子曰：殺之。孔子曰：不教而誅之，是虐殺不辜，三軍之敗不可誅也，獄行不治不可刑也。上陳教而先服之，則百姓從風矣。先教而後刑，則民知罪矣。夫一仞之墻民不能踰，百仞之山童子升而遊焉。陵遲久矣，能謂民弗踰乎。訟者聞之，乃請無訟。

又：孔子曰：不失其道明之於民之謂也。夫能用可用，則政治矣；敬可敬，則尚賢矣；畏可畏，則省刑矣。人君審此三者，明以示民。而國不興，未之有也。

（宋）李昉等《太平御覽》卷六三五《刑法部·敘刑上》 《尚書大傳》曰：子張曰：堯舜之王，一人刑而天下治。何則？教誠而愛深也。今一夫而被此五刑。子龍子曰：未可謂能爲書。二人俱罪呂侯之説刑也。被此五刑，喻犯數罪也。孔子曰：不然也，五刑有此教。教然耳，犯數罪猶以上一罪刑之。

又曰：子夏曰：昔者，三王慤然欲錯刑遂罰，錯，處也。遂，行也。平心而應之，和然後行之然。且曰：吾意者，以不平慮之乎。吾意者，以不和平之乎。如此者三，然後行之，此之謂慎罰。

又：《禮》曰：刑不上大夫，禮不下庶人。

又曰：九十曰耄，七年曰悼。悼與耄雖有罪不加刑焉。

又曰：刑者，侀也。刑者，成也。一成而不可變。故君子盡心焉。

《傳》曰：先君周公作誓命，曰：毁則爲賊，掩賊爲藏，竊藏爲盗，盗器爲姦，主藏之名，賴姦之用，爲大凶德，有常無赦，在九刑不忌。誓命已下皆九刑之書。

又曰：晉侯之弟陽干，亂行於曲梁，行，陳。曲梁，地名。魏絳戮其僕。僕，御。晉侯怒，謂羊舌赤曰：合諸侯以爲榮，陽干爲戮，何辱如之？必殺魏絳。對曰：絳無二志，事君不避難，有罪不逃刑，其將來辭，何辱命焉。言終，魏絳至。

（宋）王欽若《册府元龜》卷六一八《刑法部·平允》 《易》曰：君子以明慎用刑而不留獄。《傳》曰：刑者，侀也。侀者，成也。一成而不可變，故君子盡心焉。是故惟明克允，虞帝之申戒；簡孚審克，《呂刑》之有云。三代而下，治獄之吏乃其達欽恤之旨，稽伏念之訓，深懷仁恕，務遵寬大，原人心以定法，傳經義而立論。悉其聰明，致其忠愛，情得而勿喜，罪疑而從輕，無有適莫，歸乎至當。故能使群議厭服，刑章式敘，上無枉撓之失，民知恥格之漸，其於守官宿業，不亦多乎。故臯陶之淑問，流於雅頌；張釋之爲名臣，稱於史氏，何莫由斯也已。

公甫爲魯大夫。孔子如衛，衛人請曰：公甫不能聽獄乎？子曰：不知公甫之不能聽獄也。公甫之聽獄也，有罪者懼，無罪者恥，民近禮矣。

（明）唐順之《稗編》卷七《三宅三俊説》 周公作《立政》三言、三宅、三俊。孔安國曰：大罪宥之四裔，次九州之外，次中國之外，意如五宅之有三居。然是其所謂三宅也。正直剛柔三德，如《洪範》所陳，是其所謂三俊也。然《立政》一書，顯爲用人而作，雖以司寇謹罰終竟其文，要其丁寧庶獄，特居準人職事之一爾。三代本末有敘，凡其施置，率常先德後刑，安有未及用賢而遽飾刑罰，恐非聖人彝敘，亦非《立政》任人本旨也。王氏必謂孔氏外立三居以汨正意，遂順飾本文，而別爲之言，曰已命以位，已任以事，則爲三宅。其才可宅，而未踐此位，則爲三俊。此于經文無忤矣。然有不通者，周公之稱成湯，曰克用三宅三俊。夫三宅三俊槩言克用，而猶謂三俊爲未用之才，何哉？古今法制固不得而同，然人情事理可以意想也。且使此三人者見，謂爲俊拔而顯之，不知其將處之何地。若明命其才，實試以職，則當併已用未用而數之。且將參耦而六，不得止云三宅也。若是下一等而小試之，不居其位且未有職業可以程品，豈虚並三宅而假立稱謂也哉。詳複考之，皆不安愜，故嘗反求諸經而推知其實也。宅乃事，宅乃牧，宅乃準，即三宅所起而在夏后氏之世者也。周公陳此三宅，云夏創，而其時三俊之名未立也。暨湯文武而後甫克用三俊，灼見三俊，詳求其故，蓋事、牧、準三官也，人處以此職，使安其位，使任其事，則隨其官而命之曰宅事，宅牧、宅準，如堯以百揆處舜，則曰：納于百揆。舜以處禹，則曰使宅。百揆，納也，宅也，皆自上處下之言也。既居此位既升此職，而總其見處者之地，則曰三宅。三宅云者，即所居官命之，如百揆之初以揆度百事得名，及其既已受任，遂如後世三公六卿正爲官稱，非如自上處下初語矣。此宅事、宅牧、宅準所從命名以爲三宅者然也。三宅既爲官稱，則隨其職業所能勝任，以名言其才其德，故得附並三宅而名之三俊也。孔安國求其説而不得，顧推而入之五流。三居者，殆因三宅無義民一語爾。夫籲俊而訓德，先夏之所以宅人，而其國因以大競者也，合三職而一，無義民者，末夏之所以不能嗣往而致於荒墜厥緒者也。其宅同其所從宅者異，故治亂由此乎分。經意明甚，何有幾微以及用刑也哉。

(明)唐順之《稗編》卷九〇《論政有二機》 治國有二機，刑德是也。王者尚其德而希其刑，霸者刑德並轃，強國先其刑而後德。夫刑德者，化之所由興也。德者，養善而進闕者也；刑者，懲惡而禁後者也。故德化之崇者，至於賞；刑罰之甚者，至於誅。夫誅賞者，所以別賢不肖，而列有功與無功也。故誅賞不可以繆，誅賞繆，則善惡亂矣。夫有功而不賞則善不勸，有過而不誅則惡不懼，善不勸而能以刑化乎天下者，未嘗聞也。《書》曰：畢力賞罰，此之謂也。

(南朝宋)劉義慶《世説新語》卷上之下《政事》 殷仲堪當之荊州，王東亭問曰：德以居全爲稱，仁以不害物爲名。方今宰牧華夏，處殺戮之職，與本操將不乖乎？殷答曰：臯陶造刑辟之制，不爲不賢；《古史考》曰：庭堅號曰臯陶，舜謀臣也。舜舉之於堯，堯令作士，主刑。孔丘居司寇之任，未爲不仁。《家語》曰：孔子自魯司空爲大司寇，七日而誅亂法大夫少正卯。

(唐)白居易《白居易集》卷六四《策林三·刑禮道》 問：聖王之致理也，以刑糾人惡，故人知勸懼；以禮導人情，故人知恥格；以道率人性，故人反淳和。三者之用，不可廢也。意者將偏舉而用耶？將並建而用耶？從其宜，先後有次耶？成其功，優劣有殊耶？然則相今日之所宜，酌今日之所急，將欲致理，三者奚先？

臣聞人之性情者，君之土田也。其荒也，則薙之以刑；其闢也，則蒔之以禮；其植也，則穫之以道。故刑行而後禮立，禮立而後道生。始則失道而後禮，中則失禮而後刑，終則修刑以復禮，修禮以復道。故曰：刑者，禮之門；禮者，道之根。知其門，守其根，則王化成矣。然則王化之有三者，猶天之有兩曜，歲之有四時，廢一不可也，並用亦不可也，在乎舉之有次，措之有倫而已。何者？夫刑者，可以禁人之惡，不能防人之情；禮者，可以防人之情，不能率人之性；道者，可以率人之性，又不能禁人之惡。循環表裏，迭相爲用。故王者觀理亂之深淺，順刑禮之後先，當其懲惡抑淫，致人於勸懼，莫先於刑。剗邪窒慾，致人於恥格，莫尚於禮。反和復朴，致人於敦厚，莫大於道。是以衰亂之代，則弛禮而張刑；平定之時，則省刑而弘禮；清浄之日，則殺禮而任道。亦如祁寒之節，則疏水而附火；徂暑之候，則遠火而狎水。順歲候者，適水火之用；達時變者，得刑禮之宜。適其用，達其宜，則天下之理畢矣，王者之化成矣。將欲較其短長，原其始終，順其變而先後殊，備其用而優劣等。離而言之則異致，合而理之則同功。其要者，在乎舉有次，措有倫，適其用，達其宜而已。方今華夷有截，內外無虞，人思休和，俗已平泰：是則國家殺刑罰之日，崇禮樂之時。所以文易化成，道易馴致者，由得其時也。今其時矣，伏惟陛下惜而不失焉。

（唐）白居易《白居易集》卷六五《策林四·去盜賊》 臣聞：聖王之去盜賊也，有二道焉。始則舉有德，選有能，使教化大行，姦宄者去。次又安其業，厚其生，使廉恥大興，貪暴者息。故舜舉臯陶，不仁者遠；晉用士會，盜奔于秦。此舉德選能之効也。成、康阜其俗，禮讓興行；文、景富其仁，盜賊衰息。此安業厚生之驗也。由是觀之，則俗之貪廉，盜之有無，繫於人之勞逸，吏之賢否也。

（宋）姚鉉《唐文粹》卷二五李翰《進張巡中丞傳表》 臣聞：人稟教以立身，刑原情而定罪。故事有虧教，則人道不列，刑有非罪，則王法不加。忠者臣之教，恕者法之情。今巡握節而死，非虧教也，析骸而爨，非本情也。《春秋》之義，以功覆過，咎繇之典，容過宥刑。故《大易》之戒，遏惡揚善，爲國之體，録用棄瑕。今衆議巡罪，是廢君臣之教，絀忠義之節，不以功掩過，不以刑恕情，善遏惡揚，録瑕棄用，非所以奬人倫，明勸戒也。

（宋）李覯《李覯集》卷二《禮論七篇·禮論第五》 或曰：前所謂刑者政之屬，誠然矣。而吾子復並列之，何謂也？

曰：因先儒之言從而論之，不違變易耳。其旨既明，其辭雖在，奚有害於事哉？

曰：敢問吾子之列禮、樂、刑、政之物，仁、義、智、信之用，盡於吾子之言乎？抑有所遺者乎？

曰：凡予所言者，大也，不及其細也；略也，不及其詳也。從其類而推之，苟合乎禮，本乎聖者，皆是也。奚待予之盡言哉！

（宋）李覯《李覯集》卷二一《官人第一》 故閭胥凡春秋之祭祀、役政、喪紀之數聚衆庶，既比，則讀法，書其恭敏任恤者。族師月吉則屬民而讀法，書其孝弟睦婣有學者。春秋祭酺亦如之。黨正正歲屬民讀法，而書其德行道藝。州長正月之吉，各屬其州之民而讀法。以考其德行道藝而勸之，以糾其過惡而戒之。若以歲時祭祀州社，則屬其民而讀法，亦如之。

（宋）李覯《李覯集》卷一三《教道第一》 立人以善，成善以教。教而不善邪，是堯舜之民，鄙夫矣；不教而善邪，是桀紂之民，可封矣。移風俗，斂賢才，未有不由此道也。故大司徒以鄉三物教萬民而賓興之。一曰六德：知、仁、聖、義、忠、和。二曰六行：孝、友、睦、婣、任、恤。三曰六藝：禮、樂、射、御、書、數。物，猶事也。民三事教成，鄉大夫舉其賢者、能者，以飲酒之禮賓客之。既則獻其書於王矣。知，明於事。仁，愛人以及物。聖，通而先識。義，能斷時宜。忠，言以中心。和，不剛不柔。善於父母爲孝。善於兄弟爲友。睦，親於九族。婣，親於外親。任，信於友道。恤，振憂貧者。禮，五禮之義。樂，六樂之歌舞。射，五射之法。御，五御之節。書，六書之品。數，九數之計。以鄉八刑糾萬民：一曰不孝之刑，二曰不睦之刑，三曰不婣之刑，四曰不弟之刑，五曰不任之刑，六曰不恤之刑，七曰造言之刑，八曰亂民之刑。不弟，不事師長。造言，訛言惑衆。亂民，亂名改作，執左道以亂政也。

大哉先王之所以敺民而納之於善也，教以開其前，如得大路，終日行而弗迷失。刑以策其後，使不敢反顧，而況賓興以勸之哉！養天性，滅人欲，家可使得孝子，國可使得忠臣矣。學校不立，教法不行，人莫知何人可師，道莫知何道可學。耳何以爲正聲？目何以爲正色？口何以爲正言？身何以爲正行？明者幸而得之，昧者不幸而失之。將欲求腹心於中林，訪忠信於十室，不易得矣。《小雅·菁菁者莪》，孟氏君子三樂善爲國者，可無意哉！

（宋）李覯《李覯集》卷一八《安民策十首·安民策第一》 所謂安民者，非徒飲之、食之、治之、令之而已也，必先於教化焉。教化之説何如？

曰：夫俗士之論，未有不貴刑法而賤禮義也。以爲天下之大，可域之於圄犴也；羣生之重，可摩之以刀鋸也。聞有稱王道誦教典也，則衆共笑之矣。必謂殺之而不懼，尚何有於教化乎？是皆不睹聖人之情者也。獨不知教失而後惡，化成而後刑，刑所以不勝惡也。善觀民者，見刑之不勝惡也，則反之曰是教之罪也。焉可以刑不勝惡而謂教益不可用也？譬諸人身，導養得理則無疾，疾作而後用藥，藥所以不勝病也。善觀身者，見藥之不勝病也，則反之曰是導養之失也。焉可以藥不勝病而謂導養益不可用也？《記》曰：昏姻之禮廢，則夫婦之道苦，而淫辟之罪多矣。鄉飲酒之禮廢，則長幼之序失，而争鬥之獄繁矣。喪祭之禮廢，則臣子之恩薄，而倍死忘生者衆矣。聘覲之禮廢，則君臣之位失，諸侯之行惡，而倍畔侵陵之敗起矣。故禮之教化也微，其止邪也於未形，使人日徙善遠罪而不自知也。是以先王隆之也。

居山者不知漁，居澤者不知獵，習之之異也。今欲令禁漁人以網罟，詰獵者以從禽，雖日撻之弗可改也已。民有以生之而無以教之，未知爲人子而責之以孝，未知爲人弟而責之以友，未知爲人臣而責之以忠，未知爲人朋友交游而責之以信，未知廉之爲貴而罪以貪，未知讓之爲美而罪以争，未知男女之别而罪以淫，未知上下之節而罪以驕，是納民於阱也。雖日誅之，死者弗之悔而生者弗之悟也。使民父子親，夫婦和，宗族相睦，鄉黨相信，財不以争，力不以鬥，肅肅雍雍，相從於禮讓之地，是爲安乎？使民父子不親，夫婦不和，宗族不睦，鄉黨不信，財則必争，力則必鬥，呼天扣心，相從於刑戮之場，是爲安乎？此周所以長世而秦所以不祀也。

（宋）李覯《李覯集》卷二一《慶曆民言三十篇·本仁》　術於仁者皆知愛人矣，而或不得愛之説。彼仁者，愛善不愛惡，愛衆不愛寡。不愛惡，恐其害善也；不愛寡，恐其妨衆也。如使愛惡而害善，愛寡而妨衆，則是仁者天下之賊也。安得聖賢之號哉？舜去四凶而謚以仁聖，湯初征自葛放桀南巢，而仲虺謂之寬仁。武王梟紂白旗，而孟子曰：以至仁伐不仁。仁者固嘗殺矣。世俗之仁則諱刑戮，欲以全安罪人，此釋之慈悲，墨之兼愛，非吾聖人所謂仁也。

夫守國在政，行政在人。人不忠而亂乎政，政亂則國將從之。而且以不誅爲仁，是輕國而重仁也。故明主持法以信，馭臣以威。信著則法行，威克則臣懼。法行臣懼，而後治可圖也。

（宋）李覯《李覯集》卷二二《慶曆民言三十篇·撙節》　使人以賞罰，衆人之使人也；使人以禮義，聖人之使人也。賞罰外也，可去、可就。禮義内也，一中其心，天地四方無所逃矣。有賞罰而無禮義，安則可，非濟危之具也。誘之以賞，利有厚於賞者；脅之以罰，禍有大於罰者。利厚於賞，則去賞；禍大於罰，則就罰。叛國之利或厚於賞，死戰之禍或大於罰，有以動小人之心矣。學以禮，行以義，交游之讐尚復之，況君乎？杯酒失意尚死之，況國乎？名焉吾賞，恥焉吾罰，意氣感發，非有令之者也。

世俗誠大壞矣，學者爲官不爲道，仕者爲身不爲君。見得其虎，聞喪其鼠。父子昆弟之詔告，妻妾之耳語，非富非貴，如舉其諱。上之人又從而啓之，賞先於功而功不立，罰輕於過而過不改。無事而禄，有事而賞，位孺稚、輿貨財而後行，則是禄爲我有，而事以賞傭也。禮義既銷矣，而賞罰且玩，階之者其誰乎？

（宋）李覯《李覯集》卷二二《慶曆民言三十篇·敵患》　夷夏奚若？曰：所謂夷者，豈被髮衣皮之謂哉？所謂夏者，豈衣冠裳履之謂哉？以德刑政事爲差耳。德勉刑中，政脩事舉，雖夷曰夏可也。反是，則謂之夷可乎？

愚儒之咤則曰彼夷我夏，而不曰内自脩。内自脩則德、刑、政、事四者備當，而後曰夏勝夷可矣，是謂知彼知己，百戰不殆。彼欲虚吾國、困吾民，應之以儉，則國可富、民可逸，然猶不能，是墮其術内也。

嗚呼！夷夏非古之夷夏也，先爲不可勝以待彼可勝，善矣。不然，禍且日至，豈徒由余所笑！

（宋）蘇洵《嘉祐集》卷五《衡論下·議法》　〔蘇氏曰〕：古者以仁義行法律，後世以法律行仁義。三代之聖王，其教化之本出於學校，延蔓于天下，而形見於禮。下之民被其化，循循翼翼，務爲仁義，以求避法律之所禁。故其法律雖不用，而其所禁亦不爲不行於其間。下而至于漢唐，其教化不足以動民，而一於法律，故其民懼法律之及身，亦或相勉而爲仁義。唐之初，房杜輩爲刑統，毫釐輕重，明辨别白，附以仁義，無所阿曲，不知周公之刑何以易此。但不能先使民務爲仁義，使法律之所禁不用而自行如三代時。然要其終亦能使民勉爲仁義，而其所以不若三代者則有由矣。政之失，非法之罪也。

（宋）王安石《臨川先生文集》卷六七《論議·三不欺》　昔論者曰：君任德則下不忍欺，君任察則下不能欺，君任刑則下不敢欺。而遂以德察刑爲次，蓋未之盡也。此三人者之爲政，皆足以有取於聖人矣。然未聞聖人爲政之道也。夫未聞聖人爲政之道而足以有取於聖人者，蓋人得聖人之一端耳。且子賤之政，使人不忍欺。古者任德之君，宜莫如堯也，然則驩兜猶或以類舉於前，則德之使人不欺，豈可獨任也哉？子産之政，使人不能欺。夫君子可欺以其方，故使畜魚而校人烹之，然則察之使人不欺，豈可獨任也哉？西門豹之政，使人不敢欺。夫不及於德而任刑以治，是孔子所謂民免而無恥者也。然則刑之使人不欺，豈可獨任也哉？故曰：此三人者，未聞聖人爲政之道也。然聖人之道有出此三者乎？亦兼用之而已。昔者堯舜之時，比屋之民皆足以封，則民可謂不忍欺矣。驩兜以丹朱稱於前曰：嚚訟可乎？則民可謂不能欺矣。四罪而天下咸服，則民可謂不敢欺矣。故任德則有不可化者，任察則有不可周者，任刑則有不可服者。

（宋）張載《張載集·張子語録·語録中》 禮不下庶人，刑不上大夫。於禮，庶人之禮至略，直是不責之，難責也，蓋財不足用，智不能及。若學者則不在此限，爲己之所得所一作爲行，己之所識也。某以爲先進之説，只是行己之志，不願乎其外，誠盡而止。若孔子必要行大夫之祭，當其退時直是不可爲也。故須爲野人，無奈何又不可不爲，故以禮樂爲急。刑不上大夫，雖在禮有之，然而是刑不上大夫，官有士師而已。

（宋）張載《張載集·拾遺·性理拾遺》 井田而不封建，猶能養而不能教；封建而不井田，猶能教而不能養；封建井田而不肉刑，猶能教養而不能使。然此未可遽行之。

禮但去其不可者，其他取力能爲之者。

《二程集·河南程氏文集》卷二《書記·晉城縣令題名記》 夫圖治於長久者，雖聖知爲之，且不能倉卒苟簡而就，蓋必本之人情而爲之法度，然後可使去惡而從善。則其紀綱條教，必審定而後下；其民之服循漸漬，亦必待久乃淳固而不變。今之爲吏三歲，而代者固已遲之矣。使皆知禮義者，能自始至，卽皇皇然圖所施設，亦教令未熟，民情未孚，而更書已至矣。儻後之人所志不同，復有甚者，欲新己之政，則盡其法而去之，其迹固無餘矣。而况因循不職者乎？

《二程集·河南程氏文集》卷九《書啟·爲家君請宇文中允典漢州學書》 中允明公執事。竊以生民之道，以教爲本。故古者自家黨遂至于國，皆有教之之地。民生八年則入于小學，是天下無不教之民也。既天下之人莫不從教，小人脩身，君子明道，故賢能羣聚於朝，良善成風於下，禮義大行，習俗粹美，刑罰雖設而不犯。此三代盛治由教而致也。後世不知爲治之本，不善其心而驅之以力，法令嚴於上，而教不明於下，民放僻而入於罪，然後從而刑之。噫！是可以美風俗而成善治乎？

《二程集·河南程氏文集》卷九《書啟·爲家君上宰相書》 珦聞：古之君子相其君而能致天下於大治者，無他術，善惡明而勸懲之道至焉爾。勸得其道而天下樂爲善，懲得其道而天下懼爲惡，二者爲政之大權也。然行之必始於朝廷，而至要莫先於謚法。何則？刑罰雖嚴，可警於一時；爵賞雖重，不及於後世。惟美惡之謚一定，則榮辱之名不朽矣。故歷代聖君賢相，莫不持此以勵世風。

（宋）蘇轍《欒城集·應詔集》卷一一《省試論一首·刑賞忠厚之至論》 古之君子立于天下，非有求勝於斯民也。爲刑以待天下之罪戾，而唯恐民之入於其中以不能自出也；爲賞以待天下之賢才，而唯恐天下之無賢而其賞之無以加之也。蓋以君子先天下，而後有不得已焉。夫不得已者，非吾君子之所志也，民自爲而召之也。故罪疑者從輕，功疑者從重，皆順天下之所欲從。且夫以君臨民，其强弱之勢、上下之分，非待夫與之爭尋常之是非而後能勝之矣。故甯委之於利，使之取其優，而吾無求勝焉。夫惟天下之罪惡暴著而不可掩，别白而不可解，不得已而用其刑。朝廷之無功，鄉黨之無義，不得已而愛其賞。如此，然後知吾之用刑，而非吾之好殺人也；知吾之不賞，而非吾之不欲富貴人也。使夫其罪可以推而納之于刑，其跡可以引而置之於無罪；其功與之而至於可賞，排之而至於不可賞。若是二者而不以與民，則天下將有以議我矣。使天下而皆知其可刑與不可賞也，則吾猶可以自解。使天下而知其可以無刑、可以有賞之説，則將以我爲忍人，而愛夫爵禄也。聖人不然，以爲天下之人，不幸而有罪，可以刑，可以無刑，刑之，而傷於仁；幸而有功，可以賞，可以無賞，無賞，而害於信。與其不屈吾法，孰若使民全其肌膚、保其首領，而無憾於其上；與其名器之不僭，孰若使民樂得爲善之利而無望望不足之意。嗚乎！知其有可以與之之道而不與，是亦志於殘民而已矣。且彼君子之與之也，豈徒曰與之而已也，與之而遂因以勸之焉耳。故舍有罪而從無罪者，是以恥勸之也；去輕賞而就重賞者，是以義勸之也，蓋欲其思而得之也。故夫堯舜、三代之盛，舍此而忠厚之化亦無以見於民矣。

（宋）蘇轍《欒城後集》卷九《歷代論三·王衍》　聖人之所以御物者三：道一也，禮二也，刑三也。《易》曰：形而上者謂之道，形而下者謂之器。禮與刑皆器也。孔子生於周末，内與門弟子言，外與諸侯大夫言，言及於道者蓋寡也。非不能言，謂道之不可以輕授人也。蓋嘗言之矣，曰：參乎，吾道一以貫之。夫道以無爲體，而入於羣有。在仁而非仁，在義而非義，在禮而非禮，在智而非智。惟其非形器也，故目不可以視而見，耳不可以聽而知。惟君子得之於心，以之御物，應變無方，而不失其正，則所謂時中也。小人不知而竊其名，與物相遇，輒捐理而徇欲，則所謂無忌憚也。故孔子不以道語人，其所以語人者，必以禮。禮者，器也，而孔子必以教人，非吝之也，蓋曰：君子上達，小人下達。君子由禮以達其道，而小人由禮以達其器。由禮以達道，則自得而不眩；由禮以達器，則有守而不狂。此孔子之所以寡言道而言禮也。若其下者，視之以禮而不格，然後待之以刑辟，三者具而聖人之所以御物者盡矣。

（宋）真德秀《西山文集》卷四〇《譚州諭同官咨目》　至於聽訟之際，尤當以正名分、厚風俗爲主。昔密學陳公襄爲仙居宰，教民以父義、母慈、兄友、弟恭，而人化服焉。古今之民同一天性，豈有可行於昔而不可行於今？惟毋以薄待其民，民將不忍以薄自待矣。此某之所望於同僚者也。然而正己之道未至，愛人之意不孚，則雖有教告而民未必從。故某願與同僚各以四事自勉，而爲民去其十害。何謂四事？曰：律己以廉。凡名士夫者，萬分廉潔，止是小善，一點貪汙，便爲大惡。不廉之吏，如蒙不潔，雖有他美，莫能自贖，故此以爲四事之首。撫民以仁。爲政者當體天地生萬物之心，有一毫之慘刻非仁也，有一毫之忿疾亦非仁也。存心以公。《傳》曰：公生明。私意一萌則是非易位，欲事之當，理不可得也。涖事以勤是也。當官者一日不勤，下必有受其弊者。古之聖賢猶且日昃不食，坐以待旦，况其餘乎？今之世有勤於吏事者，反以鄙俗目之，而詩酒游宴則謂之風流媚雅，此政之所以多疵，民之所以受害也，不可不戒。何謂十害？曰：斷獄不公。獄者，民之大命，豈可小有私曲？聽訟不審。訟有實有虚，聽之不審，則實者反虚，虚者反實矣，其可苟哉？淹延囚繫。一夫在囚，舉室廢業，囹圄之苦，度日如歲，其可淹久乎？慘酷用刑。刑者不獲已而用。人之體膚即己之體膚也，何忍以慘酷加之乎？今爲吏者，好以喜怒用刑，甚者或以關節用刑，殊不思刑者國之典，所以代天糾罪，豈官吏逞忿行私者乎？不可不戒。汎濫追呼。一夫被追，舉室皇擾，有特引之需，有出官之費，貧者不免舉債，甚者至於破家，其可汎濫乎？招引告訐。告訐乃敗俗亂化之原，有犯者自當痛懲，何可勾引？今官司有受人實封狀與出榜召人告首陰私罪犯，皆係非法，不可爲也。重疊催税。税出於田，一歲一收，可使一歲至再税乎？有税而不輸，此民户之罪也。輸已而復責以輸，是誰之罪也？今之州縣，蓋有已納而鈔不給，或鈔雖給而籍不銷，再追至官，呈鈔乃免，不勝其擾矣。甚至有鈔不理，必重納而後已，破家蕩産，鬻妻賣子，往往由之。有仁心者豈忍爲此？科罰取財。民間自二税合輸之外，一毫不當妄取，今縣道有行科罰之政，與夫非法科斂者，皆民之深害也，不可不革。縱吏下鄉。鄉村小民，畏吏如虎。縱吏下鄉，猶縱虎出柙也。弓手士兵，尤當禁戢，自非捕盗，皆不可差出。低價買物是也。物同則價同，豈有公私之異？今州縣有所謂市令司者，又有所謂行户者，每官司敷買，視市值率減十之二三，或不即還，甚至白著，民户何以堪此？某之區區，其於四事敢不加勉？同僚之賢，固有不竢丁寧而素知自勉者矣，然亦豈無當勉而未能者乎？《傳》曰：過而不改，是謂過矣。又曰：誰謂德難厲其庶，而賢不肖之分，在乎勉與不勉而已。異時舉刺之行，當以是爲準。至若十害，有無所未詳知。萬一有之，當如拯溺救焚，不竢終日，毋狃於因循之習，毋牽於利害之私，或事關州郡，當見告而商確焉，必期於去民之瘼而後已。

（元）揭傒斯《揭傒斯全集》卷四《送也速答兒赤序》　法律非不任也。任之以爲輔治之具，非爲治之本也。

（明）歸有光《震川先生集》卷二《序·卓行録序》　昔古聖人之治天下，既先之以道德，猶懼民之不協於中，而爲之禮以防之。上之賞罰注措，凡治民之事，無一不歸於禮。極而至於用刑，亦曰制百姓於刑之中而已。

（明）林大欽《林大欽集》卷二《論表判策·刑教》　問：《詩》《書》所載，言必稱烈祖、先王，非但紀前聞、揚世休而已。蓋舊章成憲，亦繼體守文之君所宜敬承而善述者也。我太祖高皇帝誕膺天命，撫有方夏，在位三十年餘，其神功聖德，雖累歲言之，有不能盡者矣。竊觀平日所嘗惓惓訓諭臣下，見諸《聖政記》，及著爲令典，頒行中外，垂億萬載之規者，惟敷教、敬刑二事，甚切於士與民。國家甄陶萬類，培植元氣之道，亦或在此。不知與古歷代之法，同乎？否歟？抑有所因而損益之歟？二者相須，其果然歟？行之至今，亦有稍異而當復者乎？夫訓誥律令，章程具在，諸士佩服有年。而吾聖天子惇崇慎恤之意，屢形詔旨者，傳播海内久矣。其並鋪張揚厲，用彰謨烈於無窮焉。倘懷芹曝之忱，尚一言之，以爲聖德中興之助。

聖人之制刑教也，以端天下之習也，以嚴天下之紀也，以立邦國之綱維也，以望子孫之世守也。故刑教者，士習風紀之所存，國家綱維之所繫，子孫守成之所責也。守而弗固，綱維壞矣。國無綱維，風化墮矣。風化無則天下潰矣。是故知務者重之也。且夫教非聖人之所能強也。天下之智愚賢不肖且不同焉，固不可以徒治之也。聖人於是乎制教以一之。刑非聖人之所得已也。天下之奸良頑順且不同焉，固不可以徒教之也。聖人於是乎制之刑以齊之。故率教者，以身先本原也。夫然後學校條目之設，所以廣吾身之不及，而多爲之制也。用刑者，以仁存欽恤也。夫然後法制禁令之施，所以濟吾仁之所窮，而曲爲之防也。故教不以身也，傷於文；刑不以仁也，流於慘。文而教民，將日趨於僞焉，道且失其原也，而教不可則矣。慘而刑民，殆不聊其生焉，法將戕其仁也，而刑不可訓矣。是故唐虞三代之治，所以教化行而刑罰少，慘刻消而文藝省也。後世之治，所以刑愈煩，教愈敝而俗化日偷，奸邪不爲衰止者，其本原之地弗端，而欽恤之道廢也。知乎此，則我太祖刑教之制，所以軼百王而陋後世者，固可得而窺其萬一。而今日所當憲章而率由之者，亦惟在我聖天子一轉移之間耳。

《聖祖仁皇帝御製文集·第一集》卷四《勅諭·諭三法司衙門》 朕惟自古帝王撫御羣臣百姓，政教修明，治化洽暢。與其繩以刑罰，使人怵惕文網，苟幸無罪，不如感以德意，俾民蒸蒸向善，不忍爲非。《書》稱：協和萬邦，黎民於變時雍。又稱：臨下以簡，御衆以寬。唐虞盛時，從欲風動，其效章章如是。朕嘗心慕隆古，力行教化，冀以感發天良，偕之蕩平正直之道，而人情囂僞，風俗頽敝，明罰勑法，國憲不可以已，雖嘗屢行矜恤，絶去煩苛，終思尚德緩刑乃爲至治之極軌。

《聖祖仁皇帝御製文集·第一集》卷一七《論·慎刑論》 聖人之治天下，有禮有刑。禮也者，所以勸民之爲善也。刑也者，所以禁民之爲非也。五倫以爲準，三物以爲坊，漸而摩之，優游而自化之。邪慝不作，比戶可封，聖人之心豈不甚愜。而勢有不能，於是制爲刑罰以驅之於後，使天下之人愯然有所畏，而不入於非彝。是刑之設也，聖人之所不得已也。其輕者傷肌膚，重者戕性命，天下之慘痛至刑罰極矣。聖人在上，不能使天下無刑人。而政平訟理，一民一物卒無顛連困苦之虞者，則惟此慎刑之道得也。

《聖祖仁皇帝御製文集·第一集》卷一八《論·王道論》 治天下必審擇所以爲治之道，然後運之有本，而措之也不勞。蓋得其道，則一時無赫赫之功，而久大之業可以永建而不拔。不得其道，則雖殫精敝形，而終無以幾於治。故治理之方不可不審也。其要在仁義而已矣。昔三代之盛也，蠲煩去苛，屏飾斥僞，先躬行而後文告，崇禮讓而緩刑罰，優游漸漬，不期效於旦夕，迨積之既久，風俗日茂，人心日醇，大化敦龐，號爲上理，此行仁義之所致也。秦漢而下，務爲一切苟且之政以檢束其民，民生其時，亦皆匿情飾貌以應其上，上下相蒙，競趨媮薄，治功之降遠不古若此，則不行仁義之過也。故曰：仁以育之，義以正之。仁以育之，所以養也。義以正之，所以教也。孔子曰：如有王者，必世而後仁。又曰：聖人久于其道，而天下化成。蓋言王道之成，仁義之效也。是以聖王在上，制田里，廣樹畜，省刑而薄斂，崇本而抑末，使天下之民家給人足，有俯仰之樂，而無阽危之患。由是立庠序之制，置慈惠之師，修六禮以節其性，播六樂以淑其情，明七教以興其德，齊八政以禁其非。當是之時，六合之遠，一家之積也。四海之廣，一身之推也。天下之久安而長治，猶泰山而四維之也。其去夫驩虞之治，不亦遠乎。嗚呼，天下重器也，有天下大業也。彼挈缾之智，猶必厝之於至安，況夫居重器而履大業者哉。盍亦知所擇矣。

（清）王夫之《船山全書·黃書·大正》 故王者養賢以養民，□□以配天。繼於其亂，先以刑禁；繼於其治，終以德化。相因小民之疾苦，則焦頹焚灼，妖怨亟起，而欲望建淳和以迓祥吉者，是孳息螟螣而冀登嘉穀也。

（清）陸隴其《陸子全書·三魚堂文集》卷八《功行録廣義序》 聖賢之書，勸善戒惡而已。或以義正，或以福誘而勸同；或以義禁，或以禍怵而戒同。夫禍福之於善惡，猶影之於形也。君子衡理不衡數，而其教人未有不兼言禍福也者。理足以尊天下之君子，而言福然後足以引天下之中人，言禍然後足以懼天下之不肖。其見于經傳者，固已深切而著明矣。君子雖不以欲福而爲善。不以畏禍而不爲惡，而夫子猶曰君子懷刑，是以聖賢自勉，而恒以不肖自防也。於乎，此其所以爲君子與！《周禮》司徒掌邦教以擾安邦國，保息六以養之，本俗六以安之，三物以興之，八刑以糾之，月吉而始和，歲終而受會，鄉州黨族閭比之中，莫不以時而讀法。故其爲教也，有本有根，博而貫，簡而詳，蕩蕩焉，平平焉，無細碎蔓衍之説，而其時之人，亦但以爲道而不以爲利，知畏法而不知畏天。吉凶休咎之説，僅見於聖君賢相之誥誡，而非所以爲教民之具。明明棐常，絶地天通，此其所以爲盛也。聖賢不作，教化不明。法足以禁顯惡，而不足以禁隱慝。惟天之報施，終古不易。以濟人之所不及，而又不能無盈縮遲疾之異。錯綜參互之變，原始要終，不失累黍。而當時鮮不以爲杳渺而不可知，葢禍福之自人者直而彰，自天者微而變，直而彰者既有所不及，而微而變者又不能以天下信，則中人以下將無所畏而靡所不爲，仁人君子能無憂乎？不得已而博考古今，述其福善禍淫之迹，而備著其所由，以明天道之必然。家懸一律令於屋漏之中，户置一斧鉞於衽席之上，使覽者惕然於心，以去其所疑而堅其所畏，雖其言若屑屑焉，而離類析歸，鈎深索隱，略顯惡而嚴隱慝，其察物也無遁形，可不謂慎獨之助與。宋之季也而《感應篇》出焉，明之季也而《功過格》出焉，是皆仁人君子居下位，不得已而救世之作也。故曰：《易》之興也，其於中古乎？作《易》者其有憂患乎？王道不明於上，而夫子作《春秋》。今雖萬不敢比是，而意則庶幾焉，此固非盛世之所宜有也。雖然，既已有作，則雖盛世有所不廢，又豈獨不廢而已，必將爲之敷暢其説，擴其所未備，闡其所未至，以丁寧天下之耳目，而惟恐其不信以從，是亦仁人君子之所用心也。瞭邑李子蓀奇，所輯《功行録廣義》，葢本《功過格》而敷暢其説者。余甚敬其用心之厚，用力之勤也。嗚呼，士君子得志於時，身任民物之青，舉先王之教而明之，大綱舉，萬目張，無取乎細碎蔓衍之説，而所以勸戒人者，亦不俟乎天降之威福，則是書可以不作。今李子既不得志於時，藴其意而無所發，蒿目而不能已於言，而又不欲其言之大且深以無當於流俗也，乃取夫世所易信之書，廣爲衍説，平易樸茂，不飾不文，而勤懇曲至，應規入矩。期無失於聖賢之意而後已。昔賢有云，不爲良相，則願爲良醫。李子之書，其亦世之藥石與。假令李子得有爲之柄，以行其所欲，而不徒見諸空言，其所就果當何如也。

（清）蔡新《緝齋文集》卷首《經史講義·禮記·緇衣》　子言之曰：爲上易事也，爲下易知也，則刑不煩矣。臣謹案《樂記》曰：大樂必易，大禮必簡，樂至則無怨，禮至則不争。是易簡者，禮樂之端，而禮樂者，刑罰之本也。《易·繫傳》曰：乾以易知，坤以簡能，天地惟易簡，故五行之吏，四時之官，各司其職，而寒暑晝夜長養收藏視此矣。聖人惟易簡，故命官分職，選賢授能，各舉其事，而有親有功可久可大視此矣。此政簡刑清，治道之所以隆也。後世人不足而問之法，法不足而濟以刑。上疑下之難知，而故爲不測以神其術，多爲防閑以定其志。下疑上之難事，而争爲揣摩以迎其機巧，爲隱匿以逃其罪。其始也，起於上下之相遁；其究也，必至上下之相蒙。易事易知，兩無當矣。夫法制禁令，聖王之所不廢。故曰：徒善不足以爲政。然要皆以人用法，非以法用人也。以法用人，毋論法未必盡行，即使令行禁止，而商鞅尚不可以治秦。毋論無法未必有合，即使引今酌古，而王安石終不可以治宋。無他，弊常生於所防之外，而情每拂于用法之中也。昔汲黯奉使，以便宜持節，發河南粟賑貧民。寇準欲擢指揮使，吏以例籍進，準曰：用牙官尚須檢例，安用我輩。是二事者，下不以此自疑，上不以此爲罪，誠有得於易事易知之意者也。若必須天下而納之於科條律例之中，則燮理均衡之職掌，幾何不等於吏胥，而學士大夫之繩束，且將自同于輿隸。政體有虧，而廉隅日頓，正蘇洵所謂以天下之大，而無可信之人，國不足以爲國者也。是以人主於此，彰好慎惡，信賞必罰，使爵不瀆而民作願，刑不試而民咸服。汲汲于辨人才，而不汲汲於講法令，是《緇衣》命篇之意也夫。

（清）魏源《古微堂内集》卷二《治篇二》　鄧析、子産，同一竹刑也，鄧析受誅而鄭人不憐，子産則遺愛衆母，輿歌誰嗣。商君、諸葛，同一嚴法也，商君車裂而秦人不憐，武侯則巷祭路哭，白帽成俗。《詩》曰：豈弟君子，民之父母。豈弟之反爲苦難，鄧析、商君之謂也。豈以強教之，弟以説安之，子産、武侯之謂也。

（清）左宗棠《左文襄公全集》卷一《重刊吾學録序》　人事之儀則

在焉，出於禮卽入於刑。其翼教持世者不可忽也，禮壞慝作，訟獄繁而干戈起矣。盜起嶺嶠，禍延下國，中原糜沸，夷戎憑之。

（清）**沈家本《沈寄簃先生遺書·死刑之數一卷》** 欲廢死刑，先謀教養，教養普而人民之道德日進，則犯法者自日見其少，而死刑可以不用，故國小者尚易行之。若疆域稍廣之國，教養之事安能盡美盡善，犯死罪而概寬貸之，適長厥姦心而日習于爲惡，其所患滋大。

（清）**康有爲《論語注》卷一三《子路》** 子曰：善人爲邦百年，亦可以勝殘去殺矣。誠哉是言也！《史記》引無矣字，《刑法志》引無亦字。爲邦百年，言相繼而久也。勝殘，化殘暴之人，使不爲惡也。謂民化于善，可以不用刑殺也。蓋古有是言，而夫子稱之。美國開國百年，刑殺大減，近之矣。

紀事

《尚書·周書·洛誥》 王曰：公，予小子其退，即辟于周，命公後。四方迪亂，未定于宗禮，亦未克敉公功。迪將其後，監我士師工，誕保文武受民，亂爲四輔。王曰：公定，予往已。公功肅將祗歡，公無困哉！我惟無斁其康事。公勿替刑，四方其世享。

周公拜手稽首，曰：王命予來，承保乃文祖受命民，越乃光烈考武王，弘朕恭。孺子來相宅，其大惇典殷獻民，亂爲四方新辟，作周恭先，曰，其自時中乂，萬邦咸休，惟王有成績。予旦以多子越御事，篤前人成烈，荅其師，作周孚先。考朕昭子刑，乃單文祖德。伻來毖殷，乃命寧。

《尚書·周書·多方》 惟五月丁亥，王來自奄，至于宗周。周公曰：王若曰：猷告爾四國多方，惟爾殷侯尹民，我惟大降爾命，爾罔不知。洪惟圖天之命，弗永寅念于祀。惟帝降格于夏。有夏誕厥逸，不肯慼言于民，乃大淫昏，不克終日勸于帝之迪，乃爾攸聞。厥圖帝之命，不克開于民之麗，乃大降罰，崇亂有夏，因甲于內亂，不克靈承于旅；罔丕惟進之恭，洪舒于民。亦惟有夏之民叨懫日欽，劓割夏邑。天惟時求民主，乃大降顯休命于成湯，刑殄有夏，惟天不畀純。乃惟以爾多方之義民，不克永于多享。惟夏之恭多士，大不克明保享于民，乃胥惟虐于民，至于百爲，大不克開。

《春秋左傳正義》卷九《莊公十九年》 十九年，春，楚子禦之，大敗於津。禦巴人，爲巴人所敗。津，楚地，或曰江陵縣有津鄉。還，鬻拳弗納。遂伐黄，鬻拳，楚大閽。黄，嬴姓國，今弋陽縣。鬻音育。拳，求圓反。閽音昏，守門人也。嬴音盈，姓也，字從女。疏：註黄嬴姓。正義曰：《世本》文。敗黄師于踖陵。踖陵，黄地。踖，在亦反，一音七略反。還，及湫，有疾。南郡都縣東南有湫城。湫，子小反。鄀音若。夏，六月，庚申，卒。鬻拳葬諸夕室，夕室，地名。夕，朝夕之夕。亦自殺也，而葬於絰皇。絰皇，冢前闕。生守門，故死不失職。絰，田結反。絰皇，闕也。疏：註絰皇至失職。正義曰：鬻拳自殺以殉，當是近墓之地。宣十四年《傳》稱楚子聞宋殺申舟，投袂而起，屨及於窒皇，劒及於寢門之外。則窒皇近於門外，當是寢門闕也。知此絰皇亦是冢前闕也。且此人生爲大閽，職掌守門，明此亦是守門，示死不失職也。餘書無絰皇之名，蓋唯楚有此號也。初，鬻拳強諫楚子，楚子弗從，臨之以兵，懼而從之。鬻拳曰：吾懼君以兵，罪莫大焉。遂自刖也。楚人以爲大閽，謂之大伯，若今城門校尉官。強，其丈反。大伯音泰。校，戶教反，字從木。疏：以爲大閽，謂之大伯。正義曰：《周禮·天官》閽人掌守王宮之中門之禁。鄭玄云：閽人，司昏晨以啓閉者，刑人墨者使守門。《秋官·掌戮》墨者使守門，刖者使守囿。則閽不使刖，而鬻奉得爲閽者，《周禮·地官》之屬有司門，下大夫二人，掌授管鍵以啓閉國門。鄭玄云：若今城門校尉，主王城十二門。此註亦云：若今城門校尉官。然則鬻拳本是大臣，楚人以其賢而使典此職，非爲刑而役之。其爲大閽者，當如《地官》之司門，非《天官》之閽人，亦主晨昏開閉，通以閽爲名焉。謂之大伯，伯，長也，爲門官之長也。使其後掌之。使其子孫常主此官。君子曰：鬻拳可謂愛君矣，諫以自納於刑，刑猶不忘納君於善。言愛君，明非臣法也。楚能盡其忠愛，所以興。疏：註言愛君，明非臣法也。正義曰：何休《膏肓》云：人臣諫君，非有死亡之急，而以兵臨君，開篡弑之路。左氏以爲愛君。於義左氏爲短。故註言此以釋何休之難。

《春秋左傳正義》卷二五《成公二年》 莊王欲納夏姬，申公巫臣曰：不可！君召諸侯，以討罪也。今納夏姬，貪其色也。貪色爲淫，淫爲大罰。《周書》曰：明德慎罰。《周書·康誥》。文王所以造周也。明德，務崇之之謂也。慎罰，務去之之謂也。疏：周書至謂也。正義曰：《周書·康誥》之篇，周公述文王之事，以告康叔云：惟乃丕顯考文王，克明德慎罰。巫臣既引其言，乃申其意，言文王能爲此行，故所以造周國也。務崇之，謂務欲崇益道德。務去之，謂務欲去其刑罰。若興諸侯，以取大罰，非慎之也。君其圖之！王乃止。

《史記》卷一《五帝本紀》 舜入于大麓，烈風雷雨不迷，堯乃知舜之足授天下。堯老，使舜攝行天子政，巡狩。舜得舉用事二十年，而堯使攝政。攝政八年而堯崩。三年喪畢，讓丹朱，天下歸舜。而禹、皋陶、契、后稷、伯夷、夔、龍、倕、益、彭祖自堯時而皆舉用，未有分職。於是舜乃至於文祖，謀于四嶽，辟四門，明通四方耳目，命十二牧論帝德，行厚德，遠佞人，則蠻夷率服。舜謂四嶽曰：有能奮庸美堯之事者，使居官相事？皆曰：伯禹爲司空，可美帝功。舜曰：嗟，然！禹，汝平水土，維是勉哉。禹拜稽首，讓於稷、契與皋陶。舜曰：然，往矣。舜曰：弃，黎民始飢，汝后稷播時百穀。舜曰：契，百姓不親，五品不馴，汝爲司徒，而敬敷五教，在寬。舜曰：皋陶，蠻夷猾夏，寇賊姦軌，汝作士，五刑有服，五服三就；五流有度，五度三居：維明能信。

《史記》卷二《夏本紀》 皋陶作士以理民。帝舜朝，禹、伯夷、皋陶相與語帝前。皋陶述其謀曰：信其道德，謀明輔和。禹曰：然，如何？皋陶曰：於！慎其身脩，思長，敦序九族，衆明高翼，近可遠在已。禹拜美言，曰：然。皋陶曰：於！在知人，在安民。禹曰：吁！皆若是，惟帝其難之。知人則智，能官人；能安民則惠，黎民懷之。能知能惠，何憂乎驩兜，何遷乎有苗，何畏乎巧言善色佞人？皋陶曰：然，於！亦行有九德，亦言其有德。乃言曰：始事事，寬而栗，柔而立，愿而共，治而敬，擾而毅，直而温，簡而廉，剛而實，彊而義，章其有常，吉哉。日宣三德，蚤夜翊明有家。日嚴振敬六德，亮采有國。翕受普施，九德咸事，俊乂在官，百吏肅謹。毋教邪淫奇謀。非其人居其官，是謂亂天事。天討有辠，五刑五用哉。吾言底可行乎？禹曰：女言致可績行。皋陶曰：余未有知，思贊道哉。

《史記》卷三《殷本紀》 帝太甲既立三年，不明，暴虐，不遵湯法，亂德，於是伊尹放之於桐宮。三年，伊尹攝行政當國，以朝諸侯。

《史記》卷四《周本紀》 崇侯虎譖西伯於殷紂曰：西伯積善累德，諸侯皆嚮之，將不利於帝。帝紂乃囚西伯於羑里。閎夭之徒患之，乃求有莘氏美女，驪戎之文馬，有熊九駟，他奇怪物，因殷嬖臣費仲而獻之紂。紂大説，曰：此一物足以釋西伯，况其多乎！乃赦西伯，賜之弓矢斧鉞，使西伯得征伐。曰：譖西伯者，崇侯虎也。西伯乃獻洛西之地，以請紂去炮格之刑。紂許之。

西伯陰行善，諸侯皆來決平。於是虞、芮之人有獄不能決，乃如周。入界，耕者皆讓畔，民俗皆讓長。虞、芮之人未見西伯，皆慙，相謂曰：吾所争，周人所恥，何往爲，祇取辱耳。遂還，俱讓而去。諸侯聞之，曰：西伯蓋受命之君。

（宋）劉恕《資治通鑑外紀》卷三下《周紀一・宣王》 王欲得國子之能訓導諸侯者。樊穆仲曰：魯侯肅恭明神，敬事耈老，賦事行刑，必問遺訓而咨於故實。王曰：然。則能訓治其民矣。乃命孝公立于夷宮。

（宋）劉恕《資治通鑑外紀》卷四《周紀二・惠王》 桓公嘗謂管仲曰：寡人之有仲父也，猶飛鴻之有羽翼也，濟大水之有舟檝也。對曰：齊國百姓，公之本也。人憂飢而税斂重，人懼死而刑政險，人傷勞而舉事不時。桓公曰：聞命矣。明日，朝於太廟之門，定令於百吏。税者百一鍾，田二歲而税。一歲飢，弛而税。市書而不賦，澤梁時縱，孤幼不刑。近者示以忠信，遠者示以禮義。

（宋）劉恕《資治通鑑外紀》卷九《周紀七・敬王》 越王勾踐，非其身之所種則不食，非其夫人所織則不衣。十年不收於國，民有三年之食。國之父兄請曰：昔夫差恥吾君，請報之。勾踐辭曰：寡人之罪也，無庸戰。又請曰：越四封之内，親吾君猶父母也，敢不盡力乎！勾踐許之。致其衆而誓之曰：進則思賞，退則思刑者，有常賞；進不用命，退則無恥者，有常刑。國人皆勸曰：孰是吾君也，可無死乎！

又： 恒相平公，懼諸侯以弑君誅己，乃盡歸魯衛侵地，西約晉四卿，南通吴越，修功行賞，以親百姓。恒言於平公曰：德施人之所欲，君其行之；刑罰人之所惡，臣請行之。數年，齊國之政皆歸恒。恒盡誅大臣不附己及公族之彊者。割安平以東至琅邪，自爲封邑，地大於齊。選女子七尺以上百餘人爲後宮。賓客舍人，出入者不禁，生七十餘男。

（清）馬驌《繹史》卷八六之一《孔子類記・用魯》 《荀子》：孔子爲魯司寇，有父子訟者，孔子拘之，三月不别，其父請止，孔子舍之。

季孫聞之，不説，曰：是老也欺予，語予曰：爲國家必以孝。今殺一人以戮不孝，又舍之。冉子以告。孔子慨然歎曰：嗚呼！上失之，下殺之，其可乎？不教其民而聽其獄，殺不辜也。三軍大敗，不可斬也；獄犴不治，不可刑也。罪不在民故也。嫚令謹誅，賊也；今有時斂也，無時暴也；不教而責成功，虐也。已此三者，然後刑可即也。《書》曰：義刑義殺，勿庸以即，予維曰：未有順事。言先教也。故先王既陳之以道，上先服之；若不可，尚賢以綦之；若不可，廢不能以單之。綦三年而百姓往矣。邪民不從，然後俟之以刑，則民知罪矣。《詩》曰：尹氏大師，維周之氐；秉國之均，四方是維。天子是庳，卑民不迷，是以威厲而不試，刑錯而不用，此之謂也。今之世則不然，亂其教，繁其刑，其民迷惑而墮焉，則從而制之，是以刑彌繁而邪不勝。三尺之岸而虛車不能登也，百仞之山任負車登焉，何則？陵遲故也。數仞之牆，而民不踰也，百仞之山，而豎子馮而游焉，陵遲故也。今夫世之陵遲亦久矣。而能使民勿踰乎？《詩》曰：周道如砥，其直如矢。君子所履，小人所視。眷焉顧之，潸然出涕，豈不哀哉。《詩》曰：瞻彼日月，悠悠我思，道之云遠，曷云能來。子曰：伊稽首不其有來乎？《家語》文略。《韓詩外傳》：魯有父子訟者，康子欲殺之。孔子曰：未可殺之。是則上失其道，上有道是人亡矣。訟者聞之，請無訟。康子曰：治民以孝，殺一不義以僇不孝，不亦可乎？孔子曰：否。不教而聽其獄，殺不辜也。故刑其仁義，謹其教道，使民目晰焉而見之，使民耳晰焉而聞之，使民心晰焉而知之，則道不迷而民志不惑矣。《詩》曰：周道如砥，其直如矢。言其易也，君子所履，小人所視，言其明也。睠言顧之，潸焉出涕，哀其不聞禮教而就刑誅也，夫散其本教而待之刑辟，猶決其牢而發以毒矢也，不亦哀乎！故曰：未可殺也。昔日先王使民以禮，譬之如御也，刑者鞭策也。今猶無轡銜而鞭策以御也，欲馬之進則策其後，欲馬之退則策其前，御者以勞而馬亦多傷矣。今猶此也。上憂勞而民多罹刑。康子辟席再拜曰：僕雖不敏，請承此語矣。孔子退朝，門人子路難曰：父子訟，道邪。孔子曰：非也。子路曰：然則夫子胡爲君子而免之也。孔子曰：不戒責成，害也；慢令致期，暴也；不教而誅，賊也。君子爲政，避此三者。且《詩》曰：載色載笑，匪怒伊教。

《史記》卷六《秦始皇本紀》　今秦二世立，天下莫不引領而觀其政。夫寒者利裋褐，而飢者甘糟糠，天下之嗷嗷，新主之資也。此言勞民之易爲仁也。鄉使二世有庸主之行，而任忠賢，臣主一心而憂海內之患，縞素而正先帝之過，裂地分民以封功臣之後，建國立君以禮天下，虛囹圄而免刑戮，除去收帑汙穢之罪，使各反其鄉里，發倉廩，散財幣，以振孤獨窮困之士，輕賦少事，以佐百姓之急，約法省刑以持其後，使天下之人皆得自新，更節修行，各慎其身，塞萬民之望，而以威德與天下，天下集矣。即四海之內，皆讙然各自安樂其處，唯恐有變，雖有狡猾之民，無離上之心，則不軌之臣無以飾其智，而暴亂之姦止矣。二世不行此術，而重之以無道，壞宗廟與民，更始作阿房宮，繁刑嚴誅，吏治刻深，賞罰不當，賦斂無度，天下多事，吏弗能紀，百姓困窮而主弗收恤。然後姦僞並起，而上下相遁，蒙罪者衆，刑戮相望於道，而天下苦之。自君卿以下至於衆庶，人懷自危之心，親處窮苦之實，咸不安其位，故易動也。是以陳涉不用湯武之賢，不藉公侯之尊，奮臂於大澤而天下響應者，其民危也。故先王見始終之變，知存亡之機，是以牧民之道，務在安之而已。天下雖有逆行之臣，必無響應之助矣。故曰：安民可與行義，而危民易與爲非，此之謂也。貴爲天子，富有天下，身不免於戮殺者，正傾非也。是二世之過也。

《漢書》卷六《武帝紀》　〔元朔〕三年春，罷蒼海郡。三月，詔曰：夫刑罰所以防姦也，內長文所以見愛也，以百姓之未洽于教化，朕嘉與士大夫日新厥業，祗而不解。其赦天下。

《漢書》卷九《元帝紀》　〔永光〕二年春二月，詔曰：蓋聞唐虞象刑而民不犯，殷周法行而姦軌服。今朕獲承高祖之洪業，託位公侯之上，夙夜戰栗，永惟百姓之急，未嘗有忘焉。然而陰陽未調，三光晻昧。元元大困，流散道路，盜賊並興。有司又長殘賊，失牧民之術。是皆朕之不明，政有所虧。咎至於此，朕甚自恥。爲民父母，若是之薄，謂百姓何！

【略】

〔建昭〕五年春三月，詔曰：蓋聞明王之治國也，明好惡而定去就，崇敬讓而民興行，故法設而民不犯，令施而民從。今朕獲保宗廟，兢兢業業，匪敢解怠，德薄明晻，教化淺微。傳不云虖？百姓有過，在予一人。其赦天下，賜民爵一級，女子百戶牛酒，三老、孝弟力田帛。

《漢書》卷二二《禮樂志》　至武帝即位，進用英雋，議立明堂，制禮服，以興太平。會竇太后好黃老言，不説儒術，其事又廢。後董仲舒對策言：王者欲有所爲，宜求其端於天。天道大者，在於陰陽。陽爲德，陰爲刑。天使陽常居大夏而以生育長養爲事，陰常居大冬而積於空虛不用之處，以此見天之任德不任刑也。陽出布施於上而主歲功，陰入伏藏於下而時出佐陽。陽不得陰之助，亦不能獨成歲功。王者承天意以從事，故務德教而省刑罰。刑罰不可任以治世，猶陰之不可任以成歲也。今廢先王之德教，獨用執法之吏治民，而欲德化被四海，故難成也。是故古之王者莫不以教化爲大務，立大學以教於國，設庠序以化於邑。教化已明，習俗已成，天下嘗無一人之獄矣。至周末世，大爲無道，以失天下。秦繼其後，又益甚之。自古以來，未嘗以亂濟亂，大敗天下如秦者也。習俗薄惡，民人抵冒。今漢繼秦之後，雖欲治之，無可奈何。法出而姦生，令下而詐起，一歲之獄以萬千數，如以湯止沸，沸俞甚而無益。辟之琴瑟不調，甚者必解而更張之，乃可鼓也。爲政而不行，甚者必變而更化之，乃可理也。故漢得天下以來，常欲善治，而至今不能勝殘去殺者，失之當更化而不能更化也。古人有言：臨淵羨魚，不如歸而結網。今臨政而願治七十餘歲矣，不如退而更化。更化則可善治，而災害日去，福禄日來矣。是時，上方征討四夷，銳志武功，不暇留意禮文之事。

《漢書》卷二三《刑法志》〔孝文帝〕即位十三年，齊太倉令淳于公有罪當刑，詔獄逮繫長安。淳于公無男，有五女，當行會逮，罵其女曰：生子不生男，緩急非有益（也）！其少女緹縈，自傷悲泣，乃隨其父至長安，上書曰：妾父爲吏，齊中皆稱其廉平，今坐法當刑。妾傷夫死者不可復生，刑者不可復屬，雖後欲改過自新，其道亡繇也。妾願沒入爲官婢，以贖父刑罪，使得自新。書奏天子，天子憐悲其意，遂下令曰：制詔御史：蓋聞有虞氏之時，畫衣冠異章服以爲戮，而民弗犯，何治之至也！今法有肉刑三，而姦不止，其咎安在？非乃朕德之薄，而教不明與！吾甚自愧。故夫訓道不純而愚民陷焉。《詩》曰：愷弟君子，民之父母。今人有過，教未施而刑已加焉，或欲改行爲善，而道亡繇至，朕甚憐之。夫刑至斷支體，刻肌膚，終身不息，何其刑之痛而不德也！豈稱爲民父母之意哉？其除肉刑，有以易之；及令罪人各以輕重，不亡逃，有年而免。具爲令。

《漢書》卷五一《路温舒傳》元鳳中，廷尉光以治詔獄，請温舒署奏曹掾，守廷尉史。會昭帝崩，昌邑王賀廢，宣帝初即位，温舒上書，言宜尚德緩刑。其辭曰：臣聞齊有無知之禍，而桓公以興；晉有驪姬之難，而文公用伯。近世趙王不終，諸吕作（難）〔亂〕，而孝文爲大宗。繇是觀之，禍亂之作，將以開聖人也。故桓文扶微興壞，尊文武之業，澤加百姓，功潤諸侯，雖不及三王，天下歸仁焉。文帝永思至惪，以承天心。崇仁義，省刑罰，通關梁，一遠近，敬賢如大賓，愛民如赤子，内恕情之所安，而施之於海内，是以囹圄空虛，天下太平。夫繼變化之後，必有異舊之恩，此賢聖所以昭天命也。往者，昭帝即世而無嗣，大臣憂戚，焦心合謀，皆以昌邑尊親，援而立之。然天不授命，淫亂其心，遂以自亡。深察禍變之故，乃皇天之所以開至聖也。故大將軍受命武帝，股肱漢國，披肝膽，決大計，黜亡義，立有德，輔天而行，然後宗廟以安，天下咸寧。

《後漢書》卷三《肅宗孝章帝紀》〔元和元年八月〕癸酉，詔曰：朕道化不德，吏政失和，元元未諭，抵罪於下。寇賊争心不息，邊野邑屋不修。永惟庶事，思稽厥衷，與凡百君子，共弘斯道。中心悠悠，將何以寄？其改建初九年爲元和元年。郡國中都官繫囚減死一等，勿笞，詣邊縣；妻子自隨，占著在所。其犯殊死，一切募下蠶室；其女子宫。繫囚鬼薪、白粲以上，皆減本罪一等，輸司寇作。亡命者贖，各有差。

《後漢書》卷四《孝殤帝紀》〔延平元年〕五月辛卯，皇太后詔曰：皇帝幼冲，承統鴻業，朕且權佐助聽政，兢兢寅畏，不知所濟。深惟至治之本，道化在前，刑罰在後。將稽中和，廣施慶惠，與吏民更始。其大赦天下。自建武以來諸犯禁錮，詔書雖解，有司持重，多不奉行，其皆復爲平民。

《後漢書》卷六《孝順帝紀》〔陽嘉三年〕五月戊戌，制詔曰：昔我太宗，丕顯之德，假于上下，儉以恤民，政致康乂。朕秉事不明，政失厥道，天地譴怒，大變仍見。春夏連旱，寇賊彌繁，元元被害，朕甚愍之。嘉與海内洗心更始。其大赦天下，自殊死以下謀反大逆諸犯不當得赦者，皆赦除之。賜民年八十以上米〔人〕一斛，肉二十斤，酒五斗；九十以上加賜帛，人二匹，絮三斤。

《後漢書》卷五六《王龔傳》功曹張敞奏記諫曰：五教在寬，著之經典。湯去三面，八方歸仁。武王入殷，先去炮格之刑。高祖鑒秦，唯定三章之法。孝文皇帝感一緹縈，蠲除肉刑。卓茂、文翁、召父之徒，皆疾惡嚴刻，務崇温厚。仁賢之政，流聞後世。夫明哲之君，網漏吞舟之魚，然後三光明於上，人物悦於下。言之若迂，其效甚近。發屋伐樹，將爲嚴烈，雖欲懲惡，難以聞遠。以明府上智之才，日月之曜，敷仁惠之政，則海內改觀，實有折枝之易，而無挾山之難。郡爲舊都侯甸之國，園廟出於章陵，三后生自新野，士女沾教化，黔首仰風流，自中興以來，功臣將相，繼世而隆。愚以爲懇懇用刑，不如行恩；孳孳求姦，未若禮賢。舜舉皋陶，不仁者遠；隨會爲政，晉盜奔秦；虞芮入境，讓心自生。化人在德，不在用刑。暢深納敞諫，更崇寬政，慎刑簡罰，教化遂行。

《三國志》卷二五《魏志·高堂隆傳》 時軍國多事，用法深重。隆上疏曰：夫拓跡垂統，必俟聖明，輔世匡治，亦須良佐，用能庶績其凝而品物康乂也。夫移風易俗，宣明道化，使四表同風，回首面內，德教光熙，九服慕義，固非俗吏之所能也。今有司務糾刑書，不本大道，是以刑用而不措，俗弊而不敦。宜崇禮樂，班敍明堂，修三雍、大射、養老，營建郊廟，尊儒士，舉逸民，表章制度，改正朔，易服色，布愷悌，尚儉素，然後備禮對禪，歸功天地，使雅頌之聲盈于六合，緝熙之化混于後嗣。斯蓋至治之美事，不朽之貴業也。然九域之內，可揖讓而治，尚何憂哉！不正其本而救其末，譬猶棼絲，非政理也。可命羣公卿士通儒，造具其事，以爲典式。

《三國志》卷四八《吴志·三嗣主傳》〔永安〕二年春正月，震電。三月，備九卿官。詔曰：朕以不德，託于王公之上，夙夜戰戰，忘寢與食。今欲偃武修文，以崇大化。推此之道，當由士民之贍，必須農桑。《管子》有言：倉廩實，知禮節；衣食足，知榮辱。夫一夫不耕，有受其饑；一婦不織，有受其寒；饑寒並至而民不爲非者，未之有也。自頃年已來，州郡吏民及諸營兵，多違此業，皆浮船長江，賈作上下，良田漸廢，見穀日少，欲求大定，豈可得哉？亦由租入過重，農人利薄，使之然乎！今欲廣開田業，輕其賦稅，差科彊羸，課其田畝，務令優均，官私得所，使家給戶贍，足相供養，則愛身重命，不犯科法，然後刑罰不用，風俗可整。以羣僚之忠賢，若盡心於時，雖太古盛化，未可卒致，漢文升平，庶幾可及。及之則臣主俱榮，不及則損削侵辱，何可從容俯仰而已。諸卿尚書，可共咨度，務取便佳。田桑已至，不可後時。事定施行，稱朕意焉。

《晉書》卷三〇《刑法志》 永元六年，寵又代郭躬爲廷尉，復校律令，刑法溢于《甫刑》者，奏除之，曰：臣聞禮經三百，威儀三千，故《甫刑》大辟二百，五刑之屬三千。禮之所去，刑之所取，失禮即入刑，相爲表裏者也。今律令，犯罪應死刑者六百一十，耐罪千六百九十八，贖罪以下二千六百八十一，溢于《甫刑》千九百八十九，其四百一十大辟，千五百耐罪，七十九贖罪。《春秋保乾圖》曰：王者三百年一蠲法。漢興以來，三百二年，憲令稍增，科條無限。又律有三家，説各駁異。刑法繁多，宜令三公、廷尉集平律令，應經合義可施行者，大辟二百，耐罪、贖罪二千八百，合爲三千，與禮相應。其餘千九百八十九事，悉可詳除。使百姓改易視聽，以成大化，致刑措之美，傳之無窮。未及施行，會寵抵罪，遂寢。寵子忠。忠後復爲尚書，略依寵意，奏上三十三條，爲《決事比》，以省請讞之弊。又上除蠶室刑，解臧吏三世禁錮，狂易殺人得減重論，母子兄弟相代死聽赦所代者，事皆施行。雖時有蠲革，而舊律繁蕪，未經纂集。【略】

及景帝輔政，是時魏法，犯大逆者誅及已出之女。毌丘儉之誅，其子甸妻荀氏應坐死，其族兄顗與景帝姻，通表魏帝，以匄其命。詔聽離婚。荀氏所生女芝，爲潁川太守劉子元妻，亦坐死，以懷妊繫獄。荀氏辭詣司隸校尉何曾乞恩，求没爲官婢，以贖芝命。曾哀之，使主簿程咸上議曰：夫司寇作典，建三等之制。甫侯修刑，通輕重之法。叔世多變，秦立重辟，漢又修之。大魏承秦漢之弊，未及革制，所以追戮已出之女，誠欲殄醜類之族也。然則法貴得中，刑慎過制。臣以爲女人有三從之義，無自專之道，出適他族，還喪父母，降其服紀，所以明外成之節，異在室之恩。而父母有罪，追刑已出之女；夫黨見誅，又有隨姓之戮。一人之身，內外受辟。今女既嫁，則爲異姓之妻；如或産育，則爲他族之母，此爲元惡之所忽。戮無辜之所重，於防則不足懲姦亂之源，於情則傷孝子之心。男不得罪於他族，而女獨嬰戮於二門，非所以哀矜女弱，蠲明法制之本分也。臣以爲在室之女，從父母之誅；既醮之婦，從夫家之罰。宜改舊科，以爲永制。於是有詔改定律令。

《南齊書》卷二《高帝紀下》 建元元年夏四月甲午，上卽皇帝位於南郊，設壇柴燎告天曰：皇帝臣道成敢用玄牡，昭告皇皇后帝。宋帝陟鑒乾序，欽若明命，以命于道成。夫肇自生民，樹以司牧，所以闡極則天，開元創物，肆茲大道。天下惟公，命不于常。昔在虞、夏，受終上代，粵自漢、魏，揖讓中葉，咸炳諸典謨，載在方册。水德既微，仍世多故，寔賴道成匡拯之功，以弘濟于厥艱。大造顛墜，再構區宇，宣禮明刑，締仁緝義。晷緯凝象，川岳表靈，誕惟天人，罔弗和會。乃仰協歸運，景屬與能，用集大命于茲。辭德匪嗣，至于累仍，而羣公卿士，庶尹御事，爰及黎獻，至於百戎，僉曰皇天眷命，不可以固違，人神無託，不可以曠主。畏天之威，敢不祗從鴻曆。敬簡元辰，虔奉皇符，升壇受禪，告類上帝，以永答民衷，式敷萬國。惟明靈是饗！

《魏書》卷八《世宗紀》 〔正始二年〕秋七月甲戌，詔曰：朕纂馭寶曆，於今七載，德澤未敷，鑒不燭遠，人之寃瘼，所在猶滋，而糾察之獄未暢于下，賢愚靡分，皂白均貫，非所以革民耳目，使善惡勵心。今分遣大使，省方巡檢，隨其愆負與風響相符者，卽加糾黜，以明雷霆之威，以申旄軒之舉，因以觀風辨俗，採訪功過，褒賞賢者，糾罰淫慝，理窮恤弊，以稱朕心。

《隋書》卷一《高祖紀上》 〔大定元年二月丙辰〕俄而周帝以衆望有歸，乃下詔曰：元氣肇闢，樹之以君，有命不恒，所輔惟德。天心人事，選賢與能，盡四海而樂推，非一人而獨有。周德將盡，妖孽遞生，骨肉多虞，藩維構釁，影響同惡，過半區宇，或小或大，圖帝圖王，則我祖宗之業，不絕如線。相國隋王，叡聖自天，英華獨秀，刑法與禮儀同運，文德共武功俱遠，愛萬物其如己，任兆庶以爲憂。手運璣衡，躬命將士，芟夷姦宄，刷蕩氛祲，化通冠帶，威震幽遐。虞舜之大功二十，未足相比，姬發之合位三五，豈可足論。況木行已謝，火運既興，河、洛出革命之符，星辰表代終之象。煙雲改色，笙簧變音，獄訟咸歸，謳歌盡至。且天地合德，日月貞明，故以稱大爲王，照臨下土。朕雖寡昧，未達變通，幽顯之情，皎然易識。今便祇順天命，出遜別宮，禪位於隋，一依唐、虞、漢、魏故事。

《隋書》卷二《高祖紀下》 〔開皇九年夏四月〕壬戌，詔曰： 往以吴、越之野，羣黎塗炭，干戈方用，積習未寧。今率土大同，含生遂性，太平之法，方可流行。凡我臣僚，澡身浴德，開通耳目，宜從茲始。喪亂已來，緬將十載，君無君德，臣失臣道，父有不慈，子有不孝，兄弟之情或薄，夫婦之義或違，長幼失序，尊卑錯亂。朕爲帝王，志存愛養，時有臻道，不敢寧息。內外職位，遐邇黎人，家家自修，人人克念，使不軌不法，蕩然俱盡。兵可立威，不可不戢，刑可助化，不可專行。禁衛九重之餘，鎮守四方之外，戎旅軍器，皆宜停罷。代路既夷，羣方無事，武力之子，俱可學文，人間甲仗，悉皆除毁。有功之臣，降情文藝，家門子姪，各守一經。令海內翕然，高山仰止。京邑庠序，爰及州縣，生徒受業，升進於朝，未有灼然明經高第。此則教訓不篤，考課未精，明勒所由，隆茲儒訓。官府從宦，丘園素士，心迹相表，寬弘爲念，勿爲跼促，乖我皇猷。

《舊唐書》卷九《玄宗紀下》 開元二十五年春正月壬午，制：朕猥集休運，多謝哲王，然而哀矜之情，小大必慎。自臨寰宇，子育黎烝，未嘗行極刑，起大獄。上玄降鑒，應以祥和，思協平邦之典，致之仁壽之域。自今有犯死刑，除十惡罪，宜令中書門下與法官詳所犯輕重，具狀奏聞。崇德尚齒，三代丕義，敦風勸俗，五教攸先。其曾任五品已上清資官以禮去職者，所司具録名奏，老疾不堪釐務者與致仕。道士、女冠宜隸宗正寺，僧尼令祠部檢校。百司每旬節休假，並不須入曹司，任遊勝爲樂。宣示中外，知朕意焉。

《舊唐書》卷一三《德宗紀下》 貞元四年春正月庚戌朔，上御丹鳳樓，制曰：朕以菲薄，託於王公之上，恭承天地之序，虔奉祖宗之訓，遐想至理，思臻大和。而誠不感物，化不柔遠，聲教猶鬱，征賦仍繁。頃者務於安人，不憚屈己，與西蕃結好，申以齊盟。而戎心不厭，背義虧信，劫脅士庶，屢犯封疆。元元何辜，皆朕之失。乃者輦轂之下，兇狂結構，上帝垂祐，悉自伏誅，刑以止殺，諒非獲已。今三陽布和，萬物資始，思與羣公兆庶，惟新政理，宜敷在宥之澤，以覃作解之恩。可大赦天下，大辟已下罪咸赦除之。

《舊唐書》卷六三《裴矩傳》 太宗初卽位，務止姦吏，或聞諸曹案典，多有受賂者，乃遣人以財物試之。有司門令史受餽絹一匹，太宗怒，將殺之，矩進諫曰：此人受賂，誠合重誅。但陛下以物試之，卽行極法，所謂陷人以罪，恐非導德齊禮之義。太宗納其言，因召百僚謂曰：裴矩遂能廷折，不肯面從，每事如此，天下何憂不治。

《新唐書》卷五六《刑法志》太宗以英武定天下，然其天姿仁恕。初卽位，有勸以威刑肅天下者，魏徵以爲不可，因爲上言王政本於仁恩，所以愛民厚俗之意，太宗欣然納之，遂以寬仁治天下，而於刑法尤慎。四年，天下斷死罪二十九人。六年，親録囚徒，閔死罪者三百九十人，縱之還家，期以明年秋卽刑；及期，囚皆詣朝堂，無後者，太宗嘉其誠信，悉原之。然嘗謂羣臣曰：吾聞《語》曰，一歲再赦，好人暗啞。吾有天下未嘗數赦者，不欲誘民於幸免也。自房玄齡等更定律、令、格、式，訖太宗世，用之無所變改。

《新唐書》卷九七《魏徵傳》於是帝卽位四年，歲斷死二十九，幾至刑措，米斗三錢。先是，帝嘗嘆曰：今大亂之後，其難治乎？徵曰：大亂之易治，譬飢人之易食也。帝曰：古不云善人爲邦百年，然後勝殘去殺邪？答曰：此不爲聖哲論也。聖哲之治，其應如響，期月而可，蓋不其難。封德彝曰：不然。三代之後，澆詭日滋。秦任法律，漢雜霸道，皆欲治不能，非能治不欲。徵書生，好虛論，徒亂國家，不可聽。徵曰：五帝、三王不易民以教，行帝道而帝，行王道而王，顧所行何如爾。黄帝逐蚩尤，七十戰而勝其亂，因致無爲。九黎害德，顓頊征之，已克而治。桀爲亂，湯放之；紂無道，武王伐之。湯、武身及太平。若人漸澆詭，不復返朴，今當爲鬼爲魅，尚安得而化哉！德彝不能對，然心以爲不可。帝納之不疑。至是，天下大治。

又：後幸洛陽，次昭仁宮，多所譴責。徵曰：隋惟責不獻食，或供奉不精，爲此無限，而至於亡。故天命陛下代之，正當兢懼戒約，奈何令人悔爲不奢。若以爲足，今不啻足矣；以爲不足，萬此寧有足邪？帝驚曰：非公不聞此言。退又上疏曰：《書》稱明德慎罰，惟刑之卹。《禮》曰：爲上易事，爲下易知，則刑不煩。上多疑，則百姓惑；下難知，則君長勞。夫上易事，下易知，君長不勞，百姓不惑，故君有一德，臣無二心。夫刑賞之本，在乎勸善而懲惡。帝王所與，天下畫一，不以親疏貴賤而輕重者也。今之刑賞，或由喜怒，或出好惡。喜則矜刑於法中，怒則求罪於律外；好則鑽皮出羽，惡則洗垢索瘢。蓋刑濫則小人道長，賞謬則君子道消。小人之惡不懲，君子之善不勸，而望治安刑措，非所聞也。且暇豫而言，皆敦尚孔、老；至於威怒，則專法申、韓。故道德之旨未弘，而鍥薄之風先搖。昔州犂上下其手而楚法以敝，張湯輕重其心而漢刑以謬，況人主而自高下乎！頃者罰人，或以供張不贍，或不能從欲，皆非致治之急也。夫貴不與驕期而驕自至，富不與奢期而奢自至，非徒語也。

《宋史》卷二〇〇《刑法志二》熙寧二年，內殿崇班鄭從易母、兄俱亡於嶺外，歲餘方知，請行服。神宗曰：父母在遠，當朝夕爲念。經時無安否之問，以至踰年不知存亡邪？特除名勒停。

（宋）李燾《續資治通鑑長編》卷二《宋太祖建隆二年》〔九月〕戊子，遣鞍轡庫使梁義如江南弔祭，上召見，面賜約束。因謂左右曰：朕每遣使四方，常諭以謹飭，頗聞鮮克由禮，遠人何觀焉。左右請齊之以刑，上曰：齊之以刑，豈若其自然耶？要當審擇其人耳。

（宋）李燾《續資治通鑑長編》卷四五《宋真宗咸平二年》〔秋八月〕癸丑，右正言、知制誥，判大理寺王欽若上言：本寺公案，常有五十至七十道，近者三十日內絶無。昔漢文帝決獄四百，唐太宗放罪三百九十人，然猶書之史册，號爲刑措。當今四海之廣，萬類之多，而刑奏止息，逮乎逾月，足彰恥格之化，式漸太和之風。請付史館，用昭聖治。從之。

（清）徐乾學《資治通鑑後編》卷三三《宋紀三十三》〔天禧三年〕冬十月己酉，知審刑院盛度言：在京及諸路止有斷按三道，值降聖節不奏，自餘絶無刑牘。請宣付史館。寇準曰：漢文帝、唐明皇時，皆幾乎刑措，蓋當時諸侯專殺，有聞於朝廷者，有便宜而行者。今幅員萬里，徒流以上合聞達者，皆奏牘。以此較之，則聖朝刑訟清靜，過古昔矣！此陛下以德化民，精意欽恤所致。臣等不勝大慶，再拜稱賀。詔獎度等。

（宋）李心傳《建炎以來繫年要録》卷一七八《紹興二十七年丁丑十月乙未朔之十二月戊午》〔十一月〕丙寅，大理少卿金安節入對，安節首言：治民之道，先德教，後刑法。今守宰之慮，類不及遠。簿書期會之程，賦斂輸入之限，窮日力辨之。卽謂職無餘事矣。而刺部觀風者，幸其不乏乎此，亦媮一切以苟目前，無有卓然以教化爲務而期於無刑者。迨民陷於罪，乃按以三尺以行誅擊。而曰：非我也，民自爲也。欲望陛下發德音，下明詔，申飭監司守令率職之際，不特專用律令從事，苟有可以贊助教化者，無小大必行。庶幾先民未犯而格之，或有恥而不爲，足以仰副陛下先德後刑之意。凡再章言之。

（清）畢沅《續資治通鑑》卷五三《宋真宗咸平五年》〔十一月〕庚申，河陽節度判官清池張知白上疏曰：臣聞《周禮·秋官》主刑。《月令》孟秋中氣之後，則命有司繕囹圄，具桎梏，斷薄刑，决小罪；秋分則申嚴百刑，斬殺必當，無留有罪，此並順上天行肅殺之令也。今命使决獄，多不拘於此時，或在三春，或在九夏，雖勤恤庶獄，慮有滯留，其如未順四時之令何！欲望自今除盛夏仍舊降詔恤刑外，每歲自孟秋中氣後、秋分前，遴選周行，分道决獄，如此，則順天行刑，萬務必乂。

臣又聞先王垂訓，重德教而輕刑罰，今法令之文，爲時所尚，自中及外，由刑法而進者甚衆，雖有循良之吏，亦改節而務刑名。臣愚以爲刑法者爲治之具，不可以獨任，必參之以德教，然後可以言善治。

《金史》卷八《世宗紀下》〔大定二十四年〕七月乙未，上謂宰臣曰：天子巡狩當舉善罰惡，凡士民之孝弟婣睦者舉而用之，其不顧廉恥無行之人則教戒之，不悛者則加懲罰。丙午，獵于勃野淀。乙卯，上謂宰臣曰：今時之人，有罪不問，既過之後則謂不知。有罪必責，則謂每事尋罪。風俗之薄如此，不以文德感化，不能復于古也。卿等以德輔佐，當使復還古風。

《元典章》卷三一《禮部·學校·儒學·朔望講經史例》至元六年四月，中書省欽奉聖旨，定到條畫内一欵，節該：提刑按察司官所至之処，勸課農桑，問民疾苦，勉勵斈校，宣明教化。若有利害，可以興除者，申臺呈省。欽此。除遵依外切詳，政有似緩而实急者，斈校是也。盖斈校者，風化之本，出治之源也。照得隨路，雖有設立斈官，其所在官司，例皆看同泛常，不爲用心勉勵，以致斈校之設，有名無實。由是吏民往往不循禮法，輕犯憲章，深不副朝廷肅清風俗、宣明教化之意。今移文各路，遍下所屬，如遇朔望日，長次以下正官同首領官率領僚屬吏員俱詣文庙燒香。礼畢，從斈官主善詣講堂，同諸生并民家子弟願從斈者，講議經史，更相授受。日就月將，教化可明，人才可冀。外據所在鄉村鎮店，選擇有德望斈問可爲師長者，於百姓農隙之時，如法訓導，使長幼皆聞孝悌忠信廉恥之言，礼讓既行，風俗自厚，政清民化，止盗息奸，不爲小補。

《元典章》卷四一《刑部·諸惡·不義·焚夫屍嫁斷例》至元十五年，行中書省據潭州路俻録事司，人戶秦阿陳告表兄杜慶病死，有嫂阿吴將兄骸骨揚於江内，改嫁彭千一爲妻。取到犯人杜阿吴，招伏，不合於今年正月十二日，有夫杜慶因病身死，至十八日焚化，將骸骨令夫表弟唐興分付趙百三揚於江内。至二十八日憑陳一嫂作媒，得訖鈔兩銀鐶等物，改嫁彭千一爲妻。罪犯陳一嫂、趙百三、唐興招伏相同，省府切詳。人倫之始，夫爲婦天，尚無再醮。其阿吴所犯，亂敗風俗。若不嚴行斷治，江南新附，誠恐漸迤，風俗僥薄。除已行下潭州路，擬將阿吴杖斷七十七下，聽離，与女真娘同居守服，以全婦道。仍將元財觧省，并彭千一違法成婚一節，就便取招，斷四十七下。媒人陳一嫂、撒揚骨殖人趙百三各斷四十七下，唐興杖三十七下外，仰遍行合屬，嚴行禁約。

《元典章》卷五七《刑部·諸禁·禁誘略·禁典雇有夫婦人》至元二十九年六月，中書省抛御史臺呈浙東海右道廉訪司申，准本道副使王朝請牒。盖聞夫婦乃人之大倫，故妻在有齊體之稱，夫亡無再醮之禮。中原至貧之民，雖遇大飢，寧与妻子同弃於溝壑，安得典賣於他人？江淮混一，十有五年，薄俗尚且仍旧，有所不忍聞者，其妻既入典雇之家，公然得爲夫婦，或爲婢妾，往往又有所出。三年五年限滿之日，雖曰还於本主，或典主貪愛婦之姿色再捨銭財，或婦人恋慕主之豐足棄嫌夫主，久則相恋，其勢不得不然也。輕則添財再典，甚則指以逃亡，或有情不能相捨因而殺傷人命者有之。即目官法，如有受銭令妻與人通姦者，其罪不輕。南方愚民公然受價將妻典與他人，數年如同夫婦，豈不重於一時令妻犯法之罪，有夫之婦，擬合禁治，不許典雇。若夫婦一同雇身，不相离者，听。得此，本臺看詳：如准所言禁止，誠厚風俗。具呈乞照詳。都省送礼部，議得：夫婦乃人道大倫，如准王朝請所言，將有夫婦人禁約典雇相應。都省准呈，咨請遍行合属，禁約施行。

《明史》卷九《宣宗紀》〔宣德〕二年春正月庚子，大祀天地於南郊。丁未，有司奏歲問囚數。帝謂百姓輕犯法，由於教化未行，命申教化。

《明史》卷九五《刑法志三》 太祖常與侍臣論待大臣禮。太史令劉基曰：古者公卿有罪，盤水加劍，詣請室自裁，未嘗輕折辱之，所以存大臣之體。侍讀學士詹同因取《大戴禮》及賈誼疏以進，且曰：古者刑不上大夫，以勵廉恥也。必如是，君臣恩禮始兩盡。帝深然之。

（明）談遷《國榷》卷九《太祖洪武二十二年十一月》 乙丑朔，上與翰林學士劉三吾論治民之道。三吾言：南北風俗不同，有可以德化，有當以威制。上曰：地有南北，民無兩心，帝王一視而已矣。蓋德以化君子，威以制小人，因乎人，不失乎地也。

（明）查繼佐《罪惟録》志卷三二《外志·列朝帝紀逸·洪武逸紀》 十年，上語侍臣：賞罰者國之大權，必以至公，乃可御世。有功雖疏必賞，有罪者雖親必罰。賞當功，上不爲德；罰當罪，下不敢怨。如是，功懲行而天下一。踰年，復諭禮部：漢高帝斬丁公而封雍齒，唐太宗黜權萬紀賞魏徵，所謂賞一君子而人皆喜，罰一小人而人皆懼。倘或處分不當，卿當執奏。寧使賞過于罰，但不宜濫及小人。【略】二十二年，與侍臣論守成之道，謂：車行峻坂不仆，仆平地，慎于危而狃于安也。勅武臣不得聞民事。劉三吾侍上，以西北風氣異，西須德化，北須威制。上謂：帝王一視同仁，安得彼此？且君子小人何地無之？君子懷德，小人畏威，施之各宜攸當。尚書沈縉以賢者難識、不肖不易去爲憂。上曰：良玉委汙泥，其色不變，賢者是也。進一以勸百，退一以懲百，遠不肖何難？

（明）俞汝楫《禮部志稿》卷一《聖訓·太祖高皇帝·儀禮之訓》 洪武十七年六月，上御奉天門，謂羣臣曰：治天下之道，禮樂二者而已。若通於禮而不通於樂，非所以淑人心而出治道；達於樂而不達於禮，非所以振紀綱而立大中。必禮樂並行，然後教化醇一。或者曰：有禮樂不可無刑政。朕觀刑政二者，不過輔禮樂爲治耳。苟爲治徒務刑政，而遺禮樂。在上者雖有威嚴之政，必無和平之風；在下者雖有苟免之心，終無格非之誠。大抵禮樂者，治平之膏粱，刑政者，救弊之藥石。卿等於政事之間，宜知此意，毋徒以禮樂爲虛文也。

（明）俞汝楫《禮部志稿》卷一《聖訓·太祖高皇帝·厚風俗之訓》 洪武四年六月，上退朝，御東閣，從容與羣臣論及禮樂之事，謂廷臣曰：世之治亂，本乎人情。故忠信興則俗競淳朴，佻巧作則習尚詐僞，京師天下之統會，萬民之瞻仰，四方所取則者也，而積習之弊卒以奢侈相高，浮藻相誘，情日肆而俗日偷，非所以致理也。禮部尚書陶凱對曰：仲尼有云：道之以政，齊之以刑。今欲整齊風俗，使佻巧不得作，必以政刑先之，然後教化可行。上曰：教化必本諸禮義，政刑豈宜先之。苟徒急於近效，而嚴其禁令，是欲澄波而反汩之也。凱頓首稱善。

（明）俞汝楫《禮部志稿》卷三《聖訓·宣宗章皇帝·申禮教之訓》 宣德二年，行在通政使司奏：刑部歲問罪囚數萬餘，應死者六百餘人。上謂行在禮部尚書胡濙等曰：唐虞成周，刑措不用。朕每以此自期，今百姓輕於犯法如此，蓋由教化未至。卿等宜申明教化，使禮讓興行，風俗淳美，庶幾有成。濙等頓首受命。

（清）龍文彬《明會要》卷三二《職官四·刑部尚書侍郎》 〔洪武〕四年正月，以刑部郎中劉惟謙爲尚書，諭曰：仁義者，養民之膏粱也。刑罰者，懲惡之藥石也。舍仁義而專用刑罰，是以藥石養人，豈得爲善治乎？遂命惟謙詳定《大明律》，每奏一篇，命揭兩廡，親加裁酌。《昭代典則》。互見六十四卷引《聖政記》，命惟謙定律，在六年十一月。

（清）蔣良騏《東華録》卷二八《雍正四年五月》 十七日，文武大臣等奉上諭：歷年以來，朕之數弟昏昧無知，不安本分，其奸僞逆亂之行，爾衆大臣從前雖略曉一二，何能盡知？爾等且不能盡知，外間小人又何由知之乎？伊等爲人存心行事，朕因三四十年共在一處，知之甚悉。伊等僭妄之心，悖逆之行，及其黨羽，於國家大有關係。阿其那等歷年傷皇考之心，不孝不忠，結爲黨援，擾亂國（政）〔家〕，其罪倍甚於二阿哥。從前阿其那、〔塞思黑、允禵、允禩〕等（人）共爲黨羽，包藏禍心，將不守本分詭隨之人，百計千方，引誘交結。又將生事兇亂喇嘛僧道醫卜棍徒優人之屬，種種貪利小人，留心收攬，重利賄買，各致死命，以爲伊等出力，在各處稱揚伊等美名，串通內外奸僞之人，希圖大位，有不入其黨者，卽妄加（以）危言〔以〕恐嚇之，故不爲其所籠絡，不爲其所欺蒙者（甚）〔蓋〕少。國家被其擾亂，人心受其蠱惑。外則與阿靈阿、鄂倫岱、蘇努、七十、黑壽等亂臣結黨往來，內則與皇考御前侍衛拜唐阿太監等鑽營交結，探聽一切喜怒消息。若非我皇考神明聖智，心如金石，未有不爲伊等詭秘之計所動搖者。伊等奸僞之計，皆爲我皇考之所洞悉，故雖窮困懷羞而兇心益逞，反將皇考年高之人，種種激怒，無所不至。聖躬憔悴成疾，皆阿其那不忠不孝，奸僞結黨，種種可誅之所致也。知臣子者莫如君父，我皇考因阿其那不孝不忠，惡貫滿盈，深用震怒，曾謂阿其那爲亂臣賊子，乃吳三桂之再世，實梁山之逆黨，父子之恩絶矣。此等之旨，難以盡録，皇考之旨甚明，伊等皆得罪於宗廟社稷皇考之人，國法所當誅也。

《皇朝文獻通考》卷六四《學校考二・宗學》〔乾隆〕二十年，上以近來滿洲漸染漢人習氣，稍解章句，即妄爲詩歌，語言誕謾，且有忘本矯誣，失忠敬樸誠之素者。特諭滿洲未嘗讀書，素知尊君親上之大義，即孔門以詩書垂教，亦必先以事父事君爲重。若讀書徒剽竊浮華，而不知敦本務實之道，豈孔門垂教之本意？況借以詆訶諷刺，居心日就險薄，不更爲名教罪人耶？著通行傳諭八旗，務崇敦樸舊規。倘有託名讀書，無知妄作，哆口吟詠，自蹈囂凌惡習者，朕必重治其罪。

《皇朝文獻通考》卷二〇六《刑考十二・詳讞平反》〔康熙〕二十年，命申飭内外問刑衙門。上諭三法司：帝王以德化民，以刑弼教，必聽斷明允，擬議持平，乃能使民無冤抑，可幾刑措之風。近覽法司章奏，議决重犯甚多。愚民無知，身蹈法網，或由教化未孚，或爲饑寒所迫，以致習俗日偷，愍不畏法。每念及此，深爲惻惻。在外督撫臬司及問刑各官，審理重案，有律例未諳定擬失當草率完結者，有膠執己見改竄供招深文羅織者，有偏私索詐受囑徇情顛倒是非者。有一於此，民枉何由得申？以後著嚴加申飭内外問刑各衙門，務期原情準法，協於至當，不得故縱市恩，亦不得苛刻失入，加意祥刑，副朕欽恤民命之意。

雜録

（漢）韓嬰《韓詩外傳》卷三　成侯嗣公，聚斂計數之君也，未及取民也。子産取民者也，未及爲政也。管仲爲政者也，未及脩禮也。故脩禮者王，爲政者強，取民者安，聚斂者亡。聚斂以招寇，積財以肥敵，危身亡國之道也，故明君不蹈也。將脩禮以齊朝，正法以齊官，平政以齊下，然後節奏齊乎朝。法則度量正乎官，忠信愛利刑乎下。如是百姓愛之如父母，畏之如神明。是以德澤洋乎海内，福祉歸乎王公。《詩》曰：降福簡簡，威儀昄昄。既醉既飽，福禄來反。

（清）孫希旦《禮記集解・表記》　子曰：夏道未瀆辭，不求備，不大望於民，民未厭其親。殷人未瀆禮，而求備於民。周人強民，未瀆神，而賞爵、刑罰窮矣。

未瀆辭者，夏道尚忠，尚行而不尚辭也。刑罰寬，故所求於民者不備；禮文簡，故所望於民者易從。是以其民安其政教，而親愛其上，不至於厭斁也。忠之俗既敝，行脩而人猶未信，故殷人始瀆辭，然其於禮尚簡，未至於瀆，亦不大望於民。然先罰後賞，則法網密而所求於民者備矣。敬之俗又敝，辭雖瀆而未足以取信，故周人始瀆禮而事爲之制，曲爲之防，則大望於民，而強之使從上之教矣。未瀆神者，事鬼敬神而遠之也。窮，盡也。言周人遠鬼神而盡於人事，爵賞、刑罰，所以爲治之具備盡而無遺也。

《春秋公羊經傳解詁》卷一《隱公元年》　夏，五月，鄭伯克段于鄢。克之者何？加之者，問訓詁，并問施于之爲。段，徒亂反。鄢，音偃。殺之也。殺之，則曷爲謂之克？大鄭伯之惡也。以弗克納，大郤缺之善，知加克大鄭伯之惡也。郤缺，去逆反，下起悅反。曷爲大鄭伯之惡？據晉侯殺其世子申生，不加克以大之。母欲立之，已殺之，如勿與而已矣。如即不如，齊人語也。加克者，有嫌也。段無弟，文稱君，甚之不明；又段當國，嫌鄭伯殺之無惡，故變殺言克。明鄭伯爲人君，當如傳辭，不當自己行誅殺，使執政大夫當誅之。克者，詁爲殺，亦爲能，惡其能忍戾母而親殺之。禮，公族有罪，有司讞于公，公曰宥之；及三宥，不對，走出，公又使人赦之，以不及反命，公素服不舉，而爲之變，如其倫之喪，無服，親哭之。戾，力計反。讞，魚列反。宥，音又，赦也。段者何？鄭伯之弟也。殺母弟，故直稱君。何以不稱弟？據天王殺其弟年夫稱弟。當國也。欲當國爲之君，故如其意，使如國君氏。上鄭所以見段之逆。其地何？據齊人殺無知不地。當國也。齊人殺無知，何以不地？據俱欲當國也。在内也。在内，雖當國不地也。其不當國而見殺者，當以殺大夫書，無取於地也。其當國者，殺於國内，禍已絶，故亦不地。不當國，雖在外亦不地也。明當國者，在外乃地爾，爲其將交連鄰國，復爲内難，故録其地，明當急誅之。不當國，雖在外，禍輕，故不地也。月者，責臣子不以時，討與殺州吁同例。不從討賊辭者，主惡以失親親，故書之。難，乃旦反，下此難同。吁，况于反。

《史記》卷二《夏本紀》 皋陶於是敬禹之德，令民皆則禹。不如言，刑從之。舜德大明。

（宋）劉恕《資治通鑑外紀》卷一上《包犧以來紀·神農氏》 都魯，以火紀官。其俗樸重端慤，不忿争而財足，無制令而人從。《淮南子》無此一句，有不勞形而功成，因天地之資而與之和同是故十八字。威厲而不殺，《淮南子》此下有刑錯而不用五字。法省而不煩。此《淮南子·主術訓》文，昔者神農之治天下也，神不馳於胷中，智不出於四域。懷其仁誠之心，甘雨時降，五穀蕃殖，春生夏長，秋收冬藏。月省時考，歲終獻功，以時嘗穀，祀於明堂。又云：故其化如神。當此之時，法寬刑緩，囹圄空虛，而天下一俗，莫懷姦心。高誘曰：端，直也。慤，成也。省，約也。煩，多也。又《氾論訓》無制令而民從。已見上注，劉氏蓋參取之。列廛於國，日中爲市，以聚貨帛。國實民富而教化成。此節采《通典》文，《通典·食貨》本文曰：神農氏列廛於國以聚貨幣，日中爲市以交有無，《易·繫辭》曰：神農氏日中爲市，致天下之民，聚天下之貨，交易而退，各得其所，蓋取諸《噬嗑》。削桐爲琴，繩絲爲弦，以通神明之德，合天人之和。此桓譚《新論》文，《御覽》五百七十九引之，《説文》琴，禁也。神農所作洞越練朱五弦。《廣雅·釋樂》曰神農氏琴長七尺，上有五弦。諸侯夙沙氏叛，不用命。箕文諫而殺之。神農退而修德。夙沙之民，自攻其君而來歸。此《帝王世紀》文，《藝文類聚》十一引之。《御覽》七十八引同，無箕文諫而殺之句。《路史·後紀四》注引《世本》曰：夙沙氏，煮海爲鹽，以爲炎帝之諸侯。又引云：夙沙民叛以歸帝魁。又云：質沙《世本》作夙沙。《吕覽·用民》曰：夙沙之民，自攻其君，而歸神農。高誘曰：夙沙，大庭氏之末世也。《淮南子·道應訓》與《吕覽》文同。高誘曰：伏羲神農之閒有共工、夙沙霸天下者也。《御覽》四百九十二引《鄧析子》曰：栗陸氏殺東里子，宿沙氏戮箕文，桀誅龍逢，紂刳比干，四主者常彎弓露刃以見朝臣。其地南至交趾，北至幽都，東至湯谷，西至三危，莫不聽從。

（宋）劉恕《資治通鑑外紀》卷二上《夏紀·桀》 關龍逢引黄圖進諫曰：古之人君，躬行禮義，愛民節財，故國安而身壽。今君用財若無窮，殺人若恐弗勝，天殃必降而誅必至，君其革之。立而不去。

（宋）金履祥《資治通鑑前編》卷二 帝曰：皋陶，惟兹臣庶，罔或干予正。汝作士，明于五刑，以弼五教，期于予治。刑期于無刑，民協于中，時乃功懋哉。禹恐帝舜不念皋之功，故反覆以念功勉之。帝固未嘗不深知皋之功也，故因禹言以推明皋之功焉。大抵皋之知見密於禹，而禹之勞績著于皋。禹之功天下所共知，而皋之爲功，非舜禹不知也。然帝雖不聽禹之遜，而亦不遺皋之美。雖美皋陶之功，而不爲遜位之辭。觀於此而聖人公平正大之心又可見矣。皋陶曰：帝德罔愆，臨下以簡，御衆以寬；罰弗及嗣，賞延于世；宥過無大，刑故無小；罪疑惟輕，功疑惟重；與其殺不辜，寧失不經；好生之德，洽于民心。兹用不犯于有司。帝曰：俾予從欲以治四方，風動惟乃之体。舜方推美皋陶之功，皋則歸美於帝舜之德，而帝復以美皋焉。君臣有功更相歸美，此固虞廷之盛。然君臣之體相須以成，實有不可相無者。故其成功之交相歸美也。

《漢書》卷二二《禮樂志》 至文帝時，賈誼以爲漢承秦之敗俗，廢禮義，捐廉恥，今其甚者殺父兄，盗者取廟器，而大臣特以簿書不報期會爲故，至於風俗流溢，恬而不怪，以爲是適然耳。夫移風易俗，使天下回心而鄉道，類非俗吏之所能爲也。夫立君臣，等上下，使綱紀有序，六親和睦，此非天之所爲，人之所設也。人之所設，不爲不立，不修則壞。漢興至今二十餘年，宜定制度，興禮樂，然後諸侯軌道，百姓素樸，獄訟衰息。

《漢書》卷八一《匡衡傳》 是時，有日蝕地震之變，上問以政治得失，衡上疏曰：臣聞五帝不同（樂）〔禮〕，三王各異教，民俗殊務，所遇之時異也。陛下躬聖德，開太平之路，閔愚吏民觸法抵禁，比年大赦，使百姓得改行自新，天下幸甚。臣竊見大赦之後，姦邪不爲衰止。今日大赦，明日犯法，相隨入獄，此殆導之未得其務也。蓋保民者，陳之以德義，示之以好惡，觀其失而制其宜，故動之而和，綏之而安。今天下俗貪財賤義，好聲色，上侈靡，廉恥之節薄，淫辟之意縱，綱紀失序，疏者踰內，親戚之恩薄，婚姻之黨隆，苟合徼幸，以身設利。不改其原，雖歲赦之，刑猶難使錯而不用也。

《漢書》卷九〇《酷吏傳》 孔子曰：導之以政，齊之以刑，民免而無恥；導之以德，齊之以禮，有恥且格。老氏稱：上德不德，是以有德；下德不失德，是以無德。法令滋章，盗賊多有。信哉是言也！法令者，治之具，而非制治清濁之原也。昔天下之罔嘗密矣，然（不）〔姦〕軌愈起，其極也，上下相遁，至於不振。當是之時，吏治若救火揚沸，非武健嚴酷，惡能勝其任而媮快乎？言道德者，溺於職矣。故曰：聽訟吾猶人也，必也使無訟乎！下士聞道大笑之。非虛言也。

（宋）朱熹《資治通鑑綱目》卷三下　除肉刑。齊太倉令淳于意有罪當刑，其少女緹縈上書曰：妾父爲吏，齊中皆稱其廉平，今坐法當刑。妾傷夫死者不可復生，刑者不可復屬。雖欲改過自新，其道無繇。願沒入爲官婢，以贖父刑罪。天子憐悲其意。詔曰：今人有過，教未施而刑已加，欲改行而無繇至。朕甚憐之。夫刑至斷支體、刻肌膚，終身不息，何其痛而不德也。豈爲民父母之意哉。其除肉刑，有以易之。具爲令。丞相、御史請定律，曰：諸當髡者，爲城旦舂；當黥者，髡鉗爲城旦舂；當劓者，笞三百；當斬左止者，笞五百；斬右止及殺人先自告，及吏坐受賕枉法，守縣官財物而即盜之，已論而復有笞罪者，皆棄市；爲城旦舂者，各有歲數以免。制曰：可。上既躬脩玄默，而將相皆舊功臣，少文多質。懲惡亡秦之政，論議務在寬厚，耻言人之過失，化行天下，告訐之俗易，吏安其官，民樂其業，畜積歲增，戶口寖息，風流篤厚，禁罔疏闊，罪疑者予民。是以刑罰大省，至於斷獄四百，有刑錯之風焉。集覽。緹縈，少女名。索隱曰：緹，音啼。鄒氏音體。終身不息。息，生也。《宣帝本紀》詔曰：刑者不可息。注言：既劓、刖、臏割，而欲其復生長不可得矣。除肉刑。肉刑者，墨、劓、臏、宮、大辟。除者，有以易之也。鄭氏云：臯陶改臏爲剕，《呂刑》有剕，周改爲刖。《文帝本紀》詔曰：今法有肉刑三。注：李奇曰，高帝約法三章，無肉刑，文帝則有肉刑。孟康曰：黥、劓二，左右趾合一，凡三也。索隱曰：斷趾、黥、劓之屬。崔浩《漢律序》云：文帝除肉刑而宮不易。張斐曰：以淫亂人族類，故不易之也。具爲令。具備也。著爲律令。鉗爲城旦舂。鉗，以鐵束頸也。舂，持杵臨臼也。如淳曰：城旦者，律說：論決爲髡鉗輸邊，晝旦防寇虜，夜暮築長城。舂者，婦人不預外徭，但舂作米。皆四歲刑。或曰：城旦，旦起行治城也。左止，止與趾字通。下右止，同。受賕枉法，以財枉法，相謝也。已論。論，平聲，議法也。《記·王制》：凡制五刑，必即天論。論，音倫。禁罔疏濶。罔，與網通。疏，與踈通。言其禁防如網之踈闊也。《老子·任爲篇》：天網恢恢，踈而不失。刑錯之風。應劭曰：錯，置也。古者民不犯法，刑置而不用。今雖未及於古，亦庶幾有古之遺風。質實。《一統志》云：緹縈，臨淄人，漢淳于意之少女，意有罪當刑，怒罵其五女曰：生女不生男，緩急無可使者。於是緹縈隨父至長安上書，願沒身爲官婢以贖父刑，文帝憐之，爲免意罪，因除肉刑。太倉令。夏昊曰：上供曰太倉。令，長也。

書法。除肉刑，何予之也。肉刑，古法也。自帝始廢古法。則曷爲？予之不忍人之心也。故不書始。書始，則疑於廢井田。綱目：恤刑之政，書除十。詳惠帝四年。文帝居三焉。

《三國志》卷一二《魏志·何夔傳》　是時太祖始制新科下州郡，又收租稅綿絹。夔以郡初立，近以師旅之後，不可卒繩以法，乃上言曰：自喪亂已來，民人失所，今雖小安，然服教日淺。所下新科，皆以明罰敕法，齊一大化也。所領六縣，疆域初定，加以饑饉，若一切齊以科禁，恐或有不從教者。有不從教者不得不誅，則非觀民設教隨時之意也。先王辨九服之賦以殊遠近，制三典之刑以平治亂。愚以爲此郡宜依遠域新邦之典，其民間小事，使長吏臨時隨宜，上不背正法，下以順百姓之心。比及三年，民安其業，然後齊之以法，則無所不至矣。太祖從其言。徵還，參丞相軍事。海賊郭祖寇暴樂安、濟南界，州郡苦之。太祖以夔前在長廣有威信，拜樂安太守。到官數月，諸城悉平。

《晉書》卷三〇《刑法志》　漢自王莽篡位之後，舊章不存。光武中興，留心庶獄，常臨朝聽訟，躬決疑事。是時承離亂之後，法網弛縱，罪名既輕，無以懲肅。梁統乃上疏曰：臣竊見元帝初元五年，輕殊死刑三十四事，哀帝建平元年盡四年，輕殊死者刑八十一事，其四十二事，手殺人皆減死罪一等，著爲常法。自是以後，人輕犯法，吏易殺人，吏民俱失，至於不羈。

臣愚以爲刑罰不苟務輕，務其中也。君人之道，仁義爲主，仁者愛人，義者理務。愛人故當爲除害，理務亦當爲去亂。是以五帝有流殛放殺之誅，三王有大辟刻肌之刑，所以爲除殘去亂也。故孔子稱仁者必有勇。又曰理財正辭，禁人爲非曰義。高帝受命，制約令，定法律，傳之後世，可常施行。文帝寬惠温克，遭世康平，因時施恩，省去肉刑，除相坐之法，他皆率由舊章，天下幾致升平。武帝值中國隆盛，財力有餘，出兵命將，征伐遠方，軍役數興，百姓罷弊，豪桀犯禁，姦吏弄法，故設遁匿之科，著知縱之律。宣帝聰明正直，履道握要，以御海內，臣下奉憲，不失繩墨。元帝法律，少所改更，天下稱安。孝成、孝哀，承平繼體，即位日淺，聽斷尚寡。丞相王嘉等猥以數年之間，虧初先帝舊約，穿令斷律，凡百餘事，或不便於政，或不厭人心。臣謹表取其尤妨政事、害善良者，傳奏如左。

伏惟陛下苞五常，履九德，推時撥亂，博施濟時，而反因循季世末節，衰微軌跡，誠非所以還初反本，據元更始也。願陛下宣詔有司，悉舉初元、建平之所穿鑿，考其輕重，察其化俗，足以知政教所處，擇其善者而從之，其不善者而改之，定不易之典，施之無窮，天下幸甚。

事下三公、廷尉議，以爲隆刑峻法，非明王急務，不可開許。統復上言曰：有司猥以臣所上不可施行。今臣所言，非曰嚴刑。竊謂高帝以後，至於宣帝，其所施行，考合經傳，比方今事，非隆刑峻法。不勝至願，願得召見，若對尚書近臣，口陳其意。帝令尚書問狀，統又對，極言政刑宜改。議竟不從。及明帝即位，常臨聽訟觀録洛陽諸獄。帝性既明察，能得下奸，故尚書奏決罰近於苛碎。

至章帝時，尚書陳寵上疏曰：先王之政，賞不僭，刑不濫，與其不得已，寧僭不濫。故唐堯著典曰：流宥五刑，眚災肆赦。帝舜命皋陶以五宅三居，惟明克允。文王重《易》六爻，而列叢棘之聽；周公作《立政》，戒成王勿誤乎庶獄。陛下即位，率由此義，而有司執事，未悉奉承。斷獄者急於榜格酷烈之痛，執憲者繁於詐欺放濫之文，違本離實，箠楚爲姦，或因公行私，以逞威福。夫爲政也，猶張琴瑟，大弦急者小弦絶，故子貢非臧孫之猛法，而美鄭僑之仁政。方今聖德充塞，假於上下，宜因此時，隆先聖之務，蕩滌煩苛，輕薄箠楚，以濟群生，廣至德也。帝納寵言，決罪行刑，務於寬厚。其後遂詔有司，禁絶鉆鑽諸酷痛舊制，解祅惡之禁，除文致之請，讞五十餘事，定著于令。是後獄法和平。

又：是時天下將亂，百姓有土崩之勢，刑罰不足以懲惡。於是名儒大才故遼東太守崔寔、大司農鄭玄、大鴻臚陳紀之徒，咸以爲宜復行肉刑。漢朝既不議其事，故無所用矣。及魏武帝匡輔漢室，尚書令荀彧博訪百官，復欲申之，而少府孔融議以爲：古者敦庬，善否區別，吏端刑清政簡，一無過失，百姓有罪，皆自取之。末世陵遲，風化壞亂，政撓其俗，法害其教。故曰：上失其道，人散久矣。而欲繩之以古刑，投之以殘棄，非所謂與時消息也。紂斮朝涉之脛，天下謂爲無道。夫九牧之地，千八百君，若各刖一人，是天下常有千八百紂也，求世休和，弗可得已。且被刑之人，慮不念生，志在思死，類多趨惡，莫復歸正。夙沙亂齊，伊戾禍宋，趙高、英布，爲世大患。不能止人遂爲非也。雖忠如鬻拳，信如卞和，智如孫臏，冤如巷伯，才如史遷，達如子政，一罹刀鋸，没世不齒。是太甲之思庸，穆公之霸秦，陳湯之都賴，魏尚之臨邊，無所復施也。漢開改惡之路，凡爲此也。故明德之君，遠度深惟，棄短就長，不苟革其政者也。朝廷善之，卒不改焉。

又：及帝即位，展爲廷尉，又上言：古者肉刑，事經前聖，漢文除之，增加大辟。今人戸彫荒，百不遺一，而刑法峻重，非句踐養胎之義也。愚謂宜復古施行，以隆太平之化。詔内外通議。於是驃騎將軍王導、太常賀循、侍中紀瞻、中書郎庾亮、大將軍諮議參軍梅陶、散騎郎張嶷等議，以：肉刑之典，由來尚矣。肇自古先，以及三代，聖哲明王所未曾改也。豈是漢文常主所能易者乎！時蕭曹已没，絳灌之徒不能正其義。逮班固深論其事，以爲外有輕刑之名，内實殺人。又死刑太重，生刑太輕，生刑縱於上，死刑怨於下，輕重失當，故刑政不中也。且原先王之造刑也，非以過怒也，非以殘人也，所以救姦，所以當罪。今盜者竊人之財，淫者好人之色，亡者避叛之役，皆無殺害也，則加之以刑。刑之則止，而加之斬戮，戮過其罪，死不可生，縱虐於此，歲以巨計。此迺仁人君子所不忍聞，而況行之於政乎！若乃惑其名而不練其實，惡其生而趣其死，此畏水投舟，避坎蹈井，愚夫之不若，何取於政哉！今大晉中興，遵復古典，率由舊章，起千載之滯義，拯百殘之遺黎，使皇典廢而復存，黔首死而更生，至義暢於三代之際，遺風播乎百世之後，生肉枯骨，惠侔造化，豈不休哉！惑者乃曰，死猶不懲，而況於刑？然人者冥也，其至愚矣，雖加斬戮，忽爲灰土，死事日往，生欲日存，未以爲改。若刑諸市朝，朝夕鑒戒，刑者詠爲惡之永痛，惡者覩殘刖之長廢，故足懼也。然後知先王之輕刑以御物，顯誡以懲愚，其理遠矣。

尚書令刁協、尚書薛兼等議，以爲：聖上悼殘荒之遺黎，傷犯死之繁衆，欲行刖以代死刑，使犯死之徒得存性命，則率土蒙更生之澤，兆庶必懷恩以反化也。今中興祚隆，大命惟新，誠宜設寬法以育人。然懼群小愚蔽，習翫所見而忽異聞，或未能咸服。愚謂行刑之時，先明申法令，樂刑者刖，甘死者殺，則心必服矣。古典刑不上大夫，今士人有犯者，謂宜如舊，不在刑例，則進退爲允。

尚書周顗、郎曹彦、中書郎桓彝等議，以爲：復肉刑以代死，誠是聖王之至德，哀矜之弘私。然竊以爲刑罰輕重，隨時而作。時人少罪而易威，則從輕而寬之；時人多罪而難威，則宜化刑而濟之。肉刑平世所應立，非救弊之宜也。方今聖化草創，人有餘姦，習惡之徒，爲非未已，截頭絞頸，尚不能禁，而乃更斷足劓鼻，輕其刑罰，使欲爲惡者輕犯寬刑，蹈罪更衆，是爲輕其刑以誘人於罪，殘其身以加楚酷也。昔之畏死刑以爲善人者，今皆犯輕刑而殘其身，畏重之常人，反爲犯輕而致囚，此則何異斷刖常人以爲恩仁邪！受刑者轉廣，而爲非者日多，踊貴屨賤，有鼻者醜也。徒有輕刑之名，而實開長惡之源。不如以殺止殺，重以全輕，權小停之。須聖化漸著，兆庶易威之日，徐施行也。

議奏，元帝猶欲從展所上。大將軍王敦以爲：百姓習俗日久，忽復肉刑，必駭遠近。且逆寇未殄，不宜有慘酷之聲，以聞天下。於是乃止。

【略】至安帝元興末，桓玄輔政，又議欲復肉刑斬左右趾之法，以輕死刑，命百官議。蔡廓上議曰：建邦立法，弘教穆化，必隨時置制，德刑兼施。長貞一以閑其邪，教禁以檢其慢，灑湛露以流潤，厲嚴霜以肅威，雖復質文迭用，而斯道莫革。肉刑之設，肇自哲王。蓋由曩世風淳，人多惇謹，圖像既陳，則機心直戢，刑人在塗，則不逞改操，故能勝殘去殺，化隆無爲。季末澆僞，設網彌密，利巧之懷日滋，恥畏之情轉寡。終身劇役，不足止其姦，況乎黥劓，豈能反於善。徒有酸慘之聲，而無濟俗之益。至於棄市之條，實非不赦之罪，事非手殺，考律同歸，輕重均科，減降路塞，鍾、陳以之抗言，元皇所爲留愍。今英輔翼贊，道邈伊周，誠宜明慎用刑，愛人弘育，申哀矜以革濫，移大辟於支體，全性命之至重，恢繁息於將來。而孔琳之議不同，用王朗、夏侯玄之旨。時論多與琳之同，故遂不行。

《北史》卷八七《酷吏傳》　夫爲國之體有四焉：一曰仁義，二曰禮制，三曰法令，四曰刑罰。仁義、禮制，教之本也；法令、刑罰，教之末也。無本不立，無末不成。然教化遠而刑罰近，可以助化而不可以專行，可以立威而不可以繁用。老子曰：其政察察，其人缺缺。又曰：法令滋章，盜賊多有。然則，令之煩苛，吏之嚴酷，不可致化，百世可知。考覽前載，有時而用之矣。

《新唐書》卷一〇二《令狐德棻傳》　永徽初，復爲禮部侍郎、弘文館學士，監修國史，遷太常卿。高宗嘗召宰相及弘文學士坐中華殿，問：何脩而王？若而霸？又當孰先？德棻曰：王任德，霸任刑。夏、殷、周純用德而王，秦專刑而霸，至漢雜用之，魏、晉以降，王霸兩失。若用之，王爲先，而莫難焉。帝曰：今茲何爲而要？對曰：古者爲政，清心簡事爲本。今天下無虞，年穀豐衍，惟薄賦斂，省征役爲要。又問禹、湯、桀、紂所以興亡，對曰：《傳》稱：禹、湯罪己，其興也勃焉；桀、紂罪人，其亡也忽焉。然二主惑嬖色，戮諫者，造炮烙之刑，此所以亡也。帝悦，厚賜以答其言。

（唐）王方慶《魏鄭公諫録》卷三《對人君所務寬厚》　太宗謂右僕射李靖等曰：人君之道，惟在寬厚。非但刑戮，乃至鞭撻，亦不欲行。比每人嫌朕大寬，未知此言可行否。公對曰：古來帝王以殺戮肆威者，實非久安之策。臣等見隋煬帝初有天下，亦大威嚴，而官人百姓，造罪未一。今陛下仁育天下，萬姓獲安。臣下雖愚，豈容不識恩造。太宗曰：公等假以爲非，朕終不改此志。

（唐）王方慶《魏鄭公諫録》卷四《對刑法寬猛》　太宗御太極殿大赦，因謂侍臣曰：爲君極難。法若急，恐濫及善人；法若寬，則不肅姦宄。寬猛之間，若爲折衷。公對曰：自古爲政者，因時設教。若人情似急，則濟之以寬。如有寬慢，則糾之以猛。時既不常，所以法令無定。

（宋）王溥《唐會要》卷五一《官號·識量上》　〔建中〕三年正月，太僕卿趙縱貶循州司馬。初，縱家奴當千發縱陰事，縱下御史，當千留于内省。于是，宰相張鎰上疏諫曰：伏見趙縱爲奴所告下獄，人皆震懼，未測聖情。貞觀二年三月，太宗謂侍臣曰：比有奴告其主謀逆，此極弊法，特須禁斷。假令有謀反者，必不獨成，自有他人論之，豈藉其奴告也。自今以後，奴告主者，皆不須受，盡令斬決。由是賤不得干貴，下不得陵上，教化之本既正，悖亂之漸不生。爲國之經，百世難改。欲全其體，貴在防微。頃者，長安李濟得罪因奴，萬年令霍鶡得罪因婢。愚賤之輩，悖慢成風，主反畏之，動遭誣告，充溢府縣，不能斷決。建中元年五月二十八日，詔書曰：准鬬競律，諸奴婢告主，非誣叛以上者，同自首法，並准法處分。自此奴婢復順，獄訟稍息。今縱事非叛逆，奴實姦宄。奴在禁中，縱獨下獄。考之法理，或恐未正。將相之功，莫大乎子儀，人臣之位，莫高于尚父。身歿未幾，墳土僅乾，兩壻前以得罪，趙縱今又下獄。設令縱實抵法，所告非奴，纔經數旬，連罪三壻。録勳念舊，或猶可容。況在章程，本宜宥免。陛下方誅羣賊，大用武臣，雖見寵於當時，恐息望於他日。太宗之令典尚在，陛下之明詔始行，一朝背違，不與衆守，於教化恐失，於刑法恐煩，所益悉無，所傷至廣。臣非私趙縱，非惡此奴，叨居股肱，職在匡弼。斯事大體，敢不極言。伏乞聖慈，納臣愚懇。於是上以縱所告雖重，左貶而已，當千杖殺之。鎰乃令召子儀家僮數百人，以死奴示之。

（唐）杜佑《通典》卷一六六《刑四·雜議》 東周之季，王道寖壞，教化不行，子産相鄭而鑄刑書。鑄刑法於鼎。晉叔向非之，遺其書以非之。曰：昔先王議事以制，不爲刑辟，李奇曰：先議其犯事，議定然後乃斷其罪，不爲一成之刑著於鼎也。顏師古曰：虞舜則象以典刑，流宥五刑；《周禮》則三典五刑，以詰邦國。非不預設，但不宣露使人知之。懼民之有爭心也，猶不可禁禦，是故閑之以誼，糾之以政，閑，防也。糾，舉也。行之以禮，守之以信，奉之以仁。奉，養也。制爲禄位，以勸其從；勸其從教之心也。嚴斷刑罰，以威其淫。淫，放也。民於是乎可任使也，而不生禍亂。民知有辟，則不忌於上。並有爭心，以徵於書，而徼幸以成之，弗可爲矣。辟，法也。爲，治也。權移於法，故人不畏上，因危文以生詐妄，徼幸而成巧，則弗可治也。今吾子制三辟，鑄刑書，孟康曰：謂夏、殷、周亂政所制三辟也。將以靖民，不亦難乎！師古曰：靖，安也。一曰治也。民知爭端矣。將棄禮而徵於書。取證於刑書。錐刀之末，將盡爭之，喻微細。亂獄滋豐，賄賂並行。滋，益也。終子之世，鄭其敗乎！

子産報曰：若吾子之言，僑不材，不能及子孫，吾以救世也。言雖非長久之法，且救當時之弊。

議曰：古來述作，鮮克無累，或其識未至精，或其言未至公。觀左氏之紀叔向書也，蓋多其義，而美其詞。孟堅從而善之，似不敢異於前志，豈其識或未精乎？按虞舜立法曰：象以典刑，流宥五刑，鞭作官刑，朴作教刑，金作贖刑，眚災肆赦，怙終賊刑。欽哉，欽哉，惟刑之恤哉！孔安國注曰：陳典刑之義，勑天下敬之，憂不得其中。又按《周官·司寇》，建三典，正月之吉，懸於象魏，使萬人觀之，浹日而斂。漢宣帝患決獄失中，置廷尉平。時鄭昌上疏曰：聖王立法明刑者，救衰亂之起也。不若刪定律令，愚人知所避，姦吏無所弄。後之論者卽云上古議事，不爲刑辟。夫有血氣，必有爭心。羣居勝物之始，三皇無爲之代，既有君長焉，則有刑罰焉。其俗至淳，其事至簡，人犯者至少，何必先定刑名，所以因事立制。叔向之言可矣。自五帝以降，法教益繁，虞舜聖哲之君，後賢祖述其道，刑章輕重，亦以素設。周氏三典，懸諸象魏，皆先防抵陷，令避罪辜。是故鄭昌獻疏，蓋以發明其義。當子産相鄭，在東周衰時。王室已卑，諸侯力政，區區鄭國，介於晉、楚，法弛民怠，政隳俗訛，觀時之宜，設救之術，外抗大國，內安疲甿。仲尼兄事，聞死出涕，稱之遺愛，非盛德歟！而叔向乃謂赫胥、栗陸御宇之時，徒陳閑誼行禮致治之説，雖虞、夏之盛亦未可，在殷、周之初固不及。研尋反覆，斯言諒同玉巵無當矣。詳左氏之《傳》，或匪至公。晏嬰、張趯，譏議則别，先儒註釋，亦已昌言。所紀叔向此書，有如曲護晏子也。或曰，按孔祭酒穎達《正義》云：子産鑄刑書，而叔向責之；趙鞅鑄刑鼎，而仲尼譏之。則刑之輕重，不可使人知也。聖王雖制刑法，舉其大綱。但共犯一法，情有深淺，臨至時事，議其輕重也。按孔議附會叔向之書，前已論之矣。又按《左傳》，晉趙鞅鑄刑鼎，著范宣子所爲刑書焉。仲尼曰：晉國將守唐叔之所受法度，以經緯其民。文公又爲被廬之法，以爲盟主。今棄是度也，而爲刑鼎，人在鼎矣，何以尊貴？注云：棄禮徵書，故不尊貴。且夫宣子之刑，夷之蒐，晉國之亂制也。

《新五代史》卷四六《王建立傳》 嗚呼！道德仁義，所以爲治，而法制綱紀，亦所以維持之也。自古亂亡之國，必先壞其法制而後亂從之。亂與壞相乘，至蕩然無復綱紀，則必極於大亂而後返，此勢之然也，五代之際是已。

《新五代史》卷五七《趙延義傳》 周太祖自魏以兵入京師，太祖召延義問：漢祚短促者，天數邪？延義言，王者撫天下，當以仁恩德澤，而漢法深酷，刑罰枉濫，天下稱冤，此其所以亡也！

（宋）李燾《續資治通鑑長編》卷二九二《宋神宗元豐元年》〔乙酉〕上初即位，韓絳即建議復肉刑。至是，復詔執政議。公著以爲後世禮教未備，而刑獄繁，肉刑不可復，將有踊貴履賤之譏。吳充議復置圜土，衆以爲難行。王珪欲取開封死囚罪，試以劓刖。公著曰：刖而不死，則肉刑遂行矣。議竟得寢。

（宋）李燾《續資治通鑑長編》卷三二八《宋神宗元豐五年》　上因論刑曰：先王之肉刑，蓋不可廢。夫人受形於天，以法壞之，故謂之肉刑。揚子曰：肉刑之刑，刑也。周穆王訓刑：大則五刑，次則五宥，又次則贖，凡十五等，輕重有倫。至漢文帝罷之。若革秦之敝，欲休養生民，則可矣。如格以先王之法，則不得爲無失。三代之時，民有疆井，分別圻域，彰善癉惡，人重遷徙，故以流爲重。後世之民，遷徙不常，而流不足治也，故用加役流。又未足懲也，故有刺配。猶未足以待，故又有遠近之別。蓋先王教化明，習俗成，則肉刑不爲過也。四年十一月八日庚寅，合參照。

（宋）李心傳《建炎以來繫年要録》卷二一《建炎三年己酉三月己卯朔之丁未》　凡内侍之處大内及睿聖宫者，並令選擇純實謹愿椎朴之人，勿任以事，惟令掌門闌，備埽除而已。官高職隆曾經事任招權納寵者，屏之遠方，輕者補以外任。俾無浸淫，以激衆怒，則賞罰之柄，自朝廷出，而國勢尊矣。仍告諭都統制官苗傅等，自後軍法便宜，止行於所轄軍伍。其他有犯，當具申朝廷，付之有司，明正典刑。所以昭其尊君親上之禮，而以全其臣子忠義之節也。

（宋）范純仁《范忠宣公奏議》卷上《奏論執政尊崇濮王邪議治平三年春正月》　戊辰，又奏：自古人君之御天下，未嘗不以人心爲本。得之，則中才可免危亂；失之，則賢智不能保其治安。故曰民猶水也，可以載舟，可以覆舟。人心之得失，可不慎哉？豈有身備大臣，與國同體，希合上意，内營己私，移過於人君，失望於天下？爲臣之惡，莫重於斯！伏維陛下紹膺大統，稱尊御極，生育之恩，理宜追厚。然當俟先帝祥禫之既畢，陛下德澤之已行，然後講求典禮，褒從本親。況仁宗虞主始祔，陵土未乾，而遽開越禮之言，欲遵衰世之跡，致陛下外失四海臣庶之心，内違左右卿士之議。陛下自臨御以來，勵精爲治，遇災而懼，則有周宣之風，至誠感神，則蹈虞舜之德。至於徽稱所加，卻而不受，皆前代難行之節，治朝可紀之政，推而行之，和氣可致。然而中外人情囂然不安者，良由邪説震驚，大議未定。今不正濮王之禮，則無以慰羣心，不罪首惡之臣，則無以清朝政。

《金史》卷八《世宗紀下》　上謂侍臣曰：唐太子承乾所爲多非度，太宗縱而弗檢，遂至於廢，如早爲禁止，當不至是。朕於聖經不能深解，至於史傳，開卷輒有所益。每見善人不忘忠孝，檢身廉潔，皆出天性。至於常人多喜爲非，有天下者苟無以懲之，何由致治。孔子爲政七日而誅少正卯，聖人尚爾，況餘人乎。

《元典章》卷一七《戶部·戶計·分析·禁治父子異居》　新附江南地面，多有所生兒男娶妻之後，与父母另居。良輔尋思，即今昆仲亦有析居之例，尚違友愛之道，是以君子恥爲，豈有父子另居之礼。今新附地面，循習亡宋汚俗，尚然不悛，若不改正，温凊定省之礼安在？今後若有似此違犯之人，痛行治罪。庶望漸生孝道。部擬：正人倫，厚風俗，國家之所先務。今本人言江南父子異居之理，雖不見所指明白，然於風教，實爲至重。擬合移咨各省，令所在官司遍行誨諭，如委有不孝不悌之人，自有常刑。

《元典章》卷三九《刑部·刑制·刑法·遷徙·豪霸兇徒遷徙》　皇慶元年十二月，江西行省准中書省咨該刑部呈：欽惟聖朝之治天下也，以好生惡殺爲心。《書》曰：明德慎罰，惟政之恤。《語》云：刑罰不中，則民無所措手足。旧例，殺人特与，原兇不在移鄉。今之牧民官吏，或因喜怒生出好惡，喜怒好惡之不同，刑法輕重之失當，高下其手，出入任情。若此所爲，而望治安刑措，則未聞也。照得近承奉尚書省判送議擬事内，如江西行省胡光弼等，結成群黨，起滅詞訟，凌犯官府，欺虐良民，迁徙廣東。又熊雲翔，騙要民財，風聞公事，濫充貼書，毁罵縣官，杖斷六十七下，迁徙廣東。御史臺呈，張德安告松州官吏不公，本州挾讎，執羅張德安不孝爲名，枉斷八十七下，迁徙遼陽，沿路杖瘡潰發身死等事。除另行議擬外，本部照得大德七年十一月初三日，中書省抄江西福建道奉使宣抚呈，巡行江西，抄諸人言告，一等驟富豪霸之家，内有曾充官吏者，亦有曾充軍役雜職者，亦有潑皮兇頑，皆非良善，以強凌弱，以衆害寡，妄興横事，羅撫平民，騙其家資，奪占妻女，甚則害傷性命，不可勝言。交結官府，視同一家。小民既受其欺，有司亦爲所侮，非理害民，從其奸惡，亦由有司貪偎，馴致其然。莫若嚴禁各処，行省已下大小官吏，非親戚不得与所部豪霸等戶往來交通，受其饋献一切之物。如有違犯，官吏依取受不枉法例科斷。其豪霸、茶食、安保人等，似前違犯取問是实，初犯於本罪上比常人加二等断罪，紅土粉壁，標示過惡。再犯痛行断罪移徙。接連三犯，断罪移徙边遠。如此，少革侵漁細民之弊，已經遍行合屬去訖，以此參詳。今後各処豪霸兇徒歹人，摭羅平民，把持官府者，敗露到官，罪狀明白，合依奉使宣抚所言，痛行断決。中間果有累犯不悛，必合移徙之徒，宜令事發官司開具情犯緣由，断訖杖罪，明白申稟，候獲省部明降至日，方許發遣。如蒙准呈遍行，合屬照會，相應具呈照詳，得此都省咨，請依上施行。

《明史》卷九三《刑法志一》 蓋太祖之于律令也，草創于吳元年，更定於洪武六年，整齊於二十二年，至三十年始頒示天下。日久而慮精，一代法始定。中外決獄，一準三十年所頒。其洪武元年之令，有律不載而具於令者，法司得援以爲證，請於上而後行焉。凡違令者罪笞，特旨臨時決罪，不著爲律令者，不在此例。有司輒引比律，致罪有輕重者，以故入論。罪無正條，則引律比附，定擬罪名，達部議定奏聞。若輒斷決，致罪有出入者，以故失論。

大抵明律視唐簡覈，而寬厚不如宋。至其惻隱之意，散見於各條，可舉一以推也。如罪應加者，必贓滿數乃坐。如監守自盜，贓至四十貫絞。若止三十九貫九十九文，欠一文不坐也。加極於流三千里，以次增重，終不得至死。而減至流者，自死而之生，無絞斬之別。即唐律稱加就重條。稱日者以百刻，稱年者以三百六十日。如人命辜限及各文書違限，雖稍不及一時刻，仍不得以所限之年月科罪，即唐例稱日以百刻條。未老疾犯罪，而事發於老疾，以老疾論；幼小犯罪，而事發於長大，以幼小論。即唐律老小廢疾條。犯死罪，非常赦所不原，而祖父母、父母老無養者，得奏聞取上裁。犯徒流者，餘罪得收贖，存留養親。即唐律罪非十惡條。功臣及五品以上官禁獄者，許令親人入侍，徒流者並聽隨行，違者罪杖。同居親屬有罪，得互相容隱。即唐律同居相容隱條。奴婢不得首主。凡告人者，告人祖父不得指其子孫爲證，弟不證兄，妻不證夫，奴婢不證主。文職責在奉法，犯杖則不敘。軍官至徒流，以世功猶得擢用。凡若此類，或間採唐律，或更立新制，所謂原父子之親，立君臣之義以權之者也。

建文帝即位，諭刑官曰：《大明律》，皇祖所親定，命朕細閱，較前代往往加重。蓋刑亂國之典，非百世通行之道也。朕前所改定，皇祖已命施行。然罪可矜疑者，尚不止此。夫律設大法，禮順人情，齊民以刑，不若以禮。其論天下有司，務崇禮教，赦疑獄，稱朕嘉與萬方之意。成祖詔法司問囚，一依《大明律》擬議，毋妄引榜文條例爲深文。永樂元年定誣告法。成化元年又令讞囚者一依正律，盡革所有條例。十五年，南直隸巡撫王恕言：《大明律》後，有《會定見行律》百有八條，不知所起。如《兵律》多支廩給，《刑律》罵制使及罵本管長官條，皆輕重失倫。流傳四方，有誤官守。乞追板焚毀。命即焚之，有依此律出入人罪者，以故論。十八年，定挾詐得財罪例。

（明）談遷《國榷》卷六《太祖洪武九年閏九月》 〔庚戌〕平遥訓導寧海葉伯巨上言：當今事太過者有三：分封太侈也，用刑太繁也，求治太速也。何以明之？日，君象也。月，臣象也。五星，卿士庶人象也。臣愚不知天象，姑舉所聞。《詩》曰：彼月而食，則惟其常。月刑于日，猶之可也。而曰日月相見，則月敢抗日者，臣敢抗君矣。臣竊觀主上起有天下，掃除羣雄，如踐草莽；包絡豪傑，如動臂指。公卿大臣，猛將謀卿，外擁數十萬衆，馳召以一介之使，拱手聽命，莫敢後時，安有抗衡之患。上天示象，似爲分封。《傳》曰：都城過百雉，國之害也。大都不過三國之一，中五之一，小九之一。上下等差，各有定制。所以強幹弱枝，遏亂源，崇治本也。國家分裂境土，大封諸王，蓋懲宋元孤立之弊。然天子畿內，地止千里，秦晉燕齊吳楚諸國，各盡其境，以封年少淺事之王，都城宮室亞天子之畿，賜以甲兵衛士之盛，比于金吾緹騎。《書》曰：列爵惟五，分土惟三。王亦爵也。而國都兵衛與京畿等，尚有君臣之分乎？臣恐數世之後，間隙易起，觖望易生。漢之七國，晉之諸王，可爲永鑒。臣所謂分封太侈之過也。臣觀歷代開國之君，其結民心者，未有不自尚德緩刑者也。其離民心者，未有不自弛德急威者也。三代秦漢隋唐，享國之數，具在方册，昭哉可覩。今議者曰，宋元中葉之後，紀綱不振，專事姑息，以致喪亡。此行小仁而滅大義。主上所以矯枉太過，權神變之法，制不宥之刑。然臣聞開基之主，垂範百世，動靜合準繩，然後子孫有所持守。況刑者民之司命，可不慎與？夫刑罰貴中，過與不及，皆非天討。既不假貸，則一付大公可也。而定刑之際，皆出聖衷。至使治獄之吏，趨求上意，深者多獲功，恕者多獲罪，至論沒贓多寡以敍治獄殿最。欲求平允，豈不難哉？近者雜犯死罪，免死充軍，其餘以次做流徒律。又刪定舊條，減宥有差，漸見主上好生，全活者衆矣。然尚未聞申戒之令，是以法司猶踵舊習。古之仕者，以登籍爲榮，以罷職爲辱。今之仕者，以混跡無聞爲福，以受玷不録爲幸，以屯田工役爲必獲之罪，以鞭笞箠楚爲尋常之辱。其始也，朝廷網羅天下士，若恐有失，有司催迫上道，如捕重囚。比至還除，多以容貌，所學非所聞，所用非所學。一陷于法，苟免誅僇，屯田工役，爲輕典矣。士當未仕，尚知畏慎，既薦入仕，盡決平生，肆然而取諸人。則曰行且屯田工役，何以爲資？則曰行且身死，妻子何食？不畏廉恥，甘速官謗，弊在清濁不明，善惡無辨，議賢議能之法廢而爲善者怠也。漢世聞徙大族于山陵矣，未聞實以罪人者也。今鳳陽龍興之地，陵寢所在，率以居之。近令願入軍籍者免其罪，復官者亦稍見原。而猶聞其餘丁口屬尚拘屯作。夫犯罪家長，既宥而復之矣，餘丁口屬，復何辜哉。是以怨嗟愁苦之聲，充斥園邑，甚非朝廷所以恭承宗廟意也。夫有戶口而後田野闢，田野闢而後賦税增，異日百姓苦兵，流離他所，朝廷許之歸附。土膏未諳其利，未耜未安其處，固宜權輿而休養之。殘虜僞四大王，竄突山谷，如狐如鼠，以計擒獲，或猶可致。乃勞兵討之，彼之驚駭潰散于無人之地，較奔走則彼熟路而輕行，較生死則彼致死而重戰，捕誅數歲，不得首領，亦其固然。乃移咎新附之民，盡遷太原諸郡，既許之附，又動之遷，是法不信也。近者已納税糧之戶，雖特旨分釋還家，已起戶口，雖蒙憐恤，見留開封，期候軍士，尚猶枝漫村落，心膽震悸，居民訛動，莫知所爲。況太原諸郡，外界邊鄙，遷徙無常，反易逃匿，甚非朝廷所以安寧塞圉意也。凡此臣所謂用刑太繁之過也。昔年周自文武至成康而後教化行，漢自高帝至文景而後富庶臻。致治之道，固不可驟也。國家紀元，九年于茲。天下大定，綱紀大振，亦可謂安矣。而主上切切然猶以風俗澆漓，法出奸生，朝誅暮犯，民無所懼，乃致命下而尋改，已赦而復收，天下臣民，莫之適從。夫天下之趨于治也，猶堅冰之將泮也。冰之堅，非一日之太陽能消之也。天下之治，非一人之聖能致之也。孔子曰：王者必世而後仁。道齊以刑禮而漸摩以仁義。非空言也。今之天下猶古天下，因民好善惡惡之心以求治，則莫先正風俗。欲正風俗，則莫先使守令知所務。欲守令知所務，則莫先使風憲知所重。風憲知所重，則莫先朝廷

知所尚。朝廷之所尚，則必以征賦期會。獄訟簿書之不報爲可恕。而世俗流失敝敗爲不可不問。古之守令，民之師帥，以善導民，使化成俗美者也，征賦期會，獄訟簿書，固亦其一職也。今乃以爲急務，而以農桑、學校，王政之本爲虛文。方春守令未嘗行課種蒔次第旱澇預備之具也，下一文帖，里甲回申文狀而已，是虛文夫農桑也。廩膳諸生，國家所資取人才之路。守令未有禮讓之實，作其成器也。朝廷置立社學，切切蒙養，守令未嘗巡行考視，教以孝弟忠信之實，作其禮義廉恥之風也，是虛文夫學校也。此守令未知所務之失也。風紀之司，朝廷宣風導化，勸民成俗，拯治萬務者也。獲賊讞獄，特其一端耳。今也以獲賊多者爲稱職，以讞獄少者爲闒冗。雖有忠臣孝子，義夫節婦，任其湮沈隴畝之間而不暇舉。若是謂之察惡，亦近之矣，安在宣導勸成，使民遷善遠罪而不自知也。此風憲未知所重之失也。凡此皆臣所謂求治太速之過也。上怒其言分封，曰：此離間吾骨肉。逮下獄。瘐死。而同邑鄭士利亦言事被詰責，輸作終其身。時考較天下錢穀册書空印事起，凡主印吏署字有名者，皆逮御史獄，獄數百人。自尚書至守令，署印者皆坐抵欺論死，佐貳以下榜一百戍邊。丞相御史大夫莫敢諫。士利詣闕上言數事，而于空印爲詳。上怒，詰主謀者，不爲屈。猶以假公營私罪之，卒殺空印者數百人。

談遷曰：葉居升論事切直，逆覩來轍，有洛陽痛哭之風。高帝能受言，獨犯霆怒，時方倚重屏翰，能無忤乎？空印事諸主吏雖無他，然弊不可長，朝廷深慮之，未爲過。鄭好義慨然訟言其失，輸作終身，亦未爲非幸也。朱國楨曰：高皇開創，用法一主于嚴。胡大海方治兵處州，其子犯酒禁，手刃之。曰：寧胡大海反，吾號令不可違也。蓋截斷如此，而謂嘗之者有可幸，觸之者有可全乎？糧税空印，雖行之已久，然高皇深惡舊習，事無小大，必經奏斷，方與施行。今未嘗奉旨，一發勢在必誅。于是每歲用御史查刷，其法至精密，而空印事亦迄今永革。當日上下相沿之習，非此一怒必不能撤而去也。至分封之疏，利害明白，誠爲正論。然高皇起徒步，成混一，精兵良將滿天下，偃之則不可，付之他人之手必且爲變，故分隸諸王，使之習兵，盡其才以暗讋奸人窺伺之志。卽如文皇天表雄奇，才幹超絶，決非人臣之相，一恆人知之。以高皇神聖，父子間周旋且四十年，豈不了了。而付天下于偏頂文弱之太孫，何居？特

以倫序爲重，氣運尚艱，不得不盡人事之正以候天道之微。故置文皇于元之故都，隱然與南並峙，而祖訓中明開訓兵待命剪除奸臣之語，宛然文皇遺囑。上參氣數，下度人事，而中又卜之子孫，遲回審固，其慮長而其心則已苦矣。乃居升之言，既不足仰窺聖意，齊黄之議，則又身在建文馭運中，無可奈何。卒之北平兵起，一番掃除，天河地軸皆爲翻動，而藩王之權以次漸削，承平以至于今日，似皆入高皇計算中。意聖心淵微，上與天通，有不可明言，而獨自逆覩，豫有以待者。夫漢高闊略，年不甚永，晚征黥布，傷且困矣，料身後事，尚灼灼不爽。而況高皇度越千古，爲社稷蒼生計，反奢于制而兆之釁乎。總前後論之，其初太寬，勢也。中乃稍密，亦勢也。今則錮之一區之中，絶之四民之外，國賦傾廪矣，而庶宗不得宿飽，玉牒充棟矣而宗子誰是維城。祖制然乎哉！祖制然乎哉！

（明）談遷《國榷》卷七《太祖洪武十五年九月》（癸亥）致仕晉府長史桂彦良上太平治要十二事：法天道，廣地利，順人心，養聖德，培國脈，開經筵，精選舉，審刑罰，敦教化，馭戎狄，蒐才俊，廣咨訪。上嘉納之。

《皇明詔令》卷四《成祖文皇帝上・戒諭臣下慎刑敕永樂元年九月初十日》　朕聞爲君難，爲臣不易；創業難，守成不易。剛柔寬猛適其中，禮樂政刑有其序。唐虞三代至漢、唐、宋，率由兹道。是故舜清問于下民，報虐以威，誅四兇，舉五臣，明五刑，然後無爲，恭己南面。神禹承之，無間可議。夏傑之亂，民從其暴。成湯之興，兼弱攻昧，取亂侮亡，肇修人紀，用革慆淫，既奠四方，子孫承之，惟監于成憲。殷紂之亂，商俗靡靡。周公相武王，誅紂伐奄，遷殷頑民，滅國五十。繼相成王，制禮作樂，垂拱仰成，刑措不用。漢承秦亂之後，高祖令蕭何定律令，韓信申軍法，張蒼定章程，法令嚴明。惠帝清靜。至於文、景，挾書之律，肉刑之慘，一切除之，務崇寬厚。唐承隋末，諂諛汰侈，暴慢成風。高祖定官制，頒律令，行租庸調法，沙汰僧尼道士，勳臣犯法，無所假貸。太宗貞觀之後，懲斬趾，禁鞭背，删定律令，變重爲輕，力行仁義，幾致刑措。宋興，承五季之亂，太祖、太宗頗用重刑，糾繩奸慝，躬自折獄，務底明慎，立法之制嚴，而用法之情恕。咸平以後，删其繁密，益務寬仁，子孫承之，含弘光太，恭儉純誠，未嘗殺一不辜，天下歸仁，化成俗美。此歷世守成創業之事，剛柔寬猛之中，禮樂刑政之序，莫不皆然。蓋敦禮樂、用寬柔，譬之膏粱以養生；尚刑政、事剛猛，譬之藥石以代病。膏粱代病，祇益其病；藥石養生，必致傷生。時措之宜，不可紊也。朕太祖高皇帝天賜大聖之資，以當非常之變，奮自布衣，撥亂反正，方舉一世而甄陶之。比三代、漢、唐、宋，創業之時，又大相遠者。蓋中華禮樂之區，悉爲左衽之俗，沉浸百年，洗滌不易，陵夷已甚，振舉尤難。風俗之染汚，非但若夏季之慆淫也。奸雄睥睨反側，非但若殷之頑民也。服古人之所未易服，齊古人之所不能齊，兢兢業業，勞心焦思，求賢如不及，從諫如轉丸，晝夜圖惟，經權用變。不得已而用刑，特權時之宜耳。及其立爲典常，先議定律，損益更改，十年乃成，頒之天下，而民知禁。復惟《祖訓》傳之子孫，宣布條章，垂法萬世。墨、劓、剕、宫，並禁不用。欽恤之意，已著于象刑；權時之宜，不定爲常法。常法之立不易，禮樂之用彌彰。朕遵成憲，佩服聖謨，思守成之不易，念刑措之尤難。昔者唐虞三代君臣之間，責難訓迪，紀於《詩》、《書》。今朕告教爾文武群臣，爾惟聽之，職曰天職，民曰天民，工曰天工，禄曰天禄，皆非朕之私。惟爾群臣相朕，以彰天命，以奉天討，以亮天工，保兹天民，以享天禄。善惡吉凶，實爲影響。可不敬哉？爾惟盡心，勿謂忠爲有餘；爾惟盡力，勿以勞而自伐。爲名而善，善必無成；計利而勤，勤必終怠。且計利者，必得害；患失者，終於失。故廉不怨貧，以廉爲制行之常；勤不羨逸，以勤爲分定之宜。事有繁簡，各安其所遇；位有崇卑，各體其所處。爾群臣所當知也。勿爲朋比，朋比必至於淪胥。勿縱利口，利口必至於傾覆。勿爲奸欺，奸欺必至於暴露。勿爲怙終，怙終必至於殄絶。依阿尸禄位者，昧理擅權。作威福者，逆天貪汚。恣情欲者，速戾讒説殄行。惑衆志者，自刑。爾群臣所當戒也。矧夫刑者，輔治之具。自古聖帝明王及朕皇考所甚重，不敢輕，不得已而用之者也。輕重毫釐之間，禍福死生之決也。死者不復生，斷者不復續，故刑期無刑，而殺以止殺。殺一夫而天下服，釋一人而天下悦，至於使人無犯可也。爾或不戒，臨民治獄，恬不加意，甚至信讒而執偏言，深文而誤良善，納賄以倒是非，作威而眩曲直；自作聰明，發擿瑕類，法外求情，致人以死，鬼神所見，甚所畏也。朕爲此懼，申慰日勤，審克之際，罪疑惟輕。乃有懷殘忍之私，欲遵酷吏之軌，謗朝廷之寬恤，惑上下之人心。所謂利口必至於傾覆者，爾惟戒哉！

聖人用人不求其備，誠以才能有高下，智識有淺深。事皆盡善，上智所難。動靜云爲，豈無過誤？朕惟念此，每加寬容。乃有恃茲屢造非彜，常懷幸免，不知忽微之過，豈可積多？非分之恩，豈可常得？所謂怙終必至於殄絶者，爾惟戒哉！亦有柔奸隱慝，厚貌深情，夤緣扳結，請託行私，僥倖圖爲。附下罔上，不感天子而感權臣，寧負公門而不負私室，同惡相濟，同勢相保，邪惡同讒，以陷忠良。同爲奸宄，以匿其非。同幻譸張，以護其短。同側媚以相師，同諂諛以相悦。所謂朋比必至於淪胥暴露者，爾惟戒哉！亦有身爲執法，賣直沽恩，謗人惑衆，起險言以眩衆聽，滅公義以濟私恩。所謂讒説殄行，唐虞所堲，爾惟戒哉！亦有愧赧于中，自懷疑貳，本無勞績，妄自驕矜，居寵弗畏，因人毀譽，從己喜怒，生殺予奪，陰狠自肆。所謂擅權作威福、貪污縱情欲，爾惟戒哉！其旅進旅退，依違其間，候朕顔色，同進諂諛，甘言遜志，無所建明，尤朕所惡。所謂依阿尸禄位者，味理亦恐獲戾于天，爾惟戒哉！於戲！興禮樂以致太平，朕守成之所當務；適寬嚴以輔政教，爾群臣之所當知。故將勉於爲善，尤必戒於作非。夫忠臣爲國，至於忘身。鄙夫事君，但知利己，朝廷機務，取給目前；生民休戚，略不加意。僨事蔽賢，偷安玩日；苟具文書，視爲塞責；甚或微勞未報，自負如山；小譴或加，中懷憤怨；是自不恭於臣職，豈能共致於雍熙？故以寬爲濟嚴，必以勤而居逸。聖帝明王，古今一道。朕務宵衣旰食，豈爲惡逸好勞？爲上帝之鑒臨，守皇考之基業，實資爾群臣爲國爲民，有猷有守，輔成治化，上答天命，迪朕之戒，時乃之休。至於刑罰，尤悉乃心。考之於《書》，屢致其意，誠以民命至重，鬼神難欺。譬之操刀而割，尚有血指之虞，當食而言，或至吻傷之失。事雖切己，未免過違，心有不存，視而不見，毫釐之差，死生之決，一往不復，雖悔何追？吉凶之應，詎止一身，殃慶之流，及於後世，可不戒哉？朕嘗寤寐思之，不自知其辭之復也。爾惟體朕心，無怠於意，必欽必慎，惟明惟恤。俾寬不至於縱，嚴不至於殘。囹圄空虚，刑措不用。政教脩舉，禮樂和平。家國有萬年之安，爾亦有無窮之譽，子孫黎民尚有餘慶，戒之！勉之！朕言不貳，罔俾唐虞，專美前世。欽哉！故諭。

《皇明詔令》卷一二《景皇帝·訓飭百官敕正統十四年九月十七日》 朕惟君國子民之道，以撫恤安養爲先。然必資大小群臣，共理其事，然後政務舉而衆情悦，治效著而風俗美。太平之治，實由於此。邇者奸臣紊政，辱國喪師，禍及生靈，深可痛恨。揆厥所自，詎非由爾文武群臣，或庸庸保位，緘默不言；或請託公事，希求遷敘；或掊剋下人，以圖奉獻；或貪墨無厭，以肥身家。若此不律，奚容枚舉？是以馭戎無法，撫民乖方，衆心含憤，有傷和氣。朕今嗣位之初，姑釋不究，咸與自新。爾文武君臣，務秉公廉，恪勤乃職；治民者，悉心憂民；治軍者，悉心憂軍；銓選者，量材授除，務出至公；理刑名者，原情定罪，俾歸至當；居言路而利害並陳，職風憲而激揚兼舉。其餘民間一應軍需造作，及交納錢糧、布帛、紙劄、藥材，解送軍伍囚徒，投文、批迴等項，當該官吏即時收受、發遣，毋得故意刁蹬、需索財物，經月累日拘滯不行。致被嗟怨，有詞莫伸，非惟虧損細民，亦且有傷大體。爾等務宜洗心滌慮，潔己奉公，以古之賢輔良弼自期，毋碌碌苟且文書而已。如此，庶不負朝廷之所委任，軍民之所仰望。厥有成績，朕用爾嘉。爾惟懋哉！其或視此爲常，仍蹈前轍，略無敬懼，祖宗成憲具在，朕不汝貸。故敕。

《大誥·婚姻》 同姓、兩姨姑舅爲婚，弟收兄妻，子承父妾，此前元之胡俗。朕平定之後，除元氏已成婚者勿論。自朕統一，申明我中國先王之舊章，務必父子有親，君臣有義，夫婦有別，長幼有序，朋友有信，方十八年矣。有等刁頑之徒，假朕令律，將在元成婚者，兒女已成行列，其無藉之徒，通同貪官污吏，妄行告訐，致使數十年婚姻，無錢者盡皆離異，有錢者得以完全。此等之徒，異日一犯，身亡家破，悔之晚矣。胡人之俗，豈止如此而已。兄收弟婦，弟收兄妻，子承父妾，有一婦事於父，生子一，父亡之後，其妾事於正妻之子，亦生子一，所以夫婦無別，綱常大壞，與我中國聖人之教何如哉？設理舊事，難爲者多矣，所以元氏之事不理，爲此也。今後若有犯先王之教，罪不容誅。

《大誥·民知報獲福》 蓋君，禮法之所治也。禮，人倫之正。民間安分守禮者多。法，治奸繩頑。二者并舉，遍行天下，人民大安。所以孝子順孫，得奉祖宗父母。父母已逝者，除歲時祭祀外，餘有其有，優游於家庭，遂歡妻撫子於一生，絶無禍殃。爲何？蓋爲知其報矣。

《大誥續編・斷指誹謗》所以養民者，在申古先哲王之舊章，明五刑以弼五教。使民知五常之義，強不得凌弱，衆不敢暴寡。聚兵積糧，守在四夷。民能從化，天下大安。此人君養民之道也。爾輔等不遵治化，造罪淵泉，自殘父母之遺體，是謂不孝。揑詞上謗於朝廷，是謂不臣。似爾不臣不孝之徒，惑亂良民，久則爲禍不淺。所以將爾等押回原籍，梟令於市，闔家成丁者誅之，婦女遷於化外，以戒將來。吁！朕制法以養民，民乃搆奸而自罪，全家誅之，朕豈得已乎？智人鑒之。

《皇明弘治六年條例・文武官將犯該笞杖罪囚酷刑致死數多揑作因公等項法司比附上請》禮科抄出太常寺少卿兼翰林院侍講學士李東陽奏，内一件。孟子曰：省刑罰。臣按：刑者，輔治之具，聖人不得已而用之者也。然必定爲輕重之等，而於其疑者，則寧捨重以就輕，所以體上天好生之心，以爲民（主）〔生〕也。今之五刑最輕者爲笞、杖，然（伏）〔杖〕有分寸，數有多寡，極爲詳慎。獄訟既多，人若難制，乃有矯輕以從重者。在京法司密邇輦轂，尚少過差。在外諸司，或倚法立威，笞杖之罪往往（至）〔致〕死，補立卷案，傍引醫證，縱令事覺，不過以因公還職，於是箠人重者爲能吏，殺人多者爲好官，習俗相仍，日以彌甚。夫挺之與刃，刃之與（政）〔證〕，其殺皆同。以極輕之刑，置之不可復生之地，傷天地之和，壞國家之法，莫有大於此者。假令一時之暫，一二人之少，諉諸過誤，理或有之；而多者數十，甚者數百，乃概以因公自解，豈復有所懼哉！今故勘平人者，有抵命之律；刑具非法者，有除名之例。偶不出此，則謂之因公。一以公名，雖多無害，此則情重輕律，則不可以不議也。

（清）蔣良騏《東華録》卷二二《康熙五十三年四月》原任兩江總督噶禮之母叩閽稱：噶禮與弟色勒奇子幹都置毒食物中謀害伊命，噶禮妻以別戶子幹泰爲己子，縱令糾衆毀屋，噶禮攜資財與伊子移居河西務，奸詐凶惡，請正典刑。下刑部鞫訊得實。以噶禮身爲大臣，任意貪婪，又謀殺親母，不忠不孝已極，應凌遲處死，妻論絞，色勒奇、幹都斬，幹泰發往黑龍江，家産入官。得旨：噶禮令自盡，妻亦從死，餘悉依議。

（清）蔣良騏《東華録》卷二三《康熙五十七年二月》大學士等以議處朱都納等一案請旨。上諭曰：朱天保希圖僥倖，違旨妄奏，又首將伊父供出，不忠不孝極矣，着卽正法，戴保着亦正法，朱都納、常賚免死，妻子入官，餘議罪有差。

（清）鄂爾泰等《世宗憲皇帝硃批諭旨》卷一二六之八《硃批田文鏡奏摺》似此請留者，不一其人，候朕再加斟酌，從來士爲四民之首，士風丕變，較民俗還淳，奏效尤難。要須德化感孚，非刑政所能驅迫者。果若是耶，則王國棟之督學，可謂盡善矣。

《大清會典則例》卷一二四《刑部・刑制・律綱》帝王以德化民，以刑輔治，故律例最宜詳慎。苟輕重失宜，則官胥得以任意出入，欲政平訟理，其道無由。朕覽讞奏本章，引用律例，每有未協，爾部速將滿漢文律繕寫進呈，朕將詳覽更定，頒示遵行。

《皇朝通志》卷七七《刑法畧三・刑制聽斷》順治十年諭：帝王化民以德，齊民以禮，因姦人爲惡，害及善良，所以不得已而用刑。然必情罪允孚，斯加者無悔而受者無怨，故法者天下之平。朕亦不得任喜怒爲輕重也。【略】康熙二十年諭，帝王以德化民，以刑弼教，所關最重。近覽法司章奏，議決重犯甚多。愚民無知，或由教化未孚，或爲饑寒所迫，以致身罹法網，深可憫惻。

《皇朝文獻通考》卷一五二《王禮考二十八・山陵》皇考再三諭禁，以蘇民困。州縣巧取有禁，門關苛索有禁，而民隱之萬難上達者，莫不在皇考洞鑒之中。每遇重囚，即深廑睿懷，屢飭法司必三覆奏。好生之德發於不能自已者如此。念刑罰所以濟政教之窮，必修禮正俗，乃可清其源。命詳注：聖祖仁皇帝諭旨十六條，親製勸農種樹之詔，御書刊示四方。命九卿詳定貴賤服色、兵民婚喪禮制。實舉孝義貞節，分遣御史巡行直省，常恐所任非人，則雖有良法美意，德難下究，教不虛行。故搜揚俊乂，立賢無方。自唐宋以後，秩禄不足以贍庶官，不肖者各以他途取之，用此苞苴盛行，不可遏止。

《皇朝文獻通考》卷一九六《刑考二・刑制》定強盜分首從例。先是，康熙二十一年，上以強盜犯案甚多，且有獲贓甚少，牽連多人，不忍概置重典，令諸臣詳議。尚書梁清標奏：強盜皆係凶惡，難分首從，且恐有司高下其手。或罪屬可矜，間行寬免，伊輩自感再造之恩。若預定一例，則伊等皆僥倖於不死，而愈恣爲盜矣。左都御史徐元文奏：此等古來皆不待教而誅。按律，竊三次者，照強盜律處絞，而強盜行刼至兩三次後發覺者甚衆。若從寬典，是竊盜反重於強盜矣。上是其言。至是特頒恩詔：嗣後，大盜案件將造意爲首者正法，餘俱減等，發黑龍江等處。著爲令。互見徒流門。臣等謹按：舊例強盜不分首從皆斬立決，夥盜減等之旨，蓋於無可生中求一線可生之路，誠自古未有之仁政也。至雍正四年，九卿有欲停夥盜減等之議者。世宗憲皇帝特降諭旨，照舊遵行，仍恐行之既久，官吏捕役悉知此例，或將愚劣無能之輩逼令自承盜首，而奸狡積惡反或入於夥盜之中，得邀減等。令將此條另立檔案。首載聖祖仁皇帝諭旨，次將凡因盜案所降諭旨存案遵行。遇有盜案，令地方各官詳察案內情形，其實在爲盜及被人誘脅者一一註明，令大學士九卿會同法司定擬，有應減等者，將緣由聲明。蓋不使國家格外之恩或爲奸人倖生之路，則積惡者既無敢妄希漏網，輕於犯法，而情之稍有可原者亦得身邀寬典，開其自新，此則我朝明刑弼教之至意也。

《皇朝文獻通考》卷二〇三《刑考九·徒流配没》　臣等謹按《虞書》流宥五刑曰：五宅三居。《周禮》以嘉石役罷民，曰：三年、二年、一年而後舍。蓋皆量罪人所犯，而分地定期以懲艾之。至於竄殛放流郊遂寄棘則投畀遠荒，終身不齒所自防也。馬端臨考歷代以迄。臣等續纂五朝刑考，徒流配没各有等差。本朝國初風淳政簡，律令所著，鞭責以上遂至大辟，經列聖遞爲折衷。我皇上隨時損益，凡不忍罷於法而懲其害於民者，五徒三流及準徒發遣，諸條釐然大備。臣等考刑制已詳載前卷矣。兹考所載，自順治年始，若夫酌罪重輕，量地遠近，或因革舊例，或改發新疆，使徒隸有全軀自新之門，無聚處爲匪之患。而國家收耕屯防禦之益，則竄民皆遷其地而爲良。所爲聖天子明刑弼教，簡不肖以絀惡，而成虞周之盛治者，於是乎在。臣等謹條繫類纂於篇。

《皇朝文獻通考》卷二一〇《經籍考十·史》　德洋恩溥，故黎庶樂業，中外阜康，慎重刑章，哀矜庶獄，每於奏讞明允之中施仁法外。嚴寒停遣，盛夏弛刑，大逆寬族誅，叛人無孥戮，如天好生之德，洽於民心，欽恤之仁，無以加矣。

《皇朝文獻通考》卷二一五《經籍考十五·子》　衍至德之義，則仁義禮智信之説備矣；衍要道之義，則君臣、父子、夫婦、昆弟、朋友之倫備矣。衍教所由生之義，則禮樂政刑之屬備矣。衍五孝而皆以愛敬爲本，明貴賤之所同也。由天子之敬親推之，則郊丘宗廟典禮之義備矣。由天子之愛親推之，則仁民育物撫綏愛養之義備矣。無非敬也，無非愛也，即無非孝也。遞而至于諸侯之不驕不溢，卿大夫之法服法言法行，士庶人之忠順事上，謹身節用，何一非愛敬之義，推而極之，通于神明，貫乎天地，夫寧有涯際乎哉！

《皇朝續文獻通考》卷二四八《刑考七·刑制》　又浙江巡撫增韞奏，參考刑律草案，略稱化民之道，禮教爲先，禮教所不能化者，則施刑罰以濟其窮，此法律所由設也。漢唐以前，民氣樸厚，律法尚簡，降及後世，民情變幻莫測，遂多設科條以爲補救，見行條例繁苛冗沓之弊，誠所難免。近年宏開海禁，中外大同，揆諸見今情勢，誠難墨守舊例。此次新定刑律草案，採取各國之成規，詳考中國之沿革，發明注意，詮述理由，纂訂至爲詳博。惟改革之初，必須適合風俗人心，方足以垂永久而資遵守。奴才愚慮所及，有不能已於言者。夫尊君親上，禮教之大防，見行律例如危害乘輿車駕者，惟合和御藥及乘御服御物有失誤之文，餘無過失寬刑之典，誠以君上尊嚴懔乎不可侵犯。今草案增設過失一條，治以二三等有期徒刑及罰金，竊取御物亦僅處以徒刑，是使奸民得以藉詞卸脱，啓其窺玩之心，而犯者衆。中國風俗如干犯倫常敗壞名教，既爲人心所同惡，即爲國法所不容。今草案傷害尊親至成殘廢，貸其死罪，將使倫紀綱常幡然廢棄，則忤逆之徒罔知儆畏，非所以安上而全下也。強盜得財及以藥迷人得財，舊律均擬死罪，今草案處以三等以上有期徒刑，一旦限滿釋放，更無忌憚，得以肆行。其兇惡殺死人命，不問案情輕重，任審判官隨案規定，斷難平允，非所以除暴而安良也。以上數端，妨害禮教民情，及於民間之生命財産大有關係。此外，與中國風俗人心，寬嚴輕重互有出入之處，以及語涉疑似者甚多，兹特擇其最要數條加以按語，另繕清單以備聖明甄擇。總之，刑法變更可以與時爲進止，不容削足以適履。倫常名教斷難自棄防閑，鋤惡懲奸尤宜加重刑典。若徒慕文明概從寬濫，竊恐法權未握，内潰先形，馴至不可收拾。查中國見在教育、審判、警察、監獄各規制諸未完善，前經修訂法律大臣等奏請先編定見行律爲推行新律之預備，仰懇天恩敕下修訂法律大臣趕將見行律編定頒行，一面將新刑律草案覆加考核，妥慎釐訂，期於中國禮教民情悉相符合，以仰副朝廷明慎用刑之至意。

又： 又河南巡撫吴重熹奏：簽註刑律總分則草案略稱，刑與禮相維繫，《白虎通》曰：禮爲有知設，刑爲無知設。唐律猶承此旨。前明未戾唐制，我朝損益變通，如秋審制度之規定，已具博愛主義。近年復免除凌遲梟示，停止緣坐笞杖，薄海同欽。惟自中外交通，刑法互異，通商口岸，裁判之權移於領事，誠有不得不改之勢。然其中有不盡適用，不可偏廢者：一曰流刑暫緩廢止也。總則主刑之種類，死刑之下，直接徒刑分有期、無期，俱禁之獄，定其勞役。其無期徒刑，監禁逾十年以上，仍許假出獄。此係採用日本最新學説。第查日本舊時刑法，徒流人犯不分無期有期移居島地，後經停止。中國腹地諸省，生齒日繁，罪人日增，邊省戶口畸零，地多遺利。上年東三省督臣徐世昌等奏，准軍流人犯移以實邊，蓋此項囚徒罪不至死。禁之內地，督令服役，何如流諸邊境，俾充墾荒開礦等苦工較爲有害。臣以爲無期徒刑不如改爲無期流刑，其配所除東三省外，新疆、藏蒙一律遣派。其情節兇惡者，或到配後酌加監禁年限，或以兵法部勒之。其有期徒刑之最長期以下，不妨執行於內地監獄。一曰比附未可刪除也。比罪之法最古，亦以人情萬變，科條不能賅。唐律出罪舉重明輕，入罪舉輕明重，誠不能無愛憎之弊。明律改爲引律比附，加減定擬。問刑者有所依據，以律爲衡，即不能憑空比引。我朝益昭慎重，凡援引比附者，均請旨遵行。原奏採日法，指斥比附，於第十條明定，律無正條，不論何種行爲，概不爲罪。亦慮執簡御繁，不無滲漏，遂於一罪懸數等之刑，並列數十元以至數千元之罰，則由裁判官申縮於臨時。竊恐不肖官吏初無畏難，苟安之心轉有骫法營私之便。一曰罰金不合定爲主刑也。見行律例於收贖諸條大率施之於情節較輕，及應受笞杖人犯，其常赦所不原者，概不准收贖。草案於罰金定爲主刑，凡因過失致尊親屬於死或篤疾者，按照律例俱在不原之列。悉以罰金與拘留徒刑併科者，又失之嚴。如四十三條之例，受五等有期徒刑及拘留，得以一日折算一元，易以罰金，刑既可以易金。四十五條之第二項，罰金確定後，無資力完納者，以一日折算半元，易以監禁，金又可以易刑，是使豪財者玩法，絀貲者罹刑，止奸不足，長惡有餘。且監禁日數不得逾三年。罰金定額多至三千元，以半元折一日計算。三千元之罰，應處六千日之監禁，乃以不過三年爲限，負罰愈巨，處分愈輕，尤非情法之平。其他關於帝室之罪，姦非之罪，殺傷之罪，修訂者芸人舍己未免自壞禮防，籤註者義正詞嚴，所以力持名教，要之根本，中之根本。以實施教養爲先務。但使人民知識日進，游惰者少，不至輕罹刑網，目闊節疏，或能適用。否則刑罰失中，民之手足無措，遑論有裨時艱。得旨：修訂法律大臣法部彙核具奏。

（清）陳秉直　魏象樞《上諭合律鄉約全書》 總制府李老大人，當萑苻竊發之時，猶勤勤于勞來綏靖，先德化而後兵刑，卒能使伏莽向化，匕鬯無驚，謂非端本澄源之得其要歟。予承乏視學，受命承教已久。今復恭誦是書，不啻日月之經天，江河之行地。良師保之提命于耳目，賢者可以範躬，愚者亦可以救過，而聖天子廣運之德與。

《盛京滿文檔案中的律令・天聰九年》 至漢文《通鑑》之外，其他典籍所載，如交戰幾何，逞施法術之語，皆係虛妄。此等書籍傳之國中，無知之人必信之。當停其編譯。又漢人稱其國君者，無論有道無道，概曰天子。怎知其必爲天子？天下非一人之天下，必有德者乃定天下，稱有德者爲天子可矣。今我承天佑，爲我國之主，豈敢遂以爲天之子，爲天所親愛乎？倘不行善道，不體天心，則上天降譴，另擇賢能爲國主，此乃天意也。

（漢）孔鮒《孔叢子》卷上《論書》 子張問曰：堯舜之世，一人不刑而天下治，何則？以教誡而愛深也。龍子以爲一夫而被以五刑，敢問何謂？孔子曰：不然。五刑所以佐教也，龍子未可謂能爲書也。

（漢）孔鮒《孔叢子》卷上《刑論》 仲弓問古之刑教與今之刑教。孔子曰：古之刑省，今之刑繁。其爲教，古有禮然後有刑，是以刑省。今無禮以教而齊之以刑，刑是以繁。《書》曰：伯夷降典，折民維刑，謂下禮以教之，然後維以刑折之也。夫無禮則民無恥，而正之以刑，故民苟免。孔子適衛，衛將軍文子問曰：吾聞魯公父氏不能聽獄，信乎？孔子答曰：不知其不能也。夫公父氏之聽獄，有罪者懼，無罪者恥。文子曰：有罪者懼，是聽之察，刑之當也。無罪者恥，何乎？孔子曰：齊之以禮，則民恥矣。刑以止刑，則民懼矣。文子曰：今齊之以刑，刑猶弗勝，何禮之齊？孔子曰：以禮齊民，譬之於御，則轡也。以刑齊民，譬之於御，則鞭也。執轡於此而動於彼，御之良也。無轡而用策，則馬失道矣。文子曰：以御言之，右手執轡，左手運策，不亦速乎。若徒轡無策，馬何懼哉？孔子曰：吾聞古之善御者，執轡如組，兩驂如舞，非策之助也。是以先王盛於禮而薄於刑，故民從命。今也廢禮而尚刑，故民彌暴。文子曰：吳越之俗，無禮而亦治，何也？孔子曰：夫吳越之俗，男女無别，同厠而浴，民輕相犯，故其刑重而不勝，由無禮也。中國之教，爲外内以别男女，異器服以殊等類，故其民篤而法，其刑輕而勝，由有禮也。孔子曰：民之所以生者，衣食也。上不教民，民匱其生，饑寒切於身而不爲非者，寡矣。故古之於盜，惡之而不殺也。今不先其教而一殺之，是以罰行而善不反，刑張而罪不省。夫赤子知慕其父母，由審故也。況爲政者，奪其賢者而與其不賢，以化民乎。知審此二者，則上盜息。《書》曰：茲殷罰有倫。子張問曰：何謂也？孔子曰：不失其理之謂也。今諸侯不同德，每君異法，折獄無倫，以意爲限，是故知法之難也。子張曰：古之知法者，與今之知法者異乎？孔子曰：古之知法者能遠。能遠者正其源而以禮教先之。今之知法者不失有罪。不失有罪，其於怨寡矣。能遠則於獄，其防深矣。寡怨近乎濫，防深治乎本。《書》曰：維敬五刑，以成三德。言敬刑所以爲德也。《書》曰：非從維從。孔子曰：君子之於人也，有不語也，無不聽也，況聽訟乎，必盡其辭矣。夫聽訟者，或從其情，或從其辭。辭不可從，必斷以情。《書》曰：人有小罪，非眚，乃惟終，自作不典。式爾，有厥罪小，乃不可不殺。乃有大罪，非終，乃爲眚災，適爾，既道極厥辜，時乃不可殺。曾子問聽獄之術，孔子曰：其大法也，三焉。治必以寬，寬之之術歸於察。察之之術歸於義，是故聽而不寬是亂也。寬而不察是慢也。察而不中義是私也，私則民怨。故善聽者雖不越辭，辭不越情，情不越義。《書》曰：上下比罰，亡僭亂辭。《書》曰：哀矜折獄。仲弓問曰：何謂也？孔子曰：古之聽訟者，察貧賤，哀孤獨，及鰥寡老弱，不肖而無告者，雖得其情，必哀矜之。死者不可生，斷者不可屬。若老而刑之謂之悖，弱而刑之謂之剋。不赦過謂之逆，率過以小罪謂之枳。一作疻，猶傷也。夫過則宜宥，若率以小罪亦傷乎義。故有過赦小罪，老弱不受刑，先王之道也。《書》曰：大辟疑赦。又曰：與其殺不辜，寧失不經。《書》曰：若保赤子。子張問曰：聽訟可以若此乎？孔子曰：可哉。古之聽訟者，惡其意，不惡其人。求所以生之，不得其所以生，乃刑之。君必與衆共焉，愛民而重弃之也。今之聽訟者，不惡其意而惡其人，求所以殺，是反古之道也。孟氏之臣叛，武伯問孔子曰：如之何？答曰：臣人而叛，天下所不容也。其將自反，子姑待之。三旬果自歸孟氏。武伯將執之，訪于夫子。夫子曰：無也。子之於臣，禮意不至。是以去子。今其自反，罪以反除，又何執焉。子修禮以待之，則臣去子將安往。武伯乃止。

(漢)賈誼《新書》卷六《春秋》　楚惠王食寒葅而得蛭，因遂吞之。腹有疾而不能食，令尹入問曰：王安得此疾。王曰：我食寒葅而得蛭。念譴之而不行其罪乎，是法廢而威不立也，非所聞也。譴而行誅，則庖宰、監食者，法皆當死，心又弗忍也。故吾恐蛭之見也，遂吞之。令尹避席再拜而賀曰：臣聞皇天無親，惟德是輔。王有仁德，天之所奉也。病不爲傷。是夕也，惠王之後而蛭出，故其久病心腹之積皆愈。故天之視聽，不可謂不察。

(明)丘濬《大學衍義補》卷一一二《慎刑憲・存欽恤之心》　〔唐〕憲宗時，李吉甫、李絳爲相。吉甫言：治天下必任賞罰。陛下頻降赦令，蠲逋賑飢，恩德至矣。然典刑未舉，中外有懈怠心。絳曰：今天下雖未大治，亦不甚亂，乃古平國用中典之時。自古欲治之君，必先德化，至暴亂中國乃專任刑法。吉甫之言過矣。帝以爲然。司空于頔亦諷帝用刑，嘗謂宰相曰：頔懷奸謀欲朕失人心也。

(清)方以智《藥地炮莊》卷三《大宗師》　小修曰：刑爲禮殺，盡安居也。禮爲翼隨，順世行也。譚云：刑禮一顛倒，先王用刑制禮初心被此老覷破矣。看莊毒眼，殺字上加一綽字，便見無厭足王妙用。

(清)張怡《玉光劍氣集》卷七《吏治》　晉江鄭公懋中令程鄉，治先禮儀，不尚法律。民謠曰：鄭公真長者，教令不煩徭役寡。斯民相見何嘻嘻，昔日無羊今有馬。

(清)顧炎武《日知録》卷三《大車》　豈不爾思？畏子不敢。民免而無耻也。雖速我訟，亦不女從，有耻且格也。

(清)顧炎武《日知録》卷七《變齊變魯》　變魯而至於道者，道之以德，齊之以禮。變齊而至於魯者，道之以政，齊之以刑。

（唐）虞世南《北堂書鈔》卷二七《論政》　政有細目，法有大綱，振裘持領，舉綱收網。應璩。引其紀，萬目起，引其綱，萬目張。《春秋》。以一國目視，故視莫明焉。以一國耳聽，故聽莫聰焉。《韓子》。爲政在人，爲政以德，政有三品。《説苑》。政道有三。《魏書》。堯舜不易民而治治，桀紂不易民而治亂。《荀子》。善治者使盜跖可信，不善治者使伯夷可疑。德惟善政，政在養民。禮以體政，政以正民。《春秋》。道之以政，齊之以刑，民免而無恥。道之以德，齊之以禮，有恥且格。先之以博愛而民莫遺其親，先之以敬讓而民不爭；導之以禮樂，而民和睦；示之以好惡，而民知禁；陳之以德義，而民興行。並《孝經》。政如農功，日夜思之，思其始而成其終。政莫如猛，望而畏之。並《春秋》。政如冰霜，姦軌消亡。舜云。治國若烹小鮮。《老子》。治民如御奔馬。《説苑》。治國不以禮，猶無耜而耕。裁國無利器，猶以鈆刀。《阮子》。治國若耨去其害苗者而已。《淮南子》。治亂民猶治亂繩。《漢書》。治煩事如治亂髮，禮樂，治之粉澤。賞罰，國之粉黛。《韓子》。託是非於賞罰，屬輕重於權衡。《韓子》。末產不禁，則民無恥。《管子》。齊其政，不易其宜；修其教，不易其俗。其教不肅而成，其政不嚴而治，成其德教而行其政令。並《孝經》。節用而愛人，使民以時。不務其德而安民。《春秋》。官爵以勸民。《韓子》。官職相序君臣相正。辨上下定民志。守我理因自然。《韓子》。親仁善鄰。《春秋》。悦近來遠。《家語》。因能受禄，莫敢索官。《韓子》。利君之禄，焉敢不報。《韓子》。與其使食浮於人，寧使人浮於食。爲國富民，帝王富其民。並《管子》。弗富不足無人，不興無以合親。《六韜》。何以守位，曰仁；何以聚人，曰財。王者藏於天下，諸侯藏於百姓。《韓詩》。野與市爭民，家與府爭貨。《管子》。足食足兵，民信之矣。擇可勞而勞之。因民之所利而利之。利以得民。《韓子》。利以平民，利以安民。《春秋》。利而勿害，四達不悖，則王道備；四民用足，則國家安樂。黄石公。治國之難在知賢。《列子》。民非賢則不治，俗非智則不振。杜預。案名察實，選才去能。因任而授官，修名而責實。《周書》。因事施功，仍使効才。《劉子》。【略】治化貴簡易，法令不欲多。應璩。無反無側，不僭不濫，不貴異物，民乃足，不寶遠物，則遠人格。不尚賢，使民不爭。不貴貨，使民不盜。《老子》。罷無益之巧，棄難得之貨。潘尼。不履其事則亂也，漫於政者害於國。《管子》。政不正則君位危。危以動，則民不與。政寬則姦易禁，政急則姦難絶。《物理論》。法出而姦生。《董子》。刑肅而俗弊。刑罰不中，無所措手足。緩法重刑非治平之理。民怨者傷國，民勞者傷國。《劉子》。知之者昌，不知者亡。吏不徇功，民不私力。四疑不破，損身失國。《韓子》。四維不張，國乃滅亡。《管子》。

（唐）白居易《白氏六帖事類集》卷八《天子孝》　至德要道。子曰：先王有至德要道，以順天下，民用和睦，上下無怨。德之本，夫孝德之本也，教之所由生也。加於百姓，刑于四海。以德教，蓋天子之孝。君子篤於親，則民興於仁。君子謂在上也。民德歸厚，聖人則之。夫孝，天之經也，地之義也。是以其教不肅而成，其政不嚴而治，其所固者，本也。本，謂孝也。

（唐）白居易《白氏六帖事類集》卷一一《君臣》　有君臣，然後禮義有所錯。《易》。諸臣之位君，天也，天可逃乎。子文孫箴尹克黄云。天子無客禮，莫敢爲主焉。君適，其臣升自阼階，不敢有其室也。《禮》。忠臣不絫名。事君不避難，有罪不逃刑。魏絳。養人如子。君道也。仰之如日月。臣之奉君。

（唐）白居易《白氏六帖事類集》卷一二《弊政》　浚恒凶。《周易》以深刻爲常也。不迪率典。不躬不親。杼軸其空。徹我牆屋，田卒汙萊。不勝其敝。政散民亡。事充政重。政不率法，而制於心。苟簡之理。苟於權利，簡於仁義。政以賄成，而政放於寵。巧法折律，飾文增辭。貨行於言，罪成於手。《後漢書》。刑肅而俗敝，布常無藝。藝，法制也。道殣相望，而女富溢尤。殣，餓死。神怒人怨。上下相蒙。君爲政，勿鹵莽。《莊子》。無惻隱之實。商君遺禮義。賈誼曰：商君遺禮義，弃仁恩，故秦人家富，子壯則出分；家貧，子壯則出贅。借父耰鉏，慮有德色。母取其箒，立而誶語。注：誶，獨罵也。滅天理而窮人欲。愚弄其民。官邪。讒慝弘多。慢令致期。專政。張湯每奏事，日旰至，天子忘食，丞相充位而已，天下皆決於湯。縣官所興未獲利，奸吏並侵漁，於是痛繩以罪。自公卿以下至於庶人，莫不指湯。

（唐）白居易《白氏六帖事類集》卷一二《暴政酷政附》　暴殄天物，以蕩陵德。慢令致期，慢神虐人。不戒視成謂之暴。暴君污吏，慢其經戒。《孟子》。朝令暮具。苛政猛於虎。上慢下暴。敷虐於百姓。天吏逸德。烈於猛火。惟威惟虐。依勢作威。報虐以威。滅德作威。以民爲土芥。殺人以逞。不教而殺。束濕甯成操下，如束濕薪。一怒。寧值乳虎，不值甯成一怒。重足一迹。人畏甯成。蒼鷹。人号郅都爲蒼鷹。法令嘗密矣，然姦愈甚。上下相遁。遁，避也。武健嚴酷，鷹擊毛摯，爲理義縱。足吾事矣。王温舒爲河内，具私馬五十匹。驛奏事不過二日，得報。郡中驚其神速。時於旁郡追求賊，會春至。温舒歎曰：令冬月益展一月，足吾事矣。

（唐）白居易《白氏六帖事類集》卷一二《典法》 慎徽五典。《書》。儀式刑文王之典。日靖四方，雖無老成人，尚有典刑。施典於邦國。《周禮·太宰》：乃施典於邦國，施則于都鄙，施法于官府。法則以馭其害。大夫以法相序，士以信相考。（周禮）制事典。趙宣子言爲政也。（周）公之典在。紂屏弃典刑。典法非訖於威，惟訖於富。盡在魯矣。（周）蔿敖爲宰，擇楚國之令典，能用典矣。典法無更。《莊子》。率由舊章。三辟之興皆叔世也。三代之法，不起於盛時。叔向與子産之書云云。藏在盟府可以覆視也。汝司典之後。籍譚。謹爾侯度，公共理具。張釋之曰：法者天下公共。法爲理具。畫一。法有起奸。夫魯有初。《禮》。採周之舊。《傳》。

（唐）白居易《白氏六帖事類集》卷二八《寇賊》 《禮》曰：臣弑君，子弑父，凡在官者殺無赦。殺其人，壞其室，汙其宮而瀦焉。罪莫大焉。有常無赦。以干先王之誅。以災于厥身。刑亂國。用重也。脅從。附。殲厥渠魁，脅從罔治。舊染汙俗，咸與惟新。《書·胤征》羲和之辭。蚩尤作亂，延于平人。言延及平善之人。

（南朝宋）劉義慶《世説新語》卷二《政事》 桓公在荆州，全欲以德被江漢，恥以威刑肅物。令史受杖，正從朱衣上過。桓式年少，從外來式，桓歆小字也。《桓氏譜》曰：歆字叔道，温第三子，仕至尚書。云：向從閣下過，見令史受杖，上捎雲根，下拂地足，意譏不著。桓公云：我猶患其重。簡文爲相，事動經年，然後得過。桓公甚患其遲，常加勸勉。太宗曰：一日萬機，那得速？《尚書·皋陶謨》：一日萬機。孔安國曰：幾，微也。言當戒懼萬事之微。

（明）朱元璋《明太祖文集》卷三《制·刑部尚書開濟誥文》 制刑之道，始至聖，發大仁。及其行也，才非王佐，衷非惻隱，何克先聖賢之制，斯非貪愚要名者善知。若官得其人，海岳無震湧之災，天無紊度之曜，百川循流，四瀆弗溢，商樂經營，農樂種樹，百工技藝無不美其仁，所以盡寰宇人皆居於壽域之中。是蓋謂官掌刑者，當致有彝倫不整而自倫，攸敘不理而自敘，是皆刑當其罪也。仁惻於仁人，至聖之道行焉。朕嘗命官職，古司寇之任，必欲仁有施而法中罪。何小人無知，倒持仁義，法加善良，病國殃民，愈治愈亂，已多年矣。朕觀爾開濟至智之士，特授以司寇之職，資善大夫、刑部尚書，但願明理條章，仁法並施而允。《書》不云乎：欽哉！欽哉！惟刑之恤哉！朕不簡辭，特意不二，以誥諭之。汝往。欽哉！

（明）朱元璋《明太祖文集》卷四《誥命·禮部尚書誥》 昔聖人之馭天下也，必先彝倫而攸敘，立條置目綱以張維之。册書曰令，頒布臣民，使遵守之。則富貴貧賤有別，長幼咸安。若去此道而欲天下安，未之有也。故重其禮者，蓋爲國之治道。非禮則無法。若專法而無禮，則又非法也。所以禮之爲用，表也；法之爲用，裏也。昔漢初會中，有以劍刃柱者，因是而叔孫通以綿蕝而制周旋，使百辟皆循軌度以成列方，乃儀表上下。朕法前代，特設官備禮，協和神人，務得通今古、博羣書、明於禮而善周旋者，乃爲是任。今朕命爾某爲禮部某官，爾勤點諸儀，使不失其節，則汝佳焉。

（清）方苞《方苞集·集外文》卷八《家訓三首·教忠祠禁》 《周官》以鄉三物教萬民，以鄉八刑糾之。閭胥掌觥、撻罰之事。惟學校射飲，罰用觥。撻則施於庶民爲多。古者大宗、小宗皆有收族之責，而仕者禄皆足以仁其族，故教可行。【略】

孔子論刑罰之原，起於不孝，不孝生於不仁，不仁生於喪祭之禮不行。祭者，喪之哀慕不能忘，而申之以追養者也。喪禮而不行，則人道息矣。《周官》之法：不睦不姻，不任不恤，皆有刑焉。今吾於子孫，不敢求以人道之備也，惟喪禮必大爲之防而已。亦不敢責以喪禮之全也，惟入宿于内則閑不得踰而已。

《皇朝經世文編》卷七五《兵政六·保甲下》 惠士奇《訛言》 周禮八刑，造言居一，及其衰也，訛言莫懲。降自秦漢，妖言者死。三者起於妖，成於造，傳於訛也。憑諸物，假諸靈，一夫説，萬夫騰。無翼而飛，無趾而行。疑鬼疑神，使民無故而相驚，縱而弗問耶，則恐因是而爲亂也。【略】蓋不靜則昏，昏則其法紊。靜則明，明則其法平。未有不鎮以靜而能繩以法者。抑又聞之，妖則有形，訛則有聲，妖訛相仍，姦宄其興。鄭之亂也以蛇鬬，秦之亡也以狐鳴，誰得禁之？又誰得誅之？是以君子不恃法而修德存之誠行之信。誠信立，妖訛息，彼造言者，何恃而爲亂哉！

《皇朝經世文編》卷九〇《刑政一·刑論》王友亮《書唐律後》 唐虞尚德以化民，政其迹也。刑以輔政之窮，又居末焉。三代聖人，雖辟以止辟，而哀矜惻怛之意，恒寓乎其間。【略】自秦以來，德不足而恃政，政不足而恃刑。【略】老子曰：民不畏死，奈何以死懼之。民非真不畏死也。刑得其平，殺一而懲百，畏之至也。若夫無所措手足，乃始忘其樂生之心，蹈死而不懼，如是則懼移於上矣。上能以民之不懼爲懼，而後可以懼。民之懼於已然，不若懼之於未然，故律尚焉。律非一代，説者羣推漢唐。漢去秦苛，唐承隋亂，皆求適中故也。今漢律久佚，惟《唐律》具存，計篇二十，計卷三十。國朝定律，參稽往制，損益以歸于大中，煌煌乎遵行，萬世而無弊。所取資者，獨于唐律居多。余重其爲法家所從濫觴也，校而録之。

《皇朝經世文新編》卷四《法律》闕名《掌故學》 刑獄烏乎始？始於禮，成於律，出入於誡諭禁令。天地之生，有毛人、羽人、倮人之族，於是乎有争奪殺害，毛人、羽人不能自治，倮人能自治之，於是有禮以治牝牡交際飲食出入之事。禮之所不能禁者，則爲誅殺戮辱以威之，故有刀鉆鑽鑿桁楊徽墨之屬若干事。大罪入大名，小罪入小名，於是乎有律。律禮者一成之憲，不可以盡天下之事，於是乎按百事之名實，比類依誼，條爲章程，曲爲號令。獄疑不具，治禮之生，援經意而斷之；明律之吏，取一人之意旨而施之，故例不能無出入，律例具矣，按獄之官，治獄之吏，習律之師弟子，通于禮本，精於名治，深於律術，是以吏無賕法，民無枉訟。秦漢以來，律學寖微，舞文於刀筆之吏，專決於雄武之主，苟且之治不足述。請言《周禮》，司寇之職以達於府史、小吏之屬，其入官蓋莫不由學，治獄之官慎矣。自國以及都鄉之屬，輕繫重囚，以時緩决，圜土以治罷民，肺石達之，嘉石平之，治獄之所飭矣。五刑之屬三千，上下蔽罪，原父子之親，立君臣之義以權之。意論輕重之比，慎測淺深之量以別之。悉其聰明，致其忠愛以盡之。正聽之，司寇覆之，三公參之，疑獄與衆共之，庶民共之，羣吏共之，習獄之師弟子繁矣。

（清）趙翼《陔餘叢考》卷一《康誥文與左傳不合》 《左傳》曰季引《康誥》曰：父不慈，子不孝，兄不友，弟不恭，不相及也。又《齊侯使公孫青聘衛篇》，亦引《康誥》曰：父子兄弟罪不相及。兩處所引大意相同，則其爲《康誥》原文可知。而今《康誥》無此語，但云子弗祗服厥父事，父不能字厥子，弟弗克恭厥兄，兄亦大不友於弟。其下即曰刑茲無赦，無所謂罪不相及者。將謂誤在左氏，則不應兩處俱誤。將謂誤在今所傳《尚書》，則不應今古文又相同也。豈其由伏生遺脱，而孔安國以隸書譯寫古文時，凡伏生今文所有者，不復細加翻譯，悉仍其舊，因與《左傳》所引原文稍有不合耶？

（清）劉坤一《劉坤一遺集·書牘》卷一二《復趙展如光緒二十三年二月二十一日》 此案端委，尊指雖無遲交扣謄明條，因有不准繼燭嚴例二語，洵亦片言居要。科場則例，本極嚴明，條款既多，准駁互見。愚生俗儒，不識精意之所在，往往斷章取義，藉逞刀風。業經嚴切批飭，當可以資懲儆。事關掄才大典，中外皆許陳言。惟弟來自田間，蚤從軍旅，未嘗學問，敢議典章？况當鄰警迭乘，籌防孔亟，羽書旁午，金布紛羅，更恐以詹詹小言，取憎多口。執事現在都門，又監臨任内之事，政刑與德禮本來相輔而行，似可封章入告，飭部核議頒行，以垂令式，庶棘闈之積習可挽，南省之霑丐無窮。來軫可循，去思彌永，伏望賢者理而董之。

（清）康有爲《春秋董氏學·春秋禮·刑罰》 誅受令，恩衛葆，以正囹圄之平也。《王道》。

誅犯始者，省刑，絶惡疾始也。同上。

法不刑有懷任新産者，是月不殺。聽朔廢刑發德，具存二王之後也。《三代改制》。

法不刑有身懷任，是月不殺。聽朔廢刑發德，具存二王之後也。法不刑有身重懷藏以養微，是月不殺。聽朔廢刑發德，具存二王之後也。

正刑多隱，親戚多諱。

正刑多隱，親戚多赦。

正刑天法。

正刑文公。並同上。

此刑之三統也。

挺羣禁，出輕繫，去稽留，除桎梏。《五行順逆》。

民本分部

論　說

《周易正義·益》䷩震下巽上。益：利有攸往，利涉大川。疏：正義曰：益者，增足之名，損上益下，故謂之益。下已有矣，而上更益之，明聖人利物之无已也。損卦則損下益上，益卦則損上益下，得名皆就下而不據上者。向秀云：明王之道，志在惠下，故取下謂之損，與下謂之益。既上行惠下之道，利益萬物，動而无違，何往不利，故曰利有攸往。以益涉難，理絶險阻，故曰利涉大川。

《彖》曰：益，損上益下，民説无疆。震，陽也。巽，陰也。巽非違震者也。處上而巽，不違於下，損上益下之謂也。疏：正義曰：此就二體釋卦名之義。柔損在上，剛動在下，上巽不違於下，損上益下之義也。既居上者能自損以益下，則下民懽説，无復疆限。益卦所以名益者，正以損上益下，民説无疆者也。自上下下，其道大光。利有攸往，中正有慶。五處中正，自上下下，故有慶也。以中正有慶之德，有攸往也，何適而不利哉！疏：正義曰：此就九五之爻，釋利有攸往，中正有慶也。五處中正，能自上下下，則其道光大，爲天下之所慶順也。以中正有慶之德，故所往无不利焉。益之所以利有攸往者，正謂中正有慶故也。利涉大川，木道乃行。木者，以涉大川爲常而不溺者也。以益涉難，同乎木也。疏：正義曰：此取譬以釋利涉大川也。木體輕浮，以涉大川爲常而不溺也。以益涉難，如木道之涉川。涉川无害，方見益之爲利，故云利涉大川，木道乃行也。益動而巽，日進无疆。天施地生，其益无方。損上益下。疏：正義曰：益動而巽，日進无疆者，自此已下，廣明益義。前則就二體明損上益下以釋卦名，以下有動求，上能巽接，是損上益下之義。今執二體更明得益之方也。若動而驕盈，則彼損无已。若動而卑巽，則進益无疆，故曰益動而巽，日進无疆。天施地生，其益无方者，此就天地廣明益之大義也。天施氣於地，地受氣而化生，亦是損上益下義也。其施化之益，无有方所，故曰天施地生，其益无方。凡益之道，與時偕行。益之爲用，施未足也。滿而益之，害之道也。故凡益之道，與時偕行也。疏：正義曰：雖施益无方，不可恒用，當應時行之，故舉凡益揔結之，故曰凡益之道，與時偕行也。

《周易正義·井》䷯巽下坎上。井：改邑不改井，井，以不變爲德者也。疏：正義曰：井者，物象之名也。古者穿地取水，以瓶引汲，謂之爲井。此卦明君子脩德養民，有常不變，終始无改，養物不窮，莫過乎井，故以修德之卦取譬名之井焉。改邑不改井者，以下明井有常德，此明井體有常，邑雖遷移而井體无改，故云改邑不改井也。无喪无得，德有常也。疏：正義曰：此明井用有常德，終日引汲，未嘗言損；終日泉注，未嘗言益，故曰无喪无得也。往來井井。不渝變也。疏：正義曰：此明性常。井井，絜静之貌也。往者來者，皆使潔静，不以人有往來，改其洗濯之性，故曰往來井井也。汔至亦未繘井，已來至而未出井也。羸其瓶，凶。井道以已出爲功也。幾至而覆，與未汲同也。疏：正義曰：此下明井誡，言井功難成也。汔，幾也。幾，近也。繘，綆也。雖汲水以至井上，然綆出猶未離井口，而鉤羸其瓶而覆之也。棄其方成之功，雖有出井之勞，而與未汲不異，喻今人行常德，須善始令終。若有初无終，則必致凶咎，故曰汔至亦未繘井，羸其瓶，凶。言亦者，不必之辭，言不必有如此不克終者。計覆一瓶之水，何足言凶？以喻人之修德不成，又云但取喻人之德行不恒，不能慎終如始，故就人言凶也。

《彖》曰：巽乎水而上水，井。音舉上之上。疏：正義曰：此就二體釋井之名義。此卦坎爲水在上，巽爲木在下，又巽爲入，以木入於水而又上水，井之象也。注音舉上之上。正義曰：嫌讀爲去聲，故音之也。井養而不窮也，改邑不改井，乃以剛中也。以剛處中，故能定居其所而不變也。疏：正義曰：井養而不窮者，歎美井德，愈汲愈生，給養於人，无有窮已也。改邑不改井，乃以剛中也者，此釋井體有常，由於二五也。二五以剛居中，故能定居其所而不改變也。不釋往來二德者，无喪无得，往來井井，皆由以剛居中，更无他義，故不具舉經文也。汔至亦未繘井，未有功也。井以已成爲功。疏：正義曰：水未及用，則井功未成，其猶人德未被物，亦是功德未就也。羸其瓶，是以凶也。疏：正義曰：汲水未出而覆，喻脩德未成而止，所以致凶也。

《象》曰：木上有水，井，君子以勞民勸相。木上有水，井之象也。上水以養，養而不窮者也。相猶助也。可以勞民勸助，莫若養而不窮也。疏：正義曰：木上有水，則是上水之象，所以爲井。君子以勞民勸相者，勞謂勞賚，相猶助也。井之爲義，汲養而不窮，君子以勞來之恩，勤恤民隱，勸助百姓，使有成功，則此養而不窮也。

《周易正義·兑》☱兑下兑上。兑：亨，利貞。疏：正義曰：兑，説也。《説卦》曰：説萬物者莫説乎澤。以兑是象澤之卦，故以兑爲名。澤以潤生萬物，所以萬物皆説；施於人事，猶人君以恩惠養民，民无不説也。惠施民説，所以爲亨。以説説物，恐陷諂邪，其利在於貞正。故曰兑，亨利貞。

《彖》曰：兑，説也。剛中而柔外，説以利貞，説而違剛則諂，則而違説則暴。剛中而柔外，所以説以利貞也。剛中，故利貞，柔外，故説亨。疏：正義曰：兑，説也者，訓卦名也。剛中而柔外，説以利貞者，此就二、五以剛居中，上六、六三以柔處外，釋兑亨利貞之義也。外雖柔説，而内德剛正，則不畏邪諂。内雖剛正，而外迹柔説，則不憂侵暴。只爲剛中而柔外，中外相濟，故得説亨而利貞也。是以順乎天而應乎人。天剛而不失説者也。疏：正義曰：廣明説義，合於天人。天爲剛德而有柔克，是剛而不失其説也。今説以利貞，是上順乎天也。人心説於惠澤，能以惠澤説人，是下應乎人也。説以先民，民忘其勞；説以犯難，民忘其死。説之大，民勸矣哉！疏：正義曰：説以先民，民忘其勞以下，歎美説之所致，亦申明應人之法，先以説豫撫民，然後使之從事，則民皆竭力忘其從事之勞，故曰説以先民，民忘其勞也。説以犯難，民忘其死者，先以説豫勞民，然後使之犯難，則民皆授命，忘其犯難之死，故曰説以犯難，民忘其死也。施説於人，所致如此，豈非説義之大，能使民勸勉矣哉！故曰説之大，民勸矣哉。

《周易正義·節》節。【略】九五：甘節，吉。往有尚。當位居中，爲節之主不失其中，不傷財，不害民之謂也。爲節之不苦，非甘而何？術斯以往，往有尚也。疏：正義曰：甘者，不苦之名也。九五居於尊位，得正履中，能以中正爲節之主，則當《彖》曰節以制度，不傷財，不害民之謂也。爲節而無傷害，則是不苦而甘，所以得吉，故曰甘節，吉。以此而行，所往皆有嘉尚，故曰往有尚也。象曰：甘節之吉，居位中也。疏：正義曰：居位中者，以居尊位而得中，故致甘節之吉也。

《尚書正義·虞書·皋陶謨》天聰明，自我民聰明。言天因民而降之福，民所歸者天命之。天視聽人君之行，用民爲聰明。天明畏，自我民明威。天明可畏，亦用民成其威。民所叛者天討之，是天明可畏之効。畏如字，徐音威，馬本作威。達于上下，敬哉有土！言天所賞罰，惟善惡所在，不避貴賤。有土之君，不可不敬懼。皋陶曰：朕言惠，可厎行。其所陳九德以下之言，順于古道，可致行。禹曰：俞，乃言厎可績。然其所陳，從而美之曰：用汝言，致可以立功。皋陶曰：予未有知思，曰贊贊襄哉！言我未有所知，未能思致於善，徒亦贊奏上古行事而言之。因禹美之，承以謙辭，言之序。知如字，徐音智。思如字，徐音息吏反。襄，息羊反，上也。馬云：因也。案《爾雅》作儴，因也，如羊反。疏：天聰至襄哉。正義曰：此承上懋哉以下言所勉之者。以天之聰明視聽，觀人有德。用我民以爲耳目之聰明，察人言善者，天意歸賞之。又天之明德可畏，天威者，用我民言惡而叛之，因討而伐之，成其明威。天所賞罰，達於上下，不避貴賤，故須敬哉，有土之君！皋陶既陳此戒，欲其言入之，故曰：我之此言，順於古道，可致行，不可忽也。禹即受之曰：然，汝言用而致可以立功。重其言以深戒帝。皋陶乃承之以謙曰：我未有所知，未能思致於善，我所言曰，徒贊奏上古所行而言之哉！非己知思而所自能。是其謙也。傳言天至聰明。正義曰：皇天無心，以百姓之心爲心。此經大意言民之所欲，天必從之。聰明謂聞見也，天之所聞見，用民之所聞見也。然則聰明直是見聞之義，其言未有善惡；以下言明威，是天降之禍，知此聰明是天降之福。此即《泰誓》所云天聽自我民聽，天視自我視。故民所歸者，天命之。大而言之，民所歸就，天命之爲天子也。小而言之，雖公卿大夫之任，亦爲民所歸向，乃得居之。此文主於天子，故言天視聽人君之行，用民爲聰明，戒天子使順民心，受天之福也。傳言天至敬懼。正義曰：上句有賞罰，故言天所賞罰，不避貴賤。此之達於上下，言天子亦不免也。《喪服》鄭玄注云：天子諸侯及卿大夫有地者皆曰君。即此有土可兼大夫以上。但此文本意實主於天子，戒天子不可不敬懼也。傳言我至之序。正義曰：皋陶自言可致行，禹言致可績，此承而爲謙，知其自言未有所知，未能思致於善也。思字屬上句。王肅云：贊贊猶贊奏也。顯氏云：襄，上也。謂贊奏上古行事而言之也。經云曰者，謂我上所言也。傳不訓襄爲上，已從襄陵而釋之。故二劉並以襄爲因，若必爲因，孔傳無容不訓其意。言進習上古行事，因贊成其辭而言之也。傳雖不訓襄字，其義當如王説。皋陶慮忽之，自云言順可行。因禹美之，即承謙辭。一揚一抑，言之次序也。鄭玄云：贊，明也。襄之言暢，言我未有所知，所思徒贊明帝德，暢我忠言而已。謙也。

《尚書正義·夏書·五之子歌》其一曰：皇祖有訓，民可近，不可下，皇，君也。君祖禹有訓戒。近，謂親之。下，謂失分。近，附近之近。分，扶問反。民惟邦本，本固邦寧。言人君當固民以安國。予視天下，愚夫愚婦，一能勝予，言能畏敬小民，所以得衆心。一人三失，怨豈在明？不見是圖。三失，過非一也。不見是謀，備其微。三如字，又息暫反。見，賢遍反。予臨兆民，懍乎若朽索之馭六馬，十萬曰億，十億曰兆，言多。懍，危貌。朽，腐也。腐索馭六馬，言危懼甚。懍，力甚反。朽，許久反。馭音御。腐，扶甫反。爲人上者，柰何不敬？能敬則不驕，在上不驕，則高而不危。疏：其一至不敬。正義曰：我君祖大禹有訓戒之事，言民可親近，不可卑賤輕下。令其失分，則人懷怨，則事上之心不固矣。民惟邦國之本，本固則邦寧。言在上不可使人怨也。我視天下之民，愚夫愚婦，一能過勝我，安得不敬畏之也？所以畏其怨者，一人之身，三度有失；凡所過失，爲人所怨，豈在明著？大過皆由小事而起。言小事不妨，易致大過，故于不見細微之時，當於是豫圖謀之，使人不怨也。我臨兆民之上，常畏人怨，懍懍乎危懼，若腐索之馭六馬。索絶則馬逸，言危懼之甚。人之可畏如是，爲民上者柰何不敬愼乎？怨太康之不恤下民也。傳皇君至失分。正義曰：皇，君，《釋詁》文。述禹之戒，知君祖是禹，禹有訓也。民可近者，據君爲文。近謂親近之也，下謂卑下輕忽之，失本分也。奪其農時，勞以横役，是失分也，故下云予視天下，愚夫愚婦，一能勝予，是畏敬下民也。傳言能至衆心。正義曰：我視愚夫愚婦，當能勝我身，是畏敬小民也。由能畏敬小民，故以小民從命，是得衆心也。

（宋）蔡沈《書經集傳・夏書・五子之歌》 其一曰：皇祖有訓，民可近，不可下。民惟邦本，本固邦寧。此禹之訓也。皇，大也。君之與民，以勢而言，則尊卑之分，如霄壤之不侔。以情而言，則相須以安，猶身體之相資以生也。故勢疎則離，情親則合。以其親，故謂之近。以其疎，故謂之下。言其可親而不可疎之也。且民者國之本，本固而後國安，本既不固，則雖強如秦，富如隋，終亦滅亡而已矣。其一其二，或長幼之序，或作歌之序，不可知也。

《尚書正義・商書・咸有一德》 后非民罔使，民非后罔事。君以使民自尊，民以事君自生。無自廣以狹人，匹夫匹婦，不獲自盡，民主罔與成厥功。上有狹人之心，則下無所自盡矣。言先盡其心，然後乃能盡其力，人君所以成功。狹，户夾反。盡，徐子忍反，注同。疏：無自至厥功。正義曰：既言君民相須，又戒王虚心待物。凡爲人主，無得自爲廣大，以狹小前人，忽自以所知爲大，謂彼所知爲小。若謂彼狹小，必待之輕薄。彼知遇薄，則意不自盡。匹夫匹婦不得自盡其意，則在下不肯親上，在上不得下情，如是則人主無與成其功也。

《尚書正義・周書・泰誓中》 天視自我民視，天聽自我民聽。言天因民以視聽，民所惡者天誅之。惡，烏路反，一音如字。百姓有過，在予一人。己能無惡於民，民之有過，在我教不至。疏：百姓有過，在予一人。正義曰：言此者，以上云民之所惡，天必誅之，己今有善，不爲民之所惡，天必佑我。令教化百姓，若不教百姓，使有罪過，實在我一人之身。此百姓與下百姓懍懍，皆謂天下衆民也。

《尚書正義・周書・康誥》 天畏棐忱，民情大可見，小人難保。天德可畏，以其輔誠。人情大可見，以小人難安。棐音匪，又芳鬼反。忱，市林反。往盡乃心，無康好逸豫，乃其乂民。往當盡汝心爲政，無自安好逸豫寬身，其乃治民。往盡盡，徐子忍反。好，呼報反。我聞曰：怨不在大，亦不在小，惠不惠，懋不懋。不在大，起於小；不在小，小至於大。言怨不可爲，故當使不順者順，不勉者勉。懋音茂。已！汝惟小子，乃服惟弘王，應保殷民，已乎！汝惟小子，乃當服行德政，惟弘大王道，上以應天，下以安我所受殷之民衆。應，應對之應，注同，徐於甑反。亦惟助王宅天命，作新民。弘王道，安殷民，亦所以惟助王者居順天命，爲民日新之教。疏：王曰嗚呼小至新民。正義曰：所明而云行天人之德者，其要在於治民，故言王曰：嗚呼！小子封，治民爲善而除惡政，當如痛病在汝身欲去之，敬行我言哉！所以去惡政者，以天德可畏者，以其輔誠故也。以民情大率可見，所以可見者，以小人難保也。安之既難，其往治之，當盡汝之爲政，無自安好逸豫而寬縱，乃其可以治民。我聞古遺言曰，人之怨不在事大，或由小事而起。雖由小事而起，亦不恒在事小，因小至大。是爲民所怨，事不可爲。當使施順；令不順者順。勉力勸行，令不勉者勉。則其怨小大都消，令汝消怨者。已乎！汝惟小子，乃當服行政德，惟弘大王道，上以應天，下以安我所受殷民。不但汝身所當行，此亦惟助王者居順天命，爲民日新之教。傳恫痛至我言。正義曰：恫聲類於痛，故恫爲痛也。瘝，病，《釋詁》文。以痛病在汝身以述治民，故務除惡政如己病也。戒之而言敬，故知敬行我言也。鄭玄云：刑罰及己爲痛病。其義不及去惡若己病也。傳天德至難安。正義曰：人情所以大可見者，以小人難安爲可見，故須安之。傳不在至者勉。正義曰：以致怨恐謂由大惡，故云不在大，起於小，言怨由小事起。不在小者，謂爲怨不恒在小，言其初小，漸至於大怨，故使不順者順，不勉者勉，其怨自消也。傳弘王至之教。正義曰：亦所以惟助王者，言非直康叔身行有益，亦惟助王者居順天命，爲民日新之教，謂漸致太平，政教日日益新也。

（宋）蔡沈《書經集傳・周書・康誥》 王曰：嗚呼！封，有敘，時乃大明服，惟民其勑懋和。若有疾，惟民其畢棄咎。若保赤子，惟民其康乂。有敘者，刑罰有次序也。明者，明其罰。服者，服其民也。左氏曰：乃大明服，已則不明，而殺人以逞，不亦難乎。勑，戒勑也。民其戒勑而勉於和順也。若有疾者，以去疾之心去惡也，故民皆棄咎。若保赤子者，以保子之心保善也，故民其安治。

（清）牟庭《同文尚書・周書・康誥》 王曰：嗚呼！封，汝念哉！今民汝將在祗遹乃文考，紹聞衣德言。往敷求于殷先哲王，用保乂民。汝丕不遠近惟商耇成人，宅心知訓。別求聞由古先哲王，用康保民。弘于天，若德裕乃身，不廢在王命。【略】

庭按：周公稱王歎而言曰：嗚呼！封，今者保民之事，汝當熟念之哉。汝念之將在敬述汝文考，紹繼前聞，依據文王之德言，又往衛邦近求殷先哲王所以安治此民者。若汝不近惟商老成人，是寄託汝心而聞知其謨訓，乃欲別求聞自古先哲王所以康保其民之説，則汝弘大矣乎！與天相若之德，徒優饒于汝身，自爲名高而功不及于民，則是汝雖在王命而不能服習其職業也。可無念哉。

王曰：嗚呼！小子封，恫瘝乃身，敬哉！天畏棐忱，民情大可見，小人難保。往盡乃心，無康好逸豫，乃其乂民。我聞曰：怨不在大，亦不在小，惠不惠，懋不懋。已！惟汝小子，乃服惟弘王，應惟保殷民，亦惟助王宅天命，作新民。【略】

庭按：周公王歎而言曰：嗚呼！小子封，在王命者非優裕汝之身，而實痛病汝之身。汝敬之哉！天命可畏，而人不見之，或者非信有之也。而民情之向背，是惟大可見者，故其可畏，甚于天也。小人易離而難保，汝往衛邦，竭盡汝心，無有安康、美好、逸樂、豫游之暇，乃其惟治民之務，是痛病汝之身也。我聞古之言曰，怨之所在，不在大于我者。大于我者，乃我所事，可怨而不可怨也。亦不在小，小于我者，乃我之所養，可怨而不可怨也。大者不惠愛于畜我，而我惟惠愛以事之，是惠于不惠也。小者不懋勉于事我，而我惟懋勉以愛之，是懋于不懋也。如是何怨之有也熙乎！汝年惟是小子！而汝所服事，惟更宏大于我成王也。衛邦所受殷遺民，惟汝當保安之。我成王宅中受天命，作治新民，亦惟在茲東土，當佐治之，此何如宏大也。

（清）牟庭《同文尚書·周書·康誥》 王曰：嗚呼！封，敬哉！無作怨，無用非謀非彝。蔽時忱，丕則敏德，用康乃心，顧顯乃德，遠乃猷，裕乃以民寧，不汝瑕何殄腆。【略】

庭按：周公王歎而言曰：嗚呼！封乎，汝敬之哉！無以民不靜而忿疾之作，爲怨讎也；無以譎詐非謀，縱弛非彝，種種假術，當此保民之真事也。不作怨，不用非謀非彝，則惟敏勉于用德矣。用德則上下相安，猜疑不作，是康安汝之心也。恩意宣著，心事光明，是顯著汝之德也。今如流水渙汙，無阻又遠施汝之猷裕也。如是，乃以民安寧，豈不美哉。不如是，雖享國富貴，而汝何以爲美。

《尚書正義·周書·酒誥》 古人有言曰：人無於水監，當於民監。古賢聖有言，人無於水監，當於民監。視水見己形，視民行事見吉凶。監，工陷反，下及注同。今惟殷墜厥命，我其可不大監撫于時？今惟殷紂無道，墜失天命，我其可不大視此爲戒，撫安天下於是？疏：王曰封予至于時。正義曰：既陳殷之戒酒與嗜酒以致興亡異，故誥之，王命言曰：封，我不惟若此徒多出言以誥汝而已，我自戒酒，已親行之，汝可法之也。所以親行者，古人有言曰：人無於水監，當於民監。以水監但見己形，以民監知成敗故也。以須民監之故，今殷紂無道，墜失其天命，我其可不大視以爲戒，撫安天下於今時也？

《禮記正義·緇衣》 子曰：民以君爲心，君以民爲體。心莊則體舒，心肅則容敬。心好之，身必安之；君好之，民必欲之。心以體全，亦以體傷；君以民存，亦以民亡。莊，齊莊也。好，呼報反。齊，側皆反。《詩》云：昔吾有先正，其言明且清，國家以寧，都邑以成，庶民以生。誰能秉國成？不自爲正，卒勞百姓。先正，先君長也。誰能秉國成，傷，今無此人也。成，邦之八成也。誰能秉行之，不自以所爲者正，盡勞來百姓憂念之者與？疾時大臣專功爭美。昔吾有先正，從此至庶民以生，摠五句，今《詩》皆無此語，餘在《小雅·節南山篇》或皆逸《詩》也。清，舊才性反，一云此《詩》協韻，宜如字。上先正，當音征。誰能秉國成，《毛詩》無能字。勞，力報反，注勞來同。《詩》依字讀。長，丁丈反。來，力再反。與音餘。《君雅》曰：夏日暑雨，小民惟曰怨。資冬祁寒，小民亦惟曰怨。雅，《書序》作牙，假借字也。《君雅》，周穆王司徒作，《尚書》篇名也。資，當爲至，齊魯之語，聲之誤也。祁之言是也，齊西偏之語也。夏日暑雨，小民怨天，至冬是寒，小民又怨天，言民恒多怨，爲其君難。雅音牙，注同，《尚書》作牙。夏日，戶嫁反，注同，《尚書》無日字。資，依注音至《尚書》作咨，連上句云怨咨。祁，巨依反，徐巨尸反，《字林》上尸反。

疏：子曰至曰怨。正義曰：此論君人相須，言養人之道，不可不慎也。《詩》云：昔吾有先正，其言明且清者，此逸《詩》也，正，長也。詩人稱昔吾之有先君正長，其教令之言，分明且清絜，國家所以安也。都邑所以成也，庶人所以生也。誰能秉國成，不自爲正，卒勞百姓者，卒，盡也，言詩人傷今無復有先正之賢，故云今日誰能執國之八成，不自爲正，又當謙退之。不自爲正者，得其正道，能用仁恩，盡勞來百姓，言今無復有如此之人。疾時大臣，惟專功爭美，各自爲是也。《君雅》曰：夏日暑雨，小民惟曰怨者，此穆王命君牙之辭也，言民心難稱，所怨恒多，夏日暑熱及雨，天之常道，細小之人，惟曰怨咨也。資冬祈寒，小民亦惟曰怨者，至於冬日，是大寒之時，小人亦惟曰怨。猶言君政雖曰得當，人怨之不已，是治民難也。注成，邦之八成也。正義曰：案《周禮·小宰》職云：掌以官府之八成，經邦治：一曰聽政役以比居，二曰聽師田以簡稽，三曰聽閭里以版圖，四曰聽稱責以傅別，五曰聽禄位以禮命，六曰聽取予以書契，七曰聽賣買以質劑，八曰聽出入以要會，皆成事品式，以聽治於人。注雅書至字也。正義曰：言古牙字假雅字以爲牙，故《尚書》以爲君牙，此爲君雅。案《尚書》云：小民惟曰怨咨，今此本作資字，鄭又讀資當爲至，以鄭不見《古文尚書》故也。

《論語注疏・學而》　子曰：道千乘之國，注馬曰：道，謂爲之政教。《司馬法》：六尺爲步，步百爲畝，畝百爲夫，夫三爲屋，屋三爲井，井十爲通，通十爲成，成出革車一乘。然則千乘之賦，其地千成，居地方三百一十六里有畸，唯公侯之封乃能容之，雖大國之賦亦不是過焉。包曰：道，治也。千乘之國者，百里之國也。古者井田，方里爲井，十井爲乘，百里之國，適千乘也。融依《周禮》，包依《王制》、《孟子》，義疑，故兩存焉。敬事而信，注包曰：爲國者，舉事必敬慎，與民必誠信。節用而愛人，注包曰：節用，不奢侈。國以民爲本，故愛養之。使民以時。注包曰：作事使民，必以其時，不妨奪農務。音義：道，音導，本或作導。包云：治也。注：同乘，繩證反。注：同千乘大國之賦也。《司馬法》、《史記》齊景公時有司馬田穰苴善用兵。《周禮》司馬掌征伐。六國時，齊威王使大夫追論古者兵法，附穰苴於其中，凡一百五十篇，號曰《司馬法》。畸，居宜反，田之殘也。封，甫用反。又如字包依《王制》、《孟子》、《王制》及《孟子》皆以百里爲大國。侈，尺紙反，又尺氏反。疏

正義曰：此章論治大國之法也。馬融以爲道，謂爲之政教。千乘之國，爲公侯之國，方五百里、四百里者也。言爲政教以治公侯之國者，舉事必敬慎，與民必誠信，省節財用不奢侈，而愛養人民以爲國本，作事使民必以其時，不妨奪農務，此其爲政治國之要也。包氏以爲道，治也。千乘之國，百里之國也。夏即公侯，殷、周惟上公也，餘同。注：馬曰道至存焉。正義曰：以下篇，子曰：道之以政，故云道，謂爲之政教。《史記》齊景公時，有司馬田穰苴善用兵。《周禮》司馬掌征伐六國。時齊威王使大夫追論古者兵法，附穰苴於其中，凡一百五十篇，號曰《司馬法》此六尺曰步，危故令所在皆有出軍制。若從王伯之命，則依國之大小，出三軍、二軍、一軍也，若其前敵不服，用兵未已，則盡其境内皆使從軍，故復有此計地出軍之法。但鄉之出軍是正，故家出一人；計地所出則非常，故成出一車。以其非常，故優之也云道，治也者。以治國之法，不惟政教而已。下文道之以德，謂道德，故易之，但云：道，治也。

（清）劉寶楠《論語正義・學而》　子曰：道千乘之國，注：道謂爲之政教。包曰：道，治也。敬事而信，注：包曰：爲國者舉事必敬慎，與民必誠信。節用而愛人，注：包曰：節用不奢侈，國以民爲本，故愛養之。使民以時，注：包曰：作使民必以其時，不妨奪農務。

正義曰：【略】道本道路之名，人所循行。此政教，亦是示人以必行，故得曰道。包云治者，謂治之以政教。【略】《荀子・議兵篇》：慮必先事，而申之以敬，慎終如始，終始如一，夫是之謂大吉。凡百事之成也，必在敬之；其敗也，必在慢之。與民必誠信者，誠者，實也，言舉事必誠信也。事是政令，政令所以教民，故注以與民言之。《晉語》箕鄭曰：信於君心，則美惡不踰；信於民，則上下不干；信於令，則時無廢功；信於事，則民從事有業。【略】《説文》云：節，竹約也。引申爲節儉之義。《賈子・道術》云：費弗過適謂之節。《易・彖傳》：節以制度，不傷財，不害民。是人君不知節用，必致傷財，且害民也。奢侈者，奢張也。侈，汰也。《大戴禮・子張問入官》云：奢侈者，財之所以不足也。《管子・八觀篇》：國侈則用費，用費則民貧，民貧則姦智生，姦智生則邪巧作。故姦邪之所生，生於匱不足；匱不足之所生，生於侈；侈之所以生，生於無度。故曰審度量，節衣服，儉財用，禁侈泰，爲國之急也。國以民爲本者，注以愛人，人指民言。避下句民字，故言人耳。《穀梁》桓〔十〕四年《傳》：民者，君之本也。君主乎國，故國以民爲本。愛養者，養謂制民之産，有以養民，乃爲愛也。《説苑・政理篇》：武王間於太公曰：治國之道若何？太公對曰：治國之道，愛民而已。曰：愛民若何？曰：利之而勿害，成之勿敗，生之勿殺，與之勿奪，樂之勿苦，喜之勿怒。此治國之道，使民之誼也。民失其所務，則害之也。農失其時，則敗之也。有罪者重其罰，則殺之也。重賦斂者，則奪之也。多徭役以罷民力，則苦之也。勞而擾之，則怒之也。是皆言治國者當愛民也。

《論語注疏・顏淵》　子貢問政。子曰：足食，足兵，民信之矣。子貢曰：必不得已而去，於斯三者何先？曰：去兵。子貢曰：必不得已而去，於斯二者何先？曰：去食。自古皆有死，民無信不立。注：孔曰：死者，古今常道，人皆有之。治邦不可失信。音義：去，起吕反，下同。於斯三者一讀而去，於斯爲絶句。疏：正義曰：此章貴信也。子曰：足食，足兵，民信之矣者，此答爲政之事也。足食則人知禮節，足兵則不軌畏威，民信之則服命從化。子貢曰：必不得已而去，於斯三者何先者，子貢復問曰：若不獲已而除去，於此三者之中何者爲先？曰：去兵者，孔子答言，先去兵。以兵者凶器，民之殘也，財用之蠹也，故先去之。子貢曰：必不得已而去，於斯二者何先者，子貢復問：設若事不獲已，須要去之，於此食與信二者之中先去何者？曰：去食。自古皆有死，民無信不立者，孔子答言，二者之中先去食。夫食者，人命所須，去之則人死。而去食不去信者，言死者古今常道，人皆有之，治國不可失信，失信則國不立也。

又：　哀公問於有若曰：年饑，用不足，如之何？有若對曰：盍徹乎？注：鄭曰：盍何不也，周法什一而税謂之徹。徹，通也，爲天下之通法。曰：二，吾猶不足，如之何其徹也？注：孔曰：二，謂什二而税。對曰：百姓足，君孰與不足？百姓不足，君孰與足？注：孔曰：孰，誰也。音義：饑，居其反。鄭本作飢。盍，胡臘反。徹，直列反。税，舒鋭反。疏正義

曰：此章明稅法也。哀公問於有若曰：年饑，用不足，如之何者，魯君哀公問於孔子弟子有若曰：年穀不熟，國用不足，如之何使國用得足也？有若對曰：盍徹乎者，盍猶何不也。周法什一而稅謂之徹，徹，通也，爲天下之通法。有若意譏哀公重斂，故對曰：既國用不足，何不依通法而稅取乎？曰：二，吾猶不足，如之何其徹也者，二謂什二而稅。哀公不覺其譏，故又曰：什而稅二，吾之國用猶尚不足，如之何其依徹法什而稅一乎？對曰：百姓足，君孰與不足？百姓不足，君孰與足者，孰，誰也。哀公既言重斂之實，故有若又對以盍徹足用之理。言若依通法而稅，則百姓家給人足。百姓既足，上命有求則供，故曰：君誰與不足也。今君重斂，民則困窮，上命所須，無以供給，故曰：百姓不足，君孰與足也。注鄭曰至通法。正義曰：云周法什一而稅謂之徹者，《公羊傳》曰：古者什一而藉。古者曷爲什一而藉？什一者，天下之中正也。多乎什一，大桀小桀。寡乎什一，大貉小貉。什一者，天下之中正也。什一行而頌聲作矣。何休云：多取於民，比於桀。蠻貉無百官制度之費，稅薄。《穀梁傳》亦云：古者什一而藉。《孟子》云：夏后氏五十而貢，殷人七十而助，周人百畝而徹，其實皆什一也。趙岐注云：民耕五十畝者貢上五畝，耕七十畝者以七畝助公家，耕百畝者徹取十畝以爲賦，雖異名而多少同，故云皆什一也。《書傳》云十一者多矣，故杜預云：古者公田之法，十取其一，謂十畝內取一，舊法既已十畝取一矣，《春秋》魯宣公十五年初稅畝，又履其餘畝，更復十收其一，乃是十取其二，故此哀公曰：二，吾猶不足。謂十內稅二，猶尚不足，則從宣公之後，遂以十二爲常，故曰初稅。初稅十二自宣公始也。諸書皆言十一而稅，而《周禮·載師》云：凡任地，近郊十一，遠郊二十而三，甸稍縣都皆無過十二，漆林之征二十而五者，彼謂王畿之內所共多，故賦稅重；諸書所言什一，皆謂畿外之國，故此鄭玄云：什一而稅謂之徹。徹，通也，爲天下之通法。言天下皆什一耳，不言畿內亦什一也。《孟子》又曰：方里爲井，井九百畝。其中爲公田，八家皆私百畝，同養公田。公事畢，然後敢治私事。《漢書·食貨志》取彼意而爲之文云：井田方一里，是爲九夫。八家共之，各受私田百畝，公田十畝，是爲八百八十畝，餘二十畝爲廬舍。諸儒多用彼爲義。如彼所言，則家別一百一十畝，是爲十外稅一也。鄭玄《詩箋》云：井稅一夫，其田百畝。則九而稅一，其意異於《漢書》，不以《志》爲說也。又孟子對滕文公云：請野九一而助，國中什一使自賦。鄭玄《周禮·匠人注》引《孟子》此言乃云：是邦國亦異外內之法。則鄭玄以爲，諸侯郊外郊內其法不同，郊內什一使自賦其一；郊外九而助一，是爲二十而稅二。故鄭玄又云：諸侯謂之徹者，通其率以十一爲正。言郊內郊外相通其率爲十稅一也。杜預直云十取其一，則又異於鄭，唯謂一夫百畝，以十畝歸公。趙岐不解夏五十、殷七十之意，蓋古者人多田少，一夫唯得五十、七十畝耳。五十而貢，貢五畝；七十而助，助七畝，好惡取於此。鄭注《考工記》云：周制畿內用夏之貢法，邦國用殷之助法也。

（宋）朱熹《四書章句集注·論語集注·顏淵》 子貢問政。子曰：足食。足兵。民信之矣。

子貢曰：必不得已而去，於斯三者何先？曰：去兵。

子貢曰：必不得已而去，於斯二者何先？曰：去食。自古皆有死，民無信不立。

主倉廩實而武備修，然後教化行，而民信於我，不離叛也。【略】言食足而信孚，則無兵而守固矣。民無食必死，然死者人之所必不免。無信則雖生而無以自立，不若死之爲安。故寧死而不失信於民，使民亦寧死而不失信於我也。程子曰：孔門弟子善問，直窮到底，如此章者。非子貢不能問，非聖人不能答也。愚謂以人情而言，則兵食足而後吾之信可以孚於民。以民德而言，則信本人之所固有，非兵食所得而先也。是以爲政者，當身率其民而以死守之，不以危急而可棄也。

（清）劉寶楠《論語正義·顏淵》 子貢問政。子曰：足食，足兵，民信之矣。子貢曰：必不得已而去，於斯三者何先？曰：去兵。子貢曰：必不得已而去，於斯二者何先？曰：去食。自古皆有死，民無信不立。注：孔曰：死者，古今常道，人皆有之。治邦不可失信。正義曰：足食者。《禮·王制》云：冢宰制國用，必於歲之杪，五穀皆入，然後制國用。用地小大，視年之豐耗，以三十年之通，制國用。量入以爲出。又云：國無九年之蓄曰不足，無六年之蓄曰急，無三年之蓄曰國非其國也。《荀子·富國》篇云：足國之道，節用裕民，而善臧其餘。是足食由於能制國用，有餘蓄，則藏穀以備凶荒。《周官·倉人》云：掌粟入之藏，有餘則藏之，以待凶而頒之，是也。足兵者。《説文》云：兵，械也。從廾，持斤幷力之貌。《周官·司右·五兵》。注引《司馬法》曰：弓矢圍，殳矛守，戈戟助。兵本戰器，因而執兵之人亦曰兵。《左·隱四年》，諸侯之師，敗鄭徒兵。又襄元年，敗其徒兵於洧上，皆謂士卒也。此文足兵去兵，兼有兵器與人。顧氏炎武《日知録》謂以執兵之人爲兵，始於秦漢，非也。《春秋穀梁傳》天子有六軍，諸侯上國三軍，次國二軍，下國一軍。金氏鶚《禮》說：天子六軍，出于六鄉。大國三軍，出于三鄉。蓋家出一人爲兵也。又三遂亦有三軍，三鄉爲正卒。三遂爲副卒，鄉遂出兵而不出車，都鄙出車而不出兵。孔仲達成元年正甲疏云：古者天子用兵，先用六鄉。六鄉不足，取六遂。六遂不足，取都鄙及諸侯。若諸侯出兵，先盡三鄉三遂，鄉遂不足，然後編徵境內。賈公彥《小司徒》疏。亦云大國三軍，次國二軍，小國一軍，皆出于鄉遂，猶不止。偏境出之。今案兵制，咸有定額，所以患不足者，容民貧寡，不及出軍之數。又平時武事多未講，車甲朽頓，備防不設，此雖空有兵籍，實則不足觀。公孫輒言魯有名而無情，而晉車千乘，衛車甫及其半，皆由兵不足之故。故騋牝三千，詩人以美衛文。公車千乘，公徒三萬。閟宮又美魯僖，可見當時兵多不能足也。民信之者，民字當略讀，信謂上予民以信也。《大戴禮·王言》云：其禮可守，其信可復，其跡可履，其於信也。如四時春秋冬夏，其博有萬民也。如饑而食，如渴而飲，下土之人信之。若夫暑熱凍寒，遠若邇，非道邇也。及其明德也，是以兵革不動而威，用利不施而親，此之謂明王之守也。折衝乎千里之外。此之謂也。又《晉語》箕鄭對晉文公曰：信於君心，信於民。信於令，信於事。信於君心，則美惡不踰。信於民，則上下不干。信於令，則時無廢功。信於事，則民從事有業。咸以信爲政要，故夫子言道千乘之國。亦云敬事而信也，民信之與足食足兵爲三政，故子貢言於斯三者。鄭注云：政有此三者，則國彊也。言國彊者，明夫子此言爲國貧弱言之。若本彊國，但須民信之，不煩言足食足兵矣。不得已而去者，言三者本不宜去，若不得已，如國凶札禍裁之類，政不及備者乃去也。去兵，謂去力役之征。《周書·糴匡解》：年饑則兵備不制。又云男守疆，戎禁不出，是凶歲去兵。其時雖輕徭薄賦，然食政猶未去。所謂凶年則寡取之者也。去兵而有食與信，與民固守，自足立國也。去食者，謂去兵之後，勢猶難已。凡賦税皆蠲除，《周官·均人》所謂凶札，則無力政，無財賦，不收地守地職，又發倉廩以振貧窮。《周書·大匡解》農廩分鄉，鄉命受糧，成年不償，信誠匡助，以輔殖財，是凶荒去食也。若信則終不可去，故曰自古皆有死，民無信不立，明去兵去食，極其禍難，不過人君國滅身死，是自古人皆有死，死而君德無所可譏，民心終未能忘，雖死之日，猶生之年。況民戴其上，如手足之衛身，子弟之衛父兄。雖值危難，其猶可以濟。是故信者，上所以治民之準也。苟無信，雖足兵足食，猶不能守，況更值不得已，而兵食皆將去之乎。《晉語》云：晉饑，公問於箕鄭曰救饑何以，對曰信。又云：於是乎民知君心，貧而不懼，藏出如入，何匱之有。可知信能立國，雖箕鄭亦知此義矣。鄭此注云：言人所特急者，食也，自古皆有死，必不得已，食又可去也；民無信不立，言民所最急者，信也。皇疏引李充曰：朝聞道夕死，孔子之所貴；捨生取義，孟軻之所尚。自古有不亡之道，而無有不死之人，故有殺身非喪己，苟存非不亡己也。皇本民信上有令字，《釋文》於斯三者一讀，而去於斯爲絶句，又去兵下子貢曰。皇本無子貢二字。無信作不信。

(清) 劉寶楠《論語正義·子路》　子適衛，冉有僕。注：孔曰：孔子之衛，冉有御。子曰：庶矣哉！注：孔曰：庶，衆也。言衛人衆多。冉有曰：既庶矣，又何加焉？曰：富之。曰：既富矣，又何加焉？曰：教之。正義曰：孫氏奇逢《四書近指》：漢荀悦云：人不畏死，不可懼以罪；人不樂生，不可勸以善。故在上者，先豐民財，以定其志，是謂養生。禮教榮辱，以加君子，化其情也；桎梏鞭朴，以加小人，化其形也。若教化之廢，推中人而墜於小人之域，教化之行，引中人而納於君子之塗，是謂章化。按悦此語，與孔子富教之説相發明。今案：《管子·治國》云：凡治國之道，必先富民。民富則易治也，民貧則難治也。奚以知其然也？民富則安鄉重家；安鄉重家，則敬上畏罪；敬上畏罪，則易治也。民貧則危鄉輕家；危鄉輕家，則敢陵上犯禁；陵上犯禁，則難治也。亦言爲政宜先富民也。《孟子·梁惠王篇》：是故明君制民之産，必使仰足以事父母，俯足以畜妻子，樂歲終身飽，凶年免於死亡，然後趨而之善，故民之從之也輕。明富民當制民之産，民得恒産，乃易教也。《荀子·大略篇》：不富無以養民情，不教無以理民性。故家五畝宅，百畝田，務其業而勿奪其時，所以富之也。立大學，設庠序，修六禮，明十教，所以道之也。《詩》曰：飲之食之，教之誨之。王事具矣。

《孟子注疏·梁惠王章句上》　不違農時，穀不可勝食也。從此已下，爲王陳王道也。使民得三時務農，不違奪其要時，則五穀饒穰，不可勝食。數罟，不入洿池，魚鼈不可勝食也。數罟，密網也。密細之網，所以捕小魚鼈也，故禁之不得用。魚不滿尺不得食。斧斤以時入山林，材木不可勝用也。時謂草木零落之時，使材木茂暢，故有餘。穀與魚鼈不可勝食，材木不可勝用，是使民養生喪死無憾也。憾，恨也。民所用者足，故無恨。養生喪死無憾，王道之始也。王道先得民心，民心無恨，故言王道之始。

又：五畝之宅，樹之以桑，五十者可以衣帛矣。廬井、邑居各二畝半以爲宅，各入保城二畝半，故爲五畝也。樹桑牆下。古者年五十，乃衣帛矣。雞豚狗彘之畜，無失其時，七十者可以食肉矣。言孕字不失時也。七十不食肉不飽。百畝之田，勿奪其時，數口之家，可以無饑矣。一夫一婦，耕耨百畝。百畝之田，不可以徭役奪其時功，則家給人足。農夫上中下所食多少各有差，故摠言數口之家也。謹庠序之教，申之以孝悌之義，頒白者不負戴於道路矣。庠序者，教化之宫也。殷曰序，周曰庠。謹脩教化，申重孝悌之義。頒者，班也，頭半白班班者也。壯者代老，心各安之，故頒白者不負戴也。七十者衣帛食肉，黎民不饑不寒，然而不王者，未之有也。言百姓老稚温飽，禮義脩行，積之可以致王也。孟子欲以風王何不行此，可以王天下，有率土之民，何但望民多於鄰國？

又：曰：庖有肥肉，廄有肥馬，民有飢色，野有餓莩，此率獸而食人也。孟子言人君如此，率獸而食人也。獸相食，且人惡之，爲民父母，行政不免於率獸而食人，惡在其爲民父母也？虎狼食禽獸，人猶尚惡視之。牧民爲政，乃率禽獸食人，安在其爲民父母之道也。仲尼曰：始作俑者，其無後乎？爲其象人而用之也。如之何其使斯民飢而死也。俑，偶人也，用之送死。仲尼重人類，謂秦穆公時以三良殉葬，本由有作俑者也，惡其始造，故曰：此人其無後嗣乎？如之何其使斯民飢而死也。孟子陳此以教王愛其民也。疏：梁惠王曰至死也。正義曰：此一段宜與前段合爲一章，趙氏分别之。蓋言王者爲政之道，在生民爲首也。梁惠王曰：寡人願安承教者，是惠王願安意承受孟子之教令也。孟子對曰：殺人以梃與刃，有以異乎者，是孟子荅惠王，故託此而問惠王，言殺人以杖與刃，有以各異乎？云乎者，是又孟子未知惠王以爲如何，故疑之也。曰無以異者，是惠王荅孟子之問，言以杖殺人與刃殺人無以各異，是皆能殺人也。以刃與政，有以異乎者，孟子復問以刃與政殺人，有以異。曰無以異也者，惠王復曰政之殺人與刃之殺人，亦無以異也，言致人死則一也。曰：庖有肥肉，廄有肥馬，民有飢色，野有餓莩，此率獸而食人也者，是孟子之諷惠王也。言庖厨之間有肥肉，棧廄之中有肥馬，而民皆有飢餓之顔色，郊野之間又有餓而死者，此乃是王率獸而食人也。獸相食，且人惡之。爲民父母，行政不免於率獸而食人，惡在其爲民之父母也者，孟子言獸畜自相食，如虎狼食牛羊，且人猶尚惡見之，况爲民之父母，其於行政以治民，尚不免驅率獸而食人，安在其爲民之父母也？言行政如此，不足爲民之父母也。仲尼曰：始作俑者，其無後乎，是孟子引仲尼之言也。言仲尼有云始初作俑偶人者，其無後嗣乎？無他焉，是爲其象人而用之也，故後有秦穆公以生人從葬，故曰其無後嗣也。注梃，杖也。正義曰：《釋文》云：梃，木片也。注俑，偶人也。正義曰：《記》云孔子謂爲俑者不仁。《埤倉》云：木人送葬，設關而能踊跳，故名之曰俑。魯文公六年，秦穆公卒，以子車氏之三子奄息、仲行、鍼虎爲殉。杜預曰：以人從葬曰殉。《詩》有《黄鳥》之篇以哀三良是也。孟子諷之，故曰：如之何使斯民飢餓而死。

又：曰：無恒産而有恒心者，惟士爲能。若民則無恒産，因無恒心。孟子爲王陳其法也。恒，常也。産，生也。恒産，則民常可以生之業也。恒心，人常有善心也。惟有學士之心者，雖窮不失道，不求苟得耳。凡民迫於飢寒，則不能守其常善之心也。苟無恒心，放辟邪侈，無不爲已。及陷於罪，然後從而刑之，是罔民也。民誠無恒心，放溢辟邪，侈於姦利，犯罪觸刑，無所不爲，乃就刑之，是由張羅罔以罔民者也。焉有仁人在位，罔民而可爲也？安有仁人爲君，罔陷其民，是政何可爲也？是故明君制民之産，必使仰足以事父母，俯足以畜妻子，樂歲終身飽，凶年免於死亡。然後驅而之善，故民之從之也輕。言衣食足，知榮辱，故民從之，教化輕易也。今也制民之産，仰不足以事父母，俯不足以畜妻子，樂歲終身苦，凶年不免於死亡，此惟救死而恐不贍，奚暇治禮義哉！言今民困窮，救死恐凍餓而不給，何暇修禮行義乎？王欲行之，則盍反其本矣！五畝之宅，樹之以桑，五十者可以衣帛矣。雞豚狗彘之畜，無失其時，七十者可以食肉矣。百畝之田，勿奪其時，八口之家可以無飢矣。謹庠序之教，申之以孝悌之義，頒白者不負戴於道路矣。老者衣帛食肉，黎民不飢不寒，然而不王者，未之有也。其説與上同。八口之家，次上農夫也。孟子所以重言此者，乃王政之本、常生之道，故爲齊、梁之君各具陳之。當章究義，不嫌其重也。疏：齊宣王至未之有也。正義曰：此章言典籍攸載，帝王之道無傳霸者之事也。齊宣王問曰：齊桓晉文之事可得聞乎者？齊宣是齊威王之子辟彊是也，謚爲宣。言齊宣王問孟子曰：齊威公小白、晉文公重耳二霸之事，可得而聞之乎？孟子對曰：仲尼之徒，無道桓、文之事者，是以後世無傳焉，臣未之聞也者，是孟子荅齊宣王之言也。言自孔子之門徒，無有道及桓、文二霸者事，是以後世無傳焉，故臣于今未之曾聞知也。云臣者，是孟子對王而言，故自稱己爲臣也。無以，則王乎者，孟子言無以問及宓犧以來至文、武、周公之法，尚當以王者之道爲問耳。曰：德何如，則可以王矣者，齊宣又問孟子，言德當何如則可以爲王。曰保民而王，莫之能禦也者，孟子言當安民而爲之王，則天下之民莫之能止禦之也。曰若寡人者，可以保民乎哉者，宣王又自問只如寡人之德，可以安民乎？王恐德不足以安民，故問之也。曰可者，孟子言如王之德，可以安民也。曰何由知吾可也者，宣王又問孟子何緣而知吾之德可以安民。曰臣聞之胡齕曰：王坐於堂上，有牽牛而過堂下，王見之曰：牛何之至以羊易之者，是孟子因胡齕之言而荅宣王之問也。胡齕，王之左右近臣。言嘗聞胡齕曰王坐於廟堂之上，有牽牛自堂下而過者，王見之，而問牽牛者曰，其牛牽去何所？牽牛者對之曰，相將以爲釁鍾也。王對牽牛者曰：舍去之，我不忍其牛之恐慄，若無罪之人而就於所死之地者也。牽牛者又對曰：如若王之所不忍，則廢去釁鍾之禮與？王復與牽牛者曰：塗釁祭鍾之禮，何可得而廢？以羊更易之而已。不識有諸者，是孟子又未知齊宣王還是有此言，故問宣王曰不識有諸。曰有之者，宣王荅孟子，以爲是有此言也。曰是心足以王矣者，是孟子於此言知王有此不忍之心，故足以爲王矣。百姓皆以王爲愛也，臣固知王之不忍也者，孟子言然百姓盡以王爲愛財也，臣素知王有不忍之心，故如此也。王曰：然者，宣王復亦自謂百姓是有此疑也。誠有百姓者，齊國雖褊小，吾何愛一牛？即不忍其觳觫，若無罪而就死地，故以羊易之也者，宣王言誠有百姓以我爲愛財者，齊國雖曰褊小狹隘，我亦何獨止愛其一牛？即是不忍見其牛之恐慄，如無罪而就於所死之地，又爲釁鍾不可廢，故以羊更之也。宣王必以羊易牛者，以其羊之爲牲，次於牛也，故以羊易之。曰王無異於百姓之以王爲愛也，以小易大，彼惡知之？王若隱其無罪而就死地，則牛、羊何擇焉者，孟子對宣王，言王無怪百姓皆謂我爲愛財也，以羊之小而易牛之大，彼百姓之人安知王以爲不忍見其恐慄、又爲釁鍾不可廢，故以羊易之之意也，彼必曰王若隱痛不忍見牛若無罪而就所死之地，則牛與羊何擇焉？言羊之與牛，是皆若無罪而就死也，何獨擇取其牛而以羊就死也。王笑曰：是誠何心哉！我非愛其財而易之以羊也，宜乎百姓之謂我愛也者，是宣王自笑以其己之心不如是，故笑之也。笑而言曰：儻如此者，是何心哉！然我非愛其財，故以羊易牛也。云此者，宣王又疑孟子亦以爲然，故以此言復荅之也，宜乎百姓不知我之意，而謂我愛財也。曰：無傷也，是乃仁術也，見牛未見羊也。君子之於禽獸也，見其生，不忍見其死；聞其聲，不忍食其肉；是以君子遠庖厨也者，孟子復解王之自責之意也。言如此亦無傷害於爲王也，此亦爲仁之一術耳。無他，是見其牛之觳觫，未見其羊之觳觫也。凡君子之於禽獸，見其生貌，則不忍見其就死；聞其鳴聲，則不忍食其肉。是以君子之人，凡於庖厨烹炙之事所以遠去之也。王悦，曰：《詩》云：他人有心，予忖度之。夫子之謂也者，是宣王見孟子解其己意，故喜悦之，而引《詩》之文而言也。他人有心，予忖度之二句，是《小雅·巧言》之詩也，宣王引之，而爲如夫子之所謂也。云夫子者，宣王尊孟子爲夫子也。夫我乃行之，反而求之，不得吾心。夫子言之，於我心有戚戚焉者，宣王言我既行之事，尚且反而求之於己而不得其心之所之，自今夫子言之於我，心中戚戚然有動也。此心之所以合於王者，何也者，宣王言雖有是心，其所以得契合於王者，是如之何也？曰：有復於王者，曰吾力足以舉百鈞，而不足以舉一羽；明足以察秋毫之末，而不見輿薪，則王許之乎者，是孟子欲以此比喻而解王也。言今有人復白於王曰：我力能舉得三千斤之重，而不能舉一羽毛之輕；目之明能觀視其秋毫之末鋭而不能見一大車之薪木，則王信乎否乎？曰否者，是宣王荅之。曰凡如此云者，我不信也。今恩足以及禽獸，而功不至於百姓者，獨何與者，孟子復以此諷之也。言今王有恩德足以及其禽獸，而其功績不至於百姓者，王獨以爲何如？然則一羽之不舉，爲不用力焉；輿薪之不見，爲不用明焉；百姓之不見保，爲不用恩焉。故王之不王，不爲也，非不能也者，孟子又言苟如是一羽之輕所以不能舉者，爲其不用力也；一車薪之大所以不見之者，爲其不用明也；今百姓所以不見安者。爲其不用恩也。故王之所以不爲王，是王之不爲也，非不能也。曰不爲者與不能者之形何以異者，是宣王問孟子。言不爲與不能二狀，何以爲異也？曰挾太山以超北海，語人曰我不能，是誠不能也。爲長者折枝，語人曰我不能，是不爲也，非不能也。故王之不王，非挾太山以超北海之類也，是折枝之類也者，是孟子又以此比喻而解王問不爲與不能之異狀也。言今有人云挾太山而超過北海，而語人曰我不能挾太山超北海，此真不能也；如爲長者按摩手節，而語人曰我不能爲長者按摩手節，是恥見役使，但不爲之耳，非不能也；今王之所以不王，非是挾太山超北海之類也，是不爲長者折枝之類也，以其不爲之耳。老吾老，以及人之老；幼吾幼，以及人之幼；天下可運於掌者，是孟子欲以此教宣王也。言敬吾之所敬，以及他人之所敬者，愛吾之所愛，以及他人之所愛者，凡能推此而惠民，則治天下之大，止如運轉於掌上之易也。《詩》云：刑于寡妻，至于兄弟，以御于家邦者，是孟子引《大雅·思齊》之詩文也。言文王自正于寡妻，以至正于兄弟，自正于兄弟以至臨御于家邦。言凡此是能舉此心而加諸彼耳。故推恩足以保四海，不推恩無以保妻子。古之人所以大過人者，無他焉，善推其所爲而已矣者，孟子言爲君者但能推其恩惠，故足以安四海，苟不推恩惠，雖妻子亦不能安之。古之人君所以大過強於人者，無他事焉，獨能推其所爲恩惠耳。蓋所謂老吾老以及人之老，幼吾幼以及人之幼；又如《詩》云文王刑于寡妻，至于兄弟，以御于家邦；是其善推其所爲之意旨故也。今恩足以及禽獸，而功不至於百姓者，獨何與者，孟子復言非王不能，但不爲耳。故復云然。權，然後知輕重；度，然後知長短。物皆然，心爲甚，王請度之者，孟子又託物而諷王也。言爲之權與度，然尚能知其輕重長短，其權度之爲物也然尚皆然，而人心又甚於權度，故請王自忖度之耳。抑王興甲兵，危士臣，構怨於諸侯，然後快於心與者，抑，辭也，與《語》曰抑爲之不厭之抑同，孟子又以此數事而測王之意也。言抑是王欲興起甲兵以伐人，危士臣以即戎，不以爲危事，外結怨於諸侯，如此且然後快樂其心與。王曰否者，宣王荅之，以爲不如是也，言我何肯快心於此數事，我但將以求吾所大欲耳。曰王之所大欲，可得聞與者，是孟子欲知王之所大欲，故問之，曰：王大欲可得而聞之乎？王笑而不言，宣王知己之所欲甚大，但笑而不言也。曰爲肥甘不足於口與，輕煖不足於體與至不足使令於前與者，是孟子又以此四事而測王所大欲也。言王之所大欲，是爲其肥甘之味不足以供於口與？抑是其聲音之樂不足供聽於王之耳與？便嬖之幸不足使令於王之前與？采色之飾不足供視於王之目與？然此數事，而爲王之諸臣者皆足以供奉王矣，而王豈用爲此者與？故繼之曰：王之諸臣，皆足以供之，而王豈爲是哉？又曰否，吾不爲是者，宣王荅之曰：我不爲是四者之事也。曰然則王之所大欲可知已者，孟子言如是則王之大欲，我今可得知已。欲辟土地，朝秦、楚莅中國而撫四夷也者，孟子知王以此爲所大欲也。以若所爲，求若所欲，猶緣木而求魚也者，孟子言王如若以此欲開闢其土地而求其廣，又欲朝秦、楚之諸侯，以臨莅其中國而撫安四夷，爲所大欲，是若緣喬木之上而求其魚也。王曰：若是其甚與者，宣王亦謂己之大欲若此求魚之甚與？曰：殆有甚焉。緣木求魚，雖不得魚，無後災以若所爲，求若所欲，盡心力而爲之，後必有災者，孟子言王如此大欲，殆有甚於緣木求魚也，緣喬木而求魚，雖不得魚，又且無後災難所及，而王如若以所欲，假使盡心力而爲之，後亦必有大災難所及也。曰可得聞與者，是宣王又問孟子，欲求知其大災難也。曰鄒人與楚人戰，則王以爲孰勝者，孟子以此比喻而解王也。言鄒之小國，與楚之大國戰鬭，則王以爲誰國勝之？曰楚人勝者，宣王荅孟子，以爲楚之大國人勝之也。曰然則小固不可以敵大，寡固不可以敵衆，弱固不可以敵強者，孟子言如是則小國固不可敵大國，人之寡少固不可以敵人之衆多，劣弱固不可以敵強悍也。海内之地，方千里者九，齊集有其一，以一服八，何以異於鄒敵楚哉者，孟子又言今海内之地，方千里者有九，而齊國但集而有一，且以一而服八，是何以異於鄒國之小而敵楚國之大哉？言與此無異也。王如欲服之，蓋當反行王道之本耳，故云蓋亦反其本矣。今王發政施仁至孰能禦之者，孟子於此教宣王王道之本也。言今王發政而施仁，使天下爲之仕者皆欲立於王之朝廷，耕者皆欲耕作於王之郊野，商賈皆欲藏於王之市，行旅皆欲出於王之道塗，凡天下欲疾惡其君者又皆欲奔赴王而告愬之，其如此，天下皆歸之，誰能止禦之也。商賈，《漢書》云：通財鬻貨曰商。《白虎通》云：賣曰賈。行旅者，師旅也。《説文》云：軍，五百人也。王曰：吾惽，不能進於是矣。願夫子輔吾志，明以教我。我雖不敏，請嘗試之者，宣王欲孟子明其王道而教之也，故曰我之惽亂，不能進於此仁政，願夫子輔吾志，明以教我。我雖不敏，請嘗試之者，宣王欲孟子明其王道而教之也，故曰我之惽亂，不能進於此仁政，願夫子輔我志，以明白教我也，我雖不能敏疾而行之，但請嘗試教之如何耳？曰：無恒產而有恒心者，惟士爲能。若民則無恒產，因無恒心。苟無恒心，放辟邪侈，無不爲已至未之有也者，是孟子爲宣王陳王道之本而教之者也。言無常生之業而有常善之心者，惟士人爲能有之。言士窮則獨善其身，不求苟得，故能有常心也。若民則迫於窮困，不能守其常善，苟無常生之業，遂因之而無常善之心。苟無常善之心，則放辟邪侈之事，無有不爲。及其陷溺於罪，然後又從而誅戮之，是若張羅網而罔民也。安有仁人之君在位，而以罔民而可爲之也？故明哲之君，制別民之生產，必使其民仰而上之則足以奉事父母，俯而下之則足以畜養妻子，豐樂之歲，終身飽足，凶荒之年，又免其死亡，然後驅率而從善教，故其民從其善教亦輕易也。自今之君制民之產，仰則不足以奉養父母，俯則不足以畜養妻子，雖豐樂之歲，終身又且勞苦；而凶荒之年，又不得免其死亡。如此，則民惟獨於救死尚恐其不足，何有閒暇而修治禮義哉。言無及修其禮義也。王欲行之，則盍反其本矣者，言王欲行之，則何不反其王道之本。五畝之宅至未之有也，是又孟子爲宣王陳王道之本，其説已在前，此更不解。

《孟子注疏・梁惠王章句下》 鄒與魯鬨，穆公問曰：吾有司死者三十三人，而民莫之死也。誅之則不可勝誅，不誅則疾視其長上之死而不救，如之何則可也。鬨，鬬聲也，猶構兵而鬬也。長上，軍帥也。鄒穆公忿其民不赴難而問其罰當謂何則可也。孟子對曰：凶年饑歲，君之民，老弱轉乎溝壑，壯者散而之四方者，幾千人矣，而君之倉廩實，府庫充，有司莫以告，是上慢而殘下也。言往者遭凶年之阨，民困如是。有司諸臣無告白於君有以賑救之，是上驕慢以殘賊其下也。曾子曰：戒之戒之，出乎爾者，反乎爾者也。曾子有言，上所出善惡之命，下終反之，不可不戒也。夫民今而後得反之也，君無尤焉。尤，過也。孟子言百姓乃今得反報諸臣不哀矜耳，君無過責之也。君行仁政，斯民親其上，死其長矣。君行仁恩，憂民困窮，則民化而親其上，死其長矣。疏：鄒與魯鬨至死其長矣。正義曰：此章言上恤其下，則下赴其難，惡出於己，則害及其身，如影響也。鄒與魯鬨者，言鄒國與魯國相鬬也。穆公問曰：吾有司死者三十三人，而民莫之死也，誅之則不可勝誅，不誅則疾視其長上之死而不救，如之何則可也者，是鄒穆公問孟子，言我國與魯國相鬬戰，而有司死者有三十三人，而民皆莫之死。我今欲誅亡其民，不可勝誅。不可勝誅者，是民衆之多，難以誅亡也。不誅其民，則我惡疾視其長上有司之死而不救之，故問孟子當何則可以誅亡也。孟子對曰：凶年饑歲，君之民老弱轉乎溝壑至是上慢而殘下也者，孟子荅穆公，以爲凶荒之年，而民皆飢餓，君之民人老羸者轉落死於溝壑之中，強壯者又離散之於四方者，幾近千人矣，而君之倉廩盈實，府庫充塞，爲君之有司者，皆莫以告白其上發倉廩以濟其食之不給，開府庫以佐其用之不足，如此則有司在民之上，而以驕慢殘害其下也。曾子曰：戒之戒之，出乎爾者，反乎爾者，孟子言曾子有云在戒慎之，戒慎之，以其凡有善惡之命，苟善之出乎爾，則終亦以善反歸乎爾也；苟出乎爾以惡，則其終反歸爾亦以惡也。夫民今而後得反之也，君無尤焉者，孟子言夫民今所以不救長上之死者，以其在凶荒饑饉之歲，君之有司不以告白其君發倉廩，開府庫，以救賑之，所以於今視其死而不救，以報之也。然非君之過也，是有司自取之爾，故曰君無尤焉。君行仁政，斯民親其上，死其長矣者，孟子言君能行仁爲政，則在下之民皆親其上，樂其君，而輕其死以爲其長上矣。注鬨鬬聲。釋云：鬨，鬬也，故曰猶搆兵而鬬也。

（宋）朱熹《四書章句集注・孟子集注・梁惠王章句上》 五畝之宅，樹之以桑，五十者可以衣帛矣；雞豚狗彘之畜，無失其時，七十者可以食肉矣；百畝之田，勿奪其時，數口之家可以無饑矣；謹庠序之教，申之以孝悌之養，頒白者不負戴于道路矣。七十者衣帛食肉，黎民不饑不寒，然而不王者，未之有也。衣，去聲。畜，敕六反。數，去聲。王，去聲。凡有天下者人稱之曰王，則平聲；據其身臨天下而言曰王，則去聲。后皆放此，五畝之宅，一夫所受，二畝半在田，二畝半在邑。田中不得有木，恐妨五谷，故于牆下植桑以供蠶事。五十始衰，非帛不暖，未五十者不得衣也。畜，養也。時，謂孕子之時，如孟春犧牲毋用牝之類也。七十非肉不飽，未七十者不得食也。百畝之田，亦一夫所受。至此則經界正，井地均，無不受田之家矣。庠序，皆學名也。申，重也，丁寧反復之意。善事父母爲孝，善事兄長爲悌。頒，與斑同，老人頭半白黑者也。負，任在背。戴，任在首。夫民衣食不足，則不暇治禮義；而飽暖無教，則又近于禽獸。故既富而教以孝悌，則人知愛親敬長而代其勞，不使之負戴于道路矣。衣帛食肉但言七十，舉重以見輕也。黎，黑也。黎民，黑髮之人，猶秦言黔首也。少壯之人，雖不得衣帛食肉，然亦不至於饑寒也。此言盡法制品節之詳，極裁成輔相之道，以左右民，是王道之成也。

又： 孟子對曰：地方百里而可以王。百里，小國也。然能行仁政，則天下之民歸之矣。王如施仁政於民，省刑罰，薄税斂，深耕易耨。壯者以暇日脩其孝悌忠信，入以事其父兄，出以事其長上，可使制梃以撻秦楚之堅甲利兵矣。省，所梗反。斂、易皆去聲。耨，奴豆反。長，上聲。省刑罰，薄税斂，此二者仁政之大目也。易，治也。耨，耘也。盡己之謂忠，以實之謂信。君行仁政，則民得盡力於農畝，而又有暇日以脩禮義，是以尊君親上而樂於效死也。

又：老吾老，以及人之老；幼吾幼，以及人之幼。天下可運于掌。《詩》云：刑于寡妻，至于兄弟，以御于家邦。言舉斯心加諸彼而已。故推恩足以保四海，不推恩無以保妻子。古之人所以大過人者無他焉，善推其所爲而已矣。今恩足以及禽獸，而功不至于百姓者，獨何與？與，平聲。老，以老事之也。吾老，謂我之父兄。人之老，謂人之父兄。幼，以幼畜之也。吾幼，謂我之子弟。人之幼，謂人之子弟。運於掌，言易也。《詩·大雅·思齊》之篇。刑，法也。寡妻，寡德之妻。謙辭也。御，治也。不能推恩，則衆叛親離，故無以保妻子。蓋骨肉之親，本同一氣，又非但若人之同類而已。故古人必由親親推之，然後及於仁民；又推其餘，然後及於愛物，皆由近以及遠，自易以及難。今王反之，則必有故矣。故復推本而再問之。

又：今王發政施仁，使天下仕者皆欲立於王之朝，耕者皆欲耕於王之野，商賈皆欲藏於王之市，行旅皆欲出於王之塗，天下之欲疾其君者皆欲赴愬於王。其若是，孰能禦之？朝，音潮。賈，音古。愬，與訴同。行貨曰商，居貨曰賈。發政施仁，所以王天下之本也。近者悦，遠者來，則大小彊弱非所論矣。蓋力求所欲，則所欲者反不可得；能反其本，則所欲者不求而至。與首章意同。

又：王曰：王政可得聞與？對曰：昔者文王之治岐也，耕者九一，仕者世禄，關市譏而不征，澤梁無禁，罪人不孥。老而無妻曰鰥。老而無夫曰寡。老而無子曰獨。幼而無父曰孤。此四者，天下之窮民而無告者。文王發政施仁，必先斯四者。《詩》云：哿矣富人，哀此煢獨。與，平聲。孥，音奴。鰥，姑頑反。哿，工可反。煢，音瓊。岐，周之舊國也。九一者，井田之制也。方一里爲一井，其田九百畝。中畫井字，界爲九區。一區之中，爲田百畝。中百畝爲公田，外八百畝爲私田。八家各受私田百畝，而同養公田，是九分而税其一也。世禄者，先王之世，仕者之子孫皆教之，教之而成材則官之。如不足用，亦使之不失其禄。蓋其先世嘗有功德於民，故報之如此，忠厚之至也。關，謂道路之關。市，謂都邑之市。譏，察也。征，税也。關市之吏，察異服異言之人，而不征商賈之税也。澤，謂瀦水。梁，謂魚梁。與民同利，不設禁也。孥，妻子也。惡惡止其身，不及妻子也。先王養民之政：導其妻子，使之養其老而卹其幼。不幸而有鰥寡孤獨之人，無父母妻子之養，則尤宜憐卹，故必以爲先也。《詩·小雅·正月》之篇。哿，可也。煢，困悴貌。

（清）焦循《孟子正義·梁惠王章句上》　五畝之宅，樹之以桑，五十者可以衣帛矣。注：廬井邑居，各二畝半以爲宅，冬入保城二畝半，故爲五畝也。樹桑牆下。古者年五十，乃衣帛矣。疏：注廬井至畝也正義曰：《漢書·食貨志》云：六尺爲步，步百爲晦，晦百爲夫，夫三爲屋，屋三爲井，井方一里，是爲九夫。八家共之，各受私田百晦，公田十晦，是爲八百八十晦，餘二十晦以爲廬舍。春令民畢出在壄，冬則畢入於邑。趙氏所本也。毛氏奇齡《四書·賸言補》云：廬井邑居，各二畝半，則已五畝。又云冬入保城二畝半，何解？《漢書·食貨志》云：在野曰廬，則廬井者，井間之廬也。又云在邑曰里，則邑居者，里邑之居也。《爾雅》里，邑也，鄭康成稱里居，與趙稱邑居，並同。蓋廬井二畝半在公田中，一名廬舍。何休云：一夫受田百畝，又受公田十畝，廬舍二畝半。謂一夫受田一百十畝，又分受公田之二十畝，各得二畝半作廬居也。此易曉也。至在邑之二畝半，以國城當之，則大謬不然。《管子·内政》云：四民勿使雜處，處工就官府，處商就市井，處農就田野。而韋昭謂國都城郭之城，惟士工商而已，農不與焉。則二畝半在邑，只在井邑，與國邑無涉。蓋古王量地制邑，其在國邑外，如公邑、家邑、丘邑、都邑，類凡所屬井地，皆可置宅。然且諸井邑中，亦惟無城者可處農民；若有城如費邑、郈邑所稱都邑者，則農不得入。管子與韋氏之言稍可據。然而趙邠卿乃有冬入保城之説，或係衍文，或有脱簡，且或原有師承。如《周禮》夫一廛，鄭康成所謂城邑之居者，則或諸邑有城者亦置里居，事未可知。若在國城，則《周禮·載師氏》明有國宅無征，園廛二十而一之文，鄭司農注云：國宅，國城中宅也。而鄭康成卽云：國宅者，凡官所有之宮室，與吏所治者，又名國廛。與園宅園廛農民所居者，正相分別，安可以農民園廛，溷當之官吏之國宅乎？則此二畝半當云在井邑，不問有城與無城，並得入保。此舉近地井里而言，如四井爲邑，則必邑中有里居，可爲保守之地，故其居名里居，又名邑居。倪氏思寬《二初齋讀書記》云：《晉語》：尹鐸請於趙簡子曰：以爲繭絲乎，抑爲保鄣乎？韋昭注：小城曰保。引《禮記》遇入保者以爲證。然則趙注當亦指井邑中小城言之。若既無城，何云入保？毛氏説未免於率。周氏柄中《辨正》云：季彭山《讀禮疑圖》言：農民所宅，必是平原可居之地，别以五畝爲一處，不占公田，取於便農，功邇饋餉，去田亦不宜遠，其所聚居，或止八家，或倍八家以上，各隨便宜，聚爲一邑，置堡以相守望。故舉成數言，則有十室之邑，千室之邑，非必都邑然後爲邑，而都邑亦豈可寓農民哉？農民之宅，鄉里也，卽制里以導其妻子養老者也。國中之廛，市廛也。但爲士旅寄居之所，工商懋遷之區而已。段氏玉裁《説文解字注》云：《説文》：廬，寄也。秋冬去，春夏居。廛，二畝半也。一家之居。《大雅》于時廬旅，毛傳云：廬，寄也。《小雅》中田有廬，箋云：中田，田中也。農人作廬焉，以便其田事。《春秋》宣十五年《公羊傳》注云：一夫受田百畝，公田十畝，廬舍二畝半，凡爲田一頃十二畝半。八家而九頃，共爲一井。在田曰廬，在邑曰里。春夏出田，秋冬入保城郭。按許廬義與下廛義互相足，在野曰廬，在邑曰廛，皆二畝半也。趙氏尤明里卽廛也。《詩・伐檀》毛傳云：一夫之居曰廛。《遂人》夫一廛，先鄭云：廛，居也。後鄭云：廛，城邑之居。《載師》以廛里任國中之地，後鄭云：廛里者，若今云邑居。廛，居民之區域也。里，居也。毛、鄭皆未明言二畝半，要其意同也。許於廬不曰二畝半，於廛曰二畝半，以錯見互足。注：古者年五十乃衣帛。正義曰：任氏大椿《深衣釋例》云：《大司徒》六曰同衣服，注：民雖有富者，衣服不得獨異。按《雜記》注：麻衣，白布深衣。《深衣》注庶人吉服深衣。《管子・立政篇》云：刑餘戮民，不敢服絲。然則非刑餘戮民，可以服絲矣。《春秋繁露・服制篇》：散民不敢服采，刑餘戮民不敢服絲。然則散民不敢服采耳，絲得服也。又《繁露・度制篇》：古者庶人衣縵。縵，無文帛也。《尚書大傳》：命民得乘飾車駢馬，衣文錦。未有命者，不得衣，不得乘。庶人墨車單馬，衣布帛。然則命民亦得衣文，不命之民亦得衣帛，與鄭注庶人白布深衣異說。今考《士昏禮》注：士而乘墨車，攝盛。蓋士庶人往往有攝盛之事，鄭注深衣爲庶人之服，言其常服皆布也。若行盛禮，或當攝盛則衣絲也。刑餘戮民，並不得攝盛矣。《周禮・閭師》凡庶民不蠶者不帛，疏引《孟子》曰：五十可以衣帛。以不蠶故，身不得衣帛。然則不蠶雖五十不得衣帛，蠶而未五十亦不得衣帛，則庶人布深衣，其常也。《鹽鐵論》：古者庶人，耋老而後衣絲，其餘則麻枲而已，故命曰布衣。雞豚狗彘之畜，無失其時，七十者可以食肉矣。注：言孕字不失時也。七十不食肉不飽。疏：注七十不食肉不飽。正義曰：《禮記・王制》云：五十始衰，六十非肉不飽，七十非帛不煖。此云七十不食肉不飽者，六十宿肉，已非肉不飽矣，至七十益可知。五十可以衣帛，或不衣帛尚可煖，至七十則非帛不煖矣。《詩・無羊》正義引《孟子》曰七十者可以食雞豚，蓋撮《孟子》之文。如《遂人》注引《孟子》五畝之宅，樹之以桑麻。古人引經不拘，往往增損，非《孟子》經文有作此本也。百畝之田，勿奪其時，數口之家可以無飢矣。注：一夫一婦，耕耨百畝。百畝之田，不可以徭役奪其時功，則家給人足。農夫上中下所食多少各有差，故總言數口之家也。疏：可以無飢矣。正義曰：監本、毛本作無饑。阮氏元《校勘記》云：飢餓之字當作飢，饑乃饑饉字，此經當以飢爲正。按下文黎民不飢不寒，毛本正作飢。謹庠序之教，申之以孝悌之義，頒白者不負戴於道路矣。注：庠序者，教化之宮也。殷曰序，周曰庠。謹脩教化，申重孝悌之義。頒者，班也。頭半白班班者也。壯者代老，心各安之，故曰頒白者不負戴於道路也。疏：注庠序至之義正義曰：《爾雅・釋宮》云：宮謂之室，室謂之宮。劉熙《釋名・釋宮室》云：宮，穹也。屋見於垣上，穹隆然也。凡有屋皆通稱宮，故云教化之宮。教化不脩，則弛廢。謹，嚴也。振起其廢弛而謹嚴之，故云謹脩教化。申重，《爾雅・釋詁》文。注：頒者至路也。正義曰：阮氏元《校勘記》云：頭半白班班者也，閩、監、毛三本同。宋本白下有曰字。岳本、廖本、韓本者上並有然字。孔本作頭半白曰頒，斑斑然者也。以斑爲班，古字假借。毛本、孔本、韓本班作斑，非也。段氏玉裁《説文解字注》云：《説文》：⿱覃頁，須髮半白也。此《孟子》頒白之正字也。趙注云：頒者，斑也。頭半白斑斑者也。卑與斑雙聲，是以《漢・地理志》卑水縣，孟康音斑。蓋古⿱覃頁讀如斑，故亦假大頭之頒。《藉田賦》士女頒斌，李注：頒斌，相雜之貌也。其引申之義也。《禮記・王制》云道路輕任并，重任分，斑白不提挈，注云：皆謂以與少者。雜色曰斑。《祭義》云斑白者不以其任，行乎道路，注云：斑白者，髮雜色也。任，所擔持也。不以任，少者代之。負謂負於背，戴謂戴於首。《漢書・東方朔傳》顏師古注云：寠藪，戴器也。以盆盛物戴於頭者，則以寠數薦之。此戴之謂也。提挈以手，頒白之老，一身俱宜安佚，可互見矣。毛本作故頒白者不負戴也。周氏廣業《古注考》云：宋本作故斑白者。七十者衣帛食肉，黎民不飢不寒，然而不王者，未之有也。注：言百姓老稚温飽，禮義脩行，積之可以致王也。孟子欲以風王何不行此，可以王天下，有率土之民。何但望民多於鄰國。疏：注然而不王者。正義曰：王氏引之《經傳釋詞》云：然，詞之轉也。然而者，亦詞之轉也。《孟子・公孫丑篇》：夫二子之勇，未知其孰賢。然而孟施舍守約也。今人用然而二字，皆與此同義。然而者，詞之承上而轉者也，猶言如是而也。《梁惠王篇》然而不王者未之有也，謂如是而也。今人用然而二字，則與此異義矣。注有率土之民。正義曰：《詩・小雅・北山》：率土之濱，莫非王臣。天下之民，皆歸附於梁，何止鄰國。

《章指》言：王化之本，在於使民。養生送死之用備足，然後導之以禮義，責己矜窮，則斯民集矣。疏：導之至矜窮。正義曰：《國語・晉語》云：禮賓矜窮，禮之宗也。

又： 孟子曰：庖有肥肉，廄有肥馬，民有飢色，野有餓莩，此率獸而食人也。注：孟子言人君如此，爲率禽獸以食人也。獸相食，且人惡之；爲民父母行政，不免於率獸而食人，惡在其爲民父母也？注：虎狼食禽獸，人猶尚惡視之。牧民爲政，乃率禽獸食人，安在其爲民父母之道也。疏：庖有至母也。正義曰：毛氏奇齡《四書・賸言》云：《漢・王吉傳》：今民大饑而死，死又不葬，爲犬豬所食。而廄馬食粟，若其太肥。王者受命於天，爲民父母，固當若是乎？此借《孟子》語疏而爲言，乃吉言犬豬所食，則是實有獸食人。揆趙氏義，蓋以人君以人之食養禽獸，故禽獸肥；不以食養百姓，故民之生者有飢色，其死者莩於野，不異率獸食人，非真使禽獸食人也。《鹽鐵論・園池章》云：廚有腐肉，國有飢民；廄有肥馬，路有餧人。《古文苑》揚雄《太僕箴》云：孟子蓋惡夫廄有肥馬，而野有餓殍。皆同趙義。仲尼曰：始作俑者，其無後乎！爲其象人而用之也。如之何其使斯民飢而死也。注：俑，偶人也。用之送死。仲尼重人類，謂秦穆公時以三良殉葬，本由有作俑者也。夫惡其始造，故曰此人其無後嗣乎，如之何其使此民飢而死邪。孟子陳此以教王愛民。疏：注俑偶至送死。正義曰：《説文》人部云：偶，桐人也。《淮南子·繆稱訓》云魯以偶人而孔子歎，高誘注云：偶人，相人也。《説文》桐人，疑是相人之誤。相人，卽象人也。《禮記·檀弓》云：塗車芻靈，自古有之，明器之道也。孔子謂爲芻靈者善，謂爲俑者不仁，不殆於用人乎哉。注云：芻靈，束茅爲人馬。謂之靈者，神之類。俑，偶人也。有面目機發，似於生人。《周禮·春官·冢人》及葬，言鸞車象人，注云：鄭司農云：象人，謂以芻爲人。玄謂：孔子謂爲芻靈者善，謂爲俑者不仁，非作象人者，不殆於用生乎。後鄭不用先鄭，以俑與芻人異。蓋以芻爲人，但形似而不能轉動；俑者能轉動，象生人。以其象生人，故卽名象人。《冢人》之象人，卽俑之名也。孟子言爲其象人，則所以名象人之故也。《説文》人部云：俑，痛也。足部云：踊，跳也。《廣韻》引《埤蒼》云：俑，木人送葬，設關而能跳俑，故名之。然則俑爲踊之假借，以其能跳踊，斯名爲俑，則爲其象人者，謂爲其象人之轉動跳踊也。《春秋》僖公十九年：己酉，邾婁人執鄫子，用之。《公羊傳》云：惡乎用之？用之社也。《左傳》司馬子魚曰：古者六畜，不相爲用。小事不用大牲，而況敢用人乎？此用生人，故《春秋》惡之。象人而用之送葬，雖非生人，其用之云者，猶執鄫子用之之用也。注謂秦至者也。正義曰：《文子·微明篇》云：魯以俑人葬而孔子歎，見其所始，卽知其所終。終謂至於以生人爲殉也，故趙氏引三良殉死事。事見《詩·秦風·黄鳥篇》。文公六年《左傳》云：秦伯任好卒，以子車氏之三子奄息、仲行、鍼虎爲殉。是其事也。推孟子之意，蓋謂木偶但象人耳，用之，孔子尚歎其無後，況真是人而使之飢而死，其爲無後，更當何如？趙氏推孔子之意，以其始於作俑，終至用生人爲殉；此孔子歎無後之意，非孟子引以況使斯民飢死之意也。注夫惡至愛民。正義曰：閩、監、毛三本無夫字，邪作也。阮氏元《校勘記》云：《音義》出夫惡，山井鼎《考文》云：古本本由有作俑者也下有夫字。以夫字屬上讀，非也。《音義》出死邪，毛本作愛其民也。

《章指》：言王者爲政之道，生民爲首。以政殺人，人君之咎猶以白刃，疾之甚也。

又：孟子對曰：地方百里而可以王。注：言古聖人以百里之地，以致王天下，謂文王也。疏：注謂文王也。正義曰：文王以百里，《公孫丑上篇》文。王如施仁政於民，省刑罰，薄税斂，深耕易耨，壯者以暇日，修其孝弟忠信，入以事其父兄，出以事其長上，可使制梃以撻秦、楚之堅甲利兵矣。注：易耨，芸苗令簡易也。制，作也。王如行此政，可使國人作杖以捶敵國堅甲利兵，何患恥之不雪也。疏：注易耨至易也。正義曰：《爾雅·釋器》云：斪劚謂之定。《廣雅·釋器》云：定謂之耨。《説文》木部云：槈，薅器也。或作鎒。《吕氏春秋·任地篇》云：耨，柄尺，此其度也。其耨六寸，所以間稼也。高誘注云：耨，所以芸苗也。刃廣六寸，所以入苗間也。耨、槈、鎒字同。芸苗之器名耨，因而卽稱芸苗爲耨。《盡心篇》易其田疇，注訓易爲治，本《詩》禾易長畝毛傳也。此耨爲芸苗，若訓易爲治，治耨於辭爲不達。且上云深耕，謂耕之深；此云易耨，則爲耨之易也。禾中有草雜之，則煩擾矣，故芸之使簡易。閻氏若璩《釋地三續》云：卽朱虚侯劉章爲高后言田立苗欲疏之意。注制作至利兵。正義曰：《楚辭·招魂》云晉制犀比，王逸注云：制，作也。制作古多連文，故以作釋制。然備乃弓矢，鍛乃戈矛，礪乃鋒刃，無敢不善，王者以弧矢威天下，豈容自損其兵。謂使民作梃，言近於迂。按劉熙《釋名·釋姿容》云：掣，制也。制頓之使順己也。制宜讀爲掣，謂可使提掣木梃，以撻其堅甲利兵。若誠自恃施仁，造作此梃，卽宋公不禽二毛之智矣。《廣雅》撻、捶皆訓擊，故以捶釋撻。《禮記·文王世子》云：成王有過，則撻伯禽。《説文》手部云：捶，以杖擊也。撻人用杖，其義一也。省刑罰以下八句，趙氏以行此政括之，未詳注，以其易明也。惟省刑罰，薄税斂，使得深耕易耨，所以得有暇日。《潛夫論·愛日篇》云：國之所以爲國者，以有民也。民之所以爲民者，以有穀也。穀之所以豐殖者，以有人功也。功之所以能建者，以有日力也。治國之日舒以長，故其民閒暇而力有餘；亂國之民促以短，故其民困務而力不足。《詩》云：王事靡鹽，不遑將父。言在古閒暇，而得行孝，今迫促不得養也。迫促不得養，則奪其農時，使不得耕耨之謂也。富而後教，民有暇日，以養其父母，及其兄弟妻子，乃可脩其孝弟忠信也。民知孝弟忠信，則入以事其父兄，出以事其君上矣。此所以可以梃撻强也。彼奪其民時，使不得耕耨，以養其父母；父母凍餓，兄弟妻子離散。彼陷溺其民，王往而征之，夫誰與王敵？注：彼，謂齊、秦、楚也。彼困其民，願王往征之也。彼失民心，民不爲用，夫誰與共禦王之師，爲王敵乎。疏：注彼謂齊秦楚也。正義曰：惠王所問，舉齊秦楚三國；孟子對，僅稱秦楚，便文耳。其實制梃撻秦楚，亦兼撻齊，故趙氏申明之。注爲王敵乎。正義曰：閩、監、毛三本作而爲王之敵乎。故曰：仁者無敵，王請勿疑！注：鄰國暴虐，己脩仁政，則無敵矣。王請行之，勿有疑也。

《章指》言：以百里行仁，天下歸之；以政傷民，民樂其亡；以梃服強，仁與不仁也。

又：孟子見梁襄王，出語人曰：望之不似人君，注：襄，謚也。梁之嗣王也。望之無儼然之威儀也。疏：注襄謚至王也。正義曰：《周書·謚法解》云：

辟地有德曰襄，甲胄有勞曰襄。是襄爲謚也。《史記·魏世家》集解荀勗曰：和嶠云：《紀年》起自黄帝，終於魏之今王。今王者，魏惠成王子。按《太史公書》：惠成王但言惠王，惠王子曰襄王，襄王子曰哀王。惠王三十六年卒，襄王立，十六年卒。并惠、襄王爲五十二年。今按古文：惠成王立三十六年，改元稱一年，改元後十七年卒。《太史公書》爲誤分惠、成之世，以爲二王之年數也。《世本》：惠王生襄王，而無哀王。然則今王者，魏襄王也。索隱辨之云：按《系本》襄王生昭王，無哀王，蓋脱一代耳。而《紀年》説惠成王三十六年，又稱後元一十七年卒。今此文分惠王之秝以爲二王之年，又有哀王凡二十三年，紀事甚明，蓋無足疑。而孔衍敍《魏語》，亦有哀王。蓋《紀年》之作，失哀王之代，故分襄王之年爲惠王後元，卽以襄王之年包哀王之代耳。近時顧氏炎武《日知録》主古文之説，以襄哀字相近，《史記》誤分爲二人。江氏永《羣經補義》申其説云：魏罃於周顯王三十五年丁亥，與齊威王會於徐州以相王，是年爲惠王卽位後三十七年，於是始稱王，而改元稱一年。司馬温公《通鑑考異》，既從《紀年》書魏惠王薨，子襄王立；於慎靚王二年壬寅，又載孟子一見而出語，是矣。乃王，孟子何得稱之爲王。依顧氏、江氏之説，《史記》襄王之年，仍惠王之後元。則襄於顯王三十三年乙酉，書鄒人孟軻見魏惠王，豈孟子在魏十八年乎？誤矣。蓋惠王卑禮厚幣以招賢，在後元之末年，而《史記》誤謂在惠王卽位之三十五年也。此年尚未稱王五年予河西之地，六年秦取汾陰、皮氏、焦。七年盡入上郡於秦，秦降我蒲陽，皆在七百里中。而十二年楚敗我襄陵，則所云辱於楚也。然近所行之《竹書紀年》，固淺人僞托；卽和嶠所引，亦魏、晉閒膺書，不足徵信。《西京雜記》記廣川王發古冢，有魏襄王冢、哀王冢，然則襄、哀二冢，漢時尚存，顯然可考，故《世本》雖失紀哀王，而司馬公則核實言之。和嶠所引，又何庸議？閻氏若璩《孟子生卒年月考》云：《魏世家》云：惠王三十一年辛巳，徙都大梁。三十五年乙酉，卑禮厚幣，以招賢者，孟軻等至梁。故《六國表》於三十五年，特書孟子來，問利國，對曰君不可言利。三十六年丙戌，惠王卒，子嗣立，是爲襄王。孟子入而見王，出而告人，有不似人君之語。蓋儲君初卽位之辭。不然，如《通鑑》五十二年壬寅，惠始卒而襄王立，孟子入見，豈孟子竟久淹於梁如是邪？不然，以襄王之庸，豈能以禮聘孟子而復至梁邪？不以禮聘孟子，而孟子肯枉見邪？果受其禮聘，至而初見時卽譏議之邪？此《史記》所以可信也。或曰：《竹書紀年》彼既魏史，所書魏事，司馬公以爲必得其真，故從焉。余曰不然。《紀年》云惠成王九年四月甲寅，徙都大梁。不知是年秦孝公甫立，衛公孫鞅來相，魏公子卬未虜，地不割，秦不偪，魏何遽徙都以避之邪？卽一徙都事如此，尚謂其生卒年月盡足信邪？此余所以信《史記》以信《孟子》也。閩、監、毛三本作魏之嗣王。注望之至儀也。正義曰：《論語》云：望之儼然。又云：儼然人望而畏之。就之而不見所畏焉，注：就與之言，無人君操秉之威，知其不足畏。疏：注就與至足畏。正義曰：望之既指威儀，則就之當指言論，故云與之言。秉，閩、監、毛三本作柄。《説文》重文作棅，通於秉。《儀禮·大射儀》有柄，《釋文》云：劉本作秉。《文選·六代論》注云秉卽柄字是也。《詩·定之方中》毛傳云：秉，操也。《禮運》注云：柄，所操以治事。《莊子·天道篇》司馬彪注云：棅，威權也。故趙氏云操柄之威。卒然問曰：天下惡乎定？注：卒暴問事，不由其次也。問天下安所定，言誰能定之。疏：注卒暴至次也。正義曰：《漢書·成帝紀》云興卒暴之作，注云：卒，謂急也。《師丹傳》云卒暴無漸，注云：卒讀曰猝。《説文》犬部云：猝，犬從草暴出逐人也。古卒暴二字連文，故趙氏以卒暴明卒然。不由其次，卽無漸也。注問天至定之。正義曰：惡，猶安也，何也。字亦作烏。高誘注《吕氏春秋·本生篇》曰：惡，安也。昭三十一年《公羊傳》曰惡有言人之國賢若此者乎，何注曰：惡有，猶何有。又莊二十年《公羊傳》曰魯侯之美惡乎至，注曰：惡乎至，猶何所至。由《公羊傳》注及《孟子》注推之，蓋惡本訓何，惡乎猶言何所。吾對曰：定于一。注：孟子謂仁政爲一也。疏：注孟子至一也。正義曰：《易》《文言傳》云：元者，善之長也。君子體仁足以長人。董子《繁露·重政篇》云：唯聖人能屬萬物于一，而繫之元也。終不及本所從來而承之，不能遂其功，是以《春秋》變一謂之元。元卽仁，仁卽一，故趙氏以仁政爲一。孟子對滕文公亦云：夫道一而已。趙氏《章指》言定天下者，一道而已。謂孟子對梁襄王之定于一，卽對滕文公之道一也。趙氏之説正矣。然下云能一之，又云民歸之，則謂時無王者，不能統一，故天下爭亂而不能定；惟有王者布政施教於天下，天下皆遵奉之而後定。孔子作《春秋》，書王正月，《公羊傳》云：大一統也。孟子當亦謂此。孰能一之？注：言孰能一之者。對曰：不嗜殺人者能一之。注：嗜，猶甘也。言今諸侯有不甘樂殺人者，則能一之。疏：注嗜猶至殺人。正義曰：《説文》口部云：嗜，嗜欲喜之也。《吕氏春秋·誣徒篇》高誘注云：嗜，猶樂也。《淮南子·覽冥訓》高誘注云：甘，猶耆也。耆與嗜同。《一切經音義》引《廣雅》云：甘，樂也。是嗜、甘、樂三字義同。孰能與之？注：王言誰能與不嗜殺人者乎。疏：孰能與之。正義曰：《齊語》云桓公知天下諸侯多與己也，韋昭注云：與，從也。《吕氏春秋·執一篇》高誘注云：與，猶歸也。對曰：天下莫不與也。注：孟子曰，時人皆苦虐政，如有行仁，天下莫不與之。王知夫苗乎！七八月之間旱，則苗槁矣。天油然作雲，沛然下雨，則苗浡然興之矣。其如是，孰能禦之？注：【略】今夫天下之人牧，未有不嗜殺人者也。如有不嗜殺人者，則天下之民，皆引領而望之矣。誠如是也，民歸之，由水之就下，沛然誰能禦之。注：今天下牧民之君，誠能行此仁政，民皆延頸望欲歸之，如水就下，沛然而來，誰能止之。疏：注今天下至止之。正義曰：《書·堯典》覲四岳羣牧，《立政》宅乃牧，鄭氏注云：殷之州牧曰伯，虞夏及周曰牧。《周禮·大宰》一曰牧，以地得民，《大司馬》建牧立監，注皆云：牧，州牧也。《曲禮》云：九州之長，入天子之國曰牧。是天下之人牧卽天下之人君也。《説文》攴部云：牧，養牛人也。牧之義爲養，每一州之中，天子選諸侯之賢者，以養一州之人，卽以名之爲牧，故趙氏云牧民之君卽養民之君也。君所以養民，而反嗜殺人，失其爲君之道，趙氏探孟子稱人牧之義而説之也。趙氏以一爲仁政，故云行此仁政。《呂氏春秋·順説篇》云莫不延頸，高誘注云：延頸，引領也。引延，義皆爲長而引申也。望則伸其頸，故爲引領也。《音義》云：由與猶同，古字通用，猶卽如也。故趙氏云如水就下。翟氏灝《考異》言宋《九經》本由作如。經已作如，注不必以如釋之，宋本非也。《廣雅·釋訓》：沛沛，流也。劉熙《釋名·釋水》云：水從河出曰雍沛。言在河岸限內，時見雍出，則沛然也。水之壅出，與雨之下注同，故皆云沛然。趙氏解兩沛然不同者，經以沛然下雨，比不嗜殺人者以仁恩及民，故以潤澤解之。此水之就下，比天下來歸，故云沛然而來，謂民之來，如水之湧也。

《章指》言：定天下者一道，仁政而已；不貪殺人，人則歸之，是故文王視民如傷，此之謂也。疏：言定至而已。正義曰：孟子言道二：仁與不仁而已。以仁定天下，故爲一道。韓本、足利本無一道二字。不貪至謂也。正義曰：鄭氏《檀弓》注、《廣雅》、韋昭注《楚語》，皆云：嗜，貪也。故前既以甘、多、樂釋之，此又云貪也。文王視民如傷，《離婁下篇》文。

又：齊宣王問曰：齊桓晉文之事，可得聞乎？注：宣，謚也。宣王問孟子，欲庶幾齊桓公小白、晉文公重耳。孟子冀得行道，故仕於齊，齊不用而去，乃適於梁。建篇先梁者，欲以仁義爲首篇，因言魏事，章次相從，然後道齊之事也。疏：注宣謚也。正義曰：《周書·謚法解》云：聖善周聞曰宣。又云：施而不成爲宣。注：宣王至重耳。正義曰：齊桓公名小白，晉文公名重耳，見《春秋》。欲庶幾，謂心慕桓文之所爲，思有以近之。注：孟子至事也。正義曰：周氏廣業《孟子出處時地考》云：《孟子》書先梁後齊，此篇章之次，非遊歷之次也。趙氏注可謂明且核矣。後儒不喜趙注，見其展卷卽云孟子見梁惠王，遂斷爲歷聘之始。今考《田完世家》，桓公六年，威王三十六年，宣王十九年，湣王四十年。索隱桓公卒注云：《紀年》：梁惠王十三年，當齊桓公十八年，後威王始見，則桓公十九年而卒也。宣王二年，田忌議蚤救韓，敗魏馬陵，注云：《紀年》：威王十四年，田盻伐梁，戰馬陵。又《孟嘗君傳》宣王二年殺魏將龐涓注云：《紀年》：當梁惠王二十八年，至三十六年，改爲後元。又七年，韓昭侯與魏惠王會齊宣王東阿南。明年，復與梁惠王會甄，是歲梁惠王卒，注云：宣王七年，《紀年》當惠王後元十一年，作平阿。又云：十三年，會齊威王于甄。與此齊宣王與梁惠王會甄文同，但齊之威、宣二王，文舛互不同也。又湣王三年，封田嬰於薛，注云：《紀年》以爲梁惠王後元十三年四月，齊威王封田嬰於薛。十五年，齊威王薨。皆與此文異。按：此五引《紀年》，今本所無；又字多錯午，無可覆核，就其言考之，爲威爲宣，必有一誤。《戰國策》蘇子謂秦王曰：齊威宣者，古之賢王也。德博而地廣，國富而民用，將武而民強。宣王用之，後破韓威魏，以南伐楚，西攻秦。上言威宣，下言宣王。又曰：今富非齊威宣之餘也。鄒陽書：齊用越人蒙而強威宣。《史記》威宣連稱者非一，則威宣是兩謚，如魏惠成、安釐，韓宣惠，秦惠文、莊襄之例。周自考王以下皆兩謚。《呂氏春秋·開春論》韓昭釐侯，注：覆謚也。或先謚威，後改謚宣；《國策》因誤分之，實非有兩人也。據《紀年》桓公之立，在《年表》威王之四年；而桓公十九年卒，與《世家》宣王卒年正同。《秦紀》本無年月，史蓋因其錯簡而倒置之，又以桓公附見康公之表，故讀者愈不可曉。今誠以桓公之元當魏武侯十二年，至惠十三年，適得十八年。明年十九年卒，宣王之元當惠十四年，盡前元二十五年，如後元十五年始卒，適得三十六年。是史所云威王乃桓公，宣王卽威王。《戰國·趙策》魯仲連曰：昔齊威王嘗行仁義矣，率天下諸侯朝周，居歲餘，周烈王崩，諸侯皆弔，齊侯往云云。按烈王之崩，《史表》齊威王十七年，考其實爲桓公十七年，此威王爲桓公之證也。而湣王前三年，實屬宣王，桓公未稱王，故《國策》但稱田侯及陳侯。宣有複謚，故亦稱威王，淳于髡所謂威行三十六年者是也。而《世家》所載鄒忌以鼓琴見威王事，見劉向《新序》。威王與魏惠論寶事，見《韓詩外傳》。俱明指宣王，參錯不同，皆由於此。更有證者，《莊子·胠篋篇》及索隱引《鬼谷子》，俱云田成子十二世而有齊國。今由田完數至威宣王，正得十二世。《史記·田完世家》：敬仲生穉孟夷，穉孟夷生湣孟莊，湣孟莊生文子須無，須無生桓子無宇，無宇生釐子乞，乞生成子常，常生襄子盤，盤生莊子白，白生太公和，簒齊，自立爲齊侯。和生桓公午，午生威王因齊，因齊生宣王辟彊，共十三世。并威宣爲一人，恰十二世。此後惟湣王、襄王，至王建爲秦所滅。莊子與宣王同時，《鬼谷書》蘇秦所述，言必不謬。使分威宣爲二，則當云十三世矣。又威王名因齊，尤可疑。名不以國；既名之，子孫臣庶，不聞避諱。或作嬰齊，則又與庶子田嬰同名，皆必無之事。《漢書·人表》闕而不書，蓋亦疑之。《莊子釋文·則陽篇》：魏瑩與田侯，一本作田侯牟。司馬云：齊威王也，名牟，桓公子。按《史記》威王名因，不名牟。齊事莫詳於《孟子》，史公嘗自言讀孟子書而作《田完世家》，終不敢采録一字，雖足用爲善如宣王，亦止以用淳于髡等當之。非因紊其昭穆世次，兼誤以梁惠王卒繫諸宣王八年，與《孟子》中事實百無一合，有不得不盡行割棄者哉！《通鑑》、《大事記》等書，徒增損威、湣年代，以曲從孟子之書，而終未知史之誤分威宣爲二也。今亦未敢臆斷，伐燕總在宣王三十年內外。如是則不特《國策》儲子請宣王伐燕，王令章子將兵，與《孟子》幣交與游相合；而吾惛之言，適當倦勤之日。宣王三十年，當顯王四十二年，去孔子百五十二年，去武王克商七百二十三年，與去聖未遠，數過時可亦合；而游梁之歲，乃得而定之矣。又云：建篇之首《梁惠王》也，趙氏之説韙矣。《風俗通・窮通篇》首敍孟子仕齊爲卿，去之鄒、薛，作書中外十一篇，終言梁惠王復聘請之爲上卿，庶爲得實。其體依仿《論語》，不似諸子自立篇目。大率起齊宣王至滕文公爲三册，記仕宦出處；《離婁》以下爲四册，記師弟問答雜事。迨歸自梁，而孟子已老于行，文既絶少，又暮年所述，故僅與魯事分附諸牘末。其後門人論次遺文，分篇列目，以齊宣王舊君，不可用以名篇；而仁義兩言，爲全書綱領，孟子所謂願學孔子，以直接堯、舜、禹、湯、文、武、周公之心法治法，無出乎此。因割其六章冠首，而以梁惠王題篇。又特變文曰孟子見梁惠王，以尊其師。今《盡心》卷下，尚有《梁惠王》一章，可證也。

孟子對曰：仲尼之徒，無道桓文之事者，是以後世無傳焉。臣未之聞也。注：孔子之門徒，頌述宓戲以來，至文、武、周公之法制耳。雖及五霸，心賤薄之，是以儒家後世無欲傳道之者，故曰臣未之聞也。疏：注孔子至之者。正義曰：孔子贊《易繫辭傳》云：包羲氏之有天下也，始作八卦，以通神明之德，以類萬物之情。又云：包羲氏没，神農氏作；神農氏没，黄帝、堯、舜氏作。通其變，使民不倦；神而化之，使民宜之。治天下之道，開於包羲，備于堯舜，故删《書》首《堯典》、《舜典》，禹、湯、文、武、周公之法制，皆法堯舜者也。孔子以《易》、《書》、《詩》、《禮》教門弟子，故所頌述，惟宓羲氏以來，至文、武、周公之法制也。《春秋》大文王之統，而書桓文之事，是及五霸也。書齊桓救邢城楚丘，實與而文不興。盟葵丘，書日以危之。伐鄭，書圍以惡之。書晉文盟踐土，書日以著其譎。書天子狩于河陽，爲不與再致天子，是心賤薄之也。《漢書・藝文志》云：儒家者流，蓋出于司徒之官，助人君順陰陽，明教化者也。游文於《六經》之中，留意於仁義之際，祖述堯舜，憲章文武，宗師仲尼，以重其言。其五十三家，八百三十六篇，《孟子》十一篇列于内。今存者：《荀卿子》、陸賈《新語》、賈誼《新書》、董仲舒《春秋繁露》、桓寬《鹽鐵論》、劉向《説苑》、《新序》、《列女傳》、揚雄《太玄》、《法言》。《新語・道基篇》，首述宓羲圖畫乾坤，以定人道。賈山言治亂之道，稱述文王好仁。《荀子・仲尼篇》云：仲尼之門人，五尺之豎子，言羞稱乎五伯，是何也？曰：然。彼非本政教也，非致隆高也，非綦文理也，非服人之心也。鄉方略，審勞佚，畜積修鬬，而能顛倒其敵者也，詐心以勝矣。彼以讓飾争，依乎仁而蹈利者也，小人之傑也，彼固曷足稱乎大君子之門哉？董子對膠西王云：《春秋》之義，貴信而賤詐；詐人而勝之，雖有功，君子弗爲也。是以仲尼之門，五尺之童子，言羞稱五伯，爲其詐以成功，苟爲而已也，故不足稱於大君子之門。揚雄《解嘲》云：五尺童子，羞稱晏嬰與夷吾。凡此皆後世儒家稱述宓羲以來至文王周公之法，而賤薄桓文，不欲傳道之也。頌與誦通，頌述卽誦述。閩、監、毛三本作宓義。無以，則王乎？注：既不論三皇、五帝，殊無所問，則尚當問王道耳，不欲使王問霸事也。疏：注不論三皇五帝。正義曰：《周禮・春官・外史》：掌三皇、五帝之書。邱光庭《兼明書》云：鄭康成以伏羲、女媧、神農爲三皇，宋均以燧人、伏羲、神農爲三皇，《白虎通》以伏羲、神農、祝融爲三皇，孔安國以伏羲、神農、黄帝爲三皇。明曰女媧、燧人、祝融事，經典未嘗以帝皇言之，蓋霸而不王者也。且祝融乃顓頊之代火官之長，可列於三皇哉！則知諸家之論，唯安國爲長。鄭康成以黄帝、少昊、顓頊、帝嚳、唐堯、虞舜爲五帝，六人而云五帝者，以其俱合五帝座星也。司馬遷以黄帝、顓頊、帝嚳、唐堯、虞堯爲五帝，孔安國以少昊、顓頊、高辛、唐、虞爲五帝，明曰：康成以女媧爲皇，軒轅爲帝。按軒轅之德，不劣女媧，何故不爲稱皇，而淪之入帝，仍爲六人哉！考其名迹，未爲允當者也。司馬遷近遺少昊，而遠收黄帝，其爲疎略，一至於斯。安國精詳，可爲定論。按《尚書》説：皇者，皆天德也。皇王，人也。帝，諦也。公平通達，舉事審諦也。人主德周天覆，故德優者謂之皇，其次謂之帝。然則皇者帝者，皆法天爲名。或曰：子以軒轅爲皇，何故謂之黄帝？答曰：凡言有通析，析而言之，則皇尊于帝；通而言之，則帝皇一也。《月令》云其帝太昊，則伏羲亦謂之帝也。《吕刑》云皇帝清問下民，則堯亦謂之皇也。按趙氏以則王之王指三王，故云不論三皇五帝。《慈湖家記》云：孟子凡與齊宣王言王，皆如字耳。後儒讀者，多轉爲去聲，非也。注：殊無至事也。正義曰：殊無所問解無以二字，蓋謂孔子之徒所道者，三皇、五帝及王道也。所不道者，五伯也。王乃問桓文之事，豈舍此遂無所問乎？縱不問三皇、五帝，亦當問王道，而不當問桓文霸者之事。元人《四書辨疑》云：無以，無以言也。桓文之事，既無以言，則言王道可乎？此以無以二字屬上，解以爲用，謂桓文之事，儒者不道，無用言之，與趙氏義異。

曰：德何如則可以王矣？注：王曰，德行當何如，而可得以王乎。疏：注行德至王乎。正義曰：陸賈《新語》云：齊桓公尚德以霸。然則霸功亦不離乎德，但德之用於霸，與用於王，自有别。

曰：保民而王，莫之能禦也。注：保，安也。禦，止也。言安民則惠，黎民懷之，若此以王，無能止也。疏：注保安也。正義曰：《周禮・大司徒》以保息六養萬民，注云：保息，謂安使蕃息也。《毛詩》傳多以安訓保。注言安至懷之。正義曰：《尚書・皋陶謨》文。

（清）焦循《孟子正義・梁惠王章句下》

樂民之樂者，民亦樂其樂；憂民之憂者，民亦憂其憂。注：言民之樂，君與之同，故民亦樂使其君有樂也。民之所憂者，君助憂之，故民亦能憂君之憂，爲之赴難也。樂以天下，憂以天下，然而不王者，未之有也。注：言古賢君樂則以己之樂與天下同之，憂則以天下之憂與己共之，如是未有不王者。孟子以是答王者，言雖有此樂，未能與人共之。疏：注言雖至共之。正義曰：齊宣王自多以已有此樂，能與賢者共之。孟子推及於人，謂其有此樂，未與人共之。小人，即民也。賢者亦有此樂，民未嘗亦有此樂也。

昔者，齊景公問於晏子曰：吾欲觀於轉附、朝儛，遵海而南，放於琅邪，吾何修而可以比於先王觀也？注：孟子言往者齊景公嘗問其相晏子若此也。轉附、朝儛，皆山名也。又言朝，水名也。遵，循也。放，至也。循海而南，至于琅邪，琅邪，齊東南境上邑也。當何修治，可以比先王之遊觀乎。先王，先聖之王也。疏：注孟子至王也。正義曰：王逸《離騷》注云：昔，往也。《爾雅·釋詁》云：遵，循也。高誘注《淮南子·氾論訓》云：循，遵也。《禮記·祭義》云推而放諸東海而準，注云：放，至也。《論語》敢問崇德脩慝辨惑，集解引孔注云：脩，治也。高誘注《呂氏春秋·季春紀》禁婦女無觀云：觀，遊也。故趙氏用以爲釋。閻氏若璩《釋地》云：趙注：琅邪，齊東南境上邑。《漢·郊祀志》作在齊東北，非也。今諸城縣東南一百五十里有琅邪山，山下有城，即其處。余曾徧考轉附、朝儛二山，杳不知所在。惟趙氏德，南宋人，有轉附，附作鮒，屬萊州之説，殊無依據。意此二山當在海之東盡頭，如成山、召石山之類，登之可以觀海，然後回轍，循海之濱西行，以南至琅邪，亦可觀海焉。按《史記·秦始皇紀》二十八年，並渤海以東，過黃、腄，窮成山，登之罘，立石頌秦德焉而去。南登琅邪，大樂之。三十七年，自琅邪北至榮成山，至之罘。《漢書·郊祀志》：後五年，東幸琅邪，禮日成山，登之罘，浮大海。司馬相如《子虛賦》云：且齊東陼巨海，南有琅邪，觀乎成山，射乎之罘。晉灼曰：之罘山在東萊腄縣。蓋之罘即轉附也。之與轉一聲之轉，之之爲轉，猶之之爲旃也。罘與附古音通。罘之爲附，猶不之爲拊也。山川之名，古今更變，乃以聲音求之尚可得。秦皇、漢武所游，自琅邪而北，則至之罘、成山；自之罘、成山而南，則至琅邪。齊景欲觀乎轉附、朝儛，轉附即之罘也，朝儛即成山也。于欽《齊乘》云：召石山在文登之東。《三齊略》云：始皇造石橋渡海，觀日出處，有神人召石山下，城陽一山石，岌岌相隨而行，石去不駛，神人鞭之見血，今召石山石色皆赤。伏琛《齊記》云：始皇造橋觀日，海神爲之驅石豎柱，今驗成山東入海道水中有竪石，往往相望，似橋柱之狀。又有柱石二，乍出乍没。又云：召石山與成山相近，因始皇會海神，故後世遂呼成山曰神山。然則召石即成山也。劉向《九歎遠逝篇》云朝四靈于九濱，王逸注云：朝，召也。召四方之神，會於大海九曲之涯也。董子《繁露·朝諸侯篇》云：朝者，召而問之也。《左傳》蔡朝吳，《公羊傳》作昭吳。是朝、召古通。朝宜讀朝夕之朝，俗讀爲朝廷之朝，非也。朝儛即柱之緩聲。蓋以石形似柱，而緩呼之爲朝儛，古儛石聲近。顧氏炎武《唐韻正》云：石，上聲，常主切。《漢書·楊王孫傳》：口含玉石，與棺槨朽腐，乃得歸土。通腐土爲韻。段氏玉裁《六書音均表》所立十七部，舞聲石聲同第五部。孔氏廣森《詩聲類》，从無从石同陰聲，第三魚類，古讀石爲上聲，聲近於舞，是朝儛即召石，海神鞭石，則後人附會之妄也。閻氏疑此二山當如成山、召石山之類，未以聲音轉借求之，故不能定爾。或謂轉附朝儛即華不注，乃華不注在今濟南歷城之西，去齊都不遠，無煩欲觀。毛氏奇齡《四書賸言補》引《管子·戒篇》，謂轉附朝儛，即猶軸轉斛。按傅子謂《管子》乃後之好事者所加，剌取《孟子》之文入之。是猶軸轉斛爲轉附朝儛之譌，不得謂轉附朝儛即猶軸轉斛之譌也。然即其斛字，益知儛字爲石字之聲，何也？《聘禮》記十斗曰斛，《説苑·辨物篇》十斗爲一石，《周語》單穆公引《夏書》云關石龢鈞，韋昭注云：石，今之斛也。《莊子·田子方篇》鍭斛不敢入於四竟，《釋文》：斛音庾，司馬本作鍭臾，鍭讀曰鍾，臾讀曰臾。臾爲十六斛，與斛自異，而與石之音則近。斛即石，石古讀若暑，故斛一作臾。以《孟子》之朝儛，而《管子》用之作斛，則儛字當時或本與石字通借，而好事者乃變石爲斛，以加入《管子》也。其文云：桓公將東游，問於管子曰：我游，猶軸轉斛，南至琅邪。我游二字句，謂我之東游也。猶與由通，謂由轉附、朝斛，南至於琅邪也。軸字衍文，因轉字而誤也。轉軸二字之間，缺附朝二字。幸存斛字，可知《孟子》之儛字即斛字之借；而斛字則石字之轉注，亦即臾字之近音也。細繹《管子》之文，益信朝儛爲召石矣。房玄齡注猶軸轉斛，謂猶軸之轉載斛石，乃望文生意，失之矣。趙氏雖未詳，而以爲皆山名則是，又言朝水名者，存異説也。《淮南子·修務訓》云耳未嘗聞先古，高誘注云：先古，謂聖賢之道也。《文選·東京賦》憲先靈而齊軌，薛綜注云：先靈，先聖之神靈。是凡稱先，皆謂先古聖賢。先王爲先聖之王，猶先靈爲先聖之神靈也。

晏子對曰：善哉問也！天子適諸侯曰巡狩，巡狩者，巡所守也。諸侯朝于天子曰述職，述職者，述所職也。無非事者，春省耕而補不足，秋省斂而助不給。注：言天子諸侯出，必因王事有所補助於民，無非事而空行者也。春省耕，問耒耜之不足。秋省斂，助其力不給也。疏：注春省耕至給也。正義曰：《管子·戒篇》云：春出，原農事之不本者。秋出，補人之不足者。朱長春云：不本，春從不足於耕稼者，原省助之。春種爲本，秋穫爲利，今田家諺下工用本是也。耒耜用於耕，耒耜不足，即謂耕稼之本不足也。房玄齡云：秋謂西成，尚有不足者，當補之。秋稼已斂，而力仍有不給於衣食，故云力不給也。力即力田之力，謂雖力田，而所穫不足以養其父母妻子。又《國蓄篇》云：春以奉耕，夏以奉芸，耒耜械器，種饟糧食，畢取贍於君。又《輕重》丁云：使吾萌春有以傳耜，夏有以決芸。

夏諺曰：吾王不遊，吾何以休？吾王不豫，吾何以助？一遊一豫，爲諸侯度。注：晏子道夏禹之世，民之諺語也。言王者巡狩觀民，其行從容，若遊若豫，豫亦遊也。《春秋傳》曰：魯季氏有嘉樹，晉范宣子豫焉。吾王不遊，我何以得見勞苦蒙休息也。吾王不豫，我何以得見賑贍助不足也。王者一遊一豫，行恩布德，應法而出，可以爲諸侯之法度也。疏：注晏子至語也。正義曰：《説文》言部云：諺，傳言也。《廣雅·釋詁》云：諺，傳也。然則夏諺謂夏世相傳之語。《國語》諺有之，韋昭注云：諺，俗之善謠也。俗所傳聞，古云民之諺語，而其辭如歌詩，則謠之類也。注：言王至度也。正義曰：《易・觀象傳》云：先王以省方觀民設教。是巡狩所以觀民也。游爲優游，豫爲暇豫。《詩・都人士序》云從容有常，箋云：從容，謂休燕也。《史記・留侯世家》云良嘗閒從容步游下邳圯上，索隱云：從容，閒暇也。故以其行從容解遊豫也。引《春秋傳》者，昭公二年《傳》文。其文作宴于季氏，有嘉樹焉，宣子譽之。彼正義引服虔云：譽，游也。宣子遊其樹下。夏諺曰：一遊一譽，爲諸侯度。惠氏棟《左傳補注》云：《周易・序卦傳》豫必有隨，鄭康成注引《孟子》吾君不豫以爲證。則知此傳譽字本作豫，故服、趙互引爲證。《孫子兵法》云：人效死而上能用之，雖優游暇譽，令猶行也。《外傳》作暇豫。李善云：譽與豫古字通。《爾雅・釋詁》云：休，息也。《説文》云：度，法制也。故以息釋休，以法釋度。孔氏廣森《經學卮言》云：《晏子春秋》曰：春省耕而補不足者，謂之遊。秋省實而助不給者，謂之豫。故於遊言休，謂休息耕者；於豫言助，所謂助不給也。《東京賦》云：既春遊以發生，啓諸蟄於潛戶；度秋豫以收成，觀豐年之多稌。薛綜注：秋行曰豫。是漢人舊説，猶以遊豫分春秋也。趙氏《章句》，始混爲一。《管子》云：先王之遊也，春出，原農事之不本者，謂之遊。秋出，補人之不足者，謂之夕。變豫言夕，古音之轉注也。古讀夕如榭，《詩》曰：三事大夫，莫肯夙夜。邦君諸侯，莫肯朝夕。是也。古讀豫亦如榭，故《儀禮・鄉射禮》豫則鉤楹內，通作宣榭之榭。榭、豫並音序。爲諸侯度者，言諸侯法之，亦以春秋行其境內，歲舉不過再。倪氏思寬《讀書記》云：春爲發生，生氣可觀，故曰遊。秋爲收成，成功可喜，故曰豫。秋行曰豫，則春行曰遊可知。蓋先王之觀，惟以物成爲可樂，他無所樂也。翟氏灝《考異》云：《管》、《晏》二書，俱有後人附托，或反縱《孟子》襲入之，蓋百家之書，尤多竄易。今也不然，師行而糧食，飢者弗食，勞者弗息，睊睊胥讒，民乃作慝。注：今也者，晏子言今時天下之民，人君興師行軍，皆遠轉糧食而食之，有飢不得飽食，勞者致重，亦不得休息；在位者又睊睊側目相視，更相讒惡，民由是化之而作慝惡也。疏：注人君至惡也。正義曰：《周禮・夏官・序官》云：二千有五百人爲師，萬有二千五百人爲軍，師、軍亦通稱。《國語・魯語》天子作師，韋昭注云：師，謂六軍之衆也。《小司徒》：五人爲伍，五伍爲兩，四兩爲卒，五卒爲旅，五旅爲師，五師爲軍。注云：伍、兩、卒、旅、師、軍，皆衆之名。是也。《論語・子路》曰則禮樂不興，皇侃義疏云：興，猶行也。趙氏此注，以軍釋師，以興釋行。閩、監、毛三本作行師興軍。按經先師後行，趙氏以師行猶軍興而互明之也。毛氏奇齡《賸言補》云：《管子・戒篇》云：夫師行而糧食其民者，謂之亡。予幼讀師行糧食句，疑糧食二字難通，似有脱誤，今始知糧食其民爲確不可易也。錢氏大昕《潛研堂答問》云：《周禮・廩人》職云：凡邦有會同師役之事，則治其糧食。注：行道曰糧，謂糒也。止居曰食，謂米也。鄭鍔云：遠者治其糧。《莊子》適百里者宿舂糧，適千里者三月聚糧，蓋言遠也。近者治其食，《詩》朝食于株，《左傳》食時而至，蓋言近也。予按《説文》訓糒爲乾。《詩》乃裹餱糧，于槖于囊，《孟子》謂居者有積倉，行者有裹糧，此糧與食之辨。按趙氏云遠轉糧食而食之，此以食釋糧。而食之三字解食字。《説文》云：糧，穀食也。《國策・西周策》云而藉兵乞食于西周，注云：食，糧也。糧食二字，亦可通稱，故以食釋糧。糧食與師行對言，謂軍師之興，以糧米爲食。糧既是行道所治之名，則以糧爲食，必須遠轉，轉卽運也。遠行轉運，則必負重，不得休息矣。《晏子春秋・問下篇》云：今君不然，師行而糧食。與《孟子》同。則《孟子》糧食之下，非有脱誤，亦非食于民之義也。《音義》云：睊，古縣切，字亦作䛄。王氏念孫《廣雅疏證》云：睊睊，視也。《説文》：睊，視貌。重言之則曰睊睊。然則趙氏不單言視而云側目相視者，《漢書・鄒陽傳》云：太后怫鬱泣血，無所發怒，切齒側目於貴臣矣。然則側目者忿恨之貌，《説文》心部云：悁，忿也。《後漢書・陳蕃傳》云至於陛下，有何悁悁，注：悁悁，恚忿也。蓋趙氏以睊睊與悁悁通合言之。《爾雅・釋詁》云胥，相也。《鄒陽傳》云羊勝、公孫詭疾陽，惡之孝王，下云陽客遊以讒見禽，是惡之卽讒，故顏師古注云：惡，謂讒毁也。樊噲、爰盎等《傳》注亦多以惡爲讒，譖言人罪惡。更，代也。互相讒短，則其目亦互相忿視，故知睊睊爲側目相視。下言民乃作慝，知此胥讒者，爲在位之人矣。閩、監、毛三本在位下有在職二字。《詩・大雅・民勞篇》云無俾作慝，毛傳云：慝，惡也。是作慝卽作惡也。《周禮・秋官・小行人》云其悖逆暴亂作慝，猶犯令者爲一書，注云：慝，惡也。猶，圖也。然則作惡謂悖逆暴亂，希圖犯令之謂也。方命虐民，飲食若流；流連荒亡，爲諸侯憂。注：方，猶放也。放棄不用先王之命，但爲虐民之政，恣意飲食，若水流之無窮極也。謂沉湎于酒，熊蹯不熟，怒而殺人之類也。流連荒亡，皆驕君之溢行也。言王道虧，諸侯行霸，由當相匡正，故爲諸侯憂也。疏：注方猶至行也。正義曰：方猶放者，假借字也。《堯典》云方命圮族。《漢書・傅喜傳》、《朱博傳》並作放命。《尚書正義》鄭康成注云：方，放。謂放棄教命。趙氏與之同。閩、監、毛三本作方，猶逆也。逆先王之命，非是。引沉湎于酒者，《尚書序》云：羲和湎淫，廢時亂日。《酒誥》云罔敢湎于酒，又云殷之迪諸臣，惟工乃湎于酒，鄭氏注云：飲酒齊色曰湎。《詩・大雅・蕩》云天不湎爾以酒，箋云：天不同女顔色以酒，有沉湎于酒，是乃過也。《論衡》云：紂沉湎于酒，以糟爲丘，以酒爲池，牛飲者三千人。《説文》水部云：湎，湛于酒也。湛與沈同。熊蹯不熟怒人，晉靈公事，見《左傳》宣公四年。溢與泆通。溢行，謂淫泆之行也。驕君，指夏之羲和，殷紂之臣工，周之晉靈公之屬。注：言王至憂也。正義曰：憂，思也，慮也，亦勞也。由與猶通。趙氏之意，謂驕君流連荒亡，王道既虧廢，天子雖不能討，而諸侯之行霸，如齊桓晉文者，思匡救其惡，猶將問罪而伐之。匡卽正也。卽一匡天下之義。行霸之諸侯，不能置此驕君于度外，而加之師旅，則國且危矣，故云猶當相匡正。當相匡正解憂字，如《公羊傳》桓公有憂中國之心之憂也。蓋指當時晉、楚將加兵於齊，不質言者，對君之體，宜如此也。全氏祖望《經史問答》云：爲諸侯憂，古注以爲列國諸侯。試觀僖公四年，桓公欲循海而歸，轅宣仲謂申侯曰：師出陳、鄭之間，供其資糧屝屨，國必甚病。哀公時，吳爲黄池之會，過宋、鄭，殺其丈夫，囚其婦人，霸者之世，役小役弱，不可勝道，豈但徵百牢、索三百乘而已。春秋之晚，雖魯亦困于征輸，願降而與邾、滕爲伍，而杞至自貶爲子，則其與附庸之君相去不遠。此申趙氏之說，則以驕君之流連荒亡，卽指行霸之君。而爲諸侯憂之諸侯，則事霸國之諸侯，非行霸之諸侯。乃趙氏稱諸侯行霸，是以行霸解爲諸侯憂之諸侯也。云當相匡正，似不謂驕君矣。或云如同盟，或婣國，皆憂其國之將亡。從流下而忘反謂之流，從流上而忘反謂之連，從獸無厭謂之荒，樂酒無厭謂之亡；先王無流連之樂，荒亡之行，惟君所行也。注：言驕君放遊，無所不爲。或浮水而下、樂而忘反謂之流，若齊桓與蔡姬乘舟於囿之類也。連者，引也。使人徒引舟船，上行而忘反以爲樂，故謂之連。《書》曰罔水行舟，丹朱慢遊，無水而行舟，豈不引舟於水而上行乎，此其類也。從獸無厭，若羿之好田獵，無有厭極，以亡其身，故謂之荒亂也。樂酒無厭，若殷紂以酒喪國也，故謂之亡。言聖人之行，無此四者，惟君所欲行也。晏子之意，不欲使景公空遊於琅邪而無益於民也。疏：注或浮至類也。正義曰：浮水而下，謂順流而下也。齊桓與蔡姬乘舟於囿，見僖公三年《左傳》。其下文云：蕩公，公懼變色。杜氏注云：蕩，搖也。囿，苑也。蓋魚池在苑中。推其義，蓋蔡姬搖動桓公。趙氏引爲流之證者，流猶放也，放猶蕩也。《管子·宙合篇》云君失音則風律必流，注云：流，謂蕩散。以蕩與流義合，取爲流之證也。注：連引至類也。正義曰：連訓引者，段氏玉裁《說文解字注》云：連，負車也。各本作員連，今正。連卽古文輦也。《周禮·鄉師》輂輦，故書輦作連，大鄭讀爲輦。《巾車》連車，本亦作輦車。負車者，人輓車而行，車在後如負也。《說文》云：輦，輓車也。从車扶，扶在車前引之也。又云：輓，引車也。連、輦同字，而輦爲輓，輓爲引，是連訓引也。逆水而上，必用徒役輓引之，如負車然，故其名曰連。引《書》者，見《虞書·臯陶謨》。其文云：無若丹朱傲，惟慢遊是好，傲虐是作，罔晝夜頟頟。罔水行舟一句是《書》辭，丹朱慢遊，無水而行舟是趙氏申釋《書》辭。謂無水行舟，必用人輓引，引以爲名連之證也。鄭氏注《書》此文云：丹朱見洪水時人乘舟，今水已治，猶居舟中頟頟使人推行之。王氏鳴盛《尚書後案》云：鄭云云者，卽《孟子》從流忘反也。傳以《論語》奡盪舟，孔安國云陸地行舟，遂取以解此經。陸地行舟，事之所無，孔彼注失之。孔氏廣森《經學卮言》云：《論語》奡盪舟，卽所謂罔水行舟也。舊說以爲夏時澆，非是。按無水行舟卽陸地行舟，孔安國注《論語》，以陸地行舟爲寒浞之子奡，而《說文》介部云：奡，嫚也。《虞書》曰：若丹朱奡。讀若傲。《論語》：奡盪舟。是當時有以盪舟卽丹朱傲之事，故趙氏以罔水爲無水，卽陸地行舟。鄭氏謂水已治，則以水由地中，前此氾濫已平，亦是以罔水爲無水。鴻水氾濫，人居舟中，今水已落，仍爲陸地，而丹朱猶居舟中，使人推行。鄭雖不明言陸地行舟，而其意可見也。趙氏以陸地方使人推引，其在水使人推引可知，故以爲類例也。注：從獸至亂也。正義曰：《易屯》六三卽鹿无虞，傳云：以從禽也。從禽猶從獸也。厭，足也。引羿之好田獵者，襄公四年《左傳》云：后羿自鉏遷於窮石，因夏民以代夏政。恃其射也，不修民事，而淫于原獸。棄武羅、伯因、熊髡、龙圉而用寒浞以爲己相，浞行媚于內，施賂于外，愚弄其民而虞羿于田，樹之詐慝，以取其國家，外內咸服，羿猶不悛，將歸自田，家衆殺而亨之。此羿好田亡身之事也。《詩·魏風·蟋蟀》好樂無荒，箋云：荒，廢亂也。廢亂者，荒忽迷亂。羿好于田，遂忽于浞之謀己，是爲田所迷也。故引以爲名荒之證。注樂酒至之亡。正義曰：引殷紂者，《史記·殷本紀》云：帝紂好酒淫樂，以酒爲池，縣肉爲林，使男女倮相逐其間，爲長夜之飲，百姓怨望，而諸侯有畔者。是以酒喪國事也。《翼孟音解》讀樂酒若樂山、樂水，樂酒卽好酒也。《論語·雍也篇》亡之命矣夫，孔安國注云：亡，喪也。《白虎通·崩薨篇》云：喪者，亡也。故引以爲名亡之證。《管子·戒篇》云：夫師行而糧食於民者謂之亡，從樂而不反者謂之荒。《晏子春秋·問下篇》云：夫從南歷時而不反謂之流，從下而不反謂之連，從獸而不歸謂之荒，從樂而不歸謂之亡。管晏書刺取《孟子》，而文有不同。注：言聖至民也。正義曰：聖人卽先王也。先王但有春遊秋豫，一休一助，爲民而出，無此從上從下從獸樂酒之事也。先王既非無事空行，故晏子欲效法，亦不無事空行也。對其何修以比先王之觀如此。景公說，大戒於國，出舍於郊，於是始興發，補不足。注：景公說晏子之言也。戒，備也。大脩戒備於國。出舍於郊，示憂民困，始興惠政，發倉廩以振貧困不足者也。疏：【略】召大師曰：爲我作君臣相說之樂。蓋徵招、角招是也。注【略】其詩曰：畜君何尤？畜君者，好君也。注：其詩，樂詩也。言臣說君謂之好君，何尤者，無過也。孟子所以道晏子、景公之事者，欲以感喻宣王，非其矜夸雪宮而欲以苦賢者。疏：注言臣至過也。正義曰：王氏念孫《廣雅疏證》云：《說文》：嫿，媚也。孟康注《漢書·張敞傳》云：北方人謂媚好爲詡畜。畜與嫿通。《說文》：媚，說也。故媚好謂之畜，相說亦謂之畜，又謂之好。《孟子·梁惠王篇》：畜君者，好君也。本承上君臣相悅而言，故趙氏注云：言臣悅君謂之好君。好畜古聲相近，畜君何尤卽好君何尤。《祭統》云：孝者，畜也。順於道不逆於倫，是之謂畜。《孔子閒居》及《坊記》注並云：畜，孝也。《釋名》云：孝，好也。愛好父母，如所悦好也。畜孝好聲並相近。畜君者，好君也。【略】

又： 鄒與魯鬨，穆公問曰：吾有司死者三十三人，而民莫之死也。誅之則不可勝誅，不誅則疾視其長上之死而不救，如之何則可也？注：

閧，鬬聲也。猶構兵而鬬也。長上，軍率也。鄒穆公忿其民不赴難，而問其罰當謂何也。疏：注閧鬬至鬬也。正義曰：《音義》云：閧，張胡弄切，云鬬聲，從門下共，下降切，義與巷同。此字從門，丁豆切，與門不同。丁又胡降切。劉熙曰：閧，構也。構兵以鬬也。《説文》云：鬬也。王氏念孫《廣雅疏證》云：字亦作鬨。《吕氏春秋・愼行篇》崔杼之子相與私鬨，高誘注云：鬨，鬬也。鬨讀近鴻，緩氣言之。《大雅・召旻篇》蟊賊內訌，鄭箋云：訌，争訟相陷人之言也。義與閧相近。注長上軍率也。正義曰：《音義》本作率，率與帥通，監本、毛本誤作師，非也。《周禮・夏官・敘官》云：凡制軍，萬有二千五百人爲軍。王六軍，大國三軍，次國二軍，小國一軍，軍將皆命卿。二千五百人爲師，師帥皆中大夫。五百人爲旅，旅帥皆下大夫。百人爲卒，卒長皆上士。二十五人爲兩，兩司馬皆中士。五人爲伍，伍皆有長。注云：軍、師、旅、卒、兩、伍，皆衆名也。伍一比，兩一閭，卒一旅，旅一黨，師一州，軍一鄉，家所出一人。將、帥、長、司馬者，其師吏也。言軍將皆命卿，則凡軍帥不特置，選於六官六鄉之吏。自卿以下，德任者使兼官焉。賈氏疏云：六軍之將，還選六卿中有武者爲軍將。又別言六鄉之吏者，據六鄉大夫及州長、黨正、族師、閭胥、比長中有武者，今出軍之爵，還遣在鄉所管之長爲軍吏也。兼官者，在鄉爲鄉官，在軍爲軍吏。若無武德不堪任爲軍吏者，則衆屬他軍吏，身不得爲軍吏。此穆公以小國一軍，所云長上，蓋合指軍、師、旅、卒、兩、伍等帥而言，故有三十三人之多，趙氏但舉軍帥，以例其餘也。若以一軍言之，僅有一帥矣。以此時之軍吏，卽平時之鄉官，故凶年饑歲有救民之責，宜上告也。雖臨時選擇，有兼官，有不爲軍吏，不必皆所屬之鄉官，而有司平日不能愛民，不必所屬而皆疾視不救，其情勢有然矣。

孟子對曰：凶年饑歲，君之民，老弱轉乎溝壑，壯者散而之四方者，幾千人矣。而君之倉廩實，府庫充，有司莫以告，是上慢而殘下也。注：言往者遭凶年之阨，民困如是，有司諸臣無告白於君，有以振救之，是上驕慢以殘賊其下也。疏：注有司至下也。正義曰：《吕氏春秋・贊能篇》云敢以告于先君，高誘注云：告，白也。白乃明顯之義，民間困苦，達之于君，使之明顯，不使壅於上聞，故以白釋告也。《戰國策・秦策》云王兵勝而不驕，高誘注云：驕，慢也。《吕氏春秋・期賢篇》云吾安敢驕之，高誘注云：驕，慢之也。《説文》歺部云：殘，賊也。故以驕釋慢，以賊釋殘，賊之言害也。曾子曰：戒之戒之！出乎爾者，反乎爾者也。注：曾子有言，上所出善惡之命，下終反之，不可不戒也。夫民今而後得反之也，君無尤焉？注：尤，過也。孟子言百姓乃今得反報諸臣不哀矜耳，君無過責之也。疏：注尤過也。正義曰：《毛詩・鄘風》許人尤之，傳云：尤，過也。《爾雅・釋言》作郵，古字通。襄公十五年《左傳》云尤其室，注云：尤，責過也。君行仁政，斯民親其上，死其長矣。注：君行仁恩，憂民困窮，則民化而親其上，死其長矣。疏：君行至長矣。正義曰：夫民今而後得反之，謂出命而惡，以惡反之也。行仁政斯民親上死長，謂出命而善，以善反之也。故前趙氏兼善惡之命言之。憂民窮困，則是哀矜，不哀矜，卽是不行仁政，注亦互明之。周氏廣業《孟子出處時地考》云：穆公行仁政，見於賈誼《新書》。有云：鄒穆公有食鳧鴈者必以粃，毋得以粟，于是倉無粃而求易于民，二石粟得一石粃。吏以爲費，請以粟食鴈，公曰：粟，人之上食也。奈何以養鳥也。君者，民之父母，取倉中之粟，移之於民，此非吾子粟乎？粟在倉與在民，與我何擇？鄒民聞之，皆知私積之與公家爲一體也。又《新序》稱穆公食不重味，衣不雜采，自刻以廣民，親賢以定國，親民如子，鄒國之治，路不拾遺，臣下順從，故以鄒子之細，魯衛不能輕，齊楚不能脅，穆公死，鄒之百姓，若失慈父，行哭三日，四境之鄰於鄒者，士民嚮方而道哭。據其言，與孟子所謂上慢而殘下者迥異。豈壅於上聞，罪固專在有司，而孟子一言悟主，乃側身修行，發政施仁，以致此歟？

《章指》言：上恤其下，下赴其難；惡出乎己，害及其身，如影響自然也。疏：如影響自然也。正義曰：《管子・心術篇》云：若影之象形，響之應聲也。語亦見《任法篇》。《列子・天瑞篇》引《黄帝書》云：形動不生形而生影，聲動不生聲而生響。又《説符篇》云：言美則響美，言惡則響惡，身長則影長，身短則影短。董子《繁露・保位權》云：有聲必有響，有形必有影，聲出於內，響報於外，形立於上，影報於下。賈子《新書・大政篇》云：君鄉善於此，則佚佚然協民皆鄉善於彼矣，猶景之寫形也。君爲惡於此，則哼哼然協民皆爲惡於彼矣，猶響之應聲也。《漢書・天文志》云：政失於此，則變見於彼，如景之象形，響之應聲，自然之符也。《論衡・寒温篇》云：虎嘯而谷風至，龍興而景雲起，同氣共類，動相招致，故曰以形逐影，以龍致雨，雨應龍而來，影應形而去。

《孟子注疏・公孫丑章句上》

孟子曰：人皆有不忍人之心，言人人皆有不忍加惡於人之心也。先王有不忍人之心，斯有不忍人之政矣。以不忍人之心，行不忍人之政，治天下可運之掌上。先聖王推不忍害人之心，以行不忍傷民之政，以是治天下，易於轉丸於掌上也。所以謂人皆有不忍人之心者，今人乍見孺子將入於井，皆有怵惕惻隱之心，非所以內交於孺子之父母也，非所以要譽於鄉黨朋友也，非惡其聲而然也。乍，暫也。孺子，未有知之小子。所以言人皆有是心，凡人暫見小孺子將入井，賢愚皆有驚駭之情，情發於中，非爲人也，非惡有不仁之聲名，故爲之怵惕者而然也。由是觀之，無惻隱之心，非人也；無羞惡之心，非人也；無辭讓之心，非人也；無是非之心，非人也。言無此四者，當若禽獸，非人心耳。爲人則有之矣。凡人但不能演用爲行耳。惻隱之心，仁之端也；羞惡之心，義之端也；辭讓之心，禮之端也；是非之心，智之端也。端者，首也。人皆有仁義禮智之首，可引用之。人之有是四端也，猶其有四體也。有是四端，而自謂不能者，自賊者也。自謂不能爲善，自賊害其性，使不爲善也。謂其君不能者，賊其君者也。謂君不能爲善而不匡正者，賊其君使陷惡也。凡有四端於我者，知皆擴而充之矣。若火之始然，泉之始達。苟能充之，足以保四海；苟不充之，不足以事父母。擴，廓也。凡有四端在於我者，知皆廓而充大之，若火、泉之始微小，廣大之則無所不至。以喻人之四端也，人誠能充大之，可保安四海之民，誠不充大之，內不足以事父母，言無仁義禮智，何以事父母也。疏：孟子曰至不足以事父母。正義曰：此章言人之行當內求諸己也。孟子曰人皆有不忍人之心者，孟子言人之爲人，皆有不忍加惡於人之心也。先王有不忍人之心，斯有不忍人之政至掌上者，又言古先聖王有不忍加惡於人之心，斯有不忍傷民之政。既以不忍加惡於人之心，以行其不忍傷民之政，其治天下之易，但若轉運走丸於掌上之易者也。所以謂人皆有不忍人之心者，今人乍見孺子將入井至然也者，孟子又言所以謂人之爲人皆有不忍加惡於人之心者，且以今人乍見孺子言之。孺子，無知之小子也。今人乍見無知之小子，相將匍匐，欲墜於井，但見之者皆有怵惕恐懼惻隱痛忍之心，所以然者，非是內嘗結交於孺子之父母然後如此也，又非是所以欲要求美譽於鄉黨朋友也，又非所以惡有不仁之聲而然也，由是觀之，無惻隱之心，非人也至無是非之心，非人也者，孟子言由此見孺子將入於井，人皆有怵惕惻隱之心觀察之，是無惻隱、羞惡、辭讓、是非四者之心，皆非是人也，乃若禽獸之類也。禽獸所以無惻隱不忍之心，又無羞惡慚恥之心，又無辭讓揖遜之心，又無是非好惡之心者也。言苟無此四者，所以皆謂之非人也，乃禽獸之類也。惻隱之心至智之端也者，孟子言人有惻隱之心，是仁之端，本起於此也。有羞惡之心者，是義之端，本起於此也。有辭讓、是非之心者，是禮、智之端，本起於此者也。以其仁者不過有不忍惻隱也，此孟子所以言惻隱羞惡辭讓是非四者，是爲仁義禮智四者之端本也。人之有是四端也，猶其有四體也至賊其君者也者，孟子又言人有是惻隱、羞惡、辭讓、是非爲仁義禮智之四端，若其人之有四肢也。既有此四端，而自謂己之不能爲善者，是自賊害其善，而不爲善也。以之事君，如謂其君不能爲善、不匡正之者，是亦賊害其君，使陷於惡也。無他，以其人之爲人，皆有此四端也，但不推用而行之耳。如能推此四端行之，是爲仁義禮智者矣，所謂仁義禮智者即善也。然則人人皆有善矣，故孟子所以言之以此。凡有四端於我者，知皆擴而充之至不足以事父母者，孟子又言凡人所以有四端在於我己者，能皆廓而充大之，是若火之初燃，泉之始達，而終極乎燎原之熾，襄陵之蕩也。苟能充大之，雖四海之大，亦足保安之也。苟不能充大之，雖己之父母，亦不足以奉事之。故曰：苟能充之，足以保四海，苟不充之，不足以事父母。是亦推恩足以保四海，不推恩無以保妻子之意也。

（宋）朱熹《四書章句集注·孟子集注·公孫丑章句上》 孟子曰：尊賢使能，俊傑在位，則天下之士皆悅而願立於其朝矣。朝，音潮。俊傑，才德之異於衆者。市廛而不征，法而不廛，則天下之商皆悅而願藏於其市矣。廛，市宅也。張子曰：或賦其市地之廛，而不征其貨；或治之以市官之法，而不賦其廛。蓋逐末者多則廛以抑之，少則不必廛也。關譏而不征，則天下之旅皆悅而願出於其路矣。解見前篇。耕者助而不稅，則天下之農皆悅而願耕於其野矣。但使出力以助耕公田，而不稅其私田也。廛無夫里之布，則天下之民皆悅而願爲之氓矣。氓，音盲。《周禮》宅不毛者有里布，民無職事者，出夫家之征。鄭氏謂：宅不種桑麻者，罰之使出一里二十五家之布。民無常業者，罰之使出一夫百畝之稅，一家力役之征也。今戰國時，一切取之。市宅之民，已賦其廛，又令出此夫里之布，非先王之法也。氓，民也。

（清）焦循《孟子正義·公孫丑章句下》 孟子曰：天時不如地利，地利不如人和。三里之城，七里之郭，環而攻之而不勝。夫環而攻之，必有得天時者矣；然而不勝者，是天時不如地利也。注：天時，謂時日、支干、五行、王相、孤虛之屬也。地利，險阻城池之固也。人和，得民心之所和樂也。環城圍之，必有得天時之善處者。然而城有不下，是不如地利。疏：天時至人和。正義曰：《尉繚子·戰威篇》云：故曰天時不如地利，地利不如人和，聖人所貴，人事而已。又《武議篇》引此二句，亦斷之曰古之聖人，謹人事而已。翟氏灝《考異》云：尉繚與孟子同時，兩述斯言，皆以聖人稱之。《荀子·王霸篇》亦云：上不失天時，下不失地利，中得人和。斯言也，孟子之前，應見古別典。【略】《周禮·春官·太史》職：太師抱天時，與太師同車。鄭司農云：大出師，則太史主抱式，以知天時處吉凶。史官主知天道，故《國語》曰：吾非瞽史，焉知天道？《春秋傳》云：楚有雲如衆赤鳥，夾日以飛。楚子使問諸周太史，太史主天道。周時術士，以七政占驗爲天道，故裨竈云：天道多在西北。子產雖正斥之云：天道遠，人道邇，竈焉知天道？然其時則混以天時爲天道，至孔子贊《易》，明元亨利貞爲天之道，言天道虧盈而益謙，言立天之道，曰陰與陽；立地之道，曰柔與剛；立人之道，曰仁與義，而天道乃明。孟子以天道與仁義禮智並言，而此五行時日之術，別之爲天時，而天時天道乃曉然明於世也。城非不高也，池非不深也，兵革非不堅利也，米粟非不多也，委而去之，是地利不如人和也。注：有堅強如此而破之走者，不得民心，民不爲守，衛懿公之民曰：君其使鶴戰，余焉能戰？是也。疏：注有堅至是也。正義曰：破之走者解委而去之，走字釋去之矣。委無破義，阮氏元《校勘記》云：岳本破作被。《淮南子・精神訓》云委萬物而不利，高誘注云：委，棄也。《漢書・地理志》千乘郡被陽，注引如淳云：一作疲，音罷軍之罷。罷卽疲。《國語・周語》注云：棄，廢也。《禮記・中庸》半塗而廢，注云：廢，猶罷止也。《表記》中道而廢，注云：廢，喻力極罷頓，不能復行，則止也。趙氏當作疲之走者，通疲爲被，傳寫誤作破也。罷而去之卽棄而去之也，岳本得之。引衛懿公之事，見閔公二年《左傳》云：狄人伐衛，衛懿公好鶴，鶴有乘軒者。將戰，國人受甲者皆曰：使鶴，鶴實有祿位，余焉能戰？是其事也。故曰域民不以封疆之界，固國不以山谿之險，威天下不以兵革之利。

注：域民，居民也。不以封疆之界禁之，使民懷德也。不依險阻之固，恃仁惠也。不馮兵革之威，仗道德也。疏：注域民居民也。正義曰：《荀子・禮論篇》云：是君子之壇宇宮廷也。人有是，士君子也。《史記・禮書》云：是以君子之性，守宮廷也。人域是域，士君子也。《毛詩》正域彼四方，傳云：域，有也。有是卽域是。索隱云：域，居也。言君子之行，非人居亦弗居也。上言宮廷，下言域，故知域是居，與趙氏同也。閻氏若璩《釋地》云：《漢・地理志》言齊初封地舃鹵，寡人民，迺勸業通商，而人物始輻奏。先發端云古者有分土，無分民，顏師古注：無分民者，謂通往來，不常厥居也。最是。所以《碩鼠》之詩逝將去女，《論語》之書襁負而至。若至七國便不然，域民不以封疆之界，則當時封疆之界，固以域其民矣。按《呂氏春秋・慎人篇》云胼胝不居，高誘注云：居，止也。以法禁之，使民止於此居也。以德懷之，未嘗禁之，而民自止於此，亦居也。居民不以封疆之界，謂止民不以法禁之，以德懷之也。居此民則止此民，止此民卽有此民矣。得道者多助，失道者寡助。寡助之至，親戚畔之；多助之至，天下順之。以天下之所順，攻親戚之所畔，故君子有不戰，戰必勝矣。注：得道之君，何嚮不平。君子之道，貴不戰耳。如其當戰，戰則勝矣。疏：得道至勝矣。正義曰：《音義》云：寡助之至，至或作主。按多助之至亦當作多助之主。趙氏云得道之君，卽解多助之主。上言得道者多助，則多助之主卽是得道之君也。有不戰，不當戰也。當戰則戰矣。當戰則戰，所以必勝。

《章指》言：民和爲貴，貴於天地，故曰得乎丘民爲天子也。

《孟子注疏・滕文公章句上》滕文公問爲國。孟子曰：民事不可緩也。問治國之道也。民事不可緩之使怠惰，當以政督趣，教以生產之務也。《詩》云：晝爾于茅，宵爾索綯。亟其乘屋，其始播百穀。《詩・邠風・七月》之篇，言教民晝取茅草，夜索以爲綯。綯，絞也。及爾閒暇，亟而乘蓋爾野外之屋，春事起，爾將始播百穀矣。言農民之事無休已。民之爲道也，有恒產者有恒心，無恒產者無恒心。苟無恒心，放辟邪侈，無不爲已，及陷乎罪，然後從而刑之，是罔民也。焉有仁人在位，罔民而可爲也？義與上篇同。孟子既爲齊宣王言之，滕文公問，復爲究陳其義，故各自載之也。是故賢君必恭儉禮下，取於民有制。古之賢君，身行恭儉、禮下大臣，賦取於民不過十一之制也。陽虎曰：爲富不仁矣，爲仁不富矣。陽虎，魯季氏家臣也。富者好聚，仁者好施，施不得聚，道相反也。陽虎非賢者也，言有可采，不以人廢言也。夏后氏五十而貢，殷人七十而助，周人百畝而徹，其實皆什一也。徹者，徹也。助者，藉也。夏禹之世，號夏后氏。后，君也。禹受禪於君，故夏稱后。殷、周順人心而征伐，故言人也民。耕五十畝，貢上五畝；耕七十畝者，以七畝助公家；耕百畝者，徹取十畝以爲賦，雖異名而多少同，故曰皆什一也。徹猶取人徹取物也。藉者借也，猶人相借力助之也。龍子曰：治地莫善於助，莫不善於貢。貢者，挍數歲之中以爲常。龍子，古賢人也。言治土地之賦，無善於助者也。貢者，挍數歲以爲常類而上之，民供奉之，有易有不易，故謂之莫不善於貢也。樂歲粒米狼戾，多取之而不爲虐，則寡取之。凶年糞其田而不足，則必取盈焉。樂歲，豐年。狼戾，猶狼藉也。粒米，粟米之粒也。饒多狼藉，棄捐於地，是時多取於民，不爲暴虐也，而反以常數少取之。至於凶年饑歲，民人糞其田，尚無所得，不足以食，而公家取其稅必滿其常數焉。不若從歲饑、穰以爲多少，與民同之也。爲民父母，使民盻盻然，將終歲勤動不得以養其父母，又稱貸而益之，使老稚轉乎溝壑，惡在其爲民父母也？盻盻，勤苦不休息之貌。動，作。稱，舉也。言民勤身動作終歲，不得以養食其父母。公賦當畢，有不足者，又當舉貸子倍而益滿之。至使老少轉尸溝壑，安可以爲民之父母也？夫世祿，滕固行之矣。古者諸侯、卿、大夫、士有功德，則世祿賜族者也。官有世功也，其子雖未任居官，得世食其父祿。賢者子孫必有土之義也，滕固知行是矣。言亦當恤民之子弟，閔其勤勞者也。《詩》云：雨我公田，遂及我私。惟助爲有公田，由此觀之，雖周亦助也。《詩・小雅・大田》之篇。言太平時民悅其上，願欲天之先雨公田，遂以次及我私田也，猶殷人助者，爲有公田耳。此周《詩》也，而云雨公田，知雖周家之時亦有助之之制也。

又：使畢戰問井地。畢戰，滕臣也。問古井田之法。時諸侯各去典籍，人自爲政，故井田之道不明也。孟子曰：子之君將行仁政，選擇而使子，子必勉之！夫仁政必自經界始。經界不正，井地不鈞，穀祿不平。子，畢戰也。經亦界也。必先正其經界，勿慢鄰國，乃可均井田，平穀祿。穀，所以爲祿也。《周禮・小司徒》云：乃經土地，而井其田野。言正其土地之界，乃定受其井牧之處也。是故暴君汙吏必慢其經界。經界既正，分田制祿，可坐而定也。暴君，殘虐之君。汙吏，貪吏也。慢經界，不正也。必相侵陵，長爭訟也。分田，賦廬井也。制祿，以庶人在官者比上農夫，轉以爲差，故可坐而定也。夫滕，壤地褊小，將爲君子焉，將爲野人焉；無君子莫治野人，無野人莫養君子。褊小，謂五十里也。爲，有也。雖小國，亦有君子，亦有野人，言足以爲善政也。請野九一而助，國中什一使自賦。九一者，井田以九頃爲數，而供什一，郊野之賦也。助者，殷家税名也，周亦用之，龍子所謂莫善於助也。時諸侯不行助法，國中什一者，《周禮》園廛二十而税一，時行重法賦，責之什一也。而，如也。自，從也。孟子欲請使野人如助法，什一而税之，國中從其本賦，二十而税一以寬之也。卿以下必有圭田，圭田五十畝，餘夫二十五畝。古者卿以下至於士，皆受圭田五十畝，所以供祭祀也。圭，潔也。上田，故謂之圭田，所謂惟士無田，則亦不祭，言紬士無潔田也。井田之民，養公田者受百畝，圭田半之，故五十畝。餘夫者，一家一人受田，其餘老小尚有餘力者，受二十五畝，半於圭田，謂之餘夫也。受田者，田萊多少有上、中、下。《周禮》曰：餘夫亦如之，亦如上、中、下之制也。《王制》曰夫圭田無征，謂餘夫圭田，皆不當征賦也。時無圭田餘夫，孟子欲令復古，所以重祭祀，利民之道也。死徙無出鄉，死，謂葬死也。徙，謂愛土易居也肥磽也。不出其鄉，易爲功也。鄉田同井，出入相友，守望相助，疾病相扶持，則百姓親睦。同鄉之田，共井之家，各相營勞也。出入相友，相友耦也。《周禮·大宰》曰：八曰友，以任得民。守望相助，助察姦惡也。疾病相扶持，扶持其羸弱，救其困急。皆所以教民相親睦之道。和，睦也。方里而井，井九百畝，其中爲公田。八家皆私百畝，同養公田。公事畢，然後敢治私事，所以別野人也。方一里者，九百畝之地也。地爲一井，八家各私得百畝，同共養其公田之苗稼。公田八十畝，其餘二十畝以爲廬井宅園圃，家一畝半也。先公後私，遂及我私之義也。則是野人之事，所以別於士伍者也。此其大略也。若夫潤澤之，則在君與子矣。略，要也。其井田之大要如是也，而加慈惠潤澤之，則在滕君與子共戮力撫循之也。疏：滕文公問爲國至則在君與子矣。正義曰：此章言尊賢師知，采人之善，修學校，勸禮義，敕民事，正經界，均井田，賦十一，則爲國之大本也。滕文公問爲國者，滕文公問孟子治國之道也。孟子曰：民事不可緩也者，孟子荅文公言治國之道，惟民事當急而不可緩也。《詩》云：晝爾于茅，宵爾索綯，亟其乘屋，其始播百穀者，此蓋《詩》之《豳風·七月》之篇文也。言民事於日中則取茅，夜中以索綯。綯，絞索也。晝，日中也。宵，夜中也。及爾閒暇之時，則亟疾乘蓋其野外之屋，春事始興，以爲播百穀爲也。以其民事當無休已。孟子所以引此而教之文公也，亦欲文公教民如此者焉。民之爲道也，有恒產者有恒心，無恒產者無恒心。苟無恒心，放辟邪侈，無不爲已。及陷乎罪，然後從而刑之，是罔民也。焉有仁人在位，罔民而可爲也者，此義同前篇，此所以復言之者，以其前篇孟子爲齊宣陳之也，此篇蓋因文公爲治國之道，故孟子復此爲荅，遂兩載焉，此更不説。是故賢君制民必恭儉，禮下，取民有制者，言古之賢君必身行恭儉，恭則不侮人，儉則不奪人，非特不侮人不奪人，且又禮下接於賢人，其取民之賦又有什一之制。什一，蓋十分則取一而已。陽虎曰：爲富不仁矣，爲仁不富矣者，陽虎，魯季氏之家臣也，孟子言陽虎有云：凡爲富者，則常聚民之財賄爲己所有，故不仁，凡爲仁者，以其常務博施濟衆，故不能富矣。孟子今引之而教文公者，蓋欲使得其中矣。夏后氏五十而貢，殷人七十而助，周人百畝而徹，其實皆什一也。徹者，徹也。助者，藉也者，言夏后氏之時，民耕五十畝田，其於貢上之賦但五畝而已，是夏后氏五十而貢也；殷人之時，民耕七十畝田，其助公家則七畝而已，是殷人七十而助也；周人之時，民耕百畝，其徹取之賦則十而已，是周人百畝而徹也。摠而論之，其實皆什一之賦也。徹者，徹也。助者，藉也。此孟子自解之義也。徹猶徹取，助但借民力而耕之矣，故藉借也。夏后氏與殷人、周人之稱不同者，蓋禹之受禪以繼舜有天下，故夏稱后。后，君也。殷周以征伐順人心而有天下，故云人也。龍子曰：治地莫善於助，莫不善於貢。貢者，校數歲之中以爲常者，龍子蓋古之賢人也，孟子言龍子有云：治土地之賦，莫善於助者也，莫不善於貢也。以其助則借民力而耕之，其所出在歲之所熟如何耳；貢者以其撿校數歲之中以爲有常之例也，其歲之所熟，則貢之數亦然，歲之荒，則貢之數亦然。蓋以歲荒則有損於民也，故曰莫善於助，莫不善於貢。樂歲粒米狼戾，多取之而不爲虐，則寡取之。凶年糞其田而不足，則必取盈焉者，此亦孟子自解其上文之言也。言豐樂之歲，其粒米狼藉饒多，雖多取之而不爲暴虐，則以寡取之；凶荒之年，糞其田尚不足，則以取滿其常數焉。是則校數歲之中以爲常之意也。爲民父母，使民盻盻然，將終歲勤動不得以養其父母，又稱貸而益之，使老稚轉乎溝壑，惡在其爲民父母也。孟子言人君爲下民之父母，使民盻盻相顧，將至終歲勤苦勞動，不得以贍養其父母，人君在上，又更稱貸而益之，以滿其常數之貢，致使老少羸弱飢餓而轉尸於溝壑之中，如此安更可在上爲下民父母也！言其不足以爲民父母矣，以其爲民父母，當子養其民，不當如此故也。夫世祿，滕固行之矣，孟子言今夫滕國於世祿固已知行之矣，但亦當憐憫民之老少與其勤勞者也。世祿者，以其有功德之臣，則世祿之，賜其土地也。謂其子雖未任居官，得食其父之祿，亦必有土地祿之也。《詩》云：雨我公田，遂及我私。惟助爲有公田，由此觀之，雖周亦助也者。此《詩》蓋《小雅·大田》之篇文也，惟助至助也，孟子又自言之，因《詩》而解周之亦助也。其詩蓋謂民樂其上，願欲天之先雨及公田，次及我等私田也。孟子緣此而觀之，遂知雖周百畝而徹取之賦，其亦有助之制焉。以其惟行助，則爲有公田，如貢、徹則非有公田矣。孟子於此，所以復辨其周之亦有助法而取民之賦，蓋謂其莫善於助之義也。設爲庠序學校以教之者，此孟子亦欲文公當而教之之意也，言又不特止於制民之賦而已。既制其祿，又當開設爲之庠序學校以教之矣，故曰庠者養也，校者教也，序者射也至是爲王者師也者，此孟子欲詳校其庠序學校之意也。言庠者所以養耆老於此者也，校者所以教禮義於此者也，序者所以講射於此而行尊卑揖遜之禮者也。夏之時謂之校，殷之時謂之序，周之時謂之庠，然而爲學則三代皆共之，皆所以於此而明人倫之序。大倫既備明於上，小民既親之於其下，如有王者興起而用之，必來取法於此，是爲王者之師也。孟子所以區區爲滕文公言及此，又欲文公由此化民成俗故也。《詩》云：周雖舊邦，其命惟新。文王之謂也，子力行之，亦以新子之國者，《詩》云：蓋《詩·大雅·文王》之篇文也，其時周雖自后稷以來，但爲之舊邦，其受王命復脩治而維新之，是文王之謂也。孟子言文公但能力行如此而脩治，亦以新子之國矣。以其欲以此勉文公，使庶幾新其國也。使畢戰問井地，畢戰，滕文公之臣也，滕文公自問爲國之道，孟子告之民事貢賦敎禮義之意，其後又使其臣畢戰問孟子以井地之制也。孟子曰：子之君將行仁政，選擇而使子，子必勉。夫仁政必自經界始。經界不正，井地不鈞，穀禄不平者，而以至在君與子矣，皆孟子荅畢戰問井地之制也。孟子言子之君將欲行其仁政，選擇而使子來問以井地之制。子必當勉力，與民同行之耳。夫仁政必自經界爲始，如經界不能正之，則井地由此不均齊；井地不均，則穀禄亦不平矣。穀所以爲禄，故云穀禄。是故暴君汙吏必慢其經界至定也者，孟子言此故暴虐之君，汙濫之吏，必慢其經界。所以告之以此者，孟子欲滕君，不爲暴君畢戰不爲汚吏也，故如是云然。經界既以正，則田由此而分，平禄由是而得制，是其分田制禄，可坐而定之也，以言其易定也。夫滕，壤地褊小，將爲君子焉，將爲野人焉，無君子莫治野人，無野人莫養君子，孟子言今夫滕國土壤之地褊小，卽止於五十里，然將爲之君子人焉，爲之野人焉，以其無君子則莫能治其野人，無野人則莫能養其君子。孟子所以言此者，蓋以滕國亦有君子，亦有野人，足以爲善政也。請野九一而助，國中什一使自賦至若夫潤澤之，則在君與子矣者，此皆孟子欲滕國爲善政，故以是請教之也。今言請於郊野行井田之制，以九一而助佐公田爲之賦，國中廛園以什一之法使貢自賦之，以其十中取一也。古者自卿以下皆有其圭田，謂之圭田者，所以名其潔而供祭祀之田也。言自卿以下，皆受此圭田五十畝。餘夫二十五畝，以其一家之人受田，其餘老少尚有餘力者，亦受此圭田二十五畝而已。死徙無出鄉，以其死葬易居，無出其本鄉耳。鄉田同井，出入相友，守望相助，疾病相扶，持則百姓親睦，以其謂同鄉之田，共井之家者，凡有出入皆相交友爲伴，所以同其心也；相助以守，而此不可以威武奪，相助以望，而彼不得以投隙來；疾病則相扶持其羸弱而救其困急；則百姓於是相親和睦矣。方里而井，以其方一里之地爲之井。田九百畝，以其一井之田有九百畝。其中爲公田，以其九百畝於井中抽百畝爲公田之苗稼。八家皆私百畝，以其八口之家，皆受八百畝以爲己之私田苗稼。同養公田，公事畢，然後敢治私事，以其八口之家同共耕養其公田，及至公田之事了畢，然後耕治己之私田，以爲之私事。所以別野人也，此所以爲野人之事以别於士伍者也。此其大略也。若夫潤澤之，則在君與子矣。孟子言此則井田之大要如是也，若夫加之以慈惠潤澤之，則有在於滕君與子矣。子者，稱畢戰爲子也。

《孟子注疏·滕文公章句下》 孟子曰：湯居亳，與葛爲鄰。葛伯放而不祀，湯使人問之，曰：何爲不祀？曰：無以供犧牲也。湯使遺之牛羊，葛伯食之，又不以祀。葛，夏諸侯，嬴姓之國。放縱無道，不祀先祖。湯又使人問之曰：何爲不祀？曰：無以供粢盛也。湯使亳衆往爲之耕，老弱饋食。葛伯率其民，要其有酒食黍稻者奪之。不授者殺之。有童子以黍肉餉，殺而奪之。《書》曰：葛伯仇餉。此之謂也。童子，未成人，殺之尤無狀。《尚書》逸篇文。仇，怨也。言湯伐葛伯，怨其害此餉也。爲其殺是童子而征之。四海之内皆曰：非富天下也，爲匹夫匹婦復讎也。四海之民皆曰：湯不貪天下富也，爲一夫報仇也。湯始征，自葛載，十一征而無敵於天下。東面而征，西夷怨；南面而征北狄怨。曰：奚爲後我？民之望之，若大旱之望雨也。歸市者弗止，芸者不變，誅其君，弔其民，如時雨降。民大悦。《書》曰：徯我后，后來其無罰。載，始也。言湯初征自葛始也。十一征而服天下。一說言當作再字，再十一征，而言湯再征十一國。再十一，凡征二十二國也。《書》，逸篇也。民曰：待我君來，我則無罰矣。歸市不止，不以有軍來征故市者止不行也。不使芸者變休也。有攸不惟臣，東征，綏厥士女，篚厥玄黃，紹我周王見休，惟臣附于大邑周。其君子實玄黃于篚，以迎其君子；其小人簞食壺漿，以迎其小人。救民於水火之中，取其殘而已矣。從有攸以下，道周武王伐紂時也，皆《尚書》逸篇之文也。攸，所也。言武王東征，安天下士女、小人各有所執往，無不惟念執臣子之節。篚厥玄黃，謂諸侯執立三纁二之帛，願見周王，望見休善，使我得附就大邑周家也。其君子小人，各有所執，以成其類也。言武王之師，救殷民於水火之中。討其殘賊也。《太誓》曰：我武惟揚，侵于之疆，則取于殘，殺伐用張，于湯有光。《太誓》古《尚書》百二十篇之時《泰誓》也。我武王用武之時，惟鷹揚也。侵紂之疆界，則取于殘賊者，以張殺伐之功也。民有簞食壺漿之歡，比於湯伐桀，爲有光寵，美武王德優前代也。今之《尚書·泰誓篇》，後得以充學，故不與古《太誓》同。諸傳記引《泰誓》皆古《泰誓》也。不行王政云爾；苟行王政，四海之内皆舉首而望之，欲以爲君，齊、楚雖大，何畏焉？萬章憂宋迫於齊、楚不得行政，故孟子爲陳殷湯周武之事以喻之。誠能行之，天下思以爲君，何畏齊、楚之國焉。疏：萬章問曰至齊楚雖大何畏焉。正義曰：此章言修德無小，暴慢無強也。萬章問曰：宋，小國也，今將行王政，齊、楚惡而伐之，則如之何，萬章問孟子，言宋國小國也，今將欲行王者之政，齊、楚大國惡其行之而欲伐之，則宋國當如之何而處之。孟子曰：湯居亳，與葛爲鄰。葛伯放而不祀，湯使人問之曰：何爲不祀至此之謂也，孟子荅之曰：湯王居亳地，與葛國爲鄰，葛國之伯放縱無道，而不祀先祖。湯王使人問之葛伯，何爲而不祀先祖？乃荅之曰：無以供其犧牲也。牲之色純無雜色，謂之犧牲。湯乃使人遺賜之牛羊，葛伯既受之牛羊，又自食之而不祀先祖。湯又使人問葛伯，何爲而又不祀？葛伯又曰：又無以供其粢盛也。湯復使亳之衆往爲葛伯耕作，以助其粢盛。有老弱者，饋耕者之食，葛伯又率己之民於路，要其有酒食黍稻者奪而食之，有不授與之者乃殺之，有童子以黍肉飯餉其耕者，葛伯率民殺其子而奪其黍肉，故《書》有云葛伯仇怨其有所餉者，故害之。是此之謂也。爲其殺是童子而征之，四海之內皆曰：非富天下也，爲匹夫匹婦復讎也，孟子又言，爲其葛伯殺此童子，而湯乃往而征伐之，四海之內人皆曰：湯王非貪富於天下而征葛也，是爲天下一匹之夫、一匹之婦復報其讎也。湯始征，自葛載至后來其無罰者，言湯王初征，自葛國始也。湯之十一征而天下無敢敵者，故東面而征其君，則西夷之國怨之，以爲不先征其我君之罪；南面而征其君，則北夷之國怨之，以爲不征其我君之罪而先於彼，故怨云何爲而後去其我？民之望其湯之來，若大旱之時人望其雲霓而雨之降也。遂使歸市者得奔趨而貿易，芸苗者亦得芸而不爲之休，亦以湯即誅其君之有罪者，而又能弔問存恤其人民，故如時雨之降，民皆大喜悅之。《書》云：民徯待我君之來，言我君之來，則我無誅罰矣。一說云十一征當作再字，再十一征者，言湯再征十一國，再十一，凡征二十二國也。有攸不惟臣至取其殘而已矣，此皆逸《書》之文也，言殷之民有所征之，則無不惟念臣服之節，故武王東征而綏撫其士女，則爲之士女皆以箱篚盛其玄黃之帛，以昭明我之周王見休美，惟臣皆得就附于大邑周家也。故其君子實則玄黃之帛以迎其君子，小人簞食壺漿以迎其小人，是各從其類也。武王之師衆中有君子、有小人，故商民有君子、有小人迎之者也。言武王所拯救殷民於水火之中，獨取伐其殘賊其民者也。今據《書》乃曰昭我周王，而此乃曰紹我周王，蓋紹者繼也，民皆以玄黃之帛盛於篚，而隨武王之師後而繼送之也。蓋周王者，即武王也。然必以玄黃於篚者，蓋天謂之玄，地謂之黃，武王能革殷之否而泰之，是能如天地以覆載以養民者也。必言士女者，以其武王所綏，不特匹夫匹婦而已，雖未冠之士，未笄之女，亦且綏之，故曰綏厥士女。《太誓》曰：我武惟揚，侵于之疆，則取于殘，殺伐用張，于湯有光，此古之《太誓篇》之文也。言《太誓》有云：我武王用武之時，惟鷹揚也；侵于紂之疆界，則取于殘賊者；於是殺伐之功用張行之，故比于湯王伐桀之時，又有以光于前代也。不行王政云爾，苟行王政至齊、楚雖大，何畏焉，孟子於此乃曰：今宋國不行王者之政，故云齊、楚惡而伐之爾，如宋國苟能行其王者之政，則四海之內，人皆舉首引領而望之，欲以爲之君也，齊、楚二國雖大，然何畏之有？

（宋）朱熹《四書章句集注·孟子集注·滕文公章句上》 使畢戰問井地。孟子曰：子之君將行仁政，選擇而使子，子必勉之！夫仁政，必自經界始。經界不正，井地不鈞，谷祿不平。是故暴君污吏必慢其經界。經界既正，分田制祿可坐而定也。夫，音扶。畢戰，滕臣。文公因孟子之言，而使畢戰主爲井地之事，故又使之來問其詳也。井地，即井田也。經界，謂治地分田，經畫其溝塗封植之界也。此法不修，則田無定分，而豪強得以兼并，故井地有不均；賦無定法，而貪暴得以多取，故穀祿有不平。此欲行仁政者之所以必從此始，而暴君汙吏則必欲慢而廢之也。有以正之，則分田制祿，可不勞而定矣。

又：死徙無出鄉，鄉田同井，出入相友，守望相助，疾病相扶持，則百姓親睦。死，謂葬也。徙，謂徙其居也。同井者，八家也。友，猶伴也。守望，防寇盜也。方里而井，井九百畝，其中爲公田。八家皆私百畝，同養公田。公事畢，然後敢治私事。所以別野人也。養，去聲。別，彼列反。此詳言井田形體之制，乃周之助法也。公田以爲君子之祿，而私田野人之所受。先公後私，所以別君子野人之分也。不言君子，據野人而言，省文耳。上言野及國中二法，此獨詳于治野者，國中貢法，當時已行，但取之過于什一爾。此其大略也。若夫潤澤之則在君與子矣。夫，音扶。井地之法，諸侯皆去其籍。此特其大略而已。潤澤，謂因時制宜使合于人情宜于土俗而不失乎先王之意也。呂氏曰：子張子慨然有意三代之治，論治人先務，未始不以經界爲急。講求法制粲然備具，要之可以行于今。如有用我者，舉而措之耳。嘗曰，仁政必自經界始。貧富不均，教養無法，雖欲言治，皆苟而已。世之病難行者，未始不以亟奪富人之田爲辭。然茲法之行，悅之者衆，苟處之有術，期以數言不刑一人而可復。所病者，特上之未行耳。乃言曰：縱不能行之天下，猶可驗之一鄉。方與學者議古之法，買田一方，畫爲數井，上不失公家之賦役，退以其私正疆界、分宅里、立斂法、廣儲蓄、興學校、成禮俗，救菑恤患，厚本抑末，足以推先王之遺法，明當今之可行。有志未就而卒。愚按：喪禮、經界兩章，見孟子之學識其大者，是以雖當禮法廢壞之後，制度節文不可復考，而能因略以致詳，推舊而爲新。

（清）焦循《孟子正義·滕文公章句上》 滕文公問爲國，孟子曰：民事不可緩也。注：問治國之道也。民事不可緩之使怠惰，當以政督趣，教以生產之務也。疏：注問治至務也。正義曰：高誘注《呂氏春秋》、《淮南子》，皆云：爲，治也。是爲國即治國也。《易·序卦傳》云：解者，緩也。解即懈，義爲怠惰。不可緩即不可使怠惰也。何以不使怠惰，故又申言之云：以政督趣，教以生產之務。如下所云。《詩》曰：晝爾于茅，宵爾索綯，亟其乘屋，其始播百穀。注：《詩·邠風·七月》之篇。言教民晝取茅草，夜索以爲綯。綯，絞也。及爾閒暇，亟而乘蓋爾野外之屋，春事起，爾將始播百穀矣。言農民之事無休已。疏：注詩邠至休已。正義曰：詩在《七月》第七章。毛傳云：宵，夜。綯，絞也。乘，升也。箋云：爾，女也。女當晝日往取茅歸，夜作絞索，以待時用。亟，急。乘，治也。十月定星將中，急當治野廬之屋。其始播百穀，謂祈來年百穀於公社。趙氏與之略同。《毛詩·周南》之子于歸，傳云：于，往也。鄭氏以往釋于，以取茅釋茅。趙氏不言往者，以于之爲往，易知也。取茅謂之茅，猶摶貉謂之貉也。綯絞也，《爾雅·釋言》文。李巡云：綯，繩之絞也。《方言》云：車紂，自關而東周、洛、韓、鄭、汝、潁而東謂之緻，或謂之曲綯。郭氏注云：綯亦繩名。《儀禮·喪服傳》云：絞帶者，繩帶也。是絞卽繩；綯是絞，卽是繩矣。《易·説卦傳》云一索而得男，馬融注云：索，數也。《毛詩·陳風》越以鬷邁，傳云：鬷，數也。箋云：鬷，總也。蓋以兩股摩而交之，總爲一繩，以其絞之索之而成，故亦名爲索爲絞，猶繩爲定名，而彈正之卽謂之繩，《爾雅·釋器》繩之謂之縮之是也。此又綯是繩，索是索此綯，故云夜索以爲綯，鄭云夜作絞索，則以絞釋索，以索釋綯，其義同也。以茅蓋屋，用繩固之，故云乘蓋爾野外之屋。農至冬月，可以閒暇，猶督趣其取茅索綯以治屋，晝夜不緩，恐妨來春田事，所以終歲無休已也。箋以播百穀爲祈穀於公社，與趙氏説異。民之爲道也，有恒産者有恒心，無恒産者無恒心；苟無恒心，放辟邪侈，無不爲已，及陷乎罪，然後從而刑之，是罔民也。焉有仁人在位，罔民而可爲也！注：義與上篇同。孟子既爲齊宣王言之，滕文公問，復爲究陳其義，故各自載之也。是故賢君必恭儉禮下，取於民有制。注：古之賢君，身行恭儉，禮下大臣；賦取於民，不過什一之制也。

陽虎曰：爲富不仁矣，爲仁不富矣。注：陽虎，魯季氏家臣也。富者好聚，仁者好施；施不得聚，道相反也。陽虎非賢者也，言有可采，不以人廢言也。疏：注陽虎至言也。正義曰：《春秋》定公八年盜竊寶玉大弓，《公羊傳》云：盜者孰謂？謂陽虎也。陽虎者，曷爲者也？季氏之宰也。季氏之宰，則微者也。九年《左傳》齊鮑文子曰：夫陽虎有寵於季氏，而將殺季孫，以不利魯國而求容焉。親富不親仁，君焉用之？《論語·陽貨篇》陽貨欲見孔子，集解孔氏曰：陽貨，陽虎也。季氏家臣，而專魯國之政。家臣卽宰也。專政，《春秋》以盜書，是非賢者也。虎親富不親仁，則重在富，孟子引之，則重在仁。仁人不焉罔民之政，則不爲富而爲仁矣。不以人廢言，《論語·衛靈公篇》文。《鹽鐵論·地廣章》引楊子云爲仁不富，爲富不仁，誤以陽虎爲楊子。夏后氏五十而貢，殷人七十而助，周人百畝而徹，其實皆什一也。徹者，徹也。助者，藉也。注：夏禹之世，號夏后氏。后，君也。禹受禪於君，故夏稱后。殷周順人心而征伐，故言人也。民耗五十畝，貢上五畝；耕七十畝者，以七畝助公家；耕百畝者，徹取十畝以爲賦；雖異名而多少同，故曰皆什一也。徹，猶人徹取物也。藉者，借也。猶人相借力助之也。疏：注夏禹至人也。正義曰：《禮記·檀弓》正義引《白虎通》云：夏稱后者，以揖讓受於君，故稱后。殷周稱人者，以行仁義，人所歸往，故稱人。此趙氏所本也。皇侃《論語義疏》謂：夏以揖讓受禪爲君，故褒之稱后。后，君也。又重其世，故氏係之也。殷周以干戈取天下，故貶稱人也。以稱人爲貶，非趙氏義矣。注民耕至一也。正義曰：顧氏炎武《日知録》云：古來田賦之制，實始於禹，水土既平，咸則三壤，後之王者，不過因其成蹟而已。故《詩》曰：信彼南山，維禹甸之。畇畇原隰，曾孫田之。我疆我理，南東其畝。然則周之疆理，猶禹之遺法也。孟子乃曰：夏后氏五十而貢，殷人七十而助，周人百畝而徹。夫井田之制，一井之地，畫爲九區，故蘇洵謂萬夫之地，蓋三十二里有半；而其間爲川爲路者一，爲澮爲道者九，爲洫爲涂者百，爲溝爲畛者千，爲遂爲經者萬。使夏必五十，殷必七十，周必百，則是一王之興，必將改畛涂，變溝洫，移道路以就之，爲此煩擾無益於民之事也，豈其然乎？蓋三代取民之異，在乎貢、助、徹，不在乎五十、七十、百畝；其五十、七十、百畝，特丈尺之不同，而田未嘗易也，故曰其實皆什一也。《王制》曰：古者以周尺八尺爲步，今以周尺六尺四寸爲步。而當日因時制宜之法，亦有可言：夏時土曠人稀，故其畝特大；殷周土易人多，故其畝漸小。以夏之一畝爲二畝，其名殊而實一矣。錢氏塘《溉亭述古録·三代田制考》云：三代田制，曷以異？曰：無異也。無異則孟子何以言五十畝七十與百畝？曰：名異而實不異，非不欲異其制，固不能異也。其不能異奈何？曰：井田始於黃帝，洪水之後，禹修而復之，孔子所謂盡力乎溝洫也。溝洫既定，不可復變，殷周遵而用之耳。《考工記》匠人爲溝洫，始於廣尺深尺之甽，田首倍之爲遂；爲井間之溝，倍其溝爲成間之洫，倍其洫爲同間之澮。賈公彦繪一成之圖，謂甽縱遂横，溝縱洫横，澮縱自然川横。然則見甽知畝，見遂知夫，見溝知井，見洫知成，見澮知同也。一同之田，川與澮爲方；一成之田，洫與溝爲方；一井之田，溝與遂爲方；一夫之田，遂與甽爲方。甽，伐也。不爲夫田限，故夫三爲屋，遂與溝遇也。至溝與洫遇，則爲通矣。洫與澮遇，則爲終矣。屋者，三分夫之一；通者，十分成之一；終者，十分同之一，皆不爲方，水道有縱横故也。禹自言濬甽澮距川，明甽澮縱而川則横，周制本乎夏制矣。使周異於殷，殷異於夏，必盡更夏后氏之制。更其甽遂固易也，溝洫則難矣，川澮抑又難矣。我因川澮溝洫之不能更，而知周用夏制也。我因周用夏制，而知殷與周之未嘗各異也。然則畝數之不同，何歟？曰：所謂異其名也。其名何以異？曰：以度法之各異也。蔡邕謂夏以十寸爲尺，殷以九寸爲尺，周以八寸爲尺。夫殷之尺，非遂得夏之九寸也，蓋九寸則不足。周之尺，非止得夏之八寸也，蓋八寸而有餘。何則？夏之百分，殷以爲百一十二分，周以爲百二十分，通其率，則五十之爲五十六與六十也，而夫田之廣長與其步法俱得矣。是故同此一夫之田：夏以廣十尺長五百尺爲畝，殷以廣八尺長五百六十尺爲畝，周以廣六尺長六百尺爲畝，如其畝法，而五十、七十與百畝之數立矣。步則夏以五尺，殷以五尺六寸，周以六尺；一畝同長百步，而夏廣二步，殷廣一步五十六分步之二十四，周廣一步。推之一里，則廣長皆三百步，其積皆九萬步也。夫如是，則自遂以上，殷周皆不必更，而獨更其畎，豈不甚易也哉？夫三代步法，與其夫田之廣長，皆與率數相應，故夫有異畝，畝無異步，是之謂名異而實同。少康有田一成，卽《考工》之十里，其明證也。曰：井與夫皆方，畝何以不方？曰：畝之水，注於遂；遂在田首，故不能方。猶溝之水，注於洫；洫在通首，亦不能方。卽《詩》所謂南東其畝，而韓嬰謂之長一步，廣一步者也。南畝之長，卽東畝之廣；分言之，則皆一步。而或者疑之，則畝必廣長皆十步邪？曷爲晉欲令齊盡東其畝也？孟子又謂皆什一，奈何？曰：此殷周侯國之制也。康成所謂公田不稅夫，故其名曰助與徹；夏則稅夫，無公田而名爲貢：貢爲什一，助與徹爲九一，九一之與什一，盈朒異名耳，故曰皆什一。《禹貢》賦有九等，果什一歟？曰：禹以九州爲等，非一井也。烏得言非什一。錢氏大昕《潛研堂答問》云：鄭康成注《周禮》，嘗引《孟子》野九夫而稅一，國中什一之文，孔穎達《詩正義》申其旨云：周制有貢有助：助者，九夫而稅一夫之田；貢者，什一而貢一夫之穀。通之二十夫而稅二夫，是爲什中稅一也。九一而助，爲九中一。知什一自賦，非什中一者，以言九一，卽云而助，明九中一助也。國中言什一，乃云使自賦，是什一之中使自賦之，明非什中一爲賦也。《孟子》又云：方里而井，井九百畝，其中爲公田，八家皆私百畝，同養公田；公事畢，然後敢治私事，所以別野人也。言別野人者，別野人之法，使與國中不同也。《爾雅》云：郊外曰野。則野人爲郊外也。野人爲郊外，則國中爲郊內也。郊內謂之國中者，以近國，故繫國言之亦可。地在郊內，居在國中故也。郊外國中人，各受田百畝，或九而取一，或什一而取一，通內外之率，則爲什而取一，故曰徹。徹之爲言通也。康成之義，得孔氏而益明。若分公田爲廬舍，八家各二畝半，其說始於班固，而何休注《公羊》、趙岐注《孟子》、范甯注《穀梁》、宋均注《樂緯》，皆因之，非鄭義也。段氏玉裁《說文解字注》云：耡，殷人七十而耡。耡，耤稅也。從耒，助聲。《周禮》曰：吕興耡利萌。今《孟子》作助，《周禮》注引作莇。耡卽以耤釋之。耤稅者，借民力以食稅也。《遂人》注云：鄭大夫讀耡爲藉。杜子春讀耡爲助，謂起民人令相佐助。按鄭意，耡者，合耦相助，以歲時合耦於耡，謂於里宰治處合耦，因謂里宰治處爲耡也。許意以《周禮》證七十而耡，謂其意同。王氏念孫《廣雅疏證》云：《大雅·韓奕篇》實畝實藉，鄭箋云：藉，稅也。宣十六年《左傳》穀出不過藉，杜預注云：周法，民耕百畝，公田十畝，借民力而治之，稅不過此。《王制》古者公田藉而不稅，鄭注云：藉之言借也，借民力治公田，美惡取於此，不稅民之所自治也。《說文》：殷人七十而耡。耡，耤稅也。耡字亦作莇，又作助，助與藉古同聲。《孟子·公孫丑篇》耕者助而不稅，卽藉而不稅也。《論語·顏淵篇》盍徹乎，鄭注云：周法什一而稅謂之徹。徹，通也。爲天下之通法。《孟子·滕文公篇》：夏后氏五十而貢，殷人七十而助，周人百畝而徹，其實皆什一也。徹者，徹也。助者，藉也。趙氏注云云。鄭氏注《匠人》云：貢者，自治其所受田，貢其稅穀。莇者，借民之力以治公田，又使收斂焉。徹者，通其率以什一爲正也。按趙氏注徹彼桑土，釋徹爲取，此注同之。《孝經正義》引劉熙《孟子注》云：家耕百畝，徹取十畝以爲賦也。亦以徹爲取，與鄭氏義異。姚氏文田《求是齋自訂稿》云：徹之名義，嘗屢求其說而不得，因考《公劉》、《崧高》兩詩，毛傳皆訓徹爲治。鄭氏《公劉》箋云：什一而稅謂之徹。又於《匠人》注云：周之畿內，稅有輕重，諸侯謂之徹者，通其率以什一爲正。《論語》注云：徹，通也。爲天下之通法。趙氏《孟子》注：耕百畝者，徹取十畝以爲賦。徹猶人徹取物也。賈氏《匠人》疏引之。孔氏《公劉》疏亦云：徹取此隰原所收之粟，以爲軍國之糧。是又以徹爲取。以他處徹俎徹樂之類證之，皆是收取之義。《孟子》亦言徹者徹也，不煩更增一解，似徹取之義，尤爲了當。然其制度何若，終不能明。惟《周官·司稼》云：巡野觀稼，以年之上下出斂法。是知徹無常額，惟視年之凶豐，此其與貢異處。助法正是八家合作，而上收其公田之入，無煩更出斂法，然其弊，必有如何休所云不盡力於公田者，故周直以公田分授八夫，至斂時則巡野觀稼，合百一十畝通計之，而取其什一，其法亦不異於助，故《左傳》云穀出不過藉。然民自無公私緩急之異，此其與助異處。至魯宣公因其舊法而倍收之，是爲什而稅二矣。謂之徹者，直是通盤核算，猶徹上徹下之謂，並非通融之義，於此求之，則徹法亦可想見。故孟子既分釋徹、助之義，而又據《大田》之詩，以證其與助同法。先儒以貢、助兼用爲詞，殆未然矣。倪氏思寬《讀書記》云：徹者徹也二句，承上文言之。不及貢法者，有龍子云云在也。商助周徹，乃先說徹後說助者，孟子意在行助，徹爲賓，助爲主。謂徹之爲徹，其法固良；而助之爲藉，其法尤美也。

龍子曰：治地莫善於助，莫不善於貢。貢者，校數歲之中以爲常，注：龍子，古賢人也。言治土地之賦，無善於助者也。貢者，校數歲以爲常類而上之，民供奉之，有易有不易，故謂之莫不善也。疏：校數歲之中以爲常。正義曰：翟氏灝《考異》云：舊趙注本校字從手作挍，與下學校字不同。《釋文》云：校，戶教反，从木。若从手，是比挍字，今人多亂之。《五經文字》云：校，音教，以音效，皆從木。《字鑑》云：校字元有二音，借爲比挍字，明末避諱，校省作挍。汲古閣注疏本此校與下學校，俱作挍。注：龍子古賢人也。正義曰：《列子·仲尼篇》有龍叔謂文摯云：吾鄉譽不以爲榮，國毀不以爲辱，得而不喜，失而弗憂，視生如死，視富如貧，視人如豕，視吾如人。處吾之家，如逆旅之舍；觀吾之鄉，如戎蠻之國。或其人與？樂歲粒米狼戾，多取之而不爲虐，則寡取之；凶年糞其田而不足，則必取盈焉。注：樂歲，豐年。狼戾，猶狼藉也。粒米，粟米之粒也。饒多狼藉，棄捐於地，是時多取於民不爲暴虐也，而反以常數少取之。至於凶年饑歲，民人糞治其田尚無所得，不足以食，而公家取其稅，必滿其常數焉。不若從歲飢穰以爲多少，與民同之也。疏：注樂歲至之也。正義曰：《鶡冠子·學問篇》云：所謂樂者，無菑者也。年豐無菑，故稱樂歲。《淮南子·覽冥訓》云孟嘗君爲之增欷歍唈，流涕狼戾不可止，高誘注云：狼戾，猶交横也。《廣雅·釋詁》云：狼，盭也。盭卽戾。狼、戾一聲之轉。《國策·燕策》云趙王狼戾無親，《漢書·嚴助傳》狼戾不仁，以其遺棄不甚愛恤，故爲不仁無親之名。而涕之零落於地，與粟之拋棄於地，其名不同，而義實相引也。《告子篇》狼疾，趙氏亦以狼藉釋之。《漢書·燕刺王旦傳》云首籍籍兮亡居，注云：籍籍，縱横貌。縱横猶交横，故狼戾猶狼籍也。段氏玉裁《説文解字注》云：今俗語謂米一顆爲一粒，《孟子》樂歲粒米狼戾，趙注云：粒米，粟米之粒也。《臯陶謨》烝民乃粒，《周頌》立我烝民，鄭箋：立當作粒。《詩》《書》之粒，皆《王制》所謂粒食。按粒米狼戾，言米之粒，不愛恤而縱横於地也。因豐年饒多，故不愛恤而棄捐之也。《鹽鐵論·未通篇》云：樂歲粒米粱糲，而寡取之。此卽本之《孟子》，粱糲卽狼戾之同聲。張之象注本依《孟子》改作狼戾，不知古人聲音通借之例也。《周書·金滕》遘厲虐疾，某氏傳云：虐，暴也。高誘《淮南子》注訓虐爲害，《説文》訓虐爲殘，殘害亦暴也。《周禮·地官·司關》國凶札，鄭司農注云：凶，謂凶年饑荒也。《孟子》亦言凶年飢歲，是凶年卽飢歲也。《禮記·月令》：季夏，大雨時行，燒薙行水，利以殺草，如以熱湯，可以糞田疇，可以美土疆。孔氏正義云：糞，壅苗之根也。蔡云：穀田曰田，麻田曰疇，言爛草可以糞田使肥也。是糞其田卽是治其田，故云糞治其田。《説文》皿部云：盈，滿器也。取盈，是取其稅而滿其常數，如器定受若干如其量以盈之也。從歲飢穰以爲多少，則助是矣。孔氏廣森《經學卮言》云：均是田也，糞之則收自倍，然未有不費而食利者也。羊麋犬豕之骨汁，所以爲糞種之具者，孰非待粟而易之。歲凶則粟不足食，幸而足食，亦無餘粟以易其所無，於是來歲所以糞其田者，無以爲資矣。又凶之甚者，其所穫不足以償今歲糞田之費矣，逭供稅乎！且來歲之田糞既不足，則土疆不美，雖自天降康，亦將不逮其平歲之穫，故一歲遇凶廑，三歲而後，其力可復，此稼穡之艱難，有國所當知也。

爲民父母，使民盻盻然，將終歲勤動不得以養其父母，又稱貸而益之，使老稚轉乎溝壑，惡在其爲民父母也？注：盻盻，勤苦不休息之貌。動，作。稱，舉也。言民勤身動作，終歲不得以養食其父母。公賦當畢，有不足者，又當舉貸子倍而益滿之。至使老小轉尸溝壑，安可以爲民之父母也。疏：注盻盻至母也。正義曰：《音義》云：盻，《説文》五禮切，亦四莧切。丁作肸肸然，許乙切。阮氏元《校勘記》云：盻字見《説文》，云恨視貌。但趙注以勤苦不休息爲訓，趙作肸不作盻也。《説文》：肸，蠁布也。佾振也。肸、佾古通用。肸肸猶屑屑，《方言》云：屑屑，不安也。動作也，《爾雅·釋詁》文。《周禮·天官·小宰》以官府之八成經邦國，四曰聽稱責以傳別，鄭司農云：稱責，謂貸子。賈氏疏云：稱責，謂舉責生子，彼此俱爲稱意，於官於民，俱是稱也。段氏玉裁《説文解字注》云：爯，并舉也。从爪，冓省。冓爲二爪者，手也。一手舉二，故曰并舉。趙注《孟子》稱貸曰：稱，舉也。凡手舉字當作爯，凡偁揚當作偁，凡詮衡當作稱，今字通用稱。《禮記·郊特牲》云：食養，陰氣也。《淮南子·説山訓》云幸善食之而勿苦，高誘注云：食，養也。養其父母卽食其父母。貸，借也。《周禮·地官·泉府》凡民之貸者，與其有司辨而授之，以國服爲之息，鄭司農云：貸者，謂從官借本賈也，故有息使民弗利。玄謂以國服爲之息，受廛之田而貸萬泉者，則朞出息五百。《禮記·月令》注云：火出而畢賦。此言賦冰。此公賦當畢，謂公家之稅當完納也。稅盡賦，猶冰盡賦矣。當盡賦則不敢虧缺，無如田之所出不足，故假借於人而舉債焉。子，卽息也。《史記·貨殖傳》云：子貸金千貫。又云：吳、楚七國兵起，時長安中列侯封君，行從軍旅，齎貸子錢，子錢家以爲侯邑國在關東，關東成敗未決，莫肯與，唯無鹽氏出捐千金貸，其息什之。三月，吳、楚平，一歲之中，則無鹽氏之息什倍。蓋每歲萬息二千，此常息也。至窘急時，則利息必加倍於常，如無鹽氏之利，所以什之矣。萬息二千，二其子也。什之，則貸萬息亦萬爲倍，故云子倍。益之言加也，卽上取盈之義。因畢賦不足，又稱貸於子錢家，以益滿此不足之數。而所貸子錢，乃倍於所不足之數。由此積累，至使父母妻子飢寒而死矣。閻氏若璩《釋地三續》云：胡朏明曰：龍子言貢者挍數歲之中以爲常，樂歲粒米狼戾，多取之而不爲虐，則寡取之；凶年糞其田而不足，則必取盈焉。此貢之所以不善也。某謂貢異於助，惟無公田耳。其取民之制，雖云於一夫受田五十畝之中，稅其五畝之所收，然亦每歲各視其豐凶，以爲所入之多寡，與助法無異。非上之人科定此五畝者出穀若干斗斛以爲常也。藉令樂歲不多取，凶年必取盈，賦何以有上上錯乎？然則龍子之言非與？曰：龍子蓋有爲言之也。夏氏僎曰：戰國諸侯，重斂掊克，立定法以取民，不因豐凶而損益；且託貢法以文過，故孟子有激而云。其所謂不善者，特救戰國之失耳，禹法實不然也。蓋自魯宣公稅畝以後，諸侯廢公田而行貢法，取民數倍於古，樂歲猶可勉供，凶年則不勝其誅求之苦，而皆藉口於夏后氏以文其貪暴，龍子所以痛心疾首而爲是言。孟子方勸滕君行助，以革當時之弊，意在伸助，不得不抑貢，故舉龍子之言以相形，而未暇深求其義理。其實龍子所謂莫不善者，乃戰國諸侯之貢法，非夏后氏之貢法也。

夫世祿，滕固行之矣。注：古者諸侯卿大夫士有功德，則世祿賜族者也。官有世功者，其子雖未任居官，得世食其父祿，賢者子孫必有土之義也。滕固知行是矣，言亦當恤民之子弟，閔其勤勞者也。疏：注古者至義也。正義曰：隱公八年《左傳》云：天子建德，因生以賜姓，胙之土而命之氏。諸侯以字爲謚，因以爲族。官有世功，則有官族，邑亦如之。《白虎通·封公侯篇》云：大夫功成未封，子得封得，善之及子孫也。《春秋傳》曰：賢者子孫宜有土地也。趙氏本此爲説也。詳見《梁惠王下篇》。

阮氏元《校勘記》云：其子雖未任居官，閩、監、毛三本、韓本同。孔本、《考文》古本任作士，《音義》出未任，音壬，作任是也。**《詩》云：雨我公田，遂及我私。**

惟助爲有公田。由此觀之，雖周亦助也。注：詩，《小雅·大田》之篇。言太平時民悦其上，願欲天之先雨公田，遂以次及我私田也。猶殷人助者，爲有公田耳。此周詩也，而云雨公田，知雖周家時亦助也。疏：注詩小至助也。正義曰：詩在《小雅·大田》第三章。箋云：古者陰陽和，風雨時，其來祈祈然而不暴疾，其民之心先公後私，今天主雨於公田，因及私田爾。此言民怙君德，蒙其餘惠。趙氏言太平時，本上興雨祈祈言也。萬氏斯大《學春秋隨筆》云：孟子言三代田制莫善於助，言助法之形體曰：方里而井，井九百畝，其中爲公田，八家皆私百畝，同養公田。非謂成周之徹法如此也。《漢書·食貨志》直本此以言周制，後儒多相因不變，若是，則周人乃百畝而助矣，何名爲徹哉？惟趙岐《孟子》注云：周人耕百畝者，徹取十畝以爲賦。斯言得之矣。《司馬法》云：畝百爲夫，夫三爲屋，屋三爲井。《小司徒》亦云：夫九爲井。據此二文，是周人井九百畝，分之九夫，每夫百畝，中以十畝爲公田，君取其入，而不收餘畝之税。宣公於公田之外，更税餘畝之十一，故曰税畝也。周氏柄中《辨正》云：充宗之説，良不誣也。徹本無公田，故《孟子》云惟助爲有公田，言惟助有則徹無，以明其制之異。言雖周亦助，見助豐凶相通，徹亦豐凶相通，明其意之同。若徹原是助，則人人共知，孟子何用辭費。徹無公田，《詩》曰：雨我公田者，商家同井，公田在私田外，周九夫爲井，公田在私田中。《夏小正》云：三農服於公田。公田之稱，可施於貢，獨不可施於徹乎？然則周何以變八家爲九夫，此則任鈞臺嘗言之矣。蓋自商至周，歷六百餘年，生齒必日繁，無田可給，不得不舉公田授之民。及列國兵争，殺戮過甚，民數反少於周初，而徹法之壞已甚，故孟子欲改行助法，所謂與時宜之者，此真通人之論也。鍾氏懷《菣厓考古録》云：孟子論井田之制，以夏爲貢，殷爲助，周爲徹，顯分其制。及引《大田》之詩，又謂雖周亦助，可知助、徹乃通名也。夏后氏五十而貢，其實亦是什一，獨不得通助、徹之名者，蓋因諸侯去籍，孟子末由考之耳。《夏小正》：正月，農及雪澤，初服于公田。傳云：古有公田焉者，古言先服公田，而後服其田也。可知公田之制，自夏已然，公劉雖由夏居戎，亦循有部之舊而不改也。然則貢卽助卽徹，皆不離乎什一而税，誤以公劉創什一之税，可乎？大抵周家一切典禮，多夏殷之制，特其斟酌損益，少有不同耳。阮氏元《校勘記》云：猶殷人助者，宋本、孔本、《考文》古本、足利本同。閩、監、毛三本、韓本猶作惟。按猶當獨字之誤，閩本改爲惟，非也。

又：〔滕文公〕使畢戰問井地，注：畢戰，滕臣也。問古井田之法。時諸侯各去典籍，人自爲政，故井田之道不明也。疏：注畢戰至明也。正義曰：畢戰爲文公所使，知爲滕臣也。《考工記·匠人》注引滕文公問爲國於孟子云云，文公又問井田，賈氏疏云：彼是文公使畢戰問，今以爲文公問者，畢戰，文公臣。君統臣功，亦得爲文公問也。鄭氏以井田代井地，是井地卽井田也。毛氏奇齡《經問》云：滕文公使畢戰問井地，豈戰國時無井地與？曰：據《春秋》有井衍沃之文，則晉亦尚作井地，但惟坦衍而沃膏者間一行之，他無是也。若戰國則未必有矣。《史記》秦孝公四十一年，爲田開阡陌，正在戰國，與魏惠王、齊威王同時，則此時方改阡陌廢井地之際，雖間或有是，亦將毀棄，况未必有也。**孟子曰：子之君將行仁政，選擇而使子，子**

必勉之！夫仁政必自經界始。經界不正，井地不鈞，穀禄不平。注：子，畢戰也。經，亦界也。必先正其經界，勿侵鄰國，乃可鈞井田，平穀禄。穀，所以爲禄也。《周禮·小司徒》曰：乃經土地而井牧其田野，言正其土地之界，乃定受其井牧之處也。疏：注子畢至處也。正義曰：畢戰來問，此云子之君，君指文公，則子指畢戰也。《周禮·地官·司市》以次敘分地而經市，注云：經，界也。趙氏以此經界，卽各國之疆界。封建與井田相表裏，故先不相侵奪，而井田乃可鈞也。阮氏元《校勘記》云：井地不鈞，石經、岳本、咸淳衢州本、廖本、孔本、韓本、《考文》古本、足利本同。閩、監、毛三本鈞作均。按均、鈞古字通也。穀禄也，《爾雅·釋言》文。《周禮·天官·冢宰》以八柄詔王馭羣臣，二曰禄，以馭其富，注云：班禄所以富臣下。《書》曰：凡厥正人，既富方穀。是以穀釋禄。《天府》祭天之司民司禄，注云：禄之言穀也。《詩·小雅》蔌蔌方有穀，箋亦云：穀，禄也。禄奉以穀，故穀卽禄矣。小司徒，《地官》職也。云：乃經土地而井牧其田野，九夫爲井，四井爲邑，四邑爲丘，四丘爲甸，四甸爲縣，四縣爲都，以任地事而令貢賦。凡税斂之事。注云：此謂造都鄙也。采地制井田，異於鄉遂。重立國，小司徒爲經之，立其五溝五塗之界，其制似井之字，因取名焉。《孟子》曰：夫仁政必自經界始。經界不正，井地不均，穀禄不平。是故暴君姦吏，必慢其經界。經界既正，分田制禄，可坐而定也。九夫爲井者，方一里九夫所治之田也。此制小司徒經之，匠人爲之，溝洫相包乃成耳。鄭氏以小司徒所經卽井田之界，經土地之經爲經始靈臺之經，謂小司徒經度之，與趙氏説異。**是故暴君汙吏，**

必慢其經界。經界既正，分田制禄，可坐而定也。注：暴君，殘虐之君。汙吏，貪吏也。慢經界，不正本也。必相侵陵長争訟也。分田，賦廬井也。制禄，以庶人在官者比上農夫，轉以爲差，故可坐而定也。疏：注暴君至定也。正義曰：《周禮·地官·大司徒》：辨其邦國都鄙之數，制其畿疆而溝封之。凡建邦國，以土圭土其地而制其域；凡造都鄙，制其地域而封溝之。邦國爲公侯伯子男附庸，各有界矣。都鄙爲王子弟公卿大夫采地，亦各有界矣。蓋建邦國，造都鄙，必審井田之形勢以爲之界，各滿其爲通、爲成、爲終、爲同、爲封、爲畿以界之。邦國都鄙之界，視井田之界而定；則井田之在各國各采邑者乃均。自諸侯之殘虐者侵奪鄰國，而邦國之界不正；自卿大夫之貪汙者侵占鄰邑，而采地之界不正：於是爲成、爲通、爲井者，將不能滿其數，合其度，而亦不均矣。惟外而邦國之大界正，內而都鄙采邑之小界正，而井田乃正。以之分授於夫，以之制諸臣之禄，皆可定也。此趙氏以正經界爲勿侵鄰國之義也。《荀子・性惡篇》云：所見者，汙慢淫邪貪利之行也。《列女傳・貞順篇》云：且夫棄義從欲者，汙也。見利忘死者，貪也。夫貪汙之人，王何以爲哉？是汙卽貪也。劉熙《釋名・釋言語》云：慢，漫也。漫漫，心無所限忌也。心輕慢之，不以先王所定爲制，在邦國必相侵陵，卽所云侵鄰國也。在都鄙則長爭訟，如錡奪夷陽五田，郤犨與長魚矯爭田是也。前但言侵鄰國，此兼言之也。廬謂二畝半在田，井謂一夫百畝也。以庶人在官者比上農夫轉以爲等差者，《禮記・王制》云：諸侯之下士，禄食九人，中士食十八人，上士食三十六人，下大夫食七十二人，卿食二百八十人，君食二千八百八十人。是也。**夫滕壤地褊小，將爲君子焉，將爲野人焉；無君子莫治野人，無野人莫養君子。**注：褊小，謂五十里也。爲，有也。雖小國，亦有君子，亦有野人，言足以爲善政也。疏：注爲有也。正義曰：《梁惠王篇》善推其所爲而已矣，《説苑》引作善推其所有而已。《詩・大雅》婦有長舌，《大戴記・本命》注作婦爲長舌。是有、爲二字古通。**請野九一而助，國中什一使自賦，**注：九一者，井田以九頃爲數而供什一，郊野之賦也。助者，殷家税名也，周亦用之，龍子所謂莫善於助也。時諸侯不行助法。國中什一者，《周禮》：園廛二十而税一。時行重賦，責之什一也。而，如也。自，從也。孟子欲請使野人如助法，什一而税之；國中從其本賦，二十而税一以寬之也。疏：注九一至之也。正義曰：宣公十五年《公羊傳》云：古者什一而籍，什一者，天下之中正也。注云：夫饑寒並至，雖堯舜躬化，不能使野無寇盜；貧富兼并，雖皋陶制法，不能使彊不凌弱。是故聖人制井田之法而口分之，一夫一婦，受田百畝，以養父母妻子，五口爲一家，公田十畝，卽所謂什一而税也。廬舍二畝半，凡爲田一頃十二畝半，八家而九頃，共爲一井。蓋百畝爲一頃，九頃者，九百畝也。郊野在郊外，自百里至五百里，通都鄙言之也。《地官・載師》：園廛二十而一。又云：以廛里任國中之地，以場圃任園地。是園廛在國中，故以此國中爲園廛二十有一也。而與汝通，故亦與如通，《詩・小雅》垂帶而厲，箋云：而，如也。是也。鄭康成箋毛詩、高誘注《吕氏春秋》、《淮南子》，皆以自爲從。趙氏以當時郊野之税不止什一，孟子欲其什一而藉，如殷人之行助。其國中園廛之税，本二十取一，當時則什取一，是爲行重賦。民不能什一，而以什一誅求之，故云責之什一也。野宜什一，則不止什一，國中不宜什一，乃重賦而責其什一，是國中什一也，非郊野什一也。國中不可什一而什一，孟子則欲其仍從舊賦二十取一，故云寬之也。趙氏義如此。程氏瑶田《通藝録・周官畿內經地考》云：王畿千里，自王城居中視之，四面皆五百里。五十里爲近郊，百里爲遠郊，二百里爲甸地，三百里爲稍地，四百里爲縣地，五百里爲畺地。大司徒之職：令五家爲比，五比爲閭，四閭爲族，五族爲黨，五黨爲州，五州爲鄉。鄉凡萬二千五百家。如此者六，綜計之，受地者凡七萬五千家也。六鄉之地在郊。《遂人》：掌邦之野，造都鄙形體之法：五家爲鄰，五鄰爲里，四里爲酇，五酇爲鄙，五鄙爲縣，五縣爲遂。六遂亦受地者凡七萬五千家，數如六鄉，但異其名耳。其地在甸。六遂之授地也，亦遂人掌之。其職云：辨其野之土，上地中地下地，以頒田里：上地夫一廛，田百畮，萊五十畮；餘夫亦如之。中地夫一廛，田百畮，萊百畮；餘夫亦如之。下地夫一廛，田百畮，萊二百畮；餘夫亦如之。其治溝洫以制地也，亦遂人掌之。其職云：凡治野，夫間有遂，遂上有徑；十夫有溝，溝上有畛；百夫有洫，洫上有涂；千夫有澮，澮上有道；萬夫有川，川上有路，以達於畿。此六遂之田制也。而六鄉田制，不見於經。經獨見鄉之軍法，故鄭氏注云：鄉之田制與遂同，遂之軍法如六鄉。六鄉軍法，在小司徒之職：五人爲伍，五伍爲兩，四兩爲卒，五卒爲旅，五旅爲師，五師爲軍。軍萬二千五百人，出於鄉，家一人也。六鄉六軍，《夏官・大司馬》之職所謂王六軍也。此郊甸經地之法，在二百里內者也。其外則稍地、縣地、畺地，之都鄙。都鄙者，王子弟及公卿大夫之采地，其界曰者，而鄙則其所居者也。大司徒之職：凡造都鄙，制其地域而封溝之，以其室數制之。不易之地家百畮，一易之地家二百畮，再易之地家三百畮。其造都鄙也，則小司徒經之。其職云：乃經土地而井牧其田野：九夫爲井，四井爲邑，四邑爲丘，四丘爲甸，四甸爲縣，四縣爲都。鄭氏注云：隰臯之地，九夫爲牧，二牧而當一井。今造都鄙，授民田，有不易，有一易，有再易，通率二而當一，是之謂井牧。據此，是鄭氏以都鄙授井田，爲不易一易再易之地，與經所謂以室數制之者，無異義矣。乃其注《載師》職之任地，則又以易不易之田歸之六鄉；以上中下有萊之田歸之甸稍縣都，且云：郊內謂之易，郊外謂之萊，善言近。六遂之民奇受一廛，上地有萊，爲所以饒遠也。不但與經相戾，卽與其自注亦不相蒙。豈謂遂人所掌之野得包甸、稍、縣、都，授以有萊之地爲從其類，而易不易之田在大司徒，司徒主六鄉，因以所制田授之與？井田溝洫之制，在《考工記》：匠人爲溝洫，耜廣五寸，二耜爲耦。一耦之伐，廣尺深尺謂之甽。田首倍之，廣二尺深二尺謂之遂。九夫爲井，井間廣四尺深四尺謂之溝。方十里爲成，成間廣八尺深八尺謂之洫。方百里爲同，同間廣二尋深二仞謂之澮。專達於川。鄭氏所謂井牧之制，小司徒經之，匠人爲之，溝洫相包乃成者，是也。此都鄙經地之法也。《載師》職云：以廛里任國中之地，以場圃任園地，以宅田、士田、賈田任近郊之地，以官田、牛田、賞田、牧田任遠郊之地，以公邑之田任甸地，以家邑之田任稍地，以小都之田任縣地，以大都之田任畺地。按六鄉之田在郊，宅田、士田、賈田、官田、牛田、賞田、牧田則六鄉之餘地也。六遂之田在甸，公邑則六遂之餘地也。家邑之田在稍，小都之田在縣，大都之田在畺，稍、縣、畺皆有餘地，亦謂之公邑。今於甸言餘地，於稍、縣、畺言其正田，既互相足，亦以鄉遂形體詳《司徒》、《遂人》職中，不煩復言其正田也。家邑方二十五里，凡四甸，大夫之采地也。小都方五十里，凡四縣，卿之采地也。大都方百里，凡四都，公之采地也。王母弟，王之庶子，與公同食百里地於畺。王子弟稍疏者，與卿同食五十里地於縣。其又疏者，與大夫同食二十五里地於稍。其入税於王也，皆四之一，四甸入一甸，四縣入一縣，四都入一都。四都者，一同之地，故曰大都。四縣者，一都之地，故曰小都。四甸者，一縣之地，故曰家邑，王氏鳴盛《周禮軍賦説》云：鄭康成以《遂人》所言爲溝洫之法，即夏之貢法，鄉遂公邑用之。《匠人》所言爲井田之法，即殷之助法，都鄙用之。其溝洫與井田之異，則正義：《遂人》云：夫間有遂，十夫有溝，百夫有洫，千夫有澮，萬夫有川，方三十三里少半里。九而方一同，九澮而川周其外，則百里之内，九九八十一澮。井田則一同惟一澮。一溝澮稠多，一溝澮稀少，其異一。《匠人》井田之法，畎縱遂横，溝縱洫横，澮縱川横。其夫間縱者，分夫間之界耳，無遂；其遂注入溝，溝注入洫，洫注入澮，澮注入川，略舉一成，以三隅反之，一同可見矣。《遂人》云夫間有遂，以南畝圖之，則遂縱而溝横。《匠人》不云夫間有遂，云田首倍之謂之遂，遂則横，溝縱也。自餘洫澮川依此遂溝縱横參之可知。其異二。《遂人》云九澮而川周其外，川是人造之。《匠人》百里有澮，澮水注入川，相去逆，宜爲自然大川，非人所造。其異三。溝洫之法，衹就夫税之十一而貢；井田之法，九夫爲井，井税一夫，美惡取於此，不税民之所自治。其異四。倪氏思寛《讀書記》云：鄭氏《匠人》注云：野九夫而税一。《甫田》箋云：井税一夫，其田百畝。竊嘗據鄭旨核分數，八家九百畝而公田百畝，通公私之率，無異家別一百一十二畝半。於一百一十二畝半，抽其一十二畝半，則於九分之中而税其一分，正合九一之旨。其數甚明，不待持籌而知也。馬端臨謂《遂人》之十夫，特姑舉成數言之，不必拘以十數。此言殊謬。十夫有溝，明係古人成法。蓋國中行鄉遂之法，皆五五相連屬，而五倍之則十也。如五家爲比，二比則十夫。五家爲鄰，二鄰則十夫。十夫有溝，當起義於此，豈得謂姑舉成數言之。至謂行貢之地，無問高原下隰，截長補短，所爲溝洫者，不過隨地高下而爲之蓄洩，異日井田之溝洫，有一定之尺寸。此言也，適足以啓慢其經界之弊矣。古人於高原下隰，别有通融之法，如楚蔿掩所書者，既言鄉遂用貢法，十夫有溝，則經界森列，有條不紊，庸詎得如馬説也。其實皆什一也，聖賢立言，文無虚設。假令貢助果皆什一，則其實一語爲贅文矣。唯立法九一什一不同，而論其實，則於中正之準，初無不合。鄭注《載師》云：周税輕近而重遠，近者多役也。則是國中什一而役多，野九一而役少，會而通之，總皆什一，其理易明。孟子特立此文，以明助法九一之善。若鄭氏又謂孟子言其實皆什一，據通率而言耳。則經文九一什一，文聊義對，鄭説雖巧，而近於鑿，不得從之。按趙氏以國中爲城中，野爲鄉遂都鄙通稱，則九一之制，自國門外皆然。依鄭氏則以國中當鄉遂用貢，野當都鄙用助，乃鄭氏又以周制畿内用夏之貢法，税夫無公田；邦國用殷之助法，制公田不税夫。既以都鄙井田異於鄉遂，《遂人》注又謂野爲甸、稍、縣、都，甸是六遂，則遂亦通爲野，與都鄙異於鄉遂之説異。蓋又以郊内六鄉爲國中，遂以外皆野矣。一人之説，已參差不一，其與趙氏之異，又何若矣。備載之以俟考。卿以下必有圭田，圭田五十畝，餘夫二十五畝。注：古者卿以下至於士，皆受圭田五十畝，所以共祭祀。圭，絜也。士田，故謂之圭田，所謂惟士無田則亦不祭，言絀士無絜田也。井田之民，養公田者受百畝，圭田半之，故五十畝。餘夫者，一家一人受田，其餘老小尚有餘力者，受二十五畝，半於圭田，謂之餘夫也。受田者，田萊多少有上中下，《周禮》曰餘夫亦如之，亦如上中下之制也。《王制》曰夫圭田無征，謂餘夫圭田，皆不出征賦也。時無圭田餘夫，孟子欲令復古，所以重祭祀，利民之道也。疏：注古者至十畝。正義曰：《周禮·地官·載師》以士田任近郊之地，注云：鄭司農云：士田者，士大夫之子得而耕之田也。玄謂士讀爲仕，仕者亦受田，所謂圭田也。孟子曰：自卿以下必有圭田，圭田五十畝。圭田既是仕田，則卿以下通大夫士而言，即《載師》之士田也。《毛詩·小雅·天保篇》吉蠲爲饎，傳云：蠲，絜也。《秋官·蜡氏》凡國之大祭祀，令州里除不蠲，注云：蠲，讀爲吉圭惟饎之圭，圭，潔也。《儀禮·士虞禮記》云圭爲而哀薦之饗，注亦云：圭，絜也。《詩》曰：吉圭爲饎。《吕氏春秋·尊師篇》云必蠲絜，高誘注云：蠲讀曰圭。是圭之義爲絜也。《禮記·王制》云夫圭田無征，注云：夫，猶治也。征，税也。《孟子》曰：卿以下必有圭田。治圭田者不税，所以厚賢也。此則《周禮》之士田，以任近郊之地税什一。孔氏正義云：圭，潔也。言德行潔白也。而與之田。殷所不税者，殷政寛厚，重賢人；周則税之。士以潔白而升，則與以圭田，使供祭祀；若以不潔白而黜，則收其田里，故士無田則不祭，有田以表其潔，無田以罰其不潔也。《説文》田部云：畦，田五十畝曰畦。從田，圭聲。段氏玉裁《説文解字注》云：《離騷》畦留夷與揭車，王逸注：五十畝曰畦。《蜀都賦》劉注云：《楚辭》倚沼畦瀛，王逸云：瀛，澤中也。班固以爲畦田五十畝也。孟子曰：圭田五十畝。然則畦从圭田，會意兼形聲與？孫氏蘭《輿地隅説》云：《孟子》圭田，或以圭訓潔，非也。《九章·方田》有圭田求廣從法，有直田截圭田法，有圭田截小截大法，凡零星不成井之田，一以圭法量之。圭者，合二句股之形。井田之外有圭田，明係零星不井者也。此上二説，與趙氏異。按鄭司農以士田爲士大夫之子所耕，《荀子·王制篇》云：雖王公士大夫之子孫，不能屬於禮義，則歸之庶人。然則士大夫之子孫，其不能嗣爲士大夫者，即授之田，正與餘夫一例。若然，則圭田不以潔取義，正指不能成井者而言。不能成井，則以五十畝爲一畦。畦之數，又即由圭形而稱焉者也。《史記·貨殖傳》云千畦薑韭，集解引徐廣云：一畦二十五畝。《文選》注引劉熙注病於夏畦云：今俗以二十五畝爲小畦，以五十畝爲大畦。然則餘夫二十五畝，亦即蒙上圭田而言。注餘夫至等也。正義曰：宣公十五年《公羊傳》注云：多於五口，名曰餘夫，以率受田二十五畝。此趙氏義也。多於五口，則不拘何人，故趙氏兼言老少也。《漢書·食貨志》云：民受田，上田夫百畮，中田夫二百畮，下田夫三百畮。歲耕種者爲不易上田，休一歲者爲一易中田，休二歲者爲再易下田，三歲更耕之，自爰其處。農民戶人已受田，其家衆男爲餘夫，亦以口受田如比。士工商家受田，五口乃當農夫一人。此云如比，則如一夫百畝之例，與《孟子》餘夫二十五畝之餘夫不同。《地官·遂人》：辨其野之土，上地中地下地，以頒田里：上地夫一廛，田百畮，萊五十畮，餘夫亦如之。中地夫一廛，田百畮，萊百畮，餘夫亦如之。下地夫一廛，田百畮，萊二百畮，餘夫亦如之。注云：萊，休不耕者。鄭司農云：戶計一夫一婦而賦之田，其一戶有數口者，餘夫亦受此田也。廛，居也。揚子雲有田一廛，謂百畝之居也。後鄭此處不注，而注於《載師》云：餘夫在遂地之中如比，則士工商以事入在官，而餘夫以力出耕公邑。賈氏疏云：六鄉七萬五千家，家以七夫爲計，餘子弟多，三十壯有室，其合受地，亦與正夫同。《孟子》云：圭田五十畝，餘夫二十五畝。彼餘夫與正夫不同者，彼餘夫是年二十九已下未有妻，受口田，故二十五畝。若三十有妻，則受夫田百畝。故鄭注《內則》云：三十受田，給征役。士與工商之家，丈夫成人，受田各受一夫，則云半農夫者是也。其家內無丈夫，其餘家口，不得如成人，故五口乃當農夫一人。百里內置六鄉，以九等受地，皆以一夫爲計，其地則盡。至於餘夫無地可受，則六鄉餘夫等，並出耕在遂地之中，百里之外，其六遂之餘夫，並亦在遂地之中受田矣。如是則《遂人》之餘夫，不同於《孟子》之餘夫，乃趙氏引《周禮·遂人》餘夫以證《孟子》，則是以《遂人》所云餘夫亦如之，卽此餘夫二十五畝之餘夫也。彼注者，因上言夫一廛，田百畮，下言餘夫亦如之，故以爲此三十授田之餘夫，所授亦如一夫之百畝。趙氏解《遂人》，謂一夫所受田萊多少有上中下，餘夫亦如上中下之等，非亦如百畝也。陳祥道《禮書》云：先王之於民，受地雖均百畝，然其子弟之衆，或食不足而力有餘，則又以餘夫任之。此《載芟》詩所謂侯彊，《周禮》所謂以彊予任甿者也。然餘夫之田不過二十五畝，以其家既受田百畝，而又以百畝予之，則彼力有所不逮矣。故其田四分農夫之一而已。上地田二十五畮，萊半之；中地二十五畮，萊亦二十五畮；下地二十五畮，萊五十畮。所謂如之者，如田萊之多寡而已，非謂餘夫亦受百畝之田如正農夫也。此得趙氏義矣。注王制至道也。正義曰：趙氏佑《温故録》云：《王制》夫圭田無征，注云云。依鄭注，則《王制》夫字直下讀，而夫之訓治，既少證佐。依趙注，則以夫爲餘夫，當讀夫字斷，與圭田爲二事。而餘夫獨省去餘字，以何明之？或讀夫音扶，則本文上承古者，公田藉而不税，市廛而不税，關譏而不征，林麓川澤，以時入而不禁，皆以次銜接，不應别用助辭。今按《周禮》每言夫受田征税，皆必計夫爲率，故有夫家之征，注謂夫税家税。夫税者，百畝之税；家税者，出士徒車輦給繇役。《考工記·匠人》注云：《載師》職云：園廛二十而一，近郊十一，遠郊二十而三，甸、稍、縣、都，皆無過十二。謂田税也，皆就夫税之近輕遠重耳。下卽引《孟子》此章文。云：以《載師》職及《司馬法》論之，則周制畿內用夏之貢法，税夫無公田；以《詩》、《春秋》、《論語》、《孟子》論之，周制邦國用殷之助法，制公田不税夫也。則此圭田在畿內，當税夫而謂無征，正言圭田不税夫，倒夫字於句上也。蓋井田計夫，畝百爲夫；圭田半之，不合計夫，故不税夫，以優恤卿士之子孫，使得專力於祭祀也。是《王制》原可作夫字一句讀，與上市、關等一例，不必訓治，更無餘夫在內。餘夫二十五畝，又半於圭田，其人老弱，或當亦不計夫。死徙無出鄉，注：死，謂葬死也。徙，謂爰土易居，平肥磽也。不出其鄉，易爲功也。疏：注死謂至功也。正義曰：《荀子·禮論》云：死，人之終也。夫厚其生而薄其死，是敬其有知而慢其無知也。此但云死，則送死也。送死，惟葬則有出鄉不出鄉之别，故云葬死也。《周書·大聚解》云：墳墓相連，民乃有親。是也。阮氏元《校勘記》云：謂受土易居也肥磽也，閩、監、毛三本如此。廖本、孔本、韓本受作爰，上也字作平。作爰作平是。爰土，卽《國語》之轅田。賈侍中云：轅，易也。爲易田之法。《左傳》作爰田，《食貨志》云：三歲更耕之，自爰其處。《公羊傳》注云：三年一换土易居。然則爰者，换也。平肥磽者，謂一易之地家百畝，再易之地家二百畝，三易之地家三百畝，無偏枯不均也。按晉於是作爰田，見僖公十五年《左傳》，孔疏引服虔、孔晁皆云：爰，易也。賞衆以田，易其疆畔，易亦换也。古爰音與换近，故畔换卽畔援也。《説文》走部云：趄，田易居也。段氏玉裁《説文解字注》云：《周禮·大司徒》：不易之地家百畮，一易之地家二百畮，再易之地家三百畮。大鄭云：不易之地，歲種之，美，故家百畮。一易之地，休一歲乃復，地薄，故家二百畮。再易之地，休二歲乃復種，故家三百畮。《遂人》：辨其野之土上地中地下地，以頒田里：上地夫一廛，田百畮，萊五十畮。中地夫一廛，田百畮，萊百畮。下地夫一廛，田百畮，萊二百畮。注：萊，謂休不耕者。《公羊》何注云：司空謹别田之高下美惡，分爲三品：上田，一歲一墾；中田，二歲一墾；三歲一墾。肥饒不得獨樂，墝埆不得獨苦，故三年一换主易居，財均力平。《漢書·食貨志》云：民受田，上田夫百畮，中田夫二百畮，下田夫三百畮。歲耕種者爲不易上田，休一歲者爲一易中田，休二歲者爲再易下田，三歲更耕，自爰其處。《地理志》云秦孝公用商君制轅田，張晏云：周制三年一易，以同美惡。商鞅始割列田地，開立阡陌，令民各有常制。孟康云：三年爰土易居，古制也。末世浸廢。商鞅相秦，復立爰田。上田不易，中田一易，下田再易，爰自在其田，不復易居也。按何云换主易居，班云更耕自爰其處，趙云爰土易居，許云趄田易居，爰、轅、趄、换四字音義同也。古者每歲易其所耕，則田廬皆易。云三年者，三年而上中下田徧焉，三年後一年仍耕上田，故曰自爰其處。孟康説古制易居爲爰田，商鞅自在其田不復易居爲轅田，名同實異，孟説是也。依孟，則商鞅田分上中下而少多之，得上田者百畝，得中田者二百畝，得下田者三百畝，不令得田者彼此相易。其得中田三百畝者，每年耕百畝，二年而徧。得下田三百畝者，亦每年耕百畝，三年而徧。故曰上田不易，中田一易，下田再易，爰自在其田，不復易居。《周禮》之制，得三等田者，彼此相易，今年耕上田百畝，明年耕中田二百畝之百畝，又明年耕下田三百畝之百畝，又明年仍耕上田之百畝，如是乃得有休一歲休二歲之法，故曰三歲更耕，自爰其處。與商鞅法雖異而實同也。鞅之害民，在開阡陌。

鄉田同井，出入相友，守望相助，疾病相扶持，則百姓親睦。注：同鄉之田，共井之家，各相營勞也。出入相友，相友耦也。《周禮·太宰》曰：八曰友，以任得民。守望相助，助察姦也。疾病相扶持，扶持其羸弱，救其困急，皆所以教民相親睦之道。睦，和也。疏：注同鄉至和也。正義曰：《說文》𨛜部云：鄉，國離邑，民所封鄉也。嗇夫別治。從𨛜，皀聲。封圻之內六鄉，六卿治之。段氏玉裁《說文解字注》云：離邑，如言離宮別館。國與邑，名可互稱。析言之，則國大邑小，一國中離析爲若干邑。封，猶域也。所封，謂民域其中。所鄉，謂歸往也。劉熙《釋名·釋州國》云：鄉，向也。衆所向也。以同音爲訓也。嗇夫別治，言漢制。六鄉六卿治之，謂《周禮》。按此分別鄉之名甚析，畿內六鄉，別乎六遂都鄙而言，此鄉之專名也。凡民所向往，國之別邑，皆謂之鄉，此鄉之通名也。《逸周書·大聚解》云：以國爲邑，以邑爲鄉，以鄉爲閭，禍災相恤，資喪比服；合閭立教，以威爲長；合族同親，以敬爲長；飲食相約，興彈相庸；耦耕曰耘，男女有婚；墳墓相連，民乃有親。《孟子》此文略同。同鄉之田，卽同國同邑之謂，非專指六鄉也。《韓詩外傳》云：古者八家而井，田方里而爲井，廣三百步，長三百步，一里其田九百畝。八家爲鄰，家得百畝，餘夫各得二十五畝。家爲公田十畝，餘二十畝，共爲廬舍，各得二畝半。八家相保，出入更守，疾病相憂，患難相救，有無相貸，飲食相召，嫁娶相謀，漁獵分得，仁恩施行，是以其民和親而相好。此本《孟子》而衍之。共井之人，卽此八家爲鄰之謂也。《呂氏春秋·辨土篇》云：所謂今之耕也，營而無獲者。《廣雅·釋地》云：營，耕也。《爾雅·釋詁》云：勞，勤也。各相營勞，謂各耕治其田而各盡其勤苦也。《周禮·天官·大宰》：以九兩繫邦國之民，八曰友，以任得民。注云：友，謂同井相合耦耡作者。引《孟子》此文。趙氏以耦釋友，故引《大宰》職證之。《說文》又部云：同志爲友。《淮南子·時則訓》云令農計耦耕事，高誘注云：耦，合也。農夫同志合耕，亦是友也。《廣雅·釋詁》云：望，候覗也。覗同伺，《一切經音義》引《字林》云：伺，候也，察也。伺亦通作司，《秋官·禁殺戮》掌司斬殺戮者，注云：司，察也。是也。故趙氏解守望相助云助察姦惡，以察釋望也。《楚辭·招魂》云天地四方，多賊姦些，《淮南子·氾論訓》姦符節，高誘注云：姦私，亦盜也。是姦指盜賊而言。守者，防備所已知。望者，伺察所未形。守之義易明，故略之，專言察。伺察之，又戒備之，言察而守在矣。《鬼谷子·捭闔篇》云：是故望人一守司其門戶，審察其所先後。守司卽守望。上兼言守司，而以審察自解之，則審察明司，亦兼明守矣。《漢書·食貨志》引《孟子》云：出入相友，守望相助，疾病相救，民是以和睦，而教化齊同，力役生產，可得而平也。以救字代扶持，《方言》云：扶，護也。護亦救也。《荀子·榮辱篇》云以相羣居，以相持養，注云：持養，保養也。扶、持二字義同。人有疾病，則羸弱困急，保養之，卽救護之矣。凡此皆由有以教化之本，《食貨志》言之。《志》言民是以和睦，是睦卽和也。

方里而井，井九百畝，其中爲公田，八家皆私百畝，同養公田，公事畢，然後敢治私事，所以別野人也。注：方一里者，九百畝之地也，爲一井。八家各私得百畝，同共養其公田之苗稼。公田八十畝，其餘二十畝，以爲廬井宅園圃，家二畝半也。先公後私，遂及我私之義也。則是野人之事，所以別於士伍者也。疏：注方一至伍者也。正義曰：方者，開方也。方一里，謂縱橫皆一里。畫爲九，則積九百畝者，其方三百畝也。其形如井字，故爲一井也。或云：方是法，不是形。古九數，一曰方田。若其田本方，安用算。山水之性，皆以曲而善走，卽廣野平疇，其脈必自山出。大約中出者必中高，邊出者必邊高，斷無百十里直如繩、平如砥者。《孟子》方里云云，亦舉一方者以爲例耳。阮氏元《校勘記》云：以爲廬井宅園圃家一畝半也，閩、監、毛三本同，廖本、孔本、韓本、《考文》古本無井字，一作二。按無井字非也。《穀梁傳》云：古者公田爲居，並竈蔥韭取焉。一作二，是也。此二畝半合城保二畝半，是爲五畝之宅。徹法九夫爲井，則每家受田一頃一十二畝半，稅其一十二畝半，是九分取一也，無所爲公私也。助法八家皆私百畝，同養公田，則每以二畝半爲廬井宅園圃，餘八十畝，八家同養。是八百八十畝稅其八十畝，名爲九一，實乃什一分之一也。此助法所以善也。惟是公私之田既分，而先後之期乃定也。野人，謂都鄙之人。《國語·齊語》云罷士無伍，注云：無行曰罷。無伍，無與爲伍也。然則士伍猶云士列也，卽謂食祿之君子。公田，君子所食，先之；私田，野人所食，後之：是別野人於君子也。又《地官·小司徒》：乃會萬民之卒伍而用之：五人爲伍，五伍爲兩，四兩爲卒，五卒爲旅，五旅爲師，五師爲軍。《尚書·費誓》云：魯人三郊三遂。孔氏正義云：天子六軍，出自六鄉。則諸侯大國三軍，亦當出自三鄉也。《周禮》又云：萬二千五百人爲遂。《遂人》職云：以歲時稽其人民，簡其兵器，以起征役。則六遂亦當出六軍，鄉爲正，遂爲副也。設百里之國，去國十里爲郊，則諸侯之制，亦當鄉在郊內，遂在郊外。然則軍伍屬鄉郊。《毛詩·小雅·采芑》傳云：宣王能新美天下之士。箋云：士，軍士也。《荀子·王制篇》云：故王者富民，霸者富士。注云：士，卒伍也。則士伍指鄉遂之人，鄉遂什一自賦，無公田私田之分，則無先公後私之法，是別都鄙之人於鄉遂之人也。二者未知孰是。《校勘記》云：韓本《考文》古本伍作位。

此其大略也。若夫潤澤之，則在君與子矣。注：略，要也。其井田之大要如是。而加慈惠潤澤之，則在滕君與子，共戮力撫循之也。疏：注略要至如是。正義曰：《淮南子·本經訓》云其言略而循理，高誘注云：

略，約要也。約之義爲要，略、約音近義通也。注：而加至循之也。正義曰：《風俗通・山澤篇》云：澤者，言其潤澤萬物，以阜民用也。井田大要如是。此法也，若無慈惠之心行之，則法雖立，而民仍不被其澤。《荀子・富國篇》云：垂事養民，拊循之，唲嘔之。注云：拊與撫同。撫循，慰悦之也。無井田之法，而徒撫循唲嘔之，則爲小惠；井田之法立，而無撫循慈惠之意，則法亦槁餒而無光澤，所謂有治人無治法也。注而加慈惠潤澤之，孔本無而字。

又：《章指》言：尊賢師，知采人之善，善之至也。修學校，勸禮義，勑民事，正經界，均井田，賦什一，則爲國之大本也。疏：知采人之善。正義曰：《史記・太史公自序》云：《春秋》采善貶惡。又《禮書》云：悉内六國禮儀，采擇其善，韓本無善之至也四字。

（宋）朱熹《四書章句集注・孟子集注・離婁章句上》 孟子曰：離婁之明，公輸子之巧，不以規矩，不能成方員；師曠之聰，不以六律，不能正五音。堯舜之道，不以仁政，不能平治天下。離婁，古之明目者。公輸子，名班，魯之巧人也。規，所以爲員之器也。矩，所以爲方之器也。師曠，晉之樂師，知音者也。六律，截竹爲筩，陰陽各六，以節五音之上下。黄鐘、大簇、姑洗、蕤賓、夷則、無射爲陽；大吕、夾鐘、仲吕、林鐘、南吕、應鐘爲陰也。五音，宫商角徵羽也。范氏曰：此言治天下不可無法度。仁政者，治天下之法度也。

（清）焦循《孟子正義・離婁章句上》 孟子曰：桀紂之失天下也，失其民也。失其民者，失其心也。注：失其民之心，則天下畔之，簞食壺漿，以迎武王之師是也。得天下有道，得其民，斯得天下矣。得其民有道，得其心，斯得民矣。得其心有道，所欲與之聚之，所惡勿施，爾也。注：欲得民心，聚其所欲而與之，爾，近也。勿施行其所惡，使民近，則民心可得矣。疏：注欲得至與之。正義曰：聚之義有二：《禮記・曲禮》注云：聚，猶共也。《國語・晉語》云聚居異情，注云：聚，共也。所欲與之聚之即所欲與之共之也。《左傳》顔涿聚，《説苑・正諫篇》作燭趨，是聚與趨通。《易・萃卦・彖傳》云聚以正也，《釋文》云：荀本作取。劉熙《釋名・釋言語》云：取，趣也。趣亦卽趨，是聚與趨、趣、取通。趙氏言聚其所欲而與之卽是趣其所欲而與之也。王氏引之《經傳釋詞》云：家大人曰：與，猶爲也。爲字讀去聲。所欲與之聚之，言所欲則爲民聚之也。《楚策》曰吾與子出兵矣，言吾爲子出兵也。《漢書・高帝紀》漢王爲義帝發喪，《漢紀》爲作與。戴氏震《孟子字義疏證》云：宋以來儒者，舉凡飢寒愁怨、飲食男女、常情隱曲之感，則名之曰人欲，故終其身見欲之難制。其所謂存理，空有理之名，究不過絶情欲之感耳。何以能絶？天下必無舍生養之道而得存者。凡事爲皆有於欲，無欲則無爲矣。有欲而後有爲，有爲而歸於至當不可易之謂理。無欲無爲，又焉有理！老、莊、釋氏生於無欲無爲，故不言理；聖人務在有欲有爲之咸得理。是故君子亦無私而已矣，不貴無欲。君子使欲出於正，不出於邪，不必無飢寒愁怨、飲食男女、常情隱曲之感。於是讒説誣辭，反得刻議君子而罪之，此理欲之辨，使君子無完行者，爲禍如是也。以無欲然後君子，而小人之爲小人也，依然行其貪邪。獨執此以爲君子者，謂不出於理則出於欲，不出於欲則出於理。其言理也，如有物焉，得於天而具於心，於是未有不以意見爲理之君子，且自信不出於欲，則曰心無愧怍。夫古人所以不愧不怍者，豈此之謂乎？不悟意見多偏之不可以理名，而持之必堅，意見所非，則謂其人自絶於理，此理欲之辨，適成忍而殘殺之具，爲禍又如是也。夫堯舜之憂四海困窮，文王之視民如傷，何一非爲民謀其人欲之事。惟順而導之，使歸於善。今既截然分理欲爲二，治己以不出於欲爲理，治人亦必以不出於欲爲理，舉凡民之飢寒愁怨、飲食男女、常情隱曲之感，咸視爲人欲之甚輕者矣。輕其所輕，乃吾重天理也，公義也。言雖美，而用之治人則禍其人。至於下以欺僞應乎上，則曰人之不善，胡弗思聖人體民之情，遂民之欲，不待告以天理公義而人易免於罪戾者之有道也。孟子於民之放辟邪侈無不爲，以陷於罪，猶曰是罔民也，又曰救死而恐不贍，奚暇治禮義哉。古之言理也，就人之情欲求之，使之無疵之爲理。今之言理也，離人之情欲求之，使之忍而不顧之爲理。此理欲之辨，適以窮天下之人，盡轉移爲欺僞之人，爲禍何可勝言也！其所謂欲，乃帝王之所盡心於民；其所謂理，非古聖賢之所謂理；蓋離乎老釋之言以爲言，是以弊至此也。然宋以來儒者皆力破老釋，不自知雜襲其言而一一傳合於經，遂曰《六經》孔孟之言。其惑人也易而破之也難，數百年於兹矣。人心所知，皆彼之言，不復知其異於《六經》孔孟之言矣。世又以躬行實踐之儒，信焉不疑。夫楊、墨、老、釋皆躬行實踐，勸善懲惡，救人心，贊治化，天下尊而信之，帝王因尊而信之者也。孟子、韓子闢之於前，聞孟子、韓子之言，人始知其與聖人異而究不知其所以異。至宋以來儒者之言，人咸曰是與聖人同也。辯之，是欲立異也。此如嬰兒中路失其父母，他人子之而爲其父母，既長不復能知他人之非其父母，雖告以親父母，而決爲非也而怒其告者。故曰破之也難。注爾近至得矣。正義曰：爾與邇通，《儀禮・燕禮》南鄉爾卿，《特牲饋食禮》視命爾敦，爾字皆訓近，皆爲邇也。趙氏佑《温故録》云：讀爾也自爲句。民之歸仁也，猶水之就下，獸之走壙也。故爲淵敺魚者，獺也。爲叢敺爵者，鸇也。爲湯武敺民者，桀與紂也。今天下之君有好仁者則，諸侯皆爲之敺矣。雖欲無王，不可得矣。注：民之思明君，猶水樂埤下，獸樂壙野，敺之則歸其所樂。獺，獱也。鸇，土鸇也。故云諸侯好爲仁者，敺民若此也。湯武行之矣，如有則之者，雖欲不王，不可得也。疏：【略】注諸侯至得也。正義曰：好爲仁者當作爲好仁者。若此，此指獺鸇。趙氏讀有好仁者則爲句，言湯武好仁，桀紂爲之敺民使歸之。今天下之君有好仁者以湯武爲法則，今之諸侯皆爲之敺民，亦如桀紂爲湯武敺民矣。

《章指》言：水性趨下，民樂歸仁。桀紂之敺，使就其君。三年之艾，畜而可得。一時欲仁，猶將沈溺。所以明鑒戒也。疏：猶得沈溺。正義曰：阮氏元《校勘記》云：沈，依《説文》當作湛。沈，假借字。沉，俗字。

《孟子注疏・盡心章句上》 孟子曰：伯夷辟紂，居北海之濱，聞文王作，興曰：盍歸乎來？吾聞西伯善養老者。太公辟紂，居東海之濱，聞文王作，興曰：盍歸來乎？吾聞西伯善養老者。已説於上篇。天下有善養老，則仁人以爲己歸矣。天下有能若文王者，仁人呼復歸之矣。五畝之宅，樹牆下以桑，匹婦蠶之，則老者足以衣帛矣。五母雞，二母彘，無失其時，老者足以無失肉矣。百畝之田，匹夫耕之，八口之家足以無飢矣。五雞、二彘，八口之家畜之，足以爲畜産之本也。所謂西伯善養老者，制其田里，教之樹、畜，導其妻子，使養其老。五十非帛不煖，七十非肉不飽。不煖不飽，謂之凍餒。文王之民，無凍餒之老者，此之謂也。所謂無凍餒者，教導之使可以養老者耳，非家賜而人益之也。疏：孟子至此之謂也。正義曰：此章言王政普大，教其常業，各養其老，使不餒乏。二老聞之，歸身自己，所謂衆鳥不羅，翔鳳來集，之類者也。孟子曰伯夷辟紂至此之謂也已説於上篇矣。此以大同小異，更不復説焉。然其類亦孔子所云刳胎殺夭，則麒麟不至，覆巢毁卵，則鳳凰不翔。此亦類也。

又： 孟子曰：易其田疇，薄其税斂，民可使富也。食之以時，用之以禮，財不可勝用也。易，治也。疇，一井也。庶民治其田疇，薄其税斂，不踰什一，則民富矣。食取其征賦以時，用之以常禮，不踰禮以費財也，故畜積有餘，財不可勝用也。民非水火不生活，昏暮叩人之門戶求水、火，無弗與者，至足矣。聖人治天下，使有菽粟如水、火。菽粟如水、火，而民焉有不仁者乎？水、火能生，人有不愛者，至饒足故也。菽粟饒多若是，民皆輕施於人，而何有不仁者也。疏：孟子至者乎。正義曰：此章言教民之道，富而節用，蓄積有餘，焉有不仁，故曰倉廩實知禮節也。孟子曰易其田疇至不可勝用也，孟子言如使在下者易治其田疇而不難耕作，則地無遺其利；又在上者又薄其賦斂而無横賦，則民皆可令其富足也；又食之以時而其用不屈，用之以禮而其欲不窮，則財用有餘而不可勝用也。民非水、火不生活至焉有不仁者乎，孟子又言人民非得其水、火則不能生活，然而昏暮之時，有敲人之門戶而求之水、火，無不與之者，以其水、火至多矣。聖人如能治其天下，使民有其菽粟亦如水、火之多，則民人孰不以有餘而補其不足，而爲仁者乎？故曰：菽粟如水、火而民焉有不仁者乎？此所謂倉廩實而知禮節者也。

《孟子注疏・盡心章句下》 孟子曰：民爲貴，社稷次之，君爲輕。是故得乎丘民而爲天子。君輕於社稷，社稷輕於民。丘，十六井也。天下丘民皆樂其政，則爲天子，殷湯、周文是也。得乎天子爲諸侯。得天子之心，封以爲諸侯。得乎諸侯爲大夫。得諸侯之心，諸侯能以爲大夫。諸侯危社稷，則變置。諸侯爲危社稷之行，則變更立賢諸侯也。犧牲既成，粢盛既絜，祭祀以時，然而旱乾水溢，則變置社稷。犧牲已成肥腯，粢稻已成絜精，祭祀社稷常以春秋之時，然而其國有旱乾水溢之災，則毁社稷而更置之。疏：孟子至社稷。正義曰：此章言得民爲君，得君爲臣，論君民社稷之輕重也。孟子曰至則變置社稷者，孟子言民之爲貴，不可賤之者也，社稷次之於民，而君比於民，猶以爲輕者，如此者也，如此故得乎四邑之民以樂其政，則爲天子，以有天下；得乎天子之心，則爲諸侯，以有其國；得乎諸侯之心，以爲大夫，有其家。如諸侯不能保安其社稷而以危之，則變更立置其賢君，是社稷有重於君也；犧牲既成以肥腯，粢盛既成以精絜，祭祀又及春秋祈報之時，然而其國尚有旱乾水溢之災，則社稷無功以及民，亦在所更立有功於民者爲之也，是民又有貴於社稷也。此孟子所以自解民爲貴，社稷次之，君爲輕之叙也。云社稷者，蓋先王立五土之神，祀以爲社；立五穀之神，祀以爲稷。以古推之，自顓帝以來，用句龍爲社，柱爲稷。及湯之旱，以棄易其柱。是亦知社稷之變置，又有見於湯之時然也。注君輕於社稷至於殷湯、周文也。正義曰：此云丘，十六井也者，案《司馬法》云：六尺爲步，步百爲畝，畝百爲夫，夫三爲屋，屋三爲井，井十爲通，通十爲成。是一丘爲十六井，而一井爲九夫之地也。今云十六井，蓋有一萬四千四百畝，爲一百四十四夫所受者也。云殷湯、周文者，蓋引此二王皆自百里而起爲天下王，是得乎民心者也。

又： 孟子曰：有布縷之征，粟米之征，力役之征。征，賦也。國有軍旅之事，則横興此三賦也。布，軍卒以爲衣也，縷，紩鎧甲之縷也。粟米，軍糧也。力役，民負荷廝養之役也。君子用其一，緩其二。用其二而民有殍，用其三而父子離。君子爲政，雖遭軍旅，量其民力，不並此三役，更發異時。急一緩二，民不苦之。若並用二，則路有餓殍。若並用三，則分崩不振，父子離析，忘禮義矣。疏：孟子曰至父子離。正義曰：此章言原心量力，政之善者，繇役並興，以致離殍；養民輕斂，君之道也。孟子曰有布縷之征至用其三而父子離者，此所以薄税斂之言，而有以救時之弊者矣。孟子言有布縷之征，有粟米之征，有力役之征，布所以爲衣，縷所以紩鎧甲，粟米所以爲糧，力征所以荷負廝養之役。然而君子爲政，其於此三者之賦未嘗並行也，用其一則緩其二。今夫三者之賦，皆取民之類也，如用其二，則有傷財而民至於餓死，用其三則有害民而至於父子離散，是豈君子之爲政然歟！蓋征之者義也，緩之者仁也，惟君子以仁是守，以義是行，然而充類之至而義之盡者，君子所不爲也。此孟子不得不權時而救時之弊也。

（宋）朱熹《四書章句集注·孟子集注·盡心章句下》 孟子曰：古之爲關也，將以禦暴。譏察非常。今之爲關也，將以爲暴。征稅出入。范氏曰：古之耕者什一，後世或收大半之税，此以賦斂爲暴也。文王之囿，與民同之；齊宣王之囿，爲阱國中，此以園囿爲暴也。後世爲暴，不止於關，若使孟子用於諸侯，必行文王之政，凡此之類，皆不終日而改也。

又： 孟子曰：有布縷之征，粟米之征，力役之征。君子用其一，緩其二。用其二而民有殍，用其三而父子離。征賦之法，歲有常數，然布縷取之於夏，粟米取之於秋，力役取之於冬，當各以其時。若並取之則，民力有所不堪矣。今兩税三限之法，亦此意也。尹氏曰言民爲邦本，取之無度。則其國危矣。

（清）焦循《孟子正義·盡心章句上》 孟子曰：易其田疇，薄其税斂，民可使富也。食之以時，用之以禮，財不可勝用也。注：易，治也。疇，一井也。教民治其田疇，薄其税斂，不踰什一，則民富矣。食取其征賦以時，用之以常禮，不踰禮以費財也。故畜積有餘，財不可勝用也。疏：注易治也。正義曰：《音義》云：易，以豉切。《毛詩·小雅·甫田篇》禾易長畝，傳云：易，治也。《吕氏春秋·辯土篇》云農夫知其田之易也，高誘注云：易，治也。易讀如易綱之易。注疇一井也。正義曰：《一切經音義》賈氏注云：一井爲疇。九夫爲一井。趙氏所本也。《説苑·辨物篇》云：疇也者何也？所以爲麻也。《史記·天官書》視封疆田疇之正治，如淳引蔡邕云：麻田曰疇。韋昭注《國語·周語》、《齊語》皆云：麻地曰疇。《説文》田部則云：疇，耕治之田也。按《易·否》九四疇離祉，九家注云：疇者，類也。《荀子·勸學篇》言草木疇生，《書·洪範》言洪範九疇，《國語·齊語》云人與人相疇，家與家相疇，皆以儔類言。一井八家所共，相與爲疇，故名爲疇。《吕氏春秋·慎大篇》云農不去疇，即農不去井也。麻田之説，趙氏所不取。民非水火不生活，昏暮叩人之門戶求水火，無弗與者，至足矣。聖人治天下，使有菽粟如水火。菽粟如水火而民焉有不仁者乎？注：水火能生人，有不愛者，至饒足故也。菽粟饒多若是，民皆輕施於人，何有不仁者也。疏：注至饒至若是。正義曰：足爲手足之足，而或訓爲止。此云至足，與《論語》百姓足之足同。劉熙《釋名·釋形體》云：足，續也。言續脛也。足有繼續之義，故得爲饒。《小爾雅·廣詁》云：饒，多也。賈子《新書·憂民篇》云：國無九年之蓄，謂之不足。有九年之蓄，則饒多矣。故以饒釋之，又以多申之。

又： 孟子曰：君子之於物也，愛之而弗仁；注：物，謂凡物可以養人者也。當愛育之，而不如人仁，若犧牲不得不殺也。疏：注物謂至殺也。正義曰：《周禮·天官·宰夫》凡失財用物辟名者，注云：物，畜獸也。《説文》牛部云：物，萬物也。牛爲大物，故從牛，勿聲。下言犧牲，則物可以養人，謂六畜牛羊之類也。《禮記·樂記》云：仁以愛之。《荀子·大略篇》云：仁愛也，故親。《韓詩外傳》云：愛由情出謂之仁。《説苑·談叢》云：愛施者，仁之端也。是愛與仁義亦通，故《廣雅·釋詁》云：愛，仁也。此云愛之而弗仁，是仁與愛別，蓋有愛物之愛，有愛人之愛，愛人之愛則謂之仁。《春秋繁露·仁義法》云：愛在人謂之仁。愛在人乃謂之仁，然則愛在物，不謂之仁矣。愛物者第養育之，不同於愛人之爲仁，故云當愛育之，不如人仁。《禮記·祭義》云：古者天子諸侯，必有養獸之官，犧牷祭牲，必於是取之。《天官·庖人》辨六畜之名物，注云：六畜，六牲也。始養之曰畜，將用之曰牲，是犧牲先養育之而後殺也。於民也，仁之而弗親。注：臨民以非己族類，故不得與親同也。疏：注臨民至同也。正義曰：《説文》人部云：仁，親也。親即是仁，而仁不盡於親。仁之在族類者爲親，其普施於民者，通謂之仁而已。仁之言人也，稱仁以別於物；親之言親也，稱親以別於疏。親親而仁民，仁民而愛物。注：先親其親戚，然後仁民，仁民然後愛物，用恩之次也。疏：親親至愛物。正義曰：程氏瑶田《通藝録·論學小記》云：人有恒言，輒曰一公無私，此非過公之言，不及公之言也。此一視同仁，愛無差等之教也。其端生於意必固我，而其弊必極於父攘子證，其心則陷於欲博大公之名，天下之人，皆枉己以行其私矣。而此一人也，獨能一公而無私，果且無私乎？聖人之所難，若人之所易，果且易人之所難乎？果且得謂之公乎？公也者，親親而仁民，仁民而愛物。有自然之施爲，自然之等級，自然之界限，行乎不得不行，止乎不得不止。時而子私其父，時而弟私其兄，自人視之，若無不行其私者。事事生分別也，人人生分別也，無他，愛之必不能無差等，而仁之必不能一視也。此之謂公也，非一公無私之謂也。《儀禮·喪服傳》之言昆弟也，曰：昆弟之義無分，然而有分者，則辟子之私也。子不私其父，則不成其子。孔子之言直躬也，曰：父爲子隱，子爲父隱，直在其中。皆言以私行其公，是天理人情之至，自然之施爲、等級、界限，無意、必、固、我於其中者也。如其不私，則所謂公者，必不出於其心之誠然，不誠則私焉而已矣。或問第五倫曰：公有私乎？曰：吾兄子嘗病，一夜十往，退而安寢。吾子有疾，雖不省視，而竟夜不眠。豈可謂無私乎？嗚乎，是乃所謂公也。是父子相隱者之爲吾黨直躬也。不博大公之名，安有嘗私之舉？天不容僞，故愚人千慮，必有得焉，誠而已矣。

（清）焦循《孟子正義·盡心章句下》 孟子曰：民爲貴，社稷次之，君爲輕。是故得乎丘民而爲天子，注：君輕於社稷，社稷輕於民。丘，十六井也。天下丘民皆樂其政，則爲天子，殷湯周文是也。疏：注丘十六井也。正義曰：《周禮·地官·小司徒》九夫爲井，四井爲邑，四邑爲丘。一邑四井，四邑故爲十六井。然則丘民猶言邑民、鄉民、國民也。王氏念孫《廣雅疏證》云：丘，衆也。《孟子・盡心篇》：得乎丘民而爲天子。《莊子・則陽篇》云：丘里者，合十姓百名以爲風俗也。《釋名》云：四邑爲丘，丘，聚也。皆衆之義也。得乎天子爲諸侯，注：得天子之心，封以爲諸侯。得乎諸侯爲大夫。注：得諸侯之心，諸侯封以爲大夫。諸侯危社稷，則變置。注：諸侯爲危社稷之行，則變更立賢諸侯也。疏：注諸侯至侯也。正義曰：《孝經・諸侯章》云：在上不驕，高而不危；制節謹度，滿而不溢。高而不危，所以長守貴也。滿而不溢，所以長守富也。富貴不離其身，然後能保其社稷。反是，則爲危社稷之行矣。《說文》攴部云：變，更也。《呂氏春秋・當務篇》云而不可置妾之子，高誘注云：置，立也。則變置卽更立也。犧牲既成，粢盛既絜，祭祀以時，然而旱乾水溢，則變置社稷。注：犧牲已成肥腯，稻粱已成絜精，祭祀社稷，常以春秋之時。然而其國有旱乾水溢之災，則毀社稷而更置也。疏：注犧牲至置也。正義曰：【略】陳祥道《禮書》云：先王之祭社稷，春有祈，秋有報，孟冬大割祠。春祈而歌《載芟》，秋報而歌《良耜》，此祭之常者也。上變置爲更立賢諸侯，此變置社稷，亦是更立社稷，以諸侯例之，自是更立社稷之主。故舊疏云：自顓頊以來，用句龍爲社，柱爲稷，及湯之旱，以棄易柱。毛氏奇齡《四書賸言》云：自顓頊至周，水旱不一，而易祀者止一柱，似亦未可爲據者。全氏祖望《經史問答》云：當以疏說爲是。蓋古人之加罰於社稷者有三等，年不順成，八蜡不通，乃暫停其祭，是罰之輕者。又甚，則遷其壇壝之地，罰稍重矣。又甚，則更其配食之神，罰最重。然亦未嘗輕舉此禮，蓋變置至神示，所關重大，故自湯而後，罕有行者。嘗謂國家之有水旱，原恃乎我之所以格天者，而未嘗以人聽於神。陰陽不和，五行失序，於是有恆雨恆暘之咎，不應於社稷之神是咎。且亦安知社稷之神，不將大有所懲創於國君而震動之，使有以知命之不常，天之難諶？而吾乃茫然於其警戒之所在，反以人跋扈之氣，責報於天，文過於己，是取滅亡之道也。乃若聖王則有之。聖王之於天地，其德相參，其道相配，而其自反者，已極盡而無憾，故湯之易稷是也。夫天人一氣也，在我非尸位，則在神爲溺職，雖黜之非過矣。但是可爲賢主道，而不可爲慢神之主道也。魯穆公暴巫焚尪，縣子尚以爲不可，況其進於此者。疏說變置是也，而未可輕言之也。《北夢瑣言》載潭州馬希聲以旱閉南嶽廟事，可爲慢神之戒。李陽冰令縉雲，大旱，告於城隍之神，五日不雨焚其廟，此乃行古禮也。及期，雨合霑足，陽冰乃與耆老吏民，自西谷遷廟於山巔，以答神休。此蓋因前此焚廟之禱，嫌其得罪於神而更新之，不爲罰而爲報，是亦變通古禮而得之者。《左氏》昭公十有六年：鄭大旱，使屠擊等有事於桑山，斬其木，不雨，子産曰：有事於山，蓺山林也。而斬其木，其罪大矣。奪之官邑。夫斬木是古禮，亦變置之意也。子産以爲非者，卽未可輕言之意也。《雲漢》之詩曰靡神不舉，正與八蜡不通之說並行不悖，未有毅然以蔑絶明神自任者。周氏柄中《辨正》云：趙氏謂毀其社稷而更置之，不言如何更置。陳無已謂遷社稷壇壝於他處，如句容有盜，改置社稷而盜止；不邳多盜，遷社稷於南山之上，盜亦衰息。萬充宗則謂水旱之方，就此方之社稷，變其常祭，以示減殺。如《郊特牲》所云年不順成，八蜡不通；《穀梁》所謂大祲之歲，鬼神有禱無祀之意。如陳說，則古者立社必在庫門內，夏左殷右，周復左，此一朝定制，未聞有遷之他處者。如萬說，則與變置之字義又不合。此變置與上節變置同義，則當爲更立之意，不但殺其祭禮而已也。任鈞臺曰：變置，必是毀其壇壝，以致責罰之意，明春復立耳。此說得之。

《章指》言：得民爲君，得君爲臣，民爲貴也。先黜諸侯，後毀社稷，君爲輕也。重民敬祀，治之所先，故列其次而言之。

又：孟子曰：有布縷之征，粟米之征，力役之征。注：征，賦也。國有軍旅之事，則橫興此三賦也。布，軍卒以爲衣也。縷，紩鎧甲之縷也。粟米，軍糧也。力役，民負荷斯養之役也。疏：有布至之征。正義曰：惠氏士奇《禮說》云：屋粟、邦布，見《管子・輕重篇》。屋粟者，地稅，夫一爲廛，夫三爲屋。荀子所謂田野之稅，孟子所謂粟米之征。管子謂籍於室屋，妄矣。蓋計畝以步，計井以屋，故小司徒得據而考焉而斂之旅師者是也。邦布者，口泉，衆寡有數，長短有度，荀子所謂刀布之斂，孟子所謂布縷之征。管子謂籍於萬民六畜，妄矣。蓋家辨其物，歲入其書，故鄉遂大夫得稽而征焉而入之外府者是也。凡田不耕者出屋粟，有田而不耕，使出三夫之地稅。凡民無職者出夫布，無田乃無職，使出一夫之口泉。出之民曰夫布，入之國曰邦布，其實一也。謹案：《周禮・地官・載師》凡宅不毛者出里布，鄭司農云：里布者，布參印書，廣二寸，長二尺，以爲幣，貿易物。《詩》云抱布貿絲，抱此布也。或曰：布，泉也。《春秋傳》曰：買之百兩一布。又《廛人》職：掌斂市之次布、儳布、質布、罰布、廛布。孟子曰：廛無夫里之布。不知言布參印書者何見，舊時說也。玄謂：宅不毛者，罰以一里二十五家之泉。征賦之稱布，司農有此二義，一爲泉布之布，則布卽錢也。一爲布參印書以爲幣，而引《詩》爲證。《毛詩・衛風・氓》抱布貿絲，傳云：布，幣也。箋云：幣者，所以貿買物也。孔氏正義云：知此布非泉而言幣者，以言抱之，則宜爲幣。此布幣謂絲麻布帛之布。幣者，布帛之名，故《鹿鳴》云實幣帛筐篚是也。又云：司農之言，事無所出，故鄭易之。賈氏《載師》疏云：此說非，故先鄭自破之。是征賦之布爲泉布，非布帛，孟子不云泉布之征而云布縷之征，布與縷連稱，則布爲布帛，此趙氏所以不用夫布里布等說，而以爲軍行之橫征也。且屋粟里布，國之常賦，不容缺緩，卽用二用三，何致民有殍而父子離，則趙氏義爲長。注：布軍至役也。正義曰：《詩・秦風・無衣》云豈曰無衣，與子同袍，次章云與子同澤，三章云與子同裳，是軍卒當給以衣也。《說文》糸部云：縷，綫也。紩，縫也。《書・粊誓》善敹乃甲冑，鄭氏注云：敹，謂穿徹之。王氏鳴盛《尚書後案》云：甲冑皆以革爲之。《考工記・函人》犀甲七屬，兕甲六屬，合甲五屬，鄭氏注云：屬，謂上旅下旅札續之數。是甲聯合數革以爲之也。又《鞄人》云眢其線，欲其臧也，杜子春云：線，謂縫革之縷。是甲胄之革，皆必以線縷縫綴，鄭云穿徹，即縫綴也。武氏億《釋甲》云：以繩謂之縷，繩有飾謂之朱綅。《逸周書》年不登，甲不縷縢，孔晁注曰：縷繩甲不以組。《書》敹乃甲胄，正義引鄭云：敹，謂穿徹之。謂甲繩有斷續，當使敹理穿治之。《説文》云：綅，綫也。《魯頌・閟宫篇》貝胄朱綅，傳：朱綅，以朱綅綴之。疏謂以朱綅連綴甲也。又按朱綅卽胄之綅。《太平御覽》：《詩》云貝胄朱綅，謂以貝齒飾胄，朱縷綴之也。《少儀》疏謂以朱繩綴甲，故鄭云亦鎧飾也。是鄭所云鎧飾，而以亦字言之，明其蒙胄爲義，疏但指連綴甲，於義猶未備也。按王氏、武氏所詳，是縷爲紩甲之縷也。葉時《禮經會元》云：六軍人自爲備，居有積倉，行有裹糧，非公家所給也。是以太宰之職，九賦斂財，皆有以待其用，獨不及軍施。九式均財，皆有以爲之法，而亦不及軍旅。豈非農皆爲兵，兵皆自賦，初無煩於廩給，故亦不煩於均節與？謹按：《梁惠王》下篇引《晏子》，已云今也不然，師行而糧食，飢者弗食，勞者弗息。則春秋時行軍轉食，已有粟米之征。布縷粟米，既非常賦，則力役亦非徒役之正額。既轉米粟，必有負荷之人，所謂勞者弗息也。《音義》云：斯義同廝，賤役也。宣十二年《公羊傳》廝役扈養，死者數百人，何休注云：艾草爲防者曰廝，汲水漿者爲役，養馬者曰扈，炊烹者曰養。《史記・張耳陳餘傳》云有廝養卒，集解引韋昭云：析薪爲廝，炊烹爲養。斯之訓爲析，緣其任析薪，故名斯，廝其俗字也。蘇林云：廝，取薪者也。養，養人者也。飲食所以養人，故炊烹者名養。君子用其一，緩其二，用其二而民有殍，用其三而父子離。注：君子爲政，雖遭軍旅，量其民力，不並此三役，更發異時。急一緩二，民不苦之。若並用二，則路有餓殍；若並用三，則分崩不振，父子離析，忘禮義矣。疏：注則分至義矣。正義曰：《論語・季氏篇》邦分崩離析而不能守也，集解引孔氏云：民有異心曰分，欲去曰崩，不可會聚曰離析。孟子言父子離析，趙氏兼及分崩，因有異心，各思逃竄，則父不顧子，子不顧父，故忘孝慈之禮義矣。

《章指》言：原心量力，政之善者；繇役並興，以致離殍；養民輕斂，君子道也。

（清）馬驌《繹史》卷八六之一《孔子類記》　哀公問政於孔子，孔子對曰：政之急者，莫大乎使民富且壽也。公曰：爲之奈何？孔子曰：省力役，薄賦斂，則民富矣。敦禮教，遠罪疾，則民壽矣。公曰：寡人欲行夫子之言，恐吾國貧矣。孔子曰：《詩》云愷悌君子，民之父母。未有子富，而父母貧者也。

《漢書》卷二四《食貨志》　《洪範》八政，一曰食，二曰貨。食謂農殖嘉穀可食之物，貨謂布帛可衣，及金刀龜貝，所以分財布利通有無者也。二者，生民之本，興自神農之世。斲木爲耜，煣木爲耒，耒（曰）〔耨〕之利以教天下，而食足；日中爲市，致天下之民，聚天下之貨，交易而退，各得其所，而貨通。食足貨通，然後國實民富，而教化成。黄帝以下通其變，使民不倦。堯命四子以敬授民時，舜命后稷以黎民祖飢，是爲政首。禹平洪水，定九州，制土田，各因所生遠近，賦入貢棐，楙遷有無，萬國作乂。殷周之盛，《詩》、《書》所述，要在安民，富而教之。故《易》稱天地之大德曰生，聖人之大寶曰位；何以守位曰仁，何以聚人曰財。財者，帝王所以聚人守位，養成羣生，奉順天德，治國安民之本也。故曰：不患寡而患不均，不患貧而患不安；蓋均亡貧，和亡寡，安亡傾，是以聖王域民，築城郭以居之，制廬井以均之，開市肆以通之，設庠序以教之；士農工商，四民有業。學以居位曰士，闢土殖穀曰農，作巧成器曰工，通財鬻貨曰商。聖王量能授事，四民陳力受職，故朝亡廢官，邑亡敖民，地亡曠土。

又：此先王制土處民富而教之之大略也。故孔子曰：道千乘之國，敬事而信，節用而愛人，使民以時。故民皆勸功樂業，先公而後私。其《詩》曰：有渰淒淒，興雲祁祁，雨我公田，遂及我私。民三年耕，則餘一年之畜。衣食足而知榮辱，廉讓生而爭訟息，故三載考績，孔子曰：苟有用我者，期月而已可也，三年有成，成此功也。三考黜陟，餘三年食，進業曰登；再登曰平，餘六年食；三登曰泰平，二十七歲，遺九年食。然後〔至〕德流洽，禮樂成焉。故曰如有王者，必世而後仁，繇此道也。

又：是後，外事四夷，内興功利，役費並興，而民去本。董仲舒説上曰：《春秋》它穀不書，至於麥禾不成則書之，以此見聖人於五穀最重麥與禾也。今關中俗不好種麥，是歲失《春秋》之所重，而損生民之具也。願陛下幸詔大司農，使關中民益種宿麥，令毋後時。又言：古者税民不過什一，其求易共；使民不過三日，其力易足。民財内足以養老盡孝，外足以事上共税，下足以畜妻子極愛，故民説從上。至秦則不然，用商鞅之法，改帝王之制，除井田，民得賣買，富者田連仟伯，貧者亡立錐之地。又顓川澤之利，管山林之饒，荒淫越制，踰侈以相高；邑有人君之尊，里有公侯之富，小民安得不困？又加月爲更卒，已復爲正，一歲屯戍，一歲力役，三十倍於古；田租口賦，鹽鐵之利，二十倍於古。或耕豪民之田，見税什五。故貧民常衣牛馬之衣，而食犬彘之食。重以貪暴之吏，刑戮妄加，民愁亡聊，亡逃山林，轉爲盜賊，赭衣半道，斷獄歲以千萬數。漢興，循而未改。古井田法雖難卒行，宜少近古，限民名田，以澹不足，塞并兼之路。鹽鐵皆歸於民。去奴婢，除專殺之威。薄賦斂，省繇役，以寬民力。然後可善治也。仲舒死後，功費愈甚，天下虚耗，人復相食。

《宋書》卷八二《周朗傳》　農桑者，實民之命，爲國之本，有一不足，則禮節不興。若重之，宜罷金錢，以穀帛爲賞罰。然愚民不達其權，議者好增其異。凡自淮以北，萬匹爲市；從江以南，千斛爲貨。亦不患其難也。今且聽市至千錢以還者用錢，餘皆用絹布及米，其不中度者坐之。如此，則墾田自廣，民資必繁，盜鑄者罷，人死必息。又田非疁水，皆播麥菽，地堪滋養，悉藝紵麻，蔭巷緣藩，必樹桑柘，列庭接宇，唯植竹栗。若此令既行，而善其事者，庶民則敘之以爵，有司亦從而加賞。若田在草間，木物不植，則撻之而伐其餘樹，在所以次坐之。

又取税之法，宜計人爲輸，不應以貲。云何使富者不盡，貧者不蠲。乃令桑長一尺，圍以爲價，田進一畝，度以爲錢，屋不得瓦，皆責貲實。民以此，樹不敢種，土畏妄墾，棟焚榱露，不敢加泥。豈有剝善害民，禁衣惡食，若此苦者。方今若重斯農，則宜務削茲法。

凡爲國，不患威之不立，患恩之不下；不患土之不廣，患民之不育。自華、夷爭殺，戎、夏競威，破國則積屍竟邑，屠將則覆軍滿野，海内遺生，蓋不餘半。重以急政嚴刑，天災歲疫，貧者但供吏，死者弗望埋，鰥居有不願娶，生子每不敢舉。又戍淹徭久，妻老嗣絶，及淫奔所孕，皆復不收。是殺人之日有數途，生人之歲無一理，不知復百年間，將盡以草木爲世邪，此最是驚心悲魂慟哭太息者。法雖有禁殺子之科，設蚤娶之令，然觸刑罪，忍悼痛而爲之，豈不有酷甚處邪。今宜家寬其役，戶減其税。女子十五不嫁，家人坐之。特雉可以娉妻妾，大布可以事舅姑，若待禮足而行，則有司加糾。凡宫中女隸，必擇不復字者。庶家内役，皆令各有所

配。要使天下不得有終獨之生，無子之老。所謂十年存育，十年教訓，如此，則二十年間，長戶勝兵，必數倍矣。

（北魏）崔鴻《十六國春秋》卷三二《前燕録十·悦綰》　言於暐曰：今三方鼎峙，各有吞併之心，而太傅政尚寬和，百姓多有隱附。《傳》曰：惟有德者可以寬臨，其次莫如猛。今諸軍營戶三分共貫，風教頽弊，威綱不立，至使民戶殫盡，委輸無入，吏斷常俸，戰士絶廩，官貸粟帛以自贍給。既不可聞於鄰國，且非所以爲治。宜一切罷斷，諸蔭戶盡還郡縣，肅明法紀以清四海。暐納之。

（宋）王溥《五代會要》卷二五《租税》　臣聞古人有言：穀者人之司命，地者穀之所生，人者君之所理。有其穀則國力備，定其地則人食足，察其人則徭役均。知此三者爲國之急務也。軒、黄已前，不可詳記。自堯堙洪水，禹作司空，于是辨九等之田，收什一之税。其時戶口一千三百餘萬，定墾田約九百二十萬頃，最爲太平之盛。及殷革夏命，重立田制，每私田十畝種公田一畝，水旱同之，亦什一之義也。

洎周室立井田之法，大約百里之國，提封萬井，出車千乘，戎馬四千匹，畿内兵車萬乘，馬四萬匹。以田法論之，亦什一之制也。故當成、康之世，比堯、舜之朝，戶口更增二十餘萬，非他術也。蓋三代之前，皆量人以爲出，計農以爲軍，雖逢水旱之災，而有凶荒之備。

降及秦、漢，重税工商，急關市之征，倍舟車之算，人口既以減耗，古制猶復兼行。按此時戶口，尚有千二百餘萬，墾田亦八百餘萬頃，至乎三國並興，兩晉之後，則農夫少於軍衆，戰馬多於耕牛，供軍須奪於農糧，秣馬必侵于牛草。于是天下戶口，止有二百四十餘萬。洎隋文之代，與漢比崇；及煬帝之年，又三分去二。

唐太宗文皇帝以四夷初定，百姓未豐，延訪羣臣，各陳所見。唯魏徵獨勸文皇帝力行王道，由是輕徭薄賦，不奪農時，進賢良，悦忠直，天下斗粟值兩錢。自貞觀至於開元，將及九百萬戶，五千三百萬口，墾田一千四百萬頃。比之近古，又多增加。是知救人瘼者以重斂爲病源，料兵食者以惠農爲軍政。仲尼云：百姓足，君孰與不足。臣之此言，是魏徵所以勸文皇也，伏惟深留宸鑒。如以六軍方闕，未可輕徭，兩税之餘，猶須重斂，則但不以折納爲事，一切以本色輸官，又不以紐括爲名，止以正税加

納，天下幸甚。

（宋）李燾《續資治通鑑長編》卷三七四《宋哲宗元祐元年》中書舍人蘇軾詳定役法。

先是，軾言：臣竊見先帝初行役法，取寬剩錢不得過二分，以備災傷，而有司奉行過當，通計天下乃十四五。然行之幾十六七年，嘗積而不用，至三千餘萬貫石。先帝聖意固自有在，而愚民無知，因謂朝廷以免役爲名，實欲重斂。斯言流聞，不可以示天下後世。臣謂此錢本出于民力，理當還爲民用。不幸先帝升遐，聖意所欲行者，民不知也，徒見其積，未見其散。此乃今日太皇太后陛下、皇帝陛下所當追探其意，還於役法中散之，以塞愚民無知之詞，以興長世無窮之利。

臣伏見熙寧中嘗行給田募役法，初行給田募役法，在熙寧七年五月二十四日辛酉，罷在八年四月十三日癸酉。其法，以係官田如退灘、戶絶、没納之類，及用寬剩錢買民田以募役人，大略如邊郡弓箭手。臣知密州，親行其法，先募弓手，民甚便之。曾未半年，此法復罷。臣聞之道路，本出先帝聖意，而左右大臣意在速成，且利寬剩錢以爲他用，故更相駁難，遂不果行。

臣謂此法，行之蓋有五利。朝廷若依舊行免役法，則每募一名，省得一名雇錢，因積所省，益買益募。要之，數年雇錢無幾，則役錢可以大減。若行差役法，則每募一名，省得一名役錢，色役既減，農民自寬，其利一也。應募之民，正與弓箭手無異，舉家衣食出於官田，平時重犯法，緩急不逃亡，其利二也。今者穀賤傷農，農民賣田，常苦不售，若官與買，則田穀皆重，農可少紓，其利三也。錢積於官，常苦幣重，若散以買田，則貨幣稍均，其利四也。此法既行，民享其利，追悟先帝所以取寬剩錢者，凡以爲我用耳！疑謗稍釋，恩德顯白，其利五也。

獨有二弊：貪吏狡胥與民爲姦，以瘠薄田中官，雇一浮浪人蹔出應役，一年半歲，即棄而走，此一弊也。愚民寡慮，見利忘患，聞官中買田募役，即争以田中官，以身充役。業不離主，既初無所失，而驟得官錢，必争爲之。充役之後，永無休歇，患及子孫，此二弊也。但當設法以防二弊，而先帝之法決不可廢。

今日既欲盡罷寬剩錢，將來無繼。而繫官田地數目不多。見在寬剩錢雖有三千萬貫石，而兵興以來，借支幾半。臣今擘畫，欲於內藏庫錢帛中，支還兵興以來所借錢斛，復全三千萬貫石，於河北、河東、陝西被邊三路行給田募役法，使五七年間役減大半，農民富厚，以備緩急，此無窮之利也。今弓箭手有甲馬者，給田二頃半，此以軀命償官，且猶可募，則其餘色役，召募不難。臣謂良田二頃，可募一弓手，一頃可募一散從官，則三千萬貫石可以足用。謹具合行事件，畫一如左：一、給田募役，更不出租，依舊納兩稅，免支移折變。一、今來雖有一頃二頃爲率，若所在田不甚良，即臨時相度，添展畝數，務令召募得行。但役人所獲稍優，則其法堅久不壞。一、今若立法，便令三路官吏推行，若無賞罰，則官吏不任其責，謬悠滅裂，有名無實；若有賞罰，則官吏有所趨避，或抑勒買田，或召募浮浪，或多買瘠薄，或取辦一時，不顧後患。臣今擘畫，欲選才幹樸厚知州三人，令自辟屬縣令，每路一州，先次推行，令一年中略成倫理。一州既成倫理，一路便可推行。仍委轉運、提刑常切提舉，若不切實推行，或推行乖方，朝廷覺察，重賜行遣。一、應募役人夫，大抵多是州、縣百姓，所買官田，去州、縣太遠，即久遠難以召募。欲乞所買田，並限去州若干里，去縣若干里。一、出牓告示，百姓賣田如係所限去州縣里數內，仍及所定頃畝，或兩戶及三戶相近，共及所定頃畝數目亦可。即須先申官，令、佐親自相驗，委是良田，方得收買。如官價低少，即聽賣與其餘人戶，不得抑勒。如買瘠薄田，致久遠召募不行，即官吏並科違制，分故失定斷，仍不以去官赦降原減。一、預先具給田頃畝數，出榜召人投名應役，第二等以上人戶許充弓手，仍依舊條揀選人材。第三等以上許充散從官。以下色役，更不用保。如等第及，即召第一等一戶，或第二等兩戶委保。如充役七年內逃亡，勒元委保人承佃充役。一、每買到田，未得支錢，先召投名人承佃充役，方得支錢，仍不得抑勒。一、賣田入官，須得交業與應募人，不許本戶內人丁承佃充役。一、募役人老、病、走、死、犯徒以上罪，即須先勒本戶人丁充役。如無丁，方别召募。一、應募人交業承佃後，給假半年，令葺理田業。一、退灘、戶絶、没納等係官田地，今後不許出賣，更不限去州縣里數，仍以肥瘠高下品定頃畝，務令召募得行。一、係官田若是人戶見佃者，先問見佃人，如無丁可以應募，或自不願充役者，方得别行召募。

右所陳五利二幣及合行事件一十二條，伏乞朝廷詳議施行。然議者必有二説，一謂召募不行，二謂欲留寬剩錢斛以備他用。臣謂有以應之。富民之家，以二三十畝田，中分其利，役屬佃戶，有同僕隸；今官以兩頃、一頃良田，有税無租，而人不應，豈有此理？又弓箭手已有成法，無可疑者。寬剩役錢本非經賦常入，亦非國用所待而後足者，今付有司，逐旋支費，終不能卓然立一大事，建無窮之利，如火鑠薪，日滅日亡；若用買田募役，譬如私家變金銀爲田産，乃是長久萬全之策。深願朝廷及此錢未散，立此一事。數年之後，錢盡而事不立，深可痛惜。臣聞孝子者，善繼人之志，善述人之事。武王、周公所以見稱於萬世者，徒以能行文王之志也。昔蘇綽爲魏立征税之法，號爲煩重，已而歎曰：此猶張弓也，後之君子，誰能解之？其子威侍則，聞之，慨然以爲己任。及威事隋文帝爲民部尚書，奏減賦役，如綽之言，天下便之。威爲人臣，尚能成父之志，今給田募役，真先帝本意，陛下當優爲武王、周公之事，而况蘇威區區人臣之孝，何足道哉！臣荷先帝之遇、保全之恩，又蒙陛下非次拔擢，思慕感涕，不知所報。冒昧進計，伏惟哀憐，幸甚！詔送役法所。軾議送役法所，據《上官均家傳》。按詳定役法，在元祐元年二月二十八日。又按軾元祐二年二月一日繳進此議，云元豐八年十二月草此，元未果上。然王巖叟駁軾議，則云復行差役方數日，軾有此議。按復行差役，乃元年二月六日，若軾元不上此議，巖叟何從而駁之。蓋軾八年十二月草此議，未即上，至元年二月六日後固已出之。其送役法所，當是二月二十八日後，今因軾詳定役法，附元年四月六日。二年三月末王巖叟等駁議可考。

（宋）李燾《續資治通鑑長編》卷四三〇《宋哲宗元祐四年》　左司諫劉安世等言：臣聞國無九年之畜曰不足，無六年之畜曰急，無三年之畜曰國非其國。蓋先王之制，三年耕，必有一年之食。以三十年之通，則可以有十年之備，故堯、湯水旱至於累年，而無捐瘠之民者，用此道也。三代以下，井田廢缺，利民之法，無善於常平，由漢迄今，莫能變易。惟自近世，有名無實，凡所以養民之具，日計不足，何暇議一年之畜哉？是以歲或不登，民輒菜色，強者轉而爲賊盜，弱者不免於餓莩。保民之術如此，亦已疎矣！臣等竊謂自罷青苗錢，後來天下州縣皆有積鏹，朝廷雖更立常平之制，條目甚詳，而上下因循，未嘗留意。既無統屬，以糾其乖繆，又無賞罰，以爲之勸沮。加之轉運司苟紓目前之急，多端借貸，日朘月削，殊無償足之期。非有懲革，將不勝幣。伏望聖慈特降睿旨，取今日已前應干常平敕令。嚴責近限，專委戶部刪爲一書，付之有司，悉俾遵守。仍先行指揮，將天下見在常平錢，乘今秋豐稔之時，令五路糴粟一色，其餘路分，並相度逐處可以久留斛斗，廣行收糴，仍以本司錢修盖合用倉廩，將一路所有錢滾同應副。一路之中，不得偏聚一州；一州之境，不得偏聚一縣。各隨戶口之多寡，以制糴之大數。每遇凶歉，依法出糶。糴糶之法，常比市價增減。如此，則官本常存，物價不能翔踊，或遇旱乾水溢之災，則民有所濟，不至流散，朝廷之惠澤可繼，而無乏絶之患，相因日久，漸至九年之蓄，太平之策，莫大於此。惟陛下推至誠惻怛之意，明詔執政，協力施行。所有官吏殿最，亦乞參酌修定。將來頒降之後，或有違犯，州縣委監司，監司令戶部，御史臺覺察奏劾，庶使二聖恤民之仁，不爲徒善之政，傳之萬世，天下幸甚！劉安世《盡言集》此章注云：與右諫議大夫朱光庭同上。按：安世以四年六月自右正言遷左司諫，十月，自左司諫爲諫議大夫；朱光庭以四年九月自侍御史爲右諫議大夫。若如集注，則此章當在九月後，然七月二十八日，詔令諸路提刑司下豐熟州縣，依條量添錢，廣行收糴，及覺察違慢；又令諸路封樁斛斗，若轉司要用，先封樁錢，方許兑發；並闕少本錢處，令提刑司於本路那移，及以頭子修盖倉敖；大畧與此章陳請一般。然則此詔必因此章也。集注恐誤，今不取，若云御史朱光庭則可。

（宋）李燾《續資治通鑑長編》卷四八二《宋哲宗元祐八年》　上親祠南郊之月，蘇軾言：臣聞穀太賤則傷農，太貴則傷末。是以法不税五穀，使豐熟之鄉，商賈争糴，以起太賤之價；災傷之地，舟車輻湊，以壓太貴之直。自先王以來，未之有改。而近歲法令始有五穀力勝税錢，使商賈不行，農末皆病。廢百王不刊之令典，而行自古所無之幣法，百世之下，書之青史曰，收五穀力勝税錢，自皇宋某年始也，臣竊爲聖世病之。臣頃在黄州，親見累歲穀熟，農夫連車載米入市，不了鹽酪之費，所蓄之家，日夜祝祠，願逢饑荒。又在浙西累歲，親見水災，中民之家有錢無穀，被服金珠，餓死於市，皆官收五穀力勝税錢致商賈不行之咎也。臣聞以物與人，物盡而止；以法活人，法行無窮。今陛下每遇災傷，捐金帛，散倉廩，自元祐以來，蓋所費數千萬貫、石，而餓殍流亡不爲少衰。只如去年浙中水災，陛下使江西、湖北雇船運米以救蘇、湖之民，蓋百餘萬石。又計糴本、水脚，官費不貲，而客船被差者皆失業破産，無所告訴。與其官私費耗爲害如此，何似消去近日所立五穀力勝税錢一條，只行天聖附令免税指揮，則豐凶相濟，農末皆利。縱有水旱，無大饑荒。雖目下稍失課利，而災傷之地，不必盡煩陛下出捐錢穀如近歲之多也。今元祐編敕雖云災傷地方雖有例亦免，而穀所從來，必自豐熟地分，所過不免收税，則商賈亦自不行。議者或欲立法，如一路災傷則鄰路免税，一州災傷則鄰州亦然。雖比今之法小有疏通，而隔一路一州之外，豐凶不能相救，未爲良法。須是盡削近歲弊法，專用天聖附令指揮，乃爲通濟。若行臣言，税錢亦必不至大段失陷。何也？五穀無税，商賈必大通流，不載見錢，必有回貨。見錢、回貨，自皆有税，所得未必減於力勝。而災傷之地，有無相通，易爲賑救。官私省費，其利不可勝計。今肆赦甚近，若得於赦書帶下，光益聖德，收結民心，實無窮之利。

《皇朝通典》卷一三《食貨十三·輕重上》 輕重之説始於管子，管子曰民有餘則輕之，故人君斂之以輕民，不足則重之，故人君散之以重。其後李悝得其術以相魏，每歲視上中下三熟以爲糴，即視大中小三饑以爲糴，而平糴之説詳焉，常平義倉和糴者又本於平糴之法也。自唐以後，積貯非不豐盈，至宋又有結糴寄糴俵糴均糴博糴兑糴括糴諸名目，原其始意未嘗不欲抑富賈囤積居奇之謀，而其既也或取以充他用，或取以給邊軍，甚至挪移補空官，自效商賈之爲而利其積粟之人，於救荒全無實濟，大失常平之意矣。

《子思子全書·魯繆公》 申詳問曰：殷人自契至湯而王，周人自棄至武王而王，同嚳之後也。周人追王大王王季文王，而殷人獨否，何也？子思曰：文質之異也。周人之所追大王，王迹起焉。又曰：文王受命，斷虞芮之訟，伐崇邦，退夷狄，追王大王王季，何也？子思曰：狄人攻。大王召耆老而問焉，曰：狄人何來？耆老曰：欲得菽粟財貨。大王曰：與之與之。至無而狄人不止。大王又問耆老曰：狄人何欲？耆老曰：欲土地。大王曰：與之。耆老曰：君不爲社稷乎？大王曰：社稷所以爲民也，不可以所爲亡民也。耆老曰：君縱不爲社稷，不爲宗廟乎？大王曰：宗廟者，私也。不可以吾私害民。遂杖策而去。過梁山，止乎岐山之下。豳民之束脩奔而從之者三十餘乘，一止而成三十乘之邑，此王道之端也。成王於是追而王之。王季，其子也，承其業，廣其基焉。雖同追王，不亦可乎！

（唐）李世民《帝範》卷上《君體篇》 夫民者，國之先；國者，君之本。人主之體，如山岳焉，高峻而不動；如日月焉，真明而普照。《易·繫》曰：日月之道，真明者也。王弼曰：真者，正也，一也。孔穎達曰：日月照臨之道，以真正得一而爲明也。億兆之所瞻仰，天下之所歸往。寛大其志，足以兼苞；平正其心，足以制斷。非威德無以致遠，非慈厚無以懷民。撫九族以仁，《左傳》桓六年，杜曰：父族四：五屬之内爲一族，父女昆弟適人者與其子爲一族，己女昆弟適人者與其子爲一族，己之子女適人者與其子爲一族。母族三：母之父姓爲一族，母之母姓爲一族，母女昆弟適人者爲一族。妻族二：妻之父姓爲一族，母姓爲一族。接大臣以禮。奉先思孝，處後思恭。傾己勤勞，以行德義。此爲君之體也。

（清）黄宗羲《明夷待訪録·原臣》 蓋天下之治亂，不在一姓之興亡，而在萬民之憂樂。

又： 後世驕君自恣，不以天下萬民事事。其所求乎草野者，不過欲得奔走服役之人。乃使草野之應於上者，亦不出夫奔走服役，一時免於寒餓，遂感在上之知遇，不復計其禮之備與不備，躋之僕妾之間而以爲當然。

（清）黄宗羲《明夷待訪録·田制一》 昔者，禹則壤定賦，《周官》體國經野，則是夏之所定者，至周已不可爲準矣。當是時，其國之君於其封疆之內，田土之肥瘠，民口之衆寡，時勢之遷改，視之爲門以内之事也。井田既壞，漢初十五而税一，文景三十而税一，光武初行什一之法，後亦三十而税一。蓋土地廣大不能縷分區別，總其大勢，使瘠土之民不至於甚困而已。是故令九州之田，以下下爲則，下下者不困，則天下之勢相安。吾亦可無事於縷分區別，而爲則壤經野之事也。【略】然則十而税一，名爲古法，其不合於古法甚矣。【略】吾意有王者起，必當重定天下之賦。重定天下之賦，必當以下下爲則，而後合於古法也。或曰三十而税一，國用不足矣夫。古者十里之內，天子食之，其收之諸侯之貢者不能十之一。今郡縣之賦，郡縣食之不能十之一，其解運至於京師者十有九。彼收其十一者，尚無不足，收其十九者而反憂之乎。

（清）黄宗羲《明夷待訪録・田制二》 自井田之廢，董仲舒有限民名田之議，師丹、孔光因之，令民名田無過三十頃，期盡三年而犯者没入之。其意雖善，然古之聖君，方授田以養民，今民所自有之田，乃復以法奪之，授田之政未成而奪田之事先見，所謂行一不義而不可爲也。或者謂奪富民之田則生亂，欲復井田者，乘大亂之後，土曠人稀而後可。

（清）黄宗羲《明夷待訪録・田制三》 或問井田可復，既得聞命矣。若夫定税則如何而後可？曰：斯民之苦暴税久矣，有積累莫返之害，有所税非所出之害，有田土無等第之害。何謂積累莫返之害？三代之貢、助、徹，止税田土而已。【略】然則聖王者而有天下，其必任土所宜，出百穀者賦百穀，出桑麻者賦布帛，以至雜物皆賦其所出，斯民庶不至困瘁爾。何謂田土無等第之害？《周禮・大司徒》不易之地家百畝，一易之地家二百畝，再易之地家三百畝，是九則定賦之外，先王又細爲之等第也。今民間田土之價，懸殊不啻二十倍，而有司之徵收，畫以一則，至使不毛之地歲抱空租，亦有歲歲耕種，而所出之息不償牛種。小民但知其爲瘠土，向若如古法休一歲、二歲，未始非沃土矣。

（清）黄宗羲《明夷待訪録・財計三》 治天下者，既輕其賦斂矣。而民間之習俗未去，蠱惑不除，奢侈不革，則民仍不可使富也。【略】此古聖王崇本抑末之道。世儒不察，以工商爲末，妄議抑之。夫工固聖王之所欲來，商又使其願出于途者，蓋皆本也。

（清）唐甄《潛書》下篇上《存言》 立國之道無他，惟在於富。自古未有國貧而可以爲國者。夫富在編戸，不在府庫。若編戸空虛，雖府庫之財積如丘山，實爲貧，國不可以爲國矣。國家五十年以來，爲政者無一人以富民爲事，上言者無一人以富民爲言。至於爲家，則營田園，計子孫，莫不求富而憂貧。何其明於家而昧於國也！

（清）戴望《管子校正・形勢解》 人主之所以令則行，禁則止者，必令於民之所好，而禁於民之所惡也。民之情莫不欲生而惡死，莫不欲利而惡害。故上令於生利人，則令行；禁於殺害人，則禁止。令之所以行者，必民樂其政也，而令乃行。故曰：貴有以行令也。法立而民樂之，令出而民銜之。法令之合於民心，如符節之相得也，則主尊顯。故曰：銜令者，君之尊也。

《六韜・文韜・國務》 爲國之大務，愛民而已。愛民【略】利而勿害，成而勿敗，生而勿殺，予而勿奪，樂而勿苦，喜而勿怒。【略】民不失務則利之，農不失時則成之，薄賦斂則予之，儉宫室臺榭則樂之，吏清不苛擾則喜之。民失其務則害之，農失其時則敗之，無罪而罰則殺之，重賦斂則奪之，多營宫室臺榭以疲民力則苦之，吏濁苛擾則怒之。故善爲國者馭民，如父母之愛子，如兄之愛弟，見其飢寒則爲之憂，見其勞苦則爲之悲。賞罰如加於身，賦斂如取於己，此愛民之道也。

《晏子春秋・内篇問上》 景公問晏子曰：謀必得，事必成，有術乎？晏子對曰：有。公曰：其術如何？晏子曰：謀度於義者必得，事因于民者必成。公曰：奚謂也？對曰：其謀也，左右無所繫，上下無所縻，其聲不悖，其實不逆，謀於上，不違天，謀於下，不違民，以此謀者必得矣。事大則利厚，事小則利薄，稱事之大小，權利之輕重，國有義勞，民有如利，以此舉事者必成矣。夫逃人而謨，雖成不安，傲民舉事，雖成不榮。故臣聞義謀之法以民事之本也，故及義而謀，信民而動，未聞不存者也。昔三代之興也，謀必度其義，事必因于民，及其衰也，建謀不及義，興事傷民。故度義因民，謀事之術也。公曰：寡人不敏，聞善不行，其危如何？對曰：上君全善，其次出入焉，其次結邪而羞問。全善之君能制，出入之君時問，雖日危，尚可以没身；羞問之君，不能保其身。今君雖危，尚可没其身也。

又： 景公外傲諸侯，内輕百姓，好勇力，崇樂以從嗜欲。諸侯不説，百姓不親。公患之，問於晏子曰：古之聖王，其行若何？晏子對曰：其行公正而無邪，故讒人不得入，不阿黨，不私色，故羣徒之卒不得容；薄身厚民，故聚斂之人不得行；不侵大國之地，不秏小國之民，故諸侯皆欲其尊；不劫人以甲兵，不威人以衆彊，故天下皆欲其彊；德行教訓加於諸侯，慈愛利澤加于百姓，故海内歸之若流水。今衰世君人者，辟邪阿黨，故讒諂羣徒之卒繁；厚身養，薄視民，故聚斂之人行；侵大國之地，秏小國之民，故諸侯不欲其尊；劫人以兵甲，威人以衆彊，故天下不欲其彊；災害加於諸侯，勞苦施於百姓，故讎敵進伐，天下不救，貴戚離散，百姓不興。公曰：然則何若？對曰：請卑辭重幣，以説于諸侯，輕罪省功，以謝於百姓，其可乎？公曰：諾。於是卑辭重幣，而諸侯附，輕罪省功，而百姓親，故小國入朝，燕魯其貢。墨子聞之曰：晏子知道，道在爲人，而失爲己。爲人者重，自爲者輕。景公自爲，而小國不爲與，在爲人，而諸侯爲役，則道在爲人，而行在反己矣，故晏子知道矣。

《晏子春秋·内篇問下》 晏子聘於魯，魯昭公問曰：夫儼然辱臨敝邑，竊甚嘉之，寡人受貺，請問安國衆民如何？晏子對曰：嬰聞傲大賤小則國危，慢聽厚斂則民散。事大養小，安國之器也；謹聽節儉，衆民之術也。

《呂氏春秋·孝行覽·孝行》 民之本教曰孝，其行孝曰養。養可能也，敬爲難；敬可能也，安爲難；安可能也，卒爲難。父母既没，敬行其身，無遺父母惡名，可謂能終矣。禮者，履此者也；義者，宜此者也；信者，信此者也，彊者，彊此者也。樂自順此生也，刑自逆此作也。

（漢）劉安《淮南子》卷九《主術訓》 君人之道，處静以脩身，儉約以率下。静則下不擾矣，儉則民不怨矣；下擾則政亂，民怨則德薄，政亂則賢者不爲謀，德薄則勇者不爲死。是故人主好鷙鳥猛獸，珍怪奇物，金玉爲珍。詭異爲怪。非常爲奇。狡躁康荒，康，安。荒，亂也。不愛民力，馳騁田獵，出入不時。如此，則百官務亂，事勤財匱。勤，勞。匱，乏也。萬民愁苦，生業不脩矣。人主好高臺深池，雕琢刻鏤，黼黻文章，絺綌綺繡，寶玩珠玉，白與黑爲黼，青與赤爲黻，絺綌，葛也。精曰絺，麄曰綌，五采具曰繡也。則賦斂無度，而萬民力竭矣。

又： 故有仁君明王，其取下有節，自養有度，則得承受於天地，而不離饑寒之患矣。若貪主暴君，撓於其下，侵漁其民，以適無窮之欲，則百姓無以被天和而履地德矣。天和，氣也。地德，所生植也。食者民之本也，民者國之本也，國者君之本也。是故人君者，上因天時，下盡地財，中用人力。是以羣生遂長，五穀蕃殖。教民養育六畜，以時種樹，務脩田疇，滋植桑麻，肥墝高下，各因其宜。

（漢）劉安《淮南子》卷一二《道應訓》 成王問政於尹佚曰：尹佚，史佚也。吾何德之行而民親其上？對曰：使之時而敬順之。王曰：其度安在？曰：如臨深淵，加履薄冰。王曰：懼哉，王人乎？尹佚曰：天地之閒，四海之内，善之則吾畜也，不善則吾讎也。

（漢）劉安《淮南子》卷二〇《泰族訓》 爲治之本，務在寧民；寧民之本，在於足用；足用之本，在於勿奪時；勿奪時之本，在於省事；省事之本，在於節用；節用之本，在於反性。未有能搖其本而静其末，濁其源而清其流者也。故知性之情者，不務性之所無以爲；知命之情者，不憂命之所無奈何。故不高宫室者，非愛木也；不大鍾鼎者，非愛金也。直行性命之情，而制度可以爲萬民儀。

（南朝梁）劉勰《劉子新論》卷二《貴農》 衣食者，民之本也；民者，國之本也。民恃衣食，猶魚之須水；國之恃民，如人之倚足。魚無水，則不可以生；人失足，必不可以步；國失民，亦不可以治。先王知其如此，而給民衣食。故農祥旦正，晨集娵訾，陽氣憤盈，土木脉發。天子親耕於東郊，用上亥日。后妃躬桑於北郊。用已上日。國非無良農也，而王者親耕，世非無蠶妾也，而后妃躬桑。上可以供宗廟，下可以勸兆民。神農之法曰：丈夫丁壯而不耕，天下有受其饑者；婦人當年而不織，天下有受其寒者。故天子親耕，后妃親織，以爲天下先。是以其耕不強者，無以養其生；其織不力者，無以蓋其形。衣食饒足，姦邪不生；安樂無事，天下和平。智者無所施其策，勇者無以行其威。故衣食爲民之本，而工巧爲其末也。是以雕文刻鏤，傷於農事；錦繢綦組，害於女工。農事傷，則饑之本也；女工害，則寒之源也。饑寒並至而欲禁人爲盗。是揚火而欲無炎，撓水而望其静，不可得也。衣食足，知榮辱；倉廩實，知禮節。故建國者，必務田蠶之實，棄美麗之華，以穀帛爲珍寶，比珠玉於糞土。何者？珠玉止於虚玩，而穀帛有實用也。假使天下瓦礫悉化爲和璞，砂石皆變爲隋珠，如值水旱之歲，瓊粒之年，則璧不可以禦寒，珠未可以充饑也。雖有奪日之鑑，代月之光，歸於無用也。何異畫爲西施，美而不可悦；刻作桃李，似而不可食也！衣之與食，唯生人之所由。其最急者，食爲本也。霜雪巖巖，苫蓋不可以代裘；苫，苑也。言無布帛可衣，唯衣苑。蒙蒙者，女人之衣曰蒙。今江東亦呼苑爲蓋也。室如懸磬，草木不可以當糧。故先王制國，有九年之儲，可以備非常，救災厄也。堯、湯之時，有十年之蓄，及遭九年洪水，七載大旱，不聞饑饉相望，捐棄溝壑者，蓄積多故也。穀之所以不積者，在於游食者多，而農人少故也。夫螟螣秋生而秋死，食苗心曰螟，食節曰螣，食根曰蝥，食葉曰蠈，此四蟲者，皆爲人害也。一時爲災，而數年乏食。今一人耕，而百人食之其爲螟螣，亦以甚矣！是以先王敬授民時，勸課農桑，省游食之人，減徭役之費，則倉廩充實，頌聲作矣。公羊高曰：什一，天下之中正也。什一行而頌聲作矣。雖有戎馬之興，水旱之沴，國未嘗有憂，民終爲無害也。

（南朝梁）劉勰《劉子新論》卷三《愛民》　天生萬民，而立之君，君則民之天也。天之養物，以治陰陽爲本。君之化民，以政教爲務。故寒暑不時則疾疫，風雨不節則歲饑。刑罰者，民之寒暑也；教令者，民之風雨也。刑罰不時則民傷，教令不節則俗弊。故水濁無棹尾之魚，土确無威蕤之木，政煩無逸樂之民。政之於人，由琴瑟也，大絃急則小絃絶。大絃闕矣。夫足寒傷心，民勞傷國；足温而心平，人佚而國寧。是故善爲理者，必以仁愛爲本，不以苛酷爲先。寬宥刑罰，以全人命；省徹徭役，以休民力；輕約賦斂，不匱人財；不奪農時，以足民用。則家給國富而太平可致也。人之於君，猶子之於父母也，未有父母富而子貧，父母貧而子富也。故人饒足者，非獨人之足，亦國之足也。渴乏者，非獨人之渴乏，亦國之渴乏也。故有若曰：百姓足，君孰與不足；百姓不足，君孰與足。此之謂也。先王之治，上順天時，下養萬物，草木昆虫，不失其所。獺未祭魚，不施網罟，豺未祭獸，不脩田獵，鷹隼未擊，不張罻羅，霜露未霑，不伐草木。草木有生而無識，鳥獸有識而無知，猶施仁愛以及之，奚況生人而不愛之乎？故君者其仁如春，其澤如雨，德潤萬物，則人爲之死矣。昔太王居邠而人隨之，仁愛有餘也。夙沙之君而人背之，仁愛不足也。仁愛附人，堅於金石，金石可銷而人不可離。故君者，壤也，人者，卉木也。未聞壤肥而卉木不茂，君仁而萬人不盛矣。

（清）李顒《二曲集》卷四〇《論語下》　天之立君，以爲民也；苟民生不遂，四海苦窮，則立君之爲何？負天甚矣！天命豈有不去，天禄豈有不終乎？自三代以至秦漢以降，蓋莫不然，然則有天下者，可不敬天勤民乎？

萬方有罪，引咎責己，此三代之所以上理也；萬方有罪，歸罪萬方，此後世之所以下衰也。

周有大賚，善人是富，方見子愛元元，撫綏地方之實。後世若漢文之蠲租，賜粟帛於高年，宋祖之遣使賑貸諸州被兵百姓，存問鰥寡孤獨，亦庶幾此意，故其興也勃然。

爲政者果寬、信、敏、公，民豈有不治乎？此君天下者，萬古不易之道也。豈惟君天下者宜然，凡治一省、一府、一州、一縣，莫不宜然。有民社之責者，尚其念諸！

因民之所利而利之，真正有父母斯民之心，始能如是。否則即明知其可以利民，亦若罔聞，若是者豈勝道哉？

（宋）潘自牧《記纂淵海》卷六五《名譽部・心服》　子中心悦而誠服也，如七十子之服孔子也。以佚道使民，雖勞不怨。以生道殺民，雖死不怨殺者。《孟子》。

（宋）李覯《李覯集》卷二《禮論七篇・禮論第三》　曰：百畝之田，不奪其時，而民不飢矣。五畝之宅，樹之以桑，而民不寒矣。達孝悌，則老者有歸，病者有養矣。正喪紀，則死者得其藏。修祭祀，則鬼神得其饗矣。征伐有節，誅殺有度，而民不橫死矣。此温厚而廣愛者也，仁之道也。

（宋）王安石《臨川先生文集》卷六五《論議・易象論解》　故於《蠱》也，君子以振民育德。振民育德莫大乎教思無窮，容保民無疆，故於《臨》也，君子以教思無窮，容保民無疆。教思無窮，容保民無疆，莫大乎省方觀民設教，故於《觀》也，先王以省方觀民設教。教至矣，則明罰勑法繼之，故於《噬嗑》也，先王以明罰勑法。明罰勑法者，所以待之而非敢於折獄，故於《賁》也，君子以明庶政，無敢折獄。無敢折獄者，將以厚下也，故於《剝》也，上以厚下安宅。厚下者，將使人無失其性命之情也，欲不失其性命之情，則亦不違其性命之理而已，故於《復》也，先王以至日閉關，商旅不行，后不省方者，所以應時。知應時，然後知對時育物，故於《無妄》也，先王以茂對時育萬物。對時育物者，非稽古畜德之主則不能，故於《大畜》也，君子以多識前言往行以畜其德。畜德莫大乎養？

（宋）王令《王令集》卷二一《策問・養民》　問：聖人職在養民，亦所以資民而養也。然而天下之廣，調度之煩，賦之税之不適多寡之中，是桀、貊之道。考之於古，蓋有什一之法在焉，此謀治體者所宜圖也。國家承五季之敝，馭四海之衆，旁連三垂，延袤萬里，其間復有偏伯之地，先期納土之後，務在便安元元，一從寬假，是以税法雖存，而重輕未適其中。今一旦欲舉天下之籍而均之，然慮民心久安，重爲煩擾。至於經制之方，注錯之術，亦未知所從。諸君講學治聞，必有佳畫，悉心陳之，庶啓蒙陋。

《皇朝經世文編》卷一一《治體五・治法》袁枚《書王荊公文集後》

荊公上仁宗書，通識治體，幾乎王佐之才。何以新法一行，天下大病。讀其度支廳壁記，而後歎其心術之謬也。夫財者，先王以之養人聚人而非以之制人也。今其言曰苟不理財，則閭巷之賤人皆可以擅取與之利，以與人主争黔首，而放其無窮之欲。然則荊公之所以理財者，其意不過奪賤人取與之權，與之争黔首，而非爲養人聚人計也。是乃商賈角富之見，心術先乖，其作用安得不悖？三代聖人，無理財之官，但求足民，不求足國。其時黔首熙熙，一心歸附，譬之臧獲婢妾仰食于家主，然所以畜之者，恃有恩意德教維繫其間，不徒恃財以相制也。後世秦隋兩朝，專求足國，不求足民。卒之與争黔首者，陳涉、竇建德之流，貧民乎？富民乎？夫物之不齊，物之情也。民之有貧富，猶壽之有長短，造物亦無如何？先王因物付物，使之強不凌弱，聚不暴寡而已。春秋時，阡陌未開，豪強未并，孔門弟子業已富者自富，貧者自貧，而聖人身爲之師，亦不問哀多益寡，損子貢以助顔淵，勸子華使養原憲者何也。宋室之貧，在納幣、郊置、冗員諸病，荊公不揣其本，弊弊然以賒貸取贏考其所獲，不逮桑孔而民怨則過之，以利爲利，不以義爲利，争黔首反失黔首矣。悲夫！

《皇朝經世文統編》卷一《文教部一・學術》余廷燦《民貴》　厥初，萬物權輿與元黄同剖判者，其圓頂方趾之民乎。民，質也。有因民之質而文之者，則曰聖賢。民，萌也；有因民之萌而達之者，則曰君相。二者非有異於民也。以民明民也，以民衛民也，非用民而爲民用者也，此天地之心也。然治民者且曰民賤，何異足曰荐地，而不思去地則足懸無所附，雖有飛廉跨空之足，僵仆頓踣而已矣；何異魚曰在水，而不知水涸，則魚相與處於陸，雖有横海之長鯨，螻蟻治其命而已矣。楊雄氏曰：周之士也貴，然文王武王周公之貴民也亦明矣。愛其子者隆其師，貴士正所以貴民也。寒其足者傷其心，民不貴，即士亦不可得而貴也。明人竭三百年膠庠甲科之力，以奉數千百褒衣博帶之士。而此數千百褒衣博帶之士，顧知有文章聲氣，不知有民事。譚吏術則耻之，其所報國家者何也？夫姚姒子姬孔孟之聖與賢，天所靳而不輕生，然及其既生，天亦止欲其護吾民耳。使以姚姒子姬孔孟之賢，而於吾民夷然不屑，尚謂違天，奈何截然絶吾民於士？一以爲珠玉，一以爲糞土，小民方興，相爲仇敵。國家雖欲長與士，共天下其可得哉？今夫投棄詩書家必敗也固也，秦之賤士是也。今夫歌誦詩書不絶口，與之觀溝川澮，譚黍涂稷桑麻，則吐棄如臭惡，是直隳天地之性，而棄生人之命也，又豈真能歌詩誦書哉？

（清）魏裔介《兼濟堂文集》卷一《請立限田之法》　都察院左副都御史臣魏裔介謹題，爲請立限田之法，並察荒土，計口分授，以重農功，以復王道事。臣聞漢臣王吉有言，欲治之主不世出，圖治之時不常有。公卿大夫，幸得遭遇其時，未有舉明王於三代之盛者也。其三代不可復乎？夫三代治天下，以養民爲根本之圖，故其丁寧告語，惟重農功，其所以養之者，至纖至悉而有法也。後之君臣，苟師其意，而不泥其迹，何治之不古若？【略】

若欲定一代養民之制，使其各有本業，務於田里樹畜，而無兼并之害，則莫如立限田之制。自秦并天下，壞井田，其後富者田連阡陌，或至百頃，或至千頃，貧者乃無立錐之地。富者日富，貧者日貧。貧者無田，代耕富者之田，終身胼胝，甘爲厮役。田減者役反重，田增者役反輕，農民重困，天下之亂，每由此生。夫井田决不可復，是以漢之大儒董仲舒斟酌古今之宜，説武帝，限民名田，以爲更化善治之本。何武、師丹並申其説。其後西晉限王公之田，北魏起均田之制，時行時止。然古今之英儒碩士留心治道者，未嘗不憤惋嘆息，以爲斯民不幸，而不得蒙至治之澤也。

（清）康有爲《論語注》卷一《學而》　子曰：道千乘之國，敬事而信，節用而愛人，使民以時。

包咸曰：道，治也。千乘之國者，百里之國也。古者井田，方里爲井，十井出一乘，百里之國適千乘也。爲國者，舉事必敬慎，與民必誠信，節用不奢侈。國以民爲本，故愛養之。作事使民必以其時，不妨奪農務。包説是也。馬融以爲，井十爲通，通十爲成，成出革車千乘，是地方三百一十六里。此依劉歆僞《周禮》與今文，《詩》：公車千乘，《王制》、《孟子》公侯百里制相反，此僞説也。敬，警也。敬信言其體，節愛言其用。《易》曰：節以制度，不傷財，不害民，有豫算之謂，非儉嗇以失國體也。此爲據亂世發也。亂世道路未通，分國萬千，如今土司然。君長驕侈詐欺，奴隸其民而虐使之，雖以文王之築臺沼，猶使其民，蓋時世使然。今土司一切征役其民，猶然也。故《春秋》于築臺築城皆譏之，至非時用兵尤所惡。讀杜甫詩：爺娘妻子走相送，哭聲直上干雲霄，及《三吏》、《三別》諸詩，可見不敬事而妄使民之禍，至唐世尚如此。故孔子貴卑宮而惡雕牆，尚節儉而惡奢侈，誠惡不愛人而妄使民也。君長奢侈，多一日之征役，則民失一日之農時，況于朝令夕改，民無所信，征役相仍，土木不息，則民之農時盡失，父母妻子凍餒，所關至大矣。故重戒之以敬信節用，而諄複之以愛人使時，又立爲法，使民不過三日，皆撥亂不得已之意。未能太平，僅求小康之義，爲當時藥也。自王安石行雇役法，無復使民，則此言爲舊方矣。然各國仍有使民者，聖人之爲醫甚遠，各因其病而服其藥可也。若夫敬事信民，節用愛人，則凡執政者所當服膺，而無分於天下一國，平世亂世者矣。

千乘之國，蓋古者以農兵立國之法。若平世，則團體日大，無復此國。然平世之大農大工大商，其一廠一場占地數十里，用人數萬，世愈大同，則各業皆爲大公司，其廠場之地愈大，用人愈多，各成古國之小團體，各自爲治。其執事業既多，人民既衆，度支既廣，興作有時，治之之法亦與古千乘之國無異。興作必當謹慎，號令必當誠信，度支必定豫算，同夥必當親愛。興作必當限時刻，無違其食息，而致其貧病，則無論何世皆能行之。善乎！程子謂：聖人此言雖淺，然通乎上下也。故孔子之言，圓通無礙，如《大華嚴》學者，無泥守之，而觸類引伸之。孔子不云乎？舉一隅不以三隅反，則不復也。泥一隅者，是孔子所不教者矣。

（清）康有爲《論語注》卷一二《顏淵》 哀公問於有若曰：年饑，用不足，如之何？有若對曰：盍徹乎？

朱子曰：稱有若者，君臣之辭。用，謂國用。公意蓋欲加賦以足用也。鄭氏曰：盍，何不也。什一而稅謂之徹。徹，通也。《公羊傳》發孔子之大義曰：什一者，天下之中正也。多乎什一，大桀小桀，少乎什一，大貉小貉。《穀梁》曰：古者什一而藉。蓋井田什一，皆孔子所創之仁政也。孟子告滕文公行仁政曰：請野九一而助，國中什一使自賦。惟助爲有公田，方里而井，井九百畝，其中爲公田，八家皆私百畝，同養公田，此助稅爲九之一也。若無井田處，則稅通收十之一爲徹。此助徹之異，而徹制最便爲易行也。貢亦什一，其所異者，貢則校數歲之中以爲常，後世稅法是也；徹則量所入而收之。今歐美制量田所入而稅近之，但非十一耳。井田之助制最美，然難於行。蓋有子舉孔子之所創，十一之仁政，勸哀公行之也。若《僞周禮》：園廛二十而一，遠郊二十而三，甸稍縣都皆無過十二，惟其漆林之征二十而五，皆劉歆據漢時之僞制，非孔子仁政意也。朱子通力合作，計畝均收，古無此說。曰：二吾猶不足，如之何其徹也？

魯自宣公稅畝，已行十二之稅，至哀公時，用猶不足，斷無復返於稅什一之理。哀公深怪有子政策之迂而相反。

對曰：百姓足，君孰與不足？百姓不足，君孰與足？《鹽鐵論》引不足下有乎字。《漢書・谷永傳》引與作予。《後漢書・楊震傳》引孰作誰。

荀子曰：下貧則上貧，下富則上富。故田野縣鄙者，財之本也；垣窌倉廩者，財之末也。百姓時和，事業得敘者，貨之源也。故明主必謹養其和，節其流，開其源，而時斟酌焉。潢然使天下必有餘，而上不憂不足，如是則上下俱富。若橫征苛斂，令民無以爲生，則君亦與之俱危。漢靈善作家而黃巾起，明萬曆務礦稅而闖賊興，可不戒乎？

綜述

（清）琴川居士《皇清奏議》卷二一朱鼎延《敬陳兵民兩便之法》 雲南道監察御史臣朱鼎延謹題爲：聖心愛民無已，敬陳兵民兩便之法以恤窮簷，以成盛治事。竊聞國之本係於民，而民之本係於恒產，故田園廬舍民之性命繫焉。性命固，而國之元氣因之。我皇上視民如傷，饑溺猶己，議蠲議赦未已也。近讀聖諭，復惓惓於土寇不即息滅，黎庶未盡安寧。於山左、山右、江南、北直隸安置滿洲大兵，以爲靖盜安民之計，倘亦倣古兵農合一遺意乎？而臣更有慮者，百姓自經闖寇之後，奄奄待斃，幸天兵一臨出湯火，而袵席之民已覩敉寧之休矣，顧驚鴻甫集，一聞大兵至止，或不禁皇皇靡措也。故比屋接壤而居，最患調停失宜。臣往見幾輔之邇，去冬今春，換地換房控籲天聽者，不知凡幾。況千里之外，一有失所，寧無歎箕泣斗，而嗟君門萬里者乎？懇乞嚴勅清、漢官協同州縣有司履畝清查，果係無主荒地，然後踏人。其有已經開墾，小民耕種爲業者，悉行查免。若或各住一方，民間器、糧、衣服，聽民搬運，勿致有黄鳥無依之悲。至於大兵既駐，統於各旗下，自無虞躍冶。然既遠居省直，似宜編入氓戶，聽有司之約束。如事有不便地方者，輕則拘讞審理，明判曲直；重則詳撫按，具疏入告。夫既滿漢一家，率土皆臣。無分滿漢之民，皆我皇上之民；亦無分滿漢之臣，皆我皇上之臣。有君子以治野人，有野人以養君子。分固應爾，如此不病兵亦不厲民，將見鄉田同井相友相助，何滿何漢，熙熙然共遊化日而盗靖民寧，豈非久安長治之盛軌哉？如果臣言不謬，伏冀聖明採宥施行。

紀事

《史記》卷一《五帝本紀》 高辛生而神靈，自言其名。普施利物，不於其身。聰以知遠，明以察微。順天之義，知民之急。仁而威，惠而信，脩身而天下服。取地之財而節用之，撫教萬民而利誨之，曆日月而迎送，明鬼神而敬事之。其色郁郁，其德嶷嶷。其動也時，其服也士。帝嚳溉執中而偏天下，日月所照，風雨所至，莫不從服。

（宋）劉恕《資治通鑑外紀》卷一〇《周紀八·威烈王》 是時，李悝爲文侯作盡地力之教。以爲地方百里，治田勤謹，則畮益三斗；不勤，損亦如之。爲粟百八十萬石，善平糴者，必觀歲有上中下孰。小饑，則發小孰之所斂。中饑，則發中孰之所斂。大饑，則發大孰之所斂而糴之。雖遇饑饉水旱，糴不貴而民不散，取有餘以補不足也。

《宋書》卷五《文帝紀》〔元嘉十七年十一月〕丁亥，詔曰：前所給揚、南徐二州百姓田糧種子，兗、兩豫、青、徐諸州比年所寬租穀應督入者，悉除半。今年有不收處，都原之。凡諸逋債，優量申減。又州郡估税，所在市調，多有煩刻。山澤之利，猶或禁斷；役召之品，遂及稚弱。諸如此比，傷治害民。自今咸依法令，務盡優允。如有不便，即依事別言，不得苟趣一時，以乖隱卹之旨。主者明加宣下，稱朕意焉。

《宋書》卷六《孝武帝紀》〔孝建元年春正月〕戊申，詔曰：首食尚農，經邦本務，貢士察行，寧朝當道。內難甫康，政訓未洽，衣食有仍耗之弊，選造無觀國之美。昔衛文勤民，高宗恭默，卒能收賢巖穴，大殷季年。朕每側席疚懷，無忘鑒寐。凡諸守莅親民之官，可詳申舊條，勤盡地利。力田善蓄者，在所具以名聞。褒甄之科，精爲其格。四方秀孝，非才勿舉，獻答允值，即就銓擢。若止無可採，猶賜除署；若有不堪酬奉，虚竊榮薦，遣還田里，加以禁錮。

又：〔大明五年〕二月癸巳，車駕閲武。詔曰：昔人稱人道何先，於兵爲首，雖淹紀勿用，忘之必危。朕以聽覽餘閒，因時講事，坐作有儀，進退無爽。軍幢以下，普量班錫。頃化弗能孚，而民未知禁，逭役違調，起觸刑網。凡諸逃亡，在今昧爽以前，悉皆原赦。已滯囹圄者，釋還本役。其逋負在大明三年以前，一賜原停。自此以還，鰥貧疾老，詳所申減。伐蠻之家，蠲租税之半。近籍改新制，在所承用，殊謬實多，可普更符下，聽以今爲始。若先已犯制，亦同蕩然。

《宋書》卷八《明帝紀》〔泰始三年八月〕癸卯，詔曰：法網之用，期世而行，寬惠之道，因時而布。況朕尚德戡亂，依仁馭俗，宜每就弘簡，以隆至治。而頻罹兵革，繇賦未休，軍民巧僞，興事甚多，蹈刑入憲，諒非一科。至乃假名戎伍，竊爵私庭，因戰散亡，託懼逃役。且往諸淪逼，雖經累宥，逋竄之黨，猶爲實繁。宵言永懷，良兼矜疚。思所以重播至澤，覃被區宇。可大赦天下。

又：〔泰豫元年夏四月〕詔曰：朕自臨御億兆，仍屬戎寇，雖每存弘化，而惠弗覃遠，軍國凋弊，刑訟未息。今大漸維危，載深矜歎。可緩徭優調，去繁就約。因改之宜，詳有簡衷。務以愛民爲先，以宣朕遺意。

《宋書》卷九《後廢帝紀》〔泰豫元年〕六月壬辰，詔曰：夫興王經制，實先民隱，方求廣教，刑於四維。朕以煢眇，夙膺寶歷，永言民政，未接聽覽，眷言乃顧，無忘鑒寐。可遣大使分行四方，觀採風謡，問其疾苦。今有咈民，法不便俗者，悉各條奏。若守宰威恩可紀，廉勤允著，依事騰聞。如獄訟誣枉，職事紕繆，惰公存私，害民利己者，無或隱味。廣納芻興之議，博求獻藝之規。巡省之道，務令精洽，深簡行識，俾若朕親覽焉。

《南齊書》卷三《武帝紀》〔建元四年三月〕癸酉，詔曰：城直之制，歷代宜同，頃歲逋弛，遂以萬計。雖在憲宜懲，而原心可亮。積年逋城，可悉原蕩。自茲以後，申明舊科，有違糾裁。庚辰，詔曰：比歲未稔，貧窮不少，京師二岸，多有其弊。遣中書舍人優量賑卹。

又：〔永明三年〕五月乙未，詔曰：氓俗凋弊，于茲永久，雖年穀時登，而歉乏比室。凡單丁之身及煢獨而秩養養孤者，並蠲今年田租。

又：〔永明五年九月〕丙午，詔曰：善爲國者，使民無傷，而農益勸。是以十一而稅，周道克隆，開建常平，漢載惟穆。岱畎絲枲，浮汶來貢，杞梓皮革，必緣楚往。自水德將謝，喪亂彌多，師旅歲興，饑饉代有。貧室盡於課調，泉貝傾於絕域，軍國器用，動資四表，不因厥產，咸用九賦，雖有交貿之名，而無潤私之實，民咨塗炭，寔此之由。昔在開運，星紀未周，餘弊尚重。農桑不殷於曩日，粟帛輕賤於當年。工商罕兼金之儲，匹夫多飢寒之患。良由圜法久廢，上幣稍寡。所謂民失其資，能無匱乎？凡下貧之家，可蠲三調二年。京師及四方出錢億萬，糴米穀絲綿之屬，其和價以優黔首。遠邦嘗市雜物，非土俗所產者，皆悉停之。必是歲賦攸宜，都邑所乏，可見直和市，勿使逋刻。

又：〔永明七年正月〕戊申，詔曰：雍州頻歲戎役，兼水旱爲弊，原四年以前逋租。辛亥，車駕祠南郊，大赦。京邑貧民，普加賑賜。又詔曰：春頒秋斂，萬邦所以惟懷，柔遠能邇，兆民所以允殖。鄭渾宰邑，因姓立名，王濬剖符，戶口殷盛。今産子不育，雖炳常禁，比聞所在，猶或有之。誠復禮以貧殺，抑亦情由俗淡。宜節以嚴威，敦以惠澤。主者尋舊制，詳量附定，蠲卹之宜，務存優厚。

《梁書》卷二《武帝紀中》〔天監〕十五年春正月己巳，詔曰：觀時設教，王政所先，兼而利之，寔惟務本，移風致治，咸由此作。頃因革之令，隨事必下，而張弛之要，未臻厥宜，民瘼猶繁，廉平尚寡，所以竚旒纊而載懷，朝玉帛而興歎。可申下四方，政有不便於民者，所在具條以聞。守宰若清潔可稱，或侵漁爲蠹，分別奏上，將行黜陟。長吏勸課，躬履堤防，勿有不脩，致妨農事。關市之賦，或有未允，外時參量，優減舊

格。

又：〔天監〕十七年春正月丁巳朔，詔曰：夫樂所自生，含識之常性；厚下安宅，馭世之通規。朕矜此庶氓，無忘待旦，亟弘生聚之略，每布寬卹之恩；而編戶未滋，遷徙尚有，輕去故鄉，豈其本志？資業殆闕，自返莫由，巢南之心，亦何能弭。今開元發歲，品物惟新，思俾黔黎，各安舊所。將使郡無曠土，邑靡游民，雞犬相聞，桑柘交畛。凡天下之民，有流移他境，在天監十七年正月一日以前，可開恩半歲，悉聽還本，蠲課三年。其流寓過遠者，量加程日。若有不樂還者，即使著土籍爲民，准舊課輸。若流移之後，本鄉無復居宅者，村司三老及餘親屬，即爲詣縣，占請村內官地官宅，令相容受，使戀本者還有所託。凡坐爲市埭諸職割盜衰減應被對籍者，其田宅車牛，是民生之具，不得悉以没入，皆優量分留，使得自止。其商賈富室，亦不得頓相兼併。遁叛之身，罪無輕重，並許首出，還復民伍。若有拘限，自還本役。並爲條格，咸使知聞。

《梁書》卷三《武帝紀下》〔大同七年〕十一月丙子，詔停在所役使女丁。丁丑，詔曰：民之多幸，國之不幸，恩澤屢加，彌長姦盜，朕亦知此之爲病矣。如不優赦，非仁人之心。凡厥僁耗逋負，起今七年十一月九日昧爽以前，在民間無問多少，言上尚書督所未入者，皆赦除之。又詔曰：用天之道，分地之利，蓋先聖之格訓也。凡是田桑廢宅没入者，公創之外，悉以分給貧民，皆使量其所能以受田分。如聞頃者，豪家富室，多占取公田，貴價僦稅，以與貧民，傷時害政，爲蠹已甚。自今公田悉不得假與豪家，已假者特聽不追。其若富室給貧民種糧共營作者，不在禁例。

《梁書》卷八《昭明太子傳》太子上疏曰：伏聞當發王弁等上東三郡民丁，開漕溝渠，導泄震澤，使吳興一境，無復水災，誠矜恤之至仁，經略之遠旨。暫勞永逸，必獲後利。未萌難覩，竊有愚懷。所聞吳興累年失收，民頗流移。吳郡十城，亦不全熟。唯義興去秋有稔，復非常役之民。即日東境穀稼猶貴，劫盜屢起，在所有司，不皆聞奏。今征戍未歸，強丁疏少，此雖小舉，竊恐難合，吏一呼門，動爲民蠹。又出丁之處，遠近不一，比得齊集，已妨蠶農。去年稱爲豐歲，公私未能足食；如復今茲失業，慮恐爲弊更深。且草竊多伺候民間虛實，若善人從役，則抄盜彌

增，吳興未受其益，內地已罹其弊。不審可得權停此功，待優實以不？聖心垂矜黎庶，神量久已有在。臣意見庸淺，不識事宜，苟有愚心，願得上啓。高祖優詔以喻焉。

《魏書》卷四《世祖紀》〔太平真君四年〕六月庚寅，詔曰：朕承天子民，憂理萬國，欲令百姓家給人足，興於禮義。而牧守令宰不能助朕宣揚恩德，勤恤民隱，至乃侵奪其產，加以殘虐，非所以爲治也。今復民貲賦三年，其田租歲輸如常。牧守之徒，各厲精爲治，勸課農桑，不聽妄有徵發，有司彈糾，勿有所縱。

《魏書》卷五《高宗紀》〔太安五年〕冬十有二月戊申，詔曰：朕承洪業，統御羣有，思恢政化，以濟兆民。故薄賦斂以實其財，輕徭役以紓其力，欲令百姓修業，人不匱乏。而六鎮、雲中、高平、二雍、秦州，徧遇災旱，年穀不收。其遣開倉廩以賑之。有流徙者，諭還桑梓。欲市糴他界，爲關傍郡，通其交易之路。若典司之官，分職不均，使上恩不達於下，下民不贍於時，加以重罪，無有攸縱。

又：〔和平〕二年春正月乙酉，詔曰：刺史牧民，爲萬里之表。自頃每因發調，逼民假貸，大商富賈，要射時利，旬日之間，增贏十倍。上下通同，分以潤屋，故編戶之家，困於凍餒；豪富之門，日有兼積。爲政之弊，莫過於此。其一切禁絶，犯者十疋以上皆死。布告天下，咸令知禁。

又：〔科平四年三月〕乙巳，詔曰：朕憲章舊典，分職設官，欲令敷揚治化，緝熙庶績。然在職之人，皆蒙顯擢，委以事任，當厲己竭誠，務省徭役，使兵民優逸，家給人贍。今內外諸司、州鎮守宰，侵使兵民，勞役非一。自今擅有召役，逼雇不程，皆論同枉法。

又：〔和平四年八月〕壬申，詔曰：前以民遭飢寒，不自存濟，有賣鬻男女者，盡仰還其家。或因緣勢力，或私行請託，共相通容，不時檢校，令良家子息仍爲奴婢。今仰精究，不聽取贖，有犯加罪。若仍不檢還，聽其父兄上訴，以掠人論。

《魏書》卷六《顯祖紀》〔和平六年六月〕乙丑，詔曰：夫賦斂煩則民財匱，課調輕則用不足，是以十一而稅，頌聲作矣。先朝榷其輕重，以惠百姓。朕承洪業，上惟祖宗之休命，夙興待旦，惟民之恤，欲令天下同於逸豫。而徭賦不息，將何以塞煩去苛，拯濟黎元者哉！今兵革不起，畜積有餘，諸有雜調，一以與民。

（唐）劉肅《大唐新語》卷四《政能》 開元九年，左拾遺劉彤上表論鹽鐵曰：臣聞漢武帝爲政，廄馬三十萬，後宮數萬人，外討戎夷，內興宮室，殫費之甚，實百當今，然而財無不足者，何也？豈非古取山澤，而今取貧人哉！取山澤，則公利厚而人歸於農；取貧人，則公利薄而人去其業。故先王之作法也，山澤有官，虞衡有職，輕重有術，禁發有時，一則專農，二則饒富，濟人盛事也。臣實謂當今宜行之。夫煮海爲鹽，採山鑄錢，伐木爲室者，豐餘之輩也；寒而無衣，饑而無食，傭賃自資者，窮苦之流也。若能山海厚利，奪豐餘之人；薄斂輕徭，免窮苦之子。所謂損有餘益不足，帝王之道不可謂然。文多不盡載。

《宋史》卷一七三《食貨志上一》〔淳熙〕六年五月，提舉浙西常平茶鹽顏師魯奏：設勸課之法，欲重農桑，廣種植也。今鄉民於己田連接閒曠磽确之地，墾成田園，用力甚勤。或以未陳起稅，爲人所訟，即以盜耕罪之，何以勸力田哉？止宜實田起稅，非特可戢告訐之風，亦見盛世重農之意。

《宋史》卷一七四《食貨志上二》〔紹熙〕二年，詔曰：朕惟爲政之道，莫先於養民。故自卽位以來，蠲除甚賦，頒宣寬條，嘉與四方臻於安富。郡守、縣令，最近民者也。誠能拊循惠愛，以承休德，庶幾政平訟理之效。今採之人言，乃聞科斂先期，競務辦集，而民之虛實不問；追呼相繼，敢爲椎剝，而民之安否不恤。財計之外，治理蔑聞，甚不稱朕委屬之意。國用有常，固在經理，而非掊克督趣以爲能也。知本末先後之誼，此朕所貴於守令者。繼自今以軫恤爲心，以牧養爲務，俾民安業，時予汝嘉。

又：嘉熙二年臣僚言：陛下自登大寶以來，蠲賦之詔無歲無之，而百姓未霑實惠。蓋民輸率先期歸於吏胥，攬戶，及遇詔下，則所放者吏胥之物，所倚閣者攬戶之錢，是以寬恤之詔雖頒，愁歎之聲如故。嘗觀漢史恤民之詔，多減明年田租。今宜倣漢故事，如遇朝廷行大惠，則以今年下詔，明年減租，示民先知減數，則吏難爲欺，民拜實賜矣。從之。

《宋史》卷一七六《食貨志上四》 景定元年九月，赦曰：諸路已糴義米價錢，州郡以低價抑令上戶補糴，正税逃閣，義米用虧，常平司責縣道陪納，縣道遂敷吏貼、保正、長攬戶等人均納。自今視時收糴，見繫吏貼等人陪納之錢並與除放。五年，監察御史程元岳奏：隨秔帶義，法也。今秔糯帶義之外，又有所謂外義焉者，絹、紬、豆也，豈有絹、紬、豆而可加之義乎？縱使違法加義，則絹加絹，紬加紬，豆加豆，猶可言也；州縣一意椎剝，一切理苗而加一分之義，甚者赦恩已蠲二税，義米依舊追索。貧民下戶所欠不過升合，星火追呼，費用不知幾百倍。破家蕩産，鬻妻子，怨嗟之聲，有不忍聞。望嚴督監司，止許以秔帶義，其餘盡罷。其有循習病民者重其罰。

《宋史》卷一八一《食貨志下三》 自開寶以來，河北鹽聽人貿易，官收其算，歲額爲錢十五萬緡。上封者嘗請禁榷以收遺利，余靖時爲諫官，亟言：前歲軍興，河北點義勇強壯及諸科率，數年之間，未得休息。臣嘗痛燕薊之地，陷入契丹幾百年，而民忘南顧心者，大率契丹之法簡易，鹽麴俱賤，科役不煩故也。昔太祖推恩河朔，故許通商，今若榷之，價必騰踊，民苟懷怨，悔將何及？河朔土多鹽鹵，小民税地不生五穀，惟刮鹻煎鹽以納二税，禁之必至逃亡。鹽價若高，犯法亦衆，邊民怨望，非國之福，乞且仍舊通商。

（宋）李燾《續資治通鑑長編》卷一八《宋太宗太平興國二年》 癸卯，知秦州張炳言：先受詔以倉粟糶與貧民，使者劉文保復齎詔詔臣罷之，民饑益甚，轉死溝壑者愈衆。臣與文保矯詔開倉，救百姓倒垂之急，願以屬吏。詔釋其罪。

（宋）李燾《續資治通鑑長編》卷四五《宋真宗咸平二年》 壬午，以太常丞劉綜爲河北轉運副使，綜嘗上言：州縣幕職官以昏耄放罷者，其間有本實廉謹之士，或幼累無託，或邱園無歸，止藉禄養，以濟朝夕，一旦停廢，則罹饑寒，當在聖朝，似傷和氣，望自今並除致仕官。又言：法官斷獄，皆引律令之文，以定輕重之罪。及其奏御，而復云慮未得中，別取進止，殊非一成不變之道，且復煩於聽斷。望示約束，不得復然。河北承兵寇之後，民户彫弊，吏部銓所除幕職、州縣官，皆四方之人，不習其風俗，且有懷歸之思，以是政事多因循不舉。請自今並以河北人充，冀其安土樂居，勤於職業。

（宋）李燾《續資治通鑑長編》卷九五《宋真宗天禧四年》 二月癸未朔，以淮南、江、浙穀貴民饑，命都官員外郎韓億、閤門祗候王若訥乘傳安撫，發常平倉粟減直出糶以賑之。民有以糧儲濟衆者，第加恩獎。其乏食持仗盜糧者，並減等論罪。

（宋）李燾《續資治通鑑長編》卷一六〇《宋仁宗慶曆七年》 丁卯，上封者言：諸路轉運司廣要出剩，求媚於上。民輸賦税，已是太半之賦，又令加耗，謂之潤官。江西諸路州軍體例，百姓納米一石，出剩一斗，往往有聚斂之臣，加耗之外，更要一斗。且以江西一路歲百萬石爲準，若每石取米一斗，以一百萬石計之，所收已及一十萬石。若於民間取十萬石耗米入官，則下民必食貴米。此只粗引一路之弊，況天下之廣，賦税之饒，其弊無極。臣恐諸路轉運使尚有似此無名刻削。願陛下閲其奏目，或有横加收斂，名爲出剩，乞賜黜貶，使民知陛下之意。仍乞嚴行戒勵，必然止絶。上覽之，曰：古稱聚斂之臣過於盜賊，今如此掊斂，是與朕結怨於民也。亟下詔止絶之。此據張唐英《政要》。

（宋）李燾《續資治通鑑長編》卷二一九《宋神宗熙寧四年》 壬辰，詔鬻天下廣惠倉田爲三路及京東常平本，其當賑濟，即以廣惠、常平等倉所貯粟麥給之。初，王安石言：廣惠田可鬻，以實三路常平。曾公亮曰：佃户或百年承佃，有如己業，今鬻之則至失職，非便。上曰：還令佃户買之，則無不可者。安石曰：公亮所言蓋官莊也。若廣惠倉田乃本是户絶，法自當鬻，但因近置廣惠所積不多，何能賑饑？今已修常平法，則凶年固不患無所賑濟。公亮終以爲不可，曰：利不百，不變法。上曰：但義理可行則行之，自無不利。安石曰：利者義之和，義固所爲利也。公亮曰：亦有利於公家不利百姓者，不可謂之議。安石曰：若然，亦非人主所謂利也。於是卒從安石議，而有是詔。

（宋）李燾《續資治通鑑長編》卷四八四《宋哲宗元祐八年》 戊寅，監察御史黄慶基言：朝廷仁愛斯民，救患恤災，使無失所之嘆者，在加意於賑濟。故比歲淮甸旱，倉廩不足以給民，至以上供綱運米以濟之，前年浙西水，本路歲計不足，至使江西、湖北運米以濟之，所費無慮數百萬。然而不惜重費以濟一時，不若修舉良法以垂惠於萬世。蓋義倉者，良法也，始自隋長孫平建議，曰：古者三年耕，有一年之積；九年耕，有三年之儲。雖有水旱，人無菜色，皆由勸導有方，蓄積先儲。故歷世行之以爲利焉。元豐間，先帝復行其法，以爲隋、唐取於民太重，慮民不堪其求，於是納苗米一石者，輸義倉米五升，可謂至薄矣。夫樂歲粒米狼戾，雖多取之不爲虐，又況納苗米一石，止輸五升，固非重斂也。蓄積稍豐，或有水旱，則所至倉廩自足以濟民矣。臣去歲道過太平州，見饑民甚衆，而無流亡溝壑者，蓋猶有當日義倉所積之米，足以賑濟故也。又聞蘇、湖之民，雖蒙朝廷運米以濟之，然饑者朝不及夕，往往不得霑上之惠，而殍踣者多矣。乃知義倉誠天下之良法。今其條制具在，望自今歲復行。詔令戶部詳度。

（清）徐乾學《資治通鑑後編》卷一〇《宋紀一〇》乙丑，帝謂宰相曰：朕念民耕稼之勤，春秋賦租，軍國用度所出，恨未能去之，比令兩税三限外特加一月，而官吏不體朝旨，自求課最，恣行撻罰，督令辦集此一事，尤傷和氣，宜申儆之。乃詔：諸州長吏察訪屬縣，有以催科用刑殘忍者，論其罪。又謂宰相曰：民訴水旱，即使檢覆立遣上道，猶恐後時，頗聞使者或逗留不發，州縣慮賦斂違期日行鞭箠，民亦竢檢覆改種，若此稽緩，豈朕勤卹之意乎。自今遣使檢覆災旱，量其地之遠近，事之大小，立限以遣之。

（清）徐乾學《資治通鑑後編》卷一五《宋紀一五》京畿大穰，辛卯，分遣使臣於京城四門，置場增價以糴。今有司虛近倉貯之，命曰常平，俟歲飢即減價糶與貧民。遂爲永制。

（清）徐乾學《資治通鑑後編》卷一八《宋紀一八》庚申，太常博士直史館陳靖上言：古者彊幹弱枝之法，必先實富於內。今京畿周環二三十州，幅員數千里。地之墾者，十才二三，税之入者，又十無五六。國用不充，民食不足，望擇大臣一人有深識遠畧者，兼領大司農事，典領於中。又於郎吏中選才智通明能撫民役衆者爲副執事，於外自京東西擇其膏腴未耕之處，申以勸課，借閑曠之地，募游惰之民別置版圖，便宜從事。酌民力之豐寡，相農畝之磽瘠，均配畀之無煩，督課耕桑之外更，課令益種雜木蔬果，孳畜羊犬雞豚，俟至三五年間，生計成立，有家可戀，有土可懷。即計戶定征，量田輸税，斯實敦本化人之宏畧也。帝覽奏召對奬諭令條奏以聞，尋以靖爲勸農使，按行陳許蔡潁襄鄧唐汝等州，勸民墾田。以大理寺丞皇甫選光禄寺丞，何亮副之。未幾，三司以爲多費，其事遂寢。

（清）徐乾學《資治通鑑後編》卷一九《宋紀一九》戊午，帝謂輔臣曰：國家所謹，儉約爲先，節用愛人，民俗自化。張齊賢曰：《書》稱大禹克儉於家，老氏三寶儉居其一。上之所好，下必從之，好儉則國有餘，財下不借則家有餘貲。自然廉讓興行，盜賊鮮少，蚩蚩之衆登於富壽也。臣等恭聞聖訓，期共遵守。三司上經費之數，帝曰：先帝以財賦國之大本，莫不求諸中道而爲永制。輔臣曰：先帝非止愛人嗇費，至於節損服用御澣濯之衣，蓋前古哲王莫能偕也。帝初命三司具中外錢穀大數以聞，鹽鐵使陳恕久而不進，帝命輔臣詰之。恕曰：天子富於春秋，若知府庫充美，恐生侈心故，不敢進也。帝聞而善之。

（清）徐乾學《資治通鑑後編》卷五三《宋紀五三》甲辰，詔天下茶鹽、礬鐵、銅銀、坑冶之利，慮有過取而傷民者，轉運司諭所部官吏條上利害以聞。初議欲弛茶鹽之禁及減商税，范仲淹以爲茶鹽商税之入，但分減商賈之利耳，於商賈未甚有害也。今國用未省，歲入不可闕，既不取之於山澤，商賈必取之於農，與其害農，孰若取之商賈？今爲計莫若先省國用，國用有餘，當先寬賦役，然後及商賈弛禁，非所當先也。其議遂寢。

（清）徐乾學《資治通鑑後編》卷七五《宋紀七五》辛未，詔天下官吏有能知差役利害可以寬減者，實對條析以聞。先是，三司使韓絳言害農之弊無甚差役之法，重者衙前多致破産，次則州役亦須重費。向聞京東民有父子二丁將爲衙前父告其子云，吾當求死，使汝曹免於凍餒，遂自經而死。又聞江南有嫁其祖母及與母析居以避役者，又有鬻田減其戶等者，田歸官戶不役之家，而役併於同等見存之戶。望令中外臣庶條其利害，委侍從臺省官集議裁定，使力役無偏重之患，則農民有樂業之心。帝納其言，故有是詔，役法之議始此。

（清）徐乾學《資治通鑑後編》卷七八《宋紀七八》壬戌朔，河北安撫使韓琦言：臣準青苗詔書，務在優民，不使兼并者乘其急以邀倍息，而公家無所利其入。今每借一千，令納一千三百，則是官自放錢取息，與初時抑兼并濟困乏之意絶相違戾，欲民信服不可得也。又鄉村每保，須有物力人爲甲頭，雖云不得抑勒，而上戶必不願請下戶。雖或願請，必難催納將來決，有行刑督責同保均陪之患。陛下勵精求治，若但躬行節儉，以先天下，自然國用不乏，何必使興利之臣紛紛四出，以致遠邇之疑哉？乞盡罷諸路提舉官，依常平舊法施行。癸亥，上袖出琦奏示執政曰：琦真忠臣。雖在外，不忘王室。朕始謂可以利民，不意乃害民如此？且坊郭安得青苗而亦強與之乎？王安石勃然進曰：苟從其欲？雖坊郭何害。因難琦奏曰：陛下修常平法以助民。至於收息，亦周公遺法也。如桑弘羊籠天下貨財，以奉人主私用，乃可謂興利之臣。今抑兼并振貧弱，置官理財非以佐私欲，安可謂興利之臣乎。曾公亮、陳升之皆言坊郭不當俵錢，與安石論難，久之而罷。帝終以琦説爲疑，安石遂稱疾不出。

（清）徐乾學《資治通鑑後編》卷七九《宋紀七九》　戊寅，行免役法。先是詔條例司講立役法。條例司言，使民出錢募人充役，即先王致民財以禄庶人，在官者之意，命吕惠卿、曾布相繼草具條貫，踰年始成。計民之貧富，分五等輸錢，名免役錢。若官戶、女戶、寺觀、單丁、未成丁者亦等第輸錢，名助役錢。凡輸錢先視州若縣應用顧直多少，隨戶等均取顧直，又增取二分以備水旱欠闕，謂之免役寬剩錢。用其錢募人代役，既試用其法於開封府，遂推行於諸路。既而東明縣民數百詣開封府，訴降等第。帝知之，以詰安石。安石力言外間扇搖役法者，謂輸多必有贏餘，若羣訴必可免，彼既聚衆僥倖，苟受其訴，與免輸錢，當仍役之。帝乃盡用其言。尋以臺諫多論奏，因謂安石宜少裁之。安石曰：朝廷制法，當斷以義，豈須規規恤淺近之論耶？司馬光言：上等戶自來更互充役，有時休息，今使歲出錢，是常無休息之期。下等戶及單丁、女戶從來無役，今盡使之出錢，是鰥寡孤獨之人俱不免役。夫力者，民之所生，而有穀帛者，民可耕桑而得，至於錢者，縣官之所鑄，民之所不得私爲也。今有司立法，惟錢是求，歲豐則民賤糶其穀，歲凶則伐桑棗殺牛賣田得錢以輸，民何以爲生乎？此法卒行，富室差得自寬，貧者困窮日甚矣。帝不聽。

（清）徐乾學《資治通鑑後編》卷一二二《宋紀一二二》　崇安縣饑，值浦城盜發，人情大震，朱熹請於府貸粟六百斛，籍戶口散給之，民藉以生。及冬有年，民願償粟於官，知府王淮俾留里中，而上其籍於官。社倉之法始此。

（清）徐乾學《資治通鑑後編》卷一四六《宋紀一四六》　丙戌，蒙古以姚樞爲中書左丞，樞上言：自中統至今五六年間，外侮內叛，繼繼不絶，然能使官離債負，民安賦役，國用粗足，政事更新，皆陛下信用先王之法所致。今創始治道，正宜上答天意，下結民心，睦親族以固本，定大臣以當國，開經筵以格心，立學校以育才，則可以光先烈遺子孫。邇者伏聞聽日煩，朝廷政令，日改月異，遠近臣民，不勝戰懼，惟恐大本一廢，遠業難成，爲陛下之後憂耳，蒙古主納之。

（清）徐乾學《資治通鑑後編》卷一四九《宋紀一四九》　元大司農司言中書移文以畿內秋禾始收，請禁農民覆耕，恐妨芻牧，元主以農事係民生命，詔勿禁。

（宋）李幼武《宋名臣言行録外集》卷一二《朱熹晦菴先生徽國文公》　七年夏，上封事言：天下之務，莫大於恤民，恤民之本，又在正君心以立綱紀。今民間特苦重税，正緣二税之入朝廷，盡取以供軍，而州縣無復贏餘，則不免二税之外，巧作名色以取民。今民貧賦重，若不計理軍實去浮冗，則民力決不可寬。惟有選將核兵，則可以節軍資；開廣屯田，則可以實軍儲；練習民兵，則可以益邊備。至於天下，紀綱不能以自立，必君心正大而後有所係，而立君心不能以自正，必親賢遠佞，而後可得而正。今陛下親密者，不過一二近習，而此小人者，上則蠱惑陛下之心，下則招集嗜利亡恥之士，夫以入其門，中外靡然，向之其所壞，非獨壞陛下之紀綱，乃併與陛下所以立紀綱者而壞之。

（宋）吕中《宋大事記講義》卷一一《仁宗皇帝・賑飢民》　明道二年六月，賑京東江淮饑民陳執中范仲淹分路撫。時仲淹爲右司諫，奏使所至開倉廩賑乏絶，禁淫祠，奏蠲廬舒折役茶、河東西口鹽錢。又以爲東南一饑，公私空竭，其病在於用度不節，條上八事，上嘉納之。慶歷七年定州歲大歉，知州韓琦發廩活饑民數百萬。是年河北京東西大水、大饑，人相食。知青州富弼擇所部豐稔者，五州勸民出粟，益以官廩，隨所在貯之，擇公私廬舍十餘萬，區散處其人。官吏待闕者，皆給其禄使聽民所聚，遇老弱者廩之山林河海之利，有可以生者聽流民取之，其主不得禁。官吏皆書其勞，約爲奏請，使以次受賞於朝。凡活五十餘萬人，募爲兵者萬人，上聞之，遷其秩。弼曰：救災，守臣職也，辭不受。弼立法簡便，周至天下，傳以爲法。

救荒以政，不若救荒以人，一定州之政，足以活數百萬之饑民。青州之策，足以活五十萬之饑民。先正諸公純以爲公，故適遇災變，不啻猶己之饑溺。矯詔開倉，雖罪不恤，出粟貸民，家資不計，迹其用心，其有瘳否乎？此固先正愛民之心，亦祖宗之世，郡縣常有餘蓄，所以易於用力而隨見其效也。

（宋）呂中《宋大事記講義》卷一一《仁宗皇帝・恤流民》 天聖七年三月，約契丹流民田。契丹饑，流民至境上。上曰：皆吾赤子也，可不賑救之？詔給以唐鄧州閒田，仍令所過州縣給食。

人君者，天地萬物之宗主也。苟有一夫之失所，且引爲己責，而況於夷狄乎。此仁祖所以一視而同仁也，然必如是而後可謂南北一家，中國一人之意。苟當國恥未刷之時，而借是説以自安者，此又苟安之規模也。

《遼史》卷五九《食貨志上》 太宗會同初，將東獵，三剋奏減輜重，疾趨北山取物，以備國用，無害農務。尋詔有司勸農桑，教紡績。以烏古之地水草豐美，命甌昆石烈居之，益以海勒水之善地爲農田。三年，詔以諧里河、臚朐河近地，賜南院歐堇突呂、乙斯勃、北院温納河剌三石烈人，以事耕種。八年，駐蹕赤山，宴從臣，問軍國要務。左右對曰：軍國之務，愛民爲本。民富則兵足，兵足則國強。上深然之。是年，詔徵諸道兵，仍戒敢有傷禾稼者以軍法論。

（清）李有棠《金史紀事本末》卷四〇《宣宗南遷》〔至甯元年〕十二月戊戌，頒勸農詔。〔考異〕《續通考》云，貞祐初，田琢上疏略曰：臣聞古之名將，雖在征行必須屯田，趙充國、諸葛亮是也。古之良吏，必課農桑以足民，黄霸、虞詡是也。方今曠土多，游民衆，乞明勅有司，無蹈虚文，嚴升降之法，選能吏勸課。公私皆得耕墾，富者備牛出種，貧者傭力服勤。若又不足，則教之區種，期於盡闢斯已。官師圉牧，勢家兼并，亦籍其數，授之農民，寬其負算，息其徭役，使盡力南畝。則蓄積歲增，家給人足，富國強兵之道也。宣宗深然之。又云，是年正月壬戌，日有左右珥，上有冠氣。《紀》未載。只于九月丁亥，載太白晝見于軫，十一月辛巳，載熒惑犯房宿鉤鈐星。而《續通考》又闕書。

（清）徐乾學《資治通鑑後編》卷一五四《宋紀一五四》 丙寅，御史臺言：燕南、河北、山東、去歲旱災，按察司已嘗閲視，而中書不爲奏免税糧，民何以堪？詔令有司權停勿徵，仍諭自今管民官凡有災傷過時不申，及按察司不即行視者，皆罪之。

《明史》卷二一三《張居正傳》 時帝漸備六宮，太倉銀錢多所宣進。居正乃因戶部進御覽數目陳之，謂每歲入額不敵所出，請帝置坐隅時省覽，量入爲出，罷節浮費。疏上，留中。帝復令工部鑄錢給用，居正以利不勝費止之。言官請停蘇、松織造，不聽。居正爲面請，得損大半。復請停修武英殿工，及裁外戚遷官恩數，帝多曲從之。帝御文華殿，居正侍講讀畢，以給事中所上災傷疏聞，因請振。復言：上愛民如子，而在外諸司營私背公，剥民罔上，宜痛鉗以法。而皇上加意撙節，於宮中一切用度、服御、賞賚，布施，裁省禁止。帝首肯之，有所蠲貸。居正以江南貴豪怙勢及諸奸猾吏民善逋賦，選大吏精悍者嚴行督責。

《清仁宗實録》卷三三九《嘉慶二十三年二月》 上御文華殿經筵，直講官穆彰阿、戴聯奎進講《孟子》得其民有道，得其心，斯得民矣，得其心有道，所欲與之聚之，所惡勿施爾也。講畢。上宣御論曰：君臣士庶，分位雖殊，心性好惡則一也。君承社稷重任，治理天下國家。天下國家，託於萬民。萬民爲天下國家之大本大源，必先得其心，得其心則治具畢張，本源鞏固矣。堯舜之道，得民心也。飽食暖衣人所欲，下民窮困，何能自求，必多方以致之，因利而利之。廣田疇，薄税斂，講禮義，明禁令。凡其所欲，務爲聚焉。咸獲生養安全，如保赤子，心誠求之，庶民仰之如父母，敬之如神明。上下交泰，不識不知，順則成俗矣。己所不欲，勿施於人。饑寒流離人所惡，而上不能恤。水旱盜賊人所懼，而上不能去。上下相蒙，漠不動念。聽其轉於溝壑，而又加之以重賦，苦之以差徭，桀紂之亡，失民心也。民心既失，天下國家，淪胥以亡，甚可畏也。從欲以治，聖主良臣之大經大法，總在於阜財足食。平均天下，則國家安。拂人之性，暴君汙吏之小巧小識，總貪於掊克聚斂。剥削閭閻，則國家危。安危之機，繫於君心，正則得民心，偏則失民心。同其好惡，安其生計，不必以智術權勢，控制籠絡。久道化成，情孚義洽，得心之效大哉。民心之向背，興亡繫焉。有天下國家者，尚慎旃哉！

直講官廉善黄鉞，進講《書經》惟學遜志務時敏。講畢。上宣御論曰：人君立極治民，學于古訓，乃有獲也。二典三謨，鉅細畢賅，在所取法耳。身居九重之上，惟恐志滿氣盈，不能虚衷從善，誠大患也。宵旰潛心勉力，終始無間，以所行之政事。證諸先王法言，合於道者從之，倘於理者改之，爲學之實功著矣。驕泰之性，造次不可存。講益之志，無時而不敏。坦懷納諫，舍己從人，典謨之義理。靡有津涯學問之工夫，惟虞間斷處晦而觀明，不敢有一毫自足之心。集虛以受益，不肯萌片時自止之念。漸覺義理有得於心，可爲建極立政之本，爲學之大用見矣。帝王之學，貫串古今。涵育萬類，修齊治平之要，危微精一之傳。誠能篤信而深念之，身體而力行之。自學以明德，成己之功也。教學以新民，成物之效也。實體於寸心，推廣於萬事，内聖外王之道備矣。夫學殖也，一念惓惓，慎終如始。日就月將，勤求不怠，自臻於緝熙光明之境。粤稽古先聖王，莫不篤信好學，尊聞念典，故能化隆俗美，治道光昭。前代昏蒙失德之主，皆由於不學無術，自以爲是，至於不可救藥，廢學之貽害也。有民人社稷之任者，豈可不遜志時敏，孜孜勤學乎。禮成。

（清）嵇璜等《續通典》卷一《食貨·田制上》 晉高祖天福二年，以杜篋策言，荒田一任百姓開種，三年檢照所開種頃畝多少，量納一半租税。勅曰：闢彼汙萊，期于富庶，方當開創，正切施行。往日雖曾指揮，漸恐廢墮，當在申于勸誘，期共樂于豐穰。宜令逐處長吏，遍下管内，應是荒田有主者，一任本主開耕，無主者一任百姓請射佃蒔，三年内並不在收税之限。三年六月金部郎中張鑄奏：臣聞國家以務農是本，勸課爲先，用廣田疇，乃資倉廩。竊見所在鄉村，浮居人戶，方思懇闢，正切耕耘，種木未滿於十年，樹穀未臻於三頃，似成産業，微有生涯，便被縣司繫名，定作鄉村色役。懼其重斂，畏以嚴刑，遂捨所居，却思他適。親茲阻隔，何以舒蘇？既垂撫卹之門，徒有招携之令。伏乞皇帝陛下，明示州府，特降條流，應所在無主空閒荒地，一任百姓開耕。候及五頃以上，三年外即許縣司量戶科徭。如未及五頃以上者，不在騷擾之限。則致荒榛漸少，賦税增多，非唯下益蒸黎，寔亦上資邦國。從之。

又： 仁宗天聖初，詔民流積十年者，其田聽人耕三年而後收賦減舊額之半。後又詔流民能自復者，賦亦如之。既而又與流民期百司復業蠲賦役五年，減舊賦十之八，期盡不至，聽他人得耕。

（清）嵇璜等《續通典》卷二《食貨·田制中》 寧宗開禧元年，夔路轉運判官范蓀言：本路施黔等州荒遠，綿亘山谷，地曠人稀，其占田多者，須人耕墾，富豪之家誘客戶舉室遷去。乞將皇祐官莊客戶逃移之法校定。凡爲客戶者許役其身，毋及其家屬；凡典賣田宅聽其離業，毋就租以充客戶；凡貸錢止憑文約交還，毋抑勒以爲地客；凡客戶身故其妻改嫁者，聽其自便，女聽其自嫁。庶使深山窮谷之民，得安生。

又： 六年殿中侍御史謝方叔言：豪強兼并之患，至今而極，非限民名田有所不可，是亦救世道之微權也。今百姓膏腴皆歸貴勢之家，租米有及百萬石者；小民百畝之田，頻年差充保役，則獻其産於巨室，以規免役。小民田日減，而保役不休，大官田日增，而保役不及。可不嚴立經制以爲之防乎？去年，諫官嘗以限田爲税，朝廷付之悠悠。不知國用邊餉，皆仰和糴。然權勢多田之家，和糴不容以加之，保役不容以及之。乞諭臣僚論奏，使經制以定，兼并以塞。從之。景定四年，賈似道以國計困於造楮，富民困於和糴，思有以變法而未得其説。知臨安府劉良貴、浙西轉運使吴勢獻買公田之策。似道乃命殿中侍御史陳堯道、曹孝慶上疏，請將官戶田産逾限之數，抽三分之一以充公田。帝從之。詔買公田，置買官田。所以劉良貴提領臨安府通判，陳訔爲檢閲副之。良貴請下都省，嚴立賞罰，究歸併之弊。帝曰：求免和糴，無如買逾限之田爲良法。然東作方興，權俟秋成續議施行，當始於浙西諸路，視之爲則。似道乃上疏條陳其制。帝悉從之。由是浙西六郡買田三百五十餘萬畝，每鄉置官以一所，民爲官耕者曰官佃，爲官督者曰莊官。以官富饒者充應，兩歲一更，每租一石，明減二斗不許多收。既而言者歷言其弊甚至民本無田，而以歸併，抑買自經分，置官催租騷擾。至度宗咸淳四年始罷莊官，而令諸郡公租以三千石爲一莊，聽民於分司承佃，不許盜易，至德祐始盡除之，而宋祚訖矣。

又： 度宗咸淳元年，監察御史趙順孫言：經界將以便民，雖窮閻下戶之所深願，而未必豪家大姓之所甚樂。今之所謂推排，非昔之所謂自實。推排者委之鄉都，則徑捷而易行；自實者責之於人戶，則散漫而難集。嘉定以來之經界，時至近也。官有正籍，鄉都有副籍。爲鄉都者不過按成牘而更業主之姓名。若夫紹興之經界，其時既遠，而籍之存者寡矣。因其鱗差櫛比而求焉，由一而至百，至千，至萬，稽其畝步，訂其主佃，亦莫如鄉都之便。朱熹所以主經界而闢自實者，正謂此也。州縣能守朝廷鄉都任責之令，又隨諸州之便宜而爲之區處。當必人情悉孚，不令而行矣。從之三年，司農卿季鏞言：經界之法必多差官吏，悉集都保，徧走阡陌，盡量步畝，審定等色，紐折計等，奸弊轉生。若推排之法不過以縣統都以都統，保選任才富公平者，定田畝稅色，載之圖册。凡民有定產，產有定稅，稅有定籍。吴門、紹興及湖南一路俱已告成，竊惟東南諸郡皆奉行惟謹，其或田畝未實，則令鄉局釐正之圖册，未備則令縣局程督之，監司、郡守遞相稽察，如周官日成月要，以綜核之。於是詔諸路施行。史臣論曰：南渡後，水田之利富於中原。故水利大興，而諸籍没田募民耕者，皆仍私租舊額，每失之重。輸納之際，公私事例逈殊，私租額重而納輕承佃猶可，公租額重而納重則佃不堪命。州縣胥吏與倉庫百執事之人皆得爲侵漁之道於耕者也。季世金人乍和乍戰，戰則軍需浩繁，和則歲幣重大，國用常苦不繼。於是因民苦官租之重，命有司括賣官田以給用，其初弛其力役以誘之，其終不免於抑配，此官田之弊也。嘉定以後，又有所謂安邊所田，乃籍没權倖而園田湖田之在官者皆隸焉。收其租以助歲幣。至其將亡，又限民名田，買其限外所有謂之公田。初議欲省和糴以紓民力，而其弊極多，其租尤重，宋亡遺患猶不息也。

（清）嵇璜等《續通典》卷三《食貨・田制下》　請敕下：凡皇莊及各皇親莊田處分既訖，一併出榜，頒示天下。其有違例投獻，奪至百頃以上者，處以極刑。則法重而民不敢犯，恩溥而民得安生矣。

（清）嵇璜等《續通典》卷四《食貨・水利田》　水，縣不能辨，州爲遺官。事關數州，具奏取旨。民修水利，許貸常平錢穀給用。

又：三年，臨海民言，胡巉諸閘潴水灌田，近年閘壞，而金鼇、大浦湖、洓舉嶼等河遂皆壅阻，乞爲開築。帝曰：水利急務，使民自訴於朝，此守令不得人爾。命工部即敕郡縣，秋收起工。仍詔天下，凡水利宜興者，有司即舉行。毋緩。

（清）嵇璜等《續通典》卷一五《食貨・榷茶》　唐德宗建中元年，納户部侍郎趙贊議，稅天下茶、漆、竹、木，十取一以爲常平本錢。時軍用廣，常賦不足，所稅亦隨盡，亦莫能充本儲。詔罷之。貞元九年，復稅茶。先是，諸道鹽鐵使張滂奏：去歲水災，詔令減稅，今之國用，須有供儲。伏請於出茶州縣，及茶山外商人，要路委所由定三等，時估每十稅一，充所放兩稅。其明年以後，所得稅錢外貯。若諸州遭水旱，賦稅不辦，以此代之。詔可。仍委張滂具處置條目。每歲得錢四十萬貫。茶之定稅自此始。

（清）嵇璜等《續通典》卷一六《食貨・平準均輸》　唐德宗時，趙贊請置常平官，兼儲布帛於兩都、江陵、成都、揚、汴、蘇、洪置常平輕重本錢，積米、粟、布、帛、絲、麻。貴則下價而出之，賤則加估而收之，并榷商賈錢以贍常平本錢。帝從之。

（清）嵇璜等《續通典》卷一六《食貨・平糴常平義倉》　宋太祖乾德元年，詔曰：多事之後，義倉廢寢，偶或小歉，失于預備。宜令諸州于所屬縣，各置義倉。自今官所收二稅石，别稅一斗貯之，遇歉則給與民。

又：英宗正統四年，大學士楊士奇上言，堯湯之世，不免水旱。堯湯之民，不聞困瘠者，有備故也。太祖篤意養民，備荒有制，天下郡縣悉出官鈔、糴穀貯倉以時散斂。歷久弊滋，豪猾侵漁，穀盡倉毁，風憲官不行舉正，守令漫不究心。事雖若緩，所繫甚切，請擇遣京官廉幹者往督有司。凡豐稔州縣，各出庫銀平糴儲以備荒，具實奏聞。郡縣官以此舉廢爲殿最，風憲巡歷，各務稽考，有欺蔽怠廢者，具奏罰之。庶幾官有備荒之積民無旱澇之虞。仁政所施，無切于此。詔户部急行之，乃制侵盗之罰，納穀一千五百石者，敕獎爲義民，免其徭役。

又：至元六年，更立其法其制，社置一倉，以社長主之。豐稔則納粟，荒歉則就給，遇水災饑歉皆發義倉賑之。其和糴和糶之法則中統二年置和糴於開平，以户部郎中宋紹祖爲提舉和糴官，以後屢行其法於各路府。按：和糴之名有二，曰市糴糧，曰鹽折草，率皆增其直而市於民，于是兵不乏食，馬不乏芻，而民亦不困，其爲法蓋亦善矣。第行之既久，官吏之需求百出，價值之高下懸殊，名雖和而實強也。市糴糧之法，每年酌量行之，其鹽折草之法，成宗大德八年，定其則例。每年以河間鹽令有司於五月預給京師郡縣之民。至秋成，各驗鹽數輸草以給京師秣馬之用。每鹽二斤，折草一束，重一十斤，歲用草八百萬束，折鹽四萬引云。

《皇朝通志》卷八八《食貨略八・平糴》　十八年令各地方官修常平倉，每歲秋稔，勸諭官紳士民捐輸米穀，照例議敘，鄉村立社倉，市鎮立義倉，公舉本地善良之人，出陳易新。春貸秋還，每石取息一斗，每歲杪州縣核數，申詳上司，上司報部儲穀多者，管倉人給與頂帶。官吏掊克者，照侵欺錢糧例處分，強派抑勒擾民者罪。

（清）陸曾禹《康濟録》卷一《前代救援之典》 景帝後元二年夏四月，詔曰：雕文刻鏤，傷農事者也。錦繡纂組，害女工者也。農事傷則饑之本，女工害則寒之原也。夫饑寒並至而能亡爲非者寡矣。今歲或不登，民食頗寡，其咎安在。或詐僞爲吏，吏以貨賂爲市，漁奪百姓，侵牟萬民。其令二千石各修其職，不事官職耗亂者，丞相以聞請其罪。謹案：此詔專重農桑，委其責于太守，政治之方莫若此矣。況又令丞相不時奏聞，此大法小廉，民安物阜，周之成康，漢之文景，皆以賢君稱也。

藝文

（宋）王安石《臨川先生文集》卷一二《古詩・收鹽》 州家飛符來比櫛，海中收鹽今復密。窮囚破屋正嗟欷，吏兵操舟去復出。海中諸島古不毛，島夷爲生今獨勞。不煎海水餓死耳，誰肯坐守無亡逃。爾來賊盜往往有，劫殺賈客沈其艘。一民之生重天下，君子忍與爭秋毫。

雜録

《尚書正義・虞書・大禹謨》 禹曰：於！帝念哉！德惟善政，政在養民。歎而言念，重其言。爲政以德，則民懷之。水火金木土穀惟修，言養民之本在先修六府。正德、利用、厚生惟和，正德以率下，利用以阜財，厚生以養民，三者和，所謂善政。九功惟敘，九敘惟歌。言六府三事之功有次敘，皆可歌樂，乃德政之致。樂音洛。戒之用休，董之用威，勸之以九歌，俾勿壞。休，美。董，督也。言善政之道，美以戒之，威以督之，歌以勸之。使政勿壞，在此三者而已。俾，必爾反。壞，乎怪反。帝曰：俞！地平天成，六府三事允治，萬世永賴，時乃功。水土治曰平，五行敘曰成。因禹陳九功而歎美之，言是汝之功，明衆臣不及。疏：禹曰至乃功。正義曰：禹因益言，又獻謀於帝曰：嗚呼！帝當念之哉！言：所謂德者惟是善於政也。政之所爲，在於養民。養民者，使水火金木土穀此六事惟當修治之。正身之德，利民之用，厚民之生，此三事惟當諧和之。修和六府三事，九者皆就有功，九功惟使皆有次敘，九事次敘惟使皆可歌樂，此乃德之所致。是德能爲善政之道，終當不得怠惰。但人雖爲善，或寡令終，故當戒勑之念用美道，使民慕美道行善。又督察之用威罰。言其不善當獲罪。勸勉之以九歌之辭。但人君善政，先致九歌成辭自勸勉也。用此事，使此善政勿有敗壞之時。勸帝使長爲善也。帝荅禹曰：汝之所言爲然。汝治水土，使地平天成，六府三事信皆治理，萬代長所恃賴，是汝之功也。歸功于禹，明衆臣不及。傳歎而至懷之。正義曰：於，歎辭。歎而言念，自重其言，欲使帝念之。此史以類相從，共爲篇耳。非是一時之事，不使念益言也。禹謀以九功爲重，知重其言者，九功之言也。傳言養至六府。正義曰：下文帝言六府即此經六物也。六者民之所資，民非此不生，故言養民之本在先修六府也。府者藏財之處，六者貨財所聚，故稱六府。襄二十七年《左傳》云：天生五材，民竝用之。即是水火金木土，民用此自資也。彼惟五材，此兼以穀爲六府者，穀之於民尤急，穀是土之所生，故於土下言之也。此言五行，與《洪範》之次不同者，《洪範》以生數爲次，此以相刻爲次，便文耳。六府是民之急，先有六府乃可施教，故先言六府，後言三事也。傳正德至善政。正義曰：正德者，自正其德，居上位者正己以治民，故所以率下人。利用者，謂在上節儉，不爲縻費，以利而用，使財物殷阜，利民之用，爲民興利除害，使不匱乏，故所以阜財。阜財謂財豐大也。厚生謂薄征徭，輕賦税，不奪農時，令民生計温厚，衣食豐足，故所以養民也。三者和謂德行正、財用利、生資厚。立君所以養民，人君若能如此，則爲君之道備矣。故謂善政，結上德惟善政之言。此三者之次，人君自正乃能正下，故以正德爲先，利用然後厚生，故後言厚生。厚生謂財用足，禮讓行也。傳言六至之致。正義曰：上六下三，即是六府三事，此揔云九功，知六府三事之功爲九功。惟敘者，即上惟修、惟和爲次序。事皆有敘，民必歌樂君德，故九敘皆可歌樂，乃人君德政之致也。言下民必有歌樂，乃爲善政之驗，所謂和樂興而頌聲作也。傳休美至而已。正義曰：休，美，《釋詁》文。又云：董，督，正也。是董爲督也。此戒之、董之、勸之皆謂人君自戒勸，欲使善政勿壞，在此三事而已。文七年《左傳》云，晉郤缺言於趙宣子，引此一經，乃言：九功之德皆可歌也，謂之九歌。若吾子之德莫可歌也，其誰來之？盍使睦者歌吾子乎？言九功之德皆可歌者，若水能灌溉，火能烹飪，金能斷割，木能興作，土能生殖，穀能養育，古之歌詠各述其功，猶如漢魏已來樂府之歌事，歌其功用，是舊有成辭。人君修治六府以自勸勉，使民歌詠之，三事亦然。傳水土至不及。正義曰：《釋詁》云：平，成也。是平、成義同，天、地文異而分之耳。天之不成，由地之不平，故先言地平，本之於地以及天也。禹平水土，故水土治曰平。五行之神，佐天治物，繫之於天，故五行敘曰成。《洪範》云鯀陻洪水，汨陳其五行，彝倫攸斁，禹治洪水，彝倫攸敘，是禹命五行敘也。帝因禹陳九功而歎美之，指言是汝之功，明衆臣不及。

（宋）陳祥道《禮書》卷二五《都鄙之制》　以九兩繫邦國之民。二曰長，以貴得民。六曰主，以利得民。鄭司農曰：主謂公卿、大夫，世世食采，不絶民税。薄利之玄謂利，如上思利民之利，謂以政教利之。

（宋）陳祥道《禮書》卷二六《同》　廬舍在内，貴人也；公田次之，重公也；私田在外，賤私也。民年二十受田，六十歸田而任之也。有期強者有所加予，罷者有所罰辱。而勸之也有法，此民所以樂事勸功，而無憾於養生送死也。先生之時，上以仁撫下，下以義事上。以仁撫下，故先民而後公，則駿發爾私是也；以義事工，故先公而後己，則雨我公田遂及我私是也。又私田稼不善，則非吏；公田稼不善，則非民。庸有鄉遂公邑之吏促民以公，使不恤其私者乎？

（宋）陳祥道《禮書》卷二七《賞田》　古者任地之法，常以養民爲重。故臺榭不奪穡地，而牧馬必在坰野，則賞地三之一，食其税二十而三。鄭司農謂不以美田爲采邑。

《春秋公羊經傳解詁》卷一二《哀公十二年》　十有二年春用田賦，何以書？據當賦税爲何書。爲何，于僞反，下爲同。宗同譏何？譏爾。譏始用田賦也。田，謂一井之田。賦者，斂取其財物也。言用田賦者，若今漢家斂民錢以田爲率矣。不言井者，城郭里巷亦有井，嫌悉賦之禮。税民，公田不過什一，軍賦十井不過一乘。哀公外慕彊吳，空盡國儲，故復用田賦過什一。爲率，音律，又音類。乘，繩證反。復，扶又反。

《國語》卷四《魯語上》　文仲曰：賢者急病而讓夷，居官者當事不避難，在位者恤民之患，是以國家無違。今我不如齊，非急病也。在上不恤下，居官而惰，非事君也。

（宋）朱熹《資治通鑑綱目》卷八上　莽禁不得買賣田及奴婢。莽曰：古者一夫百畝，什一而税，秦壞聖制，廢井田。彊者規田以千數，弱者曾無立錐之居。又置奴婢之市，與牛馬同闌，制於民臣，顓斷其命，繆於天地之性人爲貴之義。漢氏減輕田租，三十税一，常有更賦罷癃，咸出豪民侵陵，分田刼假，實什税五也。故富者驕而爲邪，貧者窮而爲姦，俱陷於辜，刑用不錯。今更名天下田曰王田，奴婢曰私屬，皆不得買賣。其男口不盈八而田過一井者，分餘田予九族鄉里鄉黨，故無田今當受田者如制度。敢有非井田聖制、無法惑衆者，投諸四裔以禦魑魅，如皇始祖考虞帝故事。胡氏曰：井田，良法致治平之夲也。古之帝王以天下爲公，視民饑寒如在己，故均地利以子民，而不專其奉。加以公卿諸侯選賢舉德，共行此道，待以悠久，故法立而獘不生，維持千有餘年。及秦廢之，漢不能復至，董仲舒始欲以限田漸復古制。其意甚美，然終不能行者，以人主自爲兼并，無以使民興於廉也，又況莽賊而能行乎？然井田實萬世之良法，而買賣奴婢之禁亦仁政所當先，不可以莽所嘗爲而指以爲非也。集覽與牛馬同闌，莽夲傳闌作蘭。顔師古曰：蘭，遮蘭也，即牛馬蘭圈。分田刼假，《食貨志》注分田謂貧者無田取富者田耕，共分所收。假者，貧人賃富人田。刼者，富人刼奪其税，侵欺之也。刑用不錯。錯，置也。古者民不犯法，刑錯而不用，今則刑用而不錯。四裔。賈逵曰：四裔之地，去王城四千里。裔，衣裾也。徐廣曰：裾，衣邊也，故謂之四裔。井田良法。《穀梁傳·宣十五年》：古者三百步爲里，名曰井田。井田者，九百畝，公田居一。范甯注出除公田八十畝，餘八百二十畝。故井田之法，八家共一井八百畝，餘二十畝家居，二畝半爲廬舍。楊士勛疏云：何休又云古者井田之法，一夫一婦受田百畝，身與父、母、妻、子五口以爲一戸。公田十畝，又廬舍二畝半，凡爲田一頃一十二畝半也。八家而有九頃，故曰井田。若五口之外，名曰餘夫。餘夫率受田二十五畝半。記異聞耳，於范氏注亦無所取。

《宋書》卷八五《謝莊傳》　又政平訟理，莫先親民，親民之要，實歸守宰，故黄霸治潁川累稔，杜畿居河東歷載，或就加恩秩，或入崇輝寵。今莅民之職，自非公私必應代换者，宜遵六年之制，進獲章明庸墮，退得民不勤擾。如此則下無浮謬之愆，上靡棄能之累，考績之風載泰，槱薪之歌克昌。

《魏書》卷四四《薛野者傳》　又上疏曰：臣聞先王建不易之軌，萬代承之；聖主垂不刊之制，千載共仰。伏惟陛下道洽羣生，恩齊造化，仁德所覃，迹超前哲。遠崇古典，留意治方，革前王之弊法，申當今之宜用。定貢賦之輕重，均品秩之厚薄，庶令百辟足以代耕，編戸享其餘畜。巍乎焕焉，不可量也。臣竊尋居邊之民，蒙化日淺，戎馬之所，資計素微。小戸者一丁而已，計其徵調之費，終歲乃有七縑。去年徵責不備，或有貨易田宅，質妻賣子，呻吟道路，不可忍聞。今淮南之人，思慕聖化，延頸企足，十室而九。恐聞賦重，更懷進退。非惟損皇風之盛，慮傷慕義之心。且臣所居，與南連接，民情去就，實所諳知。特宜寬省，以招未至。其小郡太守，數戸而已。一請止六尺絹，歲不滿匹。既委邊捍，取其必死，邀之士重，何吝君輕。今班制已行，布之天下，不宜忤冒，以亂朝章。但猥藉恩私，備位蕃岳，憂責之地，敢不盡言。書奏，文明太皇太后令曰：俸制已行，不可以小有不平，便虧通式。

（宋）王溥《唐會要》卷八八《鹽鐵》　貞觀二年四月三日，尚書左丞戴胄上言曰：水旱凶災，前聖之所不免，國無九年儲蓄，禮經之所明誡。今喪亂之後，戶口凋殘，每歲納租，未實倉廩，隨時出給，纔供常年，若有凶災，將何賑恤。故隋開皇立制，天下之人，節級輸粟，多爲社倉，終於文皇，一代得無飢饉。及大業中年，國用不足，並貸社倉之物，以充官費，故至末塗，無以支給。今請自王公已下，爰及衆庶，計所墾田，稼穡頃畝，每至秋熟，準其見苗，以理勸課，盡令出粟，麥稻之鄉，亦同此稅，各納所在，立爲義倉。若年穀不登，百姓飢饉，當所州縣，隨便取給，則有無均平，常免匱竭。上曰：既爲百姓先作儲貯，官爲舉掌，以備凶年，非朕所須，橫生賦斂，利人之事，深是可嘉。宜下有司，議立條制。戶部尚書韓仲良奏：王公已下，墾田畝納二升，其粟麥粳稻之屬，各依土地，貯之州縣，以備凶年。制可之。今窖苦宜以葛蔓爲之。

《宋史》卷一七四《食貨志上二》　宋克平諸國，每以恤民爲先務，累朝相承，凡無名苛細之斂，常加剗革，尺縑斗粟，未聞有所增益。一遇水旱徭役，則蠲除倚格，殆無虛歲，倚格者後或凶歉，亦輒蠲之。而又田制不立，甽畝轉易，丁口隱漏，兼并冒僞，未嘗考按，故賦入之利視前代爲薄。丁謂嘗言：二十而稅一者有之，三十而稅一者有之。仁宗嗣位，首寬畿縣田賦，詔三等以下戶毋遠輸。河中府、同華州請免支移，帝以問輔臣，對曰：西鄙宿兵，非移用民賦則軍食不足。特詔量減支移。

又：紹聖中，嘗詔郡縣貨物用足錢，省陌不等，折變宜用中等。俄以所在時估實值多寡不齊，難概立法，命仍舊焉。言者謂：欲民不流，不若多積穀，欲多積穀，不若推行折納糶糴之法。今常平雖有折納之法，止用中價，故民不樂輸。若依和糴以實價折之，則無損於民。

《宋史》卷一七六《食貨志上四》　其後賈黯又言：今天下無事，年穀豐熟，民人安樂，父子相保。一遇水旱，則流離死亡，捐棄道路，發倉廩振之則粮不給，課粟富人則力不贍，轉輸千里則不及事，移民就粟則遠近交困。朝廷之臣，郡縣之吏，倉卒不知所出，則民饑而死者過半矣。願放隋制立民社義倉，詔天下州軍遇年穀豐登，立法勸課蓄積，以備凶災。此所謂樂歲粒米狼戾，多取之而不爲虐者也，況取之以爲民耶？

《宋史》卷一七六《食貨志上四》　熙寧二年，制置三司條例司言：諸路常平、廣惠倉錢穀，略計貫石可及千五百萬以上，斂散未得其宜，故爲利未博。今欲以見在斛斗，遇貴量減市價糶，遇賤量增市價糴，可通融轉運司苗稅及錢斛就便轉易者，亦許兌換。仍以見錢，依陝西青苗錢例，願預借者給之。隨稅輸納斛斗，半爲夏料，半爲秋料，內有請本色或納時價貴願納錢者，皆從其便。如遇災傷，許展至次料豐熟日納。非惟足以待凶荒之患，民既受貸，則兼并之家不得乘新陳不接以邀倍息。又常平、廣惠之物，收藏積滯，必待年儉物貴然後出糶，所及者不過城市游手之人。今通一路有無，貴發賤斂，以廣蓄積，平物價，使農人有以赴時趨事，而兼并不得乘其急。凡此皆以爲民，而公家無所利其入，是亦先王散惠興利、以爲耕斂補助之意也。欲量諸路錢穀多寡，分遣官提舉，每州選通判幕職官一員，典幹轉移出納，仍先自河北、京東、淮南三路施行，俟有緒推之諸路。其廣惠倉除量留給老疾貧窮人外，餘並用常平倉轉移法。詔可。

《宋史》卷一七九《食貨志下一》　至和中，諫官范鎮上疏曰：陛下每遇水旱之災，必露立仰天，痛自刻責，而吏不稱職，陛下憂勤于上，人民愁嘆于下。今歲無麥，朝廷爲放稅免役及發倉廩拯貸，存恤之恩不爲不至。然人民流離，父母妻子不相保者，平居無事時，不少寬其力役，輕其租賦；歲大熟，民不得終歲之飽；及有小歉，雖加重放，已不及事。此無他，重斂之政在前也。國家自陝西用兵以來，賦役煩重。及近年，轉運使復於常賦外進羨錢以助南郊，其餘無名斂率不可勝計。

又言：古者冢宰制國用，今中書主民，樞密主兵，三司主財，各不相知。故財已匱而樞密院益兵不已，民已困而三司取財不已。中書視民之困，而不知使樞密減兵、三司寬財者，制國用之職不在中書也。願使中書、樞密通知兵民財利大計，與三司量其出入，制爲國用，則天下民力庶幾少寬。

（宋）李燾《續資治通鑑長編》卷一四一《宋仁宗慶曆三年》　甲辰，詔曰：議者多言天下茶、鹽、礬、鐵、銅、銀坑冶之有遺利，朕懼開掊刻之政，常抑而不宣。然尚慮有過取而傷民者，轉運司其諭所部官吏條上利害以聞。初議欲弛茶鹽之禁及減商稅，既而范仲淹以爲：茶鹽、商稅之入，但分減商賈之利爾，於商賈未甚有害也。今國用未省，歲入不可闕，既不取之於山澤及商賈，必取之於農。與其害農，孰若取之商賈。今爲計莫若先省國用，國用有餘，當先寬賦役，然後及商賈，弛禁非所當先也。其議遂寢。范仲淹不欲先弛茶鹽之禁及減商税，此據沈括筆談，今附見令官吏條上利害後。此雖有條上利害之詔，訖無所更張，或因仲淹言，故寢也。

（宋）李燾《續資治通鑑長編》卷一七五《宋仁宗皇祐五年》左司諫賈黯建言：天下無事，年穀豐熟，則民人安樂，父子相保。一遇水旱，則流離死亡，捐棄道路。發倉廩以賑之則糴不給，課粟富人則力不贍，轉輸千里則不及事，移民就穀則遠近交困。朝廷之臣，郡縣之吏，倉卒不知所出，則民饑而死者已過半矣。夫水旱之災，雖堯、湯有所不免，今不思所以備災之術，而歲幸年穀之熟，則是求出於堯、湯之所不可必者也。臣嘗讀隋史，見所謂立民社義倉者，取之以時而藏之於民，下足以備凶災，而上實無所利焉。願倣隋制，詔天下州軍，遇年穀豐熟，立法勸課畜積以備災。此孟子所謂樂歲粒米狼戾，多取之而不爲虐者也，況取之以爲民耶！下其説司農寺，且命李兑與黯合議以聞。乃下諸路度可否，而以爲可行者纔四路，餘或謂賦税之外兩重供輸，或謂恐招盗賊，或謂已有常平足以贍給，或謂置倉煩擾。

於是黯復上奏曰：臣嘗判尚書刑部，見天下歲斷死刑多至四千餘人，其間盗賊率十七八。原其所自，蓋愚民既迫於饑寒，又因之水旱，枉陷重辟。故臣請立民社義倉，以備凶歲。今諸路所陳，類皆妄議。若謂賦税之外兩重供輸，則義倉之意，乃教民儲積以備水旱，官爲立法，非以自利，行之既久，民必樂輸。若謂恐招盗賊，則盗賊利在輕貨，不在粟麥，今鄉村富室有貯粟數萬石者，亦不聞有劫掠之虞。且盗賊之起，本由貧困。臣建此議，欲使民有貯積，雖遇水旱，不憂乏絶，則人人自愛而重犯法，此正銷除盗賊之原也。若謂已有常平足以贍給，則常平之設，蓋以準平穀價，使無甚貴甚賤之傷。或遇凶饑，發以賑救，則既已失其本意，而常平之費，又出公帑，方今國用頗乏，所畜不厚。近歲非無常平，而小有水旱，輒流離餓莩，起爲盗賊，則是常平果不足仰以賑給也。若謂置倉廩，斂材木，恐爲煩擾，則臣聞以佚道使民，雖勞不怨。義倉之設，本爲百姓，曉諭誠至，約束誠謹，則下民雖愚，宜無所憚。況今州縣修治郵傳驛舍，皆斂於民，豈於義倉，獨畏煩擾？人情可與樂成，不可與謀始，如臣言可采，願自朝廷斷而行之。然當時牽於衆論，終不果行。

（宋）李燾《續資治通鑑長編》卷二一六《宋神宗熙寧三年》敕賜同學究出身徐布言：常平、義倉所畜，大約不過一千三百餘萬，則不及唐五分之一。陛下仁民愛物，遂遣使者分詣天下，行春秋補助之法。而迂儒陋士，難與慮始。臣愚，願得權輕重爲散斂之法，以便貧民，而抑兼并。願賜清閒之燕，得縷陳于前。上批：可召赴中書，子細質問。是日，中書進呈，寢之。此據御集。所以寢之，當考。

（宋）李燾《續資治通鑑長編》卷二二三《宋神宗熙寧四年》同勾當開封府司録司檢校庫吴安持言：本庫檢校孤幼財物，月給錢、歲給衣，逮及長成或至罄竭，不足以推廣朝廷愛民之本意。乞以見寄金銀、見錢，依常平倉法貸人，令入抵當出息，以給孤幼。詔千緡以下如所奏施行。安持已見三年七月。

（宋）李燾《續資治通鑑長編》卷二五六《宋神宗熙寧七年》上以諸路旱災，常平司未能賑濟，諭輔臣曰：天下常平倉，若以一半散錢取息，一半減價給糶，使二者如權衡相依，不得偏重，如此民必受賜。今有司務行新法，惟欲散錢，至於常平舊規，無人督責者。大凡前世法度有可行者，宜謹守之，今不問利害如何，一一變更，豈近理耶？

（宋）李燾《續資治通鑑長編》卷三八〇《宋哲宗元祐元年》右正言王覿言：

臣聞糴甚貴傷民，甚賤傷農，古今之通患也。故李悝、耿壽昌爲平糴常平之法，以救其弊，不惟當時人以爲便，而後世有賴焉。神宗臨御之初，柄臣建議廢常平舊法，以散青苗錢。縉紳之公論，莫不以爲非，而主議者持之甚堅。先帝聖明，心知其故，初雖重違之，而至於數年之後，乃奮然獨斷，令常平錢斛存留一半，遇斛斗價貴，減市價出糶，收成時，添市價收糴，此有以見先帝知常平舊法之不可廢也。然青苗錢未遂全罷者，以主議之大臣猶在，附會者膠固其説，未可以遽破而已。

今二聖臨御，善政無不行，弊事無不革，宜有以成先帝之志矣。今年閏二月九日敕，應係提舉官錢穀，委提點刑獄主管，依舊常平倉法。命下之日，四方歎頌，以陛下聖德隆厚，前古之良法，先帝之素志，信可以行之於今日矣。曾未數月，遽復更易，而所謂青苗錢者，方且著爲新令，以重其事。物論深以爲駭，而莫知其故。臣竊料議者，不過曰青苗既不立額，而取人情願，坐而得息，有利而無害云爾。果如此議，臣且言其不然也。夫取便出息，貧下無知之人所甚欲也，初無故而得錢，孰非情願？迨乎收斂之際，即須追呼督促，脅以鞭笞，威以枷錮，而後本息可得也。且又將新蓋舊，積累太多，則以逃亡自捐之，虐及妻孥，累及司保者，相望於道路矣。當太平無事之時，而使其民無辜陷溺，有至於此，可不爲之痛惜哉！然則青苗之所爲利者，果在於利民邪？非民之所利，則其説既見於前矣。如曰利國，則自古以來，利不及民而國能獨利者，未之有也。必民利而後國利焉，此惟常平舊法有之，而非青苗錢之所能致也。夫糴甚貴傷人，甚賤傷農，人傷則離散，農傷則國貧，乃必然之理也。人果傷而離散矣，區區青苗之錢，能使之不離散乎？農果傷而國貧矣，瑣瑣二分之息，能使之不貧乎？故不若穀賤不至於傷農，而民敦本，民敦本則田野闢，而賦税增也。穀貴不至於傷人則民樂業，民樂業則百貨出，而無求不得也。夫如是，則下何假於借貸之物，而上何慕於二分之息？故曰：民利而後國利，惟常平舊法有之，而非青苗錢之所能致也。臣竊惟先帝存留常平一半錢斛，以行舊法，誠務在于平穀價矣，然今天下郡縣，猶不免樂歲粒米狼戾，價甚賤而不售，凶年穀價騰踴，民阻饑而死亡者，何邪？蓋郡縣之吏，妄意朝廷之法，惟急於爲利，故於青苗新令，則競務力行，於糶糴舊條，則僅同虛設。而又常平錢斛既分以爲青苗之本，則可充糶糴者，自已不多，是以穀價低昂而終未見其平也。臣伏望朝廷罷散青苗錢，依今年二月九日敕，行舊常平倉法，以成先帝之素志，無使郡縣之吏以利心期朝廷，而廢善法也。惟聖慈詳酌，蚤賜指揮施行。

貼黄稱：先帝用大臣之議，行青苗之法，偶以一二言事臣僚所論過差，嘗行降黜。及行法數年之後，左右前後之人，及諸路監司、守令等，豈復有議青苗法者哉！惟頌贊之言，則日聞於前矣。然先帝乃奮然不謀羣臣，令常平存留一半錢斛，以行糶糴舊法者，蓋深知青苗錢之爲弊，而察糶糴舊法之爲善也。若其後臣僚有能將順，乞盡罷青苗，行常平舊法，則先帝豈不聽從？以存留一半錢斛之意而觀之，可知也。惟聖慈詳察。

觀自注云：六月十八日。

（宋）李燾《續資治通鑑長編》卷三八四《宋哲宗元祐元年》 貼黄稱：臣今所謂，雖與前日置常平司名同而實異。常平平糴之法，古者所以利農桑，佐貧弱。蓋志在於卹下而利人，則爲良法；志在於斂財而害人，則爲惡政。今積錢至五千萬貫，而坐視農夫紅女賤易穀帛，而未免飢寒，殆非仁術也。

（清）徐乾學《資治通鑑後編》卷六二《宋紀六二》 詔：廣南經蠻寇所踐而民逃未復者，限一年復業，仍免兩料催科及蠲其徭役三年。從體量安撫周沆所奏也。先是民避賊，多棄田里遠去。吏以常法，滿半載不還者，聽他人占佃。沆曰：是豈可以凶年逃租役者同科？乃奏延期一年，已占佃仍奪還之，貧者官貸以種糧。初，帝詔沆：廣南地惡，非賊所至處，不必往。沆曰：遠民新罹荼毒，當布宣天子德澤。遂遍行州縣。

又： 己巳，邇英閣講《周禮》大荒大札則薄征緩刑。楊安國曰：所謂緩刑者，乃過誤之民耳，當歲歉則赦之，閔其窮也。今衆持兵仗，刼糧廩，一切寬之，恐不足以禁姦。帝曰：不然，天下皆吾赤子也。一遇饑饉，州縣不能存卹，餓殍所廹，遂致爲盜，又捕而殺之，不亦甚乎？

（清）徐乾學《資治通鑑後編》卷八一《宋紀八一》 帝與執政論免行錢利害，且曰：今日之法，但使百姓出錢輕於往日，即是良法。至如減定公使錢人猶以爲言者，此實除去衙前賠費深弊。且天下貢物所以奉一人者，朕已悉罷，羣臣亦當體朕此意，以愛惜百姓爲心。馮京曰：朝廷立法，本意出於愛民，然措置之間，或有未盡，但當開廣聰明，盡天下之議，使者行之，有不便者，不吝改作，則天下受賜矣。

（宋）李心傳《建炎以來朝野雜記乙集》卷三《上德三·孝宗與近臣論德仁功利》 乾道辛卯八月六日戊申，上召吏部侍郎王之奇能甫、太子詹事陳良翰邦彥、權禮部侍郎直學士院周必大子充同對選德殿，賜坐，從容訪以治道。久之，袖出御筆一通，首以魏徵答唐太宗德仁功利之問，繼書其後曰：朕即位以來，於今十年，功則未能有成。至於安養黎元，俾遂生業，政今日之急務，朕未嘗不以爲自治之良策。然后行優劣，亦苦不自知，卿各極陳其當否，凡有未至，悉情毋隱。若夫仁德，帝王之高致，朕不敢自居，方以魏徵之言爲龜鑑耳！能甫等退詣政事堂，以所被御筆示宰執。後八日丙辰，後殿奏事，上以問大臣，右相虞公并甫奏：此四者當兼修而並用，然德仁之責在己，功利之責在人，亦不可不察。於是邦彥退而奏疏曰：仁德者治之本也，功利者治之效也，大有爲之君務其本而效自至，未有無其本而有其效者也。陛下覽觀故事，親御神筆，深詔愚臣，以求今日所未至，此堯舜之心也，臣敢無辭以對。臣竊觀陛下欲承天意，而比年以來，水旱間作，數千里間，流殍萬計，是所以承天意者未至也。陛下欲結民心，而營造室屋，民不聊生，死亡凍餒者，不知其幾，是所以結民心者未至也。陛下欲任賢能，而張栻一言，遽從外補，正直之氣鬱而不伸，是所以任賢能者未至也。陛下欲退小人，而正志方逐，張松繼之，張松適罷，韓至又進，是所以退小人者未至也。至於欲擇將帥，而內外諸軍朘剝士卒，專事交結，不修軍政。欲卹軍情，而移戍江、淮，措置失當，使老幼狼狽失所。欲擇監司，而以祥刑之寄，付之武臣。欲吏久任，而或到官旬日，即行改易。凡此八者，一有未至，則於陛下深仁厚德，不爲無累。臣恐功利之效，未可易致也。願陛下無以仁德爲難，而忘爲治之本；無以功利爲易，而速爲治之效。欽崇奉若，以承天意；哀矜惻怛，以結民心。任君子必盡其才，去小人必絕其本。廣搜智略，以司閫外之權；作成武勇，以振三軍之氣。罷監司之非人，申久任之良法。自然仁德昭著，功利烜赫，將與唐虞比隆，而視太宗之事有不足爲矣。子充奏：今練兵以圖恢復，而用將之道未盡；擇人以守郡國，而責實之方未至。又指陳江池大將、二浙郡守數易之弊。後四日庚申，上復遣中使持三從官奏牘以示宰執。能甫所奏未見。虞雍公復奏：今日之務，莫急於論相，必擇之於未用之前，信之於既用之後，不使議論負荷者岐而爲二，則是非自定，利害自明，重輕相扼之勢不分，毀譽亂真之禍不作，德仁功利之用，次第而施行之，萬事將無不理矣。蓋邦彥所對，皆指陳時政之失，故虞公有是言。劉文孺時爲禮部尚書，上亦嘗以是爲問，而未聞有所規諫也。邦彥尋以足疾求去，其冬十二月，除雜學士、在外宮觀。明年春二月，能甫除簽書樞密院事云。

（清）徐乾學《資治通鑑後編》卷一五四《元紀二》 盧世榮既入中書，即日奉詔理鈔法之弊。自謂其生財有法，用其法當賦倍增而民不擾。詔下會議，人無敢言者。翰林學士董用文謂曰：此錢取於右丞家耶？將取之民耶？取於右丞之家則吾不知，若取於民則有說矣。牧羊者，歲常兩剪其毛，今牧人日剪以獻，主者固悅其得毛之多，然羊無以避寒熱即死。且盡毛又可得乎？民財有限，右丞將盡取之得無有日剪其毛之患乎？世榮不能對。議者出皆謝用文曰：君以一言折聚斂之臣而厚邦本，真仁人之言哉？

（元）張養浩《三事忠告》卷一《牧民忠告·御下·勸農》 農之勤惰，一歲之苦樂系焉，其所當爲，有不待勸焉者。時因行治，視其輟工廢業者切責之，遠近聞之，必知自勵也。常見世之勸農者，先期以告，鳩酒食，候郊原，將迎奔走，絡繹無寧，蓋數日騷然也。至則胥吏、童卒雜然而生威，賂遺征取，下及雞豚。名爲勸之，其實擾之；名爲優之，其實勞之。嗟夫！勸農之道無他也，勿奪其時而已矣。繁文末節，當爲略之。

（明）談遷《國榷》卷八《太祖洪武十七年》 丙辰，皮作局大使許士哲上言：治道之要，明賞罰以清官吏，問疾苦以安生民，均賦役以甦民力，嚴銓選以擇賢才，揀精卒以杜妄費，興武舉以羅英才，崇節義以厚風俗，明禮義以教萬民，立平準以利商賈，置常平以惠農民，用直臣以任糾彈，開言路以通民情。滅亡胡之餘燼以絕後禍，監前代之興亡以壽國脈。上嘉納之。

《皇明詔令》卷二《太祖高皇帝中·戒諭新舊有司詔洪武十三年九月初七日》 奉天承運皇帝詔曰：朕荷天地之祐，君主華夷十有三年矣，其立綱紀，所以安民也。曩奸臣弄權，恣行不法，內外百職，咸罔克忠。宜脩誠敬，以及人神，惟贓貪蠹政，遂致刑典。邇來有司，皆出編氓，宜知稼穡艱難，民生疾苦，是用授以職任，相與圖治，當竭誠報效，無蹈愚奸。其舊任未代者，若仍復前非，慢神虐民，務在貪財，肆意妄行，則國有常憲。於戲！政在養民，實先聖之寬典；竭忠司事，乃人臣之當爲。故茲詔諭，咸使聞知。

（清）王夫之《讀通鑑論》卷二《漢文帝》 文帝除盜鑄錢令，使民得自鑄，固自以爲利民也。夫能鑄者之非貧民，貧民之不能鑄，明矣。姦富者益以富，樸貧者益以貧，多其錢以斂布帛、菽粟、紵漆、魚鹽、果蔬，居贏以持貧民之緩急，而貧者何弗日以貧邪！耕而食，桑苧而衣，海池而魚鼈，圈牢而牛豕，伐木藝竹而材，貧者力以致之，而獲無幾；富者雖多其隸傭，而什取其六七焉。然以視鑄錢之利，相千萬而無算。即或貸力於貧民，而雇值之資亦僅耳，抑且仰求而後可分其波潤焉。是驅人聽豪右之役也。故先王以虞衡司山澤之産而節之，使不敢溢於敢盈，非吝天地之産，限人巧而使爲上私利也。利者，公之在下而制之在上，非制之於豪强而可云公也。推此義也，鹽之聽民自煑，茶之聽民自採，而上勿問焉，亦名美而實大爲荑稗於天下。

或曰：鹽可詭得者也。茶之利，猶夫耕之粟，而奚爲不可？曰：古之耕也以助，今之耕也以貢。助以百畝爲經，貢以戶口爲率。法圮於兼并，而仍存其故。茶之於民也，非賴以生如粟也。制於粟而不制於茶，即有斷山之勢，而亦均於逐末。故漆林之税，二十而五，先王不以爲苛。惡在一王之土，食地之力，可任狡民之舍稼穡以多所營，而不爲之裁制邪？抑末以勸耕，獎樸而禁姦，煑海種山之不可聽民自擅，而况錢之利，坐收逸獲，以長豪黠而奔走貧民，爲國姦蠹者乎！

又其甚者，金、銀、鉛、錫之礦，其利倍蓰於鑄錢，而爲争奪之釁端。乃或爲之説曰：聽民之自採以利民。弄兵戕殺而不爲禁，人亦何樂乎有君？

（清）琴川居士《皇清奏議》卷二李運長《敬陳保邦富國要圖順治二年》 兵科給事中、臣李運長謹題：爲敬陳保邦富國之要以圖久安長治事。臣惟保邦在於裕民，富國在於通商，未有百姓困窮，商旅畏避，而能坐擁富有，安享太平者也。明季度支百出，正供之外，乃有遼練、勦餉，種種加派，省直關課，頓增數倍。小民終歲勤苦，不足以給誅求；商賈厚本貿遷，不足以權子母。我皇上子惠遺黎，恩詔蠲免，仰見救民水火之盛心，今乃澤未下究，弊端漸復。竊聞省直州縣易勦練等税爲草豆等名色，加徵如故，詢諸外來士民大抵皆然，非止一處。夫兵荒旱潦，小民生息幾何，尚堪此重困與？至於關徵，課重則諸賈計利亦重，利重則物價必貴；課輕則諸賈計利亦輕，利輕則物價必賤。明初商課至輕，後猶累增極重。清朝開創之始，宜盡革加增之弊，以蘇商困而布寬仁。近如務關船課不論商民，而且溢及回空，將百貨騰踊，民用匱絀，日益甚矣！更有不可訓者，京城奸民假充經商，投入王府以恣爲非，布黨四瞷，偵貨將至，羣邀於數百里外，名爲平買，實皆倡售。夫行商跋涉迢遞，不憚艱辛，入都貿易爲厚利耳，今拒之中途，攘其厚利，諸商孰不怨恨而思裹足。在宵小輩不過專利以奉上，不知利歸於上必害歸於下。商虧民病，百姓愁苦，豈朝廷恤民之初意耶？伏乞皇上留心遠大，力除弊政，加惠商民，爲保邦富國之至計。將見茨梁遍野，共球萬國，上下殷足，永祚無疆矣！臣矢忠盡讜，罔知忌諱，惟皇上垂納焉。

（清）嵇璜等《續通典》卷一《食貨·田制上》 唐代宗廣德二年，勑如有浮客願編附請射逃人物業者，便准式據丁口給授。如二年以上種植，家業成者，雖本主到，不在却還，限任別給授。大歷元年制逃戶復業，給復二年，如百姓先賣田業盡者，委本州縣取逃死戶田宅，量丁口充給。德宗貞元中，陸贄言曰：古者百畝地號一夫，蓋一夫受田不過百畝。欲使人不廢業，田無曠耕，今富者萬畝，貧者無容足之居，依託强家爲其私屬終歲服勞，常患不充。有田之家坐食租税，京畿田畝税五升，而私家收租畝一石，官取一，私取十，穡者安得足食？宜爲占條限，裁租價，損有餘，優不足，此安富恤窮之善經，不可捨也。

《皇朝文獻通考》卷三五《市糴考四·糴》 朕允從岳鍾琪之請，并岳鍾琪陳奏原委，明白曉示，著署督查郎阿、巡撫武格刊石頒布，俾各州、縣、鄉、社小民咸知。朝廷經管設法之，蓋藏實百姓，自爲斂散之資用。倘地方官有於社倉穀石，創議交官不交百姓，或指稱原係公項，預爲公事，侵那之地者，俱以擾撓國政，貽悮民生論，從重治罪。其岳鍾琪所擬《社倉條約》著戶部抄録，交與該督撫分發各州縣，刊刻木榜於各鄉社倉，竪立以爲永久程式。

《皇朝文獻通考》卷三六《市糴考五·糴》 夫窮民需食，原有刻不容緩之勢，官局留難，必致轉購私局。是欲嚴囤積，而奸民愈得以居奇射利；欲除混冒，而仰食窮民轉無由均霑減糶之惠也。臣愚以爲查拿窩囤，法不可不嚴，而小販流通，情有可恕。蓋平糶，官米本爲拯窮而設，如窮民以糶之所餘轉行售賣，雖云違禁而獲利無多，皆爲仰霑大澤。且地方有此等零星販賣之人，則街衢巷陌俱可以食官米之利，而市米不能坐索高價矣。市米之價平，而嗸嗸八口可以無憂艱食矣。然非定以限制則糶，糶未有定數而官與民亦無所遵守。請嗣後五城各廠所糶粳米，有聽奸民串買圖販，數滿十餘石以及百餘石者，仍嚴行查拿治罪。至於赴糶窮民，肩挑背負，轉行售賣，總以一石爲率，免其查拿，以濟民食。倘有故意留難，濫差生事，使官米壅積澤不下逮者，即行叅處。

又：朕痌瘝在抱，言念及此，再行明白宣諭：凡各省大小官員，皆朕設立以牧養斯民者。倘於此等要事視爲具文，苟且塞責，則罪不可逭。嗣後，務將該地方實在情形，必須減價若干，方於百姓有益之處，確切奏聞請旨。至於姦民，當歉收之年，圖利囤積，將官穀賤糴貴糶，則惟在州縣官嚴行查拿。倘或疎漏隱匿，該督撫即嚴叅，從重治罪，是亦並行而不悖也。

（清）陸曾禹《康濟録》卷一《前代救援之典》 《周禮》：大司徒以荒政十二聚萬民：一曰散財，貸種食也。二曰薄征，輕賦税也。三曰緩刑，省刑罰也。四曰弛力，息徭役也。五曰舍禁，山澤無禁也。六曰去幾，去關防之幾察，使百貨流通。七曰眚禮，殺吉禮也。八曰殺哀，節凶禮也。九曰蕃樂，謂閉藏樂器而不作。十曰多昏，多昏配，則男女得以相保。十一曰索鬼神，求廢祀而修之也。十二曰除盜賊，安良民也。大司徒以保息六養萬民：一曰慈幼，二曰養老，三曰振窮，四曰恤貧，五曰寬疾，六曰安富。

謹案：《語》云：三代而上有荒歲而無荒民。其所以無荒民者，必上之人有以豫備故也。即富者尚欲安之，況老幼貧窮疾病之類，有不在其懷保之中耶？嗟夫！政之不可偏廢，如人身之脉絡不可一經，不治致令其受病也。世之爲政者，果能視此而無愧焉，康阜之休，旁敷四海矣！

又：李悝爲魏文侯作《平糴法》，曰：糴甚貴，則傷民；甚賤，則傷農。若民傷，則離散；農傷，則國貧。故甚貴與甚賤，其傷一也。善爲國者，使民無傷，而農益勸，故大熟則上糴三而舍一，中熟糴二，下熟糴一，使民適足，價平而止小饑則發小熟之斂，中饑則發中熟之斂，大饑則發大熟之斂，以糶于民，故雖遇水旱、饑饉，糴不貴，而民不散。行之魏國，日益富強。

謹案：收糴于豐熟之時，出糶于荒歉之日，務必平價而止，民、農皆不令傷。非法之出于萬全耶，有何水旱之足慮？嘉謀若此，食禄何慚。在位者鑒此類推，廣其仁術，不負敦本，愛民之君子矣！

《晏子春秋・内篇問上》 景公問晏子曰：古之盛君，其行何如？晏子對曰：薄于身而厚于民，約于身而廣于世；其處上也，足以明政行教，不以威天下；其取財也，權有無，均貧富，不以養嗜欲；誅不避貴，賞不遺賤；不淫于樂，不遁于哀；盡智導民，而不伐焉，勞力歲事，而不責焉，爲政尚相利，故下不以相害，行教尚相愛，故民不以相惡爲名，刑罰中於法，廢罪順於民。是以賢者處上而不華，不肖者處下而不怨，四海之內，社稷之中，粒食之民，一意同欲。若夫私家之政，生有遺教，此盛君之行也。公不圖。晏子曰：臣聞問道者更正，聞道者更容。今君稅斂重，故民心離；市買悖，故商旅絶；玩好充，故家貨殫。積邪在於上，蓄怨藏於民，嗜欲備於側，毁非滿於國，而公不圖。公曰：善。于是令玩好不御。公市不豫，宫室不飾，業土不成，止役輕稅，上下行之，而百姓相親。

又：景公問晏子曰：爲君，身尊民安；爲臣，事治身榮，難乎，易乎？晏子對曰：易。公曰：何若？對曰：爲君節養其餘以顧民，則君尊而民安；爲臣忠信而無踰職業，則事治而身榮。公又問：爲君何行則危？爲臣何行則廢？晏子對曰：爲君厚藉斂而託之爲民，進讒諛而託之用賢，遠公正而託之不順，君行此三者則危。爲臣比周以求進，踰職業，防下隱利而求多，從君，不陳過而求親，人臣行此三者則廢。故明君不以邪觀民，守則而不虧，立法儀而不犯，苟有所求於民，而不以身害之，是故刑政安於下，民心固於上，故察士不比周而進，不爲苟而求，言無陰陽，行無內外，順則進，否則退，不與上行邪，是以進不失廉，退不失行也。

又：景公問晏子曰：吾欲和民親下柰何？晏子對曰：君得臣而任使之，與言信，必順其令，赦其過。任大無多責焉，使邇臣無求嬖焉，無以嗜欲貧其家，無親讒人傷其心，家不外求而足，事君不因人而進，則臣和矣。儉於藉斂，節于貨財，作工不歷時，使民不盡力，百官節適，關市省征，山林陂澤，不專其利，領民治民，勿使煩亂，知其貧富，勿使凍餒，則民親矣。公曰：善！寡人聞命矣。故令諸子無外親謁，辟梁丘據無使受報，百官節適，關市省征，陂澤不禁，冤報者過，留獄者請焉。

《晏子春秋・内篇問下》 晏子聘於吴，吴王曰：敢問長保威彊勿失之道若何？晏子對曰：先民而後身，先施而後誅。彊不暴弱，貴不凌賤，富不傲貧。百姓竝進，有司不侵，民和政平。不以威彊退人之君，不以衆彊兼人之地。其用法，爲時禁暴，故世不逆其志；其用兵，爲衆屏患，故民不疾其勞。此長保威彊勿失之道也。失此者危矣！吳王忿然作色，不説。晏子曰：寡君之事畢矣，嬰無斧鑕之罪，請辭而行。遂不復見。

（宋）歐陽修《歐陽修全集》卷七七《易童子問卷二》　童子問曰：《損》，損下益上，《益》，損上益下，何謂也？曰：上君而下民也。損民而益君，損矣；損君而益民，益矣。《語》曰百姓足，君孰與不足，此之謂也。童子又曰：《損》之《象》曰君子以懲忿窒欲，《益》之《象》曰君子以見善則遷，有過則改，何謂也？曰：嗚呼！君子者天下繫焉，其一身之損益，天下之利害也。君子之自損者忿欲爾，自益者遷善而改過爾。然而肆其忿欲者，豈止一身之損哉？天下有被其害者矣。遷善而改過者，豈止一己之益哉？天下有蒙其利者矣。曰：順天應人，豈非極稱之乎，何謂薄？曰：聖人於《革》稱之者，適當其事爾。若《乾》《坤》者，君臣之正道也，於《乾》《坤》而稱湯、武，可乎？聖人於《坤》，以履霜爲戒，以黄裳爲吉也。

（明）朱元璋《明太祖文集》卷一《詔·農桑學校詔》　農桑，衣食之本。學校，道理之原。朕嘗設置有司，頒降條章，使敦篤教化，務欲使民豐衣足食，理道暢焉。何有司不遵朕命，往往給由赴京者皆無桑株數目，學校缘由，甚與朕意相違。特勑中書，令有司今後敢有無農桑、學校者論擬違制，杖、降罰。歷三年後，注以吏事出身，民有不奉天時而負地利者如律究焉。於戲！彝倫不整，實君師之過，坐享民供亦豈職分之當爲？斯言既出，臣民聽行，永懷多福，故兹詔諭，想宜知悉。

（明）朱元璋《明太祖文集》卷一《詔·免應天太平鎮江寧國廣德五府秋糧詔洪武五年十月》　嘗聞國以民爲本，民以食爲天。此有國家者，所以厚民生而重民命也。朕秉羣雄鼎沸之時，率衆渡江，兵屯建業，十有八年。其間高城壘，深濠塹，軍需造作，凡百供給，皆爾近京五府之民率先効力，濟我時艱，民力繁甚，朕心不忘。天下一統，今五年矣，雖嘗蠲免四歲税糧，然猶未足以報前勞。是用申勑有司，其應天、太平、鎮江、寧國、廣德五府，洪武五年合納秋糧，除頑慢刁狡不行，蓋倉完備及多科害民糧長本戶秋糧不免外，其所管人民秋糧盡行蠲免，有司不許徵收。於戲！朕欲使爾民優游快樂於田里，此朕之心也。然以國家之大，供給之繁，有必需而必興者，其勢似不容已，爾其服勤畎畝，以稱朕意。故兹詔示，想宜知悉。

《皇朝經世文編》卷一二《治術六·治法下》盧崇俊《法令應歸簡易疏》　臣聞民生休戚，動昭天象，國家利弊，實繫民生。使果弊盡革而利盡興，自當有休靡戚矣。臣竊以爲國之大利，在于政治簡易；而國之大弊，在于法令繁多。何也？夫法令一多，則内外衙門，在大官惟成例是遵，每多查覈之煩；在有司惟功令自畏，有不遑救過之慮。豈能計及民生之休戚，而施撫字之仁耶？且因叢迫之際，以致左右作姦，則民生愈受其困矣。若政治一歸簡易，則大小臣工，各有暇豫之精神，衙門各役，莫施鬼蜮之伎倆，是害不除而自絶，利不興而自溥，不必求遂民生，而民生自遂。故古來止頌寬大之爲美政，未聞以文法之繁爲善治也。夫一法立則一弊生，故法愈多而弊愈滋。夫滋弊緣于法多，則救弊惟在減法，有不辨而自明者矣。向來立法之密，其意在於除弊安民，奚知弊反從此而滋，民又從此而擾乎？

治道與法部

綜論分部

論説

《周易正義·屯》 ䷂震下坎上。屯：元、亨、利、貞。剛柔始交，是以屯也。不交則否，故屯乃大亨也。大亨則無險，故利貞。疏：正義曰：屯，難也。剛柔始交而難生，初相逢遇，故云屯，難也。以陰陽始交而爲難，因難物始大通，故元亨也。萬物大亨，乃得利益而貞正，故利貞也。但屯之四德，劣於乾之四德，故屯乃元亨，亨乃利貞。乾之四德，無所不包。此即勿用有攸往，又別言利建侯，不如乾之無所不利。此已上説屯之自然之四德，聖人當法之。勿用有攸往，往，益屯也。利建侯。得主則定。疏：正義曰：勿用有攸往，利建侯者，以其屯難之世，世道初創，其物未寧，故宜利建侯以寧之。此二句釋人事也。

（宋）司馬光《温公易説·屯》 《象》曰：雲雷，屯，君子以經綸。屯者何？草木之始生也，貫地而出，屯然其難也。《象》曰君子以經綸，經綸者何？猶云綱紀也。屯者，結之不解者也。結而不解則亂，亂而不緝則窮，是以君子設綱布紀以緝其亂，解其結，然後物得其分，事得其序，治屯之道也。

（明）來知德《易經集注·屯》 《象》曰：雲雷，屯，君子以經綸。【略】經綸者，治絲之事。草昧之時，天下正如亂絲，經以引之，綸以理之，俾大綱皆正，萬目畢舉，正君子撥亂有爲之時也。故曰君子以經綸。

（唐）李鼎祚《周易集解·大有》 《象》曰：厥孚交如，信以發志也；威如之吉，易而无備也。侯果曰：其體文明，其德中順，信發乎志以覃於物，物懷其德以信應君。君物交信，厥孚交如也。爲卦之主，有威不用，唯行簡易，无所防備，物感其德，翻更畏威，威如之吉也。

（清）朱駿聲《六十四卦經解·大有》 《象》曰：大有，柔得尊位大中而上下應之曰大有。其德剛健而文明，應乎天而時行，是以元亨。夬上之五，有者盛多之義。乾施澤流，互兑爲澤，離夏則長茂，兑秋則收成，大富有也。《春秋》書大有年，此其義也。五陽爲賢人，賢才衆多。萬邦黎獻，共惟帝臣。車書一統，玉帛來同也。《大學》曰：有德此有人，有人此有土，有土此有財，有財此有用。比一陽而五陰應之，庶民子來之象。大有一陰而五陽應之，衆賢輔主之象。又同人二之五，與比旁通。陽稱大，五以日應乾，而行于天。時謂四時也。大有亨比，比初動成震爲春，至二兑爲秋，至三離爲夏，坎爲冬，故曰時行。以乾亨坤，是以元亨。又六五體離處乾上，猶大臣有聖明之德，代君爲政，處其位有其事而理之也。元亨者，又能長羣臣以善，使嘉會禮通，若周公攝政，朝諸侯于明堂是也。又孟子有諸己之謂信，充實而有光輝之謂大。四陽曰大過，五陽不曰過曰有。夏火王在天，萬物並生，故曰大有。光四方格上下之象，遏絶也，揚舉也。天命有德，天討有罪，慶賞刑威曰君，故曰順。舜有大功二十而爲天子，亦順也。又君子謂乾，乾爲揚善，坤爲遏惡爲順，以乾滅坤，體夬揚于王庭，乾爲天休，二變時，巽爲命。

（宋）李衡《周易義海撮要·謙》 六五，不富以其鄰，利用侵伐，无不利。《象》曰：利用侵伐，征不服也。【略】以謙待物之主，事上下。下雍容无為，然除驕逆，以同天下。去藜莠，以茂嘉蓄，不可忘也。堯舜之朝，有苗必征，四凶必去。人主之道，雖以謙為德，必以威御下，然後動不失斷，而威尊可保。當其行謙也，故不富而用其鄰。及其能斷也，故征伐以服，驕逆不其偉歟。

（宋）李衡《周易義海撮要·蠱》 《象》曰：蠱，剛上而柔下，巽而止，蠱。蠱元亨，而天下治也。利涉大川，往有事也。先甲三日，後甲三日，終則有始，天行也。【略】先甲三日，殷勤告示；後甲三日，丁寧宣布。集。巽而止，巽而不為，因循至壞者也。壞而復使大通，而至天下治者，幹事之效也。集。甲者，事之首；庚者，變之首。制作政教之類，則云甲，舉其首也。發號施令之事，則稱庚，庚猶更也。伊。《春秋傳》秦醫曰：於文皿蟲為蠱，穀之飛亦為蠱。在《周易》女惑男，風落山，謂之蠱。《尚書大傳》曰：乃命五史，以書五帝之蠱事。《雜卦》曰：蠱則飭也。蠱非訓事，事至蠱壞乃有事也。剛上柔下，各得其所，事已治矣。下巽而已，莫予違也。上亦因是止，而不復有為，則禍亂之萌伏於已治之中。若上下志交而元亨，則天下復治矣。朱。上不止於所止，則不能節制；下不伏以從順，則不能奉令。剛柔不易位，則不通；相應不以中，則不大用。此四者以幹其事，然後能濟難事。通，所以不窮也。陸。

《象》曰：山下有風，蠱；君子以振民育德。風能摇動、散布、潤澤、振民，象山下有風。育德，象山在上。正。撓萬物者，莫疾乎風。山包養萬物，風撓動而摇落之，則不能安，是一山之有事也。艮，止也。巽，齊也。止者，定之以法制。齊者，申之以號令。此所以治蠱也。石。君在上而安靜，臣在下而行令。何妥。事生之時，民有被其害者，必先育德於心，待其百中萬全而後行之。繪。在山上則於物相遠，在下則有及民之義。代。議事立制，非賢德不能。故君子選育賢德，止齊争競。牧。

（宋）司馬光《温公易説·蠱》 《象》曰：蠱，剛上而柔下，巽而止蠱。蠱元亨，而天下治也。利涉大川，往有事也。先甲三日，後甲三日，終則有始，天行也。

蠱者，物有蠹敝而事之也。事之者，治之也，除蠹補敝，故大通也。剛上而柔下，善登而惡降也。巽而止之，利以濟難也。甲者，生之始，為仁為德。庚者，殺之終，為義為刑。先之三日，以謹其始。後之三日，以慎其終。蠱以少陽在上而行令，故主仁。巽以少陰在上而行令，故主義。天以陰陽終始萬物，君子以仁義修身，以德刑治國，各有其事也。

（清）朱駿聲《六十四卦經解·蠱》 《象》曰：蠱，剛上而柔下，巽而止，蠱。蠱元亨，而天下治也。利涉大川，往有事也。先甲三日，後甲三日，終則有始，天行也。

《象》曰：山下有風，蠱；君子以振民育德。伏曼容曰：惑，亂也。萬事从惑而起，故以蠱爲事也。《尚書大傳》云：乃命五史，以書五帝之蠱事。然爲訓者，正以太古之時，无爲无事也。時既漸澆，物情惑亂，故事業因之而起惑焉。又壞也。于文皿蟲爲蠱，物久不用而蠹生，穀之飛亦爲蠱，無物不用則壞，人不事事亦壞，于卦少男惑長女爲蠱，晦淫之所主也，故梟桀之死鬼謂之蠱。艮爲狐，巽柔媚，又互兑爲巫，則巫蠱之象。卦自泰初之上，與隨旁通，乾坤交，故元亨。又賁初之二，又井五之上。又既濟初之二，五之上。兑澤爲大川，震木以利涉。又二失位，動而之坎，故涉大川。又泰卦乾天有河，坤地有水，二爻升降，出入乾坤，故利涉。先甲三日，後甲三日。按此言春分至秋分之日數也。春分至秋分半周天，太陽之行，每日不及一度，故兩氣相距一百八十六日，律家所謂盈末縮初限也。減三旬週，餘六日，故先後三日。蠱辰月之卦也，春爲木，故以甲言。甲日之先三日辛日春分，則甲日之後三日丁日秋分，是從春分順推至秋分，與巽九五之逆溯者不同。子曰：終則有始，天行也。終謂癸，始謂甲，春分至秋分，萬物邕遂，收成之時，作事者于是終始焉。有以卦變納甲爲解者。虞氏曰：初變成乾，乾爲甲。至二成離，離爲日。謂乾三爻在前，故先甲三日，賁時也。變三至四體離，至五成乾，乾三爻在後，故後甲三日，无妄時也。易出震消息，歷乾坤象。乾爲始，坤爲終，故《象》曰：終則有始。後儒張紫岩又添小畜，熊朋來又添伏卦隨。夫即納甲之説，亦主月不主日，則此更附會也。有以終始爲解者。《子夏易傳》曰：先甲三日，辛壬癸也；後甲三日，乙丙丁也。張子、程子闡其理。然何以于蠱言甲，于巽言庚，游定夫甲仁庚義？蠱言幹，貴有振起特立之義，何以獨取仁？且仁與義，亦豈可限以三日耶？有以卦圖爲解者。馬融曰：甲在東方，艮在東北，故云先甲。巽在東南，故云後甲。甲爲十日之首，蠱爲造事之端，故舉初而明事始也。言所以三日者，不令而誅爲之暴，故令先後各三日，欲使百姓徧習，行而不犯也。説者謂甲者事之始，先者先事而告戒，後者後事而申飭。蠱卦風始出山，當事之始，三日者誓戒，以三日爲期。然東方東南，與巽五難通，且馬氏艮先巽後，蓋以流行次序爲先後，而胡雙湖來矣鮮。又以南北方位爲先後，故巽先艮後，義皆未的。矣鮮于蠱，以後天圖爲説，于巽以先天圖爲説，例亦不一。胡雲峯與來相反，而失則同。羲圖艮七值辛方，巽五值丁方，有以辛丁爲解者。鄭康成曰：甲者造作新令之日，取改過自新，故用卒取丁寧之義，故用丁也。朱子從之。然此語似秦客廋詞。且辛爲五味之一，又爲金剛觸人，痛楚泣出之義，無自新意。劉熙《釋名》多淺謬也。丁之爲丁寧者，鉦也。其聲丁寧寧，借爲告戒重複之意。一丁字，尤不可作歇後語。有以命令爲言者。王弼曰：甲者創制之令也，創制不可責之以舊，故先後三日，因事申令也。夫令甲之名，起于漢，以令有甲乙之次，而非即釋令爲甲。又申命非申金之申，以解庚字，亦無稽據。有以旬甲爲解者。蘇軾以先甲三日爲甲子、甲戌、甲申，後甲三日爲甲午、甲辰、甲寅。一陽感陰生，一陰感陽生，所謂終則有始。此無論蠱巽二卦，並不相反。而以先甲後甲爲治亂自然之勢，則蠱竟無能幹者矣，何以又言九五能幹？以幹屬九五，則他爻皆非能幹者矣，何以諸爻並言幹乎？有以巽兑取象爲解者。郝仲輿以巽木爲甲，既不依納甲，又不依方位，不知何説。有以筮日爲解者。《朱子語録》以爲猶今占某某日吉，則膚淺已甚。而吴幼清以離納甲爲言，亦與魏伯陽、虞仲翔納甲不合。有以互卦爲解者。錢國瑞曰：蠱事之壞，事物始必飭，終必蠱，先後甲以中爻震木爲象，震之出日之甲，春之始反終而原其始，所以飭蠱。巽事之權，事物過中必有庚，先後庚以中爻兑金爲象。兑之説，日之庚，秋之中，裁其過以歸于中，所以制巽。蠱之甲言于卦，合上下而其有事。巽之庚言于爻，申命行事之主獨五也。吴鼎《易堂問目》取之。按蠱亦體兑，何以不取金？巽九五爻正體離，何以不取火？且其云蠱言于象，巽言于爻之意，不過以蠱爻辭言父母，因謂上下共有事。巽《象傳》言申命行事，因謂君之出令，不知公爻辭，原不句句宗文王。孔子釋《象》，則宗文之旨，釋爻則宗公之旨，至《象傳》則獨出己意，以發明其理，全《易》皆然。文作象辭時，非先知公有父母之説。公作爻辭時，非先知孔子有申命之説也。究與本文何涉？又卦位艮，巽夾震，震木爲甲，先甲內卦巽也，後甲外卦艮也，先三後三，猶云七日來復。此説于巽難通。又按歸藏二篇，其策萬有八百，自甲子至癸巳爲先甲，自甲午至癸亥爲後甲。若矜異標新，亦可以備一説矣。又遵述云，因幹蠱之幹而言十干之幹，與革言牛革，觀言盥濯。同例，豈先作爻辭，後作彖辭邪？何啻夢囈！又蠱者巽之歸魂也，巽歸合震，故元亨。蠱者事也，備物致用，故天下治。陽往據陰，陰來乘陽，未得正位，戎事不息，故有事也。又物惑亂，終致損壞，當須有事也，有爲治理也。又乾爲天，坤爲下，以乾治坤，故曰治。坤爲事，震爲往爲行。又有始上，一本重有字。蠱以風化，故風從蠱。風在山下，鬱而不暢，則山木多滯淫而蠱生，蠱之象也。《詩》曰：習習谷風，惟山崔嵬，無艸不死。無木不萎。又山高而靜，風宣而疾，似君處上而安靜，臣在下而行令也。風以振萬物，山以育萬物。《大學》自新新民，蓋先施教化，非如漢武遣繡衣直指之使，惟誅擊之也。又振濟也。又振舉而有之也。坤爲民，初上撫坤，故振民。乾稱德，體大畜須養，故育德。又振一音真，振振仁厚也。又育一作毓。又《左傳》僖十五秦伯筮伐晉，遇蠱，卜徒父曰：千乘三去。三去之餘，獲其雄狐，夫狐蠱必其君也。蠱之貞，風也，其悔，山也。歲云秋矣，我落其實，而取其材，所以克也。實落材亡，不敗何待？又昭元年，醫和曰：在《周易》，女惑男，風落山，謂之蠱。又宋筮金主完顔亮入寇，得蠱之隨，是六爻動也。曰：我有震威，外當毁折。艮上變柔，巽初變剛，波頭墜地矣。

（宋）張載《横渠易説·上經·噬嗑》 噬嗑。亨，利用獄。《彖》曰：頤中有物曰噬嗑。噬嗑而亨。子路禮樂文章未足盡爲政之道，以其重然諾，言爲衆信，故片言可以折獄。如《易》利用獄，利用刑人，皆非卦爻盛德，適能是而已焉。

剛柔分，動而明，雷電合而章。九五分而下，初六分而上，故曰剛柔分。合而章，合而成文也。

柔得中而上行，雖不當位，利用獄也。《象》曰：雷電，噬嗑，先王以明罰勑法。六自初而進之於五，故曰上行。

初九，屨校滅趾，无咎。《象》曰：屨校滅趾，不行也。戒之在初，小懲可止，故无咎。

《周易正義·明夷》 ䷣離下坤上。明夷：利艱貞。疏：正義曰：明夷，卦名。夷者，傷也。此卦日入地中，明夷之象。施之於人事，闇主在上，明臣在下，不敢顯其明智，亦明夷之義也。時雖至闇，不可隨世傾邪，故宜艱難堅固，守其貞正之德。故明夷之世，利在艱貞。**【略】**

《象》曰：明入地中，明夷，君子以莅衆，莅衆顯明，蔽僞百姓者也。故以蒙養正，以明夷莅衆。疏：《象》曰至君子以莅衆。正義曰：莅衆顯明，蔽僞百姓者也，所以君子能用此明夷之道，以臨于衆，冕旒垂目，黈纊塞耳，無爲清靜，民化不欺。若運其聰明，顯其智慧，民即逃其密網，姦詐愈生，豈非藏明用晦，反得其明也？故曰君子以莅衆，用晦而明也。用晦而明。藏明於内，乃得明也。顯明於外，巧所辟也。

（明）來知德《易經集注·明夷》 《象》曰：初登于天，照四國也；後入于地，失則也。照四國以位言，言日居天上，能照四國，亦如人君高位，得傷人之勢也。失則以德言，言爲人君止于仁，視民如傷者也，豈可以傷人爲事哉？君以傷人爲事，失其君之則矣，是以始而登天以傷人，而終于自傷也。文王之順以則者，外柔順而内實文明，凡事通有法則，文王之所以興。紂之失則者，居坤順之極而内實昏暗。凡事通失法則，紂之所以亡。故二六皆言則字。

（清）孫星衍《周易集解·家人》 家人：利女貞。解：馬融曰：家人以女爲奥主，長女中女，各得其正。故曰利女貞矣。虞翻曰：遯初之四也。女謂離巽，二四得正，故利女貞也。注：家人之義，各自脩一家之道，不能知家外他人之事也。統而論之，非元亨利君子之貞，故利女貞，其正在家内而已。

《象》曰：家人：**【略】**父父子子、兄兄弟弟。解：虞翻曰：遯乾爲父，艮爲子，三五位正，故父父子子。三動時，震爲兄，艮爲弟，初位正，故兄兄弟弟。

夫夫婦婦，解：虞翻曰：三動時，震爲夫，巽四爲婦，初四位正，故夫夫婦婦也。

而家道正，正家而天下定矣。解：荀爽曰：父謂五，子謂四，兄謂三，弟謂初，夫謂五，婦謂二也。各得其正，故天下定矣。陸績曰：聖人教先從家始，家正則天下化之，修己以安百姓者也。

《周易正義·睽》 ䷥兑下離上。睽：小事吉，疏：正義曰：睽者，乖異之名，物情乖異，不可大事。大事謂興役動衆，必須大同之世，方可爲之。小事謂飲食衣服，不待衆力，雖乖而可，故曰小事吉也。**【略】**

《象》曰：上火下澤，睽。君子以同而異。同於通理，異於職事。疏：正義曰：上火下澤睽者，動而相背，所以爲睽也。君子以同而異者，佐王治民，其意則同，各有司存，職掌則異，故曰君子以同而異也。

（唐）李鼎祚《周易集解·睽》 君子以同而異。荀爽曰：大歸雖同，小事當異。百官殊職，四民異業，文武並用，威德相反，共歸於治。故曰君子以同而異也。

（清）孫星衍《周易集解·睽》 睽：小事吉。《釋文》：睽，苦圭反。馬、鄭、王肅、徐、吕忱，並音圭。解：鄭康成曰：睽，乖也。火欲上，澤欲下，猶人同居而志異也。故謂之睽。二五相應，君陰臣陽，君而應臣，故小事吉。虞翻曰：

大壯上之三，在繫，蓋取无妄二之五也。小謂五陰，稱小得中應剛，故吉。

又：《象》曰：上火下澤，睽。解：荀爽曰：火性炎而上，澤性潤下，故曰睽也。

君子以同而異。解：荀爽曰：夫婦雖同，小事當異。百官殊職，四民異業，文武並用，威德相反，共歸於治。故曰君子以同而異也。注：同於通理，異於職事。

《周易正義·損》 ䷨兑下艮上。損：有孚，元吉，无咎可貞，利有攸往。曷之用？二簋可用享。疏：損有孚至可用享。正義曰：損者，減損之名，此卦明損下益上，故謂之損。損之爲義，損下益上，損剛益柔。損下益上，非補不足者也。損剛益柔，非長君子之道者也。若不以誠信，則涉諂諛而有過咎，故必有孚，然後大吉，无咎可正，而利有攸往矣，故曰：損有孚，元吉，无咎可貞，利有攸往也。先儒皆以无咎、可貞，各自爲義，言既吉而无咎，則可以爲正。準下王注《象》辭云：損下而不爲邪，益上而不爲諂，則何咎而可正。然則王意以无咎、可貞共成一義，故莊氏云：若行損有咎，則須補過以正其失。今行損用信，則是无咎可正，故云无咎可貞。竊謂莊氏之言得正旨矣。曷之用，二簋可用享者，明行損之禮，貴夫誠信，不在於豐。既行損以信，何用豐爲？二簋至約，可用享祭矣，故曰曷之用，二簋可用享也。

《象》曰：損，損下益上，其道上行。艮爲陽，兑爲陰。凡陰順於陽者也。陽止於上，陰説而順，損下益上，上行之義也。疏：正義曰：此就二體釋卦名之義，艮，陽卦，爲止。兑，陰卦，爲説。陽止於上，陰説而順之，是下自減損以奉於上，上行之謂也。損而有孚，元吉，无咎可貞，利有攸往。損之爲道，損下益上，損剛益柔也。損下益上，非補不足也。損剛益柔，非長君子之道也。爲損而可以獲吉，其唯有孚乎？損而有孚，則元吉，无咎而可正，利有攸往矣。損剛益柔，不以消剛。損柔益上，不以盈上，損剛而不爲邪，益上而不爲諂，則何咎而可正？雖不能拯濟大難，以斯有往，物无距也。疏：正義曰：卦有元吉已下等事，由於有孚，故加一而字，則其義可見矣。曷之用？曷，辭也。曷之用，言何以豐爲也。二簋可用享。二簋，質薄之器也。行損以信，雖二簋而可用享。疏：正義曰：曷之用二簋可用享者，舉經明之，皆爲損而有孚，故得如此。二簋應有時，至約之道，不可常也。疏：正義曰：申明二簋之禮，不可爲常。二簋至約，惟在損時應時行之，非時不可也。損剛益柔有時。下不敢剛，貴於上行，損剛益柔之謂也。剛爲德長，損之不可以爲常也。疏：正義曰：明損下益上之道，亦不可爲常。損之所以能損下益上者，以下不敢剛亢，貴於奉上，則是損於剛亢而益柔順也。損剛者，謂損兑之陽爻也。益柔者，謂益艮之陰爻也。人之爲德，須備剛柔，就剛柔之中，剛爲德長，既爲德長，不可恒減，故損之有時。損益盈虚，與時偕行。自然之質，各定其分，短者不爲不足，長者不爲有餘，損益將何加焉？非道之常，故必與時偕行也。疏：正義曰：盈虚者，鳧足短而任性，鶴脛長而自然。此又云與時偕行者，上既言損剛益柔，不可常用，此又汎明損益之事，體非恒理，自然之質，各定其分。鳧足非短，鶴脛非長，何須損我以益人。虚此以盈彼，但有時宜用，故應持而行，故曰：損益盈虚，與時偕行也。

（明）來知德《易經集注·姤》 九五，以杞包瓜；含章，有隕自天。**【略】** 有隕自天者，言人君之命令自天而降下也。巽爲命，乾爲天，故命令自天而降。孔子后，以施命誥四方一句，本自周公有隕自天來，故《小象》曰，志不違命。且此爻變成鼎，又正位凝命之君，三箇命字可証。九五當變之時，有中正之德，深居九重，本不與民相遇，故有以杞包瓜，含藏章美之象。然雖含藏中正之章美，不求與民相遇，及施命誥四方，如自天而降，亦猶天下之風，無物不相遇也。其相遇之大爲何如哉？占者有是德，方應是占也。

（清）朱駿聲《六十四卦經解·姤》 姤：女壯，勿用取女。《象》曰：姤，遇也，柔遇剛也。勿用取女，不可與長也。天地相遇，品物咸章也；剛遇中正，天下大行也。姤之時義大矣哉。

《象》曰：天下有風，姤，后以施命誥四方。姤，从女从后，偶也。借爲遘字，遇也。不期而會曰遇，固有而來曰復。巽爲長女，又一女當五男，壯健之甚，故曰壯。婦人以婉娩爲德，苟于相遇，非禮之正，故勿用取女。純乾消初，又反剝，五月之卦也。陰柔之長，其所由來者漸。齊桓七年始伯，而陳敬仲即于十四年奔齊，亡齊者已至矣。漢宣中興，匈奴來朝，而王政君已在太子宫。唐貞觀之治平，而武氏已選入掖庭。宋藝祖受命二年，女真來貢，而宣和之難乃作于女真。卽林甫進而唐禍，丁謂進而宋危，亦此義也，故君子慎之。巽爲長。又消卦也，與復旁通，巽長女，壯傷也，陰傷陽也。又乾成于巽，而舍于離，坤出于離，與乾相遇，南方夏位，萬物章明也。謂陽起子，運行至四月，六爻成乾，巽位在巳，既成而轉舍于離，坤萬物皆盛大，坤从離出，與乾相遇，所謂萬物皆相見也。又剛謂九五，遇中處正，教化大行也。又五使初上四，以剛遇柔，五中正也。又《象辭》勿用取女，一本无女字。《象傳》柔遇剛也下，一本有女壯字，取下，亦無女字。誥當作詰，止也。《書》：作刑以詰四方。僞《書》：司寇詰姦慝。姤一陰生，防微杜漸之意。其職在《周禮·匡人》：匡邦國而觀其慝。姤觀同象，省觀從地言，施誥從天言也。乾陽爲施，兑口向下爲誥，施命所以除積弊，消陰慝也。重巽亦曰申命，所謂樹之風聲也。又后繼體之君，姤陰在下，故稱后，與泰稱后同義。巽爲命爲誥。復震二月東方，姤五月南方，巽八月西方，復十一月北方，皆總在初也。《經》用周家之月，夫子行夏之時。《傳》《象》《象》以下，皆夏家月，故姤爲五月，復爲十一月。又誥一作詰，止也。又正也。

（清）朱駿聲《六十四卦經解·震》 震：亨。震來虩虩，笑言啞啞；震驚百里，不喪匕鬯。《彖》曰：震，亨。震來虩虩，恐致福也；笑言啞啞，後有則也。震驚百里，驚遠而懼邇也；出可以守宗廟社稷，以爲祭主也。

《象》曰：洊雷震，君子以恐懼脩省。震，劈歷也。動萬物者莫疾乎雷，雷能振物，故謂之震。水雷玄，火雷赫，土雷連，石雷霹。虩虩，恐懼貌。虩，蠅虎也，始在穴中，跳躍而出，象人心之恐動。啞啞，笑聲，不欲肆之狀。雷發聲聞百里，古列國之地，不過一同，諸侯之象。天子至尊貴，當乾天，諸侯出政威嚴，當震雷。匕者，撓鼎之器，形似畢而不兩歧，以棘木爲之，長二尺，或作三尺，刊柄與末。《詩》有捄棘匕，是也。用棘者，取赤心之義，若喪祭則用桑。祭祀升牢于俎，君匕之，臣載之。鬯以香艸釀黑黍爲酒，文象米在器中形，芬芳條暢也。人君于祭之禮，匕牲體，薦鬯酒而已，其餘不親爲也。震自坤來，分乾之一以主坤土，侯象。震，歸藏作釐。震交坎險，故虩虩。震爲善鳴，而體艮止，故啞啞。雷不過百里，故震驚百里。震爲長男，主祭器，艮爲門闕，象宗廟。艮爲邱陵，象社稷。坎于木爲堅多心，象棘匕。震爲蕃鮮爲稼，坎爲酒，艮爲手，匕鬯皆器之仰受者，象震體，故不喪匕鬯。帝出乎震，震爲出威，故《象傳》曰：出守。雷春發聲，猶人君出政教以動國中。齋莊中正，發強剛毅，足以有臨矣。尸居龍見，淵默雷聲，君子之虩虩也。仰不愧天，俯不怍人，君子之啞啞也。又舜之烈風雷雨弗迷，亦《彖》辭之誼。又臨二之四，天地交，故通。虩虩，謂四也，來應于初，初命四變而來應己。四失位多懼，之內曰來，啞啞樂也。謂初，則法也。得正有則，謂四變來應，後謂初。坎爲則，臨二息時，有五陰，陰爻二十四，五爻爲百二十。舉其大數爲百。坤方爲里，坎爲棘匕，上震爲鬯，震禾稼，坎水和之。坤爲喪，二上之坤，成震體坎，得其匕鬯，故不喪也。遠謂四，近謂初，謂四出驚遠，初應懼近也。五出之正，震爲守，主器者長子，故爲祭主。又人主有善聲教，則嘉會之禮通焉。政令能警戒其國內，則可守宗廟社稷也。又卦四上易爲頤，虩卽頤虎視。虎山伯也，笑言亦頤象。匕鬯飲食具，亦取頤。又四五易爲屯，建侯之象。震爲伯，亦百義。又周以木德王，震之正象也，爲殷諸侯。殷諸侯之制，其地百里，是以文王小心翼翼，聿懷多福，以受方國，故以百里而臣諸侯也。處則諸侯執其政，出則長子掌其祀。又後之云者，先難後獲，先事後得之義。又虩虩，一作愬愬，一作覤覤。又言一作語。又出字疑衍。迅雷必變，君子之恐懼，遷善改過，君子之脩省。又君子謂臨二，二出之坤四，體復以脩身。坤爲身，二之四，以陽熙坤，故以恐懼脩省者。《老子》曰：脩之身，德乃真。

《周易正義·巽》䷸巽下巽上。巽：小亨。全以巽爲德，是以小亨也。上下皆巽，不違其令，命乃行也。故申命行事之時，上下不可以不巽也。疏：正義曰：巽者卑順之名。《説卦》云：巽，入也。蓋以巽是象風之卦，風行無所不入，故以入爲訓。若施之於人事，能自卑巽者，亦無所不容。然巽之爲義，以卑順爲體，以容入爲用，故受巽名矣。上下皆巽，不爲違逆，君唱臣和，教令乃行，故於重巽之卦，以明申命之理。雖上下皆巽，命令可行，然全用卑巽，則所通非大，故曰小亨。利有攸往。巽悌以行，物无距也。疏：正義曰：巽悌以行，物无違距，故曰利有攸往。利見大人。大人用之，道愈隆。疏：正義曰：但能用巽者，皆无往不利，然大人用巽，其道愈隆，故曰利見大人，明上下皆須用巽也。

《彖》曰：重巽以申命。命乃行也。未有不巽而命行也。疏：正義曰：此卦以卑巽爲名，以申命爲義。故就二體上下皆巽，以明可以申命也。上巽能接於下，下巽能奉於上，上下皆巽，命乃得行，故曰重巽以申命也。剛巽乎中正而志行。以剛而能用巽，處乎中正，物所與也。疏：正義曰：剛巽乎中正而志行者，雖上下皆巽，若命不可從，則物所不與也。故又因二五之爻，剛而能巽，不失其中，所以志意得行，申其命令也。柔皆順乎剛。明无違逆，故得小亨。疏：柔皆順乎剛。正義曰：柔皆順乎剛者，剛雖巽爲中正，柔若不順乎剛，何所申其命乎？故又就初、九各處卦下，柔皆順剛，无有違逆，所以教命得申，成小亨以下之義也。注明无違至得小亨。正義曰：案《彖》併舉小亨，利有攸往，利見大人以結之，則柔皆順剛之意，不專釋小亨二字，而注獨言明无違逆，故得小亨者，褚氏云：夫獻可替否，其道乃弘；柔皆順剛，非大通之道，所以文王係小亨之辭，孔子致皆順之釋。案：王注上下卦之體，皆以巽言之，柔不違剛，正是巽義，故知皆順之言，通釋諸辭也。是以小亨，利有攸往，利見大人。疏：正義曰：是以小亨以下，釋經結也。

《象》曰：隨風，巽。君子以申命行事。疏：正義曰：隨風，巽者，兩風相隨，故曰隨風，風既相隨，物無不順，故曰隨風，巽。君子以申命行事者，風之隨至，非是令初，故君子訓之以申命行事也。

（唐）李鼎祚《周易集解·巽》《象》曰：重巽以申命。陸績曰：巽爲命令。重命令者，欲丁寧也。

《周易正義·渙》渙。【略】九五：渙汗其大號。渙，王居无咎。處尊履正，居巽之中，散汗大號，以盪險阨者也。爲渙之主，唯王居之，乃得无咎也。疏：正義曰：渙汗其大號者，人遇險阨，驚怖而勞，則汗從體出，故以汗喻險阨也；九五處尊履正，在號令之中，能行號令，以散險阨者也，故曰渙汗其大號也。渙，王居无咎者，爲渙之主，名位不可假人，惟王居之，乃得无咎，故曰渙，王居无咎。

《象》曰：王居无咎，正位也。正位不可以假人。疏：正義曰：正位者，釋王居无咎之義，以九五是王之正位，若非王居之，則有咎矣。

（宋）李衡《周易義海撮要·渙》九五，渙汗其大號，渙，王居无咎。《象》曰：王居无咎，正位也。【略】人遇險阨，驚怖而勞，則汗從體出。故以汗喻險阨。九五能行號令以散險阨者也。正。五建二為諸侯，使宣布號令，若汗之出身，不復反也。九五為散險難之主，宜有非常之赦令，以解國人之罪戾。若病者得渙，則百骸俱暢也。王者居渙然之中，志在散險，用時之中道，方可无咎。非此時而用之，惠姦之道也。陸。發大號令，為民除其疾苦，如汗之通腠理，壅滯亦取必行而不可反也。渙，王居无咎者。為民渙除險難之後，非皇極之君不能居正位也。石。五與四，君臣合德，號令洽於民心，如汗之浹於四體，則信服而從矣。如是則可以濟天下之渙，居正位而无咎也。再云渙者。上謂渙之時，下謂處渙，如是為无咎。伊。汗取其周徧而不反，渙然之中，不知孰為臣，孰為主。至於有廟天下，始知王之所在，故曰渙。王居，言渙之中居矣。坡。

（唐）李鼎祚《周易集解・繫辭》亂者，有其治者也。崔憬曰：言有防亂之慮，則能有其治者也。

又：治而不忘亂。荀爽曰：謂思患而逆防之。翟玄曰：在治而慮亂。

（宋）朱熹《周易本義・繫辭上傳》是故闔户謂之坤，闢户謂之乾，一闔一闢謂之變，往來不窮謂之通。見乃謂之象，形乃謂之器，制而用之謂之法。利用出入，民咸用之謂之神。見，賢遍反。闔、闢，動靜之機也。先言坤者，由靜而動也。乾坤變通者，化育之功也。見象形器者，生物之序也。法者，聖人脩道之所爲；而神者，百姓自然之日用也。

（宋）司馬光《温公易説・繫辭上》其孰能與于此哉？古之聰明叡知神武而不殺者夫！韓曰：服萬物而不以威刑。

（宋）李衡《周易義海撮要・繫辭上》神以知來，知以藏往。其孰能與於此哉？古之聰明睿智神武而不殺者夫！【略】

如弧矢取諸睽，刑罰取諸噬嗑之類，皆是神其威武，不用刑殺，而天下自服也。胡

（清）孫星衍《周易集解・繫辭上》《易》有四象，所以示也。解：侯果曰：四象，謂上文神物也，變化也，垂象也，圖書也。四者治人之洪範，《易》有此象以示人也。集解：鄭康成曰：布六於北方以象水，布八於東方以象木，布九於西方以象金，布七於南方以象火，〔漢上叢説〕諸儒有以四象爲七八九六。疏：莊氏曰：四象，謂六十四卦之中，有實象，有假象，有義象，有用象，爲四象也。何氏云：四象，謂天生神物，聖人則之，一也。天地變化，聖人效之，二也。天垂象，見吉凶，聖人象之，三也。河出圖，洛出書，聖人則之，四也。并同。

（宋）司馬光《温公易説・繫辭上》是故法象莫大乎天地，變通莫大乎四時，縣象著明莫大乎日月，崇高莫大乎富貴。備物致用，立成器以為天下利，莫大乎聖人。探賾索隱，鉤深致遠，以定天下之吉凶，成天下之亹亹者，莫大乎蓍龜。

富貴，富有四海，貴為天子。備物致用，蓄育萬物，以為人用。立成器以為天下利，謂法度也。亹亹，勉勉也，使人去凶就吉。

（明）來知德《易經集注・繫辭下》神農氏没，黄帝、堯、舜氏作，通其變，使民不倦，神而化之，使民宜之。《易》窮則變，變則通，通則久。是以自天祐之，吉無不利。黄帝、堯、舜垂衣裳而天下治，蓋取諸乾、坤。

陽極則必變于陰，陰極則必變于陽，此變也。陽變于陰則不至于亢，陰變于陽則不至于伏，此通也。陽而陰，陰而陽，循環無端，所以能久。是以聖人之治天下，民之所未厭者，聖人不強而去之；民之所未安者，聖人不強而行之。如此變通，所以使民不倦。不然，民以爲紛更，安得不倦？由之而莫知其所以然者，神也。以漸而相忘于不言之中者，化也。神而化之，所以使民宜之。不然，民以爲不便，何宜之有？犧農之時，民朴俗野，至黄帝、堯、舜時，風氣漸開，時已變矣。三聖知時當變也，而通其變，使天下之人皆歡忻鼓舞，趨之而不倦。所以然者，非聖人有以強之也，亦神而化之而已。惟其神而化之，故天下之民安之，以爲宜。惟其宜之，故趨之而不倦也。蓋天地之理數，窮則變，變則通，通則久。犧農之時，人害雖消，而人文未著；衣食雖足，而禮義未興。故黄帝、堯、舜惟垂上衣下裳之制，以明尊卑貴賤之分，而天下自治者，以窮則變，是以神而化之，與民宜之也。蓋取諸乾坤者，乾坤之理亦變化無爲，此乾坤之義也。乾坤之體亦上衣下裳之尊卑，此乾坤之象也。

（清）王夫之《尚書引義》卷一《舜典二》故君子所甚嚴者法，故能養之孝，而下斥之犬馬，所必寛者情，故閨門蕺亂，而僅曰帷薄不修。惟其敬也，則亦重愛其名，而不忍以不親不遜之大慭，加諸與同覆載之人羣。藉其不然，閨庭小有不謹，忮娼者翹之以相告訐，形迹可摘，證佐罔徵，蔣之奇以陷歐陽修，温體仁以殺鄭鄤，毒流於搢紳，害傾夫人國。自非漢高之明，景帝之察，陳平伏死於歐刀，直不疑赭衣於司寇，天錫烝民之五品，爲酷吏姦臣之羅織經而有餘矣。

法立於畫一，以別嫌而明微；教養以從容，或包荒而養正。君子所甚懼者，以申、韓之酷政，文飾儒術，而重毒天下也。朱子於此，有遺議矣。唐仲友之不肖，夫人而知之也。王淮之黨姦，亦夫人而知之也。蠹國殃民，黨邪醜正，暴之市朝，彼何所辭？而以醉飽房帷之事，假嚴蘂以

致之罪，則仲友之罰，可矜疑於風波，而鍛鍊鉗網之名，反歸之君子。矯之以嚴，欲辭申、韓之過而不得矣。

士師之職，惟明克允，司徒之命，敷教在寬。刑禮異施，弛張順道，百王不易之則，以扶進人心，昭明天彝者，此也。子曰：欲速則不達，見小利則大事不成。小快其疾惡之心，速效於一切之法，作之君，作之師，以綏四方，詎勝其任與！

（宋）蔡沈《書經集傳·虞書·益稷》 禹曰：俞哉！帝光天之下，至于海隅蒼生，萬邦黎獻，共惟帝臣。惟帝時舉，敷納以言，明庶以功，車服以庸。誰敢不讓，敢不敬應？帝不時，敷同日奏罔功。

俞哉者，蘇氏曰：與《春秋傳》公曰諾哉意同，口然而心不然之辭也。隅，角也。蒼生者，蒼蒼然而生，視遠之義也。獻，賢也。黎獻者，黎民之賢者也。共，同。時，是也。敷納者，下陳而上，納也。明庶者，明其衆庶也。禹雖俞帝之言，而有未盡然之意。謂庶頑讒説，加之以威，不若明之以德，使帝德光輝達於天下，海隅蒼生之地，莫不昭灼。德之遠著如此，則萬邦黎民之賢，孰不感慕興起，而皆有帝臣之願，惟帝時舉而用之爾？敷納以言而觀其蘊，明庶以功而考其成，旌能命德以厚其報。如此，則誰敢不讓於善，敢不精白一心，敬應其上？而庶頑讒説，豈足慮乎！帝不如是，則今任用之臣，遠近敷同，率爲誕慢，日進於無功矣，豈特庶頑讒説爲可慮哉！

（宋）蔡沈《書經集傳·商書·太甲上》 若虞機張，往省括于度，則釋。欽厥止，率乃祖攸行。惟朕以懌，萬世有辭。虞，虞人也。機，弩牙也。括，矢括也。度，法度，射者之所凖望者也。釋，發也。言若虞人之射，弩機既張，必往察其括之合於法度，然後發之，則發無不中矣。欽者，肅恭收斂。止，見《虞書》。率，循也。欽厥止者，所以立本。率乃祖者，所以致用。所謂省括于度，則釋也。王能如是，則動無過舉，近可以慰悦尹心，遠可以有譽於後世矣。安汝止者，聖君之事，生而知者也。欽厥止者，賢君之事，學而知者也。

《尚書·商書·盤庚上》 盤庚斆于民，由乃在位，以常舊服正法度，曰：無或敢伏小人之攸箴。王命衆，悉至于庭。

《尚書·商書·説命中》 惟説命總百官，乃進于王曰：嗚呼！明王奉若天道，建邦設都，樹后王、君公，承以大夫、師長，不惟逸豫，惟以亂民。惟天聰明，惟聖時憲，惟臣欽若，惟民從乂。惟口起羞，惟甲冑起戎，惟衣裳在笥，惟干戈省厥躬。王惟戒兹，允兹克明，乃罔不休。惟治亂在庶官，官不及私昵，惟其能。爵罔及惡德，惟其賢。慮善以動，動惟厥時。有其善，喪厥善；矜其能，喪厥功。惟事事乃其有備，有備無患。無啓寵納侮，無恥過作非。惟厥攸居，政事惟醇。黷于祭祀，時謂弗欽。禮煩則亂，事神則難。

（宋）蔡沈《書經集傳·商書·説命中》 惟口起羞，惟甲冑起戎，惟衣裳在笥，惟干戈省厥躬。王惟戒兹，允兹克明，乃罔不休。冑，直又反。言語，所以文身也，輕出則有起羞之患。甲冑，所以衛身也，輕動則有起戎之憂。二者所以爲己，當慮其患於人也。衣裳，所以命有德，必謹於在笥者，戒其有所輕予。干戈，所以討有罪，必嚴於省躬者，戒其有所輕動。二者所以加人，當審其用於己也。王惟戒此四者，信此而能明焉，則政治無不休美矣。

《尚書·商書·説命下》 王曰：嗚呼！説。四海之内，咸仰朕德，時乃風。股肱惟人，良臣惟聖。昔先正保衡作我先王，乃曰：予弗克俾厥后惟堯舜，其心愧恥，若撻于市。一夫不獲，則曰時予之辜。佑我烈祖，格于皇天。爾尚明保予，罔俾阿衡專美有商。惟后非賢不乂，惟賢非后不食。其爾克紹乃辟于先王，永綏民。

説拜稽首曰：敢對揚天子之休命。

（宋）蔡沈《書經集傳·周書·武成》 列爵惟五，分土惟三，建官惟賢，位事惟能，重民五教，惟食喪祭，惇信明義，崇德報功，垂拱而天下治。列爵惟五，公侯伯子男也。分土惟三，公侯百里、伯七十里、子男五十里之三等也。建官惟賢，不肖者不得進。位事惟能，不才者不得任。五教，君臣、父子、夫婦、兄弟、長幼，五典之教也。食以養生，喪以送死，祭以追遠。五教三事，所以立人紀而厚風俗，聖人之所甚重焉者。惇，厚也。厚其信，明其義，信義立而天下無不勵之俗。有德者尊之以官，有功者報之以賞。官賞行，而天下無不勸之善。夫分封有法，官使有要，五教修而三事舉，信義立而官賞行，武王於此復何爲哉？垂衣拱手而天下自治矣。史臣述武王政治之本末，言約而事博也如此哉！此當在大邑周之下，而上猶有缺文。

《尚書·周書·洪範》 五、皇極：皇建其有極。斂時五福，用敷錫厥庶民；惟時厥庶民于汝極，錫汝保極。凡厥庶民，無有淫朋，人無有比德，惟皇作極。凡厥庶民，有猷有爲有守，汝則念之。不協于極，不罹于咎，皇則受之，而康而色。曰：予攸好德。汝則錫之福，時人斯其惟皇之極。無虐煢獨，而畏高明。人之有能有爲，使羞其行，而邦其昌。凡厥正人，既富方穀。汝弗能使有好于而家，時人斯其辜。于其無好德，汝雖錫之福，其作汝用咎。

無偏無陂，遵王之義；無有作好，遵王之道；無有作惡，遵王之路。無偏無黨，王道蕩蕩；無黨無偏，王道平平；無反無側，王道正直。會其有極，歸其有極。曰皇極之敷言，是彝是訓，于帝其訓。凡厥庶民極之敷言，是訓是行，以近天子之光。曰天子作民父母，以爲天下王。

六、三德：一曰正直，二曰剛克，三曰柔克。平康，正直；彊弗友，剛克；燮友，柔克。沈潛，剛克；高明，柔克。惟辟作福，惟辟作威，惟辟玉食，臣無有作福、作威、玉食。臣之有作福、作威、玉食，其害于而家，凶于而國。人用側頗僻，民用僭忒。

《尚書·周書·康誥》王曰：汝陳時臬事。罰蔽殷彝，用其義刑義殺。勿庸以次汝封，乃汝盡遜，曰時敘，惟曰未有遜事。已，汝惟小子，未其有若汝封之心。朕心朕德惟乃知。

（清）皮錫瑞《今文尚書考證·康誥》姦宄，殺越人于貨，暋不畏死，罔弗憝。今文暋作閔，罔弗憝上多凡民二字，弗憝作不譈。《孟子》曰《康誥》曰殺越人于貨，閔不畏死，凡民罔不譈。是不待教而誅者也。殷受夏，周受殷，所不辭也。趙注曰：《康誥》，《尚書》篇名，周公戒成王、康叔封。越，于，皆於也。殺於人，取於貨，閔然不知畏死者。譈，殺也。凡民無不得殺之者。若此之惡，不待君之教命，遭人得討之。三代相傳，以此法不須辭問也。案：臺卿治今文學者，所據《孟子》本當同今文，故與《說文》引《周書》曰暋不畏死，凡民罔不憝異。訓譈爲殺，亦與《說文》作憝訓怨不同。蓋今文說也。

（宋）蔡沈《書經集傳·周書·洛誥》乃惟孺子，頒朕不暇，聽朕教汝，于棐民彝。汝乃是不蘉，乃時惟不永哉！篤敘乃正父，罔不若予，不敢廢乃命。汝往敬哉！茲予其明農哉！彼裕我民，無遠用戾。此教養萬民之道也。頒朕不暇，未詳。或曰成王當頒布我汲汲不暇者，聽我教汝所以輔民常性之道。汝於是而不勉焉，則民彝泯亂，而非所以長久之道矣。正父，武王也。猶今稱先正云者。篤者，篤厚而不忘，敘者，先後之不紊。言篤敘武王之道，無不如我，則人不敢廢汝之命矣。呂氏曰：武王沒，周公如武王，故天下不廢周公之命。周公去，成王如周公，則天下不廢成王之命。戾，至也。王往洛邑，其敬之哉。我其退休田野，惟明農事，蓋公有歸老之志矣。彼，謂洛邑也。王於洛邑和裕其民，則民將無遠而至焉。

《尚書·周書·君陳》王若曰：君陳！惟爾令德孝恭，惟孝友于兄弟，克施有政。命汝尹茲東郊，敬哉！昔周公師保萬民，民懷其德。往慎乃司，茲率厥常，懋昭周公之訓，惟民其乂。我聞曰：至治馨香，感于神明。黍稷非馨，明德惟馨爾。尚式時周公之猷訓，惟日孜孜，無敢逸豫。凡人未見聖，若不克見。既見聖，亦不克由聖。爾其戒哉！爾惟風，下民惟草。圖厥政，莫或不艱，有廢有興，出入自爾師虞，庶言同則繹。爾有嘉謀嘉猷，則入告爾后于內，爾乃順之于外。曰：斯謀斯猷，惟我后之德。嗚呼！臣人咸若時，惟良顯哉。

《尚書·周書·君牙》王若曰：嗚呼！君牙。惟乃祖乃父世篤忠貞，服勞王家，厥有成績，紀于太常。惟予小子嗣守文、武、成、康遺緒，亦惟先正之臣，克左右亂四方。心之憂危，若蹈虎尾，涉于春冰。今命爾予翼，作股肱心膂，纘乃舊服，無忝祖考。弘敷五典，式和民則，爾身克正，罔敢弗正。民心罔中，惟爾之中。夏暑雨，小民惟曰怨咨；冬祁寒，小民亦惟曰怨咨。厥惟艱哉！思其艱以圖其易，民乃寧。嗚呼！丕顯哉！文王謨。丕承哉！武王烈。啓佑我後人，咸以正罔缺。爾惟敬明乃訓，用奉若于先王，對揚文、武之光命，追配于前人。

（清）王夫之《尚書引義》卷六《呂刑》乃或又爲之說曰：流宥五刑，爲此言也，而抑不然。古之以流爲宥者，爲在八議之科耳。故以施之共、驩、蔡、霍，而不下逮於庶人。彼既有爵土，享富貴，涖臣民，長子孫，奉廟祀，則投畀四裔，內不得世食其國邑，外不得身廁於寓公，而罰亦重矣。若夫不軌之罷民，去墳墓，遠親戚，以趨利於四方，視去其鄉如脫敝屣，而流亦何足以懲？至於加之以桎梏，責之以鬼薪城旦之勞，煩冤劇苦之以不得有其生，則既流之而又病之，或從而墨之，是刑罰與流並施於一人之身，後世不仁之政，而豈先王之典哉？況乎投楚夏於煙瘴，驅疲弱於口外，名爲不殺，而假手於谿毒、射工及夷狄之鋒刃，以陰絕其命，恩不足紀而威亦不足立矣。則何似困以罰者之名正而事成，且以開其自新之路也？

藉曰穆王以財匱而訓贖刑，非經國之大猷。乃卽有縱有罪、驕富人之弊，而以視國計已蹙，横加賦斂，吏緣爲姦，朘削農民者，不猶相逕庭邪？蕭望之刻薄之說，徒以偏辭拒張敞，遊於聖人之門者，不當爲之左袒也。

罰者，非穆王之昉也。自唐虞以來，未之或易也。夫豈帝王之不審而爲此哉？天之有六極也，各有所用以施其化，帝王體之而嚮威行焉。六極有貧而罰道行矣。因天之道，審人之情，雖有損益，其何病焉！

（清）牟庭《同文尚書・周書・甫刑之命》 王曰：若古有訓，蚩尤惟始作亂，延及于平民，罔不寇賊鴟俄，奪攘矯虔。苗氏弗用令，制以刑，惟作五虐之刑，曰法。殺戮無辜，爰始淫為劓、刵、椓、黥。越茲麗刑並制，罔差有嗣。苗興胥漸，泯棼，罔中于信，以覆詛盟。虐威庶戮，旁告無辜于上，上帝監氏，罔有馨香，德刑發聞惟腥。皇帝哀矜庶戮之不辜，報虐以威，遏絶苗氏，無世在下。乃命重黎，絶地天通，罔有降格。羣后之逮在下，明明非常，鰥寡無蓋。皇帝清問下民，鰥寡有嗣于苗。德威惟威，德明惟明。乃命三后，率功于民：伯夷降典，悊民惟刑；禹平水土，主名山川；稷降百種，釀殖嘉穀。三后成功，惟隱于民。士制百姓于刑之衷，以教振德。穆穆在上，明明在下，焯于四方，罔不惟德之勤。故乃明于刑之衷，恤乂于民匪彝。典獄，非汔于威，惟汔于福。敬忌，而罔有擇言在躬。惟克天德，自作元命，配享在下。【略】庭按：王命諸侯曰：若自前古有訓典之書。言古者蚩尤好兵，惟是造始作亂之人。其暴行所延漸於無位之平民，無不冦盜猾賊，鴟張俄衺，刼奪而攘竊，矯謾而虔殺，此則刑之所以用也。而苗氏為諸侯，縱容有罪，不用天子之令，制以刑亂人，乃惟自作五虐之刑，日日用法，殺戮無辜。於是始濫為刖刑，斷足；劓刑，截鼻；椓刑，破陰；黥刑，墨面。於茲附麗刑章者，則並合五刑，而斷制之無有重輕之差。其後，苗氏子孫復有繼嗣興起而為虐者。胥時漸久，刑亦泯棼益亂，無有當於信讞。而文致株連以覆察詛盟之人，興起巫蠱之訟。虐威所加，庶戮之衆，竝以無辜告訴於上帝。上帝監視苗氏，無有馨香明德，而刑所發聞惟是腥臭。上帝以其殺戮者衆，而不以其辜，乃報殘虐之行，以疾威之怒，遏絶苗氏之族。使無世官之位，以在王侯之下，猶恐其復興也。乃命重黎為天官，絶地天之通，定卑尊之位，使高明之家無有替降，庶賤之子無有上升。自諸侯羣臣以逮百官，有位在王侯之下者，恒處明明之顯職，保禄位之非常，不下降也。而鰥寡之窮民永無苦蓋，以為庇不上升也。天帝清察下民，而問無苦蓋者。誰也？則對曰：鰥寡也。繼嗣於苗氏者，獨有此矣。既察其鰥寡，亦察其明明秉德。威虐者惟報以威，秉德明允者惟報以明，此之謂清問也。天乃命明德三后，率其次序，自功於民。伯夷降下典禮，惟使明悊之民，由禮而行。禹平治水土，為天下名山川，立其人以主守之。稷降下百種，擇其嘉穀，而厚種殖之。三君各成其功，惟皆殷憂於民事也。而士師皐陶，則制命約誓於百官族姓，而振德以教之者也。天子穆穆而在上，百官明明在其下，照見於四方，莫不勸勤而修德，故乃能明於刑之至當，而相率以乂安萬民，此非故常主獄之人也。其所為非近於威虐，更近於福祥。其心惟敬慎，其而無有可擇之言在，其躬身惟是，好生惡殺，能為上天之大德。故能自造元命，逢吉受福，非賴天祐而自我作始。王后在上，百官在下，為之配對享有禄位。

（漢）韓嬰《韓詩外傳》卷三 人主之疾，十有二發，非有賢醫，莫能治也。何謂十二發？曰：痿、蹷、逆、脹、滿、支、隔、盲、煩、喘、痺、風，此之曰十二發。賢醫治之如何？曰：省事輕刑，則痿不作。無使小民飢寒，則蹷不作。無令財貨上流，則逆不作。無令倉廩積腐，則脹不作。無使府庫充實，則滿不作。無使羣臣縱恣，則支不作。無使下情不上通，則隔不作。上材恤下，則盲不作。法令奉行，則煩不作。無使下怨，則喘不作。無使賢伏匿，則痺不作。無使百姓歌吟誹謗，則風不作。夫重臣羣下者，人主之心腹支體也。心腹支體無疾則人主無疾矣。故非有賢醫莫能治也。人皆有此十二疾，而不用賢醫，則國非其國矣！

又： 不高臺榭，非無土木也。不大鍾鼎，非無金錫也。不沈於酒，不貪於色，非辟醜也。直行情性之所安，而制度可以爲天下法矣。故用不靡財，足以養其生，而天下稱其仁也。養不害性，足以成教，而天下稱其義也。適情辟餘，不求非其有，而天下稱其廉也。行成不可掩，息刑不可犯，執一道而輕萬物，天下稱其勇也。四行在乎民，居則婉愉，怒則勝敵。故審其所以養而治道具矣。治道具而遠近畜矣。《詩》曰：於鑠王師，遵養時晦。言相養者之至於晦也。

（漢）韓嬰《韓詩外傳》卷五 造父，天下之善御者矣，無車馬則無所見其能。羿，天下之善射者矣，無弓矢則無所見其巧。彼大儒者，善調一天下者也，無百里之地則無所見其功。夫車固馬選而不能以致千里者，則非造父也。弓調矢直而不能射遠中微者，則非羿也。用百里之地而不能調一天下制四夷者，則非大儒也。彼大儒者，雖隱居窮巷陋室，無置錐之地，而王公不能與之爭名矣。用百里之地，則千里之國不能與之爭勝矣。箠笞暴國，一齊天下，莫之能傾，是大儒之勳也。其言有類，其行有禮，其舉事無悔，其持險應變曲當，與時遷徙，與世偃抑，千舉萬變，其道一也，是大儒之稽也。故有俗人者，有俗儒者，有雅儒者，有大儒者。

（漢）韓嬰《韓詩外傳》卷六 事強暴之國難，使強暴之國事我易。事之以貨寶，則寶單而交不結。約契盟誓，則約定而反無日。割國之錙錘以賂之，則割定而欲無厭。事之彌順，其侵之愈甚，必致寶單國舉而後已。雖左堯右舜，未有能以此道免者也。故非有聖人之道，特以巧敏拜請畏事之，則不足以持國安身矣。故明君不道也。必修禮以齊朝，正法以齊官，平政以齊下，然後禮義節奏齊乎朝，法則度量正乎官，忠信愛利刑乎下。行一不義，殺一無罪，而得天下不爲也。故近者競親而遠者致願。上下一心，三軍同力。名聲足以薰炙之，威強足以一齊之，則拱揖指麾，而強暴之國莫不趨使如赤子歸慈母者，何也？仁形義立，教誠愛深。故《詩》曰：王猷允塞，徐方既來。

（漢）韓嬰《韓詩外傳》卷八　度地圖居以立國，崇恩溥利以懷衆，明好惡以正法度，率民力稼，學校庠序以立教，事老養孤以化民，升賢賞功以勸善，懲奸絀失以醜惡，講御習射以防患，禁奸止邪以除害，接賢連友以廣智，宗親族附以益強。《詩》曰：愷悌君子。

（漢）韓嬰《韓詩外傳》卷一〇　楚有士曰申鳴，治園以養父母，孝聞於楚。王召之，申鳴辭不往。其父曰：王欲用汝，何謂辭之？申鳴曰：何舍爲孝子，乃爲王忠乎？其父曰：使汝有禄於國，有位於廷，汝樂而我不憂矣。我欲汝之仕也。申鳴曰：諾。遂之朝受命，楚王以爲左司馬。其年遇白公之亂，殺令尹子西、司馬子期，申鳴因以兵圍之。白公謂石乞曰：申鳴，天下之勇士也，今將兵，爲之奈何？石乞曰：吾聞申鳴孝子也，劫其父以兵。使人謂申鳴曰：子與我，則與子分楚國，不與我，則殺乃父。申鳴流涕而應之曰：始則父之子，今則君之臣，已不得爲孝子矣，安得不爲忠臣乎？援桴鼓之，遂殺白公。其父亦死焉。王歸賞之，申鳴曰：受君之禄，避君之難，非忠臣也。正君之法，以殺其父，又非孝子也。行不兩全，名不兩立，悲夫！若此而生，亦何以示天下之士哉！遂自刎而死。《詩》曰：進退惟谷。

《周禮注疏・天官・冢宰》　設官分職，鄭司農云：置冢宰、司徒、宗伯、司馬、司寇、司空，各有所職而百事舉。疏：設官分職。釋曰：既體國經野，此須立官以治民，故云設官分職也。注：鄭司農至事舉。釋曰：此謂設天地四時之官，即六卿也。即有其官，須有司職，故云各有所職。職謂主也，天官主治，地官主教，春官主禮，夏官主政，秋官主刑，冬官主事。六官，官各六十，則合有三百六十官。官各有主，故云百事舉。

《周禮注疏・天官・宮正》　宮正，掌王宮之戒令、糾禁。糾猶割也，察也。疏：注糾猶至察也。釋曰：案下經王宮中有官府，故掌王宮之戒令之事。有過失者，已發則糾而割察之，其未發則禁之也。【略】

稽其功緒，糾其德行。稽猶考也，計也。功，吏職也。緒，其志業。行，下孟反。疏：稽其至德行。釋曰：緒，業也。宮正考計其宮中卿大夫士功狀及職業多少，糾察其在心為德、施之爲行二者也。【略】

會其什伍而教之道藝。五人爲伍，二伍爲什。會之者，使之輩作輩學相勸帥，且寄宿衛之令。鄭司農云：道謂先王所以教道民者，藝謂禮樂射御書數。會，如字，注同。教道，徒報反，下道，導同。疏：注五人至書數。釋曰：宮正掌宮中卿大夫士，亦兼掌子弟。會，謂會合其宮中子弟，使之以五人爲伍，二伍爲什。必會合之者，欲使之宿衛時語言相體，服容相識，是其輩作也。及其學問，又相親及切磋琢磨，是其輩學。揔是相勸帥也。云且寄宿衛之令者，《管子》云：因内政，寄軍令，在家時五家爲比，在軍還五人爲伍之類。此亦五人爲伍，二伍爲什，使之輩學，似若在家也，因使之宿衛，以寄軍令也。先鄭云：道謂先王所以教道民者，謂若《保氏》云掌養國子以道而教之六藝。道，則《師氏》三德、三行也。藝，謂禮樂射御書數，亦《保氏》職文也。

《周禮注疏・天官・司書》　司書，掌邦之六典、八灋、八則、九職、九正、九事邦中之版，土地之圖，以周知入出百物，以叙其財，受其幣，使入于職幣。九正謂九賦九貢。正，税也。九事謂九式，變言之者，重其職。明本而掌之，非徒相副貳也。叙猶比次也，謂鉤考其財幣所給，及其餘見，爲之簿書。故書受爲授。鄭司農云：授當爲受，謂受財幣之簿書也。玄謂亦受録其餘幣，而爲之簿書，使之入于職幣。弊物當以時用之，久藏將朽蠹。正，音征，注同。比，毗志反。見，賢遍反，下同。簿，步故反，下同。蠹，都路反。疏：司書至職幣。釋曰：言掌邦之六典已下，至周知入出百物已上，所掌與司會同者，以其司會主鉤考，司書掌書記之，司書所記，司會鉤考之，故二官所掌，其事通焉。九職即《司會》九功也，九正即《司會》九賦九貢也，九事即《司會》九式也，邦中之版、土地之圖，即《司會》版圖也。周知入出百物者，即《司會》百物財用，一也。云以叙其財者，叙謂比次其財，知用多少。云受其幣者，百官所用餘財，送來與司書，司書受其幣，使入於職幣之官，不入本府。注：九正至朽蠹。釋曰：知九正謂九賦九貢者，案上《司會》有九賦九貢，此《司書》則有九正，無九賦九貢，故知九正則是九賦九貢也。言九正者，謂此二者之財皆出於正税，故鄭云：正，税也。又云：九事謂九式者，九式，據用財言之，九事，據用財所爲之事，其理一也。云：變言之者，重其職，謂變九賦九貢言九正，變九式言九事也，重以其職。明本而掌之，非徒相副貳也，其相副貳者，謂《司會》八法八則之貳是也。云：所給及其餘見爲之簿書者，司書周知入出百物，以叙其財，明知叙其財者，所給諸官餘不盡者，即以餘見爲之簿書，擬與司會鉤考之。玄謂亦受録其餘幣，而爲之簿書者，此增成先鄭受謂受財幣之簿書。云：幣物當以時用之，久藏將朽蠹者，釋經百官餘幣不入於本府而入於職幣之意。若入本府，即是久藏。將恐朽爛蠹敗，故入職幣，使人占賣之，本在生利也。凡上之用財用，必攷于司會。上謂王與冢宰。王雖不會，亦當知多少而闕之。司會以九式均節邦之財用。疏：注上謂至財用。釋曰：知上謂王與冢宰者，案《内府》職云：凡王及冢宰賜與，則共之，明此上中有冢宰可知。云：王雖不會，亦當知多少而闕之者，案上《膳夫》、《庖人》及《外府》等，皆言王及后不會。此經上之用財必考於司會者，此之所考，但知多少而闕之，非是會計與王爲限。云：司會以九式均節邦之財用者，欲見司書用財必考於司會之意。三歲則大計羣吏之治，以知民之財器械之數，以知田野夫家六畜之數，以知山林川澤之數，以逆羣吏之徵令。械猶兵也。逆，受而鉤考之。山林川澤童枯則不税。械，户戒反。畜，許又反。疏：三歲至徵令。釋曰：言三歲者，三年一閏，天道小成。考校羣吏，須有黜陟，故云：三歲則大計羣吏之治，羣吏則百官也。以知民之財用器械之數者，民之財用謂幣帛多少，器謂禮樂之器，械謂兵器，弓矢戈殳戟矛。此等則器械之數皆知之。以知田野，謂百畝之田在野。夫家者，謂男夫婦女。六畜者，謂馬牛羊豕犬雞之數。又云：以知山林川澤之數者，案《大司徒》地有十等，不言丘陵墳衍原隰者，略言之也。又云：以逆羣吏之徵令者，逆謂鉤考也。此司書知民之財器已下，川澤已上，恐其羣吏濫徵斂萬民，故知此本數，乃鉤考其徵令也。注：械猶至不税。釋曰：山林川澤童枯則不税者，山林不茂爲童，川澤無水爲枯。所税者，税其有。今山林不茂則無材木，川澤無水則無魚鼈、蒲葦，故不税之。凡税斂，掌事者受灋焉。及事成，則入要貳焉。法猶數也，應當税者之數。成猶畢也。斂，力驗反。疏：凡税至貳焉。釋曰：言凡税斂者，謂若地官閭師、旅師徵斂之官。所欲税斂，掌事者皆來司書處受法焉。及事成，收斂畢入要，寫一通副貳文書，名爲要，入司書。故云：入要貳焉。必來受法又入要貳者，以司書知財器已下之數，擬後鉤考之也。注：法猶至畢也。釋曰：云：應當税者之數，即上田野夫家之等，是其本出税者之數也。凡邦治，攷焉。考其法於司書。疏：凡邦治攷焉。釋曰：邦之所治有善惡，皆來考於司書者，以司書大計羣吏之治，知其功過故也。

《周禮注疏・天官・内宰》 内宰掌書版圖之灋，以治王内之政令，均其稍食，分其人民以居之。版謂宮中閽寺之屬及其子弟録籍也。圖，王及后、世子之宮中吏官府之形象也。政令，謂施閽寺者。稍食，吏禄稟也。人民，吏子弟。分之使衆者就寡，均宿衛。疏：注版謂至宿衛。釋曰：内宰既職當内事，與大宰主外事相似，故知版之所書者，謂宮中閽寺之屬並宮中官之子弟，皆屬内宰，書之於版焉。既主内事，故知所圖者，不出王及后、世子之宮中吏官府之形象也。又知政令，謂施閽寺者，以其閽人主中門之禁，寺人掌王之内人之戒令，内宰爲之長，故知政令者施之於閽人、寺人也。不言内小臣及内豎者，蓋亦施之也。云：稍食，吏禄稟也者，吏即閽寺子弟宿衛后宮者，宮正所均，謂宿衛王宮者，以米稟爲禄之月俸。均之者，當知見在空闕也。云：人民吏子弟者，以其所均稍食是吏之子弟，明所分宿衛還是吏之子弟也。以陰禮教六宮，鄭司農云：陰禮，婦人之禮。六宮後五前一，王之妃百二十人：后一人，夫人三人，嬪九人，世婦二十七人，女御八十一人。玄謂六宮，謂后也。婦人稱寢曰宮。宮，隱蔽之言。后象王，立六宮而居之，亦正寢一，燕寢五。教者，不敢斥言之，謂之六宮，若今稱皇后爲中宮矣。《昏禮》：母戒女曰：夙夜毋違宮事。疏：以陰禮教六宮。釋曰：先鄭意以陰禮婦人之禮，教六宮之人，自后已下至女御。後鄭意以婦人之禮教后一人，六宮即后也。注鄭司至宮事。釋曰：先鄭知陰禮，婦人之禮者，以其將用教婦人，故知陰禮是婦人之禮也。云：六宮，後五前一者，天子謂之六寢，《宮人》所云者是也。后亦象王立宮，亦後五前一，在王六寢之後爲之，南北相當耳。云：王之妃百二十人至八十一人，此是《禮記・昏義》之文，彼據周法。引之者，先鄭意，欲見内宰教此六宮之人也。玄謂六宮謂后，不從先鄭者，若此文兼后至女御，應言及與凡殊之，下別自教三夫人已下。此文既在於上，明專教后一人而已。云：若今稱皇后爲中宮矣者，漢舊儀有此事也。引《昏禮》者，證婦人稱宮之意也。以陰禮教九嬪，教以婦人之禮。不言教夫人、世婦者，舉中，省文。省，所景反。疏：注教以至省文。釋曰：司農意，上文教六宮之人訖，此復教九嬪者，先鄭意以九嬪掌婦學之法，使之教九御，故内宰復更別教之也。後鄭意，下文別教九御，故知此教三夫人已下。不言三夫人、世婦者，舉中，以見上下省文。以婦職之灋教九御，使各有屬以作二事，正其服，禁其奇衺，展其功緒。婦職，謂職紝組紃縫線之事。九御，女御也，九九而御于王，因以號焉。使之九九爲屬，同時御又同事也。正其服，止踰侈。奇衺，若今媚道。展猶録也。緒，業也。故書二爲三，杜子春云：當爲二，二事謂絲、枲之事。奇，紀宜反。衺，似嗟反，本亦作邪。紝，女金反。組，音祖。紃，似倫反。線，仙戰反，字亦作綫。疏：以婦至功緒。釋曰：内宰以婦人職業之法教九御。上文世婦已上，皆直言陰禮不言職，此言職者，以其世婦以上貴，無絲、枲等職業之法故也。云使各有屬者，女御八十一人，九人爲一屬，屬猶聚也。九人同時御，又同爲絲、枲之事。注婦職至之事。釋曰：婦職謂織紝，織紝爲一事，組紃又爲一事，縫線又爲一事，三者皆婦職也。案《詩》注云：王后織玄紞，公侯夫人紘綖，卿之内子大帶，大夫命婦成祭服，士妻朝服，庶士以下各衣其夫。貴賤皆有職者，彼示雖貴無得遊乎，率先之意，非如此絲、枲二事，責其功緒也。又云：九御，女御也者，《序官》

云女御，故就而釋之也。云：九九而御于王，因以號焉者，案下《女御》職云：掌御叙于王之燕寢。此云九御是九九而御于王，因以號焉。云：使之九九爲屬，同時御又同事也者，此鄭釋九人爲屬之意也。云：正其服，止踰侈者，女御褖衣是正，不得踰侈服展衣以上也。云：奇衺，若今媚道者，案《漢書》漢孝文時，婦人蠱惑媚道，更相呪詛，作木偶人埋之於地。漢法又有宫禁，云：敢行媚道者。若然，媚道謂道妖衺巫蠱以自衒媚，故鄭舉漢法證經奇衺也。大祭祀，后祼獻，則贊，瑶爵亦如之。謂祭宗廟，王既祼而出迎牲，后乃從後祼也。《祭統》曰：君執圭瓚祼尸，大宗執璋瓚亞祼。此大宗亞祼，謂夫人不與而攝耳。獻謂王薦腥薦孰，后亦從後獻也。瑶爵，謂尸卒食，王既酳尸，后亞獻之，其爵以瑶爲飾。祼，古亂反。瑶，音遥。不與，音預。酳，士靳反，劉侯吝反，又音胤。疏：大祭至如之。釋曰：大祭祀，謂祭宗廟也。后祼者，謂室中二祼，后亞王祼尸。獻謂朝踐饋獻，后以玉爵亞王而獻尸。則贊者，此三事内宰皆佐后。祼時以璋瓚授后，獻時以玉爵授后，故云則贊也。瑶爵亦如之者，謂尸卒食，王酳尸，后亞王而酳尸，則内宰以瑶爵授后，后親酌盎齊以酳尸，云瑶爵亦如之者，亦贊之也。注謂祭至爲飾。釋曰：以其天地、山川、社稷等外神，后、夫人不與。又天地無祼，此云祼，故知經云大祭祀者，據宗廟而言也。但宗廟之祭，四時與禘祫六享，皆有此祼獻瑶爵之事，故摠言宗廟也。云：王既祼而出迎牲，后乃從後祼也者，案《郊特牲》云：既灌而出迎牲。彼據君而言，則知王既祼而出迎牲，后乃從祼也。案《司尊彝》注：后亞王灌訖乃出迎牲者，以《郊特牲》云既灌而出迎牲，以既灌之中不言無后灌，是以鄭云后灌後乃迎牲。此云迎牲後后乃祼，鄭以迎牲是王事，欲取王事自相亞，故退后祼於迎牲後也。又引《祭統》已下者，彼雖諸侯禮，欲見后有從王亞祼之事，與諸侯同也。又云：獻謂王薦腥薦孰，后亦從後獻也者，案《禮記·禮運》云：腥其俎，孰其殽。鄭云：腥其俎謂豚解而腥之，孰其殽謂體解而孰之。是其薦腥薦孰也。此二者是堂上朝踐饋獻之節，室中二灌訖，王出迎牲時，祝延尸於户外之西，南面，后薦八豆八籩，王牽牲入，以血毛告訖，以此腥其俎薦於神前，王以玉爵酌醴齊以獻尸，后亦以玉爵酌醴齊以獻尸也。朝踐訖，乃孰其殽，薦於神前，王以玉爵酌盎齊以獻尸，后亦玉爵酌盎齊以獻尸，名爲饋獻。云：瑶爵，謂尸卒食，王既酳尸，后亞獻之者，案《儀禮》鄭注云：諸侯尸十三飯，天子尸十五飯。尸食後，王以玉爵酌朝踐醴齊以酳尸，謂之朝獻。后亦於後以瑶爵酌饋獻時盎齊以酳尸，謂之再獻，故云后亞獻也。云：其爵以瑶爲飾者，鄉來所解知后以瑶爵亞酳尸者，約《明堂位》云：爵用玉醆仍彫，加以璧散、璧角。食後稱加，彼魯用王禮，即知王酳尸亦用玉醆，后酳尸用璧角，賓長酳尸用璧散。彼云璧，此云瑶，不同者，瑶，玉名，瑶玉爲璧形，飾角口則曰璧角，角受四升，爵爲摠號，故鄭云其爵以瑶爲飾也。正后之服位而詔其禮樂之儀。薦徹之禮當與樂相應。位謂房中、户内及阼所立處。疏：正后至之儀。釋曰：云正后之服位者，服謂若《内司服》禕衣已下六服。皆正之，使服當其用。位謂后助祭之位，正之使不失其所。而詔其禮樂之儀者，后之行禮之時，皆合于樂節，各當其威儀，皆内宰告后，使依於法度，故云詔其禮樂之儀也。注薦徹至立處。釋曰：案《九嬪》職云：贊后薦徹豆籩，是后薦徹也。天子之禮，薦時歌《清廟》，及徹歌《雍》，是薦徹皆有樂節。但《内宰》所詔，唯詔禮耳。經兼云樂者，禮樂相應也。云：位謂房中户内及阼所立處者，但天子諸侯祭禮亡，今云位謂房中者，案《儀禮·特牲》云：主婦亞獻尸，尸拜受，主婦北面拜送。主婦北面拜者，避内子。及尸酢主婦，主婦適房中，南面祭酒。及主人致爵于主婦，亦於房中南面拜受爵。至於《少牢》主婦入户，西面獻尸，及酢，主婦無入房之文，即此云位謂房中户内者，據《特牲》士禮而言也。云：及阼所立處者，案《少牢》、《有司徹》云：主人位于阼階上，獻尸侑訖，主婦乃洗爵于房中，出實爵，尊南西面獻尸，尸拜于筵上受，主婦西面，于主人席北拜送爵。云主人席北，即當阼階，故云阼所立處，此約《有司徹》而言也。贊九嬪之禮事。助九嬪贊后之事。九嬪者贊后薦玉齍，薦徹豆籩。齍，音咨。疏：注助九至豆籩。釋曰：贊，助也。鄭云：助九嬪贊后之事者，以經云：贊九嬪之禮事，則助九嬪，經自明矣。知九嬪贊后者，即鄭所引《九嬪》職贊后爲后薦玉齍，薦徹豆籩等，是九嬪贊后之事，即是内宰助九嬪，九嬪贊后也。凡賓客之祼獻、瑶爵，皆贊。謂王同姓及二王之後來朝覲爲賓客者。祼之禮，亞王而禮賓。獻謂王饗燕，亞王獻賓也。瑶爵，所以亞王酬賓也。《坊記》曰：陽侯殺穆侯而竊其夫人，故大饗廢夫人之禮。疏：凡賓至皆贊。釋曰：賓客則王同姓及二王後。以其非一，故云凡以廣之。云祼者，謂行朝覲禮訖，即行三享之禮，享訖，乃禮賓於户牖之間。獻謂饗燕賓客，后亦助王獻賓。瑶爵謂王饗燕酬賓時，后亦助王酬賓。皆贊助于后也。注謂王至之禮。釋曰：鄭知賓客是王同姓及二王之後者，見《大行人》云：上公之禮，再祼而酢，侯伯一祼而酢，子男一祼不酢，則是上公乃有再祼，王先一祼，次后再祼。按《孝經緯》云：二王之後稱公，則知二王之後有后祼也。又案《巾車》云：同姓金路，鄭云：王子母弟雖爲侯伯，畫服如上公。則此云王之同姓，亦謂爲侯伯得與上公同再祼，亦有后祼可知，若同姓爲子男者，則與異姓同一祼，無后祼也。故鄭云謂王同姓及二王之後來朝覲爲賓客者。但祼時大宗伯代后，至于拜送則后，則内宰亦贊后拜送爵。云：祼之禮，亞王而禮賓者，案《聘禮》有以醴禮賓之言，故鄭依而言之。若據《大行人》，則云祼也。云：獻謂王饗燕，亞王獻賓也者，后之祼者，饗燕亦與焉。案《掌客》云，上公三饗三食三燕，侯伯再饗再食再燕，子男一饗一食一燕。無飲酒之禮，唯有饗燕耳。饗者亨大牢以飲賓，立行禮在廟，獻依命數，爵盈而不飲。燕禮其牲狗，行一獻之禮，四舉旅，降脱屨，升坐，其爵以醉爲度。饗燕皆有獻賓酬賓，后亦助王獻賓酬賓之事，内宰皆贊后也。引《坊記》者，陽國之侯來朝於穆侯，穆侯饗陽侯之時，穆侯夫人亦助君獻酬于賓。其時陽侯見穆侯夫人色美，遂殺穆侯而竊其夫人歸國，故大饗廢夫人之禮。引之者，證古者諸侯夫人助君饗賓，明天子后亦有助王饗燕賓，故經云：后祼獻之事也。**致后之賓客之禮。**謂諸侯來朝覲及女賓之賓客。疏：注謂諸至賓客。釋曰：致后之賓客之禮者，謂若《酒正》云：致后之賓客之禮。其掌客致夫人之禮，彼諸侯夫人致禮于賓客法，明后亦致牢禮於賓客，鄭注《掌客》：凡夫人禮，皆使下大夫致之，則此内宰亦下大夫也。云女賓之賓客者，謂畿内同姓諸侯夫人有會見王后之法，故亦致禮焉。**凡喪事，佐后使治外内命婦，正其服位。**使，使其屬之上士。内命婦謂九嬪、世婦、女御。鄭司農云：外命婦，卿大夫之妻，王命其夫，后命其婦。玄謂士妻亦爲命婦。疏：凡喪至服位。釋曰：喪言：凡，則王及后、世子已下皆是，以其皆有服位，故云凡以廣之。凡有喪事，内宰皆佐后，使其屬官治外内之命婦，正其服之精麤、位之前後也。注使使至命婦。釋曰：以外内命婦卑，故内宰不自治之，故經云使，明使其屬之上士治之。云内命婦，謂九嬪世婦女御者，以其對外命婦，故知内命婦是九嬪已下可知也。不言三夫人者，三夫人從后，不在治限，故不言也。司農云王命其夫，后命其婦者，先鄭見《禮記・玉藻》曰：君命屈狄，是子男夫人，彼是后命之，明王朝之臣亦王命其夫，后命其婦可知。玄謂士妻亦爲命婦者，夏、殷之禮，爵命不及於士。周之禮上士三命，中士再命，下士一命，夫尊于朝，妻榮于室，明士妻亦爲命婦可知。若然，《喪服》命夫命婦，皆據大夫不舍士者，彼據降服不降服爲説，故唯據大夫爲命夫，其妻爲命婦，不及士也。**凡建國，佐后立市，設其次，置其叙，正其肆，陳其貨賄，出其度、量、淳、制，祭之以陰禮。**市朝者，君所以建國也。建國者必面朝後市，王立朝而后立市，陰陽相成之義。次，思次也。叙，介次也。陳猶處也。度，丈尺也。量，豆區之屬。鄭司農云：佐后立市者，始立市，后立之也。祭之以陰禮者，市中之社，先后所立社也。

《周禮注疏・地官・大司徒》大司徒之職【略】**令五家爲比，使之相保；五比爲閭，使之相受；四閭爲族，使之相葬；五族爲黨，使之相救；五黨爲州，使之相賙；五州爲鄉，使之相賓。**

此所以勸民者也。使之者，皆謂立其長而教令使之。保猶任也。救，救凶災也。賓，賓客其賢者。故書受爲授，杜子春云：當爲受，謂民移徙所到則受之，所去則出之。又云：賙當爲糾，謂糾其惡。玄謂受者，宅舍有故，相受寄託也。賙者，謂禮物不備，相給足也。閭二十五家，族百家，黨五百家，州二千五百家，鄉萬二千五百家。比，毗志反，下同。賙，音周。足，劉子喻反。疏：令五至相賓。釋曰：此經説大司徒設比、閭至於州、鄉等第家數，各立其官長，教勸於民。大司徒主六鄉，故令六鄉之内，使五家爲一比，則有下士爲比長主之，使五家相保，不爲罪過。五比爲閭者，二十五家爲一閭，立中士爲閭胥。使之相受者，閭胥使二十五家有宅舍破損者受寄託。四閭爲族，使之相葬者，百家立一上士爲族師，使百家之内有葬者，使之相助益，故云使之相葬。五族爲黨，使之相救者，五百家立一下大夫爲黨正，民有凶禍者，使民相救助，故云使之相救。五黨爲州，使之相賙者，二千五百家爲州，立一中大夫爲州長，民有禮物不備，使賙給之。五州爲鄉，使之相賓者，萬二千五百家爲鄉，立一六命卿爲鄉大夫，鄉内之民有賢行者，則行鄉飲酒之禮賓客之，舉貢也，故云使之相賓。注此所至百家。釋曰：云此所以勸民者也者，此經相保、相受、相葬、相救、相賙、相賓等，皆是民間之事，故云所以勸民也。云使之者，皆謂立其長而教令使之者，民不獨治，必須君長，故云皆謂立其長而教令使之。立長，謂若比長、閭胥至鄉大夫等。杜子春云當爲受，謂民移徙所到則受之，所去則出之者，案《比長》職云：五家相受相和親，與此文同，皆謂一閭之内無出入之法。《比長》職又云：徙於國及郊，則從而授之，注云：徙謂不便其居也。或國中之民出徙郊，或郊民入徙國中。彼是出鄉閭外，與此閭内自相容受不同，故後鄭易之，以爲宅舍有故，相受寄託解之。子春又云：賙當爲糾，謂糾其惡。後鄭不從者，此一經相保相受之等，皆是相勸爲善，無相糾惡之事，故後鄭存賙字，謂禮物不備，相給足解之。云閭二十五家云云，知之者，案此經五家爲比，五州爲鄉，轉相增，故其家數可知。**頒職事十有二于邦國都鄙，使以登萬民：一曰稼穡，二曰樹蓺，三曰作材，四曰阜蕃，五曰飭材，六曰通財，七曰化材，八曰斂材，九曰生材，十曰學藝，十有一曰世事，十有二曰服事。**鄭司農云：稼穡，謂三農生九穀也。樹蓺，謂園圃毓草木。作材，謂虞衡作山澤之材。阜蕃，謂藪牧養蕃鳥獸。飭材，謂百工飭化八材。通財，謂商賈阜通貨賄。化材，謂嬪婦化治絲枲。斂材，謂臣妾聚斂疏材。生材，謂閒民無常職，轉移執事。學藝，謂學道藝。世事，謂以世事教能，則民不失職。服事，謂爲公家服事者。玄謂生材，養竹木者。飭，音勅，注同。賈，音古。閒，音閑。疏：頒職至服事。釋曰：大司徒主天下人民之數，故頒下民之職事十有二條於天下邦國及畿内都鄙，使以登成萬民。此經不言鄉遂及公邑者，舉外以包内，司徒親主鄉遂公邑，頒之可知。云一曰稼穡已下至八曰斂材已上，即《大宰》九職中八者是也。大宰既掌之，此又重掌者，以大宰尊官，揔知其數，此司徒是主民之官，親自頒行，義各有異也。云一曰稼穡者，種之曰稼，斂之曰穡。二曰樹蓺者，樹謂植木，謂若樹之榛栗，蓺謂種黍稷，謂若蓺麻如之何、我蓺黍稷之類是也。案：《大宰》有九職，此八曰斂材已上與《大宰》同。《大宰》有九，此唯八者，《大宰》言任萬民，隨意所云，故有九。九曰閒民，無常職，轉移執事。此《司徒》云頒職事，不可頒之使民轉移執事，故闕之，唯有八也。九曰生材已下加此四事者，以其司徒主民，此四事者是民之事業及學問，故別增之也。注鄭司至木者。釋曰：鄭司農云稼穡，謂三農生九穀也者，自此已下至聚斂疏材，皆與《大宰》同，但文有詳略，其言異耳。九穀須稼穡，故變言稼穡耳。樹藝與園圃毓草木者同，草木須樹藝，故亦變言樹藝耳。云作材，謂虞衡作山澤之材者，此文有詳略耳。云阜蕃，謂藪牧養蕃鳥獸者，但養蕃不言阜，此言阜字者，欲見非直蕃息，又使阜盛。云飭材，謂百工飭化八材者，此亦文有詳略耳。云通財，謂商賈阜通貨賄者，貨賄即財也，亦文有詳略耳。云斂材，謂臣妾聚斂疏材者，此亦文有詳略耳。此八者之義，以具釋於《大宰》，故此亦不復重言。云生材，謂閒民無常職，轉移執事者，司農之意，此閒民在第九，當《大宰》九曰閒民無常職，故以閒民解生財也。但周公制禮，大宰任民無常職，於此須職事，不可須無常職使民行之，故後鄭易之，以爲養竹木解之。云學藝，謂學道藝者，案《保氏》職云：掌養國子以道，乃教之六藝。故以藝中兼有道也。云世事，謂以世事教能，則民不失職者，案《管子》書云：工之子恒爲工，士之子恒爲士，商之子恒爲商，農之子恒爲農。是以世事教民能，則民不失職也。云服事，謂爲公家服事者，謂若府、史、胥、徒，庶人在官者，是公家服事者也。玄謂生材，養竹木者，此後鄭破司農之義。案：《大宰》事典云：以生萬民，《小宰》事職云：以養萬民，則知生爲養。山虞、林衡別官，則知此生材養竹木在於平地，林衡所掌是也。以鄉三物教萬民而賓興之：一曰六德，知、仁、聖、義、忠、和；二曰六行，孝、友、睦、婣、任、恤；三曰六藝，禮、樂、射、御、書、數。物猶事也，興猶舉也。民三事教成，鄉大夫舉其賢者能者，以飲酒之禮賓客之，既則獻其書於王矣。知，明於事。仁，愛人以及物。聖，通而先識。義，能斷時宜。忠，言以中心。和，不剛不柔。善於父母爲孝，善於兄弟爲友。睦，親於九族。姻，親於外親。任，信於友道。恤，振憂貧者。禮，五禮之義。樂，六樂之歌舞。射，五射之法。御，五御之節。書，六書之品。數，九數之計。知，音智。行，下孟反。姻，音因。疏：以鄉至書數。釋曰：物，事也。司徒主六鄉，故以鄉中三事教鄉內之萬民也。興，舉也。三物教成，行鄉飲酒之禮，尊之以爲賓客而舉之。三物者，則下一曰、二曰、三曰是也。注民三至之計。釋曰：云民三事教成，鄉大夫舉其賢者能者，以飲酒之禮賓客之，既則獻其書於王矣者，此並《鄉大夫》職文。云知，明於事者，謂於前事不惑，若四十而不惑也。云仁，愛人以及物者，仁者內善於心，外及於物，謂若《行葦》詩美成王云：敦彼行葦，牛羊勿踐履，是愛人及於葦，葦即物也。云聖，通而先識者，案襄二十二年，臧武仲如晉，雨，過御叔，御叔在邑，將飲酒，曰：焉用聖人。何休云：說《左氏傳》者曰：《春秋》之志，非聖人孰能脩之。言夫子聖人，乃能脩之。御叔謂臧武仲爲聖人，是非獨孔子。玄箴之曰：武仲者，述聖人之道，魯人稱之曰聖。今使如晉，過御叔，御叔不說學，見武仲而雨行，傲之，云焉用聖人爲。《左氏傳》載之者，非御叔不說學，不謂武仲聖與孔子同。若然，此云聖，亦與武仲同，是皆述聖人之道。云義，能斷時宜者，義，宜也，謂斷割合當時之宜也。云忠，言以中心者，此以字解之。如心曰恕，如下從心，中心曰忠，中下從心，謂言出於心，皆有忠實也。云和，不剛不柔者，謂寬猛相濟者也。云善於父母爲孝，善於兄弟爲友者，案《爾雅》云：張仲孝友，善父母爲孝，善兄弟爲友，彼不言於。此鄭云善於父母、善於兄弟，言於者，凡言孝友，非直甘肴先奉，昏定晨省而已，謂若《禮記·祭義》云：孝者，先意承志，喻父母於道。國人稱之曰：幸哉，有子若是，如此美行。乃所爲父母兄弟所善，故鄭云善於父母爲孝，善於兄弟爲友也。云睦，親於九族者，《堯典》云九族既睦，是睦親於九族也。九族者，上至高祖，下至玄孫，旁及緦麻之內也。云姻，親於外親，知姻是親於外親者，上云睦施於九族，明此姻是親於外親也。《左傳》云：士踰月，外姻至，亦據外親之等。外親者，則妻族、母族是也。此姻對睦，施於外親。若不對睦，亦施於內親。故《論語》云：因不失其親，《喪服傳》云：與因母同，此皆施於內親也。云任，信於友道者，謂朋友有道德，則任信之，故《論語》云信則人任焉是也。云恤，振憂貧者者，恤訓爲憂，振訓爲救，故知恤，振憂貧者也。云禮，五禮之義，自此已下至九數，皆取義於《保氏》。案《保氏》職：掌養國子以道，教之六藝：一曰五禮，二曰六樂，三曰五射，四曰五御，五曰六書，六曰九數。案彼注云：五禮者，玄謂吉、凶、賓、軍、嘉。六樂者，玄謂《雲門》、《大咸》、《大韶》、《大夏》、《大濩》、《大武》。五射者，先鄭云：白矢、參連、剡注、襄尺、井儀。五御者，先鄭云：鳴和鸞、逐水曲、過君表、舞交衢、逐禽左。六書者，先鄭云：象形、會意、轉注、處事、假借、諧聲。九數者，先鄭云：方田、粟米、差分、少廣、商功、均輸、方程、嬴不足、旁要，此九章之術是也。彼注又云：今有重差、夕桀、句股。此經直陳六藝，《保氏》各有其數，故注《保氏》，具釋之。注此，直取《保氏》經以釋之。五禮言義者，以其吉凶之等，各有其義。樂言歌舞者，以其作樂時，有升歌下舞。射言法者，以其有升降揖讓之法。御言節者，四馬六轡，有進退之節。書言品者，形聲處事，差品不同。數言計者，有多少筭計。各逐義强生稱。

《周禮注疏·地官·黨正》

黨正，各掌其黨之政令教治。鄭司農云：五百家爲黨。《論語》曰：孔子於鄉黨。又曰：闕黨童子。治，直吏反，《族師》治令同。疏：黨正至教治。釋曰：言各者，一鄉有二十五黨，故各掌其黨之政令及十二教與治職文書。注鄭司至童子。釋曰：先鄭知五百家爲黨者，以其五家爲比，五比爲閭，四閭爲族，五族爲黨，故知也。引《論語》者，證有黨義也。及四時之孟月吉日，則屬民而讀邦灋以糾戒之。以四孟之月朔日讀法者，彌親民者於教亦彌數。數，音所角反。疏：及四至戒之。釋曰：及，至也。黨正四時孟月吉日則屬民而讀邦法者，因糾戒之，如州長之爲也。注以四至彌數。釋曰：云以四孟之月朔日讀法者，彌親民者於教亦彌數者，上文州長唯有建子、建寅及春秋祭社四度讀法。此黨正四孟及下文春秋祭禜并正歲，一年七度讀法者，以其鄉大夫管五州，去民遠，不讀法；州長管五黨，去民漸親，故四讀法；黨正去民彌親，故七讀法。鄭云彌親民者，則非直徒解黨正而已。案下族師十四度讀法，彌多於此，故鄭揔釋云彌親民者於教亦彌數也。

《周禮注疏・地官・族師》 族師，各掌其族之戒令政事。政事，邦政之事。鄭司農云：百家爲族。疏：族師至政事。釋曰：云各掌其族之戒令政事者，以其族師主百家，各自受法于上，而掌其族戒令政事也。注政事至爲族。釋曰：云政事，邦政之事者，謂國之征役皆是也。先鄭云百家爲族者，亦約五家爲比、五比爲閭、四閭爲族，故知族百家也。月吉，則屬民而讀邦灋，書其孝弟睦婣有學者。月吉，每月朔日也。故書上句或無事字。杜子春云：當爲正月吉。書亦或爲戒令政事，月吉則屬民而讀邦法。疏：月吉至學者。釋曰：此族師亦聚衆庶而讀法，因書其孝弟睦婣有學者。黨正直書，德行道藝具言，此云孝弟睦婣，惟據六行之四事。有學，即六藝也。計族師所書，亦應不異黨正。但文有詳略，故所言有異。但族師親民，故析別而言耳。注月吉至邦法。釋曰：云月吉，每月朔日也者，以其彌親民，教亦彌數，故十二月朔皆讀之。云故書上句或無事字者，則月與上政字連。政又爲正字，故杜子春云當爲正月吉。但族師親民，讀法宜數，若爲正月之吉，則與州長同，於義不可。云書亦或爲戒令政事，月吉則屬民而讀邦法者，此義還與經同，於義爲得。後鄭從之，故引之在下也。

《周禮注疏・地官・閭胥》 閭胥，各掌其閭之徵令。鄭司農云：二十五家爲閭。疏：注鄭司至爲閭。釋曰：先鄭知二十五家爲閭者，以其五家爲比，五比爲閭，故知閭二十五家也。而云各掌其閭之徵令者，徵令即下文歲時以下之事是也。以歲時各數其閭之衆寡，辨其施舍。凡春秋之祭祀、役政、喪紀之數，聚衆庶；既比，則讀灋，書其敬敏任恤者。祭祀，謂州社、黨禜、族酺也。役，田役也。政若州射黨飲酒也。喪紀，大喪之事也。四者及比，皆會聚衆民，因以讀法以勑戒之。故書既爲暨。杜子春讀政爲征，暨爲既。數，色主反。政役，如字，杜音征。會，如字，下會同。暨，其器反，又斤乙反。疏：以歲至恤者。釋曰：言以歲時者，謂歲之四時。云各數其閭之衆寡者，閭胥各自數當閭之内户口多少。云辨其施舍者，亦謂國中七尺以及六十、野自六尺以及六十有五，皆征之，已外施舍不役。云凡春秋之祭祀、役政、喪紀之數，聚衆庶者，謂州長、黨正、族師祭祀及役政與王家喪紀，閭胥皆爲之聚衆庶，以待驅使也。云既比，則讀法者，上族師已上官尊，讀法雖稀稠不同，皆有時節，但閭胥官卑而於民爲近，讀法無有時節，但是聚衆庶比之時節讀法，故云既比，則讀法。云書其敬敏任恤者，以上書其德行道藝，今此閭胥親民更近，故除任恤六行之外，兼記敬敏者也。注祭祀至爲既。釋曰：知祭祀，謂州社、黨禜、族酺者，以其黨鄉之内，所有祭祀無過此三者而已，故知義然也。云役，田役也者，上文師田行役並言，則役是役作。但田是國之常事，田重於功作，此文不云田，故知役是田役也。知政是州射黨飲酒者，政與上祭祀連文，聚衆庶，故知若州射及黨飲酒也。云喪紀，大喪之事也者，此大喪，王之喪也。知者，以其聚衆庶，明非上州之大喪，故以王之喪解之。

《周禮注疏・地官・師氏》 師氏，掌以媺詔王。告王以善道也。《文王世子》曰：師也者，教之以事而諭諸德者也。媺，音美。疏：師氏至詔王。釋曰：媺，美也。師氏掌以前世美善之道，以詔告於王，庶王行其美道也。注告王至者也。釋曰：引《文王世子》者，彼是師氏教世子禮，引爲詔王者，但詔王以道無文，彼教世子與教王同，故取以爲證也。諭，曉也。諸，於也。彼謂教世子以君臣、父子、長幼之事，而曉之以德，今詔王亦曉之以德也。以三德教國子：一曰至德，以爲道本；二曰敏德，以爲行本；三曰孝德，以知逆惡。教三行：一曰孝行，以親父母；二曰友行，以尊賢良；三曰順行，以事師長。德行，内外之稱。在心爲德，施之爲行。至德，中和之德，覆燾持載含容者也。孔子曰：中庸之爲德，其至矣乎。敏德，仁義順時者也。《説命》曰：敬孫務時敏，厥脩乃來。孝德，尊祖愛親，守其所以生者也。孔子曰：武王、周公，其達孝矣乎。夫孝者，善繼人之志，善述人之事者也。孝在三德之下、三行之上，德有廣於孝，而行莫尊焉。國子，公卿大夫之子弟，師氏教之，而世子亦齒焉，學君臣、父子、長幼之道。行，下孟反，下及注同。知，音智。稱，尺證反。燾，徒報反。説，音悦。孫，音遜。夫，音扶。疏：以三至師長。釋曰：以此三德教國子，王大子已下至元士之適子也。云一曰至德，以爲道本者，至德謂至極之德，以爲行道之本也。二曰敏德，以爲行本者，謂敏達之德，以爲行行之本也。三曰孝德，以知逆惡者，善父母爲孝，以孝德之孝以事父母，則知逆惡不行也。此上三德皆在心而行不見，故鄭云在心爲德也。云一曰孝行，以親父母者，行善事父母之行，則能親父母。冬温夏清，昏定晨省，盡愛敬之事也。云二曰友行，以尊賢良者，此行施於外人，故尊事賢人良人有德行之士也。云三曰順行，以事師長者，此亦施於外人，行遜順之行，事受業之師及朋友之長也。注德行至之道。釋曰：云德行，内外之稱，在心爲德，施之爲行者，案《禮記》云：恥有其德而無其行，則德在内，行在外也。又見經至德敏德，道行爲本，道行是施之於外之名。又孝德行知逆惡，亦是在外之事，則知三德皆在内，與外行爲本。又三行云親父母之等，故云施之爲行也。云至德，中和之德者，案《禮記・中庸》云：致中和，天地位焉，故知至德是中庸之德也。云覆燾持載含容者也者，此至德即《中庸》所云至誠，一也。彼説至誠無息。不息則久，久則徵，徵則悠遠，悠遠則博厚，博厚則高明。博厚所以載物，高明所以覆物。是至德若天地覆燾持載含容者也。云孔子曰：中庸之爲德，其至矣乎者，此是《論語・雍也》之文。引之者，證此至德與中庸之德爲一之意。云敏德，仁義順時者也者，人君施政，春夏行賞爲仁，秋冬行罰爲義，是仁義順時敏疾爲德者也。又引《説命》曰敬遜務時敏，厥脩乃來者，《尚書·説命》之篇，傅説告高宗以學問之事。孫，順也。敏，疾也。厥，其也。爲君之法，當恭敬順道，務在順時疾而行之，則其德之脩，乃從學而來。引之者，證仁義順時之義也。云孝德，尊祖愛親，守其所以生者也者，孝德不如上二德，直能善父母爲孝，施德於親而已，故云守其所以生者也。又引孔子曰武王周公，其達孝矣乎至之事，是《禮記·中庸》文，言二人通達行孝者也。云夫孝者善繼人之志，善述人之事者，案《中庸》上文云無憂者，其惟文王乎！父作之，子述之，則善繼人之志。據周公以武王時未大平，不得制禮作樂。周公攝政六年，大平，乃制作禮樂，爲善繼文王之志，則《尚書》云考朕昭子刑，乃單文祖德是也。善述人之事者，據武王能述父以伐紂之事，則《尚書序》云惟十有一年，武王伐殷是也。云孝在三德之下、三行之上，德有廣於孝而行莫尊焉者，欲見至德、敏德，五帝已上所行，直明在心爲德而已，不見其行。孝德是三王已下所行，德行兼見之矣。故三德以孝德爲下，故云德有廣於孝。則至德、敏德，是二德廣於孝德也。而行莫尊焉者，三行之中，孝行施於父母爲上，順行、友行施於外人爲下，故云而行莫尊焉。莫，無也，無尊於事父母也。云國子，公卿大夫之子弟者，此經直言國子。案《禮記·王制》云：春秋教以禮樂，冬夏教以詩書。下文云：王大子、王子、群后之太子、卿大夫元士之適子皆造焉。故知國子之中有卿大夫之子也。鄭不言王大子及元士之適子者，略言之，其實皆有也。《王制》惟言大子、適子，不言弟，鄭知兼有弟者，《大司樂》及此下文皆云教國子弟，連弟而言，故鄭兼言弟也。云師氏教之，而世子亦齒焉，學君臣、父子、長幼之道者，此約《文王世子》文也。案彼云：行一物而三善皆得者，惟世子而已，其齒於學之謂也。故世子齒於學，國人觀之曰：將君我而與我齒讓，何也？曰：有父在，則禮然。然而衆知父子之道矣。其二曰：將君我而與我齒讓，何也？曰：有君在，則禮然。然而衆著於君臣之義矣。其三曰：將君我而與我齒讓，何也？曰：長長也。然而衆知長幼之節矣。是世子與國人學生齒焉之事。案此經有至德、敏德、孝德，《老子》亦有三等之德。案《老子·道經》云道可道，非常道。河上公云：謂經術政教之道，非自然長生之道。常道當以無爲養神，無事安民，含光藏曜，滅跡匿端，不可稱以道。又案《德經》云上德不德，凡以有德。河上公注云：上德，大古無名號之君，德有無上，故言上德。不德，言不以德教民，因循自然，其德不見，故言不德，是以有德者也。又云：下德不失德，是以無德，注云：下德謂號謚之君，德不及上德，故言不失德。以其德見，其功稱，是以謂之無德。又云：失道而後德，失德而後仁，失仁而後義，失義而後禮。注云：道衰德化，德衰而仁愛見。仁衰而忿争明，義衰而聘行玉帛。又案《握河紀》，堯曰：皇道帝德，非朕所專。又《中候義》明云：洞五九，禮闕郵。注云：闕，止。郵，過。言五帝後洞三王之世，其治各九百歲，當以禮止過也。案此諸文言之，此至德覆燾持載含容之德同於天地，與《老子》常道及上德不德爲一物，皆是燧皇已上無名號之君所行，故河上公云：上德，無名號之君所行也。此敏德則《老子》云可道之道非常道、下德不失德之德，亦一也。故河上公云：政教經術，有名號之君所行。以其三皇五帝爲政，皆須仁義順時，故鄭云敏德，仁義順時也。若然，《老子》云失道而有德，失德而有仁者，是三皇行可道之道。五帝行下德不失德之德，即堯云皇道帝德亦謂此道德，於此經同爲敏德也，其三王同行孝德耳。其《老子》又云：失德而有仁，失仁而有義，失義而有禮。禮專據三王之時，故云洞五九，禮闕郵。若然，仁義在禮前德後，則五帝與三王俱有仁義，故《禮記》云：堯、舜率天下以仁而民從之。又云：禹立三年，百姓以仁遂焉。是以仁義關在五帝三王之間者也。若然，《禮記》云：生乎今之世，反古之道。謂不行今之法，全行古之道，故非之也。

《周禮注疏·地官·保氏》 保氏，掌諫王惡。諫者，以禮義正之。《文王世子》曰：保也者，慎其身以輔翼之，而歸諸道者也。疏：保氏掌諫王惡。釋曰：掌諫王惡者，師氏掌三德、三行，以美道詔王；保氏以師氏之德行審喻王，王有惡則諫之，故云掌諫王惡。注諫者至者也。釋曰：云諫者以禮義正之者，君臣主義，故知諫者以禮義諫正王也。引《文王世子》者，彼亦是教世子法，以教世子法保護王身同，故引之。以其保者是保安之義，故使王謹慎其身而歸於道。而養國子以道，乃教之六藝：一曰五禮，二曰六樂，三曰五射，四曰五馭，五曰六書，六曰九數；乃教之六儀：一曰祭祀之容，二曰賓客之容，三曰朝廷之容，四曰喪紀之容，五曰軍旅之容，六曰車馬之容。養國子以道者，以師氏之德行審諭之，而後教之以藝儀也。五禮，吉、凶、賓、軍、嘉也。六樂，《雲門》、《大咸》、《大韶》、《大夏》、《大濩》、《大武》也。鄭司農云：五射，白矢、參連、剡注、襄尺、井儀也。五馭，鳴和鸞、逐水曲、過君表、舞交衢、逐禽左。六書，象形、會意、轉注、處事、假借、諧聲也。九數，方田、粟米、差分、少廣、商功、均輸、方程、贏不足、旁要。今有重差、夕桀、句股也。祭祀之容，穆穆皇皇。賓客之容，嚴恪矜莊。朝廷之容，濟濟蹌蹌。喪紀之容，涕涕翔翔。軍旅之容，闞闞仰仰。車馬之容，顛顛堂堂。玄謂祭祀之容，齊齊皇皇。賓客之容，穆穆皇皇。朝廷之容，濟濟翔翔。喪紀之容，纍纍顛顛。軍旅之容，暨暨詻詻。車馬之容，匪匪翼翼。馭，音御。德行，下孟反，下文及注同。剡，羊甚反。注，之樹反，下同。襄，音讓，本作讓，諸音非。差，初佳反，又初宜反，下同。重，直龍反。夕桀，音的，沈祥易反，此二字非鄭注。嚴，如字，又音儼。濟，子禮反。蹌，七良反。闞，呼檻反。仰，本又作卬，五剛反。濟皇，上子禮反，又音齊；下于況反，又音往。纍顛，上律悲反；下音田，又如字。暨，其器反。詻，五格反。匪，芳非反。疏：而養至教之。釋曰：此道即上《師氏》三德、三行，故鄭云以師氏之德行審喻之，乃教之六藝已下。此乃保氏所專教也。注養國至翼翼。釋曰：案《文王世子》云：大傅審父子、君臣之道以示之，少傅奉世子以觀大傅之德行而審喻之。師也者，教之以事而喻諸德者也；保也者，慎其身以輔翼之而歸諸道者也。不云保氏以師氏之德行審喻之者，鄭以義約之。少傅既以大傅之德審喻之，明保氏亦以師氏之德行審喻之可知，故鄭言之耳。云五禮，吉凶賓軍嘉，《大宗伯》文。六樂《雲門》已下，《大司樂》文。先鄭云五射白矢已下，無正文，或先鄭别有所見，或以義而言之。云白矢者，矢在侯而貫侯過，見其鏃白。云參連者，前放一矢，後三矢連續而去也。云剡注者，謂羽頭高鏃低而去，剡剡然。云襄尺者，臣與君射，不與君並立，襄君一尺而退。云井儀者，四矢貫侯，如井之容儀也。云五馭者，馭車有五種。云鳴和鸞者，和在式，鸞在衡。案《韓詩》云：升車則馬動，馬動則鸞鳴，鸞鳴則和應。先鄭依此而言。云逐水曲者，無正文，先鄭以意而言，謂御車隨逐水勢之屈曲而不墜水也。云過君表者，謂若毛傳云：褐纏旃以爲門，裘纏質以爲槸，間容握，驅而入，轚則不得入。《穀梁》亦云艾蘭以爲防，置旃以爲轅門，以葛覆質以爲槸，流旁握，御轚者不得入。是其過君表即褐纏旃是也。云舞交衢者，衢，道也，謂御車在交道，車旋應於舞節。云逐禽左者，謂御驅逆子之車，逆驅禽獸使左，當人君以射之，人君自左射。故毛傳云：故自左膘而射之，達于右腢，爲上殺。又《禮記》云佐車止，則百姓田獵是也。云六書象形之等，皆依許氏《説文》。云象形者，日月之類是也，象日月形體而爲之。云會意者，武信之類是也，人言爲信，止戈爲武，會合人意，故云會意也。云轉注者，考老之類是也，建類一首，文意相受，左右相注，故名轉注。云處事者，上下之類是也，人在一上爲上，人在一下爲下，各有其處，事得其宜，故名處事也。云假借者，令長之類是也，一字兩用，故名假借也。六曰云諧聲者，即形聲，一也，江河之類是也，皆以水爲形，以工可爲聲。但書有六體，形聲實多，若江河之類是左形右聲，鳩鴿之類是右形左聲，草藻之類是上形下聲，婆娑之類是上聲下形，圃國闕闠之類是外形内聲，衡銜之類是外聲内形，此聲形之等有六也。依鄭義，案《孝經緯·援神契》，三皇無文，則五帝已下始有文字，故説者多以蒼頡爲黄帝史，而造文字起在黄帝，於後滋益而多者也。云九數者，方田已下，皆依《九章筭術》而言。云今有重差、夕桀、句股也者，此漢法增之。馬氏注以爲今有重差、夕桀，夕桀亦是筭術之名，與鄭異。案今《九章》以句股替旁要，則旁要，句股之類也。云祭祀之容穆穆皇皇至堂堂者，皆是先鄭以意所釋，不依經典，故後鄭不從。後鄭云祭祀之容齊齊皇皇，賓客之容穆穆皇皇，朝廷之容濟濟翔翔，已上皆《禮記·少儀》文；喪紀之容纍纍顛顛，軍旅之容暨暨詻詻，《禮記·玉藻》之文；車馬之容匪匪翼翼，亦《少儀》文。故鄭《少儀》注還引此六儀以證彼也。

《周禮注疏·地官·司諫》 司諫，掌糾萬民之德而勸之朋友，正其行而强之道藝，巡問而觀察之，以時書其德行道藝，辨其能而可任於國事者。朋友，相切磋以善道也。强猶勸也。《學記》曰：强而弗抑則易。巡問，行問民間也。可任於國事，任吏職。强，其丈反，注同。易，以豉反。疏：司諫至事者。釋曰：以時書其德行道藝者，此萬民時所習，即《大司徒》所云：以鄉三物教萬民，一曰六德，知仁聖義忠和；二曰六行，孝友睦婣任恤。此德行也。彼又云：三曰六藝，禮樂射御書數。即此道藝也。云辨其能而可任於國事者，案《鄉大夫》職云興賢者能者，賢謂德行，能謂道藝。彼則賢能俱興，此直云辨其能可任於國事，不言賢者，既辨其能，則賢者自然亦辨而舉之可知也。注朋友至吏職。釋曰：案鄭注《論語》：同門曰朋，同志曰友，則彼其共在學者，切磋以道義。此勸萬民爲友朋，則若《孟子》所云守望相助，出入相友者同，故鄭云切磋以善道也。云任吏職者，案《鄉大夫》，所舉者謂鄉民之有德行道藝。云辨其能爲吏職者，亦謂以人治之。若然，任吏職者謂使爲比長、閭胥、族師之類是也。

《周禮注疏·地官·調人》 調人，掌司萬民之難而諧和之。難，相與爲仇讎。諧猶調也。疏：調人至和之。釋曰：此一經與下經爲總目。言萬民之難，即下經凡和難已下是也。注：難相與爲仇讎。釋曰：言仇讎者，案《左氏》桓公傳云怨耦曰仇，則仇是怨也；讎謂報也，即下文父之讎已下，皆是怨當報之，故云仇讎也。凡過而殺傷人者，以民成之。過，無本意也。成，平也。鄭司農云：以民成之，謂立證佐成其罪也。一説以鄉里之民共和解之，《春秋傳》曰惠伯成之之屬。疏：凡過至成之。釋曰：此謂非故心，是過誤攻殺或傷於人者。成，平也。既非故心，故共鄉里之民共和解之。注過無至之屬。釋曰：先鄭雖爲兩説，後鄭以後説爲是，故下注云上説立證佐成其罪，似非也。此過失即《司刺》云再宥曰過失是也。引《春秋》者，《左氏》文七年《傳》云：魯穆伯娶於莒，曰戴己，其娣聲己。戴己卒，又聘於莒，莒人以聲己辭，則爲襄仲聘焉。又云：且爲仲迎，及鄢陵，登城見之，美，自爲娶之。仲請攻之，公將許之，叔仲惠伯諫曰：臣聞兵作於内爲亂，於外爲寇。寇猶及人，亂自及也。今臣作亂而君不禁，以啓寇讎，若之何？公止之，惠伯成之。注云：平二子，使仲舍之，公孫敖反之，復爲兄弟如初。是其事也。

《周禮注疏·春官·宗伯》 春官宗伯第三。疏：釋曰：《鄭目録》云：象春所立之官也。宗，尊也。伯，長也。春者出生萬物，天子立宗伯，使掌邦禮，典禮以事神爲上，亦所以使天下報本反始。不言司者，鬼神示，人之所尊，不敢主之故也。

惟王建國，辨方正位，體國經野，設官分職，以爲民極。乃立春官宗伯，使帥其屬而掌邦禮，以佐王和邦國。禮謂曲禮五，吉、凶、賓、軍、嘉，其别三十有六。鄭司農云：宗伯，主禮之官，故《書·堯典》曰：帝曰：咨！四岳，有能典朕三禮？僉曰：伯夷。帝曰：俞，咨伯，汝作秩宗。宗官又主鬼神，故《國語》曰：使名姓之後，能知四時之生，犧牲之物，玉帛之類，采服之宜，彝器之量，次主之度，屏攝之位，壇場之所，上下之神祇，氏姓之所出，而率舊典者爲之宗。

《春秋》禘于大廟，躋僖公，而《傳》曰夏父弗忌爲宗人，又曰使宗人釁夏獻其禮。《禮・特牲》曰：宗人升自西階，視壺濯及豆籩。然則唐虞歷三代，以宗官典國之禮與其祭祀，漢之大常是也。僉，七潛反，皆也。俞，羊朱反，然也。李一音由。女秩，音汝。氏姓，如字，劉音紙。大廟，音泰，下放此。隮，本又作躋，子兮反，升也。父，音甫。釁，虚覲反。疏：惟王至邦國。釋曰：云掌邦禮以佐王和邦國者，樂主和同，禮主簡別。案《樂記》云：樂勝則流，禮勝則離。鄭云：離謂析居不和，恐其不和，是以禮言和。《論語》云：禮之用，和爲貴也。注禮謂至是也。釋曰：云禮謂曲禮五者，案《禮序》云：禮者，體也，履也。一字兩訓，蓋有以也。統之於心名爲體，《周禮》是也。踐而行之名曰履，《儀禮》是也。既名儀禮，亦名曲禮，故《禮器》云：經禮三百，曲禮三千。鄭玄云：經禮，謂《周禮》也。曲，猶事也，事禮謂今《禮》也，其中事儀三千。若然，則《儀禮》爲曲禮。今此鄭云禮謂曲禮五者，對文則《儀禮》是曲禮，《周禮》是經禮，散文此《周禮》亦名曲禮。是以《藝文志》云：帝王世有損益，至周曲爲之防。是指此《周禮》爲曲禮也。云吉凶賓軍嘉，其別三十有六者，並據下文而知。鄭司農云：宗伯，主禮之官，而引《書・堯典》帝曰者，謂舜咨四岳，曰：有能典朕三禮？三禮者，謂天地人之禮也。云僉曰伯夷者，四岳同辭而對，共舉伯夷也。云帝曰俞者，俞，然也。然其所舉云咨伯，女作秩宗者，帝舜命伯夷使爲秩宗。秩，次也。言宗伯主次序鬼神之事。案彼《虞書》云：脩五禮，下又云：典朕三禮，三五不同者，鄭義上云：脩五禮，與下五玉連文，五玉是諸侯所執玉，則五禮非吉凶賓軍嘉之五禮，故鄭云：五禮，公侯伯子男之禮。是以《禮論》云：唐虞有三禮，至周分爲五禮。若然，云三禮不言五禮，則三禮中含有五禮矣。引《國語》者，是楚昭王問於觀射父，觀射父對此辭。言名姓之後者，孔、服注以爲聖人大德之後。云能知四時之生，犧牲之物者，孔、服皆以爲生謂粢盛，犧謂純毛色，牲謂牛羊豕。云玉帛之類者，孔、服皆以爲禮神玉帛，謂若《宗伯》云蒼璧、黄琮，牲幣各放其器之色是也。云采服之宜者，服氏云：祭祀之所服色，謂若《司服》衮冕以下是也。云彝器之量者，服云：量，數也。祭祀之器，皆當其數。云次主之度者，服云：次，廟主之尊卑先後遠近之度。云屏攝之位者，服氏云：屏猶并也，謂攝主不備，并之，其位不得在正主之位。即引《曾子問》云：若宗子有罪，居于他國，庶子爲大夫，其祭也，祝曰：孝子某使介子某執其常事。又云：攝主不厭祭，不旅，不假，不綏祭，不配。是其攝主并之事。《左氏》昭十八年，夏五月，宋、衛、陳、鄭灾，時鄭子産使子寬、子上巡羣屏攝。彼鄭司農云：束茅以爲屏蔽，祭神之處，草易然，故巡行之。此屏攝義，與《國語》異。云壇場之所者，孔云：去廟爲祧，去祧爲壇，去壇爲墠。孔又云：場祭道神，《曾子問》道而出是也。云上下之神祇者，孔氏云：上謂凡在天之神，天及日月星；下謂凡在地之神，謂地、山林、川谷、丘陵也。云氏姓之所出，而率舊典者爲之宗者，孔氏云：既非先聖之後，又非名姓之後，但氏姓所出之後，子孫而心常能循舊典者，則爲大宗。大宗者，於周爲宗伯。云春秋禘於太廟者，是文二年秋八月，《公羊》云：大事者何？大祫也。大祫者何？合祭也。其合祭奈何？毁廟之主，陳於大祖；未毁廟之主，皆升，合食於大祖。列昭穆，序父子。云躋僖公者，案《左氏》云：逆祀也。時夏父弗忌爲宗人。逆祀者，弗忌云：吾見新鬼大，故鬼小。躋，升也。謂升僖公主於閔公之上。引之者，證宗是宗人主鬼神也。云又曰使宗人釁夏獻其禮者，此哀公二十四年，公子荆之母嬖，將以爲夫人，使宗人釁夏獻其立夫人之禮。對曰：無之。公怒曰：汝爲宗司，立夫人，國之大禮也，何故無之？對曰：周公及武公娶於薛，孝、惠娶於商，自桓以下娶於齊，此禮也則有。若以妾爲夫人，則固無其禮也。公卒立之。引之者，亦證宗人主禮也。又引《禮・特牲》者，此《特牲饋食禮》，是宿賓之明夕，視濯，主人與衆兄弟及賓入，即堂下位。宗人升自西階，視壺濯及豆籩，反降，東北面告濯具。注云：東北面告，緣賓意欲聞也。引此者，亦證宗人主禮也。云唐虞歷三代，以宗官典國之禮與其祭祀者，所云《虞書》是虞法，并云唐者，堯舜道同，故引虞，則唐亦與虞同也。言歷三代者，上舉唐虞，下舉周法，則其中夏殷亦宗官掌禮可知，故揔以三代言之也。云則漢時大常是也者，以代異法殊，禮有沿革，故至漢時，祭祀之禮使大常主之，故云漢之大常是也。但此宗伯主禮，并下文主鬼神，自分明，必引諸文爲證者，當時張包、周孟子、何休等不信《周禮》是周公所制，以爲六國時陰謀之書，故先鄭以諸文爲證也。

《周禮注疏・春官・大宗伯》 大宗伯之職【略】以禮樂合天地之化、百物之産，以事鬼神，以諧萬民，以致百物。禮濟虚，樂損盈，並行則四者乃得其和。能生非類曰化，生其種曰産。種，章勇反。疏：以禮至百物。釋曰：上文云中禮和樂，是禮樂教世法，故此經以禮樂並行以教，使之得所，萬物感化，則能合天地之化，謂能生非類也。又能生其種，故云百物之産。又以禮樂事鬼神，則《尚書》云祖考來格之等是也。云以諧萬民者，則《尚書》云庶尹允諧是也。云以致百物者，則《尚書》云百獸率舞之等是也。注禮濟至曰産。釋曰：禮濟虚，樂損盈，此《樂記》所云禮減而進，以進爲文者，是禮濟虚。進謂濟益，是禮當濟益其虚，使之實滿。又云樂盈而反，以反爲文者，是樂損盈。反謂自抑止，是樂當自抑止，使盈而不放溢也。云並行則四者乃得其和者，言並行，謂禮樂並行以教世，則天地之間，使不盈不虚，折中得所，則四者乃得其和也。言四者，謂天地之化、百物之産共爲一，以事鬼神爲二，以諧萬民爲三，以致百物爲四也。知化産共爲一者，以其化與産氣類相似，故爲一也。云能生非類曰化者，凡言變化者，變化相將，先變後化，故《中庸》云：動則變，變則化。鄭云：動，動人心也；變，改惡爲善也。變之久，則化而性善也。又與鳩化爲鷹之等，皆謂身在而心化。若田鼠化爲鴽，雀雉化爲蛤蜃之等，皆據身亦化，故云能生非類曰化也。《易》云乾道變化，亦是先變後化，變化相將之義也。云生其種曰産者，卵生、胎生及萬物草木，但如本者，皆曰産也。

《周禮注疏·春官·大史》大史掌建邦之六典，以逆邦國之治，掌灋以逆官府之治，掌則以逆都鄙之治。典、則，亦法也。逆，迎也。六典、八法、八則，冢宰所建，以治百官，大史又建焉，以爲王迎受其治也。大史，日官也。《春秋傳》曰：天子有日官，諸侯有日御，日官居卿以厎日，禮也。日御不失日，以授百官于朝。居猶處也。言建六典以處六卿之職。治，直吏反，下及注其治同。爲，于僞反，下爲有同。厎，音旨。朝，直遥反，下同。疏：注典則至之職。釋曰：云典則亦法也者，按《大宰》注：典、法、則，所用異，異其名也，其實典、則與法，一也，故云典、則亦法也。云六典、八法、八則，冢宰所建，以治百官者，《冢宰》職八法云治官府是也。云大史又建焉，以爲王迎受其治也者，鄭言此者，欲見大史重掌此三者，非是相副貳。大宰既掌此，大史迎其治職文書。云大史，日官也者，以其掌歷數，故云日官。引《春秋傳》者，桓十七年，冬十月朔，日有食之。不書日，官失之。天子有日官，諸侯有日御。服氏注云：日官、日御，典歷數者也。日官居卿以厎日，禮也。日御不失日，以授百官于朝。服注云：是居卿者，使卿居其官以主之，重歷數也。按：鄭注居猶處也，言建六典以處六卿之職，與服不同。服君之意，大史雖下大夫，使卿來居之，治大史之職，與《堯典》云乃命羲和，欽若昊天歷象日月星辰，是卿掌歷數，明周掌歷數亦是日官。鄭意以五帝殊時，三王異世，文質不等，故設官不同。五帝之時使卿掌歷數，至周，使下大夫爲之，故云建六典處六卿之職以解之。

《周禮注疏·夏官·司馬》夏官司馬第四。疏：鄭云：象夏所立之官。馬者，武也，言爲武者也。夏整齊萬物，天子立司馬，共掌邦政，政可以平諸侯，正天下，故曰統六師平邦國。惟王建國，辨方正位，體國經野，設官分職，以爲民極。乃立夏官司馬，使帥其屬而掌邦政，以佐王平邦國。政，正也，政所以正不正者也。《孝經説》曰：政者，正也，正德名以行道。疏：注政正至行道。釋曰：爲正者，取平正之義。大司馬主六軍，所以正諸侯違王命不正者，故鄭云：所以正不正，是以康子問政，孔子云：子帥以正，孰敢不正。《孝經説》者是《孝經緯》文。云：政者，正也，正德名以行道者，亦是正者，先自正己之德名以行道，則天下自然正。引之，以證正不正之事。

《周禮注疏·夏官·司士》司士掌羣臣之版，以治其政令，歲登下其損益之數，辨其年歲與其貴賤，周知邦國都家縣鄙之數，卿大夫士庶子之數，損益，謂用功過黜陟者。縣鄙，鄉遂之屬。故書版爲班，鄭司農云：班，書或爲版。版，名籍。版，音板。疏：司士至之數。釋曰：云掌羣臣之版者，謂畿内朝廷及鄉遂都鄙群臣名籍。云以治其政令者，即損益之數，辨其年歲貴賤之等是也。云歲登下其損益之數者，三年黜陟者是也。云辨其年歲者，知羣臣在任及年齒多少也。云與其貴賤者，大夫已上貴，士已下賤也。云周知邦國都家者，邦國，謂周之千七百七十三國也。都家，謂天子畿内三等采地，大都、小都、家邑是也。先邦國後都家者，尊諸侯故也。亦如《大宰》云布治于邦國都鄙，亦先邦國也。縣鄙者，謂去王國百里外六遂之中也。不言六鄉者，舉遠以包近。云卿大夫士者，即謂朝廷及邦國都家縣鄙之臣。數，摠言之也。云士庶子者，亦如《宫伯》，卿大夫之子，謂適子、庶子其支庶宿衛王宫者也。云之數者，邦國已下摠結之也。注損益至名籍。釋曰：云損益謂用功過黜陟者，即三年大比，以功過黜陟者也。云縣鄙鄉遂之屬者，縣鄙屬遂，故云之屬。其中兼鄉中之州黨，故鄉遂並言也。以詔王治。告王所當進退。治，直吏反，下注治處同。疏：注告王所當進退。釋曰：知詔王治是告王所當進退者，司士掌羣臣之數，只爲賞罰進退以勸勵之，故知告王治，唯謂進退之也。

《周禮注疏·秋官·司寇》秋官司寇第五。疏：鄭目録云：象秋所立之官。寇，害也。秋者，遒也，如秋義殺害收聚斂藏於萬物也。天子立司寇，使掌邦刑，刑者所以驅耻惡，納人於善道也。

惟王建國，辨方正位，體國經野，設官分職，以爲民極。疏：惟王至民極。釋曰：義已具在《天官》。乃立秋官司寇，使帥其屬而掌邦禁，以佐王刑邦國。禁，所以防姦者也。刑，正人之法。《孝經説》曰：刑者侀也，過出罪施。侀，音刑。疏：注禁所至罪施。釋曰：云禁所以防姦者也者，案《士師》：五禁以左右刑罰。王者恐民以姦入罪，故先設禁示之，防其姦惡。若有不忌爲姦，然後以刑罪之。云刑，正人之法者，刑期於無刑，以殺止殺，故云刑，正人之法也。云《孝經説》曰者，《孝經援神契》五刑章曰：刑者，侀也。過出罪施者，下侀爲著也。行刑者，所以著人身體。過誤者出之，實罪者施刑。是以《尚書》云：眚災肆赦，怙終賊刑。引之者，證司寇行刑當審慎也。

《周禮注疏·秋官·士師》士師之職，掌國之五禁之灋，以左右刑罰：一曰宫禁，二曰官禁，三曰國禁，四曰野禁，五曰軍禁。皆以木鐸徇之于朝，書而縣于門閭。左右，助也。助刑罰者，助其禁民爲非也。宫，王宫也。官，官府也。國，城中也。古之禁書亡矣。今宫門有符籍，官府有無故擅入，城門有離載下帷，野有《田律》，軍有囂讙夜行之禁，其觕可言者。灋，音法。左右，音佐，下音又，注左右助也同。徇，似俊反。縣，音玄。觕，劉音粗，沈才古反。疏：士師至門閭。釋曰：凡設五刑者，刑期于無刑，以刑止刑，以殺止殺。殺一人使萬人懲，是欲不使犯罪，令於刑外豫施禁，禁民使不犯刑，是左右助刑罰，無使罪麗于民也。云書而縣于門閭者，《爾雅》云：巷門謂之閭，則縣于處處巷門，使知之。注左右至言者。釋曰：云宮，王宮也者，謂皋門也。云官，官府也者，謂廬，官人聽事之門。云國，城中者，若王城十二門。云古之禁盡亡矣者，謂在《儀禮》三千條內，而在亡中，故舉漢法以況之。云離載下帷者，謂在車離耦，耦載而下帷，恐是姦非，故禁之。云犓可言者，古之禁書具，不惟如此，故云犓可言也。以五戒先後刑罰，毋使罪麗于民：一曰誓，用之于軍旅。二曰誥，用之于會同。三曰禁，用諸田役。四曰糾，用諸國中。五曰憲，用諸都鄙。先後猶左右也。誓誥於《書》，則《甘誓》、《湯誓》、《大誥》、《康誥》之屬。禁則軍禮，曰無干車，無自後射，比其類也。糾、憲，未有聞焉。誥，户報反。射，食亦反。疏：以五至都鄙。釋曰：戒與禁，謂典法則，亦是所用異，異其名耳，同是告語，使不犯刑罰。注先後至聞焉。釋曰：先後猶左右也者，皆是相助之義，異其名而已。云甘誓者，啟與有扈戰於甘之野，作《甘誓》。云湯誓者，湯將伐桀，以誓衆。云大誥者，武王崩，周公作以成王，令以大義告天下，以誅三監，以作誥。云康誥者，周公以成王命，封康叔於殷墟，誥康叔以治政之事，故作誥。云之屬者，仍有《泰誓》、《費誓》、《召誥》、《洛誥》之等，故言之屬也。凡誥、誓，皆因大會乃爲之，故用之於軍旅，用之於會同也。云禁則軍禮曰無干車、無自後射，比其類也者，《易・比》之九五曰王用三驅，失前禽。注云：王因天下顯習兵于蒐狩焉。驅禽而射之，三則已，法軍禮。失前禽者，謂禽在前來者不逆而射，旁去又不射，惟其走者順而射之，不中亦已，是皆所失。用兵之法亦如之，降者不殺，奔者不禁，背敵不殺，以仁恩養威之道。若然，此不自後射，亦謂不中之後不重射，前敵不破，則有追法，《春秋》公追戎於濟西是也。

《周禮注疏・秋官・鄉士》鄉士掌國中，鄭司農云：謂國中至百里郊也。玄謂其地則距王城百里內也。言掌國中，此主國中獄也，六鄉之獄在國中。疏：鄉士掌國中。釋曰：鄉士主六鄉之獄。言掌國中者，獄居近，六鄉之獄皆在國中。鄭司至國中。釋曰：先鄭云謂國中至百里郊，後鄭不從者，六鄉地雖在百里郊內，要言國中者，指獄而言，非通百里爲國中，故不從也。是以謂其地則距王城百里內，言掌國中，此主國中獄也。云六鄉之獄在國中，對六遂之獄在四郊者也。各掌其鄉之民數而糾戒之，鄉士八人，言各者，四人而分主三鄉。疏：注鄉士至三鄉。釋曰：鄭以四人分主三鄉者，若以八人共主三鄉，不得言各。既言各，則有部分，故以四人分主三鄉解之也。聽其獄訟，察其辭，察，審也。疏：注察審也。釋曰：鄉士主治獄訟之事，故云聽其獄訟，察其辭。言審者，恐人枉濫也。辯其獄訟，異其死刑之罪而要之，旬而職聽于朝。辯，異，謂殊其文書也。要之，爲其罪法之要辭，如今劾矣。十日，乃以職事治之於外朝，容其自反覆。劾，户代反。覆，芳服反，《方士》職注同。疏：辯其至于朝。釋曰：云辨其獄訟者，辯別也。獄謂争罪。訟謂争財。事既不同，文書亦異。云異其死刑之罪者，死與四刑輕重不同，文書亦異。云而要之者，文書既得，乃後取其要辭。雖得要實之辭，罪定，仍至十日，乃後以斷刑之職，聽斷于外朝。注辯異至反覆。釋曰：云要之，爲其罪法之要辭，如今劾矣者，劾，實也。正謂棄虚從實，收取要辭爲定，容其自反覆，恐因虚承其罪，十日不飜，即是其實，然後向外朝對衆更詢，乃與之罪。司寇聽之，斷其獄、弊其訟于朝。羣士司刑皆在，各麗其灋以議獄訟。麗，附也。各附致其法以成議也。疏：司寇至獄訟。釋曰：此即朝衆聽之事。獄言斷，訟言弊，弊亦斷，異言耳。云羣士司刑皆在者，所謂《吕刑》云：師聽五辭，一也。恐專有濫，故衆獄官共聽之。云各麗其法者，罪狀不同，附法有異，當如其罪狀，各依其罪，不得濫出濫入，如此以議獄訟也。注麗附至議也。釋曰：所議本欲得其實情，故須各致其法以成其議，致法行刑，當與議狀相依也。獄訟成，士師受中。協日刑殺，肆之三日。受中，謂受獄訟之成也。鄭司農云：士師受中，若今二千石受其獄也。中者，刑罰之中也。故《論語》曰刑罰不中，則民無所措手足。協日刑殺，協，合也，和也，和合支幹善日，若今時望後利日也。肆之三日，故《春秋傳》曰：三日棄疾請尸，《論語》曰：肆諸市朝。玄謂士師既受獄訟之成，鄉士則擇可刑殺之日，至其時而往涖之，尸之三日乃反也。汁日，音協，本亦作協，下同。不中，丁仲反。措，七故反。疏：獄訟至三日。釋曰：此經爲上議得其實，欲行刑之時，故云獄訟成。成謂罪已成定。云士師受中者，士師當受取士成定中平文書爲案。云協日刑殺者，謂鄉士當和合善日，行刑及殺之事。云肆之三日者，據死者而言。其四刑之類，行訖即放，不須肆之。注受中至反也。釋曰：云若今二千石受其獄也者，漢時受二千石禄稟郡守之等，受在下已成之獄。官支幹善日者，十二辰子丑之等是支，甲乙丙丁之等是幹，若言甲子、乙丑、丙寅、丁卯之類，皆以支配幹而言。云若今時望後利日也者，月大則十六日爲望，月小則十五日爲望。利日，即合刑殺之日是也。云肆之三日者，肆，陳也，殺訖陳尸也。云《春秋傳》者，襄二十二年楚令尹子南寵觀起，楚人患之。子南之子棄疾爲王御士。王泣告棄疾，言子南罪，遂殺子南于朝。注云：子南，公子追舒。三日，棄疾請尸。云《論語》者，《憲問篇》云：公伯寮愬子路於季孫。子服景伯謂孔子曰：吾力猶能肆諸市朝。注云：大夫於朝，士於市。公伯寮是士，止應云肆諸市，連言朝耳。引之者，皆證肆之三日之事也。玄謂士師既受獄訟之成，鄉土則擇可刑殺之日，至其時而往涖之，尸之三日乃反也者，乃反，謂收取其尸。鄭言此者，經云士師受中，協日刑殺，文無分別，恐是士師受中，還是士師刑殺，故須辨之。知非士師刑殺者，以其士師是司寇之考，摠攝諸士。所刑殺者，鄉士、遂士、縣士、方士各自往涖之。若一一遣士師自行，於理不可，是以鄭爲此解也。若欲免之，則王會其期。免猶赦也。期，謂鄉士職聽于朝，司寇聽之日，王欲赦之，則用此時親往議之。疏：若欲至其期。釋曰：所司折斷，已得其實情，狀案既成，乃始就朝詳斷，王雖欲免，必無免法。但王者恩深愛物，庶欲免之，恐有濫行，理須親會者也。

《禮記・檀弓下》 孔子過泰山側，有婦人哭於墓者而哀。夫子式而聽之，使子路問之曰：子之哭也，壹似重有憂者。而曰：然。昔者吾舅死於虎，吾夫又死焉，今吾子又死焉。夫子曰：何爲不去也？曰：無苛政。夫子曰：小子識之，苛政猛於虎也。

《禮記正義・禮運》 今大道既隱，隱，猶去也。天下爲家。傳位於子。傳，丈專反。各親其親，各子其子，貨力爲己。俗狹嗇。狹音洽。嗇音色。大人世及以爲禮，城郭溝池以爲固。亂賊繁多，爲此以服之也。大人，諸侯也。禮義以爲紀，以正君臣，以篤父子，以睦兄弟，以和夫婦，以設制度，以立田里，以賢勇知，以功爲己。故謀用是作，而兵由此起。以其違大道敦朴之本也。教令之稠，其弊則然。《老子》曰：法令滋章，盗賊多有。知音智。朴，普角反。稠，直由反。禹、湯、文、武、成王、周公，由此其選也。由，用也。能用禮義以成治。治，直吏反。此六君子者，未有不謹於禮者也。以著其義，以考其信，著有過，刑仁講讓，示民有常。考，成也。刑，猶則也。如有不由此者，在埶者去，衆以爲殃。埶，埶位也。去，罪退之也。殃，猶禍惡也。埶音世，本亦作勢。去，羌吕反。注同。是謂小康。康，安也。大道之人以禮，於忠信爲薄，言小安者失之，則賊亂將作矣。疏：今大至小康。正義曰：前明五帝已竟，此明三代俊英之事。孔子生及三代之末，故稱今也。隱去也。干戈攻伐，各私其親，是大道去也。天下爲家者，父傳天位與子，是用天下爲家也，禹爲其始也。各親其親，各子其子者，君以天位爲家，故四海各親親而子子也。貨力爲己者，藏貨爲身，出力贍己。大人世及以爲禮者，大人，謂諸侯也。世及，諸侯傳位自與家也。父子曰世，兄弟曰及，謂父傳與子，無子則兄傳與弟也，以此爲禮也。然五帝猶行德不以爲禮，三王行爲禮之禮，故五帝不言禮，而三王云以爲禮也。城郭溝池以爲固者，城，内城。郭，外也。溝池，城之壍。既私位獨傳，則更相争奪，所以爲此城郭溝池，以自衛固也。禮義以爲紀者，紀，綱紀也。五帝以大道爲紀，而三王則用禮義爲紀也。以正君臣，以篤父子，以睦兄弟，以和夫婦者，緣此諸事有失，故並用禮義，爲此以下諸事之紀也。君臣義合，故曰正。父子天然，故云篤。篤，厚也。兄弟同氣，故言睦。夫婦異姓，故言和，謂親迎合卺之事。以設制度者，又用禮義設爲宫室、衣服、車旗、飲食、上下、貴賤，各有多少之制度也。以立田里者，田，種穀稼之所。里，居宅之地，貴賤異品。以賢勇知者，賢，猶崇重也。既盗賊並作，故須勇也。更相欺妄，故須知也。所以勇知之士，皆被崇重也。以功爲己者，立功起事，不爲他人也。故謀用是作，而兵由此起者，故姦詐之謀，用是貨力爲己而興作，而戰争之兵，由此貨力爲己而發起。禹、湯、文、武、成王、周公，由此其選也者，以其時謀作兵起，遞相争戰，禹湯等能以禮義成治，故云由此其選。由用也。此，謂禮義也。用此禮義教化，其爲三王中之英選也。此六君子者，未有不謹於禮者也，言此聖賢六人，皆謹慎於禮，以行下五事也。以著其義者，此以下皆謹禮之事也。著，明也。義，宜也。民有失所，則用禮義裁斷之，使得其宜也。以考其信，考，成也。民有相欺，則用禮成之，使信也。著有過者，著，亦明也。過，罪也。民有罪則用禮以照明之也。刑仁者，刑，則也。民有仁者，用禮賞之，以爲則也。講讓者，民有争奪者，用禮與民講説之，使推讓也。示民有常者，以禮行上五德，是示見民下爲常法也。然此五德，即仁、義、禮、知、信也。能明有罪是知也，能講推讓即是禮也。如有不由此者，在埶者去，衆以爲殃者，由，用也。去，罪退之。殃，禍惡也。若爲君而不用上謹於禮以下五事者，雖在富貴埶位，而衆人必以爲禍惡，共以罪黜退之。是謂小康者，康，安也。行禮自衛，乃得不去埶位，及不爲衆所殃，而比大道爲劣，故曰小安也。注大人，諸侯也。正義曰：上既云天下爲家，是天子之治天下也。以大人世及而爲禮，明大人非天子，又云世及，復非卿大夫，故以爲諸侯。凡文各有所對，《易・革卦》大人虎變，對君子豹變，故大人爲天子。《士相見禮》云：與大人言，言事君。對士文。云事君，故以大人爲卿大夫。注教令之稠，其弊則然。正義曰：以三王之時，教令稠數，徵責繁多，在下不堪其弊，則致如此。然，謂謀作兵起也。案《史記》黄帝與蚩尤戰于涿鹿之野，《尚書》舜征有苗，則五帝有兵。今此三王之時，而云兵由此起者，兵設久矣，但上代之時用之希少，時有所用，故雖用而不言也。三王之時，每事須兵，兵起煩數，故云兵猶此起也。

(清) 孫希旦《禮記集解・學記》 玉不琢不成器，人不學不知道。是故古之王者建國君民，教學爲先。《兑命》曰：念終始典于學。其此之謂乎！《釋文》：兑，依註作説，音悦，下《兑命》放此。鄭氏曰：教學，謂内則設師、保以教，使國子學焉；外則有大學、庠、序之官。兑當爲説，字之誤也。高宗夢傅説，求而得之，作《説命》三篇。典，經也。言學之不舍業也。愚謂玉之質美矣，然不琢則不成器。人而不學，雖有美質，不可恃也。教學，以大學之道教人而使學之也。古之王者，既盡乎脩己治人之道，又以爲化民成俗非一人之所能獨爲，故立爲學校以教人；而使人莫不由乎學。故其進而爲公、卿、大夫者，莫非聖賢之徒，而民莫不蒙其澤矣。典，常也。言人君當始終思念常於學而不舍也。

又： 君子知至學之難易而知其美惡，然後能博喻，能博喻然後能爲師，能爲師然後能爲長，能爲長然後能爲君。故師也者，所以學爲君也，是故擇師不可不慎也。《記》曰：三王、四代唯其師。此之謂乎！張子曰：知學者至於學之難易，又知其資質材性之美惡也。朱子曰：能爲師以教人，則能爲君以治人。能爲師者，其人難得，故不可不擇也。顧氏炎武曰：三代之時，凡民之俊秀，皆入大學，而教之以治國平天下之事。孔子之於弟子也，四代之禮樂以教顔淵。五至三無以告子夏，而又曰：雍也可使南面，然則內而聖，外而王，無異道矣。其繫《易》也，以九二見龍在田，利見大人爲君德，故曰：師也者，所以學爲君也。愚謂至學之難易，謂學者入道之深淺次第。美惡，謂人之材質不同：無失者爲美，有失者爲惡也。博喻，謂因學者之材質而告之，而廣博譬喻，不拘一途也。長，謂鄉大夫、州長、黨正之屬，《周禮》所謂使民興賢，出使長之是也。長與君，皆有教民之責，故能爲師然後能爲長，能爲君也。能爲師者難其人，故擇之不可不慎也。夏、商、周爲三王，并虞爲四代。唯其師者，唯以擇師爲重也。

又：君子曰：大德不官，大道不器，大信不約，大時不齊。察於此四者，可以有志於本矣。鄭氏曰：大德不官，謂君也。大道不器，聖人之道，不如器施於一物。大信不約，謂若胥命于蒲，無盟約。大時不齊，或時以生，或時以殺。孔氏曰：春夏花卉自生而薺麥自死，秋冬草木自死而薺麥自生，故云不齊。不官爲諸官之本，不器爲諸器之本，不約爲諸約之本，不齊爲諸齊之本。朱子曰：大德不官，言大德者不但能專一官之事，如《荀子》所謂精於道者兼物物也。大信不約，謂如天地四時，不言而信者也。愚謂德以人之所得而言，道則指其自然之本體也。大德不官，言聖人之德盛大，不但偏治一官之事也。大道不器，言大道之體，不偏主一器，《易》所謂形而上者謂之道，形而下者謂之器也。大信不約，謂至誠感物，不待有所要約，而人無不信之，若所謂誓告不及五帝，盟會不及三王也。大時不齊，謂天之四時，寒暑錯行，未嘗齊一，而卒未嘗有所違也。此引君子之言，本主於大德不官，以明學必務本之意，而兼及於其下三者，猶上章言師無當於五服，五服弗得不親，而兼及於五色、五聲之屬也。蓋大德者，務乎學之本者也；才效一官者，專乎學之末者也。德成而上，藝成而下；行成而先，事成而後。得其本者，可以該末；而逐於末者，不足以達本。故君子必有志於學，而學必有志於本。大學之道，使人明德以新民，而家以之齊，國以之治，天下以之平。此學之所以可貴也。不然，而役役於一長一技之末，雖終其身從事於學，亦豈足以化民而成俗哉！

《禮記正義·樂記》樂者，心之動也。聲者，樂之象也。文采節奏，聲之飾也。君子動其本，樂其象，然後治其飾。是故先鼓以警戒，三步以見方，再始以著往，復亂以飭歸，奮疾而不拔，極幽而不隱，獨樂其志，不厭其道，備舉其道，不私其欲。是故情見而義立，樂終而德尊，君子以好善，小人以聽過。故曰。生民之道，樂爲大焉。文采，樂之威儀也。先鼓，將奏樂，先擊鼓，以警戒衆也。三步，謂將舞，必先三舉足，以見其舞之漸也。再始以著往，武王除喪，至盟津之上，紂未可伐，還歸二年，乃遂伐之。武舞再更始，以明伐時再往也。復亂以飭歸，謂鳴鐃而退，明以整歸也。奮疾，謂舞者也。極幽，謂歌者也。警音景。見方，賢遍反，下及注皆同。著，張慮反，注同。復音伏，飭音勑，注同。拔，步葛反，又皮八反。獨樂，皇音洛，庾音嶽。厭，於艷反。好，呼報反。以聽過，本或作以聖過，如字。鐃女交反。疏：樂者至大焉。正義曰：前經論志也，聲也，容也，三者相將，故此經廣明舞之義理，與聲音相應之事。樂者，心之動也者，心動而見聲，聲成而爲樂，樂由心動而成，故云樂者，心之動也。聲者，樂之象也者，樂本無體，由聲而見，是聲爲樂之形象也。文采節奏，聲之飾也者，聲無曲折，則太質素，故以文采節奏而飾之，使美，故云文采節奏，聲之飾也。君子動其本者，則亦心之動也。樂其象者，則亦樂之象也。然後治其飾者，則亦聲之飾也。以此三者結上三事。自此以下，記者引周之《大武》之樂，以明此三者之義。是故先鼓以警戒者，謂作武王伐紂《大武》之樂，欲奏之時，先擊打其鼓聲，以警戒於衆也。三步以見方者，謂欲舞之時，必先行三步以見方。謂方將欲舞，積漸之意也。再始以著往者，謂作《大武》之樂，每曲一終，而更發始爲之，凡再更發始，以著明往伐紂之時。初發始爲曲，象十一年往觀兵於盟津也，再度發始爲曲，象十三年往伐紂也。復亂以飭歸者，亂，治也。復謂舞曲終，舞者復其行位，而整治，象武王伐紂既畢，整飭師旅而還歸也。奮疾而不拔者，拔，疾也，謂舞者奮迅疾速，而不至大疾也。故庾云舞者雖貴於疾，亦不失節，謂不大疾也。極幽而不隱者，謂歌者坐歌不動，是極幽靜而聲發起，是不隱也。獨樂其志，不厭其道者，樂其志者，多違道理。言武王今獨能樂其志意，不違厭其仁義之道理也，恒以道自將。備舉其道，不私其欲者，武王既不違厭其道理，能備具舉行仁義之道，以利天下，不私自恣已之情欲也。是故情見而義立者，情見，謂武王伐紂之情見於樂也。義立，謂伐紂之義而興立。樂終而德尊者，謂觀武王伐紂樂終，而知武王道德尊盛也。君子以好善者，謂在位尊者，既觀武王之樂德類如此，故庶幾好行善道也。小人以聽過者，小人，謂士庶之等。既觀武王樂音，以聽伏已之愆過也。故曰生民之道，樂爲大焉者，記者既引《大武》之樂，利益如此，是生養民人之道，樂最爲大，此特引武王樂者，以武王之樂，利益爲深，餘樂莫能及故也。但前文舞與聲心相應，故引武王樂，明心見於舞也。注文采至者也。正義曰：上文云省其文采，謂節奏。今此文采謂樂威儀者，以經云聲之飾，故此以文采為威儀也。云武王除喪，至盟津之上，紂未可伐，還歸二年，乃遂伐之者，並出今文《泰誓》，鄭撮而用之，非正文也。云復亂以飭歸，鳴鐃而退，明以整歸也者，經云復亂，鄭云整歸，則亂爲治也，謂反復整治而還。鳴鐃而退，出《大司馬》職文也。云奮疾，謂舞者也者，以奮迅速疾，故爲舞者，謂武舞者。云極幽，謂歌者也者，以極幽與奮疾相對，歌與舞相次，以歌者不動，經稱極幽，故知是歌者也。

（清）孫希旦《禮記集解・祭義》 亨、熟、羶、薌，嘗而薦之，非孝也，養也。君子之所謂孝也者，國人稱願然曰幸哉有子如此，所謂孝也已。衆之本教曰孝，其行曰養。養可能也，敬爲難；敬可能也，安爲難；安可能也，卒爲難。父母既没，慎行其身，不遺父母惡名，可謂能終矣。仁者，仁此者也。禮者，履此者也。義者，宜此者也。信者，信此者也。强者，强此者也。樂自順此生，刑自反此作。方氏慤曰：《論語》云不敬何以別，故敬爲難。揚子曰孝莫大於寧親，故安爲難。《孝經》曰立身行道，揚名於後世，以顯父母，孝之終也，故卒爲難。愚謂衆之本教曰孝，言聖人之教衆人，其根本在於孝也。其行曰養者，言孝之見於行事之實者謂之養也。養固未足以盡孝，而孝未有離乎養者，故首以此言之，而遞推之以及其至焉。曰養、曰安、曰卒，皆事親之事也，卒則守身之事也，能以守身爲事親，則其爲孝也大矣。仁此以下，七此字皆指孝而言。仁、禮、義、信、强五者之德，無所不在，而無非所以成其孝也。順乎此則樂，而至於手舞足蹈，樂之所以生也。反乎此，則三千之罪莫大，刑之所以作也。

（清）孫希旦《禮記集解・經解》 曰：發號出令而民説謂之和，上下相親謂之仁，民不求其所欲而得之謂之信，除去天地之害謂之義。義與信，和與仁，霸王之器也。有治民之意而無其器，則不成。上言其德之具於身，此又言其德之施於政者也。人君操四者以治民，猶人操器以作事，有治民之意而無其器則不成，所謂徒善不可以爲政也。

（清）孫希旦《禮記集解・哀公問》 公曰：敢問何謂敬身？孔子對曰：君子過言則民作辭，過動則民作則。君子言不過辭，動不過則，百姓不命而敬恭。如是，則能敬其身，能敬其身，則能成其親矣。鄭氏曰：則，法也。民者，化君者也。君之言雖過，民猶稱其辭；君之行雖過，民猶以爲法。馬氏晞孟曰：擬之而後言，則無過言；議之而後動，則無過動。言而世爲天下則，動而世爲天下法，百姓不命而敬恭，能敬身之效也。能敬身，則能立身揚名以顯父母矣。愚謂敬於言而無過辭，敬於動而無過則，則百姓不命而敬恭矣。未至於此，則必我之敬有未至也。故曰如是，則能敬其身。【略】孔子遂言曰：古之爲政，愛人爲大。不能愛人，不能有其身；不能有其身，不能安土；不能安土，不能樂天；不能樂天，不能成其身。鄭氏曰：有猶保也。朱子曰：不能有其身，謂不能持守其身而陷於非僻。安土，謂安其所處之位而無外求。樂天，謂樂循天理。《講義》曰：我與人本無有異，不能愛人，決不能自愛，不能自愛，則雖有此身，猶無有也。有其身者，知有其身而不至於自棄也。不能有其身，則心隨放蕩，豈能安土？不能安土，則以欲、惡而爲欣、戚，豈能樂天？安土者，無適而不自得之謂。樂天者，以禍福得喪一歸之於天，而順之之謂也。人能安於平易之地，至迫於利害，鮮有不動者，是未識樂天之理也。故惟樂天，而後身之成可必。

（清）孫希旦《禮記集解・孔子閒居》 孔子閒居，子夏侍。子夏曰：敢問《詩》云凱弟君子，民之父母，何如斯可謂民之父母矣？孔子曰：夫民之父母乎！必達於禮樂之原，以致五至，而行三無，以横於天下。四方有敗，必先知之。此之謂民之父母矣。鄭氏曰：退燕避人曰閒居。凱弟，樂易也。横，充也。愚謂禮樂之原，即下文謂無聲之樂，無體之禮，無服之喪也。由此而推於彼，謂之致。由心而達於事，謂之行。横於天下，即下文所謂志氣塞乎天地也。四方有敗，必先知之者，惟其有憂民之實心，而其識又足以察乎幾微也。蓋聖人之於天下，明於其利，達於其患，所以維持而安全之者，無所不用其極，使四海之内，無一物不得其所，故可以爲民之父母。

子夏曰：民之父母，既得而聞之矣，敢問何謂五至？孔子曰：志之所至，《詩》亦至焉；《詩》之所至，禮亦至焉。禮之所至，樂亦至焉；樂之所至，哀亦至焉。哀樂相生。是故正明目而視之，不可得而見也。傾耳而聽之，不可得而聞也。志氣塞乎天地。此之謂五至。鄭氏曰：凡言至者，至於民也。志，謂恩意也。言君恩意至於民，則其詩亦至也。詩，謂好惡之情也。自此以下，皆謂民之父母者善推其所有，以與民共之。人耳不能聞，目不能見，行之在心胸也。愚謂在心爲志，發言爲《詩》，既有憂民之心存於内，則必有憂民之言形於外，故《詩》亦至焉。既有憂民之言，則必有以踐之，而有治民之禮，故禮亦至焉。既有禮以節之，則必有樂以和之，故樂亦至焉。樂者樂也。既與民同其樂，則必與民同其哀，故哀亦至焉。五者本乎一心，初非見聞之所能及，而其志氣之發，充滿乎天地而無所不至，故謂之五至。

（清）孫希旦《禮記集解・坊記》 子云：君子辭貴不辭賤，辭富不辭貧，則亂益亡。故君子與其使食浮於人也，寧使人浮於食。鄭氏曰：食，謂禄也。在上曰浮。禄勝己則近貪，己勝禄則近廉。愚謂人不甘於貧賤，而必求富貴，争亂之所由起也。富與貴，不以其道得之不處焉，貧與賤，不以其道得之不去焉，則退讓之道著，而争亂之禍息矣。君子不使食浮於人，不以非道而處富貴也。寧使人浮於食，不以非道而去貧賤也。

《禮記・中庸》 仲尼曰：君子中庸，小人反中庸。君子之中庸也，君子而時中；小人之中庸也，小人而無忌憚也。子曰：中庸其至矣乎？民鮮能久矣。子曰：道之不行也，我知之矣：知者過之，愚者不及也。道之不明也，我知之矣：賢者過之，不肖者不及也。人莫不飲食也，鮮能知味也。子曰：道其不行矣夫！

子曰：舜其大知也與？舜好問而好察邇言，隱惡而揚善，執其兩端，用其中於民，其斯以爲舜乎！

子曰：人皆曰予知，驅而納諸罟擭陷阱之中，而莫之知辟也。人皆曰予知，擇乎中庸而不能期月守也。

子曰：回之爲人也，擇乎中庸，得一善則拳拳服膺而弗失之矣。子曰：天下國家可均也，爵禄可辭也，白刃可蹈也，中庸不可能也。

子路問强，子曰：南方之强與？北方之强與？抑而强與？寬柔以教，不報無道，南方之强也，君子居之。衽金革，死而不厭，北方之强也，而强者居之。故君子和而不流，强哉矯；中立而不倚，强哉矯；國有道不變塞焉，强哉矯；國無道至死不變，强哉矯。

子曰：素隱行怪，後世有述焉，吾弗爲之矣。君子遵道而行，半塗而廢，吾弗能已矣。君子依乎中庸，遯世不見知而不悔，唯聖者能之。君子之道費而隱，夫婦之愚可以與知焉；及其至也，雖聖人亦有所不知焉。夫婦之不肖可以能行焉，及其至也，雖聖人亦有所不能焉。天地之大也，人猶有所憾。故君子語大，天下莫能載焉；語小，天下莫能破焉。《詩》云：鳶飛戾天，魚躍于淵。言其上下察也。君子之道造端乎夫婦，及其至也，察乎天地。

子曰：道不遠人，人之爲道而遠人，不可以爲道。《詩》云：伐柯伐柯，其則不遠。執柯以伐柯，睨而視之，猶以爲遠。故君子以人治人，改而止。忠恕違道不遠，施諸己而不願，亦勿施於人。君子之道四，丘未能一焉。所求乎子以事父，未能也。所求乎臣以事君，未能也。所求乎弟以事兄，未能也。所求乎朋友先施之，未能也。庸德之行，庸言之謹，有所不足，不敢不勉，有餘不敢盡，言顧行，行顧言。君子胡不慥慥爾。君子素其位而行，不願乎其外。素富貴行乎富貴，素貧賤行乎貧賤，素夷狄行乎夷狄，素患難行乎患難，君子無入而不自得焉。在上位不陵下，在下位不援上。正己而不求於人，則無怨。上不怨天，下不尤人。故君子居易以俟命，小人行險以徼幸。

子曰：射有似乎君子，失諸正鵠，反求諸其身。君子之道，辟如行遠必自邇，辟如登高必自卑。《詩》曰：妻子好合，如鼓瑟琴。兄弟既翕，和樂且耽。宜爾室家，樂爾妻帑。子曰：父母其順矣乎！

子曰：鬼神之爲德，其盛矣乎？視之而弗見，聽之而弗聞，體物而不可遺。使天下之人，齊明盛服，以承祭祀。洋洋乎如在其上，如在其左右。《詩》曰：神之格思，不可度思，矧可射思。夫微之顯，誠之不可揜，如此夫。

（明）朱武原《禮記通註·中庸》 君子之道，造端乎夫婦；及其至也，察乎天地。造端及至亦自下而上者，人見之如此性無端至也。子曰：道不遠人，性不可離也。人之爲道而遠人，不可以爲道。可離非性也。《詩》云：伐柯伐柯，其則不遠，執柯以伐柯，睨而視之，猶以爲遠。故君子以人治人，改而止。修道之教人，人率性而有者也。改而止者，無加損也。忠恕違道不遠。忠猶隱，恕猶費，皆性也。曰不遠，緩辭耳。施諸己而不願，亦勿施於人。推明忠恕之實。

（清）孫希旦《禮記集解·表記》 子言之：君子之所謂仁者，其難乎！《詩》云：凱弟君子，民之父母。凱以强教之，弟以説安之，樂而毋荒，有禮而親，威莊而安，孝慈而敬，使民有父之尊，有母之親。如此而后可以爲民父母矣，非至德其孰能如此乎？强教，謂强勸而教訓之。説安，謂和悦而安定之。毋荒也，有禮也，威莊也，敬也，皆强教之效，而使民有父之尊者也。樂也，親也，安也，孝慈也，皆説安之效，而使民有母之親者也。於二者兼盡之而不偏，則可以謂之仁，可以謂之民父母矣。【略】子曰：虞、夏之道寡怨於民，殷、周之道不勝其敝。吕氏大臨曰：虞、夏之道質，質者責人畧，故寡怨於民。殷，周之道文，文者責人詳，民之不從，則窮刑賞以驅之，故不勝其敝。

《禮記正義·緇衣》 子曰：小人溺於水，君子溺於口，大人溺於民，皆在其所褻也。言人不溺於所敬者。溺，謂覆没不能自理出也。溺，乃歷反。覆，芳服反。夫水近於人而溺人，德易狎而難親也，易以溺人。言水，人所沐浴自潔清者，至於深淵洪波，所當畏慎也，由近人之故，或泳之游之，褻慢而無戒心，以取溺焉。有德者亦如水矣，初時學其近者，小者以從人事，自以爲可，則侮狎之，至於先王大道，性與天命，則遂扞格不入，迷惑無聞，如溺於大水矣。難親，親之當肅敬，如臨深淵。近，附近之近，注由近人同。易，以豉反，下同。狎，徐戶甲反。清如字，又才性反。洪，本又作鴻。泳音詠，潛行爲泳。游音由。侮，亡甫反。捍，胡旦反。格，戶白反。口費而煩，易出難悔，易以溺人。費，猶惠也。言口多空言，且煩數也。過言一出，駟馬不能及，不可得悔也。口舌所覆，亦如溺矣。費，或爲哱，或爲悖。費，芳貴反，注同。數，色角反。覆，芳服反，又芳又反。悖或爲悖，並布內反。夫民閉於人而有鄙心，可敬不可慢，易以溺人。言民不通於人道，而心鄙詐，難卒告諭，人君敬慎以臨之則可。若陵虐而慢之，分崩怨畔，君無所尊，亦如溺矣。慢，本又作漫，音武諫反。卒，寸忽反。故君子不可以不慎也。慎所可褻，乃不溺矣。《太甲》曰：毋越厥命，以自覆也。若虞機張，往省括于厥度則釋。越之言蹷也。厥，其也。覆，敗也。言無自顛蹷女之政教，以自毀敗。虞，主田獵之地者也。機，弩牙也。度，謂所擬射也。虞人之射禽，弩已張，從機間視括與所射參相得，乃後釋弦發矢。爲政亦當以己心參於羣臣及萬民，可乃後施也。大音泰。覆，芳服反，注同。括，古活反。于厥度，如字，又大各反，注同。《尚書》無厥字，蹷，其厥反，又紀衛反，一音厥。女音汝。儗，魚起反，本亦作擬。射，食亦反，下同。《兑命》曰。惟口起羞，惟甲冑起兵，惟衣裳在笥，惟干戈省厥躬。兑，當爲說，謂殷高宗之臣傅說也，作書以命高宗，《尚書》篇名也。羞，猶辱也。衣裳，朝祭之服也。惟口起辱，當慎言語也。惟甲冑起兵，當慎軍旅之事也。惟衣裳在笥，當服以爲禮也。惟干戈省厥躬，當恕己不尚害人也。兑依注作說，本亦作說。兵，《尚書》作戎。笥，司吏反，爲說音悅，下傅說同。朝，直遙反。《太甲》曰：天作孽，可違也；自作孽，不可以逭。違，猶辟也。逭，逃也。孽，魚烈反，下同。《尚書》作天作孽，猶可違也，不可以逭，本又作逭，乎亂反。《尚書》作弗可逭，無以字。辟，音避。尹吉曰：惟尹躬天見于西邑夏，自周有終，相亦惟終。尹吉亦尹誥也，天當爲先字之誤，忠信爲周。相，助也。謂臣也。伊尹言尹之先祖，見夏之先君臣，皆忠信以自終。今天絶桀者，以其自作孽。伊尹始仕於夏，此時就湯矣。夏之邑在亳西，見或爲敗，邑或爲予。吉，音誥。出，注羔報反。天，依注作先，西田反。相，息亮反。亳，步各反。疏：子曰至惟終。正義曰：此一節戒慎言之事。小人溺於水者，謂卑賤小人居近川澤者，愛翫於水，溺覆没也，多爲水所覆，故云小人溺於水。君子溺於口者，言卿大夫之君子，以口傷人，而致怨恨，遂被覆没，亦如溺於水不能自治也。大人溺於民者，大人謂人君也，由君在上陵虐下民，則人衆離叛，君無所尊，故溺於民也。皆在其所褻也者，言小人君子大人等，所以被没溺者，皆在於褻慢而不能敬慎，故致溺也。夫水近於人而溺人者，釋上三事所以致溺也，此說水溺所由也，水若遠於民，則人不没溺，但由水近人，則人得用之沐浴，而日日狎習，不復畏懼，或泳之，或游之，無有誡忌，至於洪波浪起，亦猶習以爲常，故致覆溺也。德易狎而難親也，易以溺人者。德易狎者，言有德之人，初時學其近者、淺者，謂言可得，是易可親狎，至大者遠者，莫測其理，是難可親也。初時易狎是易也，終則難親是溺人也，故云易以溺人也。口費而煩，易出難悔，易以溺人者，說德既竟，此還釋溺口所由，費，惠也，口虛出言，而無實從之，是口惠也，口惠不難，失在煩數，故云而煩也。無以實言，是易出也，一出言，駟馬追之不及，是難悔，必爲物所憾。所以有禍。口費易出，難悔被害，是溺人也。夫民閉於人而有鄙心者，此釋溺民所由也。言下民之情，常自閉塞，不通人道，故云閉於人也，而用心鄙詐，故云有鄙心。可敬不可慢，易以溺人者，既閉塞人道而有鄙詐，卒難告喻，故人君當敬以臨之，庶其漸染，若又陵慢，則必怨畔，則國無民，君道便喪溺也。民處卑下，易可褻慢，終致怨畔，是溺人也。《大甲》曰：毋越厥命以自覆也者。伊尹戒大甲辭，言無得顛越其教命，以自覆敗也。若虞機張者，虞謂虞人，機謂弩牙。言爲政之道，如虞人射獸，先弩牙以張也。徃省括，于厥度則釋者，謂已心往機間省視箭括，當於所射之度，乃釋弦而發矢，故云則釋。言爲政之道，政教已陳，當以已心省此所施政教，合於羣下，然後乃施之也。《兑命》曰：惟口起羞，惟甲冑起兵者，此《尚書》篇名。傅說戒高宗之辭，口爲榮辱之主，若出言不當，則被人所賤，故起羞辱也。甲冑，罰罪之器。若所罰不當，反被兵戎所害，故甲冑起兵也，惟衣裳在笥，惟干戈省厥躬者，衣裳在篋笥，當服之以行禮，不可妄與於人，惟所施干戈之事，當自省己身，不可妄加無罪浪以害人。《大甲》曰：天作孽可違也者，若水旱災荒，自然而有，非由人失所致。故云：天作孽，亦可從，移辟災是可違也。自作孽不可以逭者，已自作禍，物皆怨恨所在而致禍害，故不可逃也。尹吉曰：惟尹躬天見于西邑夏者，吉，當爲告。天，當爲先。言伊尹告大甲云：伊尹身之先祖，見西方夏邑之君，謂禹也。夏都在亳西，故云西邑也。自周有終，相亦惟終者，周謂忠信，言夏之先君有能忠信，得自有其終，其輔相之臣，亦如先君，亦得終久也，引者證人君若脩德行善，則能終。注難親至深淵。正義曰：言德易狎而難親，若其終始易親，則全無溺人之事，由其初則易狎，後則難親，當恒肅敬，如臨深淵水，若不肅敬，則致陷害，故云溺人也。注兑當爲說。正義曰：《尚書序》云：高宗夢得說，使百工營求諸野，得諸傅岩作《說命》三篇，是高宗之臣傅說也，說作書以戒高宗也。注尹吉至亳西。正義曰：云尹吉者，上經已解尹吉爲尹告，故此云亦誥也，云天當爲先者，以天字與先者，以天字與先相似故爲先也。云忠信爲周者，《國語》文也，云伊尹言，尹之先祖者，鄭君不見《古文尚書》故云伊尹之先祖。據《尚書》是《大甲》之篇，言尹之往先見夏之先君，是身之往先見，非謂尹之先祖也。云伊尹始仕於夏，此時就湯矣者，《書序》云伊尹去亳適夏，既醜有夏，復歸于亳，是始仕於夏也。經云先見西邑夏，故知爲誥之時就湯矣。以鄭不見古文，謂言尹誥是伊尹告成湯，故云此時就湯矣。與《尚書》同。云夏之邑在亳西者，案《世本》及《汲冢古文》並云禹都咸陽，正當亳西也，及後乃徙安邑。鄭以爲湯都偃師爲亳邑，則是安邑亦在亳西也。

（清）孫希旦《禮記集解・緇衣》 子曰：君子道人以言，而禁人以行，故言必慮其所終，而行必稽其所敝，則民謹於言而慎於行。《詩》

云：慎爾出話，敬爾威儀。《大雅》曰：穆穆文王，於緝熙敬止。道者，率其爲善，禁者，防其爲惡。於言言道，於行言禁，互相備也。敝，敗也。人之言行，有其初本善，而其流不能無失者，故君子之於言，於其始而遂慮其所終，君子之於行，於其成而先稽其所敗。故其見於言行者，皆可法於當時，傳於後世，其民則而傚之，而於言無不謹，於行無不慎也。

又：子曰：上人疑則百姓惑，下難知則君長勞。故君民者章好以示民俗，慎惡以御民之淫，則民不惑矣。臣儀行，不重辭，不援其所不及，不煩其所不知，則君不勞矣。《詩》云：上帝板板，下民卒癉。《小雅》曰：匪其止共，惟王之邛。疑，謂好惡不明也。難知，謂陳言於君，而其旨意不顯白也。爲上者章其所好，慎其所惡，使民皆知我之好善而惡惡，則從違定而不至於惑矣。儀，度也。儀行，儀度君之所行也。不重辭，不多爲辭說也。援，引也。爲臣者度君之所能行而引之，則不至援其所不及；不多爲辭說以瀆之，則不至煩其所不知。如此，則君坦然知我言之可行而不至於勞矣。蓋爲人臣者雖當責難於君，然時勢有難易緩急，而君之材質又有昏明强弱，若不量度乎此，而遽爲高遠難行之説，强其君以必從，亦豈事之所可行者乎？

又：子曰：小人溺於水，君子溺於口，大人溺於民，皆在其所褻也。夫水近於人而溺人，德易狎而難親也，易以溺人。口費而煩，易出難悔，易以溺人。夫民閉於人而有鄙心，可敬不可慢，易以溺人。故君子不可以不慎也。《太甲》曰：毋越厥命以自覆也。若虞機張，往省括于厥度則釋。《兑命》曰：惟口起羞，惟甲胄起兵，惟衣裳在笥，惟干戈省厥躬。《太甲》曰：天作孽，可違也；自作孽，不可以逭。尹吉曰：惟尹躬天見於西邑夏，自周有終，相亦惟終。鄭氏曰：言人不溺於所敬者。溺，謂覆没不能自理出也。閉於人，不通於人道。忠信爲周。吕氏大臨曰：小人，謂民也。君子，謂士大夫。大人，謂王、公。凡人覆没於禍患，不能以自出者，皆在其易而褻之也。水之德至柔，民狎之而不戒，此取溺之道也。古之君子，辭達而已，若於己則費，於人則煩，其甚至於害身喪德，易出而不可悔，非口之溺人乎？民愚且賤，上之所易也。惟愚，故敝於心而不可理喻；惟賤，故有鄙心，多怨而無恥。爲王、公者，慢而不敬，則輕身輕上，無所不至，此民之溺人也。引《大甲》，言爲政者如虞人之射禽，張機省括而後發，則無溺於民之患。《兑命》言庶政不可不慎，《大甲》言禍患之來，莫非自取，尹告言君以忠信有終，皆君所自致也。

又：子曰：民以君爲心，君以民爲體。心莊則體舒，心肅則容敬。心好之，身必安之；君好之，民必欲之。心以體全，亦以體傷；君以民存，亦以民亡。《詩》云：昔吾有先正，其言明且清，國家以寧，都邑以成，庶民以生。誰能秉國成？不自爲正，卒勞百姓。《君雅》曰：夏日暑雨，小民惟曰怨。資冬祁寒，小民亦惟曰怨。民之欲惡由於君，而君之存亡係於民。然則君之所好，其公私得失之間，乃存亡之所由分也，可不謹與？《詩》，逸《詩》。先正，先世之賢臣也。國成，邦之八成也。吕氏大臨曰：心、體之説，姑以爲譬，然求之實理，則非譬也。體完則心説，猶有民則有君也。體傷則心憯，猶民病則君憂也。引《詩》，言君不正，民之所以勞也。引《君雅》，言天之寒暑，小民且怨之，況君之政教乎？

《禮記·深衣》 制十有二幅以應十有二月，袂圜以應規，曲袷如矩以應方，負繩及踝以應直，下齊如權衡以應平。故規者，行舉手以爲容；負繩抱方者，以直其政，方其義也。故《易》曰：《坤》六二之動，直以方也。下齊如權衡者，以安志而平心也。五法已施，故聖人服之。故規矩取其無私，繩取其直，權衡取其平，故先王貴之。故可以爲文，可以爲武，可以擯相，可以治軍旅，完且弗費，善衣之次也。

《禮記正義·大學》 大學之道，在明明德，在親民，在止於至善。知止而后有定，定而后能靜，靜而后能安，安而后能慮，慮而后能得。物有本末，事有終始，知所先後，則近道矣。明明德，謂顯明其至德也。止，猶自處也。得，謂得事之宜也。大，舊音泰。劉直帶反。近，附近之近。古之欲明明德於天下者，先治其國。欲治其國者，先齊其家。欲齊其家者，先脩其身，欲脩其身者，先正其心。欲正其心者，先誠其意。欲誠其意者，先致其知。知，謂知善惡吉凶之所終始也。其知如字，徐音智，下致知同。致知在格物。格，來也。物，猶事也。其知於善深則來善物，其知於惡深則來惡物，言事緣人所好來也。此致或爲至。格，古百反。好，呼報反。物格而后知至，知至而后意誠，意誠而后心正，心正而后身脩，身脩而后家齊，家齊而后國治，國治而后天下平。自天子以至於庶人，壹是皆以脩身為本，其本亂而末治者否矣。其所厚者薄，而其所薄者厚，未之有也。此謂知本，此謂知之至也。壹是，專行是也。治，國治，並直吏反，下同。所謂誠其意者，毋自欺也，如惡惡臭，如好好色。此之謂自謙。故君子必慎其獨也。小人閒居爲不善，無所不至，見君子而后厭然，揜其不善而著其善。人之視已，如見其肺肝，然則何益矣？此謂誠於中形於外，故君子必慎其獨也。謙，讀為慊，慊之言厭也。厭，讀爲黶，黶，閉藏貌也。毋，音無。惡惡，上烏路反，下如字。臭昌救反。好好，上呼報反，下如字。謙，依注讀爲慊，徐苦簟反。閒音閑。厭，讀爲黶，烏斬反，又烏簟反。揜，於檢反，著，張慮反，注同。肺，芳廢反。肝音干。言厭，於琰反。一音於涉反。曾子曰：十目所視，十手所指，其嚴乎？富潤屋，德潤身，心廣體胖，故君子心誠其意。嚴乎，言可畏敬也。胖，猶大也。三者，言有實於內，顯見於外。胖，步丹反，注及下同。見，賢遍反。《詩》云：瞻彼淇澳，菉竹猗猗。有斐君子，如切如磋，如琢如磨。瑟兮僩兮，赫兮喧兮。有斐君子，終不可諠兮。如切如磋者，道學也。如琢如磨者，自脩也。瑟兮僩兮者。恂慄也。赫兮喧兮者。威儀也。有斐君子，終不可諠兮者，道盛德至善，民之不能忘也。此心廣體胖之詩也。澳，隈崖也。菉竹猗猗，喻美盛。斐，有文章貌也。諠，忘也。道，猶言也。恂，字或作峻，讀如嚴峻之峻，言其容貌嚴栗也。民不能忘，以其意誠而德著也。淇音其。澳，本亦作奧，於六反，本又作隩，一音烏報反。菉音緑。猗，於宜反。斐，芳尾反，一音匪，文章貌。瑳，七何反。琢，丁角反。摩本亦作磨，末何反。《爾雅》云：骨曰切，象曰瑳，玉曰琢，石曰磨。僩，下板反，又胡板反。赫，許百反。喧本亦作晅，况晚反。諠，許袁反，《詩》作諼，或作暄，音同。恂，依注音峻，思俊反，一音思旬反。慄，利悉反。澳，於六反。隈，烏回反。《詩》云：於戲前王不忘。君子賢其賢而親其親，小人樂其樂而利其利，此以没世不忘也。聖人既有親賢之德，其政又有樂利於民。君子小人，各有以思之。於音烏，下於緝熙同。戲，好胡反，徐范音義。樂其樂，並音岳。又音洛，注同。《康誥》曰克明德，《大甲》曰：顧諟天之明命，《帝典》曰：克明峻德，皆自明也。皆自明明德也。克，能也。顧，念也。諟，猶正也。《帝典》《堯典》亦《尚書》篇名也。峻，大也。諟，或為題。誥，古報反。大音泰。顧諟，上音故，本又作顧同，下音是。峻，徐音俊，又私俊反。題，徐徒兮反。湯之《盤銘》曰：苟日新，日日新，又日新。《康誥》曰：作新民。《詩》曰：周雖舊邦，其命惟新。是故君子無所不用其極。盤銘，刻戒於盤也。極，猶盡也。君子日新其德，常盡心力不有餘也。盤，步干反。銘，徐音冥，亡丁反。《詩》云：邦畿千里，惟民所止。《詩》云：緡蠻黄鳥，止于丘隅。子曰：於止，知其所止，可以人而不如鳥乎。於止，於鳥之所止也。就而觀之，知其所止知，鳥擇岑蔚安閒而止處之耳。言人亦當擇禮義樂土而自止處也。《論語》曰里仁爲美。擇不處仁，焉得知？畿音祈，又作幾，音同。緡蠻，音緜，一音亡取反，《毛詩》作緜，傳云緜蠻，鳥貌。《詩》云：穆穆文王，於緝熙敬止。爲人君止於仁，爲人臣止於敬，爲人子止於孝，爲人父止於慈，與國人交止於信。緝熙，光明也。此美文王之德光明，敬其所以自止處。緝，七入反。熙，許其反。疏：大學至道矣。正義曰：此經大學之道，在於明明德，在於親民，在止於至善。積德而行，則近於道也。在明明德者，言大學之道，在於章明己之光明之德。謂身有明德，而更章顯之，此其一也。在親民者，言大學之道，在於親愛於民，是其二也。在止於至善者，言大學之道，在止處於至善之行，此其三也。言大學之道，在於此三事矣。知止而后有定者，更覆説止於至善之事。既知止於至善，而后心能有定，不有差貳也。定而后能靜者，心定無欲，故能靜，不躁求也。靜而后能安者，以靜故情性安和也。安而后能慮者，情既安和，能思慮於事也。慮而后能得者，既能思慮，然後於事得宜也。物有本末，事有終始者，若於事得宜，而天下萬物有本有末，經營百事有終有始也。知所先後者，既能如此，天下百事萬物，皆識知其先後也。則近道矣者，若能行此諸事，則附近於大道矣。古之欲明明德於天下者，前章言大學之道，在明德、親民、止善，覆説止善之事既畢，故此經明明德之理。先治其國者，此以積學能爲明德盛極之事，以漸到。今本其初，故言欲章明己之明德。使偏於天下者，先須能治其國。欲治其國者，先齊其家也，欲齊其家者，先脩其身，言若欲齊家，先須脩身也。欲脩其身者，先正其心，言若欲脩身，必先正其心也。欲正其心者，先誠其意者，揔包萬慮謂之爲心，情所意念謂之意，若欲正其心使無傾邪，必須先至誠，在於憶念也。若能誠實其意，則心不傾邪也。欲誠其意者，先致其知者，言欲精誠其己意，先須招致其所知之事。言初始必須學習，然後乃能有所知曉其成敗。故云先致其知也。致知在格物，此經明初以致知，積漸而大至明德，前經從盛以本初，此經從初以至盛，上下相結也。致知在格物者，言若能學習招致所知。格，來也。己有所知，則能在於來物。若知善深則來善物，知惡深則來惡物，言善事隨人行善而來應之，惡事隨人行惡亦來應之，言善惡之來緣人所好也。物格而后知至者，物既來，則知其善惡所至。善事來，則知其至於善；若惡事來，則知其至於惡。既能知至，則行善不行惡也。知至而后意誠，既能知至，則意念精誠也。意誠而后心正者，意能精誠，故能心正也，國治而后天下平者，則上明明德於天下，是以自天子至庶人皆然也。壹是皆以脩身爲本者，言上從天子，下至庶人，貴賤雖異，所行此者專一，以脩身爲本。上言誠意、正心、齊家、治國，今此獨云脩身爲本者，細則雖異，其大略皆是脩身也。其本亂而末治者否矣，本亂，謂身不脩也。末治，謂國家治也。言己身既不脩，而望家國治者否矣。否，不也，言不有此事也。其所厚者薄，而其所薄者厚。未之有也者，此覆説本亂而末治否矣之事也。譬若與人交接，應須敦厚以加於人，今所厚之處，乃以輕薄，謂以輕薄待彼人也。其所薄者厚，謂己既與彼輕薄，欲望所薄之處，以厚重報己，未有此事也。言己以厚施人，人亦厚以報己也，若己輕薄施人，人亦輕薄報己，言事厚之與薄，皆以身爲本也。此謂知本，此謂知之至也者，本，謂身也，既以身爲本，若能自知其身，是知本也，是知之至極也。所謂誠其意者，自此以下至此謂知本，廣明誠意之事。此一節明誠意之本，先須慎其獨也。毋自欺也，言欲精誠其意，無自欺誑於身，言於身必須誠實也。如惡惡臭者，謂臭穢之氣，謂見此惡事人嫌惡之，如人嫌臭穢之氣，心實嫌之，口不可道矣。如好好色者，謂見此善事而愛好之，如以人好色，心實好之，口不可道矣。言誠其意者，見彼好事、惡事，當須實好、惡之，不言而自見，不可外貌詐作好、惡，而內心實不好、惡也，皆須誠實矣。此之謂自謙者，謙讀如慊，慊然安靜之貌。心雖好、惡，而口不言，應自然安靜也。見君子而后厭然，揜其不善，而著其善者，謂小人獨居，無所不爲，見君子而後乃厭然閉藏其不善之事。宣著所行善事也。人之視己，如見其肺肝然，則何益矣者，言小人爲惡，外人視之，昭然明察矣，如見肺肝然。則何益矣者，言小人爲惡，外人視之，昭然明察矣，如見肺肝，雖暫時揜藏，言何益矣。此謂誠於中形於外者，言此小人既懷誠實惡事於中心，必形見於外，不可揜藏。注謙讀爲慊。正義曰：以經義之理，言作謙退之字。既無謙退之事，故讀爲慊，慊，不滿之貌，故又讀爲厭，厭，自安靜也。云：厭讀爲黶，黶爲黑色，如爲閉藏貌也。曾子曰：十目所視者，此經明君子脩身，外人所視，不可不誠其意。作《記》之人，引曾子之言以證之。十目所視，十手所指者，言所指、視者衆也。十目，謂十人之目，十手，謂十人之手也。其嚴乎者，既視者及指者皆衆，其所畏敬，可嚴憚乎。富潤屋，德潤身者，言此二句爲喻也。言家若富，則能潤其屋，有金玉又華飾見於外也。德潤身者，謂德能霑潤其身，使身有光榮見於外也。心廣體胖者，言內心寬廣，則外體胖大，言爲之於中，必形見於外也。故君子必誠其意者，以有內見於外，必須精誠其意，在內心不可虛也。《詩》云：瞻彼淇澳者，此一經廣明誠意之事，故引《詩》言學問自新、顔色威儀之事，以證誠意之道也。瞻彼淇澳，菉竹猗猗者，此《詩·衛風·淇澳》之篇，衛人美武公之德也。澳，隈也。菉，王芻也。竹，萹竹也，視彼淇水之隈曲之內，生此菉之與竹，猗猗然而茂盛，以淇水浸潤故也。言視彼衛朝之內，上有武公之身，道德茂盛，亦蒙康叔之餘烈故也。引之者，證誠意之道。有斐君子者，有斐然文章之君子，學問之益矣。如切如磋者，如骨之切，如象之磋，又能自脩也。如琢如磨者，如玉之琢，如石之磨也。瑟兮僩兮，赫兮喧兮。有斐君子，終不可喧兮者，又瑟然顔色矜莊，僩然性行寬大，赫然顔色盛美，喧然威儀宣美，斐然文章之君子，民皆愛念之，終久不可忘也。諠，忘也。自此以上，《詩》之本文也。自此以下，記者引《爾雅》而釋之。如切如磋者，道學也者，論道其學矣。如琢如磨者，自脩也者，謂自脩飾矣，言初習謂之學，重習謂之脩，亦謂《詩》本文互而相通也。瑟兮僩兮者，恂慄也者，恂，讀爲峻，言顔色嚴峻戰慄也。道盛德至善，民之不能忘也，謂善稱也。有斐君子，終不可諠兮，論道武公盛德至極美善，人之愛念不能忘也。注此心至著也。正義曰：諠，忘也，《釋訓》文也，云道猶言也，謂經中道盛德至善，恐爲道德之道，故云道猶言也。

云恂字或作峻，讀如嚴峻之峻者，以經之恂字，他本或作峻字，故讀為嚴峻之峻。《詩》箋云：還爲恂也。此《記》爲赫兮喧兮，《詩經》云：赫兮喧兮本不同也，云以其意誠而德著也，以武公用意精誠德著於人，人不忘也，以經廣明誠意之事，故鄭云：意誠而德著也。《詩》云：於戲前王不忘者，此一經廣明誠意之事。此《周頌·烈文》之篇也，美武王之詩。於戲，猶言嗚呼矣。以文王、武王意誠於天下，故詩人歎美之云：此前世之王，其德不可忘也。君子賢其賢而親其親者，言後世貴重之，言君子皆美此前王能賢其賢人，而親其族親也。小人樂其樂而利其利者，言後世卑賤小人，美此前王能愛樂其所樂，謂民之所樂者，前王亦愛樂之。利其利者，能利益其人之所利，民爲利者，前王亦利益之。言前王施爲政教，下順人情，不奪人之所樂、利之事，故云小人樂其樂而利其利也。此以没世不忘也，由前王意能精誠，垂於後世，故君子小人皆所美念。以此之故，終没於世，其德不忘也。《康誥》曰：克明德者，此一經廣明意誠則能明己之德。周公封康叔而作《康誥》，戒康叔能明用有德。此《記》之意，言周公戒康叔以自明其德，與《尚書》異也。《大甲》曰：顧諟天之明命者，顧，念也。諟，正也。伊尹戒大甲云：爾爲君，當顧念奉正天之顯明之命，不邪僻也。《帝典》曰：克明峻德者，《帝典》謂《堯典》之篇，峻，大也。《尚書》之意，言堯能明用賢俊之德，此《記》之意，言堯能自明大德也，皆自明也，此經所云《康誥》《大甲》《帝典》等之文，皆是人君自明其德也，故云皆自明也。注皆自明明德也。正義曰：明明德必先誠其意，此經誠意之章，由初誠意也，故人先能明己之明德也。湯之《盤銘》此一經廣明誠意之事。湯之《盤銘》者，湯沐浴之盤，而刻銘爲戒，必於沐浴之者，戒之甚也。苟日新者，此《盤銘》辭也，非唯洗沐自新。苟，誠也。誠使道德日益新也。日日新者，言非唯一日之新，當使日日益新。又日新者，言非唯日日益新，又須恒常日新，皆是丁寧之辭也。此謂精誠其意，脩德無已也。《康誥》曰：作新民者，成王既伐管叔、蔡叔，以殷餘民封康叔，《誥》言殷人化紂惡俗，使之變改爲新人。此《記》之意，自念其德爲新民也。《詩》曰：周雖舊邦，其命惟新者，此《大雅·文王》之篇，其詩之本意，言周雖舊是諸侯之邦，其受天之命，唯爲天子而更新也。此《記》之意，其所施教命，唯能念德而自新也。是故君子無所不用其極者，極，盡也，言君子欲日新其德，無處不用其心盡力也，言自新之道，唯在盡其心力，更無餘行也。《詩》云：邦畿千里，惟民所止。此一經廣明誠意之事，言誠意在於所止，故上云：《大學》之道在於至善。此《商頌·玄鳥》之篇，言殷之邦畿方千里，爲人所居止。此《記》斷章，喻其民人而擇所止，言人君賢則來也。《詩》云：緡蠻黃鳥，止于丘隅者，此《詩·小雅·緡蠻》之篇，刺幽王之詩。言緡蠻然微小之黃鳥，止在於岑蔚丘隅之處，得其所止，以言微小之臣依託大臣，亦得其所也。子曰：於止，知其所止者，孔子見其詩文而論之，云是觀於鳥之所止，則人亦知其所止，鳥之知在岑蔚安閒之處，則知人亦擇禮義樂土之處而居止也。可以人而不如鳥乎者，豈可以人不擇止處不如鳥乎？言不可不如鳥也。故《論語》云里仁為美，擇不處仁，焉得知是也。《詩》云：穆穆文王，於緝熙敬止者，《大雅·文王》之篇，美文王之詩。緝熙，謂光明也。止，辭也。《詩》之本意，云文王見此光明之人，則恭敬之。此《記》之意，於緝熙，言嗚呼文王之德緝熙光明，又能敬其所止，以自居處也。注鳥擇至止處。正義曰：岑，謂巖險。蔚，謂草木蓊蔚。言鳥之所止，必擇靜密之處也。

子曰：聽訟，吾猶人也。必也使無訟乎？無情者不得盡其辭，大畏民志。情，猶實也。無實者多虚誕之辭。聖人之聽訟，與人同耳。必使民無實者不敢盡其辭，大畏其心志，使誠其意不敢訟。吾聽訟，似用反。猶人也。《論語》作聽訟吾猶人也，毋訟音無。誕，音但。此謂知本。本，謂誠其意也。所謂脩身在正其心者，身有所忿懥，則不得其正；有所恐懼，則不得其正；有所好樂，則不得其正；有所憂患，則不得其正。心不在焉，視而不見，聽而不聞，食而不知其味。此謂脩身在正其心。懥，怒貌也，或作懫，或爲疐。忿，弗粉反。懥，勑值反，范音稚，徐丁四反，又音勩。恐，丘勇反。好，呼報反，下故好而知同。樂，徐五孝反，一音岳。懫音致，疐音致，又得計反。所謂齊其家在脩其身者，人之其所親愛而辟焉，之其所賤惡而辟焉，之其所畏敬而辟焉，之其所哀矜而辟焉，之其所敖惰而辟焉。故好而知其惡，惡而知其美者，天下鮮矣。故諺有之曰：人莫知其子之惡，莫知其苗之碩。此謂身不脩，不可以齊其家。之，適也。譬，猶喻也。言適彼而以心度之，曰：吾何以親愛此人，非以其有德美與？吾何以敖惰此人，非以其志行薄與，反以喻己，則身脩與否可自知也。鮮，罕也。人莫知其子之惡，猶愛而不察。碩，大也。辟音譬，下及注同，謂譬喻也，賤惡，烏路反，下惡而知同。敖，五報反。惰，徒臥反。其惡惡，上如字，下烏路反。鮮，仙善反，注同。諺，魚變反，俗語也。度，徒洛反。與音余，下薄與同。行，下孟反。所謂治國必先齊其家者，其家不可教，而能教人者無之，故君子不出家而成教於國。孝者所以事君也；弟者所以事長也；慈者所以使衆也。《康誥》曰：如保赤子。心誠求之，雖不中不遠矣。未有學養子而後嫁者也。養子者，推心爲之而中於赤子之嗜欲也。【略】一家仁，一國興仁；一家讓，一國興讓；一人貪戾，一國作亂。其機如此，此謂一言僨事，一人定國。一家，一人，謂人君也。戾之言利也。機，發動所由也。僨，猶覆敗也。《春秋傳》曰：登戾之。又曰：鄭伯之車僨於濟。戾，或爲吝；僨，或爲犇。【略】堯、舜率天下以仁，而民從之。桀、紂率天下以暴，而民從之。其所令反其所好，而民不從。言民化君行也。君若好貨而禁民淫於財利，不能正也。【略】是故君子有諸己，而后求諸人，無諸己而后非諸人。所藏乎身不恕，而能喻諸人者，未之有也。故治國在齊其家。有於己，謂有仁讓也。無於己，謂無貪戾也。《詩》云：桃之夭夭，其葉蓁蓁。之子于歸，宜其家人。宜其家人，而后可以教國人。《詩》云：宜兄宜弟。宜兄宜弟，而后可以教國人。《詩》云：其儀不忒，正是四國。其爲父子、兄弟足法，而后民法之也。此謂治國在齊其家。夭夭、蓁蓁，美盛貌。之子者，是子也。夭，於驕反。蓁音臻。忒，他得反。所謂平天下在治其國者，上老老而民興孝，上長長而民興弟，上恤孤而民不倍，是以君子有絜矩之道也。老老、長長，謂尊老敬長也。恤，憂也。民不倍，不相倍棄也。絜，猶結也，挈也。矩，法也，君子有挈法之道，謂當執而行之，動作不失之。倍，或作偝。矩，或作巨。【略】所惡於上，毋以使下；所惡於下，毋以事上；所惡於前，毋以先後；所惡於後，毋以從前；所惡於右，毋以交於左；所惡於左，毋以交於右。此之謂絜矩之道。絜矩之道，善持其所有，以恕於人耳。治國之要盡於此【略】。《詩》云：樂只君子，民之父母。民之所好好之，民之所惡惡之，此之謂民之父母。言治民之道無他，取於己而已。《詩》云：節彼南山，維石巖巖。赫赫師尹，民具爾瞻。有國者不可以不慎，辟則爲天下僇矣。巖巖，喻師尹之高嚴也。師尹，天子之大臣，爲政者也。言民皆視其所行而則之，可不慎其德乎？邪辟失道，則有大刑。【略】《詩》云：殷之未喪師，克配上帝。儀監于殷，峻命不易。道得衆則得國，失衆則失國。是故君子先慎乎德。有德此有人，有人此有土，有土此有財，有財此有用。德者本也，財者末也。外本內末，争民施奪。是故財聚則民散，財散則民聚。是故言悖而出者，亦悖而入；貨悖而入者，亦悖而出。師，衆也。克，能也。峻，大也。言殷王帝乙以上，未失其民之時，德亦有能配天者，謂天享其祭祀也。及紂爲惡，而民怨神怒，以失天下。監視殷時之事，天之大命，得之誠不易也。道，猶言也。用，謂國用也。施奪，施其刧奪之情也。悖，猶逆也。言君有逆命，則民有逆辭也。上貪於利，則下人侵畔。《老子》曰：多藏必厚亡。【略】《康誥》曰：惟命不于常。道善則得之，不善則失之矣。于，於也。天命不於常，言不專祐一家也。專佑音又。《楚書》曰：楚國無以爲寶，惟善以爲寶。《楚書》，楚昭王時書也。言以善人爲寶。時謂觀射父，昭奚恤也。【略】舅犯曰：亡人無以爲寶，仁親以爲寶。舅犯，晉文公之舅狐偃也。亡人，謂文公也。時辟驪姬之讒，亡在翟。而獻公薨，秦穆公使子顯弔，因勸之復國，舅犯爲之對此辭也。仁親，猶言親愛仁道也。明不因喪規利也。【略】《秦誓》曰：若有一介臣，斷斷兮，無他技，其心休休焉，其如有容焉。人之有技，若己有之。人之彥聖，其心好之，不啻若自其口出，寔能容之，以能保我子孫黎民，尚亦有利哉。人之有技，媢嫉以惡之。人之彥聖，而違之，俾不通，寔不能容，以不能保我子孫黎民，亦曰殆哉。《秦誓》，《尚書》篇名也。秦穆公伐鄭，爲晉所敗於殽，還誓其羣臣，而作此篇也。斷斷，誠一之貌也。他技，異端之技也。有技，才藝之技也。若己有之，不啻若自其口出，皆樂人有善之甚也。美士爲彥。黎，衆也。尚，庶幾也。媢，妬也。違，猶戾也。俾，使也。佛戾賢人所爲，使功不通於君也。殆，危也。彥，或作盤。【略】唯仁人放流之，迸諸四夷，不與同中國。此謂唯仁人爲能愛人，能惡人。放去惡人媢嫉之類者，獨仁人能之，如舜放四罪而天下咸服。【略】見賢而不能舉，舉而不能先，命也。見善而不能退，退而不能遠，過也。命讀爲慢，聲之誤也。舉賢而不能使君以先己，是輕慢於舉人也。【略】好人之所惡，惡人之所好，是謂拂人之性，菑必逮夫身。拂，猶佹也。逮，及也。【略】是故君子有大道，必忠信以得之，驕泰以失之。道行所由。生財有大道，生之者衆，食之者寡，爲之者疾，用之者舒，則財恒足矣。是不務祿不肖，而勉民以農也。仁者以財發身，不仁者以身發財。發，起也。言仁人有財，則務於施與，以起身成其令名。不仁之人，有身貪於聚斂，以起財務成富。【略】未有上好仁而下不好義者也，未有好義，其事不終者也，未有府庫財，非其財者也。言君行仁道，則其臣必義。以義舉事無不成者。其爲誠然，如己府庫之時爲己有也。孟獻子曰：畜馬乘，不察於雞豚。伐冰之家，不畜牛羊。百乘之家，不畜聚斂之臣，與其有聚斂之臣，寧有盜臣。此謂國不以利爲利，以義爲利也。孟獻子，魯大夫仲孫蔑也。畜馬乘，謂以士初試爲大夫也。伐冰之家，卿大夫以上，喪祭用冰。百乘之家，有采地者也。雞豚、牛羊，民之所畜養以為財利者也。國家利義不利財，盜臣損財耳，聚斂之臣乃損義。《論語》曰：季氏富於周公，而求也爲之聚斂，非吾徒也，小子鳴鼓而攻之可也。【略】長國家而務財用者，必自小人矣。言務聚財爲己用者，必忘義，是小人所爲也。彼爲善之。小人之使爲國家，菑害並至，雖有善者，亦無如之何矣？彼，君也。君將欲以仁義善其政，而使小人治其國家之事，患難猥至，雖云有善，不能救之，以其惡之已著也。【略】此謂國不可以利爲利，以義爲利也。疏：子曰至利也。正義曰：此一經廣明誠意之事，言聖人不惟自誠己意，亦服民使誠意也。孔子稱斷獄，猶如常人無以異也，言吾與常人同也。必也使無訟乎者，必也使無理之人不敢爭訟也。無情者不得盡其辭者，情，猶實也。言無實情虛誕之人，無道理者，不得盡竭其虛僞之辭也。大畏民志者，大能畏脅民人之志，言人有虛誕之志者，皆畏懼不敢訟，言民亦誠實其意也。聽訟吾猶人也，必也使無訟乎，是夫子之辭。無情者不得盡其辭，大畏民志，是記者釋夫子無訟之事。然能使無訟，則是異於人也，而云吾猶人者，謂聽訟之時，備兩造，吾聽與人無殊，故云吾猶人也。但能用意精誠，求其情僞，所以使無訟也。此謂知本者，此從上所謂誠意，以下言此大畏民志。以上皆是誠意之事，意爲行本，既精誠其意，是曉知其本，故云此謂知本也。所謂脩身者，此覆説前脩身正心之事。身有所忿懥，則不得其正者，懥，謂怒也。身若有所怒，則不得其正，言因怒而違於正也。所以然者，若遇忿怒，則違於理，則失於正也。有所恐懼，則不得其正者，言因恐懼而違於正也。心不在焉，視而不見，聽而不聞，食而不知其味者，此言脩身之本，必在正心。若心之不正，身亦不脩。若心之不在，視聽與食不覺知也。是心爲身本，脩身必在於正心也。所謂齊其家在脩其身者，此經重明前經齊家、脩身之事。人之其所親愛而辟焉者，之，猶適也。此言脩身之譬也。設我適彼人，見彼有德，則爲我所親愛，當反自譬喻於我也。以彼有德，故爲我所親愛，則我若自脩身有德，必然亦能使衆人親愛於我也。之其所賤惡而譬焉者，又言我往之彼，而賤惡彼人者，必是彼人無德故也，亦當迴以譬我。我若無德，則人亦賤惡我也。之其所畏敬而譬焉者，又我往之彼而畏敬彼人，必是彼人莊嚴故也，亦迴其譬我，我亦當莊敬，則人亦必畏敬我。之其所哀矜而辟焉者，又我往之彼，而哀矜彼人，必是彼人有慈善柔弱之德故也，亦迴譬我，我有慈善而或柔弱，則亦爲人所哀矜也。之其所敖惰而辟焉者，又我往之彼，而敖惰彼人，必是彼人邪僻故也，亦迴譬我，我若邪僻，則人亦敖惰於我也。故好而知其惡，惡而知其美者，天下鮮矣者。知，識也。鮮，少也。人心多偏，若心愛好之，而多不知其惡。若嫌惡之，而多不知其美。今雖愛好，知彼有惡事；雖憎惡，知彼有美善，天下之内，如此者少矣。故諺有之曰：人莫知其子之惡，莫知其苗之碩者，碩，猶大也。言人之愛子其意至甚，子雖有惡不自覺知，猶好而不知其惡也。農夫種田，恒欲其盛，苗雖碩大，猶嫌其惡，以貪心過甚，故不知其苗之碩。若能以己子而方他子，己苗而匹他苗，則好惡可知，皆以己而待他物也。此謂身不脩，不可以齊其家者。此不知子惡，不知苗碩之人，不脩其身。身既不脩，不能以己譬人，故不可以齊整其家。注之適至大也。正義曰：之，適也，《釋詁》文。云：反以喻己者，謂見他人所親愛，被賤惡，以人類己，他人之事反來自譬己身也。云：則身脩與否可自知也者，謂彼人不脩，則被賤惡敖惰，己若不以脩身，事亦然也。若彼脩身，則被親愛敬畏，己若脩身，亦當然也。故云：脩身與否可自知也。云：碩，大也。《釋詁》文。此謂至其家，此一節覆明前經治國齊家之事。《康誥》曰：如保赤子者，此成王命康叔之辭。赤子謂心所愛之子。言治民之時，如保愛赤子，愛之甚也。心誠求之，雖不中不遠矣者，言愛此赤子，內心精誠，求赤子之嗜欲，雖不能正中其所欲，去其所嗜欲，其不甚遠。言近其赤子之嗜欲，爲治人之道亦當如此也。未有學養子而后嫁者也，言母之養子，自然而愛，中當赤子之嗜欲，非由學習而來，故云：未有學養子而后嫁者。此皆本心而爲之，言皆喻人君也。一家仁，一國興仁；一家讓，一國興讓者，言人君行善於家，則外人化之，故一家、一國，皆仁讓也。一人貪戾，一國作亂者，謂人君一人貪戾惡事，則一國學之作亂。其機如此者，機，謂關機也。動於近，成於遠，善惡之事，亦發於身而及於一國也。此謂一言僨事，一人定國者。僨，猶覆敗也。謂人君一言覆敗其事，謂惡言也。一人定國，謂由人君一人能定其國，謂善政也。古有此言，今記者引所爲之事以結之。上云：一人貪戾，一國作亂，是一言僨事也。又云：一家仁讓，則一國仁讓，是知一人定國也。一家則一人也，皆謂人君，是一人之身，先治一家，乃後治一國。其所令反其所好，而民不從者，令，謂君所號令之事。若各隨其行之所好，則人從之。其所好者是惡，所令者是善，則所令之事反其所好，雖欲以令禁人，人不從也。是故君子有諸己而后求諸人者，諸，於也。謂君子有善行於己，而后可以求於人，使行善行也。謂於己有仁讓，而后可求於人之仁讓也。無諸己而后諸人者，謂無惡行於己，而后可以非責於人爲惡行也。謂無貪利之事於己，而後非責於人也。所藏乎身不恕而能喻諸人者，未之有也者，謂所藏積於身既不恕實，而能曉喻於人，使從己者，未之有也。言無善行於身，欲曉喻於人爲善行，不可得也。《詩》云：桃之夭夭，其葉蓁蓁者，此《周南·桃夭》之篇，論昏姻及時之事。言桃之夭夭少壯，其葉蓁蓁茂盛，喻婦人形體少壯、顔色茂盛之時，似桃之夭夭也。之子于歸，宜其家人者，之子者，是子也；歸，嫁也；宜，可以爲夫家之人，引之者，取宜其家人之事。宜其家人，而后可以教國人者，言人既家得宜，則可以教國人也。《詩》云：宜兄宜弟者，此《小雅·蓼蕭》之篇，美成王之詩。《詩》之本文言成王有德，宜爲人兄宜爲人弟，此《記》之意，宜兄宜弟謂自與兄弟相善相宜也，既爲兄弟相宜，而可兄弟之意，而后可以教國人也。《詩》云：其儀不忒，正是四國者，此《曹風·鳲鳩》之篇，忒，差也；正，長也。言在位之君子，威儀不有差忒，可以正長是四方之國，言可法則也。其爲父子兄弟足法，而后民法之也者，此謂治國在齊其家，謂其脩身於家，在室家之內，使父子兄弟足可方法，而後民皆法之也。是先齊其家，而後能治其國也。注一家至於濟。正義曰：一家一人，謂人君也者，以經言治家，故知是人君也，若文王刑于寡妻，至于兄弟，以御于家邦是也。云《春秋傳》曰：登戾之者，此隱五年《公羊傳》文。案彼傳：文公觀魚于棠，何以書？譏。何譏爾？遠也。公曷爲遠而觀魚？登來之也。彼注意謂以思得而來之，齊人語，謂登來爲得來也。聲有緩急，得爲登。謂隱公觀魚於棠，得此百金之魚，而來觀之。《公羊傳》爲登來，鄭所引《公羊》本爲登戾之，以來爲戾，與《公羊》本不同也。鄭意以戾爲貪戾，故引以證經之貪戾也。云又曰：鄭伯之車，僨於濟者，隱三年《左傳》文。所謂平天下在治其國者，正義曰：自此以下至終篇，覆明上文平天下在治其國之事。但欲平天下，先須治國，治國事多，天下理廣，非一義可了，故廣而明之。言欲平天下，先須脩身，然後及物。自近至遠，自內至外，故初明絜矩之道，次明散財於人之事，次明用善人、遠惡人。此皆治國、治天下之綱，故揔而詳說也。今各隨文解之。上恤孤而民不倍者，孤弱之人，人所遺棄，在上君長若能憂恤孤弱不遺，則下民學之，不相棄倍此人。是以君子有絜矩之道也者，絜，猶結也；矩，法也。言君子有執結持矩法之道，動而無失，以此加物，物皆從之也。所惡於上，毋以使下者，此以下皆是絜矩之道也。譬諸侯有天子在於上，有不善之事加己，己惡之，則不可迴持此惡事，使己下者爲之也。所惡於下，毋以事上者，言臣下不善事己，己所有惡，則己不可持此惡事，迴以事己之君上也。所惡於前，毋以先後者，前謂在己之前不以善事施己，己所憎惡，則無以持此惡事施於後人也。所惡於後，毋以從前者，後，謂在己之後不以善事施己，己則無以惡事施於前行之人也。所惡於右，毋以交於左者，謂與己平敵，或在己右或在己左，以惡加己，己所憎惡，則無以此惡事施於左人。舉此一隅，餘可知也。此之謂絜矩之道者，上經云君子有絜矩之道也，其絜矩之義未明，故此經申說能持其所有，以待於人，恕己接物，即絜矩之道也。《詩》云：樂只君子，民之父母，此記者引之，又申明絜矩之道。若能以己化民，從民所欲，則可謂民之父母。此《小雅·南山有臺》之篇，美成王之詩也。只，辭也。言能以己化民，從民所欲，則可爲民父母矣。民之所好好之者，謂善政恩惠，是民之願好，己亦好之，以施於民，若發倉廩、賜貧窮、賑乏絶是也。民之所惡惡之者，謂苛政重賦，是人之所惡，己亦惡之而不行也。《詩》云：節彼南山者，上經説恕己待民，此經明己須戒慎也。《詩》云：節彼南山，維石巖巖，此《小雅·節南山》之篇，刺幽王之詩。言幽王所任大臣，非其賢人也。節然高峻者，是彼南山，維積累其石，巖巖然高大，喻幽王大臣師尹之尊嚴。赫赫師尹，民具爾瞻者，赫赫，顯盛貌。是太師與人爲則者。具，俱也。爾，汝也。在下之民，俱於汝而瞻視之，言皆視師尹而爲法。此《記》之意，以喻人君在上，民皆則之，不可不慎。有國者不可以不慎者，有國，謂天子、諸侯。言民皆視上所行而則之，不可不慎其德乎，宜慎之也。辟則爲天下僇矣者，僇，謂刑僇也。君若邪辟，則爲天下之民共所誅討，若桀、紂是也。《詩》云：殷之未喪師，克配上帝，此一經明治國之道在貴德賤財。此《大雅·文王》之篇，美文王之詩，因以戒成王也。克，能也；師，衆也。言殷自紂父帝乙之前，未喪師衆之時，所行政教，皆能配上天而行也。儀監于殷，峻命不易者，儀，宜也；監，視也。今成王宜監視于殷之存亡。峻，大也。奉此天之大命，誠爲不易，言其難也。道得衆則得國，失衆則失國者，道，猶言也。《詩》所云者，言帝乙以上得衆則得國，言殷紂失衆則失國也。有德此有人者，有德之人，人之所附從，故有德此有人也。有人此有土者，有人則境土寬大，故有土也。有土此有財，言有土則生植萬物，故有財也。有財此有用者，爲國用有財豐，以此而有供國用也。德者本也，財者末也者，德能致財，財由德有，故德爲本，財爲末也。外本內末，争民施奪者，外，疏也；內，親也；施奪，謂施其刼奪之情也。君若親財而疏德，則争利之人皆施刼奪之情也。是故財聚則民散，財散則民聚者，事不兩興，財由民立。君若重財而輕民，則民散也。若散財而賙恤於民，則民咸歸聚也。是故言悖而出者，亦悖而入者，悖，逆也。若人君政教之言悖逆人心而出行者，則民悖逆君上而入以報荅也，謂拒違君命也。貨悖而入者，亦悖而出者，若人君厚斂財貨，悖逆民心而入積聚者，不能久如財，人畔於上，財亦悖逆君心而散出也。言衆畔親離，財散非君有也。注師衆至厚亡。正義曰：師，衆也，峻，大也，皆《釋詁》文，《爾雅》峻字馬旁爲之，與此同也。克，能也，《釋言》文也。云君有逆命，則民有逆辭也者，君有逆命，解經言悖而出也。民有逆辭，解經亦悖而入，謂人有逆命之辭以拒君也。云：《老子》曰：多藏必厚亡者，言積聚藏之既多，必厚重而散亡也，引之者，證貨悖而入，亦悖而出。《康誥》曰：惟命不于常者，謂天之命，不於是常住在一家也。道善則得之，不善則失之矣，《書》之本意，言道爲善則得之，不善則失之，是不常在一家也。舅犯曰：亡人無以爲寶，仁親以爲寶者，此舅犯勸重耳之辭，於時重耳逃亡在翟，秦穆公欲納之反國而勸，重耳不受秦命，對秦使云：奔亡之人，無以貨財爲寶，唯親愛仁道以爲寶也。注楚書至奚恤。正義曰：鄭知是楚昭王時書者，案《楚語》云：楚昭王使王孫圉聘於晉，定公饗之。趙簡子鳴玉以相問於王孫圉，曰：楚之白珩猶在乎？其爲寶幾何矣？王孫圉對曰：未嘗爲寶。楚之所寶者，曰觀射父，能作訓辭，以行事於諸侯，使無以寡君爲口實。又《新序》云：秦欲伐楚，使者觀楚之寶器。楚王召昭奚恤而問焉，對曰：寶器在賢臣。王遂使昭奚恤應之。昭奚恤發精兵三百人陳於西門之內，爲東面之壇一，南面之壇四，西面之壇一。秦使者至，昭奚恤曰：君客也，請就上居東面之壇。令尹子西南面，太宗子牧次之，葉公子高次之，司馬子發次之。昭奚恤自居西面之壇，稱曰：客欲觀楚之寶器乎？楚之所寶者，即賢臣也。唯大國之所觀，秦使無以對也。使歸，告秦王曰：楚多賢臣，無可以圖之。何知有觀射父、昭奚恤者？案《戰國義》云：楚王築壇，昭奚恤等立於壇上。楚王指之，謂秦使曰：此寡人之寶。故知有昭奚恤等也。謂賢爲寶者，案《史記》云：理百姓，實府庫，使黎甿得所者，有令尹子西而能也。執法令，奉圭璋，使諸侯不怨，兵車不起者，有大宗子牧能也。守封疆，固城郭，使鄰國不侵，亦不侵鄰國者，有葉公子高能也。整師旅，治兵戈，使蹈白刃，赴湯蹈火，萬死不顧一生者，有司馬子發能也。坐籌帷幄之中，決勝千里之外，懷霸王之業，撥理亂之風，有大夫昭奚恤能也。是皆爲寶也。引之者，證爲君長能保愛善人爲寶也。注舅犯至利也。正義曰：舅犯，晉文公之舅狐偃者，《左傳》文也。時避驪姬之讒，亡在翟。而獻公薨，秦穆公使子顯弔之，因勸之復國。舅犯爲之對此辭也。《檀弓》篇文。《秦誓》曰者，此一經明君臣進賢詘惡之事。《秦誓》，《尚書》篇名。秦穆公伐鄭，爲晉敗於殽，還歸誓羣臣而作此篇，是秦穆公悔過自誓之辭。記者引之以明好賢去惡也。若有一介臣，斷斷兮者，此秦穆公誓辭云，羣臣若有一耿介之臣，斷斷然誠實專一謹慤兮。兮是語辭，《古文尚書》兮爲猗。言有一介之臣，其心斷斷猗猗然專一，與此本異。無他技，其心休休焉，其如有容焉者，言此專一之臣，無他奇異之技，惟其心休休然寬容，形貌似有包容，如此之人，我當任用也。人之有技，若己有之者，謂見人有技藝，欲得親愛之，如己自有也。人之彥聖，其心好之不啻若自其口出者，謂見人有才彥美通聖，其心中愛樂，不啻如自其口出。心愛，此彥聖之美，多於口說，言其愛樂之甚也。寔能容之，以能保我子孫黎民，尚亦有利哉者。寔，是也。若能好賢如此，是能有所包容，則我國家得安，保我後世子孫。黎，衆也。尚庶幾也。非直子孫安，其下衆人皆庶幾亦望有利益哉也。人之有技，媢疾以惡之者，上明進賢之善，此論蔽賢之惡也。媢，妬也，見人有技藝，則掩藏媢妬，疾以憎惡之也。人之彥聖，而違之，俾不通者，見他人之彥聖，而違戾抑退之。俾，使也，使其善功不通達於君。《尚書》通爲達字也。寔不能容，以不能保我子孫黎民，亦曰殆哉者。若此蔽賢之人，是不能容納，家國將亡，不能保我子孫。非唯如此，衆人亦曰殆危哉，注秦誓至危也。正義曰：秦穆公伐鄭，爲晉所敗於殽，還誓其羣臣，而作此篇也者，案《尚書序》秦穆公伐鄭，晉襄公帥師敗諸殽，還歸，作《秦誓》。又《左傳》僖三十二年秦穆公興師伐鄭，蹇叔等諫之，公不從，爲晉人與姜戎要而擊之，敗諸殽，是其事也。云：美士爲彥者，《爾雅・釋訓》文。黎，衆也；俾，使也，皆《釋詁》文。尚，庶幾者，《釋言》文。《爾雅》庶幾，尚也，是尚爲庶幾矣。云媢，妬也者，《說文》云：媢，夫妬婦，是媢爲妬也。唯仁人放流之，迸諸四夷，不與同。中國者，言唯仁人之君，能放流，此蔽善之人，使迸遠在四夷，不與同在中國。若舜流四凶，而天下咸服是也。此謂唯仁人，爲能愛人，能惡人者，既放此蔽賢之人遠在四夷，是仁人能愛善人，惡不善之人。見賢而不能舉，舉而不能先，命也者，此謂凡庸小人，見此賢人而不能舉進於君。假設舉之，又不能使在其己之先是爲慢也。謂輕慢於舉人也。見不善而不能退，退而不能遠，過也者，此謂小人見不善之人而不能抑退之。假令抑退之，而不能使遠退之。過者，言是愆過之人也。好人之所惡者，人謂君子，君子所惡者，凶惡之事。今乃愛好凶惡，是好人之所惡也。惡人之所好者。君子所好仁義善道。今乃惡此仁義善道，是惡人之所好也。是謂拂人之性者。若如此者，是謂拂戾善人之性。菑必逮夫身者，逮，及也。如此，菑必及夫身矣。是故君子有大道者，大道，謂所由行孝悌仁義之大道也。必忠信以得之，驕泰以失之者，言此孝悌仁義，必由行忠信以得之，由身驕泰以失之也。生財有大道者，此一經明人君當先行仁義，愛省國用，以豐足財物。上文大道，謂孝悌仁義之道，此言人君生殖其財，有大道之理，則下之所云者是也。生之者衆者，謂爲農桑多也。食之者寡者，謂減省無用之費也。爲之者疾者，謂百姓急營農桑事業也。用之者舒者，謂君上緩於營造費用也。則財恒足矣者，言人君能如此，則國用恒足。仁者以財發身者，謂仁德之君，以財散施發起身之令名也。不仁者以身發財者，言不仁之人，唯在吝嗇，務於積聚，勞役其身，發起其財。此在治家、治國天下之科，皆謂人君也。未有上好仁而下不好義者也，言在上人君好以仁道接下，其下感君仁恩，無有不愛好於義，使事皆得其宜也。未有好義其事不終者也，言臣下悉皆好義，百事盡能終成，故云未有好義其事不終者，言皆能終成也。未有府庫財非其財者也，又爲人君作譬也。君若行仁，民必報義，義必終事，譬如人君有府庫之財，必還爲所用也，故云未有府庫財非其財者也。注其爲至有也。正義曰：言君行仁道，則臣必爲義，臣既行義，事必終成。以至誠相感，必有實報，如己有府庫之財爲己所有也。其爲誠實而然，言不虛也。孟獻子曰：畜馬乘，不察於雞豚者，此一經明治國家不可務於積財，若務於積財，即是小人之行，非君上之道。言察於雞豚之所利，爲畜養馬乘。士初試爲大夫，不闚察於雞豚之小利。伐冰之家，不畜牛羊者。謂卿大夫喪祭用冰，從固陰之處伐擊其冰，以供喪祭，故云伐冰也。謂卿大夫爲伐冰之家，不畜牛羊爲財利，以食禄不與人争利也。百乘之家，不畜聚斂之臣者，百乘，謂卿大夫有采地者也。以地方百里，故云百乘之家。言卿大夫之家，不畜聚斂之臣，使賦税什一之外，徵求采邑之物也，故《論語》云：百乘之家是也。與其有聚斂之臣，寧有盗臣者，覆解不畜聚斂之臣之本意。若其有聚斂之臣，寧可有盗竊之臣，以盗臣，但害財，聚斂之臣則害義也。此謂國不以利爲利，以義爲利也者，言若能如上所謂，是國家之利，但以義事爲國家利也。長國家而務財用者，必自小人矣者，言爲人君長於國家而務積聚財以爲己用者，必自爲小人之行也。注孟獻至可也。正義曰：孟獻子，魯大夫仲孫蔑者，此據《左傳》文也。畜馬乘，謂以士初試爲大夫者，案《書傳》上飾車駢馬。《詩》云：四牡騑騑大夫以上，乃得乘四馬。今下云伐冰之家，百乘之家，家是卿大夫。今别云畜馬乘者，不察雞豚，故知士初試爲大夫者也。伐冰之家，卿大夫者，案昭四年《左傳》云：大夫命婦，喪浴用冰。《喪大記》注云：士不用冰。故知卿大夫也。士若恩賜及食，而得用，亦有冰也。但非其常，故《士喪禮》賜冰則夷槃可也。《左傳》又云：食肉之禄冰皆與焉是也。云百乘之家，有采地者也，此謂卿也。故《論語》云百乘之家，鄭云采地，一同之廣輪是也。彼爲至利也。前經明遠財重義，是不以利爲利，以義爲利，此經明爲君治國，棄遠小人，亦是不以利爲利，以義爲利也。彼爲善之，彼，謂君也。君欲爲仁義之道，善其政教之語辭，故云彼爲善之。小人之使爲國家，菑害並至者，言君欲爲善，反令小人使爲治國家之事，毒害於下，故菑害患難，則並皆來至。雖有善者，亦無如之何矣者，既使小人治國，其君雖有善政之亦無能奈此患難之何。言不能止之，以其惡之已著故也。

（清）劉寶楠《論語正義·雍也》 仲弓問子桑伯子。注：王曰：伯子，書傳無見焉。子曰：可也簡。注：孔曰：以其能簡，故曰可也。仲弓曰：居敬而行簡，以臨其民，不亦可乎？居簡而行簡，無乃大簡乎？注：孔曰：居身敬肅，臨下寬略，則可。包曰：伯子之簡，大簡。子曰：雍之言然。

正義曰：《爾雅·釋詁》：簡，大也。寬大之治，有似疎略。《毛詩·匪風傳》：亨魚煩則碎，治民煩則散。煩與簡相反。夫子以居上不寬爲不足觀，又言寬則得衆，是亦尚行簡之意。是故居敬則有威儀可觀，行簡則不大聲色。於以化民，民自能順帝則，又且用得其賢，衆職咸理，此居敬行簡之所以爲可也。若不能居敬，而所行事又簡，在己已無法度可守，所行必至怠惰，或更放誕無禮，斯臨民亦必綱紀廢弛，而不可爲治矣。

（清）劉寶楠《論語正義·先進》 曾皙曰：夫三子者之言何如？子曰：亦各言其志也已矣。曰：夫子何哂由也？曰：爲國以禮，其言不讓，是故哂之。注：包曰：爲國以禮，禮貴讓，子路言不讓，故笑之。唯求，則非邦也與？安見方六七十，如五六十，而非邦也者？唯赤，則非邦也與？宗廟會同，非諸侯而何？注：孔曰：明皆諸侯之事，與子路同。徒笑子路不讓。赤也爲之小，孰能爲之大？注：孔曰：赤謙言小相耳，誰能爲大相？

正義曰：夫子何哂由也，皇本夫子作吾子。曰爲國以禮，曰上有子字。唯求、唯赤二語，皇邢疏皆謂夫子語，是也。夫子以求、赤所言，皆爲邦之事，而求祇言能仕方六七十如五六十之小地，赤祇言能爲小相，則所言皆讓，與子路異，故夫子反言以明之。言方六七十如五六十，安見非邦？宗廟會同，皆諸侯之事，安見不能爲大相？而二子之言皆讓，故無可譏議也。安見，《釋文》作焉見，云焉，於虔反，本今無此字。盧氏文弨《攷證》曰：古焉、安二字通用。《禮記·三年問》焉字，《荀子·禮論篇》皆作安。校者不知，因云今本無。《釋文》又云：宗廟會同，本或作宗廟之事如會同，非諸侯而何，一本作非諸侯如之何。皇本，《唐石經》初刻，均與《釋文》一本同。又皇本小大下各有相字。

《論語注疏·顔淵》 齊景公問政於孔子。孔子對曰：君君，臣臣，父父，子子。注：孔曰：當此之時，陳恒制齊，君不君，臣不臣，父不父，子不子，故以對。公曰：善哉！信如君不君，臣不臣，父不父，子不子，雖有粟，吾得而食諸？注：孔曰：言將危也。陳氏果滅齊。疏：正義曰：此章明治國之政也。齊景公問政於孔子者，齊君景公問爲國之政於夫子也。孔子對曰：君君，臣臣，父父，子子者，言政者正也，若君不失君道，乃至子不失子道，尊卑有序，上下不失，而後國家正也，當此之時，陳恒爲齊大夫以制齊國，君不君，臣不臣，父不父，子不子，故孔子以此對之。公曰：善哉！信如君不君，臣不臣，父不父，子不子，雖有粟，吾得而食諸者，諸，之也。景公聞孔子之言而信服之，故歎曰：善哉！信如夫子之言，而今齊國君不君，以至子不子，雖有其粟，吾得而食之乎？言將見危亡，必不得食之也。注陳氏果滅齊。正義曰：《史記·田完世家》完卒，謚爲敬仲，仲生穉孟夷，夷生湣孟莊，莊生文子須無，文子生桓子無宇，桓子生武子啓及僖子乞；乞卒，子常代之，是爲田成子；成子弑簡公，專齊政；成子生襄子盤，盤生莊子白，白生大公和，和遷齊康公於海上；和立爲齊侯，和孫威王稱王，四世而秦滅之。是陳氏滅齊也。《世家》云敬仲之如齊，以陳字爲田氏，《左傳》終始稱陳，則田必非敬仲所改，未知何時改耳。

又：子曰：聽訟，吾猶人也。注：包曰：與人等。必也使無訟乎！注：王曰：化之在前。疏：正義曰：此章孔子言己至誠也。言聽斷獄訟之時，備兩造，吾亦猶如常人無以異也。言與常人同。必也，在前以道化之，使無争訟乃善。注：王曰：化之在前。正義曰：案《周易·訟卦·象》曰：天與水違行，訟。君子以作事謀始。王弼云：聽訟，吾猶人也，必也使無訟乎！無訟在於謀始，謀始在於作制。契之不明，訟之所以生也。物有其分，職不相濫，争何由興？訟之所以起，契之過也。故有德司契而不責於人。是化之在前也。又案，《大學》云：子曰：聽訟，吾猶人也。必也使無訟乎！無情者不得盡其辭，大畏民志。鄭注云：情猶實也。無實者多虛誕之辭。聖人之聽訟與人同耳。必使民無實者不敢盡其辭，大畏其心志，使誠其意，不敢訟。然則聽訟，吾猶人也，必也使無訟乎，是夫子辭，無情者不得盡其辭，大畏民志，是記者釋夫子無訟之事，意與此注及王弼不同，未知誰是，故具載之。

子張問政。子曰：居之無倦，行之以忠。注：王曰：言爲政之道，居之於身，無得懈倦，行之於民，必以忠信。倦，其卷反，亦作卷。懈，古賣反。疏：正義曰：此章言爲政之道，若居之於身，無懈倦，行之於民，以忠信也。

（清）劉寶楠《論語正義·顔淵》 子曰：聽訟，吾猶人也。注：包曰。與人等。必也使無訟乎！注：王曰：化之在前。正義曰：聽訟者，言聽其所訟之辭，以判曲直也。《周官·小司寇》云：以五聲聽獄訟，求民情。一曰辭聽，二曰色聽，三曰氣聽，四曰耳聽，五曰目聽，此皆聽訟之法。吾猶人者，言己與人同，但能聽訟，不能使無訟也。《禮記·大學》云：子曰：聽訟，吾猶人也，必也使無訟乎！無情者不得盡其辭，大畏民志。鄭注：情猶實也。無實者。多虛誕之辭，聖人之聽訟，與人同耳。必使民無實者，不敢盡其辭，大畏其心志，使誠其意不敢訟。《大戴禮·禮察篇》：凡人之知，能見已然，不能見將然。禮者，禁將然之前；而法者，禁於已然之後。是故法之用易見，而禮之所爲生難知也。若夫慶賞以勸善，刑罰以懲惡，先王執此之正，堅如金石；行此之信，順如四時；處此之功，無私如天地爾。豈顧不用哉？然如曰禮云禮云，貴絶惡於未萌，而起敬於微眇，使人日徙善遠罪，而不自知也。孔子曰：聽訟，吾猶人也。必也使無訟乎！此之謂也。《潛夫論·德化篇》：是故上聖。故不務治民事，而務治民心，故曰：聽訟，吾猶人也，必也使無訟乎！導之以德，齊之以禮，務厚其情而明，則務義，民親愛，則無相害傷之意。動思義，則無姦邪之心。夫若此者，非律之所使也，非威刑之所彊也，此乃教化之所致。二文並言無訟。由於德教，此最是難能，正如勝殘去殺。必俟百年。王者必世而後仁，皆須以歲年，非可一朝能者，故祇言必也以期之。顔師古《漢書·賈誼傳》注：言使吾聽訟，與衆人等，然能先以德義化之，使其無訟。又《酷吏傳》注：言使我獄訟，猶凡人耳。然而立政施德，則能使其絶於争訟。並以無訟爲夫子自許，失聖意矣。注：與人等。正義曰：言聽訟吾與人同，無異能異法也。《史記·孔子世家》云：孔子在位聽訟，文辭有可與人共者，弗獨有也。是與人等可知。

（清）劉寶楠《論語正義·子路》 仲弓爲季氏宰，問政，子曰：先有司，注：王曰：言爲政當先任有司，而後責其事。赦小過，舉賢才。【略】赦小過者，《爾雅·釋詁》赦，舍也。《説文》：赦，置也。有司或有小過，所犯罪至輕，當宥赦之，以勸功褒化也。言小過赦，明大過亦不赦可知。

又：子曰：如有王者，必世而後仁。注：孔曰：三十年曰世。如有受命王者，必三十年仁政乃成。正義曰：【略】包氏慎言《温故録》：《漢書·食貨志》云：三年耕則餘一年之畜，衣食足而知榮辱，廉讓興而争訟息，故三載考績。三考黜陟，餘三年食，進業曰登。再登曰平，餘六年食。三登曰太平，二十七歲，餘九年食。然後以德化流洽，禮樂成焉。故曰如有王者，必世而後仁，繇此道也。案：依《志》言必世後仁，蓋謂養而後教。食者，民之本。飢寒並至，雖堯、舜在上，不能使民無寇盜；貧富兼并，雖皋陶制法，不能使彊不凌弱。故王者初起，必先制田里，教樹畜，使民家給人足，然後以禮義化導之。言必世者，量民力之所能，不迫切之也。《刑法志》亦引此經解之云：言王者乘衰撥亂而起，被民以德教，變而化之，必世然後仁道成焉。義亦略同。

《論語注疏·衛靈公》 子曰：由！知德者鮮矣。注：王曰：君子固窮，而子路愠見，故謂之少於知德。子曰：無爲而治者，其舜也與？夫何為哉？恭己正南面而已矣。注：言任官得其人，故無為而治。鮮，仙善反，正義曰：此章言子路鮮於知德。鮮，少也。由，子路名。言君子固窮，而子路愠見，故謂之少於知德也。治，直吏反。夫音符。疏：正義曰：此章美帝舜也。帝王之道，貴在無為清靜而民化之，然後之王者以罕能及。故孔子曰：無為而天下治者，其舜也與，所以無為者，以其任官得人。夫舜何必有為哉，但恭敬己身，正南面嚮明而已。注：言任官得其人，故無為而治。正義曰：案《舜典》命禹宅百揆，棄、后稷、契作司徒，皋陶作士，垂、共工、益作朕虞，伯夷作秩宗，夔典樂教胄子，龍作納言，并四岳十二牧，凡二十二人，皆得其人，故舜無為而治也。

（清）劉寶楠《論語正義・衛靈公》 子曰：無爲而治者，其舜也與？夫何爲哉？恭己正南面而已矣。注：言任官得其人，故無爲而治。正義曰：恭己者，修己以敬也。《漢書・王子侯表》下饗共己之治，顏注引此文亦作共己云，共讀曰恭。此所見本異也。正南面者，正君位也。《禮・中庸》云：《詩》云：不顯惟德，百辟其刑之。是故君子篤恭而天下平。《呂氏春秋・先己篇》：昔者先聖王成其身而天下成，治其身而天下治。故善響者不於響，於聲；善影者不於影，於形；爲天下者不於天下，於身。《詩》曰：淑人君子，其儀不忒。其儀不忒，正是四國。言正諸身也。故反其道而身善矣，行義則人善矣，樂備君道而百官已治矣，萬民已利矣。三者之成也，在於無爲。無爲之道曰勝天。注：天無爲而化，君能無爲而治，民以爲勝於天。

《論語注疏・季氏》 孔子曰：天下有道，則禮樂征伐自天子出；天下無道，則禮樂征伐自諸侯出。自諸侯出，蓋十世希不失矣；注：孔曰：希，少也。周幽王為犬戎所殺，平王東遷，周始微弱。諸侯自作禮樂，專行征伐，始於隱公。至昭公十世失政，死於乾侯矣。自大夫出，五世希不失矣，注：孔曰：季文子初得政，至桓子五世，為家臣陽虎所囚。陪臣執國命，三世希不失矣。注：馬曰：陪，重也。謂家臣。陽虎為季氏家臣，至虎三世而出奔齊。天下有道，則政不在大夫。注：孔曰：制之由君。天下有道，則庶人不議。注：孔曰：無所非議。疏：正義曰：此章論天下有道、無道，禮樂征伐所出不同，及言衰失之世數也。孔子曰：天下有道，則禮樂征伐自天子出者，王者功成制禮，治定作樂，立司馬之官，掌九伐之法，諸侯不得制作禮樂，賜弓矢然後專征伐。是天下有道之時，禮樂征伐自天子出也。天下無道，則禮樂征伐自諸侯出者，謂天子微弱，諸侯上僭，自作禮樂，專行征伐也。自諸侯出，蓋十世希不失矣者，希，少也。言政出諸侯，不過十世，必失其位，不失者少也。若魯昭公出奔齊是也。自大夫出，五世希不失矣者，言政在大夫，不過五世，必失其位，不失者少矣。若魯大夫季桓子為陽虎所囚是也。陪臣執國命，三世希不失矣者，陪，重也，謂家臣也。大夫已為臣，故謂家臣為陪臣。言陪臣擅權執國之政命，不過三世必失其位，不失者少矣。若陽虎三世而出奔齊是也。天下有道，則政不在大夫者，凡為政命，制之由君也。天下有道，則庶人不議者，議，謂謗議。言天下有道，則上酌民言以為政教，所行皆是，則庶人無有非毁謗議也。注孔曰至侯矣。正義曰：云周幽王為犬戎所殺，平王東遷者，案《周本紀》云：幽王三年，嬖褒姒，生伯服，幽王欲廢太子。太子母，申侯女，而為后。幽王得褒姒，愛之，欲廢申后，并去太子，用褒姒為后，以其子伯服為太子。幽王之廢后去太子也，申侯怒，乃與繒、西夷犬戎共攻幽王。幽王舉烽火徵兵，兵莫至。遂殺幽王驪山下，虜褒姒，盡取周賂而去。隱六年《左傳》稱：周桓公言於王曰：我周之東遷，晉、鄭焉依。《周本紀》又云：於是諸侯乃即申侯，而共立故幽王太子宜臼，是為平王也。云周始微弱者。《地理志》云：幽王淫褒姒，滅宗周，子平王東居洛邑。於是王室之尊與諸侯無異，其詩不能復雅。故其詩謂之《王國風》，是周始微弱也。云諸侯自作禮樂者，謂僭為天子之禮樂，若魯昭公之比也。案昭二十五年《公羊傳》云：子家駒曰：諸侯僭於天子，大夫僭於諸侯，久矣。昭公曰：吾何僭矣哉？子家駒曰：設兩觀，乘大輅，朱干玉戚以舞《大夏》，八佾以舞《大武》。是也。云專征伐者，謂不由王命，專擅行其征伐。春秋之時，諸侯皆是也。云始於隱公，至昭公十世失政，死於乾侯者，隱公名息姑，伯禽七世孫，惠公弗皇子，聲子所生，平王四十九年即位。是王室微弱，政在諸侯，始於隱公。隱公卒，弟桓公允立；卒，子莊公同立；卒，子閔公開立；卒，兄僖公申立；卒，子文公興立；卒，子宣公倭立；卒，子成公黑肱立；卒，子襄公午立。卒，子昭公裯立。是為十世也。《春秋》昭公二十五年，公孫於齊。三十二年，卒於乾侯。是也。注孔曰至所囚。正義曰：云季文子初得政，至桓子五世者，謂文子、武子、悼子、平子、桓子為五世也。云為家臣陽虎所囚者，定五年《左傳》云九月乙亥，陽虎囚季桓子及公父文伯是也。注陽虎至奔齊。正義曰：魯伐陽虎，陽虎出奔齊，在定九年。

（清）劉寶楠《論語正義・季氏》 孔子曰：天下有道，則禮樂征伐自天子出；天下無道，則禮樂征伐自諸侯出。正義曰：《禮記・中庸》云：非天子不議禮，不制度，雖有其德，苟無其位，不敢作禮樂焉。《孟子・盡心下》云：征者，上伐下也，敵國不相征也。則禮樂征伐，皆宜自天子出。《白虎通・考黜篇》：禮説九錫，車馬、衣服、樂則、朱户、納陛、虎賁、鈇鉞、弓矢、秬鬯，皆隨其德可行而賜。能安民者賜車馬，能富民者賜衣服，能和民者賜樂則；民衆多者賜朱户，能進善者賜納陛，能退惡者賜虎賁，能誅有罪者賜鈇鉞，能征不義者賜弓矢，孝道備者賜秬鬯。故《王制》曰：賜之弓矢，然後專殺。又曰：賜圭瓚，然後爲暢。未賜者，資暢於天子。《禮》天子賜侯氏車服，路先設，路下四亞之。又曰：諸公奉篋服。《王制》曰：天子賜諸侯樂，則以柷將之。《詩》曰：君子來朝，何錫與之？雖無與之，路車乘馬。又何與之？玄衮及黼。《書》曰：明試以功，車服以庸。朱户、納陛、虎賁者，皆與之制度，而鈇鉞、弓矢、玉瓚，皆與之物，各因其宜也。按此謂九命，惟天子有賜諸侯，始得用之，故曰九命作伯。其諸侯自有之禮樂，及尋常刑賞，施之國中，亦由天子制定爲法，故曰禮樂征伐自天子出。《白虎通・誅伐篇》：諸侯之義，非天子之命，不得動衆起兵。誅不義者，所以彊幹弱枝，尊天子，卑諸侯也。是諸侯雖有征伐，亦須天子之命。蓋禮樂征伐，皆黜陟之大權，所以褒賢誅不肖，天子之所獨操之者也。此惟治世則然，故曰天下有道。及無道之時，上替者必下陵，禮樂征伐，不待天子賜命，而諸侯輒擅行之。或更國有異政，僭上無等，雖極霸彊，要爲無道之天下矣。

又：天下有道，則政不在大夫。注：孔曰：制之由君。【略】正義曰：君，統天子諸侯言之。政制自上，臣下奉而行之，所謂君令臣共者也。若夫桓、文啟霸，政柄未移，雖禮樂征伐出自諸侯，而考其世運，猶可稱有道矣。

《論語注疏·子張》 子夏曰：大德不踰閑，孔曰：閑，猶法也。小德出入可也。孔曰：小德不能不踰法，故曰出入可。疏：正義曰：此章論人之德有小大，而行亦不同也。閑，猶法也。大德之人，謂上賢也，所行皆不越法則也。小有德者，謂次賢之人，不能不踰法。有時踰法而出，旋能入守其法，不責其備，故曰可也。

（清）劉寶楠《論語正義·堯曰》 謹權量，審法度，修廢官，四方之政行焉。注：包曰：權，秤也；量，斗斛。正義曰：《漢書·律曆志》：《虞書》乃同律度量衡，所以齊遠近、立民信也。自伏羲畫八卦由數起，至黄帝、堯、舜而大備。三代稽古，法度章焉。周衰官失，孔子陳後王之法曰：謹權量，審法度，修廢官，舉逸民，四方之政行矣。據《志》此文，是謹權量云云以下，皆孔子語。故何休《公羊·昭三十二年》注引此節文，冠以孔子曰。《説文》云：宷，悉也，知宷諦也。審，篆文從番。《考工記·弓人》注：審猶定也。成氏蓉鏡《經義駢枝》曰：法度與權量，相對爲文，當爲二事。法謂十二律，度謂五度也。《堯典》：同律度量衡。馬融注：律，法也。量衡即《論語》之權量，則律度亦即《論語》之法度矣。

（清）焦循《孟子正義·梁惠王章句上》《章指》言：治國之道明，當以仁義爲名，然後上下和親，君臣集穆。天經地義，不易之道，故以建篇立始也。【略】

治國至始也。正義曰：《史記·漢興以來諸侯年表》云形勢雖强，要當以仁義爲本。魏武帝《秋胡行》云：仁義爲名，禮樂爲榮。《禮記·樂記》云：禮義立，則貴賤等矣。樂文同，則上下和矣。仁以愛之，義以正之。又云：樂在宗廟之中，君臣上下同聽之，則莫不和敬。在閨門之内，父子兄弟同聽之，則莫不和親。音義云集穆，張鎰云當爲輯穆。《左傳》隨武曰卒乘輯穆，季武子曰其天下輯睦，黄公紹《韻會》云穆通作睦。引此及《史記·司馬相如傳》旼旼睦睦，《漢書》作旼旼穆穆爲證。《大戴記·虞戴德篇》云：衆則集，寡則繆。孔氏廣森《補注》云：繆，古通以爲穆字，集繆皆和也。《孟子章指》：上下和親，君臣集穆。昭公二十五年《左傳》：子太叔曰：禮，天之經也，地之義也。禮樂必本仁義，故爲不易之道。《孟子》七篇，主明仁義，以此立首也。

（宋）朱熹《四書章句集注·孟子集注·梁惠王章句下》 昔者齊景公問於晏子曰：吾欲觀於轉附、朝儛，遵海而南，放于琅邪。吾何脩而可以比於先王觀也？晏子對曰：善哉問也！天子適諸侯曰巡狩，巡狩者巡所守也；諸侯朝於天子曰述職，述職者述所職也。無非事者。春省耕而補不足，秋省斂而助不給。夏諺曰：吾王不遊，吾何以休？吾王不豫，吾何以助？一遊一豫，爲諸侯度。述，陳也。省，視也。斂，收穫也。給，亦足也。夏諺，夏時之俗語也。豫，樂也。巡所守，巡行諸侯所守之土也。述所職，陳其所受之職也。皆無有無事而空行者，而又春秋循行郊野，察民之所不足而補助之。故夏諺以爲王者一遊一豫，皆有恩惠以及民，而諸侯皆取法焉，不敢無事慢遊以病其民也。

《孟子注疏·公孫丑章句上》 孟子曰：尊賢使能，俊傑在位，則天下之士皆悦，而願立於其朝矣。俊，美才出衆者也。萬人者稱傑。市廛而不征，法而不廛，則天下之商皆悦而願藏於其市矣。廛，市宅也。古者無征，衰世征之。《王制》曰：市廛而不税。《周禮·載師》曰：國宅無征。法而不廛者，當以什一之法征其地耳，不當征其廛宅也。關譏而不征，則天下之旅皆悦而願出於其路矣。言古之設關，但譏禁異言，識異服耳，不征税出入者也，故《王制》曰古者關譏而不征。《周禮·太宰》曰九賦，七曰關市之征，《司關》曰國凶札，則無關門之征，猶譏。《王制》謂文王以前也，文治岐，關譏而不征，《周禮》有征者，謂周公以來。孟子欲令復古之征，使天下行旅悦之也。耕者助而不税，則天下之農皆悦而願耕於其野矣。助者，井田什一，助佐公家治公田，不横税賦，若履畝之類。廛無夫里之布，則天下之民皆悦而願爲之氓矣。里，居也。布，錢也。夫，一夫也。《周禮·載師》曰：宅不毛者有里布，田不耕者有屋粟。凡民無職事者，出夫家之征。孟子欲使寬獨夫去里布，則人皆樂爲之氓矣。氓者謂其民也。信能行此五者，則鄰國之民，仰之若父母矣。率其子弟，攻其父母，自生民以來，未有能濟者也。今諸侯誠能行此五事，四鄰之民，仰望而愛之如父母矣。鄰國之君，欲將其民來伐之，譬若率勉人子弟，使自攻其父母。自生民以來，何能以此濟成其欲也。如此，則無敵於天下。無敵於天下者，天吏也，然而不王者，未之有也。言諸侯所行能如此者，何敵之有。是爲天吏，天吏者，天使之也。爲政當爲天所使，誅伐無道，故謂之天吏也。疏：孟子曰至未之有也。正義曰：此章言修古之道，鄰國之民以爲父母。行今之政，目已之民不得而子。是故衆夫擾擾，非所常有，命曰天吏，明天所使者也。孟子曰：尊賢使能，俊傑在位，則天下之士，皆悦而願立於其朝矣者，孟子言今之國君，能尊敬賢者，任使能者，俊傑大才在官位，則天下爲之士者皆悦樂，願立其朝廷矣。市廛而不征，法而不廛，則天下之商皆悦而願藏於其市矣者，言市廛宅而不征，取其稅以什一之法。征其地而不征其廛宅，則天下爲商賈者，皆喜悦而願藏貯於其市矣。關譏而不征，則天下之旅皆悦而願出其路矣者，言關門之所，但譏察其異言、異服之人，而不稅出入者，則天下行旅之衆，皆悦樂而願出於其道路矣。耕者助而不稅，則天下之農皆悦而願耕於其野矣者，言耕田者但以井田制之，使助佐公田而治，不以横稅取之，則天下爲之農者皆悦而願耕作其郊野矣。廛無夫里之布，則天下之民皆悦而願爲之氓矣者，言一夫所受之宅，而不出夫家之征，一廛所居之地，而不取其里布，則天下之民，皆悦樂而願爲之氓矣。信能行此五者於天下，則鄰國之民仰之若父母矣。率其子弟，攻其父母，自有生民以來，未有能濟者也者，言今之國君，誠能信行此上五者之事，則四鄰之國民，仰望之如父母而親之矣。鄰國雖欲勉率其民，如子弟攻其父母，言自有生民以來而至於今，未有能濟成其欲者也。言其民皆仰望之，而親敬之，不肯爲其所惡，而賊其所好也，如此，則無敵於天下，無敵於天下者，天吏也。然而不王者，未之有也者，言國君行此五者之事，而民仰望之，如此則是無敵於天下也。言天下之人，無與敢爲敵者也。既無敵於天下者，是名爲天吏者也。天所使者，是謂天吏也。然而爲天吏而不王者，必無也，故曰未之有也。廛者一夫所受之宅也，里者一廛所居之地也。野者氓者，案《周官》制地之法，六鄉以教爲主，其主民有郊於内，故其地爲郊而民則謂之民，以其近主而有知者也，六遂以耕爲主，而其民有遂於外，故其地爲野而民故謂之氓，以其遠主而無知者也：此孟子云野云岷之意也。蓋孟子或云貴德而尊士，賢者在位、能者在職，或曰尊賢使能，俊傑在位者，以其貴士之有德，尊士之有道者，爲其賢也，爲其能也。即其賢而授之位，所以尊其賢，即其能而授之職，所以使其能。若夫俊傑則行而敏速，立而絶衆，賢之豪者，非可使以職也，故曰在位而已。注廛市宅至廛宅也。正義曰：《王制》云市廛而不稅者，案鄭注云：廛，市物邸舍，稅其舍，不稅其物也。注云《周禮·載師》云宅無征者。載師者掌任士之法，以物地事授地職而待其政令者也。宅無征，所以言宅無稅也。注言古之設關至旅稅之也。正義曰：云《王制》曰古者關譏而不征，《禮記》有《王制》之篇，中有云此。案鄭注云：譏異服，識異言也。云《周禮·太宰》曰九賦，七曰關市之賦。一曰邦中之賦，二曰四郊之賦，三曰郊甸之賦，四曰家削之賦，五曰邦縣之賦，六曰邦都之賦，七曰關市之賦，八曰山澤之賦，九曰幣餘之賦，鄭司農云：幣餘，百工之餘。《司關》曰：國凶扎，則無關門之征，猶譏。鄭司農云：凶謂凶年饑荒也，札謂疾疫死亡也。越人謂死爲札。《春秋傳》曰：札瘥天昏，無關門之征者，出入關門，無租稅，猶苛察不得令姦人出入也。注《周禮·載師》曰：宅不毛者有里布，田不耕者有屋粟。凡民無職事者，出夫家之征。鄭司農云：宅不毛者，謂不樹桑麻也。里布者，布參印書，廣二寸，長二尺，以爲幣貿易物。《詩》云抱布貿絲，此布也，或曰布，泉也。《春秋傳》曰貿之百兩一布，又《廛人》職掌斂市之次布、儳布、質布、罰布、廛布。不知言布參印書者何見舊時説也。鄭玄謂宅不毛者罰以一里二十五家之泉，空田者罰以三家之稅粟，以共吉凶二服及喪器也。民雖有閒，無職事者，猶出夫稅，家稅也。夫稅者，百畝之稅。家稅者，出士徒車輦給徭役。

（清）焦循《孟子正義·公孫丑章句上》 孟子曰：尊賢使能，俊傑在位，則天下之士，皆悦而願立於其朝矣。注：俊，美才出衆者也。萬人者稱傑。疏：注俊美至稱傑。正義曰：《鶡冠子·能天篇》云：德萬人者謂之俊，德千人者謂之豪，德百人者謂之英。《史記·屈原賈生傳》索隱引《尹文子》云：千人曰俊，萬人曰傑。《春秋繁露·爵國篇》云：故萬人者曰英，千人者曰俊，百人者曰傑，十人者曰豪。《淮南子·泰族訓》云：故智過萬人者謂之英，千人者謂之俊，百人者謂之豪，十人者謂之傑。明於天道，察於地理，通於人情；大足以容衆，德足以懷遠，信足以一異，知足以知變者，人之英也。德足以教化，行足以隱義，仁足以得衆，明足以照下者，人之俊也。行足以爲儀表，知足以決嫌疑，廉足以分財，信可使守約，作事可法，出言可道者，人之豪也。守職而不廢，處義而不比，見難不苟免，見利不苟得者，人之傑也。英俊豪傑，各以小大之材處其位，得其宜。《白虎通·聖人篇》引《禮別名記》云：五人曰茂，十人曰選，百人曰俊，千人曰英，倍英曰賢，萬人曰傑。萬傑曰聖。《禮記·月令》正義引《蔡氏辯名記》，宣公十五年《左傳》正義亦引《辯名記》，辯名卽別名也。惟作倍人曰茂，倍選曰俊，所説各異。東漢人注書：《説文》人部云：俊，材過千人也。傑，執也。材過萬人也。高誘注《吕氏春秋·孟秋》、《孟夏》兩紀皆云：才過萬人曰桀，千人曰俊。而注《功名篇》則云：才過百人曰豪，千人曰桀。注《國策·齊策》又云：才勝萬人曰英，千人曰桀。王逸注《楚辭·大招》云：千人才曰豪，萬人才曰傑。注《九章·懷沙篇》云：千人才曰俊，一國高曰傑焉。鄭注《尚書·臯陶謨》云：才德過千人爲俊，百人爲乂。均無定説。大要皆才美出衆者之名，故典籍隨舉爲稱，或言俊傑，或言俊乂，或言豪傑，或言英傑。趙氏雖以萬人者稱傑，而後則不言千人，而但云美才出衆也。市廛而不征，法而不廛，則天下之商，皆悦而願藏於其市矣。注：廛，市宅也。古者無征，衰世征之。《王制》曰：市廛而不稅。《周禮·載師》曰：國宅無征。法而不廛者，當以什一之法，征其地耳，不當征其廛宅也。疏：注市廛至宅也。正義曰：《王制》，《小戴禮記》篇名。鄭氏注云：廛，市物邸舍，稅其舍不稅其物。載師，《周禮》地官之職。注云：征，稅也。鄭司農云：國宅，城中宅也。無征，無稅也。玄謂：國宅，凡官所有宮室，吏所治者也。《載師》職云：以廛里任國中之地。注云：鄭司農云：廛，市中空地未有肆，城中空地未有宅者。玄謂：廛里者，若今云邑里居矣。廛，民居之區域也。里，居也。蓋商與民居於國中，皆有廛。商賈所居之廛在市，《王制》市廛而不稅是也。此國宅不專指市中之宅，凡民之居，與官吏之居，皆可統稱。趙氏以市宅亦在其中，故引以爲證。然則廛而不征謂商賈居此宅，不征其稅，與鄭氏稅其舍不稅其物之説不同，故云古者無征，衰世征之。謂古者並此舍亦不征稅，稅其舍者，衰世也。《地官·廛人》：凡珍異之有滯者，斂而入於膳府。注云：故書滯或作廛。鄭司農云：謂滯貨不售者，官爲居之，貨物沉滯於廛中不決，民待其直以給喪疾，而不可售賈賤者也。廛，謂市中之地，未有肆而可居以蓄藏貨物者也。孟子曰：市廛而不征，法而不廛，則天下之商，皆悦而願藏於其市矣。謂貨物賭藏於市中而不租稅也，故曰廛而不征，其有貨物久滯於廛而不售者，官以法爲居取之，故曰法而不廛。玄謂：不售而在廛久則將瘦臞腐敗，爲買之人膳夫之府，所以舒民事而官不失實。此先鄭解説廛而不征，謂貨物藏於此而不征稅，與後鄭異。趙氏蓋本先鄭《廛人》掌斂布絘布總布質布罰布廛布而入於泉府注云：廛布者，貨賄諸物邸舍之稅。後鄭據此，故注《王制》，以廛爲稅其舍，即此貨賄諸物邸舍之稅也。但明曰廛而不征，是不征即不征此廛之稅。賈公彦疏云：周則廛有征，上文廛布是也。云不征者，非周法。蓋趙氏以《周禮》非文王之法，文王治岐，關市不征，故不依《周禮》也。趙氏謂法而不廛者，當以什一之法，征其地耳，不當征其廛宅。則是法而不廛乃申明上廛而所以不征之故，謂當以什一之法，征其一夫百畝之地，不當征其市中之舍，與先鄭所説亦不同。先鄭以貨物有滯而不售，以法出之，使不久滯于市廛，趙氏所不用也。《序官》廛人注云：故書廛爲壇。杜子春讀壇爲廛，説云市中空地。玄謂：廛，民居區域之稱。賈氏疏云：《遂人》云夫一廛，田百畝，及《載師》廛里任國中之地，皆是民之所居區域。又其職有廛布，謂貨賄停儲邸舍之稅，即市屋舍名之爲廛，不得爲市中空地。按杜子春仍兼顧壇墠之義，故以市中空地解之，司農與之同。然廛非壇墠也。星之次舍爲躔，廛猶躔也。故後鄭以爲民居區域，市物邸舍，商賈貨物，宜藏居舍之中，不得賭於空地。趙氏不用空地之説，以爲市宅，是也。關譏而不征，則天下之旅，皆悦而願出於其路矣。注：言古之設關，但譏禁異言，識異服耳，不征稅出入者也。故《王制》曰：古者關譏而不征。《周禮·大宰》曰：九賦，七曰關市之賦。《司關》曰：國凶札則無關門之征，猶譏。《王制》謂文王以前也。文王治岐，關譏而不征，《周禮》有征者，謂周公以來。孟子欲令復古去征，使天下行旅悦之也。疏：注言古至之也。正義曰：《王制》注云：譏，譏異服，識異言。征亦稅也。《周禮》：國凶札，則無門關之征，猶譏也。孔氏正義云：關，境上門也。譏，謂呵察。公家但呵察非違，不稅行人之物。此夏殷法，周則有門關之征，但不知稅之輕重，若凶年則無稅也，猶須譏禁。大宰，天官冢宰也。司關，地官職，司貨賄之出入者，掌其治禁與其征廛。注云：征廛者，貨賄之稅，與所止邸舍也。關下亦有邸客舍，其出布如市之廛，是《周禮》關市有征也。《周禮》，相傳以爲周公所作，故以爲周公以來也。猶譏，《周禮》作幾，古字通。賈氏疏云：孟子陳正法與周異。閩、監、毛三本關市之賦作之征，去征作之征，並非。耕者助而不稅，則天下之農，皆悦而願耕於其野矣。注：助者，井田什一，助佐公家治公田。不橫稅賦，若履畝之類。疏：注助者至之類。正義曰：《王制》云古者公田藉而不稅，注云：藉之言借也。借民治公田，美惡取於此，不稅民之所自治也。孟子曰：夏后氏五十而貢，殷人七十而助，周人百畝而徹。則所云古者，謂殷時。借民力，則藉即是助。履畝者，《春秋》宣公十五年初稅畝，《公羊傳》云：初者何？始也。稅畝者何？履畝而稅也。古者什一而藉。注云：時宣公無恩信於民，民不肯盡力於公田，故履踐按行，擇其善畝穀最好者稅取之。《左傳》云：初稅畝，非禮也。穀出不過藉，以豐財也。注云：公田之法，十取其一，今又履其餘畝，復十收其一，故哀公曰：二，吾猶不足，遂以爲常。按何休、杜預二説不同，然因民不力於公田，因踐其私田，而收其善畝之穀，仍是什一，不爲橫征。若民因有懲，明年加力於公田，使公田之穀好於私田，則仍收公田之穀，不踐其私田矣。惟於公田之外，又收其私田之什一，乃是加賦。趙氏以爲橫，則當如杜説矣。廛無夫里之布，則天下之民，皆悦而願爲之氓矣。注：里，居也。布，錢也。夫，一夫也。《周禮·載師》曰：宅不毛者有里布，田不耕者出屋粟。凡民無職事者，出夫家之征。孟子欲使寬獨夫去里布，則人皆樂爲之民矣。氓者，謂其民也。疏：注里居至民也。正義曰：《載師》注：鄭司農云：宅不毛者，謂不樹桑麻也。布，泉也。孟子曰：廛無夫里之布，則天下之民，皆悦而願爲其民矣。故曰宅不毛者有里布，民無職事出夫家之征。欲令宅樹桑麻，民就四業，則無稅賦以勸之也。玄謂：宅不毛者，罰以一里二十五家之泉。空田者，罰以三家之稅粟。民雖有閒無職事者，猶出夫稅家稅也。夫稅者，百畝之稅。家稅者，士徒車輦給繇役。鄭氏注《禮記·檀弓》云：古者謂錢爲泉布。韋昭注《國語·周語》云：錢者，金幣之名，古曰泉，後轉曰錢。是布爲錢，即爲泉也。江氏永《羣經補義》云：凡民居區域關市邸舍通謂之廛，上文廛而不征，法而不廛之廛是市宅，此廛謂民居，即《周禮》上地夫廛，許行願受一廛之廛，非市宅也。布者，泉也，亦即錢也。非布帛之布。夫布見《周禮·閭師》凡無職者出夫布，謂閒民爲民傭力者，不能赴公旬三日之役，使之出一夫力役之泉，猶後世之傭役錢也。里謂里居，即《孟子》收其田里之里，非二十五家也。里布見《地官·載師》：凡宅不毛者有里布。謂有宅不種桑麻，或荒其地，或爲臺榭游觀，則使之出里布，猶後世凡地皆有地稅也。此皆民之常賦。戰國時一切取之非傭力之閒民，已有力役之征，而仍使之別出夫布。宅有種桑麻，有嬪婦布縷之征，而仍使之別出里布。是額外之征，借夫布、里布之名而橫取者，今皆除之，則居廛者皆受惠也。周氏柄中《辨正》云：《周禮·閭師》凡民無職者出夫布，《載師》凡宅不毛者有里布，即此夫里之布是已。注中止據《載師》而不及《閭師》，《載師》之無職事者，是游手浮泛之人，夫家之征，所以罰之也。《閭師》之無職者，則九職中之閒民，非游手也。夫布乃其常賦，非罰也。太宰九職，一曰閒民無常職，轉移執事。《載師》之無職事者，無職而並不事事也。《閭師》之無職者，無常職也。而轉移職事，則猶有事也。故但曰無職而不曰無職事。《閭師》疏：劉氏問：夫家之征與夫布，其異如何？鄭答云：夫家之征者田税，如今租矣。夫布者，如今算斂在凡賦中者也。按鄭氏解兩夫字不同，解夫字，不當用一夫百畝之税之説。夫布者，論丁出錢以爲賦，猶漢口税之法。漢口率出泉，概施之有職，周則惟施之閒民而已。趙氏佑《温故録》云：夫家之征，乃夫税、家税二事，本非經所及，趙氏注廣言之也。段氏玉裁《説文解字注》云：氓，民也。从民，亡聲。讀若盲。《詩》氓之蚩蚩，傳云：氓，民也。《方言》亦云：氓，民也。《孟子》：則天下之民，皆悦而願爲之氓矣。趙注：氓者，謂其民也。按此則氓與民小别，蓋自他歸往之民則謂之氓，故字从民亡。阮氏元《校勘記》云：《音義》出氓字，云：或作萌，或作甿。按作萌最古，漢人多用萌字，經典内萌多改氓改甿，如《説文》引《周禮》以興鋤利萌是也。氓者謂其民也，閩、監、毛三本同，廖本、孔本、韓本、《考文》古本無者謂其三字。按尋謂字，則經文當本作萌。翟氏灝《考異》云：一讀以天下之民皆悦斷句，上士商旅農，悉連下皆悦二字句，似亦可通。王氏引之《經傳釋詞》云：《吕氏春秋・音律篇》注云：之，其也。故爲之氓。《周官・載師》注引作爲其民，之可訓爲其，其亦可訓爲之。信能行此五者，則鄰國之民，仰之若父母矣。率其子弟，攻其父母，自有生民以來，未有能濟者也。注：今諸侯誠能行此五事，四鄰之民，仰望而愛之如父母矣。鄰國之君，欲將其民來伐之，譬率勉人子弟，使自攻其父母，生民以來，何能以此濟成其所欲者也。疏：注今諸至者也。正義曰：《説文》言部云：信，誠也。故以誠釋信。仰之義爲向，自卑向高，自近向遠，皆望也。《孟子・離婁篇》言仰望而終身，則仰之義同於望，故云仰望。《廣雅・釋詁》云：愛，仁也。仁之於父子，云若父母，是愛之也。《小爾雅・廣詁》云：率，勸也。勸之義與勉同，故以勉釋率。《爾雅・釋言》云：濟，成也。故以成釋濟。如此，則無敵於天下。無敵於天下者，天吏也。然而不王者，未之有也。注：言諸侯所行能如此者，何敵之有，是爲天吏。天吏者，天使也。爲政當爲天所使，誅伐無道，故謂之天吏也。疏：注言諸至吏也。正義曰：使從吏聲，故吏之義通於使。襄公三十年《左傳》使走問於朝，《釋文》云：使，本作吏。段氏玉裁《説文解字》人部注云：水部：汜，水吏也。吏同使。

《章指》言：修古之道，鄰國之民，以爲父母；行今之政，自己之民，不得而子。是故衆夫擾擾，非所常有，命曰天吏，明天所使也。疏：衆夫擾擾，正義曰：《國語・晉語》云：范文子謂厲公曰：唯有諸侯，故擾擾焉。《廣雅・釋訓》云：擾擾，亂也。

（清）焦循《孟子正義・公孫丑章句下》 或問曰：勸齊伐燕，有諸？注：有人問孟子勸齊王伐燕，有之？孟子曰：未也。沈同問燕可伐與，吾應之曰可，彼然而伐之也。注：孟子曰：我未勸王也。同問可伐乎，吾曰可，彼然而伐之。彼如曰：孰可以伐之？則將應之曰：爲天吏則可以伐之。注：彼如將問我曰，誰可以伐之，我將曰：爲天吏則可以伐之。天吏，天所使，謂王者得天意者也。彼不復問孰可，便自往伐之。今有殺人者，或問之曰：人可殺與？則將應之曰可。彼如曰：孰可以殺之？則將應之曰：爲士師則可以殺之。今以燕伐燕，何爲勸之哉！注：今有殺人者，問此人可殺否，將應之曰可，爲士官主獄，則可以殺之矣。言燕雖有罪，猶當王者誅之耳。譬如殺人者雖當死，士師乃得殺之耳。今齊國之政猶燕政也，不能相踰，又非天吏也，我何爲當勸齊伐燕乎。疏：注問此人可殺否。正義曰：問人可殺，不得應之曰可。惟殺人者死，則可殺也。故人，可殺之人，指此殺人之人。注我何爲當勸齊伐燕乎。正義曰：《國語・晉語》云非德不當雝，注云：當，猶任也。謂沈同等勸王伐燕，何爲以我爲任此勸齊伐燕之事乎？《文選・甘泉賦》注引鄭氏注云：當，主也。意亦與任同。《論衡・刺孟》云：夫或問孟子勸王伐燕，不誠是乎？沈同問燕可伐與，比挾私意，欲自伐之也。知其意慊於是，宜曰燕雖可伐，須爲天吏，乃可以伐之。沈同意絶，則無伐燕之計矣。不知有此私意，而徑應之，不省其語，是不知言也。孟子知言者也，又知言之所起之禍，其極所致之福。見彼之問，則知其措辭所欲之矣。按燕噲之事，君臣易位，其亂極矣。觀燕民簞食壺漿，以迎齊師，則燕民望救，如望雲霓矣。例以孔子沐浴而朝，則爲齊贊畫出師，固孟子之心也。而不遽發者，特以握權主事别自有人，萬一齊師既出，未必終其拯救之心，將有如儲子之破燕必矣。田臣思云天以燕賜我者，溯厥所由，倡謀有在，形迹已著，分辨未能。迨至沈同私問，未必非陰承王旨，將假大賢一語，以爲戡克借端。斯時孟子豈不知之？阻之非拯亂之心，詳之失進言之體，第以可應之，言子噲、子之當伐，誠立言之當矣。自是匡章將五都之兵，因北地之衆，士卒不戰，城門不閉，雖湯武之舉，誠未過此，所謂齊人伐燕勝之也。是時宣王以齊師之出，端由孟子，故質之以諸臣之議，告之以天與之機，孟子是時，慨然陳文王武王之事，戒之以益深益熱之虞，是卽明告以天吏之爲，與所以可伐之故，使宣王是時聽而從之，則以德行仁之道，於齊見之。而勸齊伐燕之策，孟子亦何不可當之乎？乃廟毁器遷，諸侯兵動，王又咨焉，孟子是時，固又反覆詳明，陳其利害。顯告以王速出令，反旄倪，止重器，謀于燕衆，爲之置君，則仍天吏之所爲也。乃至王終不悟，而諸侯之謀定，燕人立太子平，此王所以慙也。而時人不知，仍以勸伐之謀，惟孟子當之。此孟子所以以天吏明之，而以爲燕伐燕也。蓋沈同之私問，在未伐燕之先，斯時誠無容阻而絶之。既兩對宣王之問，則燕所以可伐，所以須爲天吏，孟子非不服服言之。而時人勸齊伐燕之疑，則在取燕之後。方伐燕，未取燕，王師也，拯民水火也，非燕伐燕也，可勸也。既取燕，則水益深也，火益熱也，是乃燕伐燕也，不可勸也。至于以燕伐燕，而以勸齊疑孟子，孟子所不受矣。《梁惠王篇》所載，皆對齊王之言，故與梁惠王、滕文公、鄒穆公、魯平公等相次。《公孫丑篇》所載，皆對齊臣之言，故與景丑氏、孔距心、蚳鼃、王讙等相次。其互見之旨，思之自著。孟子兩對宣王，皆明燕雖可伐，須爲天吏之説，豈必沈同私問之時不耐而預刺刺言之乎？王充淺學，詎足知大賢哉！

《章指》言：誅不義者，必須聖賢，禮樂征伐自天子出，王道之正也。疏：禮樂征伐自天子出。正義曰：見《論語·季氏篇》第十六。

（清）焦循《孟子正義·滕文公章句上》　孟子曰：【略】有大人之事，有小人之事。且一人之身而百工之所爲備，如必自爲而後用之，是率天下而路也。注：孟子言人道自有大人之事，謂人君行教化也。小人之事，謂農工商也。一人而備百工之所作，作之乃得用之者，是率導天下之人以羸路也。疏：注一人而備百工之所作。正義曰：《爾雅·釋言》云：作，爲也。諸經注或以爲釋作，或以作釋爲，二字轉注。此以百工之所作解百工之所爲，以備字倒加句上，明爲字斷，不與備字連也。作之乃得用之解自爲而後用之，作卽爲也。《荀子·富國篇》云：故百技所成，所以養一人也。而能不能兼技，人不能兼宮。注是率導至路也。正義曰：《禮記·中庸》云：率性之謂道。《管子·君臣篇》云：道也者，上之所以導民也。道爲導，而以率性解之，是率卽導也。《音義》出路也，云：丁、張並云：路與露同。又出羸路，云：力爲切，字亦作羸，郎果切。各本作是率天下之人以羸困之路也。阮元《校勘記》云：《音義》出羸路，云：字亦作羸。則宣公所見本無困之二字。路與露古通用。露羸見於古書者多矣。《大雅》串夷載路，鄭箋以瘠釋路，俗人乃改瘠爲應，此添困之二字，其謬同也。力爲切，瘦也。羸路，謂瘦瘠暴露也。《音義》前説是，亦作者非。翟氏灝《攷異》云：趙注謂導人羸困之路，丁、張覺其未安，而欲改字爲露。不若奔走道路爲得，《管子·四時篇》云不知五穀之故，國家乃路，房氏注曰：路謂失其常居。可爲此路字之證。故曰或勞心，或勞力。勞心者治人，勞力者治於人；治於人者食人，治人者食於人：天下之通義也。注：勞心者，君也。勞力者，民也。君施教以治理之，民竭力治公田以奉養其上，天下通義，所常行也。疏：故曰至義也。正義曰：襄公九年《左傳》知武子云：君子勞心，小人勞力，先王之制也。《國語·魯語》公父文伯之母云：君子勞心，小人勞力，先王之訓也。是勞心勞力，古有此法。孟子上言大人小人，此云或勞心，卽君子勞心也。云或勞力卽小人勞力也。以先王之法，是以加故曰二字。勞心者治人以下，則孟子申上之辭也。注君施至其上。正義曰：《荀子·修身篇》云少而理曰治，《淮南子·説山訓》云幸善食之而勿苦，注云：食，養也。前章言無君子莫治野人，無野人莫養君子，此云勞心者治人，治人者食於人，卽君子治野人也。此云勞力者治於人，治於人者食人，卽野人養君子也。彼云養云食，正是食卽是養，故以理釋治，而以奉養釋食。施教化以治理之，卽使之同鄉共井，相友相助相扶持以親睦也。民竭力治公田，則八家同養公田，公事畢，然後敢治私事也。戰國時諸侯卿大夫，但知多取於民，故不樂分別公私之界，不知助法行，則先公後私之分定，而君子野人之辨明，不特小人之利，正君子之福也。許行以孟子分別尊卑貴賤，持其並耕之説，同君子於小人，思有以破之，故孟子復引先王勞心勞力之辨，以申明君子治野人、野人養君子之義。義而通，非一人之私言矣，故云所常行者也。

（清）焦循《孟子正義·滕文公章句下》　景春曰：公孫衍、張儀，豈不誠大丈夫哉！一怒而諸侯懼，安居而天下熄。注：景春，孟子時人，爲從横之術者。公孫衍，魏人也。號爲犀首，常佩五國相印爲從長。秦王之孫，故曰公孫。張儀，合從者也。一怒則構諸侯使强凌弱，故言懼也。安居不用辭説，則天下兵革熄也。疏：注景春至術者。正義曰：《漢書·藝文志》云：從横家者流，蓋出於行人之官。孔子曰：誦《詩》三百，使於四方，不能專對，雖多亦奚以爲。又曰：使乎使乎，言其當權事制宜，受命而不受辭，此其所長也。及邪人爲之，則上諼詐而棄其信。凡十二家，以蘇秦、張儀爲首。周氏廣業《孟子出處時地考》云：《漢·藝文志》兵形勢家有《景子》十三篇，疑卽此人。【略】

孟子曰：是焉得爲大丈夫乎？子未學禮乎：丈夫之冠也，父命之。女子之嫁也，母命之，往送之門，戒之曰：往之女家，必敬必戒，無違夫子。以順爲正者，妾婦之道也。注：孟子以禮言之，男子之道，當以義匡君，女子則當婉順從人耳。男子之冠，則命曰就爾成德。今此二子，從君順指，行權合從，無輔弼之義，安得爲大丈夫也。【略】注男子至丈夫也。正義曰：《毛詩·邶風·燕婉》傳云：婉，順也。《説文》女部云：婉，順也。《春秋傳》曰：太子痤婉。是順之義爲婉也。以義匡君，義不可從，則須諫正，是以義爲正也。不論義之當從當違，一概無違，是以順爲正，非以義爲正者也。故趙氏以婉解之，别其不能以義匡君矣。趙氏佑《温故録》云：注男子之冠，則命曰就爾成德。補義甚好，此出《士冠禮》祝曰，令〔一〕月吉曰，始加元服，棄爾幼志，順爾成德之文也。按《儀禮·士冠禮》作順爾成德，此改爲就者，以孟子斥順爲妾婦，故易順爲就。《廣雅·釋詁》云：就，歸也。《賈子·道術篇》云行歸而過謂之順，《莊子·人間世》云就不欲入，注云：就者，形順。是就亦順也。乃所順在成德，成德則能以義匡君，是以義爲順者也。惟以無違爲順而不以義，則妾婦之順也。言有古今之不同，賴聖賢發明之。文王繫《易》，以利爲重，其時所謂利，以利物言，故孔子贊之云：利者，義之和也。利物足以和義。蓋至孔子時所謂利，其以爲利己，於是以放利而行爲利，故孔子罕言利而以義爲利。《易》以坤爲順，孔子贊《易》，屢以順言，其時以輔弼正君爲順；《荀子·臣道篇》云：以從命而利君謂之順，從命而不利君謂之諂。是也。至孟子時，則徒以從君順指爲順，故孟子斥爲妾婦之道。孟子之斥順，猶孔子之斥利也。妻道猶臣道，妻之順夫，亦當謇謇有以調和而補救之。惟妾婦婢媵之流，徒以取容爲婉媚耳。居天下之廣居，立天下之正位，行天下之大道，得志與民由之，不得志獨行其道，富貴不能淫，貧賤不能移，威武不能屈，此之謂大丈夫。注：廣居，謂天下也。正位，謂男子純乾正陽之位也。大道，仁義之道也。得志行正與民共之，不得志隱居獨善其身，守道不回也。淫，亂其心也。移，易其行也。屈，挫其志也。三者不惑，乃可以爲大丈夫矣。疏：注廣居至道也。正義曰：趙氏以廣居爲天下，則居天下之廣居即謂人生天地間也。天地之間至廣大，隨在可以自得，必以富貴而婉順求之，是天下至廣而所營至狹矣。男女共生天地之間，在女子則當婉順；既身爲男子，則在八卦爲乾。《易·家人·彖傳》云：女正位乎内，男正位乎外。内則囿於一家，外則周乎天下，故居天下之正位也。《説卦傳》云：是以立天之道曰陰與陽，立地之道曰柔與剛，立人之道曰仁與義。分陰分陽，迭用柔剛。異乎妾婦之徒以柔順爲道，故爲大道也。蓋既生於天地間，居如此其廣也，又身爲男子，位如此其正也，則所行自宜爲天下之大道，而奈何蹋蹐而效妾婦爲也。下數句即申明行天下之大道，以全其居廣居、立正位之身也。趙氏注精矣。注得志行至夫矣。正義曰：《論語·顔淵篇》云：政者，正也。《周禮·地官·黨正》注云：正之言政也。趙氏以行正解得志，行正即爲政也。天下之居既廣，而男子行仁義之道可仕而爲政，則以此仁義之道共之於民；不可仕則隱居，而以此仁義之道獨行於身。何處不可居，何處不可行道也。《吕氏春秋·古樂篇》云有正有淫矣，高誘注云：淫，亂也。又《蕩兵篇》云而工者不能移。高誘注云：移，易也。《漢書·揚雄傳》《音義》引諸詮云：屈，古詘字《廣雅·釋詁》云：詘，屈也。挫，詘，折也。是屈即挫也。男子行仁義之道，故富貴不能亂其心，貧賤不能易其行，威武不能挫其志，自彊不息，乃全其爲男子；全其爲男子，斯得爲大丈夫也。

《孟子注疏·離婁章句上》 孟子曰：求也爲季氏宰，無能改於其德，而賦粟倍他日。孔子曰：求非我徒也，小子鳴鼓而攻之可也。求，孔子弟子冉求。季氏，魯卿季康子。宰，家臣。小子，弟子也。孔子以冉求不能改季氏使從善，爲之多斂賦粟，故欲使弟子鳴鼓以聲其罪，而攻伐責讓之。曰求非我徒，疾之也。由此觀之，君不行仁政而富之，皆棄於孔子者也，況於爲之强戰？爭地以戰，殺人盈野，爭城以戰，殺人盈城。此所謂率土地而食人肉，罪不容於死。孔子棄富不仁之君者，況於爭城爭地而殺人滿之乎？此若率土地使食人肉也，言其罪大，死刑不足以容之。故善戰者服上刑，連諸侯者次之，辟草萊，任土地者次之。孟子言天道重生，戰者殺人，故使善戰者服上刑。上刑，重刑也。連諸侯，合從者也，罪次善戰者，辟草萊，任土地，不務脩德而富國者，罪次合從連横之人也。疏：孟子曰：求也至次之。正義曰：此章言聚斂富民棄於孔子，重人命之至也。孟子曰求也爲季氏宰至攻之可也者。孟子言冉求爲季氏之家臣，不能佐君改於其德，以爲治國，而乃聚斂其粟，倍過於他日。孔子責之曰：求非我之徒弟也。乃令弟子鳴鼓，以聲其罪而攻之可也。由此觀之君不行仁政至罪不容於死者，孟子言由此冉求賦斂觀之，以孔子所攻，則今之國君不行仁政而富之，是皆棄之於孔子者也。又況爲之强戰？爭地以戰，而殺人至於盈滿其野，爭城以戰，而殺人至於盈滿其城，此所謂率土地而食人之肉也，其罪必不容於死。以其罪大，雖死刑不足以容之也。故善戰者服上刑至任土地者次之者，孟子又言故善能爲陳而戰者，服於上刑。上刑，重刑也。合縱連横之諸侯，罪次之，以其罪次於善戰之上刑也。務廣開闢草萊，而任土地，不務脩德者，又次之，以其又次連横合縱之諸侯者刑也。注求孔子弟子至疾之也。正義曰：案《史記·弟子傳》云：冉求字子有。鄭氏曰：魯國人。又案《論語》云：季氏富於周公，而求也爲之聚斂而附益之。子曰：非吾徒也，小子鳴鼓而攻之可也。孔安國云：冉求爲季氏宰，爲之急賦税。鄭注云：小子，門人也。云：季氏，魯卿季康子者，案《左傳》云：季康子，魯卿，季孫肥，謚曰康。《謚法》曰：安樂撫民曰康。

《孟子注疏·離婁章句下》 孟子曰：無罪而殺士，則大夫可以去。無罪而戮民，則士可以徙。惡傷其類，視其下等，懼次及也。語曰：鳶鵲蒙害，仁鳥增逝。此之謂也。疏：孟子至可以徙。正義曰：此章言君子見幾而作也。孟子謂國君無罪而殺戮其士，則爲之大夫者可以奔去。無他，蓋大夫雖於士爲尊，不可命以爲士，然亦未離乎士之類也，是其惡傷其類耳。國君無罪而誅戮其民，則爲之士者可以徙而避之。無他，蓋士於民雖以爲尊，不可命以爲民，然亦未離乎民之類也，是亦惡傷其類耳。於士言殺，於民言戮者，揔而言之皆然也，别而言之，則戮又輕於殺矣。案《周禮》司稽掌巡市，云凡有罪者撻戮而罰之。是知戮不過撻而辱之耳，而殺乃至於亡命故也。《史記》：趙殺鳴犢，孔子臨河而不濟，乃嘆曰：刳胎殺夭，則麒麟不至郊；竭澤涸魚，則蛟龍不會；覆巢毁卵，則鳳凰不翔。君子諱傷其類也。今注云語曰鳶鵲蒙害，仁鳥增逝，是亦《史記》之文，趙注引之。

（清）焦循《孟子正義·離婁章句上》 孟子曰：人有恒言，皆曰天下國家。注：恒，常也。人之常語也。天下謂天子之所主，國謂諸侯之國，家謂卿大夫也。疏：注恒常也。正義曰：《爾雅·釋詁》文。天下之本在國，國之本在家，家之本在身。注：治天下者，不得良諸侯，無以爲本。治其國者，不得良卿大夫，無以爲本。治其家者，不得良身，無以爲本也。《章指》言：天下國家，各依其本；本正則立，本傾則踣。雖曰常言，必須敬慎也。

又：孟子曰：人不足與適也，政不足間也，惟大人爲能格君心之非。注：適，過也。《詩》云室人交徧適我。間，非。格，正也。時皆小人居位，不足過責也。政教不足復非訕，獨得大人爲輔臣，乃能正君之非法度也。疏：政不足間。正義曰：諸本作政不足與間也，《音義》出足間二字，則趙氏本無與字。注適過至交也。正義曰：《毛詩·邶風·北門》作室人交徧讁我，傳云：讁，責也。讁與適通。《方言》云：讁，過也。南楚以南，凡相非議人謂之讁。《商頌·殷武》勿予禍適，箋云：適，過也。《列子·力命篇》云不相讁發，《釋文》云：讁，謂責其過也。《小爾雅·廣言》、《方言》皆云：間，非也。《方言》云：格，正也。僖公二十六年《穀梁傳》云：人，微者也。莊公十七年《穀梁傳》云：人者，衆辭也。下言大人，上言人不足間，則人兼微、衆二義，故云時皆小人居位，小之言微也，皆之言衆也。《文選》盧子諒《贈劉琨詩》注引《韓詩章句》云：尤，非也。訕與尤通，故趙氏以非釋間，又以訕釋非。或作非説，誤也。上二章言父子，此章言君臣。父之教子，必先自出於正；子之事父，必先不失其身。君之定國，必先正其心之非；而臣之輔君，必先自居於正。大人者，與天地合其德，與日月合其明，與四時合其序，與鬼神合其吉凶。臣之身無不正，以是輔君，而君心之非自格；君無不正，而國自安定。然則臣之德未至於大人，而徒見居位者皆小人而過責之，徒見政事之未善而非訕之，不自覺其未正，而刺刺焉言君之不正，其乖忤抵觸，不相激而成禍不止，卒之人相傾軋，政益乖違，猶自以爲直爲忠，而予君以非，是未讀《孟子》者也。顧非在君心而能格之，既未嘗過責其所用之人，又未嘗非訕其所行之政，而曰能格，則是格也，非以言格之，非以貌格之，即以自修其身，成大人，故能格之也。然則未能格君心之非者，亦自反己未爲大人可耳。**君仁莫不仁，君義莫不義，君正莫不正，一正君而國定矣。**注：正君之身，一國定矣。欲使大人正之。疏：君仁至定矣。正義曰：何爲正，仁義而已。何以爲大人，居仁由義而已。

《章指》言：小人爲政，不足間非；賢臣正君，使握道機。君正國定，下不邪侈，將何間也。

（清）焦循《孟子正義·離婁章句下》　孟子告齊宣王曰：君之視臣如手足，則臣視君如腹心；君之視臣如犬馬，則臣視君如國人；君之視臣如土芥，則臣視君如寇讎。注：芥，草芥也。臣緣君恩，以爲差等，其心所執若是也。疏：注芥草芥也。正義曰：《方言》云：芥，草也。自關而西或曰草，或曰芥。哀公元年《左傳》逢滑曰：臣聞國之興也，視民如傷，是其福也。其亡也，以民爲土芥，是其禍也。楚雖無德，亦不艾殺其民，吳日敝於兵，暴骨如莽。注云：芥，草也。又云：草之生於廣野，莽莽然，故曰草莽。然則土芥謂視之如土如草，不甚愛惜也。孟子本諸逢滑。注臣緣至是也。正義曰：趙氏以視爲心相視，非形相視，故曰心之所執若是。

《章指》言：君臣之道，以義爲表，以恩爲裏；表裏相應，猶若影響。舊君之服，蓋有所興，諷諭宣王，勸以仁也。

又：孟子曰：無罪而殺士，則大夫可以去；無罪而戮民，則士可以徙。注：惡傷其類，視其下等，懼次及也。語曰：鳶鵲蒙害，仁鳥曾逝。此之謂也。疏：注惡傷至謂也。正義曰：士大夫爲類而六等，上士一位，下於大夫，士農工商爲四民，是士與民爲類。士居四民之首，則民下於士，故爲下等也。引語者，《漢書·梅福傳》云：成帝委任大將軍王鳳，鳳專執擅朝，而京兆尹王章素忠直，譏刺鳳，爲鳳所誅。福上書曰：夫戴鵲遭害，則仁鳥增逝；愚者蒙戮，則知士深退。顔師古注云：戴，鴟也。音緣。《禮記·中庸》引《詩》鳶飛戾天，《釋文》云：本又作戴。阮氏元《校勘記》云：仁鳥增逝，閩、監、毛三本同。廖本、孔本、韓本增作曾，作曾是。曾，高也。

（清）焦循《孟子正義·萬章章句上》　咸丘蒙問曰：語云，盛德之士，君不得而臣，父不得而子。舜南面而立，堯帥諸侯北面而朝之，瞽瞍亦北面而朝之，舜見瞽瞍，其容有蹙。孔子曰：於斯時也，天下殆哉岌岌乎！不識此語誠然乎哉？注：咸丘蒙，孟子弟子。語者，諺語也。言盛德之士，君不敢臣，父不敢子，堯與瞽瞍皆臣事舜，其容有蹙踖不自安也。孔子以爲君父爲臣，岌岌乎，不安貌也。故曰殆哉。不知此語實然乎。【略】

孟子曰：否。注：言不然也。**此非君子之言，齊東野人之語也。**注：東野，東作田野之人所言耳。咸丘蒙，齊人也，故聞齊野人之言。《書》曰平秩東作，謂治農事也。【略】

孔子曰：天無二日，民無二王。舜既爲天子矣，又帥天下諸侯以爲堯三年喪，是二天子矣。注：日一，王一，言不得並也。疏：孔子曰至二王。正義曰：《禮記·曾子問篇》云：孔子曰：天無二日，土無二王，嘗禘郊社，尊無二上。《坊記》云：子云：天無二日，土無二王，家無二主，尊無二上。《喪服四制》云：天無二日，土無二王，國無二君，家無二尊。《大戴禮記·本命篇》云：天無二日，國無二君，家無二尊。**咸丘蒙曰：舜之不臣堯，則吾既得聞命矣。**注：不以堯爲臣也。**《詩》云：普天之下，莫非王土；率土之濱，莫非王臣。**

而舜既爲天子矣，敢問瞽瞍之非臣何？注：詩，《小雅·北山》之篇。普，徧。率，循也。徧天下，循土之濱，無有非王者之臣，而曰瞽瞍非臣如何也。【略】曰：是詩也，非是之謂也。勞於王事，而不得養父母也。曰此莫非王事，我獨賢勞也。注：孟子言此詩非舜臣父之謂也。詩言皆王臣也，何爲獨使我以賢才而勞苦，不得養父母乎，是以怨也。【略】故説詩者，不以文害辭，不以辭害志，以意逆志，是爲得之。如以辭而已矣。《雲漢》之詩曰：周餘黎民，靡有孑遺。信斯言也，是周無遺民也。注：文，詩之文章，所引以興事也。辭，詩人所歌詠之辭。志，詩人志所欲之事。意，學者之心意也。孟子言説詩者當本之志，不可以文害其辭，文不顯乃反顯也。不可以辭害其志。辭曰：周餘黎民，靡有孑遺。志在憂旱，災民無孑然遺脱不遭旱災者，非無民也。人情不遠，以己之意，逆詩人之志，是爲得其實矣。王者有所不臣，不可謂皆爲王臣，謂舜臣其父也。【略】孝子之至，莫大乎尊親；尊親之至，莫大乎以天下養。爲天子父，尊之至也。以天下養，養之至也。注：尊之至，瞽瞍爲天子父。養之至，舜以天下之富奉養其親。至，極也。《詩》曰：永言孝思，孝思惟則。此之謂也。注：詩，《大雅·下武》之篇。周武王所以長言孝道，欲以爲天下法則，此舜之謂也。疏：注詩大至謂也。正義曰：詩在《大雅·下武篇》第三章。毛傳云：則其先人也。箋云：長我孝心之所思，所思者，其維則三后之所行。子孫以順祖考爲孝。義與趙氏異。趙氏以孝思爲孝道者，《説文》亼部云：侖，思也。段氏玉裁《説文解字注》云：侖下云：侖理也。《大雅》毛傳云：論，思也。論者侖之假借，思與理義同也。《吕氏春秋·察傳篇》云必驗之以理，高誘注云：理，道理也。《淮南子·本經訓》云喜怒剛柔，不離其理，高誘注云：理，道也。是思亦道也。大王、王季、文王皆明哲可法，故毛以則爲則其先人。舜之父頑，未可法則，故趙氏不從毛義，而云爲天下則法也。箋解永言配命，以爲武王言。趙氏以此永言爲周武王所以長言孝道，則與鄭同。《書》曰：祗載見瞽瞍，夔夔齋栗，瞽瞍亦允若。是爲父不得而子也。注：書，《尚書》逸篇。祗，敬。載，事也。夔夔齋栗，敬慎戰懼貌。舜既爲天子，敬事嚴父，戰栗以見瞽瞍，瞍亦信知舜之大孝。若是爲父不得而子也，以是解咸丘蒙之疑。

（清）焦循《孟子正義·萬章章句下》 北宮錡問曰：周室班爵禄也，如之何？注：北宮錡，衛人。班，列也。問周家班列爵禄，等差謂何。疏：注班列也。正義曰：《方言》云：班，徹，列也。北燕曰班，東齊曰徹。戴氏震《方言疏證》云：趙岐《孟子》注《孟子》班爵禄云：班，列也。《春秋》昭公二年《左傳》送從逆班，杜預注云：班，列也。任昉《奏彈曹景宗》曰榮高列侯，李善注引《方言》：列，班也。所引卽此文。《詩·大雅》王命召伯，徹申伯土田，毛傳：徹，治也。鄭箋云：治者，正其井牧，定其賦税。亦於班列之義爲近。《廣雅》：列，班，布也。

孟子曰：其詳不可得聞也。諸侯惡其害己也而皆去其籍，然而軻也嘗聞其略也。注：詳，悉也。不可得備知也。諸侯欲恣行，憎惡其法度，妨害己之所爲，故滅去典籍。今《周禮》司禄之官無其職，是則諸侯皆去之，故使不復存也。軻，孟子名。略，麄也。言嘗聞其大綱如此。今考之《禮記·王制》則合也。疏：注詳悉至存也。正義曰：詳悉，見《離婁》下。《荀子·非相篇》云詳則舉小，注云：詳，周備也。故又以備釋詳也。《周禮·地官》：司禄，中士四人，下士八人，府二人，史四人，徒四十人。注云：主班禄。賈氏疏云：在此者，其職既闕，未知所掌云何？但班禄者用粟與之，司禄職次倉人，明是班多少之官，故鄭云主班禄。注今考之《禮記·王制》則合也。正義曰：《禮記正義》云：鄭《目録》云：名曰《王制》者，以其記先王班爵授禄祭祀養老之法度，此於《別録》屬制度。《王制》之作，蓋在秦漢之際。鄭答臨碩云：孟子當赧王之際，《王制》之作，復在其後。盧植云：漢孝文皇帝令博士諸生，作此《王制》之書。《周禮·春官·内史》：王制禄則贊爲之，以方出之。鄭司農、鄭康成皆引《王制》以注之。趙氏佑《温故録》云：自當以《孟子》爲正，不必與《周禮》規規求合也。與《孟子》合者惟《王制》，猶不免有不合者，由其又在孟子後，雜采遺文所致，卽孟子亦第言聞其略也。鄭康成於《王制》與《周禮》不合處，輒謂之夏殷制，皆求其説而不得，從而爲之辭而已。卽如百里、七十里、五十里，孟子明言周室，得謂之夏殷制歟？于是又以開方法兩圓之。然子二百里、男百里，又何法？又豈所謂同一位者歟？唯其不必求合而必求合也。然則奚其不合？蓋注以《周禮》司禄官無其職爲諸侯去籍證，《周禮》本不完之書，司禄之亡猶他官之闕，未必去籍獨去此，卽去，亦其中一端。就《孟子》《王制》所言之與《周禮》不合，初非獨此班爵禄事矣，是不足以定也。若謂盡去其合而獨存其不合，則是《周禮》一書已自有不能盡合之失，更不足以定也。彼其放恣横議之習已久，秦至敢於燔燒三代之書，諸侯皆秦也，何嫌於竄易一朝之制？去者既全去之，其姑存者争以意增損之，上下相蒙，若爲故然，蓋所必至，不待劉歆之徒也。恐劉歆亦定負此枉於千古也。然則宜其不合之多矣。文景時去古尤近，諸儒纂輯《王制》，何不就其所據書名人代，明白標舉，而一概渾同，使後學至莫别其由然，斯則前儒之過歟！翟氏灝《考異》云：《周禮》司禄之官，今無其職，趙氏據此爲戰國諸侯去籍之證。孟子於典籍既亡之後，側聞其略，自不能覼若畫一。且有嫌於時君之争并無厭也，故於所聞異詞中，寧信其數之少，而不肯失之多。若《王制》，乃漢文帝敕令博士諸生採集傳記，斟酌損益，以成其篇，制禄爵節明屬採自《孟子》。時《周禮》未顯於世，諸博士猶不及見之，故惟以《孟子》一書爲本，其所以微有異同，正博士之所斟酌損益，何可轉據之議《孟子》乎？天子一位，公一位，侯一位，伯一位，子男同一位，凡五等也。注：公謂上公九命及二王後也。自天子以下，列尊卑之位，凡五等。疏：天子至等也。正義曰：《禮記·王制》云：王者之制禄爵：公、侯，伯、子、男，凡五等。彼言王者之制，故不數天子，與此異。《白虎通·爵篇》云：天子者，爵稱也。爵所以稱天子者何？王者父天母地，爲天之子也。所以名之爲公侯者何？公者，通也。公正無私之意也。侯者，候也。候逆順也。伯者，白也。子者，孳也。孳孳無已也。男者，任也。顧氏炎武《日知録》云：爲民而立之君，故班爵之意，天子與公侯伯子男一也，而非絶世之貴。代耕而賦之禄，故班禄之意，君卿大夫士與庶人在官一也，而非無事之食。是故知天子一位之意，則不敢肆於民上以自尊；知禄以代耕之義，則不敢厚取於民以自奉。不明乎此，而侮奪人之君，常多於三代以下矣。注公謂至後也。正義曰：《周禮·春官·典命》：掌諸侯之五儀，諸臣之五等之命：上公九命爲伯，其國家、宮室、車旗、衣服、禮儀，皆以九爲節。侯伯七命，其國家、宮室、車旗、衣服、禮儀，皆以七爲節。子男五命，其國家、宮室、車旗、衣服，禮儀，皆以五爲節。又云：王之三公八命。注云：上公，謂王之三公有德者，加命爲二伯。二王之後，亦爲上公。賈氏疏云：三公八命，出封皆加一等，謂若周公太公有德，封於齊魯，身雖在王朝，使其子就國，亦是出封加命爲上公九命者。《白虎通·爵篇》云：《春秋傳》曰：天子三公稱公，王者之後亦稱公，其餘大國稱侯，小國稱伯子男也。君一位，卿一位，大夫一位，上士一位，中士一位，下士一位，凡六等。注：諸侯法天子，臣名亦有此六等，從君下至於士也。疏：君一至六等。正義曰：《王制》云：諸侯之上大夫卿，下大夫，上士，中士，下士，凡五等。諸侯卽君也。《王制》五等不連諸侯，《孟子》六等連君，不連君，猶不連天子也。《白虎通·爵篇》云：卿之爲言章也，章善明理也。大夫之爲言大扶，扶進人者也。故傳曰：進賢達能，謂之卿大夫。《王制》云上大夫卿也。士者，事也。任事之稱也。故傳曰，通古今，辯然不，謂之士。諸侯所以無公爵者，下天子也。故《王制》曰：上大夫，下大夫，上士，中士，下士，凡五等。此謂諸侯臣也。大夫但有上下，士有上中下何？明卑者多也。爵皆一字，大夫獨兩字何？《春秋傳》曰：大夫無遂事。以爲大夫職在之適四方，受君之法，施之於民，故獨兩字言之。或曰：大夫，爵之下者也。稱大夫，明從大夫以上受下施，皆大自著也。天子之士，獨稱元士何？士賤，不得體君之尊，故加元以別於諸侯之士也。《禮經》曰士見於大夫，諸侯之士也。《王制》曰：王者八十一元士。沈氏彤《周官田禄考》云：周天子具六官，官之爵六等：曰公，曰孤卿，曰中大夫、下大夫，曰上士，曰中士，曰下士，庶人在官者屬焉。凡天子之官之爵，其有常數可周知而見本經及注者，公三人，孤三人，卿五官官一人，又地官鄉大夫每鄉卿一人，六鄉則六人，凡十一人。中大夫，天官四人，地官五人，又州長每州一人，三十州則三十人，遂大夫每遂一人，六遂則六人，春官五人，夏官十四人，秋官四人，凡六十八人。下大夫，天官十二人，地官十五人，又黨正每黨一人，百五十黨則百五十人，縣正每縣一人，三十縣則三十人，春官二十四人，夏官三十人，秋官八人，凡二百六十九人。上士，天官四十六人，地官四十八人，又族師每族一人，七百五十族則七百五十人，鄙師每鄙一人，百五十鄙則百五十人，春官五十三人，夏官六十七人，又僕夫十人，秋官二十人，又象胥每翟一人，六翟則六人，凡千一百五十人。中士，天官百一十八人，地官百四十八人，又閭胥每閭一人，三千閭則三千人，酇長每酇一人，七百五十酇則七百五十人，春官百五十八人，夏官百五十八人，秋官百五十二人，又象胥每翟二人，六翟則十二人，凡四千四百九十六人。下士，天官百七十九人，又寺人五人，地官二百七十二人，又比長五家一人，萬五千比則萬五千人，里宰每里一人，三千里則三千人，司門每門二人，王城十二門則二十四人，司關每關二人，王畿十二關則二十四人，場人每場二人，九穀九場則十八人，春官二百七十五人，夏官二百四十三人，又馭夫二人，趣馬百九十二人，庾人每閑二人，天子十二閑則二十四人，秋官百九十三人，又條狼氏八人，象胥每翟八人，六翟則四十八人，凡萬九千五百有七人。其不見經注而數皆可推者，上士爲郊之縣正，十二縣則十二人。中士爲郊之鄙師，野之縣正，郊五十五鄙，野九百五十三縣，人各如縣鄙之數，凡千有八人。下士爲郊之酇長，野之鄙師，郊二百七十四酇，野四千七百六十五鄙，人各如鄙酇之數，凡五千有三十九人。通計三萬一千五百六十五人。若内諸侯之官之爵，由經注及他傳記所見推之，則在公四等，自卿而下；在孤卿三等，自大夫而下；在大夫二等，自上士而下。其數，公之卿二人，下大夫五人，上下士各若干人；孤卿之大夫二人，上士五人，下士若干人；大夫之上士二人，下士五人。其縣鄙之士，皆上士爲縣正，下士爲鄙師。公七縣三十三鄙，孤卿二縣八鄙，大夫二鄙，上下士各皆如縣鄙之數。通計爵數之可知者，在公四十七人，在孤卿十七人，在大夫九人。若外諸侯之官之爵，則在上公六等，自孤而下；在侯伯五等，在子男四等，皆自卿而下。其數，公之孤一人，卿三人，下大夫五人，上士二十七人，中下士各若干人；侯伯之卿大夫士如之；子男之卿大夫亦如之，士則上二十七人，下若干人，無中。此皆見於經注及他傳記。其無所見而可推知者，上公爲大國，三鄉三遂。卿，鄉大夫三人；下大夫，州長十五人，遂大夫三人，凡十八人。上士，黨正七十五人，縣正十五人，凡九十人。中士，族師三百七十五人，鄙師七十五人，凡四百五十人。下士，閭胥千五百人，鄰長三百七十五人，凡千八百七十五人。其野二百二十六縣，千一百三十鄙，中士爲縣正，下士爲鄙師，皆各如縣鄙之數。侯伯爲次國，二鄉二遂。卿，鄉大夫二人，下大夫；州長十人，遂大夫二人，凡十二人。上士，黨正五十人，縣正十人，凡六十人。中士，族師二百五十人，鄙師五十人，凡三百人。下士，閭胥千人，鄰長二百五十人，凡千二百五十人。其野，侯百四十四縣，七百一十九鄙；伯七十二縣，三百六十一鄙，皆中士爲縣正，下士爲鄙師，各如其縣鄙之數。子男爲小國，一鄉一遂。卿，鄉大夫一人；下大夫，州長五人，遂大夫一人，凡六人。上士，黨正二十五人，縣正五人，凡三十人。下士，族師百二十五人，鄙師二十五人，凡百五十人。其野，子三十一縣，百五十五鄙，上士爲縣正，下士爲鄙師，皆各如縣鄙之數。男一鄙，下士爲鄙師，如其數。通計爵數之可知者，在上公三千八百二十八人，在侯二千五百二十二人，在伯二千有九十二人，在子四百有八人，在男二百二十三人。《周官》之爵，曰公，曰孤，曰卿，曰中大夫，曰下大夫，曰上士，曰中士，曰下士，凡八等。而合孤卿爲一等，中下大夫爲一等，何也？曰：《典命》王之三公八命，其卿六命，不別言三孤命數，則并孤於卿矣。云其大夫四命，則大夫不以中下殊矣。爵與命之等常相因，故二者皆合爲一等也。且《考工記》稱九卿，鄭康成以六卿三孤注之，則孤亦名卿而爲一等。《孟子》、《王制》序大夫皆止一等，是又不分二等之明證也。經何以無上大夫？曰：上大夫卽孤卿也。《大戴記·盛德篇》云：三少，皆上大夫也。三少謂三孤。《王制》云：諸侯之上大夫卿。天子亦然。凡內外諸侯之官，其爵等人數，何以定之？曰：《大宰》云：乃施典於邦國，而建其牧，立其監，設其參，傳其伍，陳其殷，置其輔。注云：監，謂公侯伯子男各監一國。參，謂卿三人。伍，謂大夫五人。殷，謂衆士，《王制》諸侯上士二十七人。輔，府史庶人在官者。此外諸侯官爵等人數之大略也。何以知上公之一孤也？曰：《典命》公之孤四命，注以爲九命上公，得置孤卿一人也。何以知子男之無中士也？曰：襄十一年《公羊傳》云古者上士下士，明中士非《周官》初制也。若子男而有中士，則田祿不皆以四爲差，而國亦不足於用矣。《公羊》所云，乃通指諸侯，今獨歸之子男何也？曰：惟子男不當有中士耳。謂公侯伯而亦無中士，傳之誤也。天子之制，地方千里，公侯皆方百里，伯七十里，子男五十里，凡四等。不能五十里，不達於天子，附於諸侯曰附庸。注：凡此四等，制地之等差也。天子封畿千里，諸侯方百里，象雷震也。小者不能特達於天子，因大國以名通，曰附庸也。疏：天子至附庸。正義曰：《王制》云：天子之田方千里，公侯田方百里，伯七十里，子男五十里。不能五十里者，不合於天子，附於諸侯曰附庸。注云：不合，謂不朝會也。小城曰附庸。附庸者，以國事附於大國，未能以其名通也。此地，殷所因夏爵三等之制也。殷有鬼侯、梅伯。春秋變周之文，從殷之質，合伯子男以爲一，則殷爵三等者，公、侯、伯也。異畿內謂之子。周武王初定天下，更立五等之爵，增以子男，而猶因殷之地，以九州之界尚狹也。周公攝政致太平，斥大九州之界，制禮成武王之意，封王者之後爲公，及有功之諸侯，大者地方五百里，其次侯四百里，其次伯三百里，其次子二百里，其次男百里，所因殷之諸侯，亦以功黜陟之。其不合者，皆益之地爲百里焉。是以周世有爵尊而國小，爵卑而國大者。閻氏若璩《釋地又續》云：《孟子》一則公侯皆方百里，再則大國地方百里，證以周公太公，其封齊魯不過方百里耳。而孟子時魯地且五倍之，以爲有王者作，魯必在所削，安得有成王封周公於曲阜，地方七百里之說哉？爲此說者乃《明堂位》，篇中多誣，不可勝舉。余嘗上稽《周易》雷聞百里，公侯國制，厥象取此。下徵《魯頌》革車千乘，惟百里國數適相應。子產曰：昔天子之地一圻，列國一同。同方百里也。今晉地多數圻矣，皆侵小故。管仲曰：昔賜我先君履，南至於穆陵，北至於無棣。穆陵，山名。今在沂水縣。無棣，溝名。今爲海豐、慶雲兩縣。南北相距七百里，亦應是後來侵小所至。周氏柄中《辨正》云：封國之制，《孟子》言公侯百里，伯七十里，子男五十里，與《王制》同。《周官·大司徒》則謂公五百里，侯四百里，伯三百里，子二百里，男百里，與《孟子》異。鄭康成謂《孟子》所言周初制，周公斥大九州之地，始皆益之。此說最謬。後儒陸農師、易山齋、金仁山輩，並言周之幅員，不廣於虞夏，安得加封若此。且武王封之，周公大之，其勢必有所并。有所并，必有所徙，一公之封，而子男之國，爲之徙者二十餘，封數大國，天下盡擾，此必不然之事。唐仲友謂：古之封國，有軍有賦。自軍言之，則方百里而具三軍，方七十里而具二軍，方五十里而具一軍。自賦言之，則公之國方二百一十里而具千乘，伯之國方一百四十里而具六百乘，男之國方百里而具三百乘。子下同於男，侯上同於公。自是而外，則山川土田附庸皆在封疆之內，然皆非出車制賦之壤。《孟子》言百里、七十里、五十里者，獨舉軍制而言也。《周官》於諸公言五百里、諸侯言四百里、伯言三百里、子言二百里者，包山川土田附庸於封疆內也。於諸男言百里者，獨舉其出軍賦之封疆也。凡此皆省文而互見，詳而考之，未有不合者。按唐氏此說，極爲支離。卽以《周禮》觀之，自諸公至諸男，封疆之數，遞爲降殺，各以百里爲等差。今忽分二解，於公侯伯子則以爲兼虛封，於諸男則以爲舉實封，此在《周禮》先不可通，而以牽合《孟子》之說，其誰信之！陳氏《禮書》謂：《孟子》三等之地，正封也。《周官》五百里四百里云云者，則所統之附庸。葉少蘊又謂：兼山林川澤而言。汪武曹駁之云：方五百里者，爲方百里者二十五也。豈公之正封止得方百里者一，而附庸反得方百里者二十四乎？方四百里者，爲方百里者十六也。豈侯之正封止得方百里者一，而附庸反得方百里者十五乎？卽合山林川澤言之，亦不應如此之多。則其說又難通矣。惠氏據《尚書大傳》謂：諸侯受封，必有采地。封五百里與四百里者，其采百里；封三百里者，其采七十里；封二百里與百里者，其采五十里。采則全入於其君，而封爲天子之士，故天子得而食之。《王制》言采，《周官》言封，二者必合而相備。按《大傳》言百里諸侯之國以五十里爲采，七十里諸侯，以二十里爲采；五十里諸侯，以十里爲采。此說合於《孟子》，而異於《周禮》。惠氏假借傅會，以調和其說，巧則巧矣，而非其實也。李剛主謂：百里專言土田山川附庸；則量功而錫，不在百里內。《孟子》曰，天子巡狩有慶，慶以地。是初封百里，而其後慶地何算，故《周禮》約其數曰，公不過五百里，侯不過四百里，伯子男不過三百里二百里。此説亦本之唐仲友。按《周禮》明言凡建邦國，以土圭土其地而制其域，則五百里四百里乃其疆域，於建國之初已定之，豈有豫約慶地之數，而爲之制其域者？果如其説，本文何以不云公之地無過五百里，侯之地無過四百里邪？任鈞臺又疑《大司徒》文誤，當是方百里五，方百里四，此亦不然。《職方氏》明言千里之地，以方五百里封公則四公，以方四百里封侯則六侯，若止方百里五，則千里當封二十公；方百里四，則千里當封二十五侯。《職方》之制，合於《大司徒》，其非誤文可知矣。然則《孟子》與《周禮》決不可合，自當以《孟子》爲正。或反據《周禮》以疑《孟》，不亦謬哉！注諸侯方百里象雷震。正義曰：《白虎通·爵篇》云：人皆千乘，象雷震百里所潤同。盧氏文弨校云：《御覽》載《援神契》曰：二王之後稱公，大國稱侯，皆千乘，象雷震百里所潤雲雨同。梁云：《周禮·小司徒》注：十終爲同，同方百里。疏云：謂之爲同者，取象雷震百里所聞同。《易·震》正義：雷之發聲，聞乎百里。古帝王制國，公侯地方百里，故以象焉。注小者至庸也。正義曰：《白虎通·爵篇》云：人皆五十里，差次功德，小者不滿爲附庸。附庸者，附大國以名通也。隱公元年《公羊傳》疏引《春秋説》云：庸者，通也。此趙氏所本也。孔氏廣森《經學卮言》云：不達於天子者，《春秋》所謂未能以其名通也。《繁露》曰：附庸，字者方三十里，名者方二十里，人氏者方十五里。《書大傳》曰：古者諸侯始受封則有采地，百里諸侯以三十里，七十里諸侯以二十里，五十里諸侯以十五里。其後子孫雖有罪黜，其采地不黜，使其子孫賢者守之，世世以祠其始受封之人，此之謂興滅國，繼絶世。昔齊人滅紀，紀季以酅爲齊附庸。酅者，紀之采也。然則附庸多亡國之後，先世有功德者，故追録之，使世食其采，以臣屬於大國。三十里者，其先公侯也。二十里者，其先伯也。十五里者，其先子男也。董仲舒説正與《書傳》相合。

天子之卿受地視侯，大夫受地視伯，元士受地視子男。注：視，比也。天子之卿大夫士所受采地之制也。疏：天子至子男。正義曰：周氏柄中《辨正》云：《王制》：天子三公之田視公侯，天子之卿視伯，天子之大夫視子男，天子之元士視附庸。與《孟子》不合，當以《孟子》爲正。蓋古者三公不必備，常以六卿兼之。卿兼公孤，亦止食卿之禄，公孤之爵不爲位，故無禄，則受地當自卿始。此《孟子》是而《王制》非也。内臣之命降於外諸侯，而禄必視乎外，故以六命之卿視九命之公侯，四命之大夫視七命之伯，三命之元士視五命之子男，皆卑其命而崇其禄者。元士之命，不下於附庸，而受地視附庸，則非卑其命而崇其禄之義，與卿大夫不一例矣。此又《孟子》是而《王制》非者也。吴氏《禮記纂言》反謂孟子當諸侯去籍之時，但以意言其大略，不若《王制》所記爲得之。顛倒甚矣。沈氏彤《周官田禄考》云：上公之地方五百里，侯方四百里，伯方三百里，子方二百里，男方一百里，見《大司徒》之經。而《孟子》云：公侯皆方百里，伯七十里，子男五十里。大都之地方八十里，加爲百里；小都方四十里，加爲五十里；家邑方二十里，加爲二十五里。本《載師》及《小司徒》之經注。而《孟子》云：天子之卿受地視侯，大夫受地視伯，元士受地視子男。其説並殊於《周官》，何也？曰：《孟子》因籍去而僅聞其略，此所云並周所沿夏商之制耳。考諸《周官》，畿内外皆無七十里之國。《王制》有七十里之國，注疏以爲夏商之制，而湯國七十里，卽見孟子書。由是以觀，而其他之沿於夏商亦明矣。《王制》謂天子之三公之田視公侯，卿視伯，大夫視子男，元士視附庸，與孟子之説又殊，何也？曰：《王制》蓋别有所據，然要非周所定制也。其曰田者，卽《孟子》之地。篇末云方百里者爲田九十億畝，則未去三之一而已稱田矣。或以爲皆實田，誤也。周公於畿内外之國，既各別差其里數，而尚存夏殷之制，何也？曰：周制初定，豈得盡行。苟前代諸國，無故而增減其地勢，必煩擾不安，故且因之。周公别差諸國之里數，畿内視夏商則減，畿外則大增，何也？曰：畿外諸國，夏商以來，漸相吞併，廓地已大，周公因更定其制，以安其無辜者，而又以待封大功德之臣，俾錯處其間，以藩衛王室，故大增。若畿内諸國，本無權力，又象賢而世守者少，周公因稍更焉，以就井田，以四上下之差，故減也。然則《孟子》於畿外諸國，謂齊魯俱封百里，而以今魯方百里者五爲當損，何也？曰：此孟子卽所傳聞以論當時之地域，意在風止其戰伐耳。若論封疆之實，則必如《晏子春秋·内篇》謂太公受地五百里，《史記·漢興以來諸侯年表》謂伯禽、康叔各四百里者，乃與《周官》之制合也。後人好以《孟子》駁《周官》，否則强傅會之，皆未及深考者也。胡氏匡衷《儀禮釋官》云：諸侯孤卿大夫之采地，無明文可證，唯《雜記》疏引熊氏云公大都采地方百里，侯伯大都方五十里，子男大都方二十五里，中都無文，小都一成之地方十里。今按公之采地當三等，侯伯子男采地當二等。公之孤方百里，卿方五十里，大夫方十里。侯伯之卿大夫亦如之。子男之卿方二十五里，大夫方十里。據《周禮》大國有孤，如天子三公。天子之公采地與卿異，則大國之孤亦當與卿異。侯伯子男無孤，惟有卿大夫，故采地當但分二等，不必有中都也。侯伯之卿采地與公之卿俱方五十里者，以其命數同也。子男之卿異於公侯伯者，以子男國小地狹，故卿降而爲方二十五里。大夫仍方十里不降者，據孟子言班禄之制，大小國大夫之禄不殊而卿以上各異，則知侯國之大夫采地皆一成也。

大國地方百里，君十卿禄，卿禄四大夫，大夫倍上士，上士倍中士，中士倍下士，下士與庶人在官者同禄，禄足以代其耕也。注：公侯之國爲大國。卿禄，居於君禄十分之一也。大夫禄，居於卿禄四分之一也。上士之禄，居大夫禄二分之一也。中士下士，轉相倍。庶人在官者，未命爲士者也。其禄比上農夫。士不得耕，以禄代耕也。疏：注庶人至士者也。正義曰：胡氏匡衷《儀禮釋官》云：《燕禮》云尊士旅食于門西兩圜壺，注云：旅，衆也。士衆食，謂未得正禄者，所謂庶人在官者也。按士旅食謂未得爵命之士，疏以爲府史胥徒，非也。《王制》云：大樂正論造士之秀者，以告於王，而升諸司馬曰進士。司馬辨論官材，論進士之賢者，以告於王，而定其論。論定然後官之，任官然後爵之，位定然後禄之。蓋上士中士下士，此正爵也。下士食九人以上，此正禄也。學校之士，升於司馬，隸於司士，論定後官，而未得正爵正禄者，則羣食於公，謂之旅食。《檀弓》所謂仕而未有禄者，《司士》職所謂以久奠食，即此。但未得正爵，故謂之庶人在官者。趙岐注《孟子》亦云：庶人在官，未命爲士者。非謂府史胥徒也。若府史胥徒，官長所除，不命於國君，當爲燕之所不及，安得與諸臣相獻酬乎？又云：古者有未得爵命之士謂之士，旅食其禄，與庶人在官者等，亦謂之庶人在官者。《周禮・序官》若地官鄰長，賈公彦云：鄰長，是不命之士爲之。是也。孟子云：上士一位，中士一位，下士一位。此正爵也。謂之命士。若學校之士，升於司馬，隸於司士，而未有命者，則先試之以官，俟其任官，然後以正爵命之。所試之官，則如鄰長之類。諸侯之官，降天子一等，凡天子下士之官，諸侯當使不命之士爲之，但無正爵，則亦未得九人以上之正禄，故比諸府史以下。庶人在官者，兼不命之士，方爲賅備。大夫以上有采地者，其禄取於采地，無則以公田所入之税禄之。士無采地，其禄一受於公，故《周禮》有司禄主班禄。《禮運》云：大夫有采以處其子孫。《國語》云：大夫食邑，士食田。韋注云：受公田也。此足證諸侯之士無地矣。

次國地方七十里，君十卿禄，卿禄三大夫，大夫倍上士，上士倍中士，中士倍下士，下士與庶人在官者同禄，禄足以代其耕也。

注：伯爲次國。大夫禄，居卿禄三分之一也。

小國地方五十里，君十卿禄，卿禄二大夫，大夫倍上士，上士倍中士，中士倍下士，下士與庶人在官者同禄，禄足以代其耕也。

注：子男爲小國。大夫禄，居卿禄二分之一也。疏：大國至耕也。正義曰：《王制》云：諸侯之下士視上農夫，禄足以代其耕也。中士倍下士，上士倍中士，下大夫倍上士，卿四大夫禄，君十卿禄。次國之卿三大夫禄，小國之卿倍大夫禄，君十卿禄。諸侯之下士，禄食九人，中士食十八人，上士食三十六人，下大夫食七十二人，卿食二百八十八人，君食二千八百八十人。次國之卿，食二百一十六人，君食二千一百六十人。小國之卿，食百四十四人，君食千四百四十人。周氏柄中《辨正》云：安溪李文貞公曰：諸侯之卿不命於天子者，其禄秩與大夫等。命於天子者，不論大小國，其禄皆當四大夫也。但大國三卿，皆命於天子，故視大夫四倍。次國三卿，二卿命於天子，其一與大夫同禄，則以三卿與三大夫總較，惟三倍耳。小國三卿，一卿命于天子，其二與大夫同禄，則以三卿與三大夫相較，惟二倍耳。故曰次國之上卿，位當大國之中卿，中當其下，下當其上大夫。小國之上卿，位當大國之下卿，中當其上大夫，下當其下大夫。當大夫者，皆非命卿也。秩既相當，禄亦相等明矣。考《王制》言大國之卿四大夫禄，食二百八十八人；次國之卿三大夫禄，食二百一十六人；小國之卿倍大夫禄，食百四十四人。孔疏：卿禄重，故隨國之大小爲節。則謂命於天子者，其禄皆當四大夫，非也。《王制》又云：次國之卿，命於其君者，如小國之卿。孔疏：次國三卿，二卿命於天子者，禄各食二百一十六人。而卿命於其君者爲賤，禄不可等天子命者，故視小國卿食一百四十四人。則謂不命於天子者與大夫同禄，亦非。況諸侯有大夫五人，但以三大夫與三卿相較，尤不合。

耕者之所獲，一夫百畝，百畝之糞，上農夫食九人，上次食八人，中食七人，中次食六人，下食五人。庶人在官者，其禄以是爲差。

注：獲，得也。一夫一婦，佃田百畝。百畝之田，加之以糞，是爲上農夫。其所得穀，足以食九口。庶人在官者，食禄之等差由農夫，有上中下之次，亦有此五等，若今之斗食佐史除吏也。疏：耕者至爲差。正義曰：《王制》云：制農田百畝，百畝之分，上農夫食九人，其次食八人，其次食七人，其次六人，下農夫食五人。庶人在官者，其禄以是爲差也。注云：農夫皆受田於公，田肥墽者有五等，收入不同也。庶人在官，謂府史之屬，官長所除，不命於天子國君者。分或爲糞，翟氏灝《考異》云：《孟子》自君卿順序，《王制》自農夫倒序，文有繁省，義未有鉏鋙也。惟一云下士與庶人在官者同禄，一云下士視下農夫，小異。蓋庶人在官，有府史胥徒四等，其禄以農之五等爲差，則爲府者當視上農，而史暨胥徒以次視中下矣。下士與爲府者同。故雖兩説之，而義仍一。《周禮・小司徒》：上地家七人，中地家六人，下地家五人。《禮記講義》云《周禮》農夫之差，三等而已。《孟子》則五等者，先王之於民，養之欲其富，保之欲其庶，故家七人者，必授以九人之上地；家六人者，必授以七人之中地；而下地則以地稱人而已。《管子・揆度篇》：上農挾五，中農挾四，下農挾三。《吕覽・士容論》：上田夫食九人，下田夫食五人，可以益，不可以損，一人治之，十人食之，六畜皆在其中矣。周氏柄中《辨正》云：周家授田之制，如《大司徒》、《遂人》之説，則田肥者少授之，田瘠者多授之。如《小司徒》之説，則口衆者授之肥田，口少者授之瘠田。如《孟子》、《王制》之説，則一夫定以百畝爲率，而良農食多，惰農食少。愚按：三説本同，當以《孟子》、《王制》爲主，而參觀《周禮》之説。蓋田有不易一易再易之殊，《左氏異義》：自衍沃之地九夫爲井而外，又有二而當一，以至九而當一者。此大司徒、遂人授田，所以有多寡之差也。《孟子》、《王制》言一夫百畝，則《周禮》不易之地，《左傳》衍沃之地，舉其最上者以定賦也。至《小司徒》之法，亦具於《遂人》中。《遂人》云：以歲時稽其人民而授之田野。蓋人有生耗，即田有予取，故稽而授之。或以《小司徒》之説爲疑者，未考《遂人》歲時稽授之法也。注獲得至吏也。正義曰：《史記・春申君傳》集解引《韓嬰章句》云：獲，得也。《毛詩・齊風》無田甫田，《釋文》云：無田，音佃。孔氏正義云：上田謂墾耕，下田謂土地。猶《多方》云：宅爾宅，田爾田。今人謂佃食，古之遺語也。按《説文》人部：佃，中也。攴部：畋，平田也。《多方》正作畋，此注云佃，乃畋之假借，而通作田也。《周禮・地官・遂人》上地夫一廛，田百晦，注云：鄭

司農云：户計一夫一婦而賦之田。趙氏本此爲説也。按夫之名從人起，亦從田起。六尺爲步，步百爲畝，畝百爲夫，此夫指地而言。緣一夫授田百畝，故百畝之地，即以一夫名之。此上言耕者所獲，下言上農夫食九人，則以人言也。同受此百畝之田，而其所得穀，或足以食九口，或足以食八口，或足以食七口，以至僅能食六口五口，所以多寡不一者，以糞種培溉之有殊也。《地官・草人》：掌土化之法，以物地相其宜而爲之種。凡糞種，騂剛用牛，赤緹用羊，墳壤用麋，渴澤用鹿，鹹潟用貆，勃壤用狐，埴壚用豕，彊檃用蕡，輕爂用犬。《秋官・薙氏》：掌殺草，若欲其化也，則以水火變之。注云：謂以火燒其所芟萌之草，已而水之，則其土亦和美矣。《月令》：季夏燒薙行水，利以殺草，如以熱湯。是其時著之，此皆糞饒之事也。《漢書・百官公卿表》云：縣令長，皆秦官，掌治其縣。萬户以上爲令，秩千石至六百石。減萬户爲長，秩五百石至三百石。皆有丞尉，秩四百石至二百石，是爲長吏。百石以下，有斗食佐史之秩，是爲少吏。大率十里一亭，亭有長；十亭一鄉，鄉有三老，有秩、嗇夫、游徼。三老掌教化，嗇夫職聽訟收賦税，游徼徼循禁賊盜。顔師古引《漢官名秩簿》云：斗食月奉十一斛，佐史月奉八斛。一説斗食者，歲奉不滿百石，計日而食一斗二升，故云斗食也。《後漢・百官志》：斗食奉月十一斛。佐史奉月八斛。與《名秩簿》同。劉昭引《漢書音義》云：斗食，禄日以斗爲計。此師古所引或一説也。趙氏舉其時奉禄有斗食、佐史兩目，用以除吏，吏即有秩、三老、嗇夫、游徼、亭長五者也。

《章指》言：聖人制禄，上下差敍，貴有常尊，賤有等威。諸侯僭越，滅籍從私，孟子略記，言其大綱，以答北宫子之問。疏：貴有常尊，賤有等威。正義曰：宣公十二年《左傳》隨會之言也。諸侯僭越滅籍從私。正義曰：《漢書・藝文志》云：及周之衰，諸侯將踰法度，惡其害己，皆滅去其籍，自孔子時已不具。

又：齊宣王問卿，孟子曰：王何卿之問也？注：王問何卿也。王曰：卿不同乎？曰：不同。有貴戚之卿，有異姓之卿。注：孟子曰卿不同。貴戚之卿，謂内外親族也。異姓之卿，謂有德命爲三卿也。疏：注貴戚至卿也。正義曰：貴戚之卿，以親而任，故云内外親族也。異姓之卿，以賢而任，故云有德命爲三卿也。

王曰：請問貴戚之卿。注：問貴戚之卿如何。曰：君有大過則諫，反覆之而不聽則易位。注：孟子曰，貴戚之卿，反覆諫君，君不聽，則易君之位，更立親戚之賢者。疏：君有大過則諫。正義曰：貴戚必待大過方諫，餘則有異姓卿在也。注更立親戚之賢者。正義曰：孔本作立親戚之貴者，非。

王勃然變乎色。注：王聞此言，愠怒而驚懼，故勃然變色。

曰：王勿異也！王問臣，臣不敢不以正對。注：孟子曰，王勿怪也。王問臣，臣不敢不以其正義對。

王色定，然後請問異姓之卿。注：王意解，顔色定，復問異姓之卿如之何也。

曰：君有過則諫，反覆之而不聽則去。注：孟子言異姓之卿諫君不從，去而待放，遂不聽之則去而之他國也。疏：注諫君至國也。正義曰：周氏廣業《孟子古注考》云：《公羊》宣元年晉放其大夫胥甲父子衛，《傳》云放之者何？猶云無去是云爾。古者大夫已去，三年待放。君放之，非也。大夫待放，正也。《白虎通・諫諍篇》：《援神契》曰：三諫待放，復三年，盡惓惓也。言放者，臣爲君諱，若言有罪放之也。所諫事已行者，遂去不留。凡待放，冀君用其言耳。事已行，菑咎將至，無爲留之也。臣待放於郊，君不絶其禄者，示不欲其去也。鄭康成《詩・檜風・羔裘》箋：以道去君，三諫不從，待放而去。與此趙注俱用此事。按《儀禮・喪服》舊君注云：以道去君，謂三諫不從，待放於郊未絶者。賈氏疏云：此以道去君，據三諫不從，在境待放，得環則還，得玦則去。《禮記・曲禮》云：爲人臣之禮不顯諫，三諫而不聽則逃之。注云：逃，去也。君臣有義則合，無義則離。又云：大夫士去國，踰竟爲壇位。孔氏正義云：此大夫士三諫而不從，出在境上，大夫則待放三年，聽於君命，若與環則還，與玦便去。《隱義》云：去國當待放也，若士不待放。又云：所以待放必三年者，三年一閏，天道一變，因天道變，望君自改也。然在竟未去，聽君環玦，不謂待歸而謂待放者，既已在竟，不敢必還，言惟待君見放乃去也。比云遂不聽之者，謂賜玦也。故去而之他國。《荀子・大略篇》云：召人以瑗，絶人以玦，反絶以環。注云：古者臣有罪待放于境，三年不敢去。與之環則還，與之玦則絶，皆所以見意也。

《孟子注疏・告子章句下》　孟子曰：五霸者，三王之罪人也。五霸者，大國秉直道以率諸侯，齊桓、晉文、秦繆、宋襄、楚莊是也。三王：夏禹、商湯、周文王是也。今之諸侯，五霸之罪人也。今之大夫，今之諸侯之罪人也。謂當孟子之時諸侯及大夫也。諸侯臣，摠謂之大夫，罪人之事，下别言之。天子適諸侯曰巡狩，諸侯朝於天子曰述職。春省耕而補不足，秋省斂而助不給。入其疆，土地辟，田野治，養老尊賢，俊傑在位，則有慶，慶以地。入其疆，土地荒蕪，遺老失賢，掊克在位，則有讓。一不朝則貶其爵，再不朝則削其地，三不朝則六師移之。是故天子討而不伐，諸侯伐而不討。五霸者，摟諸侯以伐諸侯者也。故曰：五霸者，三王之罪人也。巡狩、述職，皆以助人民。慶，賞也。養老尊賢，能者在位。賞之以地，益其地也。掊克不良之人在位，則責讓之。不朝而至三，則討之以六師。移之，就之也。討者，上討下也。伐者，敵國相征伐也。五霸強摟牽諸侯以伐諸侯，不以王命也，於三王之法乃爲之罪人也。五霸桓公爲盛，葵丘之會諸侯，束牲載書而不歃血。初命曰：誅不孝，無易樹子，無以妾爲妻。再命曰：尊賢育才，以彰有德。三命曰：敬老慈幼，無忘賓旅。四命曰：士無世官，官事無攝，取士必得，無專殺大夫。五命曰：無曲防，無遏糴，無有封而不告。曰：凡我同盟之人，既盟之後，言歸于好。今之諸侯皆犯此五禁，故曰：今之諸侯，五霸之罪人也。

齊桓公，五霸之盛者也，與諸侯會于葵丘，束縛其牲，但加載書，不復歃血。言畏桓公，不敢負之，不得專誅不孝。樹，立也。已立世子，不得擅易也。不得立愛妾爲嫡妻也。尊賢養才，所以彰明有德之人。敬老愛小，恤矜孤寡，客羈旅勿忘忽也。仕爲大臣，不得世宮，賢臣乃得世禄也。官事無攝，無曠庶僚也。取士必得賢也，立賢無方也。無專殺大夫，不得以私怒行戮也。無敢違王法而以已意設防禁也，無遏止穀糴不通鄰國也，無以私恩擅有封賞而不告盟主也。言歸于好，無搆怨也。桓公施此五命，而今諸侯皆犯之，故曰罪人也。

長君之惡其罪小，逢君之惡其罪大。今之大夫皆逢君之惡，故曰：今之大夫，今之諸侯之罪人也。

君有惡命，臣長大而宣之，其罪在不能拒逆君命，故曰小也。逢，迎也。君之惡心未發，臣以諂媚逢迎之，而導君爲非，故曰罪大。今諸侯之大夫皆逢君之惡，故曰罪人也。疏：孟子至罪人也。正義曰：此章言王道浸衰，轉爲罪人，孟子傷之，是以博思古法，以匡時君者也。孟子曰：五霸者，三王之罪人也，至五霸之罪人也者，又至今之諸侯之罪人也，孟子言齊桓、晉文、秦繆、宋襄、楚莊五霸者，乃爲夏禹、商湯、周之罪人也；今之諸侯，謂孟子時之諸侯，乃爲五霸者之罪人也；今之大夫，亦謂孟子時之大夫，乃爲今之時諸侯之罪人也。自天子適諸侯至三王之罪人也者，此一段是孟子自解五霸爲三王之罪人也。天子適諸侯曰巡守至助不給，已説在《惠王篇》，言入其疆，謂古天子行巡守之禮，巡諸侯所守之地，至入其諸侯疆境，見其土地開辟而不蕪，田野耕治而不荒，又能養其耇老，尊敬賢者，有俊傑之才能在位行政事，如此，則有慶賞，以其慶賞益其地也。入其封彊，見土地荒蕪而不開辟，又遺棄其耇老，失其賢人，惟以掊克多取聚斂之臣在其位，以殘民。如此，則有責讓。不特責讓之，又其一不朝覲述所職，則貶損其爵；至二不朝，則削減其土地，以至三不朝，則命六師以移易其位也，以其不能保安社稷也。是故天子於諸侯，有其罪則討，而不行兵征伐。諸侯之於諸侯，則行兵征伐而不討。蓋彼有罪，而布令陳辭以責之，是謂討也。彼有罪，而用兵行師以加之，是謂伐也。且五霸者，牽率諸侯者也，故曰五霸者，三王之罪人也。以其五霸擅自專權，不待天子錫之弓矢然後征，錫之鈇鉞然後殺者也，特牽率諸侯以伐諸侯而已，是則豈非三王之罪人歟？故齊桓率諸侯以伐蔡，晉文率諸侯以滅曹，秦繆率諸侯以伐晉，宋襄率諸侯以伐楚，楚莊率諸侯以伐陳，是摟諸侯以伐諸侯者也。五霸桓公爲盛至五霸之罪人也，此一段是孟子自解今之諸侯乃五霸之罪人也。言齊桓公爲五霸最盛者也，以其土地之廣，甲兵之衆，强制諸侯，懼其未盡從己也，於是期約諸侯，爲葵丘之會。葵丘，杜預曰：陳留外黄縣有葵丘，魯地也。諸侯皆束縛其牲，但加載書，而不復歃血。歃血，歠血也。言不敢負桓公之約也。桓公於是初命之曰：誅不孝，言所誅在不孝矣，無易樹子，言世子已立，更不得擅自變易也；無以妾爲妻，言不得以愛幸之妾而立嫡妻也。其再命之曰：尊賢育才，以彰有德，言賢者當尊之於朝，以崇其才；德者當養之於學，以成其德，是所謂以彰明有德者也。其三命之曰：敬老慈幼，無忘賓旅，言當敬重其耇老，慈憫其幼少，又當無忘忽其賓客羈旅。其四命之曰：士無世官，不得兼攝其職也，以其一官不專，則一事不舉也；取士必得，言所取之士，必得其賢，不得使之羣小殽亂之也；無專殺大夫，言大夫有罪者，當皆請命於天子，而諸侯不得專殺之也。其五命之曰：無曲防，言不得曲防其水，以專利也，當通水利而防鄣之而已；無遏糴，言不得遏止穀糴不通於鄰國也；無有封而不告，言不得有私自封賞而不告於天子也。五命之後，於是又布告之，曰：凡我同盟會盟之人，自今既盟誓之後，言當歸於交好，無更搆怨也。然今之諸侯，皆犯此桓公之五禁，故曰今之諸侯，五霸之罪人也。五禁即五命是也。長君之惡至今之諸侯之罪人也者，此一段孟子自解今之大夫爲今之諸侯罪人者也。蓋自諸侯之下，皆爲大夫者也。言君有惡命，臣長益而宣布之，其罪猶小，以其但不能距逆君之命也；君之惡未著，而爲之臣乃諂媚逢迎而導君爲非，故曰其罪大，以其有以啓之也。然今之大夫，皆有以迎君之惡而啓之，故曰今之大夫，今之諸侯之罪人也。五霸至者也。正義曰：云齊桓晉文至楚莊五者，今案《史記・諸侯年表》云：周莊王十二年，齊桓公小白即位，周釐王三年始霸，會旅諸侯於甄，周惠王二十三年，諸侯伐鄭，周襄王元年夏，會諸侯於葵丘，天子使宰孔賜胙命，無拜，襄王九年卒。是桓公自釐王三年始霸，至卒，凡得四十三年。晉文公重耳自周襄王十六年即位，是爲霸。五年率諸侯以伐曹，襄王二十四年薨，即位凡得九年而已。宋襄公兹父自周襄王三年即位，十三年伐楚，十四年死泓戰，是歲襄王十五年矣。秦繆公任好自周惠王十五年即位，二十八年會晉伐楚朝周，是歲周襄王二十年，三十五年伐晉報殽，敗于汪，三十九年卒。以人從死，是歲襄王三十一年矣。楚莊王侶自周頃王六年即位，十三年伐陳，十六年率諸侯誅陳夏徵舒，立陳成公午，三十三年薨，是歲周定王十六年矣。云夏禹、商湯、周文武，説於前矣。注齊桓至罪人也。正義曰：云與諸侯會于葵丘，案魯僖公九年《左傳》云：夏會諸侯于葵丘，尋盟，且脩好，禮也。秋，齊桓盟諸侯于葵丘，曰：凡我同盟之人，既盟之後，言歸于好。是之謂也。是歲所謂周襄王元年矣。云誅不孝者，如衛世子輒拒其父蒯聵，楚世子商臣弑其父，凡此之類，是不孝者也。云無易其世子者，如晉獻公立奚齊，以易申生，是易世子者也。云無立愛妾爲嫡者，正妃曰嫡也，如晉獻公於驪姬，是以愛妾爲嫡也。云尊賢育才者，如《南有嘉魚》之詩云太平之君子至誠樂與賢者共之也，《菁菁者莪》之詩云樂育才也，凡此是尊賢養才之意也。云敬老愛小，恤矜寡孤，如《周禮·大司徒》之職云以保息六養萬民，一曰慈幼，二曰養老；孟子曰文王發政施仁，必先鰥寡孤獨，是其旨也。云賓客羈旅，無忽忘也。《周禮·太宰》職云以禮待賓客之治，是不忘賓客也；孟子曰關市譏而不征，是不忘忽羈旅也。云仕爲大臣，不得世官，乃得世禄者，如魯有臧孫氏、仲孫氏、叔仲氏、季孫氏，晉有狐氏、趙氏、荀氏、郤氏、欒氏、范氏，齊有高氏、國氏、崔氏，衛有甯氏、孫氏。是皆世官之類也，孟子曰文王治岐，士無世禄，是世禄之謂也。云無曠庶僚者，孔安國云僚，官也，曠，空也，《尚書》注云無曠庶官，天工人其代之，位非其人爲空官，言人代天理官，不可以天官私非其人，亦具官而事無攝，則爲非禮；孔子曰管仲官事不攝，焉得儉，所以譏誚之矣。云取士必得，立之無方者，如桓公取管仲於賊國，湯立賢無方是矣，若晉奚齊之於里克，陳靈公於夏徵舒，是取士不得矣。云不得以私怒得戮者，如文公六年《左傳》云賈季怨陽子之易其班，而知其無援於晉，乃使續鞠居殺處父；成公八年，晉殺其大夫趙括；十五年，宋殺其大夫山；十六年，楚殺其大夫公子側。是也，凡此之類，《春秋》書之四十有七，是專殺大夫也。云無敢違王法而以己意私設防禁者，然而此意亦通義矣，奈何據其下文曰遏糴，則無曲防是爲無曲防障其水以專利者也。故先王制畎遂溝洫，所以爲此矣。是齊桓會諸侯于陽穀，《公羊》以爲障谷；會諸侯于葵丘，《穀梁》以爲無壅泉；凡此可見矣。云無止糴，如秦饑，晉閉之糴是也。云無以私恩擅有封賞，如成公十八年楚取彭城以封魚石是也。凡此五命，案《左傳》文則曰凡我同盟之人，既盟之後，言歸于好，而不及五命。案《公》、《穀梁》述葵丘會，有云無遏糴，無易立子，無以妾爲妻。無使婦人與國事，無壅泉而不及，誅不孝，尊賢育材，士無世官，官事無攝，取士必得，無專殺大夫，無有封而不告。案《公羊》述桓公陽穀之會，則云無障谷，無貯粟，無易立子，無以妾爲妻，而不及無使婦人與國事。其詳略與此不同，蓋所以相終始而已。又案《春秋》凡書諸侯會有四十九，而齊桓十有八焉；內臣會凡二十有六，而齊居四焉；書外相會凡十有三，而齊居六焉。案《史記》云兵車之會三，乘車之會六，孔子曰桓公九合諸侯，一匡天下，《穀梁傳》云衣裳之會十有一，范注云十三年會北杏，十四年會鄄，十五年會鄄，十六年會幽，二十七年又會幽，僖公元年會檉，二年會貫，三年會陽穀，五年會首戴，七年會甯，九年會葵丘，凡十一會也。

（清）焦循《孟子正義·告子章句下》

孟子曰：五霸者，三王之罪人也。注：五霸者，大國秉直道以率諸侯，齊桓、晉文、秦繆、宋襄、楚莊是也。三王，夏禹、商湯、周文王是也。疏：注五霸至楚莊是也。正義曰：《白虎通·號篇》云：五霸者何謂也？昆吾氏、大彭氏、豕韋氏、齊桓公、晉文公也。昔三王之道衰，而五霸存其政，率諸侯朝天子，正天下之化，興復中國，攘除夷狄，故謂之霸也。昔昆吾氏霸於夏者也，大彭氏豕韋氏霸於殷者也，齊桓晉文霸於周者也。或曰：五霸謂齊桓公、晉文公、秦穆公、楚莊王、吳王闔閭也。霸者，伯也。行方伯之職，會諸侯，朝天子，不失人臣之義，故聖人與之，非明王之法不張。霸，猶迫也，把也。迫脅諸侯，把持其政。《論語》曰：管仲相桓公，霸諸侯。《春秋》曰：公朝于王所。於是知晉文之霸也。《尚書》曰：邦之榮懷，亦尚一人之慶。知秦穆之霸也。楚勝鄭而不告，從而攻之，又令還師而佚晉寇，圍宋，宋因而與之平，引師而去。知楚莊之霸也。蔡侯無罪而拘於楚，吳有憂中國心，興師伐楚，諸侯莫敢不至。知吳之霸也。或曰：五霸謂齊桓公、晉文公、秦穆公、宋襄公、楚莊王也。宋襄伐齊，不擒二毛，不鼓不成列，《春秋傳》曰：雖文王之戰不是過。知其霸也。毛氏奇齡《四書賸言》云：《孟子》稱五霸，趙岐注齊桓、晉文、秦穆、宋襄、楚莊，此是漢儒之言。按《荀子·王霸篇》齊桓、晉文、楚莊、吳闔閭、越勾踐，謂之五霸。此戰國時所定，與後漢不同。故明盧東元謂秦穆公用之而霸，此據《春秋傳》秦用孟明遂霸西戎語，未霸中國。此言良然。若丁公著以夏昆吾、商大彭、豕韋，合齊桓晉文爲五霸，則於桓公爲盛，就當時盟會，較量優劣爲未合矣。閻氏若璩《釋地三續》云：崑山顧亭林炎武謂五伯有二：有三代之五伯，杜元凱注《左傳》成二年者是。有春秋之五伯，趙臺卿注《孟子》五霸章是。孟子止就東周後言之，而以桓爲盛，如嚴安所謂周之衰，三百餘歲而五伯更起者也。然亭林欲去宋襄而進句踐，亦未允。襄雖未成霸，然當時以其有志承桓，故並數爲五，有是稱謂云爾。豈惟趙氏，即董仲舒亦云然矣。仲舒云：仲尼之門，五尺之童皆羞稱五伯。夫惟宋襄輩在仲尼之前，故言羞稱。不然，勾踐也霸且不出仲尼後哉？按趙氏以齊桓、晉文、秦穆、宋襄、楚莊爲五伯，本《春秋》說。注三王至是也。正義曰：《白虎通·號篇》云：三王者何謂也？夏殷周也。《詩》云：命此文王，于周于京。此改號爲周，易邑爲京也。《風俗通·皇霸篇》云：《禮號謚記》說：夏禹、殷湯、周武王，是三王也。《尚書》說：文王作罰，刑兹無赦。《詩》說：有命自天，命此文王，文王受命，有此武功，儀刑文王，萬國作孚。《春秋》說：王者孰謂？謂文王也。按《易》稱湯武革命。《尚書》：武王戎車三百兩，虎賁八百人，擒紂于牧之野。惟十有三祀，王訪於箕子。《詩》云：亮彼武王，襲伐大商，勝殷遏劉，耆定爾功。由是言之，武王審矣。《論語》：文王率殷之叛國，以服事殷。時尚臣屬，何緣便得列三王哉？謹按：三王或列周武王，或列周文王，故應氏並列二說，而辨其宜列武王也。《白虎通》不言禹湯而專詳文王，正以禹湯稱王，不待詳說。惟三王列文王不列武王，故引《詩》明文王即政立號也。趙氏列文王不列武王，蓋即本《尚書》說、《詩》說、《春秋》說，與《白虎通》同。閩、監，毛三本趙注作周文武，非是。今之諸侯，五霸之罪人也。今之大夫，今之諸侯之罪人也。注：謂當孟子之時諸侯及大夫也。諸侯臣總謂之大夫。罪人之事，下別言之。天子適諸侯曰巡狩，諸侯朝於天子曰述職。春省耕而補不足，秋省斂而助不給，入其疆，土地辟，田野治，養老尊賢，俊傑在位，則有慶，慶以地。入其疆，土地荒蕪，遺老失賢，掊克在位，則有讓。一不朝則貶其爵，再不朝則削其地，三不朝則六師移之。是故天子討而不伐，諸侯伐而不討。五霸者，摟諸侯以伐諸侯者也。故曰五霸者，三王之罪人也。注：巡狩述職，皆以助人民。慶，賞也。養老尊賢，能者在位，賞之以地，益其地也。掊克不良之人在位，則責讓之。不朝至三，討之以六師。移之，就之也。討者，上討下也。伐者，敵國相征伐也。五霸强摟牽諸侯以伐諸侯，不以王命也。於三王之法，乃罪人也。疏：注慶賞至地也。正義曰：《爾雅·釋言》云：慶，賀也。《説文》貝部云：賀，以禮相奉慶也。賞，賜有功也。《詩·小雅·楚楚者茨》孝孫有慶，箋云：慶，賜也。《淮南子·時則訓》云行慶賞，高誘注云：賞，賜予。賞、慶皆訓賜，則慶卽賞。《儀禮·士喪禮》注云：賀，加也。加亦益也，故趙氏以賞釋慶，又以益釋賞也。《禮記·王制》云：有功德於民者，加地進律。加地卽賀以地，賀以地卽慶以地也。閻氏若璩《釋地又續》云：《王制》方千里者封方百里之國三十云云，名山大澤不以封，其餘以爲附庸閒田。諸侯之有功者，取於閒田以祿之；其有削地者，歸之閒田。則孟子所謂慶以地，卽於此一州之內也。故當其屢有所慶，天子不見其不足；或屢有所削，天子亦不見其有餘。蓋原在王畿千里外，而天子初無所與焉。注掊克至讓之。正義曰：《毛詩·大雅·蕩篇》曾是掊克，傳云：掊克，自伐而好勝人也。孔氏正義云：自伐解掊，好勝解克，定本掊作倍，倍卽掊也。倍者，不自量度，謂己兼倍於人而自矜伐，《論語》云願無伐善是也。克者，勝也。己實不能，耻於受屈，意在陵物，必勝而已，如此者謂之克也。箋云：女曾任用是惡人，使之處位執職事。惡人卽不良之人。《音義》云：掊，丁薄侯切，深也。聚斂也。蓋謂深克朘民之人，與毛傳不同。段氏玉裁《説文解字注》云：掊，杷也。《史》《漢》皆言掊視得鼎，師古曰：掊，手杷土也。《大雅》曾是掊克，定本掊作倍。孟子書亦作掊克，趙注但云不良也。毛意謂掊爲倍之假借字，掊有聚意與捊音義近，有深取意則不同捊。《毛詩》釋文云：掊克，聚斂也。此謂同捊也。《方言》曰：掊，深也。郭注云：掊尅，深能。以深釋掊，以能釋尅，此亦必古説，但皆非毛義。《方言》掊訓深，與許説合。《國語·周語》云刑不祭，伐不祀，征不享，讓不貢，注云：讓，譴責也。注移之至命也。正義曰：《呂氏春秋·義賞篇》云賞重則民移之，高誘注云：移，猶歸也。《廣雅·釋詁》云：就，歸也。《荀子·大略篇》云移而從所仕，楊倞注云：移，就也。是移之卽就之也。六師本在王畿，移而就此，是爲移之，卽爲就之。李太青云：不朝者三，則非方伯連帥能制其命，亦非折簡可致，故須以天子六師移之。見先王武備之豫，紀律之臧，兵出於國都而此無徵發之勞，威行於侯服而彼無震驚之患，如以物加移之而已。作移易者，恐非。《説文》言部云：誅，討也。討，治也。段氏玉裁《説文解字注》云：發其紛糾而治之曰討，《秦風》傳云：蒙，討羽也。箋云：蒙，尨也。討，雜也。畫雜羽之文於伐，故曰尨伐。據鄭所言，則討者亂也。治討曰討，猶治亂曰亂也。《論語》世叔討論之，馬曰：討，治也。《學記》古之學者，比物醜類，醜或作討。凡言討論、探討，皆謂理其不齊者而齊之也。侯國亂天子治之，故討爲上討下之辭。上討下，卽上治下，《禮記·王制》云畔者君討是也。隱公四年衛人殺州吁于濮，《公羊傳》云：其稱人何？討賊之辭也。《白虎通·誅伐篇》云：討，猶除也。欲言臣當掃除弑君之賊也。何氏本之。《曲禮》馳道不除，注云：除，治也。除賊亦治賊也。莊公二十九年《左傳》云凡師有鐘鼓曰伐，杜預《春秋釋例》云：鳴鐘鼓以聲其過曰伐。蓋諸侯奉王命以聲諸侯之罪，既伐之；當必告於王以治之。五霸不奉王命，而牽摟諸侯以伐諸侯，所以爲三王之罪人。摟之爲牽，詳見前。五霸不上稟天子之命，而以其命牽引諸侯，蓋伐之卽專治之矣。五霸桓公爲盛，葵丘之會諸侯，束牲載書而不歃血。初命曰：誅不孝無易樹子，無以妾爲妻。再命曰：尊賢育才，以彰有德。三命曰：敬老慈幼，無忘賓旅。四命曰：士無世官，官事無攝；取士必得，無專殺大夫。五命曰：無曲防，無遏糴，無有封而不告。曰：凡我同盟之人，既盟之後，言歸于好。今之諸侯，皆犯此五禁，故曰今之諸侯，五霸之罪人也。注：齊桓公，五霸之盛者也。與諸侯會于葵丘，束縛其牲，但加載書，不復歃血，言畏桓公，不敢負也。不得專誅不孝。樹，立也。已立世子，不得擅易也。不得立愛妾爲嫡也。尊賢養才，所以彰明有德之人。敬老愛小，恤矜孤寡，賓客羈旅，勿忘忽也。仕爲大臣，不得世官，賢臣乃得世祿也。官事無攝，無曠庶僚也。取士必得賢，立之無方也。無專殺大夫，不得以私怒行誅戮也。無敢違王法，而以己曲意設防禁也。無遏止穀糴，不通鄰國也。無以私恩擅有所封賞，而不告盟主也。言歸于好，無搆怨也。桓公施此五命，而今諸侯皆犯之，故曰罪人也。疏：葵丘之會諸侯。正義曰：閻氏若璩《釋地續》云：春秋有二葵丘：一齊地，近在臨淄縣西，連稱、管至父所戍者。一宋地，司馬彪云：陳留郡外黃縣東，有葵丘聚，齊桓公會此城中。遠在齊之西南，故宰孔稱齊侯西爲此會也。全氏祖望《經史問答》云：葵丘有三：其一在齊，其一在陳留之外黃，其一在晉，見於《水經注》。然宰孔論桓公之盟以爲西略，則似非陳留之外黃也。答云：杜預以爲外黃。亦有以爲汾陰之葵丘者，而杜非之，以爲若是汾陰，則晉乃地主，夏會秋盟，豈有不預之理。杜言亦近是。然愚則竊以爲宰孔明言西略，而以爲陳留是仍東略也，則宜在汾陰。蓋當時之不服桓公者楚，而晉實次之，周惠王之言可驗也。故桓公特爲會於晉地以致之，亦霸者之用心也。翟氏灝《考異》云：《春秋》僖公九年九月戊辰，諸侯盟於葵丘。《左傳》：齊侯盟諸侯於葵丘曰：凡我同盟之人，既盟之後，言歸于好。《穀梁傳》：葵丘之盟，陳牲而不殺，讀書加於牲上，壹明天子之禁，曰：毋壅泉，毋訖糴，毋易樹子，毋以妾爲妻，毋使婦人與國事。《管子·大匡篇》：桓公問管仲何行？對曰：公内修政而勸民，可以信於諸侯矣。公許諾，乃弛關市之征，爲賦禄之制。既已，管仲請曰：問病臣，願賞而無罰，五年諸侯可令傳。公曰諾。既行之，又請曰：諸侯之君有行事善者，以重幣賀之。諸侯之臣有諫其君而善者，以璽問之，以信其言。公既行之，問管仲曰將何行？對曰：君教諸侯爲民聚食，諸侯之兵不足者君助之發，如此則始可加之政矣。公既行之，又問管仲曰何行？對曰：君會其君臣父子。公曰：會之道奈何？曰：諸侯毋專立妾以爲妻，毋專殺大臣，無國勞，無專予禄，士庶人毋專棄妻，毋曲隄，毋貯粟，毋禁材，行此卒歲，則始可以罰矣。君乃布之於諸侯，諸侯許諾，受而行之。管仲曰：可以加政矣。曰：從今以往二年，適子不聞孝，不聞愛其弟，不聞敬老國良，三者無一焉，可誅也。諸侯之臣及國事，三年不聞善，可罰也。君有過，大夫不諫，士庶人有善，而大夫不進，可罰也。桓公受而行之，近侯莫不請事，兵車之會六，乘車之會三，饗國四十有二年。又《霸形篇》：與楚王遇於召陵之上而令之曰：毋貯粟，毋曲隄，毋擅廢適子，毋置妾以爲妻。按《春秋三傳》無如《孟子》之詳。《管子·大匡》雖其文極參錯，而事語實相當。其云適子不聞孝者誅，即誅不孝也。云君有善者以幣賀之，臣有善者以璽問之，即尊賢育才，以彰有德也。云愛其弟敬老國良，即敬老慈幼也。云弛關市之征，及問病臣，即無忘賓旅也。云爲賦禄之制，即士無世官，官事無攝也。云士庶人有善不進者罰，即取士必得也。云無國勞，毋專予禄，即無有封而不告也。餘如無易樹子，無以妾爲妻，無專殺大夫，無曲防，無遏糴，更較然著同文矣。其曰既行之又請云云，又問云云，亦與《孟子》初命至五命相值。謹按：《孟子》五命，乃葵丘之會所命次第如此，與《管子》不同。注束縛至負也。正義曰：毛氏奇齡《經問》云：問：《孟子》葵丘之會諸侯，束牲載書而不歃血，載書，謂載其盟書於牲上也。趙岐注有曰：但加載書，不復歃血。則既載而又加，不其複與？曰：載非加也。載書者，盟載書也。《周禮·司盟》掌盟載之法，謂盟有載事，因而爲書，其法則殺牲取血，坎其牲而加書於上以埋之。故《左傳》襄二十六年伊戾誣太子痤與客盟，謂坎用牲加書是也。《穀梁傳》云：葵丘之會，陳牲而不殺，讀書加於牲上，壹盟天子之禁。此加字並不訓載字。然猶恐相混不分別，故趙氏云但加載書，則瞭然矣。蓋載書有用牲者，有不用牲者。襄九年鄭與晉盟，晉士莊子爲載書，荀偃曰：改載書。此用牲者也。若襄十年鄭子孔當國，爲載書，以位序聽政辟，則但作書以示諸侯受職聽訟之法，此時未嘗用牲也。又襄二十二年臧武仲據防出奔，季孫召外史掌惡者而問載書之首章，則逐臣示戒，當用牲乎？然則用牲曰載，不用牲亦曰載，牲且無有，加於何所？故曰載者，事也，非加也。此明著者也。閻氏若璩《釋地又續》云：襄九年晉士莊子爲載書，杜注：載書，盟書也。《周禮·司盟》掌盟載之法，注云：載盟辭也。盟者書其辭於策，殺牲取血，坎其牲，加書於上而埋之，謂之載書。可見載書二字是實字，非如今人解以載爲加。趙氏注束縛其牲，但加載書，不復歃血，得之矣。毛氏、閻氏二説略同，蓋以趙氏但加載書解爲但加盟書也。按趙氏解經之例，每以疊字爲訓。《説文》車部云：載，乘也。《淮南子·氾論訓》云彊弱相乘，高誘注云：乘，加也。是載之訓爲加，趙氏疊加載二字，即以加釋載，猶疊束縛二字，即以縛釋束。但加載書，謂但加載此書，非謂但加此載書也。若載不訓加，第是盟書，則經稱束牲盟書爲不辭，趙氏加字爲無涉於經文矣。《秋官·司盟》掌盟載之法，注云：載盟辭也。四字爲句，謂經言盟載，是載此盟辭也。非是以盟辭解載字。下云盟者書其辭於策，此解盟字。則盟字即《孟子》此文之書字。下云殺牲取血，坎其牲，加書於上而埋之，謂之載書，此解載字。書辭於策爲盟，即爲書；加載於牲上爲載書，即爲盟載。鄭注甚明。賈氏疏云：載者，正謂以牲載此盟書於上，故謂之載也。趙氏此注，與《穀梁傳》同，與鄭氏注亦同。毛氏、閻氏未識趙氏疊字爲訓之例，亦未識鄭氏注《司盟》之義，而謂趙氏不以載爲加，失之甚矣。莊公二十七年《穀梁傳》云：衣裳之會十有一，未嘗有歃血之盟也，信厚也。注云：十三年會北杏，十四年會鄄，十五年又會鄄，十六年會幽，二十七年又會幽，僖元年會檉，二年會貫，三年會陽穀，五年會首戴，七年會甯母，九年會葵丘。僖公九年《傳》云葵丘之盟，陳牲而不殺，注云：所謂無歃血之盟。鄭君曰：盟牲，諸侯用牛，大夫用豭。楊氏疏云：衣裳之會，皆不歃血，而此會獨言之者，以此會桓德極盛，故詳其事實，餘盟亦不歃血耳。八年洮會云汋血與鄭伯者，彼兵車之會故也。徐邈云：陳牲者，不殺埋之，陳示諸侯而已。加於牲上者，亦謂活牲，非死牲。此不歃血之事也。注不得專誅至易也。正義曰：孔本作得專誅不孝，毛氏汲古閣本作不得專誅不孝。依毛本則與經文誅不孝似相戾，宜孔本是也。乃既云得專誅不孝，又云已立世子，不得擅易，如當時晉殺其世子申生，固以歸胙於公而寘毒也，以歸胙寘毒殺，即以不孝誅矣。夫已立之世子，將廢立之，必以不孝爲之罪，然則誅不孝無易樹子二事，殊相牴牾。蓋趙氏以誅不孝無易樹子七字作一句，謂子之不孝者當誅，但已立爲世子，不得以其不孝而專誅而擅易之，須公論而後誅之。《方言》云：樹，植立也。燕之外郊，朝鮮，洌水之間，凡言置立者謂之樹植。僖公三年《公羊傳》云無易樹子，注云：樹，立也。趙氏與之同。不得擅易，然則世子誠不孝，亦當白之天下，公論誅之。無易樹子是無擅易樹子，則誅不孝亦是公誅不孝，公誅不孝即是不得專誅不孝也。桓公命諸侯，不可云毋專誅不孝，亦不可云毋易不孝之樹子，故爲互辭。趙氏探其恉，一云不得專誅，一云不得擅易，實能斡旋經文而彌縫其闕隙也。且實能禁當時假不孝之名以擅易樹子也。注尊賢至之人。正義曰：《爾雅·釋詁》云：育，養也。彰與章同。《書·堯典》云平章百姓，鄭氏注云：章，明也。注敬老至忽也。正義曰：《賈子·道術篇》云：親愛利子謂之慈。《周禮·地官·大司徒》以保息六養萬民，一曰慈幼，注云：

慈幼，謂愛幼少也。其二曰養老，三曰振窮，注云：窮者有四：曰矜，曰寡，曰孤，曰獨。此命言敬老慈幼，故趙氏連類言恤矜孤寡也。《説文》心部云：忽，忘也。注仕爲至僚也。正義曰：《大戴禮·千乘篇》云：凡事尚賢進能，使知事爵不世，能官之不忽。孔氏廣森《補注》云：古者有世禄無世位，故《春秋》譏尹氏也。大夫不世。苟有能者，必官之，無失人。《書·皋陶謨》云：無曠庶官。僚亦官也。王肅注云：不可不得其人也。曠之言空，不得其人，則空虚其職。《論語·八佾篇》管氏官事不攝，包氏注云：禮國君事大，官各有人，大夫并兼事。大而兼攝之，則必空曠其事，故引《書》文以明之也。注無敢至禁也。正義曰：《管子》兩言無曲隄，然則防即隄也。謂曲設隄防，以障遏水泉，使鄰國受水旱之害。趙氏言曲意設防禁，則虚指王法而言，謂王法所不禁，而曲意以禁之，是爲違王法。《周禮·秋官·序官》使帥其屬而掌邦禁，注云：禁，所以防姦者也。故以防爲禁也。然隄爲防之正訓，僖公三年《公羊傳》云：桓公曰：無障谷，無貯粟，無易樹子，無以妾爲妻。障谷即曲防也。何氏注云：無障斷川谷專水利也。蓋所以障之者，防也。僖公九年《穀梁傳》則云毋壅泉，注云：專水利以障谷。此以《公羊傳》之障谷解壅泉，所以壅之者，防也。閻氏若璩《釋地續》云：漢賈讓奏言：蓋隄防之作，近起戰國，雍防百川，各以自利。齊與趙魏以河爲竟，趙魏瀕山，齊地卑下，作隄去河二十五里，河水東抵齊隄，則西泛趙魏。趙魏亦爲隄去河二十五里，則是河水西抵趙魏隄，亦東泛齊矣。夫曰近起戰國，豈非葵丘既會，申明天子之禁，諸侯猶有所憚而不敢爲。至七雄地大勢專，人人得自爲鯀而不難以鄰國爲壑也。注無以私至主也。正義曰：僖公二年城楚丘，《左傳》云：諸侯城楚丘而封衛焉。《公羊傳》云：曷爲不言桓公城之？不與諸侯專封也。諸侯之義不得專封。此言不得專封，謂不待天子之命，而桓公自封之。此五命之告，若指告天子，則桓公封衛，轉是自犯其禁矣。故趙氏以爲不告盟主。此五霸之盛亦即五霸所以爲三王之罪人也。其後十四年城緣陵以遷杞，宣公十一年楚莊王封陳，皆自以爲盟主得專封也。衛、杞、陳皆亡滅而復封，存亡繼絶，即示私恩。其成公十八年伐宋彭城，《公羊傳》云：魚石走之楚，楚爲之伐宋，取彭城，以封魚石。楚已取之矣，曷爲繫之宋？不與諸侯專封也。昭公四年《公羊傳》云：慶封走之吴，吴封之於防。然則曷爲不言伐防？不與諸侯專封也。襄公二十八年《左傳》云：慶封奔吴，吴句餘予之朱方。昭公四年《左傳》云使屈申圍朱方，注云：朱方，吴邑，齊慶封所封也。然則防即朱方。徐氏《公羊傳》疏云：慶封往前已封於防爲小國，楚取宋邑封魚石，吴以己邑封慶封，與齊桓封衛，楚莊封陳異，而同爲以私恩擅封，故《公羊傳》於楚丘、緣陵、彭城、防皆以專封言之也。閻氏若璩《釋地續》云：郝京山解無曲防三句，以《周禮·大宗伯》以凶禮哀邦國之憂分配之曰：以喪禮哀死亡，即有封必告也。封必告，死葬相助也。又曰：封與窆同。窆，悲驗切，葬下棺也。《禮記》縣棺而封是。凡諸侯告薨，則同盟皆弔，五月而葬，則同盟皆會。此獨言葬者，葬則有賵，有賻，有贈，有襚。《春秋》天王葬且不會，如武氏子來求賻之類，友邦可知矣。無不告者，告則會也。封建大事，豈贅之末簡？無不者，甚多之辭。命與恤災同，其爲死葬甚明也。余謂《左傳》諸侯城楚丘而封衛焉。《國語》翟人攻邢，桓公築夷儀以封之，何嘗無封國，第少耳。無不者，甚多之辭，妙。蓋三者皆屬交鄰國之事，無尊王在内，解自勝。長君之惡其罪小，逢君之惡其罪大。今之大夫皆逢君之惡，故曰今之大夫，今之諸侯之罪人也。注：君有惡命，臣長大而宣之，其罪在不能距逆君命，故曰小也。逢，迎也。君之惡心未發，臣以諂媚逢迎，而導君爲非，故曰罪大。今諸侯之大夫皆逢君之惡，故曰罪人也。疏：注君有至小也。正義曰：君有惡命，即上云犯此五禁者也。《音義》云：長，張丈切。丁又如字。兩讀皆有大義。《吕氏春秋·本味篇》云長澤之卵，高誘注云：長澤，大澤。此長如字也。《論大篇》云萬夫之長，高誘注云：長，大也。此長張丈切也。長通張，《詩·大雅·韓奕》孔修且張，傳云：張，大也。《禮記·樂記》云長言之也，注云長言之，引其聲也。《國語·周語》云：宣，所以施教也。謂張施其命而徧布之。故以大釋長，又以宣申明之。距逆此惡命，則不敢施行於外。趙氏蓋讀長如字，而爲張大之義也。注逢迎至罪大。正義曰：《方言》云：逢，逆，迎也。自關而東曰逆，自關而西或曰迎，或曰逢。趙氏所本也。《荀子·修身篇》云：以不善先人者謂之諂。《莊子·漁父篇》云：希意道言謂之諂。《鬼谷子·權篇》云：諂，先意承欲者也。諂，古諂字。君心之惡未發而臣先其意導之，所謂以不善先人也，所謂希意道言也。襄公三年《左傳》云稱其讎，不爲諂，注云：諂，媚也。君先有意而臣張布之，是順從也。君未有意而臣先導之，是迎合也。故以迎訓逢，又以諂媚申明之，又以導字申明之。

《章指》言：王道寖衰，轉爲罪人，孟子傷之，是以博思古法，匡時君也。

（清）焦循《孟子正義·告子章句下》 魯欲使慎子爲將軍。孟子曰：不教民而用之，謂之殃民。殃民者，不容於堯舜之世。一戰勝齊，遂有南陽，然且不可。注：慎子，善用兵者。不教民以仁義而用之戰鬭，是使民有殃禍也。堯舜之世，皆行仁義，故好戰殃民者，不能自容也。就使慎子能爲魯一戰取齊南陽之地，且猶不可。山南曰陽，岱山之南，謂之南陽也。疏：注慎子善用兵者。正義曰：《荀子·解蔽篇》云：慎子蔽於法而不知賢。《天論篇》云：慎子有見於後，無見於先。《非十二子篇》云：尚法而無法，下脩而好作，上則取聽於上，下則取從於俗，終日言成文典，及紃察之，則倜然無所歸宿，不可以經國定分。然而其持之有故，其言之成理，足以欺惑愚蒙，是慎到、田駢也。《莊子·天下篇》云：不顧於慮，不謀於知，於物無擇，與之俱往，古之道術有在於是者，彭蒙、田駢、慎到聞其風而悦之。又云：慎到棄知去己，而緣不得已，泠汰於物，以爲道理。《史記·孟子列傳》云：自騶衍與齊之稷下先生，如淳于髡、慎到、環淵、接子、田駢、騶奭之徒，各著書言治亂之事，以干世主。慎到，趙人。學黄老道德之術，因發明序其指意，故慎到著《十二論》。徐廣云：今《慎子》。張守節正義云：《慎子》十卷在法家，則戰國時處士。《漢書·藝文志》法家者流有《慎子》四十二篇，名到，先申韓，申韓稱之。到與孟子同時。此慎子宜即是到，乃《史》但言其學黄老，爲法家者流，不當使爲將軍，故趙氏不以爲到，而以其使爲將軍，則以爲善用兵者耳。注是使民有殃禍也。正義曰：《説苑·君道篇》云：殃者，禍之先者也。【略】

慎子勃然不悦曰：此則滑釐所不識也。注：滑釐，慎子名。不悦，故曰我所不知此言何謂也。疏：注滑釐慎子名。正義曰：趙氏以慎子自稱滑釐不識，則滑釐是慎子之名。慎子名滑釐，故不以爲到也。按釐與來通，《詩·周頌·思文》貽我來牟，《漢書·劉向傳》作飴我釐麰是也。《爾雅·釋詁》云：到，至也。《禮記·樂記》云物至知知，注云：至，來也。到與來爲義同。然則慎子名滑釐，其字爲到與？與墨子之徒禽滑釐同名。或以慎子即禽滑釐，或以慎子師事禽滑釐，稱其師滑釐不識，皆非是。

曰：吾明告子：天子之地方千里，不千里，不足以待諸侯。諸侯之地方百里，不百里，不足以守宗廟之典籍。周公之封於魯爲方百里也，地非不足，而儉於百里。太公之封於齊也，亦爲方百里也，地非不足也，而儉於百里。今魯方百里者五，子以爲有王者作，則魯在所損乎，在所益乎？徒取諸彼以與此，然且仁者不爲，況於殺人以求之乎！注：孟子見慎子不悦，故曰明告子，天子諸侯地制如是。諸侯當來朝聘，故言守宗廟典籍，謂先祖常籍法度之文也。周公太公，地尚不能滿百里，儉而不足也。後世兼侵小國，今魯乃五百里矣。有王者作，若文王武王者，子以爲魯在所損之中邪，在所益之中也，言其必見損也。但取彼與此爲無傷害，仁者尚不肯爲，況戰鬬殺人以求廣土地乎。疏：注諸侯至文也。正義曰：上言不足以待諸侯，謂朝覲聘問，備其燕享賜予之禮，故此宗廟典籍，趙氏即舉諸侯朝聘言也。其實天子諸侯所用多矣，不止是也。《爾雅·釋詁》云：典，常也。故以典籍爲常籍。《説文》竹部云：籍，簿書也。《周禮·秋官·小行人》掌邦國賓客之禮籍，注云：禮籍，名位尊卑之書。孫炎注《爾雅》云：典，禮之常也。《國語·周語》云省其典圖形法，注云：典，禮也。《儀禮·士昏禮》云吾子順先典，注云：典，法也。然則典籍即禮籍，禮籍爲名位尊卑之書，即是法度之文。典籍受之天子，傳自先祖，藏諸宗廟，宗廟之典籍，即先祖之典籍也。以先祖爲宗廟，猶後世稱先君爲某廟也。《説文》丌部云：莊都説：典，大册也。則典籍猶言册籍。注周公至損也。正義曰：《説文》人部云：儉，約也。《淮南子·主術訓》所守甚約，高誘注云：約，少也。趙氏以儉爲少，故以爲不能滿。毛氏奇齡《四書賸言》云：《孟子》天子之地方千里，諸侯皆方百里，其地字《王制》改作田字，田即地也。但地有山林、川澤、城郭、宫室、陂池，涂巷種種，而田則無有，故田較之地，則每里減三分之一，是地有千里者，田未必有千里矣。既云班禄，禄出於田，當紀實數，焉得以三分減一之地而强名千里？漢後儒者所以不能無紛紛也。不知孟子所云地字，亦只是田字。魯欲使慎子爲將軍章周公之封於魯也爲方百里也，地非不足也，而儉於百里。又曰不百里，不足以守宗廟之典籍。則較量千百，惟恐不足，當必是實數可知。而按其上文，仍是地字，固知地即田耳。顧氏棟高《春秋大事表》云：伯禽初封曲阜，《漢書·地理志》云：成王以少皞之墟曲阜，封周公子伯禽爲魯侯。今爲山東兖州府曲阜縣。後益封奄。隱二年入極，十年敗宋師於菅，辛未取郜，辛巳取防，僖十七年滅項，三十三年伐邾取訾婁，文十年伐邾取須句。宣四年伐莒取向，宣九年取根牟，十年伐邾取繹，成六年取鄟，襄十三年取邿，二十一年邾庶其以漆、閭丘來奔，昭元年伐莒取鄆，四年取鄫，五年莒牟夷以牟婁及防茲來奔，十年伐莒取郠，三十一年邾黑肱以濫來奔，哀二年伐邾取漷東田及沂西田，三年城啟陽，哀十七年越使后庸來言邾田，二月盟於平陽。平陽在兖州府鄒縣西南，本邾邑，爲魯所取。魯在春秋，實兼九國之地。極、項、鄟、邿、根牟，魯所取也。向、須句、鄫、鄅，則邾、莒滅之，而魯從而有之者也。余讀隱五年公矢魚于棠《傳》曰：非禮也，且言遠地也。哀十四年西狩獲麟，歐陽子曰：西狩，言遠也。余往來京師，親至兖州魚臺縣，訪隱公觀魚處；詢之土人，云距曲阜不二百里。又北至汶上，爲齊魯接界，俱計日可到，其西南則宋、鄭、衛及邾、莒、杞、鄫諸國地，犬牙相錯，時吞滅弱小，以自附益。祊益之鄭，防取之宋，須句取之邾，向、鄫取之莒，而邾則空其國都，致邾衆退保嶧山，與莒爭鄆無休日。逮晉文分曹地，則有東昌府濮州西南。而越既滅吴，與魯泗東方百里，地界稍稍擴矣。

君子之事君也，務引其君以當道，志於仁而已。注：言君子事君之法，牽引其君以當正道者，仁也。志仁而已。欲使慎子輔君以仁。疏：【略】

《章指》言：招攜懷遠，貴以德禮，及其用兵，廟勝爲上，戰勝爲下，明賤戰也。疏：招攜至戰也。正義曰：僖公七年《左傳》云：招攜以禮，懷遠以德，德禮不易，無人不懷。注云：攜，離也。周氏廣業《孟子章指攷證》作義勝爲上，云：古本義作廟，孔、韓同。按《管子·霸形篇》：霸王之形，德義勝之，智謀勝之，兵戰勝之。《孫子》云：夫未戰而廟勝者，得算之多者也。二字俱有所本，從義爲長。《漢書》趙充國奏留田便宜曰：帝王之兵，以全取勝，是以貴謀而賤戰。

又： 孟子曰：今之事君者，皆曰我能爲君辟土地，充府庫。今之所謂良臣，古之所謂民賊也。注：辟土地，侵鄰國也。充府庫，重賦斂也。今之所謂良臣者，於古之法爲民賊。傷民，故謂之賊也。疏：注傷民故謂之賊也。正義曰：《荀子·修身篇》云：害良曰賊。《楚辭·沈江》云覽私微之所傷，注云：傷，害也。傷民即害良也。君不鄉道，不志於仁，而求富之，是富桀也。注：爲惡君聚斂以富之，爲富桀也。謂若夏桀也。我能爲君約與國，戰必克。今之所謂良臣，古之所謂民賊也。注：連諸侯以戰，求必勝也。君不鄉道，不志於仁，而求爲之强戰，是輔桀也。注：説與上同。由今之道，無變今之俗，雖與之天下，不能一朝居也。注：今之道非善道，今之世俗，漸惡久矣，若不變更，雖得天下之政而治之，不能自安一朝之間居其位也。疏：注今之至位也。正義曰：道爲道德之道，上云君不鄉道是也。道之訓亦爲行，今之道猶云今之行。《國語·周語》云由是第之，韋昭注云：由，從也。一人行之，人人從之，則爲俗。《廣雅·釋詁》云：漸，漬也。謂漬染而成惡俗也。《太玄·玄衝》云更變而共笑，是變爲更改，謂更改其害良而志於仁也。《禮記·樂記》云居吾語汝，注云：居，猶安坐也。不能一朝居，即是不能一朝安，謂其危亡之速也。陳氏《説書》云：與之天下，不能一朝居，何也？其國雖富强，而民心先已失，孟子之言，至於秦而驗矣。

《章指》言：善爲國者，以藏於民。賊民以往，其餘何觀。變俗移風，非樂不化，以亂濟民，不知其善也。疏：變俗移風非樂不化。正義曰：《孝經·廣要道章》第十二云：移風易俗，莫善於樂。

（清）焦循《孟子正義·盡心章句下》 孟子曰：春秋無義戰，彼善於此，則有之矣。征者，上伐下也。敵國不相征也。注：《春秋》所載戰伐之事，無應王義者也，彼此相覺有善惡耳。孔子舉豪毛之善，貶纖介之惡，故皆録之於《春秋》也。上伐下謂之征。諸侯敵國，不得相征。五霸之世，諸侯相征，於三王之法，不得其正者也。疏：春秋至有之矣。正義曰：《春秋繁露·竹林篇》云：《春秋》之法，凶年不脩舊，意在無苦民爾。苦民尚惡之，況傷民乎？傷民尚痛之，況殺民乎？凶年脩舊則譏，造邑則諱。是害民之小者，惡之小也；害民之大者，惡之大也。今戰伐之於民，其爲害幾何？考意而觀指，則《春秋》之所惡者，不任德而任力，驅民而殘賊之，其所好者設而勿用仁義以服之也。《詩》云：弛其文德，洽此四國。此《春秋》之所善也。夫德不足以親近，而文不足以來遠，而斷斷以戰伐爲之者，此固《春秋》之所甚疾已，皆非義也。又云：《春秋》愛人而戰者殺人，君子奚説善殺其所愛哉？故《春秋》之於偏戰也，比之詐戰則謂之義，比之不戰則謂之不義。不義之中有義，義之中有不義，辭不能及，皆在於指，非精心達思者，其孰能知之！此即發明《孟子》無義戰之義也。萬氏斯大《學春秋隨筆》云：禮樂征伐自天子出，皆御世之權。其足以取威制勝，使人懾服而屈從之，尤莫如征伐。故欲知《春秋》大勢者，當於諸國之侵伐觀之。據《公羊傳》例，將尊師衆稱某帥師，將尊師少稱將；將卑師衆稱師，將卑師少稱人。君將不言帥師，書其重者。以是按之經傳，終《春秋》惟魯君將稱公，諱之或稱師稱及，大夫將稱氏名，微者不言將。列國之師，自隱至文，君將恒稱爵，略之或稱師稱人，大夫將悉稱師稱人，無有書氏名者。大夫將書氏名，自文三年晉陽處父伐楚救江始。竊疑《公羊》例未合。王氏沿曰：處父書氏名者，政在諸侯，則大夫皆稱人；政在大夫，故稱氏名以罪之也。處父盟魯侯，改蒐於董，易軍班，今救江而伐楚，專之甚者也。故始之也。陳君舉亦曰：大夫帥師於是始，大夫始强也。趙子常因二説而通之曰：《公羊》之例，當時史法也。夫子脩《春秋》，征伐自諸侯出，則君將稱君，大夫將稱人，治在諸侯也。征伐在大夫，則大夫將稱大夫，治在大夫也。惟内大夫悉從其恒稱，以見實也。於乎，可謂盡發不傳之秘矣。蓋史官有一定之法，夫子有筆削之權，史法以徵事實，筆削則顯世變。執事以讀《春秋》，二百四十二年天下大勢，瞭然於心目間矣。内大夫何以悉稱氏名？《春秋》，魯史也。春秋無義戰，敵國不相征，凡書侵伐，皆罪也。滅入遷取，罪之尤者也。惠氏士奇《春秋説》云：古者王巡守，大司馬起師合軍以從，於是救無辜，伐有辠，所以威天下而行其禁令焉。環人掌四方之故，揚軍旅，降圍邑，而九伐之法，賊賢害民則伐之，負固不服則侵之。是故伐也，侵也，圍也，救也，皆王者之師。不虐五穀，不伐樹木，不焚室屋，不取六畜，兵之來也，除民之讐，順天之道而已。《公羊》曰：精者曰伐，觕者曰侵。《左氏》曰：有鐘鼓曰伐，無者曰侵，輕者襲。鐘鼓言其器也，精觕言其情也。獨《穀梁》曰：苞人民，毆牛馬曰侵，斬樹木、壞宮室曰伐，不義孰甚焉。此《春秋》之侵伐，豈王者之師哉？要而論之，大曰伐，小曰侵，侵之輕且密者曰襲，遲曰圍，急曰救。故伐者伐其君，侵者侵其地，襲則揜之，圍則合之，救則分之，行師之道備矣。周室既卑，征伐不出乎天子，皆出自諸侯及其大夫，故春秋無義戰，莫如莊六年王人救衛爲尤甚。先是宋公不王，諸侯以王命討之，故公會齊侯於防而謀伐宋，其不會王命者，蔡人、衛人、郕人而已。及鄭伯不朝，蔡人、衛人、陳人從王伐鄭，則諸侯猶知有王命也。陳蔡鄰於楚，楚之屬國，是時楚方平漢陽，未暇謀中夏，故陳蔡猶得從王，君子以爲近正。及桓十六年衛侯朔出奔齊，《公羊》以爲得罪於天子，故稱名以絶之，則似未得其實。蓋宣公殺急子、壽子，皆朔搆而殺之，故國人怨朔而悲二子，遂出朔而立公子黔牟，似請命於天王而立之。説者以爲出朔而立黔牟者，衛之左右二公子也，未聞有天王之命。如其然，則五國共伐衛而納朔，王人何爲獨救黔牟？明黔牟乃王命立之，五國逆王命而伐衛。吾聞狄伐邢，而齊人救邢，義也。諸侯伐衛而王人救衛，則王人夷於齊人，而中國皆戎翟矣。君子傷諸夏之無君，故一出一入皆稱名，一伐一救皆稱人。人諸侯者辠之，人子突者微之，此天子之使也，曷爲微之？以天王之使而不能救黔牟，爲尊者諱恥，故微之。然則何以知王命立黔牟？以《左傳》知之。《傳》曰：衛侯入，放公子黔牟於周。不殺之而放之，且放之於周，則王命立黔牟明矣。立之者，周也。故放之於周，若曰以黔牟付王人云爾。黔牟立於桓十六年，放於莊六年，前後八年在位，《春秋》曷爲闕而不書？且衛之叔武及公孫剽，皆嘗在位而不終者也，《春秋》皆書於册，曷爲獨闕黔牟？諱之也。諱有三：一曰爲天王諱，二曰爲魯諱，三曰爲中國諱。曷爲爲中國諱？王人救衛，未聞中國有一人從王者，君子恥之，故《春秋》不得不褒二霸之功。齊之霸，始於莊，終於僖；晉之霸，始於僖，終於定。故曰其事則齊桓晉文，推戴維持，皆齊桓晉文之力，《春秋》實以二霸爲始終焉。隱、桓之時互相侵伐者，惟東諸侯而已，西則晉爲大，南則楚爲雄。桓二年蔡、鄭會於鄧，始懼楚，楚熊通自立爲武王。桓六年合諸侯於沈鹿，黄、隨不會，使人讓黄而伐隨，始開百濮之地，由是南諸侯皆服於楚。其子熊貲，是爲文王，當魯莊之十年，始敗蔡師於莘，蔡本東諸侯，至是始屬楚，而楚遂有虎視中原之志。十五年齊始霸，十六年同盟於幽，始與鄭成，而荆伐鄭，蓋楚與中原爭鄭自此始。楚成王時，令尹子文當國，楚益盛。僖元年荆始改號爲楚。自元年至四年，楚人再伐鄭，一侵鄭，鄭伯欲成，孔叔不可，曰：齊方勤我，棄德不祥。則齊桓實能以德綏之也。自荆敗蔡師於莘，惟十三年蔡人與於北杏之會，自是會盟征伐，蔡皆不與焉。蓋役屬於楚，負楚之固，而不服於齊，故僖四年齊桓會七國之師侵蔡，所謂負固不服則侵之也。説者謂潛師掠境曰侵，失之矣。會而侵，則非潛師矣。侵而潰，則非掠境也。欲伐乃侵，先潰蔡；既侵遂伐，卒帖荆。自此至十五年，楚人一滅弦，一圍許，一伐黄，一伐徐，一敗徐，其氛未息，烏在其能帖荆哉？帖荆者，以其不復能爭鄭也。且齊桓之於楚，以文服，不以力服，召陵之役，雖以兵車而不傷一卒，不折一矢，無異衣裳之會，故《春秋》善之。莊三十年齊人伐山戎，是時戎翟並興，中國不絶若綫，齊方救邢戍衛，奔命不遑，山戎病燕，猶邢、衛也。邢，衛近而燕遠，豈以其遠而棄之！桓公内無因國，外無從諸侯，越千里之險，北伐山戎，危之乎抑貶之乎？曰：否，善之也。善之則曷爲稱人？稱人者，以桓公能急人之急，病人之病，故輕千里而不愛一身。齊侯來獻戎捷，禮與？曰：禮也。《左氏》曷爲謂之非禮？《左氏》言當獻於王，不當獻於魯。獻於王不書，獻於魯則書曰來獻，尊宗國也。穀梁子曰軍得曰捷，戎捷者，戎菽也。《周書·王會》有山戎菽，《管子》亦云：北伐山戎，出冬蔥與戎菽，布之天下。桓公以此遺魯，而尊之曰獻，猶《曲禮》獻粟獻米云爾。齊桓歿而楚氛益熾；敗宋伐陳而魯衛亦靡然從之。僖二十七年遂合陳，蔡、鄭、許以圍宋，而晉文勃興，釋宋圍而敗楚師於城濮，由是楚氛息矣。君子謂晉文之功大於齊桓。然齊桓以德，諸侯愛之。晉文以力，諸侯畏之。自是楚不敢復爭鄭者十有五年。秦晉搆兵，始於殽之戰，其後兵連不息，報復無常，而秦遂合於楚，卒爲晉患，故《春秋》於殽之戰，狄秦而微晉交譏之。與晉爭中原者，楚也。秦晉甥舅之國，城濮之戰，秦有功焉。合秦以敵楚，文公之善謀也。且晉不敗秦，何害於霸，而汲汲焉背殯而要秦於險，君子是以貶晉襄公。春秋諸儒，以《秦誓》編於《書》，故盛稱穆公之德，而《春秋》獨於秦穆無善辭，學者疑之。秦用孟明，所謂仡仡勇夫也。既喪師於殽，匹馬隻輪無反，仍不悔過，甫及三年，復以憤兵而敗於彭衙。秦穆誠能詢兹黄髮，焉用此仡仡勇夫而大辱國哉！故君子有取於《秦誓》，所謂不以人廢言；而《春秋》以其言行不相顧，故無善辭。文三年秦伯伐晉稱人，四年晉侯伐秦稱爵，安見其尊秦也。令狐之役曲在晉，兩稱人。及十年秦伐晉，康公自將，《春秋》不書爵，不稱人，直以秦爲狄矣。蓋自殽之戰，秦穆之毒晉尤深，思天下可以敵晉者惟楚，於是遣楚囚鬭克歸楚求成，共謀伐晉，始作《秦誓》，旋遣楚囚，誠所謂令之謀人，姑將以爲親者，其心忌克，惟圖報復而已。秦楚合而晉霸少衰矣。及晉厲公立，合諸侯伐秦，且先使吕相絶秦。是時秦桓與晉厲既爲令狐之盟，而又召狄與楚，欲道以伐晉，故聲其辠以討之。於是諸侯朝王，仍自京師從劉康公、成肅公伐秦，君子謂是師也，名之正，辭之順，《春秋》書之特詳，明與厲公以復霸也。故吾謂厲公非無道之主以此。其後悼公三駕伐鄭，而楚不能復救鄭，鄭遂屬晉。襄十四年晉悼伐秦，棫林之役，遷延而退，爲諸侯笑，遠不如晉厲麻隧之師，諸侯皆睦於晉，《春秋》諸儒，褒悼而貶厲，非公論也。注孔子至秋也。正義曰：《春秋繁露·王道篇》云：《春秋》紀纖芥之失，反之王道。《説苑·至公篇》云：夫子行説七十諸侯，無定處，意欲使天下之民各得其所，而道不行，退而脩《春秋》，采豪毛之善，貶纖介之惡，人事挾，王道備，精和聖制，上通於天而麟至。

《章指》言：《春秋》撥亂，時多爭戰，事實違禮，以文反正，征伐誅討，不自王命，故曰無義戰也。疏：春秋至反正。正義曰：哀公十四年《公羊傳》云：君子曷爲爲《春秋》？撥亂世，反諸正，莫近諸《春秋》。《史記·太史公自序》引此，又云：夫不通禮義之旨，至於君不君，臣不臣，父不父，子不子，此四行者，天下之大過也。以天下之大過予之，則受而弗敢辭，故《春秋》者，禮義之大宗也。夫禮禁未然之前，法施已然之後。法之所爲用者易見，而禮之所爲禁者難知。壺遂曰：孔子之時，上無明君，下不得任用，故作《春秋》，垂空文以斷禮義，當一王之法。

又：孟子曰：古之爲關也，將以禦暴；今之爲關也，將以爲暴。

注：古之爲關，將以禦暴亂。譏閉非常也。今之爲關，反以征税出入之人，將以爲暴虐之道也。疏：注譏閉非常也。正義曰：《周禮·地官·司關》：國凶札則無關門之征，猶幾。注云：謂無租税，猶苛察，不得令姦人出入。幾即譏也。《易·復·象傳》云：先王以至日閉關，商旅不行。

《章指》言：修理關梁，譏而不征，如以税斂，非其式程，懼將爲暴，故載之也。疏：脩理關梁。正義曰：《禮記·月令》：季冬之月，謹關梁。《玉藻》云：年不順成，關梁不租。注云：此周禮也。殷則關但譏而不征，雖不賦猶爲之禁，不得非時取也。

又：孟子曰：周于利者，凶年不能殺；周于德者，邪世不能亂。注：周達於利，營苟得之利而趨生，雖凶年不能殺之。周達於德，身欲行之，雖遭邪世，不能亂其志也。疏：注周達。正義曰：周有達義者，劉熙《釋名·釋船》云：舟言周流也。《易·繫辭傳》云：舟楫之利，以濟不通。舟取義於周，是周有達義也。趙氏謂達於取利，則凡苟得之利，皆營求之，故雖凶荒之年，有心計足以趨生，故不死。不達於德則不能行，達而行之則志定，不爲邪世所亂。近時通解周爲徧帀，謂積蓄無少匱也。積於利，故不困於凶年；積於德，故不染於邪世。

《章指》言：務利蹈姦，務德蹈仁，舍生取義，其道不均也。

又：孟子曰：不信仁賢則國空虚，無禮義則上下亂，無政事則財用不足。注：不親信仁賢，仁賢去之，國無賢人，則空虚也。無禮義以正尊卑，則上下之叙泯亂。無善政以教人農時，貢賦則不入，故財用不足。疏：注不親信仁賢。正義曰：不信則疑之，不親則疏之，疑由於疏，疏亦由於疑，故以親信連言之。注則上下之叙泯亂。正義曰：《書·吕刑》云：民興胥漸，泯泯棼棼。《周書·祭公解》云汝無泯泯棼棼，孔晁注云：泯，芬亂也。泯亦訓滅，《毛詩·大雅·桑柔篇》靡國不泯，傳云：泯，滅也。是也，泯亂亦滅亂也。《爾雅·釋詁》云：滅，絶也。《釋水》云：正絶流曰亂，是亂有絶義，與滅同。泯爲滅，亦爲亂矣。注無善至不入。正義曰：賦出於農，不教人農時，則田野荒蕪，水旱無備，故貢賦不入也。

《章指》言：親賢正禮，明其五教，爲政之源，聖人以三者爲急也。

又：孟子曰：諸侯之寶三，土地、人民、政事。寶珠玉者，殃必及身。注：諸侯正其封疆，不侵鄰國，鄰國不犯，寶土地也。使民以時，民不離散，寶人民也。脩其德教，布其惠政，寶政事也。若寶珠玉，求索和氏之璧，隋侯之珠，與强國争之，强國加害，殃及身也。疏：諸侯之寶三。正義曰：《禮記·檀弓》云仁親以爲寶，注云：寶，謂善道可守者。寶與保通，謂保守此土地人民政事也。注求索至身也。正義曰：《荀子·大略篇》云：和之璧，井里之厥也。玉人琢之，爲天子寶。《韓非子·和氏篇》云：楚人和氏得玉璞楚山中，奉而獻之厲王。厲王使玉人相之，玉人曰：石也。王以和爲誑而刖其左足。及厲王薨，武王卽位，和又奉其璞而獻之。武王使玉人相之，又曰：石也。王又以和爲誑而刖其右足。武王薨，文王即位，和乃抱其璞而哭於楚山之下，三日三夜，淚盡而繼之以血。王聞之，使人問其故。和曰：吾非悲刖也，悲夫寶玉而題之以石，貞士而名之以誑，此吾所以悲也。王乃使玉人理其璞而得寶焉，遂命曰和氏之璧。《史記·藺相如傳》云：趙惠文王時，得楚和氏璧，秦昭王聞之，使人遺趙王書，願以十五城請易璧。秦亦不以城予趙，趙亦終不予秦璧，其後秦伐趙，拔石城，明年復攻趙，殺二萬人。此所謂與强國争之，强國加害也。《莊子·讓王篇》云：隨侯之珠，彈千仞之雀。《漢書·鄒陽傳》獄中上書云：故無因而至前，雖出隨珠和璧，祇怨結而不見德。《文選》作隨侯之珠，夜光之璧。《淮南子·覽冥訓》云：譬如隋侯之珠，和氏之璧，得之者富，失之者貧。高注云：隋侯，漢東之國，姬姓諸侯也。隋侯見大蛇傷斷，以藥傅之，後蛇於江中銜大珠以報之，因曰隋侯之珠，蓋明月珠也。《史記·李斯列傳》有隨和之寶，正義引《説苑》云：昔隨侯行遇大蛇中斷，疑其靈，使人以藥封之，蛇乃能去，因號其處爲斷蛇丘。歲餘，蛇銜明珠，絶白而有光，因號隨珠。隨侯之珠，無求索争國事，趙氏蓋連及之。《新序·雜事篇》云：秦欲伐楚，使使者觀楚之寶器。楚王聞之，召令尹子西而問焉，曰：秦欲觀楚之寶器，吾和氏之璧，隨侯之珠，可以示諸。求索或指此與？

（清）王夫之《讀四書大全説》卷一《大學·傳第十章》 一國之人，爲臣爲民，其分之相臨，情之相比，事之相與，則上下、左右、前後盡之矣。爲立之道焉，取此六者情之所必至，理之所應得者，以矩絜之，使之均齊方正，厚薄必出於一，輕重各如其等，則人得以消其怨尤，以成孝弟慈之化，而國乃治矣。其授之以可以盡孝弟慈之具，則朱子所謂仰足事，俯足育者，固其一端；而爲之品節位置，使人皆可共率繇夫君子之教者，則必東陽所謂規矩制度者，而後爲治道之全也。

（清）皮錫瑞《經學歷史·經學極盛時代》 漢崇經術，實能見之施行。武帝罷黜百家，表章六經，孔教已定於一尊矣。然武帝、宣帝皆好刑名，不專重儒。蓋寬饒謂以法律爲《詩》、《書》，不盡用經術也。元、成以後，刑名漸廢。上無異教，下無異學。皇帝詔書，羣臣奏議，莫不援引經義，以爲據依。國有大疑，輒引《春秋》爲斷。一時循吏多能推明經意，移易風化，號爲以經術飾吏事。漢治近古，實由於此。蓋其時公卿大夫士吏未有不通一藝者也。後世取士偏重文辭，不明經義，爲官專守律例，不引儒書。既不用經學，而徒存其名；且疑經學爲無用，而欲並去其實。觀兩漢之已事，可以發思古之幽情。孔子道在《六經》，本以垂教萬世；惟漢專崇經術，猶能實行孔教。雖《春秋》太平之義，《禮運》大同之象，尚有未逮；而三代後政教之盛，風化之美，無有如兩漢者。降至唐、宋，皆不能及。尊經之效，已有明徵。若能舉太平之義、大同之象而實行之，不益見玄聖綴學立制真神明之式哉？此顧炎武所云光武、明、章果有變齊至魯之功，而惜其未純乎道也。

（清）馬驌《繹史》卷二《皇王異説》《新論》：無制令刑罰謂之皇，有制令而無刑罰謂之帝，賞善誅惡諸侯朝事謂之王，興兵約盟以信義矯世謂之伯。

（清）馬驌《繹史》卷四四之二《齊桓公霸業》管子對曰：君若將欲霸王舉大事乎，則必從其本事矣。桓公變躬遷席拱手而問曰：敢問何謂其本？管子對曰：齊國百姓公之本也。人甚憂飢而稅斂重，人甚懼死而刑政險，人甚傷勞而上舉事不時。公輕其稅斂，則人不憂飢；緩其刑政，則人不懼死；舉事以時，則人不傷勞。桓公曰：寡人聞仲父之言，此三者聞命矣，不敢擅也，將薦之先君。於是命百官有司削方墨筆，明日皆朝於大廟之門，朝定令於百吏，使税者百一鍾，孤幼不刑，澤梁時縱關譏而不征，市書而不賦，近者示之以忠信，遠者示之以禮義，行此數年而民歸之如流水。

（清）馬驌《繹史》卷八三《老子道教》老子曰：非淡漠無以明德，非寧靜無以致遠，非寬大無以并覆，非正平無以制斷。以天下之目眎，以天下之耳聽，以天下之心慮，以天下之力争，故號令能下究而臣情得上聞，百官修達，羣臣輻湊。喜不以賞賜，怒不以罪誅，法令察而不苛，耳目聰而不闇，善否之情日陳於前而不逆，故賢者盡其智，不肖者竭其力，近者安其性，遠者懷其德，得用人之道也。夫乘輿馬者，不勞而致千里；乘舟楫者，不游而濟江海。使言之而是，雖商夫芻蕘猶不可棄也；言之而非，雖在人君卿相猶不可用也。是非之處，不可以貴賤尊卑論也。其計可用，不羞其位，其言可行，不貴其辯。闇主則不然，羣臣盡誠效忠者，希不用其身也。而親習邪枉賢者不能見也，疎遠卑賤竭力盡忠者不能聞也。有言者窮之以辭，有諫者誅之以罪，如此而欲安海内，存萬方，其離聰明亦以遠矣。

（清）馬驌《繹史》卷九五之二《孔門諸子言行》《韓非子》：殷之法，刑棄灰於街者。子貢以為重，問之仲尼。仲尼曰：知治之道也，夫棄灰於街必掩人。掩人，人必怒。怒則鬬，鬬必三族相殘也。此殘三族之道也，雖刑之可也。且夫重罰者，人之所惡也，而無棄灰，人之所易也，使人行其所易而無離所惡，此治之道。一曰：殷之法，棄灰于公道者斷其手。子貢曰：棄灰之罪輕，斷手之罰重，古人何太毅也？曰：無棄灰所易也，斷手所惡也。行所易不關所惡，古人以為易故行之。

（清）馬驌《繹史》卷一一一《申不害相韓》君必有明法正義，若懸權衡以稱輕重，所以一羣臣也。

《汲冢周書》卷一《糴匡解》年飢，則勤而不賓，舉祭以薄，用下牲也。樂無鐘鼓。凡美禁，書不早群，車不雕攻，兵備不制，民利不滛。攻，治。征當商旅，以救窮乏，聞隨鄉，下鬻墊，鬻，賣。分助有匡，以綏無者，於是救困。大荒，有禱無祭，飢饉師旅爲大荒也。國不稱樂，企不滿壑，刑罰不脩，舍用振窮。不滿壑，不於治地。舍用常以振民也。君親巡方，卿參告糴，餘子倅運，開口同食。民不藏糧，曰有匡。倅，副也。盡行此事，名曰有匡也。俾民畜唯牛羊，於民大疾惑，殺一人無赦。雖有凶疾惑，而相殺者，不赦也。男守疆，戎禁不出，五庫不膳，喪禮無度，祭以薄資，戎事，自守而已，不征伐也。喪儉也而速喪祭用。禮無樂，宫不幃，嫁娶不以時，賓旅設位有賜。不以時，秋冬也。媒氏會□□合，以賓旅隨位賜之不饗燕。

（宋）羅泌《路史》卷四《前紀四·因提紀·皇覃氏》至政之謂時，至變之謂世，時政再而僊，世變三而復，三變則百年矣。子曰：善人爲邦百年，亦可以勝殘去殺矣！勝殘去殺，宜若小然，今也善人爲之，猶有待於百年何邪？世變之道然也。

（宋）羅泌《路史》卷五《前紀五·因提紀·有巢氏》是故，善去兵者不去兵，道德仁義素著於躬，禮樂教化日漸於民。其所以爲萬世帝王之業者，固自有定。然一罅之或闕，則固將有乘之者出，此卒伍之法。蒐閱之時，擊刺之具，侵伐之典，所以必修明於閑暇之日，謂之有政。俎豆之中，有軍之容，固非徒俎豆也。干戚之内，有兵之備，固非徒干戚也。有軍之容，是故萊人不得以兵刼，有兵之備，是故苗民不敢以勢抗。

（宋）羅泌《路史》卷一〇《後紀一·禪通紀·太昊紀上》君之所謂良臣，古之所謂民賊也。依勢作威，倚法以削，聖人之所甚疾。是故，與其有聚斂之臣，寧有盗臣。盗者不過於欲利，而聚斂者，離吾之赤子者也。制其田産，教之樹畜，道其妻子，使養其老。施仁政，省刑罰，正經界，薄稅斂。深耕易耨，不違其時，壯者以暇日脩其孝悌忠信。斯民親其上，死其長矣。食之以時用之以禮，則財不可勝用矣。信能行此，則四海之民仰之如父母，如此則無敵於天下矣。

（宋）羅泌《路史》卷一三《後紀四·禪通紀·帝柱》 老子曰：民不畏死，奈之何以死懼之？ 刑法以治盗賊，法令滋章，盗賊多有。何者民窮則不畏死？ 法令奚施焉。今有二舟，一實而一虚，相薄於中流，虚者，恃其無傷也，盛鬬而俱覆焉。今天下剽掠者，莫非虚舟也？ 而法令奚施焉。是以先王之時，民以里居，田以井授，翹農抑末，所以處之者至矣。凶年饑歲爲之荒政以聚之，散利薄征，緩刑，弛力，使之家給人足。豈復有盛鬬之患哉！

（漢）袁康《越絶書》卷四《計倪内經》 計倪對曰：太陰三歲處金則穰，三歲處水則毁，三歲處木則康，三歲處火則旱。故散有時積，糴有時領，則決萬物不過三歲而發矣。以智論之，以決斷之，以道佐之。斷長續短，一歲再倍，其次一倍，其次而反。水則資車，旱則資舟，物之理也。天下六歲一穰，六歲一康，凡十二歲一饑，是以民相離也。故聖人早知天地之反，爲之預備。故湯之時，比七年旱而民不饑；禹之時，比九年水而民不流。其主能通習源流，以任賢使能，則轉轂乎千里外，貨可來也；不習，則百里之内，不可致也。人主所求，其價十倍；其所擇者，則無價矣。夫人主利源流，非必身爲之也。視民所不足，及其有餘，爲之命以利之。而來諸侯，守法度，任賢使能，償其成事，傳其驗而已。如此，則邦富兵强而不衰矣。群臣無空恭之禮、淫佚之行，務有於道術。不習源流，又不任賢使能，諫者則誅，則邦貧兵弱。刑繁，則群臣多空恭之禮、淫佚之行矣。夫諛者反有德，忠者反有刑，去刑就德，人之情也。邦貧兵弱致亂，雖有聖臣，亦不諫也，務在諛主而已矣。今夫萬民有明父母，亦如邦有明主。父母利源流，明其法術，以任賢子，徼成其事而已，則家富而不衰矣。不能利源流，又不任賢子，賢子有諫者憎之，如此者，不習於道術也。愈信其意而行其言，後雖有敗，不自過也。夫父子之爲親也，非得不諫。諫而不聽，家貧致亂，雖有聖子亦不治也，務在於諛之而已。父子不和，兄弟不調，雖欲富也，必貧而日衰。

《國語》卷六《齊語》 桓公曰：伍鄙若何？ 管子對曰：相地而衰征，則民不移；政不旅舊，則民不偷；山澤各致其時，則民不苟；陸、阜、陵、墐、井、田、疇均，則民不憾；無奪民時，則百姓富；犧牲不略，則牛羊遂。

《史記》卷六《秦始皇本紀》 秦王足己不問，遂過而不變。二世受之，因而不改，暴虐以重禍。子嬰孤立無親，危弱無輔。三主惑而終身不悟，亡，不亦宜乎？ 當此時也，世非無深慮知化之士也，然所以不敢盡忠拂過者，秦俗多忌諱之禁，忠言未卒於口而身爲戮没矣。故使天下之士，傾耳而聽，重足而立，拑口而不言。是以三主失道，忠臣不敢諫，智士不敢謀，天下已亂，姦不上聞，豈不哀哉！ 先王知雍蔽之傷國也，故置公卿大夫士，以飾法設刑，而天下治。其彊也，禁暴誅亂而天下服。其弱也，五伯征而諸侯從。其削也，内守外附而社稷存。故秦之盛也，繁法嚴刑而天下振；及其衰也，百姓怨望而海内畔矣。故周五序得其道，而千餘歲不絶。秦本末並失，故不長久。由此觀之，安危之統相去遠矣。野諺曰前事之不忘，後事之師也。是以君子爲國，觀之上古，驗之當世，參以人事，察盛衰之理，審權勢之宜，去就有序，變化有時，故曠日長久而社稷安矣。

《史記》卷二三《禮書》 人道經緯萬端，規矩無所不貫，誘進以仁義，束縛以刑罰，故德厚者位尊，禄重者寵榮，所以總一海内而整齊萬民也。人體安駕乘，爲之金輿錯衡以繁其飾；目好五色，爲之黼黻文章以表其能；耳樂鐘磬，爲之調諧八音以蕩其心；口甘五味，爲之庶羞酸鹹以致其美；情好珍善，爲之琢磨圭璧以通其意。故大路越席，皮弁布裳，朱弦洞越，大羹玄酒，所以防其淫侈，救其彫敝。是以君臣朝廷尊卑貴賤之序，下及黎庶車輿衣服宫室飲食嫁娶喪祭之分，事有宜適，物有節文。

《史記》卷二八《封禪書》 始皇封禪之後十二歲，秦亡。諸儒生疾秦焚《詩》《書》，誅僇文學，百姓怨其法，天下畔之，皆譌曰：始皇上泰山，爲暴風雨所擊，不得封禪。此豈所謂無其德而用事者邪？

《史記》卷八七《李斯列傳》 故申子曰：有天下而不恣睢，命之曰以天下爲桎梏者，無他焉，不能督責，而顧以其身勞於天下之民，若堯、禹然，故謂之桎梏也。夫不能修申、韓之明術，行督責之道，專以天下自適也，而徒務苦形勞神，以身徇百姓，則是黔首之役，非畜天下者也，何足貴哉！ 夫以人徇己，則己貴而人賤；以己徇人，則己賤而人貴。故徇人者賤，而人所徇者貴，自古及今，未有不然者也。凡古之所爲尊賢者，爲其貴也；而所爲惡不肖者，爲其賤也。而堯、禹以身徇天下者也，因隨而尊之，則亦失所爲尊賢之心矣，夫可謂大繆矣。謂之爲桎梏，不亦宜乎？不能督責之過也。

《史記》卷一二二《酷吏列傳》 孔子曰：導之以政，齊之以刑，民免而無恥。導之以德，齊之以禮，有恥且格。老氏稱：上德不德，是以有德；下德不失德，是以無德。法令滋章，盜賊多有。太史公曰：信哉是言也！法令者治之具，而非制治清濁之源也。昔天下之網嘗密矣，然姦僞萌起，其極也，上下相遁，至於不振。當是之時，吏治若救火揚沸，非武健嚴酷，惡能勝其任而愉快乎！言道德者，溺其職矣。故曰：聽訟，吾猶人也，必也使無訟乎。下士聞道大笑之。非虛言也。漢興，破觚而爲圜，斲雕而爲朴，網漏於吞舟之魚，而吏治烝烝，不至於姦，黎民艾安。由是觀之，在彼不在此。

《漢書》卷二三《刑法志》 宣帝自在閭閻而知其若此，及即尊位，廷史路温舒上疏，言秦有十失，其一尚存，治獄之吏是也。語在《温舒傳》。上深愍焉，乃下詔曰：間者吏用法，巧文寖深，是朕之不德也。夫決獄不當，使有罪興邪，不辜蒙戮，父子悲恨，朕甚傷之。今遣廷史與郡鞠獄，任輕祿薄，其爲置廷平，秩六百石，員四人。其務平之，以稱朕意。於是選于定國爲廷尉，求明察寬恕黄霸等以爲廷平，季秋後請讞。時上常幸宣室，齋居而決事，獄刑號爲平矣。時涿郡太守鄭昌上疏言：聖王置諫爭之臣者，非以崇德，防逸豫之生也；立法明刑者，非以爲治，救衰亂之起也。今明主躬垂明聽，雖不置廷平，獄將自正；若開後嗣，不若删定律令。律令一定，愚民知所避，姦吏無所弄矣。今不正其本，而置廷平以理其末也，政衰聽怠，則廷平將招權而爲亂首矣。宣帝未及修正。

《漢書》卷三六《楚元王傳》 昔唐虞既衰，而三代迭興，聖帝明王，累起相襲，其道甚著。周室既微而禮樂不正，道之難全也如此。是故孔子憂道之不行，歷國應聘。自衛反魯，然後樂正。《雅》、《頌》乃得其所；脩《易》序《書》，制作《春秋》。以紀帝王之道。及夫子没而微言絶，七十子終而大義乖。重遭戰國，棄籩豆之禮，理軍旅之陳，孔氏之道抑，而孫吴之術興。陵夷至於暴秦，燔經書，殺儒士，設挾書之法，行是古之罪，道術由是遂滅。漢興，去聖帝明王遐遠，仲尼之道又絶，法度無所因襲。時獨有一叔孫通略定禮儀，天下唯有《易》卜，未有它書。至孝惠之世，乃除挾書之律。

《漢書》卷四八《賈誼傳》 是時，匈奴彊，侵邊。天下初定，制度疏闊。諸侯王僭儗，地過古制，淮南、濟北王皆爲逆誅。誼數上疏陳政事，多所欲匡建，其大略曰：臣竊惟事勢，可爲痛哭者一，可爲流涕者二，可爲長太息者六，若其它背理而傷道者，難徧以疏舉。進言者皆曰天下已安已治矣，臣獨以爲未也。曰安且治者，非愚則諛，皆非事實知治亂之體者也。夫抱火厝之積薪之下而寢其上，火未及燃，因謂之安，方今之勢，何以異此！本末舛逆，首尾衡決，國制搶攘，非甚有紀，胡可謂治！陛下何不壹令臣得孰數之於前，因陳治安之策，試詳擇焉！

夫射獵之娱，與安危之機孰急？使爲治勞智慮，苦身體，乏鍾鼓之樂，勿爲可也。樂與今同，而加之諸侯軌道，兵革不動，民保首領，匈奴賓服，四荒鄉風，百姓素朴，獄訟衰息。大數既得，則天下順治，海内之氣，清和咸理，生爲明帝，没爲明神，名譽之美，垂於無窮。《禮》祖有功而宗有德，使顧成之廟稱爲太宗，上配太祖，與漢亡極。建久安之勢，成長治之業，以承祖廟，以奉六親，至孝也；以幸天下，以育羣生，至仁也；立經陳紀，輕重同得，後可以爲萬世法程，雖有愚幼不肖之嗣，猶得蒙業而安，至明也。以陛下之明達，因使少知治體者得佐下風，致此非難也。其具可素陳於前，願幸無忽。臣謹稽之天地，驗之往古，按之當今之務，日夜念此至孰也，雖使禹舜復生，爲陛下計，亡以易此。

夫樹國固必相疑之勢，下數被其殃，上數爽其憂，甚非所以安上而全下也。今或親弟謀爲東帝，親兄之子西鄉而擊，今吴又見告矣。天子春秋鼎盛，行義未過，德澤有加焉，猶尚如是，况莫大諸侯，權力且十此者虖！

然而天下少安，何也？大國之王幼弱未壯，漢之所置傅相方握其事。數年之後，諸侯之王大抵皆冠，血氣方剛，漢之傅相稱病而賜罷，彼自丞尉以上偏置私人，如此，有異淮南、濟北之爲邪！此時而欲爲治安，雖堯舜不治。

黄帝曰：日中必熭，操刀必割。今令此道順而全安，甚易，不肯早爲，已乃墮骨肉之屬而抗剄之，豈有異秦之季世虖！夫以天子之位，乘今之時，因天之助，尚憚以危爲安，以亂爲治，假設陛下居齊桓之處，將不合諸侯而匡天下乎？臣又以知陛下有所必不能矣。假設天下如曩時，淮陰侯尚王楚，黥布王淮南，彭越王梁，韓信王韓，張敖王趙，貫高爲相，盧綰王燕，陳豨在代，令此六七公者皆亡恙，當是時而陛下即天子位，能自安乎？臣有以知陛下之不能也。天下殽亂，高皇帝與諸公併起，非有仄室之勢以豫席之也。諸公幸者，乃爲中涓，其次廑得舍人，材之不逮至遠也。高皇帝以明聖威武即天子位，割膏腴之地以王諸公，多者百餘城，少者乃三四十縣，惪至渥也，然其後十年之間，反者九起。陛下之與諸公，非親角材而臣之也，又非身封王之也，自高皇帝不能以是一歲爲安，故臣知陛下之不能也。然尚有可諉者，曰疏，臣請試言其親者。假令悼惠王王齊，元王王楚，中子王趙，幽王王淮陽，共王王梁，靈王王燕，厲王王淮南，六七貴人皆亡恙，當是時陛下即位，能爲治虖？臣又知陛下之不能也。若此諸王，雖名爲臣，實皆有布衣昆弟之心，慮亡不帝制而天子自爲者。擅爵人，赦死罪，甚者或戴黄屋，漢法令非行也。雖行不軌如厲王者，令之不肯聽，召之安可致乎！幸而來至，法安可得加！動一親戚，天下圜視而起，陛下之臣雖有悍如馮敬者，適啓其口，匕首已陷其匈矣。陛下雖賢，誰與領此？故疏者必危，親者必亂，已然之效也。其異姓負彊而動者，漢已幸勝之矣，又不易其所以然。同姓襲是跡而動，既有徵矣，其勢盡又復然。殃旤之變，未知所移，明帝處之尚不能以安，後世將如之何！

屠牛坦一朝解十二牛，而芒刃不頓者，所排擊剝割，皆衆理解也。至於髖髀之所，非斤則斧。夫仁義恩厚，人主之芒刃也；權勢法制，人主之斤斧也。今諸侯王皆衆髖髀也，釋斤斧之用，而欲嬰以芒刃，臣以爲不缺則折。胡不用之淮南、濟北？勢不可也。

臣竊跡前事，大抵彊者先反。淮陰王楚最彊，則最先反；韓信倚胡，則又反；貫高因趙資，則又反；陳豨兵精，則又反；彭越用梁，則又反；黥布用淮南，則又反；盧綰最弱，最後反。長沙乃在二萬五千戶耳，功少而最完，勢疏而最忠，非獨性異人也，亦形勢然也。曩令樊、酈、絳、灌據數十城而王，今雖以殘亡可也；令信、越之倫列爲徹侯而居，雖至今存可也。然則天下之大計可知已。欲諸王之皆忠附，則莫若令如長沙王；欲臣子之勿菹醢，則莫若令如樊、酈等；欲天下之治安，莫若衆建諸侯而少其力。力少則易使以義，國小則亡邪心。令海內之勢如身之使臂，臂之使指，莫不制從，諸侯之君不敢有異心，輻湊並進而歸命天子，雖在細民，且知其安，故天下咸知陛下之明。割地定制，令齊、趙、楚各爲若干國，使悼惠王、幽王、元王之子孫畢以次各受祖之分地，地盡而止，及燕、梁它國皆然。其分地衆而子孫少者，建以爲國，空而置之，須其子孫生者，舉使君之。諸侯之地其削頗入漢者，爲徙其侯國及封其子孫也，所以數償之；一寸之地，一人之衆，天子亡所利焉，誠以定治而已，故天下咸知陛下之廉。地制壹定，宗室子孫莫慮不王，下無倍畔之心，上無誅伐之志，故天下咸知陛下之仁。法立而不犯，令行而不逆，貫高、利幾之謀不生，柴奇、開章之計不萌，細民鄉善，大臣致順，故天下咸知陛下之義。臥赤子天下之上而安，植遺腹，朝委裘，而天下不亂，當時大治，後世誦聖。壹動而五業附，陛下誰憚而久不爲此？

《漢書》卷四九《鼂錯傳》 後詔有司舉賢良文學士，錯在選中。上親策詔之，【略】。

錯對曰：【略】。

詔策曰：直言極諫，愚臣竊以五伯之臣明之。臣聞五伯不及其臣，故屬之以國，任之以事。五伯之佐之爲人臣也，察身而不敢誣，奉法令不容私，盡心力不敢矜，遭患難不避死，見賢不居其上，受祿不過其量，不以亡能居尊顯之位。自行若此，可謂方正之士矣。其立法也，非以苦民傷衆而爲之機陷也，以之興利除害，尊主安民而救暴亂也。其行賞也，非虛取民財妄予人也，以勸天下之忠孝而明其功也。故功多者賞厚，功少者賞薄。如此，斂民財以顧其功，而民不恨者，知與而安己也。其行罰也，非以忿怒妄誅而從暴心也，以禁天下不忠不孝而害國者也。故辠大者罰重，辠小者罰輕。如此，民雖伏罪至死而不怨者，知罪罰之至，自取之也。立法若此，可謂平正之吏矣。法之逆者，請而更之，不以傷民；主行之暴者，逆而復之，不以傷國。救主之失，補主之過，揚主之美，明主之功，使主內亡邪辟之行，外亡騫汙之名。事君若此，可謂直言極諫之士矣。此五伯之所以德匡天下，威正諸侯，功業甚美，名聲章明。舉天下之賢主，五伯與焉，此身不及其臣而使得直言極諫補其不逮之功也。今陛下人民之衆，威武之重，德惠之厚，令行禁止之勢，萬萬於五伯，而賜愚臣策曰匡朕之不逮，愚臣何足以識陛下之高明而奉承之！

詔策曰：吏之不平，政之不宣，民之不寧，愚臣竊以秦事明之。臣聞秦始并天下之時，其主不及三王，而臣不及其佐，然功力不遲者，何也？地形便，山川利，財用足，民利戰。其所與並者六國，六國者，臣主皆不肖，謀不輯，民不用，故當此之時，秦最富彊。夫國富彊而鄰國亂者，帝王之資也，故秦能兼六國，立爲天子。當此之時，三王之功不能進焉。及其末塗之衰也，任不肖而信讒賊；宫室過度，耆慾亡極，民力罷盡，賦斂不節；矜奮自賢，羣臣恐諛，驕溢縱恣，不顧患禍；妄賞以隨（善）〔喜〕意，妄誅以快怒心，法令煩憯，刑罰暴酷，輕絶人命，身自射殺；天下寒心，莫安其處。姦邪之吏，乘其亂法，以成其威，獄官主斷，生殺自恣。上下瓦解，各自爲制。秦始亂之時，吏之所先侵者，貧人賤民也；至其中節，所侵者富人吏家也；及其末塗，所侵者宗室大臣也。是故親疏皆危，外内咸怨，離散逋逃，人有走心。陳勝先倡，天下大潰，絶祀亡世，爲異姓福。此吏不平，政不宣，民不寧之禍也。今陛下配天象地，覆露萬民，絶秦之迹，除其亂法；躬親本事，廢去淫末；除苛解嬈，寬大愛人；肉刑不用，辠人亡帑；非謗不治，鑄錢者除；通關去塞，不孼諸侯；賓禮長老，愛衈少孤；辠人有期，後宫出嫁；尊賜孝悌，農民不租；明詔軍師，愛士大夫，求進方正，廢退姦邪；除去陰刑，害民者誅；憂勞百姓，列侯就都；親耕節用，視民不奢。所爲天下興利除害，變法易故，以安海内者，大功數十，皆上世之所難及，陛下行之，道純德厚，元元之民幸矣。

《漢書》卷五一《路温舒傳》 元鳳中，廷尉光以治詔獄，請温舒署奏曹掾，守廷尉史。會昭帝崩，昌邑王賀廢，宣帝初即位，温舒上書，言宜尚德緩刑。其辭曰：

臣聞齊有無知之禍，而桓公以興；晉有驪姬之難，而文公用伯。近世趙王不終，諸吕作（難）〔亂〕，而孝文爲大宗。繇是觀之，禍亂之作，將以開聖人也。故桓文扶微興壞，尊文武之業，澤加百姓，功潤諸侯，雖不及三王，天下歸仁焉。文帝永思至惪，以承天心，崇仁義，省刑罰，通關梁，一遠近，敬賢如大賓，愛民如赤子，内恕情之所安，而施之於海内，是以囹圄空虚，天下太平。夫繼變化之後，必有異舊之恩，此賢聖所以昭天命也。往者，昭帝即世而無嗣，大臣憂戚，焦心合謀，皆以昌邑尊親，援而立之。然天不授命，淫亂其心，遂以自亡。深察禍變之故，乃皇天之所以開至聖也。故大將軍受命武帝，股肱漢國，披肝膽，決大計，黜亡義，立有德，輔天而行，然後宗廟以安，天下咸寧。

臣聞《春秋》正即位，大一統而慎始也。陛下初登至尊，與天合符，宜改前世之失，正始受（命）之統，滌煩文，除民疾，存亡繼絶，以應天意。

臣聞秦有十失，其一尚存，治獄之吏是也。秦之時，羞文學，好武勇，賤仁義之士，貴治獄之吏；正言者謂之誹謗，遏過者謂之妖言。故盛服先生不用於世，忠良切言皆鬱於胸，譽諛之聲日滿於耳；虚美熏心，實禍蔽塞。此乃秦之所以亡天下也。方今天下賴陛下恩厚，亡金革之危，飢寒之患，父子夫妻勠力安家，然太平未洽者，獄亂之也。夫獄者，天下之大命也，死者不可復生，𢇍者不可復屬。《書》曰：與其殺不辜，寧失不經。今治獄吏則不然，上下相敺，以刻爲明；深者獲公名，平者多後患。故治獄之吏皆欲人死，非憎人也，自安之道在人之死。是以死人之血流離於市，被刑之徒比肩而立，大辟之計歲以萬數，此仁聖之所以傷也。太平之未洽，凡以此也。夫人情安則樂生，痛則思死。棰楚之下，何求而不得？故囚人不勝痛，則飾辭以視之；吏治者利其然，則指道以明之；上奏畏卻，則鍛練而周内之。蓋奏當之成，雖咎繇聽之，猶以爲死有餘辜。何則？成練者衆，文致之罪明也。是以獄吏專爲深刻，殘賊而亡極，媮爲一切，不顧國患，此世之大賊也。故俗語曰：畫地爲獄，議不入；刻木爲吏，期不對。此皆疾吏之風，悲痛之辭也。故天下之患，莫深於獄；敗法亂正，離親塞道，莫甚乎治獄之吏。此所謂一尚存者也。

臣聞烏鳶之卵不毁，而後鳳凰集；誹謗之罪不誅，而後良言進。故古人有言：山藪藏疾，川澤納汙，瑾瑜匿惡，國君含詬。唯陛下除誹謗以招切言，開天下之口，廣箴諫之路，掃亡秦之失，尊文武之惪，省法制，寬刑罰，以廢治獄，則太平之風可興於世，永履和樂，與天亡極，天下幸甚。上善其言，遷廣陽私府長。

《漢書》卷五八《公孫弘傳》 臣聞之，仁者愛也，義者宜也，禮者所履也，智者術之原也。致利除害，兼愛無私，謂之仁；明是非，立可否，謂之義；進退有度，尊卑有分，謂之禮；擅殺生之柄，通〔壅〕塞之塗，權輕重之數，論得失之道，使遠近情偽必見於上，謂之術。凡此四者，治之本，道之用也，皆當設施，不可廢也。得其要，則天下安樂，法設而不用，不得其術，則主蔽於上，官亂於下。此事之情，屬統垂業之本也。

（清）浦起龍《史通通釋》卷二《世家》：當漢氏之有天下也，其諸侯與古不同。夫古者諸侯，皆即位建元，專制一國，綿綿瓜瓞，卜世長久。至於漢代則不然。其宗子稱王者，皆受制京邑，自同州郡；異姓封侯者，必從宦一作官。天朝，不臨方域。漢初不盡然。或傳國唯止一身，或襲爵才經數世，雖名班一多爵字，非。胙土，而禮異人君，必編世家，實同列傳。而馬遷强加別録，以類相從，雖得畫一之宜，詎識隨時之義？釋：第三駁，專舉漢封爲言。隨時二字，具有通識。

《後漢書》卷六二《荀悦傳》：時政移曹氏，天子恭己而已。悦志在獻替，而謀無所用，乃作《申鑒》五篇。其所論辯，通見政體，既成而奏之。其大略曰：

夫道之本，仁義而已矣。五典以經之，羣籍以緯之，詠之歌之，弦之舞之，前監既明，後復申之。故古之聖王，其於仁義也，申重而已。

致政之術，先屏四患，乃崇五政。一曰偽，二曰私，三曰放，四曰奢。偽亂俗，私壞法，放越軌，奢敗制。四者不除，則政末由行矣。夫俗亂則道荒，雖天地不得保其性矣；法壞則世傾，雖人主不得守其度矣；軌越則禮亡，雖聖人不得全其道矣；制敗則欲肆，雖四表不得充其求矣。是謂四患。

興農桑以養其（性）〔生〕，審好惡以正其俗，宣文教以章其化，立武備以秉其威，明賞罰以統其法。是謂五政。

人不畏死，不可懼以罪。人不樂生，不可勸以善。雖使契布五教，皋陶作士，政不行焉。故在上者先豐人財以定其志，帝耕籍田，后桑蠶宮，國無遊人，野無荒業，財不賈用，力不妄加，以周人事。是謂養生。

君子之所以動天地，應神明，正萬物而成王化者，必乎真定而已。故在上者審定好醜焉。善惡要乎功罪，毀譽効於準驗。聽言責事，舉名察實，無惑詐偽，以蕩衆心。故事無不覈，物無不切，善無不顯，惡無不章，俗無姦怪，民無淫風。百姓上下覩利害之存乎己也，故肅恭其心，慎修其行，內不回惑，外無異望，則民志平矣。是謂正俗。

君子以情用，小人以刑用。榮辱者，賞罰之精華也。故禮教榮辱，以加君子，化其情也；桎梏鞭撲，以加小人，化其刑也。君子不犯辱，况於刑乎！小人不忌刑，况於辱乎！若教化之廢，推中人而墜於小人之域；教化之行，引中人而納於君子之塗。是謂章化。小人之情，緩則驕，驕則恣，恣則怨，怨則叛，危則謀亂，安則思欲，非威强無以懲之。故在上者，必有武備，以戒不虞，以遏寇虐。安居則寄之內政，有事則用之軍旅。是謂秉威。

賞罰，政之柄也。明賞必罰，審信慎令，賞以勸善，罰以懲惡。人主不妄賞，非徒愛其財也，賞妄行則善不勸矣。不妄罰，非矜其人也，罰妄行則惡不懲矣。賞不勸謂之止善，罰不懲謂之縱惡。在上者能不止下爲善，不縱下爲惡，則國法立矣。是謂統法。

四患既蠲，五政又立，行之以誠，守之以固，簡而不怠，疏而不失，無爲爲之，使自施之，無事事之，使自交之。不肅而成，不嚴而化，垂拱揖讓，而海內平矣。是謂爲政之方。

《三國志》卷一二《魏志・何夔傳》〔裴松之注〕孫盛曰：夫君使臣以禮，臣事君以忠，是以上下休嘉，道光化洽。公府掾屬，古之造士也，必擢時儁，搜揚英逸，得其人則論道之任隆，非其才則覆餗之患至。苟有疵釁，刑黜可也。加其捶扑之罰，肅以小懲之戒，豈導之以德，齊之以禮之謂與！然士之出處，宜度德投趾；可不之節，必審於所蹈。故高尚之徒，抗心於青雲之表，豈王侯之所能臣，名器之所羈紲哉！自非此族，委身世塗，否泰榮辱，制之由時，故箕子安於孥戮，柳下夷於三黜，蕭何、周勃亦在縲紲，夫豈不辱，君命故也。夔知時制，而甘其寵，挾藥要君，以避微恥。《詩》云唯此褊心，何夔其有焉。

《晉書》卷四六《劉頌傳》：頌在郡上疏曰：

臣昔忝河內，臨辭受詔：卿所言悉要事，宜大小數以聞。恒苦多事，或不能悉有報，勿以爲疑。臣受詔之日，喜懼交集，益思自竭，用忘其鄙，願以螢燭，增暉重光。到郡草具所陳如左，未及書上，會臣嬰丁天罰，寢頓累年，今謹封上前事。臣雖才不經國，言淺多違，猶願陛下垂省，使臣微誠得經聖鑒，不總棄於常案。如有足採，冀補萬一。

伏見詔書，開啓土宇，以支百世，封建戚屬，咸出之藩，夫豈不懷，公理然也。樹國全制，始成于今，超秦、漢、魏氏之局節，紹五帝三代之絶跡。功被無外，光流後裔，巍巍盛美，三五之君殆有慚德。何則？彼因自然而就之，異乎絶跡之後更創之。雖然，封幼稚皇子于吴蜀，臣之愚慮，謂未盡善。夫吴越剽輕，庸蜀險絶，此故變釁之所出，易生風塵之地。且自吴平以來，東南六州將士更守江表，此時之至患也。又内兵外守，吴人有不自信之心，宜得壯主以鎮撫之，使内外各安其舊。又孫氏爲國，文武衆職，數擬天朝，一旦堙替，同于編户。不識所蒙更生之恩，而災困逼身，自謂失地，用懷不靖。今得長王以臨其國，隨才授任，文武並敍，士卒百役不出其鄉，求富貴者取之于國内。内兵得散，新邦又安，兩獲其所，於事爲宜。宜取同姓諸王年二十以上人才高者，分王吴蜀。以其去近就遠，割裂土宇，令倍於舊。以徙封故地，用王幼稚，須皇子長乃遣君之，於是無晚也。急所須地，交得長主，此事宜也。臣所陳封建，今大義已舉，然餘衆事，儻有足採，以參成制，故皆并列本事。

臣聞：不憚危悔之患，而願獻所見者，盡忠之臣也；垂聽逆耳，甘納苦言者，濟世之君也。臣以期運，幸遇無諱之朝。雖嘗抗疏陳辭，氾論政體，猶未悉所見，指言得失，徒荷恩寵，不異凡流。臣竊自愧，不盡忠規，無以上報，謹列所見如左。臣誠未自許所言必當，然要以不隱所懷爲上報之節。若萬一足採，則微臣更生之年；如皆瞽妄，則國之福也。願陛下缺半日之間，垂省臣言。

伏惟陛下雖應天順人，龍飛踐阼，爲創基之主，然所遇之時，實是叔世。何則？漢末陵遲，閹豎用事，小人專朝，君子在野，政荒衆散，遂以亂亡。魏武帝以經略之才，撥煩理亂，兼肅文教，積數十年，至于延康之初，然後吏清下順，法始大行。逮至文明二帝，奢淫驕縱，傾殆之主也。然内盛臺榭聲色之娱，外當三方英豪嚴敵，事成克舉，少有愆違，其故何也？實賴前緒，以濟勳業。然法物政刑，固已漸積矣。自嘉平之初，晉祚始基，逮于咸熙之末，其間累年。雖鈇鉞屢斷，翦除凶醜，然其存者咸蒙遭時之恩，不軌于法。泰始之初，陛下踐阼，其所服乘皆先代功臣之胤，非其子孫，則其曾玄。古人有言，膏粱之性難正，故曰時遇叔世。當此之秋，天地之位始定，四海洗心整綱之會也。然陛下猶以用才因宜，法寬有由，積之在素，異于漢魏之先；三祖崛起易朝之爲，未可一旦直繩御下，誠時宜也。然至所以爲政，矯世衆務，自宜漸出公塗，法正威斷，日遷就肅。譬由行舟，雖不横截迅流，然俄向所趣，漸靡而往，終得其濟。積微稍著，以至于今，可以言政。而自泰始以來，將三十年，政功美績，未稱聖旨，凡諸事業，不茂既往。以陛下明聖，猶未及叔世之弊，以成始初之隆，傳之後世，不無慮乎！意者，臣言豈不少概聖心夫！

顧惟萬載之事，理在二端。天下大器，一安難傾，一傾難正。故慮經後世者，必精目下之政，政安遺業，使數世賴之。若乃兼建諸侯而樹藩屏，深根固蒂，則祚延無窮，可以比跡三代。如或當身之政，遺風餘烈不及後嗣，雖樹親戚，而成國之制不建，使夫後世獨任智力以安大業。若未盡其理，雖經異時，憂責猶追在陛下，將如之何！願陛下善當今之政，樹不拔之勢，則天下無遺憂矣。

夫聖明不世及，後嗣不必賢，此天理之常也。故善爲天下者，任勢而不任人。任勢者，諸侯是也；任人者，郡縣是也。郡縣之察，小政理而大勢危；諸侯爲邦，近多違而遠慮固。聖王推終始之弊，權輕重之理，包彼小違以據大安，然後足以藩固内外，維鎮九服。夫武王聖主也，成王賢嗣也，然武王不恃成王之賢而廣封建者，慮經無窮也。且善言今者，必有驗之於古。唐虞以前，書文殘缺，其事難詳。至於三代，則並建明德，及興王之顯親，列爵五等，開國承家，以藩屏帝室，延祚久長，近者五六百歲，遠者僅將千載。逮至秦氏，罷侯置守，子弟不分尺土，孤立無輔，二世而亡。漢承周秦之後，雜而用之，前後二代各二百餘年。揆其封建不用，雖强弱不適，制度舛錯，不盡事中，然跡其衰亡，恒在同姓失職，諸侯微時，不在强盛。昔吕氏作亂，幸賴齊代之援，以寧社稷。七國叛逆，梁王捍之，卒弭其難。自是之後，威權削奪，諸侯止食租奉，甚者至乘牛車。是以王莽得擅本朝，遂其姦謀，傾蕩天下，毒流生靈。光武紹起，雖封樹子弟，而不建成國之制，祚亦不延。魏氏承之，圈閉親戚，幽囚子弟，是以神器速傾，天命移在陛下。長短之應，禍福之徵，可見於此。又魏氏雖正位居體，南面稱帝，然三方未賓，正朔有所不加，實有戰國相持之勢。大晉之興，宣帝定燕，太祖平蜀，陛下滅吳，可謂功格天地，土廣三王，舟車所至，人迹所及，皆爲臣妾，四海大同，始于今日。宜承大勳之籍，及陛下聖明之時，開啓土宇，使同姓必王，建久安於萬載，垂長世於無窮。

臣又聞國有任臣則安，有重臣則亂。而王制，人君立子以適不以長，立適以長不以賢，此事情之不可易者也。而賢明至少，不肖至衆，此固天理之常也。物類相求，感應而至，又自然也。是以闇君在位，則重臣盈朝；明后臨政，則任臣列職。夫任臣之與重臣，俱執國統而立斷者也。然成敗相反，邪正相背，其故何也？重臣假所資以樹私，任臣因所籍以盡公。盡公者，政之本也，樹私者，亂之源也。推斯言之，則泰日少，亂日多，政教漸穨，欲國之無危，不可得也。又非徒唯然而已。借令愚劣之嗣，蒙先哲之遺緒，得中賢之佐，而樹國本根不深，無幹輔之固，則所謂任臣者化而爲重臣矣。何則？國有可傾之勢，則執權者見疑，衆疑難以自信，而甘受死亡者非人情故也。若乃建基既厚，藩屏強禦，雖置幼君赤子而天下不懼，曩之所謂重臣者，今悉反忠而爲任臣矣。何則？理無危勢，懷不自猜，忠誠得著，不惕于邪故也。聖王知賢哲之不世及，故立相持之勢以御其臣。是以五等既列，臣無忠慢，同於竭節，以徇其上。羣后既建，繼體賢鄙，亦均一契，等於無慮。且樹國苟固，則所任之臣，得賢益理；次委中智，亦足以安。何則？勢固易持故也。

然則建邦苟盡其理，則無向不可。是以周室自成康以下，逮至宣王，宣王之後，到于赧王，其間歷載，朝無名臣，而宗廟不隕者，諸侯維持之也。故曰，爲社稷計，莫若建國。夫邪正逆順者，人心之所繫服也。今之建置，宜審量事勢，使諸侯率義而動，同忿俱奮，令其力足以維帶京邑。若包藏禍心，惕于邪而起，孤立無黨，所蒙之籍不足獨以有爲。然齊此甚難，陛下宜與達古今善識事勢之士深共籌之。建侯之理，使君樂其國，臣榮其朝，各流福祚，傳之無窮；上下一心，愛國如家，視百姓如子，然後能保荷天禄，兼翼王室。今諸王裂土，皆兼於古之諸侯，而君賤其爵，臣恥其位，莫有安志，其故何也？法同郡縣，無成國之制故也。今之建置，宜使率由舊章，一如古典。然人心繫常，不累十年，好惡未改，情願未移。臣之愚慮，以爲宜早創大制，遲回衆望，猶在十年之外，然後能令君臣各安其位，榮其所蒙，上下相持，用成藩輔。如今之爲，適足以虧天府之藏，徒棄穀帛之資，無補鎮國衛上之勢也。

古者封建既定，各有其國，後雖王之子孫，無復尺土，此今事之必不行者也。若推親疏，轉有所廢，以有所樹，則是郡縣之職，非建國之制。今宜豫開此地，令十世之內，使親者得轉處近。十世之遠，近郊地盡，然後親疏相維，不得復如十世之內，然猶樹親有所，遲天下都滿，已彌數百千年矣。今方始封而親疏倒施，甚非所宜。宜更大量天下土田方里之數，都更裂土分人，以王同姓，使親疏遠近不錯其宜，然後可以永安。古者封國，大者不過土方百里，然後人數殷衆，境内必盈其力，足以備充制度。今雖一國周環近將千里，然力實寡，不足以奉國典。所遇不同，故當因時制宜，以盡事適今。宜令諸王國容少而軍容多，然於古典所應有者悉立其制，然非急所須，漸而備之，不得頓設也。須車甲器械既具，羣臣乃服綵章；倉廩已實，乃營宮室；百姓已足，乃備官司；境内充實，乃作禮樂。唯宗廟社稷，則先建之。至於境内之政，官人用才，自非内史、國相命於天子，其餘衆職及死生之斷、穀帛資實、慶賞刑威，非封爵者，悉得專之。今臣所舉二端，蓋事之大較；其所不載，應在二端之屬者，以此爲率。今諸國本一郡之政耳，若備舊典，則官司以數，事所不須，而以虛制損實力。至于慶賞刑斷，所以衛下之權，不重則無以威衆人而衛上。故臣之愚慮，欲令諸侯權具，國容少而軍容多，然亦終於必備今事爲宜。

周之建侯，長享其國，與王者並，遠者僅將千載，近者猶數百年；漢之諸王，傳祚暨至曾玄。人性不甚相遠，古今一揆，而短長甚違，其故何邪？立意本殊而制不同故也。周之封建，使國重於君，公侯之身輕於社稷，故無道之君不免誅放。敦興滅繼絶之義，故國祚不泯。不免誅放，則羣后思懼；胤嗣必繼，是無亡國也。諸侯思懼，然後軌道，下無亡國，天子乘之，理勢自安，此周室所以長在也。漢之樹置君國，輕重不殊，故諸王失度，陷于罪戮，國隨以亡。不崇興滅繼絶之序，故下無固國。下無固國，天子居上，勢孤無輔，故姦臣擅朝，易傾大業。今宜反漢之弊，修周舊跡。國君雖或失道，陷于誅絶，又無子應除，苟有始封支胤，不問遠近，必紹其祚。若無遺類，則虛建之，須皇子生，以繼其統，然後建國無滅。又班固稱諸侯失國亦猶網密，今又宜都寬其檢。且建侯之理，本經盛衰，大制都定，班之羣后，著誓丹青，書之玉版，藏之金匱，置諸宗廟，副在有司。寡弱小國猶不可危，豈況萬乘之主！承難傾之邦而加其上，則自然永久居重固之安，可謂根深華嶽而四維之也。臣之愚，願陛下置天下于自安之地，寄大業于固成之勢，則可以無遺憂矣。

今閻閭少名士，官司無高能，其故何也？清議不肅，人不立德，行在取容，故無名士。下不專局，又無考課，吏不竭節，故無高能。無高能，則有疾世事；少名士，則後進無準，故臣思立吏課而肅清議。夫欲富貴而惡貧賤，人理然也。聖王大諳物情，知不可去，故直同公私之利，而詭其求道，使夫欲富者必先由貧，欲貴者必先安賤。安賤則不矜，不矜然後廉恥厲；守貧者必節欲，節欲然後操全。以此處務，乃得盡公。盡公者，富貴之徒也，爲無私者終得其私，故公私之利同也。今欲富者不由貧自得富，欲貴者不安賤自得貴，公私之塗既乖，而人情不能無私，私利不可以公得，則恒背公而橫務。是以風節日穨，公理漸替，人士富貴，非軌道之所得。以此爲政，小大難期。然教穨來既久，難反一朝。又世放都靡，營欲比肩，羣士渾然，庸行相似，不可頓肅，甚殊黜陟也。且教不求盡善，善在抑尤，同侈之中，猶有甚泰。使夫昧適情之樂者，捐其顯榮之貴，俄在不鮮之地；約己潔素者，蒙儉德之報，列于清官之上。二業分流，令各有蒙。然俗放都奢，不可頓肅，故臣私慮，願先從事於漸也。

天下至大，萬事至衆，人君至少，同于天日，故非垂聽所得周覽。是以聖王之化，執要而已，委務于下而不以事自嬰也。分職既定，無所與焉，非憚日昃之勤，而牽於逸豫之虞，誠以政體宜然，事勢致之也。何則？夫造創謀始，逆闇是非，以別能否，甚難察也。既以施行，因其成敗，以分功罪，甚易識也。易識在考終，難察在造始，故人君恒居其易則安，人臣不處其難則亂。今陛下每精事始而略于考終，故羣吏慮事懷成敗之懼輕，飾文采以避目下之譴重，此政功所以未善也。今人主能恒居易執要以御其下，然後人臣功罪形于成敗之徵，無逃其誅賞。故罪不可蔽，功不可誣。功不可誣，則能者勸；罪不可蔽，則違慢日肅，此爲國之大略也。臣竊惟陛下聖心，意在盡善，懼政有違，故精事始，以求無失。又以衆官勝任者少，故不委務，寧居日昃也。臣之愚慮，竊以爲今欲盡善，故宜考終。何則？精始難校故也。又羣官多不勝任，亦宜委務，使能者得以成功，不能者得以著敗。敗著可得而廢，功成可得遂任，然後賢能常居位以善事，闇劣不得以尸禄害政。如此不已，則勝任者漸多，經年少久，即羣司徧得其人矣。此校才考實政之至務也。今人主不委事仰成，而與諸下共造事始，則功罪難分。下不專事，居官不久，故能否不別。何以驗之？今世士人決不悉良能也，又決不悉疲軟也。然今欲舉一忠賢，不知所賞；求一負敗，不知所罰。及其免退，自以犯法耳，非不能也。登進者自以累資及人間之譽耳，非功實也。若謂不然，則當今之政未稱聖旨，此其徵也。陛下御今法爲政將三十年，而功未日新，其咎安在？古人有言：琴瑟不調，甚者必改而更張。凡臣所言，誠政體之常，然古今異宜，所遇不同。陛下縱未得盡仰成之理，都委務於下，至如今事應奏御者，蠲除不急，使要事得精可三分之二。

古者六卿分職，冢宰爲師。秦漢已來，九列執事，丞相都總。今尚書制斷，諸卿奉成，於古制爲重，事所不須，然今未能省并。可出衆事付外寺，使得專之，尚書爲其都統，若丞相之爲。惟立法創制，死生之斷，除名流徙，退免大事，及連度支之事，臺乃奏處。其餘外官皆專斷之，歲終臺閣課功校簿而已。此爲九卿造創事始，斷而行之，尚書書主，賞罰繩之，其勢必愈考成司非而已。於今親掌者動受成於上，上之所失，不得復以罪下，歲終事功不建，不知所責也。夫監司以法舉罪，獄官案劾盡實，法吏據辭守文，大較雖同，然至於施用，監司與夫法獄體宜小異。獄官唯實，法吏唯文，監司則欲舉大而略小。何則？夫細過微闕，謬妄之失，此人情之所必有，而悉糾以法，則朝野無全人，此所謂欲理而反亂者也。

故善爲政者綱舉而網疏，綱舉則所羅者廣，網疏則小必漏，所羅者廣則爲政不苛，此爲政之要也。而自近世以來，爲監司者，類大綱不振而微過必舉。微過不足以害政，舉之則微而益亂；大綱不振，則豪強橫肆，豪強橫肆，則百姓失職矣，此錯所急而倒所務之由也。今宜令有司反所常之政，使天下可善化。及此非難也，人主不善碎密之案，必責犯強舉尤之奏，當以盡公，則害政之姦自然禽矣。夫大姦犯政而亂兆庶之罪者，類出富強，而豪富者其力足憚，其貨足欲，是以官長顧勢而頓筆。下吏縱姦，懼所司之不舉，則謹密網以羅微罪。使奏劾相接，狀似盡公，而撓法不亮固已在其中矣。非徒無益於政體，清議乃由此而益傷。古人有言曰：君子之過，如日之蝕焉。又曰：過而能改。又曰：不貳過。凡此數者，皆是賢人君子不能無過之言也。苟不至於害政，則皆天網之所漏；所犯在甚泰，然後王誅所必加，此舉罪淺深之大例者也。

故君子得全美以善事，不善者必夷戮以警衆，此爲政誅赦之準式也。何則？所謂賢人君子，苟不能無過，小疵不可以廢其身，而輒繩以法，則愧於明時。何則？雖有所犯，輕重甚殊，於士君子之心受責不同而名不異者，故不軌之徒得引名自方，以惑衆聽，因名可亂，假力取直，故清議益傷也。凡舉過彈違，將以肅風論而整世教，今舉小過，清議益穨。是以聖人深識人情而達政體，故其稱曰：不以一眚掩大德。又曰：赦小過，舉賢才。又曰：無求備於一人。故冕而前旒，充纊塞耳，意在善惡之報必取其尤，然後簡而不漏，大罪必誅，法禁易全也。何則？害法在犯尤，而謹搜微過，何異放兕豹于公路，而禁鼠盜于隅隙。古人有言，鈇鉞不用而刀鋸日弊，不可以爲政，此言大事緩而小事急也。時政所失，少有此類，陛下宜反而求之，乃得所務也。

夫權制不可以經常，政乖不可以守安，此言攻守之術異也。百姓雖愚，望不虛生，必因時而發。有因而發，則望不可奪；事變異前，則時不可違。明聖達政，應赴之速，不及下車，故能動合事機，大得人情。昔魏武帝分離天下，使人役居戶，各在一方，既事勢所須，且意有曲爲。權假一時，以赴所務，非正典也。然逡巡至今，積年未改，百姓雖身丁其困，而私怨不生，誠以三方未悉蕩并，知時未可以求安息故也。是以甘役如歸，視險若夷。至于平吳之日，天下懷靜，而東南二方，六州郡兵，將士武吏，戍守江表，或給京城運漕，父南子北，室家分離，咸更不寧。又不習水土，運役勤瘁，並有死亡之患，勢不可久。此宜大見處分，以副人望。魏氏錯役，亦應改舊。此二者各盡其理，然黔首感恩懷德，謳吟樂生必十倍於今也。自董卓作亂以至今，近出百年，四海勤瘁，丁難極矣。六合渾并，始於今日，兆庶思寧，非虛望也。然古今異宜，所遇不同，誠亦未可以希遵在昔，放息馬牛；然使受百役者不出其國，兵備待事其鄉，實在可爲。縱復不得悉然爲之，苟盡其理，可靜三分之二，吏役可不出千里之內。但如斯而已，天下所蒙已不訾矣。

政務多端，世事之未盡理者，難徧以疏舉，振領總綱，要在三條。凡政欲靜，靜在息役，息役在無爲。倉廩欲實，實在利農，利農在平糴。爲政欲著信，著信在簡賢，簡賢在官久。官久非難也，連其班級，自非才宜，不得傍轉以終其課，則事善矣。平糴已有成制，其未備者可就周足，則穀積矣。無爲匪他，却功作之勤，抑似益而損之利。如斯而已，則天下靜矣。此三者既舉，雖未足以厚化，然可以爲安有餘矣。夫王者之利，在生天地自然之財，農是也。所立爲指於此，事誠有功益。苟或妨農，皆務所息，此悉似益而損之謂也。然今天下自有事所必須，不得止已，或用功甚少而所濟至重。目下爲之，雖少有廢，而計終已大益。農官有十百之利，及有妨害，在始似如未急，終作大患，宜逆加功，以塞其漸。如河汴將合，沈萊苟善，則役不可息。諸如此類，亦不得已已。然事患緩急，權計輕重，自非近如此類，準以爲率，乃可興爲，其餘皆務在靜息。然能善算輕重，權審其宜，知可興可廢，甚難了也，自非上智遠才，不幹此任。夫創業之美，動在垂統，使夫後世蒙賴以安。其爲安也，雖昏猶明，雖愚若智。濟世功者，實在善化之爲，要在靜國。至夫修飾官署，凡諸作役務爲恒傷過泰，不患不舉，此將來所不須於陛下而自能者也。至於仰蒙前緒，所憑日月者，實在遺風繫人心，餘烈匡幼弱，而今勤所不須，以傷所憑。鈞此二者，何務孰急，陛下少垂恩迴慮，詳擇所安，則大理盡矣。

世之私議，竊比陛下於孝文。臣以爲聖德隆殺，將在乎後，不在當今。何則？陛下龍飛鳳翔，應期踐阼，有創業之勳矣。掃滅强吴，奄征南海，又有之矣。以天子之貴，而躬行布衣之所難，孝儉之德，冠于百王，又有之矣。履宜無細，動成軌度，又有之矣。若善當身之政，建藩屏之固，使晉代久長，後世仰瞻遺跡，校功考事，實與湯武比隆，何孝文足云！臣之此言，非臣下褒上虛美常辭，其事實然。若所以資爲安之理，或未盡善，則恐良史書勳，不得遠盡弘美，甚可惜也。然不可使夫知政之士得參聖慮，經年少久，終必有成。願陛下少察臣言。

《宋書》卷二《武帝紀中》公表曰：

臣聞先王制治，九土攸序，分境畫疆，各安其居。在昔盛世，人無遷業，故井田之制，三代以隆。秦革斯政，漢遂不改，富强兼并，於是爲弊。然九服弗擾，所託成舊，在漢西京，大遷田、景之族，以實關中，即以三輔爲鄉閭，不復係之於齊、楚。自永嘉播越，爰託淮、海，朝有匡復之算，民懷思本之心，經略之圖，日不暇給。是以寧民綏治，猶有未遑。及至大司馬桓温，以民無定本，傷治爲深，庚戌土斷，以一其業。于時財阜國豐，實由於此。自兹迄今，彌歷年載，畫一之制，漸用頽弛。雜居流寓，閭伍弗修，王化所以未純，民瘼所以猶在。

臣荷重任，恥責實深，自非改調解張，無以濟治。夫人情滯常，難與慮始，所謂父母之邦以爲桑梓者，誠以生焉終焉，敬愛所託耳。今所居累世，墳壟成行，敬恭之誠，豈不與事而至。請準庚戌土斷之科，庶子本所弘，稍與事著。然後率之以仁義，鼓之以威武，超大江而跨黄河，撫九州而復舊土，則戀本之志，乃速申於當年，在始暫勤，要終所以能易。

伏惟陛下，垂矜萬民，憐其所失，永懷《鴻雁》之詩，思隆中興之業。既委臣以國重，期臣以寧濟，若所啓合允，請付外施行。

《宋書》卷五一《宗室傳・道憐》　太祖元嘉九年，詔曰：古者明王經國，司勳有典，平章以馭德刑，班瑞以疇功烈，銘徽庸於鼎彝，配祫祀於清廟。是以從饗先王，義存商誥，祭於大蒸，禮著周典。自漢迄晉，世崇其文，王猷既昭，幽顯咸秩。

《南齊書》卷四八《劉繪傳》　史臣曰：刑禮相望，勸戒之道，淺識言治，莫辯後先，故宰世之堤防，御民之羈絆。端簡爲政，貴在畫一，輕重屢易，手足無從。律令之本，文約旨曠，據典行罰，各用情求。舒慘之意既殊，寬猛之利亦異，辭有出没，義生增損。舊尹之事，政非一途，後主所是，即爲成用。張弛代積，稍至遷訛。故刑開二門，法有兩路，刀筆之態深，舞弄之風起。承喜怒之機隙，挾千金之奸利，剪韭復生，寧失有罪，抱木牢户，未必非冤。下吏上司，文簿從事，辯聲察色，莫用矜府，申枉理讞，急不在躬，案法隨科，幸無咎悔。至於郡縣親民，百務萌始，以情矜過，曾不待獄，以律定罪，無細非覺。蓋由網密憲煩，文理相背。夫懲恥難窮，盗賊長有，欲求猛勝，事在或然，掃墓高門，爲利孰遠。故永明定律，多用優寬，治物不患仁心，見累於弘厚，爲令貴在必行，而惡其舛雜也。

《魏書》卷一九中《景穆十二王傳・任城王》　御史中尉、東平王匡奏請取景明元年以來内外考簿、吏部除書、中兵勳案并諸殿最，欲以案校竊階盗官之人，靈太后許之。澄表曰：

臣聞三季之弊，由於煩刑；火德之興，在於三約。是以老聃云法令滋彰，盗賊多有，又曰其政察察，其民缺缺，又曰天網恢恢，疏而不漏。是故欲求治本，莫若省事清心。昔漢文斷獄四百，幾致刑措，省事所致也。蕭曹爲相，載其清静畫一之歌，清心之本也。今欲求之於本，宜以省事爲先，使在位群官，纂蕭曹之心，以毗聖化。如此，則上下相安，遠近相信，百司不怠，事無愆失。豈宜擾世教以深文，烹小鮮以煩手哉。

臣竊惟景明之初暨永平之末，内外羣官三經考課。逮延昌之始，方加黜陟。五品以上，引之朝堂，親決聖目；六品以下，例由敕判。自世宗晏駕，大宥三行，所以蕩除故意，與物更始。革世之事，方相窮覈，以臣愚見，謂爲不可。

又尚書職分，樞機出納。昔魏明帝卒至尚書門，陳矯亢辭，帝慚而返。夫以萬乘之重，非所宜行，猶屈一言，慚而回駕，羣官百司，而可相亂乎？故陳平不知錢穀之數，邴吉不問僵道之死，當時以爲達治，歷代用爲美談。但宜各守其職，思不出位，潔己以勵時，靖恭以致節。又尋御史之體，風聞是司，至於冒勳妄考，皆有處別，若一處有風謠，即應攝其一簿，研檢虚實，若差舛不同，僞情自露，然後繩以典刑，人孰不服。豈有移一省之案，取天下之簿，尋兩紀之事，窮革世之尤，如此求過，誰堪其罪！斯實聖朝所宜重慎也。靈太后納之，乃止。

《魏書》卷二四《張袞傳》　顯祖詔諸監臨之官，所監治受羊一口、酒一斛者，罪至大辟，與者以從坐論。糾告尚書已下罪狀者，各隨所糾官輕重而授之。白澤上表諫曰：伏見詔書，禁尚書以下受禮者刑身，糾之者代職。伏惟三載考績，黜陟幽明，斯乃不易之令軌，百王之通式。今之都曹，古之公卿也，皆翊扶萬幾，讚徽百揆，風化藉此而平，治道由兹而穆。且周之下士，尚有代耕，况皇朝貴仕，而服勤無報，豈所謂祖襲堯舜，憲章文武者乎？羊酒之罰，若行不已，臣恐姦人闚望，忠臣懈節。而欲使事静民安，治清務簡，至於委任責成，下民難辯。如臣愚量，請依律令舊法，稽同前典，班禄酬廉，首去亂群，常刑無赦。苟能如此，則升平之軌，期月可望，刑措之風，三年必致矣。顯祖納之。

又：太和初，懷州民伊祁苟初三十餘人謀反，將殺刺史。文明太后欲盡誅一城之民。白澤諫曰：臣聞上天愛物之生，明王重民之命，故殺一人而取天下，仁者不爲。且《周書》父子兄弟，罪不相及，今羣凶肆虐，轘裂誅盡，合城無辜，奈何極辟。不誣十室，而况一州，或有忠焉，或有仁者，若淫刑濫及，殺忠與仁，斯乃西伯所以歎息於九侯，孔子所以回輪於河上。伏惟聖德昭明殷鑒，水鏡前禮，止迅烈之怒，抑雷霆之威，則溥天知幸矣。昔厲防民口，卒滅宗姬；文聽輿頌，終摧强楚。願不以人廢言，留神省察。

《魏書》卷五一《呂羅漢傳》出爲鎮西將軍、秦益二州刺史。時仇池氐羌反，攻逼駱谷，鎮將吴保元走登百頃，請援於羅漢。羅漢帥步騎隨長孫觀掩擊氐羌，大破之，斬其渠帥，賊衆退散。詔羅漢曰：卿以勞勤獲敍，才能致用，内總禁旅，外臨方岳，褒寵之隆，可謂備矣。自非盡節竭誠，將何以垂名竹帛？仇池接近邊境，兵革屢興，既勞士卒，亦動民庶，皆由鎮將不明，綏禁不理之所致也。卿應機赴擊，殄此兇醜。隴右土險，民亦剛悍，若不導之以德，齊之以刑，寇賊莫由可息，百姓無以得靜。朕垂心治道，欲使遠近清穆，卿可召集豪右，擇其事宜，以利民爲先，益國爲本，隨其風俗，以施威惠。其有安土樂業、奉公勤私者，善加勸督，無奪時利。明相宣告，稱朕意焉。

《魏書》卷六八《甄琛傳》司徒、録尚書、彭城王勰，兼尚書邢巒等奏：琛之所列，富乎有言，首尾大備，或無可貶。但恐坐談則理高，行之則事闕，是用遲回，未謂爲可。竊惟古之善爲治者，莫不昭其勝途，悟其遠理，及於救世，升降稱時。欲令豐無過溢，儉不致弊，役養消息，備在厥中，節約取足，成其性命。如不爾者，焉用君爲？若任其生產，隨其啄食，便是芻狗萬物，不相有矣。自大道既往，恩惠生焉，下奉上施，卑高理睦。然恩惠既交，思拯之術廣，恒恐財不賙國，澤不厚民。故多方以達其情，立法以行其志。至乃取貨山川，輕在民之貢；立税關市，裨十一之儲。收此與彼，非利己也；回彼就此，非爲身也。所謂集天地之產，惠天地之民，籍造物之富，賑造物之貧。徹商賈給戎戰，賦四民贍軍國，取乎用乎，各有義已。禁此淵池，不專大官之御；斂此匹帛，豈爲後宮之資。既潤不在己，彼我理一，猶積而散之，將焉所吝？且税之本意，事有可求，固以希濟生民，非爲富賄藏貨。不爾者，昔之君子何爲然哉？是以後來經圖，未之或改。故先朝商校，小大以情，降鑒之流，疑興復鹽禁。然自行以來，典司多怠，出入之間，事不如法，遂令細民怨嗟，商販輕議，此乃用之者無方，非興之者有謬。至使朝廷明識，聽瑩其間，今而罷之，懼失前旨。一行一改，法若易棊，參論理要，宜依前式。詔曰：司鹽之税，乃自古通典，然興制利民，亦代或不同，苟可以富氓益化，唯理所在。甄琛之表，實所謂助政毗治也，可從其前計，使公私並宜，川利無擁。尚書嚴爲禁豪強之制也。

《隋書》卷二五《刑法志》刑者甲兵焉，鈇鉞焉，刀鋸鑽鑿，鞭扑榎楚，陳乎原野而肆諸市朝，其所由來，亦已久矣。若夫龍官之歲，鳳紀之前，結繩而不違，不令而人畏。五帝畫象，殊其衣服，三王肉刑，刻其膚體。若重華之眚災肆赦，文命之刑罰三千，而都君衈刑，尚奉唐堯之德，高密泣罪，猶懷虞舜之心。殷因以降，去德滋遠。若紂能遵成湯，不造炮格，設刑兼禮，守位依仁，則西伯斂轡，化爲田叟。周王立三刺以不濫，弘三宥以開物，成、康以四十二年之間，刑厝不用。薰風潛暢，頌聲遐舉，越裳重譯，萬里來歸。若乃魯接燕、齊，荆鄰鄭、晉，時之所尚，資乎辯舌，國之所恃，不在威刑。是以釁鼓夷蒐，宣尼致誚，既鑄刑辟，叔向貽書。夫勃澥之浸，沾濡千里，列國之政，豈周之膏潤者歟！秦氏僻自西戎，初平區夏，于時投戈棄甲，仰恩祈惠，乃落嚴霜於政教，揮流電於邦國，棄灰偶語，生愁怨於前，毒網凝科，害肌膚於後。玄鉞肆於朝市，赭服飄於路衢，將閭有一劍之哀，茅焦請列星之數。漢高祖初以三章之約，以慰秦人，孝文躬親玄默，遂疏天網。孝宣樞機周密，法理詳備，選于定國爲廷尉，黄霸以爲廷平。每以季秋之後，諸所請讞，帝常幸宣室，齋而決事，明察平恕，號爲寬簡。光武中興，不移其舊，是以二漢羣后，罕聞殘酷。魏武造易鈦之科，明皇施減死之令，中原凋敝，吴、蜀三分，哀矜折獄，亦所未暇。晉氏平吴，九州寧一，乃命賈充，大明刑憲。內以平章百姓，外以和協萬邦，實曰輕平，稱爲簡易。是以宋、齊方駕，轥其餘軌。若乃刑隨喜怒，道暌正直，布憲擬於秋荼，設網踰於朝脛，恣興夷翦，取快情靈，若隋高祖之揮刃無辜，齊文宣之輕刀臠割，此所謂匹夫私讎，非關國典。孔子曰：刑亂及諸政，政亂及諸身。心之所詣，則善惡之本原也。彪、約所製，無刑法篇，臧、蕭之書，又多漏略。是以撮其遺事，以至隋氏，附于篇云。

梁武帝承齊昏虐之餘，刑政多僻。既即位，乃制權典，依周、漢舊事，有罪者贖。其科，凡在官身犯，罰金。鞭杖杖督之罪，悉入贖停罰。其臺省令史士卒欲贖者，聽之。時欲議定律令，得齊時舊郎濟陽蔡法度，家傳律學，云齊武時，删定郎王植之，集注張、杜舊律，合爲一書，凡一千五百三十條，事未施行，其文殆滅。法度能言之。於是以爲兼尚書删定郎，使損益植之舊本，以爲《梁律》。天監元年八月，乃下詔曰：律令不一，實難去弊。殺傷有法，昏墨有刑，此蓋常科，易爲條例。至如三男一妻，懸首造獄，事非慮內，法出恒鈞。前王之律，後王之令，因循創附，良各有以。若遊辭費句，無取於實録者，宜悉除之，求文指歸，可適變者，載一家爲本，用衆家以附。丙丁俱有，則去丁以存丙。若丙丁二事，注釋不同，則二家兼載。咸使百司，議其可不，取其可安，以爲標例。宜云某等如干人同議，以此爲長，則定以爲《梁律》。留尚書比部，悉使備文，若班下州郡，止撮機要。可無二門侮法之弊。法度又請曰：魏、晉撰律，止關數人，今若皆諮列位，恐緩而無決。

《舊唐書》卷二《太宗紀上》〔貞觀二年六月辛卯〕詔曰：天地定位，君臣之義以彰；卑高既陳，人倫之道斯著。是用篤厚風俗，化成天下。雖復時經治亂，主或昏明，疾風勁草，芬芳無絕，剖心焚體，赴蹈如歸。夫豈不愛七尺之軀，重百年之命？諒由君臣義重，名教所先，故能明大節於當時，立清風於身後。至如趙高之殞二世，董卓之鴆弘農，人神所疾，異代同憤。況凡庸小豎，有懷凶悖，遐觀典策，莫不誅夷。長州刺史、長蛇縣男裴虔通，昔在隋代，委質晉藩，煬帝以舊邸之情，特相愛幸。遂乃志蔑君親，潛圖弑逆，密伺間隙，招結羣醜，長戟流矢，一朝竊發。天下之惡，孰云可忍！宜其夷宗焚首，以彰大戮。但年代異時，累逢赦令，可特免極刑，除名削爵，遷配驩州。

《舊唐書》卷七二《李百藥傳》　百藥上《封建論》曰：

臣聞經國庇民，王者之常制；尊主安上，人情之本方。思闡治定之規，以弘長世之業者，萬古不易，百慮同歸。然命曆有賒促之殊，邦家有理亂之異，遐觀載籍，論之詳矣。咸云周過其數，秦不及期，存亡之理，在於郡國。周氏以監夏、殷之長久，遵黃、唐之並建，維城盤石，深根固本，雖王綱弛廢，枝幹相持，故使逆節不生，宗祀不絕。秦氏背師古之訓，棄先王之道，踐華恃險，罷侯置守，子弟無尺土之邑，兆庶罕共治之憂，故一夫號澤，七廟隳祀。

臣以爲自古皇王，君臨宇內，莫不受命上玄，飛名帝籙，締構遇興王之運，殷憂屬啓聖之期。雖魏武攜養之資，漢高徒役之賤，非止意有覬覦，推之亦不能去也。若其獄訟不歸，菁華已竭，雖帝堯之光被四表，大舜之上齊七政，非止情存揖讓，守之亦不可固焉。以放勛、重華之德，尚不能克昌厥後。是知祚之長短，必在天時，政或盛衰，有關人事。隆周卜代三十，卜年七百，雖淪胥之道斯極，而文、武之器猶存，斯則龜鼎之祚，已懸定於杳冥也。至使南征不返，東遷避逼，禋祀如綫，郊畿不守，此乃凌夷之漸，有累於封建焉。暴秦運短閏餘，數鍾百六。受命之主，德異禹、湯；繼世之君，才非啓、誦。借使李斯、王綰之輩盛開四履，將閭、子嬰之徒俱啓千乘，豈能逆帝子之勃興，抗龍顔之基命者也！

然則得失成敗，各有由焉。而著述之家，多守常轍，莫不情亡今古，理蔽澆淳，欲以百王之季，行三代之法。天下五服之內，盡封諸侯；王畿千乘之間，俱爲采地。是以結繩之化行虞、夏之朝，用象刑之典治劉、曹之末，紀綱既紊，斷可知焉。鍥船求劍，未見其可；膠柱成文，彌所多惑。徒知問鼎請隧，有懼霸王之師；白馬素車，無復藩籬之援。不悟望夷之釁，未甚羿、浞之災；高貴之殃，寧異申、繒之酷。乃欽明昏亂，自革安危，固非守宰公侯，以成興廢。且數世之後，王室浸微，始自藩屏，化爲仇敵。家殊俗，國異政，强凌弱，衆暴寡，疆場彼此，干戈日尋。狐駘之役，女子盡髽；崤陵之師，隻輪不返。斯蓋略舉一隅，其餘不可勝數。陸士衡方規規然云：嗣王委其九鼎，凶族據其大邑，天下晏然，以治待亂。何斯言之謬也！而設官分職，任賢使能，以循吏之才，膺共治之寄，刺郡分竹，何代無人。至使地或呈祥，天不愛寶，民稱父母，政比神明。曹元首方區區然稱：與人共其樂者，人必憂其憂；與人同其安者，人必拯其危。豈容委以侯伯，則同其安危；任之牧宰，則殊其憂樂。何斯言之妄也！

封君列國，藉慶門資，忘其先業之艱難，輕其自然之崇貴，莫不世增淫虐，代益驕侈。自離宮別館，切漢凌雲，或刑人力而將盡，或召諸侯而共樂。陳靈則君臣悖禮，共侮徵舒；衛宣則父子聚麀，終誅壽、朔。乃云爲己思治，豈若是乎？内外羣官，選自朝廷，擢士庶以任之，澄水鏡以鑒之，年勞優其階品，考績明其黜陟。進取事切，砥礪情深，或俸禄不入私門，妻子不之官舍。頒條之貴，食不舉火；剖符之重，衣唯補葛。南陽太守，敝布裹身；萊蕪縣長，凝塵生甑。專云爲利圖物，何其爽歟！總而言之，爵非世及，用賢之路斯廣；民無定主，附下之情不固。此乃愚智所辨，安可惑哉！至如滅國弑君，亂常干紀，春秋二百年間，略無寧歲。次睢咸秩，遂用玉帛之君；魯道有蕩，每等衣裳之會。縱使西漢哀、平之際，東洛桓、靈之時，下吏淫暴，必不至此。爲政之理，可一言以蔽之。

伏惟陛下握紀御天，膺期啓聖，救億兆之焚溺，掃氛祲於寰區。創業垂統，配二儀以立德；發號施令，妙萬物而爲言。獨照宸衷，永懷前古，將復五等而修舊制，建萬國以親諸侯。竊以漢、魏以還，餘風之弊未盡；勛、華既往，至公之道斯革。況晉氏失馭，宇縣崩離；後魏乘時，華夷雜處。重以關河分阻，吴、楚懸隔，習文者學長短縱横之術，習武者盡干戈戰争之心，畢爲狙詐之階，彌長澆浮之俗。開皇在運，因籍外家。驅御羣英，任雄猜之數；坐移時運，非克定之功。年踰二紀，民不見德。及大業嗣文，世道交喪，一時人物，掃地將盡。雖天縱神武，削平寇虐，兵威不息，勞止未康。

自陛下仰順聖慈，嗣膺寶曆，情深致治，綜覈前王。雖至道無名，言象所紀，略陳梗概，實所庶幾。愛敬蒸蒸，勞而不倦，大舜之孝也。訪安内豎，親嘗御膳，文王之德也。每憲司讞罪，尚書奏獄，大小必察，枉直咸申，舉斷趾之法，易大辟之刑，仁心隱惻，貫徹幽顯，大禹之泣辜也。正色直言，虚心受納，不簡鄙訥，無棄芻蕘，帝堯之求諫也。弘奬名教，勸勵學徒，既擢明經於青紫，將升碩儒於卿相，聖人之善誘也。羣臣以宫中暑濕，寢膳或乖，請徙御高明，營一小閣。遂惜家人之産，竟抑子來之願，不吝陰陽所感，以安卑陋之居。去歲荒儉，普天饑饉，喪亂甫爾，倉廩空虚。聖情矜愍，勤加惠卹，竟無一人流離道路，猶且食啗藜藿，樂撤簨簴，言必悽動，貌成癯瘠。公旦喜於重譯，文命矜其卽序。陛下每四夷款附，萬里歸仁，必退思進省，凝神動慮，恐妄勞中國，以事遠方，不藉萬古之英聲，以存一時之茂實。心切憂勞，跡絶游幸，每旦視朝，聽受無倦，智周於萬物，道濟於天下。罷朝之後，引進名臣，討論是非，備盡肝膈，唯及政事，更無異辭。纔及日昃，命才學之士，賜以清閒，高談典籍，雜以文詠，間以玄言，乙夜忘疲，中宵不寐。此之四道，獨邁往初，斯實生民以來，一人而已。弘兹風化，昭示四方，信可以期月之間，彌綸天壤。而淳粹尚阻，浮詭未移，此由習之永久，難以卒變。請待斲雕成朴，以質代文，刑措之教一行，登封之禮云畢，然後定疆理之制，議山河之賞，未爲晚焉。《易》稱：天地盈虚，與時消息，況於人乎？美哉斯言也。太宗竟從其議。

《舊唐書》卷七四《馬周傳》 臣尋往代以來之事，但有黎庶怨叛，聚爲盗賊，其國無不卽滅，人主雖改悔，未有重能安全者。凡修政教，當修於可修之時，若事變一起而後悔之，則無益者也。故人主每見前代之亡，則知其政教之所由喪，而皆不知其身之失。是以殷紂笑夏桀之亡，而幽、厲亦笑殷紂之滅；隋煬帝大業之初又笑齊、魏之失國。今之視煬帝，亦猶煬帝之視齊、魏也。故京房謂漢元帝云：臣恐後之視今，亦猶今之視古。此言不可不誡也。

《舊唐書》卷八八《韋思謙傳》 臣聞堯、舜之日，畫其衣冠，文景之時，幾致刑措，歷兹千載，以爲美談。臣伏惟陛下叡哲欽明，窮神知化，自軒昊以降，莫之與京，獨有往之論法，或未盡善，皆由主司姦宄，惑亂視聽，尋而陛下聖察，具詳之矣。然竟未能顯其本源，明其前事，令天下萬姓識陛下本心，尚使四海多銜冤之人，九泉有抱痛之鬼。臣誠愚暗，不識大綱，請爲陛下始末而言其事。

揚、豫之後，刑獄漸興，用法之伍，務於窮竟，連坐相牽，數年不絶。遂使巨姦大猾，伺隙乘間，内苞豺狼之心，外示鷹鸇之跡，陰圖潛結，共相影會，構似是之言，成不赦之罪。皆深爲巧詆，恣行楚毒，人不勝痛，便乞自誣，公卿士庶，連頸受戮，道路籍籍。雖知非辜，而鍛鍊已成，辯占皆合。縱皐陶爲理，于公定刑，則謂汚宫毁柩，猶未塞責。雖陛下仁慈哀念，恤獄緩死，及覽辭狀，便已周密，皆謂勘鞫得情，是其實犯，雖欲寛捨，其如法何？於是小乃身誅，大則族滅，相緣共坐者，不可勝言。此豈宿構讎嫌，將申報復，皆圖苟成功效，自求官賞。當時稱傳，謂爲羅織。其中陷刑得罪者，雖有敏識通材，被告言者便遭枉抑，心徒痛其冤酷，口莫能以自明。或受誅夷，或遭竄殛，並甘心引分，赴之如歸。故知弄法徒文，傷人實甚。賴陛下特迴聖察，昭然詳究，周興、丘勣之類，弘義、俊臣之徒，皆相次伏誅。事暴遐邇，而朝野慶泰，若再覩陽和。

且如仁傑、元忠，俱罹枉陷，被勘鞫之際，亦皆已自誣。向非陛下至明，垂以省察，則葅醢之戮，已及其身。欲望輸忠聖代，安可復得！陛下擢而升之，各爲良輔，國之棟幹，稱此二人。何乃前非而後是哉？誠由枉陷與甄明爾。臣但恐往之得罪者多並此流，則向時之冤者其數甚衆。昔殺一孝婦，尚或降災，而濫者蓋多，寧無怨氣？怨氣上達則水旱所興。欲望歲登，不可得也。

倘陛下弘天地之大德，施雷雨之深仁，歸罪於削刻之徒，降恩於枉濫之伍。自垂拱已來，大辟罪已下，常赦所不原者，罪無輕重，一皆原洗，被以昭蘇。伏法之輩，追還官爵，緣累之徒，普霑恩造。如此，則天下知比所陷罪，元非陛下之意，咸是虐吏之辜。幽明歡欣，則感通和氣；和氣下降，則風雨以時；風雨以時，則五穀豐稔；歲既稔矣，人亦安矣。太平之美，亦何遠哉！伏願陛下深察。

《舊唐書》卷九〇《朱敬則傳》 臣聞李斯之相秦也，行申、商之法，重刑名之家，杜私門，張公室，棄無用之費，損不急之官，惜日愛功，疾耕急戰，人繁國富，乃屠諸侯。此救弊之術也。故曰：刻薄可施於進趨，變詐可陳於攻戰。兵猶火也，不戢將自焚。況鋒鏑既銷，石城又毀，諒可易之以寬泰，潤之以淳和，八風之樂以柔之，三代之禮以導之。秦既不然，淫虐滋甚，往而不返，卒至土崩，此不知變之禍也。

陸賈、叔孫通之事漢王也，當滎陽、成皋之間，糧饋已窮，智勇俱困，不敢開一說，効一奇，唯進豪猾之材，薦貪暴之客。及區宇適平，干戈向戢，金鼓之聲未歇，傷痍之痛尚聞，二子顧眄，綽有餘態，乃陳《詩》《書》說《禮》《樂》，開王道，謀帝圖。高皇帝忿然曰：吾以馬上得之，安事《詩》《書》乎！對曰：馬上得之，可馬上理之乎？高皇默然。於是陸賈著《新語》，叔孫通定禮儀，始知天子之尊，此知變之善也。向使高皇排二子而不用，置《詩》《書》而不顧，重攻戰之吏，尊首級之材，複道爭功，張良已知其變，拔劍擊柱，吾屬不得無謀。即晷漏難踰，何十二帝乎？亡秦之續，何二百年乎？故曰：仁義者，聖人之蘧廬，禮經者，先王之陳跡。然則祝祠向畢，芻狗須投，淳精已流，糟粕可棄。仁義尚捨，況輕此者乎？

自文明草昧，天地屯蒙，三叔流言，四凶構難。不設鉤距，無以應天順人；不切刑名，不可摧姦息暴。故置神器，開告端，曲直之影必呈，包藏之心盡露。神道助直，無罪不除；人心保能，無妖不戮。以玆妙算，窮造化之幽深；用此神謀，入天人之祕術。故能計不下席，聽不出闈，蒼生晏然，紫宸易主。大哉偉哉，無得而稱也！豈比造攻鳴條，大戰牧野，血變草木，頭折不周，可同年而語乎？然而急趨無善迹，促柱少和聲，拯溺不規行，療飢非鼎食。即向時之妙策，乃當今之芻狗也。伏願覽秦、漢之得失，考時事之合宜，審糟粕之可遺，覺蘧廬之須毀。見機而作，豈勞終日乎？陛下必不可偃蹇太平，徘徊中路。伏願改法制，立章程，下恬愉之辭，流曠蕩之澤，去萋菲之牙角，頓姦險之鋒芒，窒羅織之源，掃朋黨之迹，使天下蒼生坦然大悅，豈不樂哉。

《舊唐書》卷一〇〇《王志愔傳》 尋遷大理正，嘗奏言：

法令者，人之隄防，隄防不立，則人無所禁。竊見大理官僚，多不奉法，以縱罪爲寬恕，以守文爲苛刻。臣濫執刑典，實恐爲衆所謗。遂表上所著《應正論》以見志，其詞曰：

嘗讀《易》至萃，利見大人，亨，聚以正也。六二，引吉无咎。注曰：居萃之時，體柔當位。處坤之中，己獨處正。異操而聚，獨正者危，未能變體，以遠於害。故必見引，然後乃吉而无咎。王肅曰：六二與九五相應，俱履貞正。引由迎也，爲吉所迎，何咎之有？未嘗不輟書而歎曰：居中履正，事之常體，見引无咎，道亦宜然。

有客聞而惑之，因謂僕曰：今主上文明，域中理定，君累司典憲，不務和同。處正之志雖存，見引之吉誰應？行之不已，余竊懼焉。

僕斂襟降階揖而謝曰：補遺闕於衮職，用忠讜爲己任，以蒙養正，見引獲吉，應此道也，仁何遠哉！昔咎繇謨虞，登朝作士，設教理物，開訓成務。是以五流有宅，五宅三居，怙終賊刑，刑故無小。於是舜美其事曰：汝明於五刑，以弼五教，期于予理，刑期于無刑，人協于中，時乃功，懋哉！故孔子歎其政曰：舜舉咎繇，不仁者遠。此非明辟執法，大人見引之應乎？季孫行父之事君也。舉竊寶之愆，黜授邑之賞，明善惡而糾慝，議僭賞以塞違。在虞舜之功，居二十之一，主司得行其道，時君不以爲嫌，此非己獨處正，應正而无咎。矢魚於棠，臧伯正色；賂鼎在廟，哀伯抗詞。言者得盡其忠，聞之不加其罪。故《春秋》稱臧氏之正，曰：積善之家，必有餘慶。此非異操而聚，引吉之所致乎？魏絳理直，晉侯乃復其位；郲人辭順，趙盾不伐其國。此非正體未變，爲吉所迎者乎？

夫在上垂拱，臣下守制，若正應乎上，乃引吉於下。而中士聞道，若存若亡，交戰於譎正之門，懷疑乎語默之境，懼獨正之莫引，忘此正之必亨。吁嗟乎！行己立身，居正踐義，其動也直，其正也方。維正直而是與，何往而非攸利。何以明之？《坤》六二：直方大，不習無不利。《文言》曰：直其正也，方其義也，君子敬以直內，義以方外。敬義立而德不孤，直方大則不疑其所行也。嵇康撰《釋私論》，曹羲著《至公篇》，皆以崇公激俗，抑私事主，一言可以蔽之，歸於體正而已矣。《禮記》曰：刑者侀也，侀者成也，一成而不可變，故君子盡心焉。若以喜怒制刑，輕重設比，是則橋前驚馬，用希旨論人，苑中獵兔，以從欲廢法。理有違而合道，物貴和而不同，不同之和，正在其中矣。

昔任延爲武威太守，漢帝誡之曰：善事上官，無失名譽。延對曰：臣聞忠臣不私，私臣不忠，上下雷同，非國家之福。善事上官，臣不敢奉詔。任延雅奏，漢主是其言。此則歸正不回，乖旨順義，不以忤懷見忌，斯亦違而合道。《晏子春秋》：景公見梁丘據曰：據與我和。晏子曰：此同也。和者，君甘則臣酸，君淡則臣鹹。今據也，君甘亦甘，所謂同也，安得爲和？是以濟鹽梅以調羹，乃適平心之味；獻可否而論道，方恢政體之節。俟引正而遵度，故曰物貴和而不同。劉曼山辯和同之義，有旨哉！若以不同見譏，未敢聞誨。

客曰：和同乖訓，則已聞之。援法成而不變者，豈恤獄之寬憲耶？《書》曰：御衆以寬。《傳》曰：寬則得衆。若以嚴統物，異乎寬政矣。

對曰：刑賞二柄，唯人主操之，崇厚任寬，是謂帝王之德。慎子曰：以力役法者，百姓也；以死守法者，有司也；以道變法者，君上也。然則匪人臣所操。後魏游肇之爲廷尉也，魏帝嘗私敕肇有所降恕，肇執而不從曰：陛下自能恕之，豈足令臣曲筆也？是知寬恕是君道，曲從非臣節。人或未達斯旨，不料其務，以平刑爲峻，將曲法爲寬，謹守憲章，號爲深密。《內律》：釋種虧戒，一誅五百人，如來不救其罪。豈謂佛法爲殘刻耶？老子《道德經》云：天網恢恢，疏而不漏。豈謂道教爲凝峻耶？《家語》曰：王者之誅有五，而竊盜不預焉。卽心辯言僞之流；《禮記》亦陳四殺，破律亂名之謂。豈是儒家執禁，孔子之深文哉？此三教之用法者，所以明真諦，重玄猷，存天綱，立人極也。

然則乾象震曜，天道明威。齊衆惟刑，百王所以垂範；折人以法，三后於是成功。所務掌憲決平，斯廷尉之職耳。《易》曰：家人嗃嗃，无咎；婦子嘻嘻，終吝。嚴於其家，可移於國。昔崔寔達於理而作《政論》，仲長統曰：凡爲人主，宜寫《政論》一通，置諸坐側。其大抵云爲國者以嚴致平，非以寬致平者也。然則稱嚴者不必踰條越制，凝網重罰，在於施隱括以矯枉，用平典以禁非。刑故有常，罰輕無捨，人不易犯，防之難越故也。但人慢吏濁，僞積贓深，而曰以寬理之，可以無過。何異乎命王良御騂，捨銜策於奔踶；請俞跗攻疾，停藥石於膚腠！適見秋駕轉逸，膏肓更深，醫人僕夫，何功之有？

又謂僕曰：成法而變，唯帝王之命歟？

對曰：何爲其然也？昔漢武帝甥昭平君殺人，以公主子，廷尉上請論。左右爲言，武帝垂涕歎曰：法令者，先帝之所造也，用親故誣先帝之法，吾何面目入高廟乎？又下負萬人！乃可其奏。近代隋文帝子秦王後爲并州總管，以奢縱免官。僕射楊素奏言：王，陛下愛子，請捨其過。文帝曰：法不可違。若如公意，我是五兒之父，非兆人之父，何不別制天子兒律乎？我安能虧法！卒不許。此是帝王操法，協於禮經不變之義。況於秋官典職，司寇肅事，而可變動者乎！我皇睿哲登宸，高視巖廊之上；宰衡明允就列，輯穆廟堂之下。乾坤交泰，日月光華，庶績其凝，衆工咸理。聚以正也。僕幸利見大人，引其吉焉，期養正於下位。中正是託，子何懼乎？

夫君子百行之基，出處二途而已。出則策名委質，行直道以事人，進善納忠，仰太階而緝政。謇謇其節，思爲社稷之臣；謇謇匪躬，願參柱石之任。處則高謝公卿，孝友揚名，是亦爲政。烟霞尚志，其用永貞，行藏事業，心迹斯在。至如水中泛泛，天下悠悠，執馭爲榮，掃門自媚，拜塵邀勢，括囊守禄，從來長息，以爲深恥。

（唐）吴兢《貞觀政要》卷一《論君道》　貞觀初，太宗謂侍臣曰：為君之道，必須先存百姓。若損百姓以奉其身，猶割股以啖腹，股，一作脛。啖，音淡，食也。腹飽而身斃。若安天下，必須先正其身，未有身正而影曲，上理而下亂者。朕每思傷其身者，不在外物，皆由嗜欲以成其禍。若躭嗜滋味，玩悦聲色，所欲既多，所損亦大，既妨政事，又擾生人。擾，亦作損。且復出一非理之言，萬姓為之解體，怨讟既作，讟，音瀆，痛怨也。離叛亦興。朕每思此，不敢縱逸。諫議大夫唐制：掌諫諭得失，侍從贊相之職。魏徵詳見《任賢篇》對曰：古者聖哲之主，皆亦近取諸身，故能遠體諸物。昔楚聘詹何，楚，春秋時國名，僭稱王。詹何，楚詹尹之後，隱於釣，楚莊王聞而異之，召而問焉。出《列子》。問其理國之要，詹何對以脩身之術。楚王又問理國何如，詹何曰：未聞身理而國亂者。陛下所明，實同古義。按《通鑑》武德九年，太宗謂侍臣曰：君依於國，國依於民，刻民以奉君，猶割肉以充腹，腹飽而身斃，君富而國亡。故人君之患，不自外來，常由身出。夫欲盛則費廣，費廣則賦重，賦重則民愁，民愁則國危，國危則君喪矣。朕嘗以此思之，故不敢縱欲也。與此章辭異而旨同，故附見于此。

（唐）吴兢《貞觀政要》卷一《論政體》　貞觀七年，太宗與秘書監唐制：秘書省置監一人，掌邦國經籍圖書之事。有二局，曰著作，曰大史，皆率其屬而修其職。少監為之貳。魏徵從容論自古理政得失，從，即容切。從容，和緩貌。因曰：當今大亂之後，造次不可致理。造，七到切。後同。造次，急遽也。徵曰：不然，凡人在危困，則憂死亡；憂死亡，則思理；思理則易教。易，以豉切。後同。然則亂後易教，猶飢人易食也。太宗曰：善人爲邦百年，然後勝殘去殺。勝，平聲。去，上聲。此述《論語》之辭。大亂之後，將求致理，寧可造次而望乎？徵曰：此據常人，不在聖哲。若聖哲施化，施，平聲。上下同心，人應如響，不疾而速，朞月而可，信不為難，三年成功，猶謂其晚。《論語》曰：苟有用我者，朞月而已，可也。三年有成。太宗以為然。封德彝名倫，以字行，觀州人，初仕隋為起居舍人，佐虞世基以諂承主意，後與宇文士及降唐，以秘策干高祖，爲秦王參謀軍事。貞觀初，拜右僕射。卒，謚曰明。後以邪佞，改謚繆。等對曰：按《通鑑》無等字，作非之曰。三代以後，以一作之。人漸澆訛，上，古聊切，薄也。下，五禾切，謬也。故秦任法律，謂秦之治，專用刑法律令，言尚酷也。漢雜霸道，謂漢之治以王道霸道雜施之。言不純也。皆欲理而不能，豈能理而不欲？若信魏徵所説，一作論。恐敗亂國家。徵曰：五帝、《史記》謂黄帝、顓頊、帝嚳、唐堯、虞舜為五帝。孔安國《書序》以少昊、顓頊、高辛、唐、虞為五帝。未詳孰是。三王，夏、殷、周創業之主，禹、湯、武王是也。不易人而理。易如字。行帝道則帝，行王道則王，在於當時所理，化之而已。考之載籍，可得而知。昔黄帝與蚩尤七十餘戰，其亂甚矣，既勝之後，便致太平。黄帝，姓公孫，名軒轅，號有熊氏。蚩尤，古諸侯之無道者。蚩尤作亂，黄帝徵師諸侯，與戰於涿鹿之野，遂禽殺之，而萬國和。九黎亂德，顓頊征之，既克之後，不失其理。九黎，蚩尤之屬也。顓頊，號高陽氏，黄帝之孫也。《國語》楚觀射父曰：少皞氏之衰也，九黎亂德，人神雜糅，不可方物，顓帝承之，乃命南正重司天以屬神，火正黎司地以屬人。桀為亂虐，而湯放之，在湯之代，即致太平。桀，夏王，名履癸。湯，殷主，名履。桀不務德而賊傷百姓，湯遂率兵伐之，桀走鳴條，遂放而死，湯乃踐位，平定四海。紂為無道，武王伐之，成王之代，亦致太平。紂，殷王，名受。武王，周文王之子，名發。紂滛亂日甚，百姓怨望，武王遂率諸侯伐之，紂死於鹿臺。武王克殷二年，太子誦立，是為成王。若言人漸澆訛，不及純樸，至今應悉為鬼魅，應，平聲，當也。寧可復得而教化耶？德彝等無以難之。難，去聲，駁也。然咸以為不可。以上文按《通鑑》，係在四年。太宗每力行不倦，數年間，海内康寧。

（唐）王方慶《魏鄭公諫録》卷三《對周孔儒教商韓刑法》　太宗曰：周孔儒教，非亂代之所行，商韓刑法，實清平之秕政。道既不同，固不可一概也。公對曰：商鞅、韓非、申不害等，以戰國縱横，間諜交錯，禍亂易起，譎詐難防，務深法峻刑以遏其患，所以權救於當時，固非致化之通軌。

（唐）王方慶《魏鄭公諫録》卷五《手詔問疾》　公疾，太宗手詔曰：不見數日，憂憤甚深，自顧過已多矣，言已失矣，行已虧矣。古人云：無鏡無以鑑鬚眉，可謂實也。比欲自往，恐勞卿，所以使人來去。若有聞知，此後可以信來具報。公奏曰：堯舜率天下以仁，而人從之；桀紂率天下以暴，而人從之。下之所行，皆從上之所好。今大臣進一人，則疑其親故，抑一人，則疑其奪權，欲遣其人，若爲展力所以契闊難辛，同其生死。聞一人之言，即謂可信；新來言者，何以明其無私？又奏曰：古者雖犯重罪，君上每言寬宥，必不獲已，方始加刑。且人君之威，甚於雷霆，今欲加其罪，則理外誣造；將宥其過，則法内曲辭。欲求刑必寬平，吏不嚴酷，不可得也。又奏曰：帝王所重，在乎定君臣，明父子，正夫婦，三者不亂，然後内外安寧。比見弟子陵師，奴婢忽主，下多輕上，皆有爲而來，漸不可長。又奏曰：君子有諸己，然後求諸人。無諸己，然後非諸人，所藏於身不恕，而能喻諸人者，未之有也。今臨朝堂，以至公爲言，退而行之，乃未免私僻之事。或恐有所不便，聞於在下，即横加威怒，以掩塞之，欲人不知，莫若勿爲，欲蓋彌彰，掩之何益。帝王大如天地，信如四時，諸葛亮，小國之臣，猶能開誠心布公道。今之爲政，未能平心，亦虧公道。心所愛則雖僻不以爲非，心所嫌則雖正不見其是。居人上者，其身正，不令而行，其身不正，雖令不從。今每發言，常疾私相請託，或至小事，自所未免，上爲下效，理必然也，雖加之以罪，必不心伏。太宗稱善。

（唐）長孫無忌《唐律疏議》卷一《名例》　疏議曰：夫三才肇位，萬象斯分。禀氣含靈，人爲稱首。莫不憑黎元而樹司宰，因政教而施刑法。其有惰恣庸愚，識沈愆戾，大則亂其區宇，小則睽其品式，不立制度，則未之前聞。故曰：以刑止刑，以殺止殺。刑罰不可弛於國，笞捶不得廢於家。時遇澆淳，用有衆寡。於是結繩啟路，盈坎疏源，輕刑明威，大禮崇敬。《易》曰：天垂象，聖人則之。觀雷電而制威刑，覩秋霜而有肅殺，懲其未犯而防其未然，平其徽纆而存乎博愛，蓋聖王不獲已而用之。

（宋）范祖禹《唐鑑》卷三《太宗一》　帝之初即位也，嘗與羣臣語及教化。帝曰：今承大亂之後，恐斯民未易化也。魏徵對曰：不然。久安之民驕佚，驕佚則難教；經亂之民愁苦，愁苦則易化。譬猶飢者易爲食，渴者易爲飲也。帝深然之。封德彝非之曰：三代以還，人漸澆訛，故秦任法律，漢雜霸道。蓋欲化而不能，豈能之而不欲邪？魏徵書生，未識時務。若信其虚論，必敗國家！徵曰：五帝三王，不易民而化。昔黄帝征蚩尤，高陽征九黎，湯放桀，武王伐紂，皆能身致太平，豈非承大亂之後邪？若謂古人淳樸，漸致澆訛，則至于今日，當悉化爲鬼魅矣！人主安得而治之？帝卒從徵言。元年，關中饑。米斗直絹一匹。二年，天下蝗。三年，大水。帝勤而撫之。民雖東西就食，未嘗嗟怨。是歲，天下大稔，流散者咸歸鄉里，米斗不過三四錢，終歲斷死刑纔二十九人。東至于海，南及五嶺，皆外戶不閉，行旅不齎糧，取給於道焉！帝謂長孫無忌曰：貞觀之初，上書者皆云人主當獨運威權，不可委之臣下。又云宜震耀威武，征討四夷。唯魏徵勸朕偃武修文，中國既安，四夷自服。朕用其言。今頡利成擒，其酋長並帶刀宿衛，皆襲衣冠。徵之力也！但恨不使封德彝見之耳！

《新五代史》卷二〇《周世宗家人傳》　嗚呼！至公，天下之所共也。其是非曲直之際，雖父愛其子，亦或有所不得私焉。當周太祖舉兵于魏，漢遣劉銖誅其家族於京師，酷毒備至；後太祖入立，遣人責銖，銖辭不屈，太祖雖深恨之，然以銖辭直，終不及其家也。及追封妻子之被殺者，其言深自隱痛之而已，不敢有非漢之辭焉。蓋知其曲在己也。故略存其辭，以見周之有媿於其心者矣！

《宋史》卷四三五《儒林傳五·胡安國》　一日方午，欽宗亟召見，安國奏曰：明君以務學爲急，聖學以正心爲要。心者萬事之宗，正心者揆事宰物之權。願擢名儒明於治國平天下之本者，虚懷訪問，深發獨智。又言：爲天下國家必有一定不可易之計，謀議既定，君臣固守，故有志必成，治功可立。今南向視朝半年矣，而紀綱尚紊，風俗益衰，施置乖方，舉動煩擾；大臣爭競，而朋黨之患萌；百執窺覦，而浸潤之姦作；用人失當，而名器愈輕；出令數更，而士民不信。若不掃除舊跡，乘勢更張，竊恐大勢一傾，不可復正。乞訪大臣，各令展盡底藴，畫一具進。先宣示臺諫，使隨事疏駁。若大臣議絀，則參用臺諫之言；若疏駁不當，則專守大臣之策。仍集議于朝，斷自宸衷，按爲國論，以次施行。敢有動搖，必罰無赦。庶幾新政有經，可冀中興。

（宋）司馬光《資治通鑑》卷八〇《晉紀二》　臣光曰：規矩主於方圓，然庸工無規矩則方圓不可得而制也；衰麻主於哀戚，然庸人無衰麻則哀戚不可得而勉也。《素冠》之詩，正爲是矣。衰，倉回翻。《詩·素冠》，刺不能三年也。

（宋）司馬光《資治通鑑》卷一四六《梁紀二》　李延壽論曰：元起

勤乃胥附，毛萇曰：幸下親上曰胥附。功惟闢土，謂開梁、益之土也。勞之不圖，禍機先陷。冠軍之貶，於罰已輕，梁之政刑，於斯爲失。私戚之端，自斯而啓，年之不永，不亦宜乎！

（宋）司馬光《資治通鑑》卷二四四《唐紀六十》　臣光曰：昔者聖人順天理、察人情，知齊民之莫能相治也，治，直之翻；下同。故置師長以正之；知羣臣之莫能相使也，故建諸侯以制之；知列國之莫能相服也，故立天子以統之。自師長而上至天子，則所謂師長者，近民之官也。長，知丈翻。天子之於萬國，能褒善而黜惡，抑強而扶弱，撫服而懲違，禁暴而誅亂，然後發號施令而四海之内莫不率從也。率，循也。從，順也。一曰：相率而從上之令也。《詩》曰：勉勉我王，綱紀四方。《詩・大雅・棫樸》之辭。載義藩屏大臣，屏，必郢翻。有功於國，無罪而志誠逐之，此天子所宜治也。若一無所問，因以其土田爵位授之，則是將帥之廢置殺生皆出於士卒之手，天子雖在上，何爲哉！國家之有方鎮，豈專利其財賦而已乎！如僧孺之言，姑息偷安之術耳，豈宰相佐天子御天下之道哉！

（宋）司馬光《稽古録》卷一二《淮陽王》　臣光曰：高祖奮布衣，提三尺劍，八年而成帝業。其收功之速如是，何哉？惟其知人善任使而已。故高祖自謂：鎮國家、撫百姓，不如蕭何；運籌策、決成敗，不如子房；戰必勝、攻必取，不如韓信。三者皆人傑，吾能用之，所以取天下。韓信亦曰：陛下不善將兵，而善將將。斯言盡之矣！吕氏之亂，漢氏不絶如綫，然而卒不能爲患者，外有宗藩之强，内有絳、灌之忠也。文、景之時，天下家給人足，幾致刑措，後世皆知稱慕，莫能及之。夫民之情，何嘗不欲安樂而富壽哉，文、景能勿擾而已矣。孝武喜淫侈，慕神僊，宫室無度，巡遊不息，窮兵於四夷，嚴刑而重賦。跡其行事，視秦皇何遠哉？止以崇儒重道，求賢納諫，故其成敗若此之殊也。孝昭以童稚之年，辯霍光之忠，確然不可動，何天資之明也！然光猶專政而不歸，此則光之罪矣。孝宣綜覈名實，信賞必罰，使吏稱其職、民安其業。方之孝武，功烈優焉。孝元優遊不斷，漢業始衰。孝成荒於酒色，委政外家。孝哀狠愎不明，嬖幸盈朝。陵夷至於孝平，以幼冲嗣位，王莽因之，遂移漢祚。莽恃其詐慝，煩民玩兵，罪盈怨積，而天下叛之矣。

（宋）李燾《續資治通鑑長編》卷一三七《宋仁宗慶曆二年》　壬午，太子中允、集賢校理、通判秦州尹洙直集賢院。洙上奏曰：孝文帝盛德之主，賈誼論當時事勢，猶云可為痛哭。孝武帝外制遠國，以彊主威，徐樂、嚴安尚以陳勝亡秦、六卿簒晉為戒。二帝不以危亂滅亡為諱，故子孫保天下者十餘世。秦二世時，關東盜起，或以反者聞。二世怒，下吏或曰逐捕今盡，不足憂，乃悦。隋煬帝時，四方兵興，左右近臣皆隱賊數，不以實聞，或言賊多者，輒被詰。二帝以危亂滅亡為諱，故秦、隋宗社數年為邱墟。陛下視今日天下之治，孰與漢文？威制遠國，孰與漢武？國家基本仁德，陛下慈孝愛民，誠萬萬於秦、隋矣。至於西有不臣之夏，北有強大之鄰，非特閭巷盜賊之勢也。

自西夏叛命四年，旁塞苦數擾，内地疲遠輸。兵久於外而休息無期，卒有乘弊而起，兵法所謂雖有智者不能善其後。當此之時，陛下宜夙夜憂懼，所以慮事變而塞亂源也。陛下延訪邊事，容納直言，前世人主，勤勞寬大，未有能遠過者。然未聞以宗廟為憂、危亡為懼，此賤臣所以感憤於邑而不已也。何者？今命令數更，恩寵過溢，賜予不節。此三者，戒之謹之，在陛下所行耳，非有難動之勢也。而因循不革，敝壞日甚。臣是以謂陛下未以宗廟為憂、危亡為懼者，以此。

夫命令者，人主所以取信於下也。異時民間，朝廷降一命令，皆竦視之，今則不然，相與竊語，以為不久當更，既而信然，此命令日輕於下也。命令輕，則朝廷不尊矣。又聞羣臣有獻忠謀者，陛下始甚聽之，後復一人沮之，則意移矣。忠言者以信之不能終，頗自詘其謀，以為無益，此命令數更之弊也。

夫爵賞，陛下所持之柄也。近時貴戚、内臣以及士人，或因緣以求恩澤，從中而下，謂之内降。臣聞唐氏衰政，或母后專制，或妃主擅朝，結恩私黨，名爲斜封。今陛下威柄自出，外戚、内臣賢而才者，當與大臣公議而進之，何必襲斜封之弊哉。且使大臣從之，則壞陛下綱紀；不從，則沮陛下德音。壞綱紀則忠臣所不忍為，沮德音則威柄日輕。且盡公不阿，朝廷所以責大臣。今乃自以私昵撓之，而欲責大臣之不私，難矣。此恩寵過濫之弊也。

夫賜予者，國家所以勸功也。比年以來，嬪御及伶官、太醫之屬，賜予過厚。人間傳言，内帑金帛，皆祖宗累朝積聚，陛下用之不甚愛惜，今之所存無幾。疏遠之人誠不能知内府豐匱之數，但見取於民者日煩，即知蓄於公帑者不厚。臣亦知國家自西方宿兵，用度寖廣，帑藏之積，未必悉為賜予所費，然下民不可家至而戶曉，獨見陛下行事感動耳。往歲聞邊將王珪以力戰賜金，則無不悅服，或見優人所得過厚，則往往憤歎，人情不可不察，此賜予不節之弊也。

臣所論三事，皆人人所共知，近臣從諛而不言，以至今日。方今非獨外藩之為患，朝政日敝而陛下不寤，人心日危而陛下不知。臣願陛下先正於内，以正於外，然後忠謀漸進，綱紀漸舉，國用漸足，士心漸奮，外藩之患庶乎息矣。惟深察秦、隋惡聞忠言所以亡，遠法漢主不諱危亂所以存，日新盛德，與民更始，則天下幸甚。

（清）徐乾學《資治通鑑後編》卷六〇《宋紀六〇》 甲申，知諫院吴奎言：國家謹禮法以維君子，明威罰以服小人。君子所顧者，禮法也；小人所畏者，威罰也。由文武二選為士大夫，是皆君子之地也，儻不以禮法待之，則是廢名器而輕爵禄矣。七十而致仕，載之《禮經》。臣下引年而自陳，分之常也；君上推恩而固留，權之至也。自三代以來，雖衰微之世，未有不謹斯禮以塞貪暴聳廉隅者。

（清）徐乾學《資治通鑑後編》卷六六《宋紀六六》 拯又言：竊見近年内臣禄秩權任，優崇稍過，恐非所以保全之也。惟陛下凡事更加裁抑。又言：詔令者，人主之大柄而國家治亂安危之所繫。累年以來，制勑纔下未逾月而輒更奏，語方行又隨時而追改，民知命令之不足信，則賞罰何以沮勸乎？欲乞今後臣僚上言利害，並請先下兩制集議，如可經久，方許頒行，或小有異同，非蠹政害民者，不可數有更易。如此，則法存畫一，國有常格。

（清）徐乾學《資治通鑑後編》卷一四三《宋紀一四三》 史嵩之服除，有進用之意。十二月乙未詔，嵩之以觀文殿大學士致仕。殿中侍御史章琰、正言李昂英、監察御史黄師雍論：嵩之無父無君，醜聲穢行，律以無將之法，罪有餘誅，乞寢宫祠削官遠竄。翰林學士李韶與從官抗疏曰：臣等謹按，《春秋》桓公五年書，蔡人、衛人、陳人從王伐鄭。春秋之初，無君無親者，莫甚于鄭莊，二百四十二年之經未有云王伐國者，而書王、書伐，以見鄭之無王，而天下所當聲罪以致討。未有書諸侯從王以伐者，而書三國從王伐鄭，又見諸侯莫從王以伐罪，而三國之微者獨至，不足伸天下之義。初不聞以其嘗為王卿士而薄其伐。今陛下不能正奸臣之罪，其過不專在上，蓋大臣、百執事不能輔天子以討有罪，皆春秋所不赦。乞斷以此義，亟賜裁處。

（宋）李心傳《建炎以來繫年要録》卷五五《紹興二年壬子六月庚寅朔之戊午》 戊申，輔臣進呈大理少卿李曦論太祖皇帝明謹獄事。上曰：此太祖皇帝德澤也，朕敢不遵承。每於庶獄奏讞，未嘗不致慎，亦未嘗送下公事，恐獄吏觀望，鍛鍊人罪。權邦彦曰：法者，天子所與天下公共。上然之。

（宋）鄭樵《通志》卷六一《食貨略・賦税》 古之有天下者，必有賦税之用。計口而入謂之賦，公田什一及工商衡虞之入謂之税，税以供郊廟社稷、天子奉養、百官禄食，賦以給車馬兵甲士徒之役、充實府庫、賜予之用。禹定九州，量其貢賦，三代因之，而什一之法嘗廢。

（宋）吕中《宋大事記講義》卷一《序論・治體論》 古今論治者，不過曰寬與嚴而已。然寬非縱弛之謂也，而世之尚寬者，則流於縱弛；嚴非慘刻之謂也，而世之尚嚴者，則流於慘刻。反是則曰，寬當施之所當寬之地，嚴當施之所當嚴之人。遂以為自古之所以得天下者，曰民心也，軍心也，士大夫之心也，是寬之所當施也。自古之所以為天下患者，曰外戚也，宦官也，藩鎮也，權臣也，是嚴之所當用也。東周之寬，能施於强暴之諸侯，而不能及於匪風下泉之民；秦人之嚴，能施於閭左之戍卒，而不能正鹿馬奸謟之輩；宣帝之嚴，能施於趙蓋韓楊而不能施於許史之徒；元帝之寬，能用於弘恭石顯而不能用於堪猛望之之類。是皆寬於其非所當寬，而嚴於其非所當嚴也。其説似矣，而不知外戚、宦官、强臣、藩鎮固當律之以嚴，而軍民、士大夫之心亦豈徒寬者所能係屬哉。蓋寬者，仁意浹洽之謂；嚴者，紀綱整肅之謂。仁意之與紀綱，二者並行而不相離，則不待立寬嚴之的而治體固已定矣。聖人之治天下，固以仁意為本，而其施之於政，則必有紀綱法制截然而不可犯。然後吾之所謂仁意者，得以隨事及人而無頹敝不舉之處。人之蒙惠於我者，亦得以廣博周遍而無間隔欺蔽之患。此孟子言一天下之道，在於不嗜殺人，而至於言仁政，則又曰徒善不足以爲政，其意正謂此也。我朝治體之所以遠過漢唐者，蓋其仁意常渾然於紀綱整肅之中，而紀綱常粲然於仁意流行之地。其待外戚也，未嘗少恩，然在內不得預政，在外不得為真刺史，則無呂霍上官之禍。其於宦官也，未嘗濫殺，然內侍官不過留後，雖有功不除宣徽，則無易牙專恣之禍。易置節度於杯酒宴笑之間，而籍諸道之兵，一財無不歸於京師，則無山東河北之憂。置条貳以分中書之權，而又置臺諫以察政府之奸，則無操懿莽溫之變。是其紀綱固嚴於其所當嚴之地矣。然至於係屬軍民士大夫之心者，亦未嘗無紀綱以行其仁意也。一賦不妄加，一役不妄興，一刑不濫及，一遇水旱，或發倉廩或出內庫而不吝，固所以結民心也。然竊盜者有禁，告訐者有禁，豪猾者有禁。其治民之紀綱為何如？驍勇者，升其籍；有功者，峻其爵；老弱者，亦處以剩員。每遇一郊降一赦，則與之金帛而不吝，固所以結軍心也。然一汰而數萬人，一戮而百餘卒，士卒之犯將校者有禁，將帥之尅士卒者有禁，其御軍之紀綱為何如？取士至於及累舉，舉官至於及內親，任子至於異姓，拜近臣必擇良日，退大臣則曰均勞逸，固所以結士大夫之心也。然禮部有覆試，齋郎有定員，百官非有勞不遷，贓吏雖有赦不原，其所以嚴士大夫之紀綱又何如？我祖宗豈不知軍民、士大夫之心，乃吾國家之命脈不可一日失者。而顧律之以紀綱之嚴何哉？蓋使盜賊殺傷之法不嚴，則是仁於凶悍之徒，而民之冤抑不得伸者不被其仁；告訐豪橫之法不嚴，則是仁於奸宄之徒，而民之資弱失職者不被其仁；茶鹽榷酤之法不嚴，則是仁於趨利之徒，而民之終歲勤動者不被其仁。是雖日下減租之詔，月頒卹刑之令，無益也。使階級賞罰之法不嚴，則是仁於驕惰之卒，而將校之用命有功者不被其仁；揀汰蒐閱之法不嚴，則是仁於羸弱之徒，而兵之勇敢精鋭者不被其仁；尅剝私役之法不嚴，則是仁於奸貪之將，而士卒之困悴無聊者不被其仁。是雖日有賜，月有給，歲有賞，無益也。使學校貢舉之法不嚴，則是仁於僥冒之徒，而士之有行有藝者不被其仁；銓選薦舉之法不嚴，則是仁於膏粱之子弟，而寒士之進身無路者不被其仁；贓墨之法不嚴，則是仁於貪汙之吏，而人之苦於繁刑重賦者不被其仁。是雖高爵以誘之，厚禄以餌之，無益也。無仁意則紀綱固無所本而立，無紀綱則仁意無所輔而行。今世之天下，所以被其仁者少而不被其仁者多，仁之所及者小而仁之所不及者大，正以無紀綱以達其仁意，而往往歸咎於仁之不足以為政。祖宗立國之意有弊，此正安石之徒所以得容其喙也。世之論者曰，我朝自建隆至於淳化至道之間，則治體類於嚴，自景德至於嘉祐治平之際，則治體類於寬，故熙寧專欲法太祖之嚴，而深懲仁祖之寬。豈知太祖之所謂嚴者，紀綱整肅而仁意未嘗不流行於其間，仁祖之所謂寬者，仁意浹洽而紀綱亦未嘗有所更變。特以國家承平百年之久，則人情玩弛，吏習因循，其間紀綱固有廢而不舉之處。譬之室焉，歲月既深，旁風上雨，則不能無一木之朽，一牆之傾，一瓦之毀，為工師者不過杜其隙，補其漏，加葺治之功而已。奈何熙寧大臣不以振起為心，而以更變為心，以少許之闕漏而乃併與四圍堂宇而撤之，不惟壞祖宗之紀綱，而忠厚立國之意併失之矣。章子厚則因荆公之所未為者而為之，蔡京則因子厚之所未甚者而甚之，民其敵也，士其讐也，寬恩濫及於貂璫，而峻法反加於善類。高俅、童貫之徒妄加節鉞，而元祐、元符之黨，不使容身於天地之間，是其寬失之縱弛，嚴失之慘刻，而又顛倒錯謬，施之於非所當施之地矣。嘗因是而攷我朝立國之本末，蓋自李文靖抑四方、言利害之奏，所以積而為慶歷、嘉祐之緩勢，自范文正天章閣一疏不盡行，所以激而為熙寧之急政。吾觀范文正之於慶歷，亦猶王安石之於熙寧也。十事之奏，實慶歷三年九月也，始於明黜陟終於重命令。當時之言稍稍見用。明黜陟之法，則以十月壬戌行；擇官長之法，以癸未行；均公田之法，以十一月壬戌行；貢舉之法，以明年三月行；減繇役之法，以明年五月行。其餘厚農桑、覃恩信、重命令，皆悉用其説，或著為令。行之未及一年，而陳執中之徒已不悦矣。嗚呼！使慶歷之法盡行，則熙豐、元祐之法不變；使仲淹之言得用，則安石之口可塞。今仲淹之志不盡行於慶歷，安石之學乃盡用於熙豐。神宗鋭然有志，不遇范仲淹而遇王安石，世道升降之會，治體得失之幾，於是乎決矣。

（宋）王應麟《通鑑答問》卷四《淮南衡山獄》　或問：分國邑，封子弟，諸侯之勢已弱，曷爲復有淮南衡山之謀？曰：利者，國之螟螣也。孟子謂後義先利，不奪不饜。故忠臣必廉，而廉者必忠；邪臣必貪，而貪者必邪。淮南王安之謀，始於太尉田蚡、侍中莊助。蚡以外戚位三公，懷利而貳其心，語安以上無太子，非王尚誰立者。安厚遺之，於是輕量大臣，無所畏忌矣。助爲帷幄近臣，與安交結，受其賂遺，衣冠之盜，腹心之蠹，而武帝不之察焉。淮南首惡，衡山合從，二獄連引者數萬。貨利之流禍如此。建元初，董仲舒對策，明辨義利之間，謂居君子之位，當君子之行，舍公儀休之相魯，無可爲者矣。此清原正本之論，杜漸防微之幾也。帝能深省斯言，則必厲大臣以廉恥，律近臣以節行。未有義而後其君者。同姓有維城磐石之固，在位有羔羊素絲之風，豈至縱尋斧於葛藟之本根，殄戮數萬人，若薙氏之芟草哉。《大學》以義爲利，此平天下之道。惜帝之不早辨也。李尋有云，淮南作謀之時，其所難者，獨有汲黯，以爲公孫弘等不足言也。朝廷無人則爲賊亂所輕，蓋黯直諫守節，志於爲義，弘持禄患失，志於爲利。朝廷之輕重，在義利之趨舍。儻令武帝以仲舒爲丞相，黯爲御史大夫，立直木於四達之逵，自朝廷達于諸侯，莫不壹於義，折衝厭難，勝於無形。《詩》曰：無競維人，四方其訓之。

《金史》卷一〇五《程寀傳》　又曰：臣聞，善醫者不視他人之肥瘠，察其脈之病否而已。善計天下者不視天下之安危，察其紀綱理否而已。天下者人也，安危者肥瘠也，紀綱者脈也，脈不病雖瘠不害，脈病而肥者危矣。是故，四肢雖無故，不足恃也，脈而已矣。天下雖無事，不足矜也，綱紀而已矣。尚書省，天子喉舌之官，綱紀在焉。臣願詔尚書省，戒勵百官，各揚其職，以立綱紀。如吏部天官以進賢、退不肖爲任，誠使升黜有科，任得其人，則綱紀理而民受其賜，前代興替，未始不由此者。

《元典章》卷一《詔令・武宗統天繼聖欽文英武章孝皇帝・授皇太子玉册詔》　國本既崇，人心攸繫。凡爾百司庶府，暨於多方有衆，各安職業，永底治平。

《明史》卷二五五《劉宗周傳》　陛下求治之心，操之太急。醞釀而爲功利；功利不已，轉爲刑名；刑名不已，流爲猜忌；猜忌不已，積爲壅蔽。正人心之危，所潛滋暗長而不自知者。誠能建中立極，默正此心，使心之所發，悉皆仁義之良，仁以育天下，義以正萬民，自朝廷達於四海，莫非仁義之化，陛下已一旦躋於堯、舜矣。【略】

時樞輔諸臣多下獄者，宗周言：國事至此，諸臣負任使，無所逃罪，陛下亦宜分任咎。禹、湯罪己，興也勃焉。曩皇上以情面疑羣臣，羣臣盡在疑中，日積月累，結爲陰痞，識者憂之。今日當開示誠心，爲濟難之本，御便殿以延見士大夫，以票擬歸閣臣，以庶政歸部、院，以獻可替否予言官。不效，從而更置之，無坐錮以成其罪。乃者朝廷縛文吏如孤雛，而視武健士不啻驕子，漸使恩威錯置。文武皆不足信，乃專任一二内臣，閫以外次第委之。自古未有宦官典兵不僨國者。又劾馬世龍、張鳳翼、吴阿衡等罪，忤帝意。

《明英宗實録》卷二六六《景泰七年五月》　壬辰，勑諭中外大小文武羣臣曰：朕恭膺天命，總理萬機，顧凉德之靡勝，致乖違之有自。上天懸象，垂戒實深。竊惟敬謹之嚴，宜布寬恤之原，咨爾百辟體朕至懷，其悉心以奉行，毋用情而違拒。敢方命者，罪在不原。所有合行事宜，條列於後。軍民利病勑書所不及者，并許開具來聞。冀上答於天心，下安養於黎庶，共臻太平之治，永隆宗社之仁。故諭：一、天下司府州縣官員中，多有官粮等項，不無害民，悉從吏部斟酌裁减，取回别用，以省民力。一、天下府州縣官，果有年老殘疾罷軟不能任事，及貪婪酷暴生事科斂害民者，許巡撫、巡按并按察司公正堂正官員會同考察，從實具奏黜罷。其布政司、按察司官，悉聽巡撫、同巡按官一體考察，具奏罷黜。不許虚應故事，視爲泛常。一、考滿、起復等項官吏、承差人等，有違批限年限，及在申送火水、盗賊、漂失公文，并在逃等項，吏部行查明白，在本年五月二十四日以前者，俱免其罪，復還職役。一、江西、湖廣等布政司并直隸府州縣，自景泰五年以前，拖欠未完税粮、馬車、農桑、絹布、戶口、食塩、鈔貫，除已徵在官外，其餘有拖欠未完者，暫行寬免。一、福建等處都轉運塩使司并塩課提舉司，見追正統年間以前虧折塩課，暫行寬免。一、在京各衙門、各衛所官吏、旗軍、近役人等，預先關過景泰七年七月九月分月粮，除文武官吏不支外，旗軍、匠役人等關過一石者，再支五斗，關過六斗者，再支三斗，以濟窮困。一、太醫院醫士、光禄寺厨役，果有在逃并僉補未到者，俱暫停止。待豊年勾補解官。一、各營弁各軍衛有司，原領寄養騎操孳生脚力等項，馬騾驢但有虧欠倒死迷失未曾買補還官者，勑書到日悉皆停罷，免其追陪。一、逃軍、逃囚、逃匠勑書到日，在京限一個月，在外限三個月以裏，許令自首，俱免本罪。軍還原伍，民發寧家，匠仍當匠。一、湖廣等處賊寇，但有飢饉逼身，不得已而嘯聚，情犯雖重，勑書到日，有能悔過自散者，悉宥其罪，聽從復業本分生理，諸人不許搜尋前事加害。如果勑書到日，一月不能散者，仍究前罪。賊首蒙能若能赴官自首，待以不死，決不失信。一、軍職官有犯罪發立功哨守等項，勅書到日，各還原職。其犯科斂害軍等項者，止令帶摻，不許管軍管事。一、內外各衙門，皁隸、馬夫，不許額外濫占躲避差徭，勅書到日，隨即改正，不許故違。一、內外法司見監問及行提未到一應罪囚，自景泰七年五月二十四日以前，除謀反、大逆、子孫殺祖父母、父母，妾殺夫，奴婢殺主，蠱毒魘魅，毒藥謀故殺人，强盗不宥外，其餘罪無大小，并見發做工運磚運灰等項，俱各宥免。如炒鉄擺站年限滿日擬人更替，其文職官吏人等，有犯贓罪，原籍爲民。若犯奸貪，行提照勘。未結者，仍候問理明白，依律照例發落。一、內外衙門見追并行原籍原衛追徵一應給主入官未完贓物，不分遠年近日，俱各免追。一、浙江等布政司，蘇州等府州縣織造，歲辦額辦各色紗羅，叚疋，絹疋等項，自景泰六年終以前，一切拖欠未完，除已徵收在官并起解者，仍送赴部交納。其未收在官未起解者，悉從寬宥。一、浙江等都司、直隸等衛所，歲造軍器，盔甲、弓箭、鎗刀等項，自景泰六年終以前拖欠未完者，悉皆停止。其有徵收物料在官者，明立文案，收貯以待下年造用。一、浙江等布政司并直隸府州縣年例買辦，採辦白真、黄牛皮、底皮、羊皮、羊角、紅花、青靛、椿木、筀竹、毛竹等項，并該載未盡，除已徵收在官者仍送赴部，其未徵收者俱暫停止，待豊年照例買辦。一、浙江等布政司、直隸府州縣斫辦蘆柴并河泊所析收魚油、翎鰾、瓜鐵、生鉄、銀硃、生漆、桐油等項，自景泰六年終以前拖欠未完未徵起解者，悉與寬免。一、各府州縣各色輪班住坐八匠，洪武永樂年間一戶止當一匠，後因工部奏准，將丁多之家分作二名或三四名，應當匠役者，及其從前未曾習曉匠藝，正統年間至今被人讎報在官，連年官司勾擾不能安生者，該部有司悉與明白查勘，三四名者止當一匠。果係讎報者，悉與除豁。一、各布政司、府州縣官，有在逃失班各色人匠，今後不必拿解，免其罰班，止當正班。其有私買僞印，批工批廻等項，在景泰五年以前者，許其首告改正，悉宥其罪。一、各處造作不急之務，聽從所在有司甲達該部具奏定奪，以甦民困。

（明）談遷《國榷》卷九《太祖洪武二十五年十月》 訪精諳曆數之士，國子生山東周敬心上言：國祚長短，在德厚薄，不在曆數，三代尚矣。三代而下，德澤最厚，莫如漢唐宋。國祚最短，莫如秦隋五代。如漢高之寬仁，繼以文景昭宣，光武之廓大，繼以明章，唐太宗之仁義，繼以肅憲，宋太祖之誠愛，繼以真仁，是以有道長也。始皇之酷虐，煬帝之苛暴，五代之窮兇，是以無道短也。由此觀之，皆係人事，不在曆數。陛下以神武之資，膺天眷命，掃滅胡夷，救亂誅暴，厥功偉矣。然神武過漢，不及其寬大；賢明過唐宋，不及其忠厚。是以御宇以來，政教行而民不悦，法度嚴而民不服。陛下若效兩漢之寬大，唐宋之忠厚，講三代所以有道之長，則帝王之祚，可傳萬世，何必問諸孤方小技之人耶？臣又聞陛下連年遠征，北出沙漠，臣民萬口一詞，爲恥不得傳國璽，欲取之耳。臣不知璽何始哉？聞楚平王時，琢以卞和之玉，秦始皇琢之，名曰御璽。自是以來，歷代帝王，珍如執券，不得則若有所遺。然戰國之君，趙先得璽，其國不守。五代得璽，不旋踵亡。臣又聞莊宗滅梁，取蜀璽歸于唐。及晉石敬瑭反，潞王從珂擕傳國寶登樓自焚，則秦璽雖在，固已燬矣。敬瑭入洛，更以玉爲之。契丹滅晉，重貴獻之，詰其非真，言故乃止。女真之亂，遼王延禧遺傳國寶于桑乾河。元世祖時，有札剌爾者，漁而得之。今元人所挾，石氏璽耳。昔者三代不知有璽，仁爲之璽。故曰：聖人大寶曰位，何以守位？曰仁。今陛下國則願富，兵則願强，城池則願高深，宮室則願華麗，土地人民則願廣大，征伐兵革，歲無虚日，此忽三代之大寶，而求秦皇之小璽也。臣聞自古不妄殺人者，能一天下。秦隋元魏，好殺不已，迨其後世，至于滅絶。東海悮殺孝婦一人，枯旱三歲，人事天應，不可不謹。洪武四年，録天下官吏；十三年，連坐胡黨；十九年，誅天下積年民害；二十三年，大僇京民妄詈罪人，不分臧否，一概被誅。夫其中豈無忠臣烈士，善人君子？于兹見陛下之薄德而任刑矣。水旱連年，豊稔不臻，夫豈無故。臣又聞明主賞不僭而刑不濫。刑既濫矣，賞復無節。天下老人，非功非德，人賜鈔五錠；出征軍官，位高禄厚，平寇禦侮，固其職事，而賞賜無盡。厚斂窮民，此亦明主所宜戒也。上大是之。

何喬遠曰：書不云乎，士傳言，庶人謗。何稱頌乎！一士諤諤，不諱英嚴之朝，可以知時政焉。

（明）王世貞《弇山堂別集》卷六《皇明異典述一》 夫國之有典也，則號令慶罰皆在焉。其曰典者何？志常也，曰異典者何？志非常也。諸創國者皆不爲常者也。其業可大而法可久，習之則爲常，是故曰典也。自故有天下之盛者，莫過唐虞三代，唐有天下，舉畎畝之鰥民而委之政，既得政，則紲天子之所，任岳牧侯伯而僇之，既僇之而復峻用其子，其後輒舉祖宗之人民社稷而付之。商有天下，舉五就之遁臣而委之政，既託孤而廢其主，廢而旋復焉，尊之曰阿衡，而待之以不臣。周借其國，付渭川之釣叟，使埒父稱而師事之，又以其幼子託之於介弟，使據君位而朝諸侯。其歿也，又崇以天子之禮樂。典而異者孰並哉！及其衰也，以定王卻楚之晉文尚能守空名之隧，而不肯予以九合諸侯之齊桓，其相國尚能守陪臣之分而不敢渝。非衰主之賢而創主之易也，其勢殊也。明興，高帝取天下於腥穢之虜，勢不得有所更革，天造草昧，事取意裁，未及討論，至末年而始截如矣，其始不能無異也。雖然，異而非異也，易世而後，或革或因，乘時變通，加以潤色，固無論已。其它或不無一時之好，而有所登進；或不考於甲令之舊，而有所抵迕；或飾喜出於燕暱，而少折衷；或疑功歸之惟重，而未爲衡；或假無方之立，而不必公；或取政府之狥，而不必當；或言路啟於新進，而不暇詳；或曹局迫於奉行，而不暇執。主之者快，而旁觀者駭，授之者以爲常，而受之者以爲異也。余故識而述之。其有抑斥者，亦附焉。凡十卷，以從異日稗官之後。

（明）余繼登《典故紀聞》卷一　太祖爲吴王時，命按察司僉事分巡郡縣録囚。左右或言：去年釋罪囚，今年又從末減，用法太寬則人不懼法，法縱弛無以爲治。上曰：用法如用藥，藥本以濟人，不以斃人，服之或誤，必致戕生。法本以衛人，不以殺人，用之太過，則必致傷物。百姓自兵亂以來，初離創殘，今歸於我，正當撫綏之。況其閒有一時誤犯者，寧可盡法乎？大抵治獄以寬厚爲本，少失寬厚，則流入苛刻矣。所謂治新國用輕典，刑得其當，則民自無冤抑，若執而不通，非合時宜也。【略】

太祖嘗謂憲臣曰：任官不當，則庶事不理，用刑不當，則無辜受害。辟之薅草萊者，施鎛不謹，必傷良苗，繩姦慝者，論法不當，必傷善類，故刑不可不慎也。夫置人於箠楚之下，屈抑頓挫，何事不伏，何求不得。古人用刑，蓋不得已，懸法象魏，使人知而不敢犯。辟之水火能焚溺，人狎之，則必傷，遠之則無害，水火能生人，亦能斃人。刑本生人，非求殺人也，苟不求其情而輕用之，受枉者多矣。故欽恤二字，用刑之本也。【略】

太祖謂臺省臣曰：近代法令極煩，其弊滋甚，今之法令正欲得中，勿襲其弊。如元時條格煩冗，吏得夤緣出入爲奸，所以其害不勝。且以七殺言之，謀殺、故殺、鬬毆殺，既皆死罪，何用如此分析？但誤殺有可議者，要之與戲殺、過失殺亦不大相遠。今立法正欲矯其舊弊，大概不過簡嚴，簡則無出入之弊，嚴則民知畏而不敢輕犯。爾等其體此意。【略】

太祖初置御史臺，命湯和等爲左御史大夫等官，諭之曰：國家新立，惟三大府總天下之政，中書政之本，都督府掌軍旅，御史臺糾察百司，朝廷紀綱，盡繫於此。而臺察之任，實爲清要，卿等當思正己以率下，忠勤以事上，蓋己不正則不能正人，是故治人者必先自治，則人有所瞻仰。毋徒擁虚位，而漫不可否，毋委靡因循以縱奸長惡，毋假公濟私以傷人害物。《詩》云柔亦不茹，剛亦不吐。此大臣之體也。【略】

太祖嘗謂大理寺卿周禎曰：律令之設，所以使人不犯法，田野之民，豈能悉曉其意？有誤犯者，赦之則廢法，盡法則無民。爾等所定律令，除禮樂制度、錢糧、選法之外，凡民間所行事宜，類聚成編，直解其義，頒之郡縣，使民家喻户曉。禎等乃爲《律令直解》以進，太祖覽之，喜曰：前代所行《通制條格》之書，非不繁密，但資官吏弄法，民間知者絶少，是聾瞽天下之民，使之不覺犯法也。今吾以《律令直解》頒行，人人通曉，則犯法者自少矣。

（明）楊士奇《歷代名臣奏議》卷二三《治道》　周武王問於太公曰：賢君治國何如？對曰：賢君之治國，其政平，其吏不苛，其賦斂節，其自奉薄，不以私善害公法，賞賜不加於無功，刑罰不施於無罪，不因喜以賞，不因怒以誅。害民者有罪，進賢舉過者有賞。後宫不荒，女謁不聽，上無婬慝，下不陰害。不幸宫室以費財，不多觀遊臺池以罷民，不雕文刻鏤以逞耳目。官無腐蠹之藏，國無流餓之民。此賢君之治國也。武王曰：善哉！

成王問政於尹逸曰：吾何德之行而民親其上？對曰：使之以時而敬順之，忠而愛之，布令信而不食言。王曰：其度安至？對曰：如臨深淵，如履薄冰。王曰：懼哉。對曰：天地之間，四海之内，善之則畜也，不善則讎也；夏殷之臣，反讎桀、紂而臣湯、武；夙沙之民，自攻其主而歸神農氏。此君之所明知也，若何其無懼也？

平公閒居，師曠侍坐。平公曰：子生無目眹，甚矣！子之墨墨也。師曠對曰：天下有五墨墨，而臣不得與一焉。平公曰：何謂也？師曠曰：群臣行賂以采名譽，百姓侵寃無所告訴，而君不悟，此一墨墨也。忠臣不用，用臣不忠，下才處高，不肖臨賢，而君不悟，此二墨墨也。姦臣欺詐，空虛府庫，以其少才覆塞其惡，賢人逐，姦邪貴，而君不悟，此三墨墨也。國貧民罷，上下不和，而好財用兵嗜欲無厭，諂諛之人，庸庸在傍，而君不悟，此四墨墨也。至道不明，法令不行，吏民不正，百姓不安，而君不悟，此五墨墨也。國有五墨墨而不危者，未之有也。臣之墨墨，小墨墨耳！何害乎國家哉！

魏武侯問元年於吴子，吴子對曰：言國君必慎始也。慎始柰何？曰：正之。正之柰何？曰：明智，智不明，何以見正，多聞而擇焉，所以明智也。是故古者君始聽治，大夫而言，士而一見，庶人有謁必達，公族請問必語，四方至者勿距，可謂不壅蔽矣；分禄必及，用刑必中，君心必仁，思君之利，除民之害，可謂不失民衆矣。君身必正，近臣必選，大夫不兼官，執民柄者不在一族，可謂不權埶矣。此皆《春秋》之意，而元年之本也。

（明）孫旬《皇明疏鈔》卷四沈教《君道四·立本慎幾明法疏》 臣甞考宋儒之言曰：天下有三大：大本也，大幾也，大法也。大本，一心也。上得天心，中得聖賢心，下得兆民心是已。大幾，萬變也。一曰救弊之幾，二曰用人之幾，三曰應敵之幾，四曰行師之幾是已。大法，三綱也。一曰君臣之法，二曰父子之法，三曰夫婦之法是已。是三大也，德之所由行，而業之所由固，陛下不可不加之意焉者也。臣請疏其十目，條舉今日之事而縷陳之。甞聞陛下登極之日，旱雨旋霽，五色雲見，天心之昭，假是固有，屬於嚮明而致理矣。邇年來，旱乾水溢南甸之羸，厎弗食山崩地裂，西土之變異戾常，方春而地震不寧，幾遍天下。今淮揚且苦疫癘大行矣，入夏而風霾屢作，竟至經旬。今寧夏又報風火延燒矣。若是者是殆天心仁愛之深廼時出夫驚懼之象，而人事修省之實尚莫禳，夫召致之愆也。陛下之於天心，固宜自考其得否矣。然則敬天之怒，上帝是祗者，今可少自暇佚哉。陛下即位之後，親幸太學，起用老成，賢人争輔，是誠翕然於聖作而物覩矣。邇年來，經筵日講，一暴十寒，聽諫納言，甲移於乙，道揆法守可徵也。所以遵用之者，何如？成憲舊章具在也，所以率修之者，何如？若是者，恐鋭意圖治之念無以澄。固於親近君子之時，而望道未見之心終亦必亡於幽獨得肆之地也。陛下之於聖賢心，宜亦自度其得否矣。然則聖不自聖，賢以致賢者，今可輕自棄忽哉。陛下改元之始，詔頒大赦，民樂更生，物情之欣戴，是誠所謂革故而鼎新矣。邇年來，盗賊蔓於賑恤之無方，緝捕不見軍兵之用命，夷虜肆於洮岷之潛入，驅禦不聞將士之好謀，糧運過淮違限多矣。民困軍疲，雖漕臣之自劾，奚及京衛逃軍鮮散久矣。官殘吏黷，雖憲臣之清解，何如？陛下之於兆民心，宜亦自驗其得否矣。然則存心天下，加志窮民者，今可謾自怠緩哉。陛下總覽乾綱，因勢而利導，事制而曲防，所以救弊者，初亦甚可觀矣。而迄今，則殺人者不抵坐，似有以開輕視民命之端。蠹國者免發遣，亦何以嚴悉除奸黨之戒？織造之官差矣，恐憑城依社者，不顧杼柚之空；龍虎之殿建矣。恐求福利者，弗啻鼷鼠之耗。夫救弊猶防川也，不惟其隄築之捍而又從而決之，則末流不可復塞矣。然近者，諫官還奏而太監王堂之撥軍遂寢，則又懋昭聖明，而凌逼之漸杜矣。説者以爲，弊之有救，其幾正在於此。語曰：履霜而知堅冰，雨雪而先集霰，非陛下所宜深省者乎！陛下分正庶職，登元臣於休告，復諫官於斥遣。所以用人者，初亦大稱善矣。而迄今則大學士蔣冕辭去弗惜，竟不為社稷之計。尚書汪俊遽淮還鄉，曾不亮忠直之心，以言為責。如給事中鄧繼、曾試，御史季本等，則譴逐勿容而奪之氣。因事納忠，如修撰吕柟、編修鄒守益，則詔獄勿貸而剝以膚。夫用人猶任木也，不察其梁棟之才而乃斵而小之，則柱石無所於資矣。然昨者銓曹舉相，而大學士石珤之眷，任獨先則又允愜輿情而覬倖之萌絶矣。識者以為，人之善用，其幾亦在於此。《書》曰：知人則哲，任賢勿貳。非陛下所宜常念者乎！

（明）孫旬《皇明疏鈔》卷八孫懋《法祖·遵祖訓以端政本疏》 臣甞伏讀聖祖之訓。有曰：凡廣耳目不偏聽，所以防壅蔽而通下情也。又曰：朝堂決政，衆論稱善，即與施行。大哉王言，此誠子孫萬世帝王所當遵守者也。頃承先朝內外，姦人交通盤據，蒙蔽主聰，竊弄威柄，朝政廢弛，言路靡通。將一應奏章，或先沉匿不與轉聞，或捏改旨意肆爲欺罔，以致予奪非宜，刑賞失當。及至言官論列，又多留中不出者，假以朝廷震怒，動遭譴謫，箝制人口，不敢復言，是以下情不能上通，真僞無從辨詰，紊亂政本，養成旤機，壞祖宗之法，莫大於此。重以奇珍淫巧，百計誘惑，使先皇帝既不得日親萬幾，又莫與儒臣接見，經筵輟講，積有餘年，浹月臨朝，恒以昏暮，君臣隔絶，形跡疎違。由是，威福大權盡墮姦人之手，內閣莫獲參預，六科徒事論駁，御史無能糾察，該部不敢執奏，紀綱大壞，姦黨横行，蓄患邊方，流毒海內，上干天變，下失人心。十六年中，大難繼作，貽憂社稷，壅蔽之禍，兹亦深矣。如昔年劉瑾捏寫旨意，既已伏誅，而近日錢寧家又復搜出題奏本四十餘件，江彬阻抑邊情本一百三十六件，司禮監藏不報本又數百件，似此欺蔽，可爲寒心。尚賴皇天眷祐，宗廟有靈，社稷不致顛危，乃真幸耳。兹者伏遇陛下聰明天錫，仁孝夙聞，起自親藩，光陟帝位，四方萬國延頸拭目，瞻望太平。今龍飛御極之初，正勵精圖治之始，且國家安危之機，俗化汙隆之候，天下治亂之分，君子小人進退消長之際，於此焉決。昨者伏覩明詔，痛革先朝弊政，洞察小人姦狀，中外臣民不勝懽慶，以爲我朝百六十年以來，未有如此詔令。陛下撥亂之功，可謂盛矣，蔑以加矣。但臣以爲，本源之地不治，則末流尚有可憂。伏願陛下奉天法祖，總攬乾綱，明目達聰，大開言路。臣請自今伊始，每日視朝之餘，即御文華殿聽政。凡中外大小臣工，所上章疏，凝神注思，逐一俯賜觀覽。不時召入內閣大臣以備顧問，從容講論，斟酌裁決。凡事大論議矛盾者，則勑下廷臣集議，不宜謀及褻近徑從內批。如先朝之爲者，即有寢罷，亦宜明示外廷可否，以彰陛下至公無我之度。臣又竊伏私念內閣機密重地，祖宗設官立法必極周詳，擬旨進奏宜必各有職掌，綸音涣號亦必有所紀載。前項壅蔽似若無可容者，何乃公然隱匿而無所稽憑，肆行矯詐而無復忌畏，則是關防之術。尚若闊疎進擬之權容有侵越，而小人秉機因得以竊弄之矣。然臣考之司禮監職掌著之祖訓，內閣創置，列於《大明會典》。臣愚欲乞陛下仰遵聖祖大訓，載稽我太宗文皇帝故事，勑令內閣專一擬旨，司禮監專一進奏，仍令內閣置立印信文簿一扇，或鈐以御寶，將逐日聖旨裁決過事件，明白開載，五日一次類進揭帖與六科旨意題本封問。雖陛下聖意有所予奪，亦必經由內閣議而後行。事有可行，許令執奏，不宜復有傳奉之制。更乞勑令御前紀事給事中二員，朝罷赴左順門，會同司禮監官收接一應章奏，紀其數目，送吏部附簿以備查照。如此，則大公至正，明白洞達，壅蔽矯詐沉匿之姦舉無所容，而朝廷之政將無一不出於正矣。臣忝官諫諍，遭際聖明，一念朴忠粗先有見如此，伏望陛下脩舉祖宗久大之業，釐正累朝因襲之弊，光復令典，永示弘規，追究前日壅蔽章奏，明此欺罔一應姦邪之人，明降勑旨，處之重典，以示大戒，此實端本澄源法祖立政之第一義也。伏惟聖明留神，天下幸甚！臣干冒天威，無任隕越之至。

（明）孫甸《皇明疏鈔》卷一六王守仁《爵賞二·再辭封爵普恩賞以彰國典疏》

朝廷爵賞本以公於天下，而臣以一身掠衆美而獨承之，是臣壅閼朝廷之大澤而使天下有不均之望也，罪不滋重已乎。夫廟堂之賞，朝廷之議也，臣不敢僭及。至於臣所相與協力同事之人，則有不得不爲一申白者。古者賞不踰時，欲人速得爲善之報也。今効忠赴義之士，延頸而待已三年矣。此而更不一言，事已日遠，而意已日衰，誰復有為之論列者。故臣輒敢剖痛忍哀冒斧鉞而控籲，氣息奄奄之中忽不自覺其言之躁妄，亦其事有所感於昔情，有所激於中也。切惟宸濠之變，實起倉卒。其氣勢張皇，積威凌劫，雖在數千里，無不震駭失措。而况江西諸郡縣近切剥牀，觸目皆有賊兵，隨在皆有賊黨。當此之時，臣以逆旅孤身舉事，其間雖仰仗威靈，號召遠近，然而未受巡撫之命，則各官非統屬也。未奉討賊之旨，其事乃義倡也。若使其時郡縣各官，果懷畏死偷生之心，但以未有成命，可保土地為辭，則臣亦將何如哉？然而聞臣之調，即皆感激奮厲，或提兵而至，或挺身而來，是非真有捐軀赴難之義，戮力報主之忠，孰肯甘粉虀之禍，從赤族之誅，蹈必死之地，以希萬一難冀之功乎。然則凡在與臣共事者，皆有忠義之誠者也。夫均秉忠義之誠，以同赴國難，而功成行賞，臣獨當之，人將不食其餘矣。此臣所為不敢受也。且宸濠之變，天實陰奪其魄而摧敗之速，是以功成之後，不復以此同事諸人者為庸使，其不幸而一蹶塗地，則粉身滅族之慘，亦同事諸人者自當之乎。將猶可以藉衆議之，解救而徐免之乎。夫下之人犯死難以赴義，則上之人必行之賞以報功。今臣爵獨崇，而此同事之人者，乃或賞，或否，不行其賞而并削其績，或賞未及播而罰已先行，或虚受陞黜之各而因使退閑，或蒙不忠之號而隨以廢斥。由此言之，亦何苦而捐身赴義，以來此呶呶之口，而自求無實之殃乎。乃不若退縮引避，反可以全身遠害，安處富貴而逭於衆口之非也。夫披堅執鋭，身親行伍，以及期赴難而不免於不忠之罰，則容有托故推奸坐而觀望者，又將何以加之。今不彼之議而獨此之察，則已過矣。昔人有蹊田而奪牛者，君子以為，蹊田固有責，而奪牛則已甚，今人毆牛耕我之田，既種且獲矣，而追究其耕之未盡善也，復從而奪之牛，無乃太遠於人情乎。今議者或以某也素貪而鄙，某也素躁而狂，故雖有功而當抑其賞，雖有勞而不贖其罪，噫是亦過矣。當宸濠之變，撫按三司等官咸被驅縛，或死或從，其餘大小之職，近者就縻，遠者逃潰矣。當此之時，苟知有從我者，皆可以為忠之士，尚得追論其平時耶。況所謂若貪與鄙者，或出於讒疾之口而未必皆真邪。若居常處易選擇而使猶不免於失人，況一時烏合之衆而顧以此槩之，其責於人無已甚乎。夫考素行別賢否以激揚士風者，考課之常典較功力信賞罰以振作士氣者，軍旅之大權，故鄙猥之行，平時不恥於士列，而使貪使詐軍事有所不癈也。急難呼吸之際，要在摧鋒克敵而已，何暇逆計其他乎。當此之時，雖有禦人國門之寇，苟能効其智力以協濟吾事，亦將用之，而事果有成，亦必賞之，況乎均在士人之列，同有勤事之忠者乎。人於平居無事，扼腕抵掌而談，孰不曰我能。臨大節、死大難及當小小利害，未必至於死也，而或有倉皇失措者矣。又況矢石之下，劒刃之間，前有必死之刑，而後有夷滅之禍，人亦何不設以身處其地而少亮之乎。夫考課之典，軍旅之政，固並行而不相悖，然亦不可以混施之。今人方有可録之功，吾且遂行其賞，可矣。縱有既往之愆，亦得以今而贖，據其顯然可見者，毋深求其未然不可見者，賞已行而其人之過猶未改也，則從而行其黜譴。人將曰：昔以功而賞，今以罪而黜，功罪顯勸懲彰矣。今也將明軍旅之賞而陰以考課之意行於其間，人但見其賞未施而罰已及，功不録而罪有加，不能創姦警惡徒以阻忠節之意，快讒嫉之心。譬之投杯醪於河水而曰：是有醪焉，亦可飲也，非其易牙之口，將不能辨之矣。而求飲者之罪，可乎？夫人臣於國家之難，凡其心之可望，力之可為，塗肝腦而膏髓骨，皆其職分所當。然則此同事諸臣者，遂敢皆自以為功而邀賞於其上乎。顧臣與之同事同功，今賞積於臣而彼有未逮，臣復抗顏直受而不以一言，是使朝廷之上，果以獨賞其功於臣，而此諸人者之績，因臣之為蔽而卒無以自顯於世也。且自平難以來，此同事諸人者，非獨為已斥諸權奸之所誣搆挫辱而已也。群憎衆疾，惟自搜羅以為罪，曾未見有鳴其不平而伸其屈抑者。今而陛下龍飛，赫然日月之光，英賢輔翼，廓清風而鼓震雷。於是陰氣始散而魍魎潛消，而覆盆之下尚有未能自露者也。故臣敢不避矜誇僭妄之戮，而輒為諸臣者，一訴其艱難抑鬱之情。【略】今臣受殊賞而衆有未逮，是臣以虛言罔誘其下，竭衆人之死而共成之，掩衆人之美而獨取之，見利忘信，是為貪鄙。外以欺其下，而內失其初心，亦何顏面以視其人乎。臣不敢獨當殊賞者，非不知封爵之為榮也，所謂有重於封爵者，故不敢苟得耳。伏願陛下鑒臣之言，不以為誇也，而因以察諸臣之隱，允臣之辭，不以為偽也。而因以普諸臣之施，果以其賞在所薄與，則臣亦不得獨厚。果以臣賞或可厚與，則諸臣亦不得而遂薄也。江西同事諸臣，臣於前奏亦已畧舉，且諸部亦有册可查，不敢復有所塵瀆。臣在衰絰憂苦之中，非可有言之日，事不容已而有是舉，不勝受恩感激，含哀冒死戰慄惶懼懇惻祈禱之至。

《大誥·劉三吾撰後序》 上弗忍生人之無辜也，不得已施之五刑，致使有生之命，代彼當死之命。設若守分，則俸如井泉之不竭。顧乃貪婪，譬猶潢潦，斯涸可立而待。斯玉音日夕所宣諭也，聞者宜惕然矣，而犯者自若。復不忍棄絶之，載勞聖慮，條畫成書，頒示中外臣民，家傳人誦，否者罪之。罪之者，以其玩法。雖罪之，實所以生之也，題曰：《大誥》。臣三吾竊惟皇上圖治，不遑暇食，猶乃營繕是書，以爲世戒，其愛民之意深矣。臣謹請序其後記。臣頃在田野，欽覩犯諭、戒諭、榜諭，悉象以刑，下無駭焉。暮年有幸，得依日月之光，親見罪犯者繼，乃信向所象刑，下徒象矣。是《誥》也，成周乃洪《大誥》治之《誥》。非直州長黨正歲時所讀之法之比也。玉音所臨，莫不曰：大哉皇言乎！一哉皇心乎！自今官欽遵之爲官箴，不敢非法以撓害乎民。民欽守之爲彝訓，不敢違法以交通乎官。將見比屋可封，堯、舜之治復見於今日矣。

(明) 朱元璋《教民榜文》 凡老人里甲剖决民訟，許於各里申明亭議決。其老人須令本里衆人推舉平日公直、人所敬服者，或三名五名十名，報名在官，令其剖决。若事干別里，須會該里老人里甲公同剖决。其坐次，先老人，次里長，次甲首。論齒序坐，如里長年長於老人者，坐於老人之上。如此剖判民訟，抑長幼有序，老者自然尊貴。

（明）何棟如《皇祖四大法》卷三《治法》 庚辰，上朝群臣罷，從容謂御史中丞劉基、章溢曰：朕起義淮右，以有天下。戰陣之際，横罹鋒鏑者，多常惻然于懷。今民脱喪亂，猶出膏火之中，非寬恤以惠養之，無以盡生息之道。基對曰：自元氏法度縱弛，上下相蒙，遂至於亂。今當維新之治，非振以法令不可。上曰：不然。夫經喪亂之民，思治如飢渴之望飲食。創殘困苦之餘，休養生息猶恐未蘇。若更毆以法令，譬以藥療疾而加之以鴆，將欲救之，乃反害之。且爲政非空言，要必使民受實惠。若徒事其名而無其實，民亦何所賴焉。

（明）何棟如《皇祖四大法》卷七《治法》 冬十月己丑朔，《御製大誥》成，頒示天下。初，元氏以戎狄入主中國，大抵多用夷法，典章疏闊，上下無等，政柄執於權臣，任官重於部族，斷獄迷於財賄，黜陟混於賢愚，奢而僭上者無罪，奸而犯倫者不問，辮髮左袵，相率而爲夷。至元天曆之時，雖稱富庶，而先王之制蕩然矣。至順帝荒淫昏弱，紀綱益癈，內之奸臣亂政，外之強將跋扈，典兵者崇空名，牧民者無善政，仕進者尚阿附而輕廉恥，讀書者重浮華而乏節行。庶績不凝，四民失序，加以舞文之吏玩法於上，豪強之家兼并於下，事無紀統，民無定志，一遇凶荒而亂者四起，由法制不明而彝倫之道壞矣。上嘗歎曰：華風淪没，彝道傾頽，自即位以來，制禮樂，定法制，改衣冠，别章服，正綱常，明上下，盡復先王之舊，使民曉然，知有禮義，莫敢犯分而撓法。萬幾之暇，著爲《大誥》，以昭示天下。且曰忠君孝親，治人脩己，盡在此矣。能者養之以福，不能者敗以取禍，頒之臣民，永以為訓。

《清太宗實録》卷八《天聰五年三月》 伏承皇上開誠訓諭，敢不以一言上陳。竊覩皇上即位以來，恭敬兄長，友愛子弟，贍養窮黎，生殺明允，未見有所闕遺，上違天心者。今以國家經始之要務，仰蒙皇上垂詢，夫果慎選正直之臣，任以國事，忠者用之，義者獎之，屏黜讒邪，疎遠姦佞，聽納諫諍之言，庶賢不肖皆知取法，聖心亦為欣慰矣。臣等諸貝勒，儻能持身公正，各思竭力効忠，又何復煩皇上焦勞若此。嗣後諸貝勒有作姦犯科，被下訐告者，即將訐告之人，從公審理，斷隸别旗，庶姦邪知警，而國法昭矣。至上所用讞獄諸臣，內有委瑣之輩，未能明罰勅法，上厘聖衷，即問奉諭旨，或猶豫不決，不能審理，以致刑罰不中。此等之人，請即罷斥，另選良臣，任以法司，公平審決，則皇上無案牘之煩，而是非了然於睿懷。賢才登進，政簡刑清，國家何憂不太平耶。自古帝王，多不欲章明己過，顯示國人。皇上獨誕發睿思，以己之得失，詢於羣下。仰見皇上聖明，深為社稷之福，不勝忻喜以對。貝勒濟爾哈朗奏言，上即位以來，但聞國人安樂，羣情休豫，未聞有怨苦者，比因讞獄滋怨，皆由二次審事諸臣之故。

《清仁宗實録》卷二四二《嘉慶十六年四月》 虞廷弼教，欽恤惟刑，《周官》大司寇以五刑糾萬民，有五禁、五戒，所以使勿犯也。有三刺、五聽，所以致其慎也。有三赦、三宥、八議，所以加之仁也。肉刑除於何代？五刑之屬三千，夏商與周同否？法與名何以分為二家？兵與刑何以合為一典？人命至重，所謂悉其聰明，致其忠愛，豈不在折獄者之無成心、無偏見歟，朕哀矜庶獄，每閱讞牘，再三審慎，以期無枉無縱。而司獄者，或以姑息為陰德，或以武健為勝任，豈稱不剛不柔受王嘉師之意歟。兵可以百年不用，不可以一日不備。《易》占利用，《書》稱克詰，《禮》有蒐苗獮狩之典，皆於農隙講武，所以振國威也。周制寓兵於農，管子作內政而兵農以分，漢有南北軍之屯，唐有府兵彍騎之制，宋有禁兵鄉兵之殊，元立五衛，明設京兵邊兵，統屬異同，其詳若何。今直省營制，非不勾稽有册，簡閲有規，校練有期，侵冒有禁，保無有老弱充伍，巡防疏惰，習為具文而無實效者乎。近日又有團勇練勇之稱，究竟有益無益，其何以副朕整飭戎行，設兵衛民之意，多士試詳言之。夫心法為宰化之樞，河防為安民之本，刑罰中而祥風洽，訓練謹而武備修，皆致治之要圖，經邦之大計也。多士學古入官，講求實用，其各以素所誦習者著於篇，毋泛毋隱，朕將親遴焉。

（清）王夫之《讀通鑑論》卷二〇《唐高祖》 唐初定官制，三公總大政於上，六省典機務於中，九寺分庶政於下；其後沿革不一，而建國之規模，於此始基之矣。一代興，立一代之制，或相師，或相駁，乃其大要，分與合而已。周建六官，純乎分也，秦統以一相一尉而合，漢承之而始任丞相，後任大將軍，專合於一，而分職者咸聽命焉。唐初之制，三公六省與九寺之數相匹，所重在合，而所輕在分。於九寺之上，制之以六省，六省之上，涖之以三公，統攝之者層纍相仍，而分治者奉行而已，長短以時移，得失各有居也。然而唐多能臣，前有漢，後有宋，皆所不逮，則勸獎人才以詳治理，唐之斟酌於周者，非不審也。

國家之務，要不出於周之六官，分其事而各專其職，所以求詳於名實也；因名責實，因實課功，無所諉而各效其當爲，此綜核之要術也，然而有未盡善者存焉。官各有司，司各有典，典各有常，而王之聽治，綜其實，副其名，求無過而止；因循相襲，以例爲師，苟求無失，而敬天勤民，對時育物，揚清激濁，移風善俗之精意，無與消息以變通之。實可稽也，不必其順乎理；名可副也，不必其協於實；於是而任國家之大政者，且如府史之飾文具以求免譴，相爲緣飾，以報最於一人之聽覩，而人亦不樂盡其才。故周制使冢宰統六典以合治之，而冢宰既有分司，又兼五典，則大略不失，亦不能於文具之外，斟酌人情、物理、天時、事變之宜，與賢不肖操心同異之隱，以求詳於法外，自非周公之才，亦盡諸坐嘯而已。於是而知唐初之制，未嘗不善也。

六省者，皆非有執守者也，而周知九寺之司；三公者，雖各有統也，而兼領六省之治；九寺各以其職循官守、副期會，依成法以奉行，而得失之衡，短長之度，彼此相參以互濟。與夫清濁異心，忠佞異志，略形迹以求真實之利病，則既以六省秉道而酌之，又有三公持綱而定之，互相融會以求實濟於宗社生民之遠圖。豈循名按實，緣飾故例，以苟免於廢弛之誅者，所能允協於宗社生民之大計哉！故責名實於分者，詳於法而略於理；重辨定於合者，法或略而理必詳。不責人以守法拘文之故轍，而才可盡，能會通於度彼參此之得失，而智日生。於是乎人勸於天下之務，而恥爲塗飾，以下委於諳習法律之胥史，致令天下成一木偶衣冠、官爵酒食之吏治，則唐之多能臣也，其初制固善也。

夫郡縣之天下，其治九州也，天子者一人也，出納無諷議之廣，折中無論道之司，以一人之耳目心思，臨六典分司之煩冗，即有爲之代理者，一二相臣而止，幾何不以拘文塞責，養天下於痿痹，而大姦巨猾之胥史，得以其文亡害者，制宗社生民之命乎？國家之事，如指臂之無分體也；夫人之才，如兩目之互用；交相映而合爲一見也。取一體而分責之，無所合以相濟，將司農不知司馬之緩急，司馬不知司農之有無，競於廷而儇於邊，所必然者。刑與禮爭而教衰，撫字與催科異而政亂，事無以成，民無以靖，是猶鼻不擇味，口不擇香，背擁重纊而不恤胸之寒，雖有長才，徒爲太息，固將翺翔於文酒琴弈之中，而不肖者持祿容身，不復知有清議，賢愚無別，誰復戮力以勤王事哉？是故三公六省無專職，而盡聞國政以佐天子之不逮，國多才臣，而雖危不亡，唐之所以立國二百餘年，有失國之君，而國終存，高祖之立法持之也。

後世合六官而聞政者，臺省也，乃職在糾參，則議論失平，而無先事之裁審；聯六官而佐治者，寺監也，乃仰承六官，則任愈析，而專一職之節文；故言愈棼而才愈困。鑒古酌今，以通天下之志而成其務，非循名責實泥已迹者之所與知，久矣。

（清）王先謙《荀子集解·不苟》 君子位尊而志恭，心小而道大，所聽視者近，而所聞見者遠。是何邪？則操術然也。謂以近知遠，以今知古，所持之術如此也。盧文弨曰：正文則字，從元刻，宋本作是。故千人萬人之情，一人之情是也。人情不相遠。天地始者，今日是也，百王之道，後王是也。後王，當今之王。言後王之道與百王不殊，行堯、舜則是亦堯舜也。君子審後王之道，而論於百王之前，若端拜而議。端，玄端，朝服也。端拜，猶言端拱。言君子審後王所宜施行之道，而以百王之前比之，若服玄端，拜揖而議。言其從容不勞也。時人多言後世澆醨，難以爲治，故荀明之。郝懿行曰：端，疑振書端書之端，端者，正也。謂正容拜議，非必衣玄端也。注言端拱，又言玄端，二義似歧。王念孫曰：古無拜而議事之禮，且端拜二字，義不相屬。拜當爲拜，拜今拱字也。《說文》：收，竦手也，从扌又。拜，揚雄說：收從兩手。拱，斂手也，從手，共聲。今經傳皆作拱。形與拜相似，因訛爲拜。端拱而議，卽楊注所云從容不勞也。楊云端拜，猶言端拱近之，乃又云：拜揖而議，則未知拜爲拜之譌耳。先謙案：王說是。推禮義之統，分是非之分，上分如字，下扶問反。總天下之要，治海內之衆，若使一人，故操彌約而事彌大。約，少也，得其宗主也。五寸之矩，盡天下之方也。矩，正方之器也。郝懿行曰：荀意當以句股法，開方而言，故以五寸盡之，言操彌約也。故君子不下室堂，而海內之情舉積此者，則操術然也。

（清）王先謙《荀子集解·王制》 請問爲政？曰：賢能不待次而舉，罷不能不待須而廢，須，須臾也。盧文弨曰：須，俗本誤作頃，宋本、元刻竝作須。先謙案：罷，謂弱不任事者。荀書多以賢罷對舉。《王霸篇》無國而不有賢士，無國而不有罷士，《非相篇》君子賢而能容罷，

《正論篇》故至賢疇四海，湯、武是也，至罷不容妻子，桀、紂是也。《成相篇》基必施，辨賢罷，與此同。元惡不待教而誅。不教而殺謂之虐。唯元惡，不教誅之也。中庸民不待政而化。中庸民易與爲善，故教則化之，不待政成之後也。郝懿行曰：中庸民，言中等平常之人。賈誼《過秦論》所謂材能不及中庸，義與此同。《史記》改作材能不及中人，亦得其意。王念孫曰：元惡中庸對文，中庸下不當獨有民字，此涉注文中庸民而衍。《韓詩外傳》無民字。分未定也，則有昭繆。繆，讀爲穆。父昭子穆。言爲政當分未定之時，則爲之分別，使賢者居上，不肖居下，如昭穆之分別然。不問其世族。郝懿行曰：二語難曉，楊氏説亦不了。《韓詩外傳》四同。先謙案：楊説是也。此即下文所謂以類行雜。雖王公士大夫之子孫，先謙案：宋台州本句末有也字，與下文一律。此也字似當有。不能屬於禮義，則歸之庶人。雖庶人之子孫也，積文學，正身行，能屬於禮義，則歸之卿相士大夫。屬，繫也。之欲反。故姦言、姦説、姦事、姦能，先謙案：姦事，姦説，荀自解在《非十二子》及《儒效篇》。言，亦説也。能，亦事也。遁逃反側之民，職而教之，須而待之，反側，不安之民也。職而教之，謂使各當教其本事也。須而待之，謂須暇之而待其遷善也。勉之以慶賞，懲之以刑罰，安職則畜，不安職則棄。畜，養也。棄，謂投四裔之比也。五疾，上收而養之，材而事之，五疾，瘖，聾，跛躄，斷者，侏儒。各當其材使之，謂若矇瞽修聲，聾聵司火之屬。官施而衣食之，兼覆無遺。官爲之施設所職而與之衣食。先謙案：收而養之以下三句一律，皆上之事，即官之事也，不應此處又增人官字。今案：官者，任也。義具《解蔽篇》。施者，用也。義具《臣道篇》。官施而衣食之，猶言任用而衣食之，《王霸篇》云論德使能而官施之，尤其明證。楊注誤。才行反時者死無赦。夫是之謂天德，王者之政也。

（清）王先謙《荀子集解・正名》道者，古今之正權也，離道而內自擇，則不知禍福之所託。道能知禍福之正，如權之知輕重之正。離權則不知輕重，離道則不知禍福也。易者以一易一，人曰無得亦無喪也；易，謂以物相易。以一易兩，人曰無喪而有得也；以兩易一，人曰無得而有喪也。計者取所多，謀者從所可。以兩易一，人莫之爲，明其數也。從道而出，猶以一易兩也，奚喪！從道則無所喪，儒術是也。離道而內自擇，是猶以兩易一也，奚得！離道則無所得，宋、墨是也。其累百年之欲，易一時之嫌，然且爲之，不明其數也。

（清）王先謙《荀子集解・大略》君人者，隆禮尊賢而王，重法愛民而霸，好利多詐而危。

《荀子・宥坐》孔子爲魯司寇，有父子訟者，孔子拘之，三月不別。其父請止，孔子舍之。季孫聞之不説，曰：是老也欺予。語予曰：爲國家必以孝。今殺一人以戮不孝，又舍之。冉子以告。孔子慨然歎曰：嗚呼！上失之，下殺之，其可乎？不教其民而聽其獄，殺不辜也。三軍大敗，不可斬也；獄犴不治，不可刑也，罪不在民故也。嫚令謹誅，賊也。今生也有時，斂也無時，暴也；不教而責成功，虐也。已此三者，然後刑可即也。《書》曰：義刑義殺，勿庸以即，予維曰未有順事。言先教也。故先王既陳之以道，上先服之；若不可，尚賢以綦之；若不可，廢不能以單之；綦三年而百姓往矣。邪民不從，然後俟之以刑，則民知罪矣。《詩》曰：尹氏大師，維周之氐，秉國之均，四方是維，天子是庳，卑民不迷。是以威厲而不試，刑錯而不用，此之謂也。今之世則不然，亂其教，繁其刑，其民迷惑而墮焉，則從而制之，是以刑彌繁而邪不勝。三尺之岸而虛車不能登也，百仞之山任負車登焉，何則？陵遲故也。數仞之牆而民不踰也，百仞之山而豎子馮而游焉，陵遲故也。今夫世之陵遲亦久矣，而能使民勿踰乎！《詩》曰：周道如砥，其直如矢。君子所履，小人所視。眷焉顧之，潸然出涕。豈不哀哉！

（漢）孔鮒《孔叢子》卷上《公儀》穆公問子思曰：吾聞龐欄氏子不孝，其行何如？對曰：臣聞明君之為政，尊賢以崇德，舉善以勸民，則四封之內，孰敢不化。若夫過行，是細人之所識，不治其本，而問其過，臣不知所以也。公曰：善。

（清）孫星衍《孔子集語》卷五《六藝下》《説苑・君道》孔子曰：【略】武王正其身以正其國，正其國以正天下。伐無道，刑有罪，一動天下正，其事正矣。春致其時，萬物皆得生；君致其道，萬人皆及治。周公戴己而天下順之，其誠至矣。

（清）孫星衍《孔子集語》卷六《主德》（《大戴禮・主言》）故曰：無市而民不乏，無刑而民不違。畢弋田獵之得，不以盈宮室也；徵斂於百姓，非以充府庫也。慢怛以補不足，禮節以損有餘。故曰：多信而寡貌，其禮可守，其信可復，其迹可履。其於信也，如四時春秋冬夏，其博有萬民也，如飢而食，如渴而飲，下土之人信之。夫暑熱凍寒，遠若邇，非道邇也，及其明德也。是以兵革不動而威，用利不施而親，此之謂明主之守也。折衝乎千里之外，此之謂也。曾子曰：敢問何謂三至？孔子曰：至禮不讓而天下治，至賞不費而天下之士説，至樂無聲而天下之民和。明主篤行三至，故天下之君可得而知也，天下之士可得而臣也，天下之民可得而用也。曾子曰：敢問何謂也？孔子曰：昔者明主以盡知天下良士之名，既知其名，又知其數，既知其數，又知其所在。明主因天下之爵以尊天下之士，此之謂至禮不讓而天下治；因天下之祿，以富天下之士，此之謂至賞不費而天下之士説；天下之士説，則天下之明譽興，此之謂至樂無聲而天下之民和。故曰：所謂天下之至仁者，能合天下之至親者也；所謂天下之至知者，能用天下之至和者也；所謂天下之至明者，能選天下之至良者也。此三者咸通，然後可以征。是故仁者莫大於愛人，知者莫大於知賢，政者莫大於官賢，有土之君脩此三者，則四海之內拱而視，然後可以征。明主之所征，必道之所廢者也，彼廢道而不行，然後誅其君，致其征，弔其民而不奪其財也。故曰：明主之征也，猶時雨也，至則民説矣。是故行施彌博，得親彌衆，此之謂衽席之上乎還師。

又：〔《大戴禮・虞戴德》〕是故上古不諱，正天名也。天子之宮四通，正地事也。天子御珽，諸侯御荼，大夫服笏，正民德也。斂此三者而一舉之，戴天履地，以順民事。天子告朔於諸侯，率天道而敬行之，以示威于天下也。諸侯內貢於天子，率名斆地實也，是以不至必誅。諸侯相見，卿爲介，以其教士畢行，使仁守，會朝於天子，天子以歲二月爲壇於東郊，建五色，設五兵，具五味，陳六律，品奏五聲，聽明教。置離，抗大侯規鵠，堅物。九卿佐三公，三公佐天子。天子踐位，諸侯各以其屬就位，乃升諸侯。諸侯之教士，教士執弓挾矢，揖讓而升，履物以射其地，心端容色正，時以斆伎，時有慶以地，不時有讓以地。天下之有道也，有天子存，國之有道也，君得其正，家之不亂也，有仁父存。是故聖人之教於民也，以其近而見者，稽其遠而明者，天事曰明，地事曰昌，人事曰比兩以慶，違此三者，謂之愚民，愚民曰姦，姦必誅。是以天下平而國家治，民亦無貸。

又：〔《大戴禮・誥志》〕是故聖人嗣則治。文王治以俟時，湯治以伐亂，禹治以移衆。衆服以立天下。堯貴以樂治時，舉舜。舜治以德使力。在國統民如恕，在家撫官而國。安之勿變，勸之勿沮，民咸廢惡如進良。上誘大訓作撫善而行罰，百姓盡於仁而遂安之，此古之明制之治天下也。仁者為聖，貴次，力次，美次，射御次。古之治天下者必聖人，聖人有國，則日月不食，星辰不隕，一本無隕字勃大訓作孛海不運，河不滿溢，川澤不竭，山不崩解，陵不施谷，一本無谷字川浴大訓作洛不處，深淵不涸。於時龍至不閉，鳳降忘翼，鷙獸忘攫，爪鳥忘距，蜂蠆不螫嬰兒，蟁虻不食天駒，雒出服，河出圖。自上世以來，莫不降仁。國家之昌，國家之臧，信仁。是故不賞不罰，如民咸盡力，車不建戈，遠邇咸服，允使來往，他賓畢極，無怨無惡，率惟懿德。此無空禮，無空名。賢人竝憂，殘毒大訓無毒字以時省，舉良良，舉善善，恤民使仁，日斆仁賓也。

又：《公羊》襄二十九年何休解詁。孔子曰：三皇設言，民不違；五帝畫象，世順機；三王肉刑揆漸加，應世黠巧姦偽多。

又：《説苑・政理》仲尼對曰：【略】丘聞之，兩君相親，則長有國；君惠臣忠，則列都之得；無殺不辜，毋釋罪人，則民不惑；益士祿賞，則竭其力；尊天敬鬼，則日月當時，善為刑罰，則聖人自來；尚賢使能，則官府治。梁君曰：豈有不然哉！

（清）孫星衍《孔子集語》卷九《論人》〔《魯語下》〕公父文伯退朝，朝其母，其母方績。文伯曰：以歜之家而主猶績，懼忓季孫之怒也。其以歜爲不能事主乎？其母歎曰：魯其亡乎？使僮子備官而未之聞邪？居，吾語汝。昔聖王之處民也，擇瘠土而處之，勞其民而用之，故長王天下。夫民勞則思，思則善心生；逸則淫，淫則忘善，忘善則惡心生。沃土之民不材，淫也；瘠土之民，莫不嚮義，勞也。是故天子大采朝日，與三公九卿祖識地德，日中考政，與百官之政事，師尹維旅牧相宣序民事。少采夕月，與太史司載糾虔天刑。日入監九御，使潔奉禘郊之粢盛，而後即安諸侯朝修天子之業命。晝考其國職，夕省其典刑，夜儆百工，使無慆淫，而後即安。卿大夫朝考其職，晝講其庶政，夕序其業，夜庀其家事，而後即安。士朝而受業，晝而習貫，夕而習復，夜而計過無憾，而後即安。自庶人以下，明而動，晦而休，無日以怠。王后親織元紞，公侯之夫人加之以紘綖，卿之內子爲大帶，命婦成祭服，列士之妻加之以朝服。自庶士以下，皆衣其夫。社而賦事，蒸而獻功，男女效績，愆則有辟，古之制也。君子勞心，小人勞力，先王之訓也。自上以下，誰敢淫心舍力？今我寡也，爾又在下位，朝夕處事，猶恐忘先人之業，況有怠惰，其何以避辟？吾冀而朝夕修我曰：必無廢先人。爾今曰胡不自安？以是承君之官，余懼穆伯之絶嗣也。仲尼聞之曰：弟子志之，季氏之婦不淫矣。

（清）孫星衍《孔子集語》卷一〇《論政》 《韓詩外傳》六，子路治蒲三年，孔子過之，入境而善之，曰：由恭敬以信矣。入邑，曰：善哉，由忠信以寬矣。至庭，曰：善哉！由明察以斷矣。子貢執轡而問曰：夫子未見由而三稱善，可得聞乎？孔子曰：入其境，田疇甚易，此二字本脱，據《文選・籍田賦》注引補。草萊甚辟，此恭敬以信，故民盡力。入其邑，墉屋甚尊，樹木甚茂，此忠信以寬，其民不偷。入其庭，甚閑，此明察以斷，故民不擾也。

又：《韓詩外傳》八，子賤治單父，其民附。孔子曰：告丘之所以治之者。對曰：不齊時發倉廩，振困窮，補不足。孔子曰：是小人附耳，未也。對曰：賞有能，招賢才，退不肖。孔子曰：是士附耳，未也。對曰：所父事者三人，所兄事者五人，所友者十有二人，所師者一人。孔子曰：所父事者三人，據《説苑》脱一句。所兄事者五人，足以教弟矣；所友者十有二人，足以祛壅蔽矣；所師者一人，足以慮無失策，舉無敗功矣。惜乎不齊爲之大功，乃與堯舜參矣。

《説苑・政理》孔子謂宓子賤曰：子治單父而衆説，語丘所以爲之者。曰：不齊父其父，子其子，恤諸孤而哀喪紀。孔子曰：善，小節也，小民附矣，猶未足也。曰：不齊也所父事者三人，所兄事者五人，所友者十一人。孔子曰：父事三人，可以教孝矣；兄事五人，可以教弟矣；友十一人，可以教學矣。中節也，中民附矣，猶未足也。曰：此地民有賢於不齊者五人，不齊事之，皆教不齊所以治之術。孔子曰：欲其大者，乃於此在矣。昔者，堯、舜清微其身，以聽觀天下，務來賢人。夫舉賢者，百福之宗也，而神明之主也。不齊之所治者小也，不齊所治者大，其與堯、舜繼矣。

又：《大戴禮・四代》公曰：四代之政刑，論其明者，可以爲法乎？子曰：何哉！四代之政刑皆可法也。公曰：以我行之，其可乎？子曰：否，不可。臣願君之立知而以觀聞也。四代之政刑，君若用之，則緩急將有所不節，不節君將約之，約之卒將棄法，棄法是無以為國家也。公曰：巧匠輔繩而斲，胡爲其棄法也？子曰：心未之度，習未之狎，此以數踰而棄法也。夫規矩準繩鈞衡，此昔者先王之所以爲天下也。小以及大，近以知遠，今日行之，可以知古，可以察今，其此邪！水火金木土穀，此謂六府，廢一不可，進二不可，民竝用之，今日行之，可以知古，可以察今，其此邪！昔夏商之未興也，伯夷謂此二帝之眇。公曰：長國治民恆幹，論政之大體，以教民辨，歷大道以時地性，興民之陽德以教民事，上服周室之典以順事天子，脩政勤禮以交諸侯，大節無廢，小眇其後乎？子曰：否，不可後也。《詩》云：東有開明，於時鷄三號，以興庶虞，庶虞動，蜚征作。嗇民執功，百草咸淯，地傾水流之。是以天子盛服朝日于東堂，以教敬示威于天下也。是以祭祀昭有神明，燕食昭有慈愛，宗廟之事昭有義，率禮朝廷，昭有五官，無廢甲胄之戒，昭果毅以聽，天子曰崩，諸侯曰薨，大夫曰卒，士曰不禄，庶人曰死。昭哀，哀愛無失節，是以父慈子孝、兄愛弟敬。此昔先王之所先施於民也。君而後此，則爲國家失本矣。公曰：善哉！子察教我也。子曰：鄉也君之言善，執國之節也。君先眇而後善，中備以君子言，可以知古，可以察今，奐然而興民壹始。公曰：是非吾言也，吾一聞於師也。子吁焉其色，曰：嘻！君行道矣。公曰：道邪？子曰：道也。公曰：吾未能知人，未能取人。子曰：君何爲不觀器視才。公曰：視可明乎？子曰：可以表儀。公曰：願學之。子曰：平原大藪，瞻其草之高豐茂者，必有怪鳥獸居之。且草可財也，如艾而夷之，其地必宜五穀。高山多林，必有怪虎豹蕃孕焉，深淵大川，必有蛟龍焉，民亦如之。君察之，可以見器見才矣。公曰：吾猶未也。子曰：羣然，戚大訓作威然，頤然，睪然，踖然，柱然，抽然，首然，僉然，湛然，淵淵然，淑淑然，齊齊然，節節然，穆穆然，皇皇然，見才色脩聲不視聞，怪物恪命不改志，舌不更氣，君見之舉也。得之取也，有事事也，事必與食，食必與位，無相越踰。昔虞舜天德嗣堯，取相十有六人如此。公曰：嘻，美哉！子道廣矣。曰：由德徑徑，吾恐惛而不能用也，何以哉！公曰：請問圖德何尚？子曰：聖，知之華也；知，仁之實也；仁，信之器也；信，義之重也；義，利之本也。委利生孽。公曰：嘻！言之至也。道天地以民輔之，聖人何尚？子曰：有天德，有地德，有人德，此謂三德。三德率行，乃有陰陽。陽曰德，陰曰刑。公曰：善哉！再聞此矣，陽德何出？子曰：陽德出禮，禮出刑，刑出慮，慮則節事於近，而揚聲於遠。公曰：善哉！載事何以？子曰：德以監位，位以充局，局以觀功，功以養民，民於此乎上。公曰：祿不可後乎？子曰：食爲味，味爲氣，氣爲志，發志爲言，發言定名，名以出信，信載義而行之，祿不可後也。公曰：所謂民與天地相參者，何謂也？子曰：天道以視，地道以履，人道以稽。廢一曰失統，恐不長饗國。公愀然其色。子曰：君藏玉，惟慎用之，雖慎敬而勿愛，民亦如之。執事無貳，五官有差，喜無竝愛，卑無加尊，淺無測深，小無招大，此謂楣機。楣機賓薦不蒙。昔舜徵薦此道於堯，堯親用之，不亂上下。公曰：請問民徵？子曰：無以爲也，難行。公曰：願學之，幾必能。子曰：貪於味不讓，妨於政；願富不久，妨於政；慕寵假貴，妨於政；治民惡衆，妨於政；爲父不慈，妨於政；爲子不孝，妨於政；大縱耳目，妨於政；好色失志，妨於政；好見小利，妨於政；變從無節，撓弱不立，妨於政；剛毅犯神，妨於政；鬼神過節，妨於政。幼勿與衆，克勿與比，依勿與謀，放勿與游，徽勿與事，臣聞之弗慶，大訓作薦非事君也。君聞之弗用，以亂厥德，臣將慶大訓作薦其簡者。蓋人有可知者焉，貌色聲衆有美焉，必有美質在其中者矣；貌色聲衆有惡焉，必有惡質在其中者矣。此者，伯夷之所後出也。子曰：伯夷建國建政，脩一作循國脩政。公曰：善哉！

又：《說苑·政理》子路治蒲，見於孔子曰：由願受教。孔子曰：蒲多壯士，又難治也。然吾語汝：恭以敬，可以攝勇；寬以正，可以容衆；恭以潔，可以親上。按《史記·仲尼弟子傳》作恭以敬，可以執勇，寬以正，可以比衆，恭正以靜，可以報上。

又：《說苑·政理》子貢爲信陽令，辭孔子而行，孔子曰：力之順之，因子之時，無奪無伐，無暴無盜。子貢曰：賜少日事君子，君子固有盜者邪？孔子曰：夫以不肖伐賢，是謂奪也；以賢伐不肖，是謂伐也；緩其令，急其誅，是謂暴也；取人善以自爲己，是謂盜也。君子之盜，豈必當財幣乎？吾聞之曰，知爲吏者，奉法利民；不知爲吏者，枉法以侵民，此皆怨之所由生也。臨官莫如平，臨財莫如廉，廉平之守，不可攻也。匿人之善者，是謂蔽賢也；揚人之惡者，是謂小人也；不內相教而外相謗者，是謂不足親也。言人之善者，有所得而無所傷也；言人之惡者，無所得而有所傷也。故君子愼言語矣，毋先己而後人，擇言出之，令口如耳。

（清）孫星衍《孔子集語》卷一六《寓言上》《莊子·內篇·人間世》顔回見仲尼，請行。曰：奚之？曰：將之衛。曰：奚爲焉？曰：回聞衛君，其年壯，其行獨。輕用其國，而不見其過。輕用民死，死者以國量乎澤，若蕉，民其無如矣！回嘗聞之夫子曰：治國去之，亂國就之。醫門多疾。願以所聞思其所行，明本無所行二字。則庶幾其國有瘳乎！仲尼曰：譆，若往而殆刑耳！明本作若殆往而刑耳。夫道不欲雜，雜則多，多則擾，擾則憂，憂而不救。古之至人，先存諸己而後存諸人，所存於己者未定，何暇至於暴人之所行！且若亦知夫德之所蕩而知之所爲出乎哉？德蕩乎名，知出乎爭。名也者，相軋也；知也者，爭之器也。二者凶器，非所以盡行也。且德厚信矼，未達人氣；名聞不爭，未達人心。而彊以仁義繩墨之言衒明本作術暴人之前者，是以人惡有其美也，命之曰菑人。菑人者，人必反菑之，若殆爲人菑夫。且苟爲悅賢而惡不肖，惡用而求有以異？若唯無詔，王公必將乘人而鬭其捷，而目將熒之，而色將平之，口將營之，容將形之，心且成之。是以火救火，以水救水，名之曰益多。順始無窮。若殆以不信厚言，必死於暴人之前矣！且昔者桀殺關龍逢，紂殺王子比干，是皆脩其身以下傴拊人之民，以下拂其上者也，故其君因其脩以擠之。是好名者也。昔者堯攻叢枝、胥敖，禹攻有扈，國爲虛厲，身爲刑戮，其用兵不止，其求實無已。是皆求名實者也，而獨不聞之乎？名實者，聖人之所不能勝也，而況若乎！雖然，若必有以也，嘗以語我來。顔回曰：端而虛，勉而一，則可乎？曰：惡！惡可！夫以陽爲充孔揚，采色不定，常人之所不違，因案人之所感，以求容與其心，名之曰日漸之德不成，而況大德乎！將執而不化，外合而內不訾，其庸詎可乎！然則我內直而外曲，成而上比。內直者，與天爲徒。與天爲徒者，知天子之與己皆天之所子，而獨以己言蘄乎而人善之，蘄乎而人不善之邪？若然者，人謂之童子，是之謂與天爲徒。外曲者，與人之爲徒也。擎跽曲拳，人臣之禮也。人皆爲之吾敢不爲邪？爲人之所爲者，人亦無疵焉，是之謂與人爲徒。成而上比者，與古爲徒。其言雖教，讁之實也。古之有也，非吾有也。若然者，雖直不爲病，是之謂與古爲徒。若是，則可乎？仲尼曰：惡！惡可！大多政法而不諜。雖固，亦無罪。雖然，止是耳矣，夫胡可以及化！猶師心者也。顔回曰：吾無以進矣，敢問其方？仲尼曰：齋，吾將語若。有而爲之，其易邪？易之者，暤天不宜。顔回曰：回之家貧，唯不飲酒不茹葷者數月矣。若此，則可以爲齋乎？曰：是祭祀之齋，非心齋也。回曰：敢問心齋？仲尼曰：若一志，無聽之以耳而聽之以心，無聽之以心而聽之以氣。聽止於耳，心止於符。氣也者，虛而待物者也。唯道集虛。虛者，心齋也。顔回曰：回之未始得使，實自回也；得使之也，未始有回也。可謂虛乎？夫子曰：盡矣！吾語若。若能入遊其樊，而無感其名，入則鳴，不入則止。無門無毒，一宅而寓於不得已，則幾矣。絶迹易，無行地難。爲人使易以僞，爲天使難以僞。聞以有翼飛者矣，未聞以無翼飛者也；聞以有知知者矣，未聞以無知知者也。瞻彼闋者，明本作闋者虛室生白，吉祥止止。夫且不止，是之謂坐馳。夫徇耳目內通，而外於心知，鬼神將來舍，而況人乎！是萬物之化也，禹、舜之所紐也，伏羲、几蘧之所行終，而況散焉者乎！

《子思子全書・鳶魚》 仲尼曰：凡為天下國家有九經：曰脩身也，尊賢也，親親也，敬大臣也，體羣臣也，子庶民也，來百工也，柔遠人也，懷諸侯也。脩身則道立，尊賢則不惑，親親則諸父昆弟不怨，敬大臣則不眩，體羣臣則士之報禮重，子庶民則百姓勸，來百工則財用足，柔遠人則四方歸之，懷諸侯則天下畏之。齊明盛服，非禮不動，所以脩身也，去讒遠色，賤貨而貴德，所以勸賢也，尊其位，重其禄，同其好惡，所以勸親親也，官盛任使，所以勸大臣也，忠信重禄，所以勸士也，時使薄斂，所以勸百姓也，日省月試，既廩稱事，所以勸百工也，送往迎來，嘉善而矜不能，所以柔遠人也，繼絶世，舉廢國，治亂持危，朝聘以時，厚往而薄來，所以懷諸侯也。凡為天下國家有九經，所以行之者一也。

（漢）陸賈《新語》卷上《輔政》 夫居高者，自處不可以不安，履危者，任杖不可以不固。自處不安則墜，任杖不固則仆。是以聖人居高處上，則以仁義爲巢，乘危履傾，則以賢聖爲杖，故高而不墜，危而不仆者。堯以仁義爲巢，舜以禹稷契爲杖，故高而益安，動而益固。然處高之安，乘克讓之敬，德配天地，光被四表，功垂於無窮，名傳於不朽，蓋自處得其巢，任杖得其材也。秦以刑罰爲巢，故有覆巢破卵之患；以趙高李斯爲杖，故有傾仆跌傷之禍，何哉？所任非也。故杖聖者帝，杖賢者王，杖仁者霸，杖義者強，杖讒者滅，杖賊者亡。故懷剛者久而缺，持柔者久而長，躁疾者爲厥速，遲重者爲常存，尚勇者爲悔近，温厚者行寬舒，懷促急者必有所虧，柔懦者制剛強。小慧者不可以禦大，小辯者不可以説衆。商賈巧爲販賣之利，而屈爲貞良，邪臣好爲詐僞，自媚飾非，而不能爲公方，藏其端巧，逃其事功。故智者之所短，不如愚者之所長。文公種米，曾子駕羊。相士不熟，信邪失方。察察者有所不見，恢恢者何所不容。朴直質者近忠，便巧者近亡。君子遠熒熒之色，放錚錚之聲，絶恬美之味，疎嗌嘔之情。天道以大制小，以重顛輕。以小治大，亂度千貞。讒夫似賢，美言似信，聽之者惑，觀之者冥。故蘇秦尊於諸侯，商鞅顯於西秦。世無賢智之君，孰能別其形。故堯放驩兜，仲尼誅少正卯；甘言之所嘉，缺一字不爲之傾，惟堯知其實，仲尼見其情。故干聖王者誅，遏賢君者刑，遭凡王者貴，觸亂世者榮。鄭儋亡齊而歸魯，齊有九合之名，而魯有乾時之恥。夫據千乘之國，而信讒佞之計，未有不亡者也。故《詩》云：讒人罔極，交亂四國。衆邪合黨，以回人君。邦危民亡，不亦宜乎。

（漢）陸賈《新語》卷上《無爲》 夫道莫大於無爲，行莫大於謹敬。何以言之？昔虞舜治天下，彈五絃之琴，歌南風之詩，寂若無治國之意，漠若無憂民之心，然天下治。周公制作禮樂，郊天地，望山川，師旅不設，刑格法懸，而四海之內，奉供來臻，越裳之君，重譯來朝，故無爲也有誤乃無爲也。秦始皇帝設爲車裂之誅，以斂姦邪，築長城於戎境，以備胡越，征大吞小，威震天下，將帥横行，以服外國，蒙恬討亂於外，李斯治法於內，事逾煩，天下逾亂，法逾滋，而姦逾熾，兵馬益設而敵人逾多。秦非不欲爲治，然失之者，乃舉措暴衆而用刑太極故也。是以君子尚寬舒以苞身，行中和以統遠，民畏其威而從其化，懷其德而歸其境，美其治而不敢違其政。民不罰而畏罪，不賞而歡悦，漸漬於道德，被服於中和之所致也。夫法令者所以誅惡，非所以勸善。故曾閔之孝，夷齊之廉，豈畏死而爲之哉？教化之所致也。故曰堯舜之民，可比屋而封，桀紂之民，可比屋而誅者，教化使然也。故近河之地濕，近山之土燥，以類相及也。故山川出雲雨，丘阜生缺一字氣，四瀆東流，百川無不從，小者從大，少者從多。夫王者之都，南面之君，臣姓之所取法。缺二字舉措動作，不可失法則也。昔者周襄王不能事後母，出居於鄭，而下多叛其親。秦始王驕奢靡麗，好作高臺榭廣宮室，則天下豪富制屋宅者，莫不倣之，設房闥，備廐庫，繕雕琢刻畫之好，傅玄黄琦瑋之色，以亂制度。齊桓公好婦人之色，妻姑姊妹，而國中多淫於骨肉。楚平王奢侈縱恣，不能制下，檢民以德，增駕百馬而行，欲令天下人餒，財富利明不可及，於是楚國逾奢，君臣無別。故上之化下，猶風之靡草也。王者尚武於朝，缺一字農夫繕甲於田。故君之御下民，奢侈者則應之以儉，驕淫者則統之以理，未有上仁而下殘，上義而下争者也。孔子曰：移風易俗。豈家至之哉？先之於身而已矣。

（漢）陸賈《新語》卷上《慎微》 夫言道因權而立，德因勢而行，不在其位者，則無以齊其政，不操其柄者，則回也不改其樂。禮以行之，遜以出之。夫力學而誦《詩》、《書》，凡人所能爲也；若欲移江河，動太山，故人力所不能也。如調心在己，背惡向善，不貪於財，不苟於利，分財取寬，服事取勞，此天下易知之道，易行之事也，豈有難哉？若造父之御馬，羿之用弩，則所謂難也。君以不以其難爲之也，故不知以爲善也，絶氣力，尚德也。夫目不能别黑白，耳不能别清濁，口不能言善惡，則所謂不能也。故設道者易見曉，所以通凡人之心，而達不能之行。道者，人之所行也。夫大道履之而行，則無不能，故謂之道。孔子曰：道之不行也。言人不能行之。故謂顔淵曰：用之則行，舍之則藏，唯我與爾有是夫。言顔淵道施於世而莫之用。猶人不能懷仁行義，分别纖微，忖度天地，乃苦身勞形，入深山，求神仙，弃二親，捐骨肉，絶五谷，廢《詩》《書》，背天地之寶，求不死之道，非所以通世防非者也。若湯、武之君，伊、吕之臣，因天時而行罰，順陰陽而運動，上瞻天文，下察人心，以寡服衆，以弱制強，革車三百，甲卒三千，征敵破衆，以報大讐，討逆亂之君，絶煩濁之原，天下和平，家給人足，疋夫行仁，商賈行信，齊天地，致鬼神，河出圖，洛出書，因是之道，寄之天地之間，豈非古之所謂得道者哉。夫播布革，亂毛髮，登高山，食木實，視之無優游之容，聽之無仁義之辭，忽忽若狂痴，推之不往，引之不來，當世不蒙其功，後代不見其才，君傾而不扶，國危而不持，寂寞而無鄰，寥廓而獨寐，可謂避世，非謂懷道者也。故殺身以避難，則非計也，懷道而避世，則不忠也。是以君子居亂世，則合道德，採微善，絶纖惡，脩父子之禮，以及君臣之序，乃天地之通道，聖人之所不失也。故隱之則爲道，布之則爲文，詩在心爲志，出口爲辭，矯以雅僻，砥礪鈍才，雕琢文邪，抑定狐疑，通塞理順，分别然否，而情得以利，而性得以治，綿綿漠漠，以道制之，察之無兆，遁之恢恢，不見其行，不覩其仁，湛然未悟，久之乃殊，論思天地，動應樞機，俯仰進退，與道缺二字藏之於身，優遊待時。故道無廢而不興，器無毁而不治。孔子曰：有至德要道以順天下。言德行而其下順之矣。

（漢）陸賈《新語》卷下《懷慮》 故聖人執一政以繩百姓，持一槩以等萬民，所以同一治而明一統也。故天一以大成數，人一以缺一字成倫。楚靈王居千里之地，享百邑之國，不先仁義而尚道德，懷奇伎，缺四字陰陽合物怪作乾谿之臺，立百仞之高，欲登浮雲，窺天文，然身死於弃缺三字。魯莊公據中土之地，承聖人之後，不脩周公之業，繼先人之體，尚權杖威，有萬人之力，懷兼人之強，不能存立子糾，國侵地奪，以洙、泗爲境。夫世人不學《詩》、《書》，行仁義，缺一字聖人之道，極經藝之深，乃論不驗之語，學不然之事，圖天地之形，説災變之異，缺二字王之法，異聖人之意，惑學者之心，移衆人之志，指天畫地，是非世事，動人以邪變，驚人以奇怪，聽之者若神，視之者如異，然猶不可以濟於厄而度其身，或觸罪缺二字法，不免於辜戮。故事不生於法度，道不本於天地，可言而不可行也，可聽而不可傳也，可缺一字翫而不可大用也。故物之所可，非道之所宜；道之所宜，非物之所可。是以制事者不可缺一字，設道者不可通。目以精明，耳以主聽，口以别味，鼻以聞芳，手以之持，足以之行，各受一性，不得兩兼，兼則心惑，二路者行窮，正心一堅，久而不忘，在上不逸，爲下不傷，執一統物，雖寡必衆，心佚情散，雖高必崩，氣泄生疾，壽命不長，顛倒無端，失道不行。故氣感之符，清潔明光，情素之表，恬暢和良，調密者固，安靜者祥，志定心平，血脉乃彊，秉政圖缺一字兩，失其中方，戰士不耕，朝士不商，邪不奸直，圓不亂方，違戾相錯，撥刺難匡。故欲理之君，閉利門，積德之家，必無災殃，利絶而道著，武讓而德興，斯乃持久之道，常行之法也。

（漢）陸賈《新語》卷下《思務》　夫長於變者，不可窮以詐。通於道者，不可驚以恠。審於辭者，不可惑以言。遠於義者，不可動以缺一字。是以君子廣思而博聽，進退循法，動作合度，聞見欲衆，而采擇欲謹，學問欲缺四字欲敦，見邪乃知其直，觀花乃知其實，目不淫炫燿之色，耳不亂阿缺六字之以晉楚之富而志不回。談之以喬松之壽而行不易。然後能一其道而定其操，缺六字功。凡人則不然，目放於富貴之榮，耳亂於不死之道，故多弃其所長而求其所短，得其所亡而失其所有。是以吴王夫差知度艾陵之可勝，而不悟勾踐將以破亡也。故缺二字或見一利而喪萬機，求一福而致萬禍。夫學者通於神靈之變化，曉於天地之開闔，缺三字弛張，性命之短長，富貴之所在，貧賤之所亡，則手足不勞而耳目不亂，思慮不缺一字，計策不誤，上決是非於天文，其次定狐疑於世務，興有所據，轉移有所守，故道缺五字事可法也。昔舜、禹因盛而治世，孔子承衰而作功，聖人不空出，賢者不虛生，缺六字而歸於善，斯乃天地之法而制其事，則世之便而設其義。故聖人不必同道，缺六字好者不必同色而皆美，醜者不必同狀而皆惡，天地之數，斯命之象也。日缺八字八宿並列，各有所主，萬端異路，千法異形，聖人因其勢而調之，使小大不得相缺一字，方圓不得相干，分之以度，紀之以節，星不晝見，日不夜照，雷不冬發，霜不夏降。臣不凌君，則陰不侵陽，盛夏不暑，隆冬不霜，黑氣苞日，彗星揚光，虹蜺冬見，蟄虫夏藏，熒惑亂宿，衆星失行。聖人因天變而正其失，理其端而正其本。堯承蚩尤之失，而思欽缺三字，君子見惡於外，則知變於內。桀紂不缺一字，則湯武不仁，才惑於衆非者而改之，於缺七字亂之於明廷，而匹夫治之於閨門。是以接輿老萊，所以避世於窮缺五字而遠其尊也。君子行之於幽閒，小人厲之於士衆。老子曰：上德不德。缺六字虛也。夫口誦聖人之言，身學賢者之行，久而不弊，勞而不廢，雖未爲君缺六字已。孔子曰：行夏之時，乘殷之輅，服周之冕，樂則韶舞，放鄭聲，遠佞人。缺三字道而行之於世，雖非堯舜之君，則亦堯舜也。今之爲君者則不然，治不法缺三字而曰：今之世不可以道德治也。爲臣者不師稷契周公之政，則曰：今之民不可以缺四字爲子者。不執曾閔之賢，朝夕不休，盡節不倦。則曰：家人不敦也。學者無缺四字晝夜不懈，循禮而動。則曰：世所不行也。自人君至于庶人，未有法聖人缺五字爲善者寡，爲惡者衆。《易》曰：豐其屋，蔀其家，闚其戶，闃其無人。缺四字治之耳。故仁者在位而仁人來，義士在朝而義士至。是以墨子之門多缺四字之門多道德，文武之朝多賢良，秦王之庭多不祥。故善者必有所缺三字，惡者必有所因而來。善惡不空出，禍福不妄作，唯心之所向，志之所行而已。

（漢）賈誼《新書》卷一《過秦下》　秦滅周祀，并海內，兼諸侯，南面稱帝，以四海養。天下之士斐然鄉風，若是，何也？曰：近古而無王者久矣。周室卑微，五霸既滅，令不行於天下，是以諸侯力正，彊凌弱，衆暴寡，兵革不休，士民罷弊。今秦南面而王天下，是上有天子也。即元元之民冀得安其性命，莫不虛心而仰上。當此之時，專威定功，安危之本，在於此矣。秦王懷貪鄙之心，行自奮之智，不信功臣，不親士民，廢王道而立私愛，焚文書而酷刑法，先詐力而後仁義，以暴虐爲天下始。夫並兼者高詐力，安危者貴順權，以此言之，取與攻守不同術也。秦雖離戰國而王天下，其道不易，其政不改，是以其所以取之也，孤獨而有之，故其亡可立而待也。借使秦王論上世之事，竝殷周之迹，以制御其政，後雖有淫驕之主，猶未有傾危之患也。故三王之建天下，名號顯美，功業長久。今秦二世立，天下莫不引領而觀其政。夫寒者利短褐而飢者甘糟糠，天下嚻嚻，新主之資也。此言勞民之易爲仁也。鄉使二世有庸主之行而任忠賢，臣主一心而憂海內之患，縞素而正先帝之過；裂地分民以封功臣之後，建國立君以禮天下；虛囹圄而免刑戮，去收帑污穢之罪，使各反其鄉里；發倉廩，散財幣，以賑孤獨窮困之士；輕賦少事，以佐百姓之急；約法省刑，以持其後，使天下之人皆得自新，更節循行，各慎其身；塞萬民之望，而以盛德與天下，息矣。即四海之內，皆歡然各自安樂其處，惟恐有變。雖有狡害之民，無離上之心，則不軌之臣無以飾其智，而暴亂之奸彌矣。二世不行此術，而重以無道。壞宗廟與民，更始作阿房之宮；繁刑嚴誅，吏治刻深；賞罰不當，賦斂無度。天下多事，吏不能紀；百姓困窮，而主不收卹。然後奸僞竝起，而上下相遁；蒙罪者眾，刑僇相望于道，而天下苦之。自群卿以下至于眾庶，人懷自危之心，親處窮苦之實，咸不安其位，故易動也。是以陳涉不用湯、武之賢，不藉公侯之尊，奮臂于大澤，而天下嚮應者，其民危也。故先王者見終始之變，知存亡之由，是以牧之以道，務在安之而已矣。天下雖有逆行之臣，必無響應之助。故曰安民可與行義，而危民易與爲非，此之謂也。貴爲天子，富有四海，身在于戮者，正之非也。是二世之過也。秦兼諸侯山東三十餘郡，循津關，據險塞，繕甲兵而守之。然陳涉率散亂之眾數百，奮臂大呼，不用弓戟之兵，鉏櫌白挺，望屋而食，横行天下。秦人阻險不守，關梁不閉，長戟不刺，彊弩不射。楚師深入，戰于鴻門，曾無藩籬之難。於是山東諸侯竝起，豪俊相立。秦使章邯將而東征。章邯因其三軍之眾，要市于外，以謀其上。群臣之不相信，可見于此矣。子嬰立，而遂不悟。借使子嬰有庸主之材，而僅得中佐，山東雖亂，三秦之地可全而有，宗廟之祠宜未絶也。秦地被山帶河以爲固，四塞之國也。自繆公以來，至於秦王二十餘君，常爲諸侯雄，此豈世賢哉？其勢居然也。且天下嘗昔日同心并力攻秦矣，當此之世，賢智並列，良將行其師，賢相通其謀。然困於阻險而不能進。秦乃延入戰而爲之開關，百萬之徒逃北而遂壞。然困于阻險而不能進者，豈勇力智慧不足哉？形不利，勢不便也。秦雖小邑，伐并大城，守險塞而軍，高壘毋戰，閉關據阸，荷戟而守之。諸侯起于匹夫，以利會，非有素王之行也。其交未親，其民未附，名曰亡秦，其實利之也。彼見秦阻之難犯，必退陣。安士息民以待其弊，收弱扶罷以令國君。不患不得意于海內。貴爲天子，富有四海，而身爲禽者，其捄敗非也。秦王足已而不問，遂過而不變。二世受之，因而不改，暴雪以重禍。子嬰孤立無親，危弱無輔。三主之惑，終身不悟，亡不亦宜乎？當此時也，世非無深謀遠慮知化之士也，然所以不敢盡忠拂過者，秦俗多忌諱之禁也，忠言未卒於口，而身糜没矣。故天下之士傾耳而聽，重足而立，闔口而不言。是以三主失道，而忠臣不諫，智士不謀也。天下已亂，奸臣不上聞，豈不悲哉！先王知壅蔽之傷國也，故置公卿、大夫、士，以飾法設刑而天下治。其彊也，禁暴誅亂而天下服；其弱也，五霸征而諸侯從；其削也，內守外附而社稷存。故秦之盛也，繁法嚴刑而天下震；及其衰也，百姓怨而海內叛矣。故周王序得其道，而千餘載不絶；秦本末並失，故不能長。由是觀之，安危之統相去遠矣。鄙諺曰：「前事之不忘，後事之師也。」是以君子爲國，觀之上古，驗之當世，參之人事。察盛衰之理，審權勢之宜，去就有序，變化應時，故曠日長久而社稷安矣。

（漢）賈誼《新書》卷三《瑰瑋》　天下有瑰政於此：予民而民愈貧，衣民而民愈寒，使民樂而民愈苦，使民知而民愈不知避縣網，甚可瑰也！今有瑋術于此：奪民而民益富也，不衣民而民益暖，苦民而民益樂，使民愚而民愈不罹縣網。陛下無意少聽其數乎？夫雕文刻鏤周用之物繁多，纖微苦窳之器日變而起，民棄完堅而務雕鏤纖巧以相競高。作之宜一日，今十日不輕能成。用一歲，今半歲而弊。作之費日挾功，用之易弊。不耕而多食農人之食，是天下之所以困貧而不足也。故以末予民，民大貧；以本予民，民大富。黼黻文繡纂組害女工。且夫百人作之，不能衣一人，方且萬里不輕能具天下之力，勢安得不寒？世之俗侈相耀，人慕其所不如，悚迫于俗，願其所未至，以相競高，而上非有制度也。今唯刑餘鬻妾下賤，衣服得過諸侯，擬天子，是使天下公得冒主而夫人務侈也。冒主務侈，則天下寒而衣服不足矣。故以文繡衣民而民愈寒，以褫民，民必暖而有餘布帛之饒矣。夫奇巧末技、商販游食之民，形佚樂而心縣愆，志苟得而行淫侈，則用不足而蓄積少矣，即遇凶旱，必先困窮迫身，則苦饑甚焉。今敺民而歸之農，皆著於本，則天下各食於力。末技、游食之民轉而緣南畝，則民安性勸業而無縣愆之心，無苟得之志，行恭儉蓄積而人樂其所矣，故曰苦民而民益樂也。世淫侈矣，飾知巧以相詐利者爲知士，敢犯法禁昧大奸者爲識理。故邪人務而日形，奸詐繁而不可止，罪人積下眾多而無時已。君臣相冒，上下無辨，此生於無制度也。今去淫侈之俗，行節儉之術。使車輿有度，衣服器械各有制數。制數已定，故君臣絶尤，而上下分明矣。擅遏則讓，上僭者誅，故淫侈不得生，知巧詐謀無爲起，奸邪盜賊自爲止，則民離罪遠矣。知巧詐謀不起，所謂愚。故曰使民愚而民愈不罹縣網。此四者，使君臣相冒，上下無別，天下困貧，奸詐盜賊並起，罪人蓄積無已者也，故不可不急速救也。

（漢）桓寬《鹽鐵論·本議》　惟始元六年，有詔書使丞相、御史與所舉賢良、文學語。問民間所疾苦。

文學對曰：竊聞治人之道，防淫佚之原，廣道德之端，抑末利而開仁義，毋示以利，然後教化可興，而風俗可移也。今郡國有鹽、鐵、酒榷，均輸，與民爭利。散敦厚之樸，成貪鄙之化。是以百姓就本者寡，趨末者衆。夫文繁則質衰，末盛則本虧。末修則民淫，本修則民愨。民愨則財用足，民侈則飢寒生。願罷鹽、鐵、酒榷、均輸，所以進本退末，廣利農業，便也。

大夫曰：匈奴背叛不臣，數爲寇暴於邊鄙，備之則勞中國之士，不備則侵盜不止。先帝哀邊人之久患，苦爲虜所係獲也，故修障塞，飭烽燧，屯戍以備之。邊用度不足，故興鹽、鐵，設酒榷，置均輸，蕃貨長財，以佐助邊費。今議者欲罷之，內空府庫之藏，外乏執備之用，使備塞乘城之士饑寒於邊，將何以贍之？罷之，不便也。

文學曰：孔子曰：有國有家者，不患貧而患不均，不患寡而患不安。故天子不言多少，諸侯不言利害，大夫不言得喪。畜仁義以風之，廣德行以懷之。是以近者親附而遠者悦服。故善克者不戰，善戰者不師，善師者不陣。修之於廟堂，而折衝還師。王者行仁政，無敵於天下，惡用費哉？

大夫曰：匈奴桀黠，擅恣入塞，犯厲中國，殺伐郡、縣、朔方都尉，甚悖逆不軌，宜誅討之日久矣。陛下垂大惠，哀元元之未贍，不忍暴士大夫於原野；縱難被堅執鋭，有北面復匈奴之志，又欲罷鹽、鐵、均輸，擾邊用，損武略，無憂邊之心，於其義未便也。

文學曰：古者，貴以德而賤用兵。孔子曰：遠人不服，則修文德以來之。既來之，則安之。今廢道德而任兵革，興師而伐之，屯戍而備之，暴兵露師，以支久長，轉輸糧食無已，使邊境之士饑寒於外，百姓勞苦於內。立鹽、鐵，始張利官以給之，非長策也。故以罷之爲便也。

大夫曰：古之立國家者，開本末之途，通有無之用，市朝以一其求，致士民，聚萬貨，農商工師各得所欲，交易而退。《易》曰：通其變，使民不倦。故工不出，則農用乏；商不出，則寶貨絶。農用乏，則穀不殖；寶貨絶，則財用匱。故鹽、鐵、均輸，所以通委財而調緩急。罷之，不便也。

文學曰：夫導民以德，則民歸厚；示民以利，則民俗薄。俗薄則背義而趨利，趨利則百姓交於道而接於市。老子曰：貧國若有餘，非多財也，嗜慾衆而民躁也。是以王者崇本退末，以禮義防民欲，實菽粟貨財。市，商不通無用之物，工不作無用之器。故商所以通鬱滯，工所以備器械，非治國之本務也。

大夫曰：管子云：國有沃野之饒而民不足於食者，器械不備也。有山海之貨而民不足於財者，商工不備也。隴、蜀之丹漆旄羽，荆、揚之皮革骨象，江南之柟梓竹箭，燕、齊之魚鹽旃裘，兗、豫之漆絲絺紵，養生送終之具也，待商而通，待工而成。故聖人作爲舟楫之用，以通川谷，服牛駕馬，以達陵陸；致遠窮深，所以交庶物而便百姓。是以先帝建鐵官以贍農用，開均輸以足民財；鹽、鐵、均輸，萬民所載仰而取給者，罷之，不便也。

文學曰：國有沃野之饒而民不足於食者，工商盛而本業荒也；有山海之貨而民不足於財者，不務民用而淫巧衆也。故川源不能實漏卮，山海不能贍溪壑。是以盤庚萃居，舜藏黄金，高帝禁商賈不得仕宦，所以遏貪鄙之俗，而醇至誠之風也。排困市井，防塞利門，而民猶爲非也，况上之爲利乎？《傳》曰：諸侯好利則大夫鄙，大夫鄙則士貪，士貪則庶人盜。是開利孔爲民罪梯也。

大夫曰：往者，郡國諸侯各以其方物貢輸，往來煩雜，物多苦惡，或不償其費。故郡國置輸官以相給運，而便遠方之貢，故曰均輸。開委府於京師，以籠貨物。賤即買，貴則賣。是以縣官不失實，商賈無所貿利，故曰平準。平準則民不失職，均輸則民齊勞逸。故平準、均輸，所以平萬物而便百姓，非開利孔而爲民罪梯者也。

文學曰：古者之賦税於民也，因其所工，不求所拙。農人納其穫，女工效其功。今釋其所有，責其所無。百姓賤賣貨物，以便上求。間者，郡國或令民作布絮，吏恣留難，與之爲市。吏之所入，非獨齊、阿之縑，蜀、漢之布也，亦民間之所爲耳。行姦賣平，農民重苦，女工再税，未見輸之均也。縣官猥發，闔門擅市，則萬物并收。萬物并收，則物騰躍。騰躍，則商賈侔利。自市，則吏容姦。豪吏富商積貨儲物以待其急，輕賈姦吏收賤以取貴，未見準之平也。蓋古之均輸，所以齊勞逸而便貢輸，非以爲利而賈萬物也。

（漢）桓寬《鹽鐵論・非鞅》 大夫曰：昔商君相秦也，內立法度，嚴刑罰，飭政教，姦僞無所容。外設百倍之利，收山澤之税，國富民强，器械完飾，蓄積有餘。是以征敵伐國，攘地斥境，不賦百姓而師以贍。故利用不竭而民不知，地盡西河而民不苦。鹽、鐵之利，所以佐百姓之急，足軍旅之費，務蓄積以備乏絶，所給甚衆，有益於國，無害於人。百姓何苦爾，而文學何憂也？

文學曰：昔文帝之時，無鹽、鐵之利而民富；今有之而百姓困乏，未見利之所利也，而見其害也。且利不從天來，不從地出，取之民間，謂之百倍，此計之失者也。無異於愚人反裘而負薪，愛其毛，不知其皮盡也。夫李梅實多者，來年爲之衰；新穀熟而舊穀爲之虧。自天地不能兩盈，而况於人事乎？故利於彼者必耗於此，猶陰陽之不並曜，晝夜之有長短也。商鞅峭法長利，秦人不聊生，相與哭孝公。吴起長兵攻取，楚人搔動，相與泣悼王。其後楚日以危，秦日以弱。故利蓄而怨積，地廣而禍搆，惡在利用不竭而民不知，地盡西河而人不苦也？今商鞅之册任於内，吴起之兵用於外，行者勤於路，居者匱於室，老母號泣，怨女歎息；文學雖欲無憂，其可得也？

大夫曰：秦任商君，國以富强，其後卒并六國而成帝業。及二世之時，邪臣擅斷，公道不行，諸侯叛弛，宗廟隳亡。《春秋》曰：末言爾，祭仲亡也。夫善歌者使人續其聲，善作者使人紹其功。椎車之蟬攫，負子之教也。周道之成，周公之力也。雖有裨諶之草創，無子産之潤色，有文、武之規矩，而無周、吕之鑿枘，則功業不成。今以趙高之亡秦而非商鞅，猶以崇虎亂殷而非伊尹也。

文學曰：善鑿者建周而不拔，善基者致高而不蹷。伊尹以堯、舜之道爲殷國基，子孫紹位，百代不絶。商鞅以重刑峭法爲秦國基，故二世而奪。刑既嚴峻矣，又作爲相坐之法，造誹謗，增肉刑，百姓齋栗，不知所措手足也。賦斂既煩數矣，又外禁山澤之原，内設百倍之利，民無所開説容言。崇利而簡義，高力而尚功，非不廣壤進地也，然猶人之病水，益水而疾深，知其爲秦開帝業，不知其爲秦致亡道也。狐刺之鑿，雖公輸子不能善其枘。畚土之基，雖良匠不能成其高。譬若秋蓬被霜，遭風則零落，雖有十子産，如之何？故扁鵲不能肉白骨，微、箕不能存亡國也。

大夫曰：言之非難，行之爲難。故賢者處實而效功，亦非徒陳空文而已。昔商君明於開塞之術，假當世之權，爲秦致利成業，是以戰勝攻取，并近滅遠，乘燕、趙，陵齊、楚，諸侯斂袵，西面而向風。其後，蒙恬征胡，斥地千里，踰之河北，若壞朽折腐。何者？商君之遺謀，備飭素脩也。故舉而有利，動而有功。夫畜積籌策，國家之所以强也。故弛廢而歸之民，未覩巨計而涉大道也。

文學曰：商鞅之開塞，非不行也；蒙恬卻胡千里，非無功也；威震天下，非不强也；諸侯隨風西面，非不從也；然而皆秦之所以亡也。商鞅以權數危秦國，蒙恬以得千里亡秦社稷：此二子者，知利而不知害，知進而不知退，故果身死而衆敗。此所謂戀胸之智，而愚人之計也，夫何大道之有？故曰：小人先合而後忤，初雖乘馬，卒必泣血。此之謂也。

大夫曰：淑好之人，戚施之所妬也；賢知之士，闒茸之所惡也。是以上官大夫短屈原於頃襄，公伯寮愬子路於季孫。夫商君起布衣，自魏入秦，期年而相之，革法明教，而秦人大治。故兵動而地割，兵休而國富。孝公大説，封之於、商之地方五百里，功如丘山，名傳後世。世人不能爲，是以相與嫉其能而疵其功也。

文學曰：君子進必以道，退不失義，高而勿矜，勞而不伐，位尊而行恭，功大而理順；故俗不疾其能，而世不妬其業。今商鞅棄道而用權，廢德而任力，峭法盛刑，以虐戾爲俗，欺舊交以爲功，刑公族以立威，無恩於百姓，無信於諸侯，人與之爲怨，家與之爲讎，雖以獲功見封，猶食毒肉愉飽而罹其咎也。蘇秦合縱連横，統理六國，業非不大也；桀、紂與堯、舜並稱，至今不亡，名非不長也；然非者不足貴。故事不苟多，名不苟傳也。

大夫曰：縞素不能自分於緇墨，賢聖不能自理於亂世。是以箕子執囚，比干被刑。伍員相闔閭以霸，夫差不道，流而殺之。樂毅信功於燕昭，而見疑於惠王。人臣盡節以徇名，遭世主之不用。大夫種輔翼越王，爲之深謀，卒擒强吴，據有東夷，終賜屬鏤而死。驕主背恩德，聽流説，不計其功故也，豈身之罪哉？

文學曰：比干剖心，子胥鴟夷，非輕犯君以危身，强諫以干名也。憯怛之忠誠，心動於内，忘禍患之發於外，志在匡君救民，故身死而不怨。君子能行是不能禦非，雖在刑戮之中，非其罪也。是以比干死而殷人怨，子胥死而吳人恨。今秦怨毒商鞅之法，甚於私仇，故孝公卒之日，舉國而攻之，東西南北莫可奔走，仰天而歎曰：嗟乎，爲政之弊，至於斯極也！卒車裂族夷，爲天下笑。斯人自殺，非人殺之也。

（漢）桓寬《鹽鐵論·刺權》 大夫曰：今夫越之具區，楚之雲夢，宋之鉅野，齊之孟諸，有國之富而霸王之資也。人君統而守之則強，不禁則亡。齊以其腸胃予人，家強而不制，枝大而折榦，以專巨海之富而擅魚鹽之利也。勢足以使衆，恩足以卹下，是以齊國內倍而外附。權移於臣，政墜於家，公室卑而田宗強，轉轂游海者蓋三千乘，失之於本而末不可救。今山川海澤之原，非獨雲夢、孟諸也。鼓鑄煮鹽，其勢必深居幽谷，而人民所罕至。姦猾交通山海之際，恐生大姦。乘利驕溢，散樸滋僞，則人之貴本者寡。大農鹽鐵丞咸陽、孔僅等上請：願募民自給費，因縣官器，煮鹽予用，以杜浮僞之路。由此觀之：令意所禁微，有司之慮亦遠矣。

文學曰：有司之慮遠，而權家之利近；令意所禁微，而僭奢之道著。自利害之設，三業之起，貴人之家，雲行於塗，轂擊於道，攘公法，申私利，跨山澤，擅官市，非特巨海魚鹽也；執國家之柄，以行海內，非特田常之勢、陪臣之權也；威重於六卿，富累於陶、衛，輿服僭於王公，宮室溢於制度，並兼列宅，隔絶閭巷，閣道錯連，足以游觀，鑿池曲道，足以騁騖，臨淵釣魚，放犬走兔，隆豺鼎力，蹋鞠鬬雞，中山素女撫流徵於堂上，鳴鼓巴俞作於堂下，婦女被羅紈，婢妾曳絺紵，子孫連車列騎，田獵出入，畢弋捷健。是以耕者釋耒而不勤，百姓冰釋而懈怠。何者？己爲之而彼取之，僭侈相效，上升而不息，此百姓所以滋僞而罕歸本也。

大夫曰：官尊者祿厚，本美者枝茂。故文王德而子孫封，周公相而伯禽富。水廣者魚大，父尊者子貴。《傳》曰：河、海潤千里。盛德及四海，况之妻子乎？故夫貴於朝，妻貴於室，富曰苟美，古之道也。《孟子》曰：王者與人同，而如彼者，居使然也。居編戶之列，而望卿相之子孫，是以跛夫之欲及樓季也，無錢而欲千金之寶，不亦虛望哉？

文學曰：禹、稷自布衣，思天下有不得其所者，若己推而納之溝中，故起而佐堯，平治水土，教民稼穡。其自任天下如此其重也，豈云食祿以養妻子而已乎？夫食萬人之力者，蒙其憂，任其勞。一人失職，一官不治，皆公卿之累也。故君子之仕，行其義，非樂其勢也。受祿以潤賢，非私其利。見賢不隱，食祿不專，此公叔之所以爲文，魏成子所以爲賢也。故文王德成而後封子孫，天下不以爲黨，周公功成而後受封，天下不以爲貪。今則不然。親戚相推，朋黨相舉，父尊於位，子溢於內，夫貴於朝，妻謁行於外。無周公之德而有其富，無管仲之功而有其侈，故編戶跛夫而望疾步也。

（漢）桓寬《鹽鐵論·相刺》 大夫曰：古者，經井田，制廛里，丈夫治其田疇，女子治其麻枲，無曠地，無遊人。故非商工不得食於利末，非良農不得食於收穫，非執政不得食於官爵。今儒者釋耒耜而學不驗之語，曠日彌久，而無益於治，往來浮游，不耕而食，不蠶而衣，巧僞良民，以奪農妨政，此亦當世之所患也。

文學曰：禹感洪水，身親其勞，澤行路宿，過門不入。當此之時，簪墮不掇，冠挂不顧，而暇耕乎？孔子曰：詩人疾之不能默，丘疾之不能伏。是以東西南北七十説而不用，然後退而修王道，作《春秋》，垂之萬載之後，天下折中焉，豈與匹夫匹婦耕織同哉！《傳》曰：君子當時不動，而民無觀也。故非君子莫治小人，非小人無以養君子，不當耕織爲匹夫匹婦也。君子耕而不學，則亂之道也。

大夫曰：文學言治尚於唐、虞，言義高於秋天，有華言矣，未見其實也。昔魯穆公之時，公儀爲相，子思、子柳爲之卿，然北削於齊，以泗爲境，南畏楚人，西賓秦國。孟軻居梁，兵折於齊，上將軍死而太子虜，西敗於秦，地奪壤削，亡河內、河外。夫仲尼之門，七十子之徒，去父母，捐室家，負荷而隨孔子，不耕而學，亂乃愈滋。故玉屑滿篋，不爲有寶；詩書負笈，不爲有道。要在安國家，利人民，不苟繁文衆辭而已。

文學曰：虞不用百里奚之謀而滅，秦穆用之以至霸焉。夫不用賢則亡，而不削何可得乎？孟子適梁，惠王問利，答以仁義。趣舍不合，是以不用而去，懷寶而無語。故有粟不食，無益於饑；覩賢不用，無益於削。紂之時，內有微、箕二子，外有膠鬲、棘子，故其不能存。夫言而不用，諫而不聽，雖賢，惡得有益於治也？

大夫曰：橘柚生於江南，而民皆甘之於口，味同也；好音生於鄭、衛，而人皆樂之於耳，聲同也。越人子臧、戎人由余，待譯而後通，而並顯齊、秦，人之心於善惡同也。故曾子倚山而吟，山鳥下翔，師曠鼓琴，百獸率舞。未有善而不合，誠而不應者也？意未誠與？何故言而不見從，行而不合也？

文學曰：扁鵲不能治不受鍼藥之疾，賢聖不能正不食諫諍之君。故桀有關龍逄而夏亡，紂有三仁而商滅，故不患無由余、子臧之論，患無桓、穆之聽耳。是以孔子東西無所遇，屈原放逐於楚國也。故曰：直道而事人，焉往而不三黜？枉道而事人，何必去父母之邦。此所以言而不見從，行而不得合者也。

大夫曰：歌者不期於利聲，而貴在中節；論者不期於麗辭，而務在事實。善聲而不知轉，未可爲能歌也；善言而不知變，未可謂能説也。持規而非矩，執準而非繩，通一孔，曉一理，而不知權衡，以所不覩不信人，若蟬之不知雪，堅據古文以應當世，猶辰參之錯，膠柱而調瑟，固而難合矣。孔子所以不用於世，而孟軻見賤於諸侯也。

文學曰：日月之光，而盲者不能見，雷電之聲，而聾人不能聞。夫爲不知音者言，若語於瘖聾，何特蟬之不知重雪耶？夫以伊尹之智，太公之賢，而不能開辭於桀、紂，非説者非，聽者過也。是以荆和抱璞而泣血，曰：安得良工而剖之！屈原行吟澤畔，曰：安得臯陶而察之！夫人君莫不欲求賢以自輔，任能以治國，然牽於流説，惑於道諛，是以賢聖蔽掩，而讒佞用事，以此亡國破家，而賢士饑於巖穴也。昔趙高無過人之志，而居萬人之位，是以傾覆秦國而禍殃其宗，盡失其瑟，何膠柱之調也？

大夫曰：所謂文學高第者，智略能明先王之術，而姿質足以履行其道。故居則爲人師，用則爲世法。今文學言治則稱堯、舜，道行則言孔、墨，授之政則不達，懷古道而不能行，言直而行枉，道是而情非，衣冠有以殊於鄉曲，而實無以異於凡人。諸生所謂中直者，遭時蒙幸，備數適然耳，殆非明舉所謂，固未可與論治也。

文學曰：天設三光以照記，天子立公卿以明治。故曰：公卿者，四海之表儀，神化之丹青也。上有輔明主之任，下有遂聖化之事，和陰陽，調四時，安衆庶，育羣生，使百姓輯睦，無怨思之色，四夷順德，無叛逆之憂，此公卿之職，而賢者之所務也。若伊尹、周、召三公之才，太顛、閎夭九卿之人。文學不中聖主之明舉，今之執政，亦未能稱盛德也。

大夫不説，作色不應也。

文學曰：朝無忠臣者政闇，大夫無直士者位危。任座正言君之過，文侯改言行，稱爲賢君。袁盎面刺絳侯之驕矜，卒得其慶。故觸死亡以干主之過者，忠臣也；犯顔以匡公卿之失者，直士也。鄙人不能巷言面違。方今人穀之教令，張而不施，食禄多非其人，以妨農商工，市井之利，未歸於民，民望不塞也。且夫帝王之道，多墮壞而不脩，《詩》云：濟濟多士。意者誠任用其計，非苟陳虚言而已。

（漢）桓寬《鹽鐵論・國疾》　文學曰：國有賢士而不用，非士之過，有國者之恥。孔子大聖也，諸侯莫能用，當小位於魯，三月，不令而行，不禁而止，沛若時雨之灌萬物，莫不興起也。況乎位天下之本朝，而施聖主之德音教澤乎？今公卿處尊位，執天下之要，十有餘年，功德不施於天下，而勤勞於百姓，百姓貧陋困窮，而私家累萬金。此君子所恥，而《伐檀》所刺也。昔者，商鞅相秦，後禮讓，先貪鄙，尚首功，務進取，無德厚於民，而嚴刑罰於國，俗日壞而民滋怨，故惠王烹菹其身，以謝天下。當此之時，亦不能論事矣。今執政患儒貧賤而多言，儒亦憂執事富貴而多患也。

大夫視文學，悒悒而不言也。

丞相史曰：夫辯國家之政事，論執政之得失，何不徐徐道理相喻，何至切切如此乎！大夫難罷鹽、鐵者，非有私也，憂國家之用，邊境之費也。諸生闇闇争鹽、鐵，亦非爲己也，欲反之於古而輔成仁義也。二者各有所宗，時世異務，又安可堅任古術而非今之理也。且夫小雅非人，必有以易之。諸生若有能安集國中，懷來遠方，使邊境無寇虜之災，租税盡爲諸生除之，何況鹽、鐵、均輸乎！所以貴術儒者，貴其處謙推讓，以道盡人。今辯訟愕愕然，無赤、賜之辭，而見鄙倍之色，非所聞也。大夫言過，而諸生亦如之，諸生不直謝大夫耳。

賢良、文學皆離席曰：鄙人固陋，希涉大庭，狂言多不稱，以逆執事。夫藥酒苦於口而利於病，忠言逆於耳而利於行。故愕愕者福也，諓諓者賊也。林中多疾風，富貴多諛言。萬里之朝，日聞唯唯，而後聞諸生之愕愕，此乃公卿之良藥鍼石。

大夫色少寬，面文學而蘇賢良曰：窮巷多曲辯，而寡見者難喻。文學守死溟涬之語，而終不移。夫往古之事，昔有之語，已可覩矣。今以近世觀之，自以目有所見，耳有所聞，世殊而事異。文、景之際，建元之始，民朴而歸本，吏廉而自重，殷殷屯屯，人衍而家富。今政非改而教非易也，何世之彌薄而俗之滋衰也！吏即少廉，民即寡恥，刑非誅惡，而姦猶不止。世人有言：鄙儒不如都士。文學皆出山東，希涉大論。子大夫論京師之日久，願分明政治得失之事，故所以然者也。

賢良曰：夫山東天下之腹心，賢士之戰場也。高皇帝龍飛鳳舉於宋、楚之間，山東子弟蕭、曹、樊、酈、滕、灌之屬爲輔，雖即異世，亦即閎夭、太顛而已。禹出西羌，文王生北夷，然聖德高世，有萬人之才，負迭羣之任，出入都市，一旦不知返，數然後終於厮役而已。僕雖不生長京師，才駑下愚，不足與大議，竊以所聞閭里長老之言，往者，常民衣服温暖而不靡，器質朴牢而致用，衣足以蔽體，器足以便事，馬足以易步，車足以自載，酒足以合歡而不湛，樂足以理心而不淫，入無宴樂之聞，出無佚游之觀，行即負羸止則鋤耘，用約而財饒，本修而民富，送死哀而不華，養生適而不奢，大臣正而無欲，執政寬而不苛；故黎民寧其性，百吏保其官。建元之始，崇文修德，天下乂安。其後，邪臣各以伎藝，虧亂至治，外障山海，内興諸利。楊可告緡，江充禁服，張大夫革令，杜周治獄，罰贖科適，微細並行，不可勝載。夏蘭之屬妄搏，王温舒之徒妄殺，殘吏萌起，擾亂良民。當此之時，百姓不保其首領，豪富莫必其族姓。聖主覺焉，乃刑戮充等，誅滅殘賊，以殺死罪之怨，塞天下之責，然居民肆然復安。然其禍累世不復，瘡痍至今未息。故百官尚有殘賊之政，而强宰尚有强奪之心。大臣擅權而擊斷，豪猾多黨而侵陵，富貴奢侈，貧賤篡殺，女工難成而易弊，車器難就而易敗，車不累朞，器不終歲，一車千石，一衣十鍾。常民文杯畫案，机席緝躍，婢妾衣紈履絲，匹庶粺飯肉食，里有俗，黨有場，康莊馳逐，窮巷蹋鞠，秉耒抱臿，躬耕身織者寡，聚要斂容，傅白黛青者衆。無而爲有，貧而强夸，文表無裏，紈袴枲裝，生不養，死厚送，葬死殫家，遣女滿車，富者欲過，貧者欲及，富者空減，貧者稱貸。是以民年急而歲促，貧即寡恥，乏即少廉，此所以刑非誅惡而姦猶不止也。故國有嚴急之徵，即生散不足之疾矣。

（漢）桓寬《鹽鐵論·救匱》　賢良曰：蓋橈枉者以直，救文者以質。昔者，晏子相齊，一狐裘三十載。故民奢，示之以儉；民儉，示之以禮。方今公卿大夫子孫，誠能節車輿，適衣服，躬親節儉，率以敦樸，罷園池，損田宅，内無事乎市列，外無事乎山澤，農夫有所施其功，女工有所粥其業；如是，則氣脈和平，無聚不足之病矣。

大夫曰：孤子語孝，躄者語杖，貧者語仁，賤者語治。議不在己者易稱，從旁議者易是，其當局則亂。故公孫弘布被，倪寬練袍，衣若僕妾，食若庸夫。淮南逆於内，蠻、夷暴於外，盜賊不爲禁，奢侈不爲節；若疫歲之巫，徒能鼓口耳，何散不足之能治乎？

賢良曰：高皇帝之時，蕭、曹爲公，滕、灌之屬爲卿，濟濟然斯則賢矣。文、景之際，建元之始，大臣尚有争引守正之義。自此之後，多承意從欲，少敢直言面議而正刺，因公而徇私。故武安丞相訟園田，争曲直人主之前。夫九層之臺一傾，公輸子不能正；本朝一邪，伊、望不能復。故公孫丞相、倪大夫側身行道，分禄以養賢，卑己以下士，功業顯立，日力不足，無行人子産之繼。而葛繹、彭侯之等，隳壞其緒，紕亂其紀，毁其客館議堂，以爲馬廐婦舍，無養士之禮，而尚驕矜之色，廉恥陵遲而争於利矣。故良田廣宅，民無所之；不恥爲利者滿朝市，列田畜者彌郡國，横暴掣頓，大第巨舍之旁，道路且不通，此固難醫而不可爲工。

大夫勃然作色，默而不應。

（漢）桓寬《鹽鐵論·後刑》　大夫曰：古之君子，善善而惡惡。人君不畜惡民，農夫不畜無用之苗。無用之苗，苗之害也；無用之民，民之賊也。鉏一害而衆苗成，刑一惡而萬民悦。雖周公、孔子不能釋刑而用惡。家之有姐子，器皿不居，况姐民乎！民者敖於愛而聽刑。故刑所以正民，鉏所以别苗也。

賢良曰：古者，篤教以導民，明辟以正刑。刑之於治，猶策之於御也。良工不能無策而御，有策而勿用。聖人假法以成教，教成而刑不施。故威厲而不殺，刑設而不犯。今廢其紀綱而不能張，壞其禮義而不能防。民陷於罔從而獵之以刑，是猶開其闌牢，發以毒矢也，不盡不止。曾子曰：上失其道，民散久矣。如得其情，即哀矜而勿喜。夫不傷民之不治，而伐已之能得姦，猶戈者覩鳥獸掛罻羅而喜也。今天下之被誅者，不必有管、蔡之邪，鄧晳之僞，恐苗盡而不別，民欺而不治也。孔子曰：人而不仁，疾之已甚，亂也。故民亂反之政，政亂反之身，身正而天下定。是以君子嘉善而矜不能，恩及刑人，德潤窮夫，施惠悅爾，行刑不樂也。

（漢）桓寬《鹽鐵論·刑德》　大夫曰：令者所以教民也，法者所以督姦也。令嚴而民慎，法設而姦禁。罔疏則獸失，法疏則罪漏。罪漏則民放佚而輕犯禁。故禁不必，怯夫徼倖，誅誠，蹠、蹻不犯。是以古者作五刑，刻肌膚而民不踰矩。

文學曰：道逕衆，人不知所由，法令衆，民不知所辟。故王者之制法，昭乎如日月，故民不迷；曠乎若大路，故民不惑。幽隱遠方，折乎知之，室女童婦，咸知所避。是以法令不犯，而獄犴不用也。昔秦法繁於秋荼，而網密於凝脂。然而上下相遁，姦僞萌生，有司治之，若救爛撲焦，而不能禁；非網疏而罪漏，禮義廢而刑罰任也。方今律令百有餘篇，文章繁，罪名重，郡國用之疑惑，或淺或深，自吏明習者，不知所處，而況愚民！律令塵蠹於棧閣，吏不能徧覩，而況於愚民乎！此斷獄所以滋衆，而民犯禁滋多也。宜犴宜獄，握粟出卜，自何能穀？刺刑法繁也。親服之屬甚衆，上殺下殺，而服不過五。五刑之屬三千，上附下附，而罪不過五。故治民之道，務篤其教而已。

大夫曰：文學言王者立法，曠若大路。今馳道不小也，而民公犯之，以其罰罪之輕也。千仞之高，人不輕凌，千鈞之重，人不輕舉。商君刑棄灰於道，而秦民治。故盜馬者死，盜牛者加，所以重本而絕輕疾之資也。武兵名食，所以佐邊而重武備也。盜傷與殺同罪，所以累其心而責其意也。猶魯以楚師伐齊，而《春秋》惡之。故輕之爲重，淺之爲深，有緣而然。法之微者，固非衆人之所知也。

文學曰：《詩》云：周道如砥，其直如矢。言其易也。君子所履，小人所視。言其明也。故德明而易從，法約而易行。今馳道經營陵陸，紆周天下，是以萬里爲民穽也。罻羅張而縣其谷，辟陷設而當其蹊，矰弋飾而加其上，能勿離乎？聚其所欲，開其所利，仁義陵遲，能勿踰乎？故其末途，至於攻城入邑，損府庫之金，盜宗廟之器，豈特千仞之高、千鈞之重哉！管子曰：四維不張，雖臯陶不能爲士。故德教廢而詐僞行，禮義壞而姦邪興，言無仁義也。仁者，愛之效也，義者，事之宜也。故君子愛仁以及物，治近以及遠。《傳》曰：凡生之物，莫貴於人；人主之所貴，莫重於人。故天之生萬物以奉人也，主愛人以順天也。聞以六畜禽獸養人，未聞以所養害人者也。魯廐焚，孔子罷朝，問人不問馬，賤畜而重人也。今盜馬者罪死，盜牛者加。乘騎車馬行馳道中，吏舉苛而不止，以爲盜馬，而罪亦死。今傷人持其刀劍而亡，亦可謂盜武庫兵而殺之乎？人主立法而民犯之，亦可以爲逆而輕主約乎？深之可以死，輕之可以免，非法禁之意也。法者，緣人情而制，非設罪以陷人也。故《春秋》之治獄，論心定罪。志善而違於法者免，志惡而合於法者誅。今傷人未有所害，志不甚惡而合於法者，謂盜而傷人者耶？將執法者過耶？何於人心不厭也！古者，傷人有創者刑，盜有臧者罰，殺人者死。今取人兵刃以傷人，罪與殺人同，得無非其至意與？

大夫俛仰未應對。

御史曰：執法者國之轡銜，刑罰者國之維檝也。故轡銜不飭，雖王良不能以致遠；維檝不設，雖良工不能以絕水。韓子疾有國者不能明其法勢，御其臣下，富國强兵，以制敵禦難，惑於愚儒之文詞，以疑賢士之謀，舉浮淫之蠹，加之功實之上，而欲國之治，猶釋階而欲登高，無銜橛而禦捍馬也。今刑法設備，而民猶犯之，況無法乎？其亂必也！

文學曰：轡銜者，御之具也，得良工而調。法勢者，治之具也，得賢人而化。執轡非其人，則馬奔馳。執軸非其人，則船覆傷。昔吳使宰嚭持軸而破其船，秦使趙高執轡而覆其車。今廢仁義之術，而任刑名之徒，則復吳、秦之事也。夫爲君者法三王，爲相者法周公，爲術者法孔子，此百世不易之道也。韓非非先王而不遵，舍正令而不從，卒蹈陷穽，身幽囚，客死於秦。夫不通大道而小辯，斯足以害其身而已。

（漢）桓寬《鹽鐵論·周秦》　御史曰：《春秋》無名號，謂之云盜，所以賤刑人而絕之人倫也。故君不臣，士不友，於閭里無所容。故民恥犯之。今不軌之民，犯公法以相寵，舉棄其親，不能伏節死理，循逃相連，自陷於罪，其被刑戮，不亦宜乎？一室之中，父兄之際，若身體相屬，一節動而知於心。故今自關內侯以下，比地於伍，居家相察，出入相司，父不教子，兄不正弟，舍是誰責乎？

文學曰：古者，周其禮而明其教，禮周教明，不從者然後等之以刑，刑罰中，民不怨。故舜施四罪而天下咸服，誅不仁也。輕重各服其誅，刑必加而無赦，赦惟疑者。若此，則世安得不軌之人而罪之？今殺人者生，剽攻竊盜者富。故良民内解怠，輟耕而隕心。古者，君子不近刑人，刑人非人也，身放殛而辱後世，故無賢不肖，莫不耻也。今無行之人，貪利以陷其身，蒙戮辱而損禮義，恒於苟生。何者？一日下蠶室，創未瘳，宿衛人主，出入宫殿，由得受奉禄，食大官享賜，身以尊榮，妻子獲其饒。故或載卿相之列，就刀鋸而不見閔，况衆庶乎？夫何耻之有！今廢其德教，而責之以禮義，是虐民也。《春秋傳》曰：子有罪，執其父。臣有罪，執其君，聽失之大者也。今以子誅父，以弟誅兄，親戚相坐，什伍相連，若引根本之及華葉，傷小指之累四體也。如此，則以有罪反誅無罪，無罪者寡矣。臧文仲治魯，勝其盗而自矜。子貢曰：民將欺，而况盗乎！故吏不以多斷爲良，醫不以多刺爲工。子産刑二人，殺一人，道不拾遺，而民無誣心。故爲民父母，以養疾子，長恩厚而已。自首匿相坐之法立，骨肉之恩廢，而刑罪多矣。父母之於子，雖有罪猶匿之，其不欲服罪爾。聞子爲父隱，父爲子隱，未聞父子之相坐也。聞兄弟緩追以免賊，未聞兄弟之相坐也。聞惡惡止其人，疾始而誅首惡，未聞什伍而相坐也。老子曰：上無欲而民樸，上無事而民自富。君君臣臣，父父子子。比地何伍，而執政何責也？

御史曰：夫負千鈞之重，以登無極之高，垂峻崖之峭谷，下臨不測之淵，雖有慶忌之捷，賁、育之勇，莫不震慴悼慄者，知墜則身首肝腦塗山石也。故未嘗灼而不敢握火者，見其有灼也。未嘗傷而不敢握刃者，見其有傷也。彼以知爲非，罪之必加，而戮及父兄，必懼而爲善。故立法制辟，若臨百仞之壑，握火蹈刃，則民畏忌，而無敢犯禁矣。慈母有敗子，小不忍也。嚴家無悍虜，篤責急也。今不立嚴家之所以制下，而修慈母之所以敗子，則惑矣。

文學曰：紂爲炮烙之刑，而秦有收帑之法，趙高以峻文决罪於内，百官以峭法斷割於外，死者相枕席，刑者相望，百姓側目重足，不寒而慄。《詩》云：謂天蓋高，不敢不局。謂地蓋厚，不敢不蹐。哀今之人，胡爲虺蜥！方此之時，豈特冒蹈刃哉？然父子相背，兄弟相嫚，至於骨肉相殘，上下相殺。非刑輕而罰不必，令太嚴而仁恩不施也。故政寬則下親其上，政嚴則民謀其主，晉厲以幽，二世見殺，惡在峻法之不犯，嚴家之無悍虜也？聖人知之，是以務和而不務威。故高皇帝約秦苛法，以慰怨毒之民，而長和睦之心，唯恐刑之重而德之薄也。是以恩施無窮，澤流後世。商鞅、吴起以秦、楚之法爲輕而累之，上危其主，下没其身，或非特慈母乎！

(漢)桓寬《鹽鐵論·詔聖》 御史曰：夏后氏不倍言，殷誓，周盟，德信彌衰。無文、武之人，欲修其法，此殷、周之所以失勢，而見奪於諸侯也。故衣弊而革才，法弊而更制。高皇帝時，天下初定，發德音，行一切之令，權也，非撥亂反正之常也。其後，法稍犯，不正於理。故姦萌而《甫刑》作，王道衰而《詩》刺彰，諸侯暴而《春秋》譏。夫少目之網不可以得魚，三章之法不可以爲治。故令不得不加，法不得不多。唐、虞畫衣冠非阿，湯、武刻肌膚非故，時世不同，輕重之務異也。

文學曰：民之仰法，猶魚之仰水，水清則静，濁則擾；擾則不安其居，静則樂其業；樂其業則富，富則仁生，贍則争止。是以成、康之世，賞無所施，法無所加。非可刑而不刑，民莫犯禁也；非可賞而不賞，民莫不仁也。若斯，則吏何事而理？今之治民者，若拙御之御馬也，行則頓之，止則擊之。身創於箠，吻傷於銜，求其無失，何可得乎？乾谿之役土崩，梁氏内潰，嚴刑不能禁，峻法不能止。故罷馬不畏鞭箠，罷民不畏刑法。雖曾而累之，其亡益乎？

御史曰：嚴墻三刃，樓季難之；山高干雲，牧豎登之。故峻則樓季難三刃，陵夷則牧豎易山巔。夫爍金在爐，莊蹻不顧；錢刀在路，匹婦掇之，非匹婦貪而莊蹻廉也，輕重之制異，而利害之分明也。故法令可仰而不可踰，可臨而不可入。《詩》云：不可暴虎，不敢馮河。爲其無益也。魯好禮而有季、孟之難，燕噲好讓而有子之之亂。禮讓不足禁邪，而刑法可以止暴。明君據法，故能長制群下，而久守其國也。

文學曰：古者，明其仁義之誓，使民不踰，不教而殺，是虐民也。與其刑不可踰，不若義之不可踰也。聞禮義行而刑罰中，未聞刑罰行而孝悌興也。高墻狹基，不可立也。嚴刑峻法，不可久也。二世信趙高之計，渫篤責而任誅斷，刑者半道，死者日積。殺民多者爲忠，厲民悉者爲能。

百姓不勝其求，黔首不勝其刑，海内同憂而俱不聊生。故過任之事，父不得於子；無已之求，君不得於臣。死不再生，窮鼠齧貍，匹夫奔萬乘，舍人折弓，陳勝、吳廣是也。當此之時，天下俱起，四面而攻秦，聞不一期而社稷爲墟，惡在其能長制羣下，而久守其國也？

御史默然不對。

大夫曰：瞽師不知白黑而善聞言，儒者不知治世而善訾議。夫善言天者合之人，善言古者考之今。令何爲施？法何爲加？湯、武全肌骨而殷、周治，秦國用之，法弊而犯。二尺四寸之律，古今一也，或以治，或以亂。《春秋》原罪，《甫刑》制獄。今願聞治亂之本，周、秦所以然乎？

文學曰：春夏生長，聖人象而爲令。秋冬殺藏，聖人則而爲法。故令者教也，所以導民人；法者刑罰也，所以禁强暴也。二者，治亂之具，存亡之效也，在上所任。湯、武經禮義，明好惡，以道其民，刑罪未有所加，而民自行義，殷、周所以治也。上無德教，下無法則，任刑必誅，劓鼻盈蔂，斷足盈車，舉河以西，不足以受天下之徒，終而以亡者，秦王也。非二尺四寸之律異，所行反古而悖民心也。

（漢）桓寬《鹽鐵論·大論》 大夫曰：呻吟槁簡，誦死人之語，則有司不以文學。文學知獄之在廷後而不知其事，聞其事而不知其務。夫治民者，若大匠之斲，斧斤而行之，中繩則止。杜大夫、王中尉之等，繩之以法，斷之以刑，然後寇止姦禁。故射者因槷，治者因法。虞、夏以文，殷、周以武，異時各有所施。今欲以敦朴之時，治抏弊之民，是猶遷延而拯溺，揖讓而救火也。

文學曰：文王興而民好善，幽、厲興而民好暴，非性之殊，風俗使然也。故商、周之所以昌，桀、紂之所以亡也，湯、武非得伯夷之民以治，桀、紂非得蹠、蹻之民以亂也，故治亂不在於民。孔子曰：聽訟吾猶人也，必也使無訟乎！無訟者難，訟而聽之易。夫不治其本而事其末，古之所謂愚，今之所謂智。以箠楚正亂，以刀筆正文，古之所謂賊，今之所謂賢也。

大夫曰：俗非唐、虞之時，而世非許由之民，而欲廢法以治，是猶不用隱括斧斤，欲撓曲直枉也。故爲治者不待自善之民，爲輪者不待自曲之木。往者，應少、伯正之屬潰梁、楚，昆盧、徐穀之徒亂齊、趙，山東，關内暴徒，保人阻險。當此之時，不任斤斧，折之以武，而乃始設禮修文，有似窮醫，欲以短鍼而攻疽，孔丘以禮説跖也。

文學曰：殘材木以成室屋者，非良匠也。殘賊民人而欲治者，非良吏也。故公輸子因木之宜，聖人不費民之性。是以斧斤簡用，刑罰不任，政立而化成。扁鵲攻於湊理，絶邪氣，故癰疽不得成形。聖人從事於未然，故亂原無由生。是以砭石藏而不施，法令設而不用。斷已然，鑿已發者，凡人也。治未形，覩未萌者，君子也。

（漢）劉向《説苑》卷一〇《敬慎》 石讎曰：《春秋》有忽然而足以亡者，國君不可以不慎也。妃妾不一足以亡，公族不親足以亡，大臣不任足以亡，國爵不用足以亡，親佞近讒足以亡，舉百事不時足以亡，使民不節足以亡，刑罰不中足以亡，内失衆心足以亡，外嫚大國足以亡。

（漢）劉向《説苑》卷一九《脩文》 天下有道，則禮樂征伐自天子出。夫功成制禮，治定作樂，禮樂者，行化之大者也。孔子曰：移風易俗，莫善於樂；安上治民，莫善於禮。是故聖王脩禮文，設庠序，陳鐘鼓，天子辟雍，諸侯泮宮，所以行德化。《詩》云：鎬京辟雍，自西自東，自南自北，無思不服，此之謂也。

積恩爲愛，積愛爲仁，積仁爲靈，靈臺之所以爲靈者，積仁也。神靈者，天地之本，而爲萬物之始也。是故文王始接民以仁，而天下莫不仁焉。文德之至也。德不至則不能文。商者，常也，常者，質，質主天。夏者，大也，大者，文也，文主地。故王者一商一夏，再而復者也。正色三而復者也，味尚甘聲尚宮，一而復者，故三王術如循環。故夏后氏教以忠而君子忠矣，小人之失野，救野莫如敬，故殷人教以敬，而君子敬矣。小人之失鬼，救鬼莫如文。故周人教以文，而君子文矣。小人之失薄，救薄莫如忠。故聖人之與聖也，如矩之三雜，規之三雜，周則又始，窮則反本也。《詩》曰：彫琢其章，金玉其相。言文質美也。

（漢）揚雄《揚子法言》卷一二《先知》 井田之田，田也；肉刑之刑，刑也。田也者，與衆田之；刑也者，與衆弃之。

法無限，則庶人田侯田，處侯宅，食侯食，服侯服，人亦多不足矣。

爲國不迪其法，而望其效，譬諸算乎？

（漢）王符《潛夫論》卷一《務本》 凡爲治之大體，莫善於抑末而務本，莫不善于離本而飾末。夫爲國者以富民爲本，以正學爲基。民富乃可教，學正乃得義，民貧則背善，學淫則詐僞，入學則不亂，得義則忠孝。故明君之法，務此二者，以爲成太平之基，致休徵之祥。【略】

夫用天之道，分地之利，六畜生於時，百物聚於野，此富國之本也。游業末事，以收民利，此貧邦之原也。忠信謹慎，此德義之基也。虛無譎詭，此亂道之根也。故力田所以富國也。今民去農桑，赴游業，披采衆利，聚之一門，雖於私家有富，然公計愈貧矣。百工者，所使備器也。器以便事爲善，以膠固爲上。今工好造彫琢之器巧僞飭之，以欺民取賄，雖於姦工有利，而國界愈病矣。商賈者，所以通物也，物以任用爲要，以堅牢爲資。今商競鬻無用之貨，淫侈之幣，以惑民取產，雖於淫商有得，然國計愈失矣。此三者，外雖有勤力富家之私名，然內有損民貧國之公實。故爲政者，明督工商，勿使淫僞，困辱游業，勿使擅利，寬假本農，而寵遂學士，則民富而國平矣。

夫教訓者，所以遂道術而崇德義也。今學問之士，好語虛無之事，爭著彫麗之文，以求見異於世，品人鮮識，從而高之，此傷道德之實，而或矇夫之大者也。詩賦者，所以頌善醜之德，洩哀樂之情也，故溫雅以廣文，興喻以盡意。今賦頌之徒，苟爲饒辯屈蹇之辭，競陳誣罔無然之事，以索見怪於世，愚夫戇士，從而奇之，此悖孩童之思，而長不誠之言者也。盡孝悌於父母，正操行於閨門，所以爲列士也。今多務交游以結黨助，偷世竊名以取濟渡，夸末之徒，從而尚之，此逼貞士之節，而眩世俗之心者也。養生順志，所以爲孝也。今多違志儉養，約生以待終，終沒之後，乃崇飭喪紀以言孝，盛饗賓旅以求名，誣善之徒，從而稱之，此亂孝悌之真行，而誤後生之痛者也。忠正以事君，信法以理下，所以居官也。今多姦諛以取媚，撓法以便佞，苟得之徒，從而賢之，此滅貞良之行，而開亂危之原者也。五者，外雖有振賢才之虛譽，內有傷道德之至實。

夫本末消息之爭，皆在於君，非下民之所能移也。夫居固隨君之好，從利以生者也。是故務本則雖虛僞之人皆歸本，居末則雖篤敬之人皆就末。且凍餒之所在，民不得不去也；溫飽之所在，民不得不居也。故衰闇之世，本末之人，未必賢不肖也，禍福之所，勢不得無然爾。故明君蒞國，必崇本抑末，以遏亂危之萌。此誠治之危漸，不可不察也。

（漢）王符《潛夫論》卷一《遏利》　世人之論也，靡不貴廉讓而賤財利焉，及其行也，多釋廉甘利。之於人徒知彼之可以利我也，而不知我之得彼，亦將爲利人也。知脂蠟之可明鐙也，而不知其甚多則冥之。知利之可娛己也，不知其稱而必有也。前人以病，後人以競，庶民之愚而衰闇之至也。予故嘆曰：何不察也？願鑒于道，勿鑒于水。象以齒焚身，蚌以珠剖體；匹夫無辜，懷璧其罪。嗚呼問哉！無德而富貴者，固可豫弔也。

且夫利物莫不天之財也。天之制此財也，猶國君之有府庫也。賦賞奪與，各有衆寡，民豈得强取多哉？故人有無德而富貴，是凶民之竊官位盜府庫者也，終必覺，覺必誅矣。盜人必誅，況乃盜天乎？得無受禍焉？鄧通死無簪勝，跪伐其身。是故天子不能違天富無功，諸侯不能違帝厚私勸。非違帝也，非違天也。帝以天爲制，天以民爲心，民之所欲，天必從之。是故無功庸於民而求盈者，未嘗不力顛也；有勳德於民而謙損者，未嘗不光榮也。自古於今，上以天子，下至庶人，蔑有好利而不亡者，好義而不彰者也。

昔周厲王好專利，芮良夫諫而不入，退賦《桑柔》之詩以諷，言是大風也，必將有隧；是貪民也，必將敗其類。王又不悟，故遂流死於彘。虞公屢求以失其國，公叔戍崇賄以爲罪，桓魋不節飲食以見弑。此皆以貨自亡，用財自滅。楚鬭子文三爲令尹，而有飢色，妻子凍餒，朝不及夕；季文子相四君，馬不餼粟，妾不衣帛；子罕歸玉；晏子歸宅。此皆能棄利約身，故無怨於人，世厚天祿，令問不止。伯夷、叔齊餓於首陽，白駒、介推遯逃於山谷，顏、原、公析因饉於郊野，守志篤固，秉節不虧，寵祿不能固，威勢不能移，雖有南面之尊，公侯之位，德義有殆，禮義不班，撓志如芷，負心若芬，固弗爲也。是故雖有四海之主弗能與之方名，列國之君不能與之鈞重；守志於□廬之內，而義溢乎九州之外，信立乎千載之上，而名傳乎百世之際。

故君子曰：財賄不多，衣食不贍，聲色不妙，威勢不行，非君子之憂也。行善不多，申道不明，節志不立，德義不彰，君子恥焉。是以賢人智士之於子孫也，厲之以志，弗厲以詐；勸之以正，弗勸以詐；示之以儉，弗示以奢；貽之以言，弗貽以財。是故董仲舒終身不問家事，而疏廣不遺賜金。子孫若賢，不待多富，若其不賢，則多以徵怨。故曰：無德而賄豐，禍之胎也。

昔曹羈有言：守天之聚，必施其德義。德義弗施，聚必有闕。今□家賑而貸乏，遺賑貧窮，恤矜疾苦，則必不□居富矣。《易》曰：天道虧盈以沖謙。故以仁義□於彼者，天賞之於此；以邪取於前者，衰之於後。是以持盈之道，挹而損之，則亦可以免於亢龍之悔、乾坤之愆矣。

（漢）王符《潛夫論》卷一《賢難》　世之所以不治者，由賢難也。所謂賢難者，非直體聰明服德義之謂也。此則求賢之難得爾，非賢者之所難也。故所謂賢難者，乃將言乎循善則見妬，行賢則見嫉，而必遇患難者也。

虞舜之所以放殛，子胥之所以被誅，上聖大賢猶不能自免於嫉妬，則又況乎中世之人哉？此秀士所以雖有賢材美質，然猶不得直道而行，遂成其志者也。

處士不得直其行，朝臣不得直其言，此俗化之所以敗，闇君之所以孤也。齊侯之以奪國，魯公之以放逐，皆敗績厭覆於不暇，而用及治乎？故德薄者惡聞美行，政亂者惡聞治言，此亡秦之所以誅偶語而坑術士也。

今世俗之人，自慢其親而憎人敬之，自簡其親而憎人愛之者不少也。豈獨品庶，賢材時有焉。鄧通幸於文帝，盡心而不違，吮癰而無恡色。帝病不樂，從容曰：天下誰最愛朕者乎？鄧通欲稱太子之孝，則因對曰：莫若太子之最愛陛下也。及太子問疾，帝令吮癰，有難之色，帝不悅而遣太子。既而聞鄧通之常吮癰也，乃慚而怨之。及嗣帝位，遂致通罪而使至於餓死。故鄧通其行所以盡心力而無害人，其言所以譽太子而昭孝慈也。太子自不能盡其稱，則反結怨而歸咎焉。稱人之長，欲彰其孝，且猶爲罪，又況明人之短矯世者哉。

且凡士之所以賢者，且以其言與行也。忠正之言，非徒譽人而已也，必有觸焉；孝子之行，非徒吮癰而已也，必有駁焉。然則循行論議之士，得不遇於嫉妒之名，免於刑戮之咎者，蓋其幸者也。比干之所以剖心，箕子之所以爲奴，伯宗之以死，郄宛之以亡。

夫國不乏于妒男也，猶家不乏于妒女也。近古以來，自外及內，其爭功名妒過己者豈希也？予以惟兩賢爲宜不相害乎？然也，范睢絀白起，公孫弘抑董仲舒，此同朝共君寵祿爭故耶？惟殊邦異途利害不干者爲可以免乎？然也，孫臏修能於楚，龐涓自魏變色，誘以刖之；韓非明治於韓，李斯自秦作思，致而殺之。嗟士之相妒豈若此甚乎！此未達於君故受禍邪？惟見知爲可以將信乎？然也，京房數與元帝論難，使制考功而選守；晁錯雅爲景帝所知，使條漢法而不亂。夫二子之於君也，可謂見知深而寵愛殊矣，然京房冤死而上曾不知，晁錯既斬而帝乃悔。此材明未足衛身故及難邪？惟大聖爲能無累乎？然也，帝乙以義故囚，文王以仁故拘。夫體至行仁義，據南面師尹卿士，且猶不能無難，然則夫子削迹，叔嚮縲絏，屈原放沈，賈誼貶黜，鍾離廢替，何敞束縛，王章抵罪，平阿斥逐，蓋其輕士者也。

《詩》云：無罪無辜，讒口敖敖。彼人之心，于何不臻？由此觀之，妒媚之攻擊也，亦誠工矣！賢聖之居世也，亦誠危矣！

故所謂賢難也者，非賢難也，免則難也。彼大聖羣賢，功成名遂，或爵侯伯，或位公卿，尹據天官，柬在帝心，宿夜侍宴，名達而猶有若此，則又況乎畎畝佚民，山谷隱士，因人乃達，時論乃信者乎？此智士所以鉗口結舌，括囊共默而已者也。

且閭閻凡品，何獨識哉？苟望塵剽聲而已矣。觀其論也，非能本閨闕之行迹，察臧否之虛實也；直以面譽我者爲智，諂諛己者爲仁，處姦利者爲行，竊祿位者爲賢爾。豈復知孝悌之原，忠正之直，綱紀之化，本途之歸哉？此鮑焦所以立枯於道左，徐衍所以自沈於滄海者也。

諺曰：犬吠形，百犬吠聲。世之疾此固久矣哉！吾傷世之不察真僞之情也，故設虛義以喻其心曰：今觀宰司之取士也，有似於司原之佃也。昔有司原氏者，燎獵中野。鹿斯東奔，司原縱譟之。西方之衆有逐豨者，聞司原之譟也，競舉音而和之。司原聞音之衆，則反輟己之逐而往伏焉，遇夫俗惡之豨。司原喜，而自以獲白瑞珍禽也，盡芻豢單囷倉以養之。豕俛仰嚘咿，爲作容聲，司原愈益珍之。居無何，烈風興而澤雨作，灌巨豕而惡塗渝，逐駭懼，真聲出，乃知是家之艾猳爾。此隨聲逐響之過也，衆遇之未赴信焉。

今世主之於士也，目見賢則不敢用，耳聞賢則恨不及。雖自有知也，猶不能取，必更待羣司之所舉，則亦懼失麟鹿而獲艾猳。奈何其不分者也？未遇風雨之變者故也。俾使一朝奇政兩集，則險隘之徒，闒茸之質，亦將別矣。

夫衆小朋黨而固位，讒妒羣吠齧賢，爲禍敗也豈希？三代之以覆，列國之以滅，後人猶不能革，此萬官所以屢失守，而天命數靡常者也。《詩》云：國既卒斬，何用不監。嗚呼！時君俗主不此察也。

（漢）王符《潛夫論》卷二《明闇》 國之所以治者君明也，其所以亂者君闇也。君之所以明者兼聽也，其所以闇者偏信也。是故人君通必兼聽，則聖日廣矣；庸説偏信，則愚日甚矣。《詩》云：先民有言，詢於芻蕘。

夫堯、舜之治，闢四門，明四目，通四聰，是以天下輻湊而聖無不照；故共、鯀之徒弗能塞也，靖言庸回弗能惑也。秦之二世，務隱藏己，而斷百僚，隔捐疏賤而信趙高，是以聽塞於貴重之臣，明蔽於驕妒之人，故天下潰叛，弗得聞也。皆高所殺，莫敢言之。周章至戲乃始駭，閻樂進勸乃後悔，不亦晚矣！故人君兼聽納下，則貴臣不得誣，而遠人不得欺也；慢賤信貴，則朝廷讜言無以至，而潔士奉身伏罪於野矣。

夫朝臣所以統理，而多比周則法亂；賢人所以奉己，而隱遁伏野則君孤。法亂君孤而能存者，未之嘗有也。是故明君莅衆，務下言以昭外，敬納卑賤以誘賢也。其無距言，未必言者之盡可用也，乃懼距無用而讓有用也；其無慢賤，未必其人盡賢也，乃懼慢不肖而絶賢望也。是故聖王表小以厲大，賞鄙以招賢，然後良士集於朝，下情達於君也。故上無遺失之策，官無亂法之臣。此君民之所利，而姦佞之所患也。

昔張祿一見而穰侯免，袁絲進説而周勃黜。是以當塗之人，恒嫉正直之士，得一介言於君以矯其邪也，故上飾僞辭以障主心，下設威權以固士民。趙高亂政，恐惡聞上，乃豫要二世曰：屢見羣臣衆議政事則黷，黷且示短，不若藏己獨斷，神且尊嚴。天子稱朕，固但聞名。二世於是乃深自幽隱，獨進趙高。趙高入稱好言以説主，出倚詔令以自尊。天下魚爛，相帥叛秦。趙高恐懼，歸惡於君，乃使閻樂責而殺，願一見高不能而死。

夫田常囚簡公，踔齒懸湣王，二世亦既聞之矣。然猶復襲其敗迹者何也？過在於不納卿士之箴規，不受民氓之謠言，自以己賢於簡、湣，而趙高賢於二臣也。故國已亂而上不知，禍既作而下不救。此非衆共棄君，乃君以衆命繫趙高，病自絶於民也。

後末世之君危何知之哉？舜曰：予違，汝弼。汝無面從，退有後言。故治國之道，勸之使諫，宣之使言，然後君明察而治情通矣。

且凡驕臣之好隱賢也，既患其正義以繩己矣，又恥居上位而明不及下，尹其職而策不出於己。是以郄宛得衆而子常殺之，屈原得君而椒、蘭搆讒，耿壽建常平而嚴延妒其謀，陳湯殺郅支而匡衡挍其功。

由此觀之，處位卑賤而欲效善於君，則必先與寵人爲讎矣。乘舊寵沮之於内，而己接賤欲自信於外，此思善之君，願忠之士，所以雖並生一世，憂心相皦，而終不得遇者也。

（漢）王符《潛夫論》卷二《思賢》 國之所以存者治也，其所以亡者亂也。人君莫不好治而惡亂，樂存而畏亡。然嘗觀上記，近古以來，亡代有三，穢國不數，夫何故哉？察其敗，皆由君常好其所亂，而惡其所治；憎其所以存，而愛其所以亡。是故雖相去百世，縣年一紀，限隔九州，殊俗千里，然其亡徵敗迹，若重規襲矩，稽節合符。故曰：雖有堯、舜之美，必考於《周頌》；雖有桀、紂之惡，必譏於《版》、《蕩》。殷鑒不遠，在夏后之世。

夫與死人同病者，不可生也；與亡國同行者，不可存也。豈虚言哉！何以知人之且病也？以其不嗜食也。何以知國之將亂也？以其不嗜賢也。是故病家之廚，非無嘉饌也，乃其人弗之能食，故遂於死也。亂國之官，非無賢人也，其君弗之能任，故遂於亡也。夫生飰秔粱，旨酒甘醪，所以養生也，而病人惡之，以爲不若菽麥糠糟欲清者，此其將死之候也。尊賢任能，信忠納諫，所以爲安也，而闇君惡之，以爲不若姦佞闒茸讒諛之言者，此其將亡之徵也。老子曰：夫唯病病，是以不病。《易》稱其亡其亡，繫于苞桑。是故養壽之士，先病服藥；養世之君，先亂任賢，是以身常安而國永永也。

上醫醫國，其次下醫醫疾。夫人治國，固治身之象。疾者身之病，亂者國之病也。身之病待醫而愈，國之亂待賢而治。治身有黄帝之術，治世有孔子之經。然病不愈而亂不治者，非鍼石之法誤，而《五經》之言誣也，乃因之者非其人。苟非其人，則規不圓而矩不方，繩不直而準不平，鑽燧不得火，鼓石不下金，驅馬不可以追速，進舟不可以涉水也。凡此八者，天之張道，有形見物，苟非其人，猶尚無功，則又況乎懷道術以撫民氓，乘六龍以御天心者哉？

夫治世不得真賢，譬猶治疾不得真藥也。治疾當得真人參，反得支羅服；當得麥門冬，反得烝穬麥。已而不識真，合而服之，病以侵劇，不自知爲人所欺也。乃反謂方不誠而藥皆無益於療病，因棄後藥而弗敢飲，而便求巫覡者，雖死可也。人君求賢，下應以鄙，與直不以枉。己不引真，受猥官之，國以侵亂，不自知爲下所欺也。乃反謂經不信而賢皆無益於救亂，因廢真賢不復求進，更任俗吏，雖滅亡可也。三代以下，皆以支羅服，烝穬麥合藥，病日痁而遂死也。

《書》曰：人之有能，使循其行，國乃其昌。是故先王爲官擇人，必得其材，功加於民，德稱其位，人謀鬼謀，百姓與能，務順以動天地如此。三代開國建侯，所以傳嗣百世，歷載千數者也。

自春秋之後，戰國之制，將相權臣，必以親家。皇后兄弟，主壻外孫，年雖童妙，未脱桎梏，由藉此官職，功不加民，澤不被下而取侯，多受茅土，又不得治民效能以報百姓，虚食重祿，素餐尸位，而但事淫侈，坐作驕奢，破敗而不及傳世者也。

子產有言：未能操刀而使之割，其傷實多。是故世主之於貴戚也，愛其嬖媚之美，不量其材而授之官，不使立功自託於民，而苟務高其爵位，崇其賞賜，令結怨於下民，縣罪於惡，積過既成，豈有不顛隕者哉？此所謂子之愛人，傷之而已哉！

先主之制，官民必論其材，論定而後爵之，位定然後祿之。人君也此君不察，而苟以親戚色官之人典官者，譬猶以愛子易御僕，以明珠易瓦礫，雖有可愛好之情，然而其覆大車而殺病人也必矣。《書》稱天工人其代之，《傳》曰：夫成天地之功者，未嘗不蕃昌也。由此觀之，世主欲無功之人而彊富之，則是與天鬭也。使無德况之人與皇天鬭，而欲久立，自古以來，未之嘗有也。

（漢）王符《潛夫論》卷二《本政》　凡人君之治，莫大於和陰陽。陰陽者，以天爲本。天心順則陰陽和，天心逆則陰陽乖。天以民爲心，民安樂則天心順，民愁苦則天心逆。民以君爲統，君政善則民和治，君政惡則民冤亂。君以恤民爲本，臣忠良則君政善，臣姦枉則君政惡。以選爲本，選舉實則忠賢進，選虚僞則邪黨貢。選以法令爲本，法令正則選舉實，法令詐則選虚僞。法以君爲主，君信法則法順行，君欺法則法委棄。君臣法令之功，必效於民。故君臣法令善則民安樂，民安樂則天心慰，天心慰則陰陽和，陰陽和則五穀豐，五穀豐而民眉壽，民眉壽則興於義，興於義而無姦行，無姦行則世平，而國家寧、社稷安，而君尊榮矣。是故天心陰陽、君臣、民氓、善惡相輔至而代相徵也。

夫天者國之基也，君者民之統也，臣者治之材也。工欲善其事，必先利其器。是故將致太平者，必先調陰陽；調陰陽者，必先順天心；順天心者，必先安其人；安其人者，必先審擇其人。是故國家存亡之本，治亂之機，在於明選而已矣。聖人知之，故以爲黜陟之首。《書》曰：爾安百姓，何擇非人？此先王致太平而發頌聲也。

否泰消息，陰陽不竝，觀其所聚，而興衰之端可見也。稷、卨、皋陶聚而致雍熙，皇父、蹶、踽聚而致災異。夫善惡之象，千里合符，百世累迹，性相近而習相遠。是故賢愚在心，不在貴賤；信欺在性，不在親疏。二世所以共亡天下者，丞相、御史也。高祖所以共取天下者，繒肆、狗屠也；驪山之徒，鉅野之盜，皆爲名將。由此觀之，苟得其人，不患貧賤；苟得其材，不嫌名迹。

遠迹漢元以來，驕貴之臣，每受罪誅，黨與在位，并伏辜者，常十二三。由此觀之，貴寵之臣，未嘗不播授私人進姦黨也。是故王莽與漢公卿牧守奪漢，光武與漢之遺民棄士共誅。如貴人必賢而忠，賤人必愚而欺，則何以若是？

自成帝以降，至於莽，公卿列侯，下訖令尉，大小之官，且十萬人，皆自漢所謂賢明忠正貴寵之臣也。莽之篡位，惟安衆侯劉崇、東郡太守翟義思事君之禮，義勇奮發，欲誅莽。功雖不成，志節可紀。夫以十萬之計，其能奉報恩，二人而已。由此觀之，衰世羣臣誠少賢也，其官益大者罪益重，位益高者罪益深爾。故曰：治世之德，衰世之惡，常與爵位自相副也。

孔子曰：國有道，貧且賤焉，恥也；國無道，富且貴焉，恥也。《詩》傷皎皎白駒，在彼空谷。巧言如流，俾躬處休。蓋言衰世之士，志彌潔者身彌賤，佞彌巧者官彌尊也。方以類聚，物以羣分，同明相見，同聽相聞，惟聖知聖，惟賢知賢。

今當塗之人，既不能昭練賢鄙，然又卻於貴人之風指，脅以權勢之屬託，請謁闐門，禮贄輻輳，迫於目前之急，則且先之。此正士之所獨蔽，而羣邪之所黨進也。

周公之爲宰輔也，以謙下士，故能得真賢。祁奚之爲大夫也，舉讎薦子，故能得正人。今世得位之徒，依女妹之寵以驕士，藉亢龍之勢以陵賢，而欲使志義之士，匍匐曲躬以事己，毁顔諂諛以求親，然後乃保持之，則貞士採薇凍餒，伏死巖穴之中而已爾，豈有肯踐其闕而交其人者哉？

（漢）王符《潛夫論》卷二《潛歎》 凡有國之君，未嘗不欲治也，而治不世見者，所任不賢故也。世未嘗無賢也，而賢不得用者，羣臣妒也。主有索賢之心，而無得賢之術，臣有進賢之名，而無進賢之實，此以人君孤危於上，而道獨抑於下也。

夫國君之所以致治者公也，公法行則軌亂絶。佞臣之所以便身者私也，私術用則公法奪。列士之所以建節者義也，正節立則醜類代。此姦臣亂吏無法之徒，所爲日夜杜塞賢君義士之間，咸使不相得者也。

夫賢者之爲人臣，不損君以奉佞，不阿衆以取容，不墮公以聽私，不撓法以吐剛，其明能照姦，而義不比黨。是以范武歸晉而國姦逃，華元反朝而魚氏亡。故正義之士與邪枉之人不兩立。而人君之取士也，不能參聽民氓，斷之聰明，反徒信亂臣之説，獨用污吏之言，此所謂與仇選使，令囚擇吏者也。

《書》云：謀及乃心，謀及庶人。孔子曰：衆好之，必察焉；衆惡之，必察焉。故聖人之施舍也，不必任衆，亦不必專己，必察彼己之爲，而度之以義，或舍人取己，故舉無遺失而政無廢滅也。或君則不然，己有所愛，則因以斷正，不稽於衆，不謀於心，苟眩於愛，惟言是從，此政之所以敗亂，而士之所以放佚者也。

昔紂好色，九侯聞之，乃獻厥女。紂則大喜，以爲天下之麗莫若此也，以問妲己。妲己懼進御而奪己愛也，乃僞俯而泣曰：君王年即耆邪？明既衰邪？何貌惡之若此而覆謂之好也？紂於是瘉而以爲惡。妲己恐天下之愈進美女者，因白：九侯之不道也，乃欲以此惑君王也。王而弗誅，何以革後？紂則大怒，遂脯厥女而烹九侯。自此之後，天下之有美女者，乃皆重室晝閉，惟恐紂之聞也。趙高專秦，將殺二世，乃先示權於衆，獻鹿於君，以爲駿馬。二世占之曰：鹿。高曰：馬也。二世收目獨視，曰：丞相誤邪！此鹿也。高終對以馬。問於朝臣，朝臣或助二世而非高。高因白二世：此皆阿主惑上，不忠莫大。乃盡殺之。自此之後，莫敢正諫，而高遂殺二世於望夷，竟以亡。

夫好之與惡效於目，而鹿之與馬著於形者也，已又定矣。還至讒如臣妾之飾僞言而作辭也，則君王失己心，而人物喪我體矣。況乎逢幽隱囚人，而待校其信，不若察妖女之留意也；其辨賢不肖也，不若辨鹿馬之審固也。此二物者，皆得進見於朝堂，暴質於心臣矣。及歡愛、苟媚、佞説、巧辨之惑君也，猶炫燿君目，變奪君心，便以好爲醜，以鹿爲馬，而況於郊野之賢，闕外之士，未嘗得見者乎？

夫在位者之好蔽賢而務進黨也，自古而然。昔唐堯之大聖也，聰明宣昭，虞舜之大聖也，德音發聞。堯爲天子，求索賢人，訪於羣后，羣后不肯薦舜而反稱共、鯀之徒，賴堯之聖，後乃舉舜而放四子。夫以古聖之質也，堯聰之明也，舜德之彰也，君明不可欺，德彰不可蔽也。質鮮爲佞，而位者尚直若彼。今夫列士之行，其不及堯、舜乎達矣，而俗之荒唐，世法滋彰。然則求賢之君，哀民之士，其相合也，亦必不幾矣。文王遊畋，遇姜尚於渭濱，察言觀志，而見其心，不謟左右，不諏羣臣，遂載反歸，委之以政，用能造周。故堯參鄉黨以得舜，文王參己以得吕尚，豈若殷辛、秦政，既得賢人，反決滯於讎，誅殺正直，而進任姦臣之黨哉？

是以明聖之君於正道也，不專驅於貴寵，惑於嬖媚，不棄疏遠，不輕幼賤，又參而任之。故有周之制也，天子聽政，使三公至於列士獻典，良史獻書，師箴，瞍賦，矇誦，百工諫，庶人傳語，近臣盡規，親戚補察，瞽史教誨，耆艾修之，而後王斟酌焉，是以事行而無敗也。末世則不然，徒信貴人驕妒之議，獨用苟媚蠱惑之言，行豐禮者蒙愆咎，論德義者見尤惡，於是諛臣又從以詆訾之法，被以議上之刑，此賢士之始困也。夫詆訾之法者，伐賢之斧也，而驕妒者，噬賢之狗也。人君内秉伐賢之斧，權噬賢之狗，而外招賢，欲其至也，不亦悲乎！

（漢）王符《潛夫論》卷三《浮侈》 王者以四海爲一家，以兆民爲通計。一夫不耕，天下必受其饑者；一婦不織，天下必受其寒者。今舉世舍農桑，趨商賈，牛馬車輿，填塞道路，游手爲巧，充盈都邑，治本者少，浮食者衆。商邑翼翼，四方是極。今察洛陽，浮末者什於農夫，虚僞游手者什於浮末。是則一夫耕，百人食之，一婦桑，百人衣之，以一奉百，孰能供之？天下百郡千縣，市邑萬數，類皆如此，本末何足相供？則民安得不饑寒？饑寒並至，則安能不爲非？爲非則姦宄，姦宄繁多，則吏安能無嚴酷？嚴酷數加，則下安能無愁怨？愁怨者多，則咎徵並臻，下民無聊，而上天降災，則國危矣。

夫貧生於富，弱生於強，亂生於治，危生於安。是故明王之養民也，憂之勞之，教之誨之，慎微防萌，以斷其邪。故《易》美節以制度，不傷財，不害民，《七月詩》大小教之，終而復始。由此觀之，民固不可恣也。

今民奢衣服，侈飲食，事口舌，而習調欺，以相詐紿，比肩是也。或以謀姦合任爲業，或以游敖博弈爲事；或丁夫世不傳犂鋤，懷丸挾彈，攜手遨游。或取好土作丸賣之，於彈外不可以禦寇，內不足以禁鼠，晉靈好之以增其惡，未嘗聞志義之士喜操以游者也。惟無心之人，羣豎小子，接而持之，妄彈鳥雀，百發不得一，而反中面目，此最無用而有害也。或坐作竹簧，削鋭其頭，有傷害之象，傳以蠟蜜，有甘舌之類，皆非吉祥善應。或作泥車、瓦狗、馬騎、倡排，諸戲弄小兒之具以巧詐。

《詩》刺不績其麻，女也婆娑。今多不修中饋，休其蠶織，而起學巫祝，鼓舞事神，以欺誣細民，熒惑百姓。婦女羸弱，疾病之家，懷憂憒憒，皆易恐懼，至使奔走便時，去離正宅，崎嶇路側，上漏下濕，風寒所傷，姦人所利，賊盜所中，益禍益祟，以致重者不可勝數。或棄醫藥，更往事神，故至於死亡，不自知爲巫所欺誤，乃反恨事巫之晚，此熒惑細民之甚者也。

或裁好繒，作爲疏頭，令工采畫，雇人書祝，虚飾巧言，欲邀多福。或裂拆繒綵，裁廣數分，長各五寸，縫繪佩之。或紡綵絲而縻，斷截以繞臂。此長無益於吉凶，而空殘滅繒絲，縈悸小民。或剋削綺縠，寸竊八采，以成榆葉、無窮、水波之紋，碎刺縫紩，作爲笥囊、裙襦、衣被，費繒百縑，用功十倍。此等之儔，既不助長農工女，無有益於世，而坐食嘉穀，消費白日，毁敗成功，以完爲破，以牢爲行，以大爲小，以易爲難，皆宜禁者也。

山林不能給野火，江海不能灌漏巵。孝文皇帝躬衣弋綈，足履革舄，以韋帶劍，集上書囊以爲殿帷，盛夏苦暑，欲起一臺，計直百萬，以爲奢費而不作也。今京師貴戚，衣服、飲食、車輿、文飾、廬舍，皆過王制，僭上甚矣。從奴僕妾，皆服葛子升越，筩中女布，細緻綺縠，冰紈錦繡。犀象珠玉，虎魄瑇瑁，石山隱飾，金銀錯鏤，麞麂履舄，文組綵緤，驕奢僭主，轉相誇詫，箕子所唏，今在僕妾。富貴嫁娶，車軿各十，騎奴侍僮，夾轂節引。富者競欲相過，貧者恥不逮及。是故一饗之所費，破終身之本業。

古者必有命民，然後乃得衣繒綵而乘車馬。今者既不能盡復古，細民誠可不須，乃踰於古昔孝文，衣必細緻，履必麞麂，組必文采，飾襪必緰此，挍飾車馬，多畜奴婢。諸能若此者，既不生穀，又坐爲蠹賊也。

子曰：古之葬者，厚衣之以薪，葬之中野，不封不樹，喪期無時；後世聖人易之以棺槨，桐木爲棺，葛采爲緘，下不及泉，上不泄臭。後世以楸梓槐柏杶樗，各取方土所出，膠漆所致，釘細要，削除鏟靡，不見際會，其堅足恃，其用足任，如此可矣。其後京師貴戚，必欲江南檽梓豫章楩柟；邊遠下土，亦競相倣傚。夫檽梓豫章，所出殊遠，又乃生於深山窮谷，經歷山岑，立千步之高，百丈之谿，傾倚險阻，崎嶇不便，求之連日然後見之，伐斫連月然後訖，會衆然後能動擔，牛列然後能致水，油潰入海，連淮逆河，行數千里，然後到雒。工匠雕治，積累日月，計一棺之成，功將千萬。夫既其終用，重且萬斤，非大衆不能舉，非大車不能輓。東至樂浪，西至敦煌，萬里之中，相競用之。此之費功傷農，可爲痛心。

古者墓而不崇。仲尼喪母，冢高四尺，遇雨而墮，弟子請治之。夫子泣曰：禮不修墓。鯉死，有棺而無槨。文帝葬於芷陽，明帝葬於洛南，皆不藏珠寶，不造廟，不起山陵。陵墓雖卑而聖高。今京師貴戚，郡縣豪家，生不極養，死乃崇喪。或至刻金鏤玉，檽梓楩柟，良田造塋，黄壤致藏，多埋珍寶偶人車馬，造起大冢，廣種松柏，廬舍祠堂，崇侈上僭。寵臣貴戚，州郡世家，每有喪葬，都官屬縣，各當遣吏齎奉，車馬帷帳，貸假待客之具，競爲華觀，此無益於奉終，無增於孝行，但作煩攪擾，傷害吏民。

今按部、畢之郊，文、武之陵，南城之壘，曾析之家。周公非不忠也，曾子非不孝也，以爲褒君顯父，不在聚財；揚名顯祖，不在車馬。孔子曰：多貨財傷於德，弊則没禮。晉靈厚賦以雕牆，《春秋》以爲非君。華元、樂吕厚葬文公，《春秋》以爲不臣。况於羣司士庶，乃可僭侈主上，過天道乎？

景帝時，武原侯衛不害坐葬過律奪國。明帝時，桑民摐陽侯坐冢過制髡削。今天下浮侈離本，僭奢過上，亦已甚矣！

凡諸所譏，皆非民性，而競務者，亂政薄化使之然也。王者統世，觀民設教，乃能變風易俗，以致太平。

（漢）王符《潛夫論》卷四《愛日》 國之所以爲國者，以有民也；民之所以爲民者，以有穀也；穀之所以豐殖者，以有人功也；功之所以能建者，以日力也。治國之日舒以長，故其民閒暇而力有餘；亂國之日促以短，故其民困務而力不足。

所謂治國之日舒以長者，非謁義和而令安行也，又非能增分度而益漏刻也。乃君明察而百官治，下循正而得其所，則民安静而力有餘，故視日長也。所謂亂國之日促以短者，非謁義和而令疾驅也，又非能減分度而損漏刻也。乃君不明則百官亂而姦宄興，法令鬻而役賦繁，則希民困於吏政，仕者窮於典禮，寃民□獄乃得直，烈士交私乃見保，姦臣肆心於上，亂化流行於下，君子載質而車馳，細民懷財而趨走，故視日短也。

《詩》云：王事靡盬，不遑將父。言在古閒暇而得行孝，今迫促不得養也。孔子稱庶則富之，既富則教之。是故禮義生於富足，盜竊起於貧窮，富足生於寬暇，貧窮起於無日。聖人深知，力者乃民之本也，而國之基，故務省役而爲民愛日。是以堯勑羲和，欽若昊天，敬授民時；邵伯訟不忍煩民，聽斷棠下，能興時雍而致刑錯。

今則不然。萬官撓民，令長自衒，百姓廢農桑而趨府庭者，非朝晡不得通，非意氣不得見，訟不訟輒連月日，舉室釋作，以相瞻視，辭人之家，輒請鄰里應對送餉，比事訖，竟亡一歲功，則天下獨有受其饑者矣，而品人俗士之司典者，曾不覺也。郡縣既加寃枉，州司不治，令破家活，遠詣公府。公府不能照察真偽，則但欲罷之以久困之資，故猥説一科，令此注百日，乃爲移書，其不滿百日，輒更造數，甚違邵伯訟棠之義。此所謂誦《詩》三百，授之以政，不達，雖多亦奚以爲者也。

孔子曰：聽訟，吾猶人也。從此觀之，中材以上，皆議曲直之辨，刑法之理可，鄉亭部吏，足以斷決，使無怨言。然所以不者，蓋有故焉。《傳》曰：惡直醜正，實繁有徒。夫直者貞正而不撓志，無恩於吏。怨家務主者結以貨財，故鄉亭與之爲排直家，後反覆時吏坐之，故共枉之於庭。以羸民與豪吏訟，其勢不如也。是故縣與部并，後有反覆，長吏坐之，故舉縣排之於郡。以一人與一縣訟，其勢不如也。故郡與縣并，後有反覆，太守坐之，故舉郡排之於州。以一人與一郡訟，其勢不如也。故州與郡并，而不肯治，故乃遠詣公府爾。公府不能察，而苟欲以錢刀課之，則貧弱少貨者終無以曠旬滿祈。豪富饒錢者取客使往，可盈千日，非徒百也。治訟若此，爲務助豪猾而鎮貧弱也，何寃之能治？

非獨鄉部辭訟也。武官斷獄，亦皆始見枉於小吏，終重寃於大臣。怨故未讐，輒逢赦令，不得復治，正士懷寃結而不得信，猾吏崇姦宄而不痛坐。郡縣所以易侵小民，而天下所以多饑窮也。

除上天感動，降災傷穀，但以人功見事言之，今自三府以下，至於縣道鄉亭，及從事督郵，有典之司，民廢農桑而守之，辭訟告訴，及以官事應對吏者，一人之，日廢十萬人，人復下計之，一人有事，二人獲餉，是爲日三十萬人離其業也。以中農率之，則是歲三百萬口受其饑也。然則盜賊何從消，太平何從作？

孝明皇帝嘗問：今旦何得無上書者？左右對曰：反支故。帝曰：民既廢農遠來詣闕，而復使避反支，是則又奪其日而寃之也。乃勑公車受章，無避反支。上明聖主爲民愛日如此，而有司輕奪民時如彼，蓋所謂有君無臣，有主無佐，元首聰明，股肱怠惰者也。《詩》曰：國既卒斬，何用不監，傷三公居人尊位，食人重禄，而曾不肯察民之盡瘁也。

孔子病夫未之得也，患不得之，既得之，患失之者。今公卿始起州郡而致宰相，此其聰明智慮，未必闇也，患其苟先私計而後公義爾。《詩》云：莫肯念亂，誰無父母！今民力不暇，穀何以生？百姓不足，君孰與足？嗟哉，可無思乎！

（漢）王符《潛夫論》卷五《衰制》 無慢制而成天下者，三皇也；

畫則象而化四表者，五帝也；明法禁而和海內者，三王也。行賞罰而齊萬民者，治國也；君立法而下不行者，亂國也；臣作政而君不制者，亡國也。

是故民之所以不亂者，上有吏；吏之所以無姦者，官有法；法之所以順行者，國有君也；君之所以位尊者，身有義也。義者君之政也，法者君之命也。人君思正以出令，而貴賤賢愚莫得違也，則君位於上，而民氓治於下矣。人君出令而貴臣驕吏弗順也，則君幾於弒，而民幾於亂矣。

夫法令者，君之所以用其國也。君出令而不從，是與無君等。主令不從則臣令行，國危矣。

夫法令者，人君之銜轡箠策也，而民者，君之輿馬也。若使人臣廢君法禁而施己政令，則是奪君之轡策，而已獨御之也。愚君闇主託坐於左，而姦臣逆道執轡於右，此齊騶馬繻所以沈胡公於具水，宋羊叔牂所以弊華元於鄭師，而莫之能御也。是故陳恆執簡公於徐州，李兑害主父於沙丘，皆以其毒素奪君之轡策也。《文言》故曰：臣弒其君，子弒其父，非一朝一夕之故也，其所由來者漸矣，由變之不蚤變也。是故妄違法之吏，妄造令之臣，不可不誅也。

議者必將以為刑殺當不用，而德化可獨任。此非變通者之論也，非叔世者之言也。夫上聖不過堯、舜，而放四子，盛德不過文、武，而赫斯怒。《詩》云：君子如怒，亂庶遄沮；君子如祉，亂庶遄已。是故君子之有喜怒也，蓋以止亂也。故有以誅止殺，以刑禦殘。

且夫治世者若登丘矣，必先躡其卑者，然後乃得履其高。是故先致治國，然後三王之政乃可施也；道齊三王，然後五帝之化乃可行也；道齊五帝，然後三皇之道乃可從也。

且夫法也者，先王之政也；令也者，己之命也。先王之政所以與衆共也，己之命所以獨制人也，君誠能授法而時貸之，布令而必行之，則羣臣百吏莫敢不悉心從己令矣。己令無違，則法禁必行矣。故政令必行，憲禁必從，而國不治者，未嘗有也，此一弛一張，以今行古，以輕重尊卑之術也。

（漢）王符《潛夫論》卷七《釋難》　庚子問於潛夫曰：堯、舜道德，不可兩美，實若韓子戈伐之説邪？

潛夫曰：是不知難而不知類。今夫伐者盾也，厥性利；戈者矛也，厥性害。是戈爲賊，伐爲禁也，其不俱盛，固其術也。夫堯、舜之相於，人也，非戈與伐也，其道同仁，不相害也。舜、伐何如弗得俱堅？堯、伐何如不得俱賢哉？且夫堯、舜之德，譬猶偶燭之施明於幽室也，前燭即盡照之矣，後燭入而益明。此非前燭昧而後燭彰也，乃二者相因而成大光，二聖相德而致太平之功也。是故大鵬之動，非一羽之輕也；騏驥之速，非一足之力也。衆良相德，而積施乎無極也。堯、舜兩美，蓋其則也。

伯叔曰：吾子過矣。韓非之取矛盾以喻者，將假其不可兩立，以詰堯、舜之不得並之勢。而論其本性之仁與賊，不亦失是譬喻之意乎？

潛夫曰：夫譬喻也者，生於直告之不明，故假物之然否以彰之。物之有然否也，非以其文也，必以其真也。今子舉其實文之性以喻，而欲使鄙也釋其文，鄙也惑焉。且吾聞問陰對陽，謂之彊說；論西詰東，謂之彊難。子若欲自必以則昨反思，然後求，無苟自彊。

庚子曰：周公知管、蔡之惡，以相武庚，使肆厥毒，從而誅之，何不仁也？若其不知，何不聖也？二者之過，必處一焉。

潛夫曰：書二子挾庚子父以叛，然未知其類之與？抑抑相反？且天知桀惡而帝之夏，又知紂惡而王之殷，使虐二國，殘賊下民，多縱厥毒，滅其身，亦可謂不仁不知乎？

庚子曰：不然。夫桀、紂者，無親於天，故天任之而勿憂，誅之而勿哀。今管、蔡之與周公也，有兄弟之親，有骨肉之恩，不量能而使之，不堪命而任之，故曰異於桀、紂之與天也。

潛夫曰：皇天無親，帝王繼體之君，父事天。王者爲子，故父事天也。率土之民，莫非王臣也。將而必誅，王法公也。無偏無頗，親疏同也。大義滅親，尊王之義也。立弊之天爲周公之德因斯也。過此而往者，未之或知。

秦子問於潛夫曰：耕種，生之本也；學問，業之末也。老聃有言：大丈夫處其實，不居其華。而孔子曰：耕也，餒在其中；學也，祿在其中。敢問今使舉世之人，釋耨耒而程相羣於學，何如？

潛夫曰：善哉問！君子勞心，小人勞力。故孔子所稱，謂君子爾。

今以目所見，耕，食之本也。以心原道，即學又耕之本也。《易》曰：立天之道，曰陰與陽；立地之道，曰柔與剛；立人之道，曰仁與義。天反德者爲災。

潛夫曰：嗚呼！而未之察乎？吾語子。夫君子也者，其賢宜君國而德宜子民也。宜處此位者，惟仁義人，故有仁義者，謂之君子。昔荀卿有言：夫仁也者愛人，愛人，故不忍危也；義也者聚人，聚人，故不忍亂也。是故君子夙夜箴規，蹇蹇匪懈者，憂君之危亡，哀民之亂離也。故賢人君子，推其仁義之心，愛之君猶父母也，愛居世之民猶子弟也。父母將臨顛隕之患，子弟將有陷溺之禍者，豈能墨乎哉！是以仁者必有勇，而德人必有義也。

且夫一國盡亂，無有安身。《詩》云：莫肯念亂，誰無父母。言將皆爲害，然有親者憂將深也。是故賢人君子，既憂民，亦爲身作。夫蓋滿於上，沾溥在下，棟折榱崩，懼有厥患。故大屋移傾，則下之人不待告令，各爭其柱之。仁者兼護人家者，且自爲也。《易》曰：王明並受其福。是以次室倚立而嘆嘯，楚女揭幡而激王。仁惠之恩，忠愛之情，固能已乎？

（漢）王符《潛夫論》卷八《德化》 人君之治，莫大於道，莫盛於德，莫美於教，莫神於化。道者所以持之也，德者所以苞之也，教者所以知之也，化者所以致之也。民有性，有情，有化，有俗。情性者，心也，本也。化俗者，行也，末也。末生於本，行起於心。是以上君撫世，先其本而後其末，順其心而理其行。心精苟正，則姦匿無所生，邪意無所載矣。

夫化變民心也，猶政變民體也。德政加於民，則多滌暢姣好堅彊考壽；惡政加於民，則多罷癃尪病夭昏札瘥。故《尚書》美考終命，而惡凶短折。國有傷明之政，則民多病目；有傷聰之政，則民多病耳；有傷賢之政，則賢多橫夭。夫形體骨幹爲堅彊也，然猶隨政變易，又況乎心氣精微不可養哉？《詩》云：敦彼行葦，羊牛勿踐履。方苞方體，惟葉柅柅。又曰：鳶飛厲天，魚躍於淵。愷悌君子，胡不作人？公劉厚德，恩及草木，羊牛六畜，且猶感德，仁不忍踐履生草，則又況於民萌而有不化者乎？君子修其樂易之德，上及飛鳥，下及淵魚，無不歡忻悅豫，則又況於士庶而有不仁者乎？

聖深知之，皆務正己以爲表，明禮義以爲教，和德氣於未生之前，正表儀於咳笑之後。民之胎也，合中和以成；其生也，立方正以長。是以爲仁義之心，廉恥之志，骨著脈通，與體俱生，而無麤穢之氣，無邪淫之欲。雖放之大荒之外，措之幽冥之內，終無違禮之行；投之危亡之地，納之鋒鍔之間，終無苟全之心。舉世之人，行皆若此，則又烏所得亡夫姦亂之民而加辟哉？上天之載，無聲無臭，儀形文王，萬邦作孚。此姬氏所以崇美於前，而致刑措於後也。

是故上聖不務治民事而務治民心，故曰：聽訟，吾猶人也。必也使無訟乎！導之以德，齊之以禮，務厚其情而明則務義，民親愛則無相害傷之意，動思義則無姦邪之心。夫若此者，非法律之所使也，非威刑之所彊也，此乃教化之所致也。聖人甚尊德禮而卑刑罰，故舜先勑契以敬敷五教，而後命皋陶以五刑三居。是故凡立法者，非以司民短而誅過誤，乃以防姦惡而救禍敗，檢淫邪而內正道爾。

《詩》云：民之秉夷，好是懿德。故民有心也，猶爲種之有園也。遭和氣則秀茂而成實，遇水旱則枯槁而生孽。民蒙善化，則人有士君子之心；被惡政，則人有懷姦亂之慮。故善者之養天民也，猶良工之爲麴豉也。起居以其時，寒溫得其適，則一蔭之麴豉盡美而多量。其遇拙工，則一蔭之麴豉皆臭敗而棄捐。今六合亦由一蔭也，黔首之屬猶豆麥也，變化云爲，在將者爾。遭良吏則皆懷忠信而履仁厚，遇惡吏則皆懷姦邪而行淺薄。忠厚積則致太平，姦薄積則致危亡。是以聖帝明王，皆敦德化而薄威刑。德者所以修己也，威者所以治人也。上智與下愚之民少，而中庸之民多。中民之生世也，猶鑠金之在鑪也，從篤變化，惟治所爲，方圓薄厚，隨鎔制爾。

是故世之善否，俗之薄厚，皆在於君。上聖和德氣以化民心，正表儀以率羣下，故能使民比屋可封，堯、舜是也。其次躬道德而敦慈愛，美教訓而崇禮讓，故能使民無爭心而致刑錯，文、武是也。其次明好惡而顯法禁，平賞罰而無阿私，故能使民辟姦邪而趨公正，理弱亂以致治彊，中興是也。治天下，身處汙而放情，怠民事而急酒樂，近頑童而遠賢才，親諂諛而疏正直，重賦税以賞無功，妄加喜怒以傷無辜，故能亂其政以敗其民，弊其身以喪其國者，幽、厲是也。

孔子曰：三人行，必有我師焉。擇其善者而從之，其不善者，我則改之。《詩》美宜鑒於殷，自求多福。是故世主誠能使六合之內，舉世之人，咸懷方厚之情，而無淺薄之惡，各奉公正之心，而無姦險之慮，則義、農之俗，復見於兹，麟龍鸞鳳，復畜於郊矣。

（漢）荀悦《申鑒·政體》 問善治民者，治其性也。或曰冶金而流，去火則剛，激水而升，舍之則降。惡平聲乎治？曰：不去其火則常流，激而不止則常升。故大冶之爐，可使無剛，則踊水之機，可使無降。善立教者若兹，則終身治矣。故凡器可使與顔冉同趨，投百金於前，白刃加其身，雖巨跖弗敢掇也。善立法者若兹，則終身不掇矣。故跖可使與伯夷同功。

（漢）荀悦《申鑒·時事》 古者天子諸侯，有事必告於廟。朝有二史，左史記言，右史記動。動爲《春秋》，言爲《尚書》。君舉必記，臧否成敗，無不存焉。下及士庶，等各有異，咸在載籍。或欲顯而不得，或欲隱而名章，得失一朝而榮辱千載，善人勸焉，淫人懼焉。故先王重之，以嗣賞罰，以輔法教。宜於今者，官以其方，各重其盡，則集之於尚書。若史官使掌典其事，不書詭常，爲善惡則書，言行足以爲法式則書，立功事則書，兵戎動衆則書，四夷朝獻則書，皇后貴人太子拜立則書，光武置貴人爲三夫人。公主大臣拜免則書，福淫禍亂則書，祥瑞災異則書，先帝故事有起居注。漢時有禁中起居，故明德。馬皇后自撰《顯宗起居注》。日用動靜之節必書焉。宜復其式，內史掌之，以紀內事。此一首所謂復內外注記者也。

（漢）徐幹《中論》卷上《法象》 君子者，無尺土之封而萬民尊之，無刑罰之威而萬民畏之，無羽籥之樂而萬民樂之，無爵禄之賞而萬民懷之，其所以致之者一也。

（漢）徐幹《中論》卷下《譴交》 民之好交游也，不及聖王之世乎？古之不交游也，將以自求乎？昔聖王之治其民也，任之以九職，糾之以八刑，導之以五禮，訓之以六樂，教之以三物，習之以六容，使民勞而不至於困，逸而不至於荒。

又：命書考其國職，夕省其典刑，夜警其百工，使無慆淫而後即安。

又：使有司令於官府曰：各修乃職，考乃法，備乃事，以聽王命。其有不恭，則邦有大刑。由此觀之，不務交游者，非政之惡也，心存於職業而不違也。且先王之教，官既不以交游導民，而鄉之考德，又不以交游舉賢，是以不禁其民而民自舍之。

又：古之立國也，有四民焉，執契修版圖，奉聖王之法，治禮義之中，謂之士。

又：必有聰明慈惠之人，使各掌其鄉之政教禁令。正月之吉，受法於司徒，退而頒之于其州黨族閭比之羣吏，使各以教其所治之民，以考其德行，察其道藝，以歲時登。其大夫察其衆寡，凡民之有德行道藝者，比以告閭，閭以告族，族以告黨，黨以告州，州以告鄉，鄉以告民。有罪奇衺者，比以告亦如之。有善而不以告謂之蔽賢，蔽賢有罰。有惡而不以告謂之黨逆，黨逆亦有罰。故民不得有遺善，亦不得有隱惡。

（漢）徐幹《中論》卷下《民數》 今之為政者，未知恤已矣。譬由無田而欲樹藝也，雖有良農安所措其彊力乎？是以先王制六鄉六遂之法，所以維持其民而為之綱目也，使其隣比相保相愛，刑罰慶賞相延相及。故出入、存亡、臧否、順逆可得而知矣。如是姦無所竄，罪人斯得。迨及亂君之為政也，戶口漏於國版，夫家脱於聯伍，避役者有之，一作逋逃者有之。棄捐者有之，浮食者有之，於是姦心競生，偽端並作矣。小則盜竊，大則攻刼，嚴刑峻法不能救也。故民數者，庶事之所自出也，莫不取正焉。以分田里，以令貢賦，以造器用，以制禄食，以起田役，以作軍旅。國以之建典，家以之立度，五禮用修，九刑用措者，其惟審民數乎！

（宋）黎靖德《朱子語類》卷一六《大學三·傳十章釋治國平天下》 仁甫問絜矩。曰：上之人老老、長長、恤孤，則下之人興孝、興弟、不倍，此是説上行下效。到絜矩處，是就政事上言。若但興起其善心，而不有以使之得遂其心，則雖能興起，終亦徒然。如政煩賦重，不得以養其父母，又安得以遂其善心！須是推己之心以及於彼，使之仰足以事父母，俯足以育妻子，方得。如《詩》裏説大夫行役無期度，不得以養其父母。到得使下，也須教他內外無怨，始得。如《東山》、《出車》、《杕杜》諸詩説行役，多是序其室家之情，亦欲使凡在上者有所感動。賀孫。

（宋）黎靖德《朱子語類》卷二一《論語三·學而篇中》 又問：《學而》一篇，多是務本之意。獨此章言及爲政，是如何？曰：此便是爲政之本。如尊五美，屏四惡。行夏之時，乘殷之輅，服周之冕之類，無此基本，如何做去！木之。

子升問：如何信了方能節用？曰：無信，如何做事。如朝更夕改，雖商鞅之徒亦不可爲政。要之下面三事，須以敬信爲主。木之云：如此，凡事都著信，不止與節用相繫屬。曰：固是。木之。

（宋）黎靖德《朱子語類》卷三三《論語十五·雍也篇四》 齊一變至於魯，是他功利俗深。管仲稱霸，齊法壞盡，功利自此盛。然太公治齊尚功時，便有此小氣象，尚未見得，只被管仲大段壞了。又云：管仲非不尊周攘夷，如何不是王道？只是功利駁雜其心耳。

語及齊一變至於魯，因云：齊生得桓公管仲出來，它要九合諸侯，一匡天下，其勢必至變太公之法。不變，便做不得這事。若聖人變時，自有道理。大抵聖賢變時，只是興其滯，補其弊而已。如租庸調變爲彍騎長征之兵，皆是變得不好了。今日變時，先變熙豐之政，以復祖宗忠厚之意，次變而復於三代也。

問：伊川謂，齊自桓公之霸，太公遺法變易盡矣。魯猶存周公之法制。看來魯自桓公以來，閨門無度，三君見弑，三家分裂公室，昭公至於客死，以至不視朔，不朝聘，與夫稅畝、丘甲、用田賦，變亂如此，豈得是周公法制猶存乎？曰：齊魯初來氣象，已自不同。看太公自是與周公別。到桓公管仲出來，又不能遵守齊之初政，却全然變易了，一向盡在功利上。魯却只是放倒了，畢竟先世之遺意尚存。如哀公用田賦，猶使人來問孔子。他若以田賦爲是，更何暇問。惟其知得前人底是，所以來問。若桓公管仲却無這意思，自道他底是了，一向做去不顧。

（宋）黎靖德《朱子語類》卷四二《論語二十四·顔淵篇下》 或問子爲政，焉用殺。曰：尹氏謂：殺之爲言，豈爲人上之語哉！此語固好，然聖人只説焉用殺三字，自是不用解了。蓋上之人爲政欲善，則民皆善，自是何用殺。聖人之言渾成如此。

（宋）真德秀《政經》 子產聽鄭國之政，以其乘輿濟人於溱洧。孟子曰：惠而不知為政。歲十一月，徒杠成，十二月，輿梁成，民未病涉也。君子平其政，行辟人可也，焉得人人而濟之？

又： 季羔為衛士師，刖人之足。俄而，衛蒯聵之亂，季羔逃之郭門，刖者守門焉，謂季羔曰：彼有隙。季羔曰：君子不踰。又曰：彼有竇。季羔曰：君子不隧。又曰：於此有室。季羔乃入焉。既而追者罷，季羔將去，謂刖者曰：吾不能虧主之法，而親刖子之足，今吾在難，此正子之報怨之時，而逃我者三，何故哉？曰：斷足，固我之罪無可奈何。曩者，君治臣以法令，先人後臣，欲臣之免也。臣知之獄決當論，見君愀然不樂，見君顔色，臣又知之，君豈私臣哉。天生君子，其道固然，此臣之所以脱君也。漢曹參為齊相，齊七十城，天下初定，悼惠王富於春秋，參盡召長老諸生問所以安集百姓，諸儒以百數，言人人殊，參未知所定。聞膠西有蓋公，善治黄老言，使人厚幣請之，既見，蓋公為言：治道，貴清靜而民自定，推此類具言之。參於是避正堂，舍蓋公焉，齊國安集，大稱賢相。

（清）黄宗羲《破邪論·地獄》 地獄之説，儒者所不道，然《廣記》、《夷堅》諸書載之甚煩。疑若有其事者，蓋幽明一理，無所統屬，則依草附木之魂，將散於天地，冥吏不可無也。然當其任者，亦必好生如皋陶，使陽世不得其平者，於此無不平焉。陽世之吏，因乎天下之治亂，亂日常多，治日常少，故不肖之吏常多，亦其勢然也。冥吏爲上帝所命，吾知其必無不肖者矣。乃吾觀爲地獄之説者，其置刑有碓磨鋸鑿銅柱鐵牀刀山雪窖蛇虎糞穢，慘毒萬狀，目所不忍見，耳所不忍聞，是必索元禮來俊臣之徒性與人殊者，始能勝其任。吾不意天帝所任治獄之吏，乃如唐之武后也。且陽世之刑，止有笞、杖、徒、流、絞、斬，已不勝其紛紜上下。若地獄言而信，則故鬼新鬼大亂於冥冥之中矣。陽世之愛惡攻取方謝，而冥地之機械變詐復生。夫子所謂鬲如罣如而顧息者，殆有甚焉。或曰：地獄之慘刑，所以禁陽世之爲非者也。上帝設此末命，使亂臣賊子知得容於陽世者，終不容於陰府，以補名教之所不及，不亦可乎？余曰不然，大奸大惡，非可以刑懼者也。地獄之設，相傳已久，而亂臣賊子未嘗不接迹於世，徒使虔婆頂老凛其纖介之惡，而又以奉佛消之於世，又何益乎？夫人之爲惡，陰也；刑獄之事，亦陰也。以陰止陰，則沍結而不可解，唯陽和之氣足以化之。天上地下無一非生氣之充滿，使有陰慘之象滯於一隅，則天地不能合德矣。故知地獄爲佛氏之私言，非大道之通論也。然則大奸大惡將何所懲創乎？曰：苟其人之行事，載之於史，傳之於後，使千載而下人，人欲加刃其頸，賤之為禽獸，是亦足矣。孟氏所謂亂臣賊子懼，不須以地獄蛇足於其後也。

（清）唐甄《潛書》下篇上《明鑑》爲政者多，知政者寡。政在兵，則見以爲固邊疆；政在食，則見以爲充府庫；政在度，則見以爲尊朝廷；政在賞罰，則見以爲敘官職。四政之立，蓋非所見，見止於斯，雖善爲政，卒之不固、不充、不尊、不敘，政日以壞，勢日以削，國隨以亡。國無民，豈有四政。封疆，民固之；府庫，民充之；朝廷，民尊之；官職，民養之，奈何見政不見民也。堯曰：四海困窮，天禄永終。每誦斯言，心墮體戰。爲民上者，奈何忽之。

（清）唐甄《潛書》下篇上《柅政》然則官終不可治乎？是蓋斯民之不幸，上天之不祐，非人之所能爲也，則亦莫可如何也已矣。輾轉思之，不釋於心，不得大成，且求小補，不能普利，且圖少濟。設爲説之之言曰：君之貴，非君賜乎。必曰然。君之用，非出於民力乎。必曰然。吾願君之有以報君賜而勿忘民力也。今夫受人壺餐，必有以酬之，而況受人富貴，且以遺子孫乎。食粟衣帛必念所自，況今薄禄之時，官之衣食非取於農而實資於農乎。仁者居其位，受其福，所以兢兢業業不敢自安者也。損人以益己，必不可爲者也。損己以益人，亦不可爲者也。有益於己無傷於人，斯則可爲者也。居今世而不悦於人，不但失官，且以得罪，誠不可以直道而行。曷若量己之力，以其半交人，以其半勤民事，察農桑，築圩防，計豐凶，除奸慝，則民亦少害矣。夫忠君愛民，無失其本心；保身遠害，又不失於自利，斯兩得之道也。內省有咎，孰若無咎；百姓詛之，孰若百姓祝之；鄉黨非之，孰若鄉黨稱之，其請擇於斯焉。

《墨子·兼愛上》聖人以治天下爲事者也，必知亂之所自起，焉能治之；不知亂之所自起，則不能治。譬之如醫之攻人之疾者然，必知疾之所自起，焉能攻之；不知疾之所自起，則弗能攻。治亂者何獨不然！必知亂之所自起，焉能治之；不知亂之所自起，則弗能治。聖人以治天下爲事者也，不可不察亂之所自起。當察亂何自起，起不相愛。臣子之不孝君父，所謂亂也。子自愛不愛父，故虧父而自利；弟自愛不愛兄，故虧兄而自利；臣自愛不愛君，故虧君而自利，此所謂亂也。雖父之不慈子，兄之不慈弟，君之不慈臣，此亦天下之所謂亂也。父自愛也，不愛子，故虧子而自利；兄自愛也，不愛弟，故虧弟而自利；君自愛也，不愛臣，故虧臣而自利。是何也？皆起不相愛。雖至天下之為盜賊者亦然。盜愛其室，不愛其異室，故竊異室以利其室；賊愛其身，不愛人，故賊人以利其身。此何也？皆起不相愛。雖至大夫之相亂家，諸侯之相攻國者亦然。大夫各愛其家，不愛異家，故亂異家以利其家；諸侯各愛其國，不愛異國，故攻異國以利其國。天下之亂物，具此而已矣。察此何自起？皆起不想愛。若使天下兼相愛，愛人若愛其身，猶有不孝者乎？視父兄與君若其身，惡施不孝！猶有不慈者乎？視子弟與臣若其身，惡施不慈。故不慈不孝亡有。猶有盜賊乎？故視人之室若其室，誰竊！視人身若其身，誰賊！故盜賊亡有。猶有大夫之相亂家、諸侯之相攻國者乎？視人家若其家，誰亂！視人國若其國，誰攻！故大夫之相亂家、諸侯之相攻國者亡有。若使天下兼相愛，國與國不相攻，家與家不相亂，盜賊無有，君臣父子皆能孝慈，若此則天下治。故聖人以治天下爲事者，惡得不禁惡而勸愛！故天下兼相愛則治，交相惡則亂。故子墨子曰：不可以不勸愛人者，此也。

《老子道德經》上篇《八章》上善若水，水善利萬物而不争。處衆人之所惡，人惡卑也。故幾於道。道無水有，故曰幾也。居善地，心善淵。與善仁，言善信。正善治，事善能，動善時。夫唯不争，故無尤。言人皆應於治道也。

《老子道德經》上篇《九章》持而盈之不如其已。持，謂不失德也。既不失其德，又盈之，勢必傾危。故不如其已者，謂乃更不如無德無功者也。揣而梲之，不可長保。既揣末令尖又鋭之，令利勢必摧衂，故不可長保也。金玉滿堂，莫之能守。不若其已。富貴而驕，自遺其咎。不可長保也。功遂身退，天之道。四時更運，功成則移。

《老子道德經》上篇《十章》載營魄抱一，能無離乎？載，猶處也。營魄，人之常居處也。一，人之真也，言人能處常居之宅，抱一清神，能常無離乎？則萬物自賓也。專氣致柔，能嬰兒乎？專，任也，致，極也，言任自然之氣，致至柔之和，能若嬰兒之無所欲乎？則物全而性得矣。滌除元覽，能無疵乎？元，物之極也，言能滌除邪飾，至於極覽，能不以物介其明，疵之其神乎。則終與元同也。愛民治國，能無知乎？任術以求成，運數以求匿者，智也。元覽無疵猶絶聖也。治國無以智，猶棄智也。能無以智乎？則民不辟而國治之也。天門開闔，能無雌乎？天門，謂天下之所由從也。開闔，治亂之際也。或開或闔，經通於天下，故曰：天門開闔也。雌應而不倡，因而不為，言天門開闔能為雌乎？則物自賓而處自安矣。明白四達，能無爲乎？言至明四達，無迷無惑，能無以為乎？則物化矣。所謂道常無爲，侯王若能守，則萬物自化。

《老子道德經》上篇《十三章》　寵辱若驚，貴大患若身。何謂寵辱若驚？寵爲下，得之若驚，失之若驚。是謂寵辱若驚。寵必有辱，榮必有患，驚辱等榮患同也，爲下得寵辱榮患若驚，則不足以亂天下也。何謂貴大患若身？大患，榮寵之屬也。生之厚必入死之地，故謂之大患也。人迷之於榮寵返之於身，故曰大患若身也。吾所以有大患者，爲吾有身，由有其身也。及吾無身，歸之自然也。吾有何患？故貴以身爲天下，若可寄天下。無以易其身故曰貴也，如此乃可以託天下也。愛以身爲天下，若可託天下。無物可以損其身，故曰愛也，如此乃可以寄天下也。不以寵辱勞患損易其身，然後乃可以天下付之也。

《老子道德經》上篇《十六章》　致虛極，守靜篤。言致虛，物之極篤；守靜，物之真正也。萬物並作，動作生長。吾以觀復。以虛靜觀其反復。凡有起於虛，動起於靜，故萬物雖並動作，卒復歸於虛靜，是物之極篤也。夫物芸芸，各復歸其根。各返其所，始也。歸根曰靜，是謂復命。復命曰常，歸根則靜，故曰靜。靜則復命，故曰復命也，復命則得性命之常，故曰常也。知常曰明；不知常，妄作凶。常之為物，不偏不彰，無皦昧之狀，温涼之象，故曰：知常曰明也。唯此復乃能包通萬物，無所不容，失此以往，則邪入乎分，則物離其分，故曰不知常，則妄作凶也。知常容，無所不包通也。容乃公，無所不包通，則乃至於蕩然公平也。公乃王，蕩然公平，則乃至於無所不周普也。王乃天，無所不周普，則乃至於同乎天也。天乃道，與天合德，體道大通，則乃至於極虛無也。道乃久，窮極虛無，得道之常，則乃至於不窮極也。没身不殆。無之為物，水火不能害，金石不能殘。用之於心則虎兕無所投其齒角，兵戈無所容其鋒刃，何危殆之有乎？

《老子道德經》上篇《十七章》　太上，下知有之，太上，謂大人也。大人在上，故曰太上，大人在上，居無為之事，行不言之教，萬物作焉而不為始，故下知有之而已，言從上也。其次親而譽之，不能以無為居事，不言為教，立善行施，使下得親而譽之也。其次畏之，不復能以恩仁令物，而賴威權也。其次侮之。不能法以正齊民，而以智治國，下知避之，其令不從，故曰：侮之也。信不足，焉有不信焉。夫御體失性則疾病生，輔物失真則疵釁作。信不足焉，則有不信，此自然之道也。已處不足，非智之所齊也。悠兮其貴言，功成事遂，百姓皆謂我自然。自然，其端兆不可得而見也，其意趣不可得而覩也，無物可以易其言，言必有應，故曰：悠兮其貴言也。居無為之事，行不言之教，不以形立物，故功成事遂，而百姓不知其所以然也。

《老子道德經》上篇《二十章》　絶學無憂，唯之與阿，相去幾何？善之與惡，相去若何？人之所畏，不可不畏。下篇為學者日益，為道者日損。然則學求益所能，而進其智者也，若將無欲而足，何求於益。不知而中，何求於進。夫燕雀有匹，鳩鴿有仇，寒鄉之民，必知旃裘，自然已足，益之則憂。故續鳧之足，何異截鶴之脛，畏譽而進，何異畏刑。唯阿美惡，相去若何？故人之所畏，吾亦畏焉，未敢恃之以為用也。荒兮其未央哉！歎與俗相返之遠也。衆人熙熙，如享太牢，如春登臺。衆人迷於美進，惑於榮利，欲進心競，故熙熙如享太牢，如春登臺也。我獨泊兮其未兆，如嬰兒之未孩；言我廓然無形之可名，無兆之可舉，如嬰兒之未能孩也。儽儽兮，若無所歸。若無所宅。衆人皆有餘，而我獨若遺。衆人無不有懷有志，盈溢胸心，故曰：皆有餘也。我獨廓然無為無欲，若遺失之也。我愚人之心也哉！絶愚之人，心無所别析，意無所好欲，猶然其情不可覩，我頽然若此也。沌沌兮，無所别析，不可為明。俗人昭昭，耀其光也。我獨昏昏，俗人察察，分别别析也。我獨悶悶。澹兮其若海，情不可覩。飂兮若無止。無所繫縶。衆人皆有以，以，用也。皆欲有所施用也。而我獨頑似鄙。無所欲為，悶悶昏昏，若無所識，故曰：頑且鄙也。我獨異於人，而貴食母。食母，生之本也。人者皆棄生民之本，貴末飾之華，故曰：我獨欲異於人。

《老子道德經》上篇《二十一章》　孔德之容，惟道是從。孔，空也。惟以空為德，然後乃能動作從道。道之爲物，惟恍惟惚。恍惚，無形不繫之歎。惚兮恍兮，其中有象；恍兮惚兮，其中有物。以無形始物，不繫成物，萬物以始以成，而不知其所以然，故曰：恍兮惚兮，惚兮恍兮，其中有象也。窈兮冥兮，其中有精，窈冥，深遠之歎，深遠不可得而見。然而萬物由之，其可得見，以定其真。故曰：窈兮冥兮，其中有精也。其精甚真，其中有信。信，信驗也，物反窈冥，則真精之極得，萬物之性定。故曰：其精甚真，其中有信也。自古及今，其名不去，至真之極，不可得名，無名，則是其名也。自古及今，無不由此而成，故曰：自古及今，其名不去也。以閲衆甫。衆甫，物之始也。以無名説萬物始也。吾何以知衆甫之狀哉，以此。此，上之所云也。言吾何以知萬物之始於無哉，以此知之也。

《老子道德經》上篇《二十二章》　曲則全，不自見，其明則全也。枉則直，不自是，則其是彰也。窪則盈，不自伐，則其功有也。敝則新，不自矜，則其德長也。少則得，多則惑。自然之道，亦猶樹也，轉多轉遠其根，轉少轉得其本。多則遠其真，故曰惑也；少則得其本，故曰得也。是以聖人抱一，爲天下式。一，少之極也。式，猶則之也。不自見故明，不自是故彰，不自伐故有功，不自矜故長。夫唯不争，故天下莫能與之争。古之所謂曲則全者，豈虚言哉！誠全而歸之。

《老子道德經》上篇《二十三章》　希言自然。聽之不聞名曰希。下章言，道之出言，淡兮其無味也，視之不足見，聽之不足聞，然則無味不足聽之言，乃是自然之至言也。故飄風不終朝，驟雨不終日。孰爲此者？天地。天地尚不能久，而况於人乎？言暴疾美興不長也。故從事於道者，道者同於道，從事，謂舉動從事於道者也，道以無形無為成濟萬物，故從事於道者，以無為為君，不言為教，緜緜若存，而物得其真。與道同體，故曰同於道。德者同於德。得，少也。少則得，故曰得也。行得則與得同體，故曰同於得也。失者同於失。失，累多也，累多則失，故曰失也。行失則與失同體，故曰同於失也。同於道者，道亦樂得之。同於德者，德亦樂得之。同於失者，亦樂得之。言隨行其所，故同而應之。信不足，焉有不信焉。忠信不足於下，焉有不信焉。

《老子道德經》上篇《二十六章》　重爲輕根，靜爲躁君。凡物，輕不能載重，小不能鎮大，不行者使行，不動者制動，是以重必為輕根，靜必為躁君也。是以聖人終日行不離輜重。以重為本，故不離。雖有榮觀，燕處超然。不以經心也。奈何萬乘之主，而以身輕天下。輕則失本，躁則失君。輕不鎮重也，失本，為喪身也，失君，為失君位也。

《老子道德經》上篇《二十七章》　善行無轍迹，順自然而行，不造不始，故物得至，而無轍迹也。善言無瑕讁，順物之性，不别不析，故無瑕讁可得其門也。善數不用籌策，因物之數，不假形也。善閉無關楗而不可開，善結無繩約而不可解。因物自然，不設不施，故不用關楗繩約而不可開解也。此五者，皆言不造不施，因物之性，不以形制物也。是以聖人常善救人，故無棄人，聖人不立形名以檢於物，不造進向以殊棄不肖，輔萬物之自然而不為始，故曰無棄人也。不尚賢能，則民不争，不貴難得之貨，則民不為盜，不見可欲，則民心不亂。常使民心無欲無惑，則無棄人矣。常善救物，故無棄物，是謂襲明。故善人者，不善人之師；舉善以師不善，故謂之師矣。不善人者，善人之資。資，取也。善人以善齊不善，以善棄不善也，故不善人，善人之所取也。不貴其師，不愛其資，雖智大迷，雖有其智，自任其智，不因物，於其道必失。故曰：雖智大迷。是謂要妙。

《老子道德經》上篇《二十八章》　知其雄，守其雌，爲天下谿。爲天下谿，常德不離，復歸於嬰兒。雄，先之屬，雌，後之屬也。知爲天下之先也，必後也，是以聖人後其身而身先也。谿不求物，而物自歸之，嬰兒不用智，而合自然之智。知其白，守其黑，爲天下式。式，模則也。爲天下式，常德不忒，忒，差也。復歸於無極，不可窮也。知其榮，守其辱，爲天下谷，常德乃足，復歸於樸。此三者，言常反終，後乃德全其所處也。下章云：反者道之動也。功不可取，常處其母也。樸散則爲器，聖人用之，則爲官長，樸，真也。真散則百行出，殊類生，若器也。聖人因其分散，故為之立官長。以善為師，不善為資，移風易俗，復使歸於一也。故大制不割。大制者，以天下之心為心，故無割也。

《老子道德經》上篇《二十九章》　將欲取天下而爲之，吾見其不得已。天下神器，神，無形無方也。器，合成也。無形以合，故謂之神器也。不可爲也，爲者敗之，執者失之。萬物以自然為性，故可因而不可為也，可通而不可執也。物有常性，而造為之，故必敗也。物有往來而執之，故必失矣。故物或行或隨，或歔或吹，或強或羸，或挫或隳。是以聖人去甚，去奢，去泰。凡此諸或，言物事逆順反覆，不施為執割也。聖人達自然之至，暢萬物之情，故因而不為，順而不施。除其所以迷，去其所以惑，故心不亂而物性自得之也。

《老子道德經》上篇《三十章》　以道佐人主者，不以兵強天下，以道佐人主，尚不可以兵強於天下，况人主躬於道者乎！其事好還。為始者，務欲立功生事，而有道者，務欲還反無為。故云其事好還也。師之所處，荊棘生焉。大軍之後，必有凶年。言師凶害之物也，無有所濟，必有所傷，賊害人民，殘荒田畝，故曰荊棘生焉。善有果而已，不敢以取強。果，猶濟也，言善用師者，趣以濟難而已矣，不以兵力取强於天下也。果而勿矜，果而勿伐，果而勿驕，吾不以師道為尚，不得已而用，何矜驕之有也。果而不得已，果而勿強。言用兵雖趣功果濟難，然時故不得已當復用者，但當以除暴亂，不遂用果以為强也。物壯則老，是謂不道，不道早已。壯，武力暴興，喻以兵强於天下者也，飄風不終朝，驟雨不終日，故暴興必不道，早已也。

《老子道德經》上篇《三十三章》　知人者智，自知者明。知人者智而已矣，未若自知者，超智之上也。勝人者有力，自勝者強。勝人者有力而已矣，未若自勝者，無物以損其力，用其智於人，未若用其智於己也，用其力於人，未若用其力於己也，明用於己，則物無避焉，力用於己，則物無改焉。知足者富，知足自不失，故富也。強行者有志。勤能行之，其志必獲，故曰強行者有志矣。不失其所者久，以明自察，量力而行，不失其所，必獲久長矣。死而不亡者壽。雖死而以為生之，道不亡乃得全其壽，身没而道猶存，況身存而道不卒乎！

《老子道德經》上篇《三十六章》　將欲歙之，必固張之；將欲弱之，必固強之；將欲廢之，必固興之；將欲奪之，必固與之。是謂微明。將欲除強粱，去暴亂，當以此四者。因物之性，令其自戮，不假刑為大，以除將物也，故曰微明也。足其張，令之足，而又求其張，則衆所歙也，與其張之不足，而改其求張者，愈益而已，反危。柔弱勝剛強。魚不可脱於淵，國之利器不可以示人。利器，利國之器也。唯因物之性，不假刑以理物，器不可覩，而物各得其所，則國之利器也。示人者，任刑也。刑以利國，則失矣。魚脱於淵則必見失矣。利國器而立刑以示人，亦必失也。

《老子道德經》下篇《四十章》　反者道之動，高以下為基，貴以賤為本，有以無為用，此其反也。動皆知其所無，則物通矣，故曰反者道之動也。弱者道之用。柔弱同通，不可窮極。天下萬物生於有，有生於無。天下之物皆以有為生，有之所始以無為本，將欲全有，必反於無也。

《老子道德經》下篇《四十三章》　天下之至柔，馳騁天下之至堅。氣無所不入，水無所不出於經。無有入無閒，吾是以知無爲之有益。虛無柔弱，無所不通，無有不可窮，至柔不可折，以此推之，故知無為之有益也。不言之教，無爲之益，天下希及之。

《老子道德經》下篇《四十五章》　大成若缺，其用不弊。隨物而成，不為一象，故若缺也。大盈若沖，其用不窮。大盈充足，隨物而與，無所愛矜，故若沖也。大直若屈，隨物而直，直不在一，故若屈也。大巧若拙，大巧因自然以成器，不造為異端，故若拙也。大辯若訥。大辯因物而言，己無所造，故若訥也。躁勝寒，靜勝熱，清靜爲天下正。躁罷然後勝寒，靜無為以勝熱，以此推之，則清靜為天下正也。靜則全物之真，躁則犯物之性，故惟清靜，乃得如上諸大也。

《老子道德經》下篇《四十六章》　天下有道，卻走馬以糞。天下有道，知足知止，無求於外，各修其内而已。故卻走馬以治田糞也。天下無道，戎馬生於郊。貪欲無厭，不修其内，各求於外，故戎馬生於郊也。禍莫大於不知足，咎莫大於欲得，故知足之足，常足矣。

《老子道德經》下篇《四十七章》　不出戶，知天下；不闚牖，見天道。事有宗而物有主，途雖殊而同歸也，慮雖百而其致一也。道有大常，理有大致，執古之道，可以御今，雖處於今，可以知古始，故不出戶，闚牖而可知也。其出彌遠，其知彌少。無在於一，而求之於衆也，道視之不可見，聽之不可聞，搏之不可得。如其知之，不須出戶，若其不知，出愈遠愈迷也。是以聖人不行而知，不見而名，得物之致，故雖不行而慮可知也。識物之宗，故雖不見，而是非之理可得而名也。不爲而成。明物之性，因之而已。故雖不為而使之成矣。

《老子道德經》下篇《四十八章》　爲學日益，務欲進其所能，益其所習。爲道日損。務欲反虛無也。損之又損，以至於無爲，無爲而無不爲。有為則有所失，故無為乃無所不為也。取天下常以無事，動常因也。及其有事，自己造也。不足以取天下。失統本也。

《老子道德經》下篇《五十二章》　天下有始，以爲天下母。既得其母，以知其子；既知其子，復守其母，没身不殆。母，本也，子，末也，得本以知末，不舍本以逐末也。塞其兑，閉其門，兑事欲之所由生。門事欲之所由從也。終身不勤。無事永逸，故終身不勤也。開其兑，濟其事，終身不救。不閉其原，而濟其事，故雖終身不救。見小曰明，守柔曰強。為治之功不在大，見大不明，見小乃明。守強不強，守柔乃強也。用其光，顯道以去民迷。復歸其明，不明察也。無遺身殃，是爲習常。道之常也。

《老子道德經》下篇《五十三章》　使我介然有知，行於大道，唯施是畏。言若使我可介然有知，行大道於天下，唯施為之，是畏也。大道甚夷，而民好徑。言大道蕩然正平，而民猶尚舍之而不由，好從邪徑，況復施為以塞大道之中乎！故曰大道甚夷，而民好徑。朝甚除，朝，宮室也。除，潔好也。田甚蕪，倉甚虛；朝甚除，則田甚蕪，倉甚虛。設一而衆害生也。服文綵，帶利劍，厭飲食，財貨有餘，是謂盜夸。非道也哉！凡物不以其道得之，則皆邪也，邪則盜也。夸而不以其道得之，竊位也，故舉非道以明，非道則皆盜夸也。

《老子道德經》下篇《五十七章》　以正治國，以奇用兵，以無事取天下。以道治國則國平，以正治國則奇正起也，以無事則能取天下也。上章云：其取天下者，常以無事，及其有事，又不足以取天下也。故以正治國則不足以取天下，而以奇用兵也。夫以道治國，崇本以息末，以正治國，立辟以攻末，本不立而末淺，民無所及，故必至於奇用兵也。吾何以知其然哉？以此。天下多忌諱，而民彌貧；民多利器，國家滋昬；利器，凡所以利己之器也。民强則國家弱。人多伎巧，奇物滋起；民多智慧，則巧偽生，巧偽生，則邪事起。法令滋彰，盜賊多有。立正欲以息邪，而奇兵用；多忌諱欲以恥貧，而民彌貧；利器欲以强國者也，而國愈昬多。皆舍本以治末，故以致此也。故聖人云：我無爲而民自化，我好靜而民自正，我無事而民自富，我無欲而民自樸。上之所欲，民從之速也。我之所欲唯無欲，而民亦無欲而自樸也。此四者，崇本以息末也。

（宋）王安石《老子注》下篇　法令者，禁天下之非。因其禁非，所以起偽。蓋法出姦生，令下詐起，故曰法令滋彰，盜賊多有。

（元）吴澄《道德真經註》卷四　正者法制禁令，正其不正，管、商以正治國，帝王以修身齊家為本，不恃法制禁令以為正。奇者權謀詭詐，譎而不正。孫吴以奇用兵，帝王以吊民發罪為心，不尚權謀詭詐以為奇。奇者僅可施於用兵，不可以治國。正者，僅可施於治國，不可以取天下。無事者，三皇無為之治，如天不言，而四時行，百物生，不期人之服從，而天下無不服從，故唯無事者可以取天下也。

答上文言正僅可以治國，忌諱謂畏避。防禁嚴密，本欲正民德也，然民一舉手搖足，輒陷罪戾，有所畏避，不得安生樂業，而趨於貧矣。利器，利便於民之器，如網罟耒耜杵臼舟車之屬，本欲利民用也，然利器民得自為，雖度量權衡之公，亦將不出於上，無所統一，則國家黯無精采，而疑為昬矣。技巧，造作利器之工，末業衆多，争能競利，則有售奇偽之物者矣。法令者，民所畏憚，彰明易犯，民不聊生，則多為盜賊之歸者矣。八句所言二事，法令彰所以多忌諱，技巧多所以多利器。盜賊之有，由於民貧，奇物之起，由國家之昬。明庶政使民知畏避，來百工使民足財用，所謂正也。正以正，蓋期其國之治，然民貧於下而或為盜賊，政昬於上而售奇物，其效如此，是以之治國而猶不足也。

又答上文，無事可以取天下，無為好靜無欲，皆無事也。既無所事，何心致天下之嚮附而民自然而化，自然而正，自然而富，自然而樸，其效如此，是以之取天下而有餘也。

《老子道德經》下篇《五十八章》　其政悶悶，其民淳淳；言善治政者，無形無名，無事無政可舉，悶悶然，卒至於大治，故曰：其政悶悶也。其民無所争競，寬大淳淳，故曰：其民淳淳也。其政察察，其民缺缺。立刑名，明賞罰，以檢姦偽，故曰：察察也。殊類分析，民懷争競，故曰：其民缺缺也。禍兮福之所倚，福兮禍之所伏。孰知其極？其無正。言誰知善治之極乎！唯無可正舉，無可形名，悶悶然而天下大化，是其極也。正復爲奇，以正治國，則便復以奇用兵矣。故曰：正復為奇。善復爲妖。立善以和萬物，則便復有妖之患也。人之迷，其日固久。言人之迷惑失道，固久矣。不可便正善治以責。是以聖人方而不割，以方導物，舍去其邪，不以方割物，所謂大方無隅。廉而不劌，廉，清廉也。劌，傷也。以清廉清民，令去其邪，令去其汙，不以清廉劌傷於物也。直而不肆，以直導物，令去其僻，而不以直激沸於物也。所謂大直若屈也。光而不燿。以光鑑其所以迷，不以光照求其隱慝也，所謂明道若昧也，此皆崇本以息末，不攻而使復之也。

《老子道德經》下篇《五十九章》　治人事天莫若嗇，莫若，猶莫過也。嗇，農夫。農人之治田，務去其殊類，歸於齊一也。全其自然，不急其荒病，除其所以荒病，上承天命，下綏百姓，莫過於此。夫唯嗇，是謂早服。早服，常也。早服謂之重積德，唯重積德不欲鋭速，然後乃能使早服其常，故曰：早服謂之重積德者也。重積德則無不克，無不克則莫知其極；道無窮也。莫知其極，可以有國；以有窮而莅國，非能有國也。有國之母，可以長久；國之所以安謂之母，重積德，是唯圖其根，然後營末，乃得其終也。是謂深根固柢，長生久視之道。

《老子道德經》下篇《六十章》　治大國，若烹小鮮。不擾也，躁則多害，靜則全真，故其國彌大，而其主彌靜，然後乃能廣得衆心矣。以道莅天下，其鬼不神，治大國則若烹小鮮，以道莅天下，則其鬼不神也。非其鬼不神，其神不傷人，神不害自然也，物守自然則神無所加，神無所加則不知神之為神也。非其神不傷人，聖人亦不傷人。道洽則神不傷人，神不傷人則不知神之為神，道洽則聖人亦不傷人，聖人不傷人則不知聖人之為聖也。猶云：不知神之為神，亦不知聖人之為聖也。夫恃威網以使物者，治之衰也。使不知神聖之為神聖，道之極也。夫兩不相傷，神不傷人，聖人亦不傷人，聖人不傷人，神亦不傷人，故曰：兩不相傷也。故德交歸焉。神聖合道，交歸之也。

（清）魏源《老子本義》上篇　《韓非・解老篇》曰：凡法令更則利害易，利害易則民變業。故事大衆而數搖之則少成功，藏大器而數徙之則多敗傷，烹小鮮而數撓之則賊其澤，治大國而數變法則民苦之。是以有道之君，貴清靜而重變法也。人處疾則貴醫，有禍則畏鬼，聖人在上則民少欲，民少欲則血氣治而舉動理，舉動理則少禍害。夫內無疾痛之害，外無刑罰法誅之禍者，其輕恬鬼也甚。故曰：以道莅天下者，其鬼不神，言治世鬼神不與人相害也。疾人之謂鬼傷人，上刑戮民之謂上傷民，民不犯法而上不行刑之謂上不傷人。故曰：聖人亦不傷民，上不與民相害，鬼不與人相傷，是兩不相傷也。則德盡在於民矣。故曰：德歸焉。言其德幽明上下交盛，而俱歸之於民也。王氏弼曰：躁則多害，靜則全真，故其國彌大，其主彌靜，然後能廣得衆心矣。若烹小鮮，不擾也。物守自然，則神無所加，神無所加，則不知神之爲神也。道治則聖人亦不傷人，聖不傷人，則不知聖之爲聖也。夫恃威網以治物者治之衰，使不知神聖之爲神聖，則道之極矣。神聖兩不相傷，是神聖合道，交歸之民也。

《老子道德經》下篇《六十一章》 大國者下流，江海居大而處下，則百川流之，大國居大而處下，則天下流之。故曰大國下流也。天下之交，天下所歸會也。天下之牝。靜而不求，物自歸之也。牝常以靜勝牡，以靜爲下。以其靜故能為下也，牝，雌也。雄躁動貪欲，雌常以靜，故能勝雄也。以其靜復能為下，故物歸之也。故大國以下小國，大國以下，猶云以大國下小國。則取小國；小國則附之。小國以下大國，則取大國。大國納之也。故或下以取，或下而取。言唯修卑下，然後乃各得其所。大國不過欲兼畜人，小國不過欲入事人。夫兩者各得其所欲，大者宜爲下。小國修下，自全而已，不能令天下歸之。大國修下，則天下歸之。故曰各得其所欲，則大者宜為下也。

《老子道德經》下篇《六十二章》 道者，萬物之奧。奧，猶曖也。可得庇蔭之辭。善人之寶，寶以為用也。不善人之所保。保以全也。美言可以市，尊行可以加人。言道無所不先，物無有貴於此也。雖有珍寶璧馬，無以匹之，美言之，則可以奪衆貨之賈，故曰：美言可以市也，尊行之，則千里之外應之，故曰：可以加於人也。人之不善，何棄之有？不善當保道以免放。故立天子，置三公，言以尊行道也，雖有拱璧以先駟馬，不如坐進此道。此道，上之所云也。言故立天子，置三公，尊其位，重其人，所以為道也。物無有貴於此者，故雖有拱抱寶璧以先駟馬而進之，不如坐而進此道也。古之所以貴此道者何？不曰以求得，有罪以免邪？故爲天下貴。以求則得求，以免則得免，無所而不施，故爲天下貴也。

《老子道德經》下篇《六十三章》 爲無爲，事無事，味無味。以無為為居，以不言為教，以恬淡為味，治之極也。大小多少，報怨以德。小怨則不足以報，大怨則天下之所欲誅，順天下之所同者，德也。圖難於其易，爲大於其細；天下難事必作於易，天下大事必作於細。是以聖人終不爲大，故能成其大。夫輕諾必寡信，多易必多難，是以聖人猶難之。以聖人之才，猶尚難於細易，況非聖人之才而欲忽於此乎，故曰：猶難之也。故終無難矣。

《老子道德經》下篇《六十五章》 古之善爲道者，非以明民，將以愚之。明，謂多見巧詐，蔽其樸也。愚，謂無知守真，順自然也。民之難治，以其智多。多智巧詐，故難治也。故以智治國，國之賊；智，猶治也，以智而治國，所以謂之賊者，故謂之智也。民之難治，以其多智也。當務塞兑閉門，令無知無欲，而以智術動民，邪心既動，復以巧術防民之偽，民知其術，防隨而避之，思惟密巧，奸偽益滋，故曰：以智治國，國之賊也。不以智治國，國之福。知此兩者，亦稽式。常知稽式，是謂元德。元德深矣，遠矣，稽，同也。今古之所同則，不可廢。能知稽式，是謂元德，元德深矣，遠矣。與物反矣。反其真也。然後乃至大順。

（清）魏源《老子本義》下篇 王氏弼曰：愚謂無知守真順自然也。智多謂多見巧詐蔽其樸也。以智術動民，邪心既動，復以巧術防民之偽。民知其術防，隨而避之，思惟巧密，奸偽日滋，故曰：以智治國，國之賊也。吕氏惠卿曰：古之善爲道者，俗人昭昭，我獨若昏，俗人察察，我獨悶悶。其在己若此，則其推之於民也，亦若是而已。李氏嘉謨曰：民之愚而自以爲智，徇溺於物欲而不知反。吾方示之以無爲，鎮之以素樸，猶且未悟，而況欲以智示之歟？是賊之也。倘行其所無事，而不開民之機心，機心不生，則純白備，謂之國福，不亦信乎？涑水司馬氏曰：物情莫不貴智，而有德者獨賤之，雖反於物，乃順於道，是智之所順者小，而德之所順者大也。源案：此章惟知此兩者亦楷式句，諸説皆未明。蓋古之善爲士者，雖微妙玄通，深不可識，而至於智之爲害，不智之爲福，則顯然明白而易知。但能深信固守，而不以智汩其真，則雖其體用之大全未易窺，亦可以得爲治之鵠而不至有失矣。故曰：知此兩者亦楷式也。然誠能常常知之以爲楷式，則智故日去，涫樸日全。其政悶悶，其民淳淳，豈但不賊已哉。雖謂之玄德亦可矣。蓋德謂之玄，則深遠與俗相反，聞者或大笑之，次亦若存若亡。今此獨能不疑其相反，而深信其可法，則雖反於世俗，乃順於大道也，順於道非玄德而何，而知之者何少哉。

《老子道德經》下篇《六十六章》 江海所以能爲百谷王者，以其善下之，故能爲百谷王。是以欲上民，必以言下之。欲先民，必以身後之。是以聖人處上而民不重，處前而民不害。是以天下樂推而不厭，以其不争，故天下莫能與之争。

《老子道德經》下篇《六十七章》 天下皆謂我道大，似不肖。夫唯大，故似不肖。若肖，久矣其細也夫！久矣其細，猶曰其細久矣。肖則失其所以為大矣。故曰：若肖，久矣其細也夫。我有三寶，持而保之，一曰慈，二曰儉，三曰不敢爲天下先。慈故能勇，夫慈，以陳則勝，以守則固，故能勇也。儉故能廣，節儉愛費，天下不匱，故能廣也。不敢爲天下先，故能成器長。唯後外其身，為物所歸，然後乃能立成器為天下利，為物之長也。今舍慈且勇，且，猶取也。舍儉且廣，舍後且先，死矣！夫慈，以戰則勝，相慜而不避於難，故勝也。以守則固，天將救之，以慈衛之。

《老子道德經》下篇《七十二章》 民不畏威，則大威至。無狎其所居，無厭其所生。清净無為謂之居，謙後不盈謂之生，離其清净，行其躁欲，棄其謙後，任其威權，則物擾而民僻，威不能復制民，民不能堪其威，則上下大潰矣，天誅將至，故曰：民不畏威，則大威至。無狎其所居，無厭其所生，言威力不可任也。夫唯不厭，不自厭也。是以不厭。不自厭，是以天下莫之厭。是以聖人自知，不自見；不自見其所知，以耀光行威也。自愛，不自貴。自貴則物狎厭居生。故去彼取此。

《老子道德經》下篇《八十章》 小國寡民，國既小民又寡，尚可使反古，況國大民衆乎！故舉小國而言也。使有什伯之器而不用，言使民雖有什伯之器而無所用，何患不足也。使民重死而不遠徙。使民不用，惟身是寶，不貪貨賂，故各安其居，重死而不遠徙也。雖有舟輿，無所乘之；雖有甲兵，無所陳之。使人復結繩而用之，甘其食，美其服，安其居，樂其俗。鄰國相望，雞犬之聲相聞，民至老死不相往來。無所欲求。

《列子·天瑞》 齊之國氏大富，宋之向氏大貧；自宋之齊，請其術。國氏告之曰：吾善爲盗。始吾爲盗也，一年而給，二年而足，三年大壤，如掌反，又作攘。自此以往，施以智反，延也。及州閭。向氏大喜。喻其爲盗之言，而不喻其爲盗之道，遂踰垣鑿室，手目所及，亡音無，下同。不探也。未及時，以贓獲罪，没其先居之財。向氏以國氏之謬己也，往而怨之。國氏曰：若爲盗若何？向氏言其狀。國氏曰：嘻！音熙，哀痛之聲。若失爲盗之道至此乎？今將告若矣。吾聞天有時，地有利。謂春秋冬夏，方土出有也。吾盗天地之時利，雲雨之滂普浪反潤，山澤之産育，以生吾禾，殖吾稼，築吾垣，建吾舍。陸盗禽獸，水盗魚鼈，亡非盗也。夫禾稼、土木、禽獸、魚鼈，皆天之所生，豈吾之所有？天尚不能自生，豈能生物？人尚不能自有，豈能有物？此乃明其自生自有也。然吾盗天而亡殃。天亡其施，我公其心，何往而有怨哉？夫金玉珍寶，穀帛財貨，人之所聚，豈天之所與？天尚不能與，豈人所能聚？此亦明其自能自聚。若盗之而獲罪，孰怨哉？人有其財，我犯其私，所以致咎。向氏大惑，以爲國氏之重罔己也，過東郭先生問焉。東郭先生曰：若一身庸非盗乎？盗陰陽之和以成若生，載若形，况外物而非盗哉？若其有盗邪？則我身卽天地之一物，不得私而有之。若其無盗邪，則外内不得異也。誠然，天地萬物不相離力智反也；認音仞而有之，皆惑也。夫天地，萬物之都稱；萬物，天地之别名。雖復各私其身，理不相離；認而有之，心之惑也。因此而言，夫天地委形，非我有也；飭愛色貌，矜伐智能，已爲惑矣。至於甚者，横認外物，以爲己有，乃標名氏以自異，倚親族以自固，整章服以耀物，藉名位以動衆，封殖財貨，樹立權黨，終身欣玩，莫由自悟。故《老子》曰：吾所以有大患，爲吾有身；《莊子》曰：百骸六藏，吾誰與爲親？領斯旨也，則方寸與太虚齊空，形骸與萬物俱有也。國氏之盗，公道也，故亡殃；若之盗，私心也，故得罪。公者對私之名，無私，則公名滅矣。今以犯天者爲公，犯人者爲私，於理未至。有公私者，亦盗也；直所犯之異耳，未爲非盗。亡公私者，亦盗也。一身不得不有，財物不得不聚，復欲遣之，非能卽而無心者也。公公私私，天地之德。生卽天地之一理，身卽天地之一物。今所愛吝，復是愛吝天地之間生身耳，事無公私，理無愛吝者也。知天地之德者，孰爲盗邪？孰爲不盗邪？天地之德何邪？自然而已，自然而已。何所歷其公私之名？公私之名既廢，盗與不盗，理無差也。

《列子·黄帝》 天下有常勝之道，有不常勝之道。常勝之道曰柔，常不勝之道曰彊。二者亦知，亦當作易。而人未之知。故上古之言：彊，先不己若者；所勝在己下者耳。柔，先出於己者。不與物競，則物不能加也。先不己若者，至於若己，則殆矣。遇敵必危之也。先出於己者。亡亡，音無。

所殆矣。理常安也。以此勝一身若徒，以此任天下若徒，謂不勝而自勝，不任而自任也。夫體柔虛之道，處不競之地，雖一身之貴，天下之大，無心而御之，同於徒矣。徒，空默之謂也。郭象曰：聽耳之所聞，視目之所見，知止其所不知，能止其所不能，用其自用，爲其自爲，順性而不競於物，皆此至柔之道也。故舉其自舉，持其自持，既無分銖之重，而我無力焉。粥余六反子曰：欲剛，必以柔守之；欲彊，必以弱保之。守柔不以求剛而自剛，保弱不以求彊而自彊，故剛彊者，非欲之所能致也。積於柔必剛，積於弱必彊。觀其所積，以知禍福之鄉。禍福生於所積也。彊勝不若己，至於若己者剛。必有折也。柔勝出於己者，其力不可量。老聃曰：兵彊則滅，王弼曰：物之所惡，故必不得終焉。木彊則折。彊極則毁矣。柔弱者生之徒，堅彊者死之徒。

《列子・楊朱》楊朱曰：伯成子高不以一毫利物，舍舍音捨國而隱耕。大禹不以一身自利，一體偏枯。古之人，損一毫利天下，不與也。悉天下奉一身，不取也。人人不損一毫，人人不利天下，天下治矣。禽子問楊朱曰：去子體之一毛以濟一世，汝爲之乎？疑楊子貴身太過，故發此問也。楊子曰：世固非一毛之所濟。嫌其不達己趣，故亦相荅對也。禽子曰：假濟，爲之乎？楊子弗應。禽子出，語魚據切孟孫陽。孟孫陽曰：子不達夫子之心，吾請言之。有侵若肌膚獲萬金者，若爲之乎？曰：爲之。孟孫陽曰：有斷音短若一黑得一國，子爲之乎？禽子默然有閒。孟孫陽曰：一毛微於肌膚，肌膚微於一黑。省矣。省，察。然則積一毛以成肌膚，積肌膚以成一節。一毛固一體萬分中之一物，奈何輕之乎？禽子曰：吾不能所以荅子。然則以子之言問老聃關尹，則子言當矣；聃尹之教，貴身而賤物也。以吾言問大禹墨翟，則吾言當矣。禹翟之教，忘己而濟物也。孟孫陽因顧與其徒説他事。

《莊子・外篇・胠篋》將爲胠篋探囊發匱之盜而爲守備，則必攝緘縢，固（扃）〔扃〕鐍，此世俗之所謂知也。然而巨盜至，則負匱揭篋擔囊而趨，唯恐緘縢扃鐍之不固也。然則鄉之所謂知者，不乃爲大盜積者也？故嘗試論之，世俗之所謂知者，有不爲大盜積者乎？所謂聖者，有不爲大盜守者乎？何以知其然邪？昔者齊國鄰邑相望，雞狗之音相聞，罔罟之所布，耒耨之所刺，方二千餘里。闔四竟之內，所以立宗廟社稷，治邑屋州閭鄉曲者，曷嘗不法聖人哉！然而田成子一旦殺齊君而盜其國。所盜者豈獨其國邪？並與其聖知之法而盜之。故田成子有乎盜賊之名，而身處堯舜之安，小國不敢非，大國不敢誅，十二世有齊國。則是不乃竊齊國，並與其聖知之法以守其盜賊之身乎？

嘗試論之，世俗之所謂至知者，有不爲大盜積者乎？所謂至聖者，有不爲大盜守者乎？何以知其然邪？昔者龍逢斬，比干剖，萇弘胣，子胥靡，故四子之賢而身不免乎戮。故跖之徒問於跖曰：盜亦有道乎？跖曰：何適而无有道邪！夫妄意室中之藏，聖也；入先，勇也；出後，義也；知可否，知也；分均，仁也。五者不備而能成大盜者，天下未之有也。由是觀之，善人不得聖人之道不立，跖不得聖人之道不行；天下之善人少而不善人多，則聖人之利天下也少而害天下也多。故曰，脣竭則齒寒，魯酒薄而邯鄲圍，聖人生而大盜起。掊擊聖人，縱舍盜賊，而天下始治矣。夫川竭而谷虛，丘夷而淵實。聖人已死，則大盜不起，天下平而无故矣。

聖人不死，大盜不止。雖重聖人而治天下，則是重利盜跖也。爲之斗斛以量之，則並與斗斛而竊之；爲之權衡以稱之，則並與權衡而竊之；爲之符璽以信之，則並與符璽而竊之；爲之仁義以矯之，則並與仁義而竊之。何以知其然邪？彼竊鉤者誅，竊國者爲諸侯，諸侯之門而仁義存焉，則是非竊仁義聖知邪？故逐於大盜，揭諸侯，竊仁義並斗斛權衡符璽之利者，雖有軒冕之賞弗能勸，斧鉞之威弗能禁，此重利盜跖而使不可禁者，是乃聖人之過也。

故曰：魚不可脱於淵，國之利器不可以示人。彼聖人者，天下之利器也，非所以明天下也。故絶聖棄知，大盜乃止；擿玉毁珠，小盜不起；焚符破璽，而民朴鄙；掊斗折衡，而民不爭；殫殘天下之聖法，而民始可與論議。擢亂六律，鑠絶竽瑟，塞瞽曠之耳，而天下始人含其聰矣；滅文章，散五采，膠離朱之目，而天下始人含其明矣；毁絶鉤繩而棄規矩，攦工倕之指，而天下始人有其巧矣。故曰大巧若拙。削曾史之行，鉗楊墨之口，攘棄仁義，而天下之德始玄同矣。彼人含其明，則天下不鑠矣；人含其聰，則天下不累矣；人含其知，則天下不惑矣；人含其德，則天下不僻矣。彼曾、史、楊、墨、師曠、工倕、離朱，皆外立其德而以𡥌亂天下者也，法之所无用也。

又：上誠好知而无道，則天下大亂矣。何以知其然邪？夫弓弩畢弋機變之知多，則鳥亂於上矣；鉤餌罔罟罾笱之知多，則魚亂於水矣；削格羅落罝罘之知多，則獸亂於澤矣；知詐漸毒頡滑堅白解垢同異之變多，則俗惑於辯矣。故天下每每大亂，罪在於好知。故天下皆知求其所不知而莫知求其所已知者，皆知非其所不善而莫知非其所已善者，是以大亂。故上悖日月之明，下爍山川之精，中墮四時之施；惴耎之蟲，肖翹之物，莫不失其性。甚矣夫好知之亂天下也！自三代以下者是已，舍夫種種之民而悅夫役役之佞，釋夫恬淡无爲而悅夫啍啍之意，啍啍已亂天下矣！

《莊子・外篇・在宥》 聞在宥天下，不聞治天下也。在之也者，恐天下之淫其性也；宥之也者，恐天下之遷其德也。天下不淫其性，不遷其德，有治天下者哉！昔堯之治天下也，使天下欣欣焉人樂其性，是不恬也；桀之治天下也，使天下瘁瘁焉人苦其性，是不愉也。夫不恬不愉，非德也。非德也而可長久者，天下无之。

人大喜邪？毗於陽；大怒邪？毗於陰。陰陽並毗，四時不至，寒暑之和不成，其反傷人之形乎！使人喜怒失位，居處无常，思慮不自得，中道不成章，於是乎天下始喬詰卓鷙，而後有盜跖曾史之行。故舉天下以賞其善者不足，舉天下以罰其惡者不給，故天下之大不足以賞罰。自三代以下者，匈匈焉終以賞罰爲事，彼何暇安其性命之情哉！

而且說明邪？是淫於色也；說聰邪？是淫於聲也；說仁邪？是亂於德也；說義邪？是悖於理也；說禮邪？是相於技也；說樂（也）〔邪〕？是相於淫也；說聖邪？是相於藝也；說知邪？是相於疵也。天下將安其性命之情，之八者，存可也，亡可也；天下將不安其性命之情，之八者，乃始臠卷獊囊而亂天下也。而天下乃始尊之惜之，甚矣天下之惑也！豈直過也而去之邪！乃齊戒以言之，跪坐以進之，鼓歌以儛之，吾若是何哉！

故君子不得已而臨莅天下，莫若无爲。无爲也而後安其性命之情。故貴以身於爲天下，則可以託天下；愛以身於爲天下，則可以寄天下。故君子苟能无解其五藏，无擢其聰明；尸居而龍見，淵默而雷聲，神動而天隨，從容无爲而萬物炊累焉。吾又何暇治天下哉！

《莊子・外篇・天道》 夫帝王之德，以天地爲宗，以道德爲主，以无爲爲常。无爲也，則用天下而有餘；有爲也，則爲天下用而不足。故古之人貴夫无爲也。上无爲也，下亦无爲也，是下與上同德，下與上同德則不臣；下有爲也，上亦有爲也，是上與下同道，上與下同道則不主。上必无爲而用天下，下必有爲爲天下用，此不易之道也。故古之王天下者，知雖落天地，不自慮也；辯雖彫萬物，不自說也；能雖窮海內，不自爲也。天不產而萬物化，地不長而萬物育，帝王无爲而天下功。故曰莫神於天，莫富於地，莫大於帝王。故曰帝王之德配天地。此乘天地，馳萬物，而用人羣之道也。

《莊子・雜篇・列禦寇》 爲外刑者，金與木也；爲內刑者，動與過也。宵人之離外刑者，金木訊之；離內刑者，陰陽食之。夫免乎外內之刑者，唯真人能之。

《莊子・雜篇・天下》 公而不當，易而无私，決然无主，趣物而不兩，不顧於慮，不謀於知，於物无擇，與之俱往，古之道術有在於是者。彭蒙田駢慎到聞其風而悅之，齊萬物以爲首，曰：天能覆之而不能載之，地能載之而不能覆之，大道能包之而不能辯之，知萬物皆有所可，有所不可，故曰選則不徧，教則不至，道則无遺者矣。

是故慎到棄知去己而緣不得已，泠汰於物以爲道理，曰知不知，將薄知而後鄰傷之者也。謑髁无任而笑天下之尚賢也，縱脫无行而非天下之大聖，椎拍輐斷，與物宛轉，舍是與非，苟可以免，不師知慮，不知前後，魏然而已矣。推而後行，曳而後往，若飄風之還，若羽之旋，若磨石之隧，全而无非，動靜无過，未嘗有罪。是何故？夫无知之物，无建己之患，无用知之累，動靜不離於理，是以終身无譽。故曰至於若无知之物而已，无用賢聖，夫塊不失道。豪桀相與笑之曰：慎到之道，非生人之行而至死人之理，適得怪焉。

田駢亦然，學於彭蒙，得不教焉。彭蒙之師曰：古之道人，至於莫之是莫之非而已矣。其風窢然，惡可而言？常反人，不見觀，而不免於魭斷。其所謂道非道，而所言之韙不免於非。彭蒙田駢慎到不知道。雖然，概乎皆嘗有聞者也。

（宋）杜道堅《文子纘義》卷一《道原篇》 夫法刻刑誅者，非帝王之業也。筆策繁用者，非致遠之御也。好憎繁多，禍乃相隨。故先王之法，非所作也，所因也。其禁誅，非所爲也，所守也。故能因卽大，作卽細。能守卽固，爲卽敗。夫任耳目以聽視者，勞心而不明。以智慮爲治者，苦心而無功。任一人之材，難以至治。一人之能，不足以治三畝之宅。循道理之數，因天地自然，卽六合不足均也。聽失於非譽，目淫於彩色，禮亶不足以放愛，誠心可以懷遠。故兵莫憯乎志，鏌鋣爲下。寇莫大於陰陽，而枹鼓爲細。所謂大寇，伏尸不言節。中寇藏於山。小寇遯于民間。故曰：民多智能，奇物滋起，法令滋章，盜賊多有。去彼取此，天殃不起。故以智治國，國之賊。不以智治國，國之德。

（宋）杜道堅《文子纘義》卷五《道德篇》 夫道者，原產有始，始於柔弱，成于剛強。始於短寡，成於衆長。十圍之木始於把，百仞之臺始于下。此天之道也。聖人法之，卑者所以自下也，退者所以自後也，儉者所以自小也，損者所以自少也。卑則尊，退則先，儉則廣，損則大，此天道所成也。夫道者，德之元，天之根，福之門。萬物待之而生，待之而成，待之而寍。夫道，無爲無形，內以修身，外以治人，功成事立，與天爲鄰。無爲而無不爲，莫知其情，莫知其真，其中有信。天子有道，則天下服，長有社稷。公侯有道，則人民和睦，不失其國。士庶有道，則全其身，保其親。強大有道，不戰而克，小弱有道，不爭而得，舉事有道，功成得福。君臣有道則忠惠，父子有道則慈孝，士庶有道則相愛。故有道則和，無道則苛。由是觀之，道之於人，無所不宜也。夫道者，小行之小得福，大行之大得福，盡行之天下服。服則懷之。故帝者，天下之適也。王者，天下之往也。天下不適不往，不可謂帝王。故帝王不得人不能成，得人失道亦不能守。夫失道者，奢泰驕佚，慢倨矜傲，見餘自顯自明，執雄堅，強作難，結怨爲兵主，爲亂首，小人行之，身受大殃，大人行之，國家滅亡。淺及其身，深及子孫。夫罪莫大于無道，怨莫深於無德，天道然也。

又：老子曰：民有道所同行，有法所同守。義不能相固，威不能相必。故立君以一之。君執一卽治，無常卽亂。君道者，非所以有爲也，所以無爲也。智者不以德爲事，勇者不以力爲暴，仁者不以位爲惠，可謂一矣。一也者，無適之道也，萬物之本也。君數易法，國數易君，人以其位達其好憎，下之任懼不可勝理。故君失一，其亂甚於無君也。君必執一而後能羣矣。

又：老子曰：夫亟戰而數勝者，則國必亡。亟戰則民罷，數勝則主驕。以驕主使罷民而國不亡者，則寡矣。主驕則恣，恣則極物；民罷則怨，怨則極慮。上下俱極而不亡者未之有也。故功遂身退，天之道也。

（宋）杜道堅《文子纘義》卷六《上德篇》 日不竝出，狐不二雄，神龍不匹，猛獸不羣，鷙鳥不雙，【略】蓋非橑不蔽日，輪非輻不追疾，橑輪未足恃也。【略】張弓而射，非弦不能發，矢之爲射，十分之一。【略】飢馬在廄，漠然無聲，投芻其旁，爭心乃生。【略】三寸之管無當，天下不能滿，十石而有塞，百斗而足。舊註：論貧者無厭而莫定，猶器之無底而難滿。循繩而斷卽不過，懸衡而量卽不差。懸古法以類，有時而遂，杖格之屬，有時而施，是而行之謂之斷，非而行之謂之亂。【略】纘義：日不竝出，神龍不匹，猛獸不羣，況于人乎？橑以張蓋，軸以轉輪，君臣相資之道也。飢馬爭芻，賞不可濫，循繩而斷，法無過差。古法杖格，用之以時，在乎行之者耳。

（宋）杜道堅《文子纘義》卷七《微明篇》 文子問曰：爲國亦有法乎？老子曰：今夫挽車者，前呼邪許後亦應之，此挽車勸力之歌也。雖鄭衛胡楚之音，不若此之義也。治國有禮，不在文辯。法令滋彰，盜賊多有。纘義：有國家者，猶天地也。天不言而四時行，地不語而百物生。文子問爲國之法，老子語以挽車之歌，前呼後應亦猶聖人先天弗違後天奉時之意。治國有禮，初不在于文華之辯。不知治體而滋彰其法令者，適以爲盜法，賊民之資。

又：老子曰：聖人立教施政，必察其終始，見其造恩。故民知書而德衰，知數而仁衰，知券契而信衰，知機械而實衰。瑟不鳴而二十五絃各以其聲應，軸不運於己而三十輻各以其力旋。絃有緩急然後能成曲，車有勞佚然後能致遠。使有聲者，乃無聲也。使有轉也，乃無轉也。上下異道易治卽亂。位高而道大者從，事大而道小者凶。小德害義，小善害道，小辯害治，苛峭傷德，大正不儉。故民易導，至治優游。故下不賊，至忠復素，故民無僞匿。纘義：聖人立教施政弗獲已也，必察其始終，行其所無事而已。知書數、券契、機械，則是有心于事，德仁信實衰矣。君藉臣以爲治，猶瑟之有聲，輻之致遠。執要用大，則無不治之世矣。

又：人之將疾也，必先甘魚肉之味。國之將亡也，必先惡忠臣之語。

故疾之將死者，不可爲良醫。國之將亡者，不可爲忠謀。修之身然後可以治民，居家理然後可移于官長。故曰修之身，其德乃真。修之家，其德乃餘。修之國，其德乃豐。民之所以生活，衣與食也。事周于衣食則有功。不周于衣食則無功。事無功，德不長，故隨時而不成。無更其刑，順時而不成，無更其理，時將復起。是謂道紀。國非民不立，民非食不生，不易之理也。是故民足于衣食則可活，不足于衣食則罔功。功不立則德不長矣。

（宋）杜道堅《文子纘義》卷八《自然篇》　老子曰：清虛者，天之明也；無爲者，治之常也。【略】去恩惠，舍聖智，外賢能，廢仁義，滅事故，棄佞辯，禁姦僞，卽賢不肖者齊於道矣。

又：因民之欲，乘民之力，爲之去殘除害。夫同利者相死，同情者相成，同行者相助，循道而動，天下爲鬬。故善用兵者，用其自爲用。不能用兵者，用其爲己用。用其自爲用，天下莫不可用。用其爲己用，無一人之可用也。

（宋）杜道堅《文子纘義》卷九《下德篇》　人之情性皆願賢己而疾不及人。【略】願賢己則争心生，疾不及人卽怨争生，【略】怨争生卽心亂而氣逆。【略】故古之聖王退争怨，争怨不生，【略】卽心治而氣順。故曰不尚賢，使民不争。纘義：争之不足，讓之有餘，人己兩全之道也。夫怒逆德，兵凶器。争者，人之所亂，陰謀逆德，好用凶器治人，亂逆之至也。文子以其言而授之范蠡，越欲伐吳，蠡引以爲諫，句踐不聽，敗于夫椒，則知欲禍人者乃所自禍也。賢者肯如是乎？

又：老子曰：治世之職易守也，【略】其事易爲也，【略】其禮易行也，【略】其責易償也，【略】是以人不兼官，官不兼事士農工商，鄉別州異。【略】故農與農言藏，士與士言行，工與工言巧，商與商言數，【略】是以士無遺行，工無苦事，農無廢功，商無折貨，各安其性。【略】異形殊類，易事而不悖，【略】失業處而賤，得志勢而貴。【略】古人世守一官，官守一事，故治世之臣職易守，事易爲。後世兼官共事之法行，官益冗而事益繁，政出多門，反致害治。

（宋）杜道堅《文子纘義》卷一〇《上仁篇》　文子問曰：何行而民親其上？老子曰：使之以時，而敬慎之，如臨深淵，如履薄冰。天地之間善卽吾畜也，不善卽吾讎也。昔者夏商之臣反讎桀紂，而臣湯武，夙沙之民自攻其君，歸神農氏。故曰：人之所畏不可不畏也。

又：喜怒形於心，嗜欲見於外，則守職者離正而阿上，有司枉法而從風。賞不當功，誅不應罪，則上下乖心，君臣相怨，百官煩亂而智不能解。非譽萌生而明不能照，非己之失而反自責，則人主愈勞，人臣愈佚，是代大匠斲。夫代大匠斲者，希有不傷其手矣。

（宋）杜道堅《文子纘義》卷一一《上義篇》　老子曰：凡爲道者，塞衺隧，防未然。不貴其自是也，貴其不得爲非也。故曰：勿使可欲，無日不求。勿使可奪，無日不争。如此則人欲釋而公道行矣。有餘者，止于度。不足者，逮于用。故天下可一也。夫釋職事而聽非譽，棄功勞而用朋黨，卽奇伎逃亾。守職不進，民俗亂于國，功臣争于朝。故有道以御人，無道則制于人。纘義：良醫不治已病，治未病。爲道者，塞衺隧，治未然。其良醫之謂歟？故不貴自是，貴不爲非，則無可欲之求，可奪之争矣。故有道則可以御人，無道則受制於人。

又：老子曰：治國有常，而利民爲本，政教有道，而令行爲古。苟利於民，不必法古。苟周于事，不必循俗。故聖人法與時變，禮與俗化，衣服器械，各便其用。法度制令，各因其宜。故變古未可非，而循俗未足多也。誦先王之書不若聞其言，聞其言不若得其所以言。得其所以言者，言不能言也。故道可道，非常道也。名可名，非常名也。故聖人所由曰道，猶金石也，一調不可更，事猶琴瑟也，曲終改調。法制禮樂者，治之具也，非所以爲治也。故曲士不可與論至道者，訊寤於俗而束于教也。纘義：道乃法之體，法乃道之用。夫治國有常，而利民爲本者，道也。政教有道，而令行爲古者，法也。聖人法與時變，禮與俗化，法度制令各因其宜。故曲士不可與論至道，爲其束於教耳。

又：老子曰：臣道者，論事處當，爲事先唱。守職明分，以立成功。故君臣異道卽治，同道卽亂。各得其宜，處有其當，卽上下有以相使也。故枝不得大于榦，末不得強于本，言輕重、大小有以相制也。夫得威勢者，所持甚少，所任甚大，所守甚約，所制甚廣。十圍之木持千鈞之屋，得所勢也。五寸之關能制開闔，所居要也。下必行之令，順之者利，逆之者害。天下莫不聽從者，順也。發號令，行禁止者，以衆爲勢也。義者，非能盡利于天下之民也，利一人而天下從之。暴者，非能盡害于海内也，害一人而天下叛之。故舉措廢置不可不審也。續義：君依臣而立，臣依君而行。君無爲乎上，臣有爲乎下。論事處當，守職明分，臣之事也。君臣各得其宜，卽上下有以相使，小大有以相制。故異道卽治，舉措廢置有關於治亂，爲君者不可不審也。

（晉）葛洪《抱朴子》内篇卷三《勤求》　夫治國而國平，治身而身生，非自至也，皆有以致之也。惜短乏之虚名，恥師授之蹔勞，雖曰不愚，吾不信也。今使人免必死而就戮刑者，猶欣然喜於去重而卽輕，脱炙爛而保視息，甘其苦痛，過於更生矣。人但莫知當死之日，故不蹔憂耳。若誠知之，而刖劓之事，可得延期者，必將爲之。

《太平經》卷三五《興善止惡法》　長吏到其發所，悉召其部里人民，故大臣故吏使其東向坐，明經及道德人使北向坐，孝悌人使西向坐，佃家謹子使居東南角中西北向坐，惡子少年使居西南角中東北向坐，君自南向坐，何必正如此坐乎？各從其類，迺天道順人立善也。盜賊易得，何謂也？大臣故吏投義處，此人去不仕，欲樂使以義相助也。明經道德投明處，欲使明其經道相助察惡也。孝悌投本鄉，至孝者用心，故使歸本鄉也；孝悌者欲使常謹敬如朝時也。物生於東，樂其日進也。謹力之子投東南角者，東南長養之鄉，欲樂其修治萬物而不懈怠也。惡子少年投西南，西南者，陽衰陰起之鄉，惡欲相巧弄，刑罰罪起焉，故猴猿便巧，處向衰之地置焉。東向西向北向悉居前，不謹子與惡子居其後。有酒者賜其各一器，無酒者賜其善言者，使相助爲聰明已畢也。君坐間處，居戶內自閉也。一一而呼，此衆人以尊卑始教，其各言一，各記主名也。所言所記，後當相應，後不相應者坐之。言而不相應者，大佞僞人也，後卽知佞僞人處矣。言而相應者，久久乃賜之，進其人，毋卽時也何乎？將致怨。爲人君父，而使其臣子致怨，非慈父賢君也。故已畢悉遣諸善人去。惡子少年與吏俱逐捕不得賊者，不得止也。真人用此書，以付上德之君，以示凡人，各知有此教，善者日興，惡者日衰矣，盜賊邪姦得矣。

《太平經》卷四七《上善臣子弟子爲君父師得仙方訣》　謂得文如得三皇之文者，卽其上也；若得五帝之文者，卽其中也；若得三王之文者，卽其大中下也；如得五霸之文者，卽其最下也。何以明如斯文乎？善哉，子之言也。教其無刑而自治者，卽其上也；其出教令，其懼之小畏之者，卽其中也；教其小刑治之者，卽其大中下也。多教功僞，以虚爲實，失其法，浮華投書，治事暴用刑罰，多邪文，無真道可守者，卽是其下霸道之效也。古有聖賢，但觀可得天教勑，卽自知優劣矣。願聞教者，使誰持往乎？然或爲其生賢，輔助其治，此若人家將興，必生賢子也。或河洛爲其出應文圖，以爲券書，卽是也。

《太平經》卷四七《服人以道不以威訣》　真人前，凡人當以嚴畏智詐常威勝服人邪？不宜邪？子自精言之。然人致當以嚴威智詐勝服人，何也？夫人以此乃能治正人。噫！真人內但俗夫之人知耳，未得稱上真人也，其投辭皆類俗人，不入天心也。夫上真人投説，乃當與天心同也。今以嚴畏智詐勝服人，乃鬼神非惡之也，非獨鬼神非惡之也，乃陰陽神非惡之也，非獨陰陽神非惡之也。是故從天地開闢以來，天下所共病苦，而所共治者，皆以此勝服人者，不治其服者。故其中服而冤者，乃鬼神助之，天地助之，天地助之。故人者，亦治其勝人者，而助服其服者也。凾是故古者三皇上聖人勝人，乃以至道與德治人；勝人者，不以嚴畏智詐也；夫以嚴畏智詐刑罰勝人者，是正乃寇盜賊也；夫寇盜賊亦專以此勝服人，君子以何自分別，自明殊異乎，凾而真人言當以此，曾不愚哉？是正從中古以來，亂天地者也，子知之耶？是故上古有道德之君，不用嚴畏智詐治民也；中古設象，而不敢用也；下古小用嚴畏智詐刑罰治民，而小亂也。夫下愚之將，霸道大興，以威嚴與刑罰畏其士衆，故吏民數反也。是故以道治者，清白而生也；以德治者，進退兩度也；故下古之人進退難治，多智詐也。天以道治，故其形清，三光白；地以德治，故忍辱；人以和治，故進退多便，其辭變易無常故也。天正爲其初，地正爲其中，人正最居下，下極故反上也。以何知其下極也，以其言進退無常，出入異辭也。此三氣下極也，下極當反上，就道，乃后得太平也，與天相似；就德乃中平也，與地相似；就和乃得小亂也，與人相似；就嚴畏智詐刑罰乃日亂，故與霸君相似，刑罰大起也。今真人反言當以嚴畏智詐，此乃亂天義者也。今天師言，不當以嚴畏刑罰也。天何故時遣雷電辟歷取人乎？善哉！子之難也，得其意。然所以取之者，人主由所敬重，事欲施惡，以易冤人。人乃至尊重，反使與人六畜同食，故天治之也。而助其服人食，此人惡之也。是故天下無大無小，輕易冤人者也，悉共見治也，而怜助服者也。故君子勝服人者，但當以道與德，不可以寇害勝人冤人也。夫嚴畏智詐，但可以伏無狀之人，不可以道德降服，而欲爲無道者，當下此也。比若雷公以取無狀之人，不可常行也。與天心逆治，欲得天地心者，乃行道與德也。故古者聖賢，乃貴用道與德，仁愛利勝人也，不貴以嚴畏刑罰，驚駭而勝服人也。以此邪枉安威駭服人者，上皇太平氣不得來助人治也。所以然者，其治理人不知，或有大冤結，而畏之不敢言者，比若寇盜賊奪人衣服也，人明知其非而不敢言，反善名字爲將軍上君，此之謂也。或有力弱而不能自理，亦不敢言，皆名爲閉絶不通，使陰陽天氣不和。天之命人君也，本以治強助劣弱爲職，而寇吏反以此嚴畏之威之也，乃以智詐驚駭之，使平氣到，德君治，恐以是亂其正氣，故以此示真人也。以付上德君，以示諸賢及凡人，使吏民自思治，當有益於上，慎毋亂之也。真人覺曉知之邪？

《太平經》卷五三《分別四治法》　夫治者有四法：有天治，有地治，有人治，三氣極，然後跂行萬物治也。願聞其意。天治者，其臣老，君乃父事其臣，師事其臣也；夫臣迺卑，何故師父事之乎哉？但其位者卑下，道德者尊重，師父事之者，乃事其道德，當與其合策而平天下也。地治者，友事其臣，若與其同志同心也；地者陰順，母子同列，同苞同憂，臣雖位卑，其德而和，和平其君之治。人治者卑其用，臣少小，象父生其子，子少未能爲父作策也，故其治小亂矣。凼跂行萬物並治者，視其臣子若狗，若草木，不知復詳擇臣而仕之，但遇官壹仕，名爲象人無知也，何故乎哉？象人者，財象人形，苟中而已，不爲君計也，故善争之也。象天治者，天下之臣，盡國君之師父也，故父事之，人愛其子，何有危時？夫師父皆能爲其子解八方之患難，何有失時也。象地治者，天下之臣，皆國君之友也。夫同志合策爲交，同憂患，欲共安其位；地者，順而承上，悉承天志意，皆得天心，何有不安時乎？象人治者，得中和之氣，和者可進可退難知，象子少，未能爲父計也，欺其父也。臣少，未能爲君深計，故欺其君也。少者，生用日月少，人學又淺，未有可畏，故欺也，故其治小亂矣。象跂行萬物治者，跂行者無禮義，萬物者少知，無有道德。夫跂行萬物之性，無有上下，取勝而已，故使亂敗矣。象天治者，仁好生不傷。象地治者，順善而成小傷。象人治者，相利多欲，數相賊傷，相欺怠。象跂行萬物而治者，終無成功，無有大小，取勝而已。凼觀此之治，足以知天氣上下中極未失治。欲樂第一者宜象天，欲樂第二者宜象地，欲樂第三者宜象人，欲樂第四者宜象萬物。象天者獨老壽，得天心；象地者小不壽，得地意；象人者壽減少，象萬物者死，無時無數也。象天者，三道通文，天有三文，明爲三明，謂日月列星也；日以察陽，月以察陰，星以察中央，故當三道行書，而務取其聰明，書到爲往者，有主名而已，勿問通者爲誰。象地者，二道行書。象人者，一道行書，尚見苟留。象跂行萬物者，纔設言，復無文書也。今是者，天使如是邪？人自爲之邪？時連也。雖然，帝王治將太平，且與天使其好惡而樂，象天治；將中平者，象地治；將小亂者，法人治；將大亂而不理者，法跂行萬物治，此何故乎哉？今當以何救之？然天將興之，瑞應文琦書出付與之，令使其大覺悟而授之；將衰者，天匿其文不見，又使其不好求之。賢臣者，但得老而已邪？不也；老者，乃謂耆舊老於道德也，象天獨常守道而行，不失銖分也，故能安其帝王，老而無一知，亦不可仕也。其師父事之云何？友之云何？子之云何？其萬物之云何哉？父事之者，乃若子取教於嚴父也，乃若弟子受教於明師也，當得其心中密策祕言聖文，以平天下，以謝先祖，宗廟以享食之，其德以報天重功，故能得天下之心，陰陽調和，災害斷絶也。其友事者以忠信，相與合策，深計善惡難易。其子事者，必若父有伏匿之事，不敢以報其子；子有匿過，不敢以報其父母，皆應相欺，以此爲階也。其萬物者大亂無數，夫物者春夏則争生，秋冬則争死，不復相假須臾也。

《太平經》卷六七《六罪十治訣》　然助帝王治，大凡有十法：一爲元氣治，二爲自然治，三爲道治，四爲德治，五爲仁治，六爲義治，七爲禮治，八爲文治，九爲法治，十爲武治。十而終也，何也？夫物始於元氣，終於武，武者斬伐，故武爲下也。故物起於太玄，中於太陽，終死於白虎。故元氣於北，而白虎居西，此之謂也。故天使元氣治，使風氣養物。地以自然治，故順善得善，順惡得惡也。人者，順承天地中和，以道治，主動道。凡事通而往來，此三事應天地人識。過此三事而下者，德仁爲章句，過仁而下，多傷難爲意。故吾之爲道常樂，上本天之性戒，中棄未夭之性也。生凡物本者常理，到中而成，至終而亂，失亂者不可復理，故當以上始也。故天常守本，地守其中，一轉，人者守其下。三轉，故數亂道也。真人豈已曉知之耶？唯唯。子今有疑。夫隨師可言，不敢有疑也。真人前，天將佑帝王，以何爲明證哉？將利民臣，以何爲效乎？唯天師，今不及何也；數言而不中，多得過，故不敢復言也。嗛乎，行。唯唯。然天將佑帝王，予其琦文，今可以治，用之絶踰，與陰陽相應，將利小臣也；予其良吏，將利民也，使其生善子。真人言是，豈復有奇説耶？而已極。唯天將欲興有德人君也，爲其生神聖，使其傳天地談，通天地意。故真人來爲其學也，宜以付謹良之民，覺其心，使其惟思；付上有大德之君也，以示衆賢，共曉其意已解，以歸百姓。百姓得之，十五相從，議之治之，連不平，非獨天地人君也。過乃本一在人長，長自得重過責於皇天后土，皆由一人。時有先學得真道者，不力相化教；大溸幸先知德，力不相化；畜積有財之家，不肯力施爲仁；人生有知足以學，而不肯力學，求真道以致壽。有能足以學德，以化其身，而不肯力學德以自化，有力不肯力作自易，反致困窮。此有大過六，天人爲是獨積久。天地開闢以來，更相承負，其後生者尤劇，積衆多相聚爲大害。令使天地共失其正，帝王用心意久愁苦而不治，前後不平，天大疾之。故吾急傳天語，自太古到今，天地有所疾苦，悒悒而不通，凡人不得知之，皆使神聖人傳其辭，非獨我也，真人勿怪之也。今吾已去世，不可妄得還見於民間，故傳書付真人，真人反得，已去世俗，不可復得爲民間之師。故使真人求索良民而通者付之，今趣使往付歸有德之君也，敢不往付留難者坐之也，何其重也？令天當以解病而安帝王，令道德君明示衆賢，以化民間，各自思過，以解先人承負之讁，使凡人各自爲身計，勿令懈怠，迺後天且大喜，治立平矣。子或懷狐疑，以吾言不大誠信者，吾文但以試爲真。所以然者，古文億億卷，其治常不能太平也。令賢明溸長，獨懷狐疑，謂書不然也。夫勇士不試，安知其多力；見文而不試用，安知其神哉？吾受天言，以試真人，自是之後，得凡文書，皆立試之，不得空復設僞言也。天大疾之，地大苦之，以爲大病，誠冤忿恚。因使萬物不興昌，多災夭死，不得竟其天年。帝王悁悒，吏民雲亂，不復相理，大咎在此，六罪也。有道妬道，不肯力教愚人；有德妬德，不肯力化愚人；有財畜積而妬財，不肯施予，天生凡人使施之。天有知，不肯力學正道以自窮見教，反笑之；有能，不肯力學施見教，反罵詈之；有力，不肯力作，可以致富爲仁，反自易懈惰。見父母學教之，反非之。故勑真人疾見此文，使衆賢各自深惟念百姓，自思大過，真人寧曉知教勑耶？

《太平經》卷一六七《七事解迷法》 以德治身何如，及以治萬民致大和之氣何如，善而不達，何能安哉？以仁、義治身何如，及治萬民何如，善而不達，何能安哉？以禮治身何如，及以治萬民何如，善而不達，何能安哉？以文治身何如，及治萬民，善而約束，使不得爲非何如，善而不達，何能安哉，以治身何如，及治萬民何如，善而不達，何能安哉？以滅武兵革治身何如，及以治萬民何如，善而不達，何能安哉？然此七事，亦不可無，亦不可純行。古者神人治身，皆有本也，治民乃有大術也。使萬物生，各得其所，能使六極八方遠近懽喜，萬物不失其所。乃當自然，能安八方四遠，行恩不失毫毛。今未能養其本末，安能得治哉？今此上德、仁、義、禮、文、法、武七事各異治，俱善有不達，而各有可長，亦不可廢，亦不可純行。治身安國致太平，乃當深得其訣，御此者道也。合以守一，分而無極，上帝行之，乃深乎不可測，名爲洞照之式。

（清）方以智《藥地炮莊》卷三《應帝王》 陽子居蹵然曰：敢問明王之治？老聃曰：明王之治，功蓋天下而似不自己，化貸萬物而民弗恃。有莫舉名使物自喜，立乎不測遊于無有者也。

（清）方以智《藥地炮莊》卷四《馬蹄》 莊子豈不欲人治天下哉？正以世人不知治天下之妙，乃以治馬而罪伯樂，治天下而罪三代，此正所以獨推伯樂之妙，而形容其善與不善，以歸至治于三代也。知此則天下善治焉。千古善治民，豈復更有過于莊子者乎？知此則天下當有善世當有善民，治天下者，全賴有善沿。善本不絶，誰來取宗。

（清）方以智《藥地炮莊》卷五《天道》 夫帝王之德，以天地爲宗，以道德爲主，以無爲為常。無為也，則用天下而有餘；有為也，則爲天下用而不足。故古之人，貴夫無爲也。上無爲也，下亦無爲也，是下與上同德。下與上同德，則不臣。下有爲也，上亦有爲也，是上與下同道。上與下同道則不主。上必無爲而用天下，下必有爲爲天下用，此不易之道也。故古之王天下者，知雖落天地，不自慮也。辯雖雕萬物，不自説也。能雖窮海內，不自爲也。天不産而萬物化，地不長而萬物育，帝王無爲而天下功。故曰：莫神于天，莫富于地，莫大于帝王。故曰：帝王之德配天地。此乘天地，馳萬物，而用人羣之道也。

又：是故古之明大道者，先明天，而道德次之，道德已明，而仁義次之；仁義已明，而分守次之；分守已明，而形名次之；形名已明，而因任次之；因任已明，而原省次之；原省已明，而是非次之；是非已明，而賞罰次之；賞罰已明，而愚知處宜，貴賤履位，仁賢不肖，襲情必分其能，必由其名。以此事上，以此畜下，以此治物，以此修身，知謀不用，必歸其天，此之謂太平治之至也。

（清）戴望《管子校正·牧民》 政之所興，在順民心；政之所廢，在逆民心。民惡憂勞，我佚樂之；民惡貧賤，我當貴之；民惡危墜，我存安之；民惡滅絶，我生育之。能佚樂之，則民爲之憂勞，君於平康，能佚樂人，及其危，人必爲之憂勞。下三順皆然。能富貴之，則民爲之貧賤。能存安之，則民爲之危墜。能生育之，則民爲之滅絶。故刑罰不足以畏其意，殺戮不足以服其心。畏意、服心，在於順其所欲，不在刑罰殺戮。故刑罰繁而意不恐，則令不行矣。殺戮衆而心不服，則上位危矣。故從其四欲，則遠者自親；行其四惡，則近者叛之。故知予之爲取者，政之寶也。謂與之生全，取其死難也。【略】政之所興在順民心。王氏念孫云：政之所興，唐魏徵《羣書治要》及《藝文類聚·治政部上》、《御覽·治道部五》引此，並作政之所行，後人改行為興。以對下文政之所廢耳。不知此四句本謂政順民心則行，不順民心則廢。下文曰：令順民心，則威令行。是其證。改之，則失其旨矣。孫氏星衍説同。我存安之。《御覽·治道部五》引作我安存之。故刑罰不足以畏其意。《治要》引畏作恐。孫云：下文曰：故刑罰繁而意不恐。則作恐字是。【略】下令於流水之原者，令順民心也。

（清）戴望《管子校正·七法》 不明於則，而欲出號令，明則然後可以出號令。猶立朝夕於運均之上，檐竿而欲定其末。均，陶者之輪也。立朝夕所以正東西也。今鈞既運，則東西不可準也。檐，舉也。夫欲定末者，必先靜其本。今既舉竿之本，其末不定也。不明於象，而欲論材審用，猶絶長以爲短，續短以爲長。鶴脛非所斷，鳧脛非所續也。不明於法，而欲治民一衆，猶左書而右息之。息，止也。左手爲書，右手從而止之，則無時成書矣。不明於化，而欲變俗易教，猶朝揉輪而夕欲乘車。不明於決塞，而欲敺衆移民，猶使水逆流。不明於心術，而欲行令於人，猶倍招而必拘之。物有倍叛，而招之者，必有以慰悦之，令其感服。今反拘留之，則彼逾叛矣。不明於計數，而欲舉大事，猶無舟檝而欲經於水險也。故曰：錯儀畫制，不知則不可。論材審用，不知象不可。和民一衆，不知法不可。變俗易教，不知化不可。敺衆移民，不知決塞不可。布令必行，不知心術不可。舉事必成，不知計數不可。【略】不明於則而欲出號令。丁云：案下文云錯儀畫制，不知則不可，即承此文言之。當作不明於則，而欲錯儀畫制，觀運均檐竿之喻。皆是言儀法制度之無得而定，由於則之不明，若作出號令，則與立朝夕定其末之意不相比附，且與下文不明於心術而欲行令於人句相復矣。猶立朝夕於運均之上。丁云：運均。《墨子·非命中》篇作員鈞。音相近，《廣雅》運，轉也，運鈞轉移無定，故尹注以爲陶者之輪。《集韻》鈞，一曰陶旗輪。是也。今注輪字誤輪，致不可通。檐竿而欲定其末。王氏引之云：檐當爲擔。擔，古搖字，《考工記》矢人夾而搖之。《釋文》搖本又作擔。《漢書·天文志》。附耳擔動。言鈞運則不能定朝夕，竿搖則不能定其末也。故《心術篇》曰：搖者不定，趮者不靜。擔與檐字相似，世人多見檐，少見擔，故擔誤爲檐。《史記·建元以來王子侯表》千鍾侯劉搖，漢表作劉擔，《文選·上林賦》消搖乎襄羊，汪文盛本《漢書·司馬相如傳》作消擔，皆是擔字之誤。尹注訓檐爲舉，非是。望案：王氏《廣雅疏證》以檐爲儋之叚字，《説文》儋，何也。猶倍招而必拘之。王氏引之云：倍與背同。招，射之的也。《吕氏春秋·本生篇》曰：萬人操弓共射。高注，招，埻的也。《別類篇》曰：射招者欲其中小也。拘當爲射字之誤。草書射拘相似。射招者必向招而射，若背招，則招不可得而射矣。尹注非。論材審用。宋紹興本材作財。和民一衆，望案：上文作治民一衆，此作和字誤。下文選陳章亦是治字。

又：所愛之國而獨利之，所惡之國而獨害之，則令行禁止，是以聖王貴之，貴，謂貴兵。勝一而服百，則天下畏之矣。立少而觀多，則天下懷之矣。立少，謂興亡國雖少，天下共觀之，故曰觀多。桓公救邢遷衛，用此術也。或曰觀當爲勸。罰有罪，賞有功，則天下從之矣。

（清）戴望《管子校正·重令》 凡先王治國之器三，攻而毀之者六。明王能勝其攻，故不益於三者，而自有國正天下；明王雖勝攻，於三器亦不加益。卽勝能自有其國，兼正天下。亂王不能勝其攻，故亦不損於三者，而自有天下而亡。亂王既不能勝攻，三器自毀，更不滅此三者，縱有天下之大，而遂滅亡也。三器者何也？曰：號令也，斧鉞也，禄賞也。六攻者何也？曰：親也，貴也，貨也，色也，巧佞也，玩好也。三器之用何也？曰：非號令毋以使下，非斧鉞毋以威衆，非禄賞毋以勸民。六攻之敗何也？言六攻能敗三器者，謂何也？曰：雖不聽而可以得存者，謂親貴也。雖犯禁而可以得免者，謂貨色也。雖毋功而可以得富者。謂巧佞玩好也。凡國有不聽而可以得存者，則號令不足以使下；有犯禁而可以得免者，則斧鉞不足以威衆；有毋功而可以得富者，則禄賞不足以勸民。號令不足以使下，斧鉞不足以威衆，禄賞不足以勸民，若此，則民毋爲自用。既有罪不誅，有功不賞，故人不自用其力也。民毋爲自用，則戰不勝，戰不勝而守不固，守不固則敵國制之矣。然則先王將若之何？曰：不爲六者變更於號令，不爲六者疑錯於斧鉞，不爲六者益損於禄賞。若此，則遠近一心，遠近一心則衆寡同力，衆寡同力則戰可以必勝，而守可以必固。非以并兼攘奪也，以爲天下政治也。此正天下之道也。【略】明王能勝其攻故不益於三者，而自有國正天下亂，王不能勝其攻，故亦不損於三者，而自有天下而亾。王云：兩王字皆當爲主，其攻皆當爲六攻，字之誤也。其字古作亓，與六相似，故六譌爲其。《史記・周本紀》：蠱三百六十夫。索隱曰：劉氏音破六爲古其字。《淮南・地形篇》：通谷六，《易林》蠱之臨，周流六虚，今本六字竝譌作其。勝六攻。即承上文攻而毁之者六而言，下文六攻者何也，又承此文勝六攻而言。《版法解》亦曰：明君能勝六攻，不肖之君不能勝六攻。雖不聽而可以得存者。王云：此與下兩句共三者字皆因下文而衍。《版法解》無。若此，則民毋爲自用。民毋爲自用則戰不勝，戰不勝而守不固，守不固則敵國制之矣。王云：案則戰不勝以下當作則戰不勝而守不固，戰不勝而守不固，則敵國制之矣。此文之兩民毋爲自用，兩戰不勝而守不固，義皆上下相承，今則下三句顛倒而失其指矣。《七法篇》曰：國貧而用不足，則兵弱而士不厲，兵弱而士不厲，則戰不勝而守不固，戰不勝而守不固，則國不安矣。文義正與此同。不爲六者益損於禄賞。元本作損益。此正天下之道也，元本正作王。

（清）戴望《管子校正・法法》 令未布而民或爲之，而賞從之，則是上妄予也。未布而爲，所謂先時者也。當刑而賞，故曰妄與也。上妄予則功臣怨，功臣怨而愚民操事於妄作，愚民操事於妄作，則大亂之本也。令未布而罰及之，所謂不令而罰。則是上妄誅也。上妄誅則民輕生，民輕生則暴人興，輕〔主〕〔生〕故爲暴亂。曹黨起而亂賊作矣。令已布而賞不從，則是使民不勸勉，不行制，不死節。民不勸勉，不行制，不死節，則戰不勝而守不固，戰不勝而守不固，則國不安矣。令已布而罰不及，則是教民不聽。民不聽則彊者立，彊者立則主位危矣。故曰：憲律制度必法道，號令必著明，賞罰必信密，此正民之經也。凡大國之君尊，小國之君卑。大國之君所以尊者何也？曰：爲之用者衆也。小國之君所以卑者何也？曰：爲之用者寡也。然則爲之用者衆則尊，爲之用者寡則卑，則人主安能不欲民之衆爲己用也！使民衆爲己用奈何？曰：法立令行，則民之用者衆矣；法不立，令不行，則民之用者寡矣。故法之所立，令之所行者多，而所廢者寡，則民不誹議，民不誹議，則聽從矣。法之所立，令之所行，與其所廢者鈞，則國毋常經，國毋常經則民妄行矣。法之所立，令之所行者寡，而所廢者多，則民不聽，民不聽則暴人起而姦邪作矣。計上之所以愛民者，爲用之愛之也。爲愛民之故，不難毁法虧令，則是失所謂愛民矣。夫以愛民用民，則民之不用明矣。夫用人者，當以法令以愛人。廢法而用之，則人不可用也。夫至用民者，殺之，危之，勞之，苦之，飢之，渴之。用民者將致之此極也，而民毋可與慮害己者，至。善也。夫善用人者必以法，其不從法，甚者危殺之，其次勞苦飢渴之。將欲用之，必致此極，則姦者不敢爲非。善者悦而從命，欲求可與謀害己者，其可得哉。明王在上，道法行於國，民皆舍所好而行所惡。所好者，私欲也。所惡者，公義也。故善用民者，軒冕不下儗，而斧鉞不上因。不以下有私寵，妄以軒冕，有所許儗。不因上有私憾，妄以斧鉞，有所誅戮也。如是，則賢者勸而暴人止，賢者勸而暴人止，則功名立其後矣。蹈白刃，受矢石，入水火，以聽上令。上令盡行，禁盡止，引而使之，民不敢轉其力；轉，猶避也。推而戰之，民不敢愛其死。不敢轉其力，然後有功；不敢愛其死，然後無敵。進無敵，退有功，是以三軍之衆皆得保其首領，父母妻子完安於內。故民未嘗可與慮始，而可與樂成功。是故仁者、知者、有道者，不與大慮始。大，猶衆也。【略】賞罰必信密。王云：《八觀篇》曰：賞慶信必，則有功者勸。《九守篇》曰：刑賞信必於耳目之所見。《版法解》曰：無遺善，無隱姦，則刑賞信必。皆其證。則民不誹議。宋本議作謗，下文同。勞之苦之，宋本無苦之二字。軒冕不下儗而斧鉞不上因。俞云：軒冕不下儗，謂其人有善，即從而軒冕之，不以其人在下位而有所儗議也。斧鉞不上因，謂其人有罪，即從而斧鉞之，不以其人在上位而有所依違也。《心術篇》曰：因也者，舍己而以物爲法者也，此因字之義。不與大慮始。王云：大當爲人。民不可與慮始，而可與樂成功，故有道者不與人慮始。人亦民也。尹注：大，猶衆也，大亦當爲人。

又： 令重於寶，社稷先於親戚，法重於民，威權貴於爵禄。故不爲重寶輕號令，不爲親戚後社稷，不爲愛民枉法律，不爲爵禄分威權。故曰：勢非所以予人也。凡此上事，其勢不當與人，故君專之。政者，正也。正也者，所以正定萬物之命也。萬物之命，由正而定。是故聖人精德立中以生正，德精而不過，其正自生也。明正以治國，故正者所以止過而逮不及也。正在於中立。正者中立，故過者令止之，不及者令逮之。過與不及也，皆非正也。非正，則傷國一也。過猶不及，故傷國一也。勇而不義，傷兵；不及於勇，故傷兵也。仁而不法，傷正。不及於仁，故傷正。故軍之敗也，生於不義；不義則失宜，故軍敗。法之侵也，生於不正。不正則入邪，故法侵也。故言有辨而非務者，言辨而浮誕，則非要務也。行有難而非善者，行難而詭怪，故非正善也。故言必中務，不苟爲辯；行必思善，不苟爲難。規矩者，方圜之正也。雖有巧目利手，不如拙規矩之正方圜也。故巧者能生規矩，不能廢規矩而正方圜；雖聖人能生法，不能廢法而治國。故雖有明智高行，倍法而治，是廢規矩而正方圜也。【略】勇而不義傷兵。安井衡云：古本勇上有故字。生而不正。宋本而作於是。雖聖人能生法。王云：雖字涉上下文兩雖有而衍。《治要》引此無雖字。

（清）戴望《管子校正·小匡》 管子對曰：昔者聖王之治其民也，參其國而伍其鄙，定民之居，成民之事，以爲民紀，謹用其六秉，如是而民情可得，而百姓可御。【略】公曰：民富而以親，則可以使之乎？管子對曰：舉財長工，以止民用。工能積財，舉而長之，民則慕而不費用矣。陳力尚賢，以勸民知。賢能陳力而崇上之，民則勸而學知矣。加刑無苛，以濟百姓。行之無私，則足以容衆矣。出言必信，則令不窮矣。此使民之道也。

（清）戴望《管子校正·君臣上》 天子出令於天下，諸侯受令於天子，大夫受令於君，子受令於父母，下聽其上，弟聽其兄，此至順矣。衡石一稱，斗斛一量，丈尺一綧制，所謂同律度量衡也。綧，古准字。准節律度量也，謂丈尺各有准限也。戈兵一度，書同名，車同軌，此至正也。從順獨逆，從正獨辟，此猶夜有求而得火也。衆皆從順，而有獨逆者；衆皆從正，而有獨僻者，必爲順正者所伏也。姦僞之人，無所伏矣，此先王之所以一民心也。是故天子有善，讓德於天。諸侯有善，慶之於天子。諸侯有善，讓於天子而慶也。大夫有善，納之於君。民有善，本於父，慶之於長老。此道法之所從來，是治本也。道法以讓爲主。是故歲一言者君也，謂正歲之朝，布之縣象。時省者相也，月稽者官也。務四支之力，修耕農之業以待令者，庶人也。是故百姓量其力於父兄之間，聽其言於君臣之義，而官論其德能而待之。謂百吏之官，各論其德能，以待君命。大夫比官中之事，不言其外，而相爲常具以給之。具論衆官之法制也。相總要者，相無常官，所以總統百吏之要。官謀士，量實義美，匡請所疑。士，事也。官各謀其職事也。又當量實宜其有美善者，用匡於所疑，必陳而請之也。而君發其明府之法，瑞以稽之。府，謂百吏所居之官曹也。立府必有明法，故曰明府之法。瑞，君所與臣爲信者，珪璧之屬也。又必合其瑞以考之也。立三階之上，南面而受要。君之路寢前有三階。要，謂百吏之目也。是以上有餘日，上唯受要，故有餘日。而官勝其任，各理其職，故能勝任。時令不淫，而百姓肅給，言其敬而供上。唯此上有法制，下有分職也。【略】丈尺一綧制。王云：綧讀若準，字或作湻，敦、純竝同耳。《周官·內宰》出其度量湻制，鄭注曰：故書湻爲敦，杜子春讀敦爲純，純，謂幅廣也，制，謂匹長，玄謂純制，《天子巡守禮》所云制幣丈八尺，純四抧與。質人同其度量，壹其湻制，杜注與《內宰》同。《聘禮·釋幣》制玄纁束。注曰：《朝貢禮》云：純四只，咫、抧、只竝同；制丈八尺。《士喪禮下篇》贈用制幣玄纁束，注曰：丈八尺曰制。《內宰》疏引鄭答趙商問曰：《巡守禮》制丈八尺，純四咫，咫八寸，四咫三尺二寸。太廣。四當爲三，三八二十四，二尺四寸，幅廣也。古三四積畫，是以三誤爲四也。《韓子·外儲說右篇》曰：終歲布帛取二制焉，《淮南·天文篇》曰四丈而爲匹，一匹而爲制。《地形篇》曰：門閒四里，里閒九純，純丈五尺，此所言純制之度與鄭所引逸《禮》不合，所傳者異也。尹注皆未考。是故天子有善，讓德於天；諸侯有善，慶之於天子；大夫有善，納之於君；民有善，本於父，慶之於長老。王云：兩慶字皆當作薦。薦，進也。言下有善則進之於上也。《祭義》曰：天子有善，讓德於天。諸侯有善，歸諸天子。卿大夫有善，薦於諸侯。士庶人有善，本諸父母，荐諸長老。今本荐譌作存。辯見《經義述聞》。是其證。隸書薦字，或作廌。見《漢魯相史晨饗孔廟後碑》。形與慶相似而誤。《大戴禮·四代篇》。臣聞之，弗薦非事君也。《晏子春秋·問篇》：薦善而不有其名。今本薦字竝譌作慶，《史記·司馬相如傳》，封禪文，將以薦成，《漢書》薦作慶。尹注非。是故歲一言者君也。陳先生云：一言當是省之譌。歲省者君也，與時省者相也，月稽者官也，句法相同。是故百姓量其力於父兄之間。宋云：案《堯典》平章百姓。鄭注，百姓，羣臣之父兄子弟，與此義合。《楚語》觀射父曰：民之徹官百，王公之子弟之質能言能聽徹其官者，而物賜之姓，以監其官，是謂百姓。相總要者官謀士。安井衡云：者乃考字之誤，考官謀士爲句。量實義美匡請所疑。宋本、朱本請作謀。丁云：實，功實也。義當作議，謂量其功實，議其美善也。張云：義，儀之借字。儀，度也。唯此上有法制下有分職也。丁云：唯此當作此唯。上文云，此唯上有明法而下有常事也。

（清）戴望《管子校正·侈靡》其滿爲感，感則物應，故滿也。其虛爲亡。亡則物散，故虛也。滿虛之合，有時而爲實，滿時爲實也。時而爲動。虛時爲動散也。地陽時貸，地在陽，時假貸萬物精氣以長養也。其冬厚則夏熱，其陽厚則陰寒，厚，謂過於寒熱。冬有極寒，夏有極熱。夏有極熱，冬有極寒。是故王者謹於日至。謂冬夏至也，當知二至之寒熱也。故知虛滿之所在以爲政令，知其寒熱之虛，爲時令以順之。已殺生，其合而未散，可以決事。時冬時，既有肅殺，其萌芽內發欲生也。然其時方寒合而未散，時可以決斷罰罪之事也。將合可以禺，其隨行以爲兵。禺，謂事端初見也。謂夏末初秋之時，寒涼方至，將凝合初見其禺，隨此時而行，可以爲兵威也。分其多少，以爲曲政。兵之所由，各有多少，隨其多少，委曲爲政。【略】地陽時貸。丁云：當作陰陽時貸，貸與代通。下文云：其陽厚則陰寒。已殺生，其合而未散，可以決事。丁云：尹注：時，冬時。又云：其時方寒合而未有時。疑今本其下脱時字。將合可以禺。洪云：禺，古偶字。《心術篇》其應物也，若偶之。此言將合可以如物之有偶。尹注非。分其多少以爲曲政。張云：曲疑典之誤。

（清）戴望《管子校正·明法》所謂治國者，主道明也。主道明，則公法明，故國治。所謂亂國者，臣術勝也。臣術勝，則私事立，故國亂。夫尊君卑臣，非計親也，以執勝也。令尊君卑臣者，其計非欲使親君也，但令君執其勝也。百官識非惠也，刑罰必也。必令百官識非公之惠，而不敢受，又知刑罰必行，無妄求免罪也。故君臣共道則亂，臣行君事，故曰共道。專授則失。若君有所授與，不合衆心而專之，亦爲失也。夫國有四亡，令求不出謂之滅，求不出令，則下無所稟，故滅。出而道留謂之擁，中道而留止，故曰擁。下情求不上通謂之塞，求不上通，則與君隔絶，故曰塞也。下情上而道止謂之侵。下情雖欲上通，中道爲左右所止，此則臣侵上事也。故夫滅侵塞擁之所生，從法之不立也。是故先王之治國也，不淫意於法之外，淫，遊也。不爲惠於法之內也。不屈法以成私惠也。動無非法者，所以禁過而外私也。外，遺也。威不兩錯，臣行君威，爲兩置。政不二門。臣出政，是爲二門也。以法治國，則舉錯而已。言能以法理國，但舉而置之，無不行。是故有法度之制者，不可巧以詐僞。非法度不聽，則詐僞何施。有權衡之稱者，不可欺以輕重。以權衡稱之，輕重立見。有尋丈之數者，不可差以長短。今主釋法以譽進能，則臣離上而下比周矣。比周於下，所以求譽。以黨舉官，則民務交而不求用矣。交合則自進官，何須求用。是故官之失其治也，是主以譽爲賞，以毀爲罰也。以毀譽爲賞罰，則官自然失理。然則喜賞惡罰之人，離公道而行私術矣。行私術，自然得賞，安用就公道而求乎？比周以相爲匿，是比周者，凡有公是之事，皆匿而不行也。忘主死交以進其譽。故交衆者譽多，爲交友致死，其譽自進。外內朋黨，雖有大姦，其蔽主多矣。是以忠臣死於非罪，而邪臣起於非功。朋黨共譽之，故邪臣非功而起。朋黨共毀之故，忠臣非罪而死。所死者非罪，所起者非功也。然則爲人臣者，重私而輕公矣。私則得利，公而致禍，故重私而輕公矣。十至私人之門，不一至於庭，謂之君庭。百慮其家，不一圖國，重私輕公故也。屬數雖衆，非以尊君也，所屬之數，雖曰衆多，無不黨私，故非尊君也。百官雖具，非以任國也。各務私，故不任國事。此之謂國無人。國無人者，非朝臣之衰也。家與家務於相益，不務尊君也。大臣務相貴而不任國，小臣持祿養交不以官爲事，故官失其能。官各失能，則與無人同也。是故先王之治國也，使法擇人，不自舉也，使法量功，不自度也。設法者自著擇人量功之條，故不勞自舉度也。故能匿而不可蔽，苟有材能，則法自與之，不可隱蔽也。敗而不可飾也。無功而敗，法自量之，故不可虛飾也。譽者不能進，無材，雖譽之而不能進也。而誹者不能退也。有功，雖誹之而不能退也。然則君臣之間明別，謂賢不肖有功者，各明白而分別也。明別則易治也。明別則無僞濫，故易治也。主雖不身下爲，謂不身爲其事。而守法爲之可也。但守法則法自爲之，不勞身也。

（清）戴望《管子校正·小問》桓公曰：善哉！牧民何先？管子對曰：有時先事，有時先政，有時先德，有時先恕。飄風暴雨，不爲人害，涸旱不爲民患。百川道，百川之流，皆從故道。年穀熟，糴貸賤，禽獸與人聚。食民食，年穀熟，則禽獸食人之食。民不疾疫，當此時也，民富且驕。牧民者，厚收善歲，善歲，謂有年。以充倉廩，禁藪澤，此謂先之以事。隨之以刑，敬之以禮樂，以振其淫，振，止也。禮樂者，所以止人淫放。此謂先之以政。【略】有時先事，有時先政，有時先德，有時先恕。王云：案原文內本無有時先恕四字，後人以下文言先之以恕，故增此四時也。今案下文，但言此謂先之以事，此謂先之以政，此謂先之以德，而不言此謂先之以恕，則本無有時先恕句明矣。又下文云，發倉廩、山林藪澤以共其財。舊本倉譌作食，依朱本改。後之以事，先之以恕，以振其罷。此謂先之以德，則先之以恕，即是先之以德。既言有時先德，則無庸更言有時先恕矣。後人據下文增入此句，而不知正與下文不合也。百川道。王云：道猶順也。《楚語》曰：違而道，從而逆。是其證。百川道，年穀孰，糴貸賤，三句相對爲文。尹注非。厚收善歲以充倉廩。望案：歲疑藏字誤。

（清）戴望《管子校正·禁藏》 夫動靜順然後和也，不失其時然後富，不失其法然後治。故國不虛富，必不失財，然後富也。民不虛治。必不失法，然後治。不治而昌，不亂而亡者，自古至今，未嘗有也。昌必國理，亡必國亂。反是者，古今所未有。故國多私勇者其兵弱，私勇則怯於公戰，故弱。吏多私智者其法亂，私智則營己而背公，故多亂。民多私利者其國貧。私利則積於家，故國貧。故德莫若博厚，使民死之。博厚則感人深，故死之也。賞罰莫若必成，使民信之。【略】夫動靜順然後和也。丁云：也字衍，與下文兩句一例。不亂而亡者。元本、朱本無者字。自古至今，未嘗有也。元本無也字。故德莫若博厚，使民死之。賞罰莫若必成，使民信之。王云：必成本作成必，成卽誠字也。說見《君臣下篇》戒心下。《九守篇》曰：用賞者貴誠，用刑者貴必。故曰：賞罰莫若誠必，使民信之。誠必與博厚相對爲文。作成者，假借字耳。後人不解成必二字之義，遂改爲必成，而不知其謬以千里也。《荀子·致士篇》曰：人主之患，不在乎不言用賢，而在乎不誠必用賢。《呂氏春秋·論威篇》曰：又況乎萬乘之國而有所誠必乎，則何敵之有？《賈子·道術篇》曰：伏義誠必謂之節。枚乘《七發》曰：誠必不悔，決絶以諾。《淮南·兵略篇》曰：將不誠必，則卒不勇敢，皆以誠必連文。《九守篇》又曰：刑賞信必於耳目之所見，信必亦誠必也。

（清）戴望《管子校正·形勢解》 以規矩爲方圜則成，以尺寸量長短則得，以法數治民則安。故事不廣於理者，其成若神。故曰：無廣者疑神。事主而不盡力則有刑，事父母而不盡力則不親，受業問學而不加務則不成。故朝不勉力務進，夕無見功。故曰：朝忘其事，夕失其功。以尺寸量長短則得。宋本作短長。

又： 明主內行其法度，外行其理義。故鄰國親之，與國信之。有患則鄰國憂之，有難則鄰國救之。亂主內失其百姓，外不信於鄰國，國有患則莫之憂也，有難則莫之救也。外內皆失，孤特而無黨。故國弱而主辱。故曰：獨國之君，卑而不威。

（清）戴望《管子校正·明法解》 明主者，有術數而不可欺也，審於法禁而不可犯也，察於分職而不可亂也。故羣臣不敢行其私，貴臣不得蔽賤，近者不得塞遠，孤寡老弱不失其所職，竟內明辯而不相踰越。此之謂治國。故《明法》曰：所謂治國者，主道明也。明主者，上之所以一民使下也。私術者，下之所以侵上亂主也。故法廢而私行，則人主孤特而獨立，人臣羣黨而成朋。如此，則主弱而臣強，此之謂亂國。故《明法》曰：所謂亂國者，臣術勝也。

明主在上位，有必治之勢，則羣臣不敢爲非。是故羣臣之不敢欺主者，非愛主也，以畏主之威勢也。百姓之爭用，非以愛主也，以畏主之法令也。故明主操必勝之數，以治必用之民。處必尊之勢，以制必服之臣。故令行禁止，主尊而臣卑。故《明法》曰：尊君卑臣，非計親也，以勢勝也。

明主之治也，縣爵禄以勸其民，民有利於上，故主有以使之。立刑罰以威其下，下有畏於上，故主有以牧之。故無爵禄則主無以勸民，無刑罰則主無以威衆，故人臣之行理奉命者，非以愛主也，且以就利而避害也。百官之奉法無姦者，非以愛主也，欲以愛爵禄而避罰也。故《明法》曰：百官論職，非惠也，刑罰必也。

人主者，擅生殺，處威勢，操令行禁止之柄，以御其羣臣，此主道也。人臣者，處卑賤，奉主令，守本任，治分職，此臣道也。故主行臣道則亂，臣行主道則危。故上下無分，君臣共道，亂之本也。故《明法》曰：君臣共道則亂。

人臣之所以畏恐而謹事主者，以欲生而惡死也。使人不欲生，不惡死，則不可得而制也。夫生殺之柄，專在大臣，而主不危者，未嘗有也。故治亂不以法斷，而決於重臣。生殺之柄，不制於主，而在羣下，此寄生之主也。故人主專以其威勢予人，則必有劫殺之患。專以其法制予人，則必有亂亡之禍。如此者，亡主之道也。故《明法》曰：專授則失。凡爲主而不得行其令，廢法而恣羣臣，威嚴已廢，權勢已奪，令不得出，羣臣弗爲用，百姓弗爲使，竟内之衆不制，則國非其國，而民非其民。如此者，滅主之道也。故《明法》曰：令本不出謂之滅。

明主之道，卑賤不待尊貴而見，大臣不因左右而進，百官條通，羣臣顯見。有罰者，主見其罪。有賞者，主知其功。見知不悖，賞罰不差，有不蔽之術，故無壅遏之患。亂主則不然，法令不得至於民，疏遠鬲閉而不

得聞。如此者，壅遏之道也。故《明法》曰：令出而留謂之壅。【略】

人主之治國也，莫不有法令、賞罰具。故其法令明，而賞罰之所立者當，則主尊顯而姦不生。其法令逆，而賞罰之所立者不當，則羣臣立私而壅塞之，朋黨而劫殺之。故《明法》曰：滅塞侵壅之所生，從法之不立也。

法度者，主之所以制天下而禁姦邪也，所以牧領海内而奉宗廟也。私意者，所以生亂長姦而害公正也，所以壅蔽失正而危亡也。故法度行則國治，私意行則國亂。明主雖心之所愛，而無功者不賞也。雖心之所憎，而無罪者弗罰也。案法式而驗得失，非法度不留意焉。故《明法》曰：先王之治國也，不淫意於法之外。

明主之治國也，案其當宜，行其正理。故其當賞者，羣臣不得辭也。其當罰者，羣臣不敢避也。夫賞功誅罪，所以爲天下致利除害也。草茅弗去則害禾穀，盜賊弗誅則傷良民。夫舍公法而行私惠，則是利姦邪而長暴亂也。行私惠而賞無功，則是使民偷幸而望於上也。行私惠而赦有罪，則是使民輕上而易爲非也。夫舍公法，用私惠，明主不爲也。故《明法》曰：不爲惠於法之内。

凡人主莫不欲其民之用也。使民用者，必法立而(合)〔令〕行也。故治國使衆莫如法，禁淫止暴莫如刑。故貧者非不欲奪富者財也，然而不敢者，法不使也。强者非不能暴弱也，然而不敢者，畏法誅也。故百官之事，案之以法，則姦不生。暴慢之人，誅之以刑，則禍不起。羣臣並進，筴之以數，則私無所立。故《明法》曰：動無非法者，所以禁過而外私也。

又：主無術數，則羣臣易欺之，國無明法，則百姓輕爲非。是故姦邪之人用國事，則羣臣仰利害也。如此，則姦人爲之視聽者多矣，雖有大義，主無從知之。故《明法》曰：佼衆譽多，外内朋黨，雖有大姦，其蔽主多矣。【略】雖有大義，主無從知之。望案：義，俄之借字，説詳王氏《尚書述聞》。

又：明主者，使下盡力而守法分，故羣臣務尊主，而不敢顧其家。臣主之分明，上下之位審，故大臣各處其位，而不敢相貴。亂主則不然，法制廢而不行，故羣臣得務益其家。君臣無分，上下無别，故羣臣得務相貴。如此者，非朝臣少也，衆不爲用也。故《明法》曰：國無人者，非朝臣衰也。家與家務相益，不務尊君也，大臣務相貴。而不任國也。【略】家與家務相益。丁云：元本無與家二字，依文義似衍。家務相益，與大臣務相貴對文。

《商君書·農戰》 善爲國者，官法明，故不任智慮。上作壹，故民不偷營，則國力摶。國力摶者强，國好言談者削。故曰：農戰之民千人，而有《詩》、《書》辯慧者一人焉，千人者皆怠於農戰矣。農戰之民百人，而有技藝者一人焉，百人者皆怠於農戰矣。國待農戰而安，主待農戰而尊。夫民之不農戰也，上好言而官失常也。常官則國治，壹務則國富。國富而治，王之道也。故曰：王道作外，身作壹而已矣。

又：聖人知治國之要，故令民歸心於農。歸心於農，則民樸而可正也，紛紛則易使也，信可以守戰也。壹則小詐而重居，壹則可以賞罰進也，壹則可以外用也。夫民之親上死制也，以其旦暮從事於農。夫民之不可用也，見言談游士事君之可以尊身也，商賈之可以富家也，技藝之足以餬口也。民見此三者之便且利也，則必避農。避農則民輕其居。輕其居，則必不爲上守戰也。凡治國者，患民之散而不可摶也，是以聖人作壹，摶之也。國作壹一歲者，十歲强；作壹十歲者，百歲强；修壹百歲者，千歲强；千歲强者王。君修賞罰以輔壹教，是以其教有所常，而政有成也。

《商君書·説民》 用善，則民親其親；任姦，則民親其制。合而復者，善也；别而規者，姦也。章善則過匿，任姦則罪誅。過匿則民勝法，罪誅則法勝民。民勝法，國亂；法勝民，兵彊。故曰：以良民治，必亂至削；以姦民治，必治至彊。

《商君書·算地》 主操名利之柄而能致功名者，數也。聖人審權以操柄，審數以使民。數者，臣主之術，而國之要也。故萬乘失數而不危，臣主失術而不亂者，未之有也。今世主欲辟地治民而不審數，臣欲盡其事而不立術，故國有不服之民，主有不令之臣。故聖人之爲國也，入令民以屬農，出令民以計戰。夫農，民之所苦；而戰，民之所危也。犯其所苦，行其所危者，計也。故民生則計利，死則慮名。名利之所出，不可不審也。利出於地，則民盡力；名出於戰，則民致死。入使民盡力，則草不荒；出使民致死，則勝敵。勝敵而草不荒，富彊之功，可坐而致也。

《商君書·開塞》 天地設而民生之。當此之時也，民知其母而不知其父，其道親親而愛私。親親則別，愛私則險。民衆，而以別險爲務，則民亂。當此時也，民務勝而力征。務勝則爭，力征則訟。訟而無正，則莫得其性也。故賢者立中正，設無私，而民説仁。當此時也，親親廢，上賢立矣。凡仁者以愛爲務，而賢者以相出爲道。民衆而無制，久而相出，爲道則有亂。故聖人承之，作爲土地、貨財、男女之分。分定而無制，不可，故立禁；禁立而莫之司，不可，故立官；官設而莫之一，不可，故立君。既立君，則上賢廢而貴貴立矣。然則上世親親而愛私，中世上賢而説仁，下世貴貴而尊官。上賢者以道相出也，而立君者，使賢無用也。親親者以私爲道也，而中正者使私無行也。此三者，非事相反也，民道弊而所重易也，世事變而行道異也。故曰：王道有繩。

又：古之民樸以厚，今之民巧以僞。故效於古者，先德而治；效於今者，前刑而法。此俗之所惑也。今世之所謂義者，將立民之所好，而廢其所惡；此其所謂不義者，將立民之所惡而廢其所樂也。二者名貿實易，不可不察也。立民之所樂，則民傷其所惡；立民之所惡，則民安其所樂。何以知其然也？夫民憂則思，思則出度；樂則淫，淫則生佚。故以刑治則民威，民威則無姦，無姦則民安其所樂。以義教則民縱，民縱則亂，亂則民傷其所惡。吾所謂利者，義之本也；而世所謂義者，暴之道也。夫正民者，以其所惡，必終其所好；以其所好，必敗其所惡。

《商君書·壹言》凡將立國，制度不可不察也，治法不可不慎也，國務不可不謹也，事本不可不摶也。制度時，則國俗可化，而民從制；治法明，則官無邪；國務壹，則民應用；事本摶，則民喜農而樂戰。夫聖人之立法、化俗，而使民朝夕從事於農也，不可不知也。夫民之從事死制也，以上之設榮名、置賞罰之明也，不用辯説私門而功立矣。故民之喜農而樂戰也，見上之尊農戰之士，而下辯説技藝之民，而賤游學之人也。故民壹務，其家必富，而身顯於國。上開公利而塞私門，以致民力；私勞不顯於國，私門不請於君。若此，而功臣勸，則上令行而荒草闢，淫民止而姦無萌。治國能摶民力而壹民務者彊，能事本而禁末者富。

夫聖人之治國也，能摶力，能殺力。制度察則民力摶，摶而不化則不行，行而無富則生亂。故治國者，其摶力也，以富國彊兵也；其殺力也，以事敵勸民也。夫開而不塞，則短長；長而不攻，則有姦。塞而不開，則民渾；渾而不用，則力多；力多而不攻，則有姦蝨。故摶力以壹務也，殺力以攻敵也。治國者貴民壹，民壹則樸，樸則農，農則易勤，勤則富。富者廢之以爵，不淫；淫者廢之以刑，而務農。故能摶力而不能用者必亂，能殺力而不能摶者必亡。故明君知齊二者，其國彊；不知齊二者，其國削。

《商君書·錯法》人君有爵行而兵弱者，有禄行而國貧者，有法立而亂者。此三者，國之患也。故人君者，先便請謁而後功力，則爵行而兵弱矣。民不死犯難而利禄可致也，則禄行而國貧矣。法無度數而事日煩，則法立而治亂矣。是以明君之使其民也，使必盡力以規其功，功立而富貴隨之，無私德也，故教流成。如此，則臣忠君明，治著而兵彊矣。故凡明君之治也，任其力，不任其德，是以不憂不勞，而功可立也。

度數已立，而法可修，故人君者不可不慎己也。夫離朱見秋豪百步之外，而不能以明目易人；烏獲舉千鈞之重，而不能以多力易人。夫聖人之存體性，不可以易人，然而功可得者，法之謂也。

《商君書·修權》國之所以治者三：一曰法，二曰信，三曰權。法者，君臣所共操也；信者，君臣之所共立也；權者，君之所獨制也。人主失守則危，君臣釋法任私必亂。故立法明分，而不以私害法則治。權制獨斷於君則威，民信其賞，則事功成，信其刑，則姦無端。惟明主愛權重信，而不以私害法。故多惠言而剋其賞，則下不用；數加嚴令而不致其刑，則民傲死。凡賞者，文也；刑者，武也。文武者，法之約也。故明主任法。明主，不蔽之謂明，不欺之謂察。故賞厚而利，刑重而威必；不失疏遠，不違親近，故臣不蔽主，而下不欺上。世之爲治者，多釋法而任私議，此國之所以亂也。

《商君書·畫策》所謂明者，無所不見，則羣臣不敢爲姦，百姓不敢爲非。是以人主處匡牀之上，聽絲竹之聲，而天下治。

《商君書·弱民》今當世之用事者，皆欲爲上聖，舉法之謂也。背法而治，此任重道遠而無馬牛，濟大川而無舡楫也。今夫人衆兵彊，此帝王之大資也，苟非明法以守之也，與危亡爲鄰。故明主察法，境內之民，無辟淫之心，游處之士，迫於戰陣，萬民疾於耕戰。有以知其然也。楚國之民，齊疾而均，速若飄風；宛鉅鐵鉇，利若蜂蠆；脅蛟犀兕，堅若金石。江漢以爲池，汝潁以爲限，隱以鄧林，緣以方城。秦師至，鄢郢舉，若振槁。唐蔑死於垂涉，莊蹻發於內，楚分爲五。地非不大也，民非不衆也，甲兵財用非不多也；戰不勝，守不固，此無法之所生也，釋權衡而操輕重者。

《商君書・定分》法令者，民之命也，爲治之本也，所以備民也。爲治而去法令，猶欲無饑而去食也，欲無寒而去衣也，欲東西行也，其不幾亦明矣。一兔走，百人逐之，非以兔也。夫賣者滿市，而盜不敢取，由名分已定也。故名分未定，堯、舜、禹、湯且皆如鶩焉而逐之；名分已定，貧盜不取。今法令不明，其名不定，天下之人得議之。其議人異而無定。人主爲法於上，下民議之於下，是法令不定，以下爲上也。此所謂名分之不定也。夫名分不定，堯、舜猶將皆折而姦之，而況衆人乎？此令姦惡大起，人主奪威勢，亡國滅社稷之道也。今先聖人爲書而傳之後世，必師受之，乃知所謂之名；不師受之，而人以其心意議之，至死不能知其名與其意。故聖人必爲法令置官也，置吏也，爲天下師，所以定名分也。名分定，則大詐貞信，民皆愿慤，而各自治也。故夫名分定，勢治之道也；名分不定，勢亂之道也。故勢治者不可亂，世亂者不可治。夫世亂而治之，愈亂；勢治而治之，則治。故聖王治治不治亂。

（清）王先慎《韓非子集解・揚權》事在四方，要在中央。四方，謂臣民；中央，謂主君。先慎曰：乾道本注君作居，改從今本。聖人執要，四方來效。虛而待之，彼自以之。【略】謹脩所事，待命於天。君人者能謹修其事，天必有符應之命以命之。毋失其要，乃爲聖人。聖人之道，去智與巧；智巧不去，難以爲常。夫智巧在，必背道而行詐，故須去之。民人用之，其身多殃；主上用之，其國危亡。因天之道，反形之理，督參鞠之，終則有始。既去智巧，上因天之道，下則反形之理，二者督考參驗鞠盡之，其事既終，還從其始也。【略】虛以靜後，未嘗用己。常當虛靜以後人，未嘗用己而先唱。凡上之患，必同其端；端，謂所陳事之首也。臣之陳事，不擇可否，每皆同之，則是偏聽而致患也。【略】信而勿同，萬民一從。其陳事者，且當信之，無遂與同，然後擇其善者以之施教，則萬民齊一而隨從。【略】故曰：道不同於萬物，故能生於萬物。德不同於陰陽，故能成於陰陽。【略】衡不同於輕重，故能知其輕重。繩不同於出入，故能正於出入。和不同於燥溼，故能均於燥溼。君不同於羣臣。故能制於羣臣。【略】凡此六者，道之出也。此六者皆自道生，故曰道之出也。道無雙，故曰一。是故明君貴獨道之容。

（清）王先慎《韓非子集解・八姦》凡人臣之所道成姦者，有八術：道，引也。言姦臣或誘引君之左右，或誘引君之百姓以成其姦邪，其術有八也。先慎曰：道，由也。注誤，説詳上。一曰在同牀。何謂同牀？曰：貴夫人，愛孺子，便僻好色，【略】此人主之所惑也。託於燕處之虞，乘醉飽之時，而求其所欲，此必聽之術也。乘，因也。夫人孺子等由因君醉飽之時，進以燕娛之具，以求其所欲，事無不聽。【略】爲人臣者內事之以金玉，使惑其主，此之謂同牀。以金玉之寶內事貴夫人、愛孺子等，使之惑主，主惑則姦謀可成也。二曰在旁。何謂在旁？曰：優笑侏儒，左右近習，優笑者，謂俳優能嘲笑者。侏儒，短人也。此人主未命而唯唯，未使而諾諾，先意承旨，觀貌察色，以先主心者也。此皆俱進俱退，皆應皆對，謂君所欲進，則左右近習俱共進之；所欲退，則俱共退之。命之則皆應，問之則皆對。【略】一辭同軌，以移主心者也。爲人臣者，內事之以金玉玩好，【略】外爲之行不法，使之化其主，此之謂在旁。姦臣既以金玉內事近習之臣，外又爲行非法漸化其主，主既習非，則其位可得而奪也。【略】三曰父兄。何謂父兄？曰：側室公子，人主之所親愛也；大臣廷吏，人主之所與度計也。此皆盡力畢議，人主之所必聽也。爲人臣者，事公子側室以音聲子女，【略】收大臣廷吏以辭言，處約言事，事成則進爵益祿，以勸其心，使犯其主，此之謂父兄。收，謂收攝其心也。謂臣欲收大臣之心，辭言爲作聲譽，又更處置，邀共言事於君。其事既成，大臣必益爵祿，用此以勸其心，使之犯忤其主。主犯則君臣有隙，姦臣可以施謀也。先慎曰：乾道本注必作心，依趙本改。處約言事，謂平居約之言事也。注謂又更處置，非也。四曰養殃。何謂養殃？曰：人主樂美宮室臺池，好飾子女狗馬，以娛其心，此人主之殃也。爲人臣者盡民力以美宮室臺池，重賦斂以飾子女狗馬，以娛其主而亂其心，從其所欲而樹私利其間，此謂養殃。五曰民萌。何謂民萌？曰：爲人臣者散公財以説民人，行小惠以取百姓，使朝廷市井皆勸譽己，以塞其主，臣行其惠則主澤不下流，故曰塞其主。而成其所欲，此之謂民萌。六曰流行。何謂流行？曰：人主者固壅其言談，希於聽論議，易移以辯説。君門隔於九重，賢俊希得與振，故言談論議希也。先慎曰：平日未聞言談論議，偶有所説，自然易動。注振字誤，趙作攝，亦非。爲人臣者，求諸侯之辯士，養國中之能説者，使之以語其私，爲巧文之言，流行之辭，謂其言巧便，聽者似若流通而可行。示之以利勢，懼之以患害，施屬虛辭，以壞其主。設施綴屬浮虛之辭。此之謂流行。七曰威強。何謂威強？曰：君人者，以羣臣百姓爲威強者也。羣臣百姓之所善，則君善之。非羣臣百姓之所善，則君不善之。爲人臣者聚帶劍之客，養必死之士，以彰其威，明爲己者必利，不爲己者必死，以恐其羣臣百姓，而行其私，此之謂威強。八曰四方。何謂四方？曰：君人者，【略】國小則事大國，兵弱則畏強兵，大國之所索，小國必聽，強兵之所加，弱兵必服。爲人臣者，重賦斂，盡府庫，虛其國以事大國，而用其威，求誘其君；甚者舉兵以聚邊境，而制斂於內，顧廣圻曰：斂字未詳。先慎曰：《詩·桑扈》孔疏：斂者，收攝之名。為臣者，當強兵壓境則在內制攝其君，以便己私。【略】薄者數內大使以震其君，使之恐懼，先慎曰：《六微篇》公叔因內齊軍於鄭以劫其君，以固其位，卽此義。此之謂四方。凡此八者，人臣之所以道成姦，世主所以壅劫，失其所有也，【略】不可不察焉。明君之於內也，娛其色而不行其謁，不使私請。所以防初姦之同牀也。其於左右也，使其身必責其言，不使益辭。所以防二姦之在旁也。其於父兄大臣也，聽其言也，必使以罰任於後，當則任之，不當則罰之。盧文弨曰：任，謂保任，舊注非。先慎曰：盧説亦非，使字衍文。《廣雅·釋詁》：任，使也。聽父兄大臣之言，恐其妄舉，故以罰使於後也。此多一使字。不令妄舉。防三姦之父兄。其於觀樂玩好也，必令之有所出，謂知其所從來。先慎曰：之，當作知，注不誤。不使擅進，不使擅退，羣臣虞其意。防四姦之養殃也。虞，度也。必不令度君意擅有所進退也。【略】其於德施也，縱禁財，發墳倉，積粟於倉若墳然。利於民者必出於君，不使人臣私其德。防五姦之民萌也。其於説議也，稱譽者所善，毀疵者所惡，必實其能，察其過，考實其能，察詳其過。不使羣臣相爲語。防六姦之流行。其於勇力之士也，【略】軍旅之功無踰賞，邑鬭之勇無赦罪，邑鬭勇者，謂恃力與邑人私鬭。不使羣臣行私財。防七姦之威強也，不使行私財於勇士。先慎曰：財字衍文。不使羣臣行私卽上文人臣彰威以恐其羣臣百姓而行其私也。注依誤文釋之，亦非。其於諸侯之求索也，法則聽之，不法則距之。防八姦之四方。【略】。明主之爲官職爵禄也，【略】所以進賢材勸有功也。故曰：賢材者處厚禄，任大官；功大者有尊爵，受重賞。官賢者量其能，賦禄者稱其功。是以賢者不誣能以事其主，有功者樂進其業，故事成功立。今則不然，不課賢不肖，論有功勞，先慎曰：論上當有不字。用諸侯之重，諸侯以勢位之重也，有所委屬而君用之。先慎曰：諸侯所重，君遂用之，舊注非。聽左右之謁，【略】父兄大臣上請爵禄於上，而下賣之以收財利，及以樹私黨。故財利多者買官以爲貴，有左右之交者請謁以成重。功勞之臣不論，先慎曰：謂不考其功勞也。官職之遷失謬。是以吏偷官而外交，棄事而財親。是以賢者懈怠而不勸，有功者隳而簡其業，此亡國之風也。

（清）王先慎《韓非子集解·十過》　十過：一曰行小忠，則大忠之賊也。二曰顧小利，則大利之殘也。三曰行僻自用，無禮諸侯，則亡身之至也。四曰不務聽治而好五音，則窮身之事也。【略】五曰貪愎喜利，則滅國殺身之本也。【略】六曰耽於女樂，不顧國政，則亡國之禍也。七曰離內遠遊而忽於諫士，則危身之道也。【略】八曰過而不聽於忠臣，而獨行其意，則滅高名爲人笑之始也。九曰內不量力，外恃諸侯，則削國之患也。【略】十曰國小無禮，不用諫臣，則絶世之勢也。

（清）王先慎《韓非子集解·和氏》　夫珠玉人主之所急也，和雖獻璞而未美，未爲王之害也；所獻之寶，設令未美，亦無害於王也。【略】然猶兩足斬而寶乃論，論寶若此其難也。今人主之於法術也，未必和璧之急也，而禁羣臣士民之私邪；人主之於法術，未必如和璧之急，乃更禁其臣人爲卞和之忠，苟無卞和之忠，誰肯犯禁而論其法術，亂也。【略】然則有道者之不僇也，特帝王之璞未獻耳。帝王之璞卽法術也。有道之士所以不見僇者，則以未獻法術也。【略】主用術則大臣不得擅斷，近習不敢賣重。官行法則浮萌趨於耕農，先慎曰：無執業者有禁，故流民急於耕農。而游士危於戰陳。先慎曰：故游説之士以其言責其功，不敢言戰陳。則法術者，乃羣臣士民之所禍也。人主非能倍大臣之議，越民萌之誹，獨周乎道言也，先慎曰：周當爲用之誤。道言，謂法術之言也，下同。則法術之士雖至死亡，道必不論矣。先慎曰：珠玉人主之所急，然兩足刖而始論；法術不如和璧之急，故至死亡而不論。昔者吴起教楚悼王以楚國之俗曰：大臣太重，封君太衆，若此則上偪主而下虐民，此貧國弱兵之道也。【略】不如使封君之子孫三世而收爵禄，先慎曰：《喻老篇》楚邦之法，禄臣再世而收地，則三世而收爵禄不起於吴起。蓋楚法廢弛，故吴起云然。絶滅百吏之禄秩；【略】損不急之枝官，枝官，謂非要急者，若樹之枝也。然養樹者必披落其枝，爲政者亦損其閑宂。以奉選練之士。悼王行之期年而薨矣，【略】

吳起枝解於楚。商君教秦孝公以連什伍，設告坐之過，使什家伍家相拘連，中有犯罪，或有告者，則并坐其什伍，故曰告坐。燔《詩》《書》而明法令，先慎曰：《困學紀聞》云：《史記・商君傳》不言燔《詩》《書》，蓋《詩》《書》之道廢，與李斯之焚無異也。塞私門之請而遂公家之勞，於公有勞者，不滯其功賞。禁游宦之民，不守本業游散求官者，設法以禁之也。而顯耕戰之士。孝公行之，主以尊安，國以富強，八年而薨，先慎曰：《國策》孝公行商君法十八年而死，《史記》商君相秦十年，索隱云：《國策》蓋連其未作相之年説也。案此作八年，與《史記》、《國策》皆不合，疑八上奪十字。商君車裂於秦。楚不用吳起而削亂，秦行商君法而富強，二子之言也已當矣，然而枝解吳起而車裂商君者何也？大臣苦法而細民惡治也。當今之世，大臣貪重，大臣虧公法而行私惠，所以成其重也。細民安亂，先慎曰：游宦之民因請謁而得禄。甚於秦、楚之俗，【略】而人主無悼王、孝公之聽，則法術之士安能蒙二子之危也，而明己之法術哉。【略】此世所亂無霸王也。

（清）王先慎《韓非子集解・姦劫弑臣》　凡姦臣皆欲順人主之心，以取信幸之勢者也。【略】是以主有所善，臣從而譽之；主有所憎，臣因而毁之。凡人之大體，取舍同者則相是也，取舍異者則相非也。今人臣之所譽者，人主之所是也，此之謂同取；人臣之所毁者，人主之所非也，此之謂同舍。夫取舍合【略】而相與逆者，未嘗聞也。此人臣之所以取信幸之道也。【略】夫姦臣得乘信幸之勢，以毁譽進退羣臣者，人主非有術數以御之也，【略】非參驗以審之也，【略】必將以曩之合己，信今之言，此幸臣之所以得欺主成私者也。故主必蔽於上，先慎曰：各本蔽作欺。《孤憤篇》云故人主愈蔽，而大臣愈重，語意正同，是欺當爲蔽之誤，今據《治要》改。而臣必重於下矣。此之謂擅主之臣。國有擅主之臣，則羣下不得盡其智力以陳其忠，百官之吏不得奉法以致其功矣。先慎曰：《治要》法作令，功作力。何以明之？夫安利者就之，危害者去之，此人之情也。今爲臣盡力以致功，竭智以陳忠者，其身困而家貧，父子罹其害；爲姦利以弊人主，【略】行財貨以事貴重之臣者，身尊家富，父子被其澤，人焉能去安利之道而就危害之處哉！治國若此其過也，而上欲下之無姦，吏之奉法，其不可得亦明矣。故左右知貞信之不可以得安利也，先慎曰：利字涉上文而衍，下知方正之不可以得安也，知詐僞之不可以得安也，並無利字，即其證。必曰：我以忠信事上，積功勞而求安，是猶盲而欲知黑白之情，必不幾矣。先慎曰：《解老篇》：目不能決黑白之色，則謂之盲，此情字當作色。若以道化行正理，不趨富貴，事上而求安，先慎曰：化，疑術之誤。事上二字，當在行正理上。若以道術事上，與上我以忠信事上相對。是猶聾而欲審清濁之聲也，愈不幾矣。二者不可以得安，【略】我安能無相比周，蔽主上爲姦私，以適重人哉！此必不顧人主之義矣。其百官之吏，亦知方正之不可以得安也；【略】必曰：我以清廉事上而求安，若無規矩而欲爲方圓也，必不幾矣。若以守法不朋黨治官而求安，是猶以足搔頂也，愈不幾也。【略】二者不可以得安，能無廢法行私以適重人哉！【略】此必不顧君上之法矣。故以私爲重人者衆，盧文弨曰：人，《藏》本作臣。而以法事君者少矣。是以主孤於上而臣成黨於下，此田成之所以弑簡公者也。夫有術者之爲人臣也，得效度數之言，上明主法，下困姦臣，以尊主安國者也。俞樾曰：得字衍文。此論有術者之爲人臣，其道如此，非論得不得也。蓋涉下文度數之言得效於前而衍。是以度數之言得效于前，則賞罰必用于後矣。人主誠明於聖人之術，而不苟於世俗之言，先慎曰：苟當作徇，形近而誤。循名實而定是非，因參驗而審言辭。是以左右近習之臣知僞詐之不可以得安也，必曰：我不去姦私之行，盡力竭智以事主，而乃以相與比周，【略】妄毁譽以求安，是猶負千鈞之重，陷於不測之淵，而求生也，必不幾矣。百官之吏亦知爲姦利之不可以得安也。必曰：我不以清廉方正奉法，乃以貪污之心枉法以取私利，是猶上高陵之顛，墮峻谿之下而求生，【略】必不幾矣。安危之道，若此其明也，左右安能以虛言惑主，而百官安敢以貪漁下！是以臣得陳其忠而不弊，【略】下得守其職而不怨。此管仲之所以治齊，而商君之所以強秦也。從是觀之，則聖人之治國也，固有使人不得不愛我之道，而不恃人之以愛爲我也。俞樾曰：不得不愛我，當作不得不爲我，涉下句而誤耳。下文云恃吾不可不爲者安矣，不可不爲即不得不爲也。又曰明主者使天下不得不爲己視，天下不得不爲己聽，此使人不得不爲我之義也，可據以訂正。先慎曰：俞説是。恃人之以愛爲我者危矣，【略】恃吾不可不爲者安矣。夫君臣非有骨肉之親，正直之道，可以得利，【略】則臣盡力以事主；正直之道，不可以得安，則臣行私以干上。明主知之，故設利害之道以示天下而已矣。夫是以人主雖不口教百官，不目索姦衺，而國已治矣。人主者，非目若離婁，乃爲明也，非耳若師曠，乃爲聰也。不任其數，【略】而待目以爲明，所見者少矣，非不弊之術也；【略】不因其勢，【略】而待耳以爲聰，所聞者寡矣，非不欺之道也。明主者，使天下不得不爲己視，使天下不得不爲己聽。【略】故身在深宫之中，而明照四海之內，【略】而天下弗能蔽、弗能欺者，何也？闇亂之道廢，而聰明之勢興也。故善任勢者國安，不知因其勢者國危。古秦之俗，君臣廢法而服私，是以國亂兵弱而主卑。商君説秦孝公以變法易俗而明公道，賞告姦，先慎曰：《史記・衛鞅傳》告姦者與斬敵首同賞。困末作而利本事。先慎曰：末作，工商也；本事，耕織也。《衛鞅傳》事末利及怠而貧者，舉以爲收孥；大小僇力本業，耕織致粟帛多者復其身。故末作困而本事利。當此之時，秦民習故俗之有罪可以得免，無功可以得尊顯也，故輕犯新法。於是犯之者其誅重而必，告之者其賞厚而信。故姦莫不得，而被刑者衆，民疾怨而衆過日聞。【略】先慎曰：衆當作罪，涉上文而誤。孝公不聽，遂行商君之法，民後知有罪之必誅，而私姦者衆也，顧廣圻曰：私下當有告字。先慎曰：商君之法賞告姦，則告姦非私也。私卽告之誤。故民莫犯，其刑無所加。是以國治而兵強，地廣而主尊。此其所以然者，匿罪之罰重，而告姦之賞厚也。此亦使天下必爲己視聽之道也。至治之法罪之罰重，而告姦之賞厚也。此亦使天下必爲己視聽之道也。至治之法術已明矣，而世學者弗知也。且夫世之愚學，皆不知治亂之情；先慎曰：情，實也。讘誺多誦先古之書，以亂當世之治；先慎曰：《説文》：讘，多言也；唻，妄語也。此誺字當作唻。言愚學溺於所聞，妄談治亂，誦説先古之書，使人主聞之不敢變法而理。智慮不足以避穽井之陷，【略】又妄非有術之士。【略】聽其言者危，先慎曰：狃於故習，輕犯新法。用其計者亂，先慎曰：法古循禮，不敢變更。此亦愚之至大而患之至甚者也。俱與有術之士，先慎曰：與，讀若爲。《禮記・內則》小切之與稻末，《周禮・醢人》注作小切之爲稻米，是其證。此言世之愚學與法術之士，皆名爲有術之士，而其實不同也。有談説之名，而實相去千萬也。【略】此夫名同而實有異者也。夫世愚學之人比有術之士也，猶螘垤之比大陵也，其相去遠矣。而聖人者，審於是非之實，察於治亂之情也。故其治國也，正明法，陳嚴刑，將以救羣生之亂，去天下之禍，使強不陵弱，衆不暴寡，耆老得遂，幼孤得長，邊境不侵，君臣相親，父子相保，而無死亡係虜之患，先慎曰：趙本係作繫。盧文弨云：《藏》本、張本繫作係。案二字古通。此亦功之至厚者也。愚人不知，顧以爲暴。愚者固欲治而惡其所以治，【略】皆惡危而喜其所以危者。何以知之？夫嚴刑重罰者，民之所惡也，而國之所以治也；哀憐百姓，輕刑罰者，民之所喜，而國之所以危也。聖人爲法國者，必逆於世，顧廣圻曰：國者當作者固。者句絶，固下屬。《藏》本聖上有故字，非也。而順於道德。知之者同於義而異於俗；弗知之者，異於義而同於俗。天下知之者少，則義非矣。處非道之位，被衆口之譖，溺於當世之言，而欲當嚴天子而求安，幾不亦難哉！【略】此夫智士所以至死而不顯於世者也。【略】凡人臣者，有罪固不欲誅，無功者皆欲尊顯。而聖人之治國也，賞不加於無功，而誅必行於有罪者也。然則有術數者之爲人也，【略】固左右姦臣之所害，非明主弗能聽也。世之學術者説人主，不曰乘威嚴之勢以困姦衺之臣，而皆曰仁義惠愛而已矣。世主美仁義之名，而不察其實，是以大者國亡身死，小者地削主卑。何以明之？夫施與貧困者，【略】此世之所謂仁義；哀憐百姓，不忍誅罰者，此世之所謂惠愛也。夫有施與貧困，【略】則無功者得賞；不忍誅罰，則暴亂者不止。國有無功得賞者，則民不外務當敵斬首，【略】內不急力田疾作，皆欲行貨財，事富貴，爲私善，立名譽，以取尊官厚俸。故姦私之臣愈衆，而暴亂之徒愈勝，不亡何待！夫嚴刑者，民之所畏也；先慎曰：乾道本無刑字。顧廣圻云：《藏》本、今本嚴下有刑字。先慎按：嚴刑重罰相對，明此脱，今據補。重罰者，民之所惡也。故聖人陳其所畏以禁其衺，設其所惡以防其姦，是以國安而暴亂不起。吾以是明仁義愛惠之不足用，而嚴刑重罰之可以治國也。無捶策之威，銜橛之備，雖造父不能以服馬；無規矩之法，繩墨之端，雖王爾不能以成方圓；無威嚴之勢，賞罰之法，雖堯、舜不能以爲治。今世主皆輕釋重罰嚴誅，行愛惠，而欲霸王之功，亦不可幾也。【略】故善爲主者，明賞設利以勸之，使民以功賞而不以仁義賜；嚴刑重罰以禁之，使民以罪誅而不以愛惠免。是以無功者不望，而有罪者不幸矣。託於犀車良馬之上，【略】則可以陸犯阪阻之患；乘舟之安，持檝之利，則可以水絶江河之難；【略】操法術之數，行重罰嚴誅，則可以致霸王之功。治國之有法術賞罰，猶若陸行之有犀車良馬也，水行之有輕舟便檝也，乘之者遂得其成。伊尹得之湯以王，管仲得之齊以霸，商君得之秦以強。此三人者，皆明於霸王之術，察於治強之數，而不以牽於世俗之言，適當世明主之意，則有直任布衣之士，立爲卿相之處。【略】處位治國，則有尊主廣地之實。此之謂足貴之臣。湯得伊尹，以百里之地，立爲天子；桓公得管仲，立爲五霸主，九合諸侯，一匡天下；孝公得商君，地以廣，兵以強。故有忠臣者，【略】外無敵國之患，內無亂臣之憂，長安於天下而名垂後世，所謂忠臣也。若夫豫讓爲智伯臣也，上不能説人主，使之明法術度數之理，以避禍難之患，【略】下不能領御其衆，以安其國。及襄子之殺智伯也，豫讓乃自黔劓，盧文弨曰：黔，《藏》本、張本作黚，本當作鉗。顧廣圻曰：當作黥。先愼曰：顧説是。《書・呂刑》：爰始淫爲劓、刵、椓、黥。黥、劓刑在面，《趙策》所謂自刑以變其容也。敗其形容，以爲智伯報襄子之仇。是雖有殘刑殺身以爲人主之名，先愼曰：刑當作形。而實無益於智伯，若秋毫之末。此吾之所下也，而世主以爲忠而高之。古有伯夷、叔齊者，武王讓以天下而弗受，二人餓死首陽之陵。若此臣者，【略】不畏重誅，不利重賞，不可以罰禁也，不可以賞使也。此之謂無益之臣也，吾所少而去也，而世主之所多而求也。

（清）王先愼《韓非子集解・亡徵》 凡人主之國小而家大，權輕而臣重者，可亡也。簡法禁而務謀慮，荒封內而恃交援者，可亡也。羣臣爲學，門子好辯，商賈外積，小民內困者，可亡也。【略】好宮室臺榭陂池，事車服，器玩好，【略】罷露百姓，煎靡貨財者，可亡也。【略】用時日，事鬼神，信卜筮而好祭祀者，可亡也。聽以爵，不以衆言參驗，【略】用一人爲門戶者，可亡也。官職可以重求，爵祿可以貨得者，可亡也。先愼曰：《八姦篇》財利多者買官以爲貴，有左右之交者請謁以成重，此亡國之風也，即此意。緩心而無成，【略】柔茹而寡斷，好惡無決而無所定立者，可亡也。饕貪而無饜，近利而好得者，可亡也。喜淫刑而不周於法，先愼曰：乾道本無刑字。盧文弨云：凌本淫下有刑字。顧廣圻云：淫，淫辭也，見本書《存韓篇》，又《呂氏春秋・審應覽》有淫辭，義同，皆可證也。別本於此淫下妄加刑字，乃誤之甚者。凡別本異同，大率類此，故略不復載。先愼案：訓淫爲淫辭，已嫌添設，且與下言辯説無別，顧説非也。喜淫刑與下好辯説對文，不當少一字，今依凌本增。好辯説而不求其用，濫於文麗而不顧其功者，可亡也。淺薄而易見，漏泄而無藏，不能周密而通羣臣之語者，可亡也。很剛而不和，盧文弨曰：很，《藏》本作佷。愎諫而好勝，不顧社稷而輕爲自信者，可亡也。恃交援而簡近隣，怙強大之救而侮所迫之國者，可亡也。羈旅僑士，重帑在外，上閒謀計，下與民事者，可亡也。民信其相，顧廣圻曰：句有誤。俞樾曰：民下脱不字。民不信其相、下不能其上兩文相對。民所不信，下所不能，而人主弗能廢，故曰可亡也。下不能其上，主愛信之而弗能廢者，可亡也。境內之傑不事，而求封外之士，不以功伐課試，而好以名問舉錯，羈旅起貴以陵故常者，可亡也。輕其適正，庶子稱衡，太子未定而主即世者，可亡也。大心而無悔，國亂而自多，不料境內之資而易其鄰敵者，可亡也。國小而不處卑，力少而不畏強，無禮而侮大鄰，貪愎而拙交者，可亡也。太子已置，而娶於強敵以爲后妻，則太子危，如是，則羣臣易慮者，可亡也。【略】怯懾而弱守，蚤見而心柔懦，知有謂可，斷而弗敢行者，可亡也。【略】出君在外而國更置，【略】質太子未反而君易子，如是則國攜，國攜者，可亡也。挫辱大臣而狎其身，刑戮小民而逆其使，顧廣圻曰：民當作人，逆當作近。按此言近刑人也。懷怒思恥而專習則賊生，【略】賊生者，可亡也。大臣兩重，父兄衆強，內黨外援以爭事勢者，可亡也。婢妾之言聽，愛玩之智用，外內悲惋而數行不法者，可亡也。簡侮大臣，無禮父兄，勞苦百姓，殺戮不辜者，可亡也。好以智矯法，時以行襍公，顧廣圻曰：《藏》本同。今本行作私，誤。按簡行而貴公者，韓子之家法也。法禁變易，號令數下者，可亡也。無地固，【略】城郭惡，無畜積，財物寡，無守戰之備而輕攻伐者，可亡也。種類不壽，先愼曰：《楚語》臣能自壽也，注：壽，保也。主數即世，【略】嬰兒爲君，大臣專制，樹羈旅以爲黨，數割地以待交者，可亡也。太子尊顯，徒屬衆強，多大國之交，而威勢蚤具者，可亡也。變褊而心急，【略】輕疾而易動發，【略】心悁忿而不訾前後者，可亡也。顧廣圻曰：心當作必。先愼曰：訾，量也。主多怒而好用兵，簡本教而輕戰攻者，可亡也。【略】貴臣相妬，盧文弨曰：臣，各本皆作人。大臣隆盛，外藉敵國，內困百姓，以攻怨讎，而人主弗誅者，可亡也。君不肖而側室賢，【略】太子輕而庶子伉，官吏弱而人民桀，如此則國躁；國躁者，可亡也。藏怒而弗發，【略】懸罪而弗誅，使羣臣陰憎而愈憂懼，而久未可知者，可亡也。出軍命將太重，邊地任守太尊，專制擅命，徑爲而無所請者，可亡也。后妻淫亂，主母畜穢，外內混通，男女無別，是謂兩主；兩主者，可亡也。后妻賤而婢妾貴，太子卑而庶子尊，相室輕而典謁重，如此則內外乖；內外乖者，可亡也。大臣甚貴，偏黨衆強，壅塞主斷而重擅國者，可亡也。私門之官用，馬府之世，軍馬之府，立功者也。顧廣圻曰：《藏》本同。今本世下有紬字。按世下脱字，未詳其所當作。鄉曲之善舉，官職之勞廢，貴私行而賤公功者，可亡也。公家虛而大臣實，正戶貧而寄寓富，耕戰之士困，末作之民利者，可亡也。見大利而不趨，聞禍端而不備，淺薄於爭守之事，而務以仁義自飾者，可亡也。不爲人主之孝，而慕匹夫之孝，不顧社稷之利，而聽主母之令，女子用國，刑餘用事者，可亡也。辭辯而不法，心智而無術，主多能而不以法度從事者，可亡也。親臣進而故人退，【略】不肖用事而賢良伏，無功貴而勞苦賤，如是則下怨；下怨者，可亡也。父兄大臣祿秩過功，章服侵等，宮室供養太侈，先慎曰：張榜本、趙本太作大，字同。而人主弗禁，則臣心無窮；臣心無窮者，可亡也。公壻公孫與民同門，暴慠其鄰者，可亡也。【略】亡徵者，非曰必亡，【略】言其可亡也。夫兩堯不能相王，兩桀不能相亡；亡王之機，必其治亂其強弱相踦者也。【略】木之折也必通蠹，牆之壞也必通隙。然木雖蠹，無疾風不折；牆雖隙，無大雨不壞。萬乘之主，有能服術行法，以爲亡徵之君風雨者，其兼天下不難矣。

（清）王先慎《韓非子集解·三守》　人主有三守。三守完，則國安身榮；三守不完，則國危身殆。何謂三守？人臣有議當途之失，用事之過，舉臣之情，王先謙曰：舉臣，猶言衆臣，若後世言舉朝之比。人主不心藏而漏之近習能人，【略】使人臣之欲有言者，不敢不下適近習能人之心，而乃上以聞人主；然則端言直道之人不得見，而忠直日疏。先慎曰：是守之不完者一也。愛人不獨利也，待譽而後利之，憎人不獨害也，待非而後害之。然則人主無威，而重在左右矣。先慎曰：是守之不完者又其一也。惡自治之勞憚，使羣臣輻湊用事，【略】因傳柄移藉，使殺生之機、奪予之要在大臣，如是者侵。先慎曰：是又其守之不完也。此謂三守不完。三守不完，則劫殺之徵也。凡劫有三：有明劫，有事劫，有刑劫。人臣有大臣之尊，外操國要以資羣臣，使外內之事非己不得行。雖有賢良，逆者必有禍，而順者必有福。然則羣臣莫敢忠主憂國以爭社稷之利害。【略】人主雖賢，不能獨計，而人臣有不敢忠主，則國爲亡國矣。此謂國無臣。國無臣者，豈郎中虛而朝臣少哉！羣臣持祿養交，行私道而不效公忠，此謂明劫。鬻寵擅權，矯外以勝內，險言禍福得失之形，以阿主之好惡。人主聽之，卑身輕國以資之，事敗與主分其禍，而功成則臣獨專之。諸用事之人，壹心同辭，以語其美，【略】則主言惡者必不信矣。顧廣圻曰：主，謂爲主首也，與《初見秦篇》主謀義同。此謂事劫。至於守司囹圄，禁制刑罰，人臣擅之，此謂刑劫。三守不完，則三劫者起；三守完，則三劫者止。三劫止塞，則王矣。

（清）王先慎《韓非子集解·解老》　聰明睿智天也，動靜思慮人也。人也者，乘於天明以視，寄於天聰以聽，託於天智以思慮。故視強則目不明，聽甚則耳不聰，思慮過度則智識亂。目不明則不能決黑白之分，【略】耳不聰則不能別清濁之聲，智識亂則不能審得失之地。目不能決黑白之色則謂之盲，耳不能別清濁之聲則謂之聾，心不能審得失之地則謂之狂。盲則不能避晝日之險，【略】聾則不能知雷霆之害，狂則不能免人間法令之禍。書之所謂治人者，【略】適動靜之節，省思慮之費也。所謂事天者，不極聰明之力，不盡智識之任。苟極盡則費神多，費神多則盲聾悖狂之禍至，是以嗇之。嗇之者，愛其精神，嗇其智識也。故曰：治人事天莫如嗇。【略】

凡有國而後亡之，有身而後殃之，不可謂能有其國，能保其身。夫能有其國必能安其社稷，能保其身必能終其天年，而後可謂能有其國，能保其身矣。夫能有其國保其身者，必且體道。體道則其智深，其智深則其會遠，其會遠衆人莫能見其所極。唯夫能令人不見其事極，盧文弨曰：夫，張本作天。顧廣圻曰：能上當有體道二字。先慎曰：顧説是。不見其事極者爲能保其身，有其國。【略】故曰：莫知其極，莫知其極則可以有國。【略】

工人數變業則失其功，作者數搖徙則亡其功。一人之作日亡半日，十日則亡五人之功矣。【略】萬人之作日亡半日，十日則亡五萬人之功矣。【略】然則數變業者，其人彌衆，其虧彌大矣。凡法令更則利害易，【略】利害易則民務變，民務變謂之變業。【略】故以理觀之，事大衆而數搖之則少成功，藏大器而數徙之則多敗傷，烹小鮮而數撓之則賊其宰，先慎曰：各本宰作澤。案澤字誤，當作宰。割烹，宰夫之職，當烹時而頻數撓亂，則宰夫不能盡其烹飪之功，是謂賊害其宰。宰與睪隸形相似，因譌為睪，淺人不審，妄加水旁作澤耳。《治要》引作宰，明唐本《韓子》不誤，今據改。治大國而數變法則民苦之。是以有道之君貴虛靜而重變法。先慎曰：各本無虛字，而作不。案不字誤。重，猶難也。貴虛靜而難變法，文曲而有致，作不則率然矣。《治要》、《藝文類聚》五十四、

《御覽》六百三十八引靜上並有虛字，據補。《治要》、《藝文類聚》不作而，據改。故曰：治大國者若亨小鮮。【略】

今有道之君，外希用甲兵，而內禁淫奢。上不事馬於戰鬭逐北，而民不以馬遠通淫物，先慎曰：乾道本通淫作淫通。顧廣圻云：今本作通淫，誤。先慎案：顧説非。《禮·王制》疏淫，謂過奢侈，是淫物，奢侈之物。謂不以馬遠致奢侈之物也。若作遠淫通物，則不辭矣。下文得於好惡，怵於淫物，淫物連文，是其證。改從今本。所積力唯田疇，積力於田疇，【略】必且糞灌，故曰：天下有道，卻走馬以糞也。【略】

是以聖人愛精神而貴處靜。此甚大於兕虎之害。夫兕虎有域，動靜有時，避其域，省其時，則免其兕虎之害矣。民獨知兕虎之有爪角也，而莫知萬物之盡有爪角也，不免於萬物之害。何以論之？時雨降集，曠野閒靜，而以昏晨犯山川，則風露之爪角害之；【略】事上不忠，輕犯禁令，則刑法之爪角害之；處鄉不節，憎愛無度，則爭鬭之爪角害之；嗜慾無限，動靜不節，則痤疽之爪角害之；【略】好用其私智而棄道理，則網羅之爪角害之。【略】

慈於子者不敢絶衣食，慈於身者不敢離法度，慈於方圓者不敢舍規矩。故臨兵而慈於士吏則戰勝敵，慈於器械則城堅固。故曰：慈，於戰則勝，以守則固。顧廣圻曰：傳本及今《德經》於皆作以，傳本戰作陣，與各本全異。先慎曰：傳本勝作正。案王注相慜而不避於難，故勝也，是晉時本作勝，傳本誤。於當作以，慈字逗，《老子》慈上有夫字。夫能自全也，而盡隨於萬物之理者，必且有天生。天生也者，【略】生心也。王先謙曰：有善心，故天救而生之。故天下之道盡之生也，若以慈衛之也，王先謙曰：盡下之字訓爲往，天下之道皆往生於其心，是以慈衛之也。事必萬全而舉無不當，則謂之寶矣。故曰：吾有三寶，持而寶之。【略】

書之所謂大道也者，端道也。【略】所謂貌施也者，【略】邪道也。所謂徑大也者，【略】佳麗也，【略】佳麗也者，邪道之分也。朝甚除也者，獄訟繁也。獄訟繁則田荒，【略】田荒則府倉虛，顧廣圻曰：《德經》作倉甚虛。府倉虛則國貧，國貧而民俗淫侈，民俗淫侈則衣食之業絶，衣食之業絶則民不得無飾巧詐，飾巧詐則知采文，知采文之謂服文采。【略】獄訟繁，倉廩虛，而有以淫侈爲俗，則國之傷也，若以利劍刺之，先慎曰：國之受傷，猶身受利劍之刺。故曰：帶利劍。【略】諸夫飾智故以至於傷國者，【略】其私家必富；私家必富，故曰：資貨有餘。盧文弨曰：資，《老子》作財。顧廣圻曰：資貨，下文作貨資，傳本作貨財，今《德經》作財貨，非。國有若是者，則愚民不得無術而效之，效之則小盜生。由是觀之，大姦作則小盜隨，【略】大姦唱則小盜和。竽也者，五聲之長者也，故竽先則鍾瑟皆隨，先慎曰：鐘，古通用鍾。竽唱則諸樂皆和。今大姦作則俗之民唱，俗之民唱則小盜必和。故服文采，帶利劍，厭飲食，而資貨有餘者，是之謂盜竽矣。顧廣圻曰：故下當有曰字。《德經》無而、者、之、矣四字，竽作夸，今按《韓子》自作竽。先慎曰：乾道本資貨作貨資，據《道藏》本、《拾補》校，張凌本乙，上文正作資貨，不誤。夸字無義，當依此訂正。以上見五十三章。

（清）王先慎《韓非子集解·觀行》 天下有信數三：一曰智有所不能立，二曰力有所不能舉，三曰彊有所不能勝。故雖有堯之智而無衆人之助，大功不立；有烏獲之勁而不得人助，不能自舉；有賁育之彊而無法術，不得長生。故勢有不可得，【略】事有不可成。故烏獲輕千鈞而重其身，非其身重於千鈞也，勢不便也。離朱易百步而難眉睫，【略】非百步近而眉睫遠也，道不可也。故明主不窮烏獲，以其不能自舉；不困離朱，以其不能自見。因可勢，求易道，先慎曰：此言因其可得之勢，求其易行之道也，即承上勢不便、道不可而言。故用力寡而功名立。時有滿虛，事有利害，物有生死，人主爲三者發喜怒之色，則金石之士離心焉。聖賢之撲淺深矣。【略】故明主觀人不使人觀己。明於堯不能獨成，烏獲之不能自舉，【略】賁育之不能自勝，以法術則觀行之道畢矣。

（清）王先慎《韓非子集解·功名》 明君之所以立功成名者四：一曰天時，二曰人心，三曰技能，四曰勢位。非天時，雖十堯不能冬生一穗；逆人心，雖賁育不能盡人力。故得天時則不務而自生，【略】得人心則不趣而自勸，因技能則不急而自疾，得勢位則不進而名成。【略】若水之流，若船之浮。守自然之道，行毋窮之令，故曰明主。

夫有材而無勢，雖賢不能制不肖。故立尺材於高山之上，下臨千仞之谿，【略】材非長也，位高也。桀爲天子，能制天下，非賢也，勢重也。堯爲匹夫，不能正三家，非不肖也，位卑也。千鈞得船則浮，錙銖失船則沈。【略】非千鈞輕而錙銖重也，【略】有勢之與無勢也。故短之臨高也以位，不肖之制賢也以勢。人主者，天下一力以共載之，故安；衆同心以共立之，故尊；人臣守所長，盡所能，故忠。以尊主主御忠臣，則長樂生而功名成。名實相持而成，【略】形影相應而立，故臣主同欲而異使。人主之患在莫之應，故曰：一手獨拍，雖疾無聲。人臣之憂在不得一，故曰：右手畫圓，左手畫方，不能兩成。【略】故曰：至治之國，君若桴，臣若鼓，技若車，事若馬。故人有餘力易於應，而技有餘巧便於事。【略】立功者不足於力，親近者不足於信，成名者不足於勢。近者已親，而遠者不結，則名不稱實者也。【略】聖人德若堯舜，行若伯夷，而位不載於世，則功不立名不遂。故古之能致功名者，衆人助之以力，近者結之以成，遠者譽之以名，尊者載之以勢。如此，故太山之功長立於國家，而日月之名久著於天地。【略】此堯之所以南面而守名，【略】舜之所以北面而效功也。

（清）王先慎《韓非子集解·內儲説下》　六微：一曰權借在下，二曰利異外借，三曰託於似類，四曰利害有反，五曰參疑內爭，六曰敵國廢置。此六者，主之所察也。

權勢不可以借人，上失其一，臣以爲百。故臣得借則力多，力多則內外爲用，內外爲用則人主壅。【略】其説在老聃之言失魚也。是以人主久語，而左右鬻懷刷。【略】其患在胥僮之諫厲公，【略】與州侯之一言，而燕人浴矢也。君臣之利異，故人臣莫忠，故臣利立而主利滅。【略】是以姦臣者，召敵兵以內除，舉外事以眩主，苟成其私利，不顧國患。其説在衛人之夫妻禱祝也。【略】故戴歇議子弟，而三桓攻昭公，【略】公叔內齊軍，而翟黄召韓兵，【略】太宰嚭説大夫種，大成牛教申不害，【略】司馬喜告趙王，【略】吕倉規秦、楚，【略】宋石遺衛君書，白圭教暴譴。

似類之事，人主之所以失誅，而大臣之所以成私也。是以門人捐水而夷射誅，【略】濟陽自矯而二人罪，司馬喜殺爰騫而季辛誅，【略】鄭袖言惡臭而新人劓，費無忌教郄宛而令尹誅，【略】陳需殺張壽而犀首走。故燒芻廥而中山罪，【略】殺老儒而濟陽賞也。

事起而有所利，其尸主之；有所害，必反察之。是以明主之論也，國害則省其利者，臣害則察其反者。其説在楚兵至而陳需相，黍種貴而廩吏覆。是以昭奚恤執販茅，而不僖侯譙其次；【略】文公髮繞炙，而穰侯請立帝。

參疑之勢，亂之所由生也，故明主慎之。是以晉驪姬殺太子申生，而鄭夫人用毒藥，衛州吁殺其君完，公子根取東周，王子職甚有寵，而商臣果作亂，嚴遂、韓廆争而哀公果遇賊，田常、闞止，戴驩、皇喜敵，而宋君、簡公殺。【略】其説在狐突之稱二好，與鄭昭之對未生也。

敵之所務在淫察而就靡，先慎曰：淫，亂也；靡，非也。人主之察既亂，則舉事皆非。人主不察，則敵廢置矣。先慎曰：此言人主不明敵之所務，則敵得以廢置我之人才矣。故文王資費仲，而秦王患楚使，黎且去仲尼，而干象沮甘茂。是以子胥宣言而子常用，內美人而虞、虢亡，【略】佯遺書而萇宏死，【略】用雞猳而鄶桀盡。【略】

參疑、廢置之事，明主絶之於內，而施之於外。資其輕者，輔其弱者，此謂廟攻。參伍既用於內，觀聽又行於外，則敵僞得。其説在秦侏儒之告惠文君也。故襄疵言襲鄴，而嗣公賜令蓆。

一勢重者，人主之淵也；臣者，勢重之魚也。魚失於淵而不可復得也，人主失其勢重於臣而不可復收也。古之人難正言，故託之於魚。【略】賞罰者，【略】利器也。君操之以制臣，臣得之以擁主。故君先見所賞，則臣鬻之以爲德；君先見所罰，則臣鬻之以爲威。故曰：國之利器不可以示人。【略】

晉厲公之時，六卿貴。【略】胥僮長魚矯諫曰：大臣貴重，敵主争事，外市樹黨，下亂國法，上以劫主，而國不危者，未嘗有也。公曰：善。乃誅三卿。胥僮長魚矯又諫曰：夫同罪之人偏誅而不盡，是懷怨而借之間也。公曰：吾一朝而夷三卿，予不忍盡也。長魚矯對曰：公不忍之，彼將忍公。公不聽，居三月，諸卿作難，遂殺厲公而分其地。

（清）王先慎《韓非子集解·外儲説右下》　搖木者一一攝其葉，則勞而不徧，左右拊其本而葉徧搖矣。【略】臨淵而搖木，鳥驚而高，魚恐而下。善張網者引其綱，不一一攝萬目而後得，一一攝萬目而後得，【略】則是勞而難。引其綱而魚已囊矣。故吏者，民之本綱者也，故聖人治吏不治民。治吏猶引綱，理人猶張目。救火者，【略】令吏挈壺甕而走火，則一人之用也；操鞭箠指麾而趣使人，則制萬夫。是以聖人不親細民，明主不躬小事。

造父方耨，【略】得有子父乘車過者，【略】馬驚而不行，其子下車牽馬，父子推車，【略】請造父助我推車。【略】造父因收器，輟而寄載之，【略】援其子之乘，乃始檢轡持筴，未之用也，而馬轡驚矣。【略】使造父而不能御，雖盡力勞身，助之推車，馬猶不肯行也。令使身佚，【略】且寄載有德於人者，有術而御之也。故國者，君之車也；勢者，君之馬也。無術以御之，身雖勞，猶不免亂；術，則國之轡策也。先慎曰：《拾補》雖下有使字。盧文弨云：張本有。有術以御之，身處佚樂之地，又致帝王之功也。【略】

椎鍛者，所以平不夷也；榜檠者，所以矯不直也。聖人之爲法也，所以平不夷矯不直也。

淖齒之用齊也，擢閔王之筋；李兑之用趙也，餓殺主父。此二君者，皆不能用其椎鍛榜檠，故身死爲戮，而爲天下笑。

（清）王先慎《韓非子集解·難一》　桓公解管仲之束縛而相之。管仲曰：臣有寵矣，【略】然而臣卑。公曰：使子立高、國之上。管仲曰：臣貴矣，然而臣貧。公曰：使子有三歸之家。管仲曰：臣富矣，然而臣疏。於是立以爲仲父。霄略曰：【略】管仲以賤爲不可以治國，【略】故請高、國之上；以貧爲不可以治富，故請三歸；以疏爲不可以治親，故處仲父。管仲非貪，以便治也。【略】今使臧獲奉君令詔卿相，莫敢不聽；非卿相卑而臧獲尊也，主令所加，莫敢不從也。今使管仲之治，不緣桓公，是無君也，謂擅出其令，故曰不緣也。國無君不可以爲治。若負桓公之威，下桓公之令，是臧獲之所以信也，奚待高、國、仲父之尊而後行哉！當世之行事都丞都丞，宦官之卑者也。【略】之下徵令者，不辟尊貴，不就卑賤。二官雖卑，奉命徵令，亦不以尊卽避，卑卽就也。故行之而法者，雖巷伯信乎卿相；行之而非法者，雖大吏詘乎民萌。今管仲不務尊主明法，而事增寵益爵，是非管仲貪欲富貴，必闇而不知術也。故曰：管仲有失行，霄略有過譽。

（清）王先慎《韓非子集解·難三》　葉公子高問政於仲尼，【略】仲尼曰：政在悦近而來遠。哀公問政於仲尼，仲尼曰：政在選賢。齊景公問政於仲尼，仲尼曰：政在節財。三公出，子貢問曰：三公問夫子政一也，夫子對之不同，何也？仲尼曰：葉都大而國小，民有背心，故曰：政在悦近而來遠。魯哀公有大臣三人，外障距諸侯四鄰之士，內比周而以愚其君，【略】使宗廟不掃除，社稷不血食者，必是三臣也。故曰：政在選賢。齊景公築雍門，爲路寢，一朝而以三百乘之家賜者三，謂以大夫之業世賜與爲寢也。先慎曰：注世，趙本作也。盧文弨云：業也當作菜地。又寢也當作寢者。故曰：政在節財。

或曰：仲尼之對，亡國之言也。葉民有倍心，【略】而説之悦近而來遠，【略】則是教民懷惠。惠之爲政，無功者受賞，則有罪者免，此法之所以敗也。法敗而政亂，【略】以亂政治敗民，未見其可也。且民有倍心者，君上之明有所不及也。不紹葉公之明，【略】而使之悦近而來遠，是舍吾勢之所能禁而使與不行惠以争民，【略】非能持勢者也。夫堯之賢，六王之冠也。舜一從而咸包，而堯無天下矣。有人無術以禁下，恃爲舜而不失其民，不亦無術乎！明君見小姦於微，故民無大謀；行小誅於細，故民無大亂。此謂圖難於其所易也，【略】爲大者於其所細也。今有功者必賞，賞者不得君，顧廣圻曰：得當作德。力之所致也；有罪者必誅，誅者不怨上，罪之所生也。民知誅罰之皆起於身也，顧廣圻曰：罰當作賞。故疾功利於業，【略】而不受賜於君。太上，下智有之。【略】此言太上之下民無説也，【略】安取懷惠之民？上君之民無利害，説以悦近來遠，亦可舍已！哀公有臣外障距內比周以愚其君，而説之以選賢，此非功伐之論也，選其心之所謂賢者也。使哀公知三子外障距內比周也，則三子不一日立矣。哀公不知選賢，選其心之所謂賢，故三子得任事。燕子噲【略】賢子之而非孫卿，【略】故身死爲僇；夫差智太宰嚭而愚子胥，故滅於越。魯君不必知賢，而説以選賢，是使哀公有夫差、燕噲之患也。明君不自舉臣，臣相進也；顧廣圻曰：臣當作功。不自賢，【略】功自徇也。【略】論之於任，試之於事，課之於功。故羣臣公正而無私，【略】不隱賢，不進不肖。然則人主奚勞於選賢？景公以百乘之家賜，而説以節財，是使景公無術以享厚樂，【略】而獨儉於上，未免於貧也。有君以千里養其口腹，則雖桀、紂不侈焉。齊國方三千里，而桓公以其半自養，是侈於桀、紂也；然而能爲五霸冠者，知侈儉之地也。爲君不能禁下而自禁者，謂之劫；不能飾下而自飾者，謂之亂；不節下而自節者，謂之貧。【略】明君使人無私，以詐而食者禁；力盡於事，歸利於上者必聞，聞者必賞；汙穢爲私者必知，知者必誅。然故忠臣盡忠於公，先慎曰：乾道本公上有方字。顧廣圻云：《藏》

本、今本無方字。按句有誤。先慎按：方字衍。然故，即然則也。王引之《經傳釋詞》云：故，猶則也。忠臣盡忠於上與民士竭力於家、百官精尅於上一律，公上不當有方字，今據刪。民士竭力於家，百官精尅於上，精廉尅己。侈倍景公，非國之患也。但如上，雖侈，非國之患也。先慎曰：乾道本注但作伊，據趙本改。然則説之以節財，非其急者也。夫對三公一言而三公可以無患，知下之謂也。知下明【略】則禁於微，禁於微則姦無積，【略】姦無積則無比周，無比周則公私分，公私分則朋黨散，朋黨散則無外障距内比周之患。知下明則見精沐，【略】見精沐則誅賞明，誅賞明則國不貧。故曰：一對而三公無患，知下之謂也。韓子以齊桓侈於桀、紂猶未虧德，形於翰墨，著以爲教，一何逆理之甚。其不得死秦獄，未必不由此也。先慎曰：趙本無此注文。盧文弨云：張本有。

（清）王先慎《韓非子集解·難勢》 慎子曰：飛龍乘雲，騰蛇遊霧，雲罷霧霽，【略】而龍蛇與螾螘同矣，則失其所乘也。賢人而詘於不肖者，則權輕位卑也；【略】不肖而能服於賢者，則權重位尊也。堯爲匹夫不能治三人，而桀爲天子能亂天下。吾以此知勢位之足恃，而賢智之不足慕也。夫弩弱而矢高者，激於風也；身不肖而令行者，得助於衆也。堯教於隸屬而民不聽，至於南面而王天下，令則行，禁則止。由此觀之，賢智未足以服衆，而勢位足以缶賢者也。【略】

應慎子曰：飛龍乘雲，騰蛇遊霧，吾不以龍蛇爲不託於雲霧之勢也。雖然，夫釋賢而專任勢，足以爲治乎？【略】則吾未得見也。夫有雲霧之勢而能乘遊之者，龍蛇之材美之也。【略】今雲盛而螾弗能乘也，霧醲而螘不能遊也；夫有盛雲醲霧之勢而不能乘遊者，螾螘之材薄也。今桀、紂南面而王天下，以天子之威爲之雲霧，而天下不免乎大亂者，桀、紂之材薄也。且其人以堯之勢以治天下也，其勢【略】何以異桀之勢也，亂天下者也。【略】夫勢者，非能必使賢者用已，而不肖者不用已也。顧廣圻曰：兩已字當有誤，未詳。俞樾曰：兩已字當作人己之己，即以勢而言，勢者人人得而用之，不能使賢者用我，而不肖者不用我也。顧氏由不達古人語意耳。賢者用之則天下治，不肖者用之則天下亂。人之情性，賢者寡而不肖者衆，而以威勢之利濟亂世之不肖人，則是以勢亂天下者多矣，【略】以勢治天下者寡矣。夫勢者，便治而利亂者也。故《周書》曰：毋爲虎傅翼，將飛入邑，擇人而食之。【略】夫乘不肖人於勢，是爲虎傅翼也。桀、紂爲高臺深池以盡民力，爲炮烙以傷民性，顧廣圻曰：句當有脱字。高臺一也，深池二也，炮烙三也。下文云四行，其一未見，先慎曰：此隨舉二人暴虐之事，非必有四行也，炮烙即非桀所爲，顧説太泥。桀、紂得乘四行者，【略】南面之威爲之翼也。使桀、紂爲匹夫，未始行一而身在刑戮矣。先慎曰：言匹夫未一行桀、紂之暴亂，刑戮隨之也。顧氏以一對四言，非。勢者，養虎狼之心，而成暴亂之事者也，【略】此天下之大患也。勢之於治亂，本末有位也，【略】而語專言勢之足以治天下者，則其智之所至者淺矣。夫良馬固車，使臧獲御之則爲人笑，王良御之而日取千里；車馬非異也，或至乎千里，或爲人笑，則巧拙相去遠矣。【略】今以國位爲車，【略】以勢爲馬，以號令爲轡，【略】以刑罰爲鞭筴，使堯、舜御之則天下治，桀、紂御之則天下亂，則賢不肖相去遠矣。夫欲追速致遠，不知任王良，欲進利除害，不知任賢能，此則不知類之患也。夫堯、舜亦治民之王良也。復應之曰：其人以勢爲足恃以治官。客曰必待賢乃治，則不然矣。夫勢者，名一而變無數者也。先慎曰：有自然之勢，有人設之勢。勢必於自然，則無爲言於勢矣；吾所爲言勢者，言人之所設也。今曰堯、舜得勢而治，桀、紂得勢而亂，吾非以堯、舜爲不然也。雖然，非一人之所得設也。【略】夫堯、舜生而在上位，【略】雖有十桀、紂不能亂者，則勢治也；桀、紂亦生而在上位，雖有十堯、舜而亦不能治者，則勢亂也。故曰：勢治者則不可亂，而勢亂者則不可治也。此自然之勢也，非人之所得設也。若吾所言，謂人之所得設也；若吾所言，謂人之所得勢也而已矣。【略】賢何事焉！何以明其然也？客曰：人有鬻矛與楯者，【略】譽其楯之堅：物莫能陷也。俄而又譽其矛曰：吾矛之利，物無不陷也。人應之曰：以子之矛，陷子之楯，何如？其人弗能應也。【略】以爲不可陷之楯與無不陷之矛，爲名不可兩立也。夫賢之爲勢不可禁，而勢之爲道也無不禁，以不可禁之勢，【略】此矛楯之説也。夫賢勢之不相容亦明矣。且夫堯、舜、桀、紂千世而一出，是比肩隨踵而生也；【略】世之治者不絶於中，吾所以爲言勢者中也。中者，上不及堯、舜而下亦不爲桀、紂，抱法處勢則治，背法去勢則亂。今廢勢背法而待堯、舜，堯、舜至乃治，是千世亂而一治也；抱法處勢而待桀、紂，桀、紂至乃亂，是千世治而一亂也。且夫治千而亂一，與治一而亂千也，是猶乘驥駬而分馳也，相去亦遠矣。先慎曰：驥、駬並千里馬，乘而分馳，違背必速。

夫棄隱栝之法，先愼曰：張榜本、趙本栝作括。《公羊》何休《序》云隱括使就繩墨，是也。字當作桰，《説文》桰，檃也，從木，昏聲。今通用炊竈木之栝。又或從括，《書·太甲》往省括于度，是也。去度量之數，使奚仲爲車，不能成一輪；無慶賞之勸，刑罰之威，釋勢委法，堯、舜戸説而人辯之，不能治三家。夫勢之足用亦明矣，而曰必待賢，則亦不然矣。【略】且夫百日不食以待粱肉，餓者不活；【略】今待堯、舜之賢乃治當世之民，是猶待粱肉而救餓之説也。夫曰良馬固車，臧獲御之則爲人笑，王良御之則日取乎千里，吾不以爲然。夫待越人之善海游者【略】以救中國之溺人，越人善游矣，而溺者不濟矣。【略】夫待古之王良以馭今之馬，亦猶越人救溺之説也，不可亦明矣。夫良馬固車，【略】五十里而一置，使中手御之，追速致遠，可以及也，而千里可日至也，何必待古之王良乎！且御非使王良也，則必使臧獲敗之；治非使堯、舜也，則必使桀、紂亂之。此味非飴蜜也，必苦菜亭歷也。【略】此則積辯累辭、離理失術，兩末之議也，【略】奚可以難夫道理之言乎哉！客議未及此論也。

（清）王先愼《韓非子集解·詭使》　聖人之所以為治道者三：一曰利，二曰威，三曰名。夫利者所以得民也，威者所以行令也，名者上下之所同道也。非此三者，雖有不急矣。今利非無有也，而民不化上；威非不存也，而下不聽從；官非無法也，而治不當名。三者非不存也，而世一治一亂者何也？夫上之所貴，與其所以爲治相反也。【略】夫立名號，所以爲尊也，今有賤名輕實者，世謂之高。【略】設爵位所以爲賤貴基也，而簡上不求見者，世謂之賢。威利所以行令也，而無利輕威者，世謂之重。【略】法令所以爲治也，而不從法令爲私善者，世謂之忠。官爵所以勸民也，而好名義不進仕者，世謂之烈士。【略】刑罰所以擅威也，而輕法不避刑戮死亡之罪者，世謂之勇夫。【略】民之急名也，甚其求利也。如此，則士之飢餓乏絶者，焉得無巖居苦身以争名於天下哉！故世之所以不治者，非下之罪，上失其道也。常貴其所以亂而賤其所以治，是故下之所欲常與上之所以爲治相詭也。今下而聽其上，上之所急也。而惇慤純信，用心怯言，則謂之窶。【略】守法固，聽令審，則謂之愚。敬上畏罪，則謂之怯。言時節，行中適，則謂之不肖。無二心私學，聽吏從教者，則謂之陋。【略】難致謂之正，難予謂之廉，難禁謂之齊，有令不聽從謂之勇，無利於上謂之愿，寬惠行德謂之仁。【略】重厚自尊謂之長者，私學成羣謂之師徒。閒靜安居謂之有思，【略】損仁逐利謂之疾，【略】險躁佻反覆謂之智。【略】先爲人而後自爲，類名號言，汎愛天下，謂之聖。言大本稱【略】而不可用，行而乖於世者，謂之大人。賤爵禄不撓上者，謂之傑。下漸行如此，入則亂民，出則不便也。盧文弨曰：便，一作使。上宜禁其欲、滅其迹而不止也，【略】又從而尊之，是教下亂上以爲治也。凡上所治者刑罰也。【略】今有私行義者尊。【略】社稷之所以立者安靜也，而譟險讒諛者任。四封之内所以聽從者，信與德也，而陂知傾覆者使。令之所以行，威之所以立者，恭儉聽上，【略】而巖居非世者顯。倉廩之所以實者，耕農之本務也，而綦組錦繡刻畫爲末作者富。名之所以成，城池之所以廣者，戰士也，【略】今死之孤飢餓乞於道，【略】而優笑酒徒之屬乘車衣絲。賞禄所以盡民力，易下死也；今戰勝攻取之士勞而賞不霑，而卜筮視手理狐蟲爲順辭於前者日賜。俞樾曰：蟲乃蠱之誤。《春秋》蟲牢，《春秋繁露·竹林篇》作蠱牢，卽其例矣。狐蠱二字連文，見僖十五年《左傳》。上握度量，所以擅生殺之柄也；今守度奉量之士，欲以忠嬰上而不得見，巧言利辭，行姦軌以倖偷世者數御。先愼曰：《廣雅·釋詁》：御，進也。數，音色角反。此言巧言利辭之人，得常常進見也。據法直言，名刑相當，循繩墨誅姦人，所以爲上治也，而愈疏遠；諂施順意從欲以危世者，近習。悉租税，專民力，所以備難，充倉府也；而士卒之逃事狀匿，附託有威之門以避徭賦，而上不得者萬數。【略】夫陳善田利宅，所以厲戰士也。【略】而斷頭裂腹，播骨乎平原野者，【略】無宅容身，死田畝；顧廣圻曰：今本重身字。《藏》本畝作敏，今本作奪。按句有誤。先愼曰：乾道本不誤，今本作身死田奪，非。無宅容身，則其田不待身死而奪也。《藏》本畝作敏，形近而誤。死田畝，卽孟子死溝壑之意。生既無宅，故死於外也。而女妹有色，大臣左右無功者，擇宅而受，擇田而食。賞利一從上出，所以善剬下也；【略】而戰介之士不得職，顧廣圻曰：戰當作耿。而閒居之士尊顯。【略】上以此爲教，名安得無卑，位安得無危！夫卑名危位者，【略】必下之不從法令，有二心無私學，反逆世者也，【略】而不禁其行，不破其羣，以散其黨，又從而尊之，用事者過矣。上之所以立廉恥者，【略】所以屬下也；王念孫曰：屬，乃厲之誤，説詳上《有度篇》。今士大夫不羞汙泥醜辱而宦，【略】女妹私義之門不待次而宦。【略】賞賜所以爲重也，【略】而戰鬭有功之士貧賤，而便辟優徒超級。名號【略】誠信所以通威也，而主揜障，近習女謁並行，百官主爵遷人，用事者過矣。大臣官人與下先謀比周，雖不法行，威利在下，【略】則主卑而大臣重矣。夫立法令者以廢私也，法令行而私道廢矣。私者，所以亂法也。而士有二心私學，巖居窞路，【略】託伏深慮，大者非世，細者惑下，上不禁，又從而尊之，以名，【略】化之以實，是無功而顯，無勞而富也。如此，則士之有二心私學者，焉得無深慮，勉知詐與誹謗法令，【略】以求索與世相反者也！凡亂上反世者，常士有二心私學者也。故《本言》曰：所以治者，法也；所以亂者，私也。法立，則莫得爲私矣。故曰：道私者亂，道法者治。上無其道，則智者有私詞，賢者有私意。上有私惠，下有私欲。聖智成羣，造言作辭，以非法措於上，【略】上不禁塞，又從而尊之，是教下不聽上，不從法也。是以賢者顯名而居，姦人賴賞而富。賢者顯名而居，姦人賴賞而富，是以上不勝下也。

（清）王先愼《韓非子集解·五蠹》　故糟糠不飽者不務粱肉，【略】短褐不完者不待文繡。【略】夫治世之事，急者不得，則緩者非所務也。今所治之政，民間之事，夫婦所明知者不用，而慕上知之論，則其於治反矣。故微妙之言，非民務也。若夫賢良貞信之行者，【略】必將貴不欺之士；【略】貴不欺之士者，【略】亦無不欺之術也。【略】布衣相與交，無富厚以相利，無威勢以相懼也，故求不欺之士。今人主處制人之勢，有一國之厚，重賞嚴誅得操其柄，以修明術之所燭，【略】雖有田常、子罕之臣，不敢欺也，奚待於不欺之士！今貞信之士不盈於十，而境內之官以百數，必任貞信之士則人不足官，人不足官則治者寡而亂者衆矣。故明主之道，一法而不求智，固術而不慕信，故法不敗而羣官無姦詐矣。今人主之於言也，説其辯而不求其當焉；其用於行也，美其聲而不責其功焉。【略】是以天下之衆，其談言者務爲辯，而不周於用，故舉先王言仁義者盈廷，而政不免於亂；行身者競於爲高，而不合於功，故智士退處巖穴，歸祿不受，而兵不免於弱，政不免於亂，此其故何也？民之所譽，上之所禮，亂國之術也。今境內之民皆言治，藏商、管之法者家有之，而國愈貧，【略】言耕者衆，【略】執耒者寡也；境內皆言兵，藏孫、吳之書者家有之，而兵愈弱，言戰者多，被甲者少也。故明主用其力不聽其言，賞其功必禁無用，【略】故民盡死力以從其上。夫耕之用力也勞，而民爲之者，曰：可得以富也。戰之爲事也危，【略】而民爲之者，曰：可得以貴也。今修文學，習言談，【略】則無耕之勞而有富之實，無戰之危而有貴之尊，則人孰不爲也！是以百人事智而一人用力。事智者衆則法敗，用力者寡則國貧，此世之所以亂也。故明主之國，無書簡之文，以法爲教；無先王之語，【略】以吏爲師；無私劍之捍，以斬首爲勇。是境內之民，其言談者必軌於法，動作者歸之於功，爲勇者盡之於軍。是故無事則國富，有事則兵強，此之謂王資。既畜王資而承敵國之釁，超五帝侔三王者，必此法也。今則不然，士民縱恣於內，言談者爲勢於外，外內稱惡，以待強敵，不亦殆乎！故羣臣之言外事者，非有分於從衡之黨，則有仇讎之忠，【略】而借力於國也。從者，合衆弱以攻一強也；【略】而衡者，事一強以攻衆弱也。皆非所以持國也。今人臣之言衡者，皆曰：不事大則遇敵受禍矣。事大未必有實，則舉圖而委，效璽而請兵矣。【略】獻圖則地削，效璽則名卑；地削則國削，名卑則政亂矣。事大爲衡未見其利也，而亡地亂政矣。人臣之言從者，皆曰：不救小而伐大則失天下，失天下則國危，國危而主卑。救小未必有實，則起兵而敵大矣。【略】救小未必能存，而交大未必不有疏，【略】有疏則爲强國制矣。出兵則軍敗，退守則城拔。救小爲從未見其利，而亡地敗軍矣。是故事強則以外權士官於內，【略】救小則以內重求利於外。國利未立，【略】封土厚祿至矣；主上雖卑，人臣尊矣；國地雖削，私家富矣。事成則以權長重，事敗則以富退處。人主之聽説於其臣，【略】事未成則爵祿已尊矣；事敗而弗誅，則遊説之士孰不爲用矰繳之説而徼倖其後？故破國亡主以聽言談者之浮説，此其故何也？是人君不明乎公私之利，【略】不察當否之言，而誅罰不必其後也。皆曰：外事，大可以王，小可以安。夫王者，能攻人者也；而安，則不可攻也。強，則能攻人者也；治，則不可攻也。治強不可責於外，【略】內政之有也。【略】今不行法術於內，而事智於外，則不至於治強矣。鄙諺曰：長袖善舞，多錢善賈。此言多資之易爲工也。故治強易爲謀，弱亂難爲計。故用於秦者十變而謀希失，用於燕者一變而計希得。非用於秦者必智，用於燕者必愚也，蓋治亂之資異也。故周去秦爲從，期年而舉；【略】衛離魏爲衡，【略】半歲而亡。【略】是周滅於從，衛亡於衡也。使周、衛緩其從衡之計，而嚴其境内之治，【略】明其法禁，必其賞罰，盡其地力，以多其積；致其民死以堅其城守，天下得其地則其利少，攻其國則其傷大；萬乘之國莫敢自頓於堅城之下，而使強敵裁其弊也，此必不亡之術也。舍必不亡之術而道必滅之事，治國者之過也。智困於内而政亂於外，【略】則亡不可振也。民之政計，皆就安利如辟危窮。【略】今爲之攻戰，進則死於敵，退則死於誅，則危矣；棄私家之事而必汗馬之勞，家困而上弗論，則窮矣。窮危之所在也，民安得勿避？故事私門而完解舍，解舍完則遠戰，遠戰則安。行貨賂而襲當塗者則求得，求得則私安，私安則利之所在，安得勿就？顧廣圻曰：解、廨同字也。俞樾曰：解舍完三字衍文也。事私門而完解舍則遠戰，與行貨賂而襲當塗者則求得兩文相對，不當衍此三字也。求得則私，私乃利字之誤。遠戰則安、求得則利與上文窮危相對。安對危言；利對窮言也。安私安則利之所在，當作安利之所在。上文窮危之所在也，民安得勿避，此云安利之所在，安得勿就，兩文亦相對。先慎曰：解舍完三字不當有，應增一者字。下行貨賂而襲當塗者則求得，正有者字，此不當少一字。是以公民少而私人衆矣。夫明王治國之政，使其商工游食之民少而名卑，以寡趣本務而趨末作。【略】今世近習之請行則官爵可買，官爵可買則商工不卑也矣；【略】姦財貨賈得用於市，則商人不少矣。聚歛倍農而致尊過耕戰之士，【略】則耿介之士寡而高價之民多矣。是故亂國之俗，其學者，則稱先王之道以籍仁義，盛容服而飾辯説，以疑當世之法而貳人主之心。其言古者，【略】爲設詐稱，借於外力，以成其私，而遺社稷之利。其帶劍者，聚徒屬，立節操，以顯其名而犯五官之禁。先慎曰：五官，謂司徒、司馬、司空、司士、司寇，典司五衆者。其患御者，【略】積於私門，盡貨賂而用重人之謁，退汗馬之勞。其商工之民，修治苦窳之器，聚弗靡之財，蓄積待時而侔農夫之利。【略】此五者，邦之蠹也。人主不除此五蠹之民，不養耿介之士，則海内雖有破亡之國，削滅之朝，亦勿怪矣。

（清）王明德《讀律佩觿·讀律八法·一曰無我》 我之爲害，千古一轍。無論庸愚鄙陋，賦性凶殘，惟私是營。如趙禹、張湯之屬，卒歸戮滅，否亦痛遭天譴，自不必言。即秉質温良，慈祥和易，立心于佈澤伸恩，一以全活爲主腦，亦不免蹈有我之癖。若夫迷惑于浮屠邪教，不問理之是非，惟曰做好事，活得一個是一個，日爲記功自負，意謂其後必昌者，是又我中寓我，貪鄙迷謬之流，其所謂功德，實乃孽德，非功德也。功德可自做乎？獨不思法乃天下之公，即天子亦不容私所親。夫貴爲天子尚不敢私其法，況其下焉者乎？慕慈仁之虚譽，骫不易之大公，生者倖矣，彼被其害者，將如之何？何見牛未見羊，而好仁不好學之至耶？屈法市恩，翼强長惡，得謂之慈耶、仁耶？孽不隨之並至歟？若云特普全活，實居盛事，則湯之爲湯，當并四西而盡解之矣，何爲仍留一面曰，不用命者，始入吾網。律之爲律，同于一面空懸，以待不用命之徒，一如上天懸象，風雨露雷，因時而降，栽者培，而傾者覆。何有于私？彼自投于法之中，我何容寛於法之外，執而斷之，以警乎衆。如曰功德，未必非命世大功德也。于公後嗣昌高大門閭，乃自信其斷獄無冤民，豈止自信乎全活多，不準夫情法之平，一以功德為主念耶？倘謂活得一個是一個，其言最爲至善。是四凶可不罪，防風可不戮，管蔡少正可不誅，而典刑象魏，可並爲不設矣。夫何以四凶罪而天下服，後至戮而四海同，罪人得，兩觀誅，而周室安，魯國其大治耶？信如浮屠功德之言，一以曲活爲好事，將四裔之投，為大殘；塗山之戮，爲大刻；東山之斧，爲不弟；兩觀之誅，為不仁。何殘忍刻薄，不弟不仁，皆盡出于古聖先賢，反瞠焉于彼為不若歟？宣尼之哀矜勿喜，即釋氏子之大慈大悲，如佛果盡爲救濟，則並無所謂地獄矣。彼習浮屠者，何爲復設地獄邪説以惑人，豈佛氏于此，亦將有心擇取，或爲有救有不救耶？未知惑其教者，又將何以為解也。殊不知聖賢立教，惟有一中。中，則洞洞空空，不偏不倚，何有于功德。倘意見微有執着，雖公亦私，難免乎有我矣。有我之念横眩于胸，將未見刑書，即目爲俗吏之司，殘忍之習，未及展卷，先已枘鑿其不相入。一旦身膺民寄，位列臺輔，其何以定大獄而決大理，輔聖治而熙萬姓哉。愚恐其寄權左右，授柄積胥，冤集禍叢，積久發暴，身且為累，況望后嗣其昌乎？故曰：讀法必先於無我。

（清）王明德《讀律佩觿》卷四上《決獄定詳明》 吾儒讀書懷古，惟知芸窗課誦、志切青雲而已。刑名律法，素所深鄙，崇尚風雅，何屑致問。一旦驟膺民寄，臨莅官常，當彼兩造雜陳，態餘萬狀，牘案盈幾，目炫五色時，焉能一一詳爲分決。稍有未慎，即動違情理，況更遑臆以自是乎？是以先賢特舉律義數條，聊示原情榜樣，用爲斷獄標準，俾讀法者重爲錯愕，深思紬繹，以克達夫奧理所存，此本賦所由興。而故明定律君子，併爲備采傳註，以附乎律後之深意也。若賦中所指，雖止十事，各具奧理，當為細加詳究。然全律中，其酌定之同乎此，以及獄情之不止乎此者，何一不各具各情，各有奧理之當究。倘不即此詳推神明而變通之，則食生不化，膠刻無移，欲求克當乎明允，豈易言哉。故賦更重之以達，達則迎刃而解，無往其不宜矣。孔子曰：賜也達，於從政乎何有，又奚止於決獄詳明而已耶？然非慎之又慎，誠而又誠，將何以達乎奧，而畢原乎其情歟？是在講讀君子，秉誠抱慎，善達而善原之，則思過半矣。

《六韜·文韜·上賢》　故王人者有六賊、七害。夫六賊者，一曰：臣有大作宮室池榭遊觀倡樂者，傷王之德。二曰：民有不事農桑，任氣遊俠，犯歷法禁，不從吏教者，傷王之化。三曰：臣有結朋黨，蔽賢智，障主明者，傷王之權。四曰：士有抗志高節，以為氣勢，外交諸侯，不重其主者，傷王之威。五曰：臣有輕爵位，賤有司，羞為上犯難者，傷功臣之勞。六曰：強宗侵奪，陵侮貧弱，傷庶人之業。七害者，一曰：無智略權謀，而重賞尊爵之。故強勇輕戰，僥倖於外，王者謹勿使為將。二曰：有名無實，出入異言，掩善揚惡，進退為巧，王者謹勿與謀。三曰：朴其身躬，惡其衣服，語無為以求名，言無欲以求利，此偽人也，王者謹勿近。四曰：奇其冠帶，偉其衣服，博問辯詞，虚論高議，以為容美，窮居靜處，而誹時俗，此姦人也，王者謹勿寵。五曰：讒佞苟得，以求官爵，果敢輕死，以貪禄秩，不圖大事，貪利而動，以高談虚論，説於人主，王者謹勿使。六曰：為雕文刻鏤，技巧華飾，而傷農事，王者必禁。七曰：偽方異技，巫蠱左道，不祥之言，幻惑良民，王者必止之。故民不盡力，非吾民也。士不誠信，非吾士也。臣不忠諫，非吾臣也。吏不平潔愛人，非吾吏也。相不能富國強兵，調和陰陽，以安萬乘之主，正君臣，定名實，明賞罰，樂萬民，非吾相也。夫王者之道如龍首，高居而遠望，深視而審聽，示其形，隱其情，若天之高，不可極也，若淵之深，不可測也。故可怒而不怒，姦臣乃作。可殺而不殺，大賊乃發。兵勢不行，敵國乃強。

（宋）吉天保《孫子十家註》卷一《計篇》　道者，令民與上同意也。【略】故可與之死，可與之生，而民不畏危。【略】杜佑曰：謂導之以政令，齊之以禮教也。危者疑也。上有仁施，下能致命也。

（宋）吉天保《孫子十家註》卷一〇《地形篇》　厚而不能使，愛而不能令，亂而不能治，譬如驕子不可用也。

曹公曰：恩不可專用，罰不可獨任。若驕子之喜怒對目，還害而不可用也。

孟氏曰：唯務行恩，恩勢已成；刑之必怨，唯務行刑；刑怨已深，恩之不附，必使恩威相參，賞罰並用。然後可以爲將，可以統衆也。【略】

吴起曰：夫鼓鞞金鐸，所以威耳；旌旗麾章，所以威目；禁令刑罰，所以威心。耳威於聲，不得不清。目威於色，不得不明。心威於形，不得不嚴。

《吴子·圖國》　吴子曰：凡制國治軍，必教之以禮，勵之以義，使有恥也。夫人有恥，在大足以戰，在小足以守矣。然戰勝易，守勝難。故曰：天下戰國，五勝者禍，四勝者弊，三勝者霸，二勝者王，一勝者帝。是以數勝得天下者稀，以亡者衆。

《司馬法·仁本》　先王之治，順天之道，設地之宜，官民之德，而正名治物。立國辨職，以爵分禄，諸侯説懷，海外來服，獄弭而兵寢，聖德之治也。其次，賢王制禮樂法度，乃作五刑，興甲兵，以討不義。巡狩省方，會諸侯，考不同。其有失命，亂常背德，逆天之時，而危有功之君，遍告于諸侯，彰明有罪，乃告于皇天上帝、日月星辰，禱于后土、四海神祇、山川、冢社，乃造于先王。然後冢宰徵師于諸侯曰：某國為不道，征之，以某年月日，師至于某國，會天子正刑。冢宰與百官布令于軍曰：入罪人之地，無暴神祇，無行田獵，無毁土功，無燔牆屋，無伐林木，無取六畜、禾黍、器械。見其老幼，奉歸勿傷；雖遇壯者，不校勿敵；敵若傷之，醫藥歸之。既誅有罪，王及諸侯，修正其國，舉賢立明，正復厥職。

（漢）黄石公《素書·安禮章》　釋己而教人者逆，正己而化人者順。教者以言，化者以道。老子曰：法令滋彰，盜賊多有，教之逆者也。我無爲而民自化，我無欲而民自朴，化之順者也。

逆者難從，順者易行。難從則亂，易行則理。天地之道，簡易而已。聖人之道，簡易而已。順日月而晝夜之，順陰陽而生殺之，順山川而高下之，此天地之簡易也。順夷狄而外之，順中國而內之，順君子而爵之，順小人而役之，順善惡而賞罰之，順九土之宜而賦斂之，順人倫而序之，此聖人之簡易也。夫鳥獲非不力也，執牛之尾而使之郤行，則終日不能步尋丈，及以環桑之枝貫其鼻，三尺之綯繫其頸，童子服之。風於大澤無所不至者，蓋其勢順也。

如此理身、理家、理國，可也。小大不同，其理則一。

《尸子》卷上《分》 明王之道易行也。勞不進一步，聽獄不後皋陶，食不損一味，富民不後虞舜，樂不損一日，用兵不後湯武。

《尸子》卷上《發蒙》 若夫臨官治事者，案其法則民敬事。任士進賢者，保其後則民慎舉。議國親事者，盡其實則民敬言。

又： 若羣臣之眾皆戒慎，恐懼若履虎尾，則何不濟之有乎？君明則臣少罪，夫使眾者，詔作則遲，分地則速，是何也？無所逃其罪也。言亦有地不可不分也，君臣同地則臣有所逃其罪矣。

《尹文子·大道上》 道不足以治則用法，法不足以治則用術，術不足以治則用權，權不足以治則用勢。勢用則反權，權用則反術，術用則反法，法用則反道。道用則無爲而自治。故窮則徼終，徼終則反始，始終相襲，無窮極也。

又： 五色、五聲、五臭、五味凡四類，自然存焉天地之間，而不期爲人用，人必用之終身。各有好惡而不能辯其名分。名宜屬彼，宜屬我。我愛白而憎黑，韻商而舍徵，好膻而惡焦，嗜甘而逆苦。白黑商徵膻焦甘苦，彼之名也。愛憎韻舍好惡嗜逆，我之分也。定此名分，則萬事不亂也。故人以度審長短，以量受少多，以衡平輕重，以律均清濁，以名稽虛實，以法定治亂，以簡制煩惑，以易御險難，以萬事皆歸於一，百度皆準於法。歸一者，簡之至。準法者，易之極。如此，頑嚚聾瞽可以察慧聰明，同其治也。

《尹文子·大道下》 仁義禮樂，名法刑賞，凡此八者，五帝三王治世之術也。故仁以道之，義以宜之，禮以行之，樂以和之，名以正之，法以齊之，刑以威之，賞以勸之。故仁者所以博施於物，亦所以生偏私。義者所以立節行，亦所以成華僞。禮者所以行恭謹，亦所以生惰慢。樂者所以和情志，亦所以生淫放。名者所以正尊卑，亦所以生矜篡。法者所以齊眾異，亦所以乖名分。刑者所以威不服，亦所以生陵暴。賞者所以勸忠能，亦所以生鄙争。凡此八術無隱於人，而常存於世，非自顯於堯湯之時，非自逃於桀紂之朝，用得其道則天下治，失其道則天下亂。過此而往，雖彌綸天地，籠絡萬品，治道之外，非羣生所餐挹。聖人錯而不言也。

《慎子·逸文》 故治國，無其法則亂；守法而不變則衰；有法而行私，謂之不法。以力役法者，百姓也。以死守法者，有司也。以道變法者，君長也。

《鶡冠子·博選》 王鈇非一世之器者，厚德隆俊也。王鈇，法制也。

賈子曰：權勢法制，人主之斤斧。夫專任法制，不以厚德將之而欲以持久，難哉。

《吕氏春秋·仲冬紀·當務》 四曰：辨而不當論，信而不當理，勇而不當義，法而不當務，惑而乘驥也，狂而操吴干將也，大亂天下者，必此四者也。所貴辨者，為其由所論也；所貴信者，為其遵所理也；所貴勇者，為其行義也；所貴法者，為其當務也。

《吕氏春秋·慎大覽·順説》 田贊衣補衣而見荊王，荊王曰：先生之衣，何其惡也？田贊對曰：衣又有惡於此者也。荊王曰：可得而聞乎？對曰：甲惡於此。王曰：何謂也？對曰：冬日則寒，夏日則暑，衣無惡乎甲者。贊也貧，故衣惡也。今大王，萬乘之主也，富貴無敵，而好衣民以甲，臣弗得也。意者為其義邪？甲之事，兵之事也，刈人之頸，刳人之腹，隳人之城郭，刑人之父子也。其名又甚不榮。意者為其實邪？苟慮害人，人亦必慮害之；苟慮危人，人亦必慮危之。其實人則甚不安之。二者臣為大王無取焉。荊王無以應。説雖未大行，田贊可謂能立其方矣。若夫偃息之義，則未之識也。

《吕氏春秋·審分覽·知度》 至治之世，其民不好空言虛辭，不好淫學流説。賢不肖各反其質，行其情，不雕其素，蒙厚純樸，以事其上。若此則工拙愚智勇懼可得以故易官，易官則各當其任矣。故有職者安其職，不聽其議；無職者責其實，以驗其辭。此二者審，則無用之言不入於朝矣。君服性命之情，去愛惡之心，用虛無為本，以聽有用之言，謂之朝。凡朝也者，相與召理義也，相與植法則也。上服性命之情，則理義之士至矣，法則之用植矣，枉辟邪撓之人退矣，貪得偽詐之曹遠矣。故治天下之要，存乎除姦；除姦之要，存乎治官；治官之要，存乎治道；治道之要，存乎知性命。

《呂氏春秋·審分覽·慎勢》　位尊者其教受，威立者其姦止，此畜人之道也。故以萬乘令乎千乘易，以千乘令乎一家易，以一家令乎一人易。嘗識及此，雖堯、舜不能。諸侯不欲臣於人而不得已，其勢不便，則奚以易臣？權輕重，審大小，多建封，所以便其勢也。王也者，勢也。王也者，勢無敵也。勢有敵則王者廢矣。有知小之愈於大、少之賢於多者，則知無敵矣。知無敵，則似類嫌疑之道遠矣。故先王之法，立天子不使諸侯疑焉，立諸侯不使大夫疑焉，立適子不使庶孽疑焉。疑生爭，爭生亂。是故諸侯失位則天下亂，大夫無等則朝廷亂，妻妾不分則家室亂，適孽無別則宗族亂。

（漢）劉安《淮南子》卷一《原道訓》　故以天爲蓋，則無不覆也；以地爲輿，則無不載也；四時爲馬，則無不使也；陰陽爲御，則無不備也；陰陽次敘以成萬物，無所缺也。故曰無不備。是故疾而不搖，遠而不勞，四支不動，聰明不損，損，減也。而知八紘九野之形埒者何也？八紘，天之八維也。九野，八方中央也。執道要之柄，而游於無窮之地，是故天下之事不可爲也，爲，治也。因其自然而推之。推，求也、舉也。萬物之變不可究也，秉其要歸之趣。趣，亦歸也。

又：故體道者逸而不窮，任數者勞而無功。夫峭法刻誅者，非霸王之業也；箠策繁用者，非致遠之術也。繁，數也。

（漢）劉安《淮南子》卷六《覽冥訓》　昔者黃帝治天下，而力牧、太山稽輔之，力牧、太山稽黃帝師。孟子曰：王者師臣也。以治日月之行律，律，度也。治陰陽之氣，節四時之度，正律曆之數，別男女，異雌雄，明上下，等貴賤，使強不掩弱，衆不暴寡，人民保命而不夭，安其性命不夭折也。歲時孰而不凶，不凶，無災害也。百官正而無私，皆在公也。上下調而無尤，君臣調和，無尤過也。法令明而不闇，輔佐公而不阿，卿上公正，不立私曲從也。田者不侵畔，漁者不爭隈，隈，曲深處，魚所聚也。道不拾遺，市不豫賈，城郭不關，關，閉也。邑無盜賊，鄙旅之人，相讓以財；言所有餘。狗彘吐菽粟於路，而無忿急之心。

（漢）劉安《淮南子》卷七《精神訓》　達至道者則不然，理情性，治心術；養以和，持以適；樂道而忘賤，安德而忘貧；性有不欲，無欲而不得，言其守虛，執持不欲之情性，則無有所欲而不得也。心有不樂，無樂而不爲；言其志正，不樂邪淫之樂，則無有正樂而不爲樂，言皆爲之樂也。無益情者不以累德，而便性者不以滑和，滑，亂。逵吉按：諸本作無益於情者不以累德，不便於性者不以滑和。故縱體肆意，而度制可以爲天下儀。縱，放也。肆，緩也。儀，法也。

（漢）劉安《淮南子》卷八《本經訓》　逮至衰世，人衆財寡，事力勞而養不足，於是忿爭生，是以貴仁。仁鄙不齊，比周朋黨，設詐諝，懷機械巧故之心，而性失矣，諝，謀也。性失，失其純樸之性也。是以貴義。陰陽之情，莫不有血氣之感，男女羣居雜處而無別，是以貴禮。禮以別也。性命之情，淫而相脅，脅，迫。以不得已則不和，是以貴樂。樂以和之。是故仁義禮樂者，可以救敗，而非通治之至也。

又：故至人之治也，心與神處，形與性調，靜而體德，動而理通，隨自然之性而緣不得已之化，洞然無爲而天下自和，憺然無欲而民自樸，無機祥而民不夭，不忿爭而養足，兼包海內，澤及後世，不知爲之者誰何。道無姓名，自當然也，故曰不知誰何也。

又：末世之政，田漁重稅，關市急征，澤梁畢禁；網罟無所布，耒耜無以設；民力竭於徭役，財用殫於會賦；會計，計人口數，責其稅斂也。居者無食，行者無糧；老者不養，死者不葬；贅妻鬻子，以給上求，猶弗能澹；贅，從嫁也，或作賃妻。愚夫惷婦，皆有流連之心，悽愴之志。流連，猶瀾漫失其職業也。悽愴，傷悼之貌。惷讀近貯益之貯戇，籠口言之也。

又：古者天子一畿，諸侯一同，方千里爲畿，方百里爲同。各守其分，不得相侵。分，猶界也。有不行王道者，暴虐萬民，爭地侵壤，亂政犯禁，召之不至，令之不行，言不行上令者。行，讀行馬之行。禁之不止，誨之不變，誨，教也。變，更也。乃舉兵而伐之，戮其君，易其黨，封其墓，類其社，有賢者受惡君之誅，則封殖其墓。若武王伐紂，封比干之墓是也。祭社曰：類以事類祭之也。《詩》云：是類是禡也。卜其子孫以代之。卜，擇立其子孫之賢也。天子不滅國，諸侯不滅姓，古之政也。

（漢）劉安《淮南子》卷九《主術訓》　人主之術，處無爲之事，而行不言之教，教，令也。謂不言而事辦也。清靜而不動，一度而不搖，因循而任下，責成而不勞。成辦而不自勞。

又：末世之政則不然。上好取而無量，下貪很而無讓，民貧苦而忿爭，事力勞而無功，智詐萌興，盗賊滋彰，上下相怨，號令不行。執政有司，不務反道矯拂其本，而事脩其末，事治。削薄其德，曾累其刑，而欲以爲治，無以異於執彈而來鳥，捭梲而狎犬也，亂乃逾甚。逾，益。逵吉按：梲，《説文解字》云：木杖也。攷禰衡執梲以罵曹操，亦是杖。此捭梲義當從之。

又：夫水濁則魚噞，魚短氣出口於水，喘息之喻也。政苛則民亂。言無聊也。逵吉按：《説文解字》喁，魚口。上見《論語素王受命讖》曰莫不喁喁，延頸歸德，蓋亦衆口上向之義。水濁則魚喁，政苛則民亂，十字出《韓詩外傳》。《淮南》之文博采通人，信而有證。此乃改喁爲噞，噞喁古音相近。古字無卽異文與。故夫養虎豹犀象者，爲之圈檻，供其嗜欲，適其饑飽，違其怒恚，然而不能終其天年者，形有所劫也。是以上多故則下多詐，故，詐。上多事則下多態，上煩擾則下不定，不定，不知所從也。上多求則下交争。不直之於本，而事之於末，譬猶揚堁而弭塵，抱薪以救火也。堁，塵壓也。楚人謂之堁，堁動塵之貌。弭，止也。

又：蘧伯玉爲相，子貢往觀之。曰：何以治國？曰：以弗治治之。蘧伯玉，衛大夫蘧瑗也。子貢，衛人也，姓端木名賜，孔子弟子也。簡子欲伐衛，使史黯往覿焉，簡子，晉卿趙鞅也。史黯，史墨也。覿，觀之也。還報曰：蘧伯玉爲相，未可以加兵。以其賢也。固塞險阻，何足以致之。致，猶勝也。故皋陶瘖而爲大理，天下無虐刑，有貴於言者也。雖瘖，平獄理訟能得人之情，故貴於多言者也。師曠瞽而爲太宰，晉無亂政，有貴於見者也。雖盲而大治晉國，使無有亂政，故貴於有所見。故不言之令，不視之見，不言之令，皋陶瘖也，不視之見，師曠瞽也。此伏羲、神農之所以爲師也。

又：今夫權衡規矩，一定而不易，不爲秦楚變節，不爲胡越改容，常一而不邪，方行而不流，一日刑之，萬世傳之，而以無爲爲之。言無所爲爲之，爲自爲之。故國有亡主，而世無廢道；亡主，桀紂是也。湯武以其民王，故曰無廢道也。人有困窮，而理無不通。理，道。由此觀之，無爲者，道之宗。宗，本。

又：是故明主之治，國有誅者而主無怒焉，因法而行，故不怒也。朝有賞者而君無與焉，因功而行，故不與也。誅者不怨君，罪之所當也。賞者不德上，功之所致也。民知誅賞之來，皆在於身也，故務功脩業，不受贛於君。贛，物也。是故朝廷蕪而無迹，田野辟而無草。故太上，下知有之。言太上之世，下知之人皆能有此術。

又：亂國則不然，有衆咸譽者，無功而賞，守職者無罪而誅。主上闇而不明，羣臣黨而不忠，説談者游於辯，脩行者競於往。往，自益也。主上出令，則非之以與；法令所禁，則犯之以邪。與，黨與也。以黨與非謗上令。邪，姦也。爲智者務於巧詐，爲勇者務於鬬爭。大臣專權，下吏持勢，朋黨周比，以弄其上，國雖若存，古之人曰亡矣。

又：人主者，以天下之目視，以天下之耳聽，以天下之智慮，以天下之力争。是故號令能下究，而臣情得上聞。聞，猶達也。百官脩同，羣臣輻湊。羣臣歸君若輻之湊轂，故曰輻湊。喜不以賞賜，怒不以罪誅。懼失當也。是故威立而不廢，逵吉按：本皆作威厲立而不廢。聰明先而不蔽，蔽，闇也。法令察而不苛，察，明也。苛，煩也。耳目達而不闇。善否之情，日陳於前而無所逆。是故賢者盡其智，而不肖者竭其力；德澤兼覆而不偏，羣臣勸務而不怠；怠，解也。近者安其性，遠者懷其德。性，生也。懷，歸也。所以然者何也？得用人之道。而不任已之才者也。

（漢）劉安《淮南子》卷一一《齊俗訓》 故先王之法籍，非所作也，其所因也。其禁誅，非所爲也，其所守也。凡以物治物者不可物，以睦；治睦者不以睦，以人；治人者不以人，以君；治君者不以君，以欲；治欲者不以欲，以性；治性者不於性，以德；治德者不以德，以道。原人之性，蕪濊而不得清明者。

又：昔齊桓公合諸侯以乘車，退誅於國以斧鉞；晉文公合諸侯以革車，退行於國以禮義。桓公前柔而後剛，文公前剛而後柔，然而令行乎天下，權制諸侯鈞者，審於勢之變也。

又：久稽而不訣，無益於治。工爲奇器，歷歲而後成，不周於用。故神農之法曰：丈夫丁壯而不耕，天下有受其飢者。婦人當年而不織，天下有受其寒者，故身自耕，妻親織，以爲天下先。其導民也，不貴難得之貨，不器無用之物。是故其耕不強者，無以養生；其織不強者，無以揜形。有餘不足，各歸其身。衣食饒溢，姦邪不生。安樂無事，而天下均平。

又：夫民有餘卽讓，不足則争，讓則禮義生，争則暴亂起。扣門求水，莫弗與者，所饒足也。林中不賣薪，湖上不鬻魚，所有餘也。故物豐則欲省，求澹則爭止。秦王之時，或人葅子，利不足也。生子，殺葅之。劉氏持政，獨夫收孤，財有餘也。劉氏，謂漢也。故世治則小人守政，而利不能誘也。世亂則君子爲姦，而法弗能禁也。

（漢）劉安《淮南子》卷一二《道應訓》 惠子爲惠王爲國法，惠王，梁惠王。惠子，惠施也。已成而示諸先生，先生皆善之。奏之惠王，惠王甚說之。以示翟煎。曰：善！惠王曰：善，可行乎？翟煎曰：不可。惠王曰：善而不可行，何也？翟煎對曰：今夫舉大木者，前呼邪許，後亦應之，此舉重勸力之歌也，豈無鄭衛激楚之音哉？然而不用者，不若此其宜也。治國有禮，不在文辯。故老子曰：法令滋彰，盜賊多有。此之謂也。

（漢）劉安《淮南子》卷二〇《泰族訓》 聖主在上，廓然無形，寂然無聲，官府若無事，朝廷若無人。無隱士，無軼民，無勞役，無冤刑。四海之內，莫不仰上之德。象主之指，夷狄之國，重譯而至。非戶辯而家說之也，推其誠心，施之天下而已矣。《詩》曰：惠此中國，以綏四方。內順而外寧矣。

又： 仁義者，治之本也。今不知事脩其本，而務治其末，是釋其根而灌其枝也。且法之生也，以輔仁義。今重法而棄義，是貴其冠履而忘其頭足也。故仁義者，爲厚基者也。不益其厚而張其廣者毀，不廣其基而增其高者覆。趙政不增其德而累其高，故滅；智伯不行仁義而務廣地，故亡其國。語曰：不大其棟，不能任重。重莫若國，棟莫若德。國主之有民也，猶城之有基，木之有根。根深則本固，基美則上寧。五帝三王之道，天下之綱紀，治之儀表也。今商鞅之啓塞，啓之以利，塞之以禁，商鞅之術也。申子之三符，申不害治韓，有三符驗之術。韓非之孤憤，韓非説孤生之憤志。張儀、蘇秦之從衡，蘇秦合六國爲從，張儀説爲衡。皆掇取之權，一切之術也，非治之大本，事之恒常，可博內而世傳者也。

又： 故上下異道則治，同道則亂。位高而道大者從，事大而道小者凶。故小快害義，小慧害道，小辯害治，苛削傷德。大政不險，故民易道；至治寬裕，故下不相賊；至忠復素，故民無匿情。商鞅爲秦立相坐之法，而百姓怨矣；相坐之法，一家有罪三家坐之。吳起爲楚減爵禄之令，而功臣畔矣。減爵者，收減羣臣之爵禄。商鞅之立法也，吳起之用兵也，天下之善者也。然商鞅之法亡秦，察於刀筆之跡，而不知治亂之本也；吳起以兵弱楚，習於行陳之事，而不知廟戰之權也。

（漢）班固《白虎通義》卷下《德論下·三綱六紀》 三綱者，何謂也？謂君臣、父子、夫婦也。六紀者，謂諸父、兄弟、族人、諸舅、師長、朋友也。故《含文嘉》曰：君爲臣綱，父爲子綱，夫爲妻綱。又曰：敬諸父兄，六紀道行，諸舅有義，族人有序，昆弟有親，師長有尊，朋友有舊。何謂綱紀？綱者，張也。紀者，理也。大者爲綱，小者爲紀。所以張理上下，整齊人道也。人皆懷五常之性，有親愛之心，是以紀綱爲化，若羅網之有紀綱而萬目張也。《詩》云：亹亹文王，綱紀四方。君臣、父子、夫婦六人也。所以稱三綱何？一陰一陽謂之道，陽得陰而成，陰得陽而序，剛柔相配，故六人爲三綱。

又： 君臣者何謂也？君，羣也，羣下之所歸心。臣者，繵堅也，厲志自堅固。《春秋傳》曰：君處此，臣請歸也。父子者，何謂也？父者，矩也，以法度教子。子者，孳也，孳孳無已也。故《孝經》曰：父有爭子，則身不陷於不義。夫婦者，何謂也？夫者，扶也，以道扶接也。婦者，服也，以禮屈服。《昏禮》曰：夫親脱婦之纓。《傳》曰：夫婦判合也。朋友者，何謂也？朋者，黨也。友者，有也。《禮記》曰：同門曰朋，同志曰友。朋友之交，近則謗其言，遠則不相訕，一人有善，其心好之，一人有惡，其心痛之；貨則通而不計，共憂患而相救，生不屬，死不託。

（漢）王充《論衡》卷一七《治期》 夫賢君能治當安之民，不能化當亂之世。良醫能行其針藥，使方術驗者，遇未死之人，得未死之病也。如命窮病困，則雖扁鵲末如之何。夫命窮病困之不可治，猶夫亂民之不可安也；藥氣之愈病，猶教導之安民也。皆有命時，不可令勉力也。公伯寮愬子路於季孫，子服景伯以告孔子，孔子曰：道之將行也與，命也；道之將廢也與，命也。由此言之，教之行廢，國之安危，皆在命時，非人力也。夫世亂民逆，國之危殆，災害繫於上天，賢君之德，不能消卻。《詩》道周宣王遭大旱矣。《詩》曰：周餘黎民，靡有孑遺。言無有可遺一人不被害者。宣王賢者，嫌於德微；仁惠盛者，莫過堯湯，堯遭洪水，湯遭大旱。水旱，災害之甚者也，而二聖逢之，豈二聖政之所致哉？天地歷數當然也。以堯湯之水旱，準百王之災害，非德所致；非德所致，則其福祐，非德所爲也。

賢君之治國也，猶慈父之治家。慈父耐平教明令，耐使子孫皆爲孝善；子孫孝善，是家興也。百姓平安，是國昌也。昌必有衰，興必有廢。興昌非德所能成，然則衰廢非德所能敗也。昌衰興廢，皆天時也。此善惡之實，未言苦樂之效也。家安人樂，富饒財用足也。案富饒者命厚所致，非賢惠所獲也。人皆知富饒居安樂者命禄厚，而不知國安治化行者歷數吉也。故世治非賢聖之功，衰亂非無道之致。國當衰亂，賢聖不能盛；時當治，惡人不能亂。世之治亂，在時不在政；國之安危，在數不在教。賢不賢之君，明不明之政，無能損益。

世稱五帝之時，天下太平，家有十年之蓄，人有君子之行。或時不然，世增其美，亦或時政致。何以審之？夫世之所以爲亂者，不以賊盜衆多，兵革並起，民棄禮義，負畔其上乎？若此者，由穀食乏絶，不能忍饑寒。夫饑寒並至，而能無爲非者寡；然則温飽並至，而能不爲善者希！傳曰：倉廩實民知禮節，衣食足民知榮辱。讓生於有餘，争起於不足。穀足食多，禮義之心生；禮豐義重，平安之基立矣。故饑歲之春，不食親戚；穰歲之秋，召及四隣。不食親戚，惡行也；召及四隣，善義也。爲善惡之行，不在人質性，在於歲之饑穰。由此言之，禮義之行，在穀足也。案穀成敗，自有年歲；年歲水旱，五穀不成，非政所致，時數然也。必謂水旱政治所致，不能爲政者莫過桀紂，桀紂之時，宜常水旱。案桀紂之時，無饑耗之災。災至自有數，或時返在聖君之世。實事者説堯之洪水，湯之大旱，皆有遭遇，非政惡之所致。説百王之害，獨謂爲惡之應，此見堯湯德優，百王劣也。審一足以見百，明惡足以照善。堯湯證百王。至百王遭變，非政所致，以變見而明禍福。五帝致太平，非德所就明矣。

（漢）馬融《忠經・盡忠章》　天下盡忠，淳化行也。忠有所未盡，則淳化不行。君子盡忠，則盡其心，小人盡忠，則盡其力。君子可以盡謀，小人可以效命。盡力者則止其身，盡心者則洪於遠。止身則匹夫之事，洪遠則萬物之利。故明王之理也，務在任賢，賢臣盡忠，則君德廣矣。聖無獨理，道無常師。古之明王，必求賢明，無不隋德，賢臣則無不盡忠。忠則爲君闡揚君德，由廣大之也。政教以之而美，君上立教，臣下所敷。禮樂以之而興，君上制作，臣下所行。刑罰以之而清，君上恤刑，臣下所化。仁惠以之而布。君德既備，人懷始康。四海之内，有太平音，樂至而歌，自然之理也。嘉祥既成，告於上下，君臣之始於政，能著於群瑞，故其成功可以告於神明也。是故播於《雅》《頌》，傳於無窮。德施於人，務格於神而後行於樂，樂行則可極之有哉。

（南朝梁）劉勰《劉子新論》卷三《從化》　君以民爲體，民以君爲心。心好之，身必安之。君好之，民必從之。未見心好而身不從，君欲而民不隨也。人之從君如草之從風，水之從器。故君之德，風之與器也，人之情，草之與水也。草之戴風，風鶩東則東靡，風鶩西則西靡，是隨風之東西也。水之在器，器方則水方，器圓則水圓，是隨器之方圓也。下之事上，從其所行，猶影之隨形，響之應聲，言不虚也。上所好物，下必有甚。《詩》云誘人孔易，言從上也。昔齊桓公好衣紫，闔境盡被異綵，晉文公不好服美，群臣皆衣牂羊，魯哀公好儒服，舉國皆著儒衣，趙武靈王好鵕鸃，國人咸冠鸃冠。紫非正色，牂非美毳，儒非俗服，鵕非冠飾，而競之者，隨君所好也。楚靈王好細腰，臣妾爲之約食，餓死者多。越王句踐好勇而揖鬪蛙，國人爲之輕命，兵死者衆。命者，人之所重；死者，人之所惡。今輕其所重，重其所惡者，何也？從君所好也。堯舜之人可比屋而封，桀紂之人可接屋而誅，非堯舜之民性盡仁義，而桀紂之人生輒姧邪，而善惡性殊者，染化故也。是以明君慎其所好，以正時俗。樹之風聲，以流來世。或者以爲上化而下不必隨，君好而人未必同也，故唐堯之世而四凶縱，殷紂之時而三仁貞，漢文節儉而人庶奢，齊景奢而晏嬰儉，此未達之辭也。何者？冬之德陰而有寒炎蕭丘，夏之德陽而有霜霰。以天地之德，由不能一於陰陽，况其賢聖，豈能一於萬民哉。故權衡雖正，不能無毫釐之差。鈞石雖平，不能無抄撮之較。從君之譬，以多言之。唐堯居上，天下皆治而四凶獨亂，猶曰堯治，治者多也。殷紂在上，天下皆亂而三仁獨治，猶曰紂亂，亂者衆也。漢文節儉而人有奢，猶曰世儉，儉者多也。齊景太奢而晏嬰躬儉，猶曰國奢，奢者衆也。水性宜冷而有華陽温泉，猶曰水冷，冷者多也。火性宜熱而有蕭丘寒炎，猶曰火熱，熱者多也。迅風揚波，高下相臨，山隆谷窪，差以尋常，較而望之，猶曰水平，舉大體也。故世之論事，皆取其多者，以爲之節。今觀言者，當顧言外之旨，不得拘文以害義也。

（唐）袁孝政《劉子袁注》卷三《法術章》 法術者，人主之所執，爲治之樞機也。術藏於內，隨務應變；法設於外，適時御人。人用其道而不知其數者，術也；懸教設令以示人者，法也。人主以術化世，猶天以氣變萬物，而不見其象，以術化人，而不見其形。故天以氣爲靈，主以術爲神。術以神隱成妙，法以明斷爲工。淳風一澆，則人有争心，情僞既動，則立法以檢之。檢猶正也。設令教導以示人正法也。建國君人者，雖能善政，未能棄法而成治也。神農不施刑罰而人善，爲政者不可廢法而治人。舜執干戚而服有苗。苗民不服舜，舜執干戚舞於兩階間，苗民自服。《尚書》云：七旬，有苗格。征伐者，不可釋甲而制寇。立法者，譬如善御，察馬之力，揣途之數，齊其啣轡以從其勢。故能登阪赴險無覆轍之敗；如車難行猶無覆墜也。乘危涉遠，無越軌之患。君猶御也，法猶轡也，人猶馬也，馬猶軌也，理猶執轡也。執轡者，欲馬之遵軌也。明法者，欲人循治也。轡不均齊，馬失軌也；法不適時，人乖理也。是以明主務循其法，因時制宜。苟利於人，不必法古；必害於時，不可循舊。夏商之衰，不變法而止；三代之興，不相襲而王。堯舜異道而德葢天下，湯武殊治而名施後代。由此觀之，法宜變動非一代也。今法者則溺於古律，儒者則拘於舊禮，而不識情移法宜變改也。此可與守法而施教，不可與論法而立教。故智者作法，愚者制焉；賢者更禮，不肖者拘焉。拘法之人不足以言事，制法之士不足以論理。若握一世之法以傳百世之人，由以一衣擬寒暑，一藥治痤瘕也。若載一時之禮以訓無窮之俗，是刻舟而求劍，宋人乘舡失劒於水，刻舟記之，待船至彼，方始求之。守株而待兎。有狩驚兎集株而死，有人過而得之，竟日不去，專守此株，更待兎來而誅死者也。故制法者，爲禮之所由而非所以爲治也。禮者，成化之所宗而非所以成化者。成化之宗在於隨時，而爲治之本在於因世。未有不因世而欲治，不隨時而成化。以斯治政，未爲忠也。

（唐）魏徵《群書治要》卷一四《漢書》 夫人宵天地之貌，宵，化也。言稟天地氣化而生也。懷五常之性，仁義禮智信也。聰明精粹，精，細也。粹，淳也。有生之最靈者也。爪牙不足以供嗜欲，趍走不足以避利害，無毛羽以禦寒暑，必將役物以爲養，用智而不恃力，此所以爲貴也。故不仁愛則不能羣，不能羣則不勝物，不勝物則養不足，羣而不足争心將作。上聖卓然先行敬讓博愛之德者，衆心悦而從之。從之成羣，是爲君矣。歸而往之，是爲王矣。《洪範》曰：天子作民父母，爲天下王。聖人取類以正名，而謂君爲父母。明仁愛德讓，王道之本也。愛待敬而不敗，德須威而久立。故制禮以崇敬，作刑以明威也。聖人既躬明哲之性，必通天地之心，制禮作教，立法設刑，動緣民情，而則天象地。故因天秩而制五禮，因天討而作五刑。上刑用甲兵，其次用斧鉞，中刑用刀鋸，其次用鑽鑿，薄刑用鞭扑。大者陳諸原野，小者致諸市朝，其所繇來者上矣。自黄帝有涿鹿之戰，顓頊有共工之陳，共工主水官，秉政作虐，故顓頊伐之也。唐虞之隆，至治之極，猶流共工，放驩兜，殺三苗，殛鯀，然後天下服。夏有甘扈之誓，殷周以兵定天下。古人有言：天生五材，民並用之，廢一不可，誰能去兵。鞭扑不可弛於家，刑罰不可廢於國，征伐不可偃於天下。用之有本末，行之有逆順耳。孔子曰，工欲善其事，必先利其器。文德者，帝王之利器，威武者，文德之輔助也。夫文之所加者深，則武之所服者大，德之所施者博，則威之所制者廣。三代之盛，至於刑措兵寢者，以其本末有序，帝王之極功也。春秋之時，王道寢壞，禮樂不興，刑罰不中。陵夷至於戰國，韓任申子，秦用商鞅，連相坐之法，造參夷之誅，增加肉刑大辟，有鑿顛、押脇、鑊亨之刑。至於始皇，兼吞戰國，遂毁先王之法，滅禮義之官，專任刑罰，躬操文墨，而姦邪並生，赭衣塞路，囹圄成市，天下愁怨，潰而叛之。高祖初入關，約法三章，蠲削煩苛，兆民大悦。其後四夷未附，兵革未息，三章之法，不足以禦姦，於是相國蕭何，捃摭秦法，取其宜於時者，作律九章。當孝惠高后時，蕭曹爲相，填以無爲，是以衣食滋殖，刑罰用希。及孝文即位，躬修玄默，勸趣農桑，減省租賦，將相皆舊功臣，少文多質，懲惡亡秦之政，論議務在寬厚，恥言人之過失，化行天下，告訐之俗易，吏安其官，民樂其業，蓄積歲增，戶口浸息，風流篤厚，禁罔疎闊。選張釋之爲廷尉，罪疑者予民，是以刑罰大省，至於斷獄四百，有刑措之風。即位十三年，齊大倉令淳于公有罪當刑，其少女緹縈上書曰：妾父爲吏，齊中皆稱其廉平，今坐法當刑，妾傷夫死者不可復生，刑者不復屬，雖後欲改過自新，其道無由也。妾願没入爲官婢，以贖父刑罪，使得自新。書奏天子，天子憐悲其意，遂下令曰：蓋聞有虞氏之時，畫衣冠、異章服以爲戮，民不犯，何治之至。今法有肉刑三，黥、劓二，刖左右趾合一，凡三也。而奸不止，其咎安在，非乃朕德之薄，而教不明與，吾甚自愧。故夫訓道不純，而愚民陷焉。《詩》曰：凱悌君子，民之父母。今人有過，教未施，而刑已加焉，或欲改行爲善，而道無由至，朕甚憐之。夫刑，至斷支體、刻肌膚，終身不息，何其刑之痛而不德也，豈稱爲民父母之意哉。其除肉刑，有以易之，善乎！孫卿之論刑也，曰：世俗之爲説者，以爲治古無肉刑，有象刑，是不然矣。以爲治古則人莫觸罪邪，豈獨無肉刑哉，亦不待象刑矣。以爲人或觸罪矣，而直輕其刑，是殺人者不死，而傷人者不刑也。罪至重而刑至輕，民無所畏，亂莫大焉。凡制刑之本，將以禁暴惡且懲其未也。殺人者不死，傷人者不刑，是惠暴而寬惡也。故象刑非生於治古，方起於亂今也。所以有象刑之言者，近起今人惡刑之重，故遂推言古之聖君，但以象刑天下自治也。凡爵列官職，賞慶刑罰，皆以類相從者也。一物失稱，亂之端也，德不稱位，能不稱官，賞不當功，刑不當罪，不祥莫大焉。夫征暴誅悖，治之盛也。殺人者死，傷人者刑，是百王之所同，未有知其所由來者也。故治則刑重，亂則刑輕，犯治之罪固重，犯亂之罪固輕也。《書》云刑罰世重世輕，此之謂也。《書》所謂象刑惟明者，言象天道而作刑，安有菲屨赭衣者哉。孫卿之言既然，又因俗説而論之曰，禹承堯舜之後，自以德衰，而制肉刑，湯武順而行之者，以俗薄於唐虞故也。今漢承衰周暴秦極弊之流俗，已薄於三代，而行堯舜之刑，是猶以鞿羈而御䮞突，以繩繫馬頸曰鞿。䮞突，惡馬也。違救時之宜矣。且除肉刑者，本欲以全民也，今去髡鉗一等，轉而入於大辟，以死罔民，失本惠矣。故死者歲以萬數，刑重之所致也。至乎穿窬之盗，忿怒傷人，男女淫佚，吏爲奸臧，若此之惡，髡鉗之罰，又不足以懲也。故刑者歲十萬數，民既不畏，又曾不恥，刑輕之所生也。故俗之能吏，公以殺盗爲威，專殺者勝任，奉法者不治，亂名傷制，不可勝條，是以網密而姦不塞，刑繁而民愈嫚，必世而未仁，百年而不勝殘，誠以禮樂闕而刑不正也。豈宜惟思，所以清原正本之論，刪定律令，撰二百章，以應大辟，其餘罪次，於古當生今觸死者，皆可募行肉刑，及傷人與盜，吏受賕枉法，男女淫亂，皆復古刑，爲三千章。詆欺文致，微細之法悉蠲除。如此則刑可畏，而禁易避，吏不專殺，法無二門，輕重當罪，民命得全，合刑罰之中，殷天人之和，順稽古之制，成時雍之化，成康刑措，雖未可致，孝文斷獄，庶幾可及也。

（唐）魏徵《群書治要》卷五〇《袁子正書・刑法》 禮法明則民無私慮，事業專則民無邪僞，百官具則民不要功。故有國者，爲法欲其正也，事業欲其久也，百官欲其常也。天下之事，以次爲爵禄，以次進士。君子以精德顯，夫德有次則行修，官有次則人靜，事有次則民安。農夫思其疆畔，百工思其規矩，士君子思其德行，羣臣百官思其分職。上之人思其一道，侵官無所由，離業無所至，夫然，故天下之道正而民壹。夫變化者，聖人之事也，非常者，上智之任也，此入於權道，非賢者之所窺也。才智至明，而好爲異事者，亂之端也。是以聖人甚惡奇功。天下有可赦之心，而有可赦之罪；無可赦之心，而無可赦之罪。明王之不赦罪，非樂殺而惡生也，以爲欒生之實，在於此物也。夫思可赦之法，則法出入，法出入，則姦邪得容其議，姦邪得容其議，則法日亂，犯罪者多，而私議並興，則雖欲無赦不可已。夫數賞則賢能不勸，數赦則罪人徼幸，明主知之，故不爲也。夫可赦之罪，千百之一也，得之於一，而傷之於萬，治道不取也。故先王知赦罪不可爲也。故所俘虜壹斷之於法，務求所以立法，而不求可赦之法也。法立令行，則民不犯法，法不立令不行，則民多觸死。故曰，能殺而後能生，能斷而後仁立。國之治亂，在於定法，定法則民心定，移法則民心移。法者所以正之事者也，一出而正，再出而邪，三出而亂。法出而不正，是無法也；法正而不行，是無君也。是以明君將有行也，必先求之於心，慮先定而後書之於策，言出而不可易也，令下而不反也，如陰陽之動，如四時之行，如風雨之施，所至而化，所育而長。夫天之不可逆者，時也；君之不可逆者，法也。使四時而可逆，則非天也；法令而可違，是非君也。今有十人，彍弩於百萬之衆，未有不震怖者也。夫十矢之不能殺百萬人可知也，然一軍皆震者，以爲唯無向則已，所中必死也。明君正其禮，明其法，嚴其刑，持滿不發，以牧萬民，犯禮者死，逆法者誅，賞無不信，刑無不必，則暴亂之人莫敢試矣。故中人必死，一矢可以懼萬人，有罪必誅，一刑可以禁天下，是以明君重法慎令。

（宋）洪邁《容齋續筆》卷一六《周禮非周公書》 《周禮》一書，

世謂周公所作，而非也。昔賢以爲戰國陰謀之書，考其實，蓋出於劉歆之手。《漢書·儒林傳》，盡載諸經專門師授，此獨無傳。至王莽時，歆爲國師，始建立《周官經》以爲《周禮》，且置博士。而河南杜子春受業於歆，還家以教門徒，好學之士鄭興，及其子衆往師之，此書遂行。歆之處心積慮，用以濟莽之惡，莽據以毒痡四海，如五均、六筦、市官、賒貨，諸所興爲，皆是也。故當其時，公孫禄既已斥歆顛倒《六經》毁師法矣。歷代以來，唯宇文周依六典以建官，至於治民發政，亦未嘗循故轍。王安石欲變亂祖宗法度，乃尊崇其言，至與《詩》、《書》均匹，以作《三經新義》，其序略曰：其人足以任官，其官足以行法，莫盛乎成周之時；其法可施於後世，其文有見於載籍，莫具乎《周官》之書。自周之衰，以至於今，太平之遺迹，掃蕩幾盡，學者所見無復全經。於是時也，乃欲訓而發之，臣知其難也。以訓而發之之難，則又以知夫立政造事追而復之之為難。則安石所學所行實於此乎出。遂謂：一部之書，理財居其半。又謂泉府，凡國之財用取具焉，歲終，則會其出入而納其餘，則非特摧兼並，救貧阸，因以足國事之財用。夫然故雖有不庭不虞，民不加賦，而國無乏事。其後吕嘉問法之而置市易，由中及外，害徧生靈。嗚呼！二王託《周官》之名以爲政，其歸於禍民一也。

（明）劉基《郁離子》卷上《喻治》 郁離子曰：治天下者其猶醫乎。醫切脈以知證，審證以爲方。證有陰、陽、虛、實，脈有浮、沉、細、大，而方有汗下、補瀉、針灼、湯劑之法，參、苓、薑、桂、麻黄、芒硝之藥，隨其人之病而施焉，當則生，不當則死矣。是故知證知脈而不善爲方，非醫也，雖有扁鵲之識，徒嘵嘵而無用；不知證不知脈，道聽塗説以爲方，而語人曰我能醫，是賊天下者也。故治亂證也，紀綱脈也，道德、政刑方與法也，人才藥也。夏之政尚忠，殷承其敝而救之以質；殷之政尚質，周承其敝而救之以文；秦用酷刑、苛法以箝天下，天下苦之，而漢承之以寬大，守之以寧壹。其方與證對，其用藥也無舛，天下之病有不瘳者鮮矣。

（明）葉子奇《草木子》卷二下《鉤玄篇》 祥於刑者，有法外之遺姦，秦王是也，坑儒生而得劉項。工於數者，有術中之隱禍，魏武是也，殺楊修而得司馬懿。

（明）王錡《寓圃雜記》卷一《封建》 漢高祖既爲天子，大封同姓，枝大於幹，馴致七國之變。然中興之業，卒賴後系。唐之興也，子弟皆有封爵，建宅以居京師，惟食其禄而已，國家緩急無所繫焉。降而至宋，宗室之封，必自遥授小官，漸進侯王，除拜之煩，蓋無虚日。其邸第散處兩京，故有南西內外班之分。歷年既久，僅同民庶。後遭金虜之患，無一人操尺寸兵以起者，此皆由封建不得其制也。我太祖受命之初，首立藩輔，諸子自勝衣已上，皆册立爲真王，其國皆處要衝之地。制度儀從，不侈不儉，使吏治其國，而納其貢税焉。上無所專，下無所擾，聖子神孫，將遍天下。真萬世之良規也。

（明）何良俊《四友齋叢説》卷二〇《子二》 自三皇降而爲帝，天下不復有皇矣。五帝降而爲王，天下不復有帝矣。三王降而爲霸，天下不復有王矣。然霸之後豈復有霸哉？仲尼之門，羞稱五霸，蓋以其疑於王，故嚴為之辨耳。自王而降即稱霸，則霸亦豈可以易言哉。今世開口便説純王之政，然究其所至，不知於霸者何如也。然五霸以齊桓爲稱首，而齊桓之所以霸者，管仲之力也。故孔子稱之曰：微管仲，吾其被髮左衽矣。又曰：桓公九合諸侯，一匡天下，不以兵車，管仲之力也。如其仁，如其仁。孔子未嘗以仁許人，獨稱管仲曰仁，蓋深與之也。然三王治天下之道，著於六經，齊桓定霸之跡，載在《管子》。今觀《管子》一書，自《牧民》以至《輕重》凡二十四卷，其中有經言外言內言短語區言雜言管子解管子輕重，共八十五篇，而桓公之所以富國强兵取威定霸者，具在於是。是皆施之而有實効者也，則春秋戰國諸子，其能若是班乎？

又： 法家者流，韓非申不害商鞅諸人是也。名家者流，彭蒙田駢慎到諸人是也。韓非有《韓非子》，申不害有《申子》，商鞅有《商君書》，慎到有《慎子》，世皆有其書。

《慎子》曰：法之功莫大使私不行，君之功莫大使民不争。今立法而行私，是與法争，其亂甚於無法；立君而尊賢，是賢與君争，其亂甚於無君。故有道之國，法立則私善不行，君立則賢者不尊。民一於君斷於法，國之大道也。《慎子》之言如此，而《莊子》以槩乎皆嘗有聞許之。余觀其説，大率李斯之柄秦，用此道也。夫其説固自有此種道理，故人之生性刻急而速於就功者，不覺入於其中。然言法立而行私，是與法争者是矣。至以尊賢爲賢與君爭者，是何等語耶。李斯信之，遂啓坑儒之禍。嗚呼！此所謂以學術殺天下者，非耶。

余觀《慎子》之書，亦有切實最關於治理處。其言曰：投鈎分財，投策分馬，非以鈎策爲均也。欲使得美者不知所以德，得惡者不知所以怨，此所以塞怨望也。故蓍龜，所以立公言也；權衡，所以立公正也；書契，所以立公信也；法制禮籍，所以立公義也。凡立公，所以棄私也。真可謂善於言名者矣。

（明）李贄《續焚書》卷二《論彙・強臣論》　臣之強，強於主之庸耳，苟不強，則不免爲䑛痔之臣所讒，而爲弱人所食噉矣。死即死而噉即噉可也，目又安得瞑也，是以不得已於強也。顔魯公唯弗強也，卒以八十之年使死於讒；李懷光唯不得已於強也，卒以人赴王室之難而遂反於讒：皆千載令人痛恨者。甚矣，主之庸可畏也！然則所謂強臣者，正英主之所謂能臣，唯恐其禮待之不優者也。

喬玄之言曰：君治世之能臣，亂世之奸賊。吾以是觀之，使老瞞不遭漢獻，豈少一匡之勳歟？設遇龍顔，則三傑矣。奈之何䑛痔固寵者專用一切附己之人，日事讒毀，驅天下之能臣而盡入於奸賊也！敦之咎王導曰：不聽吾言，幾致滅族！夫晉元帝其初蓋奴虜不盡之琅邪耳，非王導無以有江左，至明也。一有江左，即以刁協爲腹心，而欲滅王氏何耶？晉孝武亦幼沖之主也，非謝安出東山，則桓温之逆謀其遂必矣，後乃代温位而居其任，故能卻百萬之師，殺符融而降符朗也。既幸無事，而道子之讒遂行，又何耶？安唯恐不免於讒賊之口也，盡室以行，步丘是避，造汎海之裝於廣陵之下，欲由此還東矣，乃未就而疾作，傷哉！於是桓玄篡位，劉裕代晉，強者終能自強，而不敢強者終岌岌以死也。

夫天下強國之臣，能強人之國而終身不謀自強，而甘岌岌以死者，固少也。是以英君多能臣而庸君多強臣也，故言強臣而必先之以庸君也。

（明）李贄《續焚書》卷二《論彙・譎奸論》　譎莫譎於魏武，奸莫奸於司馬宣王。自今觀之，魏武狡詐百出，雖其所心腹之人，不吝假睡以要除之；而司馬宣王竟奪其頷下之珠，不必遭其睡也。故曹公之好殺也已極，而魏之子孫即反噬於司馬。司馬之囓曹也亦可謂無遺留矣，而司馬氏之子孫又即啖食於犬羊之羣。青衣行酒，徒跣執蓋，身爲天子，反奴虜於鮮卑，戮辱於厥廷之下也。一何慘毒酷裂，令人反袂掩面，含羞而不忍見之歟！然則天之報施善人竟何如哉？吾是以知天之報施果不爽也，吾又以知譎之無益。奸之受禍也。故作《譎奸論》以垂鑒焉。

（清）顧炎武《日知録》卷一《垂衣裳而天下治》　垂衣裳而天下治，變質而之文也，自黄帝、堯、舜始也，故於此有通變宜民之論。

（清）顧炎武《日知録》卷二《殷紂之所以亡》　自古國家承平日久，法制廢弛，而上之令不能行於下，未有不亡者也。紂以不仁而亡天下，人人知之。吾謂不盡然。紂之為君，沈湎於酒，而逞一時之威，至於刳孕斮脛，蓋齊文宣之比耳。商之衰也久矣，一變而《盤庚》之書，則卿大夫不從君令；再變而《微子》之書，則小民不畏國法；至於攘竊神祇之犧牷牲，用以容，將食無災。可謂民玩其上，而威刑不立者矣。即以中主守之，猶不能保，而况以紂之狂酗昏虐，又祖伊奔告而不省乎？文宣之惡，未必減於紂，而齊以強；高緯之惡，未必甚於文宣，而齊以亡者，文宣承神武之餘，紀綱粗立，而又有楊愔輩為之佐，主昏於上而政清於下也；至高緯而國法蕩然矣，故宇文得而取之。然則論紂之亡，武之興，而謂以至仁伐至不仁者，偏辭也，未得為窮源之論也。

（清）顧炎武《日知録》卷二《百姓有過在予一人》　百姓有過，在予一人。凡百姓之不有康食，不虞天性，不迪率典，皆我一人之責，今我當順民心，以誅無道也。蔡氏謂：民皆有責於我，似為紆曲。

（清）顧炎武《日知録》卷三《言私其豵》　雨我公田，遂及我私。先公而後私也。言私其豵，獻豜于公。先私而後公也。自天下為家，各親其親，各子其子，而人之有私，固情之所不能免矣。故先王弗為之禁，非惟弗禁，且從而恤之。建國親侯，胙土命氏，畫井分田，合天下之私以成天下之公，此所以為王政也。至於當官之訓，則曰以公滅私。然而禄足以代其耕，田足以供其祭，使之無將母之嗟，室人之謫，又所以恤其私也。此義不明久矣，世之君子必曰：有公而無私，此後代之美言，非先王之至訓矣。

（清）顧炎武《日知録》卷八《鄉亭之職》　今代縣門之前多有牓曰：誣告加三等，越訴笞五十。此先朝之舊制，亦古者懸法象魏之遺意也。今人謂不經縣官而上訴司府，謂之越訴。是不然。《太祖實録》：洪武二十七年四月壬午，命有司擇民間高年老人公正可任事者，理其鄉之詞訟。若戶婚、田宅、鬪毆者，則會里胥決之。事涉重者，始白於官。若不由里老處分而徑訴縣官，此之謂越訴也。惟其大小之相維，詳要之各執，然後上不煩而下不擾。唐至大曆以後，干戈興，賦稅煩矣。而劉長卿之《題雪溪李明府》曰：落日無王事，青山在縣門。蓋縣令之職猶不下侵，而小民得以安其業，是以能延國命百有餘年，迄於僖、昭而後大壞。然則鳴琴戴星，有天下者宜有以處之矣。

（清）顧炎武《日知録》卷八《法制》 法制禁令，王者之所不廢，而非所以為治也。其本在正人心，厚風俗而已。故曰：居敬而行簡，以臨其民。周公作《立政》之書曰：文王罔攸兼于庶言庶獄庶慎。又曰：庶獄庶慎，文王罔敢知于茲。其丁寧後人之意，可謂至矣。秦始皇之治，天下之事無大小，皆決於上，上至於衡石量書，日夜有呈，不中呈不得休息，而秦遂以亡。太史公曰：昔天下之網嘗密矣，然奸偽萌起，其極也，上下相遁，至於不振。然則法禁之多，乃所以趣亡之具，而愚闇之君，猶以為未至也。杜子美詩曰：舜舉十六相，身尊道何高。秦時任商鞅，法令如牛毛。又曰：君看燈燭張，轉使飛蛾密。其切中近朝之事乎？

漢文帝詔置三老孝弟力田常員，令各率其意，以道民焉。夫三老之卑，而使之得率其意，此文、景之治所以至於移風易俗，黎民醇厚，而上擬於成、康之盛也。

諸葛孔明，開誠心，布公道，而上下之交，人無間言，以蕞爾之蜀，猶得小康。魏操、吳權任法術以御其臣，而篡逆相仍，略無寧歲。天下之事，固非法之所能防也。叔向與子產書曰：國將亡，必多制。夫法制繁，則巧猾之徒皆得以法為市，而雖有賢者，不能自用，此國事之所以日非也。善乎，杜元凱之解《左氏》也，曰：法行則人從法，法敗則法從人。前人立法之初，不能詳究事勢，豫為變通之地。後人承其已弊，拘於舊章，不能更革，而復立一法以救之，於是法愈繁而弊愈多，天下之事日至於叢脞，其究也眊而不行，上下相蒙，以為無失祖制而已。此莫甚於有明之世，如勾軍、行鈔二事，立法以救法，而終不善者也。

宋葉適言：國家因唐五代之極弊，收斂藩鎮之權盡歸於上，一兵之籍，一財之源，一地之守，皆人主自為之也。欲事大利而無受其大害，遂廢人而用法，廢官而用吏，禁防纖悉，特與古異，而威柄最為不分，雖然，豈有是哉。故人才衰乏，外削中弱，以天下之大而畏人，是一代之法度又有以使之矣。又曰：今內外上下，一事之小，一罪之微，皆先有法以待之。極一世之人，志慮之所周浹，忽得一智，自以為甚奇，而法固已備之矣，是法之密也。然而人之才不獲盡，人之志不獲伸，昏然俛首，一聽於法度，而事功日墮，風俗日壞，貧民愈無告，奸人愈得志，此上下之所同患，而臣不敢誣也。又曰：萬里之遠，嚬呻動息，上皆知之。雖然，無所寄任，天下泛泛焉而已。百年之憂，一朝之患，皆上所獨當，而羣臣不與也。夫萬里之遠，皆上所制命，則上誠利矣。百年之憂，一朝之患，皆上所獨當，而其害如之何？此外寇所以憑陵而莫禦，讎恥所以最甚而莫報也。陳亮上孝宗書曰：五代之際，兵財之柄倒持於下，藝祖皇帝束之於上，以定禍亂。後世不原其意，束之不已，故郡縣空虛，而本末俱弱。

洪武六年九月丁未，命有司庶務，更月報為季報，以季報之數類為歲報。凡府州縣輕重獄囚即依律斷決，不須轉發。果有違枉，從御史按察司糾劾。令出，天下便之。

（清）顧炎武《日知録》卷九《宗室》 自古帝王為治之道，莫先於親親。

（清）顧炎武《日知録》卷一二《盜賊課》 天下之事得之於疏，而失之於密，大抵皆然，又豈獨盜賊課哉！

（清）顧炎武《日知録》卷一三《正始》 有亡國，有亡天下。亡國與亡天下奚辨？曰：易姓改號謂之亡國。仁義充塞，而至於率獸食人，人將相食，謂之亡天下。魏晉人之清談，何以亡天下？是孟子所謂楊、墨之言，至於使天下無父無君，而入於禽獸者也。昔者嵇紹之父康，被殺於晉文王，至武帝革命之時，而山濤薦之入仕，紹時屏居私門，欲辭不就。濤謂之曰：為君思之久矣，天地四時猶有消息，而況於人乎。一時傳誦，以為名言，而不知其敗義傷教，至於率天下而無父者也。夫紹之於晉，非其君也，忘其父而事其非君，當其未死，三十餘年之間，為無父之人亦已久矣，而蕩陰之死，何足以贖其罪乎！且其入仕之初，豈知必有乘輿敗績之事，而可樹其忠名以蓋於晚也。

（清）顧炎武《日知録》卷二八《酒禁》　先王之於酒也，禮以先之，刑以後之。《周書・酒誥》厥或告曰：羣飲，汝勿佚，盡執拘以歸於周，予其殺！此刑亂國用重典也。《周官・萍氏》：幾酒謹酒。而《司虣》：禁以屬游飲食于市者。若不可禁，則搏而戮之。此刑平國用中典也。一獻之禮，賓主百拜，終日飲酒，而不得醉焉。則未及乎刑，而坊之以禮也。故成康以下，天子無甘酒之失，卿士無酣歌之愆。至於幽王，而天不湎爾之詩始作，其教嚴矣。漢興，蕭何造律，三人以上無故羣飲酒，罰金四兩。曹參代之，自謂遵其約束，乃園中聞吏醉歌呼，而亦取酒張飲，與相應和。是并其畫一之法而亡之也。坊民以禮，酇侯既闕之於前；糾民以刑，平陽復失之於後。弘羊踵此，從而榷酤，夫亦開之有其漸乎？武帝天漢三年，初榷酒酤。昭帝始元六年，用賢良文學之議，罷之，而猶令民得以律占租賣酒，升四錢，遂以爲利國之一孔，而酒禁之弛實濫觴於此。然史之所載，自孝宣已後，有時而禁，有時而開。至唐代宗廣德二年十二月，詔天下州縣，各量定酤酒戶，隨月納稅，除此之外，不問官私，一切禁斷。自此名禁而實許之酤，意在榷錢，而不在酒矣。宋仁宗乾興初，言者以天下酒課月比歲增，無有藝極，非古禁羣飲節用之意。孝宗淳熙中，李燾奏，謂設法勸飲，以斂民財。周煇《雜志》以為，惟恐其飲不多而課不羡，此榷酤之弊也。至今代，則既不榷緡，而亦無禁令，民間遂以酒爲日用之需，比于饔飧之不可闕，若水之流，滔滔皆是，而厚生正德之論莫有起而持之者矣。邴原之遊學，未嘗飲酒，大禹之疏儀狄也；諸葛亮之治蜀，路無醉人，武王之化妹邦也。《舊唐書・楊惠元傳》：充神策京西兵馬使，鎮奉天，詔移京西戍兵萬二千人以備關東，帝御望春樓賜宴，諸將列坐。酒至神策，將士皆不飲，帝使問之。惠元時爲都將，對曰：臣初發奉天，本軍帥張巨濟與臣等約曰：斯役也，將策大勳，建大名，凱旋之日，當共為歡。苟未戎捷，無以飲酒。故臣等不敢違約而飲。既發，有司供餼於道路，唯惠元一軍缾罍不發。上稱歎久之，降璽書慰勞。及田悦叛，詔惠元領禁兵三千，與諸將討伐，御河，奪三橋，皆惠元之功也。能以衆整如此，即治國何難哉！魏文成帝大安四年，釀酤飲者皆斬。金海陵正隆五年，朝官飲酒者死。元世祖至元二十年，造酒者本身配役，財產女子没官。可謂用重典者矣。然立法太過，故不久而弛也。水為地險，酒為人險。故《易》爻之言酒者，無非《坎卦》，而《萍氏》：掌國之水禁，水與酒同官。徐尚書石麒有云：傳曰：水懦弱，民狎而玩之，故多死焉。酒之禍烈於火，而其親人甚於水，有以夫世盡殀於酒而不覺也，讀是言者可以知保生之道。《螢雪叢説》言：頃年陳公大卿生平好飲，一日席上與同僚談，舉知命者不立乎巖牆之下，問之，其人曰：酒亦巖牆也。陳因是有聞，遂終身不飲。頃者米醪不足，而烟酒興焉，則真變而爲火矣。

（清）顧炎武《日知録》卷二八《賭博》　萬曆之末，太平無事，士大夫無所用心，間有相從賭博者。至天啟中，始行馬弔之戲。而今之朝士，若江南、山東，幾於無人不爲此。有如韋昭論所云：窮日盡明，繼以脂燭。人事曠而不修，賓旅闕而不接者。吁！可畏也。考之《漢書》，安丘侯張拾、邗侯黄遂、樊侯蔡辟方，并坐搏揜，免爲城旦。師古曰：搏，或作博，六博也。揜，意錢之屬也。皆戲而賭取財物。《宋書・王景文傳》：為右衛將軍，坐與奉朝請毛法因蒱戲，得錢百二十萬，白衣領職。《劉康祖傳》：爲員外郎十年，再坐樗蒲戲免。《南史・王質傳》：為司徒左長史，坐招聚博徒免官。《金史・刑志》：大定八年，制品官犯賭博法，贓不滿五十貫者，其法杖聽贖，再犯者杖之。上曰：杖者，所以罰小人也。既為職官，當先廉恥。既無廉恥，故以小人之罰罰之。今律犯賭博者，文官革職為民，武官革職隨舍，餘食糧差操，亦此意也，但百人之中未有一人坐罪者，上下相容，而法不行故也。晉陶侃勤於吏職，終日斂膝危坐，閫外多事，千緒萬端，罔有遺漏。諸參佐或以談戲廢事者，命取其酒器蒱博之具，悉投於江，將吏則加鞭朴，卒成中興之業，為晉名臣。唐宋璟為殿中侍御史，同列有博于臺中者，將責名品而黜之，博者惶恐自匿，後爲開元賢相。而史言文宗切於求理，每至刺史面辭，必殷勤戒敕曰：無嗜博，無飲酒、内外聞之，莫不悚息。然則勤吏事而糾風愆，乃救時之首務矣。《唐書》言楊國忠以善樗蒲得入供奉，常後出，專主蒱簿，計算鈎畫，分銖不悮。帝悦曰：度支郎才也。卒用之而敗。玄宗末年荒佚，遂以小人乘君子之器，此亦國家之妖孽也。今之士大夫不慕姚崇、宋璟，而學楊國忠，亦終必亡而已矣。《山堂考索》：宋大中祥符五年三月丁酉，上封者言：進士蕭玄之本名琉，嘗因賭博抵杖刑，今易名赴舉登第，詔有司召玄之詰問，引伏。奪其勑，贖銅四十斤，遣之。宋制之嚴如此。今之進士，有以不工賭博為恥者矣。《晉中興書》載陶士行言，樗蒲，老子所作，乃牧豬奴戲也。近日士大夫多為之。《遼史》：穆宗應曆十九年正月甲午，與羣臣爲葉格戲，解曰：宋錢僖公家有葉子揭格之戲。而其年二月己巳即爲小哥等所弒。君臣為謔，其禍乃不旋踵。此不祥之物，而今士大夫終日執之，其能免於效尤之咎乎？《宋史·太宗紀》：淳化二年閏月己丑，詔犯蒱博者斬。《元史·世祖紀》：至元十二年，禁民間賭博，犯者流之北地。刑亂國用重典，固當如此。今日致太平之道何繇？曰：君子勤禮，小人盡力。

（宋）李昉等《太平御覽》卷六二二《治道部·治政》 《左氏傳》曰：宣子於是乎始爲國政，宣子，趙盾。制事典，正法罪，辟獄刑，辟，猶理也。董逋逃，由質要，治舊洿，本秩禮，續常職，出滯淹，既成以授太傅陽子與大師賈佗，使行諸晉國，以爲常法。又曰：晉悼公即位于朝，始命百官，始爲政。施舍已責，施恩惠，舍勞役，逋止責。振廢滯，起舊德。匡乏困，救災患，匡亦救也。禁淫慝，薄賦斂，宥罪戾。宥，寬也。節器用，節，省也。時用民，使民以時。欲無犯時。不縱私欲。

（宋）李昉等《太平御覽》卷六三七《刑法部·律令》 《家語》曰：孔子初仕，爲中都宰，制為養生送死之節，長幼異食，強弱共任，男女別塗，路不拾遺，器不彫僞，市不二價。行之一年，而四方諸侯皆則焉。定公謂孔子曰：學子之法，以治魯國，何如？孔子對曰：雖天下可也，何但魯國而已哉。

（宋）李昉等《太平御覽》卷六三八《刑法部·律令》 《管子》曰：法者，所以興功懼暴；律者，所以定分止事〔争〕。又曰：凡國無法，則衆不知爲；無度，則事無儀。有法不正，有度不直，則治僻。治僻則國亂。故曰，正法直度，罪殺不赦。誅戮必信，民畏而懼，武威既明，令不再行。

又曰：凡君國之重器，莫重乎令。令重君尊，君尊國安。令輕君卑，君卑國危。故安國存乎尊君，尊君存乎行令，行令存乎嚴罰。嚴罰令行，則百吏皆恐。罰不嚴令不行，則百吏皆喜。故明君察於治人之本，本莫要乎令。故曰虧令者死，益令者死，增益令者，殺無赦。不行令者死。

又曰：凡牧民者欲民之可御也，欲民之可御，則法不可不重也。法者，將立朝廷。將立朝廷，則爵服不可不貴也。爵服不可不貴也，爵服加於不義，則人賤其爵服；民賤其爵服，則人主不尊；人主不尊，則令不行矣。

又曰：法者，法天地之位，象四時之行，所以治天下。四時之行，有寒有暑，聖人法之，故有文有武。天地之位，有前有後，有左有右，聖人法之，以建經紀。春生於左，秋殺於右，夏長於前，冬藏於後。生長之事，文也，收藏之事，武也。是故文事在左，武事在右，聖人法之，以行法令。

又曰：正月之朝，百吏在朝，君乃出令，布憲於國。五鄉之師，五屬大夫，皆受憲于上大夫。

又：《慎子》曰：法之功莫大使私不行，君之功莫大使民不争。今立法而行私，是私與法争，其亂甚於無法。立君而尊賢，是與君争，其亂甚於無君。故有道之國，法立則私義不行，君立則賢者不尊。民一於君，事斷於法，是國之大道也。

又：安子曰：君之以尊者令，令不行是無君也，故明君慎令。

又：又曰：法雖不善猶愈於無。投鈎分財，投策分馬，非以鈎策爲均也，使得榮者，不知所以德，得惡者，不知所以怨，乃以塞怨望也。又曰：堯爲匹夫，不能使隣家至；爲主，則令行禁止。由此觀之，賢未足以服不肖，而勢位足以屈賢。

又：阮子曰：漁人張網於淵，以制吞舟之魚。明主張法於天，以制強良之人。立法以隄民，百姓不能干。立防以隄水，江河不能犯。

（宋）李昉等《太平御覽》卷六五九《道部·道》 又曰：知者不言，言者不知。故聖人云：我無爲而民自化，我無事而民自富，我好靜而民自正，我無欲而民自樸。脩之於身，天下自化。深根固蒂，長生久視之道。以道莅天下，其鬼不神。道者，萬物之奥。爲者敗之，執者失之。是以聖人無爲故無敗，無執故無失。

（宋）潘自牧《記纂淵海》卷四三《性行部·恃勢》 依勢作威，倚法以削。《書·君陳》。

（宋）潘自牧《記纂淵海》卷五五《論議部·任情不任理》 子匿爲

物而愚不識，大爲難而罪不敢，重爲任而罰不勝，遠其涂而誅不至。並莊。

（宋）王應麟《玉海》卷四九《藝文·政要寶訓·夏訓　周訓　訓語　訓典》　《書·五子之歌》，其一曰：皇祖有訓，民可近，不可下。注：禹有訓戒。其二曰：訓有之。其四曰：有典有則。注：典謂經籍。

《説命》學于古訓。

《伊訓》聖謨洋洋。

《胤征》聖有謨訓。

《多士》殷先人有册有典。

《顧命》赤刀大訓，弘璧琬琰在西序。注：大訓，《虞書》典謨。

《畢命》弗率訓典，殊厥井疆。

《君牙》由先正舊典時式，注：先正之臣所行故事，舊典文籍。丕顯哉文王謨。

《詩》烝民古訓是式。

《左傳》襄四年魏絳曰：夏訓有之。注：《夏書》。

《周語》祭公謀父曰：我先世后稷事虞夏，夏之衰也。不窋失其官，不敢怠業，修其訓典，朝夕恪勤，奕世載德。太子晉曰：若啓先王之遺訓，省其典，圖刑法，而觀其廢興。

《晉語》陽人有夏商之嗣典，有周室之師旅。

《楚語》申叔時曰：教之訓典，使知族類行比義焉。注：訓典，五帝之書。

《左史》倚相能道訓典。

《鄭語》史伯曰：訓語有之。注：《周書》。

《漢志》道家周訓十四篇。注：師古曰，劉向《别録》云，人間小書，其言俗薄。

《淮南子》孔子修成康之道，述周公之訓。

《説文》典五帝之書，从册，在丌上，尊閣之也。

《唐·歷志》仲康肇位，四海復修大禹之典。

（宋）王應麟《玉海》卷六七《詔令·刑制·周九典》　《周書·文政解三十八》惟十有三，祀順九典。一、祇道以明之。二、稱賢以賞之。三、典師以教之。四、四戚以勞之。五、伍長以遵之。六、羣老以老之。七、羣醜以移之。八、什長以行之。九、戒卒以將之。

仲長統《昌言》曰：嗣周氏之祕典，續吕侯之祥刑。

《穆天子傳》：丙寅，天子屬官効器，乃命正公郊父受敕憲。己酉，天子飲于瀞水之上，乃發憲令。

《周書·謚法》：惟三月，既生魄，周公旦、太公望相嗣王發，既賦憲，受臚于牧野，將葬，乃制作謚。謚者，行之迹也。號者，功之表也。車服者，位之章也。劉熙注曰：憲，法也。賦，治國之法，於諸侯而受其貢養也。

《孟子》注：孔子之門徒頌述宓戲以來至文、武、周公之法制耳。

（明）唐順之《稗編》卷九〇《論政有三品》　政有三品，王者之政，化之；霸者之政，威之；彊者之政，脅之。夫此三者，各有所施，而化之為貴矣。夫化之不變而後刑之。夫至於刑者，則非王者之所得已也。是以聖王先德教而後刑罰，立榮恥而明防禁，崇禮義之節以示之，賤貨利之弊以變之，修近理内政樞機之禮，一妃匹之際，則莫不慕義理之榮而惡貪亂之恥，其所由致之者，化使然也。

（明）唐順之《稗編》卷九〇《公叔文子治楚》　公叔文子為楚令尹三年，民無敢入朝。公叔子見曰：嚴矣。文子曰：朝廷之嚴也，寧云防國家之治哉？公叔子曰：嚴則下喑，下喑則上聾，聾喑不能相通，何國之治也。蓋聞之也，順針縷者成帷幕，合升斗者實倉廪，并小流而成江海，明主者有所受命而不行，未嘗有所不受也。

（明）唐順之《稗編》卷九〇《管仲論為政》　齊桓公謂管仲曰：吾欲舉事於國，昭然如日月，無愚夫愚婦，皆曰善，可乎？仲曰：可，然非聖人之道。桓公曰：何也？對曰：夫短綆不可以汲深井，知鮮不可以與聖人之言，慧士可與辯物，智士可與辯無方，聖人可與辯神明。夫聖人之所以為，非衆人之所及也。民知十已，則尚與之爭，曰不知吾也。百已則疵其過，千已則誰而不信。是故，民不可稍而掌也，可并而牧也，不可暴而殺也，可麾而致也；衆不可戶説也，可舉而示也。

（明）唐順之《稗編》卷九〇《子貢論政務》　衛靈公問於史鰌曰：政孰為務？對曰：大理為務。聽獄不中，死者不可生也，斷者不可屬也。故曰：大理為務。少焉，子路見公，公以史鰌言告之。子路曰：司馬為務。兩國有難，兩軍相當，司馬執枹以行之，一鬭不當死者數萬，以殺人為非也，此其為殺人亦衆矣。故曰：司馬為務。少焉，子貢入見，公以二子言告之。子貢曰：不識哉。昔禹與有扈氏戰三陳而不服，禹於是修教一年，而有扈氏請服。故曰：去民之所事，奚獄之所聽，兵革之不陳，奚鼓之所鳴。故曰：教為務也。

（明）唐順之《稗編》卷九〇《管仲論修政》　齊桓公出獵，逐鹿而走入山谷之中，見一老公而問之曰：是為何谷？對曰：為愚公之谷。桓公曰：何故？對曰：以臣名之。桓公曰：今視公之儀狀，非愚人也，何為以公名？對曰：臣請陳之。臣故畜牸牛，生子而大，賣之而買駒，少年曰：牛不能生馬，遂持駒去。傍鄰聞之，以臣為愚，故名此谷為愚公之谷。桓公曰：公誠愚矣，夫何為而與之？桓公遂歸。明日朝，以告管仲。管仲正衿再拜曰：此夷吾之愚也。使堯在上，咎繇為理，安有取人之駒者乎？若有見暴如是叟者，又必不與也。公知獄訟之不正，故與之耳，請退而修政。孔子曰：弟子記之。桓公，霸君也；管仲，賢佐也，猶有以智為愚者也，況不及桓公、管仲者也。

（明）唐順之《稗編》卷九〇《孔子論治訟》　魯有父子訟者，康子曰：殺之。孔子曰：未可殺也。夫民不知子父訟之不善者，久矣。是則上過也。上有道是人亡矣。康子曰：夫治民以孝為本，今殺一人以戮不孝，不亦可乎？孔子曰：不教而誅之，是虐殺不辜也。三軍大敗不可誅也，獄訟不治不可刑也。上陳之教而先服之，則百姓從風矣。躬行不從而後俟之以刑，則民知罪矣。夫一仞之墻，民不能踰，百仞之山，童子升而遊焉，陵遲故也。今是仁義之陵遲久矣，能謂民弗踰乎？《詩》曰：俾民不迷，昔者君子導其百姓，不使迷。是以威厲而不至，刑錯而不用也。於是訟者聞之，乃請無訟。

（明）唐順之《稗編》卷九四《八姦論》　凡人臣之所道成姦者有八術：一曰在同牀。何謂同牀？曰：貴夫人，愛孺子，便僻好色，此人主之所惑也。託於燕處之虞，乘醉飽之時，而求其所欲，此必聽之術也。為人臣者內事之以金玉，使惑其主，此之謂同牀。二曰在旁。何謂在旁？曰：優笑侏儒，左右近習，此人主未命而唯唯，未使而諾諾，先意承旨，觀貌察色以先主心者也。此皆俱進俱退，皆應皆對，一辭同軌以移主心者也。為人臣者內事比以金玉玩好，外為之行不法，使之化其主，此之謂在旁。三曰父兄。何謂父兄？曰：側室公子，人主之所親愛也；大臣廷吏，人主之所與度計也。此皆盡力畢議，人主之所必聽也。為人臣者事公子側室以音聲子女，收大臣廷吏以辭言，處約言事，事成則進爵益禄，以勸其心，使犯其主，此之謂父兄。四曰養殃。何謂養殃？曰：人主樂美宮室臺池，好飾子女狗馬以娱其心，此人主之殃也。為人臣者盡民力以美宮室臺池，重賦斂以飾子女狗馬，以娱其主而亂其心，從其所欲，而樹私利其間，此謂養殃。五曰民萌。何謂民萌？曰：為人臣者散公財以説民人，行小惠以取百姓，使朝廷市井皆勸譽己，以塞其主而成其所欲，此之謂民萌。六曰流行。何謂流行？曰：人主者，固壅其言談，希於聽論議，易移辯説。為人臣者求諸侯之辯士，養國中之能説者，使之以語其私。為巧文之言，流行之辭，示之以利勢，懼之以患害，施屬虚辭以壞其主，此之謂流行。七曰威強。何謂威強？曰：君人者，以羣臣百姓為威強者也。羣臣百姓之所善，則君善之；非羣臣百姓之所善，則君不善之。為人臣者，聚帶劍之客，養必死之士，以彰其威，明為己者必利，不為己者必死，以恐其羣臣百姓而行其私，此之謂威強。八曰四方。何謂四方？曰：君人者，國小則事大國，兵弱則畏強兵。大國之所索，小國必聽；強兵之所加，弱兵必服。為人臣者，重賦斂，盡府庫，虚其國以事大國，而用其威求誘其君；甚者舉兵以聚邊境，而制斂於內，薄者數內大使以震其君，使之恐懼，此之謂四方。凡此八者，人臣之所以道成姦，世主所以壅劫，失其所有也。

（明）馮琦《經濟類編》卷一《帝王類一·君道》　人君不公，嘗惠於賞而不忍於刑，是國無法也。治國無法，則民朋黨而下比，飾巧以成其私；法制有常，則民不散而上合，竭情以納其忠。是以不言智能，而順事治國患解，大臣之任也。不言於聰明，而善人舉，姦偽誅，視聽者衆也。是以為人君者，坐萬物之原而官諸生之職者也。選賢論材而待之以法，舉而得其人，坐而收其福，不可勝收也。官不勝任，奔走而奉其敗，事不可勝救也。而國未嘗乏於勝任之士，上之明適不足以知之。是以明君審知勝任之臣者也。

（宋）蘇轍《龍川别志》卷上　張公安道嘗爲予言：治道之要，罕有能知之者。老子曰：道非明民，將以愚之。國朝自真宗以前，朝廷尊嚴，天下私説不行，好奇喜事之人，不敢以事搖撼朝廷。故天下之士，知爲詩賦以取科第，不知其它矣。諺曰：水到魚行。既已官之，不患其不知政也。昔之名宰相，皆以此術馭下。王文正公爲相，南省試當仁不讓於師賦，時賈邊、李迪皆有名場屋，及奏名，而邊、迪不與。試官取其文觀之，迪以落韻，邊以師爲衆，與注疏異，特奏令就御試。王文正議：落韻失於不詳審耳，若舍注疏而立異論，不可輒許，恐從今士子放蕩，無所準的。遂取迪而黜邊。當時朝論大率如此。仁宗初年，王沂公、吕許公猶持此論。自設六科以來，士之翹俊者，皆争論國政之長短。二公既罷，則輕鋭之士稍稍得進，漸爲奇論，以撼朝廷，朝廷往往爲之動摇。廟堂之淺深，既可得而知，而好名喜事之人盛矣。許公雖復作相，然不能守其舊格，意雖不喜，而亦從風靡矣。其始也，范諷、孔道輔、范仲淹三人，以才能爲之稱首。其後許公免相，晏元獻爲政，富鄭公自西都留守入參知政事，深疾許公，乞多置諫官，以廣主聽。上方嚮之，而晏公深爲之助，乃用歐陽修、余靖、蔡襄、孫沔等並爲諫官。諫官之勢，自此日横。鄭公猶傾身下士以求譽，相帥成風。上以謙虚爲賢，下以傲誕爲高，於是私説遂勝，而朝廷輕矣。然予以張公之論，得其一不得其二，徒見今世朝廷輕甚，故思曩日之重，然不知其敝也。大臣恣爲非横，而下無由能動，其害亦不細也。使丁晉公之時，臺諫言事必聽，已如仁宗中年，其敗已久矣！至於許公，非諸公並攻其短，其害亦必有甚者。蓋朝廷之輕重則不在此。誠使正人在上，與物無私，而舉動適當，下無以議之，而朝廷重矣，安在使下不得議哉？下情不上通，此亦人主之深患也。可則從之，否則違之，豈害於重哉！西漢之初，專任功臣侯者如絳、灌之流，不可謂不賢，至使賈誼、董仲舒皆老死不得用。事偏則害生，故曰張公得其一不得其二，由此言之也。

范文正公篤於忠亮，雖喜功名，而不爲朋黨。早歲排吕許公，勇於立事，其徒因之，矯厲過直，公亦不喜也。自越州還朝，出鎮西事，恐許公不爲之地，無以成功，乃爲書自咎，解讎而去。其後以參知政事安撫陝西，許公既老居鄭，相遇於途。文正身歷中書，知事之難，惟有過悔之語，於是許公欣然相與語終日。許公問何爲亟去朝廷。文正言欲經制西事耳。許公曰：經制西事，莫如在朝廷之便。文正爲之愕然。故歐陽公爲《文正神道碑》，言二公晚年歡然相得，由此故也。後生不知，皆咎歐陽公。予見張公言之，乃信。

《无能子》卷下《固本》 五兵者，殺人者也。羅網者，獲鳥獸蟲魚者也。聖人造之，然後人能相殺，而又能取鳥獸魚蟲焉。使之知可殺，知可取，然後制殺人之罪，設山澤之禁焉。及其衰世，人不能保父子兄弟，鳥獸魚蟲不暇育麛鹿鯤鮞，法令滋彰而不可禁，五兵羅網教之也。造之者復出，其能自已乎？

《皇朝經世文編》卷三《學術三・法語》李光地《中庸餘論》 禮者，先王之所以飾喜也。樂者，先王之所以飾樂也。兵者，先王之所以飾怒也。刑者，先王之所以飾哀也。必也禮而行於仁，斯喜可以致治矣。樂而節以禮，斯樂可以保盛矣。師而出于義，斯怒可以阻亂矣。刑而折以智，斯哀可以扶衰矣。是故喜怒哀樂，心之機，學之要也。自此而上，則通於天，君子以之順性命之理焉。自此而下，則闗於世，君子以之持氣數之權焉。

《皇朝經世文編》卷三《學術三・法語》張履祥《備忘録論學》 禮以防德，上智之事也。刑以防淫，下愚之事也。命以防欲，中人之事也。【略】極敝之法得良人爲之，亦不至于大厲。極良之法使不善人行之，亦足以爲害。

《皇朝經世文編》卷一一《治體五・治法》朱仕琇《原法》 意者，上與下同適于治之路也。法者所以象上之意，導天下使不迷于路。路之秦而譎以越，行者始信而終疑，故明法者不可不先之以意。意立矣，則法其所立之景也。長短典直，天下得進而求之，以推其不二，故令下而風行，教成而弗叛。意者何主也，曰仁義忠信是也。四者之爲天下迂久矣。然四者道行，則匹夫負重旅山海而無憂。一日失之，則兵起于室。故雖前世暴君，干辟恣睢，而其張下郡縣詔令，未嘗不日以四者責望天下。誠見夫四者之足以藏身也，使天下誠如暴君詔令，以敦四者，則分明而恩固，雖剝膚椎髓，赤立窮困，猶徘徊濡忍，上下相維，以持暴君，則暴君之意，豈不得耶。故迂四者，是未睹四者之利也。暴君利四者，日詔於天下。天下瞠而莫應，以法壞而意不至也。修法奈何？曰刑名之家，曰嚴家無格虜。

故明威以行法，細賞深罰以致威。威氣中人，則賊心生，其法之行，如裹針于絮而寢處其上，安其柔而不知偪于刺也。息偃輾轉，未幾而身血斃矣。商君則此亡秦，酷吏以此衰漢。法行之時，夜戶不闔，道無拾遺，境內肅清，豪猾屏息，聲震殊俗，遠塞益北，上之人御此威而過自喜也。心泰意侈，巡山告功，刻石頌德，謂天下不足爲，而子孫長治。然忠愛根芟，禍賊胎結，皮傅骨離，形強脈死。九族崩心，安問閭巷，一旦乘機迸裂，遠近冰釋，名號四起，城池自下，國亡之日，求一人死宗廟社稷不可得，秦之二世是也。威極而犯，法極而靡，苟取一切，不可暨于精微，垂之後世，是以明君不用也。故善制法者以意，不善制法者以威。世之説者，皆曰國之利器不可以示人，故為天下宜明法而隱其意。若是則以詐令也。意倍仁義忠信四者，而舉四者之法，挾非質張浮具以愚天下，天下卽襮其法而衷其意，還以愚上，上下相譎，幽險荒蕪，則人心敗而世道憂。父不能恃子，夫不能恃婦，恤不能恃媚，任不能恃友，伏刃酒食，匿釁交際，禮容正色，以相篡取，聖目獸心，則四者反爲天下市。故交忠市僞，交愛市忍，陰陽反復，泯泯棼棼，吾不意周公仲尼之訓，直爲盜跖佐姦也。舉天下如此，則君人者，何以安其位耶？一的立而萬矢至，斯上人隱意之禍也。故諸葛忠武治蜀，賞罰嚴明，與商君治秦無以異也。一則車裂而民不憐，一則身歿怨家出涕，舉國若喪考妣，不忍除服，白帽成俗，宜與幽之效也。秦民不敢議令，而忠武之震庸主不疑，則其心跡之宣與幽固可見矣。夫宣者求人知，知之則不逆其意。幽者畏人知，知之則其毒欺已而。法訖不行，此商君之所處，所以爲可危也。夫商君嘗戎狄爲魯衛法，未嘗不舉四者也。而其反若此，故荀卿曰：宣而成，隱而敗，闇君無有；周而成，泄而敗，明君無有。上幽而下險，上明而下化，誠審於理亂之原也。故君人者，必將以四者著之意矣。則哀矜懲創之思，闖然人皆見之，吹噓百度，朝野震動，如春將雷，百蟄物皆鼓翼頓足，啟穴吐土以俟出，則雖未下一令，未畫一謀，而民固已早正以待之矣。由是圖議大中，以規無弊；綱舉目張，以持四者，原而流之，本而生之，不于其意少加損焉，則其政事之下，浩浩乎若江河，累累乎若轉丸于壁，知必無有滯之者也。賞一而勸百，刑少而威衆，讀詔書則泣，樂政成則歌，求其自而無可疑，故視聽得一，而心志得齊也。是以朝廷清明，官吏信度，上下膠固，風俗淳美，易世之後，其教可復，夫意與四者皆不敝之器也。兩不敝相合明示天下以繫之，其明不可滅，其繫不可解，此法之所恃以長固也。故偷主恃法，聖君明意，意立而法舉，則王路不塞，百世長享矣。四者之利大，見於天下，而迂之者杜口矣。暴君所日詔而不應，刑名之家所一切求而不能無患，而此已安坐而致之，指撝而天下從其袂，叱咤而鬼神應其氣，夫近在方寸之間，不出衽席之際，而兆民之志已通，萬世之理已得，正非索之幽渺，而荒遠不可稽者也。則君人者，夫何惜而不加之意也耶。

《皇朝經世文編》卷一二《治體六·治法》盧崇俊《法令應歸簡易疏》　臣竊以為國之大利，在於政治簡易。而國之大弊，在於法令繁多。何也？夫法令一多，則內外衙門在大官惟成例是遵，每多查駁之煩。在有司，惟功令自畏，有不遑救過之慮，豈能計及民生之休戚，而施撫宇之仁耶。且因叢迫之際，以致左右作姦，則民生愈受其困矣。若政治一歸簡易，則大小臣工各有暇豫之精神，衙門各役莫施鬼蜮之伎倆，是害不除而自絕，利不興而自溥，不必求遂民生而民生自遂。故古來止頌寬大之為美政，未聞以文法之繁為善治也。夫一法立則一弊生，故法愈多而弊愈滋。夫滋弊緣於法多，則救弊惟在減法，有不辨而自明者矣。向來立法之密，其意在於除弊安民，奚知弊反從此而滋，民又從此而擾乎。恭逢我皇上智仁天縱，知大計軍政之循陋規，知考滿等第之恣謍求，而毅然停之，知四部考成之繁瑣叢弊，而歸併戶部綜核，知各關差官之騷擾商民，而責成地方徵收。天下官民商賈已受無窮之福，此卽多事不如省事之明效也。今日求治之法，不須遠法前王，但就皇上此念而擴充之，將六部現行事例，命其逐件講求。如《書》有云：刑故無小，宥過無大。止將貪暴姦私明知故犯者，按例處治，其餘因公獲過者，概免瑣議，減之又減，直至於必不可減而始存其大且要者，則法令簡明，大官易於綜核，有司得以展舒，始能共講撫宇之術以遂民生，而回天象不難矣。

(漢) 陳琳《陳琳集·檄吳將校部曲文》　夫天道助順，人道助信，事上之謂義，親親之謂仁。

(漢) 王粲《王粲集·務本論》　古者之理國也，以本爲務；八政之於民也，以食爲首。

（漢）**徐幹《徐幹集·七喻》** 戰國之際，秦、儀之徒，智略兼人，辯利軼軌，倜儻挾義，觀釁相時。圖爵位則佩六紱，謀貨財則輸海內。一怒而諸侯懼，安居而天下慹。人主見弄於股掌之上，而莫之知惡也。

（漢）**應瑒《應瑒集·弈勢》** 長驅馳逐，見利忘害，輕敵寡備，所喪彌大，臨疑猶豫，算慮不詳，苟貪少獲，不知所亡，當斷不斷，還爲所謀，項羽之失，吳王之尤也。持棊相守，莫敢先動，由楚、漢之兵，相拒索、鞏也。

（唐）**李善注《文選》卷五二《六代論一首》** 昔夏、殷、周之歷世數十，而秦二世而亡。《紀年》曰：凡夏自禹以至於桀，十七王。殷自成湯滅夏以至于受，二十九王。《大戴禮》曰：殷爲天子二十餘世，而周受之。周爲天子三十餘世，而秦受之。秦爲天子二世而亡。何？殷周有道而長，秦無道而暴也。何則？三代之君，與天下共其民，故天下同其憂。秦王獨制其民，故傾危而莫救。先王知獨治之不能久也，故與人共治之；班固《漢書·贊》曰：孝宣帝稱曰：與我共此者，其唯良二千石乎？知獨守之不能固也，故與人共守之。班固《漢書·贊》曰：昔周盛，則周召相，其治致刑措，衰則五伯扶其弱，與共守之。兼親疎而兩用，參同異而並進。是以輕重足以相鎮，親疎足以相衛，並兼路塞，逆節不生。賈誼《過秦》曰：秦並兼諸侯，山東三十郡。《漢書》主父偃説上曰：今以法割削諸侯，則逆節萌起。及其衰也，桓文師禮；齊桓、晉文。苞茅不貢，齊師伐楚；宋不城周，晉戮其宰。《左氏傳》曰：齊侯伐楚，楚子使與師言曰：不虞君之涉吾地，何故？管仲對曰：爾貢苞茅不入，王祭不共，無以縮酒，寡人是徵。又曰：晉魏舒合諸侯之大夫於翟泉，將以城成周。宋仲幾不受功，曰：滕、薛、郳，吾役也。爲宋役。亦職也。士伯怒曰：必以仲幾爲戮。乃執仲幾，歸諸京師。王綱弛而復張，諸侯傲而復肅。二霸之後，寖以陵遲。《漢書》曰：二霸之後，寖以陵遲。吳楚憑江，負固方城。雖心希九鼎，而畏迫宗姬。《左氏傳》屈完對齊侯曰：楚國方城以爲城，漢水以爲池。又曰：楚子觀兵於周疆，問鼎之大小輕重焉。王孫滿對曰：周德雖衰，天命未改，鼎之輕重，未可問也。姦情散於胷懷，逆謀消於脣吻。亡粉反。斯豈非信重親戚，任用賢能，枝葉碩茂，夲根賴之與？班固《漢書》述曰：公族蕃滋，枝葉碩茂。自此之後，轉相攻伐，吳并於越，晉分爲三，魯滅於楚，鄭兼於韓。《史記》曰：越王勾踐自會稽歸，拊循其士民，伐吳，大破之，吳王自殺。又曰：魏武侯、韓哀侯、趙敬侯滅晉後，而三分其地。又曰：楚考烈王伐滅魯。又曰：韓哀滅鄭，并其國。暨乎戰國，諸姬微矣。唯燕衛獨存，然皆弱小，西迫強秦，南畏齊楚，救於滅亡，匪遑相卹。至於王赧，匿簡。降爲庶人，猶枝幹相持，得居虛位。海內無主，四十餘年。班固《漢書·贊》曰：暨於王赧，降爲庶人。用天年終，號位已絶於天下，尚猶枝葉相持，莫得居其虛位。海內無主，四十餘年也。秦據勢勝之地，騁譎詐之術，征伐關東，蠶食九國。班固《漢書·贊》曰：秦據勢勝之地，騁狙詐之兵，蠶食山東，一切取勝。賈誼《過秦》曰：九國之師，遁逃而不敢進。至於始皇，乃定天位。《尚書》曰：天位艱哉。曠日若彼，用力若此。班固《漢書·贊》曰：至始皇乃并天下，以德若彼，用力如此，其艱難也。豈非深根固蔕，不拔之道乎。《老子》曰：有國之母，可以長久，是謂深根固蔕，長生久視之道。班固《漢書·贊》曰：所以親親賢賢，褒表功德，深根因夲，爲不可拔者也。《易》曰：其亡其亡，繫于苞桑。周德其可謂當之矣。《周易》否卦之辭也。鄭玄曰：苞，植也，否世之人，不知聖人有命，咸云其將亡矣。其將亡矣，而聖乃自繫於植桑，不亡也。王弼曰：心存將危，乃得固也。秦觀周之弊，將以爲以弱見奪，於是廢五等之爵，立郡縣之官，班固《漢書·贊》曰：秦既稱帝，患周之敗，以爲諸侯力争，四夷交侵，以弱見奪，於是削去五等。《史記》李斯奏曰：置諸侯不便，始皇於是分天下，以爲三十六郡，置守尉監也。棄禮樂之教，任苛刻之政。子弟無尺寸之封，功臣無立錐之土，內無宗子以自毗輔，外無諸侯以爲蕃衛。班固《漢書》贊曰：秦竊自號謂皇帝，而子弟爲匹夫，內亡骨肉本根之輔，外亡尺土蕃翼之衛。《莊子》曰：堯舜有天下，子孫無置錐之地。仁心不加於親戚，惠澤不流於枝葉，譬猶芟刈股肱，獨任胷腹，浮舟江海，捐棄楫櫂。《法言》曰：灝灝之海，濟樓航之力也。航人無楫，如航何？《通俗文》：櫂，謂檝也。觀者爲之寒心，而始皇晏然，自以爲關中之固，金城千里，子孫帝王萬世之業也。賈誼《過秦》曰：天下已定，始皇之心，以爲關中之固，金城千里，子孫帝王萬世之業也。豈不悖哉！是時，淳于越諫曰：臣聞殷周之王，封子弟功臣，千有餘歲。今陛下君有海內，而子弟爲匹夫，卒有田常六卿之臣，而無輔弼，何以相救？事不師古而能長久者，非所聞也。《史記》曰：齊簡公立田常、監止爲左右相。田氏殺監止，簡公出奔。田氏執簡公於徐州，遂殺之。又曰：晉昭公卒，六卿強，公室卑。六卿，謂范氏、中行氏、智氏及趙、韓、魏也。《論語糺滑識》曰：陳滅齊，六卿分晉。《尚書》曰：事不師古，以克永代，匪説攸聞。始皇聽李斯偏説，而絀其義。至身死之日，無所寄付，委天下之重於凡夫之手，託廢立之命於姦臣之口，《史記》曰：始皇崩，趙高乃與胡亥、丞相李斯陰破去始皇所封書賜公子扶蘇者，而更詐爲丞相受始皇遺詔，立子胡亥爲太子，更爲書賜公子扶蘇死。至令趙高之徒，誅鉏宗室。《史記》曰：二世尊用趙高，申法令，乃行誅大臣及諸公子。《春秋合誠圖》曰：誅鉏民害。胡亥少習剋薄之教，長遵凶父之業。《史記》曰：趙高故常教胡亥書，及獄律令法事。《史記》太史公曰：商君，其天資刻薄人也。不能改制易法，寵任兄弟，而乃師謨申商，諮謀趙高，自幽深宮，委政讒賊，《史記》李斯上書二世曰：能明申韓之術，而修商君之法。法修術明，而天下亂者，未之聞也。應劭《漢書》注曰：申不害，韓昭侯相。衛公孫鞅，秦孝公相。李奇曰：法皆深刻無恩。《史記》曰：二世常居禁中，與趙高決事。事無大小，輒決於高。《蒼頡篇》曰：委，任之也。身殘望夷，求爲黔首，豈可得哉？《史記》曰：二世齋望夷宮，欲祠涇，使使責讓趙高以盜事。高懼，乃陰與其女壻咸陽令閻樂謀易上。樂前，即謂二世曰：足下其自爲計。二世曰：願得妻子爲黔首。閻樂麾其兵進，二世自殺也。遂乃郡國離心，衆庶潰叛。《尚書》曰：受有億兆夷人，離心離德。《左氏傳》曰：人逃其上曰潰。勝、廣唱之於前，劉、項斃之於後。《史記》曰：吴廣爲假王，擊秦。班固《漢書·贊》曰：秦竊自號謂皇帝，而子弟爲匹夫。吴陳奮其白挺，劉項隨而斃之。向使始皇納淳于之策，抑李斯之論。割裂州國，分王子弟，封三代之後，報功臣之勞，土有常君，民有定主，枝葉相扶，首尾爲用，雖使子孫有失道之行，時人無湯、武之賢，姦謀未發，而身已屠戮，可區區之陳項，而復得措其手足哉？故漢祖奮三尺之劒，驅烏集之衆？曾子曰：烏合之衆，初雖相歡，後必相咋也。五年之中，而成帝業。《漢書》曰：高祖五年，斬羽東城，即皇帝位於汜水之陽。自開闢以來，其興功立勳，未有若漢祖之易者也。夫伐深根者難爲功，摧枯朽者易爲力，理勢然也。班固《漢書·贊》曰：漢無尺土之階，繇一劒之任，五年而成帝業。書傳所未嘗有焉。何則？古代相革，皆丞聖王之烈，今漢獨收孤秦之斃。鐫金石者難爲功，摧枯朽者易爲力，其勢然也。漢鑒秦之失，封植子弟。及諸吕擅權，圖危劉氏，《漢書》：太后崩，上將軍吕禄、相國吕產專兵秉政，謀作亂。賈逵《國語》注曰：權秉，即柄字也。而天下所以不能傾動，百姓所以不易心者，徒以諸侯強大，盤石膠固。《漢書》宋昌曰：高帝王子弟，所謂盤石之宗也。《莊子》曰：待膠漆而固者，是侵其德者也。范曄《後漢書》曰：鄭泰曰：以膠固之衆，當解合之勢。東牟朱虛，授命於內；齊代吴楚，作衛於外，故也。《漢書》宋昌曰：諸吕擅權專制，太尉卒以滅之。內有朱虛東牟之親，外畏吴楚齊代之強。又曰：齊悼惠王肥，高祖六年立。又曰：齊悼惠王子章，高后封爲朱虛侯，章弟興居爲東牟侯。向使高祖踵亡秦之法，王逸《楚辭》注曰：踵，繼也。忽先王之制，則天下已傳，非劉氏有也。然高祖封建，地過古制，大者跨州兼域，小者連城數十，上下無別，權侔京室，故有吴楚七國之患。班固《漢書·贊》曰：漢興，懲戒亡秦孤立之敗，於是封王子弟。大者跨州兼郡，小者連城數十，宮室百官，制同京師。賈誼曰：諸侯強盛，長亂起姦，夫欲天下之治安，莫若衆建諸侯而少其力，令海內之勢，若身之使臂，臂之使指，則下無背叛之心，上無誅伐之事。文帝不從。《漢書》賈誼上疏之文。至於孝景，猥用朝錯之計，削黜諸侯，親者怨恨，疏者震恐，吴楚唱謀，五國從風，兆發高祖，釁成文景，由寬之過制，急之不漸故也。《漢書》曰：朝錯數言吴過可削，文帝寬不忍罰。及景帝即位，錯曰：高帝初定天下，諸子弱，故大封同姓，今吴謀作亂逆，削之亦反，不削亦反。於是方議削吴。吴王恐，因欲發謀舉事。諸侯既新削罰，震恐，多怨錯。及吴先起兵，膠西、膠東、淄川、濟南、楚、趙亦皆反。猥，曲也。所謂末大必折，尾大難掉。《左氏傳》楚子問於申無宇曰：國有大城，何如？對曰：末大必折，尾大不掉，君所知也。杜預曰：折，折其本也。尾同於體，猶或不從，況乎非體之尾，其可掉哉？武帝從主父之策，下推恩之命。自是之後，齊分爲七，趙分爲六，淮南三割，梁代五分，《漢書》主父偃說上曰：今諸侯或連城數十，願陛下令諸侯得推恩分子弟以地，侯之，彼人人喜得所願。上以德施，實分其國，必稍自銷弱矣。上從其計。又班固贊曰：武帝施主父之策，下推恩之令，使諸侯得分戶邑，以封子弟，不行黜陟，而國自析。自是齊分爲七，趙分爲六，梁分爲五，淮南分爲三也。遂以陵遲，子孫微弱，衣食租稅，不豫政事。班固《漢書·贊》曰：景帝遭七國之難，抑損諸侯，諸侯唯得衣食租稅，不與政事。或以酎金免削，或以無後國除。《漢書》曰：列侯坐獻黃金酎祭宗廟不如法，奪爵者百六人。《漢儀》注：王子爲侯，侯歲以戶口酎黃金於漢廟，皇帝臨受獻金，助祭。大祀曰飲酎，飲酎受金，小不如斤兩，色惡者，王削縣，侯免國。《漢書》曰：趙哀王福薨，無子，國除。至於成帝，王氏擅朝，劉向諫曰：臣聞公族者，國之枝葉。枝葉落，則本根無所庇蔭，方今同姓疏遠，母黨專政，排擯宗室，孤弱公族，非所以保守社稷，安固國嗣也。《漢書》劉向上疏之文。其言深切，多所稱引。成帝雖悲傷歎息，而不能用。《漢書》曰：成帝即位，向數上疏言得失，陳法戒。書數十上，以助觀覽，補遺闕。上雖不能盡用，然嘉其言，常嗟嘆。至乎哀平，異姓秉權，假周公之事，而爲田常之亂。高拱而竊天位，一朝而臣四海，漢宗室王侯，解印釋綬，貢奉社稷，猶懼不得爲臣妾，或乃爲之符命，頌莽恩德，豈不哀哉！班固《漢書・贊》曰：至哀平之際，王莽知中外殫微，因母后之權，假伊、周之稱，詐謀既成，遂據南面之尊，漢諸侯王，厥角稽首，奉上璽韍，唯恐在後，或乃稱美頌德，以求容媚，豈不哀哉！田常篡齊，已見上文。《漢書》曰：王莽廢漢藩王，廣陵王嘉獻符命，封扶策侯。又曰：郚鄉侯閔以莽篡位，獻神書言莽，得封列侯。郚音吾。由斯言之，非宗子獨忠孝於惠文之間，而叛逆於哀平之際也，徒以權輕勢弱，不能有定耳。賴光武皇帝挺不世之姿，杜篤《論都賦》曰：于時聖帝，兼不世之姿。禽王莽於已成，紹漢祀於既絶，斯豈非宗子之力耶？而曾不鑒秦之失策，襲周之舊制，踵亡國之法，而僥倖無疆之期。至於桓靈，奄豎執衡，范曄《後漢書》曰：桓帝立，曹騰以定策功，遷大長秋。又曰：靈帝時，大將軍竇武謀誅中官，曹節矯詔誅武等。鄭玄《尚書》注曰：稱上曰衡。朝無死難之臣，外無同憂之國，君孤立於上，臣弄權於下，班固《漢書・序》曰：漢興，懲戒亡秦孤立之敗。夲未不能相御，身手不能相使。由是天下鼎沸，姦凶並争，張超牋曰：中外雲擾，萬夫鼎沸。宗廟焚爲灰燼，宮室變爲蓁藪。杜預《左氏傳》注曰：燼，火餘木也。居九州之地，而身無所安處，悲夫！魏太祖武皇帝躬聖明之資，兼神武之略，晉灼《漢書》注曰：資，材量也。恥王綱之廢絶，愍漢室之傾覆，龍飛譙沛，鳳翔兖豫，《魏志》曰：太祖武皇帝，沛國譙人，爲兖州牧，後太祖遷都於許，許屬豫州。《東京賦》曰：龍飛白水，鳳翔參墟。掃除凶逆，剪滅鯨鯢。《左氏傳》曰：楚子曰：古者明王伐不敬，取其鯨鯢而封，以爲大戮。杜預曰：鯨鯢，大魚，以喻不義之人也。迎帝西京，定都潁邑。《魏志》曰：天子東還，敗於曹陽。太祖乃遣曹洪將兵，西迎天子還雒，董昭勸太祖都許。《漢書》：潁川郡有許縣。德動天地，義感人神。漢氏奉天，禪位大魏，大魏之興，於今二十有四年矣。觀五代之存亡，而不用其長策；覩前車之傾覆，而不改其轍迹。《晏子》曰：諺曰：前車覆後車戒也。子弟王空虛之地，君有不使之民；宗室竄於閭閻，不聞邦國之政。權均匹夫，勢齊凡庶，内無深根不拔之固，外無盤石宗盟之助，非所以安社稷，爲萬代之業也。《左氏傳》曰：周之宗盟，異姓爲後。且今之州牧郡守，古之方伯諸侯，皆跨有千里之土，兼軍武之任，或比國數人，或兄弟並據。而宗室子弟，曾無一人間厠其間，與相維持，非所以強幹弱枝。備萬一之慮也。班固《漢書・贊》曰：徙吏二千石於諸陵，蓋亦強幹弱枝也。今之用賢，或超爲名都之主，或爲偏師之師。而宗室有文者，必限以小縣之宰，有武者，必置於百人之上，使夫廉高之士，畢志於衡軛之内，衡軛，車之衡軛也，言王者之御群臣，猶人之御牛馬。故以衡軛喻焉，畢志其内，未得騁其駿足也。才能之人，恥與非類爲伍，非所以勸進賢能，褒異宗族之禮也。夫泉竭則流涸，根朽則葉枯，枝繁者蔭根，條落者夲孤。故語曰：百足之蟲，至死不僵，扶之者衆也。《魯連子》曰：百足之蟲，至斷不蹶者，持之者衆也。此言雖小，可以譬大。司馬相如《諫獵書》曰：此言雖小，可以喻大。且墉基不可倉卒而成，威名不可一朝而立。《文子》曰：人主之有人。猶城之有基，木之有根。根深即夲固，基厚即上安也。皆爲之有漸，建之有素，譬之種樹，久則深固其根本，茂盛其枝葉。若造次徙於山林之中，植於宮闕之下，雖壅之以黑墳，暖之以春日，《尚書》曰：厥土惟黑墳。孔安國曰：色黑而墳起也。猶不救於枯槁，何暇繁育哉？夫樹猶親戚，土猶士民，建置不久，則輕下慢上，平居猶懼其離叛，危急將如之何？是聖王安而不逸，以慮危也；存而設偹，以懼亡也。故疾風卒至，而無摧拔之憂，天下有變，而無傾危之患矣。

(唐)李善注《文選》卷三六《永明九年策秀才文五首》

問秀才高第明經：朕聞神靈文思之君，聰明聖德之后，《史記》曰：黄帝者，生而神靈，弱而能言。《尚書序》曰：昔在帝堯，聰明文思。孔安國曰：言聖德之遠著也。體道而不居，見善如不及。《文子》曰：聖人體道反至，動而無爲。《老子》曰：聖人功成而弗居。《論語》孔子曰：見善如不及，見不善如探湯。是以崆峒有順風之請，華封致乘雲之拜。《莊子》曰：黄帝聞廣成子在崆峒之山，故往見之。廣成南首而臥，黄帝順下風膝行而進，再拜稽首而問曰：治身奈何而可以長久？廣成子曰：來，吾語汝至道。又曰：堯觀乎華封，華封人曰：嘻，請祝聖人壽，且富，且多男子。堯皆辭曰：多男子則多懼，富則多事，壽則多辱。封人曰：天之生人，必授之職。多男子而授之職，則何懼之有？富而使人分之，則何事之有？天下有道，則與物皆昌，天下無道，則修德就閒；千歲厭世，去而上僊。乘彼白雲，至於帝鄉。三患莫至，身常無殃，則何辱之有？封人去之，堯隨之請問。封人曰：退。然崆峒有拜，乘雲爲請，今不同者，蓋請者必拜，故互文也。或揚旌求士，或設虡待賢，求士待賢，皆謂請其言也。《管子》曰：舜有告善之旌。應劭《漢書》注曰：旌，幡也。設之五達之道。《鬻子》曰：昔大禹治天下，以五聲聽治。爲銘於筍虡曰：教寡人以道者擊鼓，教寡人以義者擊鍾。教寡人以事者振鐸，語寡人以憂者擊磬，語寡人以獄者揮鞀。用能敷化一時，餘烈千古。謝承《後漢書序》曰：陰修敷化二都。威教克平。餘烈，已見上文。朕夤奉天命，恭惟永圖；《爾雅》曰：夤，敬也。《尚書》曰：茲率厥典，奉若天命。又曰：慎乃儉德。惟懷永圖。審聽高居，載懷祇懼。《六韜》曰：王者之道，如龍之首，高居而遠望，徐視而審聽。《尚書》曰：予小子夙夜祇懼。雖言事必史，而象闕未箴。《禮記》曰：動則左史書之，言則右史書之。鄭玄《周禮》注曰：象魏，闕也。范曄《後漢書》曰：靈帝熹平中，有何人書朱雀闕，言公卿皆尸禄，無有忠言者。寤寐嘉猷，延佇忠實。《毛詩》曰：窈窕淑女，寤寐求之。《尚書》爾有嘉謀嘉猷。《楚辭》曰：結幽蘭而延佇。子大夫選名昇學，利用賓王；《國語》曰：越王勾踐曰：苟聞子大夫之言。賈逵曰：親而近之，故曰子大夫也。《禮記》曰：司徒論選士之秀者，升之於學，曰俊士。鄭玄曰：學，大學也。《周易》曰：觀國之光，利用賓於王。懋陳三道之要，以光四科之首。《漢書》詔策晁錯曰：大夫之行，當此三道。張晏曰：國體人事直言也。崔寔《政論》曰：詔書，故事三公辟召，以四科取士：一曰德行高妙，志節清白；二曰學通行修，經中博士。三曰明曉法令，足以決疑，能按章覆問。四曰剛毅多略，遭事不惑，才任三輔劇縣令。鹽梅之和，屬有望焉。《尚書》曰：若作和羹，尔惟鹽梅。又問：昔周宣惰千畝之禮，虢公納諫；《國語》曰：宣王即位，不藉千畝。虢文公諫曰：夫民之大事在農。漢文缺三推之義，賈生置言。《禮記》曰：躬耕帝籍，天子三推。《漢書》曰：文帝即位，賈誼説上曰：一夫不耕，或受之飢；一女不織，或受之寒。上感誼言，始開籍田躬耕，以勸百姓。良以食爲民天，農爲政本。《漢書》酈食其説漢王曰：臣聞王者以民爲天，民以食爲天。《尚書》八政：一曰食。孔安國曰：勸農業也。《漢書》文帝詔曰：農，天下大本也，民所恃以生也。金湯非粟而不守，水旱有待而無遷。《漢書》蒯通説武信君曰：皆爲金城湯池，不可攻也。《氾勝之書》曰：神農之教，雖有石城湯池，帶甲百萬，而無粟者，弗能守也。《禮記》曰：雖有凶旱水溢，民無菜色。朕式照前經，寶茲稼穡。《范子·計然》曰：五穀者，萬民之命，國之重寶也。祥正而青旗肅事，土膏而朱紘戒典。祥正、土膏，並已見《東京賦》。《禮記》曰：孟春之月，天子駕蒼龍，載青旗，躬耕帝籍。又曰：昔天子爲籍田千畝，冕而朱紘，躬耕秉耒。鄭玄《周禮》注曰：朱紘，以朱組爲紘，一條屬兩端也。將使杏花菖葉，耕穫不愆。《氾勝之書》曰：杏始華榮，輒耕輕土、弱土。望杏花落，復耕之，輒藺之。此謂一耕而五穫。《呂氏春秋》曰：冬至五旬七日，菖始生。菖者，草之先者也。於是始耕。高誘曰：菖，菖蒲，水草也。清畎冷風，述遵無廢。《呂氏春秋》后稷曰：凡耕之道，畝欲廣以平，畎欲小以清。又曰：正其行，通其風。夬必中央。師爲冷風。高誘曰：冷風，和風，所以成穀也。夬，決也，必於苗中央。師師然肅冷風，以搖長也。而釋耒佩牛，相沿莫反。《鹽鐵論》曰：儒者釋耒耜而學不驗之語。《漢書》曰：龔遂爲渤海太守，民有帶持刀劒者，使賣劒買牛，賣刀買犢，何爲帶牛佩犢。杜預《左氏傳》注曰：沿，緣也。兼貧擅富，浸以爲俗。《漢書》曰：兼并之塗。李奇曰：謂大家兼役小人，富者兼役貧民。《説文》曰：擅，專也。《風俗通》曰：子不以從令爲孝，後主固宜是革，浸以爲俗，豈不謬哉！若爰井開制，懼驚擾愚民。《漢書》曰：民爰：上田夫百畝，中田夫二百畝，下田夫三百畝。歲耕種者，爲不易上田，休一歲者爲一易中田，休二歲者爲再易下田，休三歲更耕之，自爰其處。賈逵《國語》注曰：爰，易也。《周禮》曰：畝百爲夫，夫三爲屋，屋三爲井也。舄鹵可腴，恐時無史白。《史記》曰：史起引漳水溉田，鄴民歌之曰：決漳水兮灌鄴旁，終古舄鹵兮生稻粱。又曰：秦中大夫白公，復爲秦穿涇水注渭，溉田四千餘頃，因曰白渠也。興廢之術，矢陳厥謀。《尚書序》曰：咎繇矢厥謨。孔安國曰：矢，陳也。

又問：議獄緩死，《大易》深規；《周易》曰：君子以議獄緩死。敬法卹刑，《虞書》茂典。《尚書·虞書》曰：欽哉欽哉，惟刑之卹哉。自萌俗澆弛，法令滋彰。《莊子》曰：唐虞始爲天下，澆醇散朴。許慎《淮南子》注曰：澆，薄也。澆與澆同。《老子》曰：法令滋章，盜賊多有也。肺石少不冤之人，棘林多夜哭之鬼。《周禮》曰：肺石達窮民。鄭司農曰：肺石，赤石也。窮民，天民之窮而無告者。《漢書》：于定國爲廷尉，民自以爲不冤。《周禮》曰：外朝之法，左九棘，孤卿大夫位焉。右九棘，公侯伯子男位焉。《楚辭》曰：荊棘聚而成林。《春秋元命苞》曰：樹棘槐，聽訟於其下。《尚書旋璣鈐》曰：鬼哭山鳴。鄭玄曰：鬼哭，誅無辜也。山鳴，聽不聽之異也。王隱《晉書》。司直劉隗奏曰：懷情抱恨，雖沒不亡，故有殞霜之應，夜哭之鬼。朕所以明發動容，昃食興慮。《毛詩》曰：明發不寐。《尚書》曰：文王自朝至於日中昃，不遑暇食。傷秋荼之密網，惻夏日之嚴威。《鹽鐵論》曰：秦法繁於秋荼，網密於凝脂。《左氏傳》酆舒問於賈季曰：趙衰、趙盾孰賢？對曰：趙衰，冬日之日也。趙盾，夏日之日也。杜預曰：夏日可畏，冬日可愛。永念畫冠，緬追刑厝。《墨子》曰：畫衣冠，異章服，謂之戮。上世用戮，而民不犯。賈逵《國語》注曰：緬，思貌也。《紀年》曰：成康之際，天下安寧，刑措四十餘年不用。徒以百鍰輕科，反行季葉。《尚書·呂刑》曰：穆王訓夏贖刑，墨辟疑赦，其罰百鍰。孔安國曰：六兩曰鍰。鍰，黃鐵也，張孟陽《七哀詩》曰：季葉喪亂起。四支重罰，爰創前古。《吕氏春秋》曰：越王勾踐曰：孤雖首足異處，四支布裂。《周禮》曰：司刑掌五刑之法，以麗萬民之罪，墨罪五百，劓罪五百，宫罪五百，剕罪五百，殺罪五百。訪游禽於絶澗，作霸秦基。《韓子》曰：董閼于爲趙上地守，行石邑山中深澗，峭如墻，深百仞。因問其左右人曰：嘗有人入此者乎？對曰：無有。嬰兒、盲聾、狂勃有入此者乎？對曰：無有。牛馬犬彘嘗有入此者乎？對曰：無有。董閼于喟然太息曰：吾能治矣，使吾法無赦也。猶入澗之必死，則民莫敢犯，何爲不治！鄭玄《周禮》注曰：凡鳥獸未孕曰禽。《史記》曰：趙氏之先與秦共祖，然則以其共祖，故雖趙亦號曰秦。歌《雞鳴》於闕下，稱仁漢牘。班固歌詩曰：三王德彌薄，惟後用肉刑。太倉令有罪，就逮長安城。自恨身無子，困急獨煢煢。小女痛父言，死者不復生。上書詣北闕，闕下歌《雞鳴》。憂心摧折裂，晨風激揚聲。聖漢孝文帝，惻然感至誠。百男何憒憒，不如一緹縈。《列女傳》曰：緹縈歌《雞鳴》《晨風》之詩。然《雞鳴》，齊詩，冀夫人及君早起而視朝。《晨風》，秦詩，言未見君而心憂也。二途如爽，即用兼通，輕重二途，似如差爽，就其用也。彼此兼通，言俱濟時。昌言所安，朕將親覽。《尚書》曰：禹拜昌言。孔安國曰：昌，當也。《漢書》問董仲舒曰：靡有所隱，朕將親覽焉。又問：聚人曰財，次政曰貨。《周易》曰：何以守位曰仁，何以聚人曰財。《尚書》曰：八政，一曰食，二曰貨。泉流表其不匱，貿遷通其有亡。《漢書》曰：貨流於泉，布於布。如淳曰：流行如泉也。《尚書》帝曰：貿遷有無化居。既龜貝積寢，緡繦專用。《漢書》曰：王莽居攝，更作金銀、龜貝、錢布之品。寢，猶息也。《漢書》曰：武帝初筭緡錢。李斐曰：緡絲以貫錢也。《管子》曰：凶歲糴釜千繦。孟康《漢書》注曰：繦，錢貫也。世代滋多，銷漏參倍。言錢之銷磨鈌漏，或復三分，或至一倍也。下貧無兼辰之業，中産闕洊歲之貲。《周書·夏箴》曰：小人無兼年之食，妻子非其妻子也。班固《漢史·文帝贊》曰：上嘗欲作露臺，召匠計之，直百金。曰：百金，中民十家産也。《左氏傳》晉洊飢。《字書》曰：洊，仍也。惟瘼卹隱，無捨矜嘆。毛萇《詩傳》曰：瘼，病也。《國語》祭公謀父曰：勤恤人隱，而除其害也。上帝溥臨，賜朕休寶，《漢書》曰：上帝溥臨，不異下防。命卬斜之谷，開而出銅。齊春秋曰：永明八年，蜀郡太守劉悛啓上曰：南廣郡界，蒙山有銅坑，掘則得銅，其利無極。上從之。且有後命，事茲鎔範。《左氏傳》曰：王使宰孔賜齊侯胙，將拜，孔曰：且有後命也，無下拜。《漢書》曰：釋其耒耨，治鎔炊炭。應劭曰：鎔，錢模也。《禮記》孔子曰：然後範金合土。鄭玄曰：範，鑄作模器用也。充都内之金，紹圓府之職。《桓子新論》曰：漢宣已來，百姓賦錢，壹歲餘二十萬，藏於都内。《漢書》曰：太公爲周立九府圜法。李奇曰：圜即錢也，將繼太公之職事也。但赤側深巧學之患，榆莢難輕重之權；言今欲爲錢，若赤側則奸巧學鑄，深爲可患。榆莢則輕重兼用，難可準平。《漢書》曰：民多姦錢，而公卿請令京師鑄官赤側，一當五。如淳曰：以赤銅爲其郭也。《漢書》曰：漢興，以爲秦錢重，難用，更令民鑄榆莢錢。如淳曰：如榆莢也。《國語》曰：周景王將鑄大錢，單穆公曰：不可。古者量貲幣，權輕重，以救民。民患輕，則爲之作重幣以行之。於是有母權子而行，民皆得焉。若不堪重，則多作輕幣而行之，亦不廢重，於是乎有子權母而行。韋昭曰：重謂母，輕謂子。權，平也。若物直千二，而母當一千，則子二百平之也。應劭曰：權其輕重也。開塞所宜，悉心以對。《淮南子》曰：通乎動靜之機，明乎開塞之節。開塞，猶取捨也。《尹文子》曰：書開塞之宜，得周通之路。《詩緯》曰：君子息心研慮，推變見事。又問：治歷明時，紹還革之運。《周易》曰：君子以治歷明時。《毛詩》曰：去殷之惡，就周之德。《周易》曰：湯武革命。改憲勑法，審刑德之原。司馬彪《續漢書》永平詔曰：《春秋保乾圖》云：三百年，升歷改憲。史官用太初鄧公平術，有餘分一，在三百年之域，行度轉差，浸以繆錯，旋璣不正，文象不稽。冬至之日，日在斗二十二度，而歷以爲牽牛中星，先立春一日，則四分數之立春也，而以折獄，斷大刑，於氣已迕，用望平和隨時之義，蓋亦遠矣。今改四分，以遵於堯，以順孔聖奉天之文。宋均《保乾圖》注曰：三陽而陽備，備則宜改憲。憲，法也。《周易》曰：雷電噬嗑，先王以明罰勑法。《淮南子》曰：冬至爲德，夏至爲刑。分命顯於唐官，文條炳於鄒説。《尚書》曰：分命羲仲，宅嵎夷，曰暘谷。又曰：分命和仲，宅西，曰昧谷。鄒説，未詳。及嵎夷廢職，昧谷虧方。言司歷之官廢也。嵎夷昧谷，已見上文。漢秉素祇之徵，魏稱黄星之驗。言五德之次也。《漢書》曰：高祖夜徑澤中，前有大蛇當路，高祖乃前，拔劍斬蛇。後人來至蛇所，有一老嫗夜哭。人問嫗何哭，嫗曰：吾子，白帝子也，化爲蛇當道，今者赤帝子斬之。《魏志》曰：初，桓帝時，有黄星見於楚宋之分，遼東殷馗善天文，言後五十歲當有真人起於梁沛之間，其鋒不可當。至是凡五十年，而太祖破袁紹，天下莫敵。紛爭空軫，疑論無歸。《方言》曰：軫，謂相乖戾也。朕獲纂洪基，思弘至道。班固《高紀》述曰：纂堯之緒。《爾雅》曰：纂，繼也。曹植《魏德頌》曰：武創洪基，克光厥德。《尚書序》曰：恢弘至道。庶令日月休徵，風雨玉燭。《尚書》曰：休徵，日月之行，則有冬有夏。《爾雅》曰：春爲青陽，夏爲朱明，秋爲白藏，冬爲玄英，四氣和謂之玉燭。

克明之旨弗遠，欽若之義復還。《尚書》曰：克明俊德。又曰：欽若昊天。於子大夫何如哉？其驪翰改色，寅丑殊建，别白書之。《禮記》曰：夏后氏尚黑，戎事乘驪。鄭玄曰：以建寅之月爲正，物生色黑，黑馬曰驪。《禮記》曰：殷人尚白，戎事乘翰。鄭玄曰：以建丑之月爲正月，物生色白。翰，白色馬也。《漢書》：董仲舒對策曰：臣前所上對，辭不別白，指不分明。

（唐）陸贄《翰苑集》卷一六《收河中後請罷兵狀》 然而陛下懷悔過之深誠，降非常之大號，知黷武窮兵之長亂，知急征重歛之勦財，知殘人肆欲之取危，知違衆率心之稔慝，知烝庶困極之興怨，知上下鬱堙之失情，德音渙然，與之更始。所在宣歘之際，聞者莫不涕流，雖或兇獷匪人，亦必爲之歔欷，誠之動物，乃至於斯。懷梟鴟以好音，消祲沴爲和氣，由是姦回易慮，黎獻歸心。假王畔援之夫，削僞號以請罪；觀釁首鼠之將，壹純誠以效勤。流亡凍餒者，希保於室家；屯戍戰爭者，冀全其性命。德澤將竭而重霈，君臣已絶而更交。天下之情翕然一變：曩討之而愈叛，今釋之而畢來；曩以百萬之師而力殫，今以咫尺之詔而化洽。是則聖王之敷理道服暴人，任德而不任兵，明矣。羣帥之悖臣禮，拒天誅，圖活而不圖亡，又明矣。

（唐）韓愈《韓昌黎全集》卷一一《雜著一·原道》 原道。《淮南子》以《原道》首篇。許氏箋云：原，本也。公所作《原道》《原性》等篇，史氏謂其奥衍宏深，與孟軻揚雄相表裏，而佐佑六經。誠哉是言。東坡嘗曰：自孟子後，能將許大見識尋求古人，其斷然曰，孟子醇乎醇，荀與揚也，擇焉而不精，語焉而不詳，若非有見識，豈千餘年後便斷得如此分明。伊川亦曰：退之晚年作文，所得甚多，如曰軻之死不得其傳。似此言語，非是蹈襲前人，又非鑿空撰得，必有所見。二先生之論，豈輕發者哉。山谷嘗曰：文章必謹布置，每見後學，多告以原道命意曲折，後以此槩求古人法度，如老杜贈韋見素詩，布置最得正體，如官府甲第廳堂房室，各有定處，不可亂也。韓文公《原道》，與《書》之《堯典》，蓋如此。石介守道曰：孔子之《易》《春秋》，自聖人以來未有也，吏部《原道》《原性》《原毀》《行難》《禹問》《佛骨表》《諍臣論》，自諸子以來未有也。

博愛之謂仁，行而宜之之謂義，由是而之焉之謂道，足乎己無待於外之謂德。仁與義爲定名，道與德爲虛位。楊誠齋曰：道德之實非虛也，而道德之位則虛也。韓子之言，實其虛者也。其曰仁與義爲定名，又曰吾之所謂道德者，合仁與義言之也，而後道德之虛位，可得而實矣。張無垢曰：此正是退之闢佛老要害處。老子平日談道德，乃欲搥提仁義，一味自虛無上去，曾不知道德自仁義中出，故以定名之實主張仁義在此二字。既言行仁義後，必繼曰由是而之焉之謂道，足乎已無待於外之謂德。亦未始薄道德也，特惡佛老不識仁義卽是道德，故不得不表出之。楊龜山曰：韓子意曰由仁義而之焉斯謂之道，充仁義而足乎己斯謂之德，所謂道德云者，仁義而已。故以仁義爲定名，道德爲虛位。《中庸》曰：天命之謂性，率性之謂道。仁義，性所有也，則捨仁義而言道者，固非也。道固有仁義，而仁義不足以盡道，則以道德爲虛位者，亦非也。故道有君子小人，而德有凶有吉。子下或有有字。老子之小仁義，非毁之也，其見者小也。坐井而觀天，曰天小者，非天小也。非天下或有之字。下小字或作罪。云：《尸子》曰，井中視星，所視不過數星。今按：韓公未必用《尸子》語，正使用之。作罪亦非文意。彼以煦煦爲仁，煦，音詡。孑孑爲義，其小之也則宜。其所謂道，道其所道，非吾所謂道也。其所謂德，德其所德，非吾所謂德也。或無其所謂德四字，非是。凡吾所謂道德云者，合仁與義言之也，天下之公言也。老子之所謂道德云者，去仁與義言之也，一人之私言也。公言私言下，或皆有者字，或惟下句有之。周道衰，孔子没，火于秦，黄老于漢，佛于晉魏梁隋之閒，或無黄字。晉魏梁隋，諸本作晉宋齊梁魏隋。《文苑》作晉梁魏隋，蜀本作魏晉宋梁齊。方从閣杭本云：南舉晉梁，北舉魏隋也。其言道德仁義者，不入于楊，則入于墨；不入于老，則入于佛。墨下諸本有不入于墨，則入于老二語。入于彼，必出於此。入者主之，出者奴之。必上或有則字，主或作王。今按作主，乃與下文三韻皆叶，作王非是。入者附之，出者汙之。二者字或皆作則，附或作隆，皆非是。噫！後之人其欲聞仁義道德之說，孰從而聽之？老者曰：孔子，吾師之弟子也。佛者曰：孔子，吾師之弟子也。爲孔子者，習聞其說，樂其誕而自小也。亦曰：吾師亦嘗云爾。諸本嘗下有師之字。不惟舉之於其口，而又筆之於其書。噫！後之人雖欲聞仁義道德之說，其孰從而求之？甚矣人之好怪也。不求其端，不訊其末，惟怪之欲聞。古之爲民者四，今之爲民者六；古之教者處其一，今之教者處其三。農之家一，而食粟之家六；工之家一，而用器之家六；賈之家一，而資焉之家六。奈之何民不窮且盜也。古之時，人之害多矣，有聖人者立，然後教之以相生養之道。或無以字。爲之君，爲之師。驅其蟲蛇禽獸，而處之中土；寒然后爲之衣，飢然後爲之食；木處而顛，土處而病也，然後爲之宫室；爲之工，以贍其器也；爲之賈，以通其有無；通或作同。爲之醫藥，以濟其夭死；爲之葬埋祭祀，以長其恩愛；爲之禮，以次其先後；爲之樂，以宣其壹鬱；壹或作湮，或作堙。按《史記·賈誼傳》，獨堙鬱其誰語。《漢書》作壹鬱。壹當作壼。《集韻》音咽。壼鬱，不得泄也，平入聲通用。湮與壼亦音義同也，作壹字則非。今按《字書》，壹壼，吉凶在壺中不得泄也，卽今之氤氳字。壹、湮，古蓋通用，故《漢書》但作壹耳。爲之政，以率其怠勌；爲之刑，以鋤其強梗；相欺也，爲之符璽、斗斛、權衡，以信之；相奪也，爲之城郭甲兵以守之；或無權衡字，非是。害至而爲之備，患生而爲之防。今其言曰，聖人不死，大盜不止；剖斗折衡，而民不爭。剖或作掊。嗚呼！其亦不思而已矣。如古之無聖人，人之類滅久矣。何也？無羽毛鱗介以居寒熱也，無爪牙以爭食也。是故君者，出令者也；臣者，行君之令而致之民者也；民者，出粟米麻絲，作器皿，通貨財，以事其上者也。致之或作致其。非是。麻絲或作絲麻。篇內並同。君不出令，則失其所以爲君；臣不行君之令而致之民，民不出粟米麻絲、作器皿、通貨財，以事其上，則誅。臣不字下諸本有能字，無而致之民四字，而句下有則失其所以爲臣一語。今其法曰，必棄而君臣，去而父子，禁而相生養之道，以求其所謂清淨寂滅者。嗚呼！其亦幸而出於三代之後，不見黜於禹湯文武周公孔子也。其亦不幸而不出於三代之前，不見正於禹湯文武周公孔子也。帝之與王，其號名殊，其所以爲聖一也。名下或有雖字。夏葛而冬裘，渴飲而飢食，其事殊，其所以爲智一也。事下或有雖字。今其言曰，曷不爲太古之無事。是亦責冬之裘者曰，曷不爲葛之之易也；責飢之食者曰，曷不爲飲之之易也。其言或作之言，飢之或作飢而。傳曰：古之欲明明德於天下者，先治其國；欲治其國者，先齊其家；欲齊其家者，先修其身；欲修其身者，先正其心；欲正其心者，先誠其意。然則古之所謂正心而誠意者，將以有爲也。尹彥明曰：介甫謂退之正心誠意，將以有爲。非是。蓋介甫不知道也，正心誠意便休，卻是釋氏也。正心誠意，乃所以將有爲也。非韓子不能至是。今也欲治其心，而外天下國家，一作國家天下句下或有者字，皆非是。滅其天常，子焉而不父其父，臣焉而不君其君，民焉而不事其事。孔子之作《春秋》也，諸侯用夷禮，則夷之，進於中國，則中國之。《經》曰，夷狄之有君，不如諸夏之亡。《詩》曰：戎狄是膺，荊舒是懲。進上或有夷而字。今也舉夷狄之法，而加之先王之教之上，幾何其不胥而爲夷也。夫所謂先生之教者，何也？博愛之謂仁，行而宜之之謂義，由是而之焉之謂道，足乎己無待於外之謂德。其文《詩》《書》《易》《春秋》，文，或作書，或作教。其法禮樂刑政，其民士農工賈，其位君臣、父子、師友、賓主、昆弟、夫婦，其服麻絲，其居宮室，其食粟米果蔬魚肉，果蔬或作蔬果。其爲道易明，而其爲教易行也。或無而字，而下或無其字。是故以之爲己，則順而祥；以之爲人，則愛而公；以之爲心，則和而平；以之爲天下國家，無所處而不富。是故生則得其情，死則盡其常，郊焉而天神假，音名。廟焉而人鬼饗。曰斯道也，何道也？曰斯吾所謂道也，非向所謂老與佛之道也。何上或無也字。今按曰斯道也。何道也，是問詞，而曰斯吾所謂道也，以下乃答語也。斯道也，何道也，或作斯何謂道也，斯吾所謂道也。或作斯道也。吾所謂之道也。又或無所謂字，皆非是。堯以是傳之舜，舜以是傳之禹，禹以是傳之湯，湯以是傳之文武周公，文武周公傳之孔子，孔子傳之孟軻，軻之死不得其傳焉。或問張無垢曰：湯學於伊尹，韓愈乃謂其傳自禹。揚雄自比孟子，是得其傳者，而愈以謂軻死無傳，何也。先生曰：禹之道，堯舜之道也。伊尹得以授湯。置伊尹而言禹，亦無害也。揚雄雖自比孟子，而愈以小疵譏之，其言無傳則捨之矣。荀與揚也，擇焉而不精，語焉而不詳。宛丘論公《原道》，亦曰：愈者，擇焉而不精，語焉而不詳，而健於言。由周公而上，上而爲君，故其事行。由周公而下，下而爲臣，故其說長。然則如之何而可也？何而或作何其。今按此句復是問詞，其下乃答語。曰：不塞不流，不止不行。人其人，火其書，廬其居，明先王之道以道之，鰥寡孤獨癈疾者有養也，癈音廢。其亦庶乎其可也。蘇子由曰：愈之學，朝夕從事於仁義禮智刑名度數之間，自形而上者，愈所不知也。《原道》之作，遂指道德爲虛位，而斥佛老與楊墨同科，豈爲知道哉？韓愈工於文者也。張芸叟曰：張籍嘗勸愈排佛老不若著書，愈亦嘗以書反復之，既而《原道》《原性》等篇，皆激籍而作。其《原道》也，大抵言教，其《原性》也，大抵言情云云。子由所云釋氏，柳子厚在當時於《送僧浩初序》已有此論，而芸叟指謫紛然，蓋少作也。今其《畫墁集》刪之矣，學者其審之。

（唐）白居易《白居易集》卷六四《策林三・議封建論郡縣》 問：周制五等，其弊也，王室衰微。秦廢列國，其敗也，天下崩壞。漢封子弟，其失也，侯王僭亂。何則？爲制不同，同歸於弊也。故自古及今，議其是非者多矣。考其要旨，其誰可從？

又問：封建之制，肇自黃唐；郡縣之規，始於秦漢：或沿或革，以至國朝。今欲子兆人，家四海，建不拔之業，垂無疆之休，大鑒興亡，從長而用；無論今古，擇善而行：侯將守而何先？郡與國而孰愈？具書于策，當舉行之。

臣聞：封建之廢久矣，是非之論多矣。異同之要，歸於三科。或曰：周人制五等，封親賢；其弊也，諸侯擅戰伐，陪臣執國命。故聞蠶食瓜剖，以至於衰滅也。而李斯、周青之議，由是興焉。又曰：秦皇廢列國，棄子弟；其敗也，萬民無定主，九族焉匹夫。故魚爛土崩，以至於覆亡也。而曹冏、士衡之論，由是作焉。又曰：漢氏侯功臣，王同姓；其失也，爵號太尊，土宇太廣。故鴟張瓦解，以至於悖亂也。而晁錯、主父之計，由是行焉。然則秦懲周之弊也，既以亡而易衰；漢鑒秦之亡也，亦矯枉而過正。歷代之説，無出於此焉。以臣所觀，竊謂知其一，未知其二也。何者？臣聞王者將欲家四海，子兆人，垂無疆之休，建不拔之業者，在乎操理柄，立人防，導化源，固邦本而已矣。是故刑行德立，近悦遠安，恩信推於中，惠化流於外：如此，則四夷爲臣妾，況海內乎？雖置守罷侯，亦無害也。若法壞政荒，親離賢棄，王澤竭於上，人心叛於下：如此，則九族爲讎敵，況天下乎？雖廢郡建邦，又何益也？故臣以爲周之衰滅者，上失其道，天厭其德，非爲封建之弊也。秦之覆亡者，君流其毒，人離其心，非唯郡縣之咎也。漢之禍亂者，寵而失教，立不選賢，非獨强大之故也。由是觀之，苟固其本，導其源；雖郡與國，俱可理而安矣。苟踰其防，失其柄；雖侯與守，俱能亂且危矣。伏惟陛下：慮遠憂近，鑒古觀今，以敦睦親族爲先，不以封王爲急；以優勸勞逸爲念，不以建侯爲思；以尊賢寵德爲心，不以開國爲意；以安撫黎元爲事，不以廢郡爲謀：則無疆之休，不拔之業，在於此矣。況國家之制，垂二百年：法著一王，理經十聖；變革之議，非臣敢知。

（唐）劉蛻《劉蛻集》卷三《梓州兜率寺文冢銘·太古無為論》 不得時者之言太古也，無爲而人化其禁畏也，以使待令而從之也。夫既爲之君，又爲之師，以受令而教其供也，畏生而自禁，畏令而君從，則是不待君令而爲太古時人也。既君令之不立，與人且猶不辨，孰能得人心而化其無爲哉。夫天下之服一人也，必有所相須。果身服歟，自化也已，果心服歟，而心無爲也已。誰爲太古之人也，而勤何居焉。夫庖犧氏之用契一作結書也，始代結繩，則太古之政安用契無爲之心，太古之家安用契無爲之信，果使有其一作異心，則是賤教而尚不教者也。夫人之祭也，必待詔相教而後能敬，若豺獺也，則不教而祭，君子苟受其不教而能，則豺獺亦敬也，何貴人爲。故曰不得時者之言。

（唐）柳宗元《柳宗元集》卷三《論·封建論》 封建者，必私其土，子其人，適其俗，脩其理，施化易也。守宰者，苟其心，思遷其秩而已，何能理乎？余又非之。周之事跡，斷可見矣：列侯驕盈，黷貨事戎，大凡亂國多，理國寡；侯伯不得變其政，天子不得變其君，私土子人者，百不有一。失在於制，不在於政，周事然也。秦之事迹，亦斷可見矣：有理人之制，而不委郡邑，是矣；有理人之臣，而不使守宰，是矣；郡邑不得正其制，守宰不得行其理；酷刑苦役，而萬人側目。失在於政，不在於制，秦事然也。漢興，天子之政行於郡，不行於國；制其守宰，不制其侯王。侯王雖亂，不可變也；國人雖病，不可除也。及夫大逆不道，然後掩捕而遷之，勒兵而夷之耳。大逆未彰，奸利浚財，怙勢作威，大刻于民者，無如之何。及夫郡邑，可謂理且安矣。何以言之？且漢知孟舒於田叔，得魏尚於馮唐，聞黄霸之明審，覩汲黯之簡靖，拜之可也，復其位可也，卧而委之以輯一方可也。有罪得以黜，有能得以賞，朝拜而不道，夕斥之矣；夕受而不法，朝斥之矣。假使漢室盡城邑而侯王之，縱令其亂人，戚之而已。孟舒、魏尚之術莫得而施，黄霸、汲黯之化莫得而行。明譴而導之，拜受而退已違矣；下令而削之，締交合從之謀，周於同列，則相顧裂眦，勃然而起。幸而不起，則削其半。削其半，民猶瘁矣，曷若舉而移之以全其人乎？漢事然也。

（唐）柳宗元《柳宗元集》卷三《論·斷刑論下》 余既爲《斷刑論》，或者以《釋刑》復於余，其辭云云。余不得已而為之一言焉。夫聖人之爲賞罰者非他，所以懲勸者也。賞務速而後有勸，罰務速而後有懲。必曰賞以春夏而刑以秋冬，而謂之至理者，僞也。使秋冬爲善者，必俟春夏而後賞，則爲善者必怠；春夏爲不善者，必俟秋冬而後罰，則爲不善者必懈。爲善者怠，爲不善者懈，是毆天下之人而入於罪也。毆天下之人入於罪，又緩而慢之，以滋其懈怠，此刑之所以不措也。必使爲善者不越月踰時而得其賞，則人勇而有勸焉；爲不善者不越月踰時而得其罰，則人懼而有懲焉。爲善者日以有勸，爲不善者日以有懲，是毆天下之人而從善遠罪也。毆天下之人而從善遠罪，是刑之所以措而化所以成也。或者務言天而不言人，是惑于道者也。胡不謀之人心，以熟吾道？吾道之盡，而人化矣。是知蒼蒼者焉能與吾事，而暇知之哉？果以爲天時之可得順，大和之可得致，則全吾道而得之矣。全吾道而不得者，非所謂天也，非所謂大和也，是亦必無而已矣。又何必枉吾之道，曲順其時，以諂是物哉？吾固知順時之得天，不如順人順道之得天也。何也？使犯死者自春而窮其辭，欲死不可得。貫三木，加連鎖，而致之獄。更大暑者數月，癢不得搔，痺不得搖，痛不得摩，飢不得時而食，渴不得時而飲，目不得瞑，支不得舒，怨號之聲，聞於里人，如是而大和之不傷，天時之不逆，是亦必無而已矣。彼其所宜得者，死而已也，又若是焉何哉？或者乃以爲雪霜者，天之經也，雷霆者，天之權也；非常之罪，不時可以殺，人之權也；當刑者必順時而殺，人之經也。是又不然：夫雷霆雪霜者，特一氣耳，非有心於物者也；聖人有心於物者也。春夏之有雷霆也，或發而震，破巨石，裂大木，木石豈爲非常之罪也哉？秋冬之有霜雪也，擧草木而殘之，草木豈有非常罪也哉？彼豈有懲於物也哉？彼無所懲，則效之者惑也。果以爲仁必知經，智必知權，是又未盡於經權之道也。何也，經也者，常也；權也者，達經者也。皆仁智之事也。離之，滋惑矣。經非權則泥，權非經則悖，是二者，强名也。曰當，斯盡之矣。當也者，大中之道也。離而爲名者，大中之器用也。知經而不知權，不知經者也；知權而不知經，不知權者也。偏知而謂之智，不智者也；偏守而謂之仁，不仁者也。知經者不以異物害吾道，知權者不以常人怫吾慮。合之於一而不疑者，信于道而已矣。且古之所以言天者，蓋以愚蚩蚩者耳，非爲聰明睿智者設也，或者之未達，不思之甚也。

（宋）姚鉉《唐文粹》卷三七馮用之《論丁・權論下》 大哉！皷天下之動，成天下之務。反於常而致治，違於道而合利。非權其孰能與於此乎。夫權者，適一時之變，非悠久之用。然則適變於一時，利在於悠久者也。聖人知道德有不可爲之時，禮義有不可施之時，刑名有不可威之時。由是濟之以權也。其或不可爲而爲，則禮義如畫餅充饑矣；不可施而施，則禮義如説河濟渴矣；不可威而威，則刑名如治絲而棼矣。豈惟乖理，實足資亂。故用權之際，道德可棄，禮義可置，刑名可弛。及乎發號施令，如風偃草，衆知嚮方，莫敢不服。與夫道德禮義刑名之功，又何異哉？雖日棄之置之弛之，蓋殊途而同歸也。故權者，國家之利器也，輜重可離，而權不可失；兵食可去，而權不可無。迅雷發則群物驚，大風起則萬彙振，嚴霜冽則衆木落，遲日昇則百卉秀。孰爲此者？曰天地也。天地尚或用之，而況於人乎！夫休祥不見，則中庸之君，不能力行而躋於聖；咎徵不作，則殘暴之主，不能革心而至於道。福其善，君子所以知勸；禍其淫，小人所以知戒。夫天之德，至仁也；地之道，無私也。至仁則不傷於物，何乃行肅殺之令乎？蓋秋不殺，則春無以生矣。無私則不黨於人，何乃垂災沴之變乎？蓋惡不癉，則善無以彰矣。一弛一張，天道乃長；一懲一勸，天道乃遠。觀天之道，執天之行盡矣。是以君子則而象之，體而行之，故當不合用而用，不合棄而棄，不合賞而賞，不合誅而誅者，皆從權而制宜也。聖人以神道設教，俾民日用而不知。權之時義大矣哉！高宗知傅説之賢，欲委之代天，取於阜隸之徒，儀於百辟之上，慮群情弗協，事難以濟。故稱夢得賢相，乃刻像而求之。商之中興，賴善權之主也。文王知太公之賢，欲擢居輔弼，搜於屠釣之間，致於三公之上，庶士靡靡，恐未適從。故稱天遺我師，乃出畋而獲之。周之永年，賴善權之君也。此二君苟懼設詐之損德，固執信而循常，則傅巖虚老而莫伸，渭濱没齒而不用。棟梁斯壞，其何以興？夫權之大端，在於利害而已矣。利萬而害一，害之何傷？害百而利十，利之必亡。苟害於事，雖鄙俚之義，君子懼之；苟利於後，雖先王興教，達人抗行也。子雖至親，西伯食其肉，不然，則死於羑里也；父雖至尊，沛公索其羹，不然，則臣於項籍也。西伯非不慈，蓋子已死，不食則己身亦斃；沛公非不孝，蓋其父爲虜，奔赴則己身亦降。又何益乎？能捨無益之慈孝，成莫大之基業，大人之權變不可得而聞也。夫是非未明，向背未定，成敗未測，取與未決。當此之時，行權之時也。故權可以明是非、定向背，測成敗，決取與。穰苴布衣見景公，景公委之以兵權，斬一寵臣，三軍畏懾，克成其功也。孫武被褐謁吳王，吳王試以教戰，戮三嬖妾，衆女整齊，卒顯其能也。《易》曰：巽以行權。巽，風也。風，行也。無不可動之物，無不可往之所；權之用，無不可治之時，無不可成之事。昔晉文公見天王於河陽，譎則譎矣，而夾輔之勳，垂於史册。鬻拳諫楚子以兵刃，悖則悖矣，而盡忠之節，著於《春秋》。夫事有先奪而後與，先順而後取。太甲不治，伊尹放之，俟其改過而反其政。公子光謀亂，伍胥避之，乃進專諸以成其志，然後盡事君之節，雪殺父之冤，不其偉歟？夫乾坤之道，易簡也。而猶窮則變，變則通，通則能久。故王公設權以固其國，知變以馭其民。善馭者，視人如嬰孩悟之誘之，莫不胥悦，不善馭者，以民爲規矩，謂方圓定矣，不能苟合。善權變者，如弈棊焉，或取或捨，或進或退，無固無必，皆任其勢也。捨非資敵，蓋捨小而取大；退非怯彼，蓋進損而退益。孔子曰：可與共學，未可與立；可與立，未可與適道；可與適道，未可與權。得非權之難耶？觀其相魯君於夾谷挫齊鋭於罇俎。當是時，齊侯强而不强，魯國弱而不弱，聖人之智不亦多乎！夫獸廢爪牙，則充羣獸之腸矣；禽鎩羽翮，則供衆禽之羞矣。人失權變，則爲英雄之資矣。三十輻之車，制之者柅，萬乘之國，統之者權。五賊在心，神至聰而莫測；三盗既興，物雖衆而皆覩，至哉！始離而終合，始逆而終順，始非而終是，始失而終得，權之旨也。或曰機之與權，同乎異乎？對曰：異也。設於事先之謂機，應於事變之謂權。機之先設，猶張羅待鳥，來則獲矣。權之應變，猶荷戈禦獸，審其勢也。知機而不知權者，得於豫謀，失於臨事；知權而不知機者，巧於臨事，拙於豫謀；知機而知權者，帝霸之君也，王佐之臣也。自五帝既降，捨機權而能治天下者，未之有也。

（宋）歐陽修《歐陽修全集》卷一二四《崇文總目叙釋・法家類》

法家者流，以法繩天下，使一本於其術。商君、申、韓之徒，乃推而大之，挾其説以干世主，收取功名。至其尊君抑臣，辨職分，輔禮制，於王治不爲無益。然或狃細苛，持刻深，不可不察者也。

（宋）李覯《李覯集》卷二《禮論七篇・禮論第五》　或曰：吾子所稱先儒並列禮、樂、刑、政及仁、義、禮、智、信之意，曷以知先儒之意果若吾子之言乎？曰：以予度之，先儒之意，當若是也。若是，則善矣。或異於此，則先儒之言者，皆不知禮而妄言也。予何咎哉！曰：先儒既並列之，而吾子乃論而爲一，敢問何謂也？曰：並列之使人記其條目，用之而不遺，先儒之事也；論而爲一，使人知其本根，學之而不失，予之志也。

（宋）李覯《李覯集》卷一八《安民策十首・安民策第四》　天之生人，有耳焉，則聲入之矣；有目焉，則色居之矣；有鼻焉，則臭昏之矣；有口焉，則味壅之矣。耳之好聲亡窮，金石不足以聽也；目之好色

亡窮，黼黻不足以觀也；鼻之好臭亡窮，鬱邑非佳氣也；口之好味亡窮，太牢非盛饌也。苟不節以制度，則匹夫擬萬乘之富或未足以厭其心也。故《周禮》大司徒之職，施十有二教，其九曰：以度教節，則民知足。謂以法度教民，使知尊卑之節，則民之所用雖少，自知以爲足也。又以保息六，安萬民，其六曰：同衣服。謂民雖有富者，衣服不得異，皆深衣而已，則貧者安也。

（宋）李覯《李覯集》卷一八《安民策十首・安民策第六》　先王慎乃出令，謂審之於内而後行之於外也。其不可乎，雖稷、契之言，皋陶之謨，不宜於時，不足試也。其可乎，雖士傳言焉，庶人謗焉，志之先定，不足疑也。夫民可與樂成，難與慮始。

（宋）李覯《李覯集》卷二一《慶曆民言三十篇・慎令》　君出令而臣沮之，何如？曰：下制其上也。民從令而君改之，何如？曰：上欺其下也。上欺下，則民心惑；下制上，則君權輕。民既惑則不聽，君既輕則不威。上不威而下不聽，其漸亦足憂也。

夫爲令之弊有四：初不審，終不斷，言者矜，聞者争也。《洪範》：有大疑則謀及卿士、庶人、卜筮。彼作事不咨於衆，慮不待盡而輒行，使人有以訴病，是初不審也。日月之行，則有冬有夏；月之從星，則有風雨，謂政治不可偏從民欲耳！彼有沮之，則不計利害大小而遽改，是終不斷也。君陳以謀，猷入告而順之于外曰：惟我后之德。彼議一事則夸以爲功，使其黨間而疾之，是言者矜也。《秦誓》曰：人之彦聖，其心好之，不啻如自其口出。彼聞人之功，耻居其下，雖善必沮，是聞者争也。人主能知弊之所在，則可以行令矣。

（宋）司馬光《司馬温公文集》卷七《章奏・乞開言路劄子》　臣聞《周易》天地交則爲泰，不交則爲否。君父天也，臣民地也。是故君降心以訪問，臣竭誠以獻替，則庶政修治，邦家乂安。君惡逆耳之言，臣營便身之計，則下情壅蔽，衆心離叛。自生民以來，未有不由斯道者也。夫道猶歧路，近差跬步，遠失千里。今皇帝陛下，新臨大寶，德性高明，太皇太后同斷萬幾，聖謨光大。初發號令，不可不慎，斯乃治亂之歧塗，安危之所分也。當以要切爲先，以瑣細爲後。臣竊見近年以來，風俗頽敝，士大夫以偷合苟容爲智，以危言正論爲狂，是故下情蔽而不上通，上恩壅而

不下達。閭閻愁苦，痛心疾首，而上不得知。明主憂勤，宵衣旰食，而下無所訴。公私兩困，盗賊已繁，猶賴上帝垂休。歲不大饑，祖宗貽謀，人無異志，不然則天下之勢，可不爲之寒心乎。此皆罪在羣臣，而愚民無知，往往怨歸先帝，此臣所以日夜憤痛，焦心泣血，不顧死亡，思有開發於朝廷者也。臣愚以爲今日所宜先者，莫若明下詔書，廣開言路，不以有官無官之人，應有知朝政闕失，及民間疾苦者，並許進實封狀，盡情極言，仍頒下諸路州軍，於所在要鬧處，出牓曉示。在京則於鼓院、檢院投下，委主判官，晝時進入。在外則於州軍投下，委長吏即日附遞奏聞。皆不得取責副本，彊有抑退。其百姓無產業人，慮有姦詐，則責保知在奏取指揮放令逐便。然後陛下於聽政之暇，略賜省覽，其義理精當者，即施行其言，而顯擢其人。其次取其所長，捨其所短。其狂愚鄙陋，無可采取者，報聞罷去，亦不加罪。如此則嘉言日進，羣情無隱，陛下雖深居九重，四海之事，如指諸掌，舉措施爲，惟陛下所欲。斯乃治安之源，太平之基也。陛下若以臣言爲可取，伏乞決自聖意，下學士院草詔書施行，羣臣若有沮難者，其人必有姦惡，畏人指陳，專欲壅蔽聰明，此不可不察，取進止。

（宋）張載《張載集·正蒙·有司篇》 有司，政之綱紀也。始爲政者，未暇論其賢否，必先正之，求得賢才而後舉之。

爲政不以德，人不附且勞。

子之不欲，雖賞之不竊。欲生於不足則民盗，能使無欲則民不爲盗。假設以子不欲之物賞子，使竊其所不欲，子必不竊。故爲政者在乎足民，使無所不足，不見可欲而盗必息矣。

爲政必身倡之，且不愛其勞，又益之以不倦。

天子討而不伐，諸侯伐而不討，故雖湯武之舉，不謂之討而謂之伐。陳恒弑君，孔子請討之，此必因周制鄰有弑逆諸侯當不請而討。孟子又謂征者上伐下，敵國不相征，然湯十一征，非賜鈇鉞，則征討之名至周始定乎！

野九一而助，郊之外助也。國中什一使自賦，郊門之内通謂之國中，田不井授，故使什而自賦其一也。

道千乘之國，不及禮樂刑政，而云節用而愛人，使民以時，言能如是則法行，不能如是則法不徒行，禮樂刑政亦制數而已爾。

富而不治，不若貧而治；大而不察，不若小而察。

報者，天下之利，率德而致。善有勸，不善有沮，皆天下之利也。小人私己，利於不治，君子公物，利於治。

（宋）張載《張載集·正蒙·樂器篇》 義民，安分之良民而已；俊民，俊德之民也。官能則準牧無義民，治昏則俊民用微。

（宋）王安石《臨川先生文集》卷六五《論議·易象論解》 故於鼎也，君子以正位凝命，正位凝命不可恃。故於震也，君子以恐懼修省，修省之道在於正己而已。故於艮也，君子以思不出其位，能正己，則賢德可居俗可善。故於漸也，君子以居賢德善俗，俗善矣，其終不能無愛，愛則敝矣。故於歸妹也，君子以永終知敝，知敝則所以待人者盡矣。故於豐也，君子以折獄致刑，折獄以刑，君子所以明慎之時也。故於旅也，君子以明慎用刑而不留獄，不留獄，則治道終矣，終則有始。故於巽也，君子以申命行事，申命行事，不可以無學。故於兑也，君子以朋友講習，所講習者仁義而已。故於渙也，先王以饗帝立廟，饗帝立廟，則仁之至義之盡矣，其推行之也，度數不可以無制，德行不可以無議。故於節也，君子以制數度議德行，制數度議德行，則欲急己以緩人。故於中孚也，君子以議獄緩死，急己以緩人者，依於仁而已。故於小過也，君子以行過乎恭，喪過乎哀，用過乎儉，依於仁，則無患矣。故於既濟也，君子以思患而豫防之，物不窮也。故於未濟也，君子以慎辨物居方，辨物居方者，物之終始也。

《二程集·河南程氏文集》卷三《書記·南廟試策五道》 問：今天下費益廣，財益匱，食加冗，農加困，貨愈籠，文愈密，而旱乾水溢，無歲無之；又未嘗得清源端本之術，少紓其弊。雖有智者，或任非其責，噤不出一語。嗚呼！忍而視斯民之殘也！今欲使財無匱，農無困，文無密，以拯斯民之殘，敢問何策之爲先？何脩而後可？勿疎勿泛，以直所論。

對：天下大器，羣生重畜，惟君上所制養焉。今土地之廣，人民之衆，較之近代，未為甚盛也。然近歲費益廣，財益匱，食加冗，農加困，貨愈籠，文愈密者，何也？殆基本似有所未立，法度似有所未舉爾。三代之制，今不能收功於旦夕也。試取其切近於體務者言之。今財之匱，食之冗，農之困，貨愈寵，文愈密者，弊雖煩，而其原一而已。其始在費益廣也。費益廣，則取於民者衆，實於府者鮮，財不得不匱，農不得不困矣。彼食冗者，亦費之一端爾。費既廣，財既匱，農既困，則貨不得不寵。貨之寵，則文不得不密矣。

所謂費益廣者，不曰待哺之兵衆乎？夷狄之遺重乎？游食之徒煩乎？無用之供厚乎？爲今之計，兵之衆，豈能遽去之哉？在汰其冗而擇其精。戎狄之遺，豈能遽絶之哉？在備於我而圖其後。游食之徒煩，則在禁其末而驅之農。無用之供厚，則在絶其源而損其數，然其所以制之者，有其道也。

《二程集・周易程氏傳》卷一《周易上經上・比》　九五【略】五居君位，處中得正，盡比道之善者也。人君比天下之道，當顯明其比道而已。如誠意以待物，恕己以及人，發政施仁，使天下蒙其惠澤，是人君親比天下之道也。如是，天下孰不親比於上？若乃暴其小仁，違道干譽，欲以求下之比，其道亦狹矣，其能得天下之比乎？故聖人以九五盡比道之正，取三驅爲喻，曰王用三驅，失前禽，邑人不誡，吉。先王以四時之畋，不可廢也，故推其仁心，爲三驅之禮，乃《禮》所謂天子不合圍也。成湯祝綱，是其義也。天子之畋，圍合其三面，前開一路，使之可去，不忍盡物，好生之仁也。只取其不用命者，不出而反入者也。禽獸前去者皆免矣，故曰失前禽也。王者顯明其比道，天下自然來比。來者撫之，固不煦煦然求比於物，若田之三驅，禽之去者從而不追，來者則取之也。此王道之大，所以其民皞皞，而莫知爲之者也。邑人不誡吉，言其至公不私，无遠邇親疏之别也。邑者居邑，《易》中所言邑皆同。王者所都，諸侯國中也。誡，期約也。待物之一，不期誡於居邑，如是則吉也。聖人以大公无私治天下，於顯比見之矣。非惟人君比天下之道如此，大率人之相比莫不然。以臣於君言之：竭其忠誠，致其才力，乃顯其比君之道也，用之與否，在君而已，不可阿諛逢迎，求其比己也。在朋友亦然，脩身誠意以待之，親己與否，在人而已，不可巧言令色，曲從苟合，以求人之比己也。於鄉黨親戚，於衆人，莫不皆然，三驅失前禽之義也。

《二程集・周易程氏傳》卷一《周易上經上・否》　《彖》曰【略】夫天地之氣不交，則萬物无生成之理。上下之義不交，則天下无邦國之道。建邦國所以爲治也。上施政以治民，民戴君而從命，上下相交，所以治安也。今上下不交，是天下无邦國之道也。

《二程集・周易程氏傳》卷二《周易上經下・蠱》　《彖》曰【略】治蠱之道，如卦之才，則元亨而天下治矣。夫治亂者，苟能使尊卑上下之義正，在下者巽順，在上者能止齊安定之，事皆止於順，則何蠱之不治也？其道大善而亨也，如此則天下治矣。

《二程集・周易程氏傳》卷三《周易下經上・萃》　《彖》曰【略】澤上於地，爲萃聚之象。君子觀萃象，以除治戎器，用戒備於不虞。凡物之萃，則有不虞度之事，故衆聚則有争，物聚則有奪。大率既聚則多故矣，故觀萃象而戒也。除謂簡治也，去弊惡也。除而聚之，所以戒不虞也。

《二程集・周易程氏傳》卷四《周易下經下・艮》　《彖》曰【略】艮其止，謂止之而止也。止之而能止者，由止得其所也。止而不得其所，則无可止之理。夫子曰：於止知其所止，謂當止之所也。夫有物必有則，父止於慈，子止於孝，君止於仁，臣止於敬，萬物庶事莫不各有其所，得其所則安，失其所則悖。聖人所以能使天下順治，非能爲物作則也，唯止之各於其所而已。

《二程集・河南程氏粹言》卷一《論政篇》　夫圖治於長久者，雖聖賢爲之，且不能倉卒苟簡而就，蓋必本之人情，而爲之法度，然後可使去惡而從善，則紀綱條教必審定而後行，其民之服循漸漬，亦必待久而乃淳固而不變。

又：子曰：治身齊家以至平天下者，治之道也。建立綱紀，分正百職，順天揆事，創制立度，以盡天下之務，治之法也。法者，道之用也。

（宋）蘇軾《蘇軾文集》卷四《論・韓非論》　聖人之所爲惡夫異端盡力而排之者，非異端之能亂天下，而天下之亂所由出也。昔周之衰，有老聃、莊周、列禦寇之徒，更爲虚無淡泊之言，而治其猖狂浮游之説，紛紜顛倒，而卒歸於無有。由其道者，蕩然莫得其當，是以忘乎富貴之樂，而齊乎死生之分，此不得志於天下，高世遠舉之人，所以放心而無憂。雖非聖人之道，而其用意，固亦無惡於天下。自老聃之死百餘年，有商鞅、韓非著書，言治天下無若刑名之賢，及秦用之，終於勝、廣之亂，教化不足，而法有餘，秦以不祀，而天下被其毒。後世之學者，知申、韓之罪，而不知老聃、莊周之使然。

何者？仁義之道，起於夫婦、父子、兄弟相愛之間；而禮法刑政之原，出於君臣上下相忌之際。相愛則有所不忍，相忌則有所不敢。夫不敢與不忍之心合，而後聖人之道得存乎其中。今老聃、莊周論君臣、父子之間，汎汎乎若萍浮於江湖而適相值也。夫是以父不足愛，而君不足忌。不忌其君，不愛其父，則仁不足以懷，義不足以勸，禮樂不足以化。此四者皆不足用，而欲置天下於無有。夫無有，豈誠足以治天下哉！商鞅、韓非求爲其説而不得，得其所以輕天下而齊萬物之術，是以敢爲殘忍而無疑。

今夫不忍殺人而不足以爲仁，而仁亦不足以治民；則是殺人不足以爲不仁，而不仁亦不足以亂天下。如此，則舉天下唯吾之所爲，刀鋸斧鉞，何施而不可。昔者夫子未嘗一日敢易其言。雖天下之小物，亦莫不有所畏。今其視天下眇然若不足爲者，此其所以輕殺人歟！

太史遷曰：申子卑卑，施於名實。韓子引繩墨，切事情，明是非，其極慘礉少恩，皆原於道德之意。嘗讀而思之，事固有不相謀而相感者，莊、老之後，其禍爲申、韓。由三代之衰至于今，凡所以亂聖人之道者，其弊固已多矣，而未知其所終，奈何其不爲之所也。

（宋）蘇軾《蘇軾文集》卷五《論·論封建》 秦初并天下，丞相綰等言，燕、齊、荆地遠，不置王無以填之，請立諸子。始皇下其議，羣臣皆以爲便。廷尉斯曰：周文、武所封子弟同姓甚衆，然後屬疏遠，相攻擊如仇讎，諸侯更相誅伐，天子弗能禁止。今海内賴陛下神靈一統，皆爲郡縣，諸子功臣以公賦税重賞賜之，甚足易制。天下無異意，則安寧之術也。置諸侯不便。始皇曰：天下共苦戰鬬不休，以有侯王。賴宗廟，天下初定，又復立國，是樹兵也，而求其寧息，豈不難哉！廷尉議是。分天下爲三十六郡，郡置守、尉、監。

蘇子曰：聖人不能爲時，亦不失時。時非聖人之所能爲也，能不失時而已。三代之興，諸侯無罪，不可奪削，因而君之，雖欲罷侯置守，可得乎？此所謂不能爲時者也。周衰，諸侯相并，齊、晉、秦、楚皆千餘里，其勢足以建侯樹屏，至於七國，皆稱王行天子之事，然終不封諸侯，不立彊家世卿者，以魯三桓、晉六卿、齊田氏爲戒也。久矣，世之畏諸侯之禍也，非獨李斯、始皇知之。始皇既并天下，分郡邑，置守宰，理固當然，如冬裘夏葛，時之所宜，非人之私智獨見也，所謂不失時者。

而學士大夫多非之。漢高又欲立六國後，張子房以爲不可，世未有非之者。李斯之論，與子房何異。世特以成敗爲是非耳。高帝聞子房之言，吐哺罵酈生，知諸侯之不可復明矣。然卒王韓、彭、英、盧。豈獨高帝，子房亦與焉。故柳宗元曰：封建非聖人意也，勢也。

昔之論封建者，曹元首、陸機、劉頌及唐太宗時魏徵、李百藥、顔師古，其後則劉秩、杜佑、柳宗元。宗元之論出，而諸子之論廢矣。雖聖人復起，不能易也。故吾取其説而附益之。曰：凡有血氣，必爭，爭必以利，利莫大於封建。封建者，爭之端而亂之始也。自書契以來，臣弑其君，子弑其父，父子兄弟相賊殺，有不出於襲封而爭位者乎！自三代聖人以禮樂教化天下，至刑措不用，然終不能已簒弑之禍。至漢以來，君臣父子相賊虐者，皆諸侯王子孫。其餘卿士大夫不世襲者，蓋未嘗有也。近世無復封建，則此禍幾絶。仁人君子，忍復開之歟！故吾以李斯、始皇之言，柳宗元之論，當爲萬世法也。

（宋）蘇轍《欒城集·應詔集》卷六《進策五道·君術》第一道

臣聞天下之事，非宰相不可盡行，非諫官不可盡言。天下之人，誰能必至於諫官、宰相者？惟其少而學之，長而欲行之也，終其身而不當其位，不可以侵官而求盡其意。是故士大夫之間，猶有不能自盡其才于天子者也。今臣幸而生以天下無事之時，每一閒歲，天子常詔兩制之大臣，使舉天下之士。上自登朝之吏，而下至於山林之匹夫，咸得竭其所懷，以盡天下之利害。非天子出納耳目之官，而得以言萬民之情僞；非天子黜陟賞罰之臣，而得以論百官之長短；非天子武力將帥之士，而得以議兵革之强弱；非天子錢穀大農之吏，而得以權財用之多少。蓋天下之人，必其爲宰相、諫官，而後可以盡行而盡言者，使之一旦得以詳數而悉説之。此有以見天子之意，所以待之者甚重而不輕也。而臣何敢以無説而處於此？

臣常以爲天下之事，雖其甚大而難辨者，天下必有能辨之人。蓋當今之所爲大患者，不過曰四夷強盛，而兵革不振；百姓凋敝，而官吏不飭；重賦厚斂，而用度不足；嚴法峻令，而姦軌不止。此數四者，所以使天子坐不安席，中夜太息而不寐者也，然臣皆以爲不足憂。何者？天下必有能爲天子出力而爲之者。而臣子之所憂，在乎天下之所不能如之何者也。

臣聞善治天下者，必明於天下之情，而後得禦天下之術。術者，所謂道也。得其道，而以智加焉，是故謂之術。古之聖人，惟其知天下之情，而以術制之也，萬物皆可得而役其生，皆可得而制其死。牛服于箱，馬服於轅，鷹隼服於韝。牛不可以有所觸，馬不可以有所踶，鷹隼不可以背而高翔。此三者惟其喜怒好惡之情，發於外而見於人也。是以因其所忌，而授之以其術，至於終身制於人而不去。且治天下何異於治馬也？馬之性剛狠而難制，急之則敝而不勝，緩之則惰而不趨。王良、造父爲之先後而制其遲速，驅之有方而掣之有時，則終日騤騤而不知止。此術之至也。古之聖人驅天下之人而盡用之，仁者使效其仁，勇者使效其勇，智者使效其智，力者使效其力。天下之人雖雜然皆列于前，安得仁人君子而後任之？且雖有天下之善人，與之處而不知其性，禦之而不中其病，則雖有好善之心，而不獲好善之利。何者？彼不徒爲吾用也，而況乎天下之英雄，欲收其功而不制其心哉！

昔者秦漢之際，姦宄猛悍之人，所在而爲寇。高祖發于豐沛之間，行而收之。黥布、彭越之倫，皆撫而納諸其中。所以制之者甚備也。玉帛子女、牛羊犬馬，以極其豪侈之心；輕財好施，敦厚長者，以服其趑趄之懷；倨肆傲岸，輕侮凌辱，以折其強狠之氣。其視天下之英雄，不啻若匹夫孺子，然皆得其歡心而用其死力。至於元、成之世，天下久于太平，士大夫生於其間，無複英雄難制之風。天下之士，皆書生好儒，其才氣勇力無足畏者，俯首下氣求爲之用而不暇。元、成、哀、平亦欲得天下之賢才而用之，然而不知其性，不獲其術。賢人君子，避讒畏譏，遠引而去，而小人宦豎，縱橫放肆而制其事，此甚可憫也。

夫人之平居，朋友之間，僕妾之際，莫不有術以制其變，蓋非有深遠難見之事也。欲其用命，而見其所害；欲其樂從，而見其所利；欲其喜，而致其所悅；欲其懼，而致其所忌；欲其開心見誠，而示之以無所恐；欲其守死不去，而示之以無所往。此天下之人皆能知之，而至於治天下則不能用，且此過矣。天下以爲天子之尊，無所事術也，而不知天下之事，惟其英雄而後能有大功，而世之英雄，常苦豪橫太過而難制。由此觀之，治天下愈不可以無術也。

第二道

臣聞將求禦天下之術，必先明於天下之情。不先明於天下之情，則與無術何異？夫天下之術，臣固已略言之矣，而又將竊言其情。

今使天子皆得賢人而任之，雖可以無憂乎其爲姦，然猶有情焉而不可以不知。蓋臣聞之，人有好爲名高者，臨財推之，以讓其親；見位去之，以讓其下。進而天子禮焉，則以爲歡；進而不禮焉，則雖逼之，而不食其祿，力爲謙恥之節，以高天下。若是而天子不知焉，而豢之以厚利，則其心赧然有所不平。人有好爲厚利者，見祿而就之，以優其身，見利而取之，以豐其家。良田大屋，惟其與之，則可以致其才。如是而天子不知焉，而强之以名高，則其心缺然有所不悅於其中。人惟無好自勝也，好自勝而不少柔之，則忿鬥而不和；人惟無所相惡也，有所相惡而不爲少避之，則事其私怒而不求成功。素剛則無折之也，素畏則無强之也。强之則將不勝，而折之則將不振。凡此數者，皆所以求用其才，而不傷其心也。然猶非所以制天下之姦雄。

蓋臣聞之，天下之姦雄，其爲心也甚深，而其爲跡也甚微。將營其東，而形之於西；將取其右，而擊之于左，古之人，有欲得其君之權者，不求之其君也，優遊翱翔而聽其君之所欲爲，使之得其所欲而油然自放，以釋天下之權。天下之權既去，其君而無所歸，然後徐起而收之，故能取其權，而其君不之知。古之人有爲之者，李林甫是也。夫人之既獲此權也，則思專而有之。故其焉，則常恐天下之人從而傾之。夫人惟能自固其身，而後可以謀人。自固之不暇，而欲謀人也實難，故古之權臣，常合天下之爭。天下且相與爭而不解，則其勢無暇及我，是故可以久居而不去。古之人有爲之者，亦李林甫是也。世之人君，苟無好善之心。幸而有好善之心，則天下之小人，皆將賣之以爲姦。何者？有好善之名，而不察爲善之實。天下之善，固有可以謂之惡，而天下之惡，固有可以謂之善者。彼知吾之欲爲善也，則或先之以善，而終之以惡。或有指天下之惡，而飾之以善。古之人有爲之者，石顯是也。人之將欲爲此釁也，將欲建此事也，必先得於其君。欲成事，而君有所不悦，則事不可以成。故古之奸雄，劫之以其所必不能，其所必不能者，不可爲也，則將反而従吾之所欲爲。古之人有爲之者，麗姬之説獻公，使之老而避禍是也。此數者，天下之至情。故聖人見其初而求其終，聞其聲而推其形。蓋惟能察人於無故之中，故天下莫能欺。何者？無故者，必有其故也。

古者明王在上，天下之小人伏而不見。夫小人者，豈其能無意於天下也？舉而見其情，發而中其病，是以愧恥退縮而不敢進。臣欲天子明知君子之情，以養當世之賢公名卿，而深察小人之病，以絶其自進之漸，此亦天下之至明也。

第三道

臣聞天子之道，可以理得，而不可名推。其於天下，不取其形，而獨取其意。其道可以爲善，而亦可以爲不善。何者？其道無常。其道無常者，不善之所従生也。

夫天下之人，惟知不忍殺人之爲仁也，是故不忍殺人以自取不仁之名；惟知果於殺人之爲義也，是故不敢不殺以自取不義之名。是二者，其所以爲仁者有形，而其所以爲義者有狀。其進也，有所執其規；而其退也，有所蹈其矩。故其爲人也，不失爲天下之善人，而終不至於君子。有所甚而不堪，有所蔽而不見，此其爲人，是自全之人也。今夫君子，有所殺人以爲仁，而有所不殺以爲義。義不在於殺人，而仁不在於不殺。其進也無所據依，而其退也，無所底厲。故其成也，天下將皆安之；而其不成也，將使天下至於大亂。是以天下惡其難明，而畏其難就。人臣以是戒其君，而人君者亦以自戒。曰：姑爲無殺人以爲仁，而姑爲果於殺人以爲義。是其仁可以全身，而其義可以無謗於天下，斯足以爲無過也已矣。《孟子》有言曰：責難於君謂之恭，陳善閉邪謂之有禮，而謂吾君不能者謂之賊。且夫爲人臣而詔其君，不曰必爲大人之仁義，而曰姑爲其易者，以苟避天下之謗，此非恐其君不能之故歟？

蓋臣聞之聖人之道，惟其不可以名稱而跡求者，其爲道也甚深而難成，而其成也，亦不若小道之淺而無功。所禦甚廣而所處甚約，握之甚微而播之無極。故孔子曰：吾非多學而識之，吾一以貫之。夫一者何也？知天下萬物之理而制其所當處，是謂一矣。而能得吾一者甚難，故夫天下之畏之者，亦不足怪也。古之聖人，已能知之，則行之而無疑；已不能知之，則不敢以己之私意而破天下之公義。使己而不好殺人，則安可盡無殺以成仁之形？使己而好殺人，則安可盡殺以成義之狀？蓋必有大臣，救其已甚，而補其不足，使義不在於殺人，而仁不在於不殺。

方今天下之治，所不足者，非仁也。吏聞有以入人之罪抵重罰，而未聞有以失人之罪抵深罰者。民聞有以赦除其罪，而未聞有以不義得罪於法之外者。此亦足以見天子之用心矣。古者君臣之間和而不同。上有寛厚之君，則下有守法之臣；上有急切之君，則下有推恩之臣，凡以交濟其所不足而彌縫其闕。今也君臣之風，上下如一，而無以相濟，是以天下苦於寛緩怠惰，而不能自振。此豈左右之大臣，務以順從上意爲悦，而豈亦天子自信，以爲好仁之美，而不喜臣下之有所矯拂哉！方今之制，易於行賞而重於用罰。天下之以獄上者，凡與死比，則皆蹙頞而不悦，此其爲意夫豈不善？然天下之奸人，無以深懲而切戒之者，此無乃爲仁而至於不仁歟？臣愚以爲輔君之善而補其不足，此誠大臣之事。苟天子自信以爲善，欲以一人之私好，而破天下之公義，則夫大臣者，猶不可爲也。惟知天子之仁義，而無務其跡以成匹夫之節，使大臣得參于其間而救其所短，此不亦近于天子之道歟？

第四道

臣聞古者君臣之間，相信如父子，相愛如兄弟。朝廷之中，優遊悦懌，歡然相得而無間。知無所不言，言無所不盡；開心平意，表裏洞達，終身而不見其隙。當此之時，天下之人出身以事君，委命於上而無所憂懼，安神定氣以觀天下之政，蕩然肆志有所欲爲而上不見忌。其所據者甚堅而無疑，是以士大夫皆敢進而博天下之大功。至於後世，君臣相虞，皆有猜防之憂，君不敢以其誠心致諸其臣，而臣亦不敢直己以行事。二者相與齟齬而不相信，上下相顧，鰓鰓然而不能以自安，而尚何暇及於天下之利害？故天下之事，每每擾敗而無所成就。臣竊傷之，而以爲其蔽在於防禁之太深，而督責之太急。

夫古之聖人，至嚴而有所至寛，至易而有所至險，使天下有所易信而有所不可測，用之各當其處而不失節，是以天下畏其嚴而樂其寛。至於後世之君，徒知天下之不可以甚寬也，而用之其君臣之際，使其公卿大臣終日憂懼，不得安意肆志以自盡於其上，而以爲畏威。徒知天下之不可甚嚴也，而用之其法律之事，使其天下之官吏欺其長上，得以苟免取容，不畏天子之法，而以爲行惠。蓋其所以用之之術，甚悖而不順者，至於如此。

夫天下之人，上自百官，而下至於庶民，其爲數安可窮盡？而天子者，以其一身寄乎其中。論其衆寡之勢，則天下至衆，而天子至寡。論其智詐巧僞之術，則天下之衆固必有過於天子者。吾欲臨之以天子之威，則彼有畏憚而不敢言，多爲之堤防，以御其變詐，則彼之智，將有以出於堤防之所不能及。是以古之聖人，推之以至誠，而御之以至威；容之以至寬，而待之以至易。以君子長者之心待天下之士，而不防其爲詐，談笑議論，無所不及，以開其歡心。故天下士大夫皆欣然而入於其中，有所愧恥而不忍爲欺詐之行，力行果斷而無憂懼不敢之意。其所任用，雖其兄弟朋友之親，而不顧徇私之名；其所誅戮，雖其讎怨睚眦之人，而不恤報怨之嫌。何者？君臣相信之篤，此所謂至嚴而有所至寬者也。然至大吏縱横放肆，犯法而無所忌，天下之所指目，律令之所當取，則雖天子有所不可輒釋，使之一人而不可解，而後天下知有所畏，此所謂至易而有所至險。二者其事不同，而相與爲用。夫是以至寬而天下無頹惰靡迤之風；至險而君臣無猜防逼迫之慮。夫惟能通其君臣之歡，而盡行其刑法之所禁，而後可以及此也。

第五道

臣聞事有若緩而其變甚急者，天下之勢是也。天下之人，幼而習之，長而成之，相咻而成風，相比而成俗，縱横顛倒，紛紛而不知以自定。當此之時，其上之人刑之則懼，驅之則聽，其勢若無能爲者。然及其爲變，常至於破壞而不可禦。

故夫天子者，觀天下之勢而制其所向，以定其所歸者也。夫天下之人，弛而縱之，拱手而視其所爲，則其勢無所不至。其狀如長江大河，日夜渾渾，趨於下而不能止，抵曲則激，激而無所洩則咆勃潰亂，蕩然而四出，壞堤防，包陵谷，汗漫而無所制。故善治水者，因其所入而導之，則其勢不至於激怒坌涌而下可收。既激矣，又能徐徐而洩之，則其勢不至於破決蕩溢而不可止。然天下之人常狃其安流無事之不足畏也，而不爲去其所激，觀其激作相蹙，潰亂未發之際，而以爲不至於大懼，不能徐洩其怒，是以遂至横流于中原而不可卒治。

昔者天下既安，其人皆欲安坐而守之，循循以爲敦厚，默默以爲忠信。忠臣義士之氣憤悶而不得發，豪俊之士不忍其鬱鬱之心，起而振之。而世之士大夫好勇而輕進，喜氣而不懾者，皆樂從而群和之，直言忤世而不顧，直行犯上而不忌。今之君子累累而從事於此矣。然天下猶有所不從，其餘風故俗猶衆而未去，相與抗拒，而勝負之數未有所定，邪正相搏，曲直相犯，二者潰潰而不知其所終極，蓋天下之勢已少激矣。而上之人不從而遂決其壅，臣恐天下之賢人不勝其忿而自決之也。夫惟天子之尊，有所欲爲，而天下從之。今不爲決之於上，而聽其自決，則天下之不同者，將悻然而不服。而天下之豪俊，亦將奮踴不顧而決之，發而不中，故大者傷，小者死，横潰而不可救。譬如東漢之士李膺、杜密、范滂、張儉之黨，慷慨議論，本以矯拂世俗之弊，而當時之君，不爲分別天下之邪正以快其氣，而使天下之士發憤以自決之，而天下遂以大亂。

由此觀之，則夫英雄之士，不可以不少遂其意也。是以治水者，唯能使之日夜流注而不息，則雖有蛟龍鯨鯢之患，亦將順流奔走，奮迅悦豫，而不暇及於爲變。苟其瀦畜渾亂，壅閉而不決，則水之百怪皆將勃然放肆，求以自快其意而不可禦。故夫天下亦不可不爲少決以順適其意也。

（宋）蘇轍《欒城集・應詔集》卷一一《試論六首・形勢不如德論》

三代之時，法令寬簡，所以堤防禁固其民而尊嚴其君者，舉皆無有。而其所都之地，又非有深山大河之固，然而歷歲數百，長久而安存者何耶？秦之法令可謂峻矣，而其所都又關中天府之固，古之所謂百二者也。然而二世而亡者何耶？太史公曰：權勢法制，所以爲治也，地形險阻，所以爲固也。然而二者猶未足恃也。故曰形勢雖强，猶不如德也。

天下之形勢，愚嘗論之矣。讀《易》至於《坎》，喟然而嘆曰：嗟夫！聖人之所以教人者，蓋詳之矣。夫《坎》之爲言，猶曰險也。天之所以爲險者，以其不可升，而地之所以爲險者，以其有山川丘陵。天地之險，愚聞之矣，而人之險，愚未之聞也。或曰王公設險，以守其國，此人之險，而高城深池之謂也。曰非也，高城深池，此無以異於地之險。而人之險，法制之謂也。天下之人，其初蓋均是人也，而君至於爲君之尊，而民至於爲民之卑，君上日享其樂而臣下日安其勞，而不敢怨者，是法制之力也。然猶未也，可以禦小害，而未可以禦大害也。大盜起，則城池險阻不可以固而留，衆叛親離，則法制不可以執而守。是必有非形之形，非勢之勢，而後可也。故至《坎》之六四而曰：樽酒簋貳，用缶，納約自牖，終無咎。夫六四處剛柔相接之時，而乃用一樽、二簋、土盎、瓦缶，相與拳曲俯仰於户牖之下，而終獲無咎，此豈非聖人知天下之不可以強服，而爲是優柔從容之德，以和其剛強難屈之心，而作其愧恥不忍之意故耶？嗟夫！秦人自負其強，欲以斬刈齊天下之民，而以山河爲社稷之保障，不知英雄之士開而決鬬之，刑罰不能繩，險阻不能拒。故聖人必有以深結天下之心，使英雄之士有所不可解者，則《坎》之六四是也。

（宋）蘇轍《欒城集》卷一九《新論三首·新論上》 今世之弊，患在欲治天下而不立爲治之地。夫有意於爲治而無其地，譬猶欲耕而無其田，欲賈而無其財，雖有鉏耰車馬，精心強力，而無所施之。故古之聖人將治天下，常先爲其所無有，而補其所不足。使天下凡可以無患而後徜徉翱翔，惟其所欲爲而無所不可，此所謂爲治之地也。爲治之地既立，然後從其所有而施之。植之以禾而生禾，播之以菽而生菽，藝之以松柏梧檟，叢莽樸樕，無不盛茂而如意。是故施之以仁義，動之以禮樂，安而受之而爲王；齊之以刑法，作之以信義，安而受之而爲霸；督之以勤儉，厲之以勇力，安而受之而爲強國。其下有其地而無以施之，而猶得以安存。最下者抱其所有，倀倀然無地而施之，撫左而右動，鎮前而後起，不得以安全，而救患之不給。故夫王霸之略，富強之利，是爲治之具而非爲治之地也。有其地而無其具，其弊不過於無功；有其具而無其地，吾不知其所以用之。

昔之君子惟其才之不同，故其成功不齊；然其能有立於世，未始不先爲其地也。古者伏羲、神農、黄帝既有天下，則建其父子，立其君臣，正其夫婦，聯其兄弟，殖之五種，服牛乘馬，作爲宫室、衣服、器械，以利天下。天下之人生有以養，死有以葬，歡樂有以相愛，哀慼有以相弔，而後伏羲、神農、黄帝之道得行於其間。凡今世之所謂長幼之節，生養之道者，是上古爲治之地也。至於堯舜三代之君，皆因其所闕而時補之，故堯命羲和曆日月，以授民時；舜命禹平水土，以定民居；命益驅鳥獸，以安民生；命棄播百穀，以濟民飢。三代之間，治其井田溝洫步畝之法，比閭族黨州鄉之制，夫家卒乘車馬之數，冠昏喪祭之節，歲時交會之禮，養生除害之術，所以利安其人者凡皆已定，而後施其聖人之德。是故施之而無所齟齬。舉今周官三百六十人之所治者，皆其所以爲治之地，而聖人之德不與也。故周之衰也，其詩曰：雖無老成人，尚有典刑。由此言之，幽厲之際，天下亂矣，而文武之法猶在也。文武之法猶在，而天下不免於亂，則幽厲之所以施之者不仁也。施之者不仁，而遺法尚在，故天下雖亂而不至於遂亡。及其甚也，法度大壞，欲爲治者無容足之地。泛泛乎如乘舟無楫而浮乎江湖，幸而無振風之憂，則悠然唯水之所漂，東西南北非吾心也。不幸而遇風，則覆没而不能止。故三季之極，乘之以暴君，加之以虐政，則天下塗地而莫之救。

然世之賢人起於亂亡之中，將以治其國家，亦必於此焉先之。齊桓用管仲辨四民之業，連五家之兵，卒伍整於里，軍旅整於郊，相地而衰征。山林川澤各致其時，陵阜陸墐，各均其宜；邑鄉縣屬，各立其正。舉齊國之地如畫一之可數。於是北伐山戎，南伐楚，九合諸侯，存刑衛，定魯之社稷，西尊周室，施義於天下，天下稱伯。晉文反國，屬其百官，賦職任功，輕關易道。通商寬農，懋穡勸分，省財足用，利器明德，舉善援能，政平民阜，財用不匱。然後入定襄王，救宋衛，大敗荆人於城濮，追齊桓之烈，天下稱之曰二伯。其後子產用之於鄭，大夫種用之於越，商鞅用之於秦，諸葛孔明用之於蜀，王猛用之於苻堅，而其國皆以富強。是數人者雖其所施之不同，而其所以爲地者一也。夫惟其所以爲地者一也，故其國皆以安存；惟其所施之不同，故王霸之不齊，長短之不一。是二者不可不察也。

當今之世，無惑乎天下之不躋於大治，而亦不陷於大亂也。祖宗之法具存而不舉，百姓之患略備而未極。賢人君子不知尤其地之不立，而罪其所施之不當；種之不生，而不知其無容種之地也，是亦大惑而已矣。且夫其不躋於大治與不陷於大亂，是在治亂之間也。徘徊徬徨於治亂之間，而不能自立，雖授之以賢才無所爲用。不幸而加之以不肖，天下遂敗而不可治。故曰：莫若先立其地，其地立而天下定矣。

（宋）蘇轍《欒城集》卷一九《新論三首·新論中》 昔者文王之治

岐也，耕者九一，故周公因之，建爲步畝溝洫之制。何者？其所因者治世之成法也。孔子之治魯也，魯人獵較，孔子亦獵較。何者？其所因者衰世之餘制也。當戰國之強，諸侯無道，然孟子亦以爲有王者起，今之諸侯不可盡誅，惟教之不改而後誅之。故漢之興也，因秦之故而不害其爲漢；唐之興也，因隋之故而不害其爲唐。由是觀之，則天享國之長短，致化之薄厚，其地能容之而不能使之也。地不能使之長短薄厚，然長不得地則無所效其長，厚不得地則無所致其厚。故夫有地而可以容有所爲者，舉而就之可也。

當今之世，祖宗之法或具存而不舉，或簡略而不備。具存而不舉，是有地而不耕也；簡略而不備，是地有所廢缺而不完也。欲築室者先治其基，基完以平而後加石木焉，故其爲室也堅。今之治天下則不然，蓋嘗論之。自五代以來，強臣專國，則天下震動而易亂；自吾祖宗削而漸磨之，則今世可以粗安。凡今世之所恃以爲安者，惟無強臣而已。然恃其一之粗安也，而盡忘其餘。故嘗以爲當今天下有三不立，由三不立故百患並起，而百善並廢。何者？天下之吏媮墮苟且，不治其事，事日已敗而上不知使，是一不立也。天下之兵驕脆無用，召募日廣而臨事不獲其力，是二不立也。天下之財出之有限而用之無極，爲國百年而不能以富，是三不立也。基未平也，加之以其所欲爲，是故興一事而百弊作，動一役而天下困，投足而遇陷穽，側身而入河海，平居猶懼有患，而況求以馳騁於其上哉？固不可矣。

今夫夷狄之患，是中國之一病也。吾欲拒之，則有以爲拒之之具；和之，則有以爲和之之費。以天下而待一國，其爲有餘力也，固亦宜矣，而何至使天下皆被其患？今也天下幸而無它患難，而唯西北之爲畏。然天下之力亦已困而不能支矣。一歲之入不能供一歲之出，是非特納賂之罪也，三事不立之過也。故三事立，爲治之地既成，賂之則爲漢文帝，不賂則爲唐太宗。賂與不賂，非吾爲國治亂之所在也；治亂之所在，在乎其地之立與不立而已矣。

天下之事因循而維持之，以至於漸不可舉，猶曰是養之未至也。乘舟中流，釋其檝而聽水之所之，旋於洄洑，格於洲浦，以爲是固然也，其爲無具亦已甚矣！以今之時，天子仁恕，士大夫好善，天下之風俗不至於朋黨亂正、誣罔君子也，世之清議凜然在矣。公卿之欲有爲以濟斯世，誰有言者？而曰吾有所待。是徒空言，非事實也。故爲之説曰：居之以強力，發之以果敢，而成之以無私。夫惟有私者，不可以果敢。果於一，不果於二，天下將以爲言。不果者不可以強力，力雖強而輒爲多疑之所敗。天下之人惟能爲是三者，則足以排天下之堅強，而納之於柔懦；擾天下之怨怒，而投之於不敢。惟不能爲是三者，則足以敗天下之賢才，而卒之以不能有所建。是故無私而果敢，果敢而強力，以是三者治天下之三不立，以立爲治之地。爲治之地既立，然後擇其所以施之，天下將無所不可治。

（宋）蘇轍《欒城集》卷一九《新論三首·新論下》 天下之未治也，患三事之不立。苟其既立，則患其無以施之。蓋君子爲國，正其綱紀，治其法度，皆可得而知也。惟其所以施之，則不可得而知。周公之治周也，修其井田，封建百辟，可得而知也；其所以使天下歸周者，不可得而知也。孔子之治魯也，墮其三都，誅其亂政，可得而知也；其所以使羔豚不飾賈，男女別於道者，不可得而知也。孟子之所以治邾者，正其疆界，五口之家，桑麻雞豚必具，可得而知也；其所以使之至於王者，不可得而知也。孔子孟子之所汲汲以教人者，在其不可得而知；而其可得而知者不詳論也。曰是有意於治者能之，然而亦不可去也。故其得爲是國也，必舉之以爲先。由是觀之，治國之地，聖人無之不得以施其聖。然而聖人之道，有所高遠而不可及者矣。

其於孔子之門所謂政事，而冉有子路之所能者，治國之地也。子路曰：千乘之國，攝乎大國之間，加之以師旅，因之以饑饉，由也爲之，可使有勇，且知方也。冉有曰：方六七十，如五六十，求也爲之，可使足民。如其禮樂，以俟君子。是亦自以爲能爲其地，而未有以施之云爾。然夫子許其能之，而不以爲大賢，則夫子之道深矣遠矣。

夫子平居朝夕孜孜以教人者，惟所以自修其身；而其所以修其政事者，未嘗言也。蓋亦嘗言之矣，曰：謹權量，審法度，修廢官。興滅國，繼絶世，舉逸民。所重民食喪祭。是九者凡所以爲政而未足也，故繼之曰：寬則得衆，信則人任焉。敏則有功，公則説。是四者所以成之焉耳，其意以爲既成而後以其平居自修之身施之。故《記》曰：君子篤恭而天下平。爲有此具也，君子修其身，無所施之則不立；治其政事，無以施之則不化。當三代之治也，天下之事無不畢舉，雖後世之君猶得守其法度，以爲無過。惟無暴君，則天下可安。故伊尹之訓太甲曰：從諫弗咈，先民時若。以爲如是而可以爲治已矣。

（宋）陳亮《陳亮集》卷二《中興論·論執要之道》 臣竊惟陛下自踐祚以來，親事法宮之中，明見萬里之外，發一政，用一人，無非出於獨斷，下至朝廷之小臣，郡縣之瑣政，一切上勞聖慮。雖陛下聰明天縱，不憚勞苦，而臣竊以爲人主之職本在於辨邪正，專委任，明政之大體，總權之大綱，而屑屑焉一事之必親，臣恐天下有以妄議陛下之好詳也。

自祖宗以來，軍國大事，三省議定，面奏獲旨。差除卽以熟狀進入，獲可始下中書造命，門下審讀。有未當者，在中書則舍人封駁之，在門下則給事封駁之，始過尚書奉行。有未當者，侍從論思之，臺諫劾舉之。此所以立政之大體，總權之大綱。端拱於上而天下自治，用此道也。今朝廷有一政事而多出於御批，有一委任而多出於特旨。使政事而皆善，委任而皆當，固足以彰陛下之聖德，而猶不免好詳之名。萬一不然，而徒使宰輔之避事者得用以藉口。此臣愛君之心所不能以自已也。臣願陛下操其要於上，而分其詳於下。凡一政事，一委任，必使三省審議取旨，不降御批，不出特旨，一切用祖宗上下相維之法。使權固在我，不蹈曩日專權之患；而怨有所歸，無代大臣受怨之失。此臣所以爲陛下願之也。

臣聞之故老言，仁宗朝，有勸仁宗以收攬權柄，凡事皆從中出，勿令人臣弄威福。仁宗曰：卿言固善。然措置天下事，正不欲專從朕出。若自朕出，皆是則可，有一不然，難以遽改。不若付之公議，令宰相行之。行之而天下不以爲便，則臺諫公言其失，改之爲易。大哉王言！此百世人主之所法，而況於聖子神孫乎！

史之稱光武曰：明謹政體，總攬權綱。政體者，政之大體也；權綱者，權之大綱也。臣願陛下立政之大體，總權之大綱，辨邪正，專委任以宰天下，得操要之實而鑒好詳之弊。則天下雄偉英豪之士，必有能奮然出力以辨今日之事者矣。臣不勝大願。

（宋）王令《王令集》卷二一《策問·國用》 問：漢武外事四方，餽餉賜予，內興宮室池臺苑囿，一切過古，封禪巡遊，招延方士，禱祀非鬼，求致神仙，其費過甚，以至於不可勝算。逮其末年，財用大屈，於是用桑羊之計，始榷酒以禁天下。至唐天寶中，天下大亂，兵用滋廣，第五琦自蜀以御史使淮南，始收鹽利以禁民。至其後，以天下之財十分計之，鹽利占其六。自是方鎮稍稍自負其強，阻兵以叛，不復貢賦，凡數十州。方是之時，中國之費益多，財賦之入日衆，至張滂、王涯以茶亦可禁如酒，自是山海之利，無有在民者矣。於後趙贊復建雜税，今之百物之征，古未之有，蓋自贊發之。雖然，贊獨用以資常平，視歲之豐儉以爲出入以便民，不以給國家費也。朝廷承五代之後，百年以至今，自天下既平，四夷無事，宮室苑囿不增，禱祠一切如禮，行在未嘗巡遊，天下一家，貢賦非有闕虧，凡漢唐之利，皆盡用之，而有司之費尚闕，不聞富足，何也？夫承中國多事之後，財力困竭之時，一得其利，猶用以濟安；有如平時兼用之而反有不足者，余竊怪之！諸君子以爲其弊安在？思欲革而治之何法？《語》曰：好謀而成。夫欲進而仕者，謀國之道，固所宜講也。

（宋）真德秀《西山文集》卷四《對越甲藁·奏劄·召除禮侍上殿奏劄二》 賈誼有言，慶賞以勸善，刑罰以懲惡。先王執此之政，堅如金石，行此之令，信於四時，據此之公，無私如天地。今之賞罰其未能允愜衆志者，毋乃有未適其平者乎。夫難平者，事也。惟任理無情而付輕重於物，然後施置得所，而人莫得而議焉。今有功同而賞異者，問之則厚者必某人之所主也，其薄者必孤寒而無援者也。又有罪同而罰異者，問之則其輕者必某人所主也，其重者必疎遜而寡與者也。朝廷之於天下，當如天之於萬物，栽培傾覆付之無心，而可使一毫私意介其間乎。諸葛亮偏方之佐爾，而其言曰，吾心如秤，不能爲人作輕重。故當時之臣，有為其廢絀者，不惟無怨，而且思焉。況堂堂天朝，誠能以至公之心，行至平之政，則予奪所加，誰敢不服。惟陛下常存此心，而總綱於上，大臣常守此道，而持衡於下，賞一人必使凡為善者勸，罰一人則使凡為惡者懲。此今日收人心之二事也。夫官之失德，以寵賂之章，其在昔，人以為至戒。當乾道、淳熙間，有位于朝者，以饋遺及門爲耻，受任於外者，以苞苴入都為羞。今薰染成風，恬不之恠。陸贄有言，鞭靴不已，必及衣裘，衣裘不已，必及幣帛，幣帛不已，必及金璧。由今觀之，豈止是哉。新巧相夸而無窮，誅求橫出而罔極。於是軍民之膏血竭盡而亡餘矣。怨讟繁興，日以滋甚，然貴臣邇列，非必有利之心，往往藉其名，以事侵刻者，大抵皆是利歸私室，怨萃公朝，抑何便而莫之止也。今誠欲息天下之議，惟在朝廷曉然示人以屏絶之意。甚者，反其物而辜其人，則心迹暴白而假託以自私者不得肆矣。正己示儀之方，孰先於此，仍願斷自聖心，誕降明詔，以儆中外。俾皆滌除貪暴，砥厲廉隅，惠緩兵民，銷弭怨疾。此今日收人心之三事也。朝廷之規摹，欲其廣大，不欲其褊狹。治世之氣象，欲其寬裕，而不欲其迫蹙。商民之胥動浮言，若可忿疾，而盤庚方且登進在庭，丁寧開曉，藹然如家人父子之親。周公作《無逸》以戒成王，亦曰小人怨汝詈汝，則皇自敬德。又曰亂罰無罪，殺無辜，怨有同是，叢于厥身。夫以怨詈殺人，周公之所畏也。獨奈何其輕犯哉？曩者以訕言之籍籍，於是有譏呵之令，譏呵則已過矣，甚至於流竄焉，殺僇焉，而人愈駭矣。《傳》曰：我聞忠善以損怨，不聞作威以防怨。自譏呵之令行，都城之民摇手相戒，有道路以目之風，此何等氣象而見於聖明嗣服之初乎。夫峻刑而重罰，本欲以一衆心，而不知不情之疑懼，則其心之不一，正自此始，不惟是也。

（宋）文天祥《文山集》卷一一《啓·通交代寥提刑邦杰》 惟君子之祥刑，自聖門之恕學，推廣不寃之條貫，發揮無訟之本原，轉陽和於落芙容薜荔之間，沛生意於槢接桁楊之外。蓋以皋夔之長者，而行孔孟之本心。

（宋）李昉等《文苑英華》卷六九七蘇安恒《疏·爲魏元忠疏》 臣伏聞明王有含天下之量，有濟天下之心，必能進天下之善，除天下之惡。若爲君主而不行此四者，則當神怨鬼怒，陰錯陽亂，欲使國家榮泰，其可得乎！陛下革命之初，勤於庶政，親惣萬機，博採謀猷，旁求俊彦，故四海之内以陛下爲納諫之主！陛下暮年已來，怠於政教，讒邪結黨，水火成災，百姓不親，五品不遜，故四海之内，以陛下爲受佞之主！今邪正莫辨，獄訟含寃，豈陛下昔是而今非，蓋居安忘危之失也！臣竊見御史大夫、檢校太子左庶子同鳳閣鸞臺平章事魏元忠，廉直有聞，位居宰輔。履忠正之基者，用元忠爲龜鏡；蹊邪佞之路者，嫉元忠若仇讎。麟臺監張易之兄弟，在身無德，於國無功，不逾數年，遂極隆貴。自當飲冰懷懼，酌水思清，夙夜兢兢，以答恩造。不謂溪壑其志，豺狼其心，欲指鹿而爲馬，先害忠而捐善；將斯亂代之法，乃污明君之朝。自元忠下獄，臣見長安城内，街談巷議，皆以陛下委任姦佞，斥逐賢良，以元忠必無不順之言，以易之必有交亂之意，相逢偶語，人心不安。雖有忠臣烈士，空撫髀於私室。而鉗口不敢言者，皆懼易之等威權，恐無辜而受戮，亦徒虚死耳！今賊虜強盛，賦斂煩重，以臣觀之，萬姓不勝其弊。況又聞陛下縱逸姦慝，禁錮良善，儻刑罰失中，則遐邇生變。臣恐四夷因之，即窺覘得失，以爲邊郡之患；百姓怨憤，即結聚義兵，以除君側之惡。復恐逐鹿之黨，叩關而至；亂階之徒，從中相應；争鋒於朱雀門内，問鼎於大明殿前，陛下將何事以謝之？復何方以禦之？臣今爲陛下計，安百姓之心者，莫若收雷電之威，靜元忠之網，復其爵位，君臣如初，則天下幸甚！陛下好生惡殺，縱不能斬佞臣頭以塞人望，臣請奪其寵榮，剪其羽翼，無使權柄在手，驕横日滋。專國倍於穰侯，迴天過於左悺，則社稷危矣，惟陛下圖之！臣本微賤，不識元忠、易之，豈此可親而彼可踈耶？但恐讒邪長而忠臣絶！伏願陛下特垂天鑒，察臣此心，即微臣朝志得行夕死無恨！

（元）蘇天爵《元文類》卷四二《雜著·憲典總序》 法緣名興，令自近始。故名例為法之本，衛禁居令之先。百官有司守法以奉上，布令以御下，故職制次之。敬莫大於事神，畏莫大於知義，故祭令學規次之。刑以弼教，威以戢暴，故軍律次之。禍亂式遏，生聚易争，故户婚食貨次之。争起於無厭，無厭者好犯上，故大惡次之。惡之初稔，非淫即貪，故姦非盗賊次之。淫貪之作，始於自欺，故詐偽次之。偽作於心，徵於詞氣，故訴訟次之。辭窮則鬬，氣暴則殘，故鬬毆殺傷次之。庶獄備矣，庶慎興焉，示為法者，非罔民也，故禁令雜犯次之。知禁者罪可遠，觸禁者罪不可逃，故捕亡次之。君子立法之制，嚴用法之情恕，無求民於死，寧求民於生，故恤刑平反赦宥又次之。至於終之以獄空，則辟以止辟之效成，刑期無刑之德至矣。此其為序。如是，槩而論其為書，則固五典之法書也。治典非憲無以明黜陟；賦典非憲無以慎出納；禮典非憲無以儆傲惰；兵典非憲無以律驕盈；工典非憲無以懲濫惡，其事散殊，其法周密，故必隨事以分類，隨類以表年，綱以著其約，目以致其詳。初若因目以立綱，久乃從綱而知目。綱舉目張，吏易遵行，民易趨避，而是書之體用，庶乎其為得矣。綱之所不能該，目之所不能悉，則有附録焉。

（元）蘇天爵《元文類》卷四二《雜著·名例篇》 名例者，古律舊文也。五刑五服、十惡、八議咸在焉。政有治革，法有變更，是數者之目，弗可改也。《傳》曰：不愆不忘，率由舊章。

（元）蘇天爵《元文類》卷四二《雜著·禁令篇》 戒之使避曰禁，示之使從曰令。一禁一令，各專一事，無所統該。故上自朝廷，下逮倡優走賤，莫不備列，使人知所避嚮而遠於罪。

（元）盛如梓《庶齋老學叢談》卷中上 先儒云：詳於法郁作禁者，有法外之遺姦，工於術郁作謀者，有術中之隱禍。

（明）高拱《高拱論著四種·本語》 紀綱之壞，莫大於國是之不明，尤莫大於上下蒙蔽，而人主終於不知。夫國是不明，則奸臣舞智以愚人，邪臣黨比而醜正，亂之道也。然有時而明，國法有行焉，則猶可以爲戒。若上下蒙蔽，而人主終於不知，則舞智者恬爲得計，黨比者敢於效尤，襲爲故常，無復有發覺之者。於是以威福爲己物，任其播弄，必至於亂而後已。考亭先生曾云：吕微仲、范堯夫爲相，用調停之説，兼用小大，更無分别，所以成後日之禍。如王安石罪既明白，後既加罪於蔡確之徒，論來安石是罪之魁首。卻於其死，加太傅及贈禮，皆備想當時，也要委典周旋他。如今看來，這般卻煞不好，要好便合當頭白其罪，使人知得是非邪正，所謂明其爲賊，敵乃可服，須是明顯其不是之狀。若更加旌賞，卻惹得後來許多羣小不服。看來天下事須是先論其大處，如分别是非邪正，君子小人，端的是如何了，方好於中間酌量輕重淺深施用。此言良是。今觀當時，今日紹述，明日調停，只在朝廷上混亂不了，皂白無辨，國事盡隳，迄至靖康而後已。有國者，豈可使時事一至於斯？帝王創業垂統，必有典則貽諸子孫，以爲一代精神命脈。我祖宗燕謀弘密，注意淵遠，非前代可及。聖子神孫，守如一日，治如一日，猗歟盛矣！迨我穆皇，未獲有所面授，我皇上甫十齡，穆皇上賓，其於祖宗大法，蓋未得於耳聞也。精神命脈，既所未悉，將何以鑒成憲，繩祖武乎？今日講經書後，又講《貞觀政要》等書，臣愚謂宜。先知祖宗家法以爲主本，而後可證以異代之事，不然徒説他人，何切於用？乃欲於祖宗列聖實録所載，聖敬事天之實，聖學傳心之法，如何慎起居，如何戒嗜慾，如何務勤儉，如何察讒佞，如何總攬大權，如何開通言路，如何進君子、退小人，如何賞功罰罪，如何肅宫闈，如何御近習，如何董治百官，如何安撫百姓，如何鎮撫四夷，撮其緊切，編輯成書，進呈御覽。在講筵，則日進數條；在法宫，則日披數段。庶乎祖宗立國之規模，保邦之要畧，防微杜漸之深意，弛張操縱之微機，可以得其大較。且今日之域中，祖宗之天下，即以祖宗之事，行之今日，合下便是，不須更費商證，而自無所不當。我皇上聰明天縱，睿智日開，必因而益遡祖宗精神命脈所在，以覲耿光，以揚大烈，以衍萬年。無疆之祚者，將在於是，則特爲之引其端焉爾。是臣愚犬馬之心也，方遂請之，而遂以廢去，特述其意於此。倘有取而行之者，則犬馬之心，亦自可遂，不必出自我也。

宰相，天下之樞，必得心術正，德行純，識見高，力量大，學問充，經練熟者，方可爲之。若不試以事，徒取文藝，不揀其才，徒俟倖資，則豈能遂爲百辟之師，平章軍國重事而無舛乎？【略】

輔德輔政，平章四海，只是至誠則得，不然皆無有矣。聖祖罷丞相，分其權於六卿，而上自裁決。成祖始制内閣，以翰林官七人處之，備問代言，商確政務，極其寵密，然未有平章之任也。嗣後遂理機務調旨，比其久也，則遂隆以師保之官，稱輔臣焉，雖無宰相之名，有其實矣。然皆出諸翰林，翰林之官，皆出諸首甲與夫庶吉士之選留者。其選也以詩文，其教也以詩文，而他無事焉。夫用之爲侍從，而以詩文，猶之可也；今既用於平章，而猶以詩文，則豈非所用非所養，所養非所用乎？舊制固不敢議，而就中有以爲之處焉，亦無不可者。誠宜於其選也，必擇夫心術之正，德行之良，資性之聰明，文理之通順者充之，而即教之以翰林職分之所在。如一在輔德，則教之以正心修身，以爲感動之本，明體達用，以爲開導之資。如何潛格於其先，如何維持於其後，不可流於迂腐，不可狃於曲學，雖未可以言盡，然日日提斯，日日聞省，則必有知所以自求者矣。其一在輔政，則教之以國家典章制度，必攷其詳，古今治亂安危，必求其故。如何爲安常處順，如何爲通變達權，如何以正官邪，如何以定國是，雖難事事預擬，亦必當有概於中也。於是乎教之以明解經書，發揮義理，以備進講；教之以訓迪播告之辭，簡重莊嚴之體，以備代言；教之以錯綜事理，審究異同，以備纂修。而應制之詩文，程士之文藝，在其後焉。

面命而耳提之，日省而月試之，養之既久，則拔其尤者，留之翰林。既留之後，仍以舊業日加淬勵，閣臣時時督課，與之講論，試其所有之淺深，觀其行履之實否，比其久也，則又拔其尤者而登用之。如此庶乎相可得人，相業必有可觀者。翰林、庶吉士固未嘗不可也。今也止教詩文，更無一言及於君德治道，而又每每送行賀壽以爲文，栽花種柳以爲詩，羣天下英才，爲此無謂之事，而乃以爲養相材，遠矣。【略】

考察投匭，其私更不可言。夫投匿名文書，律有重禁，乃以科道官而可爲此乎？夫既不出名，則一人而數十投可也，而可遂以爲公論哉？此宜痛革。只當各具訪單呈於都院，會於都科，則害人者得行其計矣。或曰：如招怨何？曰：爲朝廷官，幹朝廷事，得恤怨乎？已務避怨，可使天下無公道乎？【略】

考察者不許辯是矣，而行私害人者亦當處，被害者亦當爲之昭雪。被劾者不許辯是矣，而行私誣人者亦當處，被誣者亦當爲之昭雪。如此方是大公之道。《皇極》之言曰：無偏無黨，無反無側，無有作好，無有作惡。王道也。

或問赦。曰：赦甚害事，有國者亦明刑而已矣，何赦爲？何言之？曰：刑不清而恃赦，則平日之戕良也多；刑清而徒以赦，則今日之縱惡也大。每見赦後，亡命無賴在配所者皆還，舊惡不悛，一時里閭甚受其害。是放虎狼蛇蝎，爲仁而不計其所傷之衆也。曰：國有大慶，獨加寬恤，不可乎！曰：大慶當與君子共之，而何縱小人爲也？曰：《易》曰赦過宥罪，《書》曰眚災肆赦，不然乎？曰：過者無心之誤；眚即過也，災謂出於不幸者也，故赦之。乃《書》又曰：宥過無大，刑故無小。夫苟過雖大必宥，苟故雖小必刑，固非不問過與故而咸赦除也。且赦過者，無日不然，亦非數載而偶一行也。是故赦過者，雖無日不然，而猶恐其少，赦故者，雖數載一行，而猶病其多。

閣臣擬旨，每云着法司從重擬罪，此言大謬。夫二罪俱發，則從重論，謂其有輕有重，故獨從其重者也。今一罪只有一律，雖凌遲處死者，亦只本律，非一罪二律，有輕者有重者，而可以如此如彼也。則何以從重乎？曰：從重是不用律矣。【略】

聖人制刑，所以詰奸禁亂，安天下之民也。固不可流於苛刻，亦不可流於放縱。乃今司刑者鹵莽草略，既不盡心，卻又每以出人罪爲長者，雖盜賊皆曲意放之，以爲陰騭。若然，是謂明刑者爲不仁也。縱惡長奸，殘害良善，敗壞國事，莫大於此。【略】

欲興治道，必振紀綱；欲振紀綱，必明賞罰；欲明賞罰，必辨是非；欲辨是非，必決壅蔽；欲決壅蔽，必懲欺罔；欲懲欺罔，必通言路。言官之言，雖未必可盡聽，然山有猛獸，藜藿不採，必使敢言，然後宄竊之輩不敢爲奸。縱有不可聽者，必須容之，勿遽震之威，震之威則人皆結舌，以言爲戒。倘有王莽、曹操之竊國，李林甫、秦檜之弄權，無人發覺，人主何由得知之哉？

趙高欲奪秦權，恐羣臣不聽，乃先設驗，持鹿獻於二世曰：馬也。二世笑曰：丞相誤耶？謂鹿爲馬。問左右，或默，或言馬。高因陰中諸言鹿者以法，後羣臣皆畏高，莫敢言其過。蓋自古奸臣欲竊國柄者，必塞言路而後可便其所爲，人君若能知開言路之利於國，而塞言路之利於奸，則自無難於聽言矣。【略】

要得天下治，只在用人。用人只在用三箇人：一箇首相，一箇冢宰，一箇臺長。首相得人，則能平章天下，事務件件停當。冢宰得人，則能進賢退不肖，百官莫不稱職。臺長得人，則能振揚風紀，有不法者，率衆臺官糾治之，而政體自清。如此則元氣也充，神氣也振。天下何愁不治？若其他用人行政，都在三人項下，固舉之矣。然這三人中，尤以首相爲要。

（明）朱元璋《明太祖文集》卷一五《序·道德經序》　朕本寒微，遭元運之天更，值羣雄之並起，不得自安於鄉里，遂從軍而保命，幾喪其身，而免於是乎。受制不數年，脱他人之所制，獲帥諸雄，固守江左，十有三年，而即帝位，奉天以伐元，統育黔黎。自即位以來，罔知前代哲王之道，宵晝遑遑，慮穹蒼之切。鑒於是，問道諸人，人皆我見，未達先賢。一日，試覽羣書，檢間有《道德經》一册，因便但觀，見數章中盡皆明理，其文淺而意奥，莫知可通。罷觀之後旬日，又獲他卷，注論不同。再尋較之，所注者人各異見，因有如是。朕悉視之，用神盤桓其書久之，以一己之見，似乎頗識，意欲試注，以遺方來，恐今後人笑，於是弗果。又久之，見本經云：民不畏死，奈何以死而懼之？當是時，天下初定，民頑吏弊，雖朝有十人而棄市，暮有百人而仍為之，如此者豈不應經之所云？朕乃罷極刑而囚役之，不逾年而朕心減恐。復以斯經細覩其文之行用，若濃雲靄羣山之疊嶂，外虛而內實，貌態彷彿，其境又不然。架空谷以秀奇峰，使昔有嵬巒，倏態成於幽壑。若不知其意，如入混沌鴻濛之中。方乃少知微旨，則又若皓月之沉澄淵，鏡中之覩實象，雖形體之如然，探親不可得而捫撫。況本經云：吾言甚易知，甚易行，天下莫能知，莫能行。以此思之，豈不明鏡水月者乎？朕在中宵而深慮，明鏡水月，形體雖如一，却乃虛而不實，非著象於他處，安有影耶？故仰天則水月象明，棄鏡捫身，則知己象之不虛，是謂物外求真，故能探其一二之旨微。遂於洪武七年冬十二月甲午，著筆强為之辯論，未知後世果契高人之志歟？朕雖非材，惟知斯經乃萬物之至根，王者之上師，臣民之極寶，非金丹之術也。故悉朕之丹衷，盡其智慮，意利後人，是特注耳。是月甲辰書成，因為之序。

(明)王守仁《王文成公全書》卷七《文録四・萬松書院記》 不雜於人偽，率是道心而發之於用也，以言其情則爲喜怒哀樂；以言其事則爲中節之和，爲三千三百經曲之禮；以言其倫則為父子之親，君臣之義，夫婦之別，長幼之序，朋友之信；而三才之道盡此矣。舜使契為司徒以教天下者，教之以此也。是固天下古今聖愚之所同具，其或昧焉者，物欲蔽之。非其中之所有不備，而假求之於外者也。是固所謂不慮而知，其良知也；不學而能，其良能也。孩提之童，無不知愛其親者也。孔子之聖，則曰所求乎子，以事父未能也。是明倫之學，孩提之童亦無不能，而及其至也，雖聖人有所不能盡也。人倫明於上，小民親於下，家齊國治而天下平矣。是故明倫之外無學矣。外此而學者，謂之異端；非此而論者，謂之邪説；假此而行者，謂之伯術；飾此而言者，謂之文辭；背此而馳者，謂之功利之徒，亂世之政。雖今之舉業，必自此而精之，而謂不愧於敷奏明試；雖今之仕進，必由此而施之，而後無忝於行義達道。斯固國家建學之初意，諸君緝書院以興多士之盛心也，故為多士誦之。

(明)張居正《張太岳文集》卷三六《陳六事疏》 臣聞帝王之治天下，有大本，有急務。正心修身建極以為臣民之表率者，圖治之大本也；審幾度勢，更化宜民者，救時之急務也。大本雖立，而不能更化以善治，譬之琴瑟不調，不解而更張之，不可鼓也。恭惟我皇上踐祚以來，正身修德，講學勤政，惓惓以敬天法祖爲心，以節財愛民爲務，圖治之大本既以立矣，但近來風俗人情，積習生弊，有頹靡不振之漸，有亟重難反之幾，若不稍加改易，恐無以新天下之耳目，一天下之心志。臣不揣愚陋，日夜思惟，謹就今時之所宜者，條爲六事，開欵上請，用備聖明採擇。臣又自惟幸得以經術遭逢聖主，備位輔弼，朝夕與同事諸臣寅恭諧協，凡有所見，自可隨事納忠，似不必更有建白，但臣之愚昧，竊見皇上有必爲之志，而淵衷静默，臣下莫能仰窺天下，有願治之心而舊習因仍，趋向未知所適，故敢不避形跡，披瀝上陳，期於宣昭主德，而齊一衆志，非有他也，伏乞聖慈垂鑒。俯賜施行，天下幸甚，臣愚幸甚。

計開

一、省議論。臣聞天下之事，慮之貴詳，行之貴力，謀在於衆，斷在於獨，漢臣申公云：爲治不在多言，顧力行何如耳。臣竊見頃年以來，朝廷之間議論太多，或一事而甲可乙否，或一人而朝由暮跖，或前後不覺背馳，或毁譽自爲矛盾，是非淆於唇吻，用舍決於愛憎，政多紛更，事無統紀。又每見督撫等官初到地方，即例有條陳一疏或漫言數事，或更置數官，文藻競工，覽者每為所眩，不曰此人有才，即曰此人任事，其實蒞任之始，地方利病豈盡周知？屬官賢否豈能洞察？不過採聽於衆口耳。讀其詞藻，雖若爛然，究其指歸，茫未有效，比其久也，或并其自言者而忘之矣。即如昨年，皇上以虜賊内犯，特勑廷臣集議防虜之策。當其時，衆言盈庭，羣策畢舉。今又將一年矣，其所言者，果盡舉行否乎？其所行者，果有實效否乎？又如薊鎮之事，初建議者曰：吾欲云云。當事者亦曰：吾欲云云。曾無幾何，而將不相能，士譁於伍，異論繁興，訛言踵至，於是議罷練兵者又紛紛矣。臣竊以爲事無全利，亦無全害，人有所長，亦有所短，要在權利害之多寡，酌長短之所宜，委任責成，庶克有濟。今始則計慮未詳，既以人言而遽行，終則執守靡定，又以人言而遽止。加之愛惡交攻，意見横出，讒言微中，飛語流傳，尋之莫究其端，聽者不勝其眩，是以人懷疑貳，動見譸張，虛曠歲時，成功難睹，語曰：多指亂視，多言亂聽。此最當今大患也。伏望皇上自今以後，勵精治理，主宰化機，掃無用之虛詞，求躬行之實效，欲為一事，須審之於初，務求停當，及計慮已審卽斷而行之，如唐憲宗之討淮蔡，雖百方阻之，而終不爲之搖；欲用一人，須慎之於始，務求相應，既得其人則信而任之，如魏文侯之用樂羊，雖謗書盈篋，而終不爲之動。再乞天語，叮嚀部院等衙門，今後各宜仰體朝廷省事尚實之意，一切章奏務從簡切，是非可否明白直陳，毋得彼此推諉，徒託空言。其大小臣工亦各宜秉公持正，以誠心直道相與，以勉修職業爲務，反薄歸厚，尚質省文，庶治理可興，而風俗可變也。伏乞聖裁。

一、振紀綱。臣聞人主以一身而居乎兆民之上，臨制四海之廣，所以能使天下皆服從其教令，整齊而不亂者，紀綱而已。綱如網之有繩，紀如絲之有總。《詩》曰：勉勉我王，綱紀四方，此人主太阿之柄，不可一日而倒持者也。臣竊見近年以來，紀綱不肅，法度不行，上下務爲姑息，百事悉從委狥，以模稜兩可謂之調停，以委曲遷就謂之善處。法之所加，唯在於微賤，而強梗者雖壞法干紀而莫之誰何；禮之所制，反在於朝廷，而為下者或越理犯分，而恬不知畏，陵替之風漸成，指臂之勢難使，賈誼所謂蹠盭者，深可慮也。然人情習玩已久，驟一振之，必將曰此拂人之情者也。又將曰此務爲操切者也。臣請有以解之，夫狥情之與順情，名雖同而實則異，振作之與操切，事若近而用則殊。蓋順情者，因人情之所同欲者而施之，《大學》所謂民之所好好之，民之所惡惡之者也。若狥情，則不顧理之是非，事之可否，而惟人情之是便而已。振作者謂整齊嚴肅，懸法以示民，而使之不敢犯，孔子所謂道之以德，齊之以禮者也。若操切，則爲嚴刑峻法虐使其民而已，故情可順而不可狥，法宜嚴而不宜猛。伏望皇上奮乾剛之斷，普離照之明，張法紀以肅羣工，攬權綱而貞百度，刑賞予奪，一歸之公道，而不必曲狥乎私情。政教號令，必斷於宸衷，而毋致紛更於浮議。法所當加，雖貴近不宥；事有所枉，雖踈賤必申。仍乞勑下都察院，查照嘉靖初年所定憲綱事理，再加申飭，秉持公論，振揚風紀，以佐皇上明作勵精之治，庶體統正，朝廷尊而下有法守矣。伏乞聖裁。

一、重詔令。臣聞君者，主令者也；臣者，行君之令而致之民者也。君不主令則無威，臣不行君之令而致之民則無法，斯大亂之道也。臣看得舊規，凡各衙門章奏奉旨，有某部看了來説者，必是緊關事情，重大機務。有某部知道者，雖若稍緩，亦必合行事務，或關係各地方民情利病，該衙門自宜斟酌緩急，次第題覆，至於發自聖衷，特降勑諭者，又與泛常不同，尤宜上緊奉行，事乃無壅。蓋天子之號令，譬之風霆，若風不能動，而霆不能擊，則造化之機滯，而乾坤之用息矣。臣竊見近日以來，朝廷詔旨多廢格不行，抄到各部，槩從停閣，或已題奉欽依，一切視爲故紙，禁之不止，令之不從。至於應勘應報，奉旨行下者，各地方官尤屬遲慢，有查勘一事而十數年不完者，文卷委積，多致沉埋，干證之人，半在鬼録，年月既遠，事多失真，遂使漏網終逃，國有不伸之法，覆盆自苦，人懷不白之寃，是非何由而明，賞罰何由而當？伏望勑下部院等衙門，凡大小事務既奉明旨，須數日之內，即行題覆，若事理了然明白易見者，即宜據理剖斷，毋但諉之撫按議處，以致躭延。其有合行議勘問奏者，亦要酌量事情緩急、道里遠近，嚴立限期，責令上緊奏報，該部置立號簿，登記註銷。如有違限不行奏報者，從實查叅，坐以違制之罪，吏部即以此考其勤惰，以爲賢否，然後人思盡職而事無壅滯也。伏乞聖裁。

一、覈名實。臣聞人主之所以馭其臣者，賞罰用舍而已。欲用舍賞罰之當，在於綜覈名實而已。臣每見朝廷欲用一人，當事者輒有乏才之嘆。竊以爲古今人才不甚相遠，人主操用舍予奪之權，以奔走天下之士，何求而不得？而曰世無才焉，臣不信也。惟名實之不覈，揀擇之不精，所用非其所急，所取非其所求，則上之爵賞不重，而人懷僥倖之心，牛驥以並駕而俱疲，工拙以混吹而莫辨，才惡得而不乏，事惡得而有濟哉？臣請畧言其槩，夫器必試而後知其利鈍焉，必駕而後知其駑良，今用人則不然。稱人之才不必試之以事，任之以事不必更考其成，及至僨事之時，又未必明正其罪。椎魯少文者以無用見譏，而大言無當者以虛聲竊譽，倜儻伉直者以忤時難合，而脂韋逢迎者以巧宦易容。其才雖可用也，或以卑微而輕忽之，其才本無取也，或以名高而尊禮之。或因一事之善而終身借之以爲資，或以一動之差而衆口訾之以爲病。加以官不久任，事不責成，更調太繁，遷轉太驟，資格太拘，毁譽失實。且近來又有一種風尚，士大夫務爲聲稱，舍其職業而出位是思，建白條陳，連編累牘，至覈其本等職業，反屬茫昧。主錢穀者不對出納之數，司刑名者未諳律例之文，官守既失，事何由舉？凡此皆所謂名與實爽者也。如此則真才實能之士何由得進？而百官有司之職何由得舉哉？故臣妄以爲，世不患無才，患無用之之道，如得其道，則舉天下之士，唯上之所欲爲，無不應者。臣願皇上慎重名器，愛惜爵賞，用人必考其終，授任必求其當，有功於國家，即千金之賞、通候之印，亦不宜吝；無功國家，雖嚬笑之微，敝袴之賤，亦勿輕予。仍乞勑下吏部嚴考課之法，審名實之歸，遵照祖宗舊制，九京官及外官三六年考满，毋得槩引復職，濫給恩典，須明白開具稱職平常不稱職，以爲殿最。若其功過未大顯著，未可遽行黜陟者，乞將誥勑勳階等項，酌量裁與，稍加差等，以示激勸。至于用舍進退，一以功實爲準，毋徒眩於聲名，毋盡拘於資格，毋搖之以毀譽，毋雜之以愛憎，毋以一事槩其平生，毋以一眚掩其大節。在京各衙門佐貳官須量其才器之所宜者授之，平居則使之講究職業，贊佐長官。如長官有缺，即以佐貳代之，不必另索其屬官。有諳練故事盡心官守者，九年任满，亦照吏部陞授京職，高者即轉本衙門堂上官，小九卿堂官，品級相同者，不必更相調用。各處巡撫官果於地方相宜久者，或就彼加秩，不必又遷他省，布按二司官如糸議久者，即可陞糸政；僉事久者，即可陞副使，不必互轉數易，以滋勞擾。如此，則人有專職，事可責成，而人才亦不患其缺乏矣。此外，如臣言有未盡者，亦乞勑下該部，悉心講求，條列具奏。伏乞聖裁。

一、固邦本。臣聞帝王之治，欲攘外者必先安內。《書》曰：民為邦本，本固邦寧。自古雖極治之時，不能無夷狄盜賊之患，唯百姓安樂，家給人足，則雖有外患而邦本深固，自可無虞。唯是百姓愁苦思亂，民不聊生，然後夷狄盜賊乘之而起。蓋安民可與行義，而危民易與爲非，其勢然也。恭惟皇上嗣登大寶，首下蠲䘏之詔，黎元忻忻，方切更生，獨昨歲以元年蠲賦一半，國用不足，又邊費重大，內帑空乏。不得已差四御史分道督賦，三都御史清理屯鹽，皆一時權宜，以佐國用之急，而人遂有苦其搜括者。臣近日訪之外論，皆稱不便，緣各御史差出，目覩百姓窮苦，亦無別法清查，止將官庫所儲盡行催觧，以致各省庫藏空虛，水旱災傷，視民之死而不能賑。兩廣用兵，供餉百出，而不能支，是國用未充，而元氣已耗矣。臣竊以爲，天之生財在官在民，止有此數，譬之於人，稟賦強弱自有定分，善養生者唯樽節愛惜，不以嗜欲戕之，亦皆足以卻病而延壽。昔漢昭帝承武帝多事之後，海內虛耗，霍光佐之，節儉省用，與民休息，行之數年，百姓阜安，國用遂足。然則與其設法征求，索之於有限之數以病民，孰若加意省儉，取之於自足之中以厚下乎？仰惟皇上即位以來，凡諸齋醮土木淫侈之費，悉行停革，雖大禹之克勤克儉不是過矣。然臣竊以爲，矯枉者必過其正，當民窮財盡之時，若不痛加省節，恐不能救也。伏望皇上軫念民窮，加惠邦本，於凡不急工程、無益徵辦，一切停免，敦尚儉素，以爲天下先。仍乞勑下吏部，慎選良吏，牧養小民，其守令賢否殿最，惟以守己端潔實心愛民，乃與上考稱職，不次擢用。若但善事上官，幹理簿書，而無實政及於百姓者，雖有才能幹局，止與中考；其貪污顯著者，嚴限追贓，押發各邊，自行輸納，完日發遣發落，不但懲貪，亦可以爲實邊之一助。再乞勑下戶部，悉心講求財用之所以日匱者，其獘何在，今欲措理，其道何由。今風俗侈靡，官民服舍俱無限制，外之豪強兼并，賦役不均，花分詭寄，恃頑不納田糧，偏累小民；內之官府造作，侵欺冒破，奸徒罔利，有名無實，各衙門在官錢糧，漫無稽查，假公濟私，官吏滋獘。凡此皆耗財病民之大者，若求其害財者而去之，則亦何必索之於窮困之民，以自耗國家之元氣乎？前項催督御史，事完之後，宜卽令回京，此後不必再差，重爲地方之病。其屯鹽各差都御史，應否取回別用，但責成於該管撫按，使之悉心清理。亦乞勑下該部，從長計議，具奏定奪。以後上下唯務清心省事，安靜不擾，庶民生可遂而邦本獲寧也。伏乞聖裁。

一、飭武備。臣惟當今之事，其可慮者，莫重於邊防，廟堂之上，所當日夜圖畫者，亦莫急於邊防。邇年以來，虜患日深，邊事久廢，比者屢蒙聖諭，嚴飭邊臣，人心思奮，一時督撫將領等官，頗稱得人，目前守禦似亦略備矣。然臣以爲虜如禽獸，然不一創之，其患不止，但戰乃危事，未可易言，須從容審圖，以計勝之耳。今之上策，莫如自治，而其機要所在，惟在皇上赫然奮發，先定聖志，聖志定，而懷忠蘊謀之士得效於前矣。今譚者皆曰：吾兵不多，食不足，將帥不得其人。臣以爲，此三者皆不足患也。夫兵不患少而患弱，今軍伍雖缺，而糧籍具存，若能按籍徵求，清查影占，隨宜募補，着實訓練，何患無兵？捐無用不急之費，併其財力，以撫養戰鬭之士，何患無財？懸重賞以勸有功，寬文法以伸將權，則忠勇之夫孰不思奮？又何患於無將？臣之所患，獨患中國無奮勵激發之志，因循怠玩，姑務偷安，則雖有兵食良將，亦恐不能有爲耳。故臣願皇上急先自治之圖，堅定必爲之志，屬任謀臣，修舉實政，不求近功，不忘有事，熟計而審行之，不出五年，虜可圖矣。至於目前自守之策，莫要於選擇邊吏，團練鄉兵，併守墩堡，令民收保，時簡精鋭，出其空虚以制之，虜即入犯，亦可不至太失。此數者昨雖已經閣部議行，臣愚猶恐人心玩愒日久，尚以虚文塞責。伏乞勑下兵部，申飭各邊督撫，務將前事着實舉行，俟秋防畢日嚴查有無實效，大行賞罰，庶沿邊諸郡在在有備，而虜不敢窺也。再照祖宗時京營之兵數十萬，今雖不足，尚可得八九萬人，若使訓練有方，亦豈盡皆無用？但士習驕惰，法令難行，雖春秋操練，徒具文耳。臣考之古禮，及我祖宗故事，俱有大閲之禮，以習武事而戒不虞。今京城内外守備單弱，臣常以爲憂，伏乞勑下戎政大臣，申嚴軍政，設法訓練，每歲或間歲季冬農隙之時，恭請聖駕，親臨校閲，一以試將官之能否，一以觀軍士之勇怯，有技藝精熟者，分别賞賚，老弱不堪者，即行汰易。如此，不惟使輦轂之下常有數萬精兵，得居重馭之道，且此一舉動傳之遠近，皆知皇上加意武備，整飭戎事，亦足以伐狂虜之謀，銷未萌之患，誠轉弱爲强之一機也。伏乞聖裁。

奉聖旨覽卿奏，俱深切時務，具見謀國忠懇，該部院看議行。

（明）海瑞《海瑞集》上編《治安疏》 戶部雲南清吏司主事臣海瑞謹奏：爲直言天下第一事以正君道、明臣職、求萬世治安事。君者，天下臣民萬物之主也。惟其爲天下臣民萬物之主，責任至重，凡民生利瘼一有所不聞，將一有所不得知而行，其任爲不稱。是故養君之道，宜無不備，而以其責寄臣工，使盡言焉。臣工盡言而君道斯稱矣。昔之務爲容悦，諛順曲從，致使實禍蔽塞，主不上聞焉，無足言矣。過爲計者，則又曰：君子危明主、憂治世。夫世則治矣，以不治憂之；主則明矣，以不明危之。毋乃使之反求眩瞀，失趨舍矣乎？非通論也。臣受國恩厚矣，請執有犯無隱之義。美曰美，不一毫虚美；過曰過，不一毫諱過。不容悦，不過計，披肝膽爲陛下言之。漢賈誼陳政事於文帝曰：進言者皆曰天下已安已治矣，臣獨以爲未也。曰安且治者，非愚則諛。夫文帝，漢賢君也，賈誼非苛責備也。文帝性仁類柔，慈恕恭儉，雖有近民之美；優游退遜，尚多怠廢之政。不究其弊所不免，概以安且治當之，愚也；不究其才所不能，概以致安治頌之，諛也。陛下自視於漢文帝何如？陛下天質英斷，睿識絶人，可爲堯、舜，可爲禹、湯、文、武，下之如漢宣帝之勵精，光武之大度，唐太宗之英武無敵，憲宗之志平僭亂，宋仁宗之仁恕，舉一節可取者，陛下優爲之。即位初年，剗除積弊，焕然與天下更始。舉其略如箴敬一以養心，定冠履以辨分，除聖賢土木之像，奪宦官内外之權，元世祖毁不與祀，祀孔子推及所生，天下忻忻然以大有作爲仰之。識者謂輔相得人，太平指日可期也。非虚語也。高漢文帝遠甚。然文帝能充其仁順之性，節用愛人，吕祖謙稱其不盡人之才力，情是也。一時天下雖未可盡以治安予之，而貫朽粟陳，民少康阜。三代下稱賢君焉。陛下則鋭情未久，妄念牽之而去矣，反剛明而錯用之，謂遥興可得而一意玄修。富有四海，不曰民之脂膏在是也，而侈興土木。二十餘年不視朝，綱紀弛矣。數行推廣事例，名爵濫矣。二王不相見，人以爲薄於父子；以猜疑誹謗戮辱臣下，人以爲薄於君臣；樂西苑而不返宫，人以爲薄於夫婦。天下吏貪將弱，民不聊生，水旱靡時，盜賊滋熾，自陛下登極初年，亦有之而未甚也。今賦役增常，萬方則效，陛下破産禮佛日甚，室如懸磬，十餘年來極矣。天下因即陛下改元之號，而億之曰：嘉靖者，言家家皆净而無財用也。邇者嚴嵩罷黜，世蕃極刑，差快人意，一時稱清時焉。然嚴嵩罷相之後，猶之嚴嵩未相之先而已，非大清明世界也，不及漢文帝遠甚。天下之人不直陛下久矣！内外臣工之所知也。知之不可謂愚，《詩》云：衮職有闕，惟仲山甫補之。今日所賴以弼棐匡救，格非而歸之正，諸臣責也。豈以聖人而絶無過舉哉？古昔設官，亮采惠疇足矣，不必責之以諫。保氏掌諫王惡，不必設也。木繩金礪，聖賢不必言之也。乃醮修相率進香，天桃天藥，相率表賀。興宫室，工部極力經營；取香覓寶，戶部差求四出。陛下誤舉，諸臣誤順，無一人爲陛下一正言焉。都俞吁咈之風，陳善閉邪之義，邈無聞矣，諛之甚也。然愧心餒氣，退有後言，以從陛下；昧没本心，以歌頌陛下。欺君之罪何如！夫天下者，陛下之家也。人未有不顧其家者。内外臣工，其官守，其言責，皆所以奠陛下之家而磐石之也。一意玄修，是陛下心之惑也；過於苛斷，是陛下情之偏也。而謂陛下不顧其家，人情乎？諸臣顧身念重，得一官多以欺敗、贓敗、不事事敗，有不足以當陛下之心者。其不然者，君心臣心偶不相値也，遂謂陛下爲賤薄臣工。諸臣正心之學微，所言或不免己私，或失詳審，誠如胡寅撓亂政事之説，有不足以當陛下之心者。其不然者，君意臣言偶不相值也。遂謂陛下爲是已拒諫。執陛下一二事不當之形迹，億陛下千百事之盡然，陷陛下誤終不復，諸臣欺君之罪大矣。《記》曰：上人疑則百姓惑，下難知則君長勞。今日之謂也。爲身家心與懼心合，臣職不明，臣一二事形迹説，既爲諸臣解之矣。求長生心與惑心合，有辭於臣，君道不正，臣請再爲陛下開之。陛下之誤之矣，大端在修醮。修醮所以求長生也。自古聖賢止説修身立命，止説順受其正。蓋天地賦予於人而爲性命者，此盡之矣。堯、舜、禹、湯、文、武之君，聖之盛也，未能久世不終。下之亦未見方外士漢、唐、宋存至今日，使陛下得以訪其術者。陶仲文陛下以師呼之，仲文則既死矣。仲文不能長生，而陛下獨何求之？至謂天賜僊桃藥丸，怪妄尤甚。昔伏羲氏王天下，龍馬出河，因則其文以畫八卦；禹治水時神龜負文而列於背，因而第之以成九疇。《河圖》、《洛書》，實有此瑞物，泄此萬古不傳之祕。天不愛道而顯之聖人，藉聖人以開示天下，猶之日月星辰之布列而曆數成焉，非虚妄事也。宋真宗獲天書於乾佑山，孫奭進曰：天何言哉！豈有書也？桃言采而得，藥人工擣合以成者也。無因而至，桃藥有足行耶？天賜之者，有手執而付之耶？陛下玄修多年矣，一無所得。至今日左右姦人，逆陛下懸思妄念，區區桃藥導之長生，理之所無，而玄修之無益可知矣。陛下又將謂懸刑賞以督率臣下，分理有人，天下無不可治而玄修無害矣乎？夫人幼而學，無致君澤民異事之學；壯而行，亦無致君澤民殊用之心。《太甲》曰：有言逆於汝心，必求諸道；有言遜於汝志，必求諸非道。言順者之未必爲道也。即近事觀，嚴嵩有一不順陛下者乎？昔爲貪竊，今爲逆本。梁材守官守道，陛下以爲逆者也。歷任有聲，官戶部者，至今首稱之。雖近日嚴嵩抄没，百官有愓心焉。無用於積賄求遷，稍自洗滌。然嚴嵩罷相之後，猶嚴嵩未相之先而已。諸臣爲嚴嵩之順，不爲梁材之執。今甚者貪求，未甚者挨日，見稱於人者，亦廊廟山林，交戰熱中，鶻突依違，苟舉故事。潔己格物，任天下重，使社稷靈長終必賴之者，未見其人焉。得非有所牽掣其心，未能純然精白使然乎？又陛下欲諸臣惟予行而莫逆也，而責之效忠，付之以翼爲明聽也，又欲其順吾玄修土木之誤，是股肱耳目，不爲腹心衛也，而自爲視聽持行之用。有臣如儀衍焉，可以成得志與民由之之業，無是理也。陛下誠知玄修無益，臣之改行，民之效尤，天下之不安不治由之，翻然悔悟，日視正朝，與宰輔、九卿、侍從、言官講求天下利害，洗數十年君道之誤，置其身於堯、舜、禹、湯、文、武之上，使其臣亦得洗數十年阿君之恥，置身與皋、夔、伊、傅相後先，明良喜起，都俞吁咈。内之宦官宫妾，外之光禄寺廚役、錦衣衛恩廕諸衙門帶俸，舉凡無事而官亦多矣。上之内倉内庫，下之戶工部光禄寺諸廠藏段絹、糧料、珠寶、器用、木材諸物，多而積於無用，用之非所宜用亦多矣，諸臣必有爲陛下言者。諸臣言之，陛下行之，此則在陛下一節省間而已。京師之一金，田野之百金也。一節省而國有餘用，民有蓋藏，不知其幾也。而陛下何不爲之？官有職掌，先年職守之正、職守之全而未之行，今日職守之廢、職守之苟且因循，不認真，不盡法而自以爲是。敦本行以端士習，止上納以清仕途，久任吏將以責成功，練選軍士以免召募，驅緇黄遊食使歸四民，責府州縣兼舉富教，使成禮俗，復屯鹽本色以裕邊儲，均田賦丁差以蘇困敝，舉天下官之侵漁、將之怯懦、吏之爲奸，刑之無少姑息焉。必世之仁，博厚高明悠遠之業，諸臣必有爲陛下言者。諸臣言之，陛下行之，此則在陛下一振作間而已。一振作而百廢具舉，百弊剗絶，唐虞三代之治，粲然復興矣。而陛下何不爲之？節省之，振作之，又非有所勞於陛下也。九卿總其綱，百職分其緒，撫按科道糾率肅清於其間，陛下持大綱，稽治要而責成焉。勞於求賢，逸於任用，如天運於上而四時六氣各得其序，恭己無爲之道也。天地萬物爲一體，固有之性也。民物熙洽，薰爲太和，而陛下性分中有真樂矣。可以贊天地之化育，則可以與天地參。道與天通，命由我立，而陛下性分中有真壽矣。此理之所有，可旋至而立有效者也。若夫服食不終之藥，遙興輕舉，理之所無者也。理所無而切切然散爵禄、竦精神玄修求之，懸思鑿想，繫風捕影，終其身如斯而已矣。求之其可得乎！君道不正，臣職不明，此天下第一事也。於此不言，更復何言！大臣持禄而外爲諛，小臣畏罪而面爲順，陛下誠有不得知而改之行之者，臣每恨焉。是以昧死竭惓惓爲陛下一言之。一反情易向之間而天下之治與不治，民物之安與不安，於焉決焉。伏惟陛下留神，宗社幸甚，天下幸甚。臣不勝戰慄恐懼之至，爲此具本親賫，謹具奏聞。

（明）錢德洪《錢德洪語録詩文輯佚·文録·魯氏重修世譜序》 古者統一人心，各有所分守，天子分守以四海，諸侯分守以封內，卿大夫以禄，士庶以田，故各得所依，以相弈世，綱紀立而治法彰，親疏辨而民族睦，治得其道也。後世上下揆道，下無法守，封建廢而國無世土矣，仕無世禄矣，井田廢而民無世田矣，世土禄田廢而天下無世族矣。秦漢而降，二三大家所以衍弈葉之緒於不替者，惟世譜一事而已。

（明）李夢陽《空同先生集》卷三八《上孝忠皇帝書稾》 四曰弛法令之漸。夫弛法令之漸者，臣以爲舛與玩爲之也。夫舛莫大於縱罪，玩莫大於長奸。昔者舜爲天子，其父瞽叟殺人，孟子以爲，士師執之，爲舜者，但宜竊負而逃。蓋法者，公之天下，受之祖宗者也。掌於士師，士師不得而專也。出於天子，天子不得而專也。是故，士師可以執天子之父，而爲舜者，不可私其親。曩者，犯人王禮擅搶夷僧貨物，捐辱國體，傳笑外邦，獄案已具，法所不赦也。陛下何從而赦之耶？以爲無罪，則固已追償其貨直矣；以爲有罪，未聞有罪而赦之者也。有罪而赦之，是縱罪也。縱罪則奸長，奸長則政舛，政舛則民玩，民玩則令慢，令慢則法弛，此古之所大忌而今之所甚忽也。夫忌莫大於刑，忽莫大於私。何則？刑，天討也。公，天道也。王者不私其天，故罰一人而千萬人懼。諺曰：勿謂尺五後且不補。臣故以王禮之赦，爲弛法令之漸。

（明）歸有光《震川先生集》卷一《經解·洪範傳》 平康之世，以正直治之；强梗之世，以剛治之；和柔之世，以柔治之。隨世而爲輕重，《易》之所以有《小過》、《大過》也。然一代之習尚，多從人主性之所近。

（明）歸有光《震川先生集》卷六《書·上高閣老書》 且今天下之治體可知矣。世之説者，以爲三代各有所尚，而我國家之政尚嚴。蓋未有考其實者。

（明）歸有光《震川先生集》卷一〇《贈送序·送許子雲之任分宜序》

蓋昔之為者非矣，而天下之民常安，田常均，而法常行；今之爲者是矣，而天下之民常不安，田常不均，而法常不行。此可以思其故也已。

（明）王畿《王畿集》卷一四《贈紹坪彭侯入覲序》 予讀《洪範》，至無有作好作惡、王道蕩蕩平平之説，喟然而歎曰：斯固古人經世之學乎！夫心本平，本能好惡，譬諸鑒之能別妍媸，衡之能權輕重，非有假於外也。一有作焉，始不得其平。作於其心，斯害於其政，偏黨反側，化理鬱而弗暢，治道始乖。故君子之學，莫要於平其心。心平則政平，政平則民知，會歸於極，教化興而王道出矣。

予於紹坪彭侯，深有足以啓予者。侯天性敦毅，識度超越，自幼有志於學。及壯，以進士起家，出宰嚴邑，能聲大起，晉陟夏官尚書郎，未幾出守於越。行政和而有制，彰善隱惡，緩於用刑，汲汲以教化爲首務，期月而政清訟理，民知向方。侯内明而外和，不爲皎皎之行，一毫不淄於習染。待士夫以禮，雖不過於亢激，而道誼周洽，自不敢干以私，可謂篤於自信者矣。三年而政成，届期入覲，將以所成之績告於當寧。諸士夫出餞於郊，以不肖辱侯同心之愛，屬一言以詔之。

予惟《大學》之教，原於《洪範》，自誠意以及平天下，皆不出於好惡。盡天下之好惡，皆不出於一念之是非。良知者，本心之明，是非之則也。明道云：有天德便可語王道，其要只在謹獨。《洪範》敬用五事：曰貌言視聽思。思者心之官，貌言視聽之準，肅乂哲謀所由以作也。心之良知是謂聖，謹獨所以致良知也。良知致，則能周乎物而不過，好惡自無所作。譬諸鑒之空，而妍媸自辨；衡之平，而輕重自審。天德達而王道行，極之所由以建，民之所由以會而歸也。侯果篤信力行不怠，有本以出之，則如前所稱述，莫非王道之用。推此心以達於政，雖至於平天下，可幾而及也，而况於一郡之治，四境之化乎！雖然致知之學、經世之術廣矣，此教化之本，作聖之微機。古云責難謂之恭。侯方志於古道，不欲爲區區幹局之良，故敢以是申告於侯，以自附於責難之義。若徒燕游諛頌之繁，而無補於學，非侯之所望於同心也。侯行矣！

（清）李顒《二曲集》卷三四《論語上》 舜禹之有天下，而不與焉，所性不存故也。

人若見得透時，則知有天下，原不足與，天下尚然，况區區尋常所有？一或縈懷，便爲心累。夫惟淡忘，斯胸次灑然，道思過半矣。

問：舜有臣五人而天下治，後世師濟盈廷，而天下治日常少，亂日常多，何也？曰：五人德爲天德，才爲王佐，視天下猶一家，萬物猶一體，王事猶家事，各效其長，同心共濟於上。其所引用布於中外者，莫非賢能，舜又以聖明臨之，故世登上理，俗臻雍熙。後世既無五人之德之才，又多自私自利之心，其所汲引，賢者不用，用者不賢，舉錯失宜，人無勸懲，故雖濟濟盈廷，究竟無補於治。間有彼善於此，不過僅臻小休而已。

（清）顧炎武《顧亭林詩文集》卷一《郡縣論九篇·四》 或曰：無監司，令不已重乎？子弟代，無乃專乎？千里以内之人，不私其親故乎？夫吏職之所以多爲親故撓者，以其遠也。使並處一城之内，則雖欲撓之而有不可者。自漢以來，守鄉郡者多矣。曲阜之令鮮以貪酷敗者，非孔氏之子獨賢，其勢然也。若以子弟得代而慮其專，蕞爾之縣，其能稱兵以叛乎？上有太守，不能舉旁縣之兵以討之乎？太守欲反，其五六縣者肯舍其可傳子弟之官而從亂乎？不見播州之楊傳八百年，而以叛受戮乎？若曰：無監司不可爲治，南畿十四府四州何以自達於六部乎？且今之州縣，官無定守，民無定奉，是以常有盜賊戎翟之禍，至一州則一州破，至一縣則一縣殘，不此之圖，而慮令長之擅，此之謂不知類也。

（清）顧炎武《顧亭林詩文集》卷一《郡縣論九篇·五》 天下之人各懷其家，各私其子，其常情也。爲天子爲百姓之心，必不如其自爲，此在三代以上已然矣。聖人者因而用之，用天下之私，以成一人之公而天下治。夫使縣令得私其百里之地，則縣之人民皆其子姓，縣之土地皆其田疇，縣之城郭皆其藩垣，縣之倉廩皆其囷窌。爲子姓，則必愛之而勿傷；爲田疇，則必治之而勿棄；爲藩垣囷窌，則必繕之而勿損。自令言之，私也，自天子言之，所求乎治天下者，如是焉止矣。一旦有不虞之變，必不如劉淵、石勒、王仙芝、黄巢之輩，横行千里，如入無人之境也。於是有效死勿去之守，於是有合從締交之拒，非爲天子也，爲其私也。爲其私，所以爲天子也。故天下之私，天子之公也。公則説，信則人任焉。此三代之治可以庶幾，而況乎漢、唐之盛，不難致也。

（清）方苞《方苞集》卷三《論説·漢高帝論》 《傳》曰：古之欲明明德於天下者，必先格物致知，正心誠意，以修其身。是乃二帝、三王之學，孔氏之徒由《詩》、《書》所稱，推尋而得之者也。總而計之，惟有虞氏以元德升聞，而登天位，其餘非天子之子，則繼世之侯伯，生有聖德，童而預教，而學之爲君師者且數十年，故其所以治天下國家者，能一循乎天理之自然而無所矯拂也。後世開創之君，大抵奮迹干戈擾攘之中，任威權，騁謀詐，以得其志，雖有聖賢者出，驟而語之以二帝、三王之道，亦安能一旦盡棄其所知所能，而由其所不習哉？

（清）方苞《方苞集》卷三《論説·原人下》 自黄帝、堯、舜至周之中葉，僅二千年，其民繁祉老壽，恒數百年不見兵革，雖更姓易代，而禍不延於民。降及春秋，脊脊大亂，尚賴先王之遺澤以相維持，會盟討伐，徵辭執禮，且其時戰必以車，而長兵不過弓矢，所謂敗績，師徒奔潰而已，其俘獲至千百人，則《傳》必特書以爲大酷焉。自戰國至元、明，亦二千年，無數十年而無小變、百年二百年而不馴至於大亂者；兵禍之連，動數十百年，殺人之多，每數十百萬。歷稽前史所載民數，或十而遺其四三焉，或十而遺其一二焉。何天之甚愛前古之民，而大不念後世之民也！

《傳》曰：人之於天也，以道受命，不若於道者，天絶之也。三代以前，教化行而民生厚，舍刑戮放流之民，皆不遠於人道者也，是天地之心之所寄，五行之秀之所鍾，而可多殺哉！人道之失，自戰國始。當其時，篡弑之人列爲侯王，暴詐之徒比肩將相，而民之耳目心志移焉，所尚者機變，所急者嗜欲，薄人紀，悖理義，安之若固然；人之道既無以自别於禽獸，而爲天所絶，故不復以人道待之，草薙禽獮而莫之憫痛也。秦、漢以還，中更衰亂，或有數十百年之安，則其時政事必少修明焉，人風必少淳實焉；而大亂之興，必在政法與禮俗盡失之後，蓋人之道幾無以自立，非芟夷蕩滌不可以更新；至於禍亂之成，則無罪而死者，亦不知其幾矣！然其閒得自脱於瘡痍之餘，剥盡而復生者，必於人道未盡失者也。

嗚呼！古之人日夜勞來其民，大懼其失所，受於天耳；失所受而不自知，任其失而不爲之所，其積也，遂足以干天禍而幾盡其類，此三王之德所以侔於天地也與！

（清）錢大昕《潛研堂集》卷二《論·梁武帝論》 治國之道如養生，然養生者不能保身之無病，而務求醫以藥之；治國者不能必政之無失，而務納諫以救之。是故血氣之强壯非不可恃也，而諱疾而不慎者，身雖强必夭；人民之富庶非不可恃也，而拒諫而自矜者，國雖安必亡。

昔梁武帝以雄才手定大業，在位四十餘年，修禮正樂，祥瑞畢臻，迹其生平，無大失德，而終於國破身亡，爲天下僇。史臣以爲耄年委事權倖之故。夫權倖之臣，必乘人主之昏怠淫侈始得售其姦。武帝博通經史，洞盡物情，不可云昏；三更理事，日昃就食，至於百司，莫不奏事，不可云怠；布衣皁帳，食無鮮腴，五十外便斷房室，不可云淫與侈。且其時所稱權倖者，亦不過朱异耳。以言乎倖，既非閎籍之倫，以言乎權，亦非梁竇之亞，侯景之納降，出自帝意，而异特贊成之，故帝終不以是咎异。謂一异足以亡梁，非篤論也。

然則梁何以遽亡？曰：梁之亡，亡於拒諫而自滿也。方創業之始，沈、范、周、徐，大都非骨鯁之彦，護前之失，休文已早識之。及臨御日久，舊臣彫落，以爲天下皆莫己若也，而惡人之讜言，讜言不至於前，則所用者皆容悦諂諛之徒，無有爲梁任事者，而梁之亡形成矣。觀於賀琛之諫，非甚激切，而武帝口授主書，誚讓幾二千言，曰貪殘，曰姦猾，則詰其主名；曰深刻，曰煩費，則窮其條目，必使之謝過不敢復有指斥而後已。烏呼，武帝豈誠以長吏爲無一貪殘，百司爲無一深刻，朝廷無一妨民費財之事也哉！不過塗飾一時耳目，以箝諫者之口，謂可欺天下後世爾。且其言曰：我自除公宴，不食國家之食，多歷年稔，乃至宮人亦不食國家之食。夫天下之財止有此數，正賦之外，別有私蓄，要皆國家之物。帝與宮人非能辟穀，豈有不食國家之食之理。以是推之，多見其僞而已矣。夫琛所陳四事者，雖中當時之弊，猶不至於亡也，病在自以爲是而惡人之言。言事於人主之前，人情之至難也。引而進之猶懼其弗言，責而怒之，誰復爲言者！以四海之大，百司之衆，無一人能爲朝廷直言而國不亡者，未之有也。何也？正人者，朝廷之元氣也，無直言則正人之氣不伸，而夸毘體柔之徒進而用事，虚美熏心，實禍閉塞，識者知有土崩之漸，而宴然猶以爲金甌無缺也。當此之時，雖無侯景，亦不免於禍。何也？元氣衰則百病皆得而殺之，不必癰疽之能殺其身也。雖然，以武帝之聰明才略，豈不知爲其身與其國計，特以自信太過，視諫諍之言皆浮而不切於務，徒足以損己之名，故拒之甚力也。庸詎知禍之一至於斯哉！是故有天下而能保之者，必自納諫始。

（清）錢大昕《潛研堂集》卷一七《雜著一·原孝下》　孟子論幽厲之暴曰：雖孝子慈孫，百世不能改。夫使幽厲之子孫而仍有天下也，倚天子之勢，拑天下之口，憪然舉幽厲之謚而改之，豈非孝慈之大者！孟子何以未見及此？曰：尊親者，一人之私也；是非者，天下之公也。祖父有惡，子孫不忍言之，而不能是之。

宋人云天下無不是之父母，斯言也，施於家則可，施於國與天下則不可。何也？父母未有不愛其子者，子之於父，雖有拂意，不敢疾怨，所以安人子之分。至於政事之得失，自有公論，是非之心，人皆有之。幽厲之子孫，其可以幽厲爲是乎？改其名不能改其實。高洋之暴也，而謚文宣；蔡確、蔡卞之姦也，而謚文正，謚雖美，徒增其醜而已。宋神宗之新法，改於元祐而復於紹聖，崇寧以熙、豐爲聖，不得不以元祐爲姦，姦黨之目，惡其揚先朝之失也。章惇、蔡京自以爲忠，哲宗、徽宗自以爲孝，而宋祚不旋踵而亡。有天下者，不貴小忠小孝，而以引君當道爲忠，安社稷利民人爲孝。若乃違道以徇己，取快於一時，貽禍於家國，此宵人之所謂孝，聖賢所不道也。

（清）朱彝尊《曝書亭集》卷五九《秦始皇論》　法制、禁令，所以防民之姦而非化民成俗之具也。惟秦之爲國，不本于道德而一任乎法。衛鞅曰：法之不行，自上始也。刑則加于太子之師傅。而范睢為相，棄逐君之母弟，秦之君以為法在焉。師傅可刑，母弟可逐，而法不可易也。其甚者，荆軻以匕首劫始皇，幾揕其胸，環拄而走，人情孰不急其君，左右之臣至寧視其君之死，不敢操尺寸之兵上殿，其與寇讎何異？自當時視之，以為于法宜然，無足怪也。嗟夫！方其初用事之臣，惟知任法，積之既久，雖萬乘之尊，爲法所制，寧以身殉法而不敢易。上下相殘，甘為衆惡之所歸，以至于亡，豈不哀哉！蓋吾觀于始皇之焚《詩》《書》，而深有感于其際也。當周之衰，聖王不作，處士横議。孟氏以為邪説誣民近于禽獸。更數十年歷，秦必有甚于孟氏所見者，又從人之徒，素以擯秦為快，不曰嫚秦則曰暴秦；不曰虎狼秦則曰無道秦，所以詬詈之者，靡不至六國既滅，秦方以為傷心之怨，隱忍未發，而諸儒復以事不師古交訕其非禍機一動，李斯上言，百家之説燔，而《詩》《書》亦與之俱燼矣。嗟乎！李斯者，荀卿之徒，亦常習聞仁義之説，豈必以焚《詩》《書》為快哉！彼之所深惡者，百家之邪説而非聖人之言。彼之所坑者，亂道之儒而非聖人之徒也。特以爲《詩》《書》不燔，則百家有所附會，而儒生之紛綸不止，勢使法不能出于畫一，其忿然焚之不顧者，懼黔首之議其法也。彼始皇之初心，豈若是，其忍哉。蓋其所重者，法激而治之，甘為衆惡之所歸而不悔也。嗚呼！邪説之禍，其存也，無父無君，使人陷于禽獸；其發也，至合聖人之書燼焉。然則非秦焚之，處士橫議者，焚之也。後之儒者，不本乎聖賢之旨，文其私説，雜出乎浮屠老氏之學，以眩于世。天下任法之君，多有使激而治之，可不深慮也哉。

（清）汪中《新編汪中集·策略謏聞·孝治母儀附》 天子之孝與庶人異。孝子之至，莫大乎尊親。尊親之至，莫大乎以天下養，此舜之孝也。善繼人之志，善述人之事，此武王之孝也。郊祀后稷以配天，宗祀文王於明堂以配上帝，此周公之孝也。既得萬國之歡心，以事其先王，而又本吾親親，長長之心，以達之天下，故其孝爲大。

至寢門以内，温凊色笑之節，若舜之祇載見瞽瞍，夔夔齊栗；文王之朝於王季，日三問安，視膳；武王之不脱冠帶而養文王，則又與庶人之孝無以異也。然而人主當青宫育德之時，撫軍監國，仁孝無虧。及乎正位居尊，多屬繼體。若漢高祖五日一朝太公，唐太宗奉高祖晏未央宫，命頡利起舞，殿上皆呼萬歲。明皇幸蜀還，肅宗親爲控馬。宋孝宗奉養高宗，父子怡愉，同登上壽。前史以爲美談，蓋亦千古希有之事。

至於孝養母后，則漢章帝之於馬太后，母子慈愛，始終無纖毫之間。唐文宗之於三宫太后，奉觴上壽，俱如家人之禮。宋仁宗之於曹太后，承迎愉悦，無所不盡。帝王盛軌，遠紹虞、周。所謂永言孝思，孝思維則者，其諸帝之謂乎？而母后壽考康寧，則漢文帝之母薄太后，宋高宗之母韋太后，明神宗之母李太后，母儀天下，多歷年所，豈偶然之數哉！

若其有命自天，篤生聖子，克贊内治，昭我管彤，自有喬、蜀山、西陵、姜嫄、塗山、太任、太姒，《詩》、《書》所載。或掌其陰教，或溯其發祥。後世則漢之明德馬后、和熹鄧后，宋之光獻曹后、宣仁高后，家法德行，並已輝耀古今矣。

（清）魏裔介《兼濟堂文集》卷一四《治道論》 衣食者，生民之要務；禮樂者，維世之大防。古之帝王所以治天下者，不過此二端，所謂富而教之也。至於刑罰，迺不得已而用之耳。然裕民之衣食，要在易其田疇，薄其税斂，孟子二語盡之矣。至於禮樂，人皆不知其本，往往求之登降周旋音節聲容之際，何其謬也。不知倫常之外，别無禮樂，但使五倫各得其敘，君君臣臣，父父子子，兄兄弟弟，夫夫婦婦，截然有分以相接，肫然有情以相通，此所謂禮也。由是祀郊廟，和神人，祭先師，飲酒禮，重婚娶，别祭葬，禁娼優之淫哇，絶浮屠之荒謬，民各甘其食安其居，上下貴賤，各有品則，親戚朋友，互相往來，風俗淳厚，寇盜不作，則王道之大端已備於此矣，雖唐虞之世，百姓協和，時雍風動，可漸致之。如謂捨此而别有治世之道，或尚刑名，或崇異端，或好土木，或興邊功，或嬖女色，或事遊獵，有一於此，未有不亡，豈但無益於治也。嗚呼，治道之要，具於《尚書》，以心法出爲治法。而《通鑑綱目》，善惡具載，人君欲治天下國家者，在知人安民，以一敬爲萬事之根本而已矣。

（清）魏裔介《兼濟堂文集》卷一四《明季刊弊論》 治天下之道，固亦多端，大要在於定經制，正人心，厚風俗而已。然經制之要，莫先於取民有制。取民之制，在審天下各郡縣地土之厚薄，而定其高下，收穫之多寡，而權其重輕，尺丈之大小，而審其規則。如南方多種稻，而稻地有厚薄之不同；北方多種麥穀，而麥穀地亦有厚薄之不同，收穫多寡，有大相懸絶者，尺丈小大，亦有迥然不同者。倘不詳加察覈而定之，生民之苦，何由蘇乎？

户分九，則明之制也。自明之末季而已不可行矣，又況於今日乎？

種馬之弊，起於永樂之時，散馬種於民間，而歲收其駒，名曰俵馬，大爲河北、山東諸省之害，民之傾家産鬻妻子者，不可勝計。至我大清而革俵馬，如解百姓之倒懸。然馬既去矣，每縣折銀至一千餘兩，此古所未有也。

明季驛遞之馬，令民間餵養，又每驛設驢，其餵養馬驢者，謂之馬頭驢頭，而以驛丞司之。顧覔人夫，則有遞運所司之。凡衝途州縣，則令偏僻州縣帮貼，然民間賠累至極。至我大清，而令官養官應，其收買草豆，不無派之民間短予價值之弊，然百姓甘心而無怨，蓋其利大矣，而小小有弊不足計也。

（清）魏裔介《兼濟堂文集》卷一四《聖學以正心爲要論》 人君有志於二帝三王之道，則必先端其本，以定其所嚮，而後可得其樞紐之所存。蓋聖人之治，聖人之學爲之，聖人之學，聖人之心爲之也。今夫衡平則輕重不易，鑒空則妍媸不爽，而況人主之心靜乎，天地之大覽萬物之衡也。故心得其正，則天下萬事萬物無有不得其正者矣；心不得其正，則天下萬事萬物終無有得其正者矣。世之人主，亦嘗留心稽古，鋭意典籍矣，而德遜緝熙，道遠隆古，則亦未挈其要焉。

旨哉胡氏之言曰：聖學以正心爲要。此可謂得學之本矣。請得而申論之。今夫四海封域至廣也，五方嗜好至紛也，古今治亂之故，人才邪正之關，群黎安危之機，至難洞晰也。非通之以人主之學，則眩瞀迷惑，倀倀乎其何之？然所謂學者，第左經右史，以資探討，朝墳暮典，以供涉獵乎？矜一字之奇，争一韻之巧，馳騁於風雲月露之形狀乎？如以是而已也，彼工秋風白雲之詞者，何以有多欲之譏？妙瀛洲學士之選者，何以有帷薄之慚？甚則宫人學士，馬上清夜，無解江都之危；望仙結綺，玉樹臨春，何救眢井之難。則論聖學之要者，洵非歸之正心不可。

雖然，正心亦難言矣。心馳於聲色，燕歌趙舞，粉黛靡曼，以傾城而蠱處，心馳於貨利，鉅橋、鹿臺，瓊林大盈，乃多藏而厚亡；心馳於宫室，阿房、建章，千門萬户，土木築黔首之愁；心馳於征伐，樓船昆明，置郡蒼海，戍役動深閨之怨。若乃望蓬萊而思羨門之屬，人同泰而身浮屠之教，莫不貽笑一時，垂戒後世，豈非一念之不正？故其所學，爲無用之學哉！

雖然，學之要在正心矣，而心之所以正者，非學不爲功焉。古者圖象已出，制尚繁多，諸神聖皆知丘索之爲虚文，往往捨其象器，以求於面對口授之際。崆峒有順風之請，華封致乘雲之拜。其後帝無常師，吕望以先朝之老，北面而授黄、顓之道，曰敬勝義勝二者而已。今人主誠能廣稽古憲，考典謨之正訓，披聖哲之心傳，得其惟精惟一、克己復禮者而從事焉，則五帝不足六，而三王不足四也。一念之發，内自省察曰：此其爲天理乎，人欲乎！果天理也，作聖者由於斯，吾存之擴之；果人欲也，作狂者由於斯，吾懲之窒之。此心既正，則貌之恭足以作肅，言之從足以作乂，視之明足以作哲，聽之聰足以作謀，思之睿足以作聖。然後宫壼有《關雎》之德，小星順貫魚之序。家之正也，貴賤謹戴盈之戒，貂璫無威福之竊；左右之正也，公孤寅清而論道，六卿率屬而分職。而慶賞刑威，無不得其正矣。操之不過一掬，而施之盈於六合；謹之不過一時，而沛之達於萬世。古聖人所謂修己治人之學者，豈有外於此哉！是以謂之要也。

蓋常觀於儒者之學矣，儒者窮年呻唔，窺瑯嬛之秘，發汲冢之藏，天地古今，莫殫其藴，鳥獸禽魚，亦晰其義，可謂廣且博矣。而博歸於約，必以禮爲内心焉。誠崇先聖之規模，不敝其神於無用也。況天子之學，豈在乎縱横藝圃，馳驟瑶林，多聞强記，以矜博物之名乎！故正心以正朝廷，正朝廷以正百官，正百官以正萬民。一正君而國定，正其心之謂也。夫正者，無偏無倚之謂，蓋不待已發而後制也。古聖之相授學也以中，中則無不正矣。主敬者，誠正心之第一義也。故曰慎獨可以行王道。

（清）龔自珍《龔定盦全集・定盦文集》卷上《乙丙之際箸義》　自周而上，一代之治，即一代之學也；一代之學，皆一代王者開之也。有天下，更正朔，與天下相見，謂之王。佐王者，謂之宰。天下不可以口耳喻也，載之文字，謂之法，即謂之書，謂之禮，其事謂之史。職以其法載之文字而宣之士民者，謂之太史，謂之卿大夫。天下聽從其言語，稱爲本朝，奉租税焉者，謂之民。民之識立法之意者，謂之士。士能推闡本朝之法意以相誡語者，謂之師儒。王之子孫大宗繼爲王者，謂之後王。後王之世之聽言語奉租税者，謂之後王之民。王、若宰、若大夫、若民相與以有成者，謂之治，謂之道。若士、若師儒法則先王、先冢宰之書以相講究者，謂之學。師儒所謂學有載之文者，亦謂之書。是道也，是學也，是治也，則一而已矣。乃若師儒有能兼通前代之法意，亦相誡語焉，則兼綜之能也，博聞之資也。上不必陳於其王，中不必采於其冢宰、其太史大夫，下不必信於其民。陳於王，采於宰，信於民，則必㠯誦本朝之法，讀本朝之書爲率。師儒之替也，源一而流百焉，其書又百其流焉，其言又百其書焉。各守所聞，各欲措之當世之君民，則政教之未失也。雖然，亦皆出於其本朝之先王。是故司徒之官之後爲儒，史官之後爲道家老子氏，清廟之官之後爲墨翟氏，行人之官之後爲縱横鬼谷子氏，禮官之後爲名家鄧析子氏、公孫龍氏，理官之後爲法家申氏、韓氏。世之盛也，登於其朝，而習其揖攘，聞其鐘鼓，行於其野，經於其庠序，而肄其豆籩，契其文字。處則爲佔畢絃誦，而出則爲條教號令，在野則熟其祖宗之遺事，在朝則効忠於其子孫。夫是以齊民不敢與師儒齒，而國家甚賴有士。及其衰也，在朝者自昧其祖宗之遺法，而在庠序者猶得據所肄習以爲言，抱殘守闕，纂一家之言，猶足以保一邦，善一國。孔子曰：郁郁乎文哉，吾從周。又曰：吾不復夢見周公。至於夏禮商禮，取識遺忘而已。以孔子之爲儒而不高語前哲王，恐蔑本朝以干戾也。至於周及前漢，皆取前代之德功藝術，立一官以世之，或爲立師，自《易》、《書》大訓雜家言，下及造車、爲陶、醫、卜、星、祝、倉、庾之屬，使各食其姓之業，業修其舊。此雖盛天子之用心，然一代之大訓不在此也。後之爲師儒不然。重於其君，君所以使民者則不知也；重於其民，民所以事君者則不知也。生不荷耰耡，長不習吏事，故書雅記，十窺三四，昭代功德，瞠目未睹，上不與君處，下不與民處。由是士則別有士之淵藪者，儒則別有儒之林囿者，昧王霸之殊統，文質之異尚。其惑也，則且援古以刺今，囂然有聲氣矣。是故道德不一，風教不同，王治不下究，民隱不上達。國有養士之貲，士無報國之日。殆夫，殆夫！終必有受其患者，而非士之謂夫？

（清）龔自珍《龔定盦全集・定盦文集》卷上《農宗》 龔子淵淵夜思，思所以撢簡經術，通古近，定民生，而未達其目也。曰：古者未有后王君公，始有之而人不駭者何？古者未有禮樂刑法，與禮樂刑法之差，始有之而人不疑愳者何？古者君若父若兄同親者何？君若父若兄同尊者何？尊親能長久者何？古之爲有家，與其爲天下，一以貫之者何？古之爲天下，恒視爲有家者何？生民之故，上哉遠矣，天穀没，地穀茁，始貴智貴力，有能以尺土出穀者，以爲尺土主；有能以倍尺若什尺、伯尺出穀者，以爲倍尺、什尺、伯尺主；號次主曰伯。帝若皇，其初盡農也，則周之主伯與？古之輔相大臣盡農也，則周之庸次比耦之亞旅與？土廣而穀衆，足以芘其子，力能有文質祭享報本之事，力能致其下之稱名，名之曰禮，曰樂，曰刑法。儒者失其情，不究其本，乃曰天下之大分，自上而下。吾則曰：先有下，而漸有上。下上以推之，而卒神其説於天，是故本其所自推也，夫何駭？本其所自名也，夫何疑何懼？儒者曰：天子有宗，卿大夫公侯有宗，惟庶人不足與有宗。吾則曰：禮莫初於宗，惟農爲初有宗。上古不諱私，百畝之主，必子其子；其没也，百畝之亞旅，必臣其子；餘子必尊其兄，兄必養其餘子。父不私子則不慈，子不業父則不孝，餘子不尊長子則不弟，長子不贍餘子則不義。長子與餘子不别，則百畝分；數分則不長久，不能以百畝長久，則不智。農之始，仁孝弟義之極，禮之備，智之所自出，宗之爲也。百畝之農，有男子二，甲爲大宗，乙爲小宗，小宗者，帝王之上藩，實農之餘夫也。有小宗之餘夫，有羣宗之餘夫。小宗有男子二，甲爲小宗，乙爲羣宗。羣宗者，帝王之羣藩也。餘夫之長子爲餘夫。大宗有子三、四人，若五人，丙丁爲羣宗，戊閒民。小宗餘夫有子三人，丙閒民。羣宗餘夫有子二人，乙閒民。閒民使爲佃。閒民之爲佃，帝王宗室羣臣也。古者無文，用撢稽而可知也。請定後王法，百畝之田，不能以獨治，役佃五；餘夫二十五畝，亦不能以獨治，役佃一。大凡大宗一，小宗若羣宗四，爲田二百畝，則養天下無田者九人。然而天子有田十萬畝，則天下無田亦不饑爲盗者，四千有五百人。大縣田四十萬，則農爲天子養民萬八千人，什一之賦尚不與，非以德君也；以德而族，非以德族也；以食有力者，佃非卬食吾宗也，以爲天下出穀。然而有天下之主，受是宗之福矣。百畝之宗，以什一爲宅，以什一出租税奉上。宅不什一，則不足以容魚菽之祭，不足以容舂揄；税不什一，則不足以爲天子養官屬及選舉之士。以什一食族之佃，佃不食什一，則無以戚期功。以什一奉上，誼亦薄矣。以什一戚期功，恩亦綢矣。聖者立法，以中下齊民，不以上齊民。大宗有十口，實食三十畝，桑苧、木棉、竹漆、果蓏十畝，糶三十畝，以三十畝之糶治家具，家具始於縛帚，縛籜以爲帚，冶泥以爲釜，厥價陶三之，機杼四之，鐙五之，祭豆七之，米斗直葛布匹，絹三之，木棉之布視絹，皆不得以澮泉貨。百家之城，有貨百兩，十家之市，有泉十繩，裁取流通而已；則衣食之權重，則泉貨之權不重；則天下之本不濁，本清而法峻，誅種藝食妖辣，地膏者，梟其頭於隴，没其三族爲奴。宗爲餘夫請田，則關大吏。佃同姓不足，取諸異姓，爲變法，關羣吏。豐凶、肥磽、寡庶易不易，法不盡同，關羣吏。國有大事以宗徙，徙政關大吏。餘夫家五口，宅五畝，實食十畝，以二畝半税，以二畝半食佃，以二畝半治蔬苧，以二畝半糶，自實食之外，宅、税、圃、糶、佃五者，毋或一癈。凡農之仕爲品官大夫者，則有禄田，大官之家，父有少疾癈、寒暑、濕乾，不以使其子，山川鬼神則使之；子有少疾癈、寒暑、濕乾，不以愬其父，祟有家也。田一品者四世，二、三品三世，四品二世，五品一世，皆勿税，勿予俸；六品以下予之俸。婢妾之養不備，則不世；祠祭弗如式，不世；不辨菽粟，亦不世；食妖，服妖，不世；同姓訟，亦不世；督有家也。家受田，歸田於天子，皆關大吏。稽其世數，關羣吏。本百畝者進而仕，謂之貴政之農；本仕者退而守百畝，謂之釋政之農。本不百畝者進而仕，謂之亢宗之農；本仕者退而不百畝，謂之復宗之農。仕世絶，本大宗者復爲宗大，小宗者復爲小宗，本羣宗者復爲羣宗，本閒民復爲閒民，貴不奪宗祭，不以朝政亂田政。自大宗以至於閒民，四等也。四等之農，與其進扞而國也，姑將退保於宗；與其進保而宗也，姑將退修於宅。是故籌一農身，身不七尺，人倫五品、本末原流具矣！籌一農家，家不十步，古今帝王，爲天下大綱，細目備矣！木無二本，川無二原，貴賤無二人，人無二治，治無二法，請使農之有一田，一宅，如天子之有萬國天下。姑試之一州，州蓬跣之子，言必稱祖宗，學必世譜諜。宗能收族，族能敬宗，農宗與是州長久，泰厲空虚，野無夭札，鬼知戀公上，亦百福之主也。

（清）龔自珍《龔定盦全集·定盦續集》卷二《壬癸之際胎觀》　有天下，有大國。寶應出，福德聚，主天下。寶應不出，福德不聚，主大國。有天下者，都中。有大國者，都西北。大國之君，有古紀，有近紀，亦以福德爲差。夫始變古者，顓頊也。有帝統，有王統，有霸統。帝統之盛，顓頊、伊耆、姚；王統之盛，姒、子、姬；霸統之盛，共工、嬴、劉，博爾吉吉特氏。非帝王之法，地萬里，位百葉，統猶爲霸。帝有法，王有法，霸有法，皆異天，皆不相師，不相訾，不相消息。王統以儒墨進天下之言；霸統以法家進天下之言；霸之末失，以雜家進天下之言。以霸法勸帝王家，則誅。以帝王法勸霸家，則誅。能知王霸之異天者曰大人。進退王霸之統者曰大人。大人之聰明神武而不殺，總其文辭者曰聖人。聖人者，不王不霸，而又異天；天異以制作，以制作自爲統。自霸天下之民，以及凡民，姓必黄炎；惟太皞、黄炎、共工爲有允孫，非古之凡民皆有允孫。古之世，語言出於一，以古語古，猶越人越言，楚人楚言也。後之世，語言出於二，以後語古，猶楚人以越言名，越人以楚言名也。雖有大人生於霸世，號令弗與共，福禄弗與偕，觀其語言，弗可用；號令與共，福禄與偕，觀其語言，卒弗可用；於是退而立大人之語言，明各家之統，慕聖人之文，固猶將生越而楚言也。

（清）魏源《聖武記》卷二《藩鎮·康熙勘定三藩紀下》　臣源曰：賈誼有言：假令信、越之倫，列爲徹侯而居，雖至今存可也；令樊、酈、絳、灌各擁數十城而王，雖今已殘亡可也。漢、晉、元、明，大樹宗藩，則有七國、八王、海都哈丹、燕寧之變，況異姓哉？以龍飛定鼎之初，乾德當陽之日，加以定南之烈，平南之忠，靖南兩世之勛舊，專制一方，而子孫甥戚，争趨夷滅，封建其可行于後世哉？昔三代之盛，有朝覲述職慶讓之典，有世子入學齒胄之教，有賜斧鉞始專征之制，猶尚不能繼世象賢，削貶迭見；矧黄口綺袴，喜人怒獸，功無横草，生即分茅，縱無曲沃尾大之叛，猶將有毒黔首耗左藏之患。然則後世果遂無封建乎？曰：施諸邊外，其戎索之土司酋長乎？施諸内地，其漢之關内侯，唐、宋之開國五等，不食實封乎？然唐不封建矣，而藩鎮世擅兵權，則無封建之名，而有封建之實；宋并去藩鎮矣，而外夷無策控馭，則去藩鎮之害，而亦不收藩鎮之利。我朝自平定四藩以後，不復以兵權、土地世予臣下，凡元功親王，畢留京師。宗室自親王以下至奉恩將軍，凡九等，有俸有莊田；功臣自一等公以下至恩騎尉二十六等，世襲有差。次則關内侯之封建也，内、外蒙古各汗王，各君其部，子其民，世世保塞爲臣僕，則古戎索君長之封建也。内地則雲、貴、川、廣世襲土司，至雍正皆剷削無遺焉。雖各省提鎮，駐防將軍，掌兵柄而不擅財賦，與文臣互牽制焉。于封建有其名無其實，于藩鎮收其利去其害，損益百王二千年之法，至是而大定，然亦自剷除四藩深維幹支之誼而後定。故知天人之合發也，非一朝；聖王之制作也，非一時。

（清）魏源《古微堂内集》卷一《學篇四》　一陰一陽者，天之道，而聖人常扶陽以抑陰；一治一亂者，天之道，而聖人必撥亂以反正。

（清）魏源《古微堂内集》卷一《學篇九》　曷謂道之器？曰禮樂；曷謂道之斷？曰兵刑；曷謂道之資？曰食貨。道形諸事謂之治，以其事筆之方策，俾天下後世得以求道而制事，謂之經；藏之成均，辟雍，掌以師氏、保氏、大樂正，謂之師儒；師儒所教育，由小學進之國學，由侯國貢之王朝，謂之士；士之能九年通經者，以淑其身以形爲事業，則能以《周易》決疑，以《洪範》占變，以《春秋》斷事，以《禮》《樂》服制興教化，以《周官》致太平，以《禹貢》行河，以三百五篇當諫書，以出使專對，謂之以經術爲治術。曾有以通經致用，爲詬厲者乎？以詁訓音聲蔽小學，以名物器服蔽《三禮》，以象數蔽《易》，以鳥獸草木蔽《詩》，畢生治經，無一言益已，無一事可驗諸治者乎？烏乎？古此方策，今亦此方策；古此學校，今亦此學校；賓賓焉以爲先王之道在是，吾不謂先王之道不在是也，如國家何？《詩》曰：匪先民是程，匪大猶是經，維邇言是争。

（清）魏源《古微堂内集》卷一《學篇十四》 故制禮作樂，饗帝饗親，進退百神五祀，聲氣合莫流動充滿于天地之間，則天神降，地祇出，人鬼享，而制作與造化參焉，陰教與王治輔焉，孰謂太虛聚爲氣，氣散爲太虛，而賢愚同盡乎，禮樂皆芻狗而神道無設教乎？《詩》曰：明明在上，赫赫在下。

（清）魏源《古微堂内集》卷二《治篇一》 自古有不王道之富強，無不富強之王道。王伯之分，在其心不在其迹也。心有公私，迹無胡越。

（清）魏源《古微堂内集》卷二《治篇二》 《六經》其皆聖人憂患之書乎！天下之生久矣，一治一亂。治久習安，安生樂，樂生亂；亂久習患，患生憂，憂生治。

又：《詩》言豈弟君子者十有八，説者曰：豈弟，樂易也。乾以易知，坤以簡能；易則易知，簡則易從；易知則有親，易從則有功。大哉豈弟之爲德乎！世言王道無近功，此不知王道之言也。知者知之，愚者不知，不可以教民；巧者能之，拙者不能，不可以治民。非令下如流水之原，不可爲善政；非立效如時雨之降，不可以爲聖功；謂王道無近功者，未得其要也。主好要則百事詳，主好詳則百事荒。知豈弟不豈弟之分，則知王伯矣；知豈弟不豈弟之分，則知君子小人矣。後世人主之豈弟者，其漢文帝、宋仁宗乎！反乎豈弟者，其漢武帝之桑宏、宋神宗之安石乎！《詩》曰：誰能烹魚？溉之釜鬵。言烹魚煩則碎，治民煩則亂，是以治大國若烹小鮮。

（清）魏源《古微堂内集》卷二《治篇三》 三代以上之天下，禮樂而已矣；三代以下之天下，賦役而已矣。

又：治天下之具，其非勢、利、名乎！井田，利乎；封建，勢乎；學校，名乎！聖人以其勢、利、名公天下，身憂天下之憂而無天下之樂，故褰裳去之，而樽俎揖讓興焉；後世以其勢、利、名私一身，窮天下之樂而不知憂天下之憂，故慢藏守之，而奸雄覬奪興焉。争讓之分，帝王之憂樂，天下爲之也。天地之大德曰生，聖人之大寶曰位，何以守位曰仁，古人仁字通用，如《論語》井有仁焉之仁。何以聚人曰財，理財正辭禁民爲非曰義。人所聚而勢生焉，財所在而人聚焉，名義所禁遏而治亂生焉。聖人乘天下之勢，猶蛟龍之乘雲霧，不崇朝雨天下而莫知誰尸其權。大哉神器，億萬生靈之所托命也，而智可陷奸，而力可覬圖乎？夫惟使勢、利、名純出乎道德者，可以治天下矣。故曰：天大，地大，道大，王亦大。域中有四大，而王處一焉。《詩》曰：立我烝民，莫匪爾極。無此彊爾界，陳常于時夏。

（清）魏源《古微堂内集》卷二《治篇十六》 昔者子路受拯溺之牛，子貢不受贖臣妾之金，孔子善子路而規子貢，聖人之議道自己而置法以民如是也，南宫羿、奡不得死，禹、稷有天下之問，上推于莫爲莫致之天，而夫子再三贊之曰：尚德哉，君子哉，聖人爲中人以下語天道如是也。無欲而好仁，無畏而惡不仁者，天下一人而已。故知者利仁而君子懷刑焉。刑賞者，所以勸懲天下之中人，然勸懲所及者，顯惡顯善而已。陰慝陰善，則王法勸懲所不及，自非天網恢恢疏而不失，豈能福善禍淫于耳目之所不及乎？顯以贊王化，密以佐君子，慎獨之功于冥冥，故曰不以昭昭申節，不以冥冥墮行。衆人之視是非與利害二者，君子之視是非與利害一也。少而習焉，長而安焉，庸詎知中心安仁之不在是乎？《詩》曰：投我以桃，報之以李。彼童而角，實虹小子。

汝則有大疑，謀及乃心，謀及卿士，謀及庶人，而必曰謀及卜筮，何耶？卜筮其違于人，用静吉，用作凶，何耶？事可理决者，以是非决之。建侯、遷國、行師、出門、攸徃、田狩、濟川、取女、歸妹、遇主、見大人、刑訟、祭富、折獄、疾藥、鼎餗、用賢、履險、出坎、處困、震恐、行旅、喪羊，此可盡以是非决乎？事莫大於禪讓、征誅、遷都，而古聖人一决諸枚卜，一决諸夢卜，一則曰獻卜。曰不敢違卜。知人之哲，堯、舜其難。而共、鯀、驩兜之委任，三監、武庚之過使，上官桀、龐萌之託孤，王季誤葬，許世子誤藥，英君、哲相、孝子、忠臣所不免，矧中人以下乎？且夫《易》者，聖人所以極深而研幾也，不惟决利害而亦訣是非者也。自非大無理之事，不疑何卜者，或可或否之間，見仁見知，中人每二三焉，或見其厓畧，不見其層折。知來藏往之神，即心之神也；得失能動心，不能惑神，故假諸無心之卜筮以決之。識疏者卜之而密，志歧者卜之而一，膽慄者卜之而勇，爲善去惡，即趨吉避凶。其或爲之可成而卜之不吉，則必不當爲之事；《易》固不爲小人謀，不可以占險也。假年學《易》，可無大過，無心之過，聖人不免也。後世之爲學者，樂崩禮壞，而爲政也，又卑卜筮爲藝術，屢臆屢債屢悔而不悟，亦古今之一大沿革乎！《書》曰：朕夢協朕卜。《詩》曰：卜筮偕止，會言近止。

又：《書》曰祈天永命，毋獲罪于天之謂祈。後世如宋太祖鐵牌藏廟，垂誡嗣王，義成三百年忠厚之治者，真萬世法哉！

（清）魏源《古微堂外集》卷三《皇朝經世文編敘》 法必本於人。輔五寸之轂，引重致千里；莫御之，跬步不前。然恃目巧，師意匠，般爾不能閉造而出合。善言人者，必有資於法矣。

（清）魏源《古微堂外集》卷七《淮北票鹽志敘》 天下無興利之法，除其弊則利自興矣；鹺政無緝私之法，化私爲官則官自邕矣。

（清）馮桂芬《校邠廬抗議》卷上《省則例議》 談者謂今天下有大弊三：吏也，例也，利也。任吏挾例以牟利，而天下大亂，於乎盡之矣。夫例何以設？曰爲治天下也。例之大綱，尚不失治天下宗旨，至於條目，愈勘愈細，其始若離若合，其繼風馬牛不相及，其終則鄭聲譫語，不知所云，遂於宗旨大相背謬，偶一道破，無不啞然失笑者。試以吏部言之，丁憂服闋，稽覈月日是也，命官親供之不信，乃憑之里鄰之結，本官身至之不信，仍待之置驛之文。註：劉文清服闋到京，命署缺，部以原籍文未到駁之，特旨准署。近年梗驛，選人以服闋文不到扣選者，不知凡幾。外官赴選，更用本籍驗看之條，服闋者亦然，其理安在？猶是人也，三年中非驟能衰老，若謂哀毀滅性，舉動改常，設有其人，曾閔之流也，方將旌之以風厲天下，而驗看何爲者？如有甄別，豈非冤抑，既無甄別，曷取具文。註：旗員道府服闋引見，分別內外用之，例同。蒙則以爲以禮去官，正宜優加體恤，實缺勿開缺，候補勿扣資，服闋赴官自遞親供，即任事如常，惟逾限期年不至者，開缺扣資，其餘繁文，一切可刪。

又如親老告近是也。顧親年六十五以上准告近，則年六十四之親，不向隅乎？家無次丁准告近，則有次丁，而或篤疾，或遠出，或不慧，雖有如無者，不向隅乎？而且迎養在寓有別，迎親送親假有別，告養告近而服闋者有別，剖晰可謂精矣。而於人情動多窒礙，惟有一切以欺應之，始可無事。設有老病之親，而年歲不合例，又不得無疾稱疾，至誠無僞者，處此計無所出，將齎咨涕洟以赴官邪？方寸已亂，曠官瘝職，曾何益於國家也。然則非以防其欺，乃以導其欺也，不特導其欺，且以逼其欺也，其於治天下，非徒無益，而又害之。惟於胥吏則爲大利之所在，而例固非爲之也，朝廷爲之也。朝廷亦何德於吏，而必爲之濬利源哉？偶舉二事，他事可知，他部可知。

大凡治病者，必探其病根而除之，而後病可已。吏之病根安在，在例案太繁而已。若是者，非一編管一秉秆拉雜摧燒之，則天下不治，宜簡諳習吏事大小員數人，紬繹會典則例等書，擥存其要，名之曰簡明則例，註：凡則例等書關涉銀錢者，尤如牛毛繭絲，令人不可猝瞭，此皆舞弊之經傳也。每部不得逾二十萬言，舊册存之，舊例舊案無論遠近，一切燬之。以新例頒發大小官員惟徧，戒自今非新例不得援引，小事兩可者，卿貳督撫以理斷之。傳曰：用人勿疑，卿貳督撫大官，而必束之以例案，且束之以無一定之例案，是疑大臣而轉信吏也，傎孰甚焉。

至咨移詳札，實敍處無可簡略，其首尾複述套語皆刪之，並頒一成式，無論上下行文書呈狀，紙長闊若干寸，格長闊若干寸，葉若干行，行若干字，皆一之，令可裝爲一帙，照例知照事月一報，一類爲一册，按行續寫，文從極簡，以不能損一字爲準，連葉用騎縫印，板心署年月日。又各署皆創一公事表，仿諸吏表式，別類分門，事經月緯，如目録然，使易於稽考，亦一便也。夫二十萬言，不過兩帙，縱中材暮齒，不習吏事，亦能通曉。

凡户工二紀銀錢之書，皆胥吏舞弊之書也。即如蘇松重賦，數倍於他郡，二三十倍於他省，未嘗不載於賦役全書，而賦役全書具在，驟閱之，但見款項之繁多，名目之猥瑣，分合雜糅之離奇，非老於此事者，無從得其每畝徵稅之數。尚書侍郎起家文史，不習會計，雖遍閱全書，亦不能知其數倍二三十倍者安在，此何理耶？必宜改定體例，但著某縣田若干畝，一畝之稅米若干，銀若干，以大目通曉爲主，他可類推，即用吏，吏已無權，況可不用今日之吏也如前議。

（清）郭嵩燾《郭侍郎奏疏》卷三《據實舉劾以肅官方而蘇民氣疏》 竊查廣東吏治不修，積時已久，民情之扞格，盜賊之横行，幾爲意想所不能測。自古世治則正氣必昌，世亂則戾氣先積。在官爲紀綱法度，在民爲風俗人心，皆可以察其陰陽消長之機，以知治亂之本。

（清）王韜《弢園文録外篇》卷一《變法中》 其一曰律例之繁文宜變也。昔高祖入關，其與民約，不過曰法三章耳。近世之吏，上下其手，律例愈密而愈紊，不過供其舞文弄法已耳。拘牽文義，厥弊日滋，動曰成例難違，舊法當守，而一切之事，都爲其所束縛馳驟矣。是朝廷有行法之名，而無奉法之實也。是不如減條教，省號令，開誠布公而與民相見以天也。凡是四者，皆宜亟變者也。四者既變，然後以西法參用乎其間，而其最要者，移風易俗之權，操之自上，而與民漸漬於無形，轉移於不覺。蓋其變也，由本以及末，由内以及外，由大以及小，而非徒恃乎西法也。

（清）譚嗣同《譚嗣同全集》卷三《思緯壹壺臺短書・報貝元徵》 夫法也者，道之淆賾而蕃變者也。三代儒者，言道必兼言治法，在漢儒猶守之誼，故老荘與申韓同傳，而《鹽鐵論》列於儒家。自言道者不依於法，且以法爲粗跡，别求所謂精焉者，道無所寓之器，而道非道矣。至於法之與時爲變也，所謂漢唐无今日之道，今日无他年之道，道之可有而且无者也。且无則不能終无，可有尤必應亟有。

（清）康有爲《春秋董氏學・春秋旨・親德親親》 墨子之教號稱尚同，而必施由親始。佛教號稱寃親平等衆生，同道而先度者，自其父淨飯王，其妻耶輸夫人，其子羅雲，其弟子阿難。終日説法，雖備人天，實爲諸比丘。不獨漢祖功臣，多出豐沛；光武佐命，皆起南陽；杏壇教化，齊魯尤深。是天理之自然，孔子因其自然，而設條理耳。

（清）康有爲《春秋董氏學・春秋微言大義・天地人》 諸教皆有立教之根本。老子本道，天地爲不仁，以萬物爲芻狗，此老子立教之本。故列楊傳清虚之學，則專以自私；申韓傳刑名之學，則專以殘賊，其根本然也。孔子本天，以天爲仁，人受命於天，取仁於天，凡天施、天時、天數、天道、天志皆歸之於天。故尸子謂孔子貴仁。孔子立教宗旨在此，雖孟荀未能發之，賴有董子而孔子之道始著也。

（清）康有爲《春秋董氏學・春秋微言大義・有欲》 故聖人之制民，使之有欲不得過節，使之敦朴不得無欲。無欲有欲，各得以足，而君道得也。《保位權》

君子議道自己，而制法以民。使民有欲，順天性也，不得過節，成人理也。若夫爲己，則遺物蜕穢，以無欲爲貴。欲爲民者，有欲；欲爲聖人者，無欲也。

（清）康有爲《春秋董氏學・傳經表》 後世之道術不明，統緒不著者，皆韓愈粗疏滅裂之罪也。愈之言道也，自孔子後千年，舉孟子、荀子，而以揚雄蝨其間，又謂軻死不得其傳焉。宋儒紹述其説，遂若千餘年無聞道者。信若斯言，則是孔子大教已滅絶，豈復能光於今日哉？夫《吕氏春秋》、《韓非》作於戰國之末日，孟子已歿，而吕氏稱孔子弟子充滿天下，彌塞天下，皆以仁義之道教化於天下。《韓非》稱儒分爲八，有孟氏之儒，有顔氏、子夏氏、子張氏、漆雕氏、仲良氏、孫氏、樂正氏之儒，不特孟氏有傳，七家亦皆有傳焉。至於漢世，博士傳五經之口説，皆孔門大義微言。而董子尤集其大成，劉向以爲伊吕無以加，《論衡》所謂孔子之文傳於仲舒，《春秋緯》謂亂我書者，董仲舒。亂者，治也。《天人策》言：道出於天，正誼不謀利，明道不計功，朱子極推其醇粹，而韓愈乃不知之，而敢斷然謂孟子死而不傳。嗚呼，何其妄也！若揚雄於君國，則以美新投閣；於經學，則爲歆僞；欺紿徒，以《法言》摹仿《論語》。美言可市，乃舍江都而與蘭陵並。愈擬人既不於倫，寶康瓠而棄周鼎，嗚呼，何其妄也！夫孔子之大道在《春秋》，兩漢之治以《春秋》。自君臣士大夫，政事法律言議，皆以《公羊》爲法，至今律猶從之。《公羊》博士之傳徧天下，雲礽百萬，皆出江都，嗚呼，盛矣！由元明以來，五百年治術言語，皆出於朱子，蓋朱子爲教主也。自武章，終後漢，四百年治術言議，皆出於董子，蓋董子爲教主也。二子之盛，雖孟荀莫得比隆。朱子生絶學之後，道出於嚮壁，尊《四書》而輕《六經》，孔子末法無由一統，僅如西蜀之偏安而已。董子接先秦老師之緒，盡得口説，《公》《穀》之外，兼通五經，蓋孔子之大道在是。雖書不盡言，言不盡意，聖人全體不可得而見，而董子之精深博大，得孔子大教之本，絶諸子之學，爲傳道之宗，蓋自孔子之後一人哉！

（清）康有爲《論語注》卷二《為政》 子曰：爲政以德，譬如北辰，居其所而衆星拱之。鄭玄本作拱，蔡邕《明堂月令論》引亦作拱，《吕氏·始覽》引作拱，趙歧《孟子注》皆作拱，則今文當作拱，而共爲古文，今不從。

德，元也，爲至極。北辰，北極也，所不動處。《史記·天官書》：中宫太極星，其一明者，太一常居也。《吕覽》：極星與天俱遊，而天樞不移。《説苑》：璿璣謂北辰，句陳樞星。《漢書·天文志》：北極第五紐星爲天之樞。梁祖暅之測不動處在紐星末一度餘。沈括、元郭守敬測極星離不動處三度。言北辰居不動之所，而衆星環旋共拱向之。包氏曰：德者無爲，猶北辰之不移而衆星拱之。蓋地生於日而拱日，日與諸恒星，凡一切星雲、星團、星氣皆拱北極而環之，是爲一天。此天之外，又有諸天，無量數天而拱一元。《易》曰：大哉乾元，乃統天是也。以元統天，則萬物資始，品物流形，以元德爲政，則保合太和，各正性命。所謂乾元用九，見羣龍無首，而天下治。行太平大同之政，人人在宥，萬物熙熙，自立自由，各自正其性命。群龍共成之，而潛龍可勿用，故不待。如衆星日行，而北極可不動也，德無爲也。升平世則行立憲之政，太平世則行共和之政。天下爲公，尊賢使能，講信修睦，人不獨親其親，子其子，老有終，壯有用，幼有長。貨惡棄地，不必藏于已，力惡不出，不必爲已。人人共之以成大同，故端拱而致太平，如北極不動，而衆星共繞而自團行也。無他，惟天下爲公，故無爲而治也。霸主專制爲治，雖衡書擔石，嚴刑重罰，智取術馭，威壓強制，百出其道，職事愈隳，亂機愈伏。無他，惟自私天下，故欲治無成也。包咸爲今文家，説無爲而治者，舜也。此蓋孔門密藏微言，後學宜知玩索焉。

又： 哀公問曰：何爲則民服？孔子對曰：舉直錯諸枉，則民服；舉枉錯諸直，則民不服。錯，鄭本作措。包氏從錯，則措乃古文。

哀公，魯君，名蔣，定公之子，周敬王二十六年卽位。稱孔子對曰者，尊君也。包咸曰：錯，置也。舉正直之人用之，廢置邪枉之人，則民服其上。謝氏曰：好直而惡枉，天下之至情也。順之則服，逆之則去，必然之理也。然或無道以照之，則以直爲枉，以枉爲直者多矣。是以君子大居敬而貴窮理也。夫國者，合民而爲之，國固民之國也，民服則民心固結而國立，民不服則人心散亂而國危。哀公猶知問民服，蓋得于孔子重民之義多故也。然人君無智愚賢不肖，莫不欲求忠以自衛，舉賢以自佐；而所謂忠者不忠，賢者不賢。人人知盧杞之奸，而唐德宗不覺；人人知司馬光之直，而神宗不知。以空言令其居敬窮理，亦何補實事？且以堯而舉驩兜，知人唯難。故欲民服者，莫若令民自舉錯之。堯之師錫，孟子之國人皆曰是也。故如何乃能舉直錯枉，惜哀公不能再問，以發孔子之至論也。

（清）康有爲《論語注》卷四《里仁》 子曰：能以禮讓為國乎？何有？不能以禮讓為國，如禮何？《後漢書·班超疏》、《賈逵薦劉愷書》引作於從政乎何有。讓者，不爭，禮之實也。何有者，言以禮讓治國，則國不足治也。此言治國必用禮讓。蓋惡春秋諸國，外飾禮義以誇文明，而日以爭殺爲事，傷天心之和，壞人道之平也。矯積弊者，必大反；過横湍者，渡上流。孔子生當據亂之世，故特發讓義以捄之。民主首堯、舜，君主首文王，至德稱泰伯，古賢稱伯夷，皆美其讓也。人人能讓，則上者高蹈，中者守界，而天下平矣。後漢讓産讓爵者相望，風俗最美。此孔子之大化也，國病之聖藥也。孔子不甚言國義，蓋聖人言論皆爲天下萬世立公律，不暇爲區區一國計也。包咸曰：如禮何者，言不能用禮。争心未解而空飾禮文，實非文明也。

（清）康有爲《論語注》卷八《泰伯》 子曰：民可使由之，不可使知之。

鄭曰：民，冥也，其見人道遠。由，從也，言正者設教，務使人從之。若皆知其本末，則愚者或輕而不行。程子曰：聖人設教，非不欲人家喻而戶曉也，然不能使之知，但能使之由之爾。若曰聖人不使民知，則是後世朝四暮三之術也，豈聖人之心乎！《韓詩外傳》：《詩》曰：俾民不迷。昔之君子，道其百姓不使迷，是以威厲而刑厝不用也。故形其仁義，謹其教道，使民目晰焉而見之，使民耳晰焉而聞之，使民心晰焉而知之，則道不迷而民志不惑矣。《詩》曰：示我顯德行。故道義不易，民不由也；禮樂不明，民不見也。《詩》曰：周道如砥，其直如矢，言其易也。君子所履，小人所視，言其明也。孔子之欲明民至矣。然中人以下不可語上。《禮·緇衣》曰：夫民閉于人而有鄙心。董子曰：民者，瞑也。民之號，取之瞑也。孟子曰：行之而不著焉，習矣而不察焉，終身由之而不知其道者，衆也。如以神道設教，則民以畏服，若明言鬼神無靈，大破迷信，則民無所忌憚，惟有縱欲作惡而已。故可使民重祭祀，而鬼神之有無生死，不必使人人知之。凡此皆至易明者。孔子曰：道之不明也，我知之矣。智者過之，愚者不及。深憂長歎，欲人人明道。若不使民知，何須憂道不明，而痛歎之乎？愚民之術，乃老子之法，孔學所深惡者。聖人偏開萬法，不能執一語以疑之。且《論語》六經多古文竄亂，今文家無引之，或爲劉歆傾孔子僞竄之言，當削附僞古文中。

又：子曰：不在其位，不謀其政。皇本政下有也字。

孔氏曰：欲各專一于其職。蓋司法者不問行政，行政者不得問立法，任兵農者不謀禮樂，司禮樂者不問錢穀，所以戒侵官越職也。若夫議論政事，則國者民衆之國也。鄉校之議，風詩之作，乃聖人所特設，固宜公議之者。

（清）康有爲《論語注》卷一二《顔淵》　子贛問政。子曰：足食，足兵，民信之矣。子贛曰：必不得已而去，於斯三者何先？曰：去兵。子贛曰：必不得已而去，於斯二者何先？曰：去食。自古皆有死，民無信不立。

兵，械也，亦假作士卒。言富國且強兵，然後教化以行，有勇知方，上下以信相孚，國乃能自立也。子贛窮理之哲，乃爲窮變之問。去兵者，食足信乎，則可制梃以撻堅甲利兵。賈誼言：鉏耰棘矜不敵于鉤戟長鎩，然斬木爲兵遂滅強秦也。皇侃引李充曰：朝聞道夕死，孔子之所貴；捨生取義，孟軻之所尚。自古有不亡之道，而無有不死之人，故有殺身非喪己，苟存非不亡己也。箕鄭對晉文公之問救饑，曰：信於君心，信於民，信於令，信於事。荀子謂：出死要節，所以養生。故至守土垂絶之時，百吏死職，士卒死列。故張巡以死守一城而障唐室，王蠋以布衣死節而存齊國，文天祥於宋亡後，待死以存節義之正氣。以視儌幸偷生，假於保全生靈，若馮道歷相十主者，必爲孔子所絶也。

又：齊景公問政於孔子。孔子對曰：君君，臣臣，父父，子子。公曰：善哉！信如君不君，臣不臣，父不父，子不子，雖有粟，吾豈得而食諸？吾得而食諸，阮氏《校勘記》：皇本、高麗本吾下有豈字。《史記·孔子世家》及《漢書·武五子傳》作吾豈，與皇本同，今從之。

人道綱紀，政事之本。據亂世以之定分，而各得其所安，上有禮而下輸忠，老能慈而幼能孝，則可以爲治。否則，君驕横而臣抗逆，父寡恩而子悍悖，則國亂而家散矣。《禮運》小康之義，以正君臣，以篤父子是也，二千年間可以爲鑒。時，齊家國皆亂，故夫子以此告之。若夫天下爲公，選賢與能，人人不獨親其親，不獨子其子，此須待大同之世。苟未至其時不易，妄行則致大亂生大禍。

又：季康子問政於孔子。孔子對曰：政者，正也。子帥以正，孰敢不正？帥，趙岐《孟子注》、《史記·平津侯主父列傳》贊引作率以正，皇本作而正。

季康子，魯上卿。《公羊》隱元年。王正月，《春秋》之義大居正。何君注：正一身以正朝廷，正朝廷以正百官，正百官以正萬民。董仲舒曰：正本而末應，正内而外應。蓋履端於始，無一不正，而後化行俗淳也。《大戴禮·哀公問篇》：公曰：敢問何謂爲政？孔子對曰：政者，正也。君爲正，則百姓從政矣。君之所爲，百姓之所從也，君所不爲，百姓何從？又《王言篇》：上者，民之表也，表正則何物不正？故君先立於仁，則大夫忠，而士信民敦，工樸商慤，女憧婦悾悾。孟子所謂：一正君而國定。上行下效，風從草偃，孔子之大義也。

（清）康有爲《論語注》卷一三《子路》　仲弓爲季氏宰，問政。子曰：先有司，赦小過，舉賢才。

有司，衆吏之職也，宰兼衆職，以身先之，與告子路同。躬行者，政之始，聖人于此尤諄諄也。過，失誤也。大者于事或有所害，不得不懲，小者赦之，則刑不濫而人心悦矣。賢，有德者；才，有能者，舉而用之，則有司皆得其人，而政益修矣。

（清）康有爲《論語注》卷一五《衛靈公》　子曰：無爲而治者，其舜也與？夫何爲哉？恭己正南面而已矣。《漢書·王子侯表》引作共己，蓋共與恭通。

舜任官得人，故無爲而治。蓋民主之治，有憲法之定章，有議院之公議，行政之官，悉由師錫，公舉得人，故但恭己，無爲而可治。若不恭己，則恣用君權，撓犯憲法，亦不能治也。故無爲之治，君無責任，而要在恭己矣。此明君主立憲，及民主責任政府之法。今歐人行之，爲孔子預言之大義也。

（清）康有爲《論語注》卷一六《季氏》　孔子曰：天下有道，則禮樂征伐自天子出；天下無道，則禮樂征伐自諸侯出。自諸侯出，蓋十世希不失矣；自大夫出，五世希不失矣；陪臣執國命，三世希不失矣。

政出天子，此撥亂制也。《王制》：諸侯不得變禮樂，專征伐。陪臣，家臣也。逆理愈甚，則失之愈速，大約世數不過如此。蓋生人之始爲獨人，漸以聚族而爲族長之世，又以力爭長而爲酋長之世，道路漸通，制作漸備，則合諸酋長而爲統一之世。孔子生當撥亂，族長互爭，酋長互爭，而民殆矣。觀春秋戰國，無歲不戰，民苦于兵，暴骨如莽，故非抑族長去酋長而統一之，不能安民。上古族長，春秋之大夫也；中古酋長，春秋之諸侯也。故春秋誅大夫刺諸侯，而務一統于天子。凡物散，則必歸之於一乃無患。故孟子曰：定于一。漢唐之後，中國一統，封內晏然，民多老死不見兵革。此孔子抑諸侯大夫陪臣，而統之以天子之功，所以撥亂世一定之序也。自平王東遷，周王守府，諸侯力政，霸者專征。故晉文之後，至襄、靈、成、景、厲、悼、平、昭、頃、定十世，而霸權失於吴。十一世至出公，而見逐於韓、趙、魏、智氏，所謂十世希不失。由此推之，一統之君主專制，百世希不失。蓋由亂世而至升平，則君主或爲民主矣。大地各國略近，三千年皆大變，亦自然之數也。故孔子言繼周百世可知，言百世之後如夏、商、周君主之治也。

天下有道，則政在大夫。今本有不字，衍，據舊本改定。

政在大夫，蓋君主立憲。有道，謂升平也。君主不負責任，故大夫任其政。

天下有道，則庶人議。今本有不字，衍，據舊本改定。

大同，天下爲公，則政由國民公議。蓋太平制，有道之至也。此章明三世之義，與《春秋》合。惟時各有宜，不能誤用，誤則生害，當其宜，皆爲有道也。《洪範》稱：謀及庶人，庶人從，謂之大同。傳偁士，《傳》言：與夫建鞀設鐸，皆欲庶人之議。若如今本庶人不議，則專制防民口之厲王爲有道耶？與羣經義相反，固知爲衍文之誤也，或後人妄增。

（清）康有爲《論語注》卷二〇《堯曰》　子張問於孔子曰：何如斯可以從政矣？子曰：遵五美，迸四惡，斯可以從政矣。皇本問下有政字。尊或作遵。漢《平都相蔣君碑》：遵五迸四，《後漢·祭遵傳》：遵美屏惡。肆釋一以爲魯《論》。《大學》：迸諸四夷，《釋文》引皇云：迸猶屏也。《説文》無迸字，必今文。

迸，除也。

子張曰：何謂五美？子曰：君子惠而不費，勞而不怨，欲而不貪，泰而不驕，威而不猛。

子張曰：何謂惠而不費？子曰：因民之所利而利之，斯不亦惠而不費乎？擇可勞而勞之，又誰怨？欲仁而得仁，又焉貪？君子無衆寡，無小大，無敢慢，斯不亦泰而不驕乎？君子正其衣冠，尊其瞻視，儼然人望而畏之，斯不亦威而不猛乎？皇疏兩述經文因民下無之字。《易·益卦注》、《周官·旅師疏》、《文選·洞簫賦注》引皆無之字，疑後人誤寫衍。皇本擇下有其字。

民利於土產，山者，利其鳥獸材木；渚者，利其魚鹽，皆聽而不易之。民利于佚樂，則食味别聲被色而歌舞之。民利于自由，則言論思想聽其自由。民利於公同，則合民之所有，而爲之立公路、公學、公囿、公養疾、公養老，皆不費於國而民大得。所因者，國家全不干預。爲政者，但代民經理而已。孔子此言，盡爲政之法矣。爲國事而自行保護，爲公衆而自享利益，雖人人爲兵，亦不敢怨。凡有仁政，皆立舉行，仁聲仁聞，洋溢天地，得所欲矣，而未嘗貪。小大衆寡，皆天所生，人人平等，不須嚴衛，故出門如見大賓，使民如承大祭。《書·無逸》所謂：至于小大，無時或怨，故泰而不驕；禮儀嚴肅，故威而不猛。皇疏：君子正其衣冠者，衣無撥，冠無免。《中論·法象篇》：法象者，莫先乎正容貌，慎威儀。是故，先王之制禮也，爲冕服采章以旌之，爲佩玉鳴璜以聲之，欲其尊也，欲其莊也，焉可懈慢也。夫容貌者，人之符表也。符表正，故情性治；情性治，故仁義存；仁義存，故盛德著；盛德著，故可以爲法象。今美國利民之道，仁民之制，勞民之方，平等之制，皆行孔子之政。言簡而該，以此繼帝王之道，可爲平世民政之法也。

子張曰：何謂四惡？子曰：不教而殺謂之虐，不戒視成謂之暴，慢令致期謂之賊，猶之與人也，出內之吝謂之有司。納，皇本、《釋文》、唐石經皆作內。

虐，從虎爪，謂殘酷不仁。戒，警告也。暴，謂卒遽不戒，不宿戒而責立成。慢令致期，謂與民無信而虛刻期。猶之，謂均之也。貪而不施謂之吝，謂財物必當與人，而于出納之際吝嗇惜難之也。治民者，必先教以禮義，令人人皆服於禮律，其有犯法者乃是故犯，可以加刑，若未施教而刑之，孟子所謂罔民也。法定，必預期施行之年月，而後行之，令民預戒預習，皆刻期必信，否則謂之暴賊。當與不與，雖與不感。有司守常職者則可，若爲政者，則當有非常不測之恩惠，乃可得人心。孔子此論政體，備極詳細，尤中野蠻世之弊，文明世宜所掃除也。

（清）康有爲《新學僞經考・漢書藝文志辨僞上》 是故天子，御者：太史、内史，左右手也；六官亦六轡也。天子三公合，以執六官，均五政，齊五法，以御四者，故亦唯其所引而之。以之道則國治，以之德則國安，以之仁則國和，以之聖則國平，以之義則國成，以之禮則國定，此御政之體也。

（清）康有爲《新學僞經考・隋書經籍志糾謬》 夫孝者，天之經，地之義，人之行，自天子達於庶人，雖尊卑有差，及乎行孝，其義一也。先王因之以治國家，化天下，故能不嚴而順，不肅而成，斯實生靈之至德，王者之要道。

（清）康有爲《大同書》甲部《入世界觀衆苦》 夫印度自摩弩立法，嚴階級，別男女。人生而爲寒門下戶之首陀也，則爲農，爲賈，爲百工，爲獵夫，爲婦婢，百世不得列於吏士焉。若生而爲女，以布掩面，終身無覩，既嫁從夫，夫亡燒死，或閉高樓，永不履地，其爲禮法也如此，故男爲奴而女爲囚焉，苟非藉出世之法，從何脱其煩惱耶？婆羅門諸哲九十七道思爲人脱煩惱，其不得已而鳴出家，禁殺生者耶？蓋原世法之立，創於強者，無有不自便而陵弱者也。國法也，因軍法而移焉，以其遵將令而威士卒之法行之於國，則有尊君卑臣而奴民者矣。家法也，因新制而生焉，以其尊族長而統卑幼之法行之於家，則有尊男卑女而隸子弟者焉。雖有聖人，立法不能不因其時勢風俗之舊而定之。大勢既成，壓制既久，遂爲道義焉。於是始爲相扶植保護之善法者，終爲至抑壓至不平之苦趣，於是乎則與求樂免苦之本意相反矣。印度如是，中國亦不能免焉。歐美略近升平，而婦女爲人私屬，其去公理遠矣，其於求樂之道亦未至焉。神明聖王孔子早慮之，憂之，故立三統三世之法，據亂之後，易以升平，太平，小康之後，進以大同。

又：壓制之苦 凡人之情，身體受縛則拘苦無量，魂知受縛則神明不王。若夫名分之限禁，體制之迫壓，託於義理以爲桎梏，此之囚於囹圄尚有甚焉。君臣也，夫婦也，亂世人道所號爲大經也，此非天之所立，人之所爲也。而君之專制其國，魚肉其臣民，視若蟲沙，恣其殘暴。夫之專制其家，魚肉其妻孥，視若奴婢，恣其凌暴。在爲君爲夫則樂矣，其如爲臣民爲妻者何！劉邦、朱元璋之流，以民賊屠伯幸而爲帝，其殘殺生民不可勝數，所謂天下洶洶爲吾兩人也。至於韓信、彭越之葅醢，李善長、藍玉之誅戮，淫刑及於三族，黨禍株連數萬。甚至以一則字音近於賊，中其忌諱，殺文士百餘。其他廷杖下獄，淫及忠賢，妻子辱於樂娼，親族死於流放。又或以文字生獄，失言語之自由，笞逮隨時，無身體之保護，一言之失，死亡以之。即使不然，而長跪白事，行道辟人。或強選秀女於良家，或苛派征役於士庶。

（清）康有爲《大同書》戊部《去形界保獨立》 故以一家之中妻之於夫，比於一國之中臣之於君，以爲綱，以爲統，而妻當俛首聽命焉。國法之仁刻周疎不同，要之舊教舊法皆以爲是一家之私，人、國不必干預焉。其後仁者乃漸申人權，於夫之殺妻則絞之，夫之笞妻則杖而離之，則極後起者；雖有明律，而舊俗相沿已久，亦何能行焉。

（清）梁啓超《飲冰室合集・文集》卷一五《中國法理學發達史論》 法治必藉強制而始實現，強制必藉權力而後能行，故言法治者，動與勢治相混，幾成二位一體之關係。法家以勢治立言者甚多，今不暇枚舉。雖然，法家決非徒任勢者，且決非許任勢者。凡以勢言法者，非真法家言也。今述其證。

《韓非子・難勢篇》慎子曰：飛龍承雲，騰蛇游霧，雲罷霧霽，而龍蛇與螾螘同矣，則失其所乘也。堯爲匹夫，不能治三人，而桀爲天子，能亂天下。吾以此知勢位之足恃，而賢智之不足慕也。堯教於隸屬而民不聽，至於南面而王天下，令則行，禁則止。由此觀之，賢智未足以服衆，而勢位足以任賢者也。應慎子曰：飛龍乘雲，騰蛇遊霧，吾不以龍蛇爲不託於雲霧之勢也。雖然，專任勢，足以爲治乎？則吾未得見也。（中略）夫勢者，非能使賢者用己。而不肖者不用已也。賢者用之，則天下治；不肖者用之，則天下亂。人之情性，賢者寡而不肖者衆，而以威勢之利，濟亂世之不肖人，則是以勢亂天下者多矣，以勢治天下者寡矣。（中略）吾所以爲言勢者，中也。中者上不及堯舜，而下亦不爲桀紂，抱法處勢則治，背法去勢則亂。

此言法治與勢治之區别甚明。勢也者，權力也。法治固萬不能舍權力，然未有法以前，則權力爲絶對的；既有法以後，則權力爲關係的。絶對的故無限制，關係的故有限制。權力既有限制，則受治於其權力下者，亦得確實之保障矣。此義也。諸法家中惟韓非最能知之，其他亦有見及者。

《韓非子·八説篇》故仁人在位，下肆而輕犯禁法，偷幸而望於上。暴人在位，則法令妄而臣主乖，民怨而亂心生。故曰：仁暴皆亡國者也。

又，人臣肆意陳欲曰俠，人主肆意陳欲曰亂。

又，《難一篇》人主當事，遇於法則行，不遇於法則止。

又，《大體篇》不急法之外，不緩法之内。

《文子·上義篇》古之置有司也，所以禁民使不得恣也。其立君也，所以制有司，使不得專行也。法度道術，所以禁君使不得横斷也。人莫得恣，即道勝而理得矣。

《管子·任法篇》君臣上下貴賤皆從法，此之謂大治。

又，此聖君之所以自禁也。

又，《法法篇》不爲君欲變其令，令尊於君也。

又，故置法以自治，立儀以自正也。

又《權修篇》地之生財有時，民之用力有倦，而人君之欲無窮，以有時與有倦而養無窮之君，而度量不生於其間，則上下相疾也。

又《君臣篇上》有道之君者，善明設法，而不以私防者也。而無道之君，既已設法，則舍法而行私者也。

綜上所述，則法家非主張君權無限説甚明。誰限之，曰：自限之。自制法而受限於法。故曰自限也。此管子所以言自禁，文子所以言禁群君也。夫商君以任勢聞者也。然猶曰：以法正諸侯，非私天下之利也。議爲天下治天下。（中略）今亂世之君臣，區區然擅一國之利，而當一官之重，以便其私，此國之所以危也。（中略）是故明王任法去私，《修權篇》然則法家言與彼野蠻專制之治，又豈可同年而語耶？

綜　述

《周禮注疏·天官·大宰》大宰之職，掌建邦之六典，以佐王治邦國：一曰治典，以經邦國，以治官府，以紀萬民；二曰教典，以安邦國，以教官府，以擾萬民；三曰禮典，以和邦國，以統百官，以諧萬民；四曰政典，以平邦國，以正百官，以均萬民；五曰刑典，以詰邦國，以刑百官，以糾萬民；六曰事典，以富邦國，以任百官，以生萬民。

大曰邦，小曰國，邦之所居亦曰國。典，常也，經也，灋也。王謂之禮經，常所秉以治天下也；邦國官府謂之禮灋，常所守以為灋式也。常者，其上下通名。擾猶馴也。統猶合也。詰猶禁也，《書》曰度作詳刑，以詰四方。任猶傳也。生猶養也。鄭司農云：治典，冢宰之職，故立其官，曰使帥其屬而掌邦治，以佐王均邦國；教典，司徒之職，故立其官，曰使帥其屬而掌邦教，以佐王安擾邦國；禮典，宗伯之職，故立其官，曰使帥其屬而掌邦禮，以佐王和邦國；政典，司馬之職，故立其官，曰使帥其屬而掌邦政，以佐王平邦國；刑典，司寇之職，故立其官，曰使帥其屬而掌邦禁，以佐王刑邦國。此三時皆有官，唯冬無官，又無司空。以三隅反之，則事典，司空之職也。《司空》之篇亡，《小宰》職曰：六曰冬官，其屬六十，掌邦事。邦國，干云：國，天子諸侯所理也。邦，疆國之境。治典，直吏反。注下治典、邦治、治官、治職之治皆同。擾，而小反，鄭而昭反，徐、李尋倫反。諧，户皆反。詰，起一反，禁也。干云：彈正糾察也。馴，似倫反。度，待洛反。傳，側吏反，下同，猶立也。疏：大宰至以生萬民。釋曰：自此以下至職末分為二段。從此職首至以富得民一段十條，明經國之大綱，治政之條目。自正月之吉以下至職末，明頒宣前灋，依事而施。言掌建邦之六典者，謂大宰揔御羣職，故六典俱建也。以佐王治邦國者，以六典是王執治邦國，王不獨治，故云佐王也。一曰治典，以經邦國，至六曰事典，皆云邦國者，邦國皆謂諸侯之國。但治典云經者，所以經紀爲名，故云經。教典云安者，地道主安，故云安。禮典云和者，禮之用，和爲貴，故云和。政典云平者，司馬主六軍，以平定天下，故云平。刑典云詰者，以其刑者有所詰禁天下，故云詰。事典云富者，作事所以富國家，故云富也。又治典、教典云官府，禮典已下四典皆云百官者，尊天地二官，不局其數，故不云百官而云官府也。若然，六官其屬各六十，得稱百官者，舉全數，故云百官也。且天官言治官府，地官云教官府，夏官云以正百官，秋官云刑百官。皆依本職而言之。至於春官主禮，不可云禮百官。禮所以統敘萬事，故云統百官也。冬官不可云事百官，故變事云任。任謂任使，任使即事也。又天官主治，治所以紀綱天下，故云紀萬民也。地道主民，故云擾萬民，擾則馴順之養也。春官主禮，禮所以諧和，故云諧萬民。夏官主政，九畿職方制其貢，有貢賦之事，故云均萬民。秋官主刑，刑者所以糾正天下，故云糾萬民也。冬官主事，作事者，所以生養萬民，故云生萬民也。然天子曰兆民，諸侯曰萬民。此天子之禮，不言兆民而言萬民者，但兆民據天子而言之。今言萬民，以畿外封諸侯，惟有畿內不封，故以畿內據近而言。注大曰至掌邦事釋曰：《周禮》凡言邦國者，皆是諸侯之國。此言大曰邦、小曰國者，止據此文邦在上、國在下，故爲此解。案《儀禮·覲禮》云：同姓大國，異姓小邦，則邦國大小通也。又云邦之所居亦曰國，即據王國而言。故上云惟王建國，《匠人》營國方九里，與《典命》國家，皆是邦之所居亦曰國也。又云典，常也，經也，灋也者，《爾雅·釋詁》云：典，常也。孫氏云：禮之常也。《釋言》云：典，經也。又云灋者，以其經常者即是法式。又云王謂之已下，鄭所解也。云王謂之禮經，常所秉以治天下也者，凡言經者，以經紀天下，故王言禮經，常所秉以治天下也。云邦國官府謂之禮法者，凡言灋者，下灋於上，故邦國官府謂之禮灋，常所守以爲灋式也。云常者，上下通名者，經據在上，灋據在下，至於王與邦國官府，俱有常義，故云常者上下通名也。又云擾猶馴也者，案《地官》注訓擾爲安，此言馴，不同者，馴是順之義，順即安義，亦通也。云統猶合也者，統者相統同，故爲合。詰猶禁也者，弟詰即禁止之義也。引《尚書》曰度作詳刑，以詰四方，此《尚書·呂刑》文。是呂侯訓夏贖刑以詳審，詰禁四方，引證詰爲禁之義也。云任猶傳也者，傳猶立也，東齊人物立地中爲傳。蒯通說范陽令曰：天下之人，所以不敢傳刃於公之腹者，畏秦灋也。欲使百官皆立其功也。云生猶養也者，若直云生萬民，則諸官皆生萬民，彼何異也？於義不安，故轉爲養。冬官主土地，所以養民故也。云鄭司農云治典，冢宰之職者，及下教典司徒之職，禮典宗伯之職，六典皆言之職，此並是序官之下次有此文，故立其官，曰使帥其屬而掌邦治。此以下六者皆是六官之首有此文，司農揔引以釋六典也。云此三時皆有官，唯冬無官者，謂各六十官，唯冬無。云無司空者，對餘官有大宰、司徒、宗伯、司馬、司寇，此則無司空卿也。云以三隅反之者，凡物不圓則方，方則四隅，既有三隅，明有四隅。以言既有春夏秋三時之官，明有冬時之官可知，則事典司空之職是也。云《司空》之篇亡者，謂六國時亡，其時以《考工記》代之。引《小宰》職者，欲見當有《冬官》之屬也。

以八灋治官府：一曰官屬，以舉邦治；二曰官職，以辨邦治；三曰官聯，以會官治；四曰官常，以聽官治；五曰官成，以經邦治；六曰官灋，以正邦治；七曰官刑，以糾邦治；八曰官計，以弊邦治。百官所居曰府。弊，斷也。鄭司農云：官屬謂六官，其屬各六十。若今博士、大史、大宰、大祝、大樂屬大常也。《小宰》職曰以官府之六屬舉邦治，一曰天官，其屬六十是也。官職謂六官之職，《小宰》職曰：以官府之六職辨邦治，一曰治職，二曰教職，三曰禮職，四曰政職，五曰刑職，六曰事職。官聯謂國有大事，一官不能獨共，則六官共舉之。聯，讀爲連，古書連作聯。聯謂連事通職，相佐助也。《小宰》職曰：以官府之六聯合邦治，一曰祭祀之聯事，二曰賓客之聯事，三曰喪荒之聯事，四曰軍旅之聯事，五曰田役之聯事，六曰斂弛之聯事。官常謂各自領其官之常職，非連事通職所共也。官成謂官府之成事品式也。《小宰》職曰：以官府之八成經邦治，一曰聽政役以比居，二曰聽師田以簡稽，三曰聽閭里以版圖，四曰聽稱責以傅別，五曰聽祿位以禮命，六曰聽取予以書契，七曰聽賣買以質劑，八曰聽出入以要會。官法謂職所主之法度，官職主祭祀、朝覲、會同、賓客者，則皆自有其法度。《小宰》職曰：以灋掌祭祀、朝覲、會同、賓客之戒具。官刑謂司刑所掌墨辠、劓辠、宮辠、刖辠、殺辠也。官計謂三年則大計羣吏之治而誅賞之。玄謂官刑，《司寇》之職五刑，其四曰官刑，上能糾職。官計謂《小宰》之六計，所以斷羣吏之治。灋，古法字。聯，音連。弊，必世反，鄭蒲計反，徐，劉府世反。斷，丁亂反，下同。弛，尹氏反。比，毗志反，鄭房利反。稽，古奚反，鄭又音啓。版，音板。傅別，音附，下彼列反。契，苦計反。劑，子隨反。《爾雅》云：劑，翦齊也。要，於妙反，徐於召反，後不音者放此。朝，直遥反。凡言朝覲皆同。辠，古罪字。劓，魚冀反。刖，音月，又五刮反。疏：以八至邦治。釋曰：此八灋雖不云建，亦有建義，故鄭注《大史》職云六典八灋八則，冢宰所建，以治百官，大史又建焉是也。上六典云治邦國，此八灋云治官府，官府，在朝廷之官府也。一曰官屬，以舉邦治，以下皆單言邦，據王國而言之。言官屬者，謂六官各有六十官之屬也。長官有屬官，官事得舉，故云以舉邦治。二曰官職，以辨邦治者，謂六官各有職，若天官治職之等，官各有職。辨，別也，官事有分別，故云以辨邦治也。三曰官聯，以會官治者，聯即連也。一官不能獨共，則衆官共舉之，然後事得合會，故云以會官治。四曰官常，以聽官治者，官常非連事通職，各自於當官常職而聽治之，故云以聽官治也。五曰官成，以經邦治者，官成者，謂官自有成事品式，依舊行之，以經紀邦治也。六曰官法，以正邦治者，官法謂當職所主舊灋度，將此灋度，是正邦之治政也。七曰官刑，以糾邦治者，言官刑非尋常五刑，謂官中之刑，以糾察邦治。八曰官計，以弊邦治者，官計謂平治官府之計也。弊，斷也，謂就計會之中有失者斷之，故云弊邦治也。此八灋皆云邦治，官常、官聯二者不云邦而云官者，其官聯言官，欲取會合衆官，乃始得治；官常言官，欲取官有常職，各自治其官。故二者不言邦而云官也。及小宰還從治。注百官至之治。釋曰：言百官所居曰府者，欲以官府爲一事，解與上府史之府別，彼府主藏文書，此府是百官所居處，皆是府聚之義也。鄭司農引官屬謂六官其屬各六十，下引《小宰》所云者是也。云若今博士云云，屬大常也者，司農據《漢·百官年表》，漢始，叔孫通爲奉常，後改爲大常。官刑，先鄭謂司刑所掌墨辠、劓辠、宮辠、刖辠、殺辠，此是正五刑，施于天下，非爲官中之刑，故後鄭不從之也。官計謂三年大計羣吏之治而誅賞者，此爲三年一考乃一計之，此官計每歲計之，故後鄭亦不從之。玄謂官刑，《司寇》之職五刑，其四曰官刑，上能糾職，是專施于官府之中，於義爲當也。官計謂《小宰》之六計，所以斷羣吏之治，羣吏之治即是官中之計，於義亦當矣，故引破司農也。

以八則治都鄙：一曰祭祀，以馭其神；二曰灋則，以馭其官；三曰廢置，以馭其吏；四曰禄位，以馭其士；五曰賦貢，以馭其用；六曰禮俗，以馭其民；七曰刑賞，以馭其威；八曰田役，以馭其衆。都之所居曰鄙。則，亦法也。典、法、則，所用異，異其名也。都鄙，公卿大夫之采邑，王子弟所食邑，周、召、毛、聃、畢、原之屬在畿内者。祭祀，其先君、社稷、五祀。法則，其官之制度。廢猶退也，退其不能者，舉賢而置之。禄，若今月奉也。位，爵次也。賦，口率出泉也。貢，功也，九職之功所税也。禮俗，昏姻、喪紀舊所行也。鄭司農云：士謂學士。馭，魚慮反。賦貢，干云：賦，上之所求於下；貢，下之所納於上。采，音菜。召，上照反。聃，乃甘反。奉，符用反，本或作俸。率，徐、劉音類，戚音律，一音所律反，下同。税，舒鋭反。疏：以八至其衆。釋曰：則亦灋也。以八則治三等采地之都鄙也。一曰祭祀，以馭其神者，采地之中，祭祀宗廟、社稷、五祀。下注云凡云馭者，所以敺之，内之於善，則於祭祀之中，宗廟先祖則無可去取；至社稷配食者，若取句龍、后稷，上公有功，是内之善也。二曰灋則，以馭其官者，灋則謂官之制度。制度與在官爲法則，使不僭差，亦所以敺之使入善也。三曰廢置，以馭其吏者，謂有罪則廢退之，有賢則舉置而賛之，亦所以敺人於善也。四曰禄位，以馭其士者，士謂學士。學士有賢行、學業，則詔之以爵位、禄賞，亦是敺之於善也。五曰賦貢，以馭其用者，采地之民，口率出泉爲賦，有井田之法，一夫之田，税入於官。官得之，節財用，亦是使人入善，故云以馭其用也。六曰禮俗，以馭其民者，俗謂昏姻之禮，舊所常行者爲俗，還使民依行，使之入善，故云以馭其民。七曰刑賞，以馭其威者，謂有罪刑之，有功賞之，使人入善畏威，故云以馭其威。八曰田役，以馭其衆者，謂采地之中，得田獵使役於民，皆當不奪農時，使人入善，故云以馭其衆也。據此文，則卿大夫得田獵。而《春秋左氏傳》鄭大夫豐卷請田，子産不許者，彼常田之外，臨祭取鮮，唯人君耳，大夫唯得常田。故《禮》云大夫不掩羣，亦是常田。豐卷亦僭取鮮，故子産云：唯君用鮮，明大夫不合也。注都之至學士。釋曰：上言邦國，則諸經有邦國別言之者，故解爲大曰邦，小曰國。此采地云都鄙，諸文無或言都、或言鄙別號，故鄭云都之所居曰鄙。《大司徒》云：凡造都鄙，鄭云：其界曰都；鄙，所居也。《春秋傳》曰：遷鄭焉而鄙留，是鄙所居不遷也。云則亦法也。典、法、則，所用異，異其名也者，謂典、法，則三者相訓，其義既同。但邦國言典，官府言法，都鄙言則，是所用處異，故別言之，其實義通也。云都鄙，公卿大夫之采邑者，《載師》職云：家邑任稍地，則大夫之采也；小都任縣地，則六卿之采也；大都任畺地，則三公之采也。云王子弟所食邑者，親王子、母弟與公同處而百里，次疏者與六卿同處而五十里，次疏者與大夫同處二十五里。案《禮記·禮運》云：天子有田以處其子孫。鄭注《中庸》云：同姓雖恩不同，義必同也。尊重其禄位，所以貴之，不必授以官守。然則王子、母弟雖食采邑，未必別有官，有官則依公卿大夫食邑，不假別言也。云周、召、毛、聃、畢、原之屬者，僖二十四年《左傳》富辰云：管、蔡、郕、霍、魯、衛、毛、聃、郜、雍、曹、滕、畢、原、豐、郇，文之昭也。邘、晉、應、韓，武之穆也。今鄭直云周、召、毛、聃、畢、原之屬在畿内者，其餘或在畿外，故不盡言也。引之者，證王子弟有采邑也。云祭祀其先君、社稷、五祀者，案《孝經·大夫章》不云社稷，則諸侯卿大夫也。若王子母弟及三公稱諸侯者，五廟、五祀、三社、三稷，故云祀先君、社稷、五祀也。云法則，其官之制度者，謂宫室、車旗、衣服之等，皆不得僭也。云禄，若今月奉也者，古者禄皆月別給之，漢之月奉亦月給之，故云若今月奉也。云位，爵次也者，言朝位者，皆依爵之尊卑爲次，則經云位據立，故云爵次也。云賦，口率出泉也者，下文九職、九賦，職賦相繼而言，故知賦即九賦，口率出泉也。云貢，功也，九職之功者，亦約下文言。九賦上言九職，九職任之，九賦斂之，是以《大府》云九賦、九功。九功即九職之功，故鄭於此以貢爲功，是九職之功出税也。云禮俗，昏姻喪紀者，《曲禮》云：君子行禮，不求變俗。若不醴，醮用酒，是其一隅也。云鄭司農云，士謂學士者，經云禄位以馭其士，使進受禄位，故知士，學士也。

以八柄詔王馭羣臣：一曰爵，以馭其貴；二曰禄，以馭其富；三曰予，以馭其幸；四曰置，以馭其行；五曰生，以馭其福；六曰奪，以馭其貧；七曰廢，以馭其罪；八曰誅，以馭其過。柄，所秉執以起事者也。詔，告也，助也。爵謂公、侯、伯、子、男、卿、大夫、士也。《詩》云誨爾序爵，言教王以賢否之第次也。班禄所以富臣下。《書》曰：凡厥正人，既富方穀。幸謂言行偶合於善，則有以賜予之，以勸後也。生猶養也。賢臣之老者，王有以養之。成王封伯禽於魯，曰生以養周公，死以爲周公後是也。五福，一曰壽。奪謂臣有大罪，没入家財者。六極，四曰貧。廢猶放也，舜殛鯀于羽山是也。誅，責讓也。《曲禮》曰齒路馬有誅。凡言馭者，所以敺之内之於善。柄，兵命反。行，下孟反，注同。殛，紀力反。鯀，古本反。敺，起俱反。疏：以八柄至其過。釋曰：大宰以此八柄詔告于王馭羣臣，餘條皆不言詔，獨此與下八統言詔王者，餘並羣臣職務常所依行，歲終致事，乃考知得失，此乃王所操持，王不獨執，羣臣佐之而已，故特言詔也。言馭者，此八者皆是敺羣臣入善之事，故皆言馭也。一曰爵，以馭其貴者，《司士》云：以德詔爵，有賢乃受爵，是馭之以貴也。二曰禄，以馭其富者，《司士》云：以功詔禄，禄所以富臣下，故云以馭其富。三曰予，以馭其幸，謂言語偶合于善，有以賜予之，故云以馭其幸。四曰置，以馭其行者，有賢行，則置之于位，故云以馭其行。五曰生，以馭其福者，生猶養也。臣有大勳勞者，使子孫享養之，是福祐之道也，故云以馭其福。六曰奪，以馭其貧者，謂臣有大罪，身殺奪其家資，故云以馭其貧。七曰廢，以馭其辠者，廢，放也。謂臣有大罪，若不忍刑殺，放之以遠，故云以馭其辠。八曰誅，以馭其過者，臣有過失，非故爲之者，誅，責也，則以言語責讓之，故云以馭其過也。此經八事，自五曰已上，皆是善事，則大善者在前，小善者在後。自六曰已下，皆是惡事，則大惡者在前，小惡者在後。案《内史》亦言此八柄之事，唯一曰爵，二曰禄與此同，三曰廢，四曰置，五曰殺，六曰生，七曰予，八曰奪，文亂，與此不同者，彼欲見事起無常，故所言不次也。又彼變誅言殺，欲見爲惡不止則殺之；或可見此過失，則圜土之刑人也，出圜土則殺之，故《内史》變誅言殺也。且此中爵與禄、廢與置皆別文，以王德爲大，能明辨之，四者設文有別。八則中，爵禄及廢置皆共文者，以其德小，不能辨故也。注柄所至於善。釋曰：柄者謂八者若斧斤之柄，人所秉執以起事，故以柄言之也。云爵謂公侯已下者，欲見周法爵及命士。不言孤者，卿中含之，故《考工記》云：中有九室，九卿朝焉。九卿謂三孤六卿，是卿中含孤也。引《詩》誨爾序爵者，《大雅·桑柔》詩，序，是先後次第之言。誨，教也。故鄭云言教王以賢否之第次也。又引《書》者，是《尚書·洪範》之文。云凡厥正人，既富方穀者，厥，其也。方，道也。穀，善也。凡其正直之人，既以爵禄富之，又以善道接之、引之者，證以馭其富也。云成王封伯禽於魯，曰生以養周公，死以爲周公後是也者，此並文公十三年《公羊傳》文。彼云周公拜乎前，魯公拜乎後，曰生以養周公，死以爲周公主。此云爲周公後，不同者，鄭以義言之。又云五福，一曰壽者，此亦《洪範》文。引之者，證賢臣老，養之，是五福一曰壽，故曰以馭其福也。云六極，四曰貧，亦《洪範》文。引之者，證大罪奪之家資，以馭其貧也。云廢猶放也，舜殛鯀于羽山者，鯀治水九載，績用不成。殛，誅也。羽山，東裔也。云《曲禮》曰齒路馬有誅者，齒謂年之。路馬，君之所乘馬。輒年之則有誅責。引之者，證誅爲言語責之，非有刑罪也。

以八統詔王馭萬民：一曰親親，二曰敬故，三曰進賢，四曰使能，五曰保庸，六曰尊貴，七曰達吏，八曰禮賓。統，所以合牽以等物也。親親，若堯親九族也。敬故，不慢舊也。晏平仲久而敬之。賢，有德行者。能，多才藝者。保庸，安有功者。尊貴，尊天下之貴者。《孟子》曰：天下之達尊者三：曰爵也，德也，齒也。《祭義》曰：先王之所以治天下者五：貴有德，貴貴，貴老，敬長，慈幼。達吏，察舉勤勞之小吏也。禮賓，賓客諸侯，所以示民親仁善鄰。疏：以八統至禮賓。釋曰：鄭云統，所以合牽以等物也，此八者，民與在上同有。物，事也。謂牽下民，使與上合，皆有以等其事，上行之，下效之也，故以萬民爲主也。一曰親親者，君與民俱親九族之親。二曰敬故者，君與民皆須恭敬故舊朋友。三曰進賢者，有賢在下，君當招之，民當舉之，是君民皆進賢也。四曰使能者，下有技能，君民共舉任之。五曰保庸者，保，安也。庸，功也。有功者，上下俱賞之以禄，使心安也。六曰尊貴者，臣有貴者，君民共尊敬之。七曰達吏者，吏勤勞在民間，在下位不能自達者，進之於上而用之也。八曰禮賓者，天子待朝聘之賓，在下皆當禮於賓客。此八者，先親親，後賓客，亦是先後之次也。注統所至善鄰。釋曰：云親親謂若堯親九族也者，《堯典》云：克明俊德，以親九族，則堯能任作俊德之賢以自輔，乃能親九族，上至高祖，下及玄孫之親，旁及五服，民亦效之而親九族也。云敬故，不慢舊也，引晏平仲久而敬之者，謂他人失敬平仲，由平仲敬於他人，善在平仲。故親親引堯，敬故引平仲，欲見上下通有，是以《伐木》詩是文王敬故也。云賢，有德行者。能，多才藝者，案《鄉大夫》云：興賢者，出使長之；興能者，入使治之。是賢有六德、六行者。能者，直六藝而已。云尊貴，尊天下之貴者者，謂天下有貴皆尊之。云《孟子》曰：天下之達尊者三，謂三者天下通達行之。三者，即爵、德、齒也。爵，即經云賢者爲大夫、能者爲士。皆是用德爲爵，證經任賢能也。云齒也者，謂若《黨正》飲酒之禮，六十已上在堂，上以齒，此連引之，於經無所當也。云《祭義》曰，先王之所以治天下者五，貴有德者，即舉賢者也。貴貴即尊貴也。貴老、敬長、慈幼者，三者於經無所當，亦連引之耳。云達吏，察舉勤勞之小吏也者，小吏在民間，謂若比長、閭胥之等，雖小吏，堪任大官，故察舉用之。云禮賓，賓客諸侯者，謂若《大行人》上公、侯、伯、子、男之禮，皆爲等級以禮之，是賓客諸侯也。云所以示民親仁善鄰者，親仁善鄰，《左氏》隱公六年陳五父之辭。親仁善鄰，則當禮賓，故引以證禮賓也。

以九職任萬民：一曰三農，生九穀；二曰園圃，毓草木；三曰虞衡，作山澤之材；四曰藪牧，養蕃鳥獸；五曰百工，飭化八材；六曰商賈，阜通貨賄；七曰嬪婦，化治絲枲；八曰臣妾，聚斂疏材；九曰閒民，無常職，轉移執事。任猶傳也。鄭司農云：三農，平地、山、澤也。九穀，黍、稷、秫、稻、麻、大小豆、大小麥。八材，珠曰切，象曰瑳，玉曰琢，石曰磨，木曰刻，金曰鏤，革曰剥，羽曰析。閒民，謂無事業者，轉移爲人執事，若今傭賃也。玄謂三農，原、隰及平地。九穀無秫、大麥，而有粱、苽。樹果蓏曰圃，園其樊也。虞衡，掌山澤之官，主山澤之民者。澤無水曰藪。牧，牧田，在遠郊，皆畜牧之地。行曰商，處曰賈。阜，盛也。金玉曰貨，布帛曰賄。嬪，婦人之美稱也。《堯典》曰：釐降二女嬪于虞。臣妾，男女貧賤之稱。晉惠公卜懷公之生，曰：將生一男一女，男爲人臣，女爲人妾。生而名其男曰圉，女曰妾。及懷公質於秦，妾爲宦女焉。疏材，百草根實可食者。疏不熟曰饉。圃，布古反，又音布。毓，古育字。藪，速苟反。牧，牧養之牧，徐音目，劉音茂。蕃，扶元反。飭，音勑。賈，音古，下注同。閒，音閑。秫，音述。瑳，七何反。琢，陟角反。鏤，婁豆反。爲人，于僞反。傭，音容。賃，女鴆反。苽，音瓜，彫胡也，字或作菰。蓏，力果反。樊，如字，又方元反。畜，許又反。又許六反。稱，尺證反，下同。釐，力之反。圃，魚呂反，養馬曰圉。貭，豬二反。疏不，色居反，菜也，劉音蘇。饉，其靳反。疏：以九職至執事。釋曰：此九者，皆是民之職業，故云萬民也。一曰三農，生九穀者，言三農，謂農民於原、隰及平地三處營種，故云三農生九穀也。二曰園圃，毓草木者，此圃，即《載師》所云場圃任園地，謂在田畔樹菜蔬果蓏者，故云毓草木也。三曰虞衡，作山澤之材者，謂任山澤之民，所作事業，材木而已。四曰藪牧，養蕃鳥獸者，謂任藪牧之民事業，使之長養蕃滋飛鳥走獸而已。五曰百工，飭化八材者，謂百種巧作之工，所爲事業，變化八材爲器物而飭之而已。飭，勤也，勤力以化八材。六曰商賈，阜通貨賄者，謂商賈之家，所爲事業，通貨賄，使之阜盛。七曰嬪婦，化治絲枲者，嬪婦謂國中婦人有德行者。治理變化絲枲，以爲布帛之等也。八曰臣妾，聚斂疏材者，謂男女貧賤號爲臣妾者，所爲事業，聚斂百草根實而已。九曰閒民，無常職，轉移執事者，其人爲性不營己業，爲閒民而好與人傭賃，非止一家，轉移爲人執事，以此爲業者耳。注任猶至曰饉。釋曰：云任猶事也者，傳謂立也，使民之業得立。云鄭司農云三農，平地、山、澤也者，以其積石曰山，水鍾曰澤，不生九穀，故後鄭不從之也。云九穀，黍、稷、秫、稻、麻、大小豆、大小麥者，此九者，後鄭以爲無秫、大麥而有粱、苽。八材云珠曰切之下，並《爾雅》文，皆是治器用之名也。然今《爾雅》云骨曰切者，蓋司農讀《爾雅》本作珠也。云玄謂三農，原、隰及平地者，《爾雅》高平曰原，下溼曰隰，原及平地可種黍、稷之等，隰中可種稻麥及苽也。云九穀無秫、大麥而有粱、苽者，以秫爲赤粟，與稷黏疎爲異，故去之。大麥所用處少，故亦去之。必知有粱苽者。下《食醫》云，凡膳食之宜，有犬宜粱，魚宜苽，故知有粱苽也。且前七穀之中，依《月令》，麥屬東方，黍屬南方、麻屬西方，豆屬北方，稷屬中央，故知有黍、稷、麻、豆、麥。稻與小豆所用處多，故知有稻、有小豆也。必知有大豆者，《生民》詩云藝之戎菽。戎菽，大豆，后稷之所殖，故知有大豆也。云樹果蓏曰圃，園其樊者，案《漢書·食貨志》云：田中不得有樹，用妨五穀，環廬樹桑麻、菜茹、瓜瓠、果蓏。應劭曰：木曰果，草曰蓏。張晏曰：有核曰果，無核曰蓏。臣瓚曰：木上曰果，地上曰蓏。劭與瓚義同，晏獨異也。案《載師》云場圃任園地，則圃在園中，故鄭云：樹果蓏曰圃，園其樊。是以《詩》云折柳樊圃，謂與圃爲樊，樊，其蕃蔽也。云虞衡，掌山澤之官，主山澤之民者，案《地官》，掌山澤者謂之虞，掌川林者謂之衡，則衡不掌山澤。而云虞衡作山澤者，欲互舉以見山澤兼有川林之材也。鄭既云虞衡掌山澤之官，復云山澤之民者，欲見虞衡是官，非出稅之人，以山澤之民無名號，故借虞衡之官以表其民。所任者，任山澤之萬民。山虞、澤虞之官，非是以任出稅之物，但主山澤之民也。云澤無水曰藪者，《地官·澤虞》云大澤、大藪，藪、澤別言。《詩》云：叔在藪，火烈具舉。藪若有水，不得田獵，故知澤無水曰藪也。云牧，牧田，在遠郊，知者，見《載師》云牧田、賞田任遠郊之地。云皆畜牧之地者，謂藪、牧皆是畜牧之地。案《載師》職鄭注：牧田，畜牧者之家所受田也。非畜牧之地。此解違者，但牧六畜之地無文，鄭約與家人所受田處即有六畜之地，故云在遠郊也。云行曰商，處曰賈者，諸官之下有賈人，無行法，故曰處。《易·復象》曰：至日閉關，商旅不行，是行曰商也。云金玉曰貨者，案《食貨志》，王莽居攝，更作金、銀、龜、貝、錢、布之器，名曰寶貨。是自然之物曰貨也。《聘禮》曰賄用束紡，是人所爲曰賄也。若然，《王制》云錦文珠玉，不粥于市，此商賈得通之在市者，彼據珠玉有錦文者，或彼異代禮也。案《左氏》襄十五年，宋人獻玉于子罕，子罕寘諸其里，使玉人爲之攻之，富，而後使復其所。服氏云富，賣玉得富，是其得粥玉也。云嬪，婦人之美稱也者，此是國中婦人有德行，故稱嬪。引《堯典》釐降二女嬪于虞者，欲見嬪是婦人美稱之義耳。云臣妾，男女貧賤之稱者，或奴戮之餘胤，或背德之質子，晉衛之男女皆是，故引晉惠以釋之也。云晉惠已下，皆《左氏傳》僖十七年：夏，晉大子圉爲質于秦，云惠公之在梁，梁伯妻之。梁嬴孕，過期，卜招父與其子卜之。其子曰：將生一男一女。招曰：然，男爲人臣，女爲人妾。及生，男曰圉，女曰妾。注：養馬曰圉，不聘曰妾。後子圉西質，妾爲宦女是也。此鄭與文異者，鄭以義增之也。云疏材，百草根實者，百草或取根，謂若菱芡之屬；或取實，謂若榛栗之屬，皆是根實可食也。云疏不熟曰饉者，《爾雅》云：穀不熟爲饑，疏不熟爲饉，疏穀皆不熟，則曰大荒。

以九賦斂財賄：一曰邦中之賦，二曰四郊之賦，三曰邦甸之賦，四曰家削之賦，五曰邦縣之賦，六曰邦都之賦，七曰關市之賦，八曰山澤之賦，九曰弊餘之賦。

財，泉穀也。鄭司農云邦中之賦，二十而稅一，各有差也。弊餘，百工之餘。玄謂賦，口率出泉也。今之筭泉，民或謂之賦，此其舊名與？鄉大夫以歲時登其夫家之衆寡，辨其可任者，國中自七尺以及六十，野自六尺以及六十有五，皆征之。《遂師》之職亦云以徵其財征，皆謂此賦也。邦中，在城郭者。四郊去國百里，邦甸二百里，家削三百里，邦縣四百里，邦都五百里。此平民也。關市、山澤謂占會百物，弊餘謂占賣國中之斥弊，皆末作當增賦者，若今賈人倍筭矣。自邦中以至弊餘，各入其所有穀物，以當賦泉之數。每處爲一書，所待異也。削，本亦作稍，又作鄁，所教反。徐所召反。弊，鄭婢世反，干必世反。名與，音餘。鄉大夫，劉音香。處，昌慮反，後可以意求。疏：以九一至之賦。釋曰：云以九賦斂財賄者，此賦謂口率出泉，其處有九，故云九也。既云賦得口率出泉，則財賄非泉。而云斂財賄者，計口出泉，無泉者取財賄，以當筭泉之賦，故云斂財賄也。一曰邦中之賦者，謂國中之民出泉也。二曰四郊之賦者，計遠郊百里之內，民所用出泉也。三曰邦甸之賦者，謂郊外曰甸，百里之外、二百里之內民所出泉也。四曰家削之賦者，謂三百里之內地名削，其中有大夫采地，謂之家，故名家削。大夫采地中，賦稅入大夫家。但大夫家采地外，其地爲公邑，公邑之內，其民出泉，入王家，故舉家稍以表公邑之民也。五曰邦縣之賦者，四百里地名縣，有小都，賦入采地之主。其中公邑之民出泉，入王家也。六曰邦都之賦者，其五百里中有大都。大都采地，其賦入主。外爲公邑，其中民所出泉，入王家也。七曰關市之賦者，王畿四面，皆有關門，及王之市廛二處，其民之賦口稅所得之泉也。八曰山澤之賦者，謂山澤之中財物，山澤之民以時入而取之，出稅以當邦賦，所稅得之物，貯之而官未用，有人占會取之，爲官出息。此人口稅出泉，謂之山澤之賦也。九曰弊餘之賦者，謂爲國營造，用物有餘，並歸之於職幣，得之不入府藏，則有人取之，爲官出泉，此人亦口稅出泉，謂之幣餘之賦。然關市、山澤、幣餘不出上六處，而特言者，以其末作，當增賦故也。注財泉至異也。釋曰：知財得爲泉者，見《外府》云掌邦布之出入，賜予之財用，以此知財中有泉也。又知財中有穀者，案《禮記・喪大記》云：納財，朝一溢米，米即是穀，故知財中有穀也。云鄭司農云，邦中之賦，二十而稅一，各有差也者，先鄭約《載師》園廛二十而一，近郊十一，遠郊二十而三，故云各有差。後鄭不從者，以關市、山澤、弊餘之賦，皆無地稅，即上云邦中四郊之等，亦非地稅，故不從也。云幣餘，百工之餘，後鄭不從者，若是百工之餘，當歸之職幣，何有稅乎？云玄謂賦，口率出泉也者，案《大府》云九貢、九賦、九功各別。又見《司會》云：以九貢致邦國之財用，以九賦令田野之財用，以九功令民職之財用，貢、賦及功各別，賦爲口泉也。是以鄭君引漢法：民年十五已上至五十六，出口賦錢，人百二十以爲筭。故鄭於此注亦云：今之筭泉，民或謂之賦，此其舊名與？又引《鄉大夫》以歲時登其夫家已下及《遂師》職者，欲見征賦爲一，皆是口率出泉，破司農爲地稅也。云邦中，在城郭已下至五百里，此皆約《載師》所云遠郊甸地、削地、縣地、畺地之等，遠近之差。云此平民也者，謂六曰已上，皆是平善之民，先王以農爲本，故謂之平民也。對七曰已下非農民者爲末作也。云關市山澤謂占會百物者，謂關上以貨出入，有稅物；市，若泉府廛布揔布之等，亦有稅物；山澤，民人入山澤取財，亦有稅物。此人占會百物，爲官出息。幣餘，謂占賣國中斥幣，斥幣，謂此物不入大府，指斥出而賣之，故名斥幣。云當增賦者，謂口率出泉增於上農民，故云若今賈人倍筭矣。云自邦中以至幣餘，各入其所有穀物，以當賦泉之數者，以經云斂財賄，財賄即是穀物，取之以當賦泉之數，若漢法人百二十。云每處爲一書，所待異也者，此九賦所得財物，給下九式之用，九式用處不同，故此九賦分爲九處，是以每一處爲一書，以待其出，式謂用財之節度，是所待異也。以九式均節財用：一曰祭祀之式，二曰賓客之式，三曰喪荒之式，四曰羞服之式，五曰工事之式，六曰幣帛之式，七曰芻秣之式，八曰匪頒之式，九曰好用之式。式謂用財之節度。荒，凶年也。羞，飲食之物也。工，作器物者。幣帛，所以贈勞賓客者。芻秣，養牛馬禾穀也。鄭司農云：匪，分也。頒讀爲班布之班，謂班賜也。玄謂王所分賜羣臣也。好用，燕好所賜予。羞服，干云：羞，飲食也。服，車服也。服或作膳。芻，初俱反。頒，鄭音班，徐音墳。好，呼報反，注同。勞，力報反。

疏：以九至之式。釋曰：云以九式均節財用者，式謂依常多少，用財法式也。一曰祭祀之式者，謂若大祭、次祭用大牢，小祭用特牲之類。二曰賓客之式者，謂若上公饔餼九牢、飧五牢、五積之類。三曰喪荒之式者，喪謂若諸侯諸臣之喪，含襚贈奠賻賵之類。王家之喪，所用大，非此所共也。荒謂凶年穀不孰，有所施與也。四曰羞服之式者，謂王之膳羞衣服所用也。五曰工事之式者，謂百工巧作器物之法。六曰幣帛之式者，謂若贈勞賓客也。七曰芻秣之式者，謂牛馬禾穀也。八曰匪頒之式者，謂若分賜羣臣也。九曰好用之式者，燕好所施予也。此九者，亦依尊卑緩急爲先後之次也。注式謂至賜予。釋曰：云荒，凶年也者，《曲禮》云歲凶，年穀不登，是凶年也。云，羞，飲食之物也者，謂若《膳夫》飲用六清、食用六穀、醬用百有二十等之類。云工，作器物者，若《考工》所作器物也。云幣帛，所以贈勞賓客者，謂若《司儀》職上公三問、三勞之等，皆有束帛。《聘禮》賄用束紡。云芻秣，養牛馬禾穀者，謂若《聘禮》致饔餼芻禾之等也。云玄謂王所分賜羣臣者，就足司農班賜之義也。云好用，燕好所賜予者，以其言好，則知是燕飲有所愛好，自因歡樂，則有賜予也。以九貢致邦國之用：一曰祀貢，二曰嬪貢，三曰器貢，四曰幣貢，五曰材貢，六曰貨貢，七曰服貢，八曰斿貢，九曰物貢。嬪，故書作賓。鄭司農云：祀貢，犧牲包茅之屬。賓貢，皮帛之屬。器貢，宗廟之器。幣貢，繡帛。材貢，木材也。貨貢，珠貝自然之物也。服貢，祭服。斿貢，羽毛。物貢，九州之外，各以其所貴爲摯。肅慎氏貢楛矢之屬是也。玄謂嬪貢，絲枲。器貢，銀鐵石磬丹漆也。幣貢，玉馬皮帛也。材貢，櫄幹栝柏篠簜也。貨貢，金玉龜貝也。服貢，絺紵也。斿，讀爲囿游之游。游貢，燕好珠璣琅玕也。物貢，雜物魚鹽橘柚。嬪，鄭音頻。司農音賓。贄，音至，本亦作摯。楛，音户。櫄。勑倫反。幹，古旦反。篠，西了反。簜，大黨反。絺，勑其反。紵，直吕反。璣，徐音畿，劉音其既反，一音機。琅，音郎。玕音干。柚，羊救反，一音羊受反，或音喻。疏：以九貢至物貢。釋曰：云致邦國之用者，謂此貢，諸侯邦國歲之常貢，則《小行人》云令春入貢是也。《大行人》云：侯服歲一見，其貢祀物。彼謂因朝而貢，與此別也。但諸侯國内得民稅，大國貢半，次國三之一，小國四之一。所貢者，市取當國所出美物，則《禹貢》所云厥篚、厥貢之類是也。注嬪故至橘柚。釋曰：言故書者，鄭注《周禮》時有數本。劉向未校之前，或在山巖石室有古文，考校後爲今文。古今不同，鄭据今文注，故云故書作賓。此九貢，皆是諸侯賓之所貢，不得特以一事爲賓貢，賓貢者非也。若言嬪貢謂絲枲，堪爲婦人所作是也。鄭司農云祀貢，犧牲包茅之屬者，按《禮記・禮器》云：三牲、魚腊，九州之美物，故知祀貢有犧牲也。案僖公四年，齊責楚包茅不入，王祭不共，無以縮酒，故知祀貢中有包茅。云賓貢，皮帛之屬，後鄭從嬪不從賓，如上釋也。云器貢，宗廟之器者，大行人因朝而貢者，是有成器，此歲之常貢，不得有成器，故後鄭不從也。云幣貢，繡帛者，《禹貢》有厥篚織貝及玄纖縞之等，故知幣貢中有繡帛也。云材貢，木材也者，案《禹貢》中有惟木，故知材貢中有木材也。云貨貢，珠貝自然之物也者，亦据《食貨志》爲説。云服貢，祭服者，後鄭亦不從，以大行人因朝而貢，有祭服，此歲之常貢，不得有成服。云游貢，羽毛者，亦不從者，以其游據人宴好，不得據物上生稱，故不從也。云物貢，九州之外，各以其所貴爲摯，又引肅慎氏貢楛矢之屬，後鄭不從者，以其九州之外世一見，無此歲之常貢之法也。云玄謂嬪貢，絲枲者，絲枲，青州所貢，此破先鄭爲賓貢。云器貢，銀鐵石磬丹漆也者，銀鐵，梁州所貢；漆，兗州所貢；石即礪砥，荆州所貢；磬即泗濱浮磬，徐州所貢。云幣貢，玉馬皮帛也者，《禹貢》堯時無貢馬法，《覲禮》諸侯享禮云匹馬卓上，九馬隨之，周則有之。玉，即球琳。皮，即熊羆狐狸，並雍州所貢。帛，即織貝之類，楊州所貢。此增成先鄭之義。云材貢，櫄幹栝柏篠簜也者，並荆州所貢。此亦增成先鄭之義。云貨貢，金玉龜貝也者，亦增成先鄭之義。龜出九江，荆州所貢。玉，即球琳，亦雍州所貢。金，即金三品及貝，楊州所貢。云服貢，絺紵也者，豫州所貢。云斿讀爲囿游之游。游貢，燕好珠璣琅玕也者，此破先鄭物上生名爲羽毛也。珠，即蠙珠，徐州所貢。璣，即璣組，荆州所貢。琅玕，雍州所貢。云物貢，雜物魚鹽橘柚者，此亦破先鄭之義。魚，即暨魚，徐州所貢。鹽，青州所貢。橘柚，荆楊所貢。已上所貢之物，皆據《禹貢》而言。

以九兩繫邦國之民：一曰牧，以地得民；二曰長，以貴得民；三曰師，以賢得民；四曰儒，以道得民；五曰宗，以族得民；六曰主，以利得民；七曰吏，以治得民；八曰友，以任得民；九曰藪，以富得民。兩猶耦也，所以協耦萬民。繫，聯綴也。牧，州長也。九州各有封域，以居民也。長，諸侯也，一邦之貴，民所仰也。師，諸侯師氏，有德行以教民者。儒，諸侯保氏，有六藝以教民者。宗，繼別爲大宗，收族者。鄭司農云：主謂公卿大夫，世世食采不絶，民税薄利之。玄謂：利，讀如上思利民之利，謂以政教利之。吏，小吏在鄉邑者。友謂同井相合耦耡作者。《孟子》曰：鄉田同井，出入相友，守望相助，疾病相扶，則百姓親睦。藪亦有虞，掌其政令，爲之厲禁，使其地之民，守其材物，以時入于玉府，頒其餘於萬民。富謂藪中材物。繫，音計。治，直吏反，下注王治、凡治、眡治皆同。藪，干云：宜作叟。行，下孟反，耡，音助。疏：以九至得民。釋曰：言邦國，即據諸侯及萬民而言。謂王者於邦國之中立法，使諸侯與民相合耦而聯綴，不使離散，有九事，故云以九兩繫邦國之民也。一曰牧，以地得民者，謂畿外八州之中，州別立一州牧，使侯伯有功德者爲之，使統領二百一十國，以有一州土地，集安萬民，故云牧，以地得民也。二曰長，以貴得民者，謂一國立諸侯，與民爲君長，是一國之貴，民所仰效，而民歸之，故云以貴得民也。三曰師，以賢得民者，謂諸侯已下，立教學之官爲師氏，以有三德、三行，使學子歸之，故云以賢得民，民則學子是也。四曰儒，以道得民者，諸侯師氏之下，又置一保氏之官，不與天子保氏同名，故號曰儒。掌養國子以道德，故云以道得民，民亦謂學子也。五曰宗，以族得民者，謂大宗子與族食族燕，序以昭穆，故云以族得民，民即族人也。六曰主，以利得民者，主謂大夫，宣君政教，以利得民，民則采邑之民也。七曰吏，以治得民者，吏在民間，若比長、閭胥，有以治政之所得民。八曰友，以任得民者，言以任，則非同門之朋友，謂在田里之間相佐助，以相任使而得民，即鄰伍聚居者。九曰藪，以富得民者，以上八者皆據人而言，此一者不據人而言藪者，見民之所居之處，利益於人。澤藪之中，多有材物。以富得民，舉藪而言，則山澤之等，皆有材物，民居可知也。注兩猶至材物。釋曰：訓兩猶耦者，欲取在上與民相協耦聯綴，使不離散也。云牧，州長也者，《禮記・王制》云，二百一十國以爲州，州有伯。伯則長，故云牧，州長也。鄭注《下曲禮》云選賢侯爲之。云九州各有封域以居民也者，《詩》云帝命式于九圍，九圍，則九州各有封域疆界也。言此者，證以地得民。云長，諸侯也者，對則大夫稱長，諸侯稱君。今此上言牧，下言長，故據諸侯也。云師，諸侯師氏者，此一經皆據諸侯。又經云以賢得民，是諸侯師氏也。云有德行者，《師氏》職云以三德、三行教國子，故知有德行也。云儒，諸侯保氏有六藝者，以經云以道得民，《保氏》職云掌養國子以道，教之六藝，故知諸侯保氏不可同天子之官，故變保言儒，儒亦有道德之稱也。宗，繼别爲大宗，收族者，見《禮記・大傳》，云繼别爲大宗，對繼禰爲小宗，故云大。又云敬宗故收族，族食、族燕，是所以收族也。鄭司農云主謂公卿大夫，世世食采不絶，民税薄利之者，先鄭意以薄税爲利。後鄭不從者，税法有常，故《孟子》云若輕之於堯舜，大貉、小貉；重之於堯舜，大桀、小桀，是不得有輕重，皆以什一爲正，何得薄税以利民乎？故不從也。云玄謂利讀如上思利民之利者，謂以政教利之者，上思利民，忠也。此《左氏傳》隨季良之辭也。云吏，小吏在鄉邑者，謂若比長、閭胥，或在鄉，或在公邑、采邑，皆是。云友謂同井相合耦耡作者，鄭意經意非謂同師曰友，正是同在井邑之間共居，若《里宰》職合耦于耡，注云合耦，使相佐助者也。云《孟子》曰：鄉田同井，出入相友，守望相助，疾病相扶，則百姓親睦，引《孟子》鄉田同井者，以證友是同井之友。但鄉遂爲溝洫，不爲井田，而云鄉田同井者，鄉遂雖不爲井田，亦三三相任以出税，與井田同，故云同井。或解同井水，義亦通也。云藪亦有虞者，《地官・澤虞》職云：每大澤、大藪，中士二人，是藪有虞也。云掌其政令已下，皆《澤虞》職文。云富謂藪中材物者，謂有薪蒸蒲葦，藪中所有之物也。

又：凡治，以典待邦國之治，以則待都鄙之治，以灋待官府之治，以官成待萬民之治，以禮待賓客之治。成，八成。禮，賓禮也。疏：凡治至之治。釋曰：以其天官主治，故以目之。六典本以治邦國，故云以典待邦國之治。八則本以治都鄙，故云以則待都鄙之治。八法本以治官府，故云以法待官府之治。八成本以治萬民，故云以官成待萬民之治。禮者本以接賓客，故云以禮待賓客之治。據上文，官成在八法治官府中，今特出之者，以其八成本待萬民，不待官府，若不特出之，則無此待萬民之事。在八法官府者，欲見官府執行。故《禮記》云誰能秉國成，成，則八成也。以禮待賓客，本在八統，今特見之者，以上親親、敬故、進賢、使能、保庸、尊貴、達吏，皆是王行之於朝，以示於民，使民觀之入善，不必更别有禮。唯禮賓特别有禮，若聘禮之類也。此皆言以者，當别有篇卷，使人執持施行之，知然者，以《周禮》六官皆邦國之治，則六官掌事不可專主邦國，故知别有篇卷，但在三百之中亡逸也。注成八至禮也。釋曰：八成，小宰職掌。掌禮，賓禮者，若聘禮、覲禮、掌客之等是也。

祀五帝，則掌百官之誓戒，與其具脩。祀五帝，謂四郊及明堂。誓戒，要之以刑，重失禮也。《明堂位》所謂各揚其職，百官廢職服大刑，是其辭之略也。具，所當共。脩，掃除糞洒。要，一遙反。糞，弗運反。洒，色賣反。疏：祀五至具脩。釋曰：祀五帝，則掌百官之誓戒者，謂祭前十日已前，誓戒百官則大宰掌之。與其具脩者，使百官供祭祀之具及脩之掃除也。注祀五至糞洒。釋曰：五帝者，東方青帝靈威仰，南方赤帝赤熛怒，中央黃帝含樞紐，西方白帝白招拒，北方黑帝汁光紀。依《月令》，四時迎氣，及季夏六月迎土氣於南郊，其餘四帝各於其郊，并夏正祭所感帝於南郊，故云祀五帝於四郊也。鄭云及明堂者，揔饗五帝於明堂。依《月令》，秦用季秋。鄭云未知周以何月。案《下曲禮》云：大饗不問卜。鄭云：祭五帝於明堂，莫適卜也。彼明堂不卜，此下經云帥執事而卜日，則此祀五帝，不合有明堂。鄭云及明堂者，廣解祀五帝之處，其實此處無明堂。云誓戒，要之以刑，重失禮者，言要之以刑，則服大刑是也。言重失禮者，以失禮爲重，故要之以刑。引《明堂位》，彼在祭祀之下陳之，謂祭日，此是未祭前引之者，欲見祭前誓戒還用祭日之辭以勑之，故或前或後，其辭同。云是其辭之略一者，謂誓戒之時，其辭應多，不應唯有此言，故云辭之略也。又云具，所當供者，祭祀之連事，祭祀之具，百官共供，故云具謂所當供。又云脩，掃除糞洒者，案《宫人》云掌六寢之脩，《守祧》云其廟有司脩除之，是其脩，埽除糞洒也。

前期十日，帥執事而卜日，遂戒。前期，前所諏之日也。十日，容散齊七日，致齊三日。執事，宗伯、大卜之屬。既卜，又戒百官以始齊。前，如字，千本同，徐昨見反，本或作先，如字，又悉薦反。諏，子須反，謀也。散齊，西但反，下側皆反，下同。疏：前期至遂戒。釋曰：前期者，謂祭日前夕爲期。云前期十日者，即是祭前十一日。大宰帥宗伯、大卜之屬執事之人而卜日。又言遂戒者，謂祭前十日，遂戒百官始齊。注前期至始齊。釋曰：云前期，前所諏之日者，此依《少牢》所諏之日，即祭日也。凡祭祀，謂於祭前之夕爲期，今言前期十日者，明祭前十一日卜，卜之後日遂戒，使散齊、致齊，故云十日，容散齊七日，致齊三日。案《禮記·祭統》云：散齊七日以定之，致齊三日以齊之。云執事，宗伯、大卜之屬者，《大宗伯》職云：凡祀大神、享大鬼、祭大示，帥執事而卜日，謂宗伯涖卜。又案《大卜》云：大祭祀，視高命龜，故知執事中有宗伯、大卜之屬。中含有小宗伯及卜師，故言之屬。但四時迎氣，冬至、夏至郊天等，雖有常時常日，猶須審慎，仍卜日。故《表記》云：不犯日月，不違卜筮。注：日月謂冬夏至、正月及四時也。所不違者，日與牲尸也。假令不吉，改卜後日。故《箴膏肓》云：天子郊，以夏正上旬之日。魯之卜，三正下旬之日。是雖有常時常日，猶卜日也。

及執事，眡滌濯。執事，初爲祭祀前祭日之夕。滌濯，謂溉祭器及甑甗之屬。眡，音視，本又作視，後皆同。滌，直歷反。濯，直角反。溉，古愛反。甗，魚善反，徐音彥，一音言，本又作鬲，音歷。疏：及執事眡滌濯。釋曰：及，猶至也。謂至祭前夕，大宰眡滌濯。案《春官·小宗伯》大祭祀眡滌濯，《大宗伯》亦云宿眡滌濯。彼二官親眡滌濯，大宰尊，亦往涖之。注云執事，初爲祭祀前祭日之夕，知者，案下經及納亨者是祭日，此云眡滌濯，《儀禮·特牲》亦云：前祭日之夕，視壺濯及豆籩，士卑得與人君同。《少牢》，大夫禮，當祭日摡祭器者，下人君也。注又云滌濯，謂摡祭器及甑甗之屬，知然者，案《少牢》雍人摡鼎、匕、俎，廩人摡甑、甗，司宫摡豆、籩及勺、爵。此不言匕、俎、豆、籩、勺、爵者，之屬中含之。

及納亨，贊王牲事。納亨，納牲，將告殺。謂鄉祭之晨，既殺，以授亨人。凡大祭祀，君親牽牲，大夫贊之。亨，普庚反，注同，劉普孟反。鄉，許亮反。疏：及納至牲事。釋曰：及，猶至也。至納亨者，案《禮記·明堂位》，君肉袒迎牲于門，卿大夫贊君，及殺訖，納與亨人，故言納亨。云贊王牲事者，即是卿大夫贊幣一人也。注納亨至贊之。釋曰：云納亨，納牲，將告殺者，謂牽牲入時也。《禮器》云：納牲詔於庭，殺訖，毛以告純，血以告殺，腥其俎，肫解而腥之。以此訖，乃納與亨人，爓祭。此言納亨者，以牽牲也。云謂鄉祭之晨者，案《檀弓》云：周人大事以日出，故知納亨是鄉祭之晨。此祭天無祼，故先迎牲；若宗廟之祭有祼，而後迎牲也。云既殺，以授亨人者，案《亨人職》職外内饗之爨亨，謂腥其俎。後云凡大祭祀，君親牽牲，大夫贊之者，此《明堂位》文。彼魯侯用天子禮，故還以引證天子法。

及祀之日，贊玉幣爵之事。日，旦明也。玉幣，所以禮神。玉與幣各如其方之色。爵，所以獻齊酒。不用玉爵，尚質也。三者執以從，王至而授之。齊，才計反。疏：及祀至之事。釋曰：及，猶至也。至祭日，謂質明。贊，助也。執此玉、幣、爵三者，助而授王也。注日旦至授之。釋曰：案《特牲》、《少牢》皆質明行事，故知旦明。云玉幣，所以禮神。玉與幣各如其方之色者，上云祀五帝，以爲迎氣於四郊之外。案《大宗伯》以玉作六器，以禮天地四方。又云青圭禮東方，赤璋禮南方，白琥禮西方，玄璜禮北方。季夏六月，迎土氣於南郊，亦用赤璋。下云牲幣，彼雖幣不是禮神之幣，亦云各放其器之色，是其禮神幣與玉，亦各如其方色也。云爵所以獻齊酒者，案《冪人》云疏布冪八尊，八尊者，五齊三酒之尊，以其祭天無祼，故無彝尊也。云不用玉爵，尚質也者，對下經享先王用玉爵，尚文；此祭天不用玉爵，故云尚質。云三者執以從，王至而授之者，謂至此祀圓丘、方澤祭所而授之，王親自執玉幣，奠於神坐，親酌以獻尸。祀大神示亦如之。大神祇謂天地。示，本又作祇，音畿。疏：祀大至如之。釋曰：云祀大神，謂冬至祭天於圓丘。云祀大祇，謂夏至祭地於方澤。亦如之者，從掌百官誓戒已下，贊玉幣爵之事已上，皆如祀五帝之禮。注大神祇謂天地。釋曰：此天謂大天，對五帝爲小天。此地謂大地，對神州之地爲小地，故云天地也。享先王亦如之，贊玉几、玉爵。玉几，所以依神。天子左右玉几。宗廟獻用玉爵。享，許兩反，劉音向，注享幣同。疏：享先至玉爵。釋曰：亦如之下別言贊玉几，玉爵，則天地不用玉几，玉爵。其言亦如之者，謂亦贊王牲事已上。不云大者，欲見宗廟六享同然。注玉几至玉爵。釋曰：云天子左右玉几者，此是《司几筵》文。彼所云者，謂王受諸侯朝覲會同所設。今此享先王鬼神之几，亦與王平生同，故引爲證。此享先王有玉几、玉爵，天地有爵，但不用玉飾。祭宗廟用玉几，天地亦應有質几，不言之者，文不具。云宗廟獻用玉爵者，按《明堂位》獻用玉琖，謂王朝踐饋獻酳尸時。若祼，則用圭瓚也。大朝覲會同，贊玉幣、玉獻、玉几、玉爵。助王受此四者。時見曰會，殷見曰同。大會同或於春朝，或於秋覲，舉春秋則冬夏可知。玉幣，諸侯享幣也。其合亦如小行人所合六幣云。玉獻，獻國珍異，亦執玉以致之。玉几，王所依也。立而設几，優尊者。玉爵，王禮諸侯之酢爵。王朝諸侯，立依前，南面，其禮之於阼階上。見，賢遍反，下同。朝，直遥反，下文同。酢，音昨。依，於豈反，本亦作扆。疏：大朝至玉爵。釋曰：諸侯四時常朝不稱大，今朝覲稱大者，諸侯爲大會同而來，故稱大朝覲。贊，助也，助王受此玉幣、玉獻、玉几、玉爵也。注助王至階上。釋曰：云時見曰會者，此《大宗伯》文。案彼注時見者，言無常期。諸侯有不順服者，其順服者皆來會以師，助王討之，故云時見曰會。云殷見曰同者，亦《大宗伯》職文。殷，猶衆也。謂十二歲王如不巡狩，諸侯衆來同見天子，故曰殷見曰同。云大會同或於春朝，或於秋覲者，大會雖無常期，當春來即是春朝，當秋來即是秋覲，當夏來即是夏宗，當冬來即是冬遇。若大同則有常期：春，東方六服盡來；夏，南方六服盡來；秋、冬司農。云舉春秋即冬夏可知者，經直云大朝覲，不言宗遇，有宗遇可知。在國行朝禮訖，乃皆爲壇於國外而命事焉。云玉幣，諸侯享幣也者，諸侯會同皆依四時常朝，亦春、夏受贄於朝，受享幣者於廟，秋冬一受之於廟，受朝既訖，乃受享，獻國所有珍異，其行享之時，亦璧琮加束帛以致之。云其合亦如小行人所合六幣云者，案《小行人》所合六幣，圭以馬，璋以皮，璧以帛，琮以錦，琥以繡，璜以黼。據彼鄭注，五等諸侯享天子用璧以帛，享后用琮以錦，則圭以馬、璋以皮者，謂二王之後。享天子用圭以馬，享后用璋以皮，則琥以繡、璜以黼者，子男自相享法。但《小行人》所云者，謂四時常朝，不見大朝覲會同法，約與四時常朝同，無正文，故言云也。云玉獻，獻國珍異，亦執玉以致之者，謂三享之外，別有獻國珍異，亦如三享執玉以致之，故言玉獻，謂以玉致獻也。云玉几，王所依也者，謂王所馮依。云立而設几，優尊者，知立而設几者，案《司几筵》云：大饗射，凡封國命諸侯，王位設黼依，依前南鄉，左右玉几。是立而設几也。但春夏受享，秋冬一受之於廟，廟中則有扆前設几法。几爲坐設，今立而設几，故云優至尊也。云玉爵，王禮諸侯之酢爵者，案《大行人》云：上公再祼而酢，侯伯一祼而酢，子男一祼不酢，此祼時大宗伯攝祼，非冢宰所贊。但諸侯酢王用玉爵，則冢宰贊王受之，故云贊玉爵。云王朝諸侯，立扆前，南面者，此約《司几筵》知之，謂秋冬朝時。云其禮之於阼階上者，言禮之，謂祼諸侯是也。知王在阼階上者，當依賓主之禮。案《燕禮》，主君在阼，賓在牖户之間，故知禮之王在阼階上也。大喪，贊贈玉、含玉。助王爲之也。贈玉，既窆，所以送先王。含玉，死者口實，天子以玉。《雜記》曰：含者執璧將命曰：寡君使某含，則諸侯含以璧。鄭司農云：含玉，璧琮。含，本又作唅，户暗反，後同。窆，波驗反，徐補贈反。琮，才宗反。疏：大喪至含玉。釋曰：大喪謂王喪。贊王爲此二者也。注助王至璧琮。釋曰：大喪既是王喪，云助王爲之也者，謂助嗣王也。云贈玉，既窆，所以送先王者，案《既夕》，士禮，既窆謂下棺訖，主人贈用玄纁以入壙。王喪雖無文，應更有加，亦當以玄纁爲主也。所贈，亦既窆時也。云含玉，死者口實者，案《士喪禮》用貝三，鄭注：左右巓及中央，象齧堅，王含用玉，義亦然也。又《檀弓》云：飯用米貝，不忍虚也。故云口實也。云天子以玉者，此云含玉，《玉府》、《典瑞》皆直云玉，無異物之稱，對大夫已下不用玉，其實亦爲璧形。故引《雜記》，復引先鄭爲璧琮之形也。但含玉始死用之，贈玉於葬乃用。此文後云含玉者，用之則有先後，此作文先後，無義例。《典瑞》并云飯玉，此不云者，文不具也。作大事，則戒于百官，贊王命。助王爲教令。《春秋傳》曰：國之大事，在祀與戎。疏：作大至王命。釋曰：上已云祀五帝及大神祇祭祀大事，戒百官訖，則此云作大事，戒於百官，唯戎事也。注助王至與戎。釋曰：《春秋傳》者，成十三年，劉康公，成肅公會諸侯伐秦，成子受脤于社，不敬，劉子曰：國之大事，在祀與戎。祀有執膰，戎有受脤，神之大節也。今成子惰，棄其命矣，其不反乎？引之者，證經大事是戎事，連引在祀耳。王眡治朝，則贊聽治。治朝在路門外，羣臣治事之朝。王視之，則助王平斷。疏：注治朝至平斷。釋曰：王有三朝，必知此是路門外朝者，但外朝是斷疑獄之朝，路寢庭朝，圖宗人、嘉事，二者並於事簡，非正朝，故知治朝是路門外，司士所掌者也。眡四方之聽朝，亦如之。謂王巡守在外時。守，音狩，本亦作狩，後巡守皆放此。疏：注謂王至外時。釋曰：經云四方聽朝，故知巡狩時。此鄭據依常者而言。征伐外亦有聽朝法，以非常法，故不言也。凡邦之小治，則冢宰聽之。待四方之賓客之小治。大事決於王，小事冢宰專平。疏：凡邦至聽之。釋曰：重出冢宰之名者，據百官揔焉，故特云冢宰也。歲終，則令百官府各正其治，受其會。正，正處也。會，大計也。疏：注正正至計也。釋曰：言正，正處也者，經云令百官府各正其治，謂正處其所治文書，大宰乃受其計會也。云，會，大計者，一歲計會，即《宰夫》職云歲計曰會是也。聽其致事，而詔王廢置。平其事來至者之功狀，而奏白王。疏：聽其至廢置。釋曰：百官致其治政功狀與冢宰，聽斷其所置之功狀文書，而詔告于王。有功者置之，進其爵；有罪者廢之，退其爵也。三歲，則大計羣吏之治，而誅賞之。事久則聽之：大無功，不徒廢，必罪之；大有功，不徒置，必賞之。鄭司農云：三載考績。疏：三歲至賞之。釋曰：三年一閏，天道小成，則大計會百官羣吏之治功文書。上計當年，已有廢置。今三年上大計，大無功，不徒廢，更加罪；大有功，不徒置，更加賞也。注鄭司至考績。釋曰：此《尚書・舜典》文。彼云三載考績，黜陟幽明。彼三年一考，與此同，故引證三歲大計也。

《周禮注疏・天官・小宰》 小宰之職，掌建邦之宮刑，以治王宮之政令，凡宮之糾禁。杜子春云：宮，皆當爲官。玄謂宮刑，在王宮中者之刑。建，明布告之。糾猶割也，察也，若今御史中丞。宮刑，鄭如字，干同。杜作官。疏：注杜子至中丞。釋曰：後鄭以宮刑宮中之刑，不從子春官刑者，見《秋官・司寇》已云四曰官刑，此小宰不往貳之，則不須重掌。又見下文觀治象乃退，以宮刑憲禁于王宮，故知宮刑明矣。云，建，明布告之者，上冢宰尊，所云建六典之等，爲建立之義；小宰卑，云建者，則明布告，使知而已。云糾猶割也，察也者，既言糾，謂糾舉其非。事已發者，依法斷割之；事未發者，審察之。云若今御史中丞者，應劭云：秩千石，朝會獨坐，副貳御史大夫，內掌蘭臺圖籍，外督刺史，糾察百寮，故舉漢法况之。掌邦之六典、八灋、八則之貳，以逆邦國、都鄙、官府之治。逆，迎受之。鄭司農云：貳，副也。治，直吏反，下及注皆同。疏：掌邦至之治。釋曰：大宰本以六典治邦國，今還以六典逆邦國之治，逆，謂迎受句考之也。大宰本以八法治朝廷官府，今還以八法句考官府之治。大宰本以八則治都鄙，今還以八則句考都鄙之治。皆句考使知功過所在也。執邦之九貢、九賦、九式之貳，以均財節邦用。疏：執邦至邦用。釋曰：此三者，並大宰所掌者，以其冢宰制國用，九貢、九賦斂財賄，九式用之事之大者，故小宰副貳之。然大宰有九職，小宰不貳之者，以其九職云任萬民，小宰若云貳，謂任使亦貳之，故不言。其實九職任之使之，出貢用之，則小宰亦貳之，九貢中兼之矣。以其九職亦有九貢故也。以均財節邦用者，以九式並舊有法式，多少不得增減，故云均節也。以官府之六敘正羣吏：一曰以敘正其位，二曰以敘進其治，三曰以敘作其事，四曰以敘制其食，五曰以敘受其會，六曰以敘聽其情。敘，秩次也，謂先尊後卑也。治，功狀也。食，禄之多少。情，争訟之辭。争，争鬭之争。疏：以官府至其情。釋曰：凡言敘者，皆是次敘。先尊後卑，各依秩次，則羣吏得正，故云正羣吏也。一曰以敘正其位者，謂若卿、大夫、士朝位尊卑次列。二曰以敘進其治者，謂卿、大夫、士有治職功狀文書進于上，亦先尊後卑也。三曰以敘作其事者，謂有所執掌起事，亦先尊後卑也。四曰以敘制其食者，謂制禄依爵命授之，亦先尊後卑也。五曰以敘受其會者，謂歲終進會計文書，受之，亦先尊後卑也。六曰以敘聽其情者，情，謂情實。則獄訟之情，受聽斷之時，亦先尊後卑也。注敘秩次也。釋曰：云秩次者，謂尊卑之常，各有次敘也。以官府之六屬舉邦治：一曰天官，其屬六十，掌邦治，大事則從其長，小事則專達；二曰地官，其屬六十，掌邦教，大事則從其長，小事則專達；三曰春官，其屬六十，掌邦禮，大事則從其長，小事則專達；四曰夏官，其屬六十，掌邦政，大事則從其長，小事則專達；五曰秋官，其屬六十，掌邦刑，大事則從其長，小事則專達；六曰冬官，其屬六十，掌邦事，大事則從其長；小事則專達。大事從其長，若庖人、內外饔與膳夫共王之食。小事專達，若宮人、掌舍各爲一官。六官之屬三百六十，象天地四時日月星辰之度數，天道備焉。前此者，成王作《周官》，其志有述天授位之義，故周公設官分職以法之。達，干云：達，決也。疏：以官府至專達。釋曰：六屬舉邦治者，謂官盛任使，立長官，必當以屬官佐之，邦治得舉，是以六官各有其屬六十，故云官府之六屬舉邦治也。一曰天官，謂大宰之官。其屬六十，謂宮正至夏采，皆掌治職，故云掌治也。云大事則從其長者，謂若《膳夫》，鄭注云膳夫，食官之長也。則下庖人、內外饔、亨人，有事皆來諮白膳夫，故云大事從其長也。小事則專達者，謂若宮人掌舍，無大事，無長官可諮，自專行事。以下五官皆此類也。注大事至法之。釋曰：云大事從其長，若庖人、內外饔與膳夫共王之食者，此並共王食，是大事，故庖人已下諮膳夫長官也。云小事專達者，若宮人、掌舍，直掌王之行設梐枑之等，二官並是小事，又不立長官，當官行事，故云各爲一官，是專達也。鄭直舉天官之內其事顯者，各言其一，餘官若大府，鄭云治藏之長，地官司市，鄭云市官之長；春官大司樂，鄭云樂官之長；夏官司甲，鄭云兵戈盾官之長。如此之類，其事甚多，不可具陳也。小事則專達，天官甚衆，亦不可具言也。云六官之屬三百六十，象天地四時日月星辰之度數者，依《周髀》、《七曜》，皆云周天三百六十五度四分度之一，舉全數亦得云三百六十也。言地則與天配合四時，言周天亦是地之數。十二月亦是周天之數。日，日行一度；月，日行十三度十九分度之七。日月所行，亦在周天之數。星辰，謂二十八宿十二次，亦在周天數內，皆不離三百六十五度四分度之一耳。天地四時日月星辰之度數，所從言之異耳。故《尚書・洪範》云：五紀，一曰歲，二曰月，三曰日，四曰星辰，皆別言之。下以歷數揔結之，亦是類也。云天道備焉者，以此三百六十官，是天道備矣。云前此者，成王作《周官》，其志有述天授位之義者，鄭依《書傳》云周公攝政，三年踐奄，與滅淮夷同時。又按：成王《周官》成王既黜殷命，滅淮夷，還歸在豐，作《周官》。則成王作《周官》，在周公攝政三年時，周公制禮在攝政六年時，故云前此者，謂成王前於此時作《周官》。其志，謂成王志意有述天授位之義，即彼《周官》云：唐虞稽古，建官惟百，夏商倍之。今予小子，訓廸厥官，以立太師、太傅、太保，茲惟三公，論道經邦，燮理陰陽。下又云立三孤及天地四時之官，是其志有述天地三百六十官位之義。故周公設官分職法之也。此鄭義，不見《古文尚書》，故爲此解。若孔據《古文尚書・多士》已下，並是周公致政後成王之書。周公攝政時，淮夷、奄與管蔡同作亂，成王即政後又叛，成王親征之，故云滅淮夷。還歸在豐，作《周官》用人之法，則彼《周官》在此《周禮》後，與鄭義異也。以官府之六職辨邦治：一曰治職，以平邦國，以均萬民，以節財用；二曰教職，以安邦國，以寧萬民，以懷賓客；三曰禮職，以和邦國，以諧萬民，以事鬼神；四曰政職，以服邦國，以正萬民，以聚百物；五曰刑職，以詰邦國，以糾萬民，以除盜賊；六曰事職，以富邦國，以養萬民，以生百物。懷亦安也。賓客來，共其委積，所以安之。聚百物者，司馬主九畿，職方制其貢，各以其所有。委，於僞反。下賙委同，積，子賜反。疏：以官至百物。釋曰：云以官府六職辨邦治者，六官者各有職，若天官治職，地官教職，其職不同，邦事得有分辨，故云以辨邦治也。一曰治職者，謂以平爲義也。云以節財用者，亦以制國用故也。二曰教職，以安邦國，以寧萬民者，安邦國與教典同，彼云擾萬民，此云寧萬民，不同者，上擾爲馴，馴則寧，義無異也。云懷賓客者，以有委積，故賓客懷安也。三曰禮職，以和邦國，以諧萬民者，此與上禮典同也。云以事鬼神者，以其主祭祀，當職之事也。四曰政職，以服邦國，以正萬民者，上政典云平邦國，均萬民，不同者，服由平定使之然，則服亦平也，均與正，義亦一也。云以聚百物者，鄭云司馬主九畿，職方制其貢，貢即百物也。五曰刑職，以詰邦國，以糾萬民，此與上刑典文同。云除盜賊者，有寇則罪之，盜賊得除，故云除盜賊也。六曰事職，以富邦國，以養萬民者，上事典以生萬民，生則養也，與上同。此六職不云官府百官，與六典不同者，以六職皆當職行事，義不及遠，故與六典文異也。注懷亦至所有。釋曰：教典共其委積者，大司徒下有遺人，掌十里有廬，廬有飲食之等，故云共委積也。云司馬主九畿，并引《職方》者，司馬直主九畿，無貢物之事，故引其屬職方也。以官府之六聯合邦治：一曰祭祀之聯事，二曰賓客之聯事，三曰喪荒之聯事，四曰軍旅之聯事，五曰田役之聯事，六曰斂弛之聯事。凡小事皆有聯。鄭司農云：大祭祀，大宰贊玉幣，司徒奉牛牲，宗伯視滌濯、涖玉鬯，省牲鑊，奉玉齍，司馬羞魚牲、奉馬牲，司寇奉明水火；大喪，大宰贊贈玉、含玉，司徒帥六鄉之衆庶屬其六綍，宗伯爲上相，司馬平士大夫，司寇前王，此所謂官聯。杜子春弛讀爲施。玄謂荒政弛力役，及國中貴者、賢者、服公事者、老者、疾者皆舍，不以力役之事。奉牲者，其司空奉豕與？弛，尸氏反，劉本作施，音弛，杜作施。涖，音利，又音類。鬯，勑亮反。鑊，户郭反。齍，音資。鄉，音香。屬其，音燭。綍，徐音胤，劉音引，本或作引。相，息亮反。豕與，音餘。疏：以官至有聯。釋曰：云以官府之六聯合邦治者，謂官府之中有六事，皆聯事通職，然後國治得會合，故云合邦治也。一曰祭祀之聯事，三曰喪荒之聯事，此二者，鄭注具，以其二者顯著，故特言之。二曰賓客之聯事者，鄭雖不言，案《大宰》大朝覲、會同，贊玉幣玉獻，《大司徒》令野脩道委積，《大宗伯》朝覲、會同，則爲上相，《大司寇》云凡朝覲、會同，前王，唯《大司馬》不見有事，《司空》又亡。四曰軍旅之聯事者，以六軍軍將皆命卿，田役亦然，且《大司徒》云大軍旅、大田役，以旗致萬民，《大司馬》云大師，建大常，比軍衆，中春教振旅之事。六曰斂弛之聯事者，並大宰任九職、九貢、九賦，司徒制貢，小司徒令貢賦，若通數小官，則多矣。云凡小事皆有聯者，謂《司關》云掌國貨之節，以聯門市之類是也。注鄭司至豕與。釋曰：司農雖解祭祀及大喪二事，皆不言司空，《司空》亡故也。大祭祀，唯大宰尊，不奉牲，宗伯不言奉雞，司馬直言奉馬，不兼言奉羊，司寇不言奉犬，皆略不言可知。杜子春弛讀爲施者，若依施，施是施惠，事不必連斂，若爲弛，則於事廣矣。故後鄭不從之。玄謂荒政弛力役者，此經二曰喪荒，荒謂年穀不熟。《大司徒》有荒政十二，其中四曰弛力。弛力役謂《廩人》歲不能人二釜，則令移民就穀，是時弛力役也。《鄉大夫》云國中貴者，謂有官爵者；賢者，謂有德行者；服公事者，謂若庶人在官者；老，謂國中六十者；疾者，謂廢疾不堪役者。皆舍，不以力役之事也。云奉牲者，其司空奉豕與者，《司空》雖亡，案《五行傳》云聽之不聰，時則有豕禍，豕屬北方，又《説卦》云坎爲豕，是豕屬水，故知司空奉豕。無正文，故云與以疑之也。以官府之八成經邦治：一曰聽政役以比居，二曰聽師田以簡稽，三曰聽閭里以版圖，四曰聽稱責以傅別，五曰聽禄位以禮命，六曰聽取予以書契，七曰聽賣買以質劑，八曰聽出入以要會。鄭司農云：政謂軍政也。役謂發兵起徒役也。比居謂伍藉也。比地爲伍，因内政寄軍令，以伍藉發軍起役者，平而無遺脱也。簡稽士卒、兵器、簿書。簡猶閲也。稽猶計也，合也。合計其士之卒伍，閲其兵器，爲之要簿也。故《遂人》職曰稽其人民，簡其兵器。《國語》曰黄池之會，吴陳其兵，皆官師擁鐸拱稽。版，户藉。圖，地圖也。聽人訟地者，以版圖決之。《司書》職曰邦中之版，土地之圖。稱責，謂貸子。傅別，謂券書也。聽訟責者，以券書決之。傅，傅著約束於文書。別，別爲兩，兩家各得一也。禮命，謂九賜也。書契，符書也。質劑，謂市中平賈，今時月平是也。要會，謂計最之簿書，月計曰要，歲計曰會，故《宰夫》職曰歲終，則令羣吏正歲會；月終，則令正月要。傅別，故書作傅辨，鄭大夫讀爲符別，杜子春讀爲傳別。

玄謂政謂賦也。凡其字或作政，或作正，或作征，以多言之宜從征，如《孟子》交征利云。傳別，謂爲大手書於一札，中字別之。書契，謂出予受入之凡要。凡簿書之最目，獄訟之要辭，皆曰契。《春秋傳》曰王叔氏不能舉其契。質劑，謂兩書一札，同而別之，長曰質，短曰劑。傳別質劑，皆今之券書也，事異，異其名耳。禮命，禮之九命之差等。政役，鄭音征，司農如字。比，毗志反，注同。傅，音附，注同。別，彼列反，注同。要會，古外反。凡要會、會計之字皆放此。卒，子忽反，下同。閱，音悦。貸，他代反。著，直略反。賈，音嫁。月平，劉音病。疏：以官至要會。釋曰：以官府之中有八事，皆是舊法成事品式，依時而行之，將此八者，經紀國之治政，故云經邦治也。一曰聽政役以比居者，八事皆聽者，舊事争訟當斷之也。政謂賦税，役謂使役，民有争賦税使役，則以地比居者共聽之。二曰聽師田以簡稽者，稽，計也。簡，閱也。謂師出征伐及田獵，恐有違法，則當閱其兵器與人並筭足否。三曰聽閭里以版圖者，在六鄉則二十五家爲閭，在六遂則二十五家爲里。閭里之中有争訟，則以戶籍之版、土地之圖聽決之。四曰聽稱責以傅別者，稱責，謂舉責生子，彼此俱爲稱意，故爲稱責，於官於民，俱是稱也。争此責者，則以傅別券書決之。五曰聽禄位以禮命者，謂聽時以禮命之其人策書之本，有人争禄之多少，位之前後，則以禮命文書聽之也。六曰聽取予以書契者，此謂於官直貸不出子者，故云取予。若争此取予者，則以書契券書聽之。七曰聽賣買以質劑者，質劑謂券書。有人争市事者，則以質劑聽之。八曰聽出入以要會者，歲計曰會，月計曰要。此出入者，正是官內自用物。有人争此官物者，則以要會簿書聽之。注鄭司至差等。釋曰：政，軍政。後鄭不從者，若軍政，自在大司馬聽之，何得在此乎？云比居謂伍籍也者，即《司徒》職五家爲比，出軍即五人爲伍。云因內政寄軍令者，謂在家，五家爲比，五比爲閭，四閭爲族，五族爲黨，五黨爲州，五州爲鄉。若出軍，則家出一人，則還五人爲伍，是一比，長還爲伍長領之。二十五人爲兩，是一閭，閭胥即爲兩司馬領之。以此言之，至一鄉出一軍，軍將還是鄉大夫爲之。是因內政寄軍令。此《管子》文。彼云作內政，司農云因內政者，讀字不同。云簡稽士卒、兵器、簿書者，士卒，謂車別甲士三人，步卒七十二人。兵器，謂弓矢、殳矛、戈戟，皆有簿書，故引《遂人》以證之也。云《國語》曰黄池之會者，《吴語》吴、晉争長，吴人令曰伏兵甲，陳士卒百人爲徹行，頭官師擁鐸拱稽，名籍也。先鄭爲計，計謂據名籍計之，義合，故引之也。云版，戶籍者，後鄭下注亦云鄉戶籍。圖謂民之地圖，故引《司書》版圖以證之。云責謂貸子者，謂貸而生子者，若今舉責，即《地官・泉府》職云凡民之貸者，以國服爲之息。若近郊民貸，則一年十一生利之類是也。云，傅，傅著約束於文書。別者，各得其一，二家別釋，後鄭不從者，名爲券書，即是傅著於文書可知。後鄭傅、別二字，共爲一事解之。云，禮命，謂九賜也者，後鄭不從者，九賜之言，出自《禮緯・含文嘉》，八命已上，乃有九賜，此所聽斷，何得取八命已上解之？云書契，符書也者，謂官券符璽之書，此據官予民物，何得爲符璽之書解之？故後鄭不從也。云質劑謂市中平賈，今時月平是也，後鄭不從者，《地官・質人》云大市以質，小市劑，若今月平賈，不合有兩名，故不從也。云月計曰要，歲計曰會者，官之出入，有要會簿書計管，故引《宰夫》證之也。鄭大夫讀傅別爲符別，後鄭不從，又云傅別，故書作傅辨，不從古書也。玄謂政謂賦也，賦則口率出泉，且與役同文，皆是利税之事也。云凡其字或作政者，此經政役是也。或作正者，其字或有作正字者。或作征者，即《孟子》云交征利及《鄉大夫》云皆征之是也。云征處多，故鄭從征也。《孟子》交征利者，案《孟子》云：孟子見梁惠王。王曰：叟，不遠千里而來，亦將有以利吾國乎？對曰：何必曰利？亦有仁義而已矣。王則曰何以利吾國，大夫曰何以利吾家，士庶人曰何以利吾身。上下交征利則國危矣。引之以證征是口税之法。云傅別，謂爲大手書于一札，中字別之者，謂於券背上，大作一手書字，札字中央破之爲二段別之。云書契，謂出予受人之凡要者，此予則取予，謂若《泉府》云凡賖者，祭祀無過旬日，喪紀不過三月，及《旅師》云春頒秋斂，賖取官物，後還，無生利之事。凡要，亦是簿書也。云凡簿書之最目，獄訟之要辭，皆曰契者，簿書之最目曰契，即取予以書契是也。獄訟之要辭曰契，即鄭引《春秋傳》者是也。其春秋王叔氏事在襄十年。彼云王叔陳生與伯輿争政，晉侯使士匄平王室，使王叔氏與伯輿合要，王叔氏不能舉其契。此即獄訟之要辭曰契。云質劑，謂兩書一札，同而別之，長曰質，短曰劑者，案《地官・質人》云大市以質，小市以劑，鄭注：大市，人民馬牛之屬，用長券；小市，兵器珍異之物，用短券。言兩書一札同而別之者，謂前後作二券，中央破之，兩家各得其一，皆無手書字，異於傅別。故鄭云：傅別、質劑，皆今之券書也。云，禮命，禮之九命之差等者，謂若《大宗伯》九儀，從一命受職，以至九命作伯，差等有九是也。以聽官府之六計，弊羣吏之治：一曰廉善，二曰廉能，三曰廉敬，四曰廉正，五曰廉灋，六曰廉辨。聽，平治也。平治官府之計有六事。弊，斷也。既斷以六事，又以廉爲本。善，善其事，有辭譽也。能，政令行也。敬，不解于位也。正，行無傾邪也。法，守法不失也。辨，辨然不疑惑也。杜子春云：廉辨或爲廉端。弊，必世反。治也，如字，下文治其弛舍同。斷，丁亂反，下同。解，佳賣反。邪，似嗟反。疏：以聽至廉辨。釋曰：言六計弊羣吏之治者，六計謂善、能、敬、正、法、辨、六者不同，既以廉爲本，又計其功過多少而聽斷之，故云六計弊羣吏之治也。注聽平至廉端。釋曰：云皆以廉爲本者，此經六事，皆先言廉，後言善、能之等，故知將廉爲本。廉者，絜不濫濁也。云善，善其事，有辭譽也者，謂有善事，四方令聞辭譽也。云能，政令行也者，謂雖無辭譽，所行政令得行也。云敬，不解于位也者，謂敬其職位，恪居官次也。云，正，行無傾邪也者，以其行正直言，公正無私也。云法，守法不失也者，謂依法而行，無有錯失也。云辨，辨然不疑惑也者，謂其人辨然於事分明，無有疑惑之事也。杜子春云廉辨或爲廉端者，經本或爲廉端，後鄭不從者，若爲端，端亦正，與廉正爲重，故不從。引之在下者，不苟違之，亦得爲一義故也。**以灋掌祭祀、朝覲、會同、賓客之戒具，軍旅、田役、喪荒亦如之。**法，謂其禮法也。戒具，戒官有事者所當共。**七事者，令百官府共其材用，治其施舍，聽其治訟。**七事，謂先四、如之者三也。施舍，不給役者。七事，故書爲小事。杜子春云當爲七事，書亦爲七事。共，音恭，禮本供字皆作共，可以意求之。疏：以灋至治訟。釋曰：言以法掌祭祀已下七者，皆是上六聯百官聯事通職者。以其衆官共，故經云令百官府共其財用也。然六聯之中，不言朝覲、會同者，以彼賓客中可以兼之，以其朝覲、會同，還是諸侯賓客之事。此七事不言斂弛，以其非七事中之大事，故退之在下。注法謂至當共。釋曰：言禮法，謂七者皆有舊法依行，若九式曰祭祀之式。云戒具，戒官有事所當共也者，此七事在《大宰》八法中六曰官法，彼在八曰官計上者，以其彼有數，故在上；此官法無數，故退在六計下也。注七事至七事。釋曰：七事，先四，謂從祭祀至賓客；云如之者三也者，從軍旅至喪荒也。云施舍，不給役者，上六聯注引《鄉大夫》國中貴者、老者、疾者、服公事者是也。云七事，故書爲小事者，與經不相當，故杜子春從經爲正也。

《周禮注疏·天官·宰夫》

宰夫之職，掌治朝之灋，以正王及三公、六卿、大夫、羣吏之位，掌其禁令。治朝，在路門之外。其位，司士掌焉，宰夫察其不如儀。治，直吏反，注及下之治、贊治、官掌其治皆同。朝，直遙反，後皆同。疏：宰夫至禁令。釋曰：言掌治朝之法，以正王及三公、六卿、大夫、羣吏之位者，案《司士》云：正朝儀之位，辨其貴賤之等。王南鄉，三公北面東上，孤東面北上，卿大夫西面北上。王族、故士、虎士在路門之右，南面東上；大僕從者在路門之左，南面西上。此羣吏即羣士，是其位也。掌其禁令，即察其不如儀耳。注治朝至如儀。釋曰：知此治朝在路門外者，燕朝在路寢庭，外朝在庫門外，其事希簡，非常治政之所。此云治朝，是常治事之朝，故知是路門外。夏官司士所掌者，知察其不如儀者，宰夫與司士俱是下大夫，非贊治朝。又見經云禁令，知直察其不如儀式者也。**敘羣吏之治，以待賓客之令，諸臣之復，萬民之逆。**恒次敘諸吏之職事。三者之來，則應使辨理之。鄭司農云：復，請也。逆，迎受王命者。宰夫主諸臣萬民之復逆，故詩人重之，曰家伯維宰。玄謂復之言報也，反也。反報於王，謂於朝廷奏事。自下而上曰逆，逆謂上書。疏：敘羣至之逆。釋曰：此宰夫次敘羣吏、諸臣等之治職，即以待賓客已下三事，使之應荅，不闕於事也。言以待賓客之令，此一者，謂若《大宗伯》朝覲會同則爲上相，《肆師》云大朝覲佐儐，及大小行人、掌客、掌訝、委人、遺人之屬，皆是待賓客之官，使辨理之也。云諸臣之復，此其二者。案《夏官·小臣》職云掌三公及孤卿之復逆。復逆並掌之。此不言逆者，但宰夫直次之，不掌事，故於文略也。又案《夏官·大僕》職云掌諸侯之復逆。此諸臣中兼之。此宰夫恒敘大僕、小臣等辨理此復逆之事也。云萬民之逆，此三也者。案《夏官·御僕》職掌羣吏、庶民之復逆。彼羣吏，與此經羣吏爲羣臣別，故鄭彼注：羣吏，府史以下。此不言羣吏及復，亦是文略也。此宰夫次敘御僕，使辨理府史萬民復逆也。注恒次至上書。釋曰：鄭司農云復，請也。逆，迎受王命者，復，是報白之義，不得爲請，故後鄭不從。又王命既出，在下受而行之，不得云逆。逆者，向上之言，不爲向下之義，故後鄭亦不從。云宰夫主諸臣萬民之復逆，故詩人重之曰家伯維宰者，知彼宰非大宰，而當此宰夫者，維宰在司徒下、膳夫上，故知是宰夫也。此先鄭以官次第當宰夫。案鄭彼注冢宰掌建邦之六典，皆卿也，不從司農者，諸經單稱宰者，皆大宰。若宰夫，無單言宰者，故爲大宰解之。若然，大宰在司徒下者，彼以權寵爲次，不以尊卑。故內史中大夫在膳夫上士之下，師氏中大夫在趣馬下士之下。玄謂復之言報也，反也者，謂羣臣受王命，使臣行之，訖，反報於王，故云朝廷奏事也。云自下而上曰逆者，謂自上而下曰順，故自下而上曰逆也。言上書者，則今之上表也。若然，據《夏官》諸侯諸臣萬民皆復逆並有，則此亦皆有上書奏事耳。司農於此注復爲請，逆爲迎受王命，後鄭不從。及至《夏官·大僕》先鄭注云復謂奏事，逆謂受下奏，即與後鄭義同，故彼後鄭從之。若然，是先鄭兩解也。案《內豎》云掌外內之通令，凡小事。鄭注云：內，后六宮。外，卿大夫也。使童豎通王內外之命。給小事者，以其無與爲禮，出入便疾。內外以大事聞王，則大事俟朝而自復。若然，何須更有小臣等復逆乎？然王者，一日萬機，或有俟朝自復，有大事急促不得待朝，即須非時通傳，使間徹在上者也。**掌百官府之徵令，辨其八職：一曰正，掌官灋以治要；二曰師，掌官成以治凡；三曰司，掌官灋以治目；四曰旅，掌官常以治數；五曰府，掌官契以治藏；六曰史，掌官書以贊治；七曰胥，掌官敘以治敘；八曰徒，掌官令以徵令。**別異諸官之八職，以備王之徵召所爲。正，辟於治官，則冢宰也。治要，若歲計也。師，辟小宰、宰夫也。治凡，若月計也。司，辟上士、中士。治目，若今日計也。旅，辟下士也。治數，每事多少異也。治藏，藏文書及器物。贊治，若今起文書草也。治敘，次序官中，如今侍曹伍伯傳吏朝也。徵令，趨走給召呼。藏，才浪反，注治藏同。別，彼列反。辟於，音譬，本亦作譬，下皆同。傳，直專反。疏：掌百至徵令。釋曰：言掌百官府之徵令，辨其八職者，謂摠王朝三百六十官，以備王之所徵召及施令，若不分別其職，則徵召無所指斥，故須分辨三百六十職也。一曰正者，正，長也。六卿下各有屬六十，故六卿稱正也。云掌官法者，掌當官之法也。以治要者，要，謂大計要也。注別異至召呼。釋曰：計正已下爲八職，皆備王召呼，則正亦備王召呼及所爲也。言正，辟於治官，則冢宰也者，以其六卿異目，或稱大宰，或稱司徒之等，尊卑相似。正，長也，每職各爲一官之長，故揔謂之正也。以其六者非一，相比辟，故以辟言之。今舉天官之一官言之，餘可知。云治要，若歲計也者，案下文，歲終云會，月終云要，旬終云成。此歲云要者，但六卿下云要，不云會，以要當會處，故以治要爲歲計也。云師，辟小宰、宰夫也者，以下文四曰旅，是下士諸官皆名旅。其下士之上，有上士、中士，向上差次，當三曰司。上士之上，向上差次，有小宰、宰夫，故知二曰師當小宰、宰夫也。言辟者，亦是六卿之下，皆有此二者，若司徒之下小司徒、鄉師之類，故亦言辟也。二者同名師者，亦是六者異目，尊卑相次，故同名師也。云治凡，若月計者，上要既當歲會，故治凡當月計曰要之處也。云司，辟上士、中士者，此亦是題目有異，若大司馬之下，上士曰輿司馬，中士曰行司馬，與諸官上士、中士不同，尊卑相似，故揔謂之司馬，以其各有職司也。六官之下同名司，故亦云辟也。云治目若今日計也者，從治要向下，以次差之，此治目當日計曰成之處，故云今日計也。云旅，辟下士也者，此下士既無所兼，故存本號曰旅，亦是六官下同號曰旅，故亦曰辟也。云治數，每事多少異也者，以上治目當日計，此治數無數，當下士稱旅，理眾事，故以治數爲每事多少解之。云治藏，藏文書及器物者，其名曰府，府者，主以藏物，故藏當司文書及當司器物也。云贊治，若今起文書草也者，起文書草，乃後判決，是爲贊治之法，故稱贊治也。云治敘，次序官中者，既有才智，爲什長，當次序官中，須人驅役之處，則科次其徒，故云次敘官中也。云如今侍曹伍伯傳吏朝也者，漢時五人爲伍。伯，長也，是五人之長。言傳吏朝者，傳在朝羣吏諸官事務於朝也。胥爲什長亦然。故舉漢法況之也。云徵令，趨走給召呼者，其徒止爲在朝趨走，供給官人召呼使役之事也。掌治灋以考百官府、羣都縣鄙之治，乘其財用之出入。凡失財用物辟名者，以官刑詔冢宰而誅之。其足用、長財、善物者，賞之。羣都，諸采邑也。六遂五百家爲鄙，五鄙爲縣。言縣鄙而六鄉州黨亦存焉。乘猶計也。財，泉穀也。用，貨賄也。物，畜獸也。辟名，詐爲書，以空作見，文書與實不相應也。官刑，在《司寇》五刑第四者。辟名，徐芳石反，劉芳益反，干云：不當也。畜，許又反。見，賢遍反。疏：掌治至賞之。釋曰：宰夫是句考之官，故以治法考百官府及羣都縣鄙鄉遂之內治功善惡也。言乘計其財用之出入者，謂上數處用官物者，當乘計其用財之出入，知其多少。云凡失財用物辟名者，謂失官家財及用與物三者而辟名者，以官刑詔告冢宰長官誅責之也。有足用，用之能足。長財，財又能長。善物，物又能善。如此者，賞之。注羣都到四者。釋曰：云羣者，諸采邑也者，謂大都、小都、家邑三處也。云六遂，五百家爲鄙，五鄙爲縣者，《遂人》文。云六鄉州黨亦存焉者，六遂在外，尚考之；六鄉在內，考之可知。不言者，舉外以包內也。云乘猶計也者，計者，筭法乘除之名，出於此也。云財，泉穀也者，上九賦斂財賄已釋訖。云用，貨賄也者，案《內府》云：掌受九貢、九賦、九功之貨賄，以待邦之大用。故知用中有貨賄也。云物，畜獸也者，案《獸人》云：掌罟田獸，辨其

名物，及春秋獻獸物。又《牧人》云掌牧六牲而阜蕃其物，以此知物中有畜有獸也。云辟名，詐爲書，以空作見，文書與實不相應也者，其人失財用物者，則詐爲文書，以空物作見在，文書與實物不相應，是罪人也。云官刑在《司寇》五刑第四者，彼司寇掌五刑，其四曰官刑，上能糾職是也。以式灋掌祭祀之戒具與其薦羞，從大宰而眂滌濯。薦，脯醢也。羞，庶羞，內羞。疏：以式至滌濯。釋曰：言式法者，謂祭祀大小，皆有舊法式，依而戒敕，使共具之。云與其薦羞者，謂亦戒具之也。云從大宰而眂滌濯者，上《大宰》職已云祀五帝眂滌濯，此宰夫又從大宰眂之也。注薦脯至內羞。釋曰：案《儀禮·鄉飲酒》、《鄉射》、《燕禮》諸單言薦者，皆是脯醢，故知此薦亦脯醢。云，羞，庶羞、內羞者，庶羞謂天子八豆、諸侯六豆之等，內羞謂祭祀食後所加，言內者，《少牢》所謂房中之羞，糗餌粉餈是也。凡禮事，贊小宰比官府之具。比，校次之。比，如字，注同，戚毗志反。疏：注比，校次之。釋曰：上小宰於七事已言以法掌戒具，此宰夫贊小宰校次之，使知善惡足否也。凡朝覲、會同、賓客，以牢禮之灋掌其牢禮、委積、膳獻、飲食、賓賜之飧牽，與其陳數。牢禮之法，多少之差及其時也。三牲牛羊豕具爲一牢。委積，謂牢米薪芻給賓客道用也。膳獻，禽羞俶獻也。飲食，燕饗也。鄭司農云：飧，夕食也。《春秋傳》曰飧有陪鼎。牽牲，牢可牽而行者。《春秋傳》曰餼牽竭矣。玄謂飧，客始至所致禮。凡此禮陳數存可見者，唯有《行人》、《掌客》及《聘禮》、《公食大夫》。委積，上於僞反，下子賜反，此二字相連，皆同此音。飲，鄭、徐於鴆反，注同。食，音嗣，注飲食、公食同。飧，音孫。牽，一本作賓賜掌其飧牽。干本同。俶，昌六反。疏：凡朝至陳數。釋曰：上《大宰》云大朝覲，會同，彼言大，謂朝覲爲會同而來。今此朝覲不言大，則朝覲自是四時常朝及會同，皆有賓客也。云以牢禮之法者，五等諸侯來朝，天子待之，自有常法，若大行人、掌客者也。云掌其牢禮者，下別言委積之等，則此牢禮謂饗餼之禮。若然，委積是賓未至時在道所設。《聘禮》云聘日致饗，則饗餼是朝日致之矣。今在委積上者，以饗餼是禮之大者，故先言之。且委積非直賓來時共之，賓云亦共之，在下亦其宜。若然，飧牢皆殺，而云飧牽者，以《掌客》云積視飧牽，據積而言之也。注牢禮至大夫。釋曰：云牢禮之法，多少之差者，案《大行人》上公饗餼九牢，饗禮九獻，食禮九舉，此等，其侯伯降二等，以七爲節；子男又降二等，以五爲節也。又《掌客》云：上公飧五牢、五積，侯伯飧四牢、四積，子男飧三牢、三積，是其數也。云及其時也者，案《聘禮》云，賓至，大夫帥至於館，即言宰夫朝服設飧。又云，聘日至饗，即天子待諸侯亦然。其委積者，從來至去，在道而設之，並是時也。若然，此等之禮，並是掌客所主。今此復言之者，此宰夫雖非正職，以其主陳之，當知其數，故言之耳。云三牲牛羊豕具爲一牢者，此依《聘禮》卿韋弁歸饔餼於館之時，有五牢：餁一牢設於西階，腥二牢設於東階，牽二牢陳于門內之西，北首。以牛一、羊一、豕一，稱牢，

此既以經牢禮爲饔餼，故還引《聘禮》順饔餼以證之也。云委積，謂牢米薪芻，給賓客道用也者，依《掌客》云積視飧牽，飧有芻薪及米，明委積在道所設，亦有芻米薪蒸也。且《地官·遺人》云：十里有廬，廬有飲食；三十里有宿，宿有委；五十里有市，市有積。是其委積給客道用也。云膳獻，禽羞俶獻也者，此《聘禮記》文。彼注云禽羞，謂成孰有齊和者。俶獻，四時珍美新物也。俶，始也。言其始可獻也。《聘義》謂之時賜是也。云飲食，燕饗也者，鄭以燕饗解飲食，即是飲入燕饗中。不解經中食爲食禮者，經中言食，則食禮自明。今云飲食燕饗者，欲見飲入燕禮，可知饗中又兼燕與食，以其饗有米有酒故也。司農云飧，夕食也者，先鄭以飧字夕下爲之，即爲夕食，但客至即設，不要待夕，故後鄭不從也。云《春秋傳》曰飧有陪鼎者，《左氏》昭五年，楚薳啓彊曰宴有好貨，飧有陪鼎是也。云《春秋傳》曰餼牽竭矣者，《左氏》僖三十三年，鄭皇武子辭秦客杞子等云唯是脯資餼牽竭矣是也。玄謂飧客始至所致禮者，此亦先鄭。案《聘禮》，客始至，大夫帥至于館，宰夫朝服設飧，不待至夕也。云凡此禮陳數存可見者，唯有《行人》、《掌客》及《聘禮》、《公食大夫》者，以儀禮三千條內，具有諸侯之禮，但亡滅者多。今存可見者，《周禮》之內有《大行人》、《掌客》，是待諸侯之禮。《儀禮》之內有《聘禮》、《公食大夫》，是待聘客之法。皆有陳數，考校可知也。**凡邦之弔事，掌其戒令，與其幣器財用凡所共者。**弔事，弔諸侯、諸臣。幣，所用賻也。器，所致明器也。凡喪，始死弔而含襚，葬而賵贈，其間加恩厚，則有賻焉。《春秋》譏武氏子來求賻。賻，音附。疏：凡邦至共者。釋曰：弔，謂王使人弔諸侯，自弔諸臣。須從王行者，并有贈喪之具。百官當共，故宰夫揔戒令之，與其幣器財用，凡所共者也。注弔事至求賻。釋曰：案《大宗伯》云：以喪禮哀死亡。《禮記·檀弓》曰：君臨臣喪，巫祝桃茢執戈，惡之也。天子之禮，弔諸臣之法。《春秋左氏》王使榮叔歸含且賵，是有弔法，故云弔諸侯諸臣也。云幣，所用賻也者，案《公羊傳》，口實曰含，車馬曰賵，衣服曰襚。幣不入含襚賵中，故知是賻也。云器，所用致明器也者，案《儀禮·既夕禮》云若就器，則坐奠于陳，注云：就，猶善也。贈無常，唯翫好。則此贈與人，亦是賓客就器。而云明器者，相對言之。則《檀弓》云竹不成用，瓦不成味，木不成斲，琴瑟張而不平之等，是主人之明器。賓客所致者，謂之就器。就，成也。謂善作之，名爲就器。揔而言之，皆是神明死者之器，故此就器亦名明器也。云凡喪，始死弔而含襚，葬而賵贈，其間加恩厚，則有賻焉，言此者，欲見賻非正禮，其賻乃是於死者恩厚，乃加之。故《禮記》云弔喪不能賻，不問其所費，是恩厚之義也。云《春秋》譏武氏子來求賻者，隱公三年《公羊》文。案《公羊》云：武氏子來求賻，何以書？譏。何譏爾？喪事無求，求賻，非禮。何休云：禮本爲有財者制，有則送之，無則致哀而已。不當求，求則皇皇傷孝子心。蓋通於下，何休云：云爾者，嫌天子財多，不當求，下財少，可求，故明皆不當求。鄭引此者，見王於諸侯、諸臣有歸則爾，諸侯、諸臣亦不得求也。顏路請子之車，孔子不與，亦是不合求，故抑之也。**大喪小喪，掌小官之戒令，帥執事而治之。**大喪，王、后、世子也。小喪，夫人以下。小官，士也。其大官，則冢宰掌其戒令。治謂共辨。辨，簿莧反。疏：大喪至治之。釋曰：其小官士以下，則此宰夫戒令諸官有事者也。注大喪至共辨。釋曰：《大宰》云大喪贊贈王含玉，《宗伯》云朝覲會同則爲上相，大喪亦如之，《鬱人》、《鬯人》俱云大喪之渳，《典瑞》云大喪共飯玉、含玉，彼皆據王喪，唯《司寇》云大喪前王，以爲嗣王，皆不爲後世子喪者，彼皆不對小喪。此大喪對小喪，亦王所申服，故注爲王、后、世子也。此不言庶子，文不具。云小官，士也者，宰夫，下大夫所掌，而言小官，明是士可知。云其大官，則冢宰掌其戒令者，冢宰不言者，文不具。云治謂共辨者，謂當職合共者供辨之。**三公、六卿之喪，與職喪帥官有司而治之。凡諸大夫之喪，使其旅帥有司而治之。**旅，冢宰下士。疏：三公至治之。釋曰：三公六卿喪尊，故宰夫與春官職喪帥其於喪家有事官有司而治之。大夫之喪卑，宰夫不自爲，使在己之下，其旅三十有二人，帥有事於喪家之有司而治之。治之，亦謂共辨之也。**歲終則令羣吏正歲會，月終則令正月要，旬終則令正日成，而以攷其治。治不以時舉者，以告而誅之。**歲終，自周季冬。正猶定也。旬，十日也。治不時舉者，謂違時令失期會。會，如字。疏：歲終至誅之。釋曰：言周之歲終十二月則令羣吏，羣吏則六十官。正歲會，正猶定也，謂一年會計文書，揔句考之。歲計曰會也。月終則令正月要者，謂每月終，則令羣吏正其月要。月要，謂月計曰要也。旬終，謂每旬終，則令羣吏正其日成。日成，謂日計曰成也。云而以攷其治者，言會要成，揔考之。云治不以時舉者，謂文書稽滯者，故鄭云違時令失期會也。云以告而誅之者，謂告冢宰而誅責之也。注歲終至期會。釋曰：知歲終是周之季冬者，以其正月之吉始和，彼正月是周之正月，始和布治于天下，至今歲終考之，是一歲之終。故知非夏之歲終也。云正猶定者，以其文書定乃可攷之，故爲定也。云旬，十日也者，上文云前期十日，《少牢》云旬有一日，旬與十日正同，故知旬十日也。**正歲，則以灋警戒羣吏，令脩宮中之職事。**警，勑戒之言。鄭司農云：正歲之正月，以法戒勑羣吏。警，京領反。疏：正歲至職事。釋曰：正歲乃夏之正月，是其歲始，故以法警戒羣吏，令脩宮中之職事，以謹勑之也。**書其能者與其良者，而以告于上。**良犹善也。上謂小宰、大宰也。鄭司農云：若今時舉孝廉、賢良方正、茂才異等。疏：書其至于上。釋曰：上云令脩宮中之職事，則此謂宮中諸吏也。正歲之正月，則豫選之，擬至歲終當舉之也。注良猶至異等。釋曰：知上是小宰、大宰者，以其承上文歲始，未是賞時，且長自告于王，知上非王，是小宰，大宰。先鄭云若今舉孝廉者，謂孝弟、廉潔。賢良，即經中良者，謂有賢行而良善也。云方正者，人雖無別行，而有方幅正直者也。云茂才者，漢光武諱秀，時號爲茂才，即經云能者也。云異等者，四科不同，等級各異，故云異等，此經據宮中子弟，先鄭所云不要宮中之人，引之況義耳。

《周禮注疏・天官・司會》 司會掌邦之六典、八灋、八則之貳，以逆邦國都鄙官府之治。逆受而鉤考之。會，古外反，下同。治，直吏反，注同。疏：司會至之治。釋曰：云掌六典八灋八則之貳者，案《大宰》云六典治邦國，八法治官府，八則治都鄙，但司會是鉤考之官，還以六典逆邦國之治，八法逆官府之治，八則逆都鄙之治。逆皆謂鉤考，知得失。以九貢之灋致邦國之財用，以九賦之灋令田野之財用，以九功之灋令民職之財用，以九式之灋均節邦之財用。掌國之官府、郊野、縣都之百物財用，凡在書契版圖者之貳，以逆羣吏之治，而聽其會計。郊，四郊，去國百里。野，甸，稍也。甸去國二百里，稍三百里，縣四百里，都五百里。書謂簿書。契，其最凡也。版，户籍也。圖，土地形象，田地廣狹。疏：以九至會計。釋曰：言以九貢之法致邦國之財用者，九貢即上《大宰》九貢，其所貢之物出於諸侯邦國言之。財用，謂諸侯於其民什一取之。既取得民物，大國貢半，次國三之一，小國四之一。所貢之物，皆市取土毛，貢於天子，則《禹貢》所云厥篚厥貢是也，故云致邦國之財用。此即《小行人》云春令入貢，是謂歲之常貢。《大行人》因朝而貢者，所貢無常，不應使司會致之。云以九賦之法令田野之財用，此九賦即《大宰》所云九賦斂財賄是也。言法者，謂口率出錢多少，有其定法。令田野之財用者，九賦之內，惟有關市、幣餘，國中非田野，自外四郊、邦甸、家稍、邦縣、邦都、山澤，盡是田野，據多言之，故言令田野之財用。云以九功之法令民職之財用者，九功即是《大宰》九職之功所稅。言之法者，亦是稅法什一爲常。言令民職之財用者，以其九職任萬民，使之出稅，故云令民職之財用。云以九式均節邦之財用者，九式所以用九賦，使均平有節，故云均節邦之財用。云掌國之官府者，案《大宰》九賦一曰邦中，二曰四郊，此不言邦中而言官府者，以官府在邦中，故舉官府以表邦中。其實官府不出賦也。云郊野、縣都之百物財用者，以其民之出賦，不必皆使出泉，以百物當之亦得，故《大宰》云九賦斂財賄，則此百物、財用一也。但九式用九賦，大宰均節而用之，此司會主鉤考，故亦言之矣。凡在書契版圖者之貳者，此書契版圖，下文司書掌其正，此司會主鉤考，故掌其副貳。云以逆羣吏之治者，羣吏謂朝廷官府下及羣都縣鄙羣臣之治，皆逆而鉤考之。云而聽其會計者，謂羣吏以會計文書送於司會者，司會皆聽斷之。注郊四至廣狹，釋曰：此九式用九賦，故以郊野已下依此《大宰》九賦次第以釋之。彼九賦一曰邦中之賦，當此官府，此郊當彼四郊之賦，據遠郊言之，故云去國百里。郊外曰野，大摠之言，故此野當彼三曰邦甸，去國二百里，又當彼四曰家稍，故鄭云甸去國二百里，稍三百里也。此經縣當彼五曰邦縣之賦，故云縣四百里。此經都即彼六曰邦都之賦，故云都五百里。云書謂簿書者，漢時以簿書記事，至於餘物記事，亦謂之簿書，故舉漢法而言也。契，其最凡也者，此之書契，即《小宰》八成取予以書契之類。最凡，謂計要之多少以爲契要。云版，户籍也者，漢之户籍，皆以版書之，故以漢法況。云圖，土地形象，田地廣狹者，下《司書》云土地之圖有其形象，即是民之田地廣狹多少，皆在於圖也。以參互攷日成，以月要攷月成，以歲會攷歲成。參互，謂司書之要貳，與職内之入，職歲之出。故書互爲巨。杜子春讀爲參互。攷，音考。疏：以參至歲成。釋曰：以參互考日成者，司會鉤考之官，以司書之等，相參交互，考一日之成。一日之中計筭文書也。以月要考月成者，月計曰要，亦與諸職參互，考一月成事文書也。以歲會考歲成者，歲計曰會，以一歲之會計考當歲成事文書。注參互至爲參互。釋曰：言參互，謂司書之要貳者，案《司書》職云：凡稅斂，掌事者受法焉，及事成，則入要貳焉。又案《職内》云掌邦之賦入。又案《職歲》云掌邦之賦出。云參互鉤考，明知有此三官，出内事共鉤考之。以周知四國之治，以詔王及冢宰廢置。周猶偏也。言四國者，本逆邦國之治，亦鉤考以告。疏：以周至廢置。釋曰：周，偏也。四國謂四方諸侯之國。偏知諸侯之治者，以是鉤考之官，須知諸侯得失，以此治職文書，以詔王及冢宰，有功者升進而置之，有罪者黜退以廢之。所詔告及冢宰者，以其冢宰者副貳王之治事，故并告之。注周猶至以告。釋曰：言四國者，本逆邦國之治者，案上云掌邦之六典，以逆邦國之治，逆即鉤考也，故云亦鉤考以告也。

《周禮注疏・天官・寺人》 寺人掌王之内人及女宮之戒令，相道其出入之事而糾之。内人，女御也。女宮，刑女之在宮中者。糾，猶割察也。相，息亮反，下及注同。道，徒報反，後同。疏：注内人至察也。釋曰：女宮，刑女之在宮中者，謂男女没入縣官爲奴者也。若有喪紀、賓客、祭祀之事，則帥女宮而致於有司，有司，謂宮卿世婦。疏：注有司至世婦。釋曰：知有司是宮卿世婦者，案《春官》宮卿《世婦》云：掌女宮之宿戒，及祭祀，比其具。此既言致於有司，明是男子官宮卿所掌女宮也，非是下文世婦之帥女宮者也。佐世婦治禮事。世婦，二十七世婦。疏：注世婦至世婦。釋曰：上云有司是宮卿世婦，恐此亦是彼世婦，故鄭云二十七世婦。以寺人是奄者，故得佐世婦治禮事。禮事即世婦所掌祭祀、賓客、喪紀之事是也。

《周禮注疏・天官・九嬪》 九嬪掌婦學之灋，以教九御婦德、婦言、婦容、婦功，各帥其屬而以時御敘于王所。婦德謂貞順，婦言謂辭令，婦容謂婉娩，婦功謂絲枲。自九嬪以下，九九而御於王所。九嬪者，既習於四事，又備於從人之道，是以教女御也。教各帥其屬者，使亦九九相與從於王所息之燕寢。御猶進也，勸也，進勸王息。亦相次敘。凡羣妃御見之法，月與后妃其象也。卑者宜先，尊者宜後。

女御八十一人當九夕，世婦二十七人當三夕，九嬪九人當一夕，三夫人當一夕，后當一夕，亦十五日而徧云。自望後反之。孔子云：日者天之明，月者地之理。陰契制，故月上屬爲天，使婦從夫放月紀。婉，於阮反。娩，音晚。見，賢遍反。月上，時掌反。放，方往反。疏：九嬪至王所。釋曰：云掌婦學之灋者，謂婦人所學之法，即婦德已下是也。言以時御敘于王所者，謂月初卑者爲始，望後尊者爲先是也。注婦德至月紀。釋曰：鄭知婦德謂貞順已下，義如此者，但此經雖有四事之言，無事别目。案《内則》云：姆教婉娩聽從，執麻枲，治絲繭，織紝組紃。故鄭此注婦德謂貞順，當彼聽從；此云婦容謂婉娩，還當彼婉娩也；此云婦功謂絲枲，還當彼執麻枲已下。惟婦言注與彼少異。此注以婦言謂辭令，彼《内則》注以婉爲言語，娩之言媚也，謂容貌也。不同者，以彼經無四事之言，故分婉娩爲二事，以充四德，此有四事之言，故并婉娩爲容貌，别以辭令解婦言。然彼以婉娩亦兼婦言者，以其言語婉順亦得爲容貌故也。云自九嬪以下，九九而御於王所者，欲見三夫人及后各當一夕，不爲九御也。言此者，釋經稱女御爲九御之意。云九嬪者，既習於四事，又備於從人之道，是以教女御也者，釋經使九嬪教女御之意。云既習於四事，即經婦德之等是也。云又備於從人之道，謂御序之事，即經各帥其屬以時御敘於王所是也。云各帥其屬者，使亦九九相與從於王所息之燕寢者，此釋經以時御敘於王所之事。云亦九九相與從王者，亦上居宫及以作二事，皆九人相配，故以亦之也。云御猶進也，勸也，進勸王息者，案《左傳》云：君子書以訪問，夜以安身。女者定男於夜，節宣其氣。故云勸王息也。云亦相次敘者，亦上居宫有次敘也。云凡羣妃御見已下，無正文，鄭以意消息，婦人者，陰象月紀，故月與后妃其象也。云卑者宜先，尊者宜後者，案《禮運》云：三五而盈，三五而闕。后以下法之，故從微嚮著，卑者宜先；從著嚮微，卑者宜後也。云亦十五日而徧云者，言亦者，亦上居宫。言云者，亦無正文，故以云疑之也。云孔子云已下者，《孝經援神契》文。但彼是孔子所作，故言孔子云也。云日者天之明者，本合在天。云月者地之理者，本合在地。今以陽尊而陰卑，月乃爲天契制所使，故云陰契制。上屬爲天使，是以月上屬於天，隨日而行。云婦從夫放月紀者，解后已下就王燕寢而御之意。

《周禮注疏·地官·司徒》 地官司徒第二。疏：《鄭目録》云：象地所立之官。司徒主衆徒。地者載養萬物，天子立司徒掌邦教，亦所以安擾萬民。釋曰：既言象地所立，則此六十官皆法地，與《天官》言象天義異矣。

惟王建國，辨方正位，體國經野，設官分職，以爲民極。疏：釋曰：六官皆有此敘者，欲見六官所主雖異，以爲民極是同故也。乃立地官司徒，使帥其屬而掌邦教，以佐王安擾邦國。教所以親百姓，訓五品。有虞氏五，而周十有二焉。擾亦安也，言饒衍之。疏：乃立至邦國。釋曰：此經所云爲立官之意，六官亦同有此語，唯地官司徒與安擾之字不同，欲見所主雖曰有殊，佐王之事是一故也。注教所至衍之。釋曰：云教所以親百姓者，案《尚書·舜典》云：帝曰：契，百姓不親，五品不遜，汝作司徒，敬敷五教，在寬。彼舜欲使契布五教，親百姓，遜五品，是鄭君所取義也。但五教據所施而言，五品據人品列有五，所從言之異，其義一也。云有虞氏五，而周十有二焉者，有虞氏五，即《舜典》所云敬敷五教。又文十八年云舜臣堯，舉八元，使敷五教於四方，父義、母慈、兄友、弟恭、子孝是也。而周十有二者，據《司徒》之職云一曰以祀禮教敬以下是也。案成王《周官》云司徒敷五典，擾兆民，則周亦有五教。而云至周十有二者，鄭據此《周禮》之文，言十二以對於虞，其實五中雖不含十二，亦含有五。云擾亦安也，言饒衍之者，以言饒益衍長，亦是安義。以其民爲邦本，不安則散，特須安而復安，故云擾亦安也。案：《天官》教典，鄭注擾爲馴者，以其司徒主教，教使馴順，馴亦是安之義也。

《周禮注疏·地官·大司徒》 施十有二教焉：一曰以祀禮教敬，則民不苟。二曰以陽禮教讓，則民不争。三曰以陰禮教親，則民不怨。四曰以樂禮教和，則民不乖。五曰以儀辨等，則民不越。六曰以俗教安，則民不偷。七曰以刑教中，則民不虣。八曰以誓教恤，則民不怠。九曰以度教節，則民知足。十曰以世事教能，則民不失職。十有一曰以賢制爵，則民慎德。十有二曰以庸制禄，則民興功。陽禮，謂鄉射飲酒之禮也。陰禮，謂男女之禮。昏姻以時，則男不曠女不怨。儀，謂君南面臣北面、父坐子伏之屬。俗，謂土地所生習也。愉，謂朝不謀夕。恤，謂災危相憂。民有凶患，憂之則民不解怠。度，謂宫室車服之制。世事，謂士農工商之事。少而習焉，其心安焉，因教以能，不易其業。慎德，謂矜其善德，勸爲善也。庸，功也。爵以顯賢，禄以賞功。故書儀或爲義，杜子春讀爲儀，謂九儀。争，争鬬之争。愉，音偷，又音揄。虣，薄報反。解，佳賣反。少，詩照反。疏：因此至興功。釋曰：上經云五地之物生，種植及民生處不同，是其常法。今此十二教亦因民之所常生之處施之，故云因此五物者之常，而施十二教也。云一曰以祀禮教敬，則民不苟者，凡祭祀者，所以追養繼孝，事死如事生。但人於死者不見其形，多有致慢，故《禮》云祭，極敬也。是以一曰以祀禮教敬。死者尚敬，則生事其親不苟且也。二曰以陽禮教讓，則民不争者，謂鄉飲酒之禮，酒入人身，散隨支體，與陽主分散相似，故號鄉射飲酒爲陽禮也。鄉飲酒即黨正飲酒之類是也。黨正飲酒之時，五十者堂下，六十者堂上，皆以齒讓爲禮，則無争，故云以陽禮教讓，則民不争也。三曰以陰禮教親，則民不怨者，以陰禮，謂昏姻之禮，不可顯露，故曰陰禮也。男女本是異姓，冕而親迎，親之也。親之也者，親之也，使之親己，是昏禮相親之義。昏姻及時，則男女無有怨曠，故云以陰禮教親，則民不怨也。四曰以樂禮教和，則民不乖者，自一曰至三曰已上，皆有揖讓周旋升降之禮，此樂亦云禮者，謂饗燕作樂之時，舞人周旋皆合禮節，故樂亦云禮也。凡人乖離，皆由不相和合，樂主和同民心，故民不乖也。

五曰以儀辨等，則民不越者，儀，謂以卑事尊，上下之儀有度，以辨貴賤之等，故云以儀辨等也。民知上下之節，不敢踰越，故云則民不越也。六曰以俗教安，則民不偷者，俗，謂人之生處習學不同，若變其舊俗，則民不安而爲苟且。若依其舊俗化之，則民安其業，不爲苟且，故云以俗教安，則不民偷，偷，苟且也。七曰以刑教中，則民不虣者，刑者，禁民虣亂。今明刑得所，民得中正，不爲虣亂，故云以刑教中，則民不虣也。八曰以誓教恤，則民不怠者，民有厄喪，教之使相憂恤，則民不懈怠也。九曰以度教節，則民知足者，度，謂衣服宫室之等尊卑不同，以此法度教之，使知節數，民知禮節，自知以少爲足，故云則民知足也。十曰以世事教能，則民不失職者，父祖所爲之業，子孫述而行之，不失本職，故云以世事教能，則民不失職也。十有一曰以賢制爵，則民慎德者，人有賢行，制與之爵，民皆謹慎，矜矜於善德，以求榮寵，故云以賢制爵，則民慎德也。十有二曰以庸制禄，則民興功者，庸，功也。人有功則制禄與之，民皆興其功業，故云則民興功也。此十二教，以重急者爲先，輕緩者爲後。注陽禮謂鄉射飲酒之禮也，陰禮謂男女之至九儀。釋曰：云陽禮，謂鄉射飲酒之禮者，以是陽禮而云教讓，其鄉射是州長射禮，鄉飲酒是黨正飲酒，皆有正齒位、飲酒爲敬讓之事，故知陽禮是二事。若然，鄉中有鄉射、鄉飲酒，以其州長黨正皆屬於鄉大夫，或鄉大夫所居州黨，故雖州長射、黨正飲酒亦號曰鄉也。云陰禮，謂男女之禮者，以其言陰，又云不怨，故知是男女昏姻之禮也。云昏姻以時，則男不曠女不怨者，此約《雄雉》詩序文：軍旅數起，大夫久役，男女怨曠，注云：國人久處軍役之事，故男女多怨曠也。男曠而苦其事，女怨而望其君子。此經直云不怨，據女而言，文不具顯，故鄭兼言曠也。若然，彼詩據舊成夫婦，此文據配合得時。時雖不同，若失時，怨曠不異，故引爲證也。云儀，謂君南面臣北面、父坐子伏之屬者，案《易乾鑿度》云：不易也者其位，天在上，地在下，君南面，臣北面，父坐子伏，此其不易也。鄭依此言其不易也。仍有天地不易，不言，故云之屬以兼之也。云俗，謂土地所生習也者，謂若《下曲禮》云君子行禮，不求變俗。居喪之禮，哭泣之位，皆如其國之故，而審行之，是其故俗所習也。云偷，謂朝不謀夕者，案《春秋左氏》襄公三十一年，穆叔至自會，見孟孝伯，語之曰：趙孟將死矣，其語偷。又孝伯曰：人生幾何，誰能無偷。朝不及夕，將焉用樹？穆叔出而告人曰：孟孫將死矣。吾語諸趙孟之偷也，而又甚焉。昭元年，天王使劉定公勞趙孟於潁，館於洛汭。劉子曰：美哉禹功，明德遠矣。微禹，吾其爲魚乎！吾與子弁冕端委以治民，臨諸侯，禹之力也。子盍遠績禹功而大庇民乎？對曰：老夫罪戾是懼，焉能恤遠。吾儕偷食，朝不謀夕，何其長也。劉子歸以語王，曰：諺所謂老將智而耄及之者。以此而言之，鄭似依昭元年《傳》也。云恤，謂災危相憂，民有凶患，憂之則不懈怠者，災危凶憂謂若遭水旱之災，歲凶，年穀不登，有無相濟，是其相憂令不懈怠也。云度，謂官室車服之制者，謂若《典命》云上公九命，國家宫室車旗衣服禮儀，及侯伯子男已下各依命數，是其制度也。云世事，謂士農工商之事，少而習焉，其心安焉，因教以能，不易其業者，案《齊語》云：桓公曰：成民之事若何？管子曰：四民者勿使雜處，雜處則亂。昔聖王處士就閑燕，處工就官府，處商就市井，處農就田野。又云：士之子恒爲士，工之子恒爲工，商之子恒爲商，農之子恒爲農。少而習焉，其心安焉。是世事也。云慎德，謂矜其善德，勸爲善者，民能矜矜然求其善德，又相勸爲善也。云庸，功也者，此經云以庸制禄，《司士》云以功詔禄，庸即功，其理同也。云故書儀或爲義，杜子春讀爲儀者，不從故書讀，從《大宗伯》九儀，一命至九命作伯也。【略】以土均之灋辨五物九等，制天下之地征，以作民職，以令地貢，以斂財賦，以均齊天下之政。均，平也。五物，五地之物也。九等，騂剛、赤緹之屬。征，税也。民職，民九職也。地貢，貢地所生，謂九穀。財，謂泉穀。賦，謂九賦及軍賦。騂，雖營反。緹，音低。疏：以土均之法辨五物者，即上山林川澤之等是也。云九等者，據五地之内分爲九等之地，騂剛、赤緹之屬，其種所宜不同也。云制天下之地征者，言天下則并畿外邦國所税入天子而言也。此地征與下爲目也。以作民職者，民有職業，乃可税之。云以令地貢者，地貢即九職之税也。云以斂財賦者，斂財即大宰九賦斂財賄，一也。既言財又別言賦者，欲見財既爲九賦斂財，賦中又兼有軍賦，故財賦殊言之。云以均齊天下之政者，大司徒以法均齊之，天下皆使依法，故云均齊天下之政也。注均平至軍賦。釋曰：九等知是騂剛之屬者，但地或云十等，或云五地，或云十二土，皆無云九等者，案《草人》職云：騂剛、赤緹之屬有九等，皆是地勢所宜糞種之法，故鄭以騂剛、赤緹之屬解之。云地貢，貢地所生，謂九穀者，案：大宰以九職任萬民，即云一曰三農生九穀，此經云以作民職，爲九職，即云令地貢，明貢是九穀可知。云財，謂泉穀者，案《大宰》云以九賦斂財賄，彼注亦云財，泉穀，則以泉穀當賦泉之數也。云賦，謂九賦及軍賦者，以經云財賦，不得爲一事解之。今鄭以賦爲軍賦者，則賦中兼軍賦，謂甲士三人、步卒七十二人之等。

又：凡建邦國，以土圭土其地而制其域：諸公之地，封疆方五百里，其食者半；諸侯之地，封疆方四百里，其食者參之一；諸伯之地，封疆方三百里，其食者參之一；諸子之地，封疆方二百里，其食者四之一；諸男之地，封疆方百里，其食者四之一。土其地，猶言度其地。鄭司農云：土其地，但爲正四方耳。其食者半，公所食租税得其半耳，其半皆附庸小國也，屬天子參之一者亦然。故《魯頌》曰：錫之山川，土地附庸。奄有龜蒙，遂荒大東，至于海邦。《論語》曰：季氏將伐顓臾，孔子曰：先王以爲東蒙主，且在邦域之中，是社稷之臣。此非七十里所能容，然則方五百里四百里合於《魯頌》、《論語》之言。諸男食者四之一，適方五十里，獨此與今五經家説合耳。玄謂其食者半、參之一、四之一者，土均均邦國地貢輕重之等。其率之也，公之地以一易，侯伯之地以再易，子男之地以三易，必足其國禮俗喪紀祭祀之用，乃貢其餘。若今度支經用，餘爲司農穀矣。大國貢重，正之也。小國貢輕，字之也。凡諸侯爲牧正帥長及有德者，乃有附庸，爲其有禄者當取焉。公無附庸，侯附庸九同，伯附庸七同，子附庸五同，男附庸三同。進則取焉，退則歸焉。魯於周法不得有附庸，故言錫之也。地方七百里者，包附庸，以大言之也。附庸二十四，言得兼此一等矣。疆，居良反，下同。顓，之宣反。臾，音榆。率，音律，又音類，後注同。正之，音征。字，如字，一音玆。爲其，于僞反。疏：凡建至之一。釋曰：上經既陳天子之國并畿内千里，此經説諸侯邦國，故云凡建邦國，以土圭土其地。土猶度也，以土圭度其地。假令封上公五百里，國北畔立八尺之表，夏至晝漏半，得尺五寸景，與土圭等，南畔得尺四寸五分，其中減五分。一分百里，五分則五百里。減四分則四百里封侯，減三分則三百里封伯，減二分則二百里封子，減一分則一百里封男，是土其地之法。而制其域者，自上公五百里已下，境界皆有營域封圻。云諸公之地，封疆方五百里，其食者半者，言天子封公以五百里之地，其一國之税天子食其半。云諸侯之地，封疆方四百里，其食者參之一者，謂三分之，天子食其一分。云諸伯之地，封疆方三百里，其食者參之一者，亦與侯同。云諸子之地、諸男之地皆云四之一者，謂揔得一國之税，四分之，天子食其一分，故云其食者四之一。其天子所食者，皆謂諸侯市取美物以貢天子，即《大宰》九貢是也。其公之税有半，侯伯有三之二，子男有四之三，皆自入充國家畜積禮俗喪紀之用也。注土其至等矣。釋曰：土其地，猶言度其地者，案：上經以土圭之法測土深，測猶度也，此經云以土圭土其地，以土正當測處，故云土其地猶言度其地也。司農云，土其地，但爲正四方耳者，司農意，案上經天子度取土中，此封諸侯但正四方而已，不求土中，故云但爲正方，謂五百里四百里之等。云其食者半，公所食租税得其半耳，其半皆附庸小國也，屬天子參之一亦然者，司農意，以經云其食者半，與參之一、四之一皆自食，其餘並入天子，故云其食者半，公所食租税得其半耳，其半皆附庸小國也，屬天子。參之一亦然。先鄭雖不云四之一，司農意亦四分分之，三分入天子，一分自食。司農之義於經文雖似通，若然，則大國貢輕，次國小國貢重，非字小之法，於義不可，故後鄭不從。引《魯頌》曰錫之山川已下至社稷之臣，此司農之意，上公已下盡有附庸，魯雖侯爵，受五百里之國，《明堂位》云七百里者，五百里外並是附庸，即公五百里者亦半爲附庸，故上注云其半皆附庸是也。云此非七十里所能容者，司農之意，見孟子、何休之徒言周之制無五百里四百里國，魯國唯有七十里而已，故破諸家，據《魯頌》、《論語》非七十里之所能容也。云然則方五百里四百里合於《魯頌》、《論語》之言者，司農據此經公五百里侯四百里與《魯頌》、《論語》合，亦是破諸家之意。云諸男食者四之一，適方五十里者，司農意，男國百里，開方得五十里者四。經云其食者四之一，謂三分入天子，一分自食，所食者唯有五十里。云獨此與今五經家說合耳者，五經家謂若張苞、何休、孟子等，皆以爲周法公侯方百里，伯七十里，子男五十里，故男食五十里，是與五經家說合。若自子已上以百里七十里國，於此經二百里已上四之一、三之一不合，故直舉男地而言。玄謂其食者半、參之一、四之一者，土均均邦國地貢輕重之等者，案下《土均》云均地貢，均即此所均征税邦國地貢輕重是也。云其率之也，公之地以一易，侯伯之地以再易，子男之地以三易者，其民受地，有一易再易，故此諸侯之地，據貢入天子以耕之者，入諸侯者以易而不耕者，故以公之地貢半，似二百畝佃半也。侯伯之地三之一貢入天子，似家三百畝佃百畝，留二分，似荒廢者也。子男之地以三易，四之一貢與天子，似家得四百畝，佃百畝，留三分，似三百畝不耕者也。民但家無三易之地，直以況義耳。云必足其國禮俗喪紀祭祀之用，乃貢其餘者，後鄭意，釋公國貢半已下漸少之意。言公受地廣，税物多，但留半自用，即足其國禮俗喪紀及畜積之用，故以半爲餘貢入天子。其侯伯受地差少，則其税亦少，故三分之二留自用乃足其國，以一分爲餘貢入天子。其子男受地又少，其税轉少，故四分之乃足其國，亦以一分爲餘貢入天子。注雖不言畜積，但言足其國，明畜積在中乃得云足，故《王制》云國無九年之畜曰不足是也。云若今度支經用，餘爲司農穀矣者，度支經用，似國家喪紀所用。餘爲司農穀矣者，入天子，故據漢法以況之。云大國貢重，正之也，小國貢輕，字之也者，謂若四之一是也。字，愛也，謂愛小國之法。若然，三之一者是不輕不重。後鄭言此者，破先鄭其食者四之一，三分貢與天子，三之一者，二分貢與天子，非字小之法。又見采地之税四之一，一分貢與天子，故不從先鄭之義。云凡諸侯爲牧正帥長及有德者，乃有附庸者，案《王制》云：五國以爲屬，屬有長；十國以爲連，連有帥；三十國以爲卒，卒有正；二百一十國爲州，州有伯。伯即牧也。此牧正帥長皆是有功諸侯乃得爲之，有功即有附庸。又諸侯有德，雖不爲牧正帥長，亦得有附庸，故鄭總云諸侯牧正帥長及有德者乃有附庸焉。云爲其有禄者當取焉者，謂取間田爲附庸以爲禄也。云公無附庸者，以其天子畿方千里，上公五百里，地極，故無附庸也。云侯附庸九同者，以其侯有功，進受公地。但公五百里，開方之，方百里者五五二十五，侯四百里，開方之四四十六，加九同則爲二十五同，與公等，故知侯附庸九同。云伯附庸七同者，伯地三百里，三三而九，加七同則爲十六同，與侯等，故知伯附庸七同也。云子附庸五同，男附庸三同者，以其子有功進受伯地，加五同與伯等。男有功受子地，男本一同，加三同與子等。開方之皆可知。云進則取焉，退則歸焉者，進則取焉謂附庸者，退則歸焉者謂爲間田者也。故《王制》一州之内二百一十國，其餘以爲附庸間田，併言之矣。云魯於周法不得有附庸，故言錫之也者，魯雖爲侯爵，以其王子母弟，雖爲侯伯，畫服如上公，受五百里之地，與上公等。成王以周公制典法之勳，賜魯以侯伯子男四等附庸，故《明堂位》云地方七百里。鄭云方七百里者包附庸，以大言之也，又云附庸二十四，言得兼此四等矣者，魯本五百里，四面各加百里，四五二十，即二十同，四角又各百里，爲四同，故云附庸二十四。言周公有德，兼侯九同、伯七同、子五同、男三同，故云兼此四等矣。凡言同者皆百里，地百里則爲國，周法不滿百里乃爲附庸。今皆名附庸爲同者，但附庸實不滿百里，積集附庸成同，并數之矣。假令男附庸三同，附庸國則多矣，據成周而言三耳。自餘五同七同已上，其義可知也。

又：以荒政十有二聚萬民：一曰散利，二曰薄征，三曰緩刑，四曰弛力，五曰舍禁，六曰去幾，七曰眚禮，八曰殺哀，九曰蕃樂，十曰多昏，十有一曰索鬼神，十有二曰除盜賊。荒，凶年也。鄭司農云：救飢之政，十有二品。散利，貸種食也。薄征，輕租稅也。弛力，息繇役也。去幾，關市不幾也。眚禮，《掌客》職所謂凶荒殺禮者也。多昏，不備禮而娶，昏者多也。索鬼神，求廢祀而修之，《雲漢》之詩所謂靡神不舉，靡愛斯牲者也。除盜賊，急其刑以除之，飢饉則盜賊多，不可不除也。杜子春讀蕃樂爲藩樂，謂閉藏樂器而不作。玄謂去幾，去其稅耳。舍禁，若公無禁利。眚禮，謂殺吉禮也。殺哀，謂省凶禮。弛，式氏反。舍，音捨。殺，所界反，徐所例反，注同。蕃，方袁反。疏：以荒至盜賊。釋曰：言以荒政十有二者，上經見分地職，則有年穀不熟之時，恐民離散，故以救荒之政十有二條以聚萬民，使不離散。一曰散利者，謂豐時聚之，荒時散之。積而能散，使民利益，故云一曰散利。二曰薄征者，薄，輕也。征，稅也。謂輕其稅。三曰緩刑者，謂凶年犯刑，緩縱之。四曰弛力者，弛放其力役之事。五曰舍禁者，山澤所遮禁者，舍去其禁，使民取蔬食。六曰去幾者，幾謂呵禁，謂關市去稅而幾之。七曰眚禮者，謂吉禮之中眚其禮數。八曰殺哀者，謂凶禮之中殺其禮數。九曰蕃樂者，蕃謂閉藏樂器而不作。十曰多昏者，謂凶荒殺禮，昏者多。十有一曰索鬼神者，謂凶年禱祈，搜索鬼神而禱祈之。十有二曰除盜賊者，凶年盜賊多，急其刑以除之。注荒凶至凶禮。釋曰：《下曲禮》云歲凶，年穀不登，即此一荒也，故云荒，凶年也。鄭司農云救飢之政十有二品者，年穀不熟而民飢，故設政教以救之，故云救飢之政十有二品。十二品即十二條，各有品列而不同。云散利，貸種食也者，謂豐時斂之，凶時散之，其民無者，從公貸之。或爲種子，或爲食用，至秋熟還公。據公家爲散，據民往取爲貸，故云散利貸種食。云薄征，輕租稅也者，案《司稼》云巡野，觀稼出斂法，注云：豐年從正，儉有所殺，若今十傷二三，實除減半。是輕租稅也。云弛力，息繇役也者，案《均人》云豐年，則公均用三日。中年，則公均用二日。無年，則公均用一日，此云弛力，謂人食不能二鬴之歲，則移民就穀，無力役之事。故《均人》又云凶札則無力政財賦是也。云去幾，關市不幾者，此後鄭不從，以其雖凶年，猶幾呵，但去稅而已。云眚禮，《掌客》職所謂凶荒殺禮者也，則後鄭不從者，《掌客》所云凶荒殺禮，其總目語，無所指斥，故鄭以爲眚吉禮。云多昏，不備禮而娶，昏者多也者，昏禮有六，并有玄纁束帛，凶荒爲昏，不可備行此禮，使有女之家得減口數，有男之家易得其妻，故娶昏者多也。云索鬼神，求廢祀而修之者，年有凶灾，鬼神不佑。經云索鬼神，謂搜索鬼神而祭之，是求廢祀而修之。求廢祀而修之，即《雲漢》之詩靡神不舉是也。連引靡愛斯牲者，見索鬼神是祈禱之事，須牲體以薦之。案《左氏》莊二十五年《傳》云：天灾，有幣無牲。此詩云靡愛斯牲者，若天灾之時，祈禱無牲，災成之後，即有牲體，故云靡愛斯牲。云除盜賊，急其刑以除之，饑饉則盜賊多，不可不除也者，上文既言緩刑，其餘盜賊用急刑，乃上下文爲妨，故鄭云饑饉則盜賊多，不可不除，故須急其刑以除之。杜子春云讀蕃樂爲藩樂，謂閉藏樂器而不作者，經云蕃者，是蕃育之字，故讀從藩，是藩閉之字。案《大司樂》云大凶大烖，令弛縣，注云：弛，釋下之，若今休兵鼓之爲。彼又云：日月食，四鎮五嶽崩，諸侯薨，令去樂。注云：去樂，藏之。引《春秋傳》曰壬午猶繹，萬入去籥，萬言入，則去者不入，藏之可知。彼之二文云令弛縣，據路寢常縣之樂，釋下之；去樂，據廟中祭時暫縣之樂，去而藏之。此云藩樂，謂閉藏樂器，據廟中祭祀，藏去樂器而不作。若然，祭祀不作，明路寢常縣亦釋下之，互見其義。玄謂去幾，去其稅耳者，破先鄭之義全不幾。後鄭必直去其稅猶幾之者，案《司關》云：國凶札，則無門關之征，猶幾，明知司農之義非。云舍禁，若公無禁利者，案：《左傳》襄公九年冬，公會晉侯伐鄭，同盟于戲。晉侯歸，謀所以息民。魏絳請施舍，輸積聚以貸，自公以下，苟有積者盡出之。國無滯積，亦無困人，公無禁利。杜注云與民共是也。云眚禮，謂殺吉禮也，云殺哀，謂省凶禮者，此破司農之義。司農引《掌客》職凶荒殺禮證眚禮。後鄭之意，凶荒殺禮是揔目之言，不專於吉禮。鄭知眚禮專是吉禮者，以其下有殺哀，與眚禮相對，故知眚禮專是吉禮也。案：襄公二十四年，冬，大饑，《穀梁傳》云：五穀不升，爲大饑。一穀不升謂之嗛，二穀不升謂之饑，三穀不升謂之饉，四穀不升謂之康，五穀不升謂之大侵。大侵即大饑，一也。又案《廩人》云：人食四鬴，上也，三鬴，中也，二鬴，下也。若食不能人二鬴，則令移民就穀。不能人二鬴之歲，即是大饑年也。此云荒政者，亦據大凶年爲義。案《均人》云凶札無力政財賦，此既據大饑，猶云薄征者，此經雖主大饑，兼記一穀二穀不熟之歲，故有輕稅也。此鄭云荒，凶年，則荒與凶一也。案：《大司樂》大札、大荒、大凶，荒凶別者，其實凶荒是一，故《宗伯》云以荒禮哀凶札，是凶荒不異。《司樂》凶荒別文者，以凶爲凶年，以荒爲荒亂，兼見斯義，故凶荒別文也。**以保息六養萬民：一曰慈幼，二曰養老，三曰振窮，四曰恤貧，五曰寬疾，六曰安富。**保息，謂安之使蕃息也。慈幼，謂愛幼少也。產子三人與之母，二人與之餼，十四以下不從征。養老，七十養於鄉，五十異粻之屬。振窮，抍捄天民之窮者也。窮者有四，曰矜、曰寡、曰孤、曰獨。恤貧，貧無財業稟貸之。寬疾，若今癃不可事，不筭卒，可事者半之也。安富，平其繇役，不專取。少，詩照反。抍，音拯。捄，音救，本亦作拯救。矜，古頑反。癃，音隆。卒，子忽反。疏：以保至安富。釋曰：上經既陳凶荒不安之事，故此以陳安養萬民之道。

云以保息六養萬民者，民不安即不得蕃息，安則蕃息。保，安也。民使蕃息有六條，以養萬民，故云以保息六養萬民也。保息至專取。釋曰：云產子三人與之母，二人與之餼，皆是《越語》。范蠡欲速報吴，爲此權禮，使國民衆多，故令國人壯者無取老婦，老者無取壯妻。女子十七不嫁，父母有罪；丈夫二十不娶，亦罪其父母。生丈夫，二壺酒，一犬，生女子，二壺酒，一豚。生三人，公與之母，生二人，與之餼。引之者，見其愛幼少之法，不必盡如其禮。云十四以下不從征者，案《鄉大夫》職，國中七尺，野自六尺，皆從征。案：《論語》云可以託六尺之孤，注云：六尺謂年十五。則十五從征，十四以下不從征可知，亦是愛幼之事也。云養老，七十養於鄉者，案《王制》云：五十養於鄉，六十養於國，七十養於學。彼謂大夫士也。《王制》又云凡三王養老，皆引年，注云：已而引户校年，當行復除也。老人衆多，非賢者不可皆養。故《食貨志》云七十已上上所養也。此云七十養於鄉，亦謂有賢行者也。云五十異粻之屬者，是《王制》文。《禮記》常法，庶人食稷，士兼食黍，大夫又加以粱。今雖庶人，至五十，或與士大夫同食黍粱，故云異粻。云振窮，抍救天民之窮者也。窮者有四，曰矜，曰寡，曰孤，曰獨者，案《王制》云：老而無妻者謂之矜，老而無夫者謂之寡，少而無父者謂之孤，老而無子者謂之獨。鄭依此而言。此四者，天民之窮而無告者也，皆有常餼，故曰振窮。云恤貧，貧無財業稟貸之者，案《旅師》云：凡用粟，春頒而秋斂之。注云：困時施之，饒時收之。是其恤貧之法，故云無財業稟貸之。云寬疾，若今癃不可事，不筭卒者，漢時癃病不可給事，不筭計以爲士卒，若今癈疾者也。云可事者半之也者，謂不爲重役，輕處使之，取其半功而已，似今殘疾者也。是其寬饒疾病之法。云安富，平其繇役，不專取者，言繇役均平，又不專取，則富者安，故云安富也。以本俗六安萬民：一曰媺宫室，二曰族墳墓，三曰聯兄弟，四曰聯師儒，五曰聯朋友，六曰同衣服。本獨舊也。美，善也。謂約椓攻堅，風雨攸除，各有攸宇。族猶類也。同宗者，生相近，死相迫。連猶合也。兄弟，昏姻嫁娶也。師儒，鄉里教以道藝者。同師曰朋，同志曰友。同猶齊也。民雖有富者，衣服不得獨異。媺，音美。聯兄弟，一本作聚兄弟。椓，陟角反。疏：以本至衣服。釋曰：上經陳養萬民之法，此經説安民庶之道。以本俗六安民者，本，舊也。不依舊俗創立制度，民心不安，若依舊俗，民心乃安，故以本俗六條以安民也。注本猶至獨異。釋曰：云謂約椓攻堅，風雨攸除，各有攸宇者，此《斯干》美宣王之詩也。案彼詩云約之閣閣，約謂擱土。椓之橐橐，椓謂築之，橐橐用力，是其約椓攻堅。攸，所也。能使風雨所除。宇，居也。君子小人各有所居。引之者，證美宫室也。經云媺宫室，明不使華美，故以攻堅解之。云族猶類也。同宗者，生相近，死相迫者，案《左氏傳》云非我族類，其心必異，族類是一，故云族猶類也。經云族墳墓，是死相迫，明生時居住相近可知，故鄭云同宗者生相近，死相迫也。云連猶合也。兄弟，昏姻嫁娶也者，案《爾雅·釋親》云父之黨爲宗族，母與妻黨爲兄弟，則兄弟之名施於外親爲正。又案《喪服記》兄弟皆在外邦及與兄弟居，彼皆據同宗小功已下。知此兄弟是昏姻，非是同宗者，見上云族墳墓是同宗，明此兄弟施於外姓昏姻，故《爾雅》又云婦之黨爲昏兄弟。夫婦相名亦爲兄弟，故《曾子問》曰不得嗣爲兄弟，是以知兄弟是婚姻也。云師儒，鄉里教以道藝者，以其鄉立痒，州黨及遂皆立序，致仁賢者，使教鄉閭子弟。鄉閭子弟皆相連合，同就師儒，故云連師儒也。又案《保氏》職掌養國子以道，故云教以道藝也。云同師曰朋，同志曰友者，案《學而》云有朋自遠方來，是朋者在學之稱。此友與朋連文，則亦是在學之稱。且此朋友之文復在師儒之下。但朋疏而多，友親而少，故云同師曰朋，同志曰友。此朋友據在學。案《尚書·泰誓》，武王云我友邦冢君，是謂諸侯爲友。《洛誥》云孺子其朋，謂羣臣爲朋，朋友之文，所施廣矣。鄭君皆望文爲義，是以所注不同也。云同猶齊也。民雖有富者，衣服不得獨異者，士已上衣服皆有采章，庶人皆同深衣而已，故云民雖有富者，衣服不得獨異，並皆齊等也。

《周禮注疏·春官·内史》 内史掌王之八枋之灋，以詔王治。一曰爵，二曰禄，三曰廢，四曰置，五曰殺，六曰生，七曰予，八曰奪。大宰既以詔王，内史又居中貳之。柄，本又作枋，兵病反。治，直吏反，下同。疏：内史至曰奪。釋曰：按：大宰有誅無殺，此有殺無誅者，誅與殺相因，欲見爲過不止則殺之。假令過失已麗於法，内之圜土。《司圜》職云掌收教罷民，又云不能改而出圜土者，殺之，是因過而致殺也。八者不與大宰次第同者，亦欲見事起無常，故不依本也。

《周禮注疏·春官·御史》 御史掌邦國都鄙及萬民之治令，以贊冢宰。王所以治之令，冢宰掌王治。治，直吏反，注及下凡治同。疏：御史至冢宰。釋曰：天官冢宰，六典治邦國，八則治都鄙及畿内萬民之治。今此御史亦掌之以贊佐，故同其事。凡治者受灋令焉。爲書寫其治之法令，來受則授之。疏：凡治至令焉。釋曰：言凡，語廣，謂外内官所有治職者，皆御史書王之法令，授與受者，故言凡以該之也。掌贊書。王有命，當以書致之，則贊爲辭，若今尚書作詔文。疏：注王有至詔文。釋曰：謂若今出詔勑之書，是王有命頒下於外，其詔勑書，則御史贊王爲此書，故云掌贊也。

（宋）鄭樵《通志》卷六二《食貨略·鬻爵》 漢孝文時，晁錯説上曰：欲人務農，在扵貴粟。貴粟之道，在扵使人以粟為賞罰。今募天下入粟縣官，得以拜爵，得以除罪，如此富人有爵，農人有錢，粟有所洩。夫能入粟以受爵，皆有餘者也，取有餘以供上用，則貧人之賦可損，所謂以有餘補不足，令出而人利者也。順扵人心，所補者三：一曰主用足，二曰民賦少，三曰勸農功。爵者，上之所擅，出扵口而無窮。粟者，人之所種，生於地而不乏。夫得高爵與免罪，人之所甚欲也。使天下人入粟於邊，以受爵免罪，不過三歲，塞下之粟必多矣。於是從錯之言，令人入粟邊，六百石爵上造，第二等爵。稍增至四千石為五大夫，第九等爵。萬二千石為大庶長，第十八等爵。各以多少級數為差。錯復奏言：陛下幸使天下入粟，塞下以拜爵，甚大惠也。竊恐塞卒之食，不足用大洩天下粟。邊食足以支五歲，可令入粟郡縣矣。入諸郡縣以備凶災。足支一歲以上，可時赦，勿收農人租。如此德澤加於萬民矣。上從之。孝景帝時，上郡以西旱，復修賣爵令，而裁其價以招人，裁謂減省。及徒復作，得輸粟於縣官以除罪。孝武帝元朔元年，外事四夷，內興功利，國用空竭，乃募人能入奴婢以終身復，為郎增秩，及入羊馬為郎，始於此。五年，有司議，令民得買爵及贖禁錮免減罪，請置賞官，名曰武功爵。《茂陵中書》有武功爵，一級曰造士，二級曰閑輿衛，三級曰良士，四級曰元戎士，五級曰官首，六級曰秉鐸，七級曰千夫，八級曰樂卿，九級曰執戎，十級曰政戾庶長，十一級曰軍衛。此武帝所置，以寵軍功也。顏師古云：此下云級十七萬，凡直三十餘萬金。《茂陵書》止十一級，皆前漢之制。至後漢和帝依級散其賞，曰乃故制軍功也。則計數不足，與本文乖矣。或者《茂陵》之書不説盡也。級十七萬，凡直三十餘萬金。請買武功爵官首者，試補吏，先除千夫如五大夫。五大夫者，舊二十等爵之第九級也。至此以上始免徭役，故每先選以為吏。千夫者，乃武功十一等爵之第七也，亦得免役，今則先除為吏，比於五大夫也。其有罪又減二等爵，得至樂卿。樂卿者，乃武功爵第八，言買爵惟得至第八。以崇軍功，軍功多用超等，大者封侯卿大夫，小者郎吏。吏道雜而多端，然官職耗廢矣。元鼎初，豪富皆爭匿財，不助縣官，惟卜式數求入財。天子乃超拜式為中郎，賜爵左庶長，田十頃，布告天下，以風百姓。始令吏得入粟補官，郎至六百石。後桑弘羊請令民得入粟補官及罪人贖，令民能入粟甘泉各有差，以復終身。所忠又言，世家子弟富人，或鬭雞、走狗、弋獵、博戲，亂齊民，乃徵諸犯，令相引數千人，名曰株送徒，入財者得補郎。後漢孝安永初三年天下水旱，用度不足，三公奏請令吏民入穀，得關內侯。靈帝懸洪都之榜，開賣官之路，公卿以降悉有等差。廷尉崔烈入錢五百萬以買司徒，刺史二千石遷除，皆責助理宮室錢，大都至二三千萬錢，不畢至，自殺。羊續為太尉，時拜三公者，皆輸東園禮錢千萬，令中使督之，名為左騶，其所往輒迎致禮，厚加贈賂。續乃坐使人於單席上，舉緼袍以示之。晉武帝太康三年，問劉毅曰：卿以吾可方漢何主也？對曰：桓靈之主。帝曰：吾雖德不及古人，猶克己為理，南平吳會，一同天下，方之桓靈，不亦甚乎？對曰：桓靈賣官錢入官庫，陛下賣官錢入私門。以此言之，乃不如也。後魏明帝孝昌二年，初承喪亂之後，倉廩空虛，遂班入粟之制，輸粟八千石賞散侯，六千石散伯，四千石散子，三千石散男。職人輸七百石賞一大階，授以實官，白人輸五百石，聽依第出身，千石加一大階。諸沙門有輸粟四千石入京倉者，授本州統，各有差。唐至德二年七月，宣諭使、侍衛史鄭叔清奏：承前諸使下召納錢物，多給空名告身，雖假以官，賞其忠義，猶未盡才能。今皆量文武才藝奏聞，便寫告身。諸道士、女道士及僧尼如納錢，請准勑迴授，餘人并情願還俗，授官勳邑號等，亦聽。又准敕納錢百千文與明經出身，如曾受業粗通帖策，修身慎行，鄉曲所知者，量減二十千文。如先經舉送到省落第者，減五十千文。若粗識文字者，准元敕處分。未曾讀學不識文字者，加三十千。其商賈准令所在收税，如能據所有資財，十分納四助軍者，便與終身優復。如於敕條外有悉以家產助國，嘉其竭誠，待以非次。如先出身及官資，並量資歷好惡，各據本條格例節級，優加擬授。如七十以上情願授致仕官者，每色內量十分減二分錢。時屬幽寇內侮，天下多虞，軍用不充，權為此制，尋即停罷。

（宋）鄭樵《通志》卷六二《食貨略·榷酤》 漢孝武天漢三年，初榷酒酤。孝昭始元末，丞相車千秋奏罷酒酤。賣酒，斗四錢。孝元時，賈捐之上書曰：昔孝文時天下人賦四十，丁男三年而一事。今天下人賦數百，造鹽鐵榷酒之利以佐用度，猶不能足，而人困矣。王莽時，義和魯匡言：名山、大澤、鹽、鐵、錢、布、帛、五均賒貸，斡在縣官，惟酒酤獨未斡。請法古，令官作酒，以二千五百石為一，率開一壚以賣，壚謂賣酒之區也，以其一邊高，形如壚，故取其名也。月讎五十釀為准，一釀用麤米二斛，麴一斛，得成酒，六斛六斗。除米麴本價，計其利而什分之，以其七入官，其三及糟截灰炭，截，酢醬也。截，才伐反。給工器薪樵之費。於是置命士，督五均六斡，而人愈病。陳文帝天嘉中，虞荔等以國用不足奏請榷酤，從之。隋文帝開皇三年，罷酒坊，與百姓共之。唐廣德二年十二月，敕天下州，各量定酤酒戶，隨月納稅。除此外，不問官私，一切禁斷。大曆六年二月，量定三等，逐月稅錢，並充市絹進奉。建中三年，制，禁人酤酒，官司置店自酤，收利以助軍費。

（宋）鄭樵《通志》卷六二《食貨略·算緡》 漢孝武元狩四年，自作皮幣，鑄白金。後商賈以幣之變，多積貨逐利。於是公卿言商賈之衆，貧者蓄積無有，皆仰縣官。異時筭軺車，賈人緡錢，皆有差，請筭如故。緡，絲也，以貫錢，一貫千文，出二十為筭也。《詩》云：維絲伊緡。軺，小車也。諸賈人末作，貰貸買賣，居邑貯積諸物，及商人取利者，雖無市籍，各以其物自占，占，隱度也。各隱度其財物多少而為名簿，送之於官也。占，音之贍反。率緡錢二千而算一。率計有二千錢者，則出一筭也。諸作有租及鑄，以手力所作而賣也。率緡錢四千而算一。非吏比者，三老，北邊騎士，軺車一筭，比，例也。身非為吏之例，非為三老，非為北邊騎士，而亦有軺車，皆令之出一筭。商賈人軺車二筭，船五丈以上一算。匿不自占，占不悉，戍邊入緡錢有能告者，以其半畀之。天子既下緡錢令而尊卜式，百姓終莫分財佐縣官，於是楊可告緡徧天下，中家以上大抵皆遇告。憲司理之，獄少反者。得民財物以億計，奴婢十萬數，田大縣數百頃，小縣百餘頃，宅亦如之。初，大農管鹽鐵官布多，置水衡，欲以主鹽鐵。及楊可告緡，上林財物衆，乃令水衡主上林。上林既充滿益廣，乃分緡錢諸官。而水衡、少府、大農、太僕，各置農官，往往即郡縣比沒入田田之。其沒入奴婢，分諸苑養狗馬禽獸及與諸官。其後令吏得入粟補官，及罪人贖入粟甘泉，不復告緡。晉自過江，至於梁陳，凡貨賣奴婢、馬牛、田宅，有文券，率錢一萬輸估四百入官，賣者三百，買者一百。無文券者，隨物所堪，亦百分收四，名為散估。歷宋、齊、梁、陳，如此為常。以人競商販，不為田業，故使均輸，欲為懲勵，雖以此為辭，其實利在侵削。此亦筭緡之類。

（宋）鄭樵《通志》卷六二《食貨略·雜稅》 漢高帝十一年，令諸侯王、通侯，常以十月朝獻，及郡各以其口數率人歲六十三錢，以給獻費。孝武元光六年冬，初算商車。太初四年冬，行回中，徙弘農都尉治武關，稅出入者，以給關吏卒食。孝昭元鳳六年，令郡國無斂今年馬口錢。往時有馬口出斂，今省之，所謂租六畜。宣帝時，耿壽昌奏請增海租三倍，天子從其計。御史大夫蕭望之奏言：故御史屬徐宮，家在東萊，言往年加海租，魚不出。長老皆言，武帝時縣官嘗自漁，海魚不出，後予人，魚乃出。夫陰陽之感，物類相應，萬事盡然，宜且如故。上不聽。王莽令諸取鳥獸、魚鼈、百蟲於山林水澤及畜牧者，嬪婦、桑蠶、織紝紡績補縫，工匠，醫巫，卜祝及他方伎，商販，賈人坐肆列里區謁舍，謁舍，若今客館。皆各自占所為於其在所之縣官，除其本，計其利，十一分之，而以其一為貢。末年，盜賊羣起，匈奴侵冦，大募天下囚徒人奴，名曰豬突豨勇，一切稅吏民貲，三十而取一。後漢靈帝時，南宮災，中常侍張讓、趙忠等說帝，令斂天下田稅十錢，以治宮室。宋元嘉二十七年，後魏南侵，軍旅大起，用度不充。王公、妃主及朝士牧守各獻金帛等物，以助國用。下及富室小人，亦有獻私財數千萬者。揚、南徐、兗、江四州，富有之家資滿五十萬，僧尼滿二十萬者，並四分換一。過此率計，事息即還。齊武帝時，王敬則為東揚州刺史。以會稽邊帶湖海，人無士庶，皆保塘陂，敬則以功力有餘，悉評斂為錢，以送臺庫。帝納之。竟陵王子良上表曰：臣忝會稽，粗閑物俗。塘丁所上，本不入官，良由陂湖宜壅，橋路須通，均夫訂直，人自為用。若甲分毀壞，則年一脩改，一限堅完，則終歲無役。今乃通課此直，悉以還臺，租賦之外，更生一調。致令塘路崩蕪，湖源泄散，害人損政，實此為劇。自東晉至陳，西有石頭津，東有方山津，各置津主一人，賦曹一人，直水五人，以檢察禁物及亡叛者。荻炭魚薪之類，出津者並十分稅一以入官，淮水北有大市百餘，小市十餘所。備置官司，稅斂既重，時甚患之。後魏明帝孝昌二年，稅市入者人一錢。其店舍又為五等，收稅有差。北齊，黃門侍郎顏之推奏請立關市邸店之稅，開府鄧長顒贊成之，後主大悅，於是以其所入以供御府聲色之費，軍國之用不在此焉。稅僧尼令曰：僧尼坐受供養，遊食四方，損害不少，雖有薄斂，何足為也。後周閔帝初，除市門稅。及宣帝即位，復興入市之稅，每人一錢。隋文帝登庸，又除入市之稅。唐開元十八年，御史大夫李朝隱奏，請薄百姓一年稅錢充本，依舊令高户及典正等捉，隨月收利，將供官人料錢。自天寶末年，盜賊奔突，克復之後，府庫一空，及所在屯師，用度不足。於是遣御史康雲間出江淮，陶銳往蜀漢，豪商富户，皆籍其家資，所有財貨畜產，或五分納一，謂之率貸，所收巨萬計，蓋權時之宜。其後諸道節度，觀察使多率稅商賈，以充軍資雜用。或於其津濟要路及市肆間交易之處，計錢至一千以上者，皆以分數稅之。自是商旅無利，多失業矣。上元中，勑江淮堰（壞）〔埭〕商旅牽船過處，準斛㪷納錢，謂之埭程。大曆初，諸州府應税青苗錢，每畝十文，充百司手力資課。三年十月十六日，臺司奏，兵馬事，緣上元十一年冬人民失業之後，又其昨北冦未平之日，百司支計不給，每畝更加五文，充大計錢。

（宋）鄭樵《通志》卷六二《食貨略・平準》 漢武帝征伐四夷，國用空竭，興利之官，自此始也。桑弘羊為大農中丞，管諸會計事，稍稍置均輸，以通貨物矣。謂諸當所輸於官者，皆令輸其土地所饒，平其所在時價。官更於他處賣之，輸者既便，而官有利。《漢書・百官表》，大司徒屬有平準令。元封元年，桑弘羊為治粟都尉，領大農，盡管天下鹽鐵。以諸官各自市相與争，物故騰躍，而天下賦輸或不償其僦費，乃請：置大農部丞數十人，分部主郡國，各往往縣置均輸鹽鐵官，令遠方各以其物，如異時商賈所轉販者為賦。置平準於京師，盡籠天下之貨物，貴則賣之，賤則買之。如此，富商大賈無所牟大利，即反本，而萬物不得騰踊，故抑天下物，名曰平準。天子以為然而許之。時南越初置郡，數反，發南方吏卒往誅之，間歲萬餘人。帝數行幸，所過賞賜，用帛百餘萬疋，錢金巨萬計，皆取足大農。諸均輸一歲之中，帛得五百萬疋，人不益賦，而天下用饒。後漢章帝時，尚書張林上言：宜自交趾、益州上計吏來市珍珤，收採其利，武帝所謂均輸也。謂租賦并雇運之直，官總取而官轉輸於京，故曰均輸也。詔議之，尚書僕射朱暉奏曰：按王制，天子不言有無，諸侯不言多少，食禄之家不與百姓争利。今均輸之法與賈販無異，鹽利歸官則下窮怨，布帛為租則吏姦盗，誠非明主所當宜行。帝不從。其後用度益奢。

（宋）鄭樵《通志》卷六二《食貨略・平糴》 漢宣帝時，數歲豐穰，穀石至五錢，農人少利。大司農中丞耿壽昌請令邊郡皆築倉，以穀賤時增其價而糴以利農，穀貴時減價而糶，名曰：常平倉，人便之。上乃下詔，賜壽昌爵，關內侯。元帝即位，罷之。後漢明帝永平五年，作常平倉。晉武帝欲平一江表，時穀賤而布帛貴，帝欲立平糴法，用布帛市穀，以為糧儲。四年，乃立常平倉，豐則糴，儉則糶，以利百姓。宋文帝元嘉中，三吴水潦，穀貴人饑。彭城王義康立議：以東土災荒，人凋穀踊，富商蓄米，日成其價。宜班下所在，隱其虛實，令積蓄之家，聽留一年儲，餘皆勒使糶貨，為制平價。此所謂常道行於百代，權宜用於一時也。又緣淮歲豐，邑地沃壤，麥既已登，黍粟行就。可折其估賦，仍就交市，三吴饑人即以貸給，使彊壯轉運，以贍老弱。未盡施行，人賴之矣。齊武帝永明元年，天下米穀布帛賤，上欲立常平倉，市積為蓄。六年，詔，出上庫錢五千萬，於京師市米，買絲綿紋絹布。揚州出錢千九百一十萬，揚州治建業，今江寧縣也。南徐州二百萬，南徐州治京口。各於郡所市糴。南荊河州二百萬，南荊河州治壽春。市絲綿紋絹布米大麥。江州五百萬，市米胡麻。荊州五百萬，郢州三百萬，皆市絹綿布米大小豆大麥胡麻。湘州二百萬，市米布蠟。司州二百五十萬，司州治汝南，今義陽郡是也。西荊河州二百五十萬，西荊河州治歷陽。南兖州二百五十萬，南兖州治廣陵。雍州五百萬，市絹綿布米。使臺傳並於所在市易，後魏孝莊時，秘書丞李彪上奏曰：今山東饑，京師儉。臣以為宜折州郡常調九分之二，京師都度支歲用之餘，各立官司，年豐糴積於倉，時儉則減私之十二糶之。如此人必力田以買官絹，又務貯錢以取官粟。年豐則常積，歲凶則直給。明帝神龜、正光之際，自徐、揚内附之後，收内兵資，與人和糴，積為邊備也。北齊河清中，令諸州郡皆别置富民倉。初立之日，准所領中下户口數，得一年之糧，適當州穀價賤時，斟量割當年義租充入。齊制，每歲人出租二石，義租五㪷，墾租送臺，義租納郡，以備水旱。穀貴，下價糶之，賤則還用所糴之物，依價糴貯。後周文帝創置六官，司倉掌辨九穀之物，以量國用，足即蓄其餘，以待凶荒，不足則止，餘用足則以粟貸人，春頒秋斂。隋文帝開皇三年，衛州置黎陽倉，陝州置常平倉，華州置廣通倉，轉相灌注，漕關東及汾、晉之粟，以給京師。京師置常平監。五年，工部尚書長孫平奏：古者三年耕而餘一年之積，九年作而有三年之儲。雖水旱為災，人無菜色，皆由勸導有方，蓄積先備。請令諸州百姓及軍人，勸課當社，共立義倉。收穫之日，隨其所得，勸課出粟及麥，於當社造倉窖貯之，即委社司，執帳檢校，每年收積，勿使損敗，若時或不熟，當社有饑饉者，即以此穀賑給。自是諸州儲峙委積。至十五年，以義倉貯在人間，多有費損，詔曰：本置義倉，止防水旱，百姓之徒，不思久計。輕爾費損，於後乏絶。又北境諸州，異於餘處，靈、夏、甘、瓜等十一州，所有義倉雜種，並納本州。若人有旱歉少糧，先給雜種及遠年粟。十六年，又詔，秦渭河廓豳隴涇寧原敷丹延綏銀等州社倉，准上、中、下三等税，上户不過一石，中户不過七斗，下户不過四斗。唐貞觀初，尚書左丞戴冑上言曰：水旱凶災，前聖之所不免。國無九年之儲蓄，《禮經》之所明誡。今喪亂之後，戶口凋殘，每歲租米未實倉廩，隨即出給，纔供當年。若遇凶災，將何賑恤？故隋開皇立制，天下之人，節級輸粟，名為社倉。終於文皇，得無饑饉。及大業中，國用不足，並取社倉以充官費，故至末塗，無以支給。今請自王公以下，爰及衆庶，計所墾田稼穡頃畝，每至秋熟，准其見苗，以理勸課，盡令出粟，稻麥之鄉，亦同此稅，各納所在，為立義倉。年穀不登，百姓饑饉，當所州縣，隨便取給。太宗從之。自是天下州縣始置義倉，每有饑饉，則開倉賑給。高宗永徽二年九月，頒新格，義倉據地取稅，實是勞煩，宜令戶出粟，上上戶五石，餘各有差。六年，京東、西市置常平倉。高宗、武太后數十年間，義倉不許雜用。其後公私窘迫，貸義倉支用，自中宗神龍之後，天下義倉費用向盡。開元二十五年，定式，王公以下，每年戶別據所種田畝，別稅粟二升，以為義倉。其商賈戶若無田及不足者，上上户稅五石，上中以上遞減，各有差。諸出給雜種准粟者，稻穀一斗伍升當粟一斗，其折納糙米者，稻三石折納糙米一石四斗。

（漢）劉向《說苑》卷七《政理》 魯哀公問政於孔子，對曰：政有使民富且壽。哀公曰：何謂也？孔子曰：薄賦斂則民富，無事則遠罪，遠罪則民壽。公曰：若是則寡人貧矣。孔子曰：《詩》云凱悌君子民之父母。未見其子富而父母貧者也。

文王問於呂望曰：為天下若何？對曰：王國富民，霸國富士，僅存之國富大夫，亡道之國富倉府。是謂上溢而下漏。文王曰：善。對曰：宿善不祥。是日也，發其倉府以振鰥寡孤獨。

武王問於太公曰：治國之道若何？太公對曰：治國之道，愛民而已。曰：愛民若何？曰：利之而勿害，成之勿敗，生之勿殺，與之勿奪，樂之勿苦，喜之勿怒。此治國之道，使民之誼也，愛之而已矣。民失其所務，則害之也，農失其時，則敗之也，有罪者重其罰，則殺之也，重賦斂者，則奪之也，多徭役以罷民力，則苦之也，勞而擾之，則怒之也。故善爲國者，遇民如父母之愛子，兄之愛弟，聞其饑寒爲之哀，見其勞苦爲之悲。

武王問於太公曰：賢君治國何如？對曰：賢君之治國，其政平，其吏不苛，其賦斂節，其自奉薄，不以私善害公法，賞賜不加於無功，刑罰不施於無罪，不因喜以賞，不因怒以誅。害民者有罪，進賢舉過者有賞。後宮不荒，女謁不聽，上無婬慝，下不陰害。不幸宮室以費財，不多觀遊臺池以罷民，不彫文刻鏤以逞耳目。官無腐蠹之藏，國無流餓之民。此賢君之治國也。武王曰：善哉。

武王問於太公曰：爲國而數更法令者，何也？太公曰：爲國而數更法令者不法法，以其所善爲法者也。故令出而亂，亂則更爲法，是以其法令數更也。

成王問政於尹逸，曰：吾何德之行，而民親其上？對曰：使之以時而敬順之，忠而愛之，布令信而不食言。王曰：其度安至？對曰：如臨深淵，如履薄冰。王曰：懼哉。對曰：天地之間，四海之內，善之則畜也，不善則讐也。夏殷之臣，反讐桀紂而臣湯武，夙沙之民，自攻其主而歸神農氏，此君之所明知也。若何其無懼也？

仲尼見梁君，梁君問仲尼曰：吾欲長有國，吾欲列都之得，吾欲使民安不惑，吾欲使士竭其力，吾欲使日月當時，吾欲使聖人自來，吾欲使官府治，為之柰何？仲尼對曰：千乘之君，萬乘之主，問於丘者多矣，未嘗有如主君問丘之術也，然而盡可得也。丘聞之，兩君相親，則長有國。君惠臣忠，則列都之得。毋殺不辜，毋釋罪人，則民不惑。益士祿賞，則竭其力。尊天敬鬼，則日月當時。善為刑罰，則聖人自來。尚賢使能，則官府治。梁君曰：豈有不然哉。

子貢曰：葉公問政於夫子，夫子曰：政在附近而來遠。魯哀公問政於夫子，夫子曰：政在於諭臣。齊景公問政於夫子，夫子曰：政在於節用。三君問政於夫子，夫子應之不同，然則政有異乎？孔子曰：夫荊之地廣而都狹，民有離志焉。故曰在於附近而來遠。哀公有臣三人，內比周公以惑其君，外障距諸侯賓客以蔽其明，故曰：政在諭臣。齊景公奢於臺榭，淫於苑囿，五官之樂不解，一旦而賜人百乘之家者三，故曰：政在於節用。此三者政也。《詩》不云乎：亂離斯瘼，爰其適歸。此傷離散以爲亂者也。匪其止共，惟王之邛。此傷姦臣蔽主以爲亂者也。相亂蔑資，曾莫惠我師。此傷奢侈不節以爲亂者也。察此三者之所欲，政其同乎哉。

公儀休相魯，魯君死，左右請閉門。公儀休曰：止，池淵吾不稅，蒙山吾不賦，苛令吾不布，吾已閉心矣。何閉於門哉。

子產相鄭，簡公謂子產曰：內政毋出，外政毋入。夫衣裘之不美，車馬之不飾，子女之潔，寡人之醜也。國家之不治，封疆之不正，夫子之醜也。子產相鄭，終簡公之身，內無國中之亂，外無諸侯之患也。子產之從政也，擇能而使之。馮簡子善斷事，子太叔善決而文，公孫揮知四國之爲，而辨於其大夫之族姓，變而立至，又善爲辭令，裨諶善謀，於野則獲，於邑則否。有事，乃載裨諶與之適野，使謀可否，而告馮簡子斷之，使公孫揮爲之辭令，成，乃受子太叔行之，以應對賓客，是以鮮有敗事也。

董安于治晉陽，問政於蹇老，蹇老曰：曰忠，曰信，曰敢。董安于曰：安忠乎？曰：忠於主。曰：安信乎？曰：信於令。曰：安敢乎？曰：敢於不善人。董安于曰：此三者足矣。

魏文侯使西門豹往治於鄴，告之曰：必全功成名布義。豹曰：敢問全功成名布義，爲之柰何？文侯曰：子往矣，是無邑不有賢豪辯博者也，無邑不有好揚人之惡，蔽人之善者也。往必問豪賢者，因而親之，其辯博者，因而師之。問其好揚人之惡，蔽人之善者，因而察之，不可以特聞從事。夫耳聞之不如目見之，目見之不如足踐之，足踐之不如手辨之，人始入官，如入晦室，久而愈明，明乃治，治乃行。

（漢）劉向《說苑》卷二〇《反質》 秦穆公閑問由余曰：古者明王聖帝，得國失國當何以也？由余曰：臣聞之，當以儉得之，以奢失之。穆公曰：願聞奢儉之節。由余曰：臣聞堯有天下，飯於土簋，啜於土瓶。其地南至交阯，北至幽都，東西至日所出入，莫不賓服。堯釋天下，舜受之，作爲食器，斬木而裁之，銷銅鐵，修其刃，猶漆黑之以爲器。諸侯侈，國之不服者十有三。舜釋天下而禹受之，作爲祭器，漆其外而朱畫其內，繒帛爲茵褥，觴勺有彩，爲飾彌侈，而國之不服者三十有二。夏后氏以沒，殷周受之，作爲大器，而建九傲，食器彫琢，觴勺刻鏤，四壁四帷，茵席彫文，此彌侈矣，而國之不服者五十有二。君好文章，而服者彌侈，故曰儉其道也。由余出，穆公召內史廖而告之曰：寡人聞鄰國有聖人，敵國之憂也。今由余聖人也，寡人患之。吾將柰何？內史廖曰：夫戎辟而遼遠，未聞中國之聲也。君其遺之女樂以亂其政，而厚為由余請期，以踈其間。彼君臣有間，然後可圖。君曰：諾。乃以女樂三九遺戎王，因爲由余請期。戎王果見女樂而好之，設酒聽樂，終年不遷，馬牛羊半死。由余歸諫，諫不聽，遂去，入秦。穆公迎而拜爲上卿，問其兵執與其地利。既以得矣，舉兵而伐之，兼國十二，開地千里。穆王奢主，能聽賢納諫，故霸西戎，西戎淫於樂，誘於利，以亡其國，由離質樸也。

（漢）劉安《淮南子》卷一二《道應訓》 昔者，司城子罕相宋，謂宋君曰：夫國家之安危，百性之治亂，在君行賞罰。夫爵賞賜予，民之所好也，君自行之。殺戮刑罰，民之所怨也，臣請當之。宋君曰：善！寡人當其美，子受其怨，寡人自知不爲諸侯笑矣。國人皆知殺戮之專，制在子罕也，大臣親之，百姓畏之。居不至期年，子罕遂卻宋君而專其政。故老子曰魚不可脫于淵。國之利器，不可以示人。

（明）徐愛《橫山遺集》卷六《應詔陳言上下同心以更化善治奏議》

南京兵部車駕清吏司員外郎臣徐愛奏，爲應詔陳言上下同心，以更化善治事：邇者，伏聞災及乾清宮。乾清宮者，陛下之正寢也，而災之，上天仁愛而驚省之意，深切顯明矣。臣謂于時陛下必惕然警懼，深念居處之未正，而圖所以更遷之道；左右臣工必深念匡輔之未逮，而圖所以補助之道。將惟恐人知之而有不言，言之而有未切者。及伏讀欽降敕諭，果有然焉。傳稱大舜聞一善言若決江河，沛然莫之能御，此聽言之機，已具於朝廷之上矣。臣既知之，敢復以逆耳爲諱哉！

凡人皆知有其身，而不知天下者亦一身也。故臣請先以身喻：夫人心有主，則腑臟、耳目、手足各安其職；罔淫於欲，故命脈理，元氣充，而骨肉益完以附；敬命脈亂，元氣耗，則骨肉不仁，故腑臟有朽腐，耳目有聾聵，手足有痿痹，而心亦昏眩不能爲主。此惟一體也，故交相爲生也。明者知之，故心安理義以制身，□□節儉以養氣，交相生而不自戕，乃謂之智。今陛下者，天下之心也；而政令者，天下之命脈也；財力者，天下之元氣也；人民者，天下之骨肉也；大小臣工者，天下之腑臟、耳目、手足也。本一體者也，而人顧欲二而視之；本交相爲生者也，而人顧欲離而專之，何不智之甚也。且人身病在一肢一時，或可以輕劑獨藥而療之；乃若元氣虛耗，其來已久，或滯爲臃腫，或發爲癱痿，是謂大病。大病非雜施以砭炙割刺之功、金石攻擊之劑而徐進之，參蓍湯飲之藥以調復之，固未有能生者。然而又惘夫護疾忌醫者，卒至於不諱也。今天下之勢，何以異於大病，固非輕劑獨藥之能療者，故臣之言不得不繁且激。臣固愛身之至者，誠願陛下及大小臣工咸垂聽而加察焉。

是故先之以修君德、攬政柄、重宗本、輕計利、任忠賢者，欲陛下真知愛其身，不護病而忌醫也。此更化善治之本，責在陛下，思之而已。次之以慎委託、重名器、革冗濫、去奢僭、立經制者，欲雜施以砭灸割刺之功，金石攻擊之劑也；又次之以壹政令、重守令、正賦役、崇教化、練兵恤遠者，欲徐進之以參蓍湯飲之藥而調復之也。此更化善治之實，責在群臣。深念一身之義，同心共濟之而已矣。

夫財力者，誠天下之元氣矣，今則竭以疲矣，良由委託之未慎也，名器之未重也，冗濫之未革也，奢僭之未去也，經制之未立也，有以蠹而耗之也。今驟欲剔其蠹，降其耗，人必將曰：積習已然，無可奈何。雖至愚亦知彼耳目已慣，窟宅已深，不可易動，動之必拂人情；然與其不動而待斃，孰若少拂以求生，豈可但付之無可奈何而已哉！且人有甘受砭灸割刺以求生者，况不必傷肌破膚而得享富貴、保天年者，顧不可耶？臣嘗謂秦之李斯，晉之石崇，乃至愚之人，凡民之不若者也。何也？凡民以不免饑寒爲憂，而彼以不極富貴爲憂。憂饑寒者，以其一衣一食之心易足，故恒安樂而又以保生；憂富貴者，以其患得患失之心無已，故恒焦勞而更以取滅，即近日逆瑾之類是也。是蓋不知富貴乃天子之權，不可極者也。斯臨刑謂其子曰：雖欲與汝牽黄犬出東門，可復得乎？崇被圍，謂其家人曰：奴輩利吾財耳！嗚呼！使早知有此，其不自反乎？使早信人言，其不免此乎？是可哀也已！何覆轍相尋，而世多不鑒也？儻謂如斯、崇輩，乃間值耳，未必皆然，則臣前固已喻之矣：其始也，腑臟恣其嗜欲，耳目恣其聲色，手足恣其運動，惟欲各適其意，不顧傷命脈也，耗元氣也；既而命脈必傷，元氣必耗，元氣耗則骨肉必不仁，骨肉不仁而腑臟獨欲運化，耳目獨欲視聽，手足獨欲持行，其可得乎？此理甚明矣。臣恐今日政令乖，財力竭，一旦人民不自能保其恒心，而群臣猶獨欲安然專富貴於上，或者其難乎！今天下之勢，人皆知之，特以畏難，姑相比以苟延耳。使知一身之義，則隱痛切身，豈容一朝安哉？臣言至此，不覺過激，然使稍有知者聞之，必知所自省矣。知所省，則將自剔自除之不暇，亦何煩陛下抑而拂之也哉！

夫蠹剔耗除，始可言調復補助之方，臣所謂一政令以下數者，乃有可施也。則又在陛下率群臣更加講求，務得至當，信實舉行，不委虛文而已。如是而後可言更化，而後可言善治。化更善治，政令寧一，財力豐阜，人民康樂，盗賊不作，四夷賓服，大小臣工各循其職，保其富貴，而陛下端拱無爲於上，將見災變日遠，休徵日至，陛下於是制作禮樂以象成功，以宣和氣，雖日奏《廣庭》、《鈞天》，孰得而議之？回視今日區區宴樂，將若糞壤耳，豈不偉歟！此特在陛下一念轉移之間，而群臣深禮一身之義，夫何難哉！

昔齊威公早年怠政，國勢已弱，一旦誅姦用忠，勢即大振；漢武帝早年奢縱，天下已耗，一旦輪臺降詔，人心復回。其機如此，惟陛下斷之而已矣。臣豈肯妄言以速死者？誠不勝上忠陛下，下愛群臣，拳拳懇悃之至，緣系應詔陳言事理，爲此具本，順差辦事吏謝詔賫捧，謹具奏聞。

計開：

一、修君德。夫自古人君，常患淫於色，溺于奢侈，鶩于驕逸誇遠，而陛下嬪嬙不御，衣食淡薄，不恥勞屈，不羡保生，此固聖資，而獨於宴樂、弓馬、番教三者悦之。然其劇戲之陋，馳射之藝，支離之言，數年之間可以習識其下矣，何尚未厭也，豈以此等群小能順意耶？殊不知乃皆望陛下之小者，特欲愚弄入其計中，得以固寵而行私耳。陛下試静而少思之，必將悔棄驅斥，不暇於是，必躬致齋戒以盡事天、饗廟之誠，必極愛養以隆兩宮之孝，必親後宮以篤夫婦之恩，必誕皇儲以成父子之道，必勤視朝以彰君臣之義，必厭諠嚻，必愛恬静，盡道養性，不過隨事而加此心，天下歸仁，萬世稱聖，爲之無難，陛下豈不樂也？

一、攬政柄。政柄者，天子執之以統一萬方者也。此柄不可下移，移則天下之勢傾矣。我朝稍懲宋元之傾尚革宰相，至正統間，王振乃得移之，陛下之初，逆瑾又移之，可以鑒察矣。今天下之柄，臣愚未能決，所在聖明，試思當自知之。然願陛下自此躬親省覽奏章，裁決機務；如有大疑，丁廷臣集議，而終獨斷之；儻左右親信有以巧干者，明誅黜之。必如此，而後可言治也。

一、重宗本。【略】

一、輕計利【略】

一、任忠賢。夫忠賢者，其言貌雖無柔順可悦之態，而實深願陛下爲堯舜之君者。伏乞陛下日開經筵，博選正直有德之士爲講官，備顧問；更願精別臣僚忠佞，其有故舊元臣，忠貞聞著，或尚遺棄，或在下僚者，簡擢而信任之。不泥宿迹，必能匡輔不逮，光昭帝業。

一、慎委託。國家以外省臣寮或未盡能承流宣化，撫安地方，故分遣中使鎮守之，謂彼皆心腹也，誠能仰體淵衷，務以節儉慈静爲守，分得一方之憂，斯稱之矣。乃今反益侵擾，臣聞天下軍民所愁苦者，莫甚於此，陛下何以處之？方今又有監軍旅、監倉庫、監織造、監商舶、監採取、監貢運，諸色紛紛，添設不已，相效貪殘，挾無籍爲耳目，張聲勢如狼虎。臣聞凡天下輸納人户稱屬中使者，輒懷逃避其行歷，所至雖甚貴，勢不敢仰視喘息，況納民哉！即此可驗其害矣。伏願陛下深念民生，必爲裁制。如有不得已而存之者，務擇節儉慈静者充之，使陛下免騷擾之憂，而彼亦免怨怒之集，是臣所謂愛而生之者也。

一、重名器。我國家設武職以處功臣，將以勸赤忠死事者。非親冒矢石，手取首級，法不得授；非紀功録實，司馬覈勘，授不得易。甚慎恤也，故人知勸。今工匠私幸，頃刻傳奉，皆得拜之左右，權豪之家，惟幸多事，將帥未命，功册已報，身在一堂，功成萬里，朝馳捷音，暮榮冠服，如此，非抑勒攘奪，何以得之？而上下恬不之怪。陛下左右之臣，誠念其勤勞，賜予之可也，而稍相援乞，即一家數官，更有世襲者，凡此恐不足以彰祖宗立法之意，且有以懈天下忠義之心，宜乎今日武備之不振也。往者裁，來者禁，此乃聖明愛之以德，而不假以姑息，亦臣所謂生之也。

一、裁冗濫。内使設有定額，今濫收無已，使畿輔困役之民，效尤私閹，莫可禁止。内府錦衣衛等衙門，校尉勇士，力士，軍匠之招收無已，聚天下游手之人坐食京師，但利權豪，黠者充爪牙，愚者應私役，使畿輔之民，不爲此輩，即爲盗賊。何也？有力者闔門免役，無力者日役不休，非分之望，奢移之風，有以激之也。如此冗食，户部雖日計入，其何能支乎？公私土木之作，月無休日，而又加以織造，娱戲之具，日興未免，如此冗費，工部雖日泒辦，其何能支乎？臣願陛下及今清查，以次裁革之，可令冗食者早自求生，毋慣游惰，亦臣所謂愛之者也。

一、去奢僭。今天下婚喪之禮，男女服食之用，奢僭極矣！無紀則人人求厭其欲，非至攘奪不已也。昔漢文帝以食不足，而咎百姓事末以害農者蕃，爲酒醪以靡穀者多，六畜之食者衆，三者今猶不可不念。且先王之法，必誅奇技，奇器者，蓋奇技作則人情趨，趨則獲利厚，厚則人務末，末則農業益衰，致亂之道也。願陛下自朝廷之上以致大小臣工，親崇節儉，毁淫奇之器，逐末作之人，以示好惡。臣嘗睹自京城西抵山，自居庸南抵涿，方數百里内，寺觀宫室園林之美麗，可謂竭東南百年之財力矣，糜費何益哉？來者猶可追，誠宜自今禁止，亦臣所謂愛之者也。

一、立經制。夫禮有未備者，可以義起；法有未備者，可以時制。今藩封日增而制禄莫及，武功日增而世禄無窮，恐皆國初所未慮及者。今節損嬪御之令固可舉行，武臣或亦可以罪過而差其黜罰，固所以勵其行，此外盡當講求，立爲經制。豈比細事，而亦曰但已可乎？亦臣所謂愛之者也。

一、壹政令。蓋政令貴簡而信，否則文移繁，耳目亂，而民生擾矣。今於事之當興革者，雖小必集群臣合議允愜休遠而後行，勿輕以舉，舉則雖有人言勿輕以移，不致朝暮是非彼此牽掣可也。彼六曹分職，固也，不曰和衷乎？惟不和，故有相掣者，相掣則下之人亦將孰從乎？夫法外遺姦，自古所患。先王於情法未有所罷者，必舉而歸之疑。今必事爲之例，故愈繁而愈不及也。知以簡信爲化者，可以安天下矣。

一、重守令。守令者，治亂之本也。今天下之未治，由守令之未重也。欲重守令，在於精擇既得其人。其處之之道，在重其權，專其責，崇其體貌，久其任，而稍益其私。勸之之道，在錫命、章服、增禄、比其滿也，超秩以報之。取之之道，以持重循禮爲恭，以輕忽阿順爲慢，以廉静務實爲賢，以躁暴好名爲不肖，勿以異類而視之，勿以毁譽而失之，其以貪殘敗者，必加重其罰。如此，則守令無不勸，而天下治矣。

一、正賦税。今天下惟兩税尚有規，然於折價倍耗之類已不能齊一，其餘則皆漫難考矣。謂如丁絲食鹽之類，户口有消長，徒爲里書之資者也。役法民多便，顧宜因之，其必須力者，亦宜準之，以償其工食之值。其餘雜泒之類，亦須準數，歲之中以爲常，而定其所取之處。又皆宜酌輪賦之遠近難易，赴役之遠近勞逸，官爲之所，不使受者得縱其私，而納交必及農隙收成之期焉。蓋欲官府無專泒之私，里書無那移之弊，花户無加增之擾，大户無陪貱之累，三農免妨時之憂，二月無賣絲之嘆，可矣。賦税既正，又須立公私交爲儲蓄之法，以備水旱災祥，如此，庶可望財力之漸充矣。

一、崇教化。夫簿書期會，趨走傴僂，乃俗吏之務。而今上以此取下，下以此承上，習以成風，恬不爲怪，以致士之奔競諂諛者多，剛介忠鯁者少。伏願陛下躬率臣下以禮義廉恥爲先。下令守令，免其送迎跪伏，務以教化爲事。其學校尤宜崇尚教化，擇取宋儒胡瑗、程頤所定學規以爲勸懲之典，而不專事文學，則天下真實人才自出矣。

一、練兵恤遠。今天下之軍咸困剥削，而邊方尤甚，何也？以監統之更多也。願陛下自今不復濫設監軍等官，而統帥亦勿令數易。仍定剥削軍士以致逃失者，爲多寡降黜之法以警之，而責其嚴加修練。腹裡之兵亦皆不可遂弛，各責嚴舉行之。臣聞陛下嘗取邊兵入内操練，此大非計。夫北虜狡譎，彼固知我中國虚耗，而特數年休息不擾，兵法謂強而示之弱者，進也，不可不慮。乞速將邊兵遣還，而令加意撫恤，嚴斥，堠以備之。臣又竊聞兩廣之兵，不宜輕動以資好功者之私，川陝之民，皆已困於輸運，猶當加意撫恤，豫爲之所，不可忽漫者也。

右謹奏聞。正德九年二月　日。南京兵部車駕清吏司員外郎臣徐愛。

（清）王夫之《船山全書・黄書・大正》　今夫農夫濘耕，紅女寒織，漁凌曾波，獵犯鷙獸，行旅履霜，酸悲鄉土，淘金、採珠、羅翠羽、探珊象，生死出入，童年皓髮以獲贏餘者，豈不顧父母，拊妻子，慰終天之思，邀須臾之樂哉？而刷玄鬢，長指爪，宴安諧笑於其上者，密布畢網，巧爲射弋，甚或鞭楚斬殺以繼其後。乃使縣罄在堂，肌膚剟削，含聲隕涕，鬱悶宛轉於老母弱子之側，此亦可寒心而栗體矣。而以是鼓聲名，市奏最，漁獵大官，貤封門蔭，層累封埒，以至於無窮，則金死一家而害氣亦迸集焉。夫故家名族，公卿勛舊之子孫，其運數與國家爲長短，而賊害怨咨之氣偏結凝滯，則和平消實，傾否折足，亦甚非靈長之利也。即或狼藉著見，挂吏議左降褫錮者，猶啣舟絡馬，飛運以返鄉里，有司賓之，鄉社祝之，閭里畏之，廣頃畝，益陂池，敞榭邃房，鼓鐘妖舞，春容魚雅以終其天年，錮石槨，簪翁仲，梵唄雲潮以榮施於重泉之下。而游佻公子，發其贏餘，買越娃，擁小史，食游客，長夜酣飲，驟馬輕紈，六博投瓊而散猶未盡。亦惡知向之朘削零丁者，已滅族斬胤於寒阡荒壑之旁也，豈不痛與！

趙宋之有天下也，解散法禁以惑媚強智，而苟固其位者，可謂泰矣。然京朝長吏以贓賕敗者，其刑大辟，歲論決若而人無所赦。法合世重，惠逮孤寡，以振起五代之殘劉者，有足重焉。降及太宗，減大辟流沙門島，而濫觴起矣。真宗以還，復減流島之科，刺配腹裏軍州；天書降赦而後，此法愈滅，貪墨跋扈，運饕尺水者，恣無所恤，而蔡京、王黼、韓侂胄、賈似道之流，鳴上風以登飛鳥之音矣。韃靼九十年間，其狼戾睢噬者，不僅在阿合馬、桑哥之尤著。太祖起田間，尤慘其所爲，故刑法嚴厲，夷風以革。數傳而後，僅以大計褫削，當炎火迎貓之刑，無惑其裂廉隅而莫懲也。律法監臨主守盗公物盈貫以上，積至死罪，而敕使、守臣、郡邑之長獵部民極鉅萬，不以抵辟。繹成湯之責，尋仲虺之言，亦已悖矣。《詩》云：君子如怒，亂庶遄沮。承貪亂之餘，不以刑辟整絶之，未有能齊壹天步，柔輯惸獨者也。

（清）王夫之《船山全書・黄書・後序》　述古繼天而王者，本軒轅之治，建黄中，拒間氣殊類之災，扶長中夏以盡其材，治道該矣。

客曰：昔者夫子懲禍亂，表殷憂，明王道，作《春秋》。後儒紹隆其説，董、胡爲尤焉，莫不正道誼，紬權謀。今子所撰，或異於是，功力以爲固，法禁以爲措，苟窮諸理，抑衍而論其數。雖復稱仁義，重德化，引性命，探天地之素，恐乖異乎《春秋》之度也！

曰：何爲其然也？民之初生，自紀其羣，遠其害沴，擯其□□，統建維君。故仁以自愛其類，義以自制其倫，強幹自輔，所以凝黄中之絪緼也。今族類之不能自固，而何他仁義之云云也哉！

客曰：宰制所謨，以貽無疆，固當通其變而不滯其常。漢起西京，中興洛陽。子之所制，定燕、薊爲會同之邦，不已固與？

曰：王者相陰陽，定風雨，建之邦畿，爲宰治主，亦莫不用氣之厚而固自然之宇也。是故羲、農之都，或陳或魯。平陽、蒲坂、安邑、耿、相，憑河東北以爲安處。長安、洛陽、大梁之土，後王宅之，數百年之下而後地力衰歇，漸以薄鹵。今燕薊之宅，受命而興者，女直、韃靼曾不足於稱數。永樂定鼎，始建九五，水土未薄，天氣翕聚，天子守邊，四方來輔。後之所宅，固當踵蹟靈區，以光贊我成祖也。

客曰：賢哲制未亂，庸愚謀已然，立説之大凡也。今子所撰，陳於數十年之前，可以救而保其堅；方茲陸沈，□□忽其斬焉，過述先事之失，爲期忌憝，子所謂失魚而求筌也。

曰：孔子著《春秋》，定、哀之間多微辭。言之當時，世莫我知。聊爲俊民。雖痛哭流涕以將其過計，進不效其言，而退必災其身矣。天下師師，誰別玉珉，荏苒首解，大命以淪。於是哀其所敗，原其所劇，始於嬴秦，沿於趙宋，以自毀其極，推初弱喪，具有倫脊。故哀怨繁心，於邑填膈，矯其所自失，以返軒轅之區畫。延首聖明，中邦作辟。行其教，制其辟，以藩扞中區而終遠□□，則形質消隕，靈爽亦爲之悦懌矣。歲德在丙，火運宣也。斗建維辰，春氣全也。文明以應，竊承天也。太原之系，世胄緜也。爲漢大行，忠效捐也。悲懣窮愁，退論旃也。明明我后，遜播遷也。俟之方將，須永年也。《黄書》之所以傳也，意在斯乎！

紀事

（晉）皇甫謐《高士傳》卷上《善卷》 善卷者，古之賢人也。堯聞得道乃北面師之，及堯受終之。後舜又以天下讓卷，卷曰：昔唐氏之有天下，不教而民從之，不賞而民勸之。天下均平，百姓安静，不知怨，不知喜。今子盛為衣裳之服以眩民目，繁調五音之聲以亂民耳，丕作皇韶之樂以愚民心。天下之亂從此始矣。吾雖為之其何益乎？予立於宇宙之中，冬衣皮毛，夏衣絺葛；春耕種形，足以勞動；秋收斂身，足以休食；日出而作，日入而息；逍遥於天地之間而心意自得。吾何以天下爲哉？悲夫！子之不知余也。遂不受，去入深山，莫知其處。

《南齊書》卷二《高帝紀下》（辛）〔丁〕未，詔曰：設募取將，懸賞購士，蓋出權宜，非曰恆制。頃世艱險，浸以成俗，且長逋逸，開罪山湖。是爲黥刑不辱，亡竄無咎。自今以後，可斷衆募。

《南齊書》卷四《鬱林王紀》 辛亥，車駕祠南郊。詔曰：執耜疐忘，懸磬比室，秉機或惰，無褐終年。非怠非荒，雖由王道，不稂不莠，實賴民和。頃歲多稼無爽，遺秉如積，而三登之美未臻，萬斯之基尚遠。且風土異宜，百民（舛）〔殊〕務，刑章治緒，未必同源，妨本害政，事非一揆，冕旒屬念，無忘夙興。可嚴下州郡，務滋耕殖，相畝闢疇，廣開地利，深樹國本，克阜（天）民〔天〕。又詢訪獄市，博聽謠俗，傷風損化，各以條聞，主者詳爲條格。

《魏書》卷九《肅宗紀》 丙寅，詔曰：察訟理冤，實維政首，躬親聽覽，民信所由。比日諒闇之中，治綱未振，獄犴繁廣，嗟訴驟聞，雖曰司存，每多詿壅。曾是寡德，實深矜慨。自今月望，當暫出城闈，親納滯枉。主者可宣諸近遠，咸使聞知。

（宋）范祖禹《唐鑑》卷四《太宗二》 十二年九月，帝問侍臣創業守成孰難？房玄齡曰：草昧之初，與羣雄並起角力，而後臣之。創業難矣！魏徵曰：自古帝王，莫不得之於艱難，失之於安逸。守成難矣！帝曰：玄齡與吾共取天下，出百死得一生，故知創業之難。徵與吾共安天下，常恐驕奢生於富貴，禍亂生於所忽。故知守成之難。然創業之難既已往矣！守成之難，方當與諸公慎之！

（宋）范祖禹《唐鑑》卷九《玄宗中》 昔晉獻公聽驪姬之讒，殺申生，三世大亂。漢武帝信江充之誣，罪戾太子，京城流血。晉惠帝用賈后之譖廢愍懷太子，中原塗炭。隋文帝納獨孤后之言，黜太子勇，立煬帝，遂失天下。

《宋史》卷一七三《食貨志上一》 紹熙元年，初，朱熹爲泉之同安簿，知三郡經界不行之害。至是，知漳州。會臣僚請行閩中經界，詔監司條具；事下郡。熹訪問講求，纖悉備至。乃奏言：經界最爲民間莫大之利，紹興已推行處，公私兩利，獨泉、漳、汀未行。臣不敢先一身之勞逸，而後一州之利病，切獨任其必可行也。然必推擇官吏，委任責成；度量步畝，算計精確；畫圖造帳，費從官給；隨產均稅，特許過鄉通縣均紐，庶幾百里之內，輕重齊同。今欲每畝隨九等高下定計產錢，而合一州租稅錢米之數，以產錢爲母，每文輸米幾何，錢幾何，止於一倉一庫受納。既輸之後，却視元額分隸爲省計，爲職田，爲學糧，爲常平，各撥入諸倉庫。版圖一定，則民業有經矣。但此法之行，貧民下户固所深喜，然不能自達其情；豪家猾吏實所不樂，皆善為説辭，以惑羣聽；賢士大夫之喜安静、厭紛擾者，又或不深察而望風沮怯，此則不能無慮。

又： 六年，殿中侍御史兼侍講謝方叔言：豪强兼并之患，至今日而極，非限民名田有所不可，是亦救世道之微權也。國朝駐蹕錢塘，百有二十餘年矣。外之境土日荒，内之生齒日繁，權勢之家日盛，兼并之習日滋，百姓日貧，經制日壞，上下煎迫，若有不可爲之勢。所謂富貴操柄者，若非人主之所得專，識者懼焉。夫百萬生靈資生養之具，皆本於穀粟，而穀粟之產，皆出於田。今百姓膏腴皆歸貴勢之家，租米有及百萬石者；小民百畝之田，頻年差充保役，官吏誅求百端，不得已，則獻其產於巨室，以規免役。小民田日減而保役不休，大官田日增而保役不及。以此弱之肉，彊之食，兼并浸盛，民無以遂其生。於斯時也，可不嚴立經制以爲之防乎？去年，諫官嘗以限田爲説，朝廷付之悠悠。不知今日國用邊餉，皆仰和糴。然權勢多田之家，和糴不容以加之，保役不容以及之。敵人睥睨於外，盗賊窺伺於内，居此之時，與其多田厚貲不可長保，曷若捐金助國共紓目前？在轉移而開導之耳。乞諭二三大臣，摭臣僚論奏而行之，使經制以定，兼并以塞，于以尊朝廷，于以裕國計。陛下勿牽貴近之言以搖初意，大臣勿避仇怨之多而廢良策，則天下幸甚。

《宋史》卷一七六《食貨志上四》 隆興元年，臣僚言州縣營田之實，其説有十，曰：擇官必審，募人必廣，穿渠必深，鄉亭必修，器用必備，田處必利，食用必充，耕具必足，定税必輕，賞罰必行。且欲立賞格以募人，及住廣西馬綱三年以市牛。會有訴襄陽屯田之擾者，上欲罷之。工部尚書張闡言：今日荆襄屯田之害，以其無耕田之民而課之游民，游民不足而强之百姓，於是百姓舍己熟田而耕官生田，或遠數百里徵呼以來，或名雙丁而役其强壯，老稚無養，一方騷然，罷之誠是也。然自去歲以來，置耕牛農器，修長、木二渠，費已十餘萬，一旦舉而棄之，則荆襄之地終不可耕也。比見兩淮歸正之民，動以萬計，官不能續食，則老弱饑死，强者轉而之他。若使之就耕荆襄之田，非惟可免流離，抑使中原之民聞之，知朝廷有以處我，率皆襁負而至矣。異時墾闢既廣，取其餘以輸官，實爲兩便。詔除見耕者依舊，餘令虞允文同王珏措置。二年，江、淮都督府參贊陳俊卿言：欲以不披帶人，擇官荒田，標旗立砦，多買牛犂，縱耕其中，官不收租，人自樂從。數年之後，墾田必多，穀必賤。所在有屯，則村落无盗賊之憂；軍食既足，則饋餉無轉運之勞。此誠經久守淮之策。詔從之。

（宋）李燾《續資治通鑑長編》卷三四《宋太宗淳化四年》 丙午，上曰：清静致治，黄、老之深旨也。夫萬務自有爲以至于無爲，無爲之道，朕當力行之。至如汲黯卧治淮陽，宓子賤彈琴治單父，此皆行黄、老之道也。參知政事吕端等對曰：國家若行黄、老之道，以致昇平，其效甚速。宰臣吕蒙正曰：老子稱治大國若烹小鮮。夫魚撓之則潰，民撓之則亂，今之上封事議制置者甚多，陛下漸行清静之化以鎮之。上曰：朕不欲塞人言。狂夫言之，賢者擇之，古之道也。

（宋）李燾《續資治通鑑長編》卷七二《宋真宗大中祥符二年》 戊午，瓊、崖等州同巡檢王釗言：黎母山蠻遞相讎劫，臣即移牒，委首領捕送為惡者，悉還剽奪貲貨及償命之物，飲血為誓，放歸溪洞，皆已平静。上曰：朕常戒邊臣無得侵擾外夷，若自相殺傷，但用本土之法。苟以國法繩之，則必致生事。羈縻之道，正在此爾。

（宋）李燾《續資治通鑑長編》卷九三《宋真宗天禧三年》 壬寅，知越州、刑部郎中、直昭文櫞高紳上言：臣訪聞當州僧尼，既受戒還家，即受父母拜禮。臣責問僧司，具言有實。伏以為臣為子，忠孝之道居先，在家出家，怙恃之情匪異。苟乘斯道，是曰亂倫。且子於父母，恩報皆一，在儒書則曰昊天罔極，在釋教則曰恩重莫報，安可用小加大，使卑逾尊。蓋由甌越之民，僧俗相半，溺於信奉，忘序尊卑。竊見太宗貞觀五年，嘗禁僧尼受父母拜禮。方今鴻化風行，革除澆弊，望降敕命，特行戒止。詔尚書祠部嚴加禁絶，違者重決罰之。

《金史》卷九《章宗紀一》 戊戌，上諭宰臣曰：何以使民棄末而務本，以廣儲蓄？令集百官議。户部尚書鄧儼等曰：今風俗侈靡，宜定制度，辨上下，使服用居室，各有差等。抑昏喪過度之禮，禁追逐無名之費。用度有節，蓄積自廣矣。右丞履、參知政事守貞、鎰曰：凡人之情，見美則願，若不節以制度，將見奢侈無極，費用過多，民之貧乏，殆由此致。方今承平之際，正宜講究此事，爲經久法。

《元典章》卷三〇《禮部·禮制·喪禮·禁約焚屍》　至元十五年正月　行臺准御史臺咨，承奉中書省劄付，近准北京等路行中書省咨。北京路申，同知高朝列牒，伏見北京路百姓，父母身死，往往置于柴薪之上，以火焚之。照得：古者聖人治喪，具棺槨而厚葬之。今本路凡人有喪，以火焚之，实滅人倫，有乖丧礼。本省看詳：今後除從軍邊遠，或爲羈旅從便焚燒外，據久居土着之家，若准本路所申相應。准此。送礼部議得：四方之民，風俗不一，若便一体禁約，似有未尽。恭詳：比及通行定奪以來，除從軍應役，并遠方客旅，諸色目人，許從本俗，不須禁約外，槐土着漢人，擬合禁止。如遇喪事，称家有無置備棺槨，依理埋葬，以厚風俗。及槐礼部呈，隨路廣院寄顕骸骨，合無明立條教以革火焚之弊，俾民以時喪葬。若貧民無地葬者，聽於官荒地内埋了。若無人收葬者，官爲埋瘞。本部議得，除火焚之弊，已行禁治外，其貧民無地葬者，則於官荒地埋了。無人收葬者，官為埋瘞，似爲想應。都省准呈，仰遍行合属，依上施行。

（清）高士奇《左傳紀事本末》卷一《王朝交魯》　十年秋七月，及蘇子盟于女栗，頃王立故也。宣公九年春，王使來徵聘。夏，孟獻子聘于周。王以爲有禮，厚賄之。十年秋，劉康公來報聘。補逸：《國語》：定王八年，使劉康公聘于魯，發幣于大夫。季文子、孟獻子皆儉，叔孫宣子、東門子家皆侈。歸，王問魯大夫孰賢。對曰：季、孟其長處魯乎！叔孫東門其亡乎！若家不亡，身必不免。王曰：何故？對曰：臣聞之：爲臣必臣，爲君必君。寬、肅、宣、惠，君也；敬、恪、恭、儉，臣也。寬所以保本也，肅所以濟時也，宣所以教施也，惠所以和民也。本有保則必固，時動而濟則無敗功，教施而宣則徧，惠以和民則阜。若本固而功成，施徧而民阜，乃可以長保民矣，其何事不徹？敬所以承命也，恪所以守業也，恭所以給事也，儉所以足用也。以敬承命則不違，以恪守業則不懈，以恭給事則寬于死，以儉足用則遠于憂。若承命不違，守業不懈，寬於死而遠於憂，則可以上下無隙矣，其何任不堪？上任事而徹，下能堪其任，所以爲令聞長世也。今夫二子者儉，其能足用矣。用足，則族可以庇。二子者侈，侈則不恤匱。匱而不恤，憂必及之，若是則必廣其身。且夫人臣而侈，國家弗堪，亡之道也。王曰：幾何？對曰：東門之位不若叔孫，而泰侈焉，不可以事二君。叔孫之位不若季、孟，而亦泰侈焉，不可以事三君。若皆早世，猶可，若登年以載其毒，必亡。十六年，魯宣公卒，赴者未及，東門氏來告亂，子家奔齊。簡王十一年，魯叔孫宣伯亦奔齊。

（明）查繼佐《罪惟録》志卷三二《外志·列朝帝紀逸·宣德逸紀》　三年，上閲《皇明祖訓》，謂侍臣：自古創業難，守成不易。是編歷六年始成。所謂創業而裕守成之計，子孫奉此，豈有過舉？然亦賴卿等匡輔。《書》云：監於先皇成憲，其永無愆。亦古昔賢臣之以告其君者也。四年，寧王權奏：祖訓分藩但以親親次第，無有品級。又靖江王府將軍與諸王同班，不論品級。異姓相見，行君臣禮。上復書，大略謂：鎮國將軍以下，遞有品級。靖江世子與郡王公侯文武相見禮儀，或答拜，或坐受；道遇，或讓右，或控馬側立，各隨品。如所云行君臣之禮，是教亂也。往者逆煦有所妄指，及被執，以洪武諸司執掌示之，悔已遲矣。予以示文武大臣，咸謂來諭徒此爲名耳，不願王先之。時有獻《歷代紀年圖》者，上覽之，歎曰：唐之後不五十年，天下五易，生民之禍極矣。國家創業垂統，貴以仁厚爲根本。不然，周世宗英武可幾長世，而不能者，根本缺也。因以漢、唐傳世爲證。

《清史列傳》卷六七《儒林傳上二·官獻瑶》　獻瑶治經，以治身教人，欲於經求道。其説經斟酌衆家而擇其粹，尤邃於《禮》。在史館時，進《周官講義》，論遂人治溝洫，稻人稼下地，因推明水田旱田之法，以爲溝洫修而水旱有備，西北地利未嘗不勝東南。又舉太宰九職，以明生財之道，曰：王者以天下之利養天下之民，莫詳於太宰九職。蓋農工商賈之生財，人知之至推而及於嬪婦，又及於臣妾閒民，則非周公盡人物之性不能也。九職中生財最多，莫如農。而經曰三農，則博民於生穀者無不盡也。曰九穀，則所以順性辨土宜無不盡也。乃其爲天下萬世籌贍足之計，而終不虞於人滿者，良由園圃、虞衡、藪牧之政，兼收而備舉焉。蓋以天下地勢論之，不過五土。就五土之中，可耕者不過墳衍、原隰止耳。若山林、丘陵、川澤間，或擇其可耕者，以授山農澤農；其不可耕者，彌望皆是也。是生於山林、丘陵、川澤之民，且有時而窮，故因地之利而任圃以樹事，任牧以畜事，任衡以山事，任虞以澤事，而民遂得享其利，不至於窮。且非惟三者之民不窮也，貿遷有無，互相灌輸，而商賈所皁通之貨財從此出矣。又嬪婦化治之絲枲，即園圃之所樹也，百工飭化之八材，臣妾聚斂之疏材，即山澤之所産也。至閒民之轉移，無非此數者，而天下之地利盡，即人力亦無不盡矣。今自大江以西、五嶺以南，山則皆童，林則如赭，而長淮以南，大河以北，大藪大澤，第爲積水之區。又燕、冀、齊、魯地宜種植，然所謂千樹棗、千樹栗者，不數見也。如是而物安得不匱？民安得不困？夫小民趨利如鶩，豈甘爲惰窳？不圖所以相視不前者，甲業之而乙戕之，理之於官而莫之省爾。若爲之明立禁條，焚山林，竭川澤，漉陂池者，有罰，盜取横侵者，有罰。有犯禁者，官爲申理，得實嚴懲。或於所治内著有成效者，優予上考；不稱者罰。數年之間，吏習民安，生之有道，取之有時，用之有節。孟子所云不可勝食勝用者，豈虚語哉？上嘉納其言，特命閣臣改撰諭旨，頒天下。

（漢）劉向《説苑》卷一《君道》　晉平公問於師曠曰：人君之道，如何？對曰：人君之道，清淨無為，務在博愛，趨在任賢，廣開耳目，以察萬方，不固溺於流俗，不拘繫於左右，廓然遠見，踔然獨立，屢省考績，以臨臣下，此人君之操也。平公曰：善。齊宣王謂尹文曰：人君之事，何如？尹文對曰：人君之事，無爲而能容下，夫事寡易從，法省易因，故民不以政獲罪也，大道容衆，大德容下，聖人寡爲而天下理矣。《書》曰：睿作聖。詩人曰：岐有夷之行，子孫其保之。宣王曰：善。成王封伯禽爲魯公，召而告之曰：爾知爲人上之道乎？凡處尊位者，必以敬下，順德規諫，必開不諱之門，撙節安靜以藉之，諫者勿振以威，毋格其言。博采其辭乃擇可觀。夫有文無武，無以威下；有武無文，民畏不親；文武俱行，威德乃成。既成威德，民親以服，清白上通，巧佞下塞，諫者得進，忠信乃畜。伯禽再拜受命而辭。

著録

（清）劉衡《讀律心得·吳嘉賓序》　今令長治民之官，必懸法於其治之門。曰：誣告加三等，越訴笞五十。夫五刑之法且千，未嘗懸示民，懸此兩條何也？民之相爭，必有曲直。曲者治之以法，民知曲直之有常，而法之無可免，雖無訟可也。末世之民不爭曲直，而爭勝負。所爭不遂，則誣告興。誣告不行，則越訴起。蘄於必勝，而患始不可勝，窮矣。國家卹老幼孤疾，下卽以老幼孤疾與民訟。國家優八議士大夫，下卽以八議士大夫與民訟。恃其法之所不加，因以撓法，甚則知法之人，以法爲市，於是法之中又立法。故法不難知，而法中之法不易知。有司者苦法繁，而不知所用，奚暇行法。夫法非繁也，法之意必使民畏官，必使官愛民。民不畏官，法有以治之；官不愛民，法有以治之。二者其具甚密，而恆若相妨。兩法相妨，必有一界。界之左主左，伸界之；右主右，伸吾不求。左之至乎右，而常使右之無以至乎左，則平，平則法常立。弱者必不及強者，必過之，則法不立，則兩敝。國家以法屬有司，有司者不自過乎。法亦不使民得過乎？法得其所持之要，則何繁之與有？今之有司莫不以法從事，然或法所得爲而不敢爲，或法所不得爲而過爲之，則不素講求法之過也。吾邑劉簾舫觀察先生，始爲吏粤東，有治能名，後莅蜀之劇縣，其能益顯。民奉之如神明，卒以治迹尤異，不期年，擢至監司，會引疾去，不竟其用。嘉賓。與喆嗣星方農部爲姻，出先生作吏時所鈔《讀律心得》諸篇，示之信乎其能素講求法者歟。先生是篇所援法各數條或數十條：一理訟撮要，二通用擬斷罪名，三通用加減罪例，四祥刑隨筆，皆所以示有司，法所得爲與所不得爲而已。然法所得爲者，吾執法以奪奸民之所恃；法所不得爲者，吾體法以行上之慈。則朝廷立法之意具是焉。何其簡且要歟？吾願世之爲有司者，皆先講求於是，而後及其餘。則知法固甚不繁，而官與民已受治矣。然則先生是編，烏可不亟公諸世歟？道光丙申。

（清）魏源《古微堂集·重刊古微堂集序》　魏氏之詩，古微之作，所以發揮齊魯韓三家之微言大誼，而揭周公孔子制禮作樂之用心於來世也。

藝文

（漢）曹操《曹操集·詩集·對酒》　對酒歌，太平時，吏不呼門。王者賢且明，宰相股肱皆忠良。咸禮讓，民無所爭訟。三年耕有九年儲，倉穀滿盈。班白不負戴。雨澤如此，百穀用成。却走馬，以糞其上田。爵公侯伯子男，咸愛其民，以黜陟幽明。子養有若父與兄。犯禮法，輕重隨其刑。路無拾遺之私。囹圄空虛，冬節不斷。人耄耋，皆得以壽終。恩德廣及草木昆蟲。

雜録

《春秋公羊經傳解詁》卷一《隱公十一年》　《春秋》君弑，賊不討不書葬，以爲無臣子也。道《春秋》通例與文武異。子沈子曰：君弑，臣不討賊，非臣也。子不復讎，非子也。葬，生者之事也。《春秋》君弑，賊不討不書葬，以爲不繫乎臣子也。子沈子後師明説此意者，明臣子不討賊當絶，君喪無所繫也。沈子稱子冠氏，上者著其爲師也。不但言子曰者辟孔子也，其不冠子者他師也，冠氏古亂反，下同。

《春秋公羊經傳解詁》卷二《桓公四年》　夏，天王使宰渠糾來聘。宰渠伯糾者何？天子之大夫也。其稱宰渠伯糾何？据劉卷卒，氏采不名且字。糾，居黝反。氏采，七代反。後放此。下大夫也。天子下大夫，繫官氏名且字。繫官者，卑不得專官事也。稱伯者，上敬老也。上敬老則民益孝，上尊齒則民益弟，是以王者以父事三老，兄事五更，食之於辟廱，天子親袒而割牲，執醬而餽，執爵而酳，冕而揔干，率民之至也。先王之所以治天下者有五：貴有德，爲其近於道也；貴臣，爲其近於君也；貴老，爲其近於父也；敬長，爲其近於兄也；慈幼，爲其近於子弟也。禮，君於臣而不名者有五：諸父兄不名，《經》曰王札子是也，《詩》曰王謂叔父是也；上大夫不名，祭伯是也；盛德之士不名，叔肸是也；老臣不名，宰渠伯糾是也。下去二時者，桓公無王而行，天子不能誅，反下聘之，故爲貶，見其罪，明不宜。弟，大計反。更，音庚。食，音嗣。辟，必亦反。袒，音但。饋，其愧反。酳，以刃反。又士刃反。其近，附近之近，下同。札，側八反。肸，許乙反。去，起吕反。見，賢徧反。

《春秋公羊經傳解詁》卷三《莊公二十四年》　戎將侵曹，曹羈諫曰：戎衆以無義，戎師多，又常以無義爲事。君請勿自敵也。禮，兵敵則戰，不敵則守。君師少，不如守，且使臣下往。則守，手又反，又如字，下同。曹伯曰：不可。臣下不可獨往。三諫不從，遂去之。故君子以爲得君臣之義也。孔子曰：所謂大臣者，以道事君，不可則止。此之謂也。諫必三者，取月生三日而成魄，臣道就也。不從得去者，仕爲行道，道不行，義不可以素餐。所以申賢者之志，孤惡君也。諫有五：一曰諷諫，孔子曰家不藏甲，邑無百雉之城，季氏自墮之是也。二曰順諫，曹羈是也。三曰直諫，子家駒是也。四曰争諫，子反請歸是也。五曰贛諫，百里子、蹇叔子是也。魄，普白反。餐，七千反。諷，方鳳反。墮，許規反。争，争鬭之争。贛諫，陟降反，又呼弄反，又丑用反。

《春秋公羊經傳解詁》卷五《僖公元年》　十有二月，丁巳，夫人氏之喪至自齊。夫人何以不稱姜氏。据薨于夷，稱姜氏。《經》有氏，不但問不稱姜。并言氏者，嫌据夫人婦姜，欲使去氏。去，起吕反。貶，曷爲貶？据薨于夷不貶。與弑公也。與慶父共弑閔公。與殺，音預。又如字，下申志反。然則曷爲不於弑焉貶？据酖牙於卒時貶。貶必於重者，莫重乎其以喪至也。刑人于市，與衆棄之。故必於臣子集迎之時貶之。所以明誅得其罪。因正王法所加，臣子不得以夫人禮治其喪也。貶置氏者，殺子差輕於殺夫，别逆順也。致者，從書薨，以常文録之。言自齊者，順上以歸文。差，初賣反，又初佳反。别，彼列反。

《春秋公羊經傳解詁》卷八《成公十六年》　成公將會晉厲公，謂上伐鄭也。言謚者，别嬰齊所請也。明言公會晉侯者，嬰齊所請事也。故下與嬰齊傳合同。别，彼列反。會不當期，將執公。季孫行父曰：臣有罪，執其君；子有罪，執其父。此聽失之大者也。今此臣之罪也，舍臣之身而執臣之君，吾恐聽失之爲宗廟羞也。於是執季孫行父。善其過則稱己，美則稱君，累代公執，在危殆之地。故地言舍而月之者，痛傷忠臣不得其所。爲代公執不稱行人者，在君側，非出使。出使，所吏反。

《春秋公羊經傳解詁》卷一〇《昭公十九年》　冬，葬許悼公。賊未討，何以書葬？不成于弑也。曷爲不成于弑？据將而誅之。于殺，音試。下于殺加殺皆同。止進藥而藥殺也。時悼公病，止進藥，悼公飲藥而死。止進藥而藥殺，則曷爲加弑焉爾？据意善也。譏子道之不盡也。其譏子道之不盡奈何？曰：樂正子春之視疾也，樂正子春，曾子弟子，以孝名聞。復加一飯，則脱然愈；復損一飯，則脱然愈；復加一衣，則脱然愈；復損一衣，則脱然愈。脱然，疾除貌也。言消息得其節。復加，扶又反。下同。一飯，扶晚反。下同。止進藥而藥殺，是以君子加弑焉爾。失其消息多少之宜。曰：許世子止弑其君買，是君子之聽止也。聽，治止罪。葬許悼公，是君子之赦止也。赦止者，免止之罪辭也。明止但原止進藥，本欲愈父之病，無害父之意，故赦之。得免罪，不得繼父。後許男斯代立，無惡文是也。

《春秋公羊經傳解詁》卷一二《哀公三年》　以王父命辭父命，辭，猶不從。是父之行乎子也。是靈公命行乎蒯聵，重本尊統之義。不以家事辭王事，以父見廢，故辭讓不立，是家私事。以王事辭家事，聽靈公命立者，是王事公法也。是上之行乎下也。是王法行於諸侯，雖得正，非義之高者也。故冉有曰：夫子爲衛君乎？子貢曰：諾，吾將問之，入曰：伯夷〔叔〕齊何人也？曰：古之賢人也。曰：怨乎？求仁而得，又何怨？出曰：夫子不爲也。主書者，善伯討。

《春秋穀梁傳》卷一《隱公元年》　元年，春，王正月。隱公之始年，周王之正月也。杜預曰：凡人君即位，欲其體元以居正，故不言一年一月也。正，音征，又如字，後皆放此。雖無事，必舉正月，謹始也。謹，君即位之始。公何以不言即位？據文公言即位。成公志也。成隱讓桓之志。焉成之？言君之不取爲公也。言隱意，不取爲魯君也。公，君也。上言君，下言公，互辭。焉，於虔反。君之不取爲公，何也？將以讓桓也。讓桓正乎？曰不正。隱長桓幼。長，丁丈反。又作丈，音同。《春秋》成人之美，不成人之惡。隱不正而成之，何也？將以惡桓也。不明讓者之善，則取者之惡不顯。之惡，烏各反。下注之惡同惡。桓，烏路反。下其惡桓同。其惡桓何也？隱將讓而桓弑之，則桓惡矣。桓弑而隱讓，則隱善矣。善則其不正焉，何也？據善無不正。弑，申志反。又作殺，如字，後皆同。《春秋》貴義而不貴惠，惠，謂私惠。信道而不信邪。信，申字，古今所共用。信，音申。邪，似嗟反。下及注皆同。孝子揚父之美，不揚父之惡。先君之欲與桓，非正也，邪也。雖然，既勝其邪心以與隱矣，終歸之於隱，是以正道制邪心。已探先君之邪志而遂以與桓，則是成父之惡也。兄弟，天倫也。兄先弟後，天之倫次。探，吐南反。爲子受之父，爲諸侯受之君。隱爲世子，親受命於惠公；爲魯君，已受之於天王矣。已廢天倫，而忘君父，以行小惠，曰小道也。弟先於兄，是廢天倫。私以國讓，是忘君父。若隱者，可謂輕千乘之國，蹈道則未也。未履居正之道。乘，繩證反。公侯之國賦千乘。蹈道，上徒報反。履行之名也，下如字。

（宋）朱熹《四書章句集注・孟子集注・公孫丑章句下》　沈同以其私問曰：燕可伐與？孟子曰：可。子噲不得與人燕，子之不得受燕於子噲。有仕於此，而子悦之，不告於王而私與之吾子之禄爵；夫士也，亦無王命而私受之於子，則可乎？何以異於是？沈同，齊臣。以私問，非王命也。子噲、子之，事見前篇。諸侯土地人民，受之天子，傳之先君。私以與人，則與者受者皆有罪也。仕，爲官也。士，即從仕之人也。

（清）俞樾《諸子平議》卷二〇《商子》　無宿治，則邪官不及爲私利於民，而百官之情不相稽，則農有餘日。邪官不及爲私利於民，則農不敝，農不敝而有餘日，則草必墾矣。《墾令》。

樾謹按：此當作無宿治，則邪官不及爲私利於民，而百官之情不相稽；邪官不及爲私利於民，則農不敝，百官之情不相稽，則農有餘日，農不敝而有餘日，則草必墾矣。傳寫有奪誤耳。

（宋）劉恕《資治通鑑外紀》卷六《周紀四・匡王》　楚莊王即位，三年不出號令，沈湎於酒，淫於聲色。令國人曰：敢諫者死無赦。伍舉入諫，莊王左抱鄭姬，右抱越女，坐鐘鼓之間，伍舉曰：願有進，隱曰：有鳥在南方之阜，三年不動、不蜚、不鳴，何鳥也？王曰：三年不動，將定志意；不蜚，將長羽翼；不鳴，將覽民則。雖無蜚，蜚將沖天，雖無鳴，鳴將駭人。舉退，吾知之矣。居數月，淫益甚，大夫蘇從曰：食君厚禄，愛死不諫，非忠臣也。乃入諫，王曰：若不聞令乎？對曰：殺身以明君，臣之願也。臣聞好道者多資糧，好樂者多求而亡國，亡無日矣，臣敢以告。王曰：善左執蘇從手，右抽刀斷鐘鼓之懸，明日聽政，所進者五人，所退者十人，誅大臣五，舉處士六，任伍舉、蘇從以政，國人大説。此《史記・楚世家》文，其沉面於酒二句，參用《吳越春秋》文，南方之阜及三年不動將定志意。

（宋）劉恕《資治通鑑外紀》卷七《周紀五・靈王》　初，屈到嗜芰，有疾，召其宗老而屬之曰：祭我必以芰。及祥，宗老將薦芰，屈建命去之，曰：夫子承楚國之政，其法刑在民心而藏在王府，上可比先王，下可訓後世，雖微楚國，諸侯莫不譽夫子，不以私欲干國典。遂不用。此

《楚語》文。

（宋）金履祥《資治通鑑前編》卷六　王曰：嗚呼！封，敬明乃罰。人有小罪，非眚，乃惟終，自作不典，式爾，有厥罪小，乃不可不殺。乃有大罪，非終乃惟眚災，適爾，既道極厥辜，時乃不可殺。此下慎罰也。終猶云怙終不典式，猶云不法也。過，自己生為青，罪自外至為災。人有小罪，非出過誤，乃自怙終，自作不法之事，如此雖其罪小，乃不可不殺。（比）〔此〕律之情重法輕，即《舜典》所謂怙終賊刑是也。人有大罪，本非怙終，乃惟過誤，或為人所誤，偶然如此，既言極其罪以示之，是乃不可殺。此律之情輕法重，即《舜典》所謂眚災肆赦是也。一云既道極厥辜，謂自言盡輸其情。諸葛孔明所謂伏罪輸情者，雖重必釋亦通。王曰：嗚呼！封，有敘，時乃大明服，惟民其勑懋和。若有疾，惟民其畢棄咎。若保赤子，惟民其康乂。非汝封刑人殺人，無或刑人殺人；非汝封又曰劓刵人，無或劓刵人。有敘，為政固有次序。謂先求諸己而後能及人也。大明智定以服人，則民相戒勉於和，所謂大畏民志也。以惡疾之心惡惡，則民畢棄其咎，所謂令反其好財，民弗從也。以愛子之心愛民，則民自皆從其康乂，所謂心誠求之也。三者言政化皆先于己求之。朱子曰：非汝封刑人殺人，則無或敢有刑殺人者，蓋言用刑之權止在康叔，不可不謹耳。又曰二字當在非汝封三字之上。王曰：外事，汝陳時臬，司師，茲殷罰有倫。又曰：要囚，服念五六日，至于旬時，丕蔽要囚。臬，《説文》準的也。要，獄詞之要也。外事者，獄之未成在有司而未達于康叔者，陳氏所謂有司之事也。要囚，獄之已成而達于康叔者，此則康叔之事也。有司之事，非康叔所能盡親，則陳列其準約，且使有司師殷罰之有倫者。準的，猶今法家所謂條。殷罰，猶今法家所謂例也。康叔之事在康叔，不可輕決，則服膺念之，或五六日、一旬，甚或一時而後斷之，不敢率易也。蔽，斷也。呂氏曰：外事，衛國事也。《史記》言康叔為周司寇。司寇，王朝之官職任內事，故以衛國對言為外事。蔡氏曰：篇中言往敷求往盡乃心，篇終曰往哉封，皆人其之國之辭，未見其留王朝之意。但詳此篇，康叔蓋深于法者，異時成王或舉以仕司寇之職，而此則未必然也。愚按：康叔為司寇，載在《左氏》，蓋在成王時。若武王時，則蘇公忿生為司寇耳。王曰：汝陳時臬事，罰蔽殷彝，用其義刑義殺。勿庸以次汝封，乃汝盡遜曰時敘。惟曰未有遜事，已！汝惟小子，未其有若汝封之心，朕心朕德惟乃知。凡民自得罪，寇攘姦宄，殺越人于貨，暋不畏死，罔弗憝。次，就也，承也，遜也。暋，强，憝惡也。此承上章汝陳列其準的，與其事其罰，又蔽以殷之彝法，刑殺皆盡于義。勿次就汝封之意，則汝可謂盡順于義，可以謂之得其次序矣。然口以為皆順義，則喜心生，而滿易之心乘之，又必常自謂未有順義之事可也。抑汝雖為卜子，而未有若汝之用心者，朕心朕德，惟汝知之。刑殺之事，豈吾之本心哉。赤惟凡民自作其罪，為寇攘姦宄，殺又而奪之之貨，暋然强悍，不畏刑殺，古人心罔不惡之，是以未免有刑殺之用耳。一意凡民自得罪以下，自為一章。王曰：封，元惡大憝，矧惟不孝不友？子弗祗服厥父事，大傷厥考心。于父不能字厥子，乃疾厥子；于弟弗念天顯，乃弗克恭厥兄；兄亦不念鞠子哀，大不友于弟。惟弔茲，不于我政人得罪，天惟與我民彝大泯亂。曰：乃其速由文王作罰，刑茲無赦。承上章罔弗憝之文。謂惡有大于此，其可惡又有大于此者，若不孝不友之類是也。蓋子而不敬服父事，乃傷其父之心，故父不能字厥子，而疾惡其子；弟而弗念天明，乃弗克恭厥兄，故兄亦不念父母鞠養之矜之意，而大不友愛其弟。至于如此而我為政之人不從而罪之，則天所與我民彝大泯滅，亂亡之矣，（遠）〔速〕用文王所作罰刑加之，此不可赦也。不率大戛，矧惟外庶子訓人？惟厥正人，越小臣諸節。乃別播敷，造民大譽，弗念弗庸，瘝厥君，時乃引惡惟朕憝。已！汝乃其速由茲義率殺。戛，《説文》云：戟也。《虞書》戛擊，蓋擊伐之意。此承上文，謂不孝不友固大惡，然其不率之罪又有大可伐者？惟外庶子乃訓人之官，正人乃庶官之長，及小臣諸節，有符節者，乃別布條教，違道干譽，弗念其君，弗用其法，反病其君上，此乃引民而為惡者。蓋背公行私，為臣不忠之甚，此乃朕所深惡，汝其速由茲，義以為之率，審量而誅殺之。一説，《爾雅》戛，禮也。註謂常禮也。不率大戛，作不率常禮。亦通。蔡氏曰：按上言民不孝不友，則速由文王作罰，刑茲無赦。此言外庶子、正人、小臣背上立私，則速由茲，義率殺。其曰刑，曰殺，若用法峻急者。蓋殷之臣民，化紂之惡，父子兄弟之無其親，君臣上下之無其義，非繩之以法，示之以威，殷人孰知不孝不義之不可干哉！《周禮》所謂刑亂國用（童）〔重〕典者是也。然曰速由文王，曰速由茲義，則其刑其罰亦仁厚而已矣。亦惟君惟長，不能厥家人，越厥小臣外正，惟威惟虐，大放王命，乃非德用乂。承上文以責備康叔也。臣者，民之表，故責民之不孝友，其大又在責臣之不忠。君者，臣之表。臣之不忠，〔為〕為君長者又不可不自盡其道也。能者，相安相使之義。小臣，即小臣諸節。外正，即庶子訓人，惟厥正人也。惟君惟長而不能于其家人，以至于不能其小臣外正，乃惟威□之尚，大廢王命，此非以德為政之義也。汝亦罔不克敬典，乃由裕民，惟文王之敬忌，乃裕民曰：我惟有及，則予一人以懌。此承上文勉康叔之言。蔡氏曰：汝罔不能敬守國之常法，由是而求裕民之道，惟文王之敬忌。敬則有所不忽，忌則有所不敢。期裕其民曰：我惟有及于文王，則予一人以悦懌矣。此言謹罰之終也。穆王訓刑，亦曰敬忌云。王曰：封，爽惟民，迪吉康，我時其惟殷先哲王德，用康乂民作求。矧今民罔迪不適、不迪，則罔在厥邦。蔡氏曰：此下欲其以德用罰也。求，等也。如世德作求之。求言明思，夫民當開導之以吉康，我亦時其惟殷先哲王之德，用以安治其民為等，匹于商先王也。迪，即迪吉康之迪。況今民無導之而不從者，苟不有以導之，則為無政于國矣。迪言德而政言刑也。前既嚴于民，又嚴于臣，又嚴于康叔，此則武王之自嚴畏也。王曰：封，予惟不可不監，告汝德之說，于罰之行。今惟民不靜，未戾厥心，迪屢未同。爽惟天其罰殛我，我其不怨，惟厥罪無在大，亦無在多。矧曰其尚顯聞于天？此總德罰之說。承上文復以自責也。按蔡氏曰：戾，止也。民不安靜其心，未有所止迪之者，雖屢而未能使之同歸于治，明思天其殛罰我，我何敢怨乎？惟民之罪不在大，亦不在多，苟為有罪，即在朕躬，況曰其尚顯聞于天乎！又按：武王克商，乃反商政，留三月而後皆所以撫導其民，而民之習未能盡化。故有迪屢未同之歎。王曰：嗚呼！封，敬哉！無作怨，勿用非謀非彝。蔽時忱，丕則敏德，用康乃心，顧乃德，遠乃猷，裕乃以民寧，不汝瑕殄。蔡氏曰：此欲其不用罰而用德也。歎息言汝敬哉，毋作可怨之事，勿用非善之謀，非常之法，惟斷以是誠，大法吉人之敏德用，以安汝之心，省汝之德，遠汝之謀，寬裕不迫以待民之自安。若是則不汝瑕疵而棄絶矣。愚謂敏德者，謂其進德之速。康乃心，顧乃德，則存養省察所以固是德也。人心本有是德，一有覺焉其進固敏。然存養省察之功不繼，則將復失之，不足以為有德矣。王曰：嗚呼！肆汝小子封，惟命不于常，汝念哉！無我殄，享，明乃服命，高乃聽，用康乂民。肆，起語辭。惟命不于常，善則得之，不善則失之。汝其念哉，毋我殄絶所享之國也。明汝侯國之服命，高其聽，勿卑忽我言，用安治爾民也。王若曰：往哉！封，勿替敬典，聽朕告汝，乃以殷民世享。勿廢可敬之常法，聽服我所告命，乃能以殷民而世享其國也。世享對殄享，為言古者，封建諸侯賢則世享，不賢則殄享。後世之論封建者，謂其子孫有賢不肖，而乃以一人之私病一國，不知聖人制法正不欲以一人為一國病也。弘王子民以一人之制而病一國者，則其未流之弊，聖人在上蓋不爾也。

（清）馬驌《繹史》卷二八《列國傳世》《國語》魯武公以括與戲見王，王立戲，樊仲山父諫曰：不可立也。不順必犯，犯王命必誅，故出令不可不順也。令之不行，政之不立，行而不順，民將棄上。夫下事上，少事長，所以為順也。今天子立諸侯而建其少，是教逆也。若魯從之，而諸侯傚之，王命將有所壅。若不從而誅之，是自誅王命也。是事也，誅亦失，不誅亦失，天子其圖之。王卒立之。魯侯歸而卒。及魯人殺懿公而立伯御。三十二年，宣王伐魯，立孝公，諸侯從是不睦。

（清）馬驌《繹史》卷七七上《晏子相齊》《晏子》。景公問晏子曰：古之盛君，其行如何？晏子對曰：薄于身而厚于民，約于身而廣于世。其處上也，足以明政行教，不以威天下；其取財也，權有無，均貧富，不以養嗜欲；誅不避貴，賞不遺賤；不淫于樂，不遁于哀；盡智導民，而不伐焉，勞力歲事，而不責焉。為政尚相利，故下不以相害，行教尚相愛，故民不以相惡為名；刑罰中於法，廢罪順於民。是以賢者處上而不華，不肖者處下而不怨，四海之內，社稷之中，粒食之民，一意同欲。若夫私家之政，生有遺教，此盛君之行也。公不圖。晏子曰：臣聞問道者更正，聞道者更容。今君稅斂重，故民心離，市賈悖，故商旅絶；玩好充，故家貨殫。積邪在於上，蓄怨藏於民，嗜欲備於側，毀非滿於國，而公不圖。公曰：善。於是令玩好不御，公市不豫，宮室不飾，業土不成，止役輕稅，上下行之，而百姓相親。

又：《說苑》。齊人甚好轂擊相犯以為樂，禁之不止。晏子患之，乃為新車良馬出，與人相犯也。曰：轂擊者不祥，臣其祭祀不順，居處不敬乎？下車棄而去之。然後，國人乃不為。故曰：禁之以制，而身不先行也，民不肯止。故化其心，莫若教也。

又：《晏子》。景公飲酒酣，曰：今日願與諸大夫為樂飲，請無為禮。晏子蹵然改容曰：君之言過矣！羣臣固欲君之無禮也。力多足以勝其長，勇多足以弑君，而禮不使也，禽獸矣。力為政，彊者犯弱，故日易主。今君去禮，則是禽獸也。羣臣以力為政，彊者犯弱而日易主，君將安立矣！凡人之所以貴于禽獸者，以有禮也。故《詩》曰：人而無禮，胡不遄死。禮不可無也。公湎而不聽。少閒，公出，晏子不起，公入，不起，交舉則先飲。公怒，色變，抑手疾視曰：嚮者夫子之教，寡人無禮之不可也，寡人出入不起，交舉則先飲，禮也？晏子避席，再拜稽首而請曰：嬰敢與君言而忘之乎？臣以致無禮之實也。君若欲無禮，此是已！公曰：若是，孤之罪也。夫子就席，寡人聞命矣。觴三行，遂罷酒。蓋是後也，飭法修理以治國政，而百姓肅也。

又：景公飲酒，酲三日而後發。晏子見曰：君病酒乎？公曰：然。晏子曰：古之飲酒也，足以通氣，合好而已矣。故男不羣樂以妨事，女不羣樂以妨功。男女羣樂者，周觴五獻，過之者誅。君身服之，故外無怨治，內無亂行。今一日飲酒而三日寢之，國治怨乎外，左右亂乎內。以刑罰自妨者，勸乎為非；以賞譽自勸者惰乎為善。上離德行，民輕賞罰，失所以為國矣，願君節之也。

又：晏子聘於吳，吳王曰：子大夫以君命辱在敝邑之地，施貺寡人，寡人受貺矣，願有私問焉。晏子逡巡而對曰：嬰北方之賤臣也，得奉君命以趨於末朝，恐辭令不審，譏於下吏，懼不知所以對者。吳王曰：寡人聞夫子久矣，今乃得見，願終其問。晏子避席對曰：敬受命矣。吳王曰：國如何則可處，如何則可去也？晏子對曰：嬰聞之，親疏得處其倫，大臣得盡其忠，民無怨，治國無虐刑，則可處矣，是以君子懷不逆之君居治國之位。親疏不得居其倫，大臣不得盡其忠，民多怨，治國有虐刑，則可去矣，是以君子不懷暴君之禄，不處亂國之位。

（明）楊士奇《歷代名臣奏議》卷二一三《治道》 靈公問於史鰌曰：政孰為務？對曰：大理為務。聽獄不中，死者不可生也，斷者不可屬也。故曰大理為務。少焉子路見公，公以史鰌言告之。子路曰：司馬為務。兩國有難，兩軍相當，司馬執枹以行之，一鬪不當，死者數萬。以殺人為非也，此其為殺人亦衆矣。故曰司馬為務。少焉子貢入見公，公以二子言告之。子貢曰：不識哉。昔禹與有扈氏戰，三陳而不服，禹於是脩教一年，而有扈氏請服。故曰，去民之所事，奚獄之所聽？兵革之不陳，奚鼓之所鳴？故曰教爲務也。

（明）楊士奇《歷代名臣奏議》卷一〇五《仁民》 武王問於太公曰：治國之道若何？太公對曰：治國之道愛民而已。曰：愛民若何？曰：利之而勿害，成之勿敗，生之勿殺，與之勿奪，樂之勿苦，喜之勿怒。此治國之道。使民之義也，愛之而已矣。民失其所務，則害之也；農失其時，則敗之也；有罪者重其罰，則殺之也；重賦斂者，則奪之也；多徭役以罷民力，則苦之也；勞而擾之，則怒之也。故善為國者，遇民如父母之愛子，兄之愛弟。聞其飢寒為之涼，見其勞苦為之悲。武王克殷，召太公而問曰：將柰其士衆何？太公對曰：臣聞愛其人者，無屋上之烏；憎其人者，惡其餘胥。咸劉厥敵，使靡有餘，何如？王曰：不可。太公出，邵公入，王曰：為之柰何？邵公對曰：有罪者殺也，無罪者活之，何如？王曰：不可。邵公出，周公入，王曰：為之柰何？周公曰：使各居其宅，田其田，無變舊新，唯仁是親，百姓有過，在於一人。武王曰：廣大乎平天下矣，凡所以貴士君子者，以其仁而有德也。

魯哀公問政於孔子，對曰：政有使民富且壽。哀公曰：何謂也？孔子曰：薄賦斂則民富，無事則遠罪，遠罪則民壽。公曰：君是，則寡人貧矣。孔子曰：《詩》云，愷悌君子，民之父母。未見其子富而父母貧者也。

《漢書》卷三九《曹參傳》 蕭何薨，參聞之，告舍人趣治行，吾且入相。居無何，使者果召參。參去，屬其後相曰：以齊獄市爲寄，慎勿擾也。後相曰：治無大於此者乎？參曰：不然。夫獄市者，所以并容也，今君擾之，姦人安所容乎？吾是以先之。

《兩漢詔令·洪咨夔序》 自典謨、訓誥、誓命之書不作，兩漢之制最為近古。一曰策書。其文曰：維某年月日。二曰制書。其文曰：制詔三公。三曰詔書。其文曰：告某官如故事。四曰誡勅。其文曰：有詔勅某官。此其凡也。策有制策、詔策、親策。勅有詔勅、璽勅、密勅。書有策書、璽書、手書、權書、赫蹏書。詔有制詔、親詔、密詔、特詔、優詔、中詔、清詔、手筆下詔、遺詔。令有下令、著令、挈令，及令甲、令乙、令丙。諭有口諭、風諭、譙諭。宥罪有赦，訓諸王有誥，召天下兵有羽檄，要誥有誓約，廷拜有贊，以致有報、有賜、有問、有誥，又有手迹、手記。詔記其曰：恩澤詔書、寬大詔書，一切詔書及哀痛之詔隨事名之，此其目也。策命簡長二尺，短者半之。以篆書罷免，用尺一木兩行，以隸書。遺單于書牘以尺一寸，選舉召拜，亦書之尺一板。《古今篆隸文體》曰：鶴頭書與偃波書，俱詔板所用，在漢則謂之尺一簡。詔書有真草又有案。案者寫詔之文，一札十行，細書以賜方國扎牒也。孟康曰：漢初有三璽。蔡邕《獨斷》曰：天子六璽，皆白玉螭虎紐。《輿地志》曰：漢封詔璽用武都紫泥，故制詔皆璽封，尚書令印重封。唯赦贖令司徒印，露布州郡。詔記，綠綈方底，用御史中丞印。通官文書不著姓，司隸詣尚書封。胡降檄著姓。非故事詔書，皂囊施檢，報書綠囊。密詔或衣帶間，丹書藏之石室，策書藏之金匱，此其制也。漢世代言未設官，王言作命，厥意猶古。而討論潤色，亦間有其人。高后令大謁者張澤報單子嫚書。淮南王安善文辭。武帝每為報書及賜，常詔司馬相如視草。光武答北匈奴藁草，司徒椽班彪所上。至永寧中，陳忠謂：尚書出納帝命，為王喉舌。諸郎鮮有雅材，每為詔文，轉相求訪，且辭多鄙，固遂薦周興為尚書郎。秦少府吏四人在殿中主發書，謂之尚書。漢因之，武昭以後稍重。張安世以善書給事尚書，事武帝數十年。後漢始置尚書郎三十六人，主作文書起草，月賜赤管大筆、隃麋墨，此其造命之原也。詔，御史大夫下相國，相國下諸侯王，御史、中執法下郡守。制，下御史，御史大夫下丞相，丞相下中二千石，二千石下郡太守、諸侯，丞相從事下當用者。如律令郡國長史上計，丞相御史記室，大音讀勅畢，遣以詔書，部刺史奉詔條察州，所察毋過六條守令，則承流宣化，使田里咸知上意，此其奉行之序也。君能制命為義，臣能承命為信。君不能以義制命，則無以使人心丕應，惟命之承。故夫夜下詔書，決之亟也。甲寅書報，應之疾也。毋下所賜書，幾事密也。封還詔書，涣號不容於輕出也。更報單于書，辭令不嫌於修飾也。六月甲子詔書，非赦令皆蠲除之。雖反汗猶愈，於遂非而稔惡也。有司毋得言赦前事，所以示民信也。策書，泰深痛切，君子作文，為賢者諱。所貴乎體之識也。昧死奏故事，詔書二十三事，所重乎祖宗良法美意之得也。璽書封小，詔書獨下，抑不可不慮其賈疑而召激也。案尚書，大行無遺詔，詔書獨臧嬰家，及安得赦書封三子事，姦隱於倉卒，詐售於危疑，尤有國者所當謹察而不可忽也。知此則知所以造命，則知所以造命，則知所以奉行矣。然有不敢奉詔者，有期期不奉詔者，有以死争不奉詔者，有詔數强予然後奉詔者，猶或許之，蓋所以養士氣也。若其奉行不虔，則有常刑。故廉問不如吾詔者以重論，敢有議詔不如詔者腰斬，詐詔者當棄市，格詔者亦當棄市，矯制者腰斬，誤宣詔者應罰金，令下腹誹者論死，誹謗聖制者當族，謂詔書不可用者，丞相御史劾之，無承用詔書意者，御史奏之，而奉詔不謹者，皆坐以不敬。丞相被策書則步出，司農發詔書則鳴鼓，其嚴如此，當時猶不能盡然。始而奉詔不勤終而遏絶詔命，始而矯虔終而擅詔，以至詐下詔書，詐作詔板，僞作璽書，假為策。自書詔以授，廉級陵夷，紀綱板蕩，而國命之柄移，大抵外戚宦官之禍，閨闥稱制，實胚胎之有天下者可不鑒哉？按《藝文志》：《儒家高祖傳》十三篇，高帝與大臣述古，論及詔策。《文帝傳》十一篇，文帝所稱及詔策。當時會粹，蓋有其書。遷、固必采取。諸此先漢詔，遷多以上曰書，固間因之，詔或二三出詳略，及用字亦有不同，疑不能無刪潤。高帝未即位，遷不書詔，惟重祠敬祭，詔見封禪書。《景帝紀》遷不書詔。其議太宗廟樂舞制詔，附見《文帝紀》。文帝於陳武等議，謂且無議軍，見於《律書》，當亦是詔，固不書。後漢詔有以《東觀漢記》《漢名臣奏》等書見於注：其改詔為制，為誥，或謂避武后諱。世祖官王閎子詔附見《董賢傳》，曄書逸之。大氏史遷所筆皆有深意，固文贍而意不逮，曄則文亦不逮乎固矣。咨夔假守龍陽，俗古事簡因，得縱觀三史，哀其所謂詔制、書策、令勅、諭報、誓約之成章者，凡若干通事著其略，每帝以臆見繫之，釐為若干卷。總曰：《兩漢詔令》以補續書之亡。欲觀漢治者，當有考於斯文。

《新唐書》卷五六《刑法志》 高宗既昏懦，而繼以武氏之亂，毒流天下，幾至於亡。自永徽以後，武氏已得志，而刑濫矣。當時大獄，以尚書刑部、御史臺、大理寺雜按，謂之三司，而法吏以慘酷爲能，至不釋枷而笞棰以死者，皆不禁。律有杖百，凡五十九條，犯者或至死而杖未畢，乃詔除其四十九條，然無益也。武后已稱制，懼天下不服，欲制以威，乃修後周告密之法，詔官司受訊，有言密事者，馳驛奏之。自徐敬業、越王貞、琅邪王沖等起兵討亂，武氏益恐。乃引酷吏周興、來俊臣輩典大獄，與侯思止、王弘義、郭弘霸、李敬仁、康暐、衛遂忠等集告事數百人，共爲羅織，構陷無辜。自唐之宗室與朝廷之士，日被告捕，不可勝數，天下之人，爲之仄足，如狄仁傑、魏元忠等皆幾不免。左臺御史周矩上疏曰：比姦險告訐，習以爲常。推劾之吏，以深刻爲功，鑿空争能，相矜以虐。泥耳囊頭，摺脅籤爪，縣髮燻耳，臥鄰穢溺，刻害支體，糜爛獄中，號曰獄持；閉絶食飲，晝夜使不得眠，號曰宿囚。殘賊威暴，取快目前。被誣者苟求得死，何所不至？爲國者以仁爲宗，以刑爲助，周用仁而昌，秦用刑而亡。願陛下緩刑用仁，天下幸甚！武后不納。麟臺正字陳子昂亦上書切諫，不省。及周興、來俊臣等誅死，后亦老，其意少衰，而狄仁傑、姚崇、宋璟、王及善相與論垂拱以來酷濫之冤，太后感寤，由是不復殺戮。然其毒虐所被，自古未之有也。大足元年，乃詔法司及推事使敢多作辯狀而加語者，以故入論。中宗、韋后繼以亂敗。

玄宗自初即位，勵精政事，常自選太守、縣令，告戒以言，而良吏布州縣，民獲安樂，二十年間，號稱治平，衣食富足，人罕犯法。是歲刑部所斷天下死罪五十八人，往時大理獄，相傳鳥雀不栖，至是有鵲巢其庭樹，羣臣稱賀，以爲幾致刑錯。然而李林甫用事矣，自來俊臣誅後，至此始復起大獄，以誣陷所殺數十百人，如韋堅、李邕等皆一時名臣，天下寃之。而天子亦自喜邊功，遣將分出以擊蠻夷，兵數大敗，士卒死傷以萬計，國用耗乏，而轉漕輸送，遠近煩費，民力既弊，盜賊起而獄訟繁矣。天子方惻然，詔曰：徒非重刑，而役者寒暑不釋械繫。杖，古以代肉刑也，或犯非巨蠹而棰以至死，其皆免，以配諸軍自效。民年八十以上及重疾有罪，皆勿坐。侍丁犯法，原之俾終養。以此施德其民。然巨盜起，天下被其毒，民莫蒙其賜也。

安、史之亂，僞官陸大鈞等背賊來歸，及慶緒奔河北，脅從者相率待罪闕下，自大臣陳希烈等合數百人。以御史大夫李峴、中丞崔器等爲三司使，而肅宗方喜刑名，器亦刻深，乃以河南尹達奚珣等三十九人爲重罪，斬于獨柳樹者十一人，珣及韋恆腰斬，陳希烈等賜自盡於獄中者七人，其餘決重杖死者二十一人。以歲除日行刑，集百官臨視，家屬流竄。初，史思明、高秀巖等皆自拔歸命，聞珣等被誅，懼不自安，乃復叛。而三司用刑連年，流貶相繼。及王璵爲相，請詔三司推覈未已者，一切免之。然河北叛人畏誅不降，兵連不解，朝廷屢起大獄。肅宗後亦悔，歎曰：朕爲三司所悞。臨崩，詔天下流人皆釋之。

代宗性仁恕，常以至德以來用刑爲戒。及河、洛平，下詔河北、河南吏民任僞官者，一切不問。得史朝義將士妻子四百餘人，皆赦之。僕固懷恩反，免其家，不緣坐。劇賊高玉聚徒南山，啗人數千，後擒獲，會赦，代宗將貸其死，公卿議請爲葅醢，帝不從，卒杖殺之。諫者常諷帝政寬，故朝廷不肅。帝笑曰：艱難時無以逮下，顧刑法峻急，有威無恩，朕不忍也。即位五年，府縣寺獄無重囚。故時，別敕決人捶無數。寶應元年，詔曰：凡制敕與一頓杖者，其數止四十；至到與一頓及重杖一頓、痛杖一頓者，皆止六十。

德宗性猜忌少恩，然用刑無大濫。刑部侍郎班宏言：謀反、大逆及叛、惡逆四者，十惡之大也，犯者宜如律。其餘當斬、絞刑者，決重杖一頓處死，以代極法。故時，死罪皆先決杖，其數或百或六十，於是悉罷之。

憲宗英果明斷，自即位數誅方鎮，欲治僭叛，一以法度，然於用刑喜寬仁。是時，李吉甫、李絳爲相。吉甫言：治天下必任賞罰，陛下頻降赦令，蠲逋負，賑飢民，恩德至矣。然典刑未舉，中外有懈怠心。絳曰：今天下雖未大治，亦未甚亂，乃古平國用中典之時。自古欲治之君，必先德化，至暴亂之世，始專任刑法。吉甫之言過矣。憲宗以爲然。司空于頔亦諷帝用刑以收威柄，帝謂宰相曰：頔懷姦謀，欲朕失人心也。元和八年，詔：兩京，關內、河東、河北、淮南、山南東西道死罪十惡、殺人、鑄錢，造印，若彊盜持仗劫京兆界中及它盜贓踰三匹者，論如故。其餘死罪皆流天德五城，父祖子孫欲隨者，勿禁。蓋刑者，政之輔也。政得其道，仁義興行，而禮讓成俗，然猶不敢廢刑，所以爲民防也，寬之而已。今不隆其本、顧風俗謂何而廢常刑，是弛民之禁，啓其姦，由積水而決其防。故自玄宗廢徒杖刑，至是又廢死刑，民未知德，而徒以爲幸也。

穆宗童昏，然頗知慎刑法，每有司斷大獄，令中書舍人一人參酌而輕重之，號參酌院。大理少卿崔杞奏曰：國家法度，高祖、太宗定制二百餘年矣。《周禮》正月布刑，張之門閭及都鄙邦國，所以屢丁寧，使四方謹行之。大理寺，陛下守法之司也。今別設參酌之官，有司定罪，乃議其出入，是與奪繫於人情，而法官不得守其職。昔子路問政，孔子曰：必也正名乎。臣以爲參酌之名不正，宜廢。乃罷之。

大和六年，興平縣民上官興以醉殺人而逃，聞械其父，乃自歸。京兆尹杜悰、御史中丞宇文鼎以其就刑免父，請減死。詔兩省議，以爲殺人者死，百王所守；若許以生，是誘之殺人也。諫官亦以爲言。文宗以興免父囚，近於義，杖流靈州，君子以爲失刑。文宗好治，躬自謹畏，然閹宦肆孽不能制。至誅殺大臣，夷滅其族，濫及者不可勝數，心知其冤，爲之飲恨流涕，而莫能救止。蓋仁者制亂，而弱者縱之，然則剛彊非不仁，而柔弱者仁之賊也。

武宗用李德裕誅劉稹等，大刑舉矣，而性嚴刻。故時，竊盜無死，所以原民情迫於飢寒也，至是贓滿千錢者死，至宣宗乃罷之。而宣宗亦自喜刑名，常曰：犯我法，雖子弟不宥也。然少仁恩，唐德自是衰矣。

（唐）長孫無忌《唐律疏議·附録·進律疏表》　臣無忌等言：臣聞三才既分，法星著於玄象；六位斯列，習坎彰於《易經》。故知出震乘時，開物成務，莫不作訓以臨函夏，垂教以牧黎元。昔周后登極，吕侯闡其茂範；虞帝納麓，皐陶創其彝章。大夫之述三言，金篆騰其高軌；安衆之陳九法，玉牒播其弘規。前哲比之以隄防，往賢譬之以銜勒。輕重失序，則繫之以存亡；寬猛乖方，則階之以得喪。泣辜慎罰，文命所以會昌；斮脛剖心，獨夫於是盪覆。三族之刑設，禍起於望夷；五虐之制興，師亡於涿鹿。齊景網峻，時英有踊貴之談；周幽獄繁，詩人致《菀柳》之刺。所以當塗撫運，樂平除慘酷之刑；金行提象，鎮南削煩苛之法。而體國經野，御辨登樞，莫不崇寬簡以弘風，樹仁惠以裁化。景胄以之碩茂，寶祚於是克崇；徽猷列於湘圖，鴻名勒於青史。【略】伏惟皇帝陛下，體元纂業，則天臨人，覆載並於乾坤，照臨運於日月，坐青蒲而化光四表，負丹扆而德被九圍。日旰忘餐，心存於哀矜；宵分不寐，志在於明威。一夫向隅而責躬，萬方有犯而罪己。仍慮三辟攸斁，八刑尚密，平反之吏，從寬而失情；次骨之人，舞智而陷網。刑靡定法，律無正條，徽纆妄施，手足安措！

（唐）長孫無忌《唐律疏議·附録·唐律釋文序》　夫禮者民之防，刑者禮之表，二者相須猶口與舌然。禮禁未萌之前，刑制已然之後，使民在宥，各遂其生，聖人用之，不得已也。譬夫御轡者，馭其泛駕；篙棹者，撥乃橫流。有國有家，廢之莫得。惟聞刑措，豈去刑書？然聽斷之間，慮生疑惑，從輕則惠姦何益，加重則反善猶難。爰自周秦，歷于南北，唯有刑目，罔定條綱。雖國僑鑄鼎，叔向猶非，况屬後人，寧無差誤，天厭前代，寶命我皇。聖慈惟刑是恤，冀同樂舉觴，遂詔刑官，删修墜典，以寬猛相濟，以輕重隨時，一協公平，更無迷謬。然《刑統》之內，多援引典故及有艱字，法胥之徒，卒不能辨，又有新人仕員，素乖習熟，至臨斷案，事一決於胥，胥又無識，豈不有非聖慈者哉？且如問云：加杖二百比徒四年，部曲與奴婢不等，義服與正服有乖，若此之差，例皆多目。故此山賁冶子治經之暇，得覽金科，遂爲《釋文》，以辨其義，此蓋有志於民者也，又見不自誣舉仕。

《敦煌吐魯番唐代法制文書考釋·判·開元判集殘卷》（前缺）之有別。苦縣幽寂，浮紫氣於函關，鄒邑弘傳，集青衿於槐市。雖復日遊雜處，焉知所好隨緣。三教各闡一門，儒道頗同其義。栢庭風度，時散牛頭之香；石渠水流，果逢鱣落之義。參驗二理，不改久長。又，庭舞祥鸞，不孤王阜之化，桑馴乳雉，無忝魯恭之風。猛獸傷牛，下里詞訴。製錦非術，上達見尤。無弃犢之高風，有豺狼之搏煞。自宜黜陟，無待告歸。奉判：得隰州刺史王乙妻育子，令坊正雇妳母，月酬一縑，經百日卒，不与縑。又，馮甲朝祥暮歌，自云服舉仰事。

王乙門傳鍾鼎，地列子男。化偃百城，風高千里。妖妻舞雪，翠鬋望山之眉，誕育仙娥，慶荷懸箒之兆。雇茲妳母，石席明言，酬給縑庸，脂膏乳哺。輟深恩於襁褓，未變庭蘭，碎瓦礫於掌中，俄歸蒿里。不酬妳母之直，誠是无知；既論孩子之亡，嗟乎撫育。司録論舉，情狀可知，足請酬還，勿令喧訟。又，父母之喪，三年服制。孝子之志，萬古增悲。朝祥暮歌，是褻於禮。以哭止樂，斯慰所懷。訴詞既欵服終，言訟請依科斷。

《宋史》卷三三九《蘇轍傳》　轍又面奏：人君與人臣，事體不同。人臣雖明見是非，而力所不加，須至且止；人君於事，不知則已，知而不能行，則事權去矣。臣今言此，蓋欲陛下收攬威柄，以正君臣之分而已。若專聽所謂，不以漸制之，及其太甚，必加之罪，不免逐去。事至如此，豈朝廷美事？故臣欲保全大臣，非欲害之也。

（宋）李燾《續資治通鑑長編》卷八九《宋真宗天禧元年》　江南提點刑獄，太常博士范應辰上言：伏睹辛亥制書，常赦不原者除咸之。臣謹按《吕刑》云：兩造具備，師聽五辭，五辭簡孚，正於五刑，五刑不簡，正於五罰，五罰不服，正於五過。由是，赦宥之文可得而詳矣，故曰：五刑之疑有赦，五罰之疑有赦。臣今看詳所部州軍正月中旬已後所申，犯由過誤而被宥者雖多，切害而蒙釋者亦衆。蓋以奸凶之輩，密料赦期，百計罔有不為，萬途得以殘酷。或發其夙憾，恣彼忿心，怯弱者因此受辜，彊梁者由是得便。或舉家而隕命，或罄室而掠財，或持刀殺人，肝腦塗地，或縱火焚舍，蘊蓄蕩空。有糾合輕生之徒，恣為彊剽之盜，公行殘害，以奪資儲。巡警之官，上逼下逐。或設謀而緝捕，或冒險以門敵。科校者伍，書罰令尉，方諧敗獲，合正典刑。逢此霈恩，亦除其罪，悉又配為卒伍，皆給衣糧。今力耕之夫，遍饑原野，而此輩季支以服，月賜以粟，又何異賞人為盗者耶？與夫疑則赦之，諒有殊矣。望自今應有知赦在近而固為罪戾，若赦後彰顯，情理切害者，死罪以下，遞減一等斷之。有赦前殺人剽財，赦後雖不復爲，若因事捕獲，並請決配遠惡州軍。其有諸州曾系殺人放火，劫掠財貨，已依赦配本城者，望止令本處重役，如更犯逃亡、飲博等罪，並依禁軍例科斷。其已該赦免，重罪而情理切害者，令逐處長吏取索赦到日所犯罪人，内元犯謀殺、鬥殺之類，籍其姓名，若再瀆憲網，不以罪名大小，並收禁奏裁。其州縣官吏昨因差檢災傷，侮刑受賂，或案已結正及未發覺者，望准赦原免其罪而除削其官，以伸警戒。上曰：先帝因郊禮，方議肆赦，致齋之夕，有朝士秦再思上書，願勿赦，且引諸葛亮佐劉備數十年不赦事，先帝頗疑之。時趙普為相，因入對，言曰：聖朝開創已來，具存彝制，每三年郊祀，即覃肆眚，所謂其仁如天，堯、舜之道也。至若劉備偏據一方，區區用心，臣竊為陛下不取。先帝善其對，赦宥之文遂定。應辰所奏，頗見盡心，然或全無赦宥，亦恐難行。張知白曰：古人所謂數則不可，無之實難，斯為確論也。

（宋）李燾《續資治通鑑長編》卷二一四《宋神宗熙寧三年》　初，刪定編敕官曾布上肉刑議，曰：

臣聞先王之制刑罰，未嘗不本於仁。然而有斷支體、刻肌膚以至於殺戮，非得已也。蓋人之有罪，金贖不足以懲者，故不得已而加之墨；墨之所不可懲，故至於為劓、為剕、為宮，乃至乎為大辟。猶以為未盡也，則有被之鞭扑為已輕，宥之五刑為已重，於是乎有流宥之法，此先王所以制刑之敘也。

自唐、虞、三代，歷數百千年，其治亂盛衰而世重世輕則有之矣，然而未之有改也。戰國及秦，務為慘覈，然後有參夷之誅，烹鑿之酷。漢興，與民休息，約法三章，而傷人諸刑猶莫之廢；至文帝，遂除肉刑而定笞箠之令，外有輕刑之名，而死者蓋愈多矣。後世因之，定為律令，大辟之次遂處以流刑，以代墨、劓、剕、宮之法，此不惟非先王流宥之意，而又失重輕之差。蓋律之所謂流，方古之五流，益已輕矣。

古者井天下之地，夫授之田畝、宮室，宗族、墳墓、鄉田同井，守望相助，疾病相扶持，故人人有安土重遷之意。及流之遠方，則不授之田畝，不給之賙餼，徒隸困辱，以至終身，其距於死無幾也。近世之民，離鄉輕家，東西南北轉徙而之四方，固不以為患，而居作一年，即聽附籍，乃欲以懲創罪鄰於死之人，蓋已疏矣。況今又行折杖之法，則流、徒、杖、笞等之為古鞭扑之刑耳。夫死刑重，生刑輕，故犯法者多而鞭扑之不能禁止者，不幸皆置之於死，以刑為不忍而不免於殺之，是欲輕之而反重也。揚子曰：肉刑之刑，刑也。惟相時之宜而增損之，則輕重有倫，而不失古之所以制刑之意矣。蓋治世刑重，亂世刑輕，故五刑之屬三千，而周官大辟之罰五百，至穆王度時作刑，而大辟之屬二百而已。今大辟之目至多，稍取其閒情實可貸者，處之以宮、剕之刑，則人之獲生者甚衆。若軍人逃亡應斬，賊盗贓滿應絞，刖其足；犯良人於法應死，而情輕者處宮刑之類。至於劓、墨，則刺配之法稍已近之。降此而後，處以流、徒、杖、笞之罪，則制刑之等略備矣。夫死刑之次，莫重於宮，今刑無罪之童幼以備閹寺之職，惟是習熟聞見，故天下莫以為非。誠取於法，應死之人刑而生之，苟以為不可，甚矣其惑且妄也。世之議者，必以謂肉刑之廢，其由來久矣，今教化未行，風俗未成，而欲復古之刑，仁者之所不為也。此殆不然。夫刑期於無刑，辟以止辟，古之所以制世者無以易此。又況乎推先王之法，順當時之變，明刑罰之敘，而以生易死，以重即輕，其為仁也孰甚焉！至乎教化行，風俗成，而人猶有犯禮義、奸文網者，則刑之將不止於此矣。臣以謂宜於死刑下增剕、宮二刑，以代死罪之情輕者；其次乃處流罪，於理為當。於是，上問執政曰：布所言肉刑，可即行否？安石曰：理誠如此，即行亦無害，但務斟酌。所當施肉刑者，如禁軍逃走未曾結構為非，又非在征戰處，諸合斬者，刖足可矣。馮京以為壞軍法，安石曰：前代軍法但行於戰伐時，若罷兵，即解約束。律在軍所與平時法自不同也。上曰：如盗賊可用肉刑更無疑，斬趾亦是近世法。京言唐太宗亦終不用，安石曰：太宗雖用加役流代斬趾，然流終亦不可獨行，故唐已有決杖配流之法。蓋當時自有別敕施行，不專用律。若專用律，則死罪外即用流法，無以禁姦，決不可行也。檢正中書户房公事曾布言：近言刑統刑名、義理多所未安，乞加刊定。朝旨令臣看詳。今條析刑統疏義，繁長鄙俚，及今所不行可以刪除外，所駁疏義乖謬舛錯凡百事，為三卷上之。詔布看詳刑統，如有未便，續具條析以聞。元祐實録四年五月二日庚申有此，朱史削去。王安石日録四年二月五日乃有上問曾布所論肉刑可行否，朱史卻附見三年八月二十一日戊寅，不知孰是，當考。今姑從朱史，並布肉刑論就此書之，仍附駁律錯謬事。

布始為編敕刪定官，即言：立法必本於律，律所未安，不加刊正，而獨欲整齊一時號令，是舍其本而治其末也。因乞先刊正律文。詔布條析具上。布言律疏義繁長鄙俚，及今所不行可刪除外，凡駁其舛錯乖謬百事，為三卷上之。詔布如有未便，續條析以聞。司馬光云布素為王安石所厚，使之改定律文。不知究竟如何，當考。

（宋）李燾《續資治通鑑長編》卷二三三《宋神宗熙寧五年》 發運司奏杭、越、湖三州不肯行新法捕鹽，課利更虧，乞根勘。上從之。王安石曰：議者皆謂捕鹽即陷刑者衆，今淮南捕鹽急，遂無陷刑者，如杭、越、湖不依新法捕鹽，即犯禁者不絶。上曰：王者之法如江河，使人易避難犯。如倉法行，去年止斷綱稍二百人，比以前已減五百人矣；且米又盡不雜，軍人不須行賕，此實良法也。安石曰：今新法關防猶未盡，故雖無夾雜，尚有少欠。若他日關防不令少欠，即此所斷人數，尚可更減也。安石又曰：倉人尤無賴，所以不免時有犯法，然隨輒被告。至於銓、審等處，即更無復敢受賕。上曰：不知開封何如，恐未能遽絶耳。安石曰：聞開封府吏自言向時遇事，且思如何可以取錢，又思如何可以欺罔官員，實無心推究人枉直。自今誠恐有暇及此。然經久天下吏禄恐須當盡增，令優足。上曰：如此豈不善，但患闕錢耳。安石曰：此極多不過費百萬緡，然吏禄足則政事舉，政事舉則所收放散之利亦必不少，且今人吏衣食固亦出於齊民，但不令以法賦之而已。昨雖十萬餘緡，然九萬緡出於酒坊税錢，若將來諸路收酒坊税錢，必然可足吏禄有餘也。見五年五月二十六日。上又曰：吏受賕亦不免出於官錢耳。安石曰：如綱運於庫務行錢，復以酒坊償之是也。今公賦禄與之，即不為餘人侵牟，而又不至枉法害事以取賂矣。安石論倉法，因捕鹽及之，朱史乃附見三年八月二十七日癸未，於斷綱稍事尤失次，今仍見本日。

（宋）李燾《續資治通鑑長編》卷四〇八《宋哲宗元祐三年》 少賜留聽，不勝幸甚。又言：臣嘗考載籍，以推先王之道，雖禮樂刑政號爲治具，而所以行之者，特在於命令而已。昔之善觀人之國者，不視其勢之盛衰，而先察其命之弛張；未論其政之醇疵，而先審其令之繁簡。惟其慮之既熟，謀之已臧，發之不妄，而持以必行，則堅如金石，信如四時，敷天之下莫不傾耳承聽，聳動厭服，此聖人所恃以鼓舞萬民之術也。《書》曰：慎乃出令，令出惟行，弗惟反。《易》曰：涣汗其大號。《傳》曰：令重則君尊。又曰：國之安危在出令。凡此皆聖人慎重之意也。臣伏覩朝廷命令變易頻數，遠不過一二歲，近或朞月而已，甚者朝行而夕改，亦有前詔未頒，而後令蠲除者，吏不知所守，民不知所從。求其弊源，蓋由講議未精，思慮未審，人情有所未盡，事理有所未通，或牽於好惡之私，或溺於迎合之説，是非無所辨，取舍無所宗，故一人言之，而遽爲之紛更也。方平居無事之時，輕慢如此，緩急有事之際，何以取信於人？伏望聖慈深鑒前古之戒，謹爲今日之慮。至於法度之廢置，政事之因革，必使大臣公心協謀，博極利病，廣覽詳擇，務當義理。更其所可更，則不嫌於違俗；守其所可守，則無憚於襲故。申敕門下，無使徒爲審讀，以應故事，其有措置失當，前後謬戾者，必舉封駁之職。庶幾詔令清簡，使民信服，事可久行，不至反汗。

（宋）李燾《續資治通鑑長編》卷四九〇《宋哲宗紹聖四年》 人主操生殺與奪之柄，而以道揆天下之事，審之以仁義，濟之以威權。慢令凌政者必誅，妨功害能者必放，反覆頗僻者必竄，讒説殄行者必罰，則小大、内外，孰敢先後？孰敢拂違？四方將徯志而應，不勞而成矣。

（清）徐乾學《資治通鑑後編》卷一一八《宋紀一一八》 金杖右諫議大夫楊伯雄。伯雄嘗語同直曰：宿王之死，蓋養于宫外，供護雖謹，不若父母膝下，豈國家風俗素尚如此？金主聞之，怒，召伯雄謂曰：爾臣子也，君父所為豈得言？風俗禁中事，豈爾當言？朕或體中不佳，間或不視朝，祇是少得人幾拜耳。而庶事皆奏決便殿，縱有死刑不即論決，蓋使囚者得緩其死。至于除授宣敕誰復稽緩，有何利害？朕每當閒暇，頗閲教坊聲樂，聊以自娯。《書》云：内作色荒，外作禽荒。酣酒嗜音，峻宇雕牆，有一于此，未有不亡。此戒人君不卹國事，沈溺于此者耳。如朕雖使聲樂喧動天地，宰相敢有濫與？人官而吏敢有受賕者乎？外間敢有竊議者乎？爾，諫官也，有可言之事當公言之，言而不從朕之非也，而乃私議可乎？伯雄對曰：陛下至德聖明，固無竊議者，愚臣失言罪當萬死，惟陛下哀憐。乃杖而釋之。

（宋）李心傳《建炎以來繫年要録》卷一四四《紹興十二年壬戌正月乙未朔之三月辛酉》 辛未，上謂大臣曰：《詩》《書》所載二帝三王之治，皆有其意而不見其施設之詳。太祖以英武定天下，仁宗以惠愛結天下，此朕家法，其施設之詳。可見於世者也。朕當守家法，而求二帝、三王之意，則治道成矣。

（宋）徐夢莘《三朝北盟會編》卷二五《政宣上帙》 御筆手詔：朕秪紹丕圖，撫臨萬宇，顧德弗類，永惟宗社，付託之重，靡遑寧居，惟予兆民，是為邦本。比年以來寬大之詔數下，裁省之令屢行，然姦吏玩法而衆聽未孚，有司便文而實惠不至。蓋緣任用非人，過聽妄議，興作事端，蠹耗邦財，假享上之名，濟營私之欲，漁奪百姓，無所不至。使朕念元元若保赤子之意，何以取信于萬方，夙夜痛悼，念有以拊循慰安之。應茶鹽立額結絶，應奉司江浙諸路，置局及花石綱等諸路，採斫木植置造局所諸路，非泛上供抛降物色，延福宮西城租課，內外修造並罷。更有似于害百姓者，三省樞密院條具以聞。夫民罔常懷，懷于有德，朕于吾民，每懼仁愛之弗至。一夫不獲，時予之辜，播告之修，咸聽朕旨。當日罷應奉局諸路歲貢，罷天王君聖主字爲諱，罷議司賣鈔旁黄老兼經并西城所見管財物，并付有司。其拘收至元係地土，並給還舊佃人。減掖庭用度，減從官以上月粮，及罷諸局以上，并令有司據所得數，撥充諸路糴本，及樁充募兵賞軍之用。應齋醮道場，除舊法合有外，並罷罷道官等。房錢田土之類，並依祖宗法。罷大晟府，罷教樂所，罷教房額外人，罷行幸局，罷花石所，罷待詔額外人，罷都茶場，依舊歸朝廷。河坊非危急泛料，免夫錢並罷。開封府承受文字，自今後，依舊送朝廷，請寶舊法施行，更不得請御筆斷遣畫旨。大理寺同西城所官吏等並罷，事歸延福宮，人歸合屬，地歸京城西壁。依元封法，修房（郎）〔廊〕。艮獄官吏並罷，〔歸〕延福宮、寶籙宮官吏並罷。依上清儲祥宮法施行。

（宋）徐夢莘《三朝北盟會編》卷二一三《炎興下帙》 顧睿明殫思，其凡進退人材，施張法度，禮樂征伐，慶賞刑威，一話一言一嚬一笑，必加詳審，合於仁義者置之，則可以養兵保民，興復大業，迎還兩宮矣。疏奏，上欣然納用。

《金史》卷四五《刑志》 原其立法初意，欲以同疏戚，壹小大，使之咸就繩約於律令之中，莫不齊手並足以聽公上之所爲，蓋秦人強主威之意也。是以待宗室少恩，待大夫士少禮。

終金之代，忍恥以就功名，雖一時名士有所不免。至於避辱遠引，罕聞其人。殊不知君子無恥而犯義，則小人無畏而犯刑矣。是故論者於教愛立廉之道，往往致太息之意焉。雖然，世宗臨御，法司奏讞，或去律援經，或揆義制法。近古人君聽斷，言幾於道，鮮有及之者。章宗、宣宗嘗親民事，當宁裁决，寬猛出入雖時或過中，迹其矜恕之多，猶有祖風焉。簡牘所存，可爲龜鑑者，《本紀》、《刑志》詳略互見云。

《金史》卷九六《梁襄傳》 方今海內安治，朝廷尊嚴，聖人作事，固臣下將順之時，而臣以螻蟻之命，進危切之言，仰犯雷霆之威，陷於吏議，小則名位削除，大則身首分磔，其爲身計豈不愚謬。惟陛下深思博慮，不以人廢言，以宗廟天下爲心，俯垂聽納，則小臣素願遂獲，雖死猶生，他非所覬望也。

（明）李東陽《明會典》卷一〇《吏部九・境內有學無學儒者若干各開》 為政之要，必先除奸去惡，則良善得安。

（明）張楷《律條疏議》卷首《重刊律條疏議叙》 自古帝王之馭天下，固未嘗恃刑以為治，亦未有舍刑而能治者也。洪惟我太祖高皇帝，膺天明命，撫有萬方，治定功成，制禮作樂，又慮刑政之施，必有一定之法，民始知所畏避。於是酌古準今，制為《大明律》，禮樂刑政，四達而不悖，王道之行於焉，大備矣。律總三十卷，凡四百六十條。其爲事則詳且悉，其爲文則奧且嚴，誠萬世不刊之大典也。自非精究而講明之，欲使郵罰皆麗於事，輕重不失其倫，蓋亦難矣。四明張楷式之，入官憲臺，於法律之學，精究講明，深所練習，乃於聽政之隙，特加論釋。於律篇，則述其沿革之由，於各條，則析其致辟之旨；事有可疑，則設問答以剖之；意有未盡，則爲總説以該之。由是奥者著，嚴者切，始瞭然明白而無餘蘊矣。既成，名曰《律條疏議》僉憲宋儒宗魯，嘗爲板行於世矣。江浦縣知縣王迪宗道，河間故城人也，得是書而愛重之，以為誠仕學之不可無者，慮其傳之未廣，乃捐俸僦工，重刻諸梓，用廣其傳。爰謁余敘。《易》曰：天地之大德曰生，聖人之大寶曰位。何以守位曰仁。律者，聖人仁民之具也。蓋刑所以弼教，教之率始有刑以及之。故國家制律，雖於民情曲為之防，而仁恕之意未始不行乎其間。若夫仁民之本心，則欲使民無犯，期於刑措而不用也。式之能體國家仁恕之意，推明法律以示乎人，宗道又能體式之之意，廣為流布以傳於世。其存心之仁，皆可見矣。法家拂士，執此而熟複之，固能使刑當其罪而無所失。凡民觀之，亦曉然知還善遠罪之方。其爲治化之助，豈淺淺哉？宗道以親民為職，而欲廣法律之傳，可謂有志於仁民者矣。將其仁政之施，有不著嘉績之效與！成化三年丁亥夏五月初吉，賜進士及第，禮部右侍郎致仕。

（明）李贄《史綱評要》卷二《周紀・莊子》　桓公問於管仲曰：成民之事若何？對曰：四民者勿使雜處，雜處則其言哤，其事易。若聖王之處四民也，不易其處，少而習焉，其心安焉，不見異物而遷焉。是故其父兄之教不肅而成，其子弟之學不勞而能。桓公悦。獨任爲政四十年。制國爲二十一鄉，作内政而寄軍令。謹正鹽筴以成富，號曰仲父。管子之學，世所未知，孔子稱其仁，孟子詘其霸，此意亦世所未知。

（清）王夫之《讀通鑑論》卷一七《梁武帝》　蘇綽之制治法，非道也，近乎道矣。宇文泰命綽作《大誥》，爲文章之式，非載道之文也，近乎文矣。其近焉者，異於道方明而襲之以飾其邪僞也，謂夫道晦已極，將啓其晦，不能深造，而乍與相即也。天下將嚮於治，近道者開之先，此殆天乎！非其能近，故曰近道。天開之，使以漸而造之，故曰乍與相即也。

治道自漢之亡而晦極矣。非其政之無一當於利病也，謂夫言政而無一及於教也。綽以六條飭官常，首之以清心，次之以敷化，非其果能也，自治道亡，無有以此爲天下告者，而綽獨舉以爲治之要領。自是而後，下有王仲淹，上有唐太宗，皆沿之以起，揭堯、舜、周、孔之日月而與天下言之，綽實開之先矣。文章之體，自宋、齊以來，其濫極矣。人知其淫豔之可惡也，而不知相率爲僞之尤可惡也。南人倡之，北人和之，故魏收、邢子才之徒，與徐、庾而相彷彿。懸一文章之影迹，役其心以求合，則弗論其爲駢麗，爲輕虛，而皆僞。人相習於相擬，無復有由衷之言，以自鳴其心之所可相告者。其貞也，非貞也；其淫也，亦非淫也；而心喪久矣。故弗獲已，裁之以《六經》之文以變其習。夫苟襲矣，則襲《六經》者，亦未有以大愈於彼也，而言有所止，則浮蕩無實之情，抑亦爲之小戢。故自隋而之唐，月露風雲未能衰止，而言不由衷，無實不祥者，蓋亦鮮矣，則綽實開之先矣。宇文氏滅高齊而以行於山東，隋平陳而以行於江左，唐因之，而治術文章咸近於道，生民之禍爲之一息，此天欲啓晦，而泰與綽開先之功亦不可誣也。非其能爲功也，天也。

嗚呼！治道之裂，壞於無法；文章之敝，壞於有法。無法者，惟其私也；有法者，惟其僞也；私與僞横行，而亂惡乎訖！胡元之末，亂極矣，而吴、越之俊士，先出其精神以蕩滌宋末淫靡繁亂之文，文章之繫亦大矣哉！六代之敝，敝於淫曼；淫曼者花鳥錦綺爲政，而人無心。宋之敝，亦敝於淫曼；淫曼者多其語助，繁其呼應，而人無氣。無心而人尋於篡弑，無氣而人屈於禽狄。徐、庾、邢、魏之流波，綽挽之矣。孰有能挽蘇洵、曾鞏之流波者乎？俟之來哲。

《皇朝文獻通考》卷三九《國用考一》　且愚民見工匠之利多於力田，必羣趨而為工。羣趨爲工，則物之製造者必多，物多則售賣不易，必至壅滯，而價賤。是逐利之人多，不但有害於農，而並有害於工也。小民舍輕利而就重利，故逐末易而務本難。苟為官者，遽然繩之以法，必非其情之所願，而勢有所難行。

（清）陸曾禹《康濟録》卷三下《臨事之政》　憲宗問宰相為政之道，寬猛何先？權德輿對曰：秦以慘刻而亡，漢以寬大而興。太宗觀《明堂圖》，禁杖人背，是故安史以來，屢有壞法之臣，皆旋踵而亡。由祖宗仁政，結于人心，人不能忘故也。然則寬猛之先後可見。上善其言。

謹案：德輿之對憲宗，大得為政之體，天理人情之至也。以秦漢而觀興亡瞭然，慘刻何為。唐之太宗恩浹人心，是以危而復安，亂而復治。德輿所對，悉得其要，天子安得不善其言。由此觀之，刑清政簡，俗厚風淳，皆君上敦崇寬大之一念所由成耳。臨民者可勿鑒諸。

（清）鄭廉《豫變紀略・自序四》　明室之亡于流賊也，其弊有二：一曰文法，一曰因循。而流賊可平之機有三，其必不可平之勢有五。可平之機，一在秦，一在豫，一在楚。方其在秦也，賊初起，度其勢尚微，戰具必多未備，雖千百爲羣者不可勝數，然鳥合之衆，其勢不堅。以官軍臨之，必披靡奔赴險阻逃匿。况秦地多崇山峻嶺，賊以守爲守，我以守爲攻，賊寡兵衆，固可扼而勦之也。縱之入豫，則平原千里，東西南北，唯所往而莫禦矣。雖然，將果得人，如正德間彭總督澤者，介而馳爲諸將先，日夜數百里，隨其所往而追之，將何患不用命，賊亦何患不滅。而乃文臣不能攬轡，武士不肯絶弦，養癰豢虎，賊勢所以日大也。玄巡撫默、洪總督承疇患賊難制，乃欲盡驅入秦而剿之，尚可得乎？固不但壑鄰之嫌也。既而賊入鄖、楚，亦與在秦無異。楊閣部嗣昌十面殺賊之議，籌畫甚密，極有條理。當時有稱其滴水不漏者，誠爲知言，然而犄角諸將，安得皆如文弱其人乎？所以志雖決而身徒殲也。此機既失，天下事不可爲矣。

（清）琴川居士《皇清奏議》卷一廖攀龍《襄治四要》 山西道監察御史臣廖攀龍謹奏。為聖治日隆，太平有象，謹獻蕘言，以少襄盛明事。恭惟皇上耆定功成，矢文德以洽四國，省刑薄斂，嘉與維新，江北江南，莫不喁喁，嚮風共慶昇平矣。臣以庸劣，忝列台班，可無一言以仰助高深。謹擇其要者，得四事焉，敢為皇上陳之。其一，為聖學之宜早講也。皇上天亶聰明，無待學正。惟天亶聰明最易學。今天氣和煦，時候清閒，經筵雖未遽開，請於視朝之暇，集滿漢端方博雅大臣，取往古治亂興亡之蹟，進講數條，以資啟沃，則知為君之難，為首出開創之君尤難，而萬年有道之長肇基於此矣。其一，為文教宜速興也。皇上統一天下，以主持斯文。正惟主持斯文，乃化成天下。今當大比之年，適值開科之始，取士之規，亟宜早定。如八比文藝，波靡已極，説者謂法窮當變，然文僅八比，而為正為詭多與其人之心術相（苻）〔符〕，或淳或澆且與其時之氣運相應。尺幅似覺有靈有非，往代詩賦所得倫埒者。故制舉仍當以經義為主，第須妙選主司，釐正體式，黜誕浮而宗典雅，以開風會之先。允於科目歲貢之外，別設賢良方正，才識並茂，經明行修諸科，以蒐羅天下士，將人文蔚起，而國家收得人之效矣。其一，為新律之宜速修也。皇上如天好生，期無刑。正惟如天好生亟明刑。夫刑本不得已而用之者也。明律有笞、杖、徒、流、絞斬之別，其法至備。今律因未定，止有鞭決二法，未嘗不稱簡便，顧極惡重罪，惟大逆大盜應坐決不待時之條，其餘尚有秋後處決之議，至若鼠竊鶵奔之輩，以及挂誤株連之類，罪應徒流或止笞杖者，有時概行立決，得無失之太重耶？聖心慈祥，每言及此，無不惻然軫念，第俟既決而後泣罪，已無所施解網之仁矣。故修律之舉，即宜派定職員，刻期報竣，早一日告成，早救一日生命也。其一，為財賦之宜酌蠲也。皇上四海為家，不言財。正惟四海為家善理財，夫理財之善者能散財，以得民也。周有大賚，發鹿台鉅橋之積，以明無私。今恩詔就地畝錢糧，將全免半免及征二免一者，以當大賚，一時飢渴之衆如解倒懸，懽聲雷動矣。第應免應征若干，宜勅撫按派定，各州定各州縣多寡分數，著令遵行，庶催征有據，而蠲免無虛，有司始不敢朦朧混征，窮民乃得以寔沾恩惠耳。又如兑換田地，去此就彼，牛種器具，猝難備辦，且人地乍相習，耕耨已過時，乃亦每畝起課，賠納秋糧，剜肉醫瘡，其何以堪？所當立賜寬卹，惠此三百里内失所之殘黎也。娓娓敷陳，字頗濫額，統乞聖明鑒納施行。

（清）郭嵩燾《郭侍郎奏疏》卷一《瀝陳廣東釐務情形疏》 他省地方公事祗在官紳聯絡，則呼應自靈。蓋執法在官，通情在紳。法所不能禁者，以情論之，情所不能動者，以法繩之。寬猛相兼，事罔不濟。

（清）郭嵩燾《郭侍郎奏疏》卷七《奉旨密籌大局情形摺》 臣以爲國家無事，一切以成例繩治天下。積久法敝而名實寖乖，整齊變化責在封疆大吏。苟於例無甚乖忤，不能稍示變通以求實有補濟，但辨其心之公私而已。

（清）郭嵩燾《郭侍郎奏疏》卷一二《請正朝鮮亂民之罪片》 王者之治亂，以急正風俗爲先。《周書》羣飲之誅，爲風俗人心之可無恕也。

（清）郭嵩燾《郭侍郎奏疏》卷一二《因法事條陳時政疏》 平大亂而不搖，值時事艱危之際，尤當爲天下了事，不當爲天下生事。静默簡約，察吏安民，期以培養國家元氣，無使傷損。議論多，一分虛浮，而國事日壞；官吏多，一分操切，而民氣日傷。政令紛更，黜陟予奪，易於反掌，徒使賢者氣沮，而狂惑喜事之人日益驕横。

（清）孫星衍《孔子集語》卷一〇《論政》 《韓非子·外儲説左下》 孔子相衛，弟子子皐爲獄吏，刖人足，所刖者守門。人有惡孔子於衛君者曰：尼欲作亂。衛君欲執孔子，孔子走，弟子皆逃。子皐從出門，跀危引之而逃之門下室中，吏追不得。夜半，子皐問跀危曰：吾不能虧主之法令而親刖子之足，是子報仇之時也。而子何故乃肎逃我？我何以得此於子？跀危曰：吾斷足也，固吾罪當之，不可柰何。然方公之獄治臣也，公傾側法令，先後臣以言，欲臣之免也甚，而臣知之。及獄决罪定，公憱然不説，形于顔色，臣見又知之。非私臣而然也，夫天性仁心固然也，此臣之所以説而德公也。

《韓非子·外儲説左下》孔子曰：善爲吏者樹德，不能爲吏者樹怨。概者，平量者也。吏者平法者也。治國者不可失平也。

《説苑·至公》子羔爲衛政，刖人之足。衛之君臣亂，子羔走郭門。郭門閉，刖者守門，曰：於彼有缺。子羔曰：君子不踰。曰：於彼有竇。子羔曰：君子不遂。曰：於此有室，子羔入。追者罷，子羔將去，謂刖者曰：吾不能虧損主之法令，而親刖子之足。吾在難中，此乃子之報怨時也，何故逃我？刖者曰：斷足，固我罪也，無可柰何。君之治臣也，傾側法令，先後臣以法，欲臣之免於法也，臣知之。獄决罪定，臨當論刑，君愀然不樂，見於顔色，臣又知之。君豈私臣哉！天生仁人之心，其固然也。此臣之所以脱君也。孔子聞之曰：善爲吏者樹德，不善爲吏者樹怨，公行之也，其子羔之謂歟？

又：《吕氏春秋·審行覽·具備》宓子賤治亶父，恐魯君之聽説，人而令己不得行其術也，將辭而行，請近吏二人於魯君與之俱。至於亶父，邑吏皆朝。宓子賤令吏二人書，吏方將書，宓子賤從旁時掣摇其肘，吏書之不善，則宓子賤爲之怒。吏甚患之，辭而請歸。宓子賤曰：子之書甚不善，子勉歸矣。二吏歸報於君，曰：宓子不可爲書。君曰：何故？吏對曰：宓子使臣書而掣摇臣之肘，書惡而有甚怒，吏皆笑宓子，此臣所以辭而去也。魯君太息而歎曰：宓子以此諫寡人之不肖也。寡人之亂子，而令宓子不得行其術，必數有之矣。微二人，寡人幾過。遂發所愛而令之亶父，告宓子曰：自今以來，亶父非寡人之有也，子之有也。有便於亶父者，子决爲之矣。五歲而言其要。宓子敬諾，乃得行其術於亶父。三年，巫馬旗短褐衣敝裘而往觀化於亶父，見夜漁者，得則舍之。巫馬旗問之曰：漁爲得也，今子得而舍之，何也？對曰：宓子不欲人之取小魚也，所舍者小魚也。巫馬旗歸，告孔子曰：宓子之德至矣，使小民闇行若有嚴刑於旁。敢問宓子何以至於此？孔子曰：丘嘗與之言曰：誠乎此者刑乎彼。宓子必行此術於亶父也。

又：《淮南子·道應訓》季子治亶父三年，而巫馬期絻衣短褐易容貌往觀化焉。見夜魚釋之，巫馬期問焉，一本無焉字。曰：凡子所爲魚者，欲得也。今得而釋之，何也？漁者對曰：季子不欲人取小魚也。所得者小魚，是以釋之。巫馬期歸以報孔子曰：季子之德至矣！使人闇行若有嚴刑在其側者。季子何以至於此？孔子曰：丘嘗問之以治言曰，誠於此者刑於彼。季子必行此術也。薛據《集語》引此而節其文云：見《韓非子》！今《韓非子》無此文。

又：《水經·泗水注》宓子賤之治也，孔子使巫馬期觀政。入其境，見夜漁者，問曰：子得魚輒放，何也？曰：小者，吾大夫欲長育之故也。子聞之曰：誠彼刑此，子賤得之善矣。惜哉不齊！所治者小也。

又：《説苑·政理》魯哀公問政於孔子，對曰：政有使民富且壽。哀公曰：何謂也？孔子曰：薄賦斂則民富，無事則遠罪，遠罪則民壽。公曰：若是，則寡人貧矣。孔子曰：《詩》云：凱悌君子，民之父母。未見其子富而父母貧者也。

（漢）賈誼《新書》卷九《脩政語》 周成王曰：敢問治國之道，若何？粥子曰：唯，疑，請以上世之政詔於君王。政曰：治國之道上忠於主，而中敬其士，而下愛其民。故上忠其主者，非以道義則無以入忠也。而忠敬其士，則不以禮節無以諭敬也。下愛其民，非以忠信則無以諭愛也。故忠信行於民，禮節諭於士，道義入於上，則治國之道也。雖治天下者，由此而已。周成王曰：受命矣。

（宋）黎靖德《朱子語類》卷二九《論語·公冶長下》 問：其使民也義，如都鄙有章，上下有服，田有溝洫，廬井有伍之類。謂爲之裁處得是當，使之得其定分也。曰：義字説得未是。義字有剛斷之意。其養民則惠，使民則義。惠字與義字相反，便見得子産之政不專在於寛。就都鄙有章處，看得見義字在子産上，不在民上。

吉甫問：都鄙有章，上下有服。曰：有章，是有章程條法；有服，是貴賤衣冠各有制度。鄭國人謂取我田疇而伍之，取我衣冠而褚之，是子産爲國時，衣服有定制，不敢著底，皆收之囊中，故曰取而褚之。至。蓋卿録云：有章，是都鄙各有規矩，有服，是衣冠服用皆有等級高卑。

（宋）黎靖德《朱子語類》卷一二七《本朝一·太祖朝》 或言：太祖受命，盡除五代弊法，用能易亂爲治。曰：不然。只是去其甚者，其他法令條目多仍其舊。大凡做事底人，多是先其大綱，其他節目可因則因，此方是英雄手段。如王介甫大綱都不曾理會，卻纖悉於細微之間，所以弊也。儒用。

《墨子·魯問》墨子游，魏越曰：既得見四方之君，子則將先語？子墨子曰：凡入國，必擇務而從事焉。國家昏亂，則語之尚賢、尚同，國家貧，則語之節用、節葬，國家憙音湛湎，則語之非樂、非命，國家淫僻無禮，則語之尊天、事鬼，國家務奪侵凌，卽語之兼愛、非攻。故非曰擇務而從事焉。

《列子·湯問》大禹曰：六合之閒，四海之內，照之以日月，經之以星辰，紀之以四時。要之以大歲，神靈所生，其物異形，或夭或壽。唯聖人能通其道。聖人順天地之道，因萬物之性，任其所適，通其逆順，使羣異各得其方，壽夭咸盡其分也。夏革曰：然則亦有不待神靈而生，不待陰陽而形，不待日月而明。夫生者，自生形者，自形明者，自明忽，然自爾固，無所因假也。不待殺戮而夭，不待將迎而壽。自夭者不由禍害，自壽者不由接養。不待五穀而食，不待繒纊而衣，不待舟車而行，其道自然。自然者，都無所假也。非聖人之所通也。聖人不違自然，而萬物自運，豈樂通物哉。自此章已上，皆夏革所告殷湯也。禹之治水土也，迷而失塗，謬之一國，游絶垠之外者，非用心之所逮。故寄言迷謬也。濱北海之北，不知距齊州幾千萬里，距，去也。其國名曰終北，不知際畔之所齊子細反。限，無風雨霜露，不生鳥獸蟲魚草木之類，四方悉平，周以喬陟。《爾雅》云：喬，高曲也。又云：三山襲陟。郭璞云：重隴也，山之重壟也。當國之中有山，山名壺領，狀若甔甀，直爲反。甔甀，謂瓦鉼也。頂有口，狀若員環，名曰滋穴，有水湧出，名曰神瀵，甫問反。郭璞云：今河東汾陰有水，中如車輪許，大漬沸湧出，其深無底，名曰瀵。山頂之泉曰瀵。臭過蘭椒，味過醪醴，一源分爲四埒，注於山下。山上水流曰埒。經營一國亡亡音無，下同。不悉徧，土氣和，亡札厲。札厲，疫死也。人性婉而從，物不競不争；柔心而弱骨，不驕不忌；長幼儕士皆反居，不君不臣；男女雜游，不媒不聘；緣水而居，不耕不稼；土氣温適，不織不衣；百年而死，不夭不病。其民孳息也阜盛也亡數，有喜樂，亡衰老哀苦，其俗好聲，相攜而迭謠，終日不輟音。飢惓則飲神瀵，力志和平。過則醉，經旬乃醒。沐浴神瀵，膚色脂澤，香氣經旬乃歇。周穆王北游，過其國，三年忘歸。既反周室，慕其國，憹昌兩反然自失，不進酒肉，不召嬪御者，數月乃復。

《莊子·內篇·人間世》顏回見仲尼，請行。

曰：奚之？

曰：將之衛。

曰：奚爲焉？

曰：回聞衛君，其年壯，其行獨；輕用其國，而不見其過；輕用民死，死者以國量乎澤若蕉，民其无如矣。回嘗聞之夫子曰：治國去之，亂國就之，醫門多疾。願以所聞思其則，庶幾其國有瘳乎！

仲尼曰：譆！若殆往而刑耳！夫道不欲雜，雜則多，多則擾，擾則憂，憂而不救。古之至人，先存諸己而後存諸人。所存於己者未定，何暇至於暴人之所行！且若亦知夫德之所蕩而知之所爲出乎哉？德蕩乎名，知出乎争。名也者，相（札）〔軋〕也；知也者，争之器也。二者凶器，非所以盡行也。

且德厚信矼，未達人氣，名聞不争，未達人心。而强以仁義繩墨之言術暴人之前者，是以人惡有其美也，命之曰菑人。菑人者，人必反菑之，若殆爲人菑夫！且苟爲悦賢而惡不肖，惡用而求有以異？若唯無詔，王公必將乘人而鬬其捷。而目將熒之，而色將平之，口將營之，容將形之，心且成之。是以火救火，以水救水，名之曰益多。順始无窮，若殆以不信厚言，必死於暴人之前矣！

且昔者桀殺關龍逢，紂殺王子比干，是皆修其身以下傴拊人之民，以下拂其上者也，故其君因其修以擠之。是好名者也。昔者堯攻叢枝、胥敖，禹攻有扈，國爲虚厲，身爲刑戮，其用兵不止，其求實无已。是皆求名實者也，而獨不聞之乎？名實者，聖人之所不能勝也，而况若乎！雖然，若必有以也，嘗以語我來！

《莊子·雜篇·則陽》柏矩學於老聃，曰：請之天下遊。老聃曰：已矣！天下猶是也。又請之，老聃曰：汝將何始？曰：始於齊。至齊，見辜人焉，推而强之，解朝服而幕之，號天而哭之曰：子乎子乎！天下有大菑，子獨先離之，曰莫爲盜！莫爲殺人！榮辱立，然後親所病；貨財聚，然後親所爭。今立人之所病，聚人之所爭，窮困人之身使无休時，欲无至此，得乎！而罰不勝，遠其塗而誅不至。民知力竭，則以僞繼之，日出多僞，士民安取不僞！夫力不足則僞，知不足則欺，財不足則盗。盗竊之行，於誰責而可乎？

古之君人者，以得爲在民，以失爲在己；以正爲在民，以枉爲在己；故一形有失其形者，退而自責。今則不然。匿爲物而愚不識，大爲難而罪不敢，重爲任而罰不勝，遠其塗而誅不至，民知力竭則以偽繼之。曰出多偽士民安取不偽？夫力不足則偽，知不足則欺，財不足則盗，盗竊之行於誰責而可乎？

（清）王先慎《韓非子集解·内儲説上七術》 主之所用也七術，所察也六微。先慎曰：【略】七術：一曰衆端參觀，端，直也。欲求衆直，必參驗而聽觀也。先慎曰：注誤。《方言》十：緤，未紀緒也，南楚或曰端。引申之，則凡未紀緒皆謂之端。《禮記·中庸》：執其兩端。《詩·載驅·序箋》：故，猶端也。疏竝云：端，謂頭緒也。此謂頭緒衆多，則必參觀，否則誠不得聞而爲臣壅塞矣。若訓爲直，則與下文不合。二曰必罰明威，三曰信賞盡能，四曰一聽責下，專聽一理，必有失；責下不一，能則不明。先慎曰：責下，謂責臣下專司之事，下云責下則人臣不參，是也。注未明晰。五曰疑詔詭使，疑危而制之，譎詭而使之，則下不敢隱情。先慎曰：乾道本注詭而下衍同字，今從趙本删。六曰挾知而問，先慎曰：【略】七曰倒言反事。或倒其言，或反其事，則姦情可得而盡。此七者，主之所用也。

觀聽不參則誠不聞，不參，謂偏聽一人，則誠者莫告。先慎曰：乾道本連上，盧文弨云：本提行。今據改。聽有門戶則臣壅塞。其聽有所從，若門戶然，則爲臣所塞。先慎曰：《拾補》壅改擁。盧文弨云：後凡擁字，皆本作壅。先慎按：趙本注其作各。【略】

參觀一

愛多者則法不立，威寡者則下侵上。是以刑罰不必，則禁令不行。其説在董子之行石邑，董子至石邑，象深澗以立法，故趙國治也。與子産之教游吉也。子産教游吉，令法火以嚴斷。先慎曰：趙本注火誤作吏。故仲尼説隕霜，仲尼對哀公言隕霜不殺草，則以宜殺而不殺故也。而殷法刑棄灰；將行去樂池，將行以樂池不專任以刑賞之柄，故去之。盧文弨曰：注將行，一本有官名二字。而公孫鞅重輕罪。公孫鞅以謂輕罪尚不能犯，則無由犯重罪，故先重輕罪。是以麗水之金不守，竊麗水之金其罪辜磔，猶竊而不止，則有竊而獲免者，故雖重罪不止也。先慎曰：守當作止，注不誤。而積澤之火不救。魯之積澤火焚而人不救，則以不行法故也。成歡以太仁弱齊國，成歡以齊王太仁，知其必弱齊國。【略】卜皮以慈惠亡魏王。卜皮以魏王慈惠，知其必亡其身也。【略】管仲知之，故斷死人。知治國當嚴，禁人之厚葬，不用命者戮其尸。嗣公知之，故買胥靡。嗣公亦知國當必罰，有胥靡逃之，以一都買而誅之。

必罰二

賞譽薄而謾者下不用，謾，欺也。【略】賞譽厚而信者下輕死。其説在文子稱若獸鹿。獸鹿唯就薦草，猶人臣之歸恩厚也。故越王焚宫室，焚其室者，欲行賞罰於救火，以驗人之用命。而吴起倚車轅，賞移轅者，欲示其信而不欺也。李悝斷訟以射，欲人之善射，故其斷訟與善射者理也。宋崇門以毁死。崇門之人居喪而瘠，君與之官，故多毁死者也。句踐知之，故式怒鼃；句踐知勸賞可以詔人，故式怒鼃以求勇。先慎曰：乾道本無之字，顧廣圻云：《藏》本、今本知下有之字。先慎案：有者是也，今據補。注趙本詔作招。昭侯知之，故藏弊袴。先慎曰：【略】厚賞之使人爲賁、諸也，婦人之拾蠶，漁者之握鱣，是以效之。拾蠶、握鱣而不惱者，利在故也。此得利忘難之效也。俞樾曰：是以效之當作以是效之。效者，明也。是即指婦人、漁者而言。謂厚賞之下，可使人人為賁諸，以婦人之拾蠶，漁者之握鱣明之也。下文云鱣似蛇，蠶似蠋，人見蛇則驚駭，見蠋則毛起，然而婦人拾蠶，漁者握鱣，利之所在則忘其所惡，皆為孟、賁，是其義也。【略】

賞譽三

一聽則愚智不分，直聽一理，不反覆參之，則愚智不分。責下則人臣不參。下之材能一一責之，則人臣不得參雜。其説在索鄭魏王以鄭本梁地，故索鄭而合之；不思梁本鄭地，鄭人亦索梁而合之。此一聽之過也。與吹竽。混商吹竽，是不責下也，故令得參雜。盧文弨曰：注混商當是混同。其患在申子之以趙紹、韓沓爲嘗試。申子爲請兵，先令趙紹、韓沓嘗韓君，知其意然後説，終成其私也。【略】故公子汜議割河東，韓王欲河東以搆三國，此非計也，公子汜激君行令。【略】而應侯謀弛上黨。應侯謀上黨亦非計也，秦王從之。此上二事皆一聽之患也。先慎曰：注謀下脱弛字。

一聽四

數見久待而不任，姦則鹿散；謂人數見於君，或復久待，雖不任用，外人則謂此得主之意，終不敢爲姦，如鹿之散。顧廣圻曰：姦則鹿散四字爲一句。使人問他則不鬻私。謂使此雖知其所爲，陽若不知，更試以他事，或問之他人，不敢鬻其私矣。鬻，猶售。是以龐敬還公大夫，龐敬使市者不爲姦，故還大夫而警之。而戴讙詔視輼車，【略】周主亡玉簪，周主故亡玉簪，以求神明之譽也。商太宰論牛矢。太宰詭論牛矢，以求聽察之名也。

詭使五

挾智而問，則不智者至；挾己所智而有所問，則雖不智者莫不皆智也。趙用賢曰：言挾己之智而問，則自多其智，故不智者反得以用其欺。是不若深知一物，則智有所積，而衆隱皆變爲顯也。乃與下事相合。注非。顧廣圻曰：智，讀爲知，下同。深智一物，衆隱皆變。於一物智之能深，則衆隱伏之物莫不變而露見。先慎曰：乾道本注於下有伏字，今從趙本刪。其說在昭侯之握一爪也。握爪佯亡，以驗左右之誠。故必南門而三鄉得。必審南門之牛犯苗，而三鄉之犯者皆得其情實。顧廣圻曰：《藏》本同。今本必下有審字，誤。周主索曲杖而羣臣懼，私得曲杖，羣臣聳懼。卜皮事庶子，使庶子愛御史，便得彼陰慝也。【略】西門豹詳遺轄。詳遺其轄，欲取清明之稱也。盧文弨曰：注詳譌作謀。顧廣圻曰：《說》詳作佯，詳、佯同字。

挾智六

倒言反事，以嘗所疑，則姦情得。倒錯其言，反為其事，以試其疑也。故陽山謾樛豎，【略】淖齒爲秦使，詐為秦使知君惡己。齊人欲爲亂，佯逐所愛，令君知而不疑。子之以白馬，謬言白馬，以驗左右之誠。子產離訟者，分離訟者，便得兩訟之情。嗣公過關市。知過者之輸金，便得聽察之稱。先慎曰：注聽字當作明，下文而以嗣公爲明察，是其證。

倒言七

【略】魯哀公問於孔子曰：鄙諺曰：莫衆而迷。舉事不與衆謀者，必迷惑。今寡人舉事與羣臣慮之，而國愈亂，其故何也？【略】孔子對曰：明主之問臣，一人知之，一人不知也。一人知之，一人不知，則得再三詳議。如是者，明主在上，羣臣直議於下。今羣臣無不一辭同軌乎季孫者，舉魯國盡化爲一，舉國既化爲一，則不得論其是非也。先慎曰：趙本注不作安。君雖問境內之人，猶不免於亂也。【略】一曰：【略】晏嬰子聘魯，【略】哀公問曰：【略】語曰：莫三人而迷。舉事不與三人謀，必知迷惑也。先慎曰：注知字衍。今寡人與一國慮之，魯不免於亂，何也？晏子曰：古之所謂莫三人而迷者，一人失之，二人得之，三人足以爲衆矣，故曰：莫三人而迷。今魯國之羣臣以千百數，一言於季氏之私，【略】人數非不衆，所言者一人也。安得三哉！

又：衛嗣君【略】重如耳，愛世姬，顧廣圻曰：《荀子》注引世作泄，按世、泄同字。而恐其皆因其愛重以壅己也，【略】乃貴薄疑以敵如耳，【略】尊魏姬以耦世姬。【略】曰：以是相參也。嗣君知欲無壅，而未得其術也。夫不使賤議貴，賤不得與貴議也。先慎曰：【略】。下必坐上。下得罪，必坐於與上議也。盧文弨曰：凌本作下偪上，但注不如此。先慎曰：必字衍文，賤議貴，下坐上均承上夫不使來。坐，卽商君告坐之法。不使下坐上者，不使下與上告坐也。《八說篇》：明君之道，賤得議貴，下必坐上，不待勢重之鈞也。此與《八說》相反，故云不使賤議貴，下坐上，凌本不知必字之誤，而改必坐爲偪，得其意而失其真矣。注不可讀，盧氏據之，亦非。而必待勢重之鈞也，而後敢相議，今兩受，勢重既鈞，正可相與議。則是益樹壅塞之臣也，兩受其謀，爲壅更甚，此嗣君不得術。盧文弨曰：注兩愛共謀，愛譌受。嗣君之壅乃始。

又：董閼于爲趙上地守，【略】行石邑山中，見深澗峭如牆，【略】深百仞，因問其旁鄉左右【略】曰：人嘗有入此者乎？對曰：無有。曰：嬰兒盲聾狂悖之人嘗有入此者乎？【略】對曰：無有。牛馬犬彘嘗有入此者乎？【略】對曰：無有。董閼于喟然太息曰：【略】吾能治矣，使吾法之無赦，先慎曰：乾道本法作治。盧文弨云治，張、凌本作法。顧廣圻云：《藏》本治作法。王渭云：《文選注》引作吾法無赦也。先慎案：《藝文類聚》、《御覽》引並作法，今據改。猶入澗之必死也，則人莫之敢犯也，何爲不治！【略】

子產相鄭，【略】病將死，謂游吉曰：我死後，子必用鄭，必以嚴莅人。夫火形嚴，故人鮮灼；水形懦，故人多溺。【略】子必嚴子之刑，【略】無令溺子之懦。

又：殷之法刑棄灰於街者。【略】子貢以爲重，問之仲尼。仲尼曰：知治之道也。夫棄灰於街必掩人，灰塵播揚，善掩翳人也。先慎曰：【略】。掩人，人必怒，怒則鬭，鬭必三族相殘也，因鬭相殘傷。此殘三族之道也，雖刑之可也。且夫重罰者，人之所惡也；而無棄灰，人之所易也。使人行之所易而無離所惡，此治之道。先慎曰：行之所易，卽去其所易也。行，猶去也，之，猶其也。下公孫鞅章正作去其所易。離，讀爲罹。一曰：殷之法棄灰于公道者斷其手。子貢曰：棄灰之罪輕，斷手之罰重，古人何太毅也？毅，酷也。曰：無棄灰，所易也；斷手，所惡也。行所易，不關所惡，古人以爲易，故行之。先慎曰：不關所惡，謂不入斷手之法也。《書大傳》雖禽獸之聲猶悉關於律，注：關，猶入也。

又：公孫鞅之法也重輕罪。重罪者，人之所難犯也；先慎曰：乾道本無重罪二字。顧廣圻云：今本者上有重罪二字。先慎案：重罪二字，與下小過相對，今本有是也，今依增。而小過者，人之所易去也。使人去其所易，無離其所難，此治之道。夫小過不生，大罪不至，是人無罪而亂不生也。今重輕罪，輕罪避，故能無罪而不生亂也。一曰：公孫鞅曰：行刑重其輕者，輕者不至，重者不來。不犯輕，自然無重罪也。俞樾曰：不至當作不生，言犯輕罪者不得生也。《商子·説民篇》曰：輕者不生，是其證。是謂以刑去刑。以輕刑去重刑。

荊南之地，麗水之中生金，人多竊采金。采金之禁，得而輒辜磔於市，甚衆，壅離其水也；又設防禁遮擁，令人離其水也。顧廣圻曰：離，讀爲籬。俞樾曰：此言辜磔其人而棄尸于水之中，流爲積尸壅遏，遂至分流，是謂壅離其水，極言辜磔者之多也。據下文云夫罪莫重辜磔於市，猶不止者，不必得也，又曰故不必得也，則雖辜磔，竊金不止；知必死，則天下不爲也，竝無設禁遮擁令人離水之義，且設禁遮擁令人離水而猶竊金不止，則是設禁之未善，與下文不必得及知必死之意不相應矣。顧氏讀離爲籬，必亦不得其解而強爲之辭。先慎曰：【略】而人竊金不止。夫罪莫重辜磔於市，猶不止者，不必得也。言犯罪者不必一一皆得而有免脱者，則人幸其免脱而輕犯重罪。故今有於此，曰：予汝天下而殺汝身。庸人不爲也。夫有天下，大利也，猶不爲者，知必死。故不必得也，則雖辜磔，竊金不止；知必死，則天下不爲也。【略】

魯人燒積澤，天北風，火南倚，【略】恐燒國，哀公懼，自將衆趣救火。【略】左右無人，盡逐獸而火不救。乃召問仲尼，仲尼曰：夫逐獸者樂而無罰，救火者苦而無賞，此火之所以無救也。哀公曰：善。仲尼曰：事急，不及以賞，先慎曰：事急不及以賞，謂事急不及與賞也。《詩·江有汜》擊鼓桑柔，《儀禮·鄉射禮》《大射儀》箋注並云：以，猶與也。《藝文類聚》《御覽》引賞作罰，是不知以有與義而妄改，下云請徒行罰，則此何得謂事急不及以罰乎？救火者盡賞之，則國不足以賞於人，請徒行罰。先慎曰：乾道本罰作賞。顧廣圻云：賞當依馮氏舒校改作罰。先慎案：《藝文類聚》《御覽》引並作請徒行罰，今據改。哀公曰：善。於是仲尼乃下令曰：不救火者比降北之罪，逐獸者比入禁之罪。令下未遍而火已救矣。

（清）王先慎《韓非子集解·外儲説左上》 夫新砥礪殺矢，彀弩而射，雖冥而妄發，其端未嘗不中秋毫也。然而莫能復其處，不可謂善射，無常儀的也；【略】設五寸之的，引十步之遠，【略】非羿、逢蒙不能必全者，先慎曰：《問辯篇》全作中。有常儀的也。有度難而無度易也。有常儀的，則羿、逢蒙以五寸爲巧；【略】無常儀的，則以妄發而中秋毫爲拙。故無度而應之，則辯士繁説；設度而持之，雖知者猶畏失也，不敢妄言。【略】今人主聽説不應之以度，【略】而説其辯；【略】不度以功，【略】譽其行，【略】而不入關。【略】此人主所以長欺，而説者所以長養也。

又：文公伐宋，乃先宣言曰：吾聞宋君無道，蔑侮長老，分財不中，教令不信，余來爲民誅之。

又：趙主父使李疵視中山可攻不也，還報曰：中山可伐也，君不亟伐，將後齊燕。主父曰：何故可攻？李疵對曰：其君見好巖穴之士，【略】以十數，伉禮下布衣之士以百數矣。【略】君曰：以子言論，是賢君也，安可攻？疵曰：不然。夫好顯巖穴之士而朝之，則戰士怠於行陳；上尊學者，下士居朝，先慎曰：下士居朝，《御覽》引作下居士而朝之。則農夫惰於田。戰士怠於行陳者，【略】則兵弱也；農夫惰於田者，則國貧也。兵弱於敵，國貧於內，而不亡者，未之有也。伐之不亦可乎！主父曰：善。舉兵而伐中山，遂滅也。

又：鄭簡公謂子產曰：國小，迫於荊、晉之間。今城郭不完，兵甲不備，不可以待不虞。子產曰：臣閉其外也已遠矣，而守其內也已固矣，雖國小，【略】猶不危之也。君其勿憂。是以沒簡公身無患。【略】子產相鄭，簡公謂子產曰：飲酒不樂也，【略】俎豆不大，鍾鼓竽瑟不鳴，寡人之事【略】不一；國家不定，百姓不治，耕戰不輯睦，亦子之罪。子有職，寡人亦有職，各守其職。子產退而爲政五年，國無盜賊，道不拾遺，桃棗之蔭於街者莫援也，【略】錐刀遺道三日可反，三年不變，民無飢也。

【略】宋襄公與楚人戰於涿谷上，【略】宋人既成列矣，楚人未及濟。右司馬購強【略】趨而諫曰：楚人衆而宋人寡，請使楚人半涉，未成列而擊之，必敗。襄公曰：寡人聞君子曰：不重傷。【略】不擒二毛，不推人於險，不迫人於阸，不鼓不成列。今楚未濟而擊之，害義。請使楚人畢涉成陳，而後鼓士進之。右司馬曰：君不愛宋民，腹心不完，特爲義耳。公曰：不反列，且行法。右司馬反列，楚人已成列撰陳矣，公乃鼓之，宋人大敗，公傷股，三日而死。盧文弨曰：《春秋》襄公之卒，在次年五月。此乃慕自親仁義之禍。【略】夫必恃人主之自躬親而後民聽從，是則將令人主耕以爲上，【略】服戰鴈行也民乃肯耕戰，則人主不泰危乎！而人臣不泰安乎！

又：魏昭王欲與官事，【略】謂孟嘗君曰：寡人欲與官事。君曰：王欲與官事，則何不試習讀法？昭王讀法十餘簡而睡臥矣。王曰：寡人不能讀此法。夫不躬親其勢柄，而欲爲人臣所宜爲者也，【略】睡不亦宜乎。

孔子曰：【略】爲人君者猶盂也，民猶水也；盂方水方，盂圜水圜。先慎曰：《治要》引《尸子·處道篇》圜，作圓。案：《説文》圜，天體也，全也，周也，是圜爲正字。《御覽》七百六十引二句互易。

又：叔向賦獵，功多者受多，功少者受少。

韓昭侯謂申子曰：法度甚不易行也。【略】申子曰：法者，見功而與賞，因能而受官。今君設法度而聽左右之請，此所以難行也。昭侯曰：吾自今以來知行法矣，寡人奚聽矣。一日，先慎曰：趙本日作曰，誤。申子請仕其從兄官，昭侯曰：非所學於子也，聽子之謁，敗子之道乎？亡其用子之謁。顧廣圻曰：《韓策》云又亡子之術而廢子之謁其行乎云云，此有脱文。申子辟舍請罪。

又：文公問箕鄭曰：救餓奈何？對曰：信。公曰：安信？曰：信名。俞樾曰：信名之下當有信義、信事四字。蓋文公曰安信，箕鄭告以信名、信義、信事，下乃一一申之也。今奪之，則文不備。信名，則羣臣守職，善惡不踰，百事不怠；信事，則不失天時，百姓不踰；信義，則近親勸勉，而遠者歸之矣。

（清）王先慎《韓非子集解·外儲説左下》 一、孔子相衛，弟子子皋爲獄吏，刖人足，所跀者守門。人有惡孔子於衛君者，曰：尼欲作亂。【略】衛君欲執孔子，孔子走，弟子皆逃。子皋從出門，【略】跀危引之而逃之門下室中，吏追不得。夜半，子皋問跀危曰：吾不能虧主之法令而親跀子之足，是子報仇之時也。盧文弨曰：《藏》本仇下有怨字。而子何故乃肯逃我？我何以得此於子。跀危曰：吾斷足也，固吾罪當之，不可奈何。然方公之欲治臣也，【略】公傾側法令，先後臣以言，欲臣之免也甚，而臣知之。及獄決罪定，公憱然不悦，形於顏色，臣見又知之。非私臣而然也，夫天性仁心固然也。此臣之所以悦而德公也。跀者行步危，故曰跀危也。俞樾曰：注説非，危乃跪之省文，古謂跀足者爲跀跪，《内儲説下篇》門者跀跪請曰是其證也。《晏子春秋·雜上篇》刖跪擊其馬而反之，孫星衍云跪，足也，此説得之。先慎曰：《荀子·勸學篇》蟹六跪而二螯，楊倞注跪，足也。《韓子》以刖足爲跀跪。據此，是楊所見《韓子》作跪也，跪訓爲足，又其一證。悦而德公也，張榜本重而字。案此下當接孔子曰：善爲吏者樹德，不能爲吏者樹怨。槩者，平量者也；吏者，平法者也。治國者，不可失平也。今錯簡在後，另爲一條。《説苑》此下接孔子聞之曰，善爲吏者樹德，不善爲吏者樹怨，云云是也。

又：一、齊桓公將立管仲，令羣臣曰：寡人將立管仲爲仲父，善者入門而左，不善者入門而右。東郭牙中門而立。公曰：寡人立管仲爲仲父，令曰：善者左，不善者右。今子何爲中門而立？牙曰：以管仲之智，爲能謀天下乎？公曰：能。以斷，爲敢行大事乎？公曰：敢。牙曰：君知能謀天下，顧廣圻曰：君當作若，知卽智字。斷敢行大事，君因專屬之國柄焉；【略】以管仲之能，【略】乘公之勢以治齊國，得無危乎？公曰：善。乃令隰朋治内，管仲治外，以相參。

又：西門豹爲鄴令，清剋潔慤，秋毫之端無私利也，而甚簡左右；不事君左右也。左右因相與比周而惡之。居期年，上計，君收其璽。豹自請曰：【略】臣昔者不知所以治鄴，今臣得矣，願請璽復以治鄴，不當，請伏斧鑕之罪。文侯不忍而復與之。豹因重斂百姓，急事左右。期年，上計，文侯迎而拜之。豹對曰：往年臣爲君治鄴，而君奪臣璽；今臣爲左右治鄴，而君拜臣。臣不能治矣。遂納璽而去。文侯不受，曰：寡人曩不知子，今知矣，願子勉爲寡人治之。遂不受。不受豹所納之璽也。先慎曰：張榜本無遂不受及注十一字。

又：桓公謂管仲曰：官少而索者衆，寡人憂之。【略】管仲曰：君無聽左右之請，【略】因能而受禄，先慎曰：《意林》受作授。録功而與官，則莫敢索官，君何患焉！

又：桓公問置吏於管仲，【略】管仲曰：【略】辯察於辭，清潔於貨，習人情，夷吾不如弦商，【略】請立以爲大理。登降肅讓，以明禮待賓，臣不如隰朋，請立以爲大行。墾草仞邑，仞，入也。所食之邑，能入其租稅也。俞樾曰：仞當作牣，謂牣造其邑也。作仞者，字之誤。舊注訓仞爲入，未詳其義。《新序》載此事正作牣邑，當據以訂正。先愼曰：《管子·小匡篇》仞作入，卽舊注所本，俞氏失考耳。《廣雅·釋詁》三：入，得也。辟地生粟，臣不如甯武，【略】請以爲大田。三軍既成陳，使士視死如歸，臣不如公子成父，【略】請以爲大司馬。犯顔極諫，臣不如東郭牙，請立以爲諫臣。治齊，此五子足矣；將欲霸王，夷吾在此。

又：孟獻伯相魯【略】堂下生藿藜，門外長荊棘，食不二味，坐不重席，無衣帛之妾，【略】居不粟馬，出不從車。叔向聞之，以告苗賁皇，賁皇非之曰：是出之爵祿以附下也。一曰：晉孟獻伯拜上卿，【略】叔向往賀，門有御，【略】馬不食禾。向曰：子無二馬二輿，何也？【略】獻伯曰：吾觀國人尚有飢色，是以不秣馬；班白者多徒行，故不二輿。【略】向曰：吾始賀子之拜卿，今賀子之儉也。向出，語苗賁皇曰：助吾賀獻伯之儉也。苗子曰：何賀焉！夫爵祿旂章，【略】所以異功伐、別賢不肖也。故晉國之法，上大夫二輿二乘，中大夫二輿一乘，下大夫專乘，此明等級也。且夫卿必有軍事，是故循車馬，王渭曰：循當作脩。比卒乘，以備戎事。有難則以備不虞，平夷則以給朝事。今亂晉國之政，乏不虞之備，以成節，【略】以絜私名，獻伯之儉也可與？言辭制當誅之故可與也。【略】又何賀！

（清）王先愼《韓非子集解·難一》晉文公將與楚人戰，召舅犯問之，曰：吾將與楚人戰，彼衆我寡，爲之奈何？舅犯曰：臣聞之，繁禮君子，不厭忠信，禮繁縟，故曰繁禮。唯忠信可以學禮，故曰不厭忠信。戰陣之閒不厭詐僞。非譎詐不能制勝，故曰不厭詐僞也。君其詐之而已矣。文公辭舅犯，因召雍季而問之曰：我將與楚人戰，彼衆我寡，爲之奈何？雍季對曰：焚林而田，偷苟且也。取多獸，後必無獸；【略】以詐遇民，偷取一時，後必無復。因詐得利，必以詐爲俗，故無復有忠信。先愼曰：乾道本注爲作僞，無作言。據趙本改。文公曰：善。辭雍季，以舅犯之謀與楚人戰以敗之。【略】歸而行爵，先雍季而後舅犯。羣臣曰：城濮之事，舅犯謀也。夫用其言而後其身，可乎？文公曰：此非君所知也。顧廣圻曰：君當作若。夫舅犯言，一時之權也；雍季言，萬世之利也。仲尼聞之，曰：文公之霸也宜哉！既知一時之權，又知萬世之利。

（清）王先愼《韓非子集解·問田》徐渠問田鳩曰：臣聞智士不襲下而遇君，聖人不見功而接上。今陽成義渠明將也，【略】而措於毛伯；【略】公孫亶回，聖相也，【略】而關於州部，何哉？田鳩曰：此無他故異物，主有度，上有術之故也。且足下獨不聞楚將宋觚而失其政，魏相馮離而亡其國？二君者，驅於聲詞，眩乎辯說，不試於毛伯，不關乎州部，故有失政亡國之患。由是觀之，夫無毛伯之試，州部之關，豈明主之備哉！

堂谿公謂韓子曰：臣聞服禮辭讓，全之術也；修行退智，遂之道也。今先生立法術，設度數，【略】臣竊以爲危於身而殆於軀。何以効之？【略】所聞先生術曰：楚不用吳起而削亂。秦行商君而富彊。【略】二子之言已當矣，然而吳起支解而商君車裂者，不逢世遇主之患也。逢遇不可必也，患禍不可斥也。夫舍乎全遂之道而肆乎危殆之行，竊爲先生無取焉。韓子曰：臣明先生之言矣。【略】夫治天下之柄，齊民萌之度，甚未易處也。然所以廢先生之教，王渭曰：王當作生，下同。而行賤臣之所取者，竊以爲立法術，設度數，所以利民萌，便衆庶之道也。故不憚亂主闇上之患禍，而必思以齊民萌之資利者，仁智之行也。憚亂主闇上之患禍，而避乎死亡之害，知明夫身而不見民萌之資利者，貪鄙之爲也。【略】臣不忍嚮貪鄙之爲，不敢傷仁智之行，先王有幸臣之意，然有大傷臣之實。

（清）方以智《藥地炮莊》卷五《天運》老聃曰：小子少進，余語女三王五帝之治天下。黃帝之治天下，使民心一，民有其親從不哭而民不非也。堯之治天下，使民心親，民有爲其親殺所滅反其殺而民不非也。舜之治天下，使民心競。民孕婦十月生子，子生五月而能言，不至乎孩而始誰，則人始有夭矣。禹之治天下，使民心變，人有心而兵有順，殺盜非殺人。自爲種音踵而天下耳。是以天下大駭，儒墨皆起。其作始有倫，而今乎婦女，何言哉！余語汝：三皇五帝之治天下，名曰治之，而亂莫甚焉。三皇以下平仲云可刪。三皇之知，上悖日月之明，下聯三川之精，中墮四時之施。其知音智憯慘音于蠆勅邁蠆之尾，鮮規之獸，莫得安其生命之情者，而猶自以爲聖人，不可耻乎？其無耻也！子貢蹵蹵然，立不安。

（北魏）賈思勰《齊民要術·自序》 蓋神農為耒耜以利天下。堯命四子敬授民時，舜命后稷食為政首。禹制土田，萬國作乂。殷周之盛，《詩》《書》所述，要在安民富而教之。管子曰：一農不耕，民有饑者。一女不織，民有寒者。倉廩實知禮節，衣食足知榮辱。

《晏子春秋·內篇雜下》 景公畋於梧丘，夜猶早，公姑坐睡，而瞢有五丈夫北面韋廬，稱無罪焉。公覺，召晏子而告其所瞢。公曰：我其嘗殺不辜，誅無罪邪？晏子對曰：昔者先君靈公畋，五丈夫罟而駭獸，故殺之，斷其頭而葬之。命曰：五丈夫之丘，此其地邪？公令人掘而求之，則五頭同穴而存焉。公曰：嘻！令吏葬之。國人不知其瞢也，曰：君憫白骨，而況於生者乎？不遺餘力矣，不釋餘知矣。故曰：君子之爲善易矣

《吕氏春秋·孟夏紀·誣徒》 達師之教也，使弟子安焉、樂焉、休焉、游焉、肅焉、嚴焉，此六者得於學，則邪辟之道塞矣，理義之術勝矣。此六者不得於學，則君不能令於臣，父不能令於子，師不能令於徒。

《吕氏春秋·仲夏紀·適音》 夫樂有適，心亦有適。人之情，欲壽而惡夭，欲安而惡危，欲榮而惡辱，欲逸而惡勞。四欲得，四惡除，則心適矣。四欲之得也，在於勝理。勝理以治身，則生全，以生全則壽長矣。勝理以治國，則法立，法立則天下服矣。故適心之務在於勝理。

《吕氏春秋·審分覽·知度》 治官之要，存乎治道。治道之要，存乎知性命。故子華子曰：厚而不博，敬守一事，正性是喜。群衆不周，而務成一能。盡能既成，四夷乃平。唯彼天符，不周而周。此神農之所以長，而堯舜之所以章也。

《吕氏春秋·審分覽·不二》 有金鼓，所以一耳，必同法令，所以一心也；智者不得巧，愚者不得拙，所以一衆也；勇者不得先，懼者不得後，所以一力也。

《吕氏春秋·審應覽·審應》 衛嗣君欲重税以聚粟，民弗安，以告薄疑曰：民甚愚矣。夫聚粟也，將以爲民也。其自藏之與在於上，奚擇？薄疑曰：不然。其在於民而君弗知，其不如在上也；其在於上而民弗知，其不如在民也。凡聽必反諸己，審則令無不聽矣。國久則固，固則難亡。今虞、夏、殷、周無存者，皆不知反諸己也。

《吕氏春秋·審應覽·離謂》 子産治鄭，鄧析務難之，與民之有獄者約：大獄一衣，小獄襦袴。民之獻衣襦袴而學訟者，不可勝數。以非爲是，以是爲非，是非無度。而可與不可日變，所欲勝因勝，所欲罪因罪。鄭國大亂，民口讙譁。子産患之，於是殺鄧析而戮之，民心乃服，是非乃定，法律乃行。今世之人，多欲治其國，而莫之誅鄧析之類，此所以欲治而愈亂也。

《吕氏春秋·審應覽·淫辭》 惠子為魏惠王為法。為法已成，以示諸民人，民人皆善之。獻之惠王，惠王善之。以示翟翦，翟翦曰：善也。惠王曰：可行耶？翟翦曰：不可。惠王曰：善而不可行，何故？翟翦對曰：今舉大木者，前呼輿謣，後亦應之，此其於舉大木者善矣。豈無鄭、衛之音哉？然不若此其宜也。夫國亦木之大者也。

（漢）劉安《淮南子》卷六《覽冥訓》 至夏桀之時，主闇晦而不明，道瀾漫而不脩，仁義道不復脩飾之，故曰瀾漫。棄捐五帝之恩刑，推蹶三王之法籍。是以至德滅而不揚，帝道揜而不興。興，舉也。舉事戾蒼天，發號逆四時，戾，反也。春秋縮其和，天地除其德。縮，藏也，言和氣不復行也。言其所施曰惡，不自知也，故曰除其德也。仁君處位而不安，大夫隱道而不言，不爲民所安，隱仁義之道，不正諫直言也。《論語》曰國無道，危行言遜也。

又： 晚世之時，七國異族，諸侯制法，各殊習俗，晚世，春秋之後，戰國之末。七國，齊、楚、燕、趙、韓、魏、秦也。齊姓田，楚姓羋，燕姓姚，趙姓趙，韓姓韓，魏姓魏，秦姓嬴，故異族也。縱横間之，舉兵而相角。蘇秦約縱，張儀連横。南與北合爲縱，西與東合爲横。故曰縱成則楚王，横成則秦帝也。攻城濫殺，覆高危安。

（漢）劉安《淮南子》卷九《主術訓》 天子發號，令行禁止，以衆爲勢也。夫防民之所害，開民之所利，威行也。若發城決唐。城，水城也。唐，隄也。皆所以畜水。逵吉按唐古塘字。故循流而下易以至，背風而馳易以遠。因其勢也。

（漢）劉安《淮南子》卷一〇《繆稱訓》 同言而民信，信在言前也；同令而民化，誠在令外也。聖人在上，民遷而化，情以先之也；動於上，不應於下者，情與令殊也。

又：水濁者魚噞，令苛者民亂，城峭者必崩，岸崝者必陀。崝，峭也。陀，落也。故商鞅立法而支解，商鞅爲秦孝公立治法，百姓怨之，以罪支解。吴起刻削而車裂。吴起相楚，設貴臣相坐之法，卒車裂也。治國譬若張瑟，大絃緪緪急也。則小絃絶矣。

（漢）劉安《淮南子》卷一一《齊俗訓》 法與義相非，行與利相反，雖十管仲弗能治也。

（漢）劉安《淮南子》卷一二《道應訓》 魯國之法，魯人爲人妾於諸侯，有能贖之者，取金於府。子贛贖魯人於諸侯，來，而辭不受金。孔子曰：賜失之矣！夫聖人之舉事也，可以移風易俗，而受教順，可施後世，非獨以適身之行也。

（漢）劉安《淮南子》卷一六《説山訓》 桀有得事，謂若作瓦以蓋屋，遺後世也。堯有遺道，遺，失。謂不能放四凶，用十六相是也。一説：不傳丹朱而傳舜天下，有不慈之名，故曰有遺道也。嫫母有所美，嫫母，古之醜女，而行貞正，故曰有所美。嫫讀模範之模。西施有所醜。西施，古之好女，雖容儀光豔，未必貞正，故曰有所醜也。故亡國之法有可隨者，治國之俗有可非者。有可隨，猶嫫母有所美。有可非，猶西施有所醜。

（漢）劉安《淮南子》卷二〇《泰族訓》 聖王之設政施教也，必察其終始，其縣法立儀，必原其本末，不苟以一事備一物而已矣。

（明）佚名《比事摘録·正誼明道》 董仲舒曰：仁者，正其誼不謀其利，明其道不計其功。諸葛武侯以復漢討賊為任，其《出師表》有鞠躬盡瘁，死而後已，成敗利鈍，非所逆覩之語。論者謂武侯不問利害，只求義理，是其見得真處，即聖賢之心也。司馬温公作《韓魏公祠堂記》載其言曰：凡為臣者，盡力以事君，死生以之，至於成敗，天也。豈可豫憂其不成，遂輟不為哉？魏公此言，視武侯心可無愧矣。范淳甫每誦董仲舒正誼明道語，以爲君子行己立朝，正當如此，若夫成功則天也。司馬公改新法，或勸防後患，公曰：天若祚宋，必無此事。南軒張氏曰：使他人答之，必曰苟利社稷，遑恤其他。只如此言已自好，而公更不論一己利害。其平昔所養，聖賢不過如此。嗟乎！此雖言語文字之間，要之所以動天地鬼神者，自有在也。

（明）沈榜《宛署雜記》卷一八《萬字·御製大圓通寺重修碑》 朕惟人君承天序，爲天下民主，必叅贊化育，使凡賦形含氣於覆載間，林林蠢蠢，皆得以全其性，遂共生，斯爲功用之極，庶稱人君之責，無愧民物之主也。然而民生至廣，物類至多，非兼用天下道術，何以盡此功用哉？惟佛氏之道，以無生爲有生之本，以無用爲有用之原，自其教流入中國，家傳人習之。禪至於海隅蒼生之地，罔不信嚮，使人自知警悟，力趨於善，不敢爲惡，脱離迷途，得成正覺。矧其陰佑默相於冥冥之中，又能使人超苦海，獲濟慈航，功德施及，幽顯無間。自漢唐而來，時君世主，往往以其有補益於世，崇奉之意前後一致，宜矣。我祖宗相繼，君主天下百餘年，海宇乂安，民物康阜，治功之盛登唐虞，邁三代，而陋漢唐。此之明效，雖本於六經周孔，法言能然，抑亦有資於佛法之佑相。故於崇奉之地，皆嘗注意。若都城西山大圓通者，皇曾祖仁宗昭皇帝重建者也。寺創於唐，舊額曰平坡大覺，乃金元重修之。皇曾祖命重建，改今額，工未成，宫車晏駕矣。皇祖宣宗章皇帝繼成其績，皇考英宗睿皇帝每值大節，皆遣中使，賫香奠幣，用答景貺。迄今歲久，木植者傾，版築者圮，繪者漫，墍者落，不有以葺之，而祖宗崇奉之意，將至或替。朕纘鴻業，凡祖宗道德之懿，政教之詳，詔我後人者，一惟繼述之，恆恐少墜，至於事佛祝釐之地，可不仰思前烈，用圖復新乎？於是出内帑金帛，就在官役工，市材諏日，鼎新締構，不踰年告成。規制弘壯，視昔如一，其供具莊嚴差勝焉。爰命僧衆，朝夕酌水獻花，闡揚教範，仰祈佛力，資祖宗在天冥福，聖母齊天眉壽，以及眇躬福履聿成，宫闈協吉，儲嗣昌熾，永承宗祧，下至黎庶，無不得所，鳥獸草木，無不咸若，蠻夷賓服，海宇清寧，曰幽曰顯，均沾利益，斯稱朕君主天下之責，與其治意也。其有補益治化，豈小小哉？乃讚曰：西天聖人道無涯，粤自炎漢東傳漪。具文太古誰得知，一從鳩摩翻出之，頓令率土咸歸依。予聞佛德大慈悲，陰佑顯相大有爲，廼能斡旋造化機，廼能均調風雨時，廼能爲人却癒痱，廼能爲人開昏迷，佛功至此真難窺。歷代崇奉一無差，況予繼統何敢違？道術兼用志不移，瓊宫金像相映輝，法樂供器俱稱宜，潮音讚誦梵王詞，心心特祝國家釐，慈闈眉壽萬年期，誕眷眇躬應繁禧，振振麟趾固本枝，臣工百辟怙且嘻，民物品彙躋雍熙，用臻治化允若兹，佛道於世良有裨。成化十五年十一月初二日立。

（清）孫嶸《西園隨録·治道類》 正其誼不謀其利，明其道不計其功。說得斬截謹嚴，此語可接孔孟之傳。曰董子不聞道，吾不信也。堯以是傳之舜，舜以是傳之禹，禹以是傳之湯，湯以是傳之文武。說得極的確。《易》奇而法，《詩》正而葩，《春秋》謹嚴，《左氏》淳誇，斷得極精當。曰韓子不聞道，吾不信也。漢之文帝、武帝、宣帝，皆加一孝字，文帝舉孝第，武帝、宣帝亦舉孝弟，根本之地如此，宜其風俗淳厚。文王襪繫解，顧左右，无可使結者，乃自結之，以前後左右皆賢人也。周公惓惓於綴衣虎賁，惟恐不得其人，蓋有深意。常伯常任準人，固要得人，然進見有時。虎賁綴衣，朝夕侍王側，最親且密，苟不得人。則主德內蔽，大臣雖賢，何所施其力乎？

（清）王念孫《讀書雜誌》卷八《管子·申主》 申主任勢，守數以爲常，尹注曰：申謂陳用法令。劉曰：申乃中字之誤，蓋謂得中道之主。引之曰：申讀曰信，《漢書·高惠高后文功臣表》注曰：古信申同義，信之通作申，猶申之通作信也。出政而信於民，故曰信主，據下文云，皆要審則法令固，賞罰必則下服度，則申主之即信主，明矣。尹劉二說皆失之。

（元）盛如梓《庶齋老學叢談》卷上 晉平公問於叔向，曰：國家之患孰爲大？對曰：大臣重禄不極諫，小臣畏罪不敢言，下情不上通，此患之大者。公曰：善。於是下令曰：吾欲進善，有謁而不通者，罪至死。

（唐）虞世南《北堂書鈔》卷二八《政術部·立政二》 明王立政。安民立政。璿璣七政。洪範八政。乃施典於邦國。乃施則於都鄙。以六典治邦國。《周禮》註云：一治典，二教典，三禮典，四政典，五刑典，六事典。補。以八法治官府。注云：一官屬，二官職，三官聯，四官常，五官成，六官法，七官刑，八官計。補。以八則治都鄙。注云：一祭祀，二法則，三廢置，四禄位，五賦貢，六禮俗，七刑賞，八田役。以八柄馭羣臣。注云：一曰爵，二曰禄，三曰予，四曰置，五曰生，六曰奪，七曰廢，八曰誅。補。以八統馭萬民。注云：一親親，二敬故，三進賢，四使能，五保庸，六尊貴，七達吏，八禮賓。補。以九職任萬民。注云：一三農，二園圃，三虞衡，四藪牧，五百工，六商賈，七嬪婦，八臣妾，九閒民。補。以九式均節財用。注云：一祭祀，二賓客，三喪荒，四羞服，五工事，六幣帛，七芻秣，八匪頒，九好用。補。以九兩繫民。注云：一牧，二長，三師，四儒，五宗，六主，七吏，八友，九藪。補。以六敘正羣吏。注云：一正其位，二進其治，三作其事，四制其食，五受其會，六聽其情。補。稅，關譏不征。量地以制邑，度地以居民。用地大小，視年豐耗。申畫郊圻。表厥宅里。完隄防，謹壅塞，以備水潦。制送死之節，《家語》。為封邱之度。掌邦之委積，以待施惠。鄉里之委積，以恤民之艱阨。門關之委積，以養老孤。郊里之委積，以待賓客。野鄙之委積，以待羈旅。縣都之委積，以待凶荒。《周禮·遺人》以稍聚待賓客，以甸聚待羈旅。《周禮》釋曰：委人掌斂野賦，故以三百稍地之聚，二百里甸之聚，以待羈旅過客之等。補。春入貢秋獻功。稽其功緒，糾其德行。已上並《周禮》月省時考，歲終報功。《淮南子》。三載考績，三考，黜陟幽明。明庶以功，車服以庸。

（唐）虞世南《北堂書鈔》卷三二《政術部·禁令十》 命以防欲。禁以齊衆。巽以申命。所存者命。《穀梁傳》云：君之所以存者，命也。為人臣而侵其君之命為用，是不臣也。為人君而失其命，是不君也。奮鐸以令。《月令》云：仲春之月，雷乃發聲，始電，蟄蟲咸動，啟户始出。先雷三日，奮木鐸以令兆民曰：雷將發聲，有不戒其容止者，生子不備，必有凶災。振鐸於朝。《周禮·小宰》職云：正歲帥治官之屬，而觀治象之法。徇以木鐸曰：不用法者，國有常刑。鄭注云：古者將有新令，必奮木鐸以警衆，使明聽也。木鐸，木舌也。文事奮木鐸，武事奮金鐸。補。殷其雷，在南山之陽。鄭箋云：雷以喻號令。懲肆去貪。《左傳》云：齊豹為衛司寇，守嗣大夫，作而不義，其書為盜。邾庶其、莒牟夷、邾黑肱以土地出，求食而已，不求其名，賤而必書。此二物者，所以懲肆而去貪也。結信止訟。《周禮·司市》云：以質劑結信而止訟。鄭注云：質劑謂兩書一札，而別之也。外內時禁。《周禮·宮正》云：辨外內而時禁。鄭注云：分別外人內人，禁其非時出入。先後刑罰。《周禮·士師》之職：以五戒先，後刑罰，毋使罪麗於民。一曰誓用之於軍旅；二曰誥用之於會同；三曰禁用諸田役；四曰糾用諸國中；五曰憲用諸都鄙。法令由一。《史記·秦始皇本紀》云：二十六年，丞相奏曰：今陛下興義兵，誅殘賊，定天下海內為郡縣，法令由一統，自上古以來未嘗有，五帝所不及也。禁民為非，去其奇衺。《周禮·宮正》云：去其淫怠與其奇衺之民。鄭注云：民宮中吏之家人淫放濫也。怠，懈慢。奇衺，譎觚非常。案兵書有譎觚之人，謂譎詐桀出，觚角非常也。補。為之律度。《左傳》云：古之王者並建聖哲為之律度，與之法制。議事以制。《春秋傳》云：鄭人鑄刑書，叔向使遺子產書曰：昔先王議事以制，不為刑辟，懼民之有爭也。禁以橫行。《周禮》野廬氏曰：禁野之橫行。徑踰者。鄭注曰：皆為防姦也。橫行妄由田中，徑踰射邪，趨疾越隄渠也。

（唐）虞世南《北堂書鈔》卷三七《政術部・公正二十七》

夫公治化之本，德教之基也。應厚哭州將牋。治天下必先公，則天下平矣。《呂氏春秋》曰：昔光聖王之治天下也，必先公。公則天下平矣。平得於公。嘗試觀於上志，有得天下者，衆矣。其得之以公，其失之必以偏。凡主之立也，生於公。故《鴻範》曰：無偏無黨，王道蕩蕩，陰陽之和，不長一類，甘露時雨，不私一物，萬民之主，不阿一人。補注曰：上志，古記也。治天下者當無私矣。《呂氏春秋》曰：治天下者，固必通乎性命之情，通乎性命之情者，當無私矣。夏不衣裘，非愛裘也，煖有餘也。冬不用翣，非愛翣也，清有餘也。聖人之不為私也，非愛貴也，節乎己也。古之公也，篤今之公也薄。任子云。水至平，而邪者取法；鏡至明，而醜者亡怒。習鑿齒曰：昔管仲奪伯氏駢邑三百，没齒而無怨言。聖人以為難。諸葛亮之使廖立垂泣，李平致死，豈徒無怨言而已哉？夫水至平，而邪者取法；鏡至明，而醜者亡怒。水鏡之所以能窮物而無怨者，以其無私也。水鏡無私猶以免謗，況大人君子懷樂生之心，流矜恕之德。法行於不可不用，刑加乎自犯之罪。爵之而非私，誅之而不怒，天下有不服者乎？諸葛亮於是可謂能用刑矣。補。直繩者，枉木所憎；清公者，姦慝所讐。《抱朴子・名實篇》云。天無私覆，地無私載。《呂氏春秋》云：天無私覆，地無私載。日月無私燭，四時無私行。行其德而萬物得遂長焉。總天下，當與天下同心。晉紀劉弘。奉三無私以勞天下。無偏無黨。不私其身，不外其民。《任子》太王不務私其身，不外其民。故曰：百姓之身猶吾身也，為戎翟之病，棄國之富，杖策而去。以公滅私，民其允懷。常無私於上，均恩澤於下。劉向諫成帝云：聖人即天地以耀物，常無私於上，均恩澤於下，協和萬邦，黎民無怨，用能隆興，胤嗣與天，無窮也。不賞私勞，不罰私怨。《左傳》仲尼曰：周任有言為政者，不賞私勞，不罰私怨。益時者雖讐必賞，犯法者雖親必罰。《蜀志》陳壽評曰：諸葛亮之為相國也，撫百姓，示儀軌，約官職，從權制，開誠心，布公道。盡忠益時者雖讐必賞，犯法怠慢者雖親必罰。服罪輸情者雖重必釋，游辭巧飾者雖輕必戮。善無微而不賞，惡無纖而不貶。庶事精練，物理其本，循名責實，虛偽不齒。終於邦域之內，咸畏而愛之。刑政雖峻而無怨者，以其用心平而勸戒明也。可謂識治之良才？管、蕭之亞匹矣。然連年動衆，未能成功，蓋應變將畧，非其所長歟！補。案《漢晉春秋》曰：樊建為給事中，晉武帝問諸葛亮之治國。建對曰：聞惡必改而不矜過，賞罰之信足感神明。帝曰：善哉。使我得此人以自輔，豈有今日之勞乎？附。平役均賦，抑强扶弱。王彪之臨會稽教云：平役均賦，則民皆來蘇；抑強扶弱，則衆無寃訟矣。柔亦不茹，剛亦不吐，公正無私。《孔子家語》澹臺滅明，有君子之姿。孔子嘗以容貌望其才，其才不充，孔子之望，然其為人公正無私。案子貢曰：貴之不喜，賤之不怒。苟利於民，廉於行己，其事上也，以祐其下，是澹臺滅明之行也。孔子曰：獨貴、獨富，君子恥之，夫也，中之矣。補。公平無私。《韓詩外傳》云：正直者，順道而行，順理而言，公平無私，不為安肆志，不為危激行。公正不私。前漢朱邑，為人惇厚，篤於故舊，然性公正，不可交以私。天子器之。公直無私。《呂氏春秋》荆昭王之時，有士焉曰：石渚其為人也，公直無私。王使為政。廷有殺人者，石渚追之，則其父也。還車而反，立于廷曰：殺人者僕之父也。以父行法，不忍；阿有罪，廢國法，不可。失法伏罪，人臣之義也。於是乎斧鑕請死于王。王曰：追而不及，豈必伏罪哉？子復事矣。石渚辭曰：不私其親不可謂孝子，事君枉法不可謂忠臣。君令赦之，上之惠也。不敢廢法，臣之行也。不去斧鑕，殁頭乎王廷。《韓詩外傳》楚昭王有士曰：石奢其為人也，公而好直。王使為理。於是道有殺人者，臣之父也。以父成政非孝也，不行君法非忠也。弛罪廢法而伏其辜，臣之所守也。遂伏斧鑕曰：命在君。君曰：追而不及，庸有罪乎？子其治事矣。石奢曰：不然。不私其父非孝也，不行君法非忠也。以死罪生不廉也，君欲赦之，上之惠也，臣不能失法下之義也。遂不去斧鑕，刎頸而死乎廷。君子聞之曰：貞夫法哉，石先生乎。補案：石渚、石奢當是一人。故並存之。能正其志。正直順事。《詩・箋》。正而不譎。正身率下。晉諸公贊季胤，為吏部尚書，正身率下，職不傾撓。執法守正。《東觀漢記》。剛正直繩，王隱《晉書・傳咸》張華建議，起咸為司隸校尉，固辭不免，乃力疾視事，每剛正直繩，師師嚴憚。志在奉公。前漢蓋寬饒，為人剛直高節，志在奉公。案平恩侯許伯入第，丞相、御史、將軍、中二千石皆賀，寬饒不行。許伯請之，迺往，從西階上，東鄉特坐。許伯自酌曰：蓋君後至。寬饒曰：無多酌我，我迺酒狂。丞相魏侯笑曰：次公醒而狂，何必酒也？坐者皆屬目卑下之。酒酣樂作，長信少府檀長卿起舞，為沐猴與狗鬭，坐皆大笑。寬饒不説，仰視屋而歎曰：美哉！然富貴無常，忽則易人，此如傳舍，所閲多矣。唯謹慎為得久，君侯可不戒哉！因起趨出，劾奏長信少府。補。奉法不黨。《説苑》虞丘子舉孫叔敖為令尹。少焉，虞丘子家干法，孫叔敖執而戮之。虞丘子憙入，見於王曰：臣言孫叔敖果可使持國政，奉國法而不黨，施刑戮而不骫，可謂公乎？莊王曰：夫子之賜也已。補。奉法不避。後漢祭遵為軍市令，舍中兒犯法，遵格殺之。光武怒命收遵。時主簿陳副諫曰：明公常欲衆軍整齊，今遵奉法不避，是教令所行也。光武乃貰之以為刺姦將軍。謂諸將曰：吾舍中兒犯法尚殺之，必不私諸卿矣。刺舉無避。《漢書》諸葛豐以明經為郡文學，名特立剛直，為司隸校尉，刺舉無所避。無所阿避。《史記》石奢者，楚昭王相也。堅正廉直，無所阿避。無所屈撓。後漢申屠剛為尚書令，謇諤直言，無所屈撓。案光武嘗欲出遊，剛以隴蜀未平，不宜宴安逸豫。諫不見聽，遂以頭軔乘輿輪，帝遂為止。時内外羣官，多帝自選舉，加以法理嚴察，職事過苦，尚書近臣，至乃捶撲牽曳於前，羣臣莫敢正言。剛每輒極諫。補。不避貴戚。《史記》尹齊以刀筆稍遷至御史，事張湯，湯數稱以為廉武，使督盜賊，所斬伐不避貴戚。遷為關内都尉聲甚于甯成。不避强禦。《後漢書・鮑永傳》：永為司隸校尉，鮑恢為都官從事，恢亦抗直不避强禦。帝嘗曰：貴戚且宜斂手以避二鮑。案：永行縣到霸陵，路經更始墓，引車入陌。從事諫止之，永曰：親北面事人，寧有過墓不拜。雖以獲罪，司隸所不避也。遂下拜，哭盡哀而去。西至扶風，椎牛上苟諫冢。帝聞之，意不平，問公卿曰：奉使如此，何如？太中大夫張湛對曰：仁者，行之宗忠者，義之主也。仁不遺舊忠，不忘君行之，高者也。帝意乃釋。補。不畏豪族。謝承《後漢書・王閎傳》云：吴郡王閎為冀州刺史，不畏豪族。號曰：王獨坐也。不以私欲撓意。《典畧》云：荀彧折節侍王，坐不累席，在於臺閣，不以私欲撓意。言事無所違。《東觀漢記・第五倫傳》云：倫為司空，奉公不撓，言事無所作違。正色立朝。《春秋公羊傳》云：宋華督殺殤公，孔父生而存，則殤公不得殺也，於是先攻孔父之家。殤公知孔父死，己必死，趨而救之，皆死。孔父正色而立於朝，則人莫敢致難於其君者。故孔父可謂義形於色矣。正色當階。《續漢書》趙熹為太尉，受遺詔，典喪禮。時承王莽之亂，國無舊典。皇太子與諸王等離止同席，熹乃正色，横劍殿階，扶下諸王以明尊卑也。當朝正色。《會稽典録》云：魏朗轉功曹書，佐功曹史。吴翁被裘，以加朝。朗以裘非臣服，非翁不敬，勑卒徹去。府君嘉朗，當朝正色，有不撓之節，遂退翁，以朗代之也。雅然正色。傅咸中郎將曹府君碑云：伊父文朝雅然正色，既侍皇帷讜言常則。直道而行。《益部耆舊傳》云：任昉遷司隸校尉，杜門自守不與豪右交通，由是貴戚斂手。惟官是視。《晉書・崔洪傳》洪薦雍州刺史，郤詵代己為左丞，詵後糾洪。洪謂人曰：我舉郤丞而還奏我，是挽弩自射也。詵聞曰：崔侯為國舉才，我以才見用，惟官是視，各明至公，何故私言乃至此？洪聞其言而重之。

（唐）虞世南《北堂書鈔》卷四三《刑法部・刑總一》

刑者法五行。《白虎通》云：刑所以五，何？法五行也。又曰：科條三千者，應天地人情也。補。法者象四時。《管子》。象天道而行刑。《刑法志》云：《書》所謂象刑也。因天討而作刑。《漢書・刑法志》云：刑罰威獄，以類天之震曜殺戮也。故聖人因天討而作五刑：大刑用甲兵，其次用斧鉞，中刑用刀鋸，其次用鑽鑿，薄刑用鞭（撲）〔扑〕。大者陳諸原野，小者致之市朝。其所繇来者上矣。補。五刑者五常之鞭策。《白虎通》云。刑罰威獄，類天震曜。見上。刑罰威獄，使民畏忌。《左傳》太叔對趙簡子。刑者成也，一成不變。刑者教也，質罪示終。《孝經鉤命訣》云。刑以正刑。臧榮緒《刑德志》云。刑以輔教。《尸子》。刑以明威。《漢書》云：制禮以崇敬，作刑以明威。補。刑期無刑。刑以正邪。《左傳》。設刑罰者，明有懼也。《白虎通》云：懸罰賞者，示有勸也。設刑罰者，明有所懼也。補。嚴斷刑罰，以威其淫。《左傳》刑法所以懲過。刑法所以助治。《白虎通》云：聖人治天下，必有刑法何？所以佐德助治也。明于五刑，以弼五教。惟敬五刑，以成三德。紀之以刑。《國語》、《管子》云：勸之以賞賜，紀之以刑罰。齊之以刑。明慎用刑。明慎刑罰。《後漢書》。聖君任法。《管子》云：聖君任法而不任智。聖王立法。《韓子》。正法直度。《管子》云：正法直度，罪殺不疑。明法正義。法立，私善不行。《慎子》云：有道之國，法立則私善不行。使法，民莫之犯。《韓子》云：董閼于爲上地守，行石邑山中，澗深峭如牆，深百仞，因問其旁鄉左右曰：人嘗有入此者乎？對曰：無有。曰：嬰兒、癡聾、狂悖之人嘗有入此者乎？對曰：無有。牛馬犬彘嘗有入此者乎？對曰：無有。董閼于喟然太息曰：吾能治矣！使吾治之無赦，猶入澗之必死也，則人莫之敢犯也，何為不治之。補。有道之君重變法。《韓子》。置法不變。《管子》云：黄帝之治天下，置法不變，使民安泰。以道變法。《慎子》云：守法不變則衰。以道變法者，君長也。刑德制臣。《韓子》。法令治民。《商子》。齊刑以綜真僞。傅玄云：善惡相蒙，故齊之以刑也。張法以制陸梁。阮子云：漁人羅於澗，以制吞舟之魚；明主張法天下，以制陸梁之士也。敬宗廟，尊社稷。《韓子》荆王有茅門法。見前。立朝廷。《管子》。理人情。劉恭嗣云。國之脂澤。《韓子》云：賞罰者，國之脂澤粉黛也。國之大信。《馮奉世傳》云。民之鞭策。《尸子》云：刑罰者，民之鞭策也。法嚴如火。傅玄云：法之嚴如火烈。罰擬秋霜。《抱朴子》云：明君罰擬秋霜，而無詭時之嚴。抑暴扶弱，難犯易避。《刑法志》元帝詔曰：夫法令者，所以抑暴扶弱。釋法思治，堯不能正一國。《韓子》云。刑罰不中，則民無所措手足。同罪異罰，非刑也。夏有亂政，而作禹刑。商有亂政，而作湯刑，周有亂政而作九刑。三辟之興，皆叔世也。上並《左傳》。爲禁令者，急於未然。《物理論》云：為禁令者，急之於未然，寬之於已發。爲法者，宜舉其要。傅子云：塞一蟻孔而河决息，掩一車轄而覆乘止也。治則刑重，亂則刑輕。《刑法志》云：殺人者死，傷人者刑，百王之所同，未有知其所由來者也。故治則云云。鞭扑不可弛於家，刑罰不可廢於國。

（唐）虞世南《北堂書鈔》卷四四《刑法部・聽訟三》　子曰：聽訟吾猶人也，必也使無訟乎。凡聽五刑之訟，必原父子之親，立君臣之義。明辟以聽訟。聽之棘木之下。《禮記・王制》云。五聲聽獄訟。《周禮・小司寇》云：以五聲聽獄訟，求民情。一曰辭聽，二曰色聽，三曰氣聽，四曰耳聽，五曰目聽。補釋曰：按下五事惟辭聽一是聲，而以五聲目之者，四事雖不是聲，亦以聲為本故也。按《吕刑》云：惟貌有稽。在獄定之後，則此五聽，亦在要辭定訖，恐其濫失，更以五聽觀之，以求民情也。附。三刺斷獄訟。《周禮・司刺》職云：掌三刺三宥之法，以贊司寇聽獄訟。一刺曰訊羣臣，再刺曰訊羣吏，三刺曰訊萬民。一宥曰不識，再宥曰過失，三宥曰遺忘。補。三宥聽獄訟。見上。兩造具備，師聽五辭。五辭簡孚，正于五刑。五刑不簡，正于五罰。五罰不服，正于五過。知法者省刑。《漢書・刑法志》云：古之知法者，能省刑。惟良折獄，哀敬折獄。片言折獄。察其情色。《魏志》胡質云：動不失情。察其要辭。明于單辭。非從惟從。惟察惟法。意論輕重之序，慎測淺深之量。附從輕，赦從重。罪疑惟輕。刑故無小。眚災肆赦，怙終賊刑。閱實其罪。意苟不惡，釋而無罪。董仲舒。意惡功，遂不免於誅。《漢・薛宣傳》不可曲生意。後漢郭躬云：　君王法天，刑不可以委曲生意。補。不假以喜怒。以怒增刑。

（宋）李昉等《太平御覽》卷六三五《刑法部・叙刑》　《尚書・舜典》曰：　象以典刑，象，法也。法用常刑，用不越法。流宥五刑，宥，寬也。以流放之法寬五刑。鞭作官刑，以鞭爲治官事之刑。朴則教刑，扑，夏楚也。不勤道業則撻之。金作贖刑，金，黄金。誤而入刑，出金以贖罪。眚災肆赦，怙終賊刑。眚，過也。災，害也。肆，緩也。賊，殺也。過而有害，當緩赦之。怙姦自終，當刑殺之。欽哉！欽哉！惟刑之恤哉。舜陳典刑之義，勑天下，使敬之，憂欲得中。

又《舜典》曰：帝曰：皋陶，蠻夷猾夏，寇賊姦宄。猾，亂也。夏，華夏。羣行攻刼曰寇，殺人曰賊，在外曰姦，在内曰宄。言無教之致。汝作士，五刑有服，士，治獄官也。五刑，墨、劓、剕、宫、大辟。服，從也。言刑得經重，中正之法也。五服三就，既從五刑，謂服罪也。行刑當就三處：大罪於原野，大夫於朝，士於市。五流有宅，五宅三居。謂不忍加刑則流放之，若四凶，則有五刑之流，各有所居。五居之差有三等之居，大罪四裔，次九州之外，次千里之外也。惟明克允。言皋陶能明信五刑，施之遠近，蠻夷猾夏，使咸信服，無敢犯之者。

又《大禹謨》曰：帝曰：皋陶，惟兹臣庶，罔或干予正。無有干我正，言順耳。汝作士，明于五刑，以弼五教，期于予治。弼，輔也。期，當也。歎其能以刑轉教，當於治體。刑期于無刑，民協于中，時乃功懋哉。雖或行刑，以殺止殺，終無犯者。刑期於無所刑，民皆合於大中之道，是汝之功。勉之。皋陶曰：帝德罔愆，臨下以簡，御衆以寬，罰弗及嗣，賞延于世，宥過無大，刑故無小，罪疑惟輕，功疑惟重，刑疑附輕，賞疑從重，忠厚之至。與其殺不辜，寧失不經。好生之德，洽于民心。兹用不犯于有司。辜，罪也。經，常也。司，主也。皋陶因帝勉己，遂稱帝之德，所以明民不犯上也，寧失不常之罪，不枉不辜之善，仁愛之道。

又《皋陶謨》曰：天討有罪，五刑五用哉。言天以五刑罰有罪，用五刑宜必當。

又《吕刑》曰：穆王訓夏贖刑，吕侯以穆王命，作書訓暢夏禹贖刑之法，更從輕矣，布告天下。作《吕刑》。《吕刑》後爲甫侯，故或稱《甫刑》。惟吕命，王享國百年，耄荒。言吕侯見命爲卿時，穆王以享國百年，耄亂荒忽。穆王即位過四十矣，言百年大期，雖老而能用賢以揚名。度作刑，以詰四方。度時世所宜，訓作贖刑，以治天下四方之民。

（清）顧炎武《日知録》卷三《小人所腓》　先王之用兵，服之而已，不期於多殺也。殺人之中又有禮焉，以此毒天下而民從之，不亦宜乎。

（清）顧炎武《日知録》卷五《木鐸》　金鐸所以令軍中，木鐸所以令國中，此先王仁義之用也。一器之微而剛柔别焉，其可以識治民之道也歟？

（清）顧炎武《日知録》卷一〇《州縣界域》　有王者作，謂宜遣使分按郡邑，圖寫地形，莫以山川，正以經界，地邑民居必參相得，庶乎獄訟衰而風俗淳矣。

（清）顧炎武《日知録》卷一三《除貪》　古之立法，意在惜人，況自列聖相承，溥天無事，人皆知禁刑，遂從輕。

（南朝宋）劉義慶《世説新語》卷二《政事》　王安期作東海郡，吏録一犯夜人來，王問何處來？云：從師家受書還，不覺日晚。王曰：鞭撻甯越以立威名，恐非致理之本，《吕氏春秋》曰：甯越者，中牟鄙人也。苦耕稼之勞，謂其友曰：何爲可以免此苦也？其友曰：莫如學也。學三十歲則可以達矣。甯越曰：請以十五歲。人將休吾不敢休，人將臥吾不敢臥，學十五歲而爲周威公之師也。使吏送令歸家。

又：丞相嘗夏月至石頭看庾公，庾公正料事，丞相云：暑，可小簡之。庾公曰：公之遺事，天下亦未以爲允。《殷羨言行》曰：王公薨後，庾冰代相，網密刑峻。羨時行，遇收捕者於途，慨然歎曰：丙吉問牛喘，似不爾。嘗從容謂冰曰：卿輩自是綱目不失，皆是小道小善耳。至如王公，故能行無理事。謝安石每歎詠此唱。庾赤玉曾問羨：王公治何似？詎是所長？羨曰：其餘令績，不復稱論。然三捉三治，三休三敗。

（漢）曹操《曹操集·文集》卷二《以高柔為理曹掾令》　夫治定之化，以禮爲首；撥亂之政，以刑為先。是以舜流四凶族，皋陶作士；漢祖除秦苛法，蕭何定律掾。清識平當，明于憲典，勉恤之哉！

（清）仇兆鰲《杜詩詳注》卷二四《進三大禮賦表》　至於易制取法，足以朝登五帝，夕宿三皇，信周武之多幸，存漢祖之自強。且近朝之濫吹，仍改卜乎祠堂，初降素車，終勤恤其後。

（宋）李覯《李覯集》卷二《禮論七篇·禮論第二》　出號令，立官府，制軍旅，聚食貨，號令所以明約束，官府所以正職掌，軍旅所以待不虞，食貨所以贍不足。是故爲之符璽節旄，以信號令；爲之掾屬胥徒，以備官府；爲之甲冑五兵，以成軍旅；爲之井田賦貢，以興食貨。爲之城郭溝池，所以限内外也；爲之度量權衡，所以平多少也；爲之書契版圖，所以窮變詐、備遺忘也；爲之囹犴桎梏，所以嚴推劾、禁姦逸也。官各有守，事各有程。先後有次，遲速有檢。以辨國之大事，以平天下之民，以躋至治。此禮之二支，政成矣。

（宋）岳飛《岳忠武王文集·御書屯田三事跋》　臣聞先正司馬光有言：德勝才，謂之君子；才勝德，謂之小人。論人者，能審於才德之分，則無失人矣。曹操募百姓屯田許下，所在積粟；諸葛亮分兵屯田，而百姓安堵；羊祜懷遠近，得江漢之心，亦以墾田獲利。若三子者，重本務農，使兵無艱食。其謀猷術略，皆不在人下，才有足稱者。然操酷虐變詐，擥申商之法術，雖號超世之傑，豈正直中和者所爲乎？許卲謂清平之奸賊，亂世之英雄。其德有貶云。亮，開誠心，布公道，邦域之内，畏而愛之。祜，增修德言，以懷柔初附，則德過於操遠矣。觀亮素志，欲龍驤虎視，包括四海，以興漢室，天不假以年，遽有渭南之恨。祜輔晉武，慨然有并吞之心，後平吴身不及見。二子有意于功名，而志弗克伸，惜哉！臣庸德薄才，誠不敢妄論古人。伏蒙陛下親灑宸翰，鋪述三子屯田足食之事，俯以賜臣，臣敢不策駑礪鈍，仰副聖意萬一。夫服田力穡，乃亦有秋，農夫職爾。用屯田以足兵食，誠不爲難。臣不揆願遲之歲月，敢以奉詔。要使忠信以進德，不爲君子之棄，則臣將勉其所不逮焉。若夫鞭撻四夷，尊強中國，扶宗社於再安，輔明天子，以享萬世無疆之休，臣竊有區區之志，不知得申歟否也。紹興十年，正月初一日，武勝定國軍節度使，開府儀同三司，湖北京西路宣撫使，兼營田大使，武昌郡開國公，食邑四千戸，實封一千七百戸，臣岳飛謹書。

（明）朱元璋《明太祖文集》卷二《詔·赦工役囚人》　奉天承運，皇帝制諭。爾故違憲章，官吏人民。曩者，命禮曹布令於天下：朕倣古制，以禮導人，後以律至諸司，是繩不循軌度者，斯乃行刑也。且刑，聖人不得已而用者，為良善弗寧故也。今朕一寰宇而兆民衆，如爾等官貪吏弊，民縱奸頑，詐良侮愚，若不律以條章，將必倣效者多，則世將何治爾？諸所犯若論以如律，人各盡本犯而後已。奈何工已久矣，構成樓閣以居大覺，金仙塔就而志公之神妥其下。因是將爾等罪無輕重，一槩宥之。於戲！君子非善，何以永世；志人非功，何以名書。釋迦志公，已逝數千百年猶能生。爾等衆其善，正之道志者，可無覺乎？故茲制諭。

（明）宋濂《宋學士全集》卷九《贈林經歷赴武昌都衛任序》　元潔前承後引，重徽疊照。新學小生，咸有所師法，非先王之言弗道，非先王之行弗行，人號之爲小鄒魯云。迄今垂三百年，流風遺俗，猶有存者。家談仁義而悦《詩》《書》，敻然非他郡所可及。君子之澤，何其深且長哉！今吾士衡固，艾軒諸孫也，其家學漸濡，不俟言矣。文行之謹敕，亦從可知矣。其治獄刑曹，用法寬恕，士君子復許之矣。今擢為戎府元僚，則其協比師率，輯和兵民，修治戎器，用戒不虞，此特其所優爲者爾。

（明）宋濂《宋學士全集》卷一〇《太白丈人傳》　丈人曰：道有

三。其上焉者，燮和乾坤，經緯星辰，樞機四時，輨轄五行，執天之德，以牖帝明，以達帝聰，然其自任以斯道之重，非人君北面而事之，不復輕出，出則必爲帝者師。若堯之君疇，舜之務成昭，禹之西王國是已。其次焉者，以六合爲一家，以四海爲翰蕃，以五獄爲封鎮，以元后爲父母，以臣鄰爲伯仲，以蒸庶爲赤子，煦以深仁，財以正義，防以峻禮，陶以至樂，威以嚴刑，式以庶政，治天下可運之掌上。然亦不輕於自試，必待王者致敬盡誠，而後起而佐之，否則樂耕漁以終其身。若成湯之伊尹，周之太公望是已。其下焉者，仿偟局束，呢訾栗斯，不遠千里，衒己求媚，君門如天，無路可陟，俯伏闕下，魄遁神疲，閽隸見訶，不敢出氣。此不自重。

（明）宋濂《宋學士全集》卷一二《恭題御製論語解二章後》　臣聞聖人之治天下，養之以政，而教之以道，民非養不生，非教不明，三代以降，未有兼之者也。

（明）王守仁《王文成公全書》卷二二《外集四・兩浙觀風詩序》

《兩浙觀風詩》者，浙之士夫爲僉憲陳公而作也。古者天子巡狩而至諸侯之國，則命太師陳詩，以觀民風。其後巡狩廢，而陳詩亡。春秋之時，列國之君大夫相與盟會問遺，猶各賦詩以言（已）〔己〕志而相祝頌。今觀風之作，蓋亦祝頌意也。王者之巡狩，不獨陳詩觀風而已。其始至方岳之下，則望秩於山川，朝見茲土之諸侯，同律曆禮樂制度衣服納價，以觀民之好惡，就見百年者而問得失，賞有功，罰有罪。蓋所以布王政而興治功，其事亦大矣哉！漢之直指循行，唐宋之觀察，廉訪、採訪之屬，及今之按察，雖皆謂之觀風，而其實代天子以行巡狩之事。故觀風，王者事也。

（明）歸有光《震川先生集》卷九《贈送序・送宋知縣序》　宋侯之爲崑山也，寬不廢法，威不病民，承弊壞之餘，稅辦而民以和。

《皇明經世文編》卷三九四王錫爵《王文肅集・定國論一政體疏》

奏爲恭陳泰交要務，以定國論，以一政體事。該臣病乞骸骨，伏蒙皇上特諭勉留，所有一念狗馬餘忠，謹蓄以待青蒲之對，至於國論政體所在，願與大小臣工，剖心滌慮，以共成蕩平正直之治者，請得頌言而陳之。臣幸得與諸臣立不諱之朝，事明聖之主，以至人無擇言，言無擇官，皆得揚眉吐氣，論天下事，豈非甚盛。雖然言太輕則浮，太煩則亂，太執則頗，太深則刻，就此甚盛中，亦不無大可憂者。臣之所憂，不爲臣，亦不為諸臣，獨念上下相信而後政事可脩，相重而後論說可入。今言不已而漸輕，輕不已而漸厭，使君父視外廷之論奏如賈豎之爭言，因一人而疑衆人，因一事而疑衆事，上下之際，無復相信相重之意，後雖有忠言讜論，亦將格而不入。此臣之憂也。古稱有對則爭興，爭興則黨立。雖聖明在宥，萬不至如前代之黨禍，然朝中議論已分兩岐，恐因水火之爭，致成左右之袒。此以彼爲邪，彼以此爲邪，使天下之士，智力殫於相伺，名望損於相詆。即使一彼一此，一勝一負，朝廷亦止得一半人才之用。若始於兩持，終於兩敗，不但人才盡壞，亦且國體大傷。此臣之憂也。上有所處分，而下未必服，則其勢必爭。下有所爭執，而上未必亮，則其勢必處。處之而仍不服，爭之而彌不亮，則處者益處，爭者益爭。下以忤上爲高，上以反汗爲恥，上下相激，何事不有。譬之水然，波方起，而擊之以石，則其躍彌高。譬之石然，方出於火，而即沃之以水，則其壞彌速。此又臣之憂也。大抵數年議論，始於相矯，成於相激。事未必平，是以有激，激之一字，即爲不平，彼即不平，此復相矯，前弊雖矯，後議復生。議數更而難窮，法數更而難守，事數更而難睹其效，人數更而難課其成。政事不脩，紀綱不振，皆始於此。今習尚已成，極重難反，既不當激之過顙，又不當峻若防川，則莫若導之使言，而總之使一。竊謂題覆宜慎，聽納宜公，甄別宜先，勘核宜審。向者皇上嘗嚴出位之禁矣，臣以爲此不必禁也。古人所患於盈庭者，第以莫執其咎耳。如使言有歸着，事有總萃，則雖盈庭，何害？臣請一切章奏，悉下部議，是曰是，非曰非，可行即行，當止即止。以言責事，以事責功，卓有執持，毫不假借，使天下議論總條貫而歸六部。六部題覆，別白黑而定一尊，嘉言用之足爲益，而妄言置之不爲損，則在廷議論，更患其少耳？所謂題覆宜慎者此也。孔子曰：君子不以言舉人，不以人廢言。兩者低昂之間，實相爲用。乃臣見近來聽言之弊，往往不問其所言之事，而先揣其所以言之心。故上之視言愈賤，則下之挾言愈貴。其究也，上不勝下，賤不勝貴，而聽言與用人，卒兩不得其平。臣以爲鄉有鄉評，官有官箴，使其人不肖，朝廷原自有黜陟之權，而何必於聽納之時，逆意深求如此。自今請一斷於孔子之說，就言論言，不主必賤，就人論人，不主必貴。使士絶踰涯之望，則無所爲而言自公，朝開翕受之途，則無所激而氣自平。所謂聽納宜公者此也。天下之人品不齊，迹同心異，言同行異者，誠不可不辨。然必先用其賢，而徐簡其不賢，亟暴其長，而薄責其所短。然後衆心愧服，物論自平。乃臣又見近來淹棄諸臣之中，葢有素心馴行，卓然流俗之外者。而或屢推未報，或一斥不復，朝廷既不盡得真才之用，而天下且得借爲議論之端。此所謂推波助瀾，澄之愈濁。不若盡捐前忤，以次特表用之。庶幾舉直而枉自錯，忘我而人自安。所謂甄别宜先者此也。朝廷用舍，多憑舉劾，任己則耳目不廣，任衆則毁譽易淆。比年以來，幾於朝無完人，人無完行。言者以爲必有，辨者以爲必無。當事者不復窮詰有無，但爲調停量處。若其事果虚，則是近在輦轂，猶有不白之冤。若其事果實，則既聞於朝廷，豈有不行之法。近時法紀縱弛，勸懲不立，人才缺乏，推用不敷，弊率由此。請諭廷臣，以後論人者，須的列年月，明指左驗，下部查勘，務求確實。實者理法自甘，虚者心迹自白。被言者虚實既定，言之者是非自明。所謂勘核宜審者此也。凡此皆所以導之使言，而總之使一。以至臣所以自處處人者，亦敢聞於皇上，而併以告天下，以與士大夫更始。夫威福還朝廷，政事還六部，此先臣徐階之言，而臣夙所服膺者也。然部臣之題覆，閣臣之票擬，皆共此一事耳。所事一君，所理一事，豈得自分彼此。唐介有言，身在政府，而事不預聞，即上有所問，何以爲對。臣既謬在此地，一切政務，豈得全不與知。然事各有主者，亦非臣所敢自擅。大興革，大利病，當亦不妨商確。就臣所見，未必盡是。各部院条酌事理題奏，不必盡以狗臣。就部院所見聞有未是，臣条酌事理，請旨裁决，亦不必盡狗各部院。事有可否，事過即休。言有同異，言過即休，總之期於至公至當，共濟國事而已。史稱諸葛亮爲相，集衆思，廣忠益，布所失於天下，謂僚屬曰：諸君能攻亮之過，則事可立也。臣雖不敏，請事斯語。自今以往，敢謂無過，如其有過，便當與天下明白見之，與天下明白改之。人以平心易氣言之，臣以平心易氣受之。臣素有淺中狷狹之名，未必一旦化而爲雅量。顧今事任及身，茹荼如苦。竊以爲朝廷所與共理天下國家者，大臣及百執事耳。心須耳目，耳目須手足。今手足仇耳目，耳目又仇心，心與耳目手足相仇，而身受其病。臣誠不忍以臣等之争，而使病移於天下國家，又誠不忍以天下國家之事，爲臣等私事。而使扶持國體，調燮人情之勢，反盡委之君父。且天下有真是有真非，是中有非，非中有是，不講自明，愈講愈不明，不爭自定，愈爭愈不定。故臣願先自處於不講不爭之地，以成大臣小臣比肩事主之忠。事理之亂，當責之於臣，臣之得失，當付之天下。已有未當，即當舍己以從人，人有未確，不妨舍人而從理。此外曉曉，苟非有大撓時政，大惑人心者，請一切以諸葛亮之言處之。此臣所以報國家，而忠皇上之職分也。抑臣又自惟臣等，以二三寒士叅預政務，惟藉皇上之知遇，故其體隆；藉皇上之明斷，故其事舉。譬之星然，依天而高，依日月而明，當其上列，則有光芒，及其下隕，與石無異。若使宫禁隔於邃嚴，威顔違於咫尺，雖鈐閣之下，即同外臣，有何機略而能康濟，有何倚恃而敢主持。且君臣相隔，上下不交，伏禍隱憂，難以言悉。即皇上神聖獨斷，群下莫敢窺。然以此爲法，後世必有受其弊者。天下見臣等備員輔弼之司，而終歲不一蒙接遇，則安得不輕？宫府隔絶，而茫然不知事之所出，則安得不疑？喜怒有時而不測，則乘不測而疑，章奏有時而不報，則乘不報而疑。閣臣處見輕見疑之勢，日凛凛救過不給，安能展布四體，以佐聖政萬分一哉？伏望皇上，勤批答，以明聖斷，平喜怒，以調群情，時御朝講，以圖政理，而决壅蔽。臣等亦得依末光，奉隆旨，以盡欵欵之愚忠。若猶政事不修，朝廷不治，則治臣之罪，以彰其慢。惟皇上一加意於臣言，臣於前月中已進有召見一揭，方屏息俟報，而特恐倉皇造膝之頃，不能盡所欲言，是用竊取《周易》泰交之義，略陳要務如此。蓋主與臣交，大臣與小臣交，當事者與言事者交，皆所與共成泰道，以定國論以一政體者也。臣不勝悚息願望之至，初九日奉聖旨。覽卿奏，知卿爲國忠耿，持論公平，大有關於時務政體，係朕躬的。朕已知道了。其餘該部院悉心確議，着實舉行，以成蕩平之治。

《聖祖仁皇帝御製文集·第一集》卷四《勅諭·諭吏部等衙門》 國家致治，首在崇尚寬大，愛惜人才。俾事例簡明，易於遵守，處分允當，不至煩苛，乃符明作惇大之治。向來各部衙門，俱定有處分，條例已經頒行，但其中款項太多，過於繁密，以致奉行者或以膠執為守法，或以苛察為詳明，或例所未載援引比附，輕重失宜，徒據成規，罔原情理，大小各官，稍有過誤，動觸文網，雖具才能，弗獲展布，深為可惜。著該部各衙門，將見行處分條例，重加訂正，斟酌情法，删繁從簡，應留逐一分別，詳議具奏。

《世宗憲皇帝御製文集》卷五《論·朋黨論》　朕惟天尊地卑，而君臣之分定。為人臣者，義當惟知有君。惟知有君，則其情固，結不可解，而能與君同好惡，夫是之謂一德一心，而上下交。乃有心懷二三，不能與君同好惡，以至於上下之情睽，而尊卑之分逆，則皆朋黨之習，為之害也。夫人君之好惡，惟求其至公而已矣。凡用舍進退，孰不以其為賢而進之，以其為不賢而退之，惟或恐其所見之未盡當也，故虛其心以博稽衆論。然必衆論盡歸於至正，而人君從之，方合於大公。若朋黨之徒，挾偏私以惑主聽，而人君或誤用之，則是以至公之心反成其為至私之事矣。孟子論國君之進賢退不肖，既合左右、諸大夫、國人之論，而必加察焉，以親見其賢否之實。《洪範》稽疑以謀及乃心者，求卿士、庶民之從，而皇極敷言，必戒其好惡偏黨，以歸於王道之蕩平正直。若是乎，人君之不自用而必欲盡化天下之偏私，以成大同也。人臣乃敢溺私心，樹朋黨，各徇其好惡以為是非，至使人君懲偏聽之生奸，謂反不如獨見之公也。朋黨之罪可勝誅乎。

（清）方苞《方苞集》卷一《讀經·讀孟子》　余讀《儀禮》，嘗以謂雖周公，生秦、漢以後，用此必有變通；及觀《孟子》，乃益信爲誠然。孟子之言養民也，曰制田里，教樹畜而已；其教民則謹庠序之教，申之以孝弟之義，凡昔之聖人所爲深微詳密者無及焉。豈不知其美善哉，誠勢有所不暇也。然由其道層累而精之，則終亦可以至焉。

其言性也亦然，所謂踐形養氣，事天立命，間一及之；而數舉以示人者，則無放其良心以自異於禽獸而已。既揭五性，復開以四端，使知其實不越乎事親從兄，而擴而充之，則自無欲害人、無爲穿窬之心始。蓋其憂世者深，而拯其陷溺也迫，皆昔之聖人所未發之覆也。

嗚呼！周公之治教備矣，然非因唐、虞、夏、殷之禮俗層累而精之，不能用也；而孟子之言，則更亂世，承污俗，旋舉而立有效焉。有宋諸儒之興，所以治其心性者，信微且密矣，然非士君子莫能喻也；而孟子之言，則雖婦人小子，一旦反之於心而可信爲誠然。然則自事其心與治天下國家者，一以孟子之言爲始事可也。

（清）戴震《戴東原集》卷一《匠人溝洫之法考》　水強侵敗，隤高就下，治之難易，澮十倍洫。先王不使出賦稅之民，治洫與澮，而爲法令民治洫澮者，當其賦稅。故農政水利之大，皆君任之，非責之民。及其失也，竭民之力，畢以供上。於是洫澮不治，井田所繇廢也。中原膏土，雨爲沮洳，水無所泄；暘爲枯塵，水無所留，地不生毛，賦減民窮，上下交病矣。

《皇朝經世文統編》卷四三《內政部十七·刑律》無名撰《經訓》　《易》先王以明罰勑法。《書·吕刑》輕重諸罰有權。惟一人之輕重。刑罰世輕世重，權一世之輕重。惟齊非齊，法之權也。有倫有要。法之經也。又明啓刑書胥占，庶咸中正。胥占與衆占度也。

（清）梁啓超《飲冰室合集·文集》卷一五《中國法理學發達史論》　諸家之説，皆謂法制者，由先聖先王之救濟社會之一目的而創造之。語其實際，則此創造法制之人，即形成國家時最初之首長也。而此首長，以何因緣而得有爲首長之資格，諸家所論，微有不同。墨子言選天下賢可者，立以爲天子，是謂最初之首長，由選舉而來。然法制未立以前，何從得正確之選舉？是不可免空華之理想也。儒家皆言天生民而立之君，又曰亶聰明作元后，是謂由天所命。然茲義茫漠，不足以爲事實也。荀子亦儒家，而所言稍趨於實，謂必功名成然後羣衆懸，必知者得治然後功名成。蓋當社會之結合稍進，則對內對外之事件日賾，其間必藉有智術者或有膂力者，內之以維持社會之秩序，外之以保障社會之安寧，於是全社會之人德之，而其功名成焉。寖假其人及其輔翼者，遂獨占優勢於社會，此君主貴族所由起也。故曰羣衆懸而君臣立矣。

管子言智者假衆力以禁強暴，其説明社會形成國家之現象，尤爲盛水不漏。夫雖有智者，苟非假衆力而國無由成。蓋國家爲人類心理之集合體，苟其人民無欲建國之動機，則國終不可得建也。而又非如《民約論》者流，謂國純由民衆建也。雖有衆力，苟無假之以行最高權者，則國亦無由成。兩相待而國立焉，制定焉。管子此語，今世歐西鴻哲論國家起原者，無以易之也。

又管子所謂上下設民生體，所謂民體以爲國，實最古之團體説也。房注：謂上下既設則生貴賤之禮，貴賤成禮，方乃爲國。以禮釋體，實曲解也。民禮以爲國，豈復成文義耶？管子又云：先王善與民爲一類，與民爲一體，則是以國守國，以兵守民也。《君臣篇》上正可與此文相發明。故管子實國家團體説之祖也。蓋上之對下，即全部對一部之意也，即拓都對么匿之意也。上下既設而肢官各守其機能，如一體然。而此人民結集之一體，則謂之國家也。商君《開塞篇》之論，言國家發生成長之次第，尤爲博深切明。蓋由家族進爲社會，由社會進爲國家，由愛治進爲禮治，由禮治進為法治。其所經過之階級，實應如是也。其所論親親、上賢、貴貴之三時代，亦與歷史相脗合。其上賢之一時代，即由圖騰社會形成國家之過渡也。而所謂賢者，謂智力優秀於其儔者也，蓋雖在未成國家以前，而社會上優秀者之地位已漸顯，即所謂上賢時代也。及優秀者之地位被確認，則所謂貴貴時代也。商君言制之興，在未立君以前。夫在原始社會，其未立君者，即其未形成國家者也。謂未形成國家而先有法制，似不衷於理論。雖然，未有國家以前，夫既有社會之制裁力。商君所謂制者，蓋指此也。故別前者謂之制，而後者謂之禁。制者相互的，而禁者命令的也。故禁也者，即國家之強制組織也。而禁之與官，官之與君同時並起，非謂先有禁而後有官，先有官而後有君。精讀原文，自不至以辭害意焉矣。

小野塚博士者，日本第一流之學者也。今引其言以證管商二子之説。其言曰：原人最始爲徽章（國騰）社會。而此種社會，由家族團體時期，漸進於地域團體時期。（中略）當其未形成國家以前，亦固思所以調和衝突，維持内部之平和。其間自有規律之發生，略約束其分子。但此規律，無組織的強制力之後援，苦失諸微弱，洎夫内部之膨脹日增，對外之競爭日劇，於是社會之組織，分科變更，而強制的法規起焉。強制法規既具，不可無統一之之機關。羣中之優秀者，則膺其任而執行之。始猶不過暫置，既而内外之形勢繼續，而機關遂不得不繼續，而所謂優秀者，遂得繼續以保其優勢之地位。故原始國家與君主國體，常有密接之關係，非偶然也。《政治學大綱》上卷，一四五至一五〇葉。此與商君之言，抑何相類之甚耶。而其所謂優秀者，亦即管子所謂假衆力以禁強暴之智者也。荀、墨兩家，僅言禮言義言分，是所重者，仍在社會之制裁力也，混道德與法律爲一也。所謂禮治主義、德治主義也。管、商皆言禁，則含有強制組織之意義，而法治主義之形乃具矣。此法家之所以獨能以法名其家也。

《漢書·刑法志》夫人宵天地之貌。（顔注云：宵義與肖同，貌古貌字）懷五常之性，聰明精粹，有生之最靈者也。爪牙不足以供耆欲，趨走不足以避利害，無毛羽以禦寒暑，必將役物以爲養，任智而不恃力。此其所以爲貴也。故不仁愛則不能羣，不能羣則不勝物，不勝物則養不足。羣而不足，爭心將作，上聖卓然先行敬讓博愛之德者，衆心説而從之，從之成羣，是爲君矣，歸而往之，是爲王矣。《洪範》曰：天子作民父母，以爲天下王。聖人取類正名，而謂君爲父母，明仁愛德讓，王道之本也。愛待敬而不敗，德須威而久立。故制禮以崇敬，作刑以明威也。聖人既躬明悊之性，必通天地之心。制禮作教，立法設刑，動緣民情，而則天象地。此文言法制起原，兼採儒墨法諸家之説而貫通之。明社會制裁力，與國家強制組織，本爲一物。禮治與法治，異用而同體，異流而同源，且相須爲用，莫可偏廢。此誠深明體要之言也。讀此而我國人關於法之起因之觀念，可以大明。

明法分部

論説

《周易正義·師》䷆坎下坤上。師：貞，丈人吉，无咎。【略】

初六：師出以律，否臧凶。爲師之始，齊師者也。齊衆以律，失律則散。故師出以律，律不可失。失律而臧，何異於否？失令有功，法所不赦。故師出不以律，否臧皆凶。疏：初六師出至否臧凶。正義曰：初六師出以律者，律，法也。初六爲師之始，是整齊師衆者也。既齊整師衆，使師出之時，當須以其法制整齊之，故云師出以律也。否臧凶者，若其失律行師，无問否之與臧，皆爲凶也。否謂破敗，臧謂有功。然否爲破敗，即是凶也，何須更云否臧凶者，本意所明，雖臧亦凶。臧文既單，故以否配之，欲盛言臧凶，不可單言，故云否之與臧，皆爲凶也。注：爲師之始至否臧皆凶。正義曰：爲師之始，齊師者也者，以師之初爻，故云爲師之始。在師之首，先唱發始，是齊整師衆者也。失律而臧，何異於否者，若棄失法律，不奉法而行，雖有功而臧，何異於否也？失令有功，法所不赦者，解何異於否之義。令則法律也。若失此法令，雖有功勞，軍法所不容赦，故云何異於否。然閫外之事，將軍所載，臨事制宜，不必皆依君命，何得有功法所不赦者：凡爲師之體，理非一端，量事制宜，隨時進退，此則將軍所制，隨時施行。若苟順私情，故違君命，犯律觸法，則事不可赦耳。《象》曰：師出以律，失律凶也。疏：正義曰：失律凶者，釋師出以律之義。言所以必須以律者，以其失律則凶。反經之文，以明經義。

《周易正義・蠱》䷑巽下艮上。蠱：元亨，利涉大川。先甲三日，後甲三日。疏：蠱元亨至後甲三日。正義曰：蠱者事也。有事營爲，則大得亨通。有爲之時，利在拯難，故利涉大川也。先甲三日，後甲三日者，甲者創制之令，既在有爲之時，不可因仍舊令。今用創制之令以治於人，人若犯者，未可即加刑罰，以民未習，故先此宣令之前三日，殷勤而語之，又如此宣令之後三日，更丁寧而語之，其人不從，乃加刑罰也。其褚氏、何氏、周氏等並同鄭義，以爲甲者造作新令之日，甲前三日，取改過自新，故用辛也。甲後三日，取丁寧之義，故用丁也。今案輔嗣注，甲者，創制之令，不云創制之日。又《巽卦》九五先庚三日，後庚三日，輔嗣注：申命令謂之庚。輔嗣又云：甲、庚皆申命之謂。則輔嗣不以甲爲創制之日，則諸儒不顧嗣注旨，妄作異端，非也。

《象》曰：蠱，剛上而柔下，上剛可以斷制，下柔可以施令。巽而止。蠱。既巽又止，不競爭也。有事而无競爭之患，故可以有爲也。疏：象曰至止蠱。正義曰：剛上而柔下，巽而止蠱者，此釋蠱卦之名，並明稱蠱之義也。以上剛能制斷，下柔能施令，巽順止靜，故可以有爲也。褚氏云：蠱者惑也。物既惑亂，終致損壞，當須有事也，有爲治理也。故《序卦》云：蠱者事也。謂物蠱必有事，非謂訓蠱爲事義當然也。蠱，元亨而天下治也。有爲而大亨，非天下治而何也？疏：正義曰：釋元亨之義。以有爲而得元亨，是天下治理也。利涉大川，往有事也。先甲三日，後甲三日，終則有始，天行也。蠱者有事而待能之時也。可以有爲，其在此時矣。物已説隨，則待夫作制以定其事也。進德修業，往則亨矣。故元亨，利涉大川也。甲者，創制之令也。創制不可責之以舊，故先之三日，後之三日，使令洽而後乃誅也。因事申令，終則復始，若天之行用四時也。疏：正義曰：利涉大川，往有事也者，釋利涉大川也。蠱者有爲之時，拔拯危難，往當有事，故利涉大川。此則假外象以喻危難也。先甲三日，後甲三日，終則有始天行者，釋先甲三日，後甲三日之義也。民之犯令，告之已終，更復從始，告之殷勤不已，若天之行，四時既終，更復從春爲始，象天之行，故云天行也。注：蠱者至四時也。正義曰：蠱者有事待能之時者，物既蠱壞，須有事營爲，所作之事，非賢能不可。故經云幹父之蠱，幹則能也。甲者創制之令者。甲爲十日之首，創造之令爲在後諸令之首，故以創造之令謂之爲甲。故漢時謂令之重者謂之甲令，則此義也。創制不可責之以舊者，以人有犯令而致罪者，不可責之舊法，有犯則刑。故須先後三日，殷勤語之，使曉知新令，而後乃專誅，謂兼通責讓之罪，非尊謂誅殺也。

（清）孫星衍《周易集解・噬嗑》《象》曰：雷電，噬嗑。解：宋衷曰：雷動而威，電動而明，二者合而其道彰也。用刑之道，威明相兼。若威而不明，恐致淫濫；明而无威，不能伏物，故須雷電並合而噬嗑備。先王以明罰勑法。

【略】解：侯果曰：雷所以動物，電所以照物。雷電震照，則萬物不能懷邪，故先王則之。明罰勑法，以示萬物，欲萬方一心也。

（宋）李衡《周易義海撮要・賁》《象》曰：山下有火，賁；君子以明庶政，無敢折獄。處賁之時，止物以文明，不可以威刑。注。庶政失而至於獄訟，必也使無訟乎。牧。獄訟至幽隱，有剛明之德，則可賁之象，其明不遠，故聖人戒之。胡。諸卦有離象者，多以刑獄言之，此象文明化治之卦。聖人戒之，恐人惑也。代。居上而峻且明，則下病於太察，當先照其本原。孫坦。

（宋）司馬光《温公易説・明夷》《象》曰：初登于天，照四國也；後入于地，失則也。上六之象，其言失則，何？國家之所以立者，法也。故為工者，規矩繩墨不可去也；為國者，禮樂法度不可失也。度差而機失，綱絶而網紊，紀散而絲亂，法壞則國家從之。嗚呼！為人君者，可不慎哉。魯有慶父之難，齊桓公使仲孫湫視之，曰：魯可取乎？對曰：不可，猶秉《周禮》，《周禮》所以本也。然則法之于國，豈不重哉？

《周易正義・夬》䷪乾下兑上。夬：揚于王庭，孚號有厲。告自邑，不利即戎。利有攸往。夬與剝反者也。剝以柔變剛，至於剛幾盡。夬以剛決柔，如剝之消剛。剛隕則君子道消，柔消則小人道隕。君子道消，則剛正之德不可得直道而用，刑罰之威不可得坦然而行。揚于王庭，其道公也。疏：夬揚于王庭至利有攸往。正義曰：夬，决也。此陰消陽息之卦也。陽長至五，五陽共決一陰，故名爲夬也。揚于王庭者，明行決斷之法，夬以剛決柔，施之於人，則是君子決小人也。王庭是百官所在之處，以君子決小人，故可以顯然發揚決斷之事于王者之庭，示公正而无私隱也，故曰揚于王庭也。孚號有厲者，號，號令也。行決之法，先須號令。夬以剛決柔，則是用明信之法而宣其號令，如此即柔邪者危，故曰孚號有厲也。以剛制斷，行令於邑可也。若用剛即戎，尚力取勝，爲物所疾，以此用師，必有不利，故曰告自邑，不利即戎。雖不利即戎，然剛德不長，則柔邪不消。故陽爻宜有所往，夬道乃成，故曰利有攸往也。

《象》曰：夬，決也，剛決柔也。健而説，決而和。健而説，則決而和矣。疏：象曰至決而和。正義曰：夬，決也。剛決柔者，此就爻釋卦名也。健而説，決而和者，此就二體之義，明決而能和。乾健而兑説，健則能決，説則能和，故曰決而和也。揚于王庭，柔乘五剛也。剛德齊長，柔爲逆，衆所同誅，而无忌者也，故可揚于王庭。疏：正義曰：此因一陰而居五陽之上，釋行決之法。以剛德齊長，一柔爲逆，衆所同誅，誅而无忌也，故曰揚于王庭。言所以得顯然揚于王庭者，只謂柔乘五剛也。孚號有厲，其危乃光也。剛正明信以宣其令，剛柔邪者危，故曰其危乃光也。疏：正義曰：以明信而宣號令，即柔邪者危厲，危厲之理，分明可見，故曰其危乃光也。告自邑，不利即戎，所尚乃窮也。以剛斷制，告令可也。告自邑，謂行令於邑也。用剛即戎，尚力取勝也。尚力取勝，物所同疾也。疏：正義曰：剛克之道，不可常行。若專用威猛，以此即戎，則便爲尚力取勝，即是決而不和，其道窮矣。行決所以惟告自邑，不利即戎者，只謂所尚乃窮故也。利有攸往，剛長乃終也。剛德愈長，柔邪愈消，故利有攸往，道乃成也。疏：正義曰：終成也，剛長柔消，夬道乃成也。

《象》曰：澤上于天，夬。君子以施禄及下，居德則忌。澤上於天，夬之象也。澤上於天，必來下潤，施禄及下之義也。夬者，明法而決斷之象也。忌，止也。法明斷嚴，不可以慢，故居德以明禁也。施而能嚴，嚴而能施，健而能説，決而能和，美之道也。疏：《象》曰至居德則忌。正義曰：澤上于天，夬者，澤性潤下，雖復澤上于天，決來下潤，此事必然，故是夬之象也。君子以施禄及下，居德則忌者，忌，禁也。決有二義，《象》則澤來潤下，《象》則明法決斷，所以君子法此夬義。威惠兼施，雖復施禄及下，其在身居德，復須明其禁令，合於健而能説，決而能和，故曰君子以施禄及下，居德則忌也。

（宋）李衡《周易義海撮要・夬》《象》曰：澤上于天，夬。君子以施禄及下，居德則忌。澤上於天，必來下潤。施禄及下之義，忌，禁也。法明斷嚴，不可以慢，故居德以明禁也。注。若以德惠自居，不能及物，君子所忌惡也。石。以夬施禄，則果於養賢；以夬居德，則果於自用，衆之所惡。介。夬決之世，君必先以仁義之德，自居於身，然後可以明禁忌以示天下。則當作明字。胡。

《周易正義・姤》姤。【略】《象》曰：天下有風，姤。后以施命誥四方。疏：正義曰：風行天下，則无物不遇，故爲遇象。后以施命誥四方者，風行草偃，天之威令，故人君法此，以施教命，誥於四方也。

《周易正義・巽》巽。【略】九五：貞吉，悔亡，无不利。无初有終。先庚三日，後庚三日，吉。以陽居陽，損于謙巽。然秉乎中正以宣其令，物莫之違，故曰貞吉，悔亡，无不利也。化不以漸，卒以剛直用加於物，故初皆不説也。終於中正，邪道以消，故有終也。申命令謂之庚。夫以正齊物，不可卒也；民迷固久，直不可肆也，故先申三日，令著之後，復申三日，然後誅而无咎怨矣。甲、庚，皆申命之謂也。疏：正義曰：九五以陽居陽，違於謙巽，是悔也。然執乎中正，以宣其令，物莫之違，是由貞正獲吉，故得悔亡而无不利，故曰貞吉，悔亡，无不利也。无初有終者，若卒用剛直，化不以漸，物皆不説，故曰无初也。終於中正，物服其化，故曰有終也。先庚三日，後庚三日，吉者，申命令謂之庚，民迷固久，申不可卒，故先申之三日，令著之後，復申之三日，然後誅之，民服其罪，无怨而獲吉矣，故曰先庚三日，後庚三日，吉也。《象》曰：九五之吉，位正中也。疏：正義曰：位正中者，若不以九居五位，則不能以中正齊物，物之不齊，无由致吉，致吉是由九居五位，故舉爻位言之。

《周易正義・節》節。【略】初九：不出戶庭，无咎。爲節之初，將整離散而立制度者也，故明於通塞，慮於險僞，不出戶庭，慎密不失，然後事濟而无咎也。疏：初九至无咎。正義曰：初九處節之初，將立制度，宜其慎密，不出戶庭，若不慎而泄，則民情姦險，應之以僞，故慎密不失，然後事濟而无咎。故曰不出戶庭，无咎。注將整離散而立制度者也。正義曰：《序卦》云：物不可以終離，故受之以節。此卦承《涣》之後，初九居節之初，故曰將整離散而立法度也。《象》曰：不出戶庭，知通塞也。疏：正義曰：知通塞者，識時通塞，所以不出也。

九二：不出門庭，凶。初已造之，至二宜宣其制矣，而故匿之，失時之極，則遂廢矣。故不出門庭，則凶也。疏：正義曰：初已制法，至二宜宣。若猶匿之，則失時之極，可施之事，則遂廢矣。不出門庭，所以致凶，故曰不出門庭，凶。《象》曰：不出門庭，凶，失時極也。疏：正義曰：失時極者，極，中也。應出不出，失時之中，所以爲凶。

（清）惠棟《周易述・象上》雷電，噬嗑。先王以明罰飭法。注：雷電，噬嗑，威而明也。先王謂乾上，离爲明，坎爲罰，爲法。飭，正也。上之三折獄，故以明罰飭法。疏：雷爲威，電為明。雷電合而章，是威而明也。上本乾也，乾爲先，爲王，故先王謂乾上。體離，互坎，故離爲明，坎爲罰，爲法。飭古敕字，古又作飾。《雜卦》曰：蠱則飾也。高誘《吕氏春秋注》云：飾讀爲敕，敕，正也。王弼從俗作敕，非也。上之三得正，而折四獄，故以明罰飭法也。

（宋）蔡沈《書經集傳・商書・盤庚上》盤庚斆于民：由乃在位，以常舊服，正法度。曰：無或敢伏小人之攸箴！王命衆悉至于庭。斆，胡教反。斆，教。服，事。箴，規也。耿地潟鹵墊隘，而有沃饒之利，故小民苦於蕩析離居，而巨室則總于貨寶。惟不利於小民，而利於巨室，故巨室不悦。而胥動浮言，小民眩於利害，亦相與咨怨。間有能審利害之實而欲遷者，則又往往爲在位者之所排擊阻難，不能自達於上。盤庚知其然，故其教民必自在位始。而其所以教在位者，亦非作爲一切之法以整齊之。惟舉先王舊常遷都之事，以正其法度而已。然所以正法度者，亦非有他焉，惟曰使在位之臣無或敢伏小人之所箴規焉耳。蓋以民患潟鹵墊隘，有欲遷而以言箴規其上者，汝毋得遏絶，而使不得自達也。衆者，臣民咸在也。史氏將述下文盤庚之訓語，故先發此。

（宋）蔡沈《書經集傳・商書・説命上》 王宅憂，亮陰三祀。既免喪，其惟弗言。羣臣咸諫于王曰：嗚呼！知之曰明哲，明哲實作則。天子惟君萬邦，百官承式。王言惟作命；不言，臣下罔攸稟令。注：亮，龍張反。陰，烏含反。亮，亦作諒。陰，古作闇。按喪服四制，高宗諒陰三年。鄭氏註云：諒，古作梁。楣謂之梁，闇讀如鶉鵪之鵪。闇謂廬也，即倚廬之廬。《儀禮》：翦屏柱楣。鄭氏謂柱楣，所謂梁闇是也。宅憂亮陰，言宅憂於梁闇也。先儒以亮陰爲信默不言，則於諒陰三年不言，爲語復而不可解矣。君薨，百官總，已聽於冢宰，居憂亮陰不言，禮之常也。高宗喪父小乙，惟既免喪，而猶弗言。羣臣以其過於禮也，故咸諫之。歎息言有先知之德者，謂之明哲，明哲實爲法於天下。今天子君臨萬邦，百官皆奉承法令，王言則爲命，不言則臣下無所稟令矣。

（宋）蔡沈《書經集傳・周書・多士》 惟爾知，惟殷先人，有册有典，殷革夏命。卽其舊聞以開諭之也。殷之先世有册書、典籍，載殷改夏命之事，正如是耳，爾何獨疑於今乎？

（宋）蔡沈《書經集傳・周書・無逸》 此厥不聽，人乃訓之，乃變亂先王之正刑，至于小大。民否則厥心違怨，否則厥口詛祝。否，俯久反。詛，莊助反。祝音呪。正刑，正法也。言成王於上文，古人胥訓，告保惠教誨之事，而不聽信，則人乃法則之。君臣上下，師師非度，必變亂先王之正法。無小無大，莫不盡取而紛更之。蓋先王之法，甚便於民，甚不便於縱侈之君。如省刑罰以重民命，民之所便也；而君之殘酷者，則必變亂之。如薄賦斂以厚民生，民之所便也；而君之貪侈者，則必變亂之。厥心違怨者，怨之蓄于中也。厥口詛祝者，怨之形于外也。爲人上，而使民心口交怨，其國不危者，未之有也。此蓋治亂存亡之機，故周公懔懔言之。

（宋）蔡沈《書經集傳・周書・蔡仲之命》 率自中，無作聰明亂舊章。詳乃視聽，罔以側言改厥度，則予一人汝嘉。率，循也。無毋同。詳，審也。中者，心之理，而無過不及之差者也。舊章者，先王之成法。厥度者，吾身之法度，皆中之所出者。作聰明，則喜怒好惡，皆出於私而非中矣，其能不亂先王之舊章乎？戒其本於己者然也。側言，一偏之言也。視聽不審，惑於一偏之説，則非中矣。其能不改吾身之法度乎？戒其狥於人者然也。仲能戒是，則我一人汝嘉矣。吕氏曰：作聰明者，非天之聰明，特沾沾小智耳。作與不作，而天人判焉。

（清）牟庭《同文尚書・周書・甫刑之命》 惟甫命。王享國百年，耄荒，度作刑，以詰四方。**【略】**

惟時甫侯有命。在穆王享國之百年，壽踰百歲有餘，耆老耄矣。勤恤民隱如恐不及，於是荒茫謀度作爲刑書，以詰四方諸侯與典獄之官。

《周禮注疏・天官・大宰》 大宰之職**【略】**正月之吉，始和布治于邦國都鄙，乃縣治象之灋于象魏，使萬民觀治象，挾日而斂之。正月，周之正月。吉謂朔日。大宰以正月朔日，布王治之事於天下，至正歲，又書而縣于象魏，振木鐸以徇之，使萬民觀焉。小宰亦帥其屬而往，皆所以重治法、新王事也。凡治有故，言始和者，若改造云爾。鄭司農云：象魏，闕也。故魯災，季桓子御公立于象魏之外，命藏象魏，曰舊章不可忘。從甲至甲謂之挾日，凡十日。縣，音玄，注同。挾，子協反，字又作浹，同。于本作帀，子合反。鐸，待洛反。徇，辭俊反。疏：正月至斂之。釋曰：自此已下，皆謂施前事條。謂建子，周之正月言之。吉，謂朔日也。始調和上六典八法已下之事，和訖，當月即頒布此治職文書于諸侯邦國、卿大夫都鄙。言乃縣者，乃，緩辭。至建寅之正月，乃縣治象之法于雉門象魏，使萬民共觀治象。挾日者，從甲至甲，凡十日，斂藏之于明堂，於後月月受而行之，謂之告朔也。注：正月至十日。釋曰：知正月是周之正月者，下文乃縣是建寅，明上云正月是周正月。知吉是朔日者，《論語・鄉黨》云：吉月，必朝服而朝。是吉謂朔日。《禮記・玉藻》云：諸侯皮弁聽朔于大廟。或云吉，或云朔。聽朔在月一日，是知吉爲朔日也。云大宰以正月朔日布王治之事於天下者，言天下，即經邦國都鄙，是畿内徧天下，即《鄉大夫》職云正月之吉，受法於司徒，退而頒之於其鄉吏。是司徒布教法，從六鄉已下出，則此大宰布法，亦從六鄉已下出也。云至正歲又書而縣于象魏者，此鄭釋經中乃縣。必知乃縣是正歲建寅之月者，下小宰所以佐大宰，彼云正歲縣之，與此乃縣爲一事，故至正歲縣也。鄭知振木鐸者，約《小宰》而知也。云凡治有故，言始和者，若改造云爾者，上六典已下至九兩，國法常定，今云始和，似更新其事，改造云爾，其實不改。鄭司農云象魏，闕也者，周公謂之象魏，雉門之外，兩觀闕高魏魏然。孔子謂之觀，《春秋左氏》定二年夏五月，雉門災及兩觀是也。云觀者，以其有教象可觀望。又謂之闕者，闕，去也。仰視治象，闕去疑事。或解闕中通門，是以莊二十一年云鄭伯享王于闕西辟，注：闕，象魏也。案《公羊傳》云：子家駒謂昭公云：諸侯僭天子，大夫僭諸侯，久矣。公曰：吾何僭矣哉？子家駒曰：設兩觀，乘大路。何氏云：天子兩觀，諸侯臺門，則諸侯不合有觀也。若然，雉門災及兩觀，及《禮運》云遊於觀之上，有觀亦是僭也。云故魯災，季桓子御公立于象魏之外，命藏象魏，曰舊章不可忘者，此哀公三年《左氏傳》辭。案彼桓、僖廟災，天火曰災，謂桓、僖廟被天火所燒。舊章象魏在大廟中，恐火連及，故命藏之。若然，象魏縣教治也。以其象魏建寅之月縣之十日，藏之大廟中。季桓子至，與公立於雉門象魏之外，觀舊之處，命藏大廟中象魏。引之者，證象魏是教象之法。又云從甲至甲謂之挾日，凡十日者，破諸家從甲至癸謂之挾日通也。若從甲至癸，仍有癸日，不得通挾，故以從甲至甲言之。**乃施典于邦國，而建其牧，立其監，設其參，傅其伍，陳其殷，置其輔。**及者，更申勑之。以侯伯有功德者，加命作州長，謂之牧，所謂八命作牧者。監謂公侯伯子男監一國。《書》曰：王啓監，厥亂爲民。參謂卿三人，伍謂大夫五人。鄭司農云殷，治律。輔，爲民之平也。玄謂殷，衆也，謂衆士也。《王制》：諸侯上士二十七人，其中士、下士，各居其上之三分。輔，府史，庶人在官者。參，七南反。干云：三公也。傅，戚音附，徐，方慕反。監，古銜反。爲，于僞反。平，音評。疏：乃施至其輔。釋曰：上已言六典治邦國，更言施典于邦國，故鄭云乃者，更申勑之。所施之典，則建其牧以下是也。建，立也。每一州之中立一牧。立其監者，每一國之中立一諸侯，使各監一國。設其參者，謂諸侯之國各立三卿。傅其伍者，謂三卿下各立五大夫。陳其殷者，三卿下各陳士九人，三九二十七。置其輔者，謂三卿下各設府、史、胥、徒。注：乃者至官者。釋曰：鄭云以侯伯有功德者，加命作州長，謂之牧者，案《下曲禮》云州牧於外曰侯，即是先取侯有功德者爲牧，若無賢侯，伯亦得，故連言侯伯有功德者。云加命作州長者，以其侯伯七命，州牧八命，故云加命作州長。云所謂八命作牧者，案《大宗伯》職云七命賜國，八命作牧是也。若殷之牧下，天子使大夫三人爲三監。至周，使伯佐牧，不使大夫，故《詩·旄丘》序云：旄丘，責衛伯也。鄭云：衛康叔之封爵稱侯，今曰伯者，時爲州伯也。周之法，使伯佐牧，即僖公四年五侯九伯。五侯是州牧，九伯是牧下之伯。云監謂公侯伯子男各監一國，引《書》曰王啓監，厥亂爲民者，此是《尚書·梓材》之篇。周公封康叔而勑之，證監是諸侯之義也。云參謂卿三人者，案《左氏傳》杜泄云：吾子爲司徒，夫子爲司馬，孟氏爲司空。則諸侯三卿，司徒、司馬、司空也。云伍謂大夫五人者，謂司徒下二大夫，一大夫爲司徒大夫，一大夫爲大宰大夫。司空下二大夫，一大夫主司空事，一大夫爲司寇大夫。司馬事省，闕一大夫，故五人。鄭司農云殷治律，輔爲民之平也者，謂置官主法律。輔爲人之平者，謂置輔是平斷。此先鄭蓋是後代之法，故後鄭易之。云玄謂殷，衆也，謂衆士者，士稱殷，與旅司，並是衆義，故鄭云謂衆士也。又引《王制》諸侯上士已下者，按彼注，大國之士爲上，次國之士爲中，小國之士爲下。言數各居其上之三分者，此謂盟會立位之序。大國之士爲上，北面，前行，上九、中九、下九。次國之士爲後行，上士當大國之中士，中士當大國之下士，下士當其空。小國之上士，當大國之下士，中士當次國之下士，下士當其空。故云數各居其上之三分，引之，爲破司農殷爲治律。云輔，府史庶人在官者，破司農輔爲民之平。若然，建、立、陳、置，其義可知。其伍言傅者，謂大夫上有卿，下有士，受上政傅於下，受下政傅於上，故獨云傅。**乃施則于都鄙，而建其長，立其兩，設其伍，陳其殷，置其輔。**長，謂公卿大夫、王子弟食采邑者。兩謂兩卿，不言三卿者，不足于諸侯。鄭司農云：兩謂兩丞。疏：乃施至其輔。釋曰：上已言八則治都鄙，更令施則於都鄙，故言乃，亦是更申勑之義。建其長，謂公卿王子弟爲采邑之主，以是一邑之長，故言建其長。立其兩者，謂每采地之中立其兩卿。設其伍，陳其殷，置其輔，義與上邦國同。注：長謂至兩丞。釋曰：云長，謂公卿大夫者，案《典命》云：三公八命，其卿六命，其大夫四命。案《大宗伯》云：六命賜官，彼注：王六命之卿，賜官者，使得自置其臣治家邑，如諸侯。則此云長，唯據公卿已上。大夫四命，不合立官。此鄭云長，謂公卿大夫，并言大夫者，以其大夫雖立官，不與公卿同，亦得稱長，是廣解長義。其實大夫不合有兩卿五大夫，當與諸侯之卿同，官事當相兼也。云王子弟食采邑者，謂親王子弟食邑與三公同，在五百里畺地，各百里。其次疏者，在四百里縣地，各五十里，與六卿同。已上二者，得立兩卿五大夫之等。其次更疏者，在三百里稍地，各食二十五里，與大夫同，不得立兩卿五大夫，亦職相兼也。云兩謂兩卿，不言三卿者，不足於諸侯者，以畿外諸侯南面爲尊，故得申而立三卿。天子三公、六卿雖尊，以其在天子之下，故屈而立兩卿，不足於諸侯。鄭司農云兩謂兩丞者，以其兩卿，丞副其長，先鄭以後代之官況之，故云兩丞也。此中唯有都鄙，無家邑之名，故都鄙中含有公卿大夫。春官都宗人、家宗人，都家並有，故公卿入都宗人中，大夫則入家宗人中。以其公卿雖有大都、小都之别，而同名都，故大夫不得都名，直有家稱，故在家宗人也。至於夏官都司馬、家司馬，又與家宗人、都宗人異。故鄭注：《都司馬》，唯云三公與五子弟，其卿又入家司馬中。以其司馬辨尊卑，六卿卑，又自使其臣爲司馬，若叔孫氏之臣名豎戾，王家不爲之立司馬，故卿入中。若然，都鄙之內，其號有三。若得諸侯之號，唯三公王子弟，故《司裘》諸侯熊侯、豹侯，卿大夫麋侯，是卿不入諸侯也。若立臣如諸侯，即此文卿與公同。若稱長可及大夫，亦此注含大夫是也。

《周禮注疏·天官·小宰》 **小宰之職【略】正歲，帥治官之屬而觀治象之灋，徇以木鐸，曰：不用灋者國有常刑。**正歲，謂夏之正月。得四時之正，以出教令者，審也。古者將有新令，必奮木鐸以警衆，使明聽也。木鐸，木舌也。文事奮林鐸，武事奮金鐸。夏，户雅反，後放此。疏：正歲至常刑。釋曰：此則《大宰》周之正月之吉，始和布之於天下，至此建寅正歲之正月，懸之於象魏，其小宰亦助大宰，帥治官六十官之屬及萬民，而觀治象之法，使知當年治政之法也。其時，小宰徇以木鐸以警衆曰：不用法者，國有常刑。欲使之用命，不犯刑也。注：正歲至金鐸。釋曰：知正歲是夏之正月者，見《凌人》云正歲十有二月，令斬冰。若正歲是建子周正，即今之十月，冰未堅，不得斬之。言正歲得四時之正，周、殷則不得以此推之。諸言正歲者，皆四時之正，是建寅之月。云古者將有新令，必奮木鐸以警衆者，案《禮記·檀弓》云：自寢門至於庫門，振木鐸曰：舍故而諱新。彼及此文，皆是有命奮木鐸警衆，使明聽之事也。云木鐸，木舌者，鐸皆以金爲之，以木爲舌，則曰木鐸，以金爲舌，則曰金鐸也。云文事奮木鐸者，此言及《檀弓》并《明堂位》曰振木鐸於朝，天子之禮皆是也。又云武事奮金鐸者，《鼓人》云金鐸通鼓，《大司馬》云兩司馬振鐸是也。乃退，以宫刑憲禁于王宫。憲謂表縣之，若今新有法令云。疏：注憲謂至令云。釋曰：凡刑禁皆出秋官。令云憲禁者，與布憲義同，故小宰得秋官刑禁文書，表而縣之於宫内也。令於百官府曰：各脩乃職，攷乃灋，待乃事，以聽王命。其有不共，則國有大刑。乃猶女也。疏：令于至大刑。釋曰：此經於職未當稟于大宰，而令百官謹于此數事，以結之也。

《周禮注疏·地官·大司徒》大司徒之職【略】正月之吉，始和布教于邦國都鄙。乃縣教象之灋于象魏，使萬民觀教象，挾日而斂之。乃施教灋于邦國都鄙，使之各以教其所治民。正月之吉，周正月朔日也。司徒以布王教，至正歲又書教法而縣焉。縣，音玄，注同。挾，於協反。疏：正月至治民釋曰：正月之吉者，謂建子之月一日也。始和者，從十二教已下，於此月之時，始調和也。政教皆有故法，依舊而行之。言始和者，若改造云爾，其實不改造也。始以對終，對下縣之是在建寅之月爲終也。云布教於邦國都鄙者，於此正月之時調和教典訖，即布於邦國諸侯及畿内二鄙公卿大夫等。云乃縣教象之法於象魏者，言乃者，緩辭。是建寅之月乃縣教象之法於象魏闕上。云使萬民觀教象者，謂使萬民來就雉門象魏之處，觀教象文書，使知一年教法。云挾日而斂之者，縣之從甲至甲爲挾日，而後斂之於明堂。月月乃更受而行之，謂之聽朔者也。云乃施教法於邦國都鄙者，案《大宰》六典、八法、八則之等，正月前陳之。正月之下不復言施之者，以其並是當職之事，故不復言所施。且直言施教法於邦國都鄙，則亦含上數事可知。云使之各以教其所治民者，若據邦國，使諸侯教所治民；若據都鄙，則使公卿大夫教所治民。注：正月至縣焉釋曰：言正月朔日者，《周禮》凡言正歲者，則夏之建寅正月；直言正月者，則周之建子正月也。吉者，月朔也。故云正月之吉，周正月朔日也。司徒以布王教者，案《大宰》注：云布王治之事於天下，此不言天下，注文【略】邦國、都鄙則亦天下也。云至正歲，又書教法而縣焉者，釋經乃縣是正歲縣之。必知縣在正歲者，亦取義於《小司徒》云正歲則帥其屬而觀教法之象，故知縣在正歲也。

又：大司徒之職【略】歲終，則令教官正治而致事。歲終，自周季冬也。教官，其屬六十。正治，明處其文書。致事，上其計簿。上，時掌反。簿，蒲户反，注同。疏：歲終至致事。釋曰：歲終則令教官者，其屬六十官也。云正治而致事者，謂正直治理其文書，不得濫失，以爲公狀，然後致其職事以待考。注：歲終至計簿。釋曰：知歲終是周季冬者，以其正月之吉始和，是周之歲始，明此致事之時亦是周之歲終。云致事，上其計簿者，漢時考吏謂之計吏。計吏，據其使人也，此言計簿，據其文書也。

正歲令于教官曰：各共爾職，脩乃事，以聽王命。其有不正，則國有常刑。正歲，夏正月朔日。疏：正歲至常刑。釋曰：正歲令于教官者，以其歲始當除舊布新，各共爾之職，脩汝之事。爾、乃，皆汝也。以聽王命者，聽，待也。其不正，則國有常刑者，謂文書不正直而濫失，則有常刑。常刑者，謂二千五百條，各依輕重而受刑法。注：正歲至朔日。釋曰：《周禮》上下凡言正歲者，皆是夏之正月。又知是朔日者，以其正月之吉是朔日，此雖不言之吉，亦是朔日爲始可知也。

《周禮注疏·地官·小司徒》小司徒之職【略】凡民訟，以地比正之；鄭司農云：以田畔所與比，正斷其訟。斷，丁亂反。地訟，以圖正之。地訟，争疆界者。圖謂邦國本圖。疏：凡民至圖正之。釋曰：民訟，六鄉之民有争訟之事，是非難辨，故以地之比鄰知其是非者，共正斷其訟。地訟，以圖正之。注：地訟至本圖。釋曰：言地訟，争疆界者，謂民於疆界之上横相侵削者也。圖謂邦國本圖者，凡量地以制邑，初封量之時，即有地圖在於官府，於後民有訟者，則以本圖正之。歲終，則攷其屬官之治成而誅賞，治成，治事之計。治，直吏反，注：治成反，下文同。疏：歲終至誅賞。釋曰：歲終者，謂周之歲終，建亥之月。則考其屬官之治成者，屬官謂教官六十。成謂計簿。正所治計會文書。而誅賞者，據其考狀，有罪則誅責之，有功則賞之。注：治成治事之計。釋曰：知治成是治事之計者，案《宰夫》職歲計言會，月計言要，日計言成，故知此成是治事之計也。令羣吏正要會而致事。疏：釋曰：云令羣吏正要會者，羣吏謂當職六十官。此亦是歲終之時正要會而致事者。上經成據日小成之計，此言要會，謂是月計、歲計揔爲簿書，而致其事之功狀，以待考也。正歲，則帥其屬而觀教灋之象，徇以木鐸曰：不用灋者，國有常刑。令羣吏憲禁令，脩灋糾職以待邦治。憲，表縣之。疏：正歲至邦治。釋曰：大司徒以正月之吉始和十二教之等，正歲建寅之月縣之。此小司徒佐大司徒，於正歲縣教象之時，率其六十官之屬，於雉門之外而觀教法之象也。徇以木鐸已下者，謂觀教象之時，恐衆人雜合，不聽用其教，而徇行振以木鐸，使静聽之。告之曰：不用法者，國有常刑。言此者，使人懼而用之。又令羣吏憲禁令者，謂禁人使行不爲非。憲謂表懸之也，謂若小宰懸禁令文書使百官用。云修法糾職者，謂修其法制，糾察職事。以待邦治者，以待國家有治則供之。注：憲表縣之。釋曰：此憲與布憲之字同，彼是表縣刑禁以示人，此憲亦是將以示人，故云憲，表縣之也。

《周禮注疏·地官·鄉大夫》鄉大夫之職，各掌其鄉之政教禁令。鄭司農云：萬二千五百家爲鄉。疏：鄉大至禁令。釋曰：六鄉大夫各掌其鄉之政令及十二教，與五禁號令皆掌之。注：鄭司至爲鄉。釋曰：案上文五州爲鄉，故知萬二千五百家爲鄉。正月之吉，受教灋于司徒，退而頒之于其鄉吏，使各以教其所治，以攷其德行，察其道藝。其鄉吏，州長以下。治，直吏反，下考治、下治所、治處同。行，下孟反，下及注德行之行、六行皆同。疏：正月至道藝。釋曰：言正月之吉者，謂建子之月，月朔之日。云受教法於司徒者，謂若《大司徒》職十二教已下，其法皆受於司徒而來。云退而頒之於其鄉吏者，謂已於司徒受得教法，遂分與州長已下至比長。云使各以教其所治者，亦謂州長已下至比長各教所治也。云攷其德行者，謂鄉大夫以鄉三物教萬民，遂考校其萬民有六德六行之賢者。云察其道藝者，謂萬民之中有六藝者，竝擬賓之。注：其鄉吏州長以下。釋曰：以其比長以上至州長，皆屬鄉大夫，故知鄉吏，州長以下至比長。

《周禮注疏·秋官·大司寇》大司寇之職，掌建邦之三典，以佐王刑邦國，詰四方，典，法也。詰，謹也。《書》曰：王耗荒，度作詳刑，以詰四方。詰，起吉反。耗，莫報反。度，待洛反。疏：大司至四方。釋曰：《大司寇》云佐王刑邦國，詰四方，不言刑王國，詰畿內者，王官不嫌不刑詰在內，故舉外以見內也。《大宰》云以六典治邦國，今此更言建三典者，彼六典自是六官之典，此三典是刑之三典，與彼別，故司寇別施之。注：典法至四方。釋曰：典，法也。案《大宰》注云典法，則所用異，異其名也，故云典法也。引《書》者，《呂刑》篇文，呂侯訓夏贖刑，王耄荒，度作詳刑以詰四方。謂周穆王老耄亂荒忽，猶能用賢量度詳審之刑，以詰謹四方。引之者，證詰爲謹義也。一曰刑新國用輕典，新國者，新辟地立君之國。用輕法者，爲其民未習於教。爲，于僞反。疏：注新國至於教。釋曰：云新國者，新辟地立君之國者，謂若世衰，夷狄內侵，國君誅滅，聖人後作，日辟國百里，既攘夷狄，國空無主，民不獨治，須立君化之。則是新辟地立君之國者也。趙商問：《族師》職曰：四閭爲族，八閭爲聯，使之相保相受，刑罰慶賞相及。在《康誥》曰：父不慈，子不孝，兄不友，弟不恭，不相及也。族師之職，鄰比相坐，《康誥》之云，門內尚寬。不知《書》、《禮》是錯，未達指趣。荅曰：族師之職，周公新制禮，使民相拱勑之法。《康誥》之時，周法未定天下，又新誅三監，務在尚寬，以安天下。先後量時，各有云爲，乃謂是錯也？若然，言周公之時，未定天下，即是新國，更云新誅三監，假令周法先定，新誅之國亦是新國，故此云新辟地立君也。二曰刑平國用中典，平國，承平守成之國也。用中典者，常行之法。疏：注平國至之法。釋曰：云平國，承平守成之國也者，謂先君受封，後君承前平安，守持成立之國，民已被化，則用常行之法以治之。三曰刑亂國用重典。亂國，篡弑叛逆之國。用重典者，以其化惡伐滅之。篡，初患反。殺，音試，本亦作弑。疏：注亂國至滅之。釋曰：云亂國，篡弑叛逆之國者，謂若州吁篡國，崔杼弑君，臧紇叛魯，此皆逆亂之國。如此之國，民起惡心，故於常法之外，爲惡者則當伐滅之也。以五刑糾萬民：刑亦法也。糾猶察異之。疏：注刑亦致異之。釋曰：此五刑，與尋常正五刑墨、劓之等別，刑亦法也。此五法者，或一刑之中而含五，或此五刑全不入五刑者。云糾猶察異之者，謂萬民犯五刑，察取與之罪，使別異善惡，則《尚書·畢命》云旌別淑慝，表厥宅里是也。一曰野刑，上功糾力；功，農功。力，勤力。疏：注功農至勤力。釋曰：以其言野，則國外，若卿大夫云野自六尺之類。既言在野爲功，故知功是農功，力，勤力也。二曰軍刑，上命糾守；命，將命也。守，不失部伍。守，劉音狩，注同。將，子匠反。疏：注命將至部伍。釋曰：以其在軍，梱外之事，將軍裁之，故知命是將命也。軍行必有部分卒伍，故云不失部伍也。三曰鄉刑，上德糾孝；德，六德也。善父母爲孝。疏：注德六至爲孝。釋曰：謂在鄉中之刑。《大司徒》云：以鄉三物教萬民，一曰六德，知、仁、聖、義、忠、和。既言在鄉，故知德是六德教民者，非教國子三德、咎繇九德者也。善父母爲孝，《爾雅·釋訓》文。四曰官刑，上能糾職；能，能其事也。職，職事脩理。疏：注能能至脩理。釋曰：知能是能其事。職，職事脩理者，以其言官，官中見能、見職，明知義然。五曰國刑，上愿糾暴。愿，慤慎也。暴當爲恭字之誤也。愿，音願，劉又音原。依注暴作恭。慤，苦角反。疏：注愿慤至誤也。釋曰：知爲恭不作暴者，以其上四刑，皆糾察其善，不糾其惡，以類言之，故知是恭。恭又似暴字，故云字之誤也。以圜土聚教罷民，圜土，獄城也。聚罷民其中，困苦以教之爲善也。民不慜作勞，有似於罷。罷，音皮，注下皆同。慜，音敏，劉亡覲反，《尚書》作慜，音敏，又作昏，皆訓强。疏：注圜土至於罷。釋曰：此已下説罷民。云教之者，正謂夜入圜土，晝則役之司空，困苦則歸善。鄭云困苦以教之爲善。云民不慜作勞，有似於罷者，罷謂困極罷弊，此圜土被囚而役，是不慜强作勞之民，有似罷弊之人也。凡害人者，寘之圜土而施職事焉，以明刑恥之。害人，謂爲邪惡已有過失麗於法者。以其不故犯法，寘之圜土，繫教之，庶其困悔而能改也。寘，置也。施職事，以所能役使之。明刑，書其罪惡於大方版，著其背。寘，之豉反，又音示。邪，似嗟反，下同。著，丁略反，一音直略反。疏：注害人至其背。釋曰：云害人，謂爲邪惡，已有過失麗於法者，案《司救》職云：凡民之有袤惡者，三讓而罰，三罰而士加明刑，恥諸嘉石，役諸司空。即此下文者是也。此謂語言無忌，侮慢長老，過淺，直坐之嘉石，不入圜土者也。彼下文又云：其有過失者，三讓而罰，三罰而歸於圜土。

此謂抽拔兵劍，誤以傷人，罪重，不坐嘉石，徑入圜土，晝日亦役之司空，夜入圜土者也。此罷民，本無故心，直是過誤，比入五刑者爲輕，比坐嘉石者爲重，故云已麗於法，麗於法，是入圜土者也。其能改者，反於中國，不齒三年，反於中國，謂舍之還於故鄉里也。《司圜》職曰：上罪三年而舍，中罪二年而舍，下罪一年而舍。不齒者，不得以年次列於平民。疏：其能至三年。釋曰：云能改，正謂在圜土不出，自思己過，是能改也。注反于至平民。釋曰：言反於中國者，《虞書》有五宅三居，彼不在中國，此則反還於故鄉里也。引《司圜》職已下，見舍之遠近。此所舍鄉，則《玉藻》所謂垂緌五寸，惰游之士也是也。其不能改而出圜土者，殺。出謂逃亡。疏：其不至者殺。釋曰：云不能改，正謂不能伏思己過而出圜土也。以兩造禁民訟，入束矢於朝，然後聽之。訟，謂以財貨相告者。造，至也。使訟者兩至，既兩至，使入束矢乃治之也。不至，不入束矢，則是自服不直者也。必入矢者，取其直也。《詩》曰其直如矢。古者一弓百矢，束矢其百个與？造，七報反，注同。个，古賀反。與，音餘。疏：以兩至聽之。釋曰：此并下二經，論禁民獄訟，不使虛誣之事。言禁者，謂先令入束矢，不實則沒入官。若不入，則是自服不直，是禁民省事之法也。注訟謂至个與。釋曰：云訟，謂以貨財相告者，以對下文獄，是相告以罪名也。此相對之法。若散文則通，是以衛侯與元咺訟，是罪名亦曰訟。云古者弓百矢者，《尚書·文侯之命》，平王賜晉文侯，及僖二十八年，襄王賜晉文公，皆云彤弓一，彤矢百，故知一弓百矢。云束矢其百个與者，彼是所賜，此乃入官，約同之，故云與以疑之。《泮水詩》云束矢其搜，毛云：五十矢曰束。彼鄭從之者，彼或據在軍矢數，與受賜者異，故從毛傳也。以兩劑禁民獄，入鈞金，三日乃致于朝，然後聽之。獄，謂相告以罪名者。劑，今券書也。使獄者各齎券書，既兩券書，使入鈞金，又三日乃治之，重刑也。不券書，不入金，則是亦自服不直者也。必入金者，取其堅也。三十斤曰鈞。兩劑，子隨反。疏：以兩至聽之。釋曰：此一經聽爭罪之事，與上聽訟有異，此則各遣持劑之書契，又入金不入矢。三日乃致于朝者，皆謂以獄事重於訟事，故鄭云重刑也。注獄謂至曰鈞。釋曰：云獄謂相告以罪名者，對前相告以財貨爲訟也。云劑，今券書也者，《小宰》云：聽賣買以質劑。《質人》云：大市以質，小市以劑。鄭《小宰》注云：薄書之最目，獄訟之要辭，皆曰契。則劑謂券書者，謂獄訟之要辭，若王叔氏不能舉其契是也。三十斤曰鈞，《律曆志》文。以嘉石平罷民，嘉石，文石也。尌之外朝門左。平，成也。成之使善。文石，如字，劉音問。尌音樹。疏：注嘉石至使善。釋曰：此嘉石肺在《朝士》職，朝士屬大司寇，故見之耳。云嘉石，文石也者，以其言嘉，嘉善也。有文乃稱嘉，故知文石也。欲使罷民思其文理，以改悔自脩。樹之外朝門左，《朝士》文也。凡萬民之有罪過而未麗於灋，而害於州里者，桎梏而坐諸嘉石，役諸司空。重罪旬有三日坐，朞役；其次九日坐，九月役；其次七日坐，七月役；其次五日坐，五月役；其下罪三日坐，三月役。使州里任之，則宥而舍之。有罪過，謂邪惡之人所罪過者也。麗，附也。未附於法，未著於法也。木在足曰桎，在手曰梏。役諸司空，坐日訖，使給百工之役也。役月訖，使其州里之人任之，乃赦之。宥，寬也。桎，音質。梏，户毒反。著，直略反，下附猶著皆同。疏：凡萬至舍之。釋曰：云未麗於法，秖謂入圜土爲法，此坐嘉石之罷民未入圜土，差輕故也。云害於州里者，謂語言無忌，侮慢長老。云桎梏而坐諸嘉石者，謂坐時，坐日滿，役諸司空，則無桎梏也。此已下輕重有五節，皆就語言侮慢之中，斟酌爲輕重，分五等也。云使州里任之者，仍恐習前爲非而不改，故使州長里宰保任，乃舍之。以稍輕，入鄉即得與鄉人齒，亦無垂緌五寸之事也。鄭云木在足曰桎，在手曰梏，知者，無正文，見《掌囚》云上罪梏拲而桎，拲，謂兩手共一木，梏與拲連言，故知梏在手，桎在足也。《廣雅》云：手間之梏械，足間之桎械。亦是手曰梏，足曰桎。《易志》冷剛問：《大畜》六四童牛之梏，元吉，注巽爲木，互體震，震爲牛之足，足在艮體之中，艮爲手，持木以就足，是施梏。又《蒙》初六注云：木在足曰桎，在手曰梏。今《大畜》六四施梏於足，不審桎梏手足定有別否？荅曰：牛無手，故以足言之。以肺石遠窮民，肺石，赤石也。窮民，天民之窮而無告者。肺，芳廢反。疏：注肺石至告者。釋曰：云肺石，赤石也者，陰陽療疾法，肺屬南方火，火色赤，肺亦赤，故知名肺石是赤石也。必使之坐赤石者，使之赤心，不妄告也。云窮民，天民之窮而無告者，《王制》文。彼上文云：少而無父者謂之孤，老而無子者謂之獨，老而無妻者謂之鰥，老而無夫者謂之寡，此四者，天民之窮而無告者也。皆有常餼。凡遠近惸獨老幼之欲有復於上而其長弗達者，立於肺石，三日，士聽其辭，以告於上，而罪其長。無兄弟曰惸。無子孫曰獨。復猶報也。上謂王與六卿也。報之者，若上書詣公府言事矣。長，謂諸侯若鄉遂大夫。惸，其營反。長，丁丈反，下及注同。上，時掌反。疏：凡遠至其長。釋曰：言遠近者，無有遠近，畿外畿內之民，皆有惸獨老幼之等。云欲有復於上而其長弗達者，謂長官不肯通達，審知其貧困者，故須復報於上，如此之類，是上窮民，即來立於石也。注無兄至大夫。釋曰：鄭知惸是無兄弟者，《王制》已有孤獨鰥寡，不見惸，則惸是無兄弟可知也。是以《尚書·洪範》亦云無虐惸獨，而畏高明，孔云：惸，單無兄弟也，無子曰獨。云無子孫曰獨者，案《王制》唯云老而無子曰獨，今兼云孫者，無子有孫不爲獨，故兼云無孫也。鄭不釋經老幼者，老則無夫無妻，幼則無父可知，故不釋也。知上是王與六卿者，六卿並知國政，皆得受冤怨，故兼六卿言之。云長，謂諸侯若鄉遂大夫者，訴冤之人，天下皆是，故長亦兼天下，故以畿外諸侯及畿內鄉遂大夫，皆得爲長也。若然，不言二等采地之主及三公邑大夫者，在長中可知，故舉外内以包之也。正月之吉，始和布刑于邦國都鄙，乃縣刑象之灋于象魏，使萬民觀刑象，挾日而斂之。正月朔日，布王刑於天下，正歲又縣其書，重之。縣音玄，注及下同。挾，子叶反。疏：正月至斂之。釋曰：正月之吉者，謂建子之月，正月一日也。言始和者，《太宰》注凡治有故，言始和者，若改造云爾，其實不改也。云布刑于邦國都鄙者，正月和，即以此月布于天下。云乃縣刑象之法于象魏者，謂建寅正歲，邦國及都鄙并王家雉門，皆一時縣之。斂之者，天子斂藏於明堂，諸侯斂藏於祖廟，月月受而行之，謂之聽朔。注正月至重之。釋曰：鄭云天下，即邦國都鄙也。云正歲又縣其書，重之，知正歲乃縣者，亦約《小司寇》知之也。凡邦之大盟約，涖其盟書，而登之于天府。涖，臨也。天府，祖廟之藏。約，於妙反。藏，才浪反。疏：凡邦至天府。釋曰：云凡邦之大盟約者，謂王與諸侯因大會同而與盟所有約誓之辭。云涖其盟書，而登於天府者，既臨其盟書，因即登此盟書于天府。注涖臨至之藏。釋曰：云天府，祖廟之藏者，《天府》職文。大史、内史、司會及六官皆受其貳而藏之。六官，六卿之官也。貳，副也。會，古外反，下司會同。疏：大史至藏之。釋曰：大史、内史、司會，掌事皆與六卿同，故皆有副貳盟辭而藏之，擬相勘當也。凡諸侯之獄訟，以邦典定之。邦典，六典也。以六典待邦國之治。治，直吏反，下同。疏：注邦典至之治。釋曰：云邦典、六典也者，案《大宰》職以典待邦國之治，故邦國有獄訟之事來詣王府，還以邦典定之。凡卿大夫之獄訟，以邦灋斷之。邦法，八法也。以八法待官府之治。斷，丁亂反，下注皆同。疏：注邦法至之治。釋曰：案《大宰》云以八法治官府，是以卿大夫有獄訟，還以邦之八法斷之。若然，《大宰》有八則治都鄙，此不言都鄙有獄訟，以八則斷之者，都鄙有獄訟，都家之士告于方士治之，故此不言也。凡庶民之獄訟，以邦成弊之。邦成，八成也。以官成待萬民之治。故書弊爲憋。鄭司農云：憋當爲弊。邦成，謂若今時決事比也。弊之，斷其獄訟也，故《春秋傳》曰：弊獄邢侯。弊，必世反，斷也，後訓斷者，皆同。弊，劉芳滅反，又音卑設反。比，必利反。疏：注邦成至邢侯。釋曰：《大宰》云以官成待萬民之治，是以庶民有獄訟，還以邦成弊之。弊亦斷也，異其文耳。云邦成，八成也者，則《小宰》云一曰聽政役以比居，二曰聽師田以簡稽已下是也。先鄭云邦成，謂若今時決事比也者，比八者，皆是舊法成事品式。若今律，其有斷事，皆依舊事斷之，其無條，取比類以決之，故云決事比也。《春秋傳》者，《春秋左氏傳》晉邢侯與雍子爭鄐田，邢侯不勝，乃弊獄邢侯，引之者，證弊爲憋，義同也。大祭祀，奉犬牲。奉猶進也。疏：大祭至犬牲。釋曰：犬屬西方金，犬既當方之畜，故司寇奉進犬牲也。若禋祀五帝，則戒之日，涖誓百官，戒于百族。戒之日，卜之日也。百族，謂府史以下也。《郊特牲》曰：卜之日，王立于澤，親聽誓命，受教諫之義也。獻命庫門之内，戒百官也。太廟之内，戒百姓也。疏：若禋至百族。釋曰：禋之言煙，煙祀五帝，謂迎氣於四郊，及揔享五帝於明堂也。云戒之日者，謂前十日卜之日，卜吉，即戒之使散齊。云涖誓百官者，謂餘官誓百官之時，大司寇則臨之，云戒於百族者，大司寇親自戒之。其百官所戒者，當太宰爲之，是以《太宰》云：祀五帝前期十日，帥執事而卜日，遂戒。故知太宰戒百官也。若然，《太宰》云：祀五帝則掌百官之誓戒。《太宰》雖云掌百官誓戒，戒則親爲之，誓則掌之而不親誓。何者？此司寇卑於太宰，此云涖誓百官，豈司寇得臨太宰乎？故知太宰掌之，餘小官誓之，司寇臨之也。注戒之至姓也。釋曰：鄭知百族府史以下者，以其王之百姓，亦同大宰戒之，故知百族府史胥徒也。引《郊特牲》者，欲見百族非王之親，是府史以下也。云獻命庫門之内戒百官也者，王自澤宮而還入皋門，至庫門之内，大宰獻命，命，即戒百官。又於庫門而東入廟門，廟門之内戒百姓。彼注云：百姓，王之親也。以親，故入廟乃戒之。及納亨，前王，祭之日，亦如之。納亨，致牲。亨，普庚反，劉普孟反，注同。下納亨放此。疏：及納至如之。釋曰：鄭云納亨，致牲者，謂將祭之辰。祭之日，謂旦明也。此二者，大司寇爲王引道，故云亦如之。奉其明水火。明水火，所取於日月者。疏：注明水至月者。釋曰：司烜氏以陽燧取火於日中，以陰鑑取水於月中。明者，絜也。王人明絜，水火乃成可得，是明水火所取於日月者也。奉此水火者，水以配朽鬱鬯與五齊，火以給爨亨也。凡朝覲會同，前王，大喪亦如之。大喪所前或嗣王。疏：凡朝至如之。釋曰：朝覲不言大，則四時朝也。會同，謂時見曰會，殷見曰同。此者皆司寇在王前爲導也。其大喪亦如之，亦導王也。注大喪至嗣王。釋曰：知嗣王者，王經云大喪是王喪，復云前王，明是嗣王也。言或者，大喪或是先后及王世子，皆是大喪。若先后及世子大喪，則王爲正王也。既言前王，明以先后世子爲政，故云或嗣王也。凡大喪之禮有三。《大宰》云大喪，贊贈玉含玉，《大司馬》云大喪，平士大夫，贈玉謂王喪。《大宗伯》云：朝覲會同，則爲上相，大喪亦如之。注云：王、后、世子。及此大喪亦如之，二者容有先后及后、世子。又《宰夫》云：大喪、小喪，掌小官之戒令。注云：大喪，王、后、世子也。小喪，夫人以下。然則大喪與小喪相連，則不容有王喪。大軍旅，涖戮于社。社，謂社主在軍者也。鄭司農説以《書》曰用命賞于祖，不用命戮于社。疏：注社謂至于社。釋曰：鄭知社，謂社主在軍者也者，以其大軍旅非在國，故先鄭引《書》爲證，彼《書》，謂《甘誓》，啓與有扈戰于甘之野，誓士衆辭。社是陰，殺亦陰，賞是陽，祖是遷主亦陽，故各於其所。必於祖社主前者，尊祖嚴社之義也。凡邦之大事，使其屬蹕。屬，士師以下也。故書蹕作避，杜子春云：避當爲辟，謂辟除姦人也。玄謂蹕，止行也。趣，本亦作蹕，音畢。疏：注屬士至行也。釋曰：云凡邦之大事者，言凡語廣，則國有大事，王動行，皆使其屬蹕。鄭知其屬是士師以下者，見《士師》職云：諸侯爲賓，則帥其屬而蹕于王宮。注云：諸侯來朝，若饗食時。《士師》云帥其屬，則士師以下上士、中士、下士皆蹕。知者，以此注云士師以下故也。

《周禮注疏·秋官·小司寇》小司寇之職【略】以五刑聽萬民之獄訟，附于刑，用情訊之。至于旬，乃弊之，讀書由用灋。附猶著也。故書附作付。訊，言也，用情理言之，冀有可以出之者。十日乃斷之。《王制》曰：刑者侀也，侀者成也，一成而不可變，故君子盡心焉。鄭司農云：讀書則用法，如今時讀鞫已乃論之。訊，音信。盡，津忍反。鞫，九六反。疏：以五至用法。釋曰：云附于刑，用情訊之者，以因所犯罪附於五刑，恐有枉濫，故用情實問之，使得真實。云至于旬乃弊之者，緩刑之意，欲其欽慎也。云讀書則用法者，謂行刑之時，當讀刑書罪狀，則用法刑之。注附猶至論之。釋曰：引《王制》云刑者侀也者，上刑爲法，下侀爲著，謂行法著人身體。又訓爲成者，意取一成不可變，死者不可復生，斷者不可更續，是其不可變也。故君子盡心焉，不可濫。此釋用情訊之也。漢時讀鞫已乃論之者，鞫謂劾囚之要辭，行刑之時，讀已，乃論其罪也。凡命夫命婦，不躬坐獄訟。爲治獄吏褻尊者也。躬，身也。不身坐者，必使其屬若子弟也。《喪服傳》曰：命夫者，其男子之爲大夫者。命婦者，其婦人之爲大夫之妻者。《春秋傳》曰：衛侯與元咺訟，甯武子爲輔，鍼嚴子爲坐，士榮爲大理。爲治，于僞反。咺，况阮反。鍼，其廉反。嚴，劉音莊，《左傳》作莊，案《漢書》明帝名莊，改爲嚴。疏：注爲治至大理。釋曰：古者取囚要辭皆對坐，治獄之吏皆有嚴威，恐獄吏褻尊，故不使命夫命婦親坐。若取辭之時，不得不坐，當使其屬或子弟代坐也。引《喪服傳》者，《喪服經》有大夫命婦，《子夏傳》解之云：大夫者，其男子之爲大夫者也。今此云命夫者，其男子之爲大夫者，誤，當以彼爲正。云《春秋傳》者，《左氏》僖二十八年，衛侯坐殺弟叔武，元咺訴於晉，晉使人斷之。引之者，證命夫命婦不身坐獄訟之事。若然，元咺、甯子、鍼莊子皆大夫得坐訟者。大夫身不得與士坐訟，若兩大夫，或代君，皆得坐，無嫌，以是衛侯不得坐，使莊子與元咺對坐也。若然，觀此文，命夫命婦，惟據大夫，不通士。案《內宰》云：佐后使治外內命婦，先鄭云：外命婦，卿大夫之妻。後鄭云：士妻亦爲命婦。又《閽人》云凡外內命夫命婦，注：內命夫，卿大夫士之在宮中者。如是，士及士妻亦得爲命夫命婦者，彼皆據王臣而言。王之士有三命、二命、一命，皆得王命。此文兼諸侯臣子男士，則不命。以是此文命夫命婦惟擄大夫爲文，不通士也。凡王之同族有罪，不即市。鄭司農云：刑諸甸師氏。《禮記》曰：刑于隱者，不與國人慮兄弟。疏：注鄭司至兄弟。釋曰：此因上論斷獄之事，故說王之同族有罪，不即市者，不與國人慮兄弟也。故先鄭云當刑諸甸師氏。故《甸師》云王之同姓有辠，則死刑焉，是也。必於甸師者，甸師掌耕耨王籍，其場上多屋，就隱處刑之。引《禮記》者，《文王世子》文。彼據諸侯法。云刑於隱者，謂就屋中。云不與國人慮兄弟者，若在市朝刑殺，國人見之，亦謀慮兄弟，是與國人慮兄弟者，若在市朝刑殺，國人見之，亦謀慮兄弟，是與國人慮兄弟，若不於市朝，是不與也。天子之禮亦然，故引爲證也。以五聲聽獄訟，求民情。疏：以五至民情。釋曰：案下五事惟辭聽一是聲，而以五聲，而以五聲目之者，四事雖不是聲，亦以聲爲本故也。案《吕刑》云：惟貌有稽，在獄定之後。則此五聽，亦在要辭定訖，恐其濫失，更以五聽觀之，以求民情也。一曰辭聽，觀其出言，不直則煩。疏：注觀其至則煩。釋曰：直則言要理深，虛則辭煩義寡，故云不直則煩。二曰色聽，觀其顏色，不直則赧然。赧，女板反。疏：注觀其至赧然。釋曰：理直則顏色有厲，理曲則顏色愧赧。《小爾雅》云：不直失節，謂之慙愧。面慙曰赧，心慙曰恧，體慙曰悛。三曰氣聽，觀其氣息，不直則喘。喘，昌兗反。疏：注觀其至則喘。釋曰：虛本心知，氣從內發，理既不直，吐氣則喘。四曰耳聽，觀其聽聆，不直則惑。聆，音零。疏：注觀其至則惑。釋曰：《尚書》云：作德心逸日休，作僞心勞日拙。觀其事直，聽物明審，其理不直，聽物致疑。五曰目聽。觀其牟子視，不直則眊然。眸，莫侯反，劉無不反。眊，莫報反，本又作旄同。疏：注觀其至眊然。釋曰：目爲心視，視由心起，理若直實，視盼分明，理若虛陳，視乃眊亂。

《周禮注疏·秋官·司刑》司刑掌五刑之灋，以麗萬民之罪。墨罪五百，劓罪五百，宮罪五百，刖罪五百，殺罪五百。墨，黥也，先刻其面，以墨窒之。劓，截其鼻也。今東西夷或以墨劓爲俗，古刑人亡逃者之世類與？宮者，丈夫則割其勢，女子閉於宮中，若今宦男女也。刖，斷足也。周改臏作刖。殺，死刑也。《書傳》曰：決關梁、踰城郭而略盜者，其刑臏。男女不以義交者，其刑宮。觸易君命，革輿服制度，姦軌盜攘傷人者，其刑劓。非事而事之，出入不以道義，而誦不詳之辭者，其刑墨。降畔、寇賊、刼略、奪攘、撟虔者，其刑死。此二千五百罪之目略也，其刑書則亡。夏刑大辟二百，臏辟三百，宮辟五百，劓墨各千，周則變焉，所謂刑罰世輕世重者也。鄭司農云漢孝文帝十三年，除肉刑。劓，魚器反，李魚介反，又疑既反。刖，音月，又五刮反，李音五骨反。黥，其京反。窒，本又作涅，同乃結反，徐丁吉反，又丁結反。與，音餘。斷，丁管反。臏，頻忍反，徐方忍反，劉符人反。攘，如羊反。降，户江反。撟，居兆反。疏：注墨黥至肉刑。釋曰：案《尚書·吕刑》有劓、刵、椓、黥，是苗民之虐刑，至夏改爲黥，則黥與墨別。而云墨黥者，舉本名也。云今東西夷或以墨劓爲俗，古刑人亡逃者之世類與者，墨劓之人亡逃向夷，詐云中國之人皆墨劓爲俗，夷人亦爲之，相襲不改，故云墨劓爲俗也。言與者，無正文，鄭以意而言也，故言與以疑之。云若今宦男女也者，即宮人婦女及奄人獲守內閽者也。云刖，斷足也。周改臏作刖者，臏，本亦苗民虐刑，咎繇改臏作腓，至周改腓作刖。《書傳》云臏者，舉本名也。云男女不以義交者，其刑宫者，以義交，謂依六禮而婚者。云觸易君命者。觸君命令不行及改易之。云革輿服制度者，依《典命》，上公九命，國家、宫室、車旗、衣服、禮儀皆以九爲節。侯伯已下及卿大夫士，皆依命爲多少之節。是不革，今乃革之。革，改也。謂上僭也。制度，即宫室禮儀制度也。云姦軌者，案《舜典》云寇賊姦軌，鄭注云：强聚為寇，殺人為賊，由内爲姦，起外爲軌。案成十七年，長魚矯曰：臣聞亂在外爲姦，在内爲軌，御姦以德，御軌以刑。鄭與傳不同。鄭欲見在外亦得爲軌，在内亦得為姦，故反覆見之。或後人轉寫誤，當以傳為正。云降畔、寇賊、刼略，奪攘、撟虔者，其刑死者，案《吕刑》云寇賊、姦軌、奪攘、撟虔，注云：有因而盗曰攘。撟虔。謂撓擾。《春秋傳》虔劉我邊垂，謂刼奪人物以相撓擾也。云此二千五百罪之目略也者，刑書已亡，以此《書傳》之文略言三五，故云罪之目略也。云夏刑以下，據《吕刑》而言。案《吕刑》剕辟五百，宫辟三百，今此云臏辟三百，宫辟五百，此乃轉寫者誤，當以《吕刑》爲正。云周則變焉者，夏刑三千，墨劓俱千，至周，减輕刑，入重刑，俱五百，是夏刑輕，周刑重。云刑罰世輕世重者，《吕刑》文，故云所謂。先鄭云漢孝文帝十三年，除肉刑者，案《文帝本紀》，十三年，太倉令淳于公有罪當刑，徙繫長安，無男，有五女，小曰提縈，遂泣上書，上赦肉刑。所赦者，惟赦墨、劓與刖三者，其宫刑至隋乃赦也。案文十八年，史克云，周公制禮，曰則以觀德，作《誓命》，曰毁則爲賊，竊賄爲盗，在九刑不忘。言九刑者，鄭注《堯典》云：正刑五，加之流宥、鞭、扑、贖刑，此之謂九刑者。賈、服以正刑一，加之以八議。昭六年云周有亂政，而作九刑，而云周公作者，《鄭志》云：三辟之興，皆在叔世。受命之王所制法度，時不行耳，世末政衰，隨時自造刑書，不合大中，故叔向譏之。作刑書必重其事，故以聖人之號以神其書耳。若然，九刑之名是叔世所作，假言周公，其實非周公也。若司寇斷獄弊訟，則以五刑之灋詔刑罰，而以辨罪之輕重。詔刑罰者，處其所應不，如今律家所署法矣。疏：注詔刑至法矣。釋曰：司刑主刑書，若於外朝司寇斷獄之時，司刑則以五刑之法詔刑罰。刑罰並言者，刑疑則入罰故也。

《周禮注疏・秋官・司刺》 司刺掌三刺、三宥、三赦之灋，以贊司寇聽獄訟。刺，殺也。訊而有罪則殺之。宥，寬也。赦，舍也。刺，七賜反，下及注同。疏：注刺殺至舍也。釋曰：此經與下爲目。云贊司寇聽獄訟者，專欲難成，恐不獲實。衆人共證，乃可得真，故謂贊之也。云訊而有罪則殺之者，刑有五，一者是殺，餘皆訊之。獨言殺者，立官名刺，據重而言故也。壹刺曰訊羣臣，再刺曰訊羣吏，三刺曰訊萬民。訊，言。疏：壹刺至萬民。釋曰：此三刺之事所施，謂斷獄弊訟之時，先羣臣，次羣吏，後萬民，先尊後卑之義。壹宥曰不識，再宥曰過失。三宥曰遺忘。鄭司農云：不識，謂愚民無所識則宥之。過失，若今律過失殺人不坐死。玄謂識，審也。不審，若今仇讎當報甲，見乙，誠以為甲而殺之者。過失，若舉刃欲斫伐，而軼中人者。遺忘，若間帷薄，忘有在焉者，而以兵矢投射之。忘，音妄，注同。坐，才卧反，下同。軼，待結反。中，丁仲反。間，間廁之間。射，亦食反。疏：注鄭司至射之。釋曰：先鄭以為不識謂愚民無所識則宥之，若如此解，則當人三赦惷愚之中，何得入此三宥之内，故後鄭不從也。云過失，若今律過失殺人不坐死者，於義是，故後鄭增成之。云玄謂識，審也者，不識即不審。云甲乙者，興喻之義耳。假令兄甲是仇人，見弟乙，誠以為是兄甲，錯殺之，是不審也。壹赦曰幼弱，再赦曰老旄，三赦曰惷愚。惷愚，生而騃童昏者。鄭司農云：幼弱、老旄，若今律令年未滿八歲，八十以上，非手殺人，他皆不坐。耄，本又作旄，同亡報反。惷，勑江反，又貞巷反，劉癡用反。騃，五駭反，李又五亥反，又吐在反。上，時掌反。疏：注惷愚至不坐。釋曰：三赦與前三宥所以異者，上三宥不識、過失、遺忘，非是故心過誤，所作雖非故爲，比三赦爲重，據今仍使出贖。此三赦之等，比上爲輕，全放無贖。先鄭云幼弱、老旄，若今時律令年未滿八歲，八十以上，非手殺人，他皆不坐者，案《曲禮》云：八十九十曰耄，七年曰悼，悼與耄，雖有罪不加刑焉。與此先鄭義合。彼亦謂非手殺人，他皆不坐也。云未滿八歲，則未齔，是七年者。若八歲已齔，則不免也。以此三灋者求民情，斷民中，而施上服下服之罪，然後刑殺。上服，殺與墨、劓。下服，宫、刖也。《司約》職曰：其不信者，服墨刑。凡行刑，必先規識所刑之處，乃後行之。疏：以此至刑殺。釋曰：云以此三法者求民情，斷民中者，謂上三刺、三宥、三赦若不以此法，恐有濫入者，由用三法，故斷民得中。云施上服下服之罪然後刑殺者，先規畫可刑之處，乃行刑行殺也。注上服至行之。釋曰：古者雖有要斬、領斬，以領爲正，故殺入上服也。必先規識所刑之處，乃後行之。規識在體，若衣服在身，故名規識爲服也。

《周禮注疏・秋官・司約》 司約掌邦國及萬民之約劑，治神之約爲上，治民之約次之，治地之約次之，治功之約次之，治器之約次之，治摯之約次之。此六約者，諸侯以下至於民，皆有焉。劑，謂券書也。治者，理其相抵冒上下之差也。神約，謂命祀、郊社、羣望及所祖宗也。夔子不祀祝融，楚人伐之。民約，謂征税遷移，仇讎既和，若懷宗九姓在晉，殷民六族七族在魯、衛皆是也。地約，謂經界所至，田萊之比也。功約，謂王功國功之屬。賞爵所及也。器約，謂禮樂吉凶車服所得用也。摯約，謂玉帛禽鳥，相與往來也。約，於妙反，後及注皆同。夔，來龜反。比，毗志反，又必二反。疏：注此六至來也。釋曰：知此六約，諸侯以下至於民者，經云掌邦國及萬民之約劑，故知也。以諸侯爲主，中亦有王事，但王至尊，設約不及之耳。神約。謂命祀、郊社、羣望及所祖宗也者，凡命祀，皆天子命之也。郊者，謂若《祭統》成王命魯外祭則郊社。常平諸侯，直命祀社，故《王制》云天子祭天地，諸侯祭社稷，是常也。羣望，諸侯祭三望，故《傳》云三代命祀，祭不越望也。祖宗，諸侯五廟，下及士各有差，庶士庶人祭於寢也。云夔子不祀祝融，楚人伐之者，爲其違約不祀，故伐之，事在僖二十六年。云民約，謂征税者，雖諸侯輸於王，萬民征税是常，此税要由民出，故云民約。云遷移者，雖君亦有遷移法，若鄭遷於虢之屬是也。云仇讎既和者，謂若《調人》云凡和難，父之讎，辟之海外之屬是也。諸侯亦有和難之法，故曰君之讎視父是也。云若懷宗九姓在晉，殷民六族七族在魯、衛皆是也者，此止以遷移法，不似有仇讎也。定四年，祝佗云分魯公以大路，又云殷民六族，注云：殷民，禄父之餘民，三十族六姓也。條氏、徐氏、蕭氏、索氏、長勺氏、尾勺氏。又分康叔以大路，注云：復如分周公，欲使康叔以化之。又云殷民七族，陶氏、施氏、繁氏、錡氏、樊氏、饑氏、終葵氏，又云分唐叔以大路，又云懷姓九宗，職官五正，注云：五正，五官之長。是其遷移法也。以此觀之，亦是和之使遷移耳。云功約，謂王功國功之屬者，民功謂若《司寇》云野刑，上功糾力及《司馬》云進賢興功是也。云器約，謂禮樂吉凶車服所得用也者，謂自天子以下達庶人，皆有之。禮器，籩豆俎簋之屬。樂器，鐘鼓竽笙之屬。吉服，祭服。吉車，巾車。所云天子至庶人，役車皆是凶之車服，《雜記》云端衰喪車無等是也。云摯約謂玉帛禽鳥相與往來也者，案《大宗伯》以玉作六瑞，公執桓圭已下是玉，又以禽作六摯，孤摯皮帛，卿羔，大夫鴈，士雉，工商雞，庶人鶩，皆執以相見，是往來也。凡大約劑，書於宗彝。小約劑，書於丹圖。大約劑，邦國約也。書於宗廟之六彝，欲神監焉。小約劑，萬民約也。丹圖，未聞。或有彫器簠簋之屬，有圖象者與？《春秋傳》曰：斐豹，隸也，著於丹書。今俗語有鐵券丹書，豈此舊典之遺言與？與，音餘。斐，音非，徐方眉反，劉方持反，沈芳尾反。疏：注大約至遺言。釋曰：知大約劑是邦國者，上言掌邦國及萬民之約劑，有此二者，故大小據而言之。六彝之名，若《司尊彝》云雞、鳥、斝、黄、虎、蜼之等，以畫於宗廟彝尊，故知欲神監焉，使人畏敬，不敢違之也。云或有彫器簠簋之屬，有圖象者與者，此鄭見見時有人爲此説者，故云或有。案：梓人造器有刻畫祭器，博庶物也，是圖象事亦有似，故云與以疑之。云《春秋傳》曰斐豹，隸也者，襄公二十三年文。若有訟者，則珥而辟藏，其不信者服墨刑。鄭司農云：謂有爭訟罪罰，刑書謬誤不正者，爲之開藏，取本刑書以正之。當開時，先祭之。玄謂訟，訟約，若宋仲幾、薛宰者也。辟藏，開府視約書。不信，不如約也。珥讀曰衈，謂殺雞取血釁其户。藏，才浪反，注下皆同。爲，于僞反。疏：若有至墨刑。釋曰：訟，謂爭約劑不決者。云則珥而辟藏者，謂以血塗户，乃開辟其户，以出本約劑之書勘之。注鄭司至其户。釋曰：司約所掌，唯約劑之書，先鄭以爲爭訟罪罰刑書，及以珥爲祭。後鄭皆不從，而謂訟約若宋仲幾、薛宰者，案定元年正月。晉魏舒合諸侯之大夫于狄泉，將城成周。宋仲幾不受功，曰：滕、薛、郳，吾役也。薛宰曰：宋爲無道，絶我小國於周，以我適楚，故我常從宋。晉文公爲踐土之盟曰凡我同盟，各復舊職，若從踐土，若從宋，亦惟命。宋仲幾曰：踐土固然。又士彌牟曰：子姑受功，歸，吾視諸故府。仲幾曰：縱子忘之，山川鬼神其忘諸乎？此是訟約法，故引之爲證。云殺雞者，以《雜記》云割雞，門當門，其衈皆於屋下，言衈，故知用雞也。若大亂，則六官辟藏，其不信者殺。大亂，謂僭約，若吴、楚之君，晉文公請隧以葬者。六官辟藏，明罪大也。六官初受盟約之貳。隧，音遂。疏：注大亂至之貳。釋曰：云大亂，謂僭約者，以其司約者主約，故知僭約也。既言大亂，明是若吴、楚之君僭稱王也。又如晉文公請隧以葬，亦是也。案僖二十五年，晉文公納定襄王，乃請隧以葬。隧者，請掘地通路，上有負土。諸侯已下，上無負土，謂之羨塗。天子有負土，謂之隧。文公請之，欲行天子之禮，故對曰未有代德，而有二王，不許之也。明罪大止謂僭者也。云六宮初受盟約之貳者，以《大司寇》云凡邦之大盟約，大史、内史、司會及六官皆受其貳而藏之者是也。

（宋）朱熹《四書章句集注·論語集注·堯曰》

謹權量，審法度，修廢官，四方之政行焉。權，稱錘也。量，斗斛也。法度，禮樂制度皆是也。

《孟子注疏·公孫丑章句上》

孟子曰：仁則榮。不仁則辱。今惡辱而居不仁，是猶惡濕而居下也。行仁政則國昌而民安，得其榮樂。行不仁則國破民殘，蒙其恥辱。惡辱而不行仁，譬猶惡濕而居卑下近水泉之地也。如惡之，莫如貴德而尊士，賢者在位，能者在職，諸侯如惡辱之來，則當貴德以治身，尊士以敬人，使賢者居位，官得其人，能者居職，人任其事也。國家間暇，及是時明其政刑，雖大國必畏之矣。及無鄰國之虞，以是間暇之時，明修其政教，審其刑罰，雖天下大國，必來畏服。《詩》云：迨天之未陰雨，徹彼桑土，綢繆牖户。今此下民，或敢侮予。孔子曰：爲此詩者，其知道乎？能治其國家，誰敢侮之。《詩·邠國·鴟鴞》之篇。迨，及。徹，取也。桑土，桑根也。言此鴟鴞小鳥，猶尚知反天未陰雨而取桑根之皮，以纏綿牖户。人君能治國家，誰敢侮之。刺邠君曾不如此鳥。孔子善之，故謂此詩知道也。今國家間暇，及是時，般樂怠敖，是自求禍也。禍福無不自己求之者。般，大也。孟子傷今時之君，國家適有間暇，且以木作樂，怠惰敖遊，不脩政刑，是以見侵而不能距，皆自求禍者也。《詩》云：永言配命，自求多福。《詩·大雅·文王》之篇。永，長；言，我也。長我周家之命，配當善道，皆内自求責，故有多福也。《太甲》曰：天作孽，猶可違。自作孽，不可活。此之謂也。殷王太甲，言天之妖孽，尚可違避，譬若高宗雊雉，宋景守心之變，皆可以德消去也。自己作孽者，若帝乙慢神震死，是爲不可活故若。此之謂也。疏：孟子曰至此之謂也。正義曰：此章言國必修政，君必行仁，禍福由己，不專在天，當防患於未亂也。孟子曰：仁則榮，不仁則辱。今惡辱而居不仁，是猶惡濕而居下也者，孟子言國君行仁，則國昌民安，享其榮樂。行不仁，則國破民殘，故已蒙其恥辱。今之國君，既能疾惡其有恥辱於己，而以居處於不仁之道，是若疾惡其濕活，而以居其卑下近水泉之地也。如惡之，莫如貴德而尊士，賢者在位，能者在職者，言今之國君，如能疾惡其恥辱，莫若尚其有德之賢，而尊敬其有道之士也。既能貴德尊士，則賢者居其官位，能者任其官職也。所貴德者，爲其有德也，所以尊士者，爲其事道也。能爲人所不能爲，賢長於德行者也；能爲人之所能爲，能長於道藝者也。得賢能在位在職，則國無不治也。所以謂仁則榮之意也。今國家閒暇，及是時明其政刑，雖大國必畏之矣者。言今國家閒暇無事，以及此時，若能修明政教刑罰，雖強大之國，亦必畏服矣。《詩》云：迨天之未陰雨，徹彼桑土至誰敢侮之者，迨天至或敢侮予，蓋《詩·邠國·鴟鴞》之篇文也。言此鴟鴞小鳥，尚知天未陰雨之前，取彼桑根之皮土，以纏綿牖户，喻人君能於閒暇之時，治其國家，以明其刑政，則今此下民，誰敢侮慢我也。詩人蓋以天之未陰雨，國家閒暇之譬也。徹彼桑土綢繆牖户明其政刑之譬也。今此下民或敢侮予大國，必畏之譬也。鴟鴞所以徹彼桑土於天未陰雨之前，以纏綿牖户，則風雨莫得以漂搖，人君所以明政刑於閒暇之時，以維持國家，則鄰國莫得以侵侮。此孔子所以曰作爲此詩者，是能知其治道者也。以其能治其國家，則誰敢侮之矣。是宜孔子善之，以謂爲此詩者，其知道乎？今國家閒暇，及是時，般樂怠敖，是自求禍也。禍福無不自己求者，孟子傷今之人君，於國家閒暇以及於此時乃大作樂，怠惰敖遊，而不修明刑政，是自求其禍也。以其禍福無有不自於己求之矣。如所謂夫人必自畏然後人畏之，夫人必自侮然後人侮之，是其禍福無不自己求之意也。《詩》云：永言配命，自求多福者，蓋《詩·大雅·文王》之篇文也。永，長也。言，我也。蓋謂我長配天命而行，以自求多福也。《太甲》曰：天作孽，猶可違。自作孽，不可活。此之謂也者，太甲，殷王之名也，言六甲嘗謂上天作其災孽，尚可違避。如己自作其災孽，不可得而生活也。如高宗、宋景二者，修德以消去者，是天作孽猶可違也。帝乙慢神震死，是自作孽，不可活也。凡此孟子所以引之者，是亦證其禍福無不自己求之之意也。

(宋) 朱熹《四書章句集注·孟子集注·公孫丑章句上》　如惡之，莫如貴德而尊士，賢者在位，能者在職。國家閒暇，及是時明其政刑。雖大國，必畏之矣。閒，音閑。此因其惡辱之情，而進之以彊仁之事也。貴德，猶尚德也。士，則指其人而言之。賢，有德者，使之在位，則足以正君而善俗。能，有才者，使之在職，則足以脩政而立事。國家閒暇，可以有為之時也。詳味及字，則惟日不足之意可見矣。

(清) 焦循《孟子正義·公孫丑章句上》　孟子曰：仁則榮，不仁則辱。今惡辱而居不仁，是猶惡濕而居下也。注：行仁政，則國昌而民安，得其榮樂。行不仁，則國破民殘，蒙其恥辱。惡辱而不行仁，譬猶惡濕而居埤下近水泉之地也。疏：注行仁至地也。正義曰：《國語·晉語》云非以翟為榮。注云：榮，樂也。濕宜作溼。《素問·生氣通天論》云秋傷於溼。注云：溼，謂地溼氣也。埤，閩、監、毛三本作卑，卑、埤通。《管子·水地篇》云：人皆赴高，己獨赴下，卑也。卑也者，水以為都居。注云：都，聚也。水聚居於下，卑也。《荀子·宥坐篇》云：其流也埤下，裾拘必循其理。注云：埤讀為卑。裾與倨同，方也。拘讀為鉤，曲也。其流必就卑下，或方或曲，必循卑下之理。是卑下為近水泉之處，為水漸洳，不免於溼也。如惡之，莫如貴德而尊士，賢者在位，能者在職，注：諸侯如惡辱之來，則當貴德以治身，尊士以敬人，使賢者居位得其人，能者居職任其事也。疏：注使賢至事也。正義曰：《廣雅·釋詁》云：在，尻也。《説文》几部云：尻，處也。今通作居，是有其人，故云得其人。《淮南子·俶真訓》云：大夫安其職，高誘注云：職，事也。故以兩居釋兩在。《禮記·文王世子》云：記曰：虞夏商周，有師保，有疑丞，設四輔及三公，不必備，唯其人。注云：無則已，小人處其位，不如且闕。今賢者處位，居職，故任其事。國家閒暇，及是時明其政刑，雖大國必畏之矣。注：及無鄰國之虞，以是閒暇之時，明修其政教，審其刑罰，雖天下大國，必來畏服。疏：注及無至畏服。正義曰：《國語·晉語》：平公謂陽畢曰：自穆侯以至於今，亂兵不輟，民志無厭，禍敗無已，離民且速寇，恐及吾身，若之何？陽畢對曰：今若大其柯，去其枝葉，絶其本根，可以少閒。注云：閒，息也。閒暇謂安息，此以除去欒氏内亂為少閒，則不獨無敵國之虞。國家閒暇，謂不用兵戈，無論外患内亂，戰攻則不得休息。趙氏舉其外以概其内也。《國語·晉語》注云：明，著也。《説文》彡部云：修，飾也。《廣雅·釋詁》云：飾，著也。是明、著、修三字義通。《管子·宙合篇》云：見察之謂明。《淮南子·本經訓》云：審於符著，高誘注云：審，明也。明之義：一為修明，一為明審。趙氏以政教宜修，刑罰宜審，故分釋之。畏之訓亦有二：一為畏懼，故以畏服言之。《廣雅·釋詁》畏懼也是也。一為畏服，《曲禮》畏而愛之注云心服曰畏是也。大國無容畏懼，故以畏服言之。《詩》云：迨天之未陰雨，徹彼桑土，綢繆牖户。今此下民，或敢侮予。孔子曰：為此詩者，其知道乎？能治其國家，誰敢侮之。注：《詩·邠國·鴟鴞》之篇。迨，及。徹，取也。桑土，桑根也。言此鴟鴞小鳥，尚知及天未陰雨而取桑根之皮，以纏緜牖户。人君能治其國家，誰敢侮之。刺邠君曾不如此鳥。孔子善之，故謂此詩知道也。疏：注詩邠至道也。正義曰：詩在今《毛詩·鴟鴞篇》第二章。傳云：迨，及。徹，剥也。桑土，桑根也。箋云：綢繆，言纏緜也。趙氏注與傳、箋同。王肅云：鴟鴞及天之未陰雨，剥取彼桑根，以纏緜牖户。桑根之皮，必須剥而取之，故毛傳訓徹為剥。趙氏訓徹為取，《廣雅·釋詁》云：撤，取也。撤、徹字通。《毛詩》釋文云：土音杜，《韓詩》作杜。《方言》云：東齊謂根曰杜。《大雅》自土沮漆，《漢書·地理志》注云：《齊詩》作自杜。《荀子·解蔽篇》所言乘杜，卽相土，是土、杜古字通也。綢繆卽纏緜之轉聲，《廣雅·釋詁》云：綢繆，纏也。謂以桑根之皮，絞結束縛之成巢也。《爾雅·釋鳥》云：鴟鴞，鸋鴂。陸璣《詩疏》云：鴟鴞，似黄雀而小。是鴟鴞為小鳥也。今此下民，今《毛詩》作今女下民。《詩序》云：《鴟鴞》，周公救亂也。成王未知周公之志，公乃為詩以遺王，名之曰《鴟鴞》焉。事見《周書·金縢篇》。趙氏則以為刺邠君曾不如此鳥，此蓋三家之説與毛異者。今國家閒暇，及是時，般樂怠敖，是自求禍也。禍福無不自己求之者。注：般，大也。孟子傷今時之君，國家適有閒暇，且以大作樂，怠惰敖遊，不修政刑，是以見侵而不能距，皆自求禍者也。疏：注般大也。正義曰：段氏玉裁《説文解字注》云：伴，大貌。《方言》、《廣雅》、《孟子》注皆云：般，大也。亦謂般卽伴。注怠惰敖遊。正義曰：《禮記·少儀》云：怠則張而相之，注云：怠，惰也。《毛詩·小雅》嘉賓式燕以敖，傳云：敖，遊也。《説文》出部云：敖，出遊也。敖同遨。《詩》云：永言配命，自求多福。注：詩，《大雅·文王》之篇。永，長。言，我也。長我周家之命，配當善道，皆内自求責，故有多福也。疏：注詩大至福也。正義曰：詩在《文王篇》第六章。毛傳云：永，長言，我也。趙氏訓詁與毛同，皆《爾雅·釋詁》文。《廣雅·釋詁》云：配，當也。箋云：常言當配天命而行，則福禄自來。亦以當釋配。分於道謂之命，配當善道，則配當天命矣。莊公二十五年《公羊傳》云求乎陰之道也，注云：求，責求也。故自求卽是自責。《易·雜卦傳》云：大有，衆也。衆與多義同，故以有釋多。謂能自責則有福也。《太甲》曰：天作孽，猶可違；自作孽，不可活。此之謂也。注：殷王太甲言天之妖孽，尚可違避，譬若高宗雊雉，宋景守心之變，皆可以德消去也。自己作孽者，若帝乙慢神震死，是為不可活也。疏：注殷王至活也。正義曰：《尚書·太甲》三篇，今文古文皆不傳，不在逸書之列，故趙氏但云殷王太甲言，不言逸書也。周氏廣業《孟子逸文考》云：《説文》：蠥，从虫，薛聲。衣服歌謠草木之怪謂之祥，禽獸蟲蝗之怪謂之蠥。又：孽，庶子也。从子，薛聲。《玉篇》：蠥，或作孽。江氏聲《尚書集注音疏》云：高宗雊雉者，經云高宗融日，越有雊雉。敘云高宗祭成湯，有飛雉鼎耳而雊。《史記》云：武丁祭成湯，明日有飛雉登鼎耳而雊，武丁懼，祖己曰王勿憂，先修政事。武丁修政行德，天下咸驩，殷道復興。是其事。云宋景守心者，《吕氏春秋·制樂篇》云：宋景公之時，熒惑在心。公懼，召子韋而問焉。子韋曰：熒惑者，天罰也。心者，宋之分野也。禍當於君。雖然，可移於宰相。公曰：宰相所與治國家也，而移死焉，不祥。子韋曰：可移於民。公曰：民死，寡人將誰為君乎？寧獨死。子韋曰：可移於歲。公曰：歲害則民饑，民饑必死，為人君而殺其民以自活，其誰以我為君乎？是寡人之命固盡矣。子毋復言矣。子韋還走北面再拜曰：臣敢賀君，天處高而聽卑，君有至德之言三，天必三賞君，今夕熒惑其徙三舍，君延年二十一歲。公曰：子何以知之？對曰：有三善言必有三賞，熒惑三徙舍，舍行七星，星一徙當一年，三七二十一，臣故曰君延年二十一歲。臣請伏於陛下，以司候之。熒惑不徙，臣請死。公曰：可。是夕，熒惑果徙三舍。是其事也。高宗、宋景皆以德弭災，故去皆可以德消去也。云帝乙慢神震死者，《史記》云：帝武乙無道，為偶人，謂之天神，與之搏，令人為行，天神不勝，乃僇辱之。為革囊盛血，仰而射之，命曰射天。武乙獵於河、渭之間，暴雷，武乙震死。是其事也。故云是為不可活。聲謂活或為逭，《禮記·緇衣》引《太甲》曰天作孽，可違也；自作孽，不可以逭。與《孟子》所引字雖有異，而大指無殊。惟逭之與活，義訓不同，鄭康成曰：逭，逃也。

（宋）朱熹《四書章句集注·孟子集注·離婁章句上》　上無道揆也，下無法守也，朝不信道，工不信度，君子犯義，小人犯刑，國之所存者幸也。朝，音潮。此言不仁而在高位之禍也。道，義理也。揆，度也。法，制度也。道揆，謂以義理度量事物而制其宜。法守，謂以法度自守。工，官也。度，卽法也。君子小人，以位而言也。由上無道揆，故下無法守。無道揆，則朝不信道而君子犯義；無法守，則工不信度而小人犯刑。有此六者，其國必亡；其不亡者，僥倖而已。

（宋）朱熹《四書章句集注·孟子集注·告子章句上》　孟子曰：羿之教人射，必志於彀；學者亦必志於彀。【略】羿，善射者也。志，猶期也。彀，弓滿也。滿而後發，射之法也。學，謂學射。大匠誨人，必以規矩；學者亦必以規矩。大匠，工師也。規矩，匠之法也。此章言事必有法，然後可成，師舍是則無以教，弟子舍是則無以學。曲藝且然，况聖人之道乎？

（清）焦循《孟子正義·告子章句上》　孟子曰：羿之教人射，必志於彀，學者亦必志於彀。注：羿，古之工射者。彀，張也。張弩向的者，用思專時也。學者志道，猶射者之張也。【略】大匠誨人，必以規矩，學者亦必以規矩。注：大匠，攻木之工。規，所以為圓也。矩，所以為方也。誨，教也。教人必以規矩。學者以仁義為法式，亦猶大匠以規矩者也。疏：注規所以爲圓也。正義曰：孔本無也字。注誨教也。正義曰：《説文》言部云：誨，曉教也。《章指》言：事各有本，道有所隆，彀張規矩，以喻爲仁，學不爲仁，猶是二教，失其法而行之也。

（清）焦循《孟子正義·盡心章句下》　孟子曰：梓匠輪輿，能與人規矩，不能使人巧。注：梓匠輪輿之功，能以規矩與人。人之巧在心，拙者雖得規矩，不以成器也。《章指》言：規矩之法，喻若典禮，人不志仁，雖誦憲籍，不能以善。善人脩道，公輸守繩，政成器美，惟度是應，得其理也。疏：雖誦至守繩。正義曰：周氏廣業《孟子章指攷證》云：《文子·道德篇》云：守其法籍，行其憲令。《荀子》：公輸不能加於繩。王褒《聖主得賢臣頌》云：離婁督繩，公輸削墨。

（清）馬驌《繹史》卷一一一《申不害相韓》　昔七十九代之君，法制不一，號令不同，然而俱王天下，何也？必當國富而粟多也。

（清）馬驌《繹史》卷一一九《齊宣王好士》　法雖不善，猶愈於無法；所以一人心也。夫投鈎以分財，投策以分馬，非鈎策為均也。使得美者不知所以美，使得惡者不知所以惡，此所以塞願望也。明君動事分職，由慧定功，分財由法，行德制中，由禮故欲，不得干時，愛不得犯法，貴不得踰親，禄不得踰位，士不得兼官，工不得兼事。以能受事，以事受利。若是者，上無羨賞，下無羨財。

（宋）羅泌《路史》卷一八《後紀九·疏仡紀·高辛氏》　法尚乎一，而政貴乎信，故下服度。不備待而得穌，故民反累。皇道炳燠，萬流仰鏡。牛馬之牧不相反，人民之俗不相知。《管子·侈靡》。霜雹所沾，日月所監，亡不尊親，地寶天瑞應誠而至。於是省方以齊民之物，而登封以報其政之成，是以四海同風，九州共貫，天下歸往，而人以樂生。都於亳殷。亳殷，辛其始國，故號曰高辛氏。

（宋）羅泌《路史》卷二〇《後紀十一·疏仡紀·陶唐氏》　功者則命於上，然後得飾車、駢馬而被文錦。未命而乘衣之，則罰。故雖有餘財侈物，亡禮義功德，謏亡用。所謂命長，庶民則木車、單馬、衣布帛。以賢制爵，以庸制禄。故人慎德興功，輕利而興義。《伏氏大傳》。政先仁而後煞，先暱而後疏，先化而後教。三教不率而刑賞寓焉，惟敬五刑以成三德。是故明法察令，《申子》：堯之治天下，明法察令而已，聖君任法而不任智，任數而不任説。單均刑法。《國語》：單均刑法以儀民。《禮》作賞均，非是。非汔於威，惟汔于富。象刑以儀之，而民亡犯。典獄非汔於威，不絶威也；惟汔於富，賂不行也。畫衣冠，異章服，謂之戮，故人可殺而不可辱。凡斬其人，鑿形膚曰刑；畫衣冠，異章服，謂之戮。上世用戮，民不犯也。見《愼子》。上刑赭衣不純，中加雜屨，下則墨幪以居州里，故民有恥而興禮。《唐傳》作反於禮，《甫刑》專以三刑，為有虞氏者，非純緣也。幪，巾也。《周禮》罷民亦然。上刑易二，十刑易一，輕重之差也。此以四萬二千家為州，七十二家為里，與《周禮》異。宥過亡大，刑故亡小，以人而戒。故禮義興，禮義興，而民亡争；民亡争，而治達矣。公孫弘云：堯舜之時，不貴爵賞而民勸善；不重刑罰，而民不犯。躬率以正，而民愈信。故《大傳》子贛曰：《傳》云堯舜之王，一人不刑而天下治，教誡而愛深也。《史記·禮書》乃以為堯治天下，殺一人、刑三人而天下治。此以四罪言爾過誤也。誤則赦之，不以大；故用意者，刑之，不以小。然在堯時而已，以其待之盡。《白虎義》云五帝畫象者，其服象五刑：墨者，幪巾；劓者，赭衣；髕者，墨幪；宮者，屝屨；大辟，布衣無領。故《法言》云唐虞象刑。《傳》言五帝畫象，而民不犯。蓋唐虞有象刑而更設畫衣冠之法，如周明袺奏，赭衣者或疑與刑故之事戾，戾者何得廢哉？乃立四學以詔於國，而養更老，故民興孝。《禮》注：五帝有太學曰成均，虞祥，近是更五、更老、三老，更以更事爲名。蔡云當作五叜。非。

（宋）羅泌《路史》卷三五《發揮四·九合諸侯》　篤信明義，崇德報功，吾固不以是責，歸馬放牛，囹圄空虛，此輩之所能歟？約法三章，外戶不閉，此輩之所能歟？拾桑麻，衽氈毳，棄五穀而噉海。錯語人曰：彼以世間法，我以出世間。法吾見其大，言之相愒也。

（宋）李鍇《尚史》卷四一《列傳九·晉諸臣傳·荀寅》　仲尼曰：晉其亡乎，失其度矣。夫晉國將守唐叔之所受法度以經緯其民，卿大夫以序守之，民是以能尊其貴，貴是以能守其業。貴賤不愆，所謂度也。文公是以作執秩之官，為被廬之法，以為盟主。今棄是度也，而為刑鼎，民在鼎矣。何以尊貴，貴何業之守，貴賤無序，何以為國？且夫宣子卽士匄之刑，夷之蒐也，晉國之亂制也。

《後漢書》卷二八上《桓譚傳》　且設法禁者，非能盡塞天下之姦，皆合衆人之所欲也，大抵取便國利事多者，則可矣。夫張官置吏，以理萬人，縣賞設罰，以別善惡，惡人誅傷，則善人蒙福矣。今人相殺傷，雖已伏法，而私結怨讎，子孫相報，後忿深前，至於滅戶殄業，而俗稱豪健，故雖有怯弱，猶勉而行之，此爲聽人自理而無復法禁者也。今宜申明舊令，若已伏官誅而私相傷殺者，雖一身逃亡，皆徙家屬於邊，其相傷者，加常二等，不得雇山贖罪。如此，則仇怨自解，盜賊息矣。【略】又見法令決事，輕重不齊，或一事殊法，同罪異論，姦吏得因緣爲市，所欲活則出生議，所欲陷則與死比，是爲刑開二門也。今可令通義理明習法律者，校定科比，一其法度，班下郡國，蠲除故條。如此，天下知方，而獄無怨濫矣。

《三國志》卷一二《魏志·何夔傳》　是時太祖始制新科下州郡，又收租税綿絹。夔以郡初立，近以師旅之後，不可卒繩以法，乃上言曰：自喪亂已來，民人失所，今雖小安，然服教日淺。所下新科，皆以明罰敕法，齊一大化也。所領六縣，疆域初定，加以饑饉，若一切齊以科禁，恐或有不從教者。有不從教者不得不誅，則非觀民設教隨時之意也。先王辨九服之賦以殊遠近，制三典之刑以平治亂，愚以爲此郡宜依遠域新邦之典，其民間小事，使長吏臨時隨宜，上不背正法，下以順百姓之心。比及三年，民安其業，然後齊之以法，則無所不至矣。太祖從其言。

《晉書》卷三〇《刑法志》　頠雖有此表，曲議猶不止。時劉頌爲三公尚書，又上疏曰：自近世以來，法漸多門，令甚不一。臣今備掌刑斷，職思其憂，謹具啓聞。臣竊伏惟陛下爲政，每盡善，故事求曲當，則例不得直；盡善，故法不得全。何則？夫法者，固以盡理爲法，而上求盡善，則諸下牽文就意，以赴主之所許，是以法不得全。刑書徵文，徵文必有乖於情聽之斷，而上安於曲當，故執平者因文可引，則生二端。是法多門，令不一，則吏不知所守，下不知所避。姦僞者因法之多門，以售其情，所欲淺深，苟斷不一，則居上者難以檢下，於是事同議異，獄犴不平，有傷於法。古人有言：人主詳，其政荒；人主期，其事理。詳匪他，盡善則法傷，故其政荒也。期者輕重之當，雖不厭情，苟入於文，則循而行之，故其事理也。夫善用法者，忍違情不厭聽之斷，輕重雖不允人心，經於凡覽，若不可行，法乃得直。又君臣之分，各有所司。法欲必奉，故令主者守文；理有窮塞，故使大臣釋滯；事有時宜，故人主權斷。主者守文，若釋之執犯蹕之平也；大臣釋滯，若公孫弘斷郭解之獄也；人主權斷，若漢祖戮丁公之爲也。天下萬事，自非斯格重爲，故不近似此類，不得出以意妄議，其餘皆以律令從事。然後法信於下，人聽不惑，吏不容姦，可以言政。人主軌斯格以責羣下，大臣小吏各守其局，則法一矣。古人有言：善爲政者，看人設教。看人設教，制法之謂也。又曰隨時之宜，當務之謂也。然則看人隨時，在大量也，而制其法。法軌既定則行之，行之信如四時，執之堅如金石，羣吏豈得在成制之內，復稱隨時之宜，傍引看人設教，以亂政典哉！何則？始制之初，固已看人而隨時矣。今若設法未盡當，則宜改之。若謂已善，不得盡以爲制，而使奉用之司公得出入以差輕重也。夫人君所與天下共者，法也。已令四海，不可以不信以爲教，方求天下之不慢，不可繩以不信之法。且先識有言，人至愚而不可欺也。不謂平時背法意斷，不勝百姓願也。上古議事以制，不爲刑辟。夏殷及周，書法象魏。三代之君齊聖，然咸棄曲當之妙鑒，而任徵文之直準，非聖有殊，所遇異也。今論時敦朴，不及中古，而執平者欲適情之所安，自託於議事以制。臣竊以爲聽言則美，論理則違。然天下至大，事務衆雜，時有不得悉循文如令。故臣謂宜立格爲限，使主者守文，死生以之，不敢錯思於成制之外，以差輕重，則法恒全。事無正據，名例不及，大臣論當，以釋不滯，則事無閡。至如非常之斷，出法賞罰，若漢祖戮楚臣之私己，封趙氏之無功，唯人主專之，非奉職之臣所得擬議。然後情求傍請之跡絶，似是而非之奏塞，此蓋齊法之大準也。主者小吏，處事無常。何則？無情則法徒克，有情則撓法。積克似無私，然乃所以得其私，又恒所岨以衛其身。斷當恒克，世謂盡公，時一曲法，迺所不疑。故人君不善倚深似公之斷，而責守文如令之奏，然後得爲有檢，此又平法之一端也。夫出法權制，指施一事，厭情合聽，可適耳目，誠有臨時當意之快，勝於徵文不允人心也。然起爲經制，終年施用，恒得一而失十。故小有所得者，必大有所失；近有所漏者，必遠有所苞。故諳事識體者，善權輕重，不以小害大，不以近妨遠。忍曲當之近適，以全簡直之大準。不牽於凡聽之所安，必守徵文以正例。每臨其事，恒御此心以決斷，此又法之大概也。又律法斷罪，皆當以法律令正文，若無正文，依附名例斷之，其正文名例所不及，皆勿論。法吏以上，所執不同，得爲異議。如律之文，守法之官，唯當奉用律令。至於法律之内，所見不同，迺得爲異議也。今限法曹郎令史，意有不同爲駁，唯得論釋法律，以正所斷，不得援求諸外，論隨時之宜，以明法官守局之分。

詔下其事，侍中、太宰、汝南王亮奏以爲：夫禮以訓世，而法以整俗，理化之本，事實由之。若斷不斷，常輕重隨意，則王憲不一，人無所錯矣。故觀人設教，在上之舉；守文直法，臣吏之節也。臣以去太康八年，隨事異議。周懸象魏之書，漢詠畫一之法，誠以法與時共，義不可二。今法素定，而法爲議，則有所開長，以爲宜如頌所啓，爲永久之制。

於是門下屬三公曰：昔先王議事以制，自中古以來，執法斷事，既以立法，誠不宜復求法外小善也。若常以善奪法，則人逐善而不忌法，其害甚於無法也。案啓事，欲令法令斷一，事無二門，郎令史已下，應復出法駁案，隨事以聞也。

《南齊書》卷二四《柳世隆傳》 今皇上聖明，將相仁愛，約法三章，寬刑緩賦，年登歲阜，家給人足，上有惠民之澤，下無樂亂之心。攸之不識天時，妄圖大逆，舉無名之師，驅讎怨之衆，是以朝野審其易取，含識判其成禽。彼土士民，罹毒日久，今復相逼迫，投赴鋒刃。交戰之日，蘭艾難分，去就在機，望思先曉，無使一人迷疑，而九族就禍也。弘宥之典，有如皎日。

（宋）司馬光《資治通鑑》卷一三七《齊紀三》 初，晉張斐、杜預共註《律》三十卷，自泰始以來用之，此晉泰始也。《律》文簡約，或一章之中，兩家所處，生殺頓異，處，昌呂翻。臨時斟酌，吏得爲姦。上留心法令，詔獄官詳正舊註。七年，尚書刪定郎王植集定二註，表奏之。魏、晉以來，尚書諸曹無刪定郎，此蓋刪定《律》註而置官。詔公卿、八座參議考正，竟陵王子良總其事；衆議異同不能壹者，制旨平決。是歲，書成。廷尉山陰孔稚珪上表，以爲：《律》文雖定，苟用失其平，則法書徒明於袠裏，冤魂猶結於獄中。竊尋古之名流，多有法學，今之士子，莫肯爲業。縱有習者，世議所輕，將恐此書永淪走吏之手矣。今若置《律》助教，依《五經》例，國子生有欲讀者，策試高第，即加擢用，以補內外之官，庶幾士流有所勸慕。詔從其請，事竟不行。

《魏書》卷一九中《景穆十二王傳·任城王》 高祖詔〔王〕澄曰：昔鄭子產鑄刑書，而晉叔向非之。此二人皆是賢士，得失竟誰？對曰：鄭國寡弱，攝於强鄰，民情去就，非刑莫制，故鑄刑書以示威。雖乖古式，合今權道，隨時濟世，子產爲得。而叔向譏議，示不忘古，可與論道，未可語權。高祖曰：任城當欲爲魏之子產也。澄曰：子產道合當時，聲流竹素。臣既庸近，何敢庶幾。今陛下以四海爲家，宣文德以懷天下，但江外尚阻，車書未一，季世之民，易以威伏，難以禮治。愚謂子產之法，猶應暫用，大同之後，便以道化之。高祖心方革變，深善其對，笑曰：非任城無以識變化之體。朕方創改朝制，當與任城共萬世之功耳。

《魏書》卷一一一《刑罰志》 孝昌已後，天下淆亂，法令不恒，或寬或猛。及尒朱擅權，輕重肆意，在官者，多以深酷爲能。至遷鄴，京畿群盜頗起。有司奏立嚴制：諸强盜殺人者，首從皆斬，妻子同籍，配爲樂戶；其不殺人，及贓不滿五匹，魁首斬，從者死，妻子亦爲樂戶；小盜贓滿十匹已上，魁首死，妻子配驛，從者流。侍中孫騰上言：謹詳，法若畫一，理尚不二，不可喜怒由情，而致輕重。案律，公私劫盜，罪止流刑。而比執事苦違，好爲穿鑿，律令之外，更立餘條，通相糾之路，班捉獲之賞。斯乃刑書徒設，獄訟更煩，法令滋彰，盜賊多有。非所謂不嚴而治，遵守典故者矣。臣以爲升平之美，義在省刑；陵遲之弊，必由峻法。是以漢約三章，天下歸德；秦酷五刑，率土瓦解。禮訓君子，律禁小人，舉罪定名，國有常辟。至如眚災肆赦，怙終賊刑，經典垂言，國朝成範。隨時所用，各有司存。不宜巨細滋煩，令民豫備。恐防之彌堅，攻之彌甚。請諸犯盜之人，悉准律令，以明恒憲。庶使刑殺折衷，不得棄本從末。詔從之。天平後，遷移草創，百司多不奉法，貨賄公行。興和初，齊文襄王入輔朝政，以公平肅物，大改其風。至武定中，法令嚴明，四海知治矣。

《北史》卷三四《高閭傳》 帝曰：刑法者，王道所用。何者爲法？何者爲刑？施行之日，何先何後？對曰：創制立會，軌物齊衆，謂之法；犯違制約，致之於憲，謂之刑。然則法必先施，刑必後著。

《北史》卷四〇《韓麒麟傳》 又曰：夫帝皇所以居尊以御下者，威也；兆庶所以徙惡以從善者，法也。是以有國有家，必以刑法爲政，生人之命，於是而在。有罪必罰，罰必當辜，則雖以捶撻薄刑，而人莫敢犯。有制不行，人得僥倖，則雖參夷之誅，不足以肅。自太和以來，未多坐盜棄市，而遠近肅清。由此言之，止姦在於防檢，不在嚴刑。今州郡牧守，邀當時之名，行一切之法；臺閣百官，亦咸以深酷爲無私，以仁恕爲容盜。迭相敦厲，遂成風俗。陛下居九重之內，視人如赤子；百司分萬務之要，遇下如仇讎。是則堯、舜止一人，而桀、紂以千百，和氣不至，蓋由於此。宜敕示百官，以惠元元之命。

《北史》卷五五《郎基傳》 尋除衛國令，時有繫囚二百，茂親自究審，數日釋免者百餘人。歷年辭訟，不詣州省。魏州刺史元暉謂曰：長史言衛國人不敢申訴者，畏明府耳。茂曰：人猶水也，法令爲隄防，隄防不固，必致奔突，苟無決溢，使君何患哉！暉無以應。

《北史》卷六二《王軌傳》 變故易常，乃爲政之大忌；淫刑酷罰，非致安之弘規。若罰無定刑，則天下皆懼；政無常法，則人無適從。豈有削嚴刑之詔未及半祀，便即遺改，更嚴前制？政令不定，乃至於此！今宿衛之官，有一夜不直者，罪至削除；因而逃亡者，遂便籍沒。則大逆之罪，與杖十同科。雖爲法愈嚴，恐人情愈散。一人心散，尚或不可止，若天下皆散，將如之何？請遵輕典，並依大律，則億兆之人，手足有所措矣。

（宋）司馬光《資治通鑑》卷一八六《唐紀二》 陳嶽論曰：受命之主，發號出令，爲子孫法；一不中理，則爲厲階。中，竹仲翻。今高祖曰業已授之，不可追，苟授之而是，則已；授之而非，胡不可追歟。君人之道，不得不以業已授之爲誡哉！

《舊五代史》卷一四七《刑法志》 伏以刑獄至重，朝廷所難。尚書省分職六司，天下謂之會府。且諸道決獄，若關人命，即刑部不合不知。欲請州府凡斷大辟罪人訖，逐季具有無申報刑部，仍具録案款事節，并本判官、馬步都虞候、司法參軍、法直官、馬步司判官名銜申聞，所貴或有案内情曲不圓，刑部可行覆勘。如此則天下遵守法律，不敢輕易刑書，非惟免有銜冤，抑亦勸其立政者。

（宋）司馬光《資治通鑑》卷二八八《後漢紀三》 歐陽修論曰：自古亂亡之國，必先壞其法制，壞，音怪。而後亂從之，此勢之然也，五代之際是已。文珂、守恩皆漢大臣，而周太祖以一樞密使頭子而易置之，如更戍卒。更，工衡翻。是時太祖未有無君之志，而所爲如此者，蓋習爲常事，故文珂不敢違，守恩不敢拒。太祖既處之不疑，處，昌呂翻。而漢廷君臣亦置而不問，豈非綱紀壞亂之極而至於此歟！余按唐閔帝之初，朱弘昭、馮贇以樞密院宣易置諸鎮，以致潞王之亂，雖成敗不同，而樞密權重則有自來矣。是以善爲天下慮者，不敢忽於微而常杜其漸也，可不戒哉！

《宋史》卷一七八《食貨志上六》 哲宗始親政，三省言役法尚未就緒，帝曰：第行元豐舊法，而減去寬剩錢，百姓何有不便？范純仁曰：四方異宜，須因民立法，乃可久也。遂令戶部議之。右司諫朱勃言：輸錢免役，有過數多斂者；用錢雇役，有立直太重者；役色之内，又有優便而願自投募，不必給雇者。請詳爲裁省。中書言：自行差法十年，民間苦於差擾，前後議者紛紜，更變不一，未有底止。

《宋史》卷一九九《刑法志一》 先是，太祝刁衎上疏言：古者投姦人於四裔，今乃遠方囚人，盡歸象闕，配務役。神京天子所居，豈可使流囚於此聚役。《禮》曰：刑人于市，與衆棄之。則知黃屋紫宸之中，非行法用刑之所。望自今外處罪人，勿許解送上京，亦不留於諸務充役。御前不行決罰之刑，殿前引見司鉗黥法具、敕杖，皆以付御史、廷尉、京府。或出中使，或命法官，具禮監科，以重明刑謹法之意。帝覽疏甚悦，降詔褒答，然不能從也。

（宋）李燾《續資治通鑑長編》卷一六三《宋仁宗慶曆八年》 御史何郯言：臣伏聞禁中自盜發以來，逐日分布内臣坐甲直宿，以至伐木拆屋，繕治垣牆，增置關鍵。其於備豫之方，固亦甚至。然臣以事體酌之，恐為陛下之計者誤也。為今之宜，其在一震威怒，以示誅罰，正大法以繩其慢，舉大刑以討其姦。斥邪僞附下之類，先絶其萌芽；究賊亂犯上之徒，務去其根本。不容無良，而與衆共棄；不漏有罪，而示人以公。法令既行，紀綱既正，以此御下，孰敢不虔！雖不增宫闈之警而其備堅，不加省戶之衛而其守固。與夫區區從細末之事者，不同年而語矣。臣況聞陛下從頃而來，過自警戒，中宫之樂工已盡罷，後苑之獵具已盡除，其於謹天戒而飭聖躬，雖詩書所稱遇災修德之君，遠不能逮。然於禁防之設，所舉者近而所忽者遠，所謹者小而所遺者大，臣竊惑焉。伏乞聖慈以臣愚言，命公卿大夫當廷公議，一舉法令威刑之柄，以除邪僞賊亂之階。庶主威益尊，國命益振，内患既弭，外虞自除，則天下幸甚。

（宋）李燾《續資治通鑑長編》卷一八七《宋仁宗嘉祐三年》 民知命令之不足信，則賞罰何以沮勸乎？欲乞今後朝廷凡處置事宜，申明制度，更加謹重。臣僚上言利害，並請先下兩制集議，如可經久，方許頒行。于後或小有異同，非蠹政害民者，不可數有更易。如此，則法存畫一，固有常格。

（宋）李燾《續資治通鑑長編》卷二七八《宋神宗熙寧九年》 臣以謂王者執權，當與時推移，翕張闔闢，固不膠於一。曩者，變法定令之初，勢自當爾。今持之日久，法度已就緒矣，則宜有以來天下議論，而激發言者之氣，以分別邪正，以補助事功。至於淫辭詖行者，有挾而發，自當屏棄，如此則嘉言不伏，而天下大治矣。

（宋）李燾《續資治通鑑長編》卷三六八《宋哲宗元祐元年》 劉摯言：免役錢之為天下害也久矣，陛下一旦罷去，復用祖宗差法，中外罔不欣快。臣尋曾奏，乞堅守差法大意，力行無疑，勿為異論所動。其有條目未備、措置未盡之事，外則已有前敕，許州、縣監司申明；內則已蒙選官置局詳定。今敕命若止於展限則可也，而其間命令有未安者，臣於是疑陛下於此法之意，似已為異論所搖矣。且命令之出，要在必行，豈可卻云且行！則天下奉承者，豈不疑惑！懷私之人，豈不覬望！又令舊納錢者，今被差者，皆具論列。緣四海百姓，向來無不納錢，則是竭天下之人，使之實封議法，則求言無乃太廣乎！實封之狀，州縣疲於遞送，其達於朝廷者，計須山積，則考閱何時之遍，而所謂差役之法，何年可見其成也！不知誰建此論者，蓋欲為遷延之謀、動搖之術，不意朝廷從而行之。甚哉，邪說之可以移主聽也！故免役與差役，利害明若觀火，易見也。參差不齊，在所修立者，其大不過十餘條目而已。今已選官建局，但宜趣具畫一，宣布行下。大法既先定，如州縣奉行委有未便，方聽依限申請，然後隨事修備，則豈不簡直易行！而何用此紛紛，以遂沮害之計，召天下之疑哉！伏望速賜契勘，如已頒行，即乞於敕內，自仍令逐州、縣出榜以下三十字，更不施行。

又：王巖叟言：臣伏以陛下差法，大意已善，而更欲曲盡事情，故選用近臣，令加詳定。命出之日，上下同辭，稱為至當。詳定官當自於新、舊法中，參取便事，裁而成書，頒之天下，必皆允愜。不須朝廷別降指揮，更下四方，惑亂衆心。竊覩近降指揮，全與前來敕意異同，乃是為陛下謀者，未容詳定，先欲鼓紛紛之論，以搖良法。又前敕為已見民間免役之害，故復差法，而今敕方云限兩月體訪利害，朝廷豈不知昨來四方應詔上書之人以千萬計，皆是斥言免役不便，足為信矣，何須更煩體訪，故作逗遛！前日民言若不為信，則後來之語如何可憑？前敕不以委提舉司，而今敕又令提舉司看詳保明，朝廷豈不知提舉官多是護持弊法之人？人人利於且為監司，惟恐便行廢罷，見此指揮，必生覬望，以為免役可存，妄有陳述，姦人得以藉口誑惑聖聰，動搖善政，誤陛下仁民愛物之良法。伏望特賜收還近敕，候詳定成法日，別取旨施行。庶命令無反覆之嫌，中外無二三之惑。閏月八日，朱光庭、王覿又奏，初十日遂降指揮。

（宋）李燾《續資治通鑑長編》卷三七一《宋哲宗元祐元年》 右諫議大夫孫覺等言：臣等伏見朝廷差安燾知樞密院，給事中以為不當，駁正封還。陛下未信其言，遂不送本官書讀施行，臣等竊為朝廷惜之。夫安燾之才不才，差除之當與否，自有天下之公論，臣皆置而未議，所惜者朝廷之法度耳。且三省之設，事相表裏，勢相始終。凡命令之出，先自中書省一人宣之，一人奉之，一人行之。次由門下省一人讀之，一人省之，一人審之。苟有未當，則許駁正，然後由尚書省受付施行。紀綱程式，其密如此，蓋以出命令而尊國體也。或闕其一，則于制敕為不全，中外難以取信。近日除呂公著為門下侍郎，不由本省而下，給事中范純仁力辨其事是也。夫國家所以維持四海而傳之萬事者，惟守法度而已。況當陛下諒闇之日，簾聽之時，正宜謹守法度，不可毫釐差失。今安燾之命，不送給事中書讀施行，乃是封駁一職遂為虛設。制敕不全，命令不重，而法度不存矣。斜封授官，恐漸起於此。臣等所以為朝廷深惜也。臣等竊度聖意，必謂已行之命難於追改，且失序遷，則是一舉而兩失矣。為安燾者，豈可受不全之制敕，而處具瞻之地哉？莫若因其辭免，寢罷新命，則君臣之際，授受皆得其宜，而法度不廢也。況朝廷差除，因臣下辭免，或臺諫論奏而罷與改者多矣。豈得於燾獨不改？伏望聖慈追還安燾告命，及詳覽臣等論列安燾文字，別降指揮施行。陛下遷進大臣若合公道，何故不令給事中依條書讀？臣等所論，乃繫國體。若陛下不賜改正，臣等須至再三論奏，不敢自已。此月末孫覺奏云，十四日尚同王覿上殿，此章或與覿共奏也。今《呂陶集》亦有此奏。

（宋）李燾《續資治通鑑長編》卷三七三《宋哲宗元祐元年》 右諫議大夫孫覺亦言：臣竊聞中外之議，以為今日之患，切于人情者，莫甚于元豐編敕細碎煩多，難以檢用。而因事立法，不可通行者，其間不一。雖有老於為吏，習於用法者，亦或莫能通曉。至有一條分為四五，緩急不相照會，其細碎如此，豈所謂王者之法如江河，使人易避而難犯也？臣愚竊以謂，今者朝廷務為簡易，使就寬平，法當使人人通曉，不難了知，累朝編敕是也。至於引用斷罪，先據律文，後乃鋪編敕、格、令。今敕條如律，即是律可廢也。伏乞聖慈特置一修敕局，格、令、式附之，擇取臣僚中曉經術義理，法律詳明，不至深刻者五七人，依故事大臣典領，應省、寺修敕令格式者並付之，事有損益即可施行者，先次行之。如此，則朝廷仁厚愛育之意可以宣布四方，而刻薄之風浸以衰息矣。于是有刊定修立之命。重行刊定修立，此《舊録》本語，今用之。《舊録》云：先帝命官修敕令格式，親為體制，施行未幾，吏習民安。時欲大變革，故修改焉。《新録》已削去。

（宋）李燾《續資治通鑑長編》卷四二二《宋哲宗元祐四年》御史中丞李常言：《禮記》曰：上酌民言，則下天上施。上不酌民言，則犯也。下不天上施，則亂也。蓋言有國家者，酌取下民之言，以為政令，則得民心。得民心，則下仰恩德，如天之施澤。苟或戾此，亂所由生。伏以陛下臨御以來，一政一令，莫不順人心。凡所以更革者，非苟更之，民以為非便故也；所以因舊者，非苟因之，民以為便故也。是以詔令每下，海內歡呼，靡不仰望聖澤，下天上施之謂也。而其最大者二事，臣竊疑焉：役法也，科場也。役法之害，溥加四海之農民，科場之弊，廣及天下之士子。臣自蒙選擇當言責，首以二事上干天聽，半歲於兹，鄙言屢上，而不蒙採擇。臣非要譽於四海之農民、天下之士子也，誠以不肖，不敢上負朝廷，至誠竭愚，為陛下廣詢博訪，酌取民言而上獻於天聽者。今置而不問，恐非朝廷所以任言責之意，不然，臣愚無似，不足以司邦憲，當言責矣。今為政於上而不酌民言，執一偏而不求用衆臣，恐先儒所謂下不天上施之咎，基於此矣。伏望聖慈命有司檢會臣前後所論役法、科場劄子，詳行考按，而詔士民許言二者之利病。苟臣言不殊，伏望早賜施行，以安四海農民、士子之心。李常三年九月十六日除中丞，此云半歲，當在二月間，因附見月末。

（宋）李燾《續資治通鑑長編》卷四二三《宋哲宗元祐四年》又貼黄：今內外異議之人，日欲搖動陛下之政，不可不察者。昔時，王安石所行事，逆民而背理，然人不敢搖者，何謂也？蓋有嚴刑峻責，言之者有罰，故人畏之，敢言者少也。今朝廷為政，順民而循道，然人敢言者，何謂也？蓋陛下寬仁大度，招言納諫，唯恐人之不言，言之者無罪，故姦人妄意而作也。故役法一事，自元祐元年改作差法，乃是將祖宗差役法及先帝雇役法參而用之，又令監司、州、縣博訪利害，逐旋申明，自後四方論列不一，雖小官賤士，肆口所言，以申其憤，令其法搖動改變者，十之六七矣。近日又將科場一事，搖動熒惑。昨元祐元年，兩制、侍從、臺省臣僚，講議定奪，凡一年有餘，又經聖覽，方此施行，亦是將祖宗先帝之法，合詩賦、經義為一科，是萬世有利無害可行之法。今人情已定，止是安石之黨，力要用經義。臣願陛下堅守已行之法，勿為浮議所動。

又：至如臣僚之進退，蓋法既有改，則昔日緣法而進者，非己之便，稍自引去，而聖恩寬假，各盡禮數，獨有一二奉法尤無狀，如吕惠卿、吴居厚輩者方罷斥之，天下之議莫不以為允。是時，蔡確身為上宰，自請補外，繼以家人犯法，言者沸騰，遂坐左遷，章惇亦以悖慢忿戾，無禮於君父而罷之，此豈固欲不用父之臣哉？蓋法者，天下萬世之公也。陛下縱欲以功而屈法，如天下萬世何！夫皇帝陛下乃先帝之正嗣，承繼大統，實天下之至公大義也。方先帝違豫彌留之日，與太皇太后陛下已有定命，宣示大臣，則大臣奉行而已，何策之定哉？豈可貪以為己功，常誦於口假以謀進哉？古之所謂定策者，謂遭變之際，未知所立，大臣能於此時挺身忘禍，有所擇而立之，以安社稷，則是策計由此人定之，故曰定策。古之人則漢霍光是也，今之人則韓琦是也。然霍光死才三年，宗族犯法衰廢，未聞古今之論以宣帝為忘功臣也。故曰：法者，天下萬世之公也。然則二說者豈足取哉？

（宋）李燾《續資治通鑑長編》卷四三三《宋哲宗元祐四年》是日，右諫議大夫范祖禹登對，奏疏曰：臣竊以朝廷治道，必歸於一。祖宗創業，傳之萬世，造立法度，皆因衆人之智，稽日累月，講磨而成，非獨出一人之意，取一時之便而已。累聖相承，百三十年，比之前代，治安最為長久，其法有已成之效，此可信而不疑也。然行之既久，其間不能無弊。熙寧之初，先帝勵精求治，思致太平，稍欲更革弊事，以光大祖宗之業。而王安石用意過當，獨任私智，悉排衆論；吕惠卿、曾布之徒，欲以改法進身，一切變易祖宗舊政，至今天下以為不便。前後臣僚論之已詳，不待臣言而知也。自魏、晉以後，官名不正，國家承平日久，未遑制作。元豐中，先帝置局講求，此誠一代大典，然有司亦失先帝本意，一切遵用唐之《六典》。《大唐六典》雖修成書，然未嘗行之一日，今一一依之，故自三省以下，無不煩冗、重復、迂滯，不如昔之簡便。臣恭聞先帝已厭官制之煩，但未及修完，不幸早棄天下。今二聖垂拱，循守成規，除去弊事，十已七八，海内安靖，已有成效。今臣之愚，竊謂朝廷既以王安石之法為非，惟當修復祖宗舊政，則天下無事。伏望陛下明諭大臣，凡所措置變改，悉遵故常，無得出意於新舊之間，別立一法。自官制、將法，民事有未便者，更加修備。祖宗時所無，而今所有，其可行者存之，不可者去之；祖宗時所有，而今所無，可復者復之。如官制，正名則如先帝之規，事實則如祖宗之舊，其他可以類推。如此，則上可以存祖宗經久之法，成先帝制作之意，下亦便於當今之宜，庶使法度不至數變，紀綱不寖隳壞。祖禹《家傳》云：時執政有欲於新舊法別創立者，祖禹深以為不可，故及之。

（宋）李燾《續資治通鑑長編》卷四四〇《宋哲宗元祐五年》 又言：臣近累奏論尚書省都司郎官廢陛下不刊之成法，徇奸吏無厭之私請，違條擬賞，乞賜罷黜，少慰公議，至今多日，未奉指揮。臣誠孤微，居紀綱之地，以法度為職，苟懷畏避，言之不終，是亦同為亂法欺君之惡也。且朝廷上下維持者，以法度紀綱而已。法度之行，必自近始，其廢亦必自近始。都司者，所以按核六曹二十四司之稽違，都司廢法，則六曹廢法；六曹廢法，則百司廢法；百司廢法，則四方郡縣不守法。上下如此，何以為國乎！此惓惓愚忠，至于再三，為朝廷法度紀綱，不能自已也。伏望聖慈省察，檢會臣前奏，早賜指揮，則天下幸甚！貼黄：都司所廢之法，乃陛下臨御之初，元祐元年十月所降敕條，以防三省人吏冒賞之弊，示至公于天下，為萬世法。今都司官吏一旦廢而不用，此臣所以尤為陛下惜之也。元年十月八日，胡宗愈上減定三省人吏酬賞之法。

（清）徐乾學《資治通鑑後編》卷二六《宋紀二六》 戊戌，帝語輔臣曰：京師士庶漸事奢侈，衣服器玩多鎔金為飾，工人鍊金為箔，其徒日繁，計所費，歲不下十萬兩，浸以成風，良可戒也。丙午，詔：三司使丁謂申明舊制，募告者賞之。自今乘輿服、御塗金繡金之類亦不須用。富弼曰：國之去奢，自上者始，則天下無不從化。真宗朝禁銷金服甚嚴，然累下制令而犯者不絶。故内則詔宮中已下，外則自大臣之家悉不得以飾衣服，復申嚴憲布於天下。自此更無犯者，蓋自上者始而法明也。

（宋）徐夢莘《三朝北盟會編》卷一六七《炎興下帙》 若秦人視越人肥瘠，委質而仕，當如是乎？朕念狃于舊俗，乃薄其過失，先訓告而後刑罰，古之道也。而今而後，其共砥礪，式悛爾心，慕事主之匪躬，思為臣之大戒。務盡忠赤，以公滅私，庶天下之務，靡不畢舉。敢有弗共，自干憲章，令出惟行，必罰毋悔。可令刑部鏤板遍牒行下，仰監司、守貳、縣令、太守出榜於治所，曉諭施行。

（宋）徐夢莘《三朝北盟會編》卷一九七《炎興下帙》 成都闕帥，上諭宰執曰：吏部尚書張燾可付以便宜，使治成都。【略】燾曰：君命，燾其敢辭？檜以聞，上大喜，乃除燾成都。陛辭因奏：臣聞聖人貴因時，故從時如救火、追亡，蹶而趁之，猶恐弗及。《詩》不云乎：迨天之未陰雨，徹彼桑土，綢繆牖戶。今此下民，或敢侮予。孔子曰：為此詩者，其知道乎，能治其國家，誰敢侮之？孟軻又為説曰：國家閒暇，及是時，明其政刑，雖大國必畏之矣。夫有國而明政刑，豈是難事；顧閒暇之時為難得耳！國家自軍興以來，十有餘年，日不暇給，今茲議和甫定，征戰暫息，亦可謂閒暇之時矣！況明年歲在庚申，乃藝祖開基之日，得非陛下中興之期乎？時不可失，願陛下鑒詩人歌詠之辭，稽孔孟發明之意，孜孜汲汲，專以明政刑為務，則臣雖在萬里之外，猶日侍清光也。

（宋）竇儀《宋刑統・進刑統表》 臣聞虞帝聰明，始恤刑而御物；漢高豁達，先約法以臨人。蓋此丹書輔於皇極，禮之失則刑之得，作於涼而弊於貪，百王之損益相因，四海之準繩斯在。如御勒之持逸駕，猶郛郭之城羣居，有國有家，其來尚矣。伏惟皇帝陛下寶圖攸屬，駿命是膺，象日之明，流祥光於有截；繼天而王，垂洪覆於無疆。乃聖乃神，克明克類。《河圖》、《八卦》，惟上德以潛符；《洛書》、《九章》，諒至仁而默感。哀矜在念，欽恤為懷。網欲自密而疏，文務從微而顯。乃詔執事，明啟刑書，俾自我朝，彌隆大典。貴體時之寬簡，使率土以遵行，國有常科，吏無敢侮。

《元史》卷一〇二《刑法志一》 自古有天下者，雖聖帝明王，不能去刑法以爲治，是故道之以德義，而民弗從，則必律之以法，法復違焉，則刑辟之施，誠有不得已者。是以先王制刑，非以立威，乃所以輔治也。故《書》曰：士制百姓于刑之中，以教祇德。後世專務黷刑任法以爲治者，無乃昧於本末輕重之義乎！歷代得失，考諸史可見已。

（明）談遷《國榷》卷五《太祖洪武六年五月》 御製《祖訓》成，凡十三篇，箴戒、持守、嚴祭祀、謹出入、慎國政、禮儀、法律、內令、內官、職制、兵衛、營繕、供用。序曰：自古國家建制立法，皆在始受命之君。夫其備嘗艱苦，閱人多而歷事熟，比長深宮，甚相遠也。朕起孤貧，委身行伍，繼而收攬英俊，並驅羣雄，勞心焦思，慮患防微，近二十載，乃能剪除强敵，統一海內。人之情僞，亦頗知之。蓋自平武昌以來，卽與羣臣議定律令，損益更改，不計遍數。兹復爲祖訓一編，開導後人，首尾六年，七更乃定，豈非難哉！俗儒是古非今，奸吏舞文弄法。自非博采衆長，卽與果斷，莫就是書。凡我子孫，毋作聰明，亂我成法。

（明）談遷《國榷》卷六七《穆宗隆慶五年二月》 辛丑，雲南道監察御史汪文輝上治體四事，專責言官。曰：先帝末年，大臣寅恭，稍議論不合，意見各殊，一二言官，遂窺其所向而攻其所忌，至顛倒是非，熒惑聖聽，傷國家大體。如復踵弊傾陷，忠詐莫辨，則宋元祐之事可爲永鑒。此觀望當戒也。曰：祖宗立法，至爲精密。而卒有不行者，非法之弊也，患不得其人耳。今言官條陳，皆因噎廢食，鋭意更張。部臣重拂其情，遷就題覆。及其法立弊生，又議復舊。非惟民無畫一之守，而部覆日亦不足矣。自今宜求任事之人，勿重于違言官，輕于變祖法。一切瑣碎迂闊之説，悉格不行。此紛更當戒也。曰：古之大臣坐事退者，皆微其詞，以養廉恥而存國體。今或掇其已往，揣其未形，疑似影響，争相詬病，如市井喧鬧，爲衆嗤笑，是人已兩失之也。至方面重臣，苟非奸惡，亦宜棄短取長，爲人才惜。今或搜其小疵，極言醜詆，使決于引去，國家安得全才而用之？此苛刻當戒也。曰：言官能規切人主，糾彈大臣，而其所短，亦係天下萬世之議，欲自護不得也。今言論或不當，部臣不覆，卽憤然不平。夫不肯認錯，何以感格君父哉？自今言官宜以公天下之心言之，大臣確議當否，毋襲故套。雖彼懷憤于一時，終媿服於後日。此護短當戒也。上報聞，時韙其言。亡何，遷陝西按察僉事。

支大綸曰：汪君此疏，真救時之讜論，邪佞之針砭也。使用於戊辰，則高拱不狼狽而去國；用于辛未，則徐階不遑遽而祈求。憸夫壬人，假風聞言事之權，殺人媚人之毒，縱能得私于一時，其能終逭于天網乎！

（明）孫旬《皇明疏鈔》卷八劉濂《法祖・率舊章以隆治化疏》 仰見陛下，玄默澹泊，恭儉仁孝，真大有爲之主也。內外臣工，不能仰副德意，奉楊仁政。陛下好鎮靜，而導之以紛更，陛下法祖宗，而蠱之以自用，少識治體者，未嘗不寒心也。臣待罪言官，義不容默，請爲陛下言之。在昔守成之君，力致太平，榮華後世者，未始不由法祖宗之舊，守畫一之規。傳説聖人也，告高宗曰：監于先王成憲，其永無愆。周公告成王，《無逸》《七月》之篇，尤惓惓法祖之意。人臣之忠如傅説人、周公亦止矣。嗣王之賢，如高宗、成王亦已矣。聖主賢臣，明良都俞，舉不越此。而今之言事者，輒欲濁亂成法，動搖國是，謂之何哉？臣嘗原其心矣，大率為己謀，非忠於陛下。奸回詭譎者，假之以濟私；積忿蓄怨者，因之以洩怒；迂僻固執者，則又不達時宜，而强為荒遁支離之説，以欺世誣人。紛紛藉藉，殆無寧日。陛下即位于今五六年矣，宵衣旰食，欲隆唐虞之治天下，企足翹首，想望太平之休。卒不聞一讜言嘉論，裨益新治。今日某人建白，明日某人建白，今日廷臣會議，明日廷臣會議，此數年之間，所以議論繁蕪，而成功無聞，民瘼不瘳而化理愈滯。非陛下之失，臣等之罪也。昔邵雍聞杜鵑而知變法之禍，後神宗卒用王安石以亂天下，其先見之知睹于未萌。如此，今群邪彙進，憸夫接迹，恣放任情，肆然無忌，陛下非惟不之罪又從而聽之，則小人復何所畏憚？我朝法制，經畫于列聖者，惟詳惟備，盡善盡美。但法既久，不能無弊，聽其自至而莫為之所，則非審時圖治之意，坐視小人播弄動搖何時底定，又非盛世之所宜聞。合無勑下吏部申明變亂成法之條及奸黨亂政之律，布告中外。今後究論時政者，先查某事舊規如何，今日流弊如何，如何可以袪宿弊，如何可以復原規。敢有變亂紛更，妄為建明，及援引國初不可行之法，與夫祖宗偶為之事，非純懿之典者，許該衙門糸駁。科道官論劾拿送，法司明正其罪，以為臣不忠者之戒。陛下亦宜體道謙沖，益隆繼述，非祖宗之法言不言，非祖宗之法行不行，則臣民幸甚，宗社幸甚。

（明）孫旬《皇明疏鈔》卷一七陳俊《修省一・應詔陳言疏》 臣等伏睹，今年正月初七日，欽降詔書，有以見陛下敬天之諭，恤民之困，恐懼修省，求言圖治之盛也。雖隆古聖明，何以過之？是以詔書到日，誤罹刑辟者，蒙更生之恩宥；負錢糧者，免追徵之苦，如釋重負，如解倒懸。饑者得食，勞者得息，危者以安，憂者以喜，莫不願皇圖之鞏固，祝聖壽於萬年。向非聖心惻隱詢謀屈策，焉能以致是。臣等竝受國恩，待罪南都，有所見聞，雖不奉明詔，亦當披肝瀝膽以圖補報萬分之一。況明詔許諸人直言無隱，若猶噤而不言，言而不直，是臣等上違聖諭，下失民望，將何顔以立於聖明之朝乎？竊惟朝廷之布政令也，猶上天之降祥異也。一政令之得，宜若禎祥之見而天下無不忻悦。一政令之失宜，若災異之來而天下無不驚懼。《易》曰：君子居其室，出其言。善則千里之外應之，不善則千里之外違之，況政令乎？誠能舉其善者而行之，其不善者而改之，則民心自安，天意自回，尚何災異之不弭而禎祥之不至哉？

《皇明寶訓·明太祖寶訓》卷二《教太子諸王》 太祖因謂侍臣曰：朕著《祖訓録》，蓋所以重訓子孫。朕更歷世故，創業艱難，常慮子孫不知所守，故為此書。日夜以思，具悉周至，紬繹六年，始克成編。後世子孫守之，則永保天禄。苟作聰明，亂舊章，是違《祖訓》矣。侍臣對曰：自古創業之主，其慮事周詳，立法垂訓，必有典則。若後世子孫不知而輕改，鮮有不敗。故《詩》云：不愆不忘，率由舊章。太祖曰：日月之能久照，萬世不改其明，堯舜之道不息，萬世不改其行。三代因時損益者，其小過不及耳。若一代定法，有不可輕改。荒墜厥緒，幾於亡夏，顛覆典刑，幾於亡商。後世子孫，當思敬守祖法。

《皇明寶訓·明宣宗寶訓》卷一《監成憲》 上聽政，罷御左順門，語侍臣曰：朕祇奉祖宗成憲，所以諸司事有疑碍而奏請者，必命考舊典。蓋皇曾祖肇建國家，皇祖皇考相承，法制詳備，況歷涉世務，練達人情，謀慮深遠，子孫遵而行之，猶恐未至。世之作聰明，亂舊章，馴至敗亡，往事多有可鑒。古人云：商周子孫能守先王之法，雖至今存可也。此誠確論。

又： 上朝罷，謂少傅楊士奇、太子少傅楊榮等曰：朕近著一論，以曹叅為説，卿等試觀之。論曰：漢世賢相稱蕭何、曹叅。何之相業著矣，叅惟守何之法，以清靜寧民，後世誚之，以為不事事。朕意不然。嗣世之君，當守祖法，為輔相者，固當清静處之。《書》曰：監於先王成憲，其永無愆。《詩》曰：不愆不忘，率由舊章。叅親見秦政紛更以亂天下，又親見高祖立國之不易，則以鎮静輔嗣君固老成之士也。觀其居齊用，蓋公清静民自定之言，及屬後相無擾獄市，至為相，務掩人細過，擇謹厚長者為丞相史，吏刻薄者，輒斥去。此其意固有在，豈誠躭於酒而塊然不事者哉？吾固曰：叅國之老成人也。後世有老成如李沆相、宋真宗，務守祖法不變，一切浮薄新進喜事之人不用。君子論宋名相得大體者，推李沆第一，則亦叅之心也。有不為叅者如王安石、吕惠卿輩，相神宗以獘天下之人，其效可見矣。嗟乎！安石輩動引經，誼述三代，非叅所能與也。然國家用叅未至乎病民，參其未可深誚哉。士奇等觀畢，上問曰：卿等以為何如？士奇等對曰：此誠確論，自古創業之君，輔運之臣，皆老於人情，熟於世故，立法垂憲至精至密。子孫奉而行之，足以為治。若變亂紛更，必致禍敗。往事昭然，可為明鑒。陛下所論，非惟得參之心，實萬世繼體，圖治者所當取法。

《清太祖實録》卷五《天命三年閏四月》 上諭侍臣曰：欲平治天下而立之君者，若不修明制度，永奠邦家，豈天下立君止爲一身安富逸樂耶？君欲經理國事而任之臣，爲臣者若臨事之時不能勤敏恪慎，殫心厥職，豈君之任臣止爲汝一身富貴耶？觀此，則君於天錫基業，敬以承之，舉忠良，斥姦佞，日與大臣講明治道，以致皇天眷佑，人民悦服。如古所稱堯、禹、湯、文、武以及金世宗諸令主，休譽著當時，鴻名傳後世，孰有善於此耶？人臣身秉國鈞，因循從事，不能申明教令，誠諭羣下，則無知之民罹於法者必多。若各盡厥職，明法度以訓國人，使不罹於刑戮，則君心嘉悦，眷顧日隆。如古所稱臯陶、伊尹、周公、諸葛亮、魏徵諸臣，生膺顯爵，没垂令聞斯，於臣職爲無負耳。

《大清會典則例·上諭》 國家大經大法，守之官司，布之朝野。

（清）王先謙《荀子集解·修身》 好法而行，士也；好法而能行則謂之士。士，事也，謂能治其事也。先謙案：法即禮也。好法以下文義不連上，宋台州本提行，今從之，别為一段。篤志而體，君子也。厚其志而知大體者也。王念孫曰：《爾雅》：篤，固也。説見《經義述聞》。體，讀為履。篤志而體，謂固其志以履道，非謂厚其志而知大體也。《衛風·氓》篇體無咎言，《韓詩》體作履，《坊記》引《詩》亦作履《管子·内業篇》戴大圜而履大方，《心術篇》履作體。是履、體古字通。齊明而不竭，聖人也。齊，謂無偏無頗也。不竭，不窮也。《書》曰：成湯克齊，聖廣淵。王引之曰：齊者，智慮之敏也，故以齊明連文，楊説失之。説見《毛詩述聞》。《小雅》人之齊聖下。人無法，則倀倀然；倀倀，無所適貌，言不知所措履。

《禮記》曰：假假乎其何之？有法而無志其義，則渠渠然；渠，讀爲遽，古字渠遽通。渠渠，不寬泰之貌。志，識也，不識其義，謂但拘守文字而已。陳奐曰：案渠渠猶瞿瞿。《齊風傳》云：瞿瞿，無守之貌。楊注失之。依乎法而又深其類，然後温温然。深其類，謂深知統類。温温，有潤澤之貌。舉類君子所難，故屢言之也。先謙案：凡《荀書》法類竝言者，解依《勸學篇》。

（清）王先謙《荀子集解·非十二子》尚法而無法，下脩而好作，尚，上也。言所著書雖以法爲上而自無法，以脩立爲下而好作爲。言自作矛盾也。王念孫曰：下脩而好作，義不可通。下脩當爲不循，謂不循舊法也。《墨子·非儒篇》道儒者之言曰：君子循而不作。此則反乎君子之所爲，故曰不循而好作也。不與下，循與脩，字相似而誤。隸書循脩二字相亂，說見《管子·形勢篇》。楊注云：以脩立爲下而好作爲，失之。上則取聽於上，下則取從於俗，言苟順上下意也。王念孫曰：取聽取從，言能使上下皆聽從之耳。楊云言苟順上下意，失之。終日言成文典，反紃察之，則倜然無所歸宿，紃與循同。倜然，疏遠貌。宿，止也。雖言成文典，若反覆紃察，則疏遠無所指歸也。謝本從盧校作及紃察之。盧文弨曰：注反覆二字，宋本無。王引之曰：元刻及作反，是也。反，復也。謂復紃察之也。楊注云雖言成文典，若反復紃察，則疏遠無所歸，則及爲反之誤明矣。《榮辱篇》反鉛察之，其字正作反。紃，鉛古聲相近，故字亦相通。《禮論篇》則必反鉛，《三年問》鉛作巡，《祭義》終始相巡，注巡，讀如沿漢之沿，皆其例矣。先謙案：王說是。今依元刻作反。不可以經國定分；取聽於上，取從於俗，故法度不立也。然而其持之有故，其言之成理，足以欺惑愚衆，是慎到、田駢也。田駢，齊人，遊稷下，著書十五篇。其學本黄、老，大歸名法。慎到，已解上。

（清）王先謙《荀子集解·富國》離居不相待則窮，羣而無分則争。不相待，遺棄也。窮，謂爲物所困也。此言不羣則不可，羣而無分亦不可也。窮者患也，争者禍也，救患除禍，則莫若明分使羣矣。此已上皆明有分則能羣，然後可以富國也。彊脅弱也，知懼愚也，民下違上，少陵長，不以德爲政，德，謂教化，使知分義也。如是，則老弱有失養之憂，而壯者有分争之禍矣。老弱不能自存，故憂失養；壯者以力相勝，故有分争也。事業所惡也，功利所好也；職業無分，事業，謂勞役之事，人之所惡。職業，謂官職及四人之業也。必使各供其職，各從所務，若無分，則莫不惡勞而好逸也。如是，則人有樹事之患，而有争功之禍矣。樹，立也。若無分，則人人患於樹立己事而争人之功，以此爲禍也。男女之合，夫婦之分，合，配也。分，謂人各有偶也。婚姻娉内送逆無禮，婦之父爲婚，壻之父爲姻。言婚姻者，明皆以二人之命也。聘，問名也。内，讀曰納，納幣也。送，致女。逆，親迎也。盧文弨曰：娉，《說文》：問也，匹正切。《廣韻》云：娶也。後人入詩，作平聲，娉娉，訛甚。注作聘，今字。如是，則人有失合之憂，而有争色之禍矣。失合，謂喪其配偶也。故知者爲之分也。

（清）王先謙《荀子集解·王霸》無國而不有治法，無國而不有亂法；無國而不有賢士，無國而不有罷士；《國語》曰：罷士無伍，罷女無家。韋昭曰：病也。無行曰罷。《周禮》以嘉石平罷民，謂平之使善者也。無國而不有愿民，無國而不有悍民；無國而不有美俗，無國而不有惡俗。兩者竝行而國在，上偏而國安，在下偏而國危，上偏，偏行上事也。謂治法多，亂法少，賢士多，罷士少，愿民多，悍民少之類。下偏反是。王念孫曰：尋繹文義，竝行下不當有而國二字，蓋涉下文兩而國而衍。又云：國在，謂國存也，在字不屬下讀。下偏與上偏相對，下偏上不當有在字。據楊注云上偏，偏行上事也，謂治法多，亂法少，賢士多，罷士少之類，下偏反是。則所見本作下偏而國危明甚。後人誤以在上二字連讀，又於下偏上增在字，而不知與正文注文皆不合也。余前謂兩者竝行下衍而國二字，失之。上一而王，下一而亡。一，謂令行也。先謙案：上一下一與上上偏下偏相對爲文。下云四者齊，是謂上一，荀又自釋之矣。楊以一爲令行，誤。故其法治，其佐賢，其民愿，其俗美，謝本從盧校作其治法。王念孫曰：吕、錢本其治法作其法治。案上文治法與亂法對，賢士與罷士對，愿民與悍民對，美俗與惡俗對，此云其法治，其佐賢，其民愿，其俗美，皆承上文而言，則作其法治者是也。先謙案：王說是，今改從吕、錢本。而四者齊，夫是之謂上一。如是，則不戰而勝，不攻而得，甲兵不勞而天下服。盧文弨曰：甲兵，宋本作用兵，今從元刻。先謙案：宋台州本作甲兵。故湯以亳，武王以鄗，鄗與鎬同。皆百里之地也，天下爲一，諸侯爲臣，通達之屬莫不從服，無它故焉，四者齊也。齊，謂無所闕也。桀、紂即序於有天下之埶，索爲匹夫而不可得也，即序於有天下之埶，謂就王者之次序爲天子也。王念孫曰：序字義不可通，序當爲厚字之誤也。隸書厚序相似，傳寫易誤，說見《墨子·非攻篇》。言桀、紂有天下之勢雖厚，曾不得以匹夫終其身也。《仲尼篇》曰桀、紂厚於有天下之勢，而不得以匹夫老，《彊國篇》曰厚於有天下之勢，索爲匹夫，不可得也，桀、紂是也。皆其證。楊望文生義，而曲爲之說。是無它故焉，四者竝亡也。故百王之法，不同若是，所歸者一也。

又：故百里之地，其等位爵服足以容天下之賢士矣，此論百里國取天下之道。賢士，有道德者也。其官職事業足以容天下之能士矣。能士者，才藝也。循其舊法，擇其善者而明用之，足以順服好利之人矣。擇舊法之善者而明用之。謂擇務本厚生之法而用之，則民衣食足而好利之人順服也。賢士一焉，能士官焉，好利之人服焉，三者具而天下盡，無有是其外矣。

（清）王先謙《荀子集解·大略》 國法禁拾遺，惡民之串以無分得也。串，習也，工患反。有夫分義，則容天下而治，先謙案：容，受也。無分義，則一妻一妾而亂。

（漢）孔鮒《孔叢子》卷上《嘉言》 夫子曰：夫政令者，人君之銜轡，所以制下也。今齊君失之已久矣。子雖欲挾其輈而扶其輪，良弗及也。抑猶可以終齊君及子之身，過此以往，齊其田氏矣。

（漢）孔鮒《孔叢子》卷上《刑論》 《書》曰：茲殷罰有倫。子張問曰：何謂也？孔子曰：不失其理之謂也。今諸侯不同德，每君異法，折獄無倫，以意為限，是故知法之難也。

（清）孫星衍《孔子集語》卷三《五性》 《説苑·雜言》孔子曰：中人之情，有餘則侈，不足則儉，無禁則淫，無度則失，縱欲則敗。飲食有量，衣服有節，宮室有度，畜聚有數，車器有限，以防亂之源也。故夫度量不可不明也。善欲不可不聽也。

《子思子全書·魯繆公》 齊王戮其民不辜，謂子思曰：吾知其不辜，而適觸吾忿，故戮之，以為不足傷義也。子思對曰：文王葬朽骨而天下知仁，商紂斫朝涉而天下知暴。夫義者，不必偏利天下也；暴者，不必盡虐海內也。以其所施而觀其意，民乃去就焉。今君因心之忿，遷怒不辜，以為無傷於義，此非臣之所敢知也。王曰：寡人實過，乃今聞命，請改之。

（漢）荀悦《申鑒·政體》 先屏四患，乃崇五政。一曰僞，二曰私，三曰放，四曰奢。僞亂俗，私壞法，放越軌，奢敗制。四者不除，則政未由行矣。俗亂則道荒，雖天地不得保其性矣。法壞則世傾，雖人主不得守其度矣。軌越則禮亡，雖聖人不得全其道矣。制敗則欲肆，雖四表不能充其求矣。是謂四患。興農桑以養其生，審好惡以正其俗，宣文教以章其化，立武備以秉其威，明賞罰以統其法，是謂五政。

（宋）黎靖德《朱子語類》卷二五《論語七·八佾篇》 問吾從周。曰：孔子爲政，自是從周處多。蓋法令自略而日入於詳，詳者，以其弊之多也，既詳則不可復略。今法令明備，猶多姦宄，豈可更略。略則姦宄愈滋矣！僩。

（宋）黎靖德《朱子語類》卷一〇一《程子門人·呂與叔》 看呂與叔論選舉狀。立士規，以養德厲行；更學制，以量才進藝；定貢法，以取賢斂才；立試法，以試用養才；立辟法，以興能備用；立舉法，以覆實得人；立考法，以責任考功。先生曰：其論甚高。使其不死，必有可用。

（明）丘濬《大學衍義補》卷六七《治國平天下之要·崇教化·總論教化之道》 正月之吉，始和布教於邦國都鄙，乃縣平聲教象之法于象魏，雉門兩觀。使萬民觀教象，挾日一旬為挾。而斂之。乃施教法于邦國都鄙，使之各以教其所治民。【略】歲終則令教官正治而致事，正歲令于教官曰：各共爾職，修乃事以聽王命，其有不正，則國有常刑。

（元）蘇天爵《治世龜鑑·治體》 趙普為相，廳事後置二甕，有投利害文字，皆置其中，滿即焚於通衢。李沆為相，自言居位無補萬一，惟四方言利害，未嘗一見施行，聊以此報國。自常情論之二公，若苟且廢事者，而時國家治安、百姓富庶。何也？天下事不可輕易改更，興一利必有一害。今日之有益於民者，他時或有損於民。是故，法不至甚弊，守之可也。載其清凈，民以寧一，曹參之於漢亦然。

（清）王夫之《噩夢》 立國之始，法不得不詳。有國之道，用不得不豐。不詳則苛横者議其後，而變易增加之無已。不豐則事起而猝無以應，必横取之民，以成乎陋習。如驛遞者，國之脈絡，不容壅滯者也。

又：不知法有必迂曲而後可無弊者，概從簡徑，則無紀綱而必裂。

又：惟合萬國以享帝、享親，則編甿皆所應效。太常寺所需，當責之户口田畝，土產者徵本色，非土產者徵折色以和買。自外則米、麥以供禄餉，爲農民所應輸，次則棉絨、豆料、絲麻、牲口、柴薪，舊制柴薪及擡柴夫偏責之畿南北、山東、山西、河南，亦爲不均。可均派天下之户口，棗、茶、竹、漆可派之園林。此外凡國用所需，若皮張、弓箭、翎毛、蠟油、顏料、鉛、鐵、筋、角之類，皆商賈之所居盈以射利者也。田野之民，辛苦以採畜之，雖有餘而市之，亦以供終歲之用而不足，商賈坐而邀其利。乃自一條鞭之法行，而革税課河泊所官之税務，盡没其從出之原，概責之地畝，抑本崇末，民日偷而國日貧矣。蓋農民愿懦，責取之也易，商賈黠狡，責取之也難。悉舉國用而脅蚩蚩之氓以輸將，其始具列名目，雖若繁細，猶存名色；一條鞭矣，則併其名而去之，但知征粟征金，而不知何爲而須此矣。萬曆間每府州縣皆置稅場，但不宜遣內使督擾耳，言者謂之擾民。其云擾者，要皆市井姦竊之宵小，於國家根本所依南畝之勞人，未有怨咨也。或且謂農民日用亦必資於商賈，隨地而稅，則物價增貴，農民亦受其病。不知人必免於凍餒而後可有求於市，則以稅故而價稍增，亦其所可堪者也。若苦於飢寒征徭，而無告之民經年而不入市者多矣，曾何損耶！議法於廷者，皆不耕而食，居近市而多求於市買，利商賈以自利，習聞商賈之言而不知稼穡之艱難者也。孰能通四民之有餘，不足，勞逸、強懦而酌其平乎！雜派分責之商稅，則田畝之科徵可減，而國用自處於優，國民兩賴之善術也。孟子言關譏而不征，又言市廛而不征，法而不廛，謂當時列國分擄，彼疆此界，商賈阻難，需貨於鄰國，非寬恤之使厚獲利，則趨他國而不至，故以不征誘之耳。後世四海一家，舟車銜尾而往來，何患於商賈之不來乎！孟子言恤商而孔子不言，魯用田賦，以商賈之賦賦農民則譏之，斯萬世不易之法也。

（清）唐甄《潛書》下篇下《兩權》 百金之賈，必有居處，以安妻子，固管籥，結鄰里，無盜竊之虞，乃可以轉販於四方。而況有十萬數？十萬之衆，以經營天下，不先爲自固之計，豈可以有爲哉！自固之計有三：地、食、法是也。地者，非定咸陽，非定河內，非定金陵；因勢之便而處，因民之宜而處，因糧之利而處，因敵之形而處。擇其可而處之，則大功可就，大業可成。夫龍有所止之淵，而後可以興風雲；虎有所伏之穴，而後可以騰山谷，搏取百獸。此地之爲固一矣。軍食之所賴，田稅必輕於故籍以寬之，糴必增直以利農。破一城必有倉粟，走一軍必有棄糧。民藏不可取，野積不可掠，富室不可貸。取之不溢滋，其取者必厚。恐敵有僞爲賈人貴糴以空我者，陰戒四境，粟米有入無出。如是，則堡屯廬舍皆實，人人各自爲守；守障萬人可當十萬人，十步之溝可當百步，一丈之壘可當十丈。士卒之有父母妻子者，飽暖安樂，寄於百無一虞之地，雖兵出屢年，轉戰千里，無有貳心。此食之爲固一矣。國中無法，雖衆不一，其主可虜；軍中無法，雖勇不齊，其將可禽。不可以草創之始，人心未集，姑爲因之。不私於故，不偏於親，尊卑有等，冠服有章。文武之官，各盡其職。典兵者不侵民，牧民者不搆兵。文武之課，一級不苟遷，一級不苟降。有罪必刑，戰後必誅，雖親暱不赦。有勞者必厚其賞，有功者必尊其爵，雖讎疾不吝。如是，則人心信服，不爲苟免，不爲幸望，不約而同，不戒而遵。此法之爲固一矣。誠能自固如是，是山止川行之勢也；以戰必勝，以攻必取者也。

（清）孫詒讓《墨子閒詁》附録《墨子舊敍·魯勝墨辯注敍》 名者，所以別同異，名是非，道義之門，政化之準繩也。孔子曰：必也正名，名不正則事不成。墨子著書，作辯經以立名本。惠施、公孫龍祖述其學，以正別孫星衍校改刑。名顯於世。孟子非墨子，其辯言正辭，則與墨同。荀卿莊周等，皆非毀名家，而不能易其論也。必有形，當作名必有形。察疑挩形字。莫如別色，故有堅白之辯。名必有分明，分明莫如有無，故有無序之辯。是有不是，可有不可，是名兩可，同而有異，異而有同，是之謂辯同異。至同無不同，至異無不異，是謂辯同辯異。同異生是非，是非生吉凶，取辯於一物，而原極天下之汙隆，名之至也。自鄧析至秦時，名家者世有篇籍，率頗難知，後學莫復傳習，於今五百餘歲，遂亡絶。墨辯有上下經，經各有說，凡四篇。與其書衆篇連第，故獨存。今引說就經，各附其章，疑者闕之。又采諸衆雜集，爲《刑名》二篇，刑當作形。略解指歸，以俟君子，其或興微繼絶者，亦有樂乎此也。

（宋）杜道堅《文子纘義》卷七《微明篇》 老子曰：相坐之法立，卽百姓怨。減爵之令張，卽功臣叛。故察于刀筆之迹者，不知治亂之本。習于行陳之事者，不知廟戰之權。聖人見福于重關之內，慮患于冥冥之外。愚者惑于小利而忘大害。故事有利于小而害于大，得于此而忘於彼。故仁莫大於愛人，智莫大於知人。愛人卽無怨刑，知人則無亂政。治不可以多事，法不可以數變。事多變數則百姓怨功臣叛，上有以召之矣。治亂之本，廟戰之權，聖人玄鑒于無形之表，是必有先見之明也。

（宋）杜道堅《文子纘義》卷九《下德篇》 夫權衡規矩一定而不易，常一而不衺，方行而不留，日形之，萬世傳之，無爲之爲。人有私心罔不害道。人主無私，故法一而令行。是故德有心則險，心有眼則眩，知權衡規矩一定而不易，則知一者無爲之爲，百王用之，萬世傳之。

《管子·國蓄》：利出於一孔者，其國無敵；出二孔者，其兵不詘；出三孔者，不可以舉兵；出四孔者，其國必亡。先王知其然，故塞民之養，隘其利途，故予之在君，奪之在君，貧之在君，富之在君。故民之戴上如日月，親君若父母。凡將爲國，不通于輕重，不可爲籠以守民；不能調通民利，不可以語制爲大治，是故萬乘之國有萬金之賈；千乘之國，有千金之賈，然者何也？國多失利，則臣不盡其忠，士不盡其死矣。歲有凶穰，故穀有貴賤。令有緩急，故物有輕重。然而人君不能治，故使蓄賈游市，乘民之不給，百倍其本。分地若一，彊者能守。分財若一，智者能收，智者有什倍人之功，愚者有不賡本之事，然而人君不能調，故民有相百倍之生也。夫民富則不可以祿使也，貧則不可以罰威也，法令之不行，萬民之不治，貧富之不齊也。且君引錣量用，耕田發草，上得其數矣。民人所食，人有若干步畝之數矣，計本量委則足矣，然而民有饑餓不食者，何也？穀有所藏也。人君鑄錢立幣，民庶之通施也。人有若干百千之數矣，然而人事不及，用不足者何也？利有所并藏也。然則人君非能散積聚，鈞羡不足，分并財利，而調民事也。則君雖彊本趣耕，而自爲鑄幣而無已，乃今使民下相役耳，惡能以爲治乎？歲適美，則市糶無予，而狗彘食人食。歲適凶，則市糴釜十繦，而道有餓民。然則豈壤力固不足，而食固不贍也哉？夫往歲之糶賤，狗彘食人食，故來歲之民不足也。物適賤，則半力而無予，民事不償其本。物適貴，則什倍而不可得，民失其用。然則豈財物固寡，而本委不足也哉？夫民利之時失而物利之不平也。故善者委施於民之所不足，操事于民之所有餘。夫民有餘則輕之，故人君斂之以輕。民不足則重之，故人君散之以重。斂積之以輕，散行之以重，故君必有什倍之利，而財之櫎可得而平也。凡輕重之大利，以重射輕，以賤泄平。萬物之滿虚，隨財準平而不變，衡絶則重見。人君知其然，故守之以準平，使萬室之都必有萬鍾之藏，藏繦千萬，使千室之都必有千鍾之藏，藏繦百萬。春以奉耕，夏以奉芸，耒耜械器，鍾饟糧食，畢取贍於君，故大賈蓄家不得豪奪吾民矣。然則何？君養其本謹也。春賦以斂繒帛，夏貸以收秋實，是故民無廢事，而國無失利也。凡五穀者，萬物之主也。穀貴則萬物必賤，穀賤則萬物必貴，兩者爲敵，則不俱平，故人君御穀物之秩相勝，而操事于其不平之間。故萬民無籍，而國利歸于君也。夫以室廡籍，謂之毀成。以六畜籍，謂之止生。以田畝籍，謂之禁耕。以正人籍，謂之離情。以正戶籍，謂之養贏。五者不可畢用，故王者偏行而不盡也。故天子籍於幣，諸侯籍於食。中歲之穀糶石十錢。大男食四石，月有四十之籍，大女食三石，月有三十之籍。吾子食二石，月有二十之籍。歲凶穀貴，糴石二十錢，則大男有八十之籍，大女有六十之籍，吾子有四十之籍，是人君非發號令收穡而戶籍也，彼人君守其本委謹，而男女諸君吾子無不服籍者也。一人廩食，十人得餘。十人廩食，百人得餘。百人廩食，千人得餘。夫物多則賤，寡則貴。散則輕，聚則重，人君知其然，故視國之羡不足而御其財物；穀賤則以幣予食，布帛賤則以幣予衣，視物之輕重而御之以准。故貴賤可調，而君得其利。前有萬乘之國，而後有千乘之國，謂之抵國，前有千乘之國，而後有萬乘之國，謂之距國。壤正方，四面受敵，謂之衢國。以百乘衢處，謂之託食之君。千乘衢處，壤削少半，萬乘衢處，壤削太半。何謂百乘衢處託食之君也？夫以百乘衢處危懾圍阻千乘萬乘之間，夫國之君不相中，舉兵而相攻，必以爲扞格蔽圉之用，有功利不得鄉。大臣死於外，分壤而功，列陳繫纍獲虜，分賞而祿，是壤地盡於功賞，而稅臧殫於繼孤也，是特名羅於爲君耳，無壤之有，號有百乘之守，而實無尺壤之用，故謂託食之君。然則大國內款，小國用盡，何以及此？曰：百乘之國，官賦軌符，乘四時之朝夕，御之以輕重之准，然後百乘可及也。千乘之國封，天財之所殖，械器之所出，財物之所生，視歲之滿虚，而輕重其祿，然後千乘可足也。萬乘之國，守歲之滿虚，乘民之緩急，正其號令，而御其大准，然後萬乘可資也。玉起於禺氏，金起於汝漢，珠起於赤野，東西南北，距周七千八百里，水絶壤斷，舟車不能通，先王爲其途之遠，其至之難，故託用於其重，以珠玉爲上幣，以黄金爲中幣，以刀布爲下幣。三幣，握之則非有補於煖也，食之則非有補於飽也，先王以守財物，以御民事，而平天下也。

（清）戴望《管子校正·八觀》：上令輕，法制毁，則君毋以使臣，臣毋以事君矣。民倍本行而求外勢，則國之情僞竭在敵國矣。人既倍本求外，則國之情僞盡在於敵矣。竭，盡也。故曰：入朝廷，觀左右，本求朝之臣，論上下之所貴賤者，而彊弱之國可知也。

置法出令，臨衆用民，計其威嚴寬惠，行於其民，與不行於其民可知也。法虛立而害疏遠，謂其立法但能害疏遠，而不行親近，故曰虛立也。令一布而不聽者存，不聽者存，是令不行。賤爵祿而毋功者富，無功者富，則有功者貧也。然則衆必輕令而上位危。輕令則有無君之心，故上位危。故曰：良田不在戰士，三年而兵弱；良田所以賞戰士，不賞則士無戰志，故兵弱也。賞罰不信，五年而破；上賣官爵，十年而亡；倍人倫而禽獸行，十年而滅。戰不勝，弱也。地四削，入諸侯，破也；離本國，徙都邑，亡也。有者異姓，滅也。有其國者異姓之人，則宗廟滅也。故曰：置法出令，臨衆用民，計威嚴寬惠，而行於其民不行於其民可知也。計敵與，量上意，察國本，觀民產之所有餘不足，而存亡之國可知也。敵國彊而與國弱，諫臣死而諛臣尊，私情行而公法毀，然則與國不恃其親，謂黨與之國不恃己以爲親也。而敵國不畏其彊，寇敵之國不畏己以爲彊也。豪傑不安其位，而積勞之人不懷其祿。悅商販而不務本貨，則民偷處而不事積聚；豪傑不安其位，則良臣出；積勞之人不懷其祿，則兵士不用。民偷處而不事積聚，則困倉空虛。如是而君不爲變，不改常而更化。然則攘奪、竊盜，殘賊進取之人起矣。內者廷無良臣，豪傑不安其位。兵士不用，積勞之人不懷其祿故也。困倉空虛，民偷處而不事積聚故也。而外有彊敵之憂，則國居而自毀矣。居然自致滅毀。故曰：計敵與，量上意，察國本，觀民產之所有餘不足，而存亡之國可知也。故以此八者，觀人主之國，而人主毋所匿其情矣。民倍本行而求外勢，宋本無行字。望案：下文尹注云：人既倍本求外，則國之情僞盡在於敵。知尹所見本無行字。勢字疑後人所加，本謂國也。豪桀材人，安井衡云古本作材臣。行於其民與不行於其民可知也。望案：行上脱而字，當從下文補。故曰良田不在戰士，三年而兵弱。俞云兵字衍。三年而弱與下五年而破、十年而亾、十年而滅，句法一律。故申説之曰：戰不勝，弱也；地四削，入諸侯，破也；離本國，徙都邑，亾也；有者異姓，滅也。可證此文無兵字。私情行而公法毀。望案：公法一本作公道。則國居而自毀矣。俞云古讀坐爲居，居而自毀猶云坐而自毀耳，尹注非。

（清）戴望《管子校正·重令》　凡君國之重器，莫重於令。令重則君尊，君尊則國安。令輕則君卑，君卑則國危。故安國在乎尊君，尊君在乎行令，行令在乎嚴罰。罰嚴令行，則百吏皆恐。罰不嚴，令不行，則百吏皆喜。故明君察於治民之本，本莫要於令。故曰：虧令者死，益令者死，增益令者殺無赦。不行令者死，留令者死，令當行而故留之。不從令者死。五者死而無赦，惟令是視。設令者必不赦此五死也。故曰：令重而下恐。爲上者不明，令出雖自上，而論可與不可者在下。不明之君，雖日出令，至於可否，必與下論而後定。如此者，臣反制君，何令之爲！夫倍上令以爲威，則行恣於己以爲私，百吏奚不喜之有？倍公則得成私，虧令而喜，不亦宜乎！且夫令出雖自上，而論可與不可者在下，是威下繫於民也。可否定於下，則是威下繫也。威下繫於民，而求上之毋危，不可得也。下彊則上危也。令出而留者無罪，則是教民不敬也。王言如絲，其出如綸，所謂敬也。留者不誅，是教不敬。令出而不行者毋罪，行之者有罪，是皆教民不聽也。不行無罪，行之反誅，人之不聽上教之然也。令出而論可與不可者在官，是威下分也。官，謂百官。可否定於百官，則是威下分也。益損者毋罪，則是教民邪途也。益，謂增令者。損，謂虧令者。二者不罪，人爲邪途，上教之然也。如此，則巧佞之人，將以此成私爲交；比周之人，將以此阿黨取與；貪利之人，將以此收貨聚財；懦弱之人，將以此阿貴事富；便辟伐矜之人，將以此買譽成名。凡此皆上開其隙，則下得録隙而成品也。故令一出，示民邪途五衢，五衢，謂上之五死也。死之則五衢塞，生之則五衢開。而求上之毋危，下之毋亂，不可得也。五衢開故也。凡君國之重器莫重於令。宋蔡潛道本，君作右。丁云：右、有古通用，謂有國者重器莫如令也。朱本作布，則誤字耳。望案：作君字，爲長。宋本作右者，蓋字脱其半耳，舊鈔本《御覽·刑法部四》引此，正作君。今鮑刊本誤軍。故安國在乎尊君，尊君在乎行令，行令在乎嚴罰。《御覽·刑法部四》。三在字皆引作存。便辟伐矜之人將以此買譽成名。丁云：管子言便辟，多指君側小臣言之。《荀子》楊注同。他書言便辟，則與巧佞同義，此與伐矜竝舉，義不相類，且與下文買譽成名不相貫通，疑是衍文。伐矜之人，與上四句一例。

又：故國不虛重，兵不虛勝，民不虛用，令不虛行。凡國之重也，必待兵之勝也，而國乃重。凡兵之勝也，必待民之用也，而兵乃勝。凡民之用也，必待令之行也，而民乃用。凡令之行也，必待近者之勝也，而令乃行。先勝服近習，令乃得行。故禁不勝於親貴，罰不行於便辟，法禁不誅於嚴重，而害於疏遠，慶賞不施於卑賤二三，而求令之必行，不可得也。能不通於官，受祿賞不當於功，號令逆於民心，動靜詭於時變，有功不必賞，有罪不必誅，令焉不必行，禁焉不必止，在上位無以使下，而求民之必用，不可得也。將帥不嚴威，民心不專一，陳士不死制，卒士不輕敵，而求兵之必勝，不可得也。內守不能完，外攻不能服，野戰不能制敵，侵伐不能威四鄰，而求國之重，不可得也。德不加於弱小，威不信於彊大，征伐不能服天下，而求霸諸侯，不可得也。故禁不勝於親貴，中立本勝作行。二三而求令之必行，宋本無二三兩字。能不通於官，受禄賞不當於功。丁云：能上當脱二字，上文云受禄不過其功，則此當以受禄賞不當於功爲句。不當於功與不通於官對文，趙讀至受字絶句，非也。

（清）戴望《管子校正·法法》 不法法則事毋常，不設法以法下，故事無常。法不法則令不行。雖復設法，不得法之宜，故令不行。令而不行，則令不法也。法而不行，則修令者不審也。法既得宜，而猶不行。則以修令者未審之故也。審而不行，則賞罰輕也。修令者既審，而猶不行，則以上輕於賞罰也。重而不行，則賞罰不信也。賞罰既重，而猶不行，則以雖賞罰而不信也。信而不行，則不以身先之也。賞罰既信，而猶不行，則以身不先自行其法也。故曰：禁勝於身，身從禁也。則令行於民矣。

又： 號令已出又易之，禮義已行又止之，度量已制又遷之，刑法已錯又移之。如是，則慶賞雖重，民不勸也；殺戮雖繁，民不畏也。故曰：上無固植，植，志。下有疑心，國無常經，民力必竭，數也。數，理也。國無常經，人力必竭。而曰不竭者，此非理之言也。民力必竭，王氏引之云：必字因注而誤，當作不竭，此承上文言之。號令禮義，度量刑法者，國之經也。今皆變易無常，則民無所勸懲，莫肎竭力以事其上矣。《君臣篇》曰：羣臣盡智竭力以役其上。故曰：國無常經，民力不竭也。上云民不勸民不畏，此云民力不竭，義相因也。上無固植，則下有疑心。國無常經，則民力不竭，乃事之必然者。故曰數也。尹注曰：數，理也。國無常經，民力必竭，而曰不竭者，此非理之言也，蓋誤解民力不竭爲民力不窮。然據其説，則正文之作不竭可知。蓋注民力必竭，乃反言以起下之詞。而曰不竭者云云，則依正文作解也。其所見本之爲民力不竭明甚。若如今本，則注但言必竭可矣，何必迂回其詞而論不竭之非理乎？

又： 明君不爲親戚危其社稷，社稷戚於親；不爲君欲變其令，令尊於君；不爲重寶分其威，威貴於寶；不爲愛民虧其法，法愛於民。

（清）戴望《管子校正·君臣下》 爲人君者，倍道棄法，而好行私，謂之亂。爲人臣者，變故易常，而巧官以諂上，謂之騰。騰，謂淩駕於君。亂至則虐，騰至則北。騰至則摧降，故敗北。四者有一至敗，敵人謀之。四者，則上之四危也。則故施舍優猶以濟亂，則百姓悦。言施恩厚，舍罪罰，二其優厚，雖非用法，猶能濟亂，故曰姓悦之也。選賢遂材，而禮孝弟，則姦僞止。遂，達。要淫佚，別男女，則通亂隔。要，謂遮止之也。言能止淫佚，別男女，則雖先通亂，令能隔阨也。貴賤有義，倫等不踰，則有功者勸。國有常式，故法不隱，則下無怨心。隱，謂伏而不行。此五者，興德匡過，存國定民之道也。爲人臣者，變故易常，而巧官以諂上，謂之騰。宋本諂作諂。王氏引之云：官當爲言，字形相似而誤。《幼官篇》攷之以言。今本誤作攻之以官，是其證。張云：巧官猶巧宦，騰疑當作勝。上篇，下及上之事謂之勝。王云：勝者陵也。本篇下文云倍其官、遺其事、穆君之色，從其欲阿而勝之，即申此文言之。騰至則北。王云北與背同，言不忠之臣必背其君也。《説文》曰：北乖也，從二人相背。韋注《吴語》曰：北，古之背字。《齊策》曰：食人炊骨，士無反北之心。反北，即反背。尹注非，孫説同。四者有一至敗敵人謀之。王云：至字因上文兩至字而衍。敗當作則，字之誤也。言四者若有一於此，則敵人謀之矣。四者謂亂也、騰也、虐也、北也。尹注非。則故施舍優猶以濟亂。王云：則字涉下，則百姓悦句而衍。尹讀故施舍優爲句，猶以濟亂爲句，非也，故施舍優猶以濟亂當作一句讀。優猶卽優游。《荀子·正論篇》曰：優猶知足，是也。濟，止也。《鄘風·載馳篇》：不能旋濟。《毛傳》曰：濟止也。《莊子·齊物論篇》曰：厲風濟則衆竅爲虚。施舍以厚之，優游以畜之，則可以止亂矣。

（清）戴望《管子校正·七臣七主》 或以平虚，請論七主之過，謂平意虚心也。七主，據下唯有六者，皆過主。能無此六者過，則爲一是主也。過主六，是主一，故曰七主也。得六過一是。以還自鏡，以知得失。得六過則爲一是，以自豎，得失可知也。以繩七臣，得六過一是。呼嗚美哉，成事疾。疾，美也。繩，謂彈正也。言以六過繩七臣，令臣無六過，是故爲一。君臣咸有一德，故能成美也。申主任勢守數以爲常，申，謂陳用法令。周聽近遠以續明，遠近之事，周而聽之，則其明不絶。皆要審則法令固，賞罰必則下服度，事皆得要而詳審，則法令固，賞罰必，而下皆服其法度也。不備待而得和，則民反素也。謂以道德理世之君，至仁感物，德和自此而至，故人皆反於朴素，今申主不能然，故以爲過也。惠王豐賞厚賜以竭藏，赦姦縱過以傷法。藏竭則主權衰，法傷則姦門闓。故曰：泰則反敗矣。謂爲惠太過，故反成敗也。侵主好惡反法以自傷，越法行事謂之侵。所好所惡，皆反於法，故自傷。喜決難知，以塞明，決難知則理不當，故明塞也。從狙而好小察，狙，伺也。謂既任臣有所爲，必從而伺之。事無常而法令申。不許則國失勢。郚，古伍字，謂偶合也。言雖申布法令，於事不合，法既不行，所以失勢也。芒主目伸五色，耳常五聲，芒，謂芒然不曉職之貌。伸，謂放恣也。四鄰不計。四鄰與己爲隟，不計度而知之也。司聲不聽，司聲之官，隨君所好，不爲聽其理亂之音也。則臣下恣行，而國權大傾。不許則所惡及身。所爲既不合理，故惡還及身。榮主不明分職，上下相干，言失任臣之理，勞而無功，故曰勞主。臣主同則，刑振以豐，豐振以刻，臣主同勢，則俱奮威權，故刑罰大振，而且豐多。刑豐而又妄振，非刻而何也？去之而亂，臨之而殆，則後世何得。權臣振主，君欲去之，必爲亂。任而臨之，必危殆。既亂且危，敗亡必及，故後代無得也。振主喜怒無度，嚴誅無赦，動發威嚴，謂之振也。臣下振怒，不知所錯，則人反其故。故爲先君之理。不許則法數日衰，而國失固。舉措既不合理，故數衰而國失固。芒主通人情以質疑，故臣下無信，盡自治其事則事多，既不自曉，故下通人情，以問所疑，則臣下無所取信，皆自任胷臆，以理其事，人人生事，故事多也。多則昏，昏則緩急俱植。植，立也。既昏而不明，故緩急之事俱可立。不敵則見所不善。所爲既不合理，故其所見之事皆不善。餘力自失而罰。尚有執權餘力，己不自責，乃遷怒而罰之。故主虞而安，虞，度也。主能度宜而行故安。但主能度而安，則致下數事。吏肅而嚴，民樸而親，官無邪吏，朝無姦臣，下無侵争，世無刑民。凡此皆主虞而安故也。或以平虚請論七主之過。陳先生云：過當爲道，涉下文兩過字而誤。六過一是爲七主，若云七主之過，則不可通矣，尹注非。呼嗚美哉成事疾元本呼嗚作嗚呼。丁云：成疑當爲盛，盛、成古通用。疾，疑矣字誤。人主得六過一是，有國渚之盛事，故歎美之曰：嗚呼美哉盛事矣。申主任勢守數以爲常。尹注云：申謂陳用法令，劉云申乃中字之誤，蓋謂得中道之主。王氏引之云：申讀曰信。《漢書·高惠高后文功臣表》注曰：古信、申同義，信之通作申，猶申之通作信也。出政而信於民，故曰信主。據下文云：皆要審則法令固，賞罰必則下服度，則申主之卽信主明矣。尹、劉二説皆失之。皆要審。俞云皆疑比之誤，《周官·小司徒》曰：及三年則大比。大比則受邦國之比要。鄭司農云：五家爲比，故以比爲名。今時八月案比是也，要謂其簿。然則比要者，大比之簿籍也。喜決難知以塞明。吴云：決疑怳字誤。不許則國失勢。孫云許卽悟字，與寤通用，謂不覺寤也，下俱同，尹注非。耳常五聲。丁云常疑章字誤。四鄰不計。俞云此當作四隟不計。據尹注，四鄰與己爲隟，不計度而知之。四鄰與己爲隟；正解四隟之義，今本作四鄰不計者，卽涉注文而誤也。下文曰：故上惛則隟不計，文與此同，彼脱四字耳。臣主同則。丁云案此文皆四字爲句，臣主同則謂不分上下之制度。君與臣混而同之，卽是不明分職之意，則與職刻殆得爲均。尹讀則字下屬，非也。臣下振怒。王氏引之云：怒當爲恐，此涉上文喜怒而誤也，振恐卽震怒。芒主通人情質疑。陳先生曰：芒主已見上文，爲六過主之一矣。此芒主疑當作亡主，亡主在六過主之末，猶亂臣在六過臣之末也。昏則緩急俱植。洪云：植古置字，謂緩急皆置而不行，尹注非。故主虞而安。王云：虞與娛同，樂也。言國有道則主樂而安也。尹訓虞爲度，非是。又案：故主虞而安以下七句，與上文不相承接，其上當有脱文。張云：篇首六過在前，一是在後，則申主一節當在末。故主虞而安，正承上則民反素也句，文氣相貫。吏肅而嚴承任勢四句，民樸而親承民反素句，官無邪吏云云則總承上事言之，蓋是錯簡，非有脱文。

（清）戴望《管子校正·桓公問》 齊桓公問管子曰：吾念有而勿失，得而勿忘，爲之有道乎？對曰：勿創勿作，時至而隨。毋以私好惡害公正，察民所惡，以自爲戒。人有所惡己行之非。黄帝立明臺之議者，上觀於賢也。堯有衢室之問者，下聽於人也。舜有告善之旌，而主不蔽也。禹立諫鼓於朝，而備訊唉。訊，問也。唉，驚問也。湯有總街之庭，以觀人誹也。武王有靈臺之復，而賢者進也。復，謂白也。此古聖帝明王所以有而勿失，得而勿忘者也。桓公曰：吾欲效而爲之，其名云何？對曰：名曰嘖室之義。謂議論者言語讙嘖。曰法簡而易行，刑審而不犯，事約而易從，求寡而易足。人有非上之所過，謂之正士。見上有過而非之，可謂正士。內於嘖室之議，納正士之言，著爲嘖室之議。有司執事者，咸以厥事奉職，而不忘爲此嘖室之事也。請以東郭牙爲之，此人能以正事争於君前者也。桓公曰：善。齊桓公問管子曰。宋本作管仲。得而勿忘。望案：忘當作亾。黄帝立明臺之議者，上觀於賢也；堯有衢室之問者，下聽於人也。《初學記》十三、《藝文類聚》十一引明臺作明堂。《三國志·魏文帝紀》注引賢作兵。《御覽·地部三十二》引立作有，無兩者字，人作民。禹立諫鼓於朝而備訊唉。《北堂書鈔九》引作禹置敢諫之鼓。《三國志》注引備訊唉作備訴訟，於義爲長。湯有總街之庭以觀人誹也。《類聚》人作民，誹作非。武王有靈臺之復而賢者進也。《三國志》注引復作囿。《類聚》引作靈臺之宮，與上總街之庭句相對。《初學記》引作靈臺之候，即今本復字之譌。有司執事者咸以厥事奉職，而不忘爲此嘖室之事也。陳先生云：厥讀爲竭蹶之蹶，劉績改厥爲決，於義不安。望案：爲字宋本、朱本皆作焉，屬上讀，於義爲長。

（清）戴望《管子校正·形勢解》 人主立其度量，陳其分職，明其法式，以莅其民，而不以言先之，則民循正。

（清）戴望《管子校正·版法解》 凡國無法，則衆不知所焉，無度，則事無機。有法不正，有度不直，則治辟。治辟，則國亂。故曰：正法直度，罪殺不赦。殺僇必信，民畏而懼。武威既明，令不再行。

（清）戴望《管子校正·明法解》 人主之所以制臣下者，威勢也。故威勢在下則主制於臣，威勢在上則臣制於主。夫蔽主者，非塞其門，守其戶也，然而令不行，禁不止。所欲不得者，失其威勢也。故威勢獨在於主則羣臣畏敬，法政獨出於主則天下服德。故威勢分於臣則令不行，法政出於臣則民不聽。故明主之治天下也，威勢獨在於主，而不與臣共；法政獨制於主，而不從臣出。故《明法》曰：威不兩錯，政不二門。法政獨出於主，則天下服德。王云：服德，當依朱本作服聽，字之誤也。服聽猶言服從。《燕策》及《史記》《淮陰侯傳》竝云：天下服聽，是也。下文法政出於臣，則民不聽，正與此文相反。且聽與敬爲均。

又：明主者，一度量，立表儀，而堅守之，故令下而民從。法者，天下之程式也，萬事之儀表也。吏者，民之所懸命也。故明主之治也，當於法者賞之，違於法者誅之。故以法誅罪，則民就死而不怨；以法量功，則民受賞而無德也。此以法舉錯之功也。故明法曰：以法治國，則舉錯而已。明主者，有法度之制，故羣臣皆出於方正之治，而不敢爲姦。百姓知主之從事於法也，故吏之所使者有法，則民從之，無法則止。民以法與吏相距，下以法與上從事。故詐作僞之人不得欺其主，嫉妬之人不得用其賊心，讒諛之人不得施其巧，千里之外不敢擅爲非。故《明法》曰：有法度之制者，不可巧以詐僞。

權衡者，所以起輕重之數也。然而人不事者，非心惡利也，權不能爲之多少其數，而衡不能爲之輕重其量也。人知事權衡之無益，故不事也。故明主在上位，則官不得枉法，吏不得爲私。民知事吏之無益，故財貨不行於吏。權衡平正而待物，故姦詐之人不得行其私。故《明法》曰：有權衡之稱者，不可以欺輕重。以法量功。元本作以法賞功，與以法誅罪對文。此以法舉錯之功也。望案：功乃方字誤。嫉妒之人不得用其賊心。丁云賊字衍。《任法篇》曰：人用其心，以幸於上。又曰：羣臣百姓安得各用其心而立私乎。故財貨不行於吏。《治要》財貨作貨財。

《商君書・靳令》 靳令則治不留，法平則吏無姦。法已定矣，不以善言害法。任功則民少言，任善則民多言。行治曲斷，以五里斷者王，以十里斷者彊，宿治者削。以刑治，以賞戰，求過不求善。故法立而不革，則顯民變誅計。變誅止責商，殊使百都之尊爵厚祿以自伐。

《商君書・修權》 先王縣權衡，立尺寸，而至今法之，其分明也。夫釋權衡而斷輕重，廢尺寸而意長短，雖察，商賈不用，爲其不必也。夫倍法度而任私議，皆不類者也。不以法論知、能、賢、不肖者，惟堯，而世不盡爲堯。是故先王知自議譽私之不可任也，故立法明分，中程者賞之，毀公者誅之。賞誅之法，不失其議，故民不爭。授官予爵，不以其勞，則忠臣不進；行賞賦祿，不稱其功，則戰士不用。凡人臣之事君也，多以主所好事君。君好法，則臣以法事君，君好言，則臣以言事君。君好法，則端直之士在前，君好言，則毀譽之臣在側。公私之分明，則小人不疾賢，而不肖者不妬功。故堯、舜之位天下也，非私天下之利也，爲天下位天下也。論賢舉能而傳焉，非疏父子親越人也，明於治亂之道也。故三王以義親，五霸以法正諸侯，皆非私天下之利也，爲天下治天下。是故擅其名而有其功，天下樂其政，而莫之能傷也。今亂世之君臣，區區然皆擅一國之利，而管一官之重，以便其私，此國之所以危也。故公私之交，存亡之本也。

夫廢法度而好私議，則姦臣鬻權以約祿，秩官之吏，隱下而漁民。諺曰：蠹衆而木折，隙大而牆壞。故大臣爭於私而不顧其民，則下離上。下離上者，國之隙也。秩官之吏，隱下以漁百姓，此民之蠹也。故有隙蠹而不亡者，天下鮮矣。是故明王任法去私，而國無隙蠹矣。

《商君書・畫策》 凡戰者，民之所惡也。能使民樂戰者王。强國之民，父遺其子，兄遺其弟，妻遺其夫，皆曰：不得，無返！又曰：失法離令，若死我死。鄉治之。行間無所逃，遷徙無所入。行間之治，連以五，辯之以章，束之以令。窮天所處，以此無所生。是以三軍之衆，從令如流，死而不旋踵。

國之亂也，非其法亂也，非法不用也。國皆有法，而無使法必行之法。國皆有禁姦邪刑盜賊之法，而無使姦邪盜賊必得之法。爲姦邪盜賊者死刑，而姦邪賊不止者，不必得。必得而尚有姦邪盜賊者，刑輕也。刑輕者，不得誅也；必得者，刑者衆也。故善治者，刑不善而不賞善，故不刑而民善。不刑而民善，刑重也。刑重者，民不敢犯，故無刑也。而民莫敢爲非，是一國皆善也；故不賞善而民善。賞善之不可也，猶賞不盜。故善治者，使跖可信，而況伯夷乎？不能治者，使伯夷可疑，而況跖乎？

又：勢不能爲姦，雖跖可信也；勢得爲姦，雖伯夷可疑也。聖人知必然之理，必爲之時勢，故爲必治之政，戰必勇之民，行必聽之令。是以兵出而無敵，令行而天下服從。黄鵠之飛，一舉千里，有必飛之備也。麗麗巨巨，日走千里，有必走之勢也。虎豹熊羆，鷙而無敵，有必勝之理也。聖人見本然之政，知必然之理，故其制民也，如以高下制水，如以燥溼制火。故曰：仁者能仁於人，而不能使人仁；義者能愛於人，而不能使人愛；是以知仁義之不足以治天下也。聖人有必信之性，又有使天下不得不信之法。所謂義者，爲人臣忠，爲人子孝，少長有禮，男女有别，非其義也。餓不苟食，死不苟生，此乃有法之常也。聖王者，不貴義而貴法，法必明，令必行，則已矣。

《商君書·弱民》 法枉，治亂；任善，言多。治衆，國亂；言多，兵弱。法明，治省；任力，言息。治省，國治；言息，兵彊。故治大，國小；治小，國大。

又： 明主之使其臣也，用必加於功，賞必盡其勞。人主使其民信如日月，此無敵矣。今離婁見秋毫之末，不能以明目易人；烏獲舉千鈞之重，不能以多力易人；聖賢在體性也，不能以相易也。今當世之用事者，皆欲爲上聖，舉法之謂也。背法而治，此任重道遠，而無馬牛；濟大川，而無船楫也。

《商君書·君臣》 古者未有君臣上下之時，民亂而不治。是以聖人列貴賤，制爵位，立名號，以别君臣上下之義。地廣民衆萬物多，故分五官而守之。民衆而姦邪生，故立法制，爲度量以禁之。是故有君臣之義，五官之分，法制之禁，不可不慎也。處君位而令不行則危，五官分而無常則亂，法制設而私善行，則民不畏刑。君尊則令行，官修則有常事，法制明則民畏刑。法制不明，而求民之行令也，不可得也。民不從令，而求君之尊也，雖堯、舜之知，不能以治。明王之治天下也，緣法而治，按功而賞。凡民之所疾戰不避死者，以求爵禄也。明君之治國也，士有斬首捕虜之功，必其爵足榮也，禄足食也。農不離廛者，足以養二親，治軍事，故軍士死節，而農民不偷也。今世君不然，釋法而以知，背功而以譽，故軍士不戰，而農民流徙。臣聞道民之門，在上所先。故民可令農戰，可令游宦，可令學問，在上所與。上以功勞與則民戰，上以詩書與則民學問。民之於利也，若水於下也，四旁無擇也。民徒可以得利，而爲之者，上與之也。瞋目扼腕而語勇者得，垂衣裳，而談説者得，遲日曠久，積勞私門者得。尊向三者，無功而皆可以得，民去農戰而爲之。或談議而索之，或事便辟而請之，或以勇爭之，故農戰之民日寡，而游食者愈衆。則國亂而地削，兵弱而主卑。此其所以然者，釋法制而任名譽也。

《商君書·慎法》 故有明主忠臣，產於今世，而散領其國者，不可以須臾忘於法。破勝黨任，節去言談，任法而治矣。使吏非法無以守，則雖巧不得爲姦。使民非戰無以効其能，則雖險不得爲詐。夫以法相治，以數相舉者，不能相益，訾言者不能相損，民見相譽無益，相管附惡，見訾言無損，習相憎。不相害也。夫愛人者不阿，憎人者不害，愛惡各以其正，治之至也。臣故曰：法任而國治矣。

《商君書·定分》 夫微妙意志之言，上知之所難也。夫不待法令繩墨而無不正者，千萬之一也。故聖人以千萬治天下。故夫知者而後能知之，不可以爲法，民不盡知；賢者而後知之，不可以爲法，民不盡賢。故聖人爲法，必使之明白易知，名正愚知徧能知之。爲置法官，置主法之吏，以爲天下師，令萬民無陷於險危。故聖人立，天下而無刑死者，非不刑殺也，行法令明白易知，爲置法官吏爲之師以道之，知萬民皆知所避就，避禍就福，而皆以自治也。故明主因治而終治之，故天下大治也。

（清）王先慎《韓非子集解·南面》 人主之過，在已任在臣矣，【略】又必反與其所不任者備之，【略】此其説必與其所任者爲讎，而主反制於其所不任者。先慎曰：是恐爲任者所制，而反制於不任者，故聽不任者之言，以絀前之所任者。今所與備人者，且曩之所備也。人主不能明法而以制大臣之威，【略】無道得小人之信矣。【略】人主釋法而以臣備臣，則相愛者比周而相譽，相憎者朋黨而相非，【略】非譽交爭，則主惑亂矣。【略】人臣者，非名譽請謁無以進取，非背法專制無以爲威，非假於忠信無以不禁，僞為忠信，然後不禁。三者，惛主壞法之資也。人主使人臣雖有智能不得背法而專制，雖有賢行不得踰功而先勞，雖有忠信不得釋法而不禁，王先謙曰：不以無心之過為解，而不加罪。此之謂明法。

（清）王先慎《韓非子集解·飾邪》 鑿龜數筴，兆曰大吉，而以攻燕者，趙也。鑿龜數筴，兆曰大吉，而以攻趙者，燕也。【略】龜筴鬼神不足舉勝，左右背鄉不足以專戰。然而恃之，愚莫大焉。古者先王盡力於親民，加事於明法。彼法明則忠臣勸，罰必則邪臣止。忠勸邪止，而地廣主尊者，秦是也。羣臣朋黨比周，以隱正道，行私曲而地削主卑者，山東是也。亂弱者亡，【略】人之性也。治強者王，古之道也。越王勾踐恃大朋之龜，與吳戰而不勝，【略】身臣入宦於吳；【略】反國棄龜，明法親民以報吳，則夫差爲擒。故恃鬼神者慢於法，恃諸侯者危其國。【略】此皆不明其法禁以治其國，恃外以滅其社稷者也。臣故曰：明於治之數，則國雖小，富；【略】賞罰敬信，民雖寡，強。賞罰無度，國雖大兵弱者，地非其地，民非其民也。【略】無地無民，堯、舜不能以王，三代不能以強。人主又以過予，人臣又以徒取。舍法律而言先王以明古之功者，【略】上任之以國，臣故曰：是願古之功，以古之賞賞今之人也。主以是過予，【略】而臣以此徒取矣。主過予則臣偷幸，【略】臣徒取則功不尊，無功者受賞則財匱而民望，【略】財匱而民望則民不盡力矣。故用賞過者失民，用刑過者民不畏。有賞不足以勸，有刑不足以禁，則國雖大必危。故曰：小知不可使謀事，小忠不可使主法。【略】小忠，大忠之賊也。若使小忠主法，則必將赦罪，赦罪以相愛，先慎曰：乾道本不重赦罪二字，顧廣圻云：《藏》本、今本重赦罪。今據補。是與下安矣，然而妨害於治民者也。當魏之方明立辟，【略】從憲令行之時，顧廣圻曰：當衍行字。按下文當趙之方明國律逗，從大軍之時句；當燕之方明奉法逗，審官斷之時句，其句例同。又下文云故曰明法者強，承此三句之三明字也。有功者必賞，有罪者必誅，強匡天下，威行四鄰；及法慢，妄予，【略】而國日削矣。當趙之方明國律，從大軍之時，人衆兵強，辟地齊燕；及國律慢，用者弱，【略】而國日削矣。當燕之方明奉法，審官斷之時，東縣齊國，南盡中山之地；及奉法已亡，官斷不用，左右交爭，論從其下，則兵弱而地削，國制於鄰敵矣。故曰：明法者強，慢法者弱。強弱如是其明矣，而世主弗爲，國亡宜矣。語曰：家有常業，雖飢不餓；國有常法，雖危不亡。夫舍常法而從私意，則臣下飾於智能；【略】臣下飾於智能，則法禁不立矣。是妄意之道行，治國之道廢也。治國之道，去害法者，則不惑於智能，不矯於名譽矣。昔者舜使吏決鴻水，先令有功而舜殺之；禹朝諸侯之君會稽之上，【略】防風之君後至而禹斬之。以此觀之，先令者殺，後令者斬，則古者先貴如令矣。【略】故鏡執清而無事，美惡從而比焉；衡執正而無事，輕重從而載焉。夫搖鏡則不得爲明，搖衡則不得爲正，法之謂也。故先王以道爲常，以法爲本，本治者名尊，本亂者名絕。凡智能明通，有以則行，無以則止。故智能單，道不可傳於人。王先謙曰：單，盡也。言雖智能竭盡，虛而無徵，不能爲後人法守，故云道不可傳於人。而道法萬全，智能多失。夫懸衡而知平，設規而知圓，萬全之道也。明主使民飾於道之故，【略】故佚而有功。【略】釋規而任巧，釋法而任智，惑亂之道也。亂主使民飾於智，【略】不知道之故，故勞而無功。釋法禁而聽請謁，羣臣賣官於上，取賞於下，【略】是以利在私家而威在羣臣。故民無盡力事主之心，而務爲交於上。民好上交，則貨財上流，【略】而巧說者用；【略】若是則有功者愈少。姦臣愈進而材臣退，則主惑而不知所行，民聚而不知所道。道，從也。此廢法禁，後功勞，舉名譽，聽請謁之失也。凡敗法之人，必設詐託物以來親，【略】又好言天下之所希有，此暴君亂主之所以惑也，人臣賢佐之所以侵也。故人臣稱伊尹、管仲之功，【略】則背法飾智有資；稱比干、子胥之忠而見殺，則疾強諫有辭。【略】夫上稱賢明，下稱暴亂，不可以取類，王先謙曰：能用伊尹、管仲，是賢明之主，殺子胥、比干，是暴亂之主。凡此稱說古人，皆以劫制其君，使下易於干進，上難於行罰。然伊尹、管仲不世出，進諫者非必比干、子胥，故曰不可以取類。若是者禁。【略】君之立法，【略】以爲是也。【略】今人臣多立其私智，【略】以法爲非者是邪。盧文弨曰：者字衍。顧廣圻曰：以法爲非者五字句，與上以爲是也句對。先慎曰：顧讀誤。當於下是耶句。此立私智之臣，動與法違，故以法爲非是也。上言是，此言非是，語意相承，者字不當有。以智以此思之，則知凡臣下之情皆欲過公法立私智也。先慎曰：乾道本注臣下二字作官，公作功。盧文弨云：皆從凌本改。過法立智，俞樾曰：上邪字衍文。是以智過法立智七字爲句。言自以其智過公法，立私智也。舊注不說邪字，疑其所據本作是以智過法立智。今衍邪字，於義難通。顧氏於前後文句讀一一訂正，而此句未了，由不知邪字之衍耳。凌本作以邪爲智，與舊注不合，非是。先慎曰：俞說非。邪，語辭，屬上爲句。以智，過法立智，當作以知過法立智，古文知、智同用知字，後人於知之讀爲智者，並加日字於下。此涉上下文而誤，舊注云以此思之，則知凡臣下之情皆欲過公法立私智，是其所見本尚作知字，不誤。如是者禁。【略】主之道也。【略】禁主之道，【略】必明於公私之分，明法制，去私恩。夫令必行，禁必止，人主之公義也。必行其私，信於朋友，不可爲賞勸，不可爲罰沮，人臣之私義也。私義行則亂，公義行則治，故公私有分。人臣有私心，有公義：修身潔白，而行公行正，居官無私，【略】人臣之公義也；汙行從欲，安身利家，人臣之私心也。明主在上，則人臣去私心行公義。亂主在上，則人臣去公義行私心，故君臣異心。君以計畜臣，臣以計事君。君臣之交，計也。害身而利國，臣弗爲也；害國而利臣，君不爲也。【略】臣之情，害身無利；君之情，害國無親。君臣也者，以計合者也。至夫臨難必死，盡智竭力，爲法爲之。【略】故先王明賞以勸之，嚴刑以威之。賞刑明則民盡死，民盡死則兵強主尊。刑賞不察則民無功而求得，有罪而幸免，則兵弱主卑。故先王賢佐盡力竭智。故曰：公私不可不明，法禁不可不審，先王知之矣。

（清）王先慎《韓非子集解·安危》　使天下皆極智能於儀表，盡力於權衡，以動則勝，以靜則安。治世使人樂生於爲是，愛身於爲非，小人少而君子多，故社稷常立，盧文弨曰：常，張、凌本作長。國家久安。奔車之上無仲尼，覆舟之下無伯夷。故號令者，國之舟車也。安則智廉生，危則爭鄙起。故安國之法若饑而食，【略】寒而衣，不令而自然也。先王寄理於竹帛，盧文弨曰：凌本寄下有治字。先慎曰：治字衍文。理，治也。其道順故後世服。【略】今使人饑寒去衣食，【略】雖賁育不能行；廢自然，雖順道而不立。強勇之所不能行，則上不能安；【略】上以無厭責已盡，則下對無有，【略】無有則輕法。【略】法所以爲國也而輕之，則功不立，名不成。

又：安危在是非，不在於強弱；存亡在虛實，不在於衆寡。故齊萬乘也，【略】而名實不稱，上空虛於國，內不充滿於名實，故臣得奪主。【略】殺天子也，【略】而無是非。賞於無功，使讒諛以詐僞爲貴；誅於無罪，使傴以天性剖背。以詐僞爲是。

又：明主之道忠法，其法忠心，故臨之而法，去之而思。堯無膠漆之約於當世而道行，【略】舜無置錐之地於後世而德結。【略】能立道於往古，【略】而垂德於萬世者之謂明主。

（清）王先慎《韓非子集解·守道》　人主離法失人，則危於伯夷不妄取，而不免於田成、盜跖之禍。【略】何也？【略】今天下無一伯夷，而姦人不絕世，故立法度量。度量信則伯夷不失是，而盜跖不得非。法分明則賢不得奪不肖，強不得侵弱，衆不得暴寡。託天下於堯之法，則貞士不失分，姦人不徼幸；寄千金於羿之矢，則伯夷不得亡，而盜跖不敢取。堯明於不失姦，故天下無邪；羿巧於不失發，【略】故千金不亡。邪人不壽，【略】而盜跖止，【略】如此，故圖不載宰予，不舉六卿；書不著子胥，不明夫差。【略】孫吳之略廢，盜跖之心伏。人主甘服於玉堂之中，而無瞋目切齒傾取之患；【略】人臣垂拱於金城之內，【略】而無扼腕聚脣嗟唶之禍。【略】服虎而不以柙，禁姦而不以法，塞僞而不以符，此賁育之所患，堯、舜之所難也。故設柙非所以備鼠也，所以使怯弱能服虎也；立法非所以避曾史也，【略】所以使庸主能止盜跖也；【略】爲符非所以豫尾生也，所以使衆人不相謾也。不恃比干之死節，【略】不幸亂臣之無詐也；恃怯之所能服，【略】握庸主之所易守。當今之世，爲人主忠計，爲天下結德者，利莫長於如此。【略】故君人者無亡國之圖，而忠臣無失身之畫。明於尊位必賞，盧文弨曰：賞，凌本作法。故能使人盡力於權衡，死節於官職。通賁、育之情，【略】不以死易生，惑於盜跖之貪，【略】不以財易身。則守國之道畢備矣。

（清）王先慎《韓非子集解·大體》　古之全大體者，【略】望天地，觀江海，因山谷，日月所照，四時所行，雲布風動；不以智累心，先慎曰：《御覽》引智作欲。不以私累己；先慎曰：《治要》私作心。寄治亂於法術，託是非於賞罰，屬輕重於權衡；不逆天理，不傷情性；不吹毛而求小疵，不洗垢而察難知；不引繩之外，不推繩之內；先慎曰：《用人篇》云隨繩而斲，是也。不急法之外，不緩法之內；守成理，因自然；禍福生乎道法而不出乎愛惡，榮辱之責在乎己而不在乎人。故至安之世，【略】法如朝露，純樸不散；【略】心無結怨，口無煩言。故車馬不疲弊於遠路，旌旗不亂於大澤，萬民不失命於寇戎，雄駿不創壽於旗幢；豪傑不著名於圖書，不録功於盤盂，記年之牒空虛。故曰：利莫長於簡，福莫久於安。使匠石以千歲之壽操鉤，顧廣圻曰：《藏》本同。今本鉤作鈎，誤。視規矩，舉繩墨而正太山；使賁、育帶干將而齊萬民；雖盡力於巧，極盛於壽，太山不正，民不能齊。故曰：古之牧天下者，不使匠石極巧以敗太山之體，不使賁、育盡威以傷萬民之性。因道全法，君子樂而大姦止；澹然閒靜，因天命，持大體。故使人無離法之罪，魚無失水之禍。如此，故天下少不可。【略】

上不天則下不偏覆，心不地則物不畢載。【略】太山不立好惡，故能成其高；江海不擇小助，故能成其富。故大人寄形於天地而萬物備，歷心於山海而國家富。先慎曰：《治要》歷作措。上無忿怒之毒，【略】下無伏怨之患，【略】上下交順，【略】以道爲舍。故長利積，大功立，名成於前，德垂於後，治之至也。

（清）王先慎《韓非子集解·難一》　或曰：郤子言不可不察也，非分謗也。韓子之所斬也，若罪人則不可救，【略】救罪人，法之所以敗也，法敗則國亂；若非罪人則勸之以徇，【略】勸之以徇是重不辜也，斬既不辜，徇又不辜，是重不辜也。重不辜民所以起怨者也，民怨則國危。郤子之言非危則亂，不可不察也。且韓子之所斬若罪人，郤子奚分焉？斬若非罪人，則已斬之矣，而郤子乃至，是韓子之謗已成，而郤子且後至也。【略】夫郤子曰以徇，不足以分斬人之謗，而又生徇之謗，徇既不辜，益得一謗。是子言分謗也？顧廣圻曰：《藏》本同。今本子作何。按句有誤。俞樾曰：此當作是郤子之言非分謗也，益謗也，今脫六字，則文義不明。下文云故曰郤子之言非分謗也，益謗也，正與此應，可以據補。先慎曰：俞說是。昔者紂爲炮烙，崇侯、惡來又曰斬涉者之脛也，奚分於紂之謗？此助爲虐，更益謗也。且民之望於上也甚矣，韓子弗得，不得斬謂不辜也。且望郤子之得也；望郤子正韓子之過。今郤子俱弗得，則民絕望於上矣。君上同惡，更何所望也。先慎曰：一本無注。盧文弨云：張本有。故曰：郤子之言非分謗也，益謗也。且郤子之往救罪也，以韓子爲非也，不道其所以爲非而勸之以徇，是使韓子不知其過也。夫下使民望絕於上，【略】又使韓子不知其失，吾未得郤子之所以分謗者也。

（清）王先慎《韓非子集解·難三》　或曰：子產之治，不亦多事乎！不以法度而用智，故曰多事也。姦必待耳目之所及而後知之，【略】則鄭國之得姦者寡矣。不任典成之吏，典，主也。謂因事而責成之。先慎曰：《論衡》成作城。乾道本注因作其，據趙本改。不察參伍之政，【略】不明度量，恃盡聰明勞智慮，【略】而以知姦，不亦無術乎！且夫物衆而智寡，寡不勝衆，智不足以徧知物，故因物以治物。【略】下衆而上寡，寡不勝衆者，言君不足以徧知臣也，故因人以知人。是以形體不勞而事治，智慮不用而姦得。故宋人語曰：一雀過羿，羿必得之，則羿誣矣。【略】以天下爲之羅，則雀不失矣。夫知姦亦有大羅，不失其一而已矣。不修其理，而以己之胷察爲之弓矢，則子產誣矣。《老子》曰：以智治國，國之賊也。其子產之謂矣。

又：管子曰：見其可，說之有證；見其不可，惡之有形。賞罰信於所見，雖所不見，其敢爲之乎？見其可，說之無證；【略】見其不可，惡之無形。賞罰不信於所見，而求所不見之外，不可得也。

或曰：廣廷嚴居，衆人之所肅也；晏室獨處，曾、史之所僈也。【略】觀人之所肅，非行情也。【略】且君上者，臣下之所爲飾也。好惡在所見，臣下之飾姦物以愚其君必也。明不能燭遠姦、見隱微，而待之以觀飾行、定賞罰，不亦弊乎！

管子曰：言於室滿於室，言於堂滿於堂，是謂天下王。

或曰：管仲之所謂言室滿室、言堂滿堂者，非特謂遊戲飲食之言也，必謂大物也。人主之大物，非法則術也。法者，編著之圖籍，設之於官府，而布之於百姓者也。術者，藏之於胷中，以偶衆端，而潛御羣臣者也。【略】故法莫如顯，而術不欲見。是以明主言法，則境內卑賤莫不聞知也，不獨滿於堂；用術，則親愛近習莫之得聞也，不得滿室。而管子猶曰言於室滿室，言於堂滿堂，非法術之言也。

（清）王先慎《韓非子集解·問辯》　或問曰：辯安生乎？對曰：生於上之不明也。問者曰：上之不明，因生辯也，何哉？對曰：明主之國，令者，言最貴者也；法者，事最適者也。言無二貴，法不兩適，故言行而不軌於法令者必禁。若其無法令而可以接詐應變、生利揣事者，上必采其言而責其實，言當則有大利，不當則有重罪，是以愚者畏罪而不敢言，智者無以訟，【略】此所以無辯之故也。亂世則不然，主上有令，【略】而民以文學非之，官府有法民以私行矯之，【略】人主顧漸其法令而尊學者之智行，趙用賢曰：漸，沒也，音尖。此世之所以多文學也。【略】夫言行者，以功用爲之的彀者也。夫砥礪殺矢而以妄發，其端未嘗不中秋毫也；先慎曰：殺矢，用諸田獵之矢，見《周禮·考工記·治氏注》。然而不可謂善射者，無常儀的也。設五寸之的，引十步之遠，【略】非羿、逄蒙不能必中者，有常也。【略】故有常則羿、逄蒙以五寸的爲巧，【略】無常則以妄發之中秋毫爲拙。今聽言觀行，不以功用爲之的彀，【略】言雖至察，行雖至堅，則妄發之說也。是以亂世之聽言也，以難知爲察，以博文爲辯；其觀行也，以離羣爲賢，以犯上爲抗。人主者說辯察之言，尊賢抗之行，故夫作法術之人，立取舍之行，別辭爭之論，【略】而莫爲之正。是以儒服帶劍者衆，而耕戰之士寡；堅白無厚之詞章，先慎曰：《史記·荀卿傳》：趙有公孫龍，爲堅白異同之辨。《鄧析子·無厚篇》：天不能屏勃厲之氣，全夭折之人，使爲善之民必壽，此於民無厚也。凡民有穿窬爲盜者，有詐僞相迷者，此皆生於不足，起於貧窮，而君必執法誅之，此於民無厚也。堯、舜位爲天子，而丹朱、商均爲布衣，此於子無厚也。周公誅管、蔡，此於弟無厚也。而憲令之法息。故曰：上不明則辯生焉。

（清）**王先慎《韓非子集解·定法》**　問者曰：申不害、公孫鞅，此二家之言孰急於國？應之曰：是不可程也。人不食，十日則死；大寒之隆，不衣亦死。謂之衣食孰急於人，則是不可一無也，皆養生之具也。今申不害言術，而公孫鞅爲法。術者，因任而授官，循名而責實，【略】操殺生之柄，課羣臣之能者也，此人主之所執也。法者，憲令著於官府，刑罰必於民心，賞存乎慎法，而罰加乎姦令者也，【略】此臣之所師也。君無術則弊於上，臣無法則亂於下，此不可一無，皆帝王之具也。

問者曰：【略】徒術而無法，徒法而無術，其不可何哉？對曰：申不害，韓昭侯之佐也。韓者，晉之別國也。晉之故法未息，而韓之新法又生；先君之令未收，而後君之令又下。申不害不擅其法，不一其憲令，則姦多。【略】故利在故法前令則道之，利在新法後令則道之。先慎曰：道，讀爲導，與下使昭侯用術同意。利在故法前令，申不害則使昭侯用故法前令；其利在新法後令，則使昭侯用新法後令。前令、後令卽上先君之令、後君之令。今人以前、後兩字逗，非也。利在故新相反，【略】前後相悖，【略】則申不害雖十使昭侯用術，而姦臣猶有所譎其辭矣。【略】故託萬乘之勁韓，【略】七十年而不至於霸王者，【略】雖用術於上，法不勤飾於官之患也。公孫鞅之治秦也，設告相坐而責其實，【略】連什伍而同其罪，賞厚而信，刑重而必。是以其民用力勞而不休，逐敵危而不卻，故其國富而兵強；然而無術以知姦，則以其富強也資人臣而已矣。及孝公、商君死，惠王卽位，秦法未敗也，而張儀以秦殉韓、魏。【略】惠王死，武王卽位，甘茂以秦殉周。【略】武王死，昭襄王卽位，穰侯越韓、魏而東攻齊，【略】五年而秦不益一尺之地，【略】乃成其陶邑之封；【略】應侯攻韓八年，成其汝南之封。【略】自是以來，諸用秦者，皆應、穰之類也。故戰勝則大臣尊，益地則私封立，主無術以知姦也。【略】商君雖十飾其法，人臣反用其資。故乘強秦之資，數十年而不至於帝王者，法不勤飾於官，【略】主無術於上之患也。

問者曰：主用申子之術，而官行商君之法，可乎？對曰：申子未盡於法也。【略】申子言：治不踰官，雖知弗言。【略】治不踰官，謂之守職也可；【略】知而弗言，是謂過也。【略】人主以一國目視，故視莫明焉；以一國耳聽，故聽莫聰焉。今知而弗言，則人主尚安假借矣！【略】商君之法曰：【略】斬一首者爵一級，欲爲官者爲五十石之官；斬二首者爵二級，【略】欲爲官者爲百石之官。官爵之遷與斬首之功相稱也。今有法曰：斬首者令爲醫匠。則屋不成而病不已。夫匠者手巧也，而醫者齊藥也；【略】而以斬首之功爲之，則不當其能。今治官者，智能也；【略】今斬首者，勇力之所加也。以勇力之所加，【略】而治智能之官，先慎曰乾道本治下有者字。顧廣圻云：《藏》本、今本無者字，此未詳。先慎按：者字衍，今據刪。此謂以勇力所得之官，而理智能之事，不當其能，無異令斬首之人爲醫匠也。是以斬首之功爲醫匠也。故曰：二子之於法術皆未盡善也。

（宋）**李昉等《太平御覽》卷六三八《刑法部·律令》**　申子曰：君必有明法，正義若懸，權衡以稱輕重，所以一群臣也。又曰：堯之治也，蓋明法察令而已。聖君任法而不任智，任數而不任說。黃帝之治天下，置法而不變，使民安樂其法也。又曰：昔七十九代之君，法制不一，號令不同，然而俱王天下，何也？必國富而粟多也。

（宋）**吉天保《孫子十家註》卷九《行軍篇》**　令素信著者，與衆相得也。張預注云：上以信使民，民以信服上，是上下相得也。尉繚子曰：令之之法，小過無更，小疑無申。言號令一出不可反易，自非大過大疑，則不須更改申明。所以使民信也。杜牧注云：素，先也。言爲將居當無事之時，須恩信威令先著於人，然後對敵之時。行令立法，人人信伏。陳皞注云：夫令要在先申，使人聽之不惑；法要在必行，使人守之無輕信者也。三令五申，示人不惑也。法令簡當，議在必行，然後可以與衆相得也。

（宋）**吉天保《孫子十家註》卷一〇《地形篇》**　將弱不嚴，教道不明，吏卒無常，陳兵縱橫，曰亂。張預注云：將弱不嚴，謂將帥無威德也。教道不明，謂教閱無古法也。吏卒無常，謂將臣無久任也。陳兵縱橫，謂士卒無節制也。爲將若此，自亂之道。梅堯臣注曰：懦而不嚴，則士無常檢；教而不明，則出陳縱橫不整，亂之道也。賈林注云：威令既不嚴明，士卒則無常稟。如此軍幕，不亂何爲。謂將無嚴令賞罰不行之故。

（宋）吉天保《孫子十家註》卷一一《九地篇》施無法之賞，懸無政之令。張預注云：法不先施，政不預告，皆臨事立制，以勵士心。《司馬法》曰：見敵作誓，瞻功行賞，賞功不逾時，罰罪不遷列。賞罰之典既明且速，則用衆如寡也。賈林注云：欲拔城隳國之時，故懸國外之賞罰，行政外之威令，故不守常法常政，故曰無法無政。

《司馬法·定爵》凡陳，行惟疏，戰惟密，兵惟雜。人教厚，靜乃治。威利章，相守義，則人勉；慮多成，則人服；時中服，厥次治。物既章，目乃明。慮既定，心乃强。進退無疑，見敵無謀，聽誅。無誑其名，無變其旗。凡事善則長，因古則行。誓作章，人乃强，滅厲祥。滅厲之道一曰義，被之以信，臨之以强，成基一天下之形，人莫不説，是謂兼用其人；一曰權，成其溢，奪其好，我自其外，使自其內。一曰人，二曰正，三曰辭，四曰巧，五曰火，六曰水，七曰兵，是謂七政。榮利恥死，是謂四守。容色積威，不過改意，凡此道也。唯仁有親，有仁無信，反敗厥身。人人，正正，辭辭，火火。凡戰之道，既作其氣，因發其政，假之以色，道之以辭，因懼而戒，因欲而事，蹈敵制地，以職命之，是謂戰法。凡人之形，由衆之求，試以名行，必善行之。若行不行，身以將之。若行而行，因使勿忘。三乃成章，人生之宜謂之法。

《尹文子·大道上》道行於世，則貧賤者不怨，富貴者不驕，愚弱者不懾，智勇者不陵，定於分也。法行於世則貧賤者不敢怨富貴，富貴者不敢陵貧賤，愚弱者不敢冀智勇，智勇者不敢鄙愚弱，此法之不及道也。

又：國亂有三事，年飢民散無食以聚之則亂。治國無法則亂，有法而不能用則亂。有法食以聚民。有法而能行，國不治，未之有也。

《尹文子·大道下》老子曰：以政治國，以奇用兵，以無事取天下。政者，名法是也。以名法治國，萬物所不能亂。奇者，權術是也。以權術用兵，萬物所不能敵。凡能用名法權術，而矯抑殘暴之情，則已無事焉。已無事則得天下矣。故失治則任法，失法則任兵。以求無事，不以取彊。取彊則柔者反能服之。

《呂氏春秋·先識覽·正名》凡亂者，刑名不當也。人主雖不肖，猶若用賢，猶若聽善，猶若為可者。其患在乎所謂賢從不肖也，所為善而從邪辟，所謂可從悖逆也，是刑名異充而聲實異謂也。夫賢不肖、善邪辟、可悖逆，國不亂，身不危奚待也？

（漢）劉安《淮南子》卷九《主術訓》法者，天下之度量，而人主之準繩也。縣法者，法不法也。設賞者，賞當賞也。法定之後，中程者賞，缺繩者誅；尊貴者不輕其罰，而卑賤者不重其刑。言平也。犯法者雖賢必誅，中度者雖不肖必無罪，是故公道通而私道塞矣。公正也，私邪也，塞閉也。

（漢）劉安《淮南子》卷九《主術訓》無爲者，非謂其凝滯而不動也，以其言莫從己出也。夫寸生於稞，稞生於日，日生於形，形生於景，此度之本也。稞禾，穗稞，孚榆頭芒也。十稞爲一分，十分爲一寸，十寸爲一尺，十尺爲一丈，政謂之本也。逵吉按稞古累黍字。樂生於音，音生於律，律生於風，此聲之宗也。宗亦本也。法生於義，義生於衆適，衆適合於人心，此治之要也。要，約也。故通於本者，不亂於末，覩於要者，不惑於詳。惑，眩。法者，非天墮，非地生，發於人間，而反以自正。反，還。是故有諸己不非諸人。有諸己，己有聰明也。不非諸人，恕人行也。無諸己不求諸人。言己雖無獨見之明，不求加罪於人也。所立於下者，不廢於上，人主所立法，禁於民，亦自脩之。不廢於上，言以法也。所禁於民者，不行於身。不正之事，不獨行之於身，言其正己以正人也。

（漢）王充《論衡》卷一〇《非韓》龐撊是子不孝，子思不言，繆公貴之，韓子非之，以爲明君求善而賞之，求姦而誅之。夫不孝之人，下愚之才也；下愚無禮，順情從欲，與鳥獸同，謂之惡可也，謂姦非也。姦人外善內惡，色厲內荏，作爲操止，像類賢行，以取升進，容媚於上，安肯作不孝，著身爲惡，以取棄殉之咎乎？龐撊是子可謂不孝，不可謂姦。韓子謂之姦，失姦之實矣。韓子曰：布帛尋常，庸人不擇；爍金百鎰，盜跖不搏。以此言之，法明，民不敢犯也。設明法於邦，有盜賊之心，不敢犯矣；不測之者，不敢發矣。姦心藏於胸中，不敢以犯罪法。罪法恐之也。明法恐之，則不須考姦求邪於下矣。使法峻，民無姦者；使法不峻，民多爲姦。而不言明王之嚴刑峻法，而云求姦而誅之。言求姦，是法不峻，民或犯之也。世不專意於明法，而專心求姦，韓子之言，與法相違。人之釋溝渠也，知者必溺身；不塞溝渠而繕船楫者，知水之性不可闕，其勢必溺人也。臣子之性欲姦君父，猶水之性溺人也。不教所以防姦，而非其不聞知，是猶不備水之具，而徒欲早知水之溺人也。溺於水，不責水而咎己者，已失防備也。然則人君劫於臣，已失法也。備溺不闕水源，防劫不求臣姦，韓子所宜用教己也。水之性勝火，如裹之以釜，水煎而不得勝，必矣。夫君猶火也，臣猶水也，法度釜也。火不求水之姦，君亦不宜求臣之罪也。

（漢）王充《論衡》卷一二《謝短》 法律之家亦爲儒生問曰：九章，誰所作也？彼聞皐陶作獄，必將曰：皐陶也。詰曰：皐陶，唐虞時，唐虞之刑五刑；案今律無五刑之文。或曰：蕭何也。詰曰：蕭何，高祖時也。孝文之時，齊太倉令淳于德有罪，徵詣長安。其女緹縈，爲父上書，言肉刑一施，不得改悔。文帝痛其言，乃改肉刑。案今九章象刑，非肉刑也。文帝在蕭何後，知時肉刑也。蕭何所造，反具肉刑也。而云：九章蕭何所造乎？古禮三百，威儀三千；刑亦正刑三百，科條三千。出於禮，入於刑，禮之所去，刑之所取，故其多少，同一數也。今禮經十六，蕭何律有九章，不相應。又何五經題篇，皆以事義別之，至禮與律獨經也，題之禮言昏禮，律言盜律何？

（明）葉子奇《草木子》卷三上《克謹篇》 天下治平之時，臺省要官皆北人爲之，漢人、南人萬中無一二。其得爲者，不過州縣卑秩，蓋亦僅有而絶無者也。後有納粟、獲功二途，富者往往以此求進。令之初行，尚猶與之，及後求之者衆，亦絶不與南人。在都求仕者，北人目爲臘雞，至以相訾詬。蓋臘雞爲南方饋北人之物也，故云，及方寇起，瀕海豪傑如蒲圻趙家戴綱司家陳子游等，傾家募士，爲官收捕，至兄弟子姪皆殲於盜手，卒不沾一命之及，屯膏吝賞至於此，其大盜一招再招，官已至極品矣。於是上下解體，人不向功，甘心爲盜矣。又獲功之官，於法非得風憲體覆牒文，不輒命官。憲使招權，非得數千緡，不與行遣。故有功無錢者，往往事從中輟，皆抱怨望。其後盜塞寰區，空名宣勅，遇微功即填給，人已不榮之矣。向使用於初亂之時，豈復有寇如此昌熾，何其始之嗇而終之濫耶？且功則不與，賊則與之。刑賞倒施，何其謬哉！嗚呼！爵命之設，上以尊有德，下以待有功，此豈人君私器而專用私人也哉，後之有天下者可以監矣。太史公曰：存亡在出令。信夫！

（清）顧炎武《日知録》卷八《法制》 法制禁令，王者之所不廢，而非所以爲治也。其本在正人心，厚風俗而已。故曰：居敬而行簡，以臨其民。周公作《立政》之書曰：文王罔攸，兼於庶言、庶獄、庶慎。又曰：庶獄、庶慎，文王罔敢知於兹。其丁甯後人之意可謂至矣。秦始皇之治天下之事，無大小皆決於上，上至於衡石量書，日夜有呈，不中呈不得休息，而秦遂以亡。太史公曰：昔天下之綱常密矣，然奸僞萌起，其極也，上下相遁，至於不振。然則法禁之多，乃所以爲趣亡之具，而愚闇之君猶以爲未至也。杜子美詩曰：舜舉十六相，身尊道何高。秦時任商鞅，法令如牛毛。又曰：君看燈燭張，轉使飛蛾密。其切中近朝之事乎？漢文帝詔置三老孝弟力田常員，令各率其意，以道民焉。夫三老之卑，而使之得率其意，此文、景之治所以至於移風易俗，黎民醇厚，而上擬於成康之盛也。諸葛孔明開誠心，布公道，而上下之交，人無間言，以蕞爾之蜀，猶得小康。魏操、吴權任法術，以御其臣，而篡逆相仍，略無寧歲。天下之事，固非法之所能防也。叔向與子產書曰：國將亡，必多制。夫法制繁，則巧猾之徒皆得以法為市，而雖有賢者，不能自用，此國事之所以曰非也。善乎，杜元凱之解《左氏》也，曰：法行則人從法，法敗則法從人。前人立法之初，不能詳究事勢，豫爲變通之地。後人承其已弊，拘於舊章，不能更革，而復立一法以救之，於是法愈繁而弊愈多，天下之事日至於叢脞，其究也眊而不行，上下相蒙，以爲無失祖制而已。此莫甚於有明之世，如勾軍、行鈔二事，立法以救法而終不善者也。

（宋）李昉等《太平御覽》卷六三七《刑法部·律令》 《書》曰：王曰：嗚呼！凡我有官，君子欽乃攸司。慎乃出令，令出惟行。弗惟反。有官君子，大夫已上。歎而誡之，使敬汝所司，慎汝出令，從政之本。令出必惟行之，不惟反改。若二三其令，亂之道也。

（宋）歐陽修《歐陽修全集》卷一二四《崇文總目叙釋·刑法類》 刑者，聖人所以愛民之具也。其禁暴止殺之意，必本乎至仁，然而執梃刃刑人而不疑者，審得其當也。故法家之説，務原人情，極其真僞，必使有司不得銖寸輕重出入，則其為書不得不備。歷世之治，因時制法，緣民之情，損益不常，故凡法令之要，皆著于篇。

（宋）李覯《李覯集》卷二《禮論七篇・禮論第四》　爲信不能以一號令，重班爵，明車服以辯等，守職業以興事，使天下之人仰之而不疑，而專爲因循顧望，以死兒女之言，若是類者，非禮之信也。

（宋）李覯《李覯集》卷二《禮論七篇・禮論第五》　或曰：前所謂節其和者，命之曰樂；行其怠者，命之曰政；威其不從者，命之曰刑；温厚而廣愛者，命之曰仁；斷決而從宜者，命之曰義；疏達而能謀者，命之曰智；固守而不變者，命之曰信。徇是而言，則七者似皆禮之別名也？曰：樂、刑、政則謂之支，而强其名，仁、義、智、信則止謂之別名也。何以樂、刑、政各有其物，與禮本分局而治。十二管，五聲八音，干戚羽旄，樂之物也；號令官府，軍旅食貨，政之物也；鈇鉞刀鋸，大辟、宮、刖、墨、劓、刵、鞭、扑、流、贖，刑之物也。是三者之物，與飲食、衣服、宮室、器皿、夫婦、父子、長幼、君臣、上下、師友、賓客、死喪、祭祀之目少異，故得謂之支而强其名也。夫仁、義、智、信豈有其物哉？總乎禮、樂、刑、政而命之，則是仁、義、智、信矣，故止謂之別名也。有仁、義、智、信，然後有法制，法制者，禮樂刑政也。有法制，然後有其物。無其物，則不得以見法制。無法制，則不得以見仁、義、智、信。備其物，正其法，而後仁、義、智、信炳然而章矣。

（宋）李覯《李覯集》卷一八《安民策十首・安民策第六》　是故令之於民也，與其出而中廢，不若勿出之愈也。善人見勸而莫肯進，懼其令變而不必賞也；惡人見禁而莫肯改，幸其令變而不必罰也。朝一命焉，夕一命焉，羣吏奉承之弗暇，愚民惶惑而失圖，出令如此，不若勿出之愈也。

《二程集・河南程氏遺書》卷一五《入關語録》　嘗觀自三代而後，本朝有超越古今者五事：如百年無內亂；四聖百年；受命之日，市不易肆；百年未嘗誅殺大臣；至誠以待夷狄。此皆大抵以忠厚廉恥爲之綱紀，故能如此，蓋睿主開基，規模自別。大綱不正，萬目即紊。唐之治道，付之尚書省，近似六官，但法不具也。後世無如宇文周，其官名法度，小有可觀。隋文之法，雖小有善處，然皆出於臆斷，惟能如此，故維持得數十年。

《二程集・周易程氏傳》卷一《周易上經上・蒙》　初以陰暗居下，下民之蒙也。爻言發之之道。發下民之蒙，當明刑禁以示之，使之知畏，然後從而教導之。自古聖王爲治，設刑罰以齊其衆，明教化以善其俗，刑罰立而後教化行，雖聖人尚德而不尚刑，未嘗偏廢也。故爲政之始，立法居先。治蒙之初，威之以刑者，所以説去其昏蒙之桎梏，桎梏謂拘束也。不去其昏蒙之桎梏，則善教无由而入。既以刑禁率之，雖使心未能喻，亦當畏威以從，不敢肆其昏蒙之欲，然後漸能知善道而革其非心，則可以移風易俗矣。苟專用刑以爲治，則蒙雖畏而終不能發，苟免而无恥，治化不可得而成矣，故以往則可吝。

《象》曰【略】象无倒置者，疑此文互也。雷電，相須並見之物，亦有嗑象，電明而雷威。先王觀雷電之象，法其明與威，以明其刑罰，飭其法令。法者，明事理而為之防者也。

《二程集・周易程氏傳》卷三《周易下經上・咸》　初，家道之始也。閑謂防閑法度也。治其有家之始，能以法度爲之防閑，則不至於悔矣。治家者，治乎衆人也，苟不閑之以法度，則人情流放，必至於有悔，失長幼之序，亂男女之別，傷恩義，害倫理，无所不至，能以法度閑之於始，則无是矣，故悔亡也。

《二程集・河南程氏粹言》卷一《論政篇》　子曰：爲政必立善法，俾可以垂久而傳遠。若後世變之，則末如之何矣。

（宋）葉適《葉適集・水心別集》卷二《進卷・財計下》　今國家之患，法度未立，號令未信，財用未足，欲有所爲而不能遂。若此者，不足爲大憂也，而其憂則在乎未能免天下之疑。何者？天子仁孝恭儉，服御簡約，宮中之費，可悉布於海內而無毫髮之私，此亦足以明其無所取於天下矣。

（宋）葉適《葉適集・水心別集》卷一〇《外稾・實謀》　今內外上下，一事之小，一罪之微，皆先有法以待之；極一世之人志慮之所周浹，忽得一智，自以爲甚奇，而法固已備之矣，是法之密也。雖然，人之才不獲盡，人之志不獲伸，昏然俛首一聽於法度，而事功日隳，風俗日壞，貧民愈無告，姦人愈得志。此上下之所同患，而臣不敢誣也。故法度以密爲累而治道不舉。今自邊徼犬（羊）〔牙〕萬里之遠，皆上所自制命。一郡之內，兵一官也，財一官也，彼監此臨，互有統屬，各有司存，推之一路猶是也。故萬里之遠，嚬呻動息，上皆知之，是紀綱之專也。雖然，無所分畫則無所寄任，天下泛泛焉而已。百年之憂，一朝之患，皆上所（自）〔獨〕當，而羣臣不與也。夫萬里之遠，皆上所制命，則上誠利矣；百年之憂，一朝之患，皆上所獨當，而其害如之何！此夷狄所以憑陵而莫禦，仇恥所以最甚而莫報也。故紀綱以專爲患而至於國威不立。

（宋）葉適《葉適集・水心别集》卷一二《外稾・法度總論二》 昔人之所以得天下也，必有以得之；其失天下也，亦必有以失之；得失不相待而行，是故不矯失以爲得。何也？蓋必有真得天下之理，不俟乎矯其失而後得之也；矯失以爲得，則必喪其得。唐、虞、三代皆有相因之法，而不以桀、紂之壞亂廢禹、湯之治功；漢雖滅秦，亦多因秦舊。然大抵天下之政日趨於細而法日加密矣；惟其猶有自爲國家之意，而不專以懲創前人之失計，矯而反之，遂以爲功。且東漢之末，四方分剖，壞亂甚矣。魏武雖嚴科條，審律令，以重足屏息操制羣下，而截然使人各得自盡以行其職守者猶在也。至晉之敗，尤甚於漢，南北角立，遞興互滅。及其崛然自見者，猶皆自有爲國之意，使其下無飾非養過之心，人存政舉，稽其所立，亦或瞭然可見。及隋之末年，喪亂蠭起，癰疽潰裂；而太宗一旦立法定制，疏明簡直，上下易遵。然則魏不以諱漢之失爲興，唐不以懲隋之亡為強。夫興亡治亂，各有常勢，欲興者由興之途，將敗者趨敗之門，此其所以不相待而非出於相矯也。唐末之亂，重以五代，雖生人之無寧歲久矣，然考其所以禍敗，亦何以獨過於秦、漢、晉、隋之亡！蓋國之將亡，則其形證固若此矣。而本朝之所以立國定制、維持人心，期於永存而不可動者，皆以懲創五季而矯唐末之失策爲言，細者愈細，密者愈密，搖手舉足，輒有法禁。而又文之以儒術，輔之以正論，人心日柔，士氣日惰，人才日弱，舉爲懦弛之行以相與奉繁密之法。遂揭而號於世曰：此王政也，此仁澤也，此長久不變之術也。以仁宗極盛之世，去五季遠矣，而其人之懲創五季者不忘也。至於宣和，又加遠矣，其法度紊矣，而亦曰所以懲創五季而已。況靖康以後，本朝大變，乃與唐末、五季同爲禍難之餘，紹興更新以至於今日；然觀朝廷之法制，士大夫之議論，隄防扃鑰，孰曰非矯唐末而懲創五季也哉？夫以二百餘年所立之國，專務以矯失爲得，而真所以得之之道獨棄置而未講。故舉一事，本以求利於事也，而卒以害是事；立一法，本以求利於法也，而卒以害是法。上則明知其不可行而姑委之於下，下則明知其不可行而姑復之於上。虛文相挺，浮論相倚，故君子不可用而用小人，官不可任而任吏，人情事理不可信而信法。惟其惻怛寬平，粗得古人之意，而文具亡實，亦獨何以異於周、秦之弊哉！於是中原分割而不悟其由，請和仇讎而不激其忿，皆言今世之病而自以爲無療病之方，甘心自處於不可振救以坐視其敗。據往鑒今，而陛下深思其故者，豈非真所以得之之道未講歟？誠講之而行之，當舉者舉，當廢者廢，昔之密者今爲疏，昔之細者今爲大，今日出令而明日丕變矣，何俟於卒歲之久哉！

（元）蘇天爵《滋溪文稿》卷二六《章疏・乞續編通制》 法者，天下之公，所以輔乎治也；律者，歷代之典，所以行乎法也。故自昔國家為治者，必立一代之法，立法者必制一定之例。蓋禮樂教化固為治之本，而法制禁令實輔治之具。故設律學以教人，置律科以試吏，其所以輔乎治者，豈不詳且密歟？我國家自太祖皇帝戡定中夏，法尚寬簡，世祖皇帝混一海宇，肇立制度。列聖相承，日圖政治。雖律令之未行，皆因事以立法。歲月既久，條例滋多。英宗皇帝始命中書定為通制，頒行多方，官吏遵守。然自延祐至今，又幾二十年矣。夫人情有萬狀，豈一例之能拘，加以一時官曹材識有高下之異，以致諸人罪狀擬議有輕重之殊，是以煩條碎目，與日俱增。每罰一辜，或斷一事，有司引用，不能遍舉。若不類編，頒示中外，誠恐遠方之民，或不識而誤犯，姦貪之吏，獨習知而舞文。事至於斯，深為未便。宜從都省早為奏聞，精選文臣學通經術、明於治體、練達民政者，圓坐聽讀，定擬去取，續為通制，刻板頒行。中間或有與先行通制參差牴牾，本末不應，悉當會同，講若畫一。要在詳書情犯，顯言法意，通融不滯於一偏，明白可行於久遠。庶幾列聖之制度，合為一代之憲章。民知所避，吏有所守。刑政肅清，治化熙洽矣。

（明）張居正《張太岳文集》卷一六《辛未會試程策二三》 問：王者與民信守者，法耳。古今宜有一定之法。而孟柯、荀卿皆大儒也，一謂法先王，一謂法後王，何相左歟？我國家之法，鴻纖具備，於古鮮儷矣。然亦有在前代則爲敝法，在熙朝則爲善制者，豈行之固有道歟？雖然，至於今且敝矣，宜有更張否歟？或者謂患不綜覈耳。古今論綜覈者，莫如漢宣帝。然當其時亦五日一視事矣，僞增籍者受賞矣。若此者，可謂行法歟？宣優于文豈爲通論，而或者亟其歡服，抑宣美元似知大體，而或者深刺其非，孰爲當歟？夫欲綜覈則情僞有不可窮，更張則善制有不必變，誠不知所宜從也。願熟計其便，著于篇。法不可以輕變也，亦不可以苟因也。苟因則承敝，襲舛有頹靡不振之虞，此不事事之過也。輕變則厭，故喜新有更張無序之患，此太多事之過也。二者，法之所禁也。而且犯之，又何暇責其能行法哉。去二者之遍，而一求諸實，法斯行矣。執事發策考荀孟之異論，稽國家之舊章，審沿革之所宜，求綜覈之實效，愚嘗伏而思之。夫法制無常，近民爲要。古今異勢，便俗爲宜。孟子曰：遵先王之法而過者，未之有也。此欲法先王矣。荀卿曰：略法先王而足亂世術，不知法後王而一制度，是俗儒者也。此欲法後王矣。兩者互異而苟爲近焉。何也？法無古今，惟其時之所宜，與民之所安耳。時宜之，民安之，雖庸衆之所建立，不可廢也。戾于時，拂于民，雖聖哲之所創造，可無從也。後王之法，其民之耳而目之也久矣。久則有司之籍詳而衆人之智熟，道之而易從，令之而易喻。故曰：法後王便也，徃代無論已。明興，高皇帝神聖統天，經緯徃制，博稽遡采，靡善弗登，若六卿倣夏公孤紹周型漢祖之規，摹憲唐宗之律令，儀有宋之家法，采勝國之曆元，而隨時制宜，因民立政，取之近代者十九，稽之徃古者十一，又非徒然也。卽如筭商賈，置鹽官，則桑孔之遺意也；論停解，制年格，則崔亮之選除也；兩稅三限，則楊炎之田賦也；保甲戶馬，經義取上，則安石之新法也。諸如此類，未可悉數。固前代所謂陋習敝政也，而今皆用之，反以收富疆之效，而建昇平之業。故善用之，則庸衆之法可使與聖哲同功，而況出於聖哲者乎？故善法後王者，莫如高皇帝矣。天府之所藏掌故，習之所頒，有司守之，大小相維，鴻纖具備。自三代以來，法制之善，未有過于昭代者也。然今甫二百餘年耳，科條雖具而美意漸荒，中令雖勤而實效罔獲。屯田興矣，土曠猶故也；鹺政舉矣，蜚輓猶故也；清勾數矣，乏伍猶故也；積粟課矣，空廩猶故也。豈法之敝而不可行哉？故議者謂宜有所更張，而後可以新天下之耳目者，愚竊以爲不然也。夫高皇帝之始爲法也，律令三易而後成，官制晚年而始定，一時名臣英佐，相與持籌而筭之。其利害審矣！後雖有智巧，蔑以踰之矣。且以高皇帝之聖哲，猶俯循庸衆之所爲，乃以今之庸衆，而欲易聖哲之所建，豈不悖乎？車之不前也，馬不力也。不策馬而策車，何益？法之不行也，人不力也。不議人而議法，何益？下流壅則上溢，上源窒則下楛：決其壅，疏其窒，而法行矣。今之爲法壅者，其病有四，愚請頌言而母諱，可乎？夫天下之治，始乎嚴，常卒乎弛；而人之情，始乎奮，常卒乎怠。今固已怠矣，幹蠱之道如塞漏舟，而今且泄泄然，以爲母擾耳。一令下，曰：何煩苛也；一事興，曰：何操切也。相與務爲無所事事之老成，而崇尚夫坐嘯畫諾之惇大，以此求理，不亦難乎？此病在積習者，一也。天下之勢，上常重而下常輕，則運之爲易。今法之所行，常在於插卑寡，勢之所阻，常在於衆疆。下挾其衆而威乎上，上恐見議而畏乎下，陵替之風漸成，指臂之勢難使。此病在紀綱者，二也。夫多指、亂視，多言、亂聽，言貴定也。今或一事未建，而論者盈庭，一利未興，而議者踵至：是以任事者多却顧之虞，而善宧者工遁藏之術。此病在議論者，三也。夫屢省考成，所以興事也，故采其名，必稽其實，作于始，必考其終，則人無隱衷而事可底績。今一制之立，若曰著爲令矣，曾不崇朝，而遽聞停罷。一令之施，若曰布海內矣，而畿輔之內，且格不行。利害不究其歸，而賞罰莫必其後，此病在名實者，四也。四者之弊，熟于人之耳目，而入於人之心志，非一日矣。今不祛四者之弊以決其壅，疏其室，而欲法之行，雖日更制而月易令，何益乎？夫漢宣帝，綜覈之主也。然考其當時所行，則固未常新一令、創一制，惟日取其祖宗之法，修飭而振舉之，如曰：漢家自有制度耳。且其所任魏相，最爲稱上意者，亦未嘗以己意有所論建，惟條奏漢家故事及名臣賈誼、晁錯等言耳。當其時，雖五日一視事，而上下相進，無苟且之意，吏不奉宣詔書則有責，上計簿徒具文則有責，三公不察吏治則有責，其所以振刷綜理者，皆未嘗少越於舊法之外，惟其實事求是而不采虛聲，信賞必罰而真僞無眩。是以當時吏稱其職，民安其業，政事、文學、法理之士咸精其能，下至技巧工匠，後世鮮及。故崔寔稱其優於孝文，而仲長統極其嘆服，荀悅論美元帝，而李德裕深以爲非，良不誣矣。然則今之欲求治理者，又奚以紛紛多事爲哉。高皇帝畢智竭慮，以定一代之制，非如漢祖之日不暇給也。列聖相承，創守一道，非有武帝之紛更中變也。百官承式，海內嚮風，非有許史霍氏之專製撓法也。成憲具存，舊章森列，明君賢臣相與，實圖之而已。毋不事事，毋泰多事，袪積習以作頽靡，振紀綱以正風俗，省議論以定國是，覈名實以行賞罰，則法行如流而事功輻輳矣。若曰：此漢事耳，吾當爲唐虞，爲三代，則荀卿所謂俗儒也。

《世宗憲皇帝御製文集》卷六《序·大清律集解序》《周禮》大小司寇之職，以三典詰四方，以五刑聽獄訟。正歲帥其屬而觀刑象。不用法者，國有常刑。月吉始和布刑於邦國都鄙，乃刑象之法於象魏，使萬民聚而觀之，是知先王立法定制，將以明朝野，俾官習之而能斷，民知之而不犯，所由息争化俗而致於刑措也。恭惟我皇考聖祖仁皇帝，大德如天，以至仁涵育羣生。法司上奏，率多全宥，停刑肆赦，屢沛恩綸。臨御六十一年，厚澤周浹乎宇內，血氣心知之倫熙然，安處於仁壽之域。朕紹守丕圖，深懷繼述。雍正元年十月，乃命諸臣將律例館舊所纂修未畢者，遴簡西曹，殫心蒐輯稿本進呈。朕以是書民命攸關，一句一字，必親加省覽。每與諸臣辨論商搉，折中裁定。或析異以歸同，或删繁而就約。務期求造律之意，輕重有權；盡讞獄之情，寬嚴得體。三年八月，編校告竣，刊布內外，永為遵守。《易》曰：先王以明罰敕法。漢鄭昌言：律令一定，愚民知所避，姦吏無所施。

（清）董誥《全唐文》卷八四九劉贊《請申法令疏》臣聞信者使民不惑，義者使民知禁。非信無以彰明德，非義無以顯聖猷。此乃三代英風，百王令則。伏惟陛下恭臨寶位，虔紹鴻圖，握金鏡而照萬方，運璇璣而調四序。遐敷至德，廣納忠言。凡列周行，許陳封事。雖皆聽覽，而尚寡依行。縱所依行，亦未遵守。自此或有益國利人之術，除姦去弊之謀，可以擇其所長，便爲允制。仍乞特頒詔令，峻立條章。豈惟示信義於域中，抑亦振威風於海內。既遵法度，必致治平矣。

《皇朝經世文編》卷一一《治術五·治法》魏禧《荅曾君有書》法者，皆情變之極致，二言者，可謂廣大精微矣。特以文好斷續格前後，欲相爲工，遂令其指不暢。禧竊以謂明理而適於用者，古今文章所由作之本。然言之不文，行之不遠。是以有文而天下之理與事，有不可以盡言者，是以有含蓄之指，有難於直言者，是以有參差斷續變化之法，則皆其後起者也。辟之於水，浸灌萬物，通利舟楫，此水之本也。而江河之行，曲折洄洑，波瀾漪瀠激瀉，此水之後起而勢有不得不然者。水蓋不恃此以爲貴。兵法萬變不可窮詰，人情二語則已得其要領，奈何不使一暢其指乎？天下之法，貴於法難善，不能獨行，必與他法爲表裏，辟之作室，欂櫨斗桷棟梁，必大小相扶持。

《皇朝經世文統編》卷二七《內政部一·治術》徐樾《省科條以培治本疏》臣竊惟風俗人心，實係治平天下之本。有司督撫則關維持教化之源，恭繹傳到禮部，上諭首及人心風俗，中列致治美政十六條後，以作何訓迪勸導，責成各官舉行，倘獲中外祗遵翕然丕變，即堯、舜、成康之隆理而過此也。臣思州縣爲親民之官，督撫爲率屬之長，欲其教化施行，豈可徒恃夫法令？我皇上培養天下百姓，必先將治有司督之法令，寬平省約，使得釋其顧慮，寬其拘攣，然後能養其精神發其材智，盡其實心以從事於教化途也。

（宋）謝維新《古今合璧事類備要·外集》卷一七《刑法門》李德裕奏：管仲明於治國，其語曰：國之重器，莫重於令。令重，君尊。君尊，國安。治之本莫要於令。故曰：虧令者死、不行令者死、留令者死、不從令者死，五者無赦。又曰：令在上而論可否在下，是主威不繫於人也。

（清）馮桂芬《校邠廬抗議》卷下《收貧民議》法苟不善，雖古先，吾斥之；法苟善，雖蠻貊，吾師之。嘗博覽夷書而得二事焉，不可以夷故而棄之也。

《太平天国》洪仁玕《資政新編·法法類》所謂以法法之者，其事大關世道人心，如綱常倫紀、教養大典，則宜立法以爲準焉。是下有所趨，庶不陷於僻矣。然其不陷於僻而登於道者，必又教法兼行。如設書信館以通各省郡縣市鎮公文；設新聞館以收民心公議及各省郡縣貨價低昂、事勢常變，上覽之得以資治術，士覽之得以識變通，商農覽之得以通有無，昭法律、別善惡、勵廉恥、表忠孝，皆借此以行其教也。教行則法著，法著則知恩，於以民想勸戒，才德日生，風俗日厚矣。此立法善而施法廣，積時久而持法嚴，代有賢智以相維持，民自固結而不可解，天下永垂而不朽矣。然立法之人必先經磨鍊，洞悉天人性情，熟諳各國風教，大小上下，源委重輕，無不了然於胸中者，然後推而出之，乃能穩愜人情也。若恐其久而有差，更當留一律以便隨時損益小紀，彰明大綱也。蓋律法者無定而有定，有定而無定，如水之軟，如鐵之硬，實如人心之有定而無定，世事之無定而有定，此立法所以難也，此生弊所以易也。然則如何而後可以立法？蓋法之質在乎大綱一定不易，法之文在乎小紀每多變遷，故小人壞法常竊小者無備而掠爲己有，常借大者之公以護掩己私。然此又在奉法執法行法之人有以主之，有以認真耳。至立法一則，閣下自可心領神會，而法在其中矣。

（清）康有爲《論語注》卷一四《憲問》 子曰：上好禮，則民易使也。禮典法律，章程明備，則名分權限有定，各盡其國民天然之責任。故當兵致死，民且踴躍願爲之，所謂易使也。

（清）康有爲《大同書》己部《去家界爲天民》 爲全地人種之故而思保全之，則禁墮胎乃第一要義矣，當以爲無上第一大禁，視之與殺生長之人尤加重焉，嚴著以爲律，俾人知畏。昔周公之酒律曰：樂飲汝勿佚，盡執拘以歸於周，子其殺！飲酒之罪亦微矣，以殺刑施之亦過矣，然當時紂王沈湎之俗，實不得不然也。今大同之世，人皆性善，刑措不用，當廢殺刑；然墮胎之禁應以爲刑律第一重律。有犯此者，重則監禁終身，充當苦工，諡爲不仁，剝削名譽，雖貴太上，罰之無赦；輕則以有胎之月數爲監禁之年數，即出監禁，別異冠服，戴墮胎之章，人皆不齒，所有爲師、爲長尊榮之職皆不許充，所有合衆、宴會、公議之事皆不得預。懸爲重禁，庶幾懷胎生子之苦小而監禁不齒之苦大，兩相比較，雖無將來之望而深懷刑恥之恐，則墮胎之患庶幾可息，而人種之傳庶幾不絶矣。又有醫生日監視其舉動，庶幾可免。其醫生密爲墮胎之方，藥肆密賣墮胎之藥，皆爲禍首，罪比殺人，並監禁終身，剝削名譽；或經減年數，出監後異其冠服，仍戴墮胎之章，終身不齒，所有爲師、爲長尊榮之職皆不許充，合衆、宴會，公議之事皆不得預，懸爲厲禁，庶幾少免。其藥肆則有大醫生隨時察視，著爲炯戒，防察周密。名恥相尚，以茲救平權自由之女，庶人種或可保全歟！

（清）梁啓超《飲冰室合集·文集》卷一《論中國宜講求法律之學》 法者何？所以治其羣也。大地之中，凡有血氣者，莫不有羣，即莫不有其羣之條教部勒。大抵其羣之智愈開力愈大者，則其條教部勒愈繁。虎豹，天下之至不仁者也。而不聞自噬其同類，必其一羣之中，公立此號令而不許或犯者也。何也？以爲苟如是，則於吾之羣有大不利也。此其理至簡至淺，而天下萬世之治法學者，不外是矣。其條教部勒，析之愈分明，守之愈堅定者，則其族愈强，而種之權愈遠。人之所以戰勝禽獸，文明之國所以戰勝野番，胥視此也。古之號稱神聖教主，明君賢相，劬勞於席突，咨嗟於原廟者，其最大事業，則爲民定律法而已。孔子，聖之神也，而後世頌其莫大功德，在作《春秋》。文成數萬，其指數千，有治據亂世之律法，有治升平世之律法，有治太平世之律法，所以示法之當變，變而日進也。秦漢以來，此學中絶，於是種族日繁，而法律日簡，不足資約束，事理日變而法律一成不易，守之無可守，因相率視法律如無物，於是所謂條教部勒者蕩然矣。泰西自希臘羅馬間，治法家之學者，繼軌並作，賡續不衰。百年以來，斯義益暢，乃至以十數布衣，主持天下之是非，使數十百暴主，戢戢受繩墨，不敢恣所欲，而舉國君民上下，權限劃然。部寺省署，議事辨事，章程日講日密，使世界漸進於文明大同之域，斯豈非仁人君子心力之爲乎？《春秋》之記號也。有禮義者謂之中國，無禮義者謂之夷狄。禮者何？公理而已。以理釋禮乃漢儒訓詁。本朝之焦里堂凌次仲大闡此說。義者何？權限而已。番愚韓孔菴先生有義說，專明此理。今吾中國聚四萬萬不明公理不講權限之人，以與西國相處，即使高城深池，堅革多粟，亦不過如猛虎之遇獵人，猶無幸焉矣。乃以如此之國勢，如此之政體，如此之人心風俗，猶囂囂然自居於中國而夷狄人，無怪乎西人以我爲三等野番之國，謂天地間不容有此等人也。故今日非發明法律之學，不足以自存矣。抑又聞之，世界之進無窮極也。以今日之中國視泰西，中國固爲野蠻矣。以今之中國視苗黎猺獞及非洲之黑奴、墨洲之紅人、巫來由之棧色人，則中國固文明也。以苗黎諸種人視禽獸，則彼諸種人固亦文明也。然則文明野番之界無定者也，以比較而成耳。今泰西諸國之自命爲文明者，庸詎知數百年後，不見爲野番之尤哉。然而文明野番之界雖無定，其所以爲文明之根原則有定。有定者何？其法律愈繁備而愈公者，則愈文明，愈簡陋而愈私者，則愈野番而已。今泰西諸國，非不知公之爲美也，其仁人君子，非不竭盡心力以求大功也。而於國與國家與家人與人，各私其私之根原，不知所以去之，是以揆諸吾聖人大同之世。所謂至繁至公之法律，終莫得而幾也。故吾願發明西人法律之學，以文明我中國，又願發明吾聖人法律之學，以文明我地球。文明之界無盡，吾之願亦無盡也。

紀事

《史記》卷二《夏本紀》 夏后帝啓，禹之子，其母塗山氏之女也。有扈氏不服，啓伐之，大戰於甘。將戰，作《甘誓》，乃召六卿申之。啓曰：嗟！六事之人，予誓告女：有扈氏威侮五行，怠棄三正，天用勦絶其命。今予維共行天之罰。左不攻于左，右不攻于右，女不共命。御非其馬之政，女不共命。用命，賞于祖；不用命，僇于社，予則帑僇女。遂滅有扈氏。天下咸朝。

《魏書》卷一一《出帝紀》 丁未，詔曰：無侮惸獨，事炳前經；惠此鰥寡，聲留往册。朕以薄德，作民父母，乃眷元元，寤言增歎。今理運惟新，哀矜伊始，如有孤老、疾病、無所依歸者，有司明加隱括，依格賑贍。又詔曰：理有一準，則民無覬覦；法啓二門，則吏多威福。前主為律，後主爲令，歷世永久，實用滋章。非所以準的庶品，隄防萬物。可令執事之官四品以上，集於都省，取諸條格，議定一途，其不可施用者，當局停記。新定之格，勿與舊制相連。務在約通，無致冗滯。

《魏書》卷二一《獻文六王傳·北海王》 詳與八座奏曰：竊惟姦劫難除，爲蠹日久，羣盜作患，有國攸病。故五刑爲用，猶陷觸網之誅；道幾勝殘，寧息狗竊之響。是以班制垂式，名爲治本，整綱提目，政之大要。謹尋奪禄事條，班已周歲。然京邑尹、令，善惡易聞；邊州遠守，或難聽審，皆上下同情，迭相掩沒。設有賊發，隱而不言，或以劫爲偷，或遏掠成盜，更令賊發難知，攘竊惟甚。臣等參議；若依制削奪，則縣無期月之宰；附條貶黜，郡靡歲稔之守。此制必行，所謂法令滋章，盜賊多有。昔黄龔變風，不由削禄；張趙稱美，豈憚貶退。然綏導之體，得失在人。乃可重選慎官，依律劾禁，不宜輕改法令，削黜羣司。今請改制條，還附律處。其勵己公清，賞有常典，風謠黷賄，案爲考第。世宗從之。

（宋）李燾《續資治通鑑長編》卷四八《宋真宗咸平四年》 丙戌，御史臺言：曹州民蘇莊出兵器，匿亡命，剽民財產，小不如意，必焚其廬舍，積贓計四十萬，請籍其家。上曰：暴横之民，國有常法，籍之斯過矣，可論如律。

（宋）李燾《續資治通鑑長編》卷一四一《宋仁宗慶曆三年》 癸丑，知諫院歐陽修言：近日四方盜賊漸多，皆由國家素無禦備而官吏賞罰不行也。臣謂夷狄者皮膚之患，尚可治；盜賊者腹心之疾，深可憂。朝廷終未嘗處置。遇有一火賊，則倉黄旋發兵馬而不思經久禁止之法。今沂州軍賊王倫所過楚、泰等州，連騎揚旗，如履無人之境。而巡檢、縣尉反赴賊召，其衣甲器械皆束手而歸之。假令王倫周游江海之上，南掠閩、廣而斷大嶺，西入巴、峽而窺兩蜀，殺官吏，據城邑，誰為捍禦者？此可謂心腹之大憂。為今計者，必先峻法令。法令峻則人知所畏，自趨而擊賊。請自今賊所經州縣奪衣甲，官吏並追官勒停，巡檢、縣尉除名。且如知州本號郡將，都監、監押專領兵在城，若賊入而不能捕，知州亦勒停，都監、監押仍除名。若賊發而朝廷別差人捕獲，其本界巡檢、縣尉仍坐全火不獲之罪，賊多於所領兵士、弓手者差減之。縣尉比多新進少年，皆不能捉賊，虛陷罰罪。宜下流内銓，別議選擇之格，重賞罰以誘之。自來所差巡檢下兵士不肯捉賊，又多為州縣之患。欲請先選能捉賊使臣，令其自募兵卒，不拘廂禁軍，欲指名抽射者亦聽。凡都監、監押、巡檢因賊除名者仍勒從軍自嗟，俟破賊日則許叙之。詔送樞密院施行。

（宋）李燾《續資治通鑑長編》卷二一〇《宋神宗熙寧四年》 詔江、淮發運司遣官劾亳州屬縣官吏阻遏願請青苗錢人戶事狀，及令轉運、提刑司體量逐縣不被訴災傷因依以聞。其災傷戶雖不檢放，其未納税賦權與倚閣。管勾淮南路常平等事、著作佐郎趙濟言：富弼以大臣廢格新法，法行當自貴近始，若置而不問，無以令天下矣！故有是命。濟，宗道子也。

（宋）李燾《續資治通鑑長編》卷二七六《宋神宗熙寧九年》 辛亥，詔：自今應刪立海行條貫，專委官詳定訖，中書、樞密院同進呈取旨，類聚半年一覆奏頒行。事應亟行者，取旨，中書委檢正五房并本房檢正與制敕庫官，樞密院委都副承旨并本房檢詳提舉宣旨庫官司詳定。以詔令數易故也。先是，中書同日奏修令式二事，上批：如上二事，既非不得已須當改定，可俟歲終或半年一次類聚頒行。自今海行條式，宜半年一修定進呈，取旨頒降，毋使紛紛改易，疑擾四方。故有是詔。

(宋)李燾《續資治通鑑長編》卷三六六《宋哲宗元祐元年》 是日，丙子十七日。司馬光言：臣近以抱病家居，恐溘先朝露，無以少報盛德，是以力疾貪陳所見。竊以即日為小民病者，無若免役錢，欲乞悉行廢罷，復祖宗差役舊法。識慮短淺，不意朝廷盡從其説，非陛下明斷，不能如是，此乃天下之幸，非獨微臣之幸也。然臣聞令出惟行弗惟反，彼免役錢，雖於下戶困苦，上戶優便，行之已近二十年，人情習熟，一旦變更，不能不懷異同。又復行差役之初，州縣不能不小有煩擾。又提舉官專以多斂役錢為功，惟恐役錢之罷。若見朝廷於今日所下敕微有變動，必更相告曰：朝廷之敕果尚未定，宜且觀望。必競言役錢不可罷，朝廷萬一聽之，則良法復壞矣。伏望朝廷執之堅如金石，雖小小利害未備，俟諸路轉運司奏到，徐為改更，亦未晚。當此之際，則願朝廷勿以人言，輕壞利民良法。《光集》無月日，《實録》於二月二十二日載此。章惇駁議稱十七日，今從之。吕大防《政目》亦云十七日光再劄論役法。

(宋)吕中《宋大事記講義》卷一二《仁宗皇帝·謹號令明賞罰責功實》 慶曆二年，詔三館言事。司馬光言朝廷有三大弊：一曰不謹號令，二曰不明賞罰，三曰不責功實。夫言多變則不信，令頻改則難施。今出令之初不加審擇，行之未久尋又更張，以不信之言行難從之令，旦夕之間果然又變，此不謹號令弊也。古今用人之法不過賞罰而已，然賞及無功則恩不足勸，罰失有罪則威無所懼，雖有人不可用矣，此不明賞罰之弊也。兵額空多可用者少，此有教兵之虚名而無訓兵之實效，鐵刃不剛筋膠不固，此有器械之虚名而無器械之實用，故事無大小，悉皆鹵莽，此不責功實之弊也。

《金史》卷一二《章宗紀》 癸卯，詔戒諭尚書省曰：國家之治，在於紀綱。紀綱所先，賞罰必信。今迺上自省部之重，下逮司縣之間，律度弗循，私懷自便。遷延曠歲，苟且成風，習此爲恒，從何致理。朝廷者百官之本，京師者諸夏之儀。其勗自今，各懲已往，遵繩奉法，竭力赴功。無枉撓以循情，無依違而避勢，壹歸于正，用範乃民。

《金史》卷二六《仁宗紀》 庚申，合散奏事畢，帝問曰：卿等日所行者何事？合散對曰：臣等第奉行詔旨而已。帝曰：卿等何嘗奉行朕旨，雖祖宗遺訓，朝廷法令，皆不遵守。夫法者，所以辨上下，定民志，自古及今，未有法不立而天下治者。使人君制法，宰相能守而勿失，則下民知所畏避，綱紀可正，風俗可厚。其或法弛民慢，怨言並興，欲求治安，豈不難哉。

(清)畢沅《續資治通鑑》卷二〇二《元紀二〇》 己丑，帝諭都爾蘇曰：朕即位以來，無一人能執法爲朕言者。知而不言則不忠，且陷人於罪。繼自今，凡有所知，宜悉以聞，使朕明知法度，斷不敢自縱。非獨朕身，天下一切政務能守法以行，則衆皆乂安，反是則天下罹於憂苦矣。又曰：凡事防之於小則易，救之於大則難。爾其以朕言明告於衆，俾知所慎。

《明史》卷九三《刑法志一》 明太祖平武昌，即議律令。吴元年冬十月命左丞相李善長爲律令總裁官，參知政事楊憲、傅瓛，御史中丞劉基，翰林學士陶安等二十人爲議律官，諭之曰：法貴簡當，使人易曉。若條緒繁多，或一事兩端，可輕可重，吏得因緣爲奸，非法意也。夫網密則水無大魚，法密則國無全民。卿等悉心參究，日具刑名條目以上，吾親酌議焉。每御西樓，召諸臣賜坐，從容講論律義。十二月，書成，凡爲令一百四十五條，律二百八十五條。又恐小民不能周知，命大理卿周楨等取所定律令，自禮樂、制度、錢糧、選法之外，凡民間所行事宜，類聚成編，訓釋其義，頒之郡縣，名曰《律令直解》。太祖覽其書而喜曰：吾民可以寡過矣。

又： 三十年作《大明律》、《誥》成。御午門，諭羣臣曰：朕倣古爲治，明禮以導民，定律以繩頑，刊著爲令。行之既久，犯者猶衆，故作《大誥》以示民，使知趨吉避凶之道。古人謂刑爲祥刑，豈非欲民並生於天地間哉。然法在有司，民不周知，故命刑官取《大誥》條目，撮其要略，附載於律。凡榜文禁例悉除之，除謀逆及《律》、《誥》該載外，其雜犯大小罪，悉依贖罪例論斷，編次成書，刊布中外，令天下知所遵守。

(明)俞汝楫《禮部志稿》卷一《聖訓·太祖高皇帝·申禁之訓》 洪武二十六年，上謂禮部臣曰：先王之治天下，彝倫為本，有如君君、臣臣、父父、子子、兄兄、弟弟、夫夫、婦婦，乃天地之大經，人倫之大本。是以古今致治之道，莫先於敘以彝倫也。朕膺天命，君主華夷，復先王之教以敘彝倫，使各得其敘。既定於律又著之《大誥》，以明示天下。比聞民間尚有頑不率教者，仍蹈襲故俗，甚乖政體，宜申禁之，違者論如律。

（明）何棟如《皇祖四大法》卷二《心法》〔洪武二十八年〕秋九月壬辰朔庚戌，頒祖訓條章於内外文武諸司。勑諭禮部曰：自古國家建立法制，皆在始受命之君，以後子孫不過遵守成之法，以安天下。蓋創業之君，起自側微，備歷世故艱難，周知人情善惡，恐後世守成之君，生長深宫，未諳世故，山林初出之士，自矜己長，至有奸賊之臣，徇權利作聰明，上不能察而信任之，變更祖法，以敗亂國家，貽害天下。故日夜精思立法垂後，永爲不刊之典。如漢高祖刑白馬盟曰：非劉氏者不王。以後諸吕用事，盡改其法，遂至國家大亂，劉氏幾亡。此可爲深戒者。朕少遭亂離，賴皇天眷命，剪除群雄，混一天下。即位以來，勞神焦思，定立法制，革胡元弊政，至於開導後世，復爲祖訓一編，立爲家法。俾子孫世世守之。爾禮部其以朕訓頒行天下諸司，使知朕立法垂後之意，永爲遵守，後世敢有言改更祖法者，即以奸臣論無赦。

雜　録

《魏書》卷三一《封懿傳》　靈太后臨朝，召百官問得失，羣臣莫敢言。回對曰：昔孔丘爲司寇，十日而誅少正卯，魯國肅然，欺巧自息。姬旦行戮，不避兄弟，周道用隆。徐偃專行仁義，其國乃滅。自古及今，未有不厲威刑而能治者。頃來頗由長吏寬怠，侵剝百姓，盗賊羣起。請肅刑書，以懲未犯。太后意納之，而不能用。轉爲七兵尚書，領御史中尉。

《魏書》卷五四《高閭傳》　又議政於皇信堂，高祖曰：百揆多途，萬機事猥，未周之闕，卿等宜有所陳。閭對曰：臣伏思太皇太后十八條之令，及仰尋聖朝所行，事周於百揆，理兼於庶務。孔子至聖，三年有成；子產治鄭，歷載乃就。令聖化方宣，風政驟改，行之積久，自然致治，理之必明，不患事闕。又爲政之道，終始若一，民可使由之，不可使知之。政令既宣，若有不合於民者，因民之心而改之。願終成其事，使至教必行。臣反覆三思，理畢於此，不知其他。但使令之法度，必理、必明、必行、必久，勝殘去殺，可不遠而致。高祖曰：刑法者，王道之所用，何者爲法？何者爲刑？施行之日，何先何後？閭對曰：臣聞創制立會，軌物齊衆，謂之法；犯違制約，致之於憲，謂之刑。然則法必先施，刑必後著。自鞭杖已上至於死罪，皆謂之刑。刑者，成也，成而不可改。高祖曰：《論語》稱：冉子退朝，孔子問曰：何晏也？對曰：有政。子曰：其事也。如有政，雖不吾以，吾其與聞之。何者是政？何者爲事？閭對曰：臣聞：政者，君上之所施行，合於法度，經國治民之屬，皆謂之政；臣下奉教承旨，作而行之，謂之事。然則天下大同，風軌齊一，則政出於天子；王道衰，則政出於諸侯；君道缺，則政出於大夫。故《詩序》曰：王道衰，政教失，則國異政，家殊俗。政者，上之所行；事者，下之所奉。高祖曰：若君命爲政，子夏爲莒父宰，問政，此應奉命而已，何得稱政？尚書游明根曰：子夏宰民，故得稱政。帝善之。

《宋史》卷三四〇《吕大防傳》　大防因推廣祖宗家法以進，曰：自三代以後，唯本朝百二十年中外無事，蓋由祖宗所立家法最善，臣請舉其略。自古人主事母后，朝見有時，如漢武帝五日一朝長樂宫。祖宗以來事母后，皆朝夕見，此事親之法也。前代大長公主用臣妾之禮。本朝必先致恭，仁宗以姪事姑之禮見獻穆大長公主，此事長之法也。前代宫闈多不肅，宫人或與廷臣相見，唐入閤圖有昭容位。本朝宫禁嚴密，内外整肅，此治内之法也。前代外戚多預政事，常致敗亂。本朝母后之族皆不預，此待外戚之法也。前代宫室多尚華侈。本朝宫殿止用赤白，此尚儉之法也。前代人君雖在宫禁，出輿入輦。祖宗皆步自内庭，出御後殿。豈乏人力哉，亦欲涉歷廣庭，稍冒寒暑，此勤身之法也。前代人主，在禁中冠服苟簡。祖宗以來，燕居必以禮。竊聞陛下昨郊禮畢，具禮謝太皇太后，此尚禮之法也。前代多深於用刑，大者誅戮，小者遠竄。惟本朝用法最輕，臣下有罪，止於罷黜，此寬仁之法也。至於虚己納諫，不好畋獵，不尚翫好，不用玉器，不貴異味，此皆祖宗家法，所以致太平者。陛下不須遠法前代，但盡行家法，足以爲天下。

下有朝令夕改之事，由制敕所行時有未當，而無人封駁者，給事中之過也。給事中若任得其人，制敕若許之封駁，則所下之敕無不當，所行之事無不精。事無不精則垂爲典彜，敕無不當則編爲格式，豈有朝令夕改之弊，豈有不精不當之虞也？臣所以謂責在近臣而不在聖躬也。

（宋）李燾《續資治通鑑長編》卷七六《宋真宗大中祥符四年》　上謂宰相曰：朝廷宜守經制，儻務更張，則攀援者衆，乃知命令之出，不可不謹。今言某事有利，輕爲釐革，始則皆以爲當，久乃翻成有害，洎加裁正，是朝令夕改也。又覗官之人，不可過爲寬恕，以致弛慢，或探求罪惡，不顧煩擾，抑又甚矣。王旦曰：古人有言，法出而弊作，令下而奸生。寬則民慢，陷法者多；猛則民殘，無所措手足。正爲此也。

（宋）李燾《續資治通鑑長編》卷一四三《宋仁宗慶曆三年》　先是，樞密副使富弼言：臣歷觀自古帝王理天下，未有不以法制爲首務。法制立，然後萬事有經，而治道可必。宋有天下九十餘年，太祖始革五代之弊，創立法度，太宗克紹前烈，紀綱益明，真宗承兩朝太平之基，謹守成憲。近年紀綱甚紊，隨事變更，兩府執守，便爲成例。施於天下，咸以爲非，而朝廷安然奉行，不思釐革。至使民力殫竭，國用乏匱，吏員冗而率未得人，政道缺而將及於亂。賞罰無準，邪正未分。西北交侵，寇盜充斥。師出無律，而戰必敗，令下無信，而民不從。如此百端，不可悉數。其所以然者，蓋法制不立，而淪胥至此也。臣今欲選官置局，將三朝典故及討尋久來諸司所行可用文字，分門類聚，編成一書，置在兩府，俾爲模範。庶幾頽綱稍振，敝法漸除，此守基圖救禍亂之本也。

又：臣聞《書》曰慎乃出令，令出惟行。準律文，諸被制書有所施行而違者，徒二年；失錯者，杖一百。又監臨主司受財而枉法者，十五匹，絞。蓋先王重其法令，使無敢動搖，將以行天下之政也。

（宋）李燾《續資治通鑑長編》卷一四六《宋仁宗慶曆四年》　十五曰慎出令。每下詔命，或有駁議，朝行夕改，還流莫已，怯懦者圖身福而請留中，淺薄者揚主失而使聞外，皆爲臣之敝也。《書》曰：慎乃出令，令出惟行。必先求諸正道，考之古法，既有所下，莫之能改。苟有狂夫妄議，雖重誅之可也；若利不補害，正人盡言，何憚改哉？

（宋）李燾《續資治通鑑長編》卷二二一《宋神宗熙寧四年》　甲戌，試將作監主簿常秩爲右正言、直集賢院，管勾國子監。初，秩不肯仕宦，世以爲必退者也。及王安石更定法令，士大夫沸騰，以爲不便。秩在閭閻，見所下詔書，獨以爲是。被召，遂起，及對垂拱殿，上問秩：先朝累有除命，何以不起？秩言：先帝容臣辭免，故臣得久安里巷。今陛下迫臣，不許稽違詔旨，是以不敢不來，非敢有所辭擇去就也。上嘉之，徐問當今何以免民凍餒。秩言：法制不立，庶民食侯食，服侯服，此今之大患也。且言：臣才不適時用，願得復歸。上曰：卿來，安得不少留乎！俟異日不能用卿，然後有去就可爾。初議除秩官，王珪曰：可太子中允。上曰：待此等人當適理分之宜。乃有是命。

（宋）李燾《續資治通鑑長編》卷二九一《宋神宗元豐元年》　乙卯，上謂輔臣曰：昔諸葛亮將有事於中國，即先有事於蠻夷，如孟獲輩至七縱而七禽之，蓋先有以服其心，使無後患，然後可以東向與魏争利而定霸也。然則天下之事，欲爲之豈可以無序哉？語已，因及解子平事，王珪曰：北人自劉六符、杜防輩畫策，請時以小事撓中國，所以示强，亦足固歲幣也。邇來數辯疆埸小事，其意蓋出於此。上曰：時有變，事有宜，欲持守常之論，以應無窮之變，未見彼之利也。昔王猛將死，符堅以國事詢之，猛戒其伐晉，堅不聽，卒致敗者，蓋猛自知將死，顧羣臣皆出己下，必不能取晉，故以此戒堅。使猛在，則他日取晉亦不難，此時事所以不可一概論也。吴充曰：慕容，秦之世仇，而腹心之患也，堅不知憂此，而勤遠略，故猛深以爲言耳。上因言：人主當厲精身先，昔秦孝公用一商鞅，賞罰必信，故能興起功業。趙武靈王胡服，國人鼓舞服從，至後世白起長平之役坑趙卒四十萬，而人心不離，猶足存趙，豈非國人服習武靈王之法邪？古人云豈無辟王，賴前哲以免者此也。且唐藩鎮不如六國之强，秦並六國，而唐不能制藩鎮，良有以也。故孟子曰：入則無法家拂士，出則無敵國外患者，國恒亡。然後知生于憂患，而死於安樂也。且如唐明皇能加意政事常如開元時，豈復有安史之亂邪？其後穆、恭皆昏主，不足言。惟憲宗初振紀綱，委任裴度，能平淮西，後亦惑於方士，外不能制藩鎮，內不能制閹宦，卒致禍變。是以天下之事，常戒於漸，朝廷之法，當在堅守也。元絳曰：總攬權綱在人君，人臣奉循法度而已。上曰：臣下或踰法度，過求恩澤，顧未爲害，惟不可使小人撓政爾。吴充曰：昔顔淵問爲邦，夫子尚戒其放鄭聲、遠佞人。佞人爲害，不可不察。元絳因論宋興百年，用刑不濫，民心所以安固者，其刑平而已。自古以來，百年中興無事，未有如此之盛者。

（宋）李燾《續資治通鑑長編》卷二九八《宋神宗元豐二年》 宰相吴充議變法，確争曰：曹參與蕭何有隙，至參相漢，一遵何約束。且法，陛下所建立，一人協相而成之，一人挾怨而壞之，民何所措手足乎！充屢屈，法遂不變。

（宋）李燾《續資治通鑑長編》卷三六二《宋神宗元豐八年》 又貼黄：政令不一，最爲國家之大患，臣所以不避煩瀆者，止爲上繫治體，亦非獨區區於周輔等也。十一月十八日初論，此月二十二日又再論，明年正月二十二日乃責。

（宋）李燾《續資治通鑑長編》卷三七一《宋哲宗元祐元年》 貼黄稱：臣竊恐陛下之意，謂已行之命，重于更改。緣給事中之任，本爲封駁，凡所封駁，皆已行之命。置官之意，蓋以封駁爲重，而不以已行爲重也。自唐室以來，命令既出，由給事中封還，格之不下，改而後行者，不可勝數。陛下固已熟知。如此更願優容開納，使有司得爲陛下守官，以正綱紀。臣以謂爲臣之罪，莫大於反覆。臣既再三論列，義難潫行書讀，伏望陛下別賜指揮，差官權給事中，以全孤臣之守。

（宋）李燾《續資治通鑑長編》卷三八三《宋哲宗元祐元年》 臣聞之，銜策不調，雖造父不能善御；法令不一，雖有才不能善治。故曰：謹乃出令。言謹始也。又曰：令出惟行，弗惟反言。謹終也。聖人制法令於堂奥之上，熟復戰兢若不得已者，故其出也天下信之。以令則行，以禁則止，所謂信如四時，堅如金石。若始之不謹，既出而反之，則何以示信？出而勿反，則將有受其敝者矣。由此言之，始既不謹，雖欲謹終，不可得矣。恭惟陛下即位逾年，加惠海宇，修備政事，大要專以便人，天下幸甚。然累月以來，法令寡信，議者竊有疑焉。夫法非不善，而施行之際，使議者致疑，此亦不可不察。

（宋）李燾《續資治通鑑長編》卷三八五《宋哲宗元祐元年》 司馬光劄子：勘會近歲法令尤爲繁多，凡法貴簡要，令貴必行，則官吏易爲檢詳，咸知畏避。近據中書、門下後省修成尚書六曹條貫，共計三千六百九十四册，寺監在外；又據編修諸司敕式所，申修到敕令格式一千餘卷册。雖有官吏彊力勤敏者，恐不能遍觀而詳覽，况於備記而必行之？其間條目苛密，牴牾難行者不可勝數。昨者條貫初下，吏部侍郎左選差注不行者數目，不免再有奏陳，復依舊法。必料諸曹條貫皆有似此拘礙難行者。今將特降指揮下尚書六曹，委長貳郎官同共看詳本曹新舊條貫，内有海行已久全無義理，於事無益，防禁太繁，難爲遵守者，盡令删去。惟取紀綱大體切近事情，朝夕不可無者，方始存留作本司條貫，限兩月申奏施行。從之。舊録云：三省言：中書、門下後省修成六曹條貫及看詳共三千六百九十四册，寺監在外；又據編修諸司敕式所修到敕令格式一千餘卷。其間條目苛密，牴牾難行者，不可勝數。欲下尚書六曹，委長貳郎官同共看詳。删去本曹舊條已有及防禁太繁，難爲遵守者。惟取紀綱大體切近事情者，存留作本司法。限兩月以聞。從之。先帝分釐六官，下逮寺監諸司，咸有職責，法守未備，人無遵承，故分兩局，立敕令格式。新録内已有得先帝旨頒行者，官吏由是不相侵紊，亦不能高下其手，今以爲太繁改之。新録依此，但削去先帝分釐以下等語，今專取司馬光劄子具載。左選差注不行事，當考。

（宋）李幼武《宋名臣言行録外集》卷一〇《胡安國武夷先生文定公》 夫嘉祐政事之大要，本於愛民，始於審謀，成於果斷。今朝廷欲理兵政以强國，而官吏不知恤民以養兵，是欲稼之長而涸其水，欲木之茂而去其根，則與嘉祐愛民之意異矣。至於衆謀紛紜，而國是未定，命令交錯，而民聽未孚。法制數更，而下不知其所守，其於嘉祐審謀能斷亦異矣。

《元史》卷一六四《魏初傳》 帝雅重璠名，方之古直，詢知初爲璠子，歎奬久之，即授國史院編修官，尋拜監察御史。首言：法者，持天下之具，御史臺則守法之司也。方今法有未定，百司無所持循，宜參酌考定，頒行天下。

（明）陳邦瞻《元史紀事本末》卷一五《尚書省之復》 楊朶兒只曰：法有便否，不當視立法之人爲廢置。銅錢與楮幣相權而用，古之道也，何可遽廢耶？言雖不用，時論是之。

《皇明弘治六年條例·七月·各府郡王將軍中尉若與親王無干及不保機密重情無故意越具奏者下所司查》 臣等竊惟：古者，帝王之世所實惟信，兵、食可去，而信不可去。此生可捐，而信不可捐。故立法垂訓，較若畫一，上下相信，令出惟行。邇惟宗支日藩，趨曰不一，任意計奏，歲無虛月，蒙朝廷篤念親親，每賜批答，所司奉行，恐後難以照常。沮格以此，各藩效尤，日甚一日，法例具存，有名無實。雖稱郡王以下罔知爲善最樂，要亦親王不能善養天倫，伏望皇上仁洽宗藩而尤，正之以義，嚴切責成親王，各將該郡王、將軍、中尉昕夕約束，動以禮法。

《大清會典則例》卷一二《吏部·考功清吏司·升選》 國家法令科條，原一定而不可易，其有應行從重者，亦必待朕酌其情罪。特頒諭：此加倍二字，非臣工所可擅定者也。嗣後，凡有議罪議處之條，皆應照本律定擬，其有負恩犯法情罪重大，應從重定擬，必須執中於法之至平至允，不得擅用加倍字樣，開朦溷苛刻之端，負朕立法、牖人、警省、防閑之至意。

（清）俞樾《諸子平議》卷三《管子三》 法制有常，則民不散而上合。樾謹按：不字，衍文也。上云治國無法，則民朋黨而下比。此云法制有常，則民散而上合。兩文正相對。散者，散其朋黨也。昔文王厲政於臧丈人，而列士散植壞羣。見《莊子·田子方篇》。此所謂民散，即散植壞羣之義。後人不達其旨，而妄增不字，非管子原文也。

（清）俞樾《諸子平議》卷四《管子四》 國法法不一，則有國者不祥。樾謹按：此本作有國者，國法不一則不祥。有國者三字，總冒下五句。國法不一則不祥，與下民不道法則不祥一律。因寫者奪有國者三字，而誤補之則字之下，則與下文句法不一律矣。國法不一句，又誤疊法字。尹注遂斷國法二字爲句。解曰：有國者有法也。增益以成其義，足知其非。

又： 故曰：法者不可恆也。樾謹按：尹注曰：法敝則當變，故不恆。此説雖若有理，然以上下文求之，殊不可通。上文曰故黄帝之治也，置法而不變，使民安其法者也。此乃云法不可恆，則非置法不變之謂矣。其不可通一也。既云法不可恆，而下文乃曰：故明王之所恆者二，一曰明法而固守之，二曰禁民私而收使之。此二者主之所恆也，則又非法不可恆之謂矣。其不可通二也。反覆推求，三恆字皆慎字之誤，法者不可恆也，本作法者不可不慎也。故其下即曰：存亡治亂之所從出，聖君所以爲天下大儀也。君臣上下貴賤皆發焉，乃申明不可不慎之意。《禁藏篇》曰：法者天下之儀也，所以決疑而明是非也。百姓所縣命也，故明主慎之。正與此文同義。自慎誤爲恆而又奪不字，遂失其義矣。明王之所恆者二，當作明王之所慎者二。此二者主之所恆也，當作此二者主之所慎也。慎字右旁之真，隸書作真，闕壞而爲亘。故慎誤爲恆矣。夫兩言所慎，文義甚明。若作所恆，便爲無義，其誤顯然，所宜訂正。

（清）俞樾《諸子平議》卷二〇《商子》 法明者，任力言息，治者國治，言息兵強。樾謹按：法明下奪治字。法明治省，任力言息，四字爲句。承上文治衆國亂言多兵弱而言，謂法明則治省任力則言息也。治者國治，當作治省國治。省與者字形相似而誤耳。此又承法明治省任力言息而言，謂治省則國治，言息則兵強也。正與上文治衆國亂言多兵弱，相對成義。

（清）俞樾《諸子平議》卷二一《韓非子》 法不信則君行危矣。樾謹按：危讀爲詭。《吕氏春秋·淫辭篇》：所言非所行也，所行非所言也，言行相詭，不祥莫大焉。與此意相近。蓋法不信，則君之所行，前後違反，故曰詭也。作危者古字通耳。《漢書·天文志》：司詭星出正西。《史記·天官書》詭作危。《淮南子·説林篇》：尺寸雖齊，必有詭。《文子·上德篇》，詭作危。並其證也。舊注曰：法不信則後不可行，故君危也，此未達叚借之旨。危當以君位言，不當以君行言，足知舊説之非矣。

（漢）劉安《淮南子》卷九《主術訓》 故法律度量者，人主之所以執下，執，制。釋之而不用，不用法律度量也。是猶無轡銜而馳也。羣臣百姓反弄其上，是故有術則制人，無術則制於人。爲人所禽制也。

（唐）白居易《白氏六帖事類集》卷一三《刑法》 防姦，閉邪國章斯抵。人命所懸禁暴，竹刑三尺。有常無赦，速即爾刑于國之紀。刑以秋冬，刑威，踰閑，閑法也能刑，君子謂晉文公其能刑矣，三罪而人大服。以類震耀。爲刑罰成嚴使人畏忌，以類其震耀殺戮，使取象雷電。出《刑法志》。申嚴百刑。凡制五刑必即天論，制，斷也，必即天論，言與天意合。一成而不可變。變，改也。防淫，記君子刑以防淫大爲之，防人猶踰之。而煩刑書。《傳》明啟刑書，丹筆正刑之筆明慎，《易》曰君子以明慎用刑，而不留獄。明罰勑法，玉律刑一人。史：堯刑一人而天下大服。四罪。舜四罪而天下威服。協大中之法，列用中罰。列，明也，中罰法之輕重得中也。《書》嚴斷刑罰以威其淫，《傳》勿宥勿辟。《書》殷人在辟。子曰：宥爾惟勿宥辟，汝惟勿辟。子曰：惟厥中厥法。祥刑祥善也。《書》閲實。罪罰相當。下刑適重上服。服罪也，一人有二罪，則從重也。官刑制官惟刑敬于有位。其附于刑。附，麗也。《周禮》。麗刑麗罹也。中典。《周禮》。國章刑麗法。《周禮》。官禁國禁踰矩，矩法也。惟刑之恤，刑期無刑，義刑屏弃，典刑敬中。《周禮·司徒》刑以敬中，則人不異。在九刑而不忘。《傳》季孫莒行父逐僕。三罪而人服，晉文公能刑。將刑爲之不舉，不舉則徹樂。刑之頗纇，獄之放紛。人在鼎矣。趙鞅鑄刑。

（唐）白居易《白氏六帖事類集》卷一三《改制法令》 法若易方，人難知禁。政有弛張，法存訟革。誠宜適變，安可執迷。所宜去彼取此。不可以古制今。法不前定，官疇將依。夏造殷因，豈煩於制。漢除秦敝，亦便於時。言之不中，雖新意而奚爲。事必有初。率舊章而則可。若議事之刑，滋章多制則舞文之吏因緣爲奸無作聰明，亂舊章，章典也書罔以側言改厥度。度法也晉鑄刑鼎，鑄范宣子所爲刑書，仲尼曰晉其亡乎？失其度矣。夫是晉國之晉國將守唐虞之法度，以經緯其人。范宣子之刑亂制也。惟聖作則。則法也畫一漢蕭何爲法，講若畫一，曹參代之守而勿失。不刊之典，苟可彊國利人？何必守文拘制。史商鞅欲變法曰：人可樂，不可與慮始。苟可以彊國利人，何憚改革法律。

（宋）歐陽修《歐陽修全集》卷八六《内制集·通商茶法詔》 敕：古者山澤之利與民共之，故民足於下而君裕於上，國家無事，刑罰以清。自唐末流，始有茶禁，上下規利，垂二百年。邇聞比來，爲患益甚。民被誅求之因，日惟咨嗟；官受濫惡之入，歲以陳積。私藏盜販，犯者實繁。嚴刑重誅，情所不忍。使田閭不安其業，商賈不通于行。嗚呼！若兹，是於江湖之間幅員數千里，爲陷穽以害吾民也。朕心惻然，念此久矣，間遣使者，往就問之。而皆歡然，願弛榷法，歲入之課，以時上官。一二近臣，件析其狀，朕嘉覽於再，猶若慊然。又於歲輸，裁減其數，使得饒阜，以相爲生，剗去禁條，俾通商賈。歷世之弊，一旦以除，著爲經常，弗復更制，損上益下，以休吾民。尚慮喜於立異之人，緣而爲姦之黨，妄陳奏議，以惑官司，必置明刑，用戒狂謬。布告遐邇，體朕意焉。

（宋）歐陽修《歐陽修全集》卷一〇七《奏議·河北轉運進狀四首·論兩制以上罷舉轉運使副省府推判官等狀》 若大臣一度進退，政令一度改更，如此紛紜，豈有定制？伏望陛下重察愛憎之私，辨其虛實之説，凡於政令，更慎改張。臣檢詳元降舉官敕意。亦是於國書檢用祖宗所行之法。

（宋）歐陽修《歐陽修全集》卷一一二《奏議·翰苑進劄狀十三首·再論許懷德狀》 臣竊以謂治天下在明號令，正朝廷在修紀綱。號令所行，紀綱所振，由人主有賞罰之柄也。若號令出而不從，紀綱弛而不整，又不以賞罰臨之，而欲正朝廷治天下，臣不知其可也。今者陛下親祀宗廟，不敢獨受其福，推恩羣臣，遍及中外，此聖德之至深厚也。而臣下輒敢有所輕重，以謂例恩泛及，視以爲輕而慢之，原其情理，其可恕乎！方祫享始畢，恩典推行，命出之日，宰相押班，百官在列，宣揚制誥，布告天下。

（宋）葉適《葉適集·水心文集》卷二四《墓誌銘·故知樞密院事資政殿大學士施公墓誌銘》 授正字，兼聖政檢討校書郎，兼吴益王教授，國史編修官。又言：法爲天下信，事爲天下功，臣下争欲變法，各求立事，不參覈而遽從，已變遄復，暫立忽廢，此功信所以隳，國權所以去也。又言：治盜賊當委牧守。但責巡尉，何以禁暴！事多施行。

（明）焦竑《澹園集》卷二三《經籍志論·法家》 古有九流，輓近世幾於絶矣，而墨、縱横、名、法爲甚，其篇籍多軼以此。夫三家於理不衷於用，非亟固也。至法也者，人君所以紀綱人倫而遏絶亂略，顧可一日廢哉！百家遙起，皆率其私智，自附於聖人，以譁世而惑衆。然其失，繇各奮其私智，而其長蓋或出於聖人，在善用之而已。不然騈衡委馭，四牡横犇，而欲以和鑾節奏，救皇路之險傾，其可幾乎？

（清）姚鼐《惜抱軒全集·文集》卷一《賈生明申商論》 申商明君臣之分，審名實，使吏奉法令而度數可循守，雖聖人作，豈能廢其説哉？然使述此於景武之時，則與處烈風而進翣者何以異？良醫不能使鍾乳烏頭之無毒，而使其毒不爲患也。惟文帝仁厚，而所不足者在于法制。故賈生勸之立君臣等上下，法制定則天下安。此皆申商之長也。

公正分部

論說

《周易正義·師》䷆坎下坤上。師：貞，丈人吉，无咎。丈人，嚴莊之稱也。爲師之正，丈人乃吉也。興役動衆，無功罪也，故吉乃无咎也。疏：師：貞，丈人吉，无咎。正義曰：師，衆也。貞，正也。丈人謂嚴莊尊重之人，言爲師之正，唯得嚴莊丈人監臨主領，乃得吉无咎。若不得丈人監臨之，衆不畏懼，不能齊衆，必有咎害。注：丈人嚴莊之稱也至乃无咎也。正義曰：興役動衆无功，罪者，監臨師旅，當以威嚴，則有功勞，乃得无咎；若其不以威嚴，師必無功而獲其罪，故云興役動衆無功，罪也。

《象》曰：師，衆也。貞，正也。能以衆正，可以王矣。剛中而應，行險而順，以此毒天下而民從之，吉又何咎矣？毒猶役也。疏：象曰至又何咎矣。正義曰：師，衆也。貞，正也。能以衆正，可以王矣者，此釋師卦之名，並明用師有功之義。但師訓既多，或訓爲法，或訓爲長，恐此師名取法之與長，故特明之師訓爲衆也。貞爲正也。貞之爲正，其義已見於此，復云貞，正者，欲見齊衆必須以正，故訓貞爲正也。與下文爲首引之勢，故云能以衆正，可以王矣。剛中而應者，剛中謂九二，而應謂六五。行險而順者，行險謂下體坎也，而順謂上體坤也。若剛中而無應，或有應而不剛中，或行險而不柔順，皆不可行師得吉也。以此毒天下而民從之，吉又何咎矣者，毒猶役也，若用此諸德使役天下之衆，人必從之以得其吉，又何无功而咎責乎？自剛中以下釋丈人吉，无咎也，言丈人能備此諸德也。

（宋）張載《橫渠易說·上經·師》師，貞，丈人吉，无咎。丈人剛過，太公近之。剛正、剛中則是大人聖人，得中道也。太公則必待誅紂時，維鷹揚，所以爲剛過，不得稱大人。《象》曰：師，衆也；貞，正也。能以衆正，可以王矣。剛中而應，行險而順，以此毒天下，而民從之，吉又何咎矣！《象》曰：地中有水，師；君子以容民畜衆。初六，師出以律，否臧凶。《象》曰：師出以律，失律凶也。師出以律，師之始也，體柔居賤，不善用律，故凶。

《周易正義·泰》泰。【略】九三：无平不陂，无往不復。艱貞无咎。勿恤其孚，于食有福。乾本上也，坤本下也，而得泰者，降與升也。而三處天地之際，將復其所處。復其所處，則上守其尊，下守其卑，是故无往而不復也，无平而不陂也。處天地之將閉，平路之將陂，時將大變，世將大革，而居不失其正，動不失其應，艱而能貞，不失其義，故无咎也。信義誠著，故不恤其孚而自明也，故曰：勿恤其孚，于食有福也。疏：九三无平不陂至于食有福。正義曰：无平不陂者，九三處天地相交之際，將各分復其所處。乾體初雖在下，今將復歸於上，坤體初雖在上，今欲復歸於下，是初始平者，必將有險陂也。初始往者，必將有反復也。无有平而不陂，无有往而不復者，猶若元在下者而不在上，元在上者而不歸下也。艱貞无咎者，己居變革之世，應有危殆，只爲己居得其正，動有其應，艱難貞正，乃得无咎。勿恤其孚，于食有福者，恤，憂也，孚，信也。信義先以誠著，故不須憂其孚信也。信義自明，故於食祿之道，自有福慶也。注將復其所處至于食有福也。正義曰：將復其所處者，以泰卦乾體在下，此九三將棄三而向四，是將復其乾之上體所處也。泰卦坤體在上，此六四今將去四而歸向初，復其坤體所處也。處天地之將閉，平路之將陂者，天將處上，地將處下，閉而不通，是天地之將閉也。所以往前通泰，路无險難，自今已後，時既否閉，路有傾危，是平路之將陂也。此因三之向四，是下欲上也。則上六將歸於下，是上欲下也，故云復其所處也。信義誠著者，以九三居不失正，動不失應，是信義誠著也。故不恤其孚而自明，解於食有福，以信義自明，故飲食有福。《象》曰：无往不復，天地際也。天地將各分復之際。疏：正義曰：天地際者，釋无往不復之義。而三處天地交際之處，天體將上，地體將下，故往者將復，平者將陂。

《周易正義·隨》隨。【略】初九：官有渝，貞吉。出門交有功。居隨之始，上无其應，无所偏係，動能隨時，意无所主者也。隨不以欲，以欲隨宜者也。故官有渝變，隨不失正也。出門無違，何所失哉！疏：初九至有功。正義曰：官有渝者，官謂執掌之職。人心執掌，與官同稱，故人心所主，謂之官渝變也。此初九既无其應，无所偏係，可隨則隨，是所執之志有能渝變也。唯正是從，故貞吉也。出門交有功者，所隨不以私欲，故見善則往隨之，以此出門，交獲其功。注：居隨之始至何所失哉！正義曰：言隨不以欲，以欲隨宜者，若有其應，則有私欲。以无偏應，是所隨之事不以私欲，有正則從，是以欲隨其所宜也。《象》曰：官有渝，從正吉也。出門交有功，不失也。疏：正義曰：官有渝從正吉者，釋官有渝之義。所執官守正，能隨時渝變，以見貞正則往隨從，故云從正吉。出門交有功不失者，釋交有

功之義。以所隨之處，不失正道，故出門即有功也。【略】

九四：隨有獲，貞凶。有孚在道以明，何咎？處説之初，下據二陰，三求係巳，不距則獲，故曰隨有獲也。居於臣地，履非其位，以擅其民，失於臣道，違正者也，故曰貞凶。體剛居説而得民心，能幹其事，而成其功者也。雖爲常義，志在濟物，心有公誠，著信在道以明其功，何咎之有？疏：九四至何咎。正義曰：隨有獲者，處説之初，下據二陰，三求係巳，不距則獲，故曰隨有獲也。貞凶者，居於臣地，履非其位，以擅其民，失其臣道，違其正理，故貞凶也。有孚在道以明，何咎者，體剛居説而得民心，雖違常義，志在濟物，心存公誠，著信在於正道，有功以明，更有何咎？故云有孚在道以明，何咎也。《象》曰：隨有獲，其義凶也。有孚在道，明功也。疏：正義曰：隨有獲其義凶者，釋隨有獲貞凶之意。九四既有六三、六二，獲得九五之民，爲臣而擅君之民，失於臣義，是以宜其凶也。有孚在道明功者，釋以明何咎之義。既能著信在於正道，是明立其功，故无咎也。

九五：孚于嘉，吉。履正居中，而處隨世，盡隨時之宜，得物之誠，故嘉吉也。疏：正義曰：嘉，善也。履中居正，而處隨世，盡隨時之義，得物之誠信，故獲美善之吉也。《象》曰：孚于嘉，吉，位正中也。

上六：拘係之乃從。維之王用亨于西山。隨之爲體，陰順陽者也。最處上極，不從者也。隨道已成，而特不從，故拘係之乃從也。率土之濱，莫非王臣，而爲不從，王之所討也，故維之王用亨于西山也。兑爲西方，山者，途之險隔也。處西方而爲不從，故王用通于西山。疏：象曰至于西山。正義曰：最處上極，是不隨從者也。隨道已成而特不從，故須拘係之，乃始從也。維之，王用亨于西山者，若欲維係此上六，王者必須用兵，通于西山險難之處，乃得拘係也。山謂險阻，兑處西方，故謂西山。令有不從，必須維係，此乃王者必須用兵通於險阻之道，非是意在好刑，故曰：王用亨于西山。《象》曰：拘係之，上窮也。處于上極，故窮也。疏：正義曰：釋拘係之義。所以須拘係者，以其在上而窮極，不肯隨從故也。

（宋）張載《横渠易説·上經·隨》 初九，官有渝，貞吉；出門交有功；《象》曰：官有渝，從正吉也；出門交有功，不失也。言凡所治務能變而任正，不膠柱也。處隨之初，爲動之主，心无私係，故能動必擇義，善與人同者也。

（宋）李衡《周易義海撮要·坎》 九五坎不盈，低既平，无咎。《象》曰：坎不盈，中未大也。【略】王者而任刑，法不能滿，君臨之道，恭祗而行，乃能平直。

（清）孫星衍《周易集解·坎》 初六，習坎，入于坎窞，凶。解：干寶曰：窞，坎之深者也，江河淮濟，百川之流，行乎坎中，水之正也，及其爲災，則泛溢平地而入於坎窞，是水失其道也。刑獄之用，必當于理，刑之正也，及其不平，則枉濫无辜，是法失其道也。故曰：入于坎窞，凶矣。

（清）孫星衍《周易集解·夬》 夬：揚于王庭。解：【略】注：夬，與剝反者也。剝，以柔變剛，至於剛幾盡。夬以剛決柔，如剝之消剛，剛隕則君子道消，柔消則小人道隕。君子道消，則剛正之德，不可得直道而行。刑罰不威，不可得坦然而行。揚于王庭，其道公也。

（清）孫星衍《周易集解·革》 文明以説，大亨以正，革而當，其悔乃亡。【略】注：夫所以得革而信者，文明以説也。文明以説，履正而行，以斯爲革，應天順民。大亨以正者也。革而大亨以正，非當如何。

（清）孫星衍《周易集解·繫辭下》 理財正辭，禁民爲非曰義。解：荀爽曰：尊卑貴賤，衣食有差，謂之理財。名實相應，萬事得正，謂之正辭。咸得其宜，故謂之義也。崔憬曰：夫財貨人所貪愛，不以義理之，則必有敗也。言辭人之樞要，不以義正之，則必有辱也。百姓有非，不以義禁之，則必不改也。此三者皆資於義。以此行之，得其宜也。故知仁義與財，聖人寶位之所要也。

（清）孫星衍《周易集解·序卦》 晉，晝也。明夷，誅也。解：誅，傷也。離日在上，故晝也。明入地中，故誅也。此上並虞義。干寶曰：日上中，君道明也。明君在上，罪惡必刑也。

《尚書正義·虞書·大禹謨》 帝曰：皋陶，惟兹臣庶，罔或于予正。或，有也。無有于我正。言順命。汝作士，明于五刑，以弼五教，期于予治。弼，輔。期，當也。歎其能以刑輔教，當於治體。治音稚。當，丁浪反，又如字。刑期于無刑，民協于中，時乃功，懋哉！雖或行刑，以殺止殺，終無犯者。刑期於無所刑，民皆合於大中之道，是汝之功，勉之。懋音茂。皋陶曰：帝德罔愆，臨下以簡，御衆以寬。愆，過也。善則歸君，人臣之義。愆音牽。罰弗及嗣，賞延于世。嗣亦世，俱謂子。延，及也。父子罪不相及，而及其賞。道德之政。宥過無大，刑故無小。過誤所犯，雖大必宥。不忌故犯，雖小必刑。宥音又。罪疑惟輕，功疑惟重。刑疑附輕，賞疑從重，忠厚之至。與其殺不辜，寧失不經。好生之德，洽于民心，兹用不犯于有司。辜，罪。經，常。司，主也。皋陶因帝勉己，遂稱帝之德，所以明民不犯上也。寧失不常之罪，不枉不辜之善，仁愛之道。辜音弧。好，呼報反。帝曰：俾予從欲以治，四方風動，惟乃之休。使我從心所欲而政以治，民動順上命，若草應風，是汝能明刑之美。疏：帝曰：皋陶至之休。正義曰：帝以禹讓皋陶，故述而美之。帝呼之曰：皋陶，惟此羣臣衆庶，皆無敢有干犯我正道者。由汝作士官，明曉於五刑，以輔成五教，當於我之治體。用刑期於無刑，以殺止殺，使民合於中正之道，令人每事得中，是汝之功，當勉之哉！皋陶以帝美己，歸美於君曰：民合於中者，由帝德純善，無有過失，臨臣下以簡易，御衆庶以優寬。罰人不及後嗣，賞人延於來世。宥過失者無大，雖大亦宥之。刑其故犯者無小，雖小必刑之。罪有疑者，雖重，從輕罪之。功有疑者，雖輕，從重賞之。與其殺不辜非罪之人，寧失不輕不常之罪。以等枉殺無罪，寧妄免有罪也。由是故帝之好生之德，下洽於民心，民服帝德如此，故用是不犯於有司，言民之無刑非己力也。帝又述之曰：使我從心所欲而爲政，以大治四方之民，從我化如風之動草，惟汝用刑之美。言己知其有功也。傳弼輔至治體。正義曰：《書傳》稱左輔右弼，是弼亦輔也。期要是相當之言，故爲當也。傳言當於治體，言皋陶用刑，輕重得中，於治體與正相當也。傳雖或至勉之。正義曰：言皋陶或行刑，乃是以殺止殺。爲罪必將被刑，民終無犯者。要使人無犯法，是期於無所用刑，刑無所用。此期爲限，與前經期義别，而《論語》所謂勝殘去殺矣。民皆合於大中，言舉動每事得中，不犯法憲，是合大中即《洪範》所謂皇極是也。傳愆過至之義。正義曰：愆，過，《釋言》文。《坊記》云：善則稱君，過則稱己，則民作忠。是善則稱君，人臣之義也。臨下據其在上，御衆斥其治民，簡易、寬大，亦不異也。《論語》云：居敬而行簡，以臨其民，不亦可乎？是臨下宜以簡也。又曰：寬則得衆。居上不寬，吾何以觀之哉？是御衆宜以寬也。傳嗣亦至及也。正義曰：嗣謂繼父，世謂後胤，故俱謂子也。延訓長，以長及物，故延爲及也。傳辜罪至之道。正義曰：辜，罪，《釋詁》文。經，常，司，主，常訓也。皋陶因帝勉己，遂稱帝之德。所以明民不犯上者，自由帝化使然，非己力也。不常之罪者，謂罪大，非尋常小罪也。枉殺無罪，妄免有罪，二者皆失；必不得民心。寧妄免大罪，不枉殺無罪，以好生之心故也。大罪尚赦，小罪可知。欲極言不可枉殺不辜，寧放有罪故也，故言非常大罪以對之耳。寧失不經與殺不辜相對，故爲放赦罪人，原帝之意，等殺無罪，寧放有罪。傳言帝德之善，寧失有罪，不枉殺無罪，是仁愛之道。各爲文勢，故經傳倒也。洽謂沾漬優渥，洽於民心，言潤澤多也。

（宋）蔡沈《書經集傳·周書·洪範》 無偏無陂，遵王之義。無有作好，遵王之道。無有作惡，遵王之路。無偏無黨，王道蕩蕩。無黨無偏，王道平平。無反無側，王道正直。會其有極，歸其有極。注：偏，不中也。陂，不平也。作好作惡，好惡加之意也。黨，不公也。反，倍常也。側，不正也。偏陂好惡，己私之生於心也。偏黨反側，己私之見於事也。王之義、王之道、王之路，皇極之所由行也。蕩蕩，廣遠也。平平，平易也。正直，不偏邪也。皇極，正大之體也。遵義、遵道、遵路，會其極也。蕩蕩、平平，正直歸其極也。會者，合而來也。歸者，來而至也。此章蓋詩之體，所以使人吟咏而得其情性者也。夫歌詠以協其音，反復以致其意，戒之以私而懲創其邪思，訓之以極而感發其善性，諷詠之閒，怳然而悟，悠然而得，忘其傾斜狹小之念，達乎公平廣大之理，人欲消熄，天理流行，會極歸極，有不知其所以然而然者。其功用深切，與《周禮》大師教以六詩者，同一機而尤要者也。後世此意不傳，皇極之道，其不明於天下也宜哉。

《尚書·周書·無逸》 周公曰：嗚呼！自殷王中宗及高宗及祖甲，及我周文王，兹四人迪哲。厥或告之曰：小人怨汝詈汝！則皇自敬德。厥愆，曰：朕之愆。允若時，不啻不敢含怒。此厥不聽，人乃或譸張爲幻。曰：小人怨汝詈汝！則信之。則若時，不永念厥辟，不寬綽厥心，亂罰無罪，殺無辜，怨有同，是叢于厥身。周公曰：嗚呼！嗣王其監于兹。

《周禮注疏·地官·土均》 土均，掌平土地之政，以均地守，以均地事，以均地貢。政，讀爲征。所平之稅，邦國都鄙也。地守，虞衡之屬。地事，農圃之職。地貢，諸侯之九貢。之政，音征，出注。疏：注政讀至九貢。釋曰：鄭破政爲征者，不取於政教之政，故破從征稅之征也。云所平之稅，邦國都鄙也者，案下文云以和邦國都鄙者，故知此平者亦據邦國都鄙，若六鄉六遂及公邑征稅，自均人平之。云地守，虞衡之屬者，案下文山虞、澤虞、川衡、林衡之屬皆云守，故知地守是虞衡之屬也。云地事，農圃之職者，九職任萬民，使民事之，故知地事是九職三農、園圃之職也。云地貢，諸侯之九貢者，此土均邦國都鄙，而云均地貢，明據大宰九貢而言。但諸侯九貢是歲之常貢，則《小行人》春令入貢者是也。其諸侯九貢，皆民之地稅，不貢王，市取美物，若《禹貢》厥篚厥貢之類是也。以和邦國都鄙之政令、刑禁與其施舍。禮俗、喪紀、祭祀，皆以地媺惡爲輕重之灋而行之，掌其禁令。施讀亦爲弛也。禮俗，邦國都鄙民之所行，先王舊禮也。君子行禮不求變俗，隨其土地厚薄，爲之制豐省之節耳。《禮器》曰：禮也者，合於天時，設於地財，順於鬼神，合於人心，理萬物。爲，于僞反。省，所景反。疏：以和至禁令。釋曰：土均主調和義，故土均以和畿外邦國、畿內都鄙之政令，及五刑五禁與其施舍不役之等，並須調和之，使之得所也。云禮俗、喪紀、祭祀，皆以地媺惡爲輕重之法而行之者，自禮俗、喪紀、祭祀三事，皆以地之美惡輕重者，地美則重行之，地惡則輕行之，以其禮許儉不非無故也。云掌其禁令者，恐有僭踰與下逼，故禁令也。注施讀至萬物。釋曰：云施，讀亦爲弛也者，上《遂人》注已云施讀爲弛，故此云亦。云禮俗，邦國都鄙民之所行，先王舊禮也者，此土均和邦國都鄙，俗者，續也，續代不易，是知先王舊禮，故引《曲禮》君子行禮不求變俗以證之。謂若周公封康叔於殷墟，其民還行殷之禮俗者也。云隨其土地厚薄，爲之制豐省之節耳者，以厚薄解經媺惡，豐省解經爲輕重之法也。云《禮器》曰：禮也者，合於天時者，天有四時，四時生者則將爲禮，是合於天時也。云設於地財者，土地有財爲禮，是所設依於地之財也。云順於鬼神者，鬼神享德不享味，若不合天時，不設地財而爲禮，則鬼神不享；若能合天時、設地財，則鬼神享之，是順於鬼神也。云合於人心者，若不合天時、不設地財，則不合人心；若合天時、設地財，則合人心也。云理萬物者，若順鬼神合人心，則萬物得其道理，故可以理萬物也。引之，證行禮依地美惡之義。

《禮記正義·禮運》大道之行也，天下爲公，選賢與能，講信脩睦。公猶共也。禪位授聖，不家之。睦，親也。禪，善面反。故人不獨親其親，不獨子其子。孝慈之道廣也。使老有所終，壯有所用，幼有所長，矜寡孤獨廢疾者，皆有所養。無匱乏也。長，丁丈反。矜，古頑反。匱，其媿反。男有分，分，猶職也。分，扶問反。注同。女有歸，皆得良奧之家。奧，烏報反。貨惡其弃於地也，不必藏於己，力惡其不出於身也，不必爲己。勞事不憚，施無吝心，仁厚之教也。惡，烏故反，下同。憚，大旦反。吝，力刃反，又力覲反。是故謀閉而不與，盜竊亂賊而不作。尚辭讓之故也。故外戶而不閉，禦風氣而已。是謂大同。同，猶和也，平也。疏：大道至同。正義曰：既云見其遺記，此以下説記中之事，故此先明五帝時也。天下爲公，謂天子位也。爲公，謂揖讓而授聖德，不私傳子孫，即廢朱均而用舜禹是也。選賢與能者，釒明不私傳天位，此明不世諸侯也，國不傳世，唯選賢與能也。黜四凶，舉十六相之類是也。鄭注《鄉大夫》云：賢者，有德行者；能者，有道藝者。四凶：共工、驩兜、鯀、三苗。十六相，八元謂伯奮、仲堪、叔獻、季仲、伯虎、仲熊、叔豹、季狸，八愷謂蒼舒、隤敳、檮戭、大臨、尨降、庭堅、仲容、叔達也。講信脩睦者，講，談説也。信，不欺也。脩，習。睦，親也。世淳無欺，談説輒有信也。故哀公問周豐云有虞氏未施信於民，而民信之是也。又凡所行習，皆親睦也，故《孝經》云，民用和睦是也。故人不獨親其親，不獨子其子者，君既無私，言信行睦，故人法之，而不獨親己親，不獨子己子。使老有所終者，既四海如一，無所獨親，故天下之老者皆得贍養，終其餘年也。壯有所用者，壯，謂年齒盛壯者也。所用謂不愛其力，以奉老幼也。亦重任分輕任並，班白者不提挈是也。幼有所長者，無所獨子，故天下之幼，皆獲養長以成人也。矜寡孤獨廢疾者，皆有所養者，壯不愛力，故四者無告及有疾者，皆獲恤養也。男有分者，分，職也。無才者耕，有能者仕，各當其職，無失分也。女有歸者，女謂嫁爲歸。君上有道，不爲失時，故有歸也，若失時者，則《詩》衛女淫奔，期我乎桑中，要我乎上宫。是失時也。故注云：皆得良奧之家。貨惡其弃於地也，不必藏於己者，貨，謂財貨也。既天下共之，不獨藏府庫，但若人不收録，弃擲山林，則物壞世窮，無所資用，故各收寳而藏之。是惡棄地耳，非是藏之爲己，有乏者便與也。力惡其不出於身也，不必爲己者，力，謂爲事用力，言凡所事，不憚劬勞，而各竭筋力者，正是惡於相欺，惜力不出也於身耳。非是欲自營贍。故云不必爲己也。是故謀閉而不興者，興，起也。夫謀之所起，本爲鄙詐。今既天下一心，如親如子，故圖謀之事，閉塞而不起也。盜竊亂賊而不作者，有乏輒與，則盜竊焉施。有能必位，則亂賊何起作也？故外戶而不閉者，扉從外闔也。不閉者，不用關閉之也，重門擊柝，本禦暴客。既無盜竊亂賊，則戶無俟於閉也。但爲風塵入寢，故設扉耳。無所捍拒，故從外而掩也。是謂大同者，率土皆然，故曰大同。注禪位至親也。正義曰：禪位授聖謂，堯授舜也。不家之者，謂不以天位爲己家之有，授子也。天位尚不爲己有，諸侯公卿大夫之位灼然與天下共之，故選賢與能也。己子不才，可捨子立他人之子，則廢朱均而禪舜禹是也。然己親不賢豈可廢己親而事他人之親？但位是天位，子是卑下，可以捨子立他人之子。親是尊高，未必有位，無容廢己之親，而事他親。但事他親有德，與己親同也。案《祭法》有虞氏禘黄帝而郊嚳，祖顓頊而宗堯。配天事重，不以瞽叟爲祖宗。此亦不獨親之義也。注勞事至教也。正義曰：以經云力惡其不出於身，欲得身出氣力，是勞事無憚也，憚難也，謂不難勞事。云施無吝心者，經云不必藏於己，財貨欲得施散，是無吝留之心。先釋力然後釋財，便文，無義例也。

《春秋左傳正義》卷四七《昭公十四年》叔向，古之遺直也。言叔向之直，有古人遺風。陶音遥。乃施，如字。服云：施罪於邢侯也。孔晁注《國語》云：廢也，尸氏反。疏：乃施至於市。正義曰：《晉語》説此事云，叔向既對宣子，邢侯聞之而逃，遂施刑侯氏。孔晁云：廢其族也。則《國語》讀爲弛，訓之爲廢。《家語》説此事亦爲弛，王肅注云：弛，宜爲施，施行也。服虔云：施罪於邢侯。施猶劾也。邢侯亡，故劾之。杜無注，當從施也。成十七年，晉殺三郤，皆尸於朝。此尸於市者，以其賤故也。治國制刑，不隱於親，謂國之大問，己所荅當也。至於他事，則宜有隱。當，丁浪反。三數叔魚之惡，不爲末減。末，薄也。減，輕也。皆以正言之。數，色主反，又色具反，下同。爲，于僞反。末，武葛反。疏：三數至末減。正義曰：三度數叔魚之惡，不爲薄輕。言皆重厚，極言之也。三者，即下云數其賄也、稱其詐也、言其貪也是也。服虔讀減爲咸，下屬爲句。不爲末者，不爲末槃隱蔽之也。咸曰義也，言人皆曰叔向是義，妄也。曰：義也夫，可謂直矣。於義未安，直則有之。夫，舊音扶，一讀芳于反，下同。平丘之會，數其賄也，謂言寶貨無厭。以寬衛國，晉不爲暴。歸魯季孫，稱其詐也，謂言鮒也能。以寬魯國，晉不爲虐。邢侯之獄，言其貪也，以正刑書，晉不爲頗。三言而除三惡，加三利，三惡，暴、虐、頗也。三惡除，則三利加。頗，普何反。疏：注三惡暴虐頗。正義曰：《尚書》武王數紂之罪，《泰誓》云敢行暴虐，《牧誓》云俾暴虐于百姓，《武成》云暴殄天物，害虐烝民，然則暴是亂下之稱，虐是殺害之名，大同而小異。殺親益榮，榮名益己。猶義也夫！三罪唯荅宣子問，不可以不正，其餘則以直傷義，故重疑之。重，直用反。疏：注三罪至疑之。正義曰：杜讀此文，言猶義也夫，言不是義也，故言以直傷義，謂叔向非是義也。劉炫云直則是義，而規杜氏。今知不然者，義者於事合宜，所爲得理。直者，唯無阿曲，未能圓通，故《書》云直而温。若直而無温，則非德非義。是義之與直，二者不同。故上傳云義也夫，此傳云猶義也夫，於義之下並云夫。夫是疑怪之辭，故杜以爲非義，裁可謂之直矣。故仲尼云：叔向，古之遺直不云遺義，是直與義別。劉以直義爲一而規杜氏，非也。

（清）黄奭輯《春秋緯·春秋元命苞》 獄者刻确也。《書鈔·獄刑》爲獄圓者，象斗運合。《初學記·政理部》《御覽·刑法部九》《書鈔·獄刑》引員者象斗。《古微書》運作選。清河郡本。宋均注：作獄圓者，象斗運也。仝上，清河郡本《古微書》。

（清）劉寶楠《論語正義·雍也》 子曰：人之生也直，罔之生也幸而免。注：誣罔正直之道而亦生者，是幸而免。正義曰：蓋直者，誠也。誠者，內不自以欺，外不以欺人。《中庸》云天地之道，可一言而盡也。其爲物不貳，則其生物不測。不貳者，誠也，卽直也。天地以至誠生物，故《繫辭傳》言乾之大生，静專動直。專直，皆誠也，不誠則無物，故誠爲生物之本。人能存誠，則行主忠信，而天且助順，人且助信，故能生也，若夫罔者，專務自欺以欺人，所謂自作孽，不可活者，非有上罰，必有天殃，其能免此者，幸爾。

《論語注疏·顔淵》 子曰：片言可以折獄者，其由也與？注：孔曰：片猶偏也，聽訟必須兩辭以定是非，偏信一言以折獄者，唯子路可。子路無宿諾。注：宿，猶豫也。子路篤信，恐臨時多故，故不豫諾。疏：子路至宿諾。正義曰：此章言子路有明斷篤信之德也。子曰：片言可以折獄者，其由也與者，片，猶偏也。折，猶決斷也。凡聽訟必須兩辭以定是非，偏信一言以決斷獄訟者，唯子路可，故云其由也。與子路無宿諾者，宿，猶豫也。子路篤信，恐臨時多故，故不豫也。或分此別爲一章，今合之。注聽訟至路可。正義曰：云聽訟必須兩辭以定是非者，《周禮·秋官·大司寇》職云：以兩造禁民訟，以兩劑禁民獄。注云：訟謂以財貨相告者。獄謂相告以罪名者。造，至也。劑，今券書也。使訟者兩至，獄者各齎卷書，既兩至，兩券書，乃治之。不至及不券書，則是自服不直者也。故知聽訟必須兩辭方定是非。偏信一言，則是非難決。唯子路才性明辨，能聽偏言決斷獄訟，故云唯子路可。

（清）劉寶楠《論語正義·顔淵》 子曰：片言可以折獄者，其由也與？注：孔曰：片，猶偏也。聽訟必須兩辭以定是非，偏信一言以折獄者，惟子路可。正義曰：《釋文》引鄭注云：片，半也。魯讀折爲制，今從古。《御覽》六百三十九引鄭注云：片讀爲半，半言爲單辭。折，斷也。惟子路能取信，所言必直，故可令斷獄也。案：《説文》：片，判木也。从半木。片、半一音之轉，故鄭注卽讀片爲半。《漢書·李陵傳》：令軍士人持一半冰。注引如淳曰半讀曰片，此其證也。片既讀半，義亦從之。故《釋文》所載片、半之訓，卽是槩括鄭義，非鄭別有注也。半言爲單辭者，《書·吕刑》云：明清于單辭。民之亂，罔不中，聽獄之兩辭。是獄辭有單、有兩。兩者，兩造具備也。單則一人具辭。《後漢·光武紀》：永平三年詔曰：明察單辭。《朱浮傳》：有人單辭告浮事者。單辭皆謂片言也。折斷者，《説文》：斲，斷也。從斤𢇍艸。譚長説：折，篆文斲从手。魯讀折爲制，今從古者，《吕刑》制以刑，《墨子·尚同中篇》引作折則刑，是折、制字通。《説文》：剬，裁也。从刀未。制，古文制如此。此與折斷音訓相近。《廣雅·釋詁》：制，折也。《大戴禮·保傅篇》：不中于制獄，卽折獄也。鄭以作折、作制義同，而《古論》出自壁中，無煩改讀，故定從古也。惟子路能取信者，言子路忠信，能取信於人也。所言必直，故可令斷獄者，言人既信子路，自不敢欺，故雖片言，必是直理，卽可令依此斷獄也。《説文》：獄，确也。從犾從言。二犬所以守也。鄭《異義駁》云：獄者，埆也。囚證於角核之處。《周禮》謂之圜土。此云斷獄，謂決斷獄中所訟事也。毛氏奇齡《四書改錯》：古折民獄訟，必用兩辭，故《周官·司寇》以兩劑禁民獄。先取兩券而合之，使兩造獄詞，各書其半，卽今告牒與訴牒也。及聽獄後，復具一書契而兩分之，使各録其辯答之辭于其中，卽今兩造兩口供也。是折獄之法，前券後契，必得兩具，券不兩具，卽謂之單詞。單詞不治，如司寇禁凡不賫券，卽自坐不直，不俟上于朝而遽斥之是也。契不兩具，則謂之不能舉契，亦不治，如《春秋》晉聽王訟，王叔氏不能舉其契，王叔奔晉是也。是半券半契，總無折理，惟子路明決，單辭可斷，在他人豈能之？案：毛説與鄭義略同，然鄭言子路能取信，故所言必直，本非誣控，故無須對質，如此乃可令斷獄。明子路以忠信感人，不止如毛氏所云明決已也。原鄭之意，亦以片言折獄，不可爲法，故若所言必直，方可令斷獄，否則仍須兩辭矣。僞孔注亦與鄭同。孔穎達書《吕刑》疏引此文説之云：子路行直聞於天下，不敢自道其長，妄稱彼短，得其單辭，卽可斷獄者，惟子路爾，凡人少能然也。此與《論語皇疏》所載孫綽説同。焦氏循補疏。卽依爲説，義涉迂曲，所不敢從。子路無宿諾。注宿，猶豫也。子路篤信，恐臨時多故，故不豫諾。正義曰：《説文》：宿，止也。

（清）劉寶楠《論語正義·衛靈公》 子曰：直哉史魚！邦有道，如矢；邦無道，如矢。注：孔曰：衛大夫史鰌，有道無道，行直如矢，言不曲。

君子哉蘧伯玉！邦有道，則仕；邦無道，則可卷而懷之。注：包曰：卷而懷謂不與時政，柔順不忤於人。正義曰：《韓詩外傳》正直者順道而行，順理而言，公平無私，不爲安肆志，不爲危激行。昔者衛大夫史魚病且死，謂其子曰：我數言蘧伯玉之賢而不能進，彌子瑕不肖而不能退。爲人臣生不能進賢而退不肖，死不當治喪正堂，殯我於室足矣。衛君問其故，子以父言對。君造然召蘧伯玉而貴之，而退彌子瑕，徙殯於正堂，成禮而後去。生以身諫，死以尸諫，可謂直矣。此相傳史魚直諫之事，可爲《論語》此文證也。《外傳》又云：外寬而內直，自設於隱括之中，直己不直人，善廢而不悒悒，蘧伯玉之行也。是伯玉亦守直道，但不似史魚之直。人不問有道無道，又其出處，深合有道則見，無道則隱之義。視史魚爲更賢，故夫子以君子許之。《外傳》云善廢而不悒悒，即此所云卷而懷之也。

（宋）司馬光《資治通鑑》卷二《周紀二》　臣光曰：夫信者，人君之大寶也。夫，音扶。國保於民，民保於信；非信無以使民，非民無以守國。是故古之王者不欺四海，孔穎達曰：自今本昔曰古。霸者不欺四鄰，善爲國者不欺其民，善爲家者不欺其親。不善者反之，欺其鄰國，欺其百姓，甚者欺其兄弟，欺其父子。上不信下，下不信上，上下離心，以至於敗。所利不能藥其所傷，所獲不能補其所亡，豈不哀哉！昔齊桓公不背曹沫之盟，晉文公不貪伐原之利，魏文侯不棄虞人之期，《姓譜》：曹本自顓頊之玄孫陸終之子六安，是爲曹姓。周武王封曹狹於邾，故邾，曹姓也。又云：曹，叔振鐸《隱》曰：沫，音亡葛翻。《左傳》、《穀梁》並作曹劌。然則沫宜音劌，沫、劌聲相近而字異耳。秦孝公不廢徙木之賞。此四君者道非粹白，而商君尤稱刻薄，又處戰攻之世，天下趨於詐力，猶且不敢忘信以畜其民，處，昌呂翻。趨，七喻翻。畜，許六翻，養也。況爲四海治平之政者哉！治，直吏翻。

（宋）羅泌《路史》卷三七《發揮六·夏氏戶口》　戶口之登耗，非必爲國盛衰，然昔之覘國者，必以民人衆寡爲貧富，而論相者亦以近郊戶口爲優劣，治亂之迹亦得見諸此也。養民者，君相之職也，是故先王以天下爲一家，省刑役，薄賦歛。所以懷保而存撫之者，無不至視猶赤子，惟恐其生之不蕃也。

《漢書》卷二三《刑法志》　漢興之初，雖有約法三章，網漏吞舟之魚，然其大辟，尚有夷三族之令。令曰：當三族者，皆先黥，劓，斬左右止，笞殺之，梟其首，菹其骨肉於市。其誹謗詈詛者，又先斷舌。故謂之具五刑。彭越、韓信之屬皆受此誅。至高后元年，乃除三族罪、祆言令。孝文二年，又詔丞相、太尉、御史：法者，治之正，所以禁暴而衛善人也。今犯法者已論，而使無罪之父母妻子同產坐之及收，朕甚弗取。其議。左右丞相周勃、陳平奏言：父母妻子同產相坐及收，所以累其心，使重犯法也。收之之道，所由來久矣。臣之愚計，以爲如其故便。文帝復曰：朕聞之，法正則民慤，罪當則民從。且夫牧民而道之以善者，吏也；既不能道，又以不正之法罪之，是法反害於民，爲暴者也。朕未見其便，宜孰計之。平、勃乃曰：陛下幸加大惠於天下，使有罪不收，無罪不相坐，甚盛德，臣等所不及也。臣等謹奉詔，盡除收律、相坐法。其後，新垣平謀爲逆，復行三族之誅。由是言之，風俗移易，人性相近而習相遠，信矣。夫以孝文之仁，平、勃之知，猶有過刑謬論如此甚也，而況庸材溺於末流者乎？

《後漢書》卷三四《梁統傳》　辭所連染及在位大臣，商懼多侵枉，乃上疏曰：《春秋》之義，功在元帥，罪止首惡，故賞不僭溢，刑不淫濫，五帝、三王所以同致康父也。竊聞考中常侍張逵等，辭語多所牽及。大獄一起，無辜者衆，死囚久繫，纖微成大，非所以順迎和氣，平政成化也。宜早訖竟，以止逮捕之煩。帝乃納之，罪止坐者。

《後漢書》卷四九《王符傳》　肉刑之廢，輕重無品，下死則得髡鉗，下髡鉗則得鞭笞。死者不可復生，而髡者無傷於人。髡笞不足以懲中罪，安得不至於死哉！夫雞狗之攘竊，男女之淫奔，酒醴之賂遺，謬誤之傷害，皆非值於死者也。殺之則甚重，髡之則甚輕。不制中刑以稱其罪，則法令安得不參差，殺生安得不過謬乎？今患刑輕之不足以懲惡，則假臧貨以成罪，託疾病以諱殺。科條無所準，名實不相應，恐非帝王之通法，聖人之良制也。或曰：過刑惡人，可也；過刑善人，豈可復哉？曰：若前政以來，未曾枉害善人者，則有罪不死也，是爲忍於殺人（也），而不忍於刑人也。今令五刑有品，輕重有數，科條有序，名實有正，非殺人逆亂鳥獸之行甚重者，皆勿殺。嗣周氏之秘典，續呂侯之祥刑，此又宜復之善者也。

（漢）荀悦《前漢紀》卷一〇《孝武一》　荀悦曰：世有三遊，德之賊也。一曰遊俠，二曰遊説，三曰遊行。立氣勢，作威福，結私交，以立強於世者，謂之遊俠。飾辨辭，設詐謀，馳逐於天下，以要時勢者，謂之遊說。色取仁以合時好，連黨類，立虛譽，以爲權利者，謂之遊行。此三遊者，亂之所由生也，傷道害德，敗法惑世，失先王之所慎也。國有四民，各修其業，不由四民之業者，謂之姦民。姦民不生，王道乃成。凡此三遊之作，生於季世，周秦之末，尤甚焉。上不明，下不正，制度不立，綱紀廢弛，以毀譽爲榮辱，不核其真，以愛憎爲利害，不論其實，以喜怒爲賞罰，不察其理，上下相冒，萬事乖錯，是以言論者計薄厚而吐辭，選舉者度親疏而舉筆，善惡謬於衆聲，功罪亂於王法。然則利不可以義求，害不可以道避也。是以君子犯禮，小人犯法，奔走馳騁，越職僭度，飾華廢實，競趨時利，簡父兄之尊，而崇賓客之禮，薄骨肉之恩，而篤朋友之愛，忘修身之道，而求衆人之譽，割衣食之業，以供饗宴之好。苞苴盈於門庭，聘問交於道路，書記繁於公文，私務衆於官事，於是流俗成矣，而正道壞矣。遊俠之本生於武毅，不撓久要，不忘平生之言，見危授命以救時難，而濟同類以正行之者，謂之武毅。其失之甚者，至於爲盜賊也。遊說之本生於使乎四方，不辱君命，出境有可以安社稷，利國家，則專對解結辭之繹矣，民之慕矣，以正行之者，謂之辨智。其失之甚者，至於爲詐紿徒衆矣。遊行之本生於道德仁義，汎愛容衆，以文會友，和而不同，進德及時，樂行其道，以立功業於世，以正行之者，謂之君子。其失之甚者，至於因事害私，爲姦軌矣。其相去殊遠，豈不哀哉。故大道之行，則三遊廢矣。是以聖王在上，經國序民，正其制度，善惡要於公罪，而不淫於毀譽。聽其言而責其事，舉其名而指其實。故實不應其聲者謂之虛，情不覆其貌者謂之僞，毀譽失其真謂之誣，言事失其類者謂之罔。虛僞之行不得設，誣罔之辭不得行，有罪惡者無僥倖，無罪過者不憂懼，請謁無所行，貨賂無所用，民志定矣。民志既定，於是先之以德義，示之以好惡，奉業勸功，以用本務，不求無益之物，不畜難得之貨，絕靡麗之飾，遏利欲之巧，則淫流之民定矣，而貪穢之俗清矣。息華文，去浮辭，禁僞辨，絕淫智，放百家之紛亂，一聖人之至道，則虛誕之術絕，而道德有所定矣。尊天地而不瀆，敬鬼神而遠之，除小忌，去淫祀，絕奇怪，正人事，則妖僞之言塞而性命之理得矣。然後百姓上下皆友其本，人人親其親、尊其尊，修其身，守其業，於是養之以仁惠，文之以禮樂，則風俗定而大化成矣。

（宋）司馬光《資治通鑑》卷五七《漢紀四九》 臣光曰：叔向有言：國將亡，必多制。《左傳》叔向詒子產書之言也。明王之政，謹擇忠賢而任之，凡中外之臣，有功則賞，有罪則誅，無所阿私，法制不煩而天下大治。治，直吏翻。所以然者何哉？執其本故也。及其衰也，百官之任不能擇人，而禁令益多，防閑益密，有功者以閡文不賞，閡，與礙同。爲姦者以巧法免誅，上下勞擾而天下大亂。所以然者何哉？逐其末故也。孝靈之時，刺史、二千石貪如豺虎，暴殄烝民，而朝廷方守三互之禁。以今視之，豈不適足爲笑而深可爲戒哉！

《三國志》卷一三《魏志·華歆傳》〔裴松之注〕孫盛曰：盛聞慶賞威刑，必宗於主，權宜宥恕，出自人君。子路私饋，仲尼毀其食器；田氏盜施，《春秋》著以爲譏。斯褒貶之成言，已然之顯義也。孥戮之家，國刑所肅，受賜之室，乾施所加，若在哀矜，理無偏宥。歆居股肱之任，同元首之重，則當公言皇朝，以彰天澤，而默受嘉賜，獨爲君子，既犯作福之嫌，又違必去之義，可謂匹夫之仁，蹈道則未也。

《三國志》卷六一《吳志·潘濬傳》 皓遣親近趙欽口詔報凱前表曰：孤動必遵先帝，有何不平？君所諫非也。又建業宮不利，故避之，而西宮室宇摧朽，須謀移都，何以不可徙乎？凱上疏曰：先帝篤尚朴素，服不純麗，宮無高臺，物不彫飾，故國富民充，姦盜不作。而陛下徵調州郡，竭民財力，土被玄黃，宮有朱紫，是不遵先帝七也。【略】

夫賞以勸功，罰以禁邪，賞罰不中，則士民散失。今江邊將士，死不見哀，勞不見賞，是不遵先帝十六也。

今在所監司，已爲煩猥，兼有內使，擾亂其中，一民十吏，何以堪命？昔景帝時，交阯反亂，實由茲起，是爲遵景帝之闕，不遵先帝十七也。【略】

先帝時，居官者咸久於其位，然後考績黜陟，今州縣職司，或莅政無幾，便徵召遷轉，迎新送舊，紛紜道路，傷財害民，於是爲甚，是不遵先帝十九也。

先帝每察竟解之奏，常留心推按，是以獄無冤囚，死者吞聲。今則違之，是不遵先帝二十也。

《宋書》卷七七《沈慶之傳》 史臣曰：張釋之云，用法一偏，天下獄皆隨輕重。縣衡於上，四海共稟其平，法亂於朝，民無所措手足。師伯藉寵代臣，勢震朝野，傾意廝臺，情以貨結，自選部至于局曹，莫不從風而靡。曲徇私請，因停詔敕，天震賁怒，仆者相望，師伯任用無改，而王、謝免職。君子謂是舉也，豈徒失政刑而已哉！

《南齊書》卷四〇《武十七王傳·竟陵文宣王》 夫獄訟惟平，畫一在制，雖恩家得罪，必宜申憲，鼎姓貽釁，最合從網。若罰典惟加賤下，辟書必蠲世族，懼非先王立理之本。

（宋）司馬光《資治通鑑》卷一七二《陳紀六》 臣光曰：賞有功，誅有罪，此人君之任也。高遵奉使異國，漏泄大謀，斯叛臣也；使，疏吏翻。周高祖不自行戮，乃以賜謙，使之復怨，失政刑矣！孔子謂以德報怨者何以報德。爲謙者，宜辭而不受，歸諸有司，以正典刑。乃請而赦之以成其私名，美則美矣，亦非公義也。

《魏書》卷七八《孫紹傳》 延昌中，紹表曰：

臣聞建國有計，雖危必安；施化能和，雖寡必盛；治乖人理，雖合必離；作用失機，雖成必敗。此乃古今同然，百王之定法也。伏惟大魏應天明命，兆啓無窮，畢世後仁，祚隆七百。今二虢京門，下無嚴防；南、北二中，復闕固守。長安、鄴城，股肱之寄；穰城、上黨，腹背所憑。四軍五校之軌，領、護分事之式，徵兵儲粟之要，舟車水陸之資，山河要害之權，緩急去來之用，持平赴救之方，節用應時之法，特宜修置，以固堂堂之基。持盈之體，何得而忽？居安之辰，故應危懼矣。

且法開清濁，而清濁不平；申滯理望，而卑寒亦免。士庶同悲，兵徒懷怨。中正賣望於下里，主按舞筆於上臺，真僞混淆，知而不糾，得者不欣，失者倍怨。使門齊身等，而涇渭奄殊；類應同役，而苦樂懸異。士人居職，不以爲榮；兵士役苦，心不忘亂。故有競棄本出，飄藏他土。或詭名託養，散在人間；或亡命山藪，漁獵爲命；或投仗强豪，寄命衣食。又應遷之戶，逐樂諸州；應留之徒，避寒歸暖。兼職人子弟，隨逐浮遊，南北東西，卜居莫定。關禁不修，任意取適。如此之徒，不可勝數。爪牙不復爲用，百工争棄其業。混一之計，事實闕如；考課之方，責辦無日。流浪之徒，決須精校。今强敵窺時，邊黎伺隙，内民不平，久戍懷怨，戰國之勢，竊謂危矣。必造禍源者，北邊鎮戍之人也。

若夫一統之年，持平用之者，大道之計也；亂離之期，縱横作之者，行權之勢也。故道不可久，須文質以換情；權不可恒，隨汚隆以收物。文質應世，道形自安；汚隆獲衷，權勢亦濟。然則，王者計法之趣，化物之規，圓方務得其境，人物不失其地。

《周書》卷二三《蘇綽傳》 其六，均賦役，曰：

聖人之大寶曰位。何以守位曰仁，何以聚人曰財。明先王必以財聚人，以仁守位。國而無財，位不可守。是故三〔五〕以來，皆有征税之法。雖輕重不同，而濟用一也。今逆寇未平，軍用資廣，雖未遑減省，以卹民瘼，然令平均，使下無匱。夫平均者，不捨豪彊而徵貧弱，不縱姦巧而困愚拙，此之謂均也。故聖人曰：蓋均無貧。

然財貨之生，其功不易。織紝紡績，起於有漸，非旬日之間，所可造次。必須勸課，使預營理。絹鄉先事織紝，麻土早脩紡績。先時而備，至時而輸，故王賦獲供，下民無困。如其不預勸戒，臨時迫切，復恐稽緩，以爲己過，捶扑交至，取辦目前。富商大賈，緣兹射利，有者從之貴買，無者與之舉息。輸税之民，於是弊矣。

租税之時，雖有大式，至於斟酌貧富，差次先後，皆事起於正長，而繫之於守令。若斟酌得所，則政和而民悅；若檢理無方，則吏姦而民怨。又差發徭役，多不存意。致令貧弱者或重徭而遠戍，富彊者或輕使而近防。守令用懷如此，不存卹民之心，皆王政之罪人也。

《北史》卷二八《源賀傳》 懷重奏曰：臣以爲法貴經通，政尚簡要，刑憲之設，所以網羅罪人，苟理之所備，不在繁典。伏尋條制，勳品以下，罪發逃亡，遇恩不宥。雖欲抑絶姦途，匪爲通式。謹按事條，侵官敗法，專據流外，豈九品已上，人皆貞白也？其諸州守宰，職任清流，至有貪濁，事發逃竄，而遇恩免罪；勳品已下，獨求斯例。如此，則寬縱上流，法切於下，育物有差，惠罰不等。又謀逆滔天，經恩尚免，吏犯微罪，獨不蒙赦，使大宥之經不通，開生之路致壅，進違古典，退乖今律。臣少踐天官，老荷樞要，每見訴訟，出入嗟苦，輒率愚見，以爲宜停。書奏，宣武納之。

《隋書》卷六六《房彦謙傳》 竊聞賞者所以勸善，刑者所以懲惡，故踈賤之人，有善必賞，尊貴之戚，犯惡必刑。未有罰則避親，賞則遺賤者也。今諸州刺史，受委宰牧，善惡之間，上達本朝，懾憚憲章，不敢怠慢。國家祇承靈命，作民父母，刑賞曲直，升聞於天，夤畏照臨，亦宜謹肅。故文王云：我其夙夜，畏天之威。以此而論，雖州國有殊，高下懸邈，然憂民慎法，其理一也。

至如并州釁逆，肱骨甄明。若楊諒實以詔命不通，慮宗杜危逼，徵兵聚衆，非爲干紀，則當原其本情，議其刑罰，上副聖主友于之意，下曉愚民疑惑之心；若審知内外無虞，嗣後纂統，而好亂樂禍，妄有覬覦，則管、蔡之誅，當在於諒，同惡相濟，無所逃罪，梟懸孥戮，國有常刑。其間乃有情非協同，力不自固，或被擁逼，淪陷凶威，遂使籍没流移，恐爲冤濫。恢恢天網，豈其然乎？罪疑從輕，斯義安在？昔叔向置鬻獄之死，晉國所嘉，釋之斷犯蹕之刑，漢文稱善。羊舌寧不愛弟，廷尉非苟違君，但以執法無私，不容輕重。

且聖人大寶，是曰神器，苟非天命，不可妄得。故蚩尤、項籍之驍勇，伊尹、霍光之權勢，李老、孔丘之才智，吕望、孫武之兵術，吴、楚連磐石之據，産、禄承母后之基，不應歷運之兆，終無帝王之位。況乎蕞爾一隅，蜂扇蟻聚，楊諒之愚鄙，羣小之凶慝，而欲憑陵畿甸，覬幸非望者哉！開闢以降，書契云及，帝皇之跡，可得而詳。自非積德累仁，豐功厚利，孰能道洽幽顯，義感靈祇。是以古之哲王，昧旦丕顯，履水在念，御朽競懷。逮叔世驕荒，曾無戒懼，肆於民上，騁嗜奔慾，不可具載，請略陳之。

曩者齊、陳二國，並居大位，自謂與天地合德，日月齊明，罔念憂虞，不恤刑政。近臣懷寵，稱善而隱惡，史官曲筆，掩瑕而録美。是以民庶呼嗟，終閉塞於視聽，公卿虚譽，日敷陳於左右。法網嚴密，刑辟日多，徭役煩興，老幼疲苦。昔鄭有子産，齊有晏嬰，楚有叔敖，晉有士會。凡此小國，尚足名臣，齊、陳之疆，豈無良佐？但以執政壅蔽，懷私徇軀，忘國憂家，外同内忌。設有正直之士，才堪幹持，於己非宜，即加擯壓；倘遇諂佞之輩，行多穢匿，於我有益，遽蒙薦舉。以此求賢，何從而至！夫賢材者，非尚膂力，豈繫文華，唯須正身負戴，確乎不動。譬棟之處屋，如骨之在身，所謂棟梁骨鯁之材也。齊、陳不任骨鯁，信近讒諛，天高聽卑，監其淫僻，故總收神器，歸我大隋。向使二國祇敬上玄，惠恤鰥寡，委任方直，斥遠浮華，卑菲爲心，惻隱爲務，河朔強富，江湖險隔，各保其業，民不思亂，泰山之固，弗可動也。然而寢臥積薪，宴安鴆毒，遂使禾黍生廟，霧露沾衣，弔影撫心，何嗟及矣！故《詩》云：殷之未喪師，克配上帝。宜鑒于殷，駿命不易。萬機之事，何者不須熟慮哉！

伏惟皇帝望雲就日，仁教夙彰，錫社分珪，大成規矩，及總統淮海，盛德日新，當璧之符，遐邇僉屬。讃歷甫爾，寬仁已布，率土蒼生，翹足而喜。并州之亂，變起倉卒，職由楊諒詭惑，詿誤吏民，非有構怨本朝，棄德從賊者也。而有司將帥，稱其願反，非止誣陷良善，亦恐大點皇猷。足下宿當重寄，早預心膂，粤自藩邸，柱石見知。方當書名竹帛，傳芳萬古，稷、契、伊、吕，彼獨何人？既屬明時，須存謇諤，立當世之大誡，作將來之憲範。豈容曲順人主，以愛虧刑，又使脅從之徒，横貽罪譴？忝蒙眷遇，輒寫微誠，野人愚瞽，不知忌諱。

《隋書》卷六六《柳莊傳》 尚書省嘗奏犯罪人依法合流，而上處以大辟，莊奏曰：臣聞張釋之有言，法者天子所與天下共也。今法如是，更重之，是法不信於民心。方今海内無事，正是示信之時，伏願陛下思釋之之言，則天下幸甚。帝不從，由是忤旨。

《舊唐書》卷七五《蘇世長傳》 臣聞王言無戲，自古格言；去食存信，聞諸舊典，故《書》云：爾無不信，朕不食言。又《論語》云，一言出口，駟不及舌。以此而論，言之出口，不可不慎。伏惟陛下光臨區宇，覆育羣生，率土之濱，誰非臣妾。絲綸一發，取信萬方，使聞之者不疑，見之者不惑。陛下今月二日發雲雨之制，光被黔黎，無所間然，公私蒙賴。既云常赦不免皆赦除之，此非直赦其有罪，亦是與天下斷當，許其更新。以此言之，但是赦後，即便無事。因何王世充及建德部下赦後乃欲遷之？此是陛下自違本心，欲遣下人若爲取則？苦欲子細推尋，逆城之内，人誰無罪。故《書》云：殲厥渠魁，脅從罔治。若論渠魁，世充等爲首，渠魁尚免，脅從何辜？且古人云：蹠狗吠堯，蓋非其主。在東部城内及建德部下，乃有與陛下積小故舊，編髪友朋，猶尚有人敗後始至者。此等豈忘陛下，皆云被壅故也。以此言之，自外疏者，竊謂無罪。

又《書》云：非知之艱，行之惟艱。上古以來，何代無君，所以祇稱堯、舜者何也？直由爲天子者實難，善名難得故也。往者天下未平，威權須應機而作；今四方既定，設法須與人共之。但法者，陛下自作之，還須守之，使天下百姓信而畏之。今自爲無信，欲遣兆人若爲信畏？故《書》云：無偏無黨，王道蕩蕩；無黨無偏，王道平平。賞罰之行，達乎貴賤，聖人制法，無限親疏。如臣愚見，世充、建德下僞官，經赦合免責情，欲還配者，請並放之，則天下幸甚。

《宋史》卷二〇〇《刑法志》　英宗在位日淺，於政令未及有所更制。然以吏習平安，慢於奉法，稍欲振起其怠惰。三班奉職和欽貸所部綱錢，至絞，帝命貸死免杖，刺隸福建路牢城。知審刑院盧士宗請稍寬其罪，帝曰：刑故而得寬，則死者滋衆，非刑期無刑之道。俟有過誤，貸無傷也。

（宋）李燾《續資治通鑑長編》卷一六二《宋仁宗慶曆八年》　上令中書召郯等，諭以獨寬假懷敏之故。郯等又言：人主所以享天下之重，蓋由法令等級明辨，使人不敢凌犯，然後極其尊爾。故法令行則朝廷以之彊，法令偏則紀綱以之紊。至於宮闈之變，下人輒敢謀亂者，前代間或有之，皆由人君失德所致。陛下撫恤禁旅，未嘗以喜怒妄行刑誅。雖甚無識，寧不愛戴。今衛士持刃直入禁庭，欲凌犯乘輿，是匹夫而有窺伺之意，此有司不舉職，法令寬縱所生也。爲大臣者，宜爲陛下深責有司失察之罪。如楊景宗者並當誅戮，以謝天下。若以其過非自取，止可貸其正坐，並宜流竄，以戒不職。景宗等罰既甚輕，懷敏又獨異衆。蓋兩府大臣，畏陛下左右之怨怒，不能堅執祖宗之法也。若當賊發之際，懷敏能於後殿即時捕獲，猶可贖罪。今賊已入禁庭，兩夕之間，陛下被此震驚，固亦甚矣。懷敏縱有先報之效，其可贖失察之罪乎！且以人主之尊，寬一懷敏罪，固亦細事。苟於國體無傷，臣等何必苦更論列，所惜者祖宗之法爾。太祖朝，元舅杜審肇知澶州，只坐界內河決，免官歸私第。太宗朝，楚王宮火災，廢楚王元佐爲庶人。以懷敏職在近侍，孰與元舅、諸王之親？以懷敏失察賊亂，孰與誤河決、火災之備？利害大小，較然可知。而審肇、元佐重責如彼，懷敏寬假如此。伏望陛下舉祖宗之法，以塞公議，正左右之罰，以示無私，不惜出一懷敏，慰中外臣子之望，則天下幸甚。

又言：昨者河北恩州賊發之時，提點刑獄田京率先奏報，轉運使皇甫泌先至城下，朝廷不爲末減，各已責降監當。今賊至殿內，比恩州事體不同，懷敏若以先報減罪，即是遠近異法，威令不行，天下觀聽，何以厭服。兼恐曾與交結之人，密爲營救，妄稱懷敏有功，不可同等黜降。伏望特排邪議，一例責授外任，以協公論。

（宋）李燾《續資治通鑑長編》卷一九七《宋仁宗嘉祐七年》　諫官司馬光言：竊以釋老之教無益治世，而聚匿遊惰，耗蠹良民，此明識所共知，不待臣之言也。是以國家明著法令，有創造寺觀百間以上者，聽人陳告，科違制之罪，仍即時毀撤。蓋以流俗戇愚，崇尚釋老，積弊已深，不可猝除，故爲之禁限，不使繁滋而已。今若有公違法令，擅造寺觀及百間以上，則其罪已大，幸遇赦恩，免其罪犯可矣，其棟宇瓦木，猶當毀撤，沒入縣官。今既不毀，又明行恩命，賜之寵名，是勸之也。臣聞爲人上者，洗濯其心，一以待民，是以令行禁止，而莫敢不從。今立法以禁之於前，而發赦以勸之於後，則凡國家之令，將使民何信而從乎！臣恐自今以往，姦猾之人將不顧法令，依憑釋老之教，以欺誘愚民，聚斂其財，以廣營寺觀，務及百間，以須後赦，冀幸今日之恩，不可復禁矣。方今元元貧困，衣食不贍，仁君在上，豈可復唱釋老之教，以害其財用乎！事若微而患深，令有近而害遠，此之謂也。伏望陛下追改前命，應天下寺觀院舍不係帳者，不以屋舍多少，並依前後敕條處分。其昨來赦文內，四京寺觀院舍雖不係帳亦賜名額一節，乞更不施行。庶使號令爲民所信，而遊惰不能爲姦也。

（宋）李燾《續資治通鑑長編》卷二〇六《宋英宗治平二年》　臣竊以求治之本，必廣於聰明，馭臣之威，當嚴乎法制。聰明不廣，則下情無以上通，法制不嚴，則大臣得以專政。如乾之德以剛而健，坤之體以柔而順，反是，而君臣之義失，强弱之勢分，履霜之凝，良有其漸。自古强臣滋盛，直以辨之不早故也。臣不敢博引强臣之事，輒以漢、唐二臣之跡而明之。如霍光於孝宣世，李德裕於武宗朝，皆得謂之有功也。然而專有柄權，盜用威福，終以威震人主，而不能保身庇族。《書》曰：臣無作福作威，害於而家，凶於而國。二人者是也。且刑賞人主之操柄，可一日倒持而授之於人乎？今琦自恃勳勞，日益專恣，廣布朋黨，隳紊法度。朝廷進一官，皆曰琦之親舊，黜一官，皆曰琦之怨敵。人言若是，未必皆然，蓋持守不公，氣勢寖甚，衆所指目，不能逃也。以至小人乘時迎望風旨，趨走門下唯恐其後，天下只知琦之恩絢，而不知陛下之威福也。

（宋）李燾《續資治通鑑長編》卷二七三《宋神宗熙寧九年》 先是，承禧奏：風聞外議皆以沈起任桂州，違詔招交趾降人，並取其慈、恩州，引惹交人攻破州郡，天下以爲有罪，聖語以爲無疑，中外士人皆謂已有聖旨削籍編管，而詔旨中格，又付周沃體量，未知是非，若實有此，臣不敢默。臣聞漢武帝所以能成北伐之功者何也？始王恢建議，既無功於馬邑而王恢戮。周世宗之所以能有強兵拓土之功者何也？樊愛能敗軍而愛能誅。彼二主者，雖不足以語道，皆以必罰信賞，訖致盛強。臣伏睹近世治平之久，天下之紀綱文物故在也，而國勢日卑，臣職日壞，由朝廷不以威斷，四方得以窺望，文吏可以高下故也。夫以法守者，有司也；以道揆者，朝廷也。朝廷不度於義而一之於法，則法吏幾何而不侮憲也。有司不本於法而議以道揆，則天下幾何而不僞辨也。故《周禮》所謂曰柄、曰統者，歸之天子以道揆者也；曰法、曰式、曰則、曰計、曰成者，責之臣下法守者也。今若情法之未盡者，陛下少以道揆，則如起之罪不容於誅。今欽、廉既破，邕管既危，數郡髦倪緣生事幸進之臣橫蒙屠害，雖陛下德音中降，而使節外馳，想其事端，憂未艾也。今平交之師十萬，方事之始，罰不自信，何以威懷！其沈起伏乞不以屬吏，特降前詔；其劉彝亦乞先行國典，以誡貪夫急進之人，而慰二廣生靈之意。南征將校，知陛下行法之明有以聳動，則其功不勉而成矣。於是，起、彝俱責。《實録》以爲起、彝並責，因承禧有言，然載其言甚略，今取全章入之。正月二十二日，邕州已陷，承禧稱既危，則猶未知已陷也。付周沃等體量在十二月二十四日，再付招討司在今年正月初九日。

（宋）李燾《續資治通鑑長編》卷三五四《宋神宗元豐八年》 司馬光上疏曰：夫治亂安危存亡之本源，皆在人君之心。仁、明、武，所出於内者也，用人、賞功、罰罪，所施於外者也。出於内者，雖有厚有薄，有多有寡，稟之自天。然好學則知所宜從，力行則光美日新矣。施於外者，施之當則保其治、保其安、保其存，不當則至於亂、至於危、至於亡，行之由己者也。所以能當，在於至明，所以能明，在於至公。有功則賞，有罪則罰，其人苟賢能，雖讎必用，其人苟庸愚，雖親必棄。賞必有所勸，罰必有所懲，賞不以喜，罰不以怒，賞不厚於所愛，罰不重於所憎，必與一國之人同其好惡。是以古者，爵人於朝，與士共之，刑人於市，與衆棄之，如此安有不當者乎？臣故曰：所以能當，在於至明，所以能明，在於至公也。

（宋）李燾《續資治通鑑長編》卷四二二《宋哲宗元祐四年》 陛下自履大位，於今五年，好惡循理，是非以道，暬御無過與；宗室無假借，近倖貪功，廢之終身而不齒，乳媼弄權，一日棄之如涕唾，命於朝廷，達於四海，詠蹈鼓舞，稱爲神明，今於孝先而疑之，臣以爲過矣。《書》曰：刑故無小。又曰：怙終賊刑。孝先之於河議，非不知而爲之也，及姦詐窮露，猶敢肆意誕謾，以朝廷爲無足畏，是所謂怙終，雖堯、舜在上，不能容矣。夫是非，非我也，是天下之公器也，雖大臣有不得擅焉。賞罰，非人也，是天下之成命也，雖人主有不得而私焉。易曰：文不當，故吉凶生焉。治亂禍福之來，一嚬一笑之間而已，況如此其大者邪？惟陛下上畏天威，俯同天下之議，治王孝先等之罪，以解中外之惑，以存朝廷之紀綱，臣雖得罪，蓋所安也。所有詞頭，臣未敢撰制。汝礪更有不行下孫村口文字，在此奏前，已附去年十二月。恐此奏非繳孝先曹州除命，須別詳考。

（宋）李燾《續資治通鑑長編》卷四三一《宋哲宗元祐四年》 御史中丞傅堯俞曰：臣每讀《詩》至鳲鳩在桑興淑人之如一，南山之石譏師尹之不平，未嘗不慨然廢書，爲之歎息。夫有國有家者，欲使上下無怨，殆不如是。近聞殿中侍御史孫升曾以此事建言，其條列甚詳。臣不敢重煩天聽，伏乞指揮檢會孫升狀，與臣劄子同送有司，令一例施行，庶可以厭服衆心，導迎喜氣。

（清）徐乾學《資治通鑑後編》卷六九《宋紀六九》 司馬光言：臣竊以赦書害多而利少，非國家之善政也。《虞書》曰：眚災肆赦，怙終賊刑。過誤有害則赦之，恃惡自終則殺之，非不擇罪之有無并赦之也。漢大司馬吳漢病篤，光武親臨問所欲言。對曰：惟願陛下慎無赦而已。王符亦曰：今日賊良民之甚者，莫大於數赦贖，赦贖數則惡人昌而善人傷矣。

蜀人稱諸葛亮之賢亦曰：軍旅屢興而赦不妄下。然則古之明君賢臣未嘗以赦爲美也。國家承順天心，子愛百姓，發號出令，必先至仁，然數赦之弊猶未能去。又古之赦者，其出無常，嚴謹周密，不可前知，姦民猶抵冒以待之，況今國家三年一郊，未嘗無赦，每歲盛夏，皆有踈决。猾吏貪縱，大爲姦利，悍民暴横，侵侮善良，百千之中，敗無一二，幸而發露，率皆亡匿。不過歲，必遇赦降，則晏然自出，復爲平人，往往指望謂之熱勑，使願愨之民憤邑惴恐，凶狡之羣志滿氣揚，豈爲民父母勸善沮惡之意哉！且踈决之名，本以盛暑之際，恐囹圄之中有滯積寃結，有司不爲申理，使無所告愬。故天子臨軒，親加慮聞，平其枉直，無辜則赦，有罪則誅，使久繫之人一朝而决，故能消釋沴氣，迎致太和，非謂不問是非一切縱之也。又祖宗之時，每歲不過一次踈决，死罪以下皆遞降一等。近年以來或至再三，自徒以下一切赦之。今歲五月以來，踈决之令已再行矣，此所以使百職隳慢奸邪恣睢者也。今縱未能盡革前弊，伏望下中書今後每歲踈决不過一次，或早或晚，使外人不可豫期，其徒罪仍依舊降從杖，或遇親祀南郊之歲，更不踈决，永爲定制。庶幾爲惡之人，不敢指以自寬，有所戒懼。

（宋）李心傳《建炎以來繫年要録》卷二七《建炎三年己酉閏八月丁丑朔之乙巳》 法度者，所以治天下之具；號令者，所以行法度之幾。而信義者，所以出號令之實也。孔子曰：自古皆有死，民無信不立。聖人重信至於易死。疑若太過，鄙夫陋儒，以智詐譎詭爲術者，必忽此言。

（宋）徐夢莘《三朝北盟會編》卷三九《靖康中帙》 臣伏念：法者天下之公也，王者能任法而不任情，則天下服而信之。如其威而不能克愛，縱奸貸惡，以撓天下之心，天下之人將羣起而議之，亂臣賊子亦無所顧忌矣。按童貫刑餘臭類，本庸奴耳，釋掃除之役，厠征伐之事，浸緣恩倖。竊據兵權幾二十餘年，出則爲宣撫而不授制密院，入則領密旨而外兼行宣撫，跋扈不臣，隳壞法制。師徒死事誣以逃亡，故賻贈不及而人情積怨；屯戍逃遁許其改刺，故紀律不嚴而人易潰散。詐爲首級則不憚於殺，平人廣占儲粮則不難於張虛數，賞罰出於私意，威福至於下移。銖銖計罪不可勝言。

（宋）徐夢莘《三朝北盟會編》卷四一《靖康中帙》 臣觀秦始皇雄才大畧，英睿之主也，一用趙高、李斯，遂以上古爲不足學，三代爲不足法，盡取上古之書而焚之。當時天下之士，有復於上者，皆以爲妖言，使御史按問其罪，羣聚而坑之四百六十餘人。是忠臣義士被坑戮之禍，遁迯竄伏甘心於隴畝之間，不敢以儒自名。其謀實出於斯、高，始皇信而不悟也。天下士既已盡去，始皇於是内修宫室，外事四裔，信惑仙神，巡遊不息，恣所欲爲，而無敢有言是非陵夷。至於二世，不改始皇之業，以至大亂。輟耕隴上之徒奮臂一呼，天下響應，禍在焚書坑儒而已。今姦邪之人，欲罪伏闕之士，而陛下得此名於後世，臣所謂捫心痛哭，思欲犯顔逆鱗以自踊於鼎鑊也。夫人主所示天下者，賞罰也。某人當誅，必明其可誅之罪，功罪不明而妄興賞罰，使天下歸怨則謂暴君可也。陛下如以前日之事爲可赦，不識諸生以何罪而得陛下之赦乎？以後日之犯爲可誅，不識諸生以何罪而得陛下之誅乎？且既名之爲忠義，則不當罪之於刑法，既置之於刑法，則不當名之爲忠義，二者不可兩立也。陛下前詔，既以士人爲忠義，則後日以犯詔而誅者，乃以忠義就刑也。爲忠義者既不保其首領，使不忠不義者，陛下將何法以加之乎？雖然作福作威，人君之大柄，則殺士之名，臣爲陛下過有所惜者，萬世之後，恐陛下有殺士之名。臣恐自此天下四海忠義之士，望風股慄，且耕且釣，不肯爲陛下用也。

《元史》卷一六〇《李冶傳》 又問天下當何以治之，對曰：夫治天下，難則難於登天，易則易於反掌。蓋有法度則治，控名責實則治，進君子退小人則治，如是而治天下，豈不易於反掌乎。無法度則亂，有名無實則亂，進小人退君子則亂，如是而治天下，豈不難於登天乎。且爲治之道，不過立法度、正紀綱而已。紀綱者，上下相維持；法度者，賞罰示懲勸。今則大官小吏，下至編氓，皆自縱恣，以私害公，是無法度也。有功者未必得賞，有罪者未必被罰，甚則有功者或反受辱，有罪者或反獲寵，是無法度也。法度廢，紀綱壞，天下不變亂，已爲幸矣。

《皇明經世文編》卷一一解縉《解學士文集·大庖西封事》 令出惟行也，不宜於數改；刑期于無刑也，寧失不經。故令數改則民疑，疑則不信；刑太繁則民玩，玩則不清。國初至今，將二十載，無幾時無變之法，無一日無過之人。陛下嘗教臣云：世不絶賢，豈億兆之衆，果無一賢？如古之人，而盡皆不才者哉？陛下嘗教臣云：民不畏死，奈何以死懼之。良繇陛下誠信之有間，而用刑之大繁也。宜其好善而善不顯，惡惡而惡日滋者，善未必蒙福而惡未必蒙禍也。

近年以來，臺綱不肅。果若人言，以刑名輕重爲能事，以問囚多寡爲勛勞，甚非所以勵清要、長風采也。夫人自救過之不給，何暇劾人之過；人自以言爲諱，何能有諫諍之言。御史糾彈，曾承密旨，未聞舉善，惟曰除奸。但聞上有赦宥，則必故爲執持，意謂如此，則上恩愈重，而不知被赦之人，疑上好諛。此輩皆市井小人，趨媚劬勞之細術，陛下何不肝膽而鏡照之哉。何嘗真有一夫持法固爭，謂某不當刑，某當刑。如舜曰殺之三，而皋陶曰宥之三哉。臣篤知陛下輕天下之士者，皆此輩無以稱塞淵衷也。然誰不願其父母妻子安榮哉？所以諫諍實難，禍愆不測。入人之罪或謂無私，而出人之罪必疑受賄，逢迎甚易而或蒙褒，營救甚難而多得禍。禍不止於一身，刑必延乎親友，誰肯捨父母妻子而批龍鱗犯天怒者哉？陛下進人不擇于賢否，授職不量于重輕。建不爲君用之法，所謂取之盡錙銖，置奸朋倚法之條，所謂用之如泥沙。監生進士，經明行脩，而多困于州縣，屈于下僚；孝廉人材，冥蹈瞽趨，而或布于朝省，驟歷清華；稚埋嚚悍之夫，闒茸下愚之輩，朝捐刀鑷，暮擁冠裳，左棄筐篋，右綰組符。剔履之賤，袞繡巍峩；負販之傭，輿馬赫奕。雖曰立賢無方，亦盍忱詢有德。是故賢者羞爲之等列，庸人悉習其風流。以貪婪苟免爲得計，以廉潔受刑爲飾辭。故有無錢工役無盤纏之俚諺，翳胸官人没商量之童謠。出于吏部者無賢否之分，入于刑部者無枉直之判。黜陟無章，舉錯乖方，八議之條虛設，五刑之律無常。天下皆謂陛下任意喜怒爲生殺，而不知皆臣下之乏忠良也。古者鄉隣善惡必記，今雖有申明旌善之舉，而無黨庠鄉學之規。互知之法雖嚴，訓告之方未備。序禮講學，必有其地，有其時。先之以仁義而後之以法制，則庶乎磨之有漸，而行之有效，如影之隨勢也。【略】

臣以爲自今非犯罪惡解官，笞杖之刑勿用，催科督厲，小有過差，蒲鞭示辱，亦足勸懲矣。

《皇明條法事類纂》卷一三《禁革求討莊田投獻地土》 臣等竊惟帝王之治，惟在謹其法令之行而已。先王之世，信賞必罰，法若畫一，是以令出惟行，而人不敢犯。後世治不如古，禁奢侈（到）〔則〕害於近戚，限内產則妨於貴家。於是令出而有不行，（去）〔法〕玩而不知畏。

（清）鄂爾泰等《世宗憲皇帝硃批諭旨》卷三《硃批楊名時奏摺》 朕前諭爾之意，謂廉且不可爲而况貪乎！事事惟公平真實，務内外上下毫無隔閡偏枯，則和氣盈溢於兩間，寧猶慮天下不治平、烝民不樂業耶？我君臣當共勉之。

（清）鄂爾泰等《世宗憲皇帝硃批諭旨》卷一二六之一二《硃批田文鏡奏摺》 州縣等官，原命爾增添養廉佐雜微員，涉歷清苦之論。原云稍近於刻，命爾再加籌度。今覽所議，甚屬公當，照此施措，洵屬允協。目下且試行看，若果耗羨，尚能豐裕，又可接續議加。天下事惟患不克公與平耳，如能公平，則上下斷無不足之理。語云：百姓足，君孰與不足？一有過不及之偏，遂滋足不足之弊，於此須要見透。天之賦物，鴻纖鉅細，長養亭育，莫不俾各遂其生，各安其分，弗令少有缺陷也。凡出身爲吏者，倘於莅政臨民之際而以侵上剝下爲務，至上下不足時能保一身之足乎？即如國家，若不恤民節用而惟奢侈，是尚馴至民窮財盡、政教摧頽，而欲長享豐亨豫大之慶，豈可得乎？推而廣之其理同。然朕時時以公平二字奉爲繩墨，惟恐或失。

《大清會典則例》卷一二四《刑部・律綱》 夫刑法之設，所以奉天討罪，至公至平，無容意爲輕重者也。若於親故功賢等，故爲屈法以示優容，則律無一定，尚可謂之公平乎？且此等或以効力宣勞爲朝廷所倚眷，或以勳門戚畹爲國家所優崇，其人既異於常人，尤當秉禮守義，以爲士民倡率，乃不自愛而罹於法，尤非蚩蚩無知者比，而執法者又曲爲之宥，何以懲惡而勸善乎？如所犯果出無心，情有可原，則臨時酌量加恩，未爲不可。若豫著爲令，是於其未有過之先即以不肖待之，名爲從厚實乃至薄也，且使恃有八議之條，任意爲非，必有干大法而不止者，是又以寬容之虛文轉陷之於罪戾矣。

（清）王先謙《荀子集解・不苟》 公生明，偏生闇，端愨生通，詐僞生塞，多窮塞也。誠信生神，誠信至，則通於神明。《中庸》曰：至誠如神。夸誕生惑。矜夸妄誕，則貪惑於物也。此六生者，君子慎之，而禹、桀所以分也。所以賢愚也。

（清）王先謙《荀子集解・儒效》 孫卿曰：其爲人上也，廣大矣：

志意定乎內，禮節脩乎朝，法則度量正乎官，忠信愛利形乎下。官，百官。形，見也。王念孫曰：官與朝對文。《曲禮》：在官言官，在朝言朝。鄭注曰：官，謂板圖文書之處是也。《富國篇》亦曰：節奏齊於朝，百事齊於官。楊云官，百官。失之。行一不義，殺一無罪而得天下，不爲也。此君義信乎人矣，通於四海，則天下應之如讙。

（清）王先謙《荀子集解·王霸》 《傳》曰：農分田而耕，賈分貨而販，百工分事而勸，郝懿行曰：自此至禮法之大分也，共十二句，本篇下文亦同，唯無傳曰二字，或係省文，或此不皆傳語，未可知也。士大夫分職而聽，聽其政治。建國諸侯之君分土而守，三公摠方而議，摠，領也。議其所摠之政。自陝以東，周公主之，自陝以西，召公主之，一相處於內，是摠方而議之也。則天子共已而已。共，讀爲恭，或讀爲拱。垂拱而已也。先謙案：《羣書治要》而已作止矣。以下文則天子共已而止矣證之，此亦當作共已而止矣。注而已也，正釋而止矣之義。正文已字，後人所改，《治要》又刪一而字。宋台州本作而矣，明奪止字。虞、王本作而已矣，無注或讀以下九字，蓋以意刪改。出若入若，天下莫不平均，莫不治辨，若，如此也。出若入若，謂內外皆如此也。謂如論德、使能、官施之事。或曰：若，順也。是百王之所同也，而禮法之大分也。

（清）孫星衍《孔子集語》卷一〇《論政》 《漢書·刑法志》孔子曰：古之知法者能省刑，本也；今之知法者不失有罪，末矣。

（宋）真德秀《大學衍義》卷二五《格物致知之要三·審治體·德刑先後之分》 《舜典》象以典刑，象，如《周禮》治象、刑象之象。典，常也。刑即墨、劓、剕、宮、大辟五刑也。流宥五刑，宥，寬也。鞭作官刑，以鞭爲治官事之刑。扑作教刑，扑，夏楚也。不勤道業則扑之。金作贖刑。金，黃金。誤而入刑，出金以贖罪。眚災肆赦，怙終賊刑。眚，過也。災，害也。肆，緩。過而有害當緩赦之，怙，姦自終，當刑殺之。欽哉！欽哉！惟刑之恤哉！欽，敬也。恤，憂也。流共工于幽州，北裔。放驩兜于崇山，南裔。竄三苗于三危，西裔。殛鯀于羽山，東裔。四罪而天下咸服。臣按：此帝舜攝位時事也。象以典刑，謂拘常刑之法以示人，如天之垂象，使易避而難犯也。五刑，刑之重者也。罪雖重而情可矜，則宥之以流。放、竄、殛皆流也。鞭扑，刑之輕者也。過本輕而情又可原，則許之以贖。贖，去赦無幾矣，不即赦而猶贖者，過雖輕猶欲其知悔也，遽赦之則悔無從生矣。過誤致災，愿民之不幸者也，故赦之。此所謂聖人之仁。負恃罔悛，姦民之無良者也，故刑之。此所謂聖人之義。春生秋殺，一出無心。而欽哉欽哉，未嘗不惟刑之恤也。曰欽曰恤之二言，百聖相傳，此其心法而用刑特一事爾。四凶之罪，不加以五者之正刑，而止從流宥，既仁之至。迸諸四夷，不與同中國，又義之盡。所罪者四人，而天下無不服者，非舜刑之，天下實刑之也。流放竄殛，舊説以爲誅殺，非也。儻果誅之，則於市於朝而不於四裔矣。大率曰流曰放，若今之安置居住，曰竄曰殛，若今之羈管編隸。故我太祖皇帝因讀書至此有曰：四凶之罪，止從流竄，而嘆後世刑網之密。嗚呼！此真所謂異世同心者與。

帝曰：棄，臣名。黎民阻饑，阻，厄也。汝后稷農官名。播時百穀，播，布也。帝曰：契，臣名。百姓不親，五品不遜，五品：父子、君臣、夫婦、長幼、朋友五者之倫也。遜，順也。汝作司徒，掌教官名。敬敷五教在寬。敬者，敬其事也。五教，父子有親，君臣有義，夫婦有別，長幼有序，朋友有信。寬，謂從容不迫也。帝曰：皋陶，蠻夷猾夏，猾，亂也。夏，華夏。寇賊姦宄，劫人曰寇，殺人曰賊，在外曰姦，在內曰宄。汝作士，士，理官。五刑有服，服，謂服其罪。五服三就，孔安國謂：大罪于原野，大夫于朝，士于市，此其概耳。若宮辟，則下蠶室，餘刑亦有就屏處者，不皆市朝也。五流有宅，宅，居也。五宅三居，大罪四裔，次九州之外，次千里之外。惟明克允。克，能也。允，信也。用刑之道，必致其明察，然後使人信服。臣按：舜之命官也。先播穀，次敷教，而後及于刑。蓋有以養其民之身，又有以善其民之心，不獲已乃置刑焉，而刑之所施又必察其情，當其罪。是亦前章惟刑之恤之意也。欽恤者，聖人用刑之心。明允者，聖人用刑之法。

帝曰：皋陶，惟茲臣庶罔，或干予正，干，犯也。汝作士，明于五刑，以弼五教，弼，輔也。期于予治，刑期于無刑，民協于中，協，合也。時乃功懋哉！皋陶曰：帝德罔愆，罔，無也。愆，過也。臨下以簡，御衆以寬，罰弗及嗣，賞延于世，宥過無大，刑故無小，罪疑惟輕，功疑惟重，與其殺不辜，寧失不經，好生之德，洽于民心，茲用不犯于有司。帝曰：俾予從欲，以治四方，風動惟乃之休。臣按：帝舜以民協于中爲皋陶之功，皋陶以民之不犯爲帝舜之德，君臣之間豈虛相稱美哉！舜之制刑也，特以輔教化之所不及，而其用刑也，本期至于無刑。皋陶爲士師之官，能體舜此心，明其刑以示人，使爲臣庶者無復干上之政，而民亦遷善遠罪以協于中。刑之設至是，真無所用矣。此舜所以美之也。皋陶則謂此皆帝之德而非臣之功。蓋其臨下則簡而不煩，御衆則寬而不迫。父罪不及其子，惡惡之短也；賞其身又延于世，善善之長也。過誤所犯，雖大必宥，不忌故犯，雖小必刑，即前所謂眚災肆赦，怙終賊刑也。罪之疑則從輕，功之疑則從重，忠厚之至也。有罪而殺，國之常典，然有可以殺可以無殺者，與其殺之而濫及無辜，寧姑宥之，而有虧常典。聖人之心，惟恐殺一不辜以傷吾天地之仁。此所謂好生之德也。惟帝好生之德，洽于民心，故其民亦自愛其生無復犯有司之法者。詳味洽之一辭，則其漸涵浸漬入人之深，豈一朝一夕之力哉。舜之德雖覆載無以加，而皋陶但以罔愆言之，蓋必如是僅可謂之無過爾。然則德未至于舜者其可自滿乎。皋陶既誦帝之德，帝復稱皋陶之美，蓋其褒贊之中未嘗無勉勵之意。此所以爲舜之君臣也。

子曰道之以政，道，即導也。齊之以刑，齊，一也。民免而無恥；道之以德，齊之以禮，有恥且格。格，至也。臣按：政刑所以禁民之身，故雖免于罪而無所媿恥，德禮所以善民之心故有媿恥而且至于善。

季康子問政于孔子曰：如殺無道，以就有道，何如？孔子對曰：子爲政，焉用殺？子欲善而民善矣。欲，猶好也。君子之德風，小人之德草，草上之風必偃。臣按：民性本善，爲政者以善迪之，未有不趨于善者，何以殺爲。君子、小人以位而言。君子之德如風之動物，小人之德如草之從風，未有風行而草不偃者，未有上好善而民不善者。

漢文帝時，賈誼上疏曰：凡人之智，能見已然不能見將然。夫禮者，禁于將然之前，而法者禁于已然之後。是故法之所用易見，而禮之所爲者難知也。若夫慶賞以勸善，刑罰以懲惡，先王執此之政堅如金石，行此之令信如四時，據此之公，無私如天地耳，豈顧不用哉！然而曰禮云禮云者，貴絶惡于未萌，而起教于微眇，使民日遷善遠罪而不自知也。孔子曰：聽訟，吾猶人也，必也使無訟乎。爲人主者，莫如先審取舍，取舍之極定于內，而安危之萌應于外矣。安者，非一日而安也；危者，非一日而危也，皆以積漸，然不可不察也。人主之所積在其取舍，以禮義治之者積禮義，以刑罰治之者積刑罰。刑罰積而民怨背，禮義積而民和親。故世主欲民之善同，而所以使民善者或異，或道之以德教，或敺之以法令。道之以德教者，德教洽而民氣樂；敺之以法令者，法令極而民風哀。哀樂之感，禍福之應也。秦王之欲尊宗廟而安子孫與湯武同，然湯武廣大其德行，六七百歲而弗失，秦王治天下十餘歲則大敗，此亡他故矣，湯武之定取舍審，而秦王之定取舍不審矣。夫天下大器也，今人之置器，置諸安處則安，置諸危處則危。天下之情與器亡以異，在天子之所置之。湯武置天下于仁義禮樂而德澤洽，禽獸草木廣裕，德被蠻貊四夷，累子孫數十世，此天下所共聞也。秦王置天下於法令刑罰，德澤亡一有，而怨毒盈于世，下憎惡之如仇讐，禍幾及身，子孫誅絶，此天下之所共見也。是非甚明效大驗耶！人之言曰，聽言之道必以其事觀之，則言者莫敢妄言。今或言禮誼之不如法令，教化之不如刑罰，人主胡不引殷周秦事以觀之也。

臣按：商之刑制不見於經，獨觀伊尹之稱。湯曰：代虐以寬，民其允懷。則漢史所謂用刑罰以督姦，慘肌膚以懲惡者，必非商家之政也。學者惟當信經而已，若周之刑制則具見于《周官·大司徒》，以八刑糾民，在三物教民之後，而其所糾者不孝、不睦、不婣、不弟、不任、不恤、造言亂民而已，是其刑祇以爲教也。大司寇掌邦之三典，曰刑新國用輕典，曰刑平國用中典，惟亂國乃用重典焉。平者其常，而重者乃其不獲已也。小司寇以八辟麗邦法，親有議，故有議，賢能功勤若貴若賓，莫不有議，未嘗例施之法也。司刺掌三宥三赦之法，不識者宥，過失者宥，遺忘者亦宥，幼弱者赦，老耄者赦，蠢愚者亦赦，未嘗概加之罪也，其仁愛忠厚之至上配有虞。成康之世，刑措不用幾四十載。此所謂置天下于仁義者也。秦自孝公用商鞅行新法，步過六尺者有罰，棄灰于道者有刑，臨渭論囚水爲之赤。始皇既并滅六國，自以水德之治，剛毅戾深，事皆決于法，刻削無仁恩禮義。于是急法，入者不赦，又用李斯之言，敢偶語《詩》《書》棄市，以古非今者族，專任獄吏，得親幸用事。凡誦法孔子者皆重法繩之，至二世用趙高謀，并誅大臣及諸宗室，以罪過連逮，近官宿衛無得免者，而六公子戮死于社。又用李斯謀，行督責之術，凡殺人多者爲良吏。此所謂置天下于刑法者也。而周之享國八百餘年，秦之亡也纔及二世，誼之所謂明效大驗者，豈虛言哉！漢文本是寬仁之君而又施行賈誼之策，專務以德化民，斷獄四百，幾致刑錯。其後王氏移國而天下謳吟思漢，光武因之，克復舊物，歷年之久，亞于商周，後世未有能及者。誼之言又益信矣。後世人主可不鑒與？

武帝建元初，董仲舒對策曰：臣謹按，春秋之文，求王道之端，得之于正。正次王，王次春。春者，天之所爲也；正者，王之所爲也。其意曰上承天之所爲，而下以正其所爲。正，王道之端云爾。然則王者欲有所爲，宜求其端於天。天道之大者在陰陽，陽爲德，陰爲刑，刑主殺而德主生。是故陽常居大夏而以生育長養爲事，陰常居大冬而積于空虛不用之處，以此見天之任德不任刑也。天使陽出布施于上而主歲功，使陰入伏于下而時出佐陽，陽不得陰之助亦不能獨成歲。終陽以成歲爲名，此天意也。王者承天意以從事，故任德教而不任刑。刑者不可任以治世，猶陰之不可任以成歲也。爲政而任刑不順于天，故先王莫之肯爲也。今廢先王德教之官而獨任執法之吏治民，毋乃任刑之意與！孔子曰：不教而殺謂之虐。虐政用于下而欲德教之被四海，故難成也。臣按：仲舒以春秋之學，推明王者任德不任刑之意，可謂善矣。然陽以生萬物，陰以成萬物，其功一也。陰雖伏於大冬乃所以爲造化之本，蓋非貞無以爲元，不闔無以爲闢，伏藏于冬而後能發育于春。然則以陰居冬爲積于空虛不用之地，殆未然也。然方武帝即位之初，英武明斷，仲舒逆慮其有任刑之失，故舉天道明王道，以啟其好生惡殺之心。則仲舒之言，真武帝之箴砭也。其後張湯、趙禹之徒進而見知，故縱之法行，卒以任刑流毒海內，仲舒其知言哉！

宣帝時，路温舒上書曰：臣聞秦有十失，其一尚存，治獄之吏是也。秦之時，羞文學好武勇，賤仁義之士貴治獄之吏。正言者謂之誹謗，遏過者謂之妖言，故盛服先生不用於世，忠良切言皆鬱於胸，譽諛之聲日滿於耳。虛美薰心，實禍蔽塞，此乃秦之所以亡天下也。方今天下賴陛下恩厚，亡金革之危、饑寒之患，然太平未洽者，獄亂之也。夫獄者，天下之大命也。死者不可復生，斷者不可復屬。《書》曰：與其殺不辜，寧失不經。今治獄吏則不然，上下相敺，以刻爲明，深者獲公名，平者多後患，故治獄之吏皆欲人死，非憎人也，自安之道在人之死。是以死人之血流離于市，被刑之徒比肩而立，大辟之計歲以萬數，太平之未洽凡以此也。夫人情安則樂生，痛則思死，捶楚之下何求而不得。故囚人不勝痛則飾辭以視之吏，治者利其然則指道以明之，上奏畏卻則鍛鍊而周内之。蓋奏當之成，雖咎繇聽之猶以爲死有餘辜。何則成鍊者，衆文致之罪明也。故俗語曰畫地爲獄，議不入，刻木爲吏，期不對。此皆疾吏之風悲痛之辭也。故天下之患，莫深于獄；敗法、亂正、離親、塞道，莫甚乎治獄之吏。此所謂一尚存者也。上深愍焉，迺下詔曰：間者，吏用法巧文寖深，是朕之不德也。夫決獄不當，使有罪興邪，不辜蒙戮，父子悲恨，朕甚傷之。今遣廷史與郡鞫獄任輕禄薄，其爲置廷平秩六百石，員四人，其務平之，以稱朕意。于是選于定國爲廷尉，求明察寬恕黄霸等爲廷平，季秋後請讞。時上常幸宣室，齋居而決事。宣室，殿名，在前殿之側。齋，則居之。獄刑號爲平矣。臣按：温舒之論，雖專爲獄吏，發其實則譏當時之君。故始言秦之時貴治獄之吏，非自貴由上貴之也；次言上下相敺，以刻爲明，則下之爲，此者上實驅之也；又次言自安之道在于人死，則可見當時之吏能殺人者，上之所欲故安，否則違上之所欲故危，蓋孝宣雖賢明之君而實好刑名之學，故其意指所形至于如此，上之所好其可不謹耶？捶楚之下何不求不得至刻木爲吏期于不對，此十餘言者，其于胥吏慘刻之情，獄犴寃枉之狀，可謂盡之矣。畫地爲獄猶不可入，況真獄乎！刻木爲吏，猶不可對，況真吏乎！温舒之言，至深悲痛。于是宣帝爲之感悟，置官以平之，躬親以決之，亦可謂善聽忠言者。然其爲治終以霸王之道雜，故刑餘周召法律詩書，卒不免于世所譏，而史臣書之曰：獄刑號爲平矣。號之一辭，名然而實否之謂也。人主所好可不謹諸。

隋文帝以盜賊繁多，命盜一錢以上皆棄市，或三人共盜一瓜，事發即死。于是行旅皆晏起早宿，天下懔懔。有數人刼執事而謂之曰：吾豈求財者耶，但爲枉人來耳，而爲我奏至尊。自古以來，體國立法未有盜一錢而死也，而不爲我以聞，吾再來而屬無類矣。帝聞之，爲停此法。臣按：隋文制刑以戢盜非不嚴也，而盜卒不能戢，法終不可行。至唐太宗輕徭薄賦，開斯民衣食之門，數年之間，外戶不閉，道不拾遺，其失其得可以鑒矣。

帝嘗乘怒以六月杖殺人，大理少卿趙綽固爭曰：季夏之月，天地成長，庶類不可以此時誅殺。帝曰：六月雖云生長，此時必有雷霆，我則天而行，有何不可？遂殺之。臣按：隋文謂六月必有雷霆，不知雷霆雖威，初非爲殺物設也。《易》稱鼓萬物者，莫疾乎雷。其與日之烜，雨之潤，風之散，同于生物而已。世人惡戾之氣適與之會，而震死者有之，非雷霆求以擊之也。隋文徒欲以辨口折人而文其暴怒之私，不知昧于天道亦已甚矣。及唐貞觀改定律令，自春及秋禁行死刑，然後得古者刑以秋冬之意。惟其有仁暴之異，所以爲治亂之分與。

唐太宗嘗覽《明堂針灸圖》，見人之五藏皆近背，針灸失所則其害致死。嘆曰：夫箠者，五刑之輕，死者，人之所重，安得犯至輕之刑而或致死。遂詔：罪人毋得鞭背。臣按：隋煬之用刑，或先截其舌，太宗之用刑，至不忍笞其背。此煬之惡所以浮于桀紂，而太宗除亂之功所以庶幾于湯武與。

河内人李好德坐妖言下獄，大理丞張藴古以爲好德病狂瞀法不當坐。治書侍御史權萬紀劾藴古奏不以實，太宗怒，遽斬藴古，既而大悔。因詔：死刑雖令即決，皆三覆奏。久之謂羣臣曰：死者不可更生，決囚雖三覆奏，而頃刻之間，何暇思慮？自今宜二日五覆奏，決日尚食勿進酒肉，教坊太常輟教習。諸州死罪三覆奏，其日亦蔬食，務合禮撤樂減膳之意。太宗以英武定天下，然其天姿仁恕，初即位有勸以威刑肅天下者，魏徵以爲不可，因爲上言王政本于仁恩，所以愛民厚俗之意。太宗欣然納之，遂以寬仁治天下，而于刑法尤慎。四年，天下斷死罪二十九人。六年，親録囚徒，閔死罪者三百九十人，縱之還家，期以明年秋即刑。及期，囚皆詣朝堂無後者。太宗嘉其誠信，悉原之。臣按：唐繼隋者也，隋文任法之峻如彼，而太宗用刑之寬如此。隋文再傳而失天下，唐之享國幾三百年。天于仁暴之報亦甚明矣。賈誼以周秦並言，臣今亦以隋唐併論，庶足爲方來之鑑乎。

憲宗英果明斷，自即位數誅方鎮，欲治僭叛，一法度，然于用刑喜寬仁。是時李吉甫、李絳爲相，吉甫言：治天下必任賞罰，陛下頻降赦令，蠲逋負，賑飢民，恩德至矣，然典刑未舉，中外有懈怠心。絳曰：今天下雖未大治，亦未甚亂，乃古平國用輕典之時。自古欲治之君，必先德化，暴亂之世，專任刑法。吉甫之言過矣。憲宗以爲然。司空于頔亦諷帝用刑以收威柄。帝謂宰相曰：頔懷姦謀，欲朕失人心也。臣按：憲宗能從李絳之言亦猶太宗能納魏徵之説也，是以元和之治庶幾貞觀。姦邪小人用意刻薄，每每以嚴刑峻法導人主，斯高之于二世是也。憲宗察于頔之姦，其欲使以失人心，其可謂明也矣。

（明）丘濬《大學衍義補》卷三《正朝廷·謹號令之頒》 宋劉安世言于其君哲宗曰：臣嘗考載籍以推先王之道，雖禮樂刑政，號爲治具，而所以行之者，持在命令而已。昔之善觀人之國者，不視其世之盛衰，而先察其令之弛張，未論其政之醇疵，而先審其令之繁簡。惟其慮之既臧，發之不妄，而持以必行，則堅如金石，信如四時。敷天之下，莫不傾耳承聽，聳動厭服。此聖人所恃以鼓舞萬民之術也。《傳》曰：令重則君尊。又曰：國之安危，在出令。凡此皆謹重之意也。今朝廷命令，變易頻數，遠不過一二歲，近或期月而已，甚者朝行而夕改，亦有前詔來頒，後令蠲除者，吏不知所守，民不知所從。求其弊原，蓋由講議未精，思慮未審，人情有所未盡，事理有所未通，或牽於好惡之私，或溺於迎合之説，是非無所辨，取舍無所宗，故一人言之而遽爲之紛更也。方平安無事之時，輕慢多變之如此，緩急有事之際，何以取信於人。伏望深鑒前古之戒，謹爲今日之慮。至於法度之廢置，政事之因革，必使大臣公心協謀，博詢利病，廣攬詳擇，務當義理，更其所可更，則不嫌於違俗，守其所可守，則無憚於襲故。庶幾政令清簡，吏民信服，事可久行，不至反汗。

（清）王夫之《噩夢》 句捕逃軍之禁甚嚴，横及於無辜之戶族鄰里，作法之涼，乃使襲而爲之者捕逃、送逃，毒流於中原之赤子亦憯矣。夫惟出征臨敵而逃者，於軍法不可貰，亦立募獲之賞，禁沿塗之誘匿於授鉞之日而已。若其著伍之日，無出征之令，而或操或屯，則天下之必不可强之使爲者兵也，欲其捐生以效命於原野，而拘繫怯懦離心之人以嘗試乎！養之有恩，馭之有道，能爲兵者自樂爲之，不能爲兵者，聽其告退而歸民籍，別募以補伍，奚患乎無兵而待嚴逃禁哉！其有逃者，必其爲長、爲帥者之不能恤士也，詰其所以逃之故，亦罪坐主者而已矣。唯問罪發充之軍，逃所必誅。然罪人充配，損國威而短士氣，始爲謫罪充軍之議者，庸人誤國之禍原也。以屯田言之，則人逃而田故在，如其欲脱籍而去，卽以所屯之田歸之官，而更授募者。假令墓者不能耕，卽坐收屯粟以爲新軍之食，固亦甚易。唯典賣軍屯之禁不嚴，故或軍退而無田可歸。其法但按始授軍屯之籍，不論其所賣之或軍或民，責於餘糧子粒之外，苟非正身著伍，即令輪上倉十二石月量之數，則典賣不行，而屯產恆在，有以給新軍矣。人之才力性情各有所宜，不欲爲兵者强使爲兵而不得，欲爲者亦抑令爲民而不安，在經國者之裁成耳，如之何爲苛法以虔劉斯民也！

《墨子·天志中》 墨子言曰：今天下之君子之欲爲仁義者，則不可不察義之所從出。既曰不可以不察義之所從出，然則義何從出？子墨子曰：義不從愚且賤者出，必自貴且知者出。何以知義之不從愚且賤者出，而必自貴且知者出也？曰：義者，善政也。何以知義之善政也？曰：天下有義則治，無義則亂，是以知義之善政也。

《墨子·法儀》 墨子曰：天下從事者，不可以無法儀，無法儀而其事能成者，無有也。雖至士之爲將相者，皆有法；雖至百工從事者，亦皆有法。百工爲方以矩，爲圓以規，直以繩，正以縣，（此縣挂，正字。）無巧工不巧工，皆以此五者爲法。巧者，能中之；不巧者，雖不能中，放依以從事，猶逾已。故百工從事皆有法所度。今大者治天下，其次治大國，而無法所度，此不若百工辯也。然則奚以爲治法而可？當皆法其父母，奚若？天下之爲父母者眾，而仁者寡，若皆法其父母，此法不仁也，法不仁，不可以爲法。當皆法其學，奚若？天下之爲學者眾，而仁者寡，若皆法其學，此法不仁也，法不仁，不可以爲法。當皆法其君，奚若？天下之爲君者眾，而仁者寡，若皆法其君，此法不仁也，法不仁，不可以爲法。故父母、學、君三者，莫可以爲治法。然則奚以爲治法而可？故曰：莫若法天。天之行，廣而無私，其施厚而不德，其明久而不衰，故聖王法之。既以天爲法，動作有爲，必度於天。天之所欲，則爲之；天所不欲，則止。然而天何欲何惡者也？天必欲人之相愛相利，而不欲人之相惡相賊也。奚以知天之欲人之相愛相利，而不欲人之相惡相賊也？以其兼而愛之，兼而利之也。奚以知天兼而愛之，兼而利之也？以其兼而有之，兼而食之也。今天下無大小國，皆天之邑也；人無幼長貴賤，皆天之臣也。此以莫不犓牛羊，豢犬豬，絜爲酒醴粢盛，以敬事天，此不爲兼而有之兼而食之邪？天苟兼而有，食之，夫奚説以不欲人之相愛相利也？故曰：愛人利人者，天必福之，惡人賊人者，天必禍之。曰：殺不辜者，得不祥焉。夫奚説人爲其相殺而天與禍乎？是以知天欲人相愛相利，而不欲人相惡相賊也。昔之聖王禹、湯、文、武，兼愛天下之百姓，率以尊天事鬼，其利人多，故天福之，使立爲天子，天下諸侯皆賓事之。暴王桀、紂、幽、厲，兼惡天下之百姓，率以詬天侮鬼，其賊人多，故天禍之，使遂失其國家，身死爲僇於天下，後世子孫毀之，至今不息。故爲不善以得禍者，桀、紂、幽、厲是也；愛人利人以得福者，禹、湯、文、武是也。愛人利人以得福者有矣！惡人賊人以得禍者亦有矣！

（宋）杜道堅《文子纘義》卷四《符言篇》 老子曰：天有明，不憂民之晦也。地有財，不憂民之貧也。至得道者，若丘山塊然不動。行者以爲期，直己而足物，不爲人賜用之者，亦不受其德，故安而能久。天地無與也，故無奪也。無德也，故無怨也。善怒者必多怨，善與者必善奪。惟隨天地之自然而能勝理。故譽見即毀隨之，善見即惡從之。利爲害始，福爲禍先。不求利即無害，不求福即無禍。身以全爲常，當貴其寄也。聖人明照四海，而民不昏。富藏天下，而民不貧。順天地之自然，任萬物之自生，不私與故無公取，不輕賞故無重刑。視富貴如浮雲，乃可以全其真。

（宋）杜道堅《文子纘義》卷九《下德篇》 老子曰：衡之于左右，無私輕重，故可以爲平。繩之于內外，無私曲直，故可以爲正。人主之于法，無私好憎，故可以爲命。

（宋）杜道堅《文子纘義》卷一一《上義篇》 夫法者，天下之準繩也，人主之度量也。縣法者，法不法也。法定之後，中繩者賞，缺繩者誅。雖尊貴者，不輕其賞；卑賤者，不重其刑。犯法者，雖賢必誅；中度者，雖不肖無罪。是故公道行而私欲塞也。古之置有司也，所以禁民，使不得恣也。其立君也，所以制有司，使不得專行也。法度道術，所以禁君使不得橫斷也。人莫得恣，即道勝而理得矣。故反于無為，無為者，非為其不動也，言其從己出也。讃義：法者，人主示度量爲天下準繩也。法定之後不二所施，夫犯法者，雖尊貴必誅，中度者，雖卑賤無罪。故私欲塞而公道行矣。古之置有司，立人君，制禮法，三者不廢，天下無怨民，世可反樸，法令何庸哉？

（清）戴望《管子校正·立政》 罰避親貴，不可使主兵。罰不避親貴，則威行於鄰敵。

（清）戴望《管子校正·七法》 世主所貴者，寶也；所親者，戚也；所愛者，民也；所重者，爵祿也。亡君則不然，致所貴非寶也，致所親非戚也，致所愛非民也，致所重非爵禄也。故不爲重寶虧其命，故曰令貴於寶。重寶而全命，則當弃，是令貴於寶。不爲愛親危其社稷，故曰社稷戚於親。社稷者，身之存亡，故弃親而存社稷。不爲愛人枉其法，故曰法愛於人。法者，崇替所由，弃所愛而存其法。不爲重爵禄分其威，故曰威重於爵禄。威者，人君所以服海内，必不得已，寧散爵禄，不可分威也。不通此四者，則反於無有。不達於四者，用非其國，故曰反於無有。故曰治人如治水潦，治水潦者，必峻其隄防也。養人如養六畜，養六畜者，必致其閑皁，堅其羈絆。用人如用草木。用草木者，時入山林，輪轅不失其宜，樵蘇各得其所。居身論道行理，則羣臣服教，百吏嚴斷，莫敢開私焉。君之於民，其猶居身，治之、養之、用之三者各得其宜，論道而行理，則無私不服也。論功計勞，未嘗失法律也。便辟、左右、大族、尊貴、大臣不得增其功焉，疏遠、卑賤、隱不知之人不忘其勞。故有罪者不怨上，罪得其人，故不怨。愛賞者無貪心，賞不踰等，故息其貪也。則列陳之士皆輕其死而安難，以要上事，賞罰不濫，則立功要功之士知其不誣，故競而爲之。本兵之極也。爲兵之本，其極要者，在於明賞罰也。

世主所貴者實也，元本、朱本實皆作寶。王云：實當從，朱本作寶。今本涉上，言實而誤。下文令貴於寶，是其證。又《侈靡篇》萬世之國，必有萬世之實，必因天地之道。實亦當從，朱本作寶。下文棄其國寶，是其證。寶與道爲均。下文聖稱其寶，亦與道爲均。亡君則不然，俞云：亡君當作良君。篆文良作[illegible]，脱其半，則爲亡矣。鄭君所謂壞字也。致所貴非實也。元本、朱本實皆作寶。實字誤。不爲愛親危其社稷。丁云：當作不爲親戚危其社稷。《法法篇》兩見。皆作親戚。故曰社稷戚於親。陳先生云：戚疑當作愛，與上文誤易。愛於親，猶言重於親也。尹注云：棄親而存社稷，不誤。居身論道行理。丁云：居乃君之誤字。《爾雅》曰：身，親也。君對下羣臣百吏言之。莫敢開私焉。元本作莫敢閑焉。愛賞者無貪心。陳先生云：愛當作受。尹注賞不踰等，是受之義。

(清) 戴望《管子校正·版法》 正法直度，罪殺不赦。夫正直之法度，罪殺有過，終不免赦。殺僇必信，民畏而懼。武威既明，令不再行。頓卒怠倦以辱之，頓卒，猶困苦。其有怠，倦不勤，則困苦以辱。罰罪宥過以懲之，殺僇犯禁以振之。植固不動，倚邪乃恐。言執法者必當深植而固守，則不可動移。若乃頓倚而邪，則法亂而身危，故可恐也。倚革邪化，令往民移。既能正倚化邪，歸於正直。如此化出，令纔往則民移。罰罪宥過以懲之。王云：宥過當從朱本作有過。此謂怠倦者頓卒之，有過者罰罪之，犯禁者殺僇之也。後解正作有過。倚邪乃恐。王云：倚邪即《周官》之奇衺。奇與倚古字通。言法立而不動，則奇衺之人皆恐也。尹注非。

(清) 戴望《管子校正·法法》 民毋重罪，過不大也。有大過然後有重罪。民毋大過，上毋赦也。不赦，則懼而修德。上赦小過，則民多重罪，積之所生也。所謂積小以成高大。故曰：赦出則民不敬，有罪不誅，則安用敬。惠行則過日益。恃恩不恭，非過而何。惠赦加於民，而囹圄雖實，殺戮雖繁，姦不勝矣。造姦以待赦也。故曰：邪莫如蚤禁之。無使滋蔓，蔓難圖也。赦過遺善，則民不勵。善卽惠也。有過不赦，有善不遺，勵民之道，於此乎用之矣。故曰：明君者，事斷者也。赦出則民不敬。望案：敬與儆同。有善不遺。宋本遺作積。

又： 凡赦者，小利而大害者也，苟悦衆心，故曰小利。人則習而易犯法，故曰大害也。故久而不勝其禍。犯法漸廣，轉欲危君，故曰不勝其禍。毋赦者，小害而大利者也，人初不悦，故曰小害。創而修德，故曰大利也。故久而不勝其福。家正而天下定，則太平可致，故曰不勝其福也。故赦者，犇馬之委轡；必致覆佚也。毋赦者，痤徂禾切，癰也。睢之礦石也。疾可瘳也。故赦者，犇馬之委轡。《御覽·兵部八十九》、《刑法部十八》引此句。轡下竝有也字，今本脱。毋赦者痤睢，與疽同。之礦石也。王云：《初學記·政理部》、《太平御覽·兵部》引此，亦作礦石。《説文》、《繫傳》引作隒石。案：礦字本作磺。《説文》：磺，銅鐵樸也。磏，厲石也。皆非治痤疽者所用。《羣書治要》及《御覽·刑法部》引此，竝作砭石，是也。《説文》：砭，以石刺病也。《素問·異法方宜》論曰：東方之民，其病皆爲癰瘍，其治宜砭石。故曰：痤睢之砭石。

又： 文有三侑，侑，寬也。武毋一赦，惠者多赦者也。先易而後難，久而不勝其禍。法者，先難而後易，久而不勝其福。故惠者，民之仇讎也，惠者生其禍，故爲仇讎也。法者，民之父母也。法者生其福，故爲父母也。太上以制制度，其次失而能追之，能，追悔也。雖有過，亦不甚矣。文有三侑。洪云：侑與宥通。《聘禮》注：古文侑皆作宥。《周禮》三宥之法。壹宥曰不識，再宥曰過失，三宥曰遺忘。尹注：侑，寬也。義亦作宥。法者先難而後易。丁云：法者下脱無赦者也四字。此與上文惠者多赦者也對文。《意林》引作惠者多赦，法者無赦。

(清) 戴望《管子校正·立政九敗解》 人君唯無聽私議自貴，則民退靜隱伏，窟穴就山。非世間上，輕爵禄而賤有司，然則令不行，禁不

止。故曰：私議自貴之説勝，則上令不行。【略】

人君唯毋聽請謁任譽，則羣臣皆相爲請。然則請謁得於上，黨與成於鄉。如是，則貨財行於國，法制毀於官，羣臣務佼而求用，然則無爵而貴，無禄而富。故曰：請謁任譽之説勝，則繩墨不正。

（清）俞樾《諸子平議》卷二《管子二》 法制不議，則民不相私法。

樾謹按：議當讀爲俄。説詳《幼官篇》立四義而無議者下，俄者，傾也，邪也。言法制平正而不傾衺，則民不相私也。尹注曰：君出法制，下不敢議，未達叚借之旨。

（清）王先慎《韓非子集解·揚權》 主施其法，大虎將怯；主施其刑，大虎自寧。主既施刑，虎則懼而履道，故得安寧也。法刑苟信，虎化爲人，復反其真。謂君君臣臣也。先慎曰：乾道本苟作狗，據《拾補》改。盧文弨云：苟，誤作狗。顧廣圻云：信，讀爲申，申與下文人、真韻，言申法刑於狗也。上文云虎將爲狗，又云狗益無已，與此相承。先慎案：顧讀信爲申，是也。狗當從《拾補》改作苟，狗字涉上文而誤，不得反以爲證。此謂君苟申其刑法，則臣昔之爲虎者，皆反其真而爲人矣。反其真，指臣而言。舊注謂君君臣臣亦誤。【略】故度量之立，主之寶也；度量可以割斷下，故爲主之寶也。黨與之具，臣之寶也。黨與具可以奪君位，故爲臣寶。臣之所不弑其君者，黨與不具也。故上失扶寸，下得尋常。四指爲扶。上於度量少有所失，下之得利已數倍多矣。盧文弨曰：扶字誤從牛旁，注同。得《意林》作失，下有君不可不慎句，不可從。先慎曰：趙本扶誤作牪；《意林》作膚。有國之君，不大其都；大其都，臣將據以叛國。有道之君，不貴其家；大夫稱家。貴其家，臣將凌己。有道之君，不貴其臣。貴其臣，臣將貴勢過己。貴之富之，備將代之。臣既貴富備，必將代君也。顧廣圻曰：備當作彼，舊注誤。備危恐殆，急置太子，禍乃無從起。太子者，君之副貳，國之重鎮，今欲備其危殆，必速置之，則禍端自息矣。內索出圉，必身自執其度量。臣人四面謀君，常在圉。今自內欲求出圉，但身執度量則可矣。厚者虧之，薄者靡之。厚，謂臣黨與衆勢位高也。位如此，必虧之使薄也。盧文弨曰：靡之，當與《易》我有好爵，吾與爾靡之之靡同義。虧、靡有量，毋使民比周同欺其上。虧之若月，若明漸虧也。亦取其既盛必衰，天之道也。先慎曰：虧之若月，謂漸移其權勢，不使臣自知，猶《有度篇》云人臣之侵其主，如地形焉，積漸以往之義。舊注失其旨矣。靡之若熱。【略】簡令謹誅，必盡其罰。盡刑罰之理也。

（清）王明德《讀律佩觿》卷四上《決獄定詳明》 明德謹按，獄貴精詳，刑期明允，人同此心，心同此理，明辯之體本所自具。其不詳而不明者，聲色貨利，得失榮枯，瞻徇依違，變詐機巧，蔽之也。彼赫赫而臨蒞者，庭鞫之下，捉筆之頃，曾有一念及夫霜飛六月、怨積九幽者乎？自非誠以原乎其情，達以究乎其奧，欲求辯悉秋毫，明同犀照，其何可得乎？倘果洵即斯賦，慎思明辯，通達而篤行之，其於獄之決也奚難。故先賢特期以明允而共勗之。

《尉繚子·治本》 夫謂治者，使民無私也。民無私，則天下爲一家，而無私耕私織。共寒其寒，共饑其饑。如有子十人，不加一飯；有子一人，不損一飯。焉有喧呼酖酒以敗善類乎！民相輕佻，則欲心興，爭奪之患起矣。橫生于一夫，則民私飯有儲食，私用有儲財。民一犯禁，而拘以形治，烏有以爲人上也。善政執其制，使民無私。爲下不敢私，則無爲非者矣。反本緣理，出乎一道。出乎一道，則欲心去，爭奪止，囹圄空。野充粟多，安民懷遠，外無天下之難，內無暴亂之事，治之至也。

《尸子》卷上《發蒙》 故陳繩，則木之枉者有罪；措準，則地之險者有罪；審名分，則羣臣之不審者有罪。

《尸子》卷上《處道》 孔子曰：欲知則問，欲能則學，欲給則豫，欲善則肄。國亂則擇其邪人而去之，則國治矣；胷中亂則擇其邪欲而去之，則德正矣。

《尹文子·大道上》 名定則物不競，分明則私不行。物不競非無心，由名定，故無所措其心。私不行非無欲，由分明，故無所措其欲。然則心欲，人人有之，而得同於心無欲者，制之有道也。田駢曰：天下之士，莫肯處其門庭，臣其妻子，必遊宦諸侯之朝者，利引之也。遊於諸侯之朝，皆志為鄉大夫。而不擬於諸侯者，名限之也。彭蒙曰：雉兔在野，衆人逐之，分求定也。雞豕滿市，莫有志者，分定故也。物奢則仁智相屈，分定則貪鄙不爭。

《慎子·威德》 今也，國無常道，官無常法，是以國家日繆。教雖成，官不足；官不足，則道理匱；道理匱，則慕賢智；慕賢智，則國家之政要在一人之心矣。古者，立天子而貴之者，非以利一人也。曰：天下無一貴，則理無由通，通理以爲天下也。故立天子以爲天下，非立天下以爲天子也，立國君以爲國，非立國以爲君也，立官長以爲官，非立官以爲長也。法雖不善，猶愈於無法，所以一人心也。

《愼子·逸文》 法者，所以齊天下之動，至公大定之制也。故智者不得越法而肆謀，辯者不得越法而肆議，士不得背法而有名，臣不得背法而有功。我喜可抑，我忿可窒，我法不可離也。骨肉可刑，親戚可滅，至法不可闕也。

又： 法之功，莫大使私不行。君之功，莫大使民不爭。今立法而行私，是私與法爭，其亂甚於無法。立君而尊賢，是賢與君爭，其亂甚於無君。故有道之國，法立，則私議不行；君立，則賢者不尊。民一於君，事斷於法，是國之大道也。

《鶡冠子·度萬》 法者，使去私就公，法者，將以有所去也，非以有所取也。同知壹讞，有同由者也，非行私而使人合同者也。故至治者弗由而名尸公伯。公如公侯之公。伯如霸王之伯。

（宋）潘自牧《記纂淵海》卷三四《律曆部·權衡》 道者古今之正權也，衡所以知輕重。衡石稱垂者，所以爲平也，衡者平之至也。衡不正則重垂於仰而人以爲輕，輕垂於俛而人以爲重。公平者，職之行也。並同上。衡之爲度也，緩而不後，平而不怨，施而不德，吊而不責，常平民祿以繼不足。權之爲度也，急而不盈，殺而不割，誠信以必，堅慤以固。《淮南子》衡之於左右，無私輕重，故可以爲平。謹於權衡，審乎輕重，足以治其境内矣。並同上。

（宋）王應麟《玉海》卷五一《藝文·典故·殷册書典籍》 《書·多士》：惟殷先人，有册有典。注：殷先世有册書典籍。《康誥》：罰蔽殷彝。注：用殷家常法，請典刑故事。《晉語》：陽人有夏商之嗣典。

（唐）白居易《白氏長慶集》卷六五《策林四·七十五典章教令》

問：子大夫才膺問出，副我旁求，宜當悉心，靡有所隱。其或典章有違於古，禁令不便於今。爾無面從，予將親覽。

臣伏以今之典章，百王之典章也，安有戾於古道者歟。今之禁令，列聖之禁令也，安有乖於昔時者歟。但在乎奉與不奉，行與不行耳。陛下之念至此，誠思理之心切，好問之旨深也。此臣所以極千慮，昧萬死，而獻狂直者，以副天心之萬一焉。臣聞典章不能自舉，待教令而舉；教令不能自行，待誠信而行。今百王之典具存，列聖之法明備，而禁未甚止，令未甚行者，臣愚以爲待陛下誠信以將之也。昔宓賤行化，德及泉魚，非嚴行所致也，推其誠而已。魯恭爲理，仁及春翟，非猛政所驅也，委其信而已。今以陛下上聖之資，仁惠之力，令行禁止之勢，萬萬於一邑一宰也，何慮教不敷而化不洽乎。臣聞周公之理也，周年而變，三年而化，五年而定。陛下苟能勤教令以撫之，推誠信以奉之，則三年化成，五年理定，臣竊未以爲遲矣。伏惟陛下少垂意而待焉。

（宋）李覯《李覯集》卷二《禮論七篇·禮論第三》 君爲君焉，主政令，必生殺，不得不從矣。臣爲臣焉，守職事，死干戈，不得少變矣。男女有别，不得相亂矣。長幼有序，不得相陵矣。興廉讓，則財不得苟取，位不得妄受矣。立諫諍，則不得諱其惡矣。設選舉，則賢者不遺矣。正刑法，則有罪者必誅矣。此斷決而從宜者也，義之道也。

（宋）李覯《李覯集》卷一〇《刑禁第四》 先王之制雖同族，雖有爵，其犯法當刑，與庶民無以異也。法者，天子所與天下共也。如使同族犯之而不刑殺，是爲君者私其親也。有爵者犯之而不刑殺，是爲臣者私其身也。君私其親，臣私其身，君臣皆自私，則五刑之屬三千止謂民也。賞慶則貴者先得，刑罰則賤者獨當，上不愧於下，下不平於上，豈適治之道邪？故王者不辨親疏，不異貴賤，一致於法。其所以不肆諸市朝而適甸師氏者，爲其有耻，毋使人見之也。

（宋）張載《張載集·經學理窟·周禮》 治天下不由井地，終無由得平。周道止是均平。井田至易行，但朝廷出一令，可以不笞一人而定。蓋人無敢據土者，又須使民悦從，其多有田者，使不失其爲富。借如大臣有據土千頃者，不過封與五十里之國，則已過其所有；其他隨土多少與一官，使有租税人不失故物。治天下之術，必自此始。今以天下之土棊畫分布，人受一方，養民之本也。後世不制其産，止使其力，又反以天子之貴專利，公自公，民自民，不相爲計。百姓足，君孰與不足！百姓不足，君孰與足！其術自城起，首立四隅；一方正矣，又增一表，又治一方，如是，百里之地不日可定，何必毁民廬舍墳墓，但見表足矣。方既正，表自無用，待軍賦與治溝洫者之田各有處所不可易，旁加損井地是也。百里之國，爲方十里者百，十里爲成，成出革車一乘，是百乘也。然開方計之，百里之國，南北東西各三萬步，一夫之田爲方步者萬。今聚南北一步之博而會東西三萬步之長，則爲方步者三萬也，是三夫之田也；三三如九，則百里之地得九萬夫也。革車一乘，甲士三人，步卒七十二人，以乘計之，凡用七萬五千人，今有九萬夫，故百里之國亦可言（十）〔千〕〔一〕乘也，以地計之，足容車千乘。然取之不如是之盡，其取之亦什一之法也，其間有山陵林麓不在數。

（宋）王安石《臨川先生文集》卷四一《劄子·本朝百年無事劄子》

伏惟仁宗之爲君也，仰畏天，俯畏人，寬仁恭儉，出於自然，而忠恕誠慤，終始如一。未嘗妄興一役，未嘗妄殺一人，斷獄務在生之，而特惡吏之殘擾。寧屈己棄財於夷狄，而終不忍加兵。刑平而公，賞重而信，納用諫官御史，公聽並觀，而不蔽於偏至之讒。因任衆人耳目，拔舉疏遠，而隨之以相坐之法。蓋監司之吏以至州縣，無敢暴虐殘酷，擅有調發，以傷百姓，自夏人順服，蠻夷遂無大變，邊人父子夫婦得免於兵死，而中國之人安逸蕃息，以至今日者未嘗妄興一役，未嘗妄殺一人，斷獄務在生之，而特惡吏之殘擾，寧屈己棄財於夷狄，而不忍加兵之効也。大臣貴戚、左右近習，莫敢强横犯法，其自重慎或甚於閭巷之人。此刑平而公之効也。

《二程集·河南程氏粹言》卷二《君臣篇》　神宗首召伯淳，首訪致治之要。子對曰：君道稽古正學，明善惡之歸，辨忠邪之分，曉然趨道之至正，君志定而天下之治成矣。上曰：定志之道何如？子對曰：正心誠意，擇善而固執之也。夫義理不先定，則多聽而易惑；志意不先定，則守善而或移。必也以聖人之訓爲必當從，以先王之治爲必可法，不爲後世駁雜之政所牽滯，不爲流俗因循之論所遷改，信道極於篤，自知極於明，去邪勿疑，任賢勿貳，必期致治如三代之隆而後已也。然患常生於忽微，而志亦戒乎漸習。故古之人君，雖從容燕閒，必有誦訓箴諫，左右前後，罔匪正人，輔成德業。臣願尊禮老成，訪求儒學之士，不必勞以官職。俾日親便座，講論道義，又博延俊彦，陪侍法從，朝夕延見，講磨治體，則睿智益明，王猷允塞矣。今四海靡靡，日益偷薄，末俗曉曉，無復廉恥，蓋亦尊德樂義之風未孚，而篤誠忠厚之化尚鬱也。惟陛下稽聖人之訓，法先王之治，體乾剛健而力行之，則天下之幸。上嘉納焉。

（宋）陸九淵《陸九淵集》卷二二《張釋之謂今法如是》　張廷尉當渭橋下驚乘輿馬者以罰金，文帝怒，張廷尉爭以爲不可更重，是也。然謂法者，天子所與天下公共也，今法如是，而更重之，是法不信於民也。方其時，上使立誅之則已。今既下廷尉，廷尉，天下平也，一傾，天下用法皆爲輕重，則非也。廷尉固天下平也，天子獨可不平乎？法固所與天下公共也，苟法有不當，爲廷尉者，豈可不請之天子而修之，而獨曰今法如是，可乎？《虞書》曰：宥過無大。《周書》曰：乃有大罪，非終，乃爲眚災，適爾，既道極厥辜，時乃不可殺。縣人聞蹕匿橋下久，謂乘輿已過而出，至於驚馬，假令有敗傷，亦所謂有大罪非終，乃爲眚災適爾，是固不可殺。釋之不能推明此義，以祛文帝之惑，乃徒曰法如是。此後世所以有任法之弊，而三代政刑所從而亡也。

（宋）葉適《葉適集·水心文集》卷二七《書·上西府書》　行之不可以不公，守之不可以不信，受之不可以不廣，變已成之弱勢，去方至之三患，推之以年數也，而少康之復夏，宣王之興周，有不論矣。自昔中興之功，江左之策，蓋未有高焉者也。雖然，其所以行此者，則又有三焉：一曰誠，二曰賞，三曰罰。夫發號出令，無有巨小，必思生民之大計而不徇乎一身之喜怒，是之謂誠。愛人之功，求人之善，舉之公卿之上而忘其疏賤之醜，是之謂賞。懲人之過，明人之惡，加之竄殛之戮而遺其貴近之厚，是之謂罰。執事居得致之位而值可爲之時，蕭、曹、房、杜之流，非有他也，爲之而合，行之而至矣。

（宋）葉適《葉適集·水心別集》卷二《國本中》　其一曰禮臣。

臣聞刑法所以待天下之有罪，雖至親隆貴不得輒私；而雖至親隆貴不能無罪，則刑法不得不用。然臣以爲人主能使其臣無犯君之法，不當以刑法御其臣。夫人主之所與共守其國家者，自宰相以下至於一命之士，皆必得天下之賢材而用之，其不能無犯法者，不得居也。

當舜之時，既放棄共、鯀、驩兜之徒，其所與爲臣工岳牧者，皆忠肅、惠和、明允、篤誠之士，故其治化之成，至於匹夫小民猶無犯法者，而況其官師乎！其後周、文、武，最能得天下之賢材而用之，遇以信厚而折旋之以禮樂。故其《詩》曰：濟濟辟王，左右奉璋。奉璋峩峩，髦士攸宜。夫聚賢材於朝而分之以百官之事，被服有雲龍藻火之章，駕乘有和鑾旗旄之節，以至奉牲幣，執豆籩，薦告宗廟，類祀天神，其盛若此，而桎梏、廢放、黥劓、殺戮之人，安得參於其間？揚雄有言曰：周之士也貴。夫士貴而後官貴，官貴而後國貴，國貴而後主尊。然則周、文、武之所以貴其士禮其臣者，能使之無犯法，而未嘗以刑法御之者也。取不能無犯法之人而材諸位，則不免於以法御之。有以刑法御其臣之心，則方其唯諾殿上，委任尊寵，若將有腹心股肱之寄者，俄而桎梏廢放，黥劓殺戮，無所寬貸，而其臣亦不能自必也，故輕爲姦而多犯法。嗚呼！此非國家之利也。

漢高祖嘗裂數千里地，使大功臣十數人得南面而稱王，既而禽滅菹醢，至於宗族無有遺類，其臣遂以禽獸自比。故後世子孫習見前事，不難於高爵重位以寵秩不肖之人，而亦輕於以鈇鉞刀鋸加其身。唐太宗嘗喜張蘊古所上《大寶箴》，以爲愛己，一旦以治獄疑似，遽命斬之；謂盧祖尚文武忠義，使督交趾，祖尚再三辭行，亦殊死於朝堂而不以爲怪；其臣如王珪、魏徵，號爲面折廷爭，亦莫有以爲非者。然則當時以刑法御其下，而快喜怒於殺戮，雖高祖、太宗之明不能免也。噫！以刑法御其下，將以防姦臣，而豈有意於輕殺人也哉？自今考之，其姦臣未必得罪，而連頸就戮前後相望者，皆善人君子也。夫不能以禮化姦臣之心，而以刑濫忠臣之罰，國家將何便焉？適所以借姦臣而爲之資耳。

蓋舜、文王之意迄周衰而亡，歷秦、漢、隋、唐而不復興。至於藝祖、太宗，而後盡去前世帝王苛刻猜忍之意，一以寬大誠信進退禮節遇其臣下。受禪之始，因其故相，委任若一，六年而後罷。太宗召拜近臣，嘗命擇良日，曰：朕欲其保終吉也；盧多遜事發，當時以爲所坐大逆。法既具矣，以其嘗典國事，止命竄流。蓋漢之三公無以善去位者，不自殺則受誅；其輕甚者，猶以醜辭策之。而自真宗、仁宗以來，執政大臣之將去也，必使之連疏自乞，若將不得已而後從者，又爲之遷官加賜而付以重地。前世之臣，以諫諍忤旨而死者皆是也，祖宗不惟不怒，又遷擢之以至於公卿。神宗嘗疑其臣之罷惰而不任職者，當汰而不忍，始益宮觀之員，廪之以粟而不責以事，後遂爲定法。其後章惇弄權，嘗欲興劉摯之獄以殺黨人，而哲宗不從；蔡京當國，又欲殺天下士，而徽宗不聽。紹興初，誤聽宰相，誅諫官二人，尋復自悔，下詔責躬以謝天下。故雖權臣用事，二十年間，予奪惟意，而無殺士大夫之禍。

夫進人以禮，退人以義，而不以刑法御其臣者，無過於祖宗之世；而不使姦臣妄殺一士者，亦無過於祖宗之世。蓋秦、漢之風息滅不繼，而舜、文王之意復興。天下之臣，至有怯懦過當，舉手畏法者矣，未有强愎不遜，傲法以自便者也。若其逆亂反側，起於父兄子弟之間者，益不復有矣。夫不以刑法御臣下而與臣下共守法，此豈非祖宗爲國之本意與舜、文王之俗然歟！

（元）蘇天爵《滋溪文稿》卷二六《章疏·論不可數赦》 賞罰者，國之大柄，朝廷紀綱繫焉。故賞不失有功則勞臣勸，刑不失有罪則姦人懼。二者或失，綱紀必隳。故古者爵人於朝，與士共之，刑人於市，與衆棄之。雖人君不得而私也，況左右臣隣敢擅威福而爲之乎。竊聞近日以來，倖門漸啟，刑罰漸差，無功者覬覦以希賞，有罪者僥倖以求免。中外聞之竊議傷嘆，誠恐刑政從此漸隳，紀綱自此日紊，勞臣何以示勸，姦人無所警懼矣。伏願自今以始，凡官員刑獄，敢有交結近侍，互相請託，恣爲罔欺，紊亂政治者，嚴行禁治；中書左右，兩司及六部等官，所以參贊宰臣，決理政務者，有不思奉公守法，阿容苟從，并許究問，庶幾刑罰有當，刑政肅清，雍熙之化可坐而致矣。

（元）蘇天爵《滋溪文稿》卷二七《章疏·論近年無辜被害之家宜昭雪改正》 欽惟聖天子臨御天下，仁澤及於臣民，然猶遣使宣布德意而明詔有曰：和氣未臻，災眚時作。夫政化既布於多方，而災異尚軫於聖慮。蓋天人之間，其理本一，故人氣和平則禎祥格，人心憂鬱則災異疊見。東海殺一孝婦，枯旱三年，及表其墓祭之，天立大雨。斯其已往之明徵，可爲後世之規監。我國家承平百年，中外無事。爰自近歲，屢興大獄，或值誣枉陷於極刑，或涉嫌疑輒被流竄。多出一時之好惡，孰思天下之至公。伏覩至正五年二月初四日詔書內一欵：近年無辜被害之家，仰中書省分揀昭雪改正。欽此。中外聞之，咸曰聖天子一視同仁，無間於親疎遠邇。則臣民之家，或誣枉於人言，或横罹於非命，某家令當昭雪，某人令當改正。若家貲已散，當叙復其官職；若子孫或亡，當嗣續其宗族；或在遠方，當召歸於鄉里；或人已没民，當追贈其封謚。庶幾生死之無憾，必致瑞應之鼎來。夫詔令既須於九有，分揀責在於中書。然惟至公可以服人心，惟至平可以召和氣。當自某年以後，其未昭雪改正者，早爲從公取勘，一一仔細分揀，使聖恩普洽於幽明，公道大伸於天下，然後和氣斯臻，災眚不作，年穀豐稔，黎民雍熙，不勝幸甚。

《皇朝經世文統編》卷二七《內政部一・治術》俞長城《王霸辨》　所謂王與霸，特在於心辨之，而區區事爲之迹，固不足以定之也。夫格物、致知、誠意、正心、修身、齊家，以致國平天下，此自然之理，而必至勢也。今而曰：物不必格也，知不必致也，意不必誠，心不必正，而身不必修也，我治天下而已耳。是猶不踰跬步，而欲至千里，吾見其不能及也。是猶不階尺寸，而欲登萬仞，吾見其不能上也。高宗肜日，定祀典耳。祖己曰：惟先格，王正厥事。以爲王不格，則祀典不得而定也。旅獒卻貢獻耳，召公曰：志以道寧，言以道接，以爲不衷於道，則貢獻不得而卻也。周公告成王曰：厥或怨汝詈汝，則皇自敬德，厥愆，曰：朕之愆。允若時，不啻不敢含怒。以爲怒苟含，則始雖或忍之，而終必發也。古之王者，于敬小慎微之中，皆有正本清源之學，故過日去而善日臻。孟子曰：君仁莫不仁，君義莫不義。君正莫不正，一正君而國定矣。董子曰：正君心以正朝廷，正朝廷以正百官，正百官以正萬民，正萬民以正四方。君心正，則雖節目疏闊，不害其爲王。君心不正，則雖治具畢張，不免於爲霸。故三代以前無霸，而三代以後無王也。汲黯謂武帝曰：陛下內多欲而外施仁義，奈何欲效唐虞之治乎。嗟乎！人生之患，莫大於多欲。夫所謂欲者，豈必聲色、貨利之悅人也哉。苟安欲也，欲速欲也，好名亦欲也。粗既入於聲色、貨利，而積猶蹈於苟安、欲速、好名，則善自外入，不自中生，故勢不可久也。今自中主以上，莫不有爲善之心而不能致於王者，惟其無以充之也。唐肅宗外能克復兩京，而內無以安上皇。宋太宗生能身致太平，而死無以見杜后。漢武之才過文景，而卒不得免戾太子之死。唐開元之治比貞觀，而終不能庇楊貴妃之誅。則能推不能推之效也。唐太宗始用魏徵，既死而仆其碑。明神宗師事張居正，旋籍滅其產。豈始明而終暗哉？亦以心本不正，特勉強以從之耳。善爲主，惡爲客，則惡不能攻；惡爲主，善爲客，則善不能固。故霸足以致治，亦足以致亂。治亂之機，一反手間耳。譬之患癰，毒在腹心，而治之乃在皮毛，過之愈久，其毒愈深，一發而潰則死矣。然則所謂正心者，何如也？曰治之純雜在誠僞，心之存亡在敬肆，敬則未有不誠者也，肆則未有不僞者也。曰正心而不求治，法無乃入於黃老之學乎？曰黃老之學，蕩佚其心，而不存者也。王者之治，檢持其心，而不失者也。且夫正也者，豈徒正之也哉？正身則心在身，正家則心在家，以之正國，正天下，則心在國，與天下心貫萬事，而無有不謹，無有不實，則王也。故曰王霸之辨，辨之於心也。

（清）崔述《崔東壁遺書・尚友堂文集》卷上《春秋論》　昔者孔子，大夫也，而作《春秋》。《春秋》，天子之事也，其賞罰進退皆非一人所得私；而孔子行之不顧者，亦其心之所安也。當是時，綱紐廢弛，民人塗炭，諸侯互相攻滅，而弑君弑父之禍復公行而無所忌，使當禹、湯、文、武之時，皆所誅討夷滅而不赦者；而周天子闇弱無權，擁天王之虛器而一不敢問，其勢將無所底止。故天生德於孔子，而孔子亦知非己不能定天下之亂，是以周流於七十二國而應佛肸、公山畔臣之召，汲汲以求一日之用；意謂苟能反天下於正，其權不必自周出也。故曰：如有用我者，吾其爲東周乎？不幸卒無所遇，無所發其救時之心，不得已而作《春秋》，借天子之權以賞罰二百四十二年之事。蓋得位則見諸行事，不得位則託諸空言，其事雖異，其道則同；要使天理有一綫之存，而亂臣賊子得以稍斂其迹，則雖被僭之名而不辭也。故曰：知我者惟《春秋》，罪我者惟《春秋》。推孔子之心，雖湯、武之事亦可爲之，而況於《春秋》。而論者不識聖人之心，謂以天子之權與魯，嗚乎，何其謬也！

子貢言桓公殺公子糾，管仲不能死，且又相之，以爲未仁，而孔子曰：管仲相桓公，霸諸侯，一匡天下，民至今受其賜。微管仲，吾其被髮左衽！非若匹夫匹婦之諒，自經於溝瀆之中，而人不知。則是匹夫匹婦之諒，孔子所鄙不爲，而深有取於管仲者，豈非以有志於天下，則小節不足以奪之與，孟子生於戰國，其語齊、梁之君，皆以行王政安天下爲急；彼其時周天子固在也，而不以爲嫌者，蓋其心卽孔子作《春秋》之心，故曰：乃所願則學孔子也。夫《春秋》作而後亂臣賊子懼，則《春秋》不可不作也。使孔子不安於心，亦避大惡，畏大忌，而不敢作，則亂臣賊子必無所懼，是孔子亦庸衆無能之人而無益於天下者也，豈天之生聖人之心也哉！因讀蘇明允《春秋論》而作。

（清）崔述《崔東壁遺書・尚友堂文集》卷上《正統論上》　論正統

者衆矣，自宋歐陽修以至國朝魏禧，予所未見者不論，所已見者予皆有以識其説之非也。夫統有分合而無正僞，而正不正不關於其統。論者泥於其名，每曲爲之説，又或以愛憎爲褒貶，故其是非不當而予奪不公。

今夫正統之名何昉乎？非古聖人懸此格以待後之君也；其説起於後世之學士大夫。彼見歷代之事勢各殊也，於是正統之名興焉。有正統而後有偏統，由是而又有僭統、竊統；此皆强立名字，以古人就己之私説，皆予之所不取。

且彼所謂統者果何謂耶？謂合於一者爲統乎，則凡合於一者皆是而不合者皆非也，一言而决矣。謂歷代相傳之緒爲統乎？則合古今皆不離乎統，何得有正偏僭竊之名？

蓋天下有勢有義：正者義也，統者勢也。言正不可言統，言統不可言正，然後其理明而其説走。試言統之説。統之爲言，猶曰有天下云爾。天下，公器也，非一人一姓之所得私。當其時歸於一，則統有專屬；及其分也，則統亦隨而分矣。今夫一物而數十百人分之，雖出於刼奪焉，不可謂非共此物也。統之説何以異是！自古以來，雖世變紛然，而統無一日之絶也，不過時有分合而已。蓋自唐、虞、夏、商、周皆合也，至戰國始分；至秦、漢而又合，三國又分；晉又合，又分於東晉；歷南北朝而後合於隋、唐，而又分於五代；至宋又合，而又分於南宋；然後合於元，以迄於今。四千餘年以來，忽分忽合，譬如一縷之絲，寸寸而分合之，其緒固相屬也。然則歷代雖多，安見其統爲正爲偏爲僭竊也哉？

（清）崔述《崔東壁遺書·尚友堂文集》卷上《正統辨》 昔者三代之盛，歷法修明，王者之政令被於天下，歲頒朔於諸侯，諸侯奉若而不敢違，故其時無不遵天子之正統者。至春秋、戰國之際，史官失紀，疇人子弟分散，兼以王室衰微，天下分争，或不能盡遵天子之正統，故其時有《黄帝歷》、《顓頊歷》、《夏歷》、《殷歷》、《周歷》、《魯歷》。而孔子作《春秋》，亦謹書曰春王正月，明其正爲王之正，意若曰此方爲天子之正而天下之所當遵者，故公羊氏釋之曰大一統也。秦之改正朔也，以亥爲正月，漢初因之，已不在三正三統之中。然以天下奉其正朔，故《漢書·異姓諸侯王表序》云天下一統，言天下歸於一統也。其後改用夏時，歷代因之，雖天下有分合，而正朔不改。則其正卽夏之正，其統卽夏之統，不可曰各有一統而有正不正之別也。至於或以秦爲閏者，則以亥非正統，故曰閏；閏者對正而爲言也。後人誤加統字，謂爲閏統，已失統字之義。自宋以來，又有偏統、僭統、竊統、王統、霸統之名，則並正字之義而失之者也。故予謂其説皆不合於古。

（清）崔述《崔東壁遺書·尚友堂文集》卷上《封建論》 法久則必弊，弊則變。法之始皆因其勢之所趨，雖聖人不能立法，雖非聖人可以立法。古何以封建？秦何以郡縣？偶也。偶之云者，言因其勢所固然，無成心焉耳。方古之封建也，不知後世之復爲郡縣也，亦不知封建之外之更有郡縣也。當其時大有所統，小有所屬，各私其土而子其民。有聖人者立，因其勢之所宜，俾世其國，而封建成焉。由堯、舜而更禹、湯、文、武，非善之也，封建之法未弊也。然其勢則日趨於弊矣。蓋建國之初以萬計，未幾而以千計，又未幾而以百計，以遞至於十二，復合而爲七，亂亡相繼，篡奪相仍，蓋至戰國之時而弊已極矣，雖有聖人，不能復其故也。而適以暴秦當其際，故指摘生焉。秦之爲郡縣也，非必欲改古先聖王之法也，彼其時古先聖王之法蓋蕩然無存者矣。湯、武之滅夏、商也，誅其君，夷其都而已，天下諸侯自在也。秦之攻六國也，今日取一縣，明日取一郡，取之不已，六國遂亡，天下固已無諸侯矣。故秦之郡縣，秦不自爲也，皆因六國之舊而第易以秦之名。六國之外，無非郡縣。天下既安於郡縣矣，勢不可以再封建。廣六以爲萬，雖封建之初不若是之多事也。蓋勢之所趨，人不能變。古之封建，勢之趨於封建也。秦之郡縣，勢之趨於郡縣也。反而行之，天下必亂。漢之七國，晉之八王，封建之驗也。使堯、舜之時而遂郡縣天下，天下之平亦必不可得矣。故丁其時者，聖與暴皆無容心，因其勢之所趨而立法已耳。

然則封建與郡縣孰優劣？曰，無優劣，得明主則治而延，得暴主則亂而促，其理同也。且封建之時有黜陟之典，有巡狩述職之禮，有車服之賞，有貶削夷之罰，有方伯連帥之統率舉察，有造選進士之用人，安在其不如郡縣也？郡縣而後，漢光嘗中興矣，不必晉、鄭之翊戴也。唐之郭、李，宋之韓、岳，亦再造矣，不必擅土地，位侯伯也。召信臣、文翁、龔、黄之倫，歷代有循吏矣，不必其私之子孫也。安在其不如封建也？蓋二者皆偶也；古豈必不郡縣，秦豈必不封建，其勢異，故其法亦異。

德雖不同，易地則皆然，故曰偶也。而論者不察，常偏舉其利害，或即末世陵遲之獘以議其得失，故二説相持而不下。夫論事者必合二端而互觀之，其情乃見。而一代之中，其初必治，其末必亂，豈一法之先後優劣固殊耶？蓋治亂在人事，不可盡諉之於法也。

（清）**龔自珍《龔定盦全集・定盦文集》卷上《平均篇》**　龔子曰：有天下者，莫高於平之象也。其遼初乎！降是，安天下而已；又降是，與天下安而已；又降是，食天下而已。最上之世，君民聚醵，然三代之極，其猶水，君取盂焉，臣取勺焉，民取巵焉。降是，則勺者下侵矣，巵者上侵矣。又降，則君取一石，民亦欲得一石，故或涸而踣。石而浮，則不平甚，涸而踣，則又不平甚。有天下者曰：吾欲爲遼初，則取其浮者而挹之乎，不足者而注之乎，則爨然喙之矣。大略計之，浮不足之數相去瘉遠則亡瘉速，去稍近治亦稍速。千萬載治亂興亡之數，直以是券矣。人心者，世俗之本也；世俗者，王運之本也。人心亡則世俗壞，世俗壞則王運中易。王者欲自爲計，盍爲人心世俗計矣。有如貧相軋，富相耀；貧者阽，富者安；貧者日瘉傾，富者日瘉壅。或以羡慕，或以憤怨，或以驕汰，或以嗇吝，澆漓詭異之俗，百出不可止，至極不祥之氣，鬱於天地之間，鬱之久乃發爲兵燹，爲疫癘，生民噍類，靡有孑遺，人畜悲痛，鬼神思變置。其始，不過貧富不相齊之爲之爾。小不相齊，漸至大不相齊，大不相齊，即至喪天下。嗚呼！此貴乎操其本原，與隨其時而劑調之。上有五氣，下有五行，民有五醜，物有五才，消焉息焉，渟焉決焉，王心而已矣。是故古者天子之禮：歲終，太師執律而告聲，月終，太史候望而告氣。東無陼水，西無陼財，南無陼粟，北無陼土，南無陼民，北無陼風，王心則平，聽平樂，百僚受福。其《詩》有之曰：秉心塞淵，騋牝三千。王心誠深平，畜産且勝躍衆多，而況於人乎？又有之曰：皇之池，其馬歕沙，皇人威儀。其次章曰：皇之澤，其馬歕玉，皇人受穀。言物産蕃庶，故人得肆威儀，茹内衆善，有善名也。太史告曰：東有陼水，西有陼財，南有陼粟，北有陼土，南有陼民，北有陼風，王心則不平，聽傾樂，乘欹車，握偏衡，百僚受戒，相天下之積重輕者而變易之。其《詩》有之曰：相其陰陽，觀其流泉。又曰：度其夕陽。言營度也。故積財粟之氣滯，滯多霧，民聲苦，苦傷惠；積民之氣淫，淫多雨，民聲囂，囂傷禮義；積土之氣耗，耗多日，民聲濁，濁傷智；積水積風皆以其國瘥昏：官所掌也。且夫繼喪亡者，福禄之主，繼福禄者，危迫之主。語百姓曰：爾懼兵燹乎？則將起其高曾於九京而問之。懼荒饑乎？則有農夫在。上之繼福禄之盛者難矣哉！龔子曰：可以慮矣！可以慮，可以更，不可以驟。且夫唐虞之君，分一官，事一事，如是其諄也，民固未知貿遷，未能相有無，然君已懼矣。曰：後世有道吾民於富者，道吾民於貧者，莫如我自富貧之，猶可以收也。其《詩》曰：不識不知，順帝之則。夫堯固甚慮，民之識知，莫如使民不識知，則順我也。水土平矣，男女生矣，三千年以還，何底之有？彼富貴至不急之物，賤貧者猶且箣力以成之，歲月以靡之，舍是則賤貧且無所託命。然而五家之堡必有肆，十家之邨必有賈，三十家之城必有商。若服妖之肆，若食妖之肆，若翫好妖之肆，若男子咿唔求爵禄之肆，若盜聖賢市仁誼之肆，若女子鬻容之肆。肆有魁，賈有梟，商有賢桀，其心皆欲併十家、五家之財而有之，其智力雖不逮，其號既然矣。然而有天下者更之，則非號令也。有四挹四注：挹之天，挹之地，注之民；挹之民，注之天，注之地；挹之天，注之地；挹之地，注之天。其《詩》曰：挹彼注兹，可以餴饎；豈弟君子，民之父母。有三畏：畏旬、畏月、畏歲。有四不畏：大言不畏，細言不畏，浮言不畏，挾言不畏。而乃試之以至難之法，齊之以至信之刑，統之以至澹之心。龔子曰：有天下者，不十年幾於平矣。

（清）**譚嗣同《譚嗣同全集》卷一《仁學上》**　重男輕女者，至暴亂無禮之法也。男則姬妾羅侍，放縱無忌；女一淫即罪至死。

又：夫前人之罪，前人實承之，於後人何與？罪人不孥，人法猶爾。

（清）**康有爲《大同書》丙部《去級界平民族》**　人類之苦不平等者，莫若無端立級哉！其大類有三：一曰賤族，二曰奴隸，三曰婦女。夫不平之法，不獨反於天之公理，實有害於人之發達。

又：一，自定除免奴婢例後，不許買賣人口。蓋人者天之所生，民者國之所有，買者侵人自主獨立之權，賣者失己自主獨立之權，皆不可也。其有犯者罪之。

一，蛋戶、樂戶、丐戶之别異流品，不過以其執業過賤而仰之耳。然蛋戶操舟，與爲農工何異。樂戶執籥，尤爲雅業，何賤之有！丐戶則宜編於恤貧院，督以作工而教誨之，豈可永遠黜棄，擯出平民，俾其世代子孫賤不得伸焉。若夫優倡，皂隸並斥流外，原其執業太賤而身近官人，恐其轉瞬變化，卽服官在上，以濁流雜清流，以賤人凌貴人耳。此在君權獨私之世，故慮防宜深，若憲法既立，清議盈塗，報紙溢國，豈易私一下流而授以官哉！若夫優者實爲樂人，古之賢者所託而今各國學校之所學，風俗教化恆必由之，今中外貴人亦多戲友，此更無待於擯斥矣。皂隸雖役於官，然力抑其進上之途，則彼愈無發揚之望。夫人必有希望之心，乃有進上之志，今既絶之於進上之途，則彼不叢惡而包羞，作奸而犯法，將何爲矣，是迫之使爲惡，甚不然也。立法者將導人以上達，則人争向上而爲義，將抑人以下達，則人争向下流而爲惡，夫何事導人爲惡哉！今中國皂隸之無恥而爲惡至矣，民受其害甚矣，爲良吏者開口輒言嚴胥差，蓋由習俗之深而先以惡人待之也。夫皂隸既不能免，則豈可使環官之左右者皆惡人，而待官之一人嚴之乎！此亦立法者之過也。古之府史胥徒，皆爲庶人在官，漢之吏役，並與登進，各國同之。然則擯黜皂隸，乃近世不平之法也。人權之自立既明，男女絶無怨曠之苦，時無倡家，可不須禁。然則向來所有蛋戶、樂戶、丐戶、優倡、皂隸，皆多爲品流，有害平等之義，有損生民之用，宜予蠲除，概爲平民，一變至道，近於太平矣。

（清）康有爲《大同書》己部《去家界爲天民》 夫均是人也，均是淫也，以非常嚴酷之刑待女子，而以非常縱肆之欲待男子，其相反可謂極矣，有外夫則以爲奸而許殺之，有内妾則以爲禮而公行之，其不公可謂至矣。在立法之意，則以爲男子之得有妾，以爲廣嗣也，其聽外淫，以爲無損也。若女子之有外遇，則是亂宗也，又無以折宗族之奸，則以不貞也。夫亂宗，則於男姓之傳，族制之成，誠爲大礙矣，不可許矣；既以男姓爲主，以族制爲義，則此法雖奇偏極酷，亦不可以已矣。若夫宗族之奸，則罪尤加等，然則不爲亂宗也，而重於防淫也。夫所以防淫若是其重刑者，實爲一人之私屬而私有之也。夫一人之私，何預於國，而國法特深許其私有而以偏酷而助爲嚴防者，誠以防淫亂之原也。夫所以防其原者，慮因淫而亂，因亂而争殺也；然男子亦固縱淫矣，而妾既有名分，則未聞因此而争亂也，妓亦各所主，各出自本人所願，亦未聞因此而争殺也。女淫所以致亂啓争者，以既有本夫，則夫得禁之；他人及外夫義所不可，法所得禁；然而上犯國家之法，下侵本夫之分，故致争亂而相殺。假令一切縱之若男子，或各有名分，或各聽情願，則亦何争亂相殺之與有！故法律云者，皆上承男主女從之舊俗，卽禮義云者，亦上沿男强女弱，男姓女附之遺風耳，非公理也。

（清）康有爲《大同書》庚部《去産界共生業》 夫男女平等，各有獨立之權。天之生人也，使形體魂知各完成也，各各自立也，此天之生是使獨也。夫使天之生人使男女以兩人偶合也，則不能獨立也，天之生男女使如人獸之異形也，則不能獨立也，今男女之魂知形體各自完成，各能自立，不相待也，不相下也，不相異也，極相愛也。徒以形中微有陰陽凹凸之小異，而男子挾其强力以凌弱質，收爲私屬，不齒平人，習久成常，視爲義理，遂大背天予人權之義而永爲小康憂苦之世。雖彼男子得擁一日之私尊，然以視大同太平之極樂，不猶乞丐之視帝王，凡夫之比神仙哉！人有棄帝王而爲乞丐，棄神仙而爲凡夫者乎？故全世界人欲去家界之累乎，在明男女平等各有獨立之權始矣，此天予人之權也；全世界人欲去私産之害乎，在明男女平等各自獨立始矣，此天予人之權也；全世界人欲去國之争乎，在明男女平等各自獨立始矣，此天予人之權也；全世界人欲去種界之争乎，在明男女平等各自獨立始矣，此天予人之權也；全世界人欲致大同之世，太平之境乎，在明男女平等各自獨立始矣，此天予人之權也；全世界人欲致極樂之世，長生之道乎，在明男女平等各自獨立始矣，此天予人之權也；全世界人欲鍊魂養神，不生、不滅、不增、不減乎，在明男女平等分國之分政府乎！

（清）汪康年《汪穰卿先生遺文・芻言報論説擷粹・雜説》 近來，言男女平權矣，結婚自由矣。發之者，徒見外人之説新奇可喜，從而宣暢其説，而於風俗習慣之可否移換，利害禍福之關繫如何，未之審也。卽於西國風俗之實際，其男女所受之影響，亦未察也。但取己則快然言之，人則快然聽之而已。顧吾有所疑者。今日自公使以至學生，與外人結婚者，往往室有糟糠置諸不問，妻家勢力懸絶，莫起與抗，卽在内地者亦多如是，而所謂持公道主新説者亦緘默不言。豈略通新學之男於卽當享自由之幸福，而窮居家中之婦人并不得受平等之舊例歟？或曰是别有故焉。一則有勢力者也，一則無勢力者也，一則有交誼者也，一則無交誼者也。嗚呼！所謂公道者，存乎勢力與交誼乎？見宣統三年七月初一日芻言報。

綜　述

《宋史》卷二五六《趙普傳》　陳王元僖上言曰：臣伏見唐太宗有魏玄成、房玄齡、杜如晦，明皇有姚崇、宋璟、魏知古，皆任以輔弼，委之心膂，財成帝道，康濟九區，宗祀延洪，史策昭焕，良由登用得其人也。今陛下君臨萬方，焦勞庶政，宵衣旰食，以民爲心。歷考前王，誠無所讓，而輔相之重，未偕曩賢。況爲邦在於任人，任人在乎公正，公正之道莫先於賞罰，斯爲政之大柄也。苟賞罰匪當，淑慝莫分，朝廷紀綱，漸致隳紊。必須公正之人典掌衡軸，直躬敢言，以辨得失，然後彝倫式序，庶務用康。

（宋）李燾《續資治通鑑長編》卷三八八《宋哲宗元祐六年》　翰林學士蘇軾言：臣聞之，孔子曰：天何言哉？四時行焉，百物生焉，天何言哉？天子法天恭己，正南面，守法度，信賞罰，而天下治。三代令王，莫不由此。若天下大事，安危所繫，心之精微，法令有不能盡，則天子乃言。在三代爲訓、誥、誓、命，自漢以下爲制、詔，皆所以鼓舞天下，不輕用也。若每行事立法之外，必以王言隨而丁寧之，則是朝廷自輕其法，以爲不丁寧則未必行也。言既屢出，雖復丁寧，人亦不信。今者十科之舉，乃朝廷政令之一耳。況已立法：或不如所舉，舉主從貢舉非其人律；犯正入己贓，舉主減三等坐之；若受賄徇私罪名重者，自當從重，雖見爲執政亦降官示罰。臣謂立法不爲不重，若以爲未足，又從而降詔，則是詔不勝降矣。臣請畧舉今年朝廷所行薦舉之法，凡有七事：舉轉運、提刑，一也；舉館職，二也；舉通判，三也；舉學官，四也；舉重法縣令，五也；舉經明行修，六也；舉十科爲七。七事輕重畧等，若十科當降詔，則六事不可不降。今後一事一詔，則褻慢王言，莫甚於此。若但取諫官之意，或降或否，則其義安在？臣願戒敕執政，但守法度，信賞罰，重惜王言，以待大事而發，則天下聳然，敢不敬應？所有前件降詔，臣不敢撰。軾除學士乃九月十二日，不知此章以何時上，今依軾《集》附月末。十科詑不降詔，必是從軾所請也。又不知諫官誰欲降詔，當考。十月二十六日，左司諫朱光庭請申敕内外臣寮，十科無或援小人。詔從之。

《金史》卷一〇九《許古傳》　時丞相高琪立法，職字有犯皆的決，古及左司諫抹撚胡魯剌上言曰：禮義廉耻以治君子，刑罰威獄以治小人，此萬世不易論也。近者朝廷急於求治，有司奏請從權立法：職官有犯應贖者亦多的決。夫爵禄所以馭貴也，貴不免辱，則卑賤者又何加焉。車駕所駐非同征行，而凡科徵小過皆以軍期罪之，不已甚乎。陛下仁恕，決非本心，殆有司不思寬靜可以措安，而專事督責故耳。且百官皆朝廷遴選，多由文行、武功、閥閲而進，乃與凡庶等，則享爵禄者亦不足爲榮矣。抑又有大可慮者，爲上者將曰官猶不免，民復何辭，則苛暴之政日行。爲下者將曰彼既亦然，吾復何耻，則陵犯之心益肆。其弊豈勝言哉。伏願依元年赦恩刑不上大夫之文，削此一切之法，幸甚。上初欲行之，而高琪固執以爲不可，遂寢。

（漢）王符《潛夫論》卷四《三式》　高祖定漢，舉羣臣約，自非劉氏不得王，非有武功不得侯。孝文皇帝始封外祖，因爲典式，行之至今。孝武皇帝封爵丞相，以褒有德，後亦承之，建武乃絶。傳記所載，稷、卨、伯夷、皋陶、伯翳，日受封土。周宣王時，輔相大臣，以德佐治，亦獲有國，故尹吉甫作封頌二篇，其《詩》曰：亹亹申伯，王纘之事。于邑于謝，南國于是式。又曰：四牡彭彭，八鸞鏘鏘，王命仲山甫，城彼東方。此言申伯、山甫文德致升平，而王封以樂土，賜以盛服也。《易》曰：鼎折足，覆公餗，其刑渥。凶。此言公不勝任，則有渥刑也。是故三公在三載之後，宜明考績黜刺，簡練其材。其有稷、卨、伯夷、申伯、仲山甫致治之效者，封以列侯，令受南土八蠻之賜。其尸禄素餐，無進治之效，無忠善之言者，使從渥刑。是則所謂明德慎罰，而簡練能否之術也。誠如此，則三公競思其職，而百寮爭竭其忠矣。

先王之制，繼體立諸侯，以象賢也。子孫雖有食舊德之義，然封疆立國，不爲諸侯，張官置吏，不爲大夫，必有功於民，乃得保位，故有考績黜刺九錫三削之義。《詩》云：彼君子兮，不素餐兮。由此觀之，未有得以無功而禄者也。當今列侯，率皆襲先人之爵，因祖考之位，其身無功於漢，無德於民，專國南面，臥食重祿，下殫百姓，富有國家，此素餐之甚者也。孝武皇帝患其如此，乃令酎金以黜之，而益多怨。

今列侯或有德宜子民，而道不得施；或有凶頑醜，不宜有國，而惡不上聞。且人情莫不以己爲賢而效其能者，周公之戒，不使大臣怨乎不以。《詩》云：駕彼四牡，四牡項領。今列侯年卅以來，宜皆試補長吏墨綬以上，關内侯補黄綬，以信其志，以旌其能。其韓侯、邵虎之德，上有功於天子，下有益於百姓，則稍遷位益土，以彰有德。其懷姦藏惡尤無狀者，削土奪國，以明好惡。

且夫列侯皆剖符受策，國大臣也，雖身在外，而心在王室。宜助聰明與智賢愚，以佐天子。何得坐作奢僭，驕育負責，欺枉小民，淫恣酒色，職爲亂階，以傷風化而已乎？詔書横選，猶乃特進，而不令列侯舉，此於主德大洽，列侯大達，非執術督責總覽獨斷御下方也。今雖未使典始治民，然有横選，當循王制，皆使貢士，不宜闕也。

是誠三公以旌積德，試列侯素餐，上合建侯之義，下合黜刺之法。賢材任職，則上下蒙福，素餐委國，位無凶人。誠如此，則諸侯必内思制行而助國矣。今則不然，有功不賞，無德不削，甚非勸善懲惡，誘進忠賢，移風易俗之法術也。昔先王撫世，選練明德，以統理民，建正封不過百，取法於震，以爲賢人聰明不是過也；又欲德能優而所治纖，則職修理而民被澤矣。今之守相，制地千里，威權勢力，盛於列侯，材明德義，未必過古，而所治逾百里，此以所治多荒亂也。是故守相不可不審也。昔宣皇帝興於民間，深知之，故常嘆曰：萬民所以安田里憂患者，政平訟治也。與我共此者，其惟良二千石，於是明選守相，其初除者，必躬見之，觀其志趣，以昭其能，明察其治，重其刑賞。姦宄減少，户口增息者，賞賜金帛，爵至封侯。其耗亂無狀者，皆銜刀瀝血於市，賞重而信，罰痛而必，羣臣畏勸，競思其職。故能致治安而世升平，降鳳皇而來麒麟，天人悦喜，符瑞並臻，功德茂盛，立爲中宗。由此觀之，牧守大臣者，誠盛衰之本原也，不可不選練也；法令賞罰者，誠治亂之樞機也，不可不嚴行也。

昔仲尼有言：政寬則民慢，慢則糾之以猛；猛則民殘，殘則施之以寬。寬以濟猛，猛以濟寬，政是以和。今者刺史、守相，率多怠慢，違背法律，廢忽詔令，專情務利，不卹公事。細民冤結，無所控告，下土邊遠，能詣闕者，萬無數人，其得省治，不能百一。郡縣負其如此也，故至敢延期，民日往上書。此皆太寬之所致也。

《噬嗑》之卦，下動上明，其《象》曰：先王以明罰勅法。夫積怠之俗，賞不隆則善不勸，罰不重則惡不懲。故凡欲變風改俗者，其行賞罰者也，必使足驚心破膽，民乃易視。聖主誠肯明察群臣，竭精稱職有功效者，無愛金帛封侯之費；其懷姦藏惡別無狀者，圖鐵鑕鉞之決。然則良臣如王成、黄霸、龔遂、邵倍臣之徒，可比郡而得也；神明瑞應，可期年而致也。

（元）蘇天爵《滋溪文稿》卷二六《章疏・論不可數赦》　自昔國家務明刑政，苟或赦宥之數行，必致紀綱之多紊。是以先王既興禮樂以教民，又嚴法制以懲惡，蓋禮樂興則教化洽，法制嚴則姦貪懼，未嘗數赦以病民也。唐太宗貞觀二年謂侍臣曰：凡赦惟及不軌之輩。古語有云：君子不幸，小人之幸。一歲再赦，善人喑啞。夫養稂莠者傷禾稼，惠姦宄者賊良人。朕有天下以來，嘗須慎赦，蓋數赦則愚人嘗冀僥倖，唯欲犯法不復能改過矣。誠哉太宗之斯言也。昔我世祖皇帝即位之初，未嘗肆赦。臨御既久，聖德深仁，丕冒天下，是以刑政肅清，禮樂脩舉，姦貪知懼，善良獲伸。故中統、至元之治，比隆前古。欽惟聖天子承順天心，子愛百姓，發號施令，必先至仁，踐祚伊始，已降寬恩。然自近歲以來，赦宥太數，誠恐姦人貪吏，各懷僥倖，大爲姦利，非國之福也。夫以世祖皇帝在位三十五年，肆赦者八。近自天歷改元至元統初歲，六年之中，肆赦者九。蓋敷恩宣澤，雖出於朝廷之美意，然長姦惠惡，誠爲政者所當慎也。伏願自今以始，近法世祖皇帝之所行，遠鑑唐太宗之所以言，使中外臣民洗心革慮，守法奉公，知非常之恩不可復覬，不勝幸甚。

紀事

《史記》卷一〇《孝文本紀》　十二月，上曰：法者，治之正也，所以禁暴而率善人也。今犯法已論，而使毋罪之父母妻子同產坐之，及爲收帑，朕甚不取。其議之。有司皆曰：民不能自治，故爲法以禁之。相坐坐收，所以累其心，使重犯法，所從來遠矣。如故便，上曰：朕聞法正則民愨，罪當則民從。且夫牧民而導之善者，吏也，其既不能導，又以不正之法罪之，是反害於民爲暴者也。何以禁之？朕未見其便，其孰計之。有司皆曰：陛下加大惠，德甚盛，非臣等所及也。請奉詔書，除收帑諸相坐律令。

《魏書》卷五《文成帝紀》 九月戊辰，詔曰：夫褒賞必於有功，刑罰審於有罪，此古今之所同，由來之常式。牧守莅民，侵食百姓，以營家業，王賦不充，雖歲滿去職，應計前逋，正其刑罪。而主者失於督察，不加彈正，使有罪者優游獲免，無罪者妄受其辜，是啓姦邪之路，長貪暴之心，豈所謂原情處罪，以正天下。自今諸遷代者，仰列在職殿最，案制治罪。克舉者加之爵寵，有愆者肆之刑戮，能使否殊貫，刑賞不差。主者明爲條制，以爲常楷。

《舊唐書》卷一二八《段秀實傳》 大曆元年，馬璘奏加開府儀同三司。軍中有能引二十四弓而犯盜者，璘欲免之，秀實曰：將有私愛，則法令不一，雖韓、白復生，亦不能爲理。

（唐）吴兢《貞觀政要》卷五《論公平》 貞觀元年，吏部尚書長孫無忌嘗被召，不解佩刀入東上閤門，出閤門後，臨門校尉始覺。尚書右僕射封德彝議，以監門校尉不覺，罪當死，無忌誤帶刀入，徒二年，罰銅二十斤。太宗從之。大理少卿少，去聲。卿之貳也。戴胄駁曰：校尉不覺，無忌帶刀入內，同爲誤耳。夫臣子之於尊極，夫音扶。不得稱誤，准律云：供御湯藥、飲食、舟船，誤不如法者，皆死。陛下若録其功，非憲司所決；若當據法，罰銅未爲得理。太宗曰：法者，非朕一人之法，乃天下之法，何得以無忌國之親戚，便欲撓法耶？更令定議。令平聲，後同。德彝執議如初，太宗將從其議，胄又駁奏曰：校尉緣無忌以致罪，於法當輕，若論其過誤，則爲情一也，爲情如字。而生死頓殊，敢以固請。太宗乃免校尉之死。是時，朝廷大開選舉，或有詐僞階資者，太宗令其自首，首去聲，後同。不首，罪至于死。俄有詐僞者事洩，胄據法斷流以奏之。太宗曰：朕初下敕，不首者死，今斷從法，是示天下以不信矣。胄曰：陛下當即殺之，非臣所及，既付所司，臣不敢虧法。太宗曰：卿自守法，而令朕失信耶？胄曰：法者，國家所以布大信於天下，言者當時喜怒之所發耳！陛下發一朝之忿，朝音昭。而許殺之，既知不可而寘之以法，此乃忍小忿而存大信，臣竊爲陛下惜之。爲，去聲。太宗曰：朕法有所失，卿能正之，朕復何憂也？

（唐）吴兢《貞觀政要》卷八《論刑法》 貞觀十六年，太宗謂大理卿孫伏伽貝州人。武德初，上言三事。帝曰：可謂誼臣矣。貞觀中，拜御史，累遷大理卿。曰：夫作甲者夫音扶。欲其堅，恐人之傷；作箭者，欲其銳，恐人不傷。何則？各有司存，利在稱職故也。稱，去聲。朕常問法官刑罰輕重，每稱法網寬於往代。仍恐主獄之司，利在殺人，危人自達，以釣聲價，今之所憂，正在此耳！深宜禁止，務在寬平。

（宋）李燾《續資治通鑑長編》卷一〇五《宋仁宗天聖五年》 壬寅，詔自今大禮前已降約束，而犯劫盜及官典受贓，並論如律，仍毋得禁奏聽裁。先是，知亳州馬亮言：按律，知有恩赦而故犯者，不得以赦原。朝廷每於赦前下約束，蓋欲申警貪盜之人，令犯者禁奏聽裁。及案下大理寺，而法官復不詳律意，乃言終是會赦，因而多所寬貸，頗爲惠奸。故降是詔。

（宋）李燾《續資治通鑑長編》卷一〇九《宋仁宗天聖八年》 戊辰，合祀天地於圜丘，大赦。賀皇太后於會慶殿。戚里有毆妻致死更赦事發者，太后怒曰：夫婦齊體，奈何毆致死耶？權知開封府寇瑊對曰：傷居限外，事在赦前，有司不敢亂天下法。卒免死。

（宋）李燾《續資治通鑑長編》卷一八九《宋仁宗嘉祐四年》 壬辰，御崇政殿，録繫囚，雜犯死罪以下遞降一等，徒以下釋之。知制誥劉敞言：疏決在京繫囚，雖恩出一時，然在外群情皆云聖意以皇女生，故施此慶澤，恐非王者之令典也。去年閏月，已曾減降，尚未半年，復行此恩，傳稱民之多幸，則於國不幸。一歲再赦，好人喑啞，前世明君賢臣，論此詳矣。

（宋）李燾《續資治通鑑長編》卷二〇一《宋英宗治平元年》 辛亥，上問執政：積弊甚衆，何以裁救。富弼對曰：恐須以漸釐改。又問：寬治如何？吴奎對曰：聖人治人固以寬，然不可以無節。《書》曰：寬而有制，從容以和。又問前代宗室，富弼對曰：唐時名臣多出宗室。吴奎曰：祖宗時宗室皆近親，然初授止於殿直、侍禁、供奉官，不如今之過也。朝廷必爲無窮計，當有所裁損。知諫院司馬光言：臣聞治身莫先於孝，治國莫先於公。孔子曰：孝，德之本也。又曰：不愛其親而愛他人者，謂之悖德；不恭其親而恭他人者，謂之悖禮。未有根絶而葉茂，源涸而流長者也。仁宗皇帝以四海大業授之陛下，其恩德之大，天地不足以爲比。今登遐之後，骨肉至親獨有皇太后與公主數人，陛下所當盡心竭力供承撫養，以副仁宗皇帝之意。曏者皇太后聽政之時，左右侍衛之人不敢不恪，求須之物無所不備。既委去政柄，臣竊慮有無識之人隨勢傾移，侍奉懈惰，供給有闕，則天下之責皆歸陛下，不可不留意朝夕省察也。又若有不逞之人於兩宫之間刺探動静，捨掇語言，外如効忠，内實求媚以相構間者。臣願陛下迎拒其辭，執付有司，加之顯戮。誅一人則羣邪自退，納一言則百讒俱進，此乃禍亂之機，不可不深察也。臣聞國事聽于君，家事聽于親。臣愚以爲陛下在外朝之時，刑賞黜陟之政，當自以聖心決之，至禁廷之内，取舍賜予，事無大小，不若皆稟於皇太后而後行，陛下與中宫勿有所專。如此則内外之體正，尊卑之序明，慈母歡欣於上，臣民頌詠於下矣。不然，皇太后歸政之後，若侍衛之人稍有怠惰，求須之物小失供擬，加以讒邪妄興離間，萬一有絲毫闕失，流聞於外，或皇太后憂思不樂，内生疾疢，則陛下何以勝此名於天下哉！雖百善不能掩矣。臣故曰治身莫先於孝也。《洪範》於好惡偏黨之際，六反言之，重之至也。周任曰：爲政者不賞私勞，不罰私怨。《大學》曰：欲明明德於天下者，必先正其心，有所忿懥，則不得其正，有所好樂，則不得其正。陛下奮發宫邸，入纂皇極，爰自潛躍，至於天飛，舊恩宿怨，豈能盡無。然今日卽政之初，皆不可置於聖慮以害至正也。凡人君之要道，在於進賢退不肖，賞善罰惡而已。爵禄者，天下之爵禄，非以厚人君之所善也；刑罰者，天下之刑罰，非以快人君之所怒也。是故古者爵人於朝，與士共之；刑人於市，與衆棄之。明不敢以己之私心害天下公議也。今四海之廣，百官之衆，有賢有愚，有善有惡，比肩接迹，雜然並進。臣願陛下少留聰明，詳擇其間。苟有才德高茂，合于人望者進之，雖宿昔怨讐勿棄也；有器識庸下，無補於時者退之，雖親暱姻婭勿取也；有勵行立功，爲世所推者賞之，雖意之所憎勿廢也；有懷姦犯禁，爲衆所疾者罰之，雖意之所愛勿赦也。如此，則朝無曠官，野無遺賢，爲善者勸，爲惡者懼，上下悦服，朝廷大治，百姓蒙福，社稷永安。不然，陛下若專居深宫，自暇自逸，威福之柄盡委大臣，取過目前，不爲遠慮，賢愚不分，善惡失實；不則所進者皆平生所親愛，所退者皆平生所不快，所賞者皆諂諛而無功，所罰者皆忠諒而無罪。如此，則中外解體，紀綱隳紊，羣生失所，天下可憂矣。臣故曰治國莫先於公也。此二者，榮辱之大本，安危之至要，臣願陛下審思而力行之。

（清）徐乾學《資治通鑑後編》卷二九《宋紀二九》 六月甲子，監察御史張廓上言：天下曠土甚多，請依唐宇文融所奏，遣官檢括土田。帝曰：此事未可遽行。然今天下税賦不均，富者地廣租輕，貧者地蹙租重。由是，富者益富，貧者益貧，茲大弊也。王旦等曰：田賦不均，誠如聖旨，但改定之。法亦須馴致，或命近臣專領委其擇人令自一州一縣條約之。則民不擾而事必集矣。

（清）徐乾學《資治通鑑後編》卷九一《宋紀九一》 乙巳，三省言役法尚未就緒。帝曰：止用元豐法，而減去寬剩錢，百姓何有不便耶？范純仁曰：四方利害不同，須因民立法，乃可久也。帝曰：令戶部議之。

（清）徐乾學《資治通鑑後編》卷一二五《宋紀一二五》 丙戌，金以吏部尚書烏庫哩元忠爲御史大夫。元忠嘗知大興府有僧犯法，皇姑梁國大長公主屬使釋之，元忠不聽，金主聞之，召元忠謂曰：卿不徇情，甚可嘉也。治京如此，朕復何憂？

（明）何棟如《皇祖四大法》卷五《治法》 〔洪武七年五月〕壬辰，以兵部員外郎楊基爲山西按察司副使，監察御史荅禄與權爲廣西按察司僉事，吕本爲北平按察司僉事。上諭之曰：風憲之設，本在整肅紀綱，澄清吏治，非專理刑名。爾等往修厥職，務明大體，毋徒效俗吏，拘拘於繩墨之末。至於處事之際，毫忽須謹，善雖小，爲之不已，將爲全德；過雖小，積之不已，將爲大憝。豈不見千雲之臺由寸土之積，燎原之火本一爝之微？可不慎歟。

藝　文

（唐）孫樵《唐孫樵集》卷一《大明宫賦》　蘇梟妖狂，自註：謂朱泚也。突集五堂。縱啄怒吞，大駕驚奔，吾則勵陰刀翦其翼，俾不得逃明殛。三革蝕黑，孰匪吾力？吾見若正聲在懸，諍舌在軒，輟鼗延諫，刳襟沃善，賞必正名，怒必正刑，當獄撤腥，自註：太宗每遇行刑，謂之御諫。當稼吞螟，吾則入瀆革濁，自註：貞觀中，河屢清。入囿肉角，自註：貞觀中，麟見。旬澤暮溥，自註：太平十日一雨，雨必以夜。㪷穀視土。自註：開元中斗米五文錢。吾見若姦聲在堂，諛舌在旁，窒聰怫諷，正斥邪寵，嘉賞失節，怒罰失殺，奪農而傜，厚天而雕，吾則反耀而彗，自註：永崇總章中，彗星屢見。反澤而沴，蕩坤而坼，自註：地有坼而復合，終日不止。裂乾而石。自註：天有裂而殞石。然吾留帝一作意。宫中二百年，昔亦日月，今亦日月。往孰爲設，今孰爲缺？

（宋）王安石《臨川先生文集》卷三八《銘·瑑公信心銘》　沔彼有流，載浮載沈。爲可以濟，一壺千金。法譬則水，窮之彌深。瑑公所傳，等觀初心。

雜　録

《尚書正義·周書·吕刑》　王曰：嗚呼！敬之哉！官伯、族姓，朕言多懼。敬之哉，告使敬刑。官長，諸侯。族，同族。姓，異姓也。我言多可戒懼，以儆之。儆音景。朕敬于刑，有德惟刑。我敬於刑，當使有德者惟典刑。今天相民，作配在下，明清于單辭。今天治民，人君爲配天在下，當承天意，聽訟當清審單辭。單辭特難聽，故言之。相如字，馬息亮反，助也。民之亂，罔不中聽獄之兩辭，民之所以治，由典獄之無不以中正聽獄之兩辭，兩辭棄虛從實，刑獄清則民治。治，直吏反。無或私家于獄之兩辭。典獄無敢有受貨聽詐，成私家於獄之兩辭。獄貨非寶，惟府辜功，報以庶尤。受獄貨非家寶也，惟聚罪之事，其報則以衆人見罪。永畏惟罰，非天不中，惟人在命。當長畏懼惟爲天所罰，非天道不中，惟人在教命使不中，不中則天罰之。天罰不極，庶民罔有令政在于天下。天道罰不中，令衆民無有善政在於天下，由人主不中，將亦罰之。令，力呈反。疏：王曰至天下。正義曰：王歎而呼諸侯曰：嗚呼！刑罰事重，汝當敬之哉！謂諸侯官之長，此同族異姓等，我言多可戒懼。我敬於刑，當刑命有德者惟典刑事。今上天治民，命人君爲天子，配天在於下，承天之意，爲事甚重。其聽獄訟，當明白清審於獄之單辭。民之所以治者，由獄官無有不用中正聽訟之兩辭。由以中正之故，下民得治。汝獄官無有敢受貨賂，成私家於獄之兩辭。勿於獄之兩家受貨致富，治獄受貨非家寶也，惟是聚罪之事。言汝身多違則不達，虛言戒行急惡，疏非虛論矣。多聚罪則天報汝，以衆人見被尤怨而罰責之。汝當長畏惟天所罰，天罰汝者非是天道不中，惟人在於自作教命，使不中爾。教命不中，則天罰汝。天道罰不中也，若令衆民無有善政在於天下，則是人主不中，天亦將罰人主。諸侯爲民之主，故以天罰懼之。傳敬之至儆之。正義曰：此篇主多戒諸侯百官之長，故知官長即諸侯也。襄十二年《左傳》哭諸侯之例云：異姓臨於外，同族於禰廟。是相對則族爲同姓，姓爲異姓也。告之以我言多可戒懼者，以儆戒之也。下言民無善政，則天罰人主，是儆戒諸侯也。傳我敬至典刑。正義曰：當使有德者惟典刑，言將選有德之人使爲刑官，刑官不用無德之人也。傳今天至言之。正義曰：傳以相爲治，今天治民者，天有意治民，而天不自治，使人治之。人君爲配天在下，當承天意治民，治之當使稱天心也。欲稱天心，聽獄當清審單辭。單辭謂一人獨言，未有與對之人。訟者多直己以曲彼，搆辭以誣人，單辭特難聽，故言之也。孔子美子路云：片言可以折獄者，其由也與。片言即單辭也。子路行直聞於天下，不肯自道己長，妄稱彼短，得其單辭即可以斷獄者，惟子路爾。凡人少能然，故難聽也。傳民之至民治。正義曰：獄之兩辭，謂兩人競理，一虛一實，實者枉屈，虛者得理，則此民之所以不得治也。民之所以得治者，由典獄之官其無不以有中正之心聽獄之兩辭，棄虛從實，實者得理，虛者受刑，虛者不敢更訟，則刑獄清而民治矣。孔子稱必也使無訟乎，謂此也。傳典獄至兩辭。正義曰：典獄知其虛，受其貨，而聽其詐。詐者虛而得理，獄官致富成私家，此民之所以亂也。故戒諸侯無使獄官成私家於獄之兩辭。傳受獄至見罪。正義曰：府，聚也。功，事也。受獄貨非是家之寶也，惟最聚近罪之事爾。罪多必有惡報，其報則以衆人見罪也。衆人見罪者多，天必報以禍罰，故下句戒令畏天罰也。傳當長至罰之。正義曰：衆人見罪者多，天必報以禍罰，汝諸侯等當長畏懼爲天所罰。天之罰人，非天道不得其中，惟人在其教命自使不申，教命不中，則天罰之。諸侯一國之君，施教命於民者也，故戒以施教命中否也。傳天道至罰之。正義曰：天道下罰，罰不中者，令使衆民無有善政在於天下，由人主不中，故無善政，天將亦罰人主。人主謂諸侯，此言戒諸侯也。

（漢）韓嬰《韓詩外傳》卷六　王者必立牧，方三人，使闚遠牧衆也。遠方之民有飢寒而不得衣食，有獄訟而不平其寃，失賢而不舉者，入告天子。天子於其君之朝也，揖而進之曰：噫！朕之政教有不得爾者邪？何如乃有飢寒而不得衣食，有獄訟而不平其寃，失賢而不舉。然後其君退而與其卿大夫謀之。遠方之民聞之，皆曰：誠天子也！夫我居之僻，見我之近也，我居之幽，見我之明也。可斯乎哉？故牧者，所以開四目，通四聰也。《詩》曰：邦國若否，仲山甫明之。此之謂也。

《春秋穀梁傳》卷七《宣公十五年》　初税畝。初者，始也。古者什一，一夫一婦佃田百畝，以共五口，父母妻子也。又受田十畝，以爲公田。公田在内，私田在外，此一夫一婦爲耕百一十畝。税，始鋭反，賦也。什，一音十，十税一也。佃音田，又徒偏反。共音恭。藉而不税。藉此公田而收其入，言不税民。初税畝，非正也，古者三百步爲里，名曰井田。井田者，九百畝，公田居一。出除公田八十畝，餘八百二十畝，故井田之法，八家共一井，八百畝餘二十畝，家各二畝半爲廬舍。廬，力魚反。私田稼不善則非吏，非，責也。吏，田畯也，言吏急民，使不得營私田。畯，音俊，田大夫也。公田稼不善則非民。民，勤私也。初税畝者，非公之去公田而履畝十取一也。以公之與民爲已悉矣。悉謂盡其力，去如字，又起吕反。古者公田爲居，八家共居。井竈葱韭盡取焉。損其廬舍家作一園。以種五菜，外種楸桑，以備養生送死。韭，音九。楸，音秋。

《春秋穀梁傳》卷一二《哀公十二年》　十有二年春，用田賦。古者九夫爲井，十六井爲丘。丘賦之法，因其田財，通共出馬一匹、牛三頭。今別其田及家財，各出此賦。言用者，非所宜用。別，如字，又彼列反。古者公田什一，用田賦非正也。古者五口之家，受田百畝，爲官田十畝，是爲私得其什而官税其一，故曰什一。周謂之徹，殷謂之助，夏謂之貢，其實一也，皆通法也。今乃棄中平之法，而田財並賦，言其賦民甚矣。爲官，于僞反。税，舒鋭反。夏謂，戶雅反。

（清）黄奭輯《春秋緯・春秋元命苞》　王者置廷尉，讞疑刑者，官之平，下之信也。尉者，尉民心，撫其實也。安太字，士垂一人。詰屈折箸爲廷。清河郡本爲廷下脊尉字。示戴尸首，以寸者爲言，寸，度治㳒數之分。示帷尸稽清河郡本尸稽佖戶稽。於十舍。《古微書》十舍佖寸舍。則㳒脊分，故爲尉，示與尸寸。宋均注：士，事也。垂，係也。屍，人死也。人死不可無。乃戴之者，示天下不可無死也。

（清）郝懿行《爾雅義疏・釋詁下》　梏梗較頲庭道直也。梏梗較頲，皆正直也。《詩》曰：既庭且碩，頲道無所屈。《説文》云：直正見也。《易・繫辭》云：其動也直。韓康伯注：直，剛正也。葢直對曲而言。左氏襄七年《傳》：正曲爲直，是直能正人之曲也。直又對邪而言。《史記・樂書》云：回邪曲直。是直爲邪之對也，無邪爲正，正則直，直者特然獨立之貌。特與直亦音近字通，故《詩》實維我特，《韓詩》特作直，云相當值也。案，相當值之值古止作直。《史記・匈奴傳》直上谷是也。特或作犆。《禮・王制》礿犆，禘犆是也。然則《韓詩》之直或即犆字之省。古字叚借通用。《郊特牲》注直或爲犆，是其證也。直又語詞，故詩非直也。人傳以非直爲非徒。今按非徒亦曰非獨，亦曰非特，特獨徒俱一聲之轉，而其義亦通矣。梏者，《禮・緇衣》引《詩》有梏德行。鄭注：梏，大也，直也，通作鵠。《詩》賓之初筵。《釋文》鵠者，覺也，直也。《禮・射義》注：鵠之言梏也。梏，直也。又通作覺。《詩》有覺其楹，及有覺德行。箋傳竝云：覺，直也。《爾雅釋文》梏，古沃反。郭音角。是郭讀梏爲覺，本於毛鄭也。梗者，猶庚庚也。庚庚，堅強貌也。《楚辭・橘頌篇》云：梗其有理兮。王逸注：梗，強也。強與直義近。梗本山榆有束者之名。故《方言》云：凡草木棘人自關而東或謂之梗。梗訓棘，亦與強直義近。故《方言》又云：梗，覺也。又云：梗，略也。梗槩粗略，與直率義又近也，通作鯁。《詩》至今爲梗。《後漢書・段熲傳》作至今爲鯁。李賢注鯁與梗同，較者與梏鵠聲近義同。《司裘》及《大射儀》注竝云：鵠之言較。較，直也。《尚書大傳》云：覺兮，較兮。鄭注：較兮謂直道者也。較與覺聲義同，故《楚辭・遠逝篇》云：服覺酷以殊俗兮。王逸注：覺，較也。左氏襄廿一年《傳》：夫子，覺者也。杜預注覺較然正直然，則較之爲言，覺也，覺較俱訓明，故《史記・伯夷傳》云此其尤大彰明較著者也，《平津侯主父傳》云較然著明，皆以較爲明。明與直義近，即《説文》直訓正見之意也。較又𣪊較也，較與榷聲義同，榷爲率略取直之意，故《考工記・輿人》注故書較作榷。《一切經音義》七云：較古文榷同，是榷、較古字通矣。頲者，《説文》云：狹頭，頲也，訓直者頭容直也，通作脡。《曲禮》云：鮮魚曰脡祭，鄭注：脡，直也，又通作挺。《士虞禮》云脯四脡。鄭注：古文脡爲挺，《考工記・弓人》注挺，直也。左氏襄五年《傳》周道挺挺，注亦以挺挺爲正直也，又與珽同。《玉藻》注：珽之言，挺然無所屈也。《隋書》引許慎《五經異義》云：天子笏曰珽挺，直無所屈也。又通作侹，《一切經音義》十三云：侹古文作頲，又引《通俗》文云平直曰侹，此皆字異而音義俱同也。庭者，廷之叚音也。《後漢書・郭太傳》注引《蒼頡篇》云廷直也，又引《風俗通》云：廷，正也，言縣廷、郡廷、朝廷皆取平均正直也，通作庭。《詩・大田》《韓奕》《閔予小子傳》竝云：庭，直也，陟降庭止。《漢書・匡衡傳》作陟降廷止，《經典》廷庭通者非一，其餘皆可知也。道者與廷同意，廷者人所停道者，人所蹈皆挺然正直，故《詩》云周道如砥，其直如矢；《逸詩》云周道挺挺，是皆道訓直之義也。道與徑同意，《史記·大宛傳》云從蜀宜徑。《文選·諫吴王書》云徑而寡失，《集解》及注竝云：徑，直也。徑訓直，知道訓直矣。

（清）馬驌《繹史》卷四二《楚子伐滅諸國》 《左傳》楚文王伐鄧，使王子革、王子靈共捃菜。二子出採，見老人載畚，乞焉不與，搏而奪之。王聞之，令皆拘二子，將殺之，大夫辭曰：取畚信有罪，然殺之非其罪也。君若何殺之？言卒，丈人造軍而言曰：鄧為無道，故伐之，今君公子之搏而奪吾畚，無道甚於鄧。呼天而號。君聞之，羣臣恐。君見之曰：討有罪而横奪，非所以禁暴也。恃力虐老，非所以教幼也。愛子棄法，非所以保國也。私二子滅三行，非所以從政也。丈人舍之矣，謝之軍門之外耳。

《漢書》卷二三《刑法志》 自建武、永平，民亦新免兵革之禍，人有樂生之慮，與高、惠之間同，而政在抑彊扶弱，朝無威福之臣，邑無豪桀之俠。以口率計，斷獄少於成、哀之間什八，可謂清矣。然而未能稱意比隆於古者，以其疾未盡除，而刑本不正。

（宋）司馬光《資治通鑑》卷八〇《晉紀二》 臣光曰：昔舜誅鯀而禹事舜，不敢廢至公也。嵇康、王儀，死皆不以其罪，二子不仕晉室可也；嵇紹苟無蕩陰之忠，蕩陰事見後八十五卷惠帝永興元年。余謂蕩陰之難，君子以嵇紹爲忠於所事可也，然未足以塞天性之傷也。蕩，音湯。殆不免於君子之譏乎！

《北史》卷八二《儒林傳下·何妥》 臣聞爵人於朝，與士共之，刑人於市，與眾棄之。伏見留心獄訟，愛人如子，每應决獄，無不詢訪羣公，刑之不濫，君之明也。刑既如此，爵亦宜然。

《魏書》卷四《太武帝紀》 人思効命，所向無前。命將出師，指授節度，從命者無不制勝，違爽者率多敗失。性又知人，拔士於卒伍之中，惟其才效所長，不論本末。兼甚嚴斷，明於刑賞。功者賞不遺賤；罪者刑不避親，雖寵愛之，終不虧法。常曰：法者，朕與天下共之，何敢輕也。故大臣犯法，無所寬假。雅長聽察，瞬息之間，下人無以措其姦隱。然果於誅戮，後多悔之。

《魏書》卷一九中《景穆十二王傳·任城王》 時右丞孟斌曰：事不可量，須依敕召并肆兵，然後徐動。澄曰：泰既構逆，應據堅城，而更迎陽平，度其所爲，似當勢弱。泰既不相拒，無故發兵，非宜也。但速往鎮之，民心自定。遂倍道兼行，出其不意。又遣治書侍御史李焕先赴，至既擒泰，民情怡然。窮其黨與，罪人皆得，鉅鹿公陸叡、安樂侯元隆等百餘人皆獄禁。具狀表聞，高祖覽表大悅，召集公卿以下以表示之，曰：我任城可謂社稷臣也，尋其罪案，正復皐陶斷獄，豈能過之。顧謂咸陽王等曰：汝等脱當其處，不能辦此。車駕尋幸平城，勞澄曰：任城此行，深副遠寄。對曰：陛下威靈遠被，罪人無所逃刑，臣何勞之有。引見逆徒，無一人稱枉，時人莫不歎之。高祖顧謂左右曰：昔仲尼云：聽訟吾猶人也，必也使無訟乎。然聖人之聽訟，殆非常人所匹，必也無訟，今日見之矣。以澄正尚書。

《魏書》卷六〇《韓麒麟傳》 麒麟在官，寡於刑罰，從事劉普慶説麒麟曰：明公仗節方夏，而無所斬戮，何以示威？麒麟曰：刑罰所以止惡，蓋不得已而用之。今民不犯法，何所戮乎？若必須斬斷以立威名，當以卿應之。普慶慚懼而退。

又： 又曰：夫帝皇所以居尊以御下者，威也；兆庶所以徙惡以從善者，法也。是以有國有家，必以刑法爲治，生民之命，於是而在。有罪必罰，罰必當辜，則雖箠撻之刑，而人莫敢犯也。有制不行，人得僥倖，則雖參夷之誅，不足以肅。自太和以來，未多坐盜棄市，而遠近肅清。由此言之，止姦在於防檢，不在麗刑也。今州郡牧守，邀當時之名，行一切之法；臺閣百官，亦咸以深酷為無私，以仁恕爲容盜。迭相敦厲，遂成風俗。陛下居九重之內，視人如赤子；百司分萬務之要，遇下如仇讎。是則堯舜止一人，而桀紂以千百。和氣不至，蓋由於此。《書》曰：與其殺不辜，寧失不經。實宜敕示百僚，以惠元元之命。

《魏書》卷七七《高崇傳》 道穆又上疏曰：臣聞舜命皐陶，姦宄是託；禹泣罪人，堯心爲念。所以舉直措枉，事切曩賢；明德慎罰，議存先典。高祖太和之初，罪廷尉司直，論刑辟是非，雖事非古始，交濟時要。所謂禮樂互興，不相沿襲者矣。臣以無庸，忝當今任，所思報效，未忘寢興。但識謝知今，業慚稽古，未能進一言以利國，説一策以興邦，索米長安，豈不知愧。至於職司其憂，猶望僶俛。竊見御史出使，悉受風聞，雖時獲罪人，亦不無枉濫。何者？得堯之罰，不能不怨。守令爲政，容有愛憎。姦猾之徒，恒思報惡，多有妄造無名，共相誣謗。御史一經檢究，恥於不成，杖木之下，以虛爲實，無罪不能自雪者，豈可勝道哉。臣雖愚短，守不假器，繡衣所指，冀以清肅。若仍踵前失，或傷善人，則尸禄之責，無所逃罪。所以夙夜爲憂，思有悛革。如臣鄙見，請依太和故事，還置司直十人，名隸廷尉，秩以五品，選歷官有稱，心平性正者爲之。御史若出糾劾，即移廷尉，令知人數。廷尉遣司直與御史俱發，所到州郡，分居別館。御史檢了，移付司直覆問，事訖與御史俱還。中尉彈聞，廷尉科按，一如舊式。庶使獄成罪定，無復稽寃；爲惡取敗，不得稱枉。若御史、司直糾劾失實，悉依所斷獄罪之。聽以所檢，迭相糾發。如二使阿曲，有不盡理，聽罪家詣門下通訴，別加按檢。如此，則肺石之傍，怨訟可息；叢棘之下，受罪吞聲者矣。詔從之，復置司直。

《隋書》卷三六《后妃傳·獨孤皇后》 大都督崔長仁，后之中外兄弟也，犯法當斬。高祖以后之故，欲免其罪。后曰：國家之事，焉可顧私！長仁竟坐死。

《新唐書》卷九九《戴胄傳》 大理少卿缺，太宗曰：大理，人命所繫，胄清直，其人哉。即日命胄。長孫无忌被召，不解佩刀入東上閤。尚書右僕射封德彝論監門校尉不覺，罪死當；无忌贖。胄曰：校尉與无忌罪均，臣子於尊極不稱誤。法著：御湯劑、飲食、舟船，雖誤皆死。陛下録无忌功，原之可也。若罰无忌，殺校尉，不可謂刑。帝曰：法為天下公，朕安得阿親戚！詔復議，德彝固執，帝將可。胄曰：不然。校尉緣无忌以致罪，法當輕；若皆誤，不得獨死。繇是與校尉皆免。

時選者盛集，有詭資蔭冒牒取調者，詔許自首；不首，罪當死。俄有詐得者，獄具，胄以法當流。帝曰：朕詔不首者死，而今當流，是示天下不以信，卿賣獄邪？胄曰：陛下登殺之，非臣所及。既屬臣，敢虧法乎？帝曰：卿自守法，而使我失信，奈何？胄曰：法者，布大信於人；言乃一時喜怒所發。陛下以一朝忿將殺之，既知不可而寘於法，此忍小忿、存大信也。若阿忿違信，臣爲陛下惜之。帝大感寤，從其言。胄犯顔據正數矣，參處法意，至析秋豪，隨類指摘，言若泉涌，帝益重之。遷尚書左丞。矜其貧，特詔賜錢十萬。

（唐）劉肅《大唐新語》卷四《持法》 張玄素爲侍御史，彈樂蟠令叱奴隲盜官糧。太宗大怒，特令處斬。中書舍人張文瓘執據律不當死，太宗曰倉糧事重，不斬恐犯者衆。魏徵進曰：陛下設法，與天下共之。今若改張，人將法外畏罪。且復有重於此者，何以加之？隲遂免死。

《宋史》卷一七三《食貨志上一》 六年，減江東諸路逃田稅額。知平江府章誼言：民所甚苦者，催科無法，稅役不均。彊宗巨室阡陌相望，而多無稅之田，使下戶爲之破產。乞委通判一員均平賦役。

《宋史》卷一七七《食貨志上五》 殿中侍御史呂陶言：天下版籍不齊，或以稅錢貫百，或以田地頃畝，或以家之積財，或以田之受種。雖皆別爲五等，然有稅錢一貫、占田一頃、積財千緡、受種十石而入之一等。一等之上，無等可加，遂至稅緡、田畝、積財、受種十倍於此，亦不過同在一等。憑此差役，必不均平，雖無今日納錢之勞，反有昔時偏頗陪費之害。莫若裁量新舊，著爲條約：如稅錢一貫爲第一等，合於本等中差一役，稅錢兩倍於一役者併差二役，又倍即差三役；雖稅錢更多，不過三役，並聽雇人。或本縣戶多役少，則上戶之役不須併差，但可次敍休役年月遠近而均其勞逸。假令甲充役後可閑五年，乙稅錢兩倍於甲，可閑三年，丙又倍於乙，可閑一年。其以田土頃畝之類爲等并其餘同等多少不侔者，並倣此。又成、梓兩路差役，舊專以戶稅爲差等，熙寧初，別定坊郭戶營運錢以助免役。乃在稅產之外，州縣抑認成額，至今不減，至有停閑居業移避鄉村，猶不得免。今方議法，坊郭等第固不可偏廢，然須參究虛實，別行排定，以寬民力。並送詳定所。

（宋）司馬光《資治通鑑》卷一二〇《宋紀二》 常曰：法者，朕與天下共之，何敢輕也。然性殘忍，果於殺戮，往往已殺而復悔之。如崔浩之類是也。

（宋）李燾《續資治通鑑長編》卷二四《宋太宗太平興國八年》 御衆不以寬則獲罪者多，臨下不以簡則從令者少。况帝王有常道，禁令有常程，施令貴乎必行，設禁貴乎必止。若令之無節，奉而行之者必難；禁之無時，遵而止之者亦寡。

（宋）李燾《續資治通鑑長編》卷八五《宋真宗大中祥符八年》 入內供奉官楊守珍使陝西督賊，請因擒獲強劫盗至死者，望以付臣凌遲，用戒兇惡。上曰：法有常科，豈於安平之時，而行慘毒之事！乃詔守珍等捕捉盜賊送所屬，依法論決，情理切害者奏裁。守珍事與四年三月在京東時略同。

又：上謂宰相曰：數有人言官吏犯贓者多，蓋朝廷緩於懲戒。王旦曰：今品官犯贓，情理乖當，但千錢已上皆配隸衙前，遇赦，得逐便；再遇赦，得參軍、文學，終身不齒善良。其有犯法輕贓，遇大慶不過得一判司，每赴選調，必首載其贓濫，為辱極矣。然萬一有當極典者，朝廷但委之攸司，死者無由得免。蓋太宗謹重刑罰，行王宥之恩，此等多蒙減死。陛下即位以來，贓吏若比前代，則犯者亦似差少。

（宋）李燾《續資治通鑑長編》卷一四六《宋仁宗慶曆四年》　昔人有言曰：法者，聖人為天下畫一，不以貴賤親疏而輕重也。

（宋）李燾《續資治通鑑長編》卷一八一《宋仁宗至和二年》　往年減省補蔭，近臣之家，靳惜厚恩，務全己欲，但於服屬疏者舉數事而已。使天下議論多不厭伏者，率由措事之未公也。大凡立法自貴者始，則人無怨多。

（宋）李燾《續資治通鑑長編》卷二四七《宋神宗熙寧六年》　是日，上論及天下戶口之數，王安石等奏：戶口之盛，無如今日。本朝太平百年，生民未嘗見兵革。昨章惇排定湖南保甲，究見戶口之衆，數倍前日，蓋天下舉皆類此。上曰：累聖以來，咸以愛民為心，既未嘗有大征役，又無離宮別館繕營之事，生齒蕃息，蓋不足怪。因言：三代盛時，諸侯一遵法度，及其衰，法制弛壞，不可復振。為天下者，正當以大公之心，以正朝廷，使紀綱號令，上下有守，雖更數千百年，安有怠忽之弊？

（宋）李燾《續資治通鑑長編》卷二六九《宋神宗熙寧八年》　詔：聞東南推行手實簿法，公私煩擾，其速令權罷聽旨，委司農寺再詳定以聞。呂惠卿參知政事始創立手實簿法。事在七年七月十九日，并二十七日。御史中丞鄧綰言：

創立簿法之意，欲別有所用，則臣固不能知，若欲以均平役錢，則臣請言其大略：昨者朝廷免役率錢之法，初且用丁產戶籍，故諸路患其未均，相繼奏陳，各請重造，多已改造矣。其均錢之法，田頃可用者視田頃，稅數可用者視稅數，已約家業貫伯者，視家業貫伯。或隨所下種石，或附所收租課，法雖不同，大約已定，而民樂輸矣，安用立異造僞，剔抉搜索，互相糾告，不安其生耶？役法已定，而復搖之，民心已安，而方騷之，天下之民才免差役之殃，而復有簿法之害，甚可哀也。

（宋）李燾《續資治通鑑長編》卷三二四《宋神宗元豐五年》　知桂州張頡言：昌化軍効符破結九人犯持杖彊盜殺人，罪皆死。緣係捕盜官招誘令解下弓刀，支與酒食，然後擒縛。若從捕獲法，慮致生黎疑懼，將來無以示信。詔釋之。

又：御史王祖道言：樞密院補試本院貼房充令史問目，以將校于元豐三年九月逃亡，至十月捕獲，編敕依在官亡法，準律計日坐罪。既稱三年九月，即合通閏為坐，今以閏計罪者為否，不以閏計罪者為通，而謂之假，法不當數閏。道路喧傳，以考中宗禮等皆承旨張誠一挾私徇情，乞付有司根治，以懲姦罔之吏。詔送樞密院、大理寺根治情弊，并所言來歷處以聞。

又：上曰：常平賑濟之法，州縣或不能盡行。夫以政殺人，與刃無異。今出入一死罪，有司未嘗不力爭；至於凶年饑歲，老稚轉死溝壑，而在位者殊不恤。此出於政事不修，而士大夫不知類也。天地郊廟之祭當用太牢，議禮者固以為不可；民間殺牛，法所當治，而州縣多不禁止，論議之偏，蟖如此也。

（宋）李燾《續資治通鑑長編》卷三五七《宋神宗元豐八年》　人君恭儉節用，取於民有制，則民力寬裕，衣食滋殖，自然樂輸租賦，以給公上。若暴征峻斂，侵奪民利，物力已屈，而驅以刑辟，勢必流轉溝壑，散為盜賊。

蓋人君初務縱逸，小人必怨而大臣必諫，至乎淫刑亂罰，以杜言者之口，然後流連忘反，不聞其過而終至于滅亡。

所言無取，姑亦容之，以示明盛之世，終不以言罪人。若緘默選懦，畏避不言者，明正其罰。如此，則左右前後不能壅蔽，嘉言罔伏，庶績咸熙，天下幸甚！

（宋）李燾《續資治通鑑長編》卷四二五《宋哲宗元祐四年》　於是戶部侍郎蘇轍言：臣竊以民間欠負合放，皆有條法，上下共守。凡有寬貸，皆先經戶部勘會，於法無礙，然後施行。未有如侯偁之比，直自朝廷批下聖旨，更不問條法可否，一面行下，仍令衆人不得援例者。本部官吏皆竊疑怪，不敢奉行，深恐此令一行，應干欠負之家，皆懷不平之意，已具狀申尚書省，乞朝廷裁酌施行去訖。臣今竊聞侯偁皇太妃親戚，二聖篤於恩愛，特為降此指揮。篚賤之臣，不當更有論奏。然臣職在右曹，專掌坊場法度，祖宗條約，當與天下共之，不宜以宮禁之私，輒有撓敗。臣恐此門一啟，宮中遞相扳援，其漸可畏，臣若失職不舉，其罪大矣。竊惟皇太妃供養二宮，動循禮法，外庭雖篚遠，未聞有過差之事。今侯偁所欠，不過萬數千緡耳，若以私親之故，出捐金帛，以濟其急，下足以存骨肉之恩，上足以全祖宗之法，天下傳誦，無復間言。公法既全，國勢增重，其於太妃盛德，亦非小補也。臣不勝區區守法愛君之心，欲乞追還前命，使天下明知朝廷不以私愛害公議。干冒鈇鉞，俯伏待罪。貼黄稱：契勘人戶承買場務，如有拖欠官錢，已拘收抵當在官，其所收子利，自合納官；兼拘收抵當，亦合依條出賣。今所降指揮，有此違礙。其從違當考。五年二月四日，侯偁借補借職，皇太妃舅也。

（清）徐乾學《資治通鑑後編》卷七四《宋紀七四》　皇城司嘗捕銷金衣，送開封府，推官竇卞上殿請其獄。會有以內庭為言者，上疑之。卞曰：真宗禁銷金自掖庭始，今不正以法，無以示天下，且非祖宗立法意。上曰：然文王刑於寡妻，至於兄弟，以御於家邦，正謂此耳。詔如卞請。

（清）徐乾學《資治通鑑後編》卷九二《宋紀九二》　是日，蹇序辰安惇以訴理事入對曾布言：　此事株連者衆，恐失人心。昨朝廷指揮，令言有不順者，具名奏聞，中外皆以為平允。然恐議論者更有所加，願聖意裁察。臣嘗以謂訴理之人本無可罪，今刑部左右兩曹，一主斷獄，一主敘雪，蓋自祖宗以來，凡得罪經斷訴雪者，比比而有，但元祐用事之人，特置一司以張大其事，信為可罪，其訴雪者似不足深責。昔真宗踐祚，有建議欲放天下欠負者，真宗云：　先帝何以不放？大臣言：　先帝留此以遺陛下，以固結天下人心。真宗欣然從之。　蓋人心不可失也。帝深納其言，而序辰及惇所陳已紛紛矣。右正言鄒浩言：　初，旨但分兩等，謂語及先帝并語言過差而已，而今所施行混然莫辨，以其近似難分之迹，而典刑輕重隨以上下，是乃陛下之威福操柄下移於近臣，願加省察以為來事之監。

（宋）徐夢莘《三朝北盟會編》卷四三《靖康中帙》　詔令壅不行，而上皇晨昏之禮闕矣。當是之時，天子果得為孝乎？今數小人者斲喪國家，天下之大惡也。上皇不歸，則典刑不正。典刑不正，朝廷可越此而治他罪耶？方國家危疑之時，天子釋位而去矣，首惡之臣，乃恬不之問，又可以令天下乎？

（宋）徐夢莘《三朝北盟會編》卷二〇九《炎興下帙》　論行法：臣竊惟法令者，立國之大本，人主之至權，陛下所以坐致六合，撥亂興業之具也。近者，朝廷以四方未平，務從含貸督察之政絶，仁厚之恩廣，而臣下不知，浸成驕慢。握兵之臣，瞋目抵掌，坐作聲勢，殺生廢置不拘憲章，法令不行於軍旅矣。詔書之所舉明，赦令之所蕩滌，貪緣私意，沮格不用，法令不行於方岳矣。召之不肯至，令之不肯聽，使奸回縱而窺測，幾何而不凌遲？臣竊惟陛下宵旰勤勞，講求治要，固欲永清四海，混一區宇，復祖宗配天之業，而法令之出，近不行於域內，非尊主抑臣，陛下憂勤之本意也。議者或謂朝廷當含垢匿瑕，以收一旦之用，又謂朝廷不宜輕自動搖，以失人心，是皆不然，唐德宗姑息藩鎮，而叛者四起，及至憲宗，剛明果斷，卒以削平僭亂。

（宋）徐夢莘《三朝北盟會編》卷二二〇《炎興下帙》　在律叛逆不在赦，不分首從，然則僞年與豫其罪等，舊官其可復乎？唐禄山之亂，既復兩京，陷賊官以六等定罪，最重棄市，次以尺，餘流竄。故相張説二子均、垍皆當死，肅宗以在東宮時説有保佑之功，欲貸之。明皇曰：均、垍事賊，皆任權要，均仍賊毀吾家事，不可赦。肅宗復請，于是流垍嶺表，而均被極刑焉。徽宗之待居中，厚於明皇之遇張説，僞年之事逆豫，親於張均之事禄山，而況居中素無援助之力，今失刑如此，何以慰徽宗在天之靈乎？

《元史》卷二七《英宗紀一》　參議中書省事乞失監坐鬻官，刑部以法當杖，太后命笞之，帝曰：不可。法者天下之公，徇私而輕重之，非示天下以公也。卒正其罪。

《元史》卷一六三《李德輝傳》　時有賈胡，恃制國用使阿合馬，欲貿交鈔本，私平準之利，以增歲課爲辭。帝以問亨，對曰：交鈔可以權萬貨者，法使然也。法者，主上之柄，今使一賈擅之，廢法從私，將何以令天下？事遂寢。

《元典章》卷三九《刑部·刑制·刑法·犯法度人有司決斷》 奏過事内一件：刑法如權衡一般，不可偏了。世祖皇帝以來定到的斷例。後頭自元貞元年以來，因做好事，正好生失的寬了有。中間至當了的也有。因着法度不均平的上頭，管民官无所遵守。如今内外但是犯着法度的人，都經由有司帰問，依体例决斷呵，怎生？奏呵，奉聖旨：那般者。欽此。

（明）俞汝楫《禮部志稿》卷四五《奏疏·類奏疏·覆行四事疏》 慎題覆，謂：比來章奏繁多，必該部秉公執奏，明旨斷而行之，乃為遵君命，重主威之義。近言官論事奉旨擬議，該部率多委曲遷就，以致政令不一，下不知所守。請敕各部，今後章疏是者即為覆行，非者即與論罷，不必依違兩可，以紊國是。

《皇明條法事類纂》卷三七《重囚務加詳審不許狃於成案及在外竊盜有犯不許一概打死》 竊聞祖〔宗〕以刑不濫而荷天之休，寇公准以刑不平而爲旱之證。誠以刑罰民命所係，一有不平，非惟有傷生民之命，抑且大乖天地之和。是以我太祖皇帝《祖訓》有曰：刑罰不中，罪加良善，久則天必怒（爲）〔焉〕。此誠萬世之格言，不易之定論。

《大清會典則例·上諭》 典禮各定為一儀，於官司事例各定為一則，化參差之跡，成畫一之規。

《皇朝通志》卷七六《刑法畧二·刑制》 六年諭：律例舊文有八議之條，歷代相沿已久，我朝雖載其文而實未嘗行者，蓋有深意存焉。夫刑罰之設，所以奉天討罪，至公至平，無容意為輕重者也。若於親故功賢等故，為屈法以示優容，則律無一定，尚可謂之公平乎？且此等或以効力宣勞為朝廷所倚眷，或以勳門戚畹為國家所優榮，其人既異於常人，尤當秉禮守義，以為士民倡率，乃不自愛而罹於法，尤非蚩蚩無知者比，而執法者又曲為之宥，何以懲惡而勸善乎？

《皇朝通志》卷七九《刑法畧五·刑制》 朕為人君尚不可稍失其平，況人臣居法司之任乎？蓋鴟鴞不除，無以致鸞鳳；稂莠不剪，無以植嘉禾。姑息養奸，則小人無懲戒，必不能改惡以從善，故刑者使人遷善遠罪，所以輔教化者也。居法司之任者，務操至平至公之心，時凜天監在茲之懼，使寬嚴悉當，輕重允孚，則不媿明允之司，而成無刑之治矣。

《皇朝文獻通考》卷一九七《刑考三·刑制》 是日奉諭旨：朕覽律例舊文載有八議之條，其詞曰議親、議故、議功、議賢、議能、議勤、議賞、議賔，歷代相沿已久，我朝律例雖仍載其文，而實未嘗照此行者，蓋有深意焉，不可不察也。夫刑罰之設，乃天下之至公至平，無容意爲輕重者也。若於親故功賢等人故，爲屈法以示優容，是可意爲低昂而律非一定者矣，尚得謂之公平乎？且親故功賢等人，或以効力宣勞爲朝廷所倚眷，或以勳門戚畹爲國家所優崇，尤當秉禮守義，爲士民倡率，乃不知自愛而致罹於法，是其違禮而蹈愆，尤非蚩蚩之民無知犯法者比，倘執法者又曲爲之宥，何以懲惡而勸善乎？如所犯果出于無心，而情有可原，則爲之隨時酌量特予加恩，未爲不可。若欲著爲律，是於親故功賢等人未有過之先，即以不肖待之，名爲從厚，其實乃出於至簿也。且使恃有八議之條或任意爲非，漫無顧忌，必有自干大法而不可止者，是又以寬恤之虚文而轉陷之於罪戾，姑息之愛尤不可爲優恤矣。今修輯律例，各條俱詳加斟酌，以期至當，惟此八議之條若概爲刪去，恐人不知其非理而害法，故仍令載入。特頒示諭旨，俾天下曉然於此律之不可爲訓，而親故人等亦各知儆惕而重犯法，是則朕欽恤之至意也。

（清）劉錦藻《皇朝續文獻通考》卷一八七《王禮考十八》 諭：朕於八月十九日自京啟鑾，前詣盛京，恭謁祖陵，經過關外，秋成普慶豐登，閭閻安謐，黄童白叟夾道歡迎，蹕路省觀，實深嘉悦。仰惟我朝鴻業肇基東土二百年來，列祖列宗厚澤深仁周徧寰宇，培養教育之恩淪肌浹髓，羣黎百姓食舊德而服先疇者咸安樂利。朕臨御以來，有何恩澤及乎百姓。乃鑾輅經臨，瞻雲就日，愛戴出於至誠，可見小民具有天良。各該地方官果能實力實心勤恤民隱，未有不感慕德化效悃輸忱者。朕寅紹丕基，兢兢業業，宵旰勿遑，無日不以敬天法祖，勤政愛民爲念。直省封疆大吏當知仰體朕意，潔己惟清，涖事惟公，督飭所屬府廳州縣，各盡職守，勉爲循良，嚴貪冒之防，戒因循之習，至胥吏胥役舞文骫法尤爲地方之害，必當隨時隨事認真查察，有犯必懲，務期大法小廉，吏治蒸蒸日上。俾民皆安居樂業，尊君親上之心油然自生。風俗益厚，人心益淳，億萬斯年，永享太平之福，朕有厚望焉。

（清）劉錦藻《皇朝續文獻通考》卷二四四《刑考三》 又：諭刑部

奏請，飭各省認真辦理秋審等語，各省辦理秋審案件，自應詳核情節，分別實緩，以期無枉、無縱。先經降旨嚴飭，乃近來積習相沿，竟將金刃傷多且重及情兇近故，情同拒捕之案，亦復格外從寬，率行緩議。本年，經該部由緩改實者，較往年尤多，無非狃於救生不救死之説，並爲規避失入處分起見，殊非刑期無刑之道。嗣後，各省將軍，督撫等於秋審各案定擬實緩，務須悉心酌核，認真辦理，以持情法之平。

（清）孫星衍《孔子集語》卷十二《事譜上》 《荀子・儒效》 仲尼將爲司寇，沈猶氏不敢朝飲其羊公，慎氏出其妻，慎潰氏踰境而徙，魯之（粥）〔鬻〕牛馬者不豫賈。必蚤正以待之者也。居於闕黨，闕黨之子弟罔不分，有親者，取多孝悌以化之也。

《新序・雜事一》 魯有沈猶氏者，旦飲羊飽之以欺市人，公慎氏有妻而淫，慎潰氏奢侈驕佚，魯市之鬻牛馬善豫賈。孔子將爲魯司寇，沈猶氏不敢朝飲其羊，公慎氏出其妻，慎潰氏踰境而徙，魯之鬻馬牛不豫賈，布正以待之也。既爲司寇，季孟墮郈費之城，齊人歸所侵魯之地，由積正之所致也。

《子思子全書・魯繆公》 魯繆公訪於子思，曰：寡人不德，嗣先君之業三年矣，未知所以為令名者。且欲掩先君之惡，以揚先君之善，使談者有述焉。為之若何？願先生教之也。子思對曰：以伋所聞，舜禹之於其父非勿欲也。以為私情之細，不如公義之大，故弗敢私之耳。責以虚飾之教，又非伋所得言。公曰：思之可以利民者。子思曰：願有惠百姓之心，則莫如一切除非法之事也。毁不居之室以賜窮民，奪嬖寵之禄以賑困匱。無令人有悲怨，而後世有聞見，抑亦可乎？公曰：諾。

《吕氏春秋・離俗覽・高義》 荊昭王之時，有士焉，曰石渚，其為人也公直無私，王使為政。廷有殺人者，石渚追之，則其父也。還車而反，立於廷曰：殺人者，僕之父也。以父行法，不忍；阿有罪，廢國法，不可。失法伏罪，人臣之義也。於是乎伏斧鑕，請死於王。王曰：追而不及，豈必伏罪哉？子復事矣。石渚辭曰：不私其親，不可謂孝子，事君枉法，不可謂忠臣。君令赦之，上之惠也；不敢廢法，臣之行也，不去斧鑕，殁頭乎王廷。正法枉必死，父犯法而不忍，王赦之而不肯，石渚之為人臣也，可謂忠且孝矣。

《吕氏春秋・離俗覽・貴信》 君臣不信，則百姓誹謗，社稷不寧；處官不信，則少不畏長，貴賤相輕；賞罰不信，則民易犯法，不可使令；交友不信，則離散鬱怨，不能相親；百工不信，則器械苦僞，丹漆染色不貞。

（漢）劉安《淮南子》卷五《時則訓》 繩之爲度也，直而不争，脩而不窮；久而不弊，遠而不忘；與天合德，與神合明；所欲則得，所惡則亡；自古及今，不可移匡；厥德孔密，廣大以容。逵吉按廣大，以容明本作廣下，以容衆非。是故上帝以爲物宗。宗本

又： 準之爲度也，平而不險，均而不阿；廣大以容，寬裕以和；柔而不剛，鋭而不挫；鋭，利也，挫，折也。流而不滯，流行也，滯止也。易而不穢；發通而有紀，紀，道也。周密而不泄，準平而不失；萬物皆平，民無險謀，怨惡不生。是故上帝以爲物平。平正讀，評議之評。

又： 規之爲度也，轉而不復，員而不垸，復，過也，垸，轉也。優而不縱。廣大以寬，感動有理，發通有紀，優優簡簡，百怨不起，優簡，寬舒之貌。規度不失，生氣乃理。氣類理達。

又： 衡之爲度也，緩而不後，平而不怨，施而不德，弔而不責。逵吉按《太平御覽》引作匝而不責。當平民禄，以繼不足。勃勃陽陽，唯德是行，養長化育，萬物蕃昌，以成五穀，以實封疆。其政不失，天地乃明。明理

又： 權之爲度也，急而不贏，殺而不割，充滿以實，周密而不泄，敗物而弗取，罪殺而不赦，誠信以必，堅慤以固。糞除苛慝，不可以曲。故冬正將行，必弱以強，必柔以剛，權正而不失，萬物乃藏。

（清）顧炎武《日知録》卷一〇《地畝大小》 此則致敝之端，古今一轍。而井地不均，賦税不平，固三百年於此矣。

（清）顧炎武《日知録》卷一〇《開墾荒地》 然自古無永不起科之地。明初但以招徠墾民，立法之過，反以啓後日之争端，而彼此告訐，投獻王府勳戚及西天佛子，無怪乎經界之不正，賦税之不均也。

（唐）白居易《白氏六帖事類集》卷一三《法令》 定令趙禹張湯威福。後漢崔寔曰：威福，人主之神器。定典法。順帝使僕射宋登定典法。步過六尺，弃灰於道被刑。《新序》：商君法也。不宜兩端。魏盧毓上《論古今科律》：法宜一正，不宜兩端，使姦吏得容情。科律。劉邵定科律，作《新令》十八篇。《蜀

科》。《蜀志》：伊籍與諸葛亮、法正、劉巴、李嚴共定《蜀科》。先甲三日，先庚三日，慎乃出令，令出惟行，不惟反。挈令。挈音契，獄訟之要。《漢書》。執禁以齊衆，禁網疏闊，禁止奸邪。《漢書》。經邦之道，撫事攸先。庇俗訓人，防奸誅暴。九章宜緩，俗有歸心。三典或斷。一無措手。法正則人慤，罪當則令從。發號令罔有不臧。布德和令，后以施令告四方。《易》。溢甫刑者除之。陳寵昭公何校律令、條法，溢於甫刑者奏除之。

（唐）白居易《白氏六帖事類集》卷一三《死罪》　死者不可復生。漢文詔。制短長之命。《書》。死者不恨。宣詔曰：讞獄者，萬人之命，能使生者不惑，死者不恨，則可謂文吏矣。斬殺必當。《月令》。鈇鉞肆諸市朝。景伯云於公伯寮：吾力猶能肆諸市朝。仲春無肆掠。肆，暴屍也。《月令》。以殺止殺。《書》。《呂刑》曰：大辟從疑，赦，其罰千鍰。大辟，死刑也。死罪有疑即赦之，罰千鍰以贖死罪也。致辟。誅殺也。罪在大辟。《禮》。念施刑之後，不可復生。當結罪之前，所宜惟恤。死刑《周禮》。是全要領《禮》。無所加誅。一死，國章斯抵，誠合申嚴。人命所懸。亦宜審慎。議獄緩死。《易》。莫大之刑，刑故無小。

（漢）曹操《曹操集·文集》卷二《收田租令》　有國有家者，不患寡而患不均，不患貧而患不安。袁氏之治也，使豪強擅恣，親戚兼並，下民貧弱，代出租賦，衒鬻家財不足應命，審配宗族，至乃藏匿罪人，為逋逃主。欲望百姓親附，甲兵強盛，豈可得邪！其收田租畝四升，戶出絹二匹、綿二斤而已，他不得擅興發。郡國守相明檢察之，無令強民有所隱藏，而弱民兼賦也。

（晉）嵇康《嵇中散集》卷一《知慧用》　爲法滋章，寇生紛然，相召不停，大人玄寂，無聲鎮之，以靜自正。

（宋）姚鉉《唐文粹》卷七張説《獄箴》　官有決曹，掌兹法獄，匪惟議罪，亦以防欲。所貴仁恕，非矜窘束。吏苟吹毛，人安措足。古之爲主，是戒是勗，茫茫率土，蠢蠢羣生，賢愚中雜，真僞相傾，若魚之駭，如鳥之驚，不能無犯。宜持以平，或大或小，時重時輕，無以快志，期乎得情。孰曰非重國之政令，孰曰非輕人之性命？虐則招咎，寬則納慶。宜慎宜恤，可畏可敬。爲獄則固，爲牢則幽。晨嚴管鑰，夜密更籌。寂寂圓土，纍纍繫囚，求食搖尾，見吏垂頭。自昔立名，此爲非所，逼隘狹室，敧傾漏宇。冬有祁寒，夏多隆暑。焉可失人，焉可妄處。勿謂無妨，勿謂無傷。匹婦含怨，三年亢陽，匹夫結憤，六月飛霜。可以安危，可以興亡。敢告司憲，無輕國章。

（宋）歐陽修《歐陽修全集》卷八一《外制集·司門員外郎李公謹祕書丞充集賢校理楊儀殿中丞段高磨勘改官制》　敕具官李公謹等：夫令在必信，法在必行。今審官考課，增以舉類之科，乃吾示信之令而新行之法也。汝等叙進，於此猶用常文。其後當遷，皆須應格。勉勤其業，以俟爾知。可。

（宋）歐陽修《歐陽修全集》卷八一《外制集·范仲温可台州黄巖縣尉制》　敕具官范仲温：爾弟仲淹參吾大政，方欲輔朕平賞罰，推至公，以修紀綱而正庶位。爾今所任，有土與民。惟過與功，則有賞罰。爾勤厥職，可不戒哉？可。

（宋）歐陽修《歐陽修全集》卷八一《外制集·殿中丞王正民大理寺丞朱景陽陳侁等磨勘改官制》　敕具官王正民等：審官之法，三歲一遷。惟無過焉，乃得會課。爾等服於官政，以涖吾民。奉法守職，積勞歲月。膺兹叙進，此乃常科。勉爾之爲，以期懋賞。可。

（宋）歐陽修《歐陽修全集》卷八五《内制集·賜翰林學士尚書左司郎中知制誥權知審刑院曾公亮詔》　國家致治之難，惟刑是恤。使民無犯，嗟訓導之未純；執法必平，顧重輕而宜允。卿以精識，附之經術，不恃明而克審，既能敏而加勤。期於無刑，予敢不勉？靡有留事，爾實爲材。副乃憂勞，良深歎獎。

（宋）歐陽修《歐陽修全集》卷八五《内制集·賜尚書刑部員外郎兼侍御史知雜事權判大理寺郭申錫等敕書》　獄，重事也，余所慎焉。五刑之難，請比之文毛舉；四海之廣，報決之書日繁。汝以通敏之姿，濟之夙夜之力，厝刑不用。余實慕於前猷，俾獄無留；汝則能於厥職，副我欽恤。良增嘉歎。

（宋）歐陽修《歐陽修全集》卷九〇《表奏書启四六集·謝獎諭編次三朝故事表》　尚惟一祖二宗之遠謨，有百世無疆之丕訓，君臣所以固附，天人所以調諧，法令所以必行，邦國所以從乂，天垂日皎，布在方册。爰詔近侍，採摭要實，祕在大府，用裨聖政。

（宋）李覯《李覯集》卷二《禮論七篇・禮論第三》號令律式，以約民心，蔑有欺矣。禄位班次，以等賢愚，蔑相犯矣。車馬服御，以章貴賤，而人不疑矣。百官不易其守，四民不改其業，而事不僭矣。言必中，行必果，而天下率從矣。此固守而不變者也，信之道也。

（宋）李覯《李覯集》卷一〇《刑禁第四》《孟子》謂舜爲天子，皋陶爲士，瞽瞍殺人，則執之。舜視棄天下猶棄敝蹝也，竊負而逃，遵海濱而處，終身訢然，樂而忘天下。彼天子父猶不可曲法，而况官之子孫乃用蔭乎？

《皇朝經世文編》卷二五《吏政十一・幕友》汪輝祖《佐治藥言》求生者，千古法家要訣，法在必死，國有常刑。

（清）洪秀全《天朝田畝制度》凡天下田，豐荒相通：此處荒，則移彼豐處，以賑此荒處；彼處荒，則移此豐處，以賑彼荒處；務使天下共享天父上主皇上帝大福：有田同耕，有飯同食，有衣同穿，有錢同使，無處不均勻，無人不飽煖也。

（清）梁啓超《飲冰室合集・文集》卷一五《中國法理學發達史論》我國文法之一字，與刑、律、典、則、式、範等字，常相爲轉注，今釋其文以求其義。

一釋法。法本字爲灋，《説文》灋下云：㓝也，平之如水，从水。廌所以觸不直而去之，從廌去。今案《説文》廌下云：解廌，獸也，似牛，一角。古者决訟，令觸不直者。然則水取平之意，从廌去，取直之意。實合三之會意字也。法之語源，實訓平直，其後用之於廣義，則爲成文法律之法。用之於最廣義，則爲法則，方法之法，實展轉叚借也。《釋名》云：法，逼也，莫不欲從其志，逼正使有所限也。此雖非最初義，然與近世學者所言法之觀念甚相接近。所謂莫不欲從其志者，言人人欲自由也，使有所限者，自由有界也。逼者，卽强制制裁之意，而制裁必軌於正。蓋我國之觀念則然也。

二釋刑。《説文》灋下云：㓝也，而刀部有刑字，無㓝字。刑下云：剄也。剄下云：刑也。二字轉注。然則刑之本義甚狹，謂剄人之頸而已。段注云：㓝罰、典㓝、儀㓝等字，以刑當之者，俗字也。造字之恉既殊，井聲幵聲各部。凡井聲在十一部，凡幵聲在十二部也。然則刑不足以當㓝。而㓝之義究云何？《説文》土部型下云，鑄器之法也。是正與法爲轉注。段注云：以木爲之曰模，以竹曰笵，以土曰型。而許書木部模下竹部笵下，皆訓法。是亦轉注也。《詩》毛傳屢云㓝，法也，亦轉注也。《易》曰利用㓝人，以正法也。是㓝含有正之意。荀子《彊國篇》云，㓝笵正，金錫美，是㓝以正爲貴也。《記・王制》云：㓝，侀也。侀，成也，一成而不可變，故君子盡心焉。一成不變，正與型之性質相合，其字又與形通。《左傳》引《詩》，形民之力，而無醉飽之心。杜注云：形，同刑。程量其力之所能爲而不過也。然則㓝有形式之意，模範之意，程量之意，故典㓝、儀㓝等字皆備此諸義。所以从井者，井之語源，出於井田，《説文》井下云，八家爲一井，象構韓形。蓋含有秩序意。故井井有條，井然不紊，皆以井爲形容詞，又《易》井卦：改邑不改井。王注云：井以不變爲德者也。然則井也者，具有秩序及不變之兩義者也。從刂者，刀以解剖條理，故制字則字等皆从之也。然則《説文》雖無㓝字。今可以意補之云，㓝，法也，从刀从井。井亦聲。而下其定義，則當云：㓝也者，以人力制定一有秩序而不變之形式，可以爲事物之模範及程量者也。是與法之觀念極相合也。

執中分部

論　説

《周易正義・乾》上九：亢龍有悔。疏：正義曰：上九亢陽之至，大而極盛，故曰亢龍。此此然之象。以人事言之，似聖人有龍德，上居天位，久而亢極，物極則反，故有悔也。純陽雖極，未至大凶，但有悔吝而已。《繫辭》云：悔吝者，言利其小疵也。故鄭引堯之末年，四凶在朝，是以有悔未大凶也。凡悔之爲文，既是小疵，不單稱悔也，必以餘字配之。其悔若在，則言有悔，謂當有此悔，則此經是也。其悔若无，則言悔亡，言其悔已亡也，若恒卦九二悔亡是也。其悔雖亡，或是更取他文結之，若復卦初九不遠復無祇悔之類是也。但聖人至極，終始无虧，故《文言》云：知進退存亡而不失其正者，其唯聖人乎？是知大聖之人，本無此悔。但九五天位，有大聖而居者，亦有非大聖而居者，不能不有驕亢，故聖人設法以戒之也。

（唐）李鼎祚《周易集解·乾》 上九，亢龍有悔。【略】干寶曰：陽在上九，四月之時也。亢，過也。乾體既備，上位既終，天之鼓物，寒暑相報，聖人治世，威德相濟，武功既成，義在止戈，盈而不反，必陷於悔。

（明）來知德《易經集注·乾》 《文言》曰：【略】乾元用九，天下治也。【略】言人君體乾之元，用乾之九，至誠惻怛之愛常流行于剛果嚴肅之中，則張弛有則，寬猛得宜，不剛不柔，敷政優優而天下治矣。

（宋）朱熹《周易本義·蒙》 上九，擊蒙；不利爲寇，利禦寇。以剛居上，治蒙過剛，故爲繫蒙之象。然取必太過，攻治太深，則必反爲之害。惟捍其外誘以全其真純，則雖過於嚴密，乃爲得宜。故戒占者如此。凡事皆然，不止爲誨人也。

《周易正義·需》 ䷄乾下坎上。需：有孚，光亨貞吉，利涉大川。【略】《象》曰：需，須也，險在前也。剛健而不陷，其義不困窮矣。需有孚，光亨貞吉，位乎天位，以正中也。謂五也，位乎天位，用其中正，以此待物，需道畢矣，故光亨貞吉。疏：象曰需須也至以正中也。正義曰：此釋需卦《繫辭》。需，須也。險在前者，釋需卦之名也，是需待之義，故云需，須也。險在前，釋所以需待由險難在前，故有待乃進也。剛健而不陷，其義不困窮矣者，解需道所以得亨，由乾之剛健，前雖遇險而不被陷滯，是其需待之義，不有困窮矣，故得光亨貞吉，由乾之德也。需有孚，光亨貞吉，位乎天位以正中者，此疊出需卦《繫辭》，然後釋之也。言此需體非但得乾之剛彊而不陷，又由中正之力也。以九五居乎天子之位，又以陽居陽，正而得中，故能有信，光明亨通而貞吉也。剛健而不陷，只由二象之德，位乎天位以正中，是九五之德也。凡卦之爲體，或直取象而爲卦德者，或直取爻而爲卦德者，或以兼象兼爻而爲卦德者，此卦之例是也。注謂五也至光亨貞吉。正義曰：需道畢矣者，凡需待之義先須於信，後乃光明亨通於物而貞吉，能備此事，是須道終畢。五即居於天位，以陽居尊，中則不偏，正則无邪。以此待物，則所爲皆成，故需道畢矣。

（宋）張載《横渠易説·上經·比》 六四，外比之，貞吉。《象》曰：外比於賢，以從上也。九五，顯比，王用三驅失前禽，邑人不誡，吉。《象》曰：顯比之吉，位正中也。舍逆取順，失前禽也。邑人不誡，上使中也。上六，比之无首，凶。《象》曰：比之无首，无所終也。

失前禽，謂三面而驅，意在緩逸之，不務殺也。順奔然後取之，故被傷者少也。以剛居中而顯明比道，伐止有罪，不爲濫刑，故邑人不誡，爲上用中，此之謂也。不比者不懲，非用中也，故比必顯之，然殺不可務也。一云：上使中者，付得其人也。

《周易正義·訟》 ䷅坎下乾上。訟：有孚，窒惕，中吉窒，謂窒塞也。皆惕，然後可以獲中吉。疏：正義曰：窒，塞也。惕，懼也。凡訟者，物有不和，情相乖争而致其訟。凡訟之體，不可妄興，必有信實，被物止塞，而能惕懼，中道而止，乃得吉也。終凶。利見大人，不利涉大川。疏：正義曰：終凶者，訟不可長，若終竟訟事，雖復窒惕，亦有凶也。利見大人者，物既有訟，須大人決之，故利見大人也。不利涉大川者，以訟不可長，若以訟而往涉危難，必有禍患，故不利涉大川。

《象》曰：訟，上剛下險，險而健，訟。訟有孚，窒惕中吉，剛來而得中也。終凶，訟不可成也。利見大人，尚中正也。不利涉大川，入于淵也。凡不和而訟，无施而可，涉難特甚焉。唯有信而見塞懼者，乃可以得吉也。猶復不可終，中乃吉也。不閉其源使訟不至，雖每不枉而訟至終竟，此亦凶矣。故雖復有信，而見塞懼，猶不可以爲終也。故曰訟有孚，窒惕，中吉，終凶也。无善聽者，雖有其實，何由得明？而令有信塞懼者得其中吉，必有善聽之主焉，其在二乎？以剛而來正夫羣小，斷不失中，應斯任也。疏：《象》曰訟上剛下險至入于淵也。正義曰：此釋繇辭之義。訟，上剛下險，險而健，訟者，上剛即乾也，下險即坎也，猶人意懷險惡，性又剛健，所以訟也。此二句因卦之象以顯有訟之所由。案：上需，須也，以釋卦之名。此《訟卦》不釋訟名者，訟義可知，故不釋也。諸卦其名難者則釋之，其名易者則不釋之，他皆倣此。訟有孚，窒惕中吉，剛來而得中者，先疊出訟之繇辭，以剛來而得中者，釋所以訟得其有孚，窒惕中吉者，言中九二之剛，來向下體而處下卦之中，爲訟之主，而聽斷獄訟，故訟者得其有孚，窒惕中吉也。終凶，訟不可成者，釋終凶之義，以争訟之事，不可使成，故終凶也。利見大人，尚中正者，釋利見大人之義。所以於訟之時，利見此大人者，以時方鬬争，貴尚居中得正之主而聽斷之。不利涉大川，入于淵者，釋不利涉大川之義。若以訟事往涉于川，即必墜于深淵而陷于難也。注凡不和而訟至應斯任也。正義曰：无施而可者，言若性好不和，又與人鬬訟，即无處施設而可也。言所往之處皆不可也。涉難特甚焉者，言好訟之人，習常施爲，己且不可，若更以訟涉難，其不可特甚焉，故云涉難特甚焉。中乃吉者，謂此訟事以中途而止，乃得吉也。前注云可以獲中吉，謂獲中止之吉。不閉其源，使訟不至者，若能謙虚退讓，與物不競，即此是閉塞訟之根源，使訟不至也。今不能如此，是不閉塞訟源，使訟得至也。雖每不枉而訟至終竟者，謂雖每訴訟陳其道理，不有枉曲，而訟至終竟，此亦凶矣。

《象》曰：天與水違行，訟。君子以作事謀始。聽訟，吾猶人也。必也使無訟乎？无訟在於謀始，謀始在於作制。契之不明，訟之所以生也。物其有分，職不相監，争何由興？訟之所以起，契之過也。故有德司契而不責於人。疏：天與水違行訟至作事謀始。正義曰：天道西轉，水流東注，是天與水相違而行。相違而行，象人彼此兩相乖戾，故致訟也。不云水與天違行者，凡訟之所起，必剛健在先，以爲訟始，故云天與水違行也。君子以作事謀始者，物既有訟，言君子當防此訟源。凡欲興作其事，先須謀慮其始。若初始分職分明，不相干涉，即終无所訟也。注聽訟至不責於人。正義曰：訟之所以起，契之過者，凡鬭訟之起，只由初時契要之過，謂作契要不分明。有德司契者，言上之有德司主契要，而能使分明以斷於下，亦不須責在下之人有争訟也。有德司契之文，出《老子》經也。

初六：不永所事，小有言，終吉。處訟之始，訟不可終，故不永所事，然後乃吉。凡陽唱而陰和，陰非先唱者也。四召而應，見犯乃訟。處訟之始，不爲訟先，雖不能不訟，而了訟必辯明矣。疏：初六至小有言終吉。正義曰：不永所事者，永，長也，不可長久爲鬭訟之事，以訟不可終也。小有言，終吉者，言初六應于九四。然九四剛陽，先來非理犯己，初六陰柔，見犯乃訟，雖不能不訟，是不獲已而訟也，故小有言；以處訟之始，不爲訟先，故終吉。注處訟之始至必辯明也。正義曰：處訟之始者，始入訟境，言訟事尚微，故云處訟之始也。不爲訟先者，言己是陰柔，待唱乃和，故云不爲訟先也。《象》曰：不永所事，訟不可長也。雖小有言，其辯明也。疏：正義曰：訟不可長者，釋不永所事，以訟不可長，故不長此鬭争之事。其辯明者，釋小有言，以訟必辯析分明。四雖初時犯己，己能辯訟，道理分明，故初時小有言也。

九二：不克訟，歸而逋其邑。人三百户，无眚。以剛處訟，不能下物，自下訟上，宜其不克。若能以懼歸竄其邑，乃可以免災。邑過三百，非爲竄也。竄而據強，災未免也。疏：九二至三百户无眚。正義曰：不克訟者，克，勝也；以剛處訟，不能下物，自下訟上，與五相敵，不勝其訟，言訟不得勝也。歸而逋其邑者，訟既不勝，怖懼還歸，逋竄其邑。若其邑強大，則大都偶國，非逋竄之道。人三百户，无眚者，若其邑狹少，唯三百户乃可也。三百户者，鄭注《禮記》云：小國下大夫之制。又鄭注《周禮·小司徒》云：方十里爲成，九百夫之地，溝渠、城郭、道路三分去其一，餘六百夫。又以田有不易，有一易，有再易，定受田三百家。即此三百户者，一成之地也。鄭注云：不易之田，歲種之；一易之田，休一歲乃種；再易之地，休二歲乃種。言至薄也。苟自藏隱，不敢與五相敵，則无眚災。注以剛處訟至災未免也。正義曰：若能以懼歸竄其邑，乃可免災者，如此注意，則經稱其邑二字連上爲句，人三百户合下爲句。《象》曰：不克訟，歸逋竄也。自下訟上，患至掇也。疏：正義曰：歸逋竄者，釋歸而逋邑，以訟之不勝，故退歸逋竄也。患至掇者，掇猶拾掇也。自下訟上，悖逆之道，故禍患來至，若手自拾掇其物，言患必來也。故王肅云：若手拾掇物然。

六三：食舊德，貞厲，終吉。或從王事无成。體夫柔弱以順於上，不爲九二自下訟上，不見侵奪，保全其有，故得食其舊德而不失也。居争訟之時，處兩剛之間，而皆近不相得，故曰貞厲。柔體不争，繫應在上，衆莫能傾，故曰終吉。上壯争勝，難可忤也，故或從王事，不敢成也。疏：六三，食舊德至王事无成。正義曰：食舊德者，六三以陰柔順從上九，不爲上九侵奪，故保全己之所有，故食其舊日之德禄位。貞厲者，貞，正也；厲，危也。居争訟之時，處兩剛之間，故須貞正自危厲，故曰貞厲。然六三柔體不争，係應在上，衆莫能傾，故終吉也。或從王事无成者，三應於上，上則壯而又勝，故六三或從上九之王事，不敢觸忤，无敢先成，故云无成。《象》曰：食舊德，從上吉也。疏：正義曰：從上吉者，釋所以食舊德以順從上九，故得其吉食舊德也。

九四：不克訟。初辯明也。疏：正義曰：九四既非理陵犯於初，初能分辯道理，故九四訟不勝也。復即命渝，安貞吉。處上訟下，可以改變者也，故其咎不大。若能反從本理，變前之命，安貞不犯，不失其道，爲仁猶己，故吉從之。疏：復即命渝安貞吉。正義曰：復即命渝者，復，反也；即，就也。九四訟既不勝，若能反就本理，變前與初争訟之命，能自渝變休息，不與初訟，故云復即命渝。安貞吉者，既能反從本理，渝變往前争訟之命，即得安居貞吉。注處上訟下至故吉從之。正義曰：若能反從本理者，釋復即之義。復，反也；即，從也。本理謂原本不與初訟之理。當反從此原本不争之理，故云反從本理。變前之命者，解命渝也。渝，變也。但倒經渝字在命上，故云變前之命。前命者，謂往前共初相訟之命也，今乃變之也。安貞不犯者，謂四安居貞正，不復犯初，故云安貞不犯。爲仁由己，故吉從之者，爲仁由己，《論語》文。初不犯己，己莫陵於初，是爲仁義之道，自由於己，故云爲仁由己。《象》曰：復即命渝，安貞不失也。疏：正義曰：安貞不失者，釋復即命喻之義，以其反理變命，故得安貞之吉，不失其道。

九五：訟元吉。處得尊位，爲訟之主，用其中正以斷枉直，中則不過，正則不邪，剛无所溺，公无所偏，故訟元吉。疏九五訟元吉。正義曰：處得尊位，中而且正，以斷獄訟，故得元吉也。注處得尊位至故訟元吉。正義曰：處得尊位爲訟之主者，居九五之位，當争訟之時，是主斷獄訟者也。然此卦之内，斷獄訟之人，凡有二主。案上注云善聽之主，其在二乎？是二爲主也。此注又云爲訟之主，用其中正以斷枉直，是五又爲主也。一卦兩主者，凡諸卦之内，如此者多矣。五是其卦尊位之主，餘爻是其卦爲義之主，猶若復卦初九是復卦之主，復義在于初九也。六五亦居復之尊位，爲復卦尊位之主，如此之例，非一卦也。所以然者，五居尊位，猶若天子總統萬機，與萬物爲主，故諸卦皆五居尊位。諸爻則偏主一事，猶若六卿春官主禮，秋官主刑之類偏主一事，則其餘諸爻各主一事也。即六卿總歸於天子，諸卦之爻，皆以九五爲尊位也。若卦由五位，五又居尊，正爲一主也，若比之九五之類是也。今此訟卦二既爲主，五又爲主，皆有斷獄之德，其五與二爻，其義同然也，故俱以爲主也。案：上《象》辭剛來而得中，今九五《象》辭云訟元吉，以中正也，知《象》辭剛來得中，非據九五也。輔嗣必以爲九二者，凡上下二象在於下象者，則稱來。故《賁卦》云柔來而文剛，是離下艮上而稱柔來。今此云剛來而得中，故知九二也。且凡云來者，皆據異類而來。九二在二陰之中故稱來；九五在外卦，又三爻俱陽，不得稱來。若於爻辭之中，亦有從下卦向上卦稱來也。故需上六有不速之客三人來，謂下卦三陽來。然需上六陰爻，陽來詣之，亦是往非類而稱來也。以斷枉直者，枉，曲也。凡二人來訟，必一曲一直，此九五聽訟能斷定曲直者，故云以斷枉直。《象》曰：訟元吉，以中正也。疏：正義曰：以中正也者，釋元吉之義。所以訟得大吉者，以九五處中而得正位，中則不有過差，正則不有邪曲，中正爲德，故元吉。

上九：或錫之鞶帶，終朝三褫之。處訟之極，以剛居上，訟而得勝者也。以訟受錫，榮何可保？故終朝之間，褫帶者三也。疏：正義曰：或錫之鞶帶者，上九以剛居上，是訟而得勝者也。若以謙讓蒙錫，則可長保有。若因訟而得勝，雖或錫與鞶帶，不可長久，終一朝之間三被褫脱，故云終朝三褫之。《象》曰：以訟受服，亦不足敬也。疏：正義曰：釋終朝三褫之義。以其因訟得勝，受此錫服，非德而受，亦不足可敬，故終朝之間，三被褫脱也。凡言或者，或之言有也。言或有如此，故言或。則上云或從王事无成，及《坤》之六三或從王事无成之類是也。鞶帶謂大帶也。故杜元凱桓二年《傳》鞶厲旒纓，注云：盤，大帶也。此訟一卦及爻辭並以人事明之，唯不利涉大川，假外物之象以喻人事。

《周易正義·泰》 泰。【略】九二：包荒，用馮河，不遐遺，朋亡。得尚于中行。體健居中而用乎泰，能包含荒穢，受納馮河者也。用心弘大，无所遐棄，故曰不遐遺也。无私无偏，存乎光大，故曰朋亡也。如此乃可以得尚于中行。尚，猶配也。中行，謂五。疏：正義曰：包荒用馮河者，體健居中，而用乎泰，能包含荒穢之物，故云包荒也。用馮河者，无舟渡水，馮陵于河，是頑愚之人，此九二能包含容受，故曰用馮河也。不遐遺者，遐，遠也。遺，棄也。用心弘大，无所疏遠棄遺於物。朋亡者，得中无偏，所在皆納，无私於朋黨之事，亡，无也，故云朋亡也。得尚於中行者，中行謂六五也，處中而行，以九二所爲如此。尚，配也，得配六五之中也。《象》曰：包荒，得尚于中行，以光大也。疏：正義曰：釋得尚中行之義。所以包荒、得配此六五之中者，以无私无偏，存乎光大之道，故此包荒。皆假外物以明義也。

（宋）李衡《周易義海撮要·困》 九五，劓刖，困于赤紱，乃徐有說，利用祭祀。《象》曰：劓刖，志未得也。乃徐有說，以中直也。利用祭祀，受福也。以陽居陽，物則不附。忿其不附，而用壯猛，行其威刑，異方愈乖，遐邇愈叛。刑之欲得，乃並以失。履夫中位，困而能改，不遂其迷，以斯祭祀，祭必受福。注【略】五爲困之主，衆所不輔，困之極也。當用慈惠仁義，屈己下人，人則歸之。反以剛壯之道，刑罰之威，以服其人，人必不從，反爲諸侯之所困也。

（宋）張載《橫渠易說·繫辭上》 易則易知，簡則易從；易知則有親，易從則有功；有親則可久，有功則可大；可久則賢人之德，可大則賢人之業。易簡而天下之理得矣，天下之理得而成位乎其中矣。

此皆言聖人體天地之德然也。可久者，〔可〕以久遠推行；可大者，其得體也。大凡語道理之徒，道達不已，竟亦何〔所〕求推行及民！故以賢人措諸事業，而言易簡理得而成位乎天地之中。蓋盡人道，並立乎天地以成三才，則是與天地參矣。但盡〔得〕人道，理自當（耳）〔爾〕，不必受命。仲尼之道，豈不可以參天地！

言知者，知而已；言能者，涉於形（氣）〔器〕，（能）能成物也。易則易知，易知則有親。今夫虎豹之爲物，豢之雖馴，人亦不敢遂以親狎，爲其難測。惟其平易，則易知易信，信則人任焉，以其可〔從〕信，人斯委任，故易以有功矣。道體至廣，所以〔有言難〕，有言易，有言小，有言大，無乎不在。

坤至柔而動也剛，〔剛〕乃積大勢成而然爾。乾至健无體，爲感速，故易知；坤至順不煩，其施普，故簡能。志大則才大、事業大，故曰可大，又曰富有；志久則氣久、德性久，故曰可久，又曰日新。德業不可久、不可大，不足謂之賢〔人〕，況可謂之聖〔人〕乎！

易簡理得則知幾，知幾然後經可正。天下達道五，其生民之大經乎！經正則道前定，事豫立，不疑其所行，利用安身之要莫先焉。

成位乎其中，與天地合其德〔也〕。

《尚書正義·虞書·大禹謨》 人心惟危，道心惟微，惟精惟一，允執厥中。危則難安，微則難明，故戒以精一，信執其中。無稽之言勿聽，弗詢之謀勿庸。無考無信驗，不詢專獨，終心無成，故戒勿聽用。聽，徐天定反。可愛非君？可畏非民？衆非元后何戴？后非衆罔與守邦？民以君爲命，故可愛。君失道，民叛之，故可畏。言衆戴君以自存，君恃衆以守國，相須而立。欽哉！慎乃有位，敬修其可願，四海困窮，天祿永終。有位，天子位。可願謂道德之美。困窮謂天民之無告者。言爲天子勤此三者，則天之祿籍長終汝身。惟口出好興戎，朕言不再。好謂賞善，戎謂伐惡。言口榮辱之主，慮而宣之，成於一也。出如字，徐尺遂反。好如字，徐許到反。疏：帝曰來至不再。正義曰：帝不許禹讓，呼之曰：來，禹。下流之水儆戒於我，我恐不能治之。汝能成聲教之信，能成治水之功，惟汝之賢。汝能勤勞於國。謂盡力於溝洫。能節儉於家。謂薄飲食，卑宫室。常執謙沖，不自滿溢誇大，惟汝之賢也。又申美之：汝惟不自矜誇，故天下莫敢與汝争能。汝惟不自稱伐，故天下莫敢與汝争功。美功之大也。我今勉汝之德，善汝大功，天之歷運之數帝位當在汝身，汝終當升此大君之位，宜代我爲天子。因戒以爲君之法：民心惟甚危險，道心惟甚幽微。危則難安，微則難明，汝當精心，惟當一意，信執其中正之道，乃得人安而道明耳。又爲人君，不當妄受用人語。無可考驗之言，勿聽受之。不是詢衆之謀，勿信用之。言民所愛者，豈非人君乎？民以君爲命，故愛君也。言君可畏者，豈非民乎？君失道則民叛之，故畏民也。衆非大君而何所奉戴？無君則民亂，故愛君也。君非衆人無以守國，無人則國亡，故畏民也。君民相須如此，當宜敬之哉！謹慎汝所有之位，守天子之位，勿使失也。敬修其可願之事。謂道德之美，人所願也。養彼四海困窮之民，使皆得存立，則天之禄籍長終汝身矣。又告禹：惟口之所言，出好事，興戎兵，非善思慮無以出口，我言不可再發。令禹受其言也。傳水性至美之。正義曰：降水，洪水也。水性下流，故曰下水。禹以治水之事儆戒於子。《益稷》云：予創若時，娶于塗山，辛壬癸甲，啓呱呱而泣，予弗子，惟荒度土功之事。雖文在下篇，實是欲禪前事，故帝述而言之。《禹貢》言治水功成云：朔南暨聲教。故知成允是成聲教之信，成功是成治水之功也。前已言地平天成是汝功，今復説治水之事，言禹最賢，重美之也。禹實聖人，美其賢者，其性爲聖，其功爲食，猶《易・繫辭》云可久則賢人之德，可大則賢人之業，亦是聖人之事。傳滿謂至盈大。正義曰：滿以器喻，故爲盈實也。假，大，《釋詁》文。言己無所不知，是爲自滿。言己無所不能，是爲自大。禹實不自滿大，故爲賢也。《論語》美禹之功德云：惡衣服，菲飲食，卑宫室，而盡力乎溝洫。故傳引彼。惡衣、薄食，卑其宫室是儉於家，盡力爲民是勤於邦。上言其功，此言其德，故再云惟汝賢。傳自賢至衆人。正義曰：自言己賢曰矜，自言己功曰伐。《論語》云：願無伐善。《詩》云：矜其車甲。矜與伐俱是誇義，以經有争能、争功，故別解之耳。弗矜莫與汝争能，即矜者矜其能也。賢、能大同小異，故自賢解矜。《老子》云：夫惟不争，故天下莫能與之争。是故不矜伐而不失其功能，此所以能絶異於衆人也。傳丕大至天子。正義曰：丕，大，《釋詁》文。歷數謂天歷運之數，帝王易姓而興，故言歷數謂天道。鄭玄以歷數在汝身謂有圖籙之名，孔無讖緯之説，義必不然。當以大功既立，衆望歸之，即是天道在身。《釋詁》元訓爲首，首是體之大也。《易》曰大君有命，是大君謂天子也。傳危則至其中。正義曰：居位則治民，治民必須明道，故戒之以人心惟危，道心惟微。道者經也，物所從之路也。因言人心，遂云道心。人心惟萬慮之主，道心爲衆道之本。立君所以安人，人心危則難安。安民必須明道，道心微則難明。將欲明道，必須精心。將欲安民，必須一意。故以戒精心一意。又當信執其中，然後可得明道以安民耳。傳無考至聽用。正義曰：爲人之君不當妄用人言，故又戒之：無可考校之言謂無信驗，不詢於衆人之謀謂專獨用意。言無信驗是虚妄之言，獨爲謀慮是偏見之説，二者終必無成，故戒令勿聽用也。言謂率意爲語，謀謂豫計前事，故互文也。傳民以至而立。正義曰：百人無主，不散則亂，故民以君爲命。君尊，民畏之，嫌其不愛，故言愛也。民賤，君忽之，嫌其不畏，故言畏也。傳有位至汝身。正義曰：上云汝終陟元后，命升天位，知其慎汝有位，慎天子位也。道德人之可願，知可願者，是道德之美也。惟言四海困窮，不結言民之意，必謂四海之内困窮之民，令天子撫育之。故知如《王制》所云，孤獨鰥寡此四者，天民之窮而無告者，此是困窮者也。言爲天子，當慎天位，修道德，養窮民，勤此三者，則天之禄籍長終汝身。禄謂福禄，籍謂名籍，言享大福，保大名也。傳好謂至於一。正義曰：昭二十八年。《左傳》云：慶賞刑威曰君。君出言有賞有刑，出好謂愛人而出好言，故爲賞善。興戎謂疾人而動甲兵，故謂伐惡。《易・繫辭》曰：言語者，君子之樞機。樞機之發，榮辱之主。必當慮之於心，然後宣之於口，故成之於一而不可再。帝言我命汝升天位者，是慮而宣之，此言故不可再。

（清）皮錫瑞《今文尚書考證・皋陶謨》 皋陶曰：寬而栗，柔而立，愿而恭，今文作愿而共。《史記》曰：寬而栗，柔而立，愿而共。無禹曰何皋陶曰六字，史公省文。段玉裁説：《夏本紀》作共，疑《本紀》是也。共，讀爲供。謹愿人多不能供辦，能治人多不能敬慎，德與才不能互兼也。《史記》恭敬字不作共，即《堯典》允恭、象恭可證。今文《尚書》作愿而共，勝於古文《尚書》。一作寬而慄。《衡方碑》作寬慄。亂而敬，擾而毅，直而温，簡而廉，剛而塞，彊而義，《史記》亂作治，塞作實，用故訓字。彰厥有常，吉哉。今文作章厥有常，吉哉。《史記》作章。《後漢書・鄭均傳》元和元年詔云：《書》不云乎，章厥有常，吉哉。其賜均、義穀各千斛。注云：章，明也。吉，善也。言爲天子當明其有常德者，優其廩餼，則政之善也。或出今文家説。日宣三德，夙夜浚明有家。今文作蚤夜翊明有家。《史記》曰：日宣三德，蚤夜翊明有家。段玉裁説：今文《尚書》作翊也。翊同翌。《爾雅》：翌，明也。翊明重言之，猶《無逸》之皇暇也。錫瑞謹案：《華嚴經音義》七十四卷下引《尚書大傳》：翊，輔也。似解此經之傳，則今文作翊是也。然《大傳》以翊爲輔，與段説不同。蔡邕《司空文烈侯楊公碑》曰：翊明其政。與《史記》文正合，乃今文作翊之明證。《史記》於夙夜維寅、夙夜出入朕命，皆不作蚤夜，則此云蚤夜，乃今文《尚書》本文，非故訓字也。日嚴祗敬六德，亮采有邦，翕受敷施。今文作日嚴振敬六德，亮采有國，翕受普施。《史記》祗作振，邦作國，敷作普，皆今文《尚書》也。祇、振雙聲，如《盤庚》震動，《石經》作祇動。《費誓》祇復、《無逸》祇懼，《魯世家》作振復、振懼，皆祇、振通用之證。普與敷，音義通。《説文》云：肅，持事振敬也。亦用今文《尚書》。九德咸事，《東觀書》曰：章帝初即位，賜東平憲王蒼書曰：朕夙夜伏思，念先帝躬履九德。《魏受禪碑》：九德既該。疑今文家有以九德屬君德者。《漢書·王尊傳》曰：三公典五常九德。《後漢書·楊震傳》曰：方今九德未事。班固薦謝夷吾曰：行包九德。蔡邕《太傅胡公碑》曰：九德咸修。《陳太丘碑》曰：兼資九德。《汝南周巨勝碑》曰：備九德。《盧江太守范式碑》曰：九德靡爽。皆不以九德爲君德。

（清）孫星衍《尚書今古文注疏·金縢》 公乃爲詩以貽王，名之曰《鴟鴞》。注：史遷名作命。鄭康成貽作怡，曰怡，悦也。周公傷其黨屬無罪將死，恐其刑濫，又破其家，而不敢正言，故作《鴟鴞》之詩以貽王，今《豳風·鴟鴞》也。鬻子，斥成王。疏：貽，當爲詒，《詩·國風》自詒伊阻，詒我彤管，《釋文》皆作貽。云本又作詒。貽，俗字。《豳風·鴟鴞·詩序》云：《鴟鴞》，周公救亂也。成王未知周公之志，公乃爲詩以遺王，名之曰《鴟鴞》焉。詒作遺者，《爾雅·釋言》云：詒，遺也。鴟鴞者，《釋鳥》云：鸋鴂。《方言》云：自關而東謂桑飛曰鸋鴂。《詩》疏引陸璣疏云：鸋鴂，似黄雀而小，其喙尖如錐，取茅莠爲窠。幽州人謂之鸋鴂，或曰巧婦，或曰女匠，關東謂之工雀，或謂之過贏；關西謂之桑飛，或謂之襪雀，或曰巧女。鄭注見《詩·豳譜》疏及《鴟鴞》疏。云怡，悦者，《釋詁》云：怡樂也。《内則》注：怡，悦也。樂即悦。云傷其屬黨無罪將死，恐其刑濫，又破其家者。因《詩》有既取我子，無毁我室，而繹其意。《鴟鴞》疏云：馬昭云：公黨已誅，請之無及，故但言請子孫土地。斯不然矣。鄭意以屬臣雖爲王得，罪猶未加刑焉，馬昭之言非鄭旨也。云鬻子，斥成王，亦見《鴟鴞》疏，疏云：經解喻尊，猶言昊天，斥王也。

（清）孫星衍《尚書今古文注疏·召誥》 其惟王勿以小民淫用非彝，亦敢殄戮，用乂民若有功。疏：淫者，高誘注《吕氏春秋》云：過也。《釋詁》云：彝、法，常也。殄，盡也。戮者，《廣雅·釋詁》云：罪也。乂者，《釋詁》云：治也。若者，《釋言》云：順也。言王勿以小民有過爲非法者，因敢盡罪，以治民惟順敘則有功也。

《尚書·周書·立政》 今文子文孫，孺子王矣。其勿誤于庶獄，惟有司之牧夫。其克詰爾戎兵，以陟禹之迹，方行天下，至于海表，罔有不服，以覲文王之耿光，以揚武王之大烈。嗚呼！繼自今，後王立政，其惟克用常人。

周公若曰：太史，司寇蘇公，式敬爾由獄，以長我王國。茲式有慎，以列用中罰。

《尚書正義·周書·立政》 周公若曰：太史，順其事并告太史。司寇蘇公，式敬爾由獄，以長我王國。忿生爲武王司寇，封蘇國，能用法。敬汝所用之獄，以長施行於我王國。言王獄當求蘇公之比。比，必二反，又如字。茲式有慎，以列用中罰。此法有所慎行，必以其列用中罰，不輕不重，蘇公所行。太史掌六典，有廢置官人之制，故告之。行如字。疏：周公至中罰。正義曰：周公順其事而言曰：太史。以其太史掌廢置官人，故呼而告之：昔日司寇蘇公既能用法，汝太史當敬汝所用之獄，以長施行於我王國。欲使太史選主獄之官，當求蘇公之比也。此刑獄之法，有所慎行，必以其體式，列用中常之罰，不輕不重，當如蘇公所如也。傳忿生至之比。正義曰：成十一年《左傳》云：昔周克商，使諸侯撫封，蘇忿生以温爲司寇。是忿生爲武王司寇，封蘇國也。蘇是國名，所都之地其邑名温，故傳言以温也。特舉蘇公治獄官以告太史，知其言主獄之官當求蘇公之比類也。傳此法至告之。正義曰：治獄必有定法，此定法有所慎行。《周禮·大司寇》云：刑新國用輕典，刑平國用中典，刑亂國用重典。輕重各有體式行列，周公言然之時，是法爲平國，故必以其列用中罰，使不輕不重。美蘇公治獄，使列用中罰，明中罰不輕不重，是蘇公所行也。《周禮》太宰以八柄詔王，馭羣臣，有爵、禄、廢、置、生、殺、與、奪之法。太史亦掌邦之六典，以副貳太宰，是太史有廢置官人之制，故特呼而告之也。

（宋）蔡沈《書經集傳·周書·立政》 周公若曰：太史，司寇蘇公，式敬爾由獄，以長我王國。茲式有慎，以列用中罰。

此周公因言慎罰，而以蘇公敬獄之事，告之太史，使其並書以爲後世司獄之式也。蘇，國名也。《左傳》：蘇忿生以温爲司寇。周公告太史以蘇忿生爲司寇，用能敬其所由之獄，培植基本，以長我王國。今於此取法而有謹焉，則能以輕重條列，用其中罰，而無過差之患矣。

《尚書正義·周書·君陳》 王曰：君陳，爾惟弘周公丕訓，無依勢作威，無倚法以削，汝爲政當闡大周公之大訓，無乘勢位作威人上，無倚法制以行刻削之政。寬而有制，從容以和。寬不失制，動不失和，德教之治。從，七容反。殷民在辟，予曰辟，爾惟勿辟。予曰宥，爾惟勿宥。惟厥中。殷人有罪在刑法者，我曰：刑之。汝勿刑。我曰：赦宥。汝勿宥。惟其當以中正平理斷之。辟，扶亦反，下同。中如字，或丁仲反。斷，丁亂反。有弗若于汝政，弗化于汝訓，辟以止辟，乃辟。有不順於汝政，不變於汝教，刑之而懲止犯刑者，乃刑之。狃于姦宄，敗常亂俗，三細不宥。習於姦宄凶惡，毁敗五常之道，以亂風俗之教，罪雖小，三犯不赦，所以絶惡源。狃，女九反。疏：王曰至不宥。正義曰：王呼之曰：

君陳，汝今爲政，當弘大周公之大訓。周公既有大訓，汝當遵而行之，使其法更寬大。汝奉周公之訓，無得依恃形勢以作威於人，無得倚附法制以行刻削百姓。必當寬容而有法制，使疎而不漏。從容以和協於物，莫爲褊急。此成周殷民，有犯事在於刑法未斷決者，我告汝曰：刑罰之。汝惟勿得刑罰之。我告汝曰：赦宥之。汝惟勿得赦宥之。惟其以中正平法斷決之，不得從上意也。其有不順於汝之政令，不化於汝之訓教，其罪既大，當行刑中。刑罰一人可以止息後犯者，故云犯刑者乃刑之。如其罪或輕細，罰不當理，雖刑勿息，故不可輒刑。若有人習於姦宄凶惡，敗五常之道，亂風俗之教，三犯其事者，事雖細小，勿得宥之。以其知而故犯，當殺之以絶惡源也。傳汝爲至之政。正義曰：君陳之智，必不及周公，而令闡大周公訓者，遵行其法，使廣被於民，即是闡揚而大之。非遣君陳爲法，使大於周公法也。凡在人上，位貴於人，勢足可畏者，多乘是形勢以作威利於人，倚附公法以行刻削之政，故禁之也。傳寬不至之治。正義曰：寬不失制，則經寬而有制。動不失和，則經從容以和。言動，謂從容也。傳習於至惡源。正義曰：《釋言》云：狃，復也。孫炎曰：狃忕，前復爲也。古言狃忕是貫習之義，故以習解狃。習於姦宄凶惡，言爲之不知止也。敗常亂俗，有大有小，罪雖小者，三犯不赦，恐其滋大，所以絶惡源也。此謂所犯小事，言三者，再猶可赦爾。

(宋) 蔡沈《書經集傳·周書·君陳》王曰：君陳，爾惟弘周公丕訓，無依勢作威，無倚法以削。寬而有制，從容以和。

從，七恭反。此篇言周公訓者三：曰懋昭，曰式時，至此，則弘周公之丕訓，欲其益張而大之也。君陳何至依勢以爲威，倚法以侵削者？然勢我所有也，法我所用也。喜怒予奪，毫髮不於人而於己，是私意也，非公理也。安能不作威以削乎？君陳之世，當寬和之時也。然寬不可一於寬，必寬而有其制；和不可一於和，必從容以和之，而後可以和厥中也。

(清) 孫星衍《尚書今古文注疏·呂刑》惟齊非齊，有倫有要。

注：惟，一作維。疏：倫者，鄭注《學記》云：理也。要者，鄭司農注《周禮》云：簿書也。又注《小宰》要會云：謂計最之簿書。月計曰要，歲計曰會。江氏聲云：上刑適輕，下刑適重，非齊也。輕重有權，隨世制宜，齊非齊也。齊其非齊，有倫理，有要會。《荀子·王制篇》云：先王制禮義以分之，使有貧富貴賤之等，是以相兼臨者，是養天下之本也。《書》曰：維齊非齊，此之謂也。惟作維者，今文凡惟皆从糸，與思惟有別，後人亂之。以貧富貴賤爲非齊者，斷章取義，非説此經也。

又：非佞折獄，惟良折獄，罔非在中，察辭于差，非從惟從。

注：《大傳》説：君子之於人也，有其語也，無不聽者，皇于獄訟乎，必盡其辭矣。聽獄者或從其情，或從其辭。疏：佞者，孔安國注《論語》云：口才也。良者，《詩傳》云：善也。差者，杜預注《左傳》云：差池，不齊一。言折獄者，口才辯給之人，能使囚窮于辭，容有辭屈而枉入刑者，故非口才可以折獄，惟善人折訟公正不偏，無不得中也。折獄者又當察囚辭之有參差不齊者，以求其情。既得其情，非從其辭，惟從其辭，不失其情，故謂之爰書。爰者，易也。易其文，不易其辭。《大傳》云：皇于獄訟，皇與况通，今文皇多作况，見《無逸》疏。云或從其情，或從其辭，即釋非從惟從也。徐幹《中論·賞罰篇》云：賞罰不可以疎，亦不可以數；不可以重，亦不可以輕。先王思中以平之，而不失其節。《書》曰：罔非在中，察辭於差。

又：非天不中，惟人在命。疏：言非天之降罰不中正也，惟人受天命以生，違天則自取其咎耳。

(清) 皮錫瑞《今文尚書考證·呂刑》穆穆在上，明明在下，灼于四方，罔不惟德之勤。故乃明于刑之中，率乂于民棐彝。今文中作衷。梁統引今文爰制百姓于刑之衷，此亦當同作衷。

(漢) 韓嬰《韓詩外傳》卷一 傳曰：水濁則魚喁，令苛見民亂，城峭則崩，岸峭則陂。故吴起峭刑而車裂，商鞅峻法而支解。治國者譬若乎張琴然，大絃急則小絃絶矣。故急轡銜者，非千里之御也。有聲之聲不過百里，無聲之聲延及四海。故禄過其功者削，名過其實者損，情行合而名副之，禍福不虛至矣。《詩》云：何其處也，必有與也。何其久也，必有以也。故惟其無爲，能長生久視，而無累於物矣。

《禮記·中庸》天命之謂性，率性之謂道，修道之謂教。道也者，不可須臾離也，可離非道也。是故君子戒慎乎其所不睹，恐懼乎其所不聞。莫見乎隱，莫顯乎微，故君子慎其獨也。喜怒哀樂之未發謂之中，發而皆致中和，致中和，中也者，天下之大本也；和也者，天下之達道也。致中和，天地位焉，萬物育焉。

(清) 孫希旦《禮記集解·儒行》儒有居處齊難，其坐起恭敬；言必先信，行必中正；道塗不爭險易之利，冬夏不爭陰陽之和；愛其死以有待也，養其身以有爲也。其備豫有如此者。《釋文》：齊，側皆反。難，乃旦反。行，皇如字，舊下孟反。爲，于僞反，今按，爲當如字。

鄭氏曰：齊難，齊莊可畏難也。行不争道，止不選處，所以遠鬭訟。呂氏大臨曰：居處齊難，坐起恭敬，言必先信，行必中正，如見大賓，如承大祭也。不爭險易，不爭陰陽，已所不願，弗施於人也。懲忿窒欲，身立德充，可以當天下之變，任天下之重，備豫之至也。愚謂儒者之居處必慎，坐起不苟，所以遠其身之害，言必先信，行必中正，所以進其身之德，皆所以養其身也。不爭險易，不爭陰陽，不妄與人争競者，皆所以愛其死也。夫愛其死，非貪生也，蓋以懲其血氣之忿，而養其義理之勇，以待夫事之大者而爭之也。養其身，非私其身也，蓋以我之身乃民物之所託命，故慎以養之，而將以大有爲於世也。儒者之備豫如此。

《春秋公羊經傳解詁》卷七《宣公十三年》　初稅畝。初者何？始也。稅畝者何？履畝而稅也。時宣公無恩信於民，民不肯盡力於公田，故履踐案行，擇其善畝穀最好者，稅取之。初稅畝，何以書？譏。何譏爾？譏始履畝而稅也。何譏乎始履畝而稅？据用田賦不言初，亦不言稅畝。古者什一而藉。什一以借民力，以什與民，自取其一爲公田。古者曷爲什一而藉？据數非一。什一者，天下之中正也。多乎什一，大桀小桀；奢泰多取於民，比於桀也。寡乎什一，大貉小貉。蠻貉無社稷、宗廟、百官制度之費，稅薄。大貊，亡百反。費，芳味反。什一者，天下之中正也，什一行而頌聲作矣。頌聲者，太平歌頌之聲，帝王之高致也。《春秋》經傳數萬，指意無窮，狀相須而舉，相待而成，至此獨言頌聲作者。民以食爲本也，夫飢寒並至，雖堯舜躬化，不能使野無寇盜；貧富兼並，雖皐陶制法，不能使彊不陵弱。是故聖人制井田之法而口分之：一夫一婦受田百畝，以養父母妻子，五口爲一家，公田十畝，即所謂什一而稅也。廬舍二畝半，凡爲田一頃十二畝半，八家而九頃，共爲一井，故曰古田。廬舍在內，貴人也，公田次之，重公也，私田在外，賤私也。井田之義，一曰無泄地氣，二曰無費一家，三曰同風俗，四曰合巧拙，五曰通財貨。因井田以爲市，故俗語曰市井。種穀不得種一穀，以備災害。田中不得有樹，以妨五穀。還廬舍種桑荻雜菜，畜五母雞、兩母豕，瓜果種疆畔，女工蠶織，老者得衣帛焉，得食肉焉，死者得葬焉。多於五口名曰餘夫，餘夫以率受田二十五畝。十井共出兵車一乘。司空謹別田之高下，善惡分爲三品：上田一歲一墾，中田二歲一墾，下田三歲一墾。肥鐃不得獨樂，墝埆不得獨苦，故三年一換主易居，財均力平，兵車素定，是謂均民力，彊國家。在田曰廬，在邑曰里。一里八十戶，八家共一巷。中里爲校室，選其耆老有高德者名曰父老，其有辯護伉健者爲里正，皆受倍田，得乘馬。父老三老孝弟官屬，正比庶人在官吏。民春夏出田，秋冬入保城郭。田作之時，春，父老及里正旦開門坐塾上，晏出後時者不得出，莫不持樵者不得入。五穀畢入，民皆居宅，里正趨緝績，男女同巷，相從夜績，至於夜中，故女功一月得四十五日作，從十月盡正月止。男女有所怨恨，相從而歌，飢者歌其食，勞者歌其事。男年六十，女年五十無子者，官衣食之，使之民間求詩，鄉移於邑，邑移於國，國以聞於天子，故王者不出牖戶盡知天下所苦，不下堂而知四方。十月事訖，父老教於校室，八歲者學小學，十五者學大學。其有秀者移於鄉學，學之秀者移於庠，庠之秀者移於國學。學於小學，諸侯歲貢小學之秀者於天子，學於大學，其秀者命曰進士，行同而能偶，別之以射，然後爵之。士以才能進取，君以考功授官。三年耕餘一年之畜，九年耕餘三年之積，三十年耕有十年之儲。雖遇唐堯之水，殷湯之旱，民無近憂，四海之內莫不樂其業。故曰頌聲作矣。數，所主反。以食，音嗣。伉，苦浪反，一音苦杏反。塾，音淑。莫，音暮。

（清）黄奭輯《孝經緯·鉤命訣》　聖主不孝，四方仰怨，仁政不施，苛刑布偏，則四時聚彗，八節投蜺。

《論語注疏·學而》　有子曰：禮之用，和爲貴。先王之道，斯爲美。小大由之，有所不行。知和而和，不以禮節之，亦不可行也。注：馬曰：人知禮貴和，而每事從和，不以禮爲節，亦不可行。疏：有子曰至行也。正義曰：此章言禮樂爲用相須乃美。禮之用，和爲貴者，和，謂樂也。樂主和同，故謂樂爲和。夫禮勝則離，謂所居不和也，故禮貴用和，使不至於離也。先王之道，斯爲美者，斯，此也。言先王治民之道，以此禮貴和美，禮節民心，樂和民聲。樂至則無怨，禮至則不爭，揖讓而治天下者，禮樂之謂也，是先王之美道也。小大由之，有所不行者，由，用也。言每事小大皆用禮，而不以樂和之，則其政有所不行也。知和而和，不以禮節之，亦不可行也者，言人知禮貴和，而每事從和，不以禮爲節，亦不可行也。

（宋）朱熹《四書章句集注·論語集注·學而》　有子曰：禮之用，和爲貴。先王之道斯爲美，小大由之。禮者，天理之節文，人事之儀則也。和者，從容不迫之意。蓋禮之爲體雖嚴，而皆出於自然之理，故其爲用，必從容而不迫，乃爲可貴。先王之道，此其所以爲美，而小事大事無不由之也。

（清）劉寶楠《論語正義·學而》　有子曰：禮之用，和爲貴。先王之道，斯爲美；小大由之。有所不行，知和而和，不以禮節之，亦不可行也。注：馬曰：人知禮貴和，而每事從和，不以禮爲節，亦不可行。正義曰：《禮·祭義》云：禮者，履此者也。《管子·心術篇》：登降揖讓，貴賤有等，親疏有體，謂之禮。《方言》：用，行也。《説文》：用，可施行也。禮主於讓，故以和爲用，《燕義》云和寧，禮之用也是也。《説文》龢，調也。讀與咊同。盉，味也。和，相應也。三義略近，今經傳通作和。《賈子·道術篇》：剛柔得道謂之和，反和爲乖。書昭《晉語》注：貴，重也。高誘《呂氏春秋·尊師》注：貴，尚也。和是禮中所有，故行禮以和爲貴。皇、邢疏以和爲樂，非也。《樂記》云：禮勝則離。鄭注：離謂析居不和也。又《易·繫辭傳》：履以和行。虞翻注：禮之用，和爲貴，故以和行。和是言禮，非謂樂，審矣。《論衡·四諱篇》：死亡謂之先。《爾雅·釋詁》：王，君也。戴氏望《論語注》云：先王，謂聖人爲天子制禮者也。《詩·殷其靁》傳：斯，此也。《周官·大司徒》注：美，善也，並常訓。禮有威儀文物，故以美言之。小大，指人言。下篇君子無小大。《詩·泮水》無小無大，從公于邁，皆以小大指人之證。《爾雅·

釋詁》：由，自也。自與從同。《史記・禮書》云：君臣、朝廷、尊卑、貴賤之序，下及黎庶、車輿、衣服、宮室、飲食、嫁娶、喪祭之分，事有宜適，物有節文。是言人小大皆有禮也。有所不行者，謂人但循禮，不知用和，故不可行，所謂禮勝則離者也。《檀弓》云：品節斯之謂禮。皇疏云：人若知禮用和，而每事從和，不復用禮爲節者，則於事亦不得行也。所以言亦者，沈居士云：上純用禮不行，今皆用和，亦不可行也。案：《有子》此章之旨，所以發明夫子中庸之義也。《説文》：庸，用也。凡事所可常用，故庸又訓常。鄭君《中庸・目録》云：名曰《中庸》者，以其記中和之爲用也。注君子中庸云：庸，常也。用中爲常道也。兩義自爲引申。堯咨舜、舜咨禹云：允執其中。孟子言湯執中，執中即用中也。舜執兩端，用其中於民，用中用卽中庸之倒文。《周官・大司樂》言六德：中、和、祇、庸、孝、友言中和又言庸，夫子本之，故言中庸之德。子思本之，乃作《中庸》。而有子於此章已明言之。其謂以禮節之者，禮貴得中，知所節，則知所中。《中庸》云：和而不流，强哉矯！中立而不倚，强哉矯！和而不流，則禮以節之也，則禮之中也。中庸皆所以行禮，故《禮》篇載之。《逸周書・度訓》云：和非中不立，中非禮不慎，禮非樂不履。樂謂和樂，卽此義也。《漢石經》亦不行也，不下無可字。

（清）劉寶楠《論語正義・里仁》 曾子曰：夫子之道，忠恕而已矣。正義曰：【略】忠恕者，《周語》云：中能應外，忠也。《曾子・大孝》云：忠者，中此者也。《周官・大司徒》注：忠，言以中心，《賈子・道術》：以己量人謂之恕。《大戴記・小辨》云：知忠必知中，知中必知恕，知恕必知外，知外必知德，又曰：內思畢心曰知中，中以應實曰知恕。《曾子・立孝篇》：曾子曰：君子立孝，其忠之用也，禮之貴也。故爲人子而不能孝其父者，不敢言人父不能畜其子者，爲人弟而不能承其兄者，不敢言人兄不能順其弟者；爲人臣而不能事其君者，不敢言人君不能使其臣者。《禮・中庸》曰：子曰：忠恕違道不遠。施諸己而不願，亦勿施於人。君子之道四，丘未能一焉，所求乎子以事父，未能也；所求乎臣以事君，未能也；所求乎弟以事兄，未能也，所求乎朋友先施之，未能也。庸德之行，庸言之謹，有所不足，不敢不勉；有餘，不敢盡。言顧行，行顧言。君子胡不慥慥爾！二文言恕之義最顯。蓋忠恕理本相通，忠之爲言中也。中之所存，皆是誠實。《大學》：所謂誠意，毋自欺也。卽是忠也，《中庸》云：誠者非自成己而已也，所以成物也。《中庸》之誠，卽《大學》之誠意。誠者，實也，忠者，亦實也。君子忠恕，故能盡己之性；盡己之性，故能盡人之性。非忠則無由恕，非恕亦奚稱爲忠也？《説文》訓恕爲仁，此因恕可求仁，故恕即爲仁，引申之義也。是故仁者，己欲立而立人，己欲達而達人。己立己達，忠也；立人達人，恕也。二者相因，無偏用之勢。而已矣者，無餘之辭。自古聖賢至德要道，皆不外忠恕，能行忠恕，便是仁聖，故夫子言，忠恕違道不遠也。忠恕之道，即一以貫之之道，故門人聞曾子此言，不復更問矣。

《論語注疏・雍也》 子曰：中庸之爲德也，其至矣乎！民鮮久矣。

庸，常也，中和可常行之德，世亂，先王之道廢，民鮮能行此道久矣，非適今。疏：子曰：中庸之為德也，其至矣乎！民鮮久矣。正義曰：此章言世亂，人不能行中庸之德也。中，謂中和。庸，常也。鮮，罕也。言中和可常行之德也，其至極矣乎！以世亂，先王之道廢，故民罕能行此道久多時矣，非適而今也。

（清）劉寶楠《論語正義・雍也》 子曰：中庸之爲德也，其至矣乎！民鮮久矣。注：庸，常也。中和可常行之德。世亂，先王之道廢，民鮮能行此道久矣，非適今。注庸常至適今。正義曰：《説文》：庸，用也。凡事所可常用，故庸又爲常。洪氏震煊《中庸説》：鄭君《目録》云：名曰《中庸》者，以其記中和之爲用也。庸，用也。注君子中庸云：庸，常也。用中爲常道也。二説相輔而成，證諸《喪服四制》之篇曰：此喪之所以三年，賢者不得過，不肖者不得不及，此喪之中庸也。王者之所常行也。不得過、不及謂之中，所常行謂之庸。常行者，卽常用是也。故讚舜之大智曰：執其兩端，用其中於民。用中卽中庸之義是也。古訓以庸爲常，非平常之謂也。庸德之行，庸言之謹。鄭君亦注云：庸猶常也，言德常行也，言常謹也。證諸《易・文言》曰：庸言之信，庸行之謹。《九家注》云：庸，常也。謂言常以信，行常以謹。《荀子・不苟篇》曰：庸言必信之，庸行必慎之。楊倞注云：庸，常也。謂言常信，行常慎。故下文反之曰：言無常信，行無常貞，惟利所在，無所不傾，若是則可謂小人矣。此皆以常訓庸者也。《爾雅・釋詁》曰：曲、彝、法、則、刑、範、矩、庸、恒、律、戛、職、秩，常也。《書》篇或以典名，或以《範》名，《禮》篇或以《法》名，或以《庸》名，其義一也。案：執中始於堯之咨舜，舜亦以命禹，其後湯執中，立賢無方。至《周官・大司樂》以中、和、祇、庸、孝、友爲六德，知用中之道，百王所同矣。夫子言中庸之旨，多箸《易傳》。所謂中行，行卽庸也。所謂時，卽時中也。時中則能和，和乃爲人所可常行。故有子言禮之用，和爲貴。而子思作《中庸》。益發明其説曰：喜怒哀樂之未發謂之中，發而皆中節謂之和。中也者，天下之大本也；和也者，天下之達道也。致中和，天地位焉，萬物育焉。明中庸之爲德，皆人所可常用，而極其功能至於位育。蓋盡己之性，以盡人之性；盡人之性，以盡物之性；盡物之性，則可以贊天地之化育，所謂成己以成物者如此。故夫子贊爲至德。《周官・師氏》一曰至德。鄭注：至德，中和之德。覆燾持載含宏者也。下引《論語》此文。覆燾持載，至德也。惟舜在位，能用中於民，民皆化之。顏子未得位，但能擇中庸，得善勿失，而無所用於民，所謂有德無位，不敢作禮樂者也。世之衰也，上無明天子，下無賢方伯，民無所取法，賢知之所過，愚不肖之所不及，皆無所裁度以適於道。又甚則無所忌憚，如小人之反中庸，故曰民鮮久矣。云非適今者，適，祇也。《中庸篇》子曰：中庸其至矣乎！民鮮能久矣。鄭注：鮮，罕也。言中庸爲道至美，顧人罕能久行。鄭意謂當時民亦能行，但不能久行。義遜此注。

（宋）朱熹《四書章句集注·論語集注·子罕》　子曰：可與共學，未可與適道；可與適道，未可與立；可與立，未可與權。可與者，言其可與共爲此事也。程子曰：可與共學，知所以求之也。可與適道，知所往也。可與立者，篤志固執而不變也。權，稱錘也，所以稱物而知輕重者也。可與權，謂能權輕重，使合義也。楊氏曰：知爲己，則可與共學矣。學足以明善，然後可與適道。信道篤，然後可與立。知時措之宜，然後可與權。洪氏曰：《易》九卦，終於《巽》以行權。權者，聖人之大用。未能立而言權，猶人未能立而欲行，鮮不仆矣。程子曰：漢儒以反經合道爲權，故以權變權術之論，皆非也，權只是經也。自漢以下，無人識權字。愚按：先儒誤以此章連下文偏其反而爲一章，故有反經合道之説。程子非之，是矣。然以孟子嫂溺援之以手之義推之，則權與經亦當有辨。

（清）劉寶楠《論語正義·子罕》　子曰：可與共學，未可與適道；可與適道，未可與立；可與立，未可與權。注：適，之也。雖學或得異端，未必能之道；雖能之道，未必能有所立；雖能有所立，未必能權量其輕重之極。

【略】正義曰：與者，以也，《淮南子·氾論訓》：孔子曰：可以共學矣，而未可以適道也；可與適道，未可以立也；可以立，未可與權。與，以錯出，與即以也。學者，業之所同，講習切磋，彼此資益，故曰共學。至適道立權，各由人所自得，故不曰共也。

高誘《淮南子》注曰：道，仁義之善道。立，謂立德、立功、立言。戴氏震《孟子字義疏證》：蓋同一所學之事，試問何爲而學？其志有去道甚遠者矣，求利禄聲名者是也，道責於身，不使差謬，而觀其守道，能不見奪者寡矣，故未可與立。守道卓然，知常而不知變，由精義未深，所以增益其心志之明，使全乎聖智者，未之盡也，故未可與權。【略】《公羊》桓十一年《傳》：權者何？反乎經，然後有善者也。《後漢·周章傳》、《北周·宇文護傳》引《論語》解之，並爲反經，用《公羊》義也。焦氏循説權曰：説者疑於經不可反。夫經者，法也。法久不變則弊生，故反其法以通之；不變則不善，故反而後有善。不變則道不順，故反而後至於大順。故反寒爲暑，反暑爲寒。日月運行，一寒一暑，乃爲順行；恒寒恒燠，則爲咎徵。禮減而不進則消，樂盈而不反則放，禮有報而樂有反，此反經所以爲權。

（宋）朱熹《四書章句集注·論語集注·先進》　子曰：過猶不及。道以中庸爲至。賢知之過，雖若勝於愚不肖之不及，然其失中則一也。尹氏曰：中庸之爲德也，其至矣乎！夫過與不及，均也。差之毫釐，繆以千里。故聖人之教，抑其過，引其不及，歸於中道而已。

《論語注疏·子路》　子路曰：衛君待子而爲政，子將奚先？包曰：問往將何所先行。子曰：必也正名乎！馬曰：正百事之名。子路曰：有是哉，子之迂也！奚其正？包曰：迂猶遠也。言孔子之言遠於事。子曰：野哉，由也！孔曰：野猶不達。君子於其所不知，蓋闕如也。包曰：君子於其所不知，當闕而勿據。今由不知正名之義，而謂之迂遠。名不正則言不順，言不順則事不成，事不成則禮樂不興，禮樂不興則刑罰不中，孔曰：禮以安上，樂以移風，二者不行，則有淫刑濫罰。刑罰不中，則民無所錯手足，故君子名之必可言也，言之必可行也。王曰：所名之事必可得而明言，所言之事必可得而遵行。君子於其言，無所苟而已矣。疏：子路至而已矣。正義曰：此章論政在正名也。子路曰：衛君待子而爲政，子將奚先者奚，何也。案《世家》：孔子自楚反乎衛，是時衛君輒父不得立，在外，諸侯數以爲讓，而孔子弟子多仕於衛，衛君欲得孔子爲政，故子路問之曰：往將何以先行？子曰：必也正名乎者，言將先正百事之名也。子路曰：有是哉，子之迂也！奚其正者，迂猶遠也。子路言：豈有若是哉，夫子之言遠於士也！何其正名乎？子曰：野哉，由也者，野猶不達也。夫子見子路言迂，故曰：不達理哉，此仲由也！君子於其所不知，蓋闕如也者，此責子路不知正名之義而便言迂遠也。言君子於其所不知，蓋當闕而勿據。今由不知正名之義而便謂之迂遠，不亦野哉。名不正則言不順，言不順則事不成，事不成則禮樂不興，禮樂不興則刑罰不中，刑罰不中則民無所錯手足者，此孔子更陳正名之理也。夫事以順成，名由言舉。名若不正則言不順序，言不順序則政事不成。政事不成，則君不安於上，風不移於下，是禮樂不興行也。禮樂不行，則有淫刑濫罰，故不中也。刑罰枉濫，民則蹐地局天，動罹刑網，故無所錯其手足也。故君子名之必可言也，言之必可行也。君子於其言，無所苟而已矣者，此又言正名之事，非爲苟且也。君子名此事，必使可明言，言此事必使可遵行。君子於其所言，無苟且。若名之不可言，言之不可行，是苟且而言也。注孔曰至濫罰。正義曰：云禮以安上，樂以移風者，《孝經·廣要道章》文，言禮所以正君臣父子之別，明男女長幼之序，故可以安上化下，風俗移易。先入樂聲，變隨人心，正由君德，正之與變，因樂而彰，故可以移風易俗也。云二者不行，則有淫刑濫罰者，《禮運》云：禮者，所以治政安君也。政不正則君位危，君位危則大臣倍，小臣竊。刑肅而俗敝，則法無常。又《樂記》曰：五刑不用，百姓無患，天子不怒，如此則樂達矣。故禮樂二者不行，則刑罰淫濫而不中也。注王曰至遵行。正義曰：云所名之事必可得而明言者，若禮，人名不以國，以國則廢名，是不可明言也。云所言之事必可得而遵行者，《緇衣》曰：可言也，不可行，君子弗言也。可行也，不可言，君子弗行也。熊氏云：君子賢人可行，不可言作凡人法。若曾子有母之喪，水漿不入於口七日，不可言説以爲法，是不可遵行也。是以可明言，可遵行，而後君子名言之也。

（宋）朱熹《四書章句集注・論語集注・子路》 事不成，則禮樂不興；禮樂不興，則刑罰不中；刑罰不中，則民無所措手足。中，去聲，范氏曰：事得其序之謂禮，物得其和之謂樂。事不成則無序而不和，故禮樂不興。禮樂不興，則施之政事皆失其道，故刑罰不中。

（清）劉寶楠《論語正義・子路》 子曰：有是哉，子之迂也！奚其正？注：包曰：迂猶遠也。言孔子之言遠於事。子曰：野哉由也！注：孔曰：野猶不達。君子於其所不知，蓋闕如也。注：包曰：君子於其所不知，當闕而勿據，今由不知正名之義，而謂之迂遠。名不正，則言不順；言不順，則事不成；事不成，則禮樂不興；禮樂不興，則刑罰不中；刑罰不中，則民無所措手足。注孔曰：禮以安上，樂以移風。二者不行，則有淫刑濫罰。故君子名之必可言也，言之必可行也。注：王曰：所名之事，必可得而明言；所言之事，必可得而遵行。君子於其言，無所苟而已矣。正義曰：《釋文》云：迂，鄭本作于，云：于，狂也。案：《文王世子》況于其身以善其君乎？鄭注：于讀爲迂。又《檀弓》于則于，孔疏：于音近迂。迂是廣大之義。《莊子・應帝王》：其臥徐徐，其覺于于。司馬彪注：于于，無所知貌。是于、迂義近，字亦通用。鄭以正名爲正文字，而訓于爲狂，狂者，疎闊之意，或鄭亦讀此于爲迂也。校《釋文》者，或以狂爲枉之誤，或以狂爲往之誤，均須改字，殆未然矣。蓋闕如者，段氏玉裁《説文敍注》云：《論語》言如，或單字，孛如、躩如是；或重字，申申如、夭夭如是；或疊韻雙聲字，踧踖如、鞠躬如、蓋闕如是。蓋舊音如割。《漢書・儒林傳》曰：疑者丘蓋不言。蘇林曰：不言者，不言所不知之意也。如淳曰：齊俗以不言所不知爲丘蓋。丘蓋，荀卿書作區蓋。丘、區、闕三字雙聲。宋氏翔鳳《過庭録》：《荀子・大略篇》：言之信者，在乎區蓋之間。疑則不言，未問則不立。《漢書・儒林傳》：疑者丘蓋不言。丘古音同區，丘蓋卽區蓋。區、闕聲之轉。《論語》之蓋闕，卽《荀子》之區蓋，爲未見闕疑之意。故曰蓋闕如也，與踧踖如也同辭。讀《論語》以闕如連文者，非也。刑罰不中者，《周官・職金》掌受士之金罰、貨罰，注：罰，罰贖也。《説文》：刑，罰辠也。罰，辠之小者。罰是小辠，則刑爲辠大可知。《釋文》云：中，下仲反。孫氏志祖《讀書脞録》：中當如字讀。刑罰之所重者中。《吕刑》一篇言中者十。《周禮・鄉士》上言獄訟成，士師受中。鄭司農云：中者，刑罰之中也。今案：《後漢書・梁統傳》上言曰：經曰：爰制百姓于刑之衷。孔子曰：刑罰不衷，則民無所錯手足。衷之爲言，不輕不重之謂也。衷與中古字通。無所錯手足者，錯，皇本作措，《釋文》：錯，本又作措。《説文》：措，置也。措本字，錯假借字。皇疏云：刑罰既濫，故下民畏懼。刑罰之濫，所以跼天蹐地，不敢自安，是無所自措立手足也。案：事不成，禮樂不興，刑罰不中，皆推言名不正，則言不順之失。言者，所以出令布治也。《吕氏春秋・審分覽》：夫名多不當其實，而事多不當其用者，故人主不可以不審名分也。今有人於此，求牛則名馬，求馬則名牛，所求必不得矣。而因用威怒，有司必誹怨矣，牛馬必擾亂矣。百官，衆有司也；萬物，羣牛馬也。不正其名，不分其職，而數用刑罰，亂莫大焉。故名不正，則人主憂勞勤苦，而官職煩亂悖逆矣，國之亡也，名之傷也，從此生矣。《吕覽》此言，名不正，則刑罰失亂，與此文意同。黄氏式三《後案》云：王道不外彝倫，而家人莫重於父子。孟子曰：人人親其親，長其長，而天下平。又曰：瞽瞍底豫，而天下之爲父子者定。王者本孝出治，父子之倫爲重也。治國者，不正一家父子之名，而欲正一國之父子，無諸己而求諸人，則一己多忌諱之私，而事亦阻窒而不成矣。禮樂刑罰，事之大也。禮莫大於父子之序，樂莫大於父子之和，刑罰莫大於不孝。三者失，而事之不成甚矣。故治世之要務，在彝倫攸敍。注：迂猶遠也。正義曰：《説文》：适。避也。此云猶遠者，引申之義。《吕覽・先己篇》：寡人以爲迂言也。高誘注：迂，遠也。注：孔曰至濫罰。正義曰：皇本作包注。《孝經》云：安上治民，莫善於禮，移風易俗，莫善於樂。《樂記》：樂也者，聖人之所樂也。而可以善民心，其感人深，其移風易俗，故先王著其教焉。

又： 子曰：不得中行而與之，必也狂狷乎！注：包曰：中行，行能得其中者。言不得中行，則欲得狂狷者。狂者進取，狷者有所不爲也。注：包曰：狂者，進取於善道；狷者，守節無爲。欲得此二人者，以時多進退，取其恒一。正義曰：凌氏鳴喈《論語解義》云：中行者，依中庸而行者。在《易・復》四、《益》三、四稱中行，謂乎中以行，可與之自治治人也。孚化萬邦，中庸鮮能，故不得隱怪，鄉原又不可與，故必也狂狷乎。案：《説文》無狷字，獧下云：疾跳也，一曰急也。段氏玉裁注云：獧、狷古今字。今《論語》作狷，《孟子》作獧。大徐別增狷篆，非。又《心部》：懁，忣也。从心，睘聲，讀若絹。段注：《論語》狷，《孟子》作獧，其實當作懁。今案忣與急同。獧者性褊急，則有所謹畏不爲也。《孟子・盡心下》：萬章問曰：孔子在陳，何思魯之狂士？孟子曰：孔子不得中道而與之，必也狂獧乎！狂者進取，獧者有所不爲也。孔子豈不欲中道哉？不可必得，故思其次也。敢問何如斯可謂狂矣？曰：如琴張、曾晳、牧皮者，孔子之所謂狂矣。何以謂之狂也？曰：其志嘐嘐然，曰：古之人，古之人。夷考其行，而不掩焉者也。狂者又不可得，欲得不屑不潔之士而與之，是獧也，是又其次也。趙岐注：中道，中正之大道也，狂者能進取，獧者能不爲不善，時無中道之人，以狂獧次善者，故思之也。嘐嘐，志大言大者也。重言古之人，欲慕之也。考察其行，不能掩覆其言，是其狂也。屑，絜也。既不能得狂者，欲得有介之人，能恥賤汚行不絜者，則可與言矣。是獧人次於狂者也。《後漢書·獨行傳》序：孔子曰：與其不得中庸，必也狂狷乎。此蓋失於周全之道，而取諸偏至之端者也。然則有所不爲，亦將有所必爲者矣。既云進取，亦將有所不取者矣。注：狂者至恒一。正義曰：《左氏傳》：曹子臧曰：前志有之曰：聖達節，次守節，下失節。狷者慎守一節，雖不能進取，亦自不爲不善，故云無爲。時多進退，謂無恒之人，或進或退也。狂狷雖未得中道，然其性情恒一，使人知其所失，易反之於中道，故願與之也。《禮·中庸》云：道之不行也，我知之矣：知者過之，愚者不及也。狂近知，狷近愚。彼言道不行，即謂中庸之道。知愚雖未得中，然皆可與之，此夫子所以思有恒也。《詩·載馳》正義引鄭此注云：狂者仰法古制，不顧時俗。仰法古制，則孟子所稱狂者之言古之人、古之人也。不顧時俗，言不顧時俗之所宜而合之也。若鄉原，則閹然媚世，所謂非之無舉，刺之無刺，同乎流俗，合乎污世，與狂狷者異矣。

又：子曰：君子和而不同，小人同而不和。注：君子心和，然其所見各異，故曰不同。小人所嗜好者則同，然各争利，故曰不和。正義曰：和因義起，同由利生。義者宜也，各適其宜，未有方體，故不同。然不同因乎義，而非執己之見，無傷於和。利者，人之所同欲也。民務於是，則有争心，故同而不和。此君子、小人之異也。《鄭語》史伯曰：今王去和而取同。夫和實生物，同則不繼。以他平他謂之和，故能豐長而物生之，若以同裨同，盡乃棄矣。故先王以土與金、木、水、火雜，以成百物。是以和五味以調口，剛四支以衛體，和六律以聰耳，正七體以役心，平八索以成人，建九紀以立純德，合十數以訓百體。出千品，具萬方，計億事，材兆物，收經入，行姟極。故王者居九畡之田，收經入以食兆民。周訓而能用之，和樂如一。夫如是，和之至也。於是乎先王聘后於異姓，求財於有方，擇臣取諫工而講以多物，務和同也。聲一無聽，物一無文，味一無果，物一不講。王將棄是類也，而與剸同。天奪之明，欲無弊，得乎？左昭二十年《傳》齊侯論子猶云：惟據與我和夫？晏子對曰：據亦同也，焉得爲和？公曰：和與同異乎？對曰：異。和如羹焉，水、火、醯、醢、鹽、梅，以烹魚肉，燀之以薪，宰夫和之，齊之以味，濟其不及，以洩其過。君子食之，以平其心。君臣亦然。君所謂可而有否焉，臣獻其否以成其可；君所謂否而有可焉，臣獻其可以去其否。是以政（成）〔平〕而不干，民無争心。先王之濟五味、和五聲也，以平其心，成其政也。聲亦如味，一氣、二體、三類、四物、五聲、六律、七音、八風、九歌，以相成也。清濁、小大、短長、疾徐、哀樂、剛柔、遲速、高下、出入、周疏，以相濟也。君子聽之，以平其心，心平德和。今據不然，君所謂可，據亦曰可，君所謂否，據亦曰否。若以水濟水，誰能食之？若琴瑟之專壹，誰能聽之？同之不可也如是。

（清）劉寶楠《論語正義·衛靈公》 子曰：吾之於人也，誰毀誰譽？如有所譽者，其有所試矣。注：包曰：所譽者，輒試以事，不虛譽而已。斯民也，三代之所以直道而行也。注：馬曰：三代，夏、殷、周。用民如此，無所阿私，所以云直道而行。正義曰：《後漢書·韋彪傳》上議曰：國以簡賢爲務，賢以孝行爲先。孔子曰：事親孝，故忠可移於君。忠孝之人，持心近厚；鍛鍊之人，持心近薄。三代之所以直道而行者，在所以磨之故也，章懷注云：彪引之者，言三代選賢，皆磨礪選録，然後用之。合此二文，校其語意，則上文所云如有所譽，是即直道也。直者，無私曲之謂。如有所譽，似偏於厚，而究其磨礪誘掖之意，非爲私曲，故曰直道，所謂善善宜從長也。班固景帝《贊》曰：孔子稱斯民，三代之所以直道而行，信哉！周、秦之敝，綱密文峻，而奸軌不勝。漢興，掃除煩苛，與民休息。至於孝文，加之以恭儉，孝景遵業，五六十載之間，移風易俗。至於黎民醇厚，周言成、康，漢言文、景，美矣。此《贊》以孔子之言證漢事，言秦人以刻薄馭民，而民俗益敝。至漢文、景務率民於寬厚，能容人過，而治跡蒸蒸日上，是直道本厚意而行之者也。案：《論衡·率性篇》：傳曰：堯、舜之民，可比屋而封；桀、紂之民，可比屋而誅。斯民也，三代所以直道而行也。聖主之民如彼，惡主之民如此，竟在化不在性也。此亦謂堯、舜以德化民，即是直道而行，異於桀、紂之暴虐。此與包所引證若合符也。

（清）劉寶楠《論語正義·季氏》 丘也聞有國有家者，不患寡而患不均，不患貧而患不安。注：孔曰：國、諸侯，家、卿大夫，不患土地人民之寡少，患政理之不均平。憂不能安民耳，民安則國富。蓋均無貧，和無寡，安無傾。注：包曰：政教均平，則不貧矣；上下和同，不患寡矣；小大安寧，不傾危矣。夫如是，故遠人不服，則脩文德以來之。既來之，則安之。正義曰：皇本而必下有更字。寡者，民多流亡也。均者，言班爵禄、制田里皆均平也。《左傳》子産言天子之地一圻，列國一同，自是以衰。《春秋繁露·度制篇》：孔子曰：君子不盡利以遺民。故君子仕則不稼，田則不漁，食時不力珍，大夫不坐羊，士不坐犬。又云：孔子曰：不患貧而患不均。故有所積重，則有所空虛矣。大富則驕，大貧則憂。憂則爲盜，驕則爲暴，此衆人之情也。聖者則于衆人之情，見亂之所從生，故其制人道而差上下也，使富者足以示貴而不至于驕，貧者足以養生而不至于憂。以此爲度，而調均之，是以財不匱而上下相安，故易治也。案：《繁露》引不患貧而患不均，《魏書·張普惠傳》同。蓋貧由於不均，故下文言均無貧。《論語》本錯綜其文，而《繁露》則依義引之，故不同也。和無寡者，言既均平，則上下和協，民皆思歸也。脩文德者，脩謂加治之，文德謂文治之德，所以别征伐爲武事也。《周語》云：有不祭則脩意，有不祀則脩言，有不享則脩文，有不貢則脩名，有不王則脩德，序成而有不至則脩刑。於是乎有刑不祭，伐不祀，征不享，讓不貢，告不王。於是乎有刑罰之辟，有攻伐之兵，有征討之備，有威讓之令，有文告之辭。布令陳辭而又不至，則又增於德，無勤民於遠，是以近無不聽，遠無不服。《周語》此文，即謂遠人不服，宜脩文德之事。來謂召來之也。

趙岐《孟子章指引》作懷之，懷亦來也。安之者，施以養教之術，使之各遂其生也。

《論語注疏・陽貨》 子曰：鄉原，德之賊也。注：周曰：所至之鄉，輒原其人情，而爲意以待之，是賊亂德也。一曰：鄉，向也，古字同。謂人不剛毅，而見人輒原其趣嚮，容媚而合之，言此所以賊德。疏：子曰：鄉原，德之賊也。正義曰：此章疾時人之詭隨也。舊解有二，周曰：所至之鄉，輒原其人情，而爲意以待之，是賊亂德也。何晏云：一曰：鄉，向也，古字同。謂人不能剛毅，而見人輒原其趣嚮，容媚而合之。言此所以賊德也。

（清）劉寶楠《論語正義・堯曰》 允執其中。【略】正義曰：執中者，謂執中道用之。《禮・中庸》云：子曰：舜其大知也與！執其兩端，用其中於民。執而用中，舜所受堯之道也。用中卽中庸，故庸訓用也。中庸之義，自堯發之，其後賢聖論政治學術，咸本此矣。

《孟子注疏・梁惠王章句上》 權，然後知輕重；度，然後知長短。物皆然，心爲甚，王請度之。權，銓衡也，可以稱輕重。度，丈尺也，可以量長短。凡物皆當稱度乃可知，心當行之乃爲仁。心比於物，尤當爲之甚者也。欲使王度心如度物也。

（清）焦循《孟子正義・滕文公章句上》 曰：夫物之不齊，物之情也。或相倍蓰，或相什百，或相千萬，子比而同之，是亂天下也。巨屨小屨同賈，人豈爲之哉？從許子之道，相率而爲僞者也。惡能治國家？注：孟子曰，夫萬物好醜異賈，精粗異功，其不齊同，乃物之情性也。蓰，五倍也。什，十倍也。至於千萬相倍。譬若和氏之璧，雖與凡玉之璧尺寸厚薄適等，其賈豈可同哉？子欲以大小相比而同之，則使天下有爭亂之道也。巨，粗屨也。小，細屨也。如使同賈而賣之，人豈肯作其細者哉。時許子教人僞者耳，安能治國家者也。疏：注其不齊同乃物之情性也。正義曰：《楚辭・雲中君》與日月兮齊光，注云：齊，同也。是不齊卽不同也。《吕氏春秋・上德篇》此之謂順情，《淮南子・本經訓》人愛其情，高誘注並云：情，性也。性情有陰陽之分，而實一貫，《荀子・正名篇》云：性之好惡喜怒哀樂謂之情。《易・文言傳》云：利貞者，性情也。亦性情並稱，故趙氏以性釋情。長短輕重、多寡、大小，此形也。形同而情或不同，則好醜、精粗是也。注蓰五倍也什十倍也。正義曰：《音義》出倍蓰，云：丁音師，云從竹下徙。《開元禮・文字音義》曰：倍謂半倍而益之。又音籭，山綺切。《史記》作倍灑，徐廣云：一作五倍曰蓰。按倍爲半倍而益者，卽一倍也。如本有三，倍之爲六，得六而三爲半矣。主原數則益數爲倍，主益數則原數爲半，故云半倍而益之。蓰字《説文》所無。竹下徙《説文》訓蓰箄，竹器也。所綺切。丁音師，則宜是籭。《説文》竹器可能以取麤去細，籭亦通簁也。簁通籭，故亦作灑。《爾雅・釋樂》大瑟謂之灑，大琴謂之離，離亦麗也。麗者，連也。蓋五弦相麗則離也。由琴之五弦，五倍之爲二十五弦而爲灑。以其數五五而稱灑，故凡五倍卽通稱爲灑。灑通籭，又通於簁。簁則傳寫之譌也。《周書・大聚篇》云：十夫爲什，《管子・立政篇》云：十家爲什。由一夫一家數之，皆十倍也。注譬若和氏至同哉。正義曰：《史記・藺相如傳》云：趙惠文王時得和氏璧，秦昭王聞之，使人遺趙王書，願以十五城請易璧。璧之尺寸等耳，此璧值十五城，不已千萬相倍乎。注：則使天下有爭亂之道也。正義曰：《大戴禮記・曾子事父母篇》云：爭辨者，作亂之所由興也。故以爭釋亂。注巨粗屨也小細屨也。正義曰：《吕氏春秋・蕩兵篇》云有巨有微而已矣，高誘注云：巨，觕略也。觕同粗，卽麤字。《淮南子・主術訓》云而枹鼓爲小，高誘注云：小，細也。《漢書・揚雄傳》集注引應劭云：精，細也。《禮記・樂記》云凝是精粗之體，注云：精粗，謂萬物大小也。是精粗謂之大小，巨爲大，卽爲麤也。小爲精，卽爲細也。粗疏易成，細巧功密，此物情之迥異。許子屨大小以形論，此巨小以情論，治國家以情不以形，此堯舜所以用心而通變神化也。豈特一屨之微哉！

又：《章指》言：聖人緣情，制禮奉終；墨子元同，質而違中；以直正枉，憮然改容：蓋其理也。疏：墨子元同質而違中。正義曰：墨子有《尚同》三篇，同卽無差等之謂也。《老子》云：和其光，同其塵，是謂玄同。左思《魏都賦》云：道洪化隆，世篤元同。《後漢書・張衡傳》注引桓譚《新論》云：元者，天也，道也。此元同謂道同也。《太史公自序》云：墨者儉而難遵，是以其事不徧循。質，猶儉也，違中，故不可徧從也。

《孟子注疏・離婁章句上》 淳于髡曰：男女授受不親，禮與？淳于髡，齊人也。問禮男女不相親授。孟子曰：禮也。禮不親授。曰：嫂溺，則援之以手乎？髡曰：見嫂溺水，則當以手牽援之否邪？曰：嫂溺不援，是豺狼也。孟子曰：人見嫂溺，不援出，是爲豺狼之心也。男女授受不親，禮也。嫂溺援之以手者，權也。孟子告髡曰：此權也。權者，反經而善也。

（清）焦循《孟子正義・離婁章句上》 淳于髡曰：男女授受不親，禮與？注淳于髡，齊人也。問禮男女不相親授。疏：注淳于髡齊人也。正義曰：《戰國策・齊策》云：淳于髡一日而見七人於宣王。又：齊欲伐魏，淳于髡止之。《史記・孟荀列傳》云：淳于髡，齊人也。博聞强記，學無所主，其諫説慕晏嬰之爲人也，然而承意觀色爲務。客有見髡於梁惠王云云，惠王欲以卿相位待之，髡因謝去，於是送以安車駕駟，束帛加璧，黄金百鎰，終身不仕。又云：齊諸騶子亦頗採騶衍之術以紀文，於是齊王嘉之。自如淳于髡以下，皆命曰列大夫，爲開第康莊之衢。《滑稽傳》

云：淳于髡，齊之贅壻也。長不滿七尺，滑稽多辯，數使諸侯，未當屈辱。齊威王時，淳于髡説之以隱，於是乃朝諸縣令長七十二人，賞一人，誅一人，奮兵而出，諸侯振驚，皆還齊侵地，威行三十六年。然則髡在齊仕威、宣兩朝，又仕於梁惠王者也。閻氏若璩《釋地又續》云：孟子與淳于髡問答僅兩章，後章是去齊之後不待言，前章似相值於梁惠王朝。何則？《魏世家》明云卑禮厚幣以招賢者，鄒衍、淳于髡、孟軻皆至梁，孟子素不見諸侯，祇因惠王延禮，始至其國，又未嘗仕，真有孔子循道彌久、温温無所試之象，髡故發問夫子何不援天下。不然，于齊則仕矣，髡將譏其援之無效，與或力不能援，詎肯作是語？千載而下，殆可以情測哉。周氏廣業《孟子出處時地考》云：淳于髡見《史記·滑稽傳》，威王八年，使之趙，請救兵。至與孟子相見，年當耆老，而稱孟子爲夫子，自稱曰髡，知年相若也。注問禮男女不相親授。正義曰：《禮記·曲禮》云：男女不雜坐，不同椸枷，不同巾櫛，不親授。《坊記》云：好德如好色，諸侯不下漁色，故君子遠色以爲民紀，故男女授受不親。注云：不親者，不以手相與也。《内則》曰：非祭非喪，不相授器。其相授，則女受以篚；其無篚，則皆坐奠之而後取之。

孟子曰：禮也。注：禮不親授。曰：嫂溺，則援之以手乎？注：髡曰，見嫂溺水，則當以手牽援之不邪。

疏：注則當以手牽援之。正義曰：《禮記·中庸篇》不援上，注云：援謂牽持之也。曰：嫂溺不援，是豺狼也。注：孟子曰，人見嫂溺不援出，是爲豺狼之心也。男女授受不親，禮也。嫂溺援之以手者，權也。注：孟子告髡曰，此權也。權者，反經而善也。疏：注權者反經而善也。正義曰：桓公十一年《公羊傳》云：權者何？權者，反於經然後有善者也。權之所設，舍死亡無所設。行權有道，自貶損以行權，不害人以行權。殺人以自生，亡人以自存，君子不爲也。疏云：權之設，所以扶危濟溺，舍死亡無所設也。若使君父臨溺河井，豈不執其髮乎？是其義也。《論語·子罕篇》云：可與立，未可與權。唐棣之華，偏其反而。注云：賦此詩以言權道，反而後至於大順也。説者疑於經不可反。夫經者，法也。制而用之謂之法，法久不變則弊生，故反其法以通之。不變則不善，故反而後有善。不變則道不順，故反而後至於大順。如反寒爲暑，反暑爲寒，日月運行，一寒一暑，四時乃爲順行；恆寒恆燠，則爲咎徵。禮減而不進則消，樂盈而不反則放，禮有報而樂有反，此反經所以爲權也，

（清）焦循《孟子正義·離婁章句下》《章指》言：禮義人之所以折中，履其正者，乃可爲中，是以大人不行疑禮。疏：禮義人之所折中。正義曰：《禮記·仲尼燕居》云：夫禮，所以制中也。《表記》云：義者，天下之制也。《文選·羽獵賦》云不制中以泉臺，注引韋昭云：制或爲折。

《孟子注疏·萬章章句上》萬章問曰：《詩》云：娶妻如之何？必告父母。信斯言也，宜莫如舜。舜之不告而娶，何也？《詩·齊風·南山》之篇。言娶妻之禮，必告父母。舜合信此詩之言，何爲違禮，不告而娶也。孟子曰：告則不得娶。男女居室，人之大倫也。如告則廢人之大倫，以懟父母，是以不告也。舜父頑母嚚，常欲害舜。告則不聽其娶，是廢人之大倫，以怨懟於父母也。萬章曰：舜之不告而娶，則吾既得聞命矣。帝之妻舜而不告，何也？禮，娶須五禮，父母先答以辭，是相告也。帝，謂堯。何不告舜父母？曰：帝亦知告焉則不得妻也。帝堯知舜大孝，父母止之，舜不敢違，則不得妻之，故亦不告也。

《孟子注疏·萬章章句下》孟子曰：伯夷，聖之清者也；伊尹，聖之任者也；栁下惠，聖之和者也；孔子，聖之時者也。孔子之謂集大成。集大成也者，金聲而玉振之也。金聲也者，始條理也。玉振之也者，終條理也。伯夷清，伊尹任，栁下惠和，皆得聖人之道也。孔子時行則行，時止則止，孔子集先聖之大道，以成己之聖德者也，故能金聲而玉振之。振，揚也。故如金音之有殺，振揚玉音終始如一也。始條理者，金從革，可始之使條理。終條理者，玉終其聲而不細也，合三德而不撓也。始條理者，智之事也。終條理者，聖之事也。智者智理物，聖人終始同。智，譬則巧也。聖，譬則力也。由射於百步之外也，其至，爾力也；其中，非爾力也。智，譬猶人之有技巧也，可學而益之。以聖，譬猶力之有多少，自有極限，不可强增。聖人受天性，可庶幾而不可及也。夫射遠而至，爾努力也，其中的者，爾之巧也。思改其手用巧意，乃能中也。疏：孟子曰伯夷至非爾力也。正義曰：此章指言聖人由力，力有常也；賢者由巧，巧可增也。仲尼天高，不可階，他人丘陵，猶可踰。所謂小同而大異者也。孟子曰：伯夷目不視惡色，耳不聽惡聲至薄夫敦已，説上篇詳矣。此言不視惡色，不聽惡聲者，言伯夷清潔其身，不欲以亂色留於明，姦聲留於聽也。於是使聞伯夷之清風者，頑貪之夫莫不變而爲廉潔之人，懦弱之夫莫不變而爲能有立其剛志也。聞下惠之和風者，莫不變鄙狹而爲寬博，變淺薄而爲敦厚也。孔子之去齊至孔子也，言孔子之去齊急速，但漬米不及炊而即行，以其避惡，故如是也；去魯國，則曰遲遲而不忍行去，此爲去父母國之道也。所謂父母國者，孔子所生於魯國，故爲父母之國也。大抵孔子量時適變，其去國可以速則速，故於齊不待炊而行也；可以久未去則久之，故於魯國所以遲遲吾行也；可以處此國則處之，故未嘗有三年之淹；可以仕於其君則仕之，故有行可、際可、公養之仕也：凡如此者，故曰孔子如是也。孟子曰至非爾力也，孟子又曰伯夷之行，爲聖人之清者也，是其不以物污其己，而成其行於清也；伊尹之行，爲聖人之任者也，是其樂於自爲，而以天下之重自任也；柳下惠之行，爲聖人之和者也，是其不以己異於物，而無有所

擇也。唯孔子者，獨爲聖人之時者也，是其所行之行，惟時適變，可以清則清，可以任則任，可以和則和，不特倚於一偏也，故謂之孔子爲集其大成，得純全之行者也。蓋集大成，即集伯夷、伊尹、下惠三聖之道，是爲大成耳。如所謂危邦不入，亂邦不居，是孔子之清，而不至伯夷一於清也；佛肸召而欲往，是孔子之任，而不至伊尹一於任也；南子見所不見，陽貨敬所不敬，是孔子之和，而不至下惠一於和也。然則伯夷、伊尹、下惠，是皆止於一偏，未得其大全也，而孟子亦皆取之爲聖者，蓋伯夷、伊尹、下惠各承其時之有弊，不得不如是而救也。以孔子觀之，又能集此三聖而爲大成者也。方伯夷之時，天下多進寡退，而伯夷所以如是潔己不殉。方伊尹之時，天下多退而寡進，而伊尹所以如是而以天下爲己任。方下惠之時，天下多潔己而異俗，而下惠所以如是俯身而同衆。故伯夷承伊尹之弊而救之清，下惠承伯夷之弊而救之和。孔子又承而集之，遂爲大成者。誰謂伯夷、伊尹、下惠救時弊如此，可不謂爲聖者耶？雖然，孟子取爲三聖，其言又不無意於其間也。言伯夷但聖之清者也，以其取清而言之矣；伊尹但聖之任者也，以其取任而言之矣；下惠但聖之和者也，以其取和而言之矣；孔子之聖則以時也，其時爲言，以謂時然則然，無可無不可，故謂之集其大成，又非止於一偏而已。故孟子於下故取金聲玉振而喻之也，言集大成者，如金聲而玉振之者也。金聲者，是其始條理也，言金聲始則隆而終則殺者也，如伯夷能清而不能任，伊尹能任而不能和，下惠能和而不能清者也；玉振之者，是其終條理也，言玉振則終始如一而無隆殺者也，如孔子能清、能任、能和者也，所以合金聲而玉振之而言也，以其孔子其始如金聲之隆，而能清、能任、能和，其終且如玉振旡隆殺，又能清而且任、任而且和、和而且清，有始有終，如一者也。然則孟子於此，且合金聲玉振之條理而喻歸于孔子，是其宜也。然而始條理者，是爲智者之事也；終條理者，是爲聖人之事也。以智者而譬之，則若人之有巧也；以聖人而譬之，則若人之有力也。如射於百步之外，爲遠其射至於百步之外，是人之也；其所以中的者，非人之力也，以其人之巧耳。其譬伯夷、伊尹、下惠但如射於百步之外，能至而不能中；孔子於射能至，又能中者也。蓋能至，亦射之善者矣；而能至能中者，又備其善者也；能清、能任、能和，是聖人之善者也；能時，又備其聖人之善者也。此一段則孟子揔意而解其始終條理也，而始終條理又解金聲玉振者也，金聲玉振又喻孔子集三聖之大成者耳。盖條理者，條則有數而不紊，理則有分而不可易也。

（清）焦循《孟子正義・萬章章句上》 萬章問曰：《詩》云：娶妻如之何，必告父母。信斯言也，宜莫如舜。舜之不告而娶，何也？注：詩《齊國風・南山》之篇。言娶妻之禮，必告父母。舜合信此詩之言，何爲違禮，不告而娶也。疏：注詩齊至娶也。正義曰：引詩在《南山篇》第三章。傳云：必告父母廟。箋云：取妻之禮，議於生者，卜於死者，此之謂告。蓋詩爲文姜嫁魯桓公而發，時魯惠公及仲子俱歿，桓娶文姜，無父母可告，故傳以爲告廟，而箋則兼言生死以補之。舜之告，則議於生者矣。近時通解信斯言也，宜莫如舜，謂誠如詩之所言，則告而娶，宜莫如舜。詩在舜後，趙氏謂舜合信此詩之言，非其義也。

孟子曰：告則不得娶。男女居室，人之大倫也。如告則廢人之大倫，以懟父母，是以不告也。注：舜父頑母嚚，常欲害舜，告則不聽其娶，是廢人之大倫，以怨懟於父母也。疏：注舜父至母也。正義曰：父頑母嚚，《尚書・堯典》文。《史記・五帝本紀》云：瞽瞍愛後妻子，常欲殺舜。後焚廩揜井，亦其事也。《爾雅・釋言》云：懟，怨也。

萬章曰：舜之不告而娶，則吾既得聞命矣。帝之妻舜而不告，何也？注：禮，娶須五禮，父母亢答以辭，是相告也。帝，謂堯也。何不告舜父母也。疏：注禮娶至告也。正義曰：五禮者，蓋納采、問名、納吉、納徵、請期，然後親迎也。《儀禮・士昏禮》記納采之辭云：昏辭曰：吾子有惠，貺室某也，某有先人之禮，使某也請納采。對曰：某之子惷愚，又弗能教，吾子命之，某不敢辭。致命曰：敢納采。記問名之辭云：問名曰：某既受命，將加諸卜，敢請女爲誰氏？對曰：吾子有命，且以備數而擇之，某人不敢辭。記納吉之辭云：納吉曰：吾子有貺命，某加諸卜，占曰吉，使某也敢告。對曰：某之子不教，唯恐弗堪，子有吉，我與在，某不敢辭。記納徵之辭云：納徵曰：吾子有嘉命，貺室某也。某有先人之禮，儷皮束帛，使某也請納徵。致命曰：某敢納徵。對曰：吾子順先典，貺某重禮，某不敢辭，敢不承命。記請期之辭云：請期曰：吾子有賜命，某既申受命矣。惟是三族之不虞，使某也請吉日。對曰：某既前受命矣，唯命是聽。曰：某命某聽命於吾子。對曰：某固惟命是聽。使者曰：某使某受命，吾子不許，某敢不告期。曰某日。對曰：某敢不須敬。凡此，皆父母亢答之辭也。《史記・酈生陸賈傳》云與天子抗衡，索隱引崔浩云：抗，對也。抗與亢通，亢答即對答。《漢書・高帝紀》沛公還軍亢父，注引鄭氏云：亢音人相抗答。是也。

曰：帝亦知告焉則不得妻也。注：帝堯知舜大孝，父母止之，舜不敢違，則不得妻之，故亦不告。疏：注帝堯至不告。正義曰：趙氏佑《温故録》云：此言瞽義不可以違帝，而可以禁其子；帝力可以制瞽，而不可强舜爲違父也。析義精審。

《孟子注疏・盡心章句上》 孟子曰：楊子取爲我，拔一毛而利天下，不爲也。楊子，楊朱也。爲我，爲己也。拔己一毛以利天下之民，不肯爲也。墨子兼愛，摩頂放踵利天下，爲之。墨子，墨翟也。兼愛他人，摩突其頂下至於踵，以利天下，已樂爲之也。子莫執中。子莫，魯之賢人也。其性中和專一者也。執中爲近之。執中無權，猶執一也。執中和，近聖人之道，然不權。聖人之重權。執中而不知權，猶執一介之人，不知時變也。所惡執一者，爲其賊道也，舉一而廢百也。所以惡執一者，爲其不知權，以一知而廢百道也。疏：孟子至百也。正義曰：此章楊、墨放蕩，子莫執一，聖人量時，不取此術，孔子行止，唯義所在者也。孟子曰：楊子取爲我，拔一毛而利天下，不爲也至爲之。孟子謂楊朱所取以爲己，雖拔己之一毛以利天下，且不爲也；墨翟兼愛他人，雖摩突其頂而至於踵而利天下，且以爲之。子莫執一，子莫，魯賢人，言子莫執中和之性而不專一者也，以其無爲己、兼愛之過而已經，故曰執中爲近之，言子莫執中爲近聖人之道者。也如執中而不知權變，但若執一介之人，不知時變者也。然而所以惡疾其執一者，是爲其有以賊害其道也，是若知舉一道而廢其百道也，故曰執中無權猶執一也。所惡執一者，爲其賊道，舉一而廢其百也。

又：公孫丑曰：道則高矣美矣，宜若登天然，似不可及也。何不使彼爲可幾及，而日孳孳也。丑以爲聖人之道大高遠，將若登天，人不能及也，何不少近人情，令彼凡人可庶幾，使日孳孳自勉也。孟子曰：大匠不爲拙工改廢繩墨，羿不爲拙射變其彀率。君子引而不發，躍如也。中道而立，能者從之。大匠不爲新學拙工故爲之改鑿廢繩墨必正也，羿不爲新學拙射者變其彀率之法也。彀弩張嚮，表率之正體，望之極思，用巧之時，不可變也。君子謂於射則引弓彀弩而不發，以待彀偶也。於道則中，道德之中，不以學者不能故卑下其道，將以須於能者往取之也。疏：公孫丑至從之。正義曰：此章言曲高和寡，道大難追，然而履正者不枉，執德者不回，故曰人能弘道。丑欲下之，非也。公孫丑曰至孳孳也者，公孫丑問孟子，謂聖人之道則至高至美矣，學者跂慕之，宜如登天之難，以其不可得而跂及也，何不使彼之道幾近，令人可庶幾能及，而使之日孳孳自勉而至也。孟子曰：大匠不爲拙工改變繩墨至能者從之，孟子答之，曰大匠之師不爲新學拙工改去其繩墨之正，羿之善射不爲新學拙射更變其彀率之法。彀率張弓嚮的，正體極思，用巧之時也。君子循循善誘而引人於道，不以開發者又且躍如，使進而無退也。是其不高不卑，但於道而立教，使賢愚智者皆能從而學之也。此孟子所以譏於公孫丑也。

《孟子注疏·盡心章句下》孟子曰：堯、舜，性者也；湯、武，反之也。堯、舜之體性自善者也。殷湯、周武反之於身，身安乃以施人，謂加善於民也。動容周旋中禮者，盛德之至也。人動作容儀周旋中禮者，盛德之至。哭死而哀，非爲生者也。死者有德，哭者哀也。經德不回，非以干祿也。言語必信，非以正行也。經，行也。體德之人，行其節操自不回邪，非以求祿位也。庸言必信，非必欲以正行爲名也，性不忍欺人也。君子行法以俟命而已矣。君子順性蹈德，行其法度，夭壽在天，行命以待之而已矣。疏：孟子至而已矣。正義曰：此章言君子之行，動合禮中，不惑禍福，脩身俟終。堯舜之盛，湯武之隆，不是過也，孟子曰至於君子行法以俟命而已矣者，孟子言堯舜之體性自然善也；湯王、武王反之於身，身安乃以施人，謂加善於人而反之者也。一則體性之自然，一則反之於身，身安乃以施人，無非是禮也，故動容周旋中禮者，是爲盛之至也。至者，以其盛德至矣盡矣，不可以有加矣。蓋哭死而哀，非爲生者也，是爲動容中禮也，是孟子自解之旨也，言哭其死而哀之者，非爲其生者也，以其動容中禮，德性然也。經德不回，非以干祿也。言語必信，非以正行也，是謂周旋中禮者也，是孟子自解之旨也，言經德不回邪，非欲干求爵祿而然也，以其周旋中禮，德行然也，言語必以正，非欲以正行爲名故然也，亦以周旋中禮，德言如是也。君子者，順性蹈德，行其禮法，脩身以俟命而已。然則堯、舜、禹、湯爲盛德之至，亦不是過也。

又：萬章問曰：孔子在陳，曰：盍歸乎來？吾黨之小子狂簡進取，不忘其初。孔子在陳，何思魯之狂士？孔子在陳，不遇賢人，上下無所交，蓋歎息思歸，欲見其鄉黨之士也。簡，大也。狂者，進取大道而不得其正者也。不忘其初，孔子思故舊也。《周禮》五黨爲州，五州爲鄉，故曰吾黨之士也。萬章怪孔子何爲思魯之狂士者也。孟子曰：孔子不得中道而與之，必也狂狷乎？狂者進取，狷者有所不爲也。孔子豈不欲中道哉？不可必得，故思其次也。中道，中正之大道也。狂者能進取，狷者能不爲不善。時無中道之人，以狂、狷次善者，故思之也。敢問何如斯可謂狂矣？萬章曰：人行何如斯則可謂之狂也。曰：如琴張、曾皙、牧皮者，孔子之所謂狂矣。孟子言人行如此三人者，孔子謂之狂也。琴張，子張也。子張之爲人，踸踔譎詭，《論語》曰師也辟，故不能純善而稱狂也，又善鼓琴，號曰琴張。曾皙，曾參父也。牧皮，行與二人同，皆事孔子學者也。何以謂之狂也？萬章問何以謂此人爲狂。曰：其志嘐嘐然，曰古之人，古之人。夷考其行，而不掩焉者也。嘐嘐，志大言大者也。重言古之人，欲慕之也。夷，平也。考察其行，不能掩覆其言，是其狂也。狂者又不可得，欲得不屑不絜之士而與之，是獧也，是又其次也。屑，絜也。不絜，污穢也。既不能得狂者，欲得有介之人，能恥賤惡行不絜者，則可與言矣。是獧人次於狂者也。孔子曰：過我門而不入我室，我不憾焉者，其惟鄉原乎！鄉原，德之賊也。憾，恨也。人過孔子之門不入，則孔子恨之，獨鄉原不入者無恨心耳。以其鄉原賊德故也。曰：何如斯可謂之鄉原矣？萬章問鄉原之惡如何。曰：何以是嘐嘐也？言不顧行，行不顧言，則曰古之人，古之人。行何爲踽踽涼涼？生斯世也，爲斯世也，善斯可矣。閹然媚於世也者，是鄉原也。孟子言鄉原之人言何以嘐嘐，若有大志也，其言行不顧，則亦稱曰古之人、古之人。行何爲踽踽涼涼，有威儀如無所施之貌也。鄉原者，外欲慕古之人，而其心曰古之人何爲空自踽踽涼涼，而生於今之世無所用之乎。以爲生斯世，但當取爲人所善善人則可矣。其實但爲合衆之行。媚，愛也。故閹然大見愛於世也，若是者謂之鄉原也。萬子曰：一鄉皆稱原人焉，無所往而不爲原人，孔子以爲德之賊，何哉？萬子即萬章也，孟子録之，以其不解於聖人之意，故謂之萬子。子，男子之通稱也。美之者，欲以責之也，萬子言人皆以爲原善，所至亦謂之善人。若是，孔子以爲賊德，何爲也？曰：非之無舉也，刺之無刺也。同乎流俗，合乎汙世。居之似忠信，行之似廉絜，衆皆悦之，自以爲是，而不可與入堯、舜之道，故曰德之賊也。孟子言鄉原之人能匿蔽其惡，非之無可舉者，刺之無可刺者，志同於流俗之人，行合於污亂之世。爲人謀，居其身若似忠信，行其身若似廉絜，爲行矣衆皆悦美之，其人自以所行爲是，而無仁義不實，故不可與入堯、舜之道也。無德而人以爲有德，故曰德之賊也。孔子曰：惡似而非者，惡莠，恐其亂苗也；惡佞，恐其亂義也；惡利口，恐其亂信也；惡鄭聲，恐其亂樂也；惡紫，恐其亂朱也；惡鄉原，恐其亂德也。似真而非真者，孔子之所惡也。莠之莖葉似苗；佞人詐飾，似有義者；利、口辯亂，似若有信；鄭聲淫，人之聽似若美樂，紫色似朱，朱，赤也；鄉原惑衆，似有德者；此六似者，孔子之所惡也。君子反經而已矣。經正則庶民興，庶民興，斯無邪慝矣。經，常也。反，歸也。君子治國家歸於常經，謂以仁、義、禮、智道化之，則衆民興起而家給人足矣。倉廩實而知禮節，安有爲邪惡之行也！

疏：萬章曰至斯無邪慝矣。正義曰：此章言士行有科，人有等級，中道爲上，狂狷不合。似是而非，色厲內荏，鄉原之惡，聖人所甚。反經身行，民化於己，子率以正，孰敢不正也。萬章問曰：孔子在陳至何思魯之狂士者，萬章問曰：孔子在陳國有戹，不遇賢人，上下無有交者，乃歎曰：盍歸乎來，言我黨之爲士，進取於大道而不得其中道者也，亦以不忘其初而思故舊也，故問之孟子，謂孔子在陳國何爲而思魯國之狂士者也。孟子曰：孔子不得中道而與之至故思其次也。孟子答之，曰孔子不得中正之道者而取與之，必也思其狂、狷者乎？狂者以其但進取於大道而不知退宿於中道，狷者有所不敢爲，但守節無所爲而應進退者也，孔子豈不欲中道者而與之哉！不可以必得中道之人，故思念其次於中道者爲狂、狷者也。敢問何如斯可謂狂矣，萬章又問孟子曰：人行當何如，則斯可謂之狂矣。曰琴張、曾皙、牧皮者，孔子之所謂狂矣，孟子又答之，曰如琴張、曾皙、牧皮三人者，孔子謂爲狂者也。蓋《論語》嘗謂古之狂也肆，今之狂也蕩。琴張、曾皙、牧皮三者，皆學於孔子，進取於道而躐等者也，是謂古之狂者也。琴張曰君子不爲利疚我，曾皙風乎舞雩，詠而歸，是皆有志於學，亦志於仕以爲進取者也。牧皮，經傳並無所見，大抵皆學孔子，而行有同於曾皙、琴張二人耳。此孟子所以皆謂之狂士。何以謂之狂也，萬章又問，何以謂此三人爲之狂士也。曰其志嘐嘐然，曰古之人，古之人至鄉原，德之賊也者，孟子又答之，曰其志嘐嘐然大言，乃曰古之人，古之人，及考驗其所行之行，而未始掩覆其言焉，是言過於行，爲之狂者也。孔子思與狷者，又不可而必得之，欲得有介之人，能恥賤污行不絜者而與之，是爲狷者也，是又次於狂者也。孔子有曰過我門而不入我室，我不以恨之者，其唯獨於鄉原之徒也，鄉原者，以其爲賊害於德者也。然則孔子如以自非鄉原而過其門而不入室者，是則恨之矣。此亦見孔子自非鄉原之徒者，無不與之也，所以思於中道而不可得，則思其狂、狷。曰：何如斯可謂之鄉原矣，萬章又問何如則謂之鄉原者矣。曰何以是嘐嘐也。至是鄉原也，孟子又答之，曰鄉原之人其言何以是嘐嘐然若有大也？其言不顧於行，行又不顧於言，則亦稱之曰古之人，古之人，所行之行何爲踽踽涼涼，有威儀如無所施之貌也。是言鄉原之人外欲慕古之人，而其心乃曰：古之人何爲空自踽踽涼涼，而生於今之世無所用之乎？以爲生斯世也，但當取爲人所善則可矣。故閹然大見媚愛之於世也者，是則謂之鄉原者矣。萬子曰：一鄉皆稱原人焉至何哉者，萬章不解孟子之意，故問之曰：如一鄉皆稱爲原善之人，是無所往而不爲善人矣，孔子乃以爲有賊害於德，是爲德之賊者，何爲者哉？曰非之無舉也至斯無邪慝者，孟子又答之曰，言鄉原之人能掩蔽其惡，使人欲非謗之，則無可而非者；使人欲譏刺之，則無可爲譏刺者；其志則有同乎流俗之人，所行又合於污亂之世；居其身，則若有忠信，而實非忠信也；行其身，若有廉絜，而實非廉絜也；衆人皆悦美之，而自以爲是，而無其實：故不與入堯、舜之正道者也，是無德而爲有德，故謂之爲德之賊者也。孔子有曰：惡有似真而非真者，惡莠之莖葉秀茂者，以其似苗，恐有亂其苗種者也；惡佞詐飾者，以其似義，恐有亂其義者也；惡利口辯辭，以其似信，恐其有亂於信者也；惡鄭聲之淫哇，以其似美樂，恐其有亂於雅樂也；惡紫之間色，以其似朱，恐其有亂於朱者也；惡鄉原之惑衆，以其似有德，恐其有亂於德者也。凡此六者，孔子所以惡之，以其似是而非者也。君子者，乃歸其常經而已矣。去經者，則義、信、德是也。如佞口鄉原者，是不經也。唯君子則反經而已矣，君子去其不經以反復乎經，則其經斯適於正而不他，故義以立而不爲佞亂，信以立而不爲利口亂，德以立而不爲鄉原亂，此庶民所以興行，又不爲兩疑之惑矣。庶民既以興行，斯無邪慝之行也。注周禮五黨爲州五州爲鄉，故曰吾黨之士也。正義曰：案《論語》云：子在陳，曰：歸與歸與，吾黨之小子狂簡，斐然成章，不知所以裁之。今云《周禮》五黨而解其文，蓋亦不案此《論語》而有誤也。誠如《周禮》五黨言之，則《論語》何以云吾黨，蓋不當引此爲證，所謂黨者，蓋五百家爲之黨，是其旨也。注孟子言至學者也。正義曰：子張之爲人，踸踔譎詐。《論語》曰：師也辟。故不能純善者。案《家語》有衞人琴牢字張，則此與《左傳》所謂琴者，琴牢而已，非所謂子張善鼓琴也。趙注引爲顓孫師，亦未審何據。而琴張曰師張。曰曾皙，曾參之父，蓋言於前矣。牧皮者，未詳。注似真而非至孔子所惡也。正義曰：案《論語》云：惡紫之奪朱，惡鄭聲之亂雅樂，惡利口之覆邦家。其序與此不同者，蓋孟子以亂義不及亂信，亂信不及亂德，其所主三者而已，苗莠、朱紫、聲樂，所記以爲喻者也，是所以爲異者也。注色厲內荏至子帥以正，孰敢不正者。正義曰：此蓋本《論語》之交而云。

（宋）朱熹《四書章句集注・孟子集注・盡心章句上》 子莫執中，執中爲近之，執中無權，猶執一也。子莫，魯之賢人也。知楊墨之失中也，故度於二者之間而執其中。近，近道也。權，稱錘也，所以稱物之輕重而取中也。執中而無權，則膠於一定之中而不知變，是亦執一而已矣。程子曰：中字最難識，須是默識心通。且試言一廳，則中央爲中；一家，則廳非中而堂爲中；一國，則堂非中而國之中爲中，推此類可見矣。又曰：中不可執也，識得則事事物物皆有自然之中，不待安排，安排著則不中矣。所惡執一者，爲其賊道也，舉一而廢百也。惡、爲，皆去聲。賊，害也。爲我害仁，兼愛害義，執中者害於時中，皆舉一而廢百者也。此章言道之所貴者中，中之所貴者權。楊氏曰：禹稷三過其門而不入，苟不當其可，則與墨子無異。顏子在陋巷，不改其樂，苟不當其可，則與楊氏無異。子莫執爲我兼愛之中而無權，鄉鄰有鬬而不知閉戶，同室有鬬而不知救之，是亦猶執一耳，故孟子以爲賊道。禹、稷、顏回，易地則皆然，以其有權也；不然，則是亦楊墨而已矣。

（清）焦循《孟子正義・盡心章句上》 孟子曰：楊子取爲我，拔一毛而利天下，不爲也。注：楊子，楊朱也。爲我，爲己也，拔己一毛以利天下之民，不肯爲也。疏：注楊子至爲也正義曰：《列子》有《楊朱篇》，張湛注云：或云字子居，戰國時人，後於墨子。楊子與禽滑釐辨論，其說在愛己，不拔一毛以利天下，與墨子相反。是篇載楊朱之言云：伯成子高不以一毫利物，舍國而隱耕；大禹不以一身自利，一體偏枯。古之人損一毫利天下，不與也。悉天下奉一身，不取也。人人不損一毫，人人不利天下，天下治矣。禽子問楊朱曰：去子體之一毛以濟一世，汝爲之乎？楊子曰：世固非一毛之所濟。禽子曰：假濟，爲之乎？楊子弗應。禽子出語孟孫陽，孟孫陽曰：子不達夫子之心，吾請言之。有侵若肌膚獲萬金者，若爲之乎？曰：爲之。孟孫陽曰：有斷若一節得一國，子爲之乎？禽子默然有閒。孟孫陽曰：一毛微於肌膚，肌膚微於一節，省矣。然則積一毛以成肌膚，積肌膚以成一節，一毛固一體萬分中之一物，奈何輕之乎？禽子曰：吾不能所以答子。然則以子之言問老聃、關尹，則子言當矣。以吾言問大禹、墨翟，則吾言當矣。《呂氏春秋・不二篇》云陽生貴己，高注云：輕天下而貴己。孟子曰楊子拔體一毛以利天下，弗爲也。貴己卽爲己。墨子兼愛，摩頂放踵利天下，爲之。注：墨子，墨翟也。兼愛他人，摩突其頂，下至於踵，以利天下，己樂爲之也。疏：注墨子至之也。正義曰：《史記・孟子荀卿列傳》後附云：墨翟，宋之大夫，善守禦，爲節用。或曰並孔子時，或曰在其後。

【略】謹按：《墨子》有《兼愛》三篇，無摩頂放踵語。《莊子・天下篇》云：墨子稱道曰：禹親自操橐耜，而九雜天下之川，腓而胈，脛無毛，沐甚風，櫛疾雨，置萬國。禹，大聖也。而形勞天下如此。使後世之墨者多以裘褐爲衣，跂蹻爲服，日夜不休，以自苦爲極。曰不能如此，非禹之道也，不足爲墨。墨翟、禽滑釐之意則是，其行則非也。將使後世之墨者，必自苦以腓無胈，脛無毛，相進而已矣。亂之上也，治之下也。孟子推其汎愛兼利，生勤死薄之道，而擬之爲摩頂放踵，卽自苦以腓無胈脛無毛之意耳。子莫執中，注：子莫，魯之賢人也。其性中和專一者也。疏：注子莫至一者也。正義曰：子莫未詳。或謂《莊子》有云儒、墨、楊、秉四，秉別無所聞，恐卽當時子莫執中一家之說。《音義》云：陸云：言子等無執中。此異於趙氏，非也。孔子稱堯咨舜執中，孟子稱湯執中，此句下云執中爲近之，何遽戒人莫執中也。陸氏穿鑿，不足以易趙也。執中爲近之。執中無權，猶執一也。注：執中和，近聖人之道，然不權聖人之重權，執中而不知權，猶執一介之人，不得時變也。疏：注執中至變也正義曰：《白虎通・五行篇》云：中央者，中和也。《說文》一部云：中，和也。寒往則暑來，暑往則寒來，是爲時執中者，但取不寒不暑也。聖人之道，以時爲中，趨時則能變通，知變通則權也。文公十二年《公羊傳》云惟一介斷斷焉無他技，注云：一介，猶一概。此云執一介卽執一概也。不知權宜，一概如此，所以猶執一也。戴氏震《孟子字義疏證》云：權，所以別輕重也。凡此重彼輕、千古不易者，常也。常則顯然共見其千古不易之重輕。而重者於是乎輕，輕者於是乎重，變也。變則非智之盡，能辨察事情而準，不可以知之。孟子之闢楊墨也，曰：楊墨之道不息，孔子之道不著，是邪說誣民，充塞仁義也。仁義充塞，則率獸食人，人將相食。今人讀其書，孰知所謂率獸食人，人將相食者安在哉？孟子又曰：楊子取爲我，拔一毛而利天下，不爲也。墨子兼愛，摩頂放踵利天下，爲之。子莫執中，執中爲近之。執中無權，猶執一也。所惡執一者，爲其賊道也，舉一而廢百也。今人讀其書，孰知無權之故，舉一而廢百之爲害至鉅哉？孟子道性善，於告子言以人性爲仁義，則曰率天下之人而禍仁義。今人讀其書，又孰知性之不可不明，戕賊人以爲仁義之禍何如哉？老聃、莊周無欲之說，及後之釋氏所謂空寂，能脫然不以形體之養與有形之生死累其心，而獨私其所謂長生久視，所謂不生不滅者，於人物一視而同用其慈，蓋合楊墨之說以爲說。由其自私，雖拔一毛可以利天下，不爲；由其外形骸，溥慈愛，雖摩頂放踵以利天下，爲之。宋儒易老、莊、釋氏之所私者而貴理，易彼之外形體者而咎氣質；其所謂理，依然如有物焉宅於心。於是辨乎理欲之分，謂不出於理，卽出於欲；不出於欲，則出於理。雖視人之飢寒號呼，男女哀怨，以至垂死冀生，無非人欲，空指一絕情欲之感者爲天理之本然，存之於心。及其應事，幸而偶中，非曲體事情，求如此以安之也。不幸而事情未明，執其意見，方自信天理非人欲，而小之一人受其禍，大之天下國家受其禍，徒以不出於欲，遂莫之或寤也。凡以爲理宅於心，不出於欲則出於理者，未有不以意見爲理而禍天下者也。人之患，有私有蔽，私出於情欲，蔽出於心知。無私，仁也。不蔽，智也。非絶情欲以爲仁，去心知以爲智也。是故聖賢之道，無私而非無欲；老、莊、釋氏，無欲而非無私。彼以無欲，成其自私者也。此以無私，通天下之情，遂天下之欲者也。凡異説皆主於無欲，不求無蔽，重行不先重知。人見其篤行也，無欲也，故莫不尊信之。聖賢之學，由博學、審問、慎思、明辨而後篤行，則行者，行其人倫日用之不蔽者也，非如彼之舍人倫日用，以無欲爲能篤行也。人倫日用，聖人以通天下之情，遂天下之欲，權之而分理不爽，是謂理。古今不乏嚴氣正性、疾惡如讎之人，是其所是，非其所非，執顯然共見之重輕，實不知有時權之而重者於是乎輕，輕者於是乎重。其是非輕重一誤，天下受其禍而不可救。豈人欲蔽之也哉？自信之理非理也。然則孟子言執中無權，至後儒又增一執理無權者矣。所惡執一者，爲其賊道也，舉一而廢百也。注：所以惡執一者，爲其不知權，以一知而廢百道也。疏：注所以至道也。正義曰：《易·繫傳》云：天下何思何慮，天下同歸而殊途，一致而百慮。途既殊，則慮不可不百，慮百則不執一也。執一則不百慮不百慮，故廢百矣。楊子爲我，執一於爲我也。墨子兼愛，執一於兼愛也。孟子所以距楊墨，距其執一也，故舉一執中之子莫。然則凡執一者，皆能賊道，不必楊墨也。楊子惟知爲我，而不復慮及兼愛，墨子惟知兼愛，而不復慮及爲我；子莫但知執中，而不復慮及有當爲我、當兼愛之事。楊則冬夏皆葛也，墨則冬夏皆裘也，子莫則參乎裘葛之中，而冬夏皆袷也。不知趨時者裘葛袷皆藏之於篋，各依時而用之，即聖人一貫之道也。聖人之道，善與人同，執兩端以用其中，故執中而非執一。曾子居武城，寇至則寇退則反，薪木亦戒其毁傷；顔子居陋巷，不改其樂：而不同於楊子之爲我者，不執一也。禹治水，勞身焦思，至於偏枯胝胼，藏竅不通，而不同於墨子之兼愛者，不執一也。故曰禹稷顔回同道，又曰禹稷顔子易地則皆然。惟易地皆然，則不執一。同道者，一致也。易地皆然者，百慮也。執一則爲楊墨，不執一則爲禹稷顔曾。孟子學堯舜孔子之道，知道在變通神化，故楊墨之執一，不知變通，則距之。距之者，距其悖乎堯舜孔子之道也。不然，楊朱屏氣虚名，齊生死，固高曠絶俗之士。至墨翟以救世爲心，其言曰：國家昏亂，則語之尚賢尚同；國家貧，則語之節用節葬；國家喜音沉湎，則語之非樂非命；國家淫僻，則語之尊天事鬼；國家務奪侵陵，則語之兼愛非攻。讀其書，豈不謂之仁人君子？非孟子深明乎變通神化之道，確有以見其異乎堯舜孔子之權，安能反復申明以距之哉！學者尚有申墨子之説者，不知道者也。

又：孟子曰：大匠不爲拙工改廢繩墨，羿不爲拙射變其彀率。君子引而不發，躍如也。中道而立，能者從之。注：大匠不爲新學拙工故，爲之改鑿廢繩墨子正也。羿不爲新學拙射者變其彀率之法也。彀，弩張嚮表率之正體。望之極思用巧之時，不可變也。君子謂於射則引弓彀弩而不發，以待彀偶也。於道則中道德之中，不以學者不能，故卑下其道，將以順於能者往取之也。疏：注彀弩至取之也。正義曰：《告子》上篇必志於彀，注云：彀，張也。張弩向的者，用思專時也。此云弩張向表率之正體，以張弩向的準之，則表率之正體即指的而言。正體，謂正鵠之體，表即標也。《周禮·夏官·射人》注云：《考工·梓人》職曰：張五采之侯，則遠國屬。五采之侯即五正之侯。正之言正也，射者内志正則能中焉。畫五正之侯，中朱，次白，次蒼，次黄，玄居外。三正損玄黄，二正去白蒼，而畫以朱緑。畫此五采以爲標識。即以爲法率，故趙氏以表釋率，而以爲正體也。《小雅·賓之初筵》發彼有的，毛傳以質釋的。《禮記·射義》注以所射之識釋的。所射之識，猶云標也。望之極思用巧之時，即所謂用思專時也。按《禮記·緇衣》引太甲曰：若虞機張，往省括於厥度，則釋。注云：機，弩牙也。度，謂所擬射也。虞人之射禽，弩已張於機間，視括與所射參相得，乃後釋弦發矢。機張，即《孟子》所謂彀也。《淮南子·覽冥訓》云以治日月之行律，高誘注云：律，度也。律與率同。行度可云行率，則《孟子》所云率，正即省括於度之度也。繩墨兩事，彀率亦是兩事。彀，謂張弩。率，謂省括於度。趙氏言極思用巧，即是省而率則，不必專指正之體耳。《音義》云：丁云：率，循也。謂彀張其弩，又當循其射道，令必中於表。陸云：率，法也。躍如，心願中也。能者從之，當勤求也。則讀爲律。丁訓率爲循，非其義；陸讀爲律，訓法，近是矣。《説文》弓部云：引，開弓也。《淮南子·説林訓》引弓而射，高誘注云：張弓也。引爲張弓，故趙氏即以彀弩釋引弓。引弓不發即猶張弩不發，故云引弓彀弩而不發。《音義》云：丁云：躍如，猶如卓爾。陸云：躍如，心願中。陸是也。心願中，故不發以待彀之偶。《爾雅·釋詁》云：偶，合也。謂所張之彀，合乎所擬之率，則釋之乃必中也。待其合而後發，故不遽發者必願中也。躍如猶云躍躍，《爾雅·釋訓》：躍躍，迅也。《釋詁》云：迅，疾也。言手雖不發，必則躍躍疾去也。《論語·子罕篇》卓爾，雖欲從之，末由也已，鄭氏注云：卓爾，絶望之辭。《詩·周頌》天作高山，箋云：卓爾與天合其德。丁氏之説，擬不於倫。趙氏以君子於射喻君子於道，引而不發，以待其偶；中道而立，以待其從。雖以彀弩釋引弓，與上變彀率意不同也。

（清）焦循《孟子正義·盡心章句下》 萬章問曰：孔子在陳曰：盍歸乎來！吾黨之士狂簡，進取，不忘其初。孔子在陳，何思魯之狂士？注：孔子戹陳，不遇賢人，上下無所交，蓋歎息思歸，欲見其鄉黨之士也。簡，大也。狂者，進取大道而不得其正者也。不忘其初，孔子思故舊也。《周禮》五黨爲州，五州爲鄉，故曰吾黨之士也。萬章怪孔子何爲思魯之狂士也。

又：孟子曰：孔子不得中道而與之，必也狂獧乎！狂者進取，獧者有所不爲也。孔子豈不欲中道哉？不可必得，故思其次也。注：中道，中正之大道也。狂者能進取，獧者能不爲不善。時無中道之人，以狂獧次善者，故思之也。疏：孔子至次也。正義曰：此亦見《論語·子路篇》，獧作狷。《音義》云：獧，丁音絹，與狷同。按《説文》犬部獧，疾跳也。一曰急也。《國語·晉語》小心狷介，韋昭注云：狷者守分，有所不爲也。獧之爲狷，猶捐之爲環。又心部云：懁，急也。讀若絹。段氏玉裁《説文解字》注云：《論語》狷，《孟子》作獧，其實當作懁。

敢問何如斯可謂狂矣？注：萬章曰，人行何如斯則可謂之狂也。

曰：如琴張、曾皙、牧皮者，孔子所謂狂矣。注：孟子言人行如此三人者，孔子謂之狂也。琴張，子張也。子張之爲人，踸踔譎詭，《論語》曰師也辟，故不能純善而稱狂也。又善鼓琴，號曰琴張。曾皙，曾參父。牧皮，行與二人同，皆事孔子學者也。【略】

何以謂之狂也？注：萬章問何以謂此人爲狂。

曰：其志嘐嘐然，曰古之人，古之人，夷考其行而不掩焉者也。注：嘐嘐，志大言大者也。重言古之人，欲慕之也。夷，平也。考察其行，不能掩覆其言，是其狂也。【略】

狂者又不可得，欲得不屑不絜之士而與之。是獧也是又其次也。注：屑，絜也。不絜，污穢也。既不能得狂者，欲得有介之人，能恥賤污行不絜者，則可與言矣。是獧人次於狂者也。疏：注屑絜至狂者也。正義曰：《毛詩·邶風·谷風篇》不我屑以，傳云：屑，潔也。古脩潔之字皆作絜。《楚辭·招魂》云朕幼清以廉潔兮，王逸注云：不污曰潔。不污穢爲絜，是污穢爲不絜矣。《漢書·楊胡朱梅云傳·贊》云昔仲尼稱不得中行則思狂狷，顔師古注云：狷，介也。故此注以狷爲有介之人。有所不爲，則有所介畫，不妄爲，故不以不絜爲絜也。不絜是污穢之行，能恥之賤之，是不絜此不絜之行也。與之是進而教之，故爲可與言。是獧也是又其次也八字一句，故易獧也爲獧人以明之。孔子曰：過我門而不入我室、我不憾焉者，其惟鄉原乎！鄉原，德之賊也。注：憾，恨也。人過孔子之門不入，則孔子恨之。獨鄉原不入者無恨心耳，以其賊德故也。疏：注憾恨也至故也。正義曰：《小爾雅·廣言》云：憾，恨也。《楚辭·哀時命》云：志憾恨而不逞兮。是也。《荀子·脩身篇》云害良曰賊，有害於德，故云德之賊。語見《論語·陽貨篇》。

曰：何如斯可謂之鄉原矣？注：萬章問鄉原之惡云何。

曰：何以是嘐嘐也？言不顧行，行不顧言，則曰古之人，古之人行何爲踽踽涼涼，生斯世也，爲斯世也善，斯可矣。閹然媚於世也者，是鄉原也。注：孟子言，鄉原之人言何以是嘐嘐若有大志也，其言行不顧，則亦稱古之人。古之人行何爲踽踽涼涼，有威儀如無所施之貌也。鄉原者，外欲慕古之人而其心曰，古之人何爲空自踽踽涼涼，而生於今之世，無所用之乎。以爲生斯世，但當取爲人所善人善人，則可矣。其實但爲合衆之行，媚，愛也。故閹然大見愛於世也。若是者謂之鄉原。疏：注孟子至鄉原。正義曰：孟子言三字解曰字。何以是嘐嘐以下皆論鄉原。嘐嘐，鄉原之嘐嘐也。言何以是嘐嘐若有大志，謂鄉原之言何以嘐嘐若有大志也，非如狂者之真有大志也。言不顧行，行不顧言，鄉原之言行不顧也。狂者曰古之人古之人，鄉原則亦曰古之人。但狂者之稱古人，是欲之慕之；鄉原之稱古之人，則大言以譏斥之，謂古之人行何爲踽踽涼涼，無所用於世。此鄉原之大言，非如狂者之大言也。趙氏以上古之人爲句，古之人行何爲踽踽涼涼爲句，生斯世也句，爲斯世也善句，與斯可矣一連貫下相呼應，故云但當取爲人所善善人也。【略】

萬子曰：一鄉皆稱原人焉，無所往而不爲原人。孔子以爲德之賊，何哉？注：萬子，卽萬章也。孟子録之，以其不解於聖人之意，故謂之萬子。子，男子之通稱也。美之者，欲以責之也。萬章言人皆以爲原善，所至亦謂之善人，若是，孔子以爲賊德，何爲也。疏：注萬子至爲也。正義曰：臧氏琳《經義雜記》云：趙注萬子卽萬章也云云，是趙邠卿注本作萬子。趙氏謂其不解於聖人之意，美之者欲以責之，此説頗曲。夫公孫丑、萬章、告子之徒，平日反覆辨難，往往數千百言，孟子皆據理告之，未嘗責其不解，何至此忽欲責其不解，而反假以美之乎？蓋鄉原之行，孟子雖已告之，其所以稱原者，孟子尚未言也。孟子未言，則萬章不知。萬章不問，則孟子終不言，後世之人亦終不知賊德、亂德者幾何不接踵於世，而堯舜之道不可得入矣。是非有萬章此問不可，故特稱子以美之。趙氏佑《温故録》云：萬章於此獨稱子，明有注文。然萬子曰乃記體，不得謂孟子稱之爲子。不解之解讀當爲懈，言其問之審也。蓋《孟子》七篇，萬章傳述之功居多，其於究論古帝王聖賢言行，惟萬章獨勤以詳。孟子之功，莫大於尊仲尼，稱堯舜，闢楊墨，而此章又終之辨鄉原，以立萬世之防，實萬章相與發明之。此章則其問答終畢之事，故特著子稱焉，以結七篇之局。《論語·泰伯篇》云侗而不愿，《釋文》引鄭注云：愿，善也。趙氏讀原爲愿，故以原人爲善人。

曰：非之無舉也，刺之無刺也，同乎流俗，合乎污世，居之似忠信，行之似廉潔，衆皆悦之，自以爲是，而不可與入堯舜之道，故曰德之賊也。注：孟子言，鄉原之人能匿蔽其惡，非之無可舉者，刺之無可刺者，志同於流俗之人，行合於污亂之世，爲人謀，居其身若似忠信，行其身若似廉絜爲行矣，衆皆悦美之，其人自以所行爲是，而無仁義之實，故不可與入堯舜之道也。無德而人以爲有德，故曰德之賊也。疏：注鄉原至賊也。正義曰：無可非無可刺則真善矣，故趙氏以能匿蔽其惡解之。流俗之人，不可同志，則同之而不敢異；汙亂之世，不可合行，則合之而不敢離：蓋自托於達士之和光，而曲爲浮沉俯仰之術，似忠信則非忠信，似廉絜則非廉絜。《論語·學而篇》：曾子曰：爲人謀而不忠乎，與朋友交而不信乎？廉絜亦屬與人交接之事，故趙氏括之以爲人謀。惟其志行既同流合汙，而其與此流俗汙世之人共事，又能盡心力以爲之謀，而不自私其財利，此人所以皆悦之也。彼見人皆悦之，遂亦自信爲涉世之善法，故自以爲是，而要之非仁義之實也。所謂非之無可舉，刺之無可刺，亦此流俗汙世之人耳。若孔子則已刺之爲賊，孟子則已非之爲不可入堯舜之道。孔子曰：惡似而非者：惡莠，恐其亂苗也；惡佞，恐其亂義也；惡利口，恐其亂信也；惡鄭聲，恐其亂樂也；惡紫，恐其亂朱也；惡鄉原，恐其亂德也。注：似真而非真者，孔子之所惡也。莠，莖葉似苗。佞人詐飾，似有義者。利口辯亂，似若有信。鄭聲淫人之聽，似若美樂。紫色似朱，朱，赤也。鄉原惑衆，似有德者。此六似者，皆孔子之所惡也。【略】

君子反經而已矣。經正則庶民興，庶民興，斯無邪慝矣。注：經，常也。反，歸也。君子治國家，歸其常經，謂以仁義禮智道化之，則衆民興起而家給人足矣。倉廩實而知禮節，安有爲邪惡之行也。疏：注經常至行也。正義曰：《白虎通·五經篇》云：經，常也。《説文》辵部云：返，還也。《廣雅·釋詁》云：反，歸也。反與返同，歸卽還也。《吕氏春秋·順民篇》云湯克夏而正天下，高誘注云：正，治也。《荀子·非相篇》云：起於上，所以道於下，正令是也。趙氏以正爲政教，故以道化釋之。五常是仁義禮智信，經正是以仁義禮智道化之，謂經正之也。《説文》舁部云：興，起也。《毛詩·小雅·天保篇》以莫不興，傳云：興，盛也。使萬物皆盛，草木暢茂，禽獸碩大。《周禮·地官·旅師》掌聚野之耡粟、屋粟、閒粟而用之，以質劑致民，平頒其興積，注云：興積，所興之積，謂三者之粟也。縣官徵聚物曰興。賈氏疏云：興皆是積聚之義。興爲積聚，又爲茂盛，故以庶民興爲家給人足。倉廩實而知禮節，《管子》文，詳見前。《秋官·大行人》殷覜以除邦國之慝，注云：慝，惡也。故以邪慝爲邪惡也，莊公十一年《公羊傳》云：權者反於經，然後有善者也。《論語·子罕篇》云：可與立，未可與權。唐棣之華，偏其反而。何晏注云：賦此詩以言權道，反而，後至於大順。趙氏之義，則孟子言反經與《公羊傳》異。

《章指》言：士行有科，人有等級，中道爲上，狂獧不合。似是而非，色厲內荏，鄉原之惡，聖人所甚。反經身行，民化於己，子率而正，孰敢不正也？疏：子率而正，孰敢不正。正義曰：《史記·平津侯主父列傳》贊云：夫三公者，百寮之率，萬民之表也。未有樹直表而得曲影者也。孔子不云乎：子率而正，孰敢不正。趙氏本此，蓋隱以公孫弘脱粟布被爲鄉原也。

(清) 王夫之《讀四書大全説》卷二《中庸·名篇大旨》 天下之理統於一中：合仁、義、禮、知而一中也，析仁、義、禮、知而一中也。合者不雜，猶兩儀五行、《乾》男《坤》女統於一太極而不亂也。離者不孤，猶五行男女之各爲一，而實與太極之無有異也。審此，則中和之中，與時中之中，均一而無二矣。朱子既爲分而兩存之，又爲合而貫通之，是已。然其專以中和之中爲體則可，而專以時中之中爲用則所未安。

但言體，其爲必有用者可知；言未發則必有發。而但言用，則不足以見體。時中之中，何者爲體耶？時中之中，非但用也。中，體也；時而措之，然後其爲用也。喜怒哀樂之未發，體也；發而皆中節，亦不得謂之非體也。所以然者，喜自有喜之體，怒自有怒之體，哀樂自有哀樂之體。喜而賞，怒而刑，哀而喪，樂而樂，晉岳。則用也。雖然，賞亦自賞之體，刑亦自有刑之體，喪亦自有喪之體，樂晉岳亦自有樂之體，是亦終不離乎體也。《書》曰：允執厥中。中，體也；執中而後用也。子曰：君子而時中。又曰：用其中於民。中皆體也；時措之喜怒哀樂之閒，而用之於者，則用也。以此知夫凡言中者，皆體而非用矣。

(清) 馬驌《繹史》卷七四《子産相鄭》 〔二十年〕鄭子産有疾，謂子大叔曰：我死，子必爲政。唯有德者能以寬服民，其次莫如猛。夫火烈，民望而畏之，故鮮死焉。水懦弱，民狎而翫之，則多死焉，故寬難。疾數月而卒。大叔爲政，不忍猛而寬，鄭國多盜，取人於萑苻之澤。大叔悔之曰：吾早從夫子不及此！興徒兵以攻萑苻之盜，盡殺之，盜少止。仲尼曰：善哉！政寬則民慢，慢則糾之以猛，猛則民殘，殘則施之以寬，寬以濟猛，猛以濟寬，政是以和。《詩》曰：民亦勞止，汔可小康，惠此中國，以綏四方。施之以寬也。毋從詭隨，以謹無良，式遏寇虐，慘不畏明。糾之以猛也。柔遠能邇，以定我王，平之以和也。又曰：不競不絿，不剛不柔，布政優優，百禄是遒，和之至也。及子産卒，仲尼聞之，出涕曰：古之遺愛也。

(清) 馬驌《繹史》卷八六之四《孔子類記》 孔子曰：善爲吏者，樹德。不能爲吏者，樹怨。槩者，平量者也。吏者，平法者也。治國者不可失平也。

(宋) 羅泌《路史》卷三《前紀三·循蜚紀·冉相氏》 中之爲道，帝王之心，卽治天下之正道。而聖人所以示世，入德之大方也。自成世以來，未有不本，是以爲政而能馴，致於大治者。今夫率意而射，則終日無所中，率意而視，則終身無所與。必也，質的設，而後天下之手無異鄉，日月揭，而後天下之目無異屬。聖人之道獨立乎中，而後天下之心無兩從，蓋中也者，極之，則世人之日月質的也。衆見之所宗，萬手之所會，理之至，義之盡，配天地而不可以復進。是故道得之而爲太一，天得之而爲天一，帝得之而爲帝一。帝一者，立乎環中，渾兮如有容，洎兮如未始，出其宗而茫兮，無所終窮。

《汲冢周書》卷一《度訓解》　天生民而制其度，聖人爲制法度。度小大以正，權輕重以極，明本末以立中。制法度所以立中正。立中以補損，補損以知足。損益以中爲制，故知足也。爵以明等極，極，中也。貴賤之等，尊卑之中也。極以正民，正中外以成命，內外正，則大命成也。正上下以順政，順其政教。政以內□□□自邇，彌興自遠，邇備極終也。□微補在□□分微在明。知精□□□微分理有明故。明王是以敬微而順分，分次以知和，知和以知樂，知樂以知哀，哀樂以知，慧內外以知人。慧者甚明，所以知人。凡民生而有好有惡，小得其所好則喜，大得其所好則樂，小遭其所惡則憂，大遭其所惡則哀。言其性之自然。凡民之所好惡，生物是好，死物是惡。民至有好而不讓，不從其所好必犯法，無以事上。不必讓則爭，爭則犯法矣。民至有惡不讓，不去其所惡必犯法，無以事上。偏行於此，尚有玩民，而況曰以可去其惡而得其所好，民能居乎。偏爲兼行好惡也。能居乎，言不能居好惡。若不□力，何以求之。言力爭也。力爭則力政，力政則無讓，無讓則無禮，無禮雖得所好，民樂乎？爭則不樂。若不樂乃所惡也。凡民不忍好惡，不能分次。忍爲持久，堅以次第。不次則奪，奪則戰，戰則何以養老幼，何以救痛疾死喪，何以胥役也？胥，相也。明王是以極等以斷好惡，教民次分楊舉力竟，任壯養老，長幼有報，壯者任之，老者養之，幼者長之，使相報。此謂力竟也。民是以胥役也。夫力竟，非衆不剋，衆非和不衆，和之以懷衆。和非中不立，中非禮不慎，禮非樂不履。明王是以無樂非人，無哀非人。言明王所樂所哀非人也。人是以衆，人衆賞多罰少，政之美也；罰多賞少政之惡也。罰多則困，賞多則乏，乏困無醜，教乃不至。醜謂所厚。是故民主明醜以長子孫，子孫習服，鳥獸仁德。歸其仁德。土宜天時，百物行治。土之所宜，天時所生，皆行其物。治之初，麕初哉。治化則順，是故無順非厲，明醜以使之所以成順者也。長幼成而生，曰順極。言使小人大人皆成其事，上之心而生其義，順之至也。

《漢書》卷二三《刑法志》　昔周之法，建三典以刑邦國，詰四方：一曰，刑新邦用輕典；二曰，刑平邦用中典；三曰，刑亂邦用重典。五刑，墨罪五百，劓罪五百，宮罪五百，刖罪五百，殺罪五百，所謂刑平邦用中典者也。凡殺人者踣諸市，墨者使守門，劓者使守關，宮者使守內，刖者使守囿，完者使守積。其奴，男子入于罪隸，女子入舂槁。凡有爵者，與七十者，與未亂者，皆不爲奴。

又：周道既衰，穆王眊荒，命甫侯度時作刑，以詰四方。墨罰之屬千，劓罰之屬千，髕罰之屬五百，宮罰之屬三百，大辟之罰其屬二百。五刑之屬三千，蓋多於平邦中典五百章，所謂刑亂邦用重典者也。

《漢書》卷四八《賈誼傳》　夫射獵之娛，與安危之機孰急？使爲治，勞智慮，苦身體，乏鍾鼓之樂，勿爲可也。樂與今同，而加之諸侯軌道，兵革不動，民保首領，匈奴賓服，四荒鄉風，百姓素朴，獄訟衰息，大數既得，則天下順治，海內之氣清和咸理，生爲明帝，沒爲明神，名譽之美，垂於無窮。《禮》祖有功而宗有德，使顧成之廟稱爲太宗，上配太祖，與漢亡極。建久安之勢，成長治之業，以承祖廟，以奉六親，至孝也；以幸天下，以育羣生，至仁也；立經陳紀，輕重同得，後可以爲萬世法程，雖有愚幼不肖之嗣，猶得蒙業而安，至明也。以陛下之明達，因使少知治體者得佐下風，致此非難也。其具可素陳於前，願幸無忽。臣謹稽之天地，驗之往古，按之當今之務，日夜念至孰也，雖使禹舜復生，爲陛下計，亡以易此。

《漢書》卷五一《路溫舒傳》　臣聞秦有十失，其一尚存，治獄之吏是也。秦之時，羞文學，好武勇，賤仁義之士，貴治獄之吏；正言者謂之誹謗，遏過者謂之妖言。故盛服先生不用於世，忠良切言皆鬱於胸，譽諛之聲日滿於耳；虛美熏心，實禍蔽塞。此乃秦之所以亡天下也。方今天下賴陛下恩厚，亡金革之危，飢寒之患，父子夫妻勠力安家，然太平未治者，獄亂之也。夫獄者，天下之大命也，死者不可復生，斷者不可復屬。《書》曰：與其殺不辜，寧失不經。今治獄吏則不然，上下相敺，以刻爲明；深者獲公名，平者多後患。故治獄之吏皆欲人死，非憎人也，自安之道在人之死。是以死人之血流離於市，被刑之徒比肩而立，大辟之計歲以萬數，此仁聖之所以傷也。太平之未洽，凡以此也。夫人情安則樂生，痛則思死。棰楚之下，何求而不得？故囚人不勝痛，則飾辭以視之；吏治者利其然，則指道以明之；上奏畏卻，則鍛練而周内之。蓋奏當之成，雖咎繇聽之，猶以爲死有餘辜。何則？成練者衆，文致之罪明也。是以獄吏專爲深刻，殘賊而亡極，媮爲一切，不顧國患，此世之大賊也。故俗語曰：畫地爲獄，議不入；刻木爲吏，期不對。此皆疾吏之風，悲痛之辭也。故天下之患，莫深於獄；敗法亂正，離親塞道，莫甚乎治獄之吏。此所謂一尚存者也。

臣聞烏鳶之卵不毀，而後鳳凰集；誹謗之罪不誅，而後良言進。故古人有言：山藪藏疾，川澤納汙，瑾瑜匿惡，國君含詬。唯陛下除誹謗以招切言，開天下之口，廣箴諫之路，掃亡秦之失，尊文武之惪，省法制，寬刑罰，以廢治獄，則太平之風可興於世，永履和樂，與天亡極，天下幸甚。

《漢書》卷六二《司馬遷傳》 法家不別親疏，不殊貴賤，壹斷於法，則親親尊尊之恩絶矣，可以行一時之計，而不可長用也，故曰嚴而少恩。若尊主卑臣，明分職不得相踰越，雖百家不能改也。

《後漢書》卷一六《寇恂傳》 （寇）榮少知名，桓帝時爲侍中。性矜絜自貴，於人少所與，以此見害於權寵。而從兄子尚帝妹益陽長公主，帝又聘其從孫女於後宫，左右益惡之。延熹中，遂陷以罪辟，與宗族免歸故郡。吏承望風旨，持之浸急，榮恐不免，奔闕自訟。未至，刺史張敬追劾榮以擅去邊，有詔捕之。榮逃竄數年，會赦令，不得除，積窮困，乃自亡命中上書曰：

臣聞天地之於萬物也好生，帝王之於萬人也慈愛。陛下統天理物，爲萬國覆，作人父母，先慈愛，後威武，先寬容，後刑辟，自生齒以上，咸蒙德澤。而臣兄弟獨以無辜爲專權之臣所見批抵，青蠅之人所共搆會。以臣婚姻王室，謂臣將撫其背，奪其位，退其身，受其執。於是遂作飛章以被於臣，欲使墜萬仞之阬，踐必死之地，令陛下忽慈母之仁，發投杼之怒。尚書背繩墨，案空劾，不復質确其過，寘於嚴棘之下，便奏正臣罪。司隸校尉馮羨佞邪承旨，廢於王命，驅逐臣等，不得旋踵。臣奔走還郡，没齒無怨。臣誠恐卒爲豺狼横見噬食，故冒死欲詣闕，披肝膽，布腹心。刺史張敬好爲詔諛，張設機網，復令陛下興雷電之怒。司隸校尉應奉、河南尹何豹、洛陽令袁騰並驅爭先，若赴仇敵，罰及死没，髡剔墳墓，但未掘壙出尸，剖棺露胔耳。昔文王葬枯骨，公劉敦行葦，世稱其仁。今殘酷容媚之吏，無折中處平之心，不顧無辜之害，而興虛誣之誹，欲使嚴朝必加濫罰。是以不敢觸突天威，而自竄山林，以俟陛下發神聖之聽，啓獨覩之明，拒讒慝之謗，絶邪巧之言，救可濟之人，援没溺之命。不意滯怒不爲春夏息，淹恚不爲順時怠，遂馳使郵驛，布告遠近，嚴文剋剝，痛於霜雪，張羅海内，設置萬里，逐臣者窮人迹，追臣者極車軌，雖楚購伍員，漢求季布，無以過也。

臣遇罰以來，三赦再贖，無驗之罪，足以蠲除。而陛下疾臣愈深，有司咎臣甫力，止則見埽滅，行則爲亡虜，苟生則爲窮人，極死則爲冤鬼，天廣而無以自覆，地厚而無以自載，蹈陸土而沈淪之憂，遠巖牆而有鎮壓之患。精誠足以感於陛下，而哲王未肯悟。如臣犯元惡大憝，足以陳於原野，備刀鋸，陛下當班布臣之所坐，以解衆論之疑。臣思入國門，坐於胏石之上，使三槐九棘平臣之罪。而閶闔九重，陷穽步設，舉趾觸罘罝，動行絓羅網，無緣至萬乘之前，永無見信之期矣。

國君不可讎匹夫，讎之則一國盡懼。臣奔走以來，三離寒暑，陰陽易位，當煖反寒，春常淒風，夏降霜雹，又連年大風，折拔樹木。風爲號令，春夏布德，議獄緩死之時。願陛下思帝堯五教在寬之德，企成湯避遠讒夫之誡，以寧風旱，以弭災兵。臣聞勇者不逃死，智者不重困，固不爲明朝惜垂盡之命，願赴湘、沅之波，從屈原之悲，沈江湖之流，弔子胥之哀。臣功臣苗緒，生長王國，懼獨含恨以葬江魚之腹，無以自别於世，不勝狐死首丘之情，營魂識路之懷。犯冒王怒，觸突帝禁，伏於兩觀，陳訴毒痛，然後登金鑊，入沸湯，糜爛於熾爨之下，九死而未悔。

悲夫，久生亦復何聊！蓋忠臣殺身以解君怒，孝子殞命以寧親怨，故大舜不避塗廩浚井之難，申生不辭姬氏讒邪之謗。臣敢忘斯議，不自斃以解明朝之忿哉！乞以身塞重責。願陛下匄兄弟死命，使臣一門頗有遺類，以崇陛下寬饒之惠。先死陳情，臨章涕泣，泣血（連）〔漣〕如。帝省章愈怒，遂誅榮。寇氏由是衰廢。

《後漢書》卷五二《崔駰傳》 （故宜）量力度德，《春秋》之義。今既不能純法八(世)〔代〕，故宜參以霸政，則宜重賞深罰以御之，明著法術以檢之。自非上德，嚴之則理，寬之則亂。何以明其然也？近孝宣皇帝明於君人之道，審於爲政之理，故嚴刑峻法，破姦軌之膽，海內清肅，天下密如。薦勳祖廟，享號中宗。筭計見效，優於孝文。及元帝卽位，多行寬政，卒以墮損，威權始奪，遂爲漢室基禍之主。政道得失，於斯可監。昔孔子作《春秋》，褒齊桓，懿晉文，歎管仲之功。夫豈不美文、武之道哉？誠達權救敝之理也。故聖人能與世推移，而俗士苦不知變，以爲結繩之約，可復理亂秦之緒，《干戚》之舞，足以解平城之圍。

(漢)荀悦《前漢紀》卷一七《孝宣一》 路温舒上書曰：臣聞齊有無知之禍，桓公以興。晉有驪姬之難，文公用霸。近世趙王不終，諸吕作亂，而孝文又爲太宗。由是觀之，禍亂之作，以開有德也。昭帝即世無嗣，大臣憂懣。昌邑即位，淫亂而廢。是乃皇天所以開至聖也。夫繼變亂之後，必有儁異之德。此賢所以推天命也。臣聞春秋正即位，大一統而慎始也。陛下初登至尊，與天合符，宜改前世之失，正受始之統。蕩滌煩文，除民疾苦，存亡繼絶，以應天意。夫獄者，天下之大命。《書》曰與其殺不辜，寧失不經。今治獄者皆欲人死，非憎之也。上下相繼，以刻爲明，深者獲功名，平者多後患。故治獄者皆欲人死，非憎之也。自安之道，在人之死也。夫人之情安則樂生，痛則思死。捶楚之下，何求而不得？故囚人不勝痛，則飾妄辭以示之。吏治者利其殺，則指導以明之。上奏畏抑，則鍛鍊而周密内之。蓋奏者當成之時，雖咎繇聽之，猶以爲死有餘罪。何則？文致之法明也。《語》曰：畫地爲獄誓不入，刻木爲吏議不對，此皆嫉吏悲痛之辭。故曰：天下之患，莫不甚於獄。

(漢)荀悦《前漢紀》卷二三《孝元三》 〔荀悦曰〕孝宣皇帝任法審刑，綜核名實，聽斷精明，事業修理，不無隱情。是以功光前世，號爲中宗。然不甚用儒術，從諫如流，下善齊肅，賓禮舊老，優容寬直，其仁心文德，足以爲賢主矣。而佞臣石顯用事，隳其大業，明不照姦，決不斷惡，豈不惜哉？昔齊桓公任管仲以霸，任豎刁以亂，一人之身，唯所措之。夫萬事之情，常立於得失之原，治亂榮辱之機，可不惜哉？楊朱哭多岐，墨翟悲素絲。傷其本同而末殊。孔子曰：遠佞人。《詩》云：取彼讒人投畀豺虎，疾之深也。若夫石顯，可以痛心泣血矣，豈不疾之哉？初，宣帝任刑法，元帝諫之，勸以用儒術，宣帝不聽。乃歎曰：亂我家者，必太子也。故凡世之論政治者，或稱教化，或稱刑法；或言先教而後刑，或言先刑而後教；或言教化宜詳，或曰教化宜簡；或曰刑法宜略，或曰刑法宜輕，或曰宜重。皆引爲政之一方，未究治體之終始。聖人之大德也。聖人之道，必則天地，制之以五行，以通其變，是以博而不泥。夫德刑並行，天地常道也。先王之道，上教化而下刑法，右文德而左武功，此其義也。或先教化，或先刑法，所遇然也。撥亂抑强，則先刑法；扶弱綏新，則先教化。安平之世，則刑教並用。大亂無教，大治無刑，亂之無教，勢不行也；治之無刑，時不用也。教初必簡，刑始必略，則其漸也。教化之隆，莫不興行，然後責備；刑法之定，莫不避罪，然後求密。未可以備，謂之虐教；未可以密，謂之峻刑。虐教傷化，峻刑害民，君子弗由也。

《三國志》卷一二《魏志·毛玠傳》 崔琰既死，玠内不悦。後有白玠者：出見黥面反者，其妻子没爲官奴婢，玠言曰使天不雨者蓋此也。太祖大怒，收玠付獄。大理鍾繇詰玠曰：自古聖帝明王，罪及妻子。《書》云：左不共左，右不共右，予則即戮女。司寇之職，男子入于罪隸，女子入于舂槀。漢律，罪人妻子没爲奴婢，黥面。漢法所行黥墨之刑，存於古典。今真奴婢祖先有罪，雖歷百世，猶有黥面供官，一以寬良民之命，二以宥并罪之辜。此何以負於神明之意，而當至旱？案典謀，急恒寒若，舒恒燠若，寬則亢陽，所以爲旱。玠之吐言，以爲寬邪，以爲急也？急當陰霖，何以反旱？成湯聖世，野無生草，周宣令主，旱魃爲虐。亢旱以來，積三十年，歸咎黥面，爲相值不？衛人伐邢，師興而雨，罪惡無徵，何以應天？玠譏謗之言，流於下民，不悦之聲，上聞聖聽。玠之吐言，勢不獨語，時見黥面，凡爲幾人？黥面奴婢，所識知邪？何緣得見，對之歎言？時以語誰？見答云何？以何日月？於何處所？事已發露，不得隱欺，具以狀對。玠曰：臣聞蕭生縊死，困於石顯；賈子放外，讒在絳、灌；白起賜劍於杜郵；晁錯致誅於東市；伍員絶命於吴都：斯數子者，或妒其前，或害其後。臣垂齠執簡，累勤取官，職在機近，人事所竄。屬臣以私，無勢不絶，語臣以冤，無細不理。人情淫利，爲法所禁。法禁利，勢能害之。青蠅橫生，爲臣作謗，謗臣之人，勢不在他。昔王叔、陳生爭正王廷，宣子平理，命舉其契，是非有宜，曲直有所，春秋嘉焉，是以書之。臣不言此，無有時、人。説臣此言，必有徵要。乞蒙宣子之辨，而求王叔之對。若臣以曲聞，即刑之日，方之安駟之贈；賜劍之來，比之重賞之惠。謹以狀對。時桓階、和洽進言救玠。玠遂免黜，卒于家。太祖賜棺器錢帛，拜子機郎中。

裴注：孫盛曰：魏武於是失政刑矣。《易》稱明折庶獄，《傳》有舉直措枉，庶獄明則國無怨民，枉直當則民無不服，未有徵青蠅之浮聲，信浸潤之譖訴，可以允釐四海，惟清緝熙者也。昔者漢高獄蕭何，出復相之，玠之一責，永見擯放，二主度量，豈不殊哉！

《三國志》卷二四《魏志·高柔傳》 夫治定之化，以禮爲首。撥亂之政，以刑爲先。是以舜流四凶族，皋陶作士。漢祖除秦苛法，蕭何定律。掾清識平當，明于憲典，勉恤之哉！鼓吹宋金等在合肥亡逃。舊法，軍征士亡，考竟其妻子。太祖患猶不息，更重其刑。金有母妻及二弟皆給官，主者奏盡殺之。柔啓曰：士卒亡軍，誠在可疾，然竊聞其中時有悔者。愚謂乃宜貸其妻子，一可使賊中不信，二可使誘其還心。正如前科，固已絶其意望，而猥復重之，柔恐自今在軍之士，見一人亡逃，誅將及已，亦且相隨而走，不可復得殺也。此重刑非所以止亡，乃所以益走耳。

《晉書》卷三〇《刑法志》 及劉頌爲廷尉，頻表宜復肉刑，不見省，又上言曰：臣昔上行肉刑，從來積年，遂寢不論。臣竊以爲議者拘孝文之小仁，而輕違聖王之典刑，未詳之甚，莫過於此。

今死刑重，故非命者衆；生刑輕，故罪不禁姦。所以然者，肉刑不用之所致也。今爲徒者，類性元惡不軌之族也，去家懸遠，作役山谷，飢寒切身，志不聊生，雖有廉士介者，苟慮不首死，同皆爲盗賊，豈況本性姦凶無賴之徒乎！又令徒富者輸財，解日歸家，乃無役之人也。貧者起爲姦盗，又不制之虜也。不刑，則罪無所禁；不制，則羣惡横肆。爲法若此，近不盡善也。是以徒亡日屬，賊盗日煩，亡之數者至有十數，得輒加刑，日益一歲，此爲終身之徒也。自顧反善無期，而災困逼身，其志亡思盗，勢不得息，事使之然也。

古者用刑以止刑，今反於此。諸重犯亡者，髮過三寸輒重髡之，此以刑生刑；加作一歲，此以徒生徒也。亡者積多，繫囚猥畜。議者曰囚不可不赦，復從而赦之，此爲刑不制罪，法不勝姦。下知法之不勝，相聚而謀爲不軌，月異而歲不同。故自頃年以來，姦惡陵暴，所在充斥。議者不深思此故，而曰肉刑於名忤聽，忤聽孰與賊盗不禁？

聖王之制肉刑，遠有深理，其事可得而言，非徒懲其畏剝割之痛而不爲也，乃去其爲惡之具，使夫姦人無用復肆其志，止姦絶本，理之盡也。亡者刖足，無所用復亡。盗者截手，無所用復盗。淫者割其勢，理亦如之。除惡塞源，莫善於此，非徒然也。此等已刑之後，便各歸家，父母妻子，共相養恤，不流離於塗路。有今之困，創愈可役，上準古制，隨宜業作，雖已刑殘，不爲虚棄，而所患都塞，又生育繁阜之道自若也。

今宜取死刑之限輕，及三犯逃亡淫盗，悉以肉刑代之。其三歲刑以下，已自杖罰遣，又宜制其罰數，使有常限，不得減此。其有宜重者，又任之官長。應四五歲刑者，皆髡笞，笞至一百，稍行，使各有差，悉不復居作。然後刑不復生刑，徒不復生徒，而殘體爲戮，終身作誡。人見其痛，畏而不犯，必數倍於今。且爲惡者隨發被刑，去其爲惡之具，此爲諸已刑者皆良士也，豈與全其爲姦之手足，而蹴居必死之窮地同哉！而猶曰肉刑不可用，臣竊以爲不識務之甚也。

臣昔常侍左右，數聞明詔，謂肉刑宜用，事便於政。願陛下信獨見之斷，使夫能者得奉聖慮，行之於今。此塡溝壑，冀見太平。《周禮》三赦三宥，施於老幼悼耄，黔黎不屬逮者，此非爲惡之所出，故刑法逆舍而宥之。至於自非此族，犯罪則必刑而無赦，此政之理也。暨至後世，以時嶮多難，因赦解結，權以行之，又不以寛罪人也。至今恒以罪積獄繁，赦以散之，是以赦愈數而獄愈塞，如此不已，將至不勝。原其所由，肉刑不用之故也。今行肉刑，非徒不積，且爲惡無具則姦息。去此二端，獄不得繁，故無取於數赦，於政體勝矣。

《晉書》卷四五《劉毅傳》 陛下踐阼，開天地之德，弘不諱之詔，納忠直之言，以覽天下之情，太平之基，不世之法也。然賞罰，自王公以至於庶人，無不加法。置中正，委以一國之重，無賞罰之防。人心多故，清平者寡，故怨訟者衆。聽之則告訐無已，禁絶則侵枉無極，與其理訟之煩，猶愈侵枉之害。今禁訟訴，則杜一國之口，培一人之勢，使得縱横，無所顧憚。諸受枉者抱怨積直，獨不蒙天地無私之德，而長壅蔽于邪之人銓。使上明不下照，下情不上聞。損政之道四也。

《晉書》卷五二《華譚傳》　又策曰：夫法令之設，所以隨時制也。時險則峻法以取平，時泰則寬網以將化。今天下太平，四方無事，百姓承德，將就無爲而乂。至於律令，應有所損益不？對曰：臣聞五帝殊禮，三王異教，故或禪讓以光政，或干戈以攻取。至於興禮樂以和人，流清風以寧俗，其歸一也。今誠風教大同，四海無虞，人皆感化，去邪從正。夫以堯舜之盛，而猶設象刑，殷周之隆，而甫侯制律。律令之存，何妨於政。若乃大道四達，禮樂交通，凡人修行，黎庶勵節，刑罰懸而不用，律令存而無施，適足以隆太平之雅化，飛仁風乎無外矣。

《晉書》卷七二《郭璞傳》　臣聞《春秋》之義，貴無慎始，故分至啓閉以觀雲物，所以顯天人之統，存休咎之徵。臣不揆淺見，輒依歲首粗有所占，卦得《解》之《既濟》。按爻論思，方涉春木王龍德之時，而爲廢水之氣來見乘，加升陽未布，隆陰仍積，《坎》爲法象，刑獄所麗，變《坎》加《離》，厥象不燭。以義推之，皆爲刑獄殷繁，理者有壅濫。又去年十二月二十九日，太白蝕月。月者屬《坎》，羣陰之府，所以照察幽情，以佐太陽者也。太白，金行之星，而來犯之，天意若曰刑理失中，自壞其所以爲法者也。臣術學庸近，不練內事，卦理所及，敢不盡言。又去秋以來，沈雨跨年，雖無金家涉火之祥，然亦是刑獄充溢，怨歎之氣所致。往建興四年十二月中，行丞相令史淳于伯刑於市，而血逆流長摽。伯者小人，雖罪在未允，何足感動靈變，致若斯之怪邪！明皇天所以保祐金家，子愛陛下，屢見災異，殷勤無已。陛下宜側身思懼，以應靈譴。皇極之謫，事不虛降。不然，恐將來必有愆陽苦雨之災，崩震薄蝕之變，狂狡蠢戾之妖，以益陛下旰食之勞也。臣謹尋按舊經，《尚書》有五事供禦之術，京房《易傳》有消復之救，所以緣咎而致慶，因異而邁政。故木不生庭，太戊無以隆；雉不鳴鼎，武丁不爲宗。夫寅畏者所以饗福，怠慠者所以招患，此自然之符應，不可不察也。按《解卦》繇云：君子以赦過宥罪。《既濟》云：恩患而豫防之。臣愚以爲宜發哀矜之詔，引在予之責，蕩除瑕釁，贊陽布惠，使幽斃之人應蒼生以悅育，否滯之氣隨谷風而紓散。此亦寄時事以制用，藉開塞而曲成者也。臣竊觀陛下貞明仁恕，體之自然，天假其祚，奄有區夏，啓重光於已昧，廓四祖之遐武，祥靈表瑞，人鬼獻謀，應天順時，殆不尚此。然陛下卽位以來，中興之化未闡，雖躬綜萬機，勞逾日昃，玄澤未加於羣生，聲教未被乎宇宙，臣主未寧於上，黔細未輯于下，《鴻鴈》之詠不興，康哉之歌不作者，何也？杖道之情未著，而任刑之風先彰，經國之略未震，而軌物之迹屢遷。夫法令不一則人情惑，職次數改則覬覦生，官方不審則秕政作，懲勸不明則善惡渾，此有國者之所慎也。臣竊爲陛下惜之。夫以區區之曹參，猶能遵蓋公之一言，倚清靖以鎮俗，寄市獄以容非，德音不忘，流詠于今。漢之中宗，聰悟獨斷，可謂令主，然厲意刑名，用虧純德。《老子》以禮爲忠信之薄，況刑又是禮之糟粕者乎！夫無爲而爲之，不宰以宰之，固陛下之所體者也。恥其君不爲堯舜者，亦豈惟古人！是以敢肆狂瞽，不隱其懷。

《晉書》卷一一九《姚泓載記》　時尚書王敏、右丞郭播以刑政過寬，議欲峻制，泓曰：人情挫辱，則壯厲之心生；政教煩苛，則苟免之行立。上之化下，如風靡草。君等參贊朝化，弘昭政軌，不務仁恕之道，惟欲嚴法酷刑，豈是安上馭下之理乎！

《宋書》卷八五《謝莊傳》　太明元年，起爲都官尚書，奏改定刑獄，曰：

臣聞明慎用刑，厥存姬典；哀矜折獄，實暉呂命。罪疑從輕，既前王之格範；寧失弗經，亦列聖之恒訓。用能化致升平，道臻恭己。逮漢文傷不辜之罰，除相坐之令，孝宣倍深文之吏，立鞫訊之法，當是時也，號稱刑清。

《南齊書》卷四〇《武十七王傳·竟陵文宣王》　夫獄訟惟平，畫一在制，雖恩家得罪，必宜申憲，鼎姓貽舋，最合從綱。若罰典惟加賤下，辟書必蠲世族，懼非先王立理之本。

《魏書》卷一九中《景穆十二王傳·任城王》　御史中尉東平王匡奏請取景明元年以來，內外考簿、吏部除書、中兵勳案并諸殿最，欲以案校竊階盜官之人，靈太后許之。澄表曰：

臣聞三季之弊，由於煩刑；火德之興，在於三約。是以老聃云法令滋彰，盜賊多有，又曰其政察察，其民缺缺，又曰天網恢恢，疏而不漏。是故欲求治本，莫若省事清心。昔漢文斷獄四百，幾致刑措，省事所致也。蕭曹爲相，載其清靜畫一之歌，清心之本也。今欲求之於本，宜以省事爲先，使在位羣官，纂蕭曹之心，以毗聖化。如此，則上下相安，遠近相信，百司不怠，事無愆失。豈宜擾世教以深文，烹小鮮以煩手哉。

臣竊惟景明之初暨永平之末，内外羣官三經考課。逮延昌之始，方加黜陟。五品以上，引之朝堂，親決聖目；六品以下，例由敕判。自世宗晏駕，大宥三行，所以蕩除故意，與物更始。革世之事，方相窮覈，以臣愚見，謂爲不可。

又尚書職分，樞機出納。昔魏明帝卒至尚書門，陳矯亢辭，帝慚而返。夫以萬乘之重，非所宜行，猶屈一言，慚而回駕，羣官百司，而可相亂乎？故陳平不知錢穀之數，邴吉不問僵道之死，當時以爲達治，歷代用爲美談。但宜各守其職，思不出位，潔己以勵時，靖恭以致節。又尋御史之體，風聞是司，至於冒勳妄考，皆有處別，若一處有風謠，即應攝其一簿，研檢虛實，若差舛不同，僞情自露，然後繩以典刑，人孰不服。豈有移一省之案，取天下之簿，尋兩紀之事，窮革世之尤，如此求過，誰堪其罪！斯實聖朝所宜重慎也。靈太后納之，乃止。

《魏書》卷二一上《獻文六王傳・趙郡王》　詔曰：夫刑以節人，罪必無濫，故刑罰不中，民無措足。若必以威殺爲良，則應汎通衆牧。苟須有禁，何得不稽之正典？又律令條憲，無聽新君加戮之文；典禮舊章，不著始臨專威之美。尚書曲阿朕意，實傷皇度。幹闔於治理，律外重刑，並可推聞。

《周書》卷二三《蘇綽傳》　其五，卹獄訟，曰：

人受陰陽之氣以生，有情有性。性則爲善，情則爲惡。善惡既分，而賞罰隨焉。賞罰得中，則惡止而善勸；賞罰不中，則民無所措手足。民無所措手足，則怨叛之心生。是以先王重之，特加戒慎。夫戒慎者，欲使治獄之官，精心悉意，推究事源。先之以五聽，參之以證驗，妙覩情狀，窮鑒隱伏，使姦無所容，罪人必得。然後隨事加刑，輕重皆當，赦過矜愚，得情勿喜。又能消息情理，斟酌禮律，無不曲盡人心，遠明大教，使獲罪者如歸。此則善之上也。然宰守非一，不可人人皆有通識，推理求情，時或難盡。唯當率至公之心，去阿枉之志，務求曲直，念盡平當。聽察之理，必窮所見，然後栲訊以法，不苛不暴，有疑則從輕，未審不妄罰，隨事斷理，獄無停滯。此亦其次。若乃不仁恕而肆其殘暴，同民木石，專任捶楚。巧詐者雖事彰而獲免，辭弱者乃無罪而被罰。有如此者，斯則下矣，非共治所寄。今之宰守，當勤於中科，而慕其上善。如在下條，則刑所不赦。

又當深思遠大，念存德教。先王之制曰：與殺無辜，寧赦有罪；與其害善，寧其利淫。明必不得中，寧濫捨有罪，不謬害善人也。今之從政者則不然。

《周書》卷四〇《樂運傳》　四曰：變故易常，乃爲政之大忌；嚴刑酷罰，非致治之弘規。若罰無定刑，則天下皆懼；政無常法，則民無適從。豈有削嚴刑之詔未及半祀，便即追改，更嚴前制？政令不定，乃至於是。今宿衛之官，有一人夜不直者，罪至削除；因而逃亡者，遂便籍沒。此則大逆之罪，與十杖同科。雖爲法愈嚴，恐人情愈散。一人心散，尚或可止，若天下皆散，將如之何。秦網密而亡，漢章疎而祚永。請遵輕典，竝依大律。則億兆之民，手足有所措矣。

《新唐書》卷五六《刑法志》　蓋自高祖、太宗除隋虐亂，治以寬平，民樂其安，重於犯法，致治之美，幾乎三代之盛時。考其推新惻物，其可謂仁矣！自高宗、武后以來，毒流邦家，唐祚絶而復續。玄宗初勵精爲政，二十年間，刑獄減省，歲斷死罪纔五十八人。以此見致治雖難，勉之則易，未有爲而不至者。自此以後，兵革遂興，國家多故，而人主規規，無復太宗之志。其雖有心於治者，亦不能講考大法，而性有寬猛，凡所更革，一切臨時苟且，或重或輕，徒爲繁文，不足以示後世。而高祖、太宗之法，僅守而存。故自肅宗以來，所可書者幾希矣；懿宗以後，無所稱焉。

《舊唐書》卷八五《唐臨傳》　永徽元年，爲御史大夫。明年，華州刺史蕭齡之以前任廣州都督贓事發，制付羣官集議。及議奏，帝怒，令於朝堂處置。臨奏曰：臣聞國家大典，在於賞刑。古先聖王，惟刑是卹。《虞書》曰：罪疑惟輕，功疑惟重，與其殺弗辜，寧失弗經。《周禮》：刑平國用中典，刑亂國用重典。天下太平，應用堯、舜之典。比來有司多行重法，敍勳必須刻削，論罪務從重科非是憎惡前人，止欲自爲身計。今義蕭齡之事，有輕有重，重者流死，輕者請除名。以齡之受委大藩，贓罪狼籍，原情取事，死有餘辜。然既遺詳議，終須近法。竊惟議事羣官，未盡識議刑本意。律有八議，並依《周禮》舊文，矜其異於衆臣，所以特制議法。禮：王族刑於隱者，所以議親；刑不上大夫，所以議貴。知重其親貴，議欲緩刑，非爲嫉其賢能，謀致深法。今既許議，而加重刑，是與堯、舜相反，不可爲萬代法。

《舊唐書》卷八八《韋思謙傳》 臣聞堯、舜之日，畫其衣冠，文、景之時，幾致刑措。歷兹千載，以爲美談。臣伏惟陛下叡哲欽明，窮神知化，自軒、昊已降，莫之與京。獨有往之論法，或未盡善，皆由主司姦兇，惑亂視聽。尋而陛下聖察，具詳之矣，然竟未能顯其本源，明其前事，令天下萬姓識陛下本心，尚使四海多銜冤之人，九泉有抱痛之鬼。臣誠愚暗，不識大綱，請爲陛下始末而言其事。

揚、豫之後，刑獄漸興，用法之伍，務於窮竟，連坐相牽，數年不絕。遂使巨姦大猾，伺隙乘間，內苞豺狼之心，外示鷹鸇之跡，陰圖潛結，共相影會，構似是之言，成不赦之罪。皆深爲巧詆，恣行楚毒，人不勝痛，便乞自誣，公卿士庶，連頸受戮。道路籍籍，雖知非辜，而鍛鍊已成，辯占皆合。從臯陶爲理，于公定刑，則謂汙宮毀柩，猶未塞責。雖陛下仁慈哀念，恤獄緩死，及覽辭狀，便已周密，皆謂勘鞫得情，是其實犯，雖欲寬捨，其如法何？於是小乃身誅，大則族滅，相緣共坐者，不可勝言。此豈宿構讎嫌，將申報復，皆圖苟成功効，自求官賞。當時稱傳，謂爲羅織。其中陷刑得罪者，雖有敏識通材，被告言者便遭枉抑，心徒痛其冤酷，口莫能以自明。或受誅夷，或遭竄殛，並甘心引分，赴之如歸。故知弄法徒文，傷人實甚。賴陛下特迴聖察，昭然詳究。周興、丘勣之類，弘義、俊臣之徒，皆相次伏誅，事暴遐邇，而朝野慶泰，若再覩陽和。

且如仁傑、元忠，俱罹枉陷，被勘鞫之際，亦皆已自誣。向非陛下至明，垂以省察，則葅醢之戮，已及其身，欲望輸忠聖代，安可復得！陛下擢而升之，各爲良輔，國之棟幹，稱此二人。何乃前非而後是哉？誠由枉陷與甄明爾。但恐往之得罪者多並此流，則向時之冤者其數甚衆。昔殺一孝婦，尚或降災。而濫者蓋多，寧無怨氣！怨氣上達則水旱所興，欲望歲登，不可得也。

倘陛下弘天地之大德，施雷雨之深仁，歸罪於削刻之徒，降恩於枉濫之伍。自垂拱已來，大辟罪已下，常赦所不原者，罪無輕重，一皆原洗，被以昭蘇。伏法之輩，追還官爵，緣累之徒，普霑恩造。如此則天下知比所陷罪，元非陛下之意，咸是虐吏之辜。幽明歡欣，則感通和氣；和氣下降，則風雨以時，風雨以時，則五穀豐稔；歲既稔矣，人亦安矣。太平之美，亦何遠哉！伏願陛下深察。

《舊唐書》卷九四《李嶠傳》 陛下創置右臺，分巡天下，察吏人善惡，觀風俗得失，斯政途之綱紀，禮法之準繩，無以加也。然猶有未折衷者，臣請試論之。夫禁網尚疏，法令宜簡，簡則法易行而不煩雜，疏則所羅廣而無苛碎。竊見垂拱二年諸道巡察使所奏科目，凡有四十四件，至於別準格敕令察訪者，又有三十餘條。而巡察使率是三月已後出都，十一月終奏事，時限迫促，簿書填委，晝夜奔逐，以赴限期。而每道所察文武官，多至二千餘人，少者一千已下，皆須品量才行，褒貶得失，欲令曲盡行能，則皆不暇。此非敢墮於職而慢於官也，實才有限而力不及耳。臣望量其功程，與其節制，使器周於用，力濟於時，然後進退可以責成，得失可以精覈矣。

又曰：今之所察，但準漢之六條，推而廣之，則無不包矣，無爲多張科目，空費簿書。且朝廷萬機，非無事也，機事之動，恆在四方，是故冠蓋相望，郵驛繼踵。今巡使既出，其外州之事，悉當委之，則傳驛大減矣。然則御史之職，故不可得閑，自非分州統理，無由濟其繁務。請大小相兼，率十州置御史一人，以周年爲限，使其親至屬縣，或入閭里，督察姦訛，觀採風俗，然後可以求其實効，課其成功，若此法果行，必大裨政化。且御史出持霜簡，入奏天闕，其於勵己自修，奉職存憲，比於他吏，可相百也；若其按劾姦邪，糾擿欺隱，比於他吏，可相十也。陛下試用臣言，妙擇賢能，委之心膂，假溫言以樹之，陳賞罰以勸之，則莫不盡力而効死矣。何政事之不理，何禁令之不行，何妖孽之敢興？

《舊唐書》卷一八六《索元禮傳》 索元禮，胡人也。光宅初，徐敬業起兵揚州，以匡復爲名，則天震怒，又恐人心動搖，欲以威制天下。元禮探其旨告事，召見，擢爲游擊將軍，令於洛州牧院推案制獄。元禮性殘忍，推一人，廣令引數十百人，衣冠震懼，甚於狼虎。則天數召見賞賜，張其權勢，凡爲殺戮者數千人。於是周興、來俊臣之徒，效之而起矣。時有諸州告密人，皆給公乘，州縣護送至闕下，於賓館以廩之，稍稱旨，必授以爵賞以誘之，貴以威於遠近。元禮尋以酷毒轉甚，則天收人望而殺之。天下之人謂之來、索，言酷毒之極，又首按制獄也。

載初元年十月，左臺御史周矩上疏諫曰：頃者小人告訐，習以爲常，內外諸司，人懷苟免，姑息臺吏，承接強梁，非故欲，規避誣構耳。又推劾之吏，皆以深刻爲功，鑿空爭能，相矜以虐。泥耳籠頭，枷研楔轂，摺脅籤爪，懸髮薰耳，臥鄰穢溺，曾不聊生，號爲獄持。或累日節食，連宵緩問，晝夜搖撼，使不得眠，號曰宿囚。此等既非木石，且救目前，苟求賒死。臣竊聽輿議，皆稱天下太平，何苦須反。豈被告者盡是英雄，以求帝王耶？只是不勝楚毒自誣耳。何以覈之？陛下試取所告狀酌其虛實者，付令推，微訊動以探其情，所推者必上下其手，希聖旨也。願陛下察之。令滿朝側息不安，皆以爲陛下朝與之密，夕與之讎，不可保也。聞有追攝，與妻子卽爲死訣。故爲國者以仁爲宗，以刑爲助。周用仁而昌，秦用刑而亡，此之謂也。願陛下緩刑用仁，天下幸甚。則天從之，由是制獄稍息。

《新唐書》卷一六五《權德輿傳》〔德權輿〕嘗問政之寬猛孰先，對曰：唐家承隋苛虐，以仁厚爲先。太宗皇帝見《明堂圖》，始禁鞭背，列聖所循，皆尚德教。故天寶大盜竊發，俄而夷滅，蓋本朝之化，感人心之深也。帝曰：誠如公言。

（唐）吴兢《貞觀政要》卷五《論仁義》 貞觀二年，太宗謂侍臣曰：朕謂亂離之後，風俗難移，比觀百姓，漸知廉恥，官人奉法。盜賊日稀。故知人無常俗，但政有治亂耳。是以爲國之道，必須撫之以仁義，示之以威信，因人之心，去其苛刻，不作異端，自然安靜。公等宜共行斯事也。

（唐）杜佑《通典》卷一六三《刑一·刑法序》 《前志》曰：夫人，有生萬物之最靈者也。然而爪牙不足供其欲，趨走不足避其害，無毛羽以禦寒暑，必役物以爲養，任智而不恃力者也。故不仁愛則不能羣，不能羣則不能勝物。羣而聚之，是爲君矣；歸而往之，是爲王矣。人既羣居，不能無喜怒交争之情，乃有刑罰輕重之理興矣。刑於百度，其最遠乎！又曰：聖人因天討而作五刑。大刑用甲兵。次用斧鉞；中刑用刀鋸，次用鑽鑿；薄刑用鞭扑。大者陳諸原野，小者致之市朝。又曰：鞭扑無弛於家，刑罰無廢於國，征伐無偃於天下；但用之有本末，行之有次第爾。歷觀前躅，善用則治，不善用則亂。在乎無私絶濫，不在乎寬之與峻。又病斟酌以意，變更屢作。

《宋史》卷二〇一《刑法志三》 金作贖刑，蓋以鞭扑之罪，情法有可議者，則寬之也。穆王贖及五刑，非法矣。宋損益舊制，凡用官蔭得減贖，所以尊爵禄、養廉恥也。

《宋史》卷四二八《道學傳·楊時》 時天下多故，有言於蔡京者，以爲事至此必敗，宜引舊德老成置諸左右，庶幾猶可及，時宰是之。會有使高麗者，國主問龜山安在，使回以聞。召爲秘書郎，遷著作郎。及面對，奏曰：

堯、舜曰允執厥中，孟子曰湯執中，《洪範》曰皇建其有極，歷世聖人由斯道也。熙寧之初，大臣文六藝之言以行其私，祖宗之法紛更殆盡。元祐繼之，盡復祖宗之舊，熙寧之法一切廢革。至紹聖、崇寧抑又甚焉，凡元祐之政事著在令甲，皆焚之以滅其跡。自是分爲二黨，縉紳之禍至今未殄。臣願明詔有司，條具祖宗之法，著爲綱目，有宜於今者舉而行之，當損益者損益之，元祐、熙、豐姑置勿問，一趨於中而已。

（宋）司馬光《資治通鑑》卷一四一《齊紀七》 臣光曰：夫爵禄廢置，殺生予奪，人君所以馭臣之大柄也。此《周禮》所謂八柄馭羣臣者也。予，讀曰與。是故先王之制，雖有親、故、賢、能、功、貴、勤、賓，苟有其罪，不直赦也；必議於槐棘之下，此《周禮》所謂八議也。槐棘，公卿之位。《王制》：獄成，大司寇聽之於棘木之下。可赦則赦，可宥則宥，可刑則刑，可殺則殺；輕重視情，寬猛隨時。故君得以施恩而不失其威，臣得以免罪而不敢自恃。及魏則不然，勳貴之臣，往往豫許之以不死；彼驕而觸罪，又從而殺之。是以不信之令誘之使陷於死地也。誘，音酉。刑政之失，無此爲大焉！

（宋）李燾《續資治通鑑長編》卷七六《宋真宗大中祥符四年》 上謂宰相曰：朝廷宜守經制，儻務更張，則攀援者衆，乃知命令之出，不可不謹。今言其事有利，輕爲釐革，始則皆以爲當，久乃翻成有害，洎加裁正，是朝令夕改也。又涖官之人，不可過爲寬恕，以致弛慢，或探求罪惡，不顧煩擾，抑又甚矣。王旦曰：古人有言，法出而弊作，令下而姦生。寬則民慢，陷法者多；猛則民殘，無所措手足。正爲此也。

（宋）李燾《續資治通鑑長編》卷一〇六《宋仁宗天聖六年》　開封府推官、監察御史王沿爲河北轉運副使。

沿上言：本朝制兵刑，未幾於古。自北人通好三十年，二邊常屯重兵，坐耗國用，而未知所以處之。請教河北彊壯，以代就糧禁卒之闕，罷招廂軍，以其冗者隸作屯田，行之數年，漸成銷減，而彊壯悉爲精兵矣。古者刑平國，用中典，而比者以敕處罪，多重於律。律以絹直代之，律坐髡鈦而役者，敕黥竄以爲卒。比諸州上言，讁卒太多，衣食不足，願勿復讁者七十餘州。以律言之，皆不至是，是以繁文罔之而寘於理也。誠願削深文而用正律，以錢定罪者悉從絹估，黥竄爲卒者止從左鈦，此所謂勝殘去殺，無待百年者也。此疏附見，不必在初除漕時，當考。

（宋）李燾《續資治通鑑長編》卷一二〇《宋仁宗景祐四年》　甲戌，御邇英閣讀《正説・謹罰篇》，述後漢光武罷梁統從重之奏，帝曰：深文峻法，誠非善政。宋綬對曰：王者峻法則易，寬刑則難。夫以人主得專生殺，一言之怒則如雷如霆，是峻易而寬難也。

（宋）李燾《續資治通鑑長編》卷一四三《宋仁宗慶曆三年》　癸巳，詔：先王用法簡約，使人知禁而易從。後代設茶鹽酒税之禁，奪民厚利，刑用滋章。今之編敕，皆出律外，又數改更，官吏且不能曉，百姓安得聞之而不一陷於理。身體髮膚，以之毀傷。父母妻子，以之離散。情雖可哀，法不可贖。豈禮樂之化未行，而專用刑罰之蔽歟？孔子曰：禮樂不興，則刑罰不中，刑罰不中，則民無所措手足。漢文帝使天下入粟於邊，以受爵免罪，而幾乎刑措。其後京師之錢，累百鉅萬，太倉之粟，陳陳相因。其議科條，有非著於律者，或細民難知，或人情不免，或冒利犯禁，或奢侈違令，或過誤可憫之類，別爲贖法，鄉民以穀麥，市人以錢帛。使民重穀帛，免刑罰，則農桑自勸，富壽可期矣。

（宋）李燾《續資治通鑑長編》卷四一〇《宋哲宗元祐三年》　凡爲天下國家，當愛惜名器，慎重刑罰。若愛惜名器，則斗升之禄足以鼓舞豪傑；慎重刑罰，則笞杖之法足以震讋頑狡。若不愛惜、慎重，則雖日拜卿相而人不勸，動行誅戮而人不懼。此安危之機，人主之操術也。自祖宗以來，用刑至謹，習以成風，故雖展年磨勘、差替、衝替之類，皆足以懲警在位。獨於名器爵禄，則出之太易，每一次科場，放進士諸科及特奏名約八九百人，每一次郊禮，奏補子弟約二三百人，而軍職轉補、雜色入流、皇族外戚之薦不與。自近世以來，取人之多，得官之易，未有如本朝者也。今吏部一官闕，率常五七人守之，爭奪紛紜，廉恥道盡。中材小官，闕遠食貧，到官之後，侵漁求取，靡所不爲。自本朝以來，官冗之弊，未有如今日者也。伏見祖宗舊制，過省舉人，御試黜落不少，既以慎重取人，又以見名器威福專在人主。至嘉祐末年，始盡賜出身，雖文理紕繆，亦玷科舉。而近歲流弊之極，至於雜犯亦免黜落，皆非祖宗本意。又進士升甲，本爲南省第一人唱名，近下方有特旨，皆是臨時出於聖斷。今來南省第十人以上、別試第一人、國子開封解元、武舉第一人、經明行修舉人，與凡該特奏名人正及第者，皆著令升一甲。紛然並進，人不復以升甲爲榮，而法在有司，恩不歸於人主，甚無謂也。特奏名人，除近上十餘人文詞稍可觀，其餘皆詞學無取，年迫桑榆，進無所望，退無所歸，使之臨政，其害民必矣。欲望聖慈特詔大臣詳議今後進士諸科御試過落之法，及特奏名出官格式，務在精覈，以藝取人，不行小惠，以收虚譽，其著令升甲指揮，乞今後更不施行。昔諸葛亮與法正論治道，其略曰：刑政不肅，君臣之道漸以陵替，寵之以位，位極則賤，施之以恩，恩竭則慢。吾今威之以法，法行則知恩，限之以爵，爵加則知榮。恩榮並濟，上下有節，爲治之要也。唐德宗蒙塵南山，當時事勢可謂危急，少行姑息，亦理之常。而沿路進瓜果人，欲與一試官，陸贄力言以爲不可。今天下晏然，朝廷清明，何所畏避而行姑息之政？故臣願陛下常以諸葛亮、陸贄之言爲法，則天下幸甚。

（宋）李燾《續資治通鑑長編》卷四六五《宋哲宗元祐六年》　臣伏念祖宗恩德博厚，法令寬簡，其風化入人也深。故有司詳閲案牘，上下皆以矜恤爲事。每有一事可疑，議論反覆，至于三，至于四，其言未嘗不從厚。至於大辟，必其無可奈何，然後敢行。其明謹用刑，前代蓋未有也。今朝廷一日萬機，不及細務，其原察情實必不能如有司之深盡，其間閲視案牘必不能如有司之詳，其檢用條例必不能如有司之熟。今有司皆以爲不可殺，朝廷必有爲可殺，是朝廷敢於殺人，不敢於生之也。朝廷好惡，有司以爲表；其所行，有司以爲例。上有好者，下必有甚焉。今朝廷議刑欲重，則有司皆將以深入爲事，其弊可立待。夫朝廷所行，則有司便據以爲例。昔者强盗不與謀者貸，今殺之；强盗殺人而不與聞知者貸，今殺之。自此殺人不可勝數矣，於二聖好生之德其爲累不淺，此不可不謹。臣恭惟太皇太后、陛下大仁普施，兼並天地，雖一草木、螻蟻，猶欲愛全保惜，况于人民哉！伏望陛下苟有可生，亦何所吝！

（宋）金履祥《資治通鑑前編》卷八　王曰：君陳，爾惟弘周公丕訓，無依勢作威，無倚法以削，寬而有制，從容以和。弘周公之訓以訓民，不可執周公之法以責民。蓋立法特以禁民，而用之則又必有寬制。從容于法之外者，君陳未必依勢倚法，而成王言此，蓋勢者我之所乘，而法者我之所執，一以喜怒之私如之，即易爲威虐。故上之人常欲妄勢而論法，常主于與民則庶無此過，寬而有制，則寬意常行于法之中，又非廢法以爲寬也。從容以和則其忘勢近民，亦非勉强。勉强則不能和矣。蔡氏曰：此篇言周公訓者三：曰懋昭，曰式時，至此則曰弘周公丕訓，欲其益張而大之也。吕氏曰：繼前人之政者，苟止以特循因襲爲心，其所成必降前人□等，惟奮然開拓，期以光大前業，然後僅能不替。蓋造始之與，繼成其力，大不同也。

（清）徐乾學《資治通鑑後編》卷二八《宋紀二八》　八月，帝謂宰相曰：朝廷宜守經制，儻務更張，則攀援者衆，乃知命令之出不可不謹。今言某事有利，輕爲釐革，始則皆以爲當久，乃翻成有害，洎加裁正，是朝令夕改也。又莅官之人，不可過爲寬恕，以致弛慢；或探求罪惡不顧煩擾，抑又甚矣。王旦曰：古人有言，法出而獘作，令下而姦生。寬則民慢，陷法者多；猛則民殘，無所措手足。正爲此也。

（宋）朱熹《宋名臣言行録前集》卷一《許國文穆公吕蒙正》　淳化三年，太宗謂宰相曰：治國之道在乎寬猛得中，寬則政令不成，猛則民無措手足。有天下者可不慎之哉？吕蒙正曰：老子稱治大國若烹小鮮。夫魚，擾之則亂。近日内外皆來上封，求更制度者甚衆，望陛下漸行清淨之化。上曰：朕不欲塞人言路。至若愚夫之言，賢者擇之，亦古典也。趙昌言曰：今朝廷無事，邊境寧謐，正當力行好事之時。上喜曰：朕終日與卿論此事，何愁天下不治。苟天下親民之官皆如此留心，則刑清訟息矣。《談苑》。

（宋）留正《皇宋中興兩朝聖政》卷一四《紹興三年四月》　庚寅，上謂吕頤浩等曰：爲法不可過，有輕重然後可以必行，而人不能犯。太重則法不行，太輕則不禁奸。朕嘗語徐俯，異時宫中有所禁切令之曰：必行軍法，而犯者不止。朕深惟其理，但以常法處之，後更無犯者。乃知先王立法，貴在中制，所以决可行也。

《金史》卷一〇七《高汝礪傳》　欲革斯弊，莫若據實通檢，預令有司照勘大定四年條理，嚴立罪賞，截日立限，關防禁約。其間有可以輕重者斟酌行之，去煩碎而就簡易，戒搔擾而事鎮靜，使富者不得以苟避，困者有望於少息，則賦税易辦，人免不均之患矣。詔尚書省俟邊事息行之。

《明史》卷九三《刑法志一》　贖刑本《虞書》，《吕刑》有大辟之贖，後世皆重言之。至宋時，尤慎贖罪，非八議者不得與。明律頗嚴，凡朝廷有所矜恤，限於律而不得伸者，一寓之於贖例，所以濟法之太重也。又國家得時藉其入，以佐緩急。而實邊、足儲、振荒、宫府頒給諸大費，往往取給於贓贖二者。故贖法比歷代特詳。凡贖法有二，有律得收贖者，有例得納贖者。律贖無敢損益，而納贖之例則因時權宜，先後互異，其端實開於太祖云。

《明史》卷九四《刑法志二》　正統四年稍更直省决遣之制，徒流就彼决遣，死罪以聞。成化五年，南大理評事張鈺言：南京法司多用嚴刑，迫囚誣服，其被糾者亦止改正而無罪，甚非律意。乃詔中大理寺參問刑部之制。弘治十七年，刑部主事朱瑬言：部囚送大理，第當駁正，不當用刑。大理卿楊守隨言：刑具永樂間設，不可廢。帝是其言。

《明史》卷二五五《劉宗周傳》　法天之大者，莫過於重民命，則刑罰宜當宜平。陛下以重典繩下，逆黨有誅，封疆失事有誅，一切詿誤，重者杖死，輕者謫去，朝署中半染赭衣。而最傷國體者，無如詔獄。副都御史易應昌以平反下吏，法司必以鍛錬爲忠直，蒼鷹乳虎接踵於天下矣。願體上天好生之心，首除詔獄，且寬應昌，則祈天永命之一道也。

法天之大者，莫過於厚民生，則賦斂宜緩宜輕。今者宿逋見征及來歲預征，節節追呼，閭閻困敝，貪吏益大爲民厲。貴州巡按蘇琰以行李被訐於監司。巡方黷貨，何問下吏。吸膏吮脂之輩，接迹於天下矣。願體上天好生之心，首除新餉，並嚴飭官方，則祈天永命又一道也。【略】

武清侯蒼頭毆諸生，宗周捶之，枷武清門外。宗周言：陛下求治太急，用法太嚴，布令太煩，進退天下士太輕。諸臣畏罪飾非，不肯盡職業，故有人而無人之用，有餉而無餉之用，有將不能治兵，有兵不能殺賊。流寇本朝廷赤子，撫之有道，則還爲民。今急宜以收拾人心爲本，收拾人心在先寬有司。參罰重則吏治壞，吏治壞則民生困，盜賊由此日繁。帝又問兵事。宗周言：禦外以治内爲本。内治修，遠人自服，干羽舞而有苗格。願陛下以堯、舜之心，行堯、舜之政，天下自平。對畢趨出。

《明太祖實録》卷七八《洪武六年春正月》　丙辰，工部尚書黄肅坐法當笞，上曰：六卿之職，不宜以細故加辱，命以俸贖罪。上諭御史臺臣曰：爲人不可太剛，亦不可太柔；剛則傷物，柔則廢事。二者相濟，始克有成。徃見貪饕之徒，常執謙下，不拂人意。盖緣所守不正，恐舉劾其姦，故爲此取媚之態。人喜其媚，己以爲賢，則墮其術中矣。其不貪者，自謂操守廉潔，無敢誰何，故與人言議稍有不合，輒起争端。此雖剛强，人惡其拂己，以為不肖，則失人矣。夫以中而處剛，則必無矯激之情；以正而處柔，則必無畏倿之態。修其在己，人亦豈得而是非之也？

《明太祖實録》卷八八《洪武七年三月》　戊辰，以兵部尚書劉仁、刑部主事鄭九成爲廣東行省參政，陛辭，上諭之曰：嶺南，在京師數千里外，方面之寄，必得重臣以授之，庶可以輯寧其人。兹特命卿等以往，凡政事之施，宜恩威兼濟。若爲政一以恩而無威，則寬而無制，事不立矣。若徒以威而不仁，則嚴而無恩，民不堪矣。惟恩不流於姑息，威不傷於刻暴，則政事自舉，民生自遂。下之爲郡縣吏者，轉相視效，雖嶺海之遥，朝廷可無憂矣。仁等受命以行。

《明太宗實録》卷二三《永樂元年九月》　丙子朔，敕諭中外文武羣臣曰：爲治之道，在寬猛適中，禮樂刑政施有其序。唐虞三代至漢、唐、宋，率由兹道。舜誅四兇，明五刑，夏禹承之，聲教達于四海。周公相武王，滅國五十，至成康而後刑措不用。漢高祖初定天下，命蕭何定律令，韓信申軍法，至文景，挾書之律、肉刑之慘，一皆除之。唐高祖革隋弊政，定官制，頒律令，太宗承之，懲斬趾、禁鞭背，力行仁義，幾致刑措。宋初，太祖懲五代之亂，用刑頗重，咸平以後，務從寬仁。載之前史可攷見矣。朕皇考太祖高皇帝，奮起布衣，當胡俗沉浸百年之後，姦雄睥睨，反側之餘，撥亂反正，不得已而用刑，特權一時之宜。及立爲典常，既有定律，頒之天下，復爲祖訓垂憲子孫，而墨、劓、剕、宫並禁不用。朕以菲德纘成大統，仰思聖謨，夙夜祗服，惟欲舉賢材，興禮樂，施仁政，以忠厚爲治爾。文武羣臣，尚思各共乃職，敬乃事，勿爲朋比，勿事貪黷，勿恣情縱慾，以干匪彝，至於用刑必欽必慎，期于刑措。用臻康理，以上不負皇考創業之艱，而朕于守成之道亦庶幾焉。爾惟欽哉。

《明英宗實録》卷三五〇《天順七年三月》　壬寅，詔曰：朕仰荷上天眷命，子育萬民，民之休戚，恒存念慮。顧惟幾内去冬少雪，今春缺雨，四方之遠，亦恐或然。夫天將既已違和，斯地利必有未盡，吾民衣食何所自出？興言及此，良深憫惻。欲慰羣情之望，宜加寬恤之仁，况修德弭災，厥有彝典。冀爾中外羣臣，鹹體朕心，勤政保民，用臻康樂，庶天降鑒，協于至和。所有寬恤事宜條示于後：一，兩京法司并在外理刑衙門，凡有淹禁罪囚未斷決者，卽使擬罪，具奏發落。一，各處銀場煎辦銀課者，俱且停止，已煎成者，照例解京。其差去内外官員，詔書到日卽便回京。原開坑場，盡行封閉，該管有司官員時常巡視，不許諸人偷採，違者重罪不饒。廠房器具等項，令人看守收貯。一，各處抄造紙劄，停止三年。已造完者，照例解京。見造未完者，亦造完解京。其差去内外官員人等，詔書到日，卽便回京。所有原用器具等項所，在有司收庫不許毁棄廠房，令人看守。一，各處被災府州縣，所種田禾無收，已經具奏者，巡按御史卽與踏勘開豁，以蘇民困。其有具奏曾經宥免者，該部卽與唯理，不許重徵。一，各處府州縣拖欠税糧草束，自天順四年以前，悉皆蠲免。一，各處守鎮守總兵等官，務須用心撫恤軍民，不許役占科擾。若進貢本處土産物件，亦不許因而擾害下人，違者必罪不宥。一，各處人民多有衣食艱難，有司不能撫恤，致令流移失所者，所在有司務加存恤，聽其復業，不許逼擾。其有相聚爲盜，懼罪不敢寧家者，情可憐憫，詔書到日，許令改過自新，各安生業，有司照舊撫恤，不許追究前非。

《明武宗實録》卷二二《正德二年閏正月》　己巳，大學士李東陽等言：近崔璇等三人各因公差赴任，在途犯法，荷蒙欽斷，俱用大枷于兩長安門等處枷號一兩月。

天威所施，中外悚懼，臣等仰窺，聖意盖憫念地方人民之不勝勞役也，但各人所犯，自有本等罪名，若枷號乃至重之典，死生係焉。由儒生而入官者，豈能忍死至一兩月之久？臣等每見皇上當處決重囚之際，哀矜詳審，往往從寬。好生之心真與天地相似。今此三人以侍從部署，亦曾頗效微勞，一日不謹，致罹重法，命在旦夕，實可矜憐。況今枷號已經數日，足示懲戒。伏望少霽威嚴，特加寬貸，或送法司依律問擬，則輕重適中，恩威並著。既已見愛民之仁，亦不失待士之體，使天下之人稱頌，聖德永永無窮。斯文幸甚！群臣幸甚！臣等備員輔導職贊鈞衡，非敢回護文官，實欲闡揚聖德，區區犬馬之誠不能自已。故敢昧死上陳，伏惟聖明鑒察。

《皇明寶訓·明太祖寶訓》卷一《論治道》 太祖御奉天門，召元之舊臣，問其政事得失。馬翼對曰：元有天下，以寬得之，亦以寬失之。太祖曰：以寬得之，則聞之矣。以寬失之，則未之聞也。夫步急則蹶，弦急則絶，民急則亂。居上之道，正當用寬。但云寬則得衆，不云寬之失也。元季君臣耽於逸樂，循至淪亡，其失在於縱，元寔非寬也。大抵聖王之道，寬而有制，不以廢棄爲寬；簡而有節，不以慢易爲簡。施之適中，則無弊矣。

《皇明寶訓·明太祖寶訓》卷二《教太子諸王》 太祖謂皇太子諸王曰：純良之臣，國之寶也；殘暴之臣，國之蠹也。自古純良者爲君造福，而殘暴者爲國致殃。何謂純良？處心公忠，臨民愷悌，雖材有不逮者，亦不至于傷物，所謂日計不足，月計有餘者也。何謂殘暴？恣睢擊搏，遇事風生，鍛鍊刑獄，掊克聚斂，雖若快意一時，而所傷甚多。故武帝任張湯而政事衰，光武褒卓茂而王業盛。此事甚明，可爲深鑒。

（明）孫旬《皇明疏鈔》卷四余珊《君道四·陳言十漸疏》 其三曰國勢漸輕。臣聞宋儒周敦頤曰：天下勢而已矣。勢有輕重也。夫一家有一家之勢，一國有一國之勢，天下有天下之勢，四夷有四夷之勢。以身對家則身重而家輕，以家對國則家重而國輕，以國對天下則國重而天下輕，以天下對四夷則天下重而四夷輕。古之哲王有見乎此，必先端其本，正其則，使在我之勢常尊，而在彼之勢常卑。我尊則威立而難犯，無下帶不測之憂；彼卑則法行而易制，無尾大不掉之患。此所謂審先後、權輕重之衡也。在正德間，國柄下移，王靈不振，宜其治家無法，輕重失倫，無以號召天下，制御強臣也。是以一變而有安化之叛，再變而有逆瑾之謀，三變而有宸濠之亂。恭遇陛下攬而振之，關石和鈞，低昂在手，龍驤虎步，高下在心，萬國諸侯玉帛稽首，人謂武王一怒而安天下矣。近年以來，政頗優柔，法多縱弛，遂使姦雄潛滋暗長於隱微之中，威立勢成於積習之外。往年，戍卒殺許都御史而不究，近又殺張都御史而效尤；往年戍卒縛賈參將以立威，近又縛桂總兵而報怨。動輒嘯聚，千百爲群，圍繞邊城，甚於黠虜。挾制撫和，要下招安之榜。誰何無柰，連上止兵之章。是蓋廢法伸恩，損威養亂，姦豪得志，謀叛益堅，招之靡來，聚而忽散，故驕虎之勢，偪近於蕭墻。猫鼠之風，傳笑於外國。東邊妖胡，效之而殺主事；北邊庫役，倣之而殺縣官；中間殘賊殺方面，妻殺夫，子弑父。接跡天下，有不忍名言者。然此非陛下不能脩身齊家，端本正則也。特其法令不一，閫制失人，惑於鄙儒姑息之論，牽於俗吏權宜之計，誤於姦諛欺罔之詞。是以九鼎之威，不重於朝廷而反重於邊陲，號令不出於一人而反出於一二戍卒之口。失令不治，則方鎮之禍，萌於節度，朱泚之亂，成於涇兵。容可已乎。此國勢之輕其漸三也。【略】臣聞：地者，坤道也，臣道也，夷狄之道也。法宜靜，不宜動。今地震京師，十月者兹謂重陰。相臣妨政天下不寧。在三邊者，君相不能制夷狄，而夷虜侵中國。積陰爲水，雨水不時，則水潦爲敗。大水没都城，則陰沴陽。小人在相位，兵起之兆，雹毀瓦壁殺禽獸者，國任小人而弗疑也。雷霹靂大風伐屋折木者，小人在高位，賢人走遁也。人生有兩首四目，兹謂人禍，政出多門。宰相亂位，四夷來侵之象，赤風主火災，賢佞不分，官人無序，故火失其性。夫災不妄作，變不虛生，人感天應，捷於桴鼓。然則今日之變謂非相臣之積漸也耶。《易》曰：臣弑其君，子弑其父，非一朝一夕之故，其所由來漸矣。由辨之不早辨也。夫是臣者，歷事先朝，曾無寸補，每以姦佞，謟取寵榮，既覆前轍之車，莫及噬臍之悔。此陛下之所親見也。今又曲營虛譽以欺陛下於再誤，若弗早辨則後車弗戒，禍將焉極。臣以爲此臣不去，則綱益頹，而風俗益壞；此臣不去，則國勢益輕，而夷狄益強；此臣不去，則邦本益搖，而人才益彫；此臣不去，則言路益塞，而邪正益淆；此臣不去，則君臣益睽，而災異益臻，益之而甚，不惟漸也。

《清穆宗實録》卷二三〇《同治七年四月》 上古無司刑之官，虞命皋陶制刑，爲五刑所由昉。《周官》五刑之屬各五百，而《吕刑》言五刑之屬三千。所增減者安在：楚之僕區，鄭之刑書，晉之刑鼎，作於春秋時。而論者謂李悝《法經》六篇，爲後世律例所自始，其果然歟？漢初約法三章，厥後蕭何定律令，於李悝《法經》，凡益若干篇，叔孫通復益者何律。唐之律令格式，宋之《刑統》，元之《至元新格》、《大元通制》，明之《大明律令》，其輕重繁簡之數，可約舉歟？朕欲本欽恤之心，行明允之法，司憲者宜如何持平協中，以臻刑期無刑之郅治也？凡茲四端：懋修以建極，節用以阜財，訓卒以詰戎，明罰以勅法。經邦體國，莫要於斯。爾多士其詳明著於篇，毋泛毋隱，朕將親覽焉。

（清）鄂爾泰等《世宗憲皇帝硃批諭旨》卷六六《硃批董永芠奏摺》 刑名之要，惟以平允速結，不致拖累無辜爲貴。若將盜犯開除，殺人者不令抵償，而自以爲積功累行，天下寧有是理？柔善沽譽四字，切戒毋犯，從古未聞以私廢公之善人也。況臬司讞獄，輕重爲闔，省人心畏玩，風俗淳漓，所關於此，若見不透，少有過偏，則爲害甚大，勉之慎之。汝經歷過督撫數輩，須當效法李衛之居心行事，不然終遺悔憾。朕非崇尚嚴刻之主，因於斯理所見甚明，執法惟一平字，治天下惟一公字。雖政術多端，要不出此。內外臣工，若不以此二字協贊於朕，非朕臣也。豈肯與之共理庶務耶？可詳悉思維，深自警省，勉之勉之。

《大清會典則例》卷一二四《刑部·律綱》 律例一書，原繫提綱挈領，立爲章程，俾刑名衙門有所遵守。至於情僞無窮，而律條有限，原有不能纖悉，必到全然該括之勢，惟在司刑者體察案情，隨時詳酌於無枉無縱，則可。不可以一人一事，而頓改成法也。

（清）宋邦德《祥刑古鑑》卷上《修律宜慎·經訓》 《易》先王以明罰勅法，《書·呂刑》輕重諸罰有權，權一人之輕重，刑罰世輕世重，權一世之輕重，惟齊非齊，法之權也。有倫有要，法之經也。又：明啟刑書，胥占，咸庶中正。胥占，與衆。

（清）王夫之《讀通鑑論》卷二〇《唐太宗》 唐制：軍國大事，中書舍人各陳所見，謂之五花判事，而宰相審之，此會議之始也；敕旨既下，給事中黃門侍郎駁正之，則抄參封駁之始也。夫六官之長貳，各帥其屬，庀其事，以待軍國之用，乃非體國如家者，則各炫所長、匿所短，互相推移而避其咎。使無總攝而通計之者，將飾文具以應，而不恤國事之疏以傾也，此不可聽庶司之汎應，而無與折中之者也；統之以宰相，而推諉自私之弊去矣。然宰相之賢者，且慮有未至而見有或偏，不肖者之專私無論也；先以中舍之雜判，盡羣謀以迪其未達，而公論以伸，則益以集而權弗能擅，其失者庶乎鮮矣。猶且於既審之餘，有給事之駁正以隨其後，於是而宰相之違以塞，而人主之愆以繩，斯治道之至密，而恃以得理者也。

雖然，雜判者，陳於其先也；駁正者，施於其後也；中舍之議已集，宰相之審已定，始起而駁之，自非公忠無我之大臣，純白知通之給諫，參差相左，而給事與宰相爭權，則議論多，朋黨興，而國是以亂。然則駁正之制，當設於雜判陳而宰相方審，敕旨未之下際，以酌至當之宜，是非未著，而從違皆易，斯羣臣之能盡，而宰相之體不傷。唯公議已允，而宰相中變以舞法者，然後給事封還而駁正之，不尤可達人情、定國是而全和衷之美乎？太宗謂王珪曰：論難往來，務求至當，舍己從人，亦復何傷，或護己短，遂成怨隙。蓋慮此矣。立法欲其徹乎賢不肖而俱可守，法不精研，而望人之能舍己從人也，亦不可得之數已。中舍各抒所見，而給事折之以從違，宰相持衡而斷之，天子裁成以行之，合人心於協一，而宮省息交競之情，事理得執中之用，酌古鑒今，斯可久之良法與！

近世會議徧及九卿，而唐之雜判專於中舍，其得失也孰愈？夫九卿各有典司者也，既與其屬參議其所修之職以待舉行，固有一成之見而執爲不可易者，假有大兵大役，司馬、司空務求其功之成，而司農務求其用之省，則其不相協而異同競矣。唐、宋之給舍，皆歷中外、通衆理，而待枚卜之選者也，兼知盈詘成敗之數，以酌時之所可行，則彼此不相妨而以相濟，雜判而駁正之足矣，何用詢及專司之官以生囂訟哉？如有議成敕下，而九卿不可奉行者，自可復陳利病以更爲酌改，無容於廟議未審之前，豫爲異論以相掣。國事之所由定，惟其綱紀立以一人心而已；會議者，大臣免咎之陋術，其何利之有焉。至於登進大臣、參酌大法、裁定大禮，則惟天子之乾斷，與宰相之贊襄，而參以給舍之清議；六官各守其典章，而不可有越位侵官之妄。如使采紛呶之說，以模稜而求兩可，則大臣偷，羣臣競，朋黨興，機密洩，其弊可勝言哉？

不周知天下之務，不足以決一事之成；宰相、給舍，無所偏私，以周知爲道者也。不消弭人情之競，不可以定國事之衡；雜判駁正，慎之於前，而畫一必行於後，議論雖詳而不至於争競者也。太宗曰：或成怨隙，或避私怨，順一人之情，爲兆民之患，亡國之政，煬帝之世是也。斯言韙矣。

（清）王先謙《荀子集解・修身》 君子之求利也略，其遠害也早，謝本從盧校作遠思。盧文弨曰：遠思，疑當是遠患。王念孫曰：吕錢本作遠害。先謙案：宋台州本亦作害。又，君子下，台州本提行分段，謝本原刻同，浙局本誤連上，今竝正之。其避辱也懼，其行道理也勇。王引之曰：懼者，怯也，故與勇對文。《吕氏春秋・知度篇》工拙、愚智、勇懼。亦以懼對勇。君子貧窮而志廣，富貴而體恭，安燕而血氣不惰，勞勸而容貌不枯，王念孫曰：枯，讀爲楛。《天論篇》楛耕傷稼，《韓詩外傳》作枯。《鄉射禮》注肅慎氏貢楛矢，《釋文》作枯。言君子雖安燕而血氣不懈惰，雖勞勸而容貌不楛僈。楛僈，猶苟且也。《榮辱篇》云：其定取舍楛僈。《富國篇》云：其於禮義節奏也，芒軔僈楛。《淮南・時則篇》云：工事苦慢。苦慢與楛僈同。《彊國篇》云：恭儉、敦敬、忠信而不楛，《非十二子篇》云：君子佚而不惰，勞而不僈，此謂君子之容也，故曰動容貌，斯遠暴慢矣。《大略篇》云君子勞倦而不苟，或言苟，或言楛，或言慢，或言楛僈，其義一而已矣。怒不過奪，喜不過予。予，賜也。《周禮》八柄，三曰予以馭其幸。君子貧窮而志廣，隆仁也；仁愛之心厚，故所思者廣。言務於遠大濟物也。富貴而體恭，殺執也；減權執之威，故形體恭謹。殺，所介反。安燕而血氣不惰，柬理也；柬與簡同。言柬擇其事理所宜而不務驕逸，故雖安燕而不至怠惰。勞勸而容貌不枯，好交也。以和好交接於物，志意常泰也。郝懿行曰：《榮辱篇》云：豢之而俞瘠者，交也，注云：所交接非其道，則必有患難，雖食芻豢而更瘠也。故此云然。以《榮辱篇》注互相參訂，原注殆不可易。王念孫曰：好交二字，與容貌不枯無涉，楊説非也。交當爲文，隸書交字或作文，見漢《尹宙碑》。與文相似而誤。上言柬理，下言好文，理與文皆謂禮也。《禮論篇》云：孰知夫禮義文理之所以養情也。又云：貴本之謂文，親用之謂理。《性惡篇》云：出於辭讓，合於文理。辭讓之心，禮之端也。《賦篇・禮賦》云：非絲非帛，文理成章。凡《荀子書》言文理者，皆謂禮也，故曰：安燕而血氣不惰，柬理也。《爾雅》：柬，擇也。勞勸而容貌不楛好文也。先謙案：王説是。怒不過奪，喜不過予，是法勝私也。以公滅私，故賞罰得中也。《書》曰：無有作好，遵王之道；無有作惡，遵王之路。此言君子之能以公義勝私欲也。《書》，《洪範》之辭也。

（清）王先謙《荀子集解・儒效》 先王之道，仁之隆也，比中而行之。先王之道，謂儒學，仁人之所崇高也，以其比類中道而行之，不爲詭異之説，不高不下，使賢不肖皆可及也。謝本從盧校作仁人隆也。王念孫曰：吕本作仁之隆也，是也。此言先王之道乃仁道之至隆者也，所以然者，以其比中而行之也。楊云仁人之所崇高也，失之。錢本作仁人隆也，即涉注仁人而誤。比，順也，從也。説見《經義述聞・比象傳》。言從乎中道而行之也。楊以比爲比類，未確。先謙案：下文以禮義釋中，則比中即《論語》義之與比之意。王説是也。仁之隆也義長，依吕本改正。曷謂中？曰：禮義是也。道者，非天之道，非地之道，人之所以道也，君子之所道也。

又： 凡事行，有益於理者立之，行，下孟反。無益於理者廢之，夫是之謂中事。凡知説，有益於理者爲之，無益於理者舍之，夫是之謂中説。事行失中，謂之姦事，王念孫曰：事行，吕本作行事，錢本及各本行事皆作事行。盧從吕本。上文云：事行無益於理者廢之，知説無益於理者舍之。此云事行失中謂之姦事，知説失中謂之姦道，皆承上文而言，則作事行者是也。《仲尼篇》云其事行也，若是其險汙淫汏也，楊注：事險而行汙也。行，下孟反。案楊於《仲尼篇》已釋事行二字，故此不復釋。《王制篇》云立身則從傭俗，事行則遵傭故，皆其證。先謙案：謝本從盧校作行事，今從王説改正。知説失中謂之姦道。姦事姦道，治世之所棄，而亂世之所從服也。

（清）王先謙《荀子集解・成相》 請成相，言治方。言爲治之方術。君論有五約以明。君謹守之，下皆平正國乃昌。論爲君之道有五，甚簡約明白。謂巨下職，一也；君法明，二也；刑稱陳，三也；言有節，四也；上通利至莫敢恣，五也。臣下職，莫遊食，遊食，謂不勤於事，素湌游手也。務本節用財無極。事業聽上，莫得相使一民力。所興事業皆聽於上，羣下不得擅相役使，則民力一也。《禮記》曰：用民之力，歲不過三日也。守其職，足衣食，民不失職，則衣食足矣。厚薄有等明爵服。貴賤有别。利往印上，莫得擅與孰私得？利之所往，皆印於上，莫得擅爲賜與，則誰敢私得於人乎？擅相賜與，若齊田氏然。印與仰同，宜亮反。王引之曰：往字文義不順，楊説非也。往，當爲隹。隹，古唯字也。唯，或作惟維。古鐘鼎文唯字作隹，《石鼓文》亦然。言臣民之利，唯仰於上，莫得擅有所與也。凡隸書從彳從亻之字，多相亂，故往字或作住，與隹相似而誤。君法明，論有常，君法所以明，在言論有常，不二三也。表儀既設民知方。進退有律，莫得貴賤孰私王？進人退人，皆以法律，貴賤各以其才，孰有私佞於王乎？君法儀，禁不爲，爲君之法儀，在自禁止，不爲惡。俞樾曰：禁不爲惡，而止曰。禁不爲，則辭不達，注義非也。君法儀之儀，當讀爲俄。《説文·人部》俄，行頃也。《詩·賓之初筵篇》側弁之俄，鄭箋曰：俄，頃貌。《廣雅·釋詁》曰：俄，衺也。是俄有頃邪之義。《管子書》或叚義爲之。《明法解》曰：雖有大義，主無從知之。故《明法》曰：佼衆譽多，外内朋黨，雖有大姦，其蔽主多矣。以大姦爲大義，是其證也。義、儀，古通用，義可爲俄，故儀亦可爲俄。君法儀，與上文君法明相對。上云君法明，論有常，此云君法儀，禁不爲，言君法明盛則其論有常，君法傾邪則當禁之使不爲也。蓋此皆蒙上文臣下職而言，所陳皆臣道也。楊注因上文君論有五約以明之句，妄舉五節以當之，而以君法明爲其一，所舉又不相連屬，更有它文以閒之，殆不足據也。莫不説教名不移。既能正己，則民皆悦之上教，而名器不移也。説讀爲悦。脩之者榮。離之者辱孰它師？孰敢以它爲師，言皆歸王道，不敢離貳也。郝懿行曰：它師二字誤倒，當作師它，則與儀爲移皆韻矣。刑稱陳，守其銀，稱，謂當罪。當罪之法施陳，則各守其分限。稱，尺證反。銀與垠同。王念孫曰：楊説稱陳二字未安。余謂陳者，道也。文登畢氏恬谿説《尚書》曰：李斐注《漢書·哀帝紀》曰：陳，道也。是古謂道爲陳。《微子》云：我祖底遂陳于上，謂致成道於上也。《君奭》云：率惟兹有陳，謂有道也。念孫案：《大戴記·衛將軍文子篇》君陳則進，不陳則行而退，亦謂道與不道也。言刑之輕重皆稱乎道，而各守其限也。下不得用輕私門。下不得專用刑法，則私門自輕。罪禍有律，莫得輕重威不分。禍，亦罪也。請牧祺，明有基，祺，祥也。請牧治言祥之事，在明其所有之基業也。俞樾曰：上文云請牧基，賢者思，此文亦當作請牧基，明有祺，傳寫者誤倒基祺兩字耳。據楊注。所見本已倒。主好論議必善謀。五聽脩領，莫不理續主執持。五聽，折獄之五聽也。脩領，謂脩之使得綱領。莫不有文理相續，主自執持此道，不使權歸於下。盧文弨曰：脩領，宋本作循領。今從元刻，注同。王念孫曰：領猶治也，理也。《樂記》領父子、君臣之節，鄭注：領，猶理治也。《仲尼燕居》領惡而全好，注：領猶治也。《淮南·本經篇》神明弗能領也，高注：領，理也。言五聽皆脩理也。續，當爲績。主執持，當爲執主持。莫不理績執主持者，《爾雅》曰：績，事也，言百官莫不各理其事，夫執得而主持之也。上文曰：莫得輕重威不分，正所謂執主持也。又曰：莫得擅與執私得，又曰：莫得貴賤執私王，竝與此文同一例。今本績誤作續，執誤作執，執字又誤在主字下，則義不可通。楊説皆失之。顧千里曰：五聽，疑即上文君論有五約以明也。第一章臣下職云云，第二章守其職云云，第三章君法明云云，第四章君法儀云云，第五章刑稱陳云云，下文接以五聽脩領，五章爲五聽明甚。下文又接以聽之經，謂聽爲五聽亦明甚。本屬一氣相承，而楊注别以折獄之五聽解之，非也。又於後注耳目既顯，吏敬法令莫敢恣，始云此已上，論君有五之事也，亦非也。聽之經，明其請，請當爲情。聽獄之經，在明其情。盧文弨曰：案請，古與情通用。《列子·説符篇》楊朱曰：發於此而應于彼者唯請。《釋文》引徐廣曰：古情字或假借作請。又《墨子書》多以請爲情。先謙案：經，道也，説詳《勸學篇》。下文兼賞刑言，則聽非聽獄之謂，謂聽政也。《王制篇》聽政之大分，以善至者待之以禮，以不善至者待之以刑，卽參伍明謹施賞刑也。賢不肖不雜，是非不亂，信、誕分也。無遺善，無隱謀，隱遠至也。明其請者，彼云凡聽，威嚴猛厲，則下不親，和解調通，則嘗試鋒起，故非明其情不可。參伍明謹施賞刑。參伍，猶錯雜也。謂或往參之，或往伍之，皆使明謹，施其賞刑。言精研，不使僭濫也。顯者必得，隱者復顯民反誠。幽隱皆通，則民不詐僞也。言有節，稽其實，節，謂法度。欲使民言有法及不欺誕，在稽考行實也。信、誕以分賞罰必。下不欺上，皆以情言明若日。上通利，隱遠至，上通利不壅蔽，則幽隱遐遠者皆至也。觀法不法見不視。所觀之法非法，則雖見不視也。郝懿行曰：此言觀法於法不及之地，見視於視不到之鄉，所以謂之隱遠至，耳目顯也。注似未了。耳目既顯，吏敬法令莫敢恣。此已上，論君有五之事也。君教出，行有律，五論之教既出，則民所行有法。言知方也。吏謹將之無鈹、滑。將，持也。《詩》曰：無將大車。鈹與披同，滑與汩同。言不使紛披汩亂也。郝懿行曰：《正名篇》有滑、鈹，此言鈹、滑，其義同，皆謂骫骳、滑亂之意。《漢書·淮南厲王傳》骫天下正法，顔注：骫古委字，謂曲也。《枚乘傳》其文骫骳，骳與鈹同，謂曲戾也。滑蓋與猾同，謂攪亂也。下不私請，各以宜舍巧拙，請，謁。舍，止也。羣下不私謁，各以所宜，不苟求也。如此則以道事君，巧拙之事亦皆止。盧文弨曰：各以宜舍巧拙句中脱一字，或當作各以所宜舍巧拙。臣謹脩，君制變，臣職在制變。王念孫曰：脩，當爲循，字之誤也。隸書循脩相亂，説見《管子·形勢篇》。此言臣當謹循舊法而不變其制，變則在君也。循與變亂貫爲韻。此以《諄》、《元》二部通用。凡《諄》、《元》二部之字，古聲皆不分平、上、去。此篇之例，首句無不入韻者。今本循作脩，則既失其義，而又失其韻矣。公察善思論不亂。先謙案：倫論，古字通。謂君臣之倫不亂也。説見《儒效篇》。以治天下，後世法之成律貫。

（清）孫星衍《孔子集語》卷六《主德》〔《大戴禮》主言〕孔子曰：夫政之不中，君之過也。政之既中，令之不行，職事者之罪也。明主矣，爲其勞也。

又：《説苑·尊賢》齊景公問於孔子曰：秦穆公其國小，處僻而霸何也？對曰：其國小而志大，雖處僻而其政中，其舉果，其謀和，其令不偷，親舉五羖大夫於係縲之中，與之語三日而授之政。以此取之，雖王可也，霸則小矣。

（清）孫星衍《孔子集語》卷一○《論政》　《説苑・雜言》孔子曰：鞭朴之子，不從父之教，刑戮之民，不從君之政。言疾之難行，故君子不急斷，不意使，以爲亂源。

（宋）黎靖德《朱子語類》卷四三《論語二十五・子路篇》　安卿問：《集注》云：民化於善，可以不用刑殺。恐善人只是使風俗醇朴。若化於善，恐是聖君之事？曰：大概論功效是如此。其深淺在人，不必恁地粘皮著骨去説。不成説聖人便得如此，善人便不得如此！不必恁地分別。善人是他做百年工夫，積累到此，自是能使人興善，人自是不陷於刑辟。如文景恁地，後來海内富庶，豈不是勝殘去殺。如漢循吏，許多人才循良，也便有效。如陳太丘卓茂魯恭只是縣令，也能如此。不成説你便不是聖人，如何做得這箇！只看他功效處，又何必較量道聖人之效是如此，善人之效是如彼？聖人比善人自是不同。且如綏之斯來，動之斯和，殺之而不怨，利之而不庸，民日遷善而不知爲之，善人定是未能到這田地。但是有這般見識，有這般心胸，積累做將去，亦須有效。且如而今寬刑薄賦，民亦自能興起而不陷於刑。聖人論功效亦是大概如此。

（宋）黎靖德《朱子語類》卷八七《禮四・小戴禮》　班朝治軍，涖官行法，非禮，威嚴不行；禱祠祭祀，供給鬼神，非禮，不誠不莊。以誠莊對威嚴，則涖官當以威嚴爲本。然恐其太嚴，又當以寬濟之。德明。

（宋）黎靖德《朱子語類》卷一○八《朱子五・論治道》　或問：爲政者當以寬爲本，而以嚴濟之？曰：某謂當以嚴爲本，而以寬濟之。《曲禮》謂涖官行法，非禮，威嚴不行。須是令行禁止。若曰令不行，禁不止，而以是爲寬，則非也。人傑。

古人爲政，一本於寬，今必須反之以嚴。蓋必如是矯之，而後有以得其當。今人爲寬，至於事無統紀，緩急予奪之權皆不在我；下梢卻是奸豪得志，平民既不蒙其惠，又反受其殃矣！若海。

今人説寬政，多是事事不管，某謂壞了這寬字。人傑。

平易近民，爲政之本。僩。

爲政如無大利害，不必議更張。則所更一事未成，必鬨然成紛擾，卒未已也。至於大家，且假借之。故子産引《鄭書》曰：安定國家，必大焉先。人傑。

問：爲政更張之初，莫亦須稍嚴以整齊之否？曰：此事難斷定説，在人如何處置。然亦何消要過於嚴？今所難者，是難得曉事底人。若曉事底人，歷練多，事纔至面前，他都曉得依那事分寸而施以應之，人自然畏服。今人往往過嚴者，多半是自家不曉，又慮人欺己，又怕人慢己，遂將大拍頭去拍他，要他畏服。若自見得，何消過嚴？便是這事難。又曰：難！難！僩。

（宋）真德秀《政經》　刑者，侀也。侀者，成也。一成而不可變，故君子盡心焉。子路治蒲三年，孔子過之，入其境曰：善哉，由也，恭敬以信矣。入其邑曰：善哉，由也，忠信而寬矣。至庭曰：善哉，由也，明察以斷矣。子貢執轡而問曰：夫子未見由之政，而三稱其善，可得聞乎？孔子曰：吾見其政也，入其境，田疇盡易，草萊甚辟，溝洫深治，此其恭敬以信，故其民盡力也；入其邑，牆屋完固，樹木甚茂，此其忠信以寬，故其民不偷也；至其庭，庭甚清閒，諸下用命，此其明察以斷，故政不擾也。以此觀之，雖三稱其善，庸盡其美乎！

（明）丘濬《大學衍義補》卷八一《崇教化・謹好尚以率民》　《緇衣》子言之曰：爲上易事也，爲下易知也，則刑不煩矣。

呂大臨曰：上好信則民莫敢不用情，易事者以好信故也，易知者以用情故也。若上以機心待民，則民亦以機心待其上，姦生詐起，欲刑之不煩，不可得矣。

劉彝曰：上難事則下難知，上易事則下易知。好惡悖於上，喜怒失其常，於是有匿其誠信以爲容悦者，屈其忠直以爲阿諛者，包其禍心以爲詐僞者，苟可以罔上而免其咎罰者，奚所弗至哉！爲下如此，可謂難知也。

臣按：上下之分雖殊，而人心之理則一。上之人，有偏心難事也，有福心難事也，有私心難事也，有忌心難事也，有疑心難事也，有欲心難事也。下之人，深情者難知也，厚貌者難知也，巧言者難知也，令色者難知也，陰私者難知也，隱忍者難知也，藏機者難知也，蓄奸者難知也。爲人上者，知吾之位尊而權重，人敬憚畏避之不暇，必和顔悦色以待人，開心見誠以示人，傾心輸意以用人，平心易氣以與人，寬仁大度以容人，至誠惻怛以恕人，則在我者易於事矣。知人之難知也，惟誠以待之，因事以試之。如孔子所謂視其所以，觀其所由，察其所安。又如所謂不逆詐，不億，不信，抑亦先覺者是賢，則人之難知者亦易於知矣。大抵知人則哲，雖堯猶以爲難。下之人誠不易知也，上之人苟能一待之以誠，而不藏機蓄智以爲牢籠駕馭之術，則在我者易事，而在彼者不難於知矣。孟子曰：至誠而不動者，未之有也。

（清）王夫之《噩夢》　立法之始，無取太寬。常留有餘之德意於法外以使有可寬，故大狢小狢之弊必至於太桀小桀。唯通國計之常變，而處於有餘之地，乃寬之於課程，則民不狎爲易供而其後受束溼之苦，斯以樂生有道矣。今百姓之困敝，殆無孑遺，皆自守令之考成爲始禍之本。聞嘉、隆間且以歲課滿八分以上者，大計膺貪酷之黜。上雖未爲之法，而下自體德意以行之，故民力裕而民心固，雖土木之變，鄧茂七、黃蕭養、劉、趙、鄢、藍諸寇之竊發，弗能搖也。以税糧完欠爲有司之殿最，法始於江陵，一決其藩而不可復收矣。申、王二相，反江陵而過爲縱弛，乃以資言利者之口實。温體仁全師江陵之術而加甚焉，有戶書李待問者爲之羽翼，乃令知推行取，府縣印官給由，皆行戶部，比較任内完欠，遂使牧民者唯鞭笞赤子爲務，而究之逋負山積，激成大變，所謂則何益矣者，信矣。故戶部考成之陋制不革，而欲民之免於深熱，必不可得也。

問刑官故出入人罪，律以概論。然考之宋制，故出罰輕而故入罰重，此王政也。故出、故入，有受贓、不受贓之別，亦但當於故出項下分受贓、不受贓，而不受贓者從輕。其故入，則雖不受贓，自應與受贓者等。故出則勿論已決遣、未決遣，一例行罰。蓋雖已決遣，而覆覈當從重，不難補決，自不致逸元惡之誅。若故入，已決遣與未決遣者固應殊科。蓋故入決遣，死者不可復生，刑者不可復完，徒流已配者不可追償，其已受之勞辱，已決遣之罰自應加重。其致死者，倍宜加等。卽不抵罪，而終身禁錮，與大計貪官同處，不得朦朧起廢，及以邊材等項名目濫與薦舉。則問刑之吏尚知所懲，而酷風衰止，貪亦無以濟矣。

贓以滿貫抵重罪，刻法繩人，此所謂一切之法也。抑貪勸廉，唯在進人於有恥，畫一以嚴劾之，則吏之不犯者鮮，更無廉恥之可恤而唯思巧爲規避，上吏亦且重以錙銖陷人於重罰而曲爲揜蓋。上愈嚴而下愈匿，情與勢之必然也。且凡所受於下吏、部民者，乃至鷄凫、扇帕、紙墨、油炭，皆坐價抵贓，繩人於交際之塗，且必開其掠奪之大焉。有出身事主，而可如於陵仲子爭名於一鵝半李之閒者乎？既不枉法矣，則何謂之贓？其枉法也，則所枉之大小與受贓之多少，孰爲重輕？假令一兵部官濫授一武職，以致激變喪師，或因情面囑託，實所受賄僅得五十貫；令一吏部官濫授一倉巡河泊，其人無大過犯，而得賄二百貫；又令一問刑官受一誣告者之賄而故入一人於死，僅得五十貫；其一受誣告者之賄而故入人於杖，得二百貫；豈可以貫之多少定罪之重輕乎？則無如不論貫而但論其枉不枉，於枉法之中又分所枉之重輕，但除因公科斂，因所剝削之多少分等定罪。其他非黃白狼藉，累萬盈千者，苟非枉法，但付吏部記過，全士大夫之名節於竿牘飲食之中，而重之於箕斂漁獵之條。唯寬也，乃能行其嚴，惡用此一切之法爲！

弭盜無上策，逐捕亦法之所不可廢。宋制：捕盜獲全夥者，加一官，其法較善。蓋責有司以捕盜，唯可賞而不可罰，罰一行則匿盜不報以苟免於譴，而盜益猖獗矣。盜無可全獲之理，十人得七，卽可膺全夥之賞。其未獲者，責令鄉保戶族長立認狀，不拘年分，曾否經赦，及已獲賊首處決與否，失主存亡，舊案遠近，皆不應責令擒送。若有隱匿，被人首出，卽同窩盜。嗣後捕盜員役，若能盤拏積年未獲之盜，舊案分明不枉者，卽照捕獲全夥例紀録，能捕人役，一例給賞。其犯盜人田產在逃未獲者，卽行變賣，給失主賠贓。如此，則官司無諱盜之心。而失主自告報後，非火下識認須當官指證者，但具一真實贓單，明填記識，俟驗合認領，更不煩頻令到官，一聽官司自行審決，則被盜亦何憚而不洩其荼毒乎！此亦弭盜於末流之善術也。

（清）唐甄《潛書》上篇上《悦入》　人倫難協，民物難齊，皆心之所貫也。心本可貫，或不能達，唯悦可以達之。不悦則當懷煩懣，多見不平，多見非理，色不和，言不順，處君臣之閒，必不相愛；處父子之閒，必不相親；處夫婦之閒，必不相宜；處兄弟之閒，必不相好；行於邦國之閒，必多怨尤。如是，則內拂於性，久隔於人，其違道也遠矣。悦則中無矯戾，所見無不平，所見無非理，色和而言順，處君臣之閒，必能相愛，處父子之閒，必能相親；處夫婦之閒，必能相宜；處兄弟之閒，必能相好；行於邦國之間，必無怨尤。如是，則內不拂於性，外不隔於人，其違道也不遠矣。不悦則君亢於上，臣怨於下，百僚相競，朋黨以興。措之於政事，喜怒必不平；喜怒不平，則刑罰不中；刑罰不中，則百姓不安，以此求天下之治也難矣。悦則君臣相親，上下相交，百僚和同，無相争競。措之於政事，喜怒必平，喜怒平，則刑罰中；刑罰中，則百姓安。以此求天下之治也易矣。日月照臨，萬物皆喜；陰霾晝晦，萬物皆憂；和風所被，萬物皆喜；雷霆所震，萬物皆懼。生於心，見於色，發於聲，施於政，其理一也。是故唯悦可以通天地之氣，類萬物之情。此吾之所未試，而信其爲悦之所可致也。仲尼之教亦多術矣。不聞以悦教人，而予由此入者何？予，蜀人也，生質如其山川，峻急不能容，而恒多憂恚。細察病根，皆不悦害之，故由此入也。悦爲我門，非衆之門。人固有生而無愠怒者，豈非質之近於道乎！而不可以入道者何？蓋人之生也，爲質不齊，而爲疾亦異。或之剛之柔，不以相濟；或好名好利，用心不壹。是在因其疾而治之，不可同於我也。

(清) 唐甄《潛書》上篇下《大命》 唐子曰：天地之道故平，平則萬物各得其所。及其不平也，此厚則彼薄，此樂則彼憂。爲高臺者必有洿池，爲安乘者必有繭足。王公之家一宴之味，費上農上歲之穫，猶食之而不甘。吳西之民，非凶歲爲麲粥，雜以荍稈之灰，無食者見之以爲是天下之美味也。人之生也，無不同也，今若此，不平甚矣。提衡者權重于物則墜，負擔者前重于後則傾，不平故也。是以舜、禹之有天下也，惡衣菲食，不敢自恣，豈所嗜之異于人哉，懼其不平以傾天下也。

《老子道德經》上篇《五章》 天地不仁，以萬物爲芻狗。天地任自然無爲，無造萬物，自相治理，故不仁也。仁者必造立施化，有恩有爲。造立施化則物失其真，有恩有爲則物不具存，物不具存則不足以備載矣。地不爲獸生芻而獸食芻，不爲人生狗而人食狗。無爲於萬物而萬物各適其所用，則莫不贍矣。若慧由己，樹未足任也。聖人不仁，以百姓爲芻狗。聖人與天地合其德，以百姓比芻狗也。天地之間，其猶橐籥乎！虛而不屈，動而愈出。橐，排橐也。籥，樂籥也。橐籥之中，空洞無情無爲，故虛而不得窮屈，動而不可竭盡也。天地之中，蕩然任自然，故不可得而窮，猶若橐籥也。多言數窮，不如守中。愈爲之則愈失之矣。物樹其惡，事錯其言，不濟不言，不理必窮之數也。橐籥而守數中，則無窮盡。棄己任物，則莫不理，若橐籥有意於爲聲也，則不足以共吹者之求也。

(清) 魏源《老子本義》上篇《四章》 此老子知己道不行，憫世亂之不救，而思遺世隱處，獨善其身之言也。聖人，斥當世之君，予聖自雄者，結芻爲狗，用之祭祀，既畢事則棄而踐之。老子見亂世民命如寄，故感而言曰：悲哉。天地有時而不仁乎，乃視萬物如土苴，而聽其生死也。聖人其不重仁乎，乃視斯民如草芥，而無所顧惜也。諉之於天地，尊之爲聖人。蓋悲天憫人，無所歸咎之詞。然將諉之於天地，而天地不可諉也。夫天地無心而成化，猶橐籥然，中虛無物，氣機所至，動而愈出。所謂顯諸仁，藏諸用，鼓萬物而不與聖人同憂也，是聖人固宜有憂矣。天地無心而成化，聖人則有心而無爲，百姓萬物之責，在於聖人，則非天地之能芻狗之，而人之芻狗之矣。言至此，而老子不欲長言矣。然則吾生天地間，既不能使民物各遂其性，而吾亦將自棄其性，一任天人之芻狗乎。近取諸身，則吾身一小天地也。返觀默識，吾有中而自守之，亦何爲嘵嘵多言，以其身深與天下事，而自取理數之窮乎。黃帝之書有之，其言谷者卽中也，牝卽谷也。不存之存，所以立體。無用之用，所以應物。誠能體此而守之，小則爲養生專氣之術，大則爲虛靈順應之道，何窮之有哉？蓋虛無因應，用之于世，則爲聖人無爲之治。既不得用，則徒言何益。適足招損耳，不如約其道而用之，返諸一身微妙渾然，而在我之天下已羲皇矣，此太上無言之教也。外槖內籥，機而鼓之，致風之器也，屈竭也。首以天地聖人並言，而繼但言天地，不及聖人者，是卽老子不欲多言之故也。數窮，《釋文》謂理數、勢數也。中者虛中，謂心也。谷牝皆中之喻，谷神喻其德，玄牝喻其功也。谷之於響，惟其無所不受，是以無時不至，是其神之存於中而長不死者也。天下之物，惟牝能受能生。若夫受而不見其所以受，生而不見其所以生，則尤玄妙不測之牝也。可以母萬物，而萬物皆從此門出，豈非天地根乎？是卽首章所謂無名天地之始，有名萬物之母也，是常道也。綿綿若存，觀妙之事，用之不勤，觀徼之事也。吳氏澄曰：谷虛則神存於中，若存卽神之存。勤，猶勞也。凡氣，逸用之則養而日增，勤用之則虛而多耗，神常存則氣不耗散也。

《列子・説符》 列子學射，中矣。丁仲反，下同。率爾自中，非能期中者也。請於關尹子，尹子曰：子知子之所以中者乎？對曰：弗知也。關尹子曰：未可。雖中而未知所以中，故曰未可也。退而習之。三年，又以報關尹子。尹子曰：子知子之所以中乎？列子曰：知之矣。關尹子曰：可矣！守而勿失也。心平、體正、內求諸己，得所以中之道，則前期命矣，發無遺矣。非獨射也，爲國與身，亦皆如之。故聖人不察存亡，而察其所以然。射雖中而不知所以中，則非中之道。身雖存不知所以存，則非存之理。故夫射者，能拙俱中而知所以中者異，賢愚俱存而知所以存者殊也。

（宋）杜道堅《文子纘義》卷六《上德篇》 水雖平，必有波。衡雖正，必有差。尺雖齊，必有危。非規矩不能定方圓，非準繩無以正曲直。用規矩者，亦有規矩之心。

（宋）杜道堅《文子纘義》卷一〇《上仁篇》 老子曰：非淡漠無以明德，非寧靜無以致遠，非寬大無以并覆，非正平無以制斷。以天下之目眎，以天下之耳聽，以天下之心慮，以天下之力爭，故號令能下究，而臣情得上聞，百官修達，羣臣輻輳。喜不以賞賜，怒不以罪誅，法令察而不苛，耳目聰而不闇，善否之情日陳于前而不逆，故賢者盡其智，不肖者竭其力，近者安其性，遠者懷其德，得用人之道也。【略】

老子曰：治大者，道不可以小。地廣者，制不可以狹。位高者，事不可以煩。民衆者，教不可以苛。事煩難治，法苛難行，求多難贍。

（宋）杜道堅《文子纘義》卷一一《上義篇》 老子曰：爲國之道，上無苛令，官無煩治。上無僞行，工無淫巧。其事任而不擾，其器完而不飾。亂世卽不然：爲行者相揭以高，爲禮者相矜以僞，車輿極于雕琢，器用逐于刻鏤，求貨者爭難得以爲寶，詆文者逐煩撓以爲急。士爲僞辯，久稽而不決，無益于治，有益于亂。工爲奇器，歷歲而後成，不周于用。故神農之法曰：丈夫丁壯不耕，天下有受其飢者；婦人當年不織，天下有受其寒者。故身親耕，妻親織，以爲天下先其導民也。不貴難得之貨，不重無用之物，是故耕者不强，無以養生；織者不力，無以衣形。有餘不足，各歸其身，衣食饒裕，姦邪不生，安樂無事，天下和平。智者無所施其策，勇者無所措其威。【略】

古今爲國其道不同者，俗變故也。古人湻樸，上無苛令，官無煩治，士無僞行，工無淫巧。是故人心易足，爲治不難。後世俗變風移，上行下效，奢侈相尚，貪欲無厭。是以人心難足，爲治不易。

（清）戴望《管子校正・牧民》 令順民心，則威令行，使民各爲其所長，則用備嚴刑罰，則民遠邪，信慶賞，則民輕難。

（清）戴望《管子校正・戒》 管仲曰：昔先王之理人也。蓋人有患勞，而上使之以時，則人不患勞也。人患飢，而上薄斂焉，則人不患飢矣。人患死，而上寬刑焉，則人不患死矣。如此，而近有德而遠有色，則四封之內，視君其猶父母邪；四方之外，歸君其猶流水乎。

（清）戴望《管子校正・形勢解》 明主度量人力之所能爲，而後使焉。故令於人之所能爲，則令行，使於人之所能爲，則事成。亂主不量人力，令於人之所不能爲，故其令廢，使於人之所不能爲，故其事敗。夫令出而廢，舉事而敗，此强不能之罪也。故曰毋强不能。

（清）王明德《讀律佩觿序》 子思子曰：仲尼祖述堯舜，憲章文武，上律天時，則刑之以律著也。其殆有取乎法天之意云耶。或曰，于何言之？曰：古昔聖王！垂世立教，托跡簡編，寄情錐竹，固不可以億萬計，然詳考其以律著，曆、樂之外，惟刑而已。曆以象天，征乎地；地者，氣之鐘也。樂以導和，征乎言；言者，必之聲也。刑以平情，征乎心；心者，人之主，世之極，天之道也。故正曆以目，正樂以耳，而正刑則必以心。

（清）王明德《讀律佩觿》卷七《笞杖徒流不准折贖類》 上古之世，明刑乃以弼教，自教不立，一惟務乎刑，刑煩則法黷，法黷則俗亂，俗愈亂則教愈弛而刑失，俗亂刑失，苞苴因而肆行，刑罰爲之不中，以致爰兔興嗟雉罹載咏，人將幾倖于尚寐，又何烈耶！揆厥所由，皆緣聖王立法率皆愼微于泰豫，慮始乎漸蒙，意將教刑得，則化行俗美。上理漸臻，庶幾常刑可錯。故凡法之所在，無不由輕以漸及乎重，乃後世奉行，一本姑息，止以共詳其爲巨，略乎其爲細，亦似乎教刑之設，無關輕重，刑不爲枉，舍不爲縱，置之可也。而孰知一犯再犯，浸淫以至不可救。語云：方長不折，將尋斧柯；涓涓不塞，源源奈何！非以言乎其細之當重歟？

《吴子・圖國》 吴子曰：昔之圖國家者，必先教百姓而親萬民。有四不和：不和於國，不可以出軍；不和於軍，不可以出陳；不和於陳，不可以進戰；不和於戰，不可以決勝。是以有道之主，將用其民，先和而造大事，不敢信其私謀。必告於祖廟於元龜，參之天時，吉乃後舉，民知君之愛其命，惜其死。若此之至，而與之臨難，則士以進死爲榮，退生爲辱矣。

《尹文子·大道下》 老子曰：民不畏死，如何以死懼之。凡民之不畏死，由刑罰過。刑罰過則民不賴其生，生無所賴，視君之威末如也。刑罰中，則民畏死，畏死由生之可樂也。知生之可樂故可以死懼之。此人君之所宜執，臣下之所宜慎。

《慎子·逸文》 君臣之間，猶權衡也。權左輕則右重，右重則左輕，輕重迭相橛，天地之理也。

《晏子春秋·内篇雜上》 景公伐魯，傅許，得東門無澤，公問焉：魯之年穀何如？對曰：陰水厥，陽冰厚五寸。不知，以告晏子。晏子對曰：君子也。問年穀而對以冰，禮也。陰水厥，陽冰厚五寸者，寒温節，節則刑政平，平則上下和，和則年穀熟，年充衆和而伐之，臣恐罷民弊兵，不成君之意。請禮魯以息吾怨，遣其執，以明吾德。公曰：善。迺不伐魯。

（漢）劉安《淮南子》卷二〇《泰族訓》 所謂仁者，愛人也。所謂知者，知人也。愛人則無虐刑矣，知人則無亂政矣。治由文理，則無悖謬之事矣。刑不侵濫，則無暴虐之行矣。上無煩亂之治，下無怨望之心，則百殘除而中和作矣。此三代之所昌。故《書》曰：能哲且惠，黎民懷之，何憂讙兜，何遷有苗。

（明）張瀚《松窗夢語》卷一《宦遊紀》 昔人云刑罰得中，是刑罰中教化。當官者一以公心聽斷，民自不冤。余往見侍御按臨各屬，遇審囚徒，無論輕重冤枉，直答撻而已。時賈公大亨獨不任刑，細檢卷宗，詳審干證，一一令盡言無隱，又咨諏郡邑長貳，務各得其情。每一案出，人人稱服。蓋賈能知人善任，而余輩亦盡心剖斷，故所平反悉當。

（清）李顒《二曲集》卷四〇《論語下》 問堯舜允執其中與《中庸》未發之中同異。曰：中只是廓然大公，無偏無黨，不論已發未發，應事接物，政治施爲，只要常常如此，便是允執。允者，真實無妄之謂。心體如此，則心得其中；治體如此，則治得其中。無偏無黨，王道蕩蕩；無黨無偏，王道平平，人人得所，俗臻雍熙，四海何至困窮？彼四海之所以困窮者，只緣政治不中，政治之所以不中者，總緣存心不中。此治法之所以必本於心法，王道之所以必本於天德也。

（宋）王欽若《册府元龜》卷一五一《帝王部·慎罰》 舜既受禪，乃命象以典刑。象，法也。法用當刑用，不越法。流宥五刑，宥，寬也。以流放之法寬五刑。鞭作官刑，以鞭爲治官事之刑。扑作教刑，扑，夏楚也。不勤道業則撻之。金作贖刑。金，黄金。誤而入刑，出以贖罪。眚災肆赦，怙終賊刑。眚，過。災，害。肆，緩賊，赦也。過而有害，當緩赦之。怙奸自終，當刑殺之。欽哉，欽哉，惟刑之恤哉！皋陶曰：帝德罔愆，臨下以簡，御衆以寬。愆，過也。罰弗及嗣，賞延於世。嗣世，俱謂子孫。延，及也。善則歸君，人臣之義也。罪不相及，而善則賞及于其世。宥過無大，刑故無小。過誤所犯，雖大必宥。不忌故犯，雖小必刑。罪疑惟輕，功疑惟重。刑疑從輕，賞疑從重，忠厚之至。與其殺不辜，寧失不經。好生之德，洽于民心，兹用不犯于有司。經，常。司，主也。皋陶因帝勉己，遂稱帝之德，所以明民不犯上也。寧失不常之罪，不枉不辜之善。仁愛之道。

（明）馮琦《經濟類編》卷二九《銓衡類一·用人》 此所謂責賢使之相舉也，所謂關梁使之相保也。賢不舉則有咎，保不信則有罰，故古者諸侯必貢士，不貢者削，貢而不適亦削。夫士者，難知也；不適者，薄過也。不得不責，彊其所不知也；罰其所不適，深其薄過，非恕也。且天子於諸侯，有不純臣之義，斯責之矣。施刑之道，寧縱不濫之矣。今皆反是，何也？夫賢者天地之紀，品物之宗，其急之矣。故寧濫以得之，無縱以失之也。

（明）唐順之《稗編》卷九〇《仲尼對梁君》 《説苑》。仲尼見梁君，梁君問仲尼曰：吾欲長有國，吾欲列都之得，吾欲使民安不惑，吾欲使士竭其力，吾欲使日月當時，吾欲使聖人自來，吾欲使官府治，爲之柰何？仲尼對曰：千乘之君、萬乘之主，問於丘者多矣，未嘗有如主君問丘之術也。然而盡可得也。丘聞之兩君相親則長有國，君惠臣忠則列都之得，毋殺不辜、毋釋罪人則民不惑，益士禄賞則竭其力，尊天敬鬼則日月當時，善爲刑罰則聖人自來，尚賢使能則官府治。梁君曰：豈有不然哉！

（明）唐順之《稗編》卷九〇《仲尼論政寬猛》 《左傳》。鄭子産有疾，謂子太叔曰：我死子必爲政。唯有德者能以寬服民，其次莫如猛。

夫火烈，民望而畏之，故鮮死焉。水懦弱，狎而翫之，狎，輕也。則多死焉。故寬難。難以治。疾數月而卒。太叔爲政，不忍猛而寬。鄭國多盜，取人於萑苻之澤。杜氏曰：萑苻，澤名，於澤中劫人。太叔悔之曰：吾早從夫子，不及此。興徒兵以攻萑苻之盜，盡殺之，盜少止。仲尼曰：善哉！政寬則民慢，慢則糾之以猛；糾，猶攝也。猛則民殘，殘則施之以寬。寬以濟猛，猛以濟寬，政是以和。《詩》曰：民亦勞止，汔可小康，惠此中國，以綏四方。施之以寬也。《詩·大雅》：汔其也康，綏皆安也。周厲王暴虐，民勞於苛政，故詩人刺之，欲其施之以寬。毋從詭隨，詭人隨人無正心，不可從。以謹無良，謹，敕慎也。式遏寇虐，憯不畏明，糾之以猛也。式，用也。遏，止也。憯，曾也。言爲寇虐，曾不畏明法者，亦當用猛政糾治之。柔遠能邇，以定我王，平之以和也。柔，安也。邇，近也。遠者懷附，近者各以能進，則王室定。又曰：不競不絿，不剛不柔，《詩·殷頌》言商政得中和。競，強也。絿，急也。敷政優優，百禄是遒，和之至也。

（南朝宋）劉義慶《世説新語》卷上之下《政事》　山遐去東陽，王長史就簡文索東陽，云：承藉猛政，故可以和靜致治。《東陽記》云：遐字彦林，河内人。祖濤，司徒，父簡，儀同三司。遐歷武陵王，友，東陽太守。《江惇傳》曰：山遐爲東陽，風政嚴苛，多任形殺，郡内苦之。惇隱東陽，以仁恕懷物。遐感其德，爲微損威猛。

（明）張溥《漢魏六朝百三家集》卷六王褒《漢王褒集·論·四子講德論》　若乃美政所施，洪恩所潤，不可究陳。舉孝以篤行，崇能以招賢，去煩蠲苛以綏百姓，禄勤增俸以厲貞廉。減膳食，卑宫觀，省田官，損諸苑，疏繇役，振乏困，恤民災害，不遑游宴。閔耄老之逢辜，憐縗絰之服事，惻隱身死之腐人，悽愴子弟之縲匿。恩及飛鳥，惠加走獸，胎卵得以成育，草木遂其零茂。愷悌君子，民之父母，豈不然哉？先生獨不聞秦之時耶？違三王，背五帝，滅詩書，壞禮義，信任群小，憎惡仁智，詐僞者進達，佞謟者容入。宰相刻峭，大理峻法。處位而任政者，皆短於仁義，長於酷虐，狼摯虎攫，懷殘秉賊，其所臨涖，莫不肌慄懾伏，吹毛求疵，竝施螫毒。百姓怔忪，無所措其手足，嗷嗷愁怨，遂亡秦族。是以養雞者不畜狸，牧獸者不育豺，樹木者憂其蠹，保民者除其賊。故大漢之爲政也，崇簡易，尚寬柔，進淳仁，舉賢才，上下無怨，民用和睦。

（明）張溥《漢魏六朝百三家集》卷一六馬融《漢馬融集·著述·忠經·政理章》　夫化之以德，理之上也，則人日遷善而不知；施之以政，理之中也，則人不得不爲善；懲之以刑，理之下也，則人畏而不敢爲非也。刑則在省而中，政則在簡而能，德則在博而久。德者，爲理之本也；任政，非德則薄；任刑，非德則殘。故君子務於德，修於政，謹於刑。固其忠，以明其信，行之匪懈，何不理之人乎？《詩》云：敷政優優，百禄是遒。

（明）張溥《漢魏六朝百三家集》卷五六郭璞《晉郭璞集·疏·平刑疏》　臣聞上古象刑，而民不犯，中古明刑，以致刑措。故立刑以禁刑，立殺以去殺，重之以死，所以求其生，峻之以刑，所以輕其死。死由於法輕，生存乎法重，此立防之成標也。然則刑無輕重，用之唯平，非平法之爲難。思在斷之爲難，是以子皇行戮，刖者忘痛，釋之典刑，民無怨色，何者？積之於誠也。按癸酉詔書之旨，專爲邊城，實之裔土，濟當時一切之用，非爲經遠之法，亦是中夏全子之時，威御足指控制，故可得行之矣。欲役無賴子弟，驅不逞之人，聚之於空荒四維之地，將以扞固牧圉，未見其利也。且濱接鯨猾，密邇姦數，退未絶其邱窟之顧，進無以塞其逋逃之門，五流三居，誠古之犯刑，論之於今，事實難行。且律令以跨三代，歷載所遵，未易輕改者也。是以刑法不專，則名幸者興，政令驟變，則人志無繫，子産患其如此，故矯先正議事之制，而立刑書之辟，皆所以弼民心而正羣惑者也。

（唐）陳子昂《陳子昂集》卷八《雜著·請措刑科》　臣聞言有順君意而害天下者，有逆君意而利天下者，唯忠臣能逆意，惟聖君能從利。恩勑不以臣愚微，降問當今政要。臣伏惟當今之政，大理已備矣。但刑獄尚急，法網未寬，恐非當今聖政之要者。臣觀聖人用刑，貴適時變，有用有捨，不專任之。且聖人初制天下，必有凶亂之賊，叛逆之臣，而爲驅除，以顯聖德，聖人誅凶殄逆，濟人寧亂，必資刑殺，以清天下，故所以務用刑也。凶亂既滅，聖道既昌，則必順人施化，赦過宥罪，所以致措刑也。然則聖人用刑，本以禁亂，亂靜刑息，不爲昇平所設。何者？太平之人，悦樂于德，不悦樂于刑，以刑窮于人，人必慘怛；故聖人貴措刑，不貴煩刑。今神皇應運受圖，臨御天下，逆臣賊子，頓伏嚴誅，所以卹貞羣黨，同惡就戮，此蓋天意將顯神皇威靈，豈此凶徒所能自亂？今魁首已滅，朋黨已屠，聖政惟昌，天下咸服，神皇又降文昌鴻恩，滌蕩羣罪，天下昭慶，企望日新。措刑崇德，正在今日，實聖政之至要者也。臣伏見近來詔獄推窮，稍復滋長，追捕支黨，頗及遠方，天下士庶，未敢安止。臣伏惟神皇聖意，務在措刑，安恤天下，不務察法，以損昇平，然今刑獄未息者，應是獄吏未識天意，所以至于此也。伏願神皇垂愷悌之德，務仁壽之恩，勑法慎罰，以省刑典。臣伏見當今天下士庶，思願安寧，途謠巷歌，皆稱萬歲，此其懷樂聖化，願保永年，欲與子孫同此仁壽。今神皇不以此時崇德務仁，使刑措不用，乃任有司明察，專務威刑，臣竊恐非神皇措刑之道。且臣聞殺一人則千人恐，濫一罪則百夫愁，人情大端，畏懼於此。今天下至廣，萬國至繁，神皇雖妙察獄囚，不可門告戶說，今一一知者。若使有一不知，以神皇好任刑法，則非太平安人之務，當今聖政之要者也。此是臣赤心至誠，敢言其實，冒死犯奏，所冀天鑒，務求措刑，察臣所言，非敢苟順。

（唐）皮日休《皮子文藪》卷七《斥胡建》　古者，將在軍，君命有所不受。若穰苴之斬莊賈，孫武之僇宮嬪，魏絳之辱楊干，是也。如建者爲軍正丞，設御史有奸，在建職，當以狀聞，自有天子之刑名。如擅斬者，乃一夫之暴賊上吏者也。以辱國威。國威者，軍刑者也。夫軍正之職，當申明其法于軍師，亦不可擅行誅殺也。正且不可，况又丞哉？嗚呼！漢不以是僇建，以正其罪，反以詔命賞之。嘻！妄矣。過直近乎暴物，過訐近乎擅命，有之不戢，在家爲賊子，在國爲亂臣，其建之謂矣。

（宋）姚鉉《唐文粹》卷二九陸贄《駕幸梁州在路論百姓進瓜果請賜帛不與官第一狀》　夫立國之道，惟義與權；誘人之方，惟名與利。名近虛而於教爲重，利近實而於德爲輕。兄所以裁是非立法制者，則存乎其義。至於又絫虛實，揣重輕，並行而不傷，迭用而不悖。因衆之欲，度時之宜，消息盈虛，使人不倦者，則存乎其權。專實利不濟之以虛名，同耗匱而物力不給；專虛名而不副之以實利，則誕漫而人情不趨。故國家之制賞典，錫貨財，賦秩廩，所以裁實也；差品列，異章服，所以飾虛也。居上者必明其義，達其變，相須以爲表裏，使人日用而不知，則爲國家之權得矣。

（宋）姚鉉《唐文粹》卷三六呂温《人文化成論》　寬則人慢，糾之以猛；猛則人殘，施之以寬。寬以濟猛，猛以濟寬，此刑政之文也。

（宋）姚鉉《唐文粹》卷四六沈顔《象刑解》　舜禹之代象刑，而人不敢犯。言象刑者，以赭以墨染其衣冠，異其服色，凡爲三等。及秦法苛虐，方用肉刑，鋸鑿箠扑，楚毒畢至，而人犯愈多，俗益不治。其故何也？非徒上古淳朴，人易爲化，亦由聖智玄遠，深得其理故也。夫法過峻則犯者多，犯者多則刑者衆，刑者衆則民無恥，民無恥則雖曰劓之、刖之、笞之、扑之，而不爲畏也。何以知其然邪？夫九人冠而一人髽，則髽者慕而冠者勝，九人髽而一人冠，則冠者慕而髽者勝。民不知冠之髽之爲勝，但見衆而爲慕矣。今免者多而刑者少，人尚慕其多矣。及刑者多而免者少焉，以少爲勝乎？故曰法過峻則犯者多，犯者多則刑者衆，刑者衆則民無恥，民無恥則雖曰劓之、刖之、笞之、扑之，而不爲畏也。凡民之心，知恣其所爲，而不知戒其所失。今辱而笞之，不足以爲法也。何者？蓋笞絶則罪釋，痛止則恥滅，恥滅則復爲其非矣，故不足以爲法也。虞舜染其衣冠，異其服色，是罪終身不釋，恥畢世不滅，豈特已以爲恥也，人之見之者，皆以爲恥也，皆以爲戒也。愚故曰非徒上古淳朴，人易其化，亦由聖智玄邈，深得其理故也。

（清）董誥《全唐文》卷二三六韋嗣立《省刑罰疏》　臣竊嘗聞之：在堯、舜之日，畫其衣冠，當文、景之時，幾致刑措，歷茲千載，以爲美談。臣伏惟陛下濬哲欽明，窮神知化，自軒、昊以降，莫之與京，獨有往之論法，或未盡善，皆由主司姦兇惑亂視聽。尋而陛下聖察，具詳之矣，然竟未能明其本源，察其前事，令天下萬姓識陛下本心，尚使四海多銜冤之人，九泉有抱痛之鬼。臣誠愚昧不識大綱，請爲陛下始末而言其事。揚豫之後，刑獄漸興，用法之伍，務於窮竟，連坐相牽，數年不絶。遂使巨姦大猾，伺隙乘閒，内包豺狼之心，外示鷹鸇之跡，陰圖潛結，共相影會，構似是之言，成不赦之罪，皆深爲巧詆，恣行楚毒。人不勝痛，便乞自誣，公卿士庶連頸受戮，道路藉藉，雖知非辜，而鍛鍊已成，辯占皆合。從臯陶爲理，于公定刑，則謂汙宮毀柩，猶未塞責。雖陛下仁慈哀念，恤獄緩死，及覽辭狀，便已周密，皆謂勘鞫得情，是其實犯，雖欲寬捨，其如法何？於是小乃身誅，大則族滅，相緣共坐者，不可勝言。此豈宿搆讎嫌，將申報復？皆圖苟成功效，自求官賞。當時稱傳，謂爲羅織，其中陷刑得罪者，雖有敏識通才，被告言者，便遭枉抑，心徒痛其冤酷，口莫能以自明。或受誅夷，或遭殛竄，並甘心引分，赴之如歸。故知弄法侮文，傷人實甚。賴陛下特迴聖察，昭然詳究，周興、邱勣之類，宏義、俊臣之徒，皆相次伏誅。事暴遐邇，而朝野慶泰，若再覩陽和。且如仁傑、元忠，俱罹枉陷，被勘鞫之際，亦皆已自誣。向非陛下至明，垂心省察，則菹醢之戮，已及其身。欲望輸忠聖代，安可復得？陛下擢而升之，各爲良輔，國之棟幹，稱此二人。何乃前非而後是哉？誠由枉陷與甄明耳。臣但恐往之得罪者多並皆此流，則向時之冤者，其數甚衆。昔殺一孝婦，尚或降災，而濫者蓋多，寧無怨氣？怨氣上達，則水旱所興，欲望歲登，不可得也。陛下儻宏天地之大德，施雷雨之深仁，歸罪於削刻之徒，降恩於枉濫之伍。自垂拱已來，大辟罪已下，常赦所不原者，罪無輕重，一皆原洗，被以昭蘇。伏法之輩，追還官爵；緣累之徒，普沾恩造。如此，則天下皆知比所陷罪，元非陛下之意，咸是虐吏之辜。幽明歡欣，則感通和氣；和氣下降，則風雨以時；風雨以時，則五穀豐稔；歲既稔矣，人亦安矣，太平之美，亦何遠哉！伏願陛下深察。

（清）董誥《全唐文》卷七三四沈亞之《對省試策第一道》 問：教化賞罰，政之大端，固並行而不相悖，在交修而底于道。漢文以恭默致理，式合古風；鄭産以刑鼎興譏，是稱叔代。昭然薄厚，豈俟敷陳。然則馭時，自有宜急。《禮》云：不從其所行，斯不亦教化之功乎！又云：使人有所愧恥，斯不亦賞罰之羞乎！若曰澄其源而清其流，端其本而正其末。陶然而臻福壽，薰然而化暴戾。體則盛矣，如寬舒何？是黜幽陟明爲瞰察也。其或舉一善而衆皆勸，懲一惡而衆皆懼。進猶加膝，辱過撻市。效則有矣，如削刻何？是道德齊禮爲虚説也。今聖上思理，股肱宣力。有司登選茂異，同觀材器。酌時而行，必有所先，原始要終，行能精辨。幸陳其要，無或蔓詞。

對：賞罰所以禁弊也，不可使其弊也。夫太寬則上逸而下偷，太急則上勞而下怨。下偷則怠慢生，下怨則暴亂作。故殷周之王，因其弊而更張之，因人利而改作之。是以不相襲制。而秦驕霸嗜利，吞天下以入咸陽，鞭百國之貨以富宫室。當是時，秦法行乎四海，天下之人側足而立。漢興，悉蕩其煩苛，與天下更始，樹可守之法，使賞必能，刑必罪。至於文帝，漢天下已四十年矣，文帝躬節儉，務簡易。因其時而若子産者，當微諸侯争霸，禮讓流喪，盜賊羣起，鑄鼎著刑，以救時耳。今可法之理，於近莫如太宗，龍興革亂隋之殘政，修法度，立中庸。圖堯舜爲鏡於前，用以爲明白之理，使房杜爲之相，以輔不及。當時之風，一化天下。流乎開元，井閭之人反樸，若先古然。夫既理之代，理之在中而已矣。猛則救以仁，寬則輔以毅。孔子亦曰：從容中道，聖人也。亞之雖不肖，然讀其書，見三代之作如此，秦漢亦如此，太宗中庸之理又如此。且貞觀之來非遠，而鄉中之老，往往猶有咏其事者。伏惟明徵之，可從容言於上前。

（宋）歐陽修《歐陽修全集》卷一〇二《奏議·諫院進劄狀九首·論光化軍叛兵家口不可赦劄子》 其人敢如此者，蓋爲不奉賊則死，不奉朝廷則不死，所以畏賊過於畏國法。臣恐朝廷威令，從此遂弱；盜賊兇勢，從此轉強。臣聞刑期無刑，殺以止殺，寬猛相濟，用各有時。伏望陛下勿採迂儒所説，婦人女子之仁，尚行小惠，以誤大事。

（宋）李覯《李覯集》卷一〇《刑禁第一》 刑罰之行尚矣，積聖累賢未有能去者也。非好殺人，欲民之不相殺也；非使畏已，欲民之自相畏也。然而憲令所加，寬猛或異，苟失權時之制，則致遠恐泥矣。故大司寇之職，掌建邦之三典，以佐王刑邦國，詰四方。一曰：刑新國用輕典。親國者，新辟地立君之國。用輕法者，爲其民未習於教。二曰：刑平國用中典。平國，承平守成之國。用中典者，常行之法。三曰：刑亂國用重典。亂國，篡弑叛逆之國。用重典者，以其化惡伐滅之。

蓋四海之内，千八百國，國政或異，人心豈同？苟執一以御之，是膠柱而鼓瑟，欲盡五聲之變不可得也。夫新辟地立君之國，居處未安，衣食未足，君臣之義未固，上下之情未接，從而急之，則魚潰鳥獝不復聚矣！其可不用輕法邪？篡殺叛逆之國，紀綱大壞，風俗大惡，强弱相勝，衆寡相暴，從而緩之，則羊狠狼貪，難以制矣！其可不伐滅之邪？承平守成之國，人各有業，事各有制，緩之將恐縱，急之將恐擾，其可不用常行之法邪？以大言之，則天下之理亦然。

（宋）李覯《李覯集》卷一〇《刑禁第二》 凡有血氣之類，莫不愛其生，君大夫士之於牛羊犬豕猶無故不殺，況於人者萬物之靈，父母生之，拊畜長育，顧復之恩至而後免於其懷。刑之大者，伏鈇鑕；其次，亦斷支體，刻肌膚，終身不息，何其痛哉！刑期無刑，蓋不獲已，苟得其情，亦哀矜而勿喜，矧可不慎以及于非辜者乎？故聖人求之以五聽，麗之以八議，三宥以卹其非意，三赦以異於全人。猶恐聰有所不聞，明有所不見，下情有所不達，議法有所不平。於是有外朝之位以詢于衆焉，必羣臣、羣吏、萬民之意同，然後刑殺，可不謂慎乎？孟子曰：左右皆曰可殺，勿聽；諸大夫皆曰可殺，勿聽；國人皆曰可殺，然後察之，見可殺焉，然後殺之。故曰國人殺之也。

（宋）李覯《李覯集》卷一〇《刑禁第三》　君之於民，猶親之於子也。親則不忍其子，君焉得忍其民哉？推其不忍之心，則人無有可戮，罪無有可刑，王欲赦之，固其理也。然而天討有罪，王者奉之以作五刑。刑者非王之意，天之意也。非天之意，天下之人之意也。殺人者死，而民猶有相殺；傷人者刑，而民猶有相傷。苟有以不忍而赦之，則殺人者不死，傷人者不刑。殺傷之者無以懲其惡，被殺傷者無以伸其冤。此不近於帥賊而攻人者乎？是故，先王雖有不忍之心，而不敢輒赦，必於外朝與掌事者議其可否焉。赦者非王赦之，情可赦也；否者非王不赦，情不可赦也。如此，民何有不服？令何有不行？王符《述赦》曰：養稂莠者，害禾稼，惠姦宄者，賊良民。誠哉！不可不慎也。

（宋）李覯《李覯集》卷一八《安民策十首·安民策第七》　竊思今之所謂良吏者，多不得其衷焉。不師古道，不觀人情，各是其所是，非其所非而已。其務近名者，則曰政必以猛，其務陰德者，則曰政必以寬。其務自異者，則曰前之政猛矣，我必以寬；前之政寬矣，我必以猛。其務自守者，則曰何必以猛，何必以寬，斷諸法而已矣。是皆一方之論也。政必以猛乎，其如善人何？多其逮捕，峻其推鞫，苛察則謂之智，深文則謂之公。火之炎矣，無間玉石；霜之隕矣，孰分蘭蕙。仁者之愛，果如是哉？政必以寬乎，其如惡人何？弛其囚繫，輕其撻戮，以容姦爲大度，以緩令爲識體。鴟梟鳴樹而弗忍言弋射，虎豹食人而弗忍慮機陷，義者之斷果如是哉？政必改前乎，則前人之猛治者皆惡人也，我改以寬，孰謂可哉？前人之寬治者，皆善人也，我改以猛，孰謂可哉？政必以法乎，則法輕而情重者何以威之哉？法重而情輕者何以恩之哉？是故近名者，刻薄之人也。陰德者，柔邪之人也。自異者，詭激之人也。自守者，畏愞之人也。皆不足以知治體矣。

仲尼曰：寬以濟猛，猛以濟寬，政是以和。蓋言寬猛不可偏任也。失之於寬，則濟以猛。失之於猛，則濟以寬。寬猛並行，然後爲治也。何謂寬猛並行哉？於善則寬，而於惡則猛也。皋陶曰：宥過無大，刑故無小。過雖大而宥其寬也，故雖小而刑其猛也。明主誠宜處寬猛之用，以命羣吏，謹察其所爲，而廢興之，則治道一致而百姓阜康矣。

（宋）李覯《李覯集》卷一八《安民策十首·安民策第八》　赦者，所以恤其民也。贖者，所以優其臣也。民之無狀，自陷罪辜。或銜刀於市，或刻其肌膚。蚤刑暮犯，纏綿弗絶。繞以叢棘，被以五木。託身獄吏，畢命螻蟻。聖人傷焉，此赦之所以作也。羣公卿士，盡瘁爾職，以身從君，以家狥國。而子姪有過，或麗於法，撻之戮之，同夫皁隸。則耻及其門，憂及其親。聖人傷焉，此贖之所以起也。是則惻隱之至，念切之著，而儒先之論，未有言其可者，何也？所利寡而所害衆也。

竊迹古先哲王之制刑法，非耆殺人，乃以生人也；非欲作威，乃以作福也。夫物生有類，類則有羣，羣則相争，争則相害。是以強者脅弱，衆者暴寡，智者詐愚，勇者苦怯。或則以殺，或則以傷。不有王者作，人之相食且盡矣。故先王立禮，則天之明，因地之性，刑罰威獄，以類天之震曜殺戮也。温慈惠和，以效天之生殖長育也。大刑用甲兵，其次用斧鉞，中刑用刀鋸，其次用鑽鑿，薄刑用鞭朴。大者陳諸原野，小者致之市朝。殺人者死，然後人莫敢殺；傷人者刑，然後人莫敢傷，弱寡愚怯之民，有所賴矣。故曰：鞭朴不可弛於家，刑罰不可廢於國，征伐不可偃於天下也。若曰有赦焉，有贖焉，是皆仁者之過也。

（宋）司馬光《司馬温公文集》卷一四《迂書·寬猛》　迂叟曰：寬而疾惡，嚴而原情，政之善者也。

（宋）張載《張載集·經學理窟·月令統》　井田而不封建，猶能養而不能教；封建而不井田，猶能教而不能養；封建井田而不肉刑，猶能教養而不能使。然此未可遽行之。

《二程集·周易程氏傳》卷四《周易下經下·涣》　五與四君臣合德，以剛中正巽順之道，治涣得其道矣。唯在浹洽於人心，則順從也。當使號令治於民心，如人身之汗浹於四體，則信服而從矣。如是，則可以濟天下之涣，居王位爲稱而无咎。大號，大政令也，謂新民之大命，救涣之大政。

（宋）陸九淵《陸九淵集》卷三〇《政之寬猛孰先論》　君不可以有二心，政不可以有二本。君之心，政之本，不可以有二，而後世二之者，不根之説有以病之也。寬猛之説，其論政之不根歟！歧君之心，撓政之本，其害有不可勝言者，惜乎未之辨也。

唐憲宗問權德輿政之寬猛孰先？當時德輿之對，似亦有得乎吾所謂君之心，政之本者矣，惜乎其不能伸之長之，而寬猛之説未及辨也。

寬者，美辭也。猛者，惡辭也。寬猛可以美惡論，不可以先後言也。強弗友之世，至於頑嚚、疾狠、傲逆、不遜，不可以誨化懷服，則聖人亦必以刑而治之。然謂之剛克可也，謂之猛不可也。五刑之用，謂之天討，以其罪在所當討，而不可以免於刑，而非聖人之刑之也，而可以猛云乎哉？蠻夷猾夏，寇賊姦宄，舜必命皋陶以明五刑。然其命之之辭曰：以弼五教，期于無刑。皋陶受士師之任，固以詰姦慝、刑暴亂爲事也，然其復於舜者，曰御衆以寬，曰罰弗及嗣，曰罪疑惟輕，曰與其殺不辜，寧失不經，好生之德，洽于民心，兹用不犯于有司。嗚呼！此吾所謂君之心而政之本也，而可以猛云乎哉？

寬猛之説，古無有也，特出於《左氏》載子産告子太叔之辭，又有寬以濟猛，猛以濟寬之説，而託以爲夫子之言。嗚呼！是非孔子之言也。且其辭曰：政寬則民慢，慢則糾之以猛；猛則民殘，殘則施之以寬。使人君之爲政，寬而猛，猛而寬，而其爲之民者，慢而殘，殘而慢，則亦非人之所願矣。嗚呼！是非夫子之言也。《語》載夫子之形容，曰威而不猛，《書》數義和之罪，曰烈于猛火，《記》載夫子之言，曰苛政猛於虎也。故曰猛者惡辭也，非美辭也。是豈獨非所先而已耶？是不可一日而有之者也。故曰可以美惡論，不可以先後言也。左氏之傳《經》，説《春秋》者病其失之誣，柳宗元非其《國語》，以爲用文錦覆陷穽。彼其寬猛之説，其爲誣而設陷穽也大矣。

左氏不足道也，吾觀西漢董生三策，不能無恨。三策之辭，大抵粹然有皋夔伊傅周召之風，使人增敬加慕。其首篇有王者宜求端於天，任德不任刑之説，尤切時病。至武帝再策之，有所謂商人執五刑以督姦，傷肌膚以懲惡之説，且繼以周秦之事爲問。嘗謂當時待詔者百有餘人，至於此語，未必非仲舒任德不任刑之言，有以激之也。此其説蓋亦有所自來，而仲舒乃不之辯，特推周家刑措之效，以爲由於教化之漸，仁義之流，非獨傷肌膚之效也。殆若無以加答，而遷就其説者然。若夫周措刑之美，秦用刑之非，武帝固自言之矣。彼之所問者，特以商人執五刑以督姦，傷肌膚以懲惡，有異於周之措而秦之用，此則武帝所據以遂其任法之意者也。此其説，蓋出於《戴記》商人先罰後賞之言。嗚呼！盡信書不如無書。戰國之君，争城以戰，殺人盈城，争地以戰，殺人盈野，孟子必力辯血流漂杵之言，以爲非是。《武成》，周書也；戰國，周之世也；《書》者，又夫子所定，去孟子未久也。至其言有害理非實，而足以病人君之心術，亦必力辯而無嫌。武帝之時，經籍出於秦火灰燼之餘，而記《禮》之書特傳於二戴之口，其非聖人之全書明甚。其所謂執五刑、傷肌膚之説，又背理非實，亦彰彰明甚。仲舒胡不稽克寬克仁之言，敷政優優之言，后來其蘇，后來其無罰之言以告之。且申《戴記》先罰後賞之説，明辨其非是，以祛武帝之惑，顧乃遷就其説而不之辯，亦異於吾孟子矣。張湯之徒，竟以任職稱意，公卿之間，往往繫獄具罪，知見之法興，繡衣之使出，網密文峻，而奸宄愈不勝，吾於仲舒之策，不能無遺恨焉。至再傳而爲宣帝之雜霸，又轉而爲元帝之優柔，皆此説之不明也。

嘗謂古先帝王未嘗廢刑，刑亦誠不可廢於天下，特其非君之心，非政之本焉耳。夫惟於用刑之際而見其寬仁之心，此則古先帝王之所以爲政者也。堯舉舜，舜一起而誅四凶。魯用孔子，孔子一起而誅少正卯。是二聖人者以至仁之心，恭行天討，致斯民無邪慝之害，惡懲善勸，咸得游泳乎洋溢之澤，則夫大舜孔子寬仁之心，吾於四裔兩觀之間而見之矣。然則君人者，豈可以頃刻而無是心，而所謂政者，亦何適而不出於此也。故曰君不可以有二心，政不可以有二本。

唐李吉甫嘗言於憲宗曰：刑、賞，國之二柄，不可偏廢。今恩惠洽矣，而刑威未振，中外懈怠，願加嚴以振之。當時帝顧問李絳，絳雖能以尚德不尚刑之説折之，然終未能盡愜於理。盍亦曰：吉甫爲宰相，若中外誠有傲逆淫縱，敗常亂俗，麗於法而不可逭者，盍亦明論其罪，告主上以行天討乎？何乃泛言刑威不振，勸人主以加嚴，此豈大舜明刑之心，而皋陶所以告舜之意乎？如此，則不墮於偏廢之説，而吉甫之失自著矣。噫！吉甫斯言，可謂失其本心者也。其後于頔勸帝峻刑，帝乃告諸朝而推論其意，吉甫退而抑首不言笑竟日，則吉甫亦可謂知耻者矣。後之欲以險刻苛猛之説復其君者，尚鑒于此哉！

善哉！德輿之所以告其君者乎，蓋亦有合乎吾孟子告君之機，惜乎其無以終之也。人君之所以進於先王之政者，蓋始於仁心之一興爾，然而事物之至，利害之交，此心常危而易蔽。況夫水溺火烈之説載於《左氏》，嚴理寬亂之論著於崔寔，而世莫之非。一旦而君有寬猛孰先之問，安知其不有所蔽而然乎？德輿首告以太宗觀《明堂圖》以罷鞭背之罪，此與孟子以見牛之説告齊宣王何異，真足以興其仁心矣。宜乎憲宗然之無疑，其後不惑於吉甫于頔之説，而能顧問李絳，推論于朝者，未必非德輿斯言力也。雖然，有仁心仁聞，而民不被其澤者，不行先王之政也。仁心之興，固未足以言政。孟子之興其仁心者，固將告之以先王之政也。若德輿則不復進於是矣，此吾所以惜其無以終之也。

嗚呼！是説之難久矣。自堯以是而哀鰥寡之辭，舜以是而稱皋陶之休，禹以是拜伯益之言，湯以是優代虐之政，文王以是明丕顯之德，武王以是釋箕子之囚，至于穆王猶能以是而作《吕侯之命》。三代降，斯道其不行矣，孟子没，斯道其不明矣。夫自漢儒之純如仲舒，猶不能使人無恨，則吾於德輿乎奚責。

（宋）葉適《葉適集·水心别集》卷一《進卷·治勢上》　欲治天下而不見其勢，天下不可治已。昔之論治天下者，以爲三代之時，其君各有所尚，夏之忠，商之質，周之文，數百年而不變。其後周之失弱，秦之失強，故忠、質、文之相代，若循環之無窮。而或者又曰：弱之失在於惠也，則莫若濟之以威；強之失在於威也，則莫若反之以惠。惠止於賞，威止於刑，故賞不至於濫而無所勸，刑不至於玩而無所懼。蓋其意以爲治天下之勢無出於此矣。夫一弛一張者，弓也，而羿之能不與焉；虚而敧，滿而覆者，器也，而倕之巧不與焉。故三代非忠、質、〔文〕之尚，而周、秦無強弱之失。治天下者，姑舍是乎！

古之人君，若堯、舜、禹、湯、文、武，漢之高祖、光武，唐之太宗，此其人皆能以一身爲天下之勢；雖其功德有厚薄，治效有淺深，而要以爲天下之勢在己而不在物。夫在己而不在物，則天下之事惟其所爲而莫或制其後。導水土，通山澤，作舟車，剡兵刃，立天地之道，而列仁義、禮樂、刑罰、慶賞以紀綱天下之民；至於賓餞日月，秩序寒暑，而鳥獸草木之類不能逃於運化之外，此皆上世之所未有，而聖人自爲之者也。

及其後世，天下之勢在物而不在己。故其勢之至也，湯湯然而莫能遏，反舉人君威福之柄以佐其鋒；至其去也，坐視而不能止，而國家隨之以亡。夫不能以一身爲天下之勢，而用區區之刑賞以就天下之勢而求安其身者，臣未見其可也。

蓋天下之勢，有在於外戚者矣，吕、霍、上官非不可以監也，而王氏卒以亡漢；有在於權臣者矣，漢之曹氏，魏之司馬氏，至於江南之齊、梁，皆親見其篡奪之禍，習以其天下與人而不怪。而其甚也，宦官之微，匹夫之奮呼，士卒之擅命，而天下之勢無不在焉。若夫五胡之亂，西晉之傾覆，此其患特起於公卿子弟，里巷書生游談聚論，沈湎淫佚而已，而天地爲之分裂者數十世。嗚呼！勢在天下而人君以其身求容焉，猶豫反側而不能以自定，其或在於宦官，或在於士卒，而舉威福之柄以盡寄之者，此甚可嘆也！

臣嘗怪唐末、五代之衰，皆以列校之卑，易置人主如反掌之易；而周世宗一日臨大位，北威契丹，南服李璟，法度脩舉，文武並用。太祖皇帝踐祚，十年之間，不耀兵甲，俘取僭僞之君若拾遺，而天下爲一，身致太平，爲子孫萬世之計。向之衰敗圮闕〔者〕二百餘年，英武之君、忠智之臣，圖回收取不能什一，而孱王幼主，俯首服從，相顧憤發，以至於流涕痛哭莫敢誰何者，一朝翕然皆在把握之内，何其速也！此無他，能以其身爲天下之勢，同天下之勢亦環向而從己，其必然而無疑者矣。

且均是人也，而何以相使？均是好惡利欲也，而何以相治？智者豈不能自謀？勇者豈不能自衛？一人刑而天下何必畏？一人賞而天下何必慕？而刑賞生殺，豈以吾能爲之而足以制天下者？雖然，鳥高飛於重雲之上，魚深游於潛淵之下，而皆不免有鼎俎之憂。天下之人所以奔走後先，維附聯絡而不敢自棄者，誠以勢之所在也。故夫勢者，天下之至神也，合則治，離則亂；張則盛，弛則衰；續則存，絶則亡。臣嘗考之於載籍，自有天地以來，其合離、張弛、絶續之變，凡幾見矣，知其勢而以一身爲之，此治天下之大原也。

（宋）葉適《葉適集・水心別集》卷二《進卷・國本下》 臣惟歷代用刑，各有輕重，不能盡舉。然不要其君賢而所任者仁人也，則用刑常輕；其君不賢而所任者非仁人也，則用刑常重。非惟用刑爲然也，而歷代之議刑者亦莫不然。蓋其人君子也，則議刑常輕；其人小人也，則議刑常重。故觀其所用，可以知其國；觀其所議，可以知其人。然而未也。蓋其君賢君也，而用刑不免於過重；其人君子也，而議刑亦不免於過重；以爲重刑所以致治，非重刑而天下不可治者，是可嘆也！

天下苦秦之刑重而欲輕之久矣，然而隨其時之輕重，而終於不能輕一代之刑。夫後世有天下之長者，莫若漢與唐，其能求所以輕刑之意者，亦莫若漢與唐，而卒之能輕一代之刑者，莫若吾宋也。漢、唐之時，雖治世猶多造大獄，根連株送，或數千里會逮，久者積數歲而不解，公卿以下，重足待命。其論囚報重，一郡之內，一日有殺至數百人者。凡此者，今天下之所未嘗有也。五代暴亂，承用重刑。盗一錢以上徑坐死，而茶鹽、榷酤升合銖兩之犯，至無生出者。犴獄所用，尤殘酷無法，不啻桀、紂。祖宗之世，或漸輕之，或盡除之。而參刑、具五刑、相收、連坐之刑，皆漢、唐之所常用者，此亦今天下之所未嘗見聞也。夫以前世用刑之重，而民亦無畏刑之心，滋長其悍虐，視性命死生如旦暮。或白晝挺刃，殺人於市；或報仇行俠，而天下大姓姦豪皆持生殺人之柄。殺人未必死，傷人未必刑，而弱子幼弟有竊息而不敢言者。少年亡賴，篡人於獄，官寺之外，商旅至不敢行。若此，今皆民之所無也。夫天下之俗，燕、趙強果，吴、楚輕鬬，蜀人多怨。至於激其所恥，動其所憤，皆有不畏死之心，惟至仁可以柔之。雖其自棄於盗賊者，亦非重法之所能治。此今日之所以用刑獨輕於前世，而民之自愛而畏法亦遠過於前世也。

雖然，今世之用刑，比漢、唐爲輕，比三代則爲重；而後世之所以制刑者，則雖三代不能及也。夫山澤之産，三代雖不以與民，而亦未嘗禁民以自利，均田輕税而民無爲生之苦。惟其狠戾不遜，以身犯法者，乃得而刑誅之。要之今世之民自得罪者，其實無幾，而坐鹽茶、榷酤及它比、巧法、田役、税賦之不齊以陷於罪者，十分之居其六七矣。故曰比三代之刑爲重。三代之肉刑也，其刑雖省，而一或行之，則其肢體殘壞，至於終身，亦已甚矣，文王、周公蓋相承而不能變。而論者則以爲後世之刑不及上古之肉刑也，豈不痛哉！嗚呼！後世之制刑仁於三代，今既行之矣；今世之用刑重於三代，顧未能輕也，則恤之而已矣。然則祖宗之恤刑，可謂至矣。以恤刑之仁行制刑之仁，輕於漢、唐而庶幾於三代，深者無公名，平者無後患，重失入之坐，厚雪冤之賞。是故無智力之治，無兵甲之強，無險要之固，德澤雖未大利於天下，而民不攜貳，天下安寧，室家相保，未嘗有匹夫橫行之變，下人謀上之姦者，能隆禮以御其臣而恤刑以愛其民也。故此二者，國家之大本，無窮之祚，不可變之俗也。

故臣之不肖，以爲誠使天下之賢君不免有重刑之心，而天下之君子不免有重議刑之心者，其禍最大，其憂最甚，此不可以不極慮而深言也。嗚呼！有自來矣。求一切之治而不知天下之情，怒一人之罪而有並疾天下之意，用一朝之決貽無窮之患而不察也，豈不過哉！夫二百餘年之國本在是，天下安之也久矣。培之使益堅，養之使不傷，夫誰得而動之！不顧而變，其安危之端，必自是始，雖賈誼、陸贄復生，爲今日計，未必以易此也。

（宋）葉適《葉適集・水心別集》卷八《進卷・崔寔》 昔子産告子太叔曰：惟有德者能以寬服民，其次莫若猛。夫火烈，人望而畏之，故鮮死焉；水弱，人狎而玩之，故多死焉；故寬難。子太叔爲政，不忍猛而寬，鄭國多盗，子太叔悔之，於是盡殺攻萑苻者而盗少止。子産以爲德不足而用寬，是誘人以輕犯法；待其亂而後大禦之，則人之得罪了滋多。故子産之所謂猛者，將致重以省刑耳。然而夫子憂其説之偏，足以誤世，故具論之曰：寬猛相濟，政是以和；而又曰：不競不絿，不剛不柔，敷政優優，百禄是遒，和之至也。

夫子産自言其爲政之意以告子太叔，此豈一國之政所當然哉？而崔寔論天下之政乃推本於子産，以爲嚴之則理，寬之則亂，累千百言，皆教人主以深刑，反失子産之意矣。至於考論漢事以信其説，甚多疏謬，蓋申、商之所不忍言者。仲長統既以爲當置於人主之右，而後世果從而好之。以疏論招實禍，無酷於此，不可以不辨也。

夫寬嚴者，爲政之勢，而政不出於寬嚴；故善爲政者，有必行之實而無寬嚴之名。人主謹操天下之大柄，使之無不在我，而天下惟吾之所欲爲。當此之時，天下之從其君，若嬰兒之赴慈父母也，雖寬且無所用之，嚴何施焉！天下之柄不幸有所分，則必自其分而收之，收之而不遂聽，則或不免於用法，若宣帝之於霍氏是也。雖然，不度難易，不計淺深，而遽用法，則或以致亂者有矣，魯昭公之於季氏，唐文宗之於宦官是也。夫不知其柄之所由分，而欲致區區之嚴刑以督責無罪之人，驅天下以叛己而助之決，則豈惟德不足之過哉？其愚闇而地智亦已甚矣。

東漢自章帝而柄始分於外戚，和帝誅戮竇氏而柄始分於宦官。其後宦官、外戚迭相表裏，蓋北鄉、順帝之興廢，沖、質、桓、靈之更立，而天下之政在外戚、宦官者十九矣。當此之時，寔勸其君以嚴刑者，將何所用也？用之於內乎？則所以收外戚、宦官者有道，而非果於殺者之所能制。用之於外乎？則雖多殺長吏之貪奸者數十人，豪強大姓之不循法者數百人，平民緣以坐死者數千人，此何損於梁氏之權耶？而謂其可以興漢乎？漢法苛重，而人主或不能盡持，故權臣借以濟其惡。李固、杜喬，天下忠義之望，累朝傅相之尊也，爲梁氏相繼陳尸於衢。其他以忤恨殘滅者不知其幾，而宦官，常侍之橫，州郡輕以人命而資之者，弗稱數焉。寔曾不見天下之勢，而輕論天下之政，何耶？雖使其時君用之，用之於外而不能收其內，固不足有所救；而遺說著於後世，將遂從而深信之，豈不過甚矣乎！

嗚呼！人君其謹察天下之政而已。政柄所分而法律不可亂，則不待爲嚴而天下固已治矣。夫以宣帝之勤且明，足以治天下有餘矣，獨恨其無人君之德而過於嚴耳；然且無妄刑濫殺之事，柰何誣之！元帝之衰，罪在用恭、顯，殺蕭望之、周堪、張猛耳；遽議其優游不斷，可乎？孝文發仁政於一女子，是以變上世之肉刑。至於笞令之過，改法之失耳，乃謂其以變法而行重刑，以嚴致平而非以寬致平，其誣之也又甚於宣帝焉。夫文帝恭儉之福，豈不足以致治？今也必曰其變肉刑以多殺人而後能有功，何耶？寔不經如此，皆不足論。

噫！欲治天下而必曰嚴刑而後治，亦見其無術矣。今天下計行輕刑日凡幾人，行重刑月凡幾人，行死刑歲凡幾人。刑人相望，而奏報之書大半皆獄書也，猶曰吾刑病不嚴。嗚呼！世有論政如崔寔者，可以痛哭之矣！

（宋）葉適《葉適集・水心別集》卷八《進卷・蘇綽》 夫平心克己，節儉愛人，務農重本，輕刑薄賦，此豈非爲治之常，百世相承而不可變者哉？而韓非、商鞅、申不害之流，以爲此皆帝王已行之迹，熟爛廢格而不可施於後世；且悒然待數百年子孫之效，孰與吾身親見其朝夕之功！是以意制彊國之術，務出於前人之所無有，驚駭其民而要束之；鄙笑先王以爲不知出此，而何苦自爲迂遠難成之意。秦之亡天下，後世雖知其禍原於鞅，至於彊國之術，立見之效，則不能少貶而廢之也。噫！由秦而至於今，天下之所以紛亂雜揉，上下相疑而不可治者，豈非失其常道而皆好異術以愚之哉！夫非民心之所有，則安能強而從我？今也見其不治而尤其術之未工，將復出於異，則天下幾何而不亡！

（宋）真德秀《西山文集》卷四《召除禮侍上殿奏劄二》 上之所爲，一與理合則不待教令而自孚，上之所爲，一與理悖，則雖加刑僇而不服。然則今日人心之未信者，果安在耶？成王之命君陳曰：有廢有興，出入自爾師虞，庶言同則繹。孔子答哀公之問曰：舉直錯諸枉，則民服；舉枉錯諸直，則民不服。盖立政用人，未有不參稽公議而能厭服天下者。

（宋）真德秀《西山文集》卷一八《講筵進讀手記》 周之先王以仁治天下，後世浸失之舒緩，天以常燠應之，秦以急刻爲政，天以常寒應之。刻急固不可，舒緩亦不可。《中庸・至聖章》既曰寬裕、溫柔足以有容也，必曰發強、剛毅足以有執也。二者皆不可偏。陛下非無剛斷者，如更化之初，逐二小人，治二贓吏，臣時猶在泉南，聳聞聖斷，一時士大夫莫不震肅，貪鄙之風幾於盡掃。自頃以來，乃似姑息巨姦，宿贓悉逃，憲綱上下，觀望無所畏憚。州縣之吏，貪暴如初，民無告愬，惟其政令不行，紀綱不肅，所以上天仁愛示以常燠之罰。《易》言立天之道曰：陰與陽，使天有陽而無陰，則能生物，而不能成物，何以爲造化。地之柔剛，人之仁義，皆不可偏。願陛下深體《大易》之義，仁之與義，務在兼行，不使一闕，庶可仰承天意。上然之。

（宋）真德秀《西山文集》卷二八《送陳端文宰武義序》 始余自江左移守泉，征途凡三月，思所以爲治人之術者，曰吾惟致審於寬嚴之間乎。蓋世之言政者，有曰：寬以待良民，而嚴以馭姦民也。或曰：撫民當寬，而束吏貴嚴也。或曰：始嚴而終之以寬也。然則治人之術，其果盡於此乎？如其盡於此也，夫人之所知也，吾何庸思。且世之能是者亦衆矣，抑何其合於聖賢者寡矣。又從而思焉，思之而弗得，則夜以繼日焉。居一日悚然而悟曰：嗚呼，吾患不能存吾心焉，爾吾之心存，則藴之爲仁義，發之爲惻隱，羞惡隨物以應，而無容心焉，則寬與嚴在其中矣。

（宋）李昉等《文苑英華》卷七六八楊夔《刑議》 議曰：刑可以立乎？堯舜不能去，不亦深乎？曰：貳於法而行之，苟違之者是不由砥終而紊之。則孰若嚴刑而使知畏，姑以一宇言之立其牆垣，崇其閈閎，猶有穴而入者，而况於不設乎。漢輕其法，穽民於禍矣。之而不是子更，嗚呼！致金於路，坐拾者以盗不？

（元）蘇天爵《元文類》卷四二《憲典·職制篇》 日月運，四時行，法度彰，百官理。至元班禄以來，常任則有省部諸院，準人則有臺臣憲司，立民長伯則總而方鎮，分而郡縣，以及府兵。闤闠之世，襲宫邸湯沐之樹，建星列而碁布焉。居積典守有官，工肆視成有官，河有防，賦有漕，驛有置冠，蓋往來則有王人之銜命。岳牧之移委，受事既殊，隨事爲令。其間禦暴而司平，則捕盗典獄專庀厥司。是故國中共守者曰總例，則揭之化外羈縻者用輕典則。傳之於是，職制備矣。嗚呼！人君之遇臣下，豈務恃法哉！由夫才諝之不齊，資踐之雜進，然後罪列公私，贓論多寡，而風紀之責望日益重矣。定官箴謹侯。度作職制篇第三。

（明）歸有光《震川先生集》卷二《序·卓行録序》 但古之聖人以禮教天下，使君子小人皆至焉。若孔子之於其學者，獨教其爲君子之事，以治其心術之微，固禮之精者而已矣。然孔子終亦不以深望於人，故曰：不得中行之士而與之，必也狂狷乎？中行者，其所至宜及於仁；而於狂狷之士，孔子蓋未之深絶也。故於逸民之徒，莫不次第而論列之。至其孫子思作《中庸》，其爲論甚精，而其法尤嚴。使世之賢者稍不合於中，皆爲聖人之所棄。而鄉愿之徒，反得竊其近似，以惑亂於世。孟子知其弊之如此，故推明孔子之志，而於鄉愿尤深絶之。

由此言之，至於後世，苟不得乎中行，雖太過之行，豈非君子之所貴哉？

（明）何心隱《何心隱集》卷二《論中》 堯以不得舜爲己憂，憂難得人於中而允執也；舜以不得禹爲己憂，憂難得人於中而精一也。精於中而執之，必允無雜心也。一於中而執之，必允無二心也。莫非心也，心而主則中心，而貫則道心。人於人則不貫，不貫則比而無所主。既不能主乎人，又不能主於人人也，人亦禽獸也。人其心也，非道心也。心以貫心，而主於一人，以主乎億兆無算之人，道其心也，非人心也。人心非有滅也，道心非有加也。人聚而道，道散而人，莫非心也。道乎其心者，其用心也大而難，若存若亡，似有似無，心甚微也。人乎其心者，其用心也小而易，用於此自觸乎彼，用於彼自觸乎此，彼此相觸而利害相攻，心甚危也。心如是危，又如是微，奈之何哉？惟大哉之堯自透其心，見心雖危，而若有主乎其危者，安安在中；見心雖微，而若有主乎其微者，顯顯在中。中亦心也，心之心也。象身也，身立乎天地之中，中也。中也者，主也。主乎身者，中也，心也。以身主乎人之心者，中也，心也。身以主於人之心者，中也，心也。心乎道以道人，而人乎心者亦自不容不貫而道其心也。心於道，中也。堯則允執此中以爲君。君者，中也，象心也。心在身之中，中在心之中，故名中。惟中爲均，均者，君也。允執乎中者，允執君以道其心也。道乎一己之心，以君主乎億兆無算之人之心，不惟伏羲之伏其義而已也。必洗滌乎君以主道而成象於位，位乎上天下地之中，而允執之矣。中而必執，執而必允者，惟憂其或危也，惟憂其或微也。憂之莫解，則不容不旁求透心之人，如己之透，同見乎中之當執，執之當允，以君象中，以位尊君，而共保乎心之不危不微，化乎人，純乎道而後已也。斯人也，豈易得哉？必和人如舜而後可以解其憂也。舜何人也，人雖未及堯之大，而亦足以君也。君哉其舜也，精一人也。在堯既爲君矣，而舜何爲哉？惟精乎中，惟一乎中，惟位乎君而已矣。其曰欽哉，慎乃有位，精一也，位中也。位而欽而慎，位之外無雜心也，無二心也。精一也，精此中也，一之中也。精此中，一此中，所以欽此位，慎此位也。欽此位，慎此位，所以精此中、一此中也。

天位乎上，地位乎下，人位乎中。人必君，則人也。君必位，則君也。臣民亦君也。君者，均也。君者，羣也。臣民莫非君之羣也，必君而後可以羣而均也。一身，則心爲君也。君呈象於四體百骸，則元首爲君也，若臣若民莫不有身也，莫不有四體百骸也，莫不有四體百骸，則莫不有元首也。莫不有身，則莫不有心也。莫不有元首、莫不有心，則莫不有君也。君莫非中也。

堯之所以必於中而允執之者，欲人人之透心也。透心則心有主，而於四體百骸可以貫也。不惟貫乎己，貫乎人也。君臣、父子、夫婦、昆弟、朋友，莫非人也。貫乎人，所以貫乎君臣、父子、夫婦、昆弟、朋友，人心而道心也。道心，道其心於君也。君其心於君臣，可以羣君臣，而君臣可均也。不然，則君不君，臣不臣，不羣不均矣。君其心於父子，可以羣父子，而父子可均也。不然，則父不父，子不子，不羣不均矣。至於可以羣夫婦而夫婦均，可以羣昆弟而昆弟均，可以羣朋友而朋友均者，莫非君其心於道也，中也。中也者，道之主也，心也，不可不執也。執不之不可以不允也。惟精惟一，而後能允執也。惟欽惟慎，而後能精一也。精一惟授禹於授位之初者，亦惟憂其心之或危或微，而亦必得透心之人，如禹之無間乎己之透心，以永保其中於君於位，而自不危不微以解憂也。解舜之憂必禹，解堯之憂必舜。堯之下不獨一舜也，何爲以不得舜爲憂，舜之下不獨一禹也，何爲以不得禹爲憂？堯惟於中而允執，非舜不能受允執也。舜惟於中而精一，非禹不能受精一也。堯授位於舜而不授位於丹朱，是允執也。舜授位於禹而不授位於商均，是精一也。於中而精一而允執，則得人亦允執而精一也。苟非惟精惟一而允執在中，何爲得舜得禹之執且允、一且精耶？

《世宗憲皇帝御製文集》卷九《雜著·執忠成憲御論》 《家語》舜之爲君也，其政好生而惡殺，其任授賢而替不肖。德若天地而靜虛，化若四時而變物。是以四海承風，暢於異類，鳳翔麟至，鳥獸馴德。無他，好生故也。虞舜寬裕而溫良，敦敏而知時，畏天而愛民，恤遠而親近。

虞舜好生而惡殺，蓋生者發育長養之意，是以聖人好之；殺者閉藏收斂之威，是以聖人惡之。二者皆天地四時自然之功用。故下文曰：德若天地而靜虛，化若四時而變物。蓋天地以靜虛爲德，故其生殺也以神應而無心。四時以變物爲能，故其生殺也亦化行於不悖。觀風霆雨露之兼施，秋肅春溫之迭嬗，則知天地四時之有殺。正天地四時之惡殺，正天地四時之好生也。聖人合天地四時以爲心，故惡殺而不能不用。殺如四凶之誅，五刑之作。皆堯舜好生惡殺之實心實政。若務好生之虛名，而以無殺爲惡殺，則其流必出於姑息之一途。政寬民慢，如水弱之玩而多死。是非真能惡殺，乃適成其爲好殺也。豈天地好生惡殺之心？豈聖人好生惡殺之道乎？帝堯之言曰：一人有罪，此我陷之也，惟存此心，然後可惡殺。蓋明罰敕法，正以遏惡揚善，順天休命，期於人人皆知遠殺。其斯爲真能惡殺者乎？

《皇朝經世文統編》卷二七《内政部一·治術》 陸隴其《治法論》

帝王之道，中而已矣。惟中故緩獄措刑而不厭其寬，詰奸鋤暴而不厭其嚴，治具纖悉而不厭其煩，獨持大體而不厭其簡。此唐虞三代之治，所以萬世莫與京也。苟不審其中，而徒徇於一偏，方其寬也，則姦宄肆行而不知詰；方其嚴也，則無辜觸網而不知恤；方其煩也，則天下多事而吏弗能紀；方其簡也，則教弛法廢而上弗知飭。安在其能振風俗而感人心乎？漢、唐、宋之所以有古治遺意者，則以其寬嚴煩簡偶合於中也。其所以不知三代者，則以合而未有盡合也。今皇上詔承先烈，思所以整濟風俗，和輯人心，則寬嚴煩簡之間，誠不可不加之意。然愚竊謂今日：爲寬嚴煩簡之説者，皆未得其要而徒徇一偏者也。故見《周禮》之委曲煩重，則以爲宜用煩；見太公之三月報政，則以爲宜用簡；見漢高三章之約，則以爲宜用寬；見諸葛嚴峻之治，則以爲宜用嚴。夫周公之治周，誠煩矣，然其間豈無簡者存乎？太公之治齊，誠簡矣，然其間豈無煩者存乎？漢高、孔明誠一以嚴而一以寬矣，然寬者豈無用嚴之處，嚴者豈無用寬之處乎？蓋寬嚴煩簡者，爲治之大體，因乎時者也。寬嚴並用，煩簡互施者，爲治之大要，隨乎事者也。故善爲政者，貴因時而知變，又貴因事而知變。苟謂時可寬而一乎寬，或可嚴而一乎嚴，猶未知寬嚴之變者也，謂事可簡一乎簡，或可煩而一乎煩，猶未知煩簡之變者也。

《皇朝經世文統編》卷三四《内政部八·舉劾》無名《立法議》 朝廷之立法何其嚴，用法何其寬也。夫立法嚴，則人無所措手足；用法寬，則人將狃于法，輕犯之而不以爲懼。故善立法者，不爲不近情之科條，使天下有以守吾法。而不幸有小人焉，冒昧而犯之，則示天下以必信，而無所事于亟行之小惠，是以天下之犯法者少，而人主之法，足以立威於天下。令犯得贓者，自一兩以上，輒坐以流徙。流徙，重罪也，其去絞斬無幾也。令以坐一兩之贓，天下之官吏，其不至於流徙者，幾希矣。必有一日數犯者焉，必有一月數十犯者焉，彼其心豈不畏禍，而甘爲不肖，以自入于刑辟哉。蓋驅之於無可自容之地，則舉足措手，便入網羅，雖有畏禍之心，不如轉而爲避禍之計。且有以逆窺朝廷之法未必盡行，而我不妨姑且嘗試，遂其私圖也。幸而無發其奸者，則朝廷之法未加于其身，不幸而奸發矣，所謂流徙斬絞者，隨而議其後矣。遲之一二年間，流徙之獄成，而赦又至矣。故夫今日之官吏，皆有不信朝廷之法，是以法雖嚴而不足畏。夫立法以威天下，而使人不足畏，法雖嚴與無法等。愚以爲與其立法嚴而用法寬，何如立法寬而用法嚴。立法寬則人之犯法者少，犯法者少，則官吏皆得優游於法外，以自養其廉耻而無迫促不自容之狀。如是而猶犯吾法焉，是其心好爲恣睢，以蹈不測之罪，更不必有所顧惜，以養天下之奸。治之流徙即流徙，治之斬絞即斬絞。天下既得自安于法外，而夫不能倖免于法中，貪吏之風，庶乎其少息也。

《皇朝經世文統編》卷四三《内政部十七·刑律》袁枚《答金震方先生問律例者》　律者，萬世之法也；例者，一時之事也。萬世之法，有倫有要，無所喜怒於其間；一時之事，則人君有寬嚴之不同，卿相有仁刻之互異，而且狃於愛憎，發於倉卒，難據爲準。譬之律者，衡也、度也，其取而擬之，則物至而權之、度之也。部居別白，若綱在綱。若夫例者，引彼物以肖此物，從甲事以配乙事也。其能無牽合影射之虞乎？律雖繁，一童子可誦而習。至於例，則朝例未刊，暮例復下，千條萬端藏諸故府，聰明之官不能省記。一旦援引，惟吏是循。或同一事也，而輕重殊，或均一罪也，而先後異。或轉語以抑揚之，或深文以周内之。往往引律者多公，引例者多私；引律者直舉其詞，引例者曲爲之證。公卿大夫，張目拱手，受其指揮，豈不可歎？且夫律之設，豈徒爲臣民觀戒哉？先王恐後世之人君，任喜怒而予言莫違，故立一定之法，以昭示子孫。誠能恪遵勿失，則雖不能刑期無刑，而科比得當，要無出入之誤。若周穆王所謂刑罰世輕世重，杜周所謂前王所定爲律，後王所定爲令，均非盛世之言，不爲典要。謹以先君子所私核者數條，列狀於左，伏候採擇。

《皇朝經世文統編》卷四三《内政部十七·刑律》張朝珍《詳定刑律疏》　刑法者，帝王御世之大權，而生死攸關，不可不慎。故罪疑惟輕，得情勿善深悲，其已死不能復生也。然一之以律法，務期情當乎罪，罪協于律，彼自作之孽，雖死又何怨哉？故律例一書，古人用意深長，句法字義確乎不可摇動。倘遵守不一，則奸吏得以輕重其間，不無獄鬼夜號，怨氣上升，以致天變之屢見也。近見問刑新例有不合于律者，大抵過苛。謹以臣知者，爲皇上陳之。律稱説事過錢者，減受錢人二等罪，止杖一百，徒三年。新例議改與受錢人同罪。但今衙役犯贓一兩以上流徙，至一百二十兩擬辟。設若常人而與衙役過贓一兩便擬流徙，過贓一百二十兩即置之死地，是説事過錢之罪反重於詐欺取財之罪矣。以懲儆衙蠹之峻法而並及過錢之常人，致與受財人同罪，此新例有未當者也。此外或有未合于律，未當于罪者，尚多。請勅法司選舉通曉律法之官，將歷年諸臣條議、新例有未當者，悉心删正，務期經久，可以垂法後世者，訂議妥確，刊入律内，頒布天下。使爲法官者遵守畫一，毋至輕重于其間。俾天下無冤民，是亦消弭災變之一端也。

（清）龔自珍《龔定盦全集·定盦續集》卷二《五經大義終始答問三》　願問司寇之三世。答：周法，刑新邦，用輕典。據亂故，《春秋》於所見世，法爲太平矣。世子有進藥於君，君死者，書曰弑其君。蓋施教也久，用心也精，責忠孝也密。假如在所傳聞世，人倫未明，刑不若是重；在所聞世，人倫甫明，刑亦不若是重。

（清）錢大昕《潛研堂集》卷三《説·中庸説》　《中庸》之義何也？天地之道，帝王之治，聖賢之學，皆不外乎中。中者，無過不及之名。堯之傳舜曰允執其中，而舜亦以命禹。《洪範》九疇，天所以錫禹也，五居九疇之中，故曰建用皇極。皇極者，大中之謂也。孔子作《易·十翼》，《象傳》之言中者三十三，《象傳》之言中者三十。其言中也，曰正中，曰時中，曰大中，曰中道，曰中行，曰行中，曰剛中，曰柔中。剛、柔非中也，而得中者元咎，故嘗謂《易》六十四卦三百八十四爻，一言以蔽之，曰中而已矣。子思述孔子之意而作《中庸》，與《大易》相表裏。其曰中也者，天下之大本也，言其體也；曰君子而時中，言其用也。此堯舜以來傳授之心法也。

堯舜以來，言中不言庸，孔子之言中庸何也？曰：《説文》，庸，從庚从用，庸之言用也。中者，天所命之性，而用之在人。自天言之謂之中，《傳》曰民受天地之中是也。自人言之謂之中庸，唐虞相傳，皆曰執中，而孔子申之云執其兩端，用其中於民，然則中庸卽執中之義矣。故曰君子之中庸也，君子而時中。中無定體，而執中莫如隨時，時中者，中之用也。雖然，時中惟聖者能之，而擇中而執之，則人皆可勉。中之所在，善之所在也，故亦謂之擇善。聖人之教人也，欲使知愚賢不肖之倫，去其過不及而歸於中，故示之以從入之方，曰擇乎中庸。擇也者，能不能未定之詞也。擇之而得之，得之而固執之，久之而無時之不用其中，此之謂時中，此之謂依乎中庸矣。

然則何以復言中和？曰：未發爲體，已發爲用，發而中節者，合乎時者也。天有四時，順其序謂之太和；人有七情，中其節謂之中和。中以和爲用，非時則不和，故《博雅》訓庸爲和，而《中庸》一篇，首言致中和，中和卽中庸也。以道體言之曰中和，以入道言之曰中庸，言固各有所當已。

然則先儒何以訓庸爲常？曰：凡物之失其常者，不可以用，其可常用者，皆中道也。一人之身，其分子臣弟友，其境富貴、貧賤、夷狄、患難，位不同而各有常然之道。常然者，合乎時者也。時然後行謂之庸德，時然後言謂之庸言，故曰君子素其位而行。素其位者，時中之用也。在《易》六爻之位，二多譽，四多懼，三多凶，五多功。然而當其用者，三四有時而吉，失其用者，二五有時而凶，所謂君子無入而不自得焉者也。《乾》之用九，戒之以天德不可爲首，懼其過剛而失中也；《坤》之用六，戒之以永貞，懼其過柔而失中也。六十四卦，不外乎時中，而《乾》《坤》特言其用，故曰《易》與《中庸》，其理一而已矣。

（清）劉坤一《劉坤一遺集·書牘》卷一〇《復曾經郛》 論政之道，原不必盡循塵轍，過事寬容；然必行之以漸，酌乎其中，乃可日起有功，而無矯枉過正之弊，從未有操之過激，輕試紛更，而能有裨治理者也。執事到省未及兩年，登諸薦牘，畀之優差，指摘之來，誠恐不免。然果使矜惜名節，砥礪廉隅，旁觀者又何從而議之？語云：政貴有恆，又云：君子務其大者遠者，是所望於賢執事矣。目下諸事已經商酌，渣滓盡融，台端儘可釋然，勵精圖治；來寧一節，正不必遠煩跋涉也。

（清）沈家本《寄簃文存》卷六《序·重刻明律序》 《易·繫傳》曰：變通者，趣時者也。《記》曰：禮時爲大，刑與禮相表裏。《書》曰：輕重諸罰有權，刑罰世輕世重。惟其變之所適，而權必因乎時，時之義，大矣哉。明太祖平武昌，卽議律令。吳元年，命左丞相李善長爲律令總裁官，日具條目以上。十二月，書成，凡爲令一百四十五條，律二百八十五條。洪武六年，又詔刑部尚收劉惟謙詳定《大明律》。七年二月，書成，篇目一准於唐。采用已頒舊律二百八十八條，吳元年定律二百八十五條，而此多三條者，殆其後有所增也。續律百二十八條，舊令改律三十六條，因事制律三十一條，掇《唐律》以補遺一百二十三條，合六百有六，分爲三十卷。九年，又釐正十三條。十六年，又定《詐僞律》條。二十二年，復命翰林官同刑部官取比年所增條例，以類附入。其篇目以《名例》冠首，而分吏、戶、禮、兵、刑、工爲六，自此始。考律書之篇目，自李悝造《法經》六篇，蕭何增事律三篇，是爲《九章之律》。魏、晉以下，篇目增多，而大綱不越乎此。北齊定爲十二篇，隋《開皇律》稍變通之，唐、宋下迄明初，皆遵用其篇目。蓋六部本屬中書，故律書未嘗以六部分。迨洪武十三年，懲胡惟庸亂政，罷中書省而政歸六部，律目亦因之而改。千數百年之律書，至是而面目爲之一大變者，實時爲之也。律之外又有條例，洪武初卽有之。三十年，又命刑官取《大誥》條目，撮要附載於律。弘治十三年，刑官言：法外遺姦，列聖因時推廣之而有例，例以輔律，非以破律也。乃中外巧法吏，或借便己私，律浸格不用。於是下尚書白昂等會九卿議，增歷年《問刑條例》經久可行者二百九十七條。嘉靖二十九、三十四等年，復重修續增。萬曆十三年，刑部尚書舒化等重定爲三百八十二條，附於律文之後。此有明一代律例隨時增損之大凡也。

太祖懲元之時法度縱弛，刑用重典，故《明律》往往重於唐，其《大誥》諸峻令尤出乎律之外。然其初李善長等論歷代之律，以《漢九章》爲宗，而唐集其成，僉謂今制宜遵唐舊，太祖從其言。洪武元年，又命儒臣六人同刑官講《唐律》，日進二十篇。是《明律》大旨亦本於唐，特其中有因時變通者耳。至三十年後，《大誥》諸峻令未嘗輕用，太孫嘗改定律七十餘條，太祖善之。復諭之曰：我治亂世，刑不得不重。汝治平世，刑自當輕。又嘗諭省臣鞫獄當平恕。尚書夏恕嘗引漢法，請著律，反者夷三族，卻奏不行。前之偏於重者因乎時，後之由重而漸輕者亦因乎時。惠帝諭刑官曰：《大明律》皇祖所親定，命朕細閲，較前代往往加重，蓋刑亂國之典，非百世通行之道也。朕前所改定，皇祖已命施行，然罪可矜疑者尚不止此。夫律設大法，禮順人情，齊民以刑，不若以禮。其諭天下有司，務崇禮教，赦疑獄。此蓋其祖孫一堂討論所及。至嗣位後爲是言以詔天下，深得《易傳》趣時之義，惜所謂罪可矜疑者，未詳爲何條？成祖務反惠帝之政，用刑慘毒，後之人亦遂無討論及此者。世謂《明律》偏主乎重者，固非公論。而後之立法者尚以重爲宗旨，豈得爲知時者哉？

方今環球各國，刑法日趨於輕，廢除死刑者已若干國，其死刑未除之國，科目亦無多。此其故，出於講學家之論説者半，出於刑官之經驗者半，亦時爲之也。今刑之重者，獨中國耳。以一中國而與環球之國抗，其優絀之數，不待智者而知之矣。當此時而講求刑法，其亦惟尋繹《易傳》趣時之義乎！余謬承修律之命，開館纂輯，復奏辦法律學堂，方將與講律諸君子，參考古今，博稽中外。既廣譯東西各國法律之書，復甄録我國舊文。若《唐律疏議》，余於庚寅歲曾覆孫氏元至正本，弆其版館中。於宋，則《刑統》，訪有天一閣本，遠道傳鈔，甫至也。於元，則重印《元史・刑法志》，並假武林丁氏所藏《元典章》鈔本，醵資重刻之。《明律》所見，有嘉靖本、隆慶本、萬曆本，皆舊刊不易得，無以應講學者之蒐討也。此本爲桐鄉沈氏所藏，刻於萬曆三十八年，乃所見《明律》最後之本，假付手民，以公諸世。所願誦是書者，尋繹乎變通趣時之義，而無惑乎偏重之説，斯可與知人論世矣。

（清）沈家本《沈寄簃先生遺書・刑具考・笞杖》　邱氏濬曰：《大明律》卷首作爲横圖，以紀獄具。笞杖大小、厚薄視唐略等，比宋則尤爲輕焉。祖宗好生之仁，雖爲惡之罪人，惟恐或有所傷，而爲之薄刑也如此。是以仁思厚德浹于民心，百年于兹。近年以來，乃有等酷虐之吏，恣爲刑具，如夾棍、腦箍、烙鐵之類，名數不一，非獨有以違祖宗之法，實有以傷天地之和。伏乞聖明，申明舊制。凡内外有因襲承用者，悉令弃毁。然禁之必自内始，敢有仍前故用，即以所製者加之。庶使太祖皇帝慎罰之意、恤刑之仁，所以著于律文者，萬世之下恒如一日。所以恢皇仁於九有，緜國祚於萬年者，端在於斯。

（清）譚嗣同《譚嗣同全集》卷一《仁學上》　荀乃乘間冒孔之名，以敗孔之道。曰：法後王，尊君統。以傾孔學也。曰：有治人，無治法。陰防後人之變其法也。又喜言禮樂政刑之屬，惟恐箝制束縛之具之不繁也。

（清）康有爲《論語注》卷六《雍也》　子曰：中庸之爲德也，其至矣乎！民鮮久矣。中者，無過無不及之名。庸，常也。《爾雅・釋詁》：典彝法則刑範矩庸恒律戛職秩，常也。故《書》篇多以典範法爲名。至，極也。鮮，少也。孔子立教因乎人道，于長短、大小、廣狹擇乎至中，食味，別聲，被色行乎至庸，當其宜者以爲至德。而諸子紛紛創制，民各有所從，鮮能行此中庸之道，因歎道久不行也。

紀事

《史記》卷四《周本紀》　王行暴虐侈傲，國人謗王。召公諫曰：民不堪命矣。王怒，得衛巫，使監謗者，以告則殺之。其謗鮮矣，諸侯不朝。三十四年，王益嚴，國人莫敢言，道路以目。厲王喜，告召公曰：吾能弭謗矣，乃不敢言。召公曰：是鄣之也。防民之口，甚於防水。水壅而潰，傷人必多，民亦如之。是故爲水者決之使導，爲民者宣之使言。故天子聽政，使公卿至於列士獻詩，瞽獻曲，史獻書，師箴，瞍賦，矇誦，百工諫，庶人傳語，近臣盡規，親戚補察，瞽史教誨，耆艾脩之，而后王斟酌焉，是以事行而不悖。民之有口也，猶土之有山川也，財用於是乎出；猶其有原隰衍沃也，衣食於是乎生。口之宣言也，善敗於是乎興。行善而備敗，所以産財用衣食者也。夫民慮之於心而宣之於口，成而行之。若壅其口，其與能幾何？王不聽。於是國莫敢出言，三年，乃相與畔，襲厲王。厲王出奔於彘。

《史記》卷八七《李斯列傳》　二世燕居，乃召高與謀事，謂曰：夫人生居世閒也，譬猶騁六驥過決隙也。吾既已臨天下矣，欲悉耳目之所好，窮心志之所樂，以安宗廟而樂萬姓，長有天下，終吾年壽，其道可乎？高曰：此賢主之所能行也，而昏亂主之所禁也。臣請言下，不敢避斧鉞之誅，願陛下少留意焉。夫沙丘之謀，諸公子及大臣皆疑焉，而諸公子盡帝兄，大臣又先帝之所置也。今陛下初立，此其屬意怏怏皆不服，恐爲變。且蒙恬已死，蒙毅將兵居外，臣戰戰栗栗，唯恐不終。且陛下安得爲此樂乎？二世曰：爲之柰何？趙高曰：嚴法則刻刑，令有罪者相坐誅，至收族，滅大臣而遠骨肉；貧者富之，賤者貴之。盡除去先帝之故臣，更置陛下之所親信者近之。此則陰德歸陛下，害除而姦謀塞，羣臣莫不被潤澤，蒙厚德，陛下則高枕肆志寵樂矣。計莫不出於此。二世然高之言，乃更爲法律。於是羣臣諸公子有罪，輒下高，令鞠治之。殺大臣蒙毅等，公子十二人僇死咸陽市，十公主矺死於杜，財物入於縣官，相連坐者不可勝數。

又：法令誅罰日益刻深，羣臣人人自危，欲畔者衆。又作阿房之宮，治直〔道〕、馳道，賦斂愈重，戍傜無已。於是楚戍卒陳勝、吳廣等乃作亂，起於山東，傑俊相立，自置爲侯王，叛秦，兵至鴻門而卻。李斯數欲請閒諫，二世不許。而二世責問李斯曰：吾有私議而有所聞於韓子也，曰堯之有天下也，堂高三尺，采椽不斲，茅茨不翦，雖逆旅之宿不勤於此矣。冬日鹿裘，夏日葛衣，粢糲之食，藜藿之羹，飯土匭，啜土鉶，雖監門之養不觳於此矣。禹鑿龍門，通大夏，疏九河，曲九防，決渟水致之海，而股無胈，脛無毛，手足胼胝，面目黎黑，遂以死于外，葬於會稽，臣虜之勞不烈於此矣。然則夫所貴於有天下者，豈欲苦形勞神，身處逆旅之宿，口食監門之養，手持臣虜之作哉？此不肖人之所勉也，非賢者之所務也。彼賢人之有天下也，專用天下適己而已矣，此所以貴於有天下也。夫所謂賢人者，必能安天下而治萬民，今身且不能利，將惡能治天下哉！故吾願賜志廣欲，長享天下而無害，爲之柰何？

《漢書》卷二三《刑法志》 至元帝初立，乃下詔曰：夫法令者，所以抑暴扶弱，欲其難犯而易避也。今律令煩多而不約，自典文者不能分明，而欲羅元元之不逮，斯豈刑中之意哉！其議律令可蠲除輕減者，條奏，唯在便安萬姓而已。

《後漢書》卷一《光武帝紀》 三月乙未，大赦天下，詔曰：頃獄多冤人，用刑深刻，朕甚愍之。孔子云：刑罰不中，則民無所措手足。其與中二千石、諸大夫、博士、議郎議省刑法。

《後漢書》卷二七《杜林傳》 〔建武〕十四年，羣臣上言：古者肉刑嚴重，則人畏法令；今憲律輕薄，故姦軌不勝。宜增科禁，以防其源。詔下公卿。林奏曰：夫人情挫辱，則義節之風損；法防繁多，則苟免之行興。孔子曰：導之以政，齊之以刑，民免而無恥。導之以德，齊之以禮，有恥且格。古之明王，深識遠慮，動居其厚，不務多辟，周之五刑，不過三千。大漢初興，詳覽失得，故破矩爲圓，斲彫爲樸，蠲除苛政，更立疏網，海內歡欣，人懷寬德。及至其後，漸以滋章，吹毛索疵，詆欺無限。果桃菜茹之饋，集以成臧，小事無妨於義，以爲大戮，故國無廉士，家無完行。至於法不能禁，令不能止，上下相遁，爲敝彌深。臣愚以爲宜如舊制，不合翻移。帝從之。

（漢）荀悅《前漢紀》卷二一《孝元一》 六月辛酉，長信少府貢禹爲御史大夫，禹奏言：古者民無賦筭口錢，今民生子三歲，則出口錢，故民重加困，產子輒不舉，甚可痛之。宜令兒生七歲去齒，乃出口錢，年十二乃筭。又奏言：武帝時令人犯法贖罪，入粟者補吏，是以國亂民貧，盜賊並起，郡國畏法，則使巧能欺上府者以爲右職，姦宄不勝，則取勇猛苛暴能威服下者使居大位，故無義而有財者顯於世，欺慢而便巧者尊於朝，悖逆而勇猛者貴於官，行爲犬豕，財富勢足，是爲賢耳。故謂居官而致富者爲雄桀，處姦而得利者爲壯士。兄勸其弟，父勉其子，俗之敗壞乃至於此。宜除贖罪之法，選舉不以實及有臧者，輒行其罪，無但免官，則貴孝弟賤賈人，進賢能廉直，而天下治矣。

《南齊書》卷二一《文惠太子傳》 明年，上將訊丹陽所領囚，及南北二百里內獄，詔曰：獄訟之重，政化所先。太子立年作貳，宜時詳覽，此訊事委以親決。太子乃於玄圃園宣猷堂録三署囚，原宥各有差。

《魏書》卷四《太武帝紀》 六月壬戌，改年。車師國王遣子入侍。詔曰：夫刑網太密，犯者更衆，朕甚愍之。有司其案律令，務求厥中。自餘有不便於民者，依比增損。

《周書》卷六《武帝紀》 八月壬寅，議定權衡度量，頒於天下。其不依新式者，悉追停。詔曰：以刑止刑，世輕出重。罪不及嗣，皆有定科。雜役之徒，獨異常憲，一從罪配，百世不免。罰既無窮，刑何以措。道有沿革，宜從寬典。凡諸雜戶，悉放爲民。配雜之科，因之永削。

《舊唐書》卷七三《令狐德棻傳》　永徽元年，又受詔撰定律令，復爲禮部侍郎，兼弘文館學士，監修國史及《五代史志》。尋遷太常卿，兼弘文館學士。

時高宗初嗣位，留心政道，嘗召宰臣及弘文館學士於中華殿而問曰：何者爲王道、霸道？又孰爲先後？德棻對曰：王道任德，霸道任刑。自三王已上，皆行王道；唯秦任霸術，漢則雜而行之；魏、晉已下，王、霸俱失。如欲用之，王道爲最，而行之爲難。高宗曰：今之所行，何政爲要？德棻對曰：古者爲政，清其心，簡其事，以此爲本。當今天下無虞，年穀豐稔，薄賦斂，少征役，此乃合於古道。爲政之要道，莫過於此。高宗曰：政道莫尚於無爲也。又問曰：禹、湯何以興？桀、紂何以亡？德棻對曰：《傳》稱：禹、湯罪己，其興也勃焉；桀、紂罪人，其亡也忽焉。二主惑於妹喜、妲己，誅戮諫者，造炮烙之刑，是其所以亡也。高宗甚悦，既罷，各賜以繒綵。

《新唐書》卷一一五《狄仁傑傳》　咸亨初，幸東都，皇太子監國，諸宰相皆留，而處俊獨從。帝嘗曰：王者無外，何爲守禦？而重門擊柝，庸待不虞邪？我嘗疑秦法爲寬，荊軻匹夫耳，匕首竊發，羣臣皆荷戟侍，莫敢拒，豈非習慢使然？處俊對曰：此乃法急耳。秦法，輒升殿者，夷三族。人皆懼族，安有敢拒邪？魏曹操著令曰：京城有變，九卿各守其府。後嚴才亂，與徒數十人攻左掖門，操登銅爵臺望之，無敢救者。時王脩爲奉常，聞變，召車騎未至，領官屬步至宮門。操曰：彼來者，必王脩乎！此由脩察變識幾，故冒法赴難。向若拘常，則遂成禍矣。故王者設法不可急，亦不可慢。《詩》曰：不懈于位，人之攸塈，仁也；式遏寇虐，無俾作慝，刑也。《書》曰高明柔克，沈潛剛克，中道也。帝曰：善。

《舊五代史》卷一一〇《周書·太祖紀一》　古者用刑，本期止辟，今茲作法，義切禁非。蓋承弊之時，非猛則姦宄難制；及知勸之後，在寬則典憲得宜。相時而行，庶臻中道。今後應犯竊盗賊贓及和姦者，並依晉天福元年已條制施行。應諸犯罪人等，除反逆罪外，其罪並不得籍没家産，誅及骨肉，一依格令處分。

（宋）李燾《續資治通鑑長編》卷三四《宋太宗淳化四年》　己亥，上謂輔臣曰：朕嘗聞孟昶在蜀日，亦躬親國政。然于刑獄之事，優游不斷，錯用其心。每有大辟，罪人臨刑之時，必令人偵伺其言，苟一言稱屈者，即移司覆勘，至有三五年間遲留不決者，以爲夏禹泣罪，竊欲傚之，而不明古聖之旨。朕歷覽前書，必深味其理，蓋大禹止能行王道，自悲不及堯、舜，致人死法，所以下車而泣。犯罪之人，苟情理難恕者，朕固不容爾。參知政事蘇易簡、趙昌言對曰：臣等俱曾于江南效官，聞李煜有國之日亦如此。每夏則與罪人張紗幮以禦蚊蚋，各則給與衾被恣其晏眠，遂至滋蔓淹延，以爲矜恤。如犯大辟者，仍令術士然燈以卜之，苟數日間燈不滅者，必移司勘劾，恐其冤枉。至有冬月罪人戀其温燠，而不願篙放者。上笑曰：庸暗如此，不亡何待！

（宋）李燾《續資治通鑑長編》卷一一二《宋仁宗明道二年》　己丑，詔曰：敕令者，治世之經，而數動搖，則衆聽滋惑，何以訓迪天下？天聖所修敕令，既已頒宣，自今有司毋得輒請删改。有未便者，中書、樞密院具奏聽裁。

（宋）李燾《續資治通鑑長編》卷一二〇《宋仁宗景祐四年》　甲戌，御邇英閣，讀《正説·謹罰篇》，述後漢光武罷梁統從重之奏，帝曰：深文峻法，誠非善政。宋綬對曰：王者峻法則易，寬刑則難。夫以人主得專生殺，一言之怒則如雷如霆，是峻易而寬難也。

（清）徐乾學《資治通鑑後編》卷四三《宋紀四三》　冬，十月甲戌，御邇英閣，讀《正説·謹罰篇》（《正説》，真宗所撰，見富弼《太平實訓》）。述後漢光武罷梁統從重之奏。帝曰：深文峻法，誠非善政。宋綬對曰：人主得專生殺，一言之怒則如雷如霆，是峻易而寬難也。

（清）畢沅《續資治通鑑》卷六八《宋紀六八》　壬申，以西京國子監教授王安國爲崇文院校書。

安國官滿至京師，帝以其兄安石故，賜對。帝曰：漢文帝何如主？對曰：三代以後未有也。帝曰：但恨其才不能立法更制爾。對曰：文帝自代來，定變俄頃，恐無才者不能。至用賈誼言，待羣臣有節，專務以德化民，海内興於禮樂，幾致刑措，則文帝加有才一等矣。帝曰：王猛佐苻堅，以蕞爾國而令必行；今天下之大，不能使人，何也？曰：猛教堅以峻刑，致秦祚不傳世。今小人必有以是誤陛下者。誠以堯、舜三代爲法，則下豈有不從者乎！又問：卿兄秉政，外論謂何？曰：恨知人不明，聚斂太急。帝不悅。安國嘗力諫安石，以天下洶洶不樂新法，皆歸咎於兄，恐爲家禍，安石不聽。

（清）畢沅《續資治通鑑》卷一四二《宋紀一四二》庚午，有告統兵官掊剋不法者，帝令付大理寺治之。虞允文言恩威相須乃濟，帝曰：威克厥愛，允濟，愛克厥威，允罔功。蘇軾乃謂堯、舜務以愛勝威，朕謂軾之言未然。梁克家曰：先儒立論，不可指爲一定之説，如崔實著政論，務勸世主馭下以嚴。大抵捄弊之言，各因其時爾。帝曰：昔人以嚴致平，非謂深文峻法也，紀綱嚴整，使人不敢犯耳。譬如人家，父子兄弟，森然法度之中，不必須用鞭扑然後之嚴也。

（宋）呂中《宋大事記講義》卷二《太祖皇帝·舉主法》建隆三年三月，嚴舉主法。去歲，太僕少卿王承哲坐舉官失實貶。至是，命常參官舉幕職令録近親充聽，內舉異時，有罪連坐。乾德間命陶穀等各舉堪充郡佐者，謬舉有坐。內舉近親，法何其寬，有罪連坐，法何其嚴。寬之於始，則賢者得以自進；嚴之於後，則不肖者不得以自容。所舉在於未用之先，此真宗所以語李至曰：舉官先擇舉主也。舉主得人，則舉得其人。

（宋）呂中《宋大事記講義》卷二《太祖皇帝·蠲租省刑》二月，寬商征。自唐末藩鎮擅利，其後諸國分據，故征筦尤繁。是年，詔所在毋得苛留旅人，非有常算之物，勿搜其篋。

二年二月，遣使監輸民租時，符彥卿在天雄，軍取民尤悉，上更賜公粟以媿之。建隆三年三月，定大辟，詳覆法，初令諸州奏大辟案，委刑部詳覆，又令諸州録事參軍，與司法掾同斷獄。上嘗讀《堯典》，嘆曰：堯舜之世，四凶之罪，止從投竄，何近代憲網之密耶。更見《御史門·執法》。

寬征稅，其意將以利商旅耳，亦所以革方鎮擅利之弊。定刑辟，其意將以輕刑耳，亦所以革方鎮專殺之弊。遣使監輸民租，其意將以利農民耳，亦所以革方鎮擅賦之弊。此兵權所以能收於杯酒之間歟。故自商征之寬，而後世不敢妄增一額；自詳刑之審，而後世不敢妄戮一人；自民租之輕而後世不妄加一賦，以至仁之一脉而壽吾國之元氣。此其所以培我宋億萬載之業者，蓋有在也。

《遼史》卷六一《刑法志上》然帝嗜酒及獵，不恤政事，五坊、掌獸，近侍、奉饍、掌酒人等，以獐鹿、野豕、鶻雉之屬亡失傷斃，及私歸逃亡，在告踰期，召不時至，或以奏對少不如意，或以飲食細故，或因犯者遷怒無辜，輒加炮烙鐵梳之刑。甚者至于無算。或以手刃刺之，斬擊射燎，斷手足，爛肩股，折腰脛，劃口碎齒，棄尸于野。且命築封于其地，死者至百有餘人。京師置百尺牢以處繫囚。蓋其即位未久，惑女巫肖古之言，取人膽合延年藥，故殺人頗衆。後悟其詐，以鳴鏑叢射、騎踐殺之。及海里之死，爲長夜之飲，五坊、掌獸人等及左右給事誅戮者，相繼不絕。雖嘗悔其因怒濫刑，諭大臣切諫；在廷畏懦，鮮能匡救，雖諫又不能聽。當其將殺壽哥、念古，殿前都點檢耶律夷臘葛諫曰：壽哥等斃所掌雉，畏罪而亡，法不應死。帝怒，斬壽哥等，支解之。命有司盡取鹿人之在繫者凡六十五人，斬所犯重者四十四人，餘悉痛杖之。中有欲置死者，賴王子必攝等諫得免。已而怒頗德飼鹿不時，致傷而斃，遂殺之。季年，暴虐益甚，嘗謂太尉化葛曰：朕醉中有處決不當者，醒當覆奏。徒能言之，竟無悛意，故及於難。雖云虐止褻御，上不及大臣，下不及百姓，然刑法之制，豈人主快情縱意之具邪。

景宗在潛，已鑒其失。及即位，以宿衛失職，斬殿前都點檢耶律夷臘葛。趙王喜隱自囚所擅去械鎖，求見自辯，語之曰：枉直未分，焉有出獄自辯之理？命復縶之。既而躬録囚徒，盡召而釋之。保寧三年，以穆宗廢鐘院，窮民有寃者無所訴，故詔復之，仍命鑄鐘，紀詔其上，道所以廢置之意。吳王稍爲奴所告，有司請鞫，帝曰：朕知其誣，若按問，恐餘人效之。命斬以徇。五年，近侍實魯里誤觸神纛，法應死，杖而釋之。庶幾寬猛相濟。然緩于討賊，應曆逆黨至是始獲而誅焉，議者以此少之。

《金史》卷七《世宗紀中》上因言：凡在官者，但當取其貪污與清白之尤者數人黜陟之，則人自知懲勸矣。夫朝廷之政，太寬則人不知懼，太猛則小玷亦將不免於罪，惟當用中典耳。

《金史》卷八《世宗紀下》閏月甲午，上謂宰臣曰：帝王之政，固以寬慈爲德，然如梁武帝專務寬慈，以至綱紀大壞。朕嘗思之，賞罰不濫，即是寬政也，餘復何爲。以制外任官嘗爲宰執者，凡吏牘上省部，依親王例，免書名。上謂宰臣曰：女直進士可依漢兒進士補省令史。夫儒者操行清潔，非禮不行。以吏出身者，自幼爲吏，習其貪墨，至於爲官，習性不能遷改。政道興廢，實由於此。

《金史》卷八九《梁肅傳》　久之，爲濟南尹，上疏曰：刑罰世輕世重，自漢文除肉刑，罪至徒者帶鐐居役，歲滿釋之，家無兼丁者，加杖准徒。今取遼季之法，徒一年者杖一百，是一罪二刑也，刑罰之重，於斯爲甚。今太平日久，當用中典，有司猶用重法，臣實痛之。自今徒罪之人，止居作，更不決杖。不報。

《明史》卷八《仁宗紀》　己丑，詔曰：刑者所以禁暴止邪，導民於善，非務誅殺也。吏或深文傅會，以致冤濫，朕深憫之。自今其悉依律擬罪。或朕過於嫉惡，法外用刑，法司執奏。五奏不允，同三公、大臣執奏，必允乃已。諸司不得鞭囚背及加人宮刑。有自宮者以不孝論。非謀反，勿連坐親屬。古之盛世，採聽民言，用資戒儆。今奸人往往摭拾，誣爲誹謗，法吏刻深，鍛鍊成獄。刑之不中，民則無措，共除誹謗禁，有告者一切勿治。

《明史》卷九三《刑法志一》　太祖諭太孫曰：此書首列二刑圖，次列八禮圖者，重禮也。顧愚民無知，若於本條下即註寬恤之令，必易而犯法，故以廣大好生之意，總列《名例律》中。善用法者，會其意可也。太孫請更定五條以上，太祖覽而善之。太孫又請曰：明刑所以弼教，凡與五倫相涉者，宜皆屈法以伸情。乃命改定七十三條，復諭之曰：吾治亂世，刑不得不重。汝治平世，刑自當輕，所謂刑罰世輕世重也。二十五年，刑部言，律條與條例不同者宜更定。太祖以條例特一時權宜，定律不可改，不從。

《明太祖實録》卷三八《洪武二年春正月》　庚子，上御奉天門，召元之舊臣，問其政事得失。馬翼對曰：元有天下以寬得之，亦以寬失之。上曰：以寬得之則聞之矣，以寬失之則未之聞也。夫步急則躓，弦急則絶，民急則亂，居上之道正當用寬，但云寬則得衆，不云寬之失也。元季君臣躭於逸樂，循至淪亡，其失在於縱弛，實非寬也。大抵聖王之道，寬而有制，不以廢棄爲寬。簡而有節，不以慢易爲簡。施之適中則無弊失。

（明）查繼佐《罪惟録》志卷二一《刑法志》　二年，上諭刑部尚書周楨：刑以輔治，唐虞不免。皋陶有云：與其殺不辜，寧失不經，卿當念之。

四年，論刑，御史中丞陳寧請法嚴而吏察。上曰：上鉗制，則下必顛躓；上鈎索，則下必巧僞。層累之峯，勢非不峻，草木不茂。金鐵之溪，流非不清，魚鱉不育。秦時有鑿顛抽脅之法，囹圄城市，未幾滅亡，重可鑒也。寧慚而退。時尚書開濟議法巧密，上覽之，爲動色，責之曰：刑罰以使民遠罪，非以阱民也。濟用心太刻，必至無民。竭澤焚林，非朕所以望濟。

《皇明詔令》卷一《太祖高皇帝上・初元大赦天下詔洪武元年八月十一日》　皇帝詔曰：天生民而立之君。君者，奉天而安養斯民者也。昔者元政陵夷，民失安養，群雄蜂起，疆宇瓜分。朕以布衣入戎伍，憤生民塗炭，提孤軍與豪傑同志者，思所以靖之。賴天之靈，因民之利，干戈所至，強殞弱服，大河之北以至南海，罔不來臣。重念推戴以來，軍士勞苦，農民罷敝，未有以安之；賢人君子逃匿巖穴，未有以來之；刑亂重典，未有以平之；供億繁重，未有以舒之。是以陰陽差謬，水旱不時，天災屢見，朕甚懼焉。爰布溥恩，與民更始，可大赦天下。

（明）俞汝楫《禮部志稿》卷一《聖訓・太祖高皇帝・會議之訓》

洪武二十四年，上御華蓋殿，謂六部臣：天下事體，皆有至當之理，但人識見不同，決斷之頃各執一偏，故難盡善。惟揆之於理，則自無弊。自今凡有政令，必會官詳議，所論僉可，然後施行。欲事皆善，必當如此。卿等其各盡乃心，毋阿比以爲同，毋矯訐以爲異，允執厥中，以副朕所託。

（明）俞汝楫《禮部志稿》卷五《聖訓・孝宗敬皇帝・纂會典之訓》

弘治十年三月，勅諭大學士徐溥等曰：朕嗣承丕緒，以君萬邦，遠稽古典，近守祖宗成法，夙夜祗懼，罔敢違越。惟我太祖高皇帝創業定制，所以爲子孫計者至矣。御製之書連篇累帙，宏綱衆目，極大而精，隨制隨改，靡有寧歲。後所施行，未盡更定，迨我太祖文皇帝繼正大統，益宏遠圖，列聖相承，至於皇考，皆因時制宜，或損或益，蓋有不得不然者，期不失乎聖祖之意而已。顧其條貫見於簡册卷牘之間凡百，有司艱於考據，下至閭里或未悉知。皇祖英宗睿皇帝嘗有志纂述，事未克竟，以遺朕躬，是不可緩。茲欲仰遵聖製編國史，以本朝職制度爲綱，事物、名數、儀文等級爲目，一以祖宗舊制爲主，而凡損益、同異，據事繫年彙列於後，萃而爲書，以成一代之典。俾天下臣民咸得披誦，庶幾會極，歸極底於泰和。爾等其各殫心力詳録而謹書之務，使文質適中，事理兼備，行諸令而無悖，傳諸後而可徵，以稱法祖圖治之意，爾等其敬承之。故諭。

《皇朝文獻通考》卷二二二《經籍考十二·史》 乾隆五年，大學士三泰、徐本等奏：敕撰皇上御製序曰：象刑有典，肇見《虞書》，其用之之道，則曰欽、曰恤、曰明、曰允。一篇之中，三致意焉。武王誥康叔以用其義刑義殺，而《吕刑》則曰士制，百姓于刑之中，以教祗德。古先哲王所謂設法飭刑，布之象魏，縣之門閭。自朝廷達于邦國，共知遵守者，惟是適于義，協于中，弼成教化，以洽其好生之德，非徒示之禁令，使知所畏懼而已。我列祖受天明命，撫綏萬邦，頒行《大清律例》，仁育義正，各得其宜。聖祖仁皇帝至仁如天，化成久道，德洋恩溥，涵泱羣生。皇考世宗憲皇帝際重熙累洽之運，振起而作新之，親定《大清律集解》，刊示中外，甄陶訓廸，刑期無刑，法外之仁，垂爲明訓。有曰：寬嚴之用，必因乎其時。洋洋聖謨，洵用法之權衡，制刑之準則也。朕寅紹丕基，恭承德意，深念因時之義，期以建中于民，簡命大臣取律文及遞年奏定成例，詳悉參定，重加編輯，揆諸大臣準諸人情，一本于至公，而歸于至當，折中損益，爲四百三十六門，千有餘條，凡四十七卷。條分縷析，倫敘秩然，頒布宇內，用昭畫一之守。於戲！五刑五用以彰天討而嚴天威，予一人恭天成命，監成憲，以布于下民，敢有弗欽。雖然有定者，律令無窮者，情僞也。《易》曰：君子以明慎用刑，而不留獄。《書》曰：式敬爾由獄，以長我王國。忠信之長，慈惠之師，尚其慎厥用，敬厥由體，欽恤明允之意，率乂於民棐彞，克協於中，以弼予祈天永命允升于大猷。從事於斯者，胥懋敬哉！是爲序。

（宋）桂萬榮《棠陰比事·唐臨不寃》 如此治獄，固季路之儔也。真可爲法。

唐臨，高宗時按獄交州，出寃繫三千人，遷大理卿。帝嘗録囚，臨占對無不盡。帝喜曰：國之要在用法，刻則人殘，寬則失有罪。惟是折中以稱朕意。他日復訊，餘司斷者輒紛訴不服，獨臨所訊無一言。帝問故，答曰：唐卿斷囚不寃，所以絶意。帝嘆曰：爲獄者固當若是。乃自述其考，曰：形如死灰，心若鐵石云。

（宋）王欽若《册府元龜》卷六一六《刑法部·議讞三》 桓彦範長安末爲司刑少卿，時內史李嶠等奏稱：往蜀革命之時，人多逆節，鞫訊決斷，刑獄至嚴，刻薄之吏，恣行酷法，其周興、丘勣、來俊臣所劾破家者，並請雪免。彦範又奏請，自文明元年已後，得罪人除楊、豫、博三州及諸謀逆魁首，一切赦之。表疏前後十奏，辭旨激切，至是方見允納。

（宋）王欽若《册府元龜》卷六一七《刑法部·守法》 蕭鈞爲諫議大夫，時太（嘗）〔常〕樂工宋四通等爲宮人通傳信物。高祖特令處盡仍遣附律。鈞上疏言四通等犯在未附律前，不合至死。手詔曰：朕聞防禍未萌，先賢所重，宮闈之禁，豈可漸歟。昔如姬竊符，朕用爲永鑒，不謂今茲自彰其過，其弱憲章想非濫也。但朕翹心紫禁，思覿引裾，側席朱檻，奠旌折檻，今乃喜得其言，特免四通等死，遠處配流。

（元）蘇天爵《滋溪文稿》卷六《序·至元新格序》 至元二十八年，始爲《新格》一編，請於世廟，頒行多方。惟其練達老成，故立言至切，惟其思慮周密，故制事合宜。雖宏綱大法，不過數千言，擴而充之，舉今日爲治之事不越乎是矣。蓋昔者先王慎於任人，嚴於立法，議事以制，不專刑書，是以訟簡政平，海宇清謐，其皆以是爲則歟。是書舊板漫滅，省府命重刊之，覽者當體先朝寬仁之治慎，勿任法煩苛爲尚哉。

雜録

《尚書正義·周書·洪範》 六，三德。一曰正直，能正人之曲直。二曰剛克，剛能立事。克，馬云：勝也。三曰柔克。和柔能治，三者皆德。平康正直，世平安，用正直治之。彊弗友剛克，友，順也。世强禦不順，以剛能治之。禦，魚吕反。能治，直吏反。爕友柔克。爕，和也。世和順，以柔能治之。爕，息協反。沈潛剛克，沈潛謂地，雖柔亦有剛，能出金石。高明柔克。高明謂天，言天爲剛德，亦有柔克，不干四時，喻臣當執剛以正君，君亦當執柔以納臣。惟辟作福，惟辟作威，惟辟玉食。言惟君得專威福，爲美食。辟，徐補亦反。玉食，張晏注《漢書》云：玉食，珍食也。韋昭云：諸侯備珍異之食。臣無有作福作威玉食。臣之有作福作威玉食，其害于而家，凶于而國。人用側頗僻，民用僭忒。在位不敦平，則下民僭差。頗，普多反。僻，匹亦反。僭，子念反。忒，他得反，馬云：惡也。疏六三得至僭忒。正義曰：此三德者，人君之德，張弛有三也。一曰正直，言能正人之曲使直。二曰剛克，言剛强而能立事。三曰柔克，言和柔而能治。既言人主有三德，又説隨時而用之。平安之世，用正直治之。强禦不順之世，用剛能治之。和順之世，用柔能治之。既言三德張弛，隨時而用，又舉天地之德，以喻君臣之交。地之德沈深而柔弱矣。而有剛，能出金石之物也。天之德高明剛强矣，而有柔，能順陰陽之氣也。以喻臣道雖柔，當執剛以正君；君道雖剛，當執柔以納臣也。既言君臣之交，剛柔遞用，更言君臣之分，貴賤有恒。惟君作福，得專賞人也。惟君作威，得專罰人也。惟君玉食，得備珍食也。爲臣無得有作福作威玉食，言政當一統，權不可分也。臣之有作福作威玉食者，其必害於汝臣之家，凶於汝君之國，言將得罪喪家，且亂邦也。在位之人，用此大臣專權之故，其行側頗僻。下民用在位頗僻之故，皆言不信，而行差錯。傳和柔至皆德。正義曰：剛不恒用，有時施之，故傳言立事。柔則常用以治，故傳言能治。三德爲此次者，正直在剛柔之間，故先言。二者先剛後柔，得其敘矣。王肅意與孔同。鄭玄以爲三德，人各有一德，謂人臣也。傳友順至治之。正義曰：《釋訓》云：善兄弟爲友。友是和順之名，故爲順也。傳云燮，和也，《釋詁》文。此三德是王者一人之德，視世而爲之，故傳三者各言世。世平安，雖時無逆亂，而民俗未和，其下猶有曲者，須在上以正之，故世平安用正直之德治之。世有强禦不順，非剛無以制之，故以剛能治之。世既和順，風俗又安，故以柔能治之。鄭玄以爲人臣各有一德，天子擇使之，注云：安平之國，使中平守一之人治之，使不失舊職而已。國有不順孝敬之行者，則使剛能之人誅治之。其有中和之行者，則使柔能之人治之，差正之。與孔不同。傳高明至納臣。正義曰：《中庸》云：博厚配地，高明配天。高而明者惟有天耳，知高明謂天也。以此高明是天，故上傳沈潛謂地也。文五年《左傳》云：天爲剛德，猶不干時。是言天亦有柔德，不干四時之序也。地柔而能剛，天剛而能柔，故以喻臣當執剛以正君，君當執柔以納臣也。傳言惟至美食。正義曰：於三德之下説此事者，以德則隨時而用，位則不可假人，故言尊卑之分，君臣之紀，不可使臣專威福，奪君權也。衣亦不得僭君而獨言食者，人之所資，食最爲重，故舉言重也。王肅云：辟，君也。不言王者，關諸侯也，諸侯於國得專賞罰。其義或當然也。傳在位至僭差。正義曰：此經福、威與食於君每事言辟，於臣則并文而略之也。作福作威謂秉國之權，勇略震主者也。人用側頗僻者，謂在位小臣見彼大臣威福由己，由此之故，小臣皆附下罔上，爲此側頗僻也。下民見此在位小臣秉心僻側，用此之故，下民皆不信恒，爲此僭差也。言在位由大臣，下民由在位，故皆言用也。傳不解家，王肅云：大夫稱家，言秉權之臣必滅家，復害其國也。

（清）孫星衍《尚書今古文注疏・洪範》　一曰正直，注：鄭康成曰：中平之人。二曰剛克，三曰柔克。注：鄭康成曰：克，能也。剛而能柔，柔而能剛，寬猛相濟，以成治立功。疏：此言人有三德，當自治其性也。《漢書・匡衡傳》衡上疏曰：傳曰：審好惡，理情性，而王道畢矣。又云：治性之道，必審己之所有餘，而彊其所不足。又云：齊之以義，然後中和之化應，經言三德者，《説文》云：悳，外得於人，內得於己。似如《皋陶謨》言九德，據德行言之，不及政治。《僞傳》所説未是，馬、鄭亦未爲得之。此三德謂天、地、人之道。正直者，《論語》云人之生也直，人道也。剛克，天道。柔克，地道。克者，《釋詁》云：勝也。《皋陶謨》疏以九德配三德，云：其《洪範》三德，先人事而後天地是也。鄭注見《史記集解》。云中平之人者，言不剛不柔，中正和平之人。《詩・羔裘》云：彼其之子，邦之司直。又云：三英粲兮。傳云：三英，三德也。箋云：三德，謂剛克、柔克、正直也。疏引鄭注，申之云：剛則彊，柔則弱，此陷於滅亡之道，非能也。然則正直者，謂不剛不柔，每事得中也。史公三德上無六字，《熹平石經》同，蓋今文也。

又：惟辟作福，惟辟作威，惟辟玉食。注：史遷惟皆作維。馬融曰：辟，君也。玉食，美食。不言王者，關諸侯也。鄭康成曰：此凡君抑臣之言也。作福，專慶賞也。作威，專刑罰也。玉食，備珍美也。【略】疏：此言爲君者自治其性行至於中和，則喜怒中節，可以專威福也。辟者，《釋詁》云：君也。玉食，猶言好食。《史記・封禪書》《索隱》引《三輔決録》云：杜陵有玉氏，音肅。《説文》以爲從玉，音畜牧之畜。案：玉讀爲畜。畜，好聲之緩急。《孟子・梁惠王篇》云：畜君者，好君也。高誘注《吕覽》云：畜，好。凡經言玉女、玉色，義皆爲好。後人忽之，並刪《説文》音讀。馬注見《史記集解》。云辟，君者，《釋詁》文。云不言王者，關諸侯者，謂諸侯於其國亦君也，得專威福者，《王制》云：次國三卿，二卿命於天子，一卿命於其君。小國二卿，皆命於其君。是諸侯得爵命大夫也。《康誥》是周公誥康叔之書，而云：敬明乃罰。《文王世子》云：獄成，有司讞於公。是諸侯得專刑罰也，《玉藻》云：諸侯朝服以食，特牲三俎，祭肺。夕深衣，祭牢肉。朔月少牢，五俎四簋。是諸侯亦得備美食也。鄭注見《公羊傳》成元年疏及《史記集解》。案《齊策》高誘注引《書》曰：無有作威、作福。《後漢書・荀爽傳》引《洪範》曰：惟辟作威，惟辟作福，惟辟玉食。皆先威後福。段氏玉裁云：今文《尚書》如是。

（清）孫星衍《尚書今古文注疏・立政》　周公若曰：太史！司寇蘇公式，敬爾由獄，以長我王國，茲式有慎，以列用中罰。疏：式者，《釋詁》云：用也。列者，《服問》云：等比也。注云：上附下附，列也。中者，《晉語》云：平也。周公呼太史者，以其記言、記動，嘉蘇公之慎獄平法，欲使書之，故先呼之也。司寇蘇公者，《春秋左氏》成十一年《傳》云：昔周克商，使諸侯撫，封蘇忿生以温，爲司寇。是忿生爲武王司寇也。言司寇蘇公之法用，敬汝用獄，以長我王國之祚，此用有慎，以其等比用平罰也。江氏聲説以《周禮》刑平國，用中典。

(清)孫星衍《尚書今古文注疏·吕刑》 以教祗德。穆穆在上，明明在下，灼于四方，罔不惟德之勤。故乃明于刑之中，率乂于民棐彝。疏：祗者，《釋詁》云：敬也。穆穆者，《釋訓》云：美也。灼者，《廣雅·釋訓》云：灼灼，明也。率與欥同，語詞也。《釋詁》云，乂，治也。棐，俌也。彝，常也。言刑得中，則民服教而敬德。堯有穆穆之美在上，三后明明之察在下，灼見于四方，無不思德之勤。故乃明于刑之中正，聿治于民以輔彝常也。

(明)朱武原《禮記通註·中庸》 仲尼曰：君子中庸，小人反中庸，君子之中庸也，君子而時中，君子中庸能慎其獨也，時中即時時致中。小人之中庸也，小人而無忌憚也。小人不能慎獨，則不中行，無忌憚者，犯上作亂皆是。子曰：中庸其至矣乎？民鮮能久矣。子曰：道之不行也，我知之矣，知者過之，愚者不及也。道之不明也，我知之矣，賢者過之，不肖者不及也。過不及非中也。人莫不飲食也，鮮能知味也。飲食味皆性也，失中故不知性。易能知味，行不箸而習不察矣。子曰：道其不行矣。夫不行不知性也。子曰：舜其大知也，與舜好問而好察，邇言隱惡而揚善，執其兩端，用其中於民。舜能體中庸，知性知天，故能用中。此中即未發之中也。其斯以爲舜乎？子曰：人皆曰予知驅而納諸罟，擭隱阱之中，而莫之知辟也。不知中則不知性昧其良知矣。人皆曰予知擇乎中庸，而不能期月守也。不能致曲故失性之速。子曰：同之爲人也，擇乎中庸得一善，則拳拳服膺，而弗失之矣。同能體中庸者，故守而弗失。子曰：天下國家可均也，爵禄可辭也，白刃可蹈也，中庸不可能也。指三者之可能以見中庸，豈不可能人性一也。

(宋)陳祥道《禮書》卷二二《鸞刀》 故天以秋肅物，而和之以兑，聖人以義制物，而和之以仁。鸞刀以和濟割，亦此意也。《易》曰：利物足以和義。《説文》：鸞，赤神之精，赤色，五采雞形，鳴中五音。

《春秋左傳正義》卷四九《昭公二十年》 鄭子産有疾，謂子大叔曰：我死，子必爲政。唯有德者能以寬服民，其次莫如猛。夫火烈，民望而畏之，故鮮死焉；水懦弱，民狎而翫之，狎，輕也。鮮，息淺反。懦，乃亂、乃卧二反，一音儒。狎，户甲反。翫，五亂反。則多死焉，故寬難。難以治。治，直吏反。疾數月而卒。大叔爲政，不忍猛而寬。鄭國多盗，取人於萑苻之澤。萑苻，擇名。於澤中劫人。數，所主反。萑音丸。苻音蒲，又如字。大叔悔之，曰：吾早從夫子，不及此。興徒兵以攻萑苻之盗，盡殺之。盗少止。仲尼曰：善哉！政寬則民慢，慢則糾之以猛。糾，猶攝也。盡殺之，本或作盡之，殺衍字。糾，居黝反。疏：盡殺之盗少止。正義曰：既言盡殺之，復云盗之止者，蓋謂盡萑苻之内盗也。少止，謂鄭國餘處之盗由此少止。猛則民殘，殘則施之以寬。寬以濟猛，猛以濟寬，政是以和。

《春秋公羊經傳解詁》卷二《桓公十一年》 九月，宋人執鄭祭仲。祭仲者何？鄭相也。不言大夫者，欲見持國重。相，息亮反。見，賢偏反。下同。何以不名？賢也。何賢乎祭仲？据身執君，出不能防難。防難，乃旦反，下同。以爲知權也。權者，稱也。所以别輕重，喻祭仲知國重君輕。君子以存國，除逐君之罪，雖不能防其難，罪不足而功有餘，故得爲賢也。不引度量者，取其平實以無私。稱，尺證反。别，彼列反。其爲知權奈何？古者鄭國處于留，先鄭伯有善于鄶公者，通乎夫人，以取其國而遷鄭焉。遷鄭都於鄶也。鄶，古外反。而野留。野，鄙也。傳本上事者，解宋所以得執祭仲，因以爲戒。莊公死已葬，祭仲將往省于留，塗出于宋，宋人執之。宋人，宋莊公也。謂之曰：爲我出忽而立突。突，宋外甥。爲，于僞反，下注爲突，非能爲突，爲賂，爲突歸，爲承同。祭仲不從其言，則君必死，國必亡。祭仲死，而忽旋爲突所驅逐而出奔，經不書忽奔，見微弱甚。是時，宋強而鄭弱。祭仲探宋莊公本殺君而立，非能爲突，將以爲賂動，守死不聽。令自入，見國無拒難者，必乘便將滅鄭，故深慮其大者也。令自，力呈反，下同。便，婢面反。從其言，則君可以生易死，國可以存易亡，少遼緩之。宋當從突求賂，鄭守正不與，則突外乖於宋，内不行於臣下，遼假緩之，則突可故出，而忽可故反。是不可得則病，防突有賢才，是計不可得行，則己病逐君之罪。然後有鄭國。己雖病逐君之罪，討出突，然後能保有鄭國，猶愈於國之亡。古人之有權者，祭仲之權是也。古人，謂伊尹也。湯孫大甲驕蹇亂德，諸侯有叛志，伊尹放之桐宫，令自思過，三年而復成湯之道。前雖有逐君之負，後有安天下之功，猶祭仲逐君存鄭之權是也。大音泰。權者何？權者，反於經，然後有善者也。權之所設，舍死亡無所設。設，施也。舍，置也。如置死亡之事不得施。行權有道，自貶損以行權，身蒙逐君之惡，以存鄭是也。不害人以行權。己納突，不害忽是也。殺人以自生，亡人以自存，君子不爲也。祭仲死則忽死，忽死則鄭亡。生者，乃所以生忽存鄭，非苟殺忽以自生，亡鄭以自存。反覆道此者，皆所以解上死亡不施於己。宋不稱公者，脅鄭立篡，首惡當誅，非伯執也。祭仲不稱行人者，時不銜君命出使，但往省留耳。執例時，此月者，爲突歸鄭奪正，鄭伯出奔。覆，芳服反。使，所吏反。

《汲冢周書》卷五《五權解》 維王不豫于五日，召周公旦曰：嗚呼，敬之哉！昔天初降命于周，維在文考，克致天之命。汝維敬哉！先後小子勤在維政之。失政有三機五權，汝敬格之哉。克中無苗以保小子于位。三機，一疑家，二疑德，三質士。疑家無授衆，疑德無舉士，質士無遠齊。吁，敬之哉！天命無常，敬在三機。五權：一曰地，地以權民；二曰物，物以權官；三曰鄙，鄙以權庶；四曰刑，刑以權常；五曰食，食以權爵。不遵奉括食不宣，不宣授臣，極賞則淈，淈得不食；極刑則仇，仇至乃別；鄙庶則奴，奴乃不滅。國大則驕，驕乃不給。官無庶則荷，荷至乃辛。物庶則爵，乃不和；地庶則荒，荒則聶。人庶則匱，匱乃匿。嗚呼，敬之哉！汝慎和稱五權，維中是以，以長小子于位，實維求寧。

《漢書》卷二三《刑法志》 昔周之法，建三典以刑邦國，詰四方：一曰刑新邦用輕典；二曰刑平邦用中典；三曰刑亂邦用重典。五刑，墨罪五百，劓罪五百，宫罪五百，刖罪五百，殺罪五百。所謂刑平邦用中典者也。凡殺人者踣諸市，墨者使守門，劓者使守關，宫者使守內，刖者使守囿，完者使守積。其奴，男子入於罪隷，女子入舂槁。凡有爵者，與七十者，與未齔者，皆不爲奴。周道既衰，穆王眊荒，命甫侯度時作刑，以詰四方。墨罰之屬千，劓罰之屬千，髕罰之屬五百，宫罰之屬三百，大辟之罰其屬二百，五刑之屬三千，蓋多於平邦中典五百章，所謂刑亂邦用重典者也。

春秋之時，王道寖壞，教化不行，子産相鄭而鑄刑書。晋叔嚮非之曰：昔先王議事以制，不爲刑辟，懼民之有争心也，猶不可禁禦，是故閑之以誼，糾之以政，行之以禮，守之以信，奉之以仁，制爲禄位以勸其從，嚴斷刑罰以威其淫。懼其未也，故誨之以忠，僂之以行，教之以務，使之以和，臨之以敬，莅之以彊，斷之以剛。猶求聖哲之上，明察之官，忠信之長，慈惠之師。民於是乎可任使也，而不生禍亂。民知有辟，則不忌於上，竝有争心，以徵於書，而徼幸以成之，弗可爲矣。夏有亂政而作禹刑，商有亂政而作湯刑，周有亂政而作九刑。三辟之興，皆叔世也。今吾子相鄭國，制參辟，鑄刑書，將以靖民不亦難乎？《詩》曰：儀式刑文王之德，日靖四方。又曰：儀刑文王，萬邦作孚。如是，何辟之有？民知争端矣，將棄禮而徵於書。錐刀之末，將盡争之，亂獄滋豐，貨賂竝行。終子之世，鄭其敗虖！子産報曰：若吾子之言，僑不材，不能及子孫，吾以救世也。媮薄之政，自是滋矣。【略】陵夷至於戰國，韓任申子，秦用商鞅，連相坐之法，造參夷之誅，增加肉刑、大辟，有鑿顛、抽脅、鑊亨之刑。至於秦始皇，兼吞戰國，遂毁先王之法，滅禮誼之官，專任刑罰，躬操文墨，晝斷獄，夜理書，自程決事，日縣石之一。而姦邪竝生，赭衣塞路，囹圄成市，天下愁怨，潰而叛之。

《魏書》卷六四《郭祚傳》 世宗詔以姦吏逃刑，懸配遠戍，若永避不出，兄弟代之。祚奏曰：慎獄審刑，道焕先古；垂憲設禁，義篡惟今。是以先王沿物之情，爲之軌法，故八刑備於昔典，姦律炳於來制，皆所以謀其始迹，訪厥成罪，敦風厲俗，永資世範者也。伏惟旨義博遠，理絶近情，既懷愚異，不容不述。誠以敗法之原，起於姦吏，姦吏雖微，敗法實甚。伏尋詔旨，信亦斷其逋逃之路，爲治之要，實在於斯。然法貴止姦，不在過酷，立制施禁，爲可傳之於後。若法猛而姦不息，禁過不可永傳，將何以載之刑書，垂之百代？若以姦吏逃竄，徙其兄弟，罪人妻子復應從之，此則一人之罪，禍傾二室。愚謂罪人既逃，止徙妻子，走者之身，懸名永配，於眚不免，姦途自塞。詔從之。

《魏書》卷七七《高崇傳》 於時用錢稍薄，道穆表曰：四民之業，錢貨爲本，救弊改鑄，王政所先。自頃以私鑄薄濫，官司糾繩，挂網非一。在市銅價，八十一文得銅一斤，私造薄錢，斤餘二百。既示之以深利，又隨之以重刑，罹罪者雖多，姦鑄者彌衆。今錢徒有五銖之文，而無二銖之實，薄甚榆莢，上貫便破，置之水上，殆欲不沉。此乃因循有漸，科防不切，朝廷之愆，彼復何罪。昔漢文帝以五分錢小，改鑄四銖，至武帝復改三銖爲半兩。此皆以大易小，以重代輕也。論今據古，宜改鑄大錢，文載年號，以記其始，則一斤所成止七十六文。銅價至賤五十有餘，其中人功、食料、錫炭鉛沙，縱復私營，不能自潤。直置無利，自應息心，况復嚴刑廣設也。以臣測之，必當錢貨永通，公私獲允。後遂用楊侃計，鑄永安五銖錢。

《周書》卷三六《鄭偉傳》 偉前後莅職，皆以威猛爲治，吏民莫敢犯禁，盗賊亦爲之休止。雖無仁政，然頗以此見稱。

《北史》卷七八《權武傳》 武常以南越邊遠，政從其俗，務適便宜，不依律令，而每言當今法急，官不可爲。

《舊唐書》卷七七《劉德威傳》 太宗嘗問之曰：近來刑網稍密，其過安在？德威奏言：誠在主上，不由臣下。人主好寬則寬，好急則急。律文失入減三等，失出減五等。今則反是，失入則無辜，失出便獲大罪。所以吏各自愛，競執深文，非有教使之然，畏罪之所致耳。陛下但捨所急，則寧失不經復行於今日矣。太宗深然之。數歲，遷刑部尚書，兼檢校雍州别駕。

（唐）王方慶《魏鄭公諫録》卷四《對加蔄謨罪》 太宗與大將軍蔄暮語，暮不對，太宗怒而繫之。後知其聾，乃釋不問，謂侍臣曰：我昨發怒蔄暮，若遂加其罪，豈不枉濫？公對曰：古者帝王多因喜怒，遂濫其賞罰，今陛下思怒蔄暮，遂能卻更思省，若此心不移，四海之福。

（宋）王溥《唐會要》卷三九《議刑輕重》 會昌元年十二月，都省奏准，開成五年十二月十四日中書門下奏准：律竊盗五匹以上，加役流。今自京兆河南尹，逮于牧守，所在爲政，寬猛不同，或以百錢以下斃踣，或至數十千不死，輕重既違法律，多以收禁爲名。法自專行，人皆異政，然禁嚴則盗賊屏息，閭里皆安；政緩則攘竊盗行，平人受弊。定其取捨，在峻典刑。自今已後，天下州府竊盗賊，計贓幾貫，須處極法。臣等商量，望委中書門下五品以上，尚書省四品以上，御史臺五品以上，與京兆尹同議奏聞，仍編入格令。所冀異懦者政無寬縱，剛戾者刑不至殘，各奉朝章，法歸盡一。其強盗賊，法律已重，不在此限。仍委出使郎官御史，及度支鹽鐵巡院察訪，務令遵守，不得隳違者。伏以竊盗本無死刑，遂使刑法不一，臣等既奉詔旨，敢不盡心。臣請自今已後，入不應竊盗賊贓至絹三疋，即處極法，如未滿二疋，即任節級科處，不失罪人，其計贓數，即請准律以所在估絹爲定。其兩京及軍府浩穰之地，或事繁一時，制斷有異，則請許量情定罪，務在得中。自然法禁不虧，刑名可守。勑旨：朝廷施令，所貴必行，合于事情，方可經久。自今已後，竊盗計贓至錢一貫以上，處極法，抵犯者便准法處分，不得以收禁爲名。其奴婢本主，及親戚同居行盗，並許減等，任長使酌度輕重處分，如再四抵犯，及有徒黨須懲，不在此例。

（宋）王溥《唐會要》卷四〇《臣下守法》 七年，具州鄃縣令裴仁軌，私役門夫，上欲斬之。殿中侍御史李乾佑奏曰：法令者，陛下制之於上，率土遵之於下，與天下共之，非陛下獨有也。仁軌犯輕罪而致極刑，便乖畫一之理，臣忝憲司，不敢奉制。

（宋）王溥《唐會要》卷四一《酷吏》 天授二年正月，御史中丞知大夫事李嗣真以來俊臣等用法嚴酷上疏，曰：臣聞陳平事漢祖謀踈楚君臣，乃用黄金五萬觔，行反間之術。項王果疑臣下，陳平反間遂行。今告事紛紜，虚多實少，當有兇慝，焉知必無陳平？先謀疏陛下君臣，後謀國家良善，陛下昨語臣云，我比来已作此意。是愚臣管測，先天而天弗違。至如羅織之徒，即疏間之漸，陳平反間，其遠乎哉？《王制》曰：凡用刑決獄，以成告于正，正聽之，以獄成告于大司寇，大司寇聽之。棘木之下，與孤卿大夫公侯伯子男，以獄成告于王，王命三公參聽之，三公以獄成，又告于王，王三宥之，然後制刑。臣竊見比日獄官，一單車使推訖，萬事即定，法家隨斷，不令重推，或有臨時使決，不待聞奏，此權由臣下，非審慎之法，儻有冤濫，何由可知？况乎九品之官，專命推覆，按覆既不在秋官，官省審復不由門下，事非可久，物情駭懼。《老子》云：國之利器，不可以示人。今日假此威權，便是窺國家之利器也，不可不慎。

（宋）李燾《續資治通鑑長編》卷一六《宋太祖開寶八年》 上性寬仁多恕，尚食供膳，有蟲緣食器旁，謂左右曰：勿令掌膳者知。嘗讀《堯典》，歎曰：堯、舜之世，四凶之罪，止從投竄，何近代憲網之密耶？蓋有意於刑措也。故自開寶以來，犯大辟非情理深害者，多貸其死。己丑，有司言自二年至今，詔所貸死罪凡四千一百八人。

（宋）李燾《續資治通鑑長編》卷二三《宋太宗太平興國七年》 先是，知桐廬縣、太常寺太祝刁衎上疏言：淫刑酷法，非律文所載者，望詔天下悉禁止之。巡檢使臣捕得盗賊、亡卒，並送本部法訊鞫，無得擅加酷虐。古者投姦人於四裔，今乃遠方囚人，盡歸象闕，配於務役，最非其宜。神皋勝地，天子所居，豈可使流囚於此聚役。自今外處罪人，望勿許解送上京，亦不留於諸務充役。又《禮》曰：刑人於市，與衆棄之。則知黃屋紫宸之中，乃非行法用刑之所。望自今御前不行決罰之刑，殿前引見司鉗黥法具，並付御史、廷尉之獄，敕杖不以大小，皆以付御史、廷尉。京府或出中使，或命法官，具禮監科，以重聖皇明刑慎法之意。或有犯劫盜亡命，罪重者刖足釘身，國門布令。此乃愚民昧於刑憲，逼於衣食，偶然爲惡，義不及他，被其慘毒，寔傷風化，亦望減除此法。如此，則人情不駭，各固其生，和氣無傷，必臻其瑞矣。上覽疏甚悦，降詔褒答焉。

（宋）李燾《續資治通鑑長編》卷一九八《宋仁宗嘉祐八年》　故曰：恩有時而生怨也。威嚴太盛，則人無所容，刑罰煩苛，則濫及無辜，濫及無辜，則其類皆曰：是過也，人誰無之？彼既不免，行將及我。

（宋）李燾《續資治通鑑長編》卷三七三《宋哲宗元祐元年》　先是，摯言：法者，天下之大命也，先王制法其意使人易避而難犯，故至簡至直，而足以盡天下之理；後世制法，惟恐有罪者之或失也，故多張綱目，而民于是無所措其手足矣。世輕世重，惟聖人爲能變通之。祖宗之初，法令至約，而行之可久，其後大較不過十年一變法。豈天下之大，民物之衆，事日益滋，則法不可以不密歟？臣竊以謂非事多而後法密也，殆法繁而後姦生也。神宗皇帝達因革之妙，尤重憲禁。元豐中，命有司編修敕令，凡舊載于敕者多移之于令。蓋違敕之法重，違令之罪輕，此足以見神宗仁厚之德，哀矜萬方，欲寬斯人所犯，恩施甚大也。而所司不能究宣主德，推廣其間，乃增多條目，離析舊制，用一言之偏而立一法，因一事之變而生一條，其意煩苛，其文隱晦，不足以該萬物之理，達天下之情，行之幾時，蓋以屢變。今所謂續降者，每半年一頒，每次不減數帙矣。夫法者，天下之至公也。造之而不能通，故行之而不能久，其理然也。又續降多不顯言其所衝改，故官司州縣承用從事，參差牴牾，本末不應，非所謂講若畫一，通天下之志者也。臣愚以謂宜有所加損潤澤之，去其繁密，合其離散，要在簡易明白，使民有所避，而知所謂遷善遠罪之意。伏望聖慈酌時之宜，明法之用，選擇一二儒臣有經術，明于治體，練達民政者，將慶曆、嘉祐以來舊敕，與新敕參照去取，略行刪正，以成一代之典，施之無窮。

（宋）李燾《續資治通鑑長編》卷四二四《宋哲宗元祐四年》　昔者，臣待罪戶部，嘗獻議曰：法無新陳，便民者良法也；論無彼此，可久者確論也。既而典司邦憲，亦屢以此干冒聖聰，有司收格，曾莫之省。以臣料之，人情豈甚相遠哉？不過謂業已施行，憚於改易，殊不知茫茫四國，仰訴無由，蚩蚩民命，相顧待斃，聚爲不和之氣，上動天鑒，豈國家之盛事邪？臣前所奏，尚欲令富者輸錢，貧者出力，折衷二法而爲書。今也博訪輿言，詳究民瘼，在上者既無寬剩之求，則下戶皆願輸錢矣。而又四方風俗或不同，利害或不一，當差而願雇者有之，當雇而願差者有之。誠使四方隨俗以爲法，不以一偏之好惡示四方官吏，四方官吏不得觀上所好惡而講法，其歸主於寬民便俗，上下均一，無有偏重而已。今示以一偏之意而爲法，使四海沸騰，細民窮困，朝廷晏然不知慮，卿士大夫畏忌不敢言，況希合之人爲監司與夫守、令者，持之不以介諸懷，使陛下致天怒於上，人怨於下，豈國家社稷計邪？

（清）徐乾學《資治通鑑後編》卷二〇《宋紀二〇》　癸丑，右正言知制誥判大理寺王欽若上言：本寺公案常有五十至七十道，近者三十日內絶無。昔漢文帝決獄四百，唐太宗放罪三百九十人，然猶書之史冊，號爲刑措。當今四海之廣，萬類之多，而刑奏止息逮乎？逾月足彰恥格之化，式漸太和之風，請付史館用昭聖治。從之。

（清）徐乾學《資治通鑑後編》卷三二《宋紀三二》　江南提點刑獄范應辰上言：伏覩辛亥制書，常赦不原者咸除之。臣謹按《呂刑》云：五刑之疑有赦，五罰之疑有赦。今姦凶之輩密料赦期，肆其殘酷。方合正典刑而遽逢霈澤，配爲卒伍，皆給衣糧，又何異賞人爲盜耶？較諸疑則赦之，諒有殊矣。望自今凡有知赦在近，而故爲罪戾者，死罪已下，遞減一等斷之。帝曰：先帝因郊禮，方議肆赦。致齋之夕，有朝士秦再思上書，願勿赦。且引諸葛亮佐劉備數十年不赦事，先帝頗疑之。時趙普爲相，因入對言曰：聖朝開創已來，具存彝制，每三年郊祀，即覃肆眚，所謂其仁如天，堯舜之道也。至若劉備偏據一方，區區用心，臣竊爲陛下不取。先帝善其對，赦宥之文遂定。應辰發論，頗見盡心。然全無赦宥，亦恐難行。張知白曰：古人所謂數則不可，無之實難，斯爲確論也。

（清）徐乾學《資治通鑑後編》卷五三《宋紀五三》　癸未，詔曰：先王用法簡約，使人知禁而易從。後代設茶鹽酒稅之禁，奪民厚利，刑用滋章。今之編勅，皆出律外，又數改更，官吏且不能曉，百姓安得聞之？而一陷於理，身體毁傷，室家離散，情雖可哀，法不可贖。其議科條，有非著於律者，或細民難知，或常情不免，或冒利犯禁，或奢侈違令，或過誤可閔之類別爲贖法。鄉民以穀麥市人以錢帛，使民重穀帛，免刑罰，則農桑自勸，富壽可期矣。時范仲淹請制贖刑，故有是詔。諫官余靖言：臣不知誰爲陛下畫此謀者，徒知高談而不知適時之變也。今三邊有百萬待哺之卒，計天下二税上供之外能足其食乎？故茶鹽酒税、山澤雜産之利，盡歸於官，尚猶日筭，歲計恐其不足。民貪其利而犯禁者，雖死不避也。今乃一爲贖刑，以寬其禁，三軍之食於何取之？臣伏見二年已來，陝西、淮南、江浙添取鹽酒價錢，而民犯愈多。今若更爲輕刑，得以贖論，則民輕犯而莫之禁矣。伏乞追改前詔，特令寢罷。其陝西、淮南、江浙二年已來所添鹽酒價錢，並放仍舊。時議者皆以爲，若遂行此詔，則富人皆得贖罪，而貧者不能以自免，非朝廷用法之意，卒不果行。

（清）徐乾學《資治通鑑後編》卷一二八《宋紀一二八》八月，帝謂宰相曰：朝廷宜守經制，儻務更張，則攀授者衆，乃知命令之出不可不謹。今言某事有利，輕爲蠹革，始則皆以爲當，久乃黴成有害，洎加裁正，是朝令夕改也。又莅官之人不可過爲寬恕，以致弛慢，或探求罪恶不顧類煩擾，抑又甚矣。王旦曰：古人有言，法出而弊作，令下而姦生。寬則民慢，陷法者多；猛則民殘，無所措手足，正爲此也。

（清）李幼武《宋名臣言行録外集》卷一《周敦頤濂溪先生元公》先生論刑，嘗曰：刑者，民之司命，情僞微曖，其變千狀，苟非中正，明達果斷者，不能治也。夫中正者，仁之所存，而明達者，知之所行，果斷者又勇之所施也。《韶州祠堂記》

《金史》卷四五《刑志》舊禁民不得收制書，恐滋告訐之弊，章宗大定二十九年，言事者乞許民藏之。平章張汝霖曰：昔子産鑄刑書，叔向譏之者，蓋不欲預使民測其輕重也。今著不刊之典，使民曉然知之，猶江、河之易避而難犯，足以輔治，不禁爲便。以衆議多不欲，詔姑令仍舊禁之。

（明）陳邦瞻《元史紀事本末》卷一一《律令之定》既而王（暉）〔惲〕上《政事書》，首言議憲章以一政體，曰：法者，輔治之具，一日闕則不可。君操於上，永作成憲。吏承於下，遵爲定式。民曉其法，易避而難犯。若周之三典，漢之九章是也。今國家有天下六十餘年，小大之法，尚無定議。内而憲臺天子之執法，外而廉司州郡之法吏，是皆司理之官，而無所守之法，猶有醫而無藥也。至平刑議斷，旋施爲理，未免有酌量準擬之差，彼此輕重之異。臣愚謂宜將累朝聖訓，與中統迄今條格，通行議擬，參而用之，與百姓更始，如是則法無二門，輕重適當，吏安所守，民知所避，而天下治矣。帝曰：善。

（元）張養浩《三事忠告》卷一《牧民忠告·御下·服遠》或問：遠方獠民，巢居溪洞，猛不能讋，寛不能懷，喜則人，怒則獸，欲宜朝廷德澤，若之何而可？餘曰：物之凶狠，無虎狼若也，然使之左右前後，惟吾之聽者，得其制之之術也。夫克剛莫若柔，治繁莫如簡。且彼之所以反側不恒者，亦必有由矣。或貪其財，或蹙其境，或俘其子女，或蔑其官屬，以致蟻結蜂屯，肆其酷毒。苟安之而不擾，外之而無所事，雖欲忿然，無自而發。政使或爾，但嚴守己界，恬不與校，久而彼自馴伏矣。況彼兵一動，守土者非有上命，坐視而不敢前，比許追襲，則已雉兔逃而禽鳥散矣。由是而論，安靜不競者爲上，恬無所求者次之，邀功生事，妄開邊釁，斯爲下矣。官於遠方者，尚監於茲。

《元典章》卷四〇《刑部·刑獄·獄具·諸衙門挾數笞杖等第》朝廷定制，期于无刑而已。

（明）談遷《國榷》卷四《太祖洪武四年》庚寅，上御奉天門，問吏部尚書詹同古帝王之治。曰：無過唐虞三代。上曰：三代而上治以心，三代而下治以法。心則道仁義，其用無窮；法則權謀術數，其用有時而窮。故擇術不可不慎也。

（明）卜世昌《皇明通紀述遺》卷二《洪武九年十月》上覽《大明律》，謂胡惟庸、汪廣洋等曰：古者，風俗厚而禁綱疎，後世人心漓而刑法密。是以聖王貴寛寛，而不貴急，務簡而不務煩。國家立法得中，然後可以服人心而傳後世。昔蕭何作漢律九章，張湯猶得以私意亂之，況始未盡善其能久而無弊乎？今律條猶有議擬未當者，卿等可詳議更定務合中正，仍具存革者以聞。於是惟庸、廣洋等復詳加考訂釐正者，凡十有三條。

《明太祖實録》卷一七九《洪武十九年十二月》都察院左御史詹徽上言：陛下之於刑獄，每存欽恤之意，蓋欲期于無刑，而頑民狃玩，犯者不止。臣愚以爲莫若嚴刑以制之，使知所畏，而重犯法。上覽之曰：刑不可使縱弛，亦不可使過嚴。縱弛則爲惡者無所畏，過嚴則爲善者或濫及。用刑之道，但貴得中，得中則刑清，失中則刑亂，刑亂而政衰矣。如爾所言，恐流於濫，其可哉！

《明宣宗實録》卷一八《宣德元年六月》壬午，上御奉天門，諭三法司官曰：朕夜來觀《周書・立政篇》，有云式敬爾由獄，以長我王國。此言深有意味，蓋能敬慎用刑，不致枉濫，則仁恩浹洽，足以培固國本，福祚豈不靈長？今不必論效驗，但當以敬爲主，有虞欽恤，正是此意。卿等宜夙夜勿忘。都御史劉觀等皆頓首，曰：臣等敢不祗服聖訓。

《明憲宗實録》卷九九《成化七年十二月》〔辛巳〕近内府興造修齋、寫經，并賞賜器皿、金豆、銀豆之類，費耗不可勝計。今後乞特加愛惜，非賞功及軍國急用，不宜輕動内庭。修齋等事俱宜停止。一，寶石珍珠不過爲器皿玩物，飢不可食，寒不可衣。今貨賣之家率高，其直以一估十，以百估千，動支官銀以千萬計，皆致鉅富實國之蠹，宜悉停罷。一，内府監局各有工匠。今金箔一貼，市直止銀五分，官司輒用鈔七十貫，直踰三倍，宜止令匠役於御用監或銀作局自造，庶不損官作弊。一，光禄寺牲口每歲該派猪羊雞鵝十萬，比朝廷念民艱困，凡慶賀大宴皆免，其餘牲口宜其積多顧買辦供應，常有不及。今後除上用膳羞，并各官日用如舊制供辦外，其餘歲時内宴并不時之需，有可減省者，宜悉減省。一，内府藥材有各布政司歲辦，又有外國進獻，宜足於用。近復行文於各處採辦，此係一時之用，不可爲常，乞停免之。一，戶部先因鈔貫不敷，奏遣主事督收各處船料鈔貫，蓋出一時權宜，宜悉取回，止令各府收解。一，朝廷所用之物，遇有買辦，必於土地所産之處不可一槩坐派，致民倍直轉鬻。一，内外軍民困於水旱已極，乞創造寺觀塔廟等不急之役，皆宜停罷，仍戒内外官不得私創。一，京軍宜蓄養鋭氣，以備警急，毋令雜役，使之終歲不得休息，飢苦萬狀。一，各監局軍匠有逃亡者，止宜行該部查補，毋得径拘京衛所官杖，併勒之出錢買免。一，外内外法司，強盗、人命、妖言等獄未明，不能歸結者，乞在内三法司會同錦衣衛堂上官，在從巡按御史按察司分巡官審録奏處。一遇赦，因徒有因贓物未完，或監候，或送所司追徵，不無淹滯，有孤恩典。乞除盗官物并給主贓罰管限追，餘俱乞寬宥。一，内外官民有犯，除謀逆等重事，乞止行巡按御史并按察司勘解，毋得輒奏請差人提擾。一，近例，竊盗掏摸盗官畜産、謙賺、搶奪人財物，但犯，不分革前革後，軍民皆謫之口外。私宰牛者，枷示三月。此用刑並太過。乞俱仍舊例，罰充擺站、炒鐵等役，而枷示止一月。一，荊襄等處流民連年被逐，死者無慮千萬，甚傷和氣。况所奏招出一百五十餘萬已皆無家可歸，不過迯死四散而已，恐貽患甚大。乞遣官分諭願回者，官給遣之。其無所依者，所在州縣業已空間田地，令附藉如例，免粮差五年。内有妻子奪於官軍者，悉追與完聚。庶後患可弭。一，京師連歲飢荒，乞量加恤典於軍士之艱窘者。一，易州山廠柴炭夫，每歲用一萬九千九百二十人，内順天府該一千七百三十三人，惜薪司，成化八年，檯柴夫用三千人，内順天府該一千人。乞暫停順天府下年柴夫，止令見在廠者，陸續採運所存人戶，以應惜薪司次年檯柴之役。仍乞勅内外所司量減節用，以紓民力。一，光録寺供應龍鳳等器，該用硃漆等料。民辦艱苦，近年取用不時，視舊加倍。乞出舊器一一驗視，堪用者加料修理，不堪者計料成造，不得諉以遺失，不存庶免妄費。一，京畿之民荐被旱澇，生理蕭踈，其抽分竹木局五處給事中御史主事共一十五員，不無虚曠。乞俱取回，仍舊制專責之。各局原設官攢，但每季差御史主事一人巡察之。其湖廣等處，抽分員外郎主事，亦各宜取回。如舊命，各該府官收報。一，各監局所市物料多係宛平、大興二縣各鋪行貸之京城富家，富家營謀給鈔，利至三五倍。乞凡有所市，止令順天府同御史等官，估以時價，兩平收市送用。一，詔條止蠲成化六年以前，加陪追陪各處歲造、織造諸綵段之未完者。而七年十一月以前之未完者，例未載。乞槩與停免。一，畿民貧甚，近敕都御史楊璿追徵賑濟舊米，及勸借糴買，充預備倉三事。並舉民不聊生嗟怨逃竄，乞俱停止。一，造作工匠，乞止賞以物，不必加之以官。一，蘇松嘉湖水災，所遣中官織造蟒龍等段匹者，乞取回其絲料，以充歲造之弊。一，追補各營官軍馬匹自有所司，太僕寺官，今後毋得輒拘把總都指揮等官，比較棰楚，有乖各分。一，印造曆日，内外各有定数。紙劄俱係民財，乞戒以不得多造私光饋物。上曰：卿等所言皆切時弊。

在內者，朕自減省，荊襄撫出流民，仍令項忠等橅原籍官司安插，毋令失所。在京抽分，每處止遣御史一員織造蟒龍等段匹絲料，且收貯在官。各營見操並守衛，守門官軍，將軍查数以報。其餘所司即舉行之。

（清）蔣良騏《東華録》卷一八《康熙四十年十月》 十月，湖南按察使員缺，大學士伊桑阿等以九卿保舉江南淮徐道施世綸入奏。上諭曰：施世綸朕深知之，其操守果廉，但遇事偏執，百姓與生員訟，彼必護庇百姓，生員與縉紳訟，彼必護庇生員。夫處事惟求得中，豈可偏私？如施世綸者，委以錢穀之事，則相宜耳。

（清）鄂爾泰等《世宗憲皇帝硃批諭旨》卷一二五之五《硃批鄂爾泰奏摺》 〔硃批〕不可留之人即一人，亦不可疎縱。若不應正法，即一命亦當詳慎，蓋千人百人一人皆同一命耳。不可就數目而論多寡，此等處須用廣大識見料理者。欽此。

臣卒讀神傷，再讀志豁。仰窺一人之苦心，俯覘羣工之陋見，始知寬猛兩字皆出自仁慈，詳慎合中斯克幾廣大，惟當謹遵。寶訓。事事凜體，願學中庸之難能不敢因循以自棄。

（清）琴川居士《皇清奏議》卷二李運長《請定經制疏》 兵科給事中臣李運長謹題：爲開創之天下，必建開創之徽猷，亟宜參酌前規，詳定經制以成聖朝治理事。臣惟治天下之道，立綱陳紀而已矣。況值鼎新革故之交，建創業垂統之烈，若使張弛任意，舉措乖方，將何以令信一時，憲昭百世？皇上丕膺大統，肇有區夏，海宇之內，咸仰新猷。乃國家經制尚未參詳，諸司政令罔歸畫一，盖有綸綍已頒，猶依違未決，六曹關會多呼應不通。此無他，總以經制未定無所遵循故耳。伏乞敕下六部俾會同諸司參定經制，鑒歷朝之淑軌，成一代之新模。如用人，乃國之首務，須先定官制立官，而後銓選考功之法得以精核，更求不限資格，不外資格而臧否不溷。所官爲賢，稅斂賦入之供皆取惟正度，支出納當思利用厚生。至於各衙門，皆有經政必有經費，令概歸農部，則庶務有或廢或舉之虞。五禮修明必不湮不紊，禮尚威儀，體統名分之所關，即僭竊囂凌之所伏，不可不嚴以立真防也。都省守禦莫踰軍屯，今招撫之兵解散則多無歸安，集則莫與爲業，亟當攷古寓兵於農之法，而行之則以耕代守，消弭備禦之術，咸在於中矣。至於刑惟慎恤。今罪之輕重，聽口譯於通官，人之生死，憑臆斷於司寇，律例之頒，更宜亟耳。其餘大小文武咸令審定規制，申明職掌，俾恪盡乃職，毋致曠廢。將百寮濟濟共襄，協贊亮工，熙載之盛可見於今日也。臣草茅下士章句庸流，自知芻蕘無當廟算，伏望聖上採擇施行。

《大清會典則例》卷一二四《刑部·律綱》 明律令當斟酌損益，刊定成書，俾中外知所遵守。法司會同廷臣詳繹明律，參酌時宜，詳議允當，以便裁定成書，頒布天下。令修律官參酌滿漢條例，分別輕重差等，彙集進呈。

又： 國家設立法制，原以禁暴止姦，安全良善。故律例繁簡，因時制宜，總期合於古帝王欽卹民命之意向。因人心滋僞，輕視法網，強暴之徒陵虐小民，故於定律之外，復嚴設條例，俾其畏而知儆，免罹刑辟。乃近來犯法者多姦宄，未見少止人命關係重大，朕心惻然。其定律之外所有條例，如罪不至死而新例議死，或情罪原輕而新例過嚴者，應去應存，著九卿詹事科道會同，詳加酌定議奏。

又： 國家刑法禁令之設，所以詰姦除暴懲貪黜邪，以端風俗，以肅官方也。然寬嚴之用又必因乎其時。

又： 刑罰世輕世重，自昔爲然。而寬嚴之道，如溫肅之異，用而同功。時而崇尚惇大，禁令漸弛，道在整飭，不得不濟之以嚴；時而振興明作，百度具張，道在休養，不得不濟之以寬，寬嚴合乎大中，而用中本乎因時，蓋所謂中無定體隨時而在。

《大清會典則例》卷一二四《刑部·聽斷》 刑曹民命攸關，國典所繫必以中正之心，行平恕之道，使法蔽其辜，毋縱毋枉，必得真情始免冤抑。若惟以深文爲能事，鍛鍊爲盡職，及獄辭既具奏牘已成，即反覆推詳，欲求其更生之路，亦甚難矣。

《大清會典則例》卷一二四《刑部·朝審》 明罰勑法，國之大典，而肆赦所加，原以昭法外之仁也。恩詔之頒，期以息事寧人，使遠邇咸知遷善改過，共爲良民，以成太平之治。

《皇朝通典》卷八〇《刑一》 有虞氏肇始象刑，其用之之道則曰惟明克允。《周禮·秋官》之職建三典，而《呂刑》則曰：上刑適輕下服，下刑適重上服。葢皆因時準情以用法，而輕重胥得其平也。

《皇朝通志》卷七七《刑法畧三·刑制聽斷》 天命元年，諭：凡事一人獨斷必致生亂，國人有事，當訴于公所，五日一聽斷之。有私訴於諸臣之家者，必當執送，其私行聽斷者治罪。二年諭：生殺之際不可不慎。五聽斷之官，必詳審始末而後定擬。倘事有未協，勿挾忿爭競庶能得情。五年諭：凡有下情不得上達者，書訴牒懸諸木。朕據其辭之顛末，以便審鞫。其令竪二木于門外。

《皇朝通志》卷七八《刑法畧四·刑制秋朝審》 四十四年，諭各省秋審尚無可議，朝審則太寬。《書》云：罪疑惟輕，以其罪有可疑之處而輕之也，若無可疑，則以公平爲貴。現在殺人之人，情罪顯然，又何所疑而欲從寬乎？執法之人，但當詳情據理以定罪，一味從寬則惡人何所警戒？可以此諭刑部。

《皇朝文獻通考》卷二〇六《刑考十二·詳讞》 臣等謹按：國家欽恤祥刑，明辟慎罰，列聖相承，用中以治。凡獄訟奏牘，罔不反覆推勘，再四研求，期協於中，以成信讞，猶慮內外執法者因仍舊習，固執成心，或以刻意爲逢迎，或以市恩而姑息，偏畸枉縱，弗得其情也。於是乎，疊頒諄諭，深切著明以教戒之。臣等恭讀列祖《實録》、《聖訓》及我皇上御極以來宣示辦理刑名詔旨，不啻數千萬言，於大公至正之規，毋枉毋縱之理，提撕儆覺，實合先後聖而同符。

（清）俞樾《諸子平議》卷七《晏子春秋》 中聽以禁邪。樾謹按：聽謂聽訟也，古謂聽訟爲聽，《書大傳》，諸侯不同聽。注曰：聽，議獄也。中聽以禁邪，言聽訟得中，則足以禁邪也。《尚書·吕刑篇》曰：罔不中聽獄之兩辭。然則中聽二字，蓋本於《尚書》矣。《問下篇》曰：中聽則民安，夫刑罰不中，民無所措手足，故中聽則民安也，又曰慢聽厚斂則民散，聽與斂並言，亦孟子省刑罰薄税斂之意。

（宋）王明清《揮麈録·前録》卷三 明清家有徐東湖所記太上皇帝聖語。其略曰：大宗正行司將至行在，南班宗子所居當作屋百間。上曰：修營舍宇，固非今所急。然事有不得已者，故《春秋》於此事得其時制則不書。不書者，聖人之所許也。近時營造之制一下，百姓輒受弊，蓋緣州縣便行科配矣。又嘗語宰臣等曰：爲法不可過有輕重。惟是可以必行，則人不敢犯。太重則決不能行，太輕則不足禁姦。朕嘗語徐俯：異時宮中有所禁，初令之曰必行軍法，而犯者不止。朕深推其理，但以常法處之，後更無犯者。乃知立法貴在中制，所以決可行也。

（清）張怡《玉光劍氣集》卷七《吏治》 羅文衡銓按察湖廣，獄有繫囚二千五百，久未決。公至，數日發遣殆盡。時民間征調繁夥，有司往往罪之，公率從輕典。每語同官曰：內執法議獄，或稍失中，有大理爲之平，外莫與平者，何以不盡心！

（清）顧炎武《日知録》卷六《君子而時中》 古之聖人，內之爲尊，外之爲樂；少之爲貴，多之爲美，是故先王之制禮也，不可多也，不可寡也，惟其稱也。此所謂君子而時中者也，故《易》曰二簋應有時，損剛益柔有時。

（唐）白居易《白氏六帖事類集》卷一二《寬不按吏》 撫人以寬，《尚書》。寬而有制，寬則得衆。蕭曹以寬厚清淨爲天下師，不嚴而治，未甞笞辱人。見上注。寬難，子産言。不忍猛而寬，濟猛。仲尼曰：寬以濟猛，猛以濟寬，政是以和。

（唐）白居易《白氏六帖事類集》卷一二《寬猛相濟》 政寬則民慢，猛則民殘。仲尼曰：政寬則民慢，慢則糾之以猛，猛則民殘，殘則施之以寬。寬以濟猛，猛以濟寬，政是以和也。火烈，水懦。子産謂太叔曰：唯有德者能以寬服人，其次莫如猛。夫火之烈，民望而畏之，故鮮死。爲水懦弱，人狎而玩之，則多死。故寬難。太叔爲政不忍猛而寬，鄭多盜，太叔悔之。韋弦兼佩。昔人有性急，佩韋自戒；性寬，佩弦自戒。吐茹合宜。《詩》云：柔亦不茹，剛亦不吐。不剛不柔。

（唐）白居易《白氏六帖事類集》卷一三《寬刑》 周訓夏刑，人克用乂。訓，暢。夏禹之刑，更從輕也。漢除秦法，政是以和。去秦之重刑。夏人不敝，本乎後罰。記夏道，先賞後罰，其人不敝。殷人先罰後賞，其人敝。秦氏自敗，由其峻刑。約三章之法，漢室以興。作五虐之刑，苗人自絶。得失斯在。取捨可知。虞夏之道，寡怨於人，少文法故。雖政寬而人慢未盡善也。比刑肅而俗敝。不猶愈乎。爲國制刑，雖宜簡易。示人知禁。信亦寬難。寬能御衆。猛則殘人。宜建大中之法，以爲小康之惠。作爲金贖，垂裕《虞書》。誤入刑以金贖罪。除去肉刑，稱仁漢牘。《文選》。寬而有制，《書》。施之以寬。雖擾之政，布以從寬，而恢恢之網疎而不漏。代虐以寬，兆人允懷。商湯。以爲御勞止之人，寬以濟猛，念恤哉之典，愛克厥威。其政不嚴而治。其教不肅而成。

（明）馮琦《經濟類編》卷二〇《臣類一・臣道》　管仲《七臣篇》。飾臣克親貴以爲名，恬爵禄以爲高。好名則無實，爲高則不御。故記曰：無實則無勢，失轡則馬焉制。侵臣事小察以折法令，好佼反而行私請，故私道行則法度侵，刑法繁則姦不禁，主嚴誅則失民心。亂臣多造鍾鼓衆飾婦女以惛上，故上惛則隟不計，而司聲直禄，是以謟臣貴而法臣賤，此之謂微孤。愚臣深罪厚罰以爲行，重賦斂，多兑道以爲上，使身見憎而主受其謗。

（漢）曹操《曹操集・文集》卷三《遺令》　吾在軍中持法是也，至於小忿怒，大過失，不當效也。

（南朝宋）鮑照《鮑明遠集》卷九《論國制啟》　臣啟：臣聞尺之量錦，工者裁之。柔丈之木，繩墨在焉。事無巨細，非法不行。當今世問政睦，藩國相望，君舉必書，動成准式。息躬聖壤，十有餘載，條制節文，宜其備矣。諸王列封，動静兼該。而竊見國之處事未盡善，臣之暗蔽，私心有惜，伏見彭城國舊制，猶有數卷，雖多殊革，大綱可依。愚謂宜令掌故，刊而撰之。上著朝典藩邦之度，下揆國訓繁簡之誼。傍酌州府寬猛之中，章程久具，永爲恒制，豈伊今美，乃足貴之將來。臣忝充直員脱以啟聞，煩而非要，伏追慙悚。謹啟。

（宋）姚鉉《唐文粹》卷二一崔祐甫《洪州都督張公遺愛碑頌》　昔曹条去齊以獄市爲寄，以爲擾於獄者，輕重人之命；煩於市者，耗殫人之生。苟鞭笞桁揚之無度，侵牟肆奪之不改，是國家以章綬印璽毒蒼生也。豈致理哉？於是平百貨之貴賤，議刑罰之等衰，使其貪不下殘，忿不私逞。韓子求環而不可使人袒背而無傷。

（宋）姚鉉《唐文粹》卷七八《縣令箴》　政不欲猛，刑不欲寬。寬則人慢，猛則人殘，寬則不濟，猛則不安。

（宋）歐陽修《歐陽修全集》卷七七《易童子問卷二》　童子問曰：《小過》之《象》曰君子以行過乎恭，喪過乎哀，用過乎儉者，何謂也？曰：是三者施於行己，雖有過焉，無害也。若施於治人者，必合乎大中，不可以小過也。蓋仁過乎愛，患之所生也；刑過乎威，亂之所起也。推是可以知之矣。

（宋）歐陽修《歐陽修全集》卷七九《外制集・勸農敕》　其或陂池不修，田野不闢，桑棗不植，戶口流亡，慢政隳官，亦行降黜。夫言而不信，法弛於寬，朕久患之，方思革弊。爾毋猶習舊態，慢我新書。此匪虚名，必期責實。凡爲條約，告爾既明，賞吾不欺，罰爾無悔。

（宋）歐陽修《歐陽修全集》卷七九《外制集・劍州司理參軍董壽可大理寺丞制》　敕具官董壽：夫法者，所以禁民爲非，而使其遷善遠罪也。然世之專於法者，不患於不通，而患於刻薄，豈夫學者之弊歟？今爾以學法入官，而有能被薦，以之臨事，可不戒哉！往服明恩，宜慎汝習。可。

（宋）歐陽修《歐陽修全集》卷八六《内制集・賜判大理寺陳太素并權少卿楊開及審刑院詳議官大理寺斷官等敕書》　敕陳太素：省知審刑院胡宿奏：據大理寺日奏司申，二月二十一日已前下寺公案並已斷奏了畢，無見在事。刑獄之重，一成而不遷；比類之微，可疑者甚衆。汝好學而敏，涖官以勤。夫俾天下之無冤，幾刑錯而不用。此朕翼翼希慕之所未及，而爾孜孜厥職之所不忘者也。故兹獎諭，想宜知悉。

（宋）李覯《李覯集》卷二八《書・寄上富相公書》　夫人豈有科名哉？凡今用法，小過不宥，而大刑不行。小過不宥，故跅弛者廢；大刑不行，故首鼠者安。嶺南之吏，或不備不虞，或偷生惜死，而不聞有伏鈇鑕者。以不忍之政，馭無耻之人，如乘駑駘而舍鞭策，欲其致遠，何可得哉？

（明）朱元璋《明太祖文集》卷一〇《策問・原刑論》　刑，罰惡之道。古制：生人非至理不仁至仁理。五刑備用於先，必庫匱於後，所以至仁焉，所以生人焉。非至仁理、備五刑，而五遺善惡。惡善始微，終亂愚私焉。愚不知而反聽私，故違而禍仁。有以謂刑中我以謂刑中，有以謂刑平我以謂刑當。蓋聽用中平，刑用中當，所以非仁不仁，仁不非仁，姦衰政簡，慎稽之死生生死甚哉！艱哉！幽察而後已，詳明死死，本生復生。甚哉！輕重重輕至仁理刑，一二三惡滅，愚私理憫違一，生惡四。

《皇朝經世文編》卷一九《吏政五・考察》儲方慶《立法議》　朝廷之立法何其嚴，用法何其寬也。夫立法嚴則人無所措手足，用法寬則人將狃于法，輕犯之而不以爲懼。故善立法者，不爲不近情之科條，使天下有以守吾法，而不幸有小人焉冒昧而犯之，則示天下以必信，而無所事于亟，行之小惠，是以天下之犯法者少，而人主之法，足以立威于天下。

又：朝廷之法，是以法雖嚴而不足畏。夫立法以威天下，而使人不足畏。法雖嚴與無法等。愚以爲與其立法嚴而用法寬，何如立法寬而用法嚴？立法寬則人之犯法者少，犯法者少，則官吏皆得優游于法外，以自養其廉耻，而無迫促不自容之狀。如是而猶犯吾法焉，是其心好爲恣睢以蹈不測之罪，更不必有所顧惜，以養天下之奸。治之流徒即流徒，治之斬絞即斬絞，天下既得自安于法外，而又不能倖免于法中。貪吏之風，庶乎其少息也。

《皇朝經世文編》卷二一《吏政八·守令》陳慶門《仕學一貫録》　當官處事，嘗思有恩以及人，而以方便爲主。即如一催科也，其勢萬不能免，但就其間求其所以省民力者，不便騷擾，重爲民害，則所全已多。一聽訟也，準之以人情物理，出之以靜氣平心，不事煆煉羅織，而人心各得其平，至於恤災捍患，移易風俗。當顛困欲斃之時，而起諸溝壑，予以生全，尤不若先事區處，不致顛頓危急之爲妙也。當越禮犯法之日，而嚴刑峻法，重懲示警，猶不如止惡未萌，不至用刑，而俗美民安之爲愈也。

《皇朝經世文編》卷五一《戶政二十六·榷酤》顧炎武《酒禁》　先王之於酒也，禮以先之，刑以後之。《周書·酒誥》：厥或告曰：羣飲，汝勿佚。盡執拘以歸於周，予其殺。此刑亂國用重典也。《周官·萍氏》幾酒謹酒。而《司虣》禁以屬遊飲食於市者，若不可禁，則搏而戮之。此刑平國用典也。一獻之禮，賓主百拜，終日飲酒而不得醉焉。則未及乎刑，而坊之以禮矣。故成康以下，天子無甘酒之失，卿士無酣歌之愆。至於幽王，而天不湎爾之詩始作，其教嚴矣。漢興，蕭何造律，三人以上，無故羣飲酒，罰金四兩。曹參代之，自謂遵其約束，乃園中聞吏醉歌呼，而亦取酒張飲，與相應和。自並其畫一法而亡之也。坊民以禮，酇侯既闕之於前，糾民以刑，平陽復失之於後。宏羊踵此，從而榷酤，夫亦開之有其漸乎。

《皇朝經世文編》卷九二《刑政三·律例》蕭震《理刑爰書》　制法之本，所以禁奸暴，定民志也。

《皇朝經世文統編》卷二七《內政部一·治術》陸隴其《治法論》　今日之宜詳者，莫大乎尊卑上下之差別；宜簡者，莫要乎薄書文移之虛名；宜寬者，在錢粮之詿誤，詔獄之株連；宜嚴者，在吏胥之舞法，守令之貪汚。尊卑上下之辨，所以節淫侈，定民志也。今胥隸得與搢紳同服，商賈得與公卿齊飾，而法制不立其間，將何所底止乎？宜命禮臣酌其等差，不厭精詳，務爲定式，庶貴賤不踰，而朝廷之名器足爲重於天下。此以詳爲貴者也。簿書文移，上下所憑以爲信者也。然今上之施於下者，非必其盡行也，以應故事而已。下之申於上者，亦非必其盡行也，以應故事而已。而徒使姦豪得借以爲資，而成其所欲，此可不思所以省之乎？宜務在行不爲虛文，庶官吏得盡心於職業，亦以少損姦豪之虛僞。此以簡爲貴者也。錢糧之催徵不可寬矣，然以分毫之拖欠而遭黜革，以限期之稍踰而加譴謫，不已甚乎？詔獄之審録，有不得已矣，然以一事之蔓延而累及千官，以一人之有罪而禍及親屬，不已甚乎？此宜以寬爲貴者也。吏胥之舞法亦既屢申飭矣，而舞法者自若；守令之貪汚，亦既屢申飭矣，而貪汙者自若，豈非舞法貪汙者未必盡發覺，發覺者未必盡加誅乎。此宜以嚴爲貴者也。故愚嘗論之曰：寬而詳者爲體，嚴而簡者爲用，此今日之中道也。致治之謨無踰於此，雖然猶有進焉。夫寬嚴煩簡者，治之迹而非治之本也，治之本在皇上之一心。漢、唐、宋所以不如三代者，非獨其政之未盡適中，亦其心有未純焉。是故以至仁爲心，無雜乎偏私，以主敬爲心，而無入乎怠弛。此又皇上用寬、用嚴、用煩、用簡之本，苟無是心而欲施之政事者，盡得其中，豈有是理哉？

《皇朝經世文統編》卷二七《內政部一·治術》宗稷辰《崇簡篇》　古之明政教於天下者，以乾道運天下，必以坤道靜天下。《易·繫辭傳》曰：坤以簡能。又曰：簡則易從，易從則有功。蓋欲天下之久安長治，非行簡不爲功矣。昔唐虞治，惟尚簡，夏忠、商質皆因之。至周而法制典章浸以繁焉，然其洪綱巨目與百姓見者，落落可數也。春秋時強國謀兵刑，弱國謀絲粟，其上盛辭命，其下著經論，蓋駸駸乎勢日趨於煩矣。洙泗之間聖若賢，思救一時偏勝之敝，而復古帝王致治之要道，遂商簡之可否。雖少偏於簡，如子桑伯子，亦覺其大有濟於濁世而不以爲非。故及門狂簡並稱是，孔子所以力矯。夫習俗者也，顧其間有務寬繟而任率略者，即孔子所謂太簡也；有務凝斂而昭省約者，即孔子所許內敬外簡也。戰國紀綱陵陁，秦始一切爲制坊之，違坤道之自然，而以密網繩天下，法極煩，而天下之人已嚚然其不靜。漢高帝作去亡秦之煩苛，而闇合二帝、三王之簡易，讀約法三章，倜乎遠矣。後儒多病漢以黄老爲治本，然黄帝文不漓質簡而純者也。老氏儉不傷慈，簡而澹者也，其道元不爲天下害。漢君臣略用其疏節闊目以乂安一朝。後之南面鄉，明老舍簡，豈有它道哉。隋初懲六朝之失，刻意綜覈，有追證百年舊案之事，時老吏尚以抱案爲苦。劉炫所言省官事而後可以望從容，唯憂不簡也。唐高祖至長安，與民約法十二條，悉除隋世苛禁。天下既定，所修典律皆簡明有要，初政故與先漢，庶幾。宋祖之詔首言臨下以簡。明祖之訓曰立法貴簡，當使人易曉。若條緒繁多，一事兩端，吏得因緣爲奸。由是而等百世之王同千聖之揆，其治曰必簡可知也。後世政刑之煩，多由條例之冗濫觴，始於北宋，而流失沿於累朝。晁行一事，夕增一例，積數百年遂汗牛充棟而不勝計。上下其手者甚樂其遮蔽之便，而黠胥倚法以脅官，官輒倚法以制朝廷。吏治日趨於偷薄，人心日淪於詐僞。而顛倒是非，屈抑良弱，日不知其數。千百端職爲厲階，釀威亂釁，不簡之爲病似甚微，孰意其浸尋滋長，乃至於此。

刑賞分部

論　說

《周易正義·豫》《彖》曰：豫，剛應而志行，順以動，豫。豫順以動，故天地如之，而況建侯行師乎？天地以順動，故日月不過，而四時不忒。聖人以順動，則刑罰清而民服。豫之時義大矣哉！疏：彖曰豫剛應而志行至大矣哉。正義曰：豫，剛應而志行，順以動，豫者，剛謂九四也；應謂初六也。既陰陽相應，故志行也。此就爻明豫義。順以動，坤在下，是順也。震在上，是動也。以順而動，故豫也。此以上下二象明豫義也。自此已上，釋豫卦之理也。豫順以動，故天地如之，而況建侯行師乎者，此釋利建侯行師也。若聖人和順而動，合天地之德，故天地亦如聖人而爲之也。天地尊大而遠，神之難者猶尚如之，況於封建諸侯、行師征伐乎？難者既從，易者可知。若建侯能順動，則人從之。行師能順動，則衆從之。天地以順動，故日月不過而四時不忒。自此以下，廣明天地聖人順動之功也。若天地以順而動，則日月不有過差，依其晷度，四時不有忒變，寒暑以時。聖人以順動，則刑罰清而民服者，聖人能以理順而動，則不赦有罪，不濫无辜，故刑罰清也。刑罰當理，故人服也。豫之時義大矣哉者，歎美爲豫之善，言於逸豫之時，其義大矣。此歎卦也。凡言不盡意者，不可煩文其説，且歎之以示情，使後生思其餘蘊，得意而忘言也。然歎卦有三體：一直歎時，如大過之時大矣哉之例是也；二歎時并用，如險之時用大矣哉之例是也；三歎時并義，豫之時義大矣哉之例是也。夫立卦之體，各象其時，時有屯夷，事非一揆，故爻來適時，有凶有吉。人之生世，亦復如斯，或逢治世，或遇亂時，出處存身，此道豈小？故曰大矣哉也。然時運雖多，大體不出四種者：一者治時，頤養之世是也；二者亂時，大過之世是也；三者離散之時，解緩之世是也；四者改易之時，革變之世是也。故舉此四卦之時爲歎，餘皆可知。言用者，謂適時之用也。雖知居時之難，此事不小，而未知以何而用之耳。故坎、睽、蹇之時宜用君子，小人勿用。用險取濟，不可爲常，斟酌得宜，是用時之大略。舉險難等三卦，餘從可知矣。又言義者，《姤卦》注云：凡言義者，不盡於所見，中有意謂者也。是其時皆有義也。略明佚樂之世，相隨相遇之日，隱遯羈旅之時，凡五卦，其義不小，則餘卦亦可知也。今所歎者十二卦，足以發明大義，恢弘妙理者也。凡于《彖》之末歎云大哉者，凡一十二卦。若《豫》、《旅》、《遯》、《姤》凡四卦，皆云時義。案：《姤卦》注云：凡言義者，不盡於所見，中有意謂。以此言之，則四卦卦各未盡其理，其中更有餘意，不可盡申，故總云義也。《隨》之一卦亦言義，但與四卦其文稍別。四卦皆云時義，《隨卦》則隨時之義者，非但其中別有義意，又取隨逐其時，故變云隨時之義大矣哉！《睽》、《蹇》、《坎》此三卦皆云時用。案：《睽卦》注云：睽離之時，非小人之所能用。《蹇卦》亦云非小人之所能用。此二卦言大矣哉者，則是大人能用，故云大矣哉！其中更无餘義，唯大人能用，故云用不云義也。《坎卦》時用，則與《睽》、《蹇》稍別，故注云非用之常，用有時也。謂《坎》險之事，時之須用，利益乃大，與《睽》、《蹇》時用文同而義異也。《解》之時，《革》之時，《頤》之時，《大過》之時，此四卦直云時，不云義與用也。案：《解卦》注難解之時，非治難時，故不言用。體盡於《解》之名，无有幽隱，故不曰義。以此注言之，直云時者，尋卦之名則其意具盡，中間更无餘義，故不言義，其卦名之事，事已行了，不須別有所用，故《解》、《革》及《頤》事已行了，不須言用。唯《大過》稱時，注云：君子有爲之時。與《解》、《革》、《頤》其理稍別。大過是有用之時，亦直稱時者，取大過之名，其意即盡，更无餘意，故直稱時，不云義，又略不云用也。

（清）孫星衍《周易集解·豫》 《象》曰**【略】**聖人以順動，則刑罰清而民服。

解：虞翻曰：清，猶明也。動初至四，兑爲刑，至坎爲罰。坎兑體正，故刑罰清。坤爲民，乾爲清，以乾乘坤，故民服。案：帝出乎震，聖人也。坎爲法律，刑罰也。坤爲衆順而民服也。

豫之時義大矣哉！

解：虞翻曰：順動天地，使日月四時皆不過差，刑罰清而民服，故義大也。

《周易正義·噬嗑》 噬嗑**【略】**初九：屨校滅趾，无咎。居无位之地以處刑初，受刑而非治刑者也。凡過之所始，必始於微，而後至於著。罰之所始，必始於薄，而後至於誅。過輕戮薄，故屨校滅趾，桎其行也。足懲而已，故不重也。過而不改，乃謂之過。小懲大誡，乃得其福，故无咎也。校者，以木絞校者也，即械也，校者取其通名也。疏：初九至无咎。正義曰：屨校滅趾者，屨謂著而履踐也，校謂所施之械也。處刑之初，居无位之地，是受刑之人，非治刑之主。凡過之所始，必始於微，積而不已，遂至於著。罰之所始，必始於薄刑。薄刑之不已，遂至於誅。在刑之初，過輕戮薄，必校之在足，足為懲誡，故不復重犯。故校之在足，已没其趾，桎其小過，誡其大惡，過而能改，乃是其福。雖復滅趾，可謂无咎，故言屨校滅趾无咎也。《象》曰：屨校滅趾，不行也。過止於此。疏：正義曰：釋履校滅趾之義，猶著校滅没其趾也。小懲大誡，故罪過止息不行也。

六二：噬膚滅鼻，无咎。噬，齧也。齧者，刑克之謂也。處中得位，所刑者當，故曰噬膚也。乘剛而刑，未盡順道，噬過其分，故滅鼻也。刑得所疾，故雖滅鼻而无咎也。膚者，柔脆之物也。疏：正義曰：六二處中得位，是用刑者。所刑中當，故曰噬膚。膚是柔脆之物，以喻服罪受刑之人也。乘剛而刑，未盡順道，噬過其分，故至滅鼻，言用刑太深也。无咎者，用刑得其所疾，謂刑中其理，故无咎也。《象》曰：噬膚滅鼻，乘剛也。疏：正義曰：乘剛者，釋噬膚滅鼻之義，以其乘剛，故用刑深也。

六三：噬腊肉，遇毒，小吝无咎。處下體之極，而履非其位，以斯食物，其物必堅。豈唯堅乎？將遇其毒。噬以喻刑人，腊以喻不服，毒以喻怨生。然承於四而不乘剛，雖失其正，刑不侵順，故雖遇毒，小吝无咎。疏：正義曰：噬腊肉者，腊是堅剛之肉也。毒者，苦惡之物也。三處下體之上，失政刑人，刑人不服。若齧其腊肉，非但難齧，亦更生怨咎，猶噬腊而難入，復遇其毒味然也。三以柔不乘剛，刑不侵順道，雖有遇毒之吝，於德亦无大咎，故曰：噬腊肉遇毒，小吝无咎也。《象》曰：遇毒，位不當也。疏：正義曰：位不當者，謂處位不當也。

九四：噬乾胏，得金矢。利艱貞吉。雖體陽爻，為陰之主，履不獲中，而居其非位，以斯噬物，物亦不服，故曰噬乾胏也。金，剛也；矢，直也。噬乾胏而得剛直，可以利於艱貞之吉，未足以盡通理之道也。疏：正義曰：噬乾胏者，乾胏是臠肉之乾者，履不獲中，居其非位，以斯治物，物亦不服，猶如噬乾胏然也。得金矢者，金，剛也。矢，直也。雖刑不能服物，而能得其剛直也。利艱貞吉者，既得剛直，利益艱難，守貞正之吉，猶未能光大通理之道，故《象》云未光也。《象》曰：利艱貞吉，未光也。

六五：噬乾肉，得黄金，貞厲无咎。乾肉，堅也。黄，中也。金，剛也。以陰處陽，以柔乘剛，以噬於物，物亦不服，故曰：噬乾肉也。然處得尊位，以柔乘剛而居於中，能行其戮者也。履不正而能行其戮，剛勝者也。噬雖不服，得中而勝，故曰噬乾肉得黄金也。已雖不正，而刑戮得當，故雖貞厲而无咎也。疏：象曰至貞厲无咎。正義曰：噬乾肉者，乾肉，堅也。以陰處陽，以柔乘剛，以此治罪於人，人亦不服，如似噬乾肉也。得黄金者，黄，中也。金，剛也。以居於中是黄也，以柔乘剛是金也。既中而行剛，能行其戮，剛勝者也。故曰得黄金也。貞厲无咎者，已雖不正，刑戮得當，故雖貞正自危而无咎害。位雖不當，而用刑得當，故《象》云得當也。《象》曰：貞厲无咎，得當也。

上九：何校滅耳，凶。處罰之極，惡積不改者也。罪非所懲，故刑及其首，至于滅耳。及首非誡，滅耳非懲，凶莫甚焉。疏：象曰至滅耳凶。正義曰：何校滅耳凶者，何謂擔何，處罰之極，惡積不改，故罪及其首，何擔枷械，滅没於耳，以至誥没。以其聰之不明，積惡致此，故《象》云聰不明也。注處罰之極至凶莫甚焉。正義曰：罪非所懲者，言其惡積既深，尋常刑罪，非能懲誡，故云罪非所懲也。及首非誡，滅耳非懲者，若罪未及首，猶可誡懼歸善也。罪已及首，性命將盡，非復可誡，故云及首非誡也。校既滅耳，將欲刑殺，非可懲改，故云滅耳非懲也。《象》曰：何校滅耳，聰不明也。聰不明，故不慮惡積，至于不可解也。

《周易正義·坎》 習坎**【略】**上六：係用徽纆，寘于叢棘，三歲不得，凶。險陗之極，不可升也。嚴法峻整，難可犯也。宜其囚執寘于思過之地。三歲，險道之夷也。險終乃反，故三歲不得自脩，三歲乃可以求復，故曰三歲不得凶也。疏：正義曰：係用徽纆寘于叢棘者，險陗之極，不可升上。嚴法峻整，難可犯觸。上六居此險陗之處，犯其峻整之威，所以被繫用其徽纆之繩。置於叢棘，謂囚執之處，以棘叢而禁之也。三歲不得凶者，謂險道未終，三歲已來，不得其吉，而有凶也。險終乃反，若能自脩，三歲後可以求復自新，故《象》云上六，失道凶，三歲也。言失道之凶，唯三歲之後可以免也。《象》曰：上六，失道，凶三歲也。

《周易正義·離》離【略】上九：王用出征，有嘉折首，獲匪其醜，无咎。離，麗也，各得安其所麗謂之離。處離之極，離道已成，則除其非類以去民害，王用出征之時也。故必有嘉折首，獲匪其醜，乃得无咎也。疏：正義曰：王用出征者，處離之極，離道既成，物皆親附，當除去其非類，以去民害，故王用出征也。有嘉折首，獲匪其醜者，以出征罪人，事必剋獲，故有嘉美之功，折斷罪人之首，獲得匪其醜類，乃得无咎也。若不出征除害，居在終極之地，則有咎也。《象》曰：王用出征，以正邦也。疏：正義曰：釋出征之義。言所出征者，除去民害，以正邦國故也。

《周易正義·困》困【略】九五：劓刖，困于赤紱，乃徐有説，利用祭祀。以陽居陽，任其壯者也。不能以謙致物，物則不附。忿物不附而用其壯猛，行其威刑，異方愈乖，遐邇愈叛。刑之欲以得，乃益所以失也，故曰劓刖，困于赤紱也。二以謙得之，五以剛失之，體在中直，能不遂迷困而徐能用其道者也。致物之功，不在於暴，故曰徐也。困而後乃徐，徐則有説矣，故曰困于赤紱，乃徐有説也。祭祀，所以受福也。履夫尊位，困而能改，不遂其迷以斯祭祀，必得福焉，故曰利用祭祀也。疏：九五至利用祭祀。正義曰：九五以陽居陽，用其剛壯，物不歸己。見物不歸，而用威刑，行其劓刖之事。既行其威刑，則異方愈乖，遐邇愈叛。兑為西方之卦，赤紱南方之物，故曰劓刖，困於赤紱也。此卦九二為以陽居陰，用其謙退，能招異方之物也。此言九五剛猛，不能感異方之物也。若但用其中正之德，招致於物，不在速暴而徐徐，則物歸之而有説矣，故曰乃徐有説也。居得尊位，困而能反，不執其迷，用其祭祀，則受福也。《象》曰：劓刖，志未得也。乃徐有説，以中直也。利用祭祀，受福也。疏：正義曰：志未得也者，由物不附己，己志未得，故曰志未得也。乃徐有説，以中直也者，居中得直，不貪不暴，終得其應，乃寬緩修其道德，則得喜説，故云乃徐有説，以中直也。利用祭祀，受福者，若能不遂迷志，用其中正，則異方所歸，祭則受福，故曰利用祭祀，受福也。

《周易正義·漸》漸【略】《象》曰：山上有木，漸，君子以居賢德善俗。賢德以止巽則居，風俗以止巽乃善。疏：正義曰：山上有木，漸者，木生山上，因山而高，非是從下忽高，故是漸義也。君子以居賢德善俗者，夫止而巽者，漸之美也。君子求賢得使居位，化風俗使清善，皆須文德謙下，漸以進之。若以卒暴威刑，物不從矣。

《周易正義·巽》巽【略】上九：巽在牀下，喪其資斧，貞凶。處巽之極，極巽過甚，故曰：巽在牀下也。斧所以斷者也，過巽失正，喪所以斷，故曰喪其資斧，貞凶也。疏：正義曰：巽在牀下者，上九處巽之極，巽之過甚，故曰巽在牀下。喪其資斧者，斧能斬決，以喻威斷也，巽過則不能行威命。命之不行，是喪其所用之斧，故曰喪其資斧也。貞凶者，失其威斷，是正之凶，故曰貞凶也。《象》曰：巽在牀下，上窮也。喪其資斧，正乎凶也。疏：正義曰：上窮者，處上窮巽，故過在牀下也。正乎凶者，正理須當威斷，而喪之，是正乎凶也。

（清）孫星衍《周易集解·繫辭上》古之聰明睿知，神武而不殺者夫！【略】注：服萬物而不以威刑也。

（宋）蔡沈《書經集傳·商書·盤庚上》汝不和吉言于百姓，惟汝自生毒。乃敗禍姦宄，以自災于厥身。乃既先惡于民，乃奉其恫，汝悔身何及？相時憸民，猶胥顧于箴言，其發有逸口，矧予制乃短長之命！汝曷弗告朕，而胥動以浮言？恐沈于衆。若火之燎于原，不可嚮邇，其猶可撲滅。則惟爾衆自作弗靖，非予有咎！恫音通。燎，盧皎反。撲，普卜反。吉，好也。先惡，謂惡之先也。奉，承。恫，痛，相，視也。憸民，小民也。逸口，過言也。逸口尚可畏，況我制爾生殺之命，可不畏乎？恐，謂恐動之以禍患。沈，謂沈陷之於罪惡。不可嚮邇，其猶可撲滅者，言其勢焰雖盛，而殄滅之不難也。靖，安。咎，過也。則惟爾衆自爲不安，非我有過也。此章反復辯論，申言傲上之害。

（清）牟庭《同文尚書·周書·康誥》王曰：嗚呼！封，敬明乃罰。人有小罪，非眚，乃惟終，自作不典，式爾，有厥罪小，乃不可不殺。乃有大罪，非終，乃惟眚災，適爾，既道極厥辜，時乃不可殺。【略】

庭按：周公王歡而言曰：嗚呼！封，汝保殷民，要在慎罰，當敬明之人有犯小罰之罪者，非其過而爲之，乃爲終。竟常然自作不善，式用爾，爲以有厥罪，罪雖小哉，若宥之而不殺，乃不可也。乃有犯大罰之罪者，非其終，竟常然乃惟過誤眚災，適然爾，爲亦既蹈行而至于罪，辜悔而無及也，若粲之而不宥，是乃不可也。

王曰：嗚呼！封，有時叙，乃大明服，惟民其勑懋和。若有疾，惟民其畢棄咎。若保赤子，惟民其康乂。非汝封刑人殺人，無或刑人殺人。非汝封又曰日劓、刵、刖、人，無或劓、刵、刖人。【略】

庭按：周公歡而言曰：嗚呼！封，汝若能明罰，有如是之次叙，乃大明法而服民，惟民其謹飭懋勉于和順矣。汝罰及于民，如汝身之有痛疾，惟民其盡棄舊惡矣。如保民如保嬰兒，惟民其康安而乂治矣。如是則刑罰將無所用也。惟汝封不能保民，乃有可刑之人、可殺之人，是汝封刑人劓人也。非汝封刑人劓人，無或有刑人劓人之事也。惟汝封不能長保民，乃使異日身没之後，尚有劓鼻刖足之人，是汝封異日猶劓刖人也。非汝封異日劓刖人，無或有劓刖人之時也。

又：王曰：封！凡民自得罪，寇攘姦宄，殺越人于貨，暋不畏死，凡民罔弗憝。王曰：封，元惡大憝。【略】

庭按：周公王曰：封乎！凡此常民，非由誣陷，非累株連，自己不謹，以得罪辜，此非其不幸也。又有寇劫攘奪，内姦外宄，戕殺過路之人于求貝之貨，暋冒而不畏死刑，此則元惡之罪也。凡民之罪，罔不可憝惡矣。元惡之罪更可大憝惡矣。矧惟父不慈，子不孝，兄不友，弟不恭，不相及也。子弗祇服厥父事，大傷厥考。厥考心，于父不能字厥子，乃疾厥子。于弟弗念天顯，乃弗克恭厥兄。兄亦不念鞠子哀，大不友于弟。惟弔兹，不于我政人得罪，天惟惟天與我民彝，大泯亂，曰：乃其速由文王作罰，刑兹無赦。不率大戛。【略】

庭按：罔不憝者，大憝者是皆可惡者。矧惟爲父不慈，爲子不孝，爲兄不友，爲弟不恭，而刑罪乃不相及者乎？憝何如也？所云子不孝者，不敬服其父之事，大傷其老人之心。所云父不慈者，制于後妻，名爲于父不能字愛其子，乃疾害其子。所云弟不恭者，黨于後母，名爲于弟不念天有顯光照見不義，而大不能恭其兄。所云兄不友者，亦不念其父母之心哀憐稚子，而大不友愛其弟。我惟傷其人若兹，而不得罪于我執政之人，刑章不及于其身，則惟天所與我之民彝倫大泯滅矣，大紊亂矣！計莫不曰乃其當速用文王之作罰，不俟其得罪我政人，遂刑此人而無赦，不率有司之大戛矣！

矧惟外庶子訓人，惟厥正人，越小臣諸節。乃别播敷，造民大譽，弗念弗庸，瘝厥君。時乃引惡，惟朕憝。已！汝乃其速由兹義率殺。【略】

庭按：亂民彝者，不可赦矣！矧惟外朝諸子以訓民，治獄爲職者，惟厥官之正長及衆小臣執符節者，乃所使分别布教，成就民大美之譽者也。而不思其職，不用其長，民譽不成，而君受其大耻，是病其君者也。是乃引長惡俗之人，尤我之所惡也。以汝知我心與德，乃其當速用此義，便宜行事，大率竄逐而遠之矣。

（宋）蔡沈《書經集傳·周書·泰誓中》 我聞吉人爲善，惟日不足；凶人爲不善，亦惟日不足。今商王受，力行無度，播棄犂老，昵比罪人。淫酗肆虐，臣下化之。朋家作仇，脅權相滅，無辜籲天，穢德彰聞。

惟日不足者，言終日爲之而猶爲不足也。將言紂力行無度，故以古人語發之。無度者，無法度之事。播，放也。犂，黧通，黑而黄也。微子所謂耄遜于荒是也。老成之臣，所當親近者，紂乃放棄之。罪惡之人，所當斥逐者，紂乃親比之。酗，醉怒也。肆，縱也。臣下亦化紂惡，各立朋黨，相爲仇讎，脅上權命，以相誅滅，流毒天下。無辜之人，呼天告冤。腥穢之德，顯聞于上。吕氏曰：爲善至極，則至治馨香；爲惡至極，則穢德彰聞。

（宋）蔡沈《書經集傳·周書·泰誓下》 古人有言曰：撫我則后，虐我則讎。獨夫受，洪惟作威，乃汝世讎。樹德務滋，除惡務本，肆予小子，誕以爾衆士，殄殲乃讎。爾衆士其尚迪果毅，以登乃辟。功多有厚賞，不迪有顯戮。

洪，大也。獨夫，言天命已絶，人心已去，但一獨夫耳。孟子曰：殘賊之人，謂之一夫。武王引古人之言，謂撫我則我之君也，虐我則我之讎也。今獨夫受大作威虐以殘害于爾百姓，是乃爾之世讎也。務，專力也。植德則務其滋長，去惡則務絶根本。兩句意亦古語，喻紂爲衆惡之本，在所當去。故我小子大以爾衆士，而殄絶殲滅汝之世讎也。迪，蹈。登，成也。殺敵爲果，致果爲毅。爾衆士其庶幾蹈行果毅，以成汝君。若功多則有厚賞，非特一爵一級而已。不迪果毅，則有顯戮。謂之顯戮，則必肆諸市朝以示衆庶。

（清）皮錫瑞《今文尚書考證·康王之誥》 惟新陟王畢協賞罰，《説苑·政理篇》曰：夫誅賞者，所以别賢不肖，而列有功與無功也。故誅賞不可以繆，誅賞繆則美惡亂矣。夫有功而不賞，則善不勸；有過而不誅，則惡不懼。善不勸，惡不懼，而能以行化乎天下者，未嘗聞也。《書》曰：畢協賞罰。此之謂也。

（清）王夫之《尚書引義》卷六《吕刑》 天下以有所毘而廢其陰陽，聖人不以有所蔽而廢其賞罰。正其道於在己，而順其化以無憂，斯亦已矣。如必賤貨賄而不寄以權，則非徒罰敝而賞亦敝。爵禄者，貨賄之所聚也。爵可以訓驕，禄可以訓貪，胥勸天下於富貴之塗，而不憂其榮富貴而輕仁義邪？

（清）牟庭《同文尚書・周書・甫刑之命》 王曰：嗟！四方司政典獄，非爾惟作天牧。今爾何監？非時伯夷播刑之不由？其今爾何懲？惟時苗氏匪察于獄之麗。罔擇吉人，觀于五刑之衷，惟時庶威奪貨，斷制五刑，以亂無辜。上帝不蠲，降咎于苗。苗氏無嗣於罰，乃絶厥世。【略】

庭按：王誥諸侯之刑官曰：作諸侯而爲天牧民者，非爾也。今爾宜何所監視？爾所宜監視者，乃非是伯夷三后之事也。播刑之事不由之，其故非爾所宜監視矣。今爾宜何所懲創？爾所宜懲創者，乃惟是苗氏。彼苗氏察，察於獄之所著，無能選擇吉人，觀於五刑之至當，而惟衆庶乘威奪取貨賂，斷制五刑，以擾亂無罪之民。故上天不蠲其行，而降下罪咎於苗氏，使苗氏鰥寡繼世，種類不生，更無繼嗣，以受餘罰，乃遂滅絶其世矣。是爾所宜懲創也，故爾所監與諸侯不同，而爾所懲與諸侯不同也。

又：王曰：嗚呼，矜之哉！官伯族姓，朕多言懼。朕矜于刑，有德惟刑。敬天相民，作配在下，明清于單辭。民之亂，罔不中聽獄之兩辭。無或私家于獄之兩辭。獄貨非寶，惟府辜功，報以庶尤。永畏惟罰，非天不中，惟人在命。天罰不極，庶民罔有令政在于天下。【略】

庭按：王誥百官曰：嗚呼！矜恤之哉！爾身爲官伯之貴，家承族姓之榮，不可不矜恤之也。我言之而多畏懼，我誠矜哀刑人矣。然有德於民者，實惟司刑之人。敬奉乎天威，以相道乎民行。作爲配對之人，居在王后之下，聽愿民單獨之辭，如鑒之明，如水之清，此固有德也。然易治者，良民之單辭；害治者，奸人之兩辭。故民事之治理者，聽得獄之兩辭，無不以法中傷之。能爲獄之兩辭者，無或有能售其奸以致富而成私家者。彼以兩辭受人獄貨，非家之寶，乃惟府藏其辜狀，長當畏死於獄，惟所以罰之也。此人府辜，日久乃不死於天報，而死於人罰，何也？非天之不能中傷之也，而有人在執法之官，司政令之柄，無庸待天罰也。天罰不至於庶民，在於天之下者，無有禁令刑政也乎？而何爲待天罰哉！

《周禮注疏・地官・大司徒》 大司徒之職【略】以鄉八刑糾萬民：一曰不孝之刑，二曰不睦之刑，三曰不婣之刑，四曰不弟之刑，五曰不任之刑，六曰不恤之刑，七曰造言之刑，八曰亂民之刑。糾猶割察也。不弟，不敬師長。造言，訛言惑衆。亂民，亂名改作，執左道以亂政也。鄭司農云：任謂朋友相任，恤謂相憂。弟，音悌，注同。疏：以鄉至之刑。釋曰：上設三物教教萬民，民有不從教者，則設刑以刑之，故言以鄉。八刑糾萬民也。云一曰不孝之刑者，有不孝於父母者則刑之。《孝經》不孝不在三千者，深塞逆源，此乃禮之通教。兼戒凡品，故不孝有刑也。二曰不睦之刑者，不相親睦亦刑之。三曰不之婣刑者，不親於外親亦刑之。四曰不弟之刑者，謂不敬師長亦刑之。五曰不任之刑者，謂不信任於朋友亦刑之。六曰不恤之刑者，謂見災危而不憂恤亦刑之。七曰造言之刑者，有造浮僞之言者，亦刑之。八曰亂民之刑者，謂執左道亂政則刑之。注糾猶至相憂。釋曰：云糾猶割察也者，謂察取鄉中八種之過，斷割其罪。云不弟，不敬師長者，此不弟，即上六行友是也。上文在睦婣之上，此變言弟，退在睦婣之下者，上言友，專施於兄弟；此變言弟，兼施於師長，故退在睦婣之下。云造言，訛言惑衆者，案《王制》行僞而堅，言僞而辨，與此造言一也，是訛言惑衆也。云亂民，亂名改作，執左道以亂政也者，亂名已下，皆《王制》文。案彼注亂名改作謂變易官與物之名，更造法度。左道，若巫蠱及俗禁，並是亂政之民也。上三物有六德、六行、六藝，六德、六藝不設刑，獨於六行設刑者，鄭注《師氏》云：在身爲德，施之爲行。德爲在身，不設於物，六藝亦是在身之能，不施於人，故二者不設刑。其行並是施之於人，故禁其恐有愆負，故設刑以防之也。造言、亂民，民中特害，故六行之外，别加此二刑。

（清）孫希旦《禮記集解・緇衣》 子曰：政之不行也，教之不成也，爵禄不足勸也，刑罰不足耻也。故上不可以褻刑而輕爵。《康誥》曰：敬明乃罰。《甫刑》曰：播刑之不迪。播，《書》作布，又無不字。鄭氏曰：播，施也。不，衍字耳。迪，道也。愚謂刑罰必加於有罪，則民知所耻，民知所耻則政行；爵禄必加於有德，則民知所勸，民知所勸則教成。所刑者不必有罪，則刑褻而民不耻；所爵者不必有德，則爵輕而民不勸矣。播刑之不迪者，言民之不迪者，乃施之以刑也。今《書》無不字。

（清）蘇輿《春秋繁露義證》卷四《王道》 桀紂皆聖王之後，驕溢妄行。侈宮室，廣苑囿，窮五采之變，極飭材之工，【略】困野獸之足，竭山澤之利，食類惡之獸。奪民財食，高雕文刻鏤之觀，盡金玉骨象之工，【略】盛羽旄之飾，【略】窮白黑之變。【略】深刑妄殺以陵下，聽鄭衛之音，充傾宮之志，《尚書大傳》歸傾宮之女。《文選》劉淵林注《吴都賦》：汲郡地中《古文册書》：桀作傾宮，飾瑶臺。高誘云：傾宮，築作宮墻，滿一傾田中，言博大也。李賢《後漢書》注引《帝王世紀》云：紂時傾宮婦人衣綾紈者三百餘人。《晏子・諫下》：殷之衰也，其王紂作爲傾宮靈臺。是桀紂並作傾宮。天啓本注云：宮，亦作害。靈虎兕文采之獸。盧云：靈，疑即《左氏傳》蒐靈之靈，俗間本空此字，蓋疑其誤也。孫詒讓云：靈當爲戲之壞字。戲，漢隸或作𧆞。見《隸釋孫叔敖碑》。俗書靈或作霊。見《唐内侍李輔光幕志》。戲字挩落，傳寫僅存左半，與靈相似，因而致誤。輿案：謂以虎兕文采爲靈奇之物，畜之苑囿耳。《史記·殷本紀》：益收狗馬奇物，充仞宫室。益廣沙丘苑臺，多取野獸飛鳥置其中。官本云：他本無靈字。以希見之意，賞佞賜讒。《殷本紀》：費中善諛好利，殷人弗親。紂又用惡來，惡來善毀讒，諸侯以此益疏。案：希見，猶言罕見。意，字疑誤。以糟爲丘，以酒爲池。《殷本紀》：以酒爲池，懸肉爲林。正義：《括地志》云：酒池在衛州衛縣西二十三里。《太公六韜》云：紂爲酒池，迴船糟丘而牛飲者三千餘人爲輩。孤貧不養，殺聖賢而剖其心，《殷本紀》：比干諫紂，紂怒曰：吾聞聖人心有七竅。剖比干，觀其心。生燔人聞其臭，《殷本紀》：於是紂乃重辟刑，有炮烙之法。《集解》：《列女傳》曰：膏銅柱，下加之炭，令有罪者行焉，輒墮炭中。妲己笑，名曰炮烙之刑。刳孕婦見其化，《帝王世紀》：紂剖比于妻，以視其胎。高誘注：化，育也。視其胎裹。亦見《淮南·本經訓》注。俞云：見，當作觀。《吕氏春秋·過理篇》作用剖孕婦而觀其化。天啓本作婦孕。斮朝涉之足察其拇，斮朝涉脛，見僞《泰誓》。《淮南·主術訓》：紂斮朝涉之脛，而萬民叛。《俶真訓》：剖賢人之心，折才士之脛。《水經注》：老人晨將渡水，而沈吟難濟。紂問其故，左右曰：老者髓不實，故晨寒也。紂乃斮脛而視髓。盧云：拇，本或作胕，亦作脛。輿案：天啟本注云：一作胕，一作脛。案《易·咸》虞注：拇，足大指也。作拇自通。但斮其足而察其拇，於理未詳。作腑或作胕之誤文。殺梅伯以爲醢，《殷本紀》：醢九侯，脯鄂侯。無梅伯名。屈原《天問》梅伯受醢，王逸云：梅伯，紂諸侯。刑鬼侯之女取其環。《殷本紀》鬼侯作九侯，云：九侯女不憙淫，紂怒殺之。《吕氏春秋》刑鬼侯之女而取其環，注：聽妲己之譖，殺鬼侯之女，以爲脯，而取其所服之環也。《淮南·俶真訓》：醢鬼侯之女，葅梅伯之骸。高注：梅伯悦鬼侯之女美好，令紂妻之。至，紂以爲不好，故醢鬼侯之女，葅梅伯之骸也。誅求無已。天下空虛，【略】羣臣畏恐，莫敢盡忠，紂愈自賢。【略】周發兵，不期會於孟津者八百諸侯，共誅紂，大亡天下。《春秋》以爲戒，曰：蒲社災。

（清）黄奭輯《孝經緯·援神契》 度，法也，度以寵異之也。

《論語注疏·子路》 子曰：善人爲邦百年，亦可以勝殘去殺矣。王曰：勝殘，殘暴之人，使不爲惡也。去殺不用刑殺也。誠哉是言也！孔曰：古有此言，孔子信之。疏：子曰：善人爲邦百年，亦可以勝殘去殺矣。誠哉是言也。正義曰：此章言善人君子治國至於百年以來，亦可以勝殘暴之人使不爲惡，去刑殺而不用矣。誠哉是言者，古有此言，孔子信之。故曰：誠哉是言也。

（清）劉寶楠《論語正義·子路》 子曰：善人爲邦百年，亦可以勝殘去殺矣。注王曰：勝殘，勝殘暴之人，使不爲惡也。去殺，不用刑殺也。誠哉是言也。注：孔曰：古有此言，孔子信之。正義曰：鄭注云：善人居中，不踐迹，不入室也。此人爲政，不能早有成功，百年乃能無殘暴之人。案：居中者，封下王者言之。上不及王者，下不同時君，故言中也。上篇言善人之道，不踐迹，亦不入於室，此注本之。而以入室喻王者，《漢書·刑法志》：孔子曰：如有王者，必世而後仁。善人爲國百年，可以勝殘去殺矣。言聖王承衰撥亂而起，被民以德教，變而化之，必世然後仁道成焉。至於善人不入於室，然猶百年勝殘去殺矣。此爲國者之程式也。並謂善人既未入室，不能早有成功，故必期之百年也。【略】言善人爲邦百年，殘暴之人不能盡絶，但其政治足以勝之，使不爲惡，故亦不至用刑殺也。殺是重刑。言去殺，明諸輕刑未能免矣。

（清）焦循《孟子正義·滕文公章句下》 《章指》言：從善改非，坐而待旦，知而爲之，罪重於故。譬猶攘雞，多少同盗；變惡自新，速然後可也。疏：罪重於故。正義曰：《論衡·答佞篇》云：故曰刑故無小，宥過無大。某氏《書》傳云：不忌故犯，雖小必刑。《説文》支部云：故，使爲之也。知而使之即知而爲之也。變惡自新。正義曰：阮氏元《校勘記》云：孔本新作心，非。

（清）王夫之《讀四書大全説》卷八《孟子·滕文公上篇》 乃使爲通力合作，則公田、私田之分，有名無實，而八家亦無固有之業，説得來似好，卻行不得。諺所謂共船漏，共馬瘦者，雖三代之民，恐亦不能免也。若於其勤惰之不一者，使田官以刑隨其後，則爭訟日繁而俗益偷矣。先王通人情，酌中道以致久行遠，應不宜爾。

（清）焦循《孟子正義·盡心章句上》 孟子曰：於不可已而已者，無所不已；於所厚者薄，無所不薄也。其進鋭者其退速。注：已，棄也。於義所不當棄而棄之則不可。所以不可而棄之，使無罪者咸恐懼也。於義當厚而反薄之，何不薄也。不憂見薄者亦皆不自安矣。不審察人而過進不肖越其倫，悔而退之必速矣。當翔而後集，慎如之何。疏：注已棄至慎也。正義曰：《論語·公冶長篇》三已之，對上三仕，則已爲罷黜。昭公二十九年《左傳》水官棄矣，杜預注云：棄，廢也。是已卽棄也。趙氏以無罪而黜則凡仕者皆自危，故云使無罪者咸恐懼也。注於義當厚至安矣。正義曰：何不薄，猶云何不爲所薄。素與親厚者，本不憂其薄，今見其自薄於所當厚，則人人不安，而親厚不可恃也。注不審至之何。正義曰：【略】然則漢時解《孟子》此文，皆以刑賞用人言，趙氏蓋有所自也。

《章指》言：賞僭及淫，刑濫傷善，不僭不濫，詩人所紀，是以季文三思，何後之有。疏：賞僭至所紀。正義曰：襄公二十六年蔡聲子謂楚子木曰：善爲國者，賞不僭而刑不濫。賞僭則懼及淫人，刑濫則懼及善人。若不幸而過，寧僭無濫，與其失善，寧其利淫，無善人則國從之。《商頌》有之曰：不僭不濫。《説苑・善説篇》云：晉誅羊舌虎，叔向爲之奴，祁奚見范宣子曰，善爲國者云云，文與此同。《荀子・君臣篇》作賞僭則利及淫人，刑濫則害及君子。

(清) 王夫之《讀四書大全説》卷一〇《孟子・盡心下篇》 父兄者，對子弟之稱。若因用兵而多所殺戮，則直謂之殺人耳。人固不可殺，奚論其有子弟而爲人父兄與否！殺人親，重矣，殺鰥寡孤獨者獨輕乎？緣子弟故而殺之，故曰殺人之父兄。此言當時法家置爲參夷、連坐之刑，上及父兄，迨其身自罹罪，則其父兄亦坐此刑，是作法自斃，禍同親殺。非但謂天道好還如老氏之旨，恩冤相報如釋氏之言也。

《史記》卷七九《范雎蔡澤列傳》 臣聞明主立政，有功者不得不賞，有能者不得不官，勞大者其禄厚，功多者其爵尊，能治衆者其官大。故無能者不敢當職焉，有能者亦不得蔽隱。使以臣之言爲可，願行而益利其道；以臣之言爲不可，久留臣無爲也。語曰：庸主賞所愛而罰所惡；明主則不然，賞必加於有功，而刑必斷於有罪。今臣之胸不足以當椹質，而要不足以待斧鉞，豈敢以疑事嘗試於王哉！雖以臣爲賤人而輕辱，獨不重任臣者之無反復於王邪？

(宋) 劉恕《資治通鑑外紀》卷三上《周紀・武王》 一虜曰：殷有大妖，此不與也。子不聽父，弟不聽兄，君令不行。殷君喜刑殺，割人心，以人餧虎，以信爲欺，欺者爲忠，忠者爲不忠，阿諛者賞，女子爲政，君子爲下，小人爲上。急令暴取，萬民愁苦，田獵畢弋，走狗試馬，不避風雨寒暑。好治宫室，修池臺，大宫百里者，七十三所。坐起以金鼓，無長幼貴賤之序，無禮義忠信，無斗尺權衡，此妖之大者也。

(清) 馬驌《繹史》卷四四之一《齊桓公霸業》 齊桓公之時，晉客至，有司請禮。桓公曰告仲父者三。而優笑曰：易哉，爲君！一曰仲父，二曰仲父。桓公曰：吾聞君人者勞於索人，佚於使人。吾得仲父已難矣，得仲父之後，何爲不易乎哉？或曰：桓公之所應優，非君人者之言也。桓公以君人爲勞於索人，何索人爲勞哉？伊尹自以爲宰干湯，百里奚自以爲虜干穆公。虜，所辱也；宰，所羞也。蒙羞辱而接君上，賢者之憂世急也。然則君人者無逆賢而已矣，索賢不爲人主難。且官職，所以任賢也；爵禄，所以賞功也。設官職，陳爵禄，而士自至，君人者奚其勞哉？使人又非所佚也。人主雖使人，必以度量準之，以刑名參之；以事遇於法則行，不遇於法則止；功當其言則賞，不當則誅。以刑名收臣，以度量準下。此不可釋也，君人者焉佚哉？

又： 厚愛利，足以親之；明智禮，足以教之。上身服以先之，審度量以閑之，鄉置師以説道之，然後申之以憲令，勸以慶賞，振之以刑罰，故百姓皆説爲善，則暴亂之行無由至矣。

又： 凡將舉事，令必先出。曰事將爲，其賞罰之數必先明之，立事者，謹守令以行賞罰。計事致令，復賞罰之所加。有不合於令之所謂者，雖有功利，則謂之專制，罪死不赦。首事既布，然後可以舉事。

又： 好惡形於心，百姓化於下，罰未行而民畏恐，賞未加而民勸，勉，誠信之所期也。

又： 百匿傷上威，姦吏傷官法，奸民傷俗教，賊盜傷國衆。威傷則重在下，法傷則貨上流，教傷則從令者不輯，衆傷則百姓不安其居。重在下則令不行，貨上流則官徒毁，從令者不輯則百事無功，百姓不安其居則輕民處而重民散。輕民處，重民散則地不辟，地不辟則六畜不育，六畜不育則國貧而用不足，國貧而用不足則兵弱而士不厲，兵弱而士不厲則戰不勝而守不固，戰不勝而守不固則國不安矣。故曰：常令不審則百匿勝，官爵不審則姦吏勝，符籍不審則奸民勝，刑罰不審則盜賊勝。

(清) 馬驌《繹史》卷八六之四《孔門類記》 慎子曰：有虞氏不賞不罰，夏后氏賞而已；殷人罰而不賞。罰，禁也，賞，使也。

又： 子曰：好賢如緇衣，惡惡如巷伯，則爵不瀆而民作愿。刑不試而民咸服。《大雅》曰：儀刑，文王萬國作孚。

(清) 馬驌《繹史》卷九五之一《孔門諸子言行》 事父可以事君，事兄可以事師長。使子猶使臣也，使弟猶使承嗣也。能取朋友者，亦能取所予從政者矣。賜與其宫室亦猶慶賞於國也，忿怒其臣妾亦猶用刑罰於萬民也。是故爲善必自内始也。内人怨之，雖外人亦不能立也。

(清) 馬驌《繹史》卷一〇一《三卿分晉》 《説苑》魏文侯問李克

曰：爲國如何？對曰：臣聞爲國之道，食有勞而祿有功，使有能而賞必行罰必當。文侯曰：吾賞罰皆當，而民弗與何也？對曰：國其有淫民乎。臣聞之曰奪淫民之祿以來四方之士，其父有功而祿，其子無功而食之，出則乘車馬，衣美裘，以爲榮華；入則修竽琴鐘石之聲，而安其子女之樂，以亂鄉曲之教。如此者奪其祿以來四方之士，此之謂奪淫民也。

（清）馬驌《繹史》卷一〇六《子思孟子言行》　齊王戮其臣不辜，謂子思曰：吾知其不辜而適觸吾忿，故戮之，以爲不足傷義也。子思曰：文王葬枯骨而天下知仁，商紂斮朝涉而天下稱暴。夫義者不必徧利天下也，暴者不必盡虐海内也，以其所施而觀其意，民乃去就焉。今君因心之忿遷戮不辜，以爲無傷於義。此非臣之所敢知也。王曰：寡人實過，乃今聞命請改之。

（清）馬驌《繹史》卷一三三《孟嘗君相齊》　齊王問於文子曰：治國何如？對曰：夫賞罰之爲道利器也，君固握之不可以示人，若如臣者猶獸鹿也，唯薦草而就。

（清）馬驌《繹史》卷一四七上《韓非刑名之學》　古者丈夫不耕，草木之實足食也。婦人不織，禽獸之皮足衣也。不事力而養足，人民少而財有餘，故民不爭。是以厚賞不行，重罰不用，而民自治。今人有五子不爲多，子又有五子，大父未死而有二十五孫。是以人民衆而貨財寡，事力勞而供養薄，故民爭。雖倍賞累罰而不免於亂。

又：是以賞莫如厚而信，使民利之，罰莫如重而必，使民畏之，法莫如一而固，使民知之。故主施賞不遷，行誅無赦，譽輔其賞，毁隨其罰，則賢不肖俱盡其力矣。

（宋）羅泌《路史》卷六《發揮六·關龍逢》　桀觀炮烙於瑶臺，顧龍逢曰：樂乎？龍逢曰：樂。桀曰：觀刑而樂何無惻隱乎？對曰：刑固苦矣，然天下苦之，而君樂之。君心也，臣爲股肱，孰有心悦而股肱不悦者。桀曰：聽汝之諫，得我攻之，不得我刑之。逢曰：觀君之冠，危石而履春冰也，未有冠危石而不壓履春冰而不陷者。桀曰：汝知我亡，而不自知其亡。請就炮烙。使吾觀汝亡，以知我之不亡。逢乃歌曰：休哉！造化者勞我以生，而休我以炮烙也。遂赴炮烙。

（宋）羅泌《路史》卷九《前紀九·禪通紀·無懷氏》　謂始皇孝武之侈邪，彼以侈心用之，非封禪之非也。刑用之久矣，咎陶用之而仁，鞅湯用之而慘，豈刑罪邪？

（宋）羅泌《路史》卷一〇《後紀五·疏仡紀·黄帝》　傍行天下，未嘗寧居。先之德正，而後之以威刑，必不讋者，從而征之，是以麾之所擬而敵開户，身五十二戰而天下大服焉，乃達四面。廣能賢，稽功務法，秉數乘剛，而都于陳。今寶雞故陳倉，姚睦云：黄帝都陳倉非宛丘，故今隴右黄帝遺迹甚多。《水經注》：上邽有軒轅溪、軒轅谷。睦云：黄帝生處遁甲，太昊亦治陳倉，豈三皇固在西乎？《仙傳》謂都泰山之阿，《世紀》都軒轅丘俱妄。師于大填，學於封鉅赤誦，赤松也。大填，卽大真，或作大莫，非。封鉅，卽大封，或作鉅封，非。《白虎通》云黄帝師力牧，故《晉書》云：軒轅聖人仗師臣而受圖。所師固非一矣。復岐下見岐伯，引載而歸，訪於治道。時岐伯已伯餘歲，見《仙傳》。亦詳《靈樞》二十九。《素問》稱天師，或曰大師，一云少師。《靈樞》有問岐伯、問少師。少師似非岐伯。於是申命封胡以爲丞，鬼容蓲爲相，力牧爲將，而周昌輔之，《黄籙》云：黄帝坐玄扈閣上與大司馬容光，左右輔將周昌二十二人臨觀鳳圖，此本出《河圖録運法》《春秋合誠圖》云百二十二人也。大山稽爲司徒，庸光爲司馬。《論語摘輔象》亦云：容光爲司馬，而《吕氏春秋》大封爲司馬。蓋非一職。恆先爲司空。建九法，七相翌而下服度。《六帖》云：黄帝時恆常先爲大司馬，掌建邦之九法。

（宋）羅泌《路史》卷一三《後紀十四·疏仡紀·桀》　給過善非棄義卽讒，淫侈滋甚。不克終日勸于帝之迪衺人因財而進賢良日蔽而遠。刑賞無信，位隨財而行。《淮南子》云桀之時日暗晦而不明，道焰熳而不修，棄五帝之恩，刑蹶三五之法籍舉事戾蒼天，發號逆四時，春秋縮其和，天地除其德。仁君處位而不安，大夫隱道而不言，群臣準意而懷當，疏骨肉而自容。君臣父子之間，競載驕主而豫其意。植社槁而堣裂，容臺振而掩覆。西老折勝，黄神嘯吟。狐狸首穴，馬牛放失。云云。三王之法繆矣。

（明）楊士奇《歷代名臣奏議》卷一一九《用人》　衛君問於田讓曰：寡人封侯盡千里之地，賞賜盡御府繒帛，而士不至，何也？田讓對曰：君之賞賜不可以功及也，君之誅罰綿不可理避也。猶舉杖而呼狗，張弓而呪雞矣。雖有香餌而不能致者，害之必也。

（明）楊士奇《歷代名臣奏議》卷一八七《賞罰》　宋司城子罕爲相，謂宋君曰：國家之危定，百姓之治亂，在君行之賞罰也。賞當則賢人勸，罰得則姦人止。賞罰不當，則賢人不勸，姦人不止。姦邪比周欺上蒙主，以爭爵禄，不可不慎也。夫賞賜讓與者，人之所好也，君自行之；刑罰殺戮者，人之所惡也，臣請當之。君曰：善子主其惡，寡人行其善，吾知不爲諸侯笑矣。於是宋君行賞賜而與子罕刑罰，國人知刑戮之威專在子罕也。大臣親之，百姓附之。居期年，子罕逐其君而專其政。

魏文侯問李克曰：爲國如何？對曰：臣聞爲國之道，食有勞而禄有功，使有能而賞必行，罰必當。文侯曰：吾賞罰皆當，而民不與，何也？對曰：國其有淫民乎。臣聞之曰奪淫民之禄以來四方之士，其父有功而禄其子，無功而食之。出則乘車馬，衣美裘，以爲榮華，入則脩竽瑟鐘石之聲，而安其子女之樂，以亂鄉曲之教。如此者，奪其禄以來四方之士，此之謂奪淫民也。

公叔痤爲魏將，而與韓趙戰澮北，禽樂祚，魏王説，郊迎。以賞田百萬禄之。公叔痤反走再拜，辭曰：夫使士卒不崩，直而不倚，橈而不避者，此吴起餘教也，臣不能爲也。前脉地形之險阻，決利害之備，使三軍之士不迷惑者，巴寧、爨襄之力也。縣賞罰於前，使民昭然信之於後者，王之明法也。見敵之可擊，鼓之不敢怠倦者臣也。王特爲臣之右手不倦，賞臣可也。君以臣之有功，臣何功之有乎？王曰：善。於是索吴起之後，賜之田二十萬。巴寧、爨襄田各十萬。王曰：公叔豈非長者哉？既爲寡人勝强敵矣，又不遺賢者之後，不能掩士之迹。公叔何可無益乎？故又賜田四十萬，加之百萬之上。

《史記》卷八七《李斯列傳》 故韓子曰慈母有敗子而嚴家無格虜者，何也？則能罰之加焉必也。故商君之法，刑弃灰於道者。夫弃灰，薄罪也，而被刑，重罰也。彼唯明主爲能深督輕罪。夫罪輕且督深，而況有重罪乎？故民不敢犯也。是故韓子曰布帛尋常，庸人不釋，鑠金百溢，盗跖不搏者，非庸人之心重，尋常之利深，而盗跖之欲淺也；又不以盗跖之行，爲輕百鎰之重也。搏必隨手刑，則盗跖不搏百鎰；而罰不必行也，則庸人不釋尋常。是故城高五丈，而樓季不輕犯也；泰山之高百仞，而跛牂牧其上。夫樓季也而難五丈之限，豈跛牂也而易百仞之高哉？峭塹之勢異也。明主聖王之所以能久處尊位，長執重勢，而獨擅天下之利者，非有異道也，能獨斷而審督責，必深罰，故天下不敢犯也。今不務所以不犯，而事慈母之所以敗子也，則亦不察於聖人之論矣。夫不能行聖人之術，則舍爲天下役何事哉？可不哀邪！

《漢書》卷二三《刑法志》 善乎！孫卿之論刑也，曰世俗之爲説者，以爲治古者無肉刑，有象刑墨黥之屬，菲履赭衣而不純，是不然矣。以爲治古，則人莫觸罪邪，豈獨無肉刑哉，亦不待象刑矣。以爲人或觸罪矣，而直輕其刑，是殺人者不死，而傷人者不刑也。罪至重而刑至輕，民無所畏，亂莫大焉。凡制刑之本，將以禁暴惡，且懲其（末）〔未〕也。殺人者不死，傷人者不刑，是惠暴而寬惡也。故象刑非生〔於〕治古，方起於亂今也。凡爵列官職，賞慶刑罰，皆以類相從者也。一物失稱，亂之端也。德不稱位，能不稱官，賞不當功，刑不當罪，不祥莫大（矣）焉。夫征暴誅悖，治之威也。殺人者死，傷人者刑，是百王之所同也，未有知其所由來者也。故治則刑重，亂則刑輕，犯治之罪固重，犯亂之罪固輕也。《書》云刑罰世重世輕，此之謂也。所謂象刑惟明者，言象天道而作刑，安有菲履赭衣者哉？

孫卿之言既然，又因俗説而論之曰：禹承堯舜之後，自以德衰而制肉刑，湯武順而行之者，以俗薄於唐虞故也。今漢承衰周暴秦極敝之流，俗已薄於三代，而行堯舜之刑，則猶以鞿而御駻突，遠救時之宜矣。且除肉刑者，本欲以全民也，今去髡鉗一等，轉而入於大辟。以死罔民，失本惠矣。故死者歲以萬數，刑重之所致也。至乎穿窬之盗，忿怒傷人，男女淫佚，吏爲姦臧，若此之惡，髡鉗之罰又不足以懲也。故刑者歲十萬數，民既不畏，又曾不恥，刑輕之所生也。故俗之能吏，公以殺盗爲威，專殺者勝任，奉法者不治，亂名傷制，不可勝條。是以罔密而姦不塞，刑蕃而民愈嫚。必世而未仁，百年而不勝殘，誠以禮樂闕而刑不正也。豈宜惟思所以清原正本之論，删定律令，籑二百章，以應大辟。其餘罪次，於古當生，今觸死者，皆可募行肉刑。及傷人與盗，吏受賕枉法，男女淫亂，皆復古刑，爲三千章。詆欺文致微細之法，悉蠲除。如此，則刑可畏而禁易避，吏不專殺，法無二門，輕重當罪，民命得全，合刑罰之中，殷天人之和，順稽古之制，成時雍之化。成康刑錯，雖未可致，孝文斷獄，庶幾可及。《詩》云宜民宜人，受禄于天。《書》曰立功立事，可以永年。言爲致而宜於民者，功成事立，則受天禄而永年命，所謂一人有慶，萬民賴之者也。

《漢書》卷三六《楚元王傳》　自古明聖，未有無誅而治者也，故舜有四放之罰，而孔子有兩觀之誅，然後聖化可得而行也。今以陛下明知，誠深思天地之心，迹察兩觀之誅，覽《否》《泰》之卦，觀雨雪之詩，歷周、唐之所進以爲法，原秦、魯之所消以爲戒，考祥應之福，省災異之禍，以揆當世之變，放遠佞邪之黨，壞散險詖之聚，杜閉羣枉之門，廣開衆正之路，决斷狐疑，分別猶豫，使是非炳然可知，則百異消滅，而衆祥並至，太平之基，萬世之利也。

《漢書》卷四八《賈誼傳》　屠牛坦一朝解十二牛，而芒刃不頓者，所排擊剥割，皆衆理解也。至於髖髀之所，非斤則斧。夫仁義恩厚，人主之芒刃也；權勢法制，人主之斤斧也。今諸侯王皆衆髖髀也，釋斤斧之用，而欲嬰以芒刃，臣以爲不缺則折。胡不用之淮南、濟北？勢不可也。

又：夫三代之所以長久者，以其輔翼太子有此具也。及秦而不然。其俗固非貴辭讓也，所上者告訐也；固非貴禮義也，所上者刑罰也。使趙高傅胡亥而教之獄，所習者非斬劓人，則夷人之三族也。故胡亥今日即位而明日射人，忠諫者謂之誹謗，深計者謂之妖言，其視殺人若艾草菅然。豈惟胡亥之性惡哉？彼其所以道之者非其理故也。

《後漢書》卷二四《馬援傳》　夫明主醲於用賞，約於用刑。高祖嘗與陳平金四萬斤以間楚軍，不問出入所爲，豈復疑以錢穀間哉？夫操孔父之忠而不能自免於讒，此鄒陽之所悲也。《詩》云：取彼讒人，投畀豺虎。豺虎不食，投畀有北。有北不受，投畀有昊。此言欲令上天而平其惡。惟陛下留思豎儒之言，無使功臣懷恨黄泉。臣聞《春秋》之義，罪以功除；聖王之祀，臣有五義。若援，所謂以死勤事者也。願下公卿平援功罪，宜絶宜續，以厭海内之望。

《後漢書》卷六二《荀淑傳》　君子以情用，小人以刑用。榮辱者，賞罰之精華也。故禮教榮辱，以加君子，化其情也；桎梏鞭撲，以加小人，化其刑也。君子不犯辱，况於刑乎！小人不忌刑，况於辱乎！若教化之廢，推中人而墜於小人之域；教化之行，引中人而納於君子之塗。是謂章化。小人之情，緩則驕，驕則恣，恣則怨，怨則叛，危則謀亂，安則思欲，非威强無以懲之。故在上者，必有武備，以戒不虞，以遏寇虐。安居則寄之内政，有事則用之軍旅。是謂秉威。

賞罰，政之柄也。明賞必罰，審信慎令，賞以勸善，罰以懲惡。人主不妄賞，非徒愛其財也，賞妄行則善不勸矣。不妄罰，非矜其人也，罰妄行則惡不懲矣。賞不勸謂之止善，罰不懲謂之縱惡。在上者能不止下爲善，不縱下爲惡，則國法立矣。是謂統法。

《魏書》卷一九中《景穆十二王傳・任城王》　澄又奏曰：臣聞賞必以道，用防淫人之姦；罰不濫及，以戒良士之困。刑者，侀也。每垂三宥，秉律執請，不得已而用之。是故小大之獄，察之以情，一人呼嗟，或虧王道。刑罰得失，乃興廢之所由也。竊聞司州牧、高陽王臣雍栲殺奉朝請韓元昭、前門下録事姚敬賢，雖因公事，理實未盡。何者？太平之世，草不横伐，行葦之感，事驗隆周。若昭等狀彰，死罪以定，應刑於都市，與衆棄之；如其疑似不分，情理未究，不宜以三清九流之官杖下便死，輕絶民命，傷理敗法。往年州於大市鞭殺五人，及檢贓狀，全無寸尺。今復酷害，一至於此。朝野云云，咸懷驚愕。若殺生在下，虐專於臣，人君之權，安所復用。自開古以來，明明之世，未聞斯比也。武王曰：吾不以一人之命而易天下。蓋重民命也。請以見事付廷尉推究，驗其爲劫之狀，察其栲殺之理，使是非分明，幽魂獲雪。詔從之。

《魏書》卷三五《崔浩傳》　〔崔〕浩難淵曰：陽者，德也；陰者，刑也。故日蝕修德，月蝕修刑。夫王者之用刑，大則陳諸原野，小則肆之市朝。戰伐者，用刑之大者也。以此言之，三陰用兵，蓋得其類，修刑之義也。

《周書》卷一五《于謹傳》　又曰：治國之道，必須有法。法者，國之綱紀。綱紀不可不正，所正在於賞罰。若有功必賞，有罪必罰，則有善者日益，爲惡者日止。若有功不賞，有罪不罰，則天下善惡不分，下民無所措其手足矣。

《北史》卷五五《杜弼傳》　天下大務，莫過刑賞二端。賞一人使天下之人喜，罰一人使天下之人服，二事得衷，自然盡美。

《隋書》卷七七《隱逸傳・李士謙》　士謙平生時爲詠懷詩，輒毁棄其本，不以示人。又賞論刑罰，遺文不具，其略曰：帝王制法，沿革不同，自可損益，無爲頓改。今之贓重死，是酷而不懲也。語曰：人不畏死，不可以死恐之。愚謂此罪宜從肉刑，刖其一趾，再犯者斷其右腕。流刑刖去右手三指，又犯者下其腕。小盜宜黥，又犯則落其所用三指，又不悛其腕，無不止也。無賴之人，竄之邊裔，職爲亂階，適所以召戎矣，非求治之道也。博弈淫遊，盗之萌也，禁而不止，黥之則可。有識者頗以爲得治體。

《舊唐書》卷七《中宗紀》 夏四月辛丑，制曰：朕聞措刑由於用刑，去殺存乎必殺。明罰峻典，自古而然；立制齊人，於是乎在。自我朝建國，僅將百年，天下和平，其來已久。往承隋季，守法頗專；比襲時安，持綱日緩。况朕薄德，甚莫逮先；惟人難理，遠不如昔。粤從守位，三載于兹，庶務煩勞，不捐晷景。嘗謂自我作則，感而成化；痛乎迷俗忘返，不威罔懲。將至純風，先歸重典。比者贓賄不息，渝濫公行，放心未寧，禁犯無懼。此焉暫革，期於承平，遂割小慈，以崇大體。自今已後，造僞頭首者斬，仍没一房資財，同用蔭者並停奪。非頭首者絞。其承前造僞人，限十日内首使盡。官典主司枉法受贓一匹已上，先决杖一百。其緣贓及惡狀被解及與替者，非選時不得輒入京城。縱家貫在京，不得輒至朝堂，妄有披訴。如有此色，並决杖仍加貶斥。其先在京城者，限三日内勒還。上下官僚輒緣私情相囑者，其受囑人宜封狀奏聞。成器已下，朕自决罰。其餘王公已下，並解見任官，三五年間不須齒録。其進狀人別加褒賞。御史宜令分察諸司。

《舊唐書》卷七七《柳亨傳》 又賞罰之典，紀綱不謬，天秩有禮，君爵有功，不可因怒以妄罰，不可因喜以妄賞。伏見尚醫奉御彭君慶，以邪巫小道，超授三品，奈何輕用名器，加非其才。昔公主爲子求郎，明帝不許；今聖朝私愛，賞及憸人。董狐不亡，豈有所隱？臣聞賞一人而千萬人悦者賞之，罰一人而千萬人勸者罰之。臣雖未覩聖朝之妄罰，已覩聖朝之妄賞矣。《書》曰：官不及私昵，惟其能；爵罔及惡德，惟其賢。臣恐近習之人爲其先容，有謬於陛下也。惟陛下熟思而察之。雖往者不可諫，而來者猶可追。願杜請謁之路，塞恩幸之門，鑒誡前非，無累後悔。中畫一之法，明不二之刑，不詢之謀勿庸，無稽之言勿聽，則天下之化，人無間焉，日新之德，天鑒不遠。

《舊唐書》卷一三九《陸贄傳》 夫賞以存勸，罰以示懲，勸以懋有庸，懲以威不恪。故賞罰之於馭衆也，猶繩墨之於曲直，權衡之揣重輕，輗軏之所以行車，銜勒之所以服馬也。馭衆而不用賞罰，則善惡相混而能否莫殊；用之而不當功過，則姦妄寵榮而忠實擯抑。夫如是，若聰明可衒，律度無章，則用與不用，其弊一也。自頃權移於下，柄失於朝，將之號令既鮮克行之於軍，國之典章又不能施之於將，務相遵養，苟度歲時。欲賞一有功，翻慮無功者反側；欲罰一有罪，復慮同惡者憂虞。罪以隱忍而不彰，功以嫌疑而不賞，姑息之道，乃至於斯。故使忘身効節者獲誚於等夷，率衆先登者取怨於士卒，僨軍蹙國者不懷於愧畏，緩救失期者自以爲智能。褒貶既闕而不行，稱毁復紛然相亂，人雖欲善，誰爲言之？况又公忠者直己而不求於人，反罹困厄；敗撓者行私而苟媚於衆，例獲優崇。此義士所以痛心，勇夫所以解體也。

《新唐書》卷一二二《韓思彦傳》 琬字茂貞。【略】景雲初，上言：國安危在於政。政以法，暫安焉必危；以德，始不便焉終治。夫法者，智也；德者，道也。智，權宜也；道，可以久大也。故以智治國，國之賊；不以智治國，國之福。貞觀、永徽之間，農不勸而耕者衆，法施而犯者寡；俗不偷薄，器不行竄；吏貪者士恥同列，忠正清白者比肩而立；罰雖輕而不犯，賞雖薄而勸；位尊不倨，家富不奢；學校不勵而勸，道佛不懲而戒；土木質厚，裨販弗蚩。其故奈何？雜以皇道也。自兹以來，任巧智，斥謇諤；趨勢者進，守道者退；諧附者無黜剥之憂，正直者有後時之歎；人趨家競，風俗淪替。其故奈何？行以霸道也。

（宋）李燾《續資治通鑑長編》卷二四《宋太宗太平興國八年》 十一月壬子朔，以刑部尚書參知政事宋琪、工部尚書參知政事李昉並本官同平章事。上謂曰：世之治亂，在賞罰當否，賞罰當其功罪，無不治，或以爲飾喜怒之具，即無不亂，與卿等戒之。琪曰：賞罰二柄，乃御世之銜勒。若馬無銜勒，何以控御？治天下者，苟賞罰至公，未有不致太平也。昉初與盧多遜善，待之不疑，多遜屢譖昉，人或告昉，昉曰：盧與我厚，不當爾。於是上語及多遜事，昉頗爲解釋，上因言：多遜居常毁卿不直一錢。昉始悟，上由此益重之。別本載上與宰相論賞罰，在十月甲午。按宋琪此時未為宰相，今從琪本傳，附琪初拜宰相日也。

（宋）李燾《續資治通鑑長編》卷七二《宋真宗大中祥符二年》 上

嘗謂宰相曰：爲國之要，在乎賞當其功，罰當其罪。不任情於其間，則賞罰必當，懲勸必行，萬方必理，和氣必生，自然天地降祥，四方無事。以此思之，可不戒乎？又言：聞隴州推官陳漸，不能謹潔，轉運使以堯叟諸姪，不即按舉，昨因違越被劾，堯叟特爲請令罷任。自今儻如此，必正其罪，不復貸矣。此二事據實訓，前屬元年，後屬二年，今並附此。與監司不能舉察官吏事，或相類爾，當考。

（宋）李燾《續資治通鑑長編》卷一九三《宋仁宗嘉祐六年》 今陛下在位歲久，萬幾之政，稔聞熟見，但欲凝神淵默，垂拱仰成。威福賞罰，雖曰出自朝廷，即陛下大事矣。賞罰不專於己，而威福漸移於下，臣愚實憂之。《書》曰：惟辟作福。漸之時義大矣哉！

（宋）李燾《續資治通鑑長編》卷二二五《宋神宗熙寧四年》 夫賞罰號令，乃陛下所以砥礪天下，而鼓動四方以爲勸沮者。今有人焉，能舞公事以傾勳舊，起大獄以逐官吏，其事是耶？乃其職爾，何至超任以爲職司耶？趙濟是也。又有人焉，以渭源田欺罔，始既以此得罪，而終復以此增秩，王韶是也。程昉事漳水以興大役，困一方而無成功，趙子幾挾情以違法禁，按吏以防民言，則皆置而不問。乃是賞反施於聖人之所當罰，罰不及於王法之所當誅也！幾邑之民以助錢爲訴也，陛下聖旨令召情願；東明知縣以不能禁民有訴而被劾也，陛下聖旨止令劾擅升户等之事：二者皆獨斷之善政，而中書皆格而不下，此則陛下之號令不行也。

（宋）李燾《續資治通鑑長編》卷三六一《宋神宗元豐八年》 司馬光言：况《書》曰：惟辟作福，作威。不可使用人賞罰之柄，盡歸執政，人主一不得而專也。

（宋）李燾《續資治通鑑長編》卷四三一《宋哲宗元祐四年》 詔郡縣考課優等人，令三省考察任使，從左諫議大夫梁燾請也。燾言：臣聞賞罰無章，何以沮勸？夫欲吏稱其職，民安其業，由此道也。國家著爲優劣之等，以考課郡縣，所以進退能否，激厲搢紳，期之政平訟理，閭巷無愁嘆之聲而已，誠聖意之所宜加也。朝廷已嘗治其劣等，示之天下，人知沮矣。未聞褒其優等者，顧何以使士夫知勸而樂於赴功哉？有司因循不言，甚未副陛下班敘群材，統明法制之意也。欲望聖慈特賜指揮吏部，第其知州已下等以聞，乞自朝廷羣擇推恩，以平賞罰，用伸公議。

（清）徐乾學《資治通鑑後編》卷五九《宋紀五九》 翰林侍讀學士、右諫議大夫張錫，嘗講書禁中。帝嘆其博學，飛白書博學二字賜之，因問治道。錫對曰：節嗜欲者，治身之本，審刑罰者，治國之本。時貴妃方寵幸，故錫以此諷帝改。

（宋）徐夢莘《三朝北盟會編》卷四三《靖康中帙》 臣僚上言：臣聞賞罰，國之大柄，人君所以馭群臣，定國是，立主威。蓋功同賞異，則賞不足以示勸，罪同罰異，則罰不足以示懲。昔漢宣帝致中興之盛，本於信賞必罰而已。自古政治之君，未有不由此也。謹按大中大夫提舉西京崇福宫王安中，性資姦回，善自緣飾，任數挾詐，力圖進取，始以小官附會梁師成而進，每懷罔上之心，不顧事君之節。安中以輔臣當閫外之寄，其任可謂重矣，而安中内則締交王黼，外則求合蔡攸童貫，論奏者莫非諛説之言，稱頌者莫非祥瑞之事，至於敵情變詐，朝廷所當關防，軍民利害，朝廷所當撫存，未嘗一言及之。

（宋）徐夢莘《三朝北盟會編》卷五〇《靖康中帙》 臣聞之《書》曰：天視自我民視，天聽自我民聽。又曰：天討有罪，五刑五用哉。蓋天之聽，因民而已，君之用刑，視天而已。臣願陛下順民心以奉天，體天道以用刑，暴京罪以釋天下之疑，以爲人臣之戒，則和氣集而灾沴消矣。干冒天威，罪當萬死，伏望聖慈，深察愚衷。特賜聽納，早降睿旨。

（宋）徐夢莘《三朝北盟會編》卷一七四《炎興下帙》 臣又聞：人君之待遇臣下，固自有道，非獨用慶賞刑威而已，或者乃以爵禄賞罰爲人主之大柄。臣竊陋之，夫賞罰所以待中才之人，非所以待豪傑之士與有道之君子也。蓋希賞而赴功與畏罪而不爲非者，中才之人耳。若夫豪傑之士與有道之君子，合於義則進，不合於義則退，招之不來，麾之不去。爵禄不可得而榮也，刑罰不可得而威也。人君欲大有爲於世，而不得豪傑之士與有道之君子，亦不能大有功於世也。自古興王之世，必有佐命之臣，心德同而無間，精神會而不疑，若子房之於高祖，鄧禹之於光武，孔明之於先主，房喬之於太宗，豈待爵禄誘其前，刑罰驅其後，然後爲之畢力哉？亦誠意相與而已，故可與之死，可與之生，可與之存，可與之亡，生爲宗臣，没爲配廟。苟無誠意以相與，而徒用區區爵禄刑罰以爲重輕，則子房、孔明之徒尚安得而用之？

（宋）留正《皇宋中興兩朝聖政》卷一九《紹興六年二月》 上論及治體，因曰：治天下之道在乎必賞與必罰而已。刑固不可濫以逞也，然苟有罪，豈可不以刑威？鼎曰：近時贓吏雖不能依祖宗時一切棄市，然近亦數杖脊刺配。且如殺人者死，古今常法，比年皆從貸例。聖人以謂罪疑惟輕，既無所疑，何爲而貸？貸一有罪，則犯者愈衆，而善人咸被其禍矣。

史臣曰刑期於無刑，聖人之心也。治不能無刑，聖人之不得已也。昧其不得已之意，而謂刑可輕焉。貸一贓吏而天下之貪者無所懼，縱一姦民而天下之暴者無所懲，犯法滋多，賊民愈甚，以是爲仁適以害仁也。帝者之世，兹用不犯於有司者，明于五刑之功也，非去刑而能使民不犯也。王者之世，遷善遠罪而不自知者，殺之利之之功也，非去殺而能使之遷善也。然則姑息之爲治，其亦不仁之甚哉。高宗之意蓋欲以殺止殺者歟。

（明）孫旬《皇明疏鈔》卷六吴時來《君道六·保泰九劄疏》 第九劄曰：禁誣指。夫誣指者告訐之漸也，小人欲害君子則必創爲誹謗之説，或更爲違抗之論。夫加之以違抗誹謗之名，則人君不期信而自信之。一旦怒觸雷霆，雖欲救之，不可得已。此風嘉靖末年最盛。趙文華以之殺李默，胡膏以之殺楊允繩，杜泰以之殺馬從謙，致使天下姦險壬人，凡挾私忿者，持此一説，以挾制有司傾陷良善，而怨聲至今未磨也。彼小人不過爲報復之計，以伸其私憤，而乃使朝廷之上無故而罪一人成一過，舉可爲寒心。《傳》曰：欲加之罪，何患無辭。此風一長非國家之福也。今蒙陛下昭雪冤抑，臣知其無此患矣。臣愚以爲不伸誣指告訐之條，則惡無所懲。永樂時，有校尉計朝臣謗毁時政之失者，成祖曰：此必誣之。蓋朝廷未嘗行此政，彼安得有此言？命錦衣衛詰之，果挾私忿誣之。因曰人主聽言之際，豈可不審？向若不察則死，誹謗者多矣，即付之法司，此其明驗也。夫委質縉紳之流，安有誹謗之事，不特無誹謗之事，身依日月之光將順不遑，又安有所謂違抗之意也？罪以誹謗則誹謗矣，罪以違抗則違抗矣。臣聞天下有道，君子有所恃而敢於爲善，小人有所憚而不敢爲惡。今後願陛下照亮天下，臣子原無違抗之心、誹謗之事。如有告違抗者即以違抗之罪罪之，如有告誹謗者即以誹謗之罪罪之，庶奸險不得。竊視人主之好惡以行其中傷之計。賞罰得中，舉措得宜，而人心服矣。伏乞留神。

（明）徐鑑《刑臺法律序》 嘗聞天地之大德曰生，人心之良曰不忍。則刑罰之設非聖人所欲用也，然不芟稂莠無以養嘉穀，不威姦宄無以惠良民。故有所懲創於彼，乃以保全於此。刑政期于無刑也，特齊刑固可弼教，而飭法必先明罰惟先，後之以法，而後刑加於自犯之罪，則明允與哀矜並行，而刑者與受刑者兩無憾矣。

《清世宗實録》卷八一《雍正七年五月》 己酉，諭大學士九卿：自古爲政者皆言寬嚴相濟。所謂相濟者，非方欲寬而雜之以嚴，方欲嚴而雜之以寬也。惟觀乎其時審乎其事，當寬則寬，當嚴則嚴而已。如十人當賞則俱賞之，斷無以賞者太多，而舍一二人不賞之理；十人當罰則俱罰之，斷無以罰者太多，而寬一二人不罰之理。即如户部也，綜核錢穀惟在公平直省，徵解錢糧其不足者，固當查核，若餘於額數之外者，豈遂不當查核乎。即如刑部也，按律定罪務期明允直省，審讞重案其間失出者固當駁詰，若失入而致冤抑者，豈遂不當駁詰乎。總之，寬嚴適協其宜，乃爲相濟，非糅雜於寬嚴之間，而爲子莫之執中也。譬之飲食，原相需也，然亦當飲而飲，渴者不可以食解；當食而食，饑者不可以飲充。若强饑者以飲，强渴者以食，是相背也。豈相需之道乎？

（清）鄂爾泰等《世宗憲皇帝硃批諭旨》卷一上《硃批范時繹奏摺》 上諭一道，臣謹祗受。訖伏惟黜幽陟明實國家之大典，而賞善罰惡乃王法所當行。我皇上以善望天下，以正導人心久矣，化行教溥，即頑梗之兇苗盡已。革面革心，輸誠向化，乃猶有董起弼等類者姦惡性成，潛行竄匿。所犯情罪已屬難容，漏網脱逃尤當不赦。臣身任地方，久奉諭旨，雖經節次嚴飭，多方踹緝，尚未弋獲。自顧疎忽，正兹惶懼。今幸蒙皇上密降諭旨，更蒙指示周詳，臣謹欽遵奉行，於臣屬各員切實飭知，備細指授，務期設法派人，重懸賞格，嚴行稽查，加意盤詰，斷不使匪類得以漏網，而臣等地方官弁自貽罪譴，以上負天恩所有。微臣奉到密諭，欽遵，緣由合行繕摺奏：一切緝捕人役，當開列一單置諸左右，不時密飭屬員，令其勤加察考，如能緝獲者格外賞罰，以示鼓舞。如此方爲勸懲之道。若虚應故事，致令姦匪漏網以爲寬仁，則大悮矣，勉爲之。

（清）王夫之《讀通鑑論》卷二一《唐中宗》 罪者，因其惡而爲之等也，而惡與罪抑有異焉。故先王之制刑，惡與罪有不相值者，其惡甚而不可以常辜，其未甚而不可以曲宥，酌之理，參之分，垂諸萬世而可守，非悁悁疾惡，遂可置大法以快人情也。

武氏之惡，浮於韋氏多矣，鬼神之所不容，臣民之所共怨，萬世聞其腥聞，而無不思按劍以起，韋氏之惡未如是之甚也。然以罪言，則不可以韋氏之罪加之武氏。法者，非以快人之怒、平人之憤、釋人之怨、遂人惡惡之情者也；所以敍彝倫、正名分、定民志、息禍亂，爲萬世法者也。故唯弑父與君之賊，自其子之外，人皆得而殺之；苟其爲梟獍矣，則雖他惡無聞，人無餘怨，而必不可貸。

玄宗起而斬韋氏於宫中，允矣。凡唐室之臣民，嘗以母后事韋氏者，無不可手刃以誅之。若武氏，則雖毒流天下，殲戮唐宗，惡已極，神人之怨已盈，而唐室之臣曾改面奉之爲君者，不可操刃以相嚮，況中宗其子而張柬之其相乎？無已，則錮中宗於房州、廢豫王爲皇嗣之日，猶可誅也。中宗歸而受皇太子之封矣，柬之奉太子以誅倖臣，非可殺武氏之日矣；遷之别宫，俟其自斃，行法如是焉可耳。許柬之以殺武氏，日北面而夕操戈，奉其子以殺其母，而曰法所宜伸也，亂臣賊子，因緣以起，何患無言之可執，而更孰與致詰乎？

惡武氏者，責柬之之不行誅，求快惡惡之心，而不恤法之伸詘，又何取焉。唯加以則天皇帝之稱，而使三思等仍竊禄位，則失刑矣。文姜非躬弑而但與聞，哀姜與弑而所弑者其子，《春秋》不奪夫人之稱，許齊桓之討哀姜，而不使魯人伸法，則中宗君臣不得加刃於武氏明矣。

（清）王先謙《荀子集解·王制》 王者之論：論，謂論説賞罰也，盧困反。先謙案：楊説非。論，亦當讀爲倫，倫者，等也。言爲君者能行此政，則是王者之等也。下文云此五等者王、霸、安存、危殆、滅亡之具也，以王者之政爲一等，與此可互證。《儒效篇》人論，《臣道篇》：人臣之論，王氏念孫皆讀爲倫，而於此失之。無德不貴，無能不官，無功不賞，無罪不罰，朝無幸位，民無幸生，幸，僥幸也。尚賢使能而等位不遺，不遺，言各當其材。等位，等級之位也。析愿禁悍而刑罰不過，析，分異也。分其願慤之民，使與兇悍者異也。悍，兇暴也。刑罰不過，但禁之而已，不刻深也。王念孫曰：析愿二字，義不可通，當從《韓詩外傳》作折暴，字之誤也。折暴與禁悍對文。下文曰如是而可以誅暴禁悍矣，《富國篇》曰不足以禁暴勝悍，皆以暴悍對文，則此亦當作折暴禁悍明矣。楊不得其解而爲之詞。又下文抃急禁悍，防淫除邪，抃急二字，語意不倫，當亦是折暴之誤。下文暴悍以變，姦邪不作，正承此文而言，則當作折暴禁悍又明矣。楊云抃當爲析，急當爲愿，亦失之。又曰：析當爲折。折之言制也。《吕刑》制以刑，《墨子·尚同篇》引作折則刑。《論語·顔淵篇》片言可以折獄者，鄭注：魯讀折爲制。愿，讀爲傆。《説文》傆，音與愿同。黠也。言制桀黠之民，使畏刑也。作愿者，借字耳。余前説改愿爲暴，未確。《韓詩外傳》作折暴，恐是以意改，未可援以爲據。下文之誅暴禁悍，《富國篇》之禁暴勝悍，文各不同，皆未可據彼以改此。又下文抃急禁悍，防淫除邪，抃亦當爲折，急卽愿之譌。前改急爲暴，亦未確。急與暴形聲皆不相似，若本是暴字，無緣譌而爲急。百姓曉然皆知夫爲善於家而取賞於朝也，爲不善於幽而蒙刑於顯也。夫是之謂定論，是王者之論也。

（清）王先謙《荀子集解·富國》 墨子大有天下，小有一國，將少人徒，省官職，省，所景反。上功勞苦，與百姓均事業，齊功勞，謂君臣並耕而食，饔飧而治。若是則不威，不威則罰不行。上下縣隔，故得以法臨馭。若君臣齊等，則威不立矣。盧文弨曰：舊本正文俱作則賞罰不行，賞字衍，今删。賞不行，則賢者不可得而進也；罰不行，則不肖者不可得而退也。賞罰所以進賢而退不肖。賢者不可得而進也，不肖者不可得而退也，則能不能不可得而官也。不可置於列位而廢置也。先謙案：上言賢不肖，則此能不能就一人所短長言之。《解蔽篇》云材官萬物，注：官，謂不失其任。又云則萬物官矣，注：謂各當其任，無差錯也。此官字義亦同，注似未晰。若是則萬物失宜，事變失應，上失天時，下失地利，中失人和，賞罰不行，賢愚一貫，故有斯敝也。天下敖然，若燒若焦。

（清）王先謙《荀子集解·正名》 夫民易一以道，而不可與共故，故，事也。言聖人謹守名器以道一民，不與之共事，共則民以它事亂之。故《老子》曰國之利器，不可以示人也。郝懿行曰：故，謂所以然也。夫民愚而難曉，故但可偕之大道，而不可與共明其所以然，所謂民可使由之，不可使知之。故明君臨之以執，道之以道，道達之以正道。申之以命，章之以論，禁之以刑。故其民之化道也如神，辨執惡用矣哉！

（清）孫星衍《孔子集語》卷一〇《論政》 《御覽》六百三十三引《慎子》孔子云：有虞氏不賞不罰，夏后氏賞而不罰，殷人罰而不賞，周人罰且賞。罰，禁也；賞使也。

又：《韓非子·内儲説上七術》魯人燒積澤，天北風，火南倚，恐燒國。哀公懼，自將衆輒救火者，左右無人，盡逐獸而火不救。乃召問仲尼，仲尼曰：夫逐獸者樂而無罰，救火者苦而無賞，此火之所以無救也。哀公曰：善。仲尼曰：事急，不及以賞。救火者盡賞之，則國不足以賞於人。請徒行罰。《藝文類聚》八十引作請從行罰。哀公曰：善！於是仲尼乃下令曰：不救火者，比降北之罪，逐獸者，比入禁之罪。令下未遍而火已救矣。

（漢）賈誼《新書》卷四《鑄錢》 適者竊聞吏復鑄錢者，民人抵罪，多者一縣百數，少者十數。家屬，知識及吏之所疑，繫囚，榜笞及犇走者，類甚不少。僕未之得驗，然其刑必然。抵禍罪者，固乃始耳。此無息時，事甚不少，於上大不便，願陛下幸無忽！法使天下公得顧租鑄錢，然鑄錢之情，非殺鉛鐵及錫雜銅也，不可得贏；而殺之甚微，又易爲，無異鹽羹之易，而其利甚厚。張法雖公鑄舍賜，而鑄有情必姦僞也，名曰顧租公鑄，法也。而實皆黥罪也。有法若此，上將何賴焉？夫事有召禍而法有起姦，今令細民操造弊之勢，各隱屏其家而公鑄作，因欲禁其厚利微姦。雖黥罪日報，其勢不止此，民理然也。夫日着以請之，則吏隨而揜之，爲民設阱，孰積於是？上弗蚤圖之，民勢且盡矣。曩禁鑄錢，死罪積下；今公鑄錢，黥罪積下。雖少異乎，未甚也。民方陷溺，上且弗救乎？且世民用錢，縣異而郡不同；或用輕錢，百加若干，輕小異行；或用重錢，平稱不受。法錢不立，將使天下操權族，而吏急一之乎。則大煩苛而民弗任，且力不能而勢不可施；縱而弗苛乎，則郡縣異而市肆不同，小大異同，錢文大亂。夫苟非其術，則何嚮而可哉？夫農事不爲，而採銅日煩，釋其耒耨，冶鎔爐炭，奸錢日繁，正錢日亡，善人怵而爲姦邪，愿民陷而之刑僇，黥罪繁積，吏民且日鬪矣。少益於今，將甚不祥，奈何而忽？國知患此，吏必曰禁之。禁之不得其術，其傷必大，何以圍之？令禁鑄錢，錢必還重，四錢之粟，必還二錢耳。重則盜鑄錢如雲而起，則棄市之罪又不足以禁矣。姦不勝而禁法數潰，難言已，大事也。人亂而費弗蚤振，恐不稱陛下之明，凡治不得。應天地星辰有動，非小故也。或累王德，陛下不可以怠，方今始伏。望可善圖也。

（漢）劉向《説苑》卷一《君道》 司城子罕相宋，謂宋君曰：國家之危定，百姓之治亂，在君行之賞罰也。賞當則賢人勸，罰得則姦人止。賞罰不當，則賢人不勸，姦人不止，姦邪比周，欺上蔽主，以争爵禄。不可不慎也。夫賞賜讓與者，人之所好也，君自行之。刑罰殺戮者，人之所惡也，臣請當之。君曰：善。子主其惡，寡人行其善，吾知不爲諸侯笑矣。於是宋君行賞賜而與子罕刑罰。國人知刑戮之威，專在子罕也，大臣親也，百姓附之。居期年，子罕逐其君而專其政。故曰：無弱君而彊大夫。老子曰：魚不可脱於淵。國之利器，不可以借人。此之謂也。

（漢）王符《潛夫論》卷五《斷訟》 五代不同禮，三家不同教，非其苟相反也，蓋世推移而俗化異也。俗化異則亂原殊，故三家符世，皆革定法。高祖制三章之約，孝文除克膚之刑，是故自非殺傷盜臧，文罪之法，輕重無常，各隨時宜，要取足用勸善消惡而已。

夫制法之意，若爲藩籬溝壍以有防矣，擇禽獸之尤可數犯者，而加深厚焉。今姦宄雖衆，然其原少；君事雖繁，然其守約。知其原少姦易塞，見其守約政易持。塞其原則姦宄絶，施其術則遠近治。

今一歲斷獄，雖以萬計，然辭訟之辯，鬬賊之發，鄉部之治，獄官之治者，其狀一也。本皆起民不誠信，而數相欺紿也。舜勑龍以讒説殄行，震驚朕師乃自上古患之矣。故先慎己喉舌，以元示民。孔子曰：亂之所生也，則言語以爲階。小人不耻不仁，不畏不義。脉脉規規，常懷姦唯，昧冒前利，不顧廉恥，苟且中，後則榆解奴抵，以致禍變者，比屋是也。非唯細民爲然，自封君王侯貴戚豪富，尤多有之。假舉驕奢，以作淫侈，高負千萬，不肯償責。小民守門號哭啼呼，曾無怵惕慙怍哀矜之意。苟崇聚酒徒無行之人，傳空引滿，啁啾罵詈，晝夜鄂鄂，慢遊是好。或毆擊責主，入於死亡，羣盜攻剽，劫人無異。雖會赦贖，不當復得在選辟之科，而州司公府反争取之。且觀諸敢妄驕奢而作大責者，必非救飢寒而解困急，振貧窮而行禮義者也，咸以崇驕奢而奉淫湎爾。

《春秋》之義，責知誅率。孝文皇帝至寡動，欲任德，然河陽侯陳信坐負六月免國。孝武仁明，周陽侯田彭祖坐當軹侯宅而不與免國，黎陽侯邵延坐不出持馬，身斬國除。二帝豈樂以錢財之故而傷大臣哉？乃欲絶詐欺之端，必國家之法，防禍亂之原以利民也。故一人伏正罪而萬家蒙乎福者，聖主行之不疑。永平時諸侯負責，輒有削絀之罰。此其後皆不敢負民，而世自節儉，辭訟自消矣。

今諸侯貴戚，或曰勑民慎行，德義無違，制節謹度，未嘗負責，身絜規避，志厲青雲。或既欺負百姓，上書封租，願且償責，此乃殘掠官民，而還依縣官也，其誣罔慢易，罪莫大焉。

今侯王貴戚不得浸廣，姦宄遂多。豈謂每有争鬬辭訟，婦女必政此乎？亦以傳見。凡諸禍根不早斷絶，則或轉而滋蔓，人若斯邪。是故原官察之所以務念，臣主之所以憂勞者，其本皆鄉亭之所治者，大半詐欺之所生也。故曰：知其原少則姦易塞也，見其守約則政易持也。

或婦人之行，貴令鮮絜，今以適矣，無顔復入甲門，縣官原之，故令使留所既入家。必未昭亂之本原，不惟貞絜所生者之言也。貞女不二心以數變，故有匪石之詩，不枉行以遺憂，故美歸寧之志。一許不改，蓋所以長貞絜而寧父兄也。其不循此而二三其德者，此本無廉恥之家，不貞專之所也。若然之人，又何醜恡？輕薄父兄，淫僻婦女，不惟義理，苟疎一德，借本治生，逃亡抵中乎，以致於刳腹芟頸滅宗之禍者，何所無之？

先王因人情喜怒之所不能已者，則爲之立禮制而崇德讓；人所可已者，則爲之設法禁而明賞罰。今市賣勿相欺，婚姻無相詐，非人情之不可能者也。是故不若立義順法，遏絶其原。初雖懟恡於一人，然其終也，長利於萬世。小懲而大戒，此所以全小而濟頑兇也。

夫立法之大要，必令善人勸其德而樂其政，邪人痛其禍而悔其行。諸一女許數家，雖生十子，更百赦，勿令得蒙一還私家，則此姦絶矣。不則髡其夫妻，徙千里外劇縣，乃可以毒其心而絶其後，姦亂絶則太平興矣。

（漢）荀悦《申鑒・政體》　賞罰，政之柄也。明賞必罰，審信慎令，賞以勸善，罰以懲惡。人主不妄賞，非徒愛其才也，賞妄行則善不勸矣。不妄罰，非徒慎其刑也，罰妄行則惡不懲矣。賞不勸，謂之止善。賞及淫人則善無所勸，而爲善者止矣。罰不懲，謂之縱惡。罰及善人則惡無所懲，而爲惡者縱矣。在上者能不止下爲善，不縱下爲惡，則治國矣，是謂統法。此政之當崇者五也。

（漢）徐幹《中論》上卷《覈辯》　夫類族辯物之士者寡，而愚闇不達之人者多，孰知其非乎此？其所無用而不見廢也，至賤而不見遺也。先王之法，析言破律，亂名改作者殺之；行僻而堅，言僞而辯，記醜而博，順非而澤者亦殺之，爲其疑衆惑民而潰亂至道也。孔子曰：巧言亂德，惡似而非者也。

（漢）徐幹《中論》卷下《賞罰》　政之大綱有二。二者何也？賞罰之謂也。人君明乎賞罰之道，則治不難矣。夫賞罰者不在乎必重，而在於必行，必行則雖不重而民懼，不行則雖重而民怠，故先王務賞罰之必行也。《書》曰：爾無不信，朕不食言。爾不從誓言，予則孥戮汝，罔有攸赦。天生烝民，其性一也。刻肌虧體，所同惡也。被文垂藻，所同好也。此二者常存，而民不治其身，有由然也。當賞者不賞，當罰者不罰。夫當賞者不賞，則爲善者失其本望而疑其所行。當罰者不罰，則爲惡者輕其國法而怙其所守。苟如是也，雖日用斧鉞於市而民不去惡矣，日錫爵禄於朝而民不興善矣。是以聖人不敢以親戚之恩而廢刑罰，不敢以怨讐之忿而廢慶賞。夫何故哉？將以有救也。故《司馬法》曰：賞罰不踰時，欲使民速見善惡之報也。踰時且猶不可，而况廢之者乎？賞罰不可以疎，亦不可以數，數則所及者多，疎則所漏者多。賞罰不可以重，亦不可以輕，賞輕則民不勸，罰輕則民亡懼；賞重則民傲倖，罰重則民無聊。一作不聊生。故先王明庶以德之，思中以平之，而不失其節。故《書》曰：罔非在中，察辭於差。夫賞罰之於萬民，猶轡策之於駟馬也。轡策不調，非徒遲速之分也，至於覆車而摧轅。賞罰之不明也，則非徒治亂之分也，至於滅國而喪身，可不慎乎，可不慎乎。故《詩》云：執轡如組，兩驂如舞。言善御之可以爲國也。

（宋）黎靖德《朱子語類》卷七一《易七・噬嗑》　雷電《噬嗑》與雷電《豐》似一般。曰：《噬嗑》明在上，動在下，是明得事理，先立這法在此，未見犯底人，留待異時而用，故云明罰勑法。《豐》威在上，明在下，是用這法時，須是明見下情曲折，方得，不然，威動於上，必有過錯也，故云：折獄致刑。此是伊川之意，其説極好。學履。

（明）丘濬《大學衍義補》卷三《正朝廷・公賞罰之施》　《商頌・殷武篇》曰：天命降監，視也。下民有嚴。威也。不僭賞也。不濫，刑之過也。不敢怠遑，暇也。命於下國，封大也。建厥福。朱熹曰：天命降監，不在乎他，皆在民之視聽，則下民亦有嚴矣。惟賞不僭刑不濫，而不敢怠遑，則天命之以天下而大建其福。此高宗所以受命而中興也。

臣按：先儒謂此章言商高宗所以致中興之道。曰：天雖高，而實下其監視，甚可畏也。民雖卑，而天實以爲視聽，其威嚴不可忽也。惟高宗上畏天，下敬民，而見於刑賞者，未嘗有僭濫之失，存於中心者，不敢有怠遑之意，故天命之以天下，而大建其福。由是觀之，則人君之刑賞，非一己之刑賞，乃上天之刑賞，非上天之刑賞，乃民心之刑賞也。是故賞一人也，必衆心之所同善。刑一人也，必衆心之所同怒。民心之所同卽天意之所在也。如或不然，拂民心而逆天意，如紂之任惡來，飛廉，殺王子比干，則天命去之矣，尚何福之有哉。

又：《春秋左傳》襄公二十六年蔡聲子曰：善爲國者，賞不僭而刑不濫。賞僭則懼及淫人，刑濫則懼及善人。若不幸而過，寧僭無濫。與其失善，寧其利淫。無善人，則國從之。

（清）黄宗羲《明夷待訪録·學校》 三代以下，天下之是非，一出於朝廷。天子榮之，則群趨以爲是；天子辱之，則群擿以爲非。

《墨子·尚同中》 今天下之人曰：方今之時，【略】天下之正長猶未廢乎天下也，而天下之所以亂者，何故之以也？子墨子曰：方今之時之以正長，則本與古者異矣，譬之若有苗之以五刑然。昔者聖王制爲五刑，以治天下，逮至有苗之制五刑，以亂天下，則此豈刑不善哉？用刑則不善也。【略】古者上帝鬼神之建設國都，立正長也，非高其爵，厚其禄，富貴佚而錯之也。將以爲萬民興利除害，富貴貧寡，安危治亂也。故古者聖王之爲若此。今王公大人之爲刑政則反此；政以爲便譬，宗於父兄故舊，以爲左右，置以爲正長。民知上置正長之非正以治民也，是以皆比周隱匿，而莫肯尚同其上。是故上下不同義。若苟上下不同義，賞譽不足以勸善，而刑罰不足以沮暴。何以知其然也？曰：上唯毋立而爲政乎國家，爲民正長，曰：人可賞，吾將賞之。若苟上下不同義，上之所賞，則衆之所非，曰：人衆與處，於衆得非，則是雖使得上之賞，未足以勸乎！上唯毋立而爲政乎國家，爲民正長，曰：人可罰吾將罰之。若苟上下不同義，上之所罰，則衆之所譽，曰：人衆與處，於衆得譽，則是雖使得上之罰，未足以沮乎！若立而爲政乎國家，爲民正長，賞譽不足以勸善，而刑罰不沮暴，則是不與鄉吾本言民始生未有正長之時同乎？若有正長與無正長之時同，則此非所以治民一衆之道。故古者聖王唯而審以尚同，以爲正長，是故上下情請爲通。上有隱事遺利，下得而利之；下有蓄怨積害，上得而除之。是以數千里之外，有爲善者，其室人未徧知，鄉里未徧聞，天子得而賞之；數千萬里之外，有爲不善者，其室人未徧知，鄉里未徧聞，天子得而罰之。是以舉天下之人，皆恐懼振動惕慄，不敢爲淫暴。曰：天子之視聽也神。先王之言曰：非神也，夫唯能使人之耳目，助己視聽；使人之吻，助己言談，使人之心，助己思慮，使人之股肱，助己動作。助之視聽者衆，則其所聞見者遠矣；助之言談者衆，則其德音之所撫循者博矣；助之思慮者衆，則其談謀度速得矣；助之動作者衆，卽舉其事速成矣。故古者聖人之所以濟事成功，垂名於後世者，無他故異物焉，曰：唯能以尚同爲政者也。【略】古者國君諸侯之聞見善與不善也，皆馳驅以告天子，是以賞當賢，罰當暴，不殺不辜，不失有罪，則此尚同之功。

《墨子·尚同下》 上之爲政，得下之情則治，不得下之情則亂。何以知其然也？上之爲政，得下之情，則是明於民之善非也。若苟明於民之善非也，則得善人而賞之，得暴人而罰之也。善人賞而暴人罰，則國必治。上之爲政也，不得下之情，則是不明於民之善非也。若苟不明於民之善非，則是不得善人而賞之，不得暴人而罰之。善人不賞而暴人不罰，爲政若此，國衆必亂。故賞不得下之情，而不可不察者也。然計得下之情，將奈何可？故子墨子曰：唯能以尚同一義爲政，然後可矣。何以知尚同一義之可而爲政於天下也？然胡不審稽古之治爲政之説乎。古者，天之始生民，未有正長也，百姓爲人。若苟百姓爲人，是一人一義，十人十義，百人百義，千人千義，逮至人之衆，不可勝計也，則其所謂義者，亦不可勝計。此皆是其義，而非人之義，是以厚者有鬬，而薄者有争。是故天下之欲同一天下之義也，是故選擇賢者，立爲天子。

又：若苟義不同者有黨，上以若人爲善，將賞之，若人唯使得上之賞，而辟百姓之毁，是以爲善者，必未可使勸，見有賞也。上以若人爲暴，將罰之，若人唯使得上之罰，而懷百姓之譽，是以爲暴者，必未可使沮，見有罰也。故計上之賞譽，不足以勸善，計其毁罰，不足以沮暴。此何故以然？則義不同也。

又：子墨子言曰：【略】若見愛利家者，必以告，若見惡賊家者，亦必以告。若見愛利家以告，亦猶愛利家者也，上得且賞之，衆聞則譽之。若見惡賊家不以告，亦猶惡賊家者也。上得且罰之，衆聞則非之。

《墨子·經説上》 墨子曰：令，非身弗行。【略】治，吾事治矣，人有治南北。【略】罪，不在禁，惟害無罪若殆。賞，上報下之功也。罰，上報下之罪也。【略】法，意、規、員三也，俱可以爲法。佴然也者民若法也。

《墨子·號令》 墨子曰：命必足畏，賞必足利，令必行，令出，輒人隨，省其可行、不行。

《老子道德經》下篇《七十四章》 民不畏死，奈何以死懼之？若使民常畏死，而爲奇者，吾得執而殺之。孰敢？詭異亂群謂之奇也。常有司殺者殺，夫代司殺者殺，是謂代大匠斲。夫代大匠斲者，希有不傷其手矣。爲逆順者之所惡忿也，不仁者人之所疾也，故曰常有司殺也。

（元）吴澄《道德真經註》卷四 民不畏死，奈何以死懼之？若使民常畏死，而爲奇者，吾得執而殺之。孰敢？

奇，不正也，使愚民常有畏死之心。而奇邪爲惡者，吾得執而殺之，則人人知畏。孰敢爲惡？然雖殺惡人，而人之敢爲惡者不止，則是民愚不知畏死難爲惡者必遭刑。殺彼亦無所懼，上之人奈何以死懼之，而輕易殺人乎？

常有司殺者，夫代司殺者殺，是謂代大匠斲。夫代匠斲者，希有不傷手矣。

不以死懼其人，爲惡者可不殺乎？曰有司殺者在，司殺者天也，惟天爲能殺人，惟大匠爲能斲木，人欲代天殺人，猶代匠斲木也。代斲者手心多傷，以譬代殺者身必多害也。蓋不有人禍，必有天刑。

《列子·力命》 鄭析析，音錫。鄭析著書二篇，鄭人也，與子産並時。《列子》及孫卿並云子産殺鄭析，據《左傳》昭公二十年子産卒，定公九年駟顓殺鄭析，而用其竹刑，則非子産所殺也。操，七刀反兩可之説，設無窮之辭。當子産執政，作《竹刑》，竹刑，簡法。鄭國用之，數難子産之治，子産屈之。子産執而戮之，俄而誅之。此傳云子産誅鄭析，《左傳》云駟顓殺鄭析而用其竹刑，子産卒後二十年而鄭析死也。然則子産非能用《竹刑》，不得不用；鄭析非能屈子産，不得不屈；子産非能誅鄭析，不得不誅也。此義例與上章同也。可以生而生，或積德履仁，或遇時而通，得當年之歡，騁於一己之志，似由報應，若出智力。天福也。自然生耳，自然泰耳，未必由仁德與智力。然交履信順之行，得騁一己之志，終年而無憂虞，非天福如之何也？可以死而死，或積惡行暴或飢寒窮困，故不顧刑戮，不賴生存，而威之而死，似由身招，若應事而至也。天福也。自然死耳，自然窮耳，未必由兇虐與愚弱。然肆兇虐之心，居不賴生之地，而威之於死，是之死得死者，故亦曰天福者也。可以生而不生，居榮泰之地，願獲長年而早終。天罰也；願生而不得生，故曰天罰也。可以死而不死，居困辱之地，不願久生而更不死也。天罰也。輕死而不之死，復是天罰。可以生，可以死，得生得死。有矣；此之生而得生，此之死而得死。不可以生，不可以死，或死或生，有矣。此義之生而更死之死而更生者也。此二句上義已該之而重出，疑書誤。然而生生死死，非物非我，皆命也。智之所無奈何。生死之理既不可測，則死不由物，生不在我，豈智之所如？故曰，窈然無際，天道自會；漠然無分，天道自運。無際無分，是自然之極；自會自運，豈有役之哉？天地不能犯，天地雖大，不能違自然也。聖智不能干，聖神難妙，不能逆時運也。鬼魅不能欺。鬼魅雖妖，不能詐其正也。自然者，默之成之，默，無也。平之寧之，平寧無所施爲。將之迎之。功無遺喪，似若將迎。

《莊子·外篇·天道》 故《書》曰：有形有名。形名者，古人有之，而非所以先也。古之語大道者，五變而形名可舉，九變而賞罰可言也。驟而語形名，不知其本也；驟而語賞罰，不知其始也。倒道而言，迕道而説者，人之所治也，安能治人！驟而語形名賞罰，此有知治之具，非知治之道；可用於天下，不足以用天下；此之謂辯士，一曲之人也。禮法數度，形名比詳，古人有之，此下之所以事上，非上之所以畜下也。

（宋）杜道堅《文子纘義》卷二《精誠篇》 夫水濁者魚噞，政苛者民亂，上多欲即下多詐，上煩擾即下不定，上多求即下交爭，不治其本而救之于末，無以異于鑿渠而止水，抱薪而救火。聖人事省而治，求寡而贍，不施而仁，不言而信，不求而得，不爲而成，懷自然，保至真，抱道推誠，天下從之，如響之應聲，影之象形，所修者本也。

〔纘義〕天垂象，示吉凶，人皆見之。君布令，明賞罰，民皆信之。君其天矣乎。水濁魚噞，政苛民亂，理所必然，是故上多欲則民興詐，上好靜則民不爭，聖人抱道推誠，天下從之，可謂知本矣。

（宋）杜道堅《文子纘義》卷五《道德篇》　老子曰：法煩刑峻，即民生詐。上多事則下多態。求多即得寡，禁多即勝少，以事生事，又以事止事，譬猶揚火而使無焚也，以智生患，又以智備之，譬猶撓水而欲求其清也。

（宋）杜道堅《文子纘義》卷七《微明篇》　明主之賞罰，非以爲己，以爲國也。適于己而無功于國者，不施賞焉。逆于己而便于國者，不加罰焉。故義載乎宜，謂之君子遺義。

（宋）杜道堅《文子纘義》卷八《自然篇》　無功而厚賞，無勞而高爵，即守職者懈于官，而游居者亟于進矣。夫暴者妄誅，無罪而死亡，行道者而被刑。即脩身者不勸善，而爲邪行者輕犯上矣。故爲惠者即生姦，爲暴即生亂。姦亂之俗，亡國之風也。【略】

故國有誅者，而主無怒也。朝有賞者，而君無與也。誅者不怨君，罪之當也。賞者不德上，功之致也。民知誅賞之來，皆生於身，故務功修業，不受賜于人，是以朝廷蕪而無迹，田壄辟而無穢。

（宋）杜道堅《文子纘義》卷九《下德篇》　老子曰：地廣人衆，不足以爲强；甲堅兵利，不足以恃勝；城高池深，不足以爲固；嚴刑刻殺，不足以爲威。爲存政者，雖小必存。爲亡政者，雖大必亡。故善守者無與禦，善戰者無與鬬，乘時勢，因民欲，而天下服。故善爲政者，積其德，善用兵，蓄其怒。德積而民可用也，蓄怒而威可立也。故文之所加者深，則權之所服者大；德之所施者博，則威之所制者廣。

（宋）杜道堅《文子纘義》卷一〇《上仁篇》　古者，無德不尊，無能不官，無功不賞，無罪不誅，其進人也以禮，其退人也以義。

（晉）葛洪《抱朴子》外篇卷三《博喻》　抱朴子曰：禁令不明，而嚴刑以静亂；廟算不精，而窮兵以侵鄰。猶釤禾以討蝗蟲，伐木以殺蠹蝎，食毒以中蚤蝨，徹舍以逐雀鼠也。

（晉）葛洪《抱朴子》外篇卷四《廣譬》　抱朴子曰：二儀不能廢春秋以成歲，明主不能舍刑德以致治，故誅貴所以立威，賞賤所以勸善，罰上達則姦萌破而非懦弱所能用也。惠下逮，則遠人懷而非儉吝所能辦也。

抱朴子曰：明銓衡者，所重不可得誣也。仗法度者，所愛不可得私也。故得人者，先得之於己者也。失人者，先失之於己者也。未有得己而失人。失己而得人者也。

《太平經》卷五四《使能無争訟法》　故上古者聖賢不肯好爲刑也，中古半用刑，故壽半，下古多用刑，故壽獨少也。刑者，其惡迺干天，逆陰陽，畜積爲惡氣，還傷人。故上古聖賢不重用之者，迺惜其身也；中古人半愚，輕小用刑故半，賊其半；下古大愚，則自忽用刑，以爲常法，故多不得壽，咎在此。讀此書者，宜反復之，重之慎之，死生重事，不可妄也。夫子賢明者爲父計，臣賢明者爲君深計；子不賢，不肯爲父深計；臣不賢明，不肯爲君計。是少年者，即是其人身邪，其人邂逅吉凶者，流後生，此格法也。是故上古聖帝王將任臣者，謹選其有道有德，不好殺害傷者，非爲民計也，迺自爲身深計也。故得天地心意，舉措如與神俱，此之謂審舉得其人，而得人力之君也。如此迺感神祇，迺後天上真神愛之，因而獨壽也。好用刑迺與陰氣並，陰者殺，故不得大壽；天之命，略可覩可知矣，天地人所疾惡同耳。

《太平經》卷九三《方藥厭固相治訣》　今若盗賊劫人者，同服人耳，豈可以爲天命君長邪？善哉！子之難也。夫盗賊劫人者，但以無義，妄於枉服人耳，不能常服久也。一過服人，即有重罪，長吏遂之不止也。子何以言是爲天命乎？今若王者治服人，豈當見逐索邪？凡人生以王者爲君長，爲命也。真人亦寧解不？今已大解。【略】然，天者以中極最高者爲君長，地以崑崙墟爲君長，日以王日爲君長，月以大月爲君長，星以中極一星爲君長，衆山以五嶽爲君長，五嶽以中極下泰山爲君長，百川以江海爲君長，有［一］甲者以神龜爲君長，有鱗之屬以龍爲君長，飛有翼之屬以鳳凰爲君長，獸有毛者以麒麟爲君長，裸蟲者以人爲君長，人以帝王爲君長。天下若此者積衆多，不可勝記，纔爲真人舉其綱，見其始，子豈解邪？唯唯。宜自深思其意，亦不可盡記也，難爲財用。唯唯。今故言蚑行有知之屬，方在其身者，不待而成事者，無妄殺傷，何乎？主恐忿其君長也。今天太平氣至，當與有德君并力治，無妄傷害，則亂太平之氣，令治憒憒。今小物安能感動天，使其治亂憒憒乎？噫！子自若愚蒙，未大解也。今是各自有君長，若遠方四境之下賤小人，極最帝王之下極螻蟻惡人也，無可比數。人無故共賊傷此百數十人，其家自冤枉，上書帝王，帝王聞之即大怒，下令以章考問之，紛紛州郡縣以爲大事，因而坐之危亡者，非一人也。子知之邪？可駭哉，可駭哉！行，子知大駭，乃且長生矣。唯唯。是故古者聖王知天法象格明，故不敢妄用刑也，乃深思遠慮之極也。故其治常平，不用筋力，而得天心者，以其重慎之也。今先王小小失之，承負之後，各有得失，故治難平也。子知之邪？

《太平經》卷一〇八《災病證書欲藏訣》　是故自古到今，舉事不詳悉，失天道意，故生承負也。是故使民至於無道而治，共亂天正道，人異政治，故人民萬物多被冤也。願請問夫無道，乃重死罪之法也。天師何不爲制作重刑死法，而各以其罪罪之？今天下之事，各以其罪罪之爲平也。今天師不以其無道罪之，何也？不可也。何故？夫先人但爲小小誤失道，行有之耳，不足以罪也。後生人者承負之，畜積爲過也。雖其觸死，其行邪僞空虛者，後生人皆學於先生人，雖失天道，爲無道而治者，皆師師相傳，更以相教示，非一人造此過也，故不可予其重刑也。念下古人罪過，皆足以死。又神聖爲法，不可一旦予人重刑，滅人世類也。故天遣吾下者，革其行，除其責，而不章更，天地人且共治之，使神病災之也。後世人見是，吾受天教之明效也。

《太平經》卷一三七《太平經鈔王部》　夫天地之性，半陽半陰。陽爲善，主賞賜。陰爲惡，惡者爲刑罰，主姦僞。賞者多，罰者少。姦猾者多，賞者少，姦門開。所以然者，罰者多刑，主殺傷，犯法者皆成姦罪人，故姦門開，姦猾多也。陽者主賞賜，施與多，則德王用事。陽與德者主養主生，此自然之法也。故晝爲陽爲日爲君爲德，夜爲陰爲月爲臣爲姦。天地之性，半善半惡。故君子上善以閉姦。興善者得善，興惡者得惡。此由若以斗拱斗，非斗者自然走；以尺拱尺，非尺者自然落。猶方與圓不相得，規與矩不相值，縱與橫不相合。故陽興必動以類行。故火盛乃雷鳴，朱雀在其中。是以夏雷也，冬則藏。凡事各因其本，乃天道可得而明，不緣其類，聖賢何從得深知之。故從天地開闢已來，人之善惡真僞，但觀其所行，以類求之，占其成功，善惡得失，賢不肖可覩矣。何須坐爭之乎？

（清）戴望《管子校正·牧民》　明必死之路者，嚴刑罰也。開必得之門者，信慶賞也。

（清）戴望《管子校正·權修》　見其可也，喜之有徵；徵，驗也。必有恩錫以驗，見喜，無空然矣。見其不可也，惡之有刑。賞罰信於其所見，雖其所不見，其敢爲之乎！所見之處，賞罰既信，則所不見，懼而從教，不敢爲非。見其可也，喜之無徵；見其不可也，惡之無刑。賞罰不信於其所見，而求其所不見之爲之化，不可得也。厚愛利，足以親之，明智禮，足以教之。上身服以先之，服，行也。凡所欲教人，在上必身自行之，所以率先於下也。審度量以閑之，所以防閑其姦僞也。鄉置師以說道之，然後申之以憲令。勸之以慶賞，振之以刑罰，振，整也。故百姓皆說爲善，則暴亂之行無由至矣。見其可也，喜之有徵；見其不可也，惡之有刑。丁云：刑當讀爲形。與上文徵字對。下文云：賞罰信於其所見，雖其所不見，其敢爲之乎！是其證。望案：《韓子·難三篇》引此文，作見其可說之有證，見其不可惡之有形。賞罰不信於其所見，而求其所不見之爲之化。俞云：化當作外，字之誤也。爲之二字衍文，此本作賞罰不信於其所見，而求其所不見之外。因外字隸書或作外。見《魯峻碑》。化字隸書或作𠤎。見《夏承碑》。兩形相似，故外誤爲化，後人又加爲之二字，使成義耳。韓非子引此：正作賞罰不信於所見，而求所不見之外。然後申之以憲令。宋本後作后。後凡後字皆同。

又：凡牧民者，欲民之可御也。欲民之可御，則法不可不審。法者，將立朝廷者也。將立朝廷者，則爵服不可不貴也。爵服加于不義，則民賤其爵服，民賤其爵服，則人主不尊，人主不尊，則令不行矣。法者，將用民力者也。將用民力者，則祿賞不可不重也。祿賞加于無功，則民輕其祿賞，民輕其祿賞，則上無以勸民，上無以勸民，則令不行矣。法者，將用民能者也。將用民能者，則授官不可不審也。授官不審，則民閒其治，民閒其治，則理不上通，理不上通，則下怨其上，下怨其上，則令不行矣。法者，將用民之死命者也。用民之死命者，則刑罰不可不審。刑罰不審，則有辟就，有辟就，則殺不辜而赦有罪，殺不辜而赦有罪，則國不免於賊臣矣。故夫爵服賤，祿賞輕，民閒其治，賊臣首難，此謂敗國之教也。欲民之可御，則法不可不審。鈔本《北堂書鈔·刑法部一》、《太平御覽·刑法部四》引此，並作不可不重。王云：當作重。此言人主重民而輕法，則民不畏；民不畏，則不可御。故曰：欲民之可御，則法不可不重。《法法篇》曰：法重於民，不爲愛民枉法律。義與此同。今本涉下文兩不可、不審而誤。則刑罰不可不審。元刻本審下有也字。是。

（清）戴望《管子校正·七法》　言是而不能立，言非而不能廢，謂之是，不能立其人而用之。謂之非，不能廢其人而退之。有功而不能賞，有罪而不能誅，若是而能治民者，未之有也。是必立，非必廢，有功必賞，有罪必誅，若是安治矣，未也。能此四者，可以安治矣。而猶未者。則以未具下事故。是何也？曰：形勢器械未具，猶之不治也。形勢器械具，四者備，治矣。四者備，謂立是，廢非，賞功，誅罪。

又：朝無政，則賞罰不明；賞罰不明，則民幸生。僥幸以偷生也。故蚤知敵人如獨行，蚤知敵人，則有以備之。敵人望風以退，故曰獨行也。有蓄積，則久而不匱，器械功，則伐而不費，賞罰明，則人不幸，人不幸，則勇士勸之。故兵也者，審於地圖，謀十官，地圖，謂敵國險易之形，軍之部置。十官，必伍什則有長，故曰十官，又須謀得其人也。曰量蓄積，齊勇士，徧知天下，審御機數，兵主之事也。故有風雨之行，故能不遠道里矣；行疾如風雨，故不以道里爲遠。有飛鳥之舉，故能不險山河矣；輕捷如飛鳥，故不以山河爲險。有雷電之戰，故能獨行而無敵矣。雷電，天之威怒，故莫敢爲敵。有水旱之功，故能攻國救邑。謂其功可以爲彼水旱。有金城之守，故能定宗廟，育男女矣；有一體之治，故能出號令，明憲法矣。謂上下同心，其猶一體。風雨之行者，速也。飛鳥之舉者，輕也。雷電之戰者，士不齊也。懼雷電之威，故彼士不齊。水旱之功者，野不收，耕不獲也。能令彼有水旱，故不得使收穫也。金城之守者，用貨財，設耳目也。貨財所以養敢死之士，耳目所以聽鄰國之動靜，令必知之。一體之治者，去奇說，禁雕俗也。奇說，謂譎詐之言。雕俗，謂浮僞之俗。不遠道里，故能威絕域之民；不險山河，故能服恃固之國；獨行無敵，故令行而禁止；故攻國救邑，不恃權與之國；故所指必聽，雖有權與之國，不顧而恃之。權與，謂權爲親與也。定宗廟，育男女，天下莫之能傷，然後可以有國。制儀法，出號令，莫不嚮應，然後可以治民一衆矣。故蚤知敵則獨行。張云：獨行即上所謂獨出獨入。丁云：案當作蚤知敵則獨行，與下文一例。今本涉注文而衍人字，又誤則作如。《兵法篇》：故曰：蚤知敵則獨行。是其證。審於地圖。宋本圖作啚，望案：《說文》以啚爲鄙嗇字。故有風雨之行。張云：此故字疑衍。故能攻國救邑。日本豬飼彥博云：救乃拔字之誤。望案：邑下當脫矣字。上下文句例可證。雷電之戰者士不齊也。張云：不字疑當作氣，尹注謬也。禁雕俗也。丁云：雕今通假爲彫、凋字。物之彫飾者必傷，俗之雕飾者必敝，義本相通。《史記·酷吏傳》，斲雕而爲朴，索隱引晉灼云：凋，弊也。《禮書》救其雕敝，《索隱》，彫，謂雕飾也。故攻國救邑不恃權與之國。王云：故字涉上下文而衍。恃當爲待，《幼官》、《事語》二篇並云：不待權與之國。是其證。今本涉上文恃固而誤。丁云：王改非也。《幼官》、《事語》二篇，均係譌字。《樞言篇》曰：恃與國。《尺觀篇》曰：然則與國不恃其親。《淮南要略》：恃連與國。高注云：恃怙連與之國。連與即權與，亦作恃。是其明證。

（清）戴望《管子校正·版法》 喜無以賞，怒無以殺，喜以賞，怒以殺，怨乃起，令乃廢。驟令不行，民心乃外。有外叛之心也。外之有徒，禍乃始身。徒，謂黨與也，外叛者有賞與。禍由是生，故曰始身。

《管子·幼官》 常至命，尊賢授德，則帝；身仁行義，服忠用信，則王；審謀章禮，選士利械，則霸；定生處死，謹賢修伍，則衆；信賞審罰，爵材祿能，則強；計凡付終，務本飾末，則富；明法審數，立常備能，則治；同異分官，則安。

《管子·樞言》 天下無私愛也，無私憎也，爲善者有福，爲不善者有禍。禍福在爲，故先王重爲。明賞不費，明刑不暴，賞罰明，則德之至者也。

（清）戴望《管子校正·八觀》 故形勢不得爲非，則姦邪之人慤愿。禁禦周固，形勢不得爲非，則姦邪之人無從生心，而變爲慤愿。禁罰威嚴，則簡慢之人整齊；憲令著明，則蠻夷之人不敢犯；賞慶信必，則有功者勸；教訓習俗者衆，則君民化變而不自知也。習俗而善，不知善之爲善，猶人芝蘭之室，不知芳之爲芳也。是故明君在上位，刑省罰寡，非可刑而不刑，非可罪而不罪也。明君者，閉其門，塞其塗，弇其迹，使民毋由接於淫非之地，既閉出非之門，又塞生過之塗，成罪之迹，莫不掩匿。如此，則自然端直，欲接淫非之地，其路無由也。是以民之道正行善也若性然，故罪罰寡而民以治矣。

（清）戴望《管子校正·法禁》 法制不議，則民不相私；君出法制，則下不敢議，則人奉公，不相與爲私。刑殺毋赦，則民不偷於爲善；有過必誅，則善惡明，故不爲苟且之善。爵祿毋假，則下不亂其上。爵必有德，祿必有功，不妄假人，則人知君我者必賢德，故不亂於上。三者於藏官則爲法，施於國則成俗，其餘不彊而治矣。三者，謂法、刑、爵也。藏於官，謂下不得擅其用。如此則法施俗成，自斯之外，雖不勉彊，莫不從理矣。君壹置則儀，則百官守其法；上明陳其制，則下皆會其度矣。君之置其儀也不一，則下之倍法而立私理者必多矣。是以人用其私，廢上之制，而道其所聞，既廢上之制，故競道其所聞，冀遂其私慾。故下與官列法，而上與君分威，國家之危，必自此始矣。下，謂庶人。上，謂權臣。列，亦分也。昔者，聖王之治其民也不然廢上之法制者，必負以恥，負，獨被也。廢法制者，必被之以恥辱也。財厚博惠，以私親於民者，正經而自正矣。臣厚財而作福，則正禮經以示之，其人自正矣。亂國之道，易國之常，賜賞恣於己者，聖王之禁也。賜賞者，人君所獨用也。臣爲君事，故須禁之也。聖王既歿，受之者衰。嗣君不德。君人而不能知立君之道，以爲國本，則大臣之贅下而射人心者必多矣。越職行恩曰贅。福下者，君之事也，今臣爲之，故曰贅。臣之作福，所邀射人心，必使歸己也。君不能審立其法，以爲下制，則百姓之立私理而徑於利者必衆矣。徑，謂邪行以趣疾也。法制不議。俞云：議當爲俄字之誤。《説文》，俄，行頃也。法制不俄，言法制乎正不頃側也。故下與官列法。望案：列，古裂字。列法與下分威對文。財厚博惠，以私親於民者，正經而自正矣。王云：財厚當依注作厚財，此言廢上之法制，及厚財博惠，以私親於民者，皆聖王之所禁也。厚財博惠，以私親於民者，與正經而自正矣，文義不相連屬。兩句之間，當有脱文。尹强爲之解，而終不可通也。亂國之道，易國之常賜賞恣於己者，聖王之禁也。丁云：亂國之道至聖王之禁也十九字錯簡，疑當在下文擅國權之上。則大臣之贅下而射人心者必多矣。孫云：以注文福下者，君之事也。繹之，似贅下脱福字。

（清）戴望《管子校正·兵法》 大度之書曰：謂大陳法度之書。舉兵之日。而境內不貧，戰而必勝，勝而不死，得地而國不敗。爲此四者若何？四者，謂不貧，得勝、不死、不敗也。舉兵之日，而境內不貧者，計數得也。戰而必勝者，法度審也。勝而不死者，教器備利而敵不敢校也。得地而國不敗者，因其也。因其民，則號制有發也，號令制度，因彼而發。教器備利，則有制也。有制則能備利。法度審，則有守也；有所守，則法度審也。計數得，則有明也。有明則計數得。治衆有數，自治其軍，有數存焉。勝敵有理。勝於敵國，有理存焉。察數而知理，審器而識勝，器備利，則敵可勝也。明理而勝敵。勝敵者，在於明理也。定宗廟，寇寧則宗定。遂男女，人安則男女遂。官四分，既定且寧，則四分官以守之。則可以定威德，制法儀，出號令，然後可以一衆治民。兵無主，則不蚤知敵；兵無主，則人懷苟且。故不能知敵。野無吏，則無蓄積；野無田吏，則人惰本業，故無蓄積。官無常，則下怨上；官無常，則徵賦不節，故下怨上。器械不巧，則朝無定；器械不巧，則寇敵見凌，故朝無定。賞罰不明，則民輕其產。賞罰不明。則人無聊生，故輕其產。故曰：蚤知敵，則獨行；有蓄積，則久而不匱；器械巧，則伐而不費；賞罰明，則勇士勸也。三官不繆，五教不亂，九章著明，則危危而無害，窮窮而無難，危危、窮窮，皆重有其事。故能致遠以數，縱彊以制。有數則遠可致，有制則彊可從。三官：一曰鼓。鼓所以任也，任，猶載也，謂令之俶裝也。所以起也，所以進也。二曰金。金所以坐也，所以退也，所以免也。三曰旗。旗所以立兵也，所以利兵也，所以偃兵也。此之謂三官。有三令而兵法治也。五教：一曰教其目以形色之旗，五色之旗，各有所當，若春尚青，夏尚赤之類。二曰教其身以號令之數，謂坐起之數。三曰教其足以進退之度，四曰教其手以長短之利，長兵短兵，各有所利，遠用長，近用短也。五曰教其心以賞罰之誠。貪賞畏罰士乃自厲。五教各習，而士負以勇矣。負，恃也。恃其便習而勇也。

（清）戴望《管子校正·霸言》 夫争彊之國，必先争謀、争刑、争權。先此三争，然後争彊。令人主一喜一怒者，謀也。謀得則喜，謀失則怒。令國一輕一重者，刑也。怒刑則重，喜刑則輕。令兵一進一退者，權也。權重則進，權輕則退。故精於謀，則人主之願可得，而令可行也。精於刑，則大國之地可奪，彊國之兵可圉也。精於權，則天下之兵可齊，諸侯之君可朝也。夫神聖視天下之刑，知世之所謀，知兵之所攻，知地之所歸，知令之所加矣。夫争彊之國，必先争謀，争刑，争權。王云：刑與形同。上文云：夫國小大有謀，彊弱有形。又云：必先定謀慮，便地形，利權稱，故此文亦云：必先争謀，争刑，争權，自此以下，刑字凡四見，皆形之借字也。尹注非。夫神聖視天下之刑。劉本刑作形。

（清）戴望《管子校正·參患》 凡人主者，猛毅則伐，懦弱則殺。猛毅者何也？輕誅殺人之謂猛毅。懦弱者何也？重誅殺人之謂懦弱。此皆有失彼此。凡輕誅者殺不辜，而重誅者失有辠。故上殺不辜，則道正者不安；上失有辠，則行邪者不變。道正者不安，則才能之人去亡；行邪者不變，則羣君臣朋黨。才能之人去亡，則宜有外難。能士去亡，必構鄰來伐，故有外難也。羣君臣朋黨，則宜有內亂。羣臣朋黨，則狗變爲虎，殺常因是生，故有內亂也。故曰：猛毅者伐，懦弱者殺也。君之所以卑尊，國之所以安危者，莫要於兵。故誅暴國必以兵，禁辟民必以刑。然則兵者，外以誅暴，內以禁邪，故兵者，尊主安國之經也，不可廢也。若夫世主則不然。外不以兵，而欲誅暴，則地必虧矣。無兵誅暴，暴必內侵，故地虧。內不以刑，而欲禁邪，則國必亂矣。無刑禁邪，邪必上侵，故國亂。懦弱則殺。張云：此殺字當音所界反，尹注失音，則與諸殺字混。望案：此殺字當讀爲弑，言懦弱則見弑也。

（清）戴望《管子校正・心術下》所以操者非刑也，所以危者非怒也。刑雖能操，怒雖能危，比之於道，猶爲末功。物不能離，道無不操，違道必危，是無不危也。民人操，百姓治，道基本，至也。必每人皆操道，然後百姓理。如此，則道爲人本，豈不至哉！至不至無，無，虛也。所謂至者，虛之道也。非所人而亂。非至虛而爲天下主，必亂。凡在有司執制者之利，非道也。有司執制，常棄本遂末，滯於刑政，非道也。聖人之道，若存若亡。迎之不見其首，隨之不見其後，故曰若存若亡也。援而用之，歿世不亡，道無形也，無形則無盡時，故歿世不亡也。與時變而不化，應物而不移，日用之而不化。無形則無變移之時。至不至無，張云：上至字疑當作本，無字衍。歿世不亡。望案：亡當作忘，古字通。與時變而不化，應物而不移，日用之而不化。安井衡云：不化不當重出，下不化疑當作不傷，與亡、强、方、明爲均。

又：昔者明王之愛天下，故天下可附，暴王之惡天下，故天下可離。故貨之不足以爲愛，刑之不足以爲惡。貨者，愛之末也；刑者，惡之末也。愛惡以爲心本也，故貨刑爲末也。昔者明王之愛天下，故天下可附，暴王之惡天下，故天下可離。俞云：兩之字皆心字之誤。承上文正心之形三句而言。故貨之不足以爲愛，刑之不足以爲惡，貨者，愛之末也。刑者，惡之末也。俞云：貨當作賞，與刑相對爲文。《内業篇》云：賞不足以勸善，刑不足以懲過。彼篇文義多與此同，可據以訂正。

（清）戴望《管子校正・正世》古之欲正世調天下者，必先觀國政，料事務，察民俗，本治亂之所生，知得失之所在，然後從事，從，爲。故法可立而治可行。夫萬民不和，國家不安，失非在上，則過在下。今使人君行逆不修道，誅殺不以理。重賦斂，竭民財，急使令，罷民力。使令急，故人力疲也。財竭，則不能毋侵奪，人財竭，則侵奪以共上税也。力罷，則不能毋墮倪。倪，傲也。謂疲墮而傲從也。民已侵奪墮倪，因以法隨而誅之，則是誅罰重而亂愈起。夫民勞苦困不足，則簡禁而輕罪。如此，則失在上。失在上，而上不變，則萬民無所託其命。今人主輕刑政，寬百姓，薄賦斂，緩使令，然民淫躁行私，而不從制，飾智任詐，負力而争，則是過在下。過在下，人君不廉而變，廉，察也。則暴人不勝，邪亂不止。暴人不勝，邪亂不止，則君人者勢傷，而威日衰矣。故爲人君者，莫貴於勝。所謂勝者，法立令行之謂勝。法立令行，故羣臣奉法守職，百官有常，法不繁匿，萬民敦愨反本而儉力。謂廉嗇而勤力也。故賞必足以使，謂使人從善也。威必足以勝，謂勝禁姦邪也。然後下從。失非在上則過在下。王云：失非在上，當作非失在上，非與則對文，失在上與過在下對文。今使人君行逆不修道。丁云：修當爲循，循有順義。《君臣上篇》，順理而不失之爲道。力罷則不能毋墮倪。俞云：墮當爲惰，《輕重戊篇》歸市亦惰倪。是其證。今人主輕刑政。丁云：今疑令字誤。百官有常法不緐匿。丁云：常字句絶，有常，即上奉法守職也。匿同慝，姦慝也。

又：故古之所謂明君者，非一君也。五帝三王，俱曰明君，故曰非一。其設賞有薄有厚，其立禁有輕有重，迹行不必同，非故相反也，皆隨時而變，因俗而動。夫民躁而行僻，則賞不可以不厚，禁不可以不重。既躁而僻則難化，須厚賞以誘之，重禁以威之。故聖人設厚賞，非侈也，立重禁，非戾也。賞薄，則民不利，禁輕，則邪人不畏。設人之所不利，欲以使，則民不盡力。立人之所不畏，欲以禁，則邪人不止。是故陳法出令，而民不從，故賞不足勸，則士民不爲用；刑罰不足畏，則暴人輕犯禁。民者服於威殺然後從，見利然後用，被治然後正，得所安然後静者也。夫盜賊不勝，邪亂不止，彊劫弱，衆暴寡，此天下之所憂，萬民之所患也。憂患不除，則民不安其居。民不安其居，則民望絶於上矣。夫利莫大於治，害莫大於亂。夫五帝三王所以成功立名顯於後世者，以爲天下致利除害也。事行不必同，所務一也。莫不務於理也。夫民貪行躁而誅罰輕，罪過不發，有罪過者，不發舉也。則是長淫亂而便邪僻也。有愛人之心，而實合於傷民，輕刑以愛人，姦多反傷人也。此二者不可不察也。二者，謂愛與傷人。夫盜賊不勝，則良民危。良人爲盜所害，故危。法禁不立，則姦邪繁。故事莫急於當務，每事當其務，則理也。治莫貴於得齊。齊，謂無非人也。制民急則民迫，民迫則窘，窘則民失其所葆；葆，謂所恃爲生者也。緩刑縱，縱則淫，淫則行私，行私則離公，離公則難用。故治之所以不立者，齊不得也，謂上有非人也。齊不得，則治難行。故治民之齊，不可不察也。聖人者，明於治亂之道，習於人事之終始者也。其治人民也，期於利民而止，至於利人，則止而勿理也。故其位齊也。不慕古，不留今，留，謂守常不變。與時變，與俗化。夫君人之道，莫貴於勝。勝故君道立，勝則無不服，故君道立也。君道立，然後下從，下從，故教可立而化可成也。夫民不心服體從，則不可以禮義之文教也。君人者不可以不察也。迹行不必同。元本無行字。治莫貴於得齊。王氏引之云：《爾雅》：齊，中也。言莫貴於得中也。尹注大謬。宋説同。則不可以禮義之文教也。丁云：當作文教之也。《霸言篇》，則是我以文令也，與此文字同義。民不心服體從，則必加之以嚴刑峻罰，不可以禮義文教之也。

（清）戴望《管子校正·内業》 賞不足以勸善，慕賞乃善，非本爲善。刑不足以懲過。畏刑懲過，非本無過。氣意得而天下服，若不慕賞，不畏刑，意氣内得，此誠善也，故天下服。心意定而天下聽。心意定則理明，故天下聽也。

（清）戴望《管子校正·小問》 桓公曰：我欲勝民，言欲勝服於民，爲之奈何？管仲對曰：此非人君之言也。人君之言，當仁以化之，不可直用刑勝也。勝民爲易，夫勝民之爲道，非天下之大道也。君欲勝民，則使有司疏獄，而謁有罪者償，謂疏録獄囚，謁告有罪者則償之也。數省而嚴誅，數省有過，嚴其誅罪。若此則民勝矣。雖然，勝民之爲道，非天下之大道也。使民畏公，而不見親，嚴刑故也。禍亟及於身，二世嚴刑，身戮望夷。雖能不久，雖能勝人，不可久安。則人持莫之弑也，危哉！持，謂見劫執也。謂殺親也。君之國岌乎！疏獄而謁有罪者償。丁云：謁當爲楬。《周官·秋官·明竊》注：楬頭，書辠法也。雖能不久則人持莫之弑也。朱本無人字。

（清）戴望《管子校正·九守》 用賞者貴誠，用刑者貴必。刑賞信必於耳目之所見，則其所不見，莫不闇化矣。誠暢乎天地，通於神明，見姦僞也。既暢天地，通神明，故有姦僞必能見之。刑賞信必於耳目之所見，則其所不見莫不闇化矣。望案：《六韜》兩見字下皆有聞字。誠暢乎天地，通於神明，見姦僞也。俞云：見，兄字之誤，《管子》書每以兄爲況字。此言精神可以暢天地，通神明，況姦僞乎！言必爲其所化也。古字也與邪通，故陸德明《經典釋文》曰：也邪弗殊。然則兄姦僞也，猶云況姦僞邪。因假兄爲況，又誤兄爲見，而其義全失。《鬼谷子·符言篇》作誠暢於天地神明，而況姦者干君，其文雖不同，然況字正不誤。可據以訂正。

（清）戴望《管子校正·版法解》 乘夏方長，審治刑賞，必明經紀。陳義設法，斷事以理，虚氣平心，乃去怒喜。若倍法弃令，而行怒喜，禍亂乃生，上位乃殆。故曰：喜無以賞，怒無以殺。喜以賞，怒以殺，怨乃起，令乃廢。驟令而不行，民心乃外。外之有徒，禍乃始牙。衆之所忿，寡不能圖。

又： 凡民者，莫不惡罰而畏罪。是以人君嚴教以示之，明刑罰以致之。故曰：頓卒怠倦以辱之，罰罪有過以懲之，殺僇犯禁以振之。

治國有三器，亂國有六攻。明君能勝六攻而立三器，則國治，不肖之君不能勝六攻而立三器，故國不治。三器者，何也？曰：號令也，斧鉞也，禄賞也。六攻者，何也？親也，貴也，貨也，色也，巧佞也，玩好也。三器之用，何也？曰：非號令無以使下，非斧鉞無以畏衆，非禄賞無以勸民。六攻之敗，何也？曰：雖不聽而可以得存，雖犯禁而可以得免，雖無功而可以得富。夫國有不聽而可以得存者，則號令不足以使下。有犯禁而可以得免者，則斧鉞不足以畏衆。有無功而可以得富者，則禄賞不足以勸民。號令不足以使下，斧鉞不足以畏衆，禄賞不足以勸民，則人君無自守也。然則明君奈何？明君不爲六者變更號令，不爲六者疑錯斧鉞，不爲六者益損禄賞。故曰：植固而不動，奇邪乃恐。奇革邪化，令往民移。

六攻者何也？親也，貴也，貨也，色也，巧佞也，玩好也。王云：何也，下脱曰字，當依《治要》補。文何也下皆有曰字。

又： 日月之明無私，故莫不得光。聖人法之，以燭萬民，故能審察，則無遺善，無隱姦。無遺善，無隱姦，則刑賞信必，刑賞信必，則善勸而姦止。故曰：參於日月四時之行，信必而著明。

《管子·明法解》 亂主不察臣之功勞，譽衆者，則賞之；不審其罪過，毁衆者，則罰之。如此者，則邪臣無功而得賞，忠正無罪而有罰。故功多而無賞，則臣不務盡力，行正而有罰，則賢聖無從竭能。行貨財而得爵禄，則污辱之人在官。寄託之人不肖而位尊，則民倍公法而趨有勢。如此，則愨愿之人失其職，而廉潔之吏失其治。故《明法》曰：官之失其治也，是主以譽爲賞，而以毁爲罰也。

平吏之治官也，行法而無私，則姦臣不得其利焉，此姦臣之所務傷也。人主不參驗其罪過，以無實之言誅之，則姦臣不能無事貴重而求推譽，以避刑罰而受禄賞焉。故《明法》曰：喜賞惡罰之人，離公道而行私術矣。

《商君書·墾令》 重刑而連其罪，則褊急之民不鬭，狠剛之民不訟，怠惰之民不游，費資之民不作，巧諛惡心之民無變也，五民者不生於境內，則草必墾矣。

《商君書・農戰》　王者得治民之至要，故不待賞賜而民親上，不待爵禄而民從事，不待刑罰而民致死。國危主憂，説者成伍，無益於安危也。夫國危主憂也者，彊敵大國也。人君不能服彊敵破大國也，則修守備，便地形，搏民力，以待外事，然後患可以去而王可致也。是以明君修政作壹，去無用，止浮學，事淫之民，壹之農，然後國家可富而民力可搏也。

《商君書・去彊》　以治法者彊，以治政者削，常官治者遷官。治大國小，治小國大。彊之重削，弱之重彊。夫以彊攻彊者亡，以弱攻弱者王。國强而不戰，毒輸於內，禮樂蝨官生，必削。

又：重罰輕賞，則上愛民，民死上；重賞輕罰，則上不愛民，民不死上。興國行罰，民利且畏。行賞，民利且愛。

又：以刑去刑，國治；以刑致刑，國亂。曰：刑重刑輕，去事成，國彊；重重而輕，輕刑至生事，國削。刑生力，力生彊，彊生威，威生惠，惠生於力。舉力以成勇戰，戰以成知謀。

《商君書・説民》　用善，則民親其親；任姦，則民親其制。合而復者，善也；別而規者，姦也。章善則過匿，任姦則罪誅。過匿則民勝法，罪誅則法勝民。民勝法國亂，法勝民，兵彊。故曰：以良民治，必亂，至削；以姦民治，必治，至彊。

又：罰重爵尊，賞輕刑威。爵尊，上愛民；刑威，民死上。故興國行罰則民利，用賞則上重。法詳則刑繁，法繁則刑省。民治則亂，亂而治之，又亂。故治之於其治，則治；治之於其亂，則亂。民之情也治，其事也亂。故行刑，重其輕者，輕者不生，則重者無從至矣，此謂治之於其治也。行刑，重其重者，輕其輕者，輕者不止，則重者無從止矣，此謂治之於其亂也。故重輕，則刑去事成，國彊；重重而輕輕，則刑至而事生，國削。民勇，則賞之以其所欲；民怯，則殺之以其所惡。故怯民使之以刑，則勇。勇民使之以賞，則死。怯民勇，勇民死，國無敵者，必王。民貧則弱，國富則淫，淫則有蝨，有蝨則弱。故貧者益之以刑則富，富者損之以賞則貧。治國之舉，貴令貧者富，富者貧。貧者富，富者貧，國彊，三官無蝨。國久彊而無蝨者，必王。刑生力，力生彊，彊生威，威生惠，惠生於刑。故刑多則賞重，賞少則刑重。民之有欲有惡也，欲有六淫，惡有四難。從六淫，國弱；行四難，兵彊。故王者刑於九而賞出一。刑於九則六淫止，賞出一則四難行。六淫止則國無姦，四難行則兵無敵。

又：國治：斷家王，斷官彊，斷君弱。重輕刑去，常官則治。省刑要保，賞不可倍也。有姦必告之，則民斷於心。上令而民知，所以應。器成於家，而行於官，則事斷於家。故王者刑賞，斷於民心，器用斷於家。治明則同，治闇則異；同則行，異則止，行則治，止則亂；治則家斷，亂則君斷。治國者貴下斷。故以十里斷者弱，以五里斷者彊。家斷則有餘，故曰：日治者王。官斷則不足，故曰：夜治者彊。君斷則亂，故曰：宿治者削。故有道之國，治不聽君，民不從官。

《商君書・算地》　夫刑者，所以奪禁邪也，而賞者，所以助禁也。羞辱勞苦者，民之所惡也；顯榮佚樂者，民之所務也。故其國刑不可惡，而爵禄不足務也，此亡國之兆也。刑人復漏，則小人辟淫而不苦刑，則徼倖於民上，徼於民上，以利求顯榮之門，不一則君子事勢以成名。小人不避其禁，故刑煩。君子不設其令，則罰行。刑煩而罰行者國多姦，則富者不能守其財，而貧者不能事其業，田荒而國貧。田荒則民詐生，國貧則上匱賞。故聖人之爲治也，刑人無國位，戮人無官任。刑人有列，則君子下其位；衣錦食肉，則小人冀其利。君子下其位，則羞功；小人冀其利，則伐姦。故刑戮者，所以止姦也；而官爵者，所以勸功也。今國立爵而民羞之，設刑而民樂之，此蓋法術之患也。故君子操權，一正以立術，立官貴爵以稱之，論榮舉功以任之，則是上下之稱平。上下之稱平，則臣得盡其力，而主得專其柄。

《商君書・開塞》　治國刑多而賞少，故王者刑九而賞一，削國賞九而刑一。夫過有厚薄，則刑有輕重；善有大小，則賞有多少。此二者，世之常用也。刑加於罪所終，則姦不去；賞施於民所義，則過不止。刑不能去姦，而賞不能止過者，必亂。故王者，刑用於將過，則大邪不生；賞施於告姦，則細過不失。治民能使大邪不生，細過不失，則國治。國治必彊。一國行之，境內獨治。二國行之，兵則少寢。天下行之，至德復立。此吾以殺刑之反於德，而義合於暴也。

又：古者，民藂生而羣處亂，故求有上也。然則天下之樂有上也，將以爲治也。今有主而無法，其害與無主同；有法不勝其亂，與不法同。天下不安，無君而樂，勝其法，則舉世以爲惑也。夫利天下之民者，莫大於治，而治莫康於立君。立君之道，莫廣於勝法，勝法之務，莫急於去姦。去姦之本，莫深於嚴刑。故王者以賞禁，以刑勸，求過不求善，藉刑以去刑。

《商君書・壹言》 夫民之不治者，君道卑也；法之不明者，君長亂也。故明君不道卑，不長亂也。秉權而立，垂法而治，以得姦於上，而官無不賞罰斷，而器用有度。若此，則國制明而民力竭，上爵尊而倫徒舉。今世主皆欲治民，而助之以亂。非樂以爲亂也，安其故而不闚於時也。是上法古而得其塞，下修今而不時移，而不明世俗之變，不察治民之情，故多賞以致刑，輕刑以去賞。夫上設刑而民不服，賞匱而姦益多，故民之於上也，先刑而後賞。故聖人之爲國也，不法古，不修今，因世而爲之治，度俗而爲之法。故法不察民之情而立之，則不成治。宜於時而行之，則不干。故聖王之治也，慎爲察務，歸心於壹而已矣。

《商君書・錯法》 臣聞古之明君，錯法而民無邪，舉事而材自練，賞行而兵彊。此三者，治之本也。夫錯法而民無邪者，法明而民利之也。舉事而材自練者，功分明；功分明，則民盡力；民盡力，則材自練。行賞而兵彊者，爵祿之謂也。爵祿者，兵之實也。是故人君之出爵祿也，道明；道明則國日彊，道幽則國日削。故爵祿之所道，存亡之機也。夫削國亡主，非無爵祿也，其所道過也。三王五霸，其所道不過爵祿，而功相萬者，其所道明也。是以明君之使其臣也，用必出於其勞，賞必加於其功，功賞明，則民競於功。爲國而能使其民盡力以競於功，則兵必彊矣。

又： 明王之所貴，惟爵其實，爵其實，而榮顯之。不榮，則民不急；列位不顯，則民不事爵；爵易得也，則民不貴上爵；列爵祿賞，不道其門，則民不以死爭位矣。人君而有好惡，故民可治也。人君不可以不審好惡。好惡者，賞罰之本也。夫人情好爵祿而惡刑罰，人君設二者以御民之志，而立所欲焉。夫民力盡而爵隨之，功立而賞隨之，人君能使其民信於此，如明日月，則兵無敵矣。

《商君書・靳令》 國貧而務戰，毒生於敵，無六蝨，必强。國富而不戰，媮生於內，有六蝨，必弱。國以功授官予爵，此謂以盛知謀，以盛勇戰。以盛知謀，以盛勇戰，其國必無敵。國以功授官予爵，則治省言寡，此謂以法去法，以言去言。國以六蝨授官予爵，則治煩言生，此謂以治致治，以言致言。則君務於説言，官亂於治邪，邪臣有得志，有功者日退，此謂失守十者亂，守壹者治。法已定矣，而好用六蝨者亡。民澤畢農則國富。六蝨不用，則兵亂畢競，勸而樂爲主用。其境內之民，爭以爲榮，莫以爲辱；其次，爲賞勸罰沮；其下，民惡之，憂之，羞之。修容而以言，恥食以上交，以避農戰，外交以備國之危也。有饑寒死亡，不爲利祿之故戰，此亡國之俗也。

又： 重刑少賞，上愛民，民死賞。重賞輕刑，上不愛民，民不死賞。利出一空者，其國無敵；利出二空者，國半利；利出十空者，其國不守。重刑明，大制不明者，六蝨也。六蝨成群，則民不用。是故興國罰行則民親，賞行則民利。行罰：重其輕者，輕其重者，輕者不至，重者不來，此謂以刑去刑，刑去事成；罪重刑輕，刑至事生，此謂以刑致刑，其國必削。聖君知物之要，故其治民有至要。故執賞罰以壹輔仁者，心之續也。聖君之治人也，必得其心，故能用力。力生彊，彊生威，威生德，德生力。聖君獨有之，故能述仁義於天下。

《商君書・賞刑》 聖人之爲國也，壹賞、壹刑、壹教。壹賞，則兵無敵，壹刑則令行，壹教則下聽上。夫明賞不費，明刑不戮，明教不變，而民知於民務，國無異俗。明賞之猶，至於無賞也；明刑之猶，至於無刑也；明教之猶，至於無教也。

又： 所謂壹賞者，利祿官爵，摶出於兵，無有異施也。夫固知愚、貴賤、勇怯、賢不肖，皆盡其胷臆之知，竭其股肱之力，出死而爲上用也；天下豪傑賢良，從之如流水。是故兵無敵，而令行於天下。萬乘之國，不敢蘇其兵中原，千乘之國，不敢捍城。萬乘之國，若有蘇其兵中原者，戰將覆其軍；千乘之國，若有捍城者，攻將凌其城。戰必覆人之軍，攻必凌人之城，盡城而有之，盡賓而致，雖厚慶賞，何費匱之有矣？昔湯封於贊茅，文王封於岐周，方百里。湯與桀戰於鳴條之野，武王與紂戰於牧野之中，大破九軍，卒裂土封諸侯。士卒坐陳者，里有書社，車休息不乘，從馬華山之陽，從牛於農澤，從之老而不收。此湯、武之賞也。故曰：贊茅、岐周之粟，以賞天下之人，不人得一升；以其錢賞天下之人，不人得一錢。故曰：百里之君而封侯，其臣大其舊，自士卒坐陳者，里有書社，賞之所加，寬於牛馬者，何也？善因天下之貨，以賞天下之人。故曰：明賞不費。湯、武既破桀、紂，海内無害，天下大定，築五庫，藏五兵，偃武事，行文教，倒載干戈，搢笏作爲樂，以申其德。當此時也，賞禄不行，而民整齊。故曰：明賞之猶至於無賞也。所謂壹刑者，刑無等級，自卿相、將軍以至大夫、庶人，有不從王令、犯國禁、亂上制者，罪死不赦。有功於前，有敗於後，不爲損刑，有善於前，有過於後，不爲虧法。忠臣孝子有過，必以其數斷。守法守職之吏，有不行王法者，罪死不赦，刑及三族。周官之人，知而訐之上者，自免於罪，無貴賤尸襲其官長之官爵田禄。故曰重刑連其罪，則民不敢試，民不敢試，故無刑也。夫先王之禁刺殺，斷人之足，黥人之面，非求傷民也，以禁姦止過也。故禁姦止過，莫若重刑。刑重而必得，則民不敢試，故國無刑民。國無刑民，故曰明刑不戮。晉文公將欲明刑，以親百姓，於是合諸侯大夫於侍千宮。顛頡後至，請其罪，君曰：用事焉吏。遂斷顛頡之脊以殉。晉國之士，稽焉皆懼，曰：顛頡之有寵也，斷以殉，况於我乎！舉兵伐曹五鹿，及反鄭之埤，東徵之畝，勝荆人於城濮。三軍之士，止之如斬足，行之如流水。三軍之士，無敢犯禁者。故一假道重輕於顛頡之脊，而晉國治。昔者周公旦殺管叔，流霍叔，曰：犯禁者也。天下衆皆曰：親昆弟有過不違，而况疏遠乎！故天下知用刀鋸於周庭，而海内治。故曰：明刑之猶，至於無刑也。

又：聖人治國也，易知而難行也。是故聖人不必加，凡主不必廢，殺人不爲暴，賞人不爲仁者，國法明也。聖人以功授官予爵，故賢者不憂，聖人不宥過，不赦刑，故姦無起。聖人治國也，審壹而已矣。

《商君書·畫策》 昔者，昊英之世，以伐木殺獸，人民少而木獸多。黄帝之世，不麛不卵，官無供備之民，死不得用椁。事不同，皆王者，時異也。神農之世，男耕而食，婦織而衣，刑政不用而治，甲兵不起而王。神農既没，以彊勝弱，以衆暴寡。故黄帝作爲君臣上下之義，父子兄弟之禮，夫婦妃匹之合，内行刀鋸，外用甲兵，故時變也。由此觀之，神農非高於黄帝也，然其名尊者，以適於時也。故以戰去戰，雖戰可也；以殺去殺，雖殺可也；以刑去刑，雖重刑可也。昔之能制天下者，必先制其民者也；能勝彊敵者，必先勝其民者也。故勝民之本在制民，若冶於金，陶於土也。本不堅，則民如飛鳥禽獸，其孰能制之？民本法也。故善治者，塞民以法，而名地作矣。

又：明主不濫富貴其臣。所謂富者，非粟米珠玉也，所謂貴者，非爵位官職也。廢法作私，爵禄之富貴，凡人主悳行，非出人也，知非出人也，勇力非過人也。然民雖有聖知弗敢我謀，勇力弗敢我殺；雖衆，不敢勝其主。雖民至億萬之數，縣重賞而民不敢争，行罰而民不敢怨者，法也。國亂者，民多私義；兵弱者，民多私勇，則削國之所以取爵禄者多塗亡。國之欲賤爵輕禄，不作而食，不戰而榮，無爵而尊，無禄而富，無官而長，此之謂姦民。所謂治主無忠臣，慈父無孝子，欲無善言，皆以法相司也，命相正也。不能獨爲非，而莫與人爲非。所謂富者，入多而出寡。衣服有制，飲食有節，則出寡矣。女事盡於内，男事盡於外，則入多矣。

《商君書·弱民》 兵易弱難强，民樂生安佚。死難，難正，易之。則强事有羞，多姦寡賞無失，多姦疑敵失，必利兵至强；威事無羞，利用兵久，處利勢必王。故兵行敵之所不敢行，强事興敵之所羞，爲利法有民安。其次，主變事，能得齊國守安，主操權利。故主貴多變，國貴少變。利出一孔，則國多物，出十孔，則國少物。守一者治，守十者亂。治則彊，亂則弱。彊則物來，弱則物去。故國致物者彊，去物者弱。民辱則貴爵，弱則尊官，貧則重賞。以刑治民則樂用，以賞戰民則輕死。故戰事，兵用曰彊，民有私榮，則賤列卑；官富則輕賞。治民羞辱以刑，戰則戰。民畏死事亂而戰，故兵農息而國弱。

《商君書·外内》 民之外事，莫難於戰，故輕法，不可以使之。奚謂輕法？其賞少而威薄，淫道不塞之謂也。奚謂淫道？爲辯知者貴，游宦者任，文學私名顯之謂也。三者不塞，則民不戰而事失矣。故其賞少，則聽者無利也；威薄，則犯者無害也。故開淫道以誘之，而以輕法戰之，是謂設鼠而餌以狸也，亦不幾乎？故欲戰其民者，必以重法。賞則必多，威則必嚴，淫道必塞，爲辯知者不貴，游宦者不任，文學私名不顯。賞多威嚴，民見戰賞之多則忘死，見不戰之辱則苦生。賞使之忘死，而威使之苦生，而淫道又塞，以此遇敵，是以百石之弩，射飄葉也，何不陷之有哉？

《商君書·禁使》人主之所以禁使者，賞罰也。賞隨功，罰隨罪。故論功察罪，不可不審也。夫賞高罰下，而上無必知其道也，與無道同也。

(清)王先慎《韓非子集解·韓非子佚文》明主之治國也，適其時事以致財物，論其稅賦以均貧富，厚其爵禄以盡賢能，重其刑罰以禁姦邪，使民以力得富，以事致貴，以過受罪，以功置賞而不望慈惠之賜，此帝王之政也。【略】。

勢者君之馬也，威者君之輪也。勢固則輿安，威定則策勁，臣從則馬良，民和則輪利。爲國有失於此，覆輿奔馬，折策敗輪矣。輿覆馬奔，策折輪敗，載者安得不危？《藝文類聚》卷五十二引。

聖人立法，賞足以勸善，威足以勝暴，備足以必完。【略】

勢者君之輿也，威者君之策也，臣者君之馬也，民者君之輪也。勢固則輿安，威定則策勁，臣順則馬良，人和則輪利。而爲國皆失此，有覆輿、走馬、折策、敗輪矣。

(清)王先慎《韓非子集解·初見秦》白刃在前，斧鑕在後，而卻走不能死也。【略】非其士民不能死也，上不能故也。言賞則不與，言罰則不行，賞罰不信，故士民不死也。先慎曰：不能故，《策》作不能殺。案殺乃故字形近而誤。士民之不死，其故由上之不能，賞罰無信，正不能之實也。若作殺，則文氣不屬。今秦出號令而行賞罰，有功無功相事也。【略】出其父母懷衽之中，生未嘗見寇耳。【略】聞戰，頓足徒裼，【略】犯白刃，蹈鑪炭，斷死於前者，皆是也。夫斷死與斷生者不同，【略】而民爲之者，是貴奮死也。【略】夫一人奮死可以對十，十可以對百，百可以對千，千可以對萬，萬可以剋天下矣！【略】今秦地折長補短，方數千里，名師數十百萬。秦之號令賞罰，地形利害，天下莫若也。以此與天下，天下不足兼而有也。是故秦戰未嘗不剋，攻未嘗不取，所當未嘗不破，開地數千里，此其大功也。【略】然而兵甲頓，士民病，蓄積索，田疇荒，囷倉虚，四鄰諸侯不服，霸王之名不成，此無異故，【略】其謀臣皆不盡其忠也。

又：趙氏，中央之國也，雜民所居也。【略】其民輕而難用也。號令不治，賞罰不信，地形不便，【略】下不能盡其民力。俞樾曰：下，當從《秦策》作上。惟以上言，故曰其民，若以下言，則但曰不能盡其力足矣。上文曰：號令不治，賞罰不信，此正上之所以不能盡民力。民力之不盡，其故在上，不在下。當言上不能，不當言下不能也。彼固亡國之形也，而不憂民萌，【略】悉其士民軍於長平之下，以爭韓上黨。

(清)王先慎《韓非子集解·愛臣》愛臣太親，必危其身；威權上逼，故危其身。人臣太貴，必易主位；盧文弨曰：一作人臣太擅，必易主命，與韻不叶，非也。主妾無等，必危嫡子；主，謂室主。兄弟不服，必危社稷。君之兄弟不相從服。臣聞：千乘之君無備，必有百乘之臣在其側，以徙其民而傾其國；王渭曰：民當作威。萬乘之君無備，必有千乘之家在其側，以徙其威而傾其國。是以奸臣蕃息，主道衰亡。是故諸侯之博大，天子之害也；羣臣之太富，君主之敗也。【略】是故明君之蓄其臣也，盡之以法，臣雖有貴賤，同以法也。質之以備。謂薄其賞賜也，臣貧則易制。王先謙曰：《廣雅·釋詁》：質，正也。備者，未至而設之，所以逆杜其邪心也。舊注誤。故不赦死，不宥刑；赦死宥刑，是謂威淫，淫，散也。社稷將危，國家偏威。君威散，臣威成，故曰偏威。【略】是故大臣之禄雖大，不得藉威城市；市，衆所聚，恐其乘衆而生心也。俞樾曰：威字衍文，藉當讀爲籍。《詩·韓奕篇》實畝實籍，唐石經作，實畝實藉，是其例矣。《漢·武帝紀》籍吏民馬，師古注：籍者，總入籍録而取之。即此籍字之義。《管子·輕重甲篇》：桓公欲藉於室屋，欲藉於萬民，欲藉於六蓄，欲藉於樹木。與此正同。言大臣之禄雖大，而城市之地不得藉而取之也。下云黨與雖衆，不得臣士卒，耳士卒與藉城市相對成文。今涉上文是謂威淫及國家偏威而誤衍威字。舊注不解威字，是舊本猶未衍也。黨與雖衆，不得臣士卒。故人臣處國無私朝，謂臣自私朝。居軍無私交，其府庫不得私貸於家。不欲令其樹福也。此明君之所以禁其邪。是故不得四從，四鄰之國爲私交。孫詒讓曰：注說非也。此四從，四與駟通，謂四乘也；左文十一年《傳》注：馬四乘，四人共車。從謂從車。皆論貴臣隨從車乘之事，下云不載奇兵，即蒙上四從而言。《史記·商君傳》：趙良曰：五羖大夫之相秦也，行於國中，不從車乘，不操干戈。又曰：君之出也，後車十數，從車載甲，多力而駢脅者爲驂乘。參乘爲驂乘，四乘爲駟乘，二者畧同。商君正以從車載兵甲，故爲趙良所責，可證此文之義。先慎曰：四從，孫説是。舊注當在居軍無私交下，傳寫誤置於此耳。不載奇兵，王先謙曰：《淮南·墬形訓》高注：奇，隻也。奇兵，佩刀劍之屬，與上四從對文。不載，謂不載以從。《戰國策》秦羣臣侍殿上者，不得持尺寸之兵，即此義也。惟傳遽以備非常，乃得載兵甲，故下又申言之。秦御臣民至嚴峻，此法制已然者，非之言此，特以中其意。非傳非遽，載奇兵革，罪死不赦。此明君之所以備不虞者也。

（清）王先慎《韓非子集解·主道》 人主之道，静退以爲寶。先慎曰：【略】不自操事而知拙與巧，不自計慮而知福與咎。是以不言而善應，先慎曰：乾道本無而字。【略】不約而善增。言已應則執其契，事已增則操其符。【略】符契之所合，賞罰之所生也。故羣臣陳其言，君以其言授其事，事以責其功。【略】功當其事，事當其言則賞；功不當其事，事不當其言則誅。明君之道，臣不得陳言而不當。【略】是故明君之行賞也，曖乎如時雨，【略】百姓利其澤；其行罰也，畏乎如雷霆，神聖不能解也。故明君無偷賞，無赦罰。賞偷則功臣墮其業，赦罰則姦臣易爲非。盧文弨曰：臣，張本作人，是故誠有功則雖疏賤必賞，誠有過則雖近愛必誅。【略】先慎曰：此下當有疏賤必賞四字。近愛必誅，則疏賤者不怠，而近愛者不驕也。

（清）王先慎《韓非子集解·有度》 國無常强，無常弱。奉法者强則國强，强，爲不曲法從私。盧文弨曰：注爲字當作謂。先慎曰：爲、謂字同。奉法者弱則國弱。【略】其羣臣官吏皆務所以亂而不務所以治也。其國亂弱矣，又皆釋國法而私其外，外，謂臣之事也。則是負薪而救火也，亂弱甚矣。故當今之時，能去私曲就公法者，民安而國治；能去私行公法者，則兵强而敵弱。故審得失有法度之制者加以羣臣之上，則主不可欺以詐僞；謂得守法度之臣，授之以政，位加羣臣之上，故不可欺以詐僞。顧廣圻曰：失當作夫，下文審得失有權衡之稱者，失亦當作夫。加以當作以加，舊注未譌。先慎曰：顧説是。《拾補》加以作加於，是。注趙本授誤作受。審得失有權衡之稱者譌以聽遠事，則主不可欺以天下之輕重。權衡所以稱輕重也，臣既妙於輕重，使之聽遠，故不可欺以輕重也。今若以譽進能，則臣離上而下比周；能由譽進，所以比周於下，求其虛譽。若以黨舉官，則民務交而不求用於法。官由黨舉，所以務交，求其親援。故官之失能者其國亂。以譽爲賞，以毁爲罰也，則好賞惡罰之人釋公行，行私術，比周以相爲也。先慎曰：上行字當作法。好賞惡罰之人，釋公法行私術，與上去私曲就公法，去私行行公法，下行私重輕公法，奉公法廢私術相應，四處皆作法字，此行字涉下文而誤。忘主外交，以進其與，與，謂黨與也。則其下所以爲上者薄矣。交衆與多，外内朋黨，雖有大過，其蔽多矣。朋黨既多，遞相隱蔽，雖有大過，無從而知也。故忠臣危死於非罪，姦邪之臣安利於無功。邪臣朋黨，則忠臣横以非罪而見陷，邪臣輒以無功而獲利也。忠臣危死而不以其罪，則良臣伏矣；臣傷其類，故良臣伏也。【略】姦邪之臣安利不以功，則奸臣進矣。同氣相求，故姦臣進也。此亡之本也。若是則羣臣廢法而行私重，王渭曰：句絶。輕公法矣。私重，謂朋黨私相重也。數至能人之門，此其所以私重也。【略】不壹至主之廷；【略】百慮私家之便，不壹圖主之國。屬數雖多，非所以尊君也；君之徒屬之數雖多，皆行私重，故非尊君。百官雖具，非所以任國也。先慎曰：【略】。顧廣圻云：【略】。先慎案：【略】。百官雖備，皆慮私家之便，故非任國。任，謂當其事也。然則主有人主之名，而實託於羣臣之家也。威權不移故也。【略】。故臣曰：亡國之廷無人焉。無憂國之人也。臣，韓非自謂也。【略】廷無人者，非朝廷之衰也。家務相益，不務厚國；大臣務相尊，而不務尊君；【略】小臣奉禄養交，不以官爲事。【略】。此其所以然者，由主之不上斷於法，而信下爲之也。故明主使法擇人，不自舉也；使法量功，不自度也。擇人量功之法，布在方册，謂成國之舊制。能者不可弊，敗者不可飾，譽者不能進，非者弗能退。以法量功，故能不可弊，敗不可飾也；以法飾人，故譽不能進，非不能退也。先慎曰：張榜本作蔽，《管子》亦作蔽。非作誹，字竝通用。則君臣之閒明辯而易治，明辯，謂善惡不相掩。故主讎法則可也。讎，謂校定可否。賢者之爲人臣，北面委質，無有二心。朝廷不敢辭賤，軍旅不敢辭難，朝廷辭賤則下有缺上之心，軍旅辭難則士有偷存之志。先慎曰：乾道本注士作事，今依張榜本、趙本改。盧文弨云：注鈌譌作缺。士，《藏》本作事。順上之爲，從主之法，虛心以待令而無是非也。故有口不以私言，爲君言也。有目不以私視，爲君視也。而上盡制之。爲人臣者，譬之若手，上以脩頭，下以脩足；清暖寒熱，不得不救入，寒則救之以暖，熱則救之以清，凡此皆用手入，故曰不得不救入也。【略】鏌鋣傅體，不敢弗搏。利刃近體，手必搏之。【略】無私賢哲之臣，無私事能之士。賢哲之臣、事能之士，皆以公用之。故民不越鄉而交，無百里之慼。既任臣以公，則政平國理，人無異望、無外心，故不越鄉而交，所以無百里之慼。顧廣圻曰：慼讀爲戚。貴賤不相踰，愚智提衡而立，愚智各得其所，故提衡而立。治之至也。今大輕爵禄，易去亡，以擇其主，臣不謂廉。易亡、擇主，心貪者耳，如此之臣，不可謂廉也。詐説逆法，倍主强諫，臣不謂忠。逆法、强諫，凌主者耳，如此之臣，不可謂忠。行惠施利，收下爲名，臣不謂仁。行惠收下，作福者耳，如此之臣，不可謂仁。離俗隱居，而以非上，臣不謂義。隱居非上，揚主之惡，如此之臣，不可謂義。先慎曰：乾道本以下有作字，顧廣圻云：《藏》本、今本無作字。今據刪。外使諸侯，內耗其國，伺其危險之陂以恐其主，【略】曰：交非我不親，怨非我不解，而主乃信之，以國聽之，卑主之名以顯其身，毀國之厚以利其家，臣不謂智。伺危以怨主，毀國以利家，姦雄者耳，如此之臣，不可謂智也。盧文弨曰：注伺危以恐主，恐誤作怨。此數物者，險世之説也，而先王之法所簡也。險世所説，邀取一時之利，先王所簡，必令百代常行。盧文弨曰：簡，棄也。注非。俞樾曰：險世之説本作險世所説，説，讀爲悦，注所據本尚未誤。先王之法曰：【略】臣毋或作威，【略】毋或作利，從王之指；毋或作惡，【略】從王之路。古者世治之民，奉公法，廢私術，專意一行，具以待任。治世之人，所具意行，不用之於私，惟以待君之任耳。夫爲人主而身察百官，則日不足力不給。言當用法而察之。先慎曰：乾道本爲下有之字，據張榜本刪。且上用目則下飾觀，飾觀，則目視不得其真也。上用耳則下飾聲，飾聲，則耳聽不知其僞也。上用慮則下繁辭。繁辭，則慮惑於説也。先王以三者爲不足，故舍己能而因法數，審賞罰。先王之所守要，因法數，審賞罰，用此察之，則百官不得混其真僞。斯術也，先王所守之要。先慎曰：先王之所守要，即《揚權篇》聖人執要之義，注説非。故法省而不侵。獨制四海之內，聰智不得用其詐，險躁不得關其佞，【略】姦邪無所依。遠在千里外，不敢易其辭；勢在郎中，不敢蔽善飾非。郎，近侍之官也。【略】朝廷羣下直湊單微，不敢相踰越。雖單微直湊，亦令得其職分，而豪强不敢踰。先慎曰：注説非。《説文》：湊，水上人所會也。故湊有會合之義。此言親近重臣合之疏遠卑賤之人，皆用法數以審賞罰，毋有相違。下文刑過不避大臣，賞善不遺匹夫是也。故治不足而日有餘，上之任勢使然也。立治之功，日尚有餘，而功教既已平，羣臣既已穆，則上之任用之勢不違，法教使之然也。夫人臣之侵其主也，【略】如地形焉，即漸以往，如地形之見耕，漸就削滅也。先慎曰：即當作積，聲之誤也。此謂人之行路，積漸不覺而已易其方，在始未必不知，移步換形遂不能見，故必立司南以定其方。喻人主爲臣侵其權勢，使人主不自知者，非一朝一夕之故，在人主時以法度自持也。喻意言行路，非言耕者，注非。《御覽》引作既，亦誤。使人主失端，東西易面而不自知。既以漸來，故雖至於失端易面，而主尚不能自知。故先王立司南以端朝夕。司南，即指南車也，以喻國之正法。先慎曰《御覽》引立下有教字。故明主使其羣臣不游意於法之外，不爲惠於法之內，不令遊意法外，爲惠法內，皆所以防其侵也。先慎曰：《御覽》引惠作慧，誤。動無非法。法，所以凌過游外私也；既使羣臣動皆以法，其或凌過遊外，即皆私也。盧文弨曰：遊外二字，一本作滅。顧廣圻曰：凌字未詳，過當作遏，衍遊字，舊注誤。先慎曰：過爲遏之誤，顧説是也。一本脱外字，遊作滅，是。凌爲峻字，形近而譌，當在法上，傳寫誤倒耳。峻法所以遏滅外私也，與下嚴刑所以遂令懲下也句正相對，今本譌誤，遂不可讀。嚴刑，所以遂令懲下也。所以嚴刑者，欲以遂令且懲下也。遂，通也。王先謙曰：遂，竟也。刑以輔令而行，使必下竟。威不貸錯，制不共門。威當主錯，故不貸臣令錯，制當主裁，故不共臣同門。錯，置也。威制共則衆邪彰矣，威制共臣，則制邪顯用矣。先慎曰：注制邪當作衆邪。法不信則君行危矣，法不信，則後不可行，故君危也。俞樾曰：危，讀爲詭。《呂氏春秋·淫辭篇》所言非所行也，所行非所言也，言行相詭，不祥莫大焉，與此意相近。蓋法不信則君之所行前後違反，故曰詭也。作危者，古字通耳。《漢書·天文志》司詭星出正西，《史記·天官書》詭作危。《淮南子·説林篇》尺寸雖齊必有詭，《文子·上德篇》詭作危，並其證也。舊注未達假借之旨。危當以君位言，不當以君行言，足知舊説之非矣。刑不斷則邪不勝矣。故曰：巧匠目意中繩，然必先以規矩爲度；上智捷舉中事，必以先王之法爲比。匠之目意雖復中繩，而不可用，當其規矩爲其度。先慎曰：注上其字當爲以字之譌。君知雖敏而中事，不可用，當以先王之法爲其比制也。盧文弨曰：注君知《藏》本作君智。先慎曰：上智謂極智之人，與巧匠同意，非謂君也。捷，疾也。中事，合於事也，中音竹仲反。舊注誤。故繩直而枉木斲，準夷而高科削，科，等也；削高等令就下也。權衡縣而重益輕，減重益輕，權衡乃平。斗石設而多益少。減多益少，斗石乃滿。故以法治國，舉措而已矣。舉法而措之，治自平。先慎曰：措，當爲《論語》錯諸枉之錯，以法數治國家，不外舉錯二者。上文因法數，審賞罰，先王之所守要，即其義。注説非。法不阿貴，繩不撓曲。法之所加，智者弗能辭，勇者弗敢爭。刑過不避大臣，賞善不遺匹夫。故矯上之失，詰下之邪，治亂決繆，絀羨齊非，絀其健羨，齊其爲非。絀，音黜。王先謙曰：羨，有餘也。即上削高、輕重之意。一民之軌，莫如法。屬官威民，屬官，欲令官之屬己。王念孫曰：舊注甚謬。屬當爲厲字之誤也。厲官、威民義正相近。《詭使篇》上之所以立廉恥者，所以厲下也，厲亦譌作屬。俗書屬字作屬，形與厲相近，故厲誤作屬。《荀子·富國篇》誅而不賞，則勤厲之民不勸，今本厲誤作屬。退淫殆，止詐僞，莫如刑。刑重則不敢以貴易賤，不敢以貴勢慢易於賤也。法審則上尊而不侵；上尊而不侵則主强而守要，故先王貴之而傳之。傳之於後。人主釋法用私，則上下不別矣。

（清）王先慎《韓非子集解·二柄》明主之所導制其臣者，二柄而已矣。導，引也，言道所以引喻其臣而制斷也。【略】二柄者，刑、德也。何謂刑德？曰：殺戮之謂刑，慶賞之謂德。爲人臣者畏誅罰而利慶賞，故人主自用其刑德，則羣臣畏其威而歸其利矣。故世之姦臣則不然，所惡則能得之其主而罪之，姦臣所惡，則巧詐媚惑其主，得其威而罪也。盧文弨曰：注罪之誤罪也。所愛則能得之其主而賞之。姦臣所愛，亦以巧詐媚惑其主，得之恩而賞之。盧文弨曰：注其恩誤之恩。今人主非使賞罰之威利出於己也，聽其臣而行其賞罰，則一國之人皆畏其臣而易其君，臣用罰，則民畏臣而輕君。歸其臣而去其君矣。臣用賞，則民歸臣而去其君。盧文弨曰：注去其君，各本俱無其字。此人主失刑、德之患也。夫虎之所以能服狗者，爪牙也，使虎釋其爪牙而使狗用之，則虎反服於狗矣。先慎曰：乾道本無於字。案以下文例之，當有於字，據《意林》、《御覽》六百三十八、八百九十一、《事類賦》二十引補。人主者，以刑、德制臣者也，今君人者，釋其刑、德而使臣用之，則君反制於臣矣。反爲臣所制也。故田常上請爵祿而行之羣臣，請君爵祿而與群臣，所以樹私德於衆官。先慎曰：《外儲説右上篇》作行諸大臣。下大斗斛而施於百姓，於下而用大斗斛以施百姓，所以樹私恩於衆庶也。此簡公失德而田常用之也，故簡公見弑。子罕謂宋君【略】曰：夫慶賞賜予者，民之所喜也，君自行之；殺戮刑罰者，民之所惡也，臣請當之。於是宋君失刑而子罕用之，故宋君見劫。田常徒用德謂不兼刑也。而簡公弑，子罕徒用刑謂不兼德也。而宋君劫。故今世爲人臣者兼刑、德而用之，則是世主之危甚於簡公、宋君也。故劫殺擁蔽之主，【略】非失刑、德而使臣用之而不危亡者，則未嘗有也。俞樾曰：失刑、德而使臣用之，不當有非字，非字衍文。人主將欲禁姦，則審合刑名者，言與事也。言，名也；事，則也。言事則相考則合不可知也。【略】爲人臣者陳而言，【略】君以其言授之事，專以其事責其功。【略】。先慎曰：顧説非，謂因其所言之事以求其效，不外使也。功當其事，事當其言，則賞；功不當其事，事不當其言，則罰。故羣臣其言大而功小者則罰，非罰小功也，罰功不當名也；羣臣其言小而功大者亦罰，非不説於大功也，以爲不當名也，害甚於有大功，故罰。不當名之害甚於大功。功大震主，亦所以爲罰。先慎曰：不當名也害當作不當名之害，下以爲侵官之害甚於寒句法正同，注所見本尚不誤。此言因功失法則國無所守，故不當名之害甚於有大功。注謂功大震主，非也。昔者韓昭侯醉而寢，【略】典冠者見君之寒也，故加衣於君之上。覺寢而説，寢寤而覺。問左右曰：誰加衣者？左右對曰：典冠。君因兼罪典衣殺典冠。【略】其罪典衣，以爲失其事也；其罪典冠，以爲越其職也。非不惡寒也，以爲侵官之害甚於寒。故明主之畜臣，臣不得越官而有功，不得陳言而不當。越官則死，不當則罪。守業其官，所言者貞也。守業以當官，守官以當言，如此者貞也。則羣臣不得朋黨相爲矣。

（清）王先慎《韓非子集解·揚權》喜之則多事，惡之則生怨。謂臣所陳言，君若喜之，彼必自媚益爲其事；若乃惡之，彼必生怨而遂止。顧廣圻曰：以上皆失韻，未詳何句有誤。先慎曰：喜之、惡之並句。喜與事，惡與怨爲韻。《外儲説右上篇》謳乎，其已乎！苞乎，其往歸田成子乎，謳、苞爲韻，並句首字，雖用韻不同，而以句首字爲韻則可借證，顧説非是。故去喜去惡，虛心以爲道舍。去喜惡以虛其心，則道來止，故爲道舍。上不與共之，民乃寵之；謂下之爲事，上不與共得，則臣得自專，其事必成，故得受其榮寵也。上不與義之，使獨爲之。先慎曰：義，讀爲議。上固閉內扃，從室視庭，參咫尺已具，皆之其處。以賞者賞，以刑者刑，閉內扃，謂閉心以察臣也。由內以觀外，若從室而視庭也。八尺曰咫。尺寸者，所以度長短。既閉心以參驗之，咫尺以度量之，二者以具，則大小長短皆之其所，不相犯錯，如此則可賞則賞，可刑則刑，無乖謬矣。顧廣圻曰：上固閉內扃，上字下當有脱文；尺字當衍，舊注以尺寸釋咫，因誤入正文也。先慎曰：案固疑因字之誤。上不與共，不與議，因閉心以察之，如從室視庭，尺寸不失也。因與固形近而誤，似無脱文。注謂字乾道本作講，誤，據《拾補》改。以具當作已具。因其所爲，各以自成。善惡必及，孰敢不信！所爲善惡，既各自成，善必及賞，惡必及刑，刑賞不差，誰敢不信！規矩既設，三隅乃列。賞罰規矩，既已説於一事二事，則人知他事皆然，故曰三隅乃列也。主上不神，下將有因；神者，隱而莫測其所由者也。既不神，故可測，則可因，故曰下將有因也。其事不當，下考其常。主事不當，則下以常理考之。所以較其非。

（清）王先慎《韓非子集解·解老》人處疾則貴醫，【略】有禍則畏鬼。聖人在上則民少欲，民少欲則血氣治而舉動理，舉動理則少禍害。【略】夫內無痤疽癉痔之害，【略】而外無刑罰法誅之禍者，其輕恬鬼也甚。【略】故曰：以道莅天下，【略】其鬼不神。治世之民不與鬼神相害也，故曰：非其鬼不神也，其神不傷人也。【略】鬼祟也疾人王渭曰：也字衍。鬼祟疾人四字作一句讀，與下文民犯法令同。又按人逐除之，上刑戮民句例皆同。之謂鬼傷人，人逐除之之謂人傷鬼也。民犯法令之謂民傷上，上刑戮民之謂上傷民。民不犯法則上亦不行刑，上下不行刑之謂上不傷人，故曰：聖人亦不傷民。【略】上不與民相害，而人不與鬼相傷，故曰：兩不相傷。民不敢犯法，則上內不用刑罰而外不事利其產業；上內不用刑罰而外不事利其產業則民蕃息，民蕃息而蓄積盛；民蕃息而蓄積盛之謂有德。

又：周公曰：【略】冬日之閉凍也不固，則春夏之長草木也不茂。天地不能常侈常費，而況於人乎！故萬物必有盛衰，萬事必有弛張，國家必有文武，官治必有賞罰。是以智士儉用其財則家富，聖人愛寶其神則精盛，人君重戰其卒則民衆。民衆則國廣，是以舉之曰：儉故能廣。

（清）王先慎《韓非子集解·喻老》 勢重者，人君之淵也。君人者，勢重於人臣之閒，【略】失則不可復得也。先慎曰：失其勢重，則不得爲君。簡公失之於田成，晉公失之於六卿，而邦亡身死。故曰：魚不可脫於深淵。【略】賞罰者，邦之利器也，在君則制臣，在臣則勝君。君見賞，臣則損之以爲德；君見罰，臣則益之以爲威。人君見賞而人臣用其勢，人君見罰而人臣乘其威。【略】故曰：邦之利器不可以示人。先慎曰：《六微篇》邦作國，河上、王弼並作國，《莊子》引作國，《後漢·翟酺傳》亦作國，《說苑》作國之利器不可以借人。唯傳本作邦。案國爲邦字避改，說見上。

（清）王先慎《韓非子集解·安危》 安術有七，危道有六。安術：一曰賞罰隨是非，二曰禍福隨善惡，三曰死生隨法度，四曰有賢不肖而無愛惡，五曰有愚智而無非譽，先慎曰：非讀爲誹。六曰有尺寸而無意度，七曰有信而無詐。

危道：一曰斵削於繩之內，二曰斵割於法之外。顧廣圻曰：《藏》本同。今本斵作斷。按此有誤。未詳。先慎曰：法疑作繩，《大體篇》不引繩之外，不推繩之內，《孤憤篇》必在繩之外矣，是其證。三曰利人之所害，四曰樂人之所禍，五曰危人之所安，先慎曰：乾道本之作於，顧廣圻云：《藏》本、今本於作之。今據改。六曰所愛不親所惡不疏。如此，則人失其所以樂生而忘其所以重死，人不樂生則人主不尊，不重死則令不行也。

（清）王先慎《韓非子集解·守道》 聖王之立法也，其賞足以勸善，其威足以勝暴，其備足以必完。法盧文弨曰：其備足以必完句，淩本無必字，非。法字疑衍。治世之臣功多者位尊，力極者賞厚，情盡者名立。善之生如春，惡之死如秋。故民勸極力而樂盡情，此之謂上下相得。上下相得，故能使用力者自極於權衡，而務至於任鄙；戰士出死，【略】而願爲賁育；中守道者皆懷金石之心，【略】以死子胥之節。用力者爲任鄙，戰如賁育，中爲金石，【略】則君人者高枕而守已完矣。

古之善守者，以其所重禁其所輕，以其所難止其所易。故君子與小人俱正，盜跖與曾史俱廉，何以知之？夫貪盜不赴谿而掇金，赴谿而掇金，【略】則身不全；賁育不量敵則無勇名，盜跖不計可則利不成。

明主之守禁也，賁育見侵於其所不能勝，盜跖見害於其所不能取。先慎曰：己不能禁，賁育得而勝之；己不能守，盜跖得而取之。故能禁賁育之所不能犯，守盜跖之所不能取，則暴者守愿，邪者反正。大勇愿，巨盜貞，【略】則天下公平，而齊民之情正矣。

（清）王先慎《韓非子集解·外儲說左上》 一，明主之道，如有若之應密子也。【略】明主之聽言也，美其辯；其觀行也，賢其遠。故羣臣士民之道言者迂弘，其行身也離世。王先謙曰：弘，與閎同，迂弘，與下迂深閎大同義，離世，謂遠於事情。其說在田鳩對荆王也。故墨子爲木鳶，謳癸築武宮。夫藥酒用言，明君聖主之以獨知也。顧廣圻曰：《藏》本同。今本君作在，誤。先慎曰：用，張榜本作無。案：用當作忠，明君聖主當作知者明主。謂藥酒忠言，知者明主之所以獨知也。下《說》良藥苦於口，知者勸而飲之；忠言拂於耳，而明主聽之，是其證。

二，人主之聽言也，不以功用爲的，【略】則說者多棘刺白馬之說；不以儀的爲關，則射者皆如羿也。先慎曰：儀，準也，見《國語·周語》注。人主於說也，皆如燕王學道也；而長說者，皆如鄭人爭年也。是以言有纖察微難而非務也，王先謙曰：【略】。故李、惠、宋、墨皆畫策也；顧廣圻曰：李當作季。季良、惠施、宋鈃、墨翟也。論有迂深閎大非用也，【略】故畏震瞻車狀皆鬼魅也；【略】言而拂難堅確非功也，【略】故務、卞、鮑、介、墨翟皆堅瓠也。顧廣圻曰：務光、卞隨、鮑焦、介之推也。墨翟二字有誤，或當作申徒狄。先慎曰：墨翟，即田仲之譌。下《說》屈穀獻堅瓠於田仲，即此。且虞慶詘匠也而屋壞，【略】范且窮工而弓折。是故求其誠者，非歸餉也不可。

又：利之所在民歸之，名之所彰士死之。是以功外於法而賞加焉，則上不信得所利於下；【略】名外於法而譽加焉，則士勸名而下畜之於君。【略】故中章、胥己仕，而中牟之民棄田圃而隨文學者邑之半；平公腓痛足痺而不敢壞坐，晉國之辭仕託者國之錘。【略】此三士者，【略】言襲法則官府之籍也；行中事則如令之民也，【略】二君之禮太甚。若言離法而行遠功，則繩外民也，王先謙曰：繩外，繩墨之外。二君又何禮之，禮之當亡。【略】且居學之士，國無事不用力，有難不被甲，禮之則惰修耕戰之功，不禮則周主上之法。【略】國安則尊顯，危則爲屈公之威，【略】人主奚得於居學之士哉！王先謙曰：滅儒之端已兆於此。故明王論李疵視中山也。

五，詩曰：不躬不親，庶民不信。傅説之以無衣紫，緩之以鄭簡、宋襄【略】責之以尊厚耕戰。

又：小信成則大信立，故明主積於信。賞罰不信，則禁令不行。説在文公之攻原與箕鄭救餓也。是以吳起須故人而食，文侯會虞人而獵。故明主信，如曾子殺彘也。【略】患在尊厲王擊警鼓與李悝謾兩和也。

（清）王先慎《韓非子集解·外儲説左下》

一，以罪受誅，人不怨上，罪當，故不怨也。跀危坐子皋。皋雖刑之，有不忍之心，跀者懷恩報德。顧廣圻曰：《藏》本同。今本坐作生，按依《説》當作逃。王先謙曰：作生是也，與坐形近而誤。先慎曰：危讀爲跪，足也，詳下《説》。以功受賞，臣不德君，功當，故不以爲德。翟璜操右契而乘軒。功當受寵，故乘軒而無慙。先慎曰：璜，下作黃，古今字通。襄王不知，不知功當厚賞也。故昭卯五乘而履屩。卯西卻秦，東止齊，大矣，而王唯養之五乘。功大賞薄，猶富人而履屩也。先慎曰：張榜本、趙本屩作屫，注同。《説文》：屩，從履省，喬聲。是屩爲正字，屫屩均別字。《説》作蹻，古通。上不過任，臣不誣能，即臣將爲失少室周。周以勇力事襄主，貞信不誣人，有勇力多己者，即進之以自代。顧廣圻曰：失當作夫，在爲字上，如字讀之。先慎曰：失字衍，顧讀即臣將夫爲少室周，亦不成文。

二，恃勢而不恃信，恃勢則信者不生心，恃信則有時不信。故東郭牙議管仲。公欲專仲國柄，牙以仲雖忠矣，儻不忠，必危矣。公因命仲理外，隰朋治內矣。先慎曰：乾道本注危必互倒，今從趙本。恃術而不恃信，故渾軒非文公。晉文公以箕鄭信誠，以爲原令，曰：必不叛我。軒曰：人主不以術御臣，而恃其不叛，其若之何也。梁玉繩曰：渾軒即渾罕，非子產者。古軒，罕通，《左傳》罕虎，罕達，《公羊》並作軒。故有術之主，信賞以盡能，必罰以禁邪，雖有駁行，必得所利，駁行，不貞白而駁襍者。簡主之相陽虎，虎逐魯疑齊，是行駁也。趙主以術御之，盡其用，而趙幾霸。哀公問一足。問孔子曰：夔一足若何？曰：夔反戾惡心，然所以免禍者也。公曰：其信一足，故曰一足。盧文弨曰：注然所以免禍者下當有信字。先慎曰：反戾，下《説》作忿戾。

三，失臣主之理，則文王自履而矜。君雖有師，臣當亦謹，小臣當即充指顧之役。文王理解，左右無可使者，是亦失士也。託言君所與者皆其師，是矜過而飾非也。盧文弨曰：注文王理解，當作繫解。王先謙曰：自履文不成義，履上當有繫字。不易朝燕之處，則季孫終身莊而遇賊。朝當莊，燕當試，今季孫一之，故終身莊而遇害也。【略】

四，利所禁，禁所利，雖神不行。當禁而利，當利而禁，如此，雖神不行，況不神乎。譽所罪，毀所賞，雖堯不治。當罪而譽，當賞而毀，如此，雖堯不治，況非堯乎。夫爲門而不使入，門不入，不如無門也。委利而不使進，與利不進，不如止也。亂之所以産也。門不使入，利不使進，亂所由生也。齊侯不聽左右，魏主不聽譽者，而明察照羣臣，則鉅不費金錢，鉅費金，以齊王用左右故也。【略】孱不用璧。孱用玉，以魏王用毀故。【略】西門豹請復治鄴，足以知之。初治鄴，不事左右，故君奪之。後治，事之，君乃迎而拜。據此是知左右能爲國之害。猶盜嬰兒之矜裘，與跀危子榮衣。盜者子，不恥其父盜，以父所盜衣矜人。跀者兒，不恥其父跀，以跀所著衣榮人。人所諂媚爲非猶是。先慎曰：乾道本注跀以下衍不也二字，改從趙本。子綽左右畫，左畫圜，右畫方，必不得俱成。喻用左右言，亦不能得賢也。先慎曰：乾道本注俱下有能字，趙本無，今據刪。去蟻驅蠅，以骨去蟻，以魚去繩，則蠅蟻愈至，喻溫言訓左右，愈諂。安得無桓公之憂索官，公聽左右索官，無以與之，故憂也。與宣王之患臞馬也。王不察掌馬者竊芻豆，但患馬臞也。先慎曰：宣，張榜本作先。按下《説》作韓宣子，則作宣字是。王當作主，注亦誤。

五，臣以卑儉爲行，則爵不足以勸賞；【略】寵光無節，則臣下侵偪。説在苗賁皇非獻伯，孔子議晏嬰。獻伯爲相，妻不衣帛，晏嬰亦然，故非其太偪下。【略】故仲尼論管仲與叔孫敖。仲有三歸，以其太奢。敖有糲餅，以其太儉。先慎曰：餅當作飯，説是下。而出人之容變，陽虎之言見其臣也；【略】而簡主之應人臣也失主術。虎言居齊已有三人，及其得罪，而三人爲君執逐。虎言明己無私，簡主相以私臣之事，言其舉非之，譬樹枳棘者反得其刺也。先慎曰：此謂簡子應虎樹枳棘則刺，樹柤梨橘柚則甘之言，爲失術也。下云所以教國也，即承此失術言，注説非。又案乾道本注及作反，改從趙本。非之疑之非倒文。朋黨相和，臣下得欲，則人主孤；羣臣公舉，下不相和，則人主明。陽虎將爲趙武之賢、解狐之公，此三人皆以公舉人，內不避親，外不避讎，虎言已舉亦同之也。盧文弨曰：注二人譌三人。而簡主以爲枳棘，非所以教國也。主云所舉害己，與枳棘者同，此反教人爲私也。先慎曰：乾道本脱主字，顧廣圻云《藏》本、今本簡下有主字。今據補。

六，公室卑則忌直言，私行勝則少公功。説在文子之直言，武子用杖；武子，文子之子，好直言。武子曰：夫直言者必危身，而禍及父也。子産忠諫，子國譙怒；夫忠諫者必離群臣，而又危難於父也。先慎曰：乾道本自子産至父也二十三字均脱，張榜本有八大字，趙本大小字並有。盧文弨出子國譙怒云：注必離群臣，離字脱。是盧所見本亦有此二十二字，惟注脱離字耳。顧廣圻云：《藏》本、今本有子産忠諫，子國譙怒，並注云云，此《藏》本所添，未必是也。先慎案：下説有此事，經必應有。張榜本、趙本及盧所見本不盡出於《藏》本，顧氏謂《藏》本所添，非也。今據補。梁車用法，而成侯收璽；車爲鄴令，其姊犯法，刖之。趙侯以爲不慈，免其官也矣。先慎曰：【略】。管仲以公，而國人謗怨。仲不報封人之恩，唯賢是用，人怨謗也

（清）王先慎《韓非子集解·外儲説右上》 君所以治臣者有三：

一，勢不足以化則除之。師曠之對，晏子之説，皆合勢之易也，而道行之難，【略】是與獸逐走也，未知除患。患之可除，在子夏之説《春秋》也：善持勢者，蚤絶其姦萌。故季孫讓仲尼以遇勢，【略】而況錯之於君乎！是以太公望殺狂矞，而臧獲不乘驥。嗣公知之，故不駕鹿，【略】薛公知之，故與二欒博。【略】此皆知同異之反也。故明主之牧臣也，説在畜鳥。

二，人主者，利害之軺轂也，【略】射者衆，故人主共矣。是以好惡見則下有因，而人主惑矣；辭言通則臣難言，而主不神矣。説在申子之言六慎，與唐易之言弋也。【略】患在國羊之請變，【略】與宣王之太息也。明之以靖郭氏之獻十珥也，【略】與犀首、甘茂之道穴聞也。【略】堂谿公知術，故問玉巵；昭侯能術，故以聽獨寢。【略】明主之道，在申子之勸獨斷也。

三，術之不行，有故。不殺其狗則酒酸。夫國亦有狗，且左右皆社鼠也。人主無堯之再誅，與莊王之應太子，而皆有薄媪之決蔡嫗也。知貴不能，【略】以教歌之法先揆之。吳起之出愛妻，文公之斬顛頡，皆違其情者也。故能使人彈疽者，必其忍痛者也。

右經

賞之譽之不勸，罰之毀之不畏，四者加焉不變，則除之。【略】

齊景公之晉，從平公飲，師曠侍坐。始坐，【略】景公問政於師曠曰：太師將奚以教寡人？師曠曰：君必惠民而已。【略】中坐，酒酣，將出，又復問政於師曠曰：太師奚以教寡人？曰：君必惠民而已矣。景公出之舍，師曠送之，又問政於師曠。師曠曰：君必惠民而已矣。景公歸思，未醒，而得師曠之所謂：先慎曰：歸，謂歸其舍。未醒，承上酒酣言，寤寐思之，恍然有得，不待酒醒也。公子尾、公子夏者，景公之二弟也，甚得齊民，家富貴而民説之，擬於公室，此危吾位者也。今謂我惠民者，使我與二弟爭民邪！於是反國，發廩粟以賦衆貧，【略】散府餘財以賜孤寡，【略】倉無陳粟，府無餘財；宮婦不御者出嫁之，七十受祿米，鬻德惠施於民也，【略】已與二弟爭民。【略】居二年，二弟出走，公子夏逃楚，公子尾走晉。

【略】

景公與晏子游於少海，登柏寢之臺而還望其國曰：美哉！泱泱乎，堂堂乎，後世將孰有此？晏子對曰：其田成氏乎！景公曰：寡人有此國也，而曰田成氏有之，何也？晏子對曰：夫田成氏甚得齊民，其於民也，上之請爵祿行諸大臣，【略】下之私大斗斛區釜以出貸，小斗斛區釜以收之。先慎曰：左昭三年《傳》：齊舊四量：豆、區、釜、鍾。四升爲豆，各自其四，以登於釜，釜十則鍾。陳氏三量，皆登一焉，鍾乃大矣。以家量貸，而以公量收之。殺一牛，取一豆肉，餘以食士。終歲，布帛取二制焉，餘以衣士。故市木之價不加貴於山，澤之魚鹽龜鼈蠃蚌不加貴於海。【略】君重斂，而田成氏厚施。齊嘗大飢，道旁餓死者不可勝數也，父子相牽而趨田成氏者不聞不生。故周秦之民【略】相與歌之曰：謳乎，其已乎！苞乎，其往歸田成子乎！【略】《詩》曰：雖無德與女，式歌且舞。【略】今田成氏之德而民之歌舞，民德歸之矣。【略】故曰：其田成氏乎。公泫然出涕曰：不亦悲乎！寡人有國而田成氏有之，今爲之奈何？晏子對曰：君何患焉！若君欲奪之，則近賢而遠不肖，治其煩亂，緩其刑罰；振貧窮而恤孤寡，行恩惠而給不足，民將歸君，則雖有十田成氏其如君何！

又： 太公望東封於齊，齊東海上有居士曰狂矞、華士昆弟二人者，

【略】立議曰：吾不臣天子，不友諸侯，耕作而食之，掘井而飲之，吾無求於人也；無上之名，無君之祿，不事仕而事力。太公望至於營丘，使執而殺之。【略】以爲首誅。周公旦從魯聞之，發急傳而問之曰：夫二子，賢者也，今日饗國而殺賢者，何也？太公望曰：是昆弟二人立議曰：吾不臣天子，不友諸侯，耕作而食之，掘井而飲之，吾無求於人也；無上之名，無君之祿，不事仕而事力。彼不臣天子者，是望不得而臣也；不友諸侯者，是望不得而使也；耕作而食之，掘井而飲之，無求於人者，是望不得以賞罰勸禁也。且無上名，雖知不爲望用；不仰君祿，雖賢不爲望功。不仕則不治，不任則不忠。且先王之所以使其臣民者，非爵祿則刑罰也。今四者不足以使之，則望當誰爲君乎？不服兵革而顯，不親耕耨而名，又所以教於國也。【略】今有馬於此，如驥之狀者，天下之至良也；然而驅之不前，卻之不止，【略】左之不左，右之不右，則臧獲雖賤，不託其足。臧獲之所願託其足於驥者，以驥之可以追利辟害也。今不爲人用，臧獲雖賤，不託其足焉。已自謂以爲世之賢士，而不爲主用，行極賢而不用於君，此非明主之所臣也，亦驥之不可左右矣，是以誅之。一曰：太公望東封於齊，海上有賢者狂矞，【略】太公望聞之，往請焉，三卻馬於門而狂矞不報見也，太公望誅之。當是時也，周公旦在魯，馳往止之，比至，已誅之矣。周公旦曰：狂矞，天下賢者也，夫子何爲誅之？【略】太公望曰：狂矞也。【略】議不臣天子，不友諸侯，【略】吾恐其亂法易教也，故以爲首誅。今有馬於此，形容似驥也，然驅之不往，引之不前，雖臧獲不託足以旋其軫也。

又：荊莊王有茅門之法，孫詒讓曰：茅門，下作茆門。《説苑·至公篇》與此略同，亦作茅。案茅門即雉門也。《説文·隹部》雉，古文鮷，或省爲弟，與茅形近而誤。《史記·魯世家》築茅闕門，即《春秋》定二年《經》之雉門兩觀也。諸侯三門，庫、雉、路。外朝在雉門外。茅門之法，廷理掌之，即《周禮·秋官》：朝士掌建邦外朝之法也。天子、諸侯三朝皆有廷士。士、理字通。先慎曰：孫説茅即弟之誤，是也。《御覽》六百三十八引正作弟，可證。曰：羣臣大夫諸公子入朝，馬蹏踐霤者，廷理斬其輈，戮其御。於是太子入朝，馬蹏踐霤，廷理斬其輈，戮其御。太子怒，先慎曰：怒廷理之執法也。入爲王泣曰：爲我誅戮廷理。王曰：法者所以敬宗廟，尊社稷。故能立法從令，尊敬社稷者，社稷之臣也，焉可誅也！夫犯法廢令，不尊敬社稷者，是臣乘君而下尚校也。【略】臣乘君則主失威，下尚校則上位危。威失位危，社稷不守，吾將何以遺子孫。於是太子乃還走，避舍露宿三日，北面再拜請死罪。一曰：楚王急召太子。楚國之法，車不得至於茆門。天雨，廷中有潦，太子遂驅車至於茆門。孫詒讓曰：《説苑》：楚莊王之時，太子車立於茅門之外。廷理曰：【略】車不得至茆門，非法也。【略】太子曰：王召急，不得須無潦。遂驅之。廷理舉殳而擊其馬，敗其駕。太子入爲王泣曰：廷中多潦，驅車至茆門，廷理曰非法也，舉殳擊臣馬，敗臣駕。王必誅之。王曰：前有老主而不踰，【略】後有儲主而不屬，矜矣。盧文弨曰：《説苑》作少君在後而不豫。下矜矣二字衍，凌本無。先慎曰：《北堂書鈔》引有矜矣二字。矜與賢聲相近，古通假。《文子·上仁篇》矜與賢韻。矜矣，猶賢矣。此楚王贊美廷理也。《書·大禹謨·傳》自賢曰矜，朱駿聲《説文通訓定聲》矜下云矜，借爲賢，亦通。是真吾守法之臣也。乃益爵二級，【略】而開後門出太子，勿復過。

又：晉文公問於狐偃曰：寡人甘肥周於堂，卮酒豆肉集於宮，壺酒不清，【略】生肉不布，先慎曰：《左》昭十六年《傳注》：布，陳也。殺一牛徧於國中，先慎曰：言不獨食。一歲之功盡以衣士卒，先慎曰：功，謂女功。其足以戰民乎？狐子曰：不足。文公曰：吾弛關市之征而後刑罰，其足以戰民乎？狐子曰：不足。文公曰：吾民之有喪資者，寡人親使郎中視事，有罪者赦之，貧窮不足者與之，其足以戰民乎？狐子對曰：不足。此皆所以慎産也；而戰之者，殺之也。民之從公也，爲慎産也，公因而迎殺之，失所以爲從公矣。孫詒讓曰：慎，讀爲順。産，與生義同字通。迎殺，迎當爲逆。慎産者，言文公所言皆是順其生之事。迎殺者，言戰爲逆而殺之之事。順逆、生殺文正相對也。曰：然則何如足以戰民乎？狐子對曰：令無得不戰。公曰：無得不戰奈何？狐子對曰：信賞必罰，其足以戰。公曰：刑罰之極安至？對曰：不辟親貴，法行所愛。文公曰：善。明日，令田於圃陸，期以日中爲期，後期者行軍法焉。於是公有所愛者曰顛頡，後期，吏請其罪，文公隕涕而憂。先慎曰：不行法則失信，行法則失貴重之臣，故憂而不決。吏曰：請用事焉。遂斬顛頡之脊以徇百姓，以明法之信也。而後百姓皆懼曰：君於顛頡之貴重如彼甚也，而君猶行法焉，況於我則何有矣。文公見民之可戰也，於是遂興兵伐原，克之；【略】一舉而八有功。所以然者，無他故異物，從狐偃之謀，假顛頡之脊也。

（清）王先慎《韓非子集解·外儲説右下》 一，賞罰共則禁令不行。何以明之？以造父、於期。既善馭馬，又能忍渴，及至彘令臣操之，故曰共也。趨飲，遂不能制。盧文弨曰：注渴誤得。先慎曰：趙本渴作竭，亦誤。子罕爲出彘，罕行罰，一國畏之，因簒君。亦威分出彘之類也。田恆爲圃池，擅行賞，人歸之，因弒簡公。亦分圃池之比也。故宋君、簡公弒。患在王良、造父之共車，田連、成竅之共琴也。王、造誠能御車，使共操轡則不進，田、成信善琴，令共操彈則曲不成。君臣共賞，亦由是也。

二，治强生於法，弱亂生於阿，法曲則亂。君明於此，則正賞罰而非仁下也；【略】爵禄生於功，功立則爵生。誅罰生於罪，罪著則罰生。臣明於此，則盡死力而非忠君也。【略】君通於不仁，臣通於不忠，則可以王矣。先慎曰：上欲治强，則必正法，故不仁。下欲爵禄，乃盡死力，故非忠君。昭襄知主情，但當自求理以訾責也。百姓但當仰君，亦不須曲爲愛，故君疾而禱者，責之以二甲。而不發五苑；應侯欲發蔬果以救饑人，昭王以爲無功受賞，因止之也。田鮪知臣情，但當立功，蓋因不須私忠於上也。故教田章；鮪教子章曰：富國，家自富；利君，身自利也。而公儀辭魚。以爲違法受魚則失魚，故不受。盧文弨曰：注一本爲誤作達，脱故字。【略】

四，人主者，守法責成以立功者也。聞有吏雖亂而有獨善之民，吏雖亂，賢人不改操，殷之三仁、夏之龍逢是也。先慎曰：乾道本注仁作人，誤，今據張榜本、趙本改。不聞有亂民而有獨治之吏，子率以正，孰敢不正。故明主治吏不治民。吏治則民治矣。説在摇木之本與引網之綱。摇木本則萬本動，引網綱則萬目張，吏正則國治也。先慎曰：注萬本當作萬葉。故失火之嗇夫不可不論也。救火者，吏操壺走火，則一人之用也；操鞭使人，則役萬夫。明主執契亦然。顧廣圻曰：此二十二字，舊注誤入正文。故所遇術者，如造父之遇驚馬，【略】牽馬推車則不能進，代御執轡持筴則馬咸騖矣。【略】是以説在【略】椎鍛平夷，榜檠矯直。不然，敗在淖齒用齊戮閔王，李兑用趙餓主父也。【略】

五，因事之理則不勞而成，故兹鄭之踞轅而歌以上高梁也。其患在趙簡主税，吏請輕重；主欲税，吏問輕重，主不自定其輕重之節，曰勿輕重而已。吏因擅意因以富。薄疑之言國中飽，簡主喜而府車虛，百姓餓而姦吏富也。故桓公巡民，而管仲省腐敗怨女。公巡人，見有飢人及老而無妻者，以告仲，曰：國有腐財則人飢，宮有怨女則人老而無妻也。不然，則在延陵乘馬不得進，造父過之而爲之泣也。前礙飾，後礙錯。既不得前卻，遂旁而佚。造父見之泣，猶賞罰失必致敗也。先慎曰：注乾道本得上有後字，今從趙本删。

又：司城子罕謂宋君曰：慶賞賜與，【略】民之所喜也，君自行之；殺戮誅罰，民之所惡也，臣請當之。宋君曰：諾。於是出威令，誅大臣，君曰：問子罕也。於是大臣畏之，細民歸之。處期年，子罕殺宋君而奪政。故子罕爲出彘以奪其君國。罕用刑服國，是由出彘用威懼焉。盧文弨曰：注用威懼馬，馬譌焉。

簡公在上位，罰重而誅嚴，厚賦斂而殺戮民；田成恆設慈愛，明寬厚。【略】簡公以齊民爲渴馬，不以恩加民；而田成恆以仁厚爲圃池也。以仁濟物，猶圃池也。【略】一曰：造父爲齊王駙駕，以渴服馬，百日而服成。服成，請效駕齊王，【略】王曰：效駕於圃中。造父驅車入圃，馬見圃池而走，造父不能禁。造父以渴服馬久矣，今馬見池，騁而走，【略】雖造父不能治。今簡公之法禁其衆久矣，而田成恆利之，是田成恆傾圃池而示渴民也。一曰：王子於期爲宋君爲千里之逐。已駕，察手吻文，【略】且發矣，驅而前之，輪中繩引而卻之，馬掩迹。拊而發之，彘逸出於竇中。【略】馬退而卻，筴不能進前也；馬騁而走，轡不能止也。【略】一曰：司城子罕謂宋君曰：慶賞賜予者，民之所好也，【略】君自行之；誅罰殺戮者，民之所惡也，臣請當之。於是戮細民而誅大臣，君曰：與子罕議之。居期年，民知殺生之命制於子罕也，【略】故一國歸焉。故子罕劫宋君而奪其政，法不能禁也。故曰：子罕爲出彘，而田成常爲圃池也。【略】令王良、造父共車，【略】人操一邊轡而入門閭，駕必敗而道不至也。【略】令田連、成竅共琴，人撫一弦而揮，則音必敗曲不遂矣。

二，秦昭王有病，百姓里買牛而家爲王禱。【略】公孫述出見之，入賀王曰：百姓乃皆里買牛爲王禱。王使人問之，果有之。王曰：訾之人二甲。訾，毀也，罰之也。先慎曰：注意謂毀其人而罰以甲也，是一訾字而用兩義以申其説矣。案訾之人二甲者，謂量其人二甲也。《國語·齊語》訾相其質高注、《列子·説符》財貨無訾張湛注並云：訾，量也。量財貨曰訾，量民之貧富亦曰訾。之，猶其也。人，謂里人。計里買牛之力量之可以出二甲，非里中人人二甲也。下文屯二甲，即其義。夫非令而擅禱者，先愼曰：乾道本無者字，盧文弨云：張本有。今據補。是愛寡人也。夫愛寡人，寡人亦且改法而心與之相循者，是法不立；法不立，亂亡之道也。不如人罰二甲，而復與爲治。【略】

秦大饑，應侯請曰：五苑之草著，謂草木著地而生也。【略】蔬菜橡果棗栗，足以活民，請發之。昭襄王曰：吾秦法使民有功而受賞，有罪而受誅。今發五苑之蔬果者，【略】使民有功與無功俱賞也。夫使民有功與無功俱賞者，此亂之道也。夫發五苑而亂，不如棄棗蔬而治。一曰：令發五苑之蓏蔬棗栗足以活民，是使民有功與無功互爭取也。【略】夫生而亂，不如死而治，大夫其釋之。先愼曰：《白孔六帖》卷九十九《韓子》：秦飢，應侯曰：秦王五苑之棗栗足以活人，請王發與之。惠王依之。疑一曰以下脱文。惠當爲昭之誤。

田鮪教其子田章曰：【略】欲利而身，先利而君；欲富而家，先富而國。一曰：田鮪【略】教其子田章曰：主賣官爵，臣賣智力。故曰：自恃無恃人。【略】

公儀休相魯【略】而嗜魚，一國盡爭買魚而獻之，【略】公儀子不受。其弟諫【略】曰：夫子嗜魚而不受者何也？對曰：夫唯嗜魚，故不受也。夫即受魚，必有下人之色；有下人之色，將枉於法；枉於法則免於相，雖嗜魚，此不必能自給致我魚，【略】我又不能自給魚。即無受魚而不免於相，雖嗜魚，我能長自給魚。此明夫恃人不如自恃也，明於人之爲己者，不如己之自爲也。

（清）王先愼《韓非子集解·難一》或曰：管仲所以見告桓公者，非有度者之言也。先愼曰：度，謂法度也。所以去豎刁、易牙者，【略】以不愛其身，適君之欲也。曰：不愛其身，安能愛君？然則臣有盡死力以爲其主者，盡死力亦不愛身也。管仲將弗用也。【略】曰：不愛其死力，安能愛君？是欲君去忠臣也。【略】且以不愛其身度其不愛其君，是將以管仲之不能死公子糾度其不死桓公也，是管仲亦在所去之域矣。明主之道不然，設民所欲以求其功，故爲爵禄以勸之；設民所惡以禁其姦，故爲刑罰以威之。慶賞信而刑罰必，故君舉功於臣，而姦不用於上，臣有功者舉用之，自然姦不見用也。雖有豎刁，其奈君何？且臣盡死力以與君市，【略】君垂爵禄以與臣市，君臣之際，非父子之親也，計數之所出也。君計臣力，臣計君禄。君有道，則臣盡力而姦不生；無道，則臣上塞主明而下成私。管仲非明此度數於桓公也，王先謙曰：數字疑衍。上云非有度者之言，下云管仲無度，即謂此度也。數字淺人所增。使去豎刁，【略】一豎刁又至，【略】非絶姦之道也。且桓公所以身死蟲流出屍不葬者，是臣重也；臣重之實，擅主也。有擅主之臣，則君令不下究，臣情不上通。一人之力能隔君臣之間，使善敗不聞，禍福不通，故有不葬之患也。明主之道：一人不兼官，一官不兼事。卑賤不待尊貴而進論，【略】大臣不因左右而見。百官修通，羣臣輻湊。有賞者君見其功，有罰者君知其罪。見知不悖於前，賞罰不弊於後，可賞賞，可罰罰，無所蔽塞也。顧廣圻曰：弊讀爲蔽。安有不葬之患？管仲非明此言於桓公也，使去三子，故曰：管仲無度矣。

襄子圍於晉陽中，出圍，賞有功者五人，【略】高赫爲賞首。【略】張孟談曰：晉陽之事，赫無大功，今爲賞首何也？襄子曰：晉陽之事，寡人國家危，社稷殆矣。【略】吾羣臣無有不驕侮之意者，惟赫不失君臣之禮，是以先之。【略】仲尼聞之，曰：善賞哉襄子！賞一人而天下爲人臣者莫敢失禮矣。王渭曰：此《困學紀聞》所謂事在孔子後，孔鮒已辨其妄者也。

或曰：仲尼不知善賞矣。夫善賞罰者，百官不敢侵職，羣臣不敢失禮。上設其法，而下無姦詐之心。如此，則可謂善賞罰矣。使襄子於晉陽也，令不行，禁不止，是襄子無國，晉陽無君也，尚誰與守哉？今襄子於晉陽也，知氏灌之，臼竈生鼃，【略】而民無反心，是君臣親也。襄子有君臣親之澤，操令行禁止之法，而猶有驕侮之臣，是襄子失罰也，【略】爲人臣者，乘事而有功則賞。今赫僅不驕侮，而襄子賞之，是失賞也。臣有不驕，僅合臣禮，非有善可賞也。先愼曰：乾道本注可作不，據趙本改。明主賞不加於無功，罰不加於無罪。今襄子不誅驕侮之臣，而賞無功之赫，安在襄子之善賞也！故曰：仲尼不知善賞。

（清）王先愼《韓非子集解·難二》景公過晏子曰：子宮小近市，請徙子家豫章之圃。【略】晏子再拜而辭曰：且嬰家貧。先愼曰：且當作臣。待市食而朝暮趨之，不可以遠。景公笑曰：子家習市，識貴賤乎？是時景公繁於刑，晏子對曰：踴貴而屨賤。【略】景公曰：何故？對曰：刑多也。景公造【略】然變色曰：寡人其暴乎！於是損刑五。

或曰：晏子之貴踴，非其誠也，欲便辭以止多刑也。卒問而對，非深思也。亂國重典，豈惡刑多！在當與不當耳，不在多少。此不察治之患也。夫刑當無多，不當無少；苟不當，雖少，猶以爲多也。無以不當聞，而以太多説，無術之患也。敗軍之誅以千百數，猶且不止；【略】即治亂之刑如恐不勝，而姦尚不盡。今晏子不察其當否，而以太多爲説，不亦妄乎！夫惜草茅者耗禾穗，惠盜賊者傷良民。今緩刑罰行寬惠，是利姦邪而害善人也，此非所以爲治也。

齊桓公飲酒醉，遺其冠，恥之，三日不朝。管仲曰：此非有國之恥也，【略】公胡不雪之以政？【略】公曰：善。【略】因發倉囷賜貧窮，論囹圄出薄罪。處三日而民歌之曰：公乎，公乎，胡不復遺其冠乎！【略】或曰：【略】管仲雪桓公之恥於小人，而生桓公之恥於君子矣。先慎曰：小人以遺冠爲恥，君子以遺義爲恥。使桓公發倉囷而賜貧窮，論囹圄而出薄罪，非義也。不可以雪恥使之而義也。桓公宿義，須遺冠而後行之，則是桓公行義，非爲遺冠也。【略】是雖雪遺冠之恥於小人，而亦遺義之恥於君子矣。【略】且夫發囷倉而賜貧窮者，是賞無功也；論囹圄而出薄罪者，是不誅過也。夫賞無功則民偷幸而望於上，遺冠得賜，常望遺冠。不誅過則民不懲而易爲非，此亂之本也，安可以雪恥哉！

（清）王先慎《韓非子集解·難四》 或曰：仁貪不同心。故公子目夷辭宋，而楚商臣弑父；鄭去疾予弟，【略】而魯桓弑兄。五伯兼并，而以桓律人，【略】則是皆無貞廉也。且君明而嚴，則羣臣忠。陽虎爲亂於魯，不成而走，入齊而不誅，是承爲亂也。君明則誅，知陽虎之可以濟亂也，【略】此見微之情也。語曰：諸侯以國爲親。君嚴則陽虎之罪不可失，此無赦之實也，【略】則誅陽虎，所以使羣臣忠也。未知齊之巧臣而廢明亂之罰，責於未然而不誅昭昭之罪，此則妄矣。今誅魯之罪亂，以威羣臣之有姦心者，而可以得季、孟、叔孫之親，鮑文之説，何以爲反？

又：或曰：公子圉之言也，不亦反乎！昭公之及於難者，報惡晚也。然則高伯之晚於死者，報惡甚也。明君不懸怒，有怒不行且舉之，故曰：懸怒。懸怒則臣罪，輕舉以行計，【略】則人主危。故靈臺之飲，【略】衛侯怒而不誅，故褚師作難。【略】食黿之羹，鄭君怒而不誅，故子公殺君。君子之舉知所惡，非甚之也。曰知之若是其明也，而不行誅焉，以及於死，故曰：知所惡，【略】以見其無權也。人君非獨不足於見難而已，或不足於斷制。今昭公見惡稽罪而不誅，使渠彌含憎懼死以徼幸，故不免於殺。是昭公之報惡不甚也。【略】

或曰：報惡甚者，大誅報小罪。大誅報小罪也者，獄之至也。【略】獄之患，故非在所以誅也。【略】以讐之衆也。

（清）王先慎《韓非子集解·説疑》 凡治之大者，非謂其賞罰之當也。賞無功之人，罰不辜之民，【略】非所謂明也。【略】賞有功，罰有罪，而不失其人，方在於人者也，【略】非能生功止過者也。是故禁姦之法：太上禁其心，其次禁其言，其次禁其事。今世皆曰尊主安國者，必以仁義智能，而不知卑主危國者之必以仁義智能也。故有道之主，遠仁義，去智能，服之以法。是以譽廣而名威，民治而國安，知用民之法也。凡術也者，主之所以執也；法也者，官之所以師也。然使郎中日聞道於郎門之外，以至於境内日見法，又非其難者也。【略】

此十二人者，皆上見利不喜，不臨難不恐，或與之天下而不取，有萃辱之名，【略】則不樂食穀之利。夫見利不喜，上雖厚賞無以勸之；臨難不恐，上雖嚴刑無以威之。此之謂不令之民也。此二十人者，【略】或伏死於窟穴，或槁死於草木，或飢餓於山谷，或沈溺於水泉。有民如此，【略】先古聖王皆不能臣，當今之世，將安用之？若夫關龍逢、王子比干、隨季梁、陳泄冶、楚申胥、【略】吴子胥，此六人者，皆疾争强諫以勝其君。言聽事行，則如師徒之勢；【略】一言而不聽，一事而不行，則陵其主以語，從之以威，雖身死家破，【略】要領不屬，手足異處，不難爲也。如此臣者，先古聖王皆不能忍也，當今之時，將安用之？【略】

此十五人者爲其臣也，【略】皆夙興夜寐，卑身賤體，竦心白意。明刑辟，治官職以事其君；進善言，通道法而不敢矜其善；有成功立事，而不敢伐其勞。【略】不難破家以便國，殺身以安主。以其主爲高天泰山之尊，而以其身爲壑谷鬴洧之卑。【略】主有明名廣譽於國，而身不難受壑谷鬴洧之卑。【略】如此臣者，雖當昏亂之主，尚可致功，況於顯明之主乎？此謂霸王之佐也。【略】

聖王明君則不然，内舉不避親，外舉不避讐。是在焉從而舉之，非在焉從而罰之。是以賢良遂進而姦邪並退，故一舉而能服諸侯。其在記曰：堯有丹朱，而舜有商均，啓有五觀，商有太甲，武王有管、蔡。五王之所以誅者，皆父兄子弟之親也，而所殺亡其身殘破其家者何也？【略】以其害國傷民敗法類也。觀其所舉，或在山林藪澤巖穴之間，或在囹圄緤紲纏索之中，【略】或在割烹芻牧飯牛之事。然明主不羞其卑賤也，【略】以其能，爲可以明法，【略】便國利民，從而舉之，身安名尊。【略】

故曰：人臣有五姦而主不知也。爲人臣者，【略】有侈用財貨賂以取譽者，有務慶賞賜予以移衆者，有務朋黨狗智尊士以擅逞者，有務解免赦罪獄以事威者，有務奉下直曲、怪言、偉服、瑰稱以眩民耳目者。此五者明君之所疑也，【略】而聖主之所禁也。去此五者，則譟詐之人不敢北面談立；【略】文言多，實行寡而不當法者，不敢誣情以談説。【略】是以羣臣居則修身，動則任力，非上之令不敢擅作疾言誣事，此聖王之所以牧臣下也。

(清) 王先慎《韓非子集解·六反》 畏死遠難，【略】降北之民也，而世尊之曰：貴生之士。學道立方，離法之民也，而世尊之曰：文學之士。遊居厚養，牟食之民也，而世尊之曰：有能之士。語曲牟知，【略】僞詐之民也，而世尊之曰：辯智之士。行劍攻殺，暴憿之民也，【略】而世尊之曰：磏勇之士。【略】活賊匿姦，當死之民也，而世尊之曰：任譽之士。盧文弨曰：譽疑是俠。此六民者，世之所譽也。赴險殉誠，死節之民，【略】而世少之曰：失計之民也。寡聞從令，全法之民也，而世少之曰：樸陋之民也。力作而食，生利之民也，而世少之曰：寡能之民也。嘉厚純粹，整穀之民也，王先謙曰：整，正；穀，善也。而世少之曰：愚戇之民也。重命畏事，尊上之民也，而世少之曰：怯懾之民也。挫賊遏姦，明上之民也，先慎曰：明上，謂奉揚法令。而世少之曰：讇讒之民也。此六者，世之所毀也。姦僞無益之民六而世譽之如彼，耕戰有益之民六而世毀之如此，此之謂六反。布衣循私利而譽之，世主聽虛聲而禮之，禮之所在，利必加焉。百姓循私害而訾之，世主壅於俗而賤之，賤之所在，害必加焉。故名賞在乎私惡當罪之民，而毀害在乎公善宜賞之士，索國之富强，不可得也。

又：今學者之説人主也，皆去求利之心，出相愛之道，王先謙曰：如《孟子》説世主不言利，而以仁爲先。是求人主之過於父母之親也，【略】此不熟於論恩詐而誣也，【略】故明主不受也。【略】聖人之治也，審於法禁，法禁明著則官法；顧廣圻曰：句絶。法，依下文當作治。必於賞罰，賞罰不阿則民用。【略】官官治。顧廣圻曰：當作民用官治四字。則國富，國富則兵强，【略】而霸王之業成矣。霸王者，人主之大利也。人主挾大利以聽治，故其任官者當能，其賞罰無私。使士民明焉盡力致死，則功伐可立而爵禄可致，爵禄致而富貴之業成矣。【略】富貴者，人臣之大利也。人臣挾大利以從事，故其行危至死，其力盡而不望。先慎曰：大臣盡力從事，雖行危，至死無怨，此謂君不仁，臣不忠，則不可以霸王矣。

(清) 王先慎《韓非子集解·八經》 一，凡治天下，必因人情，人情者有好惡，故賞罰可用；賞罰可用則禁令可立，而治道具矣。君執柄以處勢，故令行禁止。柄者，殺生之制也；勢者，勝衆之資也。廢置無度則權瀆，賞罰下共則威分。是以明主不懷愛而聽，不留説而計。故聽言不參則權分乎姦，智力不用則君窮乎臣。【略】故明主之行制也天，不可測也。其用人也鬼。如鬼之陰密。天則不非，既高不測，誰能非之。鬼則不困。既陰密，誰能困之。勢行教嚴，逆而不違，雖逆天下不敢違，此勢之用也。先慎曰：【略】。毀譽一行而不議。毀譽一行而天下不敢議。故賞賢罰暴舉善之至者也，賞暴罰賢舉惡之至者也，是謂賞同罰異。賞莫如厚，使民利之；譽莫如美，使民榮之；誅莫如重，使民畏之；毀莫如惡，使民恥之。然後一行其法，【略】禁誅於私家，【略】不害。【略】功罪賞罰必知之，顧廣圻曰：《藏》本同。今本功作公。按句有誤。先慎曰：不害二字當連上爲句，功罪賞罰必知之爲句。知功罪賞罰，則治天下之道得矣。今本功誤公，顧氏又以不害屬下爲句，故疑有誤。知之，道盡矣。

二，力不敵衆，智不盡物，先慎曰：此謂一人之力，一人之智也。與其用一人，不如用一國，用君之一人之智力，不知任衆而用國也。盧文弨曰：注用君下之字衍。又不知當作不如。故智力敵而羣物勝，揣中則私勞，不中則在過。【略】下君盡己之能，中君盡人之力，【略】上君盡人之智。是以事至而結智，一聽而公會。聽不一則後悖於前，後悖於前則愚智不分；不公會則猶豫而不斷，不斷則事留。顧廣圻曰：句絶。自取一聽，則毋墮壑之累，先慎曰：乾道本無聽字，毋下有道字。顧廣圻云：《藏》本、今本有聽字，無道字。按自取一三字逗，下文《聽法》云使君自取一以避罪，即此句之義。下句有誤。先慎按：顧讀誤。自取一聽句，上一聽而公會、聽不一則後悖於前兩見。此言君能自取一聽，即不爲臣下所動，自毋墮入臣下谿壑之憂。乾道本錯誤不可讀，改從《藏》本、今本。故使之諷，諷定而怒。【略】是以言陳之日必有筴籍，【略】結智者事發而驗，結能者功見而謀，【略】成敗有徵，【略】賞罰隨之。事成則君收其功，規敗則臣任其罪。君人者合符猶不親，而況於力乎？事智猶不親，而況於懸乎？【略】故非用人也不取同，同則君怒；使人相用則君神，君神則下盡。【略】下盡則臣上，【略】不因君而主道畢矣。

三，知臣主之異利者王，以爲同者劫，【略】與共事者殺。故明主審公私之分，審利害之地，姦乃無所乘。【略】亂之所生六也：主母，后姬，子姓，弟兄，大臣，顯賢。主母，君幼稱制；后姬、子姓，則强庶逼，兄弟，則公子擅國；大臣，代主執物者；顯賢，則虚名掩君。先慎曰：弟兄倒，下文兄弟不侵，明此當作兄弟，舊注未譌。乾道本注子姓作之姓，代主作代圭，今據趙本改。任吏責臣，主母不放。廢亂輒責於臣。先慎曰：此謂以法任吏，以勢責臣，則主母有所畏憚不敢放肆。注説非。禮施異等，后姬不疑。分勢不貳，庶適不爭。不令庶子貳適也。權籍不失，兄弟不侵。權柄國籍不失於下也。盧文弨曰：籍，張本下作藉，此亦當同。顧廣圻曰：籍，讀爲藉。下不一門，大臣不擁。不令一門專制，則不得權。盧文昭曰：擁當從土旁。先慎曰：注權當爲擁之誤。禁賞必行，顯賢不亂。臣有二因，謂外內也。【略】外曰畏，外臣行威，物皆畏。先慎曰：外，謂敵國；內，謂近習。注非。內曰愛。所畏之求得，所愛之言聽，此亂臣之所因也。外國之置諸吏者，結誅親暱重帑，【略】則外不籍矣；【略】爵禄循功，請者俱罪，則內不因矣。外不籍內不因，則姦宄塞矣。【略】官襲節而進，以至大任，智也。其位至而任大者，以三節持之：王先謙曰：襲節，猶上言襲級，節、級義同。以節持之，亦謂以上下之等治之。曰質，曰鎮，曰固。親戚妻子，質也；爵禄厚而必，鎮也；參伍貴帑，固也。先慎曰：貴帑當作責怒，形近而誤。下《立道》云：行參以謀多，揆伍以責失，行參必折，揆伍必怒，即其義。賢者止於質，貪饕化於鎮，姦邪窮於固。忍不制則下上，【略】小不除則大誅，【略】而名實當則徑之。顧廣圻曰：而上當更有誅字。徑者，謂顯誅也，下文乃隱誅之。生者，不誅也；害事者，實不當也；死者，誅之也；傷名者，名不當也；則行飲食者，以飲食行其誅也；不然者，不行飲食也；而與其讎者，以所誅與其讎也。故曰：此謂除陰姦也。生害事，死傷名，則行飲食；不然，而與其讎。此謂除陰姦也。翳曰詭，詭曰易。見功而賞，見罪而罰，而詭乃止；【略】是非不泄，説諫不通，而易乃不用。【略】父兄賢良播出曰遊禍，其患鄰敵多資。僇辱之人近習曰狎賊，其患發忿疑辱之心生。藏怒持罪而不發曰增亂，其患徼幸妄舉之人起。大臣兩重提衡而不踦【略】曰卷禍，【略】其患家隆劫殺之難作。【略】脱易不自神曰彈威，王先慎謙曰：彈疑殫，形近而誤。脱易不自神，則威竭盡於外。殫威無義。其患賊天酖毒之亂起。此五患者，人主之不知，則有劫殺之事。【略】廢置之事生於內則治，顧廣圻曰：自此下皆未詳。王先謙曰：國事廢置，皆當自內主之，由人主權其利害則無不治。生於外則亂。【略】是以明主以功論之內，而以利資之外，王先謙曰：論功於朝廷，取利於敵國。故其國治而敵亂。【略】即亂之道：【略】臣憎則起外若眩。臣愛則起內若藥。王先謙曰：不當憎而憎，則亂臣起外，若楚伍員之類；不當愛而愛，則亂臣起內，若吳宰嚭之類。眩不自持，形骸之疾；飲藥致斃，心腹之疾。

四，參伍之道：行參以謀多，揆伍以責失；王先謙曰：多，猶勝也，賢也，故行參以謀之。又揆之於伍，其衆以爲失者，則加罪責。行參必折，【略】揆伍必怒。不折則瀆上，不怒則相和。王先謙曰：羣下和同，非上之利，故必責以怒之。折之徵足以知多寡，【略】怒之前不及其衆。觀聽之勢，【略】其徵在比周而賞異也，【略】誅毋謁而罪同。顧廣圻曰：今本毋謁作罰誤。先慎曰：毋字衍。誅謁，即上文爵禄循功請者俱罪意。言會衆端，必揆之以地，謀之以天，驗之以物，參之以人。四徵者符，乃可以觀矣。參言以知其誠，易視以改其澤。先慎曰：改當作攷，形近而誤。澤，讀爲擇，謂擇守也。參聽人言以審察其誠否，易地而觀以攷驗其擇守。《禮記·射義》：澤者，所以擇士也。澤有擇義，其字又相通。《曲禮上》鄭注澤，或爲擇，是其證。執見以得非常，一用以務近習，重言以懼遠使，先慎曰：乾道本言作官，顧廣圻云：《藏》本、今本官作言。今據改。王先謙云：重其禁令，則遠使知懼。舉往以悉其前，即邇以知其內，疏置以知其外。【略】握明以問所闇，詭使以絶黷泄，倒言以嘗所疑，【略】論反以得陰姦，【略】設諫以綱獨爲，【略】舉錯以觀姦動，明説以誘避過，【略】卑適以觀直諂，宣聞以通未見，作鬬以散朋黨，【略】深一以警衆心，【略】泄異以易其慮。似類則合其參，陳過則明其固，【略】知辟罪以止威，【略】陰使時循以省衰，【略】漸更以離通比，王先謙曰：慮我使與外國通比，又逐漸更易以離其交，故下申之云：言通事泄，則術不行。下約以侵其上，相室約其廷臣，廷臣約其官屬，兵士約其軍吏，遣使約其行介，縣令約其辟吏，【略】郎中約其左右，后姬約其宫媛。此之謂條達之道。言通事泄則術不行。

五，明主，其務在周密。是以喜見則德償，【略】怒見則威分。【略】故明主之言隔塞而不通，周密而不見。故以一得十者下道也，以十得一者上道也。【略】明主兼行上下，故姦無所失。伍官連縣而鄰，謁過賞，失過誅。【略】上之於上，下之於上，亦然。是故上下貴賤相畏以法，相誨以和。【略】民之性有生之實，有生之名；爲君者有賢知之名，有賞罰之實。名實俱至，故福善必聞矣。

六，聽不參則無以責下，言不督乎用則邪説當上。【略】言之爲物也以多信：【略】不然之物十人云疑，百人然乎，千人不可解也。【略】吶者言之疑，辯者言之信。【略】姦之食上也，取資乎衆，籍【略】信乎辯，而以類飾其私。【略】人主不饜忿而待合參，其勢資下也。有道之主，聽言督其用，課其功，功課而賞罰生焉。【略】故無用之辯不留朝，任事者知不足以治職則放官收。【略】説大而誇則窮端，【略】故姦得而怒。先慎曰：而，猶則也，下誣而罪臣同。既得其誇大之姦情，則人主必怒。無故而不當爲誣，誣而罪臣。顧廣圻曰：以上皆有誤。先慎曰：謂非爲他事所阻，而功不當其言爲誣，誣則罪其臣。言必有報，説必責用也，故朋黨之言不上聞。凡聽之道，人臣忠論以聞姦，【略】博論以内一，人【略】主不智，則姦得資。明主之道，己喜則求其所納，已怒則察其所搆，論於已變之後以得毀譽公私之徵。王先謙曰：聞辨言而喜，必求其所納之虛實；聞訐言而怒，必察其所搆之是非。又於已變之後考論之，則毀譽公私皆得其徵驗矣。衆諫以效智，使君自取一以避罪。【略】故衆之諫也，則君之取也，【略】無副言於上以設將然，今符言於後以知謾誠語。【略】明主之道，臣不得兩諫，必任其一；語不得擅行，必合其參。故姦無道進矣。

七，官之重也，毋法也；法之息也，上闇也。上闇無度則官擅爲，官擅爲故奉重無前，奉重無前則徵多，【略】徵多故富。官之富重也，亂功之所生也。【略】明主之道，取於任，能任事則取之。賢於官，能守官則贊揚之。賞於功。言程，主喜俱必利，不當，主怒俱必害，則人不私父兄而進其仇讎。勢足以行法，奉足以給事，而私無所生，故民勞苦而輕官。【略】任事者毋重，【略】使其寵必在爵；處官者毋私，使其利必在禄。故民尊爵而重禄。爵禄所以賞也，民重所以賞也則國治。先慎曰：官輕則民重。刑之煩也，名之繆也，賞譽不當則民疑，民之重名與其重賞也均。賞者有誹焉不足以勸，罰者有譽焉不足以禁。明主之道，賞必出乎公利，各必在乎爲上。賞譽同執，非誅俱行。先慎曰：非、誹字同。此卽蒙上賞者有誹焉不足以勸句。然則民無榮於賞之内。【略】有重罰者必有惡名。故民畏。罰所以禁也，民畏所以禁則國治矣。

八，行義示則主威分，慈仁聽則法制毀。民以制畏上，而上以勢卑下，故下肆很觸【略】而樂於輕君之俗，則主威分。民以法難犯上，而上以法撓慈仁，故下明愛施而務賕紋之政，務爲貨賕。【略】是以法令隋廢。尊私行以貳主威，行賕紋以疑法。【略】聽之則亂治，不聽則謗主，【略】故君輕乎位，而法亂乎官，此之謂無常之國。明主之道，臣不得以行義成榮，不得以家利爲功。功名所生，必出於官法。法之所外，雖有難行，不以顯焉，故民無以私名。設法度以齊民，信賞罰以盡能，【略】明誹譽以勸沮；名號、賞罰、法令三隅，【略】故大臣有行則尊君，百姓有功則利上，此之謂有道之國也。

（清）王先慎《韓非子集解·五蠹》 今有不才之子，父母怒之弗爲改，鄉人譙之弗爲動，師長教之弗爲變。夫以父母之愛，鄉人之行，師長之智，三美加焉而終不動，其脛毛不改；顧廣圻曰：下有脱文。州部之吏，操官兵，推公法而求索姦人，然後恐懼，變其節，易其行矣。故父母之愛不足以教子，必待州部之嚴刑者，民固驕於愛聽於威矣。故十仞之城，樓季弗能踰者，峭也；千仞之山，跛牂易牧者，夷也。故明王峭其法而嚴其刑也。布帛尋常，庸人不釋；鑠金百溢，盜跖不掇。金銷爛，跢，跖棄而不掇。【略】不必害則不釋尋常，必害手則不掇百溢，【略】故明主必其誅也。是以賞莫如厚而信，使民利之；罰莫如重而必，使民畏之；法莫如一而固，先慎曰：乾道本固作故。盧文弨云：故張本作固，二字古通。顧廣圻云：今本故作固，誤。王先謙云：下文云明主之道，一法而不求智，固術而不慕信，卽此所謂一而固也，作固是。改從今本。使民知之。故主施賞不遷，行誅無赦，譽輔其賞，毀隨其罰，則賢不肖俱盡其力矣。今則不然，其有功也爵之，【略】而卑其士官也；以其耕作也賞之，而少其家業也；以其不收也外之，而高其輕世也；以其犯禁也罪之，【略】而多其有勇也。毀譽賞罰之所加者相與悖繆也，故法禁壞而民愈亂。今兄弟被侵必攻者廉也，世謂之有廉隅之人。知友被辱，隨仇者貞也；【略】廉貞之行成，而君上之法犯矣。人主尊貞廉之行而忘犯禁之罪，故民程於勇而吏不能勝也。【略】不事力而衣食則謂之能，不戰功而尊則謂之賢。【略】賢能之行成，而兵弱而荒地矣。人主説賢能之行，【略】而忘兵弱地荒之禍，【略】則私行立而公利滅矣。【略】儒以文亂法，【略】俠以武犯禁，而人主兼禮之，此所以亂也。夫離法者罪，而諸先生以文學取；【略】犯禁者誅，而羣俠以私劍養。故法之所非，君之所取；吏之所誅，上之所養也。法趣上下四相反也，而無所定，雖有十黄帝不能治也。故行仁義者非所譽，【略】譽之則害功；【略】工文學者非所用，【略】用之則亂法。楚之有直躬，其父竊羊而謁之吏。令尹曰：殺之！以爲直於君而曲於父，報而罪之。以是觀之，夫君之直臣，父之暴子也。魯人從君戰，三戰三北。仲尼問其故，對曰：吾有老父，身死，莫之養也。仲尼以爲孝，舉而上之。以是觀之，夫父之孝子，君之背臣也。【略】故令尹誅而楚姦不上聞，仲尼賞而魯民易降北。上下之利若是其異也，而人主兼舉匹夫之行，【略】而求致社稷之福，必不幾矣。古者蒼頡之作書也，自環者謂之私，背私謂之公。【略】公私之相背也，乃蒼頡固以知之矣。今以爲同利者，不察之患也。然則爲匹夫計者，莫如脩行義而習文學。【略】行義脩則見信，見信則受事；文學習則爲明師，爲明師則顯榮。此匹夫之美也。然則無功而受事，無爵而顯榮，有政如此。【略】則國必亂主必危矣。故不相容之事不兩立也：斬敵者受賞，而高慈惠之行；拔城者受爵禄，而信廉愛之説；堅甲厲兵以備難，而美薦紳之飾；富國以農，距敵恃卒，而貴文學之士；廢敬上畏法之民，而養遊俠私劍之屬。舉行如此，治强不可得也。國平養儒俠，難至用介士，所利非所用，所用非所利。是故服事者簡其業，而游學者日衆，【略】是世之所以亂也。且世之所謂賢者，【略】貞信之行也；所謂智者，微妙之言也。微妙之言，上智之所難知也。今爲衆人法，而以上智之所難知，則民無從識之矣。

（清）王先慎《韓非子集解・飭令》　飭令則法不遷。先慎曰：《商子》法不遷作治不留。法平則吏無姦。法已定矣，不以善言售法。先慎曰：售當作害，形近而誤。《商子》作害，是其證。任功則民少言，任善則民多言。行法曲斷，【略】以五里斷者王，能參驗五里，然後斷定其罪，如此者王也。先慎曰：此謂行法之速也。五里斷，九里斷，皆對宿治言，舊注非。以九里斷者强，既王且强。先慎曰：行九里而斷，較五里爲遲矣，然亦能斷，則其國必强。舊注並王而言，誤。《商子》九作十。宿治者削。宿，置也。若委置其法，則必削。以刑治，以賞戰。厚禄以周術，顧廣圻曰：《藏》本、今本周作用。按句有誤。先慎曰：周術，《商子》作自伐。國無奸民，【略】則都無姦市。先慎曰：市，《商子》作示。物多末衆，【略】農弛姦勝，則國必削。民有餘食，使以粟出爵，必以其力，則震不怠。顧廣圻曰：震當作農，見《商子》。先慎曰：上爵字當重，《商子》作宫爵，亦重，是其證。三寸之管毋當，不可滿也。雖受不多，然當無則不可滿也。先慎曰：《意林》毋作無。《商子》三寸作四寸，毋亦作無。注當無二字誤。授官爵出利禄不以功，是無當也。國以功授官與爵，此謂以成智謀，以威勇戰，【略】其國無敵。國以功授官與爵，則治見者省，言有塞，【略】此謂以治去治，以言去言。以功與爵者也，故國多力而天下莫之能侵也。兵出必取，取必能有之；案兵不攻必當。顧廣圻曰：當當作富，見《商子》。朝廷之事，小者不毀，【略】效功取官爵，廷雖有辟言，不得以相干也，先慎曰：辟言，卽上善言也。《商子》辟作辯。是謂以數治。以力攻者，出一取十；以言攻者，出十喪百。國好力，此謂以難攻；國好言，此謂以易攻。其能其胜害，【略】輕其任。而道壞餘力於心，【略】莫負乘宫之責於君，顧廣圻曰：乘宫，《用人》云：兼官。內無伏怨，使明者不相干，顧廣圻曰：《用人》云：明君使事不相干。故莫訟；使士不兼官，故技長；使人不同功，故莫爭。顧廣圻云：句絶。言此謂易攻。【略】重刑少賞，上愛民，民死賞；先慎曰：上愛民，卽下以刑去刑義。多賞輕刑，上不愛民，民不死賞。【略】利出一空者，其國無敵；利出二空者，其兵半用；利出十空者，民不守。重刑明民，大制使人，則上利。王先謙曰：平日重刑，俾民知上指，臨事又大爲禁制以使之。行刑重其輕者，輕者不至，【略】重者不來，此謂以刑去刑。先慎曰：此下當有其國必强四字，與下其國必削對文。罪重而刑輕，盧文弨曰：刑輕二字，張本倒，下同。刑輕則事生，此謂以刑致刑，其國必削。

（清）王先慎《韓非子集解・心度》　聖人之治民，度於本，不從其欲，期於利民而已。故其與之刑，非所以惡民，愛之本也。刑勝而民靜，賞繁而姦生。故治民者，刑勝治之首也，賞繁亂之本也。夫民之性，喜其亂而不親其法。【略】故明主之治國也，明賞則民勸功，嚴刑則民親法。勸功則公事不犯，親法則姦無所萌。故治民者，禁姦於未萌；而用兵者，服戰於民心。禁先其本者治，兵戰其心者勝。聖人之治民也，先治者强，先戰者勝。夫國事務先而一民心，專舉公而私不從，賞告而姦不生，明法而治不煩。能用四者强，不能用四者弱。夫國之所以强者，政也；主之所以尊者，權也。故明君有權有政，亂君亦有權有政，積而不同，其所以立異也。故明君操權而上重，一政而國治。故法者，王之者也；【略】刑者，愛之自也。夫民之性惡勞而樂佚，佚則荒，荒則不治，不治則亂，而賞刑不行於天下者必塞。【略】故欲舉大功而難致而力者，大功不可幾而舉也；【略】欲治其法而難變其故者，民亂不可幾而治也。先慎曰：欲治其法當作欲治民亂。上言欲舉大功而難致其力者，大功不可幾而舉也，此言欲治民亂而難變其故者，民亂不可幾而治也。舉大功、治民亂相對爲文。故治民無常，唯治爲法。王先謙曰：當作唯法爲治，文誤倒。法與時轉則治，治與世宜則有功。【略】故民樸而禁之以名則治，世知維之以刑，【略】則從。【略】時移而治不易者亂，能治衆而禁不變者削。【略】故聖人之治民治，【略】法與時移而禁與能變。【略】能越力於地者富，能起力於敵者强，强不塞者王。故王道在所聞，顧廣圻曰：《藏》本同。今本聞作開。按當作閉，下文云：能閉外塞私。在所塞，塞其姦者必王。故王術不恃外之不亂也，恃其不可亂也。恃外不亂而治立者削，顧廣圻曰：治當作始。恃其不可亂而行法者興。故賢君之治國也，適於不亂之術。【略】貴爵則上重，故賞功爵任而邪無所關。【略】好力者其爵貴，爵貴則上尊，上尊則必王。國不事力而恃私學者，其爵賤，爵賤則上卑，上卑者必削。故立國用民之道也，【略】能閉外塞私而上自恃者，王可致也。

（清）王先慎《韓非子集解·制分》 夫凡國博君尊者，【略】未嘗非法重而可以至乎令行禁止於天下者也。【略】是以君人者分爵制禄，則法必嚴以重之。顧廣圻曰：《藏》本、今本制禄作禄制。夫國治則民安，事亂則邦危。法重者得人情，禁輕者失事實。且夫死力者民之所有者也，情莫不出其死力以致其所欲；【略】而好惡者上之所制也，民者好利禄而惡刑罰。上掌好惡以御民力，【略】事實不宜失矣，【略】然而禁輕事失者，刑賞失也。其治民不秉法爲善也，如是，則是無法也。故治亂之理，宜務分刑賞爲急。治國者莫不有法，然而有存有亡。亡者，其制刑賞不分也。治國者，其刑賞莫不有分，有持異以爲分，【略】不可謂分。至於察君之分，獨分也。是以其民重法而畏禁，願毋抵罪而不敢胥賞。【略】故曰：不待刑賞而民從事矣。是故夫至治之國，善以止姦爲務。是何也？【略】其法通乎人情，關乎治理也。然則微姦之奈何？顧廣圻曰：《藏》本、今本之下有道字，按非也，此當衍之字。孫詒讓曰：此當云：然則微姦之法奈何。此篇首以法重發端，以下至篇末，法字凡十五見。此去亦即法之壞字，校者不知其誤，因移著微姦之上，遂不可通矣。微者，覹之借字。《説文·見部》云：覹，司也。《墨子·迎敵祠篇》云：謹微察之，亦以微爲覹，與此正同。微姦之法，謂司察姦人之法也，之非衍字。《藏》本、今本道字固後人肊增，顧校亦未允。其務令之相規其情者也。盧文弨曰：規，張本作闚。顧廣圻曰：規，讀爲闚，與下文互見。其情者也句有誤。先慎曰：微姦之法，務令人彼此闚察其隱情也。其務令之相規其情者也十字爲一句。顧氏句讀未明，故疑誤。則使相闚奈何？先慎曰：則上當有然字，此與上然則微姦之法奈何句法一律。曰：蓋里相坐而已。同里有罪，罪必相坐。禁尚有連於己者，理不得相闚，顧廣圻曰：理當作里。惟恐不得免。有姦心者不令得忘，闚者多也。如此，則慎己而闚彼，發姦之密。告過者免罪受賞，失姦者必誅連刑。王先謙曰：誅則必，刑則連。如此，則姦類發矣。姦不容細，【略】私告任坐使然也。任，保也。同里相保之人則坐之，故曰：任坐。顧廣圻曰：七字爲一句。先慎曰：乾道本注故曰作人則，改從趙本。夫治法之至明者，任數不任人。是以有術之國，不用譽則毋過，【略】境内必治，任數也；亡國使兵公行乎其地，而弗能圉禁者，任人而無數也。自攻者人也，攻人者數也。故有術之國，去言而任法。凡畸功之循約者難知，王先謙曰：畸功，謂偏畸不當理者，如攘奪增級之類。循約，謂與立功之約相依循，故曰姦功，虚功也。先慎曰：乾道本難作雖。顧廣圻云：《藏》本、今本雖作難。先慎按：難字是。下文所謂循約難知，即承此而言，今據改。過刑之於言者難見也，【略】是以刑賞惑乎貳。所謂循約難知者，姦功也；臣過之難見者，失根也。【略】循理不見虚功，度情詭乎姦根，則二者安得無兩失也！是以虚士立名於内，而談者爲略於外，故愚怯勇慧相連，而以虚道屬俗而容乎世，故其法不用，而刑罰不加乎僇人。如此，則刑賞安得不容其二！實故有所至，盧文弨曰：實故舊倒，《藏》本作實故。顧廣圻曰：《藏》本二作貳，是也，上文云：刑賞惑乎貳。今本實故作故實。按句有誤。王先謙曰：容其二字當衍，故實是也，至字誤。而理失其量；量之失，非法使然也，法定而任慧也。先慎曰：法定當作釋法。釋法而任慧者，則受事者安得其務！務不與事相得，則法安得無失，而刑安得無煩！是以賞罰擾亂，邦道差誤，刑賞之不分白也。顧廣圻曰：不分當作分不。先慎曰：顧説非。白下脱黑字，《用人篇》如此則白黑分矣，《説疑篇》爲人主者誠明於臣之所言，則別賢不肖於黑白矣，皆有黑字，是其證。

《六韜・武韜・文啓》文王問太公曰：聖人何守？執守。太公曰：何憂何嗇，萬物皆得。何嗇何憂，萬物皆遒。政之所施，莫知其化。時之所在莫知其移。聖人守此而萬物化。何窮之有？終而復始，優而游之，展轉求之；求而得之，不可不藏。既以藏之，不可不行。既以行之，勿復明之。夫天地不自明，故能長生；聖人不自明，故能名彰。古之聖人，聚人而爲家，聚家而爲國，聚國而爲天下。分封賢人，以爲萬國，命之曰：大紀。陳其政教，順其民俗，群曲化直，變於形容，萬國不通，各樂其所，人愛其上。命之曰：大定。嗚呼！聖人務靜之，賢人務正之；愚人不能正，故與人爭。上勞則刑煩，刑煩則民憂，民憂則流亡。上下不安其生，累世不休，命之曰：大失。天下之人如流水，障之則止，啓之則行，靜之則清。嗚呼神哉！聖人見始則知其終。【略】天有常形，民有常生。與天下共其生，而天下靜矣。太上因之，其次化之。夫民化而從政，是以天無爲而成事，民無與而自富。此聖人之德也。

（宋）吉天保《孫子十家註》卷一《計篇》將者，智、信、仁、勇、嚴也。杜牧注云：先王之道，以仁爲首，兵家者流，用智爲先。蓋智者，能機權，識變通也；信者，使人不惑於刑賞也；仁者，愛人憫物，知勤勞也；勇者，決勝乘勢，不逡巡也；嚴者，以威刑肅三軍也。

（宋）吉天保《孫子十家註》卷九《行軍篇》卒已親附而罰不行，則不可用也。曹操注云：恩信已洽，若無刑罰，則驕情難用也。

又：令之以文，齊之以武，是謂必取。張預注云：文恩以悦之，武威以肅之，畏愛相兼，故戰必勝，攻必取。或問曰：《書》云：威克厥愛，允濟；愛克厥威，允罔功，言先威也。孫武先愛何也？曰：《書》之所稱，仁人之兵也。王者之於民，恩德素厚，人心已附，及其用之，惟患乎寡威也。武之所陳，戰國之兵也。霸者之於民，法令素酷，人心易離，及其用之，惟患乎少恩也。

梅堯臣注云：令以仁恩，齊以威刑，恩威并著，則能必勝。素，舊也。威令舊立，教乃聽服。

《司馬法・仁本一》王霸之所以治諸侯者六：以土地形諸侯，以政令平諸侯，以禮信親諸侯，以材力説諸侯，以謀人維諸侯，以兵革服諸侯。同患同利，以合諸侯；比小事大，以和諸侯。會之以發禁者九：憑弱犯寡則眚之，賊賢害民則伐之，暴內陵外則壇之，野荒民散則削之，負固不服則侵之，賊殺其親則正之，放弒其君則殘之，犯令陵政則杜之，外內亂禽獸行則滅之。

《尉繚子・原官》官者，事之所主，爲治之本也。制者，職分四民，治之分也。貴爵富禄必稱，尊卑之體也。好善罰惡，正比法，會計民之具也。均井地，節賦斂，取與之度也。程工人備器用，匠工之功也。分地塞要，殄怪禁淫之事也。守法稽斷，臣下之節也。明法稽驗，主上之操也。明主守，等輕重，臣主之權也。明賞賚，嚴誅責，止姦之術也。審開塞，守一道，爲政之要也。下達上通，至聰之聽也。知國有無之數，用其仂也。知彼弱者，强之體也。知彼動者，靜之決也。官分文武，惟王之二術也。俎豆同制，天子之會也。遊説間諜無自入，正議之術也。諸侯有謹天子之禮，君臣繼世，承王之命也。更號易常，建王明德，故禮得以伐也。官無事治，上無慶賞，民無獄訟，國無商賈，何王之至也？明舉上達，在王垂聽也。

《尉繚子・兵教下》賞如山，罰如谿。太上無過，其次祉過。使人無得私語，諸罰而請不罰者死，諸賞而請不賞者死。伐國必因其變，示之財以觀其窮，示之弊以觀其病，上乖下離，若此之類，是伐之因也。凡興師，必審內外之權，以計其去。兵有備闕，糧食有餘不足，校所出入之路，然後興師伐亂，必能入之。地大而城小者，必先收其地。城大而地窄者，必先攻其城。地廣而人寡者，則絶其阨。地窄而人衆者，則築大堙以臨之。無喪其利，無奪其時，寬其政，夷其業，救其弊，則足以施天下。今戰國相攻，大伐有德。自伍而兩，自兩而師，不一其令。率俾民心不定，徒尚驕侈。謀患辯訟，吏究其事，累且敗也。日暮路遠，還有挫氣，師老將貪，爭掠易敗。凡將輕、壘卑、衆動，可攻也。將重、壘高、衆懼，可圍也。凡圍，必開其小利，使漸夷弱，則節吝有不食者矣。衆夜擊者，驚也。衆避事者，離也。待人之救，期戰而蹙，皆心失而傷氣也。傷氣敗軍，曲謀敗國。

《尸子》卷上《分》 賞罰隨名，民莫不敬。周公之治天下也，酒肉不徹於前，鐘鼓不解於懸，聽樂而國治，勞無事焉。

《尸子》卷上《發蒙》 是故曰：審一之經百事乃成，審一之紀百事乃理。名實判爲兩合爲一，是非隨名實，賞罰隨是非，是則有賞，非則有罰，人君之所獨斷也。

又： 聽朝之道使人有分，有大善者，必問孰進之；有大過者，必云孰任之；而行賞罰焉，且以觀賢不肖也。

又： 今有大善者，不問孰進之，有大過者，不問孰任之，則有分無益。已問孰任之而不行賞罰，則問之無益。已是非不得盡見，謂之蔽；見而弗能知，謂之虛；知而弗能賞，謂之縱，三者亂之本也。明分則不蔽，正名則不虛，賞賢罰暴則不縱，三者治之道也。於群臣之中，賢則貴之，不肖則賤之。

《尸子》卷下《散見諸書文彙輯》 車輕道近則鞭策不用，鞭策之所用，遠道重任也。刑罰者，民之鞭策也。《御覽》六百卌六、七百七十三，《書鈔》四十三，《後漢書·虞詡傳》注：《意林》遠道重任作道遠任重。《韓非子·難勢》云：勢之於治亂本末有位也。而語專言勢之足以治天下者，則其智之所至者，淺矣。夫良馬固車，使臧獲御之，則爲人笑；王良御之而日取千里，車馬非異也。或至乎千里，或爲人笑，則巧拙相去遠矣。今以國位爲車，以勢爲馬，以號令爲轡，以刑罰爲鞭策，使堯舜御之，則天下治，桀紂御之，則天下亂，則賢不肖和去遠矣。夫欲追速致遠，不知任王良，欲進利除害？不知任賢能，眦則不知類之患也。夫堯舜亦治民之王良也。

又： 秦穆公明於聽獄，斷刑之日揖士大夫曰：寡人不敏，教不至使民入於刑，寡人與有戾焉。二三子各據爾官無使民困於刑。繆公非樂刑民，不得已也。此其所以善刑也。

《尹文子·大道上》 有形者必有名，有名者未必有形。形而不名，未必失其方圓白黑之實。名而不可不尋名以檢其差。故亦有名以檢形，形以定名，名以定事，事以檢名。察其所以然，則形名之與事物，無所隱其理矣。名有三科，法有四呈。一曰命物之名，方圓白黑是也。二曰毀譽之名，善惡貴賤是也。三曰況謂之名，賢愚愛憎是也。一曰不變之法，君臣上下是也。二曰齊俗之法，能鄙同異是也。三曰治衆之法，慶賞刑罰是也。四曰平准之法，律度權量是也。術者，人君之所密用，群下不可妄窺。勢者，制法之利器，羣下不可妄爲。人君有術，而使群下得窺，非術之奥者。有勢使羣下得爲，非勢之重者。大要在乎先正分，使不相侵雜，然後術可秘，勢可專。

又： 慶賞刑罰，君事也，守職效能，臣業也。君料功黜陟，故有慶賞刑罰。臣各慎所任，故有守職效能。君不可與臣業，臣不可侵君事。上下不相侵與謂之名正，名正而法順也。接萬物使分，別海內使不雜，見侮不辱，見推不矜，禁暴息兵，救世之鬬。此仁君之德可以爲主矣。守職分使不亂，慎所任而無私，饑飽一心，毀譽同慮，賞亦不忘，罰亦不怨，此居下之節，可爲人矣。

又： 名稱者，何彼此而檢虛實者也。自古至今，莫不用此而得，用彼而失。失者由名分混，得者由名分察。今親賢而踈不肖，賞善而罰惡。賢不肖善之名宜在彼，親踈賞罰之稱宜屬我。我之與彼，又復一名，名之察者也。名賢不肖爲親踈，名善惡爲賞罰，合彼我之一稱而不別之，名之混者也。故曰：名稱者，不可不察也。

《尹文子·大道下》 今萬民之望人君，亦如貧賤之望富貴。其所望者，蓋欲料長幼，平賦斂，時其飢寒，省其疾痛，賞罰不濫，使役以時，如此而已，則於人君弗損也。然而弗酬，弗與同勞逸故也。故爲人君不可弗與民同勞逸焉。故富貴者可不酬貧賤者，人君不可不酬萬民。不酬萬民，則萬民之所不願戴。所不願戴，則君位替矣。危莫甚焉，禍莫大焉。

又： 今使由爵祿而後富，則人力争盡力於其君矣。由刑罰而後貧則人咸畏罪而從善矣。故古之爲國者，無使民自貧富。貧富皆由於君，則君專所制，民知所歸矣。

《慎子·內篇》 天下之人所共趨之而不知止者，富貴耳。所謂富貴者，是於物耳。夫富貴之亢極者，大則帝王，小則公侯而已。豈不以被袞冕處，處宮闕，建羽葆警蹕，故謂之帝王；豈不以戴簪纓，喧車馬，仗旌旃鈇鉞，故謂之公侯邪？不飾之以袞冕、宮闕、羽葆、警蹕、簪纓、鈇鉞，又何有乎帝王公侯哉？夫袞冕、羽葆、警蹕、簪纓、鈇鉞、旌旃、車馬皆物也。物是則富貴，富貴則帝王公侯。故曰：富貴者，是物爾。以是物者爲富貴，無物者爲貧賤，於是樂富貴，恥貧賤。不得其樂者，無所不至矣！是故明王知其然，操二柄以馭之。二者，刑德也。殺之謂刑，慶賞之謂德。使人臣雖有智能，不得背法而專制；雖有賢行，不得踰功而先勞；雖有忠信，不得釋法而不禁。

《慎子·外篇》 老子曰：民不畏死，如何以死懼之？凡民之不畏死，由刑罰過，則民不賴其生。生無所賴，視君之威末如也。刑罰中，則民畏死，畏死由生之可樂也。知生之可樂，故可以死懼之。此人君之所宜執，臣下之所宜慎。

《鶡冠子·天則》 上下有間，於是設防，知蔽並起，爲之斗斛以量之，則並與斗斛而竊之爲之；權衡以稱之，則並與權衡而竊之。故政在私家而弗能取，政在大夫。重人掉權而弗能止，賞加無功而弗能奪，法廢不奉而弗能立，罰行於非其人而弗能絕者，不與其民之故也。與民共之，而上下以道相維，豈容至此哉！屋漏知之在下，船漏知之在上。

《鬼谷子·符言》 用賞貴信，用刑貴正。賞賜貴信，必驗耳目之所見聞。其所不見聞者，莫不闇化矣。誠暢於天下神明，而況姦者千君？

又： 心爲九竅之治，君爲五官之長。爲善者，君與之賞，爲非者，君與之罰。君因其政之所以求，因與之，則不勞。聖人用之，故能賞之。因之循理，故能久長。因求而與，悅莫大焉。雖無玉帛，勸同賞矣。有主因。

《呂氏春秋·孝行覽·義賞》 賞罰之柄，此上之所以使也。其所以加者義，則忠信親愛之道彰。久彰而愈長，民之安之若性，此之謂教成。教成則雖有厚賞嚴威弗能禁。故善教者不以賞罰而教成，教成則賞罰弗能禁。用賞罰不當亦然。姦僞賊亂貪戾之道興，久興而不息，民之讐之若性，戎、夷、胡、貉、巴、越之民是以，雖有厚賞嚴罰弗能禁。郢人之以兩版垣也，吳起變之而見惡，賞罰易而民安樂。氐羌之民，其虜也，不憂其係累，而憂其死不焚也，皆成乎邪也。故賞罰之所加，不可不慎，且成而賊民。

《呂氏春秋·離俗覽·用民》 四曰：凡用民，太上以義，其次以賞罰。其義則不足死，賞罰則不足去就，若是而能用其民者，古今無有。民無常用也，無常不用也，唯得其道爲可。

《呂氏春秋·離俗覽·適威》 故亂國之使其民，不論人之性，不反人之情，煩爲教而過不識，數爲令而非不從，巨爲危而罪不敢，重爲任而罰不勝。民進則欲其賞，退則畏其罪，知其能力之不足也，則以爲繼矣。以爲繼，知則上又從而罪之，是以罪召罪，上下之相讎也，由是起矣。故禮煩則不莊，業煩則無功，令苛則不聽，禁多則不行。桀、紂之禁，不可勝數，故民因而身爲戮，極也，不能用威適。子陽極也，好嚴有過，而折弓者恐必死，遂應猘狗而弒子陽，極也。周鼎有竊，曲狀甚長，上下皆曲，以見極之敗也。

（漢）劉安《淮南子》卷七《精神訓》 今若夫申、韓、商鞅之爲治也，申，申不害也。韓，韓非也。商鞅，公孫鞅。三子之術，皆爲刻削之法也。挬拔其根，蕪棄其本，而不窮究其所由生。何以至此也？鑿五刑，爲刻削，乃背道德之本，而爭於錐刀之末，錐刀之末謂小利，言盡爭之也。斬艾百姓，殫盡太半，斬艾百姓，以草木喻也。不養之也。殫，病也。太半，過半也。逵吉按凡數三分有二爲太半，有一爲少半，韋昭說也。而忻忻然常自以爲治，忻忻猶自喜，得意之貌也。是猶抱薪而救火。

（漢）劉安《淮南子》卷九《主術訓》 爲惠者，尚布施也。無功而厚賞，無勞而高爵，則守職者懈於官，而游居者亟於進矣。爲暴者，妄誅也，無罪者而死亡。行直而被刑，則脩身者不勸善，而爲邪者輕犯上矣。言不可不慎也。故爲惠者生姦，而爲暴者生亂，姦亂之俗，亡國之風。風，化。

又： 智不足以爲治，威不足以行誅，則無以與天下交也。喜怒形於心者，欲見於外，則守職者離正而阿上，有司枉法而從風，賞不當功，誅不應罪，上下離心，而君臣相怨也。是以執政阿主，阿，曲從也。而有過則無以責之。有罪而不誅，則百官煩亂，智弗能解也。

（漢）劉安《淮南子》卷一〇《繆稱訓》 明主之賞罰，非以爲己也，以爲國也。適於己而無功於國者，不施賞焉，逆於己便於國者，不加罰焉。

（漢）劉安《淮南子》卷一三《氾論訓》 齊桓公將欲征伐，甲兵不足，令有重罪者，出犀甲一戟，犀甲，取其堅也。戟，車戟也，長丈六尺。犀或作三，直出三甲也。有輕罪者贖以金分，輕，小也。以金分，出金隨罪輕重有分兩也。訟而不勝者出一束箭。不勝，猶不直也。箭十二爲束也。百姓皆說。乃矯箭爲矢，治箭之笄好者也。逵吉按《太平御覽》引笄作竿是。鑄金而爲刃，刃，五刃也，刀、劍、矛、戟、矢也。以伐不義而征無道，遂霸天下。此入多而無怨者也。故聖人因民之所喜而勸善，因民之所惡而禁姦，故賞一人而天下譽之，罰一人而天下畏之。故至賞不費，賞當賞，不虛費。至刑不濫。刑當刑，不傷善。濫讀收斂之斂。孔子誅少正卯，而魯國之邪塞，少正，官。卯，其名也。魯之諂人，孔子相魯七日，誅之於東觀之下，刑不濫也。子產誅鄧析而鄭國之姦禁。鄧析詭辯，姦人之雄也。子產誅之，故姦禁也。《傳》曰：鄭駟歂殺鄧析而用其竹刑。鄧析制刑書之于竹，鄭國用之，不以人廢言也。以近喻遠，以小知大也，故聖人守約而治廣者，此之謂也。

（漢）劉安《淮南子》卷一四《詮言訓》 人主好仁，則無功者賞，有罪者釋；好刑，則有功者廢，無罪者誅。及無好者，誅而無怨，施而不德，施準循繩，身無與事，若天若地，何不覆載？故合而舍之者君也，制而誅之者法也。民已受誅，怨無所滅，謂之道。道勝，則人無事矣。

（漢）王充《論衡》卷一〇《非韓》 韓子之術，明法尚功，賢無益於國不加賞，不肖無害於治不施罰。責功重賞，任刑用誅，故其論儒也，謂之不耕而食，比之於一蠹；論有益與無益也，比之於鹿馬。馬之似鹿者千金，天下有千金之馬，無千金之鹿；鹿無益，馬有用也。儒者猶鹿，有用之吏猶馬也。夫韓子知以鹿馬喻，不知以冠履譬。使韓子不冠徒履而朝，吾將聽其言也。加冠於首而立於朝，受無益之服，增無益之仕，言與服相違，行與術相反，吾是以非其言而不用其法也。煩勞人體，無益於人身，莫過跪拜。使韓子逢人不拜，見君父不謁，未必有賊於身體也。然須拜謁以尊親者，禮義至重，不可失也。故禮義在身，身未必肥；而禮義去身，身未必瘠而化衰。以謂有益，禮義不如飲食。使韓子賜食君父之前，不拜而用，肯爲之乎，夫拜謁禮義之效，非益身之實也。然而韓子終不失者，不廢禮義以苟益也。夫儒生，禮義也；耕戰，飲食也。貴耕戰而賤儒生，是棄禮義求飲食也。使禮義廢，綱紀敗，上下亂而陰陽繆，水旱失時，五穀不登，萬民饑死，農不得耕，土不得戰也。子貢去告朔之餼羊，孔子曰：賜也，爾愛其羊，我愛其禮。子貢惡費羊，孔子重廢禮也。故以舊防爲無益而去之，必有水災；以舊禮爲無補而去之，必有亂患。

又： 論者或曰：魏文式段干木之閭，秦兵之不至，非法度之功；一功特然，不可常行，雖全國有益，非所貴也。夫法度之功者，謂何等也？養三軍之士，明賞罰之命，嚴刑峻法，富國強兵，此法度也。案秦之彊，肯爲此乎？六國之亡，皆滅於秦兵。六國之兵非不銳，士衆之力非不勁也，然而不勝，至於破亡者，強弱不敵，衆寡不同，雖明法度，其何益哉？使童子變孟賁之意，孟賁怒之；童子操刃，與孟賁戰，童子必不勝，力不如也。孟賁怒，而童子修禮盡敬，孟賁不忍犯也。秦之與魏，孟賁之與童子也。魏有法度，秦必不畏，猶童子操刃，孟賁不避也，其尊士式賢者之閭，非徒童子修禮盡敬也。夫力少則修德，兵強則奮威。秦以兵強，威無不勝；卻軍還衆，不犯魏境者，賢干木之操，高魏文之禮也。夫敬賢，弱國之法度，力少之強助也，謂之非法度之功，如何？高皇帝議欲廢太子，呂后患之，即召張子房而畫策。子房教以敬迎四皓而厚禮之，高祖見之，心消意沮，太子遂安。使韓子爲呂后議，進不過強諫，退不過勁力；以此自安，取誅之道也，豈徒易哉？夫太子敬厚四皓，以消高帝之議，猶魏文式段干木之閭，卻強秦之兵也。

又： 魯繆公問於子思曰：吾聞龐撊是子不孝，不孝其行奚如？子思對曰：君子尊賢以崇德，舉善以勸民，若夫過行，是細人之所識也，臣不知也。子思出，子服厲伯見。君問龐撊是子，子服厲伯對以其過，皆君子所未曾聞。自是之後，君貴子思而賤子服厲伯。韓子聞之，以非繆公，以爲明君求姦而誅之。子思不以姦聞，而厲伯以姦對，厲伯宜貴，子思宜賤。今繆公貴子思，賤厲伯，失貴賤之宜，故非之也。夫韓子所尚者，法度也；人爲善法度賞之，惡法度罰之；雖不聞善惡於外，善惡有所制矣。夫聞惡不可以行罰，猶聞善不可以行賞也。非人不舉姦者，非韓子之術也。使韓子聞善，必將試之；試之有功，乃肯賞之。夫聞善不輒加賞，虛言示必可信也若此，聞善與不聞，無以異也。夫聞善不輒賞，則聞惡不輒罰矣。聞善必試之，聞惡必考之。試有功乃加賞，考有驗乃加罰。虛聞空見，實試未立，賞罰未加。賞罰未加，善惡未定。未定之事，須術乃立。則欲耳聞之，非也。

（漢）馬融《忠經·武備章》 王者生武以威四方，安萬人也。淳德布洽，戎夷禀命，統軍之帥，仁以懷之，義以萬之，禮以訓之，信以行之，賞以勸之，刑以嚴之，行此六者謂之有利。故得師盡其心，竭其力，致其命，是以攻之則克守之，則固武備之道也。《詩》云：赳赳武夫，公侯干城。

（唐）袁孝政《劉子袁注》卷三《賞罰章》　治民御下莫正於法，立法施教莫大於賞罰。賞罰者國之利器，而制人之柄也。故天以晷數成歲，行一周天三百六十五度四分度之一，日月行度各有其數，日行遲一年一周天，月行疾一月一周天。國以法教爲治。晷運於天則時成於地，法動於上則治成於人。晷之運也，先春後秋，法之動也，先賞後罰，是以溫風發春，所以動萌華也，寒露降秋，所以殯茂葉也。明賞有德，所以勸善人也，顯罰有過，所以禁下姦也。善賞者，因民所喜以勸善；善罰者，因民所惡以禁姦。故賞少而善勸，刑薄而姦息。賞一人而天下喜之，罰一人而天下畏之。用能教狹而治廣，事寡而功衆也。其王良之善御也，識馬之饑飽，規矩，徐疾之節，故鞭策不載而千里可期，然不可以無鞭策者，以馬之有佚也。聖人之爲治也，以爵賞勸善，以仁化養民，則刑罰不用，太平可致。然而不可廢刑罰者，以民有縱也。是以賞雖勸善不可無罰，罰雖禁惡，不可無賞。賞平罰當則理道立矣。故君者，賞罰之所歸，誘人以趣善也。其利重矣，其威大矣。空懸小利足以勸善，虛設輕威可以懲姦。矧復張厚賞以施下，操大威以臨民哉。故一賞不可不信也，一罰不可不明也。賞而不要，雖賞不勸；罰而不明，雖刑不禁。不勸不禁，則善惡失理，是以明主一賞善罰惡非爲己也，以爲國也。適於己而無功於國者不加賞焉。逆於己而便於國者不施罰焉，罰必施於有過，賞必加於有功，苟善賞信而罰明則萬人從之，若舟之循川，車之遵路。亦奚向而不濟，何行而弗臻矣。

（唐）魏徵《群書治要》卷四二《鹽鐵論》　道徑衆，民不知所由也；法令衆，人不知所避也。故王者之制法也，昭乎如日月，故民不迷，曠乎若大路，故民不惑，幽隱遠方折乎知之，愚婦童婦咸知所避，是故法令不犯，而獄犴不用也。昔秦法繁於秋荼，而網密於凝脂，然而上下相遁，姦僞萌生，有司治之，若救爛捄焦，不能禁，非網疏而罪漏，禮義廢而刑罰任也。方今律令百有餘篇，文章繁，罪名重，群國用之疑惑，或淺或深，自吏明習者，不知所處，而況愚民乎？律令塵蠹於棧閣，吏不能徧覩，而況愚民乎？此斷獄所以滋衆，而民犯禁滋多也。親服之屬甚衆，上附下附，而服不過五。五刑之屬三千，上殺下殺，而罪不過五。故治民之道，務篤於教也。法能刑人，而不能使人廉，能殺人，而不能使人仁。所貴良醫者，貴其審消息，而退邪氣也，非貴其下鍼石，而鑽肌膚也；所貴良吏者，貴其絶惡於未萌，使之不爲非，非貴其拘之囹圄，而刑殺之也。今之所謂良吏者，文察則以禍其民，强力則以厲其下，不本法之所由生，而專己之殘心，文誅假法，以陷不辜，累無罪，以子及父，以弟及兄，一人有罪，州里驚駭，十家奔亡，若癰疽之相漫，色淫之相連，一節動而百枝搖。《詩》云：舍彼有罪，既伏其辜，若此無罪，淪胥以鋪。傷無罪而累也，非患銚鉏之不利，患其舍草而芸苗也，非患無準平，患其舍枉而繩直也。故親近爲過不必誅，是鉏不用也，疏遠有功不必賞，是苗不養也。故世不患無法，而患無必行之法也。

古者周其禮，而明其教，禮周教明不從者，然後等之以刑。刑罰中，民不怨矣，故舜施四罪，而天下咸服，誅不仁也。輕重各伏其誅，刑必加而無赦，赦維疑者，若此則世安得不軌之人而罪之乎。今廢其德教，而責之禮義，是虐民也。《春秋傳》曰：子有罪執其父，臣有罪執其君。聽失之大者也。今以子誅父，以弟誅兄，親戚相坐，什伍相連，若引根本，而及華葉，傷小指，而累四體也。如此則以有罪反誅無罪，反誅無罪，則天下之無罪者寡矣。故吏不以多斷爲良，醫不以多刺爲工。子產殺一人刑二人，道不拾遺，而民無誣心。故爲民父母，似養疾子，長恩厚而已。自首匿相坐之法立，骨肉之恩廢，而刑罪多矣。聞父母之於子，雖有罪猶匿之，其不欲服罪爾，子爲父隱、父爲子隱，未聞父子之相坐也。聞兄弟能緩追以免賊，未聞兄弟之相坐也。聞惡惡止其人，疾始而誅首惡，未聞什伍而相坐也。

紂爲炮烙之刑，而秦有收孥之法，趙高以峻文決罪於內，百官以峭法斷割於外，死者相枕席，刑者相望，百姓側目重足，不寒而慄。方此之時，豈特冒火蹈刃哉。然父子相背，兄弟相嫚，至於骨肉相殘，上下相殺，非刑輕而罰不必，令太嚴而仁恩不施也。故政寬則下親其上，政嚴則臣謀其主。晉厲以幽，二世以弑，惡在峻法之不犯，嚴家之無挌虜也。聖人知之，是以務和不務威。故高皇帝約秦苛法，以慰怨毒之人，而長和睦之心，唯恐刑之重而德之薄也。是以恩施無窮，澤流後世。商鞅，吴起以秦楚之法爲輕而累之，上危其主下没其身，或非特慈母乎。

民之仰法，猶魚之仰水，水清則靜，濁則擾，擾則不安其居，靜則樂其業，樂其業則富，富則仁生，贍則爭止。是以成康之世，賞無所施，法無所加，非可刑而不刑，民莫犯禁也，非可賞而不賞，民莫不仁也。若斯，則吏何事而可理乎。今之治民者，若拙御之御馬也，行則頓之，止則擊之。身創於箠，吻傷於銜，而求無失，何可得也。故疲馬不畏鞭箠，疲民不畏刑法，雖增而累之，其有益乎？

古者明其仁義之誓，使民不踰，不教而殺，是虐民也。與其刑不可踰，不若義之不可踰也。聞禮義行而刑罰中，未聞刑罰任而孝悌興也。高墻狹基，不可立也，嚴刑峻法，不可久也。二世信趙高之計，深督責而任誅斷，刑者半道，死者日積，殺人多者爲忠，斂民悉者爲能，百姓不勝其求，黔首不勝其刑，海内同憂，而俱不聊生。故過任之事，父不得於子，無已之求，君不得於臣，知死不再。窮鼠齧狸，匹夫奔萬乘，舍人折弓，陳勝、吴廣是也。聞不一朞而社稷爲虚，惡在其能長制群下，而久守其國也。

（唐）魏徵《群書治要》卷四七《政要論·詳刑》 夫刑辟之作，所從尚矣。聖人以治，亂人以亡，故古今帝王莫不詳慎之者，以爲人命至重，壹死不生，一斷不屬故也。夫堯舜之明，猶惟刑之恤也，是以後聖制法，設三槐九棘之吏，肺石、嘉石之訊，然猶復三判。僉曰可殺，然後殺之，罰若有疑，即從其輕，此蓋詳慎之至也。故苟詳則死者不恨，生者不忿，忿恨不作，則災害不生。災害不生，太平之治也。是以聖主用其刑也，詳而行之，必欲民犯之者寡，而畏之者衆。明刑至於無刑，善殺至於無殺，此之謂矣。夫闇亂之主用刑彌繁，而犯之者益多，而殺之者彌衆，而慢之者尤甚者何？由用之不詳而行之不必也。不詳則罪不值，所罪不值，則當死反生，不必則令有所虧，令有所虧，則刑罰不齊矣。失此二者，雖日用五刑，而民猶輕犯之。故亂刑之刑，刑以生刑，惡殺之殺，殺以致殺，此之謂也。

（宋）李昉等《太平御覽》卷六二七《治道部·賦斂》 《淮南子》曰：或有罪而可賞，或有功而可罪者。始西門豹治鄴，西門豹魏侯之宦。食無積粟，府無儲錢，庫無兵甲，官無計會。人數言其過於文侯，身往行其縣，果若人言。文侯曰：翟璜任子治鄴，鄴大亂，子能變道則可，不能將加誅於子。西門豹曰：王主富民，霸主富武，亡國富府庫。今君欲爲霸者也，臣故蓄積於民，君以爲不然。臣請先登，鼓之鉀兵，粟米可立具也。乃登城而鼓之，致鉀笴甲鎧笴操箭矢也。兵弩而出。再鼓服楗載粟而至。服駕出也。揵，擔。文侯曰：罷之。西門豹曰：與民信非一日積也，一舉而欺之，其後不可復用也。燕嘗侵魏八城，請北擊之，以復侵地，遂舉兵擊燕，復地而後反。此有罪而可爲賞者也。解篇爲東封解篇，魏臣，治東封也。上計而入三倍。有司請賞之。文侯曰：吾土地非廣也，人民非益衆也，何以三倍？對以冬伐木而積之，以春浮之河而鬻之。文侯曰：民寒以力耕，暑以强耘，秋以收斂，冬間無事，又伐林而積之，負軛而浮之於河，是用民不得休息也。民以弊矣，雖有三倍之入將焉用之。此有功而可罪者也。

（宋）李昉等《太平御覽》卷六三六《刑法部·叙刑》 《管子》曰：夫争强之國，先争刑令。國之輕重者，刑也。

又：《淮南子》曰：聖人因民之所喜而勸善，因民之所惡以禁姦。故賞一人而天下譽之，罰一人而天下畏之，故至賞不費，至刑不濫。孔子誅少正卯，而魯國之（耶）〔邪〕塞，子産誅鄧析，而鄭國之姦禁。

又曰：趙政晝决獄、夜理書。趙政，秦皇帝也。御史冠蓋接於郡縣，覆督稽留戍五嶺，以備越，築城以守胡。然姦邪萌生，盗賊羣居，事愈煩而亂愈多。故法者，治之具也，而非所以中也。

又曰：子發爲上蔡令，民有當刑獄斷論定決於令前。子發喟然有慘恤之心，罪人以刑，而不忘其恩。子發，楚威王臣，在春秋後。日此其後，子發得罪於威王，而奔於刑者，於城下之盧，追者至，蹀足而怒曰：子發親決吾罪，而吾怨之，憯於骨體，使我得肉而食之，其知厭乎。追者皆以爲然，不索其内，果活子發。

（宋）王欽若《册府元龜》卷六〇九《刑法部·定律令》 古先哲王，即天論緣民情爲之刑罰威獄，以類其震曜殺戮焉，蓋所以防邪辟，御奸宄，禁其踰矩，以佐乎治者也。唐虞而下制事典以爲律度，作法令而一民志。隨世輕重沿革斯在然，而周設三典，施用既殊。漢增九章條目寖廣。晉魏之後，或損益殊制，繁簡異宜載之，討論有所刊定救時之弊，乃至於申嚴濟民之殘式從乎寬裕。杜周所謂三尺法，亦何嘗之有哉？若夫令出維行，《周書》之攸慎用刑不中。仲尼之所譏，自非協於大中而較。若畫一，又曷能御下而濟衆者乎！堯命伯夷降典折民維刑，伯夷下典禮教民，而斷以法。舜既攝政，象以典刑，象，法也，法用常刑，用不越法。流宥五刑，宥，寬也。以流放之法寬五刑。鞭作官刑，以鞭爲治官事之刑。扑作教刑，扑，榎楚也。不勤道業則撻也。金作贖刑，金，黄金。誤而入刑出金以贖罪。眚災肆赦，怙終賊刑。眚過災害，肆緩賊也。過而有害當緩赦之，怙姦自然當刑殺之。欽哉，欽哉，惟刑之恤哉。舜陳典刑之義，勑天下使敬之，憂欲得衆耳。

（宋）潘自牧《記纂淵海》卷七四《人情部·激勵》　弗率訓典，殊厥井疆。俾克畏慕。《書》。子聖人賞一人而下諭之，罰一人而天下畏之。故至賞不費，至刑不濫。孔子誅少正卯而魯國之邪塞，子産誅鄧析而鄭國之姦禁。《淮南子》。

（明）馮琦《經濟類編》卷三〇《銓衡類二·綜覈》　〔《韓非·六反篇》〕故名賞在乎私惡，當罪之民，而毁害在乎公善；宜賞之士，索國之富强，不可得也。老聃有言曰：知足不辱，知止不殆。夫以殆辱之，故而不求於足之外者，老聃也。今以爲足民而可以治，是以民爲皆如老聃也。故桀貴在天子，而不足於尊，富有四海之内，而不足於寶。君人者雖足民，不能足使爲天子，而桀未必以天子爲足也，則雖足民，何可以爲治也？故明主之治國也，適其時事以致財物，論其税賦以均貧富，厚其爵禄以盡賢能，重其刑罰以禁姦邪，使民以力得富，王之政也。

又：〔《詭使篇》〕聖人之所以爲治道者三：一曰利，二曰威，三曰名。夫利者所以得民也，威者所以行令也，名者上下之所同道也，非此三者，雖有不急矣。今利非無有也而民不化，上威非不存也，而下不聽從，官非無法也，而治不當名。三者非不存也，而世一治一亂者，何也？夫上之所貴與其所以爲治相反也。夫立名號所以爲尊也。今有賤名輕實者，世謂之高。設爵位所以爲賤貴基也，而簡上不求見者，世謂之賢。威利所以行令也，而無利輕威者，世謂之重。法令所以爲治也，而不從法令爲私善者，世謂之忠。官爵所以勸民也，而好名義不進仕者，世謂之烈士。刑罰所以擅威也，而輕法不避刑戮死亡之罪者，世謂之勇。夫民之急名也，甚其求利也。如此則士之饑餓乏絶者，焉得無巖居苦身以争名於天下哉！故世之所以不治者，非下之罪，上失其道也。常貴其所以亂而賤其所以治，是故下之所欲常與上之所以爲治相詭也。今下而聽其上，上之所急也。而惇慤純信用心壹者，則謂之愚。敬上畏罪，則謂之怯。言時節，行中適，則謂之不肖。無二心私學，聽吏從教者，則謂之陋，難致謂之正，難予謂之廉，難禁謂之齊，有令不聽從謂之勇，無利於上謂之愿，寬惠行德謂之仁，重厚自尊謂之長者。私學成羣謂之師徒，閑静安居謂之有思，損仁逐利謂之疾，險躁佻反覆謂之智。先爲人而後自爲，類名號言，汎愛天下，謂之聖。言大不稱而不可用，行而乖於世者，謂之大人。賤爵禄不撓上者，謂之傑。下漸行如此，入則亂民，出則不便也。上宜禁其欲、滅其迹而不止也，又從而尊之，是教下亂上以爲治也。凡上所治者刑罰也，今有私行義者尊。社稷之所以立者安静也，而躁險讒諛者任。四封之内所以聽從者信與德也，而陂知傾覆者使。令之所以行，威之所以立者恭儉也，不聽上而嚴居非世者顯。倉廩之所以實者，耕農之本務也，而綦組錦繡刻畫爲末作者富。名之所以成，城池之所以廣者，戰士也。今死士之孤饑餓乞於道，而優笑酒徒之屬乘車衣絲。賞禄所以盡民力，易下死也。今戰勝攻取之士勞而賞不霑，而卜筮視手理狐蠱爲順辭於前者日賜。上握度量，所以擅生殺之柄也。今守度奉量之士，欲以忠嬰上而不得見，巧言利辭行姦軌以倖偷世者數御。據法直言，名刑相當，循繩墨誅姦人，所以爲上治也而愈疏遠，諂施順意從欲以危世者近習。悉租税，專民力，所以備難，充倉府也。而士卒之逃事伏匿，附託有威之門以避徭賦，而上不得者萬數。夫陳善田利宅，所以厲戰士卒也。而斷頭裂腹，播骨乎平原曠野者，無宅容身，身死田奪；而女妹有色，大臣左右無功者，擇宅而受，擇田而食。賞利一從上出，所擅制下也，而戰介之士不得職，而閑居之士尊顯。上以此爲教，名安得無卑，位安得無危！夫卑名危位，必下之不從法令，有二心務私學，反逆世者也。而不禁其行，不破其羣，以散其黨，又存而尊之，用事者過矣。上之所以立廉恥者，所以屬下也。今士大夫不羞汙泥醜辱而宦，女妹私義之門不待次而宦。賞賜所以爲重也，而戰鬭有功之士貧賤，而便辟優徒超級。名號誠信所以通威也，而主揜障。近習女謁並行，百官主爵遷人，用事者過矣。大臣官人比周不法行，威利在下，則主卑而大臣重矣。夫立法令者以廢私也，法令行而私道廢矣。私者，所以亂法也。而士有二心私學，巖居窞處，託伏深慮，大者非世，細者惑下；上不禁，又從而尊之以名，化之以實，是無功而顯，無勞而富也。如此，則士之有二心私學者，焉得無深慮，勉知詐誹謗法令，以求索與世相反者也！凡亂上反世者，常士有二心私學者也。故《本言》曰：所以治者法也，所以亂者私也，法立則莫得爲私矣。故曰：道私者亂，道法者治。上無其道，則智者有私詞，賢者有私意；上有私惠，下有私慾。聖智成群，造言作辭，以非法令於上。上不禁塞又從而尊之，是教下不聽上，不從法也。是以賢者顯名而居，姦人賴賞而富，是以上不勝下也。

（南朝宋）劉義慶《世説新語》卷六《假譎》 魏武嘗言：人欲危己，己輒心動。因語所親小人曰：汝懷刃密來我側，我必説心動，執汝使行刑，汝但勿言其使，無他，當厚相報。執者信焉，不以爲懼，遂斬之。此人至死不知也。左右以爲實，謀逆者挫氣矣。《曹瞞傳》曰：操在軍，廩穀不足，私語主者曰：何如？主者云：可以小斛足之。操曰：善。後軍中言操欺衆。操題其主者，背以徇曰：行小斛盗軍穀逆斬之。仍云：特當借汝死以厭衆心，其變詐皆此類也。

（漢）孔融《孔融集·肉刑議》 古者敦龐，善否區別，吏端刑清，政無過失。百姓有罪，皆自取之。末世陵遲，風化壞亂，政撓其俗，法害其人。故曰上失其道，民散久矣。而欲繩之以古刑，投之以殘棄，非所謂與時消息者也。紂斮朝涉之脛，天下謂爲無道。夫九牧之地，千八百君，若各刖一人，是〔天〕下常有千八百紂也。求俗休和，弗可得已。且被刑之人，慮不念生，志在思死，類多趨惡，莫復歸正。夙沙亂齊，伊戾禍宋，趙高、英布，爲世大患。不能止人遂爲非也，適足絶人還爲善耳。雖忠如鬻拳，信如卞和，智如孫臏，冤如巷伯，才如史遷，達如子政，一離刀鋸，没世不齒。是太甲之思庸，穆公之覇秦，南睢之骨立，衛武之《初筵》，陳湯之都賴，魏尚之守邊，無所復施也。漢開改惡之路，凡爲此也。故明德之君，遠度深惟，棄短就長，不苟革其政者也。

（漢）王粲《王粲集·難鍾荀太平論》 周公之於三聖，不能踰也。三聖有所不化矣，有所不移矣，周公之不能化殷之頑民，所可知也。苟不可移，必或犯罪，罪而弗刑，是失所也；犯而刑之，刑不可錯矣。

（唐）白居易《白居易集》卷六五《策林四·止獄措刑》 問：成、康御宇，囹圄空虚；文、景繼統，刑罰不用；太宗化下，而人不犯。成此功者，其効安在？桀、紂在上，比屋可誅；秦氏爲君，赭衣滿道。致此弊者，其故安在？今欲鑒桀、紂、秦氏之弊，繼周、漢、太宗之功，使人有恥且格，刑措不用。備詳本末，著之于篇。

臣聞仲尼之訓也：既庶矣，而後富之；既富矣，而後教之。管子亦云：倉廩實，知禮節，衣食足，知榮辱。然則食足財豐，而後禮教所由興也。禮行教立，而後刑罰所由措也。蓋前事之不忘，後事之元龜。臣請以前事明之。當周成、康之時，天下富壽，人知恥格；故囹圄空虚四十餘年。當漢文、景之時，節用勸農，海内殷實，人人自愛，不犯刑法；故每歲決獄，僅至四百。及我太宗之朝，勸儉化人，人用富庶，加以德教，致于升平；故一歲斷刑，不滿三十。雖則明聖慎刑，賢良恤獄之所致也；然亦由天下之人，生厚德正而寡過也。當桀、紂之時，暴征讎斂，萬姓窮苦，有怨無恥，姦宄並興；故是時也，比屋可戮。及秦之時，厚賦以竭人財，遠役以殫人力；力殫財竭，盡爲寇賊，群盗滿山，赭衣塞路；故每歲斷罪，數至十萬。雖則暴君淫刑，姦吏弄法之所致也；然亦由天下之人，貧困思邪而多罪也。由是觀之，刑之繁省，繫於罪之衆寡也；教之廢興，繫於人之貧富也。聖王不患刑之繁，而患罪之衆；不患教之廢，而患人之貧。故人苟富，則教斯興矣；罪苟寡，則刑斯省矣。是以財産不均，貧富相併，雖堯舜爲主，不能息忿争而省刑獄也。衣食不充，凍餒並至，雖臯陶爲士，不能止姦宄而去盗賊也。若失之於本，求之於末；雖聖賢並生，臣竊以爲難矣。至若察小大之獄，審輕重之刑，定加減於科條，得情僞於察色：此有司平刑之要也，非王者恤刑之德也。至若盡欽恤之道，竭哀矜之誠，使生者不怨，死者不恨：此王者恤刑之法也，非聖人措刑之道也。必欲端影於表，澄流於源：則在乎富其人，崇其教，開其廉恥之路，塞其冤濫之門；使人内樂其生，外畏其罪，則必過犯自省，刑罰自措。斯所謂致群心於有恥，立大制於不嚴。古者有畫衣冠、異章服，而人不犯者，由此道素行也。

（唐）白居易《白居易集》卷六五《策林四·論刑法之弊》 問：今之法，貞觀之法；今之官，貞觀之官，昔何爲而大和？今何爲而未理？事同効異，其故何哉？將刑法不便於時耶？而官吏不得其人耶？

臣伏以今之刑法，太宗之刑法也；今之天下，太宗之天下也。何乃用於昔，而俗以寧壹？行於今，而人未休和？臣以爲非刑法不便於時，是官吏不循其法也。此由朝廷輕法學，賤法吏；故應其科與補其吏者，率非君子也，其多小人也。蓋刑法者，君子行之，則誠信而簡易。簡易則人安。小人習之，則詐僞而滋彰。滋彰則俗弊。此所以刑一而用二，法同而理殊者也。矧又律令塵蠹於棧閣，制勅堆盈於桉几；官不徧覩，法無定科。今則條理輕重之文，盡詢于法直：是使國家生殺之柄，假手於小人。小人之心，孰不可忍？至有黷貨賄者矣，有祐親愛者矣，有陷讎怨者矣，有畏權豪者矣，有欺賤弱者矣。是以重輕加減，隨其喜怒；出入比附，由乎愛憎。官不察其所由，人不知其所避。若然，則雖有貞觀之法，苟無貞觀之吏，欲其刑善，無乃難乎？陛下誠欲申明舊章，剗革前弊；則在乎高其科，重其吏而已。臣謹按：漢制以四科辟士，其三曰明習律令，足以決狐疑，能按章覆問，文中御史者，辟而用之。伏惟陛下：懸法學爲上科，則應之者必俊乂也；升法直爲清列，則授之者必賢良也。然後考其能，獎其善；明察守文者，擢爲御史；欽恤用情者，遷爲法官。如此，則仁恕之誠，廉平之氣，不散於簡牘之間矣。掊刻之心，舞文之弊，不生於刀筆之下矣。與夫愚詐小吏，竊而弄之者，功相萬也。臣又聞：管仲奪伯氏之邑，沒無怨言；季羔刖門者之足，亡而獲宥；孔明黜廖立之位，死而垂泣：三子者，可謂能用刑矣。臣伏思之，亦何代無其人哉？在乎求而用之，考而獎之而已。伏惟陛下再三察焉。

（唐）白居易《白居易集》卷六五《策林四·使人畏愛悅服理大罪赦小過》 問：政不可寬，寬則人慢；刑不可急，急則人殘。故失於恢恢，則漏網而爲弊；務於察察，則及泉而不祥。將使寬猛適宜，疏密合制，上施畏愛之道，下有悅服之心：刑政之中，何者爲得？

臣聞：聖人在上，使天下畏而愛之，悅而服之者：由乎理大罪，赦小過也。《書》曰：宥過無大，況小者乎？刑故無小，況大者乎？故宥其小者，仁也。仁以容之，則天下之心，愛而悅之矣。刑其大者，義也。義以糾之，則天下之心，畏而服之矣。臣竊見國家用法，似異於是。何則？糾察之政，急於朝官，而寬於外官；懲戒之刑，加於小吏，而縱於長吏。是則權輕而過小者，或反繩之；寄重而罪大者，或反捨之。臣復思之，恐非先王宥過刑政之道也。然則小大之喻，其猶魚耶？魚之在泉者，小也，察之不祥；魚之吞舟者，大也，漏之不可。刑煩猶水濁，水濁則魚喁；政寬猶防決，防決則魚逝。是以善爲理者，舉其綱，疏其網。綱舉則所羅者大矣，網疏則所漏者小也。伏惟陛下：舉其綱於長吏，疏其網於朝官；捨小過以示仁，理大罪而明義：則畏愛悅服之化，闇然而日彰於天下矣。

（唐）白居易《白居易集》卷六五《策林四·議赦》 臣謹案：《書》曰：眚災肆赦。又《易》曰：雷雨作解，君子以赦過宥罪。斯則赦之不可廢也必矣。《管子》曰：赦者，奔馬之委轡也；不赦者，痤疽之礦石也。又諺曰：一歲再赦，婦兒暗啞。斯又赦之不可數也明矣。然則赦之爲用，用必有時：數既失之，廢亦未爲得也。何者？赦之爲德大矣，爲賊亦甚矣。大凡王者踐祚改元之初，一用之，則爲德也；居常致理之際，數用之，則爲賊也。故踐祚而無赦，則布新之義缺，而好生之德廢矣；居常而數赦，則惠姦之路啓，而召亂之門開矣。由此而觀，蓋赦者，可疏而不可數也，可重而不可廢也。用捨之要，其在茲乎？

（唐）柳宗元《柳宗元集》卷三《論·斷刑論下》 余既爲《斷刑論》，或者以《釋刑》復於余，其辭云云。余不得已而爲之一言焉。

夫聖人之爲賞罰者非他，所以懲勸者也。賞務速而後有勸，罰務速而後有懲。必曰賞以春夏而刑以秋冬，孫曰二句《左傳》襄公二十六年蔡大夫聲子之言。而謂之至理者，僞也。使秋冬爲善者，一無冬字。必俟春夏而後賞，則爲善者必怠；春夏爲不善者，一無夏字。必俟秋冬而後罰，則爲不善者必懈。〔韓曰〕《說文》云：懈，怠也。居隘切。已下並同。爲善者怠，爲不善者懈，是驅天下之人而入於罪也。驅，音區。下同。驅天下之人入於罪，又緩而慢之，以滋其懈怠，此刑之所以不措也。必使爲善者不越月踰時而得其賞，則人勇而有勸焉；爲不善者不越月踰時而得其罰，則人懼而有懲焉。爲善者日以有勸，爲不善者日以有懲，是驅天下之人而從善遠罪也。驅天下之人而從善遠罪，是刑之所以措而化之所以成也。

或者務言天而不言人，是惑於道者也。胡不謀之人心，以熟吾道？〔韓曰〕熟或作孰，非是。當取《孟子》仁亦在夫熟之而已之意。吾道之盡，而人化矣。是知蒼蒼者焉能與吾事，而暇知之哉？果以爲天時之可得順，大和之可得致，則全吾道而得之矣。全吾道而不得者，非所謂天也，非所謂大和也，是亦必無而已矣。又何必枉吾之道，曲順其時，以諂是物哉？吾固知順時之得天，不如順人順道之得天也。何也？使犯死者自春而窮其辭，欲死不可得。貫三木，〔孫曰〕《後漢·范滂傳》：皆三木囊頭。三木，項、手、足皆有械。司馬遷曰：魏其，大將也，衣赭，關三木。加連鎖，而致之獄。更大暑者數月，癢不得搔，蘇曹切。痺不得摇，〔韓曰〕《説文》云：痺，足氣不至病。痺，必至切。痛不得摩，饑不得時而食，渴不得時而飲，目不得瞑，〔韓曰〕《説文》云：瞑，目不明也。瞑，莫定切。支不得舒，怨號之聲，怨號，並平聲。聞於里人，如是而大和之下傷，天時之不逆，是亦必無而已矣。彼其所宜得者，死而已也，又若是焉何哉？

或者乃以爲：雪霜者，天之經也；雷霆者，天之權也。非常之罪，不時可以殺，人之權也；當刑者必順時而殺，人之經也。是又不然。夫雷霆雪霜者，特一氣耳，非有心於物者也；聖人有心於物者也。春夏之有雷霆也，或發而震，破巨石，裂大木，木石豈爲非常之罪也哉？秋冬之有霜雪也，舉草木而殘之，草木豈有非常之罪也哉？彼豈有懲於物也哉？彼無所懲，則効之者惑也。

果以爲仁必知經，智必知權，是又未盡於經權之道也。何也？經也者，常也；權也者，達經者也。皆仁智之事也。離之，滋惑矣。經非權則泥，權非經則悖。是二者，强名也。曰當，丁浪切。下同。斯盡之矣。當也者，大中之道也。離而爲名者，大中之器用也。知經而不知權，不知經者也；知權而不知經，不知權者也。偏知而謂之智，不智者也；偏守而謂之仁，不仁者也。知經者，不以異物害吾道；知權者，不以常人怫吾慮。合之於一而不疑者，信于道而已者也。

且古之所以言天者，蓋以愚蚩蚩者耳，〔孫曰〕《説文》云：蚩蚩，敦厚貌。非爲聰明睿智者設也。

（宋）李覯《李覯集》卷一七《强兵策十首·强兵策第八》 或曰：一敗勿罰，過可畧也。一勝勿賞，何以使人？曰：勝而勿賞，是所以使人之術也。愚嘗深跡有國者之行事，未始不以賞使人也，而或失使之之道焉。

夫爵者，所以貴也；禄者，所以富也。富貴者，是人之所欲也。仁非伯夷叔齊，廉非於陵仲子，孰能不動其心哉？故智者竭慮，勇者盡力，辯者以説，文者以檄。不敢家其家，不敢身其身，不遠於蠻貊之外，不威於矢石之間，日不爲暑，風不爲寒，渴不暇飲，飢不暇食，孳孳焉從於王事者，賞使之然也。雖有至性，自天至誠，發中不待勸沮，而決所去就者，兹蓋非常之士，豈可以衆人望之哉？乃知賞之於使人至矣。其爲失者，賞之太速而浮於功也。徒知賞之可以使人，而不知賞極則弗能使之矣。舉億萬之衆，贏千里之糧，足未履於山川，手未煩於枹鼓，虜獲未盈車，斬首未數級，而幕府獻捷矣，朝廷已議功矣。爵等有數，而敵人無數；賜物有盡，而賊衆無盡。故天討未行，而策命極矣；尺地未收，而府庫殫矣。身既已貴，家既已富，子女玉帛，所欲者陳於前矣。兄弟親戚，所愛者受其賜矣。體習宴安，志在驕佚，勝則無以加，敗則失其舊，畫蛇之足，世所戒也。是賞典雖在，安能復使之哉？其間亦有矜功跋扈，以求姑息，國家之弊，多或由之。唐季五代可覆而視也。此無他，賞之太速而浮於功之咎也。故曰：勝而勿賞，是所以使人之術也。

古者師還，飲至策勳，事成而賞，誰云晚邪？抑又聞《書》曰：德懋懋官，功懋懋賞。無德而官，則官不足以勸有德；無功而賞，則賞不足以勸有功。如使闒茸受位，私昵受賜，則何以待功德之臣哉？位雖高，與闒茸同；賜雖厚，與私昵同，是德不足貴，而功不足重，其誰勉之哉？

今者明明在上，誠日慎於賞爵，則師可使武，臣可使力，而四方無虞矣。

（宋）李覯《李覯集》卷一八《安民策十首·安民策第八》 與其赦之，曷若使畏而不犯？與其贖之，曷若使耻而不爲？幸赦而姦，卒以不悛，人鬼以怒，死亡以亟，非所以恤之也。幸贖而惡，終以不悔，辱其祖考，墮其門閥，非所以優之也。

（宋）李覯《李覯集》卷二一《慶曆民言三十篇·省盗》 盗不能禍天下，而召天下之禍。彼殺人以求食，人固讎之，安能禍天下？盗既多，殺既極，讎者弗能報，而後姦雄起焉。盗者，人之讎也。而姦雄以誅盗爲名，是孝子慈孫夫婦之相哭者，望之不啻如濯熱。因天下之心，收天下之權，如此乃能禍天下。人主知盗而不憂者，以其舉錯非姦雄之刑也，而不知姦雄不爲盗，故防姦雄莫若除盗賊。姦雄不得盗賊之資，則不敢起。

嗚呼！殺人者人之賊而已矣，惡殺人者誠國之賊也。

（宋）張載《張載集・經學理窟・周禮》耡粟，興助之粟。屋粟，不授田徙居之粟。閒粟，井田耕民不時死徙，其田偶閒而未歸空土，有量力者暫資以爲生者之粟。此三粟非公家正賦，專以資里宰之師所謂旅師者里中之養，供服器之用，爲賞罰之柄。

《二程集・周易程氏傳》卷二《周易上經下・噬嗑》《噬嗑》，《序卦》：可觀而後有所合，故受之以噬嗑，嗑者合也。既有可觀，然後有來合之者也，噬嗑所以次觀也。噬齧也，嗑合也，口中有物閒之，齧而後合之也。卦：上下二剛爻而中柔，外剛中虛，人頤口之象也；中虛之中，又一剛爻，爲頤中有物之象。口中有物，則隔其上下，不得嗑，必齧之，則得嗑，故爲噬嗑。聖人以卦之象，推之於天下之事，在口則爲有物隔而不得合，在天下則爲有强梗或讒邪閒隔於其閒，故天下之事不得合也，當用刑罰，小則懲戒，大則誅戮以除去之，然後天下之治得成矣。凡天下至於一國一家，至於萬事，所以不和合者，皆由有閒也，无閒則合矣。以至天地之生，萬物之成，皆合而後能遂，凡未合者皆有閒也。若君臣父子親戚朋友之閒，有離貳怨隙者，蓋讒邪閒於其閒也，除去之則和合矣。故閒隔者，天下之大害也。聖人觀噬嗑之象，推之於天下萬事，皆使去其閒隔而合之，則无不和且治（一作洽）矣。噬嗑者，治天下之大用也。去天下之閒，在任刑罰，故卦取用刑爲義。在二體，明照而威震，乃用刑之象也。

（宋）蘇軾《蘇軾文集》卷二《論・省試刑賞忠厚之至論》堯、舜、禹、湯、文、武、成、康之際，何其愛民之深，憂民之切，而待天下之以君子長者之道也。有一善，從而賞之，又從而咏歌嗟嘆之，所以樂其始而勉其終。有一不善，從而罰之，又從而哀矜懲創之，所以棄其舊而開其新。故其吁俞之聲，歡休慘戚，見於虞、夏、商、周之書。成、康既没，穆王立，而周道始衰。然猶命其臣呂侯，而告之以祥刑。其言憂而不傷，威而不怒，慈愛而能斷，惻然有哀憐無辜之心，故孔子猶取焉。

《傳》曰：賞疑從與，所以廣恩也。罰疑從去，所以慎刑也。當堯之時，臯陶爲士，將殺人，臯陶曰殺之三，堯曰宥之三，故天下畏臯陶執法之堅，而樂堯用刑之寬。四岳曰鯀可用，堯曰不可，鯀方命圮族，既而曰試之。何堯之不聽臯陶之殺人，而從四岳之用鯀也？然則聖人之意，蓋亦可見矣。

《書》曰：罪疑惟輕，功疑惟重，與其殺不辜，寧失不經。嗚呼，盡之矣。可以賞，可以無賞，賞之過乎仁。可以罰，可以無罰，罰之過乎義。過乎仁，不失爲君子；過乎義，則流而入於忍人。故仁可過也，義不可過也。古者賞不以爵禄，刑不以刀鋸。賞以爵禄，是賞之道行於爵禄之所加，而不行於爵禄之所不加也。刑以刀鋸，是刑之威施于刀鋸之所及，而不施于刀鋸之所不及也。先王知天下之善不勝賞，而爵禄不足以勸也，知天下之惡不勝刑而刀鋸不足以裁也。是故疑則舉而歸之於仁，以君子長者之道待天下，使天下相率而歸於君子長者之道。故曰忠厚之至也。

《詩》曰：君子如祉，亂庶遄已。君子如怒，亂庶遄沮。夫君子之已亂，豈有異術哉？時其喜怒而無失乎仁而已矣。春秋之義立法貴嚴而責人貴寬。因其褒之之義，以制賞罰，亦忠厚之至也。

（宋）王令《王令集》卷二一《策問・肉刑》問：肉刑之用於世，今其明見於書傳者，三代之法爾。唐、虞之世，不可得而詳矣。故記説多謂起於夏后之世，而《書》亦曰象刑惟明，故荀氏著論非之曰：象刑非起於治古，蓋起於亂今。所謂象刑者，象天道而制刑耳。如使殺人者不死，傷人者不誅，赭衣菲履以爲戮，雖堯、舜之聖，不足以治，而適所以爲亂。其爲論甚詳，世皆以爲然。而揚子雲獨曰：唐、虞象刑惟明，夏后肉辟三千，何不相從之。如此諸君子之學，其備唐、虞之治詳矣。肉刑之用否，豈無説乎？今日之學，蓋異時之用於世之道也。可無議哉？

（宋）王令《王令集》卷二一《策問・賞罰》問：湯之伐桀，其誓曰：爾尚輔予一人，致天之罰，予其大賚汝。爾不從誓言，予則孥戮汝。武王之伐紂，亦曰：功多有厚賞，不迪有顯戮。予以謂桀與紂，天下之大惡；湯、武，天下之至仁；致其伐，亦曰順乎人而已矣。故《書》以謂：東征則西夷怨，南征則北狄怨，曰徯我后，后來其蘇！夫民望之若此，故曰無敵於天下。夫因人欲去而去之，其勢如以水滅火，何獨迫其人而用之，狃之以賞罰，其誓乃如此！予竊惑之。願聞明教！

（宋）陳亮《陳亮集》卷四《問答下》義利之分，孟子辨之詳矣。而賞以勸善，刑以懲惡，聖人所以御天下之大權者，猶未離於利乎？有所利而爲善，有所畏而不爲惡，則其入人也亦淺矣。堯舜之治天下，不賞而民勸，不怒而民威。故罪疑惟輕，功疑惟重。豈亦知其效人人之淺乎？然皋陶之陳謨，以典禮賞罰同出於天，而非有輕重之别也。苟無所事乎其用，則賞罰亦自外來耳，安在其爲天乎？三代之用賞罰，大概猶法唐虞，而記禮者載其先後之用甚詳，又以爲至周而窮，豈世變之極，而賞罰之用始重乎？抑其出於天，而三代始賴其用也？《春秋》聖人經世之志，而獨以代天子之賞罰。則聖人起而治天下，必不能以易此矣，亦何怪於漢宣帝之專恃賞罰以爲治乎？惟辟作福，惟辟作威，《洛書》之所明載，而儒者終以爲治天下者不取必於賞罰，亦知夫勸懲之效淺也。謂賞罰不取必於勸懲，則無以御天下；謂其爲懲勸而設，則賞罰亦利耳。利者，人道之末也，則皋陶之所謂天者豈誣乎？

耳之於聲也，目之於色也，鼻之於臭也，口之於味也，四肢之於安佚也，性也，有命焉。出於性，則人之所同欲也；委於命，則必有制之者而不可違也。富貴尊榮，則耳目口鼻之與肢體皆得其欲；危亡困辱則反是。故天下不得自徇其欲也，一切惟君長之爲聽。君長非能自制其柄也，因其欲惡而爲之節而已。鈘五典，秩五禮，以與天下共之。其能行之者，則富貴尊榮之所集也；其違之者，則危亡困辱之所并也。君制其權，謂之賞罰；人受其報，謂之勸懲。使爲善者得其所同欲，豈以利而誘之哉！爲惡者受其所同惡，豈以威而懼之哉！得其性而有以自勉，失其性而有以自戒。此典禮刑賞所以同出於天，而車服刀鋸非人君之所自爲也。天下以其欲惡而聽之人君，人君乃以其喜怒之私而制天下，則是以刑賞爲吾所自有，縱横顛倒而天下皆莫吾違。善惡易位，而人（先）〔失〕其性，猶欲執區區之名位以自尊，而不知天下非名位之所可制也。孔子之作《春秋》，公賞罰以復人性而已。後世之用賞罰，執爲己有以驅天下之人而已。非賞罰人人之淺，而用之者其效淺也。故私喜怒者，亡國之賞罰也；公欲惡者，王者之賞罰也。外賞罰以求君道者，迂儒之論也；執賞罰以驅天下者，霸者之術也。

（元）**蘇天爵《元文類》卷四二《憲典·雜犯篇》** 人之犯名義觸刑辟不可以一途盡，不可以一類求。因其已然制於未然。

《皇朝經世文編》卷九〇《刑政一·刑論》汪縉《案刑家》 尊君抑臣，綜核名實，刑法家之要也。君之有尊，刑賞之所自出也。刑賞出于獨，則君威振；刑賞出於共，則君威替。善用其刑賞，則刑賞出於獨；不善用其刑賞，則刑賞出於共。蓋賞罰不越二端，而微妙之節且百變。所謂微妙之節者，有無顯功可賞，賞急有功；有無顯過可戮，戮急有過。有格外士不得已過，非常法可待。有急於邀功，乍可喜，久成患。有巧於避辠，扞網脱其身。有先事賞卒然罰，效見於後。人君不知無功賞，無過罰，不足以厚俗懲姦。不知破格恩，原不得已情，不足以服奇士；保愿民，不知邀功不可貪，巧脱不可倖，不足以静天下心；消其詐，不知先賞卒罰，不足以當機御變。此其微妙之節，非神明其際者莫能湊也。去其私，喜怒刑賞自公，然其用必慎微畫一，微之不慎，於皋輕者失刑，則重者積矣；於功小者吝賞，則大者墮矣。一之不畫，不必刑，刑即有刑不刑者矣。不必賞，賞即有賞不賞者矣。如是者刑弗懲，賞弗勸。古之明君有不刑，刑必果，有不賞，賞必信，刑一人而天下沮，賞一人而天下勸。刑賞神而君威殫者，不牽於好惡之私也。好惡者，重人用以窺其主。重人欲潛移人主權，其術在巧取人主好惡用之：欲進所私，必巧投人主好賞之；欲退所忌，必巧中人主惡罰之。人主方謂吾好之則有賞，吾惡之則有罰，不知已爲重人用其好惡，進所私，退所忌。天下之無廉耻而嗜勢利者，見重人所私者進，所忌者退。誰不爲其所私，去其所忌，既由重人所私而進，遂相與引所私，排所忌。由是私者日衆，忌者日寡，則重人勢成，人主勢孤。後雖人主有不欲賞，不得不賞；不欲罰，不得不罰。人主牽於重人，至不得不賞，不得不罰。重人遂可徑行賞罰，不復有人主也。唯示人好惡私故至此。且重人窺人主好惡，私以默移刑賞，其巧詐百端。或施惠百姓，德歸己，怨斂於上；或私恩小讓，合聲譽，繼是肆行慘戮，威刼衆；或勸上攬威權，已得主擊斷，借行其私；或上貪逸樂，因以小忠小信任憂勞，至柄大權；或因上喜專功，乃以大言聳動，得居心膂，遂假其威；或把持所忌，使欲舍己不能，乃悍然專國是。韓非曰：人臣之侵其主也，如地形焉，積漸以往，使人主失端，東西易面，而不自知。凡重人所以蒙上之術備是。此其摘發神姦巨慝無遁形，蘄御臣之戒蒙蔽者鏡是焉。蓋自君臣分定，國紀以立，且立國各有本末，本末既審，舉天下羣臣士庶鼓而趨之，使舍是無以邀功。夫然後始有立，終有成。法家取必者，富强也。其立國之政，在足兵食；慤食之足，在務農；欲兵之足，在厲士卒；欲農之務、士卒之厲，在併民力；欲民力之併，在刑賞以齊之。刑賞不齊，民力不併，農不務、士卒不厲；農不務、士卒不厲，國不富强也。是故刑家知民力之匿，匿於刑所不及。民力之出，出於賞所必至。由是一其刑賞於耕戰以併其力，併力於耕，耕必倍；併力於戰，戰必勝。耕倍戰勝，富强必積。然而民力之易涣難凝也。刑不重，不足以禁其涣，重其刑，則民之苦刑也甚。民之苦刑也甚，惟耕無刑，則民之力耕也。必賞不信，不足以令其凝，信其賞則民之樂賞也甚。民之樂賞也甚，惟戰有賞，則民之力戰也。必唯欲一民於耕戰，故自耕戰外胥塞其門焉。不市美言，言興者力息；不慕虚名，名高者力屈；不多獨行，行堅者力折；不尚私勇，勇分者力怯；不逐末利，利開者力塞；不進衆藝，藝工者力拙。斯其專務本計，尚綜覈如是也。刑賞並用，以刑名家者，商鞅所謂九刑一賞，蓋以刑爲本者也。刑法家之術，如是果足用乎？曰：可與守法，不可與議法。天子宰相定制於上，必得强勁果直之士執而守之，使貴者、親者、近幸者，戰而無敢撓。則若刑家者殆不可少：非君術也，臣術也；非大臣宰執之術也，有司之術也；非有司之内術也，外術也。内術也者，慈惠也。

《皇朝經世文編》卷九〇《刑政一·刑論》徐乾學《刑部題》　《易》之聚象刑獄者有二：明在上威在下，曰：噬嗑。威在上，明在下，曰：豐。噬嗑象曰明罰勑法。先儒以明罰者所以示民，而使之知避；勑法者所以防民而使之知畏。此皆設於未用刑之前，故明在上，威在下。正今刑部職也。若威在上，明在下，則曰折獄致刑。特奉上之法以致之民，良有司之職而已。故刑者，人命所繫，而天下人命尤繫於刑部之一官，可不慎哉！

（清）沈家本《沈寄簃先生遺書·明大誥峻令》　明祖當元代法紀廢弛之後，人多徇私滅公，因嚴刑以懲戒之，蓋欲風俗之移易也。其峻令之著于《大誥》者，多出於律外。《自序》云：棄市之屍未移，新犯大辟者即至。然則風俗之未能移易，重刑云乎哉？

（清）譚嗣同《譚嗣同全集》卷一《仁學上》　中國積以威刑，箝制天下，則不得不廣立名，爲箝制之器。

（清）康有爲《論語注》卷一二《顔淵》　季康子問政於孔子曰：如殺無道，以就有道，何如？孔子對曰：子爲政，焉用殺？子欲善而民善矣。君子之德風，小人之德草。草上之風，必偃。爲政者，民所視效，何以殺爲？欲善，則民善矣。上，一作尚，加也。偃，仆也。尹氏曰：殺之爲言，豈爲人上之語哉？以身教者從，以言教者訟，而况於殺乎？多殺以止姦，蓋酷吏嚴刑之法，如郅都、趙廣漢之流是也。不於風俗教化上轉移之，則愈殺而愈熾。所謂民不畏死，奈何以死治之也。且爲民上者，撫民如子，豈可言殺哉？上者，民之所效，欲善民善，觀感所化，有如影響。民有恥心，樹之風聲，莫不革面嚮化也。

（清）康有爲《大同書》辛部《去亂界治太平》　故太平之世不立刑，但有各職業之規則，有失職犯規而無干刑犯律也。自職規之外，立法四章而已。

紀事

《尚書正義·商書·微子》　微子若曰：父師、少師，父師，太師，三公，箕子也。少師，孤卿，比干。微子以紂距諫，知其必亡，順其事而言之。殷其弗或亂正四方。或，有也。言殷其不有治正四方之事，將必亡。治，直吏反。我祖底遂陳于上，言湯致遂其功，陳列於上世。我用沈酗于酒，用亂敗厥德于下。我，紂也。沈湎酗醟，敗亂湯德于後世。沈，徐直金反。酗，况具反，以酒爲凶曰酗，《説文》作䣱，云：醉醟。湎，面善反。醟音詠，《説文》于命反。䣱酒也。殷罔不小大，好草竊姦宄。草野竊盜，又爲姦宄於内外。好，呼報反。宄音軌。卿士師師非度，凡有辜罪，乃罔恒獲。六卿典士相師效，爲非法度，皆有辜罪，無秉常得中者。度如字。小民方興，相爲敵讎。卿士既亂，而小人各起一方，共爲敵讎。言不和同。讎，常周反。今殷其淪喪，若涉大水，其無津涯。淪，没也。言殷將没亡，如涉大水，無涯際，無所依就。淪音倫，徐力允反。喪，息浪反。涯，五皆反，又宜佳反。殷遂喪，越至于今。言遂喪亡於是，至於今，到不待久。疏：微子至于今。正義曰：微子將欲去殷，順其去事而言，曰父師、少師，呼二師與之言也。今殷國其將不復有治正四方之事，言其必滅亡也。昔我祖成湯，致行其道，遂其功業，陳列於上世矣。今我紂惟用沈湎酗醬於酒，用是亂敗其祖之德於下。由紂亂敗之故，今日殷人無不小大皆好草竊姦宄。雖在朝卿士，相師師爲非法度之事。朝廷之臣皆有辜罪，乃無有一人能秉常得中者。在外小人，方方各起，相與共爲敵讎。荒亂如此，今殷其没亡，若涉大水，其無津濟涯岸。殷遂喪亡，言不復久也。此喪亡於是，至於今，到必不得更久也。傳父師至言之。正義曰：以《畢命》之篇王呼畢公爲父師，畢公時爲太師也。《周官》云：太師、太傅、太保，茲惟三公。少師、少傅、少保曰三孤。《家語》云：比干官則少師。少師是比干，知太師箕子也。偏檢書傳，不見箕子之名，惟司馬彪注《莊子》云：箕子名胥餘。不知出何書也。《周官》以少師爲孤，此傳言孤卿者，孤亦卿也，《考工記》曰外有九室，九卿朝焉，是三孤六卿共爲九卿也。比干不言封爵，或本無爵，或有而不言也。《家語》云：比干是紂之親，則諸父。知比干是紂之諸父耳。箕子則無文。《宋世家》云：箕子者，紂親戚也。止言親戚，不知爲父爲兄也。鄭玄、王肅皆以箕子爲紂之諸父，服虔、杜預以爲紂之庶兄，既無正文，各以意言之耳。微子以紂距諫，知其必亡，心欲去之，故順其去事而言，呼二師以告之。傳或有至必亡。正義曰：或者不定之辭，其事欲當然，則是有此事，故以或爲有也。鄭玄《論語注》亦云：或之言有也，不有言無也。天子，天下之主，所以治正四方，言殷其不有治正四方之事，言將必亡。傳我紂至後世。正義曰：嗜酒亂德，是紂之行，故知我，我紂也。人以酒亂，若沈於水，故以耽酒爲沈也。湎然是齊同之意，《詩》云：天不湎爾以酒。鄭云：天不同汝顔色以酒。是湎謂酒變面色，湎然齊同，無復平時之容也。《説文》云：酗，醬也。然則酗、醬一物，謂飲酒醉而發怒。經言亂敗其德，必有所屬，上言我祖指謂成湯，知言敗亂湯德於後世也。上謂前世，故下爲後世也。傳六卿至中者。正義曰：士訓事也，故卿士爲六卿典事。師師言相師效爲非法度之事也。止言卿士，以貴者尚爾，見賤者皆然。故王肅云：卿士以下，轉相師效爲非法度之事也。鄭云：凡猶皆也。傳意亦然，以凡爲皆，言卿士以下在朝之臣，其所舉動皆有辜罪，無人能秉常行得中正者。

（宋）蔡沈《書經集傳・商書・微子》 殷罔不小大，好草竊姦宄。卿士師師非度，凡有辜罪，乃罔恒獲。小民方興，相爲敵讎。今殷其淪喪，若涉大水，其無津涯。殷遂喪，越至于今。注：殷之人民無小無大，皆好草竊姦宄。上而卿士，亦皆相師非法。上下容隱，凡有冒法之人，無有得其罪者。小民無所畏懼，强凌弱，衆暴寡，方起讎怨，爭鬬侵奪。綱紀盪然，淪喪之形，茫無畔岸，若涉大水，無有津涯。殷之喪亡，乃至於今日乎。微子上陳祖烈，下述喪亂，哀怨痛切，言有盡而意無窮，數千載之下，猶使人傷感悲憤。後世人主觀此，亦可深監矣。

（宋）劉恕《資治通鑑外紀》卷七《周紀五・景王》 十八年，《釋例》曰甲戌。按：《春秋》經六月丁巳朔，日有食之。秋八月，晉中行穆子伐鮮虞，圍鼓餽。聞倫曰：鼓之嗇夫，聞倫知之。請無罷武夫而鼓可得，穆子弗應。左右曰：不折一戟不傷一卒而得鼓，君奚爲弗使？穆子曰：聞倫爲人，佞而不仁。若下之，可勿賞乎？賞之是賞佞人，佞人得志，晉國將舍仁而爲佞，雖得鼓，焉用之。鼓人請以城叛，穆子不受曰：守而二心，姦之大者，賞善罰姦，國之憲法。許而弗予，失吾信也，若其予之，賞大姦而教吾邊鄙貳也。令軍吏呼城儆，將攻，未傳而鼓降。以鼓子苑支來，既獻而反之。秋八月以下四句，《左氏傳》文，以下《淮南子・人間訓》文，高誘曰：鼓北翟餽。聞倫，晉人也。其鼓人或請以城叛。以下《晉語》文，又見《春秋》經及《説苑・貴德》。杜預曰：鼓，白狄之别。鉅鹿下曲陽縣有鼓聚苑支。《左氏傳》作鳶鞮。

《汲冢周書》卷八《史記解》 維正月，王在成周昧爽，召三公左史戎夫。王是穆王也，戎夫左史名也。曰：今夕朕寤，遂事驚予。遂成也。行成事言驚夢宿，欲知之也。乃取遂事之要戒，俾戎夫言之，朔望以聞。集取要戒之言，月朔，日望於王前讀之。信不行，義不立，則哲士凌君政。言君不行信義，信義由智立，故哲士凌君之政也。禁而生亂，皮氏以亡。禁信義則亂生。皮氏，古諸侯也。諂諛日近，方正日遠，則邪人專國政。好順人意爲諂諛。禁而生亂，華氏以亡。華，聚也。亦古諸侯也。好貨財珍怪，則邪人進。邪人進則賢良日蔽而遠。賢良不行貨，故蔽遠。賞罰無位，隨財而行，夏后氏以亡。桀由好財亡也。嚴兵而不□者，其臣懾。其臣懾而不敢忠，不敢忠則民不親其吏。不敢忠乃不仁，下效其上，故不親。刑始於親，遠者寒心，殷商以亡。紂以暴虐亡也。樂專於君者，權專於臣。權專於臣，則刑專於民。君荒於樂則權臣專斷，用刑濫矣。君娱樂，臣爭於權，民盡於刑，有虞氏以亡。

《漢書》卷八《宣帝紀》 三年春三月，詔曰：蓋聞有功不賞，有罪不誅，雖唐虞猶不能以化天下。今膠東相成勞來不怠，流民自占八萬餘口，治有異等。其秩成中二千石，賜爵關内侯。

《漢書》卷五一《賈山傳》 其後文帝除鑄錢令，山復上書諫，以爲變先帝法，非是。又訟淮南王無大罪，宜急令反國。又言柴唐子爲不善，足以戒。章下詰責，對以爲錢者，亡用器也，而可以易富貴。富貴者，人主之操柄也，令民爲之，是與人主共操柄，不可長也。其言多激切，善指事意，然終不加罰，所以廣諫爭之路也。其後復禁鑄錢云。

《宋書》卷六《孝武帝紀》　丙寅，詔曰：賞慶刑威，奄國升軌；黜幽升明，闢宇恒憲。故採言聆風，式觀侈質，貶爵加地，於是乎在。今類帝宜社，親巡江甸，因覲嶽守，躬求民瘼。思弘明試之典，以申考績之義。行幸所經，莅民之職，功宜於聽，卽加甄賞。若廢務亂民，隨諐議罰。主者詳察以聞。

《魏書》卷七上《高祖紀》　十有一月庚戌，詔曰：懸爵於朝，而有功者必縻其賞；懸刑於市，而有罪者必罹其辜。斯乃古今之成典，治道之實要。諸州刺史，牧民之官，自頃以來，遂各怠慢，縱姦納賂，背公緣私，致令賊盜並興，侵劫茲甚，姦宄之聲屢聞朕聽。朕承太平之運，屬千載之期，思光洪緒，惟新庶績，亦望蕃翰羣司敷德宣惠，以助沖人，共成斯美。幸克己復禮，思愆改過，使寡昧無愧於祖宗，百姓見德於當世。有司明爲條禁，稱朕意焉。

《舊唐書》卷一七一《李渤傳》　穆宗卽位，召爲考功員外郎。十一月定京考，不避權幸，皆行升黜，奏曰：宰臣蕭俛、段文昌、崔植，是陛下君臨之初，用爲輔弼，安危理亂，决在此時。況陛下思天下和平，敬大臣禮切，固未有昵比左右，侈滿自賢之心。而宰相之權，宰相之事，陛下一以付之，實君義臣行，千載一遇之時也。此時若失，他更無時。而俛等上不能推至公，申炯誡，陳先王道德，以沃君心。又不能正色匪躬，振舉舊法，復百司之本，俾教化大立。臣聞政之興廢，在於賞罰。俛等作相已來，未聞奬一人德義，舉守官奉公者，使天下在官之徒有所激勸。又不聞黜一人職事不理，持禄養驕者，使尸禄之徒有所懼。如此，則刑法不立矣。邪正莫辯，混然無章，教化不行，賞罰不設，天下之事，復何望哉！

（宋）王溥《唐會要》卷六一《御史臺中·彈劾》　景龍元年九月十二日，又劾奏銀青光禄大夫西明寺主惠範奸贓四十萬，請寘於極法。上召之，有寬惠範之色。傅弓進曰：刑賞者，國家大事。陛下賞已妄加，豈宜刑所不及。削惠範官，放歸於第。

《宋史》卷一七三《食貨志上一》　三年，司農卿兼戶部侍郎李鏞言：夫經界嘗議修明矣，而修明卒不行；嘗令自實矣，而自實卒不竟。豈非上之任事者每欲避理財之名，下之不樂其成者又每倡爲擾民之說。故寧坐視邑政之壞，而不敢詰猾吏姦民之欺；寧忍取下戶之苛，而不敢受豪家大姓之怨。蓋經界之法，必多差官吏，必悉集都保，必徧走阡陌，必盡量步畝，必審定等色，必紐折計等，姦弊轉生，久不迄事。乃若推排之法，不過以縣統都，以都統保，選任才富公平者，訂田畝税色，載之圖冊，使民有定産，産有定税，税有定籍而已。臣守吳門，已嘗見之施行。今聞紹興亦漸就緒，湖南漕臣亦以一路告成。竊謂東南諸郡，皆奉行惟謹。其或田畝未實，則令鄉局釐正之；圖冊未備，則令縣局程督之。又必郡守察縣之稽違，監司察郡之怠弛，嚴其號令，信其賞罰，期之秋冬以竟其事，責之年歲以課其成，如周官日成、月要、歲會以綜核之。

（宋）李燾《續資治通鑑長編》卷一二一《宋仁宗寶元元年》　宋祁又上疏曰：臣聞賞罰操决，天子之權也。奏請可否，以佐上操决，則百度乂寧，一人尊彊。竊見陛下臨視庶政，深執謙德，不自先斷，專委大臣。使大臣人人如皋陶，家家爲后稷，尚且不可，況有託國威而肆忿，寄公爵以植恩者哉。臣請粗陳其要：且如陛下自欲有所拔擢，大臣以爲不可，陛下從而罷之。又如自欲有所黜去，大臣以爲不可，陛下從而任之。如此，則權常在臣，政不在君，昭然可見矣。陛下何所忌憚而不累加裁詰，遂使中材之人料時之如此，欲自結於朝者還附於權黨，欲自徇於公者反入于私門。威柄寖移，人心何繫？此將來可慮一也。

臣聞忠臣之事君，造膝而言，詭辭而出，所以敨心防患也。陛下亦宜隱祕其語，保全其人。儻露主名，則爲所譏刺者皆切齒而思報矣。興誹造謗，不退不止。一旦罹患，而後來者傳以爲戒，皆苟容偷合，背公入黨，則陛下雖有盈庭之士，朱紫雜襲，誰肯與權貴立敵進言而取禍哉。此無異挈仇以授姦人，自閉其耳目也。臣比見茲事，以驗於前，伏望深思《大易》失臣之義，無襲《春秋》陽處父之枉。此將來可慮二也。

臣伏惟陛下春秋鼎盛，皇嗣未立，後宮所御，當貫魚序進，廣求螽斯之福。伏望豫示敕誡，詔判貴賤，使上下有制，不相踰越，讒謁毀間，明垂防禁。數詔后妃，習知謙退和柔之懿，無令僭妬得萌其中。此將來可慮三也。

諫官、御史本所以選進鯁亮，震肅權綱，爲天子之耳目也。今則不然，有勢者其姦如山，結舌不問；無援者索疵吹毛，飛文歷詆；未及滿歲，已干宰司，希兼職而求進秩矣。如此，則宰司有失，諫官、御史誰肯爲陛下盡言乎？臣故曰，諫官、御史由宰司之進拔者，非陛下之利也。夫輕授重責，難以得人；但賞不罰，難以肅下。今若令居是官者，終歲不言及言而不當，坐不任職退；挾持私意，有所回匿，而坐故縱誅，不畏强禦，議論嚴正者，陛下自意擢之，無令有司得與。此亦救阿黨之一也。

傳曰：正其本，萬事理。又曰：人存則政舉，人亡則政息。苟使天子持柄於上，羣臣事職於下，如臣前所陳者，大猷幾務，將交修畢舉矣，安有政未臻理，刑靡協中乎？至於海縣浩繁，官不悉善，或察廉無狀，或貪冒公行，或民窮無訴，或事紛未治。大且抵死，小則遠官，案章一下，交手受械，事輕人末，曷足應天變而關國體乎？要之，災異之發，政教之本，在朝廷君臣之間耳。

臣聞徒善不足爲政，徒法不能自行，天之感物，不爲僞動。今陛下惕然自反，已降德音，羣臣將畢精極慮，隨事納説，必有可采。伏望朝廷開許施行。然臣尚有所慮者：今臣下準詔，例得獻言，言不深切，則事不明白。或恐有昧儀矩，罔識禁忌。論安危則便云泰山累卵，指宴飲則直曰酒池肉林。伏望陛下納汙含垢，一切裁赦，兼容博聽，以取其長，勿令有坐狂言而得罪者，則聖德愈光大矣。

（宋）李燾《續資治通鑑長編》卷一六三《宋仁宗慶曆八年》 御史何郯言：臣伏聞禁中自盜發以來，逐日分布内臣坐甲直宿，以至伐木拆屋，繕治垣墻，增置關鍵。其於備豫之方，固亦甚至。然臣以事體酌之，恐爲陛下之計者誤也。爲今之宜，其在一震威怒，以示誅罰，正大法以繩其慢，舉大刑以討其姦。斥邪僞附下之類，先絶其萌芽；究賊亂犯上之徒，務去其根本。不容無良，而與衆共棄；不漏有罪，而示人以公。法令既行，紀綱既正，以此御下，孰敢不虔！雖不增宫闈之警而其備堅，不加省戶之衛而其守固。與夫區區從細末之事者，不同年而語矣。臣況聞陛下從頃而來，過自警戒，中宫之樂工已盡罷，從苑之獵具已盡除，其於謹天戒而飭聖躬，雖《詩》《書》所稱遇災修德之君，遠不能逮。然於禁防之設，所舉者近而所忽者遠，所謹者小而所遺者大，臣竊惑焉。伏乞聖慈以臣愚言，命公卿大夫當廷公議，一舉法令威刑之柄，以除邪僞賊亂之階。庶主威益尊，國命益振，内患既弭，外虞自除，則天下幸甚。

（宋）李燾《續資治通鑑長編》卷二二三《宋神宗熙寧四年》 辛卯，太子中允、崇文殿校書范育復爲光禄寺丞、知韓城縣。育自光禄寺丞爲御史，故還中允，以言李定罷御史爲校書，既而又請與林旦、薛昌朝同貶。先是，育言：心術者，爲治之本也。今不務此而專欲以刑賞驅民，此天下所以未孚也。上謂王安石曰：人主不用心術，何由致治？安石曰：有爲固由心術，但術有廣狹遠近，功業大小，亦從此分。上曰：育盛稱張載、程顥兄弟，以爲有道君子，乞詔還，此何也？安石曰：檢正，高論不遜。及至中書，乃云未得劄子，故未能就職。馮京曰：育畏繳敕得罪耳。安石曰：觀育所論，彼豈畏繳敕得罪乎？遂從所請而有是命。

又： 癸卯，安石入見，爲上言：東明宜受狀曉諭百姓，乃不受狀，遣令入京，餘縣即無之，此意可見。上因問：賈蕃與密院官孰善？安石曰：臣不知也。遂白上：今大臣、近臣孰爲助成聖政之人，臺諫官孰爲不附流俗者，陛下又於忠邪真僞之際，未始判然明白，示以政刑，小人何所忌憚？小人無忌憚，敢爲紛紛，而陛下恃耳目聰明欲以勝之，臣恐陛下雖勞終不能成治也。

（宋）李燾《續資治通鑑長編》卷三三五《宋神宗元豐六年》 癸丑，禮部尚書黄履試御史中丞。時大臣有罪罰金，履奏：賈誼言：遇之以禮，則羣臣自喜，嬰以廉恥，故人矜節行。羣臣且然，況大臣乎？故罪在可惡，黜之可也；可恕，釋之可也，豈可以罰金而示辱哉？時侍郎以下不許獨對殿上，著在甲令。履言：陛下厲精政治，博訪得失，雖郡縣被召官猶令獨對，况法從之臣哉？請刊此令。

（清）徐乾學《資治通鑑後編》卷七《宋紀七》 甲辰，左僕射、兼門下侍郎、平章事趙普，罷爲河陽三城節度使、同平章事。普獨相凡十年，剛毅果斷，以天下事爲己任，嘗欲除某人爲某官，帝不用。明日，復奏之，又不用。明日，更奏之，帝怒，裂其奏投諸地，普顔色自若，徐拾奏歸補綴。復奏如初。帝悟，卒可其奏。後果以稱職聞。又有立功當遷官者，帝素嫌其人，不與，普力請與之，帝怒曰：朕故不與遷官，將奈何？普曰：刑以懲惡，賞以酬功。刑賞者，天下之刑賞，非陛下之刑賞也，豈得以喜怒專之。帝弗聽，起，普隨之。帝入宫，普立于宫門，良久不去，帝竟從其請。

（清）徐乾學《資治通鑑後編》卷一〇《宋紀一〇》　五月甲戌，宰相趙普等以帝親決庶獄，察見微隱，相率稱賀。帝嘗謂趙普曰：朕每讀書，見古帝王多自尊大，深拱嚴凝，誰敢犯顔言事，若不降情接納，乃是自蔽聰明。或任喜怒爲刑賞，豈能得天下之心也！

（清）畢沅《續資治通鑑》卷一四七《宋紀一四七》〔淳熙六年〕戊寅，右正言黄洽，論賞罰必欲當理，帝曰：賞罰自是欲當。然朕有一言：夫矯枉而過直，則復歸枉矣；故矯枉至於直可也，過於直亦不正也。猛本所以濟寬，然過於猛則不可。蓋過於猛則人無所措手足，濟寬然〔而〕過於猛，猶矯枉而過其直也。惟立表亦然，所立正則其影直，所立過中則影亦隨之，朕守此甚久，一賞一罰，決不使之過。趙雄等曰：執其兩端，用其中於民，此舜事也。帝曰：中者，朕朝夕所常行。譬之置器適當，乃合於中，若置之失宜，則非中矣。朕之於臣下，初無喜怒好惡。嘗於禁中宣諭左右曰：朕本自無賞罰，隨時而應，不得不賞罰耳，初無毫髮之私也。又常守愛而知其惡，憎而知其善兩語，故雖平日所甚親信，苟有過失，必面戒之。而疎遠小臣，或有小善寸長，則稱獎之。雄曰：雨露之所生成，雪霜之所肅殺，天豈有心於其間哉！

（宋）徐夢莘《三朝北盟會編》卷四一《靖康中帙》　二十二日戊午，太學生沈長卿上書言伏闕并李邦彦等書曰：靖康元年二月二十二日，太學生沈長卿謹昧死再拜，獻書於皇帝陛下：臣觀自古天下國家，所以敗亂而不可救者，始於人君賞罰之不明也。蓋賞罰者，人主之大柄。古者爵人於朝，與衆共之；刑人於市，與衆棄之。欲其合天下之公心，不敢有異議而已。舜之舉十六相也，天下之人謂之八元八愷；其竄四凶也，天下之人謂之檮杌，謂之饕餮。非舜舉之也，天下之人共舉之也；非舜罰之也，天下之人共罰之也。聖人賞罰之柄如此。漢、唐之末時君世主昏暗不明，刑罰之柄奪於權臣，其所賞者未必有功也，所罰者未必有罪也。賞罰不明，天下解體，亂亡隨之。如漢之哀平，唐之懿僖，此數君者未必如桀紂之暴亂酷虐，惟其賞罰不公，使忠臣義士啣恨而死，是以至於滅亡。爾恭惟皇帝陛下即位之初，大明誅賞以示天下，當取法於堯舜可也。而比頒明詔，前後或異，若有姦邪罔上之臣乘擾攘之際亂陛下之聰明者，臣少負耿介慕劉蕡賈誼之言得事君之節，而小仲舒之論緩而不切憤然有意於劉賈，臣請爲陛下直言而不諱。臣聞二月初五日，陛下罷李綱，右丞太學生陳東等率士數百伏闕上書，極言李綱忠義，李邦彦姦惡。冀陛下聰明睿斷，罷邦彦而相李綱，以厭天下之論。

（宋）徐夢莘《三朝北盟會編》卷四九《靖康中帙》　右正言程瑀上言：臣聞亂在外爲姦，在内爲軌。姦御以德，軌御以刑，古之制也。刑當其罪，則刑一人而四海服焉。此息亂弭姦之道也。蔡攸之罪，四海之人皆以爲可殺，陛下未能明罰飭法，公議鬱結，按攸豺狼種類，固不可以人理責考。其挾媚道以怙權，操譎計以固寵，竊弄威柄，至于位師傅之尊，躬俳優之賤，侮慢君上，污衊宫庭，則厥父或未至是，蓋死有餘責矣。又況燕山之役，攸與童貫同爲宣撫，喪敗師徒，蓋以萬計，卒不能取燕山，乃開闗以招金人，始厚與歲賂，易其空城，招敵納侮，自此其始。及金人爲南犯之計，首議於夏初，決策於秋末，攸任樞府，邊吏來告，不以上聞。及其犯塞，不復計守禦之事，闔家南遊，名爲扈從上皇，實皆叛也。上皇南歸，非獨思企陛下本於天性，其深見遠識正應如此。攸盖弄臣，陛下上皇豈復與之論議，乃敢肆爲誣罔謂勸上皇南歸，盖欺罔君上，愚弄朝廷，雖已敗猶復爾也。罪惡彰著，海宇憤疾，言章交上而名爲逐之廣南，乃實處之善地，修其政刑，今日正不可緩。伏望陛下發明斷投之海島，不使污我海内，實快天下之望。

（宋）徐夢莘《三朝北盟會編》卷五四《靖康中帙》　臣寮上言：臣聞爵人于朝，與衆共之；刑人于市，與衆棄之。刑賞之行，非出人主私意，與天下爲公而已。昔舜誅四凶，天下咸服者，言其公也。蔡京蠹國二十餘年，罪惡貫盈，殺之宜矣。吴敏等力爲保護，屈國法以報恩，天下孰不痛憤，而遷延數月，不正典刑。陛下灼見，天下怨京之甚，奮獨斷之威，不恤姦言，投之海外以禦魑魅，雖三尺童子莫不謂然。京恃敏庇護之故，滯留道塗，至長沙而卒。識與不識，無不咎敏之沮格言章，不早投竄，致京身死内地，抵掌而歎者紛然。如京之惡固大矣，若攸之罪亦不減於乃父，燕山之役，禍及天下，罪與童貫何異哉？驕奢淫泆，載籍所無，包藏禍心，雖伐南山之竹不足以容其辭。今置之雷州，實未協于師言，雷雖在廣南，其地瀕海，絶無烟瘴，土風不異於中州，此吴敏之私意也。今若不竄之海外，不惟未正凶人之罪，亦恐不足服國人之心。願陛下速賜施行，無使若京之早斃，再失天下之望。臣不勝區區之懇，取進止。九月九日奉聖旨移萬安軍安置。

（宋）徐夢莘《三朝北盟會編》卷一九七《炎興下帙》 燾又奏蜀自軍興以來，困于征繇，民力彫獘，官吏既不加恤，又從而誅剝，去朝廷遠，無所赴訴。臣俟所到部，首宣寬恤。上曰：豈容一路應四川寬恤事，件措置委。燾因奏，臣願即行詢訪，一應民間利害，先次罷行，續具官有貪冒、慘酷爲民之蠹者，容臣先次放罷，續行按發。庶幾遠民得沾實惠。上皆可之，以都帥而得行，四川民事自燾始。

（清）徐乾學《資治通鑑後編》卷一六四《元紀一二》 戊申，封李孟秦國公。孟感帝知遇，以國事爲己任，見當時賜予太廣，名爵太濫，風俗太侈，僭擬無章，勸帝以人君之柄在刑與賞，刑不足懲，賞不足勸，何以爲治？

《金史》卷九五《董師中傳》 明昌元年，初置九路提刑司，師中選爲陝西路副使，坐修公廨濫支官錢罪，以贖論。及御史臺言其寬和有體，召爲大理卿。御史中丞吴鼎樞舉以自代，尚書省亦奏其才行，逐擢中丞。時西北路招討使宗肅以平章夾谷清臣薦，知大興府事。師中上言：宗肅近以贓罪鞫於有司，獄未竟，不宜改除。上納其言，曰：朕知之矣。有功不賞，有罪不罰，雖唐、虞不能化天下。命復送有司。

《明太祖實録》卷一一二《洪武十年五月》 五月戊寅朔，上謂侍臣曰：賞罰者，國之大權。人君操賞罰之權以御天下，一主於至公。故有功者雖所憎必賞，有罪者雖所愛必罰。賞以當功，上不爲德；罰以當罪，下不敢怨。不以小嫌而妨大政，不以私意而害至公，庶有以服天下之心。

《明英宗實録》卷二二五《景泰四年正月》〔丙戌〕二曰嚴賞罰以肅軍威。京師統兵等官往往私役賣縱軍卒，俾輸月錢以肥身家。昨者特敕點示其不在者，動以萬計。皇上未加斧鉞之誅，顧又錫以珍羞筵宴賚以白金瓶甌者。正所謂賞之以愧其心也，又復命點視不在之數，再倍於前而猶不忍加戮。第令住俸尋復與之，其優待之意至矣。今各官悔過自新者固多，稔惡不悛者尤衆。苟不嚴飭禁令何以警戒冥頑。乞勑總督總兵等官及御史給事中各十員，或一月或一季同詣教場，點視軍數不足，即究賣縱私役之人，問發操備立功，如此則各官知懼而兵備修矣。三曰節勞役以厚民生，曩者虜寇犯邊，國家多事，招募義勇民壯赴京操練，此誠一時之權宜也。厥後邊警少息，義勇民壯雖有更番歸休之命，緣程限太速，至家未久而行期已迫，以致過限誤罹憲綱。此等軍旅素非所長，但可協助官軍而已。乞今後悉於正月終遣回盡，九月到京使之爲國御冬。俟邊陲寧謐之日，悉縱邊寧家。如此則民力不用而人心悦矣。疏入，命禮部會官議行。

（清）龍文彬《明會要》六六《刑三·寬恕》 五月辛巳，與廷臣論刑法。御史中丞陳寧曰：法重，則人不輕犯；吏察，則下無遁情。太祖曰：不然，古人制刑以防惡衛善，故唐、虞畫衣冠、異章服以爲式，而民不犯。秦有鑿顛、抽脅之刑，參夷之誅，而囹圄成市，天下怨叛。今施重刑而又委之察吏，則民無所措手足矣。朕聞帝王平刑緩獄而人服從，未聞用商、韓之法可致堯、舜之治也。《大訓記》。八年二月甲午，諭刑官曰：天道好生，人情惡死。朕夙夜靡寧，常懼刑罰失中，所以特降寬宥之典。凡雜犯死罪，令輸作屯種，以全其生，且冀其悔罪改過復爲善人。爾等宜體此意，無負委任。

（清）陸曾禹《康濟録》卷四上《事後之政》 齊威王語即墨大夫曰：子令即墨，毀言日至，及使人視即墨，田野闢，人民給，官無事，東方以寧，是子不賂吾左右求助也。封之萬家邑。語阿大夫曰：子令阿，譽言日至，及使人視阿，田野不闢，人民貧餒，是子賂吾左右求助也。是日烹阿大夫及左右嘗譽者，自是莫敢飾非，而齊國大治。

謹案：威王之賞罰明，齊國之萬事理，可見愛民者不可以不賞，不賞無以酬既往。飾非者不可以不罰，不罰何以戒將來？救荒者誠能體此意以用人，則得任賢勿貳、去邪勿疑之道矣。

又：《必賞罰》總論曰：古云：有功不賞，有罪不誅，雖唐虞不能以化天下。今多列報功，而罰罪不載，非謂不職者可以寬其罰，蓋不待事畢早已逐而去之也。此即范仲淹一家哭何如一路哭之意耳。昔高澄問政要於杜弼，弼曰：天下大務莫過於賞罰。賞一人使天下之人喜，罰一人使天下之人懼。二事不失，自然盡善。時有聞弼之言者，大説曰：言雖不多，於理甚要。故明於致治者，無不以二端爲大務也。漢唐之典，宋元之事，盡列於前，彰彰可據。至劉鑑之不棠即賞者，蔽賢者之罪也。周孔教之欲奨尚義者，勵衆之道也。乃知災傷之際，不有賢良建策斡旋，解民倒懸，出之湯火，孰與活垂斃而生餓殍。《禮記》云：聖人南面而治天下，報功其二也。可見賞罰者，致治之大典也，而可忽乎哉。不特此也，城市鄉村若有孝弟節義之人，或敦倫，或濟世者，此亦天地之正氣，人間之儀表，安可不一併表揚以彰有德。果能若是，是無往而不以唐虞之化化天下矣。國有不治，社稷有不安者哉。

（清）劉錦藻《皇朝續文獻通考》卷二四八《刑考七》 又山西巡撫寶棻奏參考《刑律草案》照章簽注，查分則草案，關於帝室之罪首列篇端立義洵爲正大，但尊君親上名教之大防，苟有危害殺傷，不得因過失而輒予寬減。叛逆不道，國法所不容，但係首魁要犯，均應盡法嚴懲。至騷擾地方，暴行脅迫，以及姦盜各項，亦宜從重治罪，以資懲儆。又總則著明律無正條不得爲罪，蓋欲刪除比附，以免意爲輕重。然條目不足以盡事變，適足以開奸人趨避之門，其罪名等差又設爲某刑至某刑數等，上下懸殊，悉聽裁判者之自爲審定。方今裁判人才缺乏，於法律素未諳習，竊恐任意高下，處斷難平，以上數端，皆係重要不復逐一簽注，而特揭其大旨。可否酌量修訂，擇其重要各條，別輯暫行章程照舊辦理，而用刑上下之等，亦應於各條上詳註其所由，俾裁判者有所依據，免至罪名出入之差，均下所司議奏。

（宋）李昉等《太平御覽》卷六三五《刑法部・敘刑》 又曰：聲子謂楚令尹子木曰：善爲國者，賞不僭而刑不濫。賞僭則懼及淫人，刑濫則懼及善人。若不幸而過，寧僭無濫。與其失善，寧其利淫。無善人則國從之。從之亡也。古之治民者，勸賞而畏刑，恤民而不倦。賞以春夏，刑以秋冬。是以將賞，爲之加膳，加膳則飫賜，此以知其勸賞也；將刑，爲之不舉，不舉則徹樂，此以知其畏刑也。又曰：初景公欲更晏子之宅曰：子之宅，近市，湫隘囂塵不可以居，湫下隘小囂聲塵土。請更諸塽塏者。塽明塏燥。辭曰：君之先目容焉，先目晏子之先人。臣不足以嗣之，於臣侈矣。公笑曰：子近市識貴賤乎？對曰：既利之，敢不識乎。公曰：何貴、何賤？於是景公繁於刑，有鬻踊者。故對曰：踊貴履賤，景公爲是，省於刑。君子曰：仁人之言其利博哉。晏子一言，而齊侯省刑。

雜録

《尚書正義・周書・呂刑》 典獄，非訖于威，惟訖于富。言堯時主獄，有威有德有恕，非絶於威，惟絶於富。世治，貨賂不行。賂，來故反。敬忌，罔有擇言在身。堯時典獄皆能敬其職，忌其過，故無有可擇之言在其身。惟克天德，自作元命，配享在下。凡明於刑之中，無擇言在身，必是惟能天德，自爲大命，配享天意，在於天下。疏：典獄至在下。正義曰：堯時典獄之官，非能止絶於威，有犯必當行威，威刑不可止也。惟能止絶於富，受貨然後得富，無貨富自絶矣。言於時世治，貨賂不行。堯時典獄之官皆能敬其職事，忌其過失，無有可擇之言在於其身。天德平均，惟能爲天之德。志性平均，自爲長久大命。配當天意，在於天下。言堯德化之深，於時典獄之官皆能賢也。傳言堯至不行。正義曰：堯時主獄之官，有威嚴，有德行，有恕心。有犯罪必罪之，是有威也。無罪則赦之，是有德也。有威有德有恕心，行之不受貨賂，是恕心也。訖是盡也，故傳以訖爲絶。不可能使民不犯，非絶於威。能使不受貨賂，惟絶於富。言以恕心行之，世治則貨賂不行，故獄官無得富者。傳凡明至天下。正義曰：惟克天德，言能效天爲德，當謂天德平均，獄官效天爲平均。凡能明於刑之中正矣，又能使無可擇之言在身者，此人必是惟能爲天平均之德，斷獄必平矣。皇天無親，惟德是輔，若能斷獄平均者，必壽長久大命。大命由己而來，是自爲大命。享訓當也，是此人能配當天命，在於天之下。鄭云：大命謂延期長久也。

（宋）陳祥道《禮書》卷一〇《惰游冠》 先王之於民，縣正趨其稼事，而賞罰之。載師，凡宅不毛者，有里布；田不耕者，出屋粟；無職事者，出夫家之征。閭師，不畜者，祭無牲；不耕者，祭無盛；不樹者，無椁；不蠶者，不帛；不績者，不衰；夫旌之以賞，困之以罰，阨之以禁，亦已至矣。又垂緌五寸，所以深激而勸之也。《周官・司寇》以野刑，上功糾力。士師有野禁，漢世有田律，然則縞冠素紕，垂緌五寸，蓋野刑之類也。

《春秋公羊經傳解詁》卷二《桓公五年》 蔡人殺陳佗。陳佗者何？陳君也。以躍卒，不書葬也。佗大阿反。陳君則曷爲謂之陳佗？據殺蔡侯般不言蔡般。侯般音班。絶也。絶者，國當絶。曷爲絶之？據戕鄫子不絶。戕，在良反。鄫，才陵反。賤也。其賤奈何？外淫也。惡乎淫？惡乎猶於何也。惡音烏，烏乎，猶於何也。注同。淫于蔡，蔡人殺之。蔡稱人者與使得討之，故從討賊，辭也。賤而去其爵者，起其見卑賤，猶律文立子姦母，見乃得殺之也。不日不書葬者，從賤文。去，起吕反。

《春秋公羊經傳解詁》卷三《莊公二十六年》曹殺其大夫。何以不名？據莒小於曹，殺公子意恢名。衆也。曷爲衆殺之？據殺三郤名。不死于曹君者也。曹諸大夫與君俱敵戎戰，曹伯爲戎所殺，諸大夫不伏節死義，獨退求生，後嗣子立而誅之。《春秋》以爲得其罪，故衆略之不名。心書君殺大夫。大夫有罪，以專殺書，他皆以罪舉。

《春秋公羊經傳解詁》卷三《莊公三十二年》秋七月癸巳，公子牙卒。何以不稱弟？據公弟叔肸卒。肸，許乙反。殺也。殺則曷爲不言刺之？據公子買有罪殺之，言刺不言卒。爲季子諱殺也。曷爲爲季子諱殺？據叔孫得臣卒不日者，惡不發揚公子遂弑也。爲季，于僞反，下爲季，而爲注故爲同。季子之遏惡也，遏，止。遏，於葛反，止也。不以爲國獄，不就獄致其刑，故言卒。緣季子之心而爲之諱。季子過在親親，疑於非正，故爲之諱，所以别嫌明疑。别，彼列反。季子之遏惡奈何？莊公病，將死，以病召季子。召之於陳。季子至而授之以國政。至不書者，內大夫出與歸不兩書。曰：寡人即不起此病，吾將焉致乎魯國？致，與也。焉，於虔反。季子曰：般也存，君何憂焉？公曰：庸得若是乎！庸猶傭傭無節目之辭。般音班。牙謂我曰：魯一生一及，君已知之矣。父死子繼曰生，兄死弟繼曰及。言隱公生，桓公及，今君生，慶父亦當及，是魯國之常也。慶父也存。時莊公以爲牙欲立慶父。季子曰：夫何敢！是將爲亂乎？夫何敢！再言夫何敢者，反覆思惟且欲以安病人也。孔子曰君子有九思：視思明，聽思聰，色思温，貌思恭，言思忠，事思敬，疑思問，忿思難，見得思義。夫何音扶，下及注同。覆，芳服反。思難，乃旦反。俄而牙弑械成。是時，牙實欲自弑君，兵械已成，但事未行爾，有攻守之器曰械。俄，五多反。牙殺，申志反。注及下親弑同。械，户戒反。季子和藥而飲之，藥者，酖毒也，傳曰酖之是也。時季子亦有械，故能飲之。《傳》不道者，從可知。飲，於鴆反，注同。酖毒本亦作鴆，直蔭反，下文同。曰：公子從吾言而飲此，則必可以無爲天下戮笑，必有後乎魯國；時世大夫誅不宣，子當繼體如故。不從吾言而不飲此，則必爲天下戮笑，必無後乎魯國。於是從其言而飲之。飲之無傫氏，至乎王堤而死。公子牙今將爾，今將欲殺無傫，無本又作巫。傫，音力委反，又力追反。堤，丁兮反。辭曷爲與親弑者同？辭，傳序經辭。親躬親也。君親無將，將而誅焉。親謂父母，無將如字，閔公本將不誅、將而皆同；或子匠反，非也。然則善之與？曰：然。殺世子母弟，直稱君者，甚之也。季子殺母兄，何善爾？誅不得辟兄，君臣之義也。以臣事君之義也，唯人君然後得申親親之恩。與音餘。然則曷爲不直，誅而酖之，行誅乎兄，隱而逃之，使託若以疾死然，親親之道也。明當以親親原而與之，於治亂當賞疑從重，於平世當罰疑從輕。莊不卒大夫而卒牙者，本以當國將弑君。書日者，録季子遏惡也，行誅親親，雖酖之猶有恩也。

《春秋公羊經傳解詁》卷四《閔公六年》元年春王正月。公何以不言即位？繼弑君不言即位，復發傳者，嫌繼未踰年君義異故也，明當隱之如一。弑，申志反。復，扶又反。下同。孰繼？據子般弑不見。見，賢偏反。繼子般也。孰弑子般？慶父也。殺公子牙，今將爾，季子不免。慶父弑君，何以不誅？將而不免，遏惡也；既而不可及，因獄有所歸，不探其情而誅焉，親親之道也。論季子當從議親之辟，猶律親親得相首匿，當與叔孫得臣有差。探，他南反。辟，婢亦反。匿，女力反。惡乎歸獄？歸獄僕人鄧扈樂。曷爲歸獄僕人鄧扈樂？據師還也。惡，音烏。扈樂，音洛，或如字。莊公存之時，樂曾淫于宫中，子般執而鞭之。莊公死，慶父謂樂曰：般之辱爾，國人莫不知，盍弑之矣？使弑子般，然後誅鄧扈樂而歸獄焉。殺鄧扈樂不書者，微也。曾，才能反。盍，户臘反。季子至而不變也。至者，聞君弑，從家至朝，季子知樂勢不能獨弑，而不變正其真僞。

《春秋公羊經傳解詁》卷五《僖公元年》夫人薨于夷，則齊人曷爲以歸？據上説夫人薨于夷者，齊人以歸至夷也。齊人曷爲故以歸至于夷。桓公召而縊殺之。先言薨後言以歸而不言喪者，起桓公召夫人于邾婁，歸殺之于夷。因爲內諱恥，使若夫人自薨于夷，然後齊人以歸者也。主書者從內不絶録，因見桓公行霸王，誅不阿親親，疾夫人淫泆二叔，殺二嗣子，而殺之。縊，一賜反，一本作搤，於革反。見，賢偏反，泆音逸。

《春秋公羊經傳解詁》卷五《僖公四年》齊人執陳袁濤塗。濤塗之罪何？辟軍之道也。其辟軍之道奈何？濤塗謂桓公曰：君既服南夷矣，何不還師濱海而東，服東夷且歸？濱，涯也，順海涯而東也。東夷，吳也。從召陵東歸，不經陳而趨近海道，多廣澤水草，軍所便也。濤，徒刀反。辟，匹亦反，又音避。下同。濱音賓，涯，五佳反。近，附近之近。便，婢面反。桓公曰：諾。於是還師濱海而東，大陷于沛澤之中。草棘曰沛，漸洳曰澤，沛澤音貝，又普貝反。草棘曰沛，漸洳曰澤。漸，子廉反。洳，人庶反。顧而執濤塗。時濤塗與桓公俱行。執者曷爲或稱侯，或稱人？稱侯而執者，伯討也；言有罪，方伯所宜討。稱人而執者，非伯討也。此執有罪，何以不得爲伯討？古者周公，東征則西國怨，西征則東國怨。此道黜陟之時也，《詩》云：周公東征，四國是皇。桓公假塗于陳而伐楚，則陳人不欲其反由己者，師不正故也。故令濤塗有此言。令，力呈反。不脩其師而執濤塗，古人之討，則不然也。以己所招而反執人，古人所不爲也。凡書執者，惡其專執。

《春秋公羊經傳解詁》卷五《僖公二十八年》 三月丙午，晉侯入曹，執曹伯畀宋人。畀者何？與也。其言畀宋人何？據下執衛侯言歸之于京師。與使聽之也。與，使聽其獄也。時天王居于鄭，晉文欲討楚師。以宋王者之後，法度所存，故因假使治之。宋稱人者，明聽訟必師斷，與其師衆共之。斷，丁亂反，下當斷同。曹伯之罪何？甚惡也。其甚惡奈何？不可以一罪言也。曹伯數侵伐諸侯以自廣大，《傳》曰：晉侯執曹伯，班其所取侵地于諸侯是也。齊桓既沒，諸侯背叛，無道者非一。晉與曹同姓，恩惠當先施，刑罰當後加。起而征之，嫌其失義，故著其甚惡者可知也。以兵得不言獲者，晉文伯討不坐獲者，故亦不責曹不死義兵。日者喜義兵得時入。數，所角反，下數道同。

又：晉人執衛侯，歸之于京師。歸之于者何？歸于者何？歸之于者，罪已定矣。歸于者，罪未定也。罪未定則何以得爲伯討？此難成公十五年晉侯執曹伯歸于京師。難，乃旦反，下方難同。歸之于者，執之于天子之側者也。罪定不定，已可知矣。歸之者，決絶之辭。執于天子之側，已白天子，罪定不定自在天子，故言已可知。歸于者，非執之于天子之側者也。罪定不定未可知也。未得白天子分別之者，但欲明諸侯尊貴，不得自相治，當斷之於天子爾。大惡雖未可知，執有罪當爲伯討矣。無罪而執人當貶稱人。別，彼列反。【略】

文公逐衛侯而立叔武，叔武辭立而他人立，則恐衛侯之不得反也，故於是己立，故上稱子。然後爲踐土之會，治反衛侯。叔武訟治於晉文公，令白王者反衛侯使還國也。叔武讓國見殺而爲叔武諱殺者，明叔武治反衛侯，欲兄饗國，故爲去殺己之罪，所以起其功而重衛侯之無道。爲去，起呂反。衛侯得反，曰：叔武篡我。元咺爭之曰：叔武無罪。終殺叔武，元咺走而出。此晉侯也，其稱人何？此以伯討而何貶者，言歸之于伯討，明知坐他事，故更問之。篡，初患反。貶。曷爲貶？據他罪不見。衛之禍，文公爲之也。文公爲之奈何？文公逐衛侯而立叔武，使人兄弟相疑。《春秋》許人臣者必使臣，許人子者必使子。文公惡衛侯大深，愛叔武大甚，故使兄弟相疑。大深，音泰，下同。放乎殺母弟者，文公爲之也。文公本逐之非，故致此禍也。逐之文不見，故貶。主書者以起文公逐之。放乎，甫往反。衛元咺自晉復歸于衛。自者何？有力焉者也。有力焉者，有力于晉也，言恃晉有屬己力以歸，方難下意，故於是發問。屬音燭。此執其君，其言自何？上元咺出奔晉，而文公執衛侯，知以元咺訴執之，怪訴其君而助之。爲叔武爭也。解文公助之意，以元咺爲叔武爭訴，以爲忠於己而助之。雖然臣無訴君之義，復於衛非也，悖君臣之義，故著言自明不當有力於惡人也，言復歸者。深爲霸者恥之，使若無罪。

《春秋公羊經傳解詁》卷五《僖公三十年》 秋，衛殺其大夫元咺及公子瑕。衛侯未至，其稱國以殺何？據歸在下。道殺也。時已得天子命還國，於道路遇而殺之，坐之與至國同，故但稱國，不復別也。言及公子瑕者，下大夫別尊卑。復，扶又反。別尊，彼列反。衛侯鄭歸于衛。此殺其大夫，其言歸何？據未至而有專殺之惡，與入惡同。歸惡乎元咺也。衛侯歸殺無惡，則元咺之惡明矣。曷爲歸惡乎元咺？據師還。元咺之事君也，君出則己入，晉人執衛侯歸之于京師。元咺自晉復歸于衛，恃晉力以歸是也。君入則己出，衛侯鄭自楚復歸于衛，元咺出奔晉是也。以爲不臣也。故不從犯伯執，爲天子所還，言復歸，從出入無惡言歸，以見元咺有出入罪，衛侯得殺之，所以專臣事君之義。名者爲殺叔武惡天子歸有罪也。執歸不書，主書者名惡當見。以見，賢徧反，下同。爲，于僞反。惡夫，烏路反。

《春秋公羊經傳解詁》卷七《宣公元年》 放其大夫胥甲父于衛。放之者何？猶曰無去是云爾。是，是衛。然則何言爾？近正也。此其爲近正奈何？古者大夫已去，三年待放。古者刑不上大夫。蓋以爲摘巢毀卵則鳳皇不翔，刳胎焚火則麒麟不至。刑之則恐誤刑賢者，死者不可復生，刑者不可復屬，故有罪放之而已，所以尊賢者之類也。三年者，古者疑獄三年而後斷。《易》曰繫用徽墨，寘於叢棘，三歲不得，凶是也。自嫌有罪當誅，故三年不敢去。摘，吐狄反。刳，口孤反。屬音蜀。叢棘，才工反。君放之，非也；曰無去是，非也。大夫待放，正也。聽君不去衛，正也。

《春秋公羊經傳解詁》卷七《宣公九年》 冬，十月，楚人殺陳夏徵舒。此楚子也，其稱人何？據下入陳稱子。貶。曷爲貶？據徵舒有罪。不與外討也。辟天子，故貶見之，即所謂貶絕，然後罪惡見。不與外討者，因其討乎外而不與也，雖內討亦不與也。雖自討其臣下亦不得與也。曷爲不與？據善爲齊誅之。實與不言執與討賊同文。而文不與。文曷爲不與？諸侯之義，不得專討也。諸侯之義，不得專討，則其曰實與之何上無天子，下無方伯，天下諸侯有爲無道者，臣弑君，子弑父，力能討之，則討之可也。與齊桓專封同義，不書兵者，時不伐。

《春秋公羊經傳解詁》卷八《成公二年》　郤克曰：欺三軍者，其法奈何？顧問執法者。曰：法斮。斮，斬。斮，莊略反，又仕略反，斬也。於是斮逢丑父。丑父死，君不賢之者。經有使乎大夫，於王法頃公當絶。如賢丑父，是賞人之臣，絶其君也。若以丑父故不絶頃公，是開諸侯戰不能死難也。如以衰世無絶頃公者，自齊所當善爾，非王法所當貴。難，乃旦反。

《春秋公羊經傳解詁》卷一〇《昭公二十五年》　昭公將弑季氏，《傳》言：弑者，從昭公之辭。唁音彦。將殺音試，下及注同。告子家駒曰：季氏爲無道，僭於公室久矣，諸侯稱公室。吾欲弑之，何如？昭公素畏季氏，意者以爲如人君，故言弑。子家駒曰：諸侯僭於天子，大夫僭於諸侯，久矣。昭公曰：吾何僭矣哉？失禮成俗，不自知也。子家駒曰：設兩觀，禮：天子諸侯臺門，天子外闕兩觀，諸侯内闕一觀。觀，工亂反，注同。乘大路，禮：天子大路，諸侯路車，大夫大車，士飾車。朱干，楯也，以朱飾楯。楯，食允反，又音尹。玉戚，戚，斧也，以玉飾斧。玉戚，干寂反。以玉飾斧。以舞《大夏》，《大夏》，夏樂也，周所以舞夏樂者，王者始起，未制作之時，取先王之樂與己同者，假以風化天下，天下大同，乃自作樂。取夏樂者，與周俱文也。王者舞六樂于宗廟之中。舞先王之樂，明有法也；舞己之樂，明有制也；舞四夷之樂，大德廣及之也。東夷之樂曰株離，南夷之樂曰任，西夷之樂曰禁，北夷之樂曰昧。大夏，户雅反，注同。株離，音誅。禁，音金，又居鴆反。八佾以舞《大武》，此皆天子之禮也。且夫牛馬維婁。繫馬曰維，繫牛曰婁。佾音逸。且夫，音扶，下有夫並注同。婁，力主反。委己者也，委食己者。委己，于僞反，注同。己音紀。委食，音嗣，下同。而柔焉。柔，順。季氏得民衆久矣，季氏專賞罰，得民衆之心久矣，民順從之，猶牛馬之於委食己者。君無多辱焉。恐民必不從君命而爲季氏用，反逐君，故云爾。子家駒上説正法，下引時事以諫者，欲使昭公先自正，乃正季氏。

《春秋公羊經傳解詁》卷一一《定公元年》　三月，晉人執宋仲幾于京師。仲幾之罪何？據言于京師，成伯討辭，知有罪。幾，本或作機。不蓑城也。若今以草衣城是也。禮，諸侯爲天子治城，各有分丈尺，宋仲幾不治所主。不衰，素戈反，一或作蓑，一或音初危反。衣，于既反。爲天，于僞反，下善爲同。其言于京師何？據城言成周執不地。伯討也。大夫不得專執，執無稱名氏，見伯討例，故地以京師，明以天子事執之，得伯討之義。見，賢徧反。伯討則其稱人何？據城稱名氏，諸侯伯執不稱人也。復發此難者，弟子未解，嫌大夫稱人相執，與諸侯同例。復發，扶又反，下皆同。難，乃旦反。解音蟹。貶。故稱人爾，不以非伯討故。曷爲貶？據晉侯伯執稱人，以他罪舉。不與大夫專執也。曷爲不與？據伯討。實與，言于京師是也。而文不與。文不與者，貶稱人是也。文曷爲不與？大夫之義，不得專執也。大夫不得專相執，辟諸侯也。不言歸者，諸侯當決於天子，犯之惡甚。故録所歸。大夫當決主獄爾，犯之罪從外小惡，不復别也。無例不在常書，又月者，善爲天子執之。别，彼列反。

《春秋穀梁傳》卷五《僖公三十年》　秋，衛殺其大夫元咺。稱國以殺，罪累上也，以是爲訟君也。元咺訟君之罪于伯者，君忌之，使人殺之而後入。案宣九年陳殺其大夫泄治。《傳》曰：稱國以殺其大夫，弑無罪也，此傳曰，稱國以殺，罪累上也。凡稱國以殺大夫，或殺無罪，或罪累上，參玄不同，略當近半。然則稱國以殺有二義，泄治忠賢而君殺之，是君無道也；衛侯雖有不德，臣無訟君之道，元咺之罪亦已重矣。然君子之道，譬之于射，失諸正鵠，反求諸身。衛侯不思致訟之愆，躬自厚之義，過而不改，而又怨忌，上下皆失，故曰罪累上。累，劣僞反。泄，息列反。冶音也。近半，附近之近。正音征。鵠，古毒反。愆，起虔反。衛侯在外，其以累上之辭言之，何也？待其殺而後入也。及公子瑕。公子瑕，累也，以尊及卑也。

《春秋穀梁傳》卷七《宣公二年》　秋，九月，乙丑，晉趙盾弑其君夷皋。穿弑也，穿，趙盾從父昆弟。盾不弑，而曰盾弑，何也？以罪盾也，其以罪盾何也？曰：靈公朝諸大夫而暴彈之，暴，殘暴。朝，直遥反。彈，徒丹反，又徒旦反。觀其辟丸也，趙盾入諫，不聽。出亡，至於郊。禮：三諫不聽，則去，待放於竟三年。君賜之環，則還；賜之玦，則往。必三年者，古疑獄三年而後斷，《易》曰繼用徽纆，示于叢棘，三歲不得凶是也。自嫌有罪當誅，故三年不敢去。辟音避，竟音境。玦，古穴反，杜元凱云：如環而不連。斷，丁亂反。徽，許歸反。纆，亡北反。徽纆皆繩也，三股曰徽，兩股曰纆。趙穿弑公，而後反趙盾。招使還，史狐書賊曰：趙盾弑公。史，國史，掌書記事。狐，其名。盾曰：天乎天乎！予無罪。告天，言己無弑君之罪。孰爲盾而忍弑其君者乎？迴己易他，誰作盾而當忍弑君者乎？孰爲盾，絶句。孰，誰也。史狐曰：子爲正卿，入諫不聽，出亡不遠。君弑，反不討賊，則志同，志同穿也。志同則書重，非子而誰？盾是正卿，又賢，故言重。故書之曰，晉趙盾弑其君夷皋者，過在下也。鄭嗣曰：成十八年晉弑其君州蒲，《傳》曰：稱國以弑其君，君惡甚矣。然則稱臣以弑，罪在臣下也。趙盾弑其君，不言罪而曰過者，言非盾親弑，有不討賊之過。惡甚，如字，又烏路反。曰：於盾也，見忠臣之至；於許世子止，見孝子之至。邵曰：盾以亡不出竟，反不討賊，受弑君之罪，忠不至故也。止以父病，不知嘗藥，受弑父之罪，孝不至故也。見忠，賢偏反，或如字，下同。

《春秋穀梁傳》卷七《宣公十一年》冬，十月，楚人殺陳夏徵舒。變楚子言人者，弑君之賊，若曰人人所得殺也。其月，謹之。此入而殺也。其不言入，何也？據入國乃得殺。外徵舒於陳也。其外徵舒於陳，何也？據徵舒陳大夫，不應外。明楚之討有罪也。雍曰：經若書楚子入陳殺夏徵舒者，則入者內不受，是無以表徵舒之悖逆，楚子之得正。悖，補對反。丁亥，楚子入陳。入者，內弗受也。日入，惡入者也。何用弗受也？不使夷狄爲中國也。楚子入陳，納淫亂之人，執國威柄，制其君臣，傎倒上下，錯亂邪正，是以夷狄爲中國。惡，烏路反。傎，丁田反，本又作顛。邪，似嗟反。納公孫寧、儀行父于陳。納者，內弗受也。輔人之不能民而討猶可，雍曰：輔相鄰國，有不能治民者，而討其罪人則可。而曰猶可者，明鄰國之君，無輔相之道。輔相，息亮反，下輔相同。入人之國，制人之上下，使不得其君臣之道，不可。二人與君昏淫，當絶，而楚强納之，是制人之上下。强，其丈反，一音其良反。

《春秋穀梁傳》卷七《宣公十五年》王札子殺召伯、毛伯。王札子者，當上之辭也。殺召伯、毛伯，不言其何也？解經不言殺其大夫。札，側八反。召，上照反。兩下相殺也。兩下相殺，不志乎《春秋》，此其志，何也？矯王命以殺之，非忿怒相殺也，故曰以王命殺也。以王命殺，謂言王札子殺召伯、毛伯，是知以王命而殺之。矯，居表反。以王命殺，則何志焉？爲天下主者，天也；繼天者，君也；君之所存者，命也。爲人臣而侵其君之命而用之，是不臣也；爲人君而失其命，是不君也。君不君，臣不臣，此天下所以傾也。

《春秋穀梁傳》卷一二《哀公四年》四年，春，王二月，庚戌，盜弑蔡侯申。稱盜以弑君，不以上下道道也。以上下道道者，若衛祝吁稱其君完之類是。直稱盜，不在人倫之序。內其君而外弑者，不以弑道道也。襄七年，鄭伯將會中國，其臣欲從楚，不勝其臣，弑而死，不使夷狄之民，加乎中國之君，故曰鄭伯髡原如會，未見諸侯。丙戌，卒于操，是不以弑道道也。《春秋》有三盜：微殺大夫，謂之盜；十三年冬，盜殺陳夏區夫是。陳夏，户雅反。區，烏侯反。非所取而取之，謂之盜；定八年，陽貨取寶玉大弓是。辟中國之正道以襲利，謂之盜。即殺蔡侯申者是，非微者也。辟中，音避。

《史記》卷七九《范睢蔡澤列傳》蔡澤曰：若夫秦之商君，楚之吴起，越之大夫種，其卒然亦可願與？應侯知蔡澤之欲困己以説，復謬曰：何爲不可？夫公孫鞅之事孝公也，極身無貳慮，盡公而不顧私；設刀鋸以禁姦邪，信賞罰以致治；披腹心，示情素，蒙怨咎，欺舊友，奪魏公子卬，安秦社稷，利百姓，卒爲秦禽將破敵，攘地千里。吴起之事悼王也，使私下得害公，讒不得蔽忠，言不取苟合，行不取苟容，不爲危易行，行義不辟難，然爲霸主强國，不辭禍凶。大夫種之事越王也，主雖困辱，悉忠而不解，主雖絶亡，盡能而弗離，成功而弗矜，貴富而不驕怠。若此三子者，固義之至也，忠之節也。是故君子以義死難，視死如歸；生而辱不如死而榮。士固有殺身以成名，唯義之所在，雖死無所恨。何爲不可哉？

（宋）劉恕《資治通鑑外紀》卷三上《周紀一・武王》太公至國，辟草萊而居焉，修道術，尊賢知，賞有功。東海上有居士狂矞華士昆弟二人，議曰：吾不臣天子，不友諸侯，耕而食之，掘而飲之，無求於人，無上之名，無君之禄，不仕而事力。太公執而殺之。周公急傳而問曰：二子賢者，殺之何也？太公曰：是昆弟議曰不臣天子，是望不得而臣也。不友諸侯，是望不得而使也。耕而食之，掘而飲之，無求於人，是望不得賞罰勸禁也。夫王者使臣，非爵禄則刑罰也。今四者不足以使之，望誰爲君乎？是以誅也。此首五句《鹽鐵論》及《漢書・地理志》文，以下皆《韓非子・外儲》文。下文又曰：一日太公望東封於齊，海上有賢者狂矞，太公望聞之往請焉，三却馬於門而狂矞不報見也，太公望誅之。當是時也，周公旦在魯，馳往止之。比至，已誅之矣。周公旦曰：狂矞，天下賢者也，夫子何爲誅之。太公望曰：狂矞也，議不臣天子，不友諸侯，吾恐其亂法易教也，故以爲首誅。《荀子・宥坐》曰：太公誅華仕亦指此事。

（宋）劉恕《資治通鑑外紀》卷八《周紀六・敬王上》董安于爲上地守，行右邑山中，澗深，峭百仞如墻，問其旁鄉左右曰：人嘗有入此者乎？對曰：無有。曰：嬰兒、癡、聾、狂悖之人，嘗有入此者乎？曰：無有。曰：牛、馬、犬、彘，嘗有入此者乎？對曰：無有。董安于喟然太息曰：使吾法無赦，猶入澗必死，則人莫敢犯也，何爲不治？

（清）馬驌《繹史》卷一〇一《三卿分晉》 魏文侯問李克曰：刑罰之源安生？李克曰：生於奸邪淫佚之行。凡奸邪之心饑寒而起，淫佚者久饑之詭也。彫文刻鏤害農事者也，錦繡纂組傷女工者也。農事害則饑之本也，女工傷則寒之原也。饑寒並至，而能不爲奸邪者，未之有也。男女飾美以相矜而能無淫佚者，未嘗有也。故上不禁技巧則國貧，民侈國貧，窮者爲奸邪，而富足者爲淫佚，則驅民而爲邪也。民以爲邪，則以法隨誅之不赦其罪，則是爲民設陷也。刑罰之起有源，人主不塞其本而替其末，傷國之道乎。文侯曰：善以爲法服也。

（漢）袁康《越絶書》卷一《荆平王内傳》 闔廬曰：吾聞荆平王殺其臣伍子奢而非其罪，其子子胥勇且智，彼必經諸侯之邦可以報其父仇者。王即使召子胥。入，吴王下階迎而唁，數之曰：吾知子非恒人也，何素窮如此？子胥跪而垂泣曰：胥父無罪而平王殺之，而并其子尚。子胥遯逃出走，唯大王可以歸骸骨者，惟大王哀之。吴王曰：諾。上殿與語，三日三夜，語無復者，王乃號令邦中，無貴賤長少，有不聽子胥之教者，猶不聽寡人也，罪至死，不赦。

（漢）趙煜《吴越春秋》卷三《夫差内傳》 子胥曰：王何見？王曰：前日所見四人，今日又見二人相對，北向人殺南向人。子胥曰：臣聞，四人走，叛也；北向殺南向，臣殺君也。王不應。吴王置酒文臺之上，羣臣悉在，太宰嚭執政，越王侍坐，子胥在焉。王曰：寡人聞之，君不賤有功之臣，父不憎有力之子。今太宰嚭爲寡人有功，吾將爵之上賞。越王慈仁忠信，以孝事於寡人，吾將復增其國，以還助伐之功。於衆大夫何如？羣臣賀曰：大王躬行至德，虚心養士，羣臣竝進，見難爭死；名號顯著，威震四海；有功蒙賞，亾國復存；霸功王事，咸被羣臣。於是子胥據地垂涕，曰：於乎，哀哉！遭此默默，忠臣掩口，讒夫在側；政敗道壞，諂諛無極；邪説僞辭，以曲爲直；舍讒攻忠，將滅吴國；宗廟既夷，社稷不食，城郭丘墟，殿生荆棘。吴王大怒，曰：老臣多詐，爲吴妖孽。乃欲專權擅威，獨傾吴國。寡人以前王之故，未忍行法，今退自計，無沮吴謀。子胥曰：今臣不忠不信，不得爲前王之臣。臣不敢愛身，恐吾國之亡矣。昔者桀殺關龍逢，紂殺王子比干，今大王誅臣，參於桀紂。大王勉之，臣請辭矣。子胥歸，謂被離曰：吾貫弓接矢於鄭楚之界，越渡江淮自致於斯。前王聽從吾計，破楚見凌之讎。欲報前王之恩而至於此。吾非自惜，禍將及汝。被離曰：未諫不聽，自殺何益？何如亾乎？子胥曰：亾，臣安往？吴王聞子胥之怨恨也，乃使人賜屬鏤之劍。屬鏤劍，名鏤，力俱切，又力侯切。子胥受劍，徒跣褰裳，下堂中庭，仰天呼怨曰：吾始爲汝父忠臣立吴，設謀破楚，南服勁越，威加諸侯，有霸王之功。今汝不用吾言，反賜我劍。吾今日死，吴宫爲墟，庭生蔓草，越人掘汝社稷，安忩我乎？昔前王不欲立汝，我以死爭之，卒得汝之願，公子多怨於我。我徒有功於吴，今乃忩我定國之恩，反賜我死，豈不謬哉！吴王聞之，大怒曰：汝不忠信，爲寡人使齊，託汝子於齊鮑氏，有我外之心。急令自裁，孤不使汝得有所見。子胥把劍仰天歎曰：自我死後，後世必以我爲忠，上配夏殷之世，亦得與龍逢、比干爲友。遂伏劍而死。

《北史》卷三四《高閭傳》 臣聞爲國之道，其要有五：一曰文德，二曰武功，三曰法度，四曰防固，五曰刑賞。故遠人不服，則修文德以來之，荒狡放命，則播武功以威之；人未知戰，則制法度以齊之；暴敵輕侵，則設防固以禦之；臨事制勝，則明賞罰以勸之。用能開國寧方，征伐四剋。

（唐）徐堅《初學記》卷二〇《政理部·賞賜》 《説文》曰：賞賜有功也。賜也者，命也。見鄭玄《禮記注》。惠也。見何晏《論語注》。《書》曰：德懋懋官，功懋懋賞。又曰：用命賞於祖，弗用命戮於社。又曰：功多有厚賞，弗迪有顯戮。《春秋傳》曰：古之理人者，勸賞而畏刑，恤人不倦，賞以春夏，刑以秋冬。將賞爲之加膳，加膳則飫賜，此所以知其勸賞也。《禮記》曰：天子賜諸侯樂則以柷將之，賜伯子男樂，則以鼗將之。將謂執以致命。諸侯賜弓矢然後征，賜鈇鉞然後殺。賜珪瓚然後鬯。又曰：君賜車馬，乘以拜賜；衣服，服以拜賜。君未有命，弗卽乘服。凡賜，君子與小人不同日，此賞賜之義。

（宋）李燾《續資治通鑑長編》卷一二《宋太祖開寶四年》 上撫髀

歎曰：二十年夾河戰爭，取得天下，不能用軍法約束此輩，縱其無厭之求，以茲臨御，誠爲兒戲。朕今撫養士卒，固不吝惜爵賞，若犯吾法，惟有劍耳。

（宋）李燾《續資治通鑑長編》卷四五《宋真宗咸平二年》　上謂輔臣曰：賞罰二柄，乃馭民之銜勒，賞功而誤，猶或可耳；行罰不當，人將何告？宜謹重之。

（宋）李燾《續資治通鑑長編》卷六一《宋真宗景德二年》　易嘗通判蘄州，奏疏言：堯放四罪而不言殺，彼四者之凶尚惡言殺，非堯仁之至乎？蓋國之所謹，莫先乎刑，刑不可不本於法。不本於法則刑黷而致暴，刑黷而致暴，則下無所措手足矣。古之肉刑者，劓、椓、黥、刖，皆非死罪，尚以爲虐而絶之。近代以來，非法之刑，斷截手足，鉤背烙身，見白骨而口眼猶動，四體分落而呻痛未息。以此示人，故四方長吏益殘暴不已。又婺州先斷賊手足，然後斬之以聞。壽州巡檢使以賊磔於闤闠之中，其旁猶有盜物者。使嚴刑可戒於衆，則秦天下無一黔首之亂矣。臣以謂非法之刑，非所以助治也，惟陛下除之。上嘉納其言。

（宋）李燾《續資治通鑑長編》卷七一《宋真宗大中祥符二年》　詔：自今諸路轉運使副、提點刑獄所舉官，如進改後五年無過有勞幹者，並舉主特加酬奬。上謂宰臣曰：舉官犯贓則連坐，而舉得其人者，賞亦弗及，非所以勸也。故有是詔。

（宋）李燾《續資治通鑑長編》卷一四二《宋仁宗慶曆三年》　自有賊以來，羣臣上言者，皆爲自來寬法，所以不肯用心捉賊，皆乞峻行法令。近見池州官吏各罰銅五斤，乃知言者皆不蒙聽納。臣謂大臣爲國計者，寧厭忠言之多，不厭盜賊之多，乃如此行事爾。臣前後上言賊事文字不少，仍乞類聚，擇其長者，講定法制。今大臣不肯峻法以繩官吏，蓋由陛下不以威刑責大臣，此乃社稷安危所繫陛下之事也，伏望留意而行之。

（宋）李燾《續資治通鑑長編》卷一五〇《宋仁宗慶曆四年》　臣竊以朝廷所以威天下者，刑賞二柄而已。聖人不妄賞人，亦不妄罰人，若夫同罪異罰者，明主之所不取也。

（宋）李燾《續資治通鑑長編》卷一九八《宋仁宗嘉祐八年》　賞不因喜，罰不因怒，賞必有所勸，罰必有所懲，則天下何得不治？喜則濫賞，怒則妄罰，賞加於無功，罰加於無罪，則天下何得不亂？

（宋）李燾《續資治通鑑長編》卷一九九《宋仁宗嘉祐八年》　如是爵賞刑威一歸于政府，使政府盡公則已，脱有差繆，何由取正？

（宋）李燾《續資治通鑑長編》卷三八一《宋哲宗元祐元年》　臣以謂刑賞予奪，天下公器，非苟順人情，惟當而已。

（宋）李燾《續資治通鑑長編》卷四六一《宋哲宗元祐六年》　欲人心皆知向正，則莫若賞以勸善，刑以懲惡，不以親疏貴賤爲之重輕，與天下爲畫一。故爲善於家者，蒙賞於朝；爲不善於幽闇者，被罰於顯明。

（宋）金履祥《資治通鑑前編》卷三　用命賞于祖，弗用命戮于社，予則孥戮汝。古者天子巡狩以遷廟主行，征伐亦然，軍行祓社釁鼓。是則天子出征必載遷廟之主與社主以行也。祖，左陽也，故賞于祖；社，右陰也，故戮于社。戮，辱也。戮非爲殺之，凡罪以令衆皆戮也，所謂殺而戮之，所謂賜死而亡戮辱。凡殺而不以令衆不曰戮，罪不至殺而令衆亦曰戮。孥戮者，戮及其妻子，所謂其孥男子入于罪隸，女子入于舂稾是也。古人罪人不孥，而此曰孥戮，葢軍法尚嚴，故誓師之詞云爾。師之必用賞罰，古今所同也。至若左右不踰，御必以正，此則王者之師而已。《楚辭·天問》曰：啓代益作后，卒然離蠥，向啓惟憂，而能拘是達？《集註》曰：舊説禹以天下禪益，天下去益而歸啓，是代益作后也。於是有扈不服，啓遂與之大戰于甘，故曰：離蠥。問啓何以能思，惟所憂而能伐扈，以達拘執之嫌乎？

（清）徐乾學《資治通鑑後編》卷一一《宋紀一一》　甲子，有司上竊盜罪至大辟詔特貸其死。因謂宰相曰：朕重惜人命，但時取其甚者以警衆，然不欲小人知寬貸之意，恐其犯法者衆也。富弼曰：國法使民不曉其輕重，則犯者少矣。先帝存其法，時取情重者行之。存其法，使民懼而不易犯也。取重者行之而貸其輕者，不失好生之德也。

（宋）徐夢莘《三朝北盟會編》卷四一《靖康中帙》　陛下親降聖旨，朝廷方開言路通達下情。士伏闕上書，乃是忠義所激，爾等何爲待罪？宜速安職，曉諭諸生太學之士，仰觀聖訓，感激流涕，如蒙異恩，一謂陛下好賢樂善之誠如此。自今以往，天下忠言讜論日聞於九重，必不至鉗口結舌如前日也。有君如此，其忍負之稱誦未已，詔墨未乾，陛下復降御寶，以諸生伏闕，係赦前已放罪，更不根治。今後如或不改，復出鼓唱亂朝廷紀綱，當議極刑。又觀殿前司曉示，備載御寶，以士庶有以伏闕上書爲名者，意在作亂，今後如更似此之人，仰三衙收捉並從軍法，令王宗濋斬訖。聞奏，臣雖至愚，心知前日姦邪之人，重以變亂之説惑陛下者，是致陛下德音，終始反覆之如是也。

（宋）徐夢莘《三朝北盟會編》卷五六《靖康中帙》 臣寮上言：臣切見近遣監察御史張徵前去廣取童貫首級，仍降臣僚章疏并聖旨，列其十罪。元惡大憝，無所逃於天地之間，梟首通衢，孰不欣快？昔舜誅四凶而天下咸服，盖刑人，與衆棄之也。臣愚欲乞將前降言章并所列十罪播告天下，四方萬里之外咸得聞知，既足釋百姓憤怒之心，又可召和氣而懷遠人，取進止。

（宋）徐夢莘《三朝北盟會編》卷五九《靖康中帙》 《書》曰：惟先格王，正厥事。臣觀今日祖宗寬大之政泯滅而未舉，王安石刻急之法爲害而未除，法度未得其正也。士大夫之欺罔、誕謾、驕奢、貪鄙曾不少悛，風俗未得其正也。事未見功，賞已驟至，及其敗事，罰不加焉，賞罰未得其正也。閹官近習，猶執事權，頡頏恣睢，無所忌憚，任用不得其正也。昔之叨冒恩寵者未加鐫削，懷才抱器者陸沉州縣，爵禄未得其正也。昔之僥倖富貴者一毫不取，火耕水耨者困于重斂，賦斂未得其正也。數者不改，豈所謂正厥事乎？

（宋）徐夢莘《三朝北盟會編》卷六七《靖康中帙》 師雄曰：厚賞既至，不可無重罰以督責之，如出戰不用命，或見敵先卻，當推戳其妻孥，使其親見，然後斬以狗衆，則人人知慕爵賞而畏族誅，雖怯懦者變而爲勇鷙矣。粟曰：賞罰者有常典，皆不宜過。師雄曰：今日乃非常之時，不可以常法治，不用不妨，但恐後悔無及耳。粟曰：但容理會。師雄曰：事急矣，不可待也。

（宋）徐夢莘《三朝北盟會編》卷一五四《炎興下帙》 良田不知其幾千頃，自淮迤南荒蕪之田又不知其幾千頃，疲卒既多，冗官不減，若于此時且耕且戰，則軍食何患不足矣？盜賊之鋒不息者，臣竊謂陛下姑息之德太厚，而殺戮之威不張也。

（宋）徐夢莘《三朝北盟會編》卷一五七《炎興下帙》 孔子聞之曰：趙襄子善賞一人而天下知君臣之禮。臣讀至此，每興嗟而不能自已。豈舉世無高赫之徒乎？將功同而賞異乎？將使忠信之士不容于朝端乎？將使忠信之士陷於罪戾乎？昔人有所謂忠信而獲罪者，此臣所以區區，晝則忘食，夜則忘寢，痛爲天下國家惜也。

又： 今聞政府虚位，則至衢州一日而行，星夜兼程，不復留滯。何前緩而後急耶？自謂罪惡可以計免，名位可以力至，不畏邦憲，不卹人言，出入自如，何所恃？賴陛下縱欲曲全體貌，未寘于法。奈天下公議何？欲望英斷早賜竄斥，以爲人臣誤國之戒，伏候勅旨。

又： 又臣寮上言：臣近嘗論列知樞密張浚罪狀，至今半月，未蒙施行。浚亦偃蹇樞府恃以爲安，中外愕然，無不驚疑。臣已録白奏狀副本，申張浚照會去訖。切以威福者，人主之大柄；賞罰者，天下之公器。有福而無威，有賞而無罰，是猶天之有春夏而無秋冬也。陛下歴觀前此，之爲人臣有如浚跋扈僭擬者乎？有如浚之專恣誤國者乎？有如浚之欺君慢令者乎？一犯於此，已不容于公議，況兼有衆惡其逃于典刑哉？欲望睿斷檢會。

又： 所謂修政不過任賢使能，信賞必罰。任賢者，非止崇以爵位，苟知其賢，則一切信任而不復致疑。使能者不必信任，苟有一能則隨其才分，而俾盡效其力。信賞以勸有功，不以所喜而予之；必罰以致有罪，不以所惡而奪之。抑權倖、裁冗濫、謹法度、興廉恥，凡可以害治者，無不去也。

（宋）徐夢莘《三朝北盟會編》卷一七九《炎興下帙》 臣僚上言：近者論奏，觀文殿大學士提舉江州太平觀張浚罪狀顯著不輕，伏望聖慈褫職。然天下聞之，以爲浚之罪惡上通于天，而罰止于褫職。衆論未愜，臣豈得默默哉？竊以國君爵人于朝，與士共之；刑人於市，與衆棄之。況大臣進退而議其賞罰，非克當其罰，則天下之人何以悦而服從乎？今浚竭天下之財粟，東南爲之困；覆富平之師，西北爲之擾。繼爲宰相前後，東西南北之民曾不得奠枕而居。自昔誤國，事無與比等，罪止於褫職，人心謂何？且陛下宵衣旰食，所望於恢復，倚浚惟多。今一事無成，復有後悔。計人心之怨望，不止此也。臣愚伏望聖慈酌別議其罪，以厭天下之心，以爲誤國之戒。伏候勅旨。

又： 奉聖旨，張浚罷尚書右僕射觀文殿大學士，提舉江州太平觀。制曰：《春秋》之義，貴重於股肱；賞罰之心，必先於貴近。朕行法而待人以恕，議罪而不忘其功，欲全君臣進退之恩，思成風俗忠厚之美。粵有定命，告于外廷。具官張浚頃嘗奮身事朕，初載入勤王室，位冠樞機，出捍疆陲，謀專帷幄。乃疇宿望俾踐台司，期左右于一人，庶贊襄于萬務屬者，式遏羣敵，經理淮壖，番休禦悔之師，更戍乘邊之將。而乃撫馭失當，委付非才，軍心乖離，卒伍亡叛，郵傳沓至，駭聞怨怒之情封奏踵來，請正失謀之罰。然念始終之分，察其平昔之懷，許上印章，退休真館，錫名秘殿，庸示眷私。於戲，栒邑遣兵鄧禹，致威權之損街亭，違律武侯，何貶抑之深。尚繼前修勉圖來効。

（宋）徐夢莘《三朝北盟會編》卷一八二《炎興下帙》　自今後，更切用心，撫循百姓，以保禄位。各懷忠信，仰順天意用荅宸心。當遵守宣旨，厚加撫恤，若是執迷不順，聽用浮言，必當自詒刑戮，仍仰至日，立便改正。

（宋）徐夢莘《三朝北盟會編》卷一八九《炎興下帙》　今之上策，莫如自治。自治之要，内則進君子而遠小人，外則賞當功而罰當罪。使主上之孝順通于神明，生上之道德成于安强。勿以小智干義而圖大功，不勝幸甚。焞病軀衰羸，日甚一日，歸田之請前後八上，投老山間，側聞作新之政，此相公之賜也，況天下乎？

（宋）徐夢莘《三朝北盟會編》卷一九九《炎興下帙》　李綱落職鄂州居住。制朋姦罔上，有虞必去于驩兜，欺世盗名，孔子首誅于正卯。肆朕纂承之始，昧于枚卜之宜，相靡有終，刑茲無赦。具官某空踈而不學，凶復而寡謀，志輕天下而自謂無人，權震朝廷而不知有上。靡顧國家之大計，但營市井之虚名。專殺尚威，傷列聖好生之德，信狂喜妄，爲一時羣小之宗。比再被于延登，朕頗懷于虚佇，而果于修怨，姦以事君，庇己姻親，至擅刊于詔令；括民財力，曾罔恤于基圖。念存禮貌之恩，姑解鈞衡之任，雖居遠外，猶極優崇。謂上印以投閒，能闔門而訟過。乃傾家積，陰與賊通，伊舉措之非常，于聽聞而實駭。宜鐫寵秩，移置偏州。昔漢弃京房，罪本繇于不道，唐誅元載，惡蓋在于罔悛。往革乃心，毋忘予戒。

（宋）徐夢莘《三朝北盟會編》卷二〇九《炎興下帙》　論行法。臣竊惟人主威權之出至於殺戮，事關軍政，儻罪狀明白，案效詳審既已明析，當斷以宸慮，守之不移。不可奪於好惡，使遠近窺測，有掠美避謗之迹，失忠誠之心，啓讒佞之口，動搖國是。此利害有不勝言者，請借古以論之：彭越爲漢功臣，相與滅秦滅楚，勲業甚著，割符爲王，爵位尊盛。一召兵不至，以是爲罪，因此誅死。欒布求殺身明其罪，終以不赦。王恢説武帝，伏兵馬邑以誘單于，尉使迎降因得脱去，而武帝罪其不能追獲，以慰士大夫心。雖太后爲言，卒不得免。二主持法無所縱貸，而國勢尊崇，四方拱伏，此不奪之效也。僕固懷恩，晚節桀逆，至引吐番擾敗唐室，而代宗隱忍爲諱不言其反。李懷光助朱泚成奉天之亂，倚兵自固，德宗優容迫於臣下之請，誅伐不行而闕寵俄增。及大歷終身逃難，屢至危迫，正元姑息昏默，爲治頻於困辱，此掠美避謗執法不堅之效也。諸葛亮街亭之敗，馬謖爲前鋒，坐違節度，捨水上山耳，亮涕泣行誅，以爲法不可不明。郤克伐齊，韓厥將上軍將斬人獻，子馳將救之，聞既斬之矣。使速以徇告其僕曰：吾以分謗也。夫以人臣用師，猶確守斷行不移，矧欲復中興之業乎。伏望覽唐虞四主之得失，察奸雄之情態，不可狎玩以成咎悔，不勝幸甚。

又：論賞罰。臣聞馭臣下，惟在賞罰。賞當則功勸，罰當則罪服。至於擾攘之時，此柄尤不可不謹。故《傳》曰：信賞必罰。蓋賞罰爲示信之表，君行賞既不妄，臣受賞則不疑，然後可以立功，立事矣。漢高帝當逐鹿之世，賞罰以勸，智勇挾數，用術不專以信，故韓信、彭越、英布剖符受封，徃往連城數十。一日安定，使有自疑强大不當得之心，亂者踵作，終不以保。世祖中興，較功計勞，最爲謹審。封爵之行，纔不過數縣。君臣相親以誠，故建武之元，上下安享，身見太平。二者不可不察也。伏見比年以來，國步艱難，羣臣效功，朝廷急於平定，爵賞封拜，失於濃厚。正任防禦，承宣節度所在，輒有文吏如中奉大夫，皆緣軍功，不限員數。爵賞所以勵世磨鈍，恐不當如此。愚者茍得爲心貪婪不已，無復激勸傑猾者，較功揣已，豈無不自信之心乎？太祖皇帝以郭進守山西十年，官不過引進使；曹彬取南唐一國，逮京闕止云幹當江南公事回。上不以過賞，恐臣下長其驕盈之禍。下不以虚誇，事上以成謙遜之福。要在相與以誠，是爲萬世法。伏望陛下審信賞必罰之旨，覽高祖、光武之得失，觀藝祖君臣之推誠，以圖興復之功，天下幸甚。

（宋）李幼武《宋名臣言行録別集下》卷四《趙鼎》　上與宰執論治

體，因曰：治天下之道，在必賞必罰而已，淫刑以逞固不可，苟有罪豈可以不刑？鼎曰：近時贓吏雖不棄市，亦杖脊刺配，且殺人者死，古今常法。比年皆從貸例，聖人以謂罪疑惟輕，既無所疑，何爲而貸？貸有罪則犯者愈衆，而善人咸被其禍矣。

《金史》卷一〇九《許古傳》 時朝廷以諸路把軍官時有不和不聽，更相訴訟，古上言曰：臣以爲善者有勸，惡者有懲，國之大法也。苟善惡不聞，則上下相蒙，懲勸無所施矣。上嘉納之。

《明太宗實録》卷五〇《永樂四年春正月》 西城貢佛舍利，禮部尚書鄭賜請因是寬釋罪囚。上曰：帝正之治，以刑賞爲務。有功不賞，有罪不誅，雖堯、舜無以治天下。梁武帝、元順帝皆溺於佛，有罪者不刑，致法度廢弛，綱紀大壞而至末敗亡，此豈可效。况佛亦有天堂、地獄、善惡、報應之説，用誘人爲善，爾儒者乃欲姑息爲治耶。

《明太宗實録》卷九二《永樂七年五月》 其序曰【略】人君以天地爲心，則賞罰必得其當。人君不以賞而私於所愛，則必以待有功；不以罰而加於所惡，則必以待有罪。夫賞以旌善，罰以懲惡。賞當功則人勸，罰當罪則人服。執此之柄而行慶威，非至公至明者，弗足以語。是道苟吝惜而不賞，則無以甄有功，縱弛而不罰，則無懲有罪。如是，則紀綱頹矣，號令隳矣。雖有高爵重禄，不足以縻賢者之心；雖有嚴刑峻法，不足以止頑暴之惡。故賞罰者，明君之所慎重而不敢以忽也。刑者，聖人制之以防奸慝也。使民見刑而遠罪，遷善而改過。是故刑雖主殺而實有生之道焉。何也？蓋禁奸革暴，存乎至愛，本乎至仁。制之以禮而施之以義，始也。明刑以弼教，終也。刑期於無刑，先王之敬。用五刑也，一則曰欽，二則曰慎，以見用刑之不敢以輕。故天下無濫獄過殺而民罔不協於中，所以久安極治也。至若秦隋之君，用法慘酷，倚苛暴之吏，執深刻之文，法外加法，刑外施刑，曾何有忠愛惻怛之意。死人之血漂流於市，受刑之徒比肩而立，此仁人君子之所以痛傷也。故殺人愈多而奸愈作，獄愈煩而天下愈亂矣。失四海之心，招百姓之怨，曾未接踵而身亡國滅，子孫無遺類，是皆可爲明戒用刑之際，其可不加詳審而敬慎之哉。

《明英宗實録》卷二三三《景泰四年九月》 吏科給事中盧祥言：近者禮部等衙門官，會議寬恤事宜。其一：謀逆、反叛、人命、强盗，文書到日，俱許出首，悉免其罪。臣伏讀《大明律》，前項重罪皆常赦所不原。故自洪武、永樂以來，頒降赦例，鮮有原免者。往年廣東等處草寇叛逆，朝廷命將討平，戮其渠魁，餘黨奔竄。皇上以時多故，屈法宥之，蓋亦因時制宜而非常法也。矧今中興之時，豈可用此姑息之政哉？且邇者旱災，京畿尤甚。究其所由，實法司濫刑，冤獄忿怨之所致。爲法司者，正宜悔過避位，以雪冤滯，如古人祭孝婦之墓而致雨可也。今乃不此之思顧，定不當行之例，施不當加之恩。且謀逆、强盗、殺人者，得自首以免罪，而良善無辜受害者，又孰從而雪冤？好惡既戾乎人心，感召遏通乎天意，是則將以弭災而反以致災。若不裁正於今，必致貽悔於後。惡逆怙終之禍，將何以遏止之哉？伏望皇上遵祖宗之舊章，明國家之常憲，殊恩必施於無辜，大法不貸於惡逆。帝曰：賞功罰罪，自有正典，寬則恐小人無所警懼，法司計議停當以聞。

《大清會典則例》卷一二四《刑部·刑制》 刑罰關繫人命，凡審讞用刑，務遵定式，不得恣行酷虐，致滋冤濫。

《大清會典則例》卷一二四《刑部·律綱》 刑法禁於已然之後，而教諭彌於未然之前。請勅法司仿古大誥之制，國家用刑欵件，擇其重大者，編緝成書，頒告天下，廣爲傳誦。則人知洗心滌慮，而自干斧鉞者寡。

（清）王先慎《韓非子集解·内儲説上七術》 成驩謂齊王曰：【略】王太仁，太不忍人。王曰：太仁太不忍人，非善名邪？對曰：此人臣之善也，非人主之所行也。夫人臣必仁而後可與謀，不忍人而後可近也；不仁則不可與謀，忍人則不可近也。王曰：然則寡人安所太仁、安不忍人？【略】對曰：王太仁於薛公，而太不忍於諸田。太仁薛公，則大臣無重；太仁則縱之驕奢，不修德義，衆必輕之，故威不得重也。先慎曰：此謂齊王不裁抑薛公，則大臣得無重乎？無，猶得無也。古書多如是，《士喪禮》筮宅辭曰：無有後艱，鄭注得無後將有艱難乎；又卜葬日辭曰無有近悔，鄭注得無近於咎悔乎，是其證。《韓子》一書皆不欲大臣重於君，故《孤憤篇》一則曰：人主愈弊，大臣愈重，再則曰：人主壅蔽，大臣專權，權卽重也。説見《説難篇》。又曰：萬乘之患，大臣太重，此卽其義。注謂威不得重，失其旨矣。下文云大臣無重則兵弱於外者，卽《八姦篇》所謂爲人臣者，虛其國以事大國而用其威，求誘其君，甚則舉兵以聚邊境，而制斂於內，薄者數內大使以震其君，使之恐懼之意。太不忍諸田，則父兄犯法。大臣無重，則兵弱於外。父兄犯法，則政亂於內。兵弱於外，政亂於內，【略】此亡國之本也。

魏惠王謂卜皮曰：子聞寡人之聲聞，亦何如焉？【略】對曰：臣聞王之慈惠也。王欣然喜曰：然則功且安至？對曰：王之功至於亡。王曰：慈惠，行善也。行之而亡，何也？卜皮對曰：夫慈者不忍，而惠者好與也。不忍則不誅有過，好予則不待有功而賞。有過不罪，無功受賞，雖亡不亦可乎？

齊國好厚葬，布帛盡於衣衾，材木盡於棺椁。桓公患之，以告管仲曰：布帛盡則無以爲幣，【略】材木盡則無以爲守備，而人厚葬之不休，禁之奈何？管仲對曰：凡人之有爲也，非名之則利之也。於是乃下令曰：棺椁過度者戮其尸，罪夫當喪者。夫戮死無名，罪當喪者無利，人何故爲之也。

衛嗣君之時，【略】有胥靡逃之魏，因爲襄王之后治病。魏襄王之后也。【略】衛嗣君聞之，使人請以五十金買之，五反而魏王不予，乃以左氏易之。左氏，都邑名也。羣臣左右諫曰：夫以一都買一胥靡，可乎？【略】王曰：【略】非子之所知也。夫治無小而亂無大，若不治小者，則大亂起也。【略】法不立而誅不必，雖有十左氏無益也。法立而誅必，雖失十左氏無害也。魏王聞之曰：主欲治而不聽之，不祥。因載而往，徒獻之。

齊王問於文子曰：治國何如？對曰：夫賞罰之爲道，利器也。君固握之，不可以示人。若如臣者，【略】猶獸鹿也，唯薦草而就。獸鹿就薦草，人臣歸厚賞。故賞罰之利器，不可示於人也。

越王問於大夫種曰：【略】吾欲伐吳，可乎？對曰：可矣。吾賞厚而信，罰嚴而必。君欲知之，【略】何不試焚宮室。於是遂焚宮室，人莫救之。【略】乃下令曰：人之救火者死，比死敵之賞；【略】救火而不死者，比勝敵之賞；不救火者，比降北之罪。【略】人之塗其體、被濡衣而走火者，【略】左三千人，右三千人，此知必勝之勢也。

吳起爲魏武侯西河之守，秦有小亭臨境，吳起欲攻之。不去則甚害田者，言小亭能爲田者害，政當去之。盧文弨曰：注政或是故。去之，則不足以徵甲兵。亭小故也。盧文弨曰：甲兵，《藏》本倒。於是乃倚一車轅於北門之外。先慎曰：《事類賦》十六引倚作徙。而令之曰：有能徙此南門之外者，賜之上田上宅。人莫之徙也。及有徙之者，遂賜之如令。【略】俄又置一石赤菽於東門之外，而令之曰：有能徙此於西門之外者，賜之如初。人爭徙之，乃下令曰：明日且攻亭，有能先登者，仕之國大夫，賜之上田上宅。人爭趨之，於是攻亭，一朝而拔之。【略】

有相與訟者，子産離之，而無使得通辭，倒其言以告而知之。謂得以此言以告彼，彼言以告此，則知訟者之情實。盧文弨曰：倒字後十一卷中作到，乃古字，此亦當同。

《尉繚子·天官》梁惠王問尉繚子曰：黄帝刑德，可以百勝，有之乎？尉繚子對曰：刑以伐之，德以守之，非所謂天官時日陰陽向背也。黄帝者人事而已矣。

《慎子·逸文》孔子云：有虞氏不賞不罰，夏后氏賞而不罰，殷人罰而不賞，周人賞且罰。罰，禁也。賞，使也。

《晏子春秋·内篇諫上》景公飲酒酲，三日而後發。晏子見曰：君病酒乎？公曰：然。晏子曰：古之飲酒也，足以通氣合好而已矣。故男不羣樂以妨事，女不羣樂以妨功，男女羣樂者，周觴五獻，過之者誅。君身服之，故外無怨治，内無亂行。今一日飲酒而三日寢之，國治怨乎外，左右亂乎內。以刑罰自防者，勸乎爲非；以賞譽自勸者，惰乎爲善；上離德行，民輕賞罰，失所以爲國矣。願君節之也！

又：景公燕賞于國內。萬鍾者三，千鍾者五，令三出，而職計莫之從。公怒，令免職計，令三出，而士師莫之從。公不說。晏子見，公謂晏子曰：寡人聞君國者，愛人則能利之，惡人則能疏之。今寡人愛人不能利，惡人不能疏，失君道矣。晏子曰：嬰聞之，君正臣從謂之順，君僻臣從謂之逆。今君賞讒諛之民，而令吏必從，則是使君失其道，臣失其守也。先王之立愛，以勸善也，其立惡，以禁暴也。昔者三代之興也，利于國者愛之，害于國者惡之，故明所愛而賢良衆，明所惡而邪僻滅，是以天下治平，百姓和集。及其衰也，行安簡易，身安逸樂，順于己者愛之，逆于己者惡之，故明所愛而邪僻繁，明所惡而賢良滅，離散百姓，危覆社稷。君上不度聖王之興，而下不觀惰君之衰，臣懼君之逆政之行，有司不敢爭，以覆社稷，危宗廟。公曰：寡人不知也，請從士師之策。國內之禄，所收者三也。

又：景公信用讒佞，賞無功，罰不辜。晏子諫曰：臣聞明君望聖人而信其教，不聞聽讒佞以誅賞。今與左右相説頌也，曰：比死者勉爲樂乎！吾安能爲仁而愈黥民耳矣！故内寵之妾，迫奪于國，外寵之臣，矯奪于鄙，執法之吏，竝荷百姓。民愁苦約病，而姦驅尤佚，隱情奄惡，蔽諂其上，故雖有至聖大賢，豈能勝若讒哉！是以忠臣之常有災傷也。臣聞古者之士，可與得之，不可與失之；可與進之，不可與退之，臣請逃之矣。遂鞭馬而出。公使韓子休追之，曰：孤不仁，不能順教，以至此極，夫子休國焉而往，寡人將從而後。晏子遂鞭馬而返。其僕曰：嚮之去何速？今之返又何速？晏子曰：非子之所知也。公之言至矣。

又：景公射鳥，野人駭之，公怒，令吏誅之。晏子曰：野人不知也。臣聞賞無功謂之亂，罪不知謂之虐。兩者先王之禁也。以飛鳥犯先王之禁，不可！今君不明先王之制，而無仁義之心，是以從欲而輕誅。夫鳥獸固人之養也，野人駭之，不亦宜乎！公曰：善！自今已後弛鳥獸之禁，無以苛民也。

《晏子春秋·内篇諫下》 景公有所愛槐，令吏謹守之，植木縣之，下令曰：犯槐者刑，傷之者死。有不聞令醉而犯之者，公聞之曰：是先犯我令。使吏拘之，且加罪焉。其女子往辭晏子之家，託曰：負廓之民賤妾，請有道于相國，不勝其欲，願得充數乎下陳。晏子聞之，笑曰：嬰其淫于色乎？何爲老而見犇？雖然，是必有故。令内之。女子入門，晏子望見之，曰：怪哉！有深憂。進而問焉，曰：所憂何也？對曰：君樹槐縣令，犯之者刑，傷之者死。妾父不仁，不聞令，醉而犯之，吏將加罪焉。妾聞之，明君莅國立政，不損禄，不益刑，又不以私恚害公法，不爲禽獸傷人民，不爲草木傷禽獸，不爲野草傷禾苗，吾君欲以樹木之故殺妾父，孤妾身，此令行于民而法于國矣。雖然，妾聞之，勇士不以衆强凌孤獨，明惠之君不拂是以行其所欲。此譬之猶自治魚鼈者也，去其腥臊者而已。昧墨與人比居，庾肆而教人危坐。今君出令于民，苟可法于國，而善益于後世，則父死亦當矣，妾爲之收亦宜矣。甚乎！今之令不然，以樹木之故，罪法妾父，妾恐其傷察吏之法，而害明君之義也。鄰國聞之，皆謂吾君愛樹而賤人，其可乎，願相國察妾言以裁犯禁者。晏子曰：甚矣！吾將爲子言之于君。使人送之歸。明日早朝，而復于公曰：嬰聞之，窮民財力以供嗜欲謂之暴，崇玩好，威嚴擬乎君謂之逆，刑殺不辜謂之賊，此三者，守國之大殃。今君窮民財力，以羨餒食之具，繁鍾鼓之樂，極宮室之觀，行暴之大者；崇玩好，縣愛槐之令，載過者馳，步過者趨，威嚴擬乎君，逆之明者也。犯槐者刑，傷槐者死，刑殺不稱，賊民之深者。君享國，德行未見于衆，而三辟著于國，嬰恐其不可以莅國子民也。公曰：微大夫教寡人，幾有大罪以累社稷，今子大夫教之，社稷之福，寡人受命矣。晏子出，公令趣罷守槐之役，拔置縣之木，廢傷槐之法，出犯槐之囚。

又：景公登路寢之臺，不能終，而息乎陛，忿然而作色，不説，曰：孰爲高臺？病人之甚也！晏子曰：君欲節于身而勿高，使人高之而勿罪也。今高，從之以罪，卑亦從以罪，敢問使人如此可乎？古者之爲宮室也，足以便生，不以爲奢侈也，故節于身，謂于民。及夏之衰也，其王桀背棄德行，爲璿室玉門；殷之衰也，其王紂作爲頃宮靈臺，卑狹者有罪，高大者有賞，是以身及焉。今君高亦有罪，卑亦有罪，甚于夏殷之王，民力殫乏矣，而不免于罪，嬰恐國之流失，而公不得享也！公曰：善！寡人自知誠費財勞民，以爲無功，又從而怨之，是寡人之罪也！非夫子之教，豈得守社稷哉！遂下，再拜，不果登臺。

《晏子春秋·内篇問上》 景公問晏子曰：賢君之治國若何？晏子對曰：其政任賢，其行愛民，其取下節，其自養儉；在上不犯下，在治不傲窮，從邪害民者有罪，進善舉過者有賞。其政刻上而饒下，赦過而救窮；不因喜以加賞，不因怒以加罰；不從欲以勞民，不修怒而危國；上無驕行，下無諂德；上無私義，下無竊權，上無朽蠹之藏，下無凍餒之民；不事驕行而尚司，其民安樂而尚親。賢君之治國若此。

又：景公問晏子曰：古者離散其民，而隕失其國者，其常行何如？晏子對曰：國貧而好大，智薄而好專；貴賤無親焉，大臣無禮焉；尚讒諛而賤賢人，樂簡慢而玩百姓；國無常法，民無經紀；好辯以爲忠，流湎而忘國，好兵而忘民；肅于罪誅，而慢于慶賞；樂人之哀，利人之難；德不足以懷人，政不足以惠民；賞不足以勸善，刑不足以防非。亾國之行也。今民聞公令如寇讎，此古離散其民，隕失其國所常行者也。

《呂氏春秋・仲春紀・功名》彊令之笑不樂，彊令之哭不悲。彊令之爲道也，可以成小，而不可以成大。缶醯黄，蚋聚之，有酸，徒水則必不可。以貍致鼠，以冰致蠅，雖工，不能。以茹魚去蠅，蠅愈至，不可禁，以致之之道去之也。桀、紂以去之之道致之也，罰雖重，刑雖嚴，何益？

《呂氏春秋・孟秋紀・蕩兵》家無怒笞，則豎子嬰兒之有過也立見；國無刑罰，則百姓之悟相侵也立見；天下無誅伐，則諸侯之相暴也立見。故怒笞不可偃於家，刑罰不可偃於國，誅伐不可偃於天下，有巧有拙而已矣。故古之賢王有義兵而無有偃兵。

《呂氏春秋・孟秋紀・振亂》凡爲天下之民長也，慮莫如長有道而息無道，賞有義而罰不義。今之世，學者多非乎攻伐。非攻伐而取救守，取救守則鄉之所謂長有道而息無道、賞有義而罰不義之術不行矣。天下之長民，其利害在察此論也。攻伐之與救守一實也，而取舍人異。以辨説去之，終無所定論。固不知，悖也；知而欺心，誣也。誣悖之士，雖辨無用矣。是非其所取而取其所非也，是利之而反害之也，安之而反危之也。爲天下之長患，致黔首之大害者，若説爲深。夫以利天下之民爲心者，不可以不熟察此論也。夫攻伐之事，未有不攻無道而伐不義也，攻無道而伐不義，則福莫大焉，黔首利莫厚焉。禁之者，是息有道而伐有義也，是窮湯、武之事，而遂桀、紂之過也。凡人之所以惡爲無道不義者，爲其罰也；所以蕲有道行有義者，爲其賞也。今無道不義存，存者，賞之也；而有道行義窮，窮者，罰之也。賞不善而罰善，欲民之治也，不亦難乎？故亂天下害黔首者，若論爲大。

《呂氏春秋・孟秋紀・懷寵》先發聲出號。曰：兵之來也，以救民之死。子之在上無道，倨傲、荒怠、貪戾、虐衆，恣睢自用也。辟遠聖制，謷醜先王，排訾舊典；上不順天，下不惠民；徵斂無期，求索無厭；罪殺不辜，慶賞不當。若此者，天之所誅也，人之所讎也，不當爲君。今兵之來也，將以誅不當爲君者也，以除民之讎而順天之道也。民有逆天之道，衛人之讎者，身死家戮不赦。有能以家聽者，禄之以家；以里聽者，禄之以里；以鄉聽者，禄之以鄉；以邑聽者，禄之以邑；以國聽者，禄之以國。故克其國，不及其民，獨誅所誅而已矣。舉其秀士而封侯之，選其賢良而尊顯之，求其孤寡而振恤之，見其長老而敬禮之，皆益其禄加其級；論其罪人而救出之。分府庫之金，散倉廩之粟，以鎮撫其衆，不私其財。問其叢社大祠，民之所不欲廢者而復興之，曲加其祀禮。是以賢者榮其名，而長老説其禮，民懷其德。

《呂氏春秋・審應覽・離謂》鄭國多相縣以書者。子産令無縣書，鄧析致之。子産令無致書，鄧析倚之。令無窮，則鄧析應之亦無窮矣。是可不可無辨也。可不可無辨，而以賞罰，其罰愈疾，其亂愈疾，此爲國之禁也。故辨而不當理則僞，知而不當理則詐。詐僞之民，先王之所誅也。理也者，是非之宗也。

《呂氏春秋・審應覽・具備》巫馬旗歸，告孔子曰：宓子之德至矣，使民闇行，若有嚴刑於旁。敢問宓子何以至於此？孔子曰：丘嘗與之言曰：誠乎此者刑乎彼，宓子必行此術於亶父也。

《呂氏春秋・離俗覽・高義》二曰君子之自行也，動必緣義，行必誠義，俗雖謂之窮，通也。行不誠義，動不緣義，俗雖謂之通，窮也。然則君子之窮通，有異乎俗者也。故當功以受賞，當罪以受罰。賞不當雖與之必辭。罰誠當，雖赦之不外。度之於國，必利長久。長久之於主，必宜内及於心不慚然後動。

《呂氏春秋・離俗覽・上德》奮利行乎天下，而民不識，豈必以嚴罰厚賞哉？嚴罰厚賞，此衰世之政也。

《呂氏春秋・離俗覽・用民》民之不用，賞罰不充也。湯、武因夏、商之民也，得所以用之也。管、商亦因齊、秦之民也，得所以用之也。民之用也有故，得其故，民無所不用。用民有紀有綱，壹引其紀，萬目皆起，壹引其綱，萬目皆張。爲民紀綱者何也？欲也，惡也。何欲何惡？欲榮利，惡辱害。辱害所以爲罰充也，榮利所以爲賞實也。賞罰皆有充實，則民無不用矣。闔廬試其民於五湖，劍皆加於肩，地流血幾不可止。勾踐試其民於寢宮，民争入水火，死者千餘矣，遽擊金而却之，賞罰有充也。莫邪不爲勇者興懼者變，勇者以工，懼者以拙，能與不能也。

《呂氏春秋・開春論・開春》乃往見范宣子而説也，曰：聞善爲國者，賞不過而刑不慢。賞過則懼及淫人，刑慢則懼及君子。與其不幸而過，寧過而賞淫人，毋過而刑君子。故堯之刑也，殛鯀於虞而用禹；周之刑也，戮管、蔡而相周公。不慢刑也。

《吕氏春秋·貴直論·壅塞》 狂而以行賞罰，此戴氏之所以絶也。

《吕氏春秋·不苟論·當賞》 公子連立，是爲獻公，怨右主然而將重罪之，德菌改而欲厚賞之。監突争之曰：不可。秦公子之在外者衆，若此則人臣争入亡公子矣，此不便主。獻公以爲然。故復右主然之罪，而賜菌改官大夫，賜守塞者人米二十石。獻公可謂能用賞罰矣。凡賞非以愛之也，罰非以惡之也，用觀歸也。所歸善，雖惡之，賞；所歸不善，雖愛之，罰。此先王之所以治亂安危也。

《吕氏春秋·似順論·分職》 君者固無任，而以職受任。工拙，下也；賞罰，法也；君奚事哉？若是則受賞者無德，而抵誅者無怨矣，人自反而已，此治之至也。

(清) 俞樾《諸子平議》卷三《管子》 治斧鉞者不敢讓刑，治軒冕者不敢讓賞。

樾謹按尹注曰：讓猶距也。然此以治斧鉞治軒冕者言，非以受之者言。尹解讓字，殆非其義，讓當讀爲攘。《禮記·曲禮篇》左右攘辟，鄭注曰：攘，古讓字，是攘讓古字通也。此文兩讓字，並當爲攘竊之攘。不敢讓刑，不敢讓賞。謂不敢攘竊刑賞之權也。

(清) 俞樾《諸子平議》卷二〇《商子》 輕者不止，則重者無從至矣。《説民》。

樾謹按：至當作止。上文云：行刑重其輕者。輕者不生，則重者無從至矣。蓋謂民且不敢犯輕罪，自不敢犯重罪。故重者不至，即《去强篇》所謂輕者不生，重者不來也。此云行刑重其重者，輕其輕者，輕者不止，則重者無從止矣。蓋謂民既敢於犯輕罪，亦必敢於犯重罪。故重者無從止也。乃涉上文而亦誤作至字，則與商子之意大謬矣。

又： 此吾以殺刑之反於德，而義合於暴也。

樾謹按：殺乃效字之誤。此吾以效刑之反於德，猶言此吾以明刑之反於德也，《荀子·正論篇》：故桀紂無天下，而湯武不弑君。由此效之也。楊倞注曰：效明也，蓋古語如此。

又： 重刑少賞。上愛民，民死賞，重賞輕刑。上不愛民，民不死賞。

樾謹按：死賞皆當作死上，聲之誤也。《去强篇》曰：重罰輕賞則上愛民，民死上；重賞輕罰則上不愛民，民不死上，可證此文之誤。

又： 故王者刑於九而賞出一。

樾謹按：此當作刑於九而賞於一。《去强篇》曰：王者刑九賞一，强國刑七賞三，削國刑五賞五。是刑九賞一，乃刑多賞少之意。非如《農戰篇》所云利從壹孔出也。不當作出一明矣。下云民之所欲萬，而利之所出一，與此義本不相蒙，今作賞出一。蓋涉下文而誤。

(清) 俞樾《諸子平議》卷二一《韓非子》 賞罰無紀，國雖大兵弱者。地非其地，民非其民也。《飾邪》。

樾謹按：此言賞罰無紀，則國雖大，而兵必弱，所以然者，由地非其地，民非其民也。文義本甚分明，顧氏讀國雖大，兵。謂與上文國雖小，富。民雖寡，强。一律，則兵之一字，殊不成義。而弱者二字屬下讀，於義亦未安矣。

又： 行刑重其輕者，輕者不至，重者不來。

樾謹按：不至當作不生，言犯輕罪者不得生，則自無重罪也。《商子·去强篇》曰：輕者不生，重者不來，是其證。

又： 明君之法揆也，治賊非治所揆也，所揆也者，是治死人也。

樾謹按：此當作明主之法也，揆賊非治所揆也。治所揆也者，是治死人也。方與下文刑盗非治所刑也。治所刑也者，是治胥靡也，文法一律。揆賊之揆，誤移在上句，因移下句治字以補之，義不可通矣。道藏本趙本但於所揆也者上加一治字，猶未盡得也，又按揆字未詳何義。據與刑盗對文，疑字當作殺。古字或以蔡爲之。《尚書·禹貢》：二百里蔡。鄭注曰：蔡之言殺，是蔡殺聲近義通。《説文·米部》，臣錯引《左傳》槃蔡叔，今作蔡蔡叔，亦其例也。蔡誤作葵，傳寫者又以意改爲揆耳。

(清) 俞樾《諸子平議》卷二八《賈子》 縣法者法不法也，設賞者賞當賞也。

樾謹按：設賞者賞當賞也七字，疑衍文，下文法定之後，中程者賞，缺繩者誅。即承縣法者法不法也而言。《文子·上義篇》正作縣法者法不法也，法定之後。中繩者賞缺繩者誅，可據以訂正。王氏念孫謂上句當作縣罰者罰不法也，與下句對。若然，何不竟改爲罰當罰，與下句不尤對乎。

（漢）劉安《淮南子》卷五《時則訓》 矩之爲度也，肅而不悖，剛而不慣，取而無怨，內而無害，威厲而不懾，令行而不廢。殺伐既得，仇敵乃克。矩正不失，百誅乃服。

（漢）劉安《淮南子》卷八《本經訓》 及至分山川谿谷，使有壤界，計人多少衆寡，使有分數，築城掘設機械險阻以爲備。飾職事，制服等，等差也。異貴賤，差賢不肖，經誹譽，行賞罰。經，書也。誹惡譽善，賞可賞，罰可罰也。則兵革興而分爭生，民之滅抑天隱，虐殺不辜，而刑誅無罪。

（漢）劉安《淮南子》卷九《主術訓》 券契束帛，刑罰斧鉞，其於以解難薄矣。薄於德也。待目而照見，待言而使令，其於爲治難矣。

又：縣法設賞而不能移風易俗者，其誠心弗施也。甯戚商歌車下，桓公喟然而寤。甯戚飯牛車下，叩角商歌，齊桓公悟之用以爲相。

（唐）徐堅《初學記》卷二〇《政理部・刑罰》 《春秋元命苞》曰：刑者，侀也。《說文》曰：刀守井也，飲之人入井陷於川，刀守之，割其情也。罔言爲詈，刀守詈爲罰。罰之爲言內也，陷於害也。井飲人則人樂之不已，則自陷於川。故加刀謂之刑，欲人畏懼以全命也。罰以刀守之，則不動矣。今作罰用寸。寸，丈尺也，言納以繩墨之事。古之用刑者畫象而不犯。蓋上刑赭衣不純，中刑雜履，下刑墨幪。以居州里而人恥之。見《尚書大傳》。故《白虎通》曰：五帝畫象者其服象五刑也。犯墨者蒙巾，犯劓者赭其衣，犯髕者以墨幪其髕處而畫之，犯宮者履扉，犯大辟者布衣無領。《尚書》云：五刑有服。此之謂矣。一云以畫跪當黥，草纓當劓，以履扉當刖，以艾韠當宮，凡斬人之支體，鑿其形膚曰刑。畫衣冠，異章服曰戮之義也。見《慎子》。後世嚴刑而人不禁，故大刑用甲兵，其次用斧鉞；中刑用刀鋸，其次用鑽鑿；薄刑用鞭扑。見《國語》。故《尚書・呂刑》云：惟敬五刑，以成三德。五刑者，墨罰之屬千，劓罰之屬千，剕罰之屬五百，宮罰之屬三百，大辟之屬二百，五刑之屬三千。又《周官》：大司寇之職，以五刑糾萬民，一曰野刑，上功糾力。二曰軍刑，上命糾守。三曰鄉刑，上德糾孝。四曰官刑，上能糾職。五曰國刑，上愿糾暴。鄭注：糾，謂察異也。至秦用商鞅，又設連坐之法，造參夷之誅。加肉刑，大辟者有鑿顛，抽脅，鑊亨之法。見《漢書》。蓋德多刑少者，五帝也；刑德相半者，三王也；刑多德少者，五霸也；純用刑而亡者，秦也。見桓範《世要論》。

（宋）李昉等《太平御覽》卷六三五《刑法部・敘刑》 尸子曰：秦穆公明於聽獄。斷刑之日揖士大夫曰：寡人不敏，使民入於刑，寡人與有戾焉。二三子各據尒官，無使民困于刑。繆公非樂刑民，不得已也，此其所以善刑也。又曰：車輕道近，則鞭策不用。鞭策之所用，遠道重任也。刑罰也者，民之鞭策也。

（南朝梁）蕭統《昭明太子集》卷五《爾雅制法則贊》 惟斯法則，信如四時，嚴此刑政。刑輕罪疑，霜威以振，民不敢欺。

（明）朱元璋《明太祖文集》卷四《誥命・刑部尚書誥 侍郎同》 於戲，昔聖人以德化天下，則民樂從者衆，否從者寡，天下治矣。然聖人之心，必欲使天下人皆爲善而無惡，共樂天之樂，其思治之心切，故又張刑制具，以齊否從者，既而法行。則賞當其功，罰當其罪，則民從善愈臻，否善者無於是乎。上曰君聖，中曰臣賢，下曰民良。寰宇氣和，天地清寧，可謂咸亨。於戲。相繼之君臣罔知大道，務小惠而傷大德，特簡刑以治之。法不如前，故姦者得以恣肆，良者含冤而受暴。是後歲月彌深，不法者衆，如法者鮮矣。欲必治之不可得而速成也。若以斯君臣言之，心非不道，蓋慮淺而見薄，亦欲天下治耳，不期倒治也。然於此可爲世之大病，於國可以沽名，於當時之一氣耳。斯在聖賢，不若是於已必濟之以世，雖萬古可爲也。非聖非賢，小人、姦人則不然矣。何也？若非聖賢，必見淺而識薄，所謂謬矣。小人、姦人則是非非是，其害於家國身及焉。所以及家國身焉者何謂？以是非則君與民良者受謗而禍。所以受謗禍者何？謗者，謗君。禍者，禍民。身家者，謂執法者不法干憲而伏非身覆而家喪，此所以身家者也。又國有大病而可畏者，一所謂病者，謂愚仁人者也，愚名名者，皆是也。云何蓋愚人仁不仁愚名沽名，斯所以爲國大病，莫甚於此者矣。故治國者，必擇人以治刑。朕於此欲必以人而執法。若非仁人執法，則國務繁由此而生，必仁人則可爾。某僉曰：可。今特授爾爲刑部某官，爾敬慎體道哉。毋僞焉。

（明）朱元璋《明太祖文集》卷一〇《策問・問刑賞》 朕聞三皇五帝之治天下，其用刑也甚簡，及其行也甚嚴。民擊壤而歌，不知有兵，何如是之樂哉？今莫知其法何。自周明五刑，享年八百，君三十世，將比三皇五帝，何孰隆而何孰夷？至秦用法倍加，五刑舉巨，罟張密網，絶於二世。漢高帝除秦苛法，約以三章，稽歲棄市者五十人；文帝去肉刑，使民無憂，稽歲棄市者五百人；至景帝而亦去重刑，而以笞杖代之，稽歲之棄市者千人。享年四百，君有二十四帝。唐宋之法比漢輕之，而當洪休是也，享國弗果。三皇五帝、周而唐、宋，各止三百年，帝共三十七人而已。又古封建有功德，列國天下，民無争位，不篡君，或讓焉。於斯刑賞使民憂而憂，樂而樂，致國短長者，朕不知何？特諭諸儒比論，可得而聞乎？

（明）朱元璋《明太祖文集》卷一三《樂歌·大祀文拜歌九章》 君之道，善不加賞，怒不行刑，二儀之道也。所以喜賞則過之，怒刑則甚之，惟君謹之，惟臣戒之。

（明）王守仁《王文成公全書》卷九《别録·申明賞罰以勵人心疏》

今朝廷賞罰之典，固未嘗不具，但未申明而舉行耳。古者，賞不踰時，罰不後事。過時而賞，與無賞同；後事而罰，與不罰同。况過時而不賞，後事而不罰，其亦何以齊一人心而作興士氣？是雖使韓白爲將，亦不能有所成。况如臣等腐儒小生，才識昧劣而素不知兵者，亦復何所冀乎？議者以南贛諸虜之賊，連絡數郡，蟠據四省，非奏調狼兵入舉夾攻，恐不足以掃蕩巢穴，是固一説也。然臣以爲，狼兵之調，非獨所費不貲，兼其所過殘掠，不下於盗，大兵之興，曠日持久，聲勢彰聞，比及舉事，諸賊渠魁，悉已逃遯，所可得者，不過老弱脅從無知之氓。於是乎有横罹之慘，於是乎有妄殺之弊。班師未幾，而山林之間復已呼嘯成群，此皆往事之已驗者。臣亦近揀南贛之精鋭，得二千有餘部，勤操演習，有可觀誠，使得以大軍誅討之賞罰而行之。平時假臣等以便宜行事，不限以時而惟成功是責，則比於大軍之舉，臣竊以爲可省半費而收倍功。臣請以近事證之。臣於本年正月十五日抵贛，卷查兵部所咨申明律例。今後地方但有草賊生發，事情緊急，該管官司即便依律調撥官軍，乘機勦捕。應合會捕者，亦就調發策應。但係軍情火速，差人申奏，敢有遲延隱匿，巡撫巡按三司官即便紥問，依律罷職充軍等項發落。雖不係聚衆草賊，但係有名强盗，肆行刧掠，賊勢兇惡，或白晝攔截，或明火持杖，不拘人數多少，一面設法緝捕，即時差人申報。合干上司，并具申本部知會處置。如有仍前朦朧隱蔽，不即申報，以致聚衆滋蔓，貽患地方，從重紥究，决不輕貸等因，題奉欽依備行前來，時以前官久缺未及施行。臣即刊印數千百紙，通行所屬，布告遠近，未及一月，而大小衙門以賊情來報者接踵，亦遂屢有斬獲一二人或五六人、七八人者，何者？兵得隨時調用，而官無觀望執肘，則自然無可推託逃避，思效其力。由此言之，律例具存前此，惟不申明而舉行耳。今使賞罰之典悉從而申明之，其獲效亦未必不如是之速也。伏望皇上念盗賊之日熾，哀民生之日蹙，憫地方荼毒之愈甚，痛百姓寃憤之莫伸，特勑兵部俯采下議，特假臣等令旗、令牌，使得便宜行事。如是而兵有不精，賊有不滅，臣等亦無以逃其死。夫任不專、權不重、賞罰不行，以致於僨軍敗事。然後選重臣假以總制之權而往拯之，縱善其後，已無救於其所失矣。臣才識淺昧且體弱多病，自度不足以辦此行，從陛下乞骸骨苟全餘喘於林下。但今方待罪於此，心知其弊，不敢不爲陛下盡言，陛下從臣之請，使後來者得効其分寸，收討賊之功，臣亦得以少逭死罪於萬一，緣係申明賞罰以勵人心事理，爲此具本請旨。

《皇明經世文編》卷一三六胡世寧《胡端敏公奏疏四·疏·備邊十策疏》 太宗文皇帝聖諭有曰：朝廷大公至正之道，有功則賞，有過則刑。刑賞者，治天下之大法，不以功掩過，不以私廢公，此輩征討之功，既酬以爵賞矣。今有犯而不罪，是縱惡也，縱惡何以治天下？其論如律，此我祖宗報功之厚，立法之嚴。是即天地春生秋殺，並行而不悖耳。